Handbuch der Grundrechte
in Deutschland und Europa

Handbuch der Grundrechte

in Deutschland und Europa

Herausgegeben von

Detlef Merten und Hans-Jürgen Papier

In Verbindung mit
Horst Dreier, Josef Isensee, Paul Kirchhof,
Karl Korinek, Gabriele Kucsko-Stadlmayer,
Jörg Paul Müller, Georg Ress, Hans-Peter Schneider,
Vassilios Skouris, Klaus Stern, Daniel Thürer

Band I
Entwicklung und Grundlagen
Band II
Grundrechte in Deutschland: Allgemeine Lehren I
Band III
Grundrechte in Deutschland: Allgemeine Lehren II
Band IV
Grundrechte in Deutschland: Einzelgrundrechte I
Band V
Grundrechte in Deutschland: Einzelgrundrechte II
Band VI
Europäische und internationale Grund- und Menschenrechte
(2 Teilbände)
Band VII
Grundrechte in Österreich, der Schweiz und in Liechtenstein
(2 Teilbände)
Band VIII
Landesgrundrechte in Deutschland
Band IX
Grundrechte in Ostmittel- und Osteuropa
Band X
Grundrechte in West-, Nord- und Südeuropa
(in Vorbereitung)

Handbuch der Grundrechte

in Deutschland und Europa

Herausgegeben von

Detlef Merten und Hans-Jürgen Papier

Band VIII
Landesgrundrechte in Deutschland

Mit Beiträgen von
Florian Becker · Michael Brenner · Claus Dieter Classen
Christian von Coelln · Johannes Dietlein · Wolfgang Durner
Annette Guckelberger · Friedhelm Hase · Christian Hillgruber · Jörn Ipsen
Jörn Axel Kämmerer · Gregor Kirchhof · Winfried Kluth · Stefan Korioth
Thomas Mann · Detlef Merten · Sebastian Müller-Franken
Ralf Müller-Terpitz · Matthias Niedobitek · Franz-Joseph Peine
Michael Sachs · Meinhard Schröder · Kyrill-A. Schwarz · Foroud Shirvani
Helge Sodan · Rudolf Wendt · Fabian Wittreck

Koordination: Johannes Dietlein

C. F. Müller

Redaktion
Professor Dr. Dr. Detlef Merten
– unter Mitarbeit von
Prof. Dr. Christian Koch, Christiane Merten
und Inge Patschull

Zitiervorschlag:
Jörn Ipsen, Landesgrundrechte in Niedersachsen,
in: Merten/Papier (Hg.), HGR VIII, § 253 RN 1 ff.

Die Thyssen-Stiftung hat die wissenschaftliche Vorbereitung
dieses Bandes großzügig gefördert.

Bibliographische Information der Deutschen Nationalbibliothek

Die Deutsche Nationalbibliothek verzeichnet diese Publikation in der
Deutschen Nationalbibliographie; detaillierte bibliographische Angaben
sind im Internet unter der Adresse http://dnb.d-nb.de abrufbar.

ISBN 978-3-8114-8881-6

E-Mail: kundenservice@cfmueller.de
Telefon: +49 89/2183-7923
Telefax: +49 89/2183-7620

www.cfmueller.de

© 2017 C.F. Müller GmbH, Waldhofer Straße 100, 69123 Heidelberg

Dieses Werk, einschließlich aller seiner Teile, ist urheberrechtlich geschützt.
Jede Verwertung außerhalb der engen Grenzen des Urheberrechtsgesetzes
ist ohne Zustimmung des Verlages unzulässig und strafbar. Dies gilt insbesondere
für Vervielfältigungen, Übersetzungen, Mikroverfilmungen und die Einspeicherung
und Verarbeitung in elektronischen Systemen.

Satz: inmedialo Digital- und Printmedien UG, Plankstadt
Druck und Buchbindung: Westermann Druck, Zwickau

Vorwort

In Bundesstaaten stehen in der Regel bündische Verfassung und bündisches Recht im Vordergrund, was auch für Deutschland seit der Reichsgründung von 1871 gilt. War dieses Reich auch ausweislich der Verfassungspräambel aus einem Fürstenbündnis hervorgegangen, so setzten doch bald – auch infolge weitreichender Reichsgesetzgebung („*Bismarck*sches Reichssystem")[1] – Zentralisierungstendenzen ein, die die Weimarer Epoche verstärkte. In den Nachkriegsjahren erfolgte der Wiederaufbau deutscher Staatlichkeit mit unterschiedlicher Akzeptanz in den einzelnen Besatzungszonen zwar von unten nach oben. Letztlich beförderte der Kalte Krieg zu Lasten einer Zweiteilung Deutschlands jedoch eine (west-)deutsche Zentralgewalt mit von den Besatzungsmächten aufgegebener föderativer Gestaltung und vorgegebenen Verfassungsgrundsätzen („Londoner Empfehlungen"). Dabei erwies sich das trotz allem deutsche Grundgesetz als „Glücksfall der deutschen Geschichte" (*Wolfgang Schäuble*[2]), stellte aber zugleich die Verfassungen der Länder in den Schatten, zumal es nicht nur die Bundesgewalt, sondern auch die Landesgewalten band.

So wurde die „Bedeutung gliedstaatlichen Verfassungsrechts in der Gegenwart"[3] bis in die erste Dekade des zweiten Jahrtausends allgemein nicht allzu hoch veranschlagt. Als Signum diente die Frage, in welchem Land außer Bayern Landesstaatsrecht an deutschen Universitäten gelesen wurde[4]? In jener Zeit wurde auch das Konzept des „Handbuchs der Grundrechte in Deutschland und Europa" erstellt, das die Landesgrundrechte in erster Linie aus dem unitarischen Blickwinkel der Bundesgrundrechte sah und deswegen Beiträge über „Landesgrundrechte im Bundesstaat"[5], deren Besonderheiten[6] und Kontrollfunktion[7] sowie deren Schutz durch die Landesverfassungsgerichte[8] und deren Wechselwirkungen[9] mit Bundesgrundrechten in die Gliederung einbezog.

In den letzten Jahren sind jedoch Wandlungen im Staatsrecht des Bundes und der Länder eingetreten, die im Ergebnis auch die Landesgrundrechte gestärkt

---

1 *Ernst Rudolf Huber*, Grundrechte im Bismarckschen Reichssystem, in: FS Scheuner 1973, S. 163 ff.; auch in *ders.*, Bewahrung und Wandlung, 1975, S. 132 ff.
2 Badisches Tageblatt, Interview v. 22.5.2009.
3 So der Titel des ersten Beratungsgegenstandes der Vereinigung der Deutschen Staatsrechtslehrer auf der Tagung 1987 in Passau (VVDStRL H. 46, 1988).
4 So *Christian Starck*, VVDStRL 46 (1988), S. 157 (Diskussionsbeitrag).
5 → Bd. III: *Hartmut Maurer*, Landesgrundrechte im Bundesstaat, § 82.
6 → Bd. III: *Klaus Lange*, Grundrechtliche Besonderheiten in den Landesverfassungen, § 83.
7 → Bd. III: *Jochen Rozek*, Landesgrundrechte als Kontrollmaßstab für die Anwendung von Bundesrecht, § 85.
8 → Bd. III: *Helge Sodan*, Schutz der Landesgrundrechte durch die Landesverfassungsgerichtsbarkeit, § 84, sowie *Christian Pestalozza*, Bundesverfassungsgerichtsbarkeit und Landesverfassungsgerichtsbarkeit, § 86.
9 → Bd. III: *Rolf Grawert*, Wechselwirkungen zwischen Bundes- und Landesgrundrechten, § 81.

Vorwort

haben. Hierzu hat auf der Landesebene die vermehrte Einführung der Verfassungsbeschwerde beigetragen, die auch der Durchsetzung der Landesgrundrechte dient und gegebenenfalls zu schnellerem Rechtsschutz führt, als ihn das überlastete Bundesverfassungsgericht bieten kann. Auf der Bundesebene kam es zu beachtlichen föderalistischen Verfassungsreformen, die durch Beseitigung der Rahmengesetzgebung und andere Änderungen die Gesetzgebungsbefugnisse der Länder (z. B. für das Beamtenrecht und das Versammlungsrecht) erweitert und ihnen Abweichungskompetenzen eingeräumt haben, zu deren Gunsten sogar der bundesstaatlich überkommene Satz „Bundesrecht bricht Landesrecht" modifiziert wurde. In den zugewonnenen Bereichen muß die Landesgesetzgebung hinfort nicht nur die grundgesetzlichen, sondern auch die landesverfassungsrechtlichen Grundrechte beachten.

Diese Entwicklung hat die Herausgeber im Einvernehmen mit dem Wissenschaftlichen Beirat bewogen, in Ergänzung zu den bereits publizierten einschlägigen Beiträgen den Landesgrundrechten einen eigenen Band zu widmen. In diesem vereinigen sich die Kommentierungen aller Landesgrundrechte mit einer Reihe vergleichender Betrachtungen zu Schwerpunktfragen, denen ein historischer Überblick über die Bedeutung einzelstaatlicher Grundrechte für die deutsche Grundrechtsentwicklung vorangeht. Bei der Gestaltung hat uns Herr Kollege *Johannes Dietlein* dankenswerterweise beratend zur Seite gestanden. Der Band ist wie die bisherigen ein Gemeinschaftswerk von Autoren, Beirat und Herausgebern, wobei letztere die Verantwortung für die Marginalien und die Verweisungen innerhalb des Gesamtwerks tragen.

Der Fritz Thyssen Stiftung, die dieses Werk von Beginn an unterstützt hat, ist für die großzügige Förderung auch dieses Bandes verbindlichster Dank geschuldet. Die langjährige gute Zusammenarbeit mit C.F. Müller hat sich bei dieser Publikation wieder bewährt.

Speyer und München, im September 2016

Detlef Merten   *Hans-Jürgen Papier*

Inhalt Band VIII

Vorwort	V
Hinweise für den Leser	X
Verfasser	XI
Abkürzungsverzeichnis	XVII
Literaturverzeichnis	XXXV

Sechzehnter Teil
Grundrechte in deutschen Landesverfassungen

I. Entwicklung und Bedeutung einzelstaatlicher Grundrechte

§ 231   Zur Bedeutung einzelstaatlicher Grundrechte für die deutsche Grundrechtsentwicklung – Vom Frühkonstitutionalismus bis zur Gründung der Bundesrepublik Deutschland
Fabian Wittreck 3

II. Vergleichende Betrachtung der Landesgrundrechte

§ 232   Allgemeine Lehren der Landesgrundrechte
Detlef Merten 113

§ 233   Schutz der Menschenwürde und der Persönlichkeit
Christian Hillgruber 245

§ 234   Freiheit der Person, Leben und körperliche Unversehrtheit, Freizügigkeit
Wolfgang Durner 299

§ 235   Schutz der Wohnung
Annette Guckelberger 321

§ 236   Religiöse und weltanschauliche Freiheiten
Stefan Korioth 357

§ 237   Kommunikative Freiheiten
Kyrill-A. Schwarz 389

§ 238   Ehe, Familie und Schule
Gregor Kirchhof 419

§ 239   Wirtschaftliche Grundrechte
Foroud Shirvani 453

§ 240 Gleichheitsrechte
       Michael Sachs 505
§ 241 Minderheitenschutz
       Thomas Mann 541
§ 242 Soziale Grundrechte
       Foroud Shirvani 585
§ 243 Teilnahmerechte (Mitwirkungsrechte)
       Christian von Coelln 625
§ 244 Prozeßgrundrechte
       Meinhard Schröder 663

III. Die Grundrechte in den Landesverfassungen

§ 245 Landesgrundrechte in Baden-Württemberg
       Meinhard Schröder 701
§ 246 Landesgrundrechte in Bayern
       Ralf Müller-Terpitz 739
§ 247 Landesgrundrechte in Berlin
       Helge Sodan 783
§ 248 Landesgrundrechte in Brandenburg
       Franz-Joseph Peine 847
§ 249 Landesgrundrechte in Bremen
       Friedhelm Hase 889
§ 250 Landesgrundrechte in Hamburg
       Jörn Axel Kämmerer 909
§ 251 Landesgrundrechte in Hessen
       Sebastian Müller-Franken 921
§ 252 Landesgrundrechte in Mecklenburg-Vorpommern
       Claus Dieter Classen 965
§ 253 Landesgrundrechte in Niedersachsen
       Jörn Ipsen 993
§ 254 Landesgrundrechte in Nordrhein-Westfalen
       Johannes Dietlein 1025
§ 255 Landesgrundrechte in Rheinland-Pfalz
       Detlef Merten 1067
§ 256 Landesgrundrechte im Saarland
       Rudolf Wendt 1127
§ 257 Landesgrundrechte in Sachsen
       Matthias Niedobitek 1167

Inhalt Band VIII

§ 258	Landesgrundrechte in Sachsen-Anhalt *Winfried Kluth*	1191
§ 259	Landesgrundrechte in Schleswig-Holstein *Florian Becker*	1225
§ 260	Landesgrundrechte in Thüringen *Michael Brenner*	1255

Personenregister 1297

Sachregister 1299

Hinweise für den Leser

1. Aus bibliographischen Gründen werden die Verfasser von Monographien sowie die Herausgeber von Sammelwerken u. ä. mit Vor- und Nachnamen zitiert. Autoren von Zeitschriftenaufsätzen, Beiträgen in Sammelwerken, Festschriften etc. werden mit Nachnamen, bei Verwechslungsgefahr mit abgekürztem oder ausgeschriebenem Vornamen angeführt.
2. Gängige Grundrechts- und Staatsrechtsliteratur erschließt sich bei abgekürzten oder verkürzten Angaben aus dem Abkürzungs- und/oder Literaturverzeichnis. Auf letzteres wird in den Fußnoten mit dem Zusatz (LitVerz.) hingewiesen.
3. Die Marginalientexte am Rande der Beiträge sowie die mit einem Pfeil (→) gekennzeichneten Verweisungen innerhalb des Handbuchs fallen in die Verantwortung der Herausgeber.

Verfasser

Professor Dr. Dres. h.c. *Rainer Arnold*, Universität Regensburg
Professor Dr. *Jean-François Aubert*, Universität Neuenburg (Neuchâtel)
Professor Dr. *Suren Avakian*, Lomonossov-Universität Moskau
Professor Dr. *Peter Axer*, Universität Heidelberg
Professor Dr. *Peter Badura*, Universität München
Dr. *Snježana Bagić*, Vizepräsidentin des Verfassungsgerichtshofs, Zagreb
Professor Dr. Dr. h.c. mult. *Bogusław Banaszak*, Universität Zielona Góra
Professor Dr. *Hartmut Bauer*, Universität Potsdam
Professor Dr. *Gerhard Baumgartner*, Universität Klagenfurt
Professor Dr. *Florian Becker*, Universität Kiel
Professor Dr. *Wilfried Berg*, Universität Bayreuth
Professor Dr. Dr. h.c. *Rudolf Bernhardt*, Universität Heidelberg
Professor Dr. *Herbert Bethge*, Universität Passau
Professor Dr. *Giovanni Biaggini*, Universität Zürich
Siniša Bjeković, M.A., Bürgerbeauftragter, Universität Podgorica
Professor Dr. *Hermann-Josef Blanke*, Universität Erfurt
Professor Dr. *Armin von Bogdandy*, Max-Planck-Institut Heidelberg
Professor Dr. *Michael Brenner*, Universität Jena
Professor Dr. *Jürgen Bröhmer*, University of New England (Australien)
Professor Dr. *Alexander Bröstl*, Paneuropäische Hochschule Bratislava
Professor Dr. Dr. h.c. *Georg Brunner †*, Universität zu Köln
Professor Dr. *Brun-Otto Bryde*, Universität Gießen
Professor Dr. *Martin Burgi*, Universität München
Professor Dr. *Christian Calliess*, Freie Universität Berlin
Professor Dr. Dr. h.c. *Axel Freiherr von Campenhausen*, Universität Göttingen
Professor Dr. *Claus Dieter Classen*, Universität Greifswald
Professor Dr. *Christian von Coelln*, Universität zu Köln
Professor Dr. *Thomas von Danwitz*, Richter am EuGH, Luxemburg
Professor Dr. *Hans-Georg Dederer*, Universität Passau
Professor Dr. *Christoph Degenhart*, Universität Leipzig
Professor Dr. *Otto Depenheuer*, Universität zu Köln
Professor Dr. *Johannes Dietlein*, Universität Düsseldorf
Professor Dr. Dr. *Rudolf Dolzer*, Universität Bonn
Professor Dr. *Dieter Dörr*, Universität Mainz
Professor Dr. *Horst Dreier*, Universität Würzburg
Professor Dr. *Emilia Drumeva*, Plovdiv Staats-Universität
Dr. *Elisabeth Dujmovits*, Bundeskanzleramt, Wien
Professor Dr. Dr. *Wolfgang Durner*, Universität Bonn
Professor Dr. *Harald Eberhard*, Wirtschaftsuniversität Wien
Professor Dr. *Bernhard Ehrenzeller*, Universität St. Gallen
Professor Dr. Dr. h.c. *Eberhard Eichenhofer*, Universität Jena
Professor Dr. *Christoph Enders*, Universität Leipzig
Professor Dr. *Christoph Engel*, Max-Planck-Institut Bonn

Verfasser

Professor Dr. *Daniel Ennöckl*, Universität Wien
Professor Dr. *Astrid Epiney*, Universität Freiburg (Fribourg)
Professor Dr. Dr. *Udo Di Fabio*, Universität Bonn
Professor Dr. *Udo Fink*, Universität Mainz
Professor Dr. Dr. h.c. *Thomas Fleiner-Gerster*, Universität Freiburg (Fribourg)
Ľudmilia Gajdošíková, PhD., Verfassungsrichterin, Bratislava
Professor Dr. *Lech Garlicki*, Universität Warschau
Professor Dr. *Max-Emanuel Geis*, Universität Erlangen
Professor Dr. *Thomas Giegerich*, Universität des Saarlandes
Professor Dr. Dr. *Christoph Grabenwarter*, Wirtschaftsuniversität Wien
Professor Dr. *Karin Graßhof*, Universität Bonn
Professor Dr. Dr. h.c. *Rolf Grawert*, Universität Bochum
Professor Dr. *Bernd Grzeszick*, Universität Heidelberg
Professor Dr. Dr. h.c. *Dieter Grimm*, Humboldt-Universität zu Berlin
Professor Dr. *Annette Guckelberger*, Universität des Saarlandes
Professor Dr. *Jörg Gundel*, Universität Bayreuth
Professor Dr. *Christoph Gusy*, Universität Bielefeld
Professor Dr. Dr. h.c. mult. *Peter Häberle*, Universität Bayreuth
Professor Dr. *Kay Hailbronner*, Universität Konstanz
Professor Dr. *Walter Haller*, Universität Zürich
Professor Dr. *Gábor Halmai*, Eötvös Loránd Universität Budapest
Professor Dr. *Peter Hänni*, Universität Freiburg (Fribourg)
Professor Dr. *Andreas Haratsch*, Fern-Universität Hagen
Professor Dr. *Attila Harmathy*, Eötvös Loránd Universität Budapest
Professor Dr. *Gagik Harutyunyan*, Präsident des Verfassungsgerichts, Eriwan
Professor Dr. *Enver Hasani*, Präsident des Verfassungsgerichts a.D., Universität Pristina
Professor Dr. *Friedhelm Hase*, Universität Bremen
Professor Dr. *Andreas Hauer*, Universität Linz
Professor Dr. *Wolff Heintschel von Heinegg*, Universität Frankfurt an der Oder
Professor Dr. *Markus Heintzen*, Freie Universität Berlin
Professor Dr. *Matthias Herdegen*, Universität Bonn
Professor Dr. *Georg Hermes*, Universität Frankfurt am Main
Professor Dr. *Werner Heun*, Universität Göttingen
Professor Dr. *Meinhard Hilf*, Bucerius Law School Hamburg
Professor Dr. *Christian Hillgruber*, Universität Bonn
Professor Dr. *Wolfgang Hoffmann-Riem*, Universität Hamburg
Professor Dr. *Wolfram Höfling*, Universität zu Köln
Professor Dr. *Pavel Holländer*, Masaryk-Universität, Brünn, und Palacky-Universität, Olmütz
Professor Dr. *Michael Holoubek*, Wirtschaftsuniversität Wien
Professor Dr. *Hans-Detlef Horn*, Universität Marburg
Professor Dr. *Michel Hottelier*, Universität Genf (Genève)
Professor Dr. *Peter M. Huber*, Universität München
Professor Dr. *Friedhelm Hufen*, Universität Mainz
Professor Dr. *Julia Iliopoulos-Strangas*, Universität Athen
Professor Dr. *Jörn Ipsen*, Universität Osnabrück

Verfasser

Professor Dr. Dr. h.c. *Josef Isensee*, Universität Bonn
Professor Dr. *Dietmar Jahnel*, Universität Salzburg
Professor Dr. *Hans D. Jarass*, Universität Münster
Professor Dr. *Ivana Jelić*, Universität Montenegro, Podgorica
Professor Dr. *Matthias Jestaedt*, Universität Freiburg
Professor Dr. *Wolfgang Kahl*, Universität Heidelberg
Professor Dr. *Jörn Axel Kämmerer*, Bucerius Law School Hamburg
Professor Dr. *Helen Keller*, Universität Zürich
Professor Dr. *Bernhard Kempen*, Universität zu Köln
Professor Dr. *Giorgi Khubua*, Technische Universität München
Professor Dr. *Regina Kiener*, Universität Bern
Professor Dr. *Ferdinand Kirchhof*, Universität Tübingen
Professor Dr. *Gregor Kirchhof*, Universität Augsburg
Professor Dr. Dres. h.c. *Paul Kirchhof*, Universität Heidelberg
Professor Dr. *Reinhard Klaushofer*, Universität Salzburg
Professor Dr. *Eckart Klein*, Universität Potsdam
Professor Dr. *Hans Hugo Klein*, Universität Göttingen
Professor Dr. *Andreas Kley*, Universität Zürich
Professor Dr. *Michael Kloepfer*, Humboldt-Universität zu Berlin
Professor Dr. *Winfried Kluth*, Universität Halle-Wittenberg
Professor Dr. *Maja Kostić-Mandić*, Universität Montenegro, Podgorica
Professor Dr. *Benjamin Kneihs*, Universität Salzburg
Professor Dr. Dr. *Juliane Kokott*, Generalanwältin, Luxemburg
Professor Dr. *Dieter Kolonovits*, Universität Wien
Professor Dr. Dr. h.c. mult. *Karl Korinek*, Universität Wien
Professor Dr. *Stefan Korioth*, Universität München
Professor Dr. *Markus Kotzur*, Universität Hamburg
Professor Dr. *Walter Krebs*, Freie Universität Berlin
Professor Dr. *Thomas Kröll*, Wirtschaftsuniversität Wien
Professor Dr. *Gabriele Kucsko-Stadlmayer*, Richterin am Europäischen Gerichtshof für Menschenrechte, Straßburg
Professor Dr. *Dieter Kugelmann*, Deutsche Hochschule der Polizei Münster
Professor Dr. *Jörg-Detlef Kühne*, Universität Hannover
Professor Dr. *Philip Kunig*, Freie Universität Berlin
Professor Dr. *Klaus Lange*, Universität Gießen
Professor Dr. *Christine Langenfeld*, Universität Göttingen
Professor Dr. *Helmut Lecheler †*, Freie Universität Berlin
Professor Dr. *Joachim Lege*, Universität Greifswald
Professor Dr. *Anna Leisner-Egensperger*, Universität Jena
Professor Dr. Dr. h.c. *Peter Lerche †*, Universität München
Professor Dr. *Georg Lienbacher*, Wirtschaftsuniversität Wien
Professor Dr. *Wolfgang Loschelder †*, Universität Potsdam
Professor Dr. *Wolfgang Löwer*, Universität Bonn
Professor Dr. *Siegfried Magiera*, Deutsche Universität Speyer
Dr. *Kamal Makili-Aliyev*, LL.D., Zentrum für strategische Forschungen, Baku
Professor Dr. *Giorgio Malinverni*, Universität Genf (Genève)
Anahit Manasyan, PhD., Verfassungsgericht Armenien, Eriwan

Verfasser

Professor Dr. *Thomas Mann*, Universität Göttingen
Professor Dr. *Hartmut Maurer*, Universität Konstanz
Professor Dr. Dr. *Detlef Merten*, Deutsche Universität Speyer
Professor Dr. *Stefan Muckel*, Universität zu Köln
Professor Dr. *Stefan Mückl*, Universität Freiburg
Professor Dr. *Georg Müller*, Universität Zürich
Professor Dr. Dr. h.c. *Jörg Paul Müller*, Universität Bern
Professor Dr. *Sebastian Müller-Franken*, Universität Marburg
Professor Dr. *Ralf Müller-Terpitz*, Universität Mannheim
Professor Dr. *Viktor Muraviov*, Nationale Taras Schewtschenko-Universität Kiew
Professor Dr. *Dietrich Murswiek*, Universität Freiburg
Dr. *Bosa Nenadić*, Verfassungsrichterin, Podgorica
Professor Dr. *Martin Nettesheim*, Universität Tübingen
Professor Dr. *Matthias Niedobitek*, Technische Universität Chemnitz
Professor Dr. *Georg Nolte*, Humboldt-Universität zu Berlin
Professor Dr. *Stefan Oeter*, Universität Hamburg
Professor Dr. *Christoph Ohler*, Universität Jena
Professor Dr. *Jasna Omejec*, Universität Zagreb
Professor Dr. *Fritz Ossenbühl*, Universität Bonn
Professor Dr. Dres. h.c. *Hans-Jürgen Papier*, Universität München
Professor Dr. *Walter Pauly*, Universität Jena
Professor Dr. Dr. h.c. *Franz-Joseph Peine*, Universität Frankfurt an der Oder
Professor Dr. *Christian Pestalozza*, Freie Universität Berlin
Professor Dr. *Anne Peters*, Max-Planck-Institut Heidelberg
Professor Dr. *Ernst-Ulrich Petersmann*, University European Institute Florenz
Professor Dr. *Bodo Pieroth*, Universität Münster
Professor Dr. *Jost Pietzcker*, Universität Bonn
Professor Dr. *Magdalena Pöschl*, Universität Wien
Vardan Poghosyan, Rechts- und Justizreformberatung im Südkaukasus, Eriwan
Professor Dr. Dr. *Michael Potacs*, Wirtschaftsuniversität Wien
Professor Dr. *Albrecht Randelzhofer*, Freie Universität Berlin
Professor Dr. Dr. h.c. mult. *Georg Ress*, Universität des Saarlandes
Professor Dr. *Ciril Ribičič*, Universität Ljubljana
Professor Dr. *Dagmar Richter*, Polnische Akademie Warschau
Professor Dr. *Gerhard Robbers*, Universität Trier
Professor Dr. *Jochen Rozek*, Universität Leipzig
Professor Dr. *Walter Rudolf*, Universität Mainz
Professor Dr. *Wolfgang Rüfner*, Universität zu Köln
Professor Dr. *Hans Heinrich Rupp*, Universität Mainz
Professor Dr. *Michael Sachs*, Universität zu Köln
Professor Dr. *Heinz Schäffer †*, Universität Salzburg
Professor Dr. Dr. h.c. mult. *Herbert Schambeck*, Universität Linz
Professor Dr. *Markus Schefer*, Universität Basel
Professor Dr. *Wolf-Rüdiger Schenke*, Universität Mannheim
Professor Dr. *Kirsten Schmalenbach*, Universität Salzburg
Professor Dr. Dr. h.c. *Eberhard Schmidt-Aßmann*, Universität Heidelberg
Professor Dr. *Edzard Schmidt-Jortzig*, Universität zu Kiel

Verfasser

Professor Dr. Dr. h.c. *Walter Schmitt Glaeser*, Universität Bayreuth
Professor Dr. *Friedrich E. Schnapp*, Universität Bochum
Professor Dr. Dr. h.c. *Hans-Peter Schneider*, Universität Hannover
Professor Dr. *Rupert Scholz*, Universität München
Professor Dr. *Meinhard Schröder*, Universität Passau
Professor Dr. *Meinhard Schröder*, Universität Trier
Professor Dr. *Eva Schulev-Steindl*, Universität Graz
Professor Dr. *Kyrill-Alexander Schwarz*, Universität Würzburg
Professor Dr. *Rainer J. Schweizer*, Universität St. Gallen
Professor Dr. *Peter Selmer*, Universität Hamburg
Professor Dr. *Foroud Shirvani*, Universität Bonn
Professor Dr. *Miodrag Simović*, Vizepräsident des Verfassungsgerichtshofs, Universitäten Banja Luka und Bihać
Professor Dr. Dr. h.c. mult. *Vassilios Skouris*, Universität Thessaloniki
Professor Dr. *Helge Sodan*, Freie Universität Berlin
Professor Dr. Dr. h.c. *Karl-Peter Sommermann*, Deutsche Universität Speyer
Professor Dr. *Christian Starck*, Universität Göttingen
Professor Dr. *Torsten Stein*, Universität des Saarlandes
Professor Dr. *Udo Steiner*, Universität Regensburg
Professor Dr. Dr. h.c. mult. *Klaus Stern*, Universität zu Köln
Professor Dr. *Rupert Stettner*, Universität der Bundeswehr München
Professor Dr. Dr. h.c. mult. *Rolf Stober*, Universität Hamburg
Professor Dr. *Rudolf Streinz*, Universität München
Professor Dr. *Gerhard Strejcek*, Universität Wien
Dr. h.c. *Alexandru Tanase*, Präsident des Verfassungsgerichts, Chişinău
Professor Dr. *Elena Simina Tănăsescu*, Universität Bukarest
Professor Dr. *Peter J. Tettinger †*, Universität zu Köln
Professor Dr. Dr. h.c. *Daniel Thürer*, Universität Zürich
Professor Dr. Dr. h.c. *Christian Tomuschat*, Humboldt-Universität zu Berlin
Professor Dr. *Hans-Heinrich Trute*, Universität Hamburg
Professor Dr. *Pierre Tschannen*, Universität Bern
Professor Dr. *Robert Uerpmann-Wittzack*, Universität Regensburg
Professor Dr. *Arnd Uhle*, Technische Universität Dresden
Professor Dr. *Klaus A. Vallender*, Universität St. Gallen
Professor Dr. *Christoph Vedder*, Universität Augsburg
Professor Dr. Dr. h.c. *Wolfgang Graf Vitzthum*, Universität Tübingen
Professor Dr. *Uwe Volkmann*, Universität Mainz
Professor Dr. *Andreas Voßkuhle*, Universität Freiburg
Professor Dr. *Rainer Wahl*, Universität Freiburg
Professor Dr. *Bernhard Waldmann*, Universität Freiburg (Fribourg)
Professor Dr. *Beatrice Weber-Dürler*, Universität Zürich
Professor Dr. *Rudolf Wendt*, Universität des Saarlandes
Professor Dr. *Ewald Wiederin*, Universität Wien
Professor Dr. *Fabian Wittreck*, Universität Münster
Professor Dr. *Heinrich Amadeus Wolff*, Universität Bayreuth
Professor Dr. Dr. h.c. *Rüdiger Wolfrum*, Max-Planck-Institut Heidelberg
Professor Dr. *Thomas Würtenberger*, Universität Freiburg

Verfasser

Professor Dr. *Mirosław Wyrzykowski*, Universität Warschau
Professor Dr. *Xhezair Zaganjori*, Präsident des Obersten Gerichtshofs, Tirana
Professor Dr. *Jan Ziekow*, Deutsche Universität Speyer
Professor Dr. *Ulrich Zimmerli*, Universität Bern

Abkürzungsverzeichnis

a.A.	anderer Ansicht
a.E.	am Ende
a.F	alte Fassung
a.M.	anderer Meinung
aaO.	am angegebenen Ort
ÄAppO	Approbationsordnung für Ärzte
Abg.	Abgeordnete, -n, -r
ABGB	Allgemeines Bürgerliches Gesetzbuch
abgedr.	abgedruckt
abl.	ablehnend(e)
ABl.Bbg	Amtsblatt Brandenburg
ABl.EG	Amtsblatt der Europäischen Gemeinschaften
ABl.EU	Amtsblatt der Europäischen Union
Abs.	Absatz
Abschn.	Abschnitt
Abt.	Abteilung
abw.	abweichend
AcP	Archiv für die civilistische Praxis
AEUV	Vertrag über die Arbeitsweise der Europäischen Union
AFG	Arbeitsförderungsgesetz (Gesetz über die Leistungen und Aufgaben zur Beschäftigungssicherung und zur Förderung des Wirtschaftswachstums)
AfkKR	Archiv für katholisches Kirchenrecht
AfP	Archiv für Presserecht (Zeitschrift für Medien- und Kommunikationsrecht)
AG	Amtsgericht; Die Aktiengesellschaft (Zs.)
AGB	Allgemeine Geschäftsbedingungen
AGG	Allgemeines Gleichbehandlungsgesetz
AGGVG	Ausführungsgesetz zum Gerichtsverfassungsgesetz
AGS	Anwaltsgebühren Spezial [Zs.]
AH-Drucks.	Drucksachen des Abgeordnetenhauses Berlin
AIG	Akteneinsichts- und Informationszugangsgesetz
AK-GG	Kommentar zum Grundgesetz für die Bundesrepublik Deutschland (Reihe Alternativkommentare)
allg. M.	allgemeine Meinung
allg./allgem.	allgemein, -e, -er, -es
ALR	Allgemeines Landrecht für die preußischen Staaten von 1794
Alt.	Alternative
AmtsBl./Amtsbl.	Amtsblatt
Änd.	Änderung

Abkürzungsverzeichnis

Anh.	Anhang
Anm.	Anmerkung
AnwBl.	Anwaltsblatt
AO	Abgabenordnung
AöR	Archiv des öffentlichen Rechts
AP	Arbeitsrechtliche Praxis (Nachschlagewerk des Bundesarbeitsgerichts)
ArbGG	Arbeitsgerichtsgesetz
arg.	argumentum
ARSP	Archiv für Rechts- und Sozialphilosophie
Art.	Artikel
AS RP-SL	Amtliche Sammlung von Entscheidungen der Oberverwaltungsgerichte Rheinland-Pfalz und Saarland
AS	Amtliche Sammlung
AT	Allgemeiner Teil
AufenthG	Aufenthaltsgesetz (Gesetz über den Aufenthalt, die Erwerbstätigkeit und die Integration von Ausländern im Bundesgebiet)
AuR	Arbeit und Recht
AuslG	Ausländergesetz
B.	Beschluß
bad.Verf.	Badische Verfassung
bad.-württ./ baden-württ.Verf.	Baden-württembergische Verfassung
BAföG	Bundesgesetz über individuelle Förderung der Ausbildung (Bundesausbildungsförderungsgesetz)
BAG	Bundesarbeitsgericht
BAGE	Entscheidungen des Bundesarbeitsgerichts
BAnz.	Bundesanzeiger
bay.Verf.	bayerische Verfassung
BayKirchStG	Bayerisches Gesetz über die Erhebung von Steuern durch Kirchen, Religions- und weltanschauliche Gemeinschaften
BayLSozG	Bayerisches Landessozialgericht
BayLStVG	Bayerisches Landesstraf- und Verordnungsgesetz
BayLWG	Bayerisches Gesetz über Landtagswahl, Volksbegehren und Volksentscheid (Landeswahlgesetz)
BayObLG	Bayerisches Oberstes Landesgericht
BayPAG	Gesetz über die Aufgaben und Befugnisse der Bayerischen Staatlichen Polizei
BayPetG	Gesetz über die Behandlung von Eingaben und Beschwerden an den Bayerischen Landtag nach Art. 115 der Verfassung (Bayerisches Petitionsgesetz)
BayRiG	Bayerisches Richtergesetz
BayRS	Bayerische Rechtssammlung

Abkürzungsverzeichnis

BayVBl.	Bayerische Verwaltungsblätter
BayVerf.	Verfassung des Freistaates Bayern
BayVerfGH	Bayerischer Verfassungsgerichtshof
BayVerfGHE	Sammlung von Entscheidungen des Bayerischen Verwaltungsgerichtshofs mit Entscheidungen des Bayerischen Verfassungsgerichtshofs
BayVerfGHG	Bayerisches Gesetz über den Verfassungsgerichtshof
BayVersG	Bayerisches Versammlungsgesetz
BayVGH	Bayerischer Verwaltungsgerichtshof
BayVGHE	Sammlung von Entscheidungen des Bayerischen Verwaltungsgerichtshofs
BayVSG	Bayerisches Verfassungsschutzgesetz
BB	Der Betriebs-Berater
BBesG	Bundesbesoldungsgesetz
BBG	Bundesbeamtengesetz
BbgKVerf	Kommunalverfassung des Landes Brandenburg
BbgNatSchAG	Gesetz über den Naturschutz und die Landschaftspflege im Land Brandenburg (Brandenburgisches Naturschutzgesetz)
BbgRiG	Richtergesetz des Landes Brandenburg
BbgVerfG	Verfassungsgericht des Landes Brandenburg
Bd., Bde.	Band, Bände
BDSG	Bundesdatenschutzgesetz
bearb.	bearbeitet (von ...)
BeckOK	Beck'scher Online-Kommentar
BeckRS	Beck-Rechtsprechung
Begr.	Begründer, Begründung
Beih.	Beiheft
Beil.	Beilage(n)
Bek.	Bekanntmachung
ber.	bereinigt
Berl.Verf.	Berliner Verfassung
BerlVerfGH	Verfassungsgerichtshof des Landes Berlin
betr.	betrifft; betreffend
BGB	Bürgerliches Gesetzbuch
BGBl.	Bundesgesetzblatt
BGH	Bundesgerichtshof
BGHSt	Amtliche Sammlung der Entscheidungen des Bundesgerichtshofs in Strafsachen
BGHZ	Amtliche Sammlung der Entscheidungen des Bundesgerichtshofs in Zivilsachen
BGleiG	Bundesgleichstellungsgesetz (Gesetz zur Gleichstellung von Frauen und Männern in der Bundesverwaltung und in den Gerichten des Bundes)
BHE	Bund der Heimatvertriebenen und Entrechteten
BHO	Bundeshaushaltsordnung

BK/O	Berlin-Kommandantura/Order
BLM	Bayerische Landeszentrale für neue Medien
BMI	Bundesministerium des Innern
BR	Bayerischer Rundfunk
brandenb.Verf.	Verfassung des Landes Brandenburg v. 20.8.1992, GVBl. S. 298, zuletzt geändert durch Gesetz v. 5.12.2013, GVBl.I/Nr. 42.
BR-Drucks.	Drucksache (-n) des Bundesrates
BremPolG	Bremisches Polizeigesetz
Brem.Verf.	Bremische Verfassung
BremStGH	Staatsgerichtshof der Freien Hansestadt Bremen
BremStGHE	Entscheidungen des Staatsgerichtshofs der Freien Hansestadt Bremen
BRK	Behindertenrechtskonvention (Übereinkommen über die Rechte von Menschen mit Behinderungen der Vereinten Nationen)
BRRG	Rahmengesetz zur Vereinheitlichung des Beamtenrechts (Beamtenrechtsrahmengesetz)
BRS	Baurechtssammlung
BS Saar	Sammlung des bereinigten saarländischen Landesrechts
BSG	Bundessozialgericht
BSGE	Entscheidungen des Bundessozialgerichts
BT	Deutscher Bundestag
BT-Drs./ BT-Drucks.	Drucksache (-n) des Deutschen Bundestages
Buchholz	Sammel- und Nachschlagewerk der Rechtsprechung des Bundesverwaltungsgerichts, begründet von Karl Buchholz (Loseblattwerk, 1957 ff.)
BundesnotarO	Bundesnotarordnung
BVerfG	Bundesverfassungsgericht
BVerfGE	Amtliche Sammlung der Entscheidungen des Bundesverfassungsgerichts (ohne Kammerentscheidungen)
BVerfGG	Gesetz über das Bundesverfassungsgericht (Bundesverfassungsgerichtsgesetz)
BVerfGK	Amtliche Sammlung von Kammerentscheidungen des Bundesverfassungsgerichts (2003 bis 2014)
BVerwG	Bundesverwaltungsgericht
BVerwGE	Entscheidungen des Bundesverwaltungsgerichts
BW	Baden-Württemberg
BWahlG	Bundeswahlgesetz
BWVBl.	Verwaltungsblätter für Baden-Württemberg
BWVPr	Baden-Württembergische Verwaltungspraxis
bzw.	beziehungsweise

Abkürzungsverzeichnis

CCPR	International Covenant on Civil and Political Rights
CDU	Christlich Demokratische Union Deutschlands
CR	Computer und Recht
CSU	Christlich-Soziale Union
d.h.	das heißt
DB	Der Betrieb
DBA	Deutsche Bundesakte
DDR	Deutsche Demokratische Republik
DEB	Deutsche Energiehandels- und Beratungsgesellschaft mbH
dens.	denselben
ders.	derselbe
dess.	desselben
DGB	Deutscher Gewerkschaftsbund
dies.	dieselbe, dieselben
Dig.	Digesten
Diss.	Dissertation
DIW	Deutsches Institut für Wirtschaftsforschung
DJT	Deutscher Juristentag
DNotZ	Deutsche Notar-Zeitschrift
Dok.	Dokument
DÖV	Die Öffentliche Verwaltung
DP	Deutsche Partei
DR	Deutsches Recht (1.1931–15.1945) [Ab 9.1939 geteilt])
DR	Deutschlandradio
DRB	Deutscher Richterbund
DRiG	Deutsches Richtergesetz
DRiZ	Deutsche Richterzeitung (1.1909–27.1935; 28.1950 ff.)
Drs./Drucks.	Drucksache (-n)
DRZ	Deutsche Rechts-Zeitschrift
DSchG	Denkmalschutzgesetz
DSG	Gesetz zum Schutz personenbezogener Daten (Brandenburg)
DStJG	Deutsche Steuerjuristische Gesellschaft e.V.
DStR	Deutsches Steuerrecht
dt.	deutsch
DuD	Datenschutz und Datensicherheit (Zs.)
DVBl.	Deutsches Verwaltungsblatt
E	Entscheidung, -en; Entscheidungsband
ebd.	ebenda
EGBGB	Einführungsgesetz zum Bürgerlichen Gesetzbuch vom 18.8.1896
EGGVG	Einführungsgesetz zum Gerichtsverfassungsgesetz

Abkürzungsverzeichnis

EGMR	Europäischer Gerichtshof für Menschenrechte
E-Government-Gesetz	Electronic-Government-Gesetz
EGStGB	Einführungsgesetz zum Strafgesetzbuch
EGStPO	Einführungsgesetz zur Strafprozeßordnung
EGV	Vertrag zur Gründung der Europäischen Gemeinschaft in der bis zum 1.5.1999 geltenden Fassung
EinfG	Einführungsgesetz
Einl.	Einleitung
EKD	Evangelische Kirche Deutschlands
EMRK	Europäische Konvention zum Schutze der Menschenrechte und Grundfreiheiten (Europäische Menschenrechtskonvention)
endg.	endgültig
ENEL/Enel	Ente nazionale per l'energia elettrica
engl.	englisch
EnzEuR	Enzyklopädie Europarecht
EP	Europäisches Parlament
ErbStG	Erbschaftsteuer- und Schenkungsteuergesetz
Erl.	Erläuterung
Erstbearb.	Erstbearbeitung
Erw.	Erwägung(en)
ESC	Europäische Sozialcharta
EStG	Einkommensteuergesetz
ESVGH	Entscheidungssammlung des Hessischen und des Württemberg-Badischen Verwaltungsgerichtshofes
etc.	et cetera
EU	Europäische Union; Vertrag über die Europäische Union in der nach dem 1.5.1999 geltenden Fassung
EuG	Europäischer Gerichtshof erster Instanz
EuGH	Gerichtshof der Europäischen Union/Gerichtshof der Europäischen Gemeinschaften
EuGRZ	Europäische Grundrechte-Zeitschrift
EuR	Europarecht (Zs.)
EUV	Vertrag über die Europäische Union/EUV Vertrag über die Europäische Union in der bis zum 1.5.1999 geltenden Fassung
EUV/AEUV	Vertrag über die Europäische Union und Vertrag über die Arbeitsweise der Europäischen Union
EUV/EGV	Vertrag über die Europäische Union und Vertrag zur Gründung der Europäischen Gemeinschaft
e.V.	eingetragener Verein
EV	Einigungsvertrag (Vertrag zwischen der Bundesrepublik Deutschland und der Deutschen Demokratischen Republik über die Herstellung der Einheit Deutschlands)

Abkürzungsverzeichnis

f.	folgende, -r, -s; für
FamFG	Gesetz über das Verfahren in Familiensachen und in den Angelegenheiten der freiwilligen Gerichtsbarkeit
FamRZ	Zeitschrift für das gesamte Familienrecht
FAZ	Frankfurter Allgemeine Zeitung
FDP/DVP	Freie Demokratische Partei/Deutsche Volkspartei
ff.	folgende
FG	Festgabe; Finanzgericht
FGO	Finanzgerichtsordnung
FN	Fußnote(n)
FS	Festschrift
FU	Freie Universität (Berlin)
G	Gesetz
GBl.	Gesetzblatt
GewArch.	Gewerbearchiv (1.1955 ff.)
GewO	Gewerbeordnung
GG	Grundgesetz
ggf.	gegebenenfalls
GK	Große Kammer (EGMR)/Große Kammer (EuGH); Genfer Konvention
GmbH	Gesellschaft mit beschränkter Haftung
GmbHG	Gesetz betreffend die Gesellschaften mit beschränkter Haftung
GO	Gemeindeordnung; Geschäftsordnung
GOBT	Geschäftsordnung des Deutschen Bundestages
GR	Die Grundrechte. Handbuch der Theorie und Praxis der Grundrechte. 4 Bde., hg. von Karl August Bettermann u. a. (s. im Literaturverzeichnis)
GRCh/GR-Charta	Charta der Grundrechte der Europäischen Union (EU-Grundrechte-Charta)
GS	Gedächtnisschrift, Gesetzessammlung
GstG	Gleichstellungsgesetz
GUE/NGL	Vereinigte Europäische Linke/Nordische Grüne Linke
GV	Gesetz- und Verordnungsblatt
GVBl.	Gesetzes- und Verordnungsblatt
GVG	Gerichtsverfassungsgesetz
GVOBl.	Gesetz- und Verordnungsblatt
GWB	Gesetz gegen Wettbewerbsbeschränkungen
H.	Heft
HAG	Heimarbeitsgesetz
Halbbd.	Halbband
Halbs.	Halbsatz
Hamb.Verf.	Verfassung der Freien und Hansestadt Hamburg

Abkürzungsverzeichnis

HandwO	Handwerksordnung
HChE	Entwurf des Verfassungskonvents von Herrenchiemsee, Herrenchiemseer Entwurf
HdbPolR	Handbuch des Polizeirechts
HdbStKirchR	Handbuch des Staatskirchenrechts
HdbVerfR	Handbuch des Verfassungsrechts der Bundesrepublik Deutschland
HdWW	Handwörterbuch der Wirtschaftswissenschaft, 9 Bde. und Ergänzungsbd., 1977 ff., hg. von Willi Albers, Karl Erich Born u. a.
HeimG	Heimgesetz
hess.Verf.	Hessische Verfassung
HessStGH	Hessischer Staatsgerichtshof
HessVGH	Hessischer Verwaltungsgerichtshof
Hg.	Herausgeber
hg.	herausgegeben
HGR	Handbuch der Grundrechte in Deutschland und Europa
HGrG	Haushaltsgrundsätzegesetz
h.L.	herrschende Lehre
HmbJVBl.	Hamburger Justiz- und Verordnungsblatt
HOAI	Honorarordnung für Architekten und Ingenieure
HRG	Handwörterbuch zur deutschen Rechtsgeschichte
HRG	Hochschulrahmengesetz
HRP	Volkspartei der Arbeit (Türkei)
HRRS	Online-Zeitschrift für Höchstrichterliche Rechtsprechung im Strafrecht
HSG	Hochschulgesetz [Schleswig-Holstein]
HStR	Handbuch des Staatsrechts, 10 Bde., hg. von Josef Isensee und Paul Kirchhof (s. im Literaturverzeichnis)
HVerfR	Handbuch des Verfassungsrechts der Bundesrepublik Deutschland, hg. von Ernst Benda, Werner Maihofer und Hans-Jochen Vogel (s. im Literaturverzeichnis)
HZ	Historische Zeitschrift
ibid.	ibidem (ebenda)
i.d.F.	in der Fassung
i.e.	id est
i.E.	im Erscheinen
i.e.S.	im engeren Sinne
IHK	Industrie- und Handelskammer
incl.	inclusive, einschließlich
insb.	insbesondere
IPbürgR	Internationaler Pakt über bürgerliche und politische Rechte vom 19.12.1966 (BGBl. 1973 II S. 1534)

Abkürzungsverzeichnis

IPE	Handbuch Ius Publicum Europaeum, hg. von Armin von Bogdandy/Peter M. Huber (s. im Literaturverzeichnis)
IPWSKR	Internationaler Pakt über wirtschaftliche, soziale und kulturelle Rechte
IRG	Gesetz über die internationale Rechtshilfe in Strafsachen (Internationales Rechtshilfegesetz)
i.S.	im Sinne
i.S.d.	im Sinne des/der
i.V.m.	in Verbindung mit
iur.	iuris
i.w.S.	im weiteren Sinne
IZG	Informationszugangsgesetz [Schleswig-Holstein]
JA	Juristische Arbeitsblätter
Jb.	Jahrbuch, Jahrbücher
JBl.	1. Juristische Blätter (61.1932ff.), vereinigt mit Gerichts-Zeitung (1.1872-67.1938; 68.1946ff.), 2. Justizblatt
JbSächsOVG	Jahrbücher des Sächsischen Oberverwaltungsgerichts
Jg.	Jahrgang
JGG	Jugendgerichtsgesetz
Jh.	Jahrhundert
j.L.	jüngere Linie [Reuß]
JöR	Jahrbuch des öffentlichen Rechts der Gegenwart
JR	Juristische Rundschau
JüdKultG NW	Gesetz über die jüdischen Kultusgemeinden im Lande Nordrhein-Westfalen
JuFöG	Erstes Gesetz zur Ausführung des Kinder- und Jugendhilfegesetzes (Jugendförderungsgesetz) [Schleswig-Holstein]
Jura	Juristische Ausbildung
JuS	Juristische Schulung
JW	Juristische Wochenschrift
JZ	Juristenzeitung
Kap.	Kapitel
KapVO	Kapazitätsverordnung(en)
KG	Kammergericht; Kommanditgesellschaft
KiFöG	Gesetz zur Förderung von Kindern unter drei Jahren in Tageseinrichtungen und in Kindertagespflege (Kinderförderungsgesetz)
KirchE	Entscheidungen in Kirchensachen (seit 1946)
KirchStG NW	Kirchensteuergesetz Nordrhein-Westfalen
KiSchG LSA	Kinderschutzgesetz des Landes Sachsen-Anhalt
KiTaG	Kindertagesbetreuungsgesetz [Schleswig-Holstein]

Abkürzungsverzeichnis

KJ	Kritische Justiz
KOM	Europäische Kommission (Dokumente)
KPD	Kommunistische Partei Deutschlands
krit.	kritisch
KritV	Kritische Vierteljahresschrift für Gesetzgebung und Rechtswissenschaft
KuR	Kirche & Recht
KWahlG	Kommunalwahlgesetz [Nordrhein-Westfalen]
L	Lex/Leges
l. Sp.	linke Spalte
LAG	Gesetz über den Lastenausgleich (Lastenausgleichsgesetz); Landesarbeitsgericht
LBGG	Landesbehindertengleichstellungsgesetz [Schleswig-Holstein]/[Mecklenburg-Vorpommern]
LDP	Liberal-Demokratische Partei
LEG	Ländereinführungsgesetz (DDR-Volkskammer)
LER	Lebensgestaltung – Ethik – Religionskunde
Lfg.	Lieferung
LG	Landgericht
LGVBl.	Gesetz- und Verordnungsblatt für das Land Rheinland-Pfalz
LHG	Landeshochschulgesetz [Mecklenburg-Vorpommern]
lit.	littera
LitVerz.	Literaturverzeichnis
LKRZ	Zeitschrift für Landes- und Kommunalrecht Hessen/Rheinland-Pfalz/Saarland
LKV	Landes- und Kommunalverwaltung
Ls.	Leitsatz
LSG	Landessozialgericht
lt.	laut
Ltd.	Limited
LT-Drs./LT-Drucks.	Landtagsdrucksache
LVerfG	Landesverfassungsgericht
LVerfGE	Entscheidungen der Verfassungsgerichte der Länder Baden-Württemberg, Berlin, Brandenburg, Bremen, Hamburg, Hessen, Mecklenburg-Vorpommern, Niedersachsen, Saarland, Sachsen, Sachsen-Anhalt, Thüringen
LVerfGG	Landesverfassungsgerichtsgesetz
LWahlG	Wahlgesetz für den Landtag von Schleswig-Holstein
LwKG	Gesetz über die Landwirtschaftskammer Schleswig-Holstein

Abkürzungsverzeichnis

m.	mit
MBG	Mitbestimmungsgesetz [Schleswig-Holstein]
MDR	Monatsschrift für Deutsches Recht
m.E.	meines Erachtens
m.H.	mit Hinweis(en)
m.N.	mit Nachweis(en)
m.w.H.	mit weiteren Hinweisen
m.w.N.	mit weiteren Nachweisen
m.z.H.	mit zahlreichen Hinweisen
m.z.N.	mit zahlreichen Nachweisen
N., Nachw.	Nachweis, -e
NatSchAG	Naturschutzausführungsgesetz [Brandenburg]
ND	Neudruck, Nachdruck
Nds.	Niedersachsen; niedersächsisch
NdsGVBl.	Niedersächsisches Gesetz- und Verordnungsblatt
NdsStGH	Niedersächsischer Staatsgerichtshof
NdsVBl.	Niedersächsische Verwaltungsblätter
n.F.	neue(r) Fassung
NF	Neue Folge
nieders.Verf.	Niedersächsische Verfassung vom 19.Mai 1993
NJ	Neue Justiz
NJW	Neue Juristische Wochenschrift
NJW-RR	Neue Juristische Wochenschrift, Rechtsprechungs-Report Zivilrecht
No.; Nro.	Numero
NordÖR	Zeitschrift für öffentliches Recht in Norddeutschland
nordrh.-westf.Verf.	Verfassung für das Land Nordrhein-Westfalen vom 28. Juni 1950
NPD	Nationaldemokratische Partei Deutschlands
Nr.	Nummer
NRW	Nordrhein-Westfalen
NS-	nationalsozialistisch
NStGHG	Niedersächsisches Gesetz über den Staatsgerichtshof
NStZ	Neue Zeitschrift für Strafrecht
NStZ-RR	Neue Zeitschrift für Strafrecht – Rechtsprechungsreport
NuR	Natur und Recht
NVwZ	Neue Zeitschrift für Verwaltungsrecht
NVwZ-RR	Neue Zeitschrift für Verwaltungsrecht. Rechtsprechungs-Report
NW	Nordrhein-Westfalen
NWVBl.	Nordrhein-Westfälische Verwaltungsblätter
NZA	Neue Zeitschrift für Arbeits- und Sozialrecht
NZG	Neue Zeitschrift für Gesellschaftsrecht

Abkürzungsverzeichnis

NZS	Neue Zeitschrift für Sozialrecht
NZV	Neue Zeitschrift für Verkehrsrecht
öarr	Österreichiches Archiv für recht & religion
OECD	Organisation für wirtschaftliche Zusammenarbeit und Entwicklung (Organisation for Economic Co-operation and Development)
OHG	Offene Handelsgesellschaft
o.J.	ohne Jahresangabe
OLG	Oberlandesgericht
OMGUS	Office of Military Government for Germany, United States
OSZE	Organisation für Sicherheit und Zusammenarbeit in Europa
OVG	Oberverwaltungsgericht
OVGE	Entscheidungen der Oberverwaltungsgerichte für das Land Nordrhein-Westfalen in Münster sowie für die Länder Niedersachsen und Schleswig-Holstein in Lüneburg
para.	Paragraph
ParlProt.	Parlamentsprotokoll
ParteienG/PartG	Gesetz über die politischen Parteien (Parteiengesetz)
PartGG	Partnerschaftsgesellschaftsgesetz
PersR	Der Personalrat (Zs.)
PersV	Die Personalvertretung (Zs.)
PersVG	Personalvertretungsgesetz [Berlin]
PetBüG	Petitions- und Bürgerbeauftragtengesetz [Mecklenburg-Vorpommern]
PetG	Petitionsgesetz
PGB II	Pflegegesetzbuch Schleswig-Holstein – Zweites Buch –
Plen.Prot.	Plenarprotokoll
POG	Polizeiorganisationsgesetz
PolG	Polizeigesetz
pp.	perge, perge (lat., „fahre fort, fahre fort")
pr.ALR/PrALR	Allgemeines Landrecht für die preußischen Staaten
PrGS	Preußische Gesetzsammlung
PrOVGE	Amtliche Sammlung der Entscheidungen des Preußischen Oberverwaltungsgerichts
r. Sp.	rechte Spalte
rd.	rund, gerundet
RdA	Recht der Arbeit
RdJB	Recht der Jugend und des Bildungswesens
Red.	Redaktion
RegBl.	Regierungsblatt

Abkürzungsverzeichnis

Reichsverf.	Reichsverfassung
RelGemKVG HA	(Hamburgisches) Gesetz über die Verleihung der Rechte einer Körperschaft des öffentlichen Rechts an Religionsgesellschaften und und Weltanschauungsvereinigungen
resp.	respektive
Rez.	Rezension
RG	Reichsgericht
RGBl.	Reichsgesetzblatt
RGZ	Entscheidungen des Reichsgerichts in Zivilsachen
rheinl.-pf.Verf.	Verfassung für Rheinland-Pfalz vom 18. Mai 1947
RN	Randnummer
RP	Rheinland-Pfalz
Rs.	Rechtssache
Rspr.	Rechtsprechung
RStGB	Reichsstrafgesetzbuch (Strafgesetzbuch für das Deutsche Reich)
RTh	Regierungsblatt für das Land Thüringen
RuP	Recht und Politik
RuStAG	Reichs- und Staatsangehörigkeitsgesetz
RVO	Reichsversicherungsordnung
RZ	Randzeichen
S.	Seite
s.	siehe
s.a.	siehe auch
Saarl.	Saarland
saarl.Verf.	Verfassung des Saarlandes
SaarlVerfGH	Verfassungsgerichtshof des Saarlandes
SachsAnhVerf./ sachs.-anh.Verf.	Verfassung des Landes Sachsen-Anhalt v. 16.7.1992
SächsGemO	Gemeindeordnung für den Freistaat Sachsen
SächsGVBl.	Sächsisches Gesetz- und Verordnungsblatt
SächsRiG	Richtergesetz des Freistaates Sachsen
SächsVBl.	Sächsische Verwaltungsblätter
SächsVerf./sächs.Verf.	Verfassung des Freistaates Sachsen v. 27.5.1992
SächsVerfGH	Verfassungsgerichtshof des Freistaates Sachsen
SächsVerfGHE	Entscheidungen des Verfassungsgerichtshofes des Freistaates Sachsen
SächsVerfGHG	Gesetz über den Verfassungsgerichtshof des Freistaates Sachsen
SbStG	Selbstbestimmungsstärkungsgesetz [Schleswig-Holstein]
SBZ	Sowjetische Besatzungszone
sc.; scil.	scilicet
schleswig-holst.Verf.	Verfassung Schleswig-Holsteins i.d.F. v. 2.12.2014 (GVOBl. S. 344, ber. GVOBl. 2015, S. 41).

Abkürzungsverzeichnis

SchulG	Schulgesetz
SED	Sozialistische Einheitspartei Deutschlands
SG	Soldatengesetz; Sozialgericht
SGB	Sozialgesetzbuch
SGB I	Sozialgesetzbuch, Erstes Buch: Allgemeiner Teil
SGB II	Sozialgesetzbuch, Zweites Buch: Grundsicherung für Arbeitsuchende
SGB III	Sozialgesetzbuch, Drittes Buch: Arbeitsförderung
SGB V	Sozialgesetzbuch, Fünftes Buch: Gesetzliche Krankenversicherung
SGB VI	Sozialgesetzbuch, Sechstes Buch: Gesetzliche Rentenversicherung
SGB VIII	Sozialgesetzbuch, Achtes Buch: Kinder- und Jugendhilfe
SGB IX	Sozialgesetzbuch, Neuntes Buch: Rehabilitation und Teilhabe behinderter Menschen
SGB XI	Sozialgesetzbuch, Elftes Buch: Pflegeversicherung
SGB XII	Sozialgesetzbuch, Zwölftes Buch: Sozialhilfe
SGG	Sozialgerichtsgesetz
SJZ	Süddeutsche Juristenzeitung
Slg.	Sammlung
SOG LSA	Gesetz über die öffentliche Sicherheit und Ordnung des Landes Sachsen-Anhalt
s.o.	siehe oben
sog.	sogenannte, -r
SozR	Sozialrecht. Rechtsprechung und Schrifttum, bearbeitet von den Richtern des Bundessozialgerichts
Sp.	Spalte
SPD	Sozialdemokratische Partei Deutschlands
SSW	Südschleswigscher Wählerverband
st. Rspr.	ständige Rechtsprechung
st.	ständig, -e, -er, es
StAnz.	Staats-Anzeiger/Staatsanzeiger
stellv.	stellvertretend
Sten. Ber.	Stenographischer Bericht, Stenographische Berichte
StGB	Strafgesetzbuch
StGH	Staatsgerichtshof
StGHE	Entscheidungen des Staatsgerichtshofes
StGHG	Staatsgerichtshofgesetz
StPO	Strafprozeßordnung
StVG	Sraßenverkehrsgesetz
s.u.	siehe unten
SWG	Sorben/Wenden-Gesetz
T	Tribunal (EuG)
ThHStAW	Thüringisches Hauptstaatsarchiv Weimar

Abkürzungsverzeichnis

Thl	Thüringer Landbund
thür.Verf.	Verfassung des Freistaats Thüringen v. 25.10.1993
Thür.VerfGH	Thüringer Verfassungsgerichtshof
ThürKO	Thüringer Kommunalordnung
ThürVBl.	Thüringer Verwaltungsblätter
ThürVGRspr.	Rechtsprechung der Thüringer Verwaltungsgerichte
TTG	Tariftreue- und Vergabegesetz [Schleswig-Holstein]
TV	Tarifvertrag; Television
Tz.	Teilzeichen
u.	und; unten; unter
u.ä.	und ähnliche, -s
u.a.	und andere; unter anderem; und anderswo
UAbs.	Unterabsatz
u.a.m.	und andere(s) mehr
U-Haft	Untersuchungshaft
UIG	Umweltinformationsgesetz
UN	United Nations (Vereinte Nationen)
UN-Doc./ U.N. Doc.	United Nations Document
Unionsverf.	Unionsverfassung
u.ö.	und öfter
Urt.	Urteil
Urteilsanm.	Urteilsanmerkung
U.S.; US	United States
U.S.A	United States of America
UStG	Umsatzsteuergesetz
usw.	und so weiter
u.U.	unter Umständen
v.	versus; von, vom
v.a.	vor allem
VBl.	Verordnungsblatt
VBlBW	Verwaltungsblätter für Baden-Württemberg
Verb.	Verbindung
verb.	verbundene
VereinsG	Vereinsgesetz; Gesetz zur Regelung des öffentlichen Vereinsrechts
Verf.	Verfasser; Verfassung
VerfE	Verfassungsentwurf
VerfEU	Vertrag über eine Verfassung für Europa
VerfG	Verfassungsgericht
VerfGH	Verfassungsgerichtshof
VerfGHG	Verfassungsgerichtshofsgesetz
VersammlG/VersG	Versammlungsgesetz
VerwArch.	Verwaltungsarchiv
VerwRspr.	Verwaltungsrechtsprechung in Deutschland

Abkürzungsverzeichnis

VfGHG	Gesetz über den Bayerischen Verfassungsgerichtshof
VG	Verwaltungsgericht
VGH	Verwaltungsgerichtshof
vgl.	vergleiche
v.H.	vom Hundert
VO	Verordnung
VOBl. BZ	Verordnungsblatt für die britische Zone
VOBl.	Verordnungsblatt
Vol.	Volume
Vorb.; Vorbem.	Vorbemerkung, -en
Vorl.	Vorlage; Vorläufiges [Verfassungsgesetz]
VR	Verwaltungsrundschau
VRS	Verkehrsrechts-Sammlung
vs.	versus
VvB	Verfassung von Berlin [im Zitat]
VVDStRL	Veröffentlichungen der Vereinigung der Deutschen Staatsrechtslehrer
VwGO	Verwaltungsgerichtsordnung
VwVfG	Verwaltungsverfahrensgesetz
VwVG	Verwaltungsvollstreckungsgesetz
WA	Westdeutsche Arbeitsrechtsprechung
WiR	Wirtschaftsrecht (Zs.)
WissR	Wissenschaftsrecht, Wissenschaftsverwaltung, Wissenschaftsförderung – Zeitschrift für Recht und Verwaltung der wissenschaftlichen Hochschulen und der wissenschaftspflegenden und -fördernden Organisationen und Stiftungen
w.N.	weitere Nachweise
WRV	Weimarer Reichsverfassung
WSA	Wiener Schlußakte (1820)
württ.-bad.Verf.	Verfassung von Württemberg-Baden
württ.-hohenl.Verf.	Verfassung von Württemberg-Hohenlohe
WuW	Wirtschaft und Wettbewerb (Zs.)
zahlr.	zahlreich, -e
ZaöRV	Zeitschrift für ausländisches öffentliches Recht und Völkerrecht
ZAR	Zeitschrift für Ausländerrecht und Ausländerpolitik
z.B.	zum Beispiel
ZBayLG	Zeitschrift für bayerische Landesgeschichte
ZBR	Zeitschrift für Beamtenrecht
ZDF	Zweites Deutsches Fernsehen
ZEV	Zeitschrift für Erbrecht und Vermögensnachfolge
ZevKR	Zeitschrift für evangelisches Kirchenrecht

Abkürzungsverzeichnis

ZfA	Zeitschrift für Arbeitsrecht
ZfB	Zeitschrift für Bergrecht
ZG	Zeitschrift für Gesetzgebung
ZHF	Zeitschrift für Historische Forschung
ZHG	Gesetz über die Ausübung der Zahnheilkunde
Ziff.	Ziffer
Zit.	Zitat
zit.	zitiert
ZK	Zentralkomitee
ZNR	Zeitschrift für Neuere Rechtsgeschichte
ZÖR	Zeitschrift für öffentliches Recht
ZP	Zusatzprotokoll (EMRK)
ZParl	Zeitschrift für Parlamentsfragen
ZPO	Zivilprozeßordnung
ZRG (GA)	Zeitschrift der Savigny-Stiftung für Rechtsgeschichte (Germanistische Abteilung)
ZRP	Zeitschrift für Rechtspolitik
ZRph	Zeitschrift für Rechtsphilosophie
ZSR	Zeitschrift für Sozialreform; Zeitschrift für Schweizerisches Recht
ZStW	Zeitschrift für die gesamte Staatswissenschaft
z.T.	zum Teil
ZTR	Zeitschrift für Tarifrecht
zul.	zuletzt
ZUM	Zeitschrift für Urheber- und Medienrecht
ZUM-RD	Zeitschrift für Urheber- und Medienrecht – Rechtsprechungsdienst
zust.	zustimmend
zutr.	zutreffend
ZVglRWiss	Zeitschrift für Vergleichende Rechtswissenschaft

Literaturverzeichnis
(Nachweis häufig zitierter Werke)

Alexy, Robert	Theorie der Grundrechte, 1986.
Alternativkommentar zum Grundgesetz	siehe *Denninger, Erhard* u.a. (Hg.).
Anschütz, Gerhard	Die Verfassung des deutschen Reichs, ^{14}1933.
Arnauld, Andreas von	Völkerrecht, ^{2}2014.
Badura, Peter	Staatsrecht, ^{6}2015.
Barschel, Uwe/Gebel, Volkram	Landessatzung für Schleswig-Holstein, Neumünster 1976.
Bauer, Hartmut/Peine, Franz-Joseph (Hg.)	Landesrecht Brandenburg, ^{2}2011.
Baumann-Hasske, Harald/Kunzmann, Bernd (Hg.)	Die Verfassung des Freistaates Sachsen – Kommentar, ^{3}2011.
Becker, F./Brüning, C.	Öffentliches Recht in Schleswig-Holstein, 2014.
Benda, Ernst/Maihofer, Werner/Vogel, Hans-Jochen (Hg.)	Handbuch des Verfassungsrechts der Bundesrepublik Deutschland, ^{2}1995.
Benda, Ernst/Klein, Eckart/Klein, Oliver	Verfassungsprozessrecht, ^{3}2012.
Bendig, Sabine	Gewährt die Verfassung des Landes Brandenburg den Sorben einen Grundrechtsschutz vor Umsiedlungen?, NJ 1998, S. 169 ff.
Berliner Kommentar zum Grundgesetz	siehe *Friauf, Karl Heinrich* u.a. (Hg.).
Bernhardt, Rudolf (Hg.)	Encyclopedia of Public International Law (EPIL), Vol. I, Amsterdam u.a. 1992; Vol. II, 1995; Vol. III, 1997; Vol. IV, 2000.
Bernsdorff, Norbert/Borowsky, Martin	Die Charta der Grundrechte der Europäischen Union, Handreichungen und Sitzungsprotokolle, 2002.
Bettermann, Karl August	Grenzen der Grundrechte, ^{2}1976.
Bettermann, Karl August/Neumann, Franz L./Nipperdey, Hans Carl/Scheuner, Ulrich (Hg.)	Die Grundrechte, Bd. I, Halbbd. 1, 1966; Bd. I, Halbbd. 2, 1967; Bd. II, 1954; Bd. III, Halbbd. 1, 1958; Bd. III, Halbbd. 2, 1959; Bd. IV, Halbbd. 1, 1960; Bd. IV, Halbbd. 2, 1962.

Literaturverzeichnis

Blackstein, Ylva	Das Landesverfassungsgericht von Schleswig-Holstein, (Diss. iur. Kiel 2014) 2014.
Bleckmann, Albert	Staatsrecht II – Die Grundrechte, ⁴1997.
Böckenförde, Ernst-Wolfgang	Die sozialen Grundrechte im Verfassungsgefüge, in: ders./Jürgen Jekewitz/Thilo Ramm (Hg.), Soziale Grundrechte, 1981, S. 7 ff.
Boehl, Henner Jörg	Verfassunggebung im Bundesstaat, 1997.
Bogdandy, Armin von/ Bast, Jürgen (Hg.)	Europäisches Verfassungsrecht. Theoretische und dogmatische Grundzüge, ²2009.
Bogdandy, Armin von/Cassese, Sabino/Cruz Villalón, Pedro/ Grabenwarter, Christoph/ Huber, Peter Michael (Hg.)	Handbuch Ius Publicum Europaeum, Bd. I: Grundlagen und Grundzüge staatlichen Verfassungsrechts, 2007; Bd. II: Offene Staatlichkeit – Wissenschaft vom Verfassungsrecht, 2008; Bd. III: Grundlagen staatlichen Verwaltungsrechts, 2009; Bd. IV: Verwaltungsrecht in Europa: Wissenschaft, 2011; Bd. V: Verwaltungsrecht in Europa: Grundzüge, 2014; Bd. VI: Verfassungsgerichtsbarkeit in Europa: Institutionen, 2016.
Bohn, Bastian	Das Verfassungsprozessrecht der Popularklage – zugleich eine Untersuchung der Rechtsprechung des Bayerischen Verfassungsgerichtshofs der Jahre 1995 bis 2011, 2012.
Bonner Kommentar zum Grundgesetz	siehe *Kahl, Wolfgang* u.a. (Hg.).
Brandt, Edmund/Schinkel, Manfred-Carl (Hg.)	Staats- und Verwaltungsrecht für Niedersachsen, 2002.
Braun, Klaus	Kommentar zur Verfassung des Landes Baden-Württemberg, 1984.
Bremische Bürgerschaft (Hg.)	50 Jahre Landesverfassung der Freien Hansestadt Bremen, Bremen 1997.
Brenne, Anke	Soziale Grundrechte in den Landesverfassungen, 2003.
Bretzinger, Otto N. (Hg.)	Staats- und Verwaltungsrecht für Baden-Württemberg, 1991.
Brocker, Lars/Droege, Michael/Jutzi, Siegfried (Hg.)	Verfassung für Rheinland-Pfalz, ²2014.

Literaturverzeichnis

Brosig, Rudolph	Die Verfassung des Saarlandes. Entstehung und Entwicklung, 2001.
Brünneck Alexander von/ Peine, Franz Joseph	Staats- und Verwaltungsrecht für Brandenburg, 2004.
Brünneck, Wiltraut von	Die Verfassung des Landes Hessen vom 1. Dezember 1946, JöR 3 (1952), S. 213 ff.
Bull, Hans Peter	Die Verfassungsentwicklung in Schleswig-Holstein seit 1980, in: JöR N.F. Bd. 51 (2003), S. 489 ff.
Calliess, Christian/Ruffert, Matthias (Hg.)	EUV/EGV. Das Verfassungsrecht der Europäischen Union mit Europäischer Grundrechtecharta, Kommentar, ^{3}2007; EUV/AEUV. Kommentar, ^{4}2011.
Campenhausen, Axel Freiherr von/de Wall, Heinrich	Staatskirchenrecht, ^{4}2006.
Cancik, Pascale	Die Verfassungsentwicklung in Hessen, in: JöR N.F. Bd. 51 (2003), S. 271 ff.
Caspar, Johannes	Verfassung des Landes Schleswig-Holstein, 2006.
ders.	Kompetenzen des Landesverfassungsgerichts im Schnittfeld zwischen Bundes- und Landesrecht – Zur Errichtung des Schleswig-Holsteinischen Verfassungsgerichts, NordÖR 2008, S. 193 ff.
Caspar, Johannes/Ewer, Wolfgang/Nolte, Martin/ Waack, Hans J.	Kommentar zur Verfassung des Landes Schleswig-Holstein, 2006.
Classen, Claus Dieter/Litten, Rainer/Wallerath, Maximilian (Hg.)	Verfassung des Landes Mecklenburg-Vorpommern, ^{2}2015.
Clausen, Harald	Landesverfassungsbeschwerde und Bundesstaatsgewalt, 2000.
Coelln, Christian von	Anwendung von Bundesrecht nach Maßgabe der Landesgrundrechte?, 2001.
Dästner, Christian	Die Verfassung des Landes Nordrhein-Westfalen, Kommentar, ^{2}2002.
Dauses, Manfred A. (Hg.)	Handbuch des EU-Wirtschaftsrechts, Loseblatt, 2003 ff.
David, Klaus	Verfassung der Freien und Hansestadt Hamburg, ^{2}2004.

Literaturverzeichnis

Degenhart, Christoph	15 Jahre Verfassung des Freistaates Sachsen: Erwartungen, Entwicklungslinien, Herausforderungen, in: SächsVBl. 2007, S. 201 ff.
Degenhart, Christoph/ Meissner, Claus (Hg)	Handbuch der Verfassung des Freistaates Sachsen, 1997.
Dehoust, Matthias/ Nagel, Peter/Umbach, Peter	Die Sächsische Verfassung – Einführung und Erläuterung, 2011.
Denninger, Erhard/ Hoffmann-Riem, Wolfgang/ Schneider, Hans-Peter/ Stein, Ekkehart (Hg.)	Kommentar zum Grundgesetz für die Bundesrepublik Deutschland (AK-GG), Loseblattwerk, ³2001 ff., Stand: 2002.
Die Grundrechte (GR)	siehe *Bettermann, Karl August* u. a. (Hg.).
Dietlein, Johannes	Das Verhältnis von Bundes- und Landesverfassungsrecht, in: Präsident des Verfassungsgerichtshofs für das Land Nordrhein-Westfalen (Hg.), Verfassungsgerichtsbarkeit in Nordrhein-Westfalen, 2002, S. 223 ff.
ders.	Die Grundrechte in den Verfassungen der neuen Bundesländer, 1993.
ders.	Landesverfassungsbeschwerde und Einheit des Bundesrechts – Zu den Kontrollbefugnissen der Landesverfassungsgerichte im Rahmen des „Urteilsverfassungsbeschwerdeverfahrens", NVwZ 1994, S. 6 ff.
Dietlein, Johannes/Burgi, Martin /Hellermann, Johannes (Hg.)	Öffentliches Recht in Nordrhein-Westfalen, ⁵2014.
Dietmar, Martina	Die Grundrechte der nordrhein-westfälischen Landesverfassung im Verhältnis zu den Grundrechten des Grundgesetzes (Diss. Köln), 1999.
Domcke, Hans	Zur Fortgeltung der Grundrechte der Bayerischen Verfassung, in: Verfassung und Verfassungsrechtsprechung. Festschrift zum 25-jährigen Bestehen des Bayerischen Verfassungsgerichtshofs, 1972, S. 311 ff.
Drehwald, Suzanne/Jestaedt, Christoph	Sachsen als Verfassungsstaat, 1998.
Dreier, Horst	Grundrechtsschutz durch Landesverfassungsgerichte, 2000.

Literaturverzeichnis

Dreier, Horst (Hg.)	Grundgesetz, Bd. I (Präambel, Art. 1–19), ³2013; Bd. II (Art. 20–82), ³2015; Bd. II Supplementum, 2007; Bd. III (Art. 83–146), 2000, ²2008; Supplementum 2010, 2010.
Driehaus, Hans-Joachim	Verfassung von Berlin, ³2009.
Ehlers, Dirk (Hg.)	Europäische Grundrechte und Grundfreiheiten, ⁴2014.
Ehlers, Dirk/Fehling, Michael/ Pünder, Hermann (Hg.)	Besonderes Verwaltungsrecht, Bd. 1, ³2012; Bd. 2, ³2013.
Eichel, Hans/Möller, Klaus Peter (Hg.)	50 Jahre Verfassung des Landes Hessen – Eine Festschrift, 1997.
Eichenhofer, Eberhard	Sozialrecht der EU, ³2006.
Encyclopedia of Public International Law (EPIL)	Siehe *Bernhard, Rudolf* (Hg.).
Engelken, Klaas	Ergänzungsband zu: Braun, Kommentar zur Verfassung des Landes Baden-Württemberg, 1997.
Epping, Volker/Butzer, Hermann/Brosius-Gersdorf, Frauke/Haltern, Ulrich/Mehde, Veith/Wächter, Kay (Hg.)	Hannoverscher Kommentar zur Niedersächsischen Verfassung, 2012.
Epping, Volker/Hillgruber, Christian (Hg.),	Grundgesetz, Kommentar, ²2013.
Faisst, Sabine N.	Minderheitenschutz im Grundgesetz und in den Landesverfassungen, 2000.
Fassbender, Bardo	Auswärtige Zuständigkeiten bundesstaatlicher Gliedstaaten: Die Entstehung des Prinzips der dynamischen Verweisung im Zeitalter der Gründung des Deutschen Reiches (1866–1871), in: JöR N.F. Bd. 53 (2005), S. 207 ff.
Feuchte, Paul	Verfassungsgeschichte von Baden-Württemberg, Bd. 1, 1983.
ders. (Hg.)	Verfassung des Landes Baden-Württemberg, Kommentar. Stuttgart u. a. 1987.
Fiedler, Wilfried	Die Rückgliederungen des Saarlandes an Deutschland – Erfahrungen für die Zusammenarbeit zwischen Bundesrepublik Deutschland und DDR?, JZ 1990, S. 668 ff.

Literaturverzeichnis

Fisahn, Andreas/ Bovenschulte, Andreas	Die Verfassung der Freien Hansestadt Bremen, in: Andreas Fisahn (Hg.), Bremer Recht. Einführung in das Staats- und Verwaltungsrecht der Freien Hansestadt Bremen, Bremen 2002.
Fischer, Peter Christian	Staatszielbestimmungen in den Verfassungen und Verfassungsentwürfen der neuen Bundesländer, Diss. München 1993, 1994.
Fischer-Lescano, Andreas/ Rinken, Alfred/Buse, Karen/ Meyer, Ilsemarie/Stauch, Matthias /Weber, Christian	Kommentar zur Verfassung der Freien Hansestadt Bremen, 2016.
Franke, Dietrich/ Hofmann, Rainer	Nationale Minderheiten – ein Thema für das Grundgesetz?, EuGRZ 1992, S. 401 ff.
Franke, Dietrich/ Kier, Reinhold	Die Rechte der sorbischen Minderheiten, in: Simon/Franke/Sachs, Handbuch der Verfassung des Landes Brandenburg, 1994, § 10.
Frenz, Walter	Handbuch Europarecht, Bd. 1: Europäische Grundfreiheiten, 2004; Bd. 4: Europäische Grundrechte, 2009.
Friauf, Karl Heinrich/ Höfling, Wolfram (Hg.)	Berliner Kommentar zum Grundgesetz (Loseblattwerk, 46. Erg., Stand: 2015).
Friesenhahn, Ernst	Der Wandel des Grundrechtsverständnisses, in: Verhandlungen des 50. DJT, Bd. II (1974), S. G 1 ff.
Frowein, Jochen Abraham/ Peukert, Wolfgang	EMRK-Kommentar, ^{3}2009.
Fuchs, Claudio	Das Staatskirchenrecht der neuen Bundesländer, 1999.
Gärditz, Klaus Ferdinand	Landesverfassungsrichter. Zur personalen Dimension der Landesverfassungsgerichtsbarkeit, JöR N.F., Bd. 61 (2013), S. 449 ff.
Geiger, Rudolf	EUV/EGV-Kommentar, ^{4}2004.
Geiger, Rudolf/Khan, Daniel-Erasmus/Kotzur, Markus	AEUV, Kommentar – Vertrag über die Europäische Union und Vertrag über die Arbeitsweise der Europäischen Union, ^{5}2010.
Geis, Max-Emanuel/ Winkler, Markus/ Bickenbach, Christian (Hg.)	Von der Kultur der Verfassung, FS F. Hufen, 2015.

Geller, Gregor/Kleinrahm, Kurt/Dickersbach, Alfred/ Kühne, Jörg-Detlef (Hg.) | Die Verfassung des Landes Nordrhein-Westfalen. Kommentar (Loseblattausg. 1977 ff.), ³1994.

Giese, Friedrich/Schunck, Egon/Winkler, Kurt | Verfassungsrechtsprechung : Entscheidungssammlung (Loseblattausg.), 1977 ff.

Goebel, Kurt | Die Verfassung des Landes Baden-Württemberg, 1954.

Grabenwarter, Christoph/ Pabel, Katharina | Europäische Menschenrechtskonvention, ⁶2015.

Grabitz, Eberhard/Hilf, Meinhard/Nettesheim, Martin (Hg.) | Das Recht der Europäischen Union. Kommentar (Loseblattwerk, 46. Aufl., Stand: 2011).

dies. (Hg.) | Das Recht der Europäischen Union, EUV/EGV-Kommentar (Loseblattwerk, Stand: April 2015).

Grawert, Rolf | Verfassung für das Land Nordrhein-Westfalen, 1998, ³2012.

ders. | Die Bedeutung gliedstaatlichen Verfassungsrechts in der Gegenwart, in: NJW 1987, S. 2329 ff.

Grimm, Dieter/Caesar, Peter (Hg.) | Verfassung für Rheinland-Pfalz, 2001.

Grimm, Dieter/Papier, Hans-Jürgen (Hg.), | Nordrhein-westfälisches Staats- und Verwaltungsrecht, 1986.

Groeben, Hans von der/ Schwarze, Jürgen (Hg.) | Kommentar zum Vertrag über die Europäische Union und zur Gründung der Europäischen Gemeinschaft, ⁶2003.

Gröpl, Christoph/ Guckelberger, Annette/ Wohlfarth, Jürgen | Landesrecht Saarland, ²2013.

Gröpl, Christoph/Windthorst, Kai/Coelln, Christian von | Studienkommentar Grundgesetz, 2013.

Grote, Rainer/Marauhn, Thilo (Hg.) | EMRK/GG-Konkordanz-Kommentar zum Europäischen und Deutschen Grundrechtsschutz, 2006.

Gusy, Christoph | Die Weimarer Reichsverfassung, 1997.

Gusy, Christoph/ Wagner, Edgar | Die verfassungsrechtliche Entwicklung in Rheinland-Pfalz von 1996 bis 2001, in: JöR N.F. Bd. 51 (2003), S. 385 ff.

Literaturverzeichnis

Haas, Michael	Der Verfassungsgerichtshof des Freistaates Sachsen, 2006.
Häberle, Peter	Die Verfassungsbewegung in den fünf neuen. Bundesländern, JöR N.F. Bd. 41 (1993), S. 69 ff.; Bd. 42 (1994), S. 149 ff.; Bd. 43 (1995), S. 355 ff.
ders.	Die Zukunft der Landesverfassung der Freien Hansestadt Bremen im Kontext Deutschlands und Europas, in: Bremische Bürgerschaft (Hg.), 50 Jahre Landesverfassung der Freien Hansestadt Bremen, Bremen 1997, S. 19 ff.
Hagebölling, Lothar	Niedersächsische Verfassung – Kommentar, ^{2}2011.
Hahn, Daniel	Staatszielbestimmungen im integrierten Bundesstaat, Berlin 2010.
Hailbronner, Kay/Klein, Eckart/Magiera, Siegfried/Müller-Graff, Peter-Christian (Hg.)	Handkommentar zum Vertrag über die Europäische Union (EUV/EGV), Loseblattwerk, Stand: 2000.
Hammer, Felix	Die Verfassungsentwicklung in Baden-Württemberg, in: JöR N.F. Bd. 51 (2003), S. 97 ff.
Handbuch des Verfassungsrechts der Bundesrepublik Deutschland	siehe *Benda, Ernst* u. a. (Hg.).
Haratsch, Andreas/Koenig, Christian/Pechstein, Matthias	Europarecht, ^{7}2010.
Härtel, Ines (Hg.)	Handbuch des Föderalismus, Bd. I–III, 2012.
Hartmann, Bernd J./Mann, Thomas/Mehde, Veit	Landesrecht Niedersachsen. Studienbuch, 2015.
Heimann, Hans	Die Entstehung der Verfassungsgerichtsbarkeit in den neuen Ländern und in Berlin, 2001.
Heinig, Hans Michael	Die Verfassung der Religion, 2014.
Hencke, Astrid	Die Grundpflichten in den Landesverfassungen unter dem Grundgesetz (Diss. Würzburg), 1989.
Hendler, Reinhard/Hufen, Friedhelm/Jutzi, Siegfried (Hg.)	Landesrecht Rheinland-Pfalz. Studienbuch, ^{7}2014.
Herdegen, Matthias	Völkerrecht, ^{13}2014.
ders.	Europarecht, ^{13}2011.

Literaturverzeichnis

Hermes, Georg/Reimer, Franz (Hg.)	Landesrecht Hessen, ^{8}2015.
Heselhaus, Sebastian/Nowak, Carsten (Hg.)	Handbuch der Europäischen Grundrechte, 2006.
Hesse, Konrad	Grundzüge des Verfassungsrechts der Bundesrepublik Deutschland, ^{20}1995 (ND 1999).
Heusch, Andreas	Der Grundsatz der Verhältnismäßigkeit im Staatsorganisationsrecht, 2003.
Heusch, Andreas/Schönenbroicher, Klaus (Hg.)	Die Landesverfassung von Nordrhein-Westfalen, Kommentar, 2010.
Hillgruber, Christian/Goos, Christoph	Verfassungsprozessrecht, ^{4}2015.
Hinkel, Karl Reinhard	Verfassung des Landes Hessen – Kommentar, 1999.
Hinkel, Karl R./Schmitt, Olaf/Kallert, Rainer/Braun, Jens D.	Verfassung des Landes Hessen: Kommentar, 2016.
Hoegner, Wilhelm	Lehrbuch des bayerischen Verfassungsrechts, 1949.
Hoffmann, Hasso	Grundpflichten als verfassungsrechtliche Dimension, VVDStRL 41 (1983), S. 42 ff.
Hoffmann-Riem Wolfgang/Koch, Hans-Joachim (Hg.)	Hamburgisches Staats- und Verwaltungsrecht, ^{3}2006.
Holzner, Thomas	Verfassung des Freistaates Bayern, Kommentar, 2014.
Hoog, Günter	Hamburgs Verfassung, 2004.
Huber, Peter M. (Hg.)	Thüringer Staats- und Verwaltungsrecht, 2000.
Hufen, Friedhelm	Staatsrecht II – Grundrechte, ^{3}2011.
Iliopoulos-Strangas, Julia (Hg.)	Soziale Grundrechte in Europa nach Lissabon. Eine rechtsvergleichende Untersuchung der nationalen Rechtsordnungen und des europäischen Rechts, 2010.
Ipsen, Jörn	Grundfragen der Landesverfassungsbeschwerde, in: Mathias Habersack/Karl Huber/Gerald Spindler (Hg.), Festschrift für Eberhard Stilz, 2014, S. 321 ff.
ders.	Staatsrecht II – Grundrechte, ^{19}2016.
ders. (Hg.)	Niedersächsische Verfassung – Kommentar, 2011.

Literaturverzeichnis

Ipsen, Knut	Völkerrecht, ⁶2014.
Isele, Helmut Georg	Naturrechtsgedanken in der Verfassung für Rheinland-Pfalz, in: Anton Felix Napp-Zinn/ Michel Oppenheim (Hg.), FS Christian Eckert, 1949, S. 182 ff.
Isensee, Josef	Verfassung ohne soziale Grundrechte, in: Der Staat 19 (1980), S. 367 ff.
Isensee, Josef/Kirchhof, Paul (Hg.)	Handbuch des Staatsrechts, Bd. I: Historische Grundlagen, ³2003; Bd. II: Verfassungsstaat, ³2004; Bd. III: Demokratie – Bundesorgane, ³2005; Bd. IV: Aufgaben des Staates, ³2006; Bd. V: Rechtsquellen, Organisation, Finanzen, ³2007; Bd. VI: Bundesstaat, ³2008, Bd. VII: Freiheitsrechte, ³2009; Bd. VIII: Grundrechte: Wirtschaft, Verfahren, Gleichheit, ³2010; Bd. IX: Allgemeine Grundrechtslehren, ³2011; Bd. X, ³2012; Bd. XI, ³2013; Bd. XII, ³2014; Bd. XIII, ³2015., sowie: Bd. IV, ²1999; Bd. V, ²2000; Bd. VI, ²2001; Bd. VII, 1992: Normativität und Schutz der Verfassung – Internationale Beziehungen; Bd. VIII, 1995; Bd. IX, 1997.
Iwers, Steffen Johann	Entstehung, Bindungen und Ziele der materiellen Bestimmungen der Landesverfassung Brandenburg (Diss. Potsdam), 1998.
Janssen, Albert/Winkelmann, Udo	Die Entwicklung des niedersächsischen Verfassungs- und Verwaltungsrechts in den Jahren 1990–2002, in: JöR N.F. Bd. 51 (2003), S. 301 ff.
Jarass, Hans Dieter	Charta der Grundrechte der Europäischen Union, ²2013.
ders.	EU-Grundrechte, 2005.
Jarass, Hans Dieter/ Pieroth, Bodo	Grundgesetz für die Bundesrepublik Deutschland, ¹⁴2016.
Jeand'Heur, Bernd/ Korioth, Stefan,	Grundzüge des Staatskirchenrechts, 2000.
Johnsen, Hartmut	Die evangelischen Staatskirchenverträge in den neuen Bundesländern – ihr Zustandekommen und ihre praktische Anwendung, ZevKR 43 (1998), 182 ff.

Literaturverzeichnis

Jung, Otmar	Jüngste plebiszitäre Entwicklungstendenzen in Deutschland auf Landesebene, in: JöR Bd. 41 (1993), S. 29 ff.
Justen, Kurt	Die Grundprinzipien der Verfassung des Saarlandes, 1953.
Jutzi, Siegfried	Grundrechte der Landesverfassungen und Ausführung von Bundesrecht, DÖV 1983, S. 836 ff.
ders.	Landesverfassungsrecht und Bundesrecht, 1982.
ders.	Leitlinie Grundgesetz – Zu Unitarisierungstendenzen in der Rechtsprechung des VerfGH Rheinland-Pfalz, LKRZ 2011, S. 286 ff.
ders.	Staatsziele der Verfassung des Freistaats Thüringen – zugleich ein Beitrag zur Bedeutung landesverfassungsrechtlicher Staatsziele im Bundesstaat, ThürVBl. 1995, S. 25 ff., 54 ff.
Kahl, Wolfgang/Waldhoff, Christian/Walter, Christian (Hg.)	Bonner Kommentar zum Grundgesetz (Loseblattwerk, Stand: August 2016).
Kanther, Wilhelm	Die neuen Landesverfassungen im Licht der Bundesverfassung (Diss. Köln, 1993), 1994.
Karpen, Ulrich	Verfassungsrecht, in: Wolfgang Hoffmann-Riem/Hans-Joachim Koch (Hg.), Hamburgisches Staats- und Verwaltungsrecht, 32006, S. 25 ff.
Kessler, Alexander	Die Entstehung der Landesverfassung der Freien Hansestadt Bremen vom 21.10.1947 (Diss. Freiburg 1995), 1996.
Kilian, Michael (Hg.)	Verfassungshandbuch Sachsen-Anhalt, 2004.
Kingreen, Thorsten/ Poscher, Ralf	Grundrechte, Staatsrecht II, ^{32}2016.
Klaas, Helmut (Hg.)	Die Entstehung der Verfassung für Rheinland-Pfalz, 1978.
Klein, Eckart/Haratsch, Andreas	Landesverfassung und Bundesrecht, JuS 1994, S. 559 ff.
Klein, Friedrich	Die Verfassung von Nordrhein-Westfalen, in: Hermann Wandersleb (Hg.)/Erich Traumann (Bearb.), Recht, Staat, Wirtschaft, Bd. 3, 1951, S. 166 ff.

Literaturverzeichnis

Kleiner, Josef	Die verfassungsrechtliche Bedeutung der Grundrechte im Bonner Grundgesetz und in den Landesverfassungen, 1953.
Kleinrahm, Kurt	Verfassung und Verfassungswirklichkeit in Nordrhein-Westfalen, in: JöR N.F. Bd. 11 (1962), S. 313 ff.
Kloepfer, Michael	Verfassungsrecht II – Grundrechte, 2010.
Kloepfer, Michael/Merten, Detlef/Papier, Hans-Jürgen/ Skouris, Vassilios	Kontinuität und Diskontinuität in der deutschen Verfassungsgeschichte. Von der Reichsgründung zur Wiedervereinigung, 1994.
Kluge, Hans-Georg/Wolnicki, Boris (Hg.),	Verfassungsgerichtsbarkeit des Landes Brandenburg, ²1999.
Kluth, Winfried	Verfassungsrecht Sachsen-Anhalt, in: ders. (Hg.), Landesrecht Sachsen-Anhalt. ²2010.
ders. (Hg.)	Das Landesverfassungsrecht von Sachsen-Anhalt im Spiegel der Rechtsprechung des Landesverfassungsgerichts, 2000–2007, 2007.
ders. (Hg.)	Landesrecht Sachsen-Anhalt, ²2010.
ders. (Hg.)	Staats- und Verwaltungsrecht Sachsen-Anhalt, 2005.
Kluth, Winfried/Krings, Günter (Hg.)	Gesetzgebung. Rechtsetzung durch Parlamente und Verwaltungen sowie ihre gerichtliche Kontrolle, 2014.
Knippel, Wolfgang (Hg.)	Verfassungsgerichtsbarkeit im Land Brandenburg, 2003.
Koch Hans-Joachim	Die Verfassungsentwicklung in Hamburg, in: JöR N.F. Bd. 51 (2003), S. 251 ff.
Korte, Heinrich	Verfassung und Verwaltung des Landes Niedersachsen, in: JöR N.F. Bd. 5 (1956), S. 1 ff.
Kotulla, Michael (Hg.)	Deutsches Verfassungsrecht 1806–1918, Bd. I, 2006; Bd. II, 2007; Bd. III, 2010; Bd. IV, 2016.
Krappel, Thomas	Landesverfassungsbeschwerde und verfassungsgerichtliche Kontrollkompetenz im Bundesstaat – Zur Einführung einer Landesverfassungsbeschwerde in Baden-Württemberg, VBlBW 2013, S. 121 ff.
Krause, Peter	Die Verfassungsentwicklung im Saarland seit 1980, in: JöR N.F. Bd. 51 (2003), S. 403 ff.

Literaturverzeichnis

Kringe, Wolfgang	Verfassungsgenese. Die Entstehung der Landesverfassung der Freien Hansestadt Bremen vom 21. Oktober 1947, 1993.
Kröger, Klaus	Grundrechtsentwicklung in Deutschland – von ihren Anfängen bis zur Gegenwart, 1998.
Kröning, Volker/Pottschmidt, Günter /Preuß, Ulrich K./ Rinken, Alfred (Hg.),	Handbuch der Bremischen Verfassung, 1991.
Krugmann, Michael	Das Recht der Minderheiten, 2004.
Kühn, Angelika	Die Privilegierung nationaler Minderheiten im Wahlrecht der Bundesrepublik Deutschland und Schleswig-Holsteins, (Diss. iur. Kiel 1990), 1991.
Kühne, Jörg-Detlef	Die Reichsverfassung der Paulskirche. Vorbild und Verwirklichung im späteren deutschen Rechtsleben, ²1998.
Kulenkampff, Engelbert/ Coenen, Helmut	Die Landesverfassung der Freien Hansestadt Bremen vom 21.10.1947, in: JÖR N.F. Bd. 3 (1954), S. 179 ff.
Kunig, Philip	Die rechtsprechende Gewalt in den Ländern und die Grundrechte des Landesverfassungsrechts, NJW 1994, S. 687 ff.
Kunzmann, Bernd	Im Reagenzglas der Ideen – Eine Spektralanalyse zur Ontogenese der Sächsischen Verfassung, in: JöR N.F. Bd. 60 (2012), S. 131 ff.
Kunzmann, Bernd/Haas, Michael/Baumann-Hasske, Harald	Die Verfassung des Freistaates Sachsen, 1993, ²1997.
Kutscha, Martin	Soziale Grundrechte und Staatszielbestimmungen in den neuen Landesverfassungen, ZRP 1993, S. 339 ff.
Lange, Klaus	Das Bundesverfassungsgericht und die Landesverfassungsgerichte, in: Peter Badura/ Horst Dreier (Hg.). FS 50 Jahre Bundesverfassungsgericht, Bd. 1, 2001, S. 289 ff.
ders.	Soziale Grundrechte in der deutschen Verfassungsentwicklung und in den derzeitigen Länderverfassungen, in: Ernst-Wolfgang Böckenförde/Jürgen Jekewitz/Thilo Ramm (Hg.), Soziale Grundrechte, 1981, S. 49 ff.

Literaturverzeichnis

Leisner, Walter	Die bayerischen Grundrechte, 1968.
Lenz, Carl Otto/Borchardt, Klaus-Dieter	EU- und EG-Vertrag, ^{5}2010.
Ley, Richard/Jutzi, Siegfried (Hg.),	Staats- und Verwaltungsrecht für Rheinland-Pfalz, ^{4}2005.
Lieber, Hasso/Iwers, Steffen Johann/Ernst, Martina	Verfassung des Landes Brandenburg – Kommentar, 2012.
Linck, Joachim/Baldus, Manfred/Lindner, Joachim/ Poppenhänger, Holger/ Ruffert, Matthias	Die Verfassung des Freistaates Thüringen, 2013.
Linck, Joachim/Jutzi, Siegfried/Hopfe, Jörg	Die Verfassung des Freistaats Thüringen, 1994.
Lindner, Josef Franz/Möstl, Markus/Wolff, Heinrich Amadeus (Hg.),	Verfassung des Freistaates Bayern – Kommentar, 2009.
Listl, Joseph/Pirson, Dietrich (Hg.)	Handbuch des Staatskirchenrechts der Bundesrepublik Deutschland, Bd. 1, ^{2}1994; Bd. 2, ^{2}1995.
Litten, Rainer/Wallerath, Maximilian (Hg.)	Siehe *Classen/Litten/Wallerath*.
Löhr, Barbara	Die Rechte des Menschen in der Verfassung des Landes Hessen im Lichte des Grundgesetzes, 2007.
Lotzenburger, Markus	Die Grundrechte in den deutschen Verfassungen des 19. Jahrhunderts, 2015.
Löwer, Wolfgang/ Menzel, Jörg	Die Wissenschaft als Thema alter und neuer Landesverfassungen, WissR 29 (1996), S. 237 ff.
Löwer, Wolfgang/Tettinger, Peter J. (Hg.),	Kommentar zur Verfassung des Landes Nordrhein-Westfalen, 2002.
Lübbe-Wolff, Gertrude	Justiziabilität sozialer Grundrechte und Verfassungsaufträge, in: JöR N.F. 53 (2005), S. 1 ff.
Luchterhandt, Otto	Grundpflichten als Verfassungsproblem in Deutschland, 1988.
Lücke, Jörg	Soziale Grundrechte als Zielbestimmungen und Gesetzgebungsaufträge, AöR 107 (1982), S. 15 ff.

Literaturverzeichnis

Machacek, Rudolf/Pahr, Willibald P./Stadler, Gerhard (Hg.)	50 Jahre Allgemeine Erklärung der Menschenrechte. Grund- und Menschenrechte in Österreich, Bd. I, 1991; Bd. II, 1992; Bd. III, 1997.
Macke, Peter (Hg.),	Verfassung und Verfassungsgerichtsbarkeit auf Landesebene, 1998.
Mager, Ute	Einrichtungsgarantien, 2003.
Mahnke, Hans H.	Die Verfassung des Landes Sachsen-Anhalt, 1993.
Mangoldt, Hans von	Entstehung und Grundgedanken der Verfassung des Freistaates Sachsen, 1996.
ders.	Verfassungsgebung in Sachsen, in: Jutta Kramer/Björn G. Schubert (Hg.), Verfassungsgebung und Verfassungsreform im In- und Ausland, 2005, S. 259 ff.
ders.	Die Verfassungen der neuen Bundesländer, ^{2}1997.
Mangoldt, Hermann von	Das Bonner Grundgesetz, Kommentar, 1953.
Mangoldt, Hermann von/ Klein, Friedrich	Das Bonner Grundgesetz, Kommentar, Bd. I, ^{2}1957; Bd. II, ^{2}1964; Bd. III, ^{2}1974.
Mangoldt, Hermann von/ Klein, Friedrich/Campenhausen, Axel von (Hg.)	Das Bonner Grundgesetz, Kommentar, ^{3}1991, Bd. 14 (Art. 136–146).
Mangoldt, Hermann von/ Klein, Friedrich/Starck, Christian (Hg.)	Kommentar zum Grundgesetz, Bd. I (Präambel, Art. 1–19), ^{6}2010; Bd. II (Art. 20–82) ^{6}2010; Bd. III (Art. 83–146), ^{6}2011.
Manssen, Gerrit	Staatsrecht II – Grundrechte, ^{8}2011.
Marauhn, Thilo	Sicherung grund- und menschenrechtlicher Standards gegenüber neuen Gefährdungen durch private und ausländische Akteure, in: VVDStRL 74 (2015), S. 373 ff.
Martina, Dietmar	Die Grundrechte der nordrhein-westfälischen Landesverfassung im Verhältnis zu den Grundrechten des Grundgesetzes (Diss. Köln), 1999.
März, Wolfgang	Bundesrecht bricht Landesrecht – Eine staatsrechtliche Untersuchung zu Art. 31 des Grundgesetzes, 1989.

Literaturverzeichnis

März, Wolfgang	Die Verfassungsentwicklung in Mecklenburg-Vorpommern, in: JöR N.F. 54 (2006), S. 175 ff.
Maunz, Theodor/Schmidt-Bleibtreu, Bruno/Klein, Franz/Bethge, Herbert (Hg.)	Bundesverfassungsgerichtsgesetz (Loseblattwerk, Stand: 48. Lfg., Jan. 2016).
Maunz, Theodor/Zippelius, Reinhold	Deutsches Staatsrecht, ³⁰1998; siehe auch *Zippelius, Reinhold/Würtenberger, Thomas.*
Maunz, Theodor/Dürig, Günter (Hg.)	Grundgesetz (Loseblattwerk, Stand: Mai 2015).
Maurer, Hartmut	Staatsrecht I: Grundlagen, Verfassungsorgane, Staatsfunktionen, ⁶2010, ⁷2016.
Meder, Theodor/Brechmann, Winfried	Die Verfassung des Freistaates Bayern, ⁵2014.
Menzel, Jörg	Landesverfassungsrecht. Verfassungshoheit und Homogenität im grundgesetzlichen Bundesstaat, 2002.
Merten, Detlef	Über Staatsziele, DÖV 1993, S. 368 ff.
Meyer, Hans/Stolleis, Michael (Hg.)	Hessisches Staats- und Verwaltungsrecht, ⁵2000.
Meyer, Jürgen (Hg.)	Charta der Grundrechte der Europäischen Union, ⁴2014.
Meyer-Ladewig, Jens	Europäische Menschenrechtskonvention, Kommentar, ³2011.
Michael, Lothar	Verfassungsunmittelbare Sperrklauseln auf Landesebene, 2015.
Michael, Lothar/Morlok, Martin	Grundrechte, ²2010.
Michaelis-Merzbach, Petra	Rechtspflege und Verfassung von Berlin, 1999.
Möstl, Markus	Landesverfassungsrecht – zum Schattendasein verurteilt?, AöR 130 (2005), S. 350 ff.
Müller, Klaus	Verfassung des Freistaats Sachsen, Kommentar, 1993.
Münch, Ingo von (Hg.)	Grundgesetz-Kommentar, Bd. I (Präambel, Art. 1–19), ³1985; Bd. II (Art. 20–69), ²1983; Bd. III (Art. 70–146), ²1983.
Münch, Ingo von/Mager, Ute	Staatsrecht I, ⁸2015

Münch, Ingo von/ Kunig, Philip (Hg.)	Grundgesetz-Kommentar, Bd. I (Präambel, Art. 1–19), ^{5}2000, ^{6}2012; Bd. II (Art. 20–69), ^{5}2001; Bd. III (Art. 70–146), ^{5}2003; Bd. I (Präambel, Art. 1–69), ^{6}2012; Bd. II (Art. 70–146), ^{6}2012.
Nawiasky, Hans/ Leusser, Claus	Die Verfassung des Freistaates Bayern v. 2.12.1946, Systematischer Überblick und Kommentar, 1948.
Nawiasky, Hans/Schweiger, Karl/Knöpfle, Franz (Hg.)	Die Verfassung des Freistaates Bayern, ^{21}1963 ff., ^{13}2008.
Nebinger, Robert (Hg.)	Kommentar zur Verfassung für Württemberg-Baden, 1948.
Nesselrode, Friederike von	Ehe und Familie, in: Leitgedanken des Rechts, Bd. I, 2013, § 56.
Neubauer, Reinhard/ Lörincz, Ernö	Nochmals: Verfassunggebung und Grundrechte – der Gestaltungsraum der Landesverfassunggeber, in: LKV 2013, S. 115 ff.
Neumann, Heinzgeorg	Die Niedersächsische Verfassung, ^{3}2000.
ders.	Die Verfassung der Freien Hansestadt Bremen, Kommentar, 1996.
ders.	Handkommentar zur Vorläufigen Niedersächsischen Verfassung, ^{2}1987.
Neumann, Peter	Sachunmittelbare Demokratie, 2009.
Neumann, Peter/Tillmanns, Reiner	Verfassungsrechtliche Probleme bei der Konstituierung der neuen Bundesländer, 1997.
Niedobitek, Matthias	Neuere Entwicklungen im Verfassungsrecht der deutschen Länder, ^{3}1995.
Nordmann, Christine	„Rezipierte" Grundrechte für Schleswig-Holstein, NordÖR 2009, S 97 ff.
Nowak, Manfred	U.N. Covenant on Civil and Political Rights – CCPR Commentary, ^{2}2005.
Oestreich, Gerhard	Geschichte der Menschenrechte und Grundfreiheiten im Umriß, ^{2}1978.
Oetker, Hartmut/Preis, Ulrich	Europäisches Arbeits- und Sozialrecht (Loseblattwerk, Stand: Dezember 2011).
Olshausen, Henning von	Landesverfassungsbeschwerde und Bundesrecht, 1980.
Oppermann, Thomas/Classen, Claus Dieter/Nettesheim, Martin	Europarecht, ^{6}2014.

Literaturverzeichnis

Pallek, Markus	Minderheiten in Deutschland – Der Versuch einer juristischen Begriffsbestimmung, AöR 125 (2002), S. 587 ff.
Papier, Hans-Jürgen	Die Bedeutung der Landesverfassungsgerichtsbarkeit im Verhältnis zur Bundesverfassungsgerichtsbarkeit, in: Helge Sodan (Hg.), Zehn Jahre Berliner Verfassungsgerichtsbarkeit, 2002, S. 19 ff.
ders.	Die wirtschaftlichen Freiheitsrechte der Landesverfassungen in der Rechtsprechung der Landesverfassungsgerichte, in: Christian Starck/Klaus Stern (Hg.), Landesverfassungsgerichtsbarkeit, Teilband III, 1983, S. 319 ff.
Pastor, Thomas	Die rechtliche Stellung der Sorben in Deutschland, 1997.
Peine, Franz-Joseph	Verfassunggebung und Grundrechte – der Gestaltungsspielraum der Landesverfassunggeber, in: LKV 2012, 385 ff.; ebenfalls gedruckt in: Volkmar Schöneburg/Norbert Janz/Peine u. a. (Hg.), Verfassungsfragen in Berlin, Brandenburg, Mecklenburg-Vorpommern, Sachsen, Sachsen-Anhalt und Thüringen, Bd. 7, 2013, S. 3 ff.
Pestalozza, Christian	Aus dem Bayerischen Verfassungsleben 1989–2002, in: JöR N.F. Bd. 51 (2003), S. 121 ff.
ders.	Die überarbeitete Verfassung von Berlin. Integrationsbeitrag und Fusionsmitgift, in: LKV 1995, S. 344 ff.
ders.	Verfassungen der deutschen Bundesländer ^{10}2014.
Peters, Anne	Einführung in die Europäische Menschenrechtskonvention, 2003.
Peters, Hans	Die Verfassung von Nordrhein-Westfalen, DVBl. 1950, S. 449 ff.
Pfennig, Gero/Neumann, Manfred J. (Hg.)	Verfassung von Berlin, ^{3}2000.
Pfetsch, Frank R.	Verfassungsreden und Verfassungsentwürfe, Länderverfassungen 1946–1953, 1986.

Literaturverzeichnis

Pieroth, Bodo/Schlink, Bernhard/Kingreen, Thorsten/Poscher, Ralf	Siehe jetzt *Kingreen/Poscher*
Reich, Andreas	Verfassung des Landes Sachsen-Anhalt. Kommentar, ²2004.
Rengeling, Hans-Werner/ Szczekalla, Peter	Grundrechte in der Europäischen Union. Charta der Grundrechte und allgemeine Rechtsgrundsätze, 2004.
Rensmann, Thilo	Die Grundlagen- und Staatszielbestimmungen sowie die Grundrechte der Sächsischen Verfassung vom 27. Mai 1992, in: Arnd Uhle (Hg.), 20 Jahre Sächsische Verfassung, 2013, S. 37 ff.
Rippberger, Tanja	Zur Frage der Kompetenz der Landesverfassungsgerichte zur Überprüfung formellen und materiellen Bundesrechts, 2006, S. 270 ff.
Rixecker, Roland/ Wendt, Rudolf	*siehe* Wendt/Rixecker
Rozek, Jochen	Landesverfassungsgerichtsbarkeit, Landesgrundrechte und die Anwendung von Bundesrecht, AöR 119 (1994), S. 450 ff.
ders.	Das Grundgesetz als Prüfungs- und Entscheidungsmaßstab des Landesverfassungsrechts, 1993.
Rückert, Joachim	50 Jahre Hessische Verfassung, KritV (79) 1996, S. 116 ff.
Rux, Johannes	Direkte Demokratie in Deutschland, 2008.
Sachs, Michael	Die Grundrechte im Grundgesetz und in den Landesverfassungen: Zur Voraussetzung des Normwiderspruchs im Bereich der Art. 31 und 142 GG, DÖV 1985, S. 469 ff.
ders.	Was kann eine Landesverfassung heute leisten?, KritV 1996, S. 125 ff.
ders. (Hg.)	Grundgesetz, Kommentar, ⁶2011, ⁷2014.
ders. (Hg.)	Verfassungsrecht II – Grundrechte, ²2003.
Sacksofsky, Ute	Landesverfassungen und Grundgesetz – am Beispiel der Verfassungen der neuen Länder, in: NVwZ 1993, S. 235 ff.

Literaturverzeichnis

Sampels, Guido	Bürgerpartizipation in den neuen Länderverfassungen, 1998.
Scheuner, Ulrich	Staatszielbestimmungen, Staatstheorie und Staatsrecht, 1978.
Schlaich, Klaus	Die Verfassungsgerichtsbarkeit im Gefüge der Staatsfunktionen, in: VVDStRL 39 (1981), S. 99 ff.
Schlaich, Klaus/ Korioth, Stefan	Das Bundesverfassungsgericht, ^{10}2015.
Schliesky, Utz	Die Reform der Landesverfassung, in: Die Gemeinde (Zeitschrift für die kommunale Selbstverwaltung in Schleswig-Holstein) 2015, S. 244 ff.
Schmidt-Bleibtreu, Bruno/ Hofmann, Frank/Hopfauf, Axel (Hg.)	Kommentar zum Grundgesetz, ^{12}2011.
Schmitt, Karl (Hg.)	Die Verfassung des Freistaats Thüringen 1995.
Schneider, Hans-Peter	Die Landesverfassungsbeschwerde – Ein Stiefkind bundesstaatlichen Grundrechtsschutzes?, NdsVBl. 2005 (Sonderheft), S. 26 ff.
Schoch, Friedrich (Hg.)	Besonderes Verwaltungsrecht, ^{15}2013.
Schranil, Rudolf	Verfassung des Saarlandes mit Kommentar, 1952.
Schrodt, Dietrich	Die Rechtsprechung des Hessischen Staatsgerichtshofs zu den Grundrechten der Hessischen Verfassung (Diss. Frankfurt), 1984.
Schunck, Egon	Die Verfassung für Rheinland-Pfalz vom 18. Mai 1947, JÖR N.F. Bd. 5 (1956), S. 159 ff.
Schütz, Hans-Joachim/ Classen, Claus Dieter (Hg.)	Landesrecht Mecklenburg-Vorpommern, ^{3}2014.
Schwarze, Jürgen/Becker, Ulrich/Hatje, Armin/Schoo, Johann/Bär-Bouyssière, Bertold (Hg.)	EU-Kommentar, ^{2}2009.
Schweitzer, Michael/ Hummer, Waldemar	Europarecht, ^{5}1996.
Schwieger, Christopher	Volksgesetzgebung in Deutschland, 2005.

Siegel, Thorsten/Waldhoff, Christian	Öffentliches Recht in Berlin. Verfassungs- und Organisationsrecht, Polizei- und Ordnungsrecht, Öffentliches Baurecht, 2015.
Siegert, Anja	Minderheitenschutz in der Bundesrepublik Deutschland. Erforderlichkeit einer Verfassungsänderung, 1999.
Simon, Helmut/Franke, Dietrich/Sachs, Michael (Hg.)	Handbuch der Verfassung des Landes Brandenburg, 1994.
Sodan, Helge	Staat und Verfassungsgerichtsbarkeit, 2010.
ders.	Grundgesetz. Kommentar, ³2015.
Sommermann, Karl-Peter	Staatsziele und Staatszielbestimmungen, 1997.
Spitta, Theodor	Kommentar zur bremischen Verfassung von 1947, 1960.
Spreng, Rudolf/Birn, Willi/ Feuchte, Paul (Hg.)	Die Verfassung des Landes Baden-Württemberg, 1954.
Starck, Christian	Die Verfassungen der neuen deutschen Länder. Eine vergleichende Untersuchung, 1994.
Starck, Christian/Stern, Klaus (Hg.)	Landesverfassungsgerichtsbarkeit, Teilband I: Geschichte, Organisation, Rechtsvergleichung; Teilband II: Zuständigkeiten und Verfahren der Landesverfassungsgerichte; Teilband III: Verfassungsauslegung (Studien und Materialien zur Verfassungsgerichtsbarkeit Band 25), 1983.
Stein, Ekkehard/Frank, Götz	Staatsrecht, ²¹2010.
Stein, Erwin (Hg.)	30 Jahre Hessische Verfassung 1946-1976, 1976.
Stein, Torsten /Buttlar, Christian von	Völkerrecht, ¹³2012.
Stern, Klaus	Nahtstellen zwischen Bundes- und Landesverfassungsgerichtsbarkeit, in: Dieter Dörr u. a. (Hg.), Die Macht des Geistes, FS Hartmut Schiedermair, 2001, S. 143 ff.
ders.	Das Staatsrecht der Bundesrepublik Deutschland, Bd. I, ²1984; Bd. II, 1980; Bd. III, Halbbd. 1, 1988; Bd. III, Halbbd. 2, 1994; Bd. IV, Halbbd. 1, 2006; Bd. IV, Halbbd. 2, 2011; Bd. V, 2000.

Literaturverzeichnis

Stern, Klaus/Becker, Florian (Hg.)	Grundrechte-Kommentar. Die Grundrechte des Grundgesetzes mit ihren europäischen Bezügen, 2009; ²2016.
Stiens, Andrea	Chancen und Grenzen der Landesverfassung im deutschen Bundesstaat der Gegenwart, 1997.
Stober, Rolf (Hg.)	Handbuch des sächsischen Staats- und Verwaltungsrechts, 1996.
Stöber, Robert	Die saarländische Verfassung vom 15. Dezember 1947 und ihre Entstehung. Sitzungsprotokolle der Verfassungskommission, der Gesetzgebenden Versammlung des Saarlandes (Landtag) und des Verfassungsausschusses, 1952.
Stopp, Alexander H.	Das Grundgesetz und die Minderheitenschutzbestimmungen in deutschen Landesverfassungen, in: Jahrbuch zur Staats- und Verwaltungswissenschaft Bd. 8 (1995), S. 21 ff.
Storr, Stefan	Staats- und Verfassungsrecht, 1998.
ders.	Verfassunggebung in den Ländern – Zur Verfassunggebung unter den Rahmenbedingungen des Grundgesetzes, 1995.
Streinz, Rudolf	Europarecht, ¹⁰2016.
ders. (Hg.)	EUV/EGV: Vertrag über die Europäische Union und Vertrag zur Gründung der Europäischen Gemeinschaft, Kommentar, 2003; EUV/AEUV: Vertrag über die Europäische Union und Vertrag über die Arbeitsweise der Europäischen Union, Kommentar, ²2012.
Suppé, Rüdiger	Die Grund- und Menschenrechte in der deutschen Staatslehre des 19. Jahrhunderts, 2004.
Süsterhenn, Adolf/ Schäfer, Hans	Kommentar der Verfassung für Rheinland-Pfalz, 1950.
Tettinger, Peter J./Stern, Klaus	Kölner Gemeinschaftskommentar zur Europäischen Grundrechte-Charta, 2006.
Thiele, Burkhard/Pirsch, Jürgen/Wedemeyer, Kai	Die Verfassung des Landes Mecklenburg-Vorpommern, Kommentierte Textausgabe, 1995.

Literaturverzeichnis

Thieme, Werner	Die Entwicklung des Verfassungsrechts im Saarland von 1945 bis 1958, in: JöR N.F. Bd. 9 (1960), S. 423 ff.
ders.	Verfassung der Freien und Hansestadt Hamburg, 1998.
Thüringer Landtag (Hg.)	Die Entstehung der Verfassung des Freistaats Thüringen 1991–1993, 2003.
ders. (Hg.)	Thüringische Verfassungsgeschichte im 19. und 20. Jahrhundert, 1993.
ders. (Hg.)	Zehn Jahre Thüringer Landesverfassung (1993–2003). Schriften zur Geschichte des Parlamentarismus in Thüringen, Bd. 22, 2004.
Tjarks, Eric	Zur Bedeutung der Landesgrundrechte. Materielle und prozessuale Probleme der Grundrechte in den deutschen Landesverfassungen, 1999.
Trilsch, Mirja A.	Die Justiziabilität wirtschaftlicher, sozialer und kultureller Rechte im innerstaatlichen Recht, Heidelberg 2012.
Uerpmann, Robert	Landesrechtlicher Grundrechtsschutz und Kompetenzordnung, in: Der Staat, 35 (1996), S. 428 ff.
Uhle, Arnd (Hg.)	20 Jahre Sächsische Verfassung, 2013.
Umbach, Dieter/ Clemens, Thomas	Grundgesetz, Bd. I (Präambel, Art. 1–37), 2002; Bd. II (Art. 38–146), 2002.
Umbach, Dieter/Clemens, Thomas/Dollinger, Franz-Wilhelm (Hg.)	Bundesverfassungsgerichtsgesetz, Mitarbeiterkommentar, ^{2}2005.
Unruh, Peter	Religionsverfassungsrecht, ^{3}2015.
Villiger, Mark E.	Handbuch der Europäischen Menschenrechtskonvention (EMRK), ^{2}1999.
Vitzthum, Wolfgang Graf	Die Bedeutung gliedstaatlichen Verfassungsrechts in der Gegenwart, in: VVDStRL 46 (1987), S. 7 ff.
Vogelgesang, Klaus	Die Verfassungsentwicklungen in den neuen Bundesländern, DÖV 1991, S. 1045 ff.
Vogels, Alois	Der Verfassungsentwurf für Nordrhein-Westfalen. Mit Hinweisen auf die Reichsverfassung und die neuen Länderverfassungen, 1948.

Vogels, Alois — Die Verfassung für das Land Nordrhein-Westfalen, 1951.

Voßkuhle, Andreas — Die Landesverfassungsgerichtsbarkeit im föderalen und europäischen Verfassungsgerichtsverbund, JöR. N.F. 59 (2011), S. 215 ff.

Vulpius, Carola — Verfassungsbeschwerden in Sachsen – Eine erste Bilanz, in: JbSächsOVG N.F., Bd. 5 (1997), S. 11 ff.

Waller, Sybille — Die Entstehung der Landessatzung von Schleswig-Holstein vom 13.12.1949, 1988.

Weber, Albrecht (Hg.) — Fundamental rights in Europe and in North America, Hungary, Leiden/Boston 2001.

Wendt, Rudolf — Die Rüge der Verletzung im Grundgesetz verbürgter Rechte vor den Landesverfassungsgerichten, NdsVBl. 2010, S. 150.

Wendt, Rudolf/Rixecker, Roland — Verfassung des Saarlandes, Kommentar, hrsg. von den Mitgliedern des Verfassungsgerichtshofs des Saarlandes, 2009 [auch Abruf unter https://verfassungsgerichtshof-saarland.de/kommentar].

Wermeckes, Bernd — Der erweiterte Grundrechtsschutz in den Landesverfassungen. Zu Erscheinungsformen, Wirksamkeit und Bestand weitergehender Landesgrundrechte im Bundesstaat des Grundgesetzes (Diss. Düsseldorf), 2000.

Will, Martin — Die Entstehung der Verfassung des Landes Hessen von 1946, 2009.

Wille, Sebastian — Der Berliner Verfassungsgerichtshof, 1993.

Winkler, Roland — Die Grundrechte der Europäischen Union. System und allgemeine Grundrechtslehren, 2006.

Wittreck, Fabian — Die Todesstrafe in den deutschen Landesverfassungen, in: JöR N.F. Bd. 49 (2001), S. 157 ff.

Wülfing, Thomas — Grundrechtliche Gesetzesvorbehalte und Grundrechtsschranken, 1991.

Zacher, Hans — Vom Lebenswert der Bayerischen Verfassung, in: Land und Reich, Stamm und Nation. Probleme und Perspektiven bayerischer Geschichte, Festgabe für Max Spindler zum 90. Geburtstag, 1984, Bd. III, S. 485 ff.

Literaturverzeichnis

Zimmermann, Andreas	Die Charta der Grundrechte der Europäischen Union zwischen Gemeinschaftsrecht, Grundgesetz und EMRK, 2002.
Zinn, Georg August/ Stein, Erwin	Die Verfassung des Landes Hessen, Kommentar, 1. Ausg. 1954, 2. Ausg. 1963, Bd. 1 (16. Lfg., Stand: 1999); Bd. 2 (13. Lfg., Stand: 1996).
Zippelius, Reinhold/ Würtenberger, Thomas	Deutsches Staatsrecht, ^{32}2008.
Zivier, Ernst R.	Verfassung und Verwaltung von Berlin, ^{4}2008.
Zuck, Rüdiger	Die Landesverfassungsbeschwerde in Baden-Württemberg, 2013.

Sechzehnter Teil

Grundrechte in deutschen Landesverfassungen

I. Entwicklung und Bedeutung einzelstaatlicher Grundrechte

§ 231
Zur Bedeutung einzelstaatlicher Grundrechte für die deutsche Grundrechtsentwicklung – Vom Frühkonstitutionalismus bis zur Gründung der Bundesrepublik Deutschland

Fabian Wittreck

Übersicht

	RN		RN
A. Einführung	1– 2	E. Grundrechte in den Verfassungsurkunden der Revolution	30– 40
B. Der Reflektions- und Rezeptionsrahmen deutscher Grundrechtsentwicklung	3– 4	I. Überblick	30
		II. Urkundenbestand	31– 32
		III. Kontexte	33– 36
C. Grundrechte in den Verfassungsurkunden der Rheinbundstaaten	5– 12	IV. Grundrechtsbestand	37
I. Überblick	5	V. Grundrechtsinnovationen und -verluste	38– 39
II. Urkundenbestand	6	VI. Landes-Grundrechtsdoktrin	40
III. Kontexte	7– 8	F. Grundrechte in den Verfassungsurkunden der Restauration	41– 47
IV. Grundrechtsbestand	9	I. Überblick	41
V. Grundrechtsinnovationen und -verluste	10– 11	II. Urkundenbestand	42– 43
VI. Landes-Grundrechtsdoktrin	12	III. Kontexte	44
D. Grundrechte in den Verfassungsurkunden des Frühkonstitutionalismus	13– 29	IV. Grundrechtsbestand	45
		V. Grundrechtsinnovationen und -verluste	46
I. Überblick	13	VI. Landes-Grundrechtsdoktrin	47
II. Urkundenbestand	14	G. Grundrechte in den Verfassungsurkunden seit der Reichsgründung	48– 57
III. Kontexte	15– 19	I. Überblick	49
1. Widersprüchliche Vorgaben des Deutschen Bundes	15– 17	II. Urkundenbestand	50
		III. Kontexte	51– 53
2. Divergierende Interessen der Einzelstaaten	18	IV. Grundrechtsbestand	54– 55
3. Disparate Irritationen aus dem Ausland	19	V. Grundrechtsinnovationen und -verluste	56
IV. Grundrechtsbestand	20– 22	VI. Landes-Grundrechtsdoktrin	57
V. Grundrechtsinnovationen und -verluste	23– 24	H. Grundrechte in den Verfassungsurkunden der Übergangszeit	58– 71
VI. Landes-Grundrechtsdoktrin	25– 29	I. Überblick	58– 61

	RN		RN
II. Urkundenbestand	62– 63	IV. Grundrechtsbestand	101–104
III. Kontexte	64– 66	V. Grundrechtsinnovationen und -verluste	105–128
1. Abgrenzung von Ancien Régime und Rätesystem	64	1. Neue Freiheitsrechte	106–107
2. Verfassunggebung unter Unsicherheit	65	2. Zuspitzung überkommener Gewährleistungen	108–111
3. Verfassungstradition und Verfassungsvergleich	66	a) Soziale Grundrechte	109
IV. Grundrechtsbestand	67	b) Schranken der wirtschaftlichen Freiheit	110
V. Grundrechtsinnovationen und -verluste	68– 70	c) Konkretisierung bestehender Gewährleistungen	111
VI. Landes-Grundrechtsdoktrin	71	3. Neuerungen im Grundrechtsinstrumentarium	112–127
I. Grundrechte in den Verfassungsurkunden der Zwischenkriegszeit	72– 87	a) Programmatische Aussagen	113
I. Überblick	72	b) Sicherungen der Grundrechte und ihrer Wirkkraft	114–119
II. Urkundenbestand	73– 74	c) Mißbrauchstatbestände	120–123
III. Kontexte	75– 78	d) Insbesondere: NS-Vorbehalte	124
IV. Grundrechtsbestand	79– 82	e) Prozessuale Vorkehrungen	125–127
V. Grundrechtsinnovationen und -verluste	83– 86	4. Verluste?	128
VI. Landes-Grundrechtsdoktrin	87	VI. (Landes-)Grundrechtsdoktrin	129
J. Grundrechte in den vorgrundgesetzlichen Landesverfassungen	88–129	K. Landesgrundrechte im Parlamentarischen Rat	130–139
I. Überblick	88	I. Überblick	130–131
II. Urkundenbestand	89– 92	II. Landesgrundrechte als Referenzrahmen der Verfassunggebung	132–137
1. Westdeutschland	90	III. Landesgrundrechte als Gegenstand der Verfassunggebung	138–139
2. Ostdeutschland	91– 92	L. Zusammenfassung	140–141
III. Kontexte der Landesverfassunggebung	93–100	M. Bibliographie	
1. Vorgaben der Besatzungsmächte	94	N. Anhang	
2. Weimars langer Lichtkegel	95		
3. Landesverfassungen der Zwischenkriegszeit	96		
4. Naturrechtsrenaissance	97		
5. Antizipierte Zentralebene	98–100		

A. Einführung

Die einzelstaatlichen oder Landesgrundrechte unterliegen seit ihrem ersten Auftauchen in Verfassungsurkunden modernen Typs charakteristischen Aufmerksamkeits- wie Wertschätzungsschwankungen[1]. Während die Gegenwart namentlich im Zeichen der „Revitalisierung" der Landesverfassungsbeschwerde seit der Wiedervereinigung den gliedstaatlichen Grundrechtsgewährleistungen wieder vermehrt ihre Referenz erweist[2], haben sie zuvor mehrfach Durststrecken der Ausblendung in Wissenschaft und Rechtspraxis überwinden müssen. Damit korrespondiert, daß auch das genuin verfassungsgeschichtliche Interesse sich regelmäßig auf die Zentralebene richtet[3] und daneben allenfalls noch die prominenteren Landesverfassungen mit einbezieht[4], die typischerweise in den einschlägigen Quellenwerken abgedruckt

1
Wertschätzungsschwankungen

---

1 Eine elaborierte Geschichte der Landesgrundrechte fehlt → Bd. I: *H. Maurer*, Landesgrundrechte im Bundesstaat, § 82 RN 10 ff. Typischerweise beginnen Gesamtdarstellungen zunächst auf der Landesebene, schwenken mit der Paulskirche (unten FN 3) aber auf die Zentralebene um: Siehe *Friedrich Giese*, Die Grundrechte, 1905, S. 16 ff.; *Alfred Voigt*, Geschichte der Grundrechte, 1948, S. 52 ff.; *Gerhard Oestreich*, Geschichte der Menschenrechte und Grundfreiheiten im Umriß, 1968, S. 81 ff.; *Schott*, Die Grundrechte in der deutschen Verfassungsgeschichte, in: ZvglRWiss 75 (1976), S. 45 ff.; *Kröger*, Grundrechtsentwicklung (LitVerz.), S. 12 ff.; zuletzt *Eike Wolgast*, Geschichte der Menschen- und Bürgerrechte, 2009, S. 109 ff. – Im Überblick zu den einzelnen Epochen *Wolfgang v. Rimscha*, Die Grundrechte im süddeutschen Konstitutionalismus, 1973, S. 155 ff.; *Wahl*, Rechtliche Wirkungen und Funktionen der Grundrechte im deutschen Konstitutionalismus des 19. Jahrhunderts, in: Der Staat 18 (1979), S. 321 ff.; *Judith Hilker*, Grundrechte im deutschen Frühkonstitutionalismus, 2005, S. 266 ff.; *Kühne*, Reichsverfassung (LitVerz.), S. 446 ff.; *E.R. Huber*, Grundrechte im Bismarckschen Reichssystem, in: Horst Ehmke u.a. (Hg.), FS U. Scheuner, 1973, S. 163 (173 ff.); *Julius Hatschek*, Außerpreußisches Landesstaatsrecht, 1926, S. 11 ff., 16 ff.; *Erich Wagner*, Deutsches Reichs- und Landesstaatsrecht, Bd. II: Landesstaatsrecht, 1931, S. 114 ff.; *Fabian Wittreck*, Zur Einleitung: Verfassungsentwicklung zwischen Novemberrevolution und Gleichschaltung, in: ders. (Hg.), Weimarer Landesverfassungen, 2004, S. 1 (8 ff., 37 f.); *Frank R. Pfetsch*, Ursprünge der zweiten Republik, 1990, S. 284 ff., 405 ff. – Aktuellere Zusammenfassungen von *Georg Ott*, Landesgrundrechte in der bundesstaatlichen Ordnung, 2001, sowie *Menzel*, Landesverfassungsrecht (LitVerz.), § 22 (S. 459 ff.).
2 Ältere Übersicht: *E. Schumann*, Verfassungsbeschwerde (Grundrechtsklage) zu den Landesverfassungsgerichten, in: Christian Starck/Klaus Stern (Hg.), Landesverfassungsgerichtsbarkeit, Bd. II, 1983, S. 149 ff.; vgl. aus der Debatte seit BVerfGE 96, 345 *Horst Dreier*, Grundrechtsschutz durch Landesverfassungsgerichte, 2000, S. 8 ff.; *Wermeckes*, Grundrechtsschutz (LitVerz.), S. 47 ff.; *Bodo Wolff*, Das Grundgesetz als prinzipaler Entscheidungsmaßstab bei der Landesverfassungsbeschwerde, 2001; *H.-P. Schneider*, Die Landesverfassungsbeschwerde. Ein Stiefkind bundesstaatlichen Grundrechtsschutzes?, in: NdsVBl. Sonderheft zum 50-jährigen Bestehen des Niedersächsischen Staatsgerichtshofs, 2005, S. 26 ff.; *J. Ipsen*, Grundfragen der Landesverfassungsbeschwerde, in: Mathias Habersack/Karl Huber/Gerald Spindler (Hg.), Festschrift für Eberhard Stilz zum 65. Geburtstag, 2014, S. 321 ff.; zuletzt *Wittreck*, Schließung einer Rechtsschutzlücke oder Arbeitsbeschaffungsmaßnahme? – Perspektiven der Landesverfassungsbeschwerde in Nordrhein-Westfalen, in: Die Präsidentin des Landtags NRW/Die Präsidentin des Verfassungsgerichtshofs für das Land NRW (Hg.), Rechtsschutz vor dem Verfassungsgerichtshof für das Land Nordrhein-Westfalen. Einführung einer Individualverfassungsbeschwerde – Pro und Contra, 2016, S. 15 ff.
3 Hier in Sonderheit natürlich auf die Grundrechte der Paulskirchenverfassung; magistral *Kühne*, Reichsverfassung (LitVerz.); vgl. ferner *Herbert Arthur Strauss*, Staat, Bürger, Mensch. Die Debatten der deutschen Nationalversammlung 1848/1849 über die Grundrechte, 1947; Heinrich Scholler (Hg.), Die Grundrechtsdiskussion in der Paulskirche, 1973; *Suppé*, Grund- und Menschenrechte (LitVerz.), S. 187 ff.
4 Sinnfällig → Bd. I: *Würtenberger*, Von der Aufklärung zum Vormärz, § 2 RN 20 (Baden – Bayern – Württemberg); s. ferner *Kröger*, Grundrechtsentwicklung (LitVerz.), S. 13 ff.

werden⁵. Demgegenüber soll hier – ohne die verfassungsstaatliche Vorreiterrolle etwa der süddeutschen Konstitutionen in Abrede stellen zu wollen – grundsätzlich die Gesamtheit aller einzelstaatlichen Verfassungsurkunden Berücksichtigung finden⁶, wobei allerdings Österreich ausgespart bleibt⁷.

2 Anteil an allgemeiner Grundrechtsdoktrin

Dabei gilt es sich zu vergegenwärtigen, daß in Ansehung einzelstaatlicher Grundrechte Staatspraxis wie Staatslehre vor einer doppelten Differenzierungsaufgabe standen, deren Bewältigung hier nachzuzeichnen ist. Denn einerseits ist zu analysieren, welchen Anteil einzelstaatliche Verfassunggeber wie die Interpreten dieser Urkunden an der Herausbildung einer allgemeinen Grundrechtsdoktrin oder -dogmatik hatten. Andererseits ist in wohlgemerkt vertikaler Perspektive zu fragen, ab wann und wie die Inbeziehungsetzung entsprechender Landesgarantien zu bundes- oder reichsrechtlichen Vorgaben problematisiert bzw. dogmatisch verarbeitet wird. Hier ist auf Anhieb ersichtlich, daß ein solcher zentraler Referenzrahmen im Beobachtungszeitraum ganz erheblichen Veränderungen unterliegt und bildlich gesprochen einem Gürtel oder Riemen gleicht, der vereinzelt praktisch ganz gelöst, meist aber unterschiedlich eng geschnallt wird. Die Bandbreite reicht vom eher lose gestrickten Netz der grundrechtlich relevanten Normativbestimmungen des Deutschen Bundes⁸ über die expliziten Grundrechtsvorgaben der Paulskirchenverfassung⁹ bis hin zur rigiden Auslegung des Satzes „Reichsrecht bricht Landrecht" (Art. 13 Abs. 1 WRV) in der Zwischenkriegszeit, der praktisch keinen Raum für Landesgrundrechte mehr läßt¹⁰. Die Reichsverfassung von 1871 schließlich belegt, daß selbst bei dem Grunde nach stabilem Normbestand der tatsächliche Wirkungsspielraum der Landesgrundrechte markanten Veränderungen ausgesetzt sein kann¹¹.

---

5 Siehe etwa Ernst Rudolf Huber (Hg.), Dokumente zur deutschen Verfassungsgeschichte, Bd. I, 3. Aufl. 1978, S. 155 ff., 305 ff., 483 ff., 501 ff., 637 ff. (Bayern 1818, Baden 1818, Württemberg 1819, Großherzogtum Hessen 1820, Kurfürstentum Hessen 1831, Sachsen 1831, Hannover 1840, Preußen 1848, Preußen 1850 und Kurfürstentum Hessen 1852); zuletzt Hinnerk Wißmann (Hg.), Europäische Verfassungen 1789-1990: Textsammlung, 2015, S. 97 ff., 226 ff. (Bayern 1818, Preußen 1850).
6 Jüngst ähnlich im Ansatz, aber ohne die Rheinbundstaaten, unter Beschränkung auf offen ausgewiesene Grundrechtskataloge sowie im Einzelfall lückenhaft *Lotzenburger*, Grundrechte (LitVerz.).
7 → Bd. VII/1: *Schäffer*, Die Entwicklung der Grundrechte, § 186 RN 6 ff. (²2014, § 1 RN 6 ff.); s. ferner *Prutsch/Schlegelmilch*, Österreich, in: Werner Daum (Hg.), Handbuch der europäischen Verfassungsgeschichte im 19. Jahrhundert, Bd. 2, 2012, S. 993 (1007 ff.), sowie *Lotzenburger*, Grundrechte (LitVerz.), S. 162 ff.
8 Unten D III 1, RN 15 ff. bzw. F III, RN 44.
9 Unten E III, RN 33 ff.
10 Näher unten I III, RN 75 ff.
11 Näher unten G III, RN 51 ff.

B. Der Reflektions- und Rezeptionsrahmen deutscher Grundrechtsentwicklung

Der Grundrechts- wie der untrennbar mit ihm verknüpfte Verfassungsdiskurs weisen über Deutschland hinaus. Bereits die Idee eines grundlegenden Rechtsdokuments, das sich durch seinen Vorrang vor dem einfachen Gesetzesrecht, erschwerte Abänderbarkeit sowie das Zustandekommen in einem besonderen Verfahren auszeichnet[12], ist in dieser Form eine Errungenschaft der französischen und amerikanischen Aufklärungsphilosophie[13]. Damit ist die Figur eines solchen Staatsgrundgesetzes nach dem Jahre 1815 als Frucht vom verbotenen (Freiheits-)Baum der Französischen Revolution in den Kreisen der monarchischen Reaktion an sich diskreditiert. Zugleich sind mit derartigen Staatsfundamentalnormen aber Modernisierungs-, Rationalisierungs- und teils auch Unitarisierungsverheißungen verknüpft, die sie für die Monarchen attraktiv, im Einzelfall je nach politischer Ausgangslage alternativlos machen[14].

3 Über Deutschland hinausweisender Rahmen

Ähnlich präsentiert sich die „Gefechtslage" bei den Freiheitsrechten: Als Paradigmen der verbindlichen Gewährleistung subjektiver Rechte in Deutschland sind erneut die Menschen- bzw. Bürgerrechtserklärungen der Amerikanischen (Bill of Rights von Virginia von 1776 bzw. Federal Bill of Rights von 1791)[15] wie der Französischen Revolution (Déclaration von 1789 bzw. Verfassung von 1791)[16] nicht hinwegzudenken; sie lösen in der Reichs-

4 Menschenrechtserklärungen als Paradigmen

---

12 Siehe nur *Hasso Hofmann*, Zur Idee des Staatsgrundgesetzes, in: ders., Recht – Politik – Verfassung, 1986, S. 261 ff.; *Christian Winterhoff*, Verfassung – Verfassungsgebung – Verfassungsänderung. Zur Theorie der Verfassung und der Verfassungsrechtserzeugung, 2007; *H. Dreier*, Artikel ‚Verfassung', in: Hans J. Sandkühler (Hg.), Enzyklopädie Philosophie, 2010, Bd. III, S. 2867 ff. sowie die Beiträge in: Otto Depenheuer/Christoph Grabenwarter (Hg.), Verfassungstheorie, 2010.
13 Statt aller m.w.N. *Horst Dreier*, Gilt das Grundgesetz ewig? Fünf Kapitel zum modernen Verfassungsstaat, 2009, S. 7 ff. sowie *Daum*, Das europäische Verfassungsdenken um 1800: Ein ideengeschichtlicher Abriss, in: Peter Brandt/Martin Kirsch/Arthur Schlegelmilch (Hg.), Handbuch der europäischen Verfassungsgeschichte im 19. Jahrhundert, Bd. 1, 2006, S. 119 ff.
14 Siehe *Grimm*, Entstehungs- und Wirkungsbedingungen des modernen Konstitutionalismus, in: Dieter Simon (Hg.), Akten des 26. Deutschen Rechtshistorikertages, 1987, S. 45 ff.; *P. Brandt u.a.*, Einleitung, in: ders./Kirsch/Schlegelmilch, Verfassungsgeschichte 1 (FN 13), S. 7 (18 ff., 39 ff.).
15 Näher *Justus Hashagen*, Zur Entstehungsgeschichte der nordamerikanischen Menschenrechte, in: Roman Schnur (Hg.), Zur Geschichte der Erklärung der Menschenrechte, 1964, S. 129 ff.; *Stourzh*, Grundrechte zwischen Common Law und Verfassung – Zur Entwicklung in England und in den nordamerikanischen Kolonien im 17. Jahrhundert, in: Günter Birtsch (Hg.), Grund- und Freiheitsrechte im Wandel von Gesellschaft und Geschichte, 1981, S. 59 (64 ff.); *H.-Chr. Schröder*, Die Grundrechtsproblematik in der englischen und amerikanischen Revolution, ebenda., S. 75 (87 ff.); zur Ausstrahlung auf Deutschland und Europa *Horst Dippel*, Die amerikanische Verfassung in Deutschland im 19. Jahrhundert, 1994, S. 14 ff.; instruktiv zuletzt *Brandt u.a.*, Einleitung (FN 14), S. 23 ff.; *ders.*, Gesellschaft und Konstitutionalismus in Amerika 1815–1847, in: Daum, Verfassungsgeschichte 2 (FN 7), S. 11 ff.
16 Klassisch *Sigmar-Jürgen Samwer*, Die französische Erklärung der Menschen- und Bürgerrechte von 1789/91, 1970; vgl. ferner *Bödeker*, Die Rezeption der französischen Menschen- und Bürgerrechte von 1789/1791 in der deutschen Aufklärungsgesellschaft, in: Birtsch, Wandel (FN 15), S. 258 ff.; *Schmale*, Frankreich und die Erklärung der Menschen- und Bürgerrechte von 1789 im Lichte der französischen Forschung 200 Jahre danach, ZHF 20 (1993), S. 345 ff.; *Arthur Schlegelmilch*, Menschenrechte als Universalrechte und Bauplan der bürgerlichen Gesellschaft, in: ders. (Hg.), Einführung in die moderne

§ 231 Sechzehnter Teil: I. Entwicklung und Bedeutung einzelstaatlicher Grundrechte

öffentlichkeit eine intensive Grundrechtsdebatte aus und ziehen eine Fülle von Entwürfen vergleichbarer Rechteerklärungen oder Verfassungen nach sich[17]. Während die ältere Literatur diese Kausalkette sehr einseitig betonte[18] und teils auch aus nationalstaatlich verengter Perspektive kritisierte[19], weist die jüngere Forschung erstens auf autochthone Quellen hin, zu denen – ohne Anspruch auf Vollständigkeit – altständische Freiheiten[20], die deutsche Naturrechtsdebatte im Anschluß an *Pufendorf* und *Wolff*[21], die *kant*ische Philosophie[22] sowie die Tradition des Rechtsschutzes durch das Reichskammergericht gehören[23]. Ferner finden sich in den Kodifikationen des aufgeklärten Absolutismus ebenfalls Elemente eines subjektiven Rechtsschutzes, die

Autochthone Quellen

---

europäische Verfassungsgeschichte, 2003, S. 1 ff. Texte in: Dieter Gosewinkel/Johannes Masing (Hg.), Die Verfassungen in Europa 1789–1949. Wissenschaftliche Textedition unter Einschluß sämtlicher Änderungen und Ergänzungen sowie mit Dokumenten aus der englischen und amerikanischen Verfassungsgeschichte, 2006, S. 165 ff. → Bd. X: *Ducoulombier*, Grundrechte in Frankreich, § 286.

17 Instruktive Auswahl mitsamt Einleitung von Horst Dippel (Hg.), Die Anfänge des Konstitutionalismus in Deutschland, 1991; vgl. dazu *Suppé*, Grund- und Menschenrechte (LitVerz.), S. 32 ff.

18 Siehe früh *Georg Thimm*, Die Menschen- und Bürgerrechte in ihrem Übergang von den französischen Verfassungen zu den deutschen bis 1831 (Diss. phil. Greifswald), 1905, S. 20 ff.; ähnlich *Ernst Eckhardt*, Die Grundrechte vom Wiener Kongress bis zur Gegenwart, 1913, S. 14 ff.

19 Zur wirkmächtigen Kritik *Stahl*s s. *Gottfried Hütter*, Die Beurteilung der Menschenrechte bei Richard Rothe und Friedrich Julius Stahl, 1976, S. 163, 166 ff. – Davon zu unterscheiden ist die berühmte Kontroverse zwischen *Jellinek* und *Boutmy* um die Erstlingsrolle der *déclaration*; dazu statt aller *Stolleis*, Georg Jellineks Beitrag zur Entwicklung der Menschen- und Bürgerrechte, in: Stanley L. Paulson/Martin Schulte (Hg.), Georg Jellinek – Beiträge zu Leben und Werk, 2000, S. 103 (106 ff.).

20 Dafür namentlich *Blickle*, Von der Leibeigenschaft in die Freiheit – Ein Beitrag zu den realhistorischen Grundlagen der Freiheits- und Menschenrechte in Mitteleuropa, in: Birtsch, Wandel (FN 15), S. 25 ff.; vgl. zuletzt dens., Von der Leibeigenschaft zu den Menschenrechten. Eine Geschichte der Freiheit in Deutschland, ²2006. Instruktiv ferner *Wolfgang Schmale*, Archäologie der Grund- und Menschenrechte in der Frühen Neuzeit, 1997.

21 Maßgeblich *Diethelm Klippel*, Politische Freiheit und Freiheitsrechte im deutschen Naturrecht des 18. Jahrhunderts, 1976; *ders.*, Die Theorie der Freiheitsrechte am Ende des 18. Jahrhunderts in Deutschland, in: Heinz Mohnhaupt (Hg.), Rechtsgeschichte in den beiden deutschen Staaten 1988–1990, 1991, S. 348 ff.; vgl. ferner *Garber*, Vom „ius connatum" zum „Menschenrecht" – Deutsche Menschenrechtstheorie in der Spätaufklärung, in: Reinhard Brandt (Hg.), Rechtsphilosophie der Aufklärung, 1982, S. 107 ff.; *Emanuel Stipperger*, Freiheit und Institution bei Christian Wolff (1679–1754) – Zum Grundrechtsdenken in der deutschen Hochaufklärung, 1984, S. 45 ff.; *Chr. Link*, Naturrechtliche Grundlagen des Grundrechtsdenkens in der deutschen Staatsrechtslehre des 17. und 18. Jahrhunderts, in: Günter Birtsch (Hg.), Grund- und Freiheitsrechte von der ständischen zur spätbürgerlichen Gesellschaft, 1987, S. 215 ff.; *Bödeker*, „Menschenrechte" im deutschen publizistischen Diskurs vor 1789, ebenda, S. 392 ff.; *Kröger*, Grundrechtsentwicklung (LitVerz.), S. 4 ff.

22 Zu deren individualrechtlichen Gehalten wie zu ihrer Relevanz für die weitere Grundrechtsentwicklung *Stelzer*, Das kantische Autonomieprinzip als Voraussetzung für den Begriff der Menschenrechte, in: Gerhard Dilcher u.a. (Hg.), Grundrechte im 19. Jahrhundert, 1982, S. 29 ff.; *Heiner Bielefeldt*, Neuzeitliches Freiheitsrecht und politische Gerechtigkeit, 1990, S. 108 ff., 223 ff.; *Ralph Alexander Lorz*, Modernes Grund- und Menschenrechtsverständnis und die Philosophie der Freiheit Kants. Eine staatstheoretische Untersuchung an Maßstäben des Grundgesetzes für die Bundesrepublik Deutschland, 1993; *H. Dreier*, Kants Republik, JZ 2004, S. 745 (748, 753 ff.); *Hilker*, Grundrechte (FN 1), S. 101 ff.

23 Siehe hierzu *Weitzel*, Das Reichskammergericht und der Schutz von Freiheitsrechten seit der Mitte des 18. Jahrhunderts, in: Bernhard Diestelkamp (Hg.), Die politische Funktion des Reichskammergerichts, 1993, S. 157 (162 ff.); *Polley*, Reichskammergericht und „Grundrechtsschutz" – eine hessische Fallstudie, in: Hessische Landeszentrale für Politische Bildung (Hg.), Recht und Verfassung in Hessen, 1995, S. 19 (22 ff.) sowie *Liebmann*, Das Alte Reich und der napoleonische Rheinbund, in: Brandt/Kirsch/Schlegelmilch, Verfassungsgeschichte 1 (FN 13), S. 640 (657, 663 ff.).

zumindest funktionale Äquivalente zu den Freiheitsrechten darstellen[24]. Die gegenwärtige Forschung weitet nochmals die Perspektive und deutet Konstitutionalismus dezidiert als *Constitutionalism* im Sinne eines wenigstens europaweiten Diskurses über die beste Ausgestaltung einer Verfassungsurkunde[25].

Constitutionalism

C. Grundrechte in den Verfassungsurkunden der Rheinbundstaaten

I. Überblick

Die fast durchweg kurzlebigen Verfassungsurkunden der Mitgliedstaaten des napoleonischen Bündnissystems[26] haben in der jüngeren Forschung eine bemerkenswerte Metamorphose durchlaufen. Zunächst als Besatzungsdiktat bzw. entweder als Ausdruck von Fremdherrschaft oder wenigstens als kurzatmige und traditionsvergessene Orientierung an fremdem Verfassungsgut geschmäht[27], werden sie inzwischen erstens als durchaus eigenständige Werke, die den französischerseits eingeräumten Spielraum unterschiedlich weit ausloten[28], und zweitens als ernsthafte Modernisierungsversuche in überkommenen Gesellschaften gedeutet, denen Französische Revolution wie französische Hegemonie handgreiflich ihren Reformrückstand demonstriert haben[29].

5
Kurzlebige Verfassungsurkunden

---

24 *Kleinheyer*, Aspekte der Gleichheit in den Aufklärungskodifikationen und den Konstitutionen des Vormärz, in: Helmut Quaritsch (Hg.), Von der ständischen Gesellschaft zur bürgerlichen Gleichheit, 1980, S. 7 ff.; *P. Burg*, Die Verwirklichung von Grund- und Freiheitsrechten in den Preußischen Reformen und Kants Rechtslehre, in: Birtsch, Wandel (FN 15), S. 287 (291 ff.); *Thomas Würtenberger*, Der Schutz von Eigentum und Freiheit im ausgehenden 18. Jahrhundert, in: Walter Gose/ders. (Hg.), Zur Ideen- und Rezeptionsgeschichte des Preußischen Allgemeinen Landrechts, 1989, S. 55 (58); für das österreichische ABGB → Bd. VII/1: *Schäffer*, Die Entwicklung der Grundrechte, § 186 RN 3 ff. (^{2}2014, § 1 RN 3 ff.).
25 So der Ansatz bei *P. Brandt u.a.*, Grundrechte, in: ders./Kirsch/Schlegelmilch, Verfassungsgeschichte 1 (FN 13), S. 57 ff. (um 1800); *Daum*, Grundrechte, in: ders., Verfassungsgeschichte 2 (FN 7), S. 99 ff. (1815-1847).
26 Im ersten Zugriff *Harry Siegmund*, Der französische Einfluß auf die deutsche Verfassungsentwicklung 1789–1815, 1987, S. 197 ff.; *Michael Hecker*, Napoleonischer Konstitutionalismus in Deutschland, 2005; *Ham/Kandil*, Die napoleonischen Modellstaaten, in: Brandt/Kirsch/Schlegelmilch, Verfassungsgeschichte 1 (FN 13), S. 684 ff., sowie die Beiträge in Hartwig Brandt/Ewald Grothe (Hg.), Rheinbündischer Konstitutionalismus, 2007.
27 Das war zunächst zwingend in der einseitig nationalstaatlich gefärbten Literatur des 19. Jh. ausgeprägt (*Rudolf Goecke*, Das Königreich Westphalen. Sieben Jahre Fremdherrschaft im Herzen Deutschlands, 1807–1813, Düsseldorf 1888), obwaltet aber noch in Darstellungen der Nachkriegszeit; s. etwa *Ernst Rudolf Huber*, Deutsche Verfassungsgeschichte seit 1789, Bd. I, ^{2}1960, S. 79 ff. – Aus der Metaperspektive *Owzar*, Fremde Herrschaft – fremdes Recht? Deutungen der napoleonischen Verfassungspolitik in Westfalen im 19. und 20. Jahrhundert, in: Westfälische Forschungen 51 (2001), S. 75 ff.
28 Dargelegt von *H. Bock*, Das Königreich Westphalen. Napoleonisches Protektorat und liberalistische Reformen, in: Helmut Bleiber/Wolfgang Küttler (Hg.), Revolution und Reform in Deutschland im 19. und 20. Jahrhundert, Halbbd. 1, 2005, S. 19 (21 ff.).
29 Differenziert jetzt *Berding*, Das Königreich Westphalen als napoleonischer Modell- und Satellitenstaat (1807-1813), in: Gerd Dethlefs/Armin Owzar/Gisela Weiß (Hg.), Modell und Wirklichkeit. Politik, Kultur und Gesellschaft im Großherzogtum Berg und im Königreich Westphalen 1806-1813, 2007, S. 15 ff., sowie *Hecker*, Konstitutionalismus (FN 26), S. 82 ff., 130 ff., 166 ff., der den Verfassungen der Rheinbundstaaten in erheblichem Umfang verfassungsgeschichtlich fortschrittliche Elemente attestiert.

§ 231   Sechzehnter Teil: I. Entwicklung und Bedeutung einzelstaatlicher Grundrechte

II. Urkundenbestand

6
Rheinbund-Mitglieder

Unter der Geltung des Rheinbundes geben sich die folgenden Mitglieder schriftliche Verfassungen (resp. erhalten sie direkt von *Napoleon*): Frankfurt (1806 bzw. 1810)[30], das Königreich Westphalen (1807)[31], das Königreich Bayern (1808)[32], Reuß (ältere Linie; 1809)[33], Sachsen-Weimar-Eisenach (1809)[34], Anhalt-Köthen (1811)[35] sowie zuletzt Berg (1812)[36].

---

30 Erklärung und Verordnung Sr. Hoheit wie die Neue Verfassung von Frankfurt seyn solle, vom 10. Oktober 1806 (Staats-Calender der Fürstprimatischen Stadt Frankfurt, Jahrgang 1807, S. 58) bzw. Höchstes Organisations-Patent der Verfassung des Großherzogthums Frankfurt vom 16. August 1810, in: Großherzoglich frankfurtisches Regierungsblatt, Bd. I, 1810, S. 10; s. *Dölemeyer*, Die Frankfurter Stadtverfassungen von 1806, 1810 und 1816, in: Brandt/Grothe, Konstitutionalismus (FN 26), S. 91 (92 ff.) sowie *Herbert Hömig*, Karl-Theodor von Dalberg. Staatsmann und Kirchenfürst im Schatten Napoleons, 2011, S. 481 ff.
31 Königliches Decret [Nro. I.], wodurch die Publikation der Constitution des Königreichs Westphalen verordnet wird, vom 7. Dezember 1807, Gesetz-Bulletin des Königreichs Westphalen, 1808, Erster Theil, Nr. 1, S. 3; näher *R. Ham*, Die Constitution für das Königreich Westphalen von 1807. Zur Funktion und Funktionsweise der ersten modernen Verfassung in Deutschland, ZNR 26 (2004), S. 227 ff.; *Ewald Grothe*, Die Verfassung des Königreichs Westphalen von 1807, in: Brandt/ders., Konstitutionalismus (FN 26), S. 31 ff. sowie *Dippel*, „Modellstaat"? Die Verfassung des Königreichs Westphalen im Kontext der napoleonischen Verfassungen, in: Jens Flemming/Dietfrid Krause-Vilmar (Hg.), Fremdherrschaft und Freiheit. Das Königreich Westphalen als Napoleonischer Modellstaat, 2009, S. 84 ff.
32 Konstitution für das Königreich Baiern vom 1. Mai 1808, Königlich-Baierisches Regierungsblatt Nr. XXII v. 25. 5. 1808, Sp. 985; s. dazu *H. Brandt*, Die Verfassung des Königreichs Bayern von 1808, in: ders./Grothe, Konstitutionalismus (FN 26), S. 53 ff., sowie die Beiträge in Alois Schmid (Hg.), Die bayerische Konstitution von 1808, 2008.
33 Landesgrundgesetz des Fürstenthums Reuß ältere Linie vom 15. März 1809, Mandate, Gesetze und Verordnungen, Nr. 11, S. 97r; näher *G. Müller*, Die Verfassung des Fürstentums Reuß ältere Linie von 1809, in: Brandt/Grothe, Konstitutionalismus (FN 26), S. 65 ff. sowie jetzt *Gäbler*, Reuß älterer Linie und die Herausforderung durch die Französische Revolution, in: Werner Greiling/Hagen Rüster (Hg.), Reuß älterer Linie im 19. Jahrhundert. Das widerspenstige Fürstentum?, 2013, S. 61 (80 ff.).
34 Constitution der vereinigten Landschaft der herzoglich Weimar- und Eisenachischen Lande, mit Einschluß der Jenaischen Landesportion, jedoch mit Ausschluß des Amtes Ilmenau v. 20. September 1809 (Thüringisches Hauptstaatsarchiv Weimar). Näher *Hans H. Klein*, Die Reorganisation des Herzogtums Sachsen-Weimar und Eisenach durch die Konstitution vom 26. September 1809, 2001, sowie *G. Müller*, Die Verfassung des Herzogtums Sachsen-Weimar-Eisenach von 1809, in: Brandt/Grothe, Konstitutionalismus (FN 26), S. 73 ff.
35 Edict wegen Einführung des Französischen Gesetzbuchs vom 2. Januar 1811 (Sammlung der in dem Herzogthume Anhalt-Cöthen ergangenen Gesetze, Verordnungen und Verfügungen, Bd. IV, Nr. 167, S. 153) bzw. Organisation des Herzogthums vom 19. Februar 1811, in: Karl Heinrich Ludwig Pölitz/Friedrich Bülau (Hg.), Die Verfassungen der teutschen Staatenbundes seit dem Jahre 1789 bis auf die neueste Zeit, Zweite Abtheilung, Leipzig 1847, S. 1058 ff.; s. näher *Edgar Liebmann*, Die Verfassung des Herzogtums Anhalt-Köthen von 1810/11, in: Brandt/Grothe, Konstitutionalismus (FN 26), S. 105 ff.
36 Kaiserliches Decret Nro. 93, welches die Organisation des Staatsraths und des Collegiums betrifft, vom 15. März 1812, in: Gesetz-Bulletin des Großherzogthums Berg, 4. Jahrgang 1812, Nr. 34, S. 38; näher zu diesem Dokument, das keine Vollverfassung darstellt, *J. Engelbrecht*, Das Großherzogtum Berg als napoleonischer Modellstaat, in: Harm Klueting (Hg.), 200 Jahre Reichsdeputationshauptschluss. Säkularisation, Mediatisierung und Modernisierung zwischen Altem Reich und neuer Staatlichkeit, 2005, S. 253 (255 ff.); *Bettina Severin-Barboutie*, Französische Herrschaftspolitik und Modernisierung. Verwaltungs- und Verfassungsreformen im Großherzogtum Berg (1806-1813), 2008, S. 255 ff.; *Michael Kotulla*, Historische Einführungen, 2. Abschnitt: Verfassungsentwicklung in den deutschen Einzelstaaten (1806–1918), § 14; [Großherzogtum] Berg, in: ders. (Hg.), Deutsches Verfassungsrecht 1806–1918, Bd. 3, 2010, S. 3 (45 RN 1788).

III. Kontexte

Die vorstehend aufgeführten Urkunden stellen keineswegs eine homogene „Verfassungsfamilie" dar. Die Bandbreite reicht von der ausdrücklich als „Modellverfassung" inszenierten Urkunde für das Königreich Westphalen[37] (an die sich Frankfurt im Jahre 1810 auch normtextlich eng anschmiegt[38]) über die sich ebenfalls als Reformverfassung gerierende Bayerische Constitution[39] bis hin zu den mitteldeutschen Kleinstaaten, unter denen nur Anhalt-Köthen erkennbar Reformimpulse aufnimmt, wohingegen Reuß auf finanzielle Konsolidierung und Sachsen-Weimar-Eisenach (zunächst vergeblich) auf die Einheit eines zusammengewürfelten Territoriums zielt. Alle stehen vor der Frage, wie sie die Irritation durch die Französische Revolution verarbeiten; präziser lautet die Problemstellung, welches Stadium der französischen Entwicklung seit dem Jahre 1789 sie als Referenzmodell wählen sollen[40].

7
Keine homogene „Verfassungsfamilie"

Irritation durch die Französische Revolution

Zur Auswahl stehen der Sache nach die Frühphase der Revolution, die sich namentlich in der Erklärung der Menschen- und Bürgerrechte sowie der dem Namen nach noch monarchischen Verfassung von 1791 manifestiert, ihr *Nadir* in Gestalt des jakobinischen Terrors[41] sowie ihre Einhegung in Form der napoleonischen Herrschaft, die zwar zentrale Freiheits- und Gleichheitsverheißungen in die Form der verschiedenen *Codes* gießt[42], zugleich aber radikale Elemente zurückdrängt und Versatzstücke der absoluten Monarchie reaktiviert. Die Konsulatsverfassung von 1799 führt in diesem Kontext zwar noch einzelne Gewährleistungen im Schlußabschnitt „Allgemeine Bestimmungen" auf, verzichtet aber auf einen regelrechten Katalog der Menschen- oder Bürgerrechte[43]. Die folgenden „Senatusconsulta" von 1802 und 1804 sind völlig frei davon[44]. Auch für die Rheinbundakte vom 12. Juli 1806 gilt, daß sie weder selbst allgemeine Freiheitsrechte gewährt[45], noch die Bundes-

8
Zur Auswahl stehende Modellverfassungen

---

37 Bilanzierend *Berding*, Das Königreich Westphalen als Modellstaat – Anspruch und Wirklichkeit (1807–1813), in: Flemming/Krause-Vilmar, Fremdherrschaft (FN 31), S. 71 ff.
38 Eingehend *Klueting*, Dalbergs Großherzogtum Frankfurt – ein napoleonischer Modellstaat? Zu den rheinbündischen Reformen im Fürstentum Aschaffenburg und im Großherzogtum Frankfurt, in: Aschaffenburger Jahrbuch für Geschichte, Landeskunde und Kunst des Untermaingebietes 11/12 (1988), S. 359 ff.
39 Instruktiv *P.Cl. Hartmann*, Die Verfassung des Königreichs Westphalen und die Konstitution des Königreichs Bayern 1808 – ein Vergleich, in: Andreas Hedwig/Klaus Malettke/Karl Murk (Hg.), Napoleon und das Königreich Westphalen. Herrschaftssystem und Modellstaatspolitik, 2008, S. 115 (119 ff.).
40 Im Überblick mit zahlreichen w.N. *Kirsch u.a.*, Frankreich, in: Brandt/ders./Schlegelmilch, Verfassungsgeschichte 1 (FN 13), S. 214 (219 ff.).
41 Der namentlich anfängliche Anhänger der Revolution wie Kant oder Hegel tief beeindruckt: *Peter Burg*, Kant und die Französische Revolution, 1974, S. 18 ff. einerseits sowie *Joachim Ritter*, Hegel und die französische Revolution, 1965, S. 19 ff. andererseits.
42 Klassisch *Elisabeth Fehrenbach*, Traditionale Gesellschaft und revolutionäres Recht, 3. Aufl. 1983; neuere Darstellung von *Barbara Dölemeyer*, Nachwort, in: K[arl-]D[ietrich] Wolff (Hg.), Napoleons Gesetzbuch/Code Napoléon [1808], 2001, S. 1056 ff.
43 Konkret Unverletzlichkeit der Wohnung (Art. 76), Schutz vor Verhaftung (Art. 77–82) und Petitionsrecht; zugänglich ist der Text in: Gosewinkel/Masing, Verfassungen (FN 16), S. 242 ff.
44 Näher nochmals *Kirsch u.a.*, Frankreich (FN 40), S. 263 ff.
45 Wohl aber Privilegien für die beteiligten Fürsten; vgl. Art. 28 zum Recht der Austrägal-Instanz in peinlichen Fragen (der Text ist gut zugänglich in: E.R. Huber, Dokumente I [FN 5], S. 28 ff.).

glieder verpflichtet, sich Verfassungsurkunden zu geben oder Freiheitsrechte in diese aufzunehmen[46].

IV. Grundrechtsbestand

9
Geringe Ansätze für Individual(grund)rechte

Keine der Verfassungen der Rheinbundstaaten verfügt über einen explizit als solchen ausgewiesenen Grundrechtsabschnitt[47]. Sofern sich die Urkunden – dies gilt für Berg, Reuß sowie Sachsen-Weimar-Eisenach – nicht ohnehin auf ein Organisationsstatut bzw. noch enger auf Regularien für die Ständeversammlung bzw. die sog. (National-)Repräsentation beschränken, begegnen nebeneinander vereinzelte Gewährleistungen oder „Sammelvorschriften". Für Frankfurt enthält die „Erklärung und Verordnung" aus dem Jahre 1806 in ihrem Zweiten Abschnitt nur einzelne Garantien zugunsten der Religionsausübung, die allerdings nach Konfessionen abgestuft sind. Die elaboriertesten Individualrechte finden sich in der Verfassungsurkunde für das Königreich

Westphalen

Westphalen im Vierten Titel; er verheißt „Gleichheit aller Unterthanen vor dem Gesetze, und die freye Ausübung des Gottesdienstes der verschiedenen Religions-Gesellschaften" (Art. 10 Verf. Westphalen), Aufhebung der Leibeigenschaft (Art. 13 Verf.) sowie die Aufhebung von Privilegien und Vorrechten des Adels (Art. 12 u. 14 Verf.). Im Abschnitt über die Rechtsprechung (11. Titel) werden ferner die Öffentlichkeit des gerichtlichen Verfahrens und Geschworenengerichte für Strafsachen (Art. 46 Satz 1 Verf. Westphalen) sowie die Unabhängigkeit der Gerichte (Art. 49 Verf.) garantiert. Frankfurt

Anhalt-Köthen

greift diese Bestimmungen im Jahre 1810 teils wortwörtlich auf[48]. In enger und expliziter Anlehnung an Westphalen gewährleistet Anhalt-Köthen ebenfalls Gleichheit vor dem Gesetz (Art. 8 Verf. Anhalt-Köthen; in Art. 13 Verf. ausdrücklich auf Juden erstreckt), schafft Vorrechte und Privilegien des Adels wie der „Corporationen" ab (Art. 9 bzw. 14 Verf. Anhalt-Köthen), hebt die Patrimonialgerichtsbarkeit auf (Art. 10 Verf.) und verspricht die Ablösung der auf dem Grundbesitz haftenden Dienste (Art. 11 Verf.; hingegen bleibt das Lehnssystem erhalten: Art. 12 Verf. Anhalt-Köthen). Bayern hebt ebenfalls

Bayern

die Leibeigenschaft auf (Titel I, § III Verf.), schafft Vorrechte von Adel und Geistlichkeit ab (Titel I, §§ V u. VI Abs. 1 Verf.), garantiert das Kirchengut im Umfang von 1807 (Titel I, § VI Abs. 2 Verf.) und faßt im übrigen zusammen (Titel I, § VII Abs. 1 Verf. Bayern)[49]: „Der Staat gewährt allen Staats-Bürgern

---

46 Näher *Bernd Grzeszick*, Vom Reich zur Bundesstaatsidee, 1995, S. 141 ff., sowie *Liebmann*, Reich (FN 23), S. 654.
47 Zusammenfassend zum folgenden *Rimscha*, Grundrechte (FN 1), S. 76 ff.; *Hilker*, Grundrechte (FN 1), S. 143 ff.; *Hecker*, Konstitutionalismus (FN 26), S. 82 ff.; *Ham/Kandil*, Modellstaaten (FN 26), S. 696 ff.; *Kellmann/Drewes*, Die süddeutschen Reformstaaten (Bayern, Württemberg, Baden), in: Brandt/Kirsch/Schlegelmilch, Verfassungsgeschichte 1 (FN 13), S. 714 (730 ff.).
48 Gleichheit vor dem Gesetz und freie Ausübung des Gottesdienstes (§ 11 Verf.); Abschaffung der Leibeigenschaft gegen Entschädigung (§ 13 Abs. 1–3 Verf.); Abschaffung der Vorrechte des Adels (§ 14 Verf.); Unabhängigkeit der Gerichte (§ 39 Verf.; vgl. auch § 46 Abs. 2 Verf. zur Unabänderlichkeit dieser Bestimmung).
49 Für Einstufung als Individualrecht *Kellmann/Drewes*, Reformstaaten (FN 47), S. 733; dagegen *Stern*, Idee der Menschenrechte und Positivität der Grundrechte, HStR³ V, § 108 RN 23.

Sicherheit der Personen und des Eigenthums – vollkommene Gewissensfreiheit – Preßfreiheit nach dem Zensur-Edikt vom 13. Junius 1803, und den wegen der politischen Zeitschriften am 6. September 1799 und 17. Februar 1806 erlassenen Verordnungen".

V. Grundrechtsinnovationen und -verluste

Fortschritte gegenüber der bisherigen deutschen Entwicklung enthalten die rheinbündischen Konstitutionen weniger in Sachen der Gewährleistung subjektiver Rechte als in Gestalt negativer Institutionsgarantien: Aufhebung der Leibeigenschaft, Aufhebung der Patrimonialgerichtsbarkeit, Aufhebung überkommener Vorrechte. Es geht im Kern um das Aufbrechen einer traditionalen Gesellschaft im Zeichen eines fundamentalen Gleichheitsversprechens[50]. Hingegen tauchen die klassischen liberalen Abwehrrechte nur in der zweiten Reihe sowie seltsam verklausuliert auf bzw. unterliegen – wie die zuletzt genannte bayerische Regelung – deutlichen Vorbehalten[51]. Sie beschränken sich (sofern überhaupt aufgenommen) auf Teilgehalte der Religionsfreiheit (Bayern, Frankfurt und Westphalen) sowie objektivrechtliche Vorgaben für einen modernen Rechtsschutz (Frankfurt und Westphalen). Allein Bayern weitet den Katalog noch substantiell aus (Sicherheit [entspricht: Freiheit] der Person[52], Eigentum und Presse).

10
Ausprägungen negativer Institutionsgarantien

Ansätze liberaler Abwehrrechte

Grundrechtsverluste sind zu verzeichnen, wenn man den *acquis* der genannten Verfassungsurkunden mit den Menschenrechtskatalogen der amerikanischen und französischen Revolutionen oder den ersten dort entstandenen Verfassungsurkunden vergleicht[53]. Das in den Rheinbundstaaten obwaltende Modell ist das einer Modernisierung von oben, die zwar auf die Aktivierung eines größeren Anteils der Bevölkerung setzt, sich aber darauf beschränkt, diesen von den Bindungen des *Ancien Régime* zu befreien, ohne die neukonstituierte und grundlegend rationalisierte Staatsgewalt substantiellen weitergehenden Bindungen in Gestalt subjektiver Abwehrrechte der Bürger zu unterwerfen[54]. Insbesondere fehlen – abgesehen von der vagen Pressefreiheit in Bayern – genuin politische Rechte.

11
Grundrechtsverluste

---

50 *Botzenhart*, Wandlungen der ständischen Gesellschaft im Deutschland der preußischen und der rheinbündischen Reformen, in: Gesellschaft (FN 24), S. 55 (63 f.); *Hilker*, Grundrechte (FN 1), S. 145 ff.; nachgewiesen anhand des Beispiels Westphalen bei *Helmut Berding*, Napoleonische Herrschafts- und Gesellschaftspolitik im Königreich Westfalen 1807–1813, 1973, S. 23 ff.
51 Aufschlußreich *Rüdiger Busch*, Die Aufsicht über das Bücher- und Pressewesen in den Rheinbundstaaten Berg, Westfalen und Frankfurt, 1970, S. 22, 53 ff., 62 ff.
52 Diese Gleichsetzung belegt *Rimscha*, Grundrechte (FN 1), S. 78, unter Hinweis auf vorbereitende Texte von *Montgelas*; vgl. *Hilker*, Grundrechte (FN 1), S. 203 ff.
53 Näher *Kröger*, Grundrechtsentwicklung (LitVerz.), S. 11 f.; *Hilker*, Grundrechte (FN 1), S. 149 f.; *Hecker*, Konstitutionalismus (FN 26), S. 83; *Ham/Kandil*, Modellstaaten (FN 26), S. 696 ff.
54 Instruktiv *Fehrenbach*, Verfassungs- und sozialpolitische Reformen und Reformprojekte in Deutschland unter dem Einfluß des napoleonischen Frankreich, HZ 228 (1979), S. 288 (294 ff.); vgl. ferner *Owzar*, Wider den „patriarchalischen Schlendrian". Napoleonische Verfassungspolitik in Westfalen, in: Gisela Weiß/Gerd Dethlefs (Hg.), „Zerbrochen sind die Fesseln des Schlendrians". Westfalens Aufbruch in die Moderne, 2002, S. 298 (301 ff.).

VI. Landes-Grundrechtsdoktrin

12
Paraphrasen der Normtexte

Stellt man in Rechnung, daß dem „rheinbündischen Konstitutionalismus" nicht einmal ein Dezennium an Entfaltung beschieden war, so ist die Herausbildung einer distinkten Grundrechtsdoktrin nicht zu erwarten[55]. Sichtet man die wenigen zeitgenössischen Quellen, die sich den Verfassungen widmen[56], so finden sich praktisch nur Paraphrasen der Normtexte ohne Bewertung, theoretische Rahmung oder dogmatische Einordnung[57].

D. Grundrechte in den Verfassungsurkunden des Frühkonstitutionalismus

I. Überblick

13
Vielfältig-heterogene Entwicklung im Deutschen Bund

„Frühkonstitutionalismus" ist – nicht anders als die ebenfalls gebräuchliche Wendung vom „Vormärz" – das stillschweigende Eingeständnis, daß sich die Entwicklung von der Neuordnung Deutschlands und Europas durch den Wiener Kongreß bis zur Revolution im Jahre 1848 kaum auf einen Nenner bringen läßt[58]. Zu vielfältig ist die Entwicklung in den Einzelstaaten des Deutschen Bundes, zu heterogen sind die Interessenlagen der Akteure und die weltanschaulichen Prämissen, an denen sie sich orientieren. Gleichwohl lassen

Grundmuster

sich charakteristische Grundmuster ausmachen[59]: Es geht im Kern um das Spannungsfeld zwischen einer restaurierten Monarchie und einer Zivilgesellschaft, die Kernforderungen der Französischen Revolution wie Freiheit, Gleichheit und politische Mitwirkung weiterverfolgt, denen die Monarchen im Interesse eines wahlweise als „Modernisierung" oder „Fortschritt" firmie-

---

[55] Implizite Fehlanzeige auch bei *Grimm*, Die Entwicklung der Grundrechtstheorie in der deutschen Staatsrechtslehre des 19. Jahrhunderts, in: Birtsch, Freiheitsrechte (FN 21), S. 234 (236); vgl. ferner *Rimscha*, Grundrechte (FN 1), S. 77, sowie *Hilker*, Grundrechte (FN 1), S. 149 f.

[56] Hier ist namentlich das Königreich Westphalen noch in einiger Dichte zum Gegenstand von Darstellungen geworden: *August Friederich Wilhelm Crome/Karl Jaup*, Konstitution des Königreichs Westphalen, französisch und deutsch, mit den Abweichungen des Projekts, und mit einer erläuternden Nachschrift, in: Germanien. Eine Zeitschrift für Staats-Recht, Politik und Statistik von Deutschland, Bd. 1 (1808), S. 113 ff.; *N.N.*, Bemerkungen über die Konstitution des Königreichs Westfalen, in: Chronik der Teutschen VIII/2 (1808), S. 9 ff.; *[Ehrhart Leth]*, Ueber die Constitution, in: ders. (Hg.), Annalen des Königreichs Westphalen, H. 2, Göttingen 1809, S. 9 ff.; *Friedrich Saalfeld*, Handbuch des westfälischen Staatsrechts, Göttingen 1812.

[57] Zusammenfassend *Rupert Pfeffer*, Die Verfassungen der Rheinbundstaaten als Zeugnisse des politischen Denkens in den Anfängen des deutschen Konstitutionalismus, 1960, S. 41 ff.

[58] Näher *Wahl*, Die Entwicklung des deutschen Verfassungsstaates bis 1866, HStR [3]I, § 2 RN 21 ff.; *Dietmar Willoweit*, Deutsche Verfassungsgeschichte, [7]2013, § 29 RN 1 ff.; instruktiv jetzt der europäische Ausgriff bei *P. Schiera*, Europäisches Verfassungsdenken 1815–1847 – Die Zentralität der Legislativgewalt zwischen monarchischem Prinzip und Legitimität, in: Daum, Verfassungsgeschichte 2 (FN 7), S. 165 ff.

[59] Grundlegend zum folgenden *E.R. Huber*, Verfassungsgeschichte I (FN 23), S. 314 ff.; *Ernst-Wolfgang Böckenförde*, Der Verfassungstyp der deutschen konstitutionellen Monarchie im 19. Jahrhundert, in ders. (Hg.), Moderne deutsche Verfassungsgeschichte, 1972, S. 146 ff.; *Carola Schulze*, Frühkonstitutionalismus in Deutschland, 2002, S. 15 ff.; *Wahl*, HStR [3]I, § 2 RN 1 ff., 45 ff.

renden Imperativs wenigstens teilweise nachkommen müssen. Eine öffentliche Arena, in der sich diese Spannungen entladen können, ist die Verfassungsurkunde bzw. präziser die in ihr konstituierte Repräsentativkörperschaft – beide sind begriffsnotwendige Bestandteile eines „Konstitutionalismus" (nicht hingegen in dieser Urkunde niedergelegte Grundrechte).

Verfassungsurkunde

II. Urkundenbestand

Ungeachtet der – allerdings in ihrer Tragweite wiederum hoch strittigen – bundesrechtlichen Pflicht zum Erlaß einer „landständischen Verfassung" (Art. XIII DBA[60]) bleiben förmliche Verfassungsurkunden in der Staatspraxis zunächst die Ausnahme[61] bzw. werden namentlich von den politisch maßgeblichen Bundesgliedern wie Preußen und Österreich gar nicht erlassen[62]. In einer ersten Welle[63] werden hingegen Sachsen-Coburg[64], Sachsen-Weimar-Eisenach[65], Schaumburg-Lippe[66], Waldeck[67], Schwarzburg-Rudolstadt[68] und

14
Pflicht zur „landständischen Verfassung"

Erste Urkundenwelle

---

60 Siehe unten III 1, RN 15 ff.
61 Das folgende im Anschluß an *Wittreck*, Genese und Entwicklung des deutsche Parlamentsrechts, in: Martin Morlok/Utz Schliesky/Dieter Wiefelspütz (Hg.), Parlamentsrecht, 2016, § 2 RN 9 ff. – Zugänglich sind die Verfassungsurkunden der Zeit in zeitgenössischen Sammlungen, die allerdings jeweils nur Momentaufnahmen bieten (namentlich Karl Heinrich Ludwig Pölitz/Friedrich Bülau [Hg.], Die Verfassungen des teutschen Staatenbundes seit dem Jahre 1789 bis auf die neueste Zeit, 3 Bde., Leipzig 1847; Heinrich Albert Zachariä [Hg.], Die deutschen Verfassungsgesetze der Gegenwart, Göttingen 1855; Felix Stoerk/Friedrich Wilhelm v. Rauchhaupt [Hg.], Handbuch der Deutschen Verfassungen, ²1913), sowie – auszugsweise – in modernen Sammlungen (hier ist namentlich die im Entstehen begriffene Edition von Michael Kotulla [Hg.], Deutsches Verfassungsrecht 1806–1918 zu erwähnen, von der bislang vier Bände erschienen sind [2006, 2007, 2010, 2016]).
62 Näher *Wienfort*, Preußen, in: Daum, Verfassungsgeschichte 2 (FN 7), S. 959 (964 ff.); *Prutsch/Schlegelmilch*, Österreich (FN 7), S. 998 ff.
63 Zusammenfassend *H. Brandt*, Die deutschen Staaten der ersten Konstitutionalisierungswelle, in: Daum, Verfassungsgeschichte 2 (FN 7), S. 823 ff.
64 Verordnung, die Bildung der künftigen ständischen Verfassung betreffend, vom 16. März 1816 (Sammlung der Landesgesetze und Verordnungen für das Herzogthum Coburg auf den Zeitraum von 1800 bis 1826 und resp. weiter bis 1839. incl., Coburg 1844, Nr. V, S. 8). Näher dazu *Carl-Christian Dressel*, Die Entwicklung von Verfassung und Verwaltung in Sachsen-Coburg 1800–1826 im Vergleich, 2007, S. 352 ff.
65 Grundgesetz über die landständische Verfassung des Großherzogthums Sachsen-Weimar-Eisenach vom 5. Mai 1816 (Amtliche Ausgabe Weimar 1816); vgl. dazu zeitgenössisch *Christian Wilhelm Schweitzer*, Das Öffentliche Recht des Großherzogtums Sachsen-Weimar-Eisenach, 1825; *Michael Fack*, Die erste thüringische Volksvertretung oder das Grundgesetz des Großherzogtums Sachsen-Weimar-Eisenach (5. Mai 1816), 1915; moderne Darstellung von *H.H. Klein*, Staatsminister Goethe und das Grundgesetz des Großherzogtums Sachsen-Weimar-Eisenach vom 5. Mai 1816, in: Marten Breuer u.a. (Hg.), FS. E. Klein, 2013, S. 177 (179 ff.).
66 Verordnung, die Schaumburgischen Landstände betr., vom 15. Januar 1816 (Schaumburg-Lippische Landesverordnungen 1837, Bd. IV, Nr. 117, S. 293); s. *Polley*, Die Landesverfassung von Schaumburg-Lippe und Kurhessen im 19. Jahrhundert, in: Hubert Höing (Hg.), Vom Ständestaat zur freiheitlich-demokratischen Republik. Etappen in Schaumburg, 1995, S. 13 (14 ff.).
67 Landständische Verfassungs-Urkunde für das Fürstenthum Waldeck vom 19. April 1816 (Fürstlich Waldeckisches Regierungs-Blatt Nr. 10 v. 7. 5. 1816, S. 33). Näher *D. Weigel*, Fürst, Stände und Verfassung im frühen 19. Jahrhundert. Studien zur Entstehung der Verfassungsurkunden von 1814 und 1816 des Fürstentums Waldeck, in: Geschichtsblätter für Waldeck 59 (1967), S. 1 (111 ff.).
68 Verordnung für die neue Organisation der ständischen Verfassung vom 8. Januar 1816 (Fürstlich Schwarzburg-Rudolstädtische privilegierte Zeitung, Jahrgang 1816, Beilage zum 3. Stück des privil. Rudolst. Wochenblatts 1816); vgl. dazu *Thomas Herntrich*, Thüringen. Von den thüringischen Kleinstaaten nach Zerfall des Alten Reiches bis zum Freistaat Thüringen, 2010, S. 67 ff.

§ 231   Sechzehnter Teil: I. Entwicklung und Bedeutung einzelstaatlicher Grundrechte

Frankfurt (alle aus dem Jahre 1816)[69], sodann Bayern[70], Baden[71], Liechtenstein[72] und Sachsen-Hildburghausen (alle von 1818)[73], Hannover[74], Lippe[75] und Württemberg (alle drei aus dem Jahre 1819)[76], Braunschweig[77] und Hessen-Darmstadt (beide von 1820)[78] sowie Sachsen-Coburg-Saalfeld

---

69 Constitutions-Ergänzungs-Acte zu der alten Stadt-Verfassung der freien Stadt Frankfurt. Angenommen durch die Bürgerschaft den 17. u. 18. Juli 1816, publicirt vom Senat den 19. Juli 1816, und wechselseitig vom Senat und der Bürgerschaft beschworen den 18. October 1816 (Ausgabe Frankfurt am Main 1817). Näher *Dölemeyer*, Stadtverfassungen (FN 30), S. 98 ff.; *dies.*, Die Verfassung der Freien Stadt Frankfurt am Main 1816–1866, in: Bernd Heidenreich/Klaus Böhme (Hg.), Hessen. Verfassung und Politik, 1997, S. 151 ff.
70 Verfassungs-Urkunde des Königreichs Baiern vom 26. Mai 1818 (Gesetzblatt für das Königreich Baiern 1818 Nr. VII v. 6. 6. 1818, Sp. 101). – Aus der umfangreichen Literatur *Conrad Cucumus*, Lehrbuch des Staatsrechts der konstitutionellen Monarchie Baierns, Würzburg 1825, sowie *Eberhard Weis*, Zur Entstehungsgeschichte der Bayerischen Verfassung von 1818, ZBayLG 39 (1976), S. 413 ff.
71 Verfassungsurkunde für das Großherzogthum Baden vom 22. August 1818 (Vollständige Sammlung der Großherzoglich Badischen Regierungsblätter, Bd. I [1803–1825], Karlsruhe 1826, Jahrgang 1818, Nr. 18 v. 29. 8. 1818, S. 1425). Siehe dazu nur die Beiträge in: Ernst Otto Bräunche/Thomas Schnabel (Hg.), Die Badische Verfassung von 1818. Südwestdeutschland auf dem Weg zur Demokratie, 1996, sowie *Kellmann/Drewes*, Reformstaaten (FN 47), S. 722 ff.; zeitgenössisch *Karl Schenkel*, Das Staatsrecht des Großherzogthums Baden, 1884, S. 9 ff. sowie *Karl Glockner*, Badisches Verfassungsrecht, [1. Aufl.] 1905, S. 1 ff.
72 Verfassung vom 9. November 1818 (Separatdruck; Liechtensteinisches Landesarchiv, Vaduz: Gesetzessammlung); dazu näher *H. Wille*, Liechtenstein, in: Daum, Verfassungsgeschichte 2 (FN 7), S. 1077 (1081 ff.).
73 Grundgesetz der landschaftlichen Verfassung vom 19. März 1818 (Sammlung der in dem Herzogthume Sachsen-Hildburghausen seit dem Jahre 1810 erschienenen landesherrlichen Edicte und Verordnungen, Bd. II, o.J. [1826], S. 1); vgl. dazu *Witter*, Die Landstände in den Fürstentümern Meiningen und Hildburghausen, in: Harald Mittelsdorf (Red.), Landstände in Thüringen. Vorparlamentarische Strukturen und politische Kultur im Alten Reich, 2008, S. 234 (253 ff.), sowie *Herntrich*, Thüringen (FN 68), S. 77 ff.
74 Patent, die Verfassung der allgemeinen Stände-Versammlung des Königreichs betreffend, vom 7. Dezember 1819 (Sammlung der Gesetze, Verordnungen und Ausschreiben für das Königreich Hannover 1819, 1. Abt., Nr. 26, S. 135); näher dazu *van den Heuvel*, Die Allgemeine Ständeversammlung 1815–1866, in: Brage ter Wieden (Hg.), Handbuch der niedersächsischen Landtags- und Ständegeschichte, Bd. 2: 1815–1946, 2013, S. 231 (239 ff.).
75 Landständische Verfassungs-Urkunde des Fürstenthums Lippe vom 8. Juni 1819 (Amtliche Ausgabe Lemgo 1819, S. 3–20; Fürstlich-Lippisches Intelligenzblatt v. 26. 6. 1819, S. 1). Auch diese Verfassungsurkunde atmet noch dezidiert altständischen Geist. Aus der Literatur *Hans Kiewning*, Hundert Jahre lippischer Verfassung 1819–1919, 1935, S. 5 ff.
76 Verfassungsurkunde für das Königreich Württemberg vom 25. September 1819 (Königlich-Württembergisches Staats- und Regierungsblatt Nr. 65 v. 27. 9. 1819, S. 633); näher dazu *Robert Mohl*, Das Staatsrecht des Königreichs Württemberg, Tübingen 1829, S. 111 ff.; aus der modernen Literatur *Joachim Gerner*, Vorgeschichte und Entstehung der Württembergischen Verfassung im Spiegel der Quellen (1815–1918), 1989; *B. Mann*, Württemberg 1800 bis 1866, in: Meinrad Schaab/Hansmartin Schwarzmaier (Hg.), Handbuch der baden-württembergischen Geschichte, Bd. 3, 1992, S. 234 (277 ff.); *Stickler*, Von der Landschaft zur Verfassung von 1819. Württembergs Weg zum monarchischen Konstitutionalismus (1514–1819), in: Roland Gehrke (Hg.), Aufbrüche in die Moderne. Frühparlamentarismus zwischen altständischer Ordnung und monarchischem Konstitutionalismus 1750-1850, Schlesien – Deutschland – Mitteleuropa, 2005, S. 73 ff.; *H. Brandt*, Konstitutionalisierungswelle (FN 63), S. 823 ff.
77 Verordnung, die erneuerte Landschaftsordnung betreffend, vom 25. April 1820 (Verordnungs-Sammlung für die herzoglich-braunschweigischen Lande 1820 Nr. 6 v. 19. 6. 1820, S. 17); allerdings ist die Urkunde noch stark altständischen Vorstellungen verhaftet und wird auch in der Literatur nur selten zu den Verfassungen neuen Typs gezählt; vgl. dazu knapp *H[ermann] v. Frankenberg*, Das Staats- und Verwaltungsrecht des Herzogtums Braunschweig, 1909, S. 2 f.
78 Edict über die Landständische Verfassung des Großherzogthums vom 18. März 1820 (Großherzoglich Hessisches Regierungsblatt Nr. 13 v. 24. 3. 1820, S. 101); s. lakonisch *Wilhelm van Calker*, Das Staatsrecht des Großherzogthums Hessen, 1913, S. 5 f.

(1821)[79] aktiv, während Reuß (ältere Linie) und Anhalt-Köthen ihre (Rumpf-)Verfassungen von 1809 resp. 1811 bestehen lassen[80] und auch Nassau in einer Übergangsphase agiert (im Jahre 1814)[81]. Noch im Vormärz folgen mit einigem Abstand Sachsen-Meiningen (1824 und 1829)[82], Schwarzburg-Sondershausen (1830)[83], Sachsen[84], Sachsen-Altenburg[85] und Kurhessen (alle drei im Jahre 1831)[86], Braunschweig (1832)[87] sowie erneut Hannover[88] und Hohenzollern-Sigmaringen[89] (beide von 1833) und Lippe (1836)[90]; nach

Noch im Vormärz

---

79 Gesetz, die ständische Verfassung betreffend, vom 8. August 1821 (Sammlung der Landesgesetze und Verordnungen für das Herzogthum Coburg auf den Zeitraum von 1800 bis 1826 und resp. weiter bis 1839. incl., Coburg 1844, Nr. IX, S. 28); s. dazu *Forkel*, Das Staatsrecht der Herzogthümer Sachsen-Coburg und Gotha, in: Heinrich Marquardsen (Hg.), Handbuch des Oeffentlichen Rechts der Gegenwart, Bd. III.2.2, Freiburg 1884, S. 110 (113 f.); *Dressel*, Entwicklung (FN 64), S. 463 ff., sowie *Herntrich*, Thüringen (FN 68), S. 82 ff.
80 Vgl. oben FN 33 bzw. 35.
81 Constitutionsedict über die Bildung der Landstände vom 1./2. September 1814 (Verordnungsblatt des Herzogthums Nassau Nr. 18 v. 3. 9. 1814, S. 67); aus der Literatur *Helmut Berding*, Die Verfassung des Herzogtums Nassau vom 1./2. September 1814, in: 175 Jahre Nassauische Verfassung, Wiesbaden 1991, S. 15 ff.
82 Verordnung, die Bekanntmachung des Grundgesetzes über die landschaftliche Verfassung des Herzogthums S. Coburg Meiningen, vom 24. September 1824 (Sammlung der in dem Herzogthum Sachsen-Meiningen ergangenen Landes-Gesetze 1824, Nr. 39, S. 35), sowie Grundgesetz über die vereinigte landschaftliche Verfassung des Herzogthums Sachsen Meiningen vom 23. August 1829 (Sammlung der landesherrlichen Verordnungen im Herzogthum S. Meiningen 1829, Nr. 13, Nr. 15 v. 12. 9. 1829, S. 139); näher *W. Kircher*, Das Staatsrecht des Herzogthums Sachsen-Meiningen, in: Marquardsen, Handbuch III.2.2 (FN 79), S. 29 (31 f.), sowie *Herntrich*, Thüringen (FN 68), S. 94 ff., 103 ff.
83 Landständische Verfassungsurkunde für das Fürstenthum Schwarzburg-Sondershausen vom 28. Dezember 1830 (Amtliche Ausgabe Sondershausen 1831); dazu *Friedrich Lammert*, Verfassungsgeschichte von Schwarzburg-Sondershausen, 1920, S. 72 ff., sowie *Herntrich*, Thüringen (FN 68), S. 115 ff.
84 Verfassungsurkunde für das Königreich Sachsen vom 4. September 1831 (Gesetzsammlung für das Königreich Sachsen 1831 Nr. 40, S. 241). Näher *Friedrich Bülau*, Verfassung und Verfassungsrecht des Königreichs Sachsen, Leipzig 1833, S. 30 ff.; *Otto Mayer*, Das Staatsrecht des Königreichs Sachsen, 1909, S. 7 f., sowie *Winfried Müller*, Zwischen Stagnation und Modernität: Sachsens Weg zur Verfassung von 1831, in: Schmid, Konstitution (FN 32), S. 179 ff.
85 Grundgesetz für das Herzogthum Sachsen-Altenburg vom 29. April 1831 (Gesetz-Sammlung für das Herzogthum Altenburg 1831 Nr. 10, S. 71); näher *Karl Heinrich Ludwig Pölitz*, Andeutungen über den staatsrechtlichen und politischen Charakter des Grundgesetzes für das Herzogtum Sachsen-Altenburg vom 29. April 1831, Leipzig 1831 sowie *Herntrich*, Thüringen (FN 68), S. 108 ff.
86 Verfassungsurkunde für das Kurfürstenthum Hessen vom 5. Januar 1831 (Sammlung von Gesetzen, Verordnungen, Ausschreiben und anderen allgemeinen Verfügungen für Kurhessen, Bd. 6 [1831–1833], Jahrgang 1831, Nr. 1 v. 8. 1. 1831, S. 1); dazu *Rudolf Bovensiepen*, Die Kurhessische Verfassungsurkunde vom 5. Januar 1831, in: AöR 34 (1915), S. 95 ff.
87 Neue Landschaftsordnung für das Herzogthum Braunschweig vom 12. Oktober 1832 (Gesetz- und Verordnungssammlung für die herzoglich-braunschweigischen Lande 1832 Nr. 18 v. 23. 10. 1832, S. 191). Zusammenfassend *A. Otto*, Das Staatsrecht des Herzogthums Braunschweig, in: Heinrich Marquardsen (Hg.), Handbuch des Oeffentlichen Rechts der Gegenwart, Bd. III.2.1, Freiburg 1884, S. 93 (96 f.); *Klaus E. Pollmann*, Die Braunschweigische Verfassung von 1832, 1982, S. 17 ff.
88 Grundgesetz für das Königreich Hannover vom 26. September 1833 (Grundgesetz für das Königreich Hannover nebst dem Königlichen Patente, die Publication desselben betreffend. Vom Königlichen Ministerio autorisierter Abdruck, Hannover 1833, S. 17); dazu näher *Jörg H. Lampe*, „Freyheit und Ordnung". Die Januarereignisse von 1831 und der Durchbruch zum Verfassungsstaat im Königreich Hannover, 2009, S. 753 ff.
89 Verfassungsurkunde für das Fürstenthum Hohenzollern Sigmaringen vom 11. Juli 1833 (Amtliche Ausgabe Sigmaringen 1833); s. eingehend *Roland Kirchherr*, Die Verfassung des Fürstentums Hohenzollern-Sigmaringen vom Jahre 1833, 1979.
90 Verordnung, die landständische Verfassungs-Urkunde betreffend, vom 6. Juli 1836 (Landes-Verordnungen, Bd. VIII, Nr. 69 [1836], S. 179); s. dazu *Kiewning*, Verfassung (FN 75), S. 31 ff.

§ 231   Sechzehnter Teil: I. Entwicklung und Bedeutung einzelstaatlicher Grundrechte

dem bekannten Verfassungskonflikt nochmals Hannover (1840)[91] sowie ebenfalls im zweiten Anlauf Schwarzburg-Sondershausen (1841)[92]; zuletzt schließlich und auch evolutionär als Schlußlicht folgt Luxemburg (1841)[93].

III. Kontexte

1. Widersprüchliche Vorgaben des Deutschen Bundes

15
Alt- oder neuständische Lösung

Art. XIII DBA erklärt kurz und dunkel „In allen Bundesstaaten wird eine landständische Verfassung Statt finden".[94] Die Bestimmung löst zunächst einen heftigen Streit darüber aus, ob sie auf die Reaktivierung der bis zum Ende des Alten Reiches bestehenden Stände (also im Kern Adel, Klerus und Kommunen, verstanden als Vertreter des Territoriums) zielt (sog. altständische Lösung)[95] oder aber im Anschluß an die „National-Repräsentationen" der Rheinbundstaaten eine Körperschaft von gewählten Repräsentanten installieren soll, die – bei aller Brechung durch Zensuswahlrecht und funktional gleichwertige Maßnahmen – als Vertretung der gesamten Bevölkerung fungiert (sog. neuständische Lösung)[96]. Die Verfassungspraxis der Folgejahre

---

91 Landesverfassungs-Gesetz für das Königreich Hannover vom 6. August 1840 (Sammlung der Gesetze, Verordnungen und Ausschreibungen für das Königreich Hannover 1840, I. Abt., Nr. 28 v. 7. 8. 1840, S. 141); näher dazu *Ernst v. Meier*, Hannoversche Verfassungs- und Verwaltungsgeschichte 1680–1866, Bd. 1, 1898, S. 360 f. Zum vorangegangenen Konflikt nur Willy Real (Hg.), Der hannoversche Verfassungskonflikt von 1837/1839, 1972, sowie *Gerhard Dilcher*, Der hannoversche Verfassungskonflikt, in: ders. (Hg.), Der rechtsgeschichtliche Grundlagenschein, 1979, S. 17 ff.
92 Landesgrundgesetz für das Fürstenthum Schwarzburg-Sondershausen vom 24. September 1841 (GS für das Fürstenthum Schwarzburg-Sondershausen 1841 Nr. 262, S. 202); näher *Friedrich Bülau*, Das Landesgrundgesetz für das Fürstenthum Schwarzburg-Sondershausen und die teutschen Verfassungen überhaupt, in: Neue Jahrbücher für Geschichte und Politik 1 (1842), S. 1 ff., sowie *Gustav Blöde*, Das Landes-Grundgesetz für das Fürstenthum Schwarzburg-Sondershausen, in: Deutsches Staatsarchiv 3 (1842), S. 54 ff.; ferner *Lammert*, Verfassungsgeschichte (FN 83), S. 79 ff.; moderne Darstellung von *Herntrich*, Thüringen (FN 68), S. 117 ff.
93 Königl. Großherzogl. Verordnung, in Betreff der landständischen Verfassung für das Groß-Herzogthum Luxemburg vom 12. Oktober 1841 (Verordnungs- und Verwaltungsblatt des Großherzogthums Luxemburg/Mémorial législatif et administratif du Grand-Duché de Luxembourg Nr. 51, S. 425). Siehe zeitgenössisch *[Friedrich] Bülau*, Art. Luxemburg (Lützelburg), in: Carl v. Rotteck/Carl Welcker (Hg.), Das Staats-Lexikon, Bd. 8, Altona ²1847, S. 639 ff.; vgl. *N. Franz*, Luxemburg, in: Daum, Verfassungsgeschichte 2 (FN 7), S. 543 (551 ff.).
94 Protokolle der deutschen Bundes-Versammlung 1816, Bd. 1, H. 1, S. 30; gut zugänglich in: E. R. Huber, Dokumente I (FN 5) S. 84 ff.; zur Entstehungsgeschichte näher *B. Wunder*, Landstände und Rechtsstaat – Zur Entstehung und Verwirklichung des Art. 13 DBA, in: ZHF 5 (1978), S. 139 ff. sowie *Eckhardt Treichel*, Einleitung, in: ders. (Hg.), Die Entstehung des Deutschen Bundes 1813–1815, Halbbd. 1, 2000, S. X (XXIX ff.).
95 Magistral *Barbara Stollberg-Rilinger*, Vormünder des Volkes? Konzepte landständischer Repräsentation in der Spätphase des Alten Reiches, 1999.
96 Klassisch *Christoph C. Dabelow*, Ueber den dreyzehnten Artikel der deutschen Bundesacte, die landständischen Verfassungen betreffend, Göttingen 1816, sowie das (hochkonservative) Gutachten von *[Friedrich] v. Gentz*, Ueber den Unterschied zwischen den landständischen und Repräsentativ-Verfassungen (1819), in: Wichtige Urkunden über den Rechtszustand der deutschen Nation, mit eigenhändigen Anmerkungen von *Johann Ludwig Klüber*. Aus den Papieren mitgetheilt und erläutert von *Karl Theodor Welcker*, Mannheim, ²1845, S. 213 ff. – Vgl. aus der modernen Literatur *Wolfgang Mager*, Das Problem der landständischen Verfassungen auf dem Wiener Kongreß, HZ 217 (1974), S. 296 ff.; *Hans Boldt*, Deutsche Staatslehre im Vormärz, 1975, S. 84 ff.; *Hilker*, Grundrechte (FN 1), S. 160 ff.; *Hasso Hofmann*, Repräsentation, ⁴2003, S. 416 ff.; *Liebmann*, Der Deutsche Bund, in: Daum, Verfassungsgeschichte 2 (FN 7), S. 783 (794 f.); *Willoweit*, Verfassungsgeschichte (FN 58), § 29 RN 4 ff.

belegt liquide den diesbezüglichen Spielraum der Monarchen, entstehen doch unter ausdrücklichem Rekurs auf Art. XIII DBA Urkunden des alt- wie des neuständischen Typs[97].

Die Gegner der neuständischen Lösung inaugurieren vor diesem Hintergrund in der Wiener Schlußakte von 1820 eine Interpretation des Art. XIII DBA. Einerseits wird die Pflicht zum Erlaß einer landständischen Verfassung unterstrichen (Art. LIV WSA) und ihre Änderung dem Belieben des Fürsten entzogen (Art. LVI WSA). Es bleibt allerdings „[d]en souverainen Fürsten der Bundesstaaten [...] überlassen, diese innere Landes-Angelegenheit mit Berücksichtigung sowohl der früherhin gesetzlich bestandenen ständischen Rechte, als der gegenwärtig obwaltenden Verhältnisse zu ordnen" (Art. LV WSA). Da zugleich das monarchische Prinzip als *ratio* des Bundes eingeschärft wird (Art. Art. LVII WSA) und klargestellt wird, daß die landständische Verfassung die Fürsten nicht an der Erfüllung von Bundespflichten hindern darf (Art. LVIII WSA), haben die reaktionären Kräfte nicht nur Spielraum, sondern im Zweifel auch Rückendeckung[98].

16
Gegner der neuständischen Lösung

Über diese Bestimmungen, die jeweils nur formal den Rahmen für einzelstaatliche Grundrechte setzen, hinaus enthält die Bundesakte noch mehrere mittelbar oder unmittelbar grundrechtsrelevante Bestimmungen[99]. Art. XIV DBA mit seinen hochfein ausdifferenzierten Garantien zugunsten der mediatisierten „Standesherren" schreibt zunächst *de constitutione lata* eine Ungleichbehandlung fest[100]. In umgekehrter Perspektive gibt Art. XVI Abs. 1 DBA den Einzelstaaten die Gleichbehandlung der drei christlichen Konfessionen (Katholiken, Lutheraner, Reformierte) auf[101]; Absatz 2 schreibt immerhin die Aufgabe einer „bürgerlichen Verbesserung" der Juden fest. Schließlich enthält Art. XVIII DBA die „Zusicherung" verschiedener Rechte gegenüber den Untertanen der Bundesglieder, die allerdings im Kern nach dem Muster der heutigen unionsrechtlichen Grundfreiheiten den freien Verkehr im Bundesgebiet sicherstellen sollen (Erwerb von Grundeigentum ohne besondere Belastung; Recht des freien Wegzugs; Vermögenstransfer ohne Nachsteuer[102]); lediglich die in lit. d angesprochene Preßfreiheit und der Schutz gegen den Nachdruck sind dem Grunde nach individualrechtsgeneigt

17
Weitere grundrechtsrelevante Bestimmungen der DBA

Zusicherung von Verkehrsfreiheiten

---

97 Vgl. oben II, RN 14.
98 Näher *W. Mößle*, Die Verfassungsautonomie der Mitgliedstaaten des Deutschen Bundes nach der Wiener Schlußakte, in: Der Staat 33 (1994), S. 373 (386 ff.); *Otto Kimminich*, Deutsche Verfassungsgeschichte, ²1987, S. 346, sowie *E.R. Huber*, Verfassungsgeschichte I (FN 23), S. 644.
99 Siehe dazu *Eckhardt*, Grundrechte (FN 18), S. 17 ff.; *Hilker*, Grundrechte (FN 1), S. 154 ff.; *Wadle*, Grundrechte in der Deutschen Bundesakte?, in: Jürgen Bröhmer u.a. (Hg.), Festschrift G. Ress, 2005, S. 1333 ff.; *Liebmann*, Bund (FN 96), S. 800 ff.; → Bd. I: *Würtenberger*, Von der Aufklärung zum Vormärz, § 2 RN 18.
100 Näher dazu klassisch *Heinz Gollwitzer*, Die Standesherren. Die politische und gesellschaftliche Stellung der Mediatisierten 1815–1918, ²1964, sowie zuletzt *Joachim v. Wedel*, Zur Entwicklung des deutschen parlamentarischen Zweikammersystems, 2011, S. 87 f. (mit der schönen Wendung von der den Kammern zugedachten „Rolle verfassungsrechtlicher Sozialpläne").
101 Die Garantie eines Individualrechts sieht hierin *Liebmann*, Bund (FN 96), S. 801; a.A. *Wadle*, Grundrechte (FN 99), S. 1337.
102 Siehe dazu *Gerteis*, Auswanderungsfreiheit und Freizügigkeit in Deutschland, in: Birtsch, Freiheitsrechte (FN 21), S. 330 (339 f.).

§ 231   Sechzehnter Teil: I. Entwicklung und Bedeutung einzelstaatlicher Grundrechte

Individualschutz in der Wiener Schlußakte

(wobei bekanntlich auf Bundesebene die Umsetzung von „Preßfreiheit" dem Wort Hohn sprach[103]). Die Wiener Schlußakte weist individualschützende Gehalte namentlich in Gestalt der Möglichkeit der Bundesversammlung auf, entweder im Falle der Justizverweigerung einzuschreiten (Art. XXIX WSA)[104] oder gegen einen Bundesstaat wegen Verletzung der in Art. XIII und XVIII DBA enthaltenen Normativbestimmungen vorzugehen (Art. LIII f. WSA), allerdings mit der Einschränkung in Art. LXI WSA[105]. Mittelbaren Grundrechtsschutz bietet Art. LVI WSA, der bestimmt, daß bestehende landständische Verfassungen nicht mehr einseitig vom Fürsten abgeändert oder kassiert werden können.

2. Divergierende Interessen der Einzelstaaten

18

Auswirkungen territorialer Veränderungen

Herausforderungen der Säkularisation

Welchen Gebrauch die Bundesglieder von diesen je nach Geschmack spannungsreichen oder widersprüchlichen Vorlagen machen, hängt ganz maßgeblich davon ab, ob der betreffende Staat durch den Reichsdeputationshauptschluß, die anschließende „Franzosenzeit" oder den Wiener Kongreß substantielle Veränderungen seines Territoriums bzw. der Zusammensetzung seiner Bevölkerung erfahren hat[106]. Daneben spielen kontingente Faktoren wie die „Reformgesinnung" einzelner Fürsten[107] oder das Vorhandensein einer (womöglich publizistisch fundierten) kritischen bürgerlichen Öffentlichkeit im jeweiligen Staat eine Rolle. Jedenfalls fällt auf, daß die prominenten Vorreiter einer „neuständischen" Verfassungsurkunde (die wie selbstverständlich auch Grundrechte enthält) praktisch sämtlich zu den großen Gewinnern der Säkularisation der Reichskirche wie der Mediatisierung von Reichsstädten und Reichsritterschaft zählen, damit zugleich aber vor dem Problem der Integration einer nunmehr nicht allein konfessionell deutlich inhomogeneren Bevölkerung wie der administrativen Durchdringung von Landesteilen mit je eigener Tradition stehen. Dies gilt zuvorderst für Baden, Bayern, Württem-

---

103 Näher m.w.N. *Eisenhardt*, Die Garantie der Pressefreiheit in der Bundesakte von 1815, in: Der Staat 10 (1971), S. 339 (347 ff.); *Wittreck*, Presse, in: Dirk Ehlers/Michael Fehling/Hermann Pünder (Hg.), Besonderes Verwaltungsrecht, Bd. 2, 2013, § 60 RN 7; *Liebmann*, Bund (FN 96), S. 801 ff.
104 Näher dazu zeitgenössisch *Philipp Schwarzenberg*, Beschwerde wegen Justizverweigerung u. gesetzwidriger Verfolgung kurhessischer Abgeordneter zur dt. Nationalversammlung, Coburg o.J. [1865]; aus der modernen Literatur *Claus Bönnemann*, Die Beilegung von Verfassungskonflikten vor der Zeit des Grundgesetzes. Die Entwicklung verfassungsgerichtlicher Strukturen in Deutschland, ausgehend vom Frühkonstitutionalismus bis zum Ende der Weimarer Republik, 2007, S. 35 f.
105 Siehe näher *E.R. Huber*, Verfassungsgeschichte I (FN 23), S. 646 ff.; *Mößle*, Verfassungsautonomie (FN 98), S. 377 ff.
106 Unterstrichen von *Wolfgang Hardtwig*, Vormärz. Der monarchische Staat und das Bürgertum, ⁴1998, S. 50 ff.; *Schulze*, Frühkonstitutionalismus (FN 59), S. 61 ff.; *Hilker*, Grundrechte (FN 1), S. 165 ff.
107 Auf Seiten der Reaktion läßt sich vor allem an *Friedrich Wilhelm III.* von Preußen (1770–1840) denken, der ab 1815 im Kern wieder einen sehr konservativen Kurs steuerte, s. *H. Hausherr*, Friedrich Wilhelm III., in: Neue Deutsche Biographie, Bd. 5, 1961, S. 560 (562). Auf Seiten der Modernisierung ist (in seinen Anfangsjahren als Großherzog) vor allem *Leopold von Baden* (1790–1852) zu nennen, s. *Gerteis*, Leopold, in: Neue Deutsche Biographie, Bd. 14, 1985, S. 271. – Der reaktionäre Kurs seines Vaters wurde von *Friedrich Wilhelm IV.* (1795–1861) im wesentlichen fortgesetzt und gipfelte schließlich in der Ablehnung der von der Frankfurter Nationalversammlung angebotenen Kaiserkrone, von der Wilhelm IV. selbst auch als „Krone aus der Gosse" bzw. „Hundehalsband" sprach.

berg und Hessen-Darmstadt, wohingegen Preußen zwar eine erhebliche Gebietsdividende einstreicht, aber einen anderen Kurs steuert. Demgegenüber dominieren unter den nicht oder nur maßvoll arrondierten Herrschaften nördlich der Mainlinie diejenigen, die entweder gänzlich verfassungsabstinent bleiben oder sich auf Organisationsstatute altständischer Prägung ohne elaborierten Grundrechtsteil beschränken.

Verbleibende altständische (Organisations-)Statute

3. Disparate Irritationen aus dem Ausland

Ungeachtet des nicht allein im Zuge der „Befreiungskriege" entfachten nationalen Pathos sind Verfassungs- wie Grundrechtspolitik in den deutschen Einzelstaaten wenigstens auf den europäischen Kontext, letztlich gerade in Ansehung der aufstrebenden Vereinigten Staaten auf weltweite Diskurse über die sachgerechte Ordnung menschlichen Zusammenlebens verwiesen[108]. Das ist mit Händen zu greifen in den Mitgliedstaaten des deutschen Bundes, die entweder – wie Preußen – substantielle ethnische Minderheiten zu ihren Untertanen zählen oder in Gestalt von Personalunionen mit ausländischen Monarchien verbunden sind – wie Luxemburg[109] oder Schleswig-Holstein und Lauenburg[110]. Aber auch ohne derartige „Brücken" sind offizielle Politik wie entstehende Öffentlichkeit auf die stete Beobachtung der konstitutionellen Entwicklung in Frankreich, Italien oder Polen verwiesen.

19
Weltweite Diskurse über die sachgerechte Ordnung

IV. Grundrechtsbestand

Unter den frühkonstitutionellen Verfassungsurkunden sind regelrechte Kataloge subjektiver Rechte nur anfänglich die Ausnahme[111]. Sie werden in zwei charakteristischen Wellen (1818 bis 1821 bzw. 1831 bis 1833) erlassen und begegnen in Bayern (1818; Titel IV, §§ 1 bis 14 Verf., „Von allgemeinen Rechten und Pflichten")[112], Baden (1818; §§ 7 bis 25 Verf., „Staatsbürgerliche und

20
Kataloge subjektiver Rechte

---

108 Programmatisch *Dippel*, Verfassung (FN 15), S. 17 ff., sowie *B.J. Hartmann*, How American Ideas Traveled: Comparative Constitutional Law at Germany's National Assembly in 1848-1849, in: Tulane European and Civil Law Forum 17 (2002), S. 23 (35 ff.). Siehe für Frankreich *Thimm*, Bürgerrechte (FN 18), S. 20 ff., sowie für die Zeit nach 1815 *Siegmund*, Einfluß (FN 26), S. 226 f.
109 Siehe *Franz*, Luxemburg (FN 93), S. 546 ff.
110 Näher zur Entwicklung Lauenburgs, das infolge eines komplexen Tauschgeschäfts zwischen Dänemark, Schweden, England-Hannover und Preußen schließlich ab 1815 unter dänischer Herrschaft stand, *M. Busch*, Das Herzogtum Lauenburg unter der Herrschaft der Könige von Dänemark 1815-1865, in: Eckardt Opitz (Hg.), Herzogtum Lauenburg: Das Land und seine Geschichte. Ein Handbuch, 2003, S. 298 ff. Zur dänischen Perspektive instruktiv *J.E. Olesen*, Dänemark, in: Daum, Verfassungsgeschichte 2 (FN 7), S. 1145 (1147 ff.).
111 Vgl. aber die Einschätzung von *W[ilhelm] von Calker*, Hessische Verfassungsgesetze, 1906, S. 43: „Eine solche Aufzählung wurde zur Zeit der Entstehung der konstitutionellen Verfassungen für ein unentbehrliches Wesensmerkmal einer umfassenden Konstitution gehalten". – Zusammenfassend zum folgenden *Brandt*, Konstitutionalisierungswelle (FN 63), S. 841 ff.; *Lotzenburger*, Grundrechte (LitVerz.), S. 14 ff., 19 f., 125 f., 231 ff.
112 Näher *Julius Schmelzing*, Staatsrecht des Königreichs Baiern, Erster Theil, Leipzig 1820, S. 106 ff.; *Robert Piloty/Carl August v. Sutner*, Die Verfassungsurkunde des Königreichs Bayern, ²1907, S. 21 ff. – Aus der modernen Literatur *v. Rimscha*, Grundrechte (FN 1), S. 3 ff., sowie *Lotzenburger*, Grundrechte (LitVerz.), S. 21 ff.

politische Rechte der Badener, und besondere Zusicherungen")[113], Württemberg (1819; §§ 21 bis 32, §§ 36 bis 38 Verf., „Von den allgemeinen Rechtsverhältnissen der Staatsbürger")[114], Hessen-Darmstadt (1820; Art. 12 bis 36 Verf., „Von den allgemeinen Rechten und Pflichten der Hessen")[115], Sachsen-Coburg-Saalfeld (1821; §§ 5 bis 24 Verf., „Von den allgemeinen Rechten und Pflichten der Staatsbürger")[116], Sachsen-Meiningen (1829; Art. 6 bis 18 Verf., „Allgemeine Rechte und Pflichten der Unterthanen")[117], Hessen-Kassel (1831; §§ 19 bis 41 Verf., „Von den allgemeinen Rechten und Pflichten der Unterthanen")[118], Sachsen (1831; §§ 24 bis 40 Verf., „Von den allgemeinen Rechten und Pflichten der Unterthanen")[119], Sachsen-Altenburg (1831; §§ 38 bis 70 Verf., „Allgemeine Rechte und Pflichten der Unterthanen")[120], Braunschweig (1832; §§ 24 bis 40 Verf., „Von den allgemeinen Rechten und Pflichten der Unterthanen")[121], Hannover (1833; §§ 27 bis 42 Verf., „Von den Rechten und Pflichten der Unterthanen im allgemeinen")[122], Hohenzollern-Sigmaringen (1833; §§ 10 bis 32 Verf., „Von den allgemeinen Rechten und Pflichten der Landesangehörigen")[123]; Nachzügler sind Hannover (1840; §§ 27 bis 44 Verf.,

---

113 Dazu aus der zeitgenössischen Literatur *K. Schenkel*, Das Staatsrecht des Großherzogthums Baden, in: Heinrich Marquardsen (Hg.), Handbuch des Oeffentlichen Rechts der Gegenwart, Bd. III.1.3, Freiburg i.Br. 1884, S. 1 (5: ganze zwölf Zeilen); *Friedrich Wielandt*, Das Staatsrecht des Großherzogthums Baden, Freiburg i.B./Leipzig 1895, S. 12 f.; *Ernst Walz*, Das Staatsrecht des Großherzogtums Baden, 1909, S. 18 ff. Näher *v. Rimscha*, Grundrechte (FN 1), S. 48 ff.; *Klaus Kröger*, Einführung in die jüngere deutsche Verfassungsgeschichte (1806–1933), 1988, S. 36 f., sowie *Lotzenburger*, Grundrechte (LitVerz.), S. 31 ff.
114 Siehe dazu zeitgenössisch *Ludwig Gaupp*, Das Staatsrecht des Königreichs Württemberg, Freiburg i.B./Leipzig 1884, S. 26 ff.; *Wilhelm Bazille/Reinhard Köstlin*, Verfassungsurkunde für das Königreich Württemberg vom 25. September 1819 mit Erläuterungen, 1905, S. 24 ff.; *Karl Göz*, Das Staatsrecht des Königreichs Württemberg, 1908, S. 34 ff. – Aus der modernen Literatur *v. Rimscha*, Grundrechte (FN 1), S. 61 ff.; *Werner Frotscher/Bodo Pieroth*, Verfassungsgeschichte, [14]2015, RN 284 ff., sowie *Lotzenburger*, Grundrechte (LitVerz.), S. 42 ff.
115 Dazu (knapp) *Gareis*, Das Staatsrecht des Großherzogthums Hessen, in: Marquardsen, Handbuch III.1.3 (FN 113), S. 51 (78); *Wilhelm van Calker*, Hessische Verfassungsgesetze mit Einführung und Erläuterungen, 1906, S. 42 ff.
116 Siehe näher *Dressel*, Entwicklung (FN 64), S. 442 ff. und 466 f., sowie *Lotzenburger*, Grundrechte (LitVerz.), S. 63 ff.
117 Näher *Kircher*, Staatsrecht (FN 82), S. 42 f., sowie *Lotzenburger*, Grundrechte (LitVerz.), S. 69 f.
118 Siehe *Bovensiepen*, Die Kurhessische Verfassungsurkunde vom 5. Januar 1831, in: AöR 34 (1915), S. 95 (105 ff.); *H. Seiler*, Zur Entstehung und Bedeutung der kurhessischen Verfassung von 1831, in: Walter Heinemeyer (Hg.), Der Verfassungsstaat als Bürge des Rechtsfriedens, 1982, S. 5 (33 ff.); *Dippel*, Die Kurhessische Verfassung von 1831 im internationalen Vergleich, in: HZ 282 (2006), S. 619 (632 ff.), sowie *Lotzenburger*, Grundrechte (LitVerz.), S. 72 ff. – Die kurhessische Verfassung von 1831 gilt als besonders liberal; in grundrechtlicher Hinsicht ist bemerkenswert, daß sie neben einer Gewährleistung der Pressefreiheit (Art. 37 Verf.) ausdrücklich auch eine solche der Meinungsäußerungsfreiheit (Art. 39 Verf.) enthält. Aufgrund ihrer ausgeprägten Liberalität rief die Verfassung bei *Metternich* konsequenterweise besonders scharfe Ablehnung hervor. Hierzu *Dieter Grimm*, Deutsche Verfassungsgeschichte 1776–1866, 1988, S. 162 ff.; s. ferner speziell zur Pressefreiheit *Roger Mann*, Die Garantie der Pressefreiheit unter der Kurhessischen Verfassung von 1831, 1993.
119 Näher *Bülau*, Verfassung (FN 84), S. 228 ff. sowie *Lotzenburger*, Grundrechte (LitVerz.), S. 86 ff.
120 Siehe *K[arl] Th[eodor] Sonnenkalb*, Das Staatsrecht des Herzogthums Sachsen-Altenburg, in: Marquardsen, Handbuch III.2.2 (FN 79), S. 63 (80 ff.; für die Zeit ungewöhnlich umfangreich, fast detailverliebt), sowie *Lotzenburger* aaO., S. 84 ff.
121 Dazu *Otto*, Staatsrecht (FN 87), S. 99 ff.; *Pollmann*, Verfassung (FN 87), S. 34 ff., sowie *Lotzenburger* aaO., S. 95 ff.
122 Siehe *Lotzenburger* aaO., S. 110 ff.
123 Näher *Kirchherr*, Verfassung (FN 89), S. 27 ff. sowie *Lotzenburger* aaO., S. 102 ff.

„Von den Rechten und Verbindlichkeiten der Unterthanen im Allgemeinen")[124], Luxemburg (1841; § 41 Nr. 1 bis 6 Verf.)[125] sowie Schwarzburg-Sondershausen (1841; §§ 39–57 Verf., „Von den allgemeinen Rechten und Pflichten der Unterthanen")[126]. Dabei orientiert sich die erste Gruppe erkennbar an der französischen *Charte constitutionelle* vom Juni 1814[127], die zweite vereinzelt bereits an der Belgischen Verfassung von 1831[128].

<small>Orientierungen</small>

Das „konstitutionelle Minimum" bezeichnet demgegenüber in der Gruppe derjenigen Verfassungen, die sich nach moderner Diktion auf ein Organisationsstatut beschränken, konkret Zusammensetzung und Kompetenzen der Ständeversammlung. Sie schreiben den Vorbehalt des Gesetzes dergestalt fest, daß die Mitwirkung der „Stände" für die später sprichwörtlichen Eingriffe in „Freiheit und Eigentum" als verbindlich ausgewiesen wird[129]. Auf einen solchen institutionell-prozeduralen Grundrechtsschutz *in nuce* beschränken sich die Verfassungen von Sachsen-Coburg (1816; Ziffer 1 Verf.), Sachsen-Weimar-Eisenach (1816; § 5 Nr. 6 Verf.), Waldeck (1816; § 25 Abs. 1 lit. c Verf.), Schwarzburg-Rudolstadt (1816; Ziffer 1 Verf.) sowie Schwarzburg-Sondershausen (1830; § 8 Nr. 1 Verf.). Daneben tritt ebenso typisch die Möglichkeit der Versammlungen, Beschwerde wegen Übergriffen staatlicher Organe in die Rechte der Untertanen dem Fürsten vorzulegen[130]: Sachsen-Coburg (1816; Ziffer 3 Verf.); Sachsen-Weimar-Eisenach (1816; § 5 Nr. 5 Verf.); Waldeck (1816; § 25 Abs. 4 lit. g Verf.); Lippe (1819, § 11 Verf.; 1836, § 7 Verf.); Luxemburg (1841; Art. 39 Abs. 2 Verf.).

<small>21
„Konstitutionelles Minimum"

Institutionell-prozeduraler Schutzansatz</small>

Es bleibt ein Mittelfeld von solchen Urkunden, die zwar keinen regelrechten Abschnitt mit Grundrechten oder staatsbürgerlichen Rechten aufweisen, aber einzelne Gewährleistungen enthalten, die entweder nach dem Verständnis der Zeit oder nach heutigem Zugriff grundrechtliche Relevanz entfalten. So wird

<small>22
Urkunden mit einzelnen Gewährleistungen</small>

---

124 Nochmals *Lotzenburger* aaO., S. 113 ff.
125 Das rigide Konzept, das insbesondere hinter der weit liberaleren niederländischen Verfassung von 1815 zurückbleibt, dürfte nur durch die ungeklärte Situation Luxemburgs im belgisch-niederländischen Teilungsprozeß erklärt werden können: Siehe *Franz*, Luxemburg (FN 93), S. 547 ff.
126 Siehe *Blöde*, Landes-Grundgesetz (FN 92), S. 63 ff. sowie *Lotzenburger* aaO., S. 122 ff.
127 Vgl. dazu unten Anhang, Übersicht I. – Dafür *Rudolf Oeschey*, Die bayerische Verfassungsurkunde vom 26. Mai 1818 und die Charte Ludwigs XVIII. vom 4. Juni 1814, 1914, S. 46 ff.; → Bd. I: *Maurer*, Landesgrundrechte im Bundesstaat, § 82 RN 12; vgl. auch *Hilker*, Grundrechte (FN 1), S. 86 f. und 187. – Der Text ist gut zugänglich in: Gosewinkel/Masing, Verfassungen (FN 16), S. 281 ff. – Instruktiv zum Kontext und m.w.N. *Kirsch/Kneißl*, Frankreich, in: Daum, Verfassungsgeschichte 2 (FN 7), S. 265 (273 ff.).
128 Näher unten Anhang Übersicht II. – Nachgezeichnet in: → Bd. I: *Kühne*, Von der bürgerlichen Revolution bis zum Ersten Weltkrieg, § 3 RN 37: „konstitutionelles Musterbeispiel"; zurückhaltender *Gilissen*, Die belgische Verfassung von 1831 – ihr Ursprung und ihr Einfluß, in: Werner Conze (Hg.), Beiträge zur deutschen und belgischen Verfassungsgeschichte im 19. Jahrhundert, 1967, S. 38 (63 f., 67 f.: im Kern Einfluß auf die Paulskirche und Preußen). – Text in Gosewinkel/Masing (FN 16), S. 1307 ff.; näher zur Urkunde wie ihrem Grundrechtsteil *Koll*, Belgien, in: Daum, Verfassungsgeschichte 2 (FN 7), S. 485 (492 ff., 506 ff.), der im übrigen ebenfalls hervorhebt, daß die Verfassung „lange Zeit in Europa als ein konstitutionelles Vorbild par excellence" (S. 486) wahrgenommen worden sei.
129 Noch unterhalb dieses Minimalstandards bleiben Schaumburg-Lippe (1816) sowie Lippe (1819; lies § 7; 1836, § 5). Zur Sachfrage *Fritz Fremuth*, Der Vorbehalt des Gesetzes in der Bayerischen Verfassungsurkunde vom 26. 5. 1818 und seine Auswirkungen auf die Rechtsentwicklung im bayerischen Frühkonstitutionalismus, 1970.
130 Zeitgenössisch *Robert Mohl*, Lehre vom Petitionsrechte in constitutionellen Staaten, in: Zeitschrift für die gesamte Staatswissenschaft 4 (1847), S. 137 ff.

§ 231   Sechzehnter Teil: I. Entwicklung und Bedeutung einzelstaatlicher Grundrechte

Religions-
verfassungsrecht

die heute unstreitig als Aspekt der Gewaltenteilung der Staatsorganisation zugerechnete Unabhängigkeit der Richter (ebenso wie die Öffentlichkeit der Gerichtsverfahren) im Vormärz als Sicherung der Individualrechte verstanden, gefordert und verhießen[131]. Umgekehrt wird man den gesamten Bereich des Staatskirchen- oder Religionsverfassungsrechts hierher zählen müssen. Derartige Einzelbestimmungen finden sich etwa in Frankfurt (1816)[132] oder in Waldeck (1816)[133]. In negativer Perspektive ist schließlich für die vorrevolutionäre Phase charakteristisch, daß Mitglieder der Stände Angehörige einer christlichen Konfession sein müssen[134]; eine weitere Differenzierung unter diesen ist hingegen eingedenk der bundesrechtlichen Vorgaben atypisch.

V. Grundrechtsinnovationen und -verluste

23
Grundrechts-
innovationen in
engen Grenzen

Die Zahl der regelrechten Grundrechtsinnovationen hält sich im Vormärz in engen Grenzen – insbesondere dann, wenn man als Vergleichsfolie die Rechteerklärungen der Revolutionszeit[135] nutzt. Auf der Verlustliste finden sich namentlich die „politischen" Freiheiten, in Sonderheit die Meinungs-, Versammlungs- und Vereinigungsfreiheit[136], während die Pressefreiheit zwar regelmäßig auftaucht, aber von Bundes wegen kupiert[137] und auch in den Verfassungen der Einzelstaaten unter Vorbehalt gestellt wird. Hinter den Stand der Rheinbundreformen geht auch die vereinzelt begegnende ausdrückliche Aufrechterhaltung der Patrimonialgerichtsbarkeit zurück[138].

---

131 Statt aller *Scheuner*, Begriff und rechtliche Tragweite der Grundrechte im Übergang von der Aufklärung zum 19. Jahrhundert, in: Gesellschaft (FN 24), S. 105 (107 ff.), sowie *Kühne*, Reichsverfassung (LitVerz.), S. 344 ff.; näher *Schmitt-Löw*, Ausformung von Grundrechten in Gerichtsverfassung und Prozeß im Deutschen Vormärz, in: Dilcher u.a., Grundrechte (FN 22), S. 217 ff. – In der Zuordnung besonders augenfällig § 14 Verf. Baden; die Paulskirchenverfassung plaziert den entsprechenden Artikel X (§§ 174–183 Reichsverf.) ebenfalls in den Abschnitt VI „Die Grundrechte des deutschen Volkes". Näher m.w.N. zur historischen Entwicklung *Fabian Wittreck*, Die Verwaltung der Dritten Gewalt, 2006, S. 45 ff.
132 Art. 4 Abs. 1 Verf. enthält in freilich kategorial unklarer Weise die Wiederherstellung aller Rechte und Privilegien; Abs. 1 lit. a buchstabiert Art. XIX DBA (oben III, RN 15 ff.) näher aus, wohingegen Abs. 2 die Pressefreiheit auf eine einfachgesetzliche Regelung verweist. Art. 6 Verf. erklärt alle drei christlichen Konfessionen für gleichberechtigt; für die Juden soll laut Art. 7 Abs. 3 Verf. ein „dem Zeitgeiste und der Billigkeit entsprechendes Regulativ" erlassen werden.
133 Vgl. § 25 Abs. 4 lit. h Verf. von 1816 (FN 67): Schutz von Amtsträgern gegen Entzug ihres Amtes.
134 Vgl. § 22 Verf. Sachsen-Weimar-Eisenach von 1816 (FN 65); § 13 Abs. 1 Nr. 1 Verf. Waldeck 1816 (FN 67); Ziffer 3 lit. a Verf. Hannover 1819 (FN 74); § 44 Nr. 1 der Verfassung des Herzogthums Coburg-Saalfeld vom 8. August 1821 (Sammlung der Landesgesetze und Verordnungen für das Herzogthum Coburg auf den Zeitraum von 1800 bis 1826 und resp. weiter bis 1839. incl., Coburg 1844, Nr. IX, S. 28); *Lotzenburger*, Grundrechte (LitVerz.); S. 242 ff.
135 Oben B, RN 3 f.
136 Näher *Friedrich Müller*, Korporation und Assoziation. Eine Problemgeschichte der Vereinigungsfreiheit im deutschen Vormärz, 1965, S. 250 ff. sowie *Sielmann*, Kampf um Meinungsfreiheit im deutschen Konstitutionalismus, in: Johannes Schwartländer/Dietmar Willoweit (Hg.), Meinungsfreiheit – Grundgedanken und Geschichte in Europa und USA, 1986, S. 173 ff.
137 Oben III 1, RN 15 ff.
138 Sie begegnet in § 7 Verf. Waldeck 1816 (FN 67); vgl. zeitgenössisch *Georg Leonhard Holler*, Geschichte und Würdigung der deutschen Patrimonialgerichtsbarkeit, Landshut 1804, sowie *Heinrich Wirschinger*, Darstellung der Entstehung, Ausbildung und des jetzigen rechtlichen Zustands der Patrimonial-Gerichtsbarkeit in Bayern, München 1837; moderne Analyse von *Monika Wienfort*, Patrimonialgerichte in Preußen. Ländliche Gesellschaft und bürgerliches Recht 1770–1848/49, 2001.

Die wohl prominenteste Innovation ist das Postgeheimnis in § 38 Verf. Hessen-Kassel (1831)[139]. Über die gängigen ausländischen Vorlagen hinaus – wenn auch nicht gänzlich ohne Vorbild – gewährt daneben eine Reihe von Kleinstaaten ihren Angehörigen einen (teils konditionierten) Auslieferungsschutz[140]: Sachsen-Meiningen (Art. 7 Satz 2 Verf. 1829); Sachsen-Altenburg (§ 45 Abs. 1 Satz 2 Verf. 1831); Braunschweig (§ 206 Abs. 1 und 4 Verf. 1832) sowie Schwarzburg-Sondershausen (§ 45 Verf. 1841). Sachsen-Meiningen beschränkt zugleich die Auslieferung Fremder auf solche Vorwürfe, die auch im Inland strafbar wären (Art. 18 Abs. 3 Verf. 1829); die Norm erweist sich in der deutschen Entwicklung als Solitär, bleibt aber hinter dem Asylrecht des Art. 120 Verf. Frankreich (1793) deutlich zurück[141]. In prozeduraler Perspektive stellt schließlich die bayerische Ausgestaltung des Parlaments als formalisierte Beschwerdeinstanz (Titel X, § 5 Verf. 1818)[142] eine Grundrechtsinnovation dar, die sich noch dazu bis in die Gegenwart hinein als prägend erweist[143].

24
Postgeheimnis und Auslieferungsschutz

Beschwerde zum Parlament

VI. Landes-Grundrechtsdoktrin

Die Aufnahme von „Rechten" in zahlreiche Verfassungsurkunden zwingt die Wissenschaft zu deren dogmatischer Einordnung[144]. Im Vordergrund steht im Vormärz eindeutig die fundamentale Frage nach der Herleitung oder Begründung dieser verfassungsmäßigen Rechte. Handelt es sich – so der Pfad, den die Rechtsdokumente der Revolution vor dem Hintergrund des rationalen Naturrechts eingeschlagen haben – um vorstaatliche Rechte, die dem Menschen kraft seines Menschseins zukommen und vom Staat bzw. vom Monarchen bestenfalls deklaratorisch anerkannt werden können? Oder stellen die „Rechte" lediglich eine Selbstbeschränkung der an sich vollumfänglichen und unbegrenzten monarchischen Gewalt dar, verdanken ihre Einrichtung mithin einem obrigkeitlichen *fiat*, das – so stets mitgedacht – auch rückgängig gemacht werden könnte, sofern es sich als dem Staatswohl nicht dienlich erweist? Während in der philosophischen und rechtspolitischen Diskussion die natur- oder menschenrechtliche Begründung noch einige Anhänger fin-

25
Vorstaatliche Rechte oder obrigkeitliche Selbstbeschränkung

Rechtswissenschaft und Staatspraxis

---

139 „Das Briefgeheimniß ist auch künftig unverletzt zu halten. Die absichtliche unmittelbare oder mittelbare Verletzung desselben bei der Postverwaltung soll peinlich bestraft werden". → Bd. IV: *Stettner*, Brief-, Post- und Fernmeldegeheimnis, § 92 RN 3.
140 Siehe dazu m.w.N. *Wittreck*, in: H. Dreier, GG (LitVerz.), Art. 16 RN 10 (ebenda, RN 9 auch der Hinweis auf Kap. I Art. 19 der Verf. von Vermont [1777] als möglichen Vorläufer).
141 Siehe wieder *Wittreck*, in: H. Dreier, GG (LitVerz.), Art. 16 a RN 10.
142 Eingehend *Götschmann*, Das Parlament als Beschwerdeinstanz. Die Beschwerden wegen Verletzung konstitutioneller Rechte im Königreich Bayern 1819–1918, in: Wolfgang Brauneder/Elisabeth Berger (Hg.), Repräsentation in Föderalismus und Korporativismus, 1998, S. 267 ff., sowie *Oda Müller*, Die Verfassungsbeschwerde nach der Bayerischen Verfassung von 1818 (1818–1848), 2000.
143 Vgl. unten I V, RN 83 ff. bzw. J V 3 e, RN 125 ff.
144 Zusammenfassend zum folgenden – außer der Literatur in FN 1 – *R. Schulze*, Statusbildung und Allgemeinheit der Bürgerrechte in Verfassungstexten und Staatslehre des frühen deutschen Konstitutionalismus, in: Dilcher u.a., Grundrechte (FN 22), S. 85 ff.; *Eisenhardt*, Zur Entwicklung des Grundrechtsverständnisses in Deutschland in der ersten Hälfte des 19. Jahrhunderts, in: Gerhard Köbler/Meinhard Heinze/Wolfgang Hromadka (Hg.), Europas universale rechtsordnungspolitische Aufgabe im Recht des dritten Jahrtausends. FS Söllner, 2000, S. 255 (259 ff.).

§ 231   Sechzehnter Teil: I. Entwicklung und Bedeutung einzelstaatlicher Grundrechte

det[145], votieren Rechtswissenschaft und Staatspraxis vergleichsweise einhellig für die zweite Option: In möglichst klarer Abgrenzung zu den revolutionären Ideen werden die verfassungsrechtlichen Gewährleistungen – die deshalb auch ganz überwiegend nicht als „Grundrechte" firmieren[146] – als bloße selbstauferlegte Begrenzungen staatlicher Allmacht eingestuft[147]. Dies korrespondiert mit der Charakterisierung der Verfassung als ihrerseits einseitig vom Monarchen „gewährten" Zirkumskription seiner Kompetenzen[148]. Charakteristisch ist ferner – auch normtextlich – die enge Verknüpfung mit der Staatsbürgerschaft, als deren „Ausfluß" die Rechte der Staatsangehörigen erscheinen[149].

Zirkumskription monarchischer Kompetenzen

26
Legislatorisches Umsetzungserfordernis

Ebenfalls anhand des Wortlauts der Normen ist mit Händen zu greifen, daß die Grundrechte auf die Umsetzung durch die Gesetzgebung angelegt sind[150]. Das impliziert wohlgemerkt keine – womöglich gar gerichtlich überprüfbare – Grundrechtsbindung der gesetzgebenden Gewalten, also in der Regel des Monarchen und der Ständeversammlung bzw. des Parlaments[151]; hier vertraut

---

145 Namentlich *Christian Freiherr v. Wolff*, Grundsätze des Natur- und Völkerrechts worin alle Verbindlichkeiten und alle Rechte aus der Natur des Menschen in einem beständigem Zusammenhange abgeleitet werden, Halle 1769; *Ludwig Julius F. Höpfner*, Naturrecht des einzelnen Menschen, der Gesellschaften und der Völker, Gießen, ⁷1806, S. 171 ff.; *Leonhard v. Dresch*, Naturrecht, Tübingen 1822; *Wilhelm Snell*, Naturrecht: Nach den Vorlesungen von Wilhelm Snell, Bern 1859; *Adolf Trendelenburg*, Naturrecht auf dem Grunde der Ethik, ²1868, §§ 150 ff.; aus der juristischen Debatte immerhin *Leonhard v. Dresch*, Oeffentliches Recht des Deutschen Bundes und der deutschen Bundesstaaten, Bd. 1, Tübingen 1820, S. 1 ff., 4 ff., 13 ff., sowie *Romeo Maurenbrecher*, Grundsätze des heutigen deutschen Staatsrechts, [1. Aufl.] Frankfurt am Main 1837, S. 79 f.; zur Diskussion in der Paulskirche (unten E.III) s. *Strauss*, Staat (FN 3) sowie *Oliver Groß*, Die Debatten über den Adel im Spiegel der Grundrechtsberatungen in den deutschen Parlamenten 1848/49, 2013, S. 39 ff.
146 So *Grimm*, Grundrechtstheorie (FN 55), S. 257 ff.; *H[einrich] Ahrens*, Art. Freiheitsrechte, in: Johann Caspar Bluntschli/Karl Brater (Hg.), Deutsches Staats-Wörterbuch, Bd. III, Stuttgart 1858, S. 739 (741 f.); *Heinz-Jürgen Böhme*, Politische Rechte des einzelnen in der Naturrechtslehre des 18. Jahrhunderts und in der Staatstheorie des Frühkonstitutionalismus, 1993, S. 67 ff.; *Blickle*, Leibeigenschaft (FN 20), S. 278 ff.; → Bd. I: *Bryde*, Programmatik und Normativität der Grundrechte, § 17 RN 4 ff.; *Suppé*, Grund- und Menschenrechte (LitVerz.), S. 21 ff., 92 ff., 113 ff.; vgl. dazu auch *Werner Daum*, Grundrechte, in: ders., Verfassungsgeschichte 2 (FN 7), S. 105 ff.
147 So *Johann Caspar Bluntschli*, Allgemeines Staatsrecht, Bd. II, München, ⁴1868, S. 497 ff.; zusammenfassend → Bd. III: *H. Maurer*, Landesgrundrechte im Bundesstaat, § 82 RN 12; *Kröger*, Grundrechtsentwicklung (LitVerz.), S. 16 ff.; *Eisenhardt*, Entwicklung (FN 144), S. 258 ff.; *Suppé*, Grund- und Menschenrechte (LitVerz.), S. 148 ff.
148 Dieser Konnex bei *Johann Christoph Freiherr v. Aretin/Carl v. Rotteck*, Staatsrecht der constitutionellen Monarchie, Bd. I, Leipzig, ²1837, S. 157 ff.; *Carl v. Kaltenborn*, Einleitung in das constitutionelle Verfassungsrecht, Leipzig 1863, S. 64 ff., 68 ff.; *Bluntschli*, Staatsrecht (FN 147), S. 16 ff.; vgl. *H. Maurer*, Idee und Wirklichkeit der Grundrechte, JZ 1999, S. 689 (691 ff.).
149 Diese Redeweise etwa bei *Bazille/Köstlin*, Verfassungsurkunde (FN 114), S. 25; ähnlich *Sonnenkalb*, Staatsrecht (FN 120), S. 80. – Den Zusammenhang unterstreichen aus der Literatur *Martin Kriele*, Einführung in die Staatslehre. Die geschichtlichen Legitimitätsgrundlagen des demokratischen Verfassungsstaats, ⁵1994, S. 88 ff.; *Wahl* (FN 58), § 2 RN 18 ff.; → Bd. III: *H. Maurer*, Landesgrundrechte im Bundesstaat, § 82 RN 12; *Daum*, Grundrechte, in: ders., Verfassungsgeschichte 2 (FN 7), S. 105 ff.
150 Unterstrichen von *Bülau*, Verfassung (FN 84), S. 229 („Es sind Aufgaben der Zukunft gestellt, zuweilen Räthsel, deren Lösung nicht leicht ist".); gleichsinnig *Schmelzing*, Staatsrecht (FN 112), S. 119 ff.; *Karl Heinrich L. Pölitz*, Die europäischen Verfassungen seit dem Jahre 1789 bis auf die neueste Zeit, Bd. I, Leipzig, ²1832, S. 1 ff.; *Gustav Wilhelm Hugo*, Grundgesetze und Verfassungsurkunden, Karlsruhe 1836, S. 13 ff. Charakteristisch etwa die Kommentierung von *Piloty/v. Sutner*, Verfassungsurkunde (FN 112), Titel IV §§ 1 ff. (S. 21 ff.), die regelmäßig nur Ausführungsgesetze auflisten.
151 Siehe zur mangelnden Bindungswirkung der Grundrechte im 19. Jahrhundert gegenüber der Gesetzgebung *Wahl*, Wirkungen (FN 1), S. 331; von „Schranken" auch der Gesetzgebung spricht allerdings *Bülau*, Verfassung (FN 9), S. 229.

die Zeit auf die prozedurale Sicherung der Grundrechte durch die Möglichkeit der „Stände", solchen Gesetzen die Unterstützung zu versagen, die in „Freiheit und Eigentum" eingreifen[152]. Sofern die genaue Reichweite der Grundrechtsbindung überhaupt thematisiert und noch dazu mit dem geläufigen Schema der Gewaltenteilung abgeglichen wird, sind sie als Eingriffsverbote an Gerichte und Behörden adressiert[153].

_{Reichweite der Grundrechtsbindung}

Kontrovers wird in der zeitgenössischen wie in der modernen Literatur diskutiert, ob es sich bei den Garantien in den Verfassungsurkunden des Vormärz tatsächlich um subjektive Rechte handelt oder ob sie – sei es primär oder ausschließlich – Sätze des objektiven Rechts darstellen, die programmatischen Charakter tragen oder sich in der beschriebenen Weise an den Reform-Gesetzgeber wenden. Während die ältere Forschungsliteratur hier sehr zurückhaltend votiert und dazu neigt, die Einstufung als subjektive Rechte mit starken Vorbehalten zu versehen[154], sprechen sich von den jüngeren Stimmen mehr für diese Subjektivierung und damit die Einordnung als echtes Grundrecht aus[155]. Diese Position dürfte vorzugswürdig sein, wenn man wiederum den Vorbehalt anbringt, daß eine valide Antwort im Grunde eine Differenzierung nach Einzelverfassungen wie Einzelbestimmungen voraussetzt, die hier nicht vorgenommen werden kann. Stellt man dies in Rechnung, so sprechen zumindest für Einzelbestimmungen die besseren Argumente für die „Adelung" als subjektive Rechte: Zunächst finden sich im vormärzlichen Schrifttum gleich mehrere namhafte Stimmen, die dieser Position anhängen[156]. Ebenso lassen sich auch im Vormärz bereits Gerichtsurteile verzeichnen, die das Handeln von Behörden wegen Verstoßes gegen die verfassungsrechtli-

27

_{Subjektive Rechte oder objektive Rechtssätze}

---

152 Siehe *Scheuner* Tragweite (FN 125), S. 105 (107 ff.); *W. Schulze*, Ständische Gesellschaft und Individualrechte, in: Birtsch, Freiheitsrechte (FN 21), S. 161 ff.; *Martin Reulecke*, Gleichheit und Strafrecht im deutschen Naturrecht des 18. und 19. Jahrhunderts, 2007, S. 261 ff.
153 Wie hier *Heinrich Wendt*, Die gerichtsverfassungsrechtlichen Bestimmungen in den Verfassungsurkunden des neunzehnten Jahrhunderts, 1934, S. 10 ff., 15 ff., 47 ff.; → Bd. III: *H. Maurer*, Landesgrundrechte im Bundesstaat, § 82 RN 14; *Grimm*, Verfassungsgeschichte (FN 118), S. 66 ff.; *Christian Hermann Schmidt*, Vorrang der Verfassung und konstitutionelle Monarchie. Eine dogmengeschichtliche Untersuchung zum Problem der Normenhierarchie in den deutschen Staatsordnungen im frühen und mittleren 19. Jahrhundert (1818–1866), 2000; *H. Dreier*, GG (LitVerz.), Art. 1 III RN 1.
154 So *Scheuner*, Tragweite (FN 125), S. 110 ff.; *Wahl*, Entwicklung (FN 58), S. 693 ff.; *Stern*, Staatsrecht V (LitVerz.), § 126 V 3 (S. 245 ff.), § 126 V 3 c (250 ff.).
155 So namentlich *Stefan Behr*, Naturrecht und Grundrechte im Lichte des Systems und der Geschichte der Philosophie, 1928, S. 58 ff.; *Grimm*, Grundrechtstheorie (FN 55), S. 240 ff.; → Bd. III: *H. Maurer*, Landesgrundrechte im Bundesstaat, § 82 RN 13 a.E.; *Klaus Stern*, Idee und Element eines Systems der Grundrechte, in: HStR ³IX, § 185 RN 52 ff.; *Eisenhardt*, Grundrechtsverständnis (FN 138), S. 272; *Hilker*, Grundrechte (FN 1), S. 313 ff.
156 *Schmelzing*, Staatsrecht (FN 106), S. 106 ff.; *Johann Ludwig Klüber*, Öffentliches Recht des teutschen Bundes und der Bundesstaaten, Frankfurt am Main, ³1831, S. 338 ff.; *Johann Christoph Freiherr v. Aretin/ Carl v. Rotteck*, Staatsrecht der constitutionellen Monarchie, Bd. II, Altenburg 1839, S. 1 ff., 31 ff.; *v. Mohl*, Staatsrecht I (FN 76), S. 323 ff.; *Eduard Hermsdorf*, Die allgemeinen politischen Rechte u. Pflichten der Staatsgenossen in den constitutionellen Staaten des deutschen Bundes dargestellt, Leipzig 1840, S. 109 ff.; *Heinrich Zoepfl*, Grundsätze des allgemeinen und des constitutionell-monarchischen Staatsrechts, Heidelberg 1841, S. 181 ff.

§ 231   *Sechzehnter Teil: I. Entwicklung und Bedeutung einzelstaatlicher Grundrechte*

Unzulässige Rückprojektion der späten Kaiserzeit

chen Gewährleistungen als rechtswidrig einstufen[157]. Schließlich dürfte in methodischer Perspektive eine unzulässige Rückprojektion der – insoweit deutlich klareren – Mehrheitsposition der späten Kaiserzeit vorliegen[158], die jedoch unter völlig anderen Vorzeichen zustande kommt: Um das Jahr 1900 ist die Behauptung, die „sogenannten" Grundrechte seien durch Gesetze flächendeckend in die Rechtswirklichkeit transformiert, zumindest plausibel – die Grundrechte des Vormärz ragen noch scharfkantig in einen Rechtsraum hinein, der entweder noch gar nicht gesetzlich domestiziert oder weiterhin in genuin obrigkeitsstaatlicher Façon gestaltet worden ist.

28

Grundrechte als gliedstaatliche Gewährleistungen

Es bleibt die Frage, ob und mit welchem Ergebnis der Status der Grundrechte als spezifisch *gliedstaatliche* Gewährleistungen reflektiert worden ist. Dabei ist zunächst zu vergegenwärtigen, daß der Deutsche Bund als klassischer Staatenbund diesbezüglich noch weniger Anlaß zum Nachdenken bot als die späteren deutschen Bundesstaaten bzw. Bundesstaatenentwürfe. Bundesakte wie Wiener Schlußakte enthalten zwar sowohl Normativbestimmungen wie Art. XIII DBA als auch Bestimmungen, die Grundrechte entweder implizieren oder einzuschränken vermögen[159], doch ist namentlich das Kompetenztableau des Bundes sehr eng umschrieben[160]. Dementsprechend bleiben weite Teile der Hoheitsausübung der Bundesglieder völlig unbeeinflußt; wo der Bund hingegen wie im Bereich der „Preßfreiheit" oder später im Rahmen der Restauration[161] aktiv wird, besteht unausgesprochener Konsens, daß grundrechtliche Gewährleistungen der Einzelstaaten seinen Maßnahmen jedenfalls im Ergebnis nicht mit Aussicht auf Erfolg entgegengehalten werden können[162].

29

Ansätze einer Rahmenordnung?

Der rechtliche Mechanismus, der für dieses Resultat verantwortlich zeichnet, ist hingegen durchaus umstritten und insbesondere im Verlauf der Bundesgeschichte charakteristischen Veränderungen unterworfen[163]. Ausgehend von der gängigen Charakterisierung als „völkerrechtlicher Verein" (Art. I WSA) nehmen Staatspraxis und Lehre zunächst an, daß Beschlüsse des Bundes den Mitgliedstaat binden, von diesem aber durch einzelstaatliche Publikation oder

---

157 Vgl. die Fallschilderung bei *Eisenhardt*, Die gerichtliche Überprüfung eines verfassungsmäßig verankerten Rechtes im Jahre 1833. Ein Beitrag zum Charakter der Bürgerrechte in den frühen Verfassungen des 19. Jahrhunderts, in: Gerhard Köbler (Hg.), FS Kroeschell, 1987, S. 75 ff.; hierauf weist auch → Bd. III: *H. Maurer*, Landesgrundrechte im Bundesstaat, § 82 RN 14 hin.
158 Unten G VI, RN 57.
159 Oben D III 1, RN 15 ff.
160 Zusammenfassend m.w.N. *Stefan Oeter*, Integration und Subsidiarität im deutschen Bundesstaatsrecht, 1998, S. 23 ff.; *Wittreck*, in: H. Dreier, GG (LitVerz.), Vorb. zu Art. 70–74 RN 5.
161 Unten F III, RN 44.
162 Siehe zur Frage des (automatischen) Vorrangs des Rechts des Deutschen Bundes einerseits *E.R. Huber*, Verfassungsgeschichte I (FN 23), S. 599 ff., und *Grzeszick*, Reich (FN 46), S. 235 (beide für einen Vorrang), andererseits *März*, Bundesrecht (LitVerz.), S. 50 ff. (mit beachtlichen Argumenten dagegen).
163 Näher zum folgenden *März*, Bundesrecht aaO., S. 50 ff.; *Edin Šarčević*, Das Bundesstaatsprinzip. Eine staatsrechtliche Untersuchung zur Dogmatik der Bundesstaatlichkeit des Grundgesetzes, 2000, S. 246 ff.; *H. Dreier*, GG (LitVerz.), Art. 31 RN 1 ff.

Gesetz- bzw. Verordnunggebung wohlgemerkt in Landesrecht umzusetzen sind[164] – sofern nicht die Landesverfassung von sich aus diesen mitgliedstaatlichen Geltungsbefehl erteilt[165]. Vereinzelte Stimmen, die dem Bund eine allgemeine Befugnis zur Gesetzgebung einräumen, stellen sich diese immer noch als Rahmengesetzgebung vor[166]. Bestrebungen, Grundrechte diesbezüglich einem Sonderregime zu unterwerfen, begegnen nicht. Vielmehr illustriert gerade der bekannte Konflikt um das liberale badische Preßgesetz vom Jahre 1831 die Funktionsweise der Bundesmechanismen: Der Bundesbeschluß vom 5. Juli 1832 stellt die Unvereinbarkeit mit den Karlsbader Beschlüssen fest, woraufhin sich nach Sondierung verschiedener Kompromißmöglichkeiten und unter dem Druck einer drohenden Bundesexekution der Großherzog entschließt, das Gesetz per Notverordnung nach § 66 Satz 2 Verf. Baden aufzuheben[167].

Funktionsweise der Bundesmechanismen

E. Grundrechte in den Verfassungsurkunden der Revolution

I. Überblick

Nach einem längeren europaweiten Gärungsprozeß brechen im März 1848 in Deutschland Unruhen aus[168], die bei Demokraten wie Vertretern des *Ancien Régime* gleichermaßen die Überzeugung herbeiführen, daß nun auch hier der vielzitierte „Constitutional Moment" gekommen sei. Während die Nationalversammlung der Paulskirche ein gerade in Sachen Grundrechte ebenso vorwärtsweisendes wie anspruchsvolles Verfassungsprojekt ausarbeitet[169], erläßt

30
„Constitutional Moment"

---

164 Aus der zeitgenössischen Literatur *Wilhelm Joseph Behr*, Von den rechtlichen Grenzen der Einwirkung des deutschen Bundes auf die Verfassung, Gesetzgebung und Rechtspflege seiner Glieder-Staaten, Stuttgart ²1820, S. 19 ff.; *Johann Ludwig Klüber*, Öffentliches Recht des Teutschen Bundes und der Bundesstaaten, Teil I/II, Frankfurt am Main ⁴1840, § 214 (S. 284 f.); *Heinrich Albert Zachariä*, Deutsches Staats- und Bundesrecht, Teil I, Göttingen 1841, § 35 (S. 108 ff.); aus der Rückschau *Georg Meyers/Gerhard Anschütz*, Lehrbuch des deutschen Staatsrechts, ⁷1919, S. 124 f.; *Paul Laband/Otto Mayer*, Deutsches Reichsstaatsrecht, ⁷1919, S. 3.
165 Dies ist etwa der Fall in Baden: vgl. § 2 Verf. Baden, der allerdings immer noch die landesseitige Verkündung vorsieht.
166 So *Romeo Maurenbrecher*, Grundsätze des heutigen deutschen Staatsrechts, Bonn, ³1847, § 115 (S. 176 f.); *Heinrich Zoepfl*, Grundsätze des gemeinen deutschen Staatsrechts, Bd. I, Leipzig/Heidelberg, ⁵1863, § 151 (S. 371).
167 Der Bundesbeschluß vom 5. Juli 1832, in: E.R. Huber, Dokumente I (FN 5), S. 134 f.; die Verordnung vom 28. Juli 1832, in: Großherzoglich-Badisches Staats- und Regierungsblatt 1832, S. 371. – Vgl. zum Konflikt aus der Literatur nur *Eisenhardt*, Der deutsche Bund und das badische Pressegesetz von 1832, in: Gerd Kleinheyer/Paul Mikat (Hg.), Beiträge zur Rechtsgeschichte, GS für H. Conrad, 1979, S. 103 ff.
168 Zum Ablauf der Ereignisse nur *Manfred Botzenhart*, 1848/49: Europa im Umbruch, 1998, S. 70 ff. sowie *Willoweit*, Verfassungsgeschichte (FN 58), § 31 RN 2.
169 Statt aller *Kühne*, Reichsverfassung (LitVerz.), S. 51 ff.

§ 231   Sechzehnter Teil: I. Entwicklung und Bedeutung einzelstaatlicher Grundrechte

Homogenität der Kataloge

eine Vielzahl von Einzelstaaten entweder erstmals überhaupt Verfassungsurkunden modernen Typs[170] oder nimmt nunmehr auch Grundrechte in dieselbe auf[171]. Die dabei obwaltende Homogenität der Kataloge wie der Umstand, daß jetzt auch offen von „Grundrechten" gesprochen wird, haben prominente Verfassungshistoriker zu dem Urteil veranlaßt, Deutschland habe erst in den Jahren 1848/1849 wieder Anschluß an die westliche Grundrechtsentwicklung gefunden[172].

II. Urkundenbestand

31

„Verfassungstaumel"

Genuin demokratische Urkunden

Die Revolution wie die intensive Verfassungsdebatte auf Reichsebene führen in Deutschland einmal mehr einen „Verfassungstaumel" herbei[173]. In rascher Folge erlassen zunächst solche Bundesstaaten erstmals Verfassungsurkunden, die zuvor entweder gar keine geschriebene Verfassung besaßen oder sich auf ein noch dazu altständisch geprägtes Organisationsstatut beschränkt hatten: Genuin demokratisch gesonnene Urkunden erhalten nunmehr Anhalt-Bernburg (1848)[174], Anhalt-Dessau (1848)[175], Hohenzollern-Hechingen (1848)[176], Lübeck (1848)[177], Luxemburg (1848)[178] Preußen (1848)[179], Schleswig-Holstein

---

170   Unten sogleich II, RN 31 f.
171   Unten III, RN 33 ff.
172   *Pieroth*, Geschichte der Grundrechte, in: Jura 1984, S. 568 (574).
173   Im Überblick zum folgenden *Dann*, Die Proklamation von Grundrechten in den deutschen Revolutionen von 1848/49, in: Birtsch, Wandel (FN 15), S. 515 (521 ff.).
174   Landesverfassungsgesetz für das Herzogthum Anhalt-Bernburg vom 14. Dezember 1848 (Gesetzessammlung für das Herzogthum Anhalt-Bernburg, Bd. VIII [1845–1848], Nr. 487, S. 474); dazu *Gustav Sanftenberg/W[illy] Knorr*, Das Staats- und Verwaltungsrecht des Herzogtums Anhalt, 1909, S. 15 ff. sowie *Mathias Tullner*, Die Revolution von 1848/49 in Sachsen-Anhalt, 2014, S. 149 ff. (auch zur folgenden Urkunde).
175   Verfassungsurkunde für das Herzogthum Anhalt-Dessau vom 29. Oktober 1848 (Amtliche Ausgabe Dessau o.J. [1848]); s. dazu *Grossert*, Zum Grundsatz: „Alle Gewalten gehn vom Volk aus" in den Verfassungen von Anhalt-Köthen und Anhalt-Dessau vom 28./29. Oktober 1848, in: Landesheimatbund Sachsen-Anhalt e.V. (Hg.), Zur Kultur- und Sozialgeschichte Sachsen-Anhalts, 1995, S. 90 ff.
176   Landes-Verfassung vom 16. Mai 1848 (Verordnungs- u. Anzeigeblatt für das Fürstenthum Hohenzollern-Hechingen 1848 Nr. 45 v. 3. 6. 1848, S. 205); dazu *Maria Graf*, Die Verfassung des Fürstentums Hohenzollern-Hechingen vom 16. Mai 1848, 1970.
177   Verfassungs-Urkunde für die freie und Hansestadt Lübeck vom 8. April 1848 (Sammlung der Lübeckischen Verordnungen und Bekanntmachungen, Bd. 15 [1848], 1849, S. 23). Siehe *Wilhelm Brückner*, Staats- und Verwaltungsrecht der freien und Hansestadt Lübeck, 1909, S. 4 f.; *Joh[anne]s Bollmann*, Das Staatsrecht der Freien Hansestädte Bremen und Lübeck, 1914, S. 7 f., 10 f.
178   Verfassung des Großherzogthums Luxemburg vom 9. Juli 1848 (Verordnungs- und Verwaltungsblatt des Großherzogthums Luxemburg/Mémorial législatif et administratif du Grand-Duché de Luxembourg Nr. 52, S. 389); s. dazu *Paul Eyschen*, Das Staatsrecht des Großherzogtums Luxemburg, 1910, S. 11 ff.
179   Verfassungsurkunde für den Preußischen Staat vom 5. Dezember 1848 (Gesetzessammlung für die Königlich-Preußischen Staaten 1848, Nr. 3065, S. 375; „oktroyierte Verfassung"). Näher dazu *Rudolf W. Roske*, Die Entwicklung der Grundrechte des deutschen Volkes vom Jahre 1848 und des Titels II. der preußischen Verfassung „von den Rechten der Preußen" (Diss. iur. Greifswald), 1910, S. 104 ff.; *Wahl* (FN 58), § 2 RN 39; *Lotzenburger*, Grundrechte (LitVerz.), S. 192.

(1848)¹⁸⁰, Bremen (1849)¹⁸¹, Hamburg (1849)¹⁸², Lauenburg (1849)¹⁸³, Mecklenburg-Schwerin (1849)¹⁸⁴, Nassau (1849)¹⁸⁵, Oldenburg (1849)¹⁸⁶, Reuß (jüngere Linie; 1849)¹⁸⁷, Sachsen-Gotha (1849)¹⁸⁸, Schwarzburg-Sondershau-

---

180 Staatsgrundgesetz für die Herzogthümer Schleswig-Holstein vom 15. September 1848 (Chronologische Sammlung der Verordnungen und Verfügungen für die Herzogthuemer Schleswig und Holstein, die Herrschaft Pinneberg, Grafschaft Ranzau und Stadt Altona 1831, Nr. 172, S. 281); vgl. dazu *Georg-Christoph v. Unruh*, Das Schleswig-Holsteinische Staatsgrundgesetz von 1848, 1981. – Natürlich überschneidet sich hier der Kampf um den Verfassungsstaat mit dem um die Grenzen des Nationalstaates; zur vorher bestehenden Vertretung nach dänischem Recht nur die Verordnung wegen näherer Regulirung der ständischen Verhältnisse in dem Herzogthum Schleswig (Holstein) vom 15. Mai 1834 (Chronologische Sammlung der im Jahre 1805–1847 ergangenen Gesetze, Verordnungen und Verfügungen für die Herzogthümer Schleswig-Holstein Nr. 60, S. 139) und dazu nur *Uwe Lornsen*, Die Unions-Verfassung Dänemarks und Schleswigholsteins; eine geschichtlich staatsrechtliche und politische Erörterung, Jena 1841.
181 Verfassung des Bremischen Staates vom 21. März 1849 (Gesetzblatt der Freien Hansestadt Bremen, Bd. 1849–1851, Jahrgang 1849, 1850, S. 38); nochmals *Bollmann*, Staatsrecht (FN 163), S. 6 f., 8 ff. sowie *Werner Biebusch*, Revolution und Staatsstreich. Verfassungskämpfe in Bremen von 1848 bis 1854, ²1974, S. 66 ff.
182 Verfassung des Hamburgischen Freistaates vom 11. Juli 1849 (Die Verfassung des Freistaates Hamburg nebst den dazu gehörenden organischen Gesetzen. Herausgegeben unter Aufsicht des Bureau's der constituirenden Versammlung, 1849, S. 1); eingehend *Werner Schubert*, Einführung in die Edition, in: ders. (Hg.), Berichte über die Verhandlungen der konstituierenden Versammlung in Hamburg (1848–1850) und Verfassung des Freistaates Hamburg nebst den dazugehörenden organischen Gesetzen, Bd. 1, 1992, S. VII ff.
183 Grundgesetz für das Herzogthum Lauenburg vom 11. Mai 1849 (Officielles Wochenblatt für das Herzogthum Lauenburg 1849 Nr. 11 v. 23. 5. 1849, S. 85). Vgl. *[Friedrich] Bülau*, Sachsen-Lauenburgische Verfassungssache mit Nachtrag, in: Carl v. Rotteck/Carl Welcker (Hg.), Das Staats-Lexikon, Bd. 11, ²1848, S. 752 ff.; *Heinrich Püst*, Der Widerhall der deutschen Revolution von 1848 im Lande Herzogtum Lauenburg, 1960, S. 35 ff.; *M. Busch*, Lauenburg (FN 110), S. 298 (315).
184 Staatsgrundgesetz für das Großherzogthum Mecklenburg-Schwerin vom 10. Oktober 1849 (Großherzoglich Mecklenburg-Schwerinsches officielles Wochenblatt 1849, Beilage zu Nr. 38 v. 11. 10. 1849, S. 205); näher *H. Brandt*, Das Staatsgrundgesetz für das Großherzogtum Mecklenburg-Schwerin vom 10. Oktober 1849 im Lichte der mecklenburgischen Verfassungsbemühungen des 19. Jahrhunderts, in: Stiftung Mecklenburg (Hg.), Modernisierung und Freiheit. Beiträge zur Demokratiegeschichte in Mecklenburg-Vorpommern, 1995, S. 497 ff.
185 Verkündigung der Zusammenstellung des nach den bestehenden Gesetzgebungen in dem Herzogthum geltenden Staatsrechts vom 28. 12. 1849 (Verordnungsblatt des Herzogthums Nassau 1849 Nr. 40 v. 29. 12. 1849, S. 613); vgl. dazu *Wettengel*, Die Revolution von 1848/49 im Herzogtum Nassau, in: Klaus Böhme/Bernd Heidenreich (Hg.), „Einigkeit und Recht und Freiheit". Die Revolution von 1848/49 im Bundesland Hessen, 1999, S. 157 (192 ff.).
186 Staatsgrundgesetz für das Herzogthum Oldenburg vom 18. Februar 1849 (Gesetzblatt für das Herzogthum Oldenburg XII [1849–1851], Stück 9 v. 1. 3. 1849, Nr. 13, S. 55). Siehe dazu *Walther Schücking*, Das Staatsrecht des Großherzogtums Oldenburg, 1911, S. 7 f., sowie *Kurt Hartong*, Beiträge zur Geschichte des oldenburgischen Staatsrechts, 1958, S. 57 ff., 62 f., 112 ff.
187 Staatsgrundgesetz für das Fürstenthum Reuß jüngerer Linie vom 30. November 1849 (Gesetzsammlung für die Fürstlich Reußischen Lande jüngerer Linie, Bd. VIII [1849–1852], Jahrgang 1849, Nr. 102, S. 53); näher *Waldemar Wucher*, Reuß jüngere Linie in der Bewegung von 1848/49, 1926, S. 43 ff.
188 Staatsgrundgesetz für das Herzogthum Gotha vom 25. März 1849 (Gesetzsammlung für das Herzogthum Gotha, Bd. VI [1848–1851], Nr. 342, S. 143). Näher *Jonscher*, Aspekte der Verfassungsentwicklung in Sachsen-Coburg und Gotha zwischen 1848 und 1852, in: Harald Bachmann (Hg.), Zur Verfassungs- und Verwaltungsreform in den Herzogtümern Sachsen-Coburg und Gotha in der ersten Hälfte des 19. Jahrhunderts, 2002, S. 23 (27 ff.).

§ 231   Sechzehnter Teil: I. Entwicklung und Bedeutung einzelstaatlicher Grundrechte

sen (1849)[189], Waldeck (1849)[190] sowie – bereits im Begriffe des Umschlags zur Restauration – Hessen-Homburg (1850)[191].

32
Eingriffe in bereits modernisierte Verfassungen

Andere Projekte gelangen – wie in Frankfurt oder in Lippe – nicht mehr über das Entwurfsstadium hinaus[192]. Neben diese neuen Verfassungsprojekte treten in denjenigen Einzelstaaten, die bereits über Verfassungen moderneren Zuschnitts verfügen, unterschiedlich intensive Eingriffe in den Urkundenbestand, teils auch einfache Gesetze[193], die typischerweise allerdings Fragen des Staatsorganisationsrechts betreffen; prominent ist insofern insbesondere das Initiativrecht des Parlaments, die Öffentlichkeit seiner Versammlungen, die Verantwortlichkeit der Minister; lediglich das regelmäßig novellierte Wahlrecht[194] weist nach modernem Verständnis subjektivrechtliche bzw. grundrechtsgleiche Relevanz auf[195]. In genuin grundrechtlicher Perspektive sind diese Reformgesetze hingegen eher unauffällig bzw. beschränken sich auf

Genuin grundrechtliche Unauffälligkeit

---

189 Verfassungsgesetz v. 12.12.1849 (Gesetzsammlung für das Fürstenthum Schwarzburg-Sondershausen 1849, S. 5); vgl. dazu *Martin Kunze*, Schwarzburg-Sondershausen in der deutschen Revolution von 1848/49 (Diss. phil. Jena), 1931, sowie *Lengemann*, Kleinstaatenparlamente und die Revolution von 1848. Das Beispiel der Landtage von Schwarzburg-Rudolstadt und Schwarzburg-Sondershausen, in: Hans-Werner Hahn/Werner Greiling (Hg.), Die Revolution von 1848/49 in Thüringen, 1998, S. 173 (181 ff.).

190 Staatsgrundgesetz für die Fürstenthümer Waldeck und Pyrmont vom 23. Mai 1849 (Fürstlich Waldeckisches Regierungs-Blatt 1849 Nr. 13 v. 29. 5. 1849, S. 27); vgl. dazu *Michael Bürsch*, Kleinstaatliche Verfassung zwischen Vormärz und Reaktion. Studien zur Entstehung der waldeckisch-pyrmontischen Verfassungsurkunden von 1849 und 1852 (Diss. iur. Kiel), 1970, S. 80 ff., sowie *Menk*, Vom feudalen Agrarstaat zum liberalen Verfassungsstaat. Waldeck 1848/49, in: Böhme/Heidenreich, Revolution (FN 171), S. 59 ff.

191 Verfassungs-Urkunde des Landgrafthums Hessen vom 3. Januar 1850 (Landgräflich Hessisches Regierungs-Blatt vom Jahre 1850 Nr. 1 v. 6. 1. 1850, S. 4); näher *Dölemeyer*, Die Landgrafschaft Hessen-Homburg 1848, in: Böhme/Heidenreich, Revolution (FN 171), S. 123 (134 ff.).

192 Vgl. einerseits Entwurf einer Verfassung für den Freistaat Frankfurt (Amtsblatt für den Stadtkreis Frankfurt, Jahrgang 1849, Beilage zu Nr. 113) und dazu *Matthias Weber*, Verfassung und Reform in Vormärz und Revolutionszeit. Die konstituierende Versammlung des Freistaats Frankfurt 1848–1850 (Diss. phil. Frankfurt/M.), 1996, S. 161 ff., sowie *Dölemeyer*, Verfassung (FN 69), S. 159 ff. – Siehe andererseits Entwurf eines Staatsgrundgesetzes (Fürstlich-Lippisches Regierungs- und Anzeigeblatt, Jahrgang 1849, Beilage zu Nr. 22, S. 1) und dazu *Annegret Tegtmeier-Breit*, Erste Verfassung für Lippe. Zur außen- und innenpolitischen Situation des Fürstentums vor 1848, in: Harald Pilzer/dies. (Hg.), Lippe 1848 – Von der demokratischen Manier eine Bittschrift zu überreichen, 1998, S. 36 (40 ff.), sowie *Niebuhr*, Das Fürstentum Lippe 1848–1853, in: Wilfried Reininghaus/Horst Conrad (Hg.), Für Freiheit und Recht – Westfalen und Lippe in der Revolution 1848/49, 1999, S. 74 (77 f.).

193 Instruktive Übersicht mit Faksimiles der Urkunden unter http://www.modern-constitutions.de/nbu.php?page_id=f430314067d0b98efac2049c65113d41#1848 (zuletzt: 11. 7. 2016).

194 Statt aller beispielhaft *Lotzenburger*, Grundrechte (LitVerz.), S. 191 (Preußen), 205 (Bremen), 210 (Thüringische Staaten), 217 (Nassau); aus der Literatur im Überblick *Manfred Botzenhart*, Deutscher Parlamentarismus in der Revolutionszeit 1848–1850, 1977, S. 132 ff., 141 ff. (Wahlrecht und Wahlen für die deutsche Nationalversammlung); *Grimm*, Verfassungsgeschichte (FN 118), S. 184 ff.; *Christian-Friedrich Menger*, Deutsche Verfassungsgeschichte der Neuzeit, 8. Aufl. 1993, RN 253, 264; → Bd. I: *Würtenberger*, Von der Aufklärung zum Vormärz, § 2 RN 56; ausführlich *Sabine Kempf*, Wahlen zur Ständeversammlung im Königreich Hannover 1848–1866 (Diss. iur. Würzburg), 2006, S. 25 ff. (Hannover); *Martin Rackwitz*, Märzrevolution in Kiel 1848. Erhebung gegen Dänemark und Aufbruch zur Demokratie, 2011, S. 102 ff. (Schleswig-Holstein); *Willoweit*, Verfassungsgeschichte (FN 58), § 31 RN 6 (Wahlen zur deutschen Nationalversammlung); *Frotscher/Pieroth*, Verfassungsgeschichte (FN 114), RN 314.

195 Siehe nur *Morlok*, in: H. Dreier, GG (LitVerz.), Art. 38 RN 7 ff., 51 ff.

Bestimmungen über die Pressefreiheit[196], das Petitions-[197] oder Versammlungsrecht[198] sowie die religiöse Freiheit[199]. Nach zeitgenössischem Verständnis Gegenstand des Grundrechtsteils sind ferner Gesetze über die Gerichtsorganisation[200] oder die auf dem Land liegenden Lasten[201]. Umfangreichere Eingriffe in den Grundrechtsteil sind lediglich in Hannover[202] zu verzeichnen. Genuin grundrechtlich konnotiert sind schließlich die in beiden Mecklenburg erlassenen „Gesetze zum Schutz der persönlichen Freiheit"; sie ergehen in Umsetzung des Reichsgesetzes, die Grundrechte des deutschen Volkes betreffend[203], und enthalten über Äquivalente zu den heutigen Art. 2 Abs. 2 Satz 2, Art. 104 GG hinaus auch weitere Gewährleistungen wie die Unverletzlichkeit der Wohnung[204].

„Schutz der persönlichen Freiheit"

III. Kontexte

Die Verfassung- und insbesondere Grundrechtsgebung der Revolutionszeit vollzieht sich in einem wenigstens dreifachen Kontext. Zunächst ist zu vergegenwärtigen, daß die deutsche Revolution kein isoliertes Phänomen darstellt, sondern wenigstens Teil eines praktisch gesamteuropäischen Prozesses ist[205] – und zugleich in intensivem Austausch mit der US-amerikanischen Debatte

33
Grundrechtsgebung der Revolutionszeit in dreifachem Kontext

---

196 Vgl. das Edikt über die Freiheit der Presse und des Buchhandels v. 4. 6. 1848 (Gesetz-Blatt für das Königreich Bayern 1848 Nr. 12 v. 13. 6. 1848, Sp. 89); s. ferner die Verordnung, die Freiheit der Presse betreffend, v. 8. 3. 1848 (Gesetzsammlung für das Fürstentum Lippe, 2. Bd. [1847-1852], 1848, Nr. 3, S. 89); zusammenfassend *Hilker*, Grundrechte (FN 1), S. 254 ff.; *Lotzenburger*, Grundrechte (LitVerz.), S. 288 ff.
197 Etwa die Bekanntmachung, das Gesetz, über Aufhebung des §. 114 des Landesgrundgesetzes etc. betreffend, v. 20. 4. 1848 (Gesetz- und Verordnungssammlung für die Herzoglich Braunschweigischen Lande [Nr. 16 vom 25. April] 1848 Nr. 16 v. 25. 4. 1848, S. 37).
198 Siehe das Gesetz, das Petitions- und Versammlungsrecht betreffend, v. 16. 3. 1848 (Großherzoglich Hessisches Regierungsblatt 1848, Nr. 11, S. 72) bzw. das Gesetz, das Petitions- und Versammlungsrecht betreffend, v. 6. 4. 1848 (Gesetzsammlung für das Herzogtum Coburg, Bd. 1845–1848, 1848, Nr. 46, S. 493).
199 Beispielsweise das Gesetz, die religiöse Freiheit betreffend, v. 2. 8. 1848 (Großherzoglich Hessisches Regierungsblatt 1848, Nr. 39, S. 231) oder das Gesetz, die Aufhebung der Beschränkung staatsbürgerlicher Rechte aus Rücksichten der Confession, v. 17. 2. 1849 (Vollständige Sammlung der Großherzoglich Badischen Regierungsblätter, Bd. IV, 1842–1851, Jahrgang 1849, Nr. 7 v. 20. 2. 1849, S. 509).
200 Siehe das Gesetz, die Grundlagen der Gesetzgebung über die Gerichts-Organisation, über das Verfahren in Civil- und Strafsachen und über das Strafrecht betreffend, v. 4. 6. 1848 (Gesetz-Blatt für das Königreich Bayern 1848 Nr. 16. v. 15. 6. 1848, Sp. 137).
201 Siehe das Gesetz über die Aufhebung der standes- und gutsherrlichen Gerichtsbarkeit, dann die Aufhebung, Fixierung und Ablösung von Grundlasten v. 4. 6. 1848 (Gesetz-Blatt für das Königreich Bayern 1848 Nr. 13 v. 13. 6. 1848, Sp. 97).
202 Siehe §§ 3–16 des Gesetzes, verschiedene Änderungen des Landesverfassungs-Gesetzes betreffend, v. 5. 9. 1848 (Gesetz-Sammlung für das Königreich Hannover 1848, I. Abt., Nr. 63, S. 261 ff.); dazu *Michael Wrage*, Der Staatsrat im Königreich Hannover 1839–1866 (Diss. iur. Hamburg), 2001, S. 45 ff.
203 Vgl. unten sogleich III, RN 33 ff.
204 Siehe das Gesetz vom 23. Mai 1849 zum Schutze der persönlichen Freiheit (Großherzoglich-Mecklenburg-Strelitzscher Officieller Anzeiger für Gesetzgebung und Staatsverwaltung, Bd. 1849–1850, Nr. 16, S. 109) bzw. das Gesetz zum Schutze der persönlichen Freiheit, vom 23sten Mai 1849 (Großherzoglich-Mecklenburg-Schwerinsches officielles Wochenblatt, Jahrgang 1849, Beilage zu Nr. 22, S. 3).
205 Nochmals aufschlußreich die Liste der Verfassungsprojekte, -entwürfe und -urkunden unter http://www.modern-constitutions.de/nbu.php?page_id=f430314067d0b98efac2049c65113d41#1848 (zuletzt 11. 7. 2016).

§ 231   Sechzehnter Teil: I. Entwicklung und Bedeutung einzelstaatlicher Grundrechte

steht[206]. Ferner kristallisiert sich rasch ein weitreichender politischer Konsens darüber heraus, welche Bestandteile eine demokratische Verfassung und welche Inhalte ihr Grundrechtsteil aufweisen sollte; die Verfassungsdokumente der Jahre 1848/1849 weisen insofern – bis hin zum Wortlaut der Normen wie ihrer Reihenfolge – ein hohes Maß an Homogenität auf[207]. Diese geht weit über den harten verfassungsrechtlichen Kern der Vorgaben der überwiegend nicht in Kraft getretenen Reichsverfassung hinaus; die Landesverfassungen der Revolutionsphase orientieren sich mit anderen Worten weniger *rechtlich* an den Normativvorgaben der Urkunde als *faktisch-politisch* an ihrem kurzzeitig als Bundesgesetz geltenden Grundrechtsabschnitt. Dieses „Gesetz, die Grundrechte des deutschen Volks betreffend"[208], enthält nicht nur den umfangreichen Grundrechtskatalog (Abschnitt VI, §§ 130 bis 183 Reichsverf.), sondern rahmt ihn auch in Gestalt zusätzlicher Normativbestimmungen[209]. Zentral ist dabei der Vorspruch vor § 1 (entspricht § 130 Reichsverf.): „Dem deutschen Volke sollen die nachstehenden Grundrechte gewährleistet sein. Sie sollen den Verfassungen der deutschen Einzelstaaten zur Norm dienen, und keine Verfassung oder Gesetzgebung eines deutschen Einzelstaates soll dieselben je aufheben oder beschränken können".

34 Das den Grundrechten folgende Einführungsgesetz ordnet danach ein differenziertes Inkrafttreten an (Art. 1 Abs. 1 Nr. 1 bis 13 EinfG); die große Mehrzahl der einzeln aufgelisteten Bestimmungen tritt sofort in Geltung; die Bestimmungen über Freizügigkeit und Berufsfreiheit (§ 3 bzw. § 133 Reichsverf.) sowie über die Jagd (§ 37 bzw. § 169 RVerf.) nur vorbehaltlich der noch zu erlassenden Ausführungsgesetze (Art. 1 Abs. 1 Nr. 2 bzw. Nr. 12 EinfG). Art. 2 bis 4 EinfG enthalten detaillierte Pflichtenhefte für die Landesgesetzgeber zur Umsetzung; Art. 6 EinfG ermächtigt sie ferner, bis zum Erlaß der Reichsgesetze zur Freizügigkeit etc. auch hier tätig zu werden. Bestimmungen des Landesrechts, die nicht von diesen Vorbehalten gedeckt sind, treten außer Kraft (Art. 1 Abs. 2 EinfG[210]); das Reich überwacht Erlaß und Ausführung der grundrechtsgebotenen Gesetze (Art. 5 EinfG). Art. 8 EinfG schließlich räumt eine Sechsmonatsfrist zur Abschaffung der Standesvorrechte ein. Dieses vergleichsweise rigide Instrumentarium muß als Indiz für ein substantielles Mißtrauen gegenüber der Loyalität der Landesgesetzgeber gewertet werden – ein nur zu berechtigtes Mißtrauen, beginnt doch (spätestens) mit der

---

206 Eingehend *Dippel*, Verfassung (FN 15), S. 32 ff., sowie *P. Krüger*, Einflüsse der Verfassung der Vereinigten Staaten auf die deutsche Verfassungsentwicklung, in: ZNR 18 (1996), S. 226 (230 ff.).
207 Wie hier *Lotzenburger*, Grundrechte (LitVerz.), S. 125 ff.
208 Vom 27.12.1848 (Reichs-Gesetz-Blatt Nr. 8 v. 28.12.1848, S. 49); dazu *Eckhardt*, Grundrechte (FN 18), S. 58 ff., 104 ff.; aus der modernen Literatur Michael Kotulla, Historische Einführungen, 1. Abschnitt: Gesamtdeutsche Verfassungsentwicklung, § 4: Reichsverfassungsbestrebungen 1848–1850, in: ders. (Hg.), Deutsches Verfassungsrecht 1806–1918, Bd. 1, 2006, S. 151 (160 RN 280).
209 Näher dazu *Eckhardt*, Grundrechte (FN 18), S. 100 ff.; *Kühne*, Reichsverfassung (LitVerz.), S. 184 ff., 446 ff.; *Grimm*, Verfassungsgeschichte (FN 118), S. 195 f.
210 Vgl. auch Art. 7 EinfG zum Inkraftbleiben im übrigen.

Verweigerung der landesseitigen amtlichen Publikation des Reichsgesetzes der Rückschlag der alten Gewalten[211].

Das Gesetz buchstabiert damit die Normativbestimmungen der nicht mehr in Kraft getretenen Reichsverfassung näher aus; diese verpflichtet die Einzelstaaten zum Erlaß einer Verfassung mit Volksvertretung (§ 186 Abs. 1 Reichsverf.) und spezifiziert deren Rechte näher (§§ 186 Abs. 2, 187 Reichsverf.). Sie genießt ferner Vorrang vor den Verfassungen und Gesetzen der Einzelstaaten (§ 194 Reichsverf.); ebenso gehen die Reichsgesetze den Gesetzen der Einzelstaaten vor (§ 66 Reichsverf.)[212]. Speziell in Ansehung der Grundrechte ist das Reich berufen, sie „oberaufsehend zu wahren" (§ 53 Reichsverf. 1849).

35 Vorrang der Reichsverfassung

In der Literatur ist dieses Regime durchaus kontrovers diskutiert worden[213]. Im Zentrum steht dabei sein Verhältnis zu § 195 Reichsverf., der eine Änderung der Regierungsform in einem Einzelstaat von der Zustimmung der Reichsgewalt abhängig macht. Wohl überwiegend werden die Normen gedanklich zusammengezogen und insgesamt als Homogenitätsvorschriften gedeutet, in deren Tradition dann Art. 17 Abs. 1 WRV sowie Art. 28 Abs. 1 GG stehen[214]. Demgegenüber hat *Kühne* sehr überzeugend darauf hingewiesen, daß §§ 186, 187 Reichsverf. erstens im Grundrechtsteil der Verfassung lokalisiert worden sind und von ihren Urhebern zweitens ausdrücklich als Freiheits- oder Modernisierungsgarantien, nicht aber primär als Sicherungen gegen föderale Reibungsverluste intendiert wurden[215].

36 Freiheits- bzw. Modernisierungsgarantien oder Homogenitätsvorschriften?

IV. Grundrechtsbestand

Charakteristisch ist die doppelte Konformität der Revolutionsverfassungen. Es besteht nicht nur – mit der markanten Ausnahme der Hansestadt Lübeck[216] – Konformität hinsichtlich des „Ob" eines Grundrechtskatalogs, sondern auch – mit Händen greifbar unter dem Einfluß der Debatte auf

37 Doppelte Konformität der Revolutionsverfassungen

---

211 Näher *Eckhardt*, Grundrechte (FN 18), S. 107 ff.; *E. R. Huber*, Deutsche Verfassungsgeschichte seit 1789, Bd. II, ³1960, S. 782 f.; *Kotulla*, Reichsverfassungsbestrebungen (FN 208), S. 163 f. (RN 284).
212 Dazu im ersten Zugriff *Eckhardt*, Grundrechte (FN 18), S. 100 f.; *Menzel*, Landesverfassungsrecht (LitVerz.), S. 21 ff.; *H. Dreier*, GG (LitVerz.), Art. 31 RN 5.
213 Im Überblick *Kühne*, Reichsverfassung (LitVerz.), S. 446 ff.
214 *Carl Schmitt*, Verfassungslehre (1928), ⁸1998, S. 376 f.; *Gerhard Anschütz*, Die Verfassung des Deutschen Reichs, ¹⁴1933, Art. 17 Anm. 1 (S. 130); *Peter Werner*, Wesensmerkmale des Homogenitätsprinzips und ihre Ausgestaltung im Bonner Grundgesetz, 1967, S. 16; *Stern*, in: Bonner Kommentar (LitVerz.), Art. 28 (Zweitb. 1964), RN 12; *H. Dreier*, GG (LitVerz.), Art. 28 RN 3.
215 Nochmals m. w. N. *Kühne*, Reichsverfassung (LitVerz.), S. 446 ff. unter Hinweis auf *Kurt Nieding*, Das Prinzip der Homogenität in den Verfassungen des Deutschen Reiches von 1849, 1871 und 1919 unter bes. Berücksichtigung d. Art. 17 d. geltenden Reichsverfassung (Diss. iur. Jena), 1927, S. 40. Zustimmend *Menzel*, Landesverfassungsrecht (LitVerz.), S. 22; vgl. bereits *Heinrich Zoepfl*, Grundsätze des gemeinen deutschen Staatsrechts, Bd. II, Leipzig/Heidelberg, ⁵1863, S. 52 u. 219, der zu Entstehung wie Aufhebung eindeutig auf den Grundrechtscharakter verweist.
216 Diese verzichtet auf einen Grundrechtsabschnitt; nach damaligem Verständnis weisen Grundrechtsrelevanz die Bestimmungen über die Justizreform (§ 1 der vorübergehenden Bestimmungen, Anhang I) sowie (in wohlgemerkt negativer Perspektive) die Kompetenz der Bürgerschaft zur Gestattung des öffentlichen Gottesdienstes (§ 53 Nr. VI Verf. Lübeck) auf.

§ 231   Sechzehnter Teil: I. Entwicklung und Bedeutung einzelstaatlicher Grundrechte

Reichsebene[217] – hinsichtlich des „Wie": Sämtliche Verfassungen bzw. Verfassungsentwürfe der Jahre 1848 bis 1850 enthalten umfangreiche Grundrechtsabschnitte[218]; das gilt für Anhalt-Bernburg (1848; „Von den Grundrechten der Staatsangehörigen", §§ 3 bis 50 Verf.)[219]; Anhalt-Dessau und Anhalt-Köthen (1848; wortlautgleich „Von den Rechten des Volkes und von den Einrichtungen zur Beförderung von Kunst, Wissenschaft, Handel, Gewerbe und Ackerbau", §§ 6 bis 37 Verf.); Bremen (1849; „Von den Rechten der Bremischen Staatsgenossen", Art. 5 bis 18 bzw. §§ 9 bis 37 Verf.)[220]; Frankfurt am Main (1849; „Grundrechtliche Bestimmungen", §§ 7 bis 60 Verfassungsentwurf); Hamburg (1849; „Grundrechte", Art. 9 bis 46 Verf.); Hessen-Homburg (1850; „Grundlagen der Gesetzgebung des Landgraftums", Art. 30 bis 48 Verf.)[221]; Hohenzollern-Hechingen (1848; „Von den allgemeinen Rechtsverhältnissen der Staatsbürger", §§ 9 bis 14 Verf.)[222]; Lauenburg (1849; „Von den Staatsbürgern", Art. 4 bis 37 Verf.)[223]; Mecklenburg-Schwerin (1849; „Von den Grundrechten", §§ 9 bis 57 Verf.)[224]; Nassau (1849; „Grundrechte", §§ 4 bis 43 Verf.)[225]; Oldenburg (1849; „Von den Grundrechten des Volks", Art. 32 bis 61 Verf.)[226]; Preußen (1848; „Von den Rechten der Preußen", Art. 3 bis 40 Verf.)[227]; Reuß jüngere Linie (1849; „Von den Staatsangehörigen und ihren Rechten", §§ 4 bis 56 Verf.)[228]; (Sachsen-)Gotha (1849; „Von den allgemeinen Volksrechten der Staatsangehörigen", §§ 68 bis 86 Verf.); Schleswig-Holstein (1848; „Von den Staatsbürgern", Art. 6 bis 32 Verf.)[229]; Schwarzburg-Sondershausen (1849; „Von den Staatsangehörigen und ihren Grundrechten", §§ 6 bis 48 Verf.) sowie Waldeck-Pyrmont (1849; „Von den Grundrechten des Volks", §§ 3 bis 40 Verf.)[230]. Der Entwurf für Lippe spielt insofern eine Sonderrolle, als er sich auf eine Rezeption der Reichsgrundrechte beschränkt und im übrigen im Abschnitt „Von der Landesverwaltung" einzelne institutionelle Gewährleistungen zu Justiz, Schule und Religion aufnimmt, die in der Diktion

Rezeption der Reichsgrundrechte

---

217 Besonders ausgeprägt in Nassau (FN 185): hier verweist der Text bei jedem Grundrecht eigens auf das Reichsgesetz vom 27.12.1848, die Grundrechte des deutschen Volkes betreffend. Vgl. auch *Kühne*, Reichsverfassung (LitVerz.), S. 92ff., der die Bezugnahme am Beispiel Oldenburgs vorexerziert.
218 Vgl. dazu unten Anhang Übersicht III.
219 Näher zu allen anhaltischen Staaten *Lotzenburger*, Grundrechte (LitVerz.), S. 178ff.
220 Näher *Lotzenburger* aaO., S. 205ff.
221 *Lotzenburger* aaO., S. 219f.
222 Das Land/Ländchen fehlt unerklärlicherweise bei *Lotzenburger* aaO.
223 Zu Lauenburg (wie Schleswig-Holstein) *Lotzenburger* aaO., S. 175ff.
224 Knapp *Lotzenburger* aaO., S. 215f.
225 Siehe *Lotzenburger* aaO., S. 216ff.
226 Näher *Lotzenburger* aaO., S. 203ff.
227 Eingehend *Lotzenburger* aaO., S. 183ff.; s. ferner *Kühne*, Reichsverfassung (LitVerz.), S. 75ff.
228 Zusammenfassend zur Entwicklung in den thüringischen Kleinstaaten *Lotzenburger* aaO., S. 208ff. – Vgl. ferner zu der verfassungsrechtlichen Entwicklung in den thüringischen Kleinstaaten *Jonscher*, Verfassungen, Wahlrechte, Bürgerrechte. Zu einigen Aspekten thüringischer Verfassungsentwicklung während und nach der 1848er Revolution (1848–1857), in: Hahn/Greiling, Revolution (FN 189), S. 131 ff. sowie *Herntrich*, Thüringen (FN 68), S. 132ff.
229 Näher *Joachim Krech*, Das schleswig-holsteinische Staatsgrundgesetz vom 15. September 1848, 1985, S. 159ff.
230 Siehe *Lotzenburger*, Grundrechte (LitVerz.), S. 213f.

der Zeit bzw. in der Reichsverfassung unter „Grundrechte" fallen[231]. Luxemburg – formaliter weiterhin Glied des Bundes – erhält im Jahre 1848 ebenfalls eine liberale Verfassung mit umfangreichem Grundrechtsteil, orientiert sich dabei allerdings direkt an der belgischen Urkunde von 1831[232].

V. Grundrechtsinnovationen und -verluste

Wie dargelegt, orientieren sich die Revolutionsverfassungen so eng am Modell der Paulskirche bzw. der hierzu kursierenden Entwürfe, daß einzelne Abweichungen – insbesondere solche nach „unten" durch Nicht- oder Mindergewährleistungen – praktisch ohne Aussagekraft sind bzw. als Belege für die Kontingenz von Verfassunggebungsprozessen verbucht werden müssen. Als innovativ, teils auch kurios lassen sich das Verbot der Jesuiten wie anderer Orden sowie der Gründung von Klöstern in Anhalt-Bernburg (§ 20 Verf. 1848) sowie in Anhalt-Dessau (§ 23 Satz 20 und 21 Verf. 1848) ansprechen[233]; hier findet sich ferner eine organisierte Mitbestimmung der Lehrer bei solchen Gesetzen, die Volksbildung und Lehrerstand betreffen (§ 25 bzw. § 24 Satz 10 Verf. 1848). Auch für Handel und Gewerbe sowie für den Arbeiterstand und die Landwirtschaft taucht dieser Demokratisierungsansatz auf (§ 33 sowie §§ 36 und 37 Verf. Anhalt-Dessau 1848; wortlautgleich in der Verf. Anhalt-Köthen 1848).

38
Kontingenz von Verfassunggebungsprozessen

Daß Bremen ausdrücklich neben der Leibeigenschaft noch die Sklaverei abschafft (§ 10 Verf. 1849), dürfte der engen internationalen Verflechtung der Hansestadt geschuldet sein[234]. Hamburg sieht – in Anlehnung an einige Kleinstaatenverfassungen des Vormärz[235] und über die Paulskirche hinaus – ein eigenes Auslieferungsverbot vor (Art. 13 Verf. 1849). Mecklenburg verbietet mit partiell ähnlicher Stoßrichtung die Landesverweisung (§ 16 Abs. 2 Verf. 1849) und gewährleistet den Lehrern eine „auskömmliche Besoldung" (§ 34 Abs. 2 Verf. 1849; ebenso Art. 23 Satz 2 Verf. Preußen 1848). Genuin revolutionäres Gedankengut schimmert noch in Oldenburg durch, wenn Art. 48

39
Spezifische Ausprägung von Freiheitsrechten

Bürgerwehren

---

231 Siehe §§ 6 f. VerfE. („§ 6. Die durch das Reichsgesetz vom 27sten December 1848 verkündigten, einen Bestandtheil der Reichsverfassung bildenden Grundrechte des deutschen Volks werden jedem Lipper gewährleistet. Dieselben sind als ein Bestandtheil des Lippischen Staatsgrundgesetzes zu betrachten. § 7. Die vermöge der deutschen Grundrechte nöthigen Abänderungen und Ergänzungen der Landesgesetze werden nach vorgängiger Berathung und Beschlußnahme auf dem Landtage zur Ausführung gebracht werden"), sowie §§ 76–88 VerfE.
232 Knapp *Lotzenburger*, Grundrechte (LitVerz.), S. 174. Vgl. auch → Bd. I: *Würtenberger*, Von der Aufklärung zum Vormärz, § 2 RN 16.
233 Soweit ersichtlich, sind die Bestimmungen in Deutschland singulär, dürften aber unter dem Einfluß der Art. 51 f. (Jesuiten- und Klosterverbot) der Schweizerischen Bundesverfassung (seit 1847) stehen; vgl. dazu W[alther] Burckhardt, Kommentar der schweizerischen Bundesverfassung vom 29. Mai 1874, ³1931, Art. 51 Anm. I (S. 479 f.) bzw. Art. 52 Anm. I (S. 483 ff.), sowie *Alfred Kölz*, Neuere Schweizerische Verfassungsgeschichte, 1992, S. 452 ff., 586 f.
234 Zur Rolle des Kampfes gegen die Sklaverei für die allgemeine Grundrechtsentwicklung instruktiv *Flaig*, Sklaverei und Menschenrechte, in: Martin Vöhler/Hubert Cancik (Hg.), Humanismus und Antikerezeption im 18. Jahrhundert, Bd. 1, 2009, S. 77 ff., sowie *Adam Hochschild*, Sprengt die Ketten, 2012, S. 105 ff.
235 Oben D V, RN 23 f.

Verf. 1849 die „allgemeine Volksbewaffnung mit freier Wahl der Führer" verspricht[236]; etwas zurückhaltender garantiert Preußen die Existenz der Bürgerwehr (Art. 33 Abs. 1, 35 Verf. 1848). Sondergut aus dem gleichen Sachbereich sind Art. 49 und 50 Verf. Oldenburg (1849), die den Einsatz des Heeres im Innern sowie sonstige Notstandsmaßnahmen einschränken[237]. Unvermutet aktuell ist Art. 53 Verf. Oldenburg (1849): „Die Postanstalten sollen nicht den Zweck haben, eine Quelle der Staatseinkünfte zu sein". Preußen geht – in enger Anlehnung an die Belgische Verfassung von 1831[238] – eigene Wege in Sachen Religionsverfassungsrecht, indem es ausdrücklich den Verkehr der Religionsgesellschaften mit ihren Oberen, ihre Ämterautonomie sowie ihren Besitz schützt (Art. 12–15 Verf. 1848)[239]. Schleswig-Holstein gewährleistet eingedenk der zeitgleich mit Waffengewalt angefochtenen Zugehörigkeit zur Dänischen Monarchie den Gebrauch der deutschen Sprache (Art. 24 Verf. 1848)[240].

VI. Landes-Grundrechtsdoktrin

40
Nebeneinander von Grundrechtskatalogen auf Reichs- und Einzelstaatsebene

Während namentlich die Debatten der Paulskirche und ihrer Schwesterkonstituanten als Katalysator der allgemeinen Grundrechtsdoktrin gelten dürfen[241], bleibt die nunmehr neue Situation eines Nebeneinanders – ausweislich § 193 Reichsverf. präziser: eines Über- bzw. Untereinanders – von umfangreichen Grundrechtskatalogen auf Reichs- wie Einzelstaatsebene weithin unterbelichtet. Zwar nehmen sich – wie die Reichsverfassung[242] – einige Landesverfassungen quasi aus der Froschperspektive des Problems an: Das gilt etwa für Bremen, das ausdrücklich festhält, durch den Landes-Grundrechtskatalog würden „die Grundrechte des Deutschen Volks für die Bremischen Staatsgenossen weder ausgeschlossen noch beschränkt" (§ 36 Verf. 1849). Lauenburg nimmt mehrfach Vorbehalte zugunsten der nach dem Reichsgesetz betreffend

Bezugnahmen auf die Reichsverfassung

---

236 Ebenso § 56 Verf. Reuß j.L. 1849. – Zum Problem der Volksbewaffnung bzw. der Forderung nach einem Milizheer im Rahmen der Revolution näher *Paul Sauer*, Revolution und Volksbewaffnung. Die württembergischen Bürgerwehren im 19. Jahrhundert, vor allem während der Revolution von 1848/49, 1976; *Pröve*, Politische Partizipation und private Ordnung, Das Konzept der „Volksbewaffnung" und die Funktion der Bürgerwehren 1848/49, in: Wolfgang Hardtwig (Hg.), Revolution in Deutschland und Europa 1848/49, 1998, S. 109 ff.
237 Die Normen wirken noch in der Verfassung Oldenburgs in der Zwischenkriegszeit fort: Vgl. §§ 11 f. Verf. Oldenburg (1919) und dazu *Benedikt Beckermann*, Verfassungsrechtliche Kontinuitäten im Land Oldenburg, 2016, S. 297 f. – Vgl. noch Art. 34 Verf. Preußen (1848).
238 Vgl. → Bd. I: *Würtenberger*, § 2 RN 16.
239 Vgl. dazu im Detail *Gerhard Anschütz*, Die Verfassungs-Urkunde für den Preußischen Staat, 1912, Art. 15 Anm. 2 (S. 293 f.); vgl. ferner Art. 16 Verf. Belgien – Der Gedanke der Ämterautonomie blitzt zumindest auf in § 17 Abs. 4 Verf. Reuß j.L. (1849).
240 Zum (ersten) Deutsch-Dänischen Krieg näher *Andreas v. Bezold*, Die Schleswig-Holsteinische Erhebung 1848–1851, 2014.
241 Ähnlich in der Einschätzung *Kröger*, Grundrechtsentwicklung (LitVerz.), S. 27; *Kühne*, Reichsverfassung (LitVerz.), S. 537 f.; *Pauly*, Die Verfassung der Paulskirche und ihre Folgewirkungen, in: HStR³ I, § 3 RN 47 ff.; *H. Dreier*, GG (LitVerz.), Vorb. RN 14; *Lotzenburger*, Grundrechte (LitVerz.), S. 160 („Meilenstein").
242 Oben IV, RN 37.

die Grundrechte bzw. der Reichsverfassung vorgesehenen Ausgestaltungsgesetze auf (vgl. Art. 4 Abs. 2 und Art. 36 Satz 2 Verf. 1849). Nassau verweist fast durchgehend mit Hilfe von Klammerzusätzen auf das Reichsgesetz über die Grundrechte und etwa einschlägige Artikel des Einführungsgesetzes; das dabei gewählte „Vergl." ist zugleich die denkbar unspezifischste Form einer rechtlichen oder sogar die Geltungsansprüche akzentuierenden Inbeziehungsetzung von Normen. Sachsen-Gotha ordnet eine Rezeption der Reichsgrundrechte an, ergänzt diese allerdings noch (§ 68 Verf. 1849: „Die reichsgesetzlichen Grundrechte bilden einen Bestandtheil der Verfassung dieses Landes; es wird aber in dieser Beziehung noch Folgendes näher festgesetzt"). Die folgenden Bestimmungen sind teils redundant (vgl. zur Jagd § 76 Verf. Gotha mit § 169 Reichsverf.), teils aber durchaus innovativ: Ähnlich wie Oldenburg und Preußen beschränkt das Land den Militäreinsatz im Innern (§ 74 Verf. Gotha) und schützt darüber hinaus Stiftungen (§§ 79 und 80 Verf. Gotha).

Rezeption von Reichsgrundrechten

F. Grundrechte in den Verfassungsurkunden der Restauration

I. Überblick

Das Scheitern der Paulskirchenverfassung leitet eine Phase der Restauration ein[243], in der die Grundrechte ebenso wie andere Resultate der revolutionären Erhebung von den siegreichen Repräsentanten der alten Ordnung auf den Prüfstand gestellt werden. Dabei präsentiert sich das Bild als durchaus ambivalent: Während einzelne Verfassungsurkunden der Jahre 1848 bis 1850 gänzlich untergehen, werden andere lediglich „revidiert", wobei sich die Grundrechte als vergleichsweise resilient erweisen und nur vereinzelt regelrecht kupiert werden[244]. Als schlechthin übergriffiger Akteur erweist sich hier zunächst der reinstallierte Deutsche Bund[245]. An diesen Rachefeldzug schließt sich allerdings eine Phase der verfassungsrechtlichen Konsolidierung an, in der weitere Staaten des Bundes entweder erstmals Verfassungen erlassen oder ihre älteren Urkunden grundlegend modernisieren.

41

Von der Restauration zur verfassungsrechtlichen Konsolidierung

---

243 Zusammenfassend zu den Ereignissen *Willoweit*, Verfassungsgeschichte (FN 58), § 31 RN 19 ff. (S. 263 ff.), *Kimminich*, Verfassungsgeschichte (FN 98), S. 361 ff., sowie speziell zum Schicksal der Landesverfassungen in dieser Zeit *Ernst Rudolf Huber*, Deutsche Verfassungsgeschichte seit 1789, Bd. III, ³1963, S. 134 ff., der in diesem Zusammenhang eine „reaktionäre[n] Unterdrückung fortschrittlicher Verfassungsbestrebungen" beschreibt (Zitat S. 134).
244 Unten sogleich II, RN 42 f.
245 Unten III, RN 44.

§ 231 *Sechzehnter Teil: I. Entwicklung und Bedeutung einzelstaatlicher Grundrechte*

II. Urkundenbestand

42
Verfassungs-
staatlicher
Rückbau durch
partielle Eingriffe

Die einsetzende Restauration macht zwar *formaliter* das Verfassungswerk der Paulskirche zur Makulatur[246] und führt in einzelnen Bundesstaaten tatsächlich zum mehr oder minder vollständigen verfassungsstaatlichen Rückbau[247]. Gleichwohl ist für die weitere Entwicklung charakteristisch, daß derlei „Totaloperationen" die Ausnahme bleiben[248]. Als typisch erweist sich vielmehr der partielle Eingriff in die Verfassungsurkunde, der zentrale Errungenschaften – bzw. in der Sicht der konservativen Akteure: „Auswüchse" – der Revolution beseitigt; dies betrifft regelmäßig die uneingeschränkte Öffentlichkeit der Verhandlung[249], die Wiedereinführung der Ersten Kammer[250] sowie das allgemeine und gleiche Wahlrecht[251]. Die revidierte Preußische Verfassung von 1850[252] steht hier *pars pro toto* für die ganz offenbar obwaltende Einsicht der reaktionären Kräfte, daß – ähnlich wie nach der Französischen Revolution bzw. ihrer glücklichen Überwindung im Jahre 1815 – der Verfassungs-Geist nicht wieder (gänzlich) in die Flasche zu verbannen ist.

---

246 Vgl. *Botzenhart*, 1848/49 (FN 168), S. 217 ff.
247 Dies gilt für Mecklenburg-Schwerin; hier wird nach dem Freienwalder Schiedsspruch vom 11. September 1850 durch die Verordnung, betreffend die Aufhebung des Staatsgrundgesetzes vom 10ten October 1849 und der Verordnung wegen Aufhebung der landständischen Verfassung von demselben Datum vom 14. September 1850 (Regierungs-Blatt für das Großherzogthum Mecklenburg-Schwerin 1850 Nr. 38 v. 16. 9. 1850, S. 198) die demokratische Verfassung komplett kassiert.
248 Vollständig aufgehoben werden etwa die Revolutionsverfassungen von Anhalt-Dessau (Verordnung vom 4. November 1851, Gesetzsammlung für das Herzogthum Anhalt-Dessau Nr. 348 v. 8. 11. 1851, S. 2029), Bremen (Obrigkeitliche Bekanntmachung des Bremen betreffenden Bundesbeschlusses vom 6. März 1852 vom 17. März 1852, Gesetzblatt der Freien Hansestadt Bremen 1852 Nr. III v. 19. 3. 1852, S. 5), Homburg (Erlaß, die Verfassung des Landgrafthums betreffend, vom 20. April 1852, Archiv der Landgräflich Hessischen Gesetze und Verordnungen [1816–1866], 1867, S. 665 f.) und Schleswig-Holstein (vgl. implizit die Allerhöchste Bekanntmachung betreffend die Ordnung der dänischen Monarchie und ihre Angelegenheiten vom 28. Januar 1852, Chronologische Sammlung der im Jahre 1852 ergangenen Verordnungen, Verfügungen etc. für das Herzogthum Schleswig, S. 7); hierher gehört auch Lippe: der Fürst ordnet die vollständige Rückkehr zur landständischen Verfassung von 1836 an (Verordnung, die landständische Verfassung betreffend, vom 15. März 1853, Gesetz-Sammlung für das Fürstenthum Lippe Bd. 3 [1853–1857], Jahrgang 1853, Nr. 3 v. 26. 3. 1853, Nr. 6, S. 10).
249 Entsprechende Gesetze ergehen etwa in Hessen Homburg (vgl. § 13 Abs. 1 der Geschäftsordnung für die Landesversammlung vom 3. 1. 1850, Landgräflich Hessisches Regierungs-Blatt vom Jahre 1850 Nr. 1 v. 6. 1. 1850, S. 14, mit dem Erlaß, die Verfassung des Landgrafthums betreffend, vom 20. April 1852, Landgräflich Hessisches Regierungs-Blatt vom Jahre 1852 Nr. 5 v. 23. 4. 1852, S. 25) und Hessen-Kassel (Verordnung, wodurch der über die Kurhessischen Verfassungs-Angelegenheiten gefaßte Bundesbeschluß verkündigt wird, vom 13. April 1852, Sammlung von Gesetzen, Verordnungen, Ausschreiben und anderen allgemeinen Verfügungen für Kurhessen, Bd. 13 [1852–1854], Jahrgang 1852, Nr. II v. 14. 4. 1852, S. 3).
250 Beispielsweise in Hannover (§ 9 der Königlichen Verordnung, betreffend Publication des Bundesbeschlusses vom 19. April 1855 wegen Abänderung des Verfassungsgesetzes von 1848, sowie Ausführung dieses Bundesbeschlusses beziehungsweise des Bundesbeschlusses vom 12. April 1855 vom 1. August 1855, Sammlung der Gesetze, Verordnungen und Ausschreibungen für das Königreich Hannover 1855, I. Abt., Nr. 24 v. 4. 8. 1855, S. 165).
251 Statt aller einmal mehr Hannover (§ 14 der Königlichen Verordnung v. 19. 4. 1855 [FN 250]).
252 Verfassungsurkunde für den Preußischen Staat vom 31. Januar 1850 (Gesetz-Sammlung für die Königlichen Preußischen Staaten Nr. 3 v. 2. 2. 1850, Nr. 3212, S. 17). Näher dazu *E. R. Huber*, Verfassungsgeschichte Bd. III (FN 224), S. 55 ff. (dort speziell S. 80 ff. zum Zweikammer- und S. 85 ff. zum Wahlsystem); instruktiver Vergleich der preußischen Verfassungen von 1848 und 1850 aus grundrechtlicher Perspektive, einschließlich der jeweiligen Entstehungsgeschichte ferner bei *Lotzenburger*, Grundrechte (LitVerz.), S. 183 ff.; weiter *Kröger*, Grundrechtsentwicklung (LitVerz.), S. 29 ff.

In diesem Geiste der Restauration durchgesehene Verfassungen erhalten in den Jahren nach der Revolution Anhalt-Bernburg[253], Sachsen-Weimar-Eisenach[254], Preußen (alle drei von 1850), Oldenburg[255], Reuß jüngere Linie[256], Sachsen-Coburg und Gotha[257] sowie Waldeck (alle vier von 1852)[258], Bremen[259] und Schwarzburg-Rudolstadt (beide vom Jahre 1854)[260], Luxemburg (1856)[261], Schwarzburg-Sondershausen (1857)[262], das Gesamthaus Anhalt

43
Im Geiste der Restauration durchgesehene Verfassungen

---

253 Landesverfassungsgesetz für das Herzogthum Anhalt-Bernburg vom 28. Februar 1850 (Gesetzsammlung für das Herzogthum Anhalt-Bernburg, Bd. IX, S. 140); dazu nur *Sanftenberg/Knorr*, Verwaltungsrecht (FN 174), S. 3 ff. – Die Revision ist allerdings extrem kurzlebig.

254 Revidirtes Grundgesetz über die Verfassung des Großherzogthumes Sachsen-Weimar-Eisenach vom 15. Oktober 1850 (Regierungs-Blatt für das Großherzogthum Sachsen-Weimar-Eisenach 1850 Nr. 27 v. 19. 10. 1850, S. 615); dazu *Georg Meyer*, Das Staatsrecht des Großherzogthums Sachsen-Weimar-Eisenach, in: Marquardsen, Handbuch III.2.2 (FN 79), S. 1 (6 ff.), sowie *Herntrich*, Thüringen (FN 68), S. 150 ff.

255 Patent betreffend Verkündigung des revidirten Staatsgrundgesetzes des Großherzogthums Oldenburg vom 22. November 1852 (Gesetzblatt für das Herzogthum Oldenburg XIII [1852] Stück 24 v. 23. 11. 1852, Nr. 31, S. 139); s. *H[ermann] Becker*, Das Staatsrecht des Großherzogthums Oldenburg, in: Marquardsen, Handbuch III.2.1 (FN 87), S. 73 (75 ff.); *Schücking*, Staatsrecht (FN 186), S. 8 sowie jetzt *Beckermann*, Kontinuitäten (FN 237), S. 44 f.

256 Revidirtes Staatsgrundgesetz vom 14. April 1852 (Gesetzsammlung für die Fürstlich Reußischen Lande jüngerer Linie, Bd. VIII [1849–1852], Jahrgang 1852, Nr. 120 v. 5. 5. 1852, S. 393); dazu *R. Müller*, Staatsrecht des Fürstenthums Reuß jüngerer Linie, in: Marquardsen, Handbuch III.2.2. (FN 79), S. 187 (189 ff.) sowie *Herntrich*, Thüringen (FN 68), S. 179 ff.

257 Staatsgrundgesetz für Sachsen Coburg und Gotha vom 3. Mai 1852 (Gesetzsammlung für das Herzogthum Coburg 1852 Nr. 150 v. 3. 5. 1852, S. 7); dazu zeitgenössisch *Forkel*, Staatsrecht (FN 79), S. 141 ff.; *Hans-Bartold v. Bassewitz*, Das Staatsgrundgesetz für die Herzogtümer Coburg und Gotha vom 3. Mai 1852. Mit Erläuterungen und Hinweisen auf die Reichs- und Landesgesetzgebung versehen, 1905; *Jonscher*, Aspekte (FN 188), S. 23 ff.; *Herntrich*, Thüringen (FN 68), S. 154 ff.

258 Verfassungs-Urkunde für die Fürstenthümer Waldeck und Pyrmont vom 17. August 1852 (Fürstlich Waldeckisches Regierungs-Blatt Nr. 21 v. 17. 8. 1852, S. 141); vgl. dazu *F[riedrich] Böttcher*, Das Staatsrecht des Fürstenthums Waldeck, in: Marquardsen, Handbuch III.2.1 (FN 87), S. 149 (152 ff.); *Bürsch*, Verfassung (FN 190), S. 132 ff.

259 Obrigkeitliche Bekanntmachung, die Verfassung der freien Hansestadt Bremen und die auf dieselbe sich beziehenden Gesetze betreffend, vom 20. Februar 1854 (Bremisches Gesetzblatt 1854 Nr. III v. 21. 2. 1854, S. 7); s. dazu nur *Bollmann*, Staatsrecht (FN 177), S. 9 f., 12.

260 Grundgesetz für das Fürstenthum Schwarzburg-Rudolstadt vom 21. März 1854 (Gesetzsammlung für das Fürstenthum Schwarzburg-Rudolstadt 1854 Stück VII Nr. XIX [o.D.], S. 35); dazu *Klinghammer*, Das Staatsrecht des Fürstenthums Schwarzburg-Rudolstadt, in: Marquardsen, Handbuch III.2.2 (FN 79), S. 141 (144 ff.) sowie *Hugo Schwartz*, Das Staats- und Verwaltungsrecht des Fürstentums Schwarzburg-Rudolstadt, 1909, S. 7 ff.; vgl. ferner *Herntrich*, Thüringen (FN 68), S. 185 ff.

261 Königlich-Großherzogliche Verordnung vom 27. November 1856, über Revision der Verfassung (Memorial des Großherzogthums Luxemburg/Mémorial législatif du Grand-Duché de Luxembourg I Nr. 28 v. 30. 11. 1856, S. 211); dazu *Heinrich Albert Zachariä*, Großherzogthum Luxemburg, in: ders. (Hg.), Die deutschen Verfassungsgesetze der Gegenwart, Erste Fortsetzung, Göttingen 1858, S. 167 ff.

262 Landesgesetz vom 8. Juli 1857 (Gesetz-Sammlung für das Fürstenthum Schwarzburg-Sondershausen St. 16, Nr. 62 v. 11. 7. 1857, S. 127; zuvor hatten Änderungsgesetze vom 2. 8. 1852 und 28. 3. 1854 bereits zentrale Errungenschaften der Urkunde von 1849 getilgt); näher *Schambach*, Das Staatsrecht des Fürstenthums Schwarzburg-Sondershausen, in: Marquardsen, Handbuch III.2.2 (FN 79), S. 153 (156 ff.), sowie *Herntrich*, Thüringen (FN 68), S. 173 ff.; allgemein zur „vergleichsweise maßvolle[n] Reaktionspolitik" in den thüringischen Staaten auch *Andreas Biefang*, Thüringen und die nationale Verfassungsbewegung in Deutschland 1850-1866/70, in: Hahn/Greiling, Revolution (FN 189), S. 631 (635 ff., Zitat S. 635).

§ 231   Sechzehnter Teil: I. Entwicklung und Bedeutung einzelstaatlicher Grundrechte

(1859)[263] sowie Hamburg (1860)[264]. Kurz vor dem Ausscheiden aus dem Deutschen Bund folgt schließlich noch Liechtenstein (1862)[265].

III. Kontexte

44
Formaler Rahmen durch Bundesbeschlüsse

Verfassunggebungs- bzw. Verfassungsrevisionsprozesse nach der Revolution sind mehrfach gerahmt. Den formalen Rahmen stecken die Bundesbeschlüsse ab, die einzelne Bundesglieder zur Revision ihrer Verfassungsurkunden zwingen und dabei regelmäßig auch auf eine Überarbeitung bzw. Streichung der Grundrechtsabschnitte dringen[266]. Als semi-formal dürfte der Verfassungsentwurf der Erfurter Union einzustufen sein[267]; zwar entbehrt das Dokument jeglicher Rechtsverbindlichkeit, doch konturiert dieser gescheiterte Einigungsversuch unter preußischer Ägide ganz offensichtlich die Grenzen dessen, was sowohl deutschen Fürsten als auch der deutschen Öffentlichkeit nach der Revolution zumutbar war. Das ist *sub specie* Grundrechtsschutz vergleichsweise viel: Zwar werden einzelne Bestimmungen der Paulskirche wie die Abschaffung der Todesstrafe (§ 139 Reichsverf.) getilgt, die Pressefreiheit unter Vorbehalt gestellt (vgl. § 143 Abs. 2 Reichsverf. mit § 141 Abs. 2 Unionsverf.) und das Religionsverfassungsrecht zurückgeschnitten (vgl. § 147 Abs. 2 Reichsverf. zur Abschaffung der Vorrechte mit § 146 Unionsverf.)[268], doch bleibt der ambitionierte Katalog einschließlich der (allerdings ihrerseits „entschärften") Normativbestimmungen im Kern erhalten[269]. Informal ist mit Händen zu greifen, daß die Paulskirche und ihr Grundrechtsregime als regulative Idee fortleben: Das belegt nicht allein ihre Vorbildwirkung für die nach-

Verfassungsentwurf der Erfurter Union

Fortleben des Paulskirchen-Grundrechtsregimes als regulative Idee

---

263 Landschafts-Ordnung für die Anhaltischen Herzogthümer vom 18. Juli/31. August 1859 (Gesetzsammlung für das Herzogthum Anhalt-Bernburg Nr. 13 v. 17. 9. 1859, S. 47); dazu *A. Pietscher*, Das Staatsrecht des Herzogthums Anhalt, in: Marquardsen, Handbuch III.2.1 (FN 87), S. 135 (138).
264 Verfassung der freien und Hansestadt Hamburg vom 28. September 1860 (Sammlung der Verordnungen der freien Hansestadt Hamburg seit 1814, Bd. 29, Nr. 39 v. 28. 9. 1860, S. 79); dazu *H. Reincke*, Die Kämpfe um die hamburgische Verfassung 1848 bis 1860, in: Zeitschrift des Vereins für Hamburgische Geschichte 25 (1924), S. 149 (167).
265 Staatsgrundgesetz vom 26. September 1862 (zugänglich in: Paul Posener [Hg.], Die Staatsverfassungen des Erdballs, 1909, S. 657 ff.); näher dazu *Gerard Batliner*, Einführung in das liechtensteinische Verfassungsrecht (1. Teil), in: ders., Die liechtensteinische Verfassung 1921, 1994, S. 15 (33 ff.).
266 Zusammenfassend *E.R. Huber*, Verfassungsgeschichte Bd. III (FN 224), S. 134 ff., der insoweit eine „Entdemokratisierung der Landesverfassungen mit Hilfe der Bundesgewalt" konstatiert (Zitat S. 134, dort teilweise hervorgehoben); *Kröger*, Grundrechtsentwicklung (LitVerz.), S. 33 ff., sowie *Rüdiger Ham*, Bundesintervention und Verfassungsrevision. Der Deutsche Bund und die hessische Verfassungsfrage 1850/52, 2004, S. 62 ff.; vgl. als Beispiel lediglich die Obrigkeitliche Bekanntmachung des Bremen betreffenden Bundesbeschlusses vom 6. März 1852 v. 17. März 1852 (Gesetzblatt der Freien Hansestadt Bremen 1852 Nr. III v. 19. 3. 1852, S. 5).
267 Verfassung des Deutschen Reichs vom 13./17. 4. 1850 (Vor-Akten in der Deutschen Verfassungs-Angelegenheit, nebst Bündnißvertrag vom 26. Mai 1849, Bd. 1, 1849, S. 48); dazu *Boldt*, Die Erfurter Unionsverfassung, in: Gunther Mai (Hg.), Die Erfurter Union und das Erfurter Unionsparlament 1850, 2000, S. 417 ff., sowie *Kotulla*, Reichsverfassungsbestrebungen (FN 208), S. 174 ff. (RN 307 ff.).
268 Näher *Eckhardt*, Grundrechte (FN 18), S. 111 ff.
269 So auch *Botzenhart*, Parlamentarismus (FN 194), S. 717 ff., mit eingehendem Vergleich zwischen Reichs- und Unionsverfassung, insb. S. 719 f. aus grundrechtlicher Perspektive; gleichsinnig *Kotulla*, Reichsverfassungsbestrebungen (FN 208), S. 178 f. (RN 315), sowie m.w.N. *Lotzenburger*, Grundrechte (LitVerz.), S. 160 ff., für den sich ein durch die Erfurter Union verfaßter Staat nicht zuletzt mit Blick auf den Grundrechtskatalog „mühelos in den Kreis der damals modernsten europäischen Verfassungsstaaten eingereiht" hätte (Zitat S. 162); ferner *Boldt*, Unionsverfassung (FN 267), S. 427 f.

folgenden Verfassungen[270] wie für die Reichsgesetze, die nach 1867 bzw. 1871 materialiter Grundrechtsschutz gewähren[271], sondern auch die Handhabung in der Literatur, die den Grundrechtskatalog der Paulskirche als Analyse- und Referenzrahmen für die Darstellung der Gewährleistungen in den Einzelstaatsverfassungen heranzieht[272]. Zuletzt ist auch in der Phase der Restauration die deutsche Verfassungs- und Grundrechtsdiskussion nicht mehr als impermeabler Nationaldiskurs zu denken, der von auswärtigen Anregungen rundum abgeschirmt verläuft[273].

IV. Grundrechtsbestand

Ungeachtet aller „Rückbauten" sind Kataloge grundrechtlicher Gewährleistungen nach der Revolution praktisch nicht mehr wegzudenken bzw. fehlen nur in solchen Staaten, die entweder der finstersten Reaktion oder der ephemeren Staatlichkeit zuzuordnen sind. Dementsprechend verfügen über eigene Grundrechtskataloge – über die schon im Vormärz entsprechend verfaßten Staaten[274] hinaus – folgende Landesverfassungen: Anhalt-Bernburg (1850; §§ 3 ff.)[275]; Oldenburg (1852; Art. 30 ff., Art. 74 ff.)[276]; Preußen (1850; Art. 3 ff.)[277]; Reuß jüngere Linie (1852 bzw. 1856; §§ 12 ff.)[278] sowie Liechtenstein (1862; §§ 4 ff.)[279]. Eine Sonderrolle spielt Homburg; zeitgleich mit der Aufhebung der Revolutionsverfassung werden einzelne Grundrechte einfach-

45
Fortbestand der Kataloge grundrechtlicher Gewährleistungen

---

270 Unten H V, RN 68 ff. – Eingehend (wenn auch vereinzelt lückenhaft) dokumentiert bei *Eckhardt*, Grundrechte (FN 18), S. 161 ff.; neuere Zusammenfassung bei *Kühne*, Reichsverfassung (LitVerz.), S. 98 ff.
271 Unten G III, RN 51 ff.
272 Vgl. die Handhabung in der einflußreichen Darstellung von *Zoepfl*, Grundsätze II (FN 215), S. 22 ff.
273 Zur Einbettung Deutschlands in die diversen europäischen Konflikte der Zeit *E.R. Huber*, Verfassungsgeschichte Bd. III (FN 224), S. 224 ff.
274 Oben D II, RN 14.
275 Dazu apart *Sanftenberg/Knorr*, Verwaltungsrecht (FN 174), S. 5 ff.: Der Abschnitt „Pflichten und Rechte der Staatsangehörigen" ist kürzer als der über „Bevorrechtigte Klassen". Marginal *Lotzenburger*, Grundrechte (LitVerz.), S. 183 FN 207.
276 Näher *Schücking*, Staatsrecht (FN 186), S. 29 ff.
277 Aus der – ausnahmsweise – umfangreichen Literatur dazu *Hans G. Freiherr v. Münchhausen*, Die Grund- und Freiheitsrechte im geltenden preußischen Recht (Diss. iur. Leipzig), 1909, S. 40 ff.; *Conrad Bornhak*, Preußisches Staatsrecht, Bd. I, ²1911, S. 291 ff.; *Anschütz*, Die Rechte der Preußen, in: *ders.*, Verfassungsurkunde (FN 239), S. 91 ff.; *Michael Kotulla*, Die Tragweite der Grundrechte der revidierten preußischen Verfassung vom 31. 1. 1850, 1992; *Lotzenburger*, Grundrechte (LitVerz.), S. 190 ff.
278 Der Abschnitt „Rechte und Pflichten der Unterthanen" wurde maßgeblich verändert durch das Gesetz, die Aenderung einiger Theile des unter dem 14. April 1852 erlassenen Verfassungsgesetzes betr., vom 20. Juni 1856 (Gesetzsammlung für das Fürstlich Reußischen Lande jüngerer Linie Nr. 194 v. 2. 7. 1856, S. 107); vgl. dazu *Herntrich*, Thüringen (FN 68), S. 183 f. – Zum Grundrechtsabschnitt knapp *Meyer*, Staatsrecht (FN 254), S. 193, sowie *Lotzenburger* aaO., S. 211.
279 Näher einmal mehr *Lotzenburger* aaO., S. 224 f.; knapp auch *Batliner*, Einführung (FN 265), S. 38 sowie allgemein zur Verschmelzung monarchischer und demokratischer Elemente in der Konstitutionellen Verfassung *Ignor*, Monarchisches und demokratisches Prinzip in der liechtensteinischen Verfassungsentwicklung, in: Volker Press/Dietmar Willoweit (Hg.), Liechtenstein – Fürstliches Haus und staatliche Ordnung, 1987, S. 465 (471 ff.).

§ 231   Sechzehnter Teil: I. Entwicklung und Bedeutung einzelstaatlicher Grundrechte

Grundrechtslose Verfassungsurkunden

gesetzlich garantiert[280]. Im engeren Sinne grundrechtslos sind nur noch die Urkunden von Sachsen-Weimar-Eisenach (1850)[281], Schwarzburg-Rudolstadt (1854)[282], Schwarzburg-Sondershausen (1857)[283], Anhalt (1859)[284] sowie Hamburg (1860)[285]. Regelrecht verfassungslos bleiben weiterhin Lippe, Schaumburg-Lippe und beide Mecklenburg[286]. Schleswig-Holstein und Lauenburg schließlich treten bis zum Krieg von 1862 wieder in den dänischen Verfassungsrechtskreis ein[287].

V. Grundrechtsinnovationen und -verluste

46

Fortbestand der liberalen Abwehrrechte

Beseitigung revolutionärer Gehalte

Die direkte Gegenüberstellung der nach dem Sieg der Restauration „revidierten" Verfassung mit den Urkunden der Revolutionsphase[288] erweist sich fast durchweg als Buchung von Grundrechtsverlusten[289]. Allerdings fällt bei näherem Hinsehen auf, daß der Grundbestand der liberalen Abwehrrechte durchweg unangetastet bleibt und diese auch normtextlich keinen substantiellen Einschnitten unterliegen. Beseitigt werden klar revolutionäre Gehalte wie die Volksbewaffnung in Oldenburg oder die Elemente der Mitbestimmung in Anhalt[290]. Hingegen bleiben auch die politischen Mitwirkungsrechte dem Grunde nach unangetastet – wobei etwa in Sachen Pressefreiheit daran zu erinnern ist, daß sich über den Einzelstaaten wieder der reaktivierte Deutsche Bund wölbt[291]. Zugleich finden sich vereinzelt sogar Zugewinne; so fügt Oldenburg das bislang nicht enthaltene Verbot der Landesverweisung (Art. 44 Verf. 1852) hinzu.

---

280 Gesetz, die individuellen Personenrechte betreffend, vom 20. April 1852 (Archiv der Landgräflich Hessischen Gesetze und Verordnungen [1816–1866], 1867, S. 667f.); dazu *Lotzenburger* aaO., S. 220f.
281 Lakonisch *Meyer*, Staatsrecht (FN 254), S. 13.
282 Lediglich § 3 Verf. Schwarzburg-Rudolstadt verweist bezüglich der Rechte der Staatsangehörigen auf besondere Gesetze; ohne jeden Hinweis konsequent *Schwartz*, Fürstentum (FN 260).
283 Zur Entstehung *Lammert*, Verfassungsgeschichte (FN 83), S. 127ff.; vgl. *Lotzenburger* aaO., S. 211: „lediglich einige minimale Normierungen in Bezug auf die Rechtspflege".
284 Lapidar *Pietscher*, Staatsrecht (FN 263), S. 138.
285 Verfassung der freien und Hansestadt Hamburg v. 28. 9. 1860 (Sammlung der Verordnungen der freien Hansestadt Hamburg seit 1814, Bd. 29, Nr. 39 v. 28. 9. 1860, S. 79); vgl. dazu *Thieme*, Konstitutionalismus in Hamburg: Die Verfassung von 1860, in: Jan Albers u.a. (Hg.), Recht und Juristen in Hamburg, Bd. II, 1999, S. 19ff., sowie zur Entstehungsgeschichte *Dirk Bavendamm*, Von der Revolution zur Reform, 1969, S. 262ff.
286 Siehe dazu *O. Büsing*, Das Staatsrecht der Großherzogthümer Mecklenburg-Schwerin und Mecklenburg-Strelitz, in: Marquardsen, Handbuch III.2.1 (FN 87), S. 1 (10ff.).
287 Vgl. nur die Verordnung, betreffend die Verfassung der Dänischen Monarchie für deren gemeinschaftliche Angelegenheiten, v. 26. 7. 1854 (Officielles Wochenblatt für das Herzogthum Lauenburg Nr. 24 v. 5. 8. 1854, S. 93).
288 Vgl. unten Anhang Übersicht IV.
289 Gleichsinnig *Kühne* (FN 128), § 3 RN 64ff.; ebenso das Fazit von *Lotzenburger*, Grundrechte (Lit-Verz.), S. 221f. nach eingehender Gegenüberstellung der im Zuge der Revolution gewonnenen grundrechtlichen Errungenschaften mit deren Ausprägungen in den revidierten Verfassungen, S. 125ff.
290 Vgl. oben E V, RN 38f.
291 Oben III, RN 44.

VI. Landes-Grundrechtsdoktrin

Die vergleichsweise knappe Zeitspanne zwischen dem Scheitern der Revolution und der Entstehung des Norddeutschen Bundes wird noch nicht zur Zeugin der Herausbildung einer spezifischen Doktrin der Landesgrundrechte[292]. Vielmehr werden weiterhin zwei getrennte Diskurse geführt: Einer über die Rechtsnatur und insbesondere die Wirkweise und Reichweite der Grundrechte gegenüber der Staatsgewalt, die nicht oder nur am Rande als gliedstaatliche Gewalt wahrgenommen wird[293], und ein weiterer über das Verhältnis der Beschlüsse des Deutschen Bundes gegenüber dem Recht der Mitgliedstaaten, wobei wiederum eine besondere Hervorhebung der Grundrechte oder überhaupt des Verfassungsrechts der einzelnen Bundesglieder regelmäßig unterbleibt[294]. Dabei ist weiterhin unstrittig, daß gezielte Bundesmaßnahmen, die im Zeichen der Reaktion gegen Verfassungsurkunden im Ganzen, einzelne „demokratische" Bestimmungen oder auch nur deren Handhabung durch die Behörden des Einzelstaates – man denke an die Pressefreiheit – ergehen, sich im Ergebnis durchsetzen, wobei ein genaues Rechtsfolgenregime, das jenseits der einzelstaatlichen Pflicht zur Aufhebung[295] etwa in den Kategorien von Nichtigkeit oder Unanwendbarkeit denkt, noch nicht durchscheint[296].

47
Diskurse über Grundrechte und über Rechte des Bundes gegenüber den Mitgliedstaaten

Gezielte Bundesmaßnahmen

G. Grundrechte in den Verfassungsurkunden seit der Reichsgründung

Als ein maßgebliches Motiv für den Verzicht auf Grundrechtsgewährleistungen in der Reichsverfassung von 1867 bzw. 1871[297] wird gemeinhin die Existenz der Grundrechte in den Verfassungen der Einzelstaaten genannt[298]. Damit eng verknüpft ist die Vorstellung, daß dem Reich ohnehin keine oder doch kaum Kompetenzen zukommen sollten, die seine Organe und Behörden zu Grundrechtseingriffen ermächtigen würden – es fehlte in den Augen der Zeitgenossen schlicht an der grundrechtstypischen Gefährdungslage[299].

48
Motiv für Grundrechtsverzicht in der Reichsverfassung

---

292 Vgl. zusammenfassend zum folgenden *Suppé*, Grund- und Menschenrechte (LitVerz.), S. 205 ff.
293 Eingehend zur gerichtlichen Geltendmachung der Grundrechte am Beispiel der revidierten Preußischen Verfassung *Kotulla*, Tragweite (FN 252), S. 191 ff.
294 Siehe etwa *Zoepfl*, Grundsätze I (FN 166), S. 366 ff.
295 Oben III, RN 44.
296 Vgl. die Handhabung bei *Zoepfl* aaO., S. 375 f.; er unterstreicht, es sei „der landesverfassungsmäßige Weg [...] einzuschlagen", also das Landesrecht zu ändern oder aufzuheben, läßt aber offen, welche Folgen eine Weigerung hätte.
297 Verfassung des Deutschen Reiches vom 16. April 1871 mit Änderungen gegenüber der Verfassung des Norddeutschen Bundes vom 16. April 1867, in: Gosewinkel/Masing, Verfassungen (FN 16), S. 783 ff.
298 Zeitgenössisch *Hermann Schulze*, Lehrbuch des Deutschen Staatsrechtes, Bd. 1, Leipzig 1881, S. 367 f.; aus der modernen Literatur nur *E.R. Huber*, Grundrechte (FN 1), S. 164; *Remmele*, Bürgerliche Freiheit ohne verfassungsrechtliche Freiheitsverbürgungen? Zur Diskussion um das Fehlen der Grundrechte in der Verfassung des Deutschen Reiches von 1871, in: Dilcher u.a., Grundrechte (FN 22), S. 189 ff.; *Stern*, Staatsrecht III/1 (LitVerz.), § 59 V 5 b α (S. 119); *H. Dreier*, GG (LitVerz.), Vorb. RN 15.
299 Näher *E.R. Huber*, Grundrechte (FN 1), S. 164, ders., Verfassungsgeschichte Bd. III (FN 224), S. 662 f., 758, sowie *Stern*, Staatsrecht III/1 (LitVerz.), § 59 V b α, β (S. 119 f.); vgl. überdies *Scheuner*, Tragweite (FN 125), S. 139 ff.; kritisch hingegen *Lotzenburger*, Grundrechte (LitVerz.), S. 226 f.

I. Überblick

49
Konsequenzen der Eingliederung in das Reichsganze

Im Anschluß an die Gründung des Norddeutschen Bundes bzw. des Deutschen Reiches erläßt eine Reihe von Bundesgliedern entweder gänzlich neue Verfassungen oder nimmt substantielle Änderungen vor, die der Eingliederung in das Reichsganze Rechnung tragen. Im Anschluß sind vereinzelte Eingriffe zu verzeichnen, die – namentlich in Preußen – auch grundrechtsrelevante Vorschriften erfassen und dabei die gesellschaftlichen Großkonflikte wie den „Kulturkampf" und die Sozialistengesetze abbilden. Seit der Jahrhundertwende werden ferner Reformansätze diskutiert und teils auch umgesetzt, die allerdings eher auf die weitere Parlamentarisierung sowie ein egalitäreres Wahlrecht zielen und weitgehend grundrechtsneutral sind[300].

Weitere Parlamentarisierung

II. Urkundenbestand

50
Aufbruch der Hansestädte sowie Einbettung in den Norddeutschen Bund

Auffällig ist zunächst die Aktivität der Hansestädte; hier finden sich neue oder grundlegend überarbeitete Verfassungen in Lübeck und Bremen (beide 1875)[301] sowie in Hamburg (1879)[302]. Ferner reagieren Reuß ältere Linie (1867)[303] sowie Schaumburg-Lippe (1868)[304] auf die Einbettung in den Norddeutschen Bund. Infolge der preußischen „Flurbereinigung" nach dem Sieg von 1866 fallen hingegen zahlreiche Verfassungen fort, weil ihnen das souveränitätsrechtliche Substrat abhanden kommt[305]. Lippe erläßt bis 1918 keine

---

300 Siehe statt aller die badische Verfassungs-, insbesondere Parlamentsrechtsreform durch das Gesetz, die Abänderung der Verfassung betreffend, vom 24. August 1904 (Gesetzes- und Verordnungsblatt für das Großherzogthum Baden Nr. XXII v. 3.9.1904, S. 339) und dazu *Glockner*, Verfassungsrecht¹ (FN 71), S. 24ff.

301 Bekanntmachung, die Verfassung der freien und Hansestadt Lübeck betreffend, vom 7. April 1875 (Sammlung der Lübeckischen Verordnungen und Bekanntmachungen Bd. 42, Nr. 16 v. 12.4.1875, S. 105); dazu *K[arl] Klügmann*, Das Staatsrecht der freien und Hansestadt Lübeck, in: Heinrich Marquardsen (Hg.), Handbuch des Oeffentlichen Rechts, Bd. III.2.3, Freiburg i.Br. 1884, S. 37 (44ff.); *Bollmann*, Staatsrecht (FN 177), S. 12. – Bekanntmachung, die Verfassung der freien Hansestadt Bremen und die auf dieselbe sich beziehenden Gesetze betreffend, v. 17.11.1875 (Gesetzblatt der freien Hansestadt Bremen Nr. 22 v. 17.11.1875, Nr. XL, S. 185); s. dazu *H. Sievers*, Das Staatsrecht der freien Hansestadt Bremen, in: Marquardsen, Handbuch III.2.3, ebenda, S. 65 (71ff.).

302 Verfassung der Freien und Hansestadt Hamburg vom 13. Oktober 1879 (Hamburgische Gesetzsammlung 1879 I Nr. 82 v. 13.10.1879, S. 353). Siehe dazu *J. Wolffson*, Das Staatsrecht der freien und Hansestadt Hamburg, in: Marquardsen, Handbuch III.2.3 (FN 301), S. 1 (10ff.).

303 Gesetz, die Verfassung des Fürstenthums Reuß älterer Linie betreffend, vom 28. März 1867 (Gesetzsammlung des Fürstenthums Reuß älterer Linie 1867 Nr. 6 v. 28.3.1867, Nr. 11, S. 29); s. dazu *Liebmann*, Das Staatsrecht des Fürstenthums Reuß älterer Linie, in: Marquardsen, Handbuch III.2.2 (FN 79), S. 175 (177ff.); *Herntrich*, Thüringen (FN 68), S. 205ff.; *Gerber*, Chancen und Grenzen der kleinstaatlichen Monarchie im Kaiserreich. Das Beispiel Reuß älterer Linie 1866 bis 1918, in: Greiling/Rüster, Reuß (FN 33), S. 133 (133ff.).

304 Verfassungs-Gesetz für das Fürstenthum Schaumburg-Lippe vom 17. November 1868 (Schaumburg-Lippische Landesverordnungen 1868 Nr. 4 v. 21.11.1868, S. 415); s. dazu *K. Bömers*, Das Staatsrecht des Fürstenthums Schaumburg-Lippe, in: Marquardsen, Handbuch III.2.1 (FN 87), S. 165 (168ff.) sowie *Polley*, Landesverfassung (FN 66), S. 13, 16.

305 Vgl. namentlich das Gesetz, betreffend die Vereinigung des Königreichs Hannover, des Kurfürstenthums Hessen, des Herzogthums Nassau und der freien Stadt Frankfurt mit der preußischen Monarchie, vom 20. September 1866 (Gesetz-Sammlung für das Königreich Hannover 1866, I. Abt., Nr. 43 v. 30.6.1866, S. 269); näher dazu *Wolf-Arno Kropat*, Frankfurt zwischen Provinzialismus und Nationalismus. Die Eingliederung der „Freien Stadt" in den preußischen Staat (1866–1871), 1971.

Verfassung, die diesen Namen verdient; immerhin wird dem Landtag 1867 durch einfaches Gesetz das Recht eingeräumt, über „Landesgesetze, welche die persönliche Freiheit, das Eigenthum oder sonstige wohlerworbene Rechte der Unterthanen betreffen", mitzuentscheiden[306].

III. Kontexte

Art. 2 Satz 1 der Verfassung des Norddeutschen Bundes positiviert erstmals einen klar konturierten und auch in der Rechtspraxis durchsetzbaren Vorrang des Rechts der Zentralebene[307]. Die Norm geht in die Reichsverfassung von 1871 ein[308] und wird dort zum Ausgangspunkt einer Traditionskette, die bis zum heutigen Art. 31 GG reicht. Zugleich gibt sie Anlaß, mit der wissenschaftlichen wie rechtspraktischen Reflexion über das Verhältnis von Gesetzgebungskompetenzen und bundesstaatlicher Kollisionsregel zu beginnen, die ebenfalls bis heute fortdauert[309].

51 Vorrang des zentralen Rechts im Norddeutschen Bund

Zweite wichtige Weichenstellung ist der praktische Verzicht auf Grund- oder Freiheitsrechte in der Reichsverfassung. Art. 3 Abs. 1 bis 5 der Urkunden von 1867 bzw. 1871 enthält zwar Bestimmungen zum sogenannten gemeinsamen Indigenat, die im Anschluß an Regeln der Bundesakte sicherstellen sollen, daß Staatsbürger eines jeden Bundesstaats in allen anderen Bundesstaaten als Inländer behandelt werden[310]. Zugleich sieht Art. 3 Abs. 6 Reichsverf. den Anspruch aller Deutschen auf den Schutz des Reiches gegenüber dem Aus-

52 Verzicht auf Grund- oder Freiheitsrechte in der Reichsverfassung

---

306 § 1 des Gesetzes, die den Landständen in Beziehung auf die Betheiligung an der Gesetzgebung zustehenden Rechte betreffend, vom 8. Dezember 1867 (Gesetz-Sammlung für das Fürstenthum Lippe Bd. 14 [1865–1868], Jahrgang 1867, Nr. 24 v. 11. 12. 1867, S. 601); s. dazu *A. Falkmann*, Das Staatsrecht des Fürstenthums Lippe, in: Marquardsen, Handbuch III.2.1 (FN 87), S. 177 (182 ff.).
307 „Innerhalb dieses Bundesgebietes übt der Bund das Recht der Gesetzgebung nach Maaßgabe des Inhalts dieser Verfassung und mit der Wirkung aus, daß die Bundesgesetze den Landesgesetzen vorgehen" (Verfassung des Norddeutschen Bundes v. 16. 4. 1867; Bundes-Gesetzblatt des Norddeutschen Bundes Nr. 1 v. 2. 8. 1867, S. 1; vgl. dazu die zeitgenössischen Darstellungen von *Friedrich Thudichum*, Verfassungsrecht des Norddeutschen Bundes und des Deutschen Zollvereins, Tübingen 1870, S. 97 ff.; *Heinrich v. Treitschke*, Die Verfassung des norddeutschen Bundes [1867], in: ders., Zehn Jahre Deutscher Kämpfe. Schriften zur Tagespolitik, Berlin, ²1879, S. 187 ff.), sowie *Paul Posener*, Bundesrecht und Landesrecht, 1900, S. 28 ff. Aus der modernen Literatur im ersten Zugriff: *März*, Bundesrecht (LitVerz.), S. 58 ff., sowie *Menzel*, Landesverfassungsrecht (LitVerz.), S. 24 f.
308 Gesetz, betreffend die Verfassung des Deutschen Reichs v. 16. 4. 1871 (Bundes-Gesetzblatt des Deutschen Bundes Nr. 16 v. 20. 4. 1871, S. 63); aus der zeitgenössischen Literatur statt aller Ernst Bezold (Hg.), Materialien der Deutschen Reichs-Verfassung. Sammlung sämmtlicher auf die Reichs-Verfassung, ihre Entstehung und Geltung bezüglichen Urkunden und Verhandlungen, einschließlich insbesondere derjenigen des constituirenden Norddeutschen Reichstages 1867, 3 Bde., Berlin 1872–1873; aus der modernen Literatur nur *E. R. Huber*, Verfassungsgeschichte Bd. III (FN 224), S. 649 ff., 742 ff.; *Pauly* (FN 241), § 3 RN 49 ff.
309 Vgl. nur *H. Dreier*, GG (LitVerz.), Art. 31 RN 23 ff., 62; *Wittreck*, in: H. Dreier, GG (LitVerz.), Vorb. zu Art. 70–74 RN 53 (jeweils m. w. N.).
310 Näher zeitgenössisch *Alfons Bandmann*, Das gemeinsame Indigenat und sein Verhältnis zur Reichs- und Staatsangehörigkeit, 1904; *Paul Laband*, Das Staatsrecht des Deutschen Reiches, Bd. 1, ⁵1911, S. 134 ff.; *Wilhelm Weinstock*, Das Indigenat des Artikels 3 der Reichsverfassung, 1913; zusammenfassend *Wittreck*, in: H. Dreier, GG (LitVerz.), Art. 16 RN 5.

land vor³¹¹. Ferner finden sich Garantien des Reichstagswahlrechts (Art. 20 Abs. 4 Reichsverf.), des Petitionsrechts (Art. 23 Reichsverf.)³¹² sowie der Wehrgleichheit (Art. 57 Reichsverf.)³¹³.

53
Nur prima facie-Grundrechtsabstinenz

Reichsgesetze in substantieller Grundrechtsorientierung

Diese *prima facie*-Grundrechtsabstinenz verdeckt jedoch, daß die Reichsgesetzgebung *materialiter* zahlreiche Gesetze erläßt, die entweder explizit oder implizit subjektive Rechte gewährleisten und für Gerichte wie für Behörden des Reiches wie der Länder unzweifelhaft verbindlich sind. Zugleich ist bemerkenswert, daß auch diesbezüglich eine substantielle Orientierung an den Grundrechten der Paulskirche zu beobachten ist³¹⁴. Ohne Anspruch auf Vollzähligkeit verdienen hier Erwähnung³¹⁵:

– Gesetz über die Freizügigkeit vom 1. November 1867³¹⁶;
– Wahlgesetz für den Reichstag des Norddeutschen Bundes vom 31. Mai 1869 (Versammlungs- und Vereinigungsfreiheit in Wahlangelegenheiten, § 17)³¹⁷;
– Gewerbeordnung für den Norddeutschen Bund vom 21. Juni 1869 (Gewährleistung der Gewerbefreiheit in § 1 sowie der Koalitionsfreiheit in §§ 152, 153)³¹⁸;
– Gesetz, betreffend die Gleichberechtigung der Konfessionen in bürgerlicher und staatsbürgerlicher Beziehung vom 3. Juli 1869³¹⁹;
– Strafgesetzbuch für den Norddeutschen Bund vom 31. Mai 1870 (§ 2: *nulla poena sine lege praevia*)³²⁰;
– Gesetz über das Postwesen des Deutschen Reichs vom 28. Oktober 1871³²¹;
– Gesetz über die Presse vom 7. Mai 1874³²²;
– Gerichtsverfassungsgesetz vom 27. Januar 1877 (Unabhängigkeit, § 1; Gewährleistung des Rechtswegs, § 13; Gesetzlicher Richter, § 16 Satz 2; Entscheidung von Kompetenzkonflikten, § 17)³²³;

---

311 Dazu aus völkerrechtlicher Perspektive *Ruffert*, Diplomatischer und konsularischer Schutz, in: HStR ³X, § 206 RN 2 ff., sowie *Kolb*, The Protection of the Individual in Times of War and Peace, in: Bardo Fassbender/Anne Peters (Hg.), The Oxford Handbook of the History of Public International Law, 2012, S. 317 (335); vgl. ferner die ältere Darstellung von *Franz Aschenauer*, Der Anspruch der Staatsangehörigen auf Schutz ihres Staates im Ausland, 1929.
312 Statt aller *H. Bauer*, in: H. Dreier, GG (LitVerz.), Art. 17 RN 5.
313 Dazu näher *Paul Laband*, Das Staatsrecht des Deutschen Reiches, Bd. IV, ⁵1914, S. 134 ff.
314 Eingehend *Eckhardt*, Grundrechte (FN 18), S. 132 ff.
315 Vgl. dazu neben *Eckhardt*, Grundrechte (FN 18), aaO. noch *E. R. Huber*, Grundrechte (FN 1), S. 168 ff.; *Kröger*, Grundrechtsentwicklung (LitVerz.), S. 38 ff. sowie zeitgenössisch *Adolph Baumbach*, Die Verwirklichung der Grundrechte in der Gegenwart, in: Die Grenzboten II. Semester, I. Band (1876), S. 361 ff., 453 ff.
316 Bundesgesetzblatt des Norddeutschen Bundes 1867 Nr. 7, S. 55. Knapp *Wollenschläger*, in: H. Dreier, GG (LitVerz.), Art. 11 RN 5.
317 Bundesgesetzblatt des Norddeutschen Bundes 1869 Nr. 17, S. 145.
318 Bundesgesetzblatt des Norddeutschen Bundes 1869 Nr. 26, S. 245. Bündig *H. Bauer*, in: H. Dreier, GG (LitVerz.), Art. 9 RN 6.
319 Bundesgesetzblatt des Norddeutschen Bundes 1869 Nr. 28, S. 292. Siehe *v. Campenhausen*, Religionsfreiheit, in: HStR ³VII, § 157 RN 37.
320 Bundesgesetzblatt des Norddeutschen Bundes 1870 Nr. 16, S. 197.
321 RGBl. 1871 Nr. 42, S. 347. → Bd. IV: *Stettner*, Brief-, Post- und Fernmeldegeheimnis, § 92 RN 4.
322 RGBl. 1874 Nr. 16, S. 65. Näher dazu *Wittreck* (FN 103), § 60 RN 8.
323 RGBl. 1877 Nr. 4, S. 41.

– Strafprozeßordnung vom 1. Februar 1877 (Beschlagnahme nach §§ 98 ff.; Durchsuchung nach §§ 102 ff.; Verhaftung nach § 114)[324];
– Gesetz über das Telegraphenwesen des Deutschen Reichs vom 6. April 1892 (Fernsprech- und Telegraphengeheimnis nach § 10)[325];
– Vereinsgesetz vom 19. April 1908[326].

IV. Grundrechtsbestand

Die seit Gründung des Norddeutschen Bundes bzw. unter der Geltung der Reichsverfassung erlassenen Verfassungen lassen sich in Sachen der Grundrechte in mehrere Gruppen einteilen. Typisch ist zunächst, daß die Hansestädte sich regelmäßig auf Bestimmungen zum Bürgerstatus[327], zum Wahlrecht[328] sowie zur sonstigen bürgerschaftlichen Mitwirkung an der Ausübung der Staatsgewalt[329] beschränken[330] und daneben allenfalls Bestimmungen enthalten, die nach moderner Diktion zum Religionsverfassungsrecht zählen[331] oder die Institutionen der Gerichtsbarkeit[332] betreffen. Die Ausnahme stellt Bremen dar, das seit der Revolutionszeit den Zweiten Abschnitt „Von den Rechten der Bremischen Staatsgenossen" fortführt[333]. In negativer Perspektive kennt Hamburg eine Suspension von Rechten im Falle von Krieg und „Aufruhr" (Art. 102, 103 Verf. Hamburg).

54
Grundrechtliche Gruppierung der Verfassungen unter der Reichsverfassung

Einen regelrechten Katalog enthält unter den neuen Urkunden der Zeit im übrigen lediglich diejenige von Reuß ältere Linie (1867; „Von den Staatsangehörigen, deren allgemeinen Rechten und Pflichten", §§ 21 bis 34 Verf.)[334]; Schaumburg-Lippe beläßt es bei einem Organisationsstatut, das allerdings neben Garantien der richterlichen Unabhängigkeit (Art. 66 Abs. 1 Verf.) und der Trennung von Justiz und Verwaltung (Art. 69 Abs. 1 Verf.) eine Reihe von Vorschriften enthält, die funktional Gleichheitsgewährleistungen nahekommen, indem sie – mit einiger Verzögerung – die Grundentlastung wie die Auf-

55
Organisationsstatute und funktionale Gewährleistungsäquivalente

---

324 RGBl. 1877 Nr. 8, S. 253.
325 RGBl. 1892 Nr. 21, S. 467; nochmals → Bd. IV: *Stettner*, § 92 RN 4.
326 RGBl. 1908 Nr. 18, S. 151; nochmals *H. Bauer*, in: H. Dreier, GG (LitVerz.), Art. 9 RN 5.
327 Art. 2 f. Verf. Lübeck (1875); § 2 Verf. Bremen (1875); Art. 3 f. Verf. Hamburg (1879).
328 Art. 20 ff. Verf. Lübeck (1875); § 39 Verf. Bremen (1875); Art. 29 ff. Verf. Hamburg (1879).
329 Dies nur in Bremen und Hamburg: vgl. § 60 Verf. Bremen (1875) – Deputationen, §§ 94 ff. Verf. Bremen (1875) – Kaufmannskonvent und Handelskammer, sowie Art. 80 ff. Verf. Hamburg (1879) – Deputationen; näher *Bollmann*, Staatsrecht (FN 177), S. 121 ff.
330 Vgl. für Lübeck *Bollmann*, Staatsrecht (FN 177), S. 29: „als bei der Revision von 1875 einige allgemeine Bestimmungen Aufnahme fanden, waren solche allgemeinen Doktrinen nicht mehr zeitgemäß".
331 Siehe Art. 5 Verf. Hamburg (1879); vgl. ferner Art. 51 Nr. X Verf. Lübeck (1875): Mitwirkung der Bürgerschaft bei der Verwaltung des Vermögens der evangelisch-lutherischen Kirchengemeinden (dazu *Bollmann*, Staatsrecht [FN 177], S. 184 ff.).
332 Vgl. namentlich §§ 68 ff. Verf. Bremen und dazu *Bollmann*, Staatsrecht (FN 177), S. 79 ff.
333 Näher *Bollmann*, Staatsrecht (FN 177), S. 28 ff.; *ders.*, Verfassung und Verwaltung der freien Hansestadt Bremen, 1909, S. 15, 65 f. – Ferner *Schminck-Gustavus*, Vryheit do ik ju openbar. Versuch zu einigen Aspekten der bremischen Verfassungsgeschichte, in: Volker Kröning/Günter Pottschmidt/Ulrich K. Preuß/Alfred Rinken (Hg.), Handbuch der Bremischen Verfassung, 1991, S. 13 (25 ff.).
334 Knapp zum Grundrechtskatalog *Herntrich*, Thüringen (FN 68), S. 207 und 212.

lösung des Gutsuntertänigkeitsverbandes anordnen (Art. 70 bis 74 Verf.)[335]. Fehlanzeige ist im Reichsland Elsaß-Lothringen zu vermelden[336]. Auch punktuelle Eingriffe in die vorhandenen Grundrechtskataloge sind nur vereinzelt zu verzeichnen; so paßt etwa das Fürstentum Reuß jüngere Linie seine Bestimmungen zur Religionsfreiheit dem Recht des Norddeutschen Bundes[337] an[338].

V. Grundrechtsinnovationen und -verluste

56
Verbreitete Geringschätzung „sogenannter Grundrechte"

Folgen des Kulturkampfes in Preußen

Eingedenk der verbreiteten Geringschätzung der „sogenannten Grundrechte"[339] sind regelrechte Grundrechtsinnovationen im Bismarckreich weder wahrscheinlich noch tatsächlich nachzuweisen – sofern man sich auf die Landesverfassungsebene und die klassischen Freiheitsrechte beschränkt. Erweiterte man das Untersuchungsprogramm in Richtung sozialer Gewährleistungen, sähe das Ergebnis durchaus anders aus[340]. Umgekehrt sind bewußte Einschnitte in eine ohnehin wenig relevante bzw. reichsrechtlich weitgehend überlagerte Materie nicht zu erwarten oder zu verzeichnen. Aus der Reihe fällt insofern Preußen, das aus Gründen äußerster Vorsicht im Rahmen des Kulturkampfes religionsverfassungsrechtliche Bestimmungen der Preußischen Verfassung bewußt aufhebt – Art. 15, 16 u. 18 Verf. Preußen gewährleisteten zuvor Rechte der Religionsgesellschaften unter anderem auf ungestörten Verkehr mit ihren Oberen[341]. Hingegen belassen es die übrigen diesbezüglich aktiven deutschen Staaten bei einfachgesetzlichen Regelungen[342].

---

335 Näher *Bömers*, Staatsrecht (FN 304), S. 172 f., 175 f.
336 *Ernst Bruck*, Das Verfassungs- und Verwaltungsrecht von Elsaß-Lothringen, Bd. I, 1908, S. 63 ff.
337 Oben III, RN 51 ff.
338 Gesetz die Aenderung der §§ 19 und 20 des Verfassungsgesetzes betr., vom 19. Juli 1867, Gesetzsammlung für die Fürstlich Reußischen Lande jüngerer Linie 1867, S. 115; dazu die Anmerkung in Felix Stoerk (Hg.), Handbuch der Deutschen Verfassungen, Leipzig 1884, S. 536 FN 1.
339 Unten sogleich VI, RN 57.
340 Näher *Wittreck*, in: H. Dreier, GG (LitVerz.), Art. 20 (Sozialstaat), RN 5 sowie *Martin Kirchmayr*, Soziale Grundrechte, in: Dilcher u.a., Grundrechte (FN 22), S. 259 ff.
341 Zunächst wurden durch das Gesetz, betreffend die Abänderung der Artikel 15. und 18. der Verfassungs-Urkunde vom 31. Januar 1850 vom 5. April 1873 (Gesetz-Sammlung für die Königlichen Preußischen Staaten 1873, S. 143) die Art. 15 und 18 Verf. Preußen zu Lasten der Kirchen modifiziert; durch das Gesetz über Aufhebung der Artikel 15. 16. und 18. der Verfassungsurkunde vom 31. Januar 1850 vom 18. Juni 1875 (Gesetz-Sammlung für die Königlichen Preußischen Staaten 1875, S. 259) wurden Art. 15, 16 und 18 Verf. Preußen vollständig aufgehoben. Dazu knapp aus der modernen Literatur *Christian Walter*, Religionsverfassungsrecht in vergleichender und internationaler Perspektive, 2006, S. 117; eingehend *Paul Hinschius*, Die Preußischen Kirchengesetze des Jahres 1873, Berlin 1873; ders., Die Preußischen Kirchengesetze der Jahre 1874 und 1875, Berlin 1875; *Anschütz*, Verfassungsurkunde (FN 239), Art. 15 Anm. 1 (S. 282 ff.).
342 Dies betrifft namentlich Baden, Bayern und Nassau. Zum Kulturkampf in Deutschland näher *Manuel Borutta*, Antikatholizismus. Deutschland und Italien im Zeitalter der europäischen Kulturkämpfe, ²2011, S. 20 ff. Daß „der" Kulturkampf kein deutsches, sondern ein gesamteuropäisches Phänomen der Auseinandersetzung des Liberalismus mit der Reaktion der katholischen Kirche auf die Herausforderungen der Moderne darstellt, erläutert luzide *Chr. Clark*, Kulturkampf und europäische Moderne, in: Astrid Reuter/Hans G. Kippenberg (Hg.), Religionskonflikte im Verfassungsstaat, 2010, S. 23 ff.

VI. Landes-Grundrechtsdoktrin

Auch für das Kaiserreich gilt der Befund fort, daß es keinen in sich geschlossenen Diskurs um die Bedeutung und Funktion der Grundrechte in den Verfassungen der Einzelstaaten gibt, der dogmatisch präzise einen Abgleich mit der Reichsverfassung vornimmt und dabei mögliche Geltungsspielräume zugunsten der ersteren auslotet. Vielmehr lassen sich nebeneinander wenigstens zwei Debatten beobachten, die nur lose strukturell miteinander gekoppelt sind. Auf der einen Seite setzen auf Reichsebene prominente Autoren die Diskussion um Rechtsnatur und Reichweite der Grundrechte fort[343]; auf der anderen Seite traktieren – mit wenigen Ausnahmen[344] – auf der Landesebene weniger prominente Autoren ihr Sujet mit überschaubarem theoretischen Anspruch bzw. ohne den Impetus, den Landesgrundrechten erkennbar Leben einzuhauchen[345]. Dabei teilen die Landesgrundrechte der Zeit weitgehend das Schicksal der Grundrechte an sich, denen Desinteresse oder Ablehnung entgegenschlägt[346]; sinnfällig ist, daß auch in Abhandlungen zum Landesstaatsrecht regelmäßig die Bezeichnung als „sogenannte Grundrechte" begegnet[347]. Charakteristisch sind in der Generaldebatte zwei Festlegungen: „Grundrechte" sind erstens – maßgeblich inauguriert durch *Gerber* – keine Individualrechte, sondern ein objektivrechtliches Eingriffsverbot[348]. Zweitens gelten sie – weiterhin[349] – als ein „Programm für die künftige Gesetzge-

57
Kein dogmatisch präziser Abgleich zur Reichsverfassung

„Grundrechte" als objektivrechtliches Eingriffsverbot

---

343 Zeitgenössische Zusammenfassung von *Giese*, Grundrechte (FN 1), S. 27 ff.; vgl. aus der modernen Literatur *Michael Stolleis*, Geschichte des öffentlichen Rechts in Deutschland, Bd. 2, 1992, S. 371 ff.; *Suppé*, Grund- und Menschenrechte (LitVerz.), S. 242 ff.

344 Hier ist natürlich auf *Anschütz*, Verfassungsurkunde (FN 239), S. 91 ff. zu verweisen, der allerdings ebenfalls keine distinkte Landes-Grundrechtsdogmatik entwickelt. Sehr differenziert hingegen seine Stellungnahme zu der strittigen Frage, ob der Katalog subjektive Rechte gewährt (S. 93 ff.).

345 Gelinde gesagt zurückhaltend *Stolleis*, Geschichte II (FN 343), S. 281 ff.

346 Vgl. die Einschätzungen von *Kröger*, Grundrechtsentwicklung (LitVerz.), S. 43, und *Stolleis*, Entwicklung (FN 19), S. 110 f. – Charakteristisch ist etwa, daß die Grundrechte in zahlreichen Darstellungen des Landesstaatsrechts zwar Erwähnung finden, ihnen aber kein eigener Abschnitt gewidmet wird: so in: *Bollmann*, Bremen (FN 333), oder bei *Carl August von Sutner*, Das Staats- und Verwaltungsrecht des Königreichs Bayern, 1909; ebenso verfährt *Mayer*, Staatsrecht (FN 84), S. 31 f. – Völlige Fehlanzeige etwa bei *Konrad Cosack*, Das Staatsrecht des Großherzogthums Hessen, Freiburg i.Br./Leipzig 1894.

347 So *Bazille/Köstlin*, Verfassungsurkunde (FN 114), S. 25; *Göz*, Staatsrecht (FN 114), S. 34; *Schücking*, Staatsrecht (FN 186), S. 29; *Bornhak*, Staatsrecht (FN 277), S. 291; gleichsinnig *van Calker*, Staatsrecht (FN 78), S. 15: „Bei diesen sogenannten ‚Rechten' handelt es sich jedoch nicht um subjektive Rechte der Untertanen". – Affirmativ spricht von „Grundrechten" hingegen *Bollmann*, Bremen (FN 333), S. 15 (vgl. aber *dens.*, Staatsrecht [FN 177], S. 29: „zum großen Teil [...] gegenstandslos").

348 *C[arl] F[riedrich] Gerber*, Ueber öffentliche Rechte, Tübingen 1852, S. 76 ff.; dazu eingehend *Giese*, Grundrechte (FN 1), S. 27 ff.; ähnlich die Formulierung „Eingriffs-Abwehr" bei *E.R. Huber*, Grundrechte (FN 1), S. 164; hierzu auch *Kröger*, Grundrechtsentwicklung (LitVerz.), S. 42: „Gerbers richtungsweisende Schrift bezweckte, die in der Paulskirche erreichte Gleichrangigkeit von Herrschaftsrecht und Grundrechten aufzuheben und dogmatisch die Unterwerfung des Bürgers unter die Staatsgewalt zu rechtfertigen". Näher *Suppé*, Grund- und Menschenrechte (LitVerz.), S. 228 ff. Wie *Gerber* zeitgenössisch etwa *O[tto] v. Sarwey*, Das Staatsrecht des Königreichs Württemberg, Bd. I, Tübingen 1883, S. 176; *Bruck*, Verwaltungsrecht (FN 336), S. 63 f.; *Walz*, Staatsrecht (FN 113), S. 19; *Paul Laband*, Deutsches Reichsstaatsrecht, ^{5}1909, S. 43 FN 2; *ders.*, Das Staatsrecht des deutschen Reiches, Bd. I, ^{5}1911, S. 151 f. mit FN 2. – Vgl. aus der modernen Literatur *Matthias Jestaedt*, Grundrechtsentfaltung im Gesetz, 1999, S. 94 ff., sowie *Josef Franz Lindner*, Theorie der Grundrechtsdogmatik, 2005, S. 108 mit FN 166.

349 Vgl. oben D VI, RN 25 ff.

bung"³⁵⁰. Eine spezifische Reflexion des Status als Landes- oder Gliedstaatsgrundrecht bleibt hingegen die Ausnahme. Typisch ist gerade in der Spätphase des Reiches der lapidare Hinweis, daß die Geltung der Freiheitsrechte „durch die konkurrierende Reichsgesetzgebung stark beeinflußt" sei³⁵¹.

H. Grundrechte in den Verfassungsurkunden der Übergangszeit

I. Überblick

58
Bürgerlicher Verfassungsstaat oder Rätediktatur

Übergangsverfassungen

Die nahezu völlige Implosion der monarchischen Ordnung im Spätherbst des Jahres 1918 läutet zunächst eine von Unsicherheit und Gewalt geprägte Übergangszeit ein, in der anfangs noch unklar ist, ob an die Stelle des *Ancien Régime* ein im Kern bürgerlicher Verfassungsstaat oder eine ausgewiesen revolutionäre Ordnung in Gestalt einer Rätediktatur tritt³⁵². Die in dieser Übergangszeit – als deren Schlußpunkt hier die Weimarer Reichsverfassung vom 11. August 1919 fungieren soll – zustande gekommenen vorläufigen oder Übergangsverfassungen³⁵³ werden hier einer gesonderten Betrachtung unterzogen, die ihre Rechtfertigung letztlich darin findet, daß sie zwar kein im strengen Sinne jungfräuliches Terrain vorfinden, aber doch noch potentiell frei vom gerade im grundrechtlichen Sinne extrem rigiden Korsett der Reichsverfassung sind³⁵⁴.

59
Versagung einer Legitimitätsbrücke zur alten Ordnung

Ganz überwiegend folgen die Verantwortlichen dem *revolutionären* Ansatz, streben also eine Neukonstituierung der Landesstaatsgewalt an, ohne eine Legitimitätsbrücke zur alten Ordnung zu bauen oder dies auch nur vorzugeben. Typisch sind Normen über die vorläufige Ausübung der Staatsgewalt oder über die Einberufung verfassunggebender Versammlungen, die zum Teil auch schon vor Erlaß der Urkunde auf Reichsebene Vollverfassungen beschließen³⁵⁵. Besonders reichhaltig ist hier die Aktivität der thüringischen

---

350 *Walz*, Staatsrecht (FN 113), S. 19; gleichsinnig *Georg Meyer*, Lehrbuch des Deutschen Staatsrechts, ⁵1899, S. 273 mit FN 5; s. auch *Lübbe-Wolff*, Das wohlerworbene Recht als Grenze der Gesetzgebung im neunzehnten Jahrhundert, in ZRG (GA) 103 (1986), S. 104 f.
351 So zeitgenössisch *van Calker*, Verfassungsgesetze (FN 115), S. 43. Siehe aus der modernen Literatur *Jestaedt*, Grundrechtsentfaltung (FN 348), S. 96.
352 Näher zur Situation *Ernst Rudolf Huber*, Deutsche Verfassungsgeschichte seit 1789, Bd. V, 1978, S. 777 ff.; *Kröger*, Verfassungsgeschichte (FN 113), S. 129 ff.
353 Instruktiver Überblick zum folgenden bei *Walter Radetzki*, Die verfassunggebenden Landes-Versammlungen der deutschen Länder in den Jahren 1918 bis 1920 (Diss. iur. Leipzig), 1930; vgl. auch *Wilhelm Hans-Heinrich Scheider*, Die verfassunggebende Gewalt in den süddeutschen Ländern seit der Revolution von 1918 (Diss. iur. Leipzig), 1931, sowie *Koellreutter*, Die neuen Landesverfassungen, in: Gerhard Anschütz/Richard Thoma (Hg.) Handbuch des Deutschen Staatsrechts, Bd. 1, 1930, § 13 (S. 138 ff.). – Luzide moderne Analyse der „quasilegalen" und revolutionären Elemente des Übergangs bei *Willoweit*, Verfassungsgeschichte (FN 58), § 37 I, II (S. 317 ff., 321 ff.).
354 Dazu näher *[Walter] Heinerici*, Die Einschränkungen der Landesverfassungsautonomie durch die Reichsverfassung v. 11. Aug. 1919 (Diss. iur. Greifswald), 1925; *Nieding*, Homogenität (FN 215); *M. Wenzel*, Die reichsrechtlichen Grundlagen des Landesverfassungsrechts, in: Anschütz/Thoma Handbuch 1 (FN 353), § 52 (S. 604 ff.).
355 Näher sogleich unter II, RN 62 f.

Kleinstaaten, die noch im Angesicht der sich abzeichnenden Einigung Akzente zu setzen bemüht sind[356].

Nur vereinzelt begegnen Versuche, im Wege der Evolution die republikanische Ordnung quasi aus dem Normmaterial der Kaiserzeit zu keltern. Liegt dieser Ansatz in den ohnehin nicht monarchisch, sondern oligarchisch verfaßten Hansestädten noch vergleichsweise nahe – in Hamburg regiert ein um SPD-Vertreter ergänzter Senat zunächst mit einer vorläufigen Verfassung vom März 1919, die in freilich unklarer Weise Teile der alten Verfassung von 1879 ausdrücklich fortgelten läßt[357], während in Lübeck die fortlaufenden Verfassungsreformen der Jahre 1918 bis 1920 als Teil einer Entwicklung begriffen werden müssen, die schon 1917 eingesetzt hat[358] –, so bleiben andere Unternehmen Episode: Das gilt für den Versuch des Fürsten *Günther von Schwarzburg-Sondershausen*, quasi im Wege der „Revolution von oben" der Staatsumwälzung durch punktuelle Änderungen des Landesgrundgesetzes von 1857 zu steuern[359], aber auch für Waldeck-Pyrmont – hier kommt die Verfassunggebung nie über das Stadium einer provisorischen Verfassung hinaus, die implizit vom Fortbestand der landständischen Urkunde von 1852 ausgeht[360] – sowie zuletzt für den Verfassungskonflikt in Braunschweig, der sich zumindest vordergründig an der Fortgeltung der landständischen Verfassung (in diesem Fall der „Neuen Landschaftsordnung" von 1832) entzündet[361].

60
Vereinzelte Evolution republikanischer Ordnung

---

356 Einschlägige Texte in: Fabian Wittreck (Hg.), Weimarer Landesverfassungen, 2004, S. 557 ff.
357 Dazu zeitgenössisch *M. Mittelstein*, Die neue Reichsverfassung und die künftige hamburgische Verfassung, in: Hanseatische Rechts-Zeitschrift 1919, Sp. 488 ff., sowie *Morstein Marx*, Die Verfassungs- und Verwaltungsrechtsentwicklung in den drei Hansestädten Hamburg, Bremen und Lübeck 1918–1928, in: Jahrbuch des öffentlichen Rechts 16 (1928), S. 51 (52 ff.); vgl. die modernen Darstellungen von *Heinrich Erdmann*, Einführung: Senat und Bürgerschaft nach der November-Revolution: die Verfassungsberatungen 1919 und 1920, in: ders. (Bearb.), Verfassungsgebende Bürgerschaft: Verfassungsentwürfe und Verfassungsberatungen 1919 und 1920 – Dokumentation, 1993, S. 5 ff., sowie *Tilman Lütke*, Hanseatische Tradition und demokratischer Umbruch. Die Verfassung der Freien und Hansestadt Hamburg vom 7. Januar 1921, 2016, S. 68 ff.
358 Siehe *Lange*, Die Änderungen der lübeckischen Verfassung, in: Hanseatische Rechts-Zeitschrift 1919, Sp. 294 ff. ff.; *Morstein Marx*, Verwaltungsrechtsentwicklung (FN 357), S. 67 ff.; im Überblick *Günter Krabbenhöft*, Verfassungsgeschichte der Hansestadt Lübeck, 1969, S. 39 ff.
359 Im Gesetz über eine Ergänzung des Landesgrundgesetzes vom 25.11.1918; vgl. dazu *Radetzki*, Landes-Versammlungen (FN 353), S. 6 f., und *Jochen Lengemann*, 1807–1923. Schwarzburg-Sondershäuser Verfassungs- und Parlamentsgeschichte im 19. und 20. Jahrhundert – ein Abriß, in: ders., Landtag und Gebietsvertretung von Schwarzburg-Sondershausen 1843–1923, 1998, S. 13 (40 ff.).
360 Siehe das Gesetz zur vorläufigen Ordnung der Staatsgewalt vom 15.4.1919 (namentlich dessen § 2); zur durchaus komplexen Verfassungslage des Ländchens die Darstellungen von *Walter Hölscher*, Das gegenwärtige waldeckische Verfassungsrecht und die Grundsätze der Reichsverfassung vom 11.VIII.19, insbesondere des Artikels 17, für die Verfassungen der deutschen Länder (Diss. iur. Marburg), 1922; *Ernst Herberg/Albert Beermann*, Allgemeines Staats- und Verwaltungsrecht, in: dies., Waldeckisches Staats-Handbuch auf das Jahr 1927, S. 2 ff.; *Hufnagel*, Der Waldeckische Staat, in: AöR 46 NF Bd. 7 (1924), S. 194 ff.
361 Eingehend, wenn auch nicht vorurteilsfrei geschildert bei *Ernst Ruben*, Denkschrift über den verfassungsrechtlichen Zustand des Freistaates Braunschweig. Im Auftrage der braunschweigischen Staatsregierung, 1921; vgl. auch *Koellreutter*, Die verfassungsrechtliche Entwicklung in Oldenburg, Braunschweig, Anhalt, Lippe, Schaumburg-Lippe und Waldeck, in: JöR 10 (1921), S. 409 (410 ff.), sowie *Karl Abel*, Die Kodifikationsnatur der Braunschweigischen Landesverfassung (Diss. iur. Göttingen), 1927, S. 43 ff.; *Otto Diederichs*, Die staatspolitische und staatsrechtliche Entwicklung des Landes Braun-

§ 231   Sechzehnter Teil: I. Entwicklung und Bedeutung einzelstaatlicher Grundrechte

61
Reaktionen der Landesverfassunggeber auf die Reichsverfassung

Vielfältig ist schließlich auch der Befund hinsichtlich der Reaktionen der Landesverfassunggeber auf die Reichsverfassung mitsamt ihrer Vorgaben. Das Spektrum reicht hier von der Eilfertigkeit der Württembergischen verfassunggebenden Landesversammlung, welche die Verfassungsurkunde vom 20. Mai 1919 prompt einer Durchsicht unterwirft und unter dem 25. September 1919 eine neue Fassung – jetzt ohne Grundrechte und Vorschriften über die Rechtsstellung von Abgeordneten – verkündet, über diejenigen Länder, die sich wie Hamburg stillschweigend auf ein Organisationsstatut beschränken, bis hin zur selbstbewußten Beharrungskraft der traditionsreichen süddeutschen Länder Bayern und Baden, die ihre Vollverfassungen mitsamt Grundrechtsteil in Geltung lassen[362].

II. Urkundenbestand

62
Knappe Organisationsstatute

Auf knappe Organisationsstatute der Übergangsgewalten beschränken sich Anhalt[363], Bremen[364], Hessen[365], Lippe[366], Preußen[367], Sachsen[368], Schaumburg-Lippe[369], Sachsen-Meiningen[370], Schwarzburg-Rudolstadt[371], (Sachsen-)Coburg[372], (Sachsen-)Gotha[373] sowie Waldeck[374].

---

schweig nach der Revolution von 1918 (Diss. iur. Jena), 1930, S. 17 ff. – Neuere Darstellung von *Spreen-Rauscher*, Von der Sozialistischen Räterepublik zum Freistaat Braunschweig, in: Werner Pöls/Klaus E. Pollmann (Hg.), Moderne Braunschweigische Geschichte, 1982, S. 201 ff.

362 Unten sogleich II, RN 62 f. und III 3, RN 66. – Und in letzter Konsequenz auch zum Gegenstand der Rechtsprechung machen, so namentlich die bayerische Praxis; vgl. nur *BayStGH* BayVBl. 1927, S. 423 f.
363 Verordnung, betreffend den Staatsrat für Anhalt v. 30.11.1918 (Gesetzsammlung für Anhalt 1918 Nr. 1508 v. 9.12.1918, S. 371).
364 Gesetz zur vorläufigen Ordnung der Staatsgewalt v. 9.4.1919 (Gesetzblatt der Freien Hansestadt Bremen Nr. 24 v. 10.4.1919, S. 157); vgl. dazu jetzt näher *Andreas Rehder*, Die Verfassung der Freien Hansestadt Bremen von 1920. Ein Stadtstaat zwischen Tradition und Pragmatismus, 2016, S. 97 ff.
365 Vorläufige Verfassung für den Freistaat Hessen v. 20.2.1919 (Regierungsblatt für Hessen Nr. 4 v. 25.2.1919, S. 23).
366 Vorläufige Verfassung v. 12.2.1919 (Lippische Gesetzsammlung 1919 Nr. 4 v. 14.2.1919, S. 913); eingehend dazu *Annika Schaletzki*, Pragmatismus und Beständigkeit. Die Verfassung des Freistaates Lippe (Diss. iur. Würzburg), 2008, S. 18 ff.
367 Gesetz zur vorläufigen Ordnung der Staatsgewalt v. 20.3.1919 (Gesetz-Sammlung Nr. 17 v. 22.3.1919, S. 53). Siehe dazu *Fritz Stier-Somlo*, Verfassung des Freistaates Preußen, 1921, S. 16 ff.
368 Vorläufiges Grundgesetz für den Freistaat Sachsen v. 28.2.1919 (Gesetz- und Verordnungsblatt für den Freistaat Sachsen Nr. 4 v. 7.3.1919, S. 37).
369 Vorläufige Verfassung des Freistaates Schaumburg-Lippe v. 14.3.1919 (Schaumburg-Lippische Landesverordnungen 1919 Nr. 11 v. 19.3.1919, S. 45).
370 Gesetz, betreffend Gesetzgebung und Verwaltung in Sachsen-Meiningen v. 15.11.1918 (Sammlung der Gesetze und Verordnungen für Sachsen-Meiningen Nr. 45 v. 16.11.1918, S. 103).
371 Gesetz betreffend die Gesetzgebung und Verwaltung in Schwarzburg-Rudolstadt v. 22.11.1918 (Gesetzsammlung für Schwarzburg-Rudolstadt Nr. 14 v. 23.11.1918, S. 75).
372 Vorläufiges Gesetz über die Gesetzgebung und Verwaltung im Freistaate Coburg v. 10.3.1919 (Gesetz-Sammlung für Sachsen-Coburg 1919 Nr. 5 v. 12.3.1919, S. 25).
373 Gesetz für die vorläufige Regierungsgewalt in der Republik Gotha v. 24.12.1919 (Gesetz-Sammlung für den Staat Gotha Nr. 3 v. 10.1.1920, S. 5).
374 Das Gesetz zur vorläufigen Ordnung der Staatsgewalt in Waldeck-Pyrmont v. 15.4.1919 (Waldeckisches Regierungs-Blatt Nr. 22 v. 20.5.1919, S. 157) verweist in seinem § 2 auf die bisherige Verfassungs-Urkunde v. 17.8.1852 (allerdings nicht auf deren Grundrechtsteil).

Einen Mittelweg wählen Bayern – hier kommen vor der praktisch zeitgleich mit der Reichsverfassung erlassenen „Bamberger Verfassung" vom 14. August 1919 gleich zwei vorläufige Staatsgrundgesetze zustande[375]–, Braunschweig (auf eine typische vorläufige Verfassung folgt das bereits angesprochene irrlichternde Gesetz zur Änderung der Neuen Landschaftsordnung von 1832[376]), Hamburg[377], Lübeck[378] sowie die beiden Freistaaten Reuß: Einem „Gemeinschaftsnotgesetz" folgt hier noch ein Vereinigungsgesetz von durchaus erheblichem Umfang[379]; beide neigen zur Detailversessenheit – lies etwa Ziffer 12 des ersteren zu den Bezirkstierärzten in Gera, Greiz und Schleiz. Vollverfassungen geben sich schließlich bereits vor dem Zustandekommen der Reichsverfassung Baden[380], Mecklenburg-Strelitz[381], Oldenburg[382], Schwarzburg-Sondershausen[383], Sachsen-Altenburg[384], Sachsen-Weimar-Eisenach[385] sowie Württemberg[386].

63

Vermittelnde Lösungen

Vollverfassungen

---

375 Staatsgrundgesetz der Republik Bayern v. 4.1.1919 (Gesetz- und Verordnungsblatt für den Volksstaat Bayern 1919 Nr. 1 v. 7.1.1919, S.1; 18 Ziffern) sowie: Vorläufiges Staatsgrundgesetz des Freistaates Bayern v. 17.3.1919 (Gesetz- und Verordnungsblatt für den Volksstaat Bayern 1919 Nr. 18 v. 2.4.1919, S. 109: 18 Paragraphen). Zusammenfassend zu beiden Normen wie ihrer Genese *Christian Georg Ruf*, Die Bayerische Verfassung vom 14. August 1919, 2015, S. 76 ff., 86 ff.

376 Vorläufige Verfassung für den Freistaat Braunschweig v. 27.2.1919 (Gesetz- und Verordnungs-Sammlung für die Braunschweigischen Lande v. 26 v. 7.3.1919, S. 47) bzw. Gesetz zur Änderung der Neuen Landschaftsordnung vom 12. Oktober 1832 v. 20.6.1919 (Gesetz- und Verordnungssammlung Nr. 86 v. 19.7.1919, S. 199).

377 Wie dargelegt, verweist das Gesetz über die vorläufige Staatsgewalt v. 26.3.1919 (Amtsblatt der freien und Hansestadt Hamburg Nr. 74 v. 29.3.1919, S. 497) in durchaus unklarer Weise auf die Verfassungsurkunde von 1879 (oben FN 302); Rekonstruktion bei Wittreck, Landesverfassungen (FN 356), S. 198 ff.; näher jetzt *Lütke*, Verfassung (FN 357), S. 105 ff.

378 Vgl. oben FN 301.

379 Gemeinschaftsnotgesetz vom 21.12.1918, betr. den Zusammenschluß der beiden Freistaaten Reuß auf dem Gebiete der Gesetzgebung, Verwaltung und Rechtspflege (Gesetzsammlung für das Fürstenthum Reuß älterer Linie 1918, S. 101) sowie Gesetz über die Vereinigung der beiden Freistaaten Reuß zum Volksstaat Reuß, sowie über die vorläufige Verfassung und Verwaltung v. 4.4.1919 (Gesetzsammlung für beide Freistaaten Reuß 1919 Nr. 5 v. 9.4.1919, S. 27).

380 Gesetz. Die badische Verfassung betreffend, v. 21.3.1919 (Badisches Gesetz- und Verordnungs-Blatt 1919 Nr. 28 v. 25.4.1919, S. 279). Monographisch dazu *Karl Glockner*, Badisches Verfassungsrecht, ²1930, sowie jetzt *Richard Gräbener*, Verfassungsinterdependenzen in der Republik Baden, 2014, S. 75 ff.

381 Die Vorläufige Verfassung v. 29.1.1919 (Mecklenburg-Strelitzer Amtlicher Anzeiger Nr. 20 v. 31.1.1919, S. 147) ist in der Sache eine Vollverfassung von 47 Paragraphen; s. *M. Wenzel*, Die neuen mecklenburgischen Verfassungen, in: JöR 10 (1921), S. 321 (353 ff.).

382 Verfassung für den Freistaat Oldenburg v. 17.6.1919 (Gesetzblatt für den Freistaat Oldenburg, Landesteil Oldenburg, Bd. XL, Nr. 46 v. 20.6.1919, S. 391). Dazu jetzt eingehend und m.w.N. *Beckermann*, Kontinuitäten (FN 237), S. 85 ff.

383 Landesgrundgesetz v. 1.4.1919 (Gesetz-Sammlung für Schwarzburg-Sondershausen Nr. 6 v. 1.4.1919, S. 41).

384 Sachsen-altenburgisches Gesetz über die vorläufige Regelung der Verfassung v. 27.3.1919 (Sachsen-Altenburgische Gesetzsammlung St. II Nr. 15 v. 26.04.1919, S. 25).

385 Verfassung für den Freistaat Sachsen-Weimar-Eisenach v. 19.5.1919 (Regierungs- und Nachrichtenblatt für Sachsen-Weimar-Eisenach Nr. 22 v. 23.5.1919, S. 149).

386 Verfassungsurkunde des freien Volksstaates Württemberg v. 20.5.1919 (Regierungsblatt für Württemberg Nr. 14 v. 23.5.1919, S. 85); näher dazu *Tobias v. Erdmann*, Die Verfassung Württembergs von 1919. Entstehung und Entwicklung eines freien Volksstaates, 2013, S. 75 ff.

§ 231   Sechzehnter Teil: I. Entwicklung und Bedeutung einzelstaatlicher Grundrechte

III. Kontexte

1. Abgrenzung von Ancien Régime und Rätesystem

64
Das Kaiserreich als negative Folie in der Übergangszeit

„Mindesterrungenschaften"

Negative Folie der Verfassunggebung in der Übergangszeit ist das Kaiserreich; selbst unter den Gegnern der Räterepublik läßt sich ein breiter Konsens verzeichnen, daß ein Kanon an „Mindesterrungenschaften" der Revolution nicht zur Disposition steht. Neben der Abschaffung der Monarchie als solcher sind dies – mit markanter grundrechtlicher Relevanz – die Trennung von Staat und Kirche sowie verschiedene Dimensionen der Gleichheit: Wahlrechtsgleichheit, Gleichheit der Geschlechter, Aufhebung der Vorrechte der Geburt; sie finden in zahlreichen frühen Urkunden ihren Niederschlag. In umgekehrter Perspektive finden sich häufig Garantien, die erkennbar Sorgen des Bürgertums bannen sollen bzw. sich als Bekräftigung verstehen lassen, daß das Räteexperiment gescheitert ist.

2. Verfassunggebung unter Unsicherheit

65
Mangelnde Absehbarkeit von Vorgaben der Reichsverfassung

Die Verfassunggeber der Jahre 1918 und 1919 gehen in mehrfacher Hinsicht einer gefahrgeneigten Tätigkeit nach. Während die anfängliche Unsicherheit, ob an die Stelle des Kaiserreiches ein Rätesystem oder eine demokratische Republik tritt, in der Mehrzahl der Länder spätestens mit der Entscheidung für die Einberufung einer verfassunggebenden Versammlung verflogen sein dürfte[387], bleiben die Vorgaben der zukünftigen Reichsverfassung für die Landesverfassungen deutlich länger in der Schwebe. Betreffen sie anfangs noch das „Ob" der Landesverfassungen – bekanntlich werden zunächst Pläne ventiliert, die über einen unitarischen Bundesstaat noch hinausgehen und die Existenz einiger oder aller Länder als Staaten in Frage stellen[388] –, so bleibt bis zuletzt das „Wie" in der Schwebe, weil die konkreten Vorgaben der Reichsverfassung anfangs gar nicht absehbar und später Gegenstand von ihrerseits fluiden Verhandlungsprozessen sind[389].

3. Verfassungstradition und Verfassungsvergleich

66
Verfassungsurkunde der Kaiserzeit als implizite Vorlage

Schließlich findet die frühe bzw. Proto-Verfassunggebung wiederum nicht im luftleeren Raum statt. Selbst wenn man die offene Anknüpfung an die jeweilige Verfassungsurkunde der Kaiserzeit scheut, ist sie als implizite Vorlage allein kraft Vertrautheit der maßgeblichen Akteure mit ihrem Inhalt wie ihren

---

387 Gleichsinnig *Eberhard Kolb*, Die Weimarer Republik, ⁶2002, S. 14f.; *Willoweit*, Verfassungsgeschichte (FN 58), § 37 RN 10 ff.; *Frotscher/Pieroth*, Verfassungsgeschichte (FN 114), S. 246 f., 248 ff.
388 Näher *Hans Schneider*, Die Reichsverfassung vom 11. August 1919, in: HStR ³I, § 5 RN 23 f.; *Michael Dreyer*, Der Preußische Neugliederungsplan von 1919 und sein Scheitern, in: Detlef Lehnert (Hg.), Hugo Preuß 1860–1925. Genealogie eines modernen Preußen, 2011, S. 279 (281 ff.); unter Verweis auf Theodor Heuss: *Langewiesche*, Historische Reflexionen zum Föderalismus in Deutschland. Wandel und Kontinuität seit dem 19. Jahrhundert, in: Härtel, Handbuch Föderalismus I (LitVerz.), § 4 RN 39.
389 Siehe *Willibalt Apelt*, Geschichte der Weimarer Verfassung, 1946, S. 71 ff.; *E.R. Huber*, Verfassungsgeschichte Bd. V (FN 322), S. 1181 ff.; *Joachim Lilla*, Der Reichsrat. Vertretung der deutschen Länder bei der Gesetzgebung und Verwaltung des Reichs 1919–1934, 2006, S. 15 ff.

Formulierungen stets präsent[390]. Es kommt der vergleichende Blick über die Grenzen hinzu, wobei die Schweiz und ihre Kantone[391], aber insbesondere die anderen deutschen Länder als Vorbilder herangezogen werden[392].

IV. Grundrechtsbestand

Unter den oben genannten Übergangsverfassungen enthalten die folgenden regelrechte Grundrechtskataloge: Baden (§§ 9 bis 20 Verf.), Bayern (Ziffern 8 bis 16 Staatsgrundgesetz Januar 1919, §§ 9 bis 17 Vorl. Staatsgrundgesetz März 1919), Mecklenburg-Strelitz (§§ 33 bis 37, 38 bis 41, 43 Verf.), Oldenburg (§§ 4 bis 27 Verf.), Schwarzburg-Sondershausen (§§ 11 bis 20 Verf.) sowie Württemberg (§§ 6 bis 22 Verf.). Lediglich eine punktuelle Gewährleistung bietet Hamburg[393]. Eine Sonderrolle spielt Braunschweig; während sich die vorläufige Verfassung auf ein reines Organisationsstatut beschränkt, enthält das Gesetz zur Änderung der Neuen Landschaftsordnungen Teilgewährleistungen des Gleichheitssatzes[394] sowie ein rudimentäres (wenn auch latent religionsaverses) Religionsverfassungsrecht[395]. Die übrigen Urkunden sind grundrechtlich unauffällig bzw. enthalten allenfalls Vorschriften zum (gleichen) Wahlrecht[396].

67
Grundrechtskataloge in den Übergangsverfassungen

Grundrechtsunauffälligkeit

V. Grundrechtsinnovationen und -verluste

Die „vorreichsverfassunglichen" Landesgrundrechtskataloge bewegen sich in einem Referenzrahmen, der von der Paulskirche, den Vorgängertexten sowie den Imperativen der Revolution gebildet wird. Dementsprechend fallen die Grundrechtskataloge in ihrem Kernbestand überwiegend konventionell aus. Die klassischen liberalen Abwehrrechte – persönliche Freiheit und Eigentum, Wohnung, Presse-, Vereins- und Versammlungsfreiheit, Gewissens- und [individuelle] Religionsfreiheit, Recht auf den gesetzlichen Richter – begegnen praktisch überall und werden lediglich variiert[397]. Regelrechte Ergänzungen sind teils dem Versuch geschuldet, Errungenschaften der Revolution festzu-

68
Referenzrahmen der „vorreichsverfassunglichen" Landesgrundrechtskataloge

Liberale Abwehrrechte

Ergänzungen und Errungenschaften

---

390 Besonders ausgeprägt in Baden (vgl. §§ 9 ff. Verf. 1919 mit §§ 7 ff. Verf. 1818); aus der Literatur *Koellreutter*, Die neue staatsrechtliche Gestaltung in Baden, in: JöR 9 (1920), S. 180 (182); *Karl A. Stiefel*, Baden 1648 bis 1952, Bd. 1, 1977, S. 326, sowie *Gräbener*, Verfassungsinterdependenzen (FN 380), S. 100 ff.
391 Besonders ausgeprägt erneut in Baden; s. nur *Helmut Glückert*, Bemerkenswerte Eigentümlichkeiten der badischen Verfassung vom 21. März 1919 (Diss. iur. Heidelberg), 1933, S. 20 ff.
392 Derartige Rezeptionsprozesse beschreibt *Frank Lechler*, Parlamentsherrschaft und Regierungsstabilität. Die Entstehung staatsorganisatorischer Vorschriften in den Verfassungen von Baden, Mecklenburg-Strelitz, Oldenburg, Sachsen und Württemberg, 2002, S. 44 (Mecklenburg-Strelitz), 77 ff. (Baden), 114 ff. (Oldenburg).
393 § 2 Abs. 4 Vorl. Verfassungsgesetz gewährleistet das Petitionsrecht.
394 Vgl. § 15 Abs. 1 Satz 3 (Verbot der Verleihung von Titeln, Orden und Ehrenzeichen) sowie § 25 Satz 1 (allgemeine und gleichmäßige Teilnahme an den Staatslasten).
395 §§ 21–24; ins Auge sticht u. a. die Neubelebung des „Placet" (§ 24 Abs. 1 Satz 2).
396 So etwa § 3 der Vorläufigen Verfassung des Freistaats Lippe; auch das Änderungsgesetz zur Verfassung der freien und Hansestadt Lübeck v. 11. 12. 1918 regelt in Art. 20–22 und § 24 gleichsinnig.
397 Vgl. dazu unten Anhang Übersicht V. Typisch ist die Zusammenfassung in Ziffer 8 des Staatsgrundgesetzes der Republik Bayern (FN 375) oder in § 12 Verf. Schwerin-Sonderburg.

§ 231   Sechzehnter Teil: I. Entwicklung und Bedeutung einzelstaatlicher Grundrechte

schreiben, oder verdanken sich der Einschätzung der wirtschaftlichen bzw. sozialen Lage. Als Errungenschaften sind die Auflösung des Bündnisses von „Thron und Altar" sowie die Gleichheit im weitesten Sinne bereits namhaft gemacht worden; es kommt als vergleichsweise neues Regelungsfeld die Schule hinzu[398].

69
Religionsverfassungsrecht

Im Religionsverfassungsrecht ist auffällig die starke Akzentuierung der negativen Religionsfreiheit, die – teils unter Rückgriff auf § 148 der Paulskirchenverfassung – regelmäßig explizit gewährleistet wird[399]. Regelrechtes Neuland betritt hier Baden, dessen Modell der Verleihung des Körperschaftsstatus an „kirchliche und religiöse Gemeinschaften" (§ 18 Abs. 3 und 4 Verf.) den Weg zum Weimarer Kirchenkompromiß weist[400]. Restriktiver geht Mecklenburg-Strelitz vor, das praktisch „Kanzelwerbung" untersagt (§ 33 Abs. 2 Satz 1 Verf. 1919).

Gleichheit und Eigentumsrecht

Die endlich durchgesetzte Gleichheit wird vielfach betont[401] und etwa beim Ämterzugang detailliert ausbuchstabiert[402]. Garantien zugunsten der Beamten[403], des Eigentums[404] wie des Kirchengutes[405] sollen die noch vorhandene Revolutionsfurcht dämpfen. Einzelne weitere Innovationen sind die explizite Gewährleistung der Koalitionsfreiheit (§ 17 Abs. 2 Verf. Baden; § 9 Abs. 2 Verf. Oldenburg), der gesteigerte Schutz des Eigentums gegen Enteignung durch das Erfordernis einer verfassungsändernden Mehrheit für den Erlaß entsprechender Gesetze (§ 14 Abs. 4 Verf. Baden), die Festsetzung der Religionsmündigkeit (16 Jahre laut § 34 Verf. Mecklenburg-Strelitz 1919 bzw. 14 Jahre laut § 15 Abs. 2 Verf. Oldenburg), das Recht zum Kirchenaustritt (§ 35 Abs. 5 Verf. Mecklenburg-Strelitz 1919), die Suspendierung einzelner Grundrechte im Notstand (§ 12 Verf. Oldenburg), der Sonn- und Feiertags-

---

398 Vgl. § 19 Verf. Baden; Ziffer 15 Staatsgrundgesetz Bayern; § 16 Vorl. Staatsgrundgesetz Bayern; §§ 38 ff. Verf. Mecklenburg-Strelitz (1919); §§ 22 Verf. Oldenburg; § 15 Verf. Schwerin-Sonderburg; § 22 Verf. Württemberg (Mai 1919).
399 §§ 18 Abs. 2, 19 Abs. 3 Verf. Baden; Ziffern 14 Abs. 1 Satz 3, 15 Satz 3 Staatsgrundgesetz Bayern; §§ 15 Abs. 1 Satz 3, 16 Satz 3 Vorl. Staatsgrundgesetz Bayern; §§ 33 Abs. 1 Satz 3, 35 Abs. 5, 36 Abs. 2 Verf. Mecklenburg-Strelitz (1919); § 16 Abs. 1 Verf. Oldenburg; § 14 Abs. 4 u. 5 Verf. Württemberg (Mai 1919).
400 Unterstrichen von *Hollerbach*, Karlsruhe trifft Weimar. Zur Entstehung der Norm über den Erwerb des Körperschaftsstatus durch Religionsgemeinschaften, JZ 2014, S. 1147 (1149 f.). Ähnlich noch § 20 Verf. Württemberg (Mai 1919). – Die übrigen Verfassungen formulieren diffuser; vgl. Ziffer 14 Abs. 1 Staatsgrundgesetz Bayern; § 15 Abs. 1 Vorl. Staatsgrundgesetz Bayern; § 21 Verf. Oldenburg; § 13 Abs. 2 u. 3 Verf. Schwerin-Sonderburg. Vgl. auch § 35 Abs. 3 Verf. Mecklenburg-Strelitz (1919), der den Status nur für die ehemalige evangelische Landeskirche vorsieht.
401 Siehe §§ 9 f. Verf. Baden; Ziffern 10 bis 12 Staatsgrundgesetz Bayern bzw. §§ 11-13 Vorl. Staatsgrundgesetz Bayern; § 44 Abs. 1 Verf. Mecklenburg-Strelitz (1919); §§ 4 ff. Verf. Oldenburg; §§ 11, 16 f. Verf. Schwerin-Sonderburg; §§ 6 ff., 16 Abs. 2 Verf. Württemberg (Mai 1919).
402 Siehe § 13 Abs. 1 u. 2 Verf. Baden
403 Ziffer 16 Staatsgrundgesetz Bayern; § 17 Vorl. Staatsgrundgesetz Bayern; § 17 Abs. 2 Verf. Schwerin-Sonderburg.
404 § 14 Verf. Baden; Ziffer 9 Staatsgrundgesetz Bayern; § 10 Vorl. Staatsgrundgesetz Bayern; § 43 Verf. Mecklenburg-Strelitz (1919); § 13 Verf. Oldenburg; § 18 Verf. Schwerin-Sonderburg; § 15 Verf. Württemberg (Mai 1919).
405 § 18 Abs. 5 Verf. Baden; Ziffer 14 Abs. 2 Staatsgrundgesetz Bayern; § 15 Abs. 2 Vorl. Staatsgrundgesetz Bayern; § 19 Abs. 1 Verf. Oldenburg; § 14 Verf. Schwerin-Sonderburg; § 21 Verf. Württemberg (Mai 1919).

schutz (§ 16 Abs. 2 Verf. Oldenburg) sowie das Modell einer Gemeinwirtschaft mit sozialstaatlichen Elementen (§§ 16-18 Verf. Württemberg vom Mai 1919). Über diese Einzelregelungen hinaus lassen sich Innovationen in prozessualer oder grundrechtsdogmatischer Perspektive nicht nachweisen, sieht man von der ausdrücklichen Kennzeichnung einzelner Garantien als „bloße Programmsätze" in Ziffer 18 des Staatsgrundgesetzes der Republik Bayern ab[406].

Programmsätze

Regelrechte Verluste sind demgegenüber nicht zu verzeichnen; typisch ist insofern, daß solche Grundrechtsbestimmungen, denen wie der Aufhebung der Leibeigenschaft das Regelungssubstrat abhanden gekommen sind, nicht aus den Vorgängerverfassungen übernommen werden[407].

70
Verlust des Regelungssubstrats

VI. Landes-Grundrechtsdoktrin

Eine regelrechte Landes-Grundrechtsdoktrin ist für die kurze Phase vor Inkrafttreten der Reichsverfassung nicht zu verzeichnen. In den verfassunggebenden Versammlungen begegnet wohl regelmäßig der warnende Hinweis auf die mögliche Brechung der Grundrechte durch das kommende Reichsrecht – gestützt entweder auf die kaiserzeitliche Mehrheitsmeinung[408] oder die Entwürfe mitsamt dem späteren Art. 13 WRV. Die Befürworter der Landesgrundrechte versuchen wohlgemerkt erst gar nicht, ihm juristisch resp. dogmatisch entgegenzutreten, sondern führen genuin politische Gründe dafür an, gleichwohl Grundrechtsgewährleistungen aufzunehmen: Die Verfassungsurkunde sei sonst unvollständig oder akzentuiere nicht hinreichend die eigene Landesstaatlichkeit[409]. Gerade bei Bestimmungen zu den Themenfeldern Schule und Kirche ist ferner in Rechnung zu stellen, daß die revolutionäre Linke hier phasenweise besonders raumgreifende Vorstellungen entwickelt hatte[410], weswegen das bürgerliche Lager darauf beharrt, daß das Abstandnehmen von diesen Plänen in Gestalt einschlägiger Grundrechtsbestimmungen protokolliert wird[411].

71
Warnungen vor reichsrechtlicher Grundrechtsbrechung

Argumente pro Landesgrundrechte

---

406 Vgl. oben FN 375. – Zur ebenso geläufigen wie verkürzten Kennzeichnung aller Grundrechte der Weimarer Verfassung als „Programmsätze" näher *Walter Pauly*, Grundrechtslaboratorium Weimar, 2004, S. 63 ff.
407 Vgl. oben C IV, RN 9.
408 Typisch ist der Hinweis auf *Paul Laband*, Das Staatsrecht des Deutschen Reiches, Bd. 2, ⁵1911, S. 115.
409 Näher anhand der badischen Beratungen *Glockner*, Verfassungsrecht (FN 380), S. 59 ff.
410 Dazu m.w.N. *Wittreck*, Bonn ist doch Weimar. Die Religionsfreiheit im Grundgesetz als Resultat von Konflikt und Kontroverse, in: Reuter/Kippenberg, Religionskonflikte (FN 342), S. 66 (70 ff.).
411 Nochmals *Glockner* aaO., § 19 Anm. 1: „die am meisten umstrittene Bestimmung" (Schule, namentlich Religionsunterricht).

I. Grundrechte in den Verfassungsurkunden der Zwischenkriegszeit

I. Überblick

72

Geringschätzungseffekte zur Wirkkraft der WRV-Grundrechte

Die Grundrechte in den Landesverfassungen der Zwischenkriegszeit sind in der Forschung aus gleich zwei Gründen weitgehend unterbelichtet geblieben[412] – sieht man vielleicht von Bayern ab, das über einen ausgeprägten Eigen-Sinn in Sachen Verfassungsidentität hinaus noch auf die nur dort eingeräumte Möglichkeit der Verfassungsbeschwerde (§ 70 Abs. 1, § 93 Bay. Staatsgrundgesetz)[413] verweisen kann: Zum einen partizipieren die Landesgrundrechte an der in der Nachkriegs-Staatsrechtslehre verbreiteten Geringschätzung der Wirkungskraft der Grundrechte der Weimarer Reichsverfassung[414].

Reichsrecht bricht inhaltsgleiches Landrecht

Zum anderen leiden sie unter der mehr oder minder bruchlosen Fortschreibung der Mehrheitsmeinung der Weimarer Staatsrechtslehre, wonach Art. 13 Abs. 1 WRV („Reichsrecht bricht Landrecht") nicht allein – so das heute vorherrschende Verständnis des Art. 31 GG – Normwidersprüche zwischen Bundes- und Landesrecht sanktioniere, sondern auch inhalts- oder wortlautgleiche Landesnormen vernichte[415]; es kommt noch hinzu, daß überwiegend davon ausgegangen wurde, daß die Gewährleistung von Grundrechten an die Kompetenzordnung der Art. 6 ff. WRV gebunden sei[416]. Dementsprechend gilt in der Zwischenkriegszeit wie in der Gegenwart die Faustregel, daß die Landesgrundrechte praktisch ohne Relevanz waren – was sich im Schrifttum oft genug darin äußerte, daß sie vergleichsweise ungnädig beinahe „übersprungen" wurden[417]. Es ist im folgenden darzulegen, wie unterkomplex diese Sicht ist.

---

412 Sehr speziell hingegen die Berücksichtigung – wenigstens am Rande – in der (österreichischen) Schrift von *Eduard Westphalen Fürstenberg*, Das Problem der Grundrechte im Verfassungsleben Europas, 1935, S. 253.
413 Positives Ausnahmebeispiel ist der frühe Hinweis auf die Grundrechtsbindungsnorm der Verf. Mecklenburg-Schwerin (Vorspruch vor § 4) durch *Häberle*, Grundrechte und parlamentarische Gesetzgebung im Verfassungsstaat – das Beispiel des deutschen Grundgesetzes, in: AöR 114 (1989), S. 361 (364); s. dazu jetzt eingehender *H. Dreier*, GG (LitVerz.), Vorb. RN 17 sowie Art. 1 III RN 4.
414 Dagegen jetzt das eindringliche Plädoyer von → Bd. I: *H. Dreier*, Die Zwischenkriegszeit, § 4 RN 13 ff.; dort auch Nachweise zur Gegenansicht.
415 Vgl. unten FN 450; zeitgenössische Kritik schon bei *Fritz Stier-Somlo*, Deutsches Reichs- und Landesstaatsrecht I, 1924, S. 380, sowie *Hatschek*, Landesstaatsrecht (FN 1), S. 112; vgl. ferner die Nachweise bei *H. Dreier*, GG (LitVerz.), Art. 31 RN 7.
416 Siehe nur *Hatschek*, Landesstaatsrecht (FN 1), S. 112 sowie – implizit – *August Finger*, Das Staatsrecht des Deutschen Reichs, 1923, S. 205.
417 Lapidar *Wilhelm Bazille*, Die Verfassung Württembergs vom 25. September 1919, ⁵1929, S. 37: „Die Folge davon war, daß fast alle Grundrechte in der württ. Landesverfassung in Wegfall kamen". Auch seine folgende Interpretation der §§ 63 ff. Verf. Württemberg (September 1919) (S. 38 ff.) besteht im Kern aus der Auflistung von Normen der Reichsverfassung und einfachen Rechts.

II. Urkundenbestand

Mit Ausnahme Waldecks, das im Jahre 1928 in Preußen aufgeht, ohne je über eine vorläufige Verfassung hinausgelangt zu sein[418], geben sich alle Gliedstaaten der Weimarer Republik schriftliche Verfassungen[419]. Während die vor Erlaß der Reichsverfassung verkündeten Urkunden von Baden und Oldenburg unverändert fortgelten[420], unterziehen Mecklenburg-Strelitz[421] sowie Württemberg[422] ihre Landesverfassungen einer eingehenden Revision. Praktisch zeitgleich mit der Reichsverfassung oder danach kommen ferner zustande die Verfassung für Anhalt[423], die Verfassungsurkunde des Freistaates Bayern[424], die Verfassung Hessens[425], die Verfassung des Freistaates Mecklenburg-Schwerin[426], die Verfassung der Freien Hansestadt Bremen[427], die Lübeckische Landesverfassung[428], die Verfassung des Freistaates Sachsen[429], die Verfassung des Freistaates Preußen[430], die Verfassung des Landes Lippe[431], die Verfassung der Freien und Hansestadt Hamburg[432], die Verfas-

73
Neue Verfassungsdokumente bzw. Revisionen

---

418 Dokumentiert bei Wittreck, Landesverfassungen (FN 356), S. 680 ff.; aus der Literatur nur *Hölscher*, Verfassungsrecht (FN 360).
419 Edition mit Literatur wie einschlägigen Judikaten und Volksabstimmungen: Wittreck, Landesverfassungen (FN 356).
420 Vgl. oben FN 380 bzw. 382.
421 Die Verf. von 1919 (oben FN 381) wird durch das Gesetz über die neue Fassung des Landesgrundgesetzes von Mecklenburg-Strelitz und Einführungsgesetz dazu v. 24. 5. 1923 (Mecklenburg-Strelitzer Amtlicher Anzeiger v. 30. 5. 1923, S. 63) abgelöst.
422 Hier tritt an die Stelle der Urkunde vom Mai 1919 (oben FN 386) die Verfassung Württembergs v. 25. 9. 1919 (Regierungsblatt für Württemberg v. 25. 9. 1919, S. 281); eingehend zur Revision *v. Erdmann*, Verfassung (FN 386), S. 157 ff.
423 Vom 18. 7. 1919 (Gesetzsammlung für Anhalt Nr. 10 v. 19. 7. 1919, S. 79); s. dazu nur *Max Happach*, Besonderheiten der Verfassung des Freistaates Anhalt im Hinblick auf die Verfassungen anderer deutscher Länder (Diss. iur. Halle-Wittenberg), 1924.
424 Auch „Bamberger Verfassung" genannt; v. 14. 8. 1919 (Gesetz- und Verordnungsblatt für den Freistaat Bayern Nr. 58 v. 15. 9. 1919, S. 531). – Im Gegensatz zur Mehrzahl der Urkunden ist die Literatur reichlich (besondere Hervorhebung verdient *Hans Nawiasky*, Bayerisches Verfassungsrecht, 1923); vgl. Wittreck, Landesverfassungen (FN 356), S. 135 ff., sowie jetzt *Ruf*, Verfassung (FN 375), S. 95 ff. (Entstehung), 101 ff. (Inhalt).
425 Vom 12. 12. 1919 (Regierungsblatt für Hessen Nr. 37 v. 20. 12. 1919, S. 439); vgl. dazu *Tobias Haren*, Der Volksstaat Hessen 1918/1919, 2003.
426 Vom 17. 5. 1920 (Regierungs-Blatt für Mecklenburg-Schwerin Nr. 92 v. 10. 6. 1920, S. 653); s. dazu nur *Wenzel*, Verfassungen (FN 381), S. 321 ff.
427 Vom 18. 5. 1920 (Gesetzblatt der Freien Hansestadt Bremen Nr. 46 v. 18. 5. 1920, S. 183); eingehend dazu jetzt *Rehder*, Verfassung (FN 364), S. 105 ff.
428 Bekanntmachung v. 23. 5. 1920 (Gesetz- und Verordnungsblatt der Freien und Hansestadt Lübeck Nr. 24 v. 23. 5. 1920, S. 135). Die Urkunde erweist sich als extrem instabil und änderungsanfällig; vgl. die Dokumentation der weiteren Entwicklung in Wittreck, Landesverfassungen (FN 356), S. 357 ff.
429 Vom 4. 11. 1920 (Gesetz- und Verordnungsblatt für den Freistaat Sachsen Nr. 26 v. 12. 11. 1920, S. 445); s. dazu *Schelcher*, Die Verfassung des Freistaates Sachsen, in: Jahrbuch des öffentlichen Rechts der Gegenwart 10 (1921), S. 285 ff.
430 Vom 30. 11. 1920 (Gesetzsammlung Nr. 54 v. 30. 12. 1920, S. 543). Auch diese Verfassung wird eingehend kommentiert und besprochen; vgl. Wittreck, Landesverfassungen (FN 356), S. 494 ff.; zur Entstehung jetzt noch *ders.*, Verfassunggebende Landesversammlung und Preußische Verfassung von 1920, in: Lehnert, Preuß (FN 388), S. 317 ff.
431 Vom 21. 12. 1920 (Gesetzsammlung für den Freistaat Lippe Nr. 39 v. 21. 12. 1920, S. 341); eingehend dazu jetzt *Schaletzki*, Pragmatismus (FN 366), S. 47 ff.
432 Vom 7. 1. 1921 (Hamburgisches Gesetz- und Verordnungsblatt Nr. 5 v. 9. 1. 1921, S. 9); eingehend dazu jetzt *Lütke*, Verfassung (FN 357), S. 148 ff.

sung des Landes Thüringen⁴³³, die Verfassung des Freistaates Braunschweig⁴³⁴ sowie – als Schlußlicht in zeitlicher Perspektive – die Verfassung des Freistaats Schaumburg-Lippe⁴³⁵.

74
Sonderrolle der Verfassungen Danzigs

Eine Sonderrolle kommt den Verfassungen Danzigs zu⁴³⁶. Obwohl die Stadt und ihr Umland durch den Versailler Vertrag vom Reich gelöst worden waren und unter der Aufsicht des Völkerbundes einen teilsouveränen Freistaat bildeten, zählen diese Urkunden der Sache nach zur deutschen Verfassungstradition der Zwischenkriegszeit. Tatsächlich wird die Danziger Verfassung in der Literatur der Zeit typischerweise in einem Atemzug mit den übrigen Landesverfassungen (namentlich der Hansestädte) genannt⁴³⁷.

III. Kontexte

75
Vorgängerlandesverfassungen als Referenztexte

Die Landesverfassungen der Zwischenkriegszeit entstehen in einem Diskursraum, in dem sich eine ganze Fülle von möglichen Referenzen bündelt. Da – anders als nach dem Zweiten Weltkrieg⁴³⁸ – der territoriale Zuschnitt der Länder – mit Ausnahme Thüringens sowie der Gebietsverluste infolge des Vertrags von Versailles – praktisch unverändert bleibt, steht als erster Referenztext die Vorgängerlandesverfassung der konstitutionellen Epoche im Raum; ihre Prägewirkung variiert von Land zu Land, wobei sie in den Hansestädten⁴³⁹, in den süddeutschen Ländern mit langer konstitutioneller Tradition⁴⁴⁰ sowie in solchen Staaten, in denen das bürgerliche Lager überdurch-

---

433 Vom 11.3.1921 (Gesetzsammlung für Thüringen Nr. 10 v. 26.3.1921, S. 57); vgl. dazu *[Eduard] Rosenthal*, Die Verfassung des Landes Thüringen vom 21. März 1921, in: Jahrbuch des öffentlichen Rechts der Gegenwart 10 (1921), S. 366 ff., die Kommentierung von *Hellmuth Loening*, Die Verfassung des Landes Thüringen, ³1922–1925, sowie die moderne Darstellung von *Jürgen John*, Die thüringischen Landesverfassungen 1920/21 und 1946, in: K. Schmitt, Verfassung (LitVerz.), S. 132 (139ff.).
434 Vom 6.1.1922 (Gesetz- und Verordnungssammlung für die Braunschweigischen Lande Nr. 8 v. 16.1.1922, S. 55). Aus der knappen Literatur *Diederichs*, Entwicklung (FN 361).
435 Vom 24.2.1922 (Schaumburg-Lippische Landesverordnungen Nr. 8 v. 1.3.1922, S. 27); s. aus der eher überschaubaren Literatur *Brosius*, Von der Monarchie zur Republik – die Begründung des Freistaates Schaumburg-Lippe, in: Schaumburg-Lippische Mitteilungen 19 (1968), S. 47 ff., sowie *Heiko Holste*, Schaumburg-Lippe. Vom souveränen Staat zum halben Landkreis, 2003, S. 17 ff.
436 Angefangen mit der Verfassung der Freien und Hansestadt Danzig v. 15./27.11.1920 (Staatsanzeiger für Danzig Nr. 49 v. 9.12.1920, S. 344); diese wie ihre anschließenden Änderungen und die umfangreiche Literatur sind dokumentiert in Wittreck, Landesverfassungen (FN 356), S. 789 ff.
437 Es kommt die evidente Abhängigkeit der Danziger Verfassung von reichsdeutschen Vorbildern hinzu, namentlich der Reichsverfassung sowie der Verfassungsurkunde der Hansestadt Lübeck; vgl. dazu einerseits die Binnensicht von *[H.] Reiss*, Auf den Spuren der Deutschen Reichsverfassung vom 11.8.1919 im geltenden Danziger Recht, Danziger Juristen-Zeitung 1924, S. 70 ff., andererseits aus der Perspektive des externen Beobachters *Fritz Morstein Marx*, Hansestädtisches Verfassungsrecht in Gegenwart und Zukunft, 1926, S. 8 u. passim; die Bezeichnung als „vierte Hansestadt" findet sich bei *Günther Wierutsch*, Die Eigenart des Danziger Verfassungssystems im Vergleich mit dem deutschen Reichs- und Landesstaatsrecht (Diss. iur. Bonn), 1931, S. 4. – Zur Problematik *Wittreck*, Die Anfänge der verfassungsgerichtlichen Normenkontrolle in Deutschland. Das Danziger Obergericht als Normenprüfungsinstanz 1923–1939, ZRG (GA) 121 (2004), S. 415 (422ff.).
438 Unten J III 3, RN 96.
439 Für Lübeck ist das ohnehin evident (oben H.I, RN 64ff.); vgl. für Hamburg *Lütke*, Verfassung (FN 357), S. 105 ff., sowie für Bremen: *Rehder*, Verfassung (FN 364), S. 184 ff.
440 Siehe *Wittreck*, Landesverfassungen (FN 356), S. 8.

schnittlichen Einfluß auf die Verfassunggebung zu nehmen vermag[441], besonders ausgeprägt ist. Hier fällt auf, daß die Landesverfassungen mit regelrechten Grundrechtsabschnitten[442] entweder – auch normtextlich – Anschluß an überkommene Kataloge suchen (so Baden, Bayern, Oldenburg und Württemberg) oder umgekehrt das bisherige Fehlen eines solchen Kataloges kompensieren (so beide Mecklenburg)[443]. Zweiter Referenztext der Landesverfassungen ist das Gesamtcorpus der schon verabschiedeten oder zumindest zum Entwurf geronnenen Verfassungsurkunden der übrigen Länder, wobei hier die genauen Filiationsverhältnisse noch nachzuzeichnen wären[444]; die Bandbreite reicht von punktuellen Hinweisen auf als klug oder angemessen eingestufte Parallelbestimmungen bis hin zu regelrechten Synopsen, die den Verfassungsberatungen zugrunde liegen[445].

Verfassungs-Gesamtcorpus der jeweils übrigen Länder als Referenz

An dritter Stelle ist die Reichsverfassung zu erwähnen, die – je nach zeitlichem Ablauf der Verfassunggebung – bereits verkündet vorliegt oder als konsolidierter Entwurf kursiert[446]. Ihre Referenzwirkung kann positiv wie negativ ausfallen: Während die direkte Orientierung im Sinne der Übernahme von Textbestandteilen oder Konzepten eher die Ausnahme darstellt – sie ist mit Händen zu greifen in Danzig, das namentlich den Grundrechtsteil praktisch eins zu eins übernimmt –, hinterläßt die Reichsverfassung in negativer Hinsicht einen deutlichen Fußabdruck in Gestalt der pflichtschuldigen Reaktion der Landesverfassunggeber auf solche Bestimmungen, die ihren Spielraum verengen:

76
Referenzwirkung (des Entwurfs) der Reichsverfassung

Die Verfassungsordnung des Gesamtstaates wirkt nach den Vorschriften der Weimarer Reichsverfassung in den Verfassungsraum der Länder in wiederum dreifacher Hinsicht hinein und engt ihn damit im Ergebnis ungleich weiter ein, als dies die Homogenitätsvorgaben des Grundgesetzes tun[447]. Im Zentrum steht die Vorschrift des Art. 17 Abs. 1 Reichsverf., welche die Länder auf eine „freistaatliche Verfassung", die Wahlgrundsätze der Reichsverfassung sowie die Abhängigkeit der Regierung vom Vertrauen der Volksvertretung

77
WRV-Einwirkungen in den Verfassungsraum der Länder

---

441 Dies gilt namentlich für Oldenburg, wo der für den Verfassungsentwurf verantwortliche Ministerialbeamte *von Finckh* im Zweifel auf die revidierte Verfassung von 1852 (oben FN 255) zugreift: *Beckermann*, Kontinuitäten (FN 237), S. 86.
442 Unten IV, RN 79 ff.
443 Hingegen ist hier ein direkter Rekurs auf die kurzlebige Revolutionsurkunde (oben FN 186) nicht zu verzeichnen.
444 Vgl. etwa die Überblicksdarstellungen von *Koellreutter*, Entwicklung (FN 361), S. 409 ff., sowie *Lechler*, Parlamentsherrschaft (FN 392), S. 195 ff. (Sachsen). Für die Ausstrahlungswirkung der Verfassung Lippes auf Schaumburg-Lippe vgl. *Schaletzki*, Pragmatismus (FN 366), S. 22 f.: „[...] entsprach inhaltlich fast vollständig der lippischen Verfassung"; für Thüringen, das sich an der Verfassung von Sachsen-Weimar-Eisenach von 1919 orientierte, belegt bei *Herntrich*, Thüringen (FN 68), S. 242.
445 In Oldenburg werden gezielt andere Länder um Einsendung ihrer Entwürfe gebeten: *Beckermann*, Kontinuitäten (FN 237), S. 86.
446 Vgl. die Hinweise bei *Lechler*, Parlamentsherrschaft (FN 392), S. 198 ff.
447 Die daraus resultierende faktische Homogenität der Weimarer Landesverfassungen unterstreicht *Michael Stolleis*, Geschichte des öffentlichen Rechts in Deutschland, Bd. 3, ²2002, S. 125. – Den vergleichsweise weiten Spielraum der bundesdeutschen Länder betonen demgegenüber zu Recht etwa *Stern*, Staatsrecht ²I (LitVerz.), § 19 III 2 a, b (S. 668) oder *Henner J. Boehl*, Verfassunggebung im Bundesstaat, 1997, S. 205 f.

§ 231   Sechzehnter Teil: I. Entwicklung und Bedeutung einzelstaatlicher Grundrechte

Umfassende Wirkung von „Reichsrecht bricht Landrecht"

festlegt[448]. Sie wird ergänzt um einen ganzen Kranz an homogenitätssichernden Vorschriften namentlich des Parlamentsrechts, die sich explizit Geltung auch für die Landesparlamente beilegen und damit nach Art der unter dem Grundgesetz umstrittenen „Bestandteilsnormen" wirken[449]. Als besonders gravierend erweist sich schließlich die vorherrschende Lesart des Vorläufers von Art. 31 GG: Art. 13 Abs. 1 Reichsverf. bestimmt lapidar „Reichsrecht bricht Landrecht" und bricht damit nach weit überwiegender Ansicht der Staatsrechtslehre den Stab auch über solche Vorschriften der Landesverfassungen, die mit Bestimmungen der Reichsverfassung inhalts- oder gar wortlautgleich sind[450]; dies gilt namentlich für die Grundrechte[451], betrifft aber auch Normen des Religionsverfassungsrechts im Sinne von Art. 136 ff. Reichsverf.[452]

78

Bezugnahme auf Schweizer Kantone zu direkter Demokratie

Es bleibt der Blick über die Grenzen, der allerdings bestenfalls flüchtig ausfällt. Nachweisen läßt sich hier namentlich die Bezugnahme auf die Schweizer Kantone in Fragen direkter Demokratie[453], wohingegen konkrete Einflüsse auf die Grundrechtsentwicklung bislang nicht zu belegen sind.

IV. Grundrechtsbestand

79

Eigene Grundrechtsabschnitte

Unter den während des oder nach dem Inkrafttreten der Weimarer Reichsverfassung zustande gekommenen Verfassungen enthalten eigene Grundrechtsabschnitte diejenigen von Bayern (§§ 13 bis 16, 17 bis 21 Verf.)[454], Braunschweig (Art. 2 bis 6 Verf.), Mecklenburg-Schwerin (§§ 4 bis 23 Verf.) sowie Danzig (Art. 70 bis 114 Verf. 1920); ohne substantielle Änderung gelten ferner die Verfassungen von Baden (§§ 9 bis 19 Verf.) sowie Oldenburg (§§ 4

---

448 Dazu zeitgenössisch *[Ludwig] Gebhard*, Die Bedeutung des Art. 17 Abs. 1 der Reichsverfassung, in: Bayerische Gemeinde- und Verwaltungszeitung 33 (1923), Sp. 449 ff., 469 ff.; *Heinerici*, Einschränkungen (FN 354); *Nieding*, Homogenität (FN 215); *Karl Elleser*, Die Verfassungs-Autonomie der deutschen Länder und ihre reichsrechtlichen Beschränkungen (Diss. iur. Heidelberg), 1928; *Fritz Rosenberg*, Art. 17 der Reichsverfassung das Homogenitätsgesetz der Verfassung des Deutschen Reiches vom 11. August 1919 (Diss. iur. Frankfurt/M.), 1930; *Bernhard Hinrichs*, Die Grenzen der Verfassungsautonomie der deutschen Länder (Diss. iur. Kiel), 1930; *Wenzel*, Grundlagen (FN 354), § 52 (S. 604 ff.); knappe Zusammenfassung bei *H. Dreier*, GG (LitVerz.), Art. 28 RN 5.
449 Zur Diskussion m.w.N. *H. Dreier*, GG (LitVerz.), Art. 28 RN 45.
450 Prominent *Anschütz* (FN 214), Art. 13 Anm. 3 (S. 103 f.); s. dazu *H. Dreier*, GG (LitVerz.), Art. 31 RN 7. – Vgl. ferner *Eduard Hubrich*, Das demokratische Verfassungsrecht des deutschen Reiches, 1921, S. 44; *Finger*, Staatsrecht (FN 416), S. 207; *Doehl*, Reichsrecht bricht Landrecht (Art. 13 I Reichsverfassung vom 11. August 1919), in: AöR 51 NF Bd. 12 (1927), S. 37 ff.; *Fritz Poetzsch-Heffter*, Handkommentar der Reichsverfassung vom 11. August 1919, ³1928, Art. 13 Anm. 1 (S. 123 f.); *Maria Cordes*, Die derogatorische Kraft des Reichsrechts gegenüber dem Landesrecht (Diss. iur. Leipzig), 1931; *Fritz Fleiner/Josef Lukas*, Bundesstaatliche und gliedstaatliche Rechtsordnung, in: VVDStRL 6 (1929), S. 2 ff., 57 ff.; *Friedr[ich] Giese*, Die Verfassung des Deutschen Reichs, ⁸1931, Art. 13 Anm. 1 (S. 63); *Ludwig Gebhardt*, Handkommentar zur Verfassung des Deutschen Reichs vom 11. August 1919, 1932, Art. 13 Anm. 3 (S. 126 f.); aus dem landesrechtlichen Schrifttum nur *Bazille*, Verfassung (FN 417), S. 36, sowie *Nawiasky*, Verfassungsrecht (FN 424), S. 42, 246 ff.
451 Unten I VI, RN 87.
452 Unten sogleich IV, RN 79 ff.
453 Vgl. am Beispiel Bayerns *Ruf*, Verfassung (FN 375), S. 431 ff.; für Baden belegt bei *Andreas Hunkel*, Eduard Dietz (1866–1940) – Richter, Rechtsanwalt und Verfassungsschöpfer, 2008, S. 125 ff.
454 Dazu zeitgenössisch *Nawiasky*, Verfassungsrecht (FN 424), S. 246 ff.; s. ferner *Ruf*, Verfassung (FN 375), S. 492 ff., 513 ff.

bis 27 Verf.) fort. Württemberg hingegen hat auf die Reichsverfassung reagiert und den eigenen Grundrechtsteil weitgehend getilgt; einzelne Bestimmungen von grundrechtlicher Relevanz sind in den Abschnitt „Wirtschaftsleben" (§§ 59 bis 61 Verf.) sowie – dies betrifft die religionsverfassungsrechtlichen Bestimmungen der §§ 63 bis 65 Verf. – in die Schluß- und Übergangsbestimmungen verlagert worden. Dort bleibt auch das überkommene Beschwerderecht geregelt (§ 66 Verf., unter Rekurs auf §§ 36 und 37 Verf. 1819). Mecklenburg-Strelitz hat seinen eigenständigen Grundrechtsabschnitt durch eine Rezeptionsklausel in § 3 Verf. (1923) ersetzt[455] bzw. in Teilen unter der Überschrift „Religionsgesellschaften" an das Ende der Urkunde gesetzt (§§ 58 bis 60 Verf. 1923).

Reaktionen auf WRV

Rezeptionsklausel

Das ist sinnfällig, denn auch unter den „grundrechtslosen" Verfassungen ist die völlige Grundrechtsabstinenz wiederum – nicht zuletzt in Ansehung des Religionsverfassungsrechts – die große Ausnahme. Ein vollständig reines Organisationsstatut (die Vorschriften zum Wahl- und Abstimmungsrecht[456] sowie die Eidesformeln einmal außer acht gelassen[457]) begegnet danach dem Grunde nach nur in Thüringen: Anhalt gewährleistet Rechte seiner Beamten (§ 52 Verf.); Bremen regelt die kollektive Religionsfreiheit (§ 87 Verf.)[458], Hamburg Vertretungen der Beamten (Art. 61 Verf.); Hessen führt die überkommene Rechtsschutzgarantie fort (Art. 60 Verf.; vgl. Art. 32 Verf. 1820) und wickelt die Patronate ab (Art. 63 Verf.). Lippe und Schaumburg-Lippe garantieren die Einrichtung von Verwaltungsgerichten (Art. 45 Verf. Lippe bzw. § 43 Verf. Schaumburg-Lippe); Lübeck erklärt sich – bis 1932 – für die Verwaltung des Vermögens der evangelisch-lutherischen Kirchengemeinden zuständig[459]. Preußen regelt mit dem Kirchenaustritt einen Ausschnitt der negativen

80

Nur ausnahmsweise vollständige Grundrechtsabstinenz

---

455 „Die Bestimmungen der Reichsverfassung über Grundrechte und Grundpflichten der Deutschen bilden einen ergänzenden und unlöslichen Teil des Landesgrundgesetzes". – Vgl. dazu aus der – übersichtlichen – zeitgenössischen Literatur *Hatschek*, Landesstaatsrecht (FN 1), S. 113.

456 Vgl. §§ 2 bis 5 Verf. Anhalt; §§ 2 u. 3 Verf. Baden; §§ 7 bis 10 Verf. Bayern; Art. 2, 15 Verf. Braunschweig; §§ 2, 3, 11, 12 Verf. Bremen; Art. 4 bis 6 Verf. Hamburg; Art. 10 Verf. Hessen; Art. 2 bis 6 Verf. Lippe; Art. 17 u. 18 Verf. Lübeck (1920); §§ 24 u. 25 Verf. Mecklenburg-Schwerin; § 6 Abs. 2 u. 3 Verf. Mecklenburg-Strelitz (1923); § 48 Verf. Oldenburg; Art. 2 bis 6 Verf. Preußen; Art. 2 u. 3 Verf. Sachsen; §§ 2 bis 6 Verf. Schaumburg-Lippe; § 3 u. 4 Verf. Thüringen; §§ 3 bis 5 Verf. Württemberg (Sept. 1919).

457 Auch sie bestätigen die Betonung der negativen Religionsfreiheit, indem sie durchweg „weltlich" formulieren und die Beifügung einer religiösen Beteuerung lediglich zulassen: § 30 Abs. 2 Verf. Anhalt; Art. 40 Verf. Hamburg; Art. 10 Verf. Lübeck (1920); § 37 Verf. Thüringen – Gelöbnis ohne Öffnungsklausel: § 40 Abs. 2 Verf. Oldenburg sowie § 31 Verf. Schaumburg-Lippe.

458 Nach § 87 Abs. 4 Verf. Bremen wird hier der Status als Körperschaft des öffentlichen Rechts durch Gesetz verliehen; die in die Nachkriegsverfassung als Art. 61 Satz 2 Verf. Bremen übernommene Bestimmung ist unlängst vom Bundesverfassungsgericht verworfen worden: *BVerfGE* 139, 321 (Zweiter Senat), sowie NVwZ 2015, S. 1434 – Zeugen Jehovas II, und dazu *Muckel*, Die Zweitverleihung der Körperschaftsrechte an Religionsgemeinschaften – immer noch umstritten, NVwZ 2015, S. 1426 ff.; *Beckermann*, Die Verleihung des Körperschaftsstatus an Religionsgemeinschaften als Zuordnungskonflikt zwischen Parlament und Verwaltung. Zugleich eine Anmerkung zu den Auswirkungen des Zweitverleihungsbeschlusses, insbesondere auf das Körperschaftsstatusgesetz NRW, DÖV 2016, S. 112 ff.; *Sachs/Jasper*, Die Verleihung des Status einer Körperschaft des öffentlichen Rechts an Religionsgesellschaften. Anmerkungen zum Beschluss des Bundesverfassungsgerichts vom 30. 06. 2015 (2 BvR 1282/11) zum Körperschaftsstatus der Zeugen Jehovas, NWVBl. 2016, S. 1 ff. → Unten *Korioth*, Religiöse und weltanschauliche Freiheiten, § 236 RN 17.

459 Sie ist Gegenstand der gemeinschaftlichen Wirksamkeit von Senat und Bürgerschaft: Art. 43 Abs. 2 Satz 4 Verf. Lübeck (1920). Die Norm wird erst durch Ziffer IV des Gesetzes, betreffend Änderung der Lübeckischen Landesverfassung, v. 24. 3. 1932 (LGVBl. Nr. 14 v. 30. 3. 1932 S. 101) gestrichen.

§ 231   Sechzehnter Teil: I. Entwicklung und Bedeutung einzelstaatlicher Grundrechte

Partielle Grundrechtsnormen	Religionsfreiheit (Art. 76 Verf.)[460] und besonders detailliert die Rechte bzw. Rechtsverhältnisse der Beamten (Art. 77–80 Verf.); ferner prolongiert es das „Dreigestirn" der vorläufigen Verfassung: drei protestantische Minister sollen übergangsweise die Rechte des Königs als Träger des landesherrlichen Kirchenregiments ausüben[461]. Auch Sachsen regelt die kollektive Religionsfreiheit (Art. 50 Verf.). Schaumburg-Lippe garantiert wiederum Rechte der Beamten (§ 56 Verf.).
81 Grundrechtsbindungsnorm Grundrechtsrechtsprechung	Eine Sonderrolle nimmt in diesem Kontext Danzig ein, dessen Grundrechtskatalog nicht nur weitgehend – bis hin zur Reihenfolge – dem der Reichsverfassung entspricht, sondern das auch eine im Laufe der Genese der Weimarer Verfassung gescheiterte Grundrechtsbindungsnorm aufnimmt, die nach Art des heutigen Art. 1 Abs. 3 GG die Bindung von Rechtsprechung, Exekutive und Gesetzgebung an die Grundrechte anordnet (Art. 70 bzw. Art. 71 Verf. Danzig)[462]. Auf ihrer Grundlage entfaltet das Danziger Obergericht eine reichhaltige und phasenweise richtungsweisende Grundrechtsrechtsprechung im Rahmen seiner Plenarentscheidungen, die in der Sache die ersten Normenkontrollen der deutschen Rechtsgeschichte anhand von geschriebenen Grundrechten darstellen[463].
82 Geringe Rezeption subjektiver Rechte durch die Rechtsprechung Subkutane Vorbehalte in der Justiz	Sehr viel spärlicher fällt die Rezeption der subjektiven Rechte durch die Rechtsprechung in den anderen Ländern mit eigenem Grundrechtsteil in der Verfassungsurkunde aus. Hier finden sich – sieht man von den Entscheidungen des Bayerischen Staatsgerichtshofes im Verfassungsbeschwerdeverfahren ab[464] – unter den veröffentlichten Judikaten nur höchst vereinzelt Rekurse auf die Garantien der Landesverfassung[465]. Dieser Befund dürfte nicht allein auf die geschilderte Mehrheitsposition zurückzuführen sein, diesen Bestimmungen werde durch die Grundrechte der Reichsverfassung derogiert; eine nicht minder wesentliche Rolle dürften – teils subkutane – Vorbehalte in Justiz wie Verwaltung spielen, eine obrigkeitsstaatliche Praxis mit teilweise jahrhundertealter Tradition umstandslos auf den Prüfstand der liberalen Grundrechtsidee zu stellen[466].

---

460 Näher *Ludwig Waldecker*, Die Verfassung des Freistaates Preußen vom 30. November 1920, 1921, Art. 76 Anm. 1 (S. 151 f.); *Friedrich Giese/Ernst Volkmann*, Die Preußische Verfassung vom 30. November 1920, ²1926, Art. 76 Anm. 1 ff. (S. 234 ff.); *Wagner*, Landesstaatsrecht (FN 1), S. 121.
461 Die Norm (Art. 82 Abs. 2 der Verfassung des Freistaats Preußen v. 30. 11. 1920) gilt faktisch bis zum 30. 1. 1934; aufgehoben durch das Gesetz über den Neuaufbau des Reichs v. 30. 1. 1934 (RGBl I S. 75).
462 Dazu jetzt *H. Dreier*, GG (LitVerz.), Art. 1 III RN 4.
463 Eingehend *Wittreck*, Anfänge (FN 437), S. 430 ff.
464 Dazu näher *Thomas Bock*, Das Grundrechtsverständnis des Bayerischen Staatsgerichtshofs nach der Verfassungsurkunde des Freistaates Bayern vom 14. August 1919 und das zeitgenössische Schrifttum (Diss. iur. Regensburg), 2001, S. 28 ff.
465 So etwa das Badische Oberste Landesgericht, E. v. 30. 10. 1930, in: Badische Rechtspraxis 33 (1931), S. 20, zur Reichweite der Sonntagsruhe.
466 Hinzu kommt wiederum die Tendenz von Literatur wie Judikatur, die Grundrechte (der Reichsverfassung) in ihrer Rechtsgeltung bzw. Verbindlichkeit fein auszudifferenzieren und dabei oft genug zu minimieren; statt aller → Bd. I: *H. Dreier*, Die Zwischenkriegszeit, § 4 RN 13 ff.

V. Grundrechtsinnovationen und -verluste

Die Landesverfassungen, die zeitgleich mit oder nach der Reichsverfassung erlassen worden sind, haben eingedenk des auch im internationalen Vergleich ungewöhnlich elaborierten zweiten Hauptteils über „Grundrechte und Grundpflichten der Deutschen" nur noch vergleichsweise wenig Spielraum für Grundrechtsinnovationen in Form neuer Gewährleistungen. Hingegen können sie durch prozessuale Vorkehrungen wie Normierungen der allgemeinen Grundrechtslehren Akzente setzen.

83 „Grundrechte und Grundpflichten der Deutschen"

An erster Stelle steht die Verfassungsbeschwerde nach § 70 Abs. 1, 2. Var., § 93 Verf. Bayern, die wiederum an die konstitutionelle Möglichkeit der Beschwerde bei beiden Kammern der Ständeversammlung nach Titel VII § 21 Verf. (1818) anknüpft[467]: „Jeder Staatsangehörige und jede juristische Person, die in Bayern ihren Sitz hat, haben das Recht der Beschwerde an den Staatsgerichtshof, wenn sie glauben, durch die Tätigkeit einer Behörde in ihrem Recht unter Verletzung dieser Verfassung geschädigt zu sein. Die Beschwerde ist nur zulässig, wenn vorher ohne Erfolg beim Ministerium Abhilfe nachgesucht worden oder der Rechtsweg erschöpft ist".

84 Verfassungsbeschwerde

Auf dieser Grundlage entfaltet der Bayerische Staatsgerichtshof eine reichhaltige Rechtsprechung, die namentlich in Fragen der allgemeinen Grundrechtslehre – etwa der Grundrechtsfähigkeit juristischer Personen – einigen Ertrag für die weitere Entwicklung bringt[468].

85 Grundrechtsfähigkeit juristischer Personen

Ins Auge sticht ferner die in Mecklenburg-Schwerin dem Grundrechtskatalog vorangestellte Generalklausel – „Sie bilden Richtschnur und Schranke für Verfassung, Gesetzgebung und Verwaltung" –, die verbreitet als Vorläufer des Art. 1 Abs. 3 GG angesprochen wird[469], ohne daß sich allerdings ein direkter Verursachungszusammenhang belegen ließe.

86 Generalklausel als Vorläufer zu Art. 1 Abs. 3 GG

---

467 Aus der reichhaltigen zeitgenössischen Literatur *[F.] Braunwart*, Verfassungsbeschwerde und Staatsgerichtshof, in: Zeitschrift für Rechtspflege in Bayern 16 (1920), S. 257 ff.; *Carl Lacherbauer*, Die Verfassungsbeschwerde nach bayerischem Staatsrecht, Diss. iur. Erlangen 1928; *Rupert Ammersbach*, Die Verfassungsbeschwerde in Bayern, Diss. iur. Würzburg 1929; *Freiherr v. Kreß*, Die Verfassungsbeschwerde zum Bayerischen Staatsgerichtshof. Eine Rechtsstudie, in: Annalen des Deutschen Reiches für Gesetzgebung, Verwaltung und Volkswirtschaft 63 (1930), S. 170 ff.; *Albrecht Buschke*, Die Grundrechte der Weimarer Verfassung in der Rechtsprechung des Reichsgerichts, Diss. iur. Halle-Wittenberg 1930, S. 11 ff.; *Emig*, Keine Verfassungsbeschwerde nichtbayerischer juristischer Personen, in: Bayerische Verwaltungsblätter 1931, S. 17 f.; *Hamilkar Hofmann*, Die Verfassungsbeschwerde nach bayerischem Verfassungsrecht, in: Annalen des Deutschen Reiches für Gesetzgebung, Verwaltung und Volkswirtschaft 64 (1931), S. 265 ff.
468 Vgl. die Übersicht der Entscheidungen bei Wittreck, Landesverfassungen (FN 356), S. 133 f.; eingehend *Bock*, Grundrechtsverständnis (FN 464), sowie *Ruf*, Verfassung (FN 375), S. 394 ff.
469 Vgl. nur *H. Dreier*, GG (LitVerz.), Vorb. RN 17 sowie im Kontext *Kühne*, Zum Ringen um unmittelbare Grundrechtsgeltung in der Weimarer Nationalversammlung, in: Heike Jochum u. a. (Hg.), Freiheit, Gleichheit, Eigentum – Öffentliche Finanzen und Abgaben, FS R. Wendt, 2015, S. 237 ff.

VI. Landes-Grundrechtsdoktrin

87

Lücken für reduzierte Normwirkung der Landesgrundrechte

Eine Grundrechtsdoktrin, die diesen Namen verdient, bildet sich in der Zwischenkriegszeit in Ansehung der Landesgrundrechte nicht heraus[470]. Zu übermächtig ist die herrschende Auffassung, nach der selbst inhaltsgleiche Bestimmungen des Landesrechts vom Reichsrecht gebrochen und vernichtet werden[471]. Es bleiben daher im Kern zwei Strategien: Wer den Grundrechten der Landesverfassungen[472] eine verbleibende Rest-Relevanz zuschreiben will, muß entweder den Weg der Differenzierung gehen und – lose angelehnt an die im *Common Law* obwaltende Strategie des *distinguishing*[473] – skrupulös prüfen, ob im Einzelfall das Reichsrecht tatsächlich den kompletten Anwendungsbereich des Landesgrundrechts abdeckt oder Lücken läßt, die zumindest eine reduzierte Normwirkung ermöglichen[474]. Nur vereinzelt wird der andere Weg eingeschlagen, ganz grundsätzlich an der Deutung von Art. 13 Abs. 1 WRV zu rütteln und – letztlich in Richtung der heutigen Interpretation von Art. 31 GG – dem Reichsrecht nur dann den Vorrang einzuräumen, wenn das Landesrecht Normbefehle aussendet, die sich in Konflikt zum Recht der Zentralebene begeben[475]. Singulär bleibt die Fußnotenerwägung von *Leo Wittmayer*, der gerade in Ansehung der Landesgrundrechte kritisch fragt, worin eigentlich der Sinn des Verbots gleichlautender Landesnormen bestehe[476]. Auch die explizite Vorwegnahme der heutigen Mehrheitsposition, daß namentlich Mehrgewährleistungen in den Landesverfassungen möglich und wirksam seien, erfolgt an eher entlegener Stelle[477].

Frage nach dem Sinn des Verbots gleichlautender Landesnormen

---

470 Siehe *Stolleis*, Geschichte Bd. III (FN 447), S. 125 ff., der insgesamt dem Landesverfassungsrecht bzw. der wissenschaftlichen Beschäftigung damit ein durchwachsenes Zeugnis ausstellt (speziell zu den Landesgrundrechten S. 126). Tatsächlich fehlt zu einzelnen Landesverfassungen mit Grundrechtsteil – u.a. mangels Landesuniversität – schlicht wissenschaftliche Literatur der Zeit, die über die bloße Annoncierung der Normen hinausgeht.
471 Oben I, RN 72.
472 Oben IV, RN 79.
473 Statt aller *Kate Malleson/Richard Moules*, The Legal System, Oxford, ⁴2010, S. 69.
474 So die Vorgehensweise bei *Nawiasky*, Verfassungsrecht (FN 424), S. 246 ff.; *Jakob Kratzer*, Die Verfassungsurkunde des Freistaats Bayern, 1925, Anm. zu §§ 13 ff. (S. 68 ff.); *Anschütz* (FN 214), Art. 13 Anm. 3b (S. 103 f.); *Gebhardt* (FN 450), Art. 13 Anm. 3 (S. 126), sowie aus der modernen Literatur *H. Dreier*, GG (LitVerz.), Art. 31 RN 7. – Vgl. auch die differenzierten und Spielräume auslotenden Darstellungen bei *Gräbener*, Verfassungsinterdependenzen (FN 380), S. 94 ff.; *Ruf*, Verfassung (FN 375), S. 492 ff., sowie *Beckermann*, Kontinuitäten (FN 237), S. 284 ff.
475 In diese Richtung *Kelsen*, Diskussionsbeitrag, in: *Fleiner/Lukas*, Rechtsordnung (FN 450), S. 57; *Konrad Saenger*, Die Verfassung des Deutschen Reichs, 1920, Anm. zu Art. 13 (S. 66): Außerkrafttreten nur bei Widerspruch zum Reichsrecht; ebenso *Wagner*, Landesstaatsrecht (FN 1), S. 115, der gegen die Mehrheitsmeinung ferner die Auffassung vertritt, Landesgrundrechte könnten nach dem Fortfall „sperrenden" Reichsrechts wieder aufleben.
476 *Leo Wittmayer*, Die Weimarer Reichsverfassung, 1921, S. 208 m. FN 118.
477 *Wagner*, Landesstaatsrecht (FN 1), S. 115.

J. Grundrechte in den vorgrundgesetzlichen Landesverfassungen

I. Überblick

Mit Ausnahme der vorläufigen Verfassungen von Hamburg und Groß-Berlin (beide vom Jahre 1946), die sich auf reine Organisationsstatute beschränken[478], enthalten alle in den Jahren 1946 und 1947 entstandenen Landesverfassungen mehr oder minder ausführliche Grundrechtsgewährleistungen[479]. Sie orientieren sich durchweg an der Weimarer Reichsverfassung (und damit in der Sache an der Paulskirchenurkunde[480]), ergänzen diese aber eingedenk der NS-Terrorherrschaft um eine ganze Reihe neuer Grundrechtsgewährleistungen. Wichtiger sind die Innovationen im „Allgemeinen Teil"; hier erweisen sich namentlich die westdeutschen Landesverfassungen in der Tat als wirkmächtiges „Grundrechtslaboratorium" und weisen den Weg zu Grundrechtsbestimmungen wie Art. 1 Abs. 3 oder Art. 19 Abs. 1 und 2 GG, mit denen sich das Grundgesetz dann von der Weimarer Reichsverfassung – oder präziser: von ihrer aus dem Gedächtnis der Akteure gewonnenen Nachkriegsrekonstruktion[481] – absetzt.

88
Ausführliche Grundrechtsgewährleistungen der Nachkriegslandesverfassungen

Innovationen im „Allgemeinen Teil"

II. Urkundenbestand

Trotz zahlreicher Gemeinsamkeiten – namentlich der allenthalben zu beobachtenden Orientierung am Text der Weimarer Reichsverfassung – gehen die Landesverfassungen in den westlichen Besatzungszonen markant andere Wege als die Länder in der späteren Deutschen Demokratischen Republik; das legt eine getrennte Schilderung nahe.

89
Markant divergierende Verfassungswege der westlichen Zonen und der Ostzone

1. Westdeutschland

Der Prozeß der Verfassunggebung folgt hier einem klaren Kaskadenmodell der Besatzungszonen[482]: Den Anfang macht die amerikanische Zone; hier zunächst Württemberg-Baden (am 28. November 1946)[483], im Anschluß daran

90

---

478 Näher *Schönfelder*, Vorwort, in: *Wilhelm Drexelius/Renatus Weber*, Die Verfassung der Freien und Hansestadt Hamburg vom 6. Juni 1952, 1953, S. VII (VII f.), bzw. *Friedrich Haas*, Vorläufige Verfassung von Groß-Berlin, ⁴1947, S. 24 ff.; vgl. noch *Werner Breunig*, Verfassunggebung in Berlin 1945–1950, 1990, S. 154 ff.
479 Zusammenfassend *Menzel*, Landesverfassungsrecht (LitVerz.), § 16.
480 Unterstrichen von *Kühne*, Reichsverfassung (LitVerz.), S. 143 ff.
481 Wirkmächtig *Apelt*, Geschichte (FN FN 389).
482 Im Gesamtüberblick *Bengt Beutler*, Das Staatsbild in den Länderverfassungen nach 1945, 1973, S. 55 ff.; *Pfetsch*, Ursprünge (FN 1); vgl. zuvor dens., Verfassungsreden und Verfassungsentwürfe. Länderverfassungen 1946–1953, 1986, S. 9 f. Zeitgenössische Darstellungen bei *Wilhelm Wegener*, Die neuen deutschen Verfassungen, 1947, S. 35 ff.; *Hedwig Maier*, Übersicht über die verfassungsrechtlichen Grundlagen des Staatsaufbaus in den neuen deutschen Ländern, JR 1948, S. 11 ff.; *Bodo Dennewitz/Boris Meißner*, Die Verfassungen der deutschen Länder seit dem Jahre 1945, in: dies. (Hg.), Die Verfassungen der modernen Staaten, Bd. 2, 1948, S. 7 ff.
483 Regierungsblatt der Regierung Württemberg-Baden 1946 Nr. 25 v. 30. 11. 1946, S. 277; Dokumentation: *Paul Sauer* (Bearb.), Quellen zur Entstehung der Verfassung von Württemberg-Baden, 3 Bde., 1995, 1997, 2001. Knapp zur Entstehung *Feuchte*, Verfassungsgeschichte (LitVerz.), S. 167 ff.; vgl. ferner *Nebinger*, Kommentar (LitVerz.).

§ 231   *Sechzehnter Teil: I. Entwicklung und Bedeutung einzelstaatlicher Grundrechte*

Kaskade der Verfassungsgenese in den Zonen

Hessen (am 1. Dezember 1946)[484] sowie zuletzt Bayern (am 8. Dezember 1946)[485]. Es folgt die Zone der zunächst zögerlichen französischen Besatzungsmacht: Rheinland-Pfalz (am 18. Mai 1947)[486], Baden (am 19. Mai 1947)[487] und Württemberg-Hohenzollern (am 20. Mai 1947)[488]. Bremen legt nach dem Wechsel der Besatzungsmacht am 12. Oktober 1947 nach[489]; das Saarland befindet sich aufgrund der oktroyierten Bindung an Frankreich zwar in einer Sondersituation, ist aber gerade ausweislich des Grundrechtsteils engstens mit der westdeutschen Landesverfassungsdiskussion verbunden bzw. dieser verpflichtet (Verf. vom 15. Dezember 1947)[490]. Die Verfassungsberatungen in der britischen Zone gelangen vor Erlaß des Grundgesetzes nicht über Entwürfe und vorläufige Dokumente wie in Hamburg hinaus; sinnfälligerweise entscheiden sich die betroffenen Länder nach 1949 entweder für die Rezeption der Bundesgrundrechte (vgl. Art. 3 Abs. 2 Verf. Niedersachsen bzw. Art. 4 Abs. 1 Verf. Nordrhein-Westfalen[491]) oder für reine Organisationsstatute (so Hamburg bzw. bis zum Jahre 2008 Schleswig-Holstein)[492].

---

484 Gesetz- und Verordnungsblatt für Hessen 1946 Nr. 34/35 v. 18.12.1946, S. 229; einschlägige Dokumentation: Helmut Berding (Hg.), Die Entstehung der Hessischen Verfassung von 1946, 1996; monographisch dazu *Will*, Entstehung (LitVerz.); s. ferner *Helmut Berding*, Staatsbildung und Verfassungsgebung in Hessen 1945–1946, in: ders., Entstehung, ebenda, S. IX ff.

485 Bayerisches Gesetz- und Verordnungsblatt 1946 Nr. 23 v. 8.12.1946, S. 333; Dokumentation: Stenographische Berichte über die Verhandlungen des Verfassungsausschusses der Bayerischen Verfassunggebenden Landesversammlung, 1946. Maßgebliche Monographie: *Barbara Fait*, Demokratische Erneuerung unter dem Sternenbanner. Amerikanische Kontrolle und Verfassunggebung in Bayern 1946, 1998. Siehe ferner *Lindner*, in: ders./Möstl/Wolff (LitVerz.), Vorbemerkungen A RN 8 ff., sowie *Brechmann*, in: ders./Meder (LitVerz.), Einleitung RN 2 ff.

486 Verordnungsblatt der Landesregierung Rheinland-Pfalz Nr. 14 v. 24.5.1947, S. 209. Dokumentation: Helmut Klaas (Bearb.), Die Entstehung der Verfassung für Rheinland-Pfalz, 1978; näher *ders.*, Die Verfassung für Rheinland-Pfalz. Entstehungsstufen und Beratungen, ebenda, S. 33 ff.; *Peter Brommer*, Die Entstehung der Verfassung, in: Franz-Josef Heyen (Hg.), Rheinland-Pfalz entsteht, 1984, S. 59 ff.; vgl. ferner den frühen Kommentar aus der (Mit-)Feder des „Verfassungsvaters" Adolf Süsterhenn: *Süsterhenn/Schäfer* (LitVerz.).

487 Regierungsblatt der Landesregierung Baden, Nr. 21 v. 28.5.1947, S. 129. Dokumentation: Paul Feuchte (Bearb.), Quellen zur Verfassung des Landes Baden 1947, 2 Bde., 1999; aus der Literatur *Pfetsch*, Zur Verfassung des Landes Baden im Mai 1947, in: Paul-Ludwig Weinacht (Hg.), Gelb-rot-gelbe Regierungsjahre, 1988, S. 127 ff.; *Feuchte*, Zur Verfassung des Landes Baden von 1947, in: Zeitschrift für die Geschichte des Oberrheins 143 (1995), S. 101 ff.; *Gräbener*, Verfassungsinterdependenzen (FN 380), S. 455 ff.

488 Regierungsblatt für das Land Württemberg-Hohenzollern 1947 Nr. 1 v. 31.5.1947, S. 1. Dokumentation: Thomas Rösslein (Bearb.), Quellen zur Verfassung von Württemberg-Hohenzollern, 2 Bde., 2006; aus der Literatur *Frank Rahberg*, Zur Entstehung der Verfassung des Landes Württemberg-Hohenzollern, ebenda, S. XIII ff. sowie *v. Erdmann*, Verfassung (FN 386), S. 232 ff. (jeweils m.w.N.).

489 Gesetzblatt der Freien Hansestadt Bremen 1947 Nr. 47 v. 21.10.1947, S. 251; zur Entstehung näher *Marßolek*, Entstehung der bremischen Landesverfassung vom 21. Oktober 1947, in: Kröning u.a., Handbuch (FN 333), S. 43 ff.; *Alexander Kessler*, Die Entstehung der Landesverfassung der Freien Hansestadt Bremen vom 21. Oktober 1947, 1996; vgl. auch den frühen Kommentar aus der Feder des „Verfassungsvaters" *Theodor Spitta*, Kommentar (LitVerz.) aus dem Jahre 1960.

490 Amtsblatt des Saarlandes 1947 Nr. 67 v. 17.12.1947, S. 1077; Dokumentation: Stöber (LitVerz.); vgl. *dens.*, Einführung, ebenda, S. I (XIII ff.); zeitgenössischer Kommentar von *Schranil* (LitVerz.). – Vgl. zur Einordnung die Bemerkung von *N.N.*, Die Verfassung des Saarlandes, in: Deutsche Rechts-Zeitschrift 1948, S. 59 (59): „eher noch konservativer".

491 Dazu *Dietlein*, Die Rezeption von Bundesgrundrechten durch Landesverfassungsrecht, in: AöR 120 (1995), S. 1 ff., sowie am Beispiel Nordrhein-Westfalens *D. Martina* (LitVerz.).

492 Siehe *Karpen*, Verfassungsrecht, in: Hoffmann-Riem/H.-J. Koch (LitVerz.), S. 25 ff., sowie *Waack*, Der lange Weg Schleswig-Holsteins zu einem eigenen Landesverfassungsgericht, in: Johannes Caspar u.a. (Hg.), FS für das Schleswig-Holsteinische Landesverfassungsgericht, 2008, S. 1 (2 ff.).

2. *Ostdeutschland*

Die Landesverfassunggebung in der sowjetischen Besatzungszone präsentiert sich als deutlich homogener[493]. Neben Vorgaben der sowjetischen Militäradministration sorgt dafür ein zentraler Entwurf der bereits deutlich tonangebenden Sozialistischen Einheitspartei Deutschlands (SED), der sich namentlich in den Verfassungen von Sachsen-Anhalt (vom 10. Januar 1947)[494], Mecklenburg (vom 16. Januar 1947)[495] sowie der Mark Brandenburg (vom 6. Februar 1947)[496] niedergeschlagen hat, während es in Thüringen (am 20. Dezember 1946)[497] und Sachsen (am 28. Februar 1947)[498] dem bürgerlichen Lager noch gelingt, vereinzelt Akzente zu setzen. **91**

Homogener Eindruck der Landesverfassungen

Die ostdeutschen Landesverfassungen werfen eingedenk der weiteren historischen Entwicklung die Frage nach der (mangelnden) Ernstnahme durch ihre Autoren auf. Tatsächlich sprechen die kurze Lebensdauer der Dokumente[499] wie die erkennbare Absicht zumindest von Teilen ihrer maßgeblichen Urheber, sich an einzelne Gewährleistungen nicht oder zumindest nicht dauerhaft binden zu lassen, gegen die Zuschreibung von substantieller Relevanz. Gleichwohl dürfte die leicht ironisierende Außerachtlassung der Texte als papierene Muster ohne Wert ihren Quellenwert verzeichnen. Denn selbst wenn die SED-Machthaber mit dem Mentalvorbehalt agiert haben sollten, etwa die in den Verfassungen garantierten Grundrechte in der Praxis zumindest partiell zu kassieren oder leerlaufen zu lassen, dokumentieren die Landesverfassungen von 1946 und 1947, wie sie zu diesem Zeitpunkt in Sachen Verfassungspolitik gesehen werden wollten. Zugleich belegen zahlreiche Parallelen zwischen Ost und West[500], daß sich sämtliche Landesverfassungsakteure in einem Rahmen von Handlungsoptionen und (weitgehend identi- **92**

Seriositätsmangel ostdeutscher Landesverfassungen

Nur partieller Bindungswille

ex ante-Spielräume und -Handlungsoptionen

493 Im Überblick zeitgenössisch *Karl Schultes*, Der Aufbau der Länderverfassungen in der sowjetischen Besatzungszone, 1948, sowie *Hans Peters*, Die Landesverfassungen in der sowjetischen Besatzungszone, in: Europa-Archiv I (1947), S. 640 ff.; moderne Darstellung von *Gerhard Braas*, Die Entstehung der Länderverfassungen in der Sowjetischen Besatzungszone Deutschlands 1946/47, 1987, S. 90 ff.

494 Gesetzblatt der Provinz Sachsen-Anhalt, Teil I, Nr. 2/3. v. 18. 1. 1947, S. 9; s. dazu *Klaus-Erich Pollmann/Mathias Tullner*, Die Verfassung der Provinz Sachsen-Anhalt vom 10. Januar 1947 – Entstehung und Dokumente, 1998.

495 Regierungsblatt für Mecklenburg 1947 Nr. 1 v. 12. 3. 1947, S. 1; vgl. dazu *Klaus Schwabe*, Verfassungen in Mecklenburg zwischen Utopie und Wirklichkeit, [3]1996, S. 40 ff.

496 Gesetz- und Verordnungsblatt der Provinzialregierung Mark Brandenburg 1947 Nr. 3 v. 6. 2. 1947, S. 45; näher *Schreckenbach*, Verfassungen und Landtage in Brandenburg – ein historischer Rückblick, in: Präsident des Landtages Brandenburg (Hg.), 10 Jahre Verfassungswirklichkeit im Land Brandenburg, 2002, S. 53 (54 ff.).

497 Regierungsblatt für das Land Thüringen, Teil I, Nr. 1 v. 23. 1. 1947, S. 1. – Näher *John*, Landesverfassungen (FN 433), S. 157 ff.; *Wahl*, Erweiterung und Neuaufbau 1945, in: Bernhard Post/ders. (Hg.), Thüringen-Handbuch, 1999, S. 41 ff., sowie *Michael Kotulla*, Historischer Überblick, in: ders. (Hg), Thüringische Verfassungsurkunden. Vom Beginn des 19. Jahrhunderts bis heute, 2015, S. 3 (65).

498 Gesetze, Befehle, Verordnungen, Bekanntmachungen, veröffentlicht durch die Landesregierung Sachsen, Nr. 5 v. 15. 3. 1947, S. 103. – Maßgebliche Monographie: *Johannes Frackowiak*, Soziale Demokratie als Ideal. Die Verfassungsdiskussionen in Sachsen nach 1918 und 1945, 2005; vgl. noch *Jacobi*, Zur neuen sächsischen Landesverfassung, in: Deutsche Rechts-Zeitschrift 1947, S. 212 ff.

499 Ohne regelrechte Aufhebung fallen sie mitsamt ihren Referenzländern 1952 zugunsten der Bezirke weg: statt aller *Georg Brunner*, Das Staatsrecht der Deutschen Demokratischen Republik, in: HStR [3]I, § 11 RN 7 f.

500 Magistral *Frackowiak*, Demokratie (FN 498), S. 157 ff., am Beispiel von Hessen und Sachsen.

§ 231   Sechzehnter Teil: I. Entwicklung und Bedeutung einzelstaatlicher Grundrechte

schen) Sachproblemen bewegt haben, der einigen Spielraum aufweist und – dies dürfte der wichtigste Vorbehalt sein – nicht aus einer ex post-Perspektive von seinem vorläufigen Ende 1949 resp. 1989 her gelesen und gedeutet werden darf.

III. Kontexte der Landesverfassunggebung

93
Rahmen historischer Abhängigkeiten

Verfassunggebung geschieht nie im luftleeren Raum, sondern im Rahmen historischer Pfadabhängigkeiten, womöglich kurzfristig dominanter geistiger Strömungen und eingedenk konkreter politischer Vorgaben. Dementsprechend lassen sich die folgenden Referenzgrößen oder Folien der Landesverfassunggebung nach 1945 ausmachen, die möglicherweise Einfluß auf die Grundrechtsabschnitte ausgeübt haben.

1. Vorgaben der Besatzungsmächte

94
Je eigene Verfassungspolitik der Besatzungsmächte

Schon die zeitliche Abstufung der Entstehung der Urkunden illustriert, daß die einzelnen Besatzungsmächte je eigene Verfassungspolitiken verfolgen[501], wobei bei Unterschieden im Detail unter den Westmächten ein Konsens in Richtung einer freiheitlichen Neuordnung zu verzeichnen ist. Besonders prononciert fällt die Forderung nach einer effektiven Sicherung der Grundrechte seitens der US-Militäradministration aus[502]; aber auch die einschlägigen französischen Dokumente zur Einleitung des Verfassunggebungsprozesses unterstreichen, daß Freiheitsrechte als selbstverständlicher Gegenstand der neuen

Sowjetische Zone

Urkunden vorausgesetzt werden[503]. In der sowjetischen Zone ist zwischen formellen und informellen Vorgaben zu unterscheiden (letztere zumeist über SED-Akteure kommuniziert); während die offiziellen Dokumente die verfassungsberatenden Organe auf die Aufnahme von grundrechtlichen Sicherungen festlegen[504], wird unter der Hand die Maxime der möglichst effektiven Garantie der Herrschaft derjenigen Kräfte ausgegeben, die der Besatzungsmacht genehm sind. Eine alliierte Detailsteuerung der Debatten im Grund-

Kaum alliierte Detailsteuerung

rechtsbereich läßt sich insgesamt nur in Einzelfragen verzeichnen; hierher gehört insbesondere der französische Versuch, Einfluß in Schulfragen zu nehmen[505]. Insgesamt aber bewegt sich die Debatte um die Landesgrundrechte in den Gleisen der deutschen Tradition und sucht den Anschluß an die Paulskirchen- bzw. die Weimarer Reichsverfassung.

---

501 Näher zum folgenden *Beutler*, Staatsbild (FN 482), S. 19 f., sowie *Pfetsch*, Ursprünge (FN 1), S. 153 ff.
502 Näher *Fait*, Erneuerung (FN 485), S. 116 ff.
503 Siehe etwa die Note des französischen Militärbefehlshabers über die allgemeinen Grundsätze der Verfassung v. 30. 10. 1946, in: Feuchte, Quellen 1 (FN 487), S. 78 ff. (dort Nr. 1: „Bekräftigung der Freiheiten, Rechte und Pflichten jedes Bürgers im Rahmen des Landes" [S. 80]).
504 Näher *Braas*, Entstehung (FN 493), S. 90 ff.; instruktiv sein Hinweis, daß zumindest in Mecklenburg die sowjetische Militäradministration zunächst dem Vorschlag der CDU, Grundrechte in die Landesverfassung aufzunehmen, widerspricht (S. 91).
505 Vgl. statt aller das Schreiben von Gouverneur *Widmer* an *Carlo Schmid* v. 1. 3. 1946 betreffs Konfessionsschulen, abgedruckt in: Rösslein, Quellen 1 (FN 488), S. 302 f.; zusammenfassend *Beutler*, Staatsbild (FN 482), S. 20.

2. Weimars langer Lichtkegel

Schon ein kursorischer Blick in die einschlägigen Verfassungsurkunden belegt, daß den Mitgliedern der verfassungsberatenden Versammlungen die Weimarer Reichsverfassung als Erstreferenz vor Augen stand (im Unterschied zur Zwischenkriegszeit sind hingegen Vorwirkungen der Entwürfe bzw. des Textes der späteren Bundes- oder Reichsverfassung praktisch nicht zu verzeichnen[506] – dafür sind die hier analysierten Dokumente aus den Jahren 1946/1947 namentlich vom Parlamentarischen Rat schlicht zeitlich zu weit entfernt). Zugleich weist die Dichte der Textrezeption zumindest den Grundrechtsteil der Reichsverfassung von 1919 als positiv konnotiert aus – als vielzitierte „Konstruktionsfehler" gelten hier nur die häufig auf die Formel von den „bloßen Programmsätzen" verkürzte differenzierte Wirkkraft der Grundrechte bzw. ihr vergleichsweise schwacher Schutz gegen Einschränkung oder Abschaffung. Die Versuche, hier „nachzurüsten", sind zahlreich[507]; zugleich legen sie nahe, die Rezeption der Weimarer Verfassung sowie der Weimarer Doktrin in den Verfassungsberatungen noch näher zu untersuchen – einzelne Befunde machen die Vermutung plausibel, daß nach 1945 eine „gefühlte" Weimarer Verfassung resp. eine mehr imaginierte „herrschende Meinung" die Feder der Verfassunggebung geführt haben.

95
Anschlußsuche an die WRV

Diskussion der WRV-„Konstruktionsfehler"

3. Landesverfassungen der Zwischenkriegszeit

Neuere Forschungsergebnisse belegen, daß neben der Weimarer Reichsverfassung auch die Landesverfassungsurkunden der Zwischenkriegszeit als Stichwort- und Anstoßgeber eine Rolle gespielt haben – dies gilt zumindest für die Länder, die ungeachtet der Umbrüche von 1933 und 1945 auf eine längere staatsrechtliche Tradition zurückblicken können. Das ist aus mehreren Gründen evident der Fall in Bayern[508], während Hamburg und Bremen zwar direkt und in einiger Dichte an das Staatsorganisationsrecht der Zwischenkriegszeit anknüpfen[509], sich aber entweder auch nach 1945 auf ein Organisationsstatut beschränken (so Hamburg) oder aus der Weimarer Landesverfassung nur einzelne grundrechtsrelevante Bestimmungen wie die unlängst vom Bundesverfassungsgericht verworfene Bestimmung zur Verleihung des Körperschaftsstatus übernehmen (so in Bremen)[510]. Diffuser ist das Bild in den Nachfolgestaaten von Württemberg, Baden[511] und Hessen, während namentlich die aus ehemals preußischen Gebietsteilen gebildeten Bundesländer der Verfassung von 1920 allenfalls ihre Nüchternheit verdanken. Auch in Nieder-

96
Funktion als Stichwort- und Anstoßgeber

---

506 Solche zeichnet nach *Dieter Grimm*, Ursprung und Wandel der Verfassung, in: HStR ³I, § 1 RN 37.
507 Unten V 3 b, RN 114 ff.
508 Eingehend jetzt *Ruf*, Verfassung (FN 375), S. 76 ff.
509 Eingehend und m.w.N. jetzt *Rehder*, Verfassung (FN 364), S. 320 ff.; *Lütke*, Verfassung (FN 357), S. 476 ff.
510 Vgl. oben FN 458.
511 Näher *v. Erdmann*, Verfassung (FN 386), S. 157 ff., sowie *Gräbener*, Verfassungsinterdependenzen (FN 380), S. 79 ff.

sachsen fehlt der Rekurs auf die verschiedenen Vorgängerstaaten fast völlig bzw. wird – wie die Oldenburgische Bekenntnisschule – einfachgesetzlich verarbeitet[512].

4. Naturrechtsrenaissance

97
Materielle Maßstäbe für „richtiges Recht"

Die einhellig als „Justizkatastrophe" oder „Rechtsversagen" wahrgenommene und beschriebene Korrumpierung des deutschen Rechts wie der deutschen Juristen durch das NS-Regime[513] löst nach 1945 eine breite Suche nach materiellen Maßstäben für „richtiges Recht" aus, die – neben dem verbreiteten Rekurs auf das „Rechtsgefühl" – namentlich zu einem Wiedererstarken der verschiedenen Naturrechtslehren führen, von denen wiederum die thomistisch-neuscholastische eine besonders prominente und wirkmächtige Rolle spielt[514]. Während heute sowohl die historische Diagnose als auch das inhaltliche Lösungsangebot der Naturrechtsrenaissance vergleichsweise einhellig kritisch beurteilt werden – jene firmiert zu Recht als „Positivismuslegende"[515], dieser wird attestiert, einseitig in der Kategorie von „Ordnungen" zu denken, die dem einzelnen vorgelagert sind, und letztlich Obrigkeitsstaatlichkeit zu atmen –, ist der Einfluß speziell auf die frühe Landesverfassunggebung noch unterbelichtet. Für seine Beurteilung ist von Gewicht, daß namentlich in den südwestdeutschen Ländern – teils erstmals – substantielle katholische Bevölkerungsmehrheiten zu verzeichnen sind, mit denen wiederum christdemokratische Gestaltungsmehrheiten in den Landesversammlungen korrelieren[516].

5. Antizipierte Zentralebene

98
Landesverfassunggebung unter Unsicherheitsbedingungen

Landesverfassunggebung vor 1949 ist Verfassunggebung unter Unsicherheit. Gerade die frühesten Verfassungen von 1946 entstehen in einer Situation, die deutschlandpolitisch noch weitgehend offen ist – die Verfassunggeber konnten im Grunde nur spekulieren, wie die künftige Zentralebene aussehen und welche Räume sie den Ländern lassen bzw. zuweisen würde. Soweit ersicht-

---

512 Näher *Beckermann*, Kontinuitäten (FN 237), S. 393 ff.
513 Dazu m.w.N. aus der umfangreichen Literatur nur *Wittreck*, Verwaltung (FN 131), S. 53 ff., 69 ff. sowie *ders.*, Dritte Gewalt im Wandel – veränderte Anforderungen an Legitimität und Effektivität, in: VVDStRL 74 (2015), S. 115 (144 ff.).
514 Dazu jetzt magistral *Lena Foljanty*, Recht oder Gesetz. Juristische Identität und Autorität in den Naturrechtsdebatten der Nachkriegszeit, 2013; vgl. ferner *Arthur Kaufmann*, Die Naturrechtsrenaissance der ersten Nachkriegsjahre – und was daraus geworden ist (1991), in: *ders.*, Über Gerechtigkeit, 1993, S. 221 ff.; *Kristian Kühl*, Rückblick auf die Renaissance des Naturrechts nach dem 2. Weltkrieg (1990), in: ders., Freiheitliche Rechtsphilosophie, 2008, S. 87 ff. sowie *Künnecke*, Die Naturrechtsrenaissance in Deutschland nach 1945 in ihrem historischen Kontext, in: Rechtsphilosophie 1 (2015), S. 84 ff.
515 Statt aller *Fabian Wittreck*, Nationalsozialistische Rechtslehre und Naturrecht – Affinität und Aversion, 2008, S. 1 ff.
516 Näher *Wittreck*, Die „Ordnung der Wirtschaft" in den frühen Landesverfassungen: Weimarer Reminiszenz oder neuscholastisches Naturrecht?, in: Matthias Casper u.a. (Hg.), Kapitalismuskritik im Christentum. Positionen und Diskurse in der Weimarer Republik und der frühen Bundesrepublik, 2016, S. 300 ff.

lich, haben sich die Länder dabei dem Grunde nach bundes- oder reichsloyal auf eine Fortschreibung der Rechtslage unter der Weimarer Reichsverfassung eingestellt und insbesondere die Maxime „Reichsrecht bricht Land(es)recht" (Art. 13 Abs. 1 WRV bzw. jetzt Art. 31 GG) zugrunde gelegt[517]. Dies belegen zahlreiche Bestimmungen, die einen Vorrang entweder der künftigen deutschen Verfassung oder des Rechts der noch zu errichtenden deutschen Republik anordnen[518].

Zwei Phänomene verdienen nähere Beleuchtung. Zum einen fällt auf, daß die Landesverfassungen zumindest im Westen von einer weithin unstrittigen Position der Weimarer Doktrin gerade in Ansehung der Grundrechte abrücken: Wie dargelegt[519], beruhte der weitgehende Verzicht auf Landesgrundrechte in der Zwischenkriegszeit auf der Überzeugung, daß nach Art. 13 Abs. 1 WRV auch inhalts- oder sogar wortlautgleiche Bestimmungen des Landesrechts gebrochen werden. Ohne dies nun eingehend zu thematisieren, antizipieren die Mitglieder der verfassunggebenden Versammlungen die aus heutiger Sicht weitgehend obsolete Vorschrift des Art. 142 GG, der von dieser Regel zugunsten der Landesgrundrechte gerade eine Ausnahme schaffen will (unten K.III)[520].

99
Antizipation der Ausnahme-Vorschrift des Art. 142 GG

Die Fallstricke, zwischen denen der Landesverfassunggeber in Sachen Grundrechten nach 1945 hindurch manövrieren muß, illustriert auch eine heute fast durchweg mißverstandene und ohne Not perhorreszierte Norm, nämlich Art. 21 Abs. 1 Satz 2 Verf. Hessen, der bei „besonders schweren Verbrechen" die Verhängung der Todesstrafe zuläßt und als prototypischer Verstoß gegen Art. 102 GG firmiert[521]. 1946 sieht sich der hessische Verfassunggeber diesbezüglich zwei durchaus spannungsreichen Vorgaben gegenüber: Nach Reichsrecht steht auf Mord (§ 211 RStGB) zwingend die Todesstrafe; diese Festlegung ist noch dazu besatzungsrechtlich bekräftigt, weil die Alliierten die Norm zwar im Rahmen der „Säuberung" von NS-Gedankengut auf den Prüfstand stellen, sie aber im Ergebnis aufrechterhalten[522]. Die erklärte Absicht der Landesversammlung, das Leben gleich der Würde für „unantastbar" zu

100
Todesstrafenproblem der Verf. Hessen

Vorgaben-Horizont von 1946

---

517 So auch die zeitgenössische Einschätzung von *Maier*, Übersicht (FN 482), S. 17.
518 Vorrang der zentralen Verfassung: Art. 105 Verf. Württemberg-Baden; Art. 1 Abs. 2 Verf. Brandenburg; Art. 141 Verf. Rheinland-Pfalz; Art. 152 Verf. Bremen; Art. 59 Abs. 1 Sachs.-Anh.Verf.; Art. 101 Verf. Mecklenburg – Vorrang der Gesetze der Zentralebene: Art. 153 Abs. 2 Verf. Hessen; Art. 41 Verf. Thüringen; Art. 59 Abs. 2 Sachs.-Anh.Verf.; Art. 37 Abs. 2 Verf. Brandenburg – Vorrang von Verfassung und Gesetzen der Zentralebene: Art. 1 Abs. 1 Verf. Thüringen; Art. 1 Abs. 2 Sachs.-Anh.Verf.; Art. 1 Abs. 2 Verf. Mecklenburg; Art. 1 Abs. 2 Verf. Sachsen – Lediglich eine „Beitrittsklausel" ohne Vorranganordnung enthält Art. 178 Verf. Bayern; das Saarland schweigt aus angebbaren Gründen. Zur Rechtswirksamkeit gerade der mit Art. 31 GG korrespondierenden Bestimmungen *Wittreck*, Nachrangklauseln und „normative Selbstbescheidung" der Landesverfassung: Konsequenz oder Umgehung des Art. 31 GG?, DVBl. 2000, S. 1492 ff.
519 Oben II, RN 72.
520 Eingehend *H. Dreier*, GG (LitVerz.), Art. 142 RN 30 ff.
521 Näher zur Vereinbarkeit mit Art. 102 GG *Wittreck*, Die Todesstrafe in den deutschen Landesverfassungen, in: JöR 49 (2001), S. 157 (207 ff.); im Harnisch der Entrüstung, aber leider völlig ahnungslos *Sandherr*, Die Todesstrafe: Ein Zombie in der hessischen Landesverfassung, DRiZ 2013, S. 87.
522 Vgl. *Rolf Conrad*, Die in der britischen Besatzungszone gültige Fassung des Strafgesetzbuches (Stand vom 1. Mai 1947), JR 1947, S. 65 (67).

erklären – vergleiche noch heute Art. 3 Verf. Hessen –, wäre nach der Prognose der Akteure spätestens in dem Augenblick vereitelt worden, in dem § 211 StGB als Recht der künftigen deutschen Republik in Geltung getreten wäre – Art. 153 Abs. 2 Verf. Hessen antizipiert ausdrücklich eine Fortgeltung von Art. 13 Abs. 1 WRV.

IV. Grundrechtsbestand

101
Ost–West-Unterschiede in Regelungsumfang und -technik

Regelungsumfang wie Regelungstechnik der Grundrechtskataloge weisen erhebliche Unterschiede zwischen Ost und West auf. Eine Zusammenschau[523] belegt zunächst, daß die Grundrechtskataloge der Nachkriegslandesverfassungen zumindest normtextlich zu einem Gutteil konventionell ausfallen und Kernbestände der liberalen Abwehrrechte – regelmäßig in wörtlicher Anlehnung an die Weimarer Reichsverfassung – schlicht fortschreiben. Besonders charakteristisch ist, daß – teils mit Ausnahme der ostdeutschen Landesverfassungen – Versammlungs- und Vereinigungsfreiheit eine quasi kanonische Paarbildung eingehen und unmittelbar aufeinander folgen[524]. Erste markante Unterschiede betreffen den Regelungs*ort*: Während die Akteure im Westen die Grundrechte überwiegend – auch hierin mit Vorbildwirkung für das Grundgesetz – an den Anfang der Verfassungsurkunde plazieren – siehe Art. 1 bis 20 Verf. Bremen; Art. 1 bis 15 Verf. Württemberg-Baden; Art. 1 bis 26 und Art. 63 Verf. Hessen[525]; Art. 1 bis 22 Verf. Rheinland-Pfalz; Art. 1 bis 20 Verf. Baden; Art. 1 bis 21 Verf. Saarland; aus der Reihe fallen insofern Art. 98 bis 123 Verf. Bayern[526] sowie Art. 6 bis 19 Verf. Württemberg-Hohenzollern –, beginnen die ostdeutschen Länder typischerweise mit dem „demokratischen Aufbau des Landes" – oder ähnlich – und lagern die Grundrechte nach: Art. 8 bis 23 Verf. Sachsen-Anhalt; Art. 7 bis 21 Verf. Mecklenburg; Art. 7 bis 25 Verf. Sachsen[527]. Thüringen – zweiter deutlicher Unterschied – verzichtet ganz auf einen eigenen Abschnitt und verstreut, von einer Generalklausel in Art. 3 Verf.[528] abgesehen, einzelne Gewährleistungen subjektiver Rechte in den Abschnitten „Wirtschaft" (Art. 57 Verf.), „Volksbildung" (Art. 69 Verf.) sowie „Religionsgesellschaften" (Art. 73 ff. Verf.)[529]. Auch Brandenburg faßt die Grundrechte in einer knappen Aufzählung zusammen (Art. 6 Verf.)[530] und ergänzt diese um weitere Individualrechte (Art. 50, Art. 62 ff. Verf.).

Regelungsort

Grundrechte-Zuordnung zu Sachthemen

---

523 Unten im Anhang in den Übersichten VI und VII.
524 Vgl. nochmals unten im Anhang Übersicht VI.
525 Monographisch dazu *Löhr*, Die Rechte des Menschen (LitVerz.), S. 123 ff.
526 Dazu monographisch *Wilhelm Hoegner*, Lehrbuch des bayerischen Verfassungsrechts, 1949, S. 137 ff.; *Walter Leisner*, Die bayerischen Grundrechte, 1968.
527 Zusammenfassend *Schultes*, Aufbau (FN 493), S. 14 ff.
528 „Die Grenzen der Staatsgewalt liegen in der Anerkennung der Freiheit der Person, der Glaubens- und Gewissensfreiheit, der Freiheit der Meinungsäußerung und der Freiheit der Wissenschaft und ihrer Lehre. Nur im Rahmen allgemeiner Gesetze können diese Freiheiten beschränkt werden". Abs. 4 gewährt ferner das Petitionsrecht.
529 *Schultes*, Aufbau (FN 493), S. 14 führt dies auf die Überzeugung zurück, Grundrechte seien in der künftigen Reichsverfassung zu regeln.
530 Vgl. im Detail unten Anhang Übersicht VII.

Der dritte markante Unterschied ist, daß die westlichen – namentlich die südwestdeutschen – Verfassungen über die klassischen Kataloge der liberalen Abwehrrechte hinaus noch die „Lebensordnungen" regeln[531]; charakteristisch ist der Vierklang von Abschnitten über „Ehe und Familie", „Sozial- und Wirtschaftsordnung", „Erziehung und Unterricht" sowie „Religionsgemeinschaften" (Art. 21 bis 63 Verf. Bremen; Art. 16 bis 42 Verf. Württemberg-Baden; Art. 124 bis 177 Verf. Bayern; Art. 23 bis 48, Art. 51 bis 73 Verf. Rheinland-Pfalz[532]; Art. 21 bis 59 Verf. Saarland; Art. 89 bis 123 Verf. Württemberg-Hohenzollern). Hessen verzichtet auf einen eigenen Abschnitt zur Familie (Art. 27 bis 62 Verf.); Baden zieht Familie und Erziehung zusammen (Art. 21 bis 49 Verf.). Dem stehen im Osten – deutlich knappere und auch inhaltlich stark abweichende – Gliederungspunkte wie „Wirtschaft"[533], „Volksbildung" und „Religionsgesellschaften" gegenüber (letztere cum grano salis Art. 135 ff. WRV entsprechend, vereinzelt allerdings etwa um verfassungsrechtliche Regelungen zum Kirchenaustritt ergänzt[534]): Art. 56 bis 62, Art. 69 bis 79 Verf. Thüringen; Art. 72 bis 79, Art. 85 bis 95 Verf. Sachsen-Anhalt; Art. 73 bis 80, 86 bis 98 Verf. Mecklenburg; Art. 49 bis 52, Art. 58 bis 68 Verf. Brandenburg; Art. 71 bis 79, Art. 85 bis 94 Verf. Sachsen.

102
„Lebensordnungen"

Bezüglich des Inhalts der (westlichen) „Lebensordnungen" ist eine doppelte Differenzierung notwendig. Zum einen enthalten sie – nach ihrem Ansatz einer objektiven Ordnung konsequent – nicht allein oder nicht einmal vornehmlich Grundrechte im Sinne von – womöglich einklagbaren – subjektiven Rechten. Vielmehr präsentieren die „Lebensordnungen" eine Gemengelage von klassischen liberalen Abwehrrechten (in der Wirtschaftsordnung taucht etwa regelmäßig der Schutz des Eigentums auf[535], und das elterliche Erziehungsrecht firmiert unter „Familie" oder „Erziehung"[536]), subjektiven Rechten von Korporationen (namentlich der Religionsgemeinschaften, aber auch der Universitäten[537]), sozialen Gewährleistungen, die sprachlich als subjektive Rechte oder Ansprüche eingekleidet sind[538], in der Literatur aber ganz überwiegend als Staatszielbestimmungen gewertet werden[539], ferner Grundpflich-

103
Differenzierungen bei westlichen „Lebensordnungen"

---

531 Zusammenfassend *Menzel*, Landesverfassungsrecht (LitVerz.), S. 491 ff., 506 ff.
532 Näher dazu *Jörg-Otto Heinen*, Die wirtschafts- und sozialpolitische Auseinandersetzung in der beratenden Landesversammlung von Rheinland-Pfalz 1946–1947, o.J. [ca. 1972], sowie *Hermann-Joseph Löhr*, Die kulturpolitische Diskussion in der beratenden Landesversammlung von Rheinland-Pfalz Dezember 1946–Mai 1947, 1974.
533 In der Sache natürlich Planwirtschaft; näher *Schultes*, Aufbau (FN 493), S. 32 ff., sowie *Frackowiak*, Demokratie (FN 498), S. 270 ff.
534 Vgl. Art. 91 Verf. Mecklenburg.
535 Vgl. Art. 60 Verf. Rheinland-Pfalz oder Art. 158 ff. Verf. Bayern; eine Ausnahme ist Bremen, das Art. 13 Verf. in den allgemeinen Grundrechtskatalog einreiht.
536 Siehe nur Art. 25 Verf. Rheinland-Pfalz, Art. 17 Verf. Württemberg-Baden oder Art. 23 Verf. Bremen.
537 Siehe nur Art. 39 Abs. 1 Verf. Rheinland-Pfalz.
538 Vgl. Art. 8 Abs. 1 Verf. Bremen (Recht auf Arbeit), Art. 56 Verf. Bremen (Urlaubsanspruch); Art. 24 Abs. 1 Verf. Württemberg-Baden (Anspruch auf Hilfe zum Lebensunterhalt); Art. 106 Verf. Bayern (Anspruch auf eine angemessene Wohnung), Art. 169 Abs. 2 Verf. Bayern (Recht auf Arbeit).
539 Zu Bremen: Siehe jetzt *Däubler*, in: Fischer-Lescano/Rinken/Buse u.a. (LitVerz.), Art. 8 RN 9. Zu Württemberg-Baden Nebinger, Kommentar (LitVerz.), Art. 24 Anm. 2 „nicht als subjektives öffentliches Recht zu verstehen". Zu Bayern: Laut *BayVerfGHE 58*, 94 (104) liegt in Gestalt von Art. 169 Verf. Bayern kein soziales Grund- oder Leistungsrecht, sondern lediglich ein Programmsatz vor; dazu kritisch *Lindner*, in: ders./Möstl/Wolff (LitVerz.), Art. 169 RN 2 f.

§ 231   Sechzehnter Teil: I. Entwicklung und Bedeutung einzelstaatlicher Grundrechte

Konglomerat

ten⁵⁴⁰ sowie solchen Vorschriften, die von vornherein nur Staatsaufgaben benennen bzw. noch allgemeiner Ordnungsvorstellungen umreißen. Für den vorliegenden Beitrag kommen aus diesem Konglomerat nur die Bestimmungen in Betracht, die entweder unstreitig subjektive Rechte gewährleisten oder zumindest ihrem Wortlaut nach den Anspruch erheben, dies zu tun.

104

Gruppenbildung nach Ambiance der „Lebensordnungen"

Zum anderen ist – ohne hier im Detail analysieren und werten zu können⁵⁴¹ – nach der Ambiance der „Lebensordnungen" zu fragen. Hier kristallieren sich rasch drei Gruppen heraus: Die Verfassungen von Bremen und Hessen gehen auf Gestaltungsmehrheiten links der Mitte zurück und zeigen dementsprechend ein wirtschafts- und sozialpolitisches Profil, das deutlich sozialdemokratisch, teils genuin sozialistisch ist⁵⁴². Damit geht – mit Nuancen im Detail – eine deutliche Zurückhaltung gegenüber rechts- und verfassungspolitischen Forderungen der Großkirchen einher⁵⁴³. Davon abzugrenzen sind als zweite und deutlich größere „Familie" die südwestdeutschen Verfassungen, die von christdemokratischen Mehrheiten verantwortet werden (Baden, Bayern, Württemberg-Hohenzollern, Rheinland-Pfalz sowie das Saarland). Sie gestalten die „Lebensordnungen" – wiederum mit Unterschieden im Detail – im Zeichen der Naturrechtsrenaissance grundsätzlich auf der Linie der verfassungspolitischen Forderungen namentlich der katholischen Kirche bzw. in Übereinstimmung mit deren Soziallehre⁵⁴⁴. Prominent sind hier das starke Elternrecht⁵⁴⁵, Regelungen des Religionsverfassungsrechts, die hinter den Weimarer *acquis* zumindest nicht zurück-, typischerweise aber günstiger ausfallen, sowie eine Wirtschaftsordnung, die im Zeichen eines „christlichen Sozialismus" auf eine Art von „Dritten Weg" setzt und sich von der späteren Programmatik der Christdemokratie vergleichsweise deutlich abhebt⁵⁴⁶. In der Sache sind die „Lebensordnungen" in diesen Verfassungen ein Fall von symbolischer Gesetzgebung, der die von den Verantwortlichen angenommene Bedeutung der Kirchen für den moralischen Wiederaufbau Deutschlands

Naturrechtsrenaissance

Zeichen eines „christlichen Sozialismus"

Symbolische Gesetzgebung

---

540 Vgl. Art. 8 u. 9 Verf. Bremen; Art. 121 ff. Verf. Bayern; Art. 20 ff. Verf. Rheinland-Pfalz; klassisch dazu *Hasso Hofmann*, Grundpflichten als verfassungsrechtliche Dimension, in: VVDStRL 41 (1983), S. 42 ff. → Bd. III: *Randelzhofer*, Grundrechte und Grundpflichten, § 37 RN 8 ff. Speziell zu den Grundpflichten in den Landesverfassungen monographisch *Hencke*, Grundpflichten (LitVerz.).
541 Maßgeblich nach wie vor *Beutler*, Staatsbild (FN 482).
542 Regelrecht berüchtigt sind in Hessen das Gebot der Sofortsozialisierung (Art. 41 Verf. Hessen und dazu das Gutachten von *Theodor Maunz*, Die Verfassungsmäßigkeit der Hessischen Verfassung, 1952) sowie das Aussperrungsverbot (Art. 29 Abs. 5 Verf.).
543 Bremen (Art. 23 Verf.) wie Hessen (Art. 55 Verf.) erkennen zwar das elterliche Erziehungsrecht an, gehen aber im Unterschied zu den übrigen Ländern (wie zum Grundgesetz) nicht auf die Forderung ein, ein „natürliches Elternrecht" anzuerkennen. In Hessen wird ferner die Trennung von Staat und Kirche deutlich stärker akzentuiert, bis hin zu Erwägungen, ein Verbot der „Kanzelwerbung" in die Verfassung aufzunehmen: vgl. Art. 59 Abs. 2 sowie Art. 78 Abs. 2 Verf. Hessen und dazu *Wittreck*, Kanzelwerbung – Kirchliche Wahlempfehlungen als Gegenstand der Wahlprüfung, in: Ludwig Gramlich/Ulrich Häde u.a. (Hg.), Juristische Wechselreden, 2007, S. 179 (182 ff.).
544 Dazu instruktiv *Burkhard van Schewick*, Die katholische Kirche und die Entstehung der Verfassungen in Westdeutschland 1945-1950, 1980, S. 23 ff., sowie *Mikat*, Verfassungsziele der Kirchen unter besonderer Berücksichtigung des Grundgesetzes, in: Rudolf Morsey/Konrad Repgen (Hg.), Christen und Grundgesetz, 1989, S. 33 ff.
545 Siehe Art. 126 Abs. 1 Verf. Bayern; Art. 25 Abs. 1 Verf. Rheinland-Pfalz; Art. 25 Verf. Baden; Art. 106 Verf. Württemberg-Hohenzollern (dort auch auf die Kirchen erstreckt); Art. 24 Abs. 1 Verf. Saarland.
546 Näher nochmals *Wittreck*, Ordnung (FN 509), S. 316 ff.

unterstreichen soll⁵⁴⁷. Zwischen beiden Gruppen steht schließlich die Verfassung von Württemberg-Baden, die frei von konfessioneller wie ausgeprägt weltanschaulicher Programmatik ist und nicht zuletzt deshalb auch deutlich kürzer (und nüchterner) daherkommt⁵⁴⁸.

V. Grundrechtsinnovationen und -verluste

Die unmittelbare Nachkriegszeit dürfte – sieht man von der Entstehung der revolutionären Kataloge im 18. Jahrhundert ab – die innovativste Phase der Landesgrundrechtsentwicklung in Deutschland gewesen sein⁵⁴⁹. Dabei bilden sich mehrere charakteristische „Herde" an Neuerungen heraus⁵⁵⁰, denen gleichwohl ganz überwiegend gemeinsam ist, daß sie sich als Antwort auf den Schrecken der NS-Terrorherrschaft entpuppen. Vor dieser historischen Folie werden einerseits gänzlich neue Grundrechte formuliert⁵⁵¹, überkommene Gewährleistungen in charakteristischer Weise „zugespitzt"⁵⁵² sowie neue Instrumente der Grundrechtsgeltung, -durchsetzung und -sicherung ersonnen⁵⁵³. Hingegen präsentieren sich die Verluste als bestenfalls minimal⁵⁵⁴.

105
Nachkriegsjahre als innovativste Phase der Landesgrundrechtsentwicklung

1. Neue Freiheitsrechte

Mehrere regelrecht neue Grundrechte präsentieren sich als unmittelbare Reaktion auf das NS-Regime bzw. die Folgen seiner verbrecherischen Angriffskriege. Das gilt an erster Stelle für das Recht, den Kriegsdienst zu verweigern (Art. 3 Verf. Baden)⁵⁵⁵, die Gewährleistung der Informationsfreiheit (in direkter Reaktion auf das sprichwörtliche Verbot des Hörens von „Feindsendern"⁵⁵⁶) sowie das Widerstandsrecht⁵⁵⁷ (teils sogleich zur Widerstandspflicht gesteigert, so Art. 147 Abs. 1 Verf. Hessen⁵⁵⁸ sowie Art. 19 Verf. Bre-

106
Reaktion auf das NS-Regime

---

547 Wie in einem Brennglas zusammengefaßt in Art. 120 Verf. Württemberg-Hohenzollern: „Die Religionsgemeinschaften stehen unter den für sie gültigen göttlichen Geboten. In der Erfüllung dieser religiösen Aufgabe entfalten sie sich frei von staatlichen Eingriffen. Als Träger des sittlichen Lebens des Volkes wirken sie neben dem Staat". – Wenigstens die Sätze 1 und 3 sind *keine* Rechtsnormen.
548 Gleichsinnig *Beutler*, Staatsbild (FN 482), S. 77 f.; vgl. aus ostdeutscher Perspektive (dort dezidiert als Vorwurf formuliert) *Schultes*, Aufbau (FN 493), S. 25.
549 Hilfreich, aber auf die heute noch geltenden Urkunden beschränkt: → Bd. III: *Lange*, Grundrechtliche Besonderheiten in den Landesverfassungen, § 83 RN 8 f., 14 ff.
550 Anderer Zugriff bei *Pfetsch*, Ursprünge (FN 1), S. 405 f.; vgl. dens., Verfassungspolitische Innovationen 1945–1949. Am Anfang war der linksliberale Rechtsstaat, in: ZParl. 17 (1986), S. 5 (12 f., 15 ff.).
551 Sogleich sub 1, RN 106 f.
552 Sub 2, RN 108 ff.
553 Sub 3, RN 112.
554 Sub 4, RN 128.
555 „Kein badischer Staatsbürger darf zur Leistung militärischer Dienste gezwungen werden". Unglücklich *Kästner*, in: Stern/Becker, GG (LitVerz.), Art. 4 RN 10: Art. 4 Abs. 3 GG sei „ohne historisches Vorbild".
556 Gewährleistet in Bremen (Art. 15 Abs. 5 Verf.), Württemberg-Baden (Art. 11 Abs. 2 Verf.), Bayern (Art. 112 Abs. 2 Verf.), Hessen (Art. 13 Verf.), Baden (Art. 10 Abs. 2 Satz 3 Verf.).
557 Es begegnet in Ostdeutschland lediglich in Brandenburg (Art. 6 Abs. 3 Verf.: „Gegen Gesetze, die gegen Moral und Menschlichkeit verstoßen").
558 Die Norm knüpft an „verfassungswidrig ausgeübte öffentliche Gewalt" an und verlagert im Vergleich zu Art. 20 Abs. 4 GG den Widerstandsfall von der Makro- auf die Mikroebene; näher m.w.N. *Wittreck*, in: H. Dreier, GG (LitVerz.), Art. 20 IV RN 11.

men)⁵⁵⁹. Hierher gehören ferner frühe Formen einer Rechtsweggarantie (Art. 2 Abs. 3 Verf. Hessen; Art. 20 Verf. Saarland), das Recht auf Leben und körperliche Unversehrtheit (Art. 3 Verf. Hessen; Art. 3 Abs. 1 u. 2 Verf. Rheinland-Pfalz; Art. 1 Verf. Saarland), der Schutz der zunächst noch unterschiedlich ausgeflaggten Würde des Menschen⁵⁶⁰ sowie die über Art. 109 WRV hinausgehenden besonderen Diskriminierungsverbote, die unmittelbar mit den NS-Phantasien über „Artungleichheit" korrespondieren (vgl. Art. 2 Abs. 2 Verf. Bremen; Art. 10 Abs. 1 Verf. Württemberg-Baden; Art. 1 Verf. Hessen; Art. 19 Verf. Rheinland-Pfalz; Art. 1 und 2 Verf. Baden; Art. 6 Abs. 1 Verf. Württemberg-Hohenzollern)⁵⁶¹.

107
Weitere Akzentsetzungen bei Freiheitsrechten

Neuigkeitswert haben ferner die allgemeine Freiheitsverheißung, die im Grundgesetz dann zu Art. 2 Abs. 1 GG kondensiert wird (siehe Art. 3 Abs. 1 Verf. Bremen; Art. 2 Verf. Württemberg-Baden; Art. 101 Verf. Bayern; Art. 2 Abs. 1 und 2 Verf. Hessen; Art. 1 und 2 Verf. Rheinland-Pfalz; Art. 2 Verf. Saarland)⁵⁶², sowie der Schutz von Ausländern vor politischer Verfolgung durch Gewährung von Asyl (Art. 105 Verf. Bayern; Art. 7 Satz 2 Verf. Hessen; Art. 16 Abs. 2 Verf. Rheinland-Pfalz; Art. 11 Abs. 2 Verf. Saarland)⁵⁶³. Auch die ausdrückliche Gewährleistung des Streikrechts hat eingedenk des *Kapp*-Putsches nicht allein eine sozialpolitische Dimension (vgl. Art. 51 Abs. 3 Verf. Bremen; Art. 23 Abs. 3 Verf. Württemberg-Baden; Art. 29 Abs. 4 Verf. Hessen; Art. 66 Abs. 2 Verf. Rheinland-Pfalz; Art. 38 Abs. 2 Verf. Baden; Art. 97 Abs. 1 u. 2 Verf. Württemberg-Hohenzollern; Art. 56 Abs. 2 Verf. Saarland⁵⁶⁴); ähnlich gelagert ist die explizite Garantie der negativen Vereinigungsfreiheit (Art. 15 Abs. 2 Verf. Württemberg-Baden sowie Art. 19 Abs. 2 Verf. Baden).

Ehrenschutz im Kontext der Vergangenheitsbewältigung

Selbst der erstmals begegnende Schutz der Ehre wird durch den Bezug auf Beleidigungen wegen der Rasse in den Kontext der Vergangenheitsbewältigung gestellt (Art. 4 Verf. Rheinland-Pfalz⁵⁶⁵; Art. 7 Abs. 1 u. 2 Verf. Baden). Sehr punktuell reagiert auf die NS-Zeit zuletzt das Verbot der Sippenhaftung in Bremen (Art. 7 Abs. 3 Verf.)⁵⁶⁶; Gleiches gilt für die Regelung, die beim Schutz der Kommunikationsfreiheit Ausnahmebestimmungen aus politischen Gründen ausschließen will (Art. 7 Satz 3 Verf. Württemberg-Baden sowie Art. 11 Satz 2 Verf. Baden).

---

559 Zusammenfassend → Bd. V: *Höfling*, Widerstand im Rechtsstaat, § 121 RN 5 (gegen jeden Einfluß auf das Grundgesetz).
560 Art. 5 Abs. 1 Verf. Bremen spricht von der „Würde der menschlichen Persönlichkeit" (ebenso Art. 100 Verf. Bayern); Art. 3 Verf. Hessen von der „Würde des Menschen" (vgl. auch Art. 27 Verf.); Art. 1 Verf. Saarland verwendet die Diktion „Menschenwürde". → Bd. IV: *Isensee*, Würde des Menschen, § 87 RN 12.
561 Für einen unmittelbaren Einfluß namentlich von Art. 2 Abs. 2 Satz 3 Verf. Baden auf die Formulierung von Art. 3 Abs. 3 GG a.F. *Heun*, in: H. Dreier, GG (LitVerz.), Art. 3 RN 7.
562 → Bd. V: *Kahl*, Die allgemeine Handlungsfreiheit, § 124 RN 7.
563 *Wittreck*, in: H. Dreier, GG (LitVerz.), Art. 16 a RN 43.
564 Vgl. aus den östlichen Verfassungen Art. 16 Abs. 2 Satz 2 Verf. Sachsen-Anhalt; Art. 14 Abs. 2 Satz 2 Verf. Mecklenburg.
565 Siehe *Süsterhenn/Schäfer* (LitVerz.), Art. 4 Anm. 3: „verständlich aus den schlimmen Erfahrungen der Jahre 1933–1945".
566 Ein solches Verbot folgt schon aus dem strafrechtlichen Schuldprinzip: *Däubler*, in: Fischer-Lescano/Rinken/Buse (LitVerz.), Art. 7 RN 22.

2. Zuspitzung überkommener Gewährleistungen

Der wohl markanteste Unterschied zum Grundgesetz ist der in praktisch allen vorgrundgesetzlichen Landesverfassungen begegnende Versuch, die „Lebensordnungen" zum Regelungsgegenstand zu machen und dabei namentlich die Wirtschaft zu domestizieren[567]. Genuin grundrechtlich relevant wird er dann, wenn entweder – zumindest dem Wortlaut nach – regelrechte soziale Grundrechte geschaffen werden[568] oder überkommene Grundrechte mit neuen Schranken versehen werden[569]. Weiterhin gehören Konkretisierungen solcher Gewährleistungen hierher, die schon unter der Weimarer Reichsverfassung bestehen, aber charakteristisch verändert werden[570].

108 Lebensordnungen als Regelungsgegenstand

a) Soziale Grundrechte

Die Existenz sozialer Grundrechte in den Landesverfassungen ist als markante Abweichung vom Grundgesetz gut bekannt und dokumentiert[571]; zugleich besteht ein weitreichender Konsens, daß die folgenden Bestimmungen ungeachtet ihrer Formulierung keine subjektiven Leistungsrechte begründen bzw. begründeten, sondern nach moderner Diktion als Staatszielbestimmungen im Sinne von Förderungspflichten einzustufen sind[572]. Ausweislich ihres Wortlauts als subjektive Rechte ausgestattet sind namentlich und ohne Anspruch auf Vollständigkeit das Recht auf Wohnung (etwa Art. 14 Abs. 1 Verf. Bremen[573] oder Art. 106 Abs. 1 Verf. Bayern[574]), ein Recht auf Arbeit (Art. 37 Abs. 1 Verf. Baden; vgl. im Osten Art. 17 Abs. 1 Satz 1 Verf. Sachsen-Anhalt; Art. 15 Satz 1 Verf. Mecklenburg; Art. 17 Satz 1 Verf. Sachsen) sowie ein Recht auf Bildung (Art. 27 Verf. Bremen; Art. 35 Verf. Württemberg-Baden; Art. 13 Verf. Baden; Art. 18 Verf. Mecklenburg; Art. 20 Verf. Sachsen). In Bayern kommt das vielfach bespöttelte Recht auf Genuß der Naturschönheiten (Art. 141 Abs. 3 Verf. Bayern) hinzu[575].

109 Staatszielbestimmungen im Sinne von Förderungspflichten

b) Schranken der wirtschaftlichen Freiheit

Eingedenk des geschilderten Kurswechsels in Richtung eines „Dritten Weges" in der Wirtschafts- und Sozialpolitik sehen selbst die westdeutschen Landesverfassungen wirtschaftliche Freiheit nicht als Selbstzweck, sondern

110 Dienende Freiheit

---

567 Oben IV, RN 101 ff.
568 Sogleich sub a, RN 109.
569 Sub b, RN 110.
570 Sub c, RN 111.
571 Aus der reichhaltigen Literatur hier nur *Isensee*, Verfassung ohne soziale Grundrechte, in: Der Staat 19 (1980), S. 367 ff.; *Brenne*, Soziale Grundrechte (LitVerz.); *Wittreck*, in: H. Dreier, GG (LitVerz.), Art. 20 (Sozialstaat), RN 9, 22; → Bd. II: *Rüfner*, Leistungsrechte, § 40 RN 1 ff. (knapp zu den [geltenden] Landesverfassungen dort RN 26).
572 Statt aller → Bd. II: *Rüfner*, § 40 RN 11 ff.; *H. Dreier*, GG (LitVerz.), Vorb. RN 81, sowie *Wittreck*, in: H. Dreier, GG (LitVerz.), Art. 20 (Sozialstaat), RN 40.
573 Vgl. *Blackstein*, in: Fischer-Lescano/Rinken/Buse (LitVerz.), Art. 14 RN 6: Letztlich sei der „Anspruch" aus Satz 1 im Lichte von Satz 2 und den gesellschaftlichen Verhältnissen nach dem Ende des Zweiten Weltkrieges „ausschließlich eine zugespitzt formulierte Staatszielbestimmung".
574 Zuordnung zur Kategorie „gesellschaftliche Rechte" bei *Hoegner*, Lehrbuch (FN 526), S. 139.
575 Statt aller *J. Müller*, in: Meder/Brechmann (LitVerz.), Art. 141 RN 23 ff.

als eine dienende Freiheit. In Anlehnung an bzw. unter Fortentwicklung von Art. 151 Abs. 1 WRV[576] „rahmen" sie daher Wirtschafts- und Vertragsfreiheit programmatisch (Art. 39 Abs. 2 Verf. Bremen; Art. 25 Abs. 1 Verf. Württemberg-Baden; Art. 151 Abs. 2 Verf. Bayern; Art. 38 Abs. 2 Verf. Hessen; Art. 52 Abs. 2 Verf. Rheinland-Pfalz; Art. 92 Satz 3 Verf. Württemberg-Hohenzollern). Normativ gehaltvoller und sogleich deutlich strittiger ist sodann die Möglichkeit der Überführung in Gemeineigentum (Art. 42 ff. Verf. Bremen; Art. 28 Verf. Württemberg-Baden; Art. 160 Verf. Bayern; Art. 40 ff. Verf. Hessen; Art. 45 Verf. Baden; Art. 61 Verf. Rheinland-Pfalz). Hier ist die konkrete Ausgestaltung (gemessen an den Kriterien erfaßter Betriebe, Muß- oder Sollvorschrift, Enteignung qua Verfassung oder erst qua Gesetz) höchst variantenreich; zugleich handelt es sich um ein Sujet, das in praktisch allen verfassunggebenden Versammlungen den sonst weitreichenden Konsens zwischen Christ- und Sozialdemokraten hart an den Rand der Aufkündigung führt[577].

Aussperrungsverbot Gleiches gilt zuletzt für das notorische Verbot der Aussperrung (Art. 29 Abs. 5 Verf. Hessen), das nach bis heute verbreiteter Auffassung vom Bundesrecht nach Art. 31 GG gebrochen werden dürfte[578].

c) Konkretisierung bestehender Gewährleistungen

111
Elternrecht
Zuletzt sollen zwei Fälle aufgegriffen werden, in denen die Landesverfassunggeber subjektivrechtliche Gewährleistungen, die in der Weimarer Reichsverfassung entweder enthalten oder zumindest angelegt waren, substantiell verändern. Das trifft zunächst für das Elternrecht zu; dieses war bereits in Art. 120 WRV als „natürliches Recht der Eltern" gewährleistet[579], wird nunmehr aber namentlich in den im Banne der Naturrechtsrenaissance stehenden südwestdeutschen Verfassungen neu konfiguriert und gegenüber dem staatlichen Aufsichtsrecht durchgehend substantiell gestärkt[580]. Dahinter steht die traditionelle Programmatik der katholischen Kirche, der evangelischerseits allerdings sekundiert wird; das „Elternrecht" ist dabei wiederum eine dienende Freiheit, in der Sache nämlich der Hebel zur Forderung nach der Bekenntnisschule[581]. Weniger kontrovers kommt die Weiterentwicklung der *Selbstverwaltungsgarantie der Hochschulen* Wissenschaftsfreiheit (vgl. Art. 142 Satz 1 WRV) hin zu einer Selbstverwaltungsgarantie der Hochschulen daher (Art. 40 Satz 2 Verf. Württemberg-

---

576 „Die Ordnung des Wirtschaftslebens muß den Grundsätzen der Gerechtigkeit mit dem Ziele der Gewährleistung eines menschenwürdigen Daseins für alle entsprechen. In diesen Grenzen ist die wirtschaftliche Freiheit des einzelnen zu sichern". – Zum normativen Gehalt lapidar *Anschütz* (FN 214), Art. 151 Anm. 1 (S. 699): „eine von der Gesetzgebung schon längst befolgte Richtlinie".
577 Zusammenfassend *Pfetsch*, Ursprünge (FN 1), S. 343 ff.; für Bayern s. *Fait*, Erneuerung (FN 485), S. 446 ff.; für Hessen *Will*, Entstehung (LitVerz.), S. 391 f.
578 Statt aller m.w.N. *H. Dreier*, GG (LitVerz.), Art. 142 RN 67.
579 Zum Verständnis als „natürliches Recht" zeitgenössisch nur *Anschütz* (FN 214), Art. 120 Anm. 2 (S. 562): „nicht die Anerkennung eines für die staatliche Gesetzgebungshoheit unantastbaren ‚Naturrechts' irgendwelcher Art".
580 Vgl. namentlich Art. 126 Abs. 1 Verf. Bayern; Art. 25 Abs. 1 Verf. Rheinland-Pfalz; Art. 25 Verf. Baden; Art. 106 Verf. Württemberg-Hohenzollern und aus der zeitgenössischen Literatur einerseits *Hoegner*, Lehrbuch (FN 526), S. 159 f., andererseits *Süsterhenn/Schäfer* (LitVerz.), Art. 25 Anm. 2 (S. 143 f.); zusammenfassend *Pfetsch*, Ursprünge (FN 1), S. 331 f.
581 Näher m.N. zu diesem Konnex *Fabian Wittreck*, Christentum und Menschenrechte, 2013, S. 31 f.

Baden; Art. 138 Abs. 2 Verf. Bayern; Art. 60 Abs. 1 Satz 2 Verf. Hessen; Art. 39 Abs. 1 Verf. Rheinland-Pfalz; Art. 30 Abs. 1 Verf. Baden; Art. 116 Abs. 1 Verf. Württemberg-Hohenzollern)[582]; in der Sache wird hier der Pfad in Richtung der Grundrechtsberechtigung juristischer Personen beschritten, ohne daß eine der untersuchten Urkunden dem Art. 19 Abs. 3 GG tatsächlich nahe käme.

3. Neuerungen im Grundrechtsinstrumentarium

Mit Händen zu greifen ist das Bestreben der verfassunggebenden Versammlungen, die Grundrechte sowohl symbolisch als auch rechtstechnisch zu stärken; ähnlich dominant ist der letztlich paradoxe Versuch, sie einerseits mit speziellen Schutzvorkehrungen gegen eine Rückkehr zur Diktatur zu immunisieren, ihnen andererseits aber genau diese Garantiefunktion selbst zuzuschreiben. Bei näherer Betrachtung lassen sich wenigstens vier Gruppen von Normen unterscheiden.

112 Symbolische und rechtstechnische Stärkung

a) Programmatische Aussagen

Der symbolischen Ertüchtigung der Grundrechte bzw. der symbolischen Inszenierung der neu entstehenden deutschen Staatswesen dienen solche Bestimmungen, die – typischerweise am Anfang des Verfassungstextes oder des Grundrechtskatalogs – in präambelartiger oder bekenntnishafter Diktion (vgl. Art. 1 Abs. 2 GG) die Bedeutung oder Maßstabswirkung der Grundrechte herausstreichen. Sie begegnen in Baden[583], Rheinland-Pfalz[584], Württemberg-Hohenzollern[585], Bremen[586], im Saarland[587], aber auch in Thüringen[588], Mecklenburg[589], Brandenburg[590] und Sachsen[591].

113 Bekenntnisse zur Maßstabswirkung der Grundrechte

---

582 Knapper Hinweis → Bd. IV: *Geis*, Autonomie der Universitäten, § 100 RN 4.
583 Art. 1 Verf.: „Das badische Volk bekennt sich zu dem Grundsatz, daß jeder Mensch, ohne Unterschied der Rasse, der Religion und des Glaubens unveräußerliche und geheiligte Rechte besitzt. Diese Menschenrechte werden ausdrücklich bestätigt und stehen unter dem Schutz der Verfassung".
584 Art. 1 Abs. 1 Verf. (in landestypisch naturrechtlich angereicherter Diktion): „Der Mensch ist frei. Er hat ein natürliches Recht auf die Entwicklung seiner körperlichen und geistigen Anlagen und auf die freie Entfaltung seiner Persönlichkeit innerhalb der durch das natürliche Sittengesetz gegebenen Schranken". – Die Norm ist gemäß Art. 129 Abs. 1 Verf. unabänderbar (s. sogleich).
585 Art. 1 Verf.: „Die unveräußerlichen Menschenrechte, Leben und Gesundheit, Hausfrieden und Ehre, Arbeitskraft und Eigentum bestimmen das sittliche Zusammenleben der Menschen und finden in ihm ihre Grenzen".
586 Art. 134 Verf. eröffnet den Abschnitt über die Rechtspflege wie folgt: „Die Rechtspflege ist nach Reichs- und Landesrecht im Geiste der Menschenrechte und sozialer Gerechtigkeit auszuüben".
587 Art. 1 Verf.: „Jeder Mensch hat das Recht, als Einzelperson geachtet zu werden. Sein Recht auf Leben, auf Freiheit und auf Anerkennung der Menschenwürde bestimmt, in den Grenzen des Gesamtwohles, die Ordnung der Gemeinschaft".
588 Art. 3 Abs. 3 Verf.: „Die Grenzen der Staatsgewalt liegen in der Anerkennung der Freiheit der Person, der Glaubens- und Gewissensfreiheit, der Freiheit der Meinungsäußerung und der Freiheit der Wissenschaft und ihrer Lehre. Nur im Rahmen allgemeiner Gesetze können diese Freiheiten beschränkt werden".
589 Art. 2 Abs. 3 Verf.: „Die Grenzen der Staatsgewalt liegen in der Anerkennung der demokratisch-republikanischen Staatsform und in den Grundrechten der Bürger".
590 Art. 6 Abs. 1 Verf.: „Die Staatsgewalt findet im Rahmen der Gesetze ihre Grenzen an den Grundrechten". Es folgt eine stichwortartige Auflistung dieser Grundrechte.
591 Art. 7 Verf.: „Bei der Ausübung der Staatsgewalt, die dem Wohle des Volkes zu dienen hat, sind die Gesetze der Menschlichkeit zu achten und die nachfolgenden Menschen- und Grundrechte zu wahren".

b) Sicherungen der Grundrechte und ihrer Wirkkraft

114
Ansätze zu Schrankenschranken

Einen charakteristischen und zum Teil bleibenden Beitrag zur Grundrechtsentwicklung leisten die frühen Landesverfassungen, indem sie die Impulse der späten Weimarer Staatsrechtslehre aufnehmen, die die Geltung der Grundrechte insbesondere gegenüber dem parlamentarischen Gesetzgeber akzentuieren und zugleich den im Verfassungstext vorgesehenen Einschränkungsmöglichkeiten ihrerseits Schranken ziehen will[592]. Während hier vereinzelt der Weg zu Art. 1 Abs. 3, Art. 19 Abs. 1 und Art. 19 Abs. 2 GG vorgespurt wird, bleiben Versuche, auch dem verfassungsändernden Gesetzgeber grundrechtliche Grenzen zu ziehen, ohne Nachahmung.

115
Vorläufer des Zitiergebots

Regelungen, die nach moderner Diktion „Schrankenschranken" enthalten, lassen sich wiederum in vier Gruppen einteilen, die teils Kriterien formaler, teils materieller Natur zugrundelegen. Als Vorläufer des Zitiergebots in Art. 19 Abs. 1 Satz 2 GG wirken vereinzelte Bestimmungen, die anordnen, daß Einschränkungen der Grundrechte ausdrücklich zu erfolgen haben und im Gesetz kenntlich zu machen sind[593]; häufiger finden sich Anordnungen, die Grundrechtseinschränkungen nur durch förmliche Gesetze erlauben und heute funktional dem (ungeschriebenen) Wesentlichkeitsvorbehalt entspre-

Wesentlichkeitsvorbehalte

chen[594]. Sie begegnen in Hessen (Art. 63 Abs. 2 Satz 1 Verf.)[595], Bayern (Art. 98 Satz 2 Verf.)[596] und Baden (Art. 123 Abs. 1 Satz 2 Verf.[597]). Die strengste Regelung nimmt (auf dem Papier) Art. 24 Satz 2 Verf. Sachsen vor, der auch für nach dem Verfassungswortlaut mögliche Einschränkungen der Grundrechte eine Zweidrittelmehrheit der gesetzlichen Abgeordnetenanzahl vorsieht.

116
Zielkataloge für Grundrechtseinschränkungen

Materielle Kriterien benennen zum einen Bestimmungen, die im Sinne eines globalen Einschränkungsvorbehalts Kataloge der legitimen Ziele der Grundrechtseinschränkung auflisten (so nochmals Art. 98 Satz 1–3 Verf. Bayern sowie Art. 3 Abs. 3 Satz 2 Verf. Thüringen[598]); zum anderen nehmen einzelne

---

592 Maßgeblich ist hier namentlich *A. Hensel*, Grundrechte und Rechtsprechung, in: Otto Schreiber (Hg.), Die Reichsgerichtspraxis im deutschen Rechtsleben. Festgabe zum 50jährigen Bestehen des Reichsgerichts, Bd. I, 1929, S. 1 ff.; näher *H. Dreier* (FN 414), § 4 RN 28 ff.
593 Vgl. Art. 63 Abs. 2 Satz 2 Verf. Hessen: „Gesetz im Sinne solcher grundrechtlichen Vorschriften ist nur eine vom Volk oder von der Volksvertretung beschlossene allgemeinverbindliche Anordnung, die ausdrücklich Bestimmungen über die Beschränkung oder Ausgestaltung des Grundrechts enthält. Verordnungen, Hinweise im Gesetzestext auf ältere Regelungen sowie durch Auslegung allgemeiner gesetzlicher Ermächtigungen gewonnene Bestimmungen genügen diesen Erfordernissen nicht". – Gleichsinnig Art. 123 Abs. 2 Verf. Baden: „Ein solches Gesetz muß selbst Beschränkung oder Ausgestaltung des Grundrechts erschöpfend regeln. Hinweise auf frühere Regelungen genügen nicht. Im Zweifelsfalle entscheidet der Staatsgerichtshof". – Vgl. dazu knapp *H. Dreier*, GG (LitVerz.), Art. 19 I RN 3; → Bd. III: *Axer*, Zitiergebot, § 67 RN 3 f.
594 Dazu statt aller m.w.N. → Bd. III: *Lerche*, Vorbehalt des Gesetzes und Wesentlichkeitstheorie, § 62 RN 5 ff., 54 ff.
595 Vgl. oben FN 484.
596 „Die durch die Verfassung gewährleisteten Grundrechte dürfen grundsätzlich nicht eingeschränkt werden. Einschränkungen durch Gesetz sind nur zulässig, wenn die öffentliche Sicherheit, Sittlichkeit, Gesundheit und Wohlfahrt es zwingend erfordern. Sonstige Einschränkungen sind nur unter den Voraussetzungen des Art. 48 zulässig". – Näher *Lindner*, in: ders./Möstl/Wolff (LitVerz.), Art. 98 RN 1 ff.
597 „Die Beschränkung oder Ausgestaltung kann nur durch ein vom Volk oder von der Volksvertretung beschlossenes Gesetz erfolgen".
598 „Nur im Rahmen allgemeiner Gesetze können diese Freiheiten beschränkt werden".

Verfassungen die Wesensgehaltsgarantie des Art. 19 Abs. 2 GG vorweg[599], indem sie – noch in sehr variantenreicher und ersichtlich tastender Diktion – bestimmen, daß selbst im Falle der Einschränkung ein Rest an Netto-Freiheit übrigbleiben muß: Art. 63 Abs. 1 Verf. Hessen[600] und Art. 123 Abs. 1 Satz 1 Verf. Baden[601].

Die unmittelbare Geltung der Grundrechte (vgl. Art. 1 Abs. 3 GG) – jeweils ausdrücklich auf alle (drei) Staatsgewalten erstreckt – begegnet in Hessen (Art. 26 Verf.[602]), Bremen (Art. 20 Abs. 2 Verf.[603]) sowie im Saarland (Art. 21 Satz 2 Verf.); Rheinland-Pfalz formuliert etwas schwammiger[604]. Die ostdeutschen Landesverfassungen ordnen stattdessen regelmäßig die unmittelbare Verbindlichkeit der gesamten Verfassung an – berauben diese aber durch das Verbot der richterlichen Normprüfung sogleich ihrer Pointe[605].

117
Unmittelbare Grundrechtsgeltung

Versuche, die Grundrechte auch gegenüber dem verfassungsändernden Gesetzgeber abzuschirmen, begegnen in Hessen, denn nach Art. 26 Verf. Hessen sind die Grundrechte „unabänderlich"[606], in Rheinland-Pfalz, denn nach Art. 129 Abs. 1 Verf. Rheinland-Pfalz darf deren Artikel 1, der programmatische Aussagen zur Grundrechtsbindung enthält, nicht Gegenstand einer Verfassungsänderung werden[607], in Bremen, indem Art. 20 Abs. 1 Verf. Bremen den „Grundgedanken der allgemeinen Menschenrechte" für unantastbar erklärt[608], sowie im Saarland[609]. Sachsen sieht für Eingriffe in den Normwortlaut der Grundrechte eine Zweidrittelmehrheit der gesetzlichen Mitgliederzahl des Landtags vor (Art. 24 Satz 1 Verf.)[610]. Unklar in der dogmatischen

118
Abschirmung der Grundrechte gegen Verfassungsänderungen

---

599 → Bd. III: *Leisner-Eggensberger*, Wesensgehaltsgarantie, § 70 RN 4 ff. (ebenda, RN 2 zu den folgenden Normen); s. auch *H. Dreier*, GG (LitVerz.), Art. 19 II RN 7 ff. (RN 2 zu Art. 63 Abs. 1 Verf. Hessen).
600 „Soweit diese Verfassung die Beschränkung eines der vorstehenden Grundrechte durch Gesetz zuläßt oder die nähere Ausgestaltung einem Gesetz vorbehält, muß das Grundrecht als solches unangetastet bleiben".
601 „Soweit diese Verfassung die Beschränkung eines Grundrechtes durch Gesetz zuläßt oder die nähere Ausgestaltung einem Gesetz vorbehält, muß das Grundrecht als solches unangetastet bleiben".
602 „Diese Grundrechte sind unabänderlich; sie binden den Gesetzgeber, den Richter und die Verwaltung unmittelbar".
603 „Die Grundrechte und Grundpflichten binden den Gesetzgeber, den Verwaltungsbeamten und den Richter unmittelbar". – Vgl. daneben noch Art. 1 Verf.: „Gesetzgebung, Verwaltung und Rechtsprechung sind an die Gebote der Sittlichkeit und Menschlichkeit gebunden". – Die Norm ist nach Art. 20 Abs. 3 Verf. ebenso unabänderlich wie Art. 20 selbst.
604 Art. 1 Abs. 4 Verf. Rheinland-Pfalz: „Die Organe der Gesetzgebung, Rechtsprechung und Verwaltung sind zur Wahrung dieser Grundsätze verpflichtet". – Die Norm ist nach Art. 129 Abs. 1 Verf. Rheinland-Pfalz unabänderlich.
605 Vgl. V 3 e. Vgl. Art. 60 Abs. 1 Verf. Sachsen-Anhalt; Art. 100 Abs. 1 Verf. Mecklenburg; Art. 95 Abs. 1 Verf. Sachsen.
606 Die Etikettierung als „unabänderlich" wird heute üblicherweise als landesverfassungsrechtliches Äquivalent zu Art. 1 Abs. 2, 3 sowie Art. 79 Abs. 3 GG gedeutet. *E. Stein*, in: Zinn/Stein (LitVerz.) Art. 26 Anm. 1.
607 Zur heutigen Deutung nur *J. Held*, in: Brocker/Droege/Jutzi (LitVerz.), Art. 129 RN 10 ff.
608 „Verfassungsänderungen, die die in diesem Abschnitt enthaltenen Grundgedanken der allgemeinen Menschenrechte verletzen, sind unzulässig". Nach Art. 20 Abs. 3 Verf. ist ferner Art. 1 Verf. unabänderlich.
609 Art. 21 Satz 1 Verf. Saarland: „Die Grundrechte sind in ihrem Wesen unabänderlich". – In der Sache wird die Norm als funktionales Äquivalent zu Art. 19 Abs. 2 und Art. 79 Abs. 3 GG gedeutet: Siehe früh *Schranil*, Verfassung (FN 490), Art. 21 Anm. 2 (S. 47 f.).
610 Die allgemeine Regel für Verfassungsänderungen (Art. 96 Satz 2 Verf.) spricht ohne den expliziten Zusatz der gesetzlichen Mitgliederzahl von einer Zweidrittelmehrheit.

§ 231   Sechzehnter Teil: I. Entwicklung und Bedeutung einzelstaatlicher Grundrechte

Zuordnung ist zuletzt das in Mecklenburg in die Schlußbestimmungen aufgenommene Verbot einer Einschränkung der Grundrechte[611]. Gleiches gilt für die sächsische Ewigkeitsklausel, die neben der Demokratie die „Humanität" für „unantastbar" erklärt (Art. 97 Verf. Sachsen).

119
Recht und Pflicht zum Widerstand

Ebenfalls ohne Nachhall auf Bundesebene bleibt schließlich der in Bremen unternommene Versuch, die Menschenrechte dadurch zu schützen, daß an ihre Antastung durch die öffentliche Gewalt das Recht und die Pflicht zum Widerstand anknüpfen[612].

c) Mißbrauchstatbestände

120
Wehrhafte Verfassungen

Die grundrechtlich gewendete Maxime „keine Freiheit für die Feinde der Freiheit", die im Grundgesetz ihren Ausdruck in Art. 18 GG gefunden hat[613], findet zumindest partielle Vorläufer in Hessen (Art. 17 Abs. 1 Verf.[614]), Baden (Art. 124 Verf.[615]), Rheinland-Pfalz (Art. 133 Abs. 1 Verf. a.F.[616]) sowie – auf Gruppen bezogen – im Saarland (Art. 8 Verf.[617]).

121
Generelle Suspendierungsklauseln

Nur noch vereinzelt finden sich demgegenüber generelle Suspendierungsklauseln nach Art von Art. 48 Abs. 2 WRV; sie begegnen noch in Bayern (sinnfällig gleichfalls als Art. 48 Abs. 1 Verf. Bayern, nunmehr aber mit dem Vorbehalt verfassungsgerichtlicher Überprüfung nach Absatz 3[618]) sowie in Rheinland-Pfalz[619].

---

611 Art. 99 Abs. 1 Verf.: „Alle Bestrebungen, die demokratische Staatsform und die Grundrechte der Staatsbürger zu beseitigen oder einzuschränken, sind verfassungswidrig und als ein Verbrechen gegen die Verfassung zu bestrafen; auch der Versuch ist strafbar. Das Nähere bestimmt ein Gesetz".

612 Art. 19 Verf.: „Wenn die in der Verfassung festgelegten Menschenrechte durch die öffentliche Gewalt verfassungswidrig angetastet werden, ist Widerstand jedermanns Recht und Pflicht". – Vgl. allerdings Art. 23 Satz 3 der Verfassung von Berlin v. 1. September 1950 (Verordnungsblatt Berlin 1950 Teil I. S. 433): „Werden die in der Verfassung festgelegten Grundrechte offensichtlich verletzt, ist jedermann zum Widerstand berechtigt".

613 Näher *Wittreck*, in: H. Dreier, GG (LitVerz.), Art. 18 RN 3ff.

614 „Auf das Recht der freien Meinungsäußerung, der Versammlungs- und Vereinsfreiheit sowie auf das Recht der Verbreitung wissenschaftlicher oder künstlerischer Werke kann sich nicht berufen, wer den verfassungsmäßigen Zustand angreift oder gefährdet". – Abs. 2 sieht vor, daß der Staatsgerichtshof entscheidet, ob diese Voraussetzung vorliegt; vgl. dazu noch Art. 146 Abs. 2 Verf. Hessen.

615 „Wer es unternimmt, die durch die Verfassung den Staatsbürgern gewährleisteten Grundrechte und Freiheiten zum Kampfe gegen diese Grundrechte und Freiheiten zu mißbrauchen, stellt sich selbst außerhalb der Verfassung und verwirkt damit das Recht, sich gegenüber Notwehrhandlungen des Staates auf verfassungsmäßige Grundrechte und Freiheiten zu berufen. Ob diese Voraussetzung vorliegt, entscheidet auf Klage der Staatsgerichtshof".

616 „Wer darauf ausgeht, die sittlichen oder politischen Grundlagen des Gemeinschaftslebens, besonders die verfassungsmäßigen Freiheiten und Rechte durch Gewaltanwendung oder Mißbrauch formaler Rechtsbefugnisse zu untergraben oder aufzuheben, wird strafrechtlich verfolgt und kann sich auf die Grundrechte nicht berufen". – Die Norm ist 1991 ersatzlos gestrichen worden.

617 „Politische Kampfverbände sind verboten, ebenso Parteien oder andere organisierte Gruppen, die darauf ausgehen, die verfassungsmäßig garantierten Freiheiten und Rechte durch Gewalt oder Mißbrauch formaler Rechtsbefugnisse aufzuheben oder zu untergraben".

618 Dazu statt aller *Brechmann*, in: Meder/ders. (LitVerz.), Art. 49 RN 4.

619 Art. 112 Verf. a.F.: „Wird die öffentliche Sicherheit und Ordnung erheblich gestört und dadurch der verfassungsmäßige Bestand des Landes gefährdet, so kann die Landesregierung alle notwendigen Maßnahmen treffen, insbesondere Verordnungen mit Gesetzeskraft erlassen und die Grundrechte der freien Meinungsäußerung, der Versammlungs- und Vereinigungsfreiheit, des Brief-, Post- Telegrafen-

Ebenfalls hierher gehören neue Möglichkeiten des Vereinsverbots im Falle der Gefährdung der Demokratie oder der Völkerverständigung (Art. 17 Abs. 2 Verf. Bremen; ähnlich Art. 15 Abs. 1 Verf. Württemberg-Baden; Art. 114 Abs. 2 Verf. Bayern[620] sowie Art. 13 Abs. 1 Satz 2 Verf. Württemberg-Hohenzollern). Rheinland-Pfalz kennt zwar keinen derartigen Vorbehalt der Vereinigungsfreiheit, versagt aber die Berufung auf Wissenschafts- und Meinungsfreiheit, falls der Grundrechtsträger „die verfassungsmäßigen Grundlagen des Gemeinschaftslebens angreift" (Art. 10 Abs. 2 Verf. Rheinland-Pfalz).

122
Vorbehalte

In der dogmatischen Zuordnung bzw. in der Rechtsfolge unscharf sind schließlich verfassungsrechtliche Verbote, wie sie die Verfassungen von Bayern (Art. 119 Verf.[621]) sowie von Württemberg-Hohenzollern (Art. 8 Verf.[622]) enthalten. Durchaus schillernd ist auch eine Klausel der sächsischen Verfassung, die eingedenk „der aus der nazistischen Katastrophenpolitik entstandenen Notlage" erleichterte Einschränkungen einzelner Grundrechte erlaubt; die in Bezug genommenen Grundrechte wie die Befristung legen allerdings nahe, daß hier weniger politische Kampfmaßnahmen als eine Reaktion auf das schiere Nachkriegselend intendiert sind[623]. Tatsächlich finden sich derartige Vorbehalte vereinzelt auch noch im Westen, etwa in Bremen (Art. 153 Verf. Bremen[624]; vgl. auch Art. 117 Abs. 2 GG[625]).

123
Unscharf gefaßte verfassungsrechtliche Verbote

d) Insbesondere: NS-Vorbehalte

Die westdeutschen Landesverfassungen enthalten – wenn überhaupt – den heute Art. 139 GG entsprechenden Hinweis darauf, daß die Verfassung den (besatzungsrechtlichen) Vorschriften zur Befreiung des deutschen Volkes vom Nationalsozialismus und Militarismus nicht entgegengehalten werden kann[626]. Hingegen grenzen sich die ostdeutschen Urkunden deutlicher ab (wobei die eigentliche Intention der Bestimmungen wiederum eher verschlei-

124
Entnazifizierung vs. Entbürgerlichung

---

und Fernsprechgeheimnisses und der Freizügigkeit (Artikel 10, 12 bis 15) auf die Dauer einer Woche einschränken oder außer Kraft setzen. Die sonstigen Grundrechte dürfen nicht angetastet werden. Von allen hiernach getroffenen Maßnahmen hat die Landesregierung gleichzeitig dem Landtag oder dem Zwischenausschuss Kenntnis zu geben. Sie sind auf Verlangen außer Kraft zu setzen". – Durch Verfassungsreform von 1991 wurde die Möglichkeit der Außerkraftsetzung der Grundrechte gestrichen; vgl. nur *D. Franke*, in: Grimm/Caesar (LitVerz.), Art. 112 RN 12.

620 „Vereine und Gesellschaften, die rechts- oder sittenwidrige Zwecke verfolgen oder solche Mittel gebrauchen oder die darauf ausgehen, die staatsbürgerlichen Freiheiten zu vernichten oder gegen Volk, Staat oder Verfassung Gewalt anzuwenden, können verboten werden".

621 „Rassen- und Völkerhaß zu entfachen ist verboten und strafbar". – Zur verbleibenden Relevanz der Norm *Schmidt am Busch*, in: Meder/Brechmann (LitVerz.), Art. 119 RN 3.

622 „Jede Handlung, die mit der Absicht vorgenommen wird, eine friedliche Zusammenarbeit der Völker zu stören, insbesondere die Führung eines Krieges vorzubereiten, ist verfassungswidrig".

623 Art. 25 Abs. 1 Verf. Sachsen: „Gesetzliche Bestimmungen, die infolge der aus der nazistischen Katastrophenpolitik entstandenen Notlage seit dem 8. Mai 1945 ergangen sind oder noch ergehen werden, können unerläßliche Eingriffe vornehmen in die Grundrechte der Freizügigkeit nach Artikel 10, der Unverletzlichkeit der Wohnung nach Artikel 13, der eigenen Verfügung über die Arbeitskraft nach Artikel 16, des gewährleisteten Eigentums nach Artikel 19".

624 Befristete Möglichkeit des Eingriffs in Freizügigkeit, Freiheit der Berufswahl und die Wohnungsfreiheit; dazu bündig *Spitta*, Verfassung (LitVerz.), Art. 153 Anm. (S. 269).

625 Dazu statt aller *Pernice*, in: H. Dreier, GG (LitVerz.), Art. 117 RN 3.

626 So Art. 140 Verf. Rheinland-Pfalz; Art. 154 Verf. Bremen.

ert wird): Hier sind Klauseln typisch, in denen die Gleichheit der staatsbürgerlichen Rechte dahingehend eingeschränkt wird, daß sie denjenigen, die sich für Nationalsozialismus und Militarismus eingesetzt haben, „nicht zustehen oder aberkannt worden sind"[627]. In die gleiche Richtung einer Entbürgerlichung der ostdeutschen Gesellschaften zielen vage Vorschriften, die „Rassenhetze" verbieten[628].

e) Prozessuale Vorkehrungen

125
Tradition der Verfassungsbeschwerde

Die genuin verfassungsprozessuale Bewehrung der Grundrechte begegnet – eingedenk der langen Tradition der Verfassungsbeschwerde[629] durchaus konsequent – in Bayern. Die Möglichkeit der Verfassungsbeschwerden gegen behördliche Entscheidungen wird in Art. 120 Verf. Bayern fortgeschrieben, in Artikel 98 Satz 4 noch um die Popularklage gegen die Verletzung der Grundrechte durch Normen ergänzt[630]. Es kommt die bereits erwähnte Möglichkeit der gerichtlichen Kontrolle einer Suspendierung der Grundrechte hinzu (Art. 48 Abs. 3 Verf. Bayern). Allerdings bleibt Bayern nicht nur in der Dichte dieser Schutzvorkehrungen Solitär, sondern findet auch sonst keine Nachahmer eines spezifischen Grundrechtsschutzes durch Verfassungsgerichtsbarkeit[631]. Nur höchst vereinzelt werden die Verfassungsgerichte entweder zur Entscheidung über die Grundrechtsverwirkung[632] oder über die Reichweite der formalen Anforderungen von Grundrechtseinschränkungen berufen (so gemäß Art. 123 Abs. 2 Satz 2 Verf. Baden).

Kaum Nachahmungseffekte

126
Verlagerung der Verfassungsmäßigkeitsprüfung im Osten

In umgekehrter Stoßrichtung schließen die ostdeutschen Landesverfassungen nicht nur die diffuse richterliche Normenkontrolle aus, sondern untersagen ausdrücklich jede Form der gerichtlichen Überprüfung von Normen auf ihre Verfassungsmäßigkeit; die Entscheidung obliegt statt dessen dem Landtag (so

---

627 Siehe Art. 5 Abs. 2 Verf. Thüringen: „Alle Bürger haben die gleichen staatsbürgerlichen Rechte, es sei denn, daß ihnen auf Grund gesetzlicher Bestimmungen, insbesondere wegen ihrer nationalsozialistischen oder militaristischen Betätigung nicht zustehen oder aberkannt worden sind". – Vergleichbare Klauseln enthalten Art. 8 Abs. 2 Verf. Sachsen-Anhalt (dort erstreckt auf „Verbrechen"); Art. 7 Abs. 1 Verf. Mecklenburg.
628 Siehe Art. 6 Verf. Thüringen: „Jede Bekundung nationalen und religiösen Hasses und jede Rassenhetze ist verboten und wird auf das strengste bestraft. Personen, die militaristische oder nationalsozialistische Auffassungen verbreiten oder unterstützen und dadurch den inneren und äußeren Frieden gefährden, sind aus dem öffentlichen Dienst zu entfernen. Sie dürfen leitende Stellungen in der Wirtschaft und im kulturellen Leben nicht bekleiden. Ihnen kann das Wahlrecht entzogen werden. Das Nähere bestimmen die Gesetze." – Gleichsinnig Art. 8 Abs. 3 Verf. Sachsen-Anhalt; Art. 7 Abs. 2 Verf. Mecklenburg; Art. 8 Abs. 1 u. 2 Verf. Brandenburg.
629 Vgl. oben D V, RN 23 f. (Verf. von 1818) sowie I V, RN 83 ff. (Bamberger Verf.).
630 Dazu jetzt eingehend *Bastian Bohn*, Das Verfassungsprozessrecht der Popularklage. Zugleich eine Untersuchung der Rechtsprechung des Bayerischen Verfassungsgerichtshofs der Jahre 1995 bis 2011, 2012, sowie *Bernd Flurschütz*, Die bayerische Popularklage nach Art. 55 BayVfGHG, 2014.
631 Üblich ist hingegen die Möglichkeit der abstrakten und/oder konkreten Normenkontrolle wegen des Vorwurfs des Verstoßes einer Norm gegen die Verfassung; vgl. statt aller die elaborierte Regelung in Art. 92 Abs. 1 bis 3 Verf. Württemberg-Baden und dazu zeitgenössisch *Nebinger*, Verfassung (LitVerz.), Art. 92 Anm. 1 (S. 253 ff.); zur Vorbildwirkung für Art. 100 Abs. 1 GG: Peter Bucher (Bearb.), Der Parlamentarische Rat 1948-1949. Akten und Protokolle, Bd. II: Der Verfassungskonvent auf Herrenchiemsee, 1981, S. 574 f. Zusammenfassend *Ulsamer*, Abstrakte Normenkontrolle vor den Landesverfassungsgerichten (einschließlich vorbeugender Normenkontrolle), in: Starck/Stern, Landesverfassungsgerichtsbarkeit II (LitVerz.), S. 43 ff., und *Groschupf*, Richtervorlagen zu den Landesverfassungsgerichten, ebenda, S. 85 ff.
632 Oben V 3 c, RN 111.

Art. 64 Abs. 2 Verf. Mecklenburg, Art. 37 Abs. 1 Verf. Brandenburg sowie Art. 60 Verf. Sachsen); in Sachsen-Anhalt (Art. 60 Abs. 3 Verf.) und in Thüringen (Art. 43 Abs. 3 Verf.) zieht der zuständige Landtagsausschuß immerhin noch ausgewählte höhere Richter und – quasi in Wiederbelebung des Rechtsinstituts der Aktenversendung – ein Mitglied der Juristischen Fakultät der Landesuniversität hinzu.

Als unmittelbare Vorläufer des Art. 19 Abs. 4 GG präsentieren sich schließlich Bestimmungen einzelner Landesverfassungen, die im Falle einer vom Bürger behaupteten Rechtsverletzung diesem den Rechtsweg eröffnen[633].

127
Rechtsschutzgarantie

4. Verluste?

Verluste sind (zumindest im Westen) praktisch nicht zu verzeichnen. Vereinzelt wird die zuvor noch gewährleistete Auswanderungsfreiheit weggelassen[634]; dem liegt ganz offensichtlich die auch auf Bundesebene obwaltende Sorge zugrunde, angesichts der Lage im Lande falsche Anreize zu setzen[635].

128
Geringe Grundrechtsverluste im Westen

VI. (Landes-)Grundrechtsdoktrin

Erneut ist die Zeitspanne der Jahre von 1946 bis 1949 zu kurz, um eine regelrechte Dogmatik der Landesgrundrechte herauszuarbeiten. Wie dargelegt, gehen die Mitglieder der verfassunggebenden Versammlungen davon aus, daß die Weimarer Mehrheitsmeinung zu Art. 13 Abs. 1 WRV fortgelten wird, Reichsrecht also auch inhaltsgleiches Landesrecht verdrängen würde. Daß sie gleichwohl ganz überwiegend ambitionierte Vollverfassungen schaffen und dabei im allgemeinen Teil wie in den speziellen Grundrechten zahlreiche Innovationen vornehmen, ist letztlich einem volkspädagogischen Ansatz geschuldet: Unabhängig von der eher technischen Frage der Fortgeltung dem Grunde nach oder im Detail gilt es, dem deutschen Volk in seinen zunächst nur zu erreichenden Landesvölkern einen Freiheitsspiegel (der teils zugleich ein naturrechtlich gerahmter Ordnungsspiegel ist) vor Augen zu halten. In der übersichtlichen Literatur der Zeit, die zumeist nur mehr oder minder nüchtern referiert und eher intuitiv bewertet, zeichnet sich eine spezielle Landes-Grundrechtsdoktrin ebenfalls nicht ab[636]. Insbesondere fällt auf, daß die aus heutiger Perspektive besonders innovativen Elemente entweder gar nicht kommentiert werden oder sogar rechtspolitische Kritik auf sich ziehen[637].

129
Vollverfassungen mit volkspädagogischem Ansatz

Freiheitsspiegel

---

633 Sie begegnen in Hessen (Art. 2 Abs. 3 Verf.) sowie im Saarland (Art. 20 Verf.). Obwohl in beiden Fällen allgemein von „Rechten" die Rede ist, versteht die Literatur darunter die Grundrechte; s. nur *Schranil* (LitVerz.), Art. 20 Anm. 2 (S. 46).
634 Gegen den Trend allerdings Art. 18 Verf. Bremen; Art. 109 Abs. 2 Verf. Bayern sowie Art. 9 Abs. 2 Verf. Saarland; aus dem Kreis der Ost-Verfassungen Art. 10 Abs. 1 Satz 2 Verf. Sachsen-Anhalt; Art. 9 Satz 2 Verf. Mecklenburg.
635 Statt aller bündig *H. Dreier*, GG (LitVerz.), Art. 2 I RN 32.
636 Tastend etwa *Nawiasky/Leusser* (LitVerz.), Vorb. vor Art. 98 (S. 176 ff.).
637 Das gilt etwa für die bayerische Möglichkeit der Verfassungsbeschwerde; s. dazu nur die Kritik von *Apelt*, Die bayerische Verfassung, in: Deutsche Rechts-Zeitschrift 1947, S. 1 (4); ganz grundsätzlich für verderblich hält eine starke Staatsgerichtsbarkeit aus ostdeutscher Perspektive *Schultes*, Aufbau (FN 493), S. 38 ff., 63. Mäkelig auch *Wegener*, Einführung (FN 482), S. 51: „Grundrechtskatalog stellenweise wertlos". Aufgegriffen wird diese Kritik bei *Friedrich Klein*, Neues Deutsches Verfassungsrecht, 1949, S. 203, der die Landesgrundrechte im übrigen nicht erörtert.

K. Landesgrundrechte im Parlamentarischen Rat

I. Überblick

130
Kodifikatorischer Vorsprung vorgrundgesetzlicher Landesverfassungen

Infolge des kodifikatorischen Vorsprungs der vorgrundgesetzlichen Landesverfassungen sieht sich der Parlamentarische Rat bereits mit einer Fülle von Anschauungsmaterial konfrontiert, das illustriert, wie die verfassungsrechtliche Bewältigung einer wenigstens doppelten Aufgabe aussehen könnte: Es geht zum einen um die Wiedereingliederung Deutschlands in die westliche freiheitliche Verfassungstradition, die wohlgemerkt nicht die erstmalige Rezeption einer bislang fremden Materie, sondern die Wiederaneignung von Gedankengut darstellt, das in der Paulskirche[638] wie in Weimar[639] vorgeformt worden ist[640].

131
Sicherungen gegen Rückkehr der Tyrannei

Es geht zum anderen um die angemessene Reaktion auf das an die Negation jedweder Zivilisation grenzende Ausscheren Deutschlands aus dieser Tradition, also um die Schaffung von rechtlichen Sicherungen gegen die Rückkehr der Tyrannei, das Aufrichten gleichsinniger symbolischer Barrieren wie das Festschreiben von Rechtspositionen, die konkret auf die Verletzungserfahrungen der NS-Zeit reagieren. Während sich für die erste Aufgabe der legitimationsvermittelnde Rekurs auf die freiheitliche deutsche Verfassungstradition nicht nur aufdrängt, sondern auch aktiv beschritten wird – wie in einem Brennglas gebündelt in *Bergsträßer*s Referat im Grundsatzausschuß[641] –, führt für die zweite Aufgabe kein Weg um die Landesverfassungen herum, die in unmittelbarer Anschauung des beispiellosen rechtlichen Tabubruchs bereits ein Instrumentarium an institutionellen, aber auch und gerade grundrechtlichen Sicherungen entwickelt haben[642]. Damit soll wohlgemerkt kein monokausaler Verursachungszusammenhang angenommen werden, der bruchlos von den vorgrundgesetzlichen Landesverfassungen zum Grundgesetz oder präziser seinem Grundrechtskatalog führt. Insbesondere ist neben den Landesverfassungen auf die internationale Dimension hinzuweisen – der Parlamentarische Rat verfolgt sehr aufmerksam die Arbeiten an der Allgemeinen Erklärung der Menschenrechte[643], die ihrerseits eine geronnene Verletzungserfahrung darstellt, ganz zu schweigen von den vielfältigen weiteren ausländischen Einflüssen auf die Entstehung des Grundgesetzes[644], das von Anfang an

Kein monokausaler Entwicklungszusammenhang

---

638 Oben E, RN 30 ff.
639 Oben I, RN 72 ff.
640 Präzise *H. Dreier*, Kontexte des Grundgesetzes, DVBl. 1999, S. 667 (671 f.).
641 Siehe Eberhard Pikart/Wolfram Werner (Bearb.), Der Parlamentarische Rat 1948–1949. Akten und Protokolle, Bd. V/1: Ausschuß für Grundsatzfragen, 1993, Dritte Sitzung v. 21. 9. 1948, S. 29 ff.
642 Oben J V 3 c, RN 120 ff.
643 Ausführlich *Prantl*, Menschenrechte in Deutschland und Europa. Verfassung und Staatspraxis, in: Franz-Josef Hutter/Carsten Tessmer (Hg.), Die Menschenrechte in Deutschland. Geschichte und Gegenwart, 1997, S. 305 ff.); nochmals *H. Dreier*, DVBl. 1999, S. 667 (672 ff.); s. ferner → Bd. I: *Stern*, Die Idee der Menschen- und Grundrechte, § 1 RN. 36 ff.
644 Vgl. dazu *Heinrich Wilms*, Ausländische Einwirkungen auf die Entstehung des Grundgesetzes, 1999, S. 100 ff. (vgl. dens. [Hg.], Ausländische Einwirkungen auf die Entstehung des Grundgesetzes. Dokumente, 2003); *H. Dreier*, GG (LitVerz.), Vorb. RN 24 ff.

Abstand nimmt vom Modell eines impermeablen Nationalstaates, und sich statt dessen bewußt für die „offene Staatlichkeit" entscheidet[645].

II. Landesgrundrechte als Referenzrahmen der Verfassunggebung

Die Grundrechtskataloge der Landesverfassungen sind im Prozeß der Genese des Grundgesetzes allgegenwärtig[646] – dies nicht zuletzt eingedenk des frappanten Ausmaßes an Quasi-Personalunionen der maßgeblichen Akteure in den verfassunggebenden oder zumindest verfassungsvorbereitenden Versammlungen. Zahlreiche Teilnehmer des Verfassungskonvents von Herrenchiemsee[647] oder Mitglieder des Parlamentarischen Rates[648] hatten zuvor auf Landesebene das Handwerkszeug der Verfassunggebung erlernt (konnten im Einzelfall sogar schon auf entsprechende Erfahrungen aus der Zwischenkriegszeit zurückblicken[649]); hier soll der Hinweis auf *Carlo Schmid*[650], *Adolf Süsterhenn*[651] und *Heinrich von Brentano di Tremezzo*[652] genügen. Sucht man jenseits solch personeller Kopplungen nach möglichen Rezeptionsvorgängen oder Einflußnahmen, so ist zunächst darauf hinzuweisen, daß der folgende Abschnitt sich auf eine Auswertung der gängigen „Parlamentaria" zum Grundgesetz beschränken und das reichhaltige Quellenmaterial aussparen muß, das die juristische Zeitgeschichte flankierend bereitgestellt hat[653]. Zugleich ist nach den einzelnen Stadien der Beratung[654] sowie zwischen der expliziten[655] und der lediglich impliziten Inbezugnahme zu unterscheiden.

132
Quasi-Personalunionen maßgeblicher Akteure

Rezeptionsvorgänge bzw. Einflußnahmen

---

645 Statt aller *Ch. Walter*, 60 Jahre offene Staatlichkeit, in: Fabian Wittreck (Hg.), 60 Jahre Grundgesetz – Verfassung mit Zukunft!?, 2010, S. 61 ff.
646 Aus der Literatur nur *H. Dreier*, GG (LitVerz.), Vorb. RN 20; → Bd. II: *Pieroth*, Die Grundrechte des Grundgesetzes in der Verfassungstradition, § 25 RN 24 mit FN 75.
647 Auflistung bei *Peter Bucher*, Einleitung, in: ders., Parl. Rat II (FN 631), S. VII (XI ff.).
648 Vgl. nur *Erhard H.M. Lange*, Gestalter des Grundgesetzes. Die Abgeordneten des Parlamentarischen Rates, 1999.
649 Hier sei statt aller *Theodor Spitta* (1969 verstorben) erwähnt: Er gilt als „Vater" der Verfassungen von 1920 wie 1947 (vgl. *Rehder*, Verfassung [FN 364], S. 100, 319 f., sowie die Kommentierung von *Spitta*, Verfassung [LitVerz.], und nimmt zugleich am Verfassungskonvent von Herrenchiemsee teil (*Bucher*, Einleitung [FN 647], S. XXV f.). Laut *Pfetsch*, Ursprünge (FN 1), S. 465, waren zwei Drittel der Mitglieder des Parlamentarischen Rates zuvor mit der Landesverfassunggebung betraut.
650 Zur Person und Rolle Carlo Schmids als (gleich mehrfacher) „Verfassungsschöpfer" nur *Michael Kilian*, Carlo Schmid (1896–1979), in: Peter Häberle/ders./Heinrich A. Wolff (Hg.), Staatsrechtslehrer des 20. Jahrhunderts, 2015, S. 485 (486 ff., 495 ff.).
651 Zu seiner durchaus dominanten Rolle in Rheinland-Pfalz wie seiner Mitwirkung im Parlamentarischen Rat *Christoph v. Hehl*, Adolf Süsterhenn, 2012, S. 177 ff., 391 ff.; zu seiner Teilnahme am Konvent von Herrenchiemsee *Bucher*, Einleitung (FN 647), S. XVII f.
652 Zu seiner Mitwirkung an der Verfassunggebung in Hessen bündig *Will*, Entstehung (LitVerz.), S. 135; zu seiner Rolle im Parlamentarischen Rat *Lange*, Gestalter (FN 648), S. 29 ff.
653 Luzider Hinweis auf die Begrenztheit von Gesetzgebungsmaterialien bei *Otmar Jung*, Zur Bedeutung der „Abstimmungen" in Art. 20 Abs. 2 Satz 2 GG. Eine Erwiderung auf Klaas Engelkens Beitrag in DÖV 2013, 301 ff., DÖV 2013, S. 753 (753 f.).
654 Vgl. nur *Mußgnug*, Zustandekommen des Grundgesetzes und Entstehen der Bundesrepublik Deutschland, in: HStR ³I, § 8 RN 1 ff.; *H. Dreier*, Grundlagen und Grundzüge staatlichen Verfassungsrechts: Deutschland, in: v. Bogdandy/Cruz Villalón/P.M. Huber, Ius Publicum Europaeum Bd. I (LitVerz.), § 1 RN 2 ff.; *Michael F. Feldkamp*, Der Parlamentarische Rat, 2008; *Willoweit*, Verfassungsgeschichte (FN 58), § 42 RN 1 ff.
655 Beispiele dafür: Hinweis des Abg. *Brill* auf Art. 7 Satz 1 Verf. Hessen (Auslieferungsschutz) in der 5. Sitzung des Unterausschusses I (Bucher, Parl. Rat II [FN 631], S. 220 FN 93); Hinweis des Abg. *Bergsträßer* auf das Streikrecht in den Verfassungen von Bremen, Hessen und Württemberg-Baden: JöR NF Bd. 1 (1951), S. 120.

133
Kommissionsentwurf aus Bayerischem und Bremischem Grundrechtskatalog

Beschränkung auf abwehrrechtliche Traditionslinien

Im Rahmen des Konvents von Herrenchiemsee ist belegt, daß dem zuständigen Unterausschuß I ein maßgeblich von *Hans Nawiasky* verantworteter Kommissionsentwurf vorlag[656], der sich im Kern aus den Grundrechtskatalogen der Bayerischen und der Bremischen Verfassung zusammensetzte und die restlichen Landesverfassungen „nur am Rande" berücksichtigte[657]. Zugleich fällt schon hier die Weichenstellung, sich auf die Gewährleistung der klassischen liberalen Abwehrrechte zu beschränken und die Ausformulierung von „Lebensordnungen" den Landesverfassungen zu überlassen[658]. Auch das unter ausdrücklichem Hinweis auf Art. 19 Verf. Bremen diskutierte Widerstandsrecht wird in diesem Stadium abgelehnt[659].

134
Landesverfassungsinduzierter GG-Grundrechtsabschnitt

Als Zwischenergebnis läßt sich festhalten, daß der Grundrechtsabschnitt des Verfassungsentwurfs – sieht man vom Verzicht auf die „Lebensordnungen" ab – eindeutig landesverfassungsinduziert ist; er orientiert sich primär an den Verfassungen von Bayern und Bremen und greift auch normtextlich kaum direkt auf die Weimarer Reichsverfassung oder gar auf den Paulskirchenentwurf zurück. Dies ändert sich im nächsten Schritt im Parlamentarischen Rat, der deutlich stärker auf die Verfassungsurkunden von 1848/49 bzw. 1919 abhebt[660], während die Landesverfassungen weiterhin präsent bleiben, aber ein Stück weit zurücktreten.

135
Rekurs auf die Geschichte der Landesverfassungen im Parlamentarischen Rat

Das läßt sich an einer Reihe von gescheiterten Versuchen illustrieren, unter Hinweis auf Landesverfassungsbestimmungen den Inhalt bzw. den Wortlaut des Grundgesetzes zu beeinflussen. So dringt der offene Rekurs auf Art. 2 Abs. 1 Verf. Hessen bei der Formulierung des Art. 2 Abs. 1 GG im Ergebnis nicht durch[661]; genauso scheitert die Anlehnung an Art. 37 Abs. 3 Verf. Baden sowie Art. 20 Abs. 2 Verf. Württemberg-Baden bei der Formulierung von Art. 3 Abs. 2 GG[662]. Im Streit um das Elternrecht bleibt Art. 6 Abs. 2 GG zumindest hinter den naturrechtslastigen Landesverfassungen zurück[663], und auch der Versuch, den Schutz der unehelichen oder nach moderner Diktion nichtehelichen Kinder in Anlehnung an Landesverfassungsnormen zu regeln, findet keine Mehrheit[664]. Rundheraus gescheitert ist das Ansinnen, das in den Landesverfassungen flächendeckend explizit anerkannte Streikrecht[665] im

---

656 Zur Person *Yvo Hangartner*, Hans Nawiasky (1880–1961), in: Häberle/Kilian/Wolff, Staatsrechtslehrer (FN 650), S. 187 ff.; zu seiner maßgeblichen Monographie zur Bamberger Verfassung oben FN 424.
657 Vgl. Übersicht VIII – *Bucher*, Einleitung (FN 647), S. VII (LXXXI; dort auch das Zitat); vgl. ebda., S. 214 ff. noch den Bericht des Unterausschusses zu den Grundrechten (mit umfangreichem Fußnotenapparat zum Nachweis der Übereinstimmungen mit den Landesverfassungen).
658 Vgl. nochmals den Bericht des Unterausschusses I (Parl. Rat II [FN 631], S. 214 f.) sowie den Abschlußbericht des Verfassungskonvents (ebda., S. 512 f.); aus der Literatur nur *H. Dreier*, in: v. Bogdandy/Cruz Villalón/P. M. Huber, Ius Publicum Europaeum Bd. I (LitVerz.), § 1 RN 10 ff.
659 Bucher, Parl. Rat II (FN 631), S. 227 FN 116.
660 So auch → Bd. II: *Pieroth*, Die Grundrechte des Grundgesetzes in der Verfassungstradition, § 25 RN 23 f., sowie H. Dreier, GG (LitVerz.), Vorb. RN 20.
661 Abg. *v. Mangoldt*, JöR NF Bd. 1 (1951), S. 55.
662 Abg. *Weber*, JöR NF Bd. 1 (1951), S. 69.
663 Vgl. JöR NF Bd. 1 (1951), S. 103 f., sowie *F. Brosius-Gersdorf*, in: H. Dreier, GG (LitVerz.), Art. 6 RN 12 ff., 39; → Bd. IV: *Burgi*, Elterliches Erziehungsrecht, § 109 RN 7 ff.
664 JöR NF Bd. 1 (1951), S. 95 f.: der Vorwurf lautet, Art. 23 Satz 2 Verf. Baden sei „zu eng".
665 Oben J V 1, RN 106 f.

Grundgesetz zu garantieren⁶⁶⁶; es wird erst im Rahmen der Notstandsverfassung – und dann eher verklausuliert (lies Art. 9 Abs. 3 Satz 3 GG) – nachgereicht⁶⁶⁷. Abgelehnt werden auch eine politische Ausnahmeklausel zum späteren Art. 10 GG⁶⁶⁸ sowie Regeln über die Beschlagnahme von Wohnungen⁶⁶⁹, die jeweils unter Rekurs auf die Landesverfassungen eingebracht werden.

Eindeutig nachweisbare Vorbildwirkung entfalten demgegenüber das Diskriminierungsverbot des Art. 2 Satz 3 Verf. Baden für Art. 3 Abs. 3 GG⁶⁷⁰ sowie Art. 3 Verf. Baden für das Recht der Kriegsdienstverweigerung (Art. 4 Abs. 3 GG)⁶⁷¹. Plausibel ist ferner – vermittelt durch Art. 21 Abs. 2 HChE – die Prägung von Art. 1 Abs. 3 GG durch Art. 20 Abs. 2 Verf. Bremen bzw. Art. 26 Verf. Hessen⁶⁷²; Gleiches gilt – wiederum über Art. 2 Abs. 2 HChE – in Ansehung des Art. 2 Abs. 1 GG für Art. 101 Verf. Bayern, für Art. 3 Verf. Bremen, für Art. 1 Abs. 1 Verf. Rheinland-Pfalz sowie in Sonderheit für Art. 2 Abs. 1 Verf. Hessen⁶⁷³. Auch das Recht auf Leben (Art. 2 Abs. 2 Satz 1 1. Alt. GG) sowie das Recht auf körperliche Unversehrtheit (Art. 2 Abs. 2 Satz 1 2. Alt. GG) verdanken sich in der Sache Art. 3 Verf. Hessen bzw. Art. 3 Abs. 1 und 3 Verf. Rheinland-Pfalz, wobei allerdings eine explizite Bezugnahme im Prozeß der Verfassunggebung nicht zu verzeichnen ist⁶⁷⁴.

136
Nachweis von Vorbildwirkungen

Die Menschenwürde (Art. 1 Abs. 1 GG) entpuppt sich ebenfalls als Textmontage aus Art. 3 Verf. Hessen und Art. 100 Verf. Bayern⁶⁷⁵ In Art. 5 Abs. 1 GG kann sich – nicht zuletzt eingedenk der deutlichen Abweichung des Textes vom Herrenchiemseer Entwurf – allein das Recht auf Informationsfreiheit namentlich auf Art. 13 Verf. Hessen sowie auf Art. 15 Abs. 4 Verf. Bremen stützen⁶⁷⁶. Der Bezug von Art. 12 GG zu den einschlägigen Normen in Bremen (Art. 8 Abs. 2 Verf.) und Rheinland-Pfalz (Art. 58 Verf.) ist unspezifisch. Art. 15 GG reagiert zwar auf die teils deutlich weiterreichenden Sozialisierungsphantasien der Landesverfassungen, beglaubigt in der Sache jedoch, daß dieses Kapitel deutscher Wirtschaftsverfassung in der Sache beendet ist. Differenziert ist Art. 16 GG (bzw. jetzt Art. 16 a GG) zu betrachten. Während die

137
Montagen aus landesverfassungsrechtlichen Vorgaben

---

666 Siehe JöR NF Bd. 1 (1951), S. 118 ff.
667 Statt aller *H. Bauer*, in: H. Dreier, GG (LitVerz.), Art. 9 RN 10 f.
668 Gescheiterter Hinweis des Redaktionskomitees auf Art. 7 Satz 3 Verf. Württemberg-Baden.
669 Vgl. JöR NF Bd. 1 (1951), S. 139: Art. 6 Abs. 2 Verf. Württemberg-Baden.
670 Expliziter Rekurs beim Abg. *Bergsträßer* in: Pikart/Werner, Parl. Rat V/1 (FN 641), S. 142; wie hier *Heun*, in: H. Dreier, GG (LitVerz.), Art. 3 RN 7.
671 Siehe nur *H. Dreier*, in: v. Bogdandy/Cruz Villalón/P. M. Huber, Ius Publicum Europaeum Bd. I (LitVerz.), § 1 RN 14, sowie *Mückl*, in: Bonner Kommentar (LitVerz.), Art. 4 (Viertb. 2008), RN 6 FN 9.
672 Siehe nur *H. Dreier*, GG (LitVerz.), Art. 1 III RN 5.
673 Für eine Vorbildwirkung → Bd. V: *Kahl*, Die allgemeine Handlungsfreiheit, § 124 RN 7 u. 9, sowie *H. Dreier*, GG (LitVerz.), Art. 2 I RN 7 f. (jeweils m.w.N.).
674 Näher JöR NF Bd. 1 (1951), S. 56 ff. sowie *Schulze-Fielitz*, in: H. Dreier, GG (LitVerz.), Art. 2 II RN 4 f. Ohne Befund: → Bd. IV: *Fink*, Recht auf Leben und körperliche Unversehrtheit, § 88 RN 1 ff.
675 So auch → Bd. IV: *Isensee*, Würde des Menschen, § 87 RN 13.
676 Hier findet eine auffällige Auswechslung der Begründung statt: Während in Hessen eindeutig auf die NS-Zeit und das Verbot des Abhörens von „Feindsendern" abgestellt wird (oben V 1, RN 106 f.), findet das Recht Aufnahme in den Entwurf von Herrenchiemsee unter Hinweis auf die „Ostzone" (Bucher, Parl. Rat II [FN 631], S. 221 f. mit FN 99 [Abg. *Suhr*]); in Bonn wird wiederum die NS-Zeit angeführt: → Bd. IV: *Dörr*, Informationsfreiheit, § 103 RN 7 (eher loser Hinweis auf die Landesverfassungen: RN 6).

§ 231   Sechzehnter Teil: I. Entwicklung und Bedeutung einzelstaatlicher Grundrechte

Vorbildwirkung im Asylrecht

Norm in Sachen Entziehung der Staatsangehörigkeit (Art. 16 Abs. 1 GG) eine echte Innovationsleistung des Parlamentarischen Rates darstellt[677] und sich das Auslieferungsverbot (Art. 16 Abs. 2 GG) auf eine lange verfassungsrechtliche Tradition stützt[678], in der auch die – wenigen – einschlägigen Landesverfassungsbestimmungen stehen (vgl. Art. 7 Satz 1 Verf. Hessen, Art. 16 Abs. 1 Verf. Rheinland-Pfalz bzw. Art. 11 Abs. 1 Verf. Saarland)[679], erscheint eine Vorbildwirkung in Sachen Asylrecht (jetzt Art. 16a GG) hochgradig plausibel[680]. Schließlich lassen sich implizite Linien von den namentlich hessischen Bestimmungen zur Grundrechtseinschränkung (Art. 63 Abs. 1 und 2 Verf. Hessen) zum Zitiergebot wie zur Wesensgehaltslehre ziehen, ohne daß ein direkter Rekurs im Prozeß der Verfassunggebung aktenkundig wäre[681].

III. Landesgrundrechte als Gegenstand der Verfassunggebung

138
Garantie für Landesgrundrechte in Art. 142 GG

Herrenchiemseer Konvent und Parlamentarischer Rat sehen in den Grundrechten der Landesverfassungen nicht nur mögliche Regelungsmodelle, sondern auch potentielle Gegenstände einer Regelung durch die entstehende Bundesverfassung. Die in beiden Gremien erwogene Option, in loser Anlehnung an die Reichsverfassung von 1871 bzw. ausländische Modelle den Katalog der Bundesgrundrechte entweder nur als „Anforderungen an die Länderverfassungen" auszugestalten oder auf einen eigenen Bundes-Katalog zu verzichten und lediglich „eine Garantie der Ländergrundrechte" zu normieren[682], wird in beiden Fällen rasch verworfen[683]. Hingegen formuliert der Parlamentarische Rat in Ansehung der Landesgrundrechte eine neue Garantie eigener Art in Gestalt des Art. 142 GG[684]. Dem liegt die Sorge zugrunde, daß die geschilderte Mehrheitsmeinung zur Interpretation von Art. 13 Abs. 1 WRV („Reichsrecht bricht Landrecht")[685] auch für den späteren Art. 31 GG maßgeblich werden könnte, was wiederum zur Folge hätte, daß auch inhalts- oder gar wortlautgleiche Grundrechte der Landesverfassungen von den – oft genug von ihnen ja gerade erst inspirierten – Grundrechten der Art. 1 bis 19 GG gebrochen werden würden (Motto: „Die Grundrechtsinnovation frißt ihre Eltern"). Im Hauptausschuß sowie im Anschluß daran im Parlamentarischen Rat bildete sich rasch ein parteiübergreifender Konsens, daß dieses Ergebnis inopportun wäre[686].

---

677 *H. Dreier*, in: v. Bogdandy/Cruz Villalón/P. M. Huber, Ius Publicum Europaeum Bd. I (LitVerz.), § 1 RN 13; *Wittreck*, in: H. Dreier, GG (LitVerz.), Art. 16 RN 11.
678 Näher m.N. *Wittreck*, in: H. Dreier, GG (LitVerz.), Art. 16 RN 7ff.; vgl. oben D V, RN 23f.
679 Nochmals m.N. *Wittreck* aaO., Art. 16 RN 39f.
680 So auch BVerfGE 74, 51 (61); vgl. *Wittreck*, in: H. Dreier, GG (LitVerz.), Art. 16a RN 12, 43.
681 Resignierend → Bd. III: *Axer*, Zitiergebot, § 67 RN 4 m. FN 19.
682 Beide Zitate beim Abg. *Schmid*, in: JöR NF Bd. 1 (1951), S. 43.
683 Vgl. Bucher, Parl. Rat II (FN 631), S. 68f., 73ff., 214ff., 512f. sowie JöR NF Bd. 1 (1951), S. 41 ff.; zusammenfassend *Mußgnug* (FN 654), § 8 RN 55; → Bd. II: *Pieroth*, Die Grundrechte des Grundgesetzes in der Verfassungstradition, § 25 RN 12, 17; H. Dreier, GG (LitVerz.), Vorb. RN 18.
684 Zusammenfassend zur Entstehung der Norm JöR NF Bd. 1 (1951), S. 910ff., sowie *H. Dreier*, GG (LitVerz.), Art. 142 RN 8ff.
685 Oben I I, RN 72.
686 Vgl. den Abg. *Laforet* (CDU) oder *Schmid* (SPD) im Hauptausschuß: JöR NF Bd. 1 (1951), S. 910f.

Allerdings ist die sich ebenfalls herausmendelnde Mehrheitsmeinung oder -einschätzung, der Katalog der Bundesgrundrechte sei als Minimum zu verstehen und könne von den Ländern im Sinne eines „Mehr" an Grundrechtsschutz quasi überboten werden[687], inzwischen als unterkomplex enttarnt worden. Normative Schäferspiele wie das bayerische Grundrecht auf Aneignung wildwachsender Waldfrüchte (Art. 141 Abs. 3 Satz 1 Verf. Bayern) mögen regelmäßig kein nennenswertes Konfliktpotential aufwerfen; in den regelmäßig auftretenden Mehrpersonenkonstellationen wird das „Mehr" des einen (Landes-)Grundrechtsträgers aber rasch zum „Weniger" des anderen (Bundes-)Grundrechtsträgers, weshalb die im Parlamentarischen Rat offenbar mehrheitsfähige und von der Literatur lange Zeit bruchlos fortgeschriebene Position, daß Art. 142 GG inhaltsgleiche Landesgrundrechte sowie sogenannte Mehrgewährleistungen von der Brechungswirkung des Art. 31 GG ausnehme, sogenannte Mindergewährleistungen aber ausschließe oder vernichte bzw. vernichten lasse, mittlerweile einer differenzierten Einschätzung gewichen ist[688].

139
Keine „Minimum" - Gestaltung der Bundesgewährleistungen

L. Zusammenfassung

Stellt man abschließend nochmals in der Gesamtschau die Eingangsfrage nach der Bedeutung der Landesgrundrechte für die deutsche Verfassungsentwicklung, so stechen zwei Ergebnisse heraus: Über Landesgrundrechte als spezifische Gewährleistungen zweiter Ordnung und ihr Verhältnis zum Recht, in Sonderheit zu den Grundrechten der Zentralebene, diskutiert die deutsche Staatsrechtslehre im Grunde erst unter dem Grundgesetz – zumindest dann, wenn man für eine Debatte eine klare Problemstellung und den Austausch unterschiedlicher Argumente von hinreichendem Gewicht voraussetzt. Unter dem Rheinbund wie dem Deutschen Bund sind die Landesgrundrechte schlicht *die* Grundrechte, denen keine hinreichend normativ verdichtete Zentralebene gegenübersteht (oder präziser sich über ihnen wölbt); dem korrespondiert eine Debatte über die Begründung, den Rechtscharakter und die Reichweite dieser Rechte, die aber in der horizontalen Perspektive geführt wird und sich noch dazu dadurch auszeichnet, daß sie sich praktisch vollständig vom Wortlaut der real existierenden Rechtegewährleistungen löst. Die Paulskirche inauguriert dann ein normatives Setting, in dem die Einzelstaatsgrundrechte als solche hätten analysiert, evaluiert und von den Reichsgrundrechten abgegrenzt werden können, bleibt aber in geltungstechnischer Perspektive Episode. Unter Norddeutschem Bund und Kaiserreich sind Grund-

140
Landesgrundrechte als spezifische Gewährleistungen zweiter Ordnung

Einzelstaatliche Gewährleistungen ohne Spannungspotential

---

687 Siehe nochmals den Abg. *Schmid* sowie den Abg. *Laforet*: JöR NF Bd. 1 (1951), S. 911.
688 Zusammenfassend zur nach wie vor unübersichtlichen Literatur *März*, Bundesrecht (LitVerz.), S. 192 ff.; *H. Dreier*, Einheit (LitVerz.), S. 128 ff.; *Wermeckes*, Grundrechtsschutz (LitVerz.), S. 47 ff.; *H. Dreier*, GG (LitVerz.), Art. 142 RN 41 ff. → Bd. III: *Grawert*, Wechselbeziehungen zwischen Bundes- und Landesgrundrechten, § 81 RN 84 ff.

rechte als Regelungsfigur dann soweit rechtsstaatlich eskamotiert, daß die einzelstaatlichen Gewährleistungen schlicht kein Spannungspotential mehr generieren können, das sie als erörterungsbedürftiges oder erörterungswürdiges distinktes Problem auswiese – ironischerweise müssen sie gleichwohl als Vorwand für den Verzicht auf ein Pendant auf Reichsebene herhalten. Zugleich prägt sich in dieser Phase eine Deutung des Vorrangs des Reichsrechts aus, die unter der Geltung der Weimarer Reichsverfassung aus der normativ nunmehr möglichen Debatte um spezifische Landesgrundrechte ein Diktat macht, das auf ein holzschnittartig verkürztes Überlagerungsnarrativ hinausläuft. Einzelne Akteure wie mehrere verfassunggebende Versammlungen und der Bayerische Staatsgerichtshof entziehen sich zwar diesem Diktat, aber letztlich im Modus der trotzigen Selbstbehauptung auch der Debatte. Diese wird erst nach dem Zweiten Weltkrieg möglich, weil die Landesverfassunggeber jedenfalls im Ergebnis den Art. 142 GG und dem mit ihm einhergehenden Entfaltungsspielraum antizipieren.

141

Fragt man eingedenk dieses ersten Ergebnisses zweitens nach der Bedeutung oder besser der Innovationskraft der Landesgrundrechte, so fällt das Resultat sehr heterogen aus. Im Vormärz stellen die existierenden Grundrechte der Einzelstaaten unzweifelhaft einen Teil des Anschauungsmaterials der entstehenden Grundrechtslehre, tragen aber kaum zu deren Fortentwicklung bei und sind auch in der Sache selten innovativ. Als Katalysator wirkt eindeutig die Paulskirche, die fortan der klare Referenzpunkt aller Grundrechtsdebatten ist und bleibt, die sich wiederum durch eine seltsame Textferne in bezug auf die Landesverfassungen auszeichnen. Restaurationszeit und Kaiserreich stellen in Sachen Bedeutung der Grundrechte an sich bzw. in Sachen der Bedeutung der Grundrechte für die deutsche Entwicklung einen Tiefpunkt dar. Auch unter der Weimarer Reichsverfassung können die Landesverfassungen sub specie Grundrechte kaum Akzente setzen; einzelne Innovationen in Sachen Grundrechtsgeltung und Rechtsschutz entfalten zumindest keine nachweisbare Wirkung auf die weitere Entwicklung. Ganz anders präsentiert sich das Bild bei den Grundrechten der frühen (vornehmlich, aber nicht nur westdeutschen) Landesverfassungen – sie verdienen zu Recht den Titel des „Laboratoriums". Ungeachtet zeitbedingter Wahrnehmungsengführungen enthalten sie – neben der Wiederaufnahme der deutschen demokratischen Verfassungstradition – eingedenk der Rechtskatastrophe der NS-Zeit zahlreiche innovative Elemente wie echte materielle Grundrechtserfindungen und Instrumente der Geltungs- und Bestandssicherung, die in einiger Dichte vom Grundgesetz rezipiert werden und darin fortwirken. Allein das rechtfertigt die (Fort-)Existenz einer an sich heute obsoleten Geltungserhaltungsnorm wie Art. 142 GG.

M. Bibliographie

Brandt, Hartwig, Urrechte und Bürgerrechte im Politischen System vor 1848, in: Günter Birtsch (Hg.), Grund- und Freiheitsrechte im Wandel von Gesellschaft und Geschichte, 1981, S. 460 ff.
Baumbach, Adolph, Die Verwirklichung der Grundrechte in der Gegenwart, in: Die Grenzboten, II. Semester, I. Band (1876), S. 361 ff., 453 ff.
Beutler, Bengt, Das Staatsbild in den Länderverfassungen nach 1945, 1973.
Dann, Otto, Die Proklamation von Grundrechten in den deutschen Revolutionen von 1848/49, in: Günter Birtsch (Hg.), Grund- und Freiheitsrechte im Wandel von Gesellschaft und Geschichte, 1981, S. 515 ff.
Daum, Werner, Grundrechte, in: ders. (Hg.), Handbuch der europäischen Verfassungsgeschichte im 19. Jahrhundert. Institutionen und Rechtspraxis im gesellschaftlichen Wandel, Bd. 2: 1815–1847, 2012, S. 99 ff.
Dreier, Horst, Einheit und Vielfalt der Verfassungsordnungen im Bundesstaat, in: Karsten Schmidt (Hg.), Vielfalt des Rechts – Einheit der Rechtsordnung, 1994, S. 113 ff.
Eckhardt, Ernst, Die Grundrechte vom Wiener Kongress bis zur Gegenwart, 1913.
Eisenhardt, Ulrich, Die gerichtliche Überprüfung eines verfassungsmäßig verankerten Rechtes im Jahre 1833. Ein Beitrag zum Charakter der Bürgerrechte in den frühen Verfassungen des 19. Jahrhunderts, in: FS Kroeschell, 1987, S. 75 ff.
ders., Zur Entwicklung des Grundrechtsverständnisses in Deutschland in der ersten Hälfte des 19. Jahrhunderts, in: FS Söllner, 2000, S. 255 ff.
Giese, Friedrich, Die Grundrechte, 1905.
Grimm, Dieter, Die Entwicklung der Grundrechtstheorie in der Staatsrechtslehre des 19. Jahrhunderts, in: Günter Birtsch (Hg.), Grund- und Freiheitsrechte von der ständischen zur spätbürgerlichen Gesellschaft, 1987, S. 234 ff.
Hatschek, Julius, Außerpreußisches Staatsrecht, 1926.
Hilker, Judith, Grundrechte im deutschen Frühkonstitutionalismus, 2005.
Huber, Ernst Rudolf, Grundrechte im Bismarckschen Reichssystem, in: FS Scheuner, 1973, S. 163 ff.
Kotulla, Michael, Die Tragweite der Grundrechte der revidierten preußischen Verfassung vom 31.01.1850, 1992.
Kröger, Klaus, Grundrechtsentwicklung in Deutschland – von ihren Anfängen bis zur Gegenwart, 1998.
Kühne, Jörg-Detlef, Die Reichsverfassung der Paulskirche. Vorbild und Verwirklichung im späteren deutschen Rechtsleben, [2]1998.
Lotzenburger, Markus, Die Grundrechte in den deutschen Verfassungen des 19. Jahrhunderts, 2015.
Menzel, Jörg, Landesverfassungsrecht. Verfassungshoheit und Homogenität im grundgesetzlichen Bundesstaat, 2002.
v. Rimscha, Wolfgang, Die Grundrechte im süddeutschen Konstitutionalismus, 1973.
Scheuner, Ulrich, Die rechtliche Tragweite der Grundrechte in der deutschen Verfassungsentwicklung des 19. Jahrhunderts, in: FS E.R. Huber, 1973, S. 139 ff.
ders., Begriff und rechtliche Tragweite der Grundrechte im Übergang von der Aufklärung zum 19. Jahrhundert, in: Von der ständischen Gesellschaft zur bürgerlichen Gleichheit, 1980, S. 105 ff.
Schulze, Reiner, Statusbildung und Allgemeinheit der Bürgerrechte in Verfassungstexten und Staatslehre des frühen deutschen Konstitutionalismus, in: Gerhard Dilcher u.a. (Hg.), Grundrechte im 19. Jahrhundert, 1982, S. 85 ff.

Voigt, Alfred, Geschichte der Grundrechte, 1948.
Wagner, Erich, Deutsches Reichs- und Landesstaatsrecht, Bd. II: Landesstaatsrecht, 1931.
Wahl, Rainer, Rechtliche Wirkungen und Funktionen der Grundrechte im deutschen Konstitutionalismus des 19. Jahrhunderts, in: Der Staat 18 (1979), S. 321 ff.
Westphalen Fürstenberg, Eduard, Das Problem der Grundrechte im Verfassungsleben Europas, 1935.
Wittreck, Fabian, Zur Einleitung: Verfassungsentwicklung zwischen Novemberrevolution und Gleichschaltung, in: ders. (Hg.), Weimarer Landesverfassungen, 2004, S. 1 ff..
ders., Die „Ordnung der Wirtschaft" in den frühen Landesverfassungen: Weimarer Reminiszenz oder neuscholastisches Naturrecht?, in: Matthias Casper u.a. (Hg.), Kapitalismuskritik im Christentum. Positionen und Diskurse in der Weimarer Republik und der frühen Bundesrepublik, 2016, S. 300 ff.
Wolgast, Eike, Geschichte der Menschen- und Bürgerrechte, 2009.

N. Anhang

Übersicht I: Grundrechte im Frühkonstitutionalismus
(Leiturkunde: Französische „Charte Constitutionelle" [Juni 1814])

Frankreich	Bayern 1818	Baden 1818	Württemberg 1819	Hessen 1820	Sachsen-Coburg-Saalfeld 1821
Art. 1 [Gleichheit vor dem Gesetz]	[Tit. IV §§ 1-3]	§ 7	§ 21	Art. 18	§ 10
Art. 2 [Lastentragung]	Tit. IV § 13	§ 8	–	Art. 30	–
Art. 3 [Ämterzugang]	Tit. IV § 5	§ 9	§ 22	Art. 19	§ 11
Art. 4 [Freiheit der Person]	Tit. IV § 8	§§ 13 f.	§§ 24, 26	Art. 23, 33	§§ 15, 22
Art. 5 [Religionsfreiheit]	Tit. IV § 9	§ 18	§§ 24, 27	Art. 22	§ 14
Art. 6 [Staatsreligion]	Tit. IV § 9	§ 19 [Trias]	§ 27 [Trias]	Art. 20 f.	§ 12 f.
Art. 7 [Besoldung]	[Tit. IV § 10]	[§ 20]	–	–	–
Art. 8 [Meinungsfreiheit]	–	–	[§ 24]	–	–
Art. 9 [Eigentum]	Tit. IV § 8	§ 13	§ 24	Art. 23	§ 15
Art. 10 [Enteignung]	Tit. IV § 8; Tit. VIII § 6	§§ 14, 16, 20-23	§ 30	Art. 27	§ 18
Art. 12 [Conscription]	[Tit. IV § 12]	§ 10	§ 23	Art. 28 f.	§§ 19 f.
Leibeigenschaft/Frondienste	Tit. IV §§ 6 f.	§ 11	§ 25	Art. 25 f.	§ 17
Gesetzlicher Richter [Art. 62]	Tit. IV § 8	§ 15	§ 26	Art. 31	§ 21
Unabhängigkeit der Gerichte [Art. 59]	Tit. VIII § 3	§ 14	–	Art. 32, 34	§ 21
Pressefreiheit	Tit. IV § 11	§ 17	§ 28	Art. 35	–
Auswanderung	Tit. IV § 14	§ 12	§§ 24, 32 ff.	Art. 24	§ 16
Staatsdiener	–	§ 24	–	–	§ 23
Gewerbefreiheit	–	–	§§ 29 f.	Art. 36	§ 24
Petitionsrecht	–	–	§§ 36 ff.	–	–

§ 231   Sechzehnter Teil: I. Entwicklung und Bedeutung einzelstaatlicher Grundrechte

Übersicht II: Grundrechtskataloge im Vormärz – zweite Konstitutionalisierungswelle
(Leiturkunde: Französische „Charte Constitutionelle" [Juni 1814])

Frankreich	Sachsen 1831	Sachsen-Altenburg 1831	Kurhessen 1831	Braunschweig 1832	Hannover 1833	Hohenzollern-Sigmaringen 1833	Hannover 1840	Schwarzburg-Sondershausen 1841	Luxemburg 1841
Art. 1 [Gleichheit vor dem Gesetz]	§ 26	–	§ 26	–	–	§ 14	–	§ 41	Art. 41 Nr. 1
Art. 2 [Lastentragung]	§ 38	–	–	§ 39	–	–	§ 34	§ 43	–
Art. 3 [Ämterzugang]	§ 34	§ 61	§ 28	–	–	§ 17	–	§ 42	Art. 41 Nr. 6
Art. 4 [Freiheit der Person]	§ 27	§ 51	§ 31	–	§ 33	§ 20 Abs. 1	§ 28	–	Art. 41 Nr. 3
Art. 5 [Religionsfreiheit]	§ 32	–	§ 30	§ 29	§ 30	§ 19	§ 32	–	Art. 41 Nr. 2
Art. 6 [Staatsreligion]	–	§ 42	–	–	–	–	–	–	–
Art. 7 [Besoldung]	–	–	–	§ 30	–	–	–	§ 53	–
Art. 8 [Meinungsfreiheit]	–	§ 67	§ 39	§ 32	§ 33	§ 20 Abs. 1	§ 28	§ 41	Art. 41 Nr. 5
Art. 9 [Eigentum]	§ 27	§§ 54, 56	§ 31	§ 33	–	§ 22	§ 35	§ 50	Art. 41 Nr. 5
Art. 10 [Enteignung]	§ 31	§§ 54, 55	§ 32	–	§ 28	§ 21	–	–	–
Art. 12 [Conscription]	–	–	–	–	§ 29	§ 26	§ 31	–	–
Leibeigenschaft/Frondienste	–	§ 53	§§ 25, 33	§§ 36, 37	§ 34	–	–	–	–
Gesetzlicher Richter [Art. 62]	–	§ 45	–	–	§ 40	§ 20 Abs. 2	–	§ 53	–
Unabhängigkeit der Gerichte [Art. 59]	§ 35	§ 67	§ 37	§ 31	–	§ 23	§ 43	§ 55	–
Pressefreiheit	§ 29	§ 69	§ 41	§ 35	–	§ 16	–	§ 41	–
Auswanderung	§ 28	§§ 58, 62	§ 27	§ 34	§ 39	§ 31	§ 42	§ 51	–
Gewerbe- und Berufsfreiheit	§ 36 S. 4	§ 66	§ 35	§ 38	–	–	–	–	–
Petitionsrecht	§§ 37, 39	–	–	–	–	–	§ 31	–	–
Abgaben									

100

Übersicht III: Revolutionsverfassungen 1848/1849
(Leiturkunde: Paulskirchenverfassung)

Reich	Anhalt-Bernburg	Anhalt-Dessau	Bremen	Frank-furt	Ham-burg	Hessen-Homburg	Lauen-burg	Meck.-Schwerin	Nassau	Olden-burg	Preußen	Reuß j.L.	Sachsen-Gotha	Schlesw.-Holstein	Schw. Sond.	Waldeck
§131	~§3	~§6	–	–	–	~Art.25	~Art.4	–	–	~Art.32	~Art.3	~§4	~§70	~Art.7	~§39	~§3
§132	–	–	–	–	–	~Art.27	Art.4	–	–	–	–	–	–	~Art.6	~§41	–
§133	–	–	–	–	–	–	–	–	–	–	–	–	–	–	–	–
§134	–	–	–	–	–	–	–	–	–	–	–	–	–	–	§49	–
§135	~§13	§20	~§12	~§25	~Art.26	Art.35	–	~§16	§6	Art.41	Art.9	§5	–	–	~§12	§8
§136	§14	§19	§13	§60	Art.12	Art.36	Art.25	–	§31	Art.51	Art.10	§6	–	Art.25	§47	§40
§137	§4	§8	§§28, 29, 30, 31	§7	Artt. 9, 10, 11, 14	Art.30	Artt.13, 15, 37	§§10–14	§4	Artt. 33, 35	Art.4, 32	§7	~§72	Artt. 11–13, 32	§§41, 10	§6
§138	§5	§12	§9	§12	Art.15	Art.31	Art.17	§15	§5	Art.36	Art.5	§8	–	Art.16	§11	§7
§139	§13	~§20	§12	§25	Art.26	~Art.35	–	§16	§6	Art.41	Art.9	§9	–	–	§12	§8
§140	§6	–	§15	§20	Art.21	Art.32	Art.18	§17	§7	Art.38	Art.6	§10	–	~Art.17	§13	§9
§141	§12	§18	–	§23	Art.22	Art.32	Art.19	§18	§8	Art.39	Art.31	§11	–	Art.18	§14	§10
§142	§12	§18	–	§22	Art.23	–	Art.20	§19	§9	Art.40	Art.31	§12	–	Art.19	§15	§11
§143	§8	§15	§21	§26	Art.27	Art.40	Art.24	§20	§10	Art.43	~Art.25	§13	–	Art.23	§16	§12
§144	§16	§23	§17	§27	Art.29	Art.37	Art.6	§21	§11	–	Art.11	§14	–	–	§17	§13
§145	–	§23	§18	§28	Art.30	Art.37	Art.6	§22	§12	–	Art.11	§15	–	–	§18	§14
§146	§17	§23	§19	§29	Art.31	Art.37	Art.5	§23	§13	–	Art.11	§16	–	Art.14	§19	§15
§147	§18	§23	~§20	§32	Art.32	–	–	§25	§14	–	Art.12	§17	–	–	§20	§16
§148	§21	§23	–	§30	Art.34	Art.40	Art.6	§26	§15	–	–	§18	–	–	§21	§17
§149	–	§23	–	§31	–	–	Art.7	§27	§16	–	Art.16	§19	–	–	§22	§18
§150	§22	§23	–	§35	Art.35	Art.38	Art.8	§28	§17	–	–	§20	–	–	§23	§19
§151	§22	§23	–	§37	Art.36	Art.38	Art.8	§29	§18	–	Art.17	§21	–	–	§24	§20
§152	§23	~§32	–	§38	–	–	Art.9	§30	§19	–	–	§22	–	–	§25	§21

§ 231 *Sechzehnter Teil: I. Entwicklung und Bedeutung einzelstaatlicher Grundrechte*

Reich	Anhalt-Bernburg	Anhalt-Dessau	Bremen	Frank-furt	Ham-burg	Hessen-Homburg	Lauen-burg	Meck.-Schwerin	Nassau	Olden-burg	Preußen	Reuß j.L.	Sachsen-Gotha	Schlesw.-Holstein	Schw. Sond.	Waldeck
§ 153	§ 24	§ 24	–	§ 40	–	Art. 39	–	§ 31	§ 20	–	~ Artt. 18, 21	§ 23	–	–	§ 26	§ 222
§ 154	–	§ 24	–	§ 44	–	Art. 39	Art. 10	§ 32	§ 21	–	Art. 19	§ 24	–	–	§ 27	§ 23
§ 155	§ 26	§ 24	–	§ 41	–	Art. 39	–	§ 33	§ 22	–	Art. 18	§ 25	–	–	§ 28	§ 24
§ 156	–	§ 24	–	§ 45	–	–	–	§ 34	§ 23	–	Artt. 20, 21	§ 26	–	–	§ 29	§ 25
§ 157	§ 26	§ 24	–	§ 42	–	–	–	§ 36	§ 24	–	Art. 22	§ 27	–	–	§ 30	§ 26
§ 158	§ 23	–	–	§ 39	–	–	Art. 12	§ 37	§ 25	–	–	§ 28	–	–	§ 31	§ 27
§ 159	§ 11	§ 17	§ 22	§ 46	Art. 28	Art. 43	Art. 21	§ 40	§ 26	Art. 44	Art. 30	§ 29	~ § 75	Art. 20	§ 32	§ 31
§ 160	–	–	§ 24	§ 47	–	Art. 44	–	–	§ 27	–	–	§ 30	§ 78	–	–	–
§ 161	§ 9	§ 15	§ 25	§ 48	Art. 37	Art. 41	Art. 23	§ 38	§ 28	Art. 45	Art. 27	§ 31	–	Art. 22	§ 33	§ 28
§ 162	§ 10	§ 15	§ 26	§ 49	Art. 38	Art. 42	Art. 22	§ 39	§ 29	Art. 46	Art. 28	§ 32	–	Art. 21	§ 34	§ 29
§ 163	–	–	§ 27	§ 50	Art. 39	–	–	§ 41	§ 30	Art. 47	–	§ 33	–	–	§ 35	§ 30
§ 164	§ 39	§ 26	§ 32	§ 51	Art. 40	Art. 34	Art. 26	§ 42	§ 32	Art. 56	Art. 40	§ 34	–	Art. 26	§ 38	§ 32
§ 165	–	–	–	§ 52	Art. 42	–	Art. 27, 28	§ 43	§ 33	Art. 57	Art. 40	§ 35	–	–	§ 39	§ 33
§ 166	§ 45	§ 27	–	~ § 53	Art. 46	–	Art. 30	§ 44	§ 34	Art. 59	–	§ 36	–	–	–	§ 34
§ 167	§ 45	~ § 27	–	§ 53	Art. 43	–	Art. 31	§ 45	§ 35	Art. 58	Art. 40	§ 37	–	Art. 31	§ 40	§ 35
§ 168	§ 46	§ 28	§ 35	§ 54	Art. 44	Art. 48	Art. 32	§ 46	§ 36	Art. 59	–	§ 38	–	–	§ 41	§ 36
§ 169	§ 42	§ 29	–	§ 55	Art. 45	–	Art. 31	§ 47	§ 37	Art. 60	–	§ 39	§ 76	Art. 30	§ 42	§ 37
§ 170	§ 47	§ 27	–	§ 56	–	–	Art. 33	§ 49	§ 38	–	Art. 38	§ 41	–	–	§ 43	§ 38
§ 171	§ 47	§ 27	–	§ 57	Art. 46	–	Art. 34	§ 50	§ 39	–	Art. 38	§ 42	–	–	§ 44	§ 39
§ 172	~ § 14	§ 20	§ 34	§ 58	–	Art. 35	Art. 29	§ 16	§ 40	Art. 42	Art. 9	§ 43	–	Art. 27	§ 45	§ 8
§ 173	§ 48	§ 31	–	§ 59	–	–	~ Art. 16	–	–	–	–	§ 40	§ 71	–	§ 46	–
§ 174	§ 29	–	–	~ § 19	–	~ Art. 45	–	–	–	~ Art. 37	–	§ 44	–	–	–	–

Reich	Anhalt-Bernburg	Anhalt-Dessau	Bremen	Frank-furt	Ham-burg	Hessen-Homburg	Lauen-burg	Meck.-Schwerin	Nassau	Olden-burg	Preußen	Reuß j.L.	Sachsen-Gotha	Schlesw.-Holstein	Schw. Sond.	Waldeck
§ 175	§ 31	§ 14	–	~ § 19	–	~ Art. 35, 45	Art. 16	§ 51	–	Art. 36	Art. 7	§ 45	–	Art. 15	–	–
§ 176	§ 30	§ 7	–	~ § 19	–	–	–	§ 52	–	–	–	§ 46	–	–	–	–
§ 177	§ 31	–	–	–	–	–	–	–	–	–	–	§ 47	–	–	–	–
§ 178	§ 33	–	–	–	–	–	–	§ 53	–	–	–	§ 48	–	–	–	–
§ 179	§ 34	–	–	–	–	Art. 45	–	§ 54	–	–	–	§ 49	–	–	–	–
§ 180	~ § 35	–	–	–	–	–	–	§ 55	–	–	–	§ 50	–	–	–	–
§ 181	§ 37	–	–	–	–	Art. 45	–	§ 56	–	–	–	§ 51	–	–	–	–
§ 182	§ 31	–	–	–	–	–	–	§ 57	–	–	–	§ 52	–	–	–	–
§ 183	–	–	–	–	–	–	–	–	–	–	–	§ 54	–	–	–	–

Übersicht IV: Revidierte Revolutionsverfassungen

Anhalt-Bernburg			Bremen		Oldenburg		Preußen			Reuß j.L.		Waldeck	
1848	1850	1849	1854	1849	1852	1848	1850	1849	1852	1849	1852
§3	§3	§9	§5	Art. 32	Art. 30	Art. 3	Art. 3	§4	–	§3	–
§4	§4	§10	§6	Art. 33	Art. 31	Art. 4	Art. 4	–	§§12-17*	§4	–
§5	§5	§11	§8	–	Art. 32*	Art. 5	Art. 5	§5	–	§5	–
§6	§6	§12	–	Art. 34	Art. 33	Art. 6	Art. 6	–	–	§6	–
§7	§7	§13	§8	Art. 35	Art. 31 §3	Art. 7	Art. 7, Art. 8	§6	§29	§7	§29
§8	§8	§14	§9	–	Art. 34*	Art. 8	Art. 9	§7	–	§8	–
§9	§9	§15	§10	–	Art. 35*	Art. 9	Art. 10	§8	§39	§9	§29
§10	§10	§16	§11	–	Art. 36*	Art. 10	Art. 11	§9	–	§10	–
§11	§11	§§17-19	§12	–	Art. 37*	Art. 11	Art. 12	§10	§40	§11	§30
–	–	–	–	–	–	–	Art. 13	§11	–	§12	–
–	–	–	–	–	–	–	Art. 14	§12	–	§13	–
§12	§12	§20	§13	Art. 36	Art. 38	Art. 12	Art. 15	§13	§26	§14	§40 (1, 3)
§13	§13	§21	§14	Art. 37	Art. 39	Art. 13	Art. 16	§§14-16	§20	§15	§40 (4)
§14	§14	§§22, 23	§15	Art. 38	Art. 40	Art. 14	Art. 17	§17 (2)	§20 (2)	§16	§§39, 40, 42
§15	§15	§24	§16	Art. 39	Art. 41	Art. 15	Art. 18	§18	–	§17	–
§16	§16	§§25, 26	–	Art. 40	Art. 42	Art. 16	–	§19	–	§18	–
§17	§17	§27	§17	Art. 41	Art. 43	–	Art. 19*	§20	–	§19	§40 Abs. 5
§18	–	§§28-30	§18	–	Art. 44*	Art. 17	Art. 20	§21	–	§20	–
–	§18	§31	§19	Art. 42	Art. 45	Art. 18	Art. 21	§22	–	§21	–
§19	§19*	§§32-34	–	–	–	Art. 19	Art. 22	§23	–	§22	§44
§20	§20	§35	§20*	Art. 43	Art. 46	Art. 20	Art. 23	§24	–	§23	–
–	–	–	–	Art. 44	Art. 47	Art. 21	Art. 24	§25	§48	§24	–
–	§21*	–	–	–	Art. 48*	Art. 22	Art. 25	§26	–	§25	–

Anhalt-Bernburg		Bremen		Oldenburg		Preußen		Reuß j.L.		Waldeck	
1848	1850	1849	1854	1849	1852	1848	1850	1849	1852	1849	1852
§21	§22	–	–	–	Art. 49*	Art. 23	Art. 26	§27	–	§26	–
§22	§23	–	–	Art. 46	Art. 51	Art. 24	Art. 27	§28	–	§27	–
§23	§24	–	–	–	Art. 52	Art. 25	Art. 28	§§29, 30	§§23, 24	§28	–
§24	§25	–	–	Art. 48	–	Art. 26	–	§31	§26	§29	–
§25	–	–	–	Art. 49	Art. 53	Art. 27	Art. 29	§32	§26	§30	–
–	§26*	–	–	Art. 50	Art. 54	Art. 28	Art. 30	§33	–	§31	§33
–	§27*	–	–	Art. 51	Art. 55	Art. 29	Art. 31	§34	–	§32	§34
§26	§28	–	–	Art. 52	Art. 56	Art. 30	Art. 32	§35	–	§33	–
§27	§29	–	–	Art. 53	Art. 57	Art. 31	Art. 33	§36	–	§34	–
§28	§30	–	–	Art. 54	Art. 58	Art. 32	Art. 34	§37	–	§35	§35 (1) Nr. 2
§29	§31	–	–	Art. 55	Art. 59	Art. 33	Art. 35	§38	–	§36	§36
§30	§32	–	–	Art. 56	Art. 60	Art. 34	Art. 36	§39	§46	§37	§37
§31	§33	–	–	Art. 57	Art. 61	Art. 35	–	§40	–	§38	–
§32	§34	–	–	Art. 58	Art. 62	Art. 36	Art. 37	§41	–	§39	§38
§33	§35	–	–	Art. 59	Art. 63	Art. 37	Art. 38	§42	–	§40	§32
§34	§36	–	–	Art. 60	Art. 64	–	Art. 39*	§43	§44	–	§§ 28, 39, 31, 43*
§35	–	–	–	Art. 60	Art. 65	Art. 38	Art. 40	§44	–	–	–
§36	§37	–	–	–	–	Art. 39	Art. 41	§45	§37	–	–
§37	§38	–	–	–	–	Art. 40	Art. 42	§46	–	–	–
§38	§39	–	–	–	–	–	–	§47	–	–	–
–	§40*	–	–	–	–	–	–	§48	–	–	–
§39	§41	–	–	–	–	–	–	§49	–	–	–
§40	§42	–	–	–	–	–	–	§50	–	–	–

§ 231   *Sechzehnter Teil: I. Entwicklung und Bedeutung einzelstaatlicher Grundrechte*

Anhalt-Bernburg		Bremen		Oldenburg		Preußen		Reuß j.L.		Waldeck	
1848	1850	1849	1854	1849	1852	1848	1850	1849	1852	1849	1852
§ 41	§ 43	–	–	–	–	–	–	§ 51	§ 34, § 43	–	–
§ 42	§ 44	–	–	–	–	–	–	§ 52	§ 31	–	–
§ 43	§ 45	–	–	–	–	–	–	§ 53	–	–	–
§ 44	§ 46	–	–	–	–	–	–	§ 54	§ 29	–	–
§ 45	§ 47	–	–	–	–	–	–	§ 55	§ 28	–	–
§ 46	§ 48	–	–	–	–	–	–	§ 56	–	–	–
§ 47	§ 49	–	–	–	–	–	–	–	§§ 24, 25, 27, 30, 32, 33, 35, 38, 41, 45, 47, 49*	–	–
–	§ 50*	–	–	–	–	–	–	–	–	–	–
–	§ 51*	–	–	–	–	–	–	–	–	–	–
§ 48	§ 52	–	–	–	–	–	–	–	–	–	–
§ 49	§ 53	–	–	–	–	–	–	–	–	–	–
§ 50	§ 54	–	–	–	–	–	–	–	–	–	–

* – gänzlich neue Vorschriften
kursiv – substantiell geänderte Vorschriften

Übersicht V: Landesverfassungen der Zwischenkriegszeit
(Leiturkunde: Weimarer Reichsverfassung)

Grundrecht	Baden	Bayern	Braun-schweig	Meckl.-Schwerin	Meckl.-Strelitz*	Oldenb.	Schw.-Sond.*	Wald.*	Württ.*	Danzig	RVerf.
Gleichheit	§§ 9 ff.	§§ 6, 15	Art. 3, 6	§§ 4 ff.	–	§§ 4 ff.	§§ 11, 16	–	§§ 6 ff.	Artt. 73, 82, 88	Artt. 109, 121, 128 II, 134
Freizügigkeit	–	§ 14	–	–	–	–	–	–	–	Art. 75	Art. 110
Auswanderung	–	–	–	–	–	–	–	§ 32	–	Art. 76 I	Art. 112 I
Auslieferung	–	–	–	–	–	–	–	–	–	Art. 76 III	Art. 112 III
Ausweisung	–	§ 13	–	–	–	–	–	–	–	–	–
Freiheit der Person	§ 13 I	§ 16	–	§ 8 I	–	§ 7 I, II	§ 12	§ 29 I, III	§ 11 I	Art. 74 I	Art. 114
Verhaftung	§ 16 II	–	–	§ 8 II	–	§ 7 III	§ 20	§ 29 III	§ 11 II	Art. 74 II	Art. 114 II
Leben	–	–	–	–	–	§ 11 II	–	–	–	–	–
Wohnung	§ 13 II	–	–	§ 9	–	§ 8	–	§ 29 II	§ 12 I	Art. 86	Art. 115
Brief/Post	–	–	–	–	–	–	–	§ 29 III	§ 12 II	Art. 78	Art. 117
Meinung	§ 17 I	–	Art. 4	–	–	–	§ 12	§ 30 I	–	Art. 79 I	Art. 118 I
Presse	§ 17 I	–	–	§ 11	–	–	§ 12	§ 30 II	–	Art. 79 II	Art. 118 II
Ehe	–	–	–	–	–	–	–	–	–	Art. 80	Art. 119
Erziehung/Ausbildung	§ 19	§ 21	Art. 6	§§ 19 ff.	§§ 34, 38 ff.	§§ 15 III, 22 ff.	§ 15	§ 44	§§ 14 V, 22	Artt. 81, 102 ff.	Artt. 120, 143 ff.
Versammlung	§ 17 I	–	Art. 4	§ 12	–	§ 9 I	§ 12	§ 29 III	–	Art. 84	Art. 123
Vereinigung	§ 17 I	§ 18 I	Art. 4	§§ 13, 17 II	§ 35 I	§§ 9 I, 18	§ 12	§§ 29 III, 40 II	–	Art. 85	Art. 124
Petitionen	§ 37	–	Art. 5	§ 22	–	§ 10	–	§ 33	§ 10	–	Art. 126
Öffentliche Ämter	§§ 11, 19 IV	–	–	§ 6	–	§ 6	§ 17	–	§ 9	Art. 91 I	Art. 128
Religion	§ 18	§§ 17 ff.	Art. 4	§§ 16 f., 21	§§ 33 ff.	§ 15 ff.	§ 13 f.	§§ 40 ff.	§§ 14, 19 ff.	Art. 84, 96 ff.	Artt. 135 ff.

Grundrecht	Baden	Bayern	Braun-schweig	Meckl.-Schwerin	Meckl.-Strelitz*	Oldenb.	Schw.-Sond.*	Wald.*	Württ.*	Danzig	RVerf.
Kunst	–	§ 20	–	§ 18	–	–	§ 12	–	§ 13	Artt. 101, 109	Artt. 142, 150, 158 II
Wissenschaft	–	§ 20	–	§ 18	–	–	§ 12	–	§ 13	Art. 101	Artt. 142, 158 II
Handel/Gewerbe	–	–	–	§ 15	–	–	–	–	–	–	Art. 151 III
Vertragsfreiheit	–	–	–	–	–	–	–	–	–	–	Art. 152
Eigentum	§§ 14, 18 V	§ 16	–	§ 10	§ 43	§ 13	§§ 14, 18, 19 II	§ 34	§§ 15 ff.	Artt. 98, 110 ff.	Artt. 153 ff.
Jagdrecht	–	–	–	–	–	§ 14	–	–	–	–	–
Koalition	§ 17 II	–	–	–	–	§ 9 II	–	–	–	Art. 113	Art. 159
Arbeit	–	–	–	§ 15	–	–	§ 12	–	–	–	Art. 163
Rechtsschutz	§ 15	–	–	–	–	–	§§ 17 II, 19	§ 33	§§ 10, 82	–	–
Gesetzlicher Richter	§ 16 I	–	–	§ 8 III	–	–	§ 20	–	–	Art. 62	Art. 105
Verfassungs-beschwerde	–	§ 93	–	–	–	–	–	–	–	–	–

* – Bereits in der Zwischenkriegszeit aufgehoben.

Übersicht VI: Vorgrundgesetzliche Landesverfassungen (Westdeutschland)
(Leitverfassung: Weimarer Reichsverfassung)

Grundrecht	Württemberg-Baden	Bayern	Hessen	Rheinland-Pfalz	Baden	Württemberg-Hohenzollern	Bremen	Saarland
Gleichheit	Artt. 2 I, 10 I	Artt. 8, 118	Art. 1	Artt. 17-19	Art. 2	Art. 6 I-II	Art. 2	Art. 12
Kriegsdienst	–	–	–	–	Art. 3	–	–	–
Handlungsfreiheit	Art. 2 II-IV	Art. 101	Art. 2 I-II	Artt. 1, 2	–	–	Art. 3	Art. 2
Leben	–	–	Artt. 3, 21	Art. 3	–	–	–	Art. 1
Würde	–	Art. 100	Art. 3	–	–	–	–	Art. 1
Staatsangeh.	–	Artt. 6-8	–	–	Art. 8	Art. 6 III	Art. 5 I	–
Freizügigkeit	–	Art. 109 I	Art. 6	Art. 15	–	–	Art. 18	Art. 9 I
Berufsfreiheit	–	–	–	–	–	–	Art. 8 II	–
Auswanderung	–	Art. 109 II	–	–	–	–	Art. 18	Art. 9 II
Widerstand	–	–	Art. 147 I	–	–	–	Art. 19	–
Auslieferung	–	–	Art. 7	Art. 16 I	–	–	–	Art. 11 I, II
Asyl	–	Art. 105	Art. 7	Art. 16 II	–	–	–	Art. 11 III
Freiheit	Art. 5	Art. 102	Artt. 5, 19, 23 f.	Art. 5	Art. 5	Art. 18	Art. 5 II-IV	Artt. 1, 3, 13
Wohnung	Art. 6	Art. 106 III	Artt. 8, 19	Art. 7	Art. 6	Art. 14	Art. 14 II-III	Art. 16
Ehre	–	–	–	Art. 4	Art. 7	–	–	–
Nulla poena	Art. 4 I	Art. 104 I	–	Art. 6 II	–	Art. 17 I	Art. 7 I	Art. 15
Justizgrundrechte	Artt. 3, 4 II-III	Artt. 86, 91, 104 II	Artt. 2 III, 19-24	Art. 6	–	Artt. 17 II-III, 59	Artt. 6, 7 II, III	Art. 14
Briefgeheimnis	Art. 7	Art. 112	Artt. 12, 19	Art. 14	Art. 11	Art. 19	Art. 15 IV	Art. 17
Meinungsfreiheit	Art. 11 I	Art. 110	Artt. 11, 17 f.	Art. 9 II, 10	Art. 10	Art. 9 II	Art. 15 I-III	Art. 5 I, IV
Presse	–	Art. 111	–	–	–	–	–	Art. 5 III
Informationsfreiheit	Art. 11 II	–	Art. 13	–	–	–	Art. 15 V	–

§ 231 Sechzehnter Teil: I. Entwicklung und Bedeutung einzelstaatlicher Grundrechte

Grundrecht	Württemberg-Baden	Bayern	Hessen	Rheinland-Pfalz	Baden	Württemberg-Hohenzollern	Bremen	Saarland
Ehe/Familie	Artt. 16-19	Artt. 124-127	Art. 4	Artt. 23-26	Artt. 21-25	Artt. 101-105	Artt. 21-25	Artt. 22-25
Versammlung	Art. 14	Art. 113	Artt. 14, 17 f.	Art. 12	Art. 18	Art. 12	Art. 16	Art. 6
Vereinigung	Art. 15	Art. 114	Artt. 15, 17 f.	Art. 13	Art. 19	Art. 13	Art. 17	Art. 7
Wahlfreiheit	–	Art. 7 II	–	–	–	–	–	–
Petitionsrecht	Art. 13	Art. 115	Art. 16	Art. 11	Art. 20	Art. 11	–	Art. 20
Öffentliche Ämter	–	Art. 116	–	–	Art. 9	–	–	–
Religion	Artt. 10 II, 29-34	Artt. 107, 142-150	Artt. 9, 48-54	Artt. 8, 41-48	Artt. 4, 34-36	Artt. 9 I, 120-123	Artt. 4, 59-63	Artt. 4, 35-42
Kunst	Art. 12	Art. 108	Art. 10	Art. 9 I	Art. 12	Art. 10	Art. 11	Art. 5 II
Wissenschaft	Art. 12	Art. 108	Art. 10	Art. 9 I	Art. 12	Art. 10	Art. 11, 12 II	Art. 5 II
Wirtschaftsfreiheit	Art. 25	Art. 151 II	Art. 38 II	Art. 52	Art. 43 II	–	Art. 39 II	Art. 44
Eigentum	Art. 8	Artt. 103, 158-162	Artt. 40-46	Artt. 60-64	Artt. 15 f.	Art. 15	Artt. 13, 42-45	Artt. 18 I, 51 f.
Erbrecht	Art. 9	Art. 103	–	Art. 60 I	Art. 17	Art. 16	–	Art. 18 II
Koalition	Art. 23	Art. 170	Art. 36	Artt. 66-68	Art. 38	Artt. 95-97	Art. 48	–

F. Wittreck: Bedeutung einzelstaatlicher Grundrechte für die Grundrechtsentwicklung **§ 231**

Übersicht VII: Vorgrundgesetzliche Verfassungen (Ostdeutschland)
(Leiturkunde: Weimarer Reichsverfassung)

Grundrecht	Thüringen	Sachsen-Anhalt	Mecklenburg	Brandenburg	Sachsen	DDR 1949
Gleichheit	–	Artt. 8, 22	Artt. 7, 20	Art. 4 I	Artt. 8, 22	Artt. 6, 7
Staatsangehörigkeit	–	–	Art. 4	–	Art. 4	–
Freizügigkeit	–	Art. 10	Art. 9	Art. 6 (Nr. 10)	Art. 10	Art. 8
Berufsfreiheit	Art. 56 I	Art. 17	Art. 16	–	–	–
Auswanderung	–	Art. 10	Art. 9	–	–	Art. 10 III
Auslieferung	–	–	–	–	–	Art. 10 I
Asyl	–	–	–	–	Art. 68 II	Art. 10 II
Freiheit	–	Art. 9	Art. 8	Art. 6 (Nr. 1), 41 I	Art. 9	Artt. 8, 136
Wohnung	–	–	–	–	–	Artt. 8, 136
Nulla poena	–	–	Art. 66 IV	Art. 41 II	Art. 66	Art. 135
Justizgrundrechte	Artt. 48, 51	Artt. 65 f.	Art. 66 I-III	Art. 41 I, III	Art. 65	Art. 134
Briefgeheimnis	–	Art. 15	Art. 13	Art. 6 (Nr. 11)	Art. 14	Art. 8
Wohnung	–	Art. 14	Art. 12	Art. 6 (Nr. 9)	Art. 13	–
Meinungsfreiheit	–	Art. 11	Art. 10 II	Art. 6 (Nr. 2)	Art. 11 I	Art. 9
Ehe/Familie	Art. 69 III	Art. 21	Art. 19	–	Art. 21	Artt. 30-33
Versammlung	–	Art. 11	Art. 10 II	Art. 6 (Nr. 6)	Art. 11 I	Art. 9
Vereinigung	–	Art. 16 I	Art. 14 I	Art. 6 (Nr. 6)	Art. 15 I	Art. 12
Wahlfreiheit	Art. 10 II	Art. 27	Art. 25 II	Art. 6 (Nr. 5)	Art. 29 I	Art. 54 I
Petitionsrecht	–	Art. 11	Art. 10 II	Art. 2 III	Art. 11 II	Art. 3 IV
Öffentliche Ämter	–	–	Art. 5 I	Art. 4 III	Art. 5 I	–
Religionsfreiheit	Artt. 73-79	Artt. 89-95	Artt. 10 I, 86-94	Artt. 6 (Nr. 3), 62-68	Artt. 12 I, 89-94	Artt. 40-48
Kunst	–	Art. 13 I	Art. 11	–	Art. 12 II	Art. 34
Wissenschaft	–	Art. 13 I	Art. 11	Art. 6 (Nr. 4)	Art. 12 II	Art. 34
Wirtschaftsfreiheit	Art. 56 I	Art. 72	Art. 73 II	Art. 49 I	Art. 71 II, III	Art. 19 III
Eigentum	Art. 57 I	Artt. 12 I, III, 75	Art. 75 I, III	Art. 50	Artt. 19 I, 78	Artt. 22 I, III, 23-29
Erbrecht	–	Art. 12 II	Art. 75 II	–	Art. 19 II	Art. 22 II
Koalitionsfreiheit	–	Art. 16 II	Art. 14 II	Art. 6 (Nr. 7)	Art. 15 II	Art. 14
Widerstandsrecht	–	–	–	Art. 6 II	–	Art. 4 I

Übersicht VIII: Konkordanz Verfassungsentwurf von Herrenchiemsee – Landesverfassungen

Stichwort	Bericht UA I	Entwurf GG	BayVerf.	BremVerf.	Sonstige LVerf.
Würde	Art. A	Art. 1	Art. 100	Art. 5 I	–
Freiheit	Art. B	Art. 2	Art. 101	Art. 3 I	–
Freiheit der Person	Art. C	Art. 3	Art. 102	Art. 5 III	Art. 5 I BadVerf.; Art. 5 I RPVerf.
Auslieferung, Asyl	Art. D	Art. 4	Art. 105	–	Art. 7 S. 1 HessVerf.
Wohnung	Art. E	Art. 5	Art. 106 III	Art. 14 III	–
Glauben	Art. F	Art. 6	[Art. 107 I,II]	Art. 4 I	–
Meinung, Presse	Art. G	Art. 7	Artt. 110, 111	Art. 15 II	Art. 11 I HessVerf.; Art. 9 II RPVerf.
Versammlung	Art. H	Art. 8	Art. 113	–	Art. 14 HessVerf.
Vereinigung	Art. I	Art. 9	Art. 114	Art. 17 II	Art. 15 HessVerf.
Petition	Art. K	Art. 10	Art. 115	–	Art. 16 HessVerf.
Brief, Post	Art. L	Art. 11	Art. 112 I	Art. 15 IV	Art. 7 WBVerf.
Stimmrecht	Art. M	Art. 12	–	–	–
Ämterzugang	Art. N	Art. 13	Artt. 94, 116	Art. 2 I	–
Gleichheit	Art. O	Art. 14	Art. 118 I	Art. 12	–
Kunst/Wissenschaft	Art. P	Art. 15	Art. 108	–	–
Beruf	Art. Q	Art. 16	Art. 109 I2	–	–
Eigentum	Art. R	Art. 17	Art. 103	Art. 13 I	Art. 15 BadVerf.
Bodenschätze	Art. S	Art. 18	–	–	–
Treuepflicht	Art. T	Art. 19	Art. 117	Art. 9	–
Allg. Teil	Art. U	Art. 21	–	–	–
Verwirkung	Art. V	Art. 20	–	–	–

II. Vergleichende Betrachtung der Landesgrundrechte

§ 232
Allgemeine Lehren der Landesgrundrechte

Detlef Merten

Übersicht

	RN		RN
A. Einleitung	1– 5	a) Gewährleistungspflichten	39– 72
B. Anliegen und Ableitung der Grundrechte	6– 8	b) Verfassungsaufträge	73– 76
I. Individuelle Freiheit als grundrechtliches Anliegen	6– 7	c) Staatsziele	77– 83
II. Ableitung von Grundrechten aus Grundrechtsbestimmungen	8	D. Grundrechtsgeltung in personaler, räumlicher und inhaltlicher Sicht	84–194
C. Begriff und Abgrenzung der Grundrechte	9– 83	I. Grundrechtsberechtigte und Grundrechtsverpflichtete	84–153
I. Zum Begriff der Grundrechte	9– 29	1. Grundrechtsberechtigte	84–128
1. Konstitutionalität	9– 10	a) Natürliche Personen	84–106
2. Positivität und Normativität	11– 16	b) Juristische Personen	107–128
		2. Grundrechtsverpflichtete	129–153
a) Positivität	11– 13	a) Öffentliche Gewalt	129–133
b) Normativität	14– 16	b) Dritte	134–153
3. Aktualität	17– 18	II. Geltungsraum der Landesgrundrechte	154–158
4. Subjektivität	19– 25	1. Zum Begriff der Geltung	154
a) Grundrechte als „subjektiv-öffentliche" Rechte	19– 20	2. Räumlicher Geltungsbereich der Grundrechte	155–157
b) Arten subjektiver Berechtigung	21– 25	3. Landesgebietsverknüpfung	158
5. Fundamentalität	26	III. Geltung der Landesgrundrechte in inhaltlicher Sicht	159–194
6. Justitiabilität	27– 28	1. Schutzbereich	159–163
7. Begriffsbestimmung	29	2. Grundrechtskonkurrenzen	164–166
II. Zur Unterscheidung und Abgrenzung der Grundrechte	30– 83	3. Immanente Grenzen	167–179
1. Unterscheidung von Bundes- und Landesgrundrechten	30– 37	a) Grundrechtsmündigkeit	168
		b) Verbot der Sozialschädlichkeit	169
2. Abgrenzung der Grundrechte von anderen Verfassungsbestimmungen	38– 83	c) Gewaltverbot	170–171
		d) Rechte anderer	172–173
		e) Verbot des Rechtsmißbrauchs	174–177

113

	RN		RN
f) (Allgemeine) Verwirkung	178	b) Übermaßverbot	185–191
g) Partielle immanente Grenzen	179	c) Wesensgehaltsgarantie	192–194
4. Verfassungsunmittelbare Schranken	180	E. Grundrechtsverlust	195–206
5. Schrankenschranken	181–194	I. Grundrechtsverzicht	196–201
a) Verbot des Einzelfallgesetzes und Zitiergebot	181–184	II. Grundrechtsverwirkung	202–206
		F. Bibliographie	

A. Einleitung

Die Grundrechte der deutschen Landesverfassungen leben im Schatten der Bundesgrundrechte. Regelt doch das Grundgesetz einerseits in seinen Artikeln 142 und 31, ob und in welchem Umfang Landesgrundrechte (weiter-)gelten dürfen, und statuiert andererseits die Bindung aller (Landesstaats-)Gewalt an die Bundesgrundrechte (Art. 1 Abs. 3 GG). Daneben gebietet und gewährleistet es die Übereinstimmung der verfassungsmäßigen Ordnung der Länder mit (Bundes-)Grundrechten durch Art. 28 Abs. 3 GG. Deshalb hatten sich auch die „Allgemeinen Lehren der Grundrechte" in dieser Edition zuvörderst an den grundgesetzlichen Grundrechten orientiert und Landesgrundrechte im wesentlichen nur aus bundesstaatlicher[1] und verfassungsgerichtlicher[2] Sicht behandelt. Umso mehr ist in einem eigenen, den Landesgrundrechten vorbehaltenen Band zu prüfen, ob und in welchem Umfang sich aus den in nahezu allen Landesverfassungen[3] enthaltenen Grundrechtsbestimmungen gleichsam als Summe allgemeine Lehren gewinnen lassen, obwohl die Landesgrundrechte nach Form und Inhalt vielfach divergieren.

1 Schattendasein der Landesgrundrechte

Die Landesgrundrechte verfügen meist über eine längere Tradition als die Bundesgrundrechte, was allerdings nicht für die nach dem „Zusammenbruch" (aber nicht dem Ende des Deutschen Reichs[4]) von den Besatzungsmächten zusammengestückelten „neuen" Länder, insbesondere Nordrhein-Westfalen und Rheinland-Pfalz[5] gilt. Viele klassische Grundrechte finden sich inhaltlich schon in den Verfassungen des deutschen Frühkonstitutionalismus[6], wie beispielsweise die Glaubens- und Gewissensfreiheit[7], die Wegzugsfreiheit[8], der Eigentumsschutz[9] oder die Unabhängigkeit der Richter (Gerichte)[10]. Die

2 Längere Tradition der Landesgrundrechte

---

1 → Bd. III: *Grawert*, Wechselwirkungen zwischen Bundes- und Landesgrundrechten, § 81; *Maurer*, Landesgrundrechte im Bundesstaat, § 82; *Lange*, Grundrechtliche Besonderheiten in den Landesverfassungen, § 83.
2 → Bd. III: *Sodan*, Schutz der Landesgrundrechte durch die Landesverfassungsgerichtsbarkeit, § 84.
3 Nur Hamburg beschränkt sich auf ein Organisationsstatut, das allerdings „individualrechtliche Einsprengsel" enthält. → Unten *Kämmerer*, Landesgrundrechte in Hamburg, § 250 RN 8.
4 Selbst *Stalin* (9.5.1945) wollte Deutschland nicht „zerstückeln oder ... vernichten"; vgl. *Rudolf Morsey*, Die Bundesrepublik Deutschland bis 1969, ^{5}2007, S. 2.
5 → Unten *Merten*, Landesgrundrechte in Rheinland-Pfalz, § 255 RN 3.
6 Hierzu *Judith Hilker*, Grundrechte im deutschen Frühkonstitutionalismus, 2005, passim; *v. Rimscha*, Die Grundrechte im süddeutschen Konstitutionalismus, 1973. → Oben *Wittreck*, Bedeutung einzelstaatlicher Grundrechte für die deutsche Grundrechtsentwicklung, § 231 RN 20 ff.
7 Titel IV § 9 der Verfassungsurkunde für Bayern (1818); § 18 der Verfassungsurkunde für Baden (1818); §§ 24, 27 der Verfassungsurkunde für Württemberg (1819); Art. 21, 22 der Verfassungsurkunde für Hessen (1820).
8 Titel IV § 14 der Verfassungsurkunde für Bayern (1818); § 12 der Verfassungsurkunde für Baden (1818); §§ 24, 33 ff. der Verfassungsurkunde für Württemberg (1819); Art. 24 der Verfassungsurkunde für Hessen (1820).
9 Titel IV § 8 Abs. 1 der Verfassungsurkunde für Bayern (1818); § 13 der Verfassungsurkunde für Baden (1818); § 24 der Verfassungsurkunde für Württemberg (1819); Art. 23 der Verfassungsurkunde für Hessen (1820).
10 Titel VIII § 3 der Verfassungsurkunde für Bayern (1818); § 14 der Verfassungsurkunde für Baden (1818); § 46 der Verfassungsurkunde für Württemberg (1819); Art. 34 der Verfassungsurkunde für Hessen (1820). Alle Verfassungen abgedruckt bei Ernst Rudolf Huber (Hg.), Dokumente zur deutschen Verfassungsgeschichte, Bd. I, ^{3}1978, S. 155 ff.

§ 232 *Sechzehnter Teil: II. Vergleichende Betrachtung der Landesgrundrechte*

Grundrechtstradition führt dann über die im „Verfassungstaumel"[11] als Folge der Revolution von 1848 erzeugten Verfassungsurkunden und einige Grundrechts-Gesetze[12], die teilweise in der Restauration zurückgenommen werden, über neue oder geänderte einzelstaatliche Verfassungsurkunden in der Zeit des Norddeutschen Bundes und des Deutschen Reichs[13] zu den teils schon vor der Reichsverfassung erlassenen[14] Landesverfassungen in der Weimarer Republik[15]. Sie setzt sich nach dem Ende des „Dritten Reichs" in den schon vor Erlaß des Grundgesetzes verabschiedeten sogenannten vorkonstitutionellen Verfassungen einiger Länder – auch in der sowjetisch besetzten Zone[16] – über die nachkonstitutionellen Landesverfassungen bis zu den nach der Wiedervereinigung auf Landesebene geschaffenen Verfassungen fort. Die Epochenbrüche seit dem Wiederaufbau Deutschlands lassen sich anhand der in drei Gruppen zu gliedernden Landeskonstitutionen (vorkonstitutionelle, nachkonstitutionelle, vereinigungsveranlaßte) besser ablesen als in dem (zu) oft geänderten Grundgesetz. So spricht die Präambel der bayerischen Verfassung „angesichts des Trümmerfeldes"[17] die „Überlebenden des zweiten Weltkriegs" an, während die sächsische Verfassung in ihrer Präambel „die leidvollen Erfahrungen nationalsozialistischer und kommunistischer Gewaltherrschaft" erwähnt. Landesspezifische Besonderheiten kultureller[18], landschaftlicher[19] oder bevölkerungsrelevanter[20] Art können in einer Landesverfassung eher als in der Bundesverfassung berücksichtigt werden, die von einer Gesamtschau des Staatsgebietes und des Staatsvolkes ausgehen muß.

3 Das Grundgesetz gibt in Art. 28 GG den Ländern nur eine grundsätzliche Homogenität[21] der Fundamentalstrukturen vor, verlangt aber keine Unifor-

---

11 → Oben *Wittreck*, Zur Bedeutung einzelstaatlicher Grundrechte, § 231 RN 31; s. auch *Dann*, Die Proklamation von Grundrechten in den deutschen Revolutionen von 1848/49, in: Günter Birtsch (Hg.), Grund- und Freiheitsrechte im Wandel von Gesellschaft und Geschichte, 1981, S. 515 (521 ff.).
12 → Oben *Wittreck*, Zur Bedeutung einzelstaatlicher Grundrechte, § 231 RN 32.
13 → Oben *Wittreck* aaO., § 231 RN 49 ff.
14 → Oben *Wittreck* aaO., § 231 RN 63 ff.
15 *Fabian Wittreck* (Hg.), Weimarer Landesverfassungen, 2004; → oben *Wittreck*, Zur Bedeutung einzelstaatlicher Grundrechte, § 231 RN 73.
16 Verfassung des Landes Thüringen v. 20.12.1946; Verfassung der Provinz Sachsen-Anhalt v. 10.1.1947; Verfassung des Landes Mecklenburg v. 16.1.1947; Verfassung für die Mark Brandenburg v. 6.2.1947; Verfassung des Landes Sachsen v. 28.2.1947. Alle abgedruckt in: Wilhelm Wegener, Die neuen deutschen Verfassungen, 1947, S. 170 ff. Obwohl die DDR erst 1949 gegründet wurde, bezeichnen sich alle Länder in Art. 1 ihrer Verfassungen als „ein Glied der Deutschen Demokratischen Republik", was auf einen für alle fünf Länder einheitlichen Verfassungsentwurf der SED zurückzuführen ist (vgl. Wegener aaO., S. 45).
17 S. hierzu *Rottenwallner*, „Angesichts des Trümmerfeldes ..." – Ist der Vorspruch der Bayerischen Verfassung nur ein präludierendes Schmuckstück oder Grundnorm der Landesverfassung?, BayVBl. 2016, S. 397 ff.
18 Vgl. Art. 3 Abs. 2 Satz 1 Verf. Bayern: „Der Staat schützt die natürlichen Lebensgrundlagen und die kulturelle Überlieferung". → Oben *Wittreck*, Zur Bedeutung einzelstaatlicher Grundrechte, § 231 RN 91 ff.
19 Vgl. Art. 12 Abs. 2 Satz 1 Verf. Mecklenburg-Vorpommern: „Land, Gemeinden und Kreise schützen und pflegen die Landschaft mit ihren Naturschönheiten, Wäldern, Fluren und Alleen, die Binnengewässer und die Küste mit den Haff- und Boddengewässern".
20 Vgl. Art. 5 Abs. 1 Satz 1 Verf. Sachsen: „Dem Volk des Freistaates Sachsen gehören Bürger deutscher, sorbischer und anderer Volkszugehörigkeit an".
21 *BVerfGE 9*, 268 (279); *41*, 88 (119); *90*, 60 (84); *103*, 332 (349).

mität[22], sondern setzt getreu seinem föderalen Prinzip getrennte Verfassungsbereiche von Bund und Ländern[23] und damit eine grundsätzliche Verfassungsautonomie der Länder voraus[24]. Für die Wahrung der Grundsätze des republikanischen, demokratischen und sozialen Rechtsstaates, bestimmter Wahlgrundsätze und der Garantie kommunaler Selbstverwaltung reicht eine Organisationsverfassung auf Landesebene aus. Die Schaffung einer Vollverfassung[25] (einschließlich eines Grundrechtsteils) oder auch nur die Aufnahme einzelner Grundrechte, z.B. der Eigentumsgarantie[26], ist von Grundgesetzes wegen nicht geboten, da dessen Grundrechte ohnehin kraft der „Schlüsselnorm"[27] des Art. 1 Abs. 3 GG auch die Staatsgewalten der Länder binden. Daher bestand bei den nachkonstitutionellen und bei den vereinigungsveranlaßten Landesverfassungen kein Bedürfnis für eigene Grundrechtskataloge. Hatten sich in der nachkonstitutionellen Periode Hamburg und Niedersachsen[28] auf eine Organisationsverfassung beschränkt[29], so haben sich die mit dem Beitritt der Deutschen Demokratischen Republik zur Bundesrepublik Deutschland entstandenen Länder[30] jeweils für eine Vollverfassung entschieden[31]. Dabei entsprechen die Grundrechtsbestimmungen dieser Landesverfassungen im wesentlichen denen des Grundgesetzes, wobei einige Länder Wert auf eine modische Façon ihrer Grundrechtsbestimmungen gelegt und deshalb zeitgemäße Datenschutz- und Gleichberechtigungsrechte, Rechte auf Bildung, – dogmatisch teilweise bedenkliche – Rechte der Kinder sowie der Minderheiten eingefügt haben; zum Minderheitenschutz bekennen sich so auch Sachsen-Anhalt[32] und Mecklenburg-Vorpommern[33], obwohl es auf deren Landesterritorien an Siedlungsgebieten traditioneller Minderheiten fehlt[34]. Teilweise wurden den Grundrechtsbestimmungen auch dem Grundgesetz widersprechende Grundrechtsschranken[35] eingefügt.

Kein Gebot von Landes-Vollverfassungen

---

22 *BVerfGE 9*, 268 (279); *83*, 37 (58); *90*, 60 (84); *H. Dreier*, GG, Bd. II (LitVerz.), Art. 28 RN 49.
23 *BVerfGE 103*, 332 (350); *107*, 1 (10); *137*, 141 (177).
24 *BVerfGE 36*, 342 (361); *64*, 301 (317); *90*, 60 (84); *134*, 141 (177 RN 104).
25 Zum Begriff *Kingreen*, Vorrang und Vorbehalt der Verfassung, HStR ³XI, § 263 RN 47, 51.
26 So *BVerfGE 103*, 332 (349).
27 *Stern*, Staatsrecht, Bd. III/1 (LitVerz.), § 72 I 1 (S. 1178); hierzu auch *Merten*, Art. 1 Abs. 3 GG als Schlüsselnorm des grundrechtsgeprägten Verfassungsstaates, in: Michael Sachs/Helmut Siekmann (Hg.), Der grundrechtsgeprägte Verfassungsstaat, FS Stern zum 80. Geburtstag, 2012, S. 483 ff.
28 Die Vorläufige Niedersächsische Verfassung v. 13.4.1951 (GVBl. S. 103) enthielt keinen Grundrechtsteil. Dieser bis zum 31.5.1993 geltende Rechtszustand wurde erst durch die Niedersächsische Verfassung v. 19.5.1993 (GVBl. S. 107) abgelöst, die nach ihrem Art. 78 Abs. 1 am 1. Juni 1993 in Kraft trat und in ihrem 1. Abschnitt „Grundlagen der Staatsgewalt, Grundrechte und Staatsziele" regelt; → unten *J. Ipsen*, Landesgrundrechte in Niedersachsen, § 253 RN 3.
29 → Unten *Kämmerer*, Landesgrundrechte in Hamburg, § 250 RN 1, 6 f.
30 Vgl. Art. 1 Abs. 1 des Einigungsvertrags v. 31.8.1990 (BGBl. II S. 885, 889).
31 S. auch *Merten*, Verfassungspatriotismus und Verfassungsschwärmerei, in: VerwArch. 83 (1992), S. 283 ff.
32 Art. 37 Verf. Sachsen-Anhalt.
33 Art. 18 Verf. Mecklenburg-Vorpommern.
34 → Unten *Mann*, Minderheitenschutz, § 241 RN 35 a.E.
35 Vgl. Art. 31 Abs. 2 Verf. Brandenburg: Gesetzliche Beschränkungen für die Forschungsfreiheit.

§ 232 Sechzehnter Teil: II. Vergleichende Betrachtung der Landesgrundrechte

4
Verfassungen als „Grund-Gesetz"

Bei einer Fülle von Grundrechtsbestimmungen in sechzehn Landesverfassungen[36] kann sich die Gewinnung „Allgemeiner Lehren" zwar auf ein breites Material stützen, das jedoch auch Gegensätze und normative Unzulänglichkeiten birgt, weil die Verfassungsgebung teilweise von überholter Klassenideologie[37], gutgemeinter Vergangenheitsbewältigung[38], aufrichtiger Naturrechtsgläubigkeit[39] und politischem Wunschdenken[40] begleitet war. Dabei sollten sich Verfassungen als Grund-Gesetz[41] durch elementare Aussagen über Fundament und Gerüst des Staates von durch den changierenden Zeitgeist geprägten „Zeitgesetzen" unterscheiden, deren Tendenz und Inhalt sich schwankenden Parlamentsmehrheiten anpaßt. Verfassungen taugen nicht als Erbauungs- oder Volksknigge mit diktierten Umgangsformen, bei denen „jeder ... jedem die Anerkennung seiner Würde" schuldet[42]. Banalitäten sind einer Verfassung unwürdig; Sätze wie „Kinder sind das köstlichste Gut eines Volkes"[43], „Der Mensch steht höher als Technik und Maschine"[44] oder „In allen Schulen waltet der Geist der Duldsamkeit und der sozialen Ethik"[45] bleiben Verfassungspathos.

5
Bedeutungszuwachs der Landesgrundrechte

Die Effektivität der Landesgrundrechte hat in jüngerer Zeit dadurch zugenommen, daß Länder verstärkt die Landesverfassungsbeschwerde eingeführt und damit die gerichtliche Durchsetzung der Landesgrundrechte ermöglicht haben[46]. Zudem hat die Landesgesetzgebung – und damit deren Bindung an Landesgrundrechte – an Bedeutung dadurch gewonnen, daß ihr frühere Gesetzgebungszuständigkeiten des Bundes (z.B. für das Versammlungsrecht[47]) übertragen wurden und daß die Länder im Bereich der konkurrierenden Gesetzgebung von Bundesgesetzen abweichende Regelungen in bestimmten Bereichen erlassen dürfen (Art. 72 Abs. 3 GG)[48].

---

36 Obwohl die Verfassung von Hamburg keinen Grundrechtsteil enthält, finden sich doch vereinzelt grundrechtliche Einsprengsel; → unten *Kämmerer*, Landesgrundrechte in Hamburg, § 250 RN 8 ff.
37 Vgl. Art. 32 Satz 1 Verf. Hessen: „Der 1. Mai ist gesetzlicher Feiertag aller arbeitenden Menschen".
38 Vgl. Art. 42 Abs. 1 Verf. Hessen: „Nach Maßgabe besonderer Gesetze ist der Großgrundbesitz, der nach geschichtlicher Erfahrung die Gefahr politischen Mißbrauchs oder der Begünstigung militaristischer Bestrebungen in sich birgt, im Rahmen einer Bodenreform einzuziehen". → Unten *Müller-Franken*, Landesgrundrechte in Hessen, § 251 RN 33.
39 Vgl. Art. 1 Abs. 1 und Abs. 3 Verf. Rheinland-Pfalz: „natürliches Recht", das „natürliche Sittengesetz", „die naturrechtlich bestimmten Erfordernisse des Gemeinwohls".
40 Art. 69 Abs. 1 Satz 2 Verf. Hessen: „Der Krieg ist geächtet".
41 Schon die Aufklärung unterscheidet zwischen Gesetzen als „Grundverfassung" und „bloßen Zeitgesetzen"; vgl. *Svarez*, Über den Einfluß der Gesetzgebung in die Aufklärung, in: *ders.*, Vorträge über Recht und Staat, hg. von Conrad und Kleinheyer, 1960, S. 635; hierzu auch *Hermann Conrad*, Das Allgemeine Landrecht von 1794 als Grundgesetz des friderizianischen Staates, 1965, S. 10.
42 So Art. 7 Abs. 2 Verf. Brandenburg.
43 Art. 125 Abs. 1 Satz 1 Verf. Bayern; ähnlich Art. 24 Satz 1 a.F. Verf. Rheinland-Pfalz: „Kinder sind das kostbarste Gut der Familie und des Volkes".
44 Art. 12 Abs. 1 Verf. Bremen.
45 Art. 17 Abs. 1 Verf. Baden-Württemberg.
46 Für Baden-Württemberg → unten *Schröder*, Landesgrundrechte in Baden-Württemberg, § 245 RN 64.
47 → Unten *Schwarz*, Kommunikative Freiheiten, § 237 RN 76.
48 Hierzu *Isabelle Krapp*, Die Abweichungskompetenzen der Länder im Verhältnis des Vorrangs des Bundesrechts gemäß Art. 31 GG, 2015.

B. Anliegen und Ableitung der Grundrechte

I. Individuelle Freiheit als grundrechtliches Anliegen

Anliegen der Grundrechte ist die Freiheit des einzelnen. Dies kommt paradigmatisch in den Verfassungen von Rheinland-Pfalz[49], Hessen[50] und – fast wortgleich – Bremen[51] mit den Worten zum Ausdruck „Der Mensch ist frei". Denn diese – wie oft in Verfassungen – im Indikativ gefaßte, verkürzte *Rousseau*-Sentenz[52] enthält keine Feststellung, sondern einen Verfassungsgrundsatz und ein Verfassungsgebot: Das Prinzip Freiheit[53]. Die „bürgerliche Freiheit" ist nach *Justi*[54] „Endzweck aller Grundgesetze". Neben diese ist dann in der geschichtlichen Entwicklung die „politische" Freiheit getreten, so daß beide – bürgerliche und politische – Freiheit heute verfassungsgesetzlicher Zentralbegriff wie Schutzobjekt geworden sind. Zur Sicherung der „Freiheit und Würde des Menschen" bekennen sich die meisten Landesverfassungen in ihrer Präambel[55] oder in Eingangsbestimmungen[56]. Einige Landesverfassungen bezeichnen ihr Land ausdrücklich als „freiheitlich"[57]; andere Länder sehen „Freiheit" als Staatsaufgabe[58]. Die Verfassungen des Saarlands (Art. 10), Sachsens (Art. 113 Abs. 1, 2), Sachsen-Anhalts (Art. 15 Abs. 2) und Thüringens (Art. 5 Abs. 2) verwenden den Begriff „freiheitliche demokratische Grundordnung".

6
Freiheit als Verfassungsgrundsatz

Klassische Freiheitsrechte sind „zuvörderst Negationen bisher in Kraft gewesener Beschränkungen"[59] und sollten als traditionelle konkrete Freiheitsgarantien[60] nach Inhalt und Zweck besonders gefährdete „Bereiche menschli-

7
Rechtsstaatliches Verteilungsprinzip

---

49 Art. 1 Abs. 1 Satz 1.
50 Art. 2 Abs. 1 Satz 1.
51 Art. 3 Abs. 1 Satz 1 Verf. Bremen: „Alle Menschen sind frei".
52 Du contract social L. I, chap. 1, Satz 1: „L'homme est né libre, et par-tout il est dans les fers."
53 Vgl. *Eberhard Grabitz*, Freiheit und Verfassungsrecht, 1976, S. 235 ff.: „Freiheit als Verfassungsprinzip"; *Eichenberger*, Freiheit als Verfassungsprinzip: Der Staat des Maßes", in: *ders.*, Der Staat der Gegenwart, 1980, S. 165 ff.; → Bd. II: *Merten*, Das Prinzip Freiheit im Gefüge der Staatsfundamentalbestimmungen, § 27.
54 *Johann Heinrich Gottlob von Justi*, Die Natur und das Wesen des Staates, 1760, S. 425.
55 Vgl. Verf. Baden-Württemberg v. 11.11.1953 (GBl. S. 173), Vorspruch; Verf. Berlin v. 23.11.1995 (GVBl. S. 779), Vorspruch: Schutz von „Freiheit und Recht jedes einzelnen"; Verf. Brandenburg v. 20.8.1992 (GVBl. I S. 298), Präambel, Sicherung der „Würde und Freiheit des Menschen"; Verf. Bremen v. 21.10.1947 (GBl. S. 251), Eingangsformel, frühere Mißachtung „der persönlichen Freiheit und Würde des Menschen"; Verf. Mecklenburg-Vorpommern v. 23.5.1993 (GVBl. S. 372), Präambel; Verf. Nordrhein-Westfalen v. 28.6.1950 (GV S. 127), Präambel, Schaffung von „Freiheit, Gerechtigkeit und Wohlstand für alle"; Verf. Rheinland-Pfalz v. 18.5.1947 (VBl. S. 209), Vorspruch; Verf. Sachsen-Anhalt v. 16.7.1992 (GVBl. S. 600), Präambel; Verf. Thüringen v. 25.10.1993 (GVBl. S. 625), Präambel: Achtung der „Freiheit und Würde des einzelnen". Zum juristischen Charakter von Verfassungspräambeln vgl. *Carl Schmitt*, Verfassungslehre, ⁶1983, S. 24; *Häberle*, Präambeln in Text und Kontext von Verfassungen, in: J. Listl/H. Schambeck (Hg.), Demokratie in Anfechtung und Bewährung, FS J. Broermann, 1982, S. 211 ff.
56 Vgl. Art. 1 Satz 2 Verf. Saarland; hierzu → unten *Wendt*, Die Landesgrundrechte im Saarland, § 256 RN 15
57 Art. 2 Abs. 1 Verf. Brandenburg; Art. 1 Abs. 2 Verf. Niedersachsen; Art. 60 Abs. 1 Verf. Saarland.
58 Vgl. Art. 65 Abs. 1 Verf. Bremen; Art. 69 Abs. 1 Satz 1 Verf. Hessen; Art. 1 Abs. 2 Verf. Rheinland-Pfalz.
59 *Georg Jellinek*, System der subjektiven Rechte, ²1905, S. 95; *ders.*, Allgemeine Staatslehre, ³1922, S. 419.
60 Vgl. BVerfGE 54, 148 (153).

cher Freiheit" schützen[61]. Dabei kommt der Voranstellung des Grundrechtskatalogs in einigen Landesverfassungen[62] nur symbolische, keine normative Wirkung zu. In dem aus den Verfassungen ableitbaren Verhältnis von primärer Freiheitsgewährleistung und sekundärer Beschränkung (oder Beschränkungsermächtigung) kommt ein Regel-Ausnahme-Grundsatz zum Ausdruck. Die auch als „rechtsstaatliches Verteilungsprinzip"[63] umschriebene Maxime besagt, daß Freiheit prinzipiell unbegrenzt, jede Staatseinwirkung prinzipiell begrenzt ist[64], weil der Staat in den Worten der Verfassung Mecklenburg-Vorpommerns „um des Menschen willen da" ist (Art. 5 Abs. 2)[65]. Die „grundsätzliche[n] Begrenztheit aller öffentlichen Gewalt in ihrer Einwirkungsmöglichkeit auf das Individuum" spiegelt in den Worten des Bundesverfassungsgerichts eine „Leitidee" der Verfassung wider[66]. Wegen der grundsätzlichen Begrenzung der Staatsmacht – auch durch die Schrankenschranke des Übermaßverbots – verbleibt dem einzelnen ein unantastbarer Bereich menschlicher Freiheit und individueller Lebensgestaltung[67]. Aus einer Gesamtschau der Grundrechte folgen Individualität und Eigenständigkeit, Selbstbestimmung und Selbstverantwortung des Bürgers in der Gemeinschaft[68], weshalb auch Art. 1 Abs. 2 Verf. Rheinland-Pfalz dem Staate aufgibt, „die persönliche Freiheit und Selbständigkeit des Menschen zu schützen"; ist dieser doch nach Art. 1 Abs. 1 Verf. Baden-Württemberg dazu berufen, „seine Gaben in Freiheit und in der Erfüllung des christlichen Sittengesetzes zu seinem und der anderen Wohl zu erhalten". Individualgrundrechte „sind im Prinzip Selbstverfügungsrechte"[69], weshalb der Staat nicht zu einer Vollkasko-Einrichtung mutieren darf, weil auch staatlicher „Schutz des Menschen vor sich selbst"[70] dessen Freiheit einschränkt. Nur durch seine von ihm zu verantwortende Frei-

---

61 *BVerfGE 68*, 193 (205); vgl. auch *E 6*, 32 (37); *50*, 290 (337); *61*, 82 (100).
62 S. Verf. Baden-Württemberg, Erster Hauptteil; Verf. Bremen, Erster Hauptteil; Verf.. Hessen, Erster Hauptteil; Verf. Niedersachsen, Erster Abschnitt; Verf. Rheinland-Pfalz, Erster Hauptteil; Verf. Saarland, I. Hauptteil; Verf. Schleswig-Holstein, Abschnitt I, Verf. Thüringen, Erster Teil.
63 *Carl Schmitt*, Verfassungslehre (FN 53), S. 126, 158f., 164, 166; vgl. auch schon *G. Jellinek*, Allgemeine Staatslehre (FN 59), S. 419. → Bd. II: *Merten*, Das Prinzip Freiheit im Gefüge der Staatsfundamentalbestimmungen, § 27 RN 22.
64 Vgl. *Carl Schmitt* aaO.; *Adolf Merkl*, Allgemeines Verwaltungsrecht, 1927, S. 160.
65 In diesem Sinne auch *BVerfGE 31*, 58 (85): „Leitidee", daß „der Mensch im Mittelpunkt der Wertordnung der Verfassung" steht.
66 *BVerfGE 6*, 55 (81); s. auch *E 7*, 320 (323); *BGHSt 4*, 375 (377).
67 *BVerfGE 6*, 32 (41); ebenso *E 54*, 143 (146); *80*, 367 (373); *89*, 69 (82f.); *96*, 10 (21); *109*, 279 (313f., 319).
68 Vgl. *BVerfGE 5*, 85 (204); *19*, 93 (96); *30*, 1 (20); *33*, 303 (334); *35*, 202 (225); *39*, 334 (367); *45*, 187 (227, 238); *49*, 286 (298); *50*, 166 (175); *56*, 37 (49); *56*, 256 (262); *59*, 257 (279); *60*, 253 (268); *99*, 341 (350); *109*, 133 (151).
69 So *H.H. Rupp*, HStR ³II, § 31 RN 24 a.E., S. 895; *P. Kirchhof*, in: Essener Gespräche zu Staat und Kirche 26 (1992), S. 144: „Freiheit zu individueller Beliebigkeit".
70 Hierzu *v. Münch*, Grundrechtsschutz gegen sich selbst?, in: Hamburg-Deutschland-Europa, FS H.P. Ipsen, 1977, S. 113 ff.; ausführlich *Christian Hillgruber*, Der Schutz des Menschen vor sich selbst, 1992, insb. S. 111 ff. (116); *Singer*, Vertragsfreiheit, Grundrechte und Schutz des Menschen vor sich selbst, JZ 1995, S. 1133 ff.; vgl. auch *BVerfGE 22*, 180 (219 f.).

heit kann der Mensch „seine größte Vollkommenheit"[71] erreichen, so daß Freiheit ein jedermann „kraft seiner Menschheit" zustehendes Recht ist[72].

II. Ableitung von Grundrechten aus Grundrechtsbestimmungen

Eine bekannte Feststellung *Ernst Friesenhahns*[73] lautet: Grundrechte *sind keine Normen*, sondern sie *beruhen auf Normen"*. Damit wird auf die Unterscheidung zwischen objektivem und subjektivem Recht verwiesen, die auch für Grundrechte gilt. „Grundrecht" als Vorschrift ist zunächst Teil des objektiven Verfassungsrechts (Grundrechtsnorm), aus dem sich dann gegebenenfalls ein „Grundrecht" im subjektiven Sinne ableiten läßt[74]. Damit wird aus einem objektiv-rechtlichen Rechtssatz im Verfassungsrang eine subjektive Berechtigung des einzelnen, eine ihm von der „Rechtsordnung verliehene Willensmacht oder Willensherrschaft"[75]. Dabei ist jedoch zu berücksichtigen, daß nicht aus jedem Satz des objektiven Verfassungsrechts, der eine Pflicht des Staates begründet, allein deswegen eine Berechtigung des einzelnen folgt[76]. Zur Durchsetzung grundrechtlicher Berechtigungen sehen einige Landesverfassungen eine Verfassungsbeschwerde (in Bayern zudem eine Popularklage[77]) vor, die voraussetzt, daß jemand sich „in seinen verfassungsmäßigen Rechten verletzt fühlt"[78]. Auch Art. 142 GG bezeugt den Unterschied zwischen Grundrechten im objektiven und subjektiven Sinne, wenn er statuiert, daß *„Bestimmungen* der Landesverfassungen" insoweit in Kraft bleiben, „als sie in Übereinstimmung mit den Artikeln 1 bis 18 dieses Grundgesetzes *Grundrechte* gewährleisten"[79].

8
Grundrechtsnormen und Grundrechte

---

71 Gerd Gerhardt (Hg.), *Kant*, Eine Vorlesung über Ethik, 1990, XI, S. 269.
72 *Kant*, Metaphysik der Sitten, Einleitung in die Rechtslehre, Anhang, II B, in: Kant's gesammelte Schriften, hg. von der königlich-preußischen Akademie der Wissenschaften, Bd. VI, 1914, S. 237 f.; → Bd. II: *Merten*, Freiheit im Gefüge der Staatsfundamentalbestimmungen, § 27 RN 11.
73 Der Wandel des Grundrechtsverständnisses, 50. DJT, Sitzungsbericht F/G 1974, S. G 4 sub II 2.
74 Vgl. auch *Stern*, Staatsrecht III/1 (LitVerz.), § 73 IV 3 d (S. 1302), Grundrechte werden „erst durch Grundrechtsnormen geschaffen".
75 *Bernhard Windscheid*, Lehrbuch des Pandektenrechts, Bd. I, 1891, S. 87 f.; ebenso schon *Friedrich Carl von Savigny*, System des heutigen Römischen Rechts, Berlin, 1840, Bd. I, S. 7; *Andreas von Tuhr*, Der Allgemeine Teil des Deutschen Bürgerlichen Rechts, 1910, § 1 II, S. 56 ff.; *Otto Mayer*, Deutsches Verwaltungsrecht, Bd. I, ²1914, S. 106; ausführlicher → Bd. II: *Merten*, Begriff und Abgrenzung der Grundrechte, § 35 RN 106.
76 Vgl. BVerfGE 13, 54 (96 sub C).
77 Vgl. Art. 98 Satz 4 Verf. Bayern; §§ 14, 55 VfGHG; → unten *Müller-Terpitz*, Landesgrundrechte in Bayern, § 246 RN 23 f.
78 So Art. 120 Verf. Bayern; ähnlich Art. 6 Abs. 2 Verf. Brandenburg: „in einem in dieser Verfassung gewährleisteten Grundrechte verletzt"; Art. 53 Nr. 7 Verf. Mecklenburg-Vorpommern: „in einem seiner in Artikel 6 bis 10 dieser Verfassung gewährten Grundrechte verletzt zu sein"; Art. 130 a Verf. Rheinland-Pfalz: „durch die öffentliche Gewalt des Landes in einem seiner in dieser Verfassung enthaltenen Rechte verletzt zu sein"; Art. 81 Abs. 1 Nr. 4 Verf. Sachsen „sich durch die öffentliche Gewalt in einem ihrer in dieser Verfassung niedergelegten Grundrechte (Art. ...) verletzt fühlt"; weniger eindeutig Art. 131 Abs. 1 Verf. Hessen; Art. 75 Nr. 6 Verf. Sachsen-Anhalt; Art. 80 Abs. 1 Nr. 1 Verf. Thüringen.
79 Kursivdruck vom Verf.

C. Begriff und Abgrenzung der Grundrechte

I. Zum Begriff der Grundrechte

1. Konstitutionalität

9
Grundrechte als leges superioris

Aus Art. 142 GG ergibt sich ein essentielles Begriffselement für Landesgrundrechte. Sie müssen durch „Bestimmungen der Landesverfassungen" gewährleistet werden; andernfalls greift die Derogationsregel des Art. 31 GG. Damit gibt das Grundgesetz eine (selbstverständliche) Voraussetzung vor, die auch für die Bundes-Grundrechte gilt: sie müssen auf der für den jeweiligen Gesetzgeber relevanten höchsten Stufe der (gestuften) Rechtsordnung[80] stehen. Zwar herrschte noch bis zum frühen 20. Jahrhundert die Auffassung, die Verfassung stehe als ein Gesetz wie jedes andere[81] zur Disposition der Legislative[82]. So wurde im Deutschen Reich von 1871 die individuelle Freiheit (Freizügigkeit, Gewerbefreiheit, Koalitionsfreiheit, Pressefreiheit, Schutz des Briefgeheimnisses und der Wohnung) in einem „Reichssystem" durch Reichsgesetze anerkannt[83]. Zielte die Stoßrichtung der Grundrechte im 19. Jahrhundert nur auf die freiheitsbeschränkende Exekutive[84] und wurde das von den Bürgern gewählte Parlament als Hüter der Grundrechte[85] angesehen, so zeigt das 20. Jahrhundert, daß Parlamentsmehrheiten Grundrechte auch bedrohen

Parlamentsfestigkeit der Grundrechte

können[86]. Wegen dieser „Selbstherrlichkeit" des Gesetzgebers[87] müssen Grundrechte parlamentsfest gemacht werden, was im Zuge der Anerkennung des Vorrangs der Verfassung[88] ihre Superiorität erfordert. Schon in der Weimarer Nationalversammlung werden die Grundrechte als „Richtschnur und Schranke für die Gesetzgebung, die Verwaltung und die Rechtspflege" gese-

---

80 Zum Stufenbau der Rechtsordnung: grundlegend *A. Merkl*, Prolegomena einer Theorie des rechtlichen Stufenbaus, in: Alfred Verdross (Hg.), Gesellschaft, Staat und Recht, FS Kelsen zum 50. Geburtstag, 1931, S. 252 ff.; s. auch *Theodor Schilling*, Rang und Geltung von Normen in gestuften Rechtsordnungen, 1994.
81 So *Adolf Arndt*, DJZ 4 (1899), S. 445 (447 l.Sp.); zustimmend *Gerhard Anschütz*, Die Verfassungs-Urkunde für den Preußischen Staat vom 31. Januar 1850, Bd. I, 1912, S. 66; ders., Die Verfassung des Deutschen Reichs vom 11.8.1919, [14]1933, ND 1960, Art. 70 Anm. 4, S. 371; Art. 76 Anm. 1, S. 401; Art. 102 Anm. 3, S. 476; *Georg Meyer/Gerhard Anschütz*, Lehrbuch des Deutschen Staatsrechts, [7]1919, S. 743; *Paul Laband*, Das Staatsrecht des Deutschen Reiches, Bd. II, [5]1911, S. 39 f.; *Ernst Rudolf Huber*, Deutsche Verfassungsgeschichte seit 1789, Bd. III, [3]1988, S. 665.
82 *Anschütz*, Verfassungs-Urkunde für den Preußischen Staat aaO., S. 66; ders., Die Verfassung des Deutschen Reichs aaO., S. 401; *Meyer/Anschütz*, Lehrbuch des Deutschen Staatsrechts aaO., S. 743.
83 Vgl. die Aufstellung bei *Ernst Rudolf Huber*, Grundrechte im Bismarckschen Reichssystem, in: ders., Bewahrung und Wandlung, 1975, S. 133 (138 f.); zum „Reichssystem" ders., ebd., S. 136 sub III.
84 Vgl. *Adolf Arndt*, Verfassungs-Urkunde für den preußischen Staat, [4]1900, S. 32; s. auch BVerfGE 45, 297 (330).
85 Vgl. *Otto Mayer*, Deutsches Verwaltungsrecht, Bd. I, [3]1924, S. 70 FN 11.
86 Vgl. *Hermann v. Mangoldt*, GG (LitVerz.), Art. 1 Anm. 4, S. 45.
87 Vgl. RGZ 118, 325 (327); 139, 177 (189).
88 Im einzelnen *Wahl*, Der Vorrang der Verfassung, in: Der Staat 20 (1981), S. 485 ff.; ders., Der Vorrang der Verfassung und die Selbständigkeit des Gesetzesrechts, NVwZ 1984, S. 401 ff.; *Starck*, Verfassung und Gesetz, in: ders., Rangordnung der Gesetze, 1995, S. 29 ff.; *Dreier*, Gerhard Anschütz (1867–1948): Staatsrechtslehrer in Zeiten des Umbruchs, in: Peter Ulmer (Hg.), Geistes- und Sozialwissenschaften in den 20er Jahren: Heidelberger Impulse, 1998, S. 89 (107 ff.); *Christian Hermann Schmidt*, Vorrang der Verfassung und konstitutionelle Monarchie, 2000.

hen, wie es Art. 107 des Verfassungsentwurfs[89] formuliert, der später aus anderen Gründen gestrichen wird[90]. So führt die geschichtliche Entwicklung der Grundrechtsidee „zur Aufnahme von Grundrechten in die Verfassung"[91], was im Grundgesetz durch Art. 1 Abs. 3, Abs. 20 Abs. 3, aber eben auch durch Art. 142 GG deutlich wird. Grundrechte können als subjektive Rechte nur aus Bestimmungen im Verfassungsrang abgeleitet werden („sola constitutione").

Nur wenn aus Grundrechtsbestimmungen subjektiv-rechtliche Grundrechte zu gewinnen sind, handelt es sich um Grundrechtsbestimmungen im eigentlichen Sinne, was auch Art. 142 GG deutlich macht. Bestimmungen, die einen grundrechtlichen Bezug aufweisen, ohne selbst Erzeugungsquelle eines subjektiven Grundrechts zu sein, sind wegen ihrer dienenden Funktionen allenfalls Grundrechtsbestimmungen im weiteren Sinne, auf die jedoch Art. 142 GG nicht anwendbar ist, so daß die lex generalis des Art. 31 GG greift. Dabei kommt es für die Unterscheidung von Grundrechtsbestimmungen im engeren und im weiteren Sinne nicht auf die Stellung der Vorschrift im Verfassungstext an. Wie im Grundgesetz, so finden sich auch in den Landesverfassungen unter der Überschrift „Grundrechte und Grundpflichten" in der Verfassung Bayerns oder unter dem Titel „Die Rechte des Menschen" in der hessischen Verfassung Regelungen über die Einschränkung von Grundrechten[92] oder über deren Verwirkung[93], die nicht der Erzeugung von Grundrechten dienen. Umgekehrt können Grundrechte auch aus Verfassungsnormen abgeleitet werden, die selbst nicht im Grundrechtsteil, sondern aus systematischen Gründen in anderen Teilen der Verfassung zu finden sind. Für das Grundgesetz spricht das Bundesverfassungsgericht wegen der Differenzierung in dem (nachträglich eingefügten) Art. 93 Abs. 1 Nr. 4a GG von „grundrechtsgleichen"[94] oder „grundrechtsähnlichen"[95] Rechten, wobei diese Begriffe auch wechseln[96]. Schon *Friesenhahn*[97] hat jedoch mit Recht darauf hingewiesen, daß die außerhalb des Grundrechtsteils einer Verfassung angesiedelten subjektiv-rechtlich geformten Bestimmungen „der Sache nach genau solche

10
Interdependenz von Grundrechtsnorm und Grundrecht

---

89 Entwurf einer Verfassung des Deutschen Reichs nach den Beschlüssen des achten (Verfassungs-) Ausschusses der Nationalversammlung (Entwurf V) v. 18. 6. 1919, abgedr. in: Heinrich Triepel (Hg.), Quellensammlung zum Deutschen Reichsstaatsrecht, ⁴1926, S. 38.
90 Vgl. *Anschütz*, WRV (FN 81), S. 515.
91 *BVerfGE* 7, 198 (204 f.).
92 Art. 98 Verf. Bayern.
93 Art. 17 Verf. Hessen.
94 *BVerfGE* 107, 395 (396) zu Art. 103 Abs. 1 GG; *108*, 282 (295) zu Art. 3 Abs. 2 GG; *109*, 38 (49) zum Recht auf den gesetzlichen Richter; ebenso *109*, 13 (23); *109*, 190 (254) zu Art. 104 Abs. 1 Satz 1 GG; *112*, 1 (40) zum Recht auf rechtliches Gehör; *123*, 267 (333) zum Recht aus Art. 20 Abs. 4 GG; *130*, 263 (301) zum Recht auf amtsangemessene Alimentation; vgl. auch *138*, 64 (101 RN 100) zu Art. 101 Abs. 1 Satz 2 GG; *139*, 19 (45) zu Art. 33 Abs. 2 GG; *43*, 154 (167) zu Art. 33 Abs. 5 GG; zur Terminologie auch E *135*, 15 (230); *132*, 99 (132); *131*, 268 (281 sub IV 2); *107*, 257 (267); *94*, 115 (165); *85*, 386 (404); *57*, 29 (34 sub II); *56*, 22 (36 sub II); *52*, 131 (171); *51*, 176 (188); *49*, 343 (352 sub E); *15*, 219 (221); für die Landesverfassungen E *96*, 345 (351 sub III 1).
95 *BVerfGE* 8, 1 (11) zu Art. 33 Abs. 5 GG; *12*, 81 (87) zu Art. 33 Abs. 5 GG; *13*, 54 (9 sub III); *15*, 298 (302) zu Art. 33 Abs. 5 GG; *19*, 166 (175); *43*, 154 (179) zu Art. 33 Abs. 5 GG; *52*, 42 (53 sub II); *57*, 9 (20); *61*, 82 (104); *75*, 192 (200); *78*, 344 (348); *82*, 159 (194) zu Art. 101 Abs. 1 Satz 2 GG; *106*, 28 (49) zu Art. 103 Abs. 1 GG; *135*, 155 (231 RN 179) zu Art. 101 Abs. 1 Satz 2 GG.
96 Zur uneinheitlichen Terminologie → Bd. V: *Graßhof*, Rechtliches Gehör, § 132 RN 17.
97 Festvortrag (FN 73), S. G 5.

Grundrechte sind" wie die im Grundrechtsteil enthaltenen Rechte. Für die Existenz eines Grundrechts ist der materielle Inhalt einer Verfassungsbestimmung entscheidend ohne Rücksicht darauf, an welcher Stelle des Verfassungstextes sie sich befindet.

2. Positivität und Normativität

a) Positivität

11
Abgrenzung von (klassischen) Menschenrechten

Durch ihre positiv-rechtliche Basis heben sich die Grundrechte von den (klassischen) Menschenrechten ab. Diese – anfangs auch vom Bundesverfassungsgericht anerkannten Rechte[98] – finden ihren überpositiven und überzeitlichen Geltungsgrund in der Natur des Menschen[99], weshalb sie als angeborene und unveräußerliche Rechte gedacht werden, und Transnationalität wie Überpositivität ihre Wesensmerkmale sind. Als vorstaatliches und damit staatenloses Recht kommt ihnen jedoch nur eine moralische Bindungskraft zu[100]. Erst mit der Positivierung von Menschenrechten wandeln diese sich in staatsgesetztes Recht, wobei die Frage offenbleiben kann, ob sie positiv-rechtlich gewährt oder nur deklaratorisch gewährleistet werden. Insbesondere das elterliche Erziehungsrecht wird in den Verfassungen von Bayern (Art. 126 Abs. 1), Rheinland-Pfalz (Art. 25 Abs. 1) und vom Saarland (Art. 24 Abs. 1) als „das natürliche Recht" der Eltern bezeichnet, wobei dieser Zusatz in positiven Normen allenfalls bei Verfassungsänderungen Bedeutung entfalten könnte.

12
„Bekenntnissen" fehlt Normativität

Anders verhält es sich mit dem in vielen Landesverfassungen enthaltenen „Bekenntnis zu den Menschenrechten"[101]. Diese Bestimmungen enthalten eine Konfession[102], keine Inkorporation. Ohnehin sind die „Wolken des Naturrechts"[103] mangels positiv-rechtlichen Ansatzes schwer zu fassen, zudem jede Aussage über die „Natur" zeitbezogen ist, so daß Augenblicksanschauungen leicht als „Naturgesetze" erscheinen[104]. Letztlich bestimmt daher das Vorverständnis die Rechtsgewinnung, weshalb auch das Bundesverfassungsgericht einen Rückgriff auf naturrechtliche Grundsätze bei der Prüfung von

---

98 *BVerfGE 1*, 14 (18 L. 27, 61). Unschlüssig argumentiert das Gericht (*E 1*, 208 [263]), wenn es wegen der Zugehörigkeit der Gleichheit vor dem Gesetz zu den Grundbestandteilen der verfassungsmäßigen Ordnung auf den „überpositiven Rechtsgrundsatz" hätte zurückgreifen wollen, wenn der Gleichheitssatz nicht in Art. 3 GG geschriebenes Verfassungsrecht wäre. Damit wird die Existenz überpositiven Rechts mit dem Vorhandensein positiven Rechts begründet. Nach *BVerfGE 3*, 288 Ls. 3 (321) gibt es keine wohlerworbenen Rechte aus öffentlich-rechtlichen Dienstverhältnissen aufgrund überpositiven Rechts; ähnlich *E 6*, 132 (153, 170); in *E 120*, 224 (242) lehnt es das Gericht unter Hinweis auf die Kompetenzen des demokratisch legitimierten Gesetzgebers ab, einen „überpositiven Rechtsgutsbegriff" als verfassungsrechtlichen Prüfungsmaßstab heranzuziehen.
99 *Cicero*, De legibus I, 18: „... lex est ratio summa, insita in natura, quae iubet ea quae facienda sunt, prohibetque contraria"; *Ulpian* (Dig. I, 1 § 3): „Jus naturale est, quod natura omnia animalia docuit".
100 Vgl. *Reinhold Zippelius*, Rechtsphilosophie, ^{6}2011, S. 33 f., 72 ff.; *ders.*, Allgemeine Staatslehre, ^{16}2010, § 33 I, S. 266 f.
101 Art. 5 Abs. 1 Verf. Mecklenburg-Vorpommern; Art. 3 Abs. 1 Verf. Niedersachsen; Art. 4 Abs. 2 Verf. Sachsen-Anhalt; Art. 1 Abs. 2 Verf. Thüringen.
102 → Bd. II: *Isensee*, Positivität und Überpositivität der Grundrechte, § 26 RN 52 ff.
103 So *Roellecke*, JZ 1998, S. 689 (690 r.Sp. sub I).
104 Für *Aristoteles* (Politik, I 5, 1254 b 13) war von „Natur" das Männliche das Bessere und Herrschende, das Weibliche das Schlechtere und Dienende.

Regelungen über die elterliche Gewalt abgelehnt hat, weil sich eine Orientierung an naturrechtlichen Vorstellungen „schon durch die Vielfalt der Naturrechtslehren" verbiete[105]. Normativ an den Bekenntnissen der Landesverfassungen ist lediglich das Bekenntnis an sich. Keinesfalls werden die Menschenrechte dadurch zum Bestandteil der jeweiligen Landesverfassung. Das zeigt auch ein Vergleich mit den verfassungsrechtlichen „Rezeptionsklauseln", die die Grundrechte des Grundgesetzes zu Landesverfassungsrecht machen[106]. Denn diese Klauseln enthalten den zusätzlichen Hinweis, daß die grundgesetzlichen Grundrechte Bestandteil der Landesverfassung und „unmittelbar geltendes Recht" werden.

Die Grundrechte in den Landesverfassungen unterscheiden sich als staatliches Recht von völkerrechtlichen Menschenrechten, wie sie sich in der UN-Menschenrechtserklärung von 1948, in internationalen Verträgen (z.B. Europäische Menschenrechtskonvention; Internationaler Pakt über bürgerliche und politische Rechte von 1966) oder auf supranationaler Ebene in der Europäischen Grundrechtecharta finden. Sind klassische Menschenrechte vorstaatlich, so sind völkerrechtliche Menschenrechte überstaatlich. Bayern[107], Bremen[108] und Hessen[109] machen die „allgemein anerkannten" beziehungsweise „die Grundsätze des Völkerrechts" zum Bestandteil des Landesrechts, nicht aber des Landesverfassungsrechts. Das später erlassene Grundgesetz erklärt diese „allgemeinen Regeln des Völkerrechtes"[110] zum Bestandteil des Bundesrechts mit übergesetzlichem Rang, das Rechte und Pflichten „unmittelbar für die Bewohner des Bundesgebietes" erzeugt. Als Bundesrecht bricht dieses inkorporierte Völkerrecht auch Landesverfassungsrecht, wobei allerdings Artikel 142 GG unberührt bleibt. Für Bayern, Bremen und Hessen ergibt sich eine doppelte Gewährleistung: Die allgemeinen Regeln des Völkerrechts sind in diesen Ländern sowohl Teil des Bundesrechts als auch Teil des Landesrechts.

13
Abgrenzung zu (völkerrechtlichen) Menschenrechten

b) Normativität

Während sich der Begriff der Positivität auf die äußere Erscheinung einer Rechtsnorm, den Normtext[111], bezieht und vor allem geschriebenes Recht von ungeschriebenem unterscheidet, kennzeichnet die Normativität den Inhalt einer Rechtsnorm als Sollensnorm[112]. Normativ ist eine Bestimmung, wenn

14
Autoritativ-verbindliche Sollensnorm

---

105 *BVerfGE 10*, 59 (81).
106 Vgl. Art. 2 Abs. 1 Verf. Baden-Württemberg; Art. 5 Abs. 3 Verf. Mecklenburg-Vorpommern; Art. 3 Abs. 2 Verf. Niedersachsen; Art. 4 Abs. 1 Verf. Nordrhein-Westfalen; Art. 3 Verf. Schleswig-Holstein.
107 Art. 84 Verf. Bayern.
108 Art. 122 Verf. Bremen.
109 Art. 67 Verf. Hessen.
110 Zum Begriff vgl. *BVerfGE 23*, 288 (316f.); *117*, 141 (148f.); *118*, 124 (134); *Jarass*, in: ders./Pieroth, GG (LitVerz.), Art. 25 RN 7ff.; *Wollenschläger*, in: H. Dreier (Hg.), GG, Bd. II (LitVerz.), Art. 25 RN 17ff.
111 Zum Verhältnis von Normtext und Normativität *Friedrich Müller/Ralph Christensen*, Juristische Methodik, Bd. I, ^{9}2004, RN 162ff., 225ff.; *Friedrich Müller*, Strukturierende Rechtslehre, ^{2}1994, S. 168ff., 184ff.
112 Vgl. *Konrad Hesse*, Die normative Kraft der Verfassung, 1959; jetzt in: *ders.*, Ausgewählte Schriften, hg. von Peter Häberle und Alexander Hollerbach, 1984, S. 3 (7ff.). Zur wechselseitigen Beziehung von normativer und realer Verfassung *Isensee*, HStR ^{3}II, § 15 RN 179ff.

sie eine autoritativ-verbindliche Rechtsnorm verkörpert, die typischerweise vom Staat durchgesetzt wird[113]. Da Landesgrundrechte grundsätzlich keine öffentlich-rechtlichen Innenbeziehungen betreffen, stellen sie verbindliche und generelle Rechtsregeln in (Landes-)Verfassungsrang dar, die mit Außenwirkung im Verhältnis Staat-Bürger und gegebenenfalls der Bürger untereinander (Drittwirkung) berechtigen und verpflichten[114].

**15
Gefahr anormativer Regelungen**

Verfassungspositivität als solche verbürgt noch keine Verfassungsnormativität. Verfassungen können auch mit Parolen und Proklamationen befrachtet werden, die sich als „papierene Konstitutionen" darstellen[115]. Während die Anziehungskraft des Grundgesetzes darin liegt, daß es nicht ein bloßes Verfassungsprogramm, sondern ein normatives Verfassungsgesetz verkörpert[116] und juristisch wirksame Grundrechte gewährleistet, sind insbesondere vorkonstitutionelle und nach der Wiedervereinigung erlassene Landesverfassungen nicht immer der Gefahr entgangen, Gemeinplätze und Verfassungspoesie zu verbreiten, mit denen schon *Friedrich Naumann* und sein „Versuch volksverständlicher Grundrechte" („Wir leben im Zeitalter des Verkehrs") gescheitert sind[117]. So ist nach Art. 69 Abs. 1 Satz 2 Verf. Hessen „Der Krieg ... geächtet", spricht Mecklenburg[118] der Jugend „das Recht auf Freude und Frohsinn" zu. Tönende Programmatik und ideologische Leitsätze sind aber stets Indizien für Anormativität.

**16
Normativität als „rechtlich bindungsfähige Erfassung"**

Normativität der Landesgrundrechte verheißen dagegen diejenigen Landesverfassungen, die ihre Staatsgewalt an die Grundrechte „als unmittelbar geltendes Recht" binden[119]. Eine Bindungsklausel ist auch dann zu bejahen, wenn Landesverfassungen die grundgesetzlichen Grundrechte rezipieren und sie als Bestandteil der Verfassung und als „unmittelbar geltendes Recht" statuieren[120]. In diesem Falle greift ein Erst-recht-Argument: Wenn eine Landesverfassung die Landesstaatsgewalt an rezipierte grundgesetzliche Grundrechte bindet, muß dies erst recht für ihre eigenen, originären Landesgrundrechte gelten. Ungeachtet jeder proklamierten Verbindlichkeit können Grund-

---

113 Vgl. *Georg Jellinek*, Allgemeine Staatslehre, 3. Aufl., ND 1960, S. 333 f.; *Detlef Merten*, Rechtsstaat und Gewaltmonopol, 1975, S. 31.
114 → Bd. II: *Isensee*, Positivität und Überpositivität der Grundrechte, § 26 RN 9; auch *Merten*, in: Staudinger, Kommentar zum Bürgerlichen Gesetzbuch mit Einführungsgesetz und Nebengesetzen, 2013, Art. 2 EGBGB RN 7 ff.
115 → Bd. II; *Isensee*, § 26 RN 32.
116 S. *Herzog*, Der demokratische Verfassungsstaat in Deutschland – Entwicklung und Ausblick, in: JuS 1969, S. 397 (398 sub I 2 a.E.); *Badura*, Verfassung und Verfassungsgesetz, in: Horst Ehmke u.a. (Hg.), FS Scheuner, 1973, S. 19 (35); unzutreffend *Denninger* (KritV 1986, S. 291), der vom „angeblich ‚juristische[n]' Charakter" der Verfassung spricht.
117 Der Berichterstatter Dr. *Düringer* sprach von „politische[n] Sentenzen" ohne „juristischen Gehalt" in der 54. Sitzung der Deutschen Nationalversammlung v. 11. 7. 1919, Sten. Ber. S. 1495 (D).
118 Art. 21 Abs. 3 Satz 1 der Verfassung v. 16. 1. 1947, abgedr. in: Wilhelm Wegener (Hg.), Die neuen deutschen Verfassungen, 1947, S. 195 (198).
119 Lehrbuchartig Art. 3 Abs. 1 Verf. Sachsen-Anhalt; ferner Art. 36 Abs. 1 Verf. Berlin; Art. 5 Abs. 1 Verf. Brandenburg; Art. 20 Abs. 2 Verf. Bremen; Art. 26 Halbs. 2 Verf. Hessen; Art. 21 Satz 2 Verf. Saarland; Art. 36 Verf. Sachsen; Art. 3 Abs. 1 Verf. Sachsen-Anhalt; Art. 42 Abs. 1 Verf. Thüringen.
120 Art. 2 Abs. 1 Verf. Baden-Württemberg; Art. 5 Abs. 3 Verf. Mecklenburg-Vorpommern; Art. 3 Abs. 2 Verf. Niedersachsen; Art. 4 Abs. 1 Verf. Nordrhein-Westfalen; Art. 3 Verf. Schleswig-Holstein; knapper Art. 1 Abs. 3 Verf. Berlin.

rechtsbestimmungen als „unmittelbar geltendes Recht" jedoch nur insoweit binden, als ihre Fassung „bestimmt genug" ist, „eine Norm niederen Ranges daran zu messen"[121], und ihr ein „präziser Rechtsgehalt"[122] innewohnt. Normativität meint „rechtlich bindungsfähige[n] Erfassung"[123], die vagen und ungenauen Formulierungen mangelt. Vielfach wird den Grundrechtsbestimmungen der Weimarer Reichsverfassung schlechthin Programmatik vorgehalten, was jedoch in dieser Allgemeinheit unrichtig ist. Denn auch der Weimarer Grundrechtsteil enthielt unmittelbar verbindliche Normen, die teils auch subjektive Rechte verliehen[124]. Die Schwierigkeit, in Grundrechtsbestimmungen eine hinreichende Normativität zu finden, liegt oft auch in der lakonischen Bündigkeit[125] und „summarischen Kürze" der Formulierungen[126]. Andererseits kann die präzise Formulierung insbesondere sozialer Grundrechte nach längerem Zeitablauf verstaubt wirken, was für die Verfassungsgewährleistung einer 48-stündigen Arbeitswoche als gesetzliche Regel[127] sowie eines Urlaubsanspruchs von mindestens zwölf Arbeitstagen[128] gilt. Will man soziale Gewährleistungen aber zeitlos fassen, so werden sie in der Regel auch allzu unbestimmt. Die Proklamation der bayerischen Verfassung: „Jede ehrliche Arbeit hat den gleichen sittlichen Wert und Anspruch auf angemessenes Entgelt" (Art. 168 Abs. 1 Satz 1) ist voller Überzeugungskraft, aber bar jeder Durchsetzungskraft.

3. Aktualität

Die mit den Verbindlichkeitsklauseln gekoppelte „Unmittelbarkeit" der Geltung und Anwendung von Grundrechtsbestimmungen kann mit deren Normativität allein nicht gewährleistet werden. Denn normativ sind Verfassungsbestimmungen auch dann, wenn sie verbindliche Anordnungen an den Gesetzgeber in Gestalt von Gesetzgebungsaufträgen und Staatszielen enthalten, denen nachzukommen nicht in seinem „freien Belieben" liegt[129]. Die „unmittelbare" Verbindlichkeit, die viele Landesverfassungen heischen, bedeutet, daß die Grundrechtsbestimmungen ihre bindende Kraft unmittelbar mit Inkrafttreten der Landesverfassung und nicht erst als Folge einer Umsetzung oder Ausführung durch den Gesetzgeber erhalten. Denn Unmit-

17
Unmittelbare Wirkung

---

121 *BVerfGE 6*, 55 (76); vgl. auch *E 128*, 1 (60); *124*, 300 (341); *118*, 168 (188f.); *110*, 33 (56); *100*, 313 (360); *97*, 332 (343); *92*, 191 (197f.); *90*, 60 (99); *87*, 399 (407); *87*, 209 (224ff.); *82*, 209 (225); *76*, 1 (53); *65*, 248 (259ff.); *59*, 104 (114); *50*, 290 (378); *49*, 129 (134); *32*, 54 (65); *30*, 103 (106ff.); *26*, 338 (367); *14*, 245 (252).
122 *BVerfGE 8*, 210 (216).
123 *Hans Heinrich Rupp*, Grundfragen der heutigen Verwaltungslehre, ²1991, S. 309.
124 → Bd. I: *H. Dreier*, Zwischenkriegszeit, § 4 RN 12ff., 25ff., 38ff.; *ders.*, GG, Bd. I (LitVerz.), Art. 1 III RN 2.
125 Vgl. *Ossenbühl*, in: Der Staat 10 (1971), S. 53 (59 sub III).
126 Hierzu *BVerfGE 43*, 154 (168); *79*, 127 (143 unten).
127 Art. 55 Abs. 2 Verf. Bremen; Art. 31 Satz 1 Verf. Hessen; Art. 57 Abs. 1 Satz 1 Verf. Rheinland-Pfalz („8-Stunden-Tag").
128 Art. 56 Abs. 1 Verf. Bremen; Art. 34 Satz 1 Verf. Hessen.
129 Vgl. *BVerfGE 8*, 210 (216); *25*, 167 (179).

telbarkeit bedeutet auch im Wortsinne die nicht durch einen Dritten vermittelte Direktheit und einen fehlenden räumlichen oder zeitlichen Abstand[130].

18
„self-executing"

Unmittelbar wirkende Grundrechte können mit völkerrechtlichen Regelungen verglichen werden, die „self-executing" sind, weil sie keiner staatlichen Transformation zur innerstaatlichen Durchsetzung benötigen[131]. Viele der in den Landesverfassungen gewährleisteten Grundrechte sind unmittelbar anwendbar, so daß es keiner organisatorischen oder verfahrensrechtlichen Vorkehrungen bedarf, z.B. die Informationsfreiheit, die Religionsfreiheit, das elterliche Erziehungsrecht, die Freizügigkeit oder die allgemeine Handlungsfreiheit. Daher ist die Feststellung des Bundesverfassungsgerichts unzutreffend, Grundrechte bedürften „allgemein" „geeigneter Organisationsformen und Verfahrensregelungen"[132]. Darüber hinaus schließt grundgesetzliche Libertät die Organisations- und Verfahrensfreiheit ein; so gehört zur Presse- oder Gewerbefreiheit die Befugnis, das Unternehmen nach eigenen Vorstellungen zu organisieren. Bei der Vereinsfreiheit umschließt die Gründungsfreiheit auch die freie Entschließung über die Organisation, die Willensbildung und die Geschäftsführung des Vereins[133].

4. Subjektivität

a) Grundrechte als „subjektiv-öffentliche" Rechte

19
Grundrechte als „juristische Handhabung"

Die Entwicklung der Grundrechte zu subjektiven öffentlichen Rechten hat eines längeren historischen Zeitraums bedurft und erst am Ausgang der Weimarer Republik ihren ersten Höhepunkt erfahren[134]. Im „Dritten Reich" brachen dann die „Grundlagen, auf denen das subjektive öffentliche Recht ruhte ..., zusammen"[135]. Für das Grundgesetz wird die Grundrechtsubjektivität schon in den Beratungen des Parlamentarischen Rates klargestellt. Auf die Frage des Abgeordneten *Theodor Heuss* (FDP), ob es sich bei den Grundrechten um „Bekenntnisse" oder um „praktisch juristische Handhabung" mit Einklagbarkeit handeln soll, spricht sich der Abgeordnete *Carlo Schmid* (SPD) für bindende Grundrechte aus, „auf die sich der einzelne Bürger berufen kann, um einen konkreten Rechtsanspruch einzuklagen oder umgekehrt einen

---

130 Vgl. Duden, Das große Wörterbuch der deutschen Sprache, Bd. 6, 1981, S. 2697.
131 Vgl. statt aller *Wilhelm Wengler*, Völkerrecht, Bd. I, 1964, S. 453, 460.
132 *BVerfGE 56*, 216 (236).
133 Vgl. *BVerfGE 50*, 290 (354f.); *Merten*, Vereinsfreiheit, HStR ³VII, § 165 RN 4.
134 → Bd. II: *Merten*, Begriff und Abgrenzung der Grundrechte, § 35 RN 102 ff.; *Bühler*, Zur Theorie des subjektiven öffentlichen Rechts, in: FG Fritz Fleiner zum 60. Geburtstag, 1927, S. 26 (54 ff.); *Thoma*, Die juristische Bedeutung der grundrechtlichen Sätze der deutschen Reichsverfassung, in: Hans Carl Nipperdey (Hg.), Die Grundrechte und Grundpflichten der Reichsverfassung, Bd. I, 1929, S. 1 (18 f.); vgl. auch *Walter Jellinek*, Verwaltungsrecht, ³1931, S. 204; *Hartmut Bauer*, Geschichtliche Grundlagen der Lehre vom subjektiven öffentlichen Rechte, 1986, passim, insb. S. 84 ff.; *Birthe Pasemann*, Die Entwicklung des Schutzes subjektiver öffentlicher Rechte unter Berücksichtigung des europäischen Einflusses, 2005, S. 149 ff.
135 *Reinhart Höhn*, Das subjektive öffentliche Recht und der neue Staat, in: Karl August Eckhardt (Hg.), Deutsche Rechtswissenschaft, 1936, S. 49 (57).

Angriff des Staates in seine Freiheitssphäre abzuwenden"[136]. Dieselben Vorstellungen liegen schon den vorkonstitutionellen Verfassungen von Bayern und Rheinland-Pfalz zugrunde, die vom „Recht" auf ein bestimmtes Verhalten oder vom „Anspruch auf rechtliches Gehör"[137] sprechen. Darüber hinaus kann nach Art. 120 Verf. Bayern jeder Bewohner, „der sich durch eine Behörde in seinen verfassungsmäßigen Rechten verletzt fühlt", den Bayerischen Verfassungsgerichtshof anrufen. Hieraus leitet der Verfassungsgerichtshof zu Recht die Subjektivität der in der Verfassung verbürgten Rechte her[138]. Die durch das „Prinzip Freiheit"[139] begründete und durch die Grundrechtsbestimmungen ausgestaltete Subjektstellung des einzelnen hat die Subjektivierung der Grundrechtsnormen, die Qualifizierung der aus ihnen abgeleiteten Grundrechte als subjektive öffentliche Rechte zur Konsequenz, was nicht nur für die Bundesgrundrechte, sondern auch für die Landesgrundrechte gilt. Letzteres folgt auch aus Art. 142 GG, der die Fortgeltung der mit den grundgesetzlichen Grundrechten übereinstimmenden Landesgrundrechte wegen deren Artgleichheit gewährleistet. Auch besteht Einigkeit darüber, daß der Zweck der Grundrechte darin liegt, die Freiheitssphäre des einzelnen vor Eingriffen der öffentlichen Gewalt, gegebenenfalls auch der privaten Gewalt Dritter, zu sichern[140].

Dabei ist der Schutz nicht auf die negatorischen Abwehrrechte des status negativus beschränkt, sondern erstreckt sich auch auf die Freiheitssphäre der Teilnahmerechte des status activus beispielsweise vor Beeinflussung freier Wählerentscheidungen. Der Verfassungsgerichtshof Rheinland-Pfalz[141] hat aus der landesverfassungsrechtlich garantierten Freiheit der Wahl[142] einen Schutz der räumlichen Sphäre, „in der sich der individuelle politische Wille des einzelnen Wählers ungestört entfalten kann", abgeleitet. Eine unzulässige staatliche Einwirkung auf den freien Wählerwillen hat das Gericht in der Neufassung einiger Vorschriften des Kommunalwahlgesetzes gesehen, wonach der Stimmzettel neben Namen und Vornamen des Wahlbewerbers auch dessen Geschlecht sowie den Text des Art. 3 Abs. 2 Satz 1 GG, weiterhin den jeweiligen Geschlechteranteil in der Vertretungskörperschaft zwei Monate vor der Wahl und Angaben zum Geschlechteranteil der vorgeschlagenen Kandidaten auf aussichtsreichen Plätzen enthalten mußte. Schließlich

20
Umfassender Schutz der Freiheitssphäre

---

136 2. Sitzung des Ausschusses für Grundsatzfragen v. 16. 9. 1948, in: Der Parlamentarische Rat 1948–1949, Bd. 5/I: Ausschuß für Grundsatzfragen, 1993, S. 9 f.; ähnlich äußerte sich *Carlo Schmid* schon in der 2. Sitzung des Parlamentarischen Rates v. 8. 9. 1948, Sten. Ber. 1948/1949, S. 14.
137 Art. 91 Abs. 1 Verf. Bayern; Art. 6 Abs. 2 Verf. Rheinland-Pfalz; dort auch „Anspruch auf seinen gesetzlichen Richter" (Art. 6 Abs. 1 Satz 1 Verf. Rheinland-Pfalz).
138 *BayVerfGH E 1*, 23; ebenso *Judith Müller*, in: Meder/Brechmann (LitVerz.), Art. 98 RN 5; Art. 120 RN 35; ebenso *Nawiasky/Leusser*, Die Verfassung des Freistaates Bayern (LitVerz.), Art. 120, S. 202; s. auch *Hans Nawiasky*, Allgemeine Rechtslehre als System der rechtlichen Grundbegriffe, ²1948, S. 155 ff.
139 → Bd. II: *Merten*, Das Prinzip Freiheit im Gefüge der Staatsfundamentalbestimmungen, § 27.
140 Vgl. *BVerfGE 4*, 27 (30); *7*, 198 (204); *21*, 362 (369); *32*, 54 (70 f.); *41*, 126 (150); *50*, 290 (337); *68*, 193 (205); *76*, 1 (51); *92*, 26 (46); *103*, 89 (101); *115*, 320 (358); *Starck*, in: v. Mangoldt/Klein/ders., GG (LitVerz.), Art. 1 Abs. 3 RN 175 f.; *H. Dreier*, GG, Bd. I (LitVerz.), Vorbem. RN 84, Art. 19 II RN 13; *Stern*, Staatsrecht III (LitVerz.), § 65 II 2, S. 530 ff. (*Sachs*).
141 Beschl. v. 4. 4. 2014, *AS 42*, 229 (238 ff.) sowie DVBl. 2014, S. 717 ff.
142 Art. 50 Abs. 1 Satz 1 i.V.m. Art. 76 Abs. 1.

§ 232 Sechzehnter Teil: II. Vergleichende Betrachtung der Landesgrundrechte

besteht ein Schutz der Freiheitssphäre auch bei den Leistungsrechten („Teilhaberechten") des status positivus. Wenn die bayerische Verfassung in Art. 125 Abs. 1 Satz 3 jeder Mutter einen „Anspruch auf den Schutz und die Fürsorge des Staates" verbürgt[143], so steht es ihr frei, diesen „Anspruch" geltend zu machen oder gesetzlich vorgesehene Leistungen entgegenzunehmen. Der Schutz der Freiheitssphäre ist also nicht auf die Rechte des status negativus beschränkt, wenn auch für diese typisch.

b) Arten subjektiver Berechtigung

21
Ansprüche, Herrschaftsrechte, Gestaltungsrechte

Wurde in Abgrenzung zur objektiv-rechtlichen Grundrechtsbestimmung das Grundrecht als (subjektive) Berechtigung des einzelnen umschrieben, so muß diese Definition angesichts unterschiedlicher Erscheinungsformen noch näher aufgegliedert werden. Grundrechte im subjektiven Sinne beschränken sich nicht auf Ansprüche, sondern finden sich auch als Herrschaftsrechte (Beherrschungsrechte) und Gestaltungsrechte (Bewirkungsrechte[144]) einschließlich der Mitwirkungsrechte[145].

22
Herrschaftsrechte

Beherrschungsrechte (Herrschaftsrechte) räumen dem Grundrechtsträger die Herrschaft über bestimmte körperliche und unkörperliche Gegenstände (z.B. Geistesprodukte, Rechte) ein, indem sie ihm die Befugnis zur eigenen und zum Ausschluß fremder Einwirkung verleihen[146]. Beispiel hierfür ist die dem Eigentümer verfassungsrechtlich garantierte „grundsätzliche Verfügungsbefugnis ... über den Eigentumsgegenstand"[147]. Herrschaftsrechte über Personen faßt man heutzutage sprachbetulich in der Unterkategorie „persönlicher Familienrechte"[148] zusammen. In vergleichbarer Weise hat das Bundesverfassungsgericht das auch in Landesverfassungen vorgesehene „natürliche Recht und die oberste Pflicht" der Eltern, „ihre Kinder ... zu erziehen"[149] in den unpräzisen Begriff[150] der „Elternverantwortung"[151] umgewandelt.

23
Gestaltungsrechte

Bewirkungsrechte stellen die Befugnis dar, durch einseitige Erklärung Rechtsfolgen zu begründen oder Rechtsänderungen herbeizuführen[152]. Die

---

143 Vgl. auch Art. 12 Abs. 6 Verf. Berlin; Art. 5 Abs. 1 Satz 3 Verf. Nordrhein-Westfalen; Art. 23 Abs. 2 Verf. Rheinland-Pfalz; Art. 23 Abs. 1 Verf. Saarland; Art. 22 Abs. 5 Verf. Sachsen; Art. 17 Abs. 3 Verf. Thüringen; weniger eindeutig Art. 54 Verf. Bremen; Art. 30 Abs. 2 Verf. Hessen.
144 Hierzu *Stern*, Staatsrecht III/1 (LitVerz.), § 65 IV 4, S. 570 ff. (*Sachs*).
145 Zum Verhältnis von Bewirkungsrecht und Mitwirkungsrecht *Stern* aaO., § 65 IV 4 h, S. 580 ff. (*Sachs*).
146 Vgl. *Stern* aaO., S. 563 (*Sachs*).
147 *BVerfGE 134*, 242 (290); s. auch *E 31*, 229 (240); *37*, 132 (140); *50*, 290 (339); *52*, 1 (30); *100*, 226 (241); *102*, 1 (15).
148 *Wolf/Neuner*, Allgemeiner Teil des Bürgerlichen Rechts, ¹⁰2012, § 20 RN 16.
149 Art. 126 Abs. 1 Satz 1 Verf. Bayern; Art. 12 Abs. 3 Verf. Berlin; Art. 27 Abs. 1 Verf. Brandenburg; Art. 23 Abs. 1 Satz 1 Verf. Bremen; Art. 55 Verf. Hessen; Art. 8 Abs. 1 Satz 2 Verf. Nordrhein-Westfalen; Art. 25 Abs. 1 Satz 1, Art. 27 Abs. 1 Verf. Rheinland-Pfalz; Art. 24 Abs. 1, Art. 26 Abs. 1 Satz 2 Verf. Saarland; Art. 101 Abs. 2 Verf. Sachsen; Art. 11 Abs. 1 Verf. Sachsen-Anhalt; Art. 18 Abs. 1, Art. 21 Verf. Thüringen; sehr unpräzise Art. 12 Abs. 1, Art. 15 Abs. 3 Verf. Baden-Württemberg.
150 Vgl. *Merten*, Bürgerverantwortung im demokratischen Verfassungsstaat, in: VVDStRL 55 (1996), S. 7 (15).
151 Vgl. *BVerfGE 10*, 59 (67); *24*, 119 (143); *56*, 363 (382); *59*, 360 (376); *60*, 79 (88); *72*, 155 (175); *76*, 1 (48); *79*, 203 (210); *84*, 168 (179); *92*, 158 (179); *103*, 89 (107); *104*, 373 (379); *105*, 313 (354); *107*, 104 (117); *107*, 150 (169); *108*, 52 (78); *108*, 82 (100); *118*, 45 (76); *121*, 79 (88 f.); *127*, 263 (277); *133*, 59 (75, 78, 87).
152 *Sachs*, GG (LitVerz.), Vor Art. 1 RN 50.

aus der in den Landesverfassungen enthaltenen Institutsgarantie „Ehe"[153] ableitbare „Freiheit, mit dem selbst gewählten Partner die Ehe einzugehen"[154], verleiht die Befugnis, durch beiderseitige Erklärung die Ehe zu schließen, wodurch eine familienrechtliche Rechtsänderung bewirkt wird. Damit ist die Eheschließungsfreiheit in erster Linie Bewirkungsrecht, woran zusätzliche Abwehrrechte im Falle staatlicher Eingriffe[155] nichts ändern. Ein weiteres Bewirkungsrecht ist die Erklärung der Erziehungsberechtigten über die Teilnahme des Kindes am Religionsunterricht[156], wodurch sich die staatliche Schulpflicht auf dieses Unterrichtsfach erstreckt oder es ausklammert. Klassische Mitwirkungsrechte sind die Rechte des status activus (Teilnahmerechte), wodurch Wahl- und Abstimmungsberechtigte die demokratische Willensbildung im Staate mitgestalten[157].

Ausdrücklich als „Anspruch" gekennzeichnete Grundrechtsberechtigungen finden sich vor allem in den Prozeßgrundrechten[158], insbesondere als „Anspruch auf rechtliches Gehör"[159] und – vereinzelt – als „Anspruch auf seinen gesetzlichen Richter"[160]. Daneben können sich Ansprüche aus einzelnen subjektiven Grundrechten im Wege der Interpretation ergeben. Für Petitionen wird allgemein ein Anspruch auf Entgegennahme, Befassung und Bescheidung anerkannt[161]. Weiterhin können sich Ansprüche z.B. auf Widerruf[162] oder Amtshaftungsansprüche finden[163]. Schließlich können die aus

24
Ansprüche

---

153 Art. 124 Abs. 1 Verf. Bayern; Art. 12 Abs. 1 Verf. Berlin; Art. 26 Abs. 1 Satz 1 Verf. Brandenburg; Art. 21 Abs. 1, 22 Abs. 1 Verf. Bremen; Art. 4 Verf. Hessen; Art. 10 Abs. 1 Verf. Nordrhein-Westfalen; Art. 23 Abs. 1 Verf. Rheinland-Pfalz; Art. 22 Verf. Saarland; Art. 22 Abs. 1 Verf. Sachsen; Art. 24 Abs. 1 Verf. Sachsen-Anhalt; Art. 17 Abs. 1 Verf. Thüringen.
154 *BVerfGE 36*, 146 (162); vgl. auch *E 31*, 58 (68 f.); *29*, 166 (175); *105*, 313 (342).
155 Vgl. *BVerfGE 6*, 55 (71 f.); *21*, 329 (353); *107*, 27 (53); *137*, 273 (342 RN 178); *BayVerfGH 25*, 129 (150); *39*, 56 (61); *Meder*, Verfassung des Freistaats Bayern (LitVerz.), Art. 124 Anm. 2; *Bahrenold*, in: Brocker/Droege/Jutzi (LitVerz.), Art. 23 Anm. 10.
156 Art. 18 Satz 3 Verf. Baden-Württemberg; Art. 137 Abs. 1 Verf. Bayern; Art. 32 Abs. 2, Abs. 3 Verf. Bremen; Art. 58 Satz 1 Verf. Hessen; Art. 14 Abs. 4 Verf. Nordrhein-Westfalen; Art. 35 Abs. 1 Verf. Rheinland-Pfalz; Art. 29 Abs. 2 Verf. Saarland; Art. 105 Abs. 1 Satz 2 Verf. Sachsen; Art. 25 Abs. 2 Verf. Thüringen; Art. 7 Abs. 2 GG.
157 → Unten *v. Coelln*, Teilnahmerechte (Mitwirkungsrechte), § 243.
158 → Unten *Schröder*, Prozeßgrundrechte, § 244.
159 Art. 91 Abs. 1 Verf. Bayern; Art. 15 Abs. 1 Verf. Berlin; Art. 52 Abs. 3 Verf. Brandenburg; Art. 6 Abs. 2 Verf. Rheinland-Pfalz; Art. 78 Abs. 2 Verf. Sachsen; Art. 21 Abs. 4 Verf. Sachsen-Anhalt; Art. 88 Abs. 1 Satz 1 Verf. Thüringen.
160 Art. 6 Abs. 1 Verf. Rheinland-Pfalz.
161 Vgl. Art. 115 Abs. 1 Verf. Bayern; hierzu → unten *Müller-Terpitz*, Landesgrundrechte in Bayern, § 246 RN 92; *Meder*, Verfassung des Freistaats Bayern (LitVerz.), Art. 115 RN 2; *BayVerfGH 16*, 141; *29*, 38 (42); *39*, 49; *41*, 83 (93); Art. 34 Verf. Berlin; Art. 24 Verf. Brandenburg: „Anspruch auf Bescheid in angemessener Frist"; Art. 29 Verf. Hamburg: „Volkspetition"; → unten *v. Coelln*, Teilnahmerechte (Mitwirkungsrechte), § 243 RN 28, 57; Art. 16 Verf. Hessen; → unten *Müller-Franken*, Landesgrundrechte in Hessen, § 251 RN 24; Art. 10 Verf. Mecklenburg-Vorpommern: „In angemessener Frist ist ein begründeter Bescheid zu erteilen"; Art. 11 Verf. Rheinland-Pfalz; hierzu *Mensing*, in: Brocker/Droege/Jutzi, Verfassung für Rheinland-Pfalz (LitVerz.) RN 17; → unten *Merten*, Landesgrundrechte in Rheinland-Pfalz, § 255 RN 49; Art. 35 Verf. Sachsen: „Es besteht Anspruch auf begründeten Bescheid in angemessener Frist"; Art. 19 Verf. Sachsen-Anhalt: „In angemessener Frist ist Bescheid zu erteilen"; Art. 14 Verf. Thüringen: „Es besteht Anspruch auf begründeten Bescheid in angemessener Frist"; Art. 17 GG; vgl. *BVerfGE 2*, 225 (230); *13*, 54 (90); → Bd. V: *Bauer*, Petitionsrecht, § 117 RN 36 ff., 45 ff.
162 Zu den differierenden Voraussetzungen eines Unterlassungs- und eines Widerrufsanspruchs vgl. auch *BVerfGE 114*, 339 (349 ff.).
163 → Bd. III: *Grzeszick*, Grundrechte und Staatshaftung, § 75.

Grundrechtsbestimmungen abzuleitenden Schutzpflichten Leistungsansprüche bewirken[164].

25
Klarstellung des „Grundrechtsgebrauchs"

Für die Ansprüche, die sich bei staatlichen Eingriffen in die Rechte des status negativus ergeben, die teils als Verhaltensgrundrechte[165], teils als Schutzrechte[166] ausgestaltet sind, muß deren dogmatischer Inhalt klargestellt werden. Es ist eine gängige façon de parler[167], individuelles Handeln oder Unterlassen im Rahmen der Verhaltensgrundrechte als „Grundrechtsgebrauch" auszugeben. So spricht auch das Bundesverfassungsgericht in seinem – wenig gelungenen – *Brokdorf-Beschluß* davon, daß „Belästigungen, die sich zwangsläufig aus der Massenhaftigkeit der Grundrechtsausübung ergeben", von Dritten hinzunehmen seien[168], womit das Versammeln oder Demonstrieren über den Verfassungszweck hinaus sakralisiert wird. Wenn der einzelne eine Meinung äußert, macht er nicht von einem Recht Gebrauch, sondern nimmt eine grundrechtlich geschützte Handlung vor; wenn er schweigt, betätigt er nicht seine negative Meinungsäußerungsfreiheit, sondern bewegt sich wiederum in einem grundrechtlich geschützten Verhaltensbereich. Dasselbe gilt für die sogenannten Schutzrechte, die menschliche Lebensbereiche sichern. Wer atmet, übt nicht sein Recht auf „körperliche Unversehrtheit" aus, sondern lebt in einem grundrechtlich geschützten Bereich. Deshalb stehen ihm auch keine für den status negativus charakteristischen Abwehrrechte zur Verfügung, weil kein „Bürger zu jeder Zeit eine Fülle von grundrechtlichen Abwehransprüchen der unterschiedlichsten Art gegen sämtliche Hoheitsträger ... mit sich herumschleppt[e]"[169]. Erst bei rechtswidriger Beeinträchtigung der geschützten Verhaltens- oder Bereichssphäre vermitteln die subjektiv-rechtlichen Freiheitsrechte Abwehransprüche[170] auf Unterlassung[171] und Beseitigung einschließlich der Aufhebung eines Verwaltungsakts und sonstiger Folgenbeseitigung[172]. Neben diese Abwehransprüche können Leistungsansprüche, z.B. Ansprüche auf Widerruf[173] oder Amtshaftungsansprüche[174] treten.

5. Fundamentalität

26 Der Begriff „Grundrecht" ist materiell aufgeladen. Er leitet sich nicht aus der Verfassungsüberschrift „Grundgesetz" ab, da er schon einhundert Jahre frü-

---

164 Vgl. *BVerfGE* 7, 170 (215); → Bd. II: *Calliess*, Schutzpflichten, § 44 RN 7 m.w.N.; *Merten*, Grundrechtliche Schutzpflichten und Untermaßverbot, in: Stern/Grupp (Hg.), GS Joachim Burmeister, 2005, S. 227 (230 sub II 1).
165 → Bd. II: *Merten*, Negative Grundrechte, § 42 RN 7, 43.
166 → Bd. II: *Merten* aaO., RN 7 f. m.w.N. in FN 33.
167 *J. Ipsen*, Staatsrecht II (LitVerz.), RN 79.
168 *BVerfGE* 69, 315 (353).
169 Zutreffend *Laubinger*, Der öffentlich-rechtliche Unterlassungsanspruch, VerwArch. 80 (1989), S. 261 (291).
170 Vgl. *Ralf Poscher*, Grundrechte als Abwehrrechte, 2003.
171 Vgl. *BVerwGE* 116, 104 (106 sub 2); *Scherzberg*, DVBl. 1988, S. 129 (134).
172 *Bettermann*, Zum Folgenbeseitigungsanspruch, DÖV 1955, S. 528 ff.; *ders.*, NJW 1977, S. 513 (517 f.).
173 Zu den unterschiedlichen Voraussetzungen eines Unterlassungs- und eines Widerrufsanspruchs vgl. auch *BVerfGE* 114, 339 (349 ff.).
174 → Bd. III: *Grzeszick*, Grundrechte und Staatshaftung, § 75.

her in der Frankfurter Nationalversammlung gebraucht wurde, die im Dezember 1848 das „Gesetz betreffend die Grundrechte des deutschen Volks"[175] erließ. Aus diesem Grund sprechen auch die vorkonstitutionellen Landesverfassungen allgemein von „Grundrechten". Im Unterschied zu der formalen Bezeichnung „verfassungsmäßig gewährleistete Rechte", wie sie Österreich in § 144 Abs. 1 seiner Verfassung verwendet[176], kann sich der Begriff der Grundrechte allein nicht darin erschöpfen, daß diese sich im Verfassungstext finden. Mit „*Grund*rechten" werden nach *Kleinheyer*[177] in der Frankfurter Reichsverfassung „solche Positionen angesprochen, denen ein besonderes Gewicht, eine fundamentale, das Übrige tragende Rolle zukommt". *Carl Schmitt*[178] wandte sich dagegen, „beliebige Rechte zu Grundrechten [...] und beliebige Interessen als Heiligtümer und Unantastbarkeiten [zu] verankern"; schließlich sprach er sich dafür aus, „nur solche Rechte, welche zur Grundlage des Staates selbst gehören und welche deshalb in der Verfassung als solche anerkannt sind", als Fundamentalrechte zu bezeichnen". Schon in der Weimarer Republik wurden der Urlaubsanspruch kandidierender Beamter oder Wehrmachtsangehöriger (Art. 39 Abs. 2 WRV) oder das Recht des Beamten auf Einsicht in seine Personalakten (Art. 129 Abs. 3 Satz 3 WRV) nicht als Grundrechte angesehen[179]. Aus diesem Grunde handelt es sich zwar bei dem Anspruch von Landtagskandidaten auf den zur Vorbereitung ihrer Wahl erforderlichen Urlaub[180] um verfassungsmäßig gewährleistete Rechte von Bedeutung, aber mangels Fundamentalität nicht um „Grundrechte". Dasselbe gilt für die Regelung in Art. 188 Verf. Bayern, wonach jeder Schüler vor Beendigung der Schulpflicht einen Abdruck der Verfassung erhält. Hieraus ist wohl ein verfassungsmäßiges Recht jedes Schülers auf Aushändigung abzuleiten, das aber kein Grundrecht ist, zumal es sich auch nicht im Grundrechtsteil der Verfassung, sondern im letzten Abschnitt über „Schluß- und Übergangsbestimmungen" befindet.

Verfassungsmäßige Rechte von Bedeutung

6. Justitiabilität

Wurden noch die „Rechte der Preußen" in der preußischen Verfassungsurkunde von 1850, „die in die äußerliche Uniform subjektiver Rechte ... eingekleidet waren, mangels ausgebauter Rechtsschutzmittel noch nicht als wirklich subjektive Rechte" angesehen[181], so gehört heutzutage zu den wesentlichen Bestandteilen eines verfassungsmäßigen Rechts „seine Durch-

27
Durchsetzbarkeit als wesentlicher Bestandteil

---

175 V. 27. 12. 1848 (RGBl. S. 49).
176 → Bd. II: *Merten*, Begriff und Abgrenzung der Grundrechte, § 35 RN 42.
177 Art. Grundrechte, in: Otto Brunner/Werner Conze/Reinhart Koselleck (Hg.), Geschichtliche Grundbegriffe, Bd. II, 1975, S. 1740.
178 In: Anschütz (Hg.), Handbuch des Deutschen Staatsrechts, Bd. II, 1932, S. 572 (578 f.); auch in: *ders.*, Verfassungsrechtliche Aufsätze, ²1973, S. 181 (190).
179 *Carl Schmitt*, Handbuch aaO., S. 578, sowie in: *ders.*, Verfassungsrechtliche Aufsätze aaO., S. 189.
180 Art. 29 Abs. 1 Verf. Baden-Württemberg; Art. 23 Abs. 1 Verf. Mecklenburg-Vorpommern; Art. 13 Abs. 1 Verf. Niedersachsen; Art. 96 Abs. 1 Satz 1 Verf. Rheinland-Pfalz; Art. 84 Satz 2 Verf. Saarland; Art. 42 Abs. 1 Verf. Sachsen; Art. 56 Abs. 1 Verf. Sachsen-Anhalt; Art. 51 Abs. 1 Verf. Thüringen.
181 So *Friedrich Giese*, Preußische Rechtsgeschichte, 1920, S. 198.

setzbarkeit"[182]. Dies muß erst recht für die Grundrechte gelten, deren Positivität und Normativität erst mit der Durchsetzbarkeit ihre volle Kraft entfalten[183]. Die den subjektiven Grundrechten eigene Rechtsmacht kommt in der prozessualen, insbesondere auch verfassungsprozessualen Abwehrmacht gegen Grundrechtsverletzungen am besten zum Ausdruck[184]. Zwar entnimmt das Bundesverfassungsgericht auch den materiellen Grundrechten gegebenenfalls Anforderungen an das gerichtliche Verfahren[185], sieht aber die eigentliche Durchsetzbarkeit im gerichtlichen Verfahren, in der verfassungsrechtlichen Rechtsschutzgarantie.

28
Rechtsschutz als Gerichtsschutz

Diese Rechtsschutzgarantien enthalten auch die meisten Landesverfassungen[186], so daß dem einzelnen bei einer Verletzung seiner Rechte durch die öffentliche Gewalt der Rechtsweg offensteht. Diese Rechtsweggarantie ergänzen einige Länder noch durch die Möglichkeit, Verfassungsbeschwerde zum Verfassungsgericht (Staatsgerichtshof) zu erheben[187]. Damit ist sichergestellt, daß die Landesgrundrechte nicht nur von allen Staatsgewalten beachtet werden müssen, sondern daß der Bürger im Falle einer Verletzung seiner Grundrechte durch die öffentliche Gewalt die Gerichte und gegebenenfalls das Verfassungsgericht anrufen kann. Allerdings ist Grundrechtsdurchsetzung nicht nur durch Anrufung der Gerichte, sondern auch auf anderen Wegen möglich[188]. Die Einklagbarkeit ist daher nur ein typisches, nicht aber ein essentielles Merkmal des subjektiven Grundrechts[189]. Für die Rechtsstaatlichkeit in Deutschland ist aber nach den Worten des Bundesverfassungsgerichts mit einer grundrechtlichen Garantie „die Möglichkeit einer gerichtlichen Kontrolle ihrer Einhaltung" verbunden[190].

7. Begriffsbestimmung

29
Definition der Landesgrundrechte

Ebenso wie die Grundrechte des Grundgesetzes lassen sich auch die Landesgrundrechte in Zusammenfassung der einzelnen Elemente definieren als aus staatlich positivierten, konstitutionellen, normativen und aktuellen Grund-

---

182 *BVerfGE* 39, 276 (294); 59, 172 (215); 90, 60 (104); 101, 106 (122).
183 *Stern*, HStR ³IX, § 185 RN 115; zustimmend → Bd. I: *Korinek/Dujmovits*, Grundrechtsdurchsetzung und Grundrechtsverwirklichung, § 23 RN 11.
184 *Korinek/Dujmovits* aaO., § 23 RN 22.
185 Vgl. *BVerfGE* 35, 348 (361); 37, 132 (148); 39, 276 (294); 51, 150 (156); 52, 391 (406 ff.).
186 Art. 67 Verf. Baden-Württemberg; Art. 99 Satz 2 Verf. Bayern; Art. 15 Abs. 4 Verf. Berlin; Art. 6 Verf. Brandenburg; Art. 141 f., Verf. Bremen; Art. 61 Verf. Hamburg; Art. 2 Abs. 3 Verf. Hessen; Art. 53 Nr. 7 Verf. Mecklenburg-Vorpommern; Art. 53 Verf. Niedersachsen; Art. 74 Abs. 1 Verf. Nordrhein-Westfalen; Art. 124 Verf. Rheinland-Pfalz; Art. 20 Verf. Saarland; Art. 38 Verf. Sachsen; Art. 21 Abs. 1 Verf. Sachsen-Anhalt; Art. 42 Abs. 5 Verf. Thüringen.
187 Vgl. Art. 68 Abs. 1 Nr. 4 Verf. Baden-Württemberg; Art. 120 Verf. Bayern; Art. 84 Abs. 2 Nr. 5 Verf. Berlin; Art. 6 Abs. 2 Verf. Brandenburg; Art. 53 Nr. 7 Verf. Mecklenburg-Vorpommern; Art. 130 a Verf. Rheinland-Pfalz; Art. 81 Abs. 1 Nr. 4 Verf. Sachsen; Art. 75 Nr. 6 Verf. Sachsen-Anhalt; Art. 80 Abs. 1 Nr. 1 Verf. Thüringen.
188 → Bd. I: *Korinek/Dujmovits*, Grundrechtsdurchsetzung und Grundrechtsverwirklichung, § 23 RN 8, 14, 44 ff.; → Bd. II: *Merten*, Freiheit im Gefüge der Staatsfundamentalbestimmungen, § 27 RN 30.
189 Vgl. *Stern*, Staatsrecht III/1 (LitVerz.), § 72 III 5, S. 1208; → Bd. II: *Isensee*, Positivität und Überpositivität der Grundrechte, § 26 RN 9.
190 *BVerfGE* 107, 299 (311 sub II 3); 107, 395 (407).

rechtsbestimmungen abgeleitete subjektive öffentliche, fundamentale Rechte im Staat-Bürger-Verhältnis, die dem einzelnen eine Rechtsmacht oder Ansprüche verleihen und typischerweise gerichtlich durchsetzbar sind[191].

II. Zur Unterscheidung und Abgrenzung der Grundrechte

1. Unterscheidung von Bundes- und Landesgrundrechten

Grundrechte können nach unterschiedlichen Merkmalen – historischer, geographischer oder inhaltlicher Art – voneinander abgegrenzt werden. Bei der Betrachtung „gliedstaatlichen Verfassungsrechts"[192] steht für den Grundrechtskomplex die Unterscheidung von Bundes- und Landesgrundrechten im Vordergrund. Hatte das Deutsche Reich (wie vor ihm der Norddeutsche Bund) als Bündnis bestehender Einzelstaaten mit umfassenden Grundrechtsgewährleistungen noch weitgehend von Reichsgrundrechten abgesehen, so besteht seit dem Inkrafttreten der Weimarer Reichsverfassung eine Koexistenz von Bundes- und Landesgrundrechten. Für den Konfliktfall hatte schon die Paulskirchen-Verfassung in ihrem § 66 vorgesehen, daß Reichsgesetze den Gesetzen der Einzelstaaten vorgehen; dieser Grundsatz wurde auch in Art. 2 der Reichsverfassung von 1871 aufgenommen. Mit knappen Worten formuliert die Weimarer Reichsverfassung in ihrem Artikel 13 Abs. 1: „Reichsrecht bricht Landesrecht", der entsprechend vom Grundgesetz in Artikel 31 übernommen wird[193].

30
Koexistenz von Bundes- und Landesrecht

Allerdings wird Art. 31 GG erst aktuell, wenn es in den „grundsätzlich nebeneinander stehen[den]" Verfassungsbereichen des Bundes und der Länder zu einer Normenkollision kommt. Diese setzt voraus, daß kompetenzgemäßes Bundesrecht kompetenzgemäßem Landesrecht gegenübersteht. Daher ist die „Kompetenzfrage ... der Kollisionsfrage vorgelagert"[194]. Eine Kollision liegt ihrerseits nur vor, wenn zwei Normen auf einen Sachverhalt anwendbar sind und ihre Anwendung „zu verschiedenen Ergebnissen führen" kann[195]. Für diesen Fall enthält Art. 31 GG eine vom Bund vorgegebene „Kollisionsnorm"[196], besser: Kollisionslösungsnorm zugunsten des Bundesrechts. Kommt es zu einem Widerspruch von Bundes- und Landesrecht, dann ist die jeweilige Rangstufe einer Norm ohne Bedeutung. Daraus folgt, daß Bundesrecht jeder

31
Art. 31 GG als Kollisionsnorm

---

191 Vgl. auch *Hellbling*, Die Grundrechte im Spannungsfeld zwischen Naturrecht und Positivismus (auch in österreichischer Sicht), in: Das Naturrechtsdenken heute und morgen, GS René Marcic, 1983, S. 291 (292); ähnlich auch die Definition der österreichischen Juristenkommission, Verhandlungen des 2. österreichischen Juristentages, Wien 1964, Bd. II, Zweiter Teil, S. 59. → Bd. II: *Isensee*, Positivität und Überpositivität der Grundrechte, § 26 RN 9.
192 „Die Bedeutung gliedstaatlichen Verfassungsrechts in der Gegenwart" war erster Beratungsgegenstand der Tagung der Vereinigung der Deutschen Staatsrechtslehrer 1987 in Passau mit Referaten von *Wolfgang Graf Vitzthum*, *Bernd-Christian Funk* und *Gerhard Schmid*, vgl. VVDStRL 46 (1988), S. 7 ff.; s. ferner den Begleitaufsatz von *Sachs*, DVBl. 1987, S. 857 ff.
193 Vgl. hierzu *H. Dreier*, GG (LitVerz.), Art. 31 RN 6 ff.
194 Vgl. *BVerfGE 36*, 342 (364); *121*, 233 (239); *H. Dreier*, GG (LitVerz.), Art. 31 RN 23.
195 *BVerfGE 36*, 342 (363).
196 H.M.: *BVerfGE 26*, 116 (135); *36*, 342 (363); *96*, 345 (364); *98*, 145 (159); *121*, 233 (239); *Stern*, Staatsrecht I (LitVerz.), § 19 III 7 a (S. 719); *H. Dreier*, GG (LitVerz.), Art. 31 RN 19 f.

§ 232 *Sechzehnter Teil: II. Vergleichende Betrachtung der Landesgrundrechte*

Stufe Landesrecht bricht, weshalb eine Rechtsverordnung des Bundes Landesverfassungsrecht außer Kraft setzen kann[197]. Die Rechtsfolge des Art. 31 GG ist eindeutig. Sie bedeutet nicht bloßes „Vorgehen" oder „Verdrängen", sondern „Unwirksammachen", „außer Kraft Setzen", „Vernichten". In der klassischen Formulierung von *Anschütz*[198] wirkt die Derogationsnorm „nach rückwärts als Aufhebung, nach vorwärts als Sperre"[199]. Hierfür sprechen Wortlaut und Regelungszweck, der rechtsstaatliche Rechtsklarheit heischt und dubioses Nebeneinander vermeiden will. Die Landesverfassungen nehmen den Vorrang des Bundesrechts als Ausdruck des Homogenitätsprinzips[200] grundsätzlich stillschweigend hin. Lediglich Art. 2 Abs. 5 Verf. Brandenburg räumt ein, daß „die Bestimmungen des Grundgesetzes" „denen der [brandenburgischen] Verfassung vor[gehen]"[201].

32
Art. 142 GG als lex specialis

Für die landesverfassungsrechtliche Gewährleistung von „Grundrechte[n]" schafft Art. 142 GG eine Sonderregelung. Denn ungeachtet des Artikels 31 GG bleiben landesverfassungsrechtliche Bestimmungen „auch insoweit in Kraft, als sie in Übereinstimmung mit den Artikeln 1 bis 18 dieses Grundgesetzes Grundrechte gewährleisten". Danach ist Art. 142 GG lex specialis zu Art. 31 GG und Ausdruck der getrennten Verfassungsbereiche des Bundes und der Länder, weshalb die Länder im Rahmen des Homogenitätsgebots „ihr Verfassungsrecht und ihre Verfassungsgerichtsbarkeit selbst ordnen" dürfen[202]. Dabei ist der Wortlaut des Grundgesetz-Artikels in mehrfacher Hinsicht mißglückt. Der Begriff in Kraft „bleiben" ist unpräzise, weil er nicht erkennen läßt, ob er sich lediglich auf die vor Inkrafttreten des Grundgesetzes erlassenen Landesverfassungen beschränkt oder sich auch auf künftige erstreckt, was überwiegend zu Recht bejaht wird[203]. Weiterhin macht es für eine Derogationsnorm keinen Sinn, daß landesverfassungsrechtliche Bestimmungen „auch" insoweit in Kraft bleiben sollen, als sie „in Übereinstimmung" mit dem Grundgesetz Grundrechte gewährleisten. Denn bei übereinstimmenden Grundrechtsnormen fehlt es an einem Kollisionsfall, so daß Art. 31 GG von vornherein nicht eingreift, es sei denn, daß man auch gleichlautendes Landesverfassungsrecht verdrängen lassen will[204]. Schließlich erscheint die Begrenzung der Ausnahmevorschrift auf die Übereinstimmung mit den „Artikeln 1 bis 18" GG willkürlich, zumal Artikel 18 kein Grundrecht gewährt, sondern eine Verwirkung anordnet, und der Ausschluß der rechtsstaatlich bedeutsamen Rechtsschutzgarantie des Art. 19 Abs. 4 GG, der sich ebenfalls

---

197 Vgl. statt aller *H. Dreier*, GG (LitVerz.), Art. 31 RN 32.
198 WRV (FN 81), Art. 13 Anm. 3, S. 103.
199 In diesem Sinne auch *Stern*, Staatsrecht I (LitVerz.), § 19 III 7 e (S. 720 f.); *H. Dreier*, GG (LitVerz.), Art. 31 RN 42 f.
200 S. oben in und zu FN 21.
201 Ähnlich schon Art. 87 Abs. 3 Verf. Berlin (1950); → unten *Sodan*, Landesgrundrechte in Berlin, § 247 RN 7.
202 *BVerfGE 103*, 332 (350) unter Hinweis auf *E 96*, 345 (368 f.).
203 *BVerfGE 96*, 345 (364 f.); *StGH Baden-Württemberg*, VBlBW 1956, S. 153 ff.; vgl. *Korioth*, in: Maunz/Dürig, GG (LitVerz.), Art. 142 RN 15 (2008); *Jarass*, in: ders./Pieroth, GG (LitVerz.), Art. 142 RN 2; *Dietlein*, Die Grundrechte in den Verfassungen der neuen Bundesländer, 1993, S. 25 f.
204 So *Korioth*, in: Maunz/Dürig, GG (LitVerz.), Art. 142 RN 10, S. 10 (2008).

in dem Abschnitt über „Die Grundrechte" befindet, nicht überzeugt. Richtigerweise erfaßt Art. 142 GG alle aus Landesverfassungsbestimmungen ableitbaren „Grundrechte im eigentlichen Sinn"[205] gleichgültig, ob sie sich in einem eigenen Grundrechtsabschnitt oder an anderer Stelle befinden[206] oder ob sie das Bundesverfassungsgericht als „grundrechtsgleiche Gewährleistungen"[207] bezeichnet. Das gilt aber nicht für lediglich grundrechtlich ummantelte Landesverfassungsnormen, z.B. Staatszielbestimmungen[208].

33
Übernahme von Bundesgrundrechten als Landesgrundrechte

Zu Landesgrundrechten im Sinne des Art. 142 GG gehören nicht nur die vom Landesverfassungsgeber selbständig formulierten oder aus früheren Verfassungstexten übernommenen Grundrechte, sondern auch Grundrechtsvorschriften, die wörtlich mit Grundrechtsnormen des Grundgesetzes übereinstimmen oder ihnen ähnlich sind, wie dies bei einigen Grundrechten der Berliner Verfassung von 1995 (Menschenwürde, Freiheit der Entfaltung der Persönlichkeit, dem Recht auf Leben und körperliche Unversehrtheit, der Freiheit der Person, dem Gleichheitssatz, dem Schutz der Ehe und Familie u.a.) der Fall ist[209]. Denn auch bei Textidentität zwischen einem Landesgrundrecht und einem Bundesgrundrecht handelt es sich um unterschiedliche Grundrechtsbestimmungen, deren Verletzung der Grundrechtsträger gegebenenfalls in zwei verschiedenen Rechtswegen geltend machen kann. Ungeachtet des textgleichen Landesgrundrechts bleibt die Landesstaatsgewalt darüber hinaus an das Bundesgrundrecht gemäß Art. 1 Abs. 3 GG gebunden. Landesgrundrechte können schließlich dadurch entstehen, daß der Landesverfassungsgeber die grundgesetzlichen Grundrechte im Wege einer Rezeptionsklausel[210] zu Bestandteilen der Verfassung und zu unmittelbar geltendem Recht macht. Diese Rezeptionsklauseln stellen nicht einen bloßen Verweis auf Bundesrecht dar, sondern schaffen eigenständige, wort- und inhaltsgleiche Landesgrundrechte. Keinesfalls macht die Inhaltsgleichheit die Landesverfassungsnormen zu Bundesrecht. Kein Landesgesetzgeber vermag Bundesrecht zu setzen, auch wenn er den Willen dazu hat[211].

34
Beschränkung des Landesgesetzgebers auf Landesrechtssetzung

Etwas anderes ergibt sich auch nicht aus dem in Berlin während der Besatzungsherrschaft im Wege der Mantelgesetzgebung übernommenen Bundesrecht. Nach § 13 des sogenannten Dritten Überleitungsgesetzes[212] war Berlin verpflichtet, Bundesrecht, dessen Geltung im Gebiet des Landes Berlin ausdrücklich durch eine sogenannte Berlin-Klausel bestimmt war, binnen eines Monats nach Verkündung im Bundesgesetzblatt zu übernehmen. Dieses Mantelgesetzgebungsverfahren bestand darin, daß das zu übernehmende Gesetz im Berliner Gesetz- und Verordnungsblatt in der Anlage abgedruckt und in

---

205 *Pieroth*, in: Jarass/ders., GG (LitVerz.), Art. 142 RN 2; *Kunig*, in: v. Münch/ders., GG (LitVerz.), Art. 142 RN 10; *Korioth*, in: Maunz/Dürig, GG (LitVerz.), Art. 142 RN 8.
206 *BVerfGE* 22, 267 (271).
207 *BVerfGE* 96, 345 (364).
208 So aber *Korioth*, in: Maunz/Dürig, GG (LitVerz.), Art. 142 RN 8, S. 9 (2008).
209 → Unten *Sodan*, Landesgrundrechte in Berlin, § 247 RN 30 ff.
210 Art. 2 Abs. 1 Verf. Baden-Württemberg; Art. 5 Abs. 3 Verf. Mecklenburg-Vorpommern; Art. 3 Abs. 2 Satz 1 Verf. Niedersachsen; Art. 4 Abs. 1 Verf. Nordrhein-Westfalen; Art. 3 Verf. Schleswig-Holstein.
211 Unrichtig daher *BVerfGE 19*, 377 (388); *37*, 57 (62).
212 Gesetz über die Stellung des Landes Berlin im Finanzsystem des Bundes v. 4. 1. 1952 (BGBl. I S. 1).

§ 232 Sechzehnter Teil: II. Vergleichende Betrachtung der Landesgrundrechte

einer Einleitung darauf hingewiesen wurde, daß das Abgeordnetenhaus die Anwendung des Bundesgesetzes in Berlin beschlossen habe. Nach Auffassung des Bundesverfassungsgerichts[213] änderten die Bundesgesetze durch die Übernahme nicht „ihre rechtliche Qualität", und in der Übernahmegesetzgebung sah es lediglich eine „akzessorische Mitwirkung des Landes"; außerdem habe das Berliner Abgeordnetenhaus bei der Übernahme von Gesetzen „nicht den Willen" gehabt, Landesrecht zu setzen, sondern gesetztem Recht „mit Rang von Bundesrecht" in Berlin Geltung zu verschaffen. In Wirklichkeit kam es jedoch nicht auf den Willen eines Landesgesetzgebers an, sondern war entscheidend, daß in einer gestuften Rechtsordnung kein Normgeber der unteren Stufe Recht der oberen Stufe setzen kann, so daß die Kommunalvertretung kein Landesrecht, der Landtag kein Bundesrecht und der Deutsche Bundestag kein Unionsrecht setzen kann. Auch umgekehrt trägt Völkerrecht bei Umwandlung in innerstaatliches Recht keinen Völkerrechtscharakter[214]. Daher war seinerzeit die Auffassung der Alliierten Kommandantur[215] zutreffend, daß das nach Berlin übernommene Bundesrecht als Landesrecht zu qualifizieren war. Allerdings konnte Berlin das übernommene Recht so behandeln, „als ob" es Bundesrecht war.

35
Wirkung der Rezeption von Bundesgrundrechten

Durch die Inkorporierung von Bundesgrundrechten in die Landesverfassung wandelt sich nicht nur Bundesrecht in Landesrecht, sondern es reduzieren sich auch der Geltungsbereich auf das Landesgebiet und die Grundrechtsbindung auf die Organe der Landesstaatsgewalt. Selbst der Grundrechtsinhalt kann sich durch die Rezeption wandeln. Während der Gleichheitssatz des Art. 3 Abs. 1 GG die Bundesstaatsgewalt zur Gleichbehandlung in ihrem Kompetenzbereich verpflichtet, beschränkt er sich als rezipiertes Landesgrundrecht auf die Gleichbehandlung im Land, weshalb er dann nicht verletzt wird, wenn ein anderes Land den gleichen Sachverhalt anders regelt[216]. Somit kann aufgrund desselben Wortlauts des allgemeinen Gleichheitssatzes dem Bundesgesetzgeber eine Ungleichheit verwehrt sein, die dem Landesgesetzgeber gestattet ist, was insbesondere dann der Fall sein kann, wenn Bund und Land von derselben Gesetzgebungszuständigkeit Gebrauch machen dürfen[217]. Abgesehen von diesen Ausnahmefällen tritt aber durch die Rezeption der Bundesgrundrechte und ihre Inkorporation in die Landesverfassung keine „maßstäbliche Verkleinerung"[218] mit der Folge ein, daß Deutschen-Grundrechte nunmehr den „Landeskindern" vorbehalten bleiben oder daß das

---

213 *E 19*, 377 (388 f.); *37*, 57 (62); ebenso *Drath*, Die staatsrechtliche Stellung Berlins, AöR 82 (1957), S. 27 (60 ff.); *Kreutzer*, Die Geltung von Bundesrecht in Berlin, JR 1951, S. 641 ff.; *Sendler*, Bundesrecht in Berlin, JR 1958, S. 81.
214 Vgl. dazu *Wilhelm Wengler*, Völkerrecht, Bd. I, S. 443 f.
215 Schreiben der Alliierten Kommandantur Berlin v. 24. 5. 1967 betr. die Entscheidung des Bundesverfassungsgerichts v. 20. 1. 1966 (BK/L[67]10), abgedr. bei v. Münch (Hg.), Dokumente des geteilten Deutschlands, 1968, S. 200; vgl. hierzu auch *Wengler*, NJW 1967, S. 1743; *Merten*, Zur Rechtslage Berlins, in: Berlin als unternehmerische Aufgabe, Wiesbaden 1971, S. 71 (96 ff.).
216 Vgl. BVerfGE *93*, 319 (351); *106*, 225 (241); *138*, 261 (288 RN 61); *Jarass*, in: ders./Pieroth, GG (LitVerz.), Art. 3 RN 9.
217 Vgl. Art. 72 Abs. 3 GG.
218 *K. Braun*, Kommentar (LitVerz.), Art. 2 RN 9; a.A. *Dickersbach*, in: Geller/Kleinrahm (LitVerz.), Art. 4 Anm. 2 b; → unten *Dietlein*, Landesgrundrechte in Nordrhein-Westfalen, § 254 RN 53.

„gesamte Bundesgebiet" in Art. 11 Abs. 1 GG zum Landesgebiet wird. Auch wenn Art. 11 GG den Rang eines Landesgrundrechts erhält, muß die jeweilige Landesstaatsgewalt Deutschen nicht nur die freie Wohnsitz- und Aufenthaltswahl an jedem Ort des Landesgebiets ermöglichen, sondern sie auch in andere deutsche Länder ziehen lassen, wobei sie allerdings die Freizügigkeit dort aufgrund der territorialen Beschränkung des Landesgrundrechts nicht sicherstellen kann. Grundrechtsbestimmungen des Grundgesetzes können nur als Ganze übernommen werden. Beabsichtigt der Landesverfassungsgeber Änderungen, so muß er das betreffende Grundrecht neu formulieren und in dieser Form in die Landesverfassung einfügen.

Da die landesverfassungsrechtlichen Rezeptionsklauseln nur die grundgesetzlichen „Grundrechte und staatsbürgerlichen Rechte" in Landesverfassungsrecht übernehmen wollen, scheiden von vornherein Grundgesetzbestimmungen aus, denen sich keine Grundrechte entnehmen lassen. So verhält es sich bei Art. 18 GG, der das Gegenteil eines Grundrechts, nämlich dessen Verwirkung, regelt. Verfassungsbestimmungen ohne Grundrechtscharakter werden von vornherein nicht in die Landesverfassung transponiert, so daß sie nicht erst nachträglich unter Anwendung von Art. 142 und Art. 31 GG herausinterpretiert werden müssen[219]. Weiterhin werden von der Rezeption aus teleologischen Gründen solche (staatsbürgerlichen) Rechte nicht erfaßt, die allein eine Teilnahme an der politischen Willensbildung des Bundes durch das Wahlrecht zum Bundestag (Art. 38 Abs. 1 GG) gewährleisten[220]. Schließlich ist dem Vorschlag *Dietleins*[221] zu folgen, die Rezeptionsklauseln funktional auf diejenigen Grundrechte zu begrenzen, die die Landesstaatsgewalt wirksam binden und begrenzen können. Daher scheiden diejenigen Grundrechte aus, die im einzelnen nur durch Bundesgesetz geregelt werden und die der Bundeskompetenz unterliegen, was für Art. 4 Abs. 3 Satz 2 GG, Art. 12a GG und Art. 17a GG gilt, zumal letzterer nicht von Grundrechten, sondern von Grundrechtsbeschränkungen handelt[222].

36
Beschränkung der Rezeption auf „Grundrechte"

Gemäß Art. 142 GG bleiben Landesverfassungsbestimmungen, die „Grundrechte gewährleisten", auch bei Übereinstimmung mit Bundesgrundrechten in Kraft[223]. Übereinstimmung liegt vor, wenn Gewährleistungsbereiche nebst Schranken der jeweiligen Grundrechte einander nicht widersprechen, sondern im wesentlichen inhaltsgleich sind[224]. Hatte früher das Schrifttum überwiegend angenommen, daß ein Landesgrundrecht mit dem entsprechenden Bundesgrundrecht vereinbar ist, wenn die Landesverfassung „das Gleiche oder mehr" als der Grundrechtssatz gewährleistet[225], so läßt das Bundesver-

37
Reichweite und Wirkung des Art. 142 GG

---

219 → Unten *J. Ipsen*, Landesgrundrechte in Niedersachsen, § 253 RN 17; ebenso *Irn*, in: Spreng/ders./Feuchte (LitVerz.), Art. 2 RN 3; a.A. *Dietlein*, Die Rezeption von Bundesgrundrechten, AöR 120, 1995, S. 1 (16f.).
220 → Unten *J. Ipsen*, Landesgrundrechte in Niedersachsen, § 253 RN 18.
221 → Unten *Dietlein*, Landesgrundrechte in Nordrhein-Westfalen, § 254 RN 54.
222 → Unten *J. Ipsen*, Landesgrundrechte in Niedersachsen, § 253 RN 14ff.
223 *BVerfGE* 22, 267 (271).
224 Vgl. *BVerfGE* 96, 345 (365).
225 Vgl. *Maunz/Dürig/Herzog*, GG, Art. 142 RN 14 (Januar 1976) unter Hinweis auf *BVerfGE 1*, 264 (281).

fassungsgericht inzwischen auch einen geringeren Schutz durch die Landesverfassung zu, sofern das Landesgrundrecht „als Mindestgarantie zu verstehen ist und daher nicht den Normbefehl enthält, einen weitergehenden Schutz zu unterlassen"[226]. Diese Deutung ist nicht unproblematisch, weil sie letztlich den Verfassungswortlaut, der eine „Übereinstimmung" erfordert, in „Nicht-Übereinstimmung" deutet, allerdings Widerspruchsfreiheit verlangt. Zudem ist unter Umständen schwer zu ermitteln, ob eine Grundrechtsbestimmung lediglich eine „Mindestgarantie" nebst einem Normbefehl, weitergehenden Schutz zu unterlassen, statuiert. So enthält Art. 5 Abs. 1 Verf. Brandenburg keine Mindestgarantie, sondern eine Maximalbindung, wenn die verfassungsrechtlich gewährleisteten Grundrechte nicht nur die drei Staatsgewalten, sondern auch „Dritte als unmittelbar geltendes Recht" binden, soweit diese Verfassung das bestimmt. Diese landesrechtliche Bindung bedeutet für den Gebundenen nicht Freiheit, sondern Zwang. Andererseits ist aus Art. 1 Abs. 3 GG der Normbefehl zu entnehmen, von einer Bindung Dritter an Grundrechte abzusehen, soweit nicht das Grundgesetz selbst eine unmittelbare Drittwirkung enthält. Daher wird die Drittwirkung der Grundrechte in Brandenburg nicht durch Art. 142 GG in Kraft gelassen, wenn man diese Verfassungsbestimmung überhaupt heranziehen will, da Art. 5 Abs. 1 Verf. Brandenburg keine Grundrechte gewährleistet, sondern nur eine Bindungsklausel statuiert, die gleichsam als grundrechtliche Nebenbestimmung fungiert. Wenn Art. 29 Abs. 5 Verf. Hessen im Widerspruch zu Bundesrecht[227] Aussperrungen für rechtswidrig erklärt[228], so greift Art. 31 GG zumindest hinsichtlich der Abwehraussperrungen ein. Art. 142 GG ist bei freiheitsbeschränkenden Handlungsverboten von vornherein unanwendbar.

2. Abgrenzung der Grundrechte von anderen Verfassungsbestimmungen

38
Maßgeblichkeit der Begriffsbestandteile

Aufgrund ihrer Begriffsbestandteile können Grundrechte von anderen Verfassungsbestimmungen abgegrenzt werden, auch wenn diese mitunter grundrechtlich ummantelt sind, sich bei genauerer Betrachtung jedoch nicht als Grundrechte im eigentlichen Sinne erweisen.

a) Gewährleistungspflichten

39
Verfassungsgebote ohne Berechtigung

Grundrechte sind zunächst von Gewährleistungspflichten[229] zu unterscheiden. Unter diesem Oberbegriff werden Pflichten zusammengefaßt, die sich teils auch aus Grundrechtsbestimmungen ergeben können und im einzelnen Einrichtungsgarantien, Schutzpflichten und Organisations- sowie Verfahrensgarantien enthalten und die Staatsgewalt verpflichten, ohne aber – wie bei Grundrechten erforderlich – den einzelnen zu berechtigen.

---

226 *BVerfGE* 96, 345 (365); *Pieroth*, in: Jarass/ders., GG (LitVerz.), Art. 142 RN 3 m.w.N.
227 Vgl. *BVerfGE* 84, 212 (225).
228 → Unten *Müller-Franken*, Landesgrundrechte in Hessen, § 251 RN 44 in und zu FN 122.
229 → Bd. VII/1: *Kucsko-Stadlmayer*, Allgemeine Strukturen der Grundrechte, § 187 RN 55 ff. (^{2}2014, § 3 RN 56 ff.); *Michael Holoubek*, Grundrechtliche Gewährleistungspflichten, 1997.

aa) Einrichtungsgarantien

Den Einrichtungsgarantien widmet die Verfassung von Sachsen-Anhalt neben den „Grundrechten" und den „Staatszielen" einen eigenen Abschnitt in ihrem zweiten Hauptteil „Bürger und Staat". Art. 3 Abs. 2 Verf. Sachsen-Anhalt statuiert, daß die nachfolgenden Einrichtungsgarantien das Land verpflichten, „diese Einrichtungen zu schützen sowie deren Bestand und Entwicklung zu gewährleisten". Außer in Sachsen-Anhalt enthalten auch nahezu alle anderen Landesverfassungen Einrichtungsgarantien, auch wenn diese nicht in einem eigenen Abschnitt zusammengefaßt sind. Wie Art. 3 Abs. 2 Verf. Sachsen-Anhalt deutlich macht, haben Einrichtungsgarantien insbesondere bei Ableitung aus Grundrechtsbestimmungen grundrechtsschützende und grundrechtsergänzende Funktion. Sie verstärken die subjektiven Freiheitsrechte objektivrechtlich, indem sie überkommene, vorgefundene und benötigte Substrate (beispielsweise „Eigentum"[230], „Verein") insbesondere gegen gesetzliche Beschränkungen zusätzlich abschirmen[231]. Die später geprägte „Einrichtungsgarantie"[232] umfaßt die von *Carl Schmitt* schon früher entwickelten Begriffe der institutionellen Garantie einerseits und der Institutsgarantie andererseits[233]. Hierbei werden als institutionelle Garantien die Gewährleistungen öffentlich-rechtlicher Organisationsbereiche verstanden, während Institutsgarantien Rechtsinstitute des Privatrechts „im Sinne von typischen, traditionell feststehenden Normenkomplexen und Rechtsbeziehungen"[234] meinen.

40
Gewährleistung von Bestand und Entwicklung

Exemplarisches Beispiel für institutionelle Garantien sind Bestand und Selbstverwaltung der Gemeinden und Gemeindeverbände[235], wie sie sich auch in den meisten Landesverfassungen finden[236], wobei von den Stadtstaaten (mit Ausnahme Bremens) abzusehen ist. Als typische institutionelle Garantie gilt sodann das Berufsbeamtentum, das mit diesem Begriff in den Ver-

41
Kommunale Selbstverwaltung, Berufsbeamtentum

---

230 So hat das DDR-Landwirtschaftsanpassungsgesetz v. 29. 6. 1990 (GBl. I Nr. 42, S. 642) in § 1 das „Privateigentum an Grund und Boden" ... „in vollem Umfang wiederhergestellt und gewährleistet"; vgl. auch die Neufassung v. 3. 7. 1991 (BGBl. I S. 1418).
231 Vgl. → Bd. II: *Kloepfer*, Einrichtungsgarantien, § 43 passim insb. RN 36 ff.; *de Wall*, Die Einrichtungsgarantie des Grundgesetzes als Grundlage subjektiver Rechte, in: Der Staat 38 (1999), S. 377 ff.; *Ute Mager*, Einrichtungsgarantien, 2003; *Edzard Schmidt-Jortzig*, Die Einrichtungsgarantien der Verfassung – Dogmatischer Gehalt und Sicherungskraft einer umstrittenen Figur, 1979; *Carl Schmitt*, Freiheitsrechte und institutionelle Garantien, in: ders., Verfassungsrechtliche Aufsätze aus den Jahren 1924 bis 1954, ²1973, S. 140 ff.
232 S. *Friedrich Klein*, Institutionelle Garantien und Institutsgarantien, 1934.
233 Vgl. *Carl Schmitt*, Freiheitsrechte und institutionelle Garantien der Reichsverfassung (1931), in: ders., Verfassungsrechtliche Aufsätze, ²1973, S. 140 (143); ders., Inhalt und Bedeutung des zweiten Hauptteils der Reichsverfassung, in: Anschütz/Thoma, Handbuch des deutschen Staatsrechts, Bd. II, 1932, S. 572 (595 ff.); ders., Verfassungslehre, 1928, S. 170 ff.
234 *Carl Schmitt*, Inhalt und Bedeutung des zweiten Hauptteils der Reichsverfassung aaO., S. 596 sub III 6.
235 Vgl. BVerfGE 138, 1 (18).
236 Art. 71 Verf. Baden-Württemberg; Art. 11, 83 Verf. Bayern; Art. 97 ff. Verf. Brandenburg; Art. 144 Verf. Bremen, Art. 137 f. Verf. Hessen; Art. 72 ff. Verf. Mecklenburg-Vorpommern; Art. 57 ff. Verf. Niedersachsen; Art. 78 ff. Verf. Nordrhein-Westfalen; Art. 49 f. Verf. Rheinland-Pfalz; Art. 96 Abs. 1 Verf. Thüringen; Art. 117 ff. Verf. Saarland; Art. 84 ff. Verf. Sachsen; Art. 87 ff. Verf. Sachsen-Anhalt (nicht im Abschnitt „Einrichtungsgarantien" enthalten); Art. 91 ff. Verf. Thüringen.

fassungen Baden-Württembergs²³⁷, Bayerns²³⁸, Brandenburgs²³⁹, Bremens, Hamburgs²⁴⁰, Nordrhein-Westfalens²⁴¹ und von Rheinland-Pfalz²⁴² erscheint, während einige Länder die auch von Art. 33 Abs. 4 GG gewählte Umschreibung benutzen²⁴³. Die Verfassung des Saarlandes proklamiert sogar: „Das Berufsbeamtentum wird aufrechterhalten"²⁴⁴.

42
Kirchen und Religionsgemeinschaften

Eine anerkannte institutionelle Garantie besteht schon seit der Weimarer Reichsverfassung (Art. 137 WRV) für Kirchen und Religionsgemeinschaften, denen das Verbot der Staatskirche, das Selbstverwaltungsrecht, der Körperschaftsstatus, das Steuererhebungsrecht, der Religionsunterricht als ordentliches Lehrfach der Schulen und die Erhaltung theologischer Fakultäten an den Hochschulen (Art. 149 Abs. 1 und 3 WRV) zugute kommen²⁴⁵. Während das Grundgesetz die meisten Garantien der Kirchen-Artikel der Weimarer Reichsverfassung (mit Ausnahme des Artikels 143) als „Bestandteil dieses Grundgesetzes" in Art. 140 GG übernommen hat, ist dies nicht in gleicher Weise in den Landesverfassungen geschehen. So enthalten die Verfassungen von Berlin, Hamburg, Niedersachsen und Schleswig-Holstein keine institutionelle Garantie für Religionsgemeinschaften, während sich in Baden-Württemberg (Art. 5 Verf.), Mecklenburg-Vorpommern (Art. 9 Verf.), Nordrhein-Westfalen (Art. 22 Verf.), Sachsen (Art. 109 f.), Sachsen-Anhalt (Art. 32 Verf.) und Thüringen (Art. 40 Verf.) Rezeptionen des Art. 140 GG oder Inkorporationen der Artikel 136 bis 139 und 141 WRV finden²⁴⁶. Die vorkonstitutionelle Verfassung von Bayern enthält einen eigenen Abschnitt über Religion und Religionsgemeinschaften (Art. 142 ff.), der in Art. 150 auch eine institutionelle Garantie kirchlicher Hochschulen und theologischer Fakultäten ausweist. Landesverfassungsrechtliche Garantien finden sich in den Verfassungen von Baden-Württemberg (Art. 9, 16), Brandenburg (Art. 32 Abs. 2), Hessen (Art. 60 Abs. 2 und 3), Nordrhein-Westfalen (Art. 16 Abs. 2), Rheinland-Pfalz (Art. 42), des Saarlandes (Art. 36), Sachsens (Art. 111) und Thüringens (Art. 28 Abs. 3)²⁴⁷. Für den Religionsunterricht sehen viele Landesverfassungen eine institutionelle Sicherung entsprechend der grundgesetzlichen Regelung vor²⁴⁸. Die vorkonstitutionelle Verfassung Bremens schreibt in ihrem Artikel 32 eine Unterrichtung in „biblischer Geschichte auf allgemein christlicher Grundlage" vor, den das Grundgesetz in seinem Artikel 141 („Bremer Klausel") respektiert und aufrechterhält. Ob dieser neutral gefaßte Artikel 141 GG nach der Wiedervereinigung auch für die „neuen" Länder

---

237 Art. 78 Abs. 1 Verf. Baden-Württemberg.
238 Art. 94 ff. in einem eigenen Abschnitt „Die Beamten".
239 Art. 96 Abs. 3 Verf. Brandenburg.
240 Art. 59 Abs. 2 und 3 Verf. Hamburg.
241 Art. 80 Verf. Nordrhein-Westfalen.
242 Art. 125 ff. Verf. Rheinland-Pfalz.
243 Art. 71 Abs. 4 Verf. Mecklenburg-Vorpommern; Art. 60 Verf. Niedersachsen; Art. 91 Abs. 1 Verf. Sachsen.
244 Art. 114 Abs. 1 Verf. Saarland; vgl. weiterhin Art. 113, 114 Abs. 2, 115, 116 der Verfassung.
245 → Bd. IV: *Korioth*, Freiheiten der Kirchen und Religionsgemeinschaften, § 97 RN 45 ff.
246 → Unten *Korioth*, Religiöse und weltanschauliche Freiheiten, § 236 RN 9.
247 → Unten *Korioth* aaO., RN 41.
248 Vgl. → unten *Korioth* aaO., RN 25 m.w.N.

Anwendung finden konnte, war umstritten und wohl zu verneinen, wurde aber nur für Brandenburg aktuell, das ein neues Fach „Lebensgestaltung-Ethik-Religionskunde" einführte, das dann aufgrund eines verfassungsgerichtlichen Vergleichs[249] neben dem konfessionellen Religionsunterricht weitergeführt werden konnte[250].

43
Sonn- und Feiertage

Im Zusammenhang mit den staatskirchenrechtlichen Garantien enthielt schon die Weimarer Reichsverfassung in Artikel 139 die institutionelle Garantie der Sonn- und Feiertage „als Tage der Arbeitsruhe und der seelischen Erhebung". Diese durch Art. 140 GG inkorporierte Garantie hat aufgrund der systematischen Stellung in der Weimarer Verfassung neben seiner „weltlich-sozialen auch eine religiös-christliche Bedeutung"[251]. Aus der institutionellen Garantie (vom Bundesverfassungsgericht als „Institutsgarantie" bezeichnet[252]) folgt auch ein staatlicher Schutzauftrag[253], der den Gesetzgeber verpflichtet, „eine angemessene Zahl kirchlicher Feiertage staatlich anzuerkennen"[254] und „ein Mindestniveau des Schutzes" an diesen Tagen zu gewährleisten[255]. Allerdings ist damit keine Garantie eines einzelnen Feiertages verbunden, weshalb auch (außer in Sachsen[256]) der Buß- und Bettag als Feiertag aufgehoben werden konnte. Denn der Sozialgesetzgeber hatte die Länder dazu angehalten, als Ausgleich für Sozialversicherungslasten einen gesetzlichen, auf einen Werktag fallenden Feiertag aufzuheben[257], woran sich zeigt, daß der Sozialstaat gleichsam als Krake immer stärker nicht nur auf die materielle, sondern auch auf die ideelle Individualsphäre zugreift. Art. 139 WRV haben nur die Länder Mecklenburg-Vorpommern[258], Sachsen[259], Sachsen-Anhalt[260] und Thüringen[261] übernommen. Die Landesverfassungen von Bayern (Art. 147), Hessen (Art. 53) und des Saarlandes (Art. 41) enthalten eigene, mit Art. 139 WRV nahezu übereinstimmende Regelungen; Nordrhein-Westfalen erweitert den Feiertagszweck um die „Gottesverehrung" (Art. 24 Abs. 1 der Verfassung), Rheinland-Pfalz um die der „religiösen Erbauung" (Art. 47 der Verfassung). Baden-Württemberg fügt dem Sonn- und Feiertagsschutz die Aufgabe hinzu, „die christliche Überlieferung zu wahren" (Art. 3 Abs. 1 Satz 3 der Verfassung).

Buß- und Bettag

---

249 *BVerfGE 104*, 305 (307 ff.).
250 → Unten *Korioth*, Religiöse und weltanschauliche Freiheiten, § 236 RN 28.
251 *BVerfGE 125*, 39 (80).
252 *BVerfG* (Kammer), NJW 1995, S. 3378 (3379 sub II 1).
253 *BVerfGE 125*, 39 (83 f, 90).
254 *BVerfG* (Kammer), NJW 1995, S. 3378 (3379 sub II 1).
255 *BVerfGE 125*, 39 (77).
256 Nur hier ist der Buß- und Bettag weiterhin als gesetzlicher Feiertag anerkannt; vgl. § 1 Abs. 1 des Gesetzes über Sonn- und Feiertage im Freistaat Sachsen v. 10.11.1992 (GVBl. S. 536); zuletzt geändert durch Gesetz v. 30.1.2013 (GVBl. S. 2).
257 § 58 Abs. 2 11. Buch SGB – Soziale Pflegeversicherung –.
258 Art. 9 Abs. 1 der Verfassung.
259 Art. 109 Abs. 4 der Verfassung.
260 Art. 32 Abs. 5 der Verfassung.
261 Art. 40 der Verfassung, der auf Art. 140 GG und damit nur mittelbar auf die Weimarer Kirchenrechtsartikel verweist.

44

Berlin (Art. 35 Abs. 1 der Verfassung), Brandenburg (Art. 14 Abs. 1) und Bremen (Art. 55 Abs. 3 der Verfassung) schützen Sonn- und gesetzliche Feiertage lediglich als Tage der Arbeitsruhe oder Arbeitsfreiheit, wobei Brandenburg in Art. 14 Abs. 2 seiner Verfassung die Achtung der „mit Sonn- und Feiertagen verbundenen Traditionen" fordert, während Bremen in Art. 55 Abs. 1 seiner Verfassung den 1. Mai als gesetzlichen Feiertag an die Spitze stellt und ihn zugleich – ähnlich wie Art. 25 Abs. 2 Verf. Nordrhein-Westfalen – umständlich als „Bekenntnis zu sozialer Gerechtigkeit und Freiheit, zu Frieden und Völkerverständigung" ausgibt. Eine ähnliche Deklamation enthält Art. 32 Verf. Hessen, der in seinem Satz 1 den 1. Mai als gesetzlichen Feiertag „aller arbeitenden Menschen" sieht[262].

1. Mai als Feiertag

45
Universitäten und Hochschulen

Den Staat trifft schon von Grundgesetzes wegen eine der institutionellen Garantie vergleichbare objektiv-rechtliche Einstandspflicht[263] für „funktionsfähige Institutionen eines freien universitären Wissenschaftsbetriebs"; er hat durch organisatorische Maßnahmen für eine möglichst freie wissenschaftliche Betätigung zu sorgen[264]. Diese Garantie ist auch nahezu allen Landesverfassungen zu entnehmen[265], wobei vielfach das Selbstverwaltungsrecht eingeräumt[266] wird sowie Förderung[267] und sogar Bestand[268] zugesichert werden.

46
Privatschulen

Klassische institutionelle Garantie ist weiterhin die Privatschule[269] als Ersatzschule[270]. Sie wird vom Bundesverfassungsgericht ausdrücklich als „eine für das Gemeinwesen notwendige Einrichtung" anerkannt, deren „Bestand und eine ihrer Eigenart entsprechende Verwirklichung" gewährleistet sind[271]. Die von der Rechtsprechung[272] den Privatschulen zugebilligten Leistungsansprü-

---

262 Der 1. Mai wurde bereits in der Weimarer Republik einmal für den 1. Mai 1919 als Feiertag anerkannt. Er wurde dann durch Gesetz v. 10. 4. 1933 „über die Einführung eines Feiertags der nationalen Arbeit" durch die Reichsregierung *Hitler* zum Feiertag erklärt. Das Gesetz über die Feiertage v. 27. 2. 1934 (RGBl. I S. 124) erklärte den 1. Mai dann zum „Nationalen Feiertag des deutschen Volkes".
263 → Bd. II: *Kloepfer*, Einrichtungsgarantien, § 43 RN 55.
264 *BVerfGE 136*, 338 (362 RN 55).
265 Vgl. Art. 20, 85 Verf. Baden-Württemberg; Art. 138 Verf. Bayern; Art. 21 Verf. Berlin; Art. 31, 32 Verf. Brandenburg; Art. 34 Verf. Bremen; Art. 60, 61 Verf. Hessen; Art. 16 Verf. Mecklenburg; Art. 5 Verf. Niedersachsen; Art. 16 Abs. 1 Verf. Nordrhein-Westfalen; Art. 39 Verf. Rheinland-Pfalz; Art. 33 Verf. Saarland; Art. 107 Verf. Sachsen; Art. 31 Verf. Sachsen-Anhalt; Art. 13 Abs. 1 Verf. Schleswig-Holstein; Art. 28 Verf. Thüringen; Art. 5 Abs. 3 GG.
266 Art. 20 Satz 2 Verf. Baden-Württemberg; Art. 138 Abs. 2 Verf. Bayern; Art. 32 Abs. 1 Verf. Brandenburg; Art. 60 Abs. 1 Satz 2 Verf. Hessen; Art. 5 Abs. 3 Verf. Niedersachsen; Art. 16 Abs. 1 Verf. Nordrhein-Westfalen; Art. 39 Abs. 1 Satz 1 Verf. Rheinland-Pfalz; Art. 33 Abs. 2 Satz 1 Verf. Saarland; Art. 107 Abs. 2 Verf. Sachsen; Art. 31 Abs. 2 Verf. Sachsen-Anhalt; Art. 28 Abs. 1 Satz 2 Verf. Thüringen.
267 Art. 140 Abs. 1 Verf. Bayern; Art. 16 Abs. 1 bis 3 Verf. Mecklenburg-Vorpommern; Art. 5 Abs. 1 und 2 Verf. Niedersachsen; Art. 18 Abs. 1 Verf. Nordrhein-Westfalen; Art. 31 Abs. 1 Satz 1 Verf. Sachsen-Anhalt; Art. 13 Abs. 1 Verf. Schleswig-Holstein.
268 Art. 85 Verf. Baden-Württemberg.
269 Art. 14 Abs. 2 Satz 3, 4 Verf. Baden-Württemberg; Art. 134 Verf. Bayern; Art. 30 Abs. 6 Verf. Brandenburg; Art. 29 Abs. 1 Verf. Bremen; Art. 61 Verf. Hessen; Art. 4 Abs. 3 Verf. Niedersachsen; Art. 8 Abs. 4 Verf. Nordrhein-Westfalen; Art. 30 Verf. Rheinland-Pfalz; Art. 28 Verf. Saarland; Art. 102 Abs. 3, Art. 108 Abs. 2 Verf. Sachsen; Art. 28 Verf. Sachsen-Anhalt; Art. 26 Verf. Thüringen.
270 Vgl. *BVerfGE 6*, 309 (355); *75*, 40 (62, 67).
271 *BVerfGE 112*, 74 (83).
272 Vgl. *BVerwGE 27*, 360 (362 f.); *79*, 154 (156); *BVerfGE 75*, 40 (62, 67); *90*, 107 (114 f., 117, 120); *LVerfG Mecklenburg-Vorpommern*, DVBl. 2001, S. 1753.

che sind im Schrifttum auf berechtigte Kritik gestoßen[273], weil Institutionenschutz Freiheit sichern, aber nicht Leistung vermitteln will und Freiheitsrechte grundsätzlich nicht zu Leistungen berechtigen. Der Versuchung des Institutionellen ist das Bundesverfassungsgericht schließlich beim öffentlich-rechtlichen Rundfunk erlegen, dem es eine „Grundversorgung" zubilligt[274].

Als privatrechtliche Institute werden die auch in den Landesverfassungen[275] geschützten Einrichtungen „Ehe und Familie" einschließlich des elterlichen Erziehungsrechts anerkannt. Wenn Berlin für „andere auf Dauer angelegte Lebensgemeinschaften" einen Anspruch auf Schutz vor Diskriminierung in Art. 12 Abs. 2 seiner Verfassung statuiert, so wird damit schon wegen der Vagheit des Begriffs keine Institutsgarantie, sondern lediglich Diskriminierungsschutz gewährt. Dasselbe gilt für die in Art. 26 Abs. 2 Verf. Brandenburg geregelten anderen „auf Dauer angelegte[n] Lebensgemeinschaften" – auch deshalb, weil diese nicht als solche anerkannt werden, sondern lediglich deren Schutzbedürftigkeit bejaht wird. Aus mehreren Gründen ist Art. 21 Verf. Bremen verfassungsrechtlich bedenklich. Er weist Ehe und Familie als „Grundlage des Gemeinschaftslebens" aus und sagt ihnen „darum" einen „Anspruch auf den Schutz und die Förderung des Staates" zu; aber im nächsten Absatz wird die „eingetragene Lebenspartnerschaft" „der Ehe in diesem Sinne" gleichgestellt. Damit soll „gleich" sein, was in Wirklichkeit ungleich ist. Gerade im Hinblick auf die „Grundlage des Gemeinschaftslebens" unterscheidet sich die homosexuelle Partnerschaft von der heterosexuellen Ehe dadurch, daß bei ersterer die Zeugung und Heranziehung von Kindern von vornherein biologisch ausgeschlossen ist, weshalb derartige Verbindungen nichts zur erforderlichen Reproduktion der Gemeinschaft beitragen können. Aus diesem Grunde ist die eingetragene Partnerschaft auch weniger förderungswürdig und förderungsbedürftig, weil sie einen Ausgleich für den materiellen und ideellen Aufwand einer Kindererziehung nicht benötigt. Darüber hinaus verstößt eine so weitgehende Gleichstellung der eingetragenen Lebenspartnerschaft mit der Ehe gegen den in Art. 6 Abs. 1 GG zugesagten „besonderen Schutz" für Ehe und Familie. Denn hieraus ergibt sich nicht nur

47
Ehe und Familie

---

273 Vgl. *Barion*, DÖV 1967, S. 516; *Menger/Erichsen*, VerwArch. 57 (1966), S. 377f.; *H. Weber*, NJW 1966, S. 1798; *H.P. Ipsen*, VVDStRL 25 (1967), S. 268f.; *v. Campenhausen*, Erziehungsauftrag und staatliche Schulträgerschaft, 1967, S. 75; *Kloepfer/Meßerschmidt*, Privatschulfreiheit und Subventionsabbau, DVBl. 1983, S. 193 (197).
274 *BVerfGE 83*, 238; zur Bestands- und Entwicklungsgarantie *E 73*, 118 (158); *74*, 297 (324f.); *83*, 238 (298f.); *90*, 60 (91); zur Finanzierungsgarantie *E 87*, 181 (198); *90*, 60 (92); a.A. *Bettermann*, Rundfunkfreiheit und Rundfunkorganisation, DVBl. 1963, S. 41ff.; *Merten*, Art. Massenmedien I bis III, in: Evangelisches Staatslexikon, 3. Aufl., Sp. 2086ff.; kritisch auch *Oppermann*, JZ 1994, S. 499 (500).
275 Art. 2 Abs. 1 i.V.m. Art. 6 GG, Art. 12 Abs. 2, Art. 15 Abs. 3 Verf. Baden-Württemberg; Art. 124, 126 Verf. Bayern; Art. 12 Abs. 1 und Abs. 3 bis 7 Verf. Berlin; Art. 26 Abs. 1, 27 Abs. 2 Verf. Brandenburg; Art. 21 Abs. 1, 23 Verf. Bremen; Art. 4 Verf. Hessen; Art. 5 Abs. 3 i.V.m. Art. 6 GG Verf. Mecklenburg-Vorpommern; Art. 3 Abs. 2 i.V.m. Art. 6 GG Verf. Niedersachsen; Art. 5, 8 Abs. 1 Verf. Nordrhein-Westfalen; Art. 23, 25, 27 Abs. 1 Verf. Rheinland-Pfalz; Art. 22 bis 24 Verf. Saarland; Art. 22 Verf. Sachsen; Art. 24 (im Abschn. „Einrichtungsgarantien"), Art. 11 Verf. Sachsen-Anhalt; Art. 3 i.V.m. Art. 6 GG Verf. Schleswig-Holstein; Art. 17, 18, 21 Verf. Thüringen.

ein Diskriminierungsverbot, sondern auch ein Privilegierungsgebot[276]. Eine die Ehe privilegierende Institutsgarantie schließt es aber aus, ein der Ehe entsprechendes, lediglich unter einem anderen Namen firmierendes Institut für gleichgeschlechtliche Paare einzuführen[277]. Da Art. 21 Verf. Bremen ungeachtet seines im Wortlaut enthaltenen „Anspruch[s]" kein Grundrecht, sondern nur eine staatliche Schutz und Förderpflicht ohne subjektiv-rechtlichen Charakter enthält und Art. 142 GG daher nicht einschlägig ist, verstößt diese Regelung Bremens bei einer an Wortlaut und Sinn des Art. 6 Abs. 1 GG orientierten Auslegung gegen das Grundgesetz.

48
Eigentum und Erbrecht

Die grundgesetzlichen Institutsgarantien für „Eigentum" und „Erbrecht"[278] sind auch in den meisten Landesverfassungen als solche anerkannt[279]. Gegen Eigentum in Form von (Groß-)Grundbesitz und Produktionsmittel haben viele vorkonstitutionelle Verfassungen Aversionen, indem sie beispielsweise im Großgrundbesitz „nach geschichtlicher Erfahrung" die Gefahr der Begünstigung militaristischer Bestrebungen sehen[280], Produktionsmittel in Gemeineigentum (gegebenenfalls auch ohne Entschädigung) überführen und Grundbesitz verteilen wollen[281]. Alle diese Vorschriften enthalten keine Grundrechte, sondern stellen im Gegenteil Beschränkungsmöglichkeiten dar, so daß eine Anwendung von Art. 142 GG von vornherein ausscheidet und Regelungen über Sozialisierung und Überführung in Gemeineigentum nur nach Maßgabe des Art. 31 GG in Kraft bleiben. Da Art. 15 GG jedoch nur eine *Ermächtigung* zur Überführung in Gemeinwirtschaft, jedoch keinen Auftrag dazu enthält[282], sind Sozialisierungs*gebote* in Landesverfassungen nichtig. Dies folgt zusätzlich daraus, daß den erwähnten Vorschriften der Landesverfassungen eine in Art. 15 Abs. 1 Satz 2 GG vorgesehene verfassungsgesetzliche Junktimklausel, das heißt eine gleichzeitige Regelung von Enteignung und deren Entschädigung fehlt oder diese sogar die Versagung einer Entschädigung gestatten, wenn „Unternehmen auf Kosten der Allgemeinheit, insbesondere aus Kriegsgewinnen, entstanden oder erweitert sind"[283]. Aus diesem Grunde sind Art. 42 Abs. 1 und Art. 44 Verf. Bremen nichtig, was wohl auch für Art. 13

---

276 Vgl. *BVerfGE 6*, 55 (76); *55*, 114 (126); *Merten*, Eheliche und nichteheliche Lebensgemeinschaften, in: Isensee/Lecheler, Freiheit und Eigentum, FS für Walter Leisner zum 70. Geburtstag, 1999, S. 615 (619 sub II 4).
277 S. die abweichende Meinung des Richters *Papier* zu *BVerfGE 105*, 313 aaO., S. 357 (359).
278 *BVerfGE 93*, 165 Ls. 3 (175): Erbrechtsgarantie als „Rechtseinrichtung".
279 Vgl. *zum Eigentum* Art. 103 Abs. 1 Verf. Bayern; Art. 23 Abs. 1 Satz 1 Verf. Berlin; Art. 41 Abs. 1 Satz 1 Verf. Brandenburg; Art. 13 Abs. 1 Satz 3 Verf. Bremen; Art. 45 Abs. 1 Satz 1 Verf. Hessen; Art. 60 Abs. 1 Satz 1 Verf. Rheinland-Pfalz; Art. 18 Abs. 1 Verf. Saarland; Art. 31 Abs. 1 Satz 1 Verf. Sachsen; Art. 18 Abs. 1 Verf. Sachsen-Anhalt; Art. 34 Abs. 1 Satz 1 Verf. Thüringen. Vgl. *zum Erbrecht* Art. 103 Abs. 1 Verf. Bayern; Art. 41 Abs. 1 Satz 1 Verf. Brandenburg; Art. 13 Abs. 1 Satz 3 Verf. Bremen; Art. 45 Abs. 4 Satz 1 Verf. Hessen; Art. 60 Abs. 1 Satz 3 Verf. Rheinland-Pfalz; Art. 18 Abs. 2 Verf. Saarland; Art. 31 Abs. 1 Satz 1 Verf. Sachsen; Art. 18 Abs. 1 Verf. Sachsen-Anhalt; Art. 34 Abs. 1 Satz 1 Verf. Thüringen.
280 Vgl. Art. 42 Abs. 1 Verf. Hessen; s. hierzu auch oben FN 38.
281 Vgl. Art. 42 ff. Verf. Bremen; Art. 39 ff. Verf. Hessen; vgl. ferner Art. 160 Abs. 2 Verf. Bayern; Art. 41 Abs. 5 Verf. Brandenburg; Art. 27 Verf. Nordrhein-Westfalen; Art. 61 Verf. Rheinland-Pfalz; Art. 52 Verf. Saarland.
282 *BVerfGE 12*, 354 (363 f.); *Jarass*, in: ders./Pieroth, GG (LitVerz.), Art. 15 RN 1; *Stern*, Staatsrecht (LitVerz.), Bd. IV/1, § 113 X 2 a, S. 2302 f. (*Dietlein*).
283 Vgl. Art. 44 Verf. Bremen.

Abs. 2 Verf. Bremen gilt[284]. Auch die in Art. 41 Verf. Hessen angeordnete Sofortsozialisierung ist im Hinblick auf Art. 15 GG wegen Art. 31 GG nichtig[285]. Im Hinblick auf das Grundrecht und die Institutsgarantie des Eigentums (Art. 14 GG) ist ferner Art. 42 Verf. Hessen gemäß Art. 31 GG nichtig, insbesondere weil die Entschädigung gemäß Art. 39 Abs. 4 Verf. Hessen nur „nach sozialen Gesichtspunkten" geregelt werden soll und bei „festgestelltem Mißbrauch wirtschaftlicher Macht" sogar zu versagen ist. Fehlen die Voraussetzungen des Art. 14 Abs. 3 GG bei einer Enteignung oder einer Sozialisierung, so ist nicht nur die unzureichende Entschädigungsregelung unwirksam, sondern trifft diese Folge die gesamte Regelung. Unabhängig davon widerspricht beispielsweise Art. 42 Abs. 4 Verf. Hessen der Eigentumsgarantie, wenn „Grundbesitz, den sein Eigentümer einer ordnungsgemäßen Bewirtschaftung entzieht, ... nach näherer gesetzlicher Bestimmung eingezogen werden" kann. Gerade Eigentumsbeschränkungen oder Eigentumsentziehungen müssen auch hinsichtlich der Rechtsfolgen klar umrissen und für den einzelnen vorausehbar und bestimmt sein; der einzelne bedarf, um „frei und selbstverantwortlich leben zu können und um nicht zum bloßen Objekt einer übermäßigen Staatsgewalt zu werden, also um seiner Freiheit und Würde willen, einer rechtlich streng gesicherten Sphäre des Eigentums"[286]. Institute und Institutionen werden um der individuellen Freiheit willen gesichert, so daß sie der Freiheit dienen und diese nicht umgekehrt zur Dienerin von Institutionen werden darf[287]. Auch die Erbrechtsgarantie schützt „in erster Linie den Freiheitsraum des Erblassers", weshalb „die Regelung der gesetzlichen Erbfolge im Interesse des Erblassers ausgerichtet sein" muß[288].

Als Einrichtungsgarantie hat das Bundesverfassungsgericht auch die („freie") „Presse" angesehen[289]. Unter dem „Nebel des Institutionellen"[290] darf sich aber die eigentlich grundrechtsstützende Lehre von den Einrichtungsgarantien nicht in eine grundrechtsgefährdende oder gar grundrechtsaushöhlende Theorie verkehren[291], die die Grundrechte zu einem subjektlosen Normengefüge verformt[292]. In diesem Sinne spricht *Helmut Ridder*[293] der Meinungsäußerung von Mitarbeitern in Presseorganen den „traditionellen Schutz der individuellen Meinungsfreiheit" ab, weil die Institution die Staatsfreiheitssphäre des Individuums verkürze, so daß die „öffentliche" Meinungsfreiheit

49
Presse

---

284 → Unten *Hase*, Landesgrundrechte in Bremen, § 249 RN 17 m.w.N.
285 → Unten *Müller-Franken*, Landesgrundrechte in Hessen, § 251 RN 29.
286 *BGHZ (GSZ) 6*, 270 (276).
287 Vgl. hierzu auch *H.H. Rupp*, Die Unterscheidung von Staat und Gesellschaft, HStR ³II, § 31 RN 36 insb. in und zu FN 94.
288 *BVerfGE 91*, 346 (358f.).
289 *BVerfGE 10*, 118 (121); *12*, 205 (260); *20*, 162 (175); *25*, 256 (268); *62*, 230 (243); *66*, 116 (133); *BVerfG* (Kammer), NJW 2001, S. 507 sub 1 a.
290 *Bettermann*, DVBl. 1963, S. 43 sub II 2; ähnlich *Dürig*, VVDStRL 30 (1972), S. 155: „wolkig Institutionelles".
291 Vgl. hierzu auch *E.W. Böckenförde*, Grundrechtstheorie und Grundrechtsinterpretation, NJW 1974, S. 1529 (1532 f.).
292 Kritisch auch *Dürig*, in: Maunz/ders./Herzog, GG, Art. 1 Abs. 3 RN 98 (3. Aufl.); *Ossenbühl*, NJW 1976, S. 2100 (2103 f. sub II 3); *R. Scholz*, Koalitionsfreiheit als Verfassungsproblem, 1971, S. 237 ff.
293 In: GR. II, 1954, S. 259 und 269.

keine subjektiven Freiheitsrechte, sondern lediglich Rechtsreflexe verleihe. In diese Richtung zielt auch Art. 19 Abs. 2 Satz 2 Verf. Brandenburg, wonach durch gesetzliche Verfahrensregelungen sicherzustellen ist, „daß die Vielfalt der in der Gesellschaft vorhandenen Meinungen in Presse und Rundfunk zum Ausdruck kommt". Hierdurch wird Pressefreiheit nicht gesichert, sondern über das nach Art. 5 Abs. 2 GG zulässige Maß hinaus eingeschränkt. Denn im Zentrum der Pressefreiheit steht das Recht, „Art und Ausrichtung, Inhalt und Form eines Publikationsorgans frei zu bestimmen"[294]. Freie Berichterstattung schließt es aus, daß „bestimmte Gegenstände oder Darbietungsweisen ... vorgegeben ... [oder] entzogen" werden. Die Presse muß mitnichten „die Vielfalt der in der Gesellschaft vorhandenen Meinungen" wiedergeben, sondern kann sich sowohl bestimmten Bereichen wie Sport oder Gesellschaftsklatsch, Lokalem oder Internationalem widmen oder sich sogar vorzugsweise einer bestimmten politischen Richtung oder Ideologie verschreiben. Hiermit steht Art. 19 Abs. 2 Satz 2 Verf. Brandenburg jedenfalls hinsichtlich privater Massenmedien in Widerspruch. Denn Pressefreiheit findet abgesehen vom Jugend- und Ehrenschutz ihre Schranken nur in den Vorschriften der allgemeinen Gesetze, die nach richtiger Ansicht „Sonderrecht" gegen Meinungs- und Medienfreiheit gerade verbieten[295]. Da aber die Verfassung von Brandenburg in ihrem Artikel 19 Abs. 2 beschränkendes Sonderrecht für Massenmedien vorsieht, ist diese Bestimmung wegen Verstoßes gegen Art. 31 GG nichtig.

50
Ziel der Einrichtungsgarantien

Insgesamt wollen Einrichtungsgarantien bestimmte Institute oder institutionelle Garantien um der grundrechtlichen Freiheit willen schützen, wobei sich dieser Schutz auf die Institution als solche, nicht auf einzelne Träger oder Destinatäre bezieht. So folgt aus der Garantie der gemeindlichen Selbstverwaltung kein Existenzrecht einzelner Gemeinden, aus dem Institut staatlicher Feiertage keine Bestandsgarantie für einen bestimmten Feiertag. Allerdings bedeutet institutionelle Sicherung den Schutz der Einrichtungen in ihrer traditionellen Ausgestaltung, so daß beispielsweise nicht alle kirchlichen Feiertage und damit das Institut selbst beseitigt werden dürfen[296].

bb) Schutzpflichten

aaa) Explizite Schutzpflichten

51
Vielfältige Schutzobjekte

Das Grundgesetz, vor allem aber auch die Landesverfassungen enthalten für bestimmte Rechtsgüter ausdrückliche (explizite) Schutzpflichten. So wird der Schutz der Menschenwürde ausdrücklich als „Verpflichtung aller staatlichen Gewalt" statuiert[297]. Ehe und Familie genießen teilweise den „besonderen

---

[294] *BVerfGE 101*, 361 (389) unter Hinweis auf *E 20*, 162 (174ff.); *52*, 283 (296); *66*, 116 (133); *80*, 124 (133f.); *95*, 28 (35).
[295] Hierzu *Bettermann*, Die allgemeinen Gesetze als Schranken der Pressefreiheit, JZ 1964, S. 601 (603 r.Sp.), auch in: Merten/Papier/Schmidt/Zeuner (Hg.), *Karl August Bettermann*, Staatsrecht-Verfahrensrecht-Zivilrecht, 1988, S. 215 (222).
[296] *BVerfG* (Kammer), NJW 1995, S. 3378 (3379).
[297] Art. 100 Satz 2 Verf. Bayern; ebenso Art. 6 Satz 2 Verf. Berlin; ähnlich Art. 7 Satz 2 Verf. Brandenburg; Art. 5 Abs. 1 Hs. 2 Verf. Mecklenburg-Vorpommern; Art. 14 Abs. 1 Satz 2 Verf. Sachsen; Art. 4 Abs. 1 Satz 2 Verf. Sachsen-Anhalt; Art. 1 Abs. 1 Satz 2 Verf. Thüringen, der den Schutz ausdrücklich auf die Würde „im Sterben" erstreckt.

Schutz"²⁹⁸ des Staates. Darüber hinaus ist die Mutter vielfach Gegenstand staatlichen Schutzes und staatlicher Fürsorge²⁹⁹. Nach Art. 54 Verf. Bremen und Art. 30 Abs. 2 Verf. Hessen sollen durch Gesetz „Einrichtungen zum Schutze der Mütter und Kinder" geschaffen werden. Insbesondere die mit der Wiedervereinigung entstandenen Länder sind schutzfreudig. So sollen ethnische Minderheiten³⁰⁰, Alte und Behinderte³⁰¹, Kinder und Jugendliche³⁰², aber auch Kunst, Kultur und Sport³⁰³ sowie Denkmale der Natur und Kultur³⁰⁴ geschützt werden. In barocker Kasuistik will Art. 12 Abs. 2 Verf. Mecklenburg-Vorpommern die Landschaft nicht nur als solche, sondern „mit ihren Naturschönheiten, Wäldern, Fluren und Alleen, die Binnengewässer und die Küste mit den Haff- und Boddengewässern schützen und pflegen".

Schutzpflichten gewähren Schutz vor dem Staat und durch den Staat. Danach obliegen diesem Verhaltenspflichten, die sich in (negatorische) Handlungsverbote (Unterlassungspflichten) sowie in (positive) Handlungsgebote gliedern. Handlungsverbote untersagen dem Staat, beispielsweise die Ehe zu schädigen oder als Arbeitgeber Schwangeren zu kündigen³⁰⁵. Handlungsgebote heischen aktives Tun und gegebenenfalls Förderung³⁰⁶. Schutzpflichten gebieten es ferner, Rechtsgüter (Menschenwürde, Ehe, Familie, Mutterschaft) gegen Angriffe oder Handlungen Dritter zu sichern (Drittschutz). Allerdings verleiht dieser dem Grundrechtsträger keine unmittelbaren Ansprüche gegen Dritte, sondern ist durch den Staat vermittelter, also mittelbarer Drittschutz³⁰⁷. Dieser verpflichtet den Staat gegebenenfalls zum Erlaß gesetzlicher Regelungen. So untersagt die grundrechtliche Schutzpflicht für die Mutter nicht nur dem Staat, Schwangeren zu kündigen, sondern verpflichtet ihn auch, (privaten) Arbeitgebern eine Kündigung zu untersagen³⁰⁸.

52
Handlungsgebote und -verbote für den Staat

bbb) Implizite Schutzpflichten

Ist den expliziten Schutzpflichten ein ausdrücklicher staatlicher Schutzauftrag eigen, so fehlt dieser den impliziten Schutzpflichten. Dem Grundgesetz mangelt auch ein ausdrückliches Recht auf „Freiheit und Sicherheit", wie es Art. 5 Abs. 1 EMRK gewährt. Zwar wurde im Parlamentarischen Rat ein „Recht auf Sicherheit" erörtert. Eine Aufnahme in das Grundgesetz scheiterte aber daran, daß keine Einigkeit darüber erzielt werden konnte, welche Minderheit

53
Allgemeine und grundrechtliche Schutzpflicht

---

298 Art. 124 Abs. 1 Verf. Bayern; Art. 12 Abs. 1 Verf. Berlin; Art. 4 Verf. Hessen; Art. 5 Abs. 1 Satz 2 Verf. Nordrhein-Westfalen; Art. 23 Abs. 1 Verf. Rheinland-Pfalz; Art. 22 Verf. Saarland; Art. 22 Abs. 1 Verf. Sachsen; Art. 24 Abs. 1 Verf. Sachsen-Anhalt; Art. 17 Abs. 1 Verf. Thüringen. Mit einem (einfachen) Schutz lassen es Art. 26 Abs. 1 Satz 1 Verf. Brandenburg und Art. 21 Abs. 1 Verf. Bremen bewenden.
299 Art. 125 Abs. 1 Satz 3 Verf. Bayern; Art. 12 Abs. 6 Verf. Berlin; Art. 23 Abs. 1 Verf. Saarland; Art. 22 Abs. 5 Verf. Sachsen; Art. 17 Abs. 3 Verf. Thüringen.
300 Vgl. Art. 6 Abs. 1 Verf. Sachsen; Art. 37 Abs. 1 Verf. Sachsen-Anhalt.
301 Vgl. Art. 7 Abs. 2 Verf. Sachsen; Art. 38 Satz 1 Verf. Sachsen-Anhalt.
302 Vgl. Art. 9 Abs. 1 Verf. Sachsen; Art. 24 Abs. 3 und 4 Verf. Sachsen-Anhalt.
303 Vgl. Art. 36 Verf. Sachsen-Anhalt.
304 Vgl. Art. 11 Abs. 3 Satz 1 Verf. Sachsen; Art. 36 Verf. Sachsen-Anhalt.
305 Vgl. *BVerfGE 85*, 360 Ls. 1.
306 Vgl. *BVerfGE 6*, 55 (76); *24*, 119 (135); *31*, 58 (67); *80*, 81 (93).
307 Vgl. *BVerfGE 1*, 97 (104).
308 Vgl. *BVerfGE 32*, 273 (277); *52*, 357 (365f.).

dieses Recht haben sollte[309]. Zwar hat sich eine allgemeine Schutzpflicht des Staates seit den Bürgerkriegen des 16. und 17. Jahrhunderts als Staatsaufgabe herausgebildet, so daß es für *Christian Wolff*[310] Sache des Staates ist, die innere Ruhe ohne „Furcht vor Unrecht oder Rechtsverletzung" sowie die Sicherheit ohne „Furcht vor äußerer Gewalt" zu gewährleisten[311]. Nach dem Preußischen Allgemeinen Landrecht obliegt dem Staatsoberhaupt die Pflicht, „sowohl die äußere als innere Ruhe und Sicherheit zu erhalten und einen Jeden bey den Seinigen gegen Gewalt und Störung zu schützen"[312] sowie „für die Sicherheit seiner Unterthanen in Ansehung ihrer Personen, ihrer Rechte und ihres Vermögens zu sorgen"[313]. Die Garantie der äußeren und inneren Sicherheit und des Rechtsfriedens findet als Staatsaufgabe Eingang in die deutsche Bundesakte von 1815 (Art. 2) und die Präambel der Reichsverfassung von 1871. Art. 99 Verf. Bayern bestimmt in Satz 2, daß der Schutz der Einwohner „gegen Angriffe von außen ... durch das Völkerrecht, nach innen durch die Gesetze, die Rechtspflege und die Polizei" gewährleistet ist, weshalb das Bundesverfassungsgericht zu Recht „die Sicherheit des Staates als verfaßter Friedens- und Ordnungsmacht und die von ihm zu gewährleistende Sicherheit seiner Bevölkerung" als „Verfassungswerte" qualifiziert, die „unverzichtbar sind, weil die Institution Staat von ihnen die eigentliche und letzte Rechtfertigung herleitet"[314]. *Georg Jellinek*[315] schlägt dann den Bogen von der allgemeinen zur grundrechtlichen Schutzpflicht, indem er den Staat als „Schutzanstalt" der allgemeinen Menschenrechte bezeichnet.

54
Absolute Rechte als Grundlage des Drittschutzes

Der grundrechtsdogmatische Ansatz für grundrechtliche Schutzpflichten findet sich in den Grundrechtsbestimmungen, die in ihrer klassischen Ausprägung essentielle Rechtsgüter des einzelnen sichern, die zugleich absolute Rechte im zivilrechtlichen Sinne sind. Für diese ist charakteristisch, daß niemand in die Rechtsherrschaft des Berechtigten eingreifen darf und jedermann sie zu beachten hat, so daß sie erga omnes wirken[316]. Gewährt der Staat diesen absoluten Grundrechten Grundrechtsschutz und macht er sie als „freiheitliche demokratische Grundordnung" sogar zum Staatsfundament, so muß er sie notwendigerweise nicht nur vor sich selbst, sondern vor jedermann schützen. Als Abwehrrechte hindern diese Grundrechte Staatseingriffe, verpflichten die staatliche Gewalt aber zugleich, diese grundrechtlich geschützten Güter vor privaten Übergriffen zu bewahren. Diese Pflicht hat historische Tradition. Schon Art. 4 der französischen Menschenrechtserklärung von 1789 statuierte

---

309 Vgl. hierzu *Matz*, in: JöR NF 1 (1951), S. 62 f.
310 Grundsätze des Natur- und Völkerrechts, worin alle Verbindlichkeiten und alle Rechte aus der Natur des Menschen in einem beständigen Zusammenhange hergeleitet werden, Halle 1754, ND 1980, § 972, S. 697.
311 Vgl. auch schon *Locke*, der den Schutz von Personen, Freiheit und Eigentum als Zweck des Staates bezeichnet: Two treatises of Government, Book II, chap. IX, § 131: „To preserve himself his liberty and property".
312 § 2 II 13 ALR.
313 § 1 II 17 ALR.
314 *BVerfGE* 49, 24 (56 f.); *BVerwGE* 49, 202 (209).
315 Adam in der Staatslehre, in: *ders.*, Ausgewählte Schriften und Reden, Bd. II, 1911, S. 23 (35).
316 *Wolf/Neuner*, Allgemeiner Teil des bürgerlichen Rechts (FN 148), § 20 RN 51 ff.; *Heinrich Hubmann*, Das Persönlichkeitsrecht, ²1967, S. 120.

das alterum non laedere-Prinzip als Freiheitsschranke[317] und sicherte in Artikel 2 als natürliche und unveräußerliche Menschenrechte „la liberté, la propriété, la sûreté et la résistance à l'oppression"; das Allgemeine Landrecht verbot, einen anderen, „ohne Recht an seiner Ehre, Gesundheit, Leib, Leben, Freiheit oder Vermögen [zu] beschädigen oder [zu] kränken"[318] und bezeichnete es als „natürliche Freyheit, sein eignes Wohl ohne Kränkung der Rechte eines Andern suchen und befördern zu können"[319]. Konsequenterweise sieht daher auch das Bundesverfassungsgericht „Grundrechte und grundrechtsgleiche Rechte Dritter" als „kollidierendes Verfassungsrecht" mit der Folge an, daß dieses selbst die im Grundgesetz vorbehaltlos gewährte Grundrechtsbetätigung anderer einschränkt[320].

55
Staatlicher Ausgleich wechselseitiger Rechte

Abwegig ist daher die These, daß grundrechtliche Schutzpflichten – selbst im Falle der Ableitung staatlicher Strafpflichten – „die Funktion der Grundrechte in ihr Gegenteil" verkehren und somit „unter der Hand aus einem Hort der Freiheitssicherung zur Grundlage einer Fülle von freiheitsbeschränkenden Reglementierungen werden"[321]. Betrachtet man die Grundrechte in ihrer Gesamtheit, so ist augenfällig, daß Freiheitsgebrauch notwendigerweise auch zu Freiheitskollisionen führen muß und daß der Staat im Interesse der Grundrechte der einen notwendigerweise die Freiheiten anderer reglementieren muß. Aufgabe des Staates ist es, wie Art. 1 Abs. 2 Satz 2 Verf. Baden-Württemberg zutreffend formuliert, „durch Gesetz und Gebot einen Ausgleich der wechselseitigen Rechte und Pflichten" zu bewirken. So gewährleisten auch die meisten Landesverfassungen in der Tradition der französischen Menschenrechtserklärung die allgemeine Handlungsfreiheit nur insoweit, als sie die „Rechte anderer" nicht verletzt[322].

56
Schutzpflichten als zusätzliche Dimension

Stellen die grundrechtlichen Schutzpflichten eine zusätzliche Dimension dar, die aus den einzelnen Grundrechtsbestimmungen gewonnen wird, so kommt grundsätzlich jedes Freiheitsrecht für eine derartige Ableitung in Betracht[323]. Entscheidend für die Herleitung einer Schutzpflicht ist es, ob das einzelne Grundrecht einen absoluten und allwirksamen oder nur einen relativen, auf

---

317 Article 4: „La liberté consiste à pouvoir faire tout ce qui ne nuit pas à autrui".
318 § 509 II 20 ALR; vgl. auch dessen § 93 Einl.
319 § 83 Einl. ALR.
320 BVerfGE 139, 19 (49 f. RN 59) unter Hinweis auf E 30, 173 (191 ff.); 93, 1 (21); 108, 282 (297).
321 So die abweichende Meinung der Richterin Rupp-v. Brünneck und des Richters Dr. Simon zu BVerfGE 39, 1, abgedr. aaO., S. 68 (73 sub A II 1).
322 Art. 101 Verf. Bayern („was anderen nicht schadet"); Art. 7 Verf. Berlin; Art. 10 Verf. Brandenburg; Art. 3 Abs. 1 Satz 2 Verf. Bremen; Art. 2 Abs. 1 Verf. Hessen; Art. 15 Verf. Sachsen; Art. 5 Abs. 1 Verf. Sachsen-Anhalt; Art. 3 Abs. 2 Verf. Thüringen.
323 *Isensee*, HStR ³IX, § 191 RN 181; *ders.*, Das Grundrecht auf Sicherheit, 1982, S. 27; *Erichsen*, Grundrechtliche Schutzpflichten in der Rechtsprechung des Bundesverfassungsgerichts, in: Jura 1997, S. 85 (86); *Sachs*, GG (LitVerz.), Vor Art. 1 GG RN 35; *Dietlein*, Die Lehre von den grundrechtlichen Schutzpflichten, 1992, S. 30 und 51 ff.; *P. Unruh*, Zur Dogmatik der grundrechtlichen Schutzpflichten, 1996, S. 56 f.; *Pitzrack*, Die Schutzpflicht im verfassungsrechtlichen Kontext, in: JuS 1994, S. 748 ff.; *Alexy*, Theorie der Grundrechte, 1985, S. 71 ff.; *Böckenförde*, Grundrechte als Grundsatznormen, in: Der Staat 29 (1990), S. 1, 12; *Sommermann*, in: v. Mangoldt/Klein/Starck, GG (LitVerz.), Art. 20 RN 10; *Merten*, Grundrechtliche Schutzpflichten und Untermaßverbot, in: Stern/Grupp (Hg.), GS Joachim Burmeister, 2005, S. 227 (233 sub III 3).

§ 232 Sechzehnter Teil: II. Vergleichende Betrachtung der Landesgrundrechte

das Verhältnis des Bürgers zum Staat beschränkten Schutz beabsichtigt[324]. So bedürfen die Verbote des Entzugs der Staatsangehörigkeit und der Auslieferung, das Asylrecht, das Indigenat, das Zugangsrecht zu öffentlichen Ämtern oder die Garantie des gesetzlichen Richters keines Drittschutzes.

57
Differierende Grundlagen der Schutzpflicht

Die Rechtsprechung zeigte bei der Ableitung grundrechtlicher Schutzpflichten anfangs Unsicherheit. Entnahm das Bundesverfassungsgericht in seiner ersten Entscheidung zum Schutze ungeborenen Lebens die Schutzpflicht „bereits unmittelbar aus Art. 2 Abs. 2 Satz 1 GG" und zitierte „darüber hinaus auch … Art. 1 Abs. 1 Satz 2 GG"[325], so nannte es im *Schleyer-Urteil*[326] Art. 2 Abs. 2 Satz 1 in Verbindung mit Art. 1 Abs. 1 Satz 2 GG als Grundlage der Schutzpflicht[327]. In der zweiten Abtreibungsentscheidung[328] hat die Schutzpflicht nun ihren Grund in Art. 1 Abs. 1 GG, Gegenstand und Maß sollen durch Art. 2 Abs. 2 GG näher bestimmt werden. Nach diesen ersten Entscheidungen zum Recht des (auch ungeborenen) Lebens wurde später die Schutzpflicht auf „grundrechtliche Verbürgungen" schlechthin ausgeweitet[329]. So wurden Gesundheit, persönliche Freiheit[330], Religionsfreiheit[331], Berufsfreiheit und Sachgüter[332] Gegenstand staatlicher Schutzpflichten. Für die Versammlungsfreiheit hat das Bundesverfassungsgericht eine Schutzpflicht bisher dahinstehen lassen[333].

58
Höhere Schutzintensität für bedeutende Rechtsgüter

Für die Ableitung von Schutzpflichten ist der vom Bundesverfassungsgericht einem Grundrecht gelegentlich verliehene „hohe"[334] oder „besondere"[335] Rang ohne Bedeutung, da diese Qualifikation rationale Differenzierungskriterien nicht erkennen läßt und es rechtslogisch bei den einzelnen Grundrechtsbestimmungen keine Ranghierarchie[336] geben kann, weil, wie auch das Bundesverfassungsgericht betont, auf der Verfassungsebene keine Rangunterschiede bestehen können[337]. Lediglich bei der Schutzintensität darf der Staat zwischen den für den einzelnen bedeutenden Rechtsgütern und den weniger bedeutenden differenzieren, so daß wichtige Rechtsgüter stärker

---

324 Ähnlich *Erichsen* (Jura 1997, S. 85 [87 sub I 2]), der von „ausschließlicher Staatsgerichtetheit" spricht.
325 *BVerfGE* 39, 1 (41).
326 *BVerfGE* 46, 160 (164).
327 So auch *Bleckmann*, Neue Aspekte der Drittwirkung der Grundrechte, DVBl. 1988, S. 938 (942) Anm.; h.M. im Schrifttum, die Art. 1 Abs. 1 Satz 2 GG lediglich als die „am deutlichsten" sprechende Schutzpflichtnorm bezeichnet; *Stern*, Staatsrecht, Bd. III/1 (LitVerz.), § 79 IV 4, S. 943; *Gerhard Robbers*, Sicherheit als Menschenrecht, 1987, S. 188.
328 *BVerfGE* 88, 203 Ls. 1.
329 Vgl. *BVerfGE* 45, 187 (254f.); 46, 160 (164); 49, 24 (53); 53, 30 (57); 56, 54 (73); 77, 381 (403); 84, 133 (146f.); 85, 360 (372f.); 88, 203 (251); 92, 140 (150); 97, 169 (175f.); 137, 273 (313); *BVerfGK* 1, 308 (311); 8, 244 (246).
330 *BVerfGE* 49, 24 (53).
331 *BVerfGE* 93, 1 (16); *BVerfG* (Kammer), DVBl. 2001, S. 984.
332 Vgl. *BVerfGE* 49, 89 (143).
333 *BVerfGE* 69, 315 (355); bejahend *Jarass*, in: ders./Pieroth, GG (LitVerz.), Art. 8 RN 15.
334 Vgl. *BVerfGE* 22, 180 (219); 59, 231 (265); 61, 14 (17); 67, 157 (171); 69, 305 (348f.); 76, 1 (51); 77, 65 (74); 130, 372 (388).
335 *BVerfGE* 19, 330 (336); 63, 266 (286); 72, 51 (63); 85, 360 (373).
336 Hiergegen auch *Friedrich Müller*, Die Einheit der Verfassung, 1979, S. 204 ff.; *Scheuner*, DÖV 1971, S. 505 (509 sub IV); *Stern*, Zur Verfassungstreue der Beamten, 1974, S. 34f.
337 Vgl. *BVerfGE* 3, 225 (231 f.); 6, 309 (361); 7, 193 (7); 19, 206 (222); 22, 180 (219); 30, 1 (10); 30, 173 (193); 33, 23 (27).

geschützt werden müssen als marginale. So muß der Staat für die fundamentalen Rechtsgüter des Lebens und der Gesundheit auch zu strafrechtlichen Mitteln greifen und selbst bei fehlender Schuld des Täters im Interesse der Abwendung von Gefahren für die Allgemeinheit Maßregeln der Sicherung und Besserung einsetzen[338]. Aber auch nicht lebensbedrohlichen Taten wie Ehrverletzungen oder Hinderungen an der freien Bewegung muß der Staat aufgrund seiner Schutzpflicht entgegentreten, zumal staatliche Untätigkeit und das Fehlen exekutiver Präsenz zur Begehung auch schwerer Straftaten anreizen.

Grundrechtliche Schutzpflichten führen nicht zu einer unmittelbaren Drittwirkung der Grundrechte. Denn der Schutz obliegt allein dem Staat, so daß Schutzpflichten keine unmittelbare Wirkung im Verhältnis der Bürger untereinander entfalten. Der Staat als Grundrechtsverpflichteter hat neben dem Verbot, in Grundrechte einzugreifen, aufgrund der Schutzpflichten den zusätzlichen Auftrag, andere Bürger an Übergriffen zu hindern und Störungen des Grundrechtsberechtigten abzuwehren.

59
Keine unmittelbare Drittwirkung

Dem Staat steht für die Erfüllung seiner grundrechtlichen Schutzpflichten eine weite Einschätzungs-, Wertungs- und Gestaltungsfreiheit zu, was auch das Bundesverfassungsgericht einräumt[339]. Ungeachtet dessen besteht eine untere Schutzgrenze, die der Gesetzgeber keinesfalls unterschreiten darf[340] und für die sich der Begriff des „Untermaßverbotes" eingebürgert hat[341].

60
Gestaltungsfreiheit bis zum Untermaßverbot

cc) Grundrechtsschutz durch Organisation und Verfahren

Kann grundrechtlich geschütztes Verhalten nicht autonom, wie z.B. die Meinungsäußerung ausgeübt werden, dann bedarf es geeigneter Organisationsformen und/oder Verfahrensregelungen. Entgegen der Ansicht des Bundesverfassungsgerichts[342] ist der Grundrechtsgebrauch jedoch nicht „allgemein" auf geeignete Organisations- und Verfahrensregelungen angewiesen[343]. Außer der Meinungsäußerungsfreiheit ist eine Reihe von Grundrechten organisations- und verfahrensunabhängig, wie z.B. die individuelle Religionsausübung, das elterliche Erziehungsrecht, die Freizügigkeit oder die allgemeine Handlungsfreiheit. Eine Vielzahl grundrechtsreglementierender Gesetze darf nicht darüber hinwegtäuschen, daß nicht die Freiheit, sondern der Freiheitseingriff unter dem Vorbehalt des Gesetzes steht. Deshalb ist nicht für die Versammlungsfreiheit, sondern für die Bekämpfung der von ihr ausgehenden Gefahren ein Versammlungsgesetz mit Verfahrensregelungen erforderlich. Maßgeblich

61
Beachtlichkeit der jeweiligen Grundrechtssituation

---

338 Vgl. *BVerfGE 130*, 372 (389).
339 *BVerfGE 46*, 160 (164); *73*, 40 (91 ff.); *77*, 170 (215); *77*, 381 (405); *88*, 203 (254, 262); *96*, 56 (64); *125*, 39 (78); *133*, 59 (76 RN 45); *Stern*, Staatsrecht III/1 (LitVerz.), § 69 IV 5, S. 950; *Wahl/Masing*, Schutz durch Eingriff, JZ 1990, S. 553 (558 f.).
340 Vgl. *BVerfGE 46*, 160 (164 f.); *Alexy*, Theorie der Grundrechte, ²1994, S. 420 f.
341 *BVerfGE 88*, 203 (254); *Isensee*, HStR ³IX, § 191 RN 301 ff.; *Jarass*, AöR 110 (1985), S. 363 (383 ff.); *Peter Unruh*, Zur Dogmatik der grundrechtlichen Schutzpflichten, 1996, S. 84 ff.; *Merten* (FN 164), S. 237; gegen das Untermaßverbot als eigenständige Kategorie *Hain*, ZG 1996, S. 75 (83); *ders.*, DVBl. 1993, S. 982 ff.
342 *BVerfGE 56*, 216 (236).
343 Wie hier *Stern*, Staatsrecht III/1 (LitVerz.), § 69 V 7 a in und zu FN 391.

§ 232 Sechzehnter Teil: II. Vergleichende Betrachtung der Landesgrundrechte

für einen Schutz der Grundrechte durch „Organisation und Verfahren" ist also die jeweilige Grundrechtssituation, so daß eine undifferenzierte „Verfahrenseuphorie"[344] nicht weiterführt. Grundgesetzliche Freiheit schließt ihrerseits die Organisations- und Verfahrensfreiheit des Berechtigten ein[345]. So gehört zur Presse- oder Gewerbefreiheit die Befugnis, das Unternehmen nach eigenen Vorstellungen zu organisieren[346], zur religiösen Assoziationsfreiheit[347] das Recht, das Verfahren über die Aufnahme und den Ausschluß von Mitgliedern zu regeln. Staatliche Reglementierungen von Organisation und Verfahren können daher Freiheitsbeschränkungen oder -behinderungen darstellen und sind insoweit an den grundrechtlichen Schranken und Beschränkungsmöglichkeiten zu messen.

62
Ausgestaltungserfordernis und -befugnis

Benötigt andererseits Freiheit einer (staatlichen) Organisation, würde Nicht-Organisation die Freiheit vereiteln. Deshalb ist der Staat zu organisatorischer Ausgestaltung verpflichtet, wenn sie für die Freiheitsbetätigung unerläßlich ist. So bedarf ein Verein zur Teilnahme am Rechtsleben bestimmter Organisationstypen[348], die Eheschließungsfreiheit gesetzlicher Regelungen über Form und Voraussetzungen[349]. Die Organisationsausgestaltung darf jedoch nicht zu einer den grundrechtlichen Schutzbereich verkürzenden Organisationsbeschränkung werden. Es ist daher zwischen freiheitsgestaltenden und freiheitsbeschränkenden Organisations- und Verfahrensregelungen zu unterscheiden. Die staatliche Ausgestaltungsbefugnis und -pflicht berechtigt als solche nicht zur Grundrechtsbeschränkung[350]. Aus der verfassungsgesetzlichen Freiheit wissenschaftlicher Forschung und Lehre erwächst dem Hochschullehrer ein Recht auf staatliche Maßnahmen organisatorischer Art, „die zum Schutz seines grundrechtlich gesicherten Freiheitsraums unerläßlich sind, weil sie ihm freie wissenschaftliche Betätigung überhaupt erst ermöglichen"[351]. Auch das Grundrecht der Koalitionsfreiheit erfordert koordinierende Regelungen, damit „die aufeinander bezogenen Grundrechtspositionen trotz ihres Gegensatzes nebeneinander bestehen können". Auch setzt die Kampffreiheit „rechtliche Rahmenbedingungen voraus, die sichern, daß Sinn und Zweck dieses Freiheitsrechts sowie seine Einbettung in die verfassungsrechtliche Ordnung gewahrt bleiben"[352]. Für den Rundfunk verlangt das Bundesverfassungsgericht[353] in Überbetonung der institutionellen und Vernachlässigung der individualrechtlichen Komponente der Rundfunkfreiheit ein Organisationsgesetz, so daß insoweit Freiheit letztlich nur nach Maßgabe des Gesetzes besteht. Was

---

344 *Ossenbühl*, DÖV 1981, S. 1 (6).
345 *BVerfGE 50*, 290 (354 f.).
346 Vgl. *Bettermann*, 49. Deutscher Juristentag, 1972, Bd. II, S. N 177 (Diskussionsbeitrag).
347 Art. 140 GG i.V.m. Art. 137 Abs. 2 Satz 1 WRV.
348 Vgl. *BVerfGE 84*, 372 (378 f.).
349 *BVerfG* (Kammer) NJW 1993, S. 3316 (3317 l.Sp. oben); vgl. auch *BVerfGE 31*, 58 (69); *62*, 323 (330); *81*, 1 (6 f.); *105*, 313 (345).
350 Vgl. *BVerfGE 28*, 243 (259); *69*, 1 (25); *Sachs*, in: JuS 1992, S. 605.
351 *BVerfGE 35*, 79 Ls. 3 (115); s. ferner *E 85*, 360 (384); *88*, 129 (137); *VerfGH Berlin*, JR 1997, S. 418 (420).
352 *BVerfGE 92*, 365 (394); *E 84*, 212 (228); *88*, 103 (115).
353 Vgl. *BVerfGE 12*, 212 (262 f.); auch *E 57*, 295 (320); *60*, 53 (64); *83*, 238 (296); *90*, 60 (88); *97*, 228 (266); *VerfGH Sachsen*, NVwZ-RR 1998, S. 345 (346 f.).

die Rechtsprechung als Freiheitssicherung ansieht, ist in Wahrheit Freiheitsbeschränkung.

Die Geschichte der Grundrechte ist auch eine Geschichte des Schutzes durch Verfahren, wie die habeas corpus-Akte, der Kampf um Prozeßgrundrechte (gerichtliches Gehör, gesetzlicher Richter, Verbot von Ausnahmegerichten) und die Einführung der Rechtsweggarantien[354] beweisen. Letztlich sind auch der rechtsstaatliche Vorbehalt des Gesetzes und die Richtervorbehalte für schwerwiegende Grundrechtseingriffe (Art. 13 Abs. 2 bis 5, Art. 104 Abs. 2 GG) nichts anderes als Erscheinungsformen der Sicherung materieller Grundrechte durch spezifische Verfahrensvorkehrungen. Auch repressiver Rechtsschutz hat eine präventive Funktion, weil die Staatsgewalt die gerichtliche Kontrolle bei ihren Entscheidungen in Erwägung ziehen muß.

63
Grundrechtliche Wurzeln des Verfahrensschutzes

Grundrechtsschutz kann *im* Verfahren (beispielsweise im Gerichtsprozeß), aber auch *durch* Verfahren bewirkt werden. Das Bundesverfassungsgericht leitet aus dem Gebot „effektiven Rechtsschutzes" die Forderung ab, diesen auch durch Verfahrensgestaltung zu erreichen[355]. Allerdings sind Gebote „effektiven Grundrechtsschutzes", einer „den Grundrechtsschutz effektuierende[n] ... Verfahrensgestaltung"[356] oder einer „Grundrechtssicherung durch Verfahren" als Prinzipien zu allgemein, als daß sich dogmatisch überzeugende Folgerungen daraus ableiten ließen. Es bedarf vielmehr sorgfältiger Differenzierung und genauer Betrachtung der Einzelgrundrechte[357].

64
Schutz im und durch Verfahren

Dabei ist typologisch zwischen verfahrens*abhängigen* und verfahrens*unabhängigen* Grundrechten zu unterscheiden. Vielfach kann grundrechtlich geschütztes Verhalten ohne ein vorgeschaltetes Verfahren ausgeübt werden: Der einzelne kann seine Meinung äußern, religiöse Kultushandlungen vornehmen oder sich künstlerisch betätigen. Im Gegensatz zu diesen verfahrensunabhängigen Grundrechten sind einige Grundfreiheiten aufgrund ihrer besonderen Ausgestaltung verfahrensabhängig; sie stehen unter Verfahrensvorbehalt[358] und sind damit „verwaltete" Grundrechte[359]. So wird das Asylrecht (Art. 16a GG) erst wirksam, wenn die tatbestandlichen Voraussetzungen seiner Inanspruchnahme in einem Verfahren festgestellt wurden[360]. Mitunter werden Grundrechte auch erst durch gesetzliche Grundrechtsausgestaltung verfahrensabhängig. Ohne gesetzliches Anerkennungsverfahren

65
Verfahrensabhängigkeit der Grundrechte

---

354 S. neben der allgemeinen Rechtsweggarantie des Art. 19 Abs. 4 Satz 1 GG die besonderen Garantien in Art. 14 Abs. 3 Satz 4, Art. 34 Satz 3 und in Art. 93 Abs. 1 Nr. 4a GG.
355 *BVerfGE 53*, 30 (65); vgl. ferner *E 46*, 325 (334); *49*, 220 (225); *52*, 214 (219); 380 (389f.); *391* (407); *56*, 216 (236); *57*, 250 (275); *60*, 253 (297); *63*, 131 (143); *65*, 1 (44, 49); *76* (94); *69*, 315 (355); *73*, 280 (296); *83*, 130 (152); *84*, 34 (45ff.); *90*, 60 (96); *BVerfG* (Kammer) NJW 1993, 2671; DVBl. 1999, 978 (979); ähnlich auch *EGMR* EuGRZ 1990, 533.
356 *BVerfGE 69*, 315 (355); *113*, 29 (57); *128*, 282 (312); *137*, 108 (155f. RN 111); *139*, 245 (266 RN 59).
357 So auch *Ossenbühl*, DÖV 1981, S. 5 sub II 2.
358 Vgl. *BVerfGE 60*, 253 (295); *69*, 1 (25); *77*, 170 (229).
359 Hierzu *Kimminich*, Asyl- und Ausländeraufenthalt, in: Verwaltungsrecht zwischen Freiheit, Teilhabe und Bindung, FG für das Bundesverwaltungsgericht, 1978, S. 371; *ders.*, Asylrecht und Asylverwaltung, in: FS Thieme, 1993, S. 963.
360 Vgl. *BVerfGE 60*, 253 (295); *87*, 48 (61f.); *94*, 166 (199f.); *Ossenbühl*, DÖV 1981, S. 1 (5); *Kilian*, Asylverfahren und Grundrechtsgewährleistung, in: Hans-Joachim Konrad (Hg.), Grundrechtsschutz und Verwaltungsverfahren – Internationaler Menschenrechtsschutz, 1985, S. 71 ff.

§ 232 Sechzehnter Teil: II. Vergleichende Betrachtung der Landesgrundrechte

können Kriegsdienstverweigerer gemäß Art. 4 Abs. 3 GG ohne weiteres den Kriegsdienst mit der Waffe verweigern[361]. Das Wahlrecht muß erst organisatorisch und verfahrensrechtlich ausgeformt werden, bevor der einzelne es gebrauchen kann.

66
Gleicher Ämterzugang erfordert Ausschreibung

Mitunter setzen Grundrechte besondere Verfahren voraus. So ist der spezielle Gleichheitssatz des (leistungs-)gleichen Zugangs zu öffentlichen Ämtern[362] nicht ohne Information über offene Ämter zu verwirklichen. Zu Recht fordert daher der Staatsgerichtshof Bremen[363], daß „diese Information ... so breit und effizient gestreut sein [muß], daß für die an dem jeweils zu besetzenden öffentlichen Amt potentiell Interessierten und zu Interessierenden tatsächlich die Möglichkeit zur Kenntniserlangung geschaffen wird". Hier stellen geeignete Ausschreibungsverfahren verfahrensrechtliche Voraussetzungen für die effektive Inanspruchnahme des Grundrechts dar. Verweist der Verfassungsgeber in Grundrechtsbestimmungen auf nähere Regelungen durch den Gesetzgeber[364], dann durchbricht er selbst das Unmittelbarkeitsprinzip mit der Folge, daß ein aus der betreffenden Bestimmung folgendes Grundrecht erst bei Vorliegen der gesetzlichen Detailregelungen aktuell wird.

67
Unzulängliches Verfahrensrecht als Grundrechtsverletzung

Die Gewährleistung des Grundrechtsschutzes *im* Verfahren[365] drückt an sich eine Selbstverständlichkeit aus. Denn die Grundrechtsbindung aller Staatsgewalten erstreckt sich auf alle Handlungsarten, weshalb Grundrechte „nicht nur das gesamte materielle, sondern auch das Verfahrensrecht beeinflussen"[366]. Darüber hinaus sind bei der Ausgestaltung, Anwendung und Auslegung jeglichen Verfahrensrechts die Grundrechte zu beachten[367]. Verfahrensnormen dürfen Grundrechte nicht behindern und damit im Ergebnis wie eine verfassungswidrige Beschränkung wirken. So schützen Bau- oder Gewerbefreiheit auch davor, das Grundrechtsträger durch eine langwierige und komplizierte Ausgestaltung des Genehmigungsverfahrens in übermäßiger Weise beeinträchtigt werden. In gleicher Weise steht Art. 19 Abs. 4 GG als Garantie wirkungsvollen Rechtsschutzes einer überlangen, rechtsstaatlich unangemessenen Verfahrensdauer entgegen[368]. Für den Grundrechtsschutz reicht die Grundrechtskonformität des materiellen Rechts nicht aus, wenn das Verfahrensrecht zu Grundrechtsverletzungen führt. Wird die Gleichheit der Bürger vor dem Gesetz (z.B. als Wehr- oder als Steuergleichheit) durch ein prinzipiell unzulängliches Verwaltungsverfahren verfehlt, so wird trotz formaler Gleich-

---

361 Vgl. *BVerfGE 28*, 243 (259); ebenso *E 12*, 45 (53); *69*, 1 (24f.).
362 Vgl. Art. 128 Verf. Bremen; s. auch Art. 116 Verf. Bayern; Art. 19 Abs. 2 Verf. Berlin; Art. 134 Verf. Hessen; Art. 19 Verf. Rheinland-Pfalz.
363 DÖV 1993, S. 300; vgl. auch *Höfling*, Verfahrensrechtliche Garantien des Art. 33 II GG, ZBR 1999, S. 73 ff.
364 Vgl. z.B. Art. 6 Abs. 2 Satz 2 Verf. Sachsen-Anhalt.
365 Zur Unterscheidung von Grundrechtsschutz *im* und *durch* Verfahrensrecht *Ossenbühl*, in: FS Eichenberger, 1982, S. 183 ff.
366 Vgl. *BVerfGE 49*, 220 (225); *46*, 325 (334); *49*, 252 (256 ff.); *51*, 150 (156).
367 *BVerfGE 60*, 252 (297); *83*, 182 (198).
368 *BVerfG* (Kammer), NJW 1997, S. 2811 (2812); NVwZ 1999, S. 1102 (1103).

behandlung im Gesetz der allgemeine Gleichheitssatz durch den Gesetzesvollzug verletzt[369].

68
Vorwirkungen als Kompensation

Verfahrensrechtliche Vorwirkungen sind insbesondere als *Kompensation* für unzureichende repressive Kontrolle erforderlich[370]. Ist eine gerichtliche Nachprüfung nur beschränkt möglich, beispielsweise weil der Verlauf einer mündlichen Prüfung nicht genau zu rekonstruieren ist, so muß dieses Defizit insbesondere bei schwerwiegenden Grundrechtseingriffen durch vorwirkende grundrechtliche Verfahrensgarantien ausgeglichen werden[371]. Mangels Korrigierbarkeit „zweckferner Einflüsse" und „manifester Mißbräuche der Gebührenkompetenz" hält das Bundesverfassungsgericht[372] eine „rechtliche Struktur" der *Rundfunkfinanzierung* (wie auch der Vergabe von Konzessionen oder Frequenzen) für erforderlich, die schon an den „Gefahrenquellen ansetzt und die Entscheidungsfindung reglementiert". Diese Entscheidung ist allerdings von einem überzogenen Mißtrauen gegen den Gesetzgeber geprägt und begründet außerdem nicht, weshalb eine Grundrechtsverletzung im Falle der Rundfunkfinanzierung „nicht mehr korrigierbar" sein soll[373].

69
Vorwirkungen bei schweren Gefahren

Infolge der Vorverlagerung des Grundrechtsschutzes bei Grundrechtsgefährdungen kommt es auch zu Vorwirkungen auf das Verfahren. In Erfüllung der staatlichen Schutzpflicht kann es opportun sein, bei möglichen schweren Gefahren, z.B. infolge Nutzung der Atomenergie, gefährdete Bürger bereits am Genehmigungsverfahren zu beteiligen und sie nicht auf den gerichtlichen Rechtsschutz zu verweisen[374]. Wegen der Gefährdung persönlicher Daten durch die automatisierte Datenverarbeitung muß der Gesetzgeber Vorsorge treffen[375]. Für Organspenden nach dem Transplantationsgesetz[376] hat der Gesetzgeber ein besonderes Nachweisverfahren (§ 5) für den Tod des Organspenders bzw. den nicht behebbaren Ausfall der Hirnfunktionen statuiert.

70
Verfahrensregelungen bei Grundrechtskollisionen

Vielfach dient nicht nur das materielle Recht, sondern auch das Verfahrensrecht dem Ausgleich kollidierender Grundrechte der Bürger. Der Staat als Grundrechtsverpflichteter muß derartige Kollisionen gegebenenfalls durch Freiheitsverteilung lösen und als Inhaber des Gewaltmonopols eine friedliche Schlichtung durch Verfahren bereitstellen[377]. Die weitgehende Gestaltungs-

---

369 Vgl. *BVerfGE 48*, 127 (168 f.); *84*, 329 (268 sub C I 1); hierzu auch *Selmer*, in: JuS 1992, S. 431 f.
370 Vgl. in diesem Zusammenhang *StGH Baden-Württemberg*, JZ 1999, S. 1049 (1059), wonach die Finanzgarantie des Art. 71 Abs. 1 Satz 1 i.V.m. Art. 73 Abs. 1 Verf. Baden-Württemberg für Gemeinden und Gemeindeverbände „prozedurale Absicherungen in dem zu anstehenden Entscheidungen des Gesetzgebers über den Finanzausgleich führenden Verfahren" vorausssetzen.
371 *BVerfGE 84*, 34 (46); *84*, 59 (73); *BVerfG* DVBl. 1994, S. 641; *BVerwGE 99*, 185 (189); *107*, 363 (372 ff.); *Hess. VGH* DVBl. 1997, S. 621; *Pietzcker*, JZ 1991, S. 1084 ff. (Urteilsanm.); *Rozek*, Neubestimmung der Justitiabilität von Prüfungsentscheidungen, NVwZ 1992, S. 343 ff.; *Muckel*, Neues zum Rechtsschutz gegen Prüfungsentscheidungen, in: JuS 1992, S. 201 ff.; *v. Mutius/Sperlich*, Prüfungen auf dem Prüfstand, DÖV 1993, S. 45 ff.; *Seebass*, Eine Wende im Prüfungsrecht? NVwZ 1992, S. 609 ff.
372 *E 90*, 60 (96).
373 Kritisch auch *Oppermann*, JZ 1994, S. 499 ff.
374 *BVerfGE 53*, 30 (59 f.).
375 *BVerfGE 65*, 1 (44); *VerfGH Sachsen*, DVBl. 1996, S. 1423 (1432 ff.).
376 Gesetz über die Spende, Entnahme und Übertragung von Organen v. 5.11.1997 (BGBl. I, S. 2631).
377 Vgl. *BVerfGE 83*, 130 (152); *84*, 212 (228); *88*, 103 (115); *89*, 214 (232); *92*, 158 (178 f.); *BVerfG* (Kammer), NJW 1993, S. 2671; NJW 1999, S. 3621 (3622).

freiheit des Gesetzgebers bei Kollisionslösungen wird allerdings überschritten, wenn Verfahrensregelungen die Grundrechte eines Beteiligten übermäßig beschränken[378]. Organisations- und Verfahrensregelungen können auch zur „Verwaltung des Mangels" erforderlich sein. Sind die Voraussetzungen für eine Freiheitsbetätigung knapp und ist von Verfassungs wegen nicht der Markt für die Verteilung zuständig, so trifft den Staat eine besondere Verantwortung, z.B. infolge faktischen Monopols der Universitätsausbildung oder bei staatlich gebundenen Berufen. Hier bedarf es eines geeigneten Verfahrens im Interesse geregelter Freiheitsverteilung[379].

71
Grundrechtseingriff auch bei Verletzung von Verfahrensrecht möglich

Hat der Gesetzgeber zur Sicherung der Grundrechte oder in Erfüllung grundrechtlicher Schutzpflichten Verfahrensregelungen erlassen, kann im Verstoß gegen grundrechtsrelevantes Verfahrensrecht ein Grundrechtseingriff liegen[380]. Allerdings ist das Grundrecht nur verletzt, wenn nicht auszuschließen ist, daß bei Beachtung des Verfahrensrechts eine andere, dem Grundrechtsträger günstigere Entscheidung ergangen wäre. Denn die Verletzung einfachgesetzlicher Verfahrensvorschriften kann keine stärkere Wirkung haben als der Verstoß gegen Prozeßgrundrechte. Dieser führt daher, z.B. bei der Verletzung des rechtlichen Gehörs nicht schlechthin zur Aufhebung einer gerichtlichen Entscheidung, sondern setzt voraus, daß eine günstigere Entscheidung nicht ausgeschlossen werden kann[381]. Allein die Nichtbeachtung grundrechtssichernden Verfahrensrechts kann daher nicht schlechthin einer Grundrechtsverletzung gleichgestellt werden[382].

72
Grundrechtseinwirkung auf das Verfahrensrecht

Bejaht man einen Grundrechtsschutz durch Verfahren, so müssen aus den materiellen Grundrechten auch Folgerungen für das gerichtliche Verfahren gezogen werden, weshalb „Entscheidungen, die den Entzug der persönlichen Freiheit betreffen, auf zureichender richterlicher Sachaufklärung beruhen ... und eine in tatsächlicher Hinsicht genügende Grundlage haben" müssen[383]. Zwar verpflichtet Art. 2 Abs. 2 GG den Gesetzgeber nicht, ein mehrstufiges gerichtliches Verfahren bei Freiheitsentziehungen bereitzustellen. „Stellt er nur eine Instanz zur Verfügung, verstärkt dies allerdings die verfassungsrechtlichen Anforderungen an die gesetzliche Ausgestaltung des Verfahrens im Blick auf die Wahrheitserforschung"[384]. So wird der Garantie effektiven Rechtsschutzes gegen Verletzungen der Eigentumsgarantie nur dann Genüge getan, „wenn Rechtsschutz gegen einen Eigentumsentzug so rechtzeitig eröffnet wird, dass im Hinblick auf Vorfestlegungen oder den tatsächlichen Vollzug des die Enteignung erforderlichen Vorhabens eine grundsätzliche ergebnisoffene Überprüfung aller Enteignungsvoraussetzungen realistisch erwartet wer-

---

378 *BVerfGE 63*, 131 Ls. 2 (143).
379 *BVerfGE 33*, 303 (345 f.).
380 *BVerfGE 53*, 30 (65 f.); *56*, 216 (242); *BVerfG* (Kammer), DVBl. 1992, S. 1538 (1540).
381 *BVerfGE 13*, 132 (145); st. Rspr.
382 *BVerfGE 85*, 148 (160 f.); *BayVGH*, BayVBl. 2000, S. 529 (530); a.A. *Sachs*, in: JuS 1993, S. 418 r. Sp.; differenzierend *Grimm*, NVwZ 1985, S. 865 (867 ff.).
383 *BVerfGE 70*, 297 (308); ebenso *E 86*, 288 (318).
384 *BVerfGE 83*, 24 (31).

den kann"³⁸⁵. Bei tiefgreifenden Grundrechtseingriffen kann sich auch nach deren Erledigung aus der von Rechtsschutzgarantien gewährleisteten Effektivität des Rechtsschutzes ein Anspruch auf gerichtliche Klärung ergeben.

b) Verfassungsaufträge

Verfassungsaufträge sind wie Gewährleistungspflichten objektiv-rechtliche Verfassungsbestimmungen, aus denen keine (Grund-)Rechte folgen. Sie binden und verpflichten allein die staatlichen Gewalten, von denen vielfach der Gesetzgeber durch „Gesetzgebungsaufträge" betroffen ist. Verfassungsaufträge sind für ihre Adressaten bindend und stehen nicht in deren Ermessen. Ihnen fehlt die für Grundrechte und Grundpflichten charakteristische subjektiv-rechtliche Staat-Bürger-Beziehung. Objektiv-rechtliche Handlungspflichten des Staates als „Grundpflichten" zu bezeichnen, ist terminologisch unzweckmäßig. Falls die Verfassung bloße Möglichkeiten eröffnet oder dem Gesetzgeber die Entscheidung anheimstellt, liegen keine Verfassungsaufträge vor. Der Oberbegriff „Verfassungsauftrag" ist dann angebracht, wenn sich die Durchsetzung eines Gebots an alle Staatsgewalten richtet, auch wenn der Gesetzgeber schon wegen des „Vorbehalts des Gesetzes" immer in erster Linie in Betracht kommt. Ein Verfassungsauftrag ist beispielsweise in Art. 11 Abs. 2 Verf. Baden-Württemberg zu sehen, wonach „das öffentliche Schulwesen ... nach diesem Grundsatz zu gestalten" ist, der sich in Art. 11 Abs. 1 findet. Von den Grundrechten unterscheiden sich Verfassungsaufträge nicht nur durch die fehlende Subjektivität, sondern auch durch mangelnde Unmittelbarkeit. Die einen Verfassungsauftrag enthaltende Norm gilt als solche zwar unmittelbar, der Regelungsinhalt kann aber erst mit zeitlichem Abstand und durch Vermittlung eines Dritten – in der Regel des Gesetzgebers – aktuell werden. Staatsaufträge sind Weisungen an staatliche Gewalten, einen bestimmten rechtlichen oder tatsächlichen Zustand – gegebenenfalls innerhalb einer bestimmten Frist – mit den dem Adressaten zur Verfügung stehenden förmlichen und materiellen Mitteln herzustellen. Im Vollzugsinteresse muß ein Staatsauftrag nach Inhalt und Umfang im wesentlichen umgrenzt sein. Unter diesen Voraussetzungen kann das Unterlassen des Gesetzgebers bei einem Gesetzgebungsauftrag auch Gegenstand der Verfassungsbeschwerde gemäß Art. 93 Abs. 1 Nr. 4a GG sein³⁸⁶. Für die Rechtsprechung werden Staatsaufträge in der Regel Beurteilungsnormen sein. Sie können aber auch zu Verhaltensnormen werden, insbesondere wenn die Judikative als Behörde tätig wird. So ist der verfassungsrechtliche Auftrag zur Realisierung der Gleichberechtigung (Art. 3 Abs. 2 Satz 2 GG) für die Gerichtsbehörden des Bundes und der Länder bei Personalentscheidungen bindend.

73
Oberbegriff

Begrenzung nach Inhalt und Umfang

---

385 *BVerfGE 134*, 242 Ls. 4 (299 RN 190 ff.).
386 Vgl. *BVerfGE 139*, 321 (346) unter Hinweis auf *E* 6, 257 (264); *23*, 242 (259); *56*, 54 (70 f.); *129*, 124 (176).

§ 232 *Sechzehnter Teil: II. Vergleichende Betrachtung der Landesgrundrechte*

74
Verfassungs- und Gesetzgebungsaufträge

Diese Pflicht, die tatsächliche Durchsetzung der Gleichberechtigung von Männern und Frauen zu fördern und bestehende Nachteile zu beseitigen[387], ist als bindender „Auftrag für den Staat"[388] zur „Durchsetzung der Gleichberechtigung der Geschlechter für die Zukunft"[389] anzusehen. Einen Verfassungsauftrag stellt auch Art. 41 Abs. 3 Verf. Brandenburg dar, wonach das Land „eine breite Streuung des Eigentums, insbesondere die Vermögensbildung von Arbeitnehmern durch Beteiligung am Produktiveigentum" fördert, wobei der gesetzliche Indikativ auch hier den Imperativ meint. Allerdings sind einschlägige Aktivitäten des Landes Brandenburg nicht zu verzeichnen[390]. Einen unmittelbar an die Verwaltung gerichteten Verfassungsauftrag enthalten Art. 33 Satz 2 Verf. Bremen und Art. 56 Abs. 3 Satz 2 Verf. Hessen, wonach Lehrer „in jedem Fach auf die religiösen und weltanschaulichen Empfindungen aller Schüler Rücksicht zu nehmen" haben. An alle Staatsgewalten richten sich die Aufträge, allen Erwachsenen „durch öffentliche Einrichtungen die Möglichkeit zur Weiterbildung zu geben" (Art. 35 Verf. Bremen), „den Jugendorganisationen Schutz und Förderung" angedeihen zu lassen (Art. 36 Verf. Bremen) und den Sport zu pflegen und zu fördern (Art. 36 a Verf. Bremen)[391]. Typische Gesetzgebungsaufträge liegen vor, wenn die Verfassung eine Grundentscheidung trifft, die Regelung der Einzelheiten aber der Legislative überläßt, wie beispielsweise hinsichtlich der Regelung der Schulpflicht[392] oder der Errichtung von Privatschulen[393]. Ein weiteres Beispiel ist Art. 40 Verf. Brandenburg, wonach die Einrichtung und Erhaltung von Nationalparks etc zu fördern ist, und Naturdenkmale unter öffentlichem Schutz stehen. Das Nähere soll ein Gesetz regeln. Der ursprüngliche Verfassungsauftrag des Grundgesetzes zur Neugliederung des Bundesgebietes in Art. 29 Abs. 1 Satz 1 ist zu einer Neugliederungsmöglichkeit herabgestuft worden[394] und damit nicht mehr als Verfassungsauftrag anzusehen. Auch Art. 15 GG enthält nur die Möglichkeit zur Sozialisierung und keinen Gesetzgebungsauftrag; er ist der Gestaltungsfreiheit des Gesetzgebers überlassen.

75
Transformation durch Gesetz

Gesetzgebungsaufträge enthalten zwar ein verpflichtendes Programm, müssen aber durch die Legislative noch aktualisiert und konkretisiert werden. Erst nach dieser Transformation können für den Bürger unmittelbare, aber einfach-gesetzliche Ansprüche entstehen. So enthält der Sozialstaatsgrund-

---

387 Vgl. Art. 118 Abs. 2 Satz 2 Verf. Bayern; Art. 12 Abs. 2 Satz 2 Verf. Saarland; Art. 9 Verf. Schleswig-Holstein; Art. 2 Abs. 2 Satz 2 Verf. Thüringen; Art. 3 Abs. 2 Satz 2 GG.
388 So *Jarass*, in: ders./Pieroth, GG (LitVerz.), Art. 3 RN 90.
389 *BVerfGE 109*, 64 (89).
390 → Unten *Peine*, Landesgrundrechte in Brandenburg, § 248 RN 81.
391 → Unten *Hase*, Landesgrundrechte in Bremen, § 249 RN 27 a.E.
392 Art. 30 Abs. 2 Verf. Bremen; Art. 56 Abs. 7 Verf. Hessen; Art. 15 Abs. 6 Verf. Mecklenburg-Vorpommern; Art. 4 Abs. 4 Verf. Niedersachsen; Art. 8 Abs. 2 Satz 2 Verf. Nordrhein-Westfalen; Art. 102 Abs. 5 Verf. Sachsen; Art. 25 Abs. 3 Verf. Sachsen-Anhalt; Art. 12 Abs. 7 Verf. Schleswig-Holstein.
393 Art. 14 Abs. 2 Satz 5 Verf. Baden-Württemberg; Art. 29 Satz 2 Verf. Bremen; Art. 61 Satz 3 Verf. Hessen; Art. 4 Abs. 4 Verf. Niedersachsen; Art. 30 Abs. 3 Verf. Rheinland-Pfalz; Art. 28 Satz 6 Verf. Saarland; Art. 102 Abs. 5 Verf. Sachsen; Art. 28 Abs. 2 Satz 2 Verf. Sachsen-Anhalt; Art. 26 Abs. 2 Satz 3 Verf. Thüringen.
394 Durch die Neufassung des Art. 29 durch Gesetz v. 23. 8. 1976 (BGBl. I S. 2381).

satz „zwar einen Gestaltungsauftrag an den Gesetzgeber", ohne daß sich angesichts seiner Weite und Unbestimmtheit aber ein Gebot entnehmen läßt, „soziale Leistungen in einem bestimmten Umfang zu gewähren"[395].

Mitunter ist es schwierig, Verfassungsbestimmungen zu entnehmen, ob sie verbindliche Verfassungsaufträge oder bloße politische Programmatik enthalten. Mangels näherer Einzelheiten ist Art. 40 Abs. 5 Verf. Brandenburg, wonach das Land darauf hinwirkt, militärisch genutzte Liegenschaften verstärkt einer zivilen Nutzung zuzuführen, als programmatische Absichtserklärung, nicht jedoch als verbindlicher Verfassungsauftrag zu werten. Eine bloße Programmatik enthält auch Art. 46 Verf. Brandenburg, wonach jeder Mensch bei Unglücksfällen, Katastrophen und besonderen Notständen „nach Maßgabe der Gesetze" zur Nothilfe verpflichtet ist. Diese Bestimmung enthält – wohl mangels Landeskompetenz – keinen Gesetzgebungsauftrag, sondern verweist lediglich auf bestehende oder zu erlassende Gesetze, entfaltet also keine unmittelbare, sondern nur eine mittelbare Wirkung.

76
Politische Programmatik

c) Staatsziele

Staatsziele sind in Gestalt klassischer Staatsaufgaben und Staatszwecke überkommen, so daß nicht die Sache, sondern nur der Begriff modern ist. Sie sind programmatische Direktiven (Leitprinzipien) in Verfassungsrang, die sich an den Staat richten und ihn verpflichten, sie nach Kräften anzustreben und sein Handeln danach auszurichten[396]. Sie unterscheiden sich von Grundrechten durch den bloß objektiv-rechtlichen Charakter der Staatszielbestimmungen, die – mitunter entgegen dem Wortlaut – keine subjektiven Rechte gewährleisten. Lediglich bei der Zielrealisierung können für den einzelnen subjektive Rechte aus dem Gleichheitssatz entstehen oder einfach-gesetzliche subjektive Rechtspositionen vom Gesetzgeber geschaffen werden. Inhaltlich sind Staatsziele in der Regel pauschaler, Grundrechtsbestimmungen detaillierter gefaßt. Ferner fehlt ihnen im Gegensatz zu den Grundrechten die Unmittelbarkeit. Staatszielbestimmungen weisen zwar Normativität auf, ihr Inhalt wirkt aber nicht unmittelbar, sondern programmatisch, was auch darin zum Ausdruck kommt, daß Ziele „anzustreben" und staatliche Handlungen danach „auszurichten" sind. Damit erzeugen Staatsziele nur mittelbare Wirkung, weil ihre Verwirklichung durch weitere staatliche Akte vermittelt werden muß. Hierzu ist in erster Linie der Gesetzgeber aufgerufen, aber auch Exekutive und Judikative können zur Realisierung von Staatszielen angehalten sein. So wird das Staatsziel des Schutzes der natürlichen Lebensgrundlagen und der Tiere in Art. 20a GG in erster Linie durch die Gesetzgebung, aber nach Maßgabe von Gesetz und Recht auch durch die vollziehende Gewalt und die Rechtsprechung geschützt.

77
Staatsziele als Leitprinzipien

---

[395] *BVerfGE 82*, 60 (80) unter Hinweis auf *E 1*, 97 (105); vgl. auch *E 65*, 182 (193).
[396] Vgl. Art. 3 Abs. 3 Verf. Sachsen-Anhalt; grundlegend *Karl-Peter Sommermann*, Staatsziele und Staatszielbestimmungen, 1997, S. 355 ff.

§ 232 Sechzehnter Teil: II. Vergleichende Betrachtung der Landesgrundrechte

78
Staatsziele im Grundgesetz

Das Grundgesetz enthielt ursprünglich nur das Wiedervereinigungsgebot in seiner Präambel und das Gebot „sozialer Staatlichkeit" (Art. 20 Abs. 1, 28 Abs. 1 GG) als Staatsziele. 1967 wurde das Ziel eines gesamtwirtschaftlichen Gleichgewichts in Art. 109 Abs. 2 aufgenommen. Von der Staatsrechtswissenschaft inzwischen als eigenständige Verfassungskategorie anerkannt, wurden Staatsziele Gegenstand der öffentlichen Diskussion, als die Sachverständigen-Kommission „Staatsziele/Gesetzesaufträge" 1983 Vorschläge vorlegte, die jedoch nicht zu einer Ergänzung des Grundgesetzes führten. Erst als Artikel 5 Spiegelstrich 3 des Einigungsvertrags „den gesetzgebenden Körperschaften des vereinten Deutschlands" empfahl, sich „mit den Überlegungen zur Aufnahme von Staatszielbestimmungen in das Grundgesetz" zu befassen, lebte die Debatte erneut auf. Nach Vorarbeiten durch eine Gemeinsame Verfassungskommission wurden durch verfassungsänderndes Gesetz[397] das Staatsziel des Schutzes der natürlichen Lebensgrundlagen (Art. 20a GG) und die Förderung der „tatsächlichen Durchsetzung der Gleichberechtigung" (Art. 3 Abs. 2 Satz 2 GG) in das Grundgesetz aufgenommen, nachdem schon 1992 als Konsequenz des Maastricht-Vertrags in Art. 23 Abs. 1 Satz 1 GG das Staatsziel eines vereinten Europas verankert worden war.

79
Staatsziele in den „neuen Ländern"

Im Gegensatz zum Grundgesetz haben die Verfassungen der mit der Wiedervereinigung entstandenen Länder von Staatszielbestimmungen ausgiebigeren Gebrauch gemacht und sie zum großen Teil auch in die Überschriften der Verfassungen aufgenommen. So lautet der erste Teil der Verfassung Thüringens „Grundrechte, Staatsziele und Ordnung des Gemeinschaftslebens"; die Verfassung Mecklenburg-Vorpommerns enthält neben einem Unterabschnitt „Grundrechte" einen solchen für „Staatsziele". Sachsen-Anhalt gliedert seine Verfassung in die drei Abschnitte „Grundrechte", „Einrichtungsgarantien" und „Staatsziele", wobei es diese Kategorien in Artikel 3 der Verfassung lehrbuchartig umschreibt. Demgegenüber vermengt die Verfassung Brandenburgs sowohl in der Überschrift als auch im Verfassungstext „Grundrechte und Staatsziele". Auch Niedersachsen schließt sich dem Trend an und stellt den Abschnitt „Grundlagen der Staatsgewalt, Grundrechte und Staatsziele" an die Spitze seiner neuen Verfassung[398].

80
Unsaubere Verfassungsgebung

Auch wenn sich theoretisch Staatsziele und Grundrechte unschwer auseinanderhalten lassen, kommt es in der Praxis durch unsaubere Verfassungsgebung immer wieder zu Auslegungsschwierigkeiten. Diese entstehen vor allem, wenn Verfassungen mehr versprechen wollen, als sie halten können – eingedenk der antiken Erkenntnis, daß Menschen „weit höher den Schein als die Wahrheit" schätzen[399]. Auf diese Weise entstehen jene sphinxhaften Verfassungsgebilde, die man „Grundrechtszielbestimmungen"[400] nennen kann. So ist die Erwähnung „des Rechts auf soziale Sicherung bei Krankheit, Unfall, Invalidität, Behinderung, Pflegebedürftigkeit und dem Alter", „des Rechts

---

397 Gesetz zur Änderung des Grundgesetzes v. 27.10.1994 (BGBl. I S. 3146), Art. 1 Nr. 1 und Nr. 2.
398 V. 19. 5. 1993 (GVBl. S. 107).
399 *Aischylos*, Die Orestie, Agamemnon, V. 752 f. (Chorführer).
400 *Merten*, Über Staatsziele, DÖV 1993, S. 368 (374 sub VI 2).

auf eine angemessene Wohnung" und „des Rechts auf Arbeit" in der Verfassung Brandenburgs[401] bewußt mißverständlich, weil in diesen Bestimmungen keine subjektiven Rechte gewährt werden, sondern das Land lediglich verpflichtet wird, „im Rahmen seiner Kräfte" für die Realisierung dieser „Rechte" zu sorgen. Daß sich hinter diesen hochstilisierten Versprechen auch sprachlicher Widersinn verbirgt, wird erst beim näheren Hinsehen offenbar: In Wahrheit kann es nicht um die „Verwirklichung des Rechts auf Arbeit – also eine neue papierne Zusage – gehen, sondern das Land soll für Arbeit, Wohnung und soziale Sicherung sorgen. Auch die Verfassung Hessens, die noch in ihrem Artikel 26 die „unmittelbar[e]" Bindung ihrer Grundrechte für alle Staatsgewalten proklamiert, gewährt in ihrem Artikel 28 Abs. 2 innerhalb ihres Abschnitts „Soziale und wirtschaftliche Rechte und Pflichten" jedem nach seinen Fähigkeiten „ein Recht auf Arbeit". Daß das Land an die Erfüllung des Arbeitsversprechens selbst nicht glaubt, zeigt sich in Artikel 28 Abs. 3, wonach jeder bei schuldloser Arbeitslosigkeit „Anspruch auf den notwendigen Unterhalt für sich und seine unterhaltsberechtigten Angehörigen" hat[402]. Zu Recht sieht auch *Sebastian Müller-Franken* in dieser Vorschrift nur eine „objektiv-rechtliche Staatszielbestimmung"[403]. Zurückhaltender ist die Verfassung Thüringens, die die Versorgung mit angemessenem Wohnraum (Art. 15) lediglich als Staatsziel formuliert und nur im Notfall allen „ein Obdach" „sichert" (Art. 16).

Wegen der Vagheit ihrer Begriffe und der unbestimmten Voraussetzungen für etwaige Leistungsansprüche sind derartige „soziale Grundrechte" entgegen ihrem plakativen Begriff nur als Staatszielbestimmungen anzusehen. Gelegentlich gilt diese Einschätzung auch für Teilnahmerechte. So verheißt Art. 9 Satz 1 Verf. Thüringen jedem „das Recht auf Mitgestaltung des politischen Lebens im Freistaat"[404], schmilzt dieses Recht im nächsten Satz aber dahingehend ein, daß es sich in der „Ausübung politischer Freiheitsrechte, insbesondere durch eine Mitwirkung in Parteien und Bürgerbewegungen" erschöpft. Stärker als andere Verfassungselemente unterliegen Staatsziele als Sozialstaatsverheißungen der Tagesmode, so daß sie leicht zu einem „politischen Wunschzettel"[405] verkommen können. Bar jeder gesamtstaatlichen Verfassungsrealität will Brandenburg mit Artikel 39 Abs. 9 seiner Verfassung darauf hinwirken, daß auf seinem Landesgebiet „keine atomaren, biologischen oder chemischen Waffen entwickelt, hergestellt oder gelagert werden" und gemäß Artikel 40 Abs. 5 der Verfassung „militärisch genutzte Liegenschaften verstärkt einer zivilen Nutzung" zuführen, wobei diese Bestimmungen nicht nur Bundeskompetenzen, sondern auch die realen Möglichkeiten einer Realisierung außer acht lassen[406].

81
„Soziale Grundrechte" als bloße Staatsziele

---

401 Art. 45 Abs. 1 Satz 1, Art. 47 Abs. 1, Art. 48 Abs. 1.
402 Vgl. → unten *Müller-Franken*, Landesgrundrechte in Hessen, § 251 RN 34.
403 → Unten § 251 RN 68.
404 Ähnlich Art. 21 Abs. 1 Verf. Brandenburg.
405 Hierzu *H.H. Klein*, Staatszielbestimmungen – Die Verfassung als politischer Wunschzettel?, Zeitschrift zur politischen Bildung, 1992, S. 78 ff.
406 → Unten *Peine*, Landesgrundrechte in Brandenburg, § 248 RN 76.

82
Probleme bei Häufung von Staatszielen

Die Vermehrung der Staatsziele trägt auch zu deren Divergenz bei, so daß Staatszielkonflikte, aber auch Finanzierungsprobleme entstehen können. Die parlamentarische Gestaltungsfreiheit wird zunehmend eingeschränkt, wenn sich wie in Brandenburg ein Land gleichzeitig zu sozialer Hilfe für ungeborenes Leben (Art. 8 Abs. 2), zu wirksamen Maßnahmen für die Gleichstellung der Geschlechter (Art. 12 Abs. 3), zu gleichwertigen Lebensbedingungen für Behinderte (Art. 12 Abs. 4), zur Förderung der Erhaltung und Pflege der sorbischen Identität (Art. 25 Abs. 1), zur staatlichen Hilfe für die Kindererziehung sowie zur Förderung von Kindertagesstätten und Jugendfreizeiteinrichtungen einschließlich eines Anspruchs auf einen Platz in einer Kindertagesstätte (Art. 27 Abs. 3 Satz 2, Abs. 6, Abs. 7), zur Schaffung öffentlicher Bildungseinrichtungen und beruflicher Ausbildungssysteme (Art. 29 Abs. 1), zu öffentlichen Finanzierungszuschüssen für Schulen in freier Trägerschaft (Art. 30 Abs. 6), zur Errichtung von Weiterbildungseinrichtungen (Art. 33), zur Förderung von Kunst, Kultur und Sport (Art. 34, 35), zum Schutz der Natur und der gewachsenen Kulturlandschaft sowie zur Einrichtung und Erhaltung von Nationalparks, Natur- und Landschaftsschutzgebieten (Art. 39 Abs. 1, 40 Abs. 4), zur regionalen Strukturförderung (Art. 44), zur sozialen Sicherung bei Krankheit, Unfall, Invalidität, Behinderung, Pflegebedürftigkeit und im Alter (Art. 45 Abs. 1), zu Wohnung und Arbeit, zu unentgeltlicher Berufsberatung und Arbeitsvermittlung sowie zur Umschulung und beruflichen Weiterbildung einschließlich Unterhalts (Art. 47, 48) sowie zur Hilfe bei der Wiedereingliederung entlassener Strafgefangener (Art. 54 Abs. 2) verpflichtet. Damit wandelt sich politisch zu verantwortende Gesetzgebung in bloße Staatszielvollstreckung. Im übrigen kann, was als Staatsziel beginnt, schnell über institutionelle Verfestigungen zur Unabänderbarkeit sozialer Errungenschaften werden[407].

83
Staatszielverwirklichung nur im Rahmen der Verfassung

Bei der Konkretisierung von Staatszielen können weder die Legislative noch die Judikative neues Verfassungsrecht schaffen. Wegen ihrer Offenheit können Staatsziele auch nicht als unmittelbare Grundrechtsschranken wirken, was das Bundesverfassungsgericht für das Sozialstaatsprinzip früher festgestellt, inzwischen jedoch modifiziert hat[408]. Staatsziele ermächtigen als solche den Gesetzgeber nicht zu Grundrechtsbeschränkungen. Nur wenn und soweit Grundrechtsbestimmungen Beschränkungen gestatten, darf der Gesetzgeber zur Zielrealisierung freiheitseinschränkende Maßnahmen treffen. So wird das Staatsziel des Schutzes der natürlichen Lebensgrundlagen und der Tiere in Artikel 20a GG ausdrücklich nur „im Rahmen der verfassungsmäßigen Ordnung" geschützt. Der Gesetzgeber muß daher bei der Verwirklichung des Staatsziels die vorhandenen Verfassungsbestimmungen, insbesondere die Grundrechte und deren Beschränkbarkeit achten und darf sich nicht bei Verwirklichung des Staatsziels, gleichsam am eigenen Schopfe ziehend, eine neue

---

407 Hierzu auch *Isensee*, Der Sozialstaat in der Wirtschaftskrise, in: Listl/Schambeck, Demokratie in Anfechtung und Bewährung, FS Broermann, 1982, S. 365 (371).
408 Vgl. *BVerfGE 59*, 231 (263); aus neuerer Zeit jedoch *E 100*, 271 (284); *103*, 293 (306f.).

Beschränkungsmöglichkeit eröffnen⁴⁰⁹. Staatsziele verschaffen schließlich keine zusätzlichen Kompetenzen. Allein die grundgesetzliche Kompetenzverteilung entscheidet darüber, wer im Bundesstaat zur Verwirklichung programmatischer Direktiven berechtigt ist.

D. Grundrechtsgeltung in personaler, räumlicher und inhaltlicher Sicht

I. Grundrechtsberechtigte und Grundrechtsverpflichtete

1. Grundrechtsberechtigte

a) Natürliche Personen

Grundrechte knüpfen an die menschliche Existenz⁴¹⁰. Der Mensch ist kraft seiner Selbstbestimmung „Richtmaß des Rechts"⁴¹¹ und naturgegebenes Rechtssubjekt⁴¹². So stand „im geschichtlichen Verlauf der Anerkennung und Positivierung von Grundrechten ... seit jeher der einzelne Mensch als private, natürliche Person im Mittelpunkt. Die Ausformung der Grundrechte geschah im Blick auf die Erfahrung typischer Gefährdungen und Verletzungen der Würde, der Freiheit und der rechtlichen Gleichheit der einzelnen Menschen oder von Menschengruppen durch öffentliche Gewalten"⁴¹³. Im Bekenntnis zur Menschenwürde (Art. 1 Abs. 1 GG) als „tragendem Konstitutionsprinzip"⁴¹⁴ liegt eine *anthropozentrische*, keine kosmozentrische oder ökozentrische Entscheidung der Verfassung⁴¹⁵, weshalb im Mittelpunkt der Verfassungsordnung „Wert und Würde der Person [stehen], die in freier Selbstbestimmung als Glied einer freien Gesellschaft wirkt"⁴¹⁶. Nichts Gegenteiliges indizieren Staatszielbestimmungen über den Schutz der natürlichen Lebensgrundlagen⁴¹⁷, der gerade „auch in Verantwortung für die künftigen Generationen" erfolgt.

84
Mensch als „Richtmaß des Rechts"

---

409 Vgl. hierzu auch *Sommermann*, Staatsziel „Umweltschutz" mit Gesetzesvorbehalt, DVBl. 1991, S. 34 ff., *ders.*, Staatsziele und Staatszielbestimmungen, 1997, S. 434 f.
410 So auch *Dürig*, in: Maunz/Dürig, GG (LitVerz.), Art. 2 Abs. 1 RN 66 (Erstbearb.).
411 *Reinhold Zippelius*, Rechtsphilosophie, ⁶2011, § 12 IV, S. 75.
412 Vgl. *Hillgruber*, JZ 1997, S. 975 sub I; *Friedrich Carl von Savigny*: „Jeder einzelne Mensch, und nur der einzelne Mensch, ist rechtsfähig" (System des heutigen römischen Rechts, Bd. II, 1840, § 60, 2).
413 *BVerfGE 61*, 82 (100 f.).
414 *BVerfGE 6*, 32 (41); st.Rspr.
415 Vgl. hierzu *Arthur Kaufmann*, Gibt es Rechte der Natur?, in: ders., Über Gerechtigkeit, 1993, S. 369 (371 ff.); *Peter Cornelius Mayer-Tasch*, Politische Theorie des Verfassungsstaates, 1991, S. 148 ff.
416 *BVerfGE 65*, 1 (41 sub II 1 a).
417 Art. 3a Verf. Baden-Württemberg; Art. 3 Abs. 2, Art. 141 Abs. 1 Satz 1 Verf. Bayern; Art. 31 Abs. 1 Verf. Berlin; Art. 39 Abs. 1 Verf. Brandenburg; Art. 11 a, Art. 65 Verf. Bremen; Präambel Verf. Hamburg; Art. 26 a Verf. Hessen; Art. 12 Verf. Mecklenburg; Art. 1 Abs. 2, Art. 29 Verf. Nordrhein-Westfalen; Art. 34 Abs. 2 Satz 1, Art. 59 a Verf. Saarland; Art. 10 Verf. Sachsen; Art. 35 Verf. Sachsen-Anhalt; Art. 11 Abs. 1 Verf. Schleswig-Holstein; Art. 31 Verf. Thüringen.

85
„Gefühlige Deklamation"

Abwegig ist es, die Menschenwürde auf Tiere (z.B. Menschenaffen) zu erstrecken[418] oder Tiere als (Grund-)Rechtsträger[419] anzusehen. Die (symbolische) Einfügung des § 90a BGB als „gefühlige Deklamation ohne wirklichen rechtlichen Inhalt"[420] hat ungeachtet der Wortkosmetik keine Rechtsfähigkeit der Tiere geschaffen, sondern diese letztlich als Sache belassen[421]. Tier- und Umweltschutz erfordern keine „Eigenrechte der Natur"[422], weil Schutzaufträge oder objektiv-rechtliche Pflichten ausreichen. Dem schwärmerischen Tierschutz fehlen oft vernünftige Abgrenzungskriterien für die geforderte Rechtssubjektivität[423] sowie für eine allfällige Vertretung. Tierprozesse[424] sind eher Zeichen für die Primitivität einer Rechtskultur.

aa) Grundrechtsfähigkeit

86
Fähigkeit, Träger von Grundrechten und Grundpflichten zu sein

Grundrechtsfähigkeit (Grundrechtssubjektivität, Grundrechtsträgerschaft, Grundrechtsberechtigung) ist in Anlehnung an die zivilrechtliche Rechtsfähigkeit[425] (§1 BGB) die Fähigkeit, Träger von Rechten und Pflichten zu sein. Die Grundrechtsfähigkeit steht in erster Linie dem Menschen als natürliche Person zu. Kraft Verfassungswortlauts können jedoch auch nichtrechtsfähige Personenkollektive[426] oder juristische Personen kraft Geltungserstreckung[427] Grundrechtsträger sein. Dagegen kommt Sachen (einschließlich Tieren) oder

---

418 Ebenso *Starck*, in: v.Mangoldt/Klein/ders., GG (LitVerz.), Art.1 Abs.1 RN 26; *H. Dreier*, GG (LitVerz.), Bd.I, Art.1 I RN 119; *Kunig*, in: v.Münch/ders., GG (LitVerz.), Art.1 RN 16; → Bd.IV: *Isensee*, § 87 RN 140, 192.
419 In diese Richtung *Erbel*, Rechtsschutz für Tiere, DVBl. 1986, S.1235 (1251); *v. Loeper/Reyer*, Das Tier und sein rechtlicher Status, ZRP 1984, S.205 (208).
420 So *Palandt/Ellenberger*, BGB, [75]2016, § 90a RN 1.
421 Hierzu W. *Grunsky*, Sachen, Tiere – Bemerkungen zu einem Gesetzesentwurf –, in: FS Jauch, S.93 ff.; *Karsten Schmidt*, Sind Hunde Plastiktüten?, Glosse, JZ 1989, S.790 ff.; *J. Braun*, JuS 1992, S.758 ff.; *W. Küper*, Die „Sache mit den Tieren" oder: Sind Tiere strafrechtlich noch „Sachen"?, JZ 1993, S.435 ff.; *Steding*, JuS 1996, S.962 ff.; *H. Pauly*, JuS 1997, S.287 f.; s. aber auch *OLG Karlsruhe*, NJW 1997, S.1789: Es ist ausgeschlossen, Tiere unter den Begriff der „beweglichen Sache" i.S.v. § 885 II ZPO zu subsumieren; hierzu auch *K. Schmidt*, JuS 1997, S.852 f.; ferner *AG Bad Mergentheim*, NJW 1997, S.3033: „Umgangsrecht" mit dem zum Hausrat gehörenden Hund.
422 Hierzu *H. Frh. v. Lersner*, Gibt es Eigenrechte der Natur?, NVwZ 1988, S.988 f.; *ders.*, Die ökologische Wende, 1991, S.51; *Christopher S. Stone*, Umwelt vor Gericht. Die Eigenrechte der Natur, 1987; *Jörg Weber*, Die Erde ist nicht Untertan – Grundrechte der Natur, [2]1993; *Saskia Stucki*, Grundrechte für Tiere, 2016.
423 Vgl. in diesem Zusammenhang *VG Hamburg*, NVwZ 1988, S.1058: Die „Seehunde in der Nordsee" sind im Verwaltungsstreitverfahren nicht beteiligungsfähig; dagegen hat das Naturrecht die Rechtsfähigkeit der Tiere bejaht, vgl. *Ulpian* (Dig. I, 1 § 3): „nam jus istud non humani generis proprium, sed omnium animalium, quae in terra, quae in mari nascuntur; avium quoque commune est".
424 Vgl. *Hans v. Hentig*, Die Strafe, Bd.I, 1954.
425 Hierzu *Wolf/Neuner*, Allgemeiner Teil des Bürgerlichen Rechts, [10]2012, § 11 RN 1; *Eugen Ehrlich*, Die Rechtsfähigkeit, 1909; allgemein *Harry Westermann*, Person und Persönlichkeit als Wert im Zivilrecht, 1957; *Hellen Hetterich*, Mensch und „Person" – Probleme einer allgemeinen Rechtsfähigkeit, 2016. Vgl. auch Art.16 des Internationalen Pakts über bürgerliche und politische Rechte v. 19.12.1966: „Jedermann hat das Recht, überall als rechtsfähig anerkannt zu werden".
426 So ist die Vereinigungsfreiheit ein „Doppelgrundrecht", das sowohl den einzelnen als auch die Vereinigung berechtigt; hierzu *Merten*, HStR [3]VII, § 165 RN 34; vgl. insb. Art.20 Abs.1 Satz 2 Verf. Brandenburg; im übrigen: Art.114, Art.142, Art.170 Verf. Bayern; Art.27 Verf. Berlin; Art.17, 48, 60 Verf. Bremen, Art.15, 36, 48 Verf. Hessen; Art.19 Verf. Nordrhein-Westfalen; Art.13 Verf. Rheinland-Pfalz; Art.7, 35, 56 Verf. Saarland; Art.24 Verf. Sachsen; Art.13 Verf. Sachsen-Anhalt; Art.13 Verf. Thüringen; Art.9 GG. Dasselbe gilt für Parteien: vgl. Art.20 Abs.3 Verf. Brandenburg; Art.3 Abs.4 Verf. Mecklenburg-Vorpommern; Art.8 Verf. Saarland; Art.9 Verf. Thüringen; Art.21 GG.
427 Vgl. Art.5 Abs.3 Verf. Brandenburg; Art.37 Abs.3 Verf. Sachsen; Art.20 Abs.3 Verf. Sachsen-Anhalt; Art.42 Abs.2 Verf. Thüringen; Art.19 Abs.3 GG.

nichtkörperlichen Gegenständen weder Rechtsfähigkeit noch Grundrechtsfähigkeit zu[428].

Die Grundrechtsfähigkeit wird nicht dadurch verkürzt[429], daß einzelne Grundrechte nur „Deutsche"[430], „Staatsangehörige"[431], „Bewohner Bayerns"[432], „Arbeitnehmer"[433], „Kinder"[434], „alte Menschen", „Menschen mit Behinderung"[435], „Alleinerziehende"[436] oder „politisch Verfolgte"[437] berechtigen. Hierin liegt lediglich eine Beschränkung des persönlichen oder sachlichen Geltungsbereichs, also eine Begrenzung des grundrechtlichen Schutzbereichs[438], nicht aber eine Einschränkung der Grundrechtsfähigkeit[439].

87
Begrenzung des Schutzbereichs

Nicht nur überflüssig, sondern auch mißverständlich ist es aber, wenn die Landesverfassungen „Kinder" und „Jugendliche" als „Träger von Rechten" ausweisen[440]. Denn die Rechts- und Grundrechtsfähigkeit steht allen natürlichen Personen zu, so daß man auch Sportler und Schauspieler, Priester und Strafgefangene, Arme und Reiche hätte anführen können. Mißlich ist es zudem, wenn die Begriffe nicht sauber getrennt und juristisch dubiose Bezeichnungen wie „junge[r] Mensch"[441] verwendet werden. Es bedarf keines kindlichen Subjektstatus, wenn der Mensch schlechthin als Träger von Grundrechten anerkannt ist. Werden „Eltern" zur Erziehung und Pflege ihrer Kinder berechtigt und verpflichtet, so steht jedem von ihnen das Grundrecht zu[442]. Fehlt es an einem Mindestmaß an Übereinstimmung, können die einzelnen elterlichen Befugnisse weitgehend einem Elternteil allein zugewiesen werden[443]. Unbeschadet der Verwirkbarkeit oder der Aberkennbarkeit (§ 45 StGB) einzelner Grundrechte kann die Grundrechtsfähigkeit als solche nicht entzogen werden[444]. Mittelalterliche Friedlosigkeit und Acht[445] sowie „bürgerlicher Tod"[446] sind unter dem Grundgesetz ausgeschlossen.

88
Kinderrechte

---

428 Unzutreffend daher *BVerfGE 83*, 130 (152) – Josefine Mutzenbacher –: „Freiheitsanspruch des von der Indizierung bedrohten Werkes (Art. 5 Abs. 3 Satz 1 GG)".
429 A.A. wohl v. Münch/Kunig, GG (LitVerz.), Vorbem. Art. 1–19 RN 28, nach denen bei sogenannten Deutschen-Grundrechten die Grundrechtsfähigkeit enger ist als die bürgerlich-rechtliche Rechtsfähigkeit.
430 Vgl. z. B. Art. 15 Verf. Hessen.
431 Vgl. Art. 116 Verf. Bayern.
432 Vgl. Art. 106 Abs. 1, Art. 109, Art. 110, Art. 113, Art. 114, Art. 115, Art. 120 Verf. Bayern.
433 Vgl. Art. 174 Verf. Bayern.
434 Art. 27 Abs. 1 Verf. Brandenburg.
435 S. Art. 17a Verf. Mecklenburg-Vorpommern.
436 Art. 23 Abs. 2 Verf. Rheinland-Pfalz.
437 Art. 16 Abs. 2 Verf. Rheinland-Pfalz.
438 → Bd. III: *Merten*, Grundrechtlicher Schutzbereich, § 56.
439 Vgl. *BVerfGE 94*, 49 (87): Das Konzept sicherer Drittstaaten „beschränkt den persönlichen Geltungsbereich des in Art. 16a Abs. 1 GG nach wie vor gewährleisteten Grundrechts auf Asyl".
440 Art. 14 Verf. Mecklenburg-Vorpommern; Art. 24 Verf. Rheinland-Pfalz; Art. 9 Verf. Sachsen; vgl. auch Art. 24 Abs. 3 Verf. Sachsen-Anhalt; Art. 10 Abs. 3 Verf. Schleswig-Holstein; Art. 19 Abs. 1 Verf. Thüringen.
441 Art. 26 Abs. 1 Satz 1 Verf. Saarland.
442 Vgl. *BVerfGE 99*, 145 (164); *47*, 46 (76).
443 *BVerfGE 22*, 158 (177).
444 Zur Würde *BVerfGE 64*, 261 (284).
445 Vgl. *Eberhard Schmidt*, Einführung in die Geschichte der deutschen Strafrechtspflege, ³1965, S. 63f.
446 Vgl. § 1199 II 11 ALR: „Nach abgelegtem Klostergelübde werden Mönche und Nonnen, in Ansehung aller weltlichen Geschäfte, als verstorben angesehen".

aaa) Beginn

89
Vollendung der Geburt

Der Beginn der Grundrechtsfähigkeit ist in Übereinstimmung mit der Rechtsfähigkeit (§ 1 BGB)[447] grundsätzlich an die *Vollendung der Geburt* zu knüpfen. Das Kind hat in den Worten des Bundesverfassungsgerichts[448] „als Grundrechtsträger selbst Anspruch auf den Schutz des Staates ...", weil es „ein Wesen mit eigener Menschenwürde und dem eigenen Recht auf Entfaltung seiner Persönlichkeit" ist. Allerdings können spezielle Verfassungsbestimmungen die Grundrechtsträgerschaft des Kindes hinsichtlich bestimmter Rechte (z.B. des Wahlrechts) durch Einführung einer Altersgrenze ausschließen[449].

90
Partielle Grundrechtsfähigkeit der Leibesfrucht

Ebenso wie die Rechtsordnung der Leibesfrucht im Ergebnis eine beschränkte Rechtsfähigkeit zuerkennt[450], wird ihr auch eine *partielle Grundrechtsfähigkeit* zugesprochen. Im Schrifttum wird eine derartige Grundrechtsfähigkeit des nasciturus – teilweise erst mit der Nidation[451] – bejaht[452]. Die Grundrechtsfähigkeit bleibt jedoch rein theoretisch, solange der nasciturus als Grundrechtsberechtigter sein existentielles Recht auf Leben nicht wirksam gegen einen beabsichtigten Schwangerschaftsabbruch – notfalls prozessual – durchsetzen kann[453]. Hatte das Bundesverfassungsgericht die Frage einer Grundrechtsträgerschaft in seiner frühen Rechtsprechung noch ausdrücklich offengelassen[454], so erkennt es später ein eigenes „Lebensrecht[s] des Ungeborenen" an[455]. Ungeachtet der Grundrechtssubjektivität entfalten jedenfalls die objektiv-rechtlichen Verfassungsnormen einen vorwirkenden Schutz. Da „Leben" im Sinne der Verfassungsnormen[456] auch das ungeborene Leben

---

447 Übereinstimmend Art. 31 Abs. 1 (schweiz.) ZGB; ebenso in Österreich, vgl. *Kneihs*, Das Recht auf Leben in Österreich, JBl. 1999, S. 76 (78).
448 *BVerfGE 24*, 119 (144); ähnlich *E 37*, 217 (252); *55*, 171 (179); *72*, 155 (172); *84*, 168 (183); *99*, 145 (156); *103*, 89 (107); *104*, 373 (385f.); *121*, 69 (92).
449 Art. 26 Abs. 1 Verf. Baden-Württemberg; Art. 7 Abs. 1 und 2 Verf. Bayern; Art. 39 Abs. 3 Verf. Berlin; Art. 22 Abs. 1 und 2 Verf. Brandenburg; Art. 73 Abs. 1 Verf. Hessen; Art. 8 Abs. 1 Verf. Niedersachsen; Art. 31 Abs. 2 Verf. Nordrhein-Westfalen; Art. 76 Abs. 2 Verf. Rheinland-Pfalz; Art. 64 Satz 1 Verf. Saarland; Art. 4 Abs. 2 Verf. Sachsen; Art. 42 Abs. 2 Verf. Sachsen-Anhalt; Art. 46 Abs. 2 Verf. Thüringen; Art. 38 Abs. 2 GG.
450 Hierzu Münchener Kommentar – *Gitter*, § 1 BGB RN 23 ff.; *Palandt/Ellenberger*, BGB, [75]2016, § 1 RN 7; vgl. insb. auch §§ 844 Abs. 2 Satz 2, 1923 Abs. 2, 2043 Abs. 2, 2108 BGB; allgemein: *Waldstein*, Zur Rechtsstellung ungeborener Kinder, in: Herbert Schambeck (Hg.), Kirche und Staat, Fritz Eckert zum 65. Geburtstag, 1976, S. 477 ff.; zur Teilrechtsfähigkeit auch *Hetterich* (FN 425), S. 66 ff. Im römischen Recht galt: Nasciturus pro iam nato habetur, quotiens de commodis eius quaeritur (vgl. Dig. 1, 5, 7; 50, 16, 231 [Paulus]); s. nunmehr §§ 844 Abs. 2 Satz 2, 1912, 1923 Abs. 2 BGB.
451 → Bd. II: *P. M. Huber*, Natürliche Personen als Grundrechtsträger, § 49 RN 12; ebenso *Starck*, in: v. Mangoldt/Klein/ders. Art. 1 Abs. 1 RN 19, 94. Eine Trägerschaft bereits ab dem Zeitpunkt der Befruchtung *Hillgruber*, in: Epping/ders., Art. 1 RN 4; *Herdegen*, in: Maunz/Dürig, GG (LitVerz.), Art. 1 RN 65 (unter ausdrücklichem Hinweis auf die Rechtssubjektivität ab der Empfängnis); *Stern*, Staatsrecht, Bd. IV/1 (LitVerz.), § 97 III 3 a, S. 71 f. → Unten *Hillgruber*, Schutz der Menschenwürde und der Persönlichkeit, § 233 RN 18.
452 *Dürig*, in: Maunz/Dürig, GG (LitVerz.), Art. 2 Abs. 2 RN 21 ff. (1958); *H. Dreier*, GG (LitVerz.), Bd. I, Vorb. 111, Art. 1 I RN 68, 81 ff.
453 Zur Erforderlichkeit einer Pflegschaft *Hillgruber*, JZ 1997, S. 975 (976 sub II 1 m.w.N.).
454 *BVerfGE 39*, 1 (41); ebenso *E 45*, 376 (386).
455 *BVerfGE 88*, 203 (252); kritisch *H. Dreier*, Menschenwürdegarantie und Schwangerschaftsabbruch, DÖV 1995, S. 1036 ff.
456 Für die Landesverfassungen vgl. Art. 8 Abs. 1 Verf. Berlin; Art. 8 Abs. 1 Verf. Brandenburg; Art. 3 Verf. Hessen; Art. 3 Abs. 1 Verf. Rheinland-Pfalz; Art. 1 Satz 2 Verf. Saarland; Art. 16 Abs. 1 Verf. Sachsen; Art. 5 Abs. 2 Verf. Sachsen-Anhalt; Art. 3 Abs. 1 Verf. Thüringen; Art. 2 Abs. 2 GG.

umfaßt, erstreckt sich der Schutz der Verfassung auch auf den nasciturus, weshalb dem Staat nicht nur unmittelbare Eingriffe verboten sind, sondern er es auch „vor rechtswidrigen Eingriffen von seiten anderer zu bewahren" hat[457]. Dieser objektiv-rechtliche Schutz bleibt allerdings unvollkommen, wenn der Schwangerschaftsabbruch in den ersten zwölf Wochen nach der Empfängnis nicht mit Strafe bewehrt ist und der Gesetzgeber sich in dieser Frühphase der Schwangerschaft für eine Beratungslösung entscheiden darf[458]. Bedenklich ist es auch, wenn Landesverfassungen vorsehen, daß „für den Schutz des ungeborenen Lebens ... insbesondere durch umfassende Aufklärung, kostenlose Beratung und soziale Hilfe zu sorgen" ist[459], weil hierdurch der Eindruck einer Relativierung des Schutzes für ungeborenes Leben entstehen kann.

bbb) Ende

Die Grundrechtsfähigkeit endet mit dem Tode[460], weil der Tote nicht Träger personengebundener Rechte und Pflichten, demzufolge auch nicht „Grundrechtssubjekt auf Zeit"[461] ist. Die Festlegung des genauen Todeszeitpunktes mag medizinisch problematisch sein. Die überwiegende Entscheidung für den Hirntod[462] ist verfassungsrechtlich unbedenklich, weil mit dem Ausfall des Gehirns die Zentralsteuerung des Organismus aufhört, auch wenn Herzschlag und Atmung durch die Apparate-Medizin aufrechterhalten werden können. Einer Vorverlegung des Todeszeitpunkts im Hinblick auf Organtransplantationen steht Art. 2 Abs. 2 GG entgegen. Der menschliche Körper darf nicht „vergesellschaftet" werden; seine Organe sind nicht sozialpflichtig[463].

91
Hirntod

---

457 *BVerfGE 88*, 203 (251); vgl. auch *E 39*, 1 (41 f.).
458 Hierzu *BVerfGE 88*, 103 (264 ff.).
459 So Art. 8 Abs. 2 Verf. Brandenburg; nahezu wortgleich Art. 3 Abs. 2 Verf. Rheinland-Pfalz.
460 *BVerfGE 30*, 173 (194); *Benda/Klein*, Verfassungsprozeßrecht, ³2012, § 19 RN 514; *Rüfner*, Grundrechtsträger, HStR ³IX, § 196 RN 33; → Bd. II: *Peter M. Huber*, Natürliche Personen als Grundrechtsträger, § 49 RN 22; offengelassen von *BayVerfGH* BayVBl. 1996, S. 626; a.A. *Knuth Müller*, Postmortaler Rechtsschutz – Überlegungen zur Rechtssubjektivität Verstorbener, 1996, passim. Zum Tod in der Rechtsordnung *Ines Klinge*, Todesbegriff, Totenschutz und Verfassung, 1996; vgl. auch § 102 Einl. ALR: „Rechte, welche nur der Person ankleben, verschwinden durch derselben Tod".
461 So jedoch v. *Münch/Kunig*, GG (LitVerz.), Art. 1 RN 15 a.E.
462 Vgl. auch § 3 Abs. 2 Nr. 2 des Transplantationsgesetzes v. 5. 11. 1997 (BGBl. I S. 2631); ferner *OLG Frankfurt a.M.*, NJW 1997, S. 3099: „Im Erbrecht ist als Todeszeitpunkt der Eintritt des Gesamthirntodes zu verstehen"; kritisch *Schmidt-Jortzig*, Wann ist der Mensch tot?; s. ferner *H.-L. Schreiber*, Der Hirntod als Grenze des Lebensschutzes, in: Vertrauen in den Rechtsstaat, FS Remmers, 1993, S. 593 ff.; Hans-Jürgen Firnkorn (Hg.), Hirntod als Todeskriterium, 2000; *Heun*, Der Hirntod als Kriterium des Todes des Menschen – Verfassungsrechtliche Grundlagen und Konsequenzen, JZ 1996, S. 213 ff.; *Höfling*, Über die Definitionsmacht medizinischer Praxis und die Aufgabe der Verfassungsrechtslehre, JZ 1996, S. 615 ff. mit Schlußwort von *Heun* aaO., S. 618 f.; *Spittler*, Der menschliche Körper im Hirntod, ein dritter Zustand zwischen lebendem Menschen und Leichnam?, JZ 1997, S. 747 ff.; *Steffen*, Wieviele Tode stirbt der Mensch?, NJW 1997, S. 1619 f.
463 Vgl. in diesem Zusammenhang auch *BVerfG* (Kammer) NJW 1999, S. 3399 und 3403 sowie JuS 2000, S. 393 f. (*Sachs*); *Weber/Lejeune*, Rechtliche Probleme des rheinland-pfälzischen Transplantationsgesetzes, NJW 1994, S. 2392 ff.; *Taupitz*, Der deliktsrechtliche Schutz des menschlichen Körpers und seiner Teile, NJW 1995, S. 745 ff.; *Kluth/Sander*, Verfassungsrechtliche Aspekte einer Organspendepflicht, DVBl. 1996, S. 1286 ff.; *Seewald*, Ein Organtransplantationsgesetz im pluralistischen Verfassungsstaat, VerwArch. 88 (1997), S. 199 ff.; *Karsten Kloth*, Todesbestimmung und postmortale Organentnahme, 1996; *Wolfram Höfling/Stephan Rixen*, Verfassungsfragen der Transplantationsmedizin, 1996; *Tröndle*, Der Hirntod, seine rechtliche Bedeutung und das neue Transplantationsgesetz, in: FS H.J. Hirsch, 1999, S. 779 ff.

92
Postmortaler Persönlichkeitsschutz

Ebenso wie das Achtungsgebot der Menschenwürde einen pränatalen Schutz begründet, so ist auch ein objektiv-rechtlicher postmortaler Persönlichkeitsschutz[464] zu bejahen. Er besteht zunächst hinsichtlich der Leiche und deren Teilen (Organen)[465], die res extra commercium sind[466]. Der nachwirkende Persönlichkeitsschutz soll den Verstorbenen vor Entwürdigung und Entstellung des Lebensbildes, z.B. in einer täuschenden Werbung[467] sichern[468]. Ist, wie bei (absoluten) Personen der Zeitgeschichte das Recht am eigenen Bild eingeschränkt[469], so wirkt sich dies auch auf den postmortalen Persönlichkeitsschutz aus[470]. Mangels besonderer Beauftragung seitens des Verstorbenen sind die nächsten Angehörigen befugt, Unterlassungs- und Widerrufsansprüche geltend zu machen. Bei Angriffen auf die Person des Verstorbenen oder Eingriffen in den Leichnam können unbeschadet des postmortalen Schutzes *eigene Grundrechte* der Angehörigen verletzt sein[471]. Das durch Art. 2 Abs. 1 GG geschützte Recht auf *Totenfürsorge* steht gewohnheitsrechtlich dem Ehegatten, notfalls den nächsten Verwandten zu, falls der Erblasser es keiner anderen Person übertragen hat[472].

Totenfürsorge

bb) Menschenrechte, Bürgerrechte, Einwohnerrechte

93
Überkommene Unterscheidung

Die Unterscheidung zwischen Menschen- und Bürgerrechten[473], wie sie auch die „Declaration des droits de l'homme et du citoyen" von 1789 trifft, ist der neueren Entwicklung geläufig und findet sich sowohl in deutschen als auch in ausländischen Verfassungen[474].

aaa) Jedermann-Rechte

94
Menschenrechte im formalen Sinn

Viele Grundrechtsbestimmungen in den Landesverfassungen berechtigen den „Menschen"[475] oder „Jedermann"[476] und damit auch Ausländer[477]. Um Jedermann-Rechte handelt es sich auch, wenn Verfassungen allgemein und nicht

---

464 Vgl. *BVerfGE 30*, 173 (194) – Mephisto –; *BGHZ 15*, 249 (259) – Cosima Wagner –; *BGHZ 107*, 384 (391 f.) – Emil Nolde –; *OLG Köln* NJW 1999, 1969 (1970) – Konrad Adenauer –; hierzu auch OLG Hamburg, NJW 1990, S. 1995 f.; *LG Köln* NJW 1999, S. 1970 f.; vgl. auch *BGH* JZ 2000, S. 1056 – Marlene Dietrich –.
465 *BVerfG* (Kammer), NJW 1994, S. 783 (784); vgl. auch § 168 StGB; ferner *LG Kiel*, FamRZ 1986, S. 56 ff.
466 Hierzu *H. Dreier*, GG (LitVerz.), Bd. I, Art. 1 I RN 75.
467 *BGH* MDR 1984, S. 997.
468 Vgl. auch *Kai-Uwe Hunger*, Das Rechtsgut des § 189 StGB, 1996. Zu Recht sehen *Lenckner/Eisele* (Schönke/Schröder, StGB, ^{29}2014, § 189 RN 1) als geschütztes Rechtsgut der Strafvorschrift das postmortale Persönlichkeitsrecht an. Ihnen folgend *BGHSt* NStZ 1994, S. 391 f. sowie EuGRZ 1994, S. 447.
469 § 23 Abs. 1 Nr. 1 KunstUrHG.
470 *BGH* NJW 1996, S. 593 (595) – Willy Brandt –.
471 Vgl. *BVerfG* (Kammer), NJW 1994, S. 783 (784).
472 Vgl. *BVerfG* (Kammer), NJW 1984, S. 783 (784); *BGH* NJW 2012, S. 1648; *OLG Naumburg* NJW-Spezial 2016, S. 199; *Roth*, Leiche und Totenfürsorgerecht, NJW-Spezial, S. 231.
473 Hierzu auch *BVerfGE 31*, 58 (77); *78*, 179 (196 sub II 1); *Stern*, Staatsrecht III/1 (LitVerz.), § 70 I 3, S. 1009 ff.; *Sommermann*, Art. Bürgerrechte, in: Sommer/v. Westphalen (Hg.), Staatsbürgerlexikon 1999, S. 112 ff.; *Sachs*, BayVBl. 1990, S. 385 ff.
474 *Karl Doehring*, Die allgemeinen Regeln des völkerrechtlichen Fremdenrechts und das deutsche Verfassungsrecht, 1963, S. 99 ff.
475 Vgl. z.B. Art. 100 Verf. Bayern.
476 Vgl. z.B. Art. 101 Verf. Bayern.
477 Vgl. Art. 3 Abs. 1 GG: *BVerfGE 51*, 1 (22).

personenbezogen formulieren[478] und „Briefgeheimnis"[479] wie „Wohnung"[480] für unverletzlich erklären oder „Eigentum"[481] und „Erbrecht"[482] gewährleisten. Bei der Gleichsetzung von Jedermann-Rechten mit Menschenrechten ist jedoch Mißverständnissen vorzubeugen. Da diese Terminologie nur auf den Grundrechtsträger abstellt, handelt es sich lediglich um Menschenrechte im formalen Sinne. Diese sind mit den Menschenrechten im materiellen Sinne, also den vorstaatlichen (klassischen) Menschenrechten nicht identisch. So ist das Petitionsrecht, wenn es „jedem" zugesprochen wird[483], zwar Menschenrecht im formalen, nicht aber im materiellen Sinne. Um Verwechslungen zu vermeiden, empfiehlt sich der Begriff des Jedermann-Grundrechts, der nicht zwischen Inländern und Ausländern, aber auch nicht zwischen natürlichen und juristischen Personen unterscheidet[484].

Eine Partizipation von Ausländern an Deutschen-Rechten oder Rechten für Landesangehörige durch Konstruktion eines „Menschenrechtskerns"[485] oder Menschenwürdekerns von Inländer-Rechten hat auszuscheiden. Diese Theorie bringt nicht nur erhebliche Abgrenzungsprobleme mit sich, sondern unterläuft auch klare verfassungsgesetzliche Differenzierungen[486]. Bei Deutschen- beziehungsweise Landeseinwohner-Rechten können Ausländer einen Grundrechtsschutz nur über das Auffanggrundrecht der allgemeinen Handlungsfreiheit erhalten, die in diesem Sinne in Landesverfassungen vielfach deutlicher formuliert ist[487]. Diese Freiheit stellt nicht nur ein Auffangrecht in sachlicher, sondern auch in persönlicher Hinsicht dar[488]. Deutschen-Rechte

95
Kein Menschenrechtskern bei Deutschen-Rechten

---

478 Vgl. *BVerfGE 21*, 362 (372)
479 Art. 112 Abs. 1 Verf. Bayern; Art. 16 Verf. Berlin; Art. 16 Abs. 1 Verf. Brandenburg; Art. 14 Verf. Rheinland-Pfalz; Art. 17 Verf. Saarland; Art. 27 Abs. 1 Verf. Sachsen; Art. 14 Abs. 1 Verf. Sachsen-Anhalt; Art. 7 Abs. 1 Verf. Thüringen; Art. 10 GG.
480 Art. 106 Abs. 3 Verf. Bayern; Art. 28 Abs. 2 Verf. Berlin; Art. 15 Verf. Brandenburg; Art. 14 Abs. 2 Verf. Bremen; Art. 8 Verf. Hessen; Art. 7 Verf. Rheinland-Pfalz; Art. 16 Verf. Saarland; Art. 30 Verf. Sachsen; Art. 17 Verf. Sachsen-Anhalt; Art. 8 Verf. Thüringen. Vgl. auch § 525 II 20 ALR: „Niemand darf in eines Andern Haus, Wohnung oder sonstigen Aufenthaltsort wider dessen Willen, ohne besondere Befugniß eindringen".
481 Vgl. FN 279.
482 Vgl. FN 279.
483 Art. 34 Verf. Berlin; Art. 24 Verf. Brandenburg, Art. 16 Verf. Hessen; Art. 10 Verf. Mecklenburg-Vorpommern; Art. 11 Verf. Rheinland-Pfalz; Art. 35 Verf. Sachsen; Art. 19 Verf. Sachsen-Anhalt; Art. 14 Verf. Thüringen; Art. 17 GG.
484 *Stern*, Staatsrecht III/1 (LitVerz.), § 70 I 3, S. 1010.
485 Vgl. *Dürig*, in: Maunz/ders., GG (LitVerz.), Art. 2 Abs. 1 RN 66 (Erstbearb.); *Di Fabio* ebd., Art. 2 Abs. 1 RN 28 ff. (Bearb. 2001).
486 Vgl. *BVerfGE 78*, 179 (196); ebenso BVerfG (Kammer) DVBl. 2000, S. 1515 f.; *Gundel*, Der grundrechtliche Status der Ausländer, HStR³ IX, § 198 RN 3 ff.; *Quaritsch*, Der grundrechtliche Status der Ausländer, HStR² V, § 120 RN 132 ff. m.w.N.; vgl. auch *Merten*, Vereinsfreiheit, HStR³ VII, § 165 RN 24 ff.; *dens.*, Der Inhalt des Freizügigkeitsrechts, 1969, S. 82.
487 Als in Art. 2 Abs. 1 GG; vgl. Art. 101 Verf. Bayern; Art. 7 Verf. Berlin; Art. 10 Verf. Brandenburg; Art. 3 Verf. Bremen; Art. 2 Abs. 1 Verf. Hessen; Art. 1 Abs. 1 Verf. Rheinland-Pfalz; Art. 2 Verf. Saarland; Art. 15 Verf. Sachsen; Art. 5 Abs. 1 Verf. Sachsen-Anhalt; Art. 3 Abs. 2 Verf. Thüringen.
488 Vgl. *Stern*, Staatsrecht III/1 (LitVerz.), § 70 III 3 c, S. 1040 f.; *Giesbert Uber*, Die Freiheit des Berufs, 1952, S. 88; *Isensee*, in: VVDStRL 32 (1974), S. 80, 103 Ls. 9 a; *Zuleeg*, DÖV 1973, S. 362 f.; *dens.*, DVBl. 1974, S. 341 (344); *Schwerdtfeger*, Gutachten A zum 53. DJT, A 29 f.; *Meessen*, in: JuS 1982, S. 397 (401); *v. Mutius*, in: Jura 1983, S. 30 (33 sub II 2); *Bauer*, NVwZ 1990, S. 1152 ff.; *Sachs*, BayVBl. 1990, S. 385 ff. (388 ff.); *Bauer/Kahl*, JZ 1995, S. 1077 (1081 ff.); *Merten*, Der Inhalt des Freizügigkeitsrechts, 1969, S. 83; *dens.*, in: JuS 1976, S. 345 (350 f. sub VI); *Sommermann*, Art. Bürgerrechte, in: Staatsbürgerlexikon, S. 112; a.A. *Schwabe*, NJW 1974, S. 1044 f. (Anm.); *dens.*, DVBl 1981, S. 443.

stehen dieser Auffangfunktion nicht entgegen. Sie enthalten keine Diskriminierungsgebote, sind leges speciales hinsichtlich ihrer Privilegierung, ohne den Freiheitsschutz der lex generalis auszuschließen, weshalb ihnen keine beschränkende Spezialität zukommt[489]. Wegen der unterschiedlichen Schrankenvorbehalte der Spezialgrundrechte und der allgemeinen Handlungsfreiheit bleibt die verfassungsrechtlich gewollte Privilegierung der Deutschen erhalten. So wird die Freizügigkeit für Asylbewerber reglementiert und limitiert[490], während sie für Deutsche nur im Rahmen des Art. 11 Abs. 2 GG begrenzt werden kann. Für Bayern leitet der Verfassungsgerichtshof aus Art. 101 Verf. Bayern zunächst das Auffanggrundrecht der allgemeinen Handlungsfreiheit ab, die auch die Berufsfreiheit schützt, und gewinnt aus der Kombination mit Art. 100 Verf. Bayern das allgemeine Persönlichkeitsrecht sowie das Recht auf Leben und körperliche Unversehrtheit und schließlich auch das Recht auf informationelle Selbstbestimmung[491].

bbb) Deutschen-Rechte

96
Vermeidung des „Bürgers"

Wegen der Rechtslage Deutschlands nach dem Zusammenbruch und mit Rücksicht auf eine einheitliche (gesamt-)deutsche Staatsangehörigkeit hatte der Parlamentarische Rat davon abgesehen, ausdrücklich „Bürger"-Rechte in der Verfassung zu verankern[492]. Statt dessen werden im Grundgesetz[493], aber auch in den Landesverfassungen[494], bestimmte Grundrechte Deutschen vorbehalten. Da Deutschen-Rechte nur privilegieren, aber nicht diskriminieren sollen, ist der Gesetzgeber nicht gehindert, Ausländer den Deutschen einfachgesetzlich gleichzustellen (z.B. im Gewerbe-, Versammlungs- oder Freizügigkeitsrecht)[495].

ccc) Einwohnerrechte

97
Begrenzung auf Rechte der „Bewohner"

Da Landesverfassungen nur eine Konstitution für das jeweilige Land schaffen wollen, ist es verständlich, daß sie – in unterschiedlicher Terminologie – Rechte, die ein Staat üblicherweise seinen Staatsangehörigen vorbehält, für die Einwohner oder Bürger ihres Landes reservieren. Da die ursprünglich in Art. 74 Nr. 8 GG enthaltene konkurrierende Gesetzgebungskompetenz des Bundes für „die Staatsangehörigkeit in den Ländern" später aufgehoben

---

489 Vgl. *BVerfGE* 78, 179 (196f.).
490 Vgl. § 12a AufenthaltsG v. 25. 2. 2008 (BGBl. I S. 162) i.d.F. des Art. 5 Nr. 3 des Integrationsgesetzes v. 31. 7. 2016 (BGBl. I S. 1939); hierzu auch *BVerfGE* 96, 10 (21 ff.).
491 Vgl. *BayVerfGH* v. 28. 6. 2013, BayVBl. 2014, S. 333; v. 5. 3. 2013, BayVBl. 2013, S. 463; v. 21. 5. 2014, BayVBl. 2015, S. 46 sowie *Lindner,* Die Rechtsprechung des Bayerischen Verfassungsgerichtshofs, BayVBl. 2015, S. 693 (700ff.).
492 Vgl. hierzu *v. Doemming,* in JöR NF Bd. I, 1951, S. 823ff.; zum Begriff des Bürgers auch *Sachs,* DVBl. 1995, S. 873 (881 f.).
493 Z.B. Art. 8 Abs. 1, 9 Abs. 1, 11 Abs. 1, 12 Abs. 1, 12 a Abs. 6 Satz 1, 16 Abs. 2 Satz 1, 20 Abs. 4, 33 Abs. 1 und 2 GG.
494 Vgl. Art. 8 („Alle deutschen Staatsangehörigen, die in Bayern ihren Wohnsitz haben") Verf. Bayern; Art. 7, Art. 14 Abs. 1, Art. 15, Art. 73 Abs. 1 Verf. Hessen; Art. 8 Abs. 2 Verf. Niedersachsen; Art. 12 Abs. 1, Art. 15, Art. 16, Art. 19 Verf. Rheinland-Pfalz; Art. 6 Abs. 1, Art. 7 Abs. 1, Art. 9, Art. 11 Abs. 1, Art. 64 Verf. Saarland; Art. 8, Art. 13 Abs. 1, Art. 15, Art. 16, Art. 42 Abs. 2 Verf. Sachsen-Anhalt.
495 Vgl. §§ 1 Abs. 1 VersammlungsG; 1 Abs. 1 VereinsG; 1 Abs. 1 GewO; 1 Abs. 1 HandwO.

wurde⁴⁹⁶, steht es den Ländern nunmehr im Rahmen der Homogenitätsklausel des Art. 28 Abs. 1 GG frei, den Kreis ihres Landesvolks oder ihrer Landesbürger selbst zu bestimmen. Für die vorkonstitutionellen Landesverfassungen stand ohnehin kein vorgegebener Rahmen zur Verfügung, so daß *Bayern* zwar von „bayerischen Staatsangehörigen" (Art. 8) ausgeht, aber diesen alle deutschen Staatsangehörigen, die in Bayern ihren Wohnsitz haben, gleichstellt. Bestimmte Grundrechte begrenzt es auf die „Bewohner Bayerns"⁴⁹⁷, während es darüber hinaus den Zugang zu öffentlichen Ämtern auf „alle Staatsangehörigen" beschränkt. *Bremen* sieht als Träger der Versammlungsfreiheit, der Vereinigungsfreiheit und der Freizügigkeit die „Bewohner der Freien Hansestadt Bremen"⁴⁹⁸. *Hessen* behält in seiner Verfassung von 1946⁴⁹⁹ nur die Stimmberechtigung allen über einundzwanzig Jahre alten deutschen Staatsangehörigen, die in Hessen ihren Wohnsitz haben, vor, unterscheidet aber im übrigen nur zwischen Jedermann-Rechten und Deutschen-Rechten. *Rheinland-Pfalz* differenziert in seiner Verfassung nur zwischen Deutschen- und Jedermann-Rechten. In gleicher Weise verfährt die Verfassung des *Saarlandes*⁵⁰⁰: das Wahl- und Stimmrecht wird auf über achtzehn Jahre alte Deutsche, die im Saarland ihren Wohnsitz haben, beschränkt.

Von den nachkonstitutionellen oder durch die Wiedervereinigung veranlaßten Landesverfassungen bekennt sich „das Volk von *Baden-Württemberg*", das die grundgesetzlichen Grundrechte übernimmt, darüber hinaus „zu dem unveräußerlichen Menschenrecht auf Heimat" (Art. 2 Abs. 2) und beschränkt die Wahl- und Stimmberechtigung auf Deutsche, die im Lande wohnen oder sich sonst gewöhnlich aufhalten (Art. 26 Abs. 1). Im übrigen kennt die Verfassung aber keine spezifischen Einwohner-Rechte. Für *Berlin* ist nach Artikel 2 Abs. 1 seiner Verfassung „die Gesamtheit der Deutschen, die in Berlin ihren Wohnsitz haben", Träger der öffentlichen Gewalt. Wahlberechtigt sind alle Deutschen nach Vollendung des achtzehnten Lebensjahres, die seit mindestens drei Monaten in Berlin ihren Wohnsitz haben (Art. 39 Abs. 3), im übrigen gewährt die Berliner Verfassung nur Jedermann-Rechte. *Brandenburg* unterscheidet zwischen Bürgern und Einwohnern. Bürger sind alle Deutschen mit ständigem Wohnsitz im Lande Brandenburg; Einwohner alle Personen mit ständigem Wohnsitz im Lande Brandenburg unabhängig von der Staatsangehörigkeit (Art. 3 Abs. 1). Der Unterschied macht sich aber nur bei dem Wahl- und Abstimmungsrecht (Art. 22) bemerkbar, das den Bürgern vorbehalten ist. Die übrigen Landesgrundrechte sind als Jedermann-Rechte ausgestaltet. *Mecklenburg-Vorpommern* spricht in der Präambel seiner Verfassung von den „Bürger[n] Mecklenburg-Vorpommerns", deren Rechte gemäß Artikel 36 von einem Bürgerbeauftragten gewahrt werden. „Das Volk von Meck-

98
Unterscheidung zwischen „Bürgern" und „Einwohnern"

---

496 Durch Art. 1 Nr. 4 lit a), aa) des Gesetzes zur Änderung des Grundgesetzes v. 27. 10. 1994 (BGBl. I, S. 3146).
497 Vgl. Art. 106 Abs. 1, Art. 109 Abs. 1, Art. 110 Abs. 1, Art. 113, Art. 114, Art. 115, Art. 120, Art. 121, Art. 128 Abs. 1.
498 Art. 16, 17, 18 Verf. Bremen.
499 Verfassung des Landes Hessen v. 18. 12. 1946 (GVBl. S. 229).
500 V. 15. 12. 1947 (Abl. S. 1077).

lenburg-Vorpommern" bekennt sich in Art. 5 zu den Menschenrechten; unbeschadet dessen sind die Grundrechte als Jedermann-Rechte konstituiert. Zu den Menschenrechten bekennt sich in Artikel 3 der Verfassung auch „das Volk von *Niedersachsen*"; wahlberechtigt sind gemäß Artikel 8 Abs. 2 alle Deutschen nach Vollendung des 18. Lebensjahres, die in Niedersachsen ihren Wohnsitz haben. Die neben den rezipierten grundgesetzlichen Grundrechten bestehenden Landesgrundrechte werden als Jedermann-Rechte gewährt. *Nordrhein-Westfalen* kennt neben den übernommenen grundgesetzlichen Grundrechten nur Jedermann-Grundrechte. *Sachsen* unterscheidet in seiner Verfassung zwischen Bürger- und Menschenrechten. Bürger[501] sind gemäß Art. 5 Abs. 2 deutsche, sorbische und andere Volkszugehörige mit deutscher Staatsangehörigkeit. Als Bürgerrechte werden die Versammlungsfreiheit sowie die Ausbildungs- und Bildungsfreiheit statuiert. *Sachsen-Anhalt* trennt wiederum Deutschen-Rechte von Jedermann-Rechten. Deutschen sind die staatsbürgerliche Gleichheit in Rechten und Pflichten sowie der Zugang zu öffentlichen Ämtern, die Vereinigungsfreiheit, die Freizügigkeit und die Berufsfreiheit vorbehalten[502]. *Schleswig-Holstein* rezipiert in Artikel 3 die grundgesetzlichen Grundrechte, darüber hinaus unterscheiden die Verfassungsbestimmungen nicht zwischen Deutschen- und Jedermann-Rechten. *Thüringen* differenziert zwischen Bürger- und Jedermann-Rechten. Bürger sind deutsche Staatsangehörige oder Flüchtlinge sowie Vertriebene deutscher Volkszugehörigkeit (einschließlich deren Ehegatten oder Abkömmlingen), die in Deutschland Aufnahme gefunden haben[503]. Bürgern ist die Freizügigkeit, die Versammlungs- und Vereinigungsfreiheit sowie das Wahl- und Stimmrecht vorbehalten[504].

ddd) Unionsbürger

99
EU-Ausländer

Kraft europäischen Gemeinschaftsrechts kommen Unionsbürgern[505] bestimmte Rechte und Grundfreiheiten wie Freizügigkeit, Dienstleistungsfreiheit, Kommunalwahlrecht und Diskriminierungsverbot zu[506]. In diesen vom Gemeinschaftsrecht erfaßten Bereichen besteht daher eine *Pflicht* zur Gleichstellung der EU-Ausländer mit den Deutschen. Hiergegen verstoßen Deutschen-Grundrechte im Grundgesetz und in den Landesverfassungen nicht, weil sie keine Diskriminierung der Ausländer gebieten. Schon bisher hat der Gesetzgeber Ausländer und Inländer in vielen grundrechtlich geschützten Bereichen gleich behandelt[507]. Die Gleichstellung der EU-Ausländer ist nunmehr gemeinschaftsrechtliche Pflicht. Daß diese sich in Verfassungsbeschwerdeverfahren nur auf Art. 2 Abs. 1 GG sowie auf entsprechende Landesgrundrechte berufen können, stellt keine unzulässige Diskriminierung dar, weil nur

---

501 Vgl. Art. 5 Abs. 1 sowie Art. 115 Verf. Sachsen.
502 Art. 8 Abs. 1 und Abs. 2, Art. 13, Art. 15, Art. 16 Verf. Sachsen-Anhalt.
503 Art. 104 Verf. Thüringen.
504 Art. 5, 10, 13 und 46 Abs. 2 Verf. Thüringen.
505 Art. 20 AEUV.
506 Art. 21, 45, 22, 18 AEUV; vgl. auch EuGH Urt. v. 13. 2. 1985, NJW 1985, S. 2085 (2087); EuGH Urt. v. 12. 5. 1998, Rs. C-85/96 Martinez Sula ./. Bayern, Slg. 1998 I, S. 2691 (2726 sub Nr. 63).
507 S. oben FN 495.

Effektivität im Sinne einer materiell-rechtlichen Ergebnisgleichheit, aber keine formale Wortlautgleichheit gewährleistet sein muß[508]. Wegen des zwingenden Verfassungswortlauts der Deutschen-Grundrechte ist eine Einbeziehung der EU-Ausländer in den Kreis der Grundrechtsberechtigten im Wege der Interpretation nicht möglich[509], wenn es auch in mitunter methodisch bedenklicher Uminterpretation der Verfassung gefordert wird[510].

Vorzugswürdig wäre eine Verfassungsänderung in Bund und Ländern, durch die allerdings nicht die Deutschen-Rechte aufgegeben oder gar in Jedermann-Rechte verwandelt werden sollten. Es bedürfte lediglich einer verfassungsgesetzlichen Klarstellung, daß Unionsbürger in den Fällen, in denen dies unionsrechtlich vorgegeben ist, mit Deutschen gleichbehandelt und grundrechtsberechtigt werden. Beispielhaft hat in dieser Weise Rheinland-Pfalz seine Verfassung durch einen Artikel 19a[511] ergänzt, wonach Deutschen-Rechte „auch Staatsangehörigen eines anderen Mitgliedstaates der Europäischen Union zu[stehen], soweit diese nach dem Recht der Europäischen Union Anspruch auf Gleichbehandlung haben". Daß es sich hier um eine normative Verfassungsergänzung und nicht um eine „deklaratorische und klarstellende" Regelung handelt, wird zu Unrecht bezweifelt[512]. Denn die Bestimmung stellt mit unmittelbarer Wirkung unter den genannten Voraussetzungen die Gleichbehandlung von Unionsbürgern und Deutschen her, so daß von vornherein jeder Konflikt mit Unionsrecht vermieden wird, weshalb es auch zu keinem Anwendungsvorrang[513] des europäischen Rechts kommen kann, der schon begrifflich eine Normendivergenz voraussetzt. Allerdings schafft Artikel 19a Verf. Rheinland-Pfalz nicht schlechthin eine Gleichbehandlung zwischen Deutschen und Unionsbürgern, sondern setzt voraus, daß letztere nach dem Unionsrecht einen „Anspruch auf Gleichbehandlung" haben. Entfällt die unionsrechtliche Vorgabe aus welchen Gründen auch immer, so kann auch keine Gleichbehandlung zwischen Unionsbürgern und Deutschen eintreten. Darüber hinaus lassen die Verfassungen von Rheinland-Pfalz (Art. 50) und dem Saarland (Art. 64) in Übereinstimmung mit Art. 28 Abs. 1 Satz 3 GG Unionsbürger (nach „Maßgabe von Recht der Europäischen Gemeinschaft") bei

100
Einbezug von Unionsbürgern in Landesverfassungen

---

508 So auch *Obwexer*, in: von der Groeben/Schwarze/Hatje, Europäisches Unionsrecht, Art. 4 EUV RN 105.
509 Wie hier mit überzeugender Begründung *Mann*, in: Sachs, GG (LitVerz.), Art. 12 RN 35; *Rüfner*, HStR ³IX, § 196 RN 49; *Quaritsch*, HStR V § 120 RN 110; *Dreier*, GG (LitVerz.), Bd. I, Vorb. RN 74 f.; *Bauer* ebd., Art. 9 RN 15 f.; *Wieland* ebd., Art. 12 RN 66; *Bauer/Kahl*, JZ 1995, S. 1077 ff.; ebenso *Scholz*, in: Maunz/Dürig, GG (LitVerz.), Art. 12 RN 105; *Klaus Drathen*, Deutschengrundrechte im Lichte des Gemeinschaftsrechts, 1966, S. 191 f.; einen guten Überblick gibt *Störmer*, AöR 123 (1998), S. 541 ff.
510 Vgl. *Breuer*, HStR ³VIII, § 170 RN 43, S. 99; *Bleckmann*, DVBl. 1986, S. 69 (74); *v. Bogdandy*, in: Grabitz/Hilf (Hg.), Kommentar zur Europäischen Union, Art. 6 EV RN 51; *Wölker*, in: Hans v.d. Groeben u.a. (Hg.), Kommentar zum EU-/EG-Vertrag, Art. 48 RN 4; *Giegerich*, in: Grabenwarter u.a. (Hg.), Allgemeinheit der Grundrechte, S. 101 (124 ff.); *Astrid Epiney*, Umgekehrte Diskriminierungen, 1995, S. 367 f.; *Ehlers*, JZ 1996, S. 776 (781); abgewogen *Wollenschläger*, in: Dreier, GG, Art. 11 RN 11, und *E. Klein*, in: Verfassungsstaatlichkeit, FS Stern, 1997, S. 1301 (1309 f.).
511 Durch Gesetz v. 8. 3. 2000 (GVBl. S. 65).
512 So *Breuer*, HStR ³VIII § 170 RN 43 S. 99; wie hier *Mann*, in: Sachs, GG (LitVerz.), Art. 12 RN 35; *Weiß*, in: Brocker/Droege/Jutzi (Hg.), Verfassung für Rheinland-Pfalz (LitVerz.), Art. 19a RN 1.
513 Hiermit argumentiert *Breuer* aaO.

kommunalen Wahlen als aktiv und passiv wahlberechtigt zu. Bayern behält zwar in Art. 7 Abs. 2 seiner Verfassung die Teilnahme an Bürgerbegehren und Bürgerentscheiden seinen Staatsbürgern vor. Dennoch hat der Verfassungsgerichtshof keinen Verfassungsverstoß darin gesehen, daß der Gesetzgeber[514] auch EU-Ausländern diese Mitwirkungsrechte zugesteht, wobei er sich auf genetische und systematische Auslegungsargumente stützt[515].

cc) Grundrechtsmündigkeit

101
Grundrechtsausübungsfähigkeit

Im Unterschied zur Grundrechtsfähigkeit, das heißt der Fähigkeit, Träger von Grundrechten zu sein, ist *Grundrechtsmündigkeit*[516] (Grundrechtswahrnehmungs- oder Grundrechtsausübungsfähigkeit[517]) die Fähigkeit, Grundrechte selbständig und in eigener Verantwortung auszuüben[518]. Das Kind ist zwar Grundrechtsträger, kann Grundrechte aber erst bei Einsichtsfähigkeit selbstverantwortlich wahrnehmen. Der grundrechtsdogmatischen Differenzierung zwischen Grundrechtsfähigkeit und Grundrechtsmündigkeit entspricht die öffentlich-rechtliche Trennung von Rechtsfähigkeit und Handlungsfähigkeit[519], die zivilrechtliche Abgrenzung von Rechtsfähigkeit und Geschäftsfähigkeit[520] und die prozessuale Unterscheidung zwischen Parteifähigkeit und Prozeßfähigkeit[521]. Zwar ist die Grundrechtsmündigkeit im Grundgesetz nicht ausdrücklich erwähnt, folgt aber aus der Natur der Sache und ist auch weitgehend anerkannt[522]. Schon die Bayerische Verfassungsurkunde von

---

514 Art. 15 Abs. 2, Art. 18 a GemeindeO.
515 *BayVerfGH* v. 12.6.2013, BayVBl. 2014, S. 17; vgl. auch *Lindner*, Die Rechtsprechung des Bayerischen Verfassungsgerichtshofs BayVBl. 2015, S. 693 (694). In diesem Sinne auch *BVerfG*, Nichtannahmebeschl. v. 31.3.2016 (2 BvR 1576/13), juris, RN 56 ff.
516 Zum Begriff vgl. *Dürig*, in: Maunz/ders., GG (LitVerz.), Art. 19 Abs. 3 RN 16 (Mai 1977; diese dogmatisch überzeugende Kommentierung wird grundsätzlich weiter zitiert); *v. Münch*, Grundbegriffe des Staatsrechts I, S. 61; *Hildegard Krüger*, Grundrechtsausübung durch Jugendliche (Grundrechtsmündigkeit) und elterliche Gewalt, FamRZ 1956, S. 329 ff.; *v. Mutius*, Grundrechtsmündigkeit, in: Jura 1987, S. 272; *Merten*, Der Inhalt des Freizügigkeitsrechts, 1969, S. 83 f.
517 So *Stern*, Staatsrecht III/1 (LitVerz.), § 70 V, S. 1064 ff.
518 Von der „Ausübung politischer Freiheitsrechte" spricht auch Art. 9 Satz 2 Verf. Thüringen.
519 Vgl. § 12 VwVfG, § 79 AO, § 36 Abs. 1 SGB I; hierzu auch *Ule/Laubinger*, Verwaltungsverfahrensrecht, § 16 RN 1 ff.; *Robbers*, Partielle Handlungsfähigkeit Minderjähriger im öffentlichen Recht, DVBl. 1987, S. 709 ff.
520 §§ 1, 104 ff. BGB. Das schweiz. Zivilrecht unterscheidet zwischen Rechts- und Handlungsfähigkeit, vgl. Art. 11 ff. ZGB.
521 Vgl. §§ 50, 52 ZPO.
522 Bejahend *BayVerfGHE 10*, 101 (109); *21*, 38 (46); *Dürig*, in: Maunz/ders., GG (LitVerz.), Art. 19 Abs. 3 RN 16 (Mai 1977); *Scholz* ebd., Art. 12 RN 117; *v. Mangoldt/Klein*, Vorbem. BXV 2 c, S. 127 f.; *Starck*, in: v. Mangoldt/Klein/ders., GG (LitVerz.), Art. 1 Abs. 3 RN 210; *Brenner* ebd., Art. 17 RN 33; *Zippelius*, in: BK, Art. 4 RN 67 f. (Drittbearb.); *v. Münch/Kunig*, GG, Vorbem. Art. 1–19 RN 11 ff.; *Pagenkopf*, in: Sachs (Hg.), GG (LitVerz.), Art. 17 RN 7; *Bauer*, in: Dreier, GG (LitVerz.), Bd. I, Art. 17 RN 19; *Denninger*, in: GG-AK, vor Art. 1 RN 36; *Meder*, Verfassung Bayerns, Vorbem. vor Art. 98 RN 4; *Stern*, Staatsrecht III/1 (LitVerz.), § 70 V, S. 1064 ff. (unter Ablehnung des Begriffs); *Maunz/Zippelius*, Staatsrecht, § 19 II 3, S. 148; *v. Münch*, Grundbegriffe des Staatsrechts I, S. 61 ff.; *Bleckmann*, Staatsrecht II – Die Grundrechte, § 17, S. 507 ff.; *Berg*, Staatsrecht (LitVerz.), RN 436; *Rüfner*, HStR ³IX, § 196 RN 20 ff., § 116 RN 23 ff.; *Peters*, GR IV/1, S. 394 ff.; *v. Mutius*, in: Jura 1983, S. 30 ff.; *Würtenberger*, in: FS Obermayer, 1986, S. 113 (117 f.); *Umbach*, in: FS Geiger, 1989, S. 359 (361 ff.); *Wipfelder*, BayVBl. 1981, S. 457 (460 f.); *Gustav Kuhn*, Grundrechte und Minderjährigkeit, 1965, passim; *Dieter Reuter*, Kindesgrundrechte und elterliche Gewalt, 1968; *Hildegard Krüger*, FamRZ 1956, S. 329 ff.; *Ursula Fehnemann*, Die Innehabung und Wahrnehmung von Grundrechten im Kindesalter, S. 32 ff.; *dies.*, RdJ 1967, S. 281 ff.; *Merten*, Der Inhalt des Freizügigkeitsrechts, 1969, S. 83 f.; *Schwerdtner*,

1818[523] sah in ihrem Titel IV § 3 vor, daß zur „Ausübung" des Indigenats die „gesetzliche Volljährigkeit" erforderlich war. Regelungen über die Religionsmündigkeit finden sich in § 34 der [vorläufigen] Verfassung von Mecklenburg-Strelitz[524] (16 Jahre) und in § 15 Abs. 2 der Verfassung für den Freistaat Oldenburg[525] (14 Jahre). Der Verfassungsgeber ist von vorgefundenen Strukturen ausgegangen, zu denen gehört, daß Minderjährige ungeachtet ihrer Grundrechtsfähigkeit ohne hinreichende Verstandesreife ihre Freiheitsrechte nicht selbst ausüben können, weshalb sie im kindlichen Alter nicht heiraten oder einer Partei beitreten können. Wenn sich auch für diese Fälle keine Gesetzesvorbehalte im Verfassungstext finden, so ist die Grundrechtsmündigkeit doch immanent in den Grundrechtsbestimmungen als Beschränkung enthalten. Die Verfassungen gehen von selbstbestimmten und selbstverantwortlichen Entscheidungen des Grundrechtsträgers aus, und „Selbstbestimmung setzt Selbstbestimmungsfähigkeit voraus"[526], die Minderjährigen – abgestuft nach einzelnen Bereichen und Altersklassen – fehlt[527]. Da die Selbstbestimmungsfähigkeit den grundrechtlichen Schutzbereichen immanent ist, sind dessen konkretisierende Regelungen Ausgestaltungen der Freiheit und keine Beschränkungen[528]. Das elterliche Erziehungsrecht als ausreichender Beschränkungsvorbehalt reicht als Hilfskonstruktion nicht aus, weil sie sich im Falle eines dem Kindeswohl widersprechenden Einverständnisses der Eltern mit kindlicher Grundrechtsausübung als problematisch erwiese[529].

102
Einwilligungsfähigkeit

Auch im Falle der Grundrechtsmündigkeit ist wiederum zwischen *Verhaltensgrundrechten* und *Schutzrechten* zu unterscheiden[530]. Nur bei Handlungsrechten, die tatsächliche und/oder rechtsgeschäftliche Handlungen grundrechtlich schützen, stellt sich das Problem der Grundrechtsausübungsfähigkeit. Demgegenüber gewährleisten Schutzrechte kein Verhalten, sondern sichern lediglich bestimmte Rechtsgüter oder Bereiche (Leben, körperliche Unversehrtheit, Briefgeheimnis, Unverletzlichkeit der Wohnung), weshalb sie vom Grund-

---

AcP 173, 1973, S. 227 ff. (insb. S. 242); a.A. *Jarass*, in: ders./Pieroth, GG (LitVerz.), Art. 19 RN 13; *Ule/Laubinger*, Verwaltungsverfahrensrecht, § 16 RN 13; *Sachs*, GG (LitVerz.), Vor Art. 1 RN 75 f.; *Monika Roell*, Die Geltung der Grundrechte für Minderjährige, S. 34, 47; *dies.*, RdJB 1988, S. 381 ff.; *Hohm*, NJW 1986, S. 3107 (3108 ff.); zweifelnd *Robbers*, DVBl. 1987, S. 709 (713 f.); offengelassen von *BGH* NJW 1974, S. 1947 (1949); *Hess. StGH* DÖV 1966, S. 51 (52). Für eine Verwendung des Begriffs lediglich im Rahmen der (Verfassungs-)Prozeßfähigkeit *Dreier*, GG, Vorb. 73; *Pieroth/Schlink/Kingreen/Poscher*, Grundrechte (LitVerz.), RN 143 ff. Mitunter wird die Grundrechtsmündigkeit nur wegen Vermengung mit der Grundrechtsträgerschaft abgelehnt: *J. Ipsen*, Staatsrecht II, RN 80, 410, 542, 559, 581, 610, 630; zur österr. Rechtslage *Feik*, ZÖR 54, 1999, S. 19 (23 ff.).
523 V. 26. 5. 1818 (GBl. S. 101).
524 V. 29. 1. 1919 (Mecklenburg-Strelitzer Amtlicher Anzeiger 1919, Nr. 20 v. 31. 1. 1919, S. 147); auch abgedr. in: Fabian Wittreck (Hg.), Weimarer Landesverfassungen, 2004, S. 415 (423).
525 V. 17. 6. 1919 (GBl. für den Freistaat Oldenburg, Landesteil Oldenburg v. 20. 6. 1913, S. 321); auch abgedr. in: Fabian Wittreck (Hg.), Weimarer Landesverfassungen aaO., S. 444 (446).
526 Vgl. *BVerfGE* 72, 155 (172); 99, 341 (351); *128*, 282 (307 f.).
527 *BVerfGE* 72, 155 (172). So ist der Wunsch eines knapp sechsjährigen Kindes, bei einem Elternteil leben zu wollen, nicht maßgeblich, weil er nur begrenzt berücksichtigungsfähig ist: *BVerfG* v. 22. 9. 2014, NJW-Spezial 2014, S. 741.
528 *BVerfGE* 99, 341 (351).
529 Vgl. *BVerfGE* 59, 360 (387 f.); *52*, 253 (249 f.).
530 Vgl. hierzu oben RN 25.

rechtsträger nicht ausgeübt werden können[531]. Das Mündigkeitsproblem stellt sich bei Schutzrechten als Einwilligungsfähigkeit in einen Eingriff dar. Diese *Einwilligungsfähigkeit* richtet sich nach der tatsächlichen Einsichts- und Urteilsfähigkeit, wie sie typischerweise für das Einverständnis mit dem Eindringen in einen grundrechtlich geschützten Bereich (z.B. im Falle des Briefgeheimnisses oder des Schutzes der körperlichen Unversehrtheit) erforderlich ist[532].

103
Entscheidungsreife für unterschiedliche Handlungsbereiche

Schwierigkeiten bereitet es, den *Beginn* der Grundrechtsmündigkeit zu bestimmen. Wegen der Verschiedenartigkeit der Einzelgrundrechte läßt sich keine einheitliche, sondern nur eine jeweils für einzelne Grundrechte oder Grundrechtsgruppen passende Lösung finden[533]. Maßgebend ist die Entscheidungsreife für unterschiedliche Lebens- und Handlungsbereiche[534]. Dabei kann im Interesse rechtsstaatlicher Rechtssicherheit die Grundrechtsmündigkeit nicht auf die individuelle Einsichtsfähigkeit, sondern muß generalisierend und pauschalierend auf die für die jeweilige Altersstufe typische Fähigkeit verantwortlicher Grundrechtsausübung abstellen[535]. Maßgebend hierfür ist auch Entscheidungsreife (Verstandesreife) für unterschiedliche Lebens- und Handlungsbereiche[536]. Denn sowohl im Individualinteresse als auch im Gemeinschaftsinteresse ist danach zu differenzieren, ob ein Minderjähriger beispielsweise in der Schülerzeitung publiziert, über seinen Religionsunterricht befindet, ein Gewerbe betreiben oder Prozesse führen will. Daher kann für Grundrechte im geistigen oder religiösen Bereich die Grundrechtsmündigkeit früher eintreten als bei wirtschaftlicher Betätigung[537]. Gemäß § 8 Abs. 1 BGB kann ein Geschäftsunfähiger oder beschränkt Geschäftsfähiger ohne den Willen seines gesetzlichen Vertreters einen Wohnsitz weder begründen noch aufheben. Für die Erhebung einer Verfassungsbeschwerde zum Bundesverfassungsgericht kommt es auf das verletzte Grundrecht an, da es an einer ausdrücklichen Regelung der Prozeßfähigkeit[538] mangelt[539]. Wird ein Pflegekind in seinen Grundrechten verletzt, kann weder das Kind noch die Pflegemutter, sondern allein das Jugendamt als gesetzlicher Vertreter Verfassungsbeschwerde erheben[540].

---

531 Zutreffend *Sachs*, GG (LitVerz.), Vor Art. 1 RN 75.
532 Vgl. in diesem Zusammenhang auch *BayObLG* NJW 1999, S. 372 f. Zum Zustimmungserfordernis des gesetzlichen Vertreters beim Schwangerschaftsabbruch einer Minderjährigen *OLG Hamm*, JR 1999, S. 333 f.
533 Ebenso *v. Münch/Kunig*, GG, Vorb. Art. 1–19 RN 13; *ders.*, Grundbegriffe, S. 61; *v. Mutius*, in: Jura 1987, S. 272 (274); *Schlaich*, in: JuS 1982, S. 42 sub VI 2 b; *Schlaich/Korioth*, Das Bundesverfassungsgericht, [10]2015, RN 212.
534 Vgl. *BVerfGE 59*, 360 (387); 72, 155 (172); *v. Mutius*, in: Jura, 1987, S. 272 (274).
535 *Böckenförde*, Elternrecht – Recht des Kindes – Recht des Staates, in: Essener Gespräche zum Thema Staat und Kirche, 14 (1980), S. 54 (67); ferner *Dieter Reuter*, Kindesgrundrechte und elterliche Gewalt, 1968, S. 156 ff.
536 Vgl. *BVerfGE 59*, 360 (387); 72, 155 (172); *v. Mutius*, in: Jura 1987, S. 272 (274).
537 Vgl. hierzu auch *BVerfGE 28*, 243 (255).
538 Vgl. § 52 ZPO, § 62 VwGO.
539 Vgl. *BVerfGE 1*, 87 (88 f.)
540 *BVerfGE 19*, 323 (329).

Das Zivilrecht differenziert nicht nur zwischen der beschränkten Geschäftsfähigkeit nach Vollendung des siebten Lebensjahres (§ 106 BGB) und der unbeschränkten Geschäftsfähigkeit nach Eintritt der Volljährigkeit, sondern kennt eine Reihe von Teilmündigkeitsregelungen als Spezialvorschriften[541]. Allgemein bekannt sind Ehemündigkeit, Religionsmündigkeit[542] und Wahlmündigkeit[543]. So kann das Familiengericht auf Antrag vom 16. Lebensjahr an die Ehemündigkeit zusprechen (§ 1303 Abs. 2 BGB), wie auch die Testierfähigkeit an diese Altersstufe gebunden ist (§ 2229 Abs. 1 BGB.). Nach dem als Bundesrecht fortgeltenden[544] Gesetz über die religiöse Kindererziehung[545] steht dem Kind nach Vollendung des 14. Lebensjahres die Entscheidung über sein religiöses Bekenntnis zu (§ 5); nach Vollendung des 12. Lebensjahres kann es nicht gegen seinen Willen in einem anderen als dem bisherigen Bekenntnis erzogen werden. Damit wird das elterliche Erziehungsrecht zugunsten einer Entscheidungsfreiheit des Kindes in religiösen Fragen eingeschränkt[546]. Nach Art. 35 Abs. 1 Verf. Rheinland-Pfalz kann die Teilnahme am Religionsunterricht „durch die Willenserklärung der Eltern oder der Jugendlichen nach Maßgabe des Gesetzes abgelehnt werden". Damit ist jedoch nicht eine wahlweise Willenserklärung der Eltern oder des „Jugendlichen" gemeint, zumal die Verfassung auf die gesetzlichen Maßgaben verweist. Vielmehr handelt es sich um eine mit dem Alter des Schülers wechselnde Alternative. Für die Altersgrenze ist § 5 RelKEG maßgeblich[547]. Bedenklich sind Verfassungsvorschriften in Bayern und im Saarland, die die Teilnahme am Religionsunterricht erst vom 18. Lebensjahr an der Willenserklärung des Schülers überlassen[548]. Beide Verfassungsbestimmungen sind hinsichtlich der genannten Altersgrenze wegen Verstoßes gegen Bundesrecht nichtig[549]. Dieses Ergebnis ändert sich auch nicht durch Art. 142 GG. Zwar überläßt Art. 7 Abs. 2 GG den Erziehungsberechtigten schlechthin das Recht, über die Teilnahme des Kindes am Religionsunterricht zu bestimmen. Diese Vorschrift wird jedoch durch die immanente Grenze der Religionsfreiheit des einsichtsfähigen Kindes begrenzt, so daß die Bestimmung der Eltern mit dem 14. Lebensjahr des Kindes endet[550]. An diesem Ergebnis vermag auch Art. 142 GG nichts zu ändern, weil die Verfassungsbestimmungen in Bayern und im Saarland weder in „Über-

104
Zivilrechtliche Teilmündigkeitsregelungen

---

541 Hierzu Münchener Kommentar – *Peter Huber*, § 1626 BGB, RN 30 ff.
542 Den „religionsmündigen Bürger" erwähnt *BVerfGE 42*, 312 (332).
543 → Unten *v. Coelln*, Teilnahmerechte (Mitwirkungsrechte), § 243 RN 12. Eigentlich ist der Begriff der Mündigkeit in diesem Zusammenhang unpassend, weil das Wahlrecht im Unterschied zu sonstigen Grundrechten erst mit der Vollendung eines bestimmten Lebensalters entsteht, so daß Grundrechtsfähigkeit und Grundrechtsmündigkeit hier zusammenfallen.
544 Vgl. hierzu *Jestaedt*, Das elterliche Erziehungsrecht, in: Listl/Pirson (Hg.), Handbuch des Staatskirchenrechts der Bundesrepublik Deutschland, ²1995, § 52, S. 371 (389 ff.).
545 V. 15. 7. 1921 (RGBl. S. 939, 1263).
546 Vgl. auch *OVG Rheinland-Pfalz* DÖV 1961, S. 586; *BGHZ 21*, 340 (351 f.).
547 *OVG Rheinland-Pfalz* DÖV 1981, S. 586; *Pulte*, in: Brocker/Droege/Jutzi (Hg.), Verfassung für Rheinland-Pfalz (LitVerz.), Art. 35 RN 5 ff.; vgl. in diesem Zusammenhang auch *BVerfGE 74*, 244 (245 sub A I 2).
548 Art. 137 Abs. 1 Verf. Bayern; Art. 29 Abs. 2 Verf. Saarland.
549 Vgl. auch → unten *Korioth*, Religiöse und weltanschauliche Freiheiten, § 236 RN 21.
550 Wie hier *Jarass*, in: ders./Pieroth, GG (LitVerz.), Art. 7 RN 22; *Badura*, in: Maunz/Dürig, GG (LitVerz.), Art. 7 RN 84; *Uhle*, in: Epping/Hillgruber, GG (LitVerz.), Art. 7 RN 38.

§ 232 *Sechzehnter Teil: II. Vergleichende Betrachtung der Landesgrundrechte*

einstimmung" mit den grundgesetzlichen Grundrechten stehen noch ein Mehr an Freiheit für das primär betroffene Kind einräumen, das mit Vollendung des 14. Lebensjahres insoweit religionsmündig ist.

105
Entsprechende Anwendung des Zivilrechts

Da dem Verfassungsgeber die Regelungen über die beschränkte Geschäftsfähigkeit im Zivilrecht bekannt waren und er sichtlich nicht davon abweichen wollte, z.B. um Kinderehen zuzulassen, sind die zivilrechtlichen Regelungen in den Fällen entsprechend anzuwenden[551], in denen es um die Vornahme von Rechtsgeschäften oder Rechtshandlungen im engeren Sinne geht („geschäftsähnliche" Handlungen und Realakte)[552]. So ist die Grundrechtsmündigkeit bei der Vereinsfreiheit in demselben Umfange zu bejahen, wie der Minderjährige zivilrechtlich wirksam einem Verein beitreten kann, sei es, weil er ausnahmsweise dadurch nur rechtliche Vorteile erlangt (vgl. § 107 BGB) oder weil er die Mitgliedsbeiträge, z.B. für Schülerorganisationen oder Vereine, von seinem Taschengeld bezahlt (vgl. § 110 BGB)[553]. Ist der Minderjährige „zum selbständigen Betrieb eines Erwerbsgeschäfts" (§ 112 BGB) oder zum Eintritt in ein Dienst- oder Arbeitsverhältnis (§ 113 Abs. 1 BGB)[554] berechtigt, so ist er parallel zu seiner unbeschränkten Geschäftsfähigkeit hinsichtlich der einschlägigen Grundrechte grundrechtsmündig. Allgemein kann in entsprechender Anwendung des § 107 BGB die Mündigkeit nach Vollendung des siebten Lebensjahres für solche Grundrechte bejaht werden, die wie die Petitionsfreiheit[555] nur rechtliche Vorteile bringen[556].

106
Zivilrechtliche Teilmündigkeitsregelungen

Bei Volljährigen wird die Grundrechtsmündigkeit im Falle der Geschäftsunfähigkeit (§ 104 Nr. 2 BGB)[557] oder einer Betreuung mit Einwilligungsvorbehalt (§§ 1896, 1903 BGB) fraglich. Hierauf weisen auch sprachlich die inzwischen aufgehobenen zivilrechtlichen Maßnahmen[558] der „Entmündigung" und der „Vormundschaft" hin[559]. Auch hier ist nicht die „uneingeschränkte[n] Grundrechtsfähigkeit der Geschäftsunfähigen oder Betreuten"[560], sondern die „für die Grundrechtsausübung notwendige[n] Selbstbestimmungsfähigkeit"[561] problematisch. Hierfür geben zivilrechtliche Teilmündigkeitsregelungen Anhalts-

---

551 Ebenso *Scholz*, in: Maunz/Dürig, GG (LitVerz.), Art. 12 RN 117.
552 Vgl. *Wolf/Neuner*, Allgemeiner Teil des bürgerlichen Rechts, [10]2012, § 28 RN 1 ff., 8 ff.
553 Hierzu auch *Merten*, Vereinsfreiheit, HStR [3]VII, § 144 RN 34 f.
554 Hierzu auch *BVerwG* DVBl. 1996, S. 1143.
555 So *H. H. Klein*, in: Maunz/Dürig, GG (LitVerz.), Art. 17 RN 69; ebenso *Dagtoglou*, in: Bonner Kommentar (Zweitbearb.), Art. 17 RN 51; a.A. *E. Schumann*, Evangelisches Staatslexikon, 3. Aufl., Sp. 2487 sub III, wonach sich die selbständige Ausübung der Petitionsfreiheit „nach der allgemeinen Einsichtsfähigkeit des Petenten" bestimme; so auch *Bauer*, in: Dreier, GG (LitVerz.), Bd. I, Art. 17 RN 28 (Fähigkeit, Gedanken in einer Bitte zu äußern); ebenso *OVG Berlin* DVBl. 1976, S. 261.
556 Nicht lediglich vorteilhafte Schenkungen an Minderjährige können der familiengerichtlichen Genehmigung bedürfen, vgl. *OLG Hamm* NJW-Spezial 2014, S. 739.
557 Vgl. auch *Enderlein*, Geschäftsunfähigkeit und Einwilligungsvorbehalt, JR 1998, S. 485 ff.
558 Durch das Betreuungsgesetz v. 12.9.1990 (BGBl. I 2002) wurde mit Wirkung v.1.1.1992 die Entmündigung (§ 6 BGB) aufgehoben, und wurde die Vormundschaft über Volljährige sowie die Gebrechlichkeitspflegschaft durch eine „Betreuung" ersetzt. Hierzu *Gernhuber/Coester-Waltjen*, Familienrecht, [6]2010, § 76, S. 979 ff.
559 Zum rechtshistorischen Hintergrund der „munt" *W. Ogris*, Art. Munt, Muntwalt, in: Erler/Kaufmann (Hg.), Handwörterbuch zur deutschen Rechtsgeschichte, Bd. III, 1984, Sp. 750 ff. Nach § 21 (österr.) ABGB sind „Unmündige" Personen, die das 14. Lebensjahr noch nicht zurückgelegt haben.
560 Hierzu *Rüfner*, Grundrechtsträger, HStR [3]IX, § 196 RN 30.
561 *BVerfGE* 99, 341 (351).

punkte, zumal das Betreuungsrecht auf Vorschriften über die Geschäftsfähigkeit verweist oder analoge Regelungen trifft[562]. Obwohl die Betreuung Volljähriger die Grundrechtsmündigkeit hinsichtlich der Ehefreiheit und der Testierfreiheit nicht berührt (§ 1903 Abs. 2 BGB), kann es an der erforderlichen Selbstbestimmungsfähigkeit im Einzelfall[563] fehlen.

b) Juristische Personen

aa) Begriff

Juristische Personen sind ungeachtet einzelner Definitionsprobleme verselbständigte Organisationen, die die Rechtsordnung als Rechtssubjekte mit eigener Rechtsfähigkeit anerkennt[564]; summarisch können sie als *Organisationen mit eigener Rechtspersönlichkeit*[565] bezeichnet werden. Charakteristikum und Zweck juristischer Personen sind die Trennung ihrer eigenen Rechtssphäre von derjenigen ihrer Mitglieder und ihrer Organe, was insbesondere hinsichtlich des Vermögens gilt (Trennungsprinzip)[566]. Innerhalb der juristischen Personen ist zwischen solchen des Privatrechts und solchen des öffentlichen Rechts zu unterscheiden.

107
Organisationen mit Rechtspersönlichkeit

Personenhandelsgesellschaften (z.B. OHG, KG) sowie Partnerschaftsgesellschaften[567] bilden eine Zwischenstufe zwischen natürlichen und juristischen Personen, weshalb sie letzteren vielfach gleichgestellt werden. Den Personenhandelsgesellschaften kommt partielle, derivative Rechtsfähigkeit zu[568]. Wegen dieser Besonderheit ist ihnen die Grundrechtsträgerschaft zuzubilligen[569]. Da die Grundrechtsberechtigung in Art. 19 Abs. 3 GG ausweislich der Entstehungsgeschichte bewußt auf „juristische Personen" beschränkt wurde[570], ist es bedenklich, jegliche Konturen des Begriffs zu verwischen, wie dies mitunter in der Rechtsprechung geschieht[571].

108
Zwischenstufe

---

562 Vgl. § 1903 Abs. 1 Satz 2 und Abs. 3 BGB. Zur Beeinträchtigung des Persönlichkeitsrechts durch die Anordnung einer Betreuung s. *BVerfGE 84*, 192 (195) zur Entmündigung; *BVerfGK 14*, 310 (315); *BVerfG* (Kammer) v. 23.3.2016 (1 BvR 184/13), juris.
563 Vgl. in diesem Zusammenhang *BVerfG* (Kammer), EuGRZ 1999, S. 494 (496), wonach es an einem allgemeinen Erfahrungssatz über das Erinnerungsvermögen hochbetagter Personen fehlt; *LG München*, NJW 1999, S. 3642 f.
564 Hierzu *Enneccerus/Nipperdey*, Allgemeiner Teil des bürgerlichen Rechts, §§ 103 ff., S. 607 ff.; *Wolf/Neuner*, Allgemeiner Teil des bürgerlichen Rechts, ¹⁰2012, § 16, Vor RN 1.
565 Vgl. § 1 Abs. 1 Satz 1 AktG; § 13 Abs. 1 GmbHG; § 17 Abs. 1 GenG.
566 *Wolf/Neuner* aaO., § 16 RN 7.
567 Vgl. §§ 1 ff. PartnerschaftsgesellschaftsG (Art. 1 des Gesetzes zur Schaffung von Partnerschaftsgesellschaften und zur Änderung anderer Gesetze v. 25.7.1994 [BGBl. I, 1744]).
568 Vgl. §§ 124 Abs. 1, 161 Abs. 2 HGB, § 7 Abs. 2 PartGG.
569 Vgl. *BVerfGE 10*, 89 (99); s. auch *E 4*, 7 (12, 17); *20*, 162 (171); *42*, 212 (219).
570 Vgl. *Matz*, in: JöR NF Bd. I, S. 180 ff. (183); zutreffend lehnt *BayVerfGHE 5*, 204 (210) die Grundrechtsträgerschaft nicht rechtsfähiger Vereine ab.
571 Vgl. *BVerfGE 3*, 383 (391); *VGH München*, NJW 1984, S. 2116; allerdings wird die Grundrechtsträgerschaft von Personalvertretungen zutreffenderweise verneint; vgl. *BVerfGE 85*, 360 (370); s. auch *E 28*, 314 (323); *51*, 77 (87); *Sachs*, in: JuS 1993, S. 67 f.; vgl. ferner *Wilhelm Dütz*, Der Grundrechtsschutz von Betriebsräten und Personalvertretungen, 1986; *Frank Ellenbeck*, Die Grundrechtsfähigkeit des Betriebsrats, 1996.

bb) Grundsätzliches

109 **Grundrechtsfähigkeit juristischer Personen**

Wurde noch unter der Weimarer Reichsverfassung die Grundrechtsberechtigung juristischer Personen geleugnet[572], so ist diese Streitfrage nunmehr auch in den meisten Landesverfassungen positiv-rechtlich entschieden. Teilweise werden bestimmte juristische Personen unmittelbar durch Verfassungsbestimmungen berechtigt, teilweise wird deren Grundrechtsfähigkeit durch ausdrückliche Erstreckungserklärungen in den Landesverfassungen[573] verbürgt, und teilweise wird durch die grundrechtlichen Rezeptionsklauseln[574] der Landesverfassungen Art. 19 Abs. 3 GG als Landesverfassungsnorm übernommen.

110 **Unmittelbare Verfassungsberechtigung**

Keiner Geltungserstreckung – kraft unmittelbarer Regelung oder durch Rezeption – bedarf es, wenn juristische Personen unmittelbar durch Grundrechtsbestimmungen der Landesverfassungen berechtigt werden, wie dies für „Kirchen"[575], „Hochschule[n]"[576], „Presse"[577] und „Rundfunk"[578], „Vereine und Gesellschaften"[579], „gesellschaftliche[n] Gruppen"[580], „Koalitionen"[581], „Gewerkschaften und ... Unternehmungen"[582] geschieht. Wenn Landesverfassungen bestimmte Institute (z. B. das Eigentum) garantieren[583] oder bestimmte Sphären, wie die Kommunikationssphäre durch das Brief-, Post- und Fernmeldegeheimnis, oder eine räumliche Sphäre (z. B. Wohnung)[584] ohne Beschränkung auf natürliche Personen als „unverletzlich" deklarieren[585], sind grundsätzlich auch juristische Personen aus dieser Grundrechtsbestim-

---

572 S. *Carl Schmitt*, Inhalt und Bedeutung des zweiten Hauptteils der Reichsverfassung, in: Anschütz/Thoma (Hg.), Handbuch des deutschen Staatsrechts, Bd. II, 1932, S. 572 (591): Rechte „selbstverständlich nur der physischen Einzelperson, nicht der verschiedenartigen juristischen Personen der verschiedenen Rechtsgebiete".
573 Vgl. Art. 5 Abs. 2 Verf. Brandenburg; Art. 37 Abs. 3 Verf. Sachsen; Art. 20 Abs. 3 Verf. Sachsen-Anhalt; Art. 42 Abs. 2 Verf. Thüringen.
574 S. oben FN 106.
575 Art. 4 Verf. Baden-Württemberg; Art. 36 Abs. 2 bis 5 Verf. Brandenburg; Art. 32 Abs. 3, Art. 59, 60 Abs. 1 Verf. Bremen; Art. 49 bis 52 Verf. Hessen; Art. 9 Verf. Mecklenburg-Vorpommern; Art. 21 bis 23 Verf. Nordrhein-Westfalen; Art. 41 bis 46, 48 Verf. Rheinland-Pfalz; Art. 35 bis 40, 42 Verf. Saarland; Art. 32 Verf. Sachsen-Anhalt; Art. 40 Verf. Thüringen.
576 Art. 20 Verf. Baden-Württemberg; Art. 32 Verf. Brandenburg; Art. 34 Verf. Bremen; Art. 60 Verf. Hessen; Art. 7 Abs. 3 Verf. Mecklenburg-Vorpommern; Art. 5 Abs. 2 bis 4 Verf. Niedersachsen; Art. 16 Verf. Nordrhein-Westfalen; Art. 39 Verf. Rheinland-Pfalz; Art. 33 Verf. Saarland; Art. 31 Verf. Sachsen-Anhalt; Art. 28 Verf. Thüringen.
577 Art. 111 Verf. Bayern; Art. 19 Verf. Brandenburg.
578 Art. 111a Verf. Bayern.
579 Art. 114 Abs. 2 und 3 Verf. Bayern; vgl. auch Art. 27 Abs. 1 Verf. Berlin; Art. 20 Abs. 2 Verf. Brandenburg; Art. 17 Abs. 2 Verf. Bremen; Art. 13 Verf. Rheinland-Pfalz; Art. 7 Abs. 7 Abs. 2 Verf. Saarland; Art. 24 Verf. Sachsen; Art. 13 Abs. 2 Verf. Sachsen-Anhalt; Art. 13 Abs. 2 Verf. Thüringen.
580 Art. 5 Abs. 1 Verf. Brandenburg.
581 Art. 51 Abs. 2 Verf. Brandenburg; Art. 25 Verf. Sachsen.
582 Art. 29 Abs. 2 und 4 Verf. Hessen; Art. 66 Verf. Rheinland-Pfalz; Art. 56, 57 Verf. Saarland; Art. 13 Abs. 3 Verf. Sachsen-Anhalt; Art. 37 Verf. Thüringen.
583 Art. 103 Abs. 1, 146 Verf. Bayern; Art. 23 Abs. 1 Verf. Berlin; Art. 41 Verf. Brandenburg; Art. 13 Verf. Bremen; Art. 45 Verf. Hessen; Art. 60 Verf. Rheinland-Pfalz; Art. 18 Abs. 1 Verf. Saarland; Art. 31 Verf. Sachsen; Art. 18 Verf. Sachsen-Anhalt; Art. 34 Verf. Thüringen.
584 Vgl. Art. 106 Abs. 3 Verf. Bayern; Art. 28 Abs. 2 Verf. Berlin; Art. 15 Verf. Brandenburg; Art. 14 Abs. 2 und 3 Verf. Bremen; Art. 8 Verf. Hessen; Art. 7 Verf. Rheinland-Pfalz; Art. 16 Verf. Saarland; Art. 30 Verf. Sachsen; Art. 17 Verf. Sachsen-Anhalt; Art. 8 Verf. Thüringen.
585 Art. 112 Verf. Bayern; Art. 16 Verf. Berlin; Art. 16 Verf. Brandenburg; Art. 14 Verf. Rheinland-Pfalz; Art. 17 Verf. Saarland; Art. 27 Verf. Sachsen; Art. 14 Verf. Sachsen-Anhalt; Art. 7 Verf. Thüringen sowie Art. 10 GG, soweit er durch Rezeptionsklausel Bestandteil des Landesverfassungsrechts ist.

mung berechtigt[586]. Da Universitäten (wissenschaftliche Hochschulen) und Fakultäten sich der Pflege der Wissenschaft widmen, können sie auch Träger der Wissenschaftsfreiheit, insbesondere der Forschungs- und Lehrfreiheit sein[587]. So wird auch für die Europäische Menschenrechtskonvention, der eine ausdrückliche Grundrechtserstreckung auf juristische Personen fehlt, anerkannt, daß mit „Jedermann" „sowohl natürliche als auch juristische Personen" gemeint sein können[588]. Soweit in den Landesverfassungen „Jedermann" einen Anspruch auf rechtliches Gehör oder auf den „gesetzlichen Richter" hat, werden davon auch juristische Personen – und selbst solche öffentlichen Rechts[589] – erfaßt[590]. Da aus der teilweise nur an „alle Menschen"[591] adressierten „Gleichheit vor dem Gesetz" ein „allgemeiner Gleichheitssatz" folgt[592], muß der Gesetzgeber auch hinsichtlich der juristischen Personen „im wesentlichen gleiche Tatbestände ohne Ansehen der Person gleich" regeln[593], was einer „willkürlich ungleiche[n] Behandlung im wesentlichen gleicher Sachverhalte" entgegensteht[594], so daß der Gleichheitssatz verbietet, „wesentlich Gleiches ungleich" zu regeln[595]. Art. 12 Abs. 1 Satz 2 Verf. Brandenburg untersagt der öffentlichen Gewalt schlechthin „jede Willkür und jede sachwidrige Ungleichbehandlung". Bei sachgerechter Interpretation können sich daher juristische Personen auf viele Grundrechte berufen, ohne daß eine Erstreckungsklausel der Landesverfassung[596] oder der in die Landesverfassung übernommene Art. 19 Abs. 3 GG bemüht wird.

111
Grundrechtsberechtigung kraft Erstreckung

Soweit sich juristische Personen nicht unmittelbar auf Grundrechte berufen können, kommt eine Grundrechtsträgerschaft aufgrund der landesverfassungsrechtlichen Erstreckungsklauseln oder des in die Landesverfassungen rezipierten Art. 19 Abs. 3 GG in Betracht. Hierfür ist Voraussetzung, daß das in Betracht kommende Grundrecht seinem „Wesen nach" auf juristische Per-

---

586 So für die Berechtigung juristischer Personen und Personenvereinigungen des Privatrechts aus Art. 10 GG *BVerfGE 100*, 313 (356f.); *106*, 28 (43); *Jarass*, in: ders./Pieroth, GG (LitVerz.), Art. 10 RN 10; für Art. 14 Verf. Rheinland-Pfalz *Groh*, in: Brocker/Droege/Jutzi (Hg.), Verfassung für Rheinland-Pfalz (LitVerz.), Art. 14 RN 6.
587 Vgl. *BVerfGE 21*, 362 (373f.); *31*, 314 (322); *Jarass*, in: ders./Pieroth, GG (LitVerz.), Art. 5 RN 141.
588 *EGMR* EuGRZ 1990, S. 261 (262).
589 *BVerfGE 61*, 82 (104); ebenso *E 21*, 362 (373); *75*, 192 (211); *BVerfG* (Kammer) NJW 1995, S. 582 (583 a.E.).
590 Art. 91 Abs. 1 Verf. Bayern; Art. 15 Abs. 1 Verf. Berlin; Art. 52 Abs. 3 Verf. Brandenburg; Art. 6 Abs. 1 und Abs. 2 Verf. Rheinland-Pfalz; Art. 78 Abs. 2 Verf. Sachsen; Art. 21 Abs. 4 Verf. Sachsen-Anhalt; Art. 88 Abs. 1 Satz 1 Verf. Thüringen.
591 Art. 118 Abs. 1 Satz 1 Verf. Bayern: „Vor dem Gesetz sind alle gleich"; Art. 10 Verf. Berlin; Art. 12 Abs. 1 Verf. Brandenburg; Art. 2 Abs. 1 Verf. Bremen; Art. 1 Verf. Hessen; Art. 17 Abs. 1 Verf. Rheinland-Pfalz: „Alle sind vor dem Gesetz gleich"; Art. 12 Abs. 1 Verf. Saarland; Art. 18 Abs. 1 Verf. Sachsen; Art. 7 Abs. 1 Verf. Sachsen-Anhalt; Art. 2 Abs. 1 Verf. Thüringen; Art. 3 Abs. 1 GG.
592 Vgl. statt aller *Jarass*, in: ders./Pieroth, GG (LitVerz.), Art. 3 RN 1.
593 *BVerfGE 1*, 97 (107).
594 *BVerfGE 11*, 283 (287); *17*, 319 (330).
595 *BVerfGE 1*, 14 (52); aus jüngerer Zeit: *E 127*, 263 (280); *129*, 49 (68); *129*, 208 (261); *130*, 52 (65); *130*, 240 (252); *131*, 239 (255); *132*, 72 (81); *132*, 372 (388); *133*, 1 (13); *133*, 59 (86); *133*, 377 (407); *134*, 1 (20); *135*, 126 (143 RN 51); *135*, 238 (244 RN 19); *136*, 127 (134 RN 20); *136*, 152 (180 RN 66); *136*, 152 (180 RN 66); *137*, 1 (20 RN 47); *138*, 136 (180 RN 121); ähnlich *BayVerfGH* v. 28. 6. 2013 BayVBl. 2014, S. 333 (338).
596 Art. 5 Abs. 3 Verf. Brandenburg; Art. 37 Abs. 3 Verf. Sachsen; Art. 20 Abs. 3 Verf. Sachsen-Anhalt; Art. 42 Abs. 2 Verf. Thüringen.

sonen anwendbar ist. Hierfür ist in erster Linie der Inhalt[597] des jeweiligen Grundrechts, insbesondere der Umstand maßgeblich, ob sich der Grundrechtstatbestand nur personal oder auch korporativ realisieren läßt[598]. Das konkrete Grundrecht muß für die jeweilige juristische Person geeignet sein[599]. Unbeachtlich ist dagegen, ob das „Wesen der Grundrechte" einer „Anwendung auf juristische Personen entgegensteht", weil diese Frage durch die landesverfassungsrechtlichen Erstreckungsklauseln oder Art. 19 Abs. 3 GG positiv-rechtlich beantwortet ist.

112
Keine Erstreckung auf personale Grundrechte

Grundrechte mit *personaler* Ausrichtung kommen für eine transpersonale Erstreckung nicht in Betracht. So enthält das Grundrecht auf Leben und körperliche Unversehrtheit höchstpersönliche Schutzgüter und vermag nicht die Existenz und die Integrität einer juristischen Person zu sichern[600]. Die Ehefreiheit kann nicht für juristische Personen[601] oder deren Fusion, der grundrechtlich gewährleistete Schutz der Mutter nicht zur Unterstützung einer „Mutter"-Gesellschaft reklamiert werden[602]. Ebenso scheidet für juristische Personen eine Berufung auf das Verbot der Entziehung der deutschen Staatsangehörigkeit oder das Asylrecht aus[603]. Das Recht auf Genuß der Naturschönheiten und Erholung in der Natur (Art. 141 Abs. 3 Verf. Bayern) kann nur natürlichen, nicht aber juristischen Personen zustehen[604]. Auf die Religions- und Gewissensfreiheit können sich juristische Personen nur berufen, wenn sie religiöse oder weltanschauliche Ziele (z.B. als Religionsgesellschaft[605], kirchliche Stiftung[606]) verfolgen. Dabei entfällt der Grundrechtsschutz nicht bei wirtschaftlicher Betätigung von Religionsgesellschaften, es sei denn, daß religiöse oder weltanschauliche Lehren nur als Vorwand und damit mißbräuchlich benutzt werden[607].

---

597 *Bettermann*, Juristische Personen des öffentlichen Rechts als Grundrechtsträger, NJW 1969, S. 1324 l.Sp.; *Rüfner*, AöR 89 (1964), S. 261 (266f.).
598 Vgl. *BVerfGE 21*, 362 (368f.); *23*, 153 (163 sub B I); *42*, 212 (219); *95*, 28 (34f.); *95*, 220 (242); *106*, 28 (42f.); *115*, 205 (229); *118*, 168 (203); *135*, 90 (109 RN 53); *137*, 185 (243 RN 154).
599 *Roellecke*, in: Wolter/Riedel/Taupitz (Hg.), Einwirkungen der Grundrechte auf das Zivilrecht, öffentliche Recht und Strafrecht, S. 141.
600 Ebenso *BVerwGE 54*, 211 (220).
601 Vgl. *BVerfGE 13*, 290 Ls. 1.
602 Vgl. *BVerfGE 13*, 290 (297f.): „Das Gebot des Schutzes von Ehe und Familie ist seinem Wesen nach nur auf natürliche Personen anwendbar".
603 Hierauf war schon bei den Beratungen im Parlamentarischen Rat hingewiesen worden. Vgl. Parlamentarischer Rat 1948–1949, Akten und Protokolle, Bd. 5/II, Ausschuß für Grundsatzfragen, 1993, S. 949.
604 *BayVerwGHE 29*, 181; *30*, 65; *Meder*, Verfassung (LitVerz.), Art. 141 RN 9.
605 Vgl. *BVerfGE 19*, 129 (132); *42*, 312 (323); *BVerfG* (Kammer) NJW 1990, S. 241.
606 Vgl. *BVerfGE 46*, 73 (82ff.); *53*, 366 (386) für einen eingetragenen Verein; *E 57*, 220 (240f.); *70*, 138 (160f.); OVG Niedersachsen DÖV 1994, S. 1053ff.; *Siegmund-Schultze*, Zur konfessionell beschränkten Stiftung im heutigen Recht, DÖV 1994, S. 1017ff.
607 *BVerwGE 90*, 112 Ls. 1.

Im Ergebnis stehen Berufsfreiheit[608] einschließlich der Privatschulfreiheit[609], Eigentumsgarantie[610], Unverletzlichkeit der Wohnung[611], Meinungsfreiheit[612], Religionsfreiheit[613], Rundfunk-[614], Film- und Pressefreiheit[615], Freiheit von Wissenschaft[616] und Kunst[617], allgemeine Handlungsfreiheit[618] einschließlich der informationellen Selbstbestimmung[619] sowie der allgemeine Gleichheitssatz[620] und Prozeßgrundrechte[621] auch juristischen Personen zu.

113
Anwendbare Grundrechte

cc) Inländische juristische Personen

Kraft der landesverfassungsrechtlichen Erstreckungsklauseln[622] sowie des in das Landesverfassungsrecht übernommenen Art. 19 Abs. 3 GG sind nur *inländische* juristische Personen grundrechtsberechtigt. Inländisch ist eine juristische Person, wenn sie ihren Sitz[623] innerhalb Deutschlands hat; ausländisch ist sie bei einem Sitz außerhalb Deutschlands (Sitztheorie)[624].

114
Maßgeblichkeit des Sitzes

Problematisch ist die Berufung einer inländischen juristischen Person auf Deutschen-Grundrechte, wenn die beherrschenden Mitglieder oder Gesellschafter dieser Person Ausländer sind. Denn diese wären als natürliche Personen vom Schutzbereich der entsprechenden Grundrechtsbestimmung ausgeschlossen, erlangen nun aber mittelbar über die juristische Person Grundrechtsschutz. In Anlehnung an Regelungen des Flaggen- und des Vereinsrechts und eingedenk des Grundsatzes, daß korporative Freiheit nicht

115
Inländische juristische Personen mit Ausländer-Dominanz

---

608 *BVerfGE 21*, 261 (266); *22*, 380 (383); *23*, 208 (223); *30*, 292 (312); *50*, 290 (362 ff.); *53*, 1 (13); *65*, 196 (209 f.); *95*, 173 (181); *97*, 228 (253); *102*, 197 (212 f.); *105*, 252 (265); *106*, 275 (298); *114*, 196 (244); *115*, 205 (229); *126*, 112 (136); *134*, 204 (222 RN 66); *135*, 90 (107 RN 44); *137*, 185 (243 RN 154); *BVerfG* NJW 2016, S. 930 (931 RN 34); *BVerwGE 75*, 109 (114); *95*, 15 (20) mit ablehnender Anmerkung von *Wieland*, JZ 1995, S. 96 f.; *BVerwG* DVBl. 2000, S. 1624 f.; auch die Buchmachererlaubnis kann einer juristischen Person erteilt werden, *BVerwGE 97*, 12 (23); dagegen kann sie nicht zum Insolvenzverwalter bestellt werden: *BVerfG* v. 12.1.2016 NJW 2016, S. 930; *BGH* JZ 2014, S. 625 m. Anm. v. *Paulus*, S. 628 ff.; hierzu *Sachs*, Grundrechte: Berufsfreiheit juristischer Personen, in: JuS 2016, S. 474 ff.; *Höfling*, Juristische Personen als Insolvenzverwalter, ZIP 2015, S. 1568 ff.; *Bluhm*, Der Ausschluss juristischer Personen vom Insolvenzverwalteramt, ZIP 2014, S. 555 ff.
609 *BVerwGE 40*, 347 (349 ff.).
610 Vgl. *BVerfGE 4*, 7 (17); *23*, 153 (163); *23*, 208 (223); *35*, 348 (360 f.); *41*, 126 (149 sub B); *53*, 336 (345); *97*, 228 (253); *102*, 197 (213); *126*, 112 (136); *135*, 90 (107 RN 44); *137*, 185 (243 RN 154).
611 *BVerfGE 42*, 212 (219); *44*, 353 (371); *76*, 83 (88); *Dagtoglou*, JuS 1979, S. 755 sub 4.
612 *BVerfG* (Kammer) NVwZ 2000, S. 1281 (1282).
613 Vgl. *BVerfGE 42*, 312 (321 f.); *53*, 366 (387); *70*, 138 (160 f.); *125*, 39 (73).
614 Vgl. *BVerfGE 74*, 297 (317 f.); *97*, 298 (310); *95*, 220 (234).
615 *BVerfGE 20*, 162 (171); *21*, 271 (277 f.); *80*, 124 (131); *95*, 28 (34); *113*, 63 (75).
616 *BVerfGE 15*, 256 (263); *21*, 362 (373 f.); *31*, 314 (322).
617 Unausgewogen *Günter Erbel*, Inhalt und Auswirkungen der verfassungsrechtlichen Kunstfreiheitsgarantie, 1966, S. 226 f.
618 *BVerfGE 113*, 29 (45); *118*, 168 (203).
619 *BVerfGE 118*, 168 (203); *128*, 1 (43).
620 Vgl. *BVerfGE 3*, 383 (390 f.); *4*, 7 (12); *19*, 206 (215 sub B); *23*, 153 (163 sub B I); *23*, 208 (223); *41*, 146 (149 sub B II); *53*, 336 (345 sub B I); *95*, 267 (317).
621 *BVerfGE 3*, 359 (363).
622 S. oben FN 596.
623 Vgl. hierzu § 11 AO 1977; § 73 a Abs. 1 EStDV 2000; auch Art. 86 Satz 1 EGBGB. Zum Sitz von Vereinen s. § 24 BGB, zum Sitz von Stiftungen § 80 Satz 3 BGB; allgemein *Ebenroth*, Die Sitztheorie als Theorie effektiver Verknüpfung der Gesellschaft, JZ 1988, S. 677 ff.
624 Vgl. *BVerfGE 21*, 207 (209); umständlich und unklar („gewisse Vermutung") *Remmert*, in: Maunz/Dürig, GG (LitVerz.), Art. 19 Abs. 3 RN 80 a.E.; → Bd. II: *Heintzen*, Ausländer als Grundrechtsträger, § 50 RN 10; *Tettinger*, Juristische Personen des Privatrechts als Grundrechtsträger, § 51 RN 42 ff.

weiter reichen kann als die entsprechende individuelle Freiheit, ist eine Berechtigung inländischer juristischer Personen aus Deutschen-Grundrechten dann abzulehnen, wenn Ausländer sie oder ihre Organe mehrheitlich beherrschen[625]. Andernfalls könnte die Beschränkung auf Deutschen-Grundrechte dadurch umgangen werden, daß Ausländer Vereinigungen oder andere juristische Personen gründen und so den Grundrechtsschutz der Vereins- oder Versammlungsfreiheit sowie der Berufsfreiheit erzielen.

dd) Ausländische juristische Personen

116
Umkehrschluß aus Art. 19 Abs. 3 GG

Da die Erstreckungsklauseln sich ausdrücklich auf inländische juristische Personen beschränken, ist ein Umkehrschluß geboten[626]. Wie die Entstehungsgeschichte des Art. 19 Abs. 3 GG deutlich macht[627], ist eine Regelungslücke hinsichtlich der Grundrechtsberechtigung ausländischer juristischer Personen auszuschließen, so daß Art. 19 Abs. 3 GG insoweit eine abschließende Normierung enthält und Zweifel an der Eindeutigkeit des Verfassungstextes unbegründet sind[628]. *Ausländische* juristische Personen sind grundrechtsunfähig, das heißt von der Grundrechtsberechtigung schlechthin ausgenommen[629]. Die Auffangnorm der freien Entfaltung der Persönlichkeit kann ihnen nicht zugute kommen, da auch diese Bestimmung auf juristische Personen nur nach Maßgabe der Erstreckungsklauseln anwendbar ist[630].

117
Ausschluß von jeglichen Grundrechten

Da „Prozeßgrundrechte" auch „Grundrechte" sind, können sie ausländische juristische Personen ebenfalls nicht berechtigen, so daß diese für ein Verfassungsbeschwerde-Verfahren auch nicht in „ihren" Grundrechten verletzt sein können. Das gilt jedenfalls dann, wenn Geltungserstreckungsklauseln zur Anwendung kommen. Demgegenüber kann die vom Bundesverfassungsgericht[631] bejahte Geltung justitieller Grundrechte für ausländische juristische Personen nicht überzeugen. Keinesfalls kann sie mit dem Charakter der Grundrechte als „objektive[r] Verfahrensgrundsätze"[632] begründet werden, weil der objektiv-rechtliche Gehalt einer Grundrechtsbestimmung nicht wei-

---

625 Eingehend und überzeugend *Quaritsch*, HStR V, § 120 RN 51 ff.; ebenso *Bleckmann*, Staatsrecht II – Die Grundrechte, § 9 RN 145 ff.; *Rupp-v. Brünneck*, in: FS Arndt, S. 382 f.; *Ritter*, NJW 1964, S. 280 f.; a.A. *Stern*, Staatsrecht III/1 (LitVerz.), § 71 VI 7, S. 1148; *W. W. Schmidt*, Grundrechte und Nationalität juristischer Personen, 1966, S. 158 ff.
626 A.A. *P. M. Huber*, in: v. Mangoldt/Klein/Starck, GG (LitVerz.), Art. 19 Abs. 3 RN 299; zweifelnd *Bethge*, AöR 104 (1979), S. 83 f.; *ders.*, Die Grundrechtsberechtigung juristischer Personen nach Art. 19 Abs. 3 GG, 1985, S. 47; wie hier *BGHZ* 76, 375 (383); *Degenhart*, EuGRZ 1981, S. 161 (162); vgl. auch *Merten*, HStR³ VII, § 165 RN 31 zu Art. 9 Abs. 1 GG.
627 Vgl. *Matz*, in: JöR NF 1 (1951), S. 182.
628 Zweifelnd früher *BVerfGE* 12, 6 (8); wie hier *BVerfGE* 100, 313 (364).
629 Wie hier *Dürig*, in: Maunz/ders., GG (LitVerz.), Art. 19 Abs. 3 RN 31 (Mai 1977); *Papier*, in: Maunz/Dürig, GG (LitVerz.) Art. 14 RN 217; *v. Mutius*, BK Art. 19 Abs. 3 RN 50; *ders.*, Jura 1983, S. 30 (35 f.); *Stern*, Staatsrecht III/1 (LitVerz.), § 71 VI, S. 1136, 1145 f.; *Quaritsch*, HStR V, § 120 RN 36 ff.; *W. W. Schmidt* (FN 625), S. 168 ff.; *Meessen*, JZ 1970, S. 602 ff.; *Bethge*, AöR 104, 1979, S. 54 (84); *ders.*, Grundrechtsberechtigung (FN 626), S. 47; *Ossenbühl*, AöR 115, 1990, S. 1 (4); differenzierend *Meessen*, Ausländische juristische Personen als Träger von Grundrechten, JZ 1970, S. 602 ff., der die in Art. 17, 19 Abs. 4 und 101 ff. GG enthaltenen Grundrechte anwenden will (605).
630 Vgl. *BVerfGE* 21, 207 (208 f.); *23*, 229 (236 sub B I); *BGHZ* 76, 387 (995 f.).
631 Vgl. *BVerfGE* 12, 6 (8); *18*, 441 (447); *21*, 362 (373); *64*, 1 (11).
632 *BVerfGE* 21, 362 (373).

ter reichen kann als ihr subjektiv-rechtlicher Inhalt. Darüber hinaus setzt die Verfassungsbeschwerde-Befugnis voraus, daß der Beschwerdeführer „in einem seiner ... Rechte verletzt zu sein" behauptet (Art. 93 Abs. 1 Nr. 4a GG), das heißt er muß die Verletzung seiner Grundrechte oder grundrechtsähnlichen Grundrechte, nicht lediglich die Verletzung einer objektiv-rechtlichen Verfassungsbestimmung rügen. Entgegen der Auffassung des Bundesverfassungsgerichts beschränkt sich auch die Geltungserstreckung des Art. 19 Abs. 3 GG nicht auf die Katalog-Grundrechte[633], sondern regelt die Grundrechtsberechtigung juristischer Personen allgemein. Im Ergebnis hat die Kontroverse wenig praktische Relevanz. Abgesehen von der fehlenden Verfassungsbeschwerde-Befugnis ausländischer juristischer Personen entstehen in der Prozeßpraxis kaum Nachteile, weil das (einfach-gesetzliche) Prozeßrecht den justitiellen Grundrechten weitgehend Rechnung trägt.

ee) Juristische Personen aus EU-Mitgliedstaaten

118
Kollisionsprobleme

Die Inanspruchnahme deutscher Grundrechte für ausländische juristische Personen mit Sitz in einem EU-Mitgliedstaat wirft kollisionsrechtliche Probleme auf. Einerseits ist im europäischen Binnenmarkt „der freie Verkehr von Waren, Personen, Dienstleistungen und Kapital" gewährleistet (Art. 26 Abs. 2 AEUV) und ist insoweit „jede Diskriminierung aus Gründen der Staatsangehörigkeit" untersagt (Art. 18 Abs. 1 AEUV). Andererseits werden die betroffenen juristischen Personen gemäß Art. 19 Abs. 3 GG, der auch von den grundrechtlichen Rezeptionsklauseln in den Landesverfassungen umfaßt wird, von der Grundrechtsträgerschaft ausgenommen. Dasselbe gilt von den landesverfassungsgesetzlichen Erstreckungsnormen auf juristische Personen[634], die sich sämtlich auf „inländische juristische Personen" oder „Personen mit Sitz innerhalb der Bundesrepublik Deutschland" beschränken, so daß ausländische juristische Personen von der Grundrechtsträgerschaft ausgenommen werden, auch wenn das einfache Recht ausländische und inländische Personen vielfach gleichstellt. Im Gegensatz zu ausländischen natürlichen Personen steht ausländischen juristischen Personen auch das Auffanggrundrecht des Art. 2 Abs. 1 GG oder ein ähnliches Landesverfassungsgrundrecht nicht zu, so daß sie keine Verfassungsbeschwerde erheben können. Eine gemeinschaftskonforme Interpretation deutschen Verfassungsrechts scheitert am Wortlaut der einschlägigen Verfassungsbestimmungen, da „inländisch", wie auch Art. 37 Abs. 3 der Verfassung Sachsens deutlich macht, das Gebiet der Bundesrepublik Deutschland meint und nicht gegen seinen Wortlaut auf die Staatsgebiete aller EU-Mitgliedstaaten erweitert werden kann. Bleibt es somit bei einem Normenkonflikt zwischen deutschem Verfassungsrecht und europäischem Recht, so läßt sich dieser nur durch einen Anwendungsvorrang des Unionsrechts mit der Folge lösen, daß entgegenstehendes nationales Recht verdrängt, wenn auch nicht gebrochen wird. Dieser Anwendungsvorrang folgt aus dem Unionsrecht, weil die Europäische Union als Rechtsge-

---

633 *BVerfGE* aaO.
634 S. oben FN 596.

meinschaft nur bestehen kann, wenn die einheitliche Wirksamkeit des Unionsrechts in den Mitgliedstaaten gewährleistet wird[635]. Zu Recht hat das Bundesverfassungsgericht[636] in der Erstreckung der Grundrechtsberechtigung auf juristische Personen aus Mitgliedstaaten der Europäischen Union eine unionsrechtlich veranlaßte Anwendungserweiterung des deutschen Grundrechtsschutzes gesehen.

119
Sonderregelung in Rheinland-Pfalz

Dieses Anwendungsvorrangs bedarf es nicht für das Landesverfassungsrecht von Rheinland-Pfalz. Denn nach Art. 19a der Verfassung stehen Deutschen-Rechte „auch Staatsangehörigen eines anderen Mitgliedstaates der Europäischen Union zu, soweit diese nach dem Unionsrecht Gleichbehandlung beanspruchen dürfen". Zwar sieht der Verfassungswortlaut nur eine Gleichbehandlung der „Staatsangehörigen eines anderen Mitgliedstaates" vor, so daß juristische Personen mit Sitz in einem Mitgliedstaat der Europäischen Union nicht ausdrücklich erfaßt werden. Zweck der Verfassungsergänzung war aber offensichtlich, den Normenkonflikt zwischen dem Landesverfassungsrecht, das einige Grundrechte wie auch die Berufsfreiheit (Art. 58) Deutschen vorbehält, und dem Unionsrecht mit Binnenmarktfreiheit und Diskriminierungsverbot durch eine Gleichbehandlungsklausel der Unionsbürger von vornherein zu beseitigen. Bei dieser Herbeiführung einer Europarechtskonformität auf Landesverfassungsebene fehlen Anzeichen dafür, die gewollte Rechtsfolge auf natürliche Personen zu beschränken und juristische Personen auszuklammern, zumal die Verfassung von Rheinland-Pfalz sich ausdrücklich nur an natürliche Personen wendet und keine Erstreckungsklausel für juristische Personen enthält. Führt aber Art. 19a Verf. Rheinland-Pfalz eine Gleichbehandlung auch für juristische Personen mit Sitz in einem anderen Mitgliedstaat der Europäischen Union herbei, so besteht von vornherein kein Normenkonflikt, weshalb es auch nicht des europarechtlichen Anwendungsvorrangs bedarf.

ff) Juristische Personen des Privatrechts

120
Keine Berechtigung bei „Staatsbeherrschung"

Die Anwendung nicht personal beschränkter Grundrechte auf juristische Personen des Privatrechts ist der Regelfall[637] des Art. 19 Abs. 3 GG und der entsprechenden Erstreckungsnormen des Landesverfassungsrechts. Allerdings lehnt das Bundesverfassungsgericht eine Grundrechtsträgerschaft privatrechtlicher Unternehmen ab, wenn diese vom Staat beherrscht werden[638], womit ein diffuses und in der Praxis schwer handhabbares Unterscheidungsmerkmal eingeführt wird. Eine Beherrschung wird bejaht, wenn die Anteile der privatrechtlichen juristischen Person vollständig von juristischen Personen des öffentlichen Rechts gehalten werden[639]. Für die Ablehnung einer

---
635 Hierzu *EuGH*, Urt. v. 15.7.1964, Rs. 6/64, Costa ./. Enel, Slg. 1964, S. 1251 RN 12; *BVerfGE 126*, 286 (301); vgl. auch *E 123*, 267 (354, 361, 400 ff.); *129*, 78 (99 ff.).
636 *BVerfGE 129*, 78 Ls. 1 (99 f.).
637 Vgl. *BVerfGE 75*, 192 (196); *39*, 302 (312 sub B II 2).
638 Vgl. *BVerfGE 115*, 205 (227 f.).
639 Vgl. *BVerfGE 45*, 63 (78 ff.); *68*, 193 (212 f.); *128*, 226 (247 unten); *P. M. Huber*, in: v. Mangoldt/Klein/Starck, GG (LitVerz.), Bd. I, Art. 19 Abs. 3 RN 278.

Grundrechtsberechtigung kann auch nicht die „Durchgriffs"-Theorie angeführt werden, wonach die Erstreckung des Grundrechtsschutzes auf juristische Personen nur insoweit gerechtfertigt ist, als „deren Bildung und Betätigung Ausdruck der freien Entfaltung der natürlichen Personen ist"[640]. Denn die Geltungserstreckung auf juristische Personen durch Art. 19 Abs. 3 GG sowie entsprechende Regelungen in den Landesverfassungen setzen lediglich voraus, daß das jeweilige Grundrecht inhaltlich auf ein Kollektiv paßt. „Treuhand"-Vorstellungen und „Durchgriffs"-Möglichkeiten, die an *Gierkes* Theorie einer „realen Verbandspersönlichkeit"[641] erinnern, finden im Verfassungstext keine Stütze[642]. Da juristische Personen, insbesondere Stiftungen gerade durch Apersonalität[643] geprägt sind, kann der unmittelbare[n] Bezug zum Menschen[644] oder gar das „Wesen der Grundrechte"[645] nicht zur Voraussetzung einer Grundrechtsträgerschaft gemacht werden. Insbesondere fehlt es Stiftungen als Zweckvermögen mit Rechtspersönlichkeit an „hinter ihnen stehenden Menschen", weil die wesentlichen Merkmale der Stiftungen Stiftungszweck, Stiftungsvermögen und Stiftungsorganisation sind. Es handelt sich also um eine „rechtlich selbständige, zweckgebundene Vermögenseinheit, die keine Gesellschafter oder Mitglieder, sondern lediglich Destinatäre" aufweist[646].

121
Mischunternehmen

Die Negierung einer Grundrechtsberechtigung überzeugt insbesondere bei solchen juristischen Personen des Privatrechts nicht, denen neben dem Staat auch Privatpersonen angehören (gemischtwirtschaftliche Unternehmen: Mischunternehmen)[647]. Denn hier wird die Beteiligung Privater und deren Grundrechtsträgerschaft zur Gänze vernachlässigt[648]. Da private Anteilseigner z.B. einer Aktiengesellschaft eine staatliche Beteiligung weder hindern noch kontrollieren können, kommt dieser gleichsam ein infizierender Effekt zu, da sie die Grundrechtsberechtigung ausschließt. Diese von dem Beteiligungs- oder Beherrschungsverhältnis zwischen Privaten und öffentlicher Hand abhängig zu machen[649], wofür auch der Verfassungsgerichtshof Berlin

---

640 *BVerfGE 21*, 362 (369); *61*, 82 (101); *68*, 193 (205 f.); *BVerfG* (Kammer) NJW 1990, S. 1783; *BVerfG* (Kammer) NJW 1997, S. 1634 f.
641 *Otto v. Gierke*, Das Wesen der menschlichen Verbände, 1902 (ND 1954), S. 26; *ders.*, Die Genossenschaftstheorie und die deutsche Rechtsprechung, 1887, S. 625.
642 Zur „gründlichen" Verfehlung des Art. 19 Abs. 3 durch die Rechtsprechung *Quaritsch*, HStR V, § 120 RN 52; ablehnend auch *v. Mutius*, Bonner Kommentar, Art. 19 Abs. 3 RN 32 ff.; *Stern*, Staatsrecht III/1 (LitVerz.), S. 1088 und 1117 ff.; *Bettermann*, NJW 1969, S. 1321 (1324 sub III 2); *Roellecke*, in: Wolter/Riedel/Taupitz (Hg.), Einwirkungen der Grundrechte auf das Zivilrecht, öffentliche Recht und Strafrecht, 1999, S. 137 (146 ff.); s. ferner *Bethge*, Die Grundrechtsberechtigung juristischer Personen, S. 25 ff.
643 Vgl. *Schnapp*, in: Bertram Schulin (Hg.), Handbuch des Sozialversicherungsrechts, Bd. I Krankenversicherungsrecht, 1994, § 49 RN 17.
644 So jedoch *BVerfGE 21*, 362 (371); *61*, 82 (101); *68*, 193 (206); *BVerfG* (Kammer) NJW 1997, S. 1634 f.; *BVerwGE 81*, 1 (10).
645 So *BVerfGE 21*, 362 (369).
646 Vgl. *Wolf/Neuner* (FN 148), § 18 RN 1.
647 Vgl. *BVerfG* (Kammer) NJW 1990, S. 1783; *BVerfGE 128*, 226 (247 unten).
648 So auch *Stern*, Staatsrecht III/1 (LitVerz.), S. 1170; *Merten*, Mischunternehmen als Grundrechtsträger, in: Bernat/Böhler/Weilinger (Hg.), FS Heinz Krejci, Bd. II, 2001, S. 2003 (2017).
649 So *P. M. Huber*, in: v. Mangoldt/Klein/Starck, Art. 19 Abs. 3 RN 286 ff.

§ 232 Sechzehnter Teil: II. Vergleichende Betrachtung der Landesgrundrechte

eintritt[650], ist aus Gründen der Rechtssicherheit abzulehnen. Ein gleitender Grundrechtsschutz[651] ist ungerechtfertigt und unpraktikabel, zumal eine Staatsbeteiligung nicht monolithisch wirkt, sondern bei einer Anteilseignerschaft unterschiedlicher juristischer Personen (Bund, Land, Kommunen) auch wegen unterschiedlicher Interessen divergierend erfolgen kann[652]. Aus diesen Gründen wird daher von Teilen des Schrifttums die Grundrechtsträgerschaft von Mischunternehmen bejaht[653].

gg) Juristische Personen des öffentlichen Rechts

122
Maßgeblichkeit einer „grundrechtstypischen Gefährdungslage"

Im Ergebnis zu einseitig und undifferenziert lehnt das Bundesverfassungsgericht unter überwiegender Zustimmung des Schrifttums die Anwendbarkeit des Art. 19 Abs. 3 GG auf juristische Personen des öffentlichen Rechts grundsätzlich ab[654]. Demgegenüber bejaht eine Mindermeinung die Grundrechtsgeltung auch für juristische Personen des öffentlichen Rechts, soweit diese staatlicher Hoheitsgewalt „nach Art des Bürgers ausgesetzt", ihr „wie eine Privatperson unterworfen" sind[655] (grundrechtstypische Gefährdungslage[656]). Im Ergebnis divergieren die Auffassungen in geringerem Maße, als es der theoretische Ansatz nahelegt. Denn die herrschende Meinung, die sich teilweise unhaltbarer Argumente bedient, muß um der Praktikabilität willen eine Vielzahl von Ausnahmen – teilweise mit zweifelhafter Begründung – zugestehen.

123
Diskrepanz der Gerichte

Zudem besteht in dieser Frage auch eine Diskrepanz in der Interpretation des Grundgesetzes einerseits und von Landesverfassungsrecht andererseits. Während das Bundesverfassungsgericht den Gemeinden auch außerhalb der Wahrnehmung öffentlicher Aufgaben die Berufung auf Art. 14 Abs. 1 GG abschneidet[657], sieht der Bayerische Verfassungsgerichtshof Gemeinden als Grundrechtsträger der Eigentumsgarantie (Art. 103 Verf. Bayern) an[658]. In der Tat überzeugt es nicht, daß im Falle einer Enteignung die Grundstücke

---

650 VerfGH Berlin v. 14. 2. 2005, DÖV 2005, S. 515 (517 l.Sp.).
651 Vgl. *Hans Peter Bull*, Die Staatsaufgaben nach dem Grundgesetz, 1977, S. 155 f.; *Herbert Bethge*, Zur Problematik von Grundrechtskollisionen, S. 66, FN 142; *Volker Emmerich*, Das Wirtschaftsrecht der öffentlichen Unternehmen, S. 199, 92 f.
652 Hierauf weist zu Recht die abweichende Meinung des Richters *Schluckebier* hin, in: *BVerfGE 128*, 269 (271).
653 *Stern*, Staatsrecht III/1 (LitVerz.), S. 1170, Bd. IV/1, S. 1840 f., 2221 f. (Dietlein); *Sachs*, GG (LitVerz.), Art. 19 RN 112; *Rüfner*, HStR ³IX, § 196 RN 139; *Merten*, FS Krejci (FN 648), S. 2017; a.A. *P. M. Huber*, in: v. Mangoldt/Klein/Starck, GG (LitVerz.), Art. 19 Abs. 3 RN 284; *Dreier*, GG (LitVerz.), Art. 19 Abs. 3 RN 78; *Isensee*, HStR ³IX, § 199 RN 60. → Bd. II: *Selmer*, Zur Grundrechtsberechtigung von Mischunternehmen, § 53.
654 Vgl. *BVerfGE 21*, 362 Ls. 1 (369 ff.); *23*, 12 (30); *45*, 63 (78); *61*, 82 (101); *68*, 193 (206); *75*, 192 (195 ff.); *107*, 299 (309 f.); BVerfG (Kammer) NVwZ 2005, S. 572 ff.; Übersicht über den Meinungsstand: *Remmert*, in: Maunz/Dürig, GG (LitVerz.), Art. 19 Abs. 3 RN 45; *v. Mutius*, in: Bonner Kommentar (LitVerz.), Art. 19 Abs. 3 RN 23 ff.; *Stern*, Staatsrecht III/1 (LitVerz.), § 71 III, S. 1097 ff.
655 *Bettermann*, NJW 1969, S. 1321 (1327 f.); *ders.*, FS E. Hirsch, 1968, S. 1 (11); *v. Mutius*, Bonner Kommentar (LitVerz.), Art. 19 Abs. 3 RN 114 m.w.N. (Zweitbearb.); *Fr. Klein*, FS Scupin, 1973, S. 165 (168).
656 Vgl. hierzu *BVerfGE 45*, 63 (79); *61*, 82 (105); *106*, 28 (43).
657 Vgl. *BVerfGE 45*, 63 (78 f.); *61*, 82 (105 ff.); *137*, 108 (154 RN 107); ebenso BVerwG DVBl. 1984, S. 679 (682).
658 *BayVerfGH* NVwZ 1985, S. 260; hierzu auch *Bethge*, Grundrechtsschutz von kommunalem Eigentum?, NVwZ 1985, S. 402 ff.

von Privatpersonen dem Schutz des Art. 14 GG unterstehen, der aber nicht für das benachbarte Grundstück im Eigentum einer Gemeinde gelten soll, zumal schon im 19. Jahrhundert frühkonstitutionelle Verfassungen[659] den Schutz des Eigentums für Gemeinden und Stiftungen gegen Staatsbehörden verbürgt haben.

Der Wortlaut des Art. 19 Abs. 3 GG und der entsprechenden Erstreckungsnormen der Landesverfassungen, die sich alle auf „juristische Personen" beziehen, läßt eine Grundrechtsberechtigung juristischer Personen des öffentlichen Rechts zu. Die Entstehungsgeschichte der grundgesetzlichen Norm bekräftigt sogar die weite Interpretation, weil die ursprünglich verwendeten Begriffe „Körperschaften" und „Anstalten" auf Empfehlung des Allgemeinen Redaktionsausschusses durch den Begriff „juristische Personen" ersetzt wurden. In der Begründung heißt es, daß „‚Körperschaften und Anstalten' nicht alle juristischen Personen des öffentlichen und privaten Rechts, z.B. nicht die Stiftungen, umfassen"; deshalb müsse „dieser Begriff verwandt werden"[660]. Damit wird deutlich, daß in den Beratungen unter dem Begriff „juristische Personen" solche „des öffentlichen und privaten Rechts" gemeint waren.

124
Wortlaut und Entstehungsgeschichte

Eine Verengung der Grundrechtserstreckung auf juristische Personen läßt sich auch nicht mit allgemeinen Erwägungen wie der These einer „einheitlichen Staatsgewalt" oder dem „Konfusionsargument"[661] begründen. Zwar ist dem Bundesverfassungsgericht[662] darin zuzustimmen, daß die Verfassungswirklichkeit „eine Fülle von Organisationsformen" in Gestalt von Gebietskörperschaften oder sonstigen Körperschaften, Anstalten und Stiftungen des öffentlichen Rechts kennt. Unrichtig ist jedoch die gerichtliche Folgerung, daß deshalb vom „Menschen und Bürger als dem ursprünglichen Inhaber der Grundrechte her gesehen" „es sich jeweils nur um eine besondere Erscheinungsform der einheitlichen Staatsgewalt" handele[663]. Dieses Einheitlichkeitsargument ist gerade für die Bundesrepublik Deutschland verfehlt. Denn hier tritt die res publica dem Bürger nicht unilateral, sondern multilateral entgegen[664], weshalb sich die Polizeigewalt von der Sparkassen„gewalt" unterscheidet und diese Differenzierung vom Bürger auch wahrgenommen wird. So verhandelt er mit der Sparkasse wie mit anderen Kreditinstituten über die Höhe von Gebühren, nicht aber mit der Paßbehörde oder dem Amt für Ordnungswidrigkeiten. Das auch vom Bundesverfassungsgericht eingeräumte Gegen-

125
„Einheitlichkeit" der Staatsgewalt?

---

659 Vgl. § 66 Verfassungsurkunde für Württemberg (1819); Art. 46 Verfassungsurkunde für Hessen (1820); § 138 Verfassungsurkunde für Kurhessen (1831); § 60 Verfassungsurkunde für Sachsen (1831); § 75 des Landesverfassungsgesetzes für das Königreich Hannover v. 6. 8. 1840; alle abgedr. bei E.R. Huber, Dokumente, Bd. I (FN 10).
660 Der Parlamentarische Rat 1948–1949, Bd. 7: Entwürfe zum Grundgesetz, bearb. von Michael Hollmann, 1995, Nr. 5, S. 217 f.; vgl. auch *Matz*, in: JöR NF, Bd. I, 1951, S. 182 f.
661 *Bettermann*, NJW 1969, S. 1321 (1323); ebenso *Kröger*, in: JuS 1981, S. 28.
662 *E 21*, 362 (370); s. auch *E 85*, 360 (385 sub IV).
663 BVerfGE aaO.
664 Vgl. hierzu auch *Hans Heinrich Rupp*, Grundfragen der heutigen Verwaltungsrechtslehre, ²1991, S. 22 ff.; *Ernst-Wolfgang Böckenförde*, Gesetz und gesetzgebende Gewalt, ²1981, S. 334; *Zippelius*, in: Staatsorganisation und Staatsfunktionen im Wandel, FS Eichenberger, 1982, S. 147 (150).

§ 232 *Sechzehnter Teil: II. Vergleichende Betrachtung der Landesgrundrechte*

einander unterschiedlicher Organisationsformen der öffentlichen Hand führt auch nicht lediglich zu „Kompetenzkonflikten im weiteren Sinne"[665], sondern kann auch Grundrechtsverletzungen verursachen, beispielsweise wenn staatliche Gerichte juristischen Personen des öffentlichen Rechts rechtliches Gehör versagen oder dem gesetzlichen Richter entziehen. Deshalb muß der Staat, „wenn er Partei in einem Gerichtsverfahren ist", sich auf die Prozeßgrundrechte berufen dürfen, was auch das Bundesverfassungsgericht einräumt[666]. Dabei reduziert das Gericht jedoch diese Grundrechte auf „objektive Verfahrensgrundsätze"[667], um seine nicht haltbare These von der Unanwendbarkeit der Grundrechte auf juristische Personen des öffentlichen Rechts formal aufrechterhalten zu können.

126
Konfuse „Konfusion"

Verfehlt ist die These des Bundesverfassungsgerichts[668], der Staat könne „nicht gleichzeitig Adressat und Berechtigter der Grundrechte sein". So sind nach der verfassungsgerichtlichen Rechtsprechung Universitäten und Rundfunkanstalten im Verhältnis zum Staat Grundrechtsträger, wie sie andererseits gegenüber den bei ihnen Tätigen Grundrechtsverpflichtete sind[669]. Wenn die Konfusionsthese richtig wäre, dürfte der Staat als Prozeßpartei vor einem staatlichen Gericht auch keine Prozeßgrundrechte beanspruchen. Die Auffassung, der Staat sei „Schuldner, nicht Inhaber von Grundrechten"[670], ist ebenso eingängig wie einäugig. Sie beruht auf dem mißverstandenen schuldrechtlichen Institut der „Konfusion", wonach die Vereinigung von Forderung und Schuld in einer Person grundsätzlich[671] zum Erlöschen des Schuldverhältnisses führt[672]. Ihre Heranziehung scheitert aber daran, daß es sich nicht um ein und dieselbe Forderung (d.h. denselben Grundrechtsanspruch) handelt, wenn der Staat gleichzeitig Grundrechtsberechtigter und Grundrechtsverpflichteter ist. So stehen der Universität als öffentlich-rechtlicher Körperschaft einerseits Duldungs- und gegebenenfalls Leistungsansprüche ihrer Professoren aus deren Lehr- und Forschungstätigkeit wie andererseits Abwehransprüche gegen das Land zu, wenn dieses in unzulässiger Weise in den Forschungs- und Lehrbetrieb eingreift.

127
Grundrechtlich geschützte „Lebensbereiche"

In der Praxis wird die rigorose Verneinung einer Grundrechtsberechtigung juristischer Personen des öffentlichen Rechts durch das Bundesverfassungsgericht nicht nur durch die Ausnahmen hinsichtlich der Prozeßgrundrechte, sondern auch dadurch abgemildert, daß das Gericht juristischen Personen des

---

665 *BVerfGE 21*, 362 (370).
666 Vgl. *BVerfGE 6*, 45 (49 sub III); *21*, 362 (373); *61*, 82 (104); *75*, 192 (200f.); *BVerfG* (Kammer) NJW 1995, S. 582 (583 a.E.).
667 *BVerfGE 61*, 82 (104).
668 *E 21*, 362 (369f.); ebenso schon *E 15*, 256 (262).
669 Vgl. *BVerfGE 7*, 99 (103, 108); *14*, 121 (129f.); *47*, 198 (223); s. auch *Bettermann*, NJW 1969, S. 1321 (1323); *Fuß*, Verwaltungsrechtliche Streitigkeiten im Universitäts-Innenbereich, in: WissR 5 (1972), S. 97 (107).
670 *H.H. Rupp*, HStR ³II, § 31 RN 32.
671 Zu Ausnahmen *Medicus/Lorenz*, Schuldrecht I (Allgemeiner Teil), ²¹2015, RN 321, S. 135.
672 Vgl. *Arwed Blomeyer*, Allgemeines Schuldrecht, ⁴1969, S. 251 f. Zur Unhaltbarkeit der Konfusions-These im Prozeß schon *Otto Bähr*, Der Rechtsstaat, 1864, S. 74 f.; *Enneccerus/Lehmann*, Recht der Schuldverhältnisse, ¹⁵1958, § 76.

öffentlichen Rechts dann eine (partielle) Grundrechtsträgerschaft zubilligt, wenn sie „von den ihnen durch die Rechtsordnung übertragenen Aufgaben her unmittelbar einem durch bestimmte Grundrechte geschützten Lebensbereich zugeordnet sind"[673], so daß Universitäten und Fakultäten, Kirchen und Religionsgesellschaften sowie Rundfunkanstalten grundrechtsberechtigt sind. Allerdings ist die Abgrenzung weder prägnant noch problemgerecht. Mit der Zuordnungs-These ließe sich auch die Grundrechtsfähigkeit von Innungen und Berufskammern wegen der Nähe zu Art. 12 GG, der Stiftungen, aber auch der Sparkassen wegen ihrer Berührung mit Art. 14 GG rechtfertigen. Da mitunter nur historische Zufälligkeiten darüber entscheiden, ob eine juristische Person privatrechtlich oder (wie z.B. das Rote Kreuz in Bayern[674]) öffentlich-rechtlich organisiert ist[675], überzeugt es nicht, nur im letzteren Falle die Grundrechtsfähigkeit von der Zuordnung zu einem Grundrechtsbereich abhängig zu machen. Darüber hinaus ist die Zubilligung einer lediglich partiellen Grundrechtsträgerschaft, die sich auf den der juristischen Person zugeordneten grundrechtlich geschützten Bereich beschränkt, problematisch. Sind Universitäten und Rundfunkanstalten Grundrechtsträger nach Art. 5 Abs. 3 und Absatz 1 GG, muß ihnen auch der Grundrechtsschutz für ihre Amts- und Betriebsräume, ihr Sacheigentum[676], den Brief-, Post- und Fernmeldeverkehr und gerichtlicher Rechtsschutz nach Art. 19 Abs. 4 GG zustehen.

128
Kasuistische Rechtsprechung

Insgesamt ist die Rechtsprechung des Bundesverfassungsgericht zur Grundrechtsberechtigung juristischer Personen des öffentlichen Rechts zu kasuistisch und unberechenbar. Ausnahmen von der grundsätzlichen Versagung bleiben inkonsequent, wenn zwar einerseits die Grundrechtsberechtigung für Prozeßgrundrechte anerkannt, andererseits die Rechtsschutzgarantie des Art. 19 Abs. 4 GG ausgenommen wird. Ferner ist die Judikatur zu einzelfallbezogen, wenn öffentlich-rechtliche Berufsverbände (Innungen, Kammern) bei der Erfüllung „öffentlicher Aufgaben" von der Grundrechtsberechtigung ausgeschlossen, bei der Wahrnehmung auch „berufsständischer und wirtschaftlicher Interessen" ihrer Mitglieder jedoch als grundrechtsberechtigt angesehen werden[677]. Die Wahrnehmung öffentlicher Aufgaben, das heißt „Aufgaben im Interesse der Allgemeinheit"[678] ist kein geeignetes Abgrenzungskriterium[679] für den Ausschluß von der Grundrechtsträgerschaft. Denn auch natürliche oder juristische Personen des Privatrechts nehmen vielfach „öffentliche Aufgaben" wahr, ohne daß ihre Grundrechtsberechtigung darunter leidet. So

---

673 Vgl. *BVerfGE 68*, 193 (207); *15*, 256 (262); *31*, 314 (322); *42*, 312 (322); *45*, 63 (79); *53*, 366 (387); *59*, 231 (254); *75*, 192 (196 f.).
674 Vgl *Renck*, Die Rechtsstellung des Bayerischen Roten Kreuzes, NVwZ 1987, S. 563 f.
675 So hinsichtlich der Versicherungsaufgaben auch *Herzog*, in: ders., Staat und Recht im Wandel, 1993, S. 269. In dem Verfahren *BVerfGE 70*, 1 war der Bundesinnungsverband für Orthopädietechnik eine juristische Person des Privatrechts, die Landesinnung Bayern für Orthopädietechnik dagegen eine Körperschaft des öffentlichen Rechts (aaO., S. 6 f.).
676 Anders *BVerfGE 78*, 101 (102 f.); *59*, 231 (254 f.); *83*, 238 (312).
677 Vgl. *BVerfGE 68*, 193 (208 f.); *70*, 1 (20 f.).
678 So *BVerfGE 61*, 82 (103 unten).
679 Zur mangelnden begrifflichen Schärfe auch *Wolfgang Martens*, Öffentlich als Rechtsbegriff, 1969, insb. S. 117 ff.; *H.H. Klein*, DÖV 1965, S. 755 ff.

erfüllen Notare⁶⁸⁰ und Vormünder⁶⁸¹, Presseunternehmen⁶⁸² und Parteien⁶⁸³ öffentliche Aufgaben. Wenn aber der Notar bei einer Berufsausübung eine „öffentliche Aufgabe" erledigt, muß das auch für die berufsständische Interessenwahrnehmung der Notarkammer gelten. Dann läßt sich jedoch aus logischen Gründen die Unterscheidung zwischen der Wahrnehmung öffentlicher Aufgaben und berufsständischer Interessen nicht aufrechterhalten. Ein brauchbares Abgrenzungskriterium bildet dagegen die *grundrechtstypische Gefährdungslage*, die auch das Bundesverfassungsgericht mitunter heranzieht⁶⁸⁴. In einer gleichwertigen „Situation des Gewaltunterworfenseins"⁶⁸⁵ befinden sich juristische Personen des öffentlichen Rechts, wenn auf sie nicht Staatsorganisationsrecht, sondern „das für die Bürger geltende öffentliche Recht" angewendet wird⁶⁸⁶. In einem solchen dem Staat-Bürger-Verhältnis vergleichbaren „status subjectionis" ist es nicht gerechtfertigt, einer nach Art. 19 Abs. 3 GG grundsätzlich grundrechtsberechtigten juristischen Person lediglich wegen ihres öffentlich-rechtlichen Charakters den Grundrechtsschutz zu versagen.

2. Grundrechtsverpflichtete

a) Öffentliche Gewalt

129
Begriff

Wie Gläubiger und Schuldner im Schuldverhältnis stehen im öffentlich-rechtlichen Grundrechtsverhältnis Grundrechtsberechtigter und Grundrechtsverpflichteter einander gegenüber. Grundrechtsverpflichtet ist, wer dem Grundrechtsberechtigten ein Tun oder Unterlassen schuldet. Damit ist der Begriff der Grundrechtsverpflichtung enger als der der Grundrechtsbindung (Art. 1 Abs. 3 GG). Ist nur das jeweilige Gericht in einem konkreten Verfahren verpflichtet, den Beteiligten rechtliches Gehör zu gewähren, so ist demgegenüber auch die Legislative an Art. 103 Abs. 1 GG gebunden und darf sich über ihn in Gesetznovellierungen nicht hinwegsetzen. Im Vergleich zum „Grundrechtsverpflichteten" ist der Begriff des „Grundrechtsadressaten" unscharf⁶⁸⁷, weil Grundrechtsbestimmungen nicht nur an Grundrechtsverpflichtete⁶⁸⁸, sondern auch an Grundrechtsberechtigte adressiert sind. Dasselbe gilt für die ebenfalls unpräzise „Grundrechtsgeltung"⁶⁸⁹, deren Wortlaut Verpflichtung, aber auch Berechtigung meinen kann.

130
Daß sich die Grundrechte in erster Linie gegen die öffentliche Gewalt richten⁶⁹⁰, macht für die Länder nicht nur der über die Rezeptionsklauseln in das

---

680 Vgl. § 1 BundesnotarO.; *BVerfGE 16*, 6 (24).
681 *BVerfGE 10*, 302 (327).
682 Vgl. *Rehbinder*, Öffentliche Aufgabe der Presse: Was ist das?, NJW 1963, S. 1387 (1389).
683 Vgl. *BVerfGE 8*, 51 (63 sub B).
684 Vgl. *BVerfGE 45*, 63 (79); *61*, 82 (105); *70*, 138 (160 f.).
685 Vgl. *Fuß*, DVBl. 1958, S. 739 (748).
686 *Bettermann*, NJW 1968, S. 1321 (1327); *Kröger*, JuS 1981, S. 29.
687 Zutreffend *Stern*, Staatsrecht III/1 (LitVerz.), S. 1202 FN 117.
688 In diesem Sinne *Rüfner*, Grundrechtsadressaten, HStR ³IX, § 197 passim, insb. RN 1 f.
689 Vgl. *Lücke*, JZ 1999, S. 377 (378).
690 Vgl. *BVerfGE 6*, 386 (387).

Landesverfassungsrecht gelangte Art. 1 Abs. 3 GG deutlich, sondern stellen auch ähnlich lautende Bindungsklauseln in vielen Landesverfassungen klar[691]. Lediglich nach Art. 5 Abs. 1 Verf. Brandenburg binden deren Grundrechte, „soweit diese Verfassung das bestimmt, auch Dritte" als unmittelbar geltendes Recht. Die Grundrechtsbindung umfaßt alle Staatsgewalt in institutioneller und funktionaler Hinsicht, so daß die Legislative nicht nur bei der Gesetzgebung, sondern auch in ihrer sonstigen Tätigkeit (z.B. in Untersuchungsausschüssen)[692] die Grundrechte zu achten hat[693]. Grundrechtsgebunden sind auch die Gemeinden, die ungeachtet ihres Selbstverwaltungsrechts (Art. 28 Abs. 2 GG) in dem dualen Staatsaufbau zur Landesstaatsgewalt zählen und damit staatliche Gewalt ausüben[694], weshalb diese zur Gleichbehandlung bei der Überlassung kommunaler Einrichtungen[695] oder bei der Belieferung der Presse mit Informationen[696] gehalten sind. Das Ausmaß der Grundrechtsbindung und Grundrechtsverpflichtung ergibt sich aber nicht aus Art. 1 Abs. 3 GG oder den gleichlautenden Bindungsklauseln, sondern allein aus dem Inhalt der einzelnen Grundrechtsbestimmungen[697].

<small>Bindung aller Staatsgewalt institutionell und funktional</small>

Wegen der totalen Grundrechtsbindung der öffentlichen Gewalt ist die Form staatlichen Handelns unbeachtlich. Handelt der Staat öffentlich-rechtlich, so ist seine Grundrechtsbindung unzweifelhaft, gleichgültig ob er *obrigkeitlich*[698], das heißt mit Befehl und Zwang oder *schlichthoheitlich*[699] tätig wird. Problematischer kann die Grundrechtsbindung sein, wenn der Staat *privatrechtlich* agiert, was ihm nur bei Verwaltungshandeln, nicht bei der Gesetzgebung oder Rechtsprechung möglich ist. Insoweit ist zwischen öffentlicher Verwaltung in privatrechtlicher Form (*Verwaltungsprivatrecht*[700]) und *fiskalischer* Tätigkeit zu unterscheiden. Verwaltungsprivatrechtlich handelt ein Träger öffentlicher Verwaltung, wenn er öffentliche Aufgaben in der Form des Privatrechts erledigt. Da die verfassungsgesetzlichen Bindungsklauseln die vollziehende Gewalt schlechthin und nicht nur hinsichtlich bestimmter Handlungsformen an die Grundrechte bindet, besteht kein Anlaß, verwaltungsprivatrechtliche Tätigkeit hiervon auszuklammern. Grundrechtsbindung im Verwaltungsprivatrecht ist insbesondere wegen der Wahlfreiheit der Verwaltung[701] zwischen öffentlich-rechtlicher und privatrechtlicher Handlungsform erforderlich. Bei

131
<small>Bindung auch im Verwaltungsprivatrecht</small>

---

691 Vgl. die Aufzählung in FN 119.
692 Vgl. *BVerfGE 67*, 100 (142); *77*, 1 (46).
693 *Stern*, Staatsrecht III/1 (LitVerz.), S. 1204; *Rüfner*, HStR ³IX, § 197 RN 1 f.; *Höfling*, JA 1995, S. 431 (433).
694 *BVerfGE 8*, 122 (132); *138*, 1 (18).
695 Vgl. *Brand*, Zur Gleichbehandlung von Parteien bei der Überlassung kommunaler Einrichtungen auf der vertraglichen Ausgestaltungsstufe, BayVBl. 2001, S. 104 ff.
696 *OVG Münster*, NJW 1996, S. 2882.
697 *BVerfGE 61*, 126 (140).
698 Hierzu *Hans Peters*, Lehrbuch der Verwaltung, 1949, S. 129; *Walter Jellinek*, Verwaltungsrecht, ³1931 (ND 1966), S. 21.
699 Hierzu *Jellinek* aaO., S. 21 ff.
700 Vgl. *Hartmut Maurer*, Allgemeines Verwaltungsrecht, § 3 RN 25 ff.; *Ossenbühl*, Daseinsvorsorge und Verwaltungsprivatrecht, DÖV 1971, S. 513 ff.
701 Hierzu *BVerwGE 6*, 244 (245); *7*, 264 (265); *92*, 56 (64 f.); *BGHZ 4*, 266 (268); *17*, 317 (320 f.); *65*, 284 (287 sub III 1 a); *91*, 84 (95 f.); *93*, 372 (375 f.); *115*, 311 (313); *H.P. Ipsen*, GS W. Jellinek, 1955, S. 600; gegen eine Wahlfreiheit *Pestalozza*, Kollisionsrechtliche Aspekte der Unterscheidung von öffentlichem Recht und Privatrecht, DÖV 1974, S. 188 (190); *ders.*, Formenmißbrauch des Staates, 1973, S. 166 ff.

Bindungslosigkeit entstünde die Gefahr, daß für die Wahl nicht mehr die geeignete Rechtsmaterie, sondern die Vermeidung lästigen Grundrechtsschutzes im Vordergrund stehen könnte. Sind für den Staat bestimmte Freiheitsräume nach Maßgabe der Grundrechte gesperrt, so darf er in diese auch nicht mit dem Nachschlüssel des Privatrechts eindringen. Nach allem gilt das Gebot der Grundrechtskonformität auch für verwaltungsprivatrechtliches Handeln[702]. Auch die Verfassungsgerichtshöfe in Bayern und Berlin betonen, daß die öffentliche Hand, die sich bei Maßnahmen der Daseinsvorsorge der Formen des Privatrechts bedient, an die Schranken der Verfassung und insbesondere an die Grundrechte gebunden ist[703].

132
Bindung bei fiskalischem Handeln

Aus der Grundrechtsbindung im Verwaltungsprivatrecht folgt nicht ohne weiteres eine *Fiskalwirkung* der Grundrechte[704], das heißt die Verpflichtung des Fiskus auf die Grundrechte. Diese ist von der *Fiskalgeltung* der Grundrechte, das heißt von der Berechtigung des Fiskus aus den Grundrechten zu unterscheiden[705]. Fiskalprivatrechtlich handelt der Staat durch den Abschluß fiskalischer Hilfsgeschäfte oder durch erwerbswirtschaftliche Betätigung[706]. Ein fiskalisches Hilfsgeschäft liegt vor, „wenn der Verwaltungsträger ... mit einem Dritten zur Beschaffung von Sachgütern einen privatrechtlichen Vertrag eingeht, der in keinem Zusammenhang mit einer dem Dritten gegenüber zu erfüllenden öffentlichen Aufgabe steht"[707]. Die umstrittene[708] Grundrechtsbindung des Fiskus ist zu bejahen, weil der Staat auch als Fiskus Staat bleibt, dem Gemeinwohl, insbesondere dem Wirtschaftlichkeitsprinzip, verpflichtet ist und öffentliche Mittel verwendet, weshalb er sich von Privaten, die im Rahmen der Gesetze beliebig, parteiisch und willkürlich handeln dürfen, fundamental unterscheidet. Die verfassungsgesetzlich angeordnete Bindung der Staatsgewalten an die Grundrechte beschränkt sich nicht auf öffentlich-rechtliches Staatshandeln[709]. Eine Grundrechtsbindung des Fiskus, die sich im wesentlichen auf den allgemeinen Gleichheitssatz konzentriert, macht den Staat nicht unfähig, mit Privaten wirtschaftlich zu konkurrieren, so daß auch kein Bedürfnis besteht, ihn im fiskalischen Rechtsverkehr von den Grundrechten freizustellen.

---

702 *BVerfGE* 98, 365 (395); *BGHZ* 91, 84 (96); 93, 372 (381).
703 *BayVerfGHE* 24, 93 (95); *BerlVerfGH*, DVBl. 2000, S. 51 (55).
704 Vgl. *BGHZ* 36, 91.
705 Mitunter wird der Begriff „Fiskalgeltung" auch im Sinne einer Grundrechtsbindung des Fiskus verstanden; vgl. *Emmerich*, Die Fiskalgeltung der Grundrechte ..., in: JuS 1970, S. 332 ff.
706 Vgl. statt aller *Maurer*, Allgemeines Verwaltungsrecht, § 3 RN 7 ff.
707 *BGHZ* 36, 91 (96); vgl. auch *Hans Peter Ipsen*, Öffentliche Subventionierung Privater, 1956, S. 60.
708 Ablehnend *BGHZ* 36, 91 (96); *Ernst Forsthoff*, Der Staat als Auftraggeber, 1963, S. 15; bejahend: *Starck*, in: v. Mangoldt/Klein/ders., GG (LitVerz.), Art. 1 Abs. 3 RN 228 ff.; *H. Dreier*, GG (LitVerz.), Bd. I, Art. 1 III RN 66 ff.; *Höfling*, in: Sachs, GG (LitVerz.), Art. 1 RN 106 ff.; *ders.*, Die Grundrechtsbindung der Staatsgewalt, JA 1995, S. 431 (435 f.); *Jarass*, in: ders./Pieroth, GG (LitVerz.), Art. 1 RN 38 ff.; *Stern*, Staatsrecht, Bd. III/1 (LitVerz.), § 74 IV, S. 1411; *Rüfner*, HStR ³IX, § 197 RN 71 ff.; *Pieroth/Schlink/Kingreen/Poscher*, Grundrechte (LitVerz.), RN 194 f.; *Dirk Ehlers*, Verwaltung in Privatrechtsform, 1984, S. 214 ff.; *Puhl*, VVDStRL 60 (2001), S. 456 (477 m.w.N. in FN 84); *Hans-Uwe Erichsen*, Gemeinde und Private in wirtschaftlichem Wettbewerb, 1987, S. 24; *Erichsen/Ebber*, Die Grundrechtsbindung des privatrechtlich handelnden Staates, in: Jura 1998, S. 373 (375).
709 So zu Unrecht *BGHZ* 36, 91 (96).

Grundrechtliche Probleme entstehen bei der Vergabe öffentlicher Aufträge, die einen nennenswerten Umfang des Bruttosozialprodukts ausmachen[710]. Da hierbei vielfach über den primären Beschaffungszweck hinausgehende vergabefremde Sekundärzwecke (Tariftreue, Frauenförderung, Bekämpfung der Arbeitslosigkeit[711]) verfolgt werden, kann in die Grundrechte übergangener Konkurrenten eingegriffen werden. Werden für die Vergabe Tariftreue-Erklärungen ohne gesetzliche Grundlage gefordert, so verstößt dieses Verhalten gegen das Diskriminierungsverbot des § 20 Abs. 1 GWB[712].

133
Problematische Sekundärzwecke bei öffentlicher Auftragsvergabe

b) Dritte

Die oft erörterte Verpflichtung auch der Bürger auf die staatsgerichteten Grundrechte wird als „Drittwirkung" bezeichnet. Dabei handelt es sich um einen unklaren Begriff[713]. Denn „Wirkung" kann zum einen – der Bestandskraft und der Rechtskraft entsprechend – Bindungskraft und Verbindlichkeit, zum anderen Auswirkung meinen. Während die Lehre von der *unmittelbaren* Drittwirkung[714] auf Grundrechtsbindung und Grundrechtsverpflichtung zielt, meint die Theorie einer nur *mittelbaren* Drittwirkung Grundrechtsauswirkung und Grundrechtseinfluß.

134
Unpräziser Begriff der „Drittwirkung"

aa) Ausschluß unmittelbarer Drittwirkung

Grundsätzlich binden Grundrechtsbestimmungen gemäß Art. 1 Abs. 3 GG und ähnlich lautenden Bindungsklauseln in vielen Landesverfassungen[715] nur den Staat, nicht aber die Gesellschaft oder Dritte[716]. Grundrechte wirken daher als staatsgerichtete Rechte nur in vertikaler Richtung (im Staat-Bürger-Verhältnis und nicht in horizontaler Richtung im Verhältnis der Bürger zueinander), was durch die historische Entwicklung belegt wird[717]. So sollte in der früheren Fassung der Grundgesetz-Präambel die Verfassung „dem staatlichen Leben" für eine Übergangszeit eine neue Ordnung geben. Nur weil dem verfassungsändernden Gesetzgeber mit der Wiedervereinigung die Änderung der Präambel vorgegeben war[718], nicht aber um die Grundrechte auf die Gesellschaft zu erstrecken, wurde die Präambel novelliert[719], so daß sich hieraus für die Drittwirkungsproblematik keine Rückschlüsse ergeben. Auch

135
Keine Drittwirkung wegen Trennung von Staat und Gesellschaft

---

710 Vgl. hierzu *Puhl*, Der Staat als Wirtschaftssubjekt und Auftraggeber, in: VVDStRL 60 (2001), S. 456 (458 f.).
711 Vgl. in diesem Zusammenhang auch *EuGH* Rs. 225 (98), Kommission ./. Frankreich, NJW 2000, S. 3629.
712 So *BGH* DVBl. 2000, S. 1056 zur Praxis des Landes Berlin, nur an solche Unternehmen Straßenbauaufträge zu vergeben, die sich zur Erhaltung der geltenden Lohntarife verpflichten. S. ferner *BverfGE 116*, 202.
713 Kritisch auch *H.H. Rupp*, AöR 101 (1976), S. 161 (168).
714 *Murswiek* (in: Hans-Joachim Konrad [Hg.], Grundrechtsschutz und Verwaltungsverfahren, 1985, S. 213 [216 FN 7]) empfiehlt in anderem Zusammenhang, statt von „unmittelbarer Drittwirkung" von „absoluter Wirkung" zu sprechen.
715 Vgl. FN 118.
716 H.M.: Vgl. *Starck*, in: v. Mangoldt/Klein/ders., GG (LitVerz.), Art. 1 Abs. 3 RN 303 ff.; *H. Dreier*, GG (LitVerz.), Art. 1 III RN 38; *Höfling*, in: Sachs, GG (LitVerz.), Art. 1 RN 116; *Lücke*, JZ 1999, S. 377 (383 sub IV 1).
717 Vgl. *BVerfGE* 7, 198 (204 f.).
718 Gemäß Art. 1 Abs. 4 Satz 2 des „Zwei-plus-Vier-Vertrags" v. 12. 9. 1990 (BGBl. II S. 1318).
719 Durch Art. 1 EinigungsvertragsG v. 23. 9. 1990 (BGBl. II S. 885) i.V.m. Art. 4 Nr. 1 Einigungsvertrag v. 31. 8. 1990 (BGBl. II S. 889).

wenn das Bundesverfassungsgericht[720] „Teilhaberechte" gegen die „Gesellschaft" konstruiert hat, zeigt eine Gesamtschau, daß das Grundgesetz dem Konzept getrennter Sphären von Staat und Gesellschaft folgt, weshalb es gesellschaftliche Sachverhalte nur spärlich regelt[721]. So ist die Verpflichtung der Parteien, ihre innere Ordnung nach „demokratischen Grundsätzen" zu gestalten (Art. 21 Abs. 1 Satz 3 GG), Ausnahmevorschrift und erklärt sich aus der Mitwirkung der Parteien an der politischen Willensbildung[722]. Die grundgesetzlich anerkannte Trennung von Staat und Gesellschaft steht einer Ausdehnung der Grundrechtsbindung auf die Gesellschaft oder „soziale Gewalten" entgegen[723], zumal damit der fundamentale Unterschied zwischen staatlicher und gesellschaftlicher Macht verkannt würde. Während der Bürger der Staatsgewalt grundsätzlich nicht entrinnen kann, vermag er im allgemeinen sozialen und wirtschaftlichen Mächten auszuweichen[724]. Eine soziologische Sicht, die auf die Freiheitsbedrohung des einzelnen durch die wirtschaftliche Überlegenheit mächtiger Gruppen und Verbände verweist[725], verkennt, daß Abhängigkeiten ubiquitär sind und eine Gesellschaft ohne Machtgefälle Utopie bleibt. Eine Einebnung von Staat und Gesellschaft läuft zudem Gefahr, die staatsgerichteten Grundrechte als Allzweckwaffe im Privatrechtsverkehr einzusetzen, damit aber zugleich das Privatrecht zu verstaatlichen und Freiheit abzubauen[726]. Anders als Staatsgewalt läßt sich gesellschaftliche Macht wegen ihrer Konturenlosigkeit schwerer ermitteln, messen und in ihren Veränderungen kontrollieren. Daher bedürfte die Aufrechterhaltung gleichgewichtiger Freiheit und sozialer Unabhängigkeit eines umfassenden staatlichen Überwachungs-, Kontroll- und Eingriffsinstrumentariums, das unter dem Vorwand einer Freiheit von gesellschaftlichem Zwang die individuelle Freiheit der Gesellschaft verstaatlichen würde. Zu Recht hat daher das Bundesverfassungsgericht für die Pressefreiheit eine „der Staatsgerichtetheit entsprechende Drittgerichtetheit" verneint[727].

136
Unergiebigkeit des Art. 19 Abs. 3 GG

Anhaltspunkte für eine verfassungsgewollte unmittelbare Drittwirkung der Grundrechte lassen sich auch nicht aus Art. 19 Abs. 3 GG gewinnen, wonach Grundrechte auch für inländische juristische Personen „gelten"[728]. Entstehungsgeschichte und systematische Stellung des Art. 19 Abs. 3 GG zeigen, daß der nicht eindeutige Begriff „Geltung" nur auf die Grundrechtsberechtigung juristischer Personen zielen sollte, insbesondere weil in den Beratungen des

---

720 *E 33*, 303 (333).
721 Zutreffend *Stern*, Staatsrecht III/1 (LitVerz.), § 68 VII 2, S. 877.
722 Vgl. *Streinz*, in: v. Mangoldt/Klein/Starck, GG (LitVerz.), Bd. II, Art. 21 RN 150; *Kunig*, in: v. Münch/ders., GG (LitVerz.), Art. 21 RN 51.
723 Vgl. grundlegend *Böckenförde*, Grundrechtsgeltung gegenüber Trägern gesellschaftlicher Macht?, in: Posser/Wassermann, Freiheit in der sozialen Demokratie, 1975, S. 77 ff.; auch *Isensee*, Subsidiaritätsprinzip und Verfassungsrecht, 1968, S. 153.
724 Hierauf weist *Wilhelm Henke*, Das Recht der politischen Parteien, ²1972, S. 86, zutreffend hin.
725 *Gamillscheg*, AcP 164, S. 385 f.; *U. Mayer*, JZ 1985, S. 1108 (1113), Urteilsanm.
726 Zu diesen Gefahren *Dürig*, Grundrechte und Zivilrechtsprechung, in: Vom Bonner Grundgesetz zur gesamtdeutschen Verfassung, FS Nawiasky, 1956, S. 157 (184); *Rupp*, AöR 101 (1976), S. 161 (168 f.); *ders.*, HStR ³II, § 31 RN 34 f.
727 BVerfGE 66, 116 (135); s. auch *E 84*, 133 (146 f.).
728 A.A. *Lücke*, Die Drittwirkung der Grundrechte an Hand des Art. 19 Abs. 3 GG, JZ 1999, S. 377 ff.

Parlamentarischen Rates Wendungen wie, Grundrechte sollten den Religionsgesellschaften „zustehen" oder Grundrechtsschutz solle „gewährt" werden, gebraucht wurden[729]. Somit bindet das Grundgesetz Privatpersonen an die Grundrechte nur, wenn es dies ausdrücklich anordnet. Ähnlich sollen nach Art. 5 Abs. 1 Verf. Brandenburg Grundrechte Dritte nur binden, „soweit diese Verfassung das bestimmt". Im Grundgesetz ist ausdrücklich nur die Koalitionsfreiheit wie in der Weimarer Republik drittgerichtet[730]. Für diese Bestimmung wurde im Parlamentarischen Rat ausdrücklich darauf hingewiesen, daß die Besonderheit des Koalitionsrechts gegenüber dem allgemeinen Vereinsrecht darin liege, daß sie nicht nur gegen die öffentliche Gewalt, sondern gegen jedermann gerichtet sei[731].

137
Grundsätzliche Verneinung unmittelbarer Drittwirkung

Ordnet die Verfassung eine unmittelbare Drittwirkung nur in ausdrücklich genannten Fällen an, so ist die Bindungsklausel nicht unvollständig oder lückenhaft[732], weshalb sich aus grundrechtssystematischen Gründen ein Analogieschluß verbietet und nur der Umkehrschluß bleibt[733]. Somit ist die ausschließliche Grundrechtsbindung der Staatsgewalten die Regel und eine zusätzliche Horizontalwirkung die Ausnahme. Wegen dieses Grundsatzes ist die These irrig, Grundrechte gewährten dem einzelnen „mit zwingender Wirkung eine bestimmte Rechtsposition im Verkehr mit den Rechtsgenossen"[734]. Die unmittelbare Bedeutung der Grundrechte erschöpft sich entgegen einer früheren Auffassung des Bundesarbeitsgerichts[735] darin, daß sie Ordnungssätze für das staatliche, nicht aber auch für das soziale Leben sind. Inzwischen hat sich das Gericht der herrschenden Lehre einer nur *mittelbaren* Drittwirkung der Grundrechte angeschlossen[736], ohne jedoch seine frühere Rechtsprechung ausdrücklich aufzugeben.

138
Keine Drittwirkung als Folge staatlicher Grundrechtsbindung

Eine fehlende allgemeine unmittelbare Drittwirkung der Grundrechte kann auch nicht über Art. 1 Abs. 3 GG herbeiargumentiert werden. Die These, bei Anerkennung von Verstößen Privater beispielsweise gegen Art. 3 Abs. 3 GG durch die Rechtsprechung würde diese selbst „gegen die Bestimmung verstoßen, an die sie nach Art. 1 Abs. 3 gebunden ist"[737] enthält einen logischen Zirkelschluß. Denn die Bindung der Rechtsprechung an die Grundrechte bewirkt nicht deren Geltung im Zivilrecht. Vielmehr setzt umgekehrt eine

---

729 Vgl. *Matz*, in: JöR NF, Bd. I (1951), S. 181 f.
730 *BVerfGE* 57, 220 (245).
731 So der Abg. *Zinn* (SPD), Ausschuß für Grundsatzfragen, Sitzung v. 5. 10. 1948, in:. Der Parlamentarische Rat 1948–1949, Bd. V/I, 1993, S. 124.
732 Zum Verbot des Analogieschlusses bei fehlender Lückenhaftigkeit, *Karl Larenz*, Methodenlehre der Rechtswissenschaft, S. 390; *Claus-Wilhelm Canaris*, Die Feststellung von Lücken im Gesetz, ²1983, S. 44 ff.
733 Ebenso *Lücke*, JZ 1999, S. 377 (383 sub IV 1).
734 So *Nipperdey*, GR II, S. 20 oben.
735 *E 1*, S. 185 (186 Ls. 7): „Das Grundrecht der freien Meinungsäußerung und das Verbot, jemanden wegen seiner politischen Anschauung zu benachteiligen, sind Ordnungssätze für das soziale Leben, die unmittelbare Bedeutung auch für den Rechtsverkehr der Bürger untereinander haben"; s. ferner *E 4*, 240 (243); *13*, 168 (174 f.); *24*, 438 (441); auch *BGHZ 13*, 334 (338).
736 *BAGE 52*, 88 (97 f.); ebenso *H. Dreier*, GG (LitVerz.), Bd. I, Vorb. RN 98 ff.; *Gornik*, NZA 2012, S. 1399 ff.; *Jarass*, in: ders./Pieroth, GG (LitVerz.), Art. 1 RN 52 ff.; *Erichsen*, Jura 1996, S. 527 (528 FN 12); *Classen*, AöR 122 (1997), S. 65 (68).
737 So *Nipperdey*, RdA 1950, S. 125.

unmittelbare Anwendung materieller Grundrechte in der zivilrechtlichen Rechtsprechung voraus, daß diese Grundrechte gegen Private wirken. Nur nach Maßgabe der inhaltlichen Reichweite der Grundrechte sind die Staatsgewalten an sie gebunden, so daß aus der Bindungswirkung als solcher nicht auf den Grundrechtsinhalt rückgeschlossen werden kann[738]. Deshalb stellt sich mit *Peter Lerche*[739] nicht die Frage, „wer das Recht anzuwenden hat, sondern wie das Recht aussieht, das es anzuwenden gilt". Zu Recht stellt daher das Bundesverfassungsgericht fest, daß „zur Beurteilung von Grund und Höhe eines zivilrechtlichen Anspruchs, etwa eines Schadensersatzanspruchs, ... diejenigen Erfordernisse, die von Verfassungs wegen im Verhältnis des Bürgers zum Staat bei Eingriffen in die Freiheitssphäre des Einzelnen zu beachten sind, auch nicht entsprechend herangezogen werden" können[740].

139
Unterscheidung von Handlungs- und Beurteilungsnormen

Der logische Fehlschluß, von der Bindung an die Grundrechte auf deren Inhalt zu schließen, hat seine Ursache vor allem in der mangelnden Unterscheidung von grundrechtlichen Handlungs- oder Verhaltensnormen und grundrechtlichen Beurteilungs- oder Kontrollnormen[741]. Als *Verhaltensnormen* gestatten Grundrechte bestimmte Handlungen oder Unterlassungen des Bürgers im Staat-Bürger-Verhältnis. Für den Richter ist dieselbe Grundrechtsbestimmung grundsätzlich nur *Beurteilungsnorm*. Sie enthält den Urteilsmaßstab, mit dessen Hilfe er die materielle Rechtslage feststellt und den streitigen Fall entscheidet. Nur wenn die Bürger bei ihrem zivilrechtlichen Verhalten untereinander durch Grundrechte verpflichtet werden, wie z.B. bei der Koalitionsfreiheit, muß der Richter diese Drittwirkung bei seiner Entscheidung berücksichtigen. Die richterliche Bindung an grundrechtliche Beurteilungsnormen ist also rein akzessorisch und vermag den Grundrechtsinhalt nicht zu ändern. Nur wenn Grundrechte richterliches Verhalten regeln, wie z.B. die Prozeßgrundrechte, ist der Richter unmittelbar gebunden, so daß er gerichtliches Gehör zu gewähren oder Mehrfachbestrafungen zu unterlassen hat (Art. 103 Abs. 1 und 3 GG).

bb) Mittelbare Drittwirkung der Grundrechte

140 Mangels unmittelbarer Drittwirkung der Grundrechte bleiben die Bürger in zivilrechtlichen Rechtsverhältnissen ausschließlich an zivilrechtliche Normen

---

[738] Überzeugend *Dürig*, FS Nawiasky, 1956, S. 157 f.; ebenso *Starck*, in: v. Mangoldt/Klein/ders., GG (Lit-Verz.), Art. 1 Abs. 3 RN 303 ff.; *H. Dreier*, GG (LitVerz.), Bd. I, Vorb. RN 98 ff.; *Herbert Bethge*, Zur Problematik von Grundrechtskollisionen, 1977, S. 400; *H.H. Rupp*, in: Wettbewerb als Aufgabe, 1968, S. 198 ff.; *Peter Lerche*, Verfassungsrechtliche Aspekte der „inneren Pressefreiheit", 1974, S. 26 FN 45; *ders.*, AfP 1973, S. 496 (500); *Ekkehard Schumann*, Verfassungs- und Menschenrechtsbeschwerde gegen richterliche Entscheidungen, 1963, S. 214; a.A. zu Unrecht *Schwabe*, NJW 1973, S. 230; *ders.*, AöR 100 (1975), S. 446 FN 12.
[739] AfP 1973, S. 496 (500).
[740] BVerfGE 30, 173 (199).
[741] Vgl. hierzu *Bettermann*, Verwaltungsakt und Richterspruch, in: Forschungen und Berichte aus dem öffentlichen Recht, GS W. Jellinek, 1955, S. 361 (363); *ders.*, HStR III, § 73 RN 31 ff.; *K. Hesse*, FS Mahrenholz 1994, S. 541 (557); *ders.*, in: Recht als Prozeß und Gefüge, FS Hans Huber 1981, S. 261 (269); *Schlaich/Korioth*, Das Bundesverfassungsgericht, [10]2015, RN 515 ff.; grundlegend *James Goldschmidt*, Der Prozeß als Rechtslage, 1925, S. 227 (245 ff.); s. ferner *Forsthoff*, GS W. Jellinek, 1955, S. 221 (232 f.), der zwischen „Funktionsnorm" und „Kontrollnorm" unterscheidet.

gebunden; hier stehen private Rechtssubjekte, keine Grundrechtsträger einander gegenüber. Um ein beziehungsloses Nebeneinander von Verfassungsrecht und Zivilrecht zu vermeiden, entfaltet sich im Interesse der „Einheit der Rechtsordnung" nach herrschender Meinung der objektive Gehalt der Grundrechte insbesondere im Rahmen der „wertausfüllungsfähigen und wertausfüllungsbedürftigen Normen des Zivilrechts" (z.B. §§ 138, 242, 826 BGB)[742]. Über derartige zivilrechtliche Einbruchstellen kommt es zu einer grundrechtlichen *„Ausstrahlungswirkung"*[743] der Grundrechte. Damit beschränkt sich die Lehre von der „mittelbaren Drittwirkung" der Grundrechte auf eine Beeinflussung des zivilrechtlichen Handelns Privater, statuiert aber keine unmittelbare Drittwirkung. Daher stehen sich im Zivilrechtsverkehr keine „gleichrangigen Grundrechtsträger"[744] gegenüber und können in einem zivilrechtlichen Verhältnis auch nicht „über grundrechtlich verbürgte Positionen"[745] verfügen. Als „Einbruchstellen" kommen nicht nur zivilrechtliche Generalklauseln, sondern auch unbestimmte Rechtsbegriffe („Widerrechtlichkeit", „billiges Ermessen") in Betracht[746]. Mißdeuten oder mißachten Bürger in ihren zivilrechtlichen Beziehungen grundrechtliche Auswirkungen, so verstoßen sie lediglich gegen Zivilrecht[747], nicht aber gegen die Grundrechte anderer, weil diese von vornherein nicht gegen sie wirken und deshalb auch nicht berührt sein können[748]. Verkennen Zivilgerichte die grundrechtliche Ausstrahlungswirkung auf das Privatrecht, so handelt es sich um eine Fehlanwendung einfach-gesetzlicher zivilrechtlicher Normen. Die Gerichtsentscheidung verstößt demzufolge gegen Gesetzesrecht, nicht aber gegen Verfassungsrecht, so daß an sich eine verfassungsgerichtliche Zuständigkeit fehlt. Dennoch nimmt das Bundesverfassungsgericht eine eingeschränkte Nachprüfung vor, wenn *„spezifisches Verfassungsrecht"* verletzt wird[749].

Statuiert Art. 1 Abs. 3 GG nach allem nur eine Grundrechtsbindung der Staatsgewalten und läßt sich auch über die Rechtsprechung keine unmittelbare Drittwirkung der Grundrechte erzielen, so enthält diese Verfassungsbestimmung zugleich „eine negativ-ausgrenzende Aussage", wonach Grundrechte in der Beziehung der Bürger untereinander keine „unmittelbar bindende Anordnungen" treffen[750]. Diese Beschränkung der Bindung trifft auch die Landesgrundrechte. Infolgedessen bricht Art. 1 Abs. 3 im Zusammenwirken mit Art. 31 GG entgegenstehende Aussagen in Landesverfassungen, auch

141
Beschränkung der Bindungswirkung

---

742 Vgl. vor allem *Dürig*, in: GR II, 1954, Freizügigkeit, S. 507 (525); *BVerfGE* 7, 198 (205 f.); *42*, 143 (148); *103*, 89 (100); *137*, 273 (313 RN 109).
743 *BVerfGE* 7, 198 (207); *73*, 261 (269); *115*, 51 (67); *119*, 309 (327); *120*, 244 (266); *BVerfG* (Kammer), NJW 2000, S. 2495 f.; *BVerwGE 64*, 274 (277); *BGHZ 140*, 118 (128); *Stern*, Das Grundgesetz im europäischen Verfassungsvergleich, 2000, S. 14: „Ausstrahlungswirkung auf den Bereich des Privatrechts".
744 So aber *BVerfGE 89*, 214 (232).
745 *BVerfGE 81*, 242 (255).
746 *BVerfGE 25*, 256 (263); *BAG*, BB 1985, S. 1854 l.Sp.
747 Ebenso *Papier*, in: FG für das BVerfG, Bd. I, 1976, S. 447; *Merten*, NJW 1972, S. 1799.
748 *BVerfGE 25*, 256 (263 sub B II); *BVerfG* (Kammer), DVBl. 2001, S. 1345.
749 Vgl. *BVerfGE 7*, 198 (207); *18*, 85 (92 f.); *30*, 173 (196 f.); *32*, 311 (316); *42*, 143 (148); *66*, 116 (131); *68*, 226 (229 f.); *73*, 261 (269); *89*, 1 (9 f.); *95*, 28 (37); *96*, 189 (199); *97*, 391 (401); aus jüngerer Zeit *E 136*, 382 Ls. 3 (390 f. RN 27).
750 So *Höfling*, in: Sachs, GG (LitVerz.), Art. 1 RN 116.

wenn sie sich wie Art. 5 Abs. 1 Verf. Brandenburg nur berühmen, Dritte nach Maßgabe des Landesverfassungsrechts durch Grundrechte „unmittelbar" binden zu können. Aus demselben Grunde ist auch Art. 7 Abs. 2 Verf. Brandenburg, wonach jeder „jedem die Anerkennung seiner Würde" schuldet, problematisch. Während es nach Art. 1 Abs. 1 GG *staatliche* Verpflichtung ist, die Würde des Menschen zu achten und zu schützen, verpflichtet die Verfassung Brandenburgs „*jeden*", der darüber hinaus die Würde anderer nicht nur zu „achten", sondern „anzuerkennen" hat. Diese Anerkennungspflicht fremder Würde, die gegebenenfalls sogar zu Handlungen verpflichtet, ist mit der aus Art. 1 Abs. 3 GG folgenden Beschränkung der Bindungswirkung auf staatliche Gewalten nicht zu vereinbaren und daher nichtig. Sie ist auch unnötig, weil Strafrecht und Zivilrecht hinreichenden Schutz gegen die Verletzungen der Würde, insbesondere der Ehre anderer bieten und Verletzungen des Art. 7 Abs. 2 Verf. Brandenburg durch das Landesverfassungsgericht bisher auch nicht festgestellt wurden[751]. Im übrigen beeinträchtigt ein Zwang zur Würdebezeugung die Würde des Gezwungenen.

142
Fall unzulässiger Drittwirkung

Eine unzulässige Drittwirkung enthält ferner Art. 19 Abs. 1 Satz 2 Verf. Brandenburg, wonach die Geltung der Rechte, „Informationen und Meinungen in jeder Form frei zu verbreiten", in Dienst- und Arbeitsverhältnissen nur aufgrund eines Gesetzes eingeschränkt werden darf. Durch diese drittwirkende Bestimmung werden die Rechte der Dienst- und Arbeitgeber in unverhältnismäßiger Weise beschränkt, zumal die Legislative Brandenburgs bisher kein (allgemeines) Ausführungsgesetz erlassen hat[752]. Schon aus der Natur eines Dienst- oder Arbeitsverhältnisses kann sich ergeben, daß die Vertragsparteien betriebsinterne, geheimhaltungsbedürftige Tatsachen nicht als Informationen weitergeben dürfen. Ungeachtet dessen müssen zumindest vertragliche Verabredungen zulässig sein, die beispielsweise den Pressesprecher eines Unternehmens verpflichten, Presseerklärungen nur in Abstimmung mit der Unternehmensleitung herauszugeben. Auch insoweit bricht Art. 31 GG Grundrechtsbestimmungen Brandenburgs, zumal Art. 19 Abs. 2 Verf. Brandenburg der äußeren Form nach nur einen Gesetzesvorbehalt aufweist und selbst im Falle einer Grundrechtsgewährleistung die Freiheit für die einen zugleich zu einer grundgesetzwidrigen Beschränkung der Freiheit der anderen führte. Eine solche Brechung ist auch erforderlich. Andernfalls könnte der Landesgesetzgeber mit Hilfe von drittwirkenden Landesgrundrechten zivilrechtliche, wirtschaftsrechtliche und arbeitsrechtliche Vertragsbeziehungen, für die dem Bund die Gesetzgebungskompetenz zusteht (Art. 74 Abs. 1 Nr. 1, 11, 13 GG), fundamental in ihren Grundstrukturen verändern, solange er den Kollisionsfall vermeidet.

---

[751] → Unten *Peine*, Landesgrundrechte in Brandenburg, § 248 RN 31 a.E.
[752] → Unten *Peine* aaO., § 248 RN 45.

cc) Beliehene

Natürliche Personen (und juristische Personen des Privatrechts) sind dann der Grundrechtsbindung unterworfen, wenn sich der Staat ihrer als Beliehene[753] durch Übertragung von Zuständigkeiten im Rahmen gesetzlicher Ermächtigung[754] bedient und ihnen einzelne hoheitliche Befugnisse (obrigkeitlich oder schlicht hoheitlich) zur selbständigen Wahrnehmung überträgt[755]. Hierzu rechnen beispielsweise Seeschiffahrtskapitäne, Flugzeugführer, Hilfspolizeibeamte[756], Jagd-, Feld- und Forstaufseher, Lebensmittelsachverständige, (nicht beamtete) Notare[757], Prüfingenieure für Baustatik. Da der Beliehene aufgrund eines öffentlich-rechtlichen Auftrags- und Treuhandverhältnisses übertragene staatliche Gewalt ausübt und der Staat „in ‚Reserve' steht"[758], ist er in demselben Umfang wie der Beleiher grundrechtlich gebunden[759]. Denn der „Staat kann sich von der Grundrechtsbindung nicht dadurch befreien, daß er einen Privatmann zur Wahrung einer öffentlichen Aufgabe bestellt und ihm die Entscheidung über den Einsatz staatlicher Machtmittel überläßt"[760].

143
Übertragung staatlicher Befugnisse

dd) Quasi-staatliche Garantenstellung?

In einer dogmatisch fragwürdigen und widersprüchlichen einstweiligen Anordnung[761] ist eine Senatsminderheit des Bundesverfassungsgerichts davon ausgegangen, daß „Private im Wege der mittelbaren Drittwirkung von Grundrechten freilich unbeschadet ihrer eigenen Grundrechte auch ähnlich oder auch genauso weit wie der Staat durch die Grundrechte in Pflicht genommen werden [können], insbesondere wenn sie in tatsächlicher Hinsicht in eine vergleichbare Pflichten- oder Garantenstellung hineinwachsen wie der Staat"[762]. Weiterhin soll die „mittelbare Grundrechtsbindung Privater einer Grundrechtsbindung des Staates nahe- oder auch gleichkommen", was insbesondere dann in Erwägung zu ziehen sei, „wenn private Unternehmen die Bereitstellung schon der Rahmenbedingungen öffentlicher Kommunikation selbst übernehmen und damit in Funktionen eintreten, die früher in der Praxis allein dem Staat zugewiesen waren"[763].

144
Grundrechtsbindung wegen Bereitstellung?

---

753 Hierzu *E.R. Huber*, Wirtschaftsverwaltungsrecht, Bd. I, ²1953, § 46, S. 533 ff.; *Ossenbühl*, Die Erfüllung von Verwaltungsaufgaben durch Private, VVDStRL 29 (1971), S. 137 ff.; *Borodin*, Der Beliehene – Ein Klassiker im modernen Verwaltungsrecht, FS Maurer, 2001, S. 581 ff.; *Korinek*, Staatsrechtliche Bedingungen und Grenzen der Ausgliederung und Beleihung, ÖZW 2000, S. 46 ff.
754 Vgl. z.B. § 7 Abs. 1 SeeaufgabenG (i.d.F. v. 17.6.2016 [BGBl. I S. 1489]), wonach juristische Personen des Privatrechts mit der Überwachung der Bordausbildung beauftragt werden können.
755 Vgl. *Hartmut Maurer*, Allgemeines Verwaltungsrecht, ¹⁸2011, § 23 RN 56 ff.
756 Hierzu und zu den verfassungsrechtlichen Grenzen der Übertragung von Befugnissen auf ehrenamtliche Polizisten *Kelm*, in: Rechtstheorie und Rechtsdogmatik im Austausch, GS Jeand'Heur, 1999, S. 111 ff.; zur Verkehrsüberwachung durch Private als Verwaltungshilfe *R. Scholz*, NJW 1997, S. 14 ff.
757 Hierzu *BVerfGE 17*, 371 (376 ff.).
758 *Stern*, Staatsrecht III/1 (LitVerz.), S. 1205.
759 *Stern* aaO., S. 1334 f.; *Udo Steiner*, Öffentliche Verwaltung durch Private, 1975, S. 263 f.; *Ossenbühl* (FN 753), S. 192.
760 *BVerfGE 10*, 302 (327).
761 *BVerfG* (Kammer), Beschl. v. 18.7.2015 (1 BvQ 25/15), NJW 2015, S. 2485 f.
762 AaO., NJW 2015, S. 2486 RN 6; vgl. hierzu auch *Smets*, Staatsgleiche Grundrechtsbindung Privater aus Funktionsnachfolge?, NVwZ 2016, S. 35 ff.
763 AaO., unter Hinweis auf *BVerfGE 128*, 226 (249 f.).

145
Konstruierte
Grundrechtsbindung

Diese konstruierte Grundrechtsbindung ähnelt – wenn auch nur im Ansatz – der des Beliehenen. Dieser wird auf die Grundrechte verpflichtet, weil ihm der Staat Aufgaben zur selbständigen hoheitlichen oder schlicht hoheitlichen Wahrnehmung übertragen hat und er gleichsam als verlängerter Arm des Staates tätig wird[764]. An einer ausdrücklichen Übertragung staatlicher Aufgaben fehlt es jedoch, wenn Private in der Formulierung des Gerichtsbeschlusses „in eine vergleichbare Pflichten- oder Garantenstellung hineinwachsen" „und damit einer Grundrechtsbindung des Staates nahe- oder auch gleichkommen". Dieses „Hineinwachsen in eine Garantenstellung" wird dann wenige Zeilen später dadurch verdichtet, daß „private Unternehmen" bei einer „Bereitstellung schon der Rahmenbedingungen öffentlicher Kommunikation" „damit in Funktionen eintreten, die früher in der Praxis allein dem Staat zugewiesen waren". Diesen eher soziologischen als juristischen Passagen ist weder rechtstatsächliches Material beigegeben noch sind sie in der Sache zutreffend. Denn „öffentliche Kommunikation" war früher in der Praxis „keinesfalls" allein dem Staat zugewiesen, sondern fand außerstaatlich vor und nach dem Gottesdienst, in Dorfkrügen oder Vereinshäusern, vor allem aber seit dem Mittelalter auf Märkten und Messen[765], vielfach im Anschluß an Kirchenfeste, auf denen die „Messe" gelesen wurde, statt. Seit der Aufklärung gab es „Kommunikation" in Lesegesellschaften[766], in landwirtschaftlichen und geselligen Vereinigungen, Kunst- und Gesangsvereinen[767]. Gerade in der Ära der Reaktion nahm der Staat keinesfalls die Funktion „öffentlicher Kommunikation" wahr, da er nicht nur der Studentenbewegung, politischen Vereinen, sondern auch öffentlichen (nichtstaatlichen) Zusammenkünften, beispielsweise dem Hambacher Fest (1832), repressiv gegenüberstand. Das Grundrecht der Versammlungsfreiheit ist nicht der staatlichen Funktion, „öffentliche Kommunikation" zu schaffen, entwachsen, sondern hat sich als liberales Abwehrrecht gegen den Staat zunächst in der Paulskirchenverfassung[768] und sodann in den einzelstaatlichen Landesverfassungen herausgebildet[769].

146
Öffentliche
Kommunikation
an privaten Orten

Die im 20. Jahrhundert entstehenden Kaufhäuser in den Großstädten eröffnen ebenso öffentlichen Verkehr wie überdachte Ladenpassagen, Einkaufszentren und Einkaufsplätze. Aber diese von Privaten bereitgestellten Kommunikationsräume haben städtische Plätze, Alleen und Straßen nicht verdrängt, sondern ergänzt; sie sind auch nicht in Funktionen eingetreten, „die früher in der Praxis allein dem Staat zugewiesen waren", sondern haben eine ersichtlich andere Funktion: Sie verfolgen nicht staatliche, sondern private

---
764 S. oben RN 141.
765 Gemäß § 30 ZPO bestand ein besonderer Gerichtsstand bei Messe und Markt für an diesen Orten geschlossene Handelsgeschäfte. Die Bestimmung wurde durch Art. 2 Nr. 1 des Gesetzes zur Abschaffung der Gerichtsferien v. 28. 10. 1996 (BGBl. I S. 1546) aufgehoben.
766 Hierzu Otto Dann (Hg.), Lesegesellschaften und bürgerliche Emanzipation, 1981.
767 Grundlegend zur Entwicklung *Thomas Nipperdey*, Verein als soziale Struktur in Deutschland im späten 18. und 19. Jahrhundert, in: Hartmut Boockmann u.a. (Hg.), Geschichtswissenschaft und Vereinswesen im 19. Jahrhundert, 1972, S. 1 ff.; auch in: *ders.*, Gesellschaft, Kultur, Theorie, Gesammelte Aufsätze zur neueren Geschichte, 1976, S. 174 ff.
768 *Jörg-Detlef Kühne*, Die Reichsverfassung der Paulskirche, ²1998, S. 408.
769 → Oben *Wittreck*, § 231 RN 68 ff.

Zwecke; sie wollen nicht nur Plätze und Begegnungsstätten als solche schaffen, sondern bedienen sich ihrer, um Kauf- und Konsumanreize zu vermehren und attraktiver zu gestalten. Selbst wenn dieser Verkehrsraum auch der öffentlichen Kommunikation dient, so handelt es sich dabei um einen bloßen Nebenzweck. Aus diesem Grunde treten die privaten Unternehmen auch nicht in frühere staatliche „Funktionen" ein.

Geht man der von der Kammer angegebenen Belegstelle nach, so ergibt sich übrigens ein völlig anderer Zusammenhang. Denn in der zitierten Senatsentscheidung werden als Beispiele für einen Funktionseintritt „die Sicherstellung der Post- und Telekommunikationsdienstleistungen" angegeben, die „früher dem Staat als Aufgabe der Daseinsvorsorge" oblagen[770]. Es ist also nicht – wie die Kammerentscheidung meint – „die Bereitstellung schon der Rahmenbedingungen öffentlicher Kommunikation", sondern es sind Post- und Telekommunikation, die „früher dem Staat als Aufgabe der Daseinsvorsorge zugewiesen waren". Hierauf bezieht sich der Funktionseintritt, nicht auf die Bereitstellung von öffentlicher Kommunikation. Da eine juristische Person des Privatrechts als Eigentümerin eines Einkaufsplatzes aber keine Aufgabe der Daseinsvorsorge übernimmt, die der früher staatlichen Sicherstellung der Post- und Telekommunikation vergleichbar ist, scheidet eine Grundrechtsbindung aufgrund einer Funktionsnachfolge aus. Demzufolge muß die Eigentümerin auch keine Versammlung Dritter dulden, die unter dem Motto „Bierdosen-Flashmob für die Freiheit" steht.

147
Fehlender Funktionseintritt

Zu Unrecht geht die Kammer im übrigen von einem durch die Versammlungsfreiheit gewährleisteten „Selbstbestimmungsrecht über den Ort der Veranstaltung" aus, das in dieser verkürzten, scheinbar mit Drittwirkungskraft versehen Form nicht besteht. Denn weder die grundgesetzliche noch die in Landesverfassungen verbürgte Versammlungsfreiheit trifft eine Aussage über den „Ort" der Versammlung, sondern läßt lediglich für Versammlungen „unter freiem Himmel" gesetzliche Beschränkungen zu[771]. Auch das Bundesverfassungsgericht weist ausdrücklich darauf hin, daß die Versammlungsfreiheit dem Bürger keinen Zutritt zu Orten gewährt, „die der Öffentlichkeit nicht allgemein zugänglich sind oder zu denen schon den äußeren Umständen nach nur zu bestimmten Zwecken Zugang gewährt wird"[772]. In einer früheren Entscheidung[773] hatte das Gericht ausdrücklich betont, daß „das Selbstbestimmungsrecht über Ort, Zeitpunkt, Art und Inhalt der Veranstaltung" als *„Abwehrrecht"* in Art. 8 GG gewährleistet ist, sich demzufolge also nur gegen den Staat, nicht aber gegen Dritte wenden kann. Der Staat darf dem Grundrechtsberechtigten grundsätzlich keine bestimmten Orte für eine Versamm-

148
Art. 8 GG als Abwehrrecht

---

[770] *BVerfGE 128*, 226 (249 f.).
[771] Vgl. Art. 113 Verf. Bayern (ohne Erwähnung von Versammlungen „unter freiem Himmel"); Art. 26 Verf. Berlin; Art. 23 Abs. 1 und 2 Verf. Brandenburg; Art. 16 Abs. 1 und 2 Verf. Bremen; Art. 14 Abs. 1 und 2 Verf. Hessen; Art. 12 Abs. 1 und 2 Verf. Rheinland-Pfalz; Art. 6 Abs. 1 und 2 Verf. Saarland; Art. 23 Abs. 1 und 2 Verf. Sachsen; Art. 12 Abs. 1 und 2 Verf. Sachsen-Anhalt; Art. 10 Abs. 1 und 2 Verf. Thüringen.
[772] *BVerfGE 128*, 226 (251).
[773] *BVerfGE 69*, 315 (343).

lung verbieten oder gebieten. Dagegen können sich Dritte in der Regel auf ihr Eigentumsrecht berufen, um nicht genehme Versammlungen fernzuhalten.

149
Mittelbare Drittwirkung als Schlagwort

„Stätten außerhalb des öffentlichen Straßenraums" „wie Einkaufzentren, Ladenpassagen oder sonstige Begegnungsstätten" hat das Bundesverfassungsgericht[774] nur insoweit nicht von der Versammlungsfreiheit ausgenommen, als „eine unmittelbare Grundrechtsbindung besteht oder Private im Wege der mittelbaren Drittwirkung in Anspruch genommen werden können". Eine derartige mittelbare Drittwirkung der Grundrechte wird gleichsam zur zweiten Säule der Begründung, auf die sich die Kammer jedoch nicht näher einläßt, weil sie die einstweilige Anordnung im Wege der Folgenabwägung erläßt[775]. Sollen aber Private aufgrund einer nur mittelbaren Drittwirkung in Anspruch genommen werden"[776], so bedarf es zunächst einer zivilrechtlichen Anspruchsgrundlage, ohne die Grundrechtsbestimmungen als objektives Recht keine Ausstrahlungswirkung auf das Zivilrecht entfalten können. Bleibt die seit dem Römischen Recht essentielle Frage „quae sit actio"[777] ohne Antwort, dann kann kein Gericht mit dem Hinweis auf „mittelbare Drittwirkung" weiterhelfen[778]. Daher vermag auch bloße Erwähnung des Begriffs „mittelbare Drittwirkung" durch die Kammer[779] keine Ansprüche zu begründen und gestattet erst recht nicht, „die klassischen Freiheitsrechte ... unbesehen auf die Verhältnisse unter den Bürgern anzuwenden", weil dies zutiefst „unfreiheitlich" wäre[780]. Auch der Richter *Schluckebier* hat sich in einer abweichenden Meinung zum *Fraport-Urteil*[781] dagegen gewandt, einen „privaten Eigentümer trotz einer nur mittelbaren Drittwirkung so in die Pflicht zu nehmen, als gelte Art. 8 GG ihm gegenüber unmittelbar mit dem von der Senatsmehrheit ausgedehnten Schutzbereich"[782]. Denn Grundrechtsbestimmungen verhalten sich grundsätzlich nicht zu Dritten und deren Rechten, da sie das öffentlich-rechtliche Staat-Bürger-Verhältnis regeln und daher – insoweit den Baugenehmigungen[783] ähnlich – unbeschadet der Rechte Dritter gelten. Diese Zurückhaltung ist nicht nur dogmatisches Prinzip, sondern entspricht auch historischer Überlieferung[784]. Grundrechtsdogmatisch ist die Achtung fremden Eigentums als immanente Grenze aller Grundrechte anzusehen, weil sie den Grundrechten von vornherein innewohnt[785].

---

774 *BVerfGE 128*, 226 (253).
775 *BVerfG* (Kammer) NJW 2015, S. 2485 (2486 RN 7).
776 So *BVerfGE 128*, 266 (252).
777 Hierzu *Bernhard Windscheid*, Die Actio des römischen Civilrechts vom Standpunkt des heutigen Rechts, 1856; *Ulpian* 8 ad ed.
778 Vgl. *Kulick*, „Drittwirkung" als verfassungskonforme Auslegung – Zur neuen Rechtsprechung des BVerfG, NJW 2016, S. 2236 ff.
779 Vgl. *BVerfG* NJW 2015, S. 2084 RN 5, 6.
780 *Rüfner*, Drittwirkung der Grundrechte, in: Selmer/v. Münch, GS Wolfgang Martens, 1987, S. 215 (220 sub I 2); *Willi Geiger*, Grundrechte in der Privatrechtsordnung, 1960, S. 13.
781 *BVerfGE 128*, 226.
782 Abgedr. in: *E 128*, 269 (275).
783 Vgl. statt aller § 70 Abs. 1 Satz 3 LBauO Rheinland-Pfalz v. 24. 11. 1998 (GVBl. S. 365).
784 S. oben RN 53.
785 → Bd. III: *Merten*, Immanente Grenzen und verfassungsunmittelbare Schranken, § 60 RN 9 ff., 39 ff.

Die Betreiber von „flashmobs" mögen zwar grundrechtliche Ansprüche gegen den Staat haben, für den Zugriff auf fremdes Eigentum gegen den Willen des Eigentümers ist aber weder ein schuldrechtlicher noch ein sachenrechtlicher Anspruch denkbar, es sei denn, daß die Nutzung vertraglich verabredet war[786]. Das Eigentum Privater, für das den Staat in gleicher Weise eine Schutzpflicht wie für die Versammlungsfreiheit trifft, ist grundrechtlich gegen Eingriffe des Staates und zivilrechtlich gegen Übergriffe Dritter geschützt. Würde man – wenn auch unter dem Zaubermantel einer „mittelbaren Drittwirkung" – auf das Eigentum Privater die Versammlungsfreiheit mit ihrer (staatsgerichteten) freien Ortswahl unmittelbar durchgreifen lassen, so wäre das Eigentum auf unabsehbare Weise nicht durch Gesetz, sondern durch Richterspruch[787] beschränkt. Mit derselben dogmatischen Begründung müßten dann religiöse Kulthandlungen in fremden Häusern, Prozessionen auf fremden Anwesen, Meinungsäußerungen auf fremdem Grund, Redaktionssitzungen in fremden Räumlichkeiten und die Anbringung von Graffities auf fremden Wänden gestattet sein. Die Freizügigkeit, die in den Landesverfassungen teilweise ausdrücklich als das Recht beschrieben wird, „sich an jedem Orte aufzuhalten und niederzulassen"[788], müßte dann das Recht enthalten, in jedes gewünschte Wohnhaus einzuziehen, und jeder Beruf könnte an jedem gewünschten Ort ohne Rücksicht auf die Eigentumsverhältnisse ausgeübt werden. Diese Beispiele illusorischen Grundrechtsgebrauchs zeigen, daß „mittelbare" Drittwirkung nur eine auf das Zivilrecht ausstrahlende und durch das Zivilrecht vermittelte Wirkung meinen kann.

150
Kein grundrechtsgeschützter Zugriff auf fremdes Eigentum

Zivilrechtlich kann jedoch der Eigentümer gemäß § 903 Abs. 1 Satz 1 BGB[789] grundsätzlich „mit der Sache nach Belieben verfahren und andere von jeder Einwirkung ausschließen", soweit nicht Gesetze oder Rechte Dritter entgegenstehen. Darüber hinaus sieht § 1004 Abs. 1 Satz 1 BGB bei einer Beeinträchtigung des Eigentums einen Beseitigungsanspruch vor, der gemäß Abs. 2 nur ausgeschlossen ist, wenn der Eigentümer zur Duldung verpflichtet ist. Dem Veranstalter der „Flashmob"-Veranstaltung steht aus dem allein staatsgerichteten Grundrecht des Art. 8 GG weder ein Recht zu, das der Befugnis des Eigentümers zum Ausschluß fremder Einwirkungen entgegensteht, noch ist er wegen dieses Grundrechts gemäß § 1004 Abs. 2 BGB zur Duldung verpflichtet. Zwar hat das Bundesverfassungsgericht unter Berufung auf zwei Urteile kanadischer und US-amerikanischer Höchstgerichte, deren Einschlägigkeit es nicht näher dargetan hat, die Versammlungsfreiheit des Art. 8 Abs. 1 GG auf öffentliche Kommunikationsräume erstreckt, bei denen „die Verbindung von Ladengeschäften, Dienstleistungsanbietern, Restaurationsbetrieben

151
Unterschied zwischen unmittelbarer und mittelbarer Drittwirkung

---

[786] Vgl. auch *H. Wendt*, Recht zur Versammlung auf fremdem Eigentum?, NVwZ 2011, S. 606 ff.; *Löwisch*, Besitzschutz gegen Flashmob, NZA 2010, S. 209 ff.
[787] Vgl. in diesem Zusammenhang *Bernd Rüthers*, Die heimliche Revolution vom Rechtsstaat zum Richterstaat, ²2016.
[788] Art. 15 Satz 2 Verf. Rheinland-Pfalz; vgl. auch Art. 6 Verf. Hessen; vgl. für Art. 11 GG *BVerfGE 43*, 203 (211); *80*, 137 (150); *110*, 177 (190 f.).
[789] Darüber hinaus kann der Eigentümer als Besitzer gemäß § 862 Abs. 1 BGB von dem Besitzstörer die Beseitigung der Störung verlangen.

und Erholungsflächen einen Raum des Flanierens schafft und so Orte des Verweilens und der Begegnung entstehen"[790]. In diesem *Fraport-Urteil* war die als Eigentümerin handelnde Aktiengesellschaft jedoch „unmittelbar grundrechtsgebunden"[791], also unmittelbar aus Art. 8 GG verpflichtet. Nur aus diesem Grunde mußte sie auch die für Fußgängerzonen im öffentlichen Straßenraum geltenden Grundsätze akzeptieren[792]. Dagegen kann eine nur mittelbare grundrechtliche Ausstrahlung den Eigentümer nicht binden, falls man nicht „unmittelbare" und „mittelbare" Drittwirkung von vornherein gleichsetzen will.

152
Öffentlicher Verkehr und Privateigentum

Dem steht auch nicht die bisherige Gestattung des öffentlichen Verkehrs auf dem Einkaufsplatz entgegen. Denn anders als die Widmung von Straßen durch die öffentliche Hand[793] erfolgt die Duldung öffentlichen Verkehrs auf privatem Eigentum in der Regel formfrei und kann vom Eigentümer grundsätzlich jederzeit oder hinsichtlich bestimmter Personengruppen zurückgenommen werden, soweit nicht vertragliche Vereinbarungen oder gesetzliche Vorschriften entgegenstehen. Die Duldung öffentlichen Verkehrs in Einkaufszentren oder auf Einkaufsplätzen, die sich in Privateigentum befinden, hebt sich auch dadurch vom öffentlichen Verkehr auf Straßen ab, daß der Zweck dieser Gestattung in der Erwartung von Kauf, Konsum oder Nachfrage nach Dienstleistungen in dem betreffenden Bereich besteht. Daher kann der Eigentümer konkurrierende Straßenhändler, störende Straßenmusikanten, aber auch Obdachlose, Vermummte, Sporttreibende und andere Personen, die der Attraktivität des Einkaufsplatzes entgegenstehen, von seinem Eigentum fernhalten.

153
Grundrechtliche Ausstrahlung auf Eigentum

Erst im Rahmen der Schranken des Eigentumsgebrauchs, insbesondere des Schikaneverbots (§ 226 BGB) oder der sittenwidrigen vorsätzlichen Schädigung (§ 826 BGB)[794], aber auch der Generalklauseln der §§ 138, 242 BGB wirken sich die Grundrechte mittelbar aus[795]. Im Rahmen dieser Ausstrahlungswirkung ist auch zu berücksichtigen, daß die beabsichtigte „Flashmob"-Veranstaltung keine inhaltlichen Bezüge zu dem Einkaufsplatz aufweist und auf diesen auch nicht angewiesen war, so daß keine Bereitstellungspflicht in Anlehnung an den zivilrechtlichen Kontrahierungszwang infolge eines sozialen Machtverhältnisses bestand[796]. Darüber hinaus hat die Veranstaltung die verfolgten privatwirtschaftlichen Zwecke eher negativ beeinflußt, da sich viele potentielle Kunden oder Cafébesucher von dem massenhaften Auftreten der Demonstranten gestört fühlen. Dabei sind sogar panikartige Reaktionen der Besucher nicht ausgeschlossen, wie ein Beispiel aus Spanien zeigt, bei dem im Sommer 2016 ein „Flashmob" mit etwa zweihundert Teilnehmern

---

[790] *BVerfGE 128*, 226 (253).
[791] *BVerfGE 128*, 226 (265); vgl. auch aaO., S. 260 unten.
[792] *BVerfGE 128*, 226 (168).
[793] Vgl. hierzu *Papier*, Recht der öffentlichen Sachen, ³1998, S. 39 ff.
[794] Vgl. *BVerfGE 7*, 198 (205).
[795] Vgl. hierzu *Dürig*, Art. Freizügigkeit, GR II, S. 507 (525 sub V); vgl. ferner *BVerfGE 73*, 261 (263).
[796] Vgl. *BGH* NJW 2013, S. 1519 RN 27; *Palandt/Ellenberger*, ⁷⁵2016, Einf. vor § 145 RN 9.

eine Massenpanik auslöste⁷⁹⁷. Auch eine Ausstrahlungswirkung des Art. 8 GG kann nicht dazu führen, Eigentümer – etwa nach §§ 138, 242 BGB – dazu zu zwingen, unerwünschte Versammlungen auf ihrem Eigentum zu dulden, zumal die Versammlungsfreiheit keinen Versammlungserfolg garantiert, da sich der Schutzbereich nicht darauf erstreckt, „öffentliche Aufmerksamkeit durch gezielte und absichtliche Behinderung zu steigern"⁷⁹⁸, „Kontaktaufnahme zu erzwingen" oder Meinungsäußerungen aufzudrängen⁷⁹⁹. Das Persönlichkeitsrecht und der Schutz der Privatsphäre umfassen auch das Recht, „im außerhäuslichen Bereich die Möglichkeit des Zu-Sich-Selbst-Kommens und der Entspannung" zu haben und das Bedürfnis zu verwirklichen, „in Ruhe gelassen zu werden"⁸⁰⁰.

II. Geltungsraum der Landesgrundrechte

1. Zum Begriff der Geltung

Juristische Geltung⁸⁰¹ meint Maßgeblichkeit (Inkraftsein) und (originäre) Durchsetzbarkeit⁸⁰². Da die Besonderheit staatlichen Rechts und dessen Abgrenzung gegen Normen anderer Art in der Durchsetzbarkeit mittels staatlichen Erzwingungsverfahrens liegt⁸⁰³, darf dieses Wesensmerkmal aus dem Begriff der Rechtsgeltung nicht ausgeklammert werden. In räumlicher Hinsicht beschränkt sich die Geltung auf einen bestimmten Bereich, den *Geltungsraum*. Die Normkraft äußert sich darin, daß die Norm material ein Verhalten in einem bestimmten Bereich regelt („Gebotsbereich", „räumlicher Tatbestandsbereich"⁸⁰⁴) und territorial in einem bestimmten Bereich grundsätzlich durchgesetzt werden kann („Sanktionsbereich"). In der Regel decken sich beide Räume, so daß der Gebotsbereich dem territorialen Herrschafts- und damit Durchsetzungsbereich des Rechtssetzers entspricht. Bezieht sich der räumliche Tatbestand einer Norm auf Gebiete jenseits des eigenen Hoheitsgebiets, so ist diese extraterritoriale Wirkung unbedenklich, wenn ein sinnvoller Anknüpfungspunkt zur Normierung vorliegt. Aber auch bei zuläs-

154
Maßgeblichkeit und Durchsetzbarkeit

---

797 Meldung v. 3. 8. 2016. http://www.sueddeutsche.de/thema/Flashmob (zuletzt aufgerufen am 16. 8. 2016).
798 So ausdrücklich *BVerfGE 73*, 206 (250) unter Hinweis auf *BGHSt 23*, 46 (56f.).
799 So *OLG Köln* NVwZ 2000, S. 350 (351); ähnlich *US Supreme Court*, Kovacs ./. Cooper, 336 U.S. 77 (1949): Unzulässigkeit eines Zwanges zum Zuhören.
800 *BVerfGE 120*, 180 (199).
801 Zu anderen Geltungsarten (z.B. faktischer oder moralischer Art) *Rüthers/Fischer/Birk*, Rechtstheorie, ⁸2015, RN 334 ff.; *Hasso Hofmann*, Einführung in die Rechts- und Staatsphilosophie, 2000, § 70, S. 46 ff.
802 Vgl. *Staudinger/Merten* (2013), Art. 1 EGBGB RN 38 ff.; a.A. *W. Rudolf*, in: Habscheid/ders., Territoriale Grenzen der staatlichen Rechtsetzung, Berichte der Deutschen Gesellschaft für Völkerrecht, Heft 11, 1973, S. 10, der die Durchsetzbarkeit nicht als Element der „Geltung" ansieht.
803 *Hans Kelsen*, Reine Rechtslehre, ²1960, S. 45 ff., 55; *Reinhold Zippelius*, Juristische Methodenlehre, ¹⁰2006, § 2.
804 Zu dieser Terminologie *R. Walter*, in: FS Merkl, 1970, S. 453 (456 ff.); *Rein*, Der räumliche Geltungsbereich einer Landesrechtsordnung, JBl. 1988, S. 157 ff.; vgl. ferner *Verdross/Simma*, Universelles Völkerrecht, ³1984, § 10, 1019; *Badura*, in: Freiheit und Eigentum, FS W. Leisner; *Kronke*, in: Coester-Waltjen/ders./Kokott, Die Wirkungskraft der Grundrechte bei Fällen mit Auslandsbezug, 1998, S. 33 (41); *Werner Meng*, Extraterritoriale Jurisdiktion im öffentlichen Wirtschaftsrecht, 1993, S. 10 ff.; *Klaus Vogel*, Der räumliche Anwendungsbereich der Verwaltungsrechtsnorm, 1965, S. 14 f., insb. FN 7.

siger Ausdehnung des Gebotsbereichs kann der normierende Staat außerhalb seines eigenen Hoheitsgebiets die Norm nicht (selbst und unmittelbar) durchsetzen, sondern ist auf sein eigenes Hoheitsgebiet beschränkt. Damit unterscheidet sich die mit der Durchsetzbarkeit einer Rechtsnorm verbundene „Geltung" von ihrer außerhalb des Hoheitsgebiets gegebenen „Wirkung" oder „Anwendung"[805].

2. Räumlicher Geltungsbereich der Grundrechte

155
Landesgebiet als räumlicher Geltungsbereich

Während sich die personale Geltung nach den in dem Landesgrundrecht genannten oder aus ihm zu ermittelnden Grundrechtsträgern bestimmt, ist für den räumlichen Geltungsbereich das Hoheitsgebiet des jeweiligen Landes maßgeblich. Da dieses in den einzelnen Landesverfassungen nicht ausdrücklich aufgeführt ist, muß es aufgrund der jeweiligen Selbstbenennung – „Bayern ist ein Freistaat"[806] – erschlossen werden. Teilweise werden in Landesverfassungen die Landesteile[807], Gemeinden[808] oder Bezirke[809] angeführt. Mitunter verweisen die Landesverfassungen auch auf die geographische Herkunft[810], was für die Fortgeltung früheren Landesrechts, insbesondere auf dem Gebiet des Nachbarrechts von Bedeutung sein kann.

156
Keine exterritoriale Wirkung der Landesgrundrechte

Landesgrundrechte gelten wie die ihnen zugrunde liegende Verfassung grundsätzlich für das Landesgebiet. Für die Freizügigkeit hat dies Sachsen-Anhalt ausdrücklich hervorgehoben mit der Folge, daß alle Deutschen „in Sachsen-Anhalt Freizügigkeit" genießen[811]. Für den allgemeinen Gleichheitssatz ergibt sich aus dieser räumlichen Beschränkung, daß der Landesgesetzgeber nur verpflichtet ist, „in seinem Hoheitsbereich den Gleichheitssatz zu wahren", weshalb es unerheblich ist, „daß andere Landesgesetzgeber eine gleichartige Regelung nicht getroffen haben"[812]. Wegen der grundsätzlichen Beschränkung der Geltung der Landesgrundrechte auf das Hoheitsgebiet des Landes kann niemand unter Berufung auf seine Meinungs- oder Pressefreiheit seine Wissenschafts- oder Kunstfreiheit die Ausreise aus dem Landesgebiet beziehungsweise aus Deutschland verlangen, da den Landesgrundrechten diese

---

805 Vgl. für das Völkerrecht *Zitelmann*, Geltungsbereich und Anwendungsbereich der Gesetze, in: FG für Karl Bergbohm, 1919, S. 207 ff.; *Gutzwiller*, Geltungsbereich und Anwendungsbereich der Gesetze, in: FG Ulrich Lampert, 1925, S. 162 ff., insb. S. 177 ff.
806 Art. 1 Abs. 1 Verf. Bayern. In der Regel führen die nachkonstitutionellen Verfassungen die Gliedstaatszugehörigkeit als „Land der Bundesrepublik Deutschland" an: vgl. Art. 23 Abs. 2 Verf. Baden-Württemberg; Art. 1 Abs. 2 Verf. Berlin; Art. 1 Abs. 1 Verf. Brandenburg; Art. 1 Abs. 1 Verf. Hamburg; Präambel Verf. Hessen („Hessen als Gliedstaat der Deutschen Republik"); Art. 1 Abs. 2 Verf. Mecklenburg-Vorpommern; Art. 1 Abs. 2 Verf. Niedersachsen; Art. 1 Abs. 1 Satz 1 Verf. Nordrhein-Westfalen; Art. 60 Abs. 1 Verf. Saarland; Art. 1 Satz 1 Verf. Sachsen; Art. 1 Abs. 1 Verf. Sachsen-Anhalt; Art. 1 Verf. Schleswig-Holstein; Art. 44 Abs. 1 Satz 1 Verf. Thüringen.
807 Art. 1 Abs. 1 Verf. Mecklenburg-Vorpommern; Art. 78 Abs. 1 Verf. Rheinland-Pfalz.
808 Art. 143 Verf. Bremen.
809 Art. 4 Abs. 1 Verf. Berlin.
810 Vgl. Präambel Verf. Brandenburg („Mark Brandenburg"); Art. 1 Abs. 1 Verf. Niedersachsen; Präambel Verf. Sachsen.
811 Art. 15 Abs. 1 Verf. Sachsen-Anhalt.
812 *BVerfGE 10*, 354 (371); *12*, 139 (143); *17*, 319 (331); *27*, 175 (179); *30*, 90 (103); *32*, 346 (360); *33*, 224 (231); *51*, 43 (58 f.); *93*, 319 (349); *139*, 64 (118 f. RN 113).

exterritoriale Wirkung mangelt[813], es sei denn, daß die Ausreisefreiheit ausdrücklich landesverfassungsrechtlich garantiert ist. Umgekehrt können sich Ausländer nicht auf Jedermann-Grundrechte berufen, um in ein Landesgebiet einzureisen. Nur wenn sie sich im räumlichen Geltungsbereich der Grundrechtsbestimmung aufhalten, sind sie hinsichtlich der Jedermann-Rechte grundrechtsberechtigt[814]. Bei einer konkreten Inlandsbeziehung, z.B. infolge Eigentums im Hoheitsgebiet des Landes[815], eigentumsrechtlich geschützter Renten und Rentenanwartschaften[816], früheren Inlandsaufenthalts[817] oder familiärer Beziehungen[818] genießen Ausländer im Ausland einen partiellen Grundrechtsstatus. Dieser berechtigt sie aber grundsätzlich nicht zur Einreise[819]. Das gilt erst recht für Ausländer ohne jeden territorialen Kontakt[820]. Auch soziale Staatszielbestimmungen und sozialstaatliche Bekenntnisse in den Landesverfassungen[821] sind in ihrer Geltung auf das jeweilige Landesgebiet beschränkt.

157 Geltungsbereich rezipierter Bundesgrundrechte

Die im Wege der Rezeption als unmittelbar geltendes Recht in die Landesverfassungen[822] übernommenen grundgesetzlichen Grundrechte werden durch die Rezeption Landesgrundrechte, so daß sich ihr räumlicher Geltungsbereich auf das jeweilige Landesgebiet beschränkt. Sie wandeln sich durch die Übernahme aber grundsätzlich nicht in ihrem Inhalt, so daß sich die aus Art. 11 GG übernommene Freizügigkeit weiterhin auf das „ganze[n] Bundesgebiet" bezieht. Dennoch bleibt die Durchsetzbarkeit auf das jeweilige Landesgebiet beschränkt. Materiell hat diese Differenzierung keine Bedeutung; formell kann jedoch ein Verbot oder eine Behinderung des Wegzugs aus dem Landesgebiet mit der Verfassungsbeschwerde vor dem Landesverfassungsgericht in den Fällen gerügt werden, in denen dieser Rechtsbehelf (verfassungs-)gesetzlich gewährleistet ist.

---

813 Vgl. *BVerfGE 6*, 32 (44).
814 *BVerfGE 80*, 81 (96); *35*, 382 (399); *BayObLG* NJW-RR 1986, S. 3; vgl. ferner *Stern*, Staatsrecht III/1 (LitVerz.), § 72 V 5 a γ (S. 1233); *Isensee*, VVDStRL 32 (1974), S. 49 (62); *Badura*, in: Freiheit und Eigentum, FS W. Leisner, S. 411; unrichtig *OVG Münster*, DÖV 1979, S. 60 (61).
815 Hierzu *Isensee*, VVDStRL 32 (1974), S. 49 (60ff.); *Quaritsch*, HStR V, § 120 RN 79; *BVerfGE 18*, 399.
816 Vgl. *BVerfGE 51*, 1 (22, 30 sub III 2).
817 Deshalb kann sich ein Ausländer auf die Petitionsfreiheit berufen, um sich gegen seine ausländerbehördliche Behandlung zu wenden: *OVG Münster*, DÖV 1979, S. 60 ff.
818 Vgl. *Isensee*, Vertrauensschutz für ausländischen Familiennachzug, FS Doehring, 1989, S. 365 ff.; *Quaritsch*, HStR V, § 120 RN 83.
819 Zur Gestattung der Einreise eines abgeschobenen Ausländers zwecks Anhörung in der mündlichen Verhandlung bei existenziellen Fragen *BayVGH*, BayVBl. 2000, S. 349 f.
820 Vgl. *BVerfGE 76*, 1(71); *80*, 81 (92); *69*, 220 (228 f.); *Stern*, Staatsrecht III/1 (LitVerz.), § 72 V 5 a γ (S. 1233); *Isensee*, VVDStRL 32 (1974), S. 61 ff. m.w.N. in FN 37.; *Bleckmann*, Staatsrecht II – Die Grundrechte, § 7 RN 9; *Albrecht Randelzhofer*, Der Einfluß des Völker- und Europarechts auf das deutsche Ausländerrecht, S. 15 FN 32.
821 Art. 23 Abs. 1 Verf. Baden-Württemberg; Art. 3 Art. 3 Abs. 1 Satz 1 Verf. Bayern; Art. 22 Abs. 1 Verf. Berlin; Art. 2 Abs. 1, Art. 45 Verf. Brandenburg; Art. 65 Abs. 1 Verf. Bremen; Art. 28 Abs. 3 Satz 1 Verf. Hessen; Art. 2 Verf. Mecklenburg-Vorpommern; Art. 1 Abs. 2 Verf. Niedersachsen; Art. 74 Abs. 1 Verf. Rheinland-Pfalz; Art. 60 Abs. 1 Verf. Saarland; Art. 1 Verf. Sachsen; Art. 2 Abs. 1 Verf. Sachsen-Anhalt; Art. 44 Abs. 1 Satz 2 Verf. Thüringen.
822 Vgl. FN 106.

3. Landesgebietsverknüpfung

158
Landesgebiets-
verknüpfung

Eine hinreichende Verknüpfung mit dem Landesgebiet bleibt bestehen, wenn deren Organe oder Organwalter in anderen Ländern oder im Ausland tätig werden. Diese sind an die Landesverfassung und an die Landesgrundrechte gebunden, auch wenn Handlungen außerhalb des grundrechtlichen Geltungsbereichs ausgeübt werden[823]. Eine hinreichende Landesgebietsverknüpfung ist aber auch gegeben, wenn Ausländer durch Wirkungen, die von einem Landesgebiet ausgehen, beispielsweise durch Emissionen von Anlagen[824], in ihrer Freiheitssphäre verletzt werden[825]. Dasselbe gilt für die Telekommunikation im Ausland, wenn sie durch Erfassung und Auswertung im Inland mit inländischem staatlichen Handeln verknüpft ist[826].

III. Geltung der Landesgrundrechte in inhaltlicher Sicht

1. Schutzbereich

159
Notwendigkeit
sauberer Exegese

Landesgrundrechte sind als solche schwerer zu erfassen als Bundesgrundrechte. Sie sind oft programmatisch, plakativ formuliert, was insbesondere für die vorkonstitutionellen sowie die aufgrund der Wiedervereinigung entstandenen Landesverfassungen gilt. Insofern unterscheiden sie sich von der eher nüchtern-juristischen Formulierung der grundgesetzlichen Grundrechte. Hinzu kommen in den Landesverfassungen der „neuen" Länder die üppig ins Kraut geschossenen Staatszielbestimmungen, deren Saat in Artikel 5 Spiegelstrich 3 des Einigungsvertrags gelegt wurde und die aufgrund ihrer „Rechte" vortäuschenden Formulierung mitunter schwer von Grundrechten abzugrenzen sind[827]. Umso mehr ist saubere Verfassungsexegese geboten, damit sich derartige Verfassungsbestimmungen nicht wie im „Zauberlehrling" verselbständigen und ein gefährdendes Eigenleben führen.

160
Verfassungswortlaut
und Wirklichkeit

Am Anfang jeder Grundrechtsauslegung steht der Schutzbereich. Er ist das Eingangstor zur Ermittlung von Inhalt und Reichweite eines Grundrechts[828]. Diesen Schutzbereich – auch Normbereich genannt – schneidet der Verfassungsgeber aus der Lebenswirklichkeit als Schutzgegenstand heraus[829]. Dabei ist allerdings sorgfältig darauf zu achten, daß die tägliche Realität in zum großen Teil überkommene juristische Begriffe transformiert wird. Auf diese Weise können Verfassungswirklichkeit und Verfassungswortlaut auseinander-

---

823 Vgl. *BVerfGE* 57, 9 (23); 6, 290 (295).
824 Vgl. *Oppermann*, Transnationale Ausstrahlungen deutscher Grundrechte? – Erörtert am Beispiel des grenzüberschreitenden Umweltschutzes, in: FS Grewe, S. 521 (523, 527); *Isensee*, VVDStRL 32 (1971), S. 61 ff.; *Quaritsch*, HStR V, § 120 RN 85 ff.; *Stern*, Staatsrecht III/1 (LitVerz.), S. 1233, 1244 f.; § 9a UmweltverträglichkeitsprüfungsG sieht bei Vorhaben mit Umweltauswirkungen in einem anderen Staat vor, daß dort ansässige Personen am Anhörungsverfahren beteiligt werden.
825 Vgl. *BVerwGE* 75, 285 (288) mit Anmerkungen von *A. Weber*, DVBl. 1987, S. 377 ff.; *Preuß*, JZ 1987, S. 354.
826 *BVerfGE* 100, 313 (363 f.).
827 Vgl. hierzu oben RN 77 ff.
828 → Bd. III: *Merten*, Grundrechtlicher Schutzbereich, § 56 RN 4 ff.
829 So die Formulierung bei *Pieroth/Schlink/Kingreen/Poscher*, Grundrechte (LitVerz.), RN 222.

fallen, wobei eine Änderung der realen Verhältnisse, insbesondere auch in ausländischen Staaten, die gern als „Verfassungswandel" ausgegeben wird, nichts an der strikten Bindung aller Staatsgewalten an die Verfassung (Art. 20 Abs. 3 GG) ändert. Das Institut der Verfassungsänderung (Art. 79 GG), soweit diese überhaupt möglich ist, macht deutlich, daß nur auf diesem förmlichen Wege, nicht aber durch die Berufung auf den vielfach schwankenden und oftmals nur herbeigeredeten Zeitgeist eine Veränderung der Verfassung vorgenommen werden kann. Die Erfassung des Schutzbereichs erfordert deshalb größte Sorgfalt, weil bei zu weiter Interpretation Gefahren entstehen können, deren Nichtbeherrschbarkeit mit den vorhandenen Grundrechtsschranken zur Erfindung vermeintlicher Beschränkungsmöglichkeiten (z.B. im Interesse der „Vollbeschäftigung", „Umverteilung" etc.) führen können, während eine zu enge Interpretation schon am Anfang die Freiheit verkürzt, was durch spätere Ausgestaltungsbefugnisse, engere Schrankenfassung und großzügige Interpretation der Schrankenschranken oft nicht oder nur schwer zu korrigieren ist.

Bei klassischen Freiheitsrechten lassen sich zentrale Begriffe vielfach historisch zurückverfolgen und so leichter in ihrem Inhalt erschließen. So erfaßt die Pressefreiheit[830] nicht nur die Herstellung und Verteilung der an Zeitungskiosken erhältlichen Zeitungen und Zeitschriften, sondern schützt als ursprüngliche „Preßfreiheit"[831] alle durch Druck gepreßten Erzeugnisse, also auch Flugblätter oder Flugschriften, die von einzelnen und nicht von Verlagen hergestellt und vervielfältigt werden[832]. Auch die in den Landesverfassungen anerkannte „Ehe"[833] ist nicht eine beliebige Gemeinschaft zweier Menschen, sondern von Verfassungs wegen die staatlich anerkannte[834] Vereinigung eines Mannes und einer Frau zu einer umfassenden, grundsätzlich unauflösbaren Lebensgemeinschaft[835]. Andere (vor allem gleichgeschlechtliche) Gemeinschaften zwischen zwei Menschen können nicht als „Ehe" im Sinne deutschen Verfassungsrechts qualifiziert werden, weshalb auch einige Landesverfassungen ausdrücklich auf die Verbindung von „Mann und Frau" hinweisen[836].

161
Überkommene Grundrechtsbegriffe

---

830 Art. 111 Verf. Bayern; Art. 14 Verf. Berlin; Art. 19 Abs. 2 Verf. Brandenburg; Art. 11 Abs. 2, Art. 125 Abs. 1 Satz 3 Verf. Hessen; Art. 10 Abs. 1 Satz 3 Verf. Rheinland-Pfalz; Art. 5 Abs. 1 und 3 Verf. Saarland; Art. 20 Abs. 1 Satz 2 und 3 Verf. Sachsen; Art. 10 Abs. 1 Satz 2 und 3 Verf. Sachsen-Anhalt; Art. 11 Abs. 2 Verf. Thüringen.
831 Vgl. Art. 27 Abs. 2 Verf. Preußen von 1850; → unten *Sodan*, Landesgrundrechte in Berlin, § 247 RN 2.
832 Hierauf weist heute noch Art. 5 Abs. 1 Verf. Saarland hin, wonach jeder das Recht hat, seine Meinung durch Wort, Schrift, Druck, Bild oder in sonstiger Weise frei zu äußern".
833 Vgl. Art. 124 Verf. Bayern; Art. 12 Abs. 1 Verf. Berlin; Art. 26 Abs. 1 Verf. Brandenburg; Art. 21 Abs. 1 Verf. Bremen; Art. 4 Verf. Hessen; Art. 5 Verf. Nordrhein-Westfalen; Art. 23 Abs. 1 Verf. Rheinland-Pfalz; Art. 22 Abs. 1 Verf. Saarland; Art. 22 Abs. 1 Verf. Sachsen; Art. 24 Abs. 1 Verf. Sachsen-Anhalt; Art. 17 Abs. 1 Verf. Thüringen.
834 Eine Sinti-„Ehe" fällt nicht unter den Schutz des Art. 6 Abs. 1 GG, *BVerfG* (Kammer), NJW 1993, S. 3916 f.
835 Vgl. *BVerfGE 10*, 59 (66); *49*, 286 (300); *53*, 224 (245); *62*, 323 (330); *103*, 89 (101); *105*, 313 (345); *115*, 1 (19); *131*, 239 (259); *133*, 377 (409 RN 81); *Jarass*, in: ders./Pieroth, GG (LitVerz.), Art. 6 RN 4; *Robbers*, in: v. Mangoldt/Klein/Starck, GG (LitVerz.), Art. 6 RN 45; *Merten*, in: Isensee/Lecheler, Freiheit und Eigentum, FS W. Leisner, 1999, S. 615 (621 f. sub III 2).
836 Art. 124 Abs. 2 Verf. Bayern; Art. 5 Abs. 2 Satz 2 Verf. Nordrhein-Westfalen; in diesem Sinne auch *BVerfGE 105*, 313 (345 f.); *128*, 109 (125); *131*, 239 (255); *133*, 377 (409 RN 81); *BVerwGE 129*, 129 RN 19; *Robbers* aaO., Art. 6 RN 45; *J. Ipsen*, HStR³ VII, § 154 RN 9.

§ 232 Sechzehnter Teil: II. Vergleichende Betrachtung der Landesgrundrechte

Eine „Ehe für alle" als „verfassungsrechtliches Gebot" auszugeben, ist daher juristisch nicht nachvollziehbar[837].

162
Popularistische Rhetorik

Je unjuristischer die Terminologie der Landesverfassungen gerät, desto schwieriger wird eine inhaltliche Erfassung. Die Verhinderung der Ansammlung von „Riesenvermögen in den Händen einzelner" als Zweck der Erbschaftsteuer in Art. 123 Abs. 3 Verf. Bayern, die Verhinderung von „übermäßig großem Grundbesitz" als staatliche Aufgabe in Art. 45 Nr. 1 Satz 2 Verf. Bremen sowie die Berücksichtigung des Umstands, ob „Unternehmen auf Kosten der Allgemeinheit, insbesondere aus Kriegsgewinnen" entstanden oder erweitert sind, bei der Festsetzung einer Enteignungsentschädigung nach Artikel 44 dieser Verfassung sowie der Staatsauftrag, „Grundbesitz ... der Spekulation zu entziehen" (Art. 45 Nr. 4 Verf. Bremen) sind als Bestandteil popularistischer Rhetorik so vage und unbestimmt, daß sie verfassungsrechtlich nur schwer handhabbar sind.

163
Rezipierte Schutzbereiche

Leichter ist der Zugang zu denjenigen Schutzbereichen, die im Wege der Rezeption in die Landesverfassungen gelangt sind[838]. Hier hat sich im Laufe der Jahre eine umfangreiche Rechtsprechung und eine bis ins einzelne gehende Literatur entwickelt, auf die zurückgegriffen werden kann. Diese Interpretation hindert Landesgerichte nicht daran, rezipierte Bundesgrundrechte als Landesgrundrechte anders auszulegen, da die Bundesgrundrechte ohnehin die Landesstaatsgewalt binden. Im Hinblick darauf besteht jedoch allseits ein großes Harmonisierungsbedürfnis, so daß es kaum zu Abweichungen kommt. Dasselbe gilt für Landesgrundrechte, die Bundesgrundrechten wortgleich oder fast wörtlich nachgebildet sind. Interpretationsprobleme ergeben sich daher vor allem bei Landesgrundrechten, die keine Entsprechung im Grundgesetz haben oder sich von einem grundgesetzlichen Äquivalent erheblich unterscheiden. So kennt das Grundgesetz beispielsweise keine Regelung über „Lebensgemeinschaften"[839], „Bürgerbewegungen"[840], „Bürgerinitiativen", „Verbände zur Beeinflussung öffentlicher Angelegenheiten"[841].

2. Grundrechtskonkurrenzen

164
Grundrechts-konkurrenzen

Im Falle der Rezeption grundgesetzlicher Grundrechte stehen diese als Landesgrundrechte mit originären Landesgrundrechten auf einer Rangstufe, so daß keine der beiden Gruppen Vorrang hat oder primär anzuwenden ist. Sind mehrere Landesgrundrechte auf einen Sachverhalt anwendbar, so liegt eine Grundrechts*konkurrenz*, das heißt ein „Miteinander" von Grundrechten

---

837 So aber *Beck/Tometten*, DÖV 2016, S. 581 ff.
838 S. oben FN 106.
839 Vgl. Art. 12 Abs. 2 Verf. Berlin; Art. 26 Abs. 2 und 3 Verf. Brandenburg.
840 Gemäß Art. 20 Abs. 3 Satz 1 Verf. Brandenburg müssen „Bürgerbewegungen" unter bestimmten Voraussetzungen in ihrer inneren Ordnung demokratischen Grundsätzen entsprechen; gemäß Art. 3 Abs. 4 Verf. Mecklenburg-Vorpommern wirken „Bürgerbewegungen" neben Parteien bei der politischen Willensbildung des Volkes mit.
841 Art. 21 Abs. 3 Verf. Brandenburg gewährt „Bürgerinitiativen oder Verbänden zur Beeinflussung öffentlicher Angelegenheiten" die Vereinigungsfreiheit.

eines Grundrechtsberechtigten vor. Vielfach handelt es sich jedoch in derartigen Fällen um *unechte* Konkurrenzen (Scheinkonkurrenzen), weil nur scheinbar mehrere Grundrechte auf einen Sachverhalt zutreffen, in Wirklichkeit aber nur ein Grundrecht anwendbar ist. Die wichtigsten Fälle der Scheinkonkurrenz sind *Spezialität* und *Alternativität*. Spezialität liegt vor, wenn der Anwendungsbereich der spezielleren Norm völlig in dem der allgemeineren Norm aufgeht und sie darüber hinaus noch mindestens ein zusätzliches Merkmal enthält[842].

Am häufigsten tritt die Spezialität im Verhältnis von Einzelgrundrechten zum Grundrecht der allgemeinen Handlungsfreiheit auf, die außer in Art. 2 Abs. 1 GG auch in vielen Landesverfassungen gewährleistet wird[843]. Auf die allgemeine Handlungsfreiheit kann sich der einzelne aber nur berufen, „soweit seine Freiheit in dem betroffenen Lebensbereich unter dem gleichen Gesichtspunkt nicht bereits durch eine besondere Grundrechtsnorm geschützt wird"[844]. Im Einzelfall kann zweifelhaft sein, ob bestimmte Freiheiten noch durch ein Spezialgrundrecht oder nur durch das Auffanggrundrecht der allgemeinen Handlungsfreiheit gewährleistet werden. So sind bestimmte Formen der Berufs- und Unternehmensfreiheit (z.B. Absatzfreiheit, Preisfreiheit) richtigerweise als Unterfall einer umfassenden Berufs- und Gewerbefreiheit anzusehen[845]. Enthält ein spezielleres Landesgrundrecht Beschränkungen, so können diese nicht dadurch umgangen werden, daß auf eine generelle Norm ohne eine solche Beschränkung zurückgegriffen wird. Da Art. 6 Abs. 1 GG die verfassungsrechtlich gewährleistete Eheschließungsfreiheit auf Lebensgemeinschaften von Mann und Frau beschränkt, kann es nach Auffassung des Bundesverfassungsgerichts „nicht zweifelhaft sein, daß eine verfassungsrechtliche Verbürgung desselben Inhalts, aber ohne die Beschränkung auf verschiedengeschlechtliche Partner, nicht aus den generellen Normen des Art. 2 Abs. 1 in Verbindung mit Art. 1 Abs. 1 oder aus Art. 3 Abs. 1 GG hergeleitet werden kann"[846]. Die Meinungsäußerungsfreiheit ist lex generalis im Verhältnis zur Versammlungsfreiheit, zur Vereinsfreiheit, zur Koalitionsfreiheit und zur Petitionsfreiheit. So hat das Bundesverfassungsgericht eine Verletzung der Meinungsfreiheit bei der Werbung neuer Mitglieder für eine Koalition verneint, „weil die Betätigungen von Koalitionen und die ihrer Mitglieder durch Art. 9 Abs. 3 als lex specialis geschützt sind"[847].

165
Spezialität

An einer echten Konkurrenz fehlt es ferner dann, wenn sich grundrechtliche Tatbestände voneinander trennen lassen, so daß entweder das eine oder das andere Grundrecht anwendbar ist (Alternativität). Für das Verhältnis der

166
Alternativität

---

842 *Karl Larenz*, Methodenlehre der Rechtswissenschaft, [6]1991, S. 88.
843 Vgl. oben FN 322.
844 *BVerfGE* 30, 292 (336); s. ferner *E* 6, 32 (37); 8, 338 (343); *19*, 206 (225); st.Rspr.
845 Unentschieden *OLG Stuttgart*, NJW 1977, S. 682f.: „Der verfassungsrechtliche Grundsatz der gewerblichen Handlungsfreiheit nach Art. 2, 12 GG, der auch die Freiheit eines Gewerbetreibenden bei der Auswahl und der Zusammenstellung seines Sortiments gewährleistet, rechtfertigt stets nur eine Betätigung im Rahmen der Gesetze".
846 *BVerfG* (Kammer), NJW 1993, S. 3058.
847 *BVerfGE* 28, 295 (310).

Berufsfreiheit zur Eigentumsfreiheit hat das Bundesverfassungsgericht die Abgrenzung dahingehend vorgenommen, daß die Eigentumsfreiheit „das Erworbene, das Ergebnis der Betätigung", die Berufsfreiheit dagegen „den Erwerb, die Betätigung selbst" schützt[848]. Bei den Grundrechtskonkurrenzen kann genauer zwischen den Konkurrenzen im Tatbestands- und im Rechtsfolgebereich unterschieden werden. Das Problem der Schrankenkonkurrenz stellt sich allerdings nur, wenn zuvor eine Tatbestandskonkurrenz bejaht wurde. Werden beispielsweise Druckerzeugnisse wegen ihres Warenwertes zollamtlich beschlagnahmt, weil der Eigentümer die Zahlung des Einfuhrzolls verweigert, so sind die Schranken der Eigentumsfreiheit maßgeblich. Erfolgt die Beschlagnahme wegen des Inhalts der Druckerzeugnisse, so sind die Schranken der Informationsfreiheit ausschlaggebend. Läßt sich die Konkurrenz nicht durch eine stärkere Sachnähe eines der Grundrechte entscheiden, so muß das schrankenfeindlichste (freiheitlichere) Grundrecht maßgeblich sein[849]. Zu einer Konkurrenz kommt es im Falle der in Art. 104 GG geregelten und gemäß Art. 1 Abs. 3 GG auch für die Länder bindenden Modalitäten der Freiheitsentziehung und den landesgrundrechtlichen Garantien. Soweit letztere die grundgesetzliche Frist wie in Art. 4 Abs. 3 Satz 2 Verf. Thüringen von achtundvierzig Stunden auf vierundzwanzig Stunden verkürzen[850], ist diese Regelung die freiheitsfreundlichere und daher von der Landesstaatsgewalt zu beachten.

3. Immanente Grenzen

167
Grundrechte nicht ohne Grenzen

Da jedes Recht „eine Begrenzung, eine Schrankenziehung" voraussetzt[851], sind auch Landesgrundrechte nur in Grenzen denkbar[852], weshalb die in Landesverfassungen ohne Schrankenvorbehalte versehenen Grundrechte nur „vorbehaltlos, aber nicht schrankenlos" gewährleistet sind[853]. Nicht nur vorbehaltlos gewährleisteten, sondern auch beschränkbaren Grundrechten können immanente Grenzen innewohnen, die wie eine „Anhaftung"[854] von vornherein mitgewährleistet und vom Grundrecht mitgetragen ist. Es handelt sich um innewohnende Limitierungen, die nicht vom Schutzbereich erfaßt und deswegen auch nicht verfassungsrechtlich geschützt sind[855]. Diese Grenzen können nicht nur einzelnen Grundrechten innewohnen (grundrechtliche

---

848 *BVerfGE 30*, 292 (334f.); *38*, 61 (102); *65*, 237 (248); ähnlich *BGHZ 111*, 349 (357f.).
849 So auch *Wilfried Berg*, Konkurrenzen schrankendivergenter Freiheitsrechte, 1968, S. 82 ff., 142, 162.
850 → Unten *Durner*, Freiheit der Person, Leben und körperliche Unversehrtheit, Freizügigkeit, § 234 RN 16 f.
851 *Ernst Forsthoff*, Lehrbuch des Verwaltungsrechts, ¹⁰1973, S. 41; *Karl August Bettermann*, Grenzen der Grundrechte, ²1976, S. 8; *Ulrich Scheuner*, Zur Systematik und Auslegung der Grundrechte, in: ders., Staatstheorie und Staatsrecht, Gesammelte Schriften, hg. von Listl und Rüfner, 1978, S. 709 (721); *Stern*, FS 50 Jahre BVerfG, Bd. II, 2001, S. 1 (9).
852 Vgl. *Nipperdey*, Freie Entfaltung der Persönlichkeit, in: GR IV/2, S. 767.
853 *Lerche*, Ausnahmslos und vorbehaltlos geltende Grundrechtsgarantien, in: Gegenrede, FS Mahrenholz, 1994, S. 515 (522); ebenso *BVerfGE 32*, 98 (107); *47*, 327 (369); *57*, 70 (99); *77*, 240 (253); *122*, 89 (107); *128*, 1 (41); *138*, 296 (347 f.); *139*, 19 (49).
854 Vgl. *BVerfGE 20*, 351 (356); *24*, 119 (152); *58*, 137 (142).
855 → Bd. III: *Merten*, Immanente Grenzen und verfassungsunmittelbare Schranken, § 60 RN 9 ff.

Immanenz), sondern auch der Verfassung als solcher immanent sein (verfassungsrechtliche Immanenz). Sie stehen im Gegensatz zu den von außen an ein Grundrecht herangetragenen Beschränkungsermächtigungen oder Gesetzesvorbehalten, die seinen ursprünglichen Schutzbereich verkürzen. Der Gegensatz von „Grenzen" und „Schranken" kommt beispielsweise in den Landesgrundrechten zum Ausdruck, die wie Art. 14 Abs. 1 Satz 2 GG „Inhalt" und „Schranken" der Eigentumsgarantie einer Regelung durch den Gesetzgeber überlassen[856]. Dieses Begriffspaar macht deutlich, daß es sich „bei der Inhaltsbestimmung eher um eine Ausgestaltung und bei der Schrankenbestimmung um Eingriffe" handelt[857], wobei im ersten Fall vorhandene Grenzen verdeutlicht und ausgestaltet werden, während es im zweiten Fall zu einer Verkürzung des Grundrechtsschutzes kommt.

a) Grundrechtsmündigkeit

Allen Grundrechten ist die Grundrechtsausübungsfähigkeit immanent, die Selbstbestimmungsfähigkeit voraussetzt und als Grundrechtsmündigkeit dem Grundrechtsgebrauch Grenzen setzt[858].

168
Grundrechtsmündigkeit

b) Verbot der Sozialschädlichkeit

Weitere immanente Grenze aller Grundrechte ist die Aussonderung von Verhaltensweisen, die bei vernünftiger Betrachtung wegen ihrer erheblichen Sozialschädlichkeit nicht am Grundrechtsschutz teilhaben können. Zwar lassen sich für Berufsmorde, Kannibalismus, Kinderprostitution oder Menschenopfer – sollte Grundrechtsschutz für sie reklamiert werden – Grundrechtsschranken aktivieren. Aber eine Grundrechtsinterpretation, die auch die „Freiheit zum Töten, Stehlen, Nötigen" grundgesetzlich gewährleistet, „um sie sogleich über die Grundrechtsschranken wieder zurückzunehmen"[859], wirkt lebensfremd und konstruiert. Es ist daher ein Gebot „juristischer Hygiene"[860], in Übereinstimmung mit der Rechtsprechung des Bundesverfassungsgerichts[861] erhebliches sozialschädliches Verhalten von vornherein aus dem Grundrechtstatbestand auszuklammern.

169
Verbot der Sozialschädlichkeit

---

856 Vgl. Art. 23 Abs. 1 Satz 2 Verf. Berlin; Art. 41 Abs. 1 Satz 2 Verf. Brandenburg; Art. 45 Abs. 1 Satz 2 Verf. Hessen; Art. 31 Abs. 1 Satz 2 Verf. Sachsen; Art. 18 Abs. 1 Halbs. 2 Verf. Sachsen-Anhalt; Art. 34 Abs. 1 Satz 2 Verf. Thüringen.
857 *Jarass*, in: ders./Pieroth, GG (LitVerz.), Art. 14 RN 33; ebenso *Michael Sachs*, Verfassungsrecht II, Grundrechte, ²2003, § 14 RN 22.
858 Vgl. oben RN 101 ff.; → Bd. III: *Merten*, Immanente Grenzen und verfassungsunmittelbare Schranken, § 60 RN 17 ff.
859 *Starck*, in: JuS 1981, S. 237 (245 f.); vgl. auch *K. A. Schwarz*, BayVBl. 2003, S. 326 (329).
860 Begriff von *Starck*, in: v. Mangoldt/Klein/ders., GG (LitVerz.), Art. 2 Abs. 1 RN 13.
861 *BVerfGE 115*, 276 (301); *117*, 126 (137); in *E 98*, 265 (297) läßt es das Gericht dahinstehen, „ob rechtswidriges berufsmäßiges Tun vom Gewährleistungsbereich des Art. 12 Abs. 1 GG generell umfaßt wird". Zu dieser Rechtsprechung auch *Pestalozza*, NJW 2006, S. 1711 ff.; vgl. ferner *Scholz*, in: Maunz/Dürig, GG (LitVerz.), Art. 12 RN 37 (2006). Zur Ausklammerung sozialschädlicher Verhaltensweisen aus Art. 2 Abs. 1 GG *Starck* aaO.; *Merten*, Unfriedlichkeit als grundgesetzliches Unwerturteil, FS Roman Herzog, 2009, S. 281 (297). Zur Gemeinwohlschädlichkeit als Grenze von Art. 12 Abs. 1 GG *BVerwGE 22*, 286 (289).

c) Gewaltverbot

170
Ausdrückliches Verbot unfriedlichen Verhaltens

Als ausdrückliches klassisches Verbot der Unfriedlichkeit findet sich eine Begrenzung der Landesgrundrechte auf „friedlich[es]" Verhalten nebst einem Verbot des Waffentragens („ohne Waffen") bei der Gewährleistung der Versammlungsfreiheit[862]. Nur Art. 18 a Abs. 2 Verf. Mecklenburg-Vorpommern erklärt darüber hinaus Handlungen, die geeignet sind und in der Absicht vorgenommen werden, das friedliche Zusammenleben der Völker oder der Bürger Mecklenburg-Vorpommerns zu stören ..., „für verfassungswidrig".

171
Gewaltverbot als immanente Grundrechtsgrenze

Unbeschadet dessen läßt sich aber ein Gewaltverbot einschließlich verbotener zwangsweiser Durchsetzung eigener Forderungen[863] als immanente Grenze auch anderer Einzelgrundrechte nachweisen[864]. So schließt die Religions- und Weltanschauungsfreiheit einschließlich der Kultusfreiheit unfriedliche Handlungen in Form körperlich wirkender Gewalt keinesfalls ein[865]. Gewaltfreiheit ist „Rahmengegebenheit" der Religionsausübung, so daß der säkulare Rechtsstaat „religiös motivierte Gewalt Privater nicht dulden" darf[866]. In ähnlicher Weise ist die Meinungsfreiheit schon begrifflich auf „das geistige Wirken durch die Meinungsäußerung"[867] verengt. Daher sind Meinungsverschiedenheiten in geistigem und nicht in physischem Kampf auszutragen[868], so daß körperlicher Zwang zur Meinungsdurchsetzung bereits auf der Tatbestandsebene[869] der Meinungsfreiheit ausscheidet. Die schon tatbestandlich auf „Bitten oder Beschwerden" an die zuständigen Stellen oder die

---

862 Vgl. Art. 113 Verf. Bayern („unbewaffnet"); Art. 26 Satz 1 Verf. Berlin („unbewaffnet"); Art. 23 Abs. 1 Verf. Brandenburg („unbewaffnet"); Art. 16 Abs. 1 Verf. Bremen („unbewaffnet"); Art. 14 Abs. 1 Verf. Hessen („unbewaffnet"); Art. 12 Abs. 1 Verf. Rheinland-Pfalz („ohne Waffen"); Art. 6 Abs. 1 Verf. Saarland („unbewaffnet"); Art. 23 Abs. 1 Verf. Sachsen („ohne Waffen"); Art. 12 Abs. 1 Verf. Sachsen-Anhalt („ohne Waffen"); Art. 10 Abs. 1 Verf. Thüringen („unbewaffnet").
863 *BVerfGE 104*, 92 (105).
864 Wie hier *Isensee*, Schranken vorbehaltloser Grundrechte, in: Zeitschrift der koreanisch-deutschen Gesellschaft für Rechtswissenschaft, Seoul 1985, S. 51 (67 ff.); *ders.*, HStR³ II, § 15 RN 94: „Apriorischer Vorbehalt der Friedlichkeit"; *ders.*, HStR³ V, § 111 RN 176; *ders.*, Das staatliche Gewaltmonopol als Grundlage und Grenze der Grundrechte, FS Sendler, 1991, S. 39 f.; *Murswiek*, Grundrechtsdogmatik am Wendepunkt, in: Der Staat 45 (2006), S. 473 (496); *Schmitt Glaeser*, Die Beurteilung politisch motivierter Privatgewalt durch das Bundesverfassungsgericht, in: H. Maurer u.a. (Hg.), Das akzeptierte Grundgesetz, FS Dürig, 1990, S. 91 ff.; *Muckel*, Begrenzung grundrechtlicher Schutzbereiche durch Elemente außerhalb des Grundrechtstatbestandes, in: D. Dörr u.a. (Hg.), Die Macht des Geistes, FS H. Schiedermair, 2001, S. 353 ff.; *K.-A. Schwarz*, Friedlichkeit als Grundpflicht, BayVBl. 2003, S. 326 (329 ff.); *Merten*, Unfriedlichkeit als grundgesetzliches Unwerturteil, FS Roman Herzog, 2009, S. 281 ff.; *ders.*, Rechtsstaat und Gewaltmonopol, 1975, S. 51 ff.; *ders.*, Haftungsprivileg für Demonstrationstäter?, NJW 1970, S. 1625 (1626 ff.); → Bd. IV: *Muckel*, Schutz von Religion und Weltanschauung, § 96 RN 81; a.A. *Wolfram Höfling*, Offene Grundrechtsinterpretation, 1987, S. 176 ff.
865 Vgl. hierzu *Stefan Muckel*, Religiöse Freiheit und staatliche Letztentscheidung, die verfassungsrechtlichen Garantien religiöser Freiheit unter veränderten gesellschaftlichen Verhältnissen, 1997, S. 206 ff.; *dens.*, in: Die Macht des Geistes, FS H. Schiedermair, 2001, S. 353.
866 Zutreffend *Mückl*, in: Bonner Kommentar, Art. 4 RN 135; vgl. *dens.* aaO., RN 100 in und zu FN 342 (Viertbearb.).
867 So *BVerfG 7*, 198 Ls. 6; vgl. auch *E 25*, 256 (265); *62*, 230 Ls.; *71*, 206 (214); *90*, 1 (14).
868 Vgl. *BVerfGE 25*, 256 (265); *68*, 226 (232); *104*, 92 (105); *Bethge*, in: Sachs, GG (LitVerz.), Art. 5 RN 34.
869 So auch *Bethge*, in: Sachs aaO.; → Bd. III: *Bethge*, Grundrechtskollisionen, § 72 FN 133; → Bd. IV: *Jestaedt*, Meinungsfreiheit, § 102 RN 41.

Volksvertretung beschränkte Petitionsfreiheit[870] gehört zur Gruppe der Kommunikationsfreiheiten, so daß deren immanente Grenze der Friedlichkeit auf die Petitionsfreiheit übertragbar ist. Gleichfalls wird die Wissenschaftsfreiheit als „geistige Freiheit der wissenschaftlichen Erkenntnis und deren Verbreitung"[871] geschützt, so daß ihr wie der Kunstfreiheit immanent ist, daß körperliche Gewalteinwirkung auf Personen und (fremde) Sachen oder gar die Tötung eines Menschen zu wissenschaftlichen oder künstlerischen Zwecken von vornherein nicht vom Schutzbereich erfaßt wird[872]. Da als „Ehe" nur die freiwillige Verbindung von Mann und Frau auf Lebenszeit anzuerkennen ist[873], werden Zwangsehen von vornherein nicht vom grundrechtlichen Schutzbereich umschlossen[874]. Mit der Eheschließung ist auch der ehelichen Lebensgemeinschaft Friedlichkeit immanent. Auch wenn Abgrenzungsschwierigkeiten im Einzelfall auftreten können, besteht jedenfalls für berufsmäßig betriebenen Einsatz körperlicher Gewalt kein Grundrechtsschutz, es sei denn, daß es sich um einverständliche, nach festen Regeln ausgeübte gegenseitige Gewalteinwirkung, wie z.B. bei Kampfsportarten handelt. Dem Eigentümer ist die eigenmächtige Durchsetzung seiner Rechtspositionen ebenso untersagt[875] wie anderen Grundrechtsträgern klassischerweise jede „unerlaubte Privatgewalt"[876], da der Staat als Träger des Gewaltmonopols[877] Selbstjustiz und Selbsthilfe im Interesse staatlicher Rechtsdurchsetzung untersagen muß. Die Vereinigungsfreiheit ist in einigen Ländern bereits von Verfassungs wegen dahin limitiert, daß den Strafgesetzen zuwiderlaufende oder gegen die verfassungsmäßige Ordnung oder gegen den Gedanken der Völkerverständigung gerichtete Vereinigungen verboten sind[878], so daß diese von vornherein nicht in den Grundrechtsschutz einbezogen sind[879]. Damit fällen bereits die Landesverfassungen durch ein unmittelbares Verbot ein Unwerturteil über die in der jeweiligen Verbotsvorschrift genannten Vereinigungen. Dasselbe gilt aber auch für Landesverfassungen, die ein entsprechendes Verbot dem Gesetzgeber vorbehalten[880]. In Bremen und Rheinland-Pfalz wird die Vereinigungsfreiheit von vornherein nur „zu gesetzlich zulässigen Zwecken" beziehungs-

---

870 Vgl. Art. 115 Abs. 1 Verf. Bayern; Art. 34 Verf. Berlin („mit schriftlichen Anträgen, Anregungen oder Beschwerden"); Art. 24 Verf. Brandenburg („Anregung, Kritik und Beschwerde"); Art. 28 Abs. 1 Verf. Hamburg; Art. 16 Verf. Hessen („Anträge oder Beschwerden"); Art. 10 Satz 1 Verf. Mecklenburg-Vorpommern; Art. 41 a Verf. Nordrhein-Westfalen (Petitionsausschuß); Art. 11 Verf. Rheinland-Pfalz („Eingaben"); Art. 35 Satz 1 Verf. Sachsen; Art. 19 Satz 1 Verf. Sachsen-Anhalt; Art. 14 Satz 1 Verf. Thüringen („schriftlich oder mündlich mit Bitten oder Beschwerden").
871 BVerfGE 35, 79 (151).
872 So auch *Starck*, in: v. Mangoldt/Klein/ders., GG (LitVerz.), Art. 5 Abs. 3 RN 339; *Rüfner*, Grundrechtskonflikte, in: Bundesverfassungsgericht und Grundgesetz, FG für das Bundesverfassungsgericht, Bd. II, 1976, S. 453 (460); *Muckel*, in: Die Macht des Geistes, FS Schiedermair, 2001, S. 347.
873 Vgl. BVerfGE 49, 286 (300).
874 Vgl. hierzu *Schubert/Möbius*, Zwangsheirat – Mehr als nur ein Straftatbestand, ZRP 2006, S. 33 ff.
875 Vgl. BVerfGE 61, 126 (136).
876 So schon § 96 I 7 ALR.
877 Vgl. *Isensee*, Das staatliche Gewaltmonopol als Grundlage und Grenze der Grundrechte, in: FS Sendler, 1991, S. 39 ff.; *Merten*, Rechtsstaat und Gewaltmonopol, 1975.
878 Vgl. Art. 24 Abs. 1 Verf. Sachsen; Art. 13 Abs. 2 Verf. Sachsen-Anhalt; Art. 13 Abs. 2 Verf. Thüringen.
879 So BVerfGE 80, 244 (253); → Bd. III: *Degenhart*, Grundrechtsausgestaltung und Grundrechtsbegrenzung, § 61 RN 67; *Papier*, Vorbehaltlos gewährleistete Grundrechte, § 64 RN 84.
880 Vgl. Art. 114 Abs. 2 Verf. Bayern; Art. 20 Abs. 2 Verf. Brandenburg.

§ 232 *Sechzehnter Teil: II. Vergleichende Betrachtung der Landesgrundrechte*

weise „zu Zwecken, die der Verfassung und den Gesetzen nicht zuwiderlaufen", gewährleistet[881]. Berlin schließt in verfassungsgeschichtlich ungewöhnlicher Weise Vereinszwecke aus, „durch welche die Erfüllung von Aufgaben verfassungsmäßiger Organe und öffentlich-rechtlicher Verwaltungskörper gefährdet wird", woraus sich aber letztlich ebenfalls eine immanente Grenze der Gewaltlosigkeit herleiten läßt[882]. Die vielfach als gesondertes Landesgrundrecht gewährleistete Koalitionsfreiheit[883], die nach der Rechtsprechung des Bundesverfassungsgerichts ohnehin nur in einem „Kernbereich"[884] geschützt ist, räumt dem Koalitionspartner keinen „inhaltlich unbegrenzten und unbegrenzbaren Handlungsspielraum ein"[885]. Deshalb muß sich auch das ausdrücklich erwähnte und nur in der Verfassung Thüringens als Unterfall der Arbeitskampffreiheit behandelte Streikrecht[886] in die verfassungsmäßige Ordnung einbetten[887] und legitimiert keinen Einsatz körperlicher Gewalt[888].

d) Rechte anderer

172
Respektierung der Rechte anderer

Von jeher richten sich klassische grundrechtliche Abwehrrechte nur gegen den Staat, um individuelle Freiheitssphären auszugrenzen[889], vor denen „die Staatsgewalt haltmacht"[890]. Das Verhältnis der Bürger untereinander zu regeln, ist nicht Aufgabe der Grundrechte. Die Freiheitsausübung darf lediglich, wie schon die französische Menschenrechtserklärung von 1789 bekräftigt (Art. IV), Dritte nicht schädigen; wie auch wenige Jahre später das Preußische Allgemeine Landrecht die „natürliche Freyheit" als Grundlage der allgemeinen Rechte des Menschen darin sieht, „sein eignes Wohl ohne Kränkung der Rechte eines Andern suchen und befördern zu können"[891]. Daher ist die grundsätzliche Achtung des Eigentums Dritter allen Grundrechten als Grenze immanent. Während früher auch das Bundesverfassungsgericht in Übereinstimmung mit der herrschenden Auffassung im Schrifttum[892] die immanente Grenze fremden Eigentums anerkannt und der Kunstfreiheit attestiert hatte, daß sie sich „von vornherein nicht auf die eigenmächtige Inanspruchnahme oder Beeinträchtigung fremden Eigentums zum Zwecke der

---

881 Art. 17 Abs. 1 Verf. Bremen; Art. 13 Abs. 1 Verf. Rheinland-Pfalz. → Unten *Merten*, Landesgrundrechte in Rheinland-Pfalz, § 255 RN 81.
882 Vgl. Art. 27 Abs. 1 Verf. Berlin; → unten *Sodan*, Landesgrundrechte in Berlin, RN 69.
883 Art. 170 Abs. 1 Verf. Bayern; Art. 51 Abs. 1 Verf. Brandenburg; Art. 48 Verf. Bremen (einschließlich negativer Koalitionsfreiheit in Abs. 2); Art. 36 Abs. 1 Verf. Hessen (einschließlich negativer Koalitionsfreiheit in Abs. 2); Art. 66 Abs. 1 Verf. Rheinland-Pfalz; Art. 56 Abs. 1 Verf. Saarland; Art. 25 Verf. Sachsen; Art. 13 Abs. 3 Verf. Sachsen-Anhalt; Art. 37 Abs. 1 Verf. Thüringen.
884 *BVerfGE 58*, 233 (247); 77, 101 (63).
885 *BVerfGE 50*, 290 (368); 57, 220 (246); 58, 233 (247); 77, 1 (63).
886 Art. 27 Abs. 2 Verf. Berlin; Art. 51 Abs. 2 Satz 3 Verf. Brandenburg; Art. 51 Abs. 3 Verf. Bremen; Art. 29 Abs. 4 Verf. Hessen; Art. 66 Abs. 2 Verf. Rheinland-Pfalz; Art. 56 Abs. 2 Verf. Saarland; Art. 37 Abs. 2 Verf. Thüringen.
887 Vgl. *BVerfGE 88*, 103 (115); 92, 365 (394); 93, 352 (359).
888 *Carl Hermann Ule*, Streik und Polizei, 1972, S. 32 ff., 92 f.
889 Vgl. *Friedrich Giese*, Die Grundrechte, 1905, S. 76; *dens.*, Preußische Rechtsgeschichte, 1920, S. 198.
890 *Ernst Forsthoff*, Begriff und Wesen des sozialen Rechtsstaates, VVDStRL 12, (1954), S. 8 (18); auch in: *ders.*, Rechtsstaat im Wandel, Verfassungsrechtliche Abhandlungen 1954 bis 1973, ²1976, S. 65 (74).
891 § 83 Einl. ALR.
892 → Bd. III: *Papier*, Vorbehaltlos gewährleistete Grundrechte, § 64 RN 10; *Böckenförde*, in: Der Staat 42 (2003), S. 165 (175 f.); *Murswieck*, in: Der Staat 45 (2006), S. 473 (497).

künstlerischen Entfaltung (sei es im Werk- oder Wirkbereich der Kunst)" berufen dürfe[893], will es nun im Interesse der Entscheidung eines Einzelfalls von dieser grundlegenden und für die Grundrechtsdogmatik bedeutsamen Festlegung abweichen[894]. Das ist jedoch zur Lösung eines Falles weder nötig noch tunlich. Denn für Einzelfallentscheidungen ist die Preisgabe eines Grundsatzes, wie der Begriff schon nahelegt, nicht erforderlich. Ausnahmen von der immanenten Begrenzung der Grundrechte durch fremdes Eigentum hat es schon bisher gegeben. So kann der Eigentümer, dessen Grundrecht von vornherein durch das Eigentum anderer begrenzt wird, dennoch vom Staat beanspruchen, daß dieser ihm im Notfall einräumt, vom Nachbarn ein Notwegerecht zu verlangen[895]. Im Rahmen der Forschungsfreiheit dürfen fremde (publizierte) Forschungsergebnisse benutzt und in die eigene Darstellung einbezogen werden, wenn der Urheber angegeben wird. In ähnlicher Weise hätten sich in der *Sampling-Entscheidung* des Bundesverfassungsgerichts[896], bei der es um die Übernahme einer Rhythmussequenz von zwei Sekunden in eine eigene Musikproduktion ging, eine Lösung ohne Preisgabe grundrechtsdogmatischer Grundsätze finden lassen, zumal das Gericht dem Urheberrechtsgesetz bescheinigt hat, den grundrechtlichen Anforderungen zu genügen[897].

Zwar mag es auf den ersten Blick nicht erheblich erscheinen, ob das Eigentum Dritter von vornherein als immanente Begrenzung jedes Grundrechts wirkt oder ob es als Teil der Grundrechte anderer oder sonstiger Rechtsgüter mit Verfassungsrang als verfassungsunmittelbare Schranke zur Geltung kommt[898], wobei die (kollidierenden) Grundrechte der Beteiligten möglichst weitgehend „in praktischer Konkordanz zur Geltung" kommen sollen[899]. Dieser auf *Konrad Hesse*[900] zurückgehende Begriff der „praktischen Konkordanz" soll durch „verhältnismäßige" Zuordnung kollidierender Grundrechte oder verfassungsmäßige Rechtsgüter „beide zu optimaler Wirksamkeit gelangen ... lassen"[901]. Damit unterscheidet sich jedoch die Herantragung grundrechtsunmittelbarer Schranken erheblich von der immanenten Begrenzung. Sieht man Eigentum als immanente Grenze jedes Grundrechts, so enthält schon der Schutzbereich beispielsweise der Versammlungsfreiheit oder der Kunstfreiheit nicht die Möglichkeit des Zugriffs auf fremdes Eigentum. Grenzt man den Schutzbereich jedoch nicht von vornherein ein und zieht das Eigentum Dritter nur als kollidierendes Grundrecht heran, so findet eine Interessenabwägung durch die Gerichte statt, wobei das Grundrecht des Eigentums mit anderen Grundrechten kollidiert und beide im Wege der Abwägung auszugleichen sind, was

173
Immanenz versus „praktische Konkordanz"

---

893 *BVerfG*, Vorprüfungsausschuß NJW 1984, S. 1293 (1294 r.Sp.).
894 *BVerfG* v. 31. 5. 2016, NJW 2016, S. 2247 (2251 RN 90).
895 Vgl. § 917 BGB.
896 NJW 2016, S. 2247.
897 *BVerfG* NJW 2016, S. 2247 (2249 RN 76).
898 Vgl. *BVerfGE 67*, 213 (228); *83*, 130 (139); *119*, 1 (23); *128*, 1 (41); *139*, 19 (49f. RN 59); *BVerfG* NJW 2016, S. 2247 (2250 RN 84).
899 *BVerfG* NJW 2016, S. 2247 (2250 RN 82); *BVerfGE 137*, 273 (319 RN 124); *136*, 338 (368 RN 65); *134*, 204 (223 RN 68); *129*, 78 (102); *128*, 1 (41); *122*, 89 (107); *97*, 169 (176); *93*, 1 (21); *89*, 214 (232).
900 Grundzüge des Verfassungsrechts der Bundesrepublik Deutschland, ²⁰1995, RN 317 f.
901 AaO. RN 318.

sich auch zur Nachrangigkeit des Eigentums auswirken kann. Vielen Grundrechten wird damit ein Schutzbereich zugewiesen, der ihnen aufgrund der historischen Entwicklung, des Wortlauts und des Grundrechtszwecks nicht zukommt. Die Freizügigkeit, die Art. 15 Satz 2 Verf. Rheinland-Pfalz historisch zutreffend als das Recht umschreibt, „sich an jedem Orte aufzuhalten und niederzulassen, Grundstücke zu erwerben und jeden Erwerbszweig zu betreiben", sollte stets nur staatliche Aufenthaltsgebote oder -verbote verhindern, nicht aber Rechte gegen Dritte gewährleisten, um sich gegebenenfalls in deren Wohnungen gegen deren Willen aufzuhalten oder diese zu besetzen. Die Dehnung der Schutzbereiche, die nicht mehr teleologisch begrenzt werden, führt im Ergebnis zu einer rechtsstaatlich bedenklichen Einzelfalljudikatur, die dem Wesen einer Abwägung entsprechend im voraus nicht mehr bestimmbar und berechenbar wird. Der Urheber der praktischen Konkordanz hat selbst auf die Notwendigkeit einer sorgfältigen Analyse des „Normbereichs" aufmerksam gemacht und bedauert, daß diese „häufig verkannt und zugunsten der Fragen nach anderen Grenzen vorschnell übergangen wird"; dies insbesondere deshalb, weil sich „Grundrechtsprobleme bereits auf der Grundlage einer solchen Analyse lösen" lassen und die Frage daher verfehlt sei, ob ein Grundrecht unter anderen Gesichtspunkten begrenzt sei[902].

e) Verbot des Rechtsmißbrauchs

174
Mißbrauchsverbot als allgemeiner Rechtsgrundsatz

Die aus dem römischen Recht stammende exceptio doli (generali)[903] hat sich zu einem gemeineuropäischen Verbot des Rechtsmißbrauchs entwickelt[904]. Für die deutsche Rechtsordnung stellt das Verbot des Rechtsmißbrauchs einen allgemeinen Rechtsgrundsatz dar[905], „der nicht nur für das Privatrecht, sondern auch für das öffentliche Recht gilt und damit letztlich Teil eines allen Rechtsgebieten gemeinsamen (gemeinen) Rechts ist"[906]. Als „Allgemeingut der Rechtsordnung"[907] gehört es auch dem Verfassungsrecht an[908] und ist Grenze der Grundrechte[909]. Da das Mißbrauchsverbot jedem (subjektiven) Recht innewohnt, kann es aus dem Recht selbst abgeleitet und muß für das öffentliche Recht nicht mittels einer analogen Anwendung von Treu und Glauben (§ 242 BGB)[910] als Schranke von außen an das Recht herangetragen

---

902 *Konrad Hesse*, Grundzüge aaO., RN 310, S. 140; ebenso *Friedrich Müller*, Die Positivität der Grundrechte, ²1990, S. 87 f.
903 Vgl. *Max Kaser/Rolf Knütel*, Römisches Privatrecht, ¹⁷2003, § IV RN 15 (S. 51 f.), § 34 RN 18 f. (S. 208); *Rudolf Sohm/Ludwig Mitteis/Leopold Wenger*, Institutionen, ¹⁷1949, § 117, S. 705 ff.
904 → Bd. III: *Merten*, Immanente Grenzen und verfassungsunmittelbare Schranken, § 60 RN 47 m.w.N.
905 Vgl. *Bettermann*, Grenzen der Grundrechte (FN 851), S. 11 f.; *BVerfGE* 24, 119 (147); „Ausprägung des allgemeinen Rechtsgedankens, daß die mißbräuchliche Ausübung eines Rechts von der Rechtsordnung nicht geschützt wird"; *BGHZ* 3, 94 (103).
906 Vgl. *Bettermann*, NJW 1977, S. 513 (515 f.).
907 → Bd. II: *Selmer*, Zur Grundrechtsberechtigung von Mischunternehmen, § 53 RN 28.
908 Vgl. *BVerfGE* 30, 292 (316); *33*, 171 (186), wonach der Gesetzgeber seine Rechtssetzungsmacht nicht zu sachfremden Zwecken mißbrauchen darf.
909 *Bettermann*, Grenzen der Grundrechte (FN 851), S. 11 ff.; *Scheuner*, Grundfragen des modernen Staates, in: Hermann Wandersleb (Hg.), Recht – Staat – Wirtschaft, Bd. III, 1951, S. 126 (160); *Hans-Ullrich Gallwas*, Der Mißbrauch von Grundrechten, 1967, S. 17 ff.
910 So für das Prozeßrecht *BVerfGE* 104, 220 (232).

werden. „Wer von einem Recht zu einem anderen Zwecke Gebrauch macht, als wozu es ihm verliehen ist", handelt rechtsmißbräuchlich[911]. Nicht geschützt ist daher jede „zweckfremde, funktionswidrige Ausübung eines Rechts", die von dessen Inhalt nicht gedeckt ist und daher nur eine scheinbare Rechtsausübung darstellt[912]. Grundrechtsgebrauch und Grundrechtsmißbrauch schließen einander nach der bekannten, auch im deutschen Recht[913] akzeptierten Formel *Marcel Planiols*[914] „le droit cesse où l'abus commence" aus, so daß der Mißbrauch grundrechtlich geschützten Verhaltens bereits nicht vom grundrechtlichen Schutzbereich erfaßt wird. Wegen dieser logischen Konsequenz ist es unverständlich, daß das Bundesverfassungsgericht zu Art. 10 Abs. 1 GG die These vertritt, die „Möglichkeiten von Grundrechtsmißbräuchen" könne „ein rechtfertigender Grund für Grundrechtsbeschränkungen, nicht aber für Schutzbereichsbegrenzungen sein"[915]. Hatte das Gericht doch in seiner früheren Rechtsprechung das Mißbrauchsverbot letztlich als „eine Ausprägung des allgemeinen Rechtsgedankens, daß die mißbräuchliche Ausübung eines Rechts von der Rechtsordnung nicht geschützt wird", angesehen[916].

Ausdrückliche Mißbrauchsverbote finden sich häufiger in den Landesverfassungen als im Grundgesetz, das lediglich in Art. 74 Abs. 1 Nr. 16 GG dem Bund die konkurrierende Gesetzgebungskompetenz zur „Verhütung des Mißbrauchs wirtschaftlicher Machtstellung" verleiht. Der „Mißbrauch wirtschaftlicher Macht" wird auch von vielen Landesverfassungen als widerrechtlich, unzulässig oder rechtsschutzlos deklariert[917]. So statuiert Art. 58 Satz 2 Verf. Bayern, daß „offenbarer Mißbrauch des Eigentums oder Besitzrechts ... keinen Rechtsschutz" genießt. Speziell hinsichtlich der Verteilung und Nutzung des Bodens gebietet Art. 161 Abs. 1 Satz 2 Verf. Bayern: „Mißbräuche sind abzustellen". Art. 42 Abs. 1 Verf. Hessen meint, daß „der Großgrundbesitz" „... nach geschichtlicher Erfahrung die Gefahr politischen Mißbrauchs oder der Begünstigung militaristischer Bestrebungen in sich birgt" und deshalb im Rahmen einer Bodenreform einzuziehen ist, was nicht nur in dieser Allgemeinheit fragwürdig, sondern auch mit der grundgesetzlichen Eigentumsgarantie nicht vereinbar und daher nichtig ist. Art. 24 Abs. 2 Verf. Saarland begründet ein staatliches Richteramt und eine staatliche Schutzpflicht, wenn

175 Mißbrauchsverbote in Landesverfassungen

---

[911] *Bettermann.* Grenzen der Grundrechte (FN 851), S. 11.
[912] *Stern*, Staatsrecht III/2 (LitVerz.), § 87 III 2 c (S. 955 f.); *Walter Schmitt Glaeser*, Mißbrauch und Verwirkung von Grundrechten im politischen Meinungskampf, 1968, S. 133 FN 257; vgl. ferner *BGHZ 3*, 94 (103 f.); *Enneccerus/Nipperdey* (FN 564), S. 1441 in und zu FN 21; → Bd. III: *Schmitt Glaeser*, Grundrechtsverwirkung, § 74 RN 20.
[913] Vgl. *BGHZ 3*, 94 (103).
[914] *Marcel Planiol*, in: *ders./Georges Ripert*, Traité élémentaire de Droit Civil, II, Paris, ¹¹1932, S. 289 (No. 871).
[915] *BVerfGE 85*, 386 (397).
[916] *BVerfGE 24*, 119 (147).
[917] Art. 24 Verf. Berlin; Art. 42 Abs. 2 Satz 2 Verf. Brandenburg; Art. 42 Abs. 1 lit. a Verf. Bremen; Art. 39 Abs. 1, 2 und 4 Verf. Hessen; Art. 27 Abs. 2 Verf. Nordrhein-Westfalen; Art. 52 Abs. 2 Satz 2 Verf. Rheinland-Pfalz; Art. 44 Satz 2 Verf. Saarland; vgl. auch *E. Stein*, Die Antwort unserer Verfassungsordnung auf einen Mißbrauch wirtschaftlicher Macht, in: Carl-Eugen Eberle u. a. (Hg.), FS Brohm, 2002, S. 585 ff.

„Eltern ihre Pflicht zur Pflege und Erziehung der Kinder gröblich vernachlässigen oder ihr Erziehungsrecht durch Gewalt oder in sonstiger Weise mißbrauchen". Nach Art. 8 Satz 1 Verf. Saarland sind Parteien oder andere organisierte Gruppen, die verfassungsmäßig garantierte Freiheiten und Rechte durch Gewalt oder „Mißbrauch formaler Rechtsbefugnisse" aufheben oder untergraben wollen, verboten. Die Bedeutung aller dieser verfassungsunmittelbaren Mißbrauchsschranken liegt in ihrer bereits aufgrund des verfassungsgesetzlichen Unwerturteils („Mißbrauch") eintretenden Verringerung des Grundrechtsschutzes, auch wenn die Sanktionierung erst später erfolgt. Jedenfalls läßt sich die pauschale These des Bundesverfassungsgerichts[918] „Gedanken der allgemeinen Rechtsordnung [seien] nicht geeignet", Grundrechte zu relativieren, nicht halten, weil derartige Rechtsgrundsätze und Rechtsprinzipien Teil der gesamten Rechtsordnung und damit auch der Verfassungsordnung sind, wie sie auch das Bundesverfassungsgericht an anderer Stelle anerkannt hat[919].

176
Mißbrauch im Prozeß

Auch für das Prozeßrecht gilt das Verbot des Rechtsmißbrauchs. So erkennt das Bundesverfassungsgericht ein „ungeschriebenes Verbot des Mißbrauchs prozessualer Rechte" an und erachtet es als rechtsmißbräuchlich, wenn „ein Verfahrensbeteiligter ihm durch die Verfahrensordnung eingeräumte Möglichkeiten zur Wahrung seiner Belange benutzt, um statt des Schutzes seiner Rechte gezielt verfahrensfremde oder verfahrenswidrige Zwecke" zu verfolgen[920]. Rechtsmißbräuchlich handelt auch, wer eine Eigentumsposition nur erwirbt, um die Voraussetzung einer Prozeßführung z.B. gegen Planvorhaben zu erhalten (Sperrgrundstück). Denn hier wird die dingliche Rechtsstellung nur vorgeschoben, um ein Anfechtungsrecht zu erhalten, das weder der Allgemeinheit oder Verbänden noch quivis ex populo, sondern nur den vom Planungsvorhaben unmittelbar Betroffenen zusteht[921]. Einen Rechtsmißbrauch stellt auch die Erhebung einer Vielzahl von Klagen – meist aufgrund einer Initiative von Vereinigungen – wegen derselben Rechtssache dar, um die Arbeit der Gerichte bis hin zum Stillstand der Rechtspflege zu erschweren und damit Druck auf den Gesetzgeber im Interesse einer Gesetzesänderung auszuüben. Der Mißbrauch von Verfassungsbeschwerden ist mit einer Gebührenlast verbunden[922]. Auch exzessive Beweisanträge oder Befangenheitsanträge gegen Richter mit mißliebiger Rechtsauffassung können rechtsmißbräuchlich sein[923].

---

918 *BVerfGE 44*, 37 (53).
919 *BVerfGE 24*, 119 (147).
920 *BVerfGK 2*, 196 (201); vgl. auch *BVerfGE 100*, 220 (232); *BGH* NJW 1973, S. 2063 (2064); KG FamRZ 1988, S. 1105.
921 *BVerwGE 112*, 135 (136ff.); *Rainer Schmidt*, Neuere höchstrichterliche Rechtsprechung zum Umweltrecht, JZ 2001, S. 1165 (1166f.); a.A. *Masing*, Relativierung des Rechts durch Rücknahme verwaltungsgerichtlicher Kontrolle. Eine Kritik anlässlich der Rechtsprechungsänderung zu den „Sperrgrundstücken", NVwZ 2002, S. 810ff.
922 Vgl. § 34 Abs. 2 BVerfGG; hierzu *BVerfG* (Kammer), BayVBl. 2008, S. 574.
923 *BGH* MDR 1992, S. 280.

Eine besondere Erscheinungsform des Rechtsmißbrauchs ist die Schikane[924], weil auch hier von einem Recht in zweckwidriger Weise Gebrauch gemacht wird, indem es allein zu dem Zweck ausgeübt wird, einem anderen Schaden zuzufügen[925]. Da sich jedoch ungeachtet der Schädigungsabsicht vielfach noch andere vom Rechtsinhaber mitverfolgte Zwecke finden lassen, kommt das Schikaneverbot nur selten zur Anwendung. Schikanös ist es aber, die grundrechtlich geschützte Versammlungsfreiheit bis in die Nachtstunden des Heiligen Abends allein deshalb zu planen, um Polizeibeamte an der Feier des Fests im Kreise ihrer Familie zu hindern, weshalb das Vorhaben vom Schutzbereich der Versammlungsfreiheit nicht erfaßt wird[926]. Wenn auch die Sittenwidrigkeit einer Erbschaftsausschlagung zu Lasten des Sozialhilfeträgers umstritten ist[927], so liegt jedenfalls ein Verstoß gegen das Schikaneverbot vor, wenn der Ausschlagende ausdrücklich erklärt, damit allein dem Sozialhilfeträger den Zugriff auf die Erbschaft entziehen zu wollen.

177
Schikane

f) (Allgemeine) Verwirkung

Eine immanente Grenze der Grundrechte stellt schließlich die (allgemeine) Grundrechtsverwirkung dar, die sich von der (speziellen) Grundrechtsverwirkung in den Landesverfassungen und in Art. 18 GG unterscheidet, da letztere eine verfassungsunmittelbare Schranke darstellt[928]. Die (allgemeine) Grundrechtsverwirkung hat die im Zivilrecht[929] anerkannte Verwirkung für das Verfassungsrecht übernommen, da sie letztlich „für die gesamte Rechtsordnung Gültigkeit hat"[930]. Die Verwirkung ist eine Spezialform widersprüchlichen Verhaltens (venire contra factum proprium)[931] und liegt vor, wenn der Be-

178
(Allgemeine)
Verwirkung

---

924 *Bettermann*, Grenzen der Grundrechte (FN 851), S. 11.
925 Vgl. § 226 BGB; s. ferner *Enneccerus/Nipperdey* (FN 564), S. 1446 ff.; *Wolf/Neuner* (FN 148), § 20 RN 77; vgl. auch *BVerfGE 22*, 21 (26 f.); *RGZ 68*, 424 (425); *BGH NZG* 2007, S. 822; *NJW* 2008, S. 3438.
926 Vgl. in diesem Zusammenhang *BVerfG* (Kammer), *NVwZ* 2007, S. 574 (575).
927 Vgl. *BVerwG* v. 10. 4. 1991, Buchholz 436.0, § 92 c BSHG Nr. 5; *OLG Stuttgart*, *NJW* 2001, S. 3484; *LG Aachen*, *NJW-RR* 2005, S. 307 f.; *Ivo*, Die Erbschaftsausschlagung eines Sozialhilfeempfängers, *FamRZ* 2003, S. 6 ff.; → Bd. II: *Merten*, Negative Grundrechte, § 42 RN 194 in und zu FN 1100.
928 Hierzu unten RN 180; → Bd. III: *Schmitt Glaeser*, Grundrechtsverwirkung, § 74.
929 Vgl. *Enneccerus/Nipperdey* (FN 564), § 228 IV, S. 1392 ff.; *Wolf/Neuner* (FN 148), § 20 RN 89 ff.; *Wolfgang Siebert*, Verwirkung und Unzulässigkeit der Rechtsausübung, 1934; *Kegel*, Verwirkung, Vertrag und Vertrauen, in: FS Pleyer, 1986, S. 513 ff.; *Andreas Piekenbrock*, Befristung, Verjährung, Verschweigung und Verwirkung, 2006, S. 148 ff.; *BGHZ 25*, 47 (52 f.); *39*, 87 (92 f.); *84*, 280 (281); *103*, 62 (70 f.); *BGH MDR* 1989, S. 737; *BGH NJW* 1999, S. 1268 f.; *NJW* 2001, S. 1649; *NJW* 2003, S. 824; *Forsthoff* (FN 851), § 9, S. 172 ff.; *Wolff/Bachof/Stober/Kluth*, Verwaltungsrecht I, ¹²2007, § 25 RN 8; *W. Geiger*, Art. Verwirkung, in: Staatslexikon, ⁶1963, Bd. 8 Sp. 260 ff.; *Hans Adolf Groscurth*, Die Verwirkung im öffentlichen Recht (Diss. Göttingen), 1937; *Andreas Menzel*, Grundfragen der Verwirkung dargestellt insbesondere anhand des Öffentlichen Rechts, 1987; *Kokott*, Mißbrauch und Verwirkung von Souveränitätsrechten bei gravierenden Völkerrechtsverstößen, in: FS Rudolf Bernhard, 1995, S. 135 ff.; *BVerfGE 32*, 305 (308 f.); *33*, 265 (293); *81*, 97 (107 f.); *133*, 143 (161); *BVerfG* (Kammer), *NVwZ* 1990, S. 454; *ZBR* 1999, S. 200 f.; *NVwZ* 2005, S. 1334 f.; *BVerwGE 3*, 297 (299 f.); *16*, 262 (263 f.); *44*, 294 (298 ff.); *44*, 339 (343 f.); *52*, 16 (25); *78*, 85 (88); *102*, 33 (36); *108*, 93 (96); *BSGE 7*, 199 (200 f.); *16*, 79 (83); *24*, 256 (259); *30*, 230 (237); *BayVerfGHE 40*, 154 (159); *50*, 115 (121); *BayVerfGH BayVBl.* 2009, S. 142; *OVG Saarland AS 33*, 346 (348 f.); *BayObLG FamRZ* 1975, S. 647 (648); *LSG Rheinland-Pfalz NZS* 2005, S. 167; *LSG Schleswig-Holstein KHR* 2009, S. 66 ff.
930 *BVerwGE 108*, 93 (96); *Menger*, *VerwArch.* 66 (1975), S. 85 (89).
931 Ebenso *Forsthoff* (FN 851), S. 172; s. auch *Erwin Riezler*, Venire contra factum proprium, 1912; *Reinhard Singer*, Das Verbot widersprüchlichen Verhaltens, 1993; *Wolf/Neuner* (FN 148), § 20 RN 89; *BGH NJW* 2008, S. 2254 (2255).

rechtigte mit der möglichen Geltendmachung seines Rechts längere Zeit wartet („Zeitmoment") und der Anspruchsgegner annehmen darf, der Berechtigte werde sein Recht nicht mehr ausüben („Umstandsmoment")[932]. Es handelt sich also um ein widersprüchliches Verhalten durch Unterlassen einer Rechtsausübung, zu dem der Zeitablauf[933] hinzutritt. Daß unter diesen Voraussetzungen auch Grundrechte verwirkt werden[934], hat schon *Ulrich Scheuner*[935] bemerkt. Die Verwirkung als Folge unzulässigen widersprüchlichen Verhaltens hindert die Grundrechtsausübung nur im Einzelfall, ohne daß die Ausübung des grundrechtlich geschützten Verhaltens auch in anderen Fällen ausgeschlossen wird. Hier verhält es sich ähnlich wie beim Grundrechts(ausübungs)verzicht, bei dem ebenfalls auf die Ausübung eines Grundrechts nur im Einzelfall verzichtet wird[936].

g) Partielle immanente Grenzen

179
Bereichsspezifische immanente Grenzen

Von den generellen immanenten Grenzen sind partielle immanente Grenzen zu unterscheiden, die nur für bestimmte Grundrechte in Betracht kommen[937]. So stellt das Baurecht (im weiteren Sinne) eine immanente Grenze für die religiöse Kultusfreiheit und die Versammlungsfreiheit in geschlossenen Räumen dar[938]. Gottesdienste und Versammlungen setzen die baupolizeiliche Unbedenklichkeit der Gotteshäuser und Versammlungsräume voraus[939]. Bereits aus dem Begriff der „Ehe"[940] leiten sich grundrechtsimmanente Grenzen für die Ehen Gleichgeschlechtlicher[941], die Mehrfachehe[942], die Ehe auf Zeit oder die Geschwisterehe[943] ab. Insoweit darf der Gesetzgeber das Eherecht ausgestalten, ohne einer Ermächtigung hierfür zu bedürfen. Die Freizügigkeit[944] steht nur Personen in Freiheit zu. Diese „Freiheit der Person" muß uneingeschränkt gegeben sein, da jemand, der sich in polizeilichem Gewahr-

---

932 Hierzu *BGHZ 25*, 47 (51 f.); *84*, 280 (281); *103*, 62 (70 f.); *BGH*, NJW 2001, S. 1649; NJW 2003, S. 824; NJW 2004, S. 1330 ff.; NJW 2007, S. 147 (148); NJW 2007, S. 1273 (1275); NJW 2008, S. 2254 (2255).
933 Bloßer Zeitablauf allein reicht nicht aus, weil andernfalls längere Verjährungsfristen nicht mehr erschöpft werden könnten; vgl. *BGH* MDR 1991, S. 26; *Forsthoff* (FN 851), S. 173; zur Zeitdauer vgl. auch *BVerwG*, NVwZ 1991, S. 1182 (1183); *BayVGH*, BayVBl. 1991, S. 725; zur Verwirkung bei kurzen Verjährungsfristen *BGH*, JZ 1989, S. 255 f.
934 *BVerfGE 32*, 305 (309); *BSGE 34*, 211 (213 ff.); *Bettermann*, Der Schutz der Grundrechte in der ordentlichen Gerichtsbarkeit, GR III/2, S. 807 f.; *Dütz*, Die Verwirkung des Anspruchs auf Anrufung der Gerichte, NJW 1972, S. 1025 ff.
935 Die Funktion der Grundrechte im Sozialstaat, DÖV 1971, S. 505 (510 r. Sp.).
936 → Bd. III: *Merten*, Grundrechtsverzicht, § 73.
937 → Bd. III: *Merten*, Immanente Grenzen und verfassungsunmittelbare Schranken, § 60 RN 64 ff.
938 Ebenso *Scheuner*, Die Funktion der Grundrechte, DÖV 1971, S. 505 (507 r. Sp.).
939 Vgl. auch *Bettermann*, Grenzen der Grundrechte (FN 851), S. 8.
940 S. zur Ehefreiheit in den Landesverfassungen FN 153.
941 *BVerfG* (Kammer), NJW 1993, S. 3058 f.; *BayObLG*, NJW 1993, S. 1996 f.; *OLG Köln*, ebd. S. 1997 f.; *OLG Celle*, FamRZ 1993, S. 1082 f.; *Merten*, in: Isensee/Lecheler, Freiheit und Eigentum, FS W. Leisner, 1999, S. 615 (630); *Roland Finne*, Eheschließungen gleichgeschlechtlicher Paare?, 1996.
942 Vgl. § 1306 BGB.
943 Vgl. § 1307 Satz 1 BGB; zur Verfassungsmäßigkeit der Strafbarkeit des Geschwisterinzests *BVerfGE 120*, 224.
944 Art. 109 Abs. 1 Verf. Bayern; Art. 17 Verf. Berlin; Art. 17 Verf. Brandenburg; Art. 18 Verf. Bremen; Art. 6 Verf. Hessen; Art. 15 Verf. Rheinland-Pfalz; Art. 9 Abs. 1 Verf. Saarland; Art. 15 Verf. Sachsen-Anhalt; Art. 5 Verf. Thüringen; Art. 11 GG.

sam, in Untersuchungs- oder Strafhaft befindet, nicht an einem beliebigen anderen Ort Wohnsitz oder Aufenthalt nehmen kann. Diese immanente Grenze erklärt auch den engen Schrankenvorbehalt des Art. 11 Abs. 2 GG, der Grundrechtseinschränkungen zwar vorsieht, „um strafbaren Handlungen vorzubeugen", nicht aber um Verurteilungen wegen strafbarer Handlungen zu vollstrecken. Für die Eigentumsgarantie stellen die herkömmlichen strafrechtlichen Sanktionen[945] des Verfalls oder der Einziehung (§§ 73 ff. StGB) immanente Grenzen dar, die vom Verfassungsrecht „offensichtlich vorausgesetzt" und stillschweigend anerkannt werden[946]. Zwar steht die Petitionsfreiheit außer in Bayern[947] „jedem", aber nicht dem Anonymus zu, was schon wegen der Bescheidungspflicht[948] ausscheidet. Für den das moderne Wahlrecht prägenden Grundsatz der Allgemeinheit der Wahl[949] erkennt das Bundesverfassungsgericht „traditionelle Begrenzungen" an, die „von jeher aus zwingenden Gründen" als mit diesem Prinzip „verträglich angesehen" wurden[950]. Der herkömmliche Wahlrechtsausschluß betrifft Personen, für die ein Betreuer bestellt wurde oder die aufgrund richterlicher Anordnung in einem psychiatrischen Krankenhaus untergebracht sind, Personen, denen das Wahlrecht als Nebenstrafe aberkannt wurde, sowie Personen vor Erreichung eines Mindestalters[951].

4. Verfassungsunmittelbare Schranken

Im Gegensatz zu den immanenten Grenzen, die dem einzelnen Grundrecht von vornherein anhaften, stehen die Schranken, die von außen her an das Grundrecht herangetragen werden. Auch hier sind verfassungsimmanente und verfassungsunmittelbare Schranken zu unterscheiden. Ungeschriebene *verfassungsimmanente* Schranken müssen aus einer Gesamtexegese der Ver-

180
Immanente und unmittelbare Schranken

---

945 Vgl. *BGHSt 6*, 62 ff.; *8*, 205 (211 ff.); *10*, 28 ff.; *10*, 337 f.; *16*, 47 f.; *BGHSt* NJW 1952, S. 191; *OLG Saarbrücken*, NJW 1975, S. 65 ff. (66 sub III 2); *OLG München*, NJW 1982, S. 2330 f.
946 *Papier*, in: Maunz/Dürig, GG (LitVerz.), Art. 14 RN 657; ihm folgend *BVerfG* (Kammer), NJW 1993, S. 321 (322 a.E.); ebenso schon *H.P. Ipsen*, Eigentum und Sozialisierung, in: VVDStRL 10 (1952), S. 74 (88); *E.R. Huber*, Wirtschaftsverwaltungsrecht, Bd. II, ²1954, S. 40; vgl. auch *Merten*, Verfassungsprobleme der Versorgungsüberleitung, ²1994, S. 44 f.
947 Art. 115 Abs. 1 beschränkt sie auf „alle Bewohner Bayerns".
948 Vgl. *BVerfGE 2*, 225 (230); *13*, 54 (90); *BVerwG* NJW 1976, S. 637; NJW 1991, S. 936. Ein Bescheidungsanspruch wurde schon von *Ottmar Bühler*, Die subjektiven öffentlichen Rechte und der Schutz in der deutschen Verwaltungsrechtsprechung, 1915, S. 63 FN 82, S. 160, für Art. 32 der preußischen Verfassungsurkunde bejaht.
949 Art. 26 Abs. 4 Verf. Baden-Württemberg; Art. 14 Abs. 1 Satz 1 Verf. Bayern; Art. 39 Abs. 1; Art. 70 Abs. 1 Satz 1 Verf. Berlin; Art. 22 Abs. 3 Satz 1 Verf. Brandenburg; Art 75 Abs. 1 Satz 1 Verf. Bremen; Art. 6 Abs. 2 Satz 1 Verf. Hamburg; Art. 73 Abs. 2 Satz 1 Verf. Hessen; Art. 3 Abs. 3 Verf. Mecklenburg-Vorpommern; Art. 8 Abs. 1, Art. 57 Abs. 2 Satz 1 Verf. Niedersachsen; Art. 31 Abs. 1 Verf. Nordrhein-Westfalen; Art. 76 Abs. 1 Verf. Rheinland-Pfalz; Art. 63 Abs. 1 Verf. Saarland; Art. 4 Abs. 1 Verf. Sachsen; Art. 42 Abs. 1, Art. 89 Verf. Sachsen-Anhalt; Art. 4 Abs. 1 Verf. Schleswig-Holstein; Art. 46 Abs. 1 Verf. Thüringen; Art. 38 Abs. 1 GG.
950 *BVerfGE 36*, 139 (141, 142); *58*, 202 (205 sub B II 1); *123*, 267 (342): Gleicher Anteil an der Ausübung der Staatsgewalt für jeden Staatsangehörigen, „der aufgrund seines Alters und ohne den Verlust seines aktiven Wahlrechts wahlberechtigt ist"; s. auch *E 67*, 146 (148); *BVerfG* (Kammer), NJW 1991, S. 689 (690). → Bd. II: *P. M. Huber*, Natürliche Personen als Grundrechtsträger, § 49 RN 62.
951 Vgl. statt aller Wahlgesetze §§ 13 Nr. 1, Nr. 2 und Nr. 3, 15 Abs. 2 Nr. 1 und 2 BundeswahlG. H.M.: *BVerfGE 36*, 139 (141 f.); *67*, 146 (148); *H.H. Klein*, in: Maunz/Dürig, GG (LitVerz.), Art. 38 RN 94.

fassung gewonnen werden. So ist die souveräne Staatlichkeit Deutschlands ein vom Grundgesetz vorausgesetzter Verfassungsgrundsatz[952] ebenso wie die Identität der freiheitlichen Verfassungsordnung[953]. Im Gegensatz hierzu stehen *verfassungsunmittelbare* Schranken, die die Grundrechte unmittelbar aufgrund des Verfassungstextes beschränken. Eine eigenständige Kategorie bilden hierbei die Grundpflichten[954]. Diese verpflichten das Individuum „im Interesse des Gemeinwesens zu Leistungen bzw. Duldungen"[955] und beschränken damit insbesondere die negativen Grundrechte. Wenn das elterliche Erziehungsrecht zugleich als „oberste Pflicht" ausgestaltet ist[956], so limitiert die Verfassung damit das negative Grundrecht der Eltern, ihre Kinder nicht zu erziehen[957]. Landesverfassungsrechtliche Appelle zur Arbeit als einer „sittlichen Pflicht"[958] haben keine bindende Wirkung. Bloß appellativen Charakter haben auch Verfassungsbestimmungen, die zur Hilfeleistung bei Unglücksfällen, Notständen und Naturkatastrophen „nach Maßgabe der Gesetze" verpflichten[959]. Unmittelbare Beschränkung setzt stets Bestimmtheit und Klarheit der Schranken voraus[960]. Erforderlich ist eine hinreichende Normativität, so daß das Pathos von Präambeln oder die Vagheit von Staatszielbestimmungen keine Schrankenwirkungen entfalten können. Dem Sozialstaatsprinzip hat das Bundesverfassungsgericht wegen seiner Offenheit die Eignung abgesprochen, „Grundrechte ... unmittelbar ... zu beschränken"[961]. Bestimmtheitsprobleme wirft auch die in den Landesverfassungen angeordnete Gemeinwohlpflicht des Eigentums auf[962], die in der Sache nicht mehr als ein Schrankenvorbehalt ist, der der gesetzlichen Konkretisierung bedarf, „um praktikabel und justiziabel zu werden"[963]. Derartige Schrankenermächtigun-

---

952 Vgl. *BVerfGE 123*, 267 (343, 346, 406).
953 *BVerfGE 123*, 267 (343, 347); *129*, 124 (169, 177); *132*, 195 (238); *134*, 366 (386f.); *135*, 317 (399).
954 Vgl. *Merten*, Grundpflichten im Verfassungssystem der Bundesrepublik Deutschland, BayVBl. 1978, S. 854ff.; → Bd. II: *Randelzhofer*, Grundrechte und Grundpflichten, § 37.
955 *Randelzhofer* aaO., § 37 RN 56.
956 Art. 126 Abs. 1 Satz 1 Verf. Bayern; vgl. ferner Art. 12 Abs. 3 Verf. Berlin; Art. 27 Abs. 2 Verf. Brandenburg; Art. 23 Abs. 1 Verf. Bremen; Art. 55 Satz 1 Verf. Hessen; Art. 25 Abs. 1 Satz 1 Verf. Rheinland-Pfalz („oberste Pflicht"); Art. 24 Abs. 1 Satz 1 Verf. Saarland („vorrangig ihnen obliegende Pflicht"); Art. 22 Abs. 3 Satz 1 Verf. Sachsen („zuerst ihnen obliegende Pflicht"); Art. 11 Abs. 1 Satz 1 Verf. Sachsen-Anhalt; Art. 18 Abs. 1 Verf. Mecklenburg; Art. 6 Abs. 2 GG.
957 → Bd. II: *Merten*, Negative Grundrechte, § 42 RN 21, 159. Hierzu auch *Isensee*, Die verdrängten Grundpflichten des Bürgers, DÖV 1982, S. 609 (614 sub III 1).
958 Art. 8 Abs. 1 Verf. Bremen; Art. 28 Abs. 2 Verf. Hessen; auch Art. 166 Abs. 3 Verf. Bayern, wonach jedermann die Pflicht hat, „eine seinen Anlagen und seiner Ausbildung entsprechende Arbeit im Dienste der Allgemeinheit nach näherer Bestimmung der Gesetze zu wählen", hat ebenfalls nur appellativen Charakter, zumal es auf die nähere Bestimmung durch Gesetze verweist; so auch BayVerfGHE *46*, 273 (277).
959 So Art. 122 Verf. Bayern; Art. 10 Verf. Bremen.
960 Vgl. *BVerfGE 134*, 242 (293 RN 174); *134*, 141 (184 RN 126); *133*, 112 (132 RN 54); *132*, 195 (250 RN 134); *131*, 316 (343); *130*, 263 (301); *130*, 151 (202f.); *130*, 1 (36); *129*, 1 (23); *128*, 282 (317); *118*, 168 (187); *117*, 71 (113); *108*, 186 (235); *103*, 332 (384); *83*, 130 (145); *78*, 203 (212); *59*, 104 (114); *49*, 168 (181). S. auch *Grote*, Allgemeinheit und Bestimmtheit der Gesetze, in: Heun/Starck (Hg.), Das Gesetz, 2012, S. 137ff.
961 *BVerfGE 59*, 231 (263).
962 Art. 103 Abs. 2, Art. 158 Satz 1 Verf. Bayern; Art. 41 Abs. 2 Verf. Brandenburg; Art. 13 Abs. 1 Verf. Bremen; Art. 45 Abs. 2 Verf. Hessen; Art. 60 Abs. 2 Verf. Rheinland-Pfalz; Art. 51 Abs. 1 Verf. Saarland; Art. 31 Abs. 2 Verf. Sachsen-Anhalt; Art. 34 Verf. Thüringen; Art. 14 Abs. 2 GG.
963 *Bettermann*, Grenzen der Grundrechte (FN 851), S. 7.

gen zählen zu den verfassungsmittelbaren Schranken und werden in unterschiedlicher Terminologie als Schranke, Schrankenvorbehalt, Grundrechtsvorbehalt, Vorbehaltsklausel, Gesetzesvorbehalt, aber auch als Grundrechtsbeschränkung oder Beschränkungsermächtigung bezeichnet[964].

5. Schrankenschranken

a) Verbot des Einzelfallgesetzes und Zitiergebot

Bereits nach dem Zusammenbruch erscheinen in vorkonstitutionellen Verfassungen gleichsam als Vorläufer des späteren Zitiergebots Regelungen, wonach Grundrechtsbeschränkungen ausdrücklich zu erfolgen haben und kenntlich zu machen sind[965]. Die exemplarische Vorschrift findet sich dann in Art. 19 Abs. 1 GG, wonach ein grundrechtsbeschränkendes Gesetz „allgemein und nicht nur für den Einzelfall gelten" und außerdem „das Grundrecht unter Angabe des Artikels nennen" muß. Soweit Landesverfassungen die Grundrechte des Grundgesetzes als „unmittelbar geltendes Recht" rezipiert haben[966], sind nicht nur die Schutzbereiche, sondern auch die Grundrechtsbeschränkungen Bestandteil des Landesverfassungsrechts geworden[967]. Der landesverfassungsändernde Gesetzgeber ist daher an das Verbot des Einzelfallgesetzes und an das Zitiergebot bei rezipierten Grundrechten gebunden. Für autochthone Landesgrundrechte gilt dies nur, wenn sich entsprechende Vorschriften in den Landesverfassungen finden. Mit dem Grundgesetz übereinstimmende oder im Wortlaut ähnliche Regelungen über Schrankenschranken finden sich vor allem in den wiedervereinigungsveranlaßten Verfassungen. So schreiben die Landesverfassungen von Sachsen[968], Sachsen-Anhalt[969] und Thüringen[970] in Anlehnung an Art. 19 Abs. 1 GG vor, daß bei Einschränkungen eines Grundrechts durch Gesetz oder aufgrund eines Gesetzes „das Gesetz allgemein und nicht nur für den Einzelfall gelten" und außerdem „das Gesetz das Grundrecht unter Angabe des Artikels nennen" muß. Brandenburg[971] begnügt sich mit der Forderung, daß „in dem einschränkenden Gesetz ... das Grundrecht unter Angabe des Artikels zu nennen" ist. Hessen[972] verlangt, daß das Gesetz „ausdrücklich Bestimmungen über die Beschränkung oder Ausgestaltung des Grundrechts enthält".

181
Wirkung des Art. 19 Abs. 1 GG

Zweck des Verfassungsverbots grundrechtsbeschränkender Einzelfallgesetze ist die Wahrung der Gleichheit und die durch den Gleichheitssatz verbotene

182
Sinn des Verbots

---

964 → Bd. III: *Merten*, Immanente Grenzen und verfassungsunmittelbare Schranken, § 60 RN 83.
965 Vgl. Art. 123 Abs. 1 Satz 2 Verf. Baden; Art. 63 Abs. 2 Satz 2 Verf. Hessen. → Oben *Wittreck*, Bedeutung einzelstaatlicher Grundrechte für die Grundrechtsentwicklung, § 231 RN 115; → Bd. III: *Axer*, Zitiergebot, § 67 RN 3f.
966 S. die Nachw. in FN 106.
967 → Unten *Becker*, Landesgrundrechte in Schleswig-Holstein, § 259 RN 20; s. auch oben RN 36.
968 Art. 37 Abs. 1 Verf.
969 Art. 20 Abs. 1 Verf.
970 Art. 42 Abs. 3 Verf.
971 Art. 5 Abs. 2 Satz 3 Verf.
972 Art. 62 Abs. 2 Satz 1 Verf.

Ungleichbehandlung⁹⁷³. Der Gesetzgeber soll nicht unter Verstoß gegen den Gleichheitssatz aus einer Reihe gleichartiger Fälle einen Fall sondergesetzlich regeln⁹⁷⁴. Allerdings ist der Gesetzgeber allein wegen der Singularität eines Falles nicht an einem Gesetzerlaß gehindert⁹⁷⁵. Die Anforderung eines „allgemein" grundrechtsbeschränkenden Gesetzes ist erfüllt, „wenn sich wegen der abstrakten Fassung des gesetzlichen Tatbestandes nicht absehen lässt, auf wie viele und welche Fälle das Gesetz Anwendung findet"⁹⁷⁶. Das Verfassungsverbot schließt es nicht aus, einen Einzelfall zum *Anlaß* eines Gesetzes zu machen (Anlaß- oder Maßnahmegesetze⁹⁷⁷). Vielfach sind unbefriedigende Einzelergebnisse sogar Anstoß für generelle Regelungen⁹⁷⁸. Das unzulässige Einzelfallgesetz ist von einem „allgemein" geltenden Gesetz durch die „Unbestimmbarkeit der Anwendungsfälle" abgrenzbar. Ist nur ein „einmaliger Eintritt der vorgesehenen Rechtsfolge möglich", liegt ein verfassungswidriges Einzelfallgesetz vor⁹⁷⁹. Dagegen wirkt das Gesetz *allgemein*, wenn sich aufgrund der abstrakten Fassung gesetzlicher Tatbestände nicht absehen läßt, auf wie viele und welche Fälle das Gesetz anzuwenden ist⁹⁸⁰.

183
Getarnte Einzelfallgesetze

Das Verbot des Einzelfallgesetzes bezieht sich seinem Zweck entsprechend auch auf getarnte Einzelfallgesetze. Diese liegen vor, wenn eine gewollte Einzelfallregelung generell-abstrakt eingekleidet und damit die einzelfallbezogene legislative Entscheidung verschleiert wird. Ein „getarntes" oder „verkapptes" grundrechtsbeschränkendes Einzelfallgesetz ist ebenso verfassungswidrig wie ein „offenes"⁹⁸¹. Allerdings soll die dolose Absicht der am Gesetzgebungsverfahren beteiligten Organe nicht ausreichen, wenn „eine Norm nach ihrem objektiven Inhalt und ihrer möglichen Auswirkung als allgemeiner Rechtssatz anzusprechen" ist⁹⁸².

184
Zitiergebot

Das Zitiergebot hat Warn- und Besinnungsfunktion⁹⁸³. Der Gesetzgeber soll Sorgfalt, Disziplin sowie Mäßigung walten lassen und nur bewußt gewollte, nicht aber unbewußt gebilligte Grundrechtsbeschränkungen anordnen. Einschränkungen sind zu verdeutlichen und damit zu verantworten⁹⁸⁴. Nach dem Wortlaut der Verfassungsvorschriften gilt das Zitiergebot nur dann, wenn ein Grundrecht durch Gesetz oder aufgrund eines Gesetzes einschränkbar ist. Somit werden verfassungsunmittelbare Schranken, Inhaltsbestimmungen und Regelungsermächtigungen und – entsprechend der Warnfunktion – auch vorkonstitutionelle Gesetze nicht erfaßt⁹⁸⁵. Wenn Gerichte jedoch in extensiver

---

973 Vgl. *H. Dreier*, GG (LitVerz.), Art. 19 I RN 16; *Hans Schneider*, FS Carl Schmitt, S. 171.
974 Vgl. *BVerfGE 85*, 360 (374); hierzu auch *Sachs*, in: JuS 1993, S. 67 f.
975 Vgl. *BVerfGE 85*, 360 (374); *13*, 225 (229); ähnlich *E 7*, 129 (151); *10*, 134 (243); *24*, 33 (52); *25*, 371 (396); *99*, 367 (400).
976 *BVerfGE 121*, 30 (49) unter Hinweis auf *E 10*, 234 (242); *99*, 367 (400).
977 Hierzu auch *BVerfGE 24*, 33 (52); *15*, 126 (146 f.).
978 Hierzu *BVerfGE 13*, 225 (229).
979 *BVerfGE 25*, 371 (396) unter Hinweis auf *E 13*, 225 (229).
980 *BVerfGE 121*, 30 (49); *25*, 371 (396); vgl. auch *BVerfGE 24*, 33 (52); *15*, 126 (146 f.).
981 Vgl. *BVerfGE 10*, 234 (244); *99*, 367 (400); s. auch *Hildegard Krüger*, DVBl. 1955, S. 761 l. Sp.
982 So *BVerfGE 10*, 234 (245).
983 *BVerfGE 129*, 208 (237); *130*, 1 (29).
984 Vgl. *BVerfGE 64*, 72 (79); *Stern*, Staatsrecht III/2 (LitVerz.), § 83 III 2 a (S. 747).
985 Vgl. *BVerfGE 28*, 282 (289); *64*, 72 (80); *13*, 97 (122); *83*, 130 (154); *113*, 348 (366).

Interpretation aus Regelungsvorbehalten Beschränkungsermächtigungen gewinnen, die die Freiheit verkürzen, so stellt die Forderung nach einer Zitierpflicht keineswegs eine bloße „Förmelei" dar, wie das Bundesverfassungsgericht meint[986]. Erst recht muß das Zitiergebot für diejenigen Grundrechte gelten, die vorbehaltlos gewährleistet sind. Gesteht das Bundesverfassungsgericht dennoch dem Gesetzgeber Einschränkungen zu, z.B. aus Gründen des Kinder- und Jugendschutzes[987], so muß der Gesetzgeber gerade wegen der schwierigen verfassungsrechtlichen Abwägungen durch die Zitierung deutlich machen, daß er bei einer Indizierung künstlerischer Werke aus Gründen des Jugendschutzes den Verfassungsschutz der Kunstfreiheit beachtet hat[988]. Wortlaut und Zweck des Zitiergebots gebieten eine Anwendung auch auf Grundrechte außerhalb des Grundrechtskatalogs. Wenn Art. 104 Abs. 1 Satz 1 GG eine Beschränkung der Freiheit der Person „nur aufgrund eines förmlichen Gesetzes und nur unter Beachtung der darin vorgeschriebenen Formen" zuläßt, so muß für diesen Vorbehalt, der eine besondere Hürde errichtet, die Zitierpflicht in gleicher Weise gelten wie für ein Kataloggrundrecht. Der Verstoß gegen das Zitiergebot führt zur Nichtigkeit der grundrechtseinschränkenden Regelung[989].

b) Übermaßverbot

Die Landesverfassungen Brandenburgs, Sachsen-Anhalts und Thüringens verlangen für grundrechtsbeschränkende Gesetze die Wahrung beziehungsweise Achtung des Grundsatzes der „Verhältnismäßigkeit"[990]. Bei Landesverfassungen, die diese Schrankenschranke nicht enthalten, muß ebenso wie beim Grundgesetz auf allgemeine Prinzipien zurückgegriffen werden. Verhältnismäßigkeit wird vielfach schlicht als „allgemeiner (Rechts-)Grundsatz"[991], als Verfassungsgrundsatz oder als Prinzip angesehen[992]. Oft leitet das Bundesverfassungsgericht den Verhältnismäßigkeitsgrundsatz sehr pauschal „aus den allgemeinen Prinzipien des Grundgesetzes, insbesondere dem Rechtsstaatsprinzip[993]

185
Keine Ableitung aus dem Rechtsstaatsprinzip

---

986 *BVerfGE* 64, 72 (81); → Bd. III: *Axer*, Zitiergebot, § 67 RN 25.
987 Vgl. *BVerfGE* 83, 130 (139 ff.).
988 A.A. *BVerfGE* 83, 130 (154 sub B III 1).
989 *BVerfGE* 101, 1 (42 f.); 113, 348 (366); *Jarass*, in: ders./Pieroth, GG (LitVerz.), Art. 19 RN 7 a; *H. Dreier*, GG (LitVerz.), Art. 19 RN 29.
990 Art. 5 Abs. 2 Satz 1 Verf. Brandenburg; Art. 20 Abs. 2 Satz 1 Verf. Sachsen-Anhalt; Art. 42 Abs. 4 Satz 1 Verf. Thüringen.
991 *BVerfGE* 62, 117 (148).
992 Vgl. *BVerfGE* 17, 108 (117); 20, 45 (49); 77, 1 (44); 80, 286 (288); 91, 1 (55); 103, 21 (40); 110, 1 (13).
993 *BVerfGE* 6, 389 (439); 22, 180 (220); 23, 127 (133 sub II 4); 25, 69 (78); 27, 1 (8); 28, 264 (280); 29, 312 (316); 30, 1 (20); 34, 261 (267); 35, 382 (400 sub C II 1); 37, 167 (185); 39, 1 (47); 45, 187 (259 f.), 45, 272 (289); 46, 17 (29); 52, 214 (221); 57, 250 (270); 61, 126 (134); 69, 1 (2, 35); 75, 1 (16); 76, 256 (347, 359); 81, 310 (338 sub C II 4); 108, 129 (136); 113, 154 (162); 133, 143 (154 RN 28). *BVerfG* (Kammer), NJW 1993, S. 1911; BayVBl. 1993, S. 433, 749; NVwZ 1996, S. 1199 (1200); NJW 2003, S. 2285 ff.; vgl. auch *BVerwGE* 23, 127 (133); 26, 305 (309); 46, 175 (186); 61, 176 (183); *BVerwG* DVBl. 1979, S. 879; *BSGE* 61, 1 (2); *BayVerfGH* BayVBl. 1976, S. 431 (436); ZBR 2002, S. 429 (431); BayVBl. 1993, S. 429 (432); ebenso *Grabitz*, AöR 98 (1973), S. 568 (584); *Stern*, Staatsrecht, ²I (LitVerz.), S. 415, 861 f.; ders., Zur Entstehung und Ableitung des Übermaßverbots, in: Peter Badura/Rupert Scholz (Hg.), Wege und Verfahren des Verfassungslebens, FS Lerche, 1993, S. 165 (173 ff.); *P. Kirchhof*, HStR ³II, § 21 RN 86; ferner *BVerfG* (Kammer), NJW 1993, S. 3254 (3255): „Rechtsstaatsgebot". Vgl. jedoch auch *BVerfGE* 66, 337 (357), wo Rechtsstaatsprinzip und Verhältnismäßigkeitsgrundsatz nebeneinander

ab oder verweist auf den „Rechtsstaat"⁹⁹⁴. Die Ableitung aus dem Rechtsstaatsprinzip ist jedoch weder nachweisbar noch schlüssig⁹⁹⁵. Denn wäre der Verhältnismäßigkeitsgrundsatz tatsächlich „übergreifende Leitregel allen staatlichen Handelns"⁹⁹⁶, müßte diese für alle staatlichen Handlungen gelten⁹⁹⁷, für Leistungsgesetze ebenso wie für Eingriffsgesetze, für das Bund-Länder-Verhältnis in gleicher Weise wie für die Beziehungen des Bürgers zum Staat. Gerade für das Bund-Länder-Verhältnis hat das Bundesverfassungsgericht jedoch die Anwendbarkeit einer „aus dem Rechtsstaatsprinzip abgeleitete[n] Schranke" abgelehnt⁹⁹⁸. Auch für die Leistungsverwaltung ist das Übermaßverbot nicht anwendbar.

186
Freiheitsverbürgungen als Quelle des Übermaßverbots

Richtigerweise ist der Verhältnismäßigkeitsgrundsatz aus dem Prinzip Freiheit, vor allem aus dem Verhältnis von genereller Freiheitsverbürgung und spezieller Beschränkungsermächtigung abzuleiten. Denn die individuelle Freiheit ist grundgesetzliche Regel; Schranken und Beschränkungsmöglichkeiten sind Ausnahme. Dieses Regel-Ausnahme-Verhältnis bedingt den Vorrang der Freiheit vor der Beschränkung, weshalb das Bundesverfassungsgericht in einer frühen Entscheidung auch von der „grundrechtlich gebotenen Verhältnismäßigkeit und Zumutbarkeit" gesprochen hat⁹⁹⁹.

187
Begriff und Prüfungsstufen

Die Begriffe „Verhältnismäßigkeitsprinzip" und „Übermaßverbot" werden ungeachtet terminologischer Abgrenzungsschwierigkeiten weitgehend synonym, mitunter auch kumulativ verwendet. Allerdings ist die Bezeichnung „Übermaßverbot"¹⁰⁰⁰ letztlich eindeutiger. Denn verfassungsrechtlich wird nicht Verhältnismäßigkeit geboten, sondern Unverhältnismäßigkeit verboten, weil Mittel und Zweck „nicht außer Verhältnis stehen dürfen"¹⁰⁰¹. Darüber hinaus ist es schwieriger, das richtige Maß oder die richtige Proportion zu beurteilen, während es einfacher ist festzustellen, was „unverhältnismäßig"

---

gestellt werden. Art.1 § 1 Abs.2 des Zweiten Gesetzes zur Bereinigung von SED-Unrecht v. 23. 6. 1994 (BGBl. I S. 1311) sieht das Prinzip der Verhältnismäßigkeit als einen der „tragenden Grundsätze[n] eines Rechtsstaats" an.
994 *BVerfGE 20*, 45 (49 sub IV 1); *38*, 281 (298); *49*, 168 (184); *53*, 366 (417); *65*, 196 (215); *67*, 1 (15); *78*, 249 (285); *92*, 277 (279, 317, 325); *105*, 17 (32); *109*, 279 Ls. 6.
995 → Bd. III: *Merten*, Verhältnismäßigkeitsgrundsatz, § 68 RN 31 ff.
996 *BVerfGE 23*, 127 (133).
997 So auch *Stern*, Staatrecht ²I (LitVerz.), S. 415 zu FN 101; *ders.*, Bd. III/1, S. 870.
998 *BVerfGE 81*, 310 (383 sub C II 4).
999 *BVerfGE 9*, 338 (346). In späteren Entscheidungen hat das Gericht dann den Rechtsstaatsgrundsatz „mit der allgemeinen Freiheitsvermutung zugunsten des Bürgers" kombiniert und das Übermaßverbot „im Grunde bereits aus dem Wesen der Grundrechte selbst" hergeleitet, vgl. *BVerfGE 17*, 306 (313f.); *19*, 342 (348f.); vgl. auch *E 30*, 250 (263); *61*, 126 (134); *65*, 1 (44); *76*, 1 (50f.). → Bd. III: *Merten*, Verhältnismäßigkeitsgrundsatz, § 68 RN 35 ff.
1000 Vgl. *BVerfGE 16*, 194 (202); *73*, 206 (253); *84*, 212 (231); *86*, 288 (313); *88*, 203 (340); *89*, 155 (212); *90*, 145 (146 Ls. 2b, 3, 173, 183f., 186f., 189ff.); *92*, 91 (119); *95*, 96 (140); *96*, 10 (25f.); *103*, 21 (34); *105*, 17 (36); *109*, 133 (159, 161, 186); *110*, 33 (74); *110*, 370 (395); *113*, 29 (54); *115*, 97 (117); *117*, 71 (97, 100, 103f., 116, 119); *117*, 163 (197); *118*, 1 (38); *120*, 224 (240, 253, 271ff.); *120*, 351 (368); *121*, 371 (380); *124*, 43 (63, 69); *125*, 260 (362); *128*, 326 (373); *133*, 277 (332, 335, 339ff.); *134*, 242 (298); *Peter Lerche*, Übermaß- und Verfassungsrecht, 1961, ²1999.
1001 *BVerfGE 7*, 377 (378 Ls. 6 c); vgl. auch *E 70*, 278 (287); *72*, 302 (329); *75*, 1 (16); *78*, 38 (50); *78*, 155 (163); *78*, 179 (192); *78*, 232 (245); *81*, 156 (195); *90*, 145 (173); *103*, 21 (40); *109*, 279 (349ff.); *113*, 348 (382); *118*, 168 (195); *119*, 59 (87); *120*, 274 (321f.); *120*, 378 (428); *125*, 260 (368); *128*, 282 (310, 320); *130*, 372 (392); *131*, 268 (292); *133*, 277 (322); *134*, 141 (181, 187f.); *134*, 242 (298); *137*, 350 (378); *138*, 136 (200); *BVerfG* (Kammer), NJW 1992, S. 551 (552).

oder „übermäßig" ist[1002]. Die Verhältnismäßigkeit ist stufenweise zu prüfen, wobei eine Maßnahme nur dann nicht unverhältnismäßig ist, wenn folgende Voraussetzungen vorliegen: die Verfassungslegitimität von Eingriffsziel und Eingriffsmittel; die Geeignetheit des Eingriffsmittels; die Erforderlichkeit des Eingriffsmittels; die Proportionalität von Eingriffsziel und Eingriffsmittel sowie die Zumutbarkeit.

Verfassungslegitime Ziele und Mittel ergeben sich entweder ausdrücklich oder stillschweigend aus der Verfassung oder stellen sachgerechte und vernünftige Erwägungen des Gemeinwohls dar, die der verfassungsmäßigen Ordnung des Grundgesetzes nicht widersprechen[1003]. Im Falle einer Ungleichbehandlung von Gruppen müssen sich die Differenzierung und ihre Durchführung als verfassungslegitim erweisen. Die Verfassungslegitimität ist ausgeschlossen, wenn die Verfassung ausdrücklich oder stillschweigend bestimmte Ziele oder Mittel mißbilligt oder ihnen sogar Verfassungswidrigkeit attestiert. Die Vermeidung von Arbeitslosigkeit ist sicherlich ein legitimes Verfassungsziel, muß aber wegen Art. 109 Abs. 2 GG im Rahmen der Erfordernisse „des gesamtwirtschaftlichen Gleichgewichts" zusammen mit anderen Belangen gesehen werden, um Zielkollisionen zu vermeiden.

188
Verfassungslegitimität als Ziel und Mittel

Grundrechtseinschränkungen müssen geeignet[1004] sein, das mit ihnen erstrebte Ziel zu erreichen, weshalb auch vom Erfordernis der Zwecktauglichkeit gesprochen wird[1005]. Dabei genügt die abstrakte Möglichkeit der Zweckerreichung, weshalb dem Gesetzgeber vom Verfassungsgericht die Befugnis zur sachgerechten, vertretbaren Prognose eingeräumt wird[1006]. Für die Geeignetheit des Mittels bedarf es keiner Volleignung, sondern es reicht eine Teileignung oder eine Förderung des Zwecks[1007]. Einzelne Mängel machen ein Mittel noch nicht untauglich oder ungeeignet. Nachteilige Nebenwirkungen einer Regelung beeinträchtigen die Tauglichkeit erst, wenn die Zielsetzung in Frage gestellt wird. Wegen der weiten Einschätzungsprärogative des Gesetzgebers ist ein Gesetz nur selten wegen Ungeeignetheit verfassungswidrig[1008]. Das geeignete Mittel muß weiterhin erforderlich sein, um den erstrebten Zweck zu erreichen. Erforderlich ist eine Maßnahme nur dann, wenn sie einerseits überhaupt und andererseits in der gewählten Intensität oder zu dem bestimmten Zweck notwendig ist. Insbesondere dürfen keine anderen Maßnahmen zur Verfügung stehen, die den Normzweck in gleicher Weise erfüllen, aber die Ungleichbehandlung vermeiden oder verringern

189
Geeignetheit

1002 Vgl. *Karl Larenz*, Richtiges Recht, 1979, S. 132.
1003 Vgl. *BVerfGE 39*, 210 (225 sub C I 1).
1004 Vgl. *BVerfGE 17*, 306 (314 sub C II 2); *33*, 171 (187); *109*, 279 (336).
1005 *Lerche*, Übermaß- und Verfassungsrecht (FN 1000), S. 76; vgl. auch *BVerfGE 16*, 147 (181); *30*, 250 (263); *100*, 313 (373); *119*, 59 (85).
1006 *BVerfGE 77*, 84 (106); *90*, 145 (173); *109*, 279 (336).
1007 Ebenso *BVerfGE 30*, 292 (316); *39*, 210 (230); *63*, 88 (115); *67*, 157 (173); *70*, 278 (286); *71*, 206 (216); *71*, 206 (217); *80*, 1 (24 f.); *81*, 156 (192); *121*, 317 (354).
1008 Ebenso *BVerfGE 30*, 250 (263 f.).

§ 232 Sechzehnter Teil: II. Vergleichende Betrachtung der Landesgrundrechte

(Prinzip des mildesten Mittels)[1009]. Gesetzgeber und Gesetzanwender müssen sorgfältig die jeweils vorhandene Eingriffsskala im Auge haben, nicht erforderliche Schärfen vermeiden und den schonendsten Ausgleich wählen[1010].

190
Proportionalität von Eingriffsziel und -mittel

Das problemreichste und vielfach auch entscheidende Element des Verhältnismäßigkeitsgrundsatzes ist die Angemessenheit von Eingriffsziel und Eingriffsmittel, die auch als Verhältnismäßigkeit im engeren Sinne oder Übermaßverbot bezeichnet wird. Der Nutzen des Eingriffs für den Staat darf nicht außer Verhältnis zu dem Schaden für den Bürger stehen[1011]. Ob die Schwere des Eingriffs außer Verhältnis zu dem erstrebten Erfolg steht, beurteilt sich nicht allein nach dem unmittelbaren Nutzen für den Staat und dem unmittelbaren Schaden für den Bürger. Abwägungserheblich sind auch mittelbare Auswirkungen, beispielsweise auf die Rechtsüberzeugung, den Rechtsfrieden[1012] oder den Rechtsgehorsam. Auch bei der Beurteilung der Verhältnismäßigkeit einer Beschwer steht dem Gesetzgeber ein Wertungsspielraum zur Verfügung[1013]. Insbesondere im Strafrecht führt das Übermaßverbot zur Angemessenheit von Strafen, weshalb ein „gegen das verfassungsrechtliche Prinzip der Verhältnismäßigkeit verstoßendes Strafgesetz" „nicht Bestandteil der verfassungsmäßigen Ordnung sein" kann[1014]. Tatbestand und Rechtsfolge müssen sachgerecht aufeinander abgestimmt werden[1015]. Nach allem verlangt das Gebot der Verhältnismäßigkeit im engeren Sinn, daß die Schwere des Eingriffs bei einer Gesamtabwägung nicht außer Verhältnis zu dem Gewicht der ihn rechtfertigenden Gründe stehen darf[1016].

191
Zumutbarkeit

Ob neben der Zweck-Mittel-Relation die Zumutbarkeit ein eigenständiges Element[1017] des Übermaßverbots darstellt, ist umstritten. Allerdings wird in vielen Entscheidungen die Zumutbarkeit als äußerste Grenze der Proportionalität geprüft[1018], wobei eine übermäßige Belastung des Betroffenen zur Unzumutbarkeit führt[1019]. Neben der Zweck-Mittel-Relation gewinnt das Element der Zumutbarkeit eine eigenständige Bedeutung, wenn man es als

---

1009 *BVerfGE 55*, 72 (88); *85*, 238 (245 oben); *87*, 1 (36); *88*, 5 (12); *88*, 87 (97); *89*, 15 (23); *95*, 267 (317); *95*, 408 (418); *99*, 367 (389); *100*, 195 (205); *101*, 54 (101); *106*, 166 (176); *108*, 52 (68); *109*, 96 (124); *110*, 274 (291); *117*, 272 (300f.); *118*, 1 (26); *118*, 79 (100); *121*, 317 (371); *126*, 331 (361f.); Zippelius/Würtenberger, Deutsches Staatsrecht, ³²2008, § 23 RN 22; zum Prinzip des mildesten Mittels → Bd. III: Merten, Verhältnismäßigkeitsgrundsatz, § 68 RN 66 ff.
1010 Vgl. *BVerfGE 63*, 88 Ls.
1011 *BVerfGE 44*, 353 (373); *81*, 156 (194); *97*, 228 (262f.).
1012 Vgl. *BVerfGE 61*, 126 (136).
1013 Vgl. *BVerfGE 13*, 97 (113).
1014 *BVerfGE 45*, 187 (260).
1015 *BVerfGE 54*, 100 (108); *90*, 145 (173).
1016 *BVerfGE 115*, 320 (345 m.w. Hinweisen).
1017 Vgl. *Harald Schneider*, Die Güterabwägung des Bundesverfassungsgerichts bei Grundrechtskonflikten, 1979, S. 249; *Ossenbühl*, Zumutbarkeit als Verfassungsmaßstab, in: Rüthers/Stern (Hg.), Freiheit und Verantwortung im Verfassungsstaat, FG Gesellschaft für Rechtspolitik, 1984, S. 316 ff.
1018 *BVerfGE 67*, 157 (178); ähnlich *BVerfGE 30*, 292 (316); *36*, 47 (59); *61*, 291 (312); *67*, 157 (178); *68*, 155 (171); *71*, 183 (197); *72*, 26 (31); *77*, 308 (332); *78*, 77 (85, 86); *78*, 249 (285); *79*, 256 (270); *81*, 156 (189); *85*, 226 (234, 236f.); *90*, 145 (173); *91*, 207 (225); *94*, 268 (290); *95*, 193 (217); *96*, 44 (53); *110*, 177 (195f.); *115*, 166 (192); *119*, 394 (417); *130*, 372 (391).
1019 Vgl. *BVerfGE 76*, 220 (238); *85*, 226 (234, 236f.); *100*, 226 (243); mit Anmerkung von *Ossenbühl*, JZ 1999, S. 899f.; *58*, 137 (148); *72*, 9 (23); vgl. auch *E 21*, 150 (155); *72*, 9 (23); *80*, 297 (312); BVerfG (Kammer), NJW 2000, S. 1781 f.

„Maßstab der Einzelfallgerechtigkeit" (*Ossenbühl*)[1020] und als zusätzliches Korrektiv für eine bei genereller Abwägung noch verfassungsmäßige Relation zwischen Mittel und Zweck sieht[1021]. Jedenfalls muß bei einer Gesamtabwägung zwischen der Schwere des Eingriffs und dem Gewicht sowie der Dringlichkeit der ihn rechtfertigenden Gründe die Grenze der Zumutbarkeit für den Adressaten des Verbots gewahrt sein[1022].

c) Wesensgehaltsgarantie

Schon unter der Geltung der Weimarer Reichsverfassung hat *Carl Schmitt*[1023] darauf hingewiesen, daß der grundrechtlich gewährleistete Schutz bürgerlicher Freiheit zur Substanz der Verfassung gehöre und durch verfassungsgesetzliche Normierung zwar modifizierbar sei, daß aber die völlige Vernichtung der Grundrechte „mehr als eine bloße Verfassungsrevision ist". *Albert Hensel* forderte, der Gesetzgeber solle bei Grundrechtsbeschränkungen „den *Wert* der grundrechtlichen Entscheidung unangetastet lassen" und die in den Grundrechten liegenden „Grundentscheidungen" respektieren[1024]. Gleichermaßen wollte man Schutz vor der Legislative mit Hilfe „institutioneller Garantien" erlangen, deren Beseitigung „im Wege der einfachen Gesetzgebung unmöglich" sein sollte[1025], weil ein „Minimum dessen, was ein Wesen ausmacht"[1026], als verfassungskräftig verankert gesehen wurde.

192 Vorüberlegungen in der Weimarer Zeit

Eingedenk dieser Erkenntnisse haben nach dem Zusammenbruch die vorkonstitutionellen Verfassungen von Baden[1027] und Hessen[1028] bestimmt, daß im Falle einer verfassungsrechtlich zulässigen Beschränkung oder Ausgestaltung eines der Grundrechte durch Gesetz „das Grundrecht als solches unangetastet bleiben" muß. Art. 98 Satz 1 Verf. Bayern sieht vor, daß die durch die Verfassung gewährleisteten Grundrechte „grundsätzlich nicht eingeschränkt werden" dürfen, gestattet dann im folgenden Satz aber doch Einschränkungen aus bestimmten Gründen[1029]. Eine mit der badischen und hessischen Regelung fast wortgleiche Formulierung findet sich in Art. 21 Abs. 4 Satz 2 des Verfassungsentwurfs von Herrenchiemsee[1030]. Sie wurde vom Parlamentarischen Rat in das Grundgesetz übernommen, um den Gesetzgeber zu hindern, „ein

193 Unantastbarkeit der Grundrechte als solcher

1020 Zumutbarkeit als Verfassungsmaßstab (FN 1017), S. 318 sub I 3.
1021 Vgl. *BVerfGE 100*, 226 (244).
1022 *BVerfGE 120*, 224 (241).
1023 Verfassungslehre, 1928, 4. Auflage als unveränderter Nachdruck, 1965, S. 177.
1024 Die Rangordnung der Rechtsquellen, insbesondere das Verhältnis von Reichs- und Landesgesetzgebung, in: Anschütz/Thoma, Handbuch des Deutschen Staatsrechts, Bd. II, 1932, S. 313 (316 FN 2).
1025 *Carl Schmitt* aaO., S. 170. Zum Verhältnis von institutioneller Garantie und Wesensgehaltsgarantie *Quaritsch*, Art. Institutionelle Garantie, Evangelisches Staatslexikon, 3. Aufl., Bd. I, Sp. 1351 (1353f.).
1026 So *Thoma*, in: Hans Carl Nipperdey (Hg.), Die Grundrechte und Grundpflichten der Reichsverfassung, Bd. I, 1929, S. 1 (33).
1027 V. 19.5.1947 (Regbl. S. 129), Art. 123 Abs. 1 Satz 1.
1028 Art. 63 Abs. 1 Verf.
1029 Die bayerische Regelung geht auf eine Intervention der amerikanischen Besatzungsmacht zurück, die auf die Rechtsprechung ihres Supreme Court verwies; hierzu *Heydenreuther*, Office of Military Government for Bavaria, in: Christoph Weisz (Hg.), OMGUS-Handbuch, 1994, S. 143 (210).
1030 Vgl. Bericht über den Verfassungskonvent auf Herrenchiemsee, S. 22f.

§ 232 *Sechzehnter Teil: II. Vergleichende Betrachtung der Landesgrundrechte*

Grundrecht als solches in seinem Bestand" anzugreifen[1031] oder „in seiner Substanz [zu] kränken"[1032]. Art. 19 Abs. 2 GG diente dann nachkonstitutionellen Verfassungen als Vorbild. So enthalten die Verfassungen des Saarlands (Art. 21 Satz 1) und Berlins (Art. 36 Abs. 2) eine der grundgesetzlichen Wesensgehaltsgarantie vergleichbare Regelung. Fast wörtlich haben mit Ausnahme Mecklenburg-Vorpommerns die Verfassungen aller „neuen" Länder Art. 19 Abs. 2 GG wörtlich übernommen[1033].

194
Starre Garantie eines Kernbereichs

Wendet sich die „neue ... Sicherung"[1034], wie Entstehungsgeschichte und systematischer Zusammenhang zeigen, auch in erster Linie an den Gesetzgeber, so bleiben die gesetzesanwendenden Gewalten nicht ausgeklammert[1035]. Allen Umschreibungen der Wesensgehaltsgarantie („Wesensgehaltssperre", „Substanzgarantie"[1036], Schutz des „Grundgedankens") ist die Vorstellung gemeinsam, daß ungeachtet aller Beschränkungsmöglichkeiten und Beschränkungsmodalitäten das Essentielle eines Grundrechts oder dessen Kernbereich[1037] integer bleiben muß und „in keinem Falle" angetastet werden darf. Wo die Grenze zwischen dem gesetzlich beschränkbaren *Rand*bereich und dem (für den Gesetzgeber) unantastbaren *Kern*bereich[1038] verläuft, läßt sich abstrakt nur schwer umschreiben und muß für jedes Grundrecht gesondert ermittelt werden[1039]. Wenn auch der Verhältnismäßigkeitsgrundsatz viele Grundrechtsbeeinträchtigungen als verfassungswidrig herausfiltert, macht er die Wesensgehaltssperre nicht überflüssig, so daß beide nicht vermengt werden dürfen[1040]. Eine Grundrechtsbeschränkung im Randbereich kann wegen Unverhältnismäßigkeit verfassungswidrig sein, ohne deshalb den Wesensgehalt zu tangieren, und umgekehrt kann eine verhältnismäßige Beschränkung dennoch gegen die Wesensgehaltsgarantie verstoßen. Während das Übermaßverbot einen variablen Grundrechtsschutz vermittelt, weil sich die Verfassungsmäßigkeit des Grundrechtseingriffs am jeweiligen Zweck orientiert (Zweck-Mittel-Relation), errichtet die Wesensgehaltsgarantie eine *starre* und *absolute* Grenze[1041]. Diese muß aus der Sicht aller Grundrechtsträger, also in genereller Weise ermittelt werden. Regelungen wie der gezielte Todesschuß, die lebenslange Freiheitsstrafe[1042] oder eine Sicherungsverwahrung[1043] tangieren daher nicht den Wesensgehalt, auch wenn für einzelne der Kernbereich

---

1031 So der Vorsitzende des Grundsatzausschusses, Dr. *v. Mangoldt* (CDU) in der 6. Sitzung v. 5. 10. 1948, in: Der Parlamentarische Rat 1948–1949, Akten und Protokolle, Bd. 5/I, 1993, S. 150.
1032 So der Abg. *Carlo Schmid* (SPD), Parlamentarischer Rat, 2. Sitzung v. 8. 9. 1948, Sten. Ber., S. 14 r. Sp.
1033 Art. 5 Abs. 2 Satz 2 Verf. Brandenburg; Art. 37 Abs. 2 Verf. Sachsen; Art. 20 Abs. 2 Satz 2 Verf. Sachsen-Anhalt; Art. 42 Abs. 4 Satz 2 Verf. Thüringen.
1034 *V. Mangoldt/Klein*, GG (LitVerz.), Art. 19 Anm. II 2, S. 540.
1035 Vgl. statt aller *H. Dreier*, GG (LitVerz.), Art. 19 II RN 11.
1036 *V. Mangoldt*, GG (LitVerz.), Art. 19 Anm. IV, S. 120.
1037 Vom „Kerngehalt" spricht Art. 36 Abs. 4 der schweizerischen Bundesverfassung.
1038 Vgl. auch *BVerfGE 2*, 266 (285): „Wesenskern des Grundrechts als solcher".
1039 So auch *BVerfGE 22*, 180 (219); *30*, 47 (53).
1040 So auch *BVerfGE 7*, 377 (411); *16*, 194 (201); keinesfalls kann die Verhältnismäßigkeit mit der Begründung unerörtert bleiben, daß der Wesensgehalt nicht angetastet werde, so jedoch *BVerwGE 2*, 324 (327).
1041 *BVerfGE 16*, 194 (201); *31*, 58 (69): „äußerste Grenze".
1042 Vgl. *BVerfGE 117*, 71 (96).
1043 Vgl. *BVerfGE 109*, 133 (156).

von Grundrechten getroffen wird[1044]. Bereits aus dem Wortlaut der Wesensgehaltsgarantie-Bestimmungen ist erkennbar, daß diese Schrankenschranke nicht bei Verfassungsänderungen greift, da sie nur den einfachen, nicht aber den verfassungsändernden Gesetzgeber bindet[1045]. Allerdings kann die Verfassungsänderung im Einzelfall Art. 79 Abs. 3 GG beeinträchtigen, ohne daß der Wesensgehalt mit dem Menschenwürdegehalt eines Grundrechts gleichgesetzt werden darf[1046].

E. Grundrechtsverlust

Der Grundrechtsverlust kann außer durch Tod, durch Grundrechtsverzicht oder durch Grundrechtsverwirkung eintreten.

195
Unterfälle

I. Grundrechtsverzicht

Der Begriff des Grundrechtsverzichts[1047] ist schillernd. Zunächst ist die rein faktische Nichtausübung von Grundrechten auszuklammern, bei der jemand eine grundrechtlich geschützte Tätigkeit nicht wahrnimmt oder von einem Recht nicht Gebrauch macht. Hierzu ist er grundsätzlich befugt und im Rahmen der „negativen Grundrechte" auch geschützt, sofern nicht eine verfassungsrechtliche oder gesetzliche Pflicht, z.B. die elterliche Erziehungspflicht, ihn daran hindert. Wer lieber im Wirtshaus bleibt, als wählen zu gehen, „verzichtet"[1048] nicht auf sein Wahlrecht, sondern nimmt es lediglich nicht wahr, so daß er es für eine konkrete Wahl mit Zeitablauf verliert. Im Gegensatz zur faktischen Nichtausübung eines Rechts steht der Verzicht im Rechtssinn, der ebenso wie im Zivilrecht die Aufgabe eines Rechts durch einseitiges Rechtsgeschäft (rechtsgeschäftliche Willensbetätigung, Erklärung) meint[1049]. Dabei kann zwischen dem Verzicht auf die Ausübung eines Grundrechts (Grundrechtsausübungsverzicht) und dem Verzicht auf das Grundrecht selbst (Grundrechtsverzicht i.e.S.) differenziert werden[1050].

196
Grundrechtsverzicht „als Konglomerat"

1044 Ebenso *BVerfGE 2*, 266 (285); *89*, 155 (174 f.).
1045 Vgl. *BVerfGE 109*, 279 (310 f.).
1046 *BVerfGE* aaO., S. 311.
1047 → Bd. III: *Merten*, Grundrechtsverzicht, § 73.
1048 Dieser unpräzisen Terminologie bedient sich gelegentlich auch das Bundesverfassungsgericht, vgl. *E 65*, 1 (43); *5*, 77 (82).
1049 Vgl. *Wolff/Bachof/Stober/Kluth*, Verwaltungsrecht I, ¹²2007, § 43 RN 81; *Stern*, Bd. III/2 (LitVerz.), § 86 (S. 887 ff.). S. auch *Jens Kleinschmidt*, Der Verzicht im Schuldrecht, 2004.
1050 Vgl. *Bettermann*, AöR 96 (1971), S. 528 (557); *v. Münch*, in: Hamburg-Deutschland-Europa, FS H.P. Ipsen, 1977, S. 126 f.; *Christian Hillgruber*, Der Schutz des Menschen vor sich selbst, 1992, S. 134 (135); *Erichsen*, in: Fortschritte des Verwaltungsrechts, FS H. J. Wolff, 1973, S. 239; a.A. *Dürig*, Der Grundsatz der Menschenwürde, AöR 81 (1956), S. 117 (152); *Jürgen Schwabe*, Probleme der Grundrechtsdogmatik, 1977, S. 92 (95); *Robbers*, Der Grundrechtsverzicht, in: JuS 1985, S. 925; *Sturm*, Probleme eines Verzichts auf Grundrechte, in: Menschenwürde und freiheitliche Rechtsordnung, FS Geiger, 1974, S. 173 (185), der jedoch zu Unrecht in dem Einlaß eines Polizeibeamten in die Wohnung keinen Verzicht sieht.

§ 232 *Sechzehnter Teil: II. Vergleichende Betrachtung der Landesgrundrechte*

197
Verzicht bei Schutzrechten

Im einzelnen richtet sich der Grundrechtsausübungsverzicht nach der jeweiligen Grundrechtsstruktur. So setzen Schutzrechte[1051] oder (bloße) Abwehrrechte, die wie die Grundrechte der Unverletzlichkeit der Wohnung oder der Freiheit der Person bestimmte Bereiche oder Sphären sichern, aber nicht zu Handlungen berechtigen, einen Staatsabwehrwillen des Berechtigten als subjektives Merkmal voraus. Dies wird mitunter in den Grundrechtsbestimmungen dadurch deutlich, daß staatlicher Zwang untersagt[1052] oder niemand „gegen seinen Willen" zu einer Handlung verpflichtet werden darf[1053]. Handelt der Berechtigte jedoch freiwillig oder willigt er ein[1054], so entfällt schon die tatbestandliche Einschlägigkeit des Grundrechts und fehlen erst recht die Voraussetzungen eines Grundrechtseingriffs[1055]. Vielmehr erstreckt sich der grundrechtliche Schutzbereich, sofern er den „Staatsabwehrwillen" als Tatbestandsmerkmal umfaßt, von vornherein nicht auf Betroffene, die mit dem (scheinbaren) Grundrechtseingriff einverstanden sind. Einverständnis oder Einwilligung schließen schon begrifflich das Tatbestandsmerkmal des Zwangs aus[1056]. Werden in den Landesverfassungen bestimmte Rechtsgüter wie „Briefgeheimnis"[1057] oder „Wohnung"[1058] als „unverletzlich" deklariert, so wird ebenfalls ein Staatsabwehrwille des Berechtigten vorausgesetzt. Wer gestattet und einverstanden ist, kann nicht verletzt werden[1059]. Ebenso fehlt es an einem „Eingriff", wenn der Berechtigte diesen von vornherein billigt. Sind Bürger mit einer Datenerfassung einverstanden, so werden sie nicht in ihrem Datenschutzrecht verletzt[1060]. In diesem Sinne gewährleistet Art. 33 Satz 1 Verf. Berlin das Recht des einzelnen, „grundsätzlich selbst über die Preisgabe und Verwendung seiner persönlichen Daten zu bestimmen"[1061]. Allerdings kann der Gesetzgeber im Rahmen grundrechtlicher Beschränkungsmöglichkeiten eine Einwilligung des Grundrechtsträgers ausschließen oder limitieren, was vielfach in dessen wohlverstandenem Interesse[1062] ist, so daß die Rechtsordnung im Rahmen derartiger Vorschriften einen „Grundrechtsschutz gegen

---

1051 Vgl. zur Unterscheidung von Schutzrechten und Freiheitsrechten *Friedrich Giese*, Die Grundrechte, 1905, S. 61; *Roman Herzog*, Allgemeine Staatslehre, 1971, S. 373.
1052 Art. 107 Abs. 6: „Niemand darf zu einer kirchlichen Handlung oder zur Teilnahme an religiösen Übungen ... gezwungen werden"; ähnlich Art. 13 Abs. 3 Verf. Brandenburg; Art. 48 Abs. 2 Verf. Hessen; Art. 8 Abs. 3 Satz 1 Verf. Rheinland-Pfalz.
1053 Vgl. Art. 9 Abs. 3 Satz 2 Verf. Sachsen-Anhalt: „Kein Lehrer darf gegen seinen Willen verpflichtet werden, Religionsunterricht zu erteilen".
1054 Vgl. §§ 183, 184 BGB.
1055 *Bethge*, Der Grundrechtseingriff, in: VVDStRL 57 (1998), S. 7 (44f.); *Hillgruber*, Der Schutz des Menschen vor sich selbst, S. 135f.; → Bd. III: *Merten*, Grundrechtsverzicht, § 73 RN 1.
1056 Vgl. auch *Pietzcker*, in: Der Staat 17 (1978), S. 543.
1057 S. die Nachw. in FN 479.
1058 Nachw. in FN 480.
1059 Vgl. *BVerfGE 97*, 228 (265 sub V 1): „gegen den Willen der Bewohner eindringen"; *Herdegen*, in: Bonner Kommentar (LitVerz.), Art. 13 RN 44; *Kunig*, in: v. Münch/ders., GG (LitVerz.), Art. 13 RN 19; *Jarass*, in: ders./Pieroth, GG (LitVerz.), Art. 13 RN 10.
1060 Vgl. *BVerfGE 85*, 386 (398); *OVG Bremen*, NJW 1995, S. 1769 (1771 sub II 1 c).
1061 *BVerfGE 65*, 1 (41f.); *78*, 77 (84); *84*, 192 (194); *113*, 29 (45f.); *115*, 166 (187f.); *120*, 274 (312); *130*, 1 (35); *130*, 151 (183).
1062 So untersagt § 136 a Abs. 3 StPO bestimmte Vernehmungsmethoden „ohne Rücksicht auf die Einwilligung des Beschuldigten".

sich selbst"[1063] statuiert. Im einzelnen muß die Einwilligungserklärung eindeutig sein, kann aber auch stillschweigend oder durch schlüssiges Verhalten erfolgen und sich auf einen konkreten Fall beziehen[1064].

Der Verzicht auf die Grundrechtsausübung ist Teil der individuellen Freiheit, von dieser Gebrauch zu machen, aber auch sich ihrer Ausübung oder ihrer Obhut zu begeben[1065]. Diese individuelle Freiheit wird nur beschränkt, wenn Verfassungsrecht oder verfassungsgemäßes Gesetzesrecht entgegenstehen. Das wie in Art. 1 Abs. 2 GG so auch in vielen Landesverfassungen[1066] enthaltene Bekenntnis zu (unverletzlichen und unveräußerlichen) Menschenrechten steht einem Grundrechtsausübungsverzicht nicht entgegen. Denn die Bekenntnisformel drückt feierliche Programmatik[1067], nicht aber Grundrechtspositivität aus, da sie sich in einer Konfession erschöpft und moralische, nicht juristische Bindungskraft heischt. Sind Grundrechte primär subjektiv-öffentliche Rechte des einzelnen, so ist der Verzicht auf die Grundrechtsbetätigung ein Fall des Grundrechtsgebrauchs. Daher ist von der grundsätzlichen Dispositionsbefugnis des Grundrechtsträgers auszugehen[1068], der darüber entscheidet, ob er der Grundrechtsausübung entsagen will. Hierfür bedarf es grundsätzlich keines wichtigen Grundes, wie die Rechtsprechung mitunter in Verkennung der fehlenden (unmittelbaren) Drittwirkung der Grundrechte irrig angenommen hat[1069]. Vielmehr bedarf es umgekehrt ausdrücklicher (verfassungs-)gesetzlicher Verbote[1070] oder überwiegender Allgemeininteressen, um eine Dispositionsbefugnis zu verneinen. So steht das Recht der geheimen Wahl[1071] derartig überwiegend im Gemeininteresse, daß ein Ausübungsverzicht ausscheiden muß[1072].

198
Grundrechtsverzicht als Grundrechtsgebrauch

1063 Vgl. *v. Münch*, Grundrechtsschutz gegen sich selbst?, in: Hamburg-Deutschland-Europa, FS H.P. Ipsen, 1977, S. 113 ff.; *Hillgruber*, Der Schutz des Menschen vor sich selbst, 1992; *Singer*, Vertragsfreiheit, Grundrechte und der Schutz des Menschen vor sich selbst, JZ 1995, S. 1133 ff.
1064 → Bd. III: *Merten*, Grundrechtsverzicht, § 73 RN 19 ff.
1065 Ähnlich *Di Fabio*, in: Maunz/Dürig, GG (LitVerz.), Art. 2 Abs. 1 RN 13 ff., „Recht auf Selbstentwurf des Einzelnen", vgl. auch RN 50 ff.; *Zippelius/Würtenberger*, Deutsches Staatsrecht, ³²2008, § 17 RN 3; *Reinhold Zippelius*, Allgemeine Staatslehre, ¹⁵2007, § 37 I 1; *Albert Bleckmann*, Staatsrecht II – Die Grundrechte, ⁴1997, § 15 RN 5, S. 486 f.; *Dürig*, AöR 81 (1956), S. 117 (152); *ders.*, NJW 1955, S. 729 (731 FN 27); *Herbert Krüger*, Grundgesetz und Kartellgesetzgebung, 1915, S. 18; *Scheuner*, VVDStRL 11 (1954), S. 1 (25); *E.R. Huber*, Der Streit um das Wirtschaftsverfassungsrecht, DÖV 1956, S. 135 ff.; vgl. schon *Georg Jellinek*, System (FN 59), S. 340.
1066 Vgl. Art. 5 Abs. 1 Verf. Mecklenburg-Vorpommern; Art. 3 Abs. 1 Verf. Niedersachsen; Art. 4 Abs. 2 Verf. Sachsen-Anhalt; Art. 1 Abs. 2 Verf. Thüringen.
1067 Ebenso *Papier*, in: Maunz/Dürig, GG (LitVerz.), Art. 13 RN 2.
1068 Vgl. statt aller *Stern*, Staatsrecht III/2 (LitVerz.), § 86 II 6, S. 912 f.
1069 *BGH* NJW 1972, S. 1414 (1415); hiergegen *Merten*, NJW 1972, S. 1799 (Urteilsanm.).
1070 Vgl. Art. 9 Abs. 3 GG, Art. 38 Abs. 2 i.V.m. Art. 48 Abs. 2 GG.
1071 Art. 26 Abs. 4, Art. 72 Abs. 1 Verf. Baden-Württemberg; Art. 14 Abs. 1 Satz 1 Verf. Bayern; Art. 39 Abs. 1 Verf. Berlin; Art. 22 Abs. 3 Satz 1, Art. 69 Abs. 2, Art. 75 Abs. 1 Satz 1 Verf. Bremen; Art. 6 Abs. 2 Satz 1 Verf. Hamburg; Art. 72 Verf. Hessen (Abstimmungsgeheimnis); Art. 20 Abs. 2 Satz 1 Verf. Mecklenburg-Vorpommern; Art. 8 Abs. 1 Verf. Niedersachsen; Art. 31 Abs. 1 Verf. Nordrhein-Westfalen; Art. 76 Abs. 1 Verf. Rheinland-Pfalz; Art. 63 Abs. 1 Verf. Saarland; Art. 4 Abs. 1 Verf. Sachsen; Art. 42 Abs. 1 Verf. Sachsen-Anhalt; Art. 4 Abs. 1 Verf. Schleswig-Holstein; Art. 46 Abs. 1 Verf. Thüringen; Art. 38 Abs. 1 Satz 1 GG.
1072 *OVG Rheinland-Pfalz*, AS 3, 394 (397); *VGH Baden-Württemberg*, ESVGH 5, 167; *OVG Münster*, AS 14, 257 (260); *OVG Lüneburg*, DÖV 1964, S. 355 f.; *Quaritsch*, in: GS Martens, 1987, S. 411; *Pietzcker*, in: Der Staat 17 (1978), S. 527 (545); *Robbers*, in: JuS 1985, S. 931; *Manfred Nowak*, Politische Grundrechte, 1988, S. 369 ff.; *Heinz Schäffer*, Die Briefwahl, 1979, S. 52.

199
Form des Verzichts

Der Ausübungsverzicht bedarf einer (ausdrücklichen oder stillschweigenden) Willenserklärung. Diese muß wie die Einwilligungserklärung[1073] mit freiem Willen eindeutig und ohne Zwang oder Täuschung abgegeben werden, was auch – vorbehaltlich besonderer Formvorschriften – stillschweigend geschehen kann. Der Grundrechtsberechtigte verpflichtet sich bei den Handlungs- und Leistungsrechten durch den Ausübungsverzicht, bestimmte Handlungen nicht vorzunehmen oder grundrechtlich verbürgte Leistungen nicht geltend zu machen. Im Unterschied zu einem Abwehrverzicht bei den Schutzrechten handelt es sich um einen Verhaltens- oder Leistungsverzicht. Der einzelne verzichtet im Einzelfall (allerdings nicht im voraus[1074]) auf die Anfechtung eines Verwaltungsakts[1075], den gerichtlichen Rechtsschutz[1076], auf das rechtliche Gehör oder auf die Beantwortung einer Petition. Der einseitig erklärte oder vertraglich vereinbarte Ausübungsverzicht muß sich im Rahmen der guten Sitten halten[1077]. Da der Ausübungsverzicht als solcher zulässig ist, kann die vertragliche Disposition über grundrechtliche Befugnisse oder grundrechtlich geschützte Güter nicht bereits deswegen, sondern nur aufgrund besonderer Umstände, insbesondere hinsichtlich des zeitlichen oder örtlichen Umfangs[1078] oder wegen Art und Ausmaßes der Gegenleistung sittenwidrig sein[1079]. Zulässig ist auch eine Verfügung über grundrechtlich geschützte Güter bei staatlicher Gegenleistung[1080]. Zu Recht hebt der Bundesgerichtshof hervor[1081], daß Grundrechte „keine Bevormundung des Bürgers" darstellen, sondern den einzelnen berechtigen, „auch seine *vertraglichen* Beziehungen zur öffentlichen Hand grundsätzlich frei" zu gestalten, weshalb „Art. 14 GG auch nicht den Verzicht auf eine ‚angemessene Gegenleistung' für eine freihändige Eigentumsübertragung auf die öffentliche Hand" verbietet. Ebenso kann sich ein betroffener Anwohner gegen Zahlung eines Entgelts verpflichten, den Widerspruch gegen die Genehmigung einer gewerblichen Anlage zurückzunehmen, was weder gegen ein gesetzliches Verbot (§ 134 BGB) noch grundsätzlich gegen die guten Sitten (§ 138 BGB) verstößt[1082].

200
Verzicht bei mittelbarer Drittwirkung

Wegen der nur mittelbaren Drittwirkung der Grundrechte können Bürger untereinander zivilrechtliche Vereinbarungen über ein Verhalten schließen, das im Staat-Bürger-Verhältnis durch Grundrechte geschützt ist. Dabei fehlt es in diesen Fällen bei exakter Begriffsverwendung mangels der unmittelbaren Drittwirkung der Grundrechte an einem Ausübungsverzicht. Nur im Rahmen des Zivilrechts ist zu prüfen, ob Vereinbarungen im Einzelfall gegen die

---

1073 S. oben RN 183.
1074 Vgl. *Bettermann*, AöR 96 (1971), S. 557.
1075 Hierzu *BVerfGE* 9, 294 (299).
1076 Vgl. *BVerwGE* 26, 50 (52f.); *BGHZ* 26, 84 (86f.); 79, 131 (135); *Bettermann* aaO., S. 557; *Pietzcker*, in: Der Staat 17 (1978), S. 527 (549); → Bd. III: *Merten*, Grundrechtsverzicht, § 73 RN 38ff.
1077 §§ 138 BGB, 59 Abs. 1 VwVfG.
1078 Zur Zulässigkeit eines umfassenden und auf Dauer gerichteten Wettbewerbsverbotes s. *BGH*, NJW 1986, S. 2944 (2945).
1079 Vgl. *Merten*, NJW 1972, S. 1799 (Urteilsanm.); *Quaritsch*, in: GS W. Martens, 1987, S. 410; *BVerwGE* 30, 65 (69); *BGH*, NJW 1986, S. 2944f.; *BGH* JR 1990, S. 20f.; *BGH* NJW 1991, S. 699f.
1080 Vgl. *BGHZ* 79, 131 (142); 74, 78 (82); ebenso *BVerwGE* 30, 65 (69f.); *BayVGH*, BayVBl. 1983, S. 730.
1081 *BGHZ* 26, 84 (86); vgl. auch *BayVerfGHE* 41, 151 (156ff.).
1082 *BGHZ* 79, 131 Ls.

guten Sitten verstoßen oder widerrechtlich sind. Das Bundesverfassungsgericht hat betont[1083], daß der Staat die im Rahmen der Privatautonomie getroffenen Regelungen grundsätzlich zu respektieren und insbesondere auch dann zu achten hat, wenn eine Einschränkung von Grundrechten (z.B. der beruflichen Handlungsfreiheit) Bestandteil der Vereinbarung ist. Grenzen zieht das Bundesverfassungsgericht[1084] bei vertraglichen Wettbewerbsverboten ohne Karenzentschädigung. Hier ergeben sich nach Auffassung des Gerichts aus den Grundrechten als objektivem Recht bei starkem wirtschaftlichen Übergewicht eines der Vertragspartner Schranken, wenn einer der Vertragsparteien die vertraglichen Regelungen faktisch einseitig setzen kann. Unter Hinweis auf eine „gestörte Vertragsparität"[1085] hat das Bundesverfassungsgericht in der Folge Verträge einer „besonderen richterlichen Inhaltskontrolle" mit dem Hinweis auf Privatautonomie und Sozialstaatsprinzip unterzogen[1086]. Am Zivilrechtsverkehr nehmen nach Ansicht des Bundesverfassungsgerichts[1087] „gleichrangige Grundrechtsträger" teil, für die „nicht das Recht des Stärkeren gelten" dürfe, so daß die „kollidierenden Grundrechtspositionen ... in ihrer Wechselwirkung zu sehen" sind; daher müsse im Falle einer strukturellen Unterlegenheit des einen Vertragsteils und bei ungewöhnlich belastenden Folgen des Vertrags für den unterlegenen Vertragsteil „die Zivilrechtsordnung darauf reagieren und Korrekturen ermöglichen". Diese Argumentation ist zu Recht kritisiert worden. Denn wegen der nur mittelbaren Drittwirkung der Grundrechte stehen sich in Zivilrechtsverhältnissen eben keine „gleichrangigen Grundrechtsträger", sondern schlichte Bürger gegenüber, die im Rahmen der Vertragsfreiheit auch nicht „über grundrechtlich verbürgte Positionen" verfügen[1088]. Grundgesetz und Landesverfassungen[1089] gewährleisten rechtliche Gleichheit vor dem Gesetz, aber keine faktische Gleichheit von Vertragsparteien. Die Vorstellung des Bundesverfassungsgerichts von einem „annähernden Kräftegleichgewicht"[1090] der Vertragsparteien und fehlender „Fremdbestimmung"[1091] ist wirklichkeitsfremd. Dem Schutz wirtschaftlich Schwacher hat der Gesetzgeber im Zivilrecht und im Arbeitsrecht allgemein, nicht aber die Verfassungsgerichtsbarkeit ohne gesetzliche Grundlage im Einzelfall Rechnung zu tragen.

[1083] *BVerfGE 81*, 242 (254); s. auch *E 89*, 214 (231); *91*, 346 (358); *99*, 341 (350).
[1084] *BVerfGE 81*, 242 (255) mit ablehnender Anm. von *Schwabe*, DVBl. 1990, S. 477 ff.; s. auch *E 99*, 202 (214 f.).
[1085] *BVerfGE 89*, 214 (233, 234); *103*, 89 (101); vgl. auch *Kittner*, Die Rechtsprechung des Bundesverfassungsgerichts zur Wiederherstellung gestörter Vertragsparität, in: FS Dieterich, 1999, S. 279 ff.; *Günther Hönn*, Kompensation bestimmter Vertragsparität, 1982.
[1086] *BVerfGE 89*, 214 (232); vgl. auch *Tonner*, Sittenwidrigkeit von Ehegattenbürgschaften, JuS 2000, S. 17 ff.
[1087] *E 82*, 214 (232); ähnlich *E 89*, 214 (231 f.); *98*, 365 (395); *103*, 89 (101); *115*, 51 (67 ff.).
[1088] So aber *BVerfGE 81*, 242 (255).
[1089] Vgl. Art. 18 Abs. 1 Satz 1 Verf. Bayern; Art. 10 Abs. 1 Verf. Berlin; Art. 12 Abs. 1 Satz 1 Verf. Brandenburg; Art. 2 Abs. 1 Verf. Bremen; Art. 1 Verf. Hessen; Art. 17 Abs. 1 Verf. Rheinland-Pfalz; Art. 12 Abs. 1 Verf. Saarland; Art. 18 Abs. 1 Verf. Sachsen; Art. 7 Abs. 1 Verf. Sachsen-Anhalt; Art. 2 Abs. 1 Verf. Thüringen; Art. 3 Abs. 1 GG.
[1090] *BVerfGE 81*, 242 Ls. 1 (255); *85*, 191 (213); vgl. auch *E 92*, 365 (395).
[1091] *BVerfGE 81*, 242 (255).

201
Keine Dereliktion von Grundrechten

Im Unterschied zum Grundrechtsausübungsverzicht würde der Verzicht auf ein Grundrecht als solches, der gleichsam wie eine Dereliktion wirkte, das Grundrecht zum Erlöschen bringen. Ein Verzicht des Bürgers auf die ihm von der Rechtsordnung verliehenen rechtlichen Fähigkeiten (Rechtsfähigkeit, Geschäftsfähigkeit) wird jedoch als unzulässig angesehen[1092]. In Anlehnung hieran muß auch der Verzicht auf die Grundrechtsfähigkeit schlechthin oder auf die Fähigkeit, Träger eines bestimmten Grundrechts zu sein, unstatthaft sein[1093].

II. Grundrechtsverwirkung

202
Zwei Fälle der Grundrechtsverwirkung

Bei der Grundrechtsverwirkung ist die allgemeine Grundrechtsverwirkung als Unterfall unzulässiger Rechtsausübung[1094] von der speziellen Grundrechtsverwirkung des Art. 18 GG und einiger Bestimmungen der Landesverfassungen zu unterscheiden. Während die allgemeine Grundrechtsverwirkung grundsätzlich alle Grundrechte erfassen kann, bezieht sich die spezielle Grundrechtsverwirkung auf bestimmte, in den Verfassungsbestimmungen enumerativ aufgeführte Grundrechte und setzt jedenfalls in Art. 18 GG ein besonderes Verfahren und einen *Verwirkungsausspruch* voraus.

203
Anliegen der (besonderen) Grundrechtsverwirkung

Die besondere Grundrechtsverwirkung des Art. 18 GG sowie von Art. 37 Verf. Berlin, Art. 17 Verf. Hessen und Art. 10 Verf. Saarland will verhindern, daß die freiheitliche und rechtsstaatliche Demokratie durch Achtlosigkeit „selbstmörderisch" wird[1095]. Die Regelung soll zusammen mit anderen Vorschriften das Prinzip einer *„streitbaren"* oder *„wehrhaften* Demokratie"[1096] begründen, so daß diese nicht ihrer selbst willen „auch eine auf Vernichtung der Demokratie gerichtete Bewegung dulden" muß[1097] und die Freiheit im Staate nicht die Freiheit des Staates ruinieren darf[1098]. Dieser Vorbeugung individueller Verfassungsfeindlichkeit[1099] wird im Schrifttum „eine außeror-

---

1092 *Enneccerus/Nipperdey* (FN 564), § 83 II 2, S. 479; vgl. auch Art. 27 Abs. 1 schweizerisches ZGB: „Auf die Rechts- und Handlungsfähigkeit kann niemand ganz oder zum Teil verzichten".
1093 Ebenso *Michael Sachs*, Verfassungsrecht II, Grundrechte, ²2003, S. 114; *ders.*, GG (LitVerz.), Vor Art. 1 RN 52; für das Persönlichkeitsrecht des Art. 2 Abs. 1 GG *Di Fabio*, in: Maunz/Dürig, GG (LitVerz.), Art. 2 Abs. 1 RN 229; → Bd. II: *P. M. Huber*, Natürliche Personen als Grundrechtsträger, § 49 RN 66.
1094 *Enneccerus/Nipperdey* (FN 564), § 228 IV 2, S. 1393 f.; *Forsthoff* (FN 851), S. 172 f.; *BVerwGE 5*, 136 (139 f.); *6*, 204 (205); *44*, 339 (343); *BGHZ 122*, 308 (314).
1095 Vgl. den Bericht über den Verfassungskonvent auf Herrenchiemsee, S. 22; auch *Leibholz*, DVBl. 1951, S. 557 r.Sp.
1096 Vgl. *Bulla*, Die Lehre von der streitbaren Demokratie, AöR 98 (1973), S. 340 ff.; *Johannes Lameyer*, Streitbare Demokratie, 1978; *dens.*, Streitbare Demokratie, in: JöR 30 (1981), S. 147 ff.; *Andreas Sattler*, Die rechtliche Bedeutung der Entscheidung für die streitbare Demokratie unter besonderer Berücksichtigung der Rechtsprechung des Bundesverfassungsgerichts, 1982; → Bd. III: *Schmitt Glaeser*, Grundrechtsverwirkung, § 74.
1097 So aber *Kelsen*, in: Demokratie und Sozialismus, hg. von Norbert Leser, 1967, S. 60 (68); vgl. in diesem Zusammenhang auch *BVerfGE 5*, 85 (137).
1098 Vgl. *BVerfGE 30*, 1 (19 f.); *13*, 46 (53).
1099 Vgl. auch *BVerfGE 25*, 44 (60); *25*, 88 (100); *38*, 23 (24).

dentliche Bedeutung" attestiert[1100], während sie für die Praxis ein „Schattendasein" führt[1101], zumal es bisher zu keinem Verwirkungsausspruch gekommen ist, da in den entschiedenen Fällen die Voraussetzungen hierfür fehlten[1102].

Zunächst läßt sich aus den Verwirkungsbestimmungen des Grundgesetzes und der Landesverfassungen eine verfassungsunmittelbare Grundrechtsschranke ableiten, die je nach der einzelnen Formulierung einen Kampf „gegen die freiheitliche demokratische Grundordnung" (Art. 18 GG[1103]), einen Angriff auf die Grundrechte oder deren Gefährdung, insbesondere durch „nationalsozialistische oder andere totalitäre oder kriegerische Ziele"[1104] oder einen Angriff auf „den verfassungsmäßigen Zustand" oder dessen Gefährdung[1105] voraussetzt. Diese verfassungsunmittelbaren Schranken haben zur Folge, daß der Schutz der in den Verwirkungsvorschriften genannten Grundrechte dann entfällt, wenn das grundrechtliche Verhalten zu den aufgeführten mißbilligten Zwecken gebraucht wird. Für Hessen bestimmt Art. 17 Abs. 2, daß bei einem Streit über das Vorliegen der mißbilligten Voraussetzungen „im Beschwerdewege der Staatsgerichtshof" entscheidet.

204 Verwirkung als verfassungsunmittelbare Grundrechtsschranke

Unabhängig von der verfassungsunmittelbaren Beschränkung der Verwirkungsbestimmungen sieht allein Art. 18 GG ein besonderes Verwirkungsverfahren, das auch die Landesregierungen beantragen können[1106], und gegebenenfalls einen Verwirkungsausspruch des Bundesverfassungsgerichts vor, der keine Strafe, sondern eine genuin verfassungsrechtliche Sanktion[1107] darstellt, also ein *aliud* ist[1108]. Da Art. 18 GG der Mißbrauchswehr dient, darf richtigerweise nur das jeweils mißbrauchte Grundrecht als verwirkt erklärt werden, wobei die Einschränkung anderer Grundrechte insoweit möglich ist, als sie zwangsläufig mit der Ausübung des verwirkten Grundrechts verbunden sind[1109].

205 Verwirkungsausspruch

Soweit Landesverfassungen die Bundesgrundrechte rezipiert und in ihre Verfassungen inkorporiert haben, wird Art. 18 GG davon schon wegen der Monopolstellung des Bundesverfassungsgerichts, die landesgesetzlich nicht erweitert werden kann, nicht erfaßt. Darüber hinaus enthält Art. 18 GG nach Auffassung des Bundesverfassungsgerichts[1110] die Wirkung, daß für den „gleichen Tatbestand des Mißbrauchs" nicht noch „weitere gleichartige Sanktio-

206 Sperrwirkung des Art. 18 GG

[1100] So *Dürig/Klein*, in: Maunz/Dürig, Art. 18 RN 2 (2010); vgl. auch *Stern*, Staatsrecht I (LitVerz.), § 6 IV (S. 200).
[1101] *Brenner*, DÖV 1995, S. 66 sub VI; ähnlich *Friesenhahn*, Jura 1982, S. 505 (512 sub III 3 b): „Obsolet"; *Zuleeg* (in: Iliopolous-Strangas [Hg.], Der Mißbrauch von Grundrechten in der Demokratie, S. 43 oben): „Toter Buchstabe".
[1102] *BVerfGE 11*, 282; *38*, 23; zum neueren Verfahren s. *Butzer/Clever*, DÖV 1994, S. 637.
[1103] Ähnlich Art. 10 Verf. Saarland.
[1104] Art. 37 Verf. Berlin.
[1105] Art. 17 Abs. 1 Verf. Hessen.
[1106] Vgl. § 39 BVerfGG.
[1107] Ähnlich *Dürig*, JZ 1952, S. 516 sub V 2.
[1108] *Stern*, Staatsrecht III/2 (LitVerz.), § 87 VI 2 a (S. 980).
[1109] *BVerfGE 25*, 88 (97); *Dürig/Klein*, in: Maunz/Dürig (LitVerz.), Art. 18 RN 32; *Jarass*, in: ders./Pieroth, GG (LitVerz.), Art. 18 RN 6 S. 480.
[1110] *BVerfGE 10*, 118 (123).

nen von einem Landesgesetzgeber angedroht werden" dürfen. Dieser Ausschluß kann sich aber nur auf den Verwirkungsausspruch beziehen, der Monopol des Bundesverfassungsgerichts ist und in anderen Landesverfassungen auch nicht vorgesehen wird. Dagegen ist es dem Landesverfassungsgeber nicht verwehrt, den „Kampf gegen die freiheitlich demokratische Grundordnung" oder ähnliche Verhaltensweisen als verfassungsunmittelbare Schranke für originäre Landesgrundrechte vorzusehen.

F. Bibliographie

Bettermann, Karl August, Grenzen der Grundrechte, ²1976.
Dietlein, Johannes, Die Rezeption von Bundesgrundrechten, AöR 120 (1995), S. 1 ff.
Lerche, Peter, Ausnahmslos und vorbehaltlos geltende Grundrechtsgarantien, in: Gegenrede, FS Mahrenholz 1994, S. 515 ff.
Scheuner, Ulrich, Die Funktion der Grundrechte im Sozialstaat, DÖV 1971, S. 505 ff.
Schmitt, Carl, Verfassungslehre, 1928.
Sommermann, Karl-Peter, Staatsziele und Staatszielbestimmungen, 1997.

§ 233
Schutz der Menschenwürde und der Persönlichkeit

Christian Hillgruber

Übersicht

	RN
A. Die Garantie der Menschenwürde	1–35
I. In den vorgrundgesetzlichen Verfassungen der westdeutschen Länder	2–15
1. Rheinland-Pfalz	3
2. Bayern	4–10
3. Hessen	11–13
4. Bremen	14
5. Saarland	15
II. In den postgrundgesetzlichen Verfassungen der westdeutschen Länder	16–23
1. Nordrhein-Westfalen	16–19
2. Baden-Württemberg	20
3. Niedersachsen	21
4. Schleswig-Holstein	22
5. Berlin	23
III. In den Verfassungen der „neuen Länder"	24–35
1. Brandenburg	24–27
2. Mecklenburg-Vorpommern	28–29
3. Sachsen	30–31
4. Sachsen-Anhalt und Thüringen	32–35
B. Allgemeine Handlungsfreiheit	36–55
I. In den vorgrundgesetzlichen Verfassungen der westdeutschen Länder	36–50
1. Bayern	37–40
2. Hessen	41–42
3. Rheinland-Pfalz	43–48
4. Bremen	49
5. Saarland	50
II. In den postgrundgesetzlichen Landesverfassungen	51–53
1. Nordrhein-Westfalen und Baden-Württemberg	51
2. Niedersachsen und Schleswig-Holstein	52
3. Berlin	53
III. In den „neuen Ländern"	54–55
1. Brandenburg	54
2. Mecklenburg-Vorpommern, Sachsen, Sachsen-Anhalt und Thüringen	55
C. Schutz des Persönlichkeitsrechts und informationeller Selbstbestimmung	56–87
I. In den vorgrundgesetzlichen Verfassungen der westdeutschen Länder	56–68
1. Bayern	56–59
2. Hessen	60
3. Rheinland-Pfalz	61–63
4. Bremen	64
5. Saarland	65–68
II. In den postgrundgesetzlichen Landesverfassungen	69–75
1. Nordrhein-Westfalen	69–71
2. Baden-Württemberg und Niedersachsen	72
3. Schleswig-Holstein	73
4. Berlin	74–75
III. In den „neuen Ländern"	76–87
1. Brandenburg	76–77
2. Mecklenburg-Vorpommern	78–79
3. Sachsen	80–83
4. Sachsen-Anhalt	84–85
5. Thüringen	86–87
D. Wozu noch Landesgrundrechte (der Menschenwürde, der allgemeinen Handlungsfreiheit und des Persönlichkeitsschutzes)?	88–99
E. Bibliographie	

§ 233 Sechzehnter Teil: II. Vergleichende Betrachtung der Landesgrundrechte

A. Die Garantie der Menschenwürde

1
Schlüsselbegriff für Schutzbedürftigkeit

In der unmittelbaren Nachkriegszeit avancierte der Begriff der Menschenwürde nach den Erfahrungen mit der nationalsozialistischen Gewalt- und Willkürherrschaft, aber auch mit anderen totalitären politischen Systemen zum Schlüsselbegriff für die Verletzlichkeit und rechtliche Schutzbedürftigkeit des Menschen und wurde so erstmals zu einem Rechtsbegriff; als solcher hat er unter anderem Eingang in die Allgemeine Erklärung der Menschenrechte vom 10. Dezember 1948[1] gefunden: In „Anerkennung der allen Mitgliedern der menschlichen Familie innewohnenden Würde und ihrer gleichen und unveräußerlichen Rechte" als „Grundlage der Freiheit, der Gerechtigkeit und des Friedens in der Welt" verkündet die Generalversammlung in Art. 1 der Allgemeinen Erklärung der Menschenrechte, daß alle Menschen „frei und gleich an Würde und Rechten geboren" sind.

I. In den vorgrundgesetzlichen Verfassungen der westdeutschen Länder

2
Christliches Menschenbild vielfach als Grundlage

Es verwundert daher nicht, daß die frühen vorgrundgesetzlichen Landesverfassungen sämtlich die Menschenwürde erwähnen, sie zumeist grundrechtlich gewährleisten und teilweise sogar an die Spitze der Grundrechtskataloge gestellt haben[2]. Der rheinland-pfälzische Justizminister *Süsterhenn*, „Vater" der rheinland-pfälzischen Verfassung und einflußreiches Mitglied des Grundsatzausschusses des Parlamentarischen Rates, faßt die Gestimmtheit der Verfassungsväter und -mütter dieser Zeit allgemeingültig wie folgt zusammen: „Die geistige Lage des deutschen Volkes war [...] bei den Kräften, die die aktive Mitarbeit an der Neuordnung des deutschen Staatslebens als eine sittliche Verpflichtung betrachteten, gekennzeichnet durch die Ablehnung jeglichen totalitären Staatszwangs und durch den Willen, die zukünftige politische Lebensform des deutschen Volkes auf der Achtung vor der Menschenwürde, der Anerkennung der persönlichen Freiheit, der Wahrung der sozialen Gerechtigkeit und der Bereitschaft zur friedlichen Zusammenarbeit der Völker zu gründen"[3]. Einigen dieser Verfassungen, namentlich den in überwiegend katholischen Ländern, liegt dabei ein dezidiert christliches Menschenbild zugrunde.

1. Rheinland-Pfalz

3
Freiheit als Attribut der Menschenwürde

Die Grundrechte der rheinland-pfälzischen Verfassung etwa „haben weder individualistischen noch kollektivistischen Charakter, sondern gehen von dem christlichen Menschenbild aus, wonach jeder Mensch als Gottes Geschöpf und

---

[1] Res. 217 A (III) der UN-Generalversammlung. → Bd. VI/2: *Nettesheim*, Die Allgemeine Erklärung der Menschenrechte und ihre Rechtsnatur, § 173.
[2] Art. 100 Verf. Bayern v. 2. 12. 1946 (GVBl. S. 333); Art. 3 Verf. Hessen v. 1. 12. 1946 (GVBl. S. 229); Vorspruch der Verfassung für Rheinland-Pfalz v. 18. 5. 1947 (VBl. S. 209); Art. 5 Abs. 1 Verf. Bremen v. 21. 10. 1947 (GBl. S. 251); Art. 1 Verf. Saarland v. 15. 12. 1947 (ABl. S. 1077).
[3] *Süsterhenn/Schäfer*, Kommentar der Verfassung für Rheinland-Pfalz (LitVerz.), Einleitung, S. 19.

Ebenbild eine einzigartige unantastbare Würde und individuelle Berufung hat, andererseits von Natur aus in die Gemeinschaft hineingeboren, seinem Wesen nach auf die Gemeinschaft angelegt und zur Erfüllung seiner Lebensaufgaben auf die Gemeinschaft angewiesen ist"[4]. Um „die Freiheit und Würde des Menschen zu sichern" (Vorspruch), werden diese in ihren verschiedenen Ausprägungen und Konsequenzen „in zahlreichen Grundrechtsvorschriften anerkannt, bestätigt, geschützt und mit besonderen Verfahrensgarantien ausgestattet"[5]. Die Freiheit wird hierbei als ein wesentliches Attribut der Menschenwürde begriffen[6]. Daraus hat der Rheinland-Pfälzische Verfassungsgerichtshof Jahrzehnte später die wohl richtige Konsequenz gezogen, den mit dem Vorspruch der rheinland-pfälzischen Staatsgewalt vorgegebenen Zweck der Sicherung der Würde des Menschen nicht nur als Auslegungsrichtlinie des Art. 1 Abs. 1 der Verfassung von Rheinland-Pfalz und der anderen Grundrechte zu begreifen, sondern die Menschenwürde selbst als durch Art. 1 Abs. 1 in Verbindung mit dem Vorspruch der Landesverfassung subjektivgrundrechtlich, und zwar vorbehaltlos und unabänderlich (Art. 129 Abs. 2 Verf. Rheinland-Pfalz) garantiert anzusehen[7]. Zusätzlich bestimmte Art. 51 Abs. 1 Satz 2 der Verfassung von Rheinland-Pfalz in der bis 2000 geltenden Fassung, daß den Staat im Rahmen der Ordnung des Wirtschaftslebens die Pflicht zur Gewährleistung eines menschenwürdigen Daseins für alle trifft.

2. Bayern

Die Aufnahme der Menschenwürdegarantie in die bayerische Verfassung – Art. 100: „Die Würde der menschlichen Persönlichkeit ist in Gesetzgebung, Verwaltung und Rechtsprechung zu achten." –, „die originellste der deutschen Landesverfassungen"[8], geht auf die Einzelinitiative des von den Nationalsozialisten verfolgten und in die Schweiz emigrierten *Hans Nawiasky* zurück, der die Notwendigkeit einer solchen Garantie wie folgt begründete: „Das ist nach den Geschehnissen der vergangenen Zeit meines Erachtens unbedingt notwendig. [...] Die Würde der menschlichen Persönlichkeit ist in der Weise niedergetreten worden, daß die neue Verfassung das ausdrücklich hervorhe-

4 „Oberster Staatsgrundsatz"

---

4 Ebd., Vorbemerkung zum Ersten Hauptteil, S. 68. Zur – im Vergleich zum Grundgesetz – deutlich stärkeren Betonung der Gemeinschaftsgebundenheit des Individuums nach der Grundrechtskonzeption der rheinland-pfälzischen Landesverfassung s. nur *Ley/Jutzi* (Hg.), Staats- und Verwaltungsrecht für Rheinland-Pfalz, [4]2005, Teil B, RN 156, S. 121; → unten: *Merten*, Landesgrundrechte in Rheinland-Pfalz, § 255 RN 6, 48, 66 f., 95.
5 *Süsterhenn/Schäfer* aaO., Einleitung, S. 68.
6 Ebd., Art. 1, S. 72. Zum Zusammenhang mit der Grundrechtsgarantie des Art. 1 Landesverfassung s. *L. Brocker*, in: ders. u. a. (Hg.), Verfassung für Rheinland-Pfalz (LitVerz.), Vorspruch, RN 18.
7 *VerfGH Rheinland-Pfalz*, AS 34, 169, 190; Urt. v. 29. 1. 2007 – VGH B 1/06 –, juris, RN 112 sowie LKRZ 2007, S. 182 (185). S. dazu auch *L. Brocker*, in: ders. u. a. (Hg.), Verfassung für Rheinland-Pfalz (LitVerz.), Art. 1, RN 55, 9 f., 29. Art. 55 Abs. 1 Verf. Rheinland-Pfalz verlangt, die Arbeitsbedingungen so auszugestalten, daß u. a. die Würde der Arbeitnehmer gesichert wird.
8 *Zacher*, Hans Nawiasky, in: Juristen im Portrait, FS zum 225-jährigen Jubiläum des Verlages C.H. Beck, 1988, S. 598 (606).

ben soll"[9]. Sie sollte nun zum obersten Staatsgrundsatz erhoben werden, „ohne daß sich der historische Verfassunggeber in Bayern positiv auf eine der Menschenwürdekonzeptionen [...] festgelegt hätte", auch nicht auf die christliche Vorstellung von der Gottesebenbildlichkeit des Menschen als Grund seiner Würde[10].

5
Menschenwürde als Wert- und Achtungsanspruch

Daß die Garantie des Art. 100 der bayerischen Verfassung als Antwort auf die nationalsozialistische Entmenschlichung[11] zu verstehen war, legt schon die Präambel der Verfassung nahe: „Angesichts des Trümmerfeldes, zu dem eine Staats- und Gesellschaftsordnung ohne Gott, ohne Gewissen und ohne Achtung vor der Würde des Menschen die Überlebenden des Zweiten Weltkrieges geführt hat, [...]". Der Bayerische Verfassungsgerichtshof leitete die Würde des Menschen als Person aus der Trägerschaft „höchster geistig-sittlicher Werte" und aus der Verkörperung „eines sittlichen Eigenwert[s]" ab, „der unverlierbar ist und auch jedem Anspruch der Gemeinschaft, insbesondere allen rechtlichen und politischen Zugriffen des Staates und der Gesellschaft gegenüber, eigenständig und unantastbar ist"; „Menschenwürde ist dieser innere und zugleich soziale Wert- und Achtungsanspruch, der dem Menschen um seinetwillen zukommt"[12]. Wann die so verstandene Würde getroffen und damit mißachtet wird, hat der Bayerische Verfassungsgerichtshof ebenso wie das Bundesverfassungsgericht zumeist vom Verletzungsvorgang her, also gewissermaßen aus der Rechtsfolgenperspektive bestimmt[13] und in diesem Sinne eine Verletzung angenommen, wenn eine staatliche Maßnahme „eine schwerwiegende, an den Kern der menschlichen Persönlichkeit greifende Beeinträchtigung" enthält[14] – eine Voraussetzung, die der Verfassungsgerichtshof bei den von ihm geprüften staatlichen Akten allerdings noch nie als gegeben angesehen hat[15].

6
Menschenwürde als Grundrecht

Von Beginn seiner Rechtsprechung an hat der Bayerische Verfassungsgerichtshof den Grundrechtscharakter der Menschenwürdegarantie des Art. 100 der Bayerischen Verfassung anerkannt[16]. Auch wenn dies entstehungsge-

---

9 10. Sitzung des Verfassungsausschusses v. 1.8.1946, Sten. Ber. über die Verhandlungen des Verfassungsausschusses der Bayerischen Verfassunggebenden Länderversammlung, Bd. I, S. 233. S. auch *BayVerfGHE 1*, 29, (32) und *Nawiasky*, in: ders./Leusser, Die Verfassung des Freistaates Bayern v. 2.12.1946 (LitVerz.), S. 60: „scharfe Distanzierung gegenüber den ebenso verabscheuungswürdigen wie verhängnisvollen Maximen der nationalsozialistischen Gewaltherrschaft". Ebenso *W. Hoegner*, Lehrbuch des bayerischen Verfassungsrechts, 1949, § 56, 3., S. 140f. mit dem euphemistisch anmutenden Satz: „Die Bestimmung ist wegen der Ausschreitungen während der nationalsozialistischen Gewaltherrschaft getroffen".
10 *Eduard Schmidt*, Staatsgründung und Verfassungsgebung in Bayern. Die Entstehung der Bayerischen Verfassung vom 8.12.1946 (Diss. iur. Regensburg), 1993, S. 265.
11 S. dazu näher *C. Goos*, Innere Freiheit, 2011, S. 127ff.
12 *BayVerfGHE 1*, 29, (37). Zur Folie des nationalsozialistischen Hintergrundes *BayVerfGHE 4*, 51, (58). Jüngst *BayVerfGHE 62*, 45, (51) – Strafvollzugsgesetz; *63*, 83, (110) – Nichtraucherschutz.
13 Zur Unzulänglichkeit dieser Methode s. nur *C. Goos*, Innere Freiheit, 2011, S. 29f.
14 *BayVerfGE 11*, 81, (89); *18*, 124, (137); *28*, 24, (39); *32*, 106, (112); *35*, 10, (25); *37*, 119, (125); *42*, 72, (77); *48*, 34, (38); *55*, 123, (126); *63*, 83, (110). Bei letztem wörtlich: „[...] wird durch schwerwiegende Beeinträchtigungen verletzt, die an den Kern der menschlichen Persönlichkeit greifen".
15 Nachw. bei *Lindner*, in: ders. u.a., Verfassung des Freistaates Bayern (LitVerz.), Art. 100 RN 17. Als Verletzungstatbestände hat der Bayerische Verfassungsgerichtshof bisher in st. Rspr. nur Diskriminierung, Erniedrigung, Verfolgung, Ächtung, Entrechtung und grausame Bestrafung anerkannt (*BayVerfGHE 42*, 72, (77f.); *55*, 123, (126); *63*, 83, (110)).
16 *BayVerfGHE 1*, 29, (32); seitdem st. Rspr.; zuletzt *E 63*, 83, (110).

schichtlich nicht zweifelsfrei ist[17], spricht die Stellung des Art. 100 GG im zweiten Hauptteil über die Grundrechte und Grundpflichten doch dafür, und *Nawiasky* selbst hat sich in retrospektiver authentischer Auslegung diese Auffassung zu eigen gemacht: „Der Natur der Sache nach handelt es sich um ein Menschenrecht"[18]. Ungeachtet „der nüchternen Formulierung des Art. 100 der bayerischen Verfassung" kam dieser Bestimmung, die gemäß Art. 75 Abs. 1 Satz 2 der bayerischen Verfassung als Bestandteil der „demokratischen Grundgedanken der Verfassung" unabänderlich ist[19], „von Anfang an dieselbe zentrale Bedeutung für das Menschenbild und das Wertesystem der bayerischen Verfassung [zu], wie sie Art. 1 Abs. 1 GG für die Bundesverfassung hat"[20]. Ebenso wie das Bundesverfassungsgericht[21] versteht der Bayerische Verfassungsgerichtshof den Menschen dabei als ein primär freies, aber auch gemeinschaftsgebundenes Wesen. Das Menschenbild der Schöpfer der bayerischen Verfassung sei nicht das eines isolierten, selbstherrlichen Individuums gewesen, sondern das des in der Gemeinschaft stehenden und ihr vielfältig verpflichteten Bürgers[22]. Der Versuchung, den in Art. 100 der bayerischen Verfassung verwendeten Begriff der „menschlichen Persönlichkeit" eng zu verstehen und damit zur selbstbestimmten Persönlichkeitsentfaltung unfähige Menschen aus dem persönlichen Schutzbereich dieses Grundrechts herauszudefinieren, hat der Verfassungsgerichtshof widerstanden und Art. 100 der bayerischen Verfassung stattdessen schon sehr früh als für ausnahmslos alle Menschen ohne weiteres und ohne Unterschied gültig charakterisiert.

---

17 Zur Begründung hatte *Nawiasky* ausgeführt: „Dieser Satz sagt ganz deutlich, daß in der ganzen Staatstätigkeit dieses Gut der Würde der menschlichen Persönlichkeit entsprechend richtunggebend ist. Das muß meines Erachtens irgendwo gesagt werden". Danach scheint der Satz von *Nawiasky* ursprünglich eher als Staatsziel verstanden worden zu sein, das auch außerhalb des zweiten Hauptteils über Grundrechte und Grundpflichten hätte normiert werden können.
18 *Nawiasky/Leusser*, Die Verfassung des Freistaates Bayern v. 2.12.1946 (LitVerz.), Art. 100, S. 183. *Nawiasky* erkannte auch die „eminent praktische Bedeutung" des Art. 100 Verf. Bayern, „insofern er die Legitimation zur Ergreifung von Rechtsschutzmitteln, z.B. der Verfassungsbeschwerde gemäß Art. 120, 66 gewährt". Nicht nur für *Nawiasky* war dagegen – nicht zuletzt mit Blick auf Art. 1 Abs. 2 u. 3 GG – zweifelhaft, ob anders als nach „der das Wesentliche deutlicher hervorhebenden Fassung" des Art. 100 Verf. Bayern auch Art. 1 Abs. 1 GG Grundrechtscharakter habe; verneinend *Dürig*, Die Menschenauffassung des Grundgesetzes, JR 1952, 259, 260 („Der Satz von der Menschenwürde ist zwar kein echtes Grundrecht, aber er ist eine aktuelle Norm des objektiven Rechts"). *Nawiasky*, Die Grundgedanken des Grundgesetzes für die Bundesrepublik Deutschland, 1950, § 5, 2., S. 26 meinte denn auch: „Wieder muß man zu der Hoffnung Zuflucht nehmen, daß die Verfassungspraxis über die unklare Textierung des Gesetzes hinweghilft".
19 *Schmidt am Busch*, in: Meder/Brechmann, Die Verfassung des Freistaats Bayern, Kommentar (LitVerz.), Art. 100 RN 2; *Möstl*, in: Lindner/ders./H.A. Wolff, Verfassung des Freistaates Bayern, Kommentar (LitVerz.), Art. 75 RN 8; *Pestalozza*, in: Nawiasky/Schweiger/Knöpfle, Kommentar Verf. Bayern (LitVerz.), Art. 100 RN 36.
20 *K. Huber*, Die Rechtsprechung des Bayerischen Verfassungsgerichtshofs zu den Grundrechten, BayVBl. 2010, 389, 390. S. auch *Lindner*, in: ders./Möstl/H.A. Wolff, Verfassung des Freistaates Bayern (LitVerz.), Vor Art. 98 RN 22 ff. Aus der Rspr. s. nur BayVerfGHE 41, 44, (49): „Das Grundrecht auf Achtung der Menschenwürde (Art. 100 BV) ist in der Wertordnung der Bayerischen Verfassung von überragender Bedeutung".
21 *BVerfGE* 4, 7, (15 f.).
22 *BayVerfGHE* 21, 59, (64); 22, 1, (9); 41, 151, (158).

§ 233 *Sechzehnter Teil: II. Vergleichende Betrachtung der Landesgrundrechte*

7
Vorbild für den Herrenchiemsee-Entwurf

Art. 100 der Bayerischen Verfassung hat erkennbar, durch *Nawiasky*s Einflußnahme persönlich verstärkt[23], als sachliches Vorbild für Art. 1 Abs. 2 des Herrenchiemseer Verfassungsentwurfs gedient: „Die Würde der menschlichen Persönlichkeit ist unantastbar. Die öffentliche Gewalt ist in allen ihren Erscheinungsformen verpflichtet, die Menschenwürde zu achten und zu schützen"[24]. Auf Inhalt und Formulierung der Menschenwürdegarantie des Grundgesetzes hat Art. 100 Verf. Bayern dagegen keinen nachweisbaren Einfluß gehabt[25].

8
Übernahme des GG-Textes

Der Bayerische Verfassungsgerichtshof hat nach Inkrafttreten des Grundgesetzes und dessen immer stärkerer interpretatorischer Entfaltung durch das Bundesverfassungsgericht auf eine autonome Interpretation des Art. 100 Verf. Bayern wie auch anderer Grundrechte weitgehend verzichtet, indem er sich in den späteren Jahrzehnten immer mehr in den Duktus der Interpretation einordnete, die das Grundgesetz durch das Bundesverfassungsgericht gefunden hat[26]. Es ist nur das konsequente Ende dieser Entwicklung, wenn der bayerische verfassungsändernde Gesetzgeber 2003 auch den Text des Art. 100 Verf. Bayern geändert und durch den Text des Art. 1 Abs. 1 GG ersetzt hat[27], an dessen Auslegung durch das Bundesverfassungsgericht sich der Bayerische Verfassungsgerichtshof bereits seit Jahrzehnten ohnehin orientiert hatte[28].

---

23 Zur wichtigen Rolle *Nawiasky*s, namentlich bei der Diskussion um die Gestaltung des von ihm mit erarbeiteten Grundrechtskatalogs, s. *A. Bauer-Kirsch*, Herrenchiemsee. Der Verfassungskonvent von Herrenchiemsee – Wegbereiter des Parlamentarischen Rates, Diss. Bonn 2005, S. 97 f., abrufbar unter: http://hss.ulb.uni-bonn.de/2005/0602/0602.pdf.
24 S. dazu den Bericht über den Verfassungskonvent von Herrenchiemsee, in: Deutscher Bundestag und Bundesarchiv (Hg.), Der Parlamentarische Rat 1948–1949. Akten und Protokolle, Bd. II: Der Verfassungskonvent auf Herrenchiemsee, 1981, S. 580.
25 Grund dafür dürfte zum einen der Umstand gewesen sein, daß *Nawiasky* kein Mitglied des Parlamentarischen Rates war, zum anderen und vor allem, daß dem Herrenchiemseer Entwurf in den Beratungen des Ausschusses für Grundsatzfragen zu den Grundrechten keine zentrale Bedeutung zugemessen wurde, namentlich der erste Artikel des Grundrechtskatalogs von Herrenchiemsee als in dieser Form nicht akzeptabel galt; s. dazu m.z.N. *C. Goos*, Innere Freiheit, 2011, S. 82 f. Irrig ist die Annahme *Dürig*s, Die Menschenauffassung des Grundgesetzes, JR 1952, 259, wonach eine auf „ihrem bayerischen Ausgangspunkt" beruhende „Entwicklungslinie" des Satzes von der Unantastbarkeit der Würde des Menschen bestehe, „die sich zweifelsfrei von Art. 100 der Bayerischen Verfassung über Art. 1 II des Herrenchiemseer Entwurfs bis hinein in das Grundgesetz nachweisen läßt".
26 *Dürig*, Die Menschenauffassung des Grundgesetzes, JR 1952, 259, 261 hatte umgekehrt gerade den „wertschweren Ausdruck Persönlichkeit" des Art. 100 Verf. Bayern für die Auslegung des Art. 1 Abs. 1 GG fruchtbar machen wollen: „Würde haben heißt Persönlichkeit sein". Träger aller Freiheitsrechte soll deshalb „niemals das bindungslos gedachte Individuum, sondern immer die verantwortliche Persönlichkeit" sein.
27 Gesetz zur Änderung der Verfassung des Freistaates Bayern v. 10. 11. 2003 (GVBl. S. 817).
28 Als Begründung hatte der Gesetzentwurf angegeben, daß in der Rspr. des Bayerischen Verfassungsgerichtshofs und in der Rechtswissenschaft „unbestritten" sei, daß die Schutzwirkung beider Bestimmungen identisch ist. Der Wortlaut des Art. 100 Verf. Bayern soll deshalb verdeutlicht werden" (LT-Drucks. 14/12011, S. 2, 7). Es entbehrt nicht der Pikanterie, daß diese sprachliche Anpassung zu einem Zeitpunkt erfolgte, als der BayVerfGH wenige Jahre zuvor (1997) mit *E* 96, 345, (365) den Freiraum für landesverfassungsrechtliche Grundrechte etwas ausgeweitet hatte! Positive Bewertung der Verfassungsänderung bei *Lindner*, in: Lindner/Möstl/H.A. Wolff, Verfassung des Freistaates Bayern (LitVerz.), Art. 100 RN 11. Scharfe Kritik bei *Pestalozza*, in: Nawiasky/Schweiger/Knöpfle (LitVerz.), Art. 100 vor RN 1, die Anpassung werde „dem Selbstand des Landesverfassungsrechts und damit dem Freistaat Bayern Schaden" zufügen. In der Tat stellt diese „Gleichschaltung" gerade für den Freistaat Bayern, der sich auf seine Eigenstaatlichkeit und damit auch Verfassungsautonomie so viel zugutehielt, eine bedenkliche Entwicklung dar, die die Frage aufwirft, worin eigentlich noch der Sinn landeseigener

Als verfassungsrechtlicher Höchstwert beeinflußt die Menschenwürde die Auslegung der gesamten bayerischen Verfassung maßgeblich. In Ergänzung des Grundrechts aus Art. 100 Verf. Bayern schreibt deren Art. 131 Abs. 2 die Achtung vor der Würde des Menschen als eines der obersten Bildungsziele objektivrechtlich verbindlich fest[29]. Der verfassungsändernde Gesetzgeber hat später in Art. 111 a Abs. 1 Satz 2 Verf. Bayern dem Rundfunk noch einmal speziell die Pflicht zur Achtung der Menschenwürde als Maßgabe und Grenze der Rundfunkfreiheit aufgegeben.

9
Verfassungsrechtlicher „Höchstwert"

Die Bedeutung der Menschenwürde für ein materielles Existenzminimum wird, ohne Anerkennung eines individuellen Leistungsrechts, als programmatisches Staatsziel in Art. 151 Abs. 1 und Art. 164 Abs. 1 der Bayerischen Verfassung anerkannt: Die gesamte wirtschaftliche Tätigkeit dient insbesondere der Gewährleistung eines menschenwürdigen Daseins für alle, und der landwirtschaftlichen Bevölkerung „wird ein menschenwürdiges Auskommen auf der ererbten Heimatscholle gewährleistet"[30]. Die objektivrechtliche Verpflichtung des Gesetzgebers, die Mindestvoraussetzungen für ein menschenwürdiges Dasein der Bürger zu schaffen, insbesondere das Existenzminimum zu sichern, leitet der Bayerische Verfassungsgerichtshof aus dem Sozialstaatsgrundsatz als einem Grundprinzip der bayerischen Verfassung (Art. 3 Abs. 1 Verf. Bayern) ab[31].

10
Menschenwürde als objektiv-rechtliche Verpflichtung

3. Hessen

Die Verfassung des Landes Hessen vom 1. Dezember 1946 erklärt in Art. 3 „Ehre und Würde des Menschen" ebenso wie Leben und Gesundheit für unantastbar[32]. Art. 3 Verf. Hessen schützt die Menschenwürde als selbständiges Grundrecht[33], das, weil zu den demokratischen Grundgedanken der Verfassung gehörend, auch im Wege einer Verfassungsänderung nicht beseitigt

11
Unabänderlichkeit der Menschenwürde

Grundrechtsgewährleistungen liegen soll, wenn diese inhaltlich mit den Grundrechten des Grundgesetzes (und der Europäischen Menschenrechtskonvention) deckungsgleich sind. S. aber auch *Zacher*, Vom Lebenswert der Bayerischen Verfassung, BayVBl. 1985, S. 513, (518): „Die bayerische Verfassungspraxis hat die Frage, ob es da noch sinnvoll sei, die Energie bayerischer Rechtsstaatlichkeit auf bayerische Grundrechte und bayerische Verfassungsgerichtsbarkeit zu werfen, gleichwohl und zu Recht nie gestellt. Mag so der bayerische Bürger in seinen Rechten doppelt und dreifach gesichert sein – der Schutz des bayerischen Bürgers gegen den bayerischen Staat ist zuerst und unverzichtbar eine Sache dieses bayerischen Staates selbst".

29 S. nur *Möstl*, in: Lindner/ders./H.A. Wolff, Verfassung des Freistaates Bayern (LitVerz.), Art. 101 RN 6.
30 Nach *Lindner*, in: ders./ Möstl/H.A. Wolff, Verfassung des Freistaates Bayern (LitVerz.), Art. 164 RN 1 kann sich aus dieser Vorschrift unter Umständen sogar ein subjektiver verfassungsrechtlicher Anspruch auf staatliche Unterstützung ergeben; str.; a.A. die h.M. (Nachw. ebd.).
31 *BayVerfGHE* 55, 57, (64).
32 S. zur Entstehungsgeschichte – hier hat der Wiesbadener Entwurf der CDU eine maßgebliche Rolle gespielt – *Martin Will*, Die Entstehung der Verfassung des Landes Hessen von 1946, 2009, S. 227, 330.
33 *Hess.StGH*, Urt. v. 3. 7. 1968 – P.St. 470 –, juris, RN 60 sowie *ESVGH* 19, 7, (11). So auch *E. Stein*, in: Zinn/ders., Die Verfassung des Landes Hessen, Bd. 1 (LitVerz.), Erl. 2 mit der anschaulichen Inhaltsbestimmung: „Leben und Gesundheit bedeuten die Anerkennung der physischen, Ehre und Würde die der geistigen und sittlichen Persönlichkeit. Unantastbar ist somit die äußere und innere Integrität des Menschen".

§ 233 Sechzehnter Teil: II. Vergleichende Betrachtung der Landesgrundrechte

werden könne (Art. 150 der hessischen Verfassung)[34], vielmehr bereits nach Art. 26 der hessischen Verfassung unabänderlich ist[35]. Nach Auffassung des Staatsgerichtshofs ist die Würde des Menschen „nicht in erster Linie in seiner Geltung nach außen, sondern mehr und mehr im sittlichen Eigenwert, der dem Menschen um seiner selbst und nicht um anderer Güter und Zwecke willen zukommt", zu finden[36].

12
Ableitungen aus der Menschenwürde

Daß mit der Garantie der Unantastbarkeit jeder gesetzliche oder gesetzlich erlaubte Eingriff in die in Art. 3 Verf. Hessen genannten Rechtsgüter per se ausgeschlossen werden sollte, wird man kaum annehmen können[37]. Eingriffe in die Menschenwürde gelten jedoch als schlechterdings nicht rechtfertigungsfähig[38]. Der Staatsgerichtshof hat aus Art. 3 Verf. Hessen in Verbindung mit dem der Verfassung innewohnenden Rechtsstaatsprinzip abgeleitet, daß die hessische Verfassung in gleicher Weise wie Art. 103 Abs. 1 GG das Grundrecht auf rechtliches Gehör im gerichtlichen Verfahren garantiert: Denn das Gebot des rechtlichen Gehörs dient nicht nur der Abklärung der tatsächlichen Entscheidungsgrundlage, sondern auch der Achtung und Würde des Menschen, der im gerichtlichen Verfahren das Recht haben muß, tatsächliche und rechtliche Argumente vorzutragen und damit gehört zu werden[39]. „Der Einzelne soll nicht bloßes Objekt des Verfahrens sein, sondern er soll vor einer Entscheidung, die seine Rechte betrifft, zu Wort kommen, um Einfluß auf das Verfahren und sein Ergebnis nehmen zu können"[40].

13
Konkretisierung der Menschenwürde für Gefangene

Eine Konkretisierung des Anspruchs jedes Menschen auf Achtung seiner Würde stellt das Individualrecht des Gefangenen auf menschliche Behandlung (Art. 21 Abs. 3 Verf. Hessen) dar[41]. Die Anerkennung der Würde und der Persönlichkeit des Menschen wird in Art. 27 Verf. Hessen darüber hinaus auch zur Grundlage der Sozial- und Wirtschaftsordnung des Landes Hessen

---

34 Vgl. *Hinkel*, Verfassung des Landes Hessen (LitVerz.), Art. 150 Erl. S. 241.
35 *E. Stein*, in: Zinn/ders., Die Verfassung des Landes Hessen (LitVerz.), Vorbem. II vor Art. 17.
36 *Hess.StGH*, Urt. v. 16.6.1971 – P.St. 602, P.St. 603, P.St. 604, P.St. 607 –, juris, RN 56; Beschl. v. 12.7.1972 – P.St. 640 –, juris sowie *ESVGH* 22, 209, (212f.). Zur Konkretisierung bedient sich auch der Staatsgerichtshof der sog. Objektformel und anerkannter Regelbeispiele; s. *Hess.StGH*, Urt. v. 28.11.1973 – P.St. 653 sowie *ESVGH* 24, 1, (8f.). S. zu diesen Entscheidungen näher *D. Schrodt*, Die Rechtsprechung des Hessischen Staatsgerichtshofs zu den Grundrechten der Hessischen Verfassung, Diss. Frankfurt, 1984, S. 100ff.
37 S. zu dieser Problematik andeutungsweise *J. Menzel*, Landesverfassungsrecht (LitVerz.), § 9, S. 19. Aber jedenfalls der Wesensgehalt dürfte der Disposition des Gesetzgebers schlechthin entzogen sein, wie Art. 63 Abs. 1 zu entnehmen ist: „Soweit diese Verfassung die Beschränkung eines der vorstehenden Grundrechte durch Gesetz zuläßt oder die nähere Ausgestaltung einem Gesetz vorbehält, muß das Grundrecht als solches unangetastet bleiben". Diese Vorschrift soll aber nach *E. Stein*, in: Zinn/ders., Die Verfassung des Landes Hessen (LitVerz.), Art. 63 Erl. 4 auf das Freiheitsrecht nach Art. 2 Abs. 1 Verf. Hessen nicht anwendbar sein, stattdessen ein genereller Vorbehalt greifen, der mit jedem gemeinschaftsbezogenen Grundrecht „unlösbar verbunden" sein und den Gesetzgeber zur Konkretisierung des gemeinschaftsgebundenen „Grenzbereichs" implizit ermächtigen soll.
38 *W. Hecker*, Staats- und Verfassungsrecht, Landesrecht Hessen (LitVerz.), RN 195, S. 138.
39 *Hess.StGH*, Beschl. v. 13.1.1988 – P.St. 1039 –, juris, RN 23.
40 *Hess.StGH*, Urt. v. 5.4.2000 – P.St. 1302 –, StAnz. 2000, 1840, 1843; Beschl. v. 8.6.2011 – P.St. 2318 –, StAnz. 2011, 1484, 1486; Beschl. v. 18.4.2012 – P.St. 2336 –, juris, RN 28f. sowie *LVerfGE* 23, 117 (124).
41 *W. Hecker*, Staats- und Verfassungsrecht, Landesrecht Hessen (LitVerz.), 2002, RN 195, S. 138.

erklärt[42]. Diese Norm beinhaltet kein Grundrecht, aber eine wertsetzende, den Gesetzgeber zur entsprechenden Gestaltung verpflichtende Entscheidung[43]. Art. 30 Verf. Hessen konkretisiert diese objektiv-rechtliche Schutzverpflichtung[44] für die Arbeitsbedingungen, die so beschaffen sein müssen, daß sie die Würde des Arbeitnehmers sichern.

4. Bremen

Die Verfassunggebung in der Freien Hansestadt Bremen 1947 ist nicht anders als die bayerische, hessische und rheinland-pfälzische noch stark und unmittelbar von der vorangegangenen Erfahrung mit der NS-Diktatur geprägt. Man zeigt sich in der Präambel erschüttert von der „Mißachtung der persönlichen Freiheit und der Würde des Menschen"; konsequent erfährt die Menschenwürde Anerkennung und wird dem Staat die Pflicht zur Achtung derselben auferlegt (Art. 5 Verf. Bremen: „Die Würde der menschlichen Persönlichkeit wird anerkannt und vom Staate geachtet"). Ungeachtet des abweichenden, die bayerische Formulierung aufgreifenden Wortlauts, des Fehlens einer Unantastbarkeitsgarantie und einer staatlichen Schutzpflicht wird diese Bestimmung von Anfang an inhaltsgleich mit Art. 1 Abs. 1 GG verstanden[45]. Anklänge einer Idee eines aufgrund der Menschenwürde staatlicherseits zu gewährleistenden Existenzminimums finden sich in der Präambel, wenn dort die „soziale Gerechtigkeit" durch das Gebot der Sicherung eines menschenwürdigen Daseins für alle Arbeitswilligen konkretisiert wird[46], ohne daß daraus ein subjektiver Leistungsanspruch des einzelnen bedürftigen Arbeitswilligen erwüchse (s. ferner Art. 49 Verf. Bremen[47]). Eine weitere Konkretisierung der Anerkennung der Menschenwürde und des daraus fließenden sozialen Wert- und Achtungsanspruchs findet sich in der – in keiner anderen (Landes-)Verfassung enthaltenen – Feststellung, daß der Mensch höher steht als Technik und Maschine (Art. 12 Abs. 1 Verf. Bremen), „eine richtungweisende Wertentscheidung für Gesetzgebung und Exekutive"[48]. Dementsprechend müssen die Arbeitsbedingungen so gestaltet sein, daß insbesondere die Men-

14
Vorrang vor „Technik und Maschine"

---

42 Zur Entstehungsgeschichte s. *Martin Will*, Die Entstehung der Verfassung des Landes Hessen von 1946, 2009, S. 340.
43 *Hess.StGH*, Beschl. v. 23.5.1979 – P.St. 862 –, *ESVGH 30*, 1 (2) m.w.N.; *Hinkel*, Verfassung des Landes Hessen, Kommentar, 1999, Art. 27 Erl. 5, S. 113. So auch bereits *Barwinski*, in: Zinn/ E. Stein, Die Verfassung des Landes Hessen (LitVerz.), Art. 27 Erl. 1.
44 *Barwinski*, in: Zinn/E. Stein, Die Verfassung des Landes Hessen (LitVerz.), Art. 30 Erl. 1: kein Grundrecht.
45 *Spitta*, Kommentar zur Bremischen Verfassung von 1947 (LitVerz.), Anm. zu Art. 5 Abs. 1, S. 43; *H. Neumann*, Die Verfassung der Freien Hansestadt Bremen (LitVerz.), Art. 5 RN 5, der deshalb pauschal „auf die umfangreiche Rechtsprechung des Bundesverfassungsgerichts" zu Art. 1 Abs. 1 GG verweist.
46 S. dazu *Ladeur*, Staatszielbestimmungen, Grundrechte und Grundpflichten, in: V. Kröning u.a. (Hg.), Handbuch der Bremischen Verfassung (LitVerz.), S. 158–175, 159.
47 „Die menschliche Arbeitskraft genießt den besonderen Schutz des Staates. Der Staat ist verpflichtet, geeignete Maßnahmen zu treffen, daß jeder, der auf Arbeit angewiesen ist, durch Arbeit seinen Lebensunterhalt erwerben kann. Wer ohne Schuld arbeitslos ist, hat Anspruch auf Unterhalt für sich und seine unterhaltsberechtigten Angehörigen".
48 *H. Neumann*, Die Verfassung der Freien Hansestadt Bremen (LitVerz.), Art. 12 RN 1 f.

schenwürde gewahrt wird (Art. 52 Satz 1 Verf. Bremen)[49]. Schließlich erklärt Art. 26 Abs. 1 der Verfassung von Bremen die Achtung vor der Würde jedes Menschen zu einem staatlichen Erziehungsziel für die Jugend.

5. Saarland

15
Vorrang des Individuums vor dem Staat

Auch die Verfassung des Saarlandes vom 15. Dezember 1947, die von den kurz zuvor ergangenen süddeutschen Verfassungen, Bayerns, vor allem aber von Rheinland-Pfalz und teilweise Hessens mit beeinflußt sein dürfte[50], enthält eine, wiederum etwas anders formulierte, in der Sache aber gleichbedeutende Menschenwürdegarantie (Art. 1 Verf. Saarland), die ganz bewußt an den Anfang der Verfassung und des I. Hauptteils über „Grundrechte und Grundpflichten" als fundamentale wertsetzende Entscheidung gestellt worden ist, die durch Art. 101 Abs. 2 Verf. Saarland unabänderlich gestellt sein dürfte: „Jeder Mensch hat das Recht, als Einzelperson geachtet zu werden. Sein Recht auf Leben, auf Freiheit und auf Anerkennung der Menschenwürde bestimmt, in den Grenzen des Gesamtwohles, die Ordnung der Gemeinschaft". Damit sollte, vergleichbar dem proklamatischen Art. 1 Abs. 2 des Verfassungsentwurfs von Herrenchiemsee, die Vorordnung und der Vorrang des einzelnen Menschen vor dem Staat zum Ausdruck gebracht werden[51]. Das Individuum hat als Rechtssubjekt gegenüber dem Staat und jedem privaten Dritten[52] einen unbedingten Achtungsanspruch, der sich, wie Art. 1 Satz 2 Verf. Saarland zeigt, in der Ausstattung mit bestimmten fundamentalen Statusrechten und Freiheiten niederschlägt: Recht auf Leben, Freiheit und Anerkennung der Menschenwürde[53]. Mit der der gesetzlichen Einschränkbarkeit gezogenen Grenze des Gesamtwohls ist eine willkürliche Unterdrückung des einzelnen ausgeschlossen[54]. Dem Wortlaut des Art. 1 Satz 2 Verf. Saarland nach steht damit auch das Recht auf Anerkennung der Menschenwürde wie die auf gleiche Stufe gestellten und in gleicher Weise aus dem sozialen Wert- und Achtungsanspruch des Individuums abgeleiteten Rechte auf Leben und Freiheit unter einem dem Gemeinwohl dienenden Gemeinschaftsvorbehalt.

---

49 S. ferner die konkretisierenden Regelungen der Art. 53 (Achtstundentag), Art. 54 (Mutterschutz) und Art. 56 (Urlaubsanspruch) Verf. Bremen.
50 S. dazu *Thieme*, Die Entwicklung des Verfassungsrechts im Saarland von 1945–1958, JÖR N.F. 9 (1960), 423ff. (430, 436) sowie *Brosig*, Die Verfassung des Saarlandes (LitVerz.), S. 127, 131 FN 124 („auch an den Verfassungen von Südbaden, Südwürttemberg und Württemberg-Baden" orientiert).
51 Vgl. die Äußerung von Dr. *Braun* (SPD), 4. Sitzung der Verfassungskommission am 12. 6. 1947: „Der Staat ist nur eine Organisation der Menschen, und der Mensch ist nicht für den Staat, sondern der Staat für den Menschen geschaffen"; zitiert nach: *R. Stöber*, Die saarländische Verfassung v. 15. 12. 1947 und ihre Entstehung. Sitzungsprotokolle der Verfassungskommission, der Gesetzgebenden Versammlung des Saarlandes (Landtag) und des Verfassungsausschusses, 1952, S. 107.
52 So – eine unmittelbare Drittwirkung bejahend – *Schranil*, Die Verfassung des Saarlandes (LitVerz.), Art. 1, Anm. 2, S. 25; a.A. *Guckelberger*, in: Wendt/Rixecker (Hg.), Verfassung des Saarlandes (LitVerz.), Art. 1 RN 9, derzufolge eine Drittwirkung gesetzlicher Vermittlung und Konkretisierung bedarf, die Landesstaatsgewalt aber aufgrund ihrer Art. 1 Satz 2 zu entnehmenden Schutzpflicht zum Erlaß entsprechender, die Achtung der Einzelperson auch durch private Dritte sicherstellender Gesetze verpflichtet sein soll.
53 S. dazu *Guckelberger*, in: Wendt/Rixecker (Hg.), Verfassung des Saarlandes (LitVerz.), Art. 1 RN 6.
54 *Schranil*, Die Verfassung des Saarlandes (LitVerz.), Art. 1, Anm. 3, S. 25.

Allerdings erklärt Art. 21 Satz 1 Verf. Saarland die die Staatsgewalt unmittelbar bindenden Grundrechte für „in ihrem Wesen unabänderlich". Angesichts des bereits in Art. 1 Satz 1 Verf. Saarland ohne jede Einschränkung – als „absolutes Recht"[55] – anerkannten fundamentalen sozialen Achtungs- und Wertanspruchs des einzelnen wird man die Anerkennung der Menschenwürde von dem in Satz 2 enthaltenen Vorbehalt im Wege einer den Wortlaut „berichtigenden", systematischen Auslegung ausnehmen und zu einer unbedingten Verpflichtung der saarländischen Staatsgewalt erklären müssen[56].

II. In den postgrundgesetzlichen Verfassungen der westdeutschen Länder

1. Nordrhein-Westfalen

Die Verfassung für das Land Nordrhein-Westfalen vom 28. Juni 1950[57] übernimmt aufgrund der Rezeptionsklausel[58] des Art. 4 Abs. 1 Verf. Nordrhein-Westfalen („Die im Grundgesetz für die Bundesrepublik Deutschland in der Fassung vom 23. Mai 1949 festgelegten Grundrechte und staatsbürgerlichen Rechte sind Bestandteil dieser Verfassung und unmittelbar geltendes Landesrecht") pauschal die Bundesgrundrechte; sie erhalten damit einen zweiten Geltungsgrund, sind damit zugleich als originäres Landesrecht Landesgrundrechte. Damit gewährleistet auch die nordrhein-westfälische Landesverfassung die Menschenwürde aufgrund der rezipierten Grundrechtsnorm des Art. 1 Abs. 1 GG „vollumfänglich"[59]. Auch wenn eine Bindung der nordrhein-westfälischen Staatsgewalt an die Rechtsprechung des Bundesverfassungsgerichts bei der Auslegung dieses Grundrechts in seiner Geltung als Landesgrundrecht nicht bestehen dürfte[60], der Verfassungsgerichtshof auch prinzipiell das Recht zur autonomen Auslegung der übernommenen Grundrechtsvorschriften für sich reklamiert[61], so hat er eine solche doch bisher nicht praktiziert und mangels Zuständigkeit für Individualverfassungsbeschwerden auch kaum Gelegenheit gehabt, sie praktizieren zu können. Im übrigen beläßt Art. 142 GG dafür auch wenig Spielraum.

16
Rezeptionsklausel

---

55 *Schranil* aaO., Art. 1, Anm. 2, S. 25.
56 Vgl. auch *Guckelberger*, in: Wendt/Rixecker (Hg.) (LitVerz.), Art. 1 RN 6f., 21 a.E., bei der allerdings letztlich unklar bleibt, ob diese einschränkende Auslegung sich aus dem Gesamtkontext des Art. 1 Verf. Saarland oder erst – bundesverfassungsrechtskonform interpretiert – aus Art. 1 Abs. 1 GG ergibt. S. auch die diesbezügliche, für Uneinschränkbarkeit der Anerkennung der Menschenwürde plädierende Stellungnahme der Enquête-Kommission für Verfassungsfragen von 1979, LT-Drs. 7/2207, S. 9. Demgegenüber sprach *Schranil*, Die Verfassung des Saarlandes (LitVerz.), Art. 1, Anm. 2, S. 25, selbst der Menschenwürde angesichts der im zweiten Satz des Art. 1 Verf. Saarland betonten Einordnung des Einzelnen in die Gemeinschaft nur „relativen Wert" zu.
57 GS 100, S. 3.
58 Zur rechtlichen Einordnung dieses Übernahmetatbestandes s. nur *Menzel*, in: Löwer/Tettinger (Hg.), Kommentar zur Verfassung des Landes Nordrhein-Westfalen (LitVerz.), Art. 4 RN 9 und *Kamp*, in: Heusch/Schönenbroicher (Hg.), Die Landesverfassung Nordrhein-Westfalen (LitVerz.), Art. 4 RN 15.
59 S. nur *Menzel* aaO., Art. 4 RN 17.
60 Insoweit greift § 31 Abs. 1 BVerfGG jedenfalls nicht ein.
61 *NWVerfGH*, NWVBl. 1992, 275, 279; NWVBl. 1994, 453, 456f.; *Kamp*, in: Heusch/Schönenbroicher, Die Landesverfassung Nordrhein-Westfalen (LitVerz.), Art. 4 RN 34–36; *Menzel*, in: Löwer/Tettinger, Kommentar zur Verfassung des Landes Nordrhein-Westfalen (LitVerz.), Art. 4 RN 11; dort auch jeweils zum Streitstand in dieser Frage.

17
Würde des Kindes

Art. 6 Abs. 1 der Verfassung von Nordrhein-Westfalen[62] akzentuiert als landeseigene grundrechtliche Regelung das – als Landesgrundrecht rezipierte – dem Menschen und damit allen Menschen geltende Würdeversprechen des Art. 1 Abs. 1 GG speziell für die Kinder: „Jedes Kind hat ein Recht auf Achtung seiner Würde als eigenständige Persönlichkeit und auf besonderen Schutz von Staat und Gesellschaft"[63]. Die Vorschrift enthält für die nordrhein-westfälische Staatsgewalt ein abwehrrechtliches Achtungsgebot und ein leistungsrechtliches Schutzgebot, denen inhaltsgleiche Ansprüche der Kinder gegen den Staat korrespondieren[64]. Die in Art. 6 Abs. 2 Satz 1 Verf. Nordrhein-Westfalen genannten Tatbestände dürften als Menschenwürdeverletzungen die Schutzpflicht der Staatsgewalt auslösen. Hinsichtlich der konkret zu ergreifenden Schutzmaßnahmen dürfte dem Land – bis zur Grenze des Untermaßverbots – ein Einschätzungs- und Gestaltungsspielraum zustehen. Die gleichzeitige Inpflichtnahme der Gesellschaft dürfte mangels eines greifbaren Adressaten lediglich Appellfunktion haben[65].

18
Problematik eines Kinder-Sonderrechts

Sofern man mit Blick auf die Formulierung „Würde als eigenständige Persönlichkeit"[66] und die Entstehungsgeschichte[67] eine Erstreckung des Achtungs- und Schutzanspruchs nach Art. 6 Abs. 1 der Verfassung von Nordrhein-Westfalen auf das ungeborene menschliche Leben ablehnt, bleibt das Grundrecht in seinem Garantiegehalt hinter dem grundgesetzlichen Versprechen aus Art. 1 Abs. 1 GG zurück[68]. Insofern besteht daher auch keine – den Rückgriff auf dieses, durch Art. 4 Abs. 1 der Verfassung von Nordrhein-Westfalen als Landesgrundrecht rezipierte Grundrecht – sperrende Spezialität[69]. Auch unabhängig von der Sonderproblematik des Schutzes des ungeborenen Lebens erscheint die mit dem Kinder-"Sonderrecht" einhergehende Aufspaltung des einheitlichen Würdeanspruchs für alle Menschen fragwürdig[70], umso mehr, als dieses Grundrecht nach dem Willen des verfassungsändernden Gesetzgebers[71] nicht für Jugendliche (ab 14 Jahren) gelten soll, denen vielmehr – neben den über Rezeptionsklausel als Landesgrundrechte übernommenen, allgemeine Menschenrechte gewährleistenden Grundrechten des Grundgesetzes – lediglich die besonderen Grundrechtspositionen nach Art. 6 Abs. 2 und 3 Verf. Nordrhein-Westfalen zugewiesen sind.

---

62 In der Fassung des Änderungsgesetzes v. 29. 1. 2002 (GVBl. S. 52).
63 Zur bewußten Anknüpfung an Art. 1 Abs. 1 GG s. LT- Drucks. 13/472, S. 5.
64 *Müller-Terpitz*, in: Löwer/Tettinger, Kommentar zur Verfassung des Landes Nordrhein-Westfalen (LitVerz.), Art. 6 RN 11.
65 So auch *Müller-Terpitz* aaO., Art. 6 RN 12.
66 *Müller-Terpitz* aaO., Art. 6 RN 10.
67 Ablehnend Ministerin *Fischer* (SPD), LT-Prot. 13/21, S. 1873 A; Abg. *Koczy* (Grüne), LT-Prot. 13/21, S. 1877 B; a.A. Abg. *Rüsenberg* (CDU), LT-Prot. 13/21, S. 1867 B und C.
68 S. nur *BVerfGE* 88, 203 (251): „Menschenwürde kommt schon dem ungeborenen menschlichen Leben zu, nicht erst dem menschlichen Leben nach der Geburt oder bei ausgebildeter Personalität".
69 Insofern bedarf die Annahme grundsätzlicher Spezialität (dafür auch *Müller-Terpitz*, in: Löwer/Tettinger, Kommentar zur Verfassung des Landes Nordrhein-Westfalen [LitVerz.], Art. 6 RN 12) einer grundgesetzkonformen Einschränkung.
70 *Kamp*, in: Heusch/Schönenbroicher, Die Landesverfassung Nordrhein-Westfalen (LitVerz.), Art. 6 RN 10.
71 S. die Nachw. bei *Müller-Terpitz*, in: Löwer/Tettinger, Kommentar zur Verfassung des Landes Nordrhein-Westfalen (LitVerz.), Art. 6 RN 10.

Der besondere Rang, den die nordrhein-westfälische Landesverfassung der Garantie der Menschenwürde zuweist, zeigt sich unter anderem daran, daß Art. 7 Verf. Nordrhein-Westfalen nicht zuletzt die Achtung vor der Menschenwürde zu den „vornehmsten" schulischen Erziehungszielen erklärt[72].

19
Schulisches Erziehungsziel

2. Baden-Württemberg

Schon nach dem Vorspruch der Verfassung des Landes Baden-Württemberg vom 11. November 1953[73] ist das Volk von Baden-Württemberg „von dem Willen beseelt, die Freiheit und Würde des Menschen zu sichern". Nach Art. 2 Abs. 1 Verf. Baden-Württemberg, demzufolge die im Grundgesetz für die Bundesrepublik Deutschland festgelegten Grundrechte und staatsbürgerlichen Rechte Bestandteil dieser Verfassung und unmittelbar geltendes Recht sind[74], gilt auch die Menschenwürdegarantie des Art. 1 Abs. 1 GG als – gemäß Art. 64 Abs. 1 Satz 2 Verf. Baden-Württemberg unabänderliches – Landesgrundrecht[75]: „Neben ihre unmittelbare Geltung als Bundesverfassungsrecht (Art. 1 Abs. 3 GG) tritt zusätzlich ihre unmittelbare Geltung als Landesverfassungsrecht"[76]. Die Menschenwürdegarantie des Grundgesetzes als transformiertes Landesverfassungsrecht – das Benachteiligungsverbot wegen einer Behinderung (Art. 2 a Verf. Baden-Württemberg) kann als Konkretisierung desselben angesehen werden – hat allerdings lange Zeit keinerlei praktische Bedeutung erlangt, da die Landesverfassung keinen allgemeinen Rechtsbehelf geschaffen hatte, um die Wahrung der Grundrechte durch Anrufung des Staatsgerichtshofes prüfen zu lassen[77]. Inzwischen hat Baden-Württemberg eine Landesverfassungsbeschwerde zu dem seit Dezember 2015 so genannten

20

---

72 Zu den sich daraus ergebenden Verpflichtungen im Lehrer-Schüler-Verhältnis und in der Ausgestaltung des Unterrichts s. nur *Kamp*, in: Heusch/Schönenbroicher, Die Landesverfassung Nordrhein-Westfalen (LitVerz.), Art. 7 RN 43 f.
73 GBl. S. 173.
74 S. dazu *StGH Baden-Württemberg*, Urt. v. 19. 10. 1968 – GR 1/1967 –, *ESVGH 19*, 133 (137); Urt. v. 25. 6. 1977 – GR 4/76 –, *ESVGH 27*, 189 (190); Urt. v. 24. 1. 2005 – 2/04 –, juris, RN 22 sowie *ESVGH 55*, 27 sowie VBlBW 2005, 381–385 – Gestaltungsfreiheit des Gesetzgebers bei der Organisationsstruktur des Rundfunks: „Gemäß Art. 2 Abs. 1 Verf. Baden-Württemberg sind die im Grundgesetz für die Bundesrepublik Deutschland festgelegten Grundrechte und staatsbürgerlichen Rechte Bestandteil der Landesverfassung. Der Staatsgerichtshof ist damit zur Prüfung des Landesrechts anhand der durch Art. 2 Abs. 1 Verf. Baden-Württemberg in die Landesverfassung transformierten Grundrechte des Grundgesetzes befugt".
75 *H. Birn*, Die Aufnahme von Grundrechten und staatbürgerlichen Rechten des Grundgesetzes in die Verfassung von Baden-Württemberg, Diss. Tübingen, 1972, S. 49; *Spreng/Birn/Feuchte*, Die Verfassung des Landes Baden-Württemberg, 1954, Art. 2 Anm. 3 a; *Goebel*, Die Verfassung des Landes Baden-Württemberg, 1954, S. 32.
76 *Braun*, Kommentar zur Verfassung des Landes Baden-Württemberg, 1984, Art. 2 RN 2. So auch die Rspr. des *StGH Baden-Württemberg*, s. nur *ESVGH 27*, 189–192, 190: „Der Staatsgerichtshof hat in ständiger Rspr. angenommen, daß er zur Prüfung des Landesrechts am Maßstab der in die LV transformierten Grundrechte des GG befugt ist"; a.A. noch *StGH Baden-Württemberg*, Urt. v. 19. 10. 1968 – Gesch Reg Nr. 1/1967 –, juris, LS 3 sowie *ESVGH 19*, 133–140, LS 3 und VBlBW 1969, 40 f.: „Da die Grundrechtsvorschriften des Grundgesetzes und der Landesverfassung nur je ein und dasselbe Grundrecht schützen, kann die Vereinbarkeit eines Landesgesetzes mit einem Grundrecht des Grundgesetzes nicht anders beurteilt werden als seine Vereinbarkeit mit dem entsprechenden Grundrecht der Landesverfassung".
77 *StGH Baden-Württemberg*, Urt. v. 2. 4. 1962 – Nr. 3/61 –, juris, LS 2 sowie *ESVGH 12/II*, 10–13.

"Verfassungsgerichtshof"[78] eingeführt[79], mit der dieses zusätzliche Landesgrundrecht geltend gemacht und gegebenenfalls auch vom Verständnis des Art. 1 Abs. 1 GG durch das Bundesverfassungsgericht abweichend interpretiert werden könnte[80].

3. Niedersachsen

21
Grundrechtsrezeption und Sonderregelungen

Auch nach der niedersächsischen Verfassung vom 6. Juni 1993[81] sind die Grundrechte des Grundgesetzes und damit auch die Menschenwürdegarantie nach Art. 1 Abs. 1 GG Bestandteil der Landesverfassung mit bindender Wirkung für Gesetzgebung, vollziehende Gewalt und Rechtsprechung als unmittelbar geltendes Landesrecht (Art. 3 Abs. 2 Satz 1 u. 2 Verf. Niedersachsen)[82]; die rezipierte Menschenwürdegarantie dürfte dabei integraler Bestandteil der in Art. 46 Abs. 2 in Verbindung mit Art. 1 Abs. 2 Verf. Niedersachsen verfassungsänderungsfest gestellten Staatsstrukturprinzipien, insbesondere des Rechtsstaatsprinzips, sein[83]. Mit der Inkorporation[84] der Bundesgrundrechte realisiert das Volk von Niedersachsen sein in Art. 3 Abs. 1 Verf. Niedersachsen erklärtes Bekenntnis „zu den Menschenrechten als Grundlage der staatlichen Gemeinschaft, des Friedens und der Gerechtigkeit". Kindern und Jugendlichen wird „als eigenständige[n] Personen das Recht auf Achtung ihrer Würde" noch speziell zugesichert (Art. 4a Verf. Niedersachsen.). Eine eigenständige Bedeutung hat die landesverfassungsrechtliche Menschenwürdegarantie bisher nicht erlangt. Mangels Individualverfassungsbeschwerde zum Staatsgerichtshof[85] gibt es keine einschlägige Rechtsprechung; in der Literatur wird zudem eine Bindung des Staatsgerichtshofs an die Auslegung des Bundesverfassungsgerichts postuliert[86].

---

78 Durch Art. 1, 2 des Gesetzes zur Änderung der Verfassung des Landes Baden-Württemberg und des Gesetzes über den Staatsgerichtshof sowie anderer Gesetze v. 1. 12. 2015 (GBl. S. 1030).
79 Durch Gesetz zur Einführung einer Landesverfassungsbeschwerde v. 13. 11. 2012 (GBl. S. 569).
80 Der *StGH Baden-Württemberg* hatte in seinem Urt. v. 19. 10. 1968 – Gesch Reg Nr 1/1967 –, juris, LS 3 sowie *ESVGH 19*, 133 sowie VBlBW 1969, 40 f. auch einen interpretatorischen Gleichlauf von Bundesgrundrecht und rezipiertem Landesgrundrecht vertreten. Dies beruhte aber auf der seinerzeitigen, heute nicht vertretenen Ansicht mangelnder Eigenständigkeit der Geltung des Bundesgrundrechts als Landesgrundrecht (s. FN 60).
81 GVBl. S. 229.
82 Zu den Gründen für das Fehlen eines eigenen Grundrechtsteils in der Vorläufigen Niedersächsischen Verfassung (VNV) v. 13. 4. 1951 s. *Rebe*, in: Korte/Rebe, Verfassung und Verwaltung des Landes Niedersachsen (LitVerz.), 2. Kapitel, S. 108–112. Eine landesverfassungsrechtliche Bindung an die Grundrechte des Grundgesetzes ergab sich aber aus Art. 2 Abs. 2 VNV, indem die Gesetzgebung an „die verfassungsmäßige Ordnung *in Bund* und Land" gebunden wurde.
83 A.A. – Grundrechte generell nicht erfaßt – *J. Ipsen*, Niedersächsische Verfassung, Kommentar, 2011, Art. 46 RN 13; *Hoffmann*, in: Epping/Butzer/Brosius-Gersdorf u.a. (Hg.), Hannoverscher Kommentar zur Niedersächsischen Verfassung, 2012, Artikel 46 RN 37.
84 *Epping*, in: ders./Butzer/Brosius-Gersdorf/u.a. (Hg.), Hannoverscher Kommentar zur Niedersächsischen Verfassung (LitVerz.), Art. 3 RN 16 f.; *J. Ipsen*, Niedersächsische Verfassung (LitVerz.), Art. 3 RN 11–13.
85 Ihre Einführung wird aktuell diskutiert: *Butzer*, Individualverfassungsbeschwerde – Ja oder Nein?, NdsVBl. 2014, 155–161; *J. Ipsen*, Eine Verfassungsbeschwerde für Niedersachsen!, NdsVBl. 1998, 129 ff.
86 *Starck*, Die neue Niedersächsische Verfassung von 1993, NdsVBl. 1994, 2, 7 f. Vorsichtiger *J. Ipsen*, Niedersächsische Verfassung (LitVerz.), RN 12, der annimmt, daß die Auslegung durch das BVerfG „prägende Kraft entfaltet".

4. Schleswig-Holstein

Schleswig-Holstein rezipiert in seiner Verfassung[87] seit 2008[88] in Konkretisierung der in der Präambel „als Fundament jeder menschlichen Gemeinschaft" bezeichneten „unverletzlichen und unveräußerlichen Menschenrechte" ebenfalls die Bundesgrundrechte und macht sie zum Bestandteil der Landesverfassung als unmittelbar geltendes Recht (Art. 3 Verf. Schleswig-Holstein; vormals Art. 2 a Verf. Schleswig-Holstein)[89]. Davon erfaßt ist auch die Menschenwürdegarantie des Art. 1 Abs. 1 GG. Sie ist wie alle rezipierten Bundesgrundrechte als Landesgrundrecht Prüfungsmaßstab in abstrakten und konkreten Normenkontrollverfahren (s. Art. 51 Abs. 2 Nr. 2 u. 3 Verf. Schleswig-Holstein) und grundsätzlich auch einer autonomen landesverfassungsgerichtlichen Interpretation im Rahmen zugänglich; es besteht keine Bindung an die bundesverfassungsgerichtliche Auslegungspraxis[90]. Einschlägige Praxis gibt es – mangels Individualverfassungsbeschwerde[91] – bisher nicht[92]. Im Kontext der rezipierten Menschenwürdegarantie steht das Staatsziel des Art. 8 der Verfassung von Schleswig-Holstein, das auf den Schutz der Rechte und Interessen pflegebedürftiger Menschen gerichtet ist und zur Förderung einer Versorgung verpflichtet, „die allen Pflegebedürftigen ein menschenwürdiges Leben ermöglicht".

22 Rezeption des Art. 1 Abs. 1 GG und Staatszielregelung

5. Berlin

Die Verfassung von Berlin vom 23. November 1995[93] enthält seit diesem Zeitpunkt in Artikel 6 eine mit Art. 1 Abs. 1 GG wortgleiche Menschenwürdegarantie[94], die vom Berliner Verfassungsgerichtshof denn auch in voller Übereinstimmung mit dem Bundesverfassungsgericht ausgelegt wird. Der öffentlichen Gewalt ist danach jede Behandlung verboten, die die Achtung des Wer-

23 Explizite Regelung anstelle einer Hineininterpretation

---

87 Landessatzung v. 13. 12. 1949 (GVBl. S. 3) in der Fassung des Gesetzes zur Änderung der Landessatzung für Schleswig-Holstein v. 13. 6. 1990 (GVBl. S. 391).
88 Gesetz v. 18. 3. 2008 (GVBl. S. 149).
89 Zum entstehungsgeschichtlichen Hintergrund dieser Rezeptionsklausel s. *Becker/Brüning*, Öffentliches Recht in Schleswig-Holstein (LitVerz.), § 1 C, RN 31.
90 *C. Nordmann*, „Rezipierte" Grundrechte für Schleswig-Holstein, NordÖR 2009, S. 97–102, 98; *J. Caspar*, Kompetenzen des Landesverfassungsgerichts im Schnittfeld zwischen Bundes- und Landesrecht – Zur Errichtung des Schleswig-Holsteinischen Verfassungsgerichts, NordÖR 2008, S. 193 (199 f.), der mit Recht auf den eigenständigen landesverfassungsrechtlichen Prüfungsmaßstab auch eine Vorlagepflicht des Landesverfassungsgerichts im Falle abweichender Interpretation des, wenn auch rezipierten, so doch eigenständigen Landesgrundrechts nach Art. 100 Abs. 3 GG verneint (S. 198–200). Die Möglichkeit abweichender Auslegung hält für eine Möglichkeit nur theoretischer Natur *Backmann*, Schleswig-Holsteinische Verfassungsbeschwerde, SchlHA 2009, S. 72 (74).
91 Für eine solche *Backmann* aaO., 72; *ders.*, Verfassungsbeschwerde für Schleswig-Holstein, NordÖR 2009, S. 229 ff.
92 Bisher ist noch keine Entscheidung zu Art. 3 Verf. Schleswig-Holsteins i.V.m. Art. 1 Abs. 1 GG ergangen. S. die Übersicht bei *Flor*, 6 Jahre Schleswig-Holsteinisches Landesverfassungsgericht – Teil 2, NordÖR 2014, S. 154 ff.
93 GVBl. S. 779.
94 Der *VerfGH Berlin* hatte 1993 auch der Verfassung von Berlin v. 1. 9. 1950 (VBl. I S. 433) „als ungeschriebenen Verfassungssatz" das Bekenntnis zur Menschenwürde und die Verpflichtung aller staatlichen Gewalt, die Würde des Menschen zu achten und zu schützen, sowie ein korrespondierendes subjektives Grundrecht entnommen. In zweifelhafter Begründung (a.A. *U. Wesel*, Der Honecker-Prozeß, KJ 1993, S. 198 [203 f.]; mit Recht kritisch *C. Starck*, Der Honecker-Beschluß des Berliner VerfGH JZ 1993, S. 231; differenzierend *J. Menzel* (LitVerz.), § 22, S. 466) war dies zum einen aus der angeblich in die Berliner

tes vermissen läßt, der jedem Menschen um seiner selbst willen zukommt[95]. Die durch das Sozialstaatsprinzip bekräftigte Verpflichtung des Staates zum Schutz der Menschenwürde schließt die Pflicht zu aktiver Gewährleistung der materiellen Mindestvoraussetzungen menschenwürdiger Existenz ein; daraus folgt etwa ein Recht auf Belassung eines – durch die Pfändungsfreigrenzen gesicherten – Existenzminimums und auf menschenwürdige Unterkunft[96].

III. In den Verfassungen der „neuen Länder"

1. Brandenburg

24
Mit dem GG identische Garantie nebst Drittwirkung

Die Verfassung Brandenburgs vom 20. August 1992[97] enthält eine zunächst im Wortlaut mit Art. 1 Abs. 1 GG identische Garantie der Menschenwürde, die sodann – ohne normative Substanz – auch zur „Grundlage jeder solidarischen Gemeinschaft" erklärt wird. Die Bestimmung des Art. 1 Abs. 2 der Verfassung von Brandenburg, nach der jeder jedem die Anerkennung seiner Würde schuldet, ist weniger revolutionär als teilweise angenommen[98]. Die Garantie der Unantastbarkeit der Menschenwürde nach Art. 1 Abs. 1 GG sollte, wie entstehungsgeschichtlich nachweisbar ist[99], ebenfalls unmittelbare Drittwirkung entfalten[100]: Niemand darf die Menschenwürde eines anderen antasten; in diesem Sinne sind die Menschen einander – nach dem Grundgesetz wie nach der Verfassung Brandenburgs – wechselseitig zur Anerkennung als Menschen mit je eigener Würde verpflichtet, und ihre verfassungsrechtlich geschützte Freiheit reicht von vornherein nur bis zur Grenze dieses Antastungsverbots.

Landesverfassung hineinwirkenden grundgesetzlichen Gewährleistung der Menschenwürde, zum anderen aus dem den Grundrechten der Verfassung von Berlin von 1950 zugrunde liegenden Menschenbild abgeleitet (*VerfGH Berlin*, Beschl. v. 12. 1. 1993 – VerfGH 55/92 – juris, RN 15–18 sowie *LVerfGE 1*, 56 [61 f.] sowie EuGRZ 1993, 48 – Fall Honecker) und sodann im Anschluß an *BVerfGE 72*, 105 (116) entschieden, daß die Aufrechterhaltung des Haftbefehls gegen einen Angeklagten und Untersuchungsgefangenen, der aufgrund seiner Todesnähe den Abschluß des Strafverfahrens mit an Sicherheit grenzender Wahrscheinlichkeit nicht mehr erleben wird, die Menschenwürde verletzt. Fraglich ist allerdings, ob dies, wie der *VerfGH Berlin* angenommen hat, auch für die vermeintlich sinnlos gewordene Fortsetzung des Strafverfahrens gilt, d.h. ob die Menschenwürde in einem solchen Fall auch die Einstellung des Strafverfahrens (und nicht nur die Beendigung der Untersuchungshaft) fordert. → Unten *Sodan*, Landesgrundrechte in Berlin, § 242 RN 15 ff.

95 *VerfGH Berlin*, Beschl. v. 3. 11. 2009 – VerfGH 184/07 – juris, RN 23 = *LVerfGE 20*, 70–81, 77 unter Bezugnahme auf die Beschlüsse v. 12. 1. 1993 – VerfGH 55/92 – *LVerfGE 1*, 56, 64; v. 2. 1. 1994 – VerfGH 134/93 – JR 1994, S. 343 u. 25. 4. 1994 – VerfGH 8/94 – JR 1995, S. 13; Beschl. v. 12. 12. 2003 – 36/03, 36 A/03 –, juris, RN 16 sowie NJW 2004, S. 1158 f. S. auch *Stöhr*, in: Pfennig/Neumann (Hg.), Verfassung von Berlin (LitVerz.), Art. 6 RN 3, 7.
96 *VerfGH Berlin*, Beschl. v. 22. 5. 1996 – 34/96 –, juris, RN 9 sowie *LVerfGE 4*, 62 (64); Beschl. v. 3. 11. 2009 – VerfGH 184/07 – juris, RN 23 sowie *LVerfGE 20*, 70 ff. – Verletzung der Menschenwürde i.S.v. Art. 6 Satz 1 Verf. Berlin eines Strafgefangenen durch Unterbringung in einem Haftraum von 5,25 qm für einen Zeitraum von über drei Monaten: „Für den Strafvollzug bedeutet dies, daß die Voraussetzungen eines menschenwürdigen Daseins dem Gefangenen auch in der Haft erhalten bleiben müssen und der Staat zu den dafür erforderlichen Leistungen verpflichtet ist".
97 GVBl. S. 298.
98 *Iwers*, in: Lieber/ders./Ernst, Verfassung des Landes Brandenburg (LitVerz.), Art. 7 Erl. 3.
99 Vgl. *Süsterhenn*, 32. Sitzung des Ausschusses für Grundsatzfragen v. 11. 1. 1949, in: Bundestag/Bundesarchiv (Hg.), Der Parlamentarische Rat, Bd. 5/II, 1993, S. 910, 912.
100 S. die Nachw. bei *Hillgruber*, in: Epping/Hillgruber GG (LitVerz.), Art. 1 RN 8 m.w.N.

Konkretisierungen der Menschenwürdegarantie enthalten Art. 8 Abs. 2 und 3: Jeder hat danach zum einen das Recht auf „Achtung seiner Würde im Sterben"[101], eine sorgfältige Formulierung, die – zumal angesichts des in derselben Bestimmung garantierten Rechts auf Leben und Unversehrtheit – einen grundrechtlichen Anspruch auf einen selbstbestimmten Tod ausschließt. Zum anderen darf, unmittelbare Folgerung aus dem Würdeantastungsverbot[102], niemand grausamer, unmenschlicher, erniedrigender Behandlung oder Strafe und ohne seine freiwillige und ausdrückliche Zustimmung medizinischen oder wissenschaftlichen Versuchen unterworfen werden.

25 Konkretisierungen der Menschenwürde

Art. 27 Abs. 1 der Verfassung von Brandenburg hebt den eigenen Anspruch von Kindern als eigenständigen Personen auf Achtung ihrer Würde besonders hervor, ohne daß dieser Garantie ein über Art. 7 Abs. 1 Verf. von Brandenburg hinausgehender Schutzgehalt zukäme[103]. Gleiches gilt für die in Artikel 54 Abs. 1 explizit vorgeschriebene Achtung der Menschenwürde im Strafvollzug[104].

26 Sonderregelungen für Kinder und Häftlinge

Die Bedeutung der Menschenwürde als Schranke individueller Freiheitsberechtigung erhellt sich aus Art. 31 Abs. 2 Verf. Brandenburg, demzufolge Forschungen gesetzlichen Beschränkungen unterliegen, wenn sie geeignet sind, die Menschenwürde zu verletzen.

27 Gesetzesvorbehalt für Forschungsbeschränkungen

2. Mecklenburg-Vorpommern

Nach der Verfassung des Landes Mecklenburg-Vorpommern vom 23. Mai 1993[105], die sich ausweislich der insoweit als „eine Wegweisung zu den Grundrechtsbestimmungen"[106] fungierenden Präambel die Bürger des Landes, „erfüllt von dem Willen, die Würde und Freiheit des Menschen zu sichern", gegeben haben, gilt die grundrechtliche Menschenwürdegarantie nach Art. 1 Abs. 1 GG aufgrund der Rezeptionsnorm des Art. 5 Abs. 3 der Verfassung Mecklenburg-Vorpommerns auch als Landesverfassungsrecht[107]. Fraglich ist,

28 Landesverfassungsrecht infolge Rezeption

---

101 Hervorhebung vom Verf.
102 Daher ist die Kritik von *Dietlein*, Die Grundrechte in den Verfassungen der neuen Bundesländer (LitVerz.), S. 74f. nicht recht nachvollziehbar; zutreffende Gegenkritik bei *Menzel*, Landesverfassungsrecht (LitVerz.), § 22 III 1, S. 474f.
103 *Iwers*, in: Lieber/ders./Ernst, Verfassung des Landes Brandenburg (LitVerz.), Art. 27 Erl. 2.
104 *Ernst*, in: Lieber/Iwers/ders., Verfassung des Landes Brandenburg (LitVerz.), Art. 54 Erl. 2.
105 GVBl. S. 372.
106 *Schütz*, in: Litten/Wallerath (Hg.), Verfassung des Landes Mecklenburg-Vorpommern (LitVerz.), Präambel, RN 4.
107 Art. 5 Abs. 3 Verf. Mecklenburg-Vorpommern enthält eine dynamische Verweisung auf das Grundgesetz; denn es entspricht dem Willen des Verfassungsgebers „daß – von den Art. 6 bis 10 Verf. Mecklenburg-Vorpommern abgesehen – der Grundrechtsbestand des Landes stets mit demjenigen des Bundes inhaltsgleich sein soll" (*LVerfG*, Urt. v. 18.5.2000 – 5/98 –, juris, LS 3, RN 75ff. sowie LKV 2000, S. 345ff. und *LVerfGE 11*, 265–306, LS 3; ebenso *Pirsch*, in: Thiele/ders./Wedemeyer, Die Verfassung des Landes Mecklenburg-Vorpommern [LitVerz.], Art. 5 RN 11; *Kohl*, in: Litten/Wallerath [Hg.], Verfassung des Landes Mecklenburg-Vorpommern [LitVerz.], Art. 5 RN 10; *W. März*, Die Verfassungsentwicklung in Mecklenburg-Vorpommern, JöR NF 54 [2006], S. 175 [205]; *Starck*, Die Verfassungen der neuen deutschen Länder [LitVerz.], S. 42; *Classen*, in: Schütz/ders., Landesrecht Mecklenburg-Vorpommern [LitVerz.], § 1 II 1 a), RN 6, S. 33; Zwischenbericht der Kommission für die Erarbeitung einer Landesverfassung, LT-Drs. 1/2000 v. 30. 4. 1992 , S. 73; Abschlußbericht der Kommission für die Erarbeitung der Landesverfassung, LT-Drs. 1/3100 v. 7. 5. 1993, S. 84). Die im Grundgesetz festgelegten Grundrechte und staatsbürgerlichen Rechte sind demnach in ihrer jeweils aktuell geltenden Fassung Bestandteil der Landesverfassung und damit unmittelbar geltendes Recht des Landes.

wie sich dieses rezipierte und nach Art. 53 Nr. 6 und 7 der Verfassung Mecklenburg-Vorpommerns landesverfassungsbeschwerdefähige Landesgrundrecht zu Art. 5 Abs. 2 dieser Verfassung verhält, in dem es heißt: „Das Land Mecklenburg-Vorpommern ist um des Menschen willen da; es hat die Würde aller in diesem Land lebenden oder sich hier aufhaltenden Menschen zu achten und zu schützen". Der erste Halbsatz gibt das Selbstverständnis Mecklenburg-Vorpommerns als eines (Glied-)Staats im Dienst des Menschen nach Art des Art. 1 des Verfassungsentwurfs von Herrenchiemsee wieder; der zweite Halbsatz ist eine objektiv-rechtliche Umschreibung der sich aus der Menschenwürde für das Land ergebenden Achtungs- und Schutzpflichten für alle Menschen in Mecklenburg-Vorpommern. Er fügt in der Substanz dem über Art. 5 Abs. 3 der Verfassung Mecklenburg-Vorpommerns rezipierten Grundrecht des Art. 1 Abs. 1 GG nichts hinzu, auch soweit er die personelle Reichweite der Schutzpflicht der Staatsgewalt im Sinne eines „im landesverfassungsrechtlichen Kontext einmaligen Jedermann-Schutzprinzips"[108] explizit auf alle in Mecklenburg-Vorpommern lebenden oder sich auch aufhaltenden Menschen, also insbesondere auch auf Ausländer und Asylbewerber, bezieht. Dies dient lediglich der Klarstellung, die der Verfassunggeber nach den gewalttätigen ausländerfeindlichen Ausschreitungen von Rostock-Lichtenhagen 1992 für geboten hielt[109]. Ungeachtet der Einordnung in den Abschnitt „II. Die Grundrechte" dürfte es sich bei Art. 5 Abs. 2 der Verfassung Mecklenburg-Vorpommerns daher eher um ein Staatsstrukturprinzip bzw. eine objektiv-rechtliche Gewährleistungsnorm handeln[110], die nach dem Art. 1 Abs. 2 GG vergleichbaren Bekenntnis des Volkes von Mecklenburg-Vorpommern zu den Menschenrechten als der Grundlage der staatlichen Gemeinschaft in Art. 5 Abs. 1 der Verfassung Mecklenburg-Vorpommerns zu den Grundrechten überleitet. Es bleibt der subjektive Schutzanspruch aus Art. 5 Abs. 3 der Verfassung in Verbindung mit Art. 1 Abs. 1 Satz 2 GG.

29
Menschenwürde als verfassungsimmanente Schranke

Daß die Menschenwürde zugleich die Ausübung der Freiheitsgrundrechte beschränkt, verdeutlicht die Landesverfassung, indem sie bestimmt, daß die Forschung gesetzlichen Beschränkungen unterliegt, wenn sie die Menschenwürde zu verletzen droht (Art. 7 Abs. 2 Verf. Mecklenburg-Vorpommern)[111]. Der besondere Rang der auf mehreren Verfassungsbestimmungen (Art. 5 Abs. 2 u. 3 Verf. Mecklenburg-Vorpommern) beruhenden Menschenwürdegarantie nach der Verfassung Mecklenburg-Vorpommerns kommt auch in dem Art. 79 Abs. 3 GG entsprechenden Art. 56 Abs. 3 der Verfassung Mecklen-

---

108 *März*, Die Verfassungsentwicklung in Mecklenburg-Vorpommern, JöR NF 54 (2006), S. 175 (206).
109 S. nur *Kohl*, in: Litten/Wallerath (Hg.), Verfassung des Landes Mecklenburg-Vorpommern (LitVerz.), Art. 5 RN 7 m.w.N.
110 S. auch dazu *Kohl* aaO., Art. 5 RN 8 m.w.N.
111 Wenn *Classen*, Landesverfassungsrecht, in: Schütz/ders. (Hg.), Landesrecht Mecklenburg-Vorpommern (LitVerz.), § 1 RN 17, S. 38 betont, daß von diesem Vorbehalt „nur im Rahmen der bundesrechtlichen Grenzen Gebrauch gemacht werden" kann, fragt sich, welche abweichenden bundesrechtlichen Grenzen damit gemeint sein könnten: Bei einer Bedrohung der Menschenwürde durch Forschung muß jedenfalls aufgrund des Art. 1 Abs. 1 Satz 2 GG auch die Forschungsfreiheit nach Art. 5 Abs. 3 Satz 1 GG weichen.

burg-Vorpommerns zum Ausdruck, demzufolge eine Änderung der Verfassung nicht der Würde des Menschen widersprechen darf.

3. Sachsen

Die Verfassung des Freistaates Sachsen vom 27. Mai 1992[112] garantiert in ihrem Art. 14 Abs. 1 die Menschenwürde unabänderlich (Art. 74 Abs. 1 Satz 2 Verf. Sachsen) als landesverfassungsbeschwerdefähiges (s. Art. 81 Abs. 1 Nr. 4 Verf. Sachsen) Grundrecht wort- und inhaltsgleich[113] mit Art. 1 Abs. 1 GG. Eine Verletzung der Menschenwürde setzt voraus, daß der einzelne einer Behandlung ausgesetzt wird, die seine Subjektqualität prinzipiell in Frage stellt[114].

30 Mit Art. 1 Abs. 1 GG identische Garantie

Die sächsische Verfassung erklärt zugleich in Art. 14 Abs. 2 die Unantastbarkeit der Würde des Menschen zur „Quelle aller Grundrechte". Damit soll aber offenbar lediglich der gegebenenfalls für die Auslegung relevante inhaltliche Zusammenhang zwischen der Menschenwürde und den zu Grundrechten transformierten Menschenrechten betont, aber nicht der Grundrechtscharakter der Menschenwürdegarantie nach Abs. 1 in Frage gestellt werden[115]. Wenn Art. 7 Abs. 1 Verf. Sachsen „das Recht eines jeden Menschen auf ein menschenwürdiges Dasein" als Staatsziel anerkennt, dann ist, wie der Kontext (Arbeit, angemessener Wohnraum, angemessener Lebensunterhalt, soziale Sicherung und Bildung) zeigt, in erster Linie die materielle Existenzsicherung, darüber hinaus aber auch die „geistige" Entfaltung gemeint. Ein entsprechendes grundrechtliches Leistungsrecht besteht aber insoweit nicht[116].

31 „Quelle aller Grundrechte"

4. Sachsen-Anhalt und Thüringen

Die Verfassungen der Länder Sachsen-Anhalt vom 17. Juli 1992[117] und Thüringen vom 29. Oktober 1993[118] gewährleisten in Art. 4 Abs. 1 Verf. Sachsen-Anhalt bzw. Art. 1 Abs. 1 Verf. Thüringen die Unantastbarkeit der Menschenwürde und begründen eine entsprechende staatliche Achtungs- und Schutzpflicht mit der gleichen Formulierung wie Art. 1 Abs. 1 GG; vor den Landes-

32 Eigenständige Garantien

---

112 GVBl. S. 243.
113 *VerfGH Sachsen*, Beschl. v. 16. 10. 2008 – Vf. 112-IV-08 –, juris, RN 27; zu dem aus der Menschenwürde folgenden sozialen Achtungsanspruch s. Urt. v. 3. 12. 2010 – Vf. 17-I-10 –, juris, RN 62 sowie NVwZ-RR 2011, S. 129, 132; Urt. v. 3. 12. 2010 – Vf. 16-I-10 –, juris, RN 56 sowie NVwZ-RR 2011, S. 134.
114 *VerfGH Sachsen*, Beschl. v. 24. 10. 2002 – Vf. 50-IV-02 – 51-IV-02 –; Beschl. v. 28. 4. 2005 – Vf. 126-IV-04 – jeweils unter Berufung auf *BVerfGE* 30, 1, 25 f.
115 *K. Müller*, Verfassung des Freistaats Sachsen (LitVerz.), Art. 14 Erl. 3, deutet Art. 14 Abs. 2 Verf. Sachsen als Anerkennung der „Mutterschaftsstellung" der Menschenwürdegarantie („Menschenwürde als Muttergrundrecht").
116 Art. 7 Verf. Sachsen enthält kein mit der Verfassungsbeschwerde rügefähiges Grundrecht; s. *VerfGH Sachsen*, Beschl. v. 14. 12. 2006 – Vf. 75-IV-06 –, juris, RN 12; Beschl. v. 29. 1. 2009 – Vf. 111-IV-08 –, juris, RN 7; *VerfGH Sachsen*, Beschl. v. 26. 3. 2009 – Vf. 14-IV-09 –, juris, RN 20. Ebenso *K. Müller*, Verfassung des Freistaats Sachsen (LitVerz.), Art. 7.
117 GVBl. S. 200.
118 GVBl. S. 625.

§ 233   Sechzehnter Teil: II. Vergleichende Betrachtung der Landesgrundrechte

verfassungsgerichten kann im Verfassungsbeschwerdeverfahren ein Verstoß eines Landesgesetzes (Art. 75 Nr. 6 Verf. Sachsen-Anhalt) bzw. jedes Aktes der Landesstaatsgewalt (Art. 80 Abs. 1 Nr. 1 Verf. Thüringen) gegen diese grundrechtliche Garantie gerügt werden.

33
Menschenwürde als oberster Verfassungswert

Die Heimlichkeit einer polizeilichen Überwachung führt für sich genommen nicht zu einer Verletzung der Menschenwürde, die als tragendes Verfassungsprinzip und oberster Wert eines freiheitlichen Verfassungsstaates absolute Achtung beansprucht. Bei allen Beobachtungen ist aber ein Kernbereich privater Lebensgestaltung zu wahren, der Teil der Menschenwürde ist und in den der Staat nicht eindringen darf[119]. Die Menschenwürdegarantie begründet auch eine Schutzpflicht[120]; sie ist unaufhebbar (Art. 78 Abs. 3 Verf. Sachsen-Anhalt; Art. 83 Abs. 3 Verf. Thüringen) und daher oberster Verfassungswert[121].

34
Verfassungsimmanente Schranke

Nach Art. 10 Abs. 3 Satz 2 der Verfassung Sachsen-Anhalts entbindet die Freiheit der Forschung nicht von der Pflicht zur Achtung der Menschenwürde; hier wird eine verfassungsimmanente Beschränkung der Forschungsfreiheit mit Rücksicht auf die Unantastbarkeit der Menschenwürde expliziert.

35
Hervorhebung des Sterbens

Nach Art. 1 Abs. 1 der Verfassung Thüringens ist die Menschenwürde „auch im Sterben" zu achten und zu schützen. Die an und für sich für die Geltung der Menschenwürdegarantie in der letzten Lebensphase nicht notwendige[122], ausdrückliche Hervorhebung der Pflicht zur Achtung und zum Schutz der Menschenwürde auch „im Sterben" bewirkt „eine besondere Sensibilisierung für die Gefährdungen der Menschenwürde gerade im Grenzbereich des Sterbens. Ihr kommt insoweit eine Appellfunktion zu"[123]. Ein verfassungskräftiges, unbeschränkbares Recht auf den eigenen, auch im Zeitpunkt selbstbestimmten Tod im Sinne eines verfassungsrechtlichen Anspruchs auf aktive Sterbehilfe bis hin zum assistierten Suizid läßt sich dem bei aller Anerkennung der Selbstbestimmung Sterbender – schon angesichts des Wortlauts „im Sterben" – nicht entnehmen[124].

---

119 *ThürVerfGH*, Urt. v. 21. 11. 2012 – 19/09 –, juris, RN 197 f., 240 sowie *LVerfGE 23*, 385 (408 f. u. 419) zu Art. 1 Abs. 1 Verf. Thüringen.
120 S. dazu Sondervotum *Heßelmann* zu *ThürVerfGH*, Urt. v. 3. 12. 2014 – 2/14, VerfGH 2/14 –, juris, RN 106 f., der daraus einen präventiven Schutzauftrag der Regierung gegen die Verbreitung rassistischen Gedankenguts ableiten will, der auch durch Öffentlichkeitsarbeit einschließlich Aufrufen zu Gegendemonstrationen zu erfüllen sein soll (RN 110 f.).
121 Für Thüringen *M. Baldus*, in: Linck/ders./J. Lindner u. a. (Hg.), Die Verfassung des Freistaats Thüringen (LitVerz.), Art. 1 RN 7, 26; für Sachsen-Anhalt s. *Reich*, Verfassung des Landes Sachsen-Anhalt (LitVerz.), Art. 4 Erl. 1; Art. 78 Erl. 3.
122 Aus diesem Grunde sehr kritisch – hyperkritisch – *Rommelfanger*, Die Verfassung des Freistaats Thüringen des Jahres 1993, ThürVBl. 1993, S. 173–184, 176; *P. M. Huber*, Gedanken zur Verfassung des Freistaats Thüringen, ThürVBl. 1993, B 4, B 7. *W. Kanther*, Die neuen Landesverfassungen im Licht der Bundesverfassung, 1994, S. 200; *H. v. Mangoldt*, Die Verfassungen der neuen Bundesländer (LitVerz.), S. 45.
123 *Baldus*, in: Linck/ders./J. Lindner u. a. (Hg.), Die Verfassung des Freistaats Thüringen (LitVerz.), Art. 1 RN 22 m. N. aus der Entstehungsgeschichte.
124 So auch *Baldus* aaO., Art. 1 RN 23.

B. Allgemeine Handlungsfreiheit

I. In den vorgrundgesetzlichen Verfassungen der westdeutschen Länder

Obwohl es dafür nach der deutschen Verfassungstradition kein Vorbild gab, nahmen alle vorgrundgesetzlichen Landesverfassungen eine Garantie der allgemeinen Verhaltensfreiheit und damit ein allgemeines Freiheitsrecht in den Kreis verfassungskräftig gewährleisteter Individualrechte auf. Sie orientierten sich dabei offenbar an der französischen Menschen- und Bürgerrechtserklärung vom 26. August 1789[125] als der ersten modernen kontinentaleuropäischen Grundrechtecharta, die bereits die allgemeine Freiheit postuliert und daraus insbesondere die Freiheit von gesetzlosem oder gesetzwidrigem Zwang ableitet[126]. Mit dieser Gewährleistung haben die deutschen Landesverfassungen der frühen Nachkriegszeit offensichtlich Vorbildcharakter für Art. 2 Abs. 1 GG gehabt[127].

36
Orientierung an französischer Menschenrechtserklärung

1. Bayern

Nach Art. 101 der Bayerischen Verfassung hat jedermann „die Freiheit, innerhalb der Schranken der Gesetze und der guten Sitten alles zu tun, was anderen nicht schadet". Dieser Satz sollte „die Freiheit von staatlichem Zwang schlechthin" gewährleisten. Die hier ausgesprochene allgemeine Handlungsfreiheit des Menschen, „die ihm angeboren ist und die ihm bleibt bis an sein Lebensende"[128], wurde als Kehrseite des Prinzips der Gesetzmäßigkeit der Verwaltung begriffen, der eigentlich eine rechtsstaatliche Selbstverständlichkeit sei, aber nach den willkürlichen Freiheitseingriffen der NS-Zeit als subjektives Recht des einzelnen, und zwar als unveräußerliches, mittels Verfas-

37
Freiheit von staatlichem Zwang

---

125 *Hillgruber*, in: Umbach/Clemens, Grundgesetz (LitVerz.), Bd. I, Art. 2 I RN 29; *Schunck*, Die Verfassung für Rheinland-Pfalz v. 18. 5. 1947, JöR NF 5 (1956), S. 159 (161); *Hoegner*, Lehrbuch des bayerischen Verfassungsrechts (LitVerz.), § 56, 2, S. 141. Dabei darf allerdings nicht übersehen werden, daß der Charakter der Erklärung als bindendes französisches Verfassungsrecht nach der Präambel der Verfassung von 1791 durchaus zweifelhaft war und blieb, jedenfalls eine Bindungskraft gegenüber dem Gesetzgeber nicht anerkannt war. → Bd. X: *Ducoulombier*, Grundrechte in Frankreich, § 286.
126 S. Art. 1, 4 und 5 der Erklärung von 1789: „Die Menschen sind und bleiben von Geburt frei und gleich an Rechten. [...] Die Freiheit besteht darin, alles tun zu können, was einem anderen nicht schadet. So hat die Ausübung der natürlichen Rechte eines jeden Menschen nur die Grenzen, die den anderen Gliedern der Gesellschaft den Genuß der gleichen Rechte sichern. Diese Grenzen können allein durch Gesetz festgelegt werden. Nur das Gesetz hat das Recht, Handlungen, die der Gesellschaft schädlich sind, zu verbieten. Alles, was nicht durch Gesetz verboten ist, kann nicht verhindert werden, und niemand kann gezwungen werden zu tun, was es nicht befiehlt".
127 Konkret nachweisbar ist dies für Art. 2 Abs. 1 Verf. Hessen, auf die Berichterstatter *Bergsträßer* bereits bei dem von ihm für den Ausschuß für Grundsatzfragen aufgestellten „Katalog der Grundrechte" Bezug nahm. S. dazu und zu weiteren Belegen *Hillgruber*, in: Umbach/Clemens, Grundgesetz (LitVerz.), Bd. I, Art. 2 I RN 3–5, und *U. Bachmann*, Die Hessische Verfassung – Pate und Vorbild des Grundgesetzes?, in: Eichel/Möller (Hg.), 50 Jahre Verfassung des Landes Hessen (LitVerz.), S. 90ff. (105–107).
128 *W. Precht* (CSU), 9. Sitzung des Verfassungsausschusses v. 31. 7. 1946, Sten. Ber. über die Verhandlungen des Verfassungsausschusses der Bayerischen Verfassunggebenden Länderversammlung, Bd. I, S. 203.

§ 233 Sechzehnter Teil: II. Vergleichende Betrachtung der Landesgrundrechte

sungsbeschwerde einklagbares Menschenrecht, ausdrücklich garantiert werden sollte[129]: „Schon aus diesem Grunde kann von einem Leerlauf nicht die Rede sein"[130].

38
Freiheitsrecht für alle Lebensbereiche

Diese Garantie allgemeiner Handlungsfreiheit nach Art. 101 der Bayerischen Verfassung, die offenbar von der in Hessen vorgesehenen, inhaltsgleichen Garantie beeinflußt worden ist[131], „an sich eine Selbstverständlichkeit"[132], bedeutet daher ebenso wie Art. 2 Abs. 1 GG[133] materiell-rechtlich nicht weniger, als daß es kein Tun oder Lassen gibt, das von vornherein außerhalb jedes Grundrechtsschutzes (durch die Bayerische Verfassung) steht[134], es sei denn, es fügt Dritten Schaden zu (neminem laedere-Prinzip)[135] oder verstößt gegen die guten Sitten[136]. „Wichtiges und Unwichtiges, Marotten und Wegweisendes, höchst Privates und höchst Gemeinwohlorientiertes, Unnützes und Nützliches, Liebhaberei und Professionelles – nichts davon spart Art. 101 aus"[137]. Jedes staatliche Ge- oder Verbot greift – subsidiär[138] – in dieses „grundsätzlich in allen Lebensbereichen"[139] geltende, allgemeine Freiheitsrecht ein und bedarf daher einer hinreichenden verfassungsrechtlichen Rechtfertigung. Es besteht ein auch in Art. 98 Satz 1 und 2 der Bayerischen Verfassung[140] zum Ausdruck kommendes, rechtliches Regel-Ausnahmeverhältnis zwischen der

---

129 *Nawiasky/Leusser*, Die Verfassung des Freistaates Bayern v. 2.12.1946 (LitVerz.), Art. 101, S. 184: „Aber in der nationalsozialistischen Zeit der Umwertung oder, schärfer gesagt, Entwertung aller traditionellen Werte hatte die vollziehende Gewalt für sich das Recht in Anspruch genommen, unter Berufung auf die verschiedensten angeblichen ‚höheren' Prinzipien an den Bürger alle möglichen Ansprüche und Forderungen zu stellen, für die ein eigentlicher Rechtstitel nicht zu entdecken war und dadurch einen Zustand unerträglicher Rechtsunsicherheit geschaffen. Darum erschien es geboten, eines der wahrhaften höheren Prinzipien des Rechtsstaates, nämlich die persönliche Freiheit, als allgemeines Rechtsgut wieder in aller Form zu proklamieren".
130 Ebd. S. zur Entstehungsgeschichte auch 9. Sitzung des Verfassungsausschusses v. 31.7.1946, Sten. Ber. über die Verhandlungen des Verfassungsausschusses der Bayerischen Verfassunggebenden Länderversammlung, Bd. I, S. 203–205.
131 S. die Äußerung von *W. Precht* (CSU), 9. Sitzung des Verfassungsausschusses v. 31.7.1946, Sten. Ber. über die Verhandlungen des Verfassungsausschusses der Bayerischen Verfassunggebenden Länderversammlung, Bd. I, S. 204.
132 So der Berichterstatter Dr. *Lacherbauer* (CSU), 8. Sitzung des Verfassungsausschusses v. 30.7.1946, Sten. Ber. über die Verhandlungen des Verfassungsausschusses der Bayerischen Verfassunggebenden Länderversammlung, Bd. I, S. 200.
133 Zu dessen Auslegung im Sinne der Entstehungsgeschichte s. näher *Hillgruber*, in: Umbach/ Clemens, Grundgesetz (LitVerz.), Bd. I, Art. 2 I RN 1–19.
134 S. zu einzelnen, prima facie nach der Rspr. des Bayerischen Verfassungsgerichtshofs durch Art. 101 Verf. Bayern geschützten Freiheitsbetätigungen s. *Holzer*, Verfassung des Freistaates Bayern (LitVerz.), Art. 101 RN 7–10; *Lindner*, in: Lindner/Möstl/Wolff, Verfassung des Freistaates Bayern (LitVerz.), Art. 101 RN 15 f., jeweils mit Nachweisen.
135 Zu dieser grundrechtsimmanenten „Schranke", die sich als Schutzbereichsbegrenzung im Sinne eines Mißbrauchsvorbehalts darstellt, s. *Lindner* aaO., Art. 101 RN 23–25.
136 Diese tatbestandlich-immanente Grundrechtsbegrenzung findet in jüngerer Zeit keine Anwendung mehr; der Bayerische Verfassungsgerichtshof hatte früher unter Rekurs auf die guten Sitten der Ausübung und Inanspruchnahme der Prostitution den Freiheitsschutz des Art. 101 Verf. Bayern versagt.
137 *Pestalozza*, in: Nawiasky/Schweiger/Knöpfle, Kommentar Verf. Bayern (LitVerz.), Art. 101 RN 66.
138 Die allgemeine Handlungsfreiheit nach Art. 101 Verf. Bayern tritt gegenüber speziellen Freiheitsrechten zurück; s. nur *BayVerfGHE 32*, 92 (102); *51*, 94 (104 f.); *52*, 104 (140).
139 *BayVerfGHE 34*, 157 (162).
140 „Die durch die Verfassung gewährleisteten Grundrechte dürfen grundsätzlich nicht eingeschränkt werden. Einschränkungen durch Gesetz sind nur zulässig, wenn die öffentliche Sicherheit, Sittlichkeit, Gesundheit und Wohlfahrt es zwingend erfordern".

grundrechtlich garantierten allgemeinen Freiheit und ihrer Einschränkung bzw. Einschränkbarkeit: Was nicht in – verfassungsrechtlich zulässiger – Einschränkung dieser Freiheit (s. Art. 98 Satz 2 Verf. Bayern) der allgemeinen Freiheit – gesetzlich oder aufgrund hinreichend bestimmter gesetzlicher Grundlage – verboten worden ist, ist erlaubt. Prozessual kann diese allgemeine Freiheit gegenüber gesetzlosem und damit rechtswidrigem Zwang mittels Verfassungsbeschwerde (Art. 120, 66 Verf. Bayern) durchgesetzt werden. Die Popularbeschwerde (Art. 98 Satz 4 Verf. Bayern; Art. 55 Gesetz über den Bayerischen Verfassungsgerichtshof) ermöglicht zudem – ohne die Notwendigkeit der Darlegung individueller Selbstbetroffenheit – die Geltendmachung der Grundrechtswidrigkeit, insbesondere Unverhältnismäßigkeit jeder Freiheitseinschränkung durch Gesetz oder Verordnung. Damit ist in der Tat ein Leerlauf des allgemeinen Freiheitsrechts ausgeschlossen. Mit der auf Art. 101 Verf. Bayern gestützten Verfassungsbeschwerde kann sogar die objektive Verfassungswidrigkeit eines die subjektive Handlungsfreiheit beschränkenden Gesetzes gerügt werden. Eine Regelung, auf die die Beeinträchtigung der Handlungsfreiheit oder die Auferlegung eines Nachteils[141] zurückzuführen ist, muß, um verfassungsrechtlich gerechtfertigt zu sein, in jeder Hinsicht, also auch objektiv verfassungsgemäß sein. Darauf, ob auch das verletzte objektive Verfassungsrecht individualschützend ist, kommt es insoweit nicht an. Diese sogenannte Elfes-Logik[142] gilt damit auch nach bayerischem Verfassungsrecht[143].

39
Auffanggrundrecht

Ebenso wie Art. 2 Abs. 1 GG hat auch Art. 101 der Bayerischen Verfassung die Funktion eines Auffanggrundrechts, soweit eine thematisch einschlägige spezielle und daher vorrangig anzuwendende Freiheitsgarantie fehlt. In diesem Sinne erkennt der Bayerische Verfassungsgerichtshof die in der Bayerischen Verfassung nicht eigens gewährleistete Berufsfreiheit als vom Grundrecht der allgemeinen Handlungsfreiheit nach Art. 101 der Bayerischen Verfassung als mit umfaßt an[144]; ein Grundrecht auf Leben und körperliche Unversehrtheit, in der der Bayerischen Verfassung ebenfalls nicht explizit enthalten, entnimmt der Gerichtshof einer Kombination der Grundrechte aus Art. 100 und 101 der Bayerischen Verfassung[145].

---

141 Art. 101 Verf. Bayern schützt auch die persönliche Entfaltung im vermögensrechtlichen Bereich vor der Auferlegung gesetzwidriger Zahlungsverpflichtungen (*BayVerfGHE 42*, 156 [165]; *60*, 88), Steuern (*BayVerfGHE 62*, 113 [119]) sowie allgemein vor jedem ungesetzlichen Zwang (*BayVerfGHE 60*, 101 [119]).
142 *BVerfGE 6*, 32 (41).
143 In diesem Sinne hat der Bayerische Verfassungsgerichtshof (*E 44*, 109 [118]) entschieden, daß eine freiheitseinschränkende Rechtsnorm, die gegen das Rechtsstaatsprinzip (Art. 3 Abs. 1 Verf. Bayern) als objektives Recht verstößt, den Betroffenen in seinem Grundrecht aus Art. 101 Verf. Bayern verletzt.
144 *BayVerfGHE 50*, 129 (139); *51*, 74 (84); *52*, 159 (164); *53*, 1 (7); *56*, 1 (10): „Das Grundrecht der Handlungsfreiheit umfaßt den beruflichen und wirtschaftlichen Bereich". Geschützt sind auch die Vertrags- und Wettbewerbsfreiheit und das private Gewinnstreben (*BayVerfGHE 60*, 234 [247]; *61*, 130 [137]; *65*, 88).
145 *BayVerfGHE 10*, 101 (105); *40*, 58 (64); *42*, 188 (192); *43*, 23 (26); *59*, 63 (74); *63*, 83 (98).

§ 233 *Sechzehnter Teil: II. Vergleichende Betrachtung der Landesgrundrechte*

40
Freiheit von ungesetzlichem oder verfassungswidrigem Zwang

Die Garantie des Art. 101 Verf. Bayern steht unter dem die Vorbehaltsgeneralklausel des Art. 98 Satz 2 Verf. Bayern verdrängenden[146] Vorbehalt („innerhalb") der „Schranken der Gesetze und der guten Sitten". Gesetzliche Beschränkungen müssen aber ihrerseits in jeder Hinsicht der Verfassung entsprechen, um die allgemeine Freiheit, alles zu tun, was anderen nicht schadet, wirksam zu beschränken: „[G]esetzliche Regelungen können der Handlungsfreiheit [...] nur dann in zulässiger Weise Grenzen setzen, wenn sie ihrerseits verfassungsgemäß sind"[147]. Art. 101 Verf. Bayern verbürgt damit nach der Rechtsprechung des Bayerischen Verfassungsgerichtshofs mehr als ursprünglich[148] angenommen: „nicht nur die Freiheit von ungesetzlichem Zwang", sondern auch vor verfassungswidrigem Zwang auf gesetzlicher Grundlage: Die Vorschrift setzt dem Gesetzgeber selbst Schranken bei gesetzlichen Freiheitseingriffen; sie müssen insbesondere dem Grundsatz der Verhältnismäßigkeit entsprechen[149], der sich aus dem Regel/Ausnahmeverhältnis von Freiheitsgewährleistung und Freiheitseinschränkung ergibt und in Art. 98 Satz 2 Verf. Bayern angesprochen ist („wenn die öffentliche Sicherheit [...] es zwingend erfordern")[150], vom Bayerischen Verfassungsgerichtshof entweder aus dem Rechtsstaatsprinzip (Art. 3 Abs. 1 Satz 1 Verf. Bayern) abgeleitet[151] oder ohne weiteres als Schrankenschranke mobilisiert wird[152].

2. Hessen

41
Umfassende Verhaltensfreiheit

Die Verfassung des Landes Hessen gewährleistet, in der Formulierung Art. 101 Verf. Bayern vergleichbar, in Artikel 2 Abs. 1 die Verhaltensfreiheit in einem umfassenden Sinne: „Der Mensch ist frei. Er darf tun und lassen, was die Rechte anderer nicht verletzt oder die verfassungsmäßige Ordnung des Gemeinwesens nicht beeinträchtigt"[153]. Artikel 2 Abs. 2 zieht daraus die Konsequenz der Anerkennung der Freiheit vor gesetzlosem und gesetzwidrigem Zwang[154]:

---

146 S. *BayVerfGE 11*, 110 (124); *16*, 128 (136); *19*, 81 (89); *58*, 94 (107); *63*, 83 (96). Zum Meinungsstand in der Literatur s. *Pestalozza*, in: Nawiasky/Schweiger/Knöpfle, Kommentar der Verf. Bayern (LitVerz.), Art. 101 RN 38 ff.
147 *BayVerfGHE 38*, 43 (46); *41*, 83 (87); BayVBl. 2006, S. 697 (698).
148 S. FN 25.
149 *Lindner*, in: Lindner/Möstl/Wolff, Verfassung des Freistaates Bayern (LitVerz.), Vor Art. 101 RN 4, 37. Aus der Rspr. s. nur jüngst *BayVerfGHE 59*, 80 (93 f.); *60*, 234 (247); *61*, 130 (137); *63*, 83 (97).
150 S. dazu *Lindner* aaO., Vor Art. 98 RN 62, 69 ff.
151 *BayVerfGHE 48*, 17 (27); *50*, 226 (249).
152 S. nur *BayVerfGHE 59*, 29 (35) – Durchsuchungsmaßnahme im Rahmen der Schleierfahndung.
153 Zur Entstehungsgeschichte s. *M. Will*, Die Entstehung der Verfassung des Landes Hessen von 1946, 2009, S. 83 m. FN 197, 116 f., 331, 390; prägend wirkte hier offenbar der *Jellinek*sche Verfassungsentwurf, der seinerseits wohl an Art. 1, 3, 4 und 9 Abs. 1 des in der Volksabstimmung v. 5. 5. 1946 abgelehnten Entwurfs einer französischen Verfassung v. 19. 4. 1946 angelehnt war. Zur maßgeblichen Wirkung dieses Verfassungsentwurfs s. *R. Polley*, Die Hessische Verfassung von 1946 und ihre historischen und zeitgenössischen Vorbilder, in: H. Eichel/K. P. Möller (Hg.), 50 Jahre Verfassung des Landes Hessen. Eine Festschrift, 1997, S. 47 (52 f., 69).
154 *E. Stein*, in: Zinn/ders., Die Verfassung des Landes Hessen (LitVerz.), Bd. 1, Art. 2 Erl. 4. Der StGH Hessen spricht im Beschl. v. 13. 1. 1988 – P.St. 1039 –, juris, LS 2, von einem aus Art. 2 Abs. 2 HV folgenden „Recht auf Freiheit von rechtsstaatswidrigen Eingriffen der öffentlichen Gewalt". S. auch bereits StGH, Beschl. v. 30. 10. 1980 – P.St. 908 –, StAnz. 1981, 1655, 1658 sowie *ESVGH 31*, 161 (165) („...die Freiheit vor unberechtigten, nicht rechtsstaatlichen Eingriffen der Staatsgewalt") sowie ferner *B. Löhr*, Die Rechte des Menschen in der Verfassung des Landes Hessen im Lichte des Grundgesetzes (LitVerz.), S. 143: „Art. 2 Abs. 2 HV erhebt den Gesetzesvorbehalt zum Grundrecht".

„Niemand kann zu einer Handlung, Unterlassung oder Duldung gezwungen werden, wenn nicht ein Gesetz oder eine auf Gesetz beruhende Bestimmung es verlangt oder zuläßt". Artikel 2 Abs. 3 verbindet das materielle Versprechen allgemeiner Freiheit mit dem formellen Hauptgrundrecht gerichtlichen Rechtsschutzes: „Glaubt jemand, durch die öffentliche Gewalt in seinen Rechten verletzt zu sein, so steht ihm der Rechtsweg offen"[155].

Das in Art. 2 Abs. 1 Verf. Hessen normierte Grundrecht der allgemeinen Handlungsfreiheit hat seine Parallele in Art. 2 Abs. 1 GG. Inhaltlich besteht Übereinstimmung zwischen beiden Vorschriften[156]. Art. 2 Abs. 1 der hessischen Verfassung ist das (materielle) Hauptfreiheitsrecht. Es tritt im Verhältnis zu den nachfolgenden speziellen Freiheitsrechten inhaltlich überall dort zurück, wo sein Freiheitsgehalt thematisch von speziellen Freiheitsrechten „verbraucht" ist[157]. Mit der Schranke der verfassungsmäßigen Ordnung wird – ebenso wie bei Art. 2 Abs. 1 GG – die allgemeine Freiheit unter den Vorbehalt der Einschränkung durch ihrerseits in jeder Hinsicht verfassungsgemäße Gesetze gestellt[158]. Eine Schranke des Sittengesetzes kennt Art. 2 Abs. 1 Verf. Hessen nicht; der hessisches Verfassunggeber hat wegen der Vagheit des Begriffes auf diese Schranke bewußt verzichtet[159].

42
Nachrang zu Spezialfreiheiten

3. Rheinland-Pfalz

Die rheinland-pfälzische Verfassung garantiert die allgemeine Freiheit des Menschen in ihrem Artikel 1 Abs. 1 wie folgt: „Der Mensch ist frei. Er hat ein natürliches Recht auf die Entwicklung seiner körperlichen und geistigen Anlagen und auf die freie Entfaltung seiner Persönlichkeit innerhalb der durch das natürliche Sittengesetz gegebenen Schranken". „Mit diesem Fanfarenstoß zugunsten der Freiheit des Individuums"[160] beginnen die Verfassung und ihr Grundrechtsteil. Nach *Süsterhenn* sollte der lapidare Satz 1[161] die

43
Freiheit des Menschen

---

155 Die Regelung entspricht Art. 19 Abs. 4 Satz 1 GG; diese Rechtsweggarantie sollte ursprünglich – nach hessischem Vorbild – ebenfalls im Regelungskontext mit dem allgemeinen Freiheitsrecht des Art. 2 Abs. 1 GG stehen; s. dazu *Hillgruber*, in: Umbach/Clemens, Grundgesetz (LitVerz.), Bd. I, Art. 2 I RN 5.
156 S. nur *E. Stein*, in: Zinn/ders., Die Verfassung des Landes Hessen (LitVerz.), Art. 2 Erl. 1 u. 2. Zum Grundrecht der allgemeinen Handlungsfreiheit nach Art. 2 Abs. 1 Verf. Hessen gehört deshalb z.B. auch das Recht der Angehörigen eines Verstorbenen, Art und Ort der Bestattung unter Achtung des letzten Willens zu bestimmen. *StGH Hessen*, Urt. v. 3. 7. 1968 – P.St. 470 –, juris, LS 2 sowie *ESVGH 19*, 7–14 LS 2 mit zustimmender Anm. *Heydt*, DVBl. 1969, S. 39.
157 *StGH Hessen*, Urt. v. 20. 12. 1971 – P.St. 608, P.St. 637 –, juris, RN 83 sowie *ESVGH 22*, 4 (11). S. auch *Hinkel*, Verfassung des Landes Hessen (LitVerz.), Art. 2 Erl. 2, S. 74.
158 *StGH Hessen*, Urt. v. 3. 7. 1968 – P.St. 470 –, juris, RN 64 sowie *ESVGH 19*, 7 (12); *Hess. StGH*, Beschl. v. 23. 5. 1979 – P.St. 862 –, juris, RN 58, 61 sowie *ESVGH 30*, 1 (5).
159 S. dazu näher *B. Löhr*, Die Rechte des Menschen in der Verfassung des Landes Hessen im Lichte des Grundgesetzes, 2007, S. 144. Dessen ungeachtet hat *E. Stein*, in: Zinn/ders., Die Verfassung des Landes Hessen (LitVerz.), Art. 2 Erl. 3 c) die Auffassung vertreten, daß das Grundrecht der Freiheit unter dem generellen Vorbehalt des Sittengesetzes steht. Art. 2 Abs. 1 Verf. Hessen sei wie allen Grundrechten der Verfassung „auch die Einschränkung durch das Sittengesetz inhärent" (ebd., Erl. 1 sowie Vorbem. IV. 1. vor Art. 1 – „Prinzip der Inhärenz").
160 *Ley/Jutzi* (Hg.), Staats- und Verwaltungsrecht für Rheinland-Pfalz (LitVerz.), Teil B, RN 165, S. 123.
161 Dieser Satz, ursprünglich auch im Grundrechtskatalog des Grundgesetzes vorgesehen, war nach scharfer Kritik *R. Thomas* vom Ausschuß für Grundsatzfragen als nichtssagend gestrichen worden; s. dazu *Hillgruber*, in: Umbach/Clemens, Grundgesetz (LitVerz.), Bd. I, Art. 2 I RN 7.

Freie Persönlichkeitsentfaltung

Freiheit als „ein natürliches Gut" ausweisen, „auf welches jeder Mensch als solcher Anspruch hat": „Sie besteht in der Möglichkeit des Menschen, unabhängig von äußerem Zwang lediglich aus inneren Gründen selbstverantwortlich seinen Willen zu bestimmen und demgemäß zu handeln". Dieser Freiheitsanspruch wirke sich in dem in Art. 1 Abs. 1 Satz 2 Verf. Rheinland-Pfalz anerkannten Recht der freien Persönlichkeitsentfaltung aus[162]. Damit wird die allgemeine Verhaltensfreiheit in einem grundsätzlich umfassenden Sinne gewährleistet, und nicht etwa nur ein für die Persönlichkeitsentfaltung unverzichtbarer Kernbereich[163]. Dieses Recht auf Freiheit stehe, so *Süsterhenn*, dem Menschen von Natur aus zu, beruhe nicht auf staatlicher Verleihung und könne daher auch grundsätzlich dem Menschen vom Staat nicht genommen werden. Der Verfassunggeber hat daraus die Konsequenz gezogen, die in Art. 1 der Verfassung niedergelegten Grundsätze für verfassungsänderungsfest zu erklären (Art. 129 Abs. 2 Verf. Rheinland-Pfalz).

44 Schutzpflicht

Art. 1 Abs. 2 Satz 1 der Verfassung von Rheinland-Pfalz legt dem Staat die Verpflichtung auf, „die persönliche Freiheit und Selbständigkeit des Menschen zu schützen". Damit sollte neben der Achtungspflicht, die aus dem Abwehrrecht folgt, auch und gerade die Pflicht des Staates zum Schutz der Freiheit und Selbständigkeit des einzelnen vor Angriffen Dritter begründet werden[164]. Mit Recht hat der Verfassungsgerichtshof darin eine ausdrückliche Anerkennung der aus dem objektiv-rechtlichen Gehalt des jeweiligen Grundrechts hergeleiteten Schutzpflicht gesehen[165].

45 Freiheit vor gesetzlosem Zwang

Als Teilaspekt des allgemeinen Freiheitsanspruchs des einzelnen garantiert Art. 2 der Verfassung von Rheinland-Pfalz explizit die Freiheit vor gesetzlosem Zwang: „Niemand kann zu einer Handlung, Unterlassung oder Duldung gezwungen werden, zu der ihn nicht das Gesetz verpflichtet". Namentlich Freiheitseingriffe durch die Exekutive sollten dadurch „angesichts der Erfahrungen, die in den Jahren der Diktatur 1933–1945 gemacht worden waren"[166], grundrechtlich vom Erfordernis einer – wie sich versteht: hinreichend bestimmten und klaren – gesetzlichen Grundlage abhängig gemacht werden[167].

46 Spezialregelungen

Bestimmte Aspekte der allgemeinen Handlungsfreiheit – die Vertragsfreiheit, die Gewerbefreiheit und die Freiheit selbstständiger (wirtschaftlicher) Betäti-

---

162 *Süsterhenn/Schäfer*, Kommentar der Verfassung für Rheinland-Pfalz (LitVerz.), Art. 1 Anm. 2 a), S. 71 f.
163 *VerfGH Rheinland-Pfalz*, AS 29, 23 (27); Beschl. v. 24. 10. 2001, VGH B 8/01, VGH B 18/0, VGH B 12/0 – juris, RN 28; Beschl. v. 11. 2. 2008 – VGH A 32/07 – juris, RN 17 sowie GewArch. 2008, S. 168 f. sowie NVwZ 2008, 552 ff. sowie AS 35, 439 (440 f.); Urt. v. 30. 9. 2008 – VGH B 31/07 u.a. – juris, RN 27 sowie AS 36, 323 (331); st. Rspr.
164 *Süsterhenn/Schäfer*, Kommentar der Verfassung für Rheinland-Pfalz (LitVerz.), Art. 1 Anm. 3 a), S. 73. Näher zur Entfaltung der Schutzpflichtenlehre durch den *VerfGH Droege*, in: Brocker/ders./Jutzi (Hg.), Verfassung für Rheinland-Pfalz (LitVerz.), Art. 1 RN 22 f. m. Nachw. aus der Rspr.
165 *VerfGH Rheinland-Pfalz*, Urt. v. 5. 7. 2005 – VGH B 28/04 – juris RN 17 sowie AS 32, 244 (246) und NVwZ 2005, S. 1420.
166 *Süsterhenn/Schäfer*, Kommentar der Verfassung für Rheinland-Pfalz (LitVerz.), Art. 2 Anm. 2 a.E., S. 79.
167 *Windoffer*, in: Brocker/Droege/Jutzi (Hg.), Verfassung für Rheinland-Pfalz (LitVerz.), Art. 2 RN 4–6, nach dessen Auffassung die Freiheit von gesetz*widrigem* Zwang nicht erfaßt sein soll; der Vorrang des Gesetzes folge vielmehr aus Art. 77 Abs. Verf. Rheinland-Pfalz.

gung – erfahren durch Art. 52 Abs. 1 Verf. Rheinland-Pfalz einen besonderen Schutz; ihre Einschränkbarkeit hat ebenfalls eine eigene Ausgestaltung gefunden (Art. 52 Abs. 2 Verf. Rheinland-Pfalz).

Die nach Art. 1 der Verfassung von Rheinland-Pfalz grundrechtlich garantierte Freiheit war nach der Vorstellung des Verfassunggebers allerdings sittlich gebunden[168] und daher nur „in den Schranken des natürlichen Sittengesetzes" gewährleistet. Diese Einschränkung hat in der Praxis jedoch keine Bedeutung erlangt. Vielmehr findet die allgemeine Handlungsfreiheit ihre Schranken in den Gesetzen, die Gemeinwohlbelange (s. Art. 1 Abs. 2 a.E. und Abs. 3 Verf. Rheinland-Pfalz) oder rechtlich geschützte Interessen Dritter in verhältnismäßiger Weise zur Geltung bringen. „Dies ergibt sich zwar nicht unmittelbar aus Art. 1 Abs. 1 Satz 2 der Verfassung von Rheinland-Pfalz, der die freie Entfaltung der Persönlichkeit lediglich an die Schranken des Sittengesetzes und nicht – wie Art. 2 Abs. 1 GG – zugleich auch an die Beachtung der Rechte anderer und der verfassungsmäßigen Ordnung bindet. Es folgt aber daraus, daß Art. 1 Abs. 2 der Verfassung von Rheinland-Pfalz dem Staat die Verwirklichung des Gemeinwohls zur Aufgabe macht. Zu diesem Gemeinwohlauftrag gehört es, die rechtlichen Interessen und Belange des einzelnen, Dritter und der Gemeinschaft gegeneinander abzugrenzen und zu harmonisieren; sie verpflichtet zu einem Ausgleich der wechselseitigen Rechte und Pflichten insbesondere nach dem Grundsatz der Verhältnismäßigkeit"[169]. Die Beachtung des Verhältnismäßigkeitsgrundsatzes wird damit zum zentralen Prüfstein der verfassungsrechtlichen Rechtfertigung von Freiheitseingriffen[170]. Wird die allgemeine Verhaltensfreiheit durch staatliche Maßnahmen beeinträchtigt, so muß die gesetzliche Grundlage der Maßnahmen in jeder Hinsicht, also auch objektiv, verfassungsgemäß sein[171]. Dabei gehört auch eine Norm, die eine Grundrechtsverletzung von Dritten bewirkt, nicht zu der die Handlungsfreiheit weiterer Betroffener wirksam begrenzenden verfassungsmäßigen Ordnung[172].

47
„Schranken des natürlichen Sittengesetzes"

In der durch die Rechtsprechung des Landesverfassungsgerichts angeleiteten Verfassungspraxis ist Art. 1 Abs. 1 der Verfassung von Rheinland-Pfalz zum „Einfallstor" für „kaum beschränkte Unitarisierungstendenzen" des Gewährleistungsgehalts der Landesverfassung, namentlich ihrer Grundrechte, gewor-

48
Gefahr von Unitarisierungstendenzen

---

168 *Süsterhenn/Schäfer*, Kommentar der Verfassung für Rheinland-Pfalz (LitVerz.), Art. 1 Anm. 2 b), S. 72: „Als vernunftbegabtes Wesen kann der Mensch sich keiner unvernünftigen Zügellosigkeit hingeben, ohne dadurch seine Menschenwürde zu verlieren".
169 *VerfGH Rheinland-Pfalz*, Urt. v. 4. 11. 1998 – VGH B 6/98, VGH B 5/98 –, RN 15, juris sowie *AS 27*, 199, 204; Beschl. v. 24. 10. 2001, VGH B 8/01, VGH B 18/0, VGH B 12/0 – juris, RN 28; Urt. v. 30. 9. 2008 – VGH B 21/08 u.a. – juris, RN 23 sowie NVwZ-RR 2009, S. 89 und LKRZ 2009, S. 18.
170 *Droege*, in: Brocker/ders./S. Jutzi (Hg.), Verfassung für Rheinland-Pfalz (LitVerz.), Art. 1, RN 28 f.
171 *Droege* aaO., Art. 1, RN 12. S. auch *VerfGH Rheinland-Pfalz AS 27*, 199 (204); Beschl. v. 24. 10. 2001 – VGH B 8/01, VGH B 18/0, VGH B 12/0 – juris, RN 28: „Beruht der Eingriff in die allgemeine Handlungsfreiheit [...] auf einer Rechtsnorm, erstreckt sich die verfassungsgerichtliche Prüfung auch auf die Frage, ob die zur Nachprüfung gestellte Vorschrift insgesamt formell und materiell mit der Landesverfassung in Einklang steht".
172 Urt. v. 30. 9. 2008 – VGH B 31/07 u.a. – juris, RN 67 sowie *AS 36*, 323 (342).

den, die mit entsprechenden Gewährleistungen des Grundgesetzes inhaltlich gleichgesetzt werden[173].

4. Bremen

49
Übernahme aus der hessischen Verfassung

Die Bremer Landesverfassung verbürgt – ebenso wie die bayerische und rheinland-pfälzische – ein allgemeines Freiheitsrecht: Mit dem programmatischen Satz: „Alle Menschen sind frei" (Art. 3 Abs. 1 Satz 1 Verf. Bremen) wird – vergleichbar Art. 2 Abs. 1 GG – die allgemeine Handlungsfreiheit gewährleistet[174], wie sich aus dem einschränkenden Nachsatz ergibt: „Ihre Handlungen dürfen nicht die Rechte anderer verletzen oder gegen das Gemeinwohl verstoßen". Freiheitseinschränkungen dürfen im übrigen nur durch (Parlaments-)Gesetz erfolgen, und nur „wenn die öffentliche Sicherheit, Sittlichkeit, Gesundheit oder Wohlfahrt es erfordert" (Art. 3 Abs. 2 Verf. Bremen). Die etwas andere Formulierung der Beschränkungsmöglichkeiten im Vergleich zu Art. 2 Abs. 1 Hs. 2 GG dürfte in der Sache aber keinen Unterschied machen[175]. Als Ausprägung der allgemeinen Verhaltensfreiheit wird ausdrücklich die Freiheit vor gesetzlosem und gesetzwidrigem Zwang garantiert, in „Subjektivierung" und „Vergrundrechtlichung" des Prinzips der Gesetzmäßigkeit der Verwaltung. Diese Bestimmung stellt die wörtliche Übernahme von Art. 2 Abs. 2 der hessischen Verfassung von 1946 dar[176].

5. Saarland

50
Allgemeine Freiheitsgarantie

Die Verfassung des Saarlandes enthält gleichfalls eine umfassende Garantie der Verhaltensfreiheit unter Hervorhebung der Freiheit von ungesetzlichem Zwang[177]. Art. 2 Satz 1 der Verfassung des Saarlands bestimmt als „Folgesatz aus Art. 1"[178]: „Der Mensch ist frei und darf nicht zu einer Handlung, Unterlassung oder Duldung gezwungen werden, zu der ihn das Gesetz nicht verpflichtet". Die damit gewährleistete äußere Freiheit wird umfassend verstanden und keinen immanenten Schranken unterworfen: „Wie der Einzelne die Freiheit verwertet, ob er irgendwelche sittlichen Schranken einhält oder nicht, darauf kommt es nicht an"[179]. Diese allgemeine Freiheitsgarantie tritt hinter

---

173 *Droege*, in: Brocker/ders./Jutzi (Hg.), Verfassung für Rheinland-Pfalz (LitVerz.), Art. 1, RN 9; *Jutzi*, Leitlinie Grundgesetz – Zu Unitarisierungstendenzen in der Rspr. des *VerfGH Rheinland-Pfalz*, LKRZ 2007, S. 286 (287 ff.).
174 Ebenso *H. Neumann*, Die Verfassung der Freien Hansestadt Bremen (LitVerz.), Art. 3 RN 4.
175 So auch *K.-H. Ladeur*, Staatszielbestimmungen, Grundrechte und Grundpflichten, in: Kröning/Pottschmidt/Preuß/Rinken (Hg.), Handbuch der Bremischen Verfassung (LitVerz.), S. 158, 164; a.A. *Spitta*, Kommentar zur Bremischen Verfassung von 1947 (LitVerz.), Anm. zu Art. 3, S. 38: „Das Grundgesetz schränkt also die Freiheit mehr ein als die Bremische Verfassung".
176 *H. Neumann*, Die Verfassung der Freien Hansestadt Bremen (LitVerz.), Art. 3 RN 7.
177 Enquête-Kommission für Verfassungsfragen von 1979, LT-Drs. 7/2207, S. 9.
178 *Schranil*, Die Verfassung des Saarlandes (LitVerz.), Art. 2, Anm. 3, S. 26. → Unten *Wendt*, Landesgrundrechte im Saarland, § 256 RN 15 ff., 20 ff., 40, 50, 61.
179 So *Schranil* aaO., 1952, Art. 2, Anm. 1, S. 26, der allerdings die Strafgesetze als Schranke ansieht, was freilich aus dem Gesetzesvorbehalt folgt.

speziellere Freiheitsgewährleistungen (wie Art. 44 Verf. Saarland für die Vertrags- und Gewerbefreiheit) zurück und hat im übrigen wie Art. 2 Abs. 1 GG Auffangfunktion[180]. Sie steht unter einfachem Gesetzesvorbehalt, der – auf hinreichend bestimmter parlamentsgesetzlicher Grundlage – auch durch ein materielles Gesetz ausgefüllt werden kann[181]. Dabei muß der Grundsatz der Verhältnismäßigkeit beachtet werden[182].

II. In den postgrundgesetzlichen Landesverfassungen

1. Nordrhein-Westfalen und Baden-Württemberg

In Nordrhein-Westfalen gilt das allgemeine Freiheitsrecht des Art. 2 Abs. 1 GG aufgrund der Rezeptionsnorm des Art. 4 Abs. 1 Verf. Nordrhein-Westfalen auch als Landesgrundrecht[183]. Gleiches gilt für Baden-Württemberg. Mit dem durch Art. 2 Abs. 1 Verf. Baden-Württemberg rezipierten Grundrecht der freien Entfaltung der Persönlichkeit nach Art. 2 Abs. 1 GG, verstanden als prima facie umfassendes allgemeines Freiheitsrecht, steht allerdings Art. 1 Abs. 1 Verf. Baden-Württemberg, auch wenn es sich dabei nicht um ein subjektives Recht handeln sollte[184], zumindest tendenziell in Widerspruch; denn hier entscheidet die persönliche Freiheit des Menschen als sittlich gebundene Pflicht gegenüber sich selbst und den Mitmenschen: „Der Mensch ist berufen, in der ihn umgebenden Gemeinschaft seine Gaben in Freiheit und in der Erfüllung des christlichen Sittengesetzes zu seinem und der anderen Wohl zu entfalten". Zwar ist auch nach Art. 1 Abs. 2 der Verfassung von Baden-Württemberg dem Staat eine dem Menschen bei seiner Persönlichkeitsentfaltung dienende Funktion zugewiesen[185]; aber das Freiheitsverständnis ist doch offensichtlich ein ganz anderes. In der verfassungsrechtlichen Praxis ist Art. 1 der Verfassung von Baden-Württemberg allerdings bedeutungslos geblieben, und die Literatur bemüht sich (über-)eifrig, den Widerspruch aufzulösen, indem die in Art. 1 Abs. 1 Verf. Baden-Württemberg erfolgte Verknüpfung der „Freiheit" mit der „Erfüllung des christlichen Sittengesetzes" unter Berufung auf die Religionsfreiheit und das Diskriminierungsverbot nach Art. 2 Abs. 1 der Verf. Baden-Württemberg in Verbindung mit Art. 4 Abs. 1, 2 und

51
Rezeption des Art. 2 Abs. 1 GG

---

180 Etwa für die Berufsfreiheit, sofern kein Gewerbe betrieben wird, s. *SaarlVerfGH*, Beschl. v. 19. 3. 2004 – Lv 4/03 – juris, RN 12.
181 *Schranil* (FN 178), Anm. 2, S. 26.
182 *SaarlVerfGH*, Beschl. v. 13. 3. 2006 – Lv 2/05 – juris, RN 65 sowie *AS 34*, 1 (11 f.).
183 S. oben unter I.2.a); dort auch zur Frage eigenständiger Auslegung der Bundesgrundrechte als Landesgrundrechte.
184 *K. Braun*, Kommentar zur Verfassung des Landes Baden-Württemberg (LitVerz.), Art. 2 RN 7; *H. Birn*, Die Aufnahme von Grundrechten und staatsbürgerlichen Rechten des Grundgesetzes in die Verfassung von Baden-Württemberg, Diss. Tübingen, 1972, S. 61; *Spreng/Birn/Feuchte*, Die Verfassung des Landes Baden-Württemberg (LitVerz.), Art. 1 Anm. 5.
185 *StGHG Baden-Württemberg*, Urt. v. 14. 2. 1975, *ESVGH 25*, 1, 12 mit Bezug auf Art. 2 Abs. 1 Verf. Baden-Württemberg: „Der Staat muß bei allen seinen Funktionen die Berufung des Menschen zu freier und normorientierter Entfaltung achten".

§ 233 *Sechzehnter Teil: II. Vergleichende Betrachtung der Landesgrundrechte*

Art. 3 Abs. 3 Satz 1 GG wieder aufgelöst wird[186]. Das dürfte dem Sinn der Vorschrift kaum entsprechen[187].

2. Niedersachsen und Schleswig-Holstein

52
Rezeptionsklauseln

In Niedersachsen und in Schleswig-Holstein gilt aufgrund der Rezeptionsklauseln (Art. 3 Abs. 2 Satz 1 u. 2 Verf. Niedersachsen und Art. 3 Verf. Schleswig-Holstein) auch das Grundrecht der allgemeinen Handlungsfreiheit nach Art. 2 Abs. 1 GG zugleich als Landesgrundrecht. Diese Garantie wird in Schleswig-Holstein ergänzt und flankiert durch das keine individuellen Ansprüche vermittelnde Staatsziel Inklusion, das „die Selbstbestimmung von Menschen mit Behinderung und ihre gleichberechtigte gesellschaftliche Teilhabe" fördern soll (Art. 7 Verf. Schleswig-Holstein)[188].

3. Berlin

53
Wortgleichheit mit
Art. 2 Abs. 1 GG

Die Berliner Verfassung gewährleistet – wortgleich mit Art. 2 Abs. 1 GG – in Art. 7 der Verfassung von Berlin die allgemeine Handlungsfreiheit – ebenso wie Art. 2 Abs. 1 GG – in umfassendem Sinne. Geschützt ist jede Form menschlichen Handelns ohne Rücksicht darauf, welches Gewicht der Betätigung für die Entfaltung der Persönlichkeit zukommt. Schranken der grundrechtlichen Verbürgung ergeben sich insbesondere aus der verfassungsmäßigen (Rechts-)Ordnung, unter der die Gesamtheit der Normen zu verstehen ist, die formell und materiell verfassungsmäßig sind, das heißt den Anforderungen der Bundes- und der Landesverfassung einschließlich ihrer Kompetenznormen genügen. Einschränkungen der allgemeinen Handlungsfreiheit müssen zudem verhältnismäßig sein[189]. Es handelt sich um ein subsidiäres Auffanggrundrecht[190], das in Verbindung mit dem Rechtsstaatsprinzip auch einen Anspruch auf wirkungsvollen gerichtlichen Rechtsschutz[191], in bürgerlich-rechtlichen Streitigkeiten auf Justizgewährung vermittelt[192].

---

186 Für eine einschränkende Auslegung des Begriffs „christliches Sittengesetz" *K. - r4ul*, Kommentar zur Verfassung des Landes Baden-Württemberg (LitVerz.), Art. 1 RN 5: „Es kommt also eine beschränkte Übereinstimmung über eine sittliche, traditionelle und von der Mehrheit beachtete Grundeinstellung, nicht aber ein Postulat an jedermann zum Ausdruck".
187 Sicherlich können nicht alle Menschen auf die Beachtung des christlichen Sittengesetzes verfassungsrechtlich verpflichtet werden. Aber was sich außerhalb dieses Sittengesetzes bewegt oder gar dagegen verstößt, sollte offenbar nach dem Willen des Verfassunggebers a limine keinen (grundrechtlichen) Freiheitsschutz genießen.
188 S. dazu näher Schleswig-Holsteinischer Landtag, LT-Drucks. 18/2115, S. 14 f.; LT-Drucks. 18/2116, S. 14 f.; LT-Drucks. 18/2361, S. 14 f.
189 Vgl. *Verf H - erli*l, Urt. v. 12. 7. 2001 – VerfGH 152/00 – 7 *Verf E* b§, 40 (69); Beschl. v. 5. 3. 2004 – VerfGH 30/02 – juris, RN 7; Beschl. v. 1. 4. 2008 – VerfGH 120/07 – juris, RN 54 sowie 7 *Verf E* b9, 3 (9).
190 *Verf H - erli*l, Beschl. v. 13. 8. 1996 – VerfGH 29/96 –, juris, RN 5 sowie 7 *Verf E* 5, 10 (12); Beschl. v. 31. 10. 2002 – VerfGH 66/02 –, juris, RN 12 sowie 7 *Verf E* b3, 61, 68; Beschl. v. 29. 8. 2003 – VerfGH 16/03 –, juris, RN 33; Beschl. v. 12. 12. 2003 – VerfGH 36/03, 36 A/03 – juris, RN 13 f. sowie NJW 2004, S. 1158.
191 *Verf H - erli*l, Beschl. v. 30. 8. 2002 – 93/01, 93 A/01 –, juris, RN 20.
192 *Verf H - erli*l, Beschl. v. 27. 9. 2002 – 64/02 –, juris, RN 19.

III. In den „neuen Ländern"

1. Brandenburg

Die brandenburgische Verfassung garantiert in Art. 10 gleichfalls jedem die freie Entfaltung der Persönlichkeit, „soweit er nicht die Rechte anderer verletzt und nicht gegen die Verfassung und die ihr entsprechenden Gesetze verstößt". Damit liegt der Schrankenziehung das Verständnis des Begriffs der verfassungsmäßigen Ordnung im Sinne des Art. 2 Abs. 1 GG zugrunde. Das Recht auf freie Entfaltung der Persönlichkeit nach Art. 10 Verf. Brandenburg umfaßt die menschliche Handlungsfreiheit im weitesten Sinn ebenso wie die Achtung der Privatsphäre[193]. Der Schutzbereich der durch Art. 10 verbürgten allgemeinen Handlungsfreiheit ist inhaltsgleich mit der Gewährleistung in Art. 2 Abs. 1 GG[194]. Als Verletzung dieses Landesgrundrechts kann man geltend machen, ein die Handlungsfreiheit beschränkendes Gesetz gehöre nicht zur verfassungsmäßigen Ordnung, weil es (formell oder inhaltlich) gegen einzelne Verfassungsbestimmungen oder allgemeine Verfassungsgrundsätze verstoße[195]. Als Freiheitsrecht ist Art. 10 auf den Schutz des einzelnen gegen staatliche Eingriffe konzipiert. Leistungsansprüche und Teilhaberechte sind dadurch nicht gewährleistet[196]. Art. 42 Abs. 1 Satz 1 Verf. Brandenburg (Recht auf freie Entfaltung wirtschaftlicher Eigeninitiative) konkretisiert, bezogen auf den Bereich der wirtschaftlichen Betätigungsfreiheit, die allgemeine Handlungsfreiheit (Art. 10 Verf. Brandenburg). Die allgemeine Handlungsfreiheit gilt nur subsidiär und tritt als Prüfungsmaßstab hinter spezielle Grundrechte, bei berufsbezogenen Regelungen hinter die spezielle Gewährleistung der Berufsfreiheit (Art. 49 Abs. 1 Verf. Brandenburg), zurück[197]. Art. 10 Verf. Brandenburg gewährleistet in Verbindung mit dem Rechtsstaatsprinzip das Grundrecht auf effektiven Rechtsschutz[198].

54
Inhaltsgleichheit mit Art. 2 Abs. 1 GG

2. Mecklenburg-Vorpommern, Sachsen, Sachsen-Anhalt und Thüringen

Die Verfassung Mecklenburg-Vorpommerns inkorporiert mit der Rezeptionsklausel ihres Art. 5 Abs. 3 auch die Garantie der allgemeinen Handlungsfreiheit nach Art. 2 Abs. 1 GG. Art. 15 Verf. Sachsen gewährleistet – wort- und inhaltsgleich[199] mit Art. 2 Abs. 1 GG – das Grundrecht der allgemeinen Hand-

55
Rezeption in Mecklenburg-Vorpommern

---

193 *VerfG Brandenburg*, Beschl. v. 18. 3. 2010 – 53/09 –, juris, RN 3.
194 Vgl. *Iwers*, in: Lieber/ders./Ernst, Verfassung des Landes Brandenburg (LitVerz.), Art. 10 Erl. 1, 2.2.
195 *VerfG Brandenburg*, Beschl. v. 16. 12. 2010 – 18/10 –, juris, RN 22 sowie LKV 2011, S. 124.
196 *VerfG Brandenburg*, Beschl. v. 25. 2. 1999 – 41/98 –, juris, RN 18 sowie *LVerfGE 10*, 151.
197 *VerfG Brandenburg*, Beschl. v. 30. 6. 1999 – 50/98 –, RN 83, juris, RN 83 sowie *LVerfGE 10*, 213; Beschl. v. 25. 9. 2002 – 79/02 –, juris, RN 16 sowie LKV 2003, S. 27–29.
198 *VerfG Brandenburg*, Beschl. v. 19. 11. 2009 – 17/09 –, juris, RN 16, 19 sowie *LVerfGE 20*, 125–132; *VerfG Brandenburg*, Beschl. v. 21. 1. 2011 – 35/10 –, juris, RN 12; *VerfG Brandenburg*, Beschl. v. 15. 7. 2011 – 22/11, 1/11 eA –, juris, RN 26 sowie NJW-RR 2011, S. 1514.
199 *VerfGH Sachsen*, Beschl. v. 16. 10. 2008 – Vf. 112-IV-08 –, juris, RN 27.

§ 233 *Sechzehnter Teil: II. Vergleichende Betrachtung der Landesgrundrechte*

lungsfreiheit[200]. Diese ist subsidiär gegenüber speziellen Freiheitsrechten[201] und garantiert die freie Entfaltung der Persönlichkeit im Rahmen der verfassungsmäßigen Ordnung, zu der die Gesamtheit aller Normen zählt, die formell und materiell verfassungsgemäß sind[202]. Auch Sachsen-Anhalt und Thüringen enthalten mit Art. 5 Abs. 1 Verf. Sachsen-Anhalt bzw. Art. 3 Abs. 2 Verf. Thüringen eine mit Art. 2 Abs. 1 GG (nahezu[203]) wortlautidentische Garantie der freien Entfaltung der Persönlichkeit, die ebenfalls als allgemeines Freiheitsrecht verstanden wird[204] und in ihrer lückenschließenden Auffangfunktion hinter spezielle Grundrechtsgewährleistungen zurücktritt[205]. Vom Grundrecht der allgemeinen Handlungsfreiheit nach Art. 3 Abs. 2 der Verfassung Thüringens umfaßt ist auch die Vertragsfreiheit. Das ebenfalls inhaltlich mit seiner grundgesetzlichen Gewährleistung deckungsgleiche Rechtsstaatsprinzip des Art. 44 Abs. 1 Satz 2 Verf. Thüringen garantiert in Verbindung mit dem allgemeinen Freiheitsrecht des inhaltsgleich zu Art. 2 Abs. 1 GG ausgestalteten Art. 3 Abs. 2 Verf. Thüringen das Recht des Beschuldigten auf ein rechtsstaatliches und faires Strafverfahren[206]. In Thüringen ergibt sich auch der Justizgewährleistungsanspruch für bürgerlich-rechtliche Streitigkeiten aus Art. 3 Abs. 2 der Verfassung in Verbindung mit dem Rechtsstaatsprinzip (Art. 44 Abs. 1 Satz 2 Verf. Thüringen)[207]. Bei überlanger Dauer eines gerichtlichen Verfahrens wird der grundrechtliche Anspruch auf eine Entscheidung in angemessener Frist im Sinne eines effektiven Rechtsschutzes aus Art. 3 Abs. 2 Verf. Thüringen in Verbindung mit dem in Art. 44 Abs. 1 Satz 2 der Verfassung enthaltenen Rechtsstaatsprinzip verletzt[208].

Inhaltsgleichheit des Art. 15 Verf. Sachsen mit Art. 2 Abs. 1 GG

Justizgewährleistungsansprüche in Thüringen

---

200 *VerfGH Sachsen*, Urt. v. 22. 5. 2003 – Vf. 43-II-00 – juris, RN 306 m.w.N. sowie BeckRS 2003, 12595.
201 *VerfGH Sachsen*, Beschl. v. 28. 6. 2006 – Vf. 5-IV-06 –, juris, RN 14 sowie *LVerfGE 17*, 370; ebenso K. *Müller*, Verfassung des Freistaates Sachsen (LitVerz.), Art. 15 Erl. 1.
202 *VerfGH Sachsen*, Beschl. v. 31. 1. 2008 – Vf. 123-IV-07 –, juris, RN 15; Urt. v. 22. 5. 2003 – Vf. 43-II-00 – juris, RN 312 sowie BeckRS 2003, 12595.
203 In Thüringen fehlt in Art. 3 Abs. 2 der Verfassung die – allerdings praktisch auch unter dem Grundgesetz bedeutungslos gewordene – Schranke des Sittengesetzes. S. dazu auch v. *Ammon*, in: Linck/Baldus/Lindner u.a. (Hg.), Die Verfassung des Freistaats Thüringen (LitVerz.), Art. 3 RN 6, 26.
204 *LVerfG Sachsen-Anhalt*, Urt. v. 15. 1. 2002 – LVG 9/01, LVG 12/01, LVG 13/01 –, juris, RN 102 sowie LKV 2003, S. 131; *ThürVerfGH*, Beschl. v. 30. 3. 2011 – 14/07 –, juris, RN 41 sowie NVwZ-RR 2011, S. 545. Für Thüringen s. auch v. *Ammon*, in: Linck/Baldus/Lindner u.a. (Hg.), Die Verfassung des Freistaats Thüringen (LitVerz.), Art. 3 RN 2, 5, 23 f.
205 *LVerfG Sachsen-Anhalt*, Urt. v. 27. 3. 2001 – LVG 1/01 –, juris, RN 20 sowie *LVerfGE 12*, 371 (377) sowie LKV 2001, S. 363 (364). Für Thüringen s. nur S. v. *Ammon* aaO., Art. 3 RN 29.
206 *VerfGH Thüringen*, Beschl. v. 24. 6. 1998, VerfGH 11/98; Beschl. v. 12. 11. 2002 – 12/02 –, RN 21, juris, RN 21 sowie NJW 2003, S. 740.
207 *VerfGH Thüringen*, Beschl. v. 15. 11. 2006 – 35/06, 36/06 – juris, RN 24.
208 *VerfGH Thüringen*, Beschl. v. 30. 1. 2010 – 28/06 –, juris, RN 46, 50 sowie ThürVBl. 2011, S. 58.

C. Schutz des Persönlichkeitsrechts und informationeller Selbstbestimmung

I. In den vorgrundgesetzlichen Verfassungen der westdeutschen Länder

1. Bayern

Nach dem durch verfassungsänderndes Gesetz vom 10. November 2003[209] eingefügten Art. 125 Abs. 1 Satz 2 Verf. Bayern haben Kinder „Anspruch auf Entwicklung zu selbstbestimmungsfähigen und verantwortungsfähigen Persönlichkeiten". Was auf den ersten Blick wie eine Anerkennung und kindesbezogene Schlußfolgerung aus dem allgemeinen Persönlichkeitsrecht erscheint, sollte nach dem Willen des verfassungsändernden Gesetzgebers nicht mehr als die Hervorhebung der Rechtssubjektivität der Kinder bedeuten: „Rechtsansprüche werden damit nicht begründet; es handelt sich um einen Programmsatz"[210].

56
Art. 125 Abs. 1 S. 2 als Programmsatz

Erst jüngst hat der Bayerische Verfassungsgerichtshof – wie schon lange zuvor das Bundesverfassungsgericht[211] – aus der Menschenwürde- und der allgemeinen Freiheitsgarantie (Art. 100, 101 Verf. Bayern) ein – mangels Eingreifens der traditionellen Freiheitsgewährleistungen entstehendes grundrechtliche Schutzlücken füllendes – allgemeines Persönlichkeitsrecht als unbenanntes, den Persönlichkeitsschutz durch die in der Verfassung benannten speziellen Freiheitsrechte komplettierendes Grundrecht anerkannt[212], das andere, nicht zuletzt durch die moderne technische Entwicklung möglich gewordene, vom Verfassunggeber nicht reflektierte oder nicht vorhergesehene staatliche Freiheitsbedrohungen für die engere persönliche Lebenssphäre und ihre Grundbedingungen abwehren soll.

57
Allgemeines Persönlichkeitsrecht als unbenannte Freiheit

Er hat darüber hinaus den Schuldgrundsatz im Strafrecht als nicht nur objektiv-rechtsstaatliches Gebot, sondern auch individuelles Grundrecht auf eine Gesamtschau von Art. 3 Abs. 1, 100 und 101 Verf. Bayern gestützt[213], und ein (Grund-)Recht auf informationelle Selbstbestimmung in Nachvollzug der einschlägigen Rechtsprechung des Bundesverfassungsgerichts postuliert, das er

58
Informationelles Selbstbestimmungsrecht

---

209 GVBl. S. 817.
210 LT-Drucks. 14/12011, S. 7. Als objektiv-rechtliche Schutzpflicht gedeutet von *H.A. Wolff*, in: Lindner/ Möstl/ders., Verfassung des Freistaates Bayern (LitVerz.), Art. 125 RN 7.
211 → Bd. IV: *Enders*, Allgemeines Persönlichkeitsrecht, § 89 RN 1.
212 S. Bayerischer Verfassungsgerichtshof, Entscheidung v. 22. 5. 2014 – Vf. 53-IVa-13, RN 36 – Parlamentarische Anfragen zur Beschäftigung von Familienangehörigen durch Mitglieder der Staatsregierung –, wo nun ausdrücklich vom *allgemeinen Persönlichkeitsrecht* (Art. 100, 101 Verf. Bayern) die Rede ist, das *neben* die aus den gleichen Bestimmungen folgende Garantie eines Rechts auf informationelle Selbstbestimmung treten soll. Ebenso Entscheidung v. 11. 9. 2014 – Vf. 67-IV a-13, RN 36 – Parlamentarische Anfrage zu den Geldanlagen des Herrn *Hoeneß* in der Schweiz. Zur vorherigen Rspr. vgl. *Lindner*, in: Lindner/ Möstl/H.A. Wolff, Verfassung des Freistaates Bayern (LitVerz.), Vor Art. 101 RN 27 m. FN 87.
213 *BVerfGE 20*, 101 (110); *35*, 39 (45); *43*, 165 (168); *44*, 41 (56); *47*, 207 (238). Vgl. *BVerfGE 26*, 269 (285); *45*, 187 (259 f.); *50*, 5 (12); *54*, 100 (108); *86*, 288 (313) – Geltung des Schuldgrundsatzes, durch das allgemeine Persönlichkeitsrecht i.V.m. dem Rechtsstaatsprinzip gewährleistet.

aus einer Kombination der Grundrechte der Art. 100 und Art. 101 Verf. Bayern ableitet: „Dieses Recht ist eine Ausprägung der Menschenwürde und der Handlungsfreiheit. Zur Auslegung dieses Rechts lassen sich die einschlägigen Grundaussagen des Bundesverfassungsgerichts (vgl. *BVerfGE 65*, 1/41 ff.) heranziehen [...]. Der grundrechtliche Schutz des Bürgers richtet sich einmal darauf, daß er nicht in Unkenntnis darüber gehalten werden darf, wer was wann und bei welcher Gelegenheit über ihn weiß [...]. Darüber hinaus muß bei Datenerhebungen der Grundsatz der Verhältnismäßigkeit beachtet werden"[214]. Er hat sich hierbei in der inhaltlichen Konturierung wie auch der Schrankenziehung ganz eng an die Rechtsprechung des Bundesverfassungsgerichts im Volkszählungsurteil und nachfolgenden Entscheidungen angelehnt[215].

59
Beschränkungsmöglichkeiten

Einschränkungen seines Rechts auf informationelle Selbstbestimmung nach Art. 100 in Verbindung mit Art. 101 Verf. Bayern hat der einzelne danach im überwiegenden Allgemeininteresse hinzunehmen. Der Grundsatz der Verhältnismäßigkeit verlangt aber, daß eine Grundrechtsbeschränkung von hinreichenden Gründen des Gemeinwohls gerechtfertigt wird, das gewählte Mittel zur Erreichung des Zwecks geeignet und erforderlich ist und bei einer Gesamtabwägung zwischen der Schwere des Eingriffs und dem Gewicht der ihn rechtfertigenden Gründe die Grenze des Zumutbaren noch wahrt. Dazu ist zwischen den Allgemein- und Individualinteressen ein angemessener Ausgleich herbeizuführen. Hierbei spielt auf Seiten der Grundrechtsträger eine Rolle, unter welchen Voraussetzungen welche und wie viele von ihnen wie intensiven Beeinträchtigungen ausgesetzt sind. Kriterien sind insoweit die Gestaltung der Eingriffsschwellen, die Zahl der Betroffenen und die Intensität der Beeinträchtigungen. Außerdem gilt für die Befugnisnormen das Erfordernis der Normenbestimmtheit und der Normenklarheit[216].

2. Hessen

60
Allgemeines Persönlichkeitsrecht im Wege der Gesamtschau

In Hessen ist lediglich ein Ausschnitt des allgemeinen Persönlichkeitsrechts, nämlich das Recht auf Ehre, ausdrücklich garantiert (s. Art. 3 der hessischen Verfassung). Der Staatsgerichtshof leitet aber aus der Freiheitsgarantie des Art. 2 Abs. 1 der hessischen Verfassung und dem Schutz der Menschenwürde des Art. 3 der Landesverfassung ein allgemeines Persönlichkeitsrecht ab, das auch die Befugnis des einzelnen umfaßt, grundsätzlich selbst zu entscheiden, in welchen Grenzen er persönliche Lebenssachverhalte offenbart, und gewährleistet den Schutz des Intim- und Privatbereichs vor dem Zugriff der

---

214 *BayVerfGHE 50*, 156 (178); s. ferner bereits *BayVerfGHE 38*, 74 (79); *40*, 7 (12f.); *42*, 135 (141); *47*, 241 (254) sowie aus der späteren Rspr. *BayVerfGHE 50*, 226 (246); *56*, 28 (43); *59*, 29 (34) – Durchsuchungsmaßnahmen im Rahmen der Schleierfahndung; *60*, 80 (99); *63*, 173 (180) – Kirchenlohnsteuer.
215 Exemplarisch *BayVerfGHE 57*, 113 (119).
216 S. dazu *BayVerfGHE 56*, 28 (49); *59*, 29 (34f.) – Durchsuchungsmaßnahmen im Rahmen der Schleierfahndung; Entscheidung v. 15.5.2014 – Vf. 8-VII-12 – RN 134. Näher zu den Einzelheiten der Rspr. *Lindner*, in: ders./Möstl/Wolff, Verfassung des Freistaates Bayern, Kommentar, 2009, Vor Art. 101 RN 39–41.

öffentlichen Gewalt[217]. Jedoch steht nicht der gesamte private Bereich unter dem absoluten Schutz des Freiheits- und Persönlichkeitsrechts, vielmehr muß jedermann staatliche Maßnahmen hinnehmen, soweit sie im überwiegenden Allgemeininteresse unter Wahrung des Verhältnismäßigkeitsgrundsatzes getroffen werden[218].

3. Rheinland-Pfalz

Der Verfassungsgerichtshof Rheinland-Pfalz sieht das allgemeine Persönlichkeitsrecht durch Art. 1 Abs. 1 Verf. Rheinland-Pfalz gewährleistet[219]; es schließt einen unantastbaren Kernbereich privater Lebensgestaltung ein, der aus der Menschenwürdegarantie folgt, die ebenfalls Art. 1 Abs. 1 der Verfassung von Rheinland-Pfalz entnommen wird[220]; außerdem folgen aus dem allgemeinen Persönlichkeitsrecht staatliche Pflichten zum Schutz des einzelnen vor Persönlichkeitsverletzungen oder -gefährdungen durch Dritte[221]. Das Recht auf ein faires Verfahren leitet der Verfassungsgerichtshof aus dem Rechtsstaatsprinzip (Art. 77 Abs. 2 Verf. Rheinland-Pfalz) in Verbindung mit den Freiheitsrechten und der Menschenwürde (Art. 1 Abs. 1 Verf. Rheinland-Pfalz) ab[222].

61 Allgemeines Persönlichkeitsrecht aus Art. 1 Abs. 1

Das Persönlichkeitsrecht des Kindes auf Entwicklung und Entfaltung wird, obwohl bereits durch Art. 1 Abs. 1 Satz 2 der Verfassung von Rheinland-Pfalz gewährleistet[223], mit Art. 24 Satz 1 der Verfassung von Rheinland-Pfalz speziell garantiert und mit besonderen staatlichen Schutz- und Förderpflichten bewehrt (Art. 24 Satz 2; Art. 25 Abs. 2; 31 Verf. Rheinland-Pfalz; zum Arbeitsschutz s. Art. 55 Abs. 2 u. 3 Verf. Rheinland-Pfalz). Mit dem staatlicherseits zu leistenden Ehrenschutz (Art. 4 Satz 1 Verf. Rheinland-Pfalz) hebt die rheinland-pfälzische Verfassung einen Aspekt des Persönlichkeitsschutzes besonders hervor; es ist allerdings fraglich, ob hier ungeachtet der systematischen Stellung der Vorschrift eine Grundrechtsposition geschaffen werden sollte oder nicht vielmehr lediglich die staatliche Schutzpflicht für das allgemeine Persönlichkeitsrecht im Falle ehrverletzender Beeinträchtigung besonders hervorgehoben werden sollte[224].

62 Sonderregelung für Kinder

Ehrenschutz als Schutzpflicht

Das allgemeine Persönlichkeitsrecht umfaßt auch das Grundrecht auf „informationelle Selbstbestimmung", das den Bürger gegen die unbegrenzte Erhebung, Speicherung, Verwendung und Weitergabe seiner persönlichen Daten schützt. Der einzelne muß allerdings Einschränkungen dieses Rechts bei über-

63 Informationelle Selbstbestimmung als lex specialis

---
217 *StGH Hessen*, Beschl. v. 1.2.1995 – P.St. 1187 –, juris, RN 20.
218 Ebd.
219 So bereits *VerfGH Rheinland-Pfalz*, Beschl. v. 31.5.1995 – VGH B 3/95 –, juris, RN 12 a.E. sowie *AS* 25, 146f.
220 *VerfGH Rheinland-Pfalz*, Urt. v. 29.1.2007 – VGH B 1/06 –, juris, RN 106, 112 sowie *AS* 34, 169.
221 *Droege*, in: Brocker/ders./Jutzi (Hg.), Verfassung für Rheinland-Pfalz (LitVerz.), Art. 1, RN 24.
222 *VerfGH Rheinland-Pfalz*, Urt. v. 24.2.2014 – VGH B 26/13 –, juris, RN 33 sowie *AS* 42, 157 und NJW 2014, S. 1434.
223 Vgl. *Droege*, in: Brocker/ders./Jutzi aaO., Art. 1, RN 17.
224 Im Grundgesetz taucht das „Recht der persönlichen Ehre" explizit nur als Schranke der Meinungs-, Presse- und Rundfunkfreiheit auf (Art. 5 Abs. 2 GG).

wiegendem Interesse der Allgemeinheit hinnehmen[225]. Diese Grundsätze hat der verfassungsändernde Gesetzgeber durch Gesetz vom 8. März 2000[226] mittlerweile zu einem selbständigen Grundrecht verdichtet (Art. 4a Verf. Rheinland-Pfalz), das nun als lex specialis vorrangige Anwendung findet[227], auch wenn dessen Grundlage das in Art. 1 Abs. 1 der Verfassung von Rheinland-Pfalz enthaltene allgemeine Persönlichkeitsrecht bleibt und daher weiterhin den Schutzbereich des Art. 4a der Verfassung von Rheinland-Pfalz prägt und bei dessen Auslegung ergänzend heranzuziehen ist[228].

4. Bremen

64
Geschützte Einzelaspekte des Persönlichkeitsrechts

Die bremische Landesverfassung kennt kein allgemeines Persönlichkeitsrecht; es ließe sich allerdings in Schutzergänzungsfunktion zu den benannten Freiheitsrechten als Kombinationsgrundrecht aus Art. 5 Abs. 1 in Verbindung mit Art. 3 Abs. 1 der Verfassung von Bremen in gleicher Weise entwickeln, wie dies das Bundesverfassungsgericht aus Art. 2 Abs. 1 in Verbindung mit Art. 1 Abs. 1 GG getan hat. Einzelne Aspekte des Persönlichkeitsrechts sind explizit geschützt. So hat nach Art. 25 Abs. 1 Verf. Bremen jedes Kind ein Recht auf Entwicklung und Entfaltung seiner Persönlichkeit, der Staat korrespondierende Achtungs-, Schutz- und Förderpflichten. Die Pflicht „zum Schutz der Persönlichkeit" wird auch in Art. 12 Abs. 2 Verf. Bremen anerkannt und zugleich zu einem in dieser Allgemeinheit fragwürdigen Eingriffstitel in die Wissenschafts- und Forschungsfreiheit deklariert[229]. Seit 1997 enthält Art. 12 Abs. 3 der Verfassung eine Garantie des Rechts auf informationelle Selbstbestimmung: „Jeder hat das Recht auf Schutz seiner personenbezogenen Daten", das nur im überwiegenden Interesse der Allgemeinheit oder eines Dritten durch Gesetz oder aufgrund eines Gesetzes einschränkbar ist.

5. Saarland

65
Persönlichkeitsrecht in Orientierung an Art. 2 I u. 1 I GG

Der Verfassungsgerichtshof des Saarlandes erkennt ein Persönlichkeitsrecht des einzelnen als gemäß Art. 2 in Verbindung mit Art. 1 der Verfassung gewährleistet an und orientiert sich hinsichtlich des Gewährleistungsgehalts dabei an der bundesverfassungsgerichtlichen Rechtsprechung zum allgemei-

---

225 *VerfGH Rheinland-Pfalz*, Urt. v. 4.11.1998 – VGH B 6/98, VGH B 5/98 –, juris RN 15 f., sowie *AS 27*, 199 (203); Urt. v. 22.6.2004 – VGH B 2/04 –, juris, RN 18 sowie *AS 31*, 348 (352) und NJW 2005, S. 410.
226 GVBl. S. 65.
227 S. *VerfGH Rheinland-Pfalz*, Urt. v. 22.6.2004 – VGH B 2/04 –, juris, RN 17 f. sowie *AS 31*, 348 (352); Urt. v. 28.5.2009 – VGH B 45/08 – juris RN 56 sowie *AS 37*, 292 und NJW-RR 2009, S. 1588 und LKRZ 2009, 295–300; Urt. v. 24.2.2014 – VGH B 26/13 –, juris, RN 63 sowie *AS 42*, 157 und NJW 2014, S. 1434.
228 *VerfGH Rheinland-Pfalz*, Urt. v. 13.5.2014 – VGH B 35/11 –, juris, RN 40 sowie NVwZ 2015, S. 64 und LKRZ 2014, S. 280.
229 *H. Neumann*, Die Verfassung der Freien Hansestadt Bremen (LitVerz.), Art. 12 RN 6, hält diese Vorschrift daher nur bei bundesverfassungskonformer einschränkender Auslegung für mit Art. 5 Abs. 3 GG kompatibel und nach Art. 142 GG fortgeltend.

nen Persönlichkeitsrecht, das aus Art. 2 Abs. 1 in Verbindung mit Art. 1 Abs. 1 GG[230] abgeleitet wurde.

Eine spezielle verfassungsrechtliche Anerkennung hat mittlerweile das Persönlichkeitsrecht des Kindes gefunden: Der 2007[231] eingefügte Art. 24 a Abs. 1 Verf. Saarland spricht jedem Kind „ein Recht auf Achtung seiner Würde, auf Entwicklung und Entfaltung seiner Persönlichkeit, auf Bildung sowie auf gewaltfreie Erziehung zu Eigenverantwortung und Gemeinschaftsfähigkeit" zu; Art. 24 a Abs. 2 Verf. Saarland begründet entsprechende Schutzpflichten des Staats für Kinder.

66 Spezialregelung für Kinder

Die Verfassung des Saarlandes kennt zwar weder ausdrücklich ein Grundrecht auf rechtliches Gehör noch ein Grundrecht auf faires (gerichtliches) Verfahren. Sie bindet die rechtsprechende Gewalt jedoch an rechtsstaatliche Grundsätze (Art. 21 Satz 2, 60 Abs. 1, 110 Satz 2 Verf. Saarland). „Wenn die Verfassung des Saarlandes darüber hinaus verbürgt, daß jeder Mensch das Recht hat, als Einzelperson geachtet zu werden (Art. 1 Satz 1 Verf. Saarland), er frei ist und nicht zu einer Handlung, Unterlassung oder Duldung gezwungen werden darf, zu der ihn das Gesetz nicht verpflichtet (Art. 2 Satz 1 Verf. Saarland), und ihm Gleichheit vor dem Gesetz gewährleistet wird (Art. 12 Abs. 1 Verf. Saarland), so sind die aus dem Rechtsstaatsprinzip folgenden Gebote für die gerichtliche Verfahrensgestaltung – zu ihnen zählen der Anspruch auf rechtliches Gehör und die Pflicht zum fairen Verfahren – Teil dieser Grundrechte"[232].

67 Prozeßgrundrechte als Ableitung aus dem Rechtsstaatsprinzip

1985 wurde ein Grundrecht auf Datenschutz anerkannt, indem Art. 2 Verf. Saarland um folgende Sätze 2 und 3 ergänzt wurde: „Jeder hat Anspruch auf Schutz seiner personenbezogenen Daten. Eingriffe sind nur in überwiegendem Interesse der Allgemeinheit aufgrund eines Gesetzes zulässig"[233]. Dies erfolgte nach der insoweit grundlegenden Entscheidung des Bundesverfassungsgerichts im Volkszählungsurteil von 1983[234] und liegt auch inhaltlich auf dieser Rechtsprechungslinie. Es handelt sich um eine besondere Ausprägung des Grundrechts auf Schutz der Persönlichkeit, soweit es um Gefährdungen und Verletzungen der Persönlichkeit geht, die sich für den einzelnen aus informationsbezogenen Maßnahmen ergeben[235], die in ihrem Anwendungsbereich

68 Grundrecht auf Datenschutz

---

230 *VerfGH Saarland*, Beschl. v. 31. 10. 2002, Lv 2/02 –, juris, RN 26 f., sowie NVwZ-RR 2003, S. 393 (394) – Bezeichnung eines Untersuchungsausschusses mit dem Namen einer Person; Urt. v. 18. 3. 2013 – Lv 6/12 –, juris, RN 25 f., 38 sowie NStZ-RR 2013, S. 228 ff.; s. ferner *Guckelberger*, in: Wendt/Rixecker, Verfassung des Saarlandes (LitVerz.), Art. 2 RN 32.
231 Gesetz Nr. 1622 v. 4. 7. 2007 (ABl. S. 1798).
232 *VerfGH Saarland*, Beschl. v. 26. 6. 2003, Lv 1/03 –, juris, RN 7.
233 Gesetz Nr. 1182 v. 25. 1. 1985 (ABl. S. 105). Aus der Rspr. s. *SaarlVerfGH*, Beschl. v. 19. 3. 2004 – Lv 6/03 –, juris, RN 24; Prozeßkostenhilfe-Beschl. v. 30. 10. 2009 – Lv 12/08 –, juris, RN 29.
234 *BVerfGE* 65, 1. Zur Entstehungsgeschichte der Vorschrift s. *Guckelberger*, in: Wendt/Rixecker, Verfassung des Saarlandes (LitVerz.), Art. 2 RN 9.
235 S. *Guckelberger* aaO., Art. 2 RN 11. S. dort auch zu der – angesichts des so oder so einschlägigen, den strengeren Anforderungen für persönlichkeitsrechtsrelevante Grundrechtseingriffe unterliegenden Gesetzesvorbehalts – müßigen Frage, ob das vom BVerfG in Abgrenzung vom Grundrecht auf informationelle Selbstbestimmung entwickelte Grundrecht auf Gewährleistung der Vertraulichkeit und Integrität informationstechnischer Systeme Art. 2 Satz 2 Verf. Saarland zu unterstellen oder Bestandteil des nach Artikel 2 i.V.m. Art. 1 Verf. Saarland gewährleisteten allgemeinen Persönlichkeitsrechts ist.

Vorrang vor dem allgemeinen Persönlichkeitsrecht hat. Zu den geschützten personenbezogenen Daten gehört unter anderem die DNA-Identifizierungsnummer[236].

II. In den postgrundgesetzlichen Landesverfassungen

1. Nordrhein-Westfalen

69
Persönlichkeitsrecht aufgrund dynamischer GG-Rezeption

Für Nordrhein-Westfalen stellt sich die Frage, ob auch die Ableitung des allgemeinen Persönlichkeitsrechts aus Art. 2 Abs. 1 in Verbindung mit Art. 1 Abs. 1 GG mit Art. 4 Abs. 1 der Verfassung als rezipiert zu gelten hat. Ungeachtet der Formulierung „in der Fassung vom 23. Mai 1949" wird man angesichts des vom Verfassunggeber erkennbar angestrebten Gleichlaufs der Landesgrundrechte mit den übernommenen Bundesgrundrechten von einer nicht statischen, sondern „dynamischen" Rezeption auszugehen und auch neue, durch Verfassungsänderung zusätzlich geschaffene und auch erst nach Inkrafttreten des Grundgesetzes „entdeckte" und der Verfassung durch extensive Auslegung entnommene Grundrechte als von der Rezeptionsnorm erfaßt anzusehen haben[237]. Deshalb gilt auch das allgemeine Persönlichkeitsrecht als Kombinationsgrundrecht aus Art. 2 Abs. 1 in Verbindung mit Art. 1 Abs. 1 GG in Nordrhein-Westfalen zugleich als Landesgrundrecht[238].

70
Datenschutz als eigenständige Regelung

Dies müßte daher an sich auch für das als Ausprägung dieses unbenannten Freiheitsrechts entwickelte Grundrecht der informationellen Selbstbestimmung gelten. Insoweit enthält die nordrhein-westfälische Landesverfassung seit 1978 in Art. 4 Abs. 2 aber eine eigenständige Grundrechtsgewährleistung: „Jeder hat Anspruch auf Schutz seiner personenbezogenen Daten. Eingriffe sind nur in überwiegendem Interesse der Allgemeinheit auf Grund eines Gesetzes zulässig"[239]. Damit stellt sich die Frage nach dem Verhältnis der durch die Rezeptionsklausel als Landesgrundrechte übernommenen Bundesgrundrechte zu landesspezifischen Grundrechten. Man wird hier grundsätzlich eine Spezialität der letzteren annehmen müssen[240]. Art. 4 Abs. 2 Verf. Nordrhein-Westfalen geht daher dem nach Art. 4 Abs. 1 rezipierten grundgesetzlichen Recht auf informationelle Selbstbestimmung, soweit er gleiche Grundrechtsgehalte aufweist, als lex specialis vor[241]. In Tatbestand wie Schranken dürfte Art. 4 Abs. 2 Verf. Nordrhein-Westfalen dem vom Bundes-

---

236 VerfGH Saarland, Beschl. v. 19. 3. 2004 – Lv 6/03 –, juris, RN 24 – fachgerichtliche Anordnung der Entnahme einer Speichelprobe zur Feststellung des DNA-Identifizierungsmusters bei jugendlichem U-Häftling.
237 *Kamp*, in: Heusch/Schönenbroicher, Die Landesverfassung Nordrhein-Westfalen (LitVerz.), Art. 4 RN 32f.; *Menzel*, in: Löwer/Tettinger, Kommentar zur Verfassung des Landes Nordrhein-Westfalen (LitVerz.), Art. 4 RN 13, jeweils m.w.N.
238 *Kamp* aaO., Art. 4 RN 25f. m.w.N.
239 Eingefügt durch Gesetz v. 19. 12. 1978 (GV. S. 632).
240 *Menzel*, in: Löwer/Tettinger, Kommentar zur Verfassung des Landes Nordrhein-Westfalen (LitVerz.), Art. 4 RN 16; *Kamp*, in: Heusch/ Schönenbroicher, Die Landesverfassung Nordrhein-Westfalen (LitVerz.), Art. 4 RN 21.
241 *Menzel* aaO., Art. 4 RN 17, 23; *Kamp*, in: Heusch/Schönenbroicher, Die Landesverfassung Nordrhein-Westfalen, Kommentar, 2010, Art. 4 RN 53, jeweils m.w.N.

verfassungsgericht entwickelten und konturierten Grundrecht auf informationelle Selbstbestimmung nach Art. 2 Abs. 1 in Verbindung mit Art. 1 Abs. 1 GG entsprechen[242]. „Eine spezifische landesverfassungsgerichtliche Dogmatik zu Inhalt und Umfang des Datenschutzgrundrechts existiert nicht"[243]. Die Vorschrift hat daher gegenüber dem seit 1983 anerkannten, in der Rechtsprechung deutlich konturierten, dominanten Bundesgrundrecht kein eigenständiges Profil entwickeln können und ist praktisch bedeutungslos geblieben[244].

Das allgemeine Persönlichkeitsrecht der Kinder, das u.a. darauf abzielt, ihnen die Voraussetzungen dafür zu schaffen und zu erhalten, daß sie zu selbständigen, verantwortungsbewußten Persönlichkeiten heranwachsen und reifen können[245], hebt die nordrhein-westfälische Landesverfassung in einer besonderen Grundrechtsbestimmung (Art. 6 Abs. 2 Satz 1 Hs. 1) hervor: „Kinder und Jugendliche haben ein Recht auf Entwicklung und Entfaltung ihrer Persönlichkeit". Daraus werden Achtungs-, Schutz- und Förderpflichten für den Staat und – normativ nicht greifbar – die „Gesellschaft" abgeleitet, die teilweise – nicht zuletzt aufgrund ihrer Vagheit – eher den Charakter von objektiven Staatszielbestimmungen als subjektiven Grundrechten haben: „Schutz vor Gewalt, Vernachlässigung und Ausbeutung", Schutz „vor Gefahren für ihr körperliches, geistiges und seelisches Wohl", Achtung und Sicherung ihrer Rechte, Sorge „für altersgerechte Lebensbedingungen" und Förderung ihrer Anlagen und Fähigkeiten (Art. 6 Abs. 2 Satz 1, 2 u. 3 Verf. Nordrhein-Westfalen). Diese staatlichen Verpflichtungen dürften sich in gleicher Weise bereits aus den Garantien der Art. 2 Abs. 1, Art. 1 Abs. 1 GG und damit über Art. 4 Abs. 1 Verf. Nordrhein-Westfalen ergeben. Es handelt sich daher tatsächlich um eine eher symbolische und hinsichtlich des Gewährleistungsgehalts „überflüssige Doppelregelung zu bundes- und wegen Art. 4 Abs. 1 auch landesverfassungsrechtlicher Normsetzung"[246].

71
Kinderrechte teilweise nur Staatsziele

Symbolische Doppelregelungen

2. Baden-Württemberg und Niedersachsen

In Baden-Württemberg gilt aufgrund der Transformation durch Art. 2 Abs. 1 Verf. Baden-Württemberg auch das allgemeine Persönlichkeitsrecht als Kombinationsgrundrecht aus Art. 2 Abs. 1 in Verbindung mit Art. 1 Abs. 1 GG und als Ausprägung desselben das Grundrecht auf informationelle Selbstbestim-

72
Rezeption des bundesrechtlichen Persönlichkeitsrechts

---

242 Eine Beeinflussung der Rspr. des BVerfG, insb. des Volkszählungsurteils (*BVerfGE 65*, 1), ist nicht ausgeschlossen, aber auch nicht nachweisbar.
243 *Kamp*, in: Heusch/Schönenbroicher, Die Landesverfassung Nordrhein-Westfalen (LitVerz.), Art. 4 RN 58; aus der Rspr. vgl. *OVG NRW* NJW 1979, S. 2221; NVwZ 1982, S. 135 f.
244 Daher sehr kritisch gegenüber der Sinnhaftigkeit dieser Regelung *Kamp* aaO., Art. 4 RN 51–54 m.w.N.; deutlich positiver – grundrechtliche Akzentsetzung und Vorreiterrolle – demgegenüber *Menzel*, in: Löwer/Tettinger, Kommentar zur Verfassung des Landes Nordrhein-Westfalen (LitVerz.), Art. 4 RN 6 f.
245 Vgl. nur *BVerfGE 57*, 361 (382); *121*, 69 (92 f.); *133*, 59 (73 f.); st. Rspr.
246 So mit Recht kritisch *Kamp* aaO., Art. 6 RN 15.

§ 233 Sechzehnter Teil: II. Vergleichende Betrachtung der Landesgrundrechte

Sonderregelungen für Kinder und Jugendliche

mung[247]. Gleiches gilt aufgrund der – dynamischen[248] – Inkorporation gemäß Art. 3 Abs. 2 Satz 1 und 2 Verf. Niedersachsen für dieses Bundesland. Als Ausfluß ihres Rechts auf eigene Persönlichkeitsentwicklung hat die Staatsgewalt Baden-Württembergs die Jugend gegen Ausbeutung und gegen sittliche, geistige und körperliche Gefährdung zu schützen (Art. 13 Satz 1 Verf. Baden-Württemberg). Nach der niedersächsischen Verfassung haben Kinder und Jugendliche das Recht auf gewaltfreie Erziehung und sind vor körperlicher und seelischer Vernachlässigung und Mißhandlung zu schützen (Art. 4 a Abs. 1 u. 3 Verf. Niedersachsen).

3. Schleswig-Holstein

73
Persönlichkeitsrecht infolge dynamischer Rezeption

Schleswig-Holstein übernimmt mit seiner – dynamischen[249] – Rezeptionsklausel (Art. 3 Verf. Schleswig-Holstein) auch das allgemeine Persönlichkeitsrecht gemäß Art. 2 Abs. 1 in Verbindung mit Art. 1 Abs. 1 GG. Kinder und Jugendliche werden – was sich unter den rezipierten Grundrechten des Grundgesetzes an sich von selbst versteht – als Träger eigener (Grund-)Rechte anerkannt, die unter dem besonderen Schutz der Staatsgewalt stehen und ein Recht auf die Förderung ihrer Entwicklung zu eigenverantwortlichen und gemeinschaftsfähigen Persönlichkeiten haben (Art. 10 Abs. 1 u. 3 Verf. Schleswig-Holstein). Nach Art. 15 Verf. Schleswig-Holstein gewährleistet das Land „im Rahmen seiner Kompetenzen auch den Schutz der digitalen Privatsphäre der Bürgerinnen und Bürger". Damit sollte kein Grundrecht, sondern ein Staatsziel begründet werden.

Digitaler Schutz als Staatsziel

Das Verhältnis dieses Staatsziels zu den vom Bundesverfassungsgericht als Ausprägungen des allgemeinen Persönlichkeitsrechts nach Art. 2 Abs. 1 in Verbindung mit Art. 1 Abs. 1 GG entwickelten und rezipierten Grundrechten der informationellen Selbstbestimmung und auf Gewährleistung der Vertraulichkeit und Integrität informationstechnischer Systeme[250] bleibt unklar[251].

---

247 Seit der Verfassungsänderung v. 15.2.1995 (GBl. S. 269), mit der die Worte „v. 23.5.1949" in Art. 2 Abs. 1 Verf. Baden-Württemberg gestrichen worden sind, um „klarzustellen", daß es sich bei dieser Vorschrift um eine dynamische Verweisung handelt (LT-Drucks. 11/5326, S. 5); anders noch zur Ursprungsfassung *Braun*, Kommentar zur Verfassung des Landes Baden-Württemberg (LitVerz.), Art. 2 RN 9, 11; zu Unrecht noch immer zweifelnd auch *Engelken*, Ergänzungsband zu *Braun*, Kommentar zur Verfassung des Landes Baden-Württemberg, 1997, Art. 2 Abs. 1 RN 1–8, ist die Beantwortung der Frage, ob das allgemeine Persönlichkeitsrecht bloße Auslegung des Grundgesetzes ist oder als Neuschöpfung wie eine Änderung desselben zu behandeln ist, für die Geltung eines entsprechenden Landesgrundrechts aufgrund der Rezeptionsklausel nicht mehr relevant.
248 *Burmeister*, Chancen und Risiken einer niedersächsischen Landesverfassungsbeschwerde – eine vorläufige Bestandsaufnahme, NdsVBl. 1998, 53, 55; *Starck*, Die neue Niedersächsische Verfassung von 1993, NdsVBl. 1994, 1, 8; *Epping*, in: ders./Butzer/Brosius-Gersdorf u.a. (Hg.), Hannoverscher Kommentar zur Niedersächsischen Verfassung (LitVerz.), Art. 3 RN 21; *J. Ipsen*, Niedersächsische Verfassung, Kommentar (LitVerz.), RN 14–16.
249 *Becker/Brüning*, Öffentliches Recht in Schleswig-Holstein (LitVerz.), § 1 C, RN 32; *C. Nordmann*, NordÖR 2009, S. 97 ff., 98; *Caspar*, NordÖR 2008, S. 193 (198).
250 BVerfGE 65, 1; 120, 274.
251 Jedenfalls wollte man trotz der anderen Formulierung inhaltlich darüber nicht hinausgehen (LT-Drucks. 18/2115, S. 21; LT-Drucks. 18/2116, S. 22; LT-Drucks. 18/2361, S. 21). Warum es dann neben den genannten und rezipierten Bundesgrundrechten noch ein inhaltsgleiches Staatsziel geben sollte, ist nicht erklärlich. Völlig unverständlich die Einschätzung der „Piraten" (zitiert nach: http://flaschenpost.piratenpartei.de/2014/10/21/piraten-wirken-die-reform-der-landesverfassung-in-schleswig-holstein-zeigt-die-erfolge-piratiger-politik/): „Der Schutz der digitalen Privatsphäre wird als Staatsziel

4. Berlin

Die Berliner Verfassung gewährleistet in der Kombination der Grundrechte aus Artikel 7 in Verbindung mit Artikel 6 das allgemeine Persönlichkeitsrecht, das jedem einen individuellen Schutzraum gewährt, der eine private Lebensgestaltung frei von staatlicher Beeinflussung bedeutet. Allerdings steht danach nicht der gesamte Bereich des privaten Lebens unter dem unbedingten Schutz des allgemeinen Persönlichkeitsrechts. Absolut geschützt und damit der Einwirkung der öffentlichen Gewalt schlechthin entzogen ist allerdings nur ein Kernbereich privater Lebensgestaltung[252]. Das allgemeine Persönlichkeitsrecht umfaßt neben dem Recht auf Achtung der Privat- und Intimsphäre[253] auch den Schutz vor Äußerungen, die geeignet sind, sich abträglich auf das Bild der Persönlichkeit in der Öffentlichkeit auszuwirken. Derartige Äußerungen gefährden die von Art. 7 Verf. Berlin gewährleistete freie Entfaltung der Persönlichkeit, weil sie das Ansehen des einzelnen schmälern, seine sozialen Kontakte schwächen und infolgedessen sein Selbstwertgefühl untergraben können. Daraus folgt zugleich die Pflicht des Staates, den einzelnen wirksam gegen Einwirkungen der Medien auf seine Individualsphäre zu schützen, insbesondere durch ein Gegendarstellungsrecht[254]. Aus Art. 7 in Verbindung mit Art. 6 Verf. Berlin folgt eine Pflicht zu staatlichem Schutz der Persönlichkeitsentfaltung von Kindern. Daraus kann sich unter Umständen die Notwendigkeit einer Begrenzung der vermögensrechtlichen Haftung Minderjähriger ergeben, wenn durch die Auferlegung finanzieller Verpflichtungen in erheblichem Maße die Grundbedingungen freier Entfaltung und Entwicklung und damit die engere persönliche Lebenssphäre junger Menschen betroffen werden[255].

74 Allgemeines Persönlichkeitsrecht

Absoluter Schutz eines Kernbereichs

Die Berliner Verfassung enthält in Art. 33 ein dem vom Bundesverfassungsgericht entwickelten Bundesgrundrecht aus Art. 2 Abs. 1 in Verbindung mit Art. 1 Abs. 1 GG entsprechendes[256] Grundrecht auf Datenschutz und gewährleistet damit die aus dem Gedanken der Selbstbestimmung folgende Befugnis des einzelnen, grundsätzlich selbst zu entscheiden, wann und innerhalb welcher Grenzen persönliche Lebenssachverhalte offenbart werden. Das Grundrecht geht als lex specialis dem allgemeinen Persönlichkeitsrecht aus Art. 7 in Verbindung mit Art. 6 Verf. Berlin vor[257] und garantiert seinen Trägern Schutz

75 Eigenständiges Grundrecht auf Datenschutz

---

und nicht nur als Grundrecht in der Landesverfassung in Artikel 16 verankert. Dies ist ein gravierender, notwendiger Eckstein zur digitalen Selbstbestimmung und enorm relevant für Datenschutz (?!). Neben dem Staatsziel „Schutz der digitalen Privatsphäre" besteht nach Art. 14 Abs. 1 Verf. Schleswig-Holstein als weiteres Staatsziel die Gewährleistungsaufgabe des Aufbaus und steten Ausbaus der digitalen Kommunikation zwischen Verwaltung und Bürgern.

252 *VerfGH Berlin*, Beschl. v. 24.1.2003 – VerfGH 39/99 –, juris, RN 13f. sowie NJW 2004, S. 593 ff.
253 *VerfGH Berlin*, Beschl. v. 11.2.1999 – 25/97, 25 A/97, 60/97 –, juris, RN 23 sowie *LVerfGE 10*, 49–51.
254 *VerfGH Berlin*, Beschl. v. 7.12.2004 – VerfGH 163/04, 163 A/04 –, juris, RN 32f.
255 *VerfGH Berlin*, Beschl. v. 14.12.2009 – VerfGH 31/09 –, juris, RN 16f. und NJW-RR 2010, S. 1141 ff. sowie *LVerfGE 20*, 81 (88f.): Begrenzung der Minderjährigenhaftung.
256 Driehaus (Hg.), Verfassung von Berlin (LitVerz.), Art. 33 RN 1. *VerfGH Berlin*, Beschl. v. 21.3.2003 – 112/02 –, juris, RN 13 sowie *LVerfGE 14*, 74 (79).
257 *VerfGH Berlin*, Beschl. v. 28.5.2004 – VerfGH 81/02 –, juris, RN 17 sowie NVwZ-RR 2004, S. 746 ff. und *LVerfGE 15*, 17 (23).

gegen unbegrenzte Erhebung, Speicherung, Verwendung oder Weitergabe der auf sie bezogenen, individualisierten oder individualisierbaren Daten. Dieses Recht kann zum Schutz überwiegender Allgemeininteressen gemäß Art. 33 Satz 2 und 3 Verf. Berlin durch Gesetz beschränkt werden[258]. Aus der gesetzlichen Grundlage müssen sich die Voraussetzungen und der Umfang der Beschränkungen klar und für den Bürger erkennbar ergeben, damit diese dem rechtsstaatlichen Gebot der Normenklarheit entspricht[259].

III. In den „neuen Ländern"

1. Brandenburg

76
Allgemeines Persönlichkeitsrecht

Aus den Garantien der Art. 10 und 7 Abs. 1 Verf. Brandenburg folgt das allgemeine Persönlichkeitsrecht, das für Kinder und Jugendliche in Art. 27 der Verfassung von Brandenburg eine breitgefächerte nähere Ausgestaltung gefunden hat. Nach Art. 27 Abs. 1 und 3 Satz 1 Verf. Brandenburg haben Kinder als eigenständige Personen das Recht auf Achtung ihrer Würde und genießen in besonderer Weise den Schutz von Staat und Gesellschaft. Kindern und Jugendlichen ist gemäß Art. 27 Abs. 4 Verf. Brandenburg durch Gesetz eine Rechtsstellung einzuräumen, die ihrer wachsenden Einsichtsfähigkeit durch die Anerkennung zunehmender Selbständigkeit gerecht wird, und nach Art. 27 Abs. 5 Satz 1 Verf. Brandenburg sind sie vor körperlicher und seelischer Vernachlässigung und Mißhandlung zu schützen. Es handelt sich bei dem Förder- und Schutzauftrag nicht um eine Grundrechtsposition[260], sondern lediglich um eine objektive staatliche Gewährleistungsverpflichtung.

Breitgefächerte Sonderregelung für Kinder

77
Informationelle Selbstbestimmung

Eine ausführliche Regelung hat das Grundrecht auf informationelle Selbstbestimmung in Art. 11 Abs. 1 und 2 Verf. Brandenburg erfahren, ohne daß damit in der Sache weitergehende Grundrechtspositionen als nach Art. 2 Abs. 1 in Verbindung mit Art. 1 Abs. 1 GG verbunden wären: „Jeder hat das Recht, über die Preisgabe und Verwendung seiner persönlichen Daten selbst zu bestimmen, auf Auskunft über die Speicherung seiner persönlichen Daten und auf Einsicht in Akten und sonstige amtliche Unterlagen, soweit sie ihn betreffen und Rechte Dritter nicht entgegenstehen. Personenbezogene Daten dürfen nur mit freiwilliger und ausdrücklicher Zustimmung des Berechtigten erhoben, gespeichert, verarbeitet, weitergegeben oder sonst verwendet werden. Einschränkungen sind nur im überwiegenden Allgemeininteresse durch Gesetz oder aufgrund eines Gesetzes im Rahmen der darin festgelegten Zwecke zulässig. Jede Erhebung personenbezogener Daten ist dem Berechtigten zur Kenntnis zu geben, sobald der Zweck der Erhebung dies zuläßt".

---

258 *VerfGH Berlin*, Beschl. v. 14. 2. 2006 – VerfGH 34/03 –, juris, RN 27 f. – genetischer Fingerabdruck; Beschl. v. 10. 2. 2009 – VerfGH 132/08, 132 A/08 – RN 14 m.w.N.; st. Rspr.
259 *VerfGH Berlin*, Beschl. v. 13. 12. 2005 – VerfGH 113/05 – NJW 2006, S. 1416 (1417 m.w.N.); Beschl. v. 31. 5. 2013 – VerfGH 174/10 –, juris, RN 13 sowie NStZ-RR 2013, S. 293 – Übersendung eines Prognosegutachtens an die JVA.
260 So wohl auch *Iwers*, in: Lieber/ders./Ernst, Verfassung des Landes Brandenburg (LitVerz.), Art. 27 Erl. 4–6.

Das durch Art. 11 Abs. 1 Verf. Brandenburg gewährleistete Recht auf Datenschutz ist eine inhaltsgleiche Verbürgung des Rechts auf informationelle Selbstbestimmung nach Art. 2 Abs. 1 in Verbindung mit Art. 1 Abs. 1 GG[261]. Es schützt nicht nur im Rahmen der elektronischen Datenverarbeitung vor Erhebung, Speicherung, Verarbeitung und Weiterleitung persönlicher Daten, sondern vor jeglichem Zugriff auf persönliche Daten, insbesondere auf Einsicht in Akten und sonstige amtliche Unterlagen[262]. Lediglich mit der verfassungsrechtlich garantierten Benachrichtigungspflicht nach Art. 11 Abs. 2 Satz 2 Verf. Brandenburg enthält die brandenburgische Verfassung eine Besonderheit[263]. Einschränkungen des informationellen Selbstbestimmungsrechts sind nur auf gesetzlicher Grundlage, im Rahmen der gesetzlich hinreichend bestimmten Zwecke und unter Wahrung des Grundsatzes der Verhältnismäßigkeit zulässig[264]. Gegenüber dem allgemeinen Persönlichkeitsrecht aus Art. 7 Abs. 1, Art. 10 Verf. Brandenburg stellt sich der Schutz der persönlichen Daten, wie er durch Art. 11 der Verfassung von Brandenburg gewährleistet wird, als das speziellere Grundrecht dar[265].

2. Mecklenburg-Vorpommern

78

Persönlichkeitsrecht als Landesgrundrecht

Aufgrund der dynamischen Rezeptionsnorm des Art. 5 Abs. 3 der Verfassung gilt in Mecklenburg-Vorpommern als Landesgrundrecht auch das allgemeine Persönlichkeitsrecht des Art. 2 Abs. 1 in Verbindung mit Art. 1 Abs. 1 GG. Damit ist auch das Recht auf informationelle Selbstbestimmung aus Art. 2 Abs. 1 in Verbindung mit Art. 1 Abs. 1 GG in die Landesverfassung inkorporiert. Mit Art. 6 Abs. 1 enthält die Verfassung aber auch ein eigenständiges Grundrecht auf informationelle Selbstbestimmung, das den einzelnen gegen unbegrenzte Erhebung, Speicherung, Verwendung und Weitergabe seiner persönlichen Daten schützen soll; es steht unter dem (Gesetzes-)Vorbehalt, daß der einzelne Einschränkungen dieses Rechts im überwiegenden Interesse der Allgemeinheit hinnehmen muß (Art. 6 Abs. 1 Satz 2, Abs. 4 Verf. Mecklenburg-Vorpommern). Dieses autonome Grundrecht auf informationelle Selbstbestimmung, das ein grundsätzliches Recht eines jeden gegen das Land auf Auskunft über ihn betreffende Daten einschließt (Art. 6 Abs. 2 Verf. Mecklenburg-Vorpommern), dürfte als lex specialis dem rezipierten allgemeinen Persönlichkeitsrecht nach Art. 2 Abs. 1 in Verbindung mit Art. 1 Abs. 1 GG vorge-

Eigenständiges Grundrecht auf informationelle Selbstbestimmung

---

261 S. dazu *VerfG Brandenburg*, Urt. v. 20. 6. 1996 – 3/96 – *LVerfGE 4*, 179 (186) unter Bezugnahme auf die Entstehungsgeschichte; Protokoll der 5. Sitzung des UA I, Dokumentation zur Verfassung des Landes Brandenburg, Bd. 2, S. 505. S. auch Beschl. v. 15. 11. 2001 – 49/01 EA –, juris, RN 11 f. sowie LKV 2002, S. 131 f. und *LVerfGE 12*, 155 (159 f.). Vgl. auch *Breidenbach/Kneifel-Haferkamp*, in: Simon/Franke/Sachs, Handbuch der Verfassung des Landes Brandenburg (LitVerz.), § 21 RN 2.
262 *VerfG Brandenburg*, Beschl. v. 25. 9. 2002 – 79/02 –, juris, RN 13 sowie LKV 2003, S. 27 und *LVerfGE 13*, 177 (182); Beschl. v. 21. 4. 2005 – 56/04 –, juris, RN 15 sowie LKV 2005, S. 401.
263 S. dazu *Ernst*, in: Lieber/Iwers/ders., Verfassung des Landes Brandenburg (LitVerz.), Art. 11 Erl. 4.
264 *VerfG Brandenburg*, Beschl. v. 18. 9. 2008 – 13/08, 1/08 EA –, juris, RN 22; Beschl. v. 15. 4. 2010 – 37/09 –, juris, RN 21 sowie LKV 2010, S. 475.
265 *VerfG Brandenburg*, Urt. v. 30. 6. 1999 – 3/98 –, juris, RN 110 sowie *LVerfGE 10*, 157; Beschl. v. 20. 6. 2014 – 60/13 –, juris, RN 22 sowie ZOV 2014, S. 242. Ebenso *Iwers*, in: Lieber/ders./Ernst, Kommentar zur Landesverfassung (LitVerz.), Art. 10 Nr. 3.

§ 233 *Sechzehnter Teil: II. Vergleichende Betrachtung der Landesgrundrechte*

hen²⁶⁶. Es hat aber einen identischen Inhalt²⁶⁷. Nach der Rechtsprechung des Landesverfassungsgerichts kommt dem in Art. 6 Abs. 1 Verf. Mecklenburg-Vorpommern benannten Grundrecht ein hoher Rang zu „durch den inhaltlichen Bezug auf Art. 5 Abs. 2 LV, wonach das Land um des Menschen willen da ist und die Würde des Menschen zu achten und zu schützen hat"²⁶⁸.

79
Sonderregelungen für Kinder, Jugendliche, Alte und Behinderte

Das allgemeine Persönlichkeitsrecht von Kindern und Jugendlichen nach Art. 5 Abs. 3 Verf. Mecklenburg-Vorpommern in Verbindung mit Art. 2 Abs. 1 und Art. 1 Abs. 1 GG wird durch die Staatszielbestimmung des Art. 14 Abs. 1 und Abs. 3 Verf. Mecklenburg-Vorpommern flankiert, derzufolge Kinder und Jugendliche als eigenständige Personen den Schutz des Landes vor körperlicher und seelischer Vernachlässigung genießen und auch gegen Ausbeutung sowie gegen sittliche, geistige und körperliche Verwahrlosung und gegen Mißhandlung sowie vor einer Gefährdung ihrer körperlichen und seelischen Entwicklung zu schützen sind. Art. 14 Abs. 4 Verf. Mecklenburg-Vorpommern begründet einen über die Schutzpflicht hinausgehenden Förderauftrag, der der persönlichen Entfaltung von Kindern und Jugendlichen dient²⁶⁹. Alten Menschen und Menschen mit Behinderung wird durch eine weitere Staatszielbestimmung (Art. 17 a Verf. Mecklenburg-Vorpommern) ebenfalls besonderer Schutz zugesagt; soziale Hilfe und Fürsorge verfolgen das Ziel, das Leben gleichberechtigt und eigenverantwortlich zu gestalten.

3. Sachsen

80
Persönlichkeitsrecht

Als Kombinationsgrundrecht aus Artikel 14 Abs. 1 in Verbindung mit Artikel 15 enthält auch die sächsische Verfassung ein allgemeines Persönlichkeitsrecht²⁷⁰. Es gebietet die Schuldangemessenheit einer zu verhängenden Krimi-

---

266 So auch *Kohl*, in: Litten/Wallerath (Hg.), Verfassung des Landes Mecklenburg-Vorpommern (LitVerz.), Art. 5 RN 14, Art. 6 RN 5 m.w.N.; *W. März*, Die Verfassungsentwicklung in Mecklenburg-Vorpommern, JöR NF 54 (2006), S. 175 (207). Offengelassen in *LVerfG Mecklenburg-Vorpommern*, Urt. v. 21. 10. 1999 – 2/98 –, juris, RN 72 sowie *LVerfGE 10*, 337: „Das Landesverfassungsgericht kann an dieser Stelle offenlassen, ob insoweit Grundrechtsschutz nur durch Art. 6 Abs. 1 oder auch über Art. 5 Abs. 3 LV vermittelt wird. Jedenfalls soll die gewählte Regelungstechnik in der Landesverfassung nicht zu einer Einschränkung des Grundrechtsschutzes führen, sondern die gesamte Fülle des Schutzes soll für das Recht auf informationelle Selbstbestimmung optimal gewährleistet sein (vgl. Abschlußbericht der Verfassungskommission, LT-Drs. 1/3100 v. 7. 5. 1993)". Dagegen verdrängt der durch Art. 5 Abs. 3 Verf. Mecklenburg-Vorpommern inkorporierte Art. 13 GG das Grundrecht aus Art. 6 Abs. 1 Verf. Mecklenburg-Vorpommern ebenso wie das allgemeine Persönlichkeitsrecht gemäß Art. 5 Abs. 3 Verf. Mecklenburg-Vorpommern i.V.m. Art. 2 Abs. 1 und Art. 1 Abs. 1 GG als das speziellere Grundrecht; s. *LVerfG Mecklenburg-Vorpommern*, Urt. v. 18. 5. 2000 – 5/98 –, juris, LS 3, RN 72 sowie LKV 2000, S. 345–357 und *LVerfGE 11*, 265, LS 3.
267 *LVerfG Mecklenburg-Vorpommern*, Urt. v. 21. 10. 1999 – 2/98 –, juris, RN 71 sowie *LVerfGE 10*, 337: Art. 6 Verf. Mecklenburg-Vorpommerns enthalte „das Recht auf informationelle Selbstbestimmung, so wie es das Bundesverfassungsgericht in seinem Volkszählungsurteil v. 15. 12. 1983 (*BVerfGE 65*, 1) aus dem allgemeinen Persönlichkeitsrecht des Art. 2 Abs. 1 i.V.m. Art. 1 Abs. 1 GG entnommen hat, als eigenständiges Grundrecht". Ebenso *Kohl*, in: Litten/Wallerath (Hg.), Verfassung des Landes Mecklenburg-Vorpommern (LitVerz.), Art. 6 RN 4.
268 *LVerfG Mecklenburg-Vorpommern*, Urt. v. 21. 10. 1999 – 2/98 –, juris, RN 71 sowie *LVerfGE 10*, 337.
269 *Sauthoff*, in: Litten/Wallerath (Hg.), Verfassung des Landes Mecklenburg-Vorpommern (LitVerz.), Art. 14 RN 9.
270 *VerfGH Sachsen*, Beschl. v. 26. 5. 2008 – Vf. 96-IV-07 –, juris, RN 23.

nalstrafe[271], verbietet die Auslieferung einer Person, der im ersuchenden Staat eine unerträglich harte Strafe droht[272], und schützt auch das Resozialisierungsinteresse eines Strafgefangenen[273]. Art. 15 der Verfassung Sachsens in Verbindung mit dem Rechtsstaatsprinzip gewährleistet auch die Unschuldsvermutung[274].

Das Recht eines jeden Kindes auf eine gesunde, seelische, geistige und körperliche Entwicklung wird – außerhalb des Grundrechtsabschnitts und daher wohl lediglich im Sinne einer objektiven Gewährleistungspflicht – in Art. 9 Abs. 1 Verf. Sachsen anerkannt und in dessen Artikel 9 Abs. 2 um eine besondere Pflicht zum Schutz der Jugend vor sittlicher, geistiger und körperlicher Gefährdung ergänzt. In gleicher Weise bekennt sich das Land „zur Verpflichtung der Gemeinschaft, alte und behinderte Menschen zu unterstützen und auf die Gleichwertigkeit ihrer Lebensbedingungen hinzuwirken", in Art. 7 Abs. 2 Verf. Sachsen.

81 Kinderrechte außerhalb des Grundrechtsabschnitts

Art. 33 Verf. Sachsen enthält als besondere Ausprägung des allgemeinen Persönlichkeitsrechts nach Art. 14 Abs. 1 in Verbindung mit Art. 15 Verf. Sachsen und diesem in Grundrechtskonkurrenz vorgehend[275] das Recht auf informationelle Selbstbestimmung hinsichtlich aller personenbezogenen Daten mit den Inhalten und Beschränkungsmöglichkeiten, die das Bundesverfassungsgericht aus Art. 2 Abs. 1 in Verbindung mit Art. 1 Abs. 1 GG entwickelt hat. Es ist eine nähere Ausgestaltung des aus Art. 15 und 14 Abs. 1 Verf. Sachsen abgeleiteten allgemeinen Persönlichkeitsrechts. Als solches umfaßt es die aus dem Gedanken der Selbstbestimmung folgende Befugnis des einzelnen, grundsätzlich selbst zu entscheiden, wann und innerhalb welcher Grenzen er seine persönlichen Lebenssachverhalte offenbart. Das Recht auf informationelle Selbstbestimmung ist allerdings nicht schrankenlos gewährleistet. Der einzelne hat kein Recht im Sinne einer absoluten uneinschränkbaren Herrschaft über seine Daten, sondern muß Einschränkungen seines Rechts auf informationelle Selbstbestimmung im überwiegenden Allgemeininteresse hinnehmen. Einschränkungen können dann erforderlich sein, wenn der einzelne durch sein Verhalten auf andere einwirkt und dadurch die persönliche Sphäre seiner Mitmenschen oder die Belange der Gemeinschaft berührt. Eingriffe in das Recht auf informationelle Selbstbestimmung bedürfen einer gesetzlichen Grundlage (Art. 33 Satz 3 Verf. Sachsen), aus der sich die Voraussetzungen und der Umfang der Beschränkungen klar und für den Bürger erkennbar ergeben und die dem Grundsatz der Verhältnismäßigkeit Rechnung tragen. Dabei hat der Gesetzgeber organisatorische und verfahrensmä-

82 Recht auf informationelle Selbstbestimmung

---

271 *VerfGH Sachsen*, Beschl. v. 27. 9. 2010 – Vf. 36-IV-10 –, juris, RN 6.
272 *VerfGH Sachsen*, Beschl. v. 11. 3. 2011 – Vf. 25-IV-11 –, juris, RN 15 sowie BeckRS 2012, 45919.
273 *VerfGH Sachsen*, Beschl. v. 16. 10. 2008 – Vf. 112-IV-08 –, juris, RN 28.
274 *VerfGH Sachsen*, Beschl. v. 25. 9. 2009 – Vf. 45-IV-09, Vf. 46-IV-09 –, juris, RN 30 f.; Beschl. v. 27. 8. 2009 – Vf. 31-IV-09 –, juris, RN 14; Beschl. v. 20. 7. 2007 – Vf. 65-IV-07 –, juris, RN 7.
275 *VerfGH Sachsen*, Urt. v. 10. 7. 2003 – Vf. 43-II-00 –, juris, RN 205 sowie BeckRS 2003, 12595.

ßige Vorkehrungen zu treffen²⁷⁶. Aus dem informationellen Selbstbestimmungsrecht erwächst dem einzelnen auch ein Anspruch darauf, darüber unterrichtet zu werden, daß und in welchem Umfang Daten über ihn heimlich erhoben werden²⁷⁷.

83
Hoher Rang des Persönlichkeitsrechts

Der mit Art. 33 der Verfassung Sachsens verbürgte hohe Rang des Rechts auf freie Entfaltung und Achtung der Persönlichkeit, der sich aus der engen Beziehung zur Garantie der Menschenwürde ergibt, gebietet, daß dem erforderlich erscheinenden Eingriff stets das Schutzgebot des Art. 14 Abs. 1 Verf. Sachsen als Korrektiv entgegengehalten wird. Dem ist durch eine strenge Prüfung der Verhältnismäßigkeit der im Einzelfall beabsichtigten Maßnahme Rechnung zu tragen²⁷⁸.

4. Sachsen-Anhalt

84
Ableitung eines allgemeinen Persönlichkeitsrechts

Aus Art. 5 Abs. 1 in Verbindung mit Art. 4 Abs. 1 Verf. Sachsen-Anhalt läßt sich in gleicher Weise wie aus den Art. 2 Abs. 1 und 1 Abs. 1 GG ein allgemeines Persönlichkeitsrecht ableiten²⁷⁹. Kindern wird in Art. 24 Abs. 3 Verf. Sachsen-Anhalt im Sinne einer objektiven Gewährleistungspflicht der besondere Schutz des Landes vor körperlicher und seelischer Mißhandlung und Vernachlässigung zugesagt, Jugendlichen der Schutz vor Gefährdung ihrer körperlichen und seelischen Entwicklung. Ältere Menschen und Menschen mit Behinderung stehen nach der Staatszielbestimmung des Art. 38 der Verfassung Sachsen-Anhalts unter dem besonderen Schutz des Landes. Das Land fördert ihre gleichwertige Teilnahme am Leben in der Gemeinschaft²⁸⁰.

Sonderregelungen für Kinder und Jugendliche

85
Recht auf informationelle Selbstbestimmung

Das sich als besondere Ausprägung dieses allgemeinen Persönlichkeitsrechts darstellende Grundrecht auf informationelle Selbstbestimmung hat in Art. 6 Abs. 1 der Verfassung Sachsen-Anhalts eine spezielle Regelung erfahren, die etwas voraussetzungsreicher und dichter als in anderen Landesverfassungen formuliert ist, aber in der Substanz die bundesverfassungsgerichtlichen Vorgaben kodifiziert²⁸¹: „Jeder hat das Recht auf Schutz seiner personenbezogenen Daten. In dieses Recht darf nur durch oder auf Grund eines Gesetzes eingegriffen werden. Dabei sind insbesondere Inhalt, Zweck und Ausmaß der Erhebung, Verarbeitung und Nutzung der personenbezogenen Daten zu bestimmen und das Recht auf Auskunft, Löschung und Berichtigung näher zu regeln".

---

276 *VerfGH Sachsen*, Urt. v. 14.5.1996 – Vf. 44-II-94 – juris, RN 186–188 sowie *LVerfGE 4*, 303 und JZ 1996, S. 957; Urt. v. 22.5.2003 – Vf. 43-II-00 – juris, RN 206 f. sowie BeckRS 2003, 12595 und *LVerfGE 14*, 333 (364).
277 *VerfGH Sachsen*, Urt. v. 22.5.2003 – Vf. 43-II-00 – juris, RN 341 sowie BeckRS 2003, 12595 und *LVerfGE 14*, 333.
278 *VerfGH Sachsen*, Urt. v. 14.5.1996 – Vf. 44-II-94 – juris, RN 208 sowie *LVerfGE 4*, 303 (336) und JZ 1996, S. 957.
279 *Reich*, Verfassung des Landes Sachsen-Anhalt (LitVerz.), Art. 5 RN 1; wohl auch *LVerfG Sachsen-Anhalt*, Urt. v. 27.3.2001 – LVG 1/01 –, juris, RN 20 sowie *LVerfGE 12*, 371 (375) und LKV 2001, S. 363 (364).
280 *Kluth*, in: *ders.*, Landesrecht Sachsen-Anhalt (LitVerz.), § 1 II 3 d), RN 69, S. 36.
281 *Reich*, Verfassung des Landes Sachsen-Anhalt (LitVerz.), Art. 6 RN 1; *Kluth*, Landesrecht Sachsen-Anhalt (LitVerz.), § 1 II 2 b), RN 44, S. 30.

5. Thüringen

Die Verfassung Thüringens enthält als einzige Landesverfassung eine ausdrückliche grundrechtliche Garantie des allgemeinen Persönlichkeitsrechts in Art. 6 Abs. 1: „Jeder hat das Recht auf Achtung und Schutz seiner Persönlichkeit und seines privaten Lebensbereiches"[282]. Ihr tritt ergänzend ein Grundrecht auf informationelle Selbstbestimmung gemäß Art. 6 Abs. 2 Verf. Thüringen zur Seite: „Jeder hat Anspruch auf Schutz seiner personenbezogenen Daten. Er ist berechtigt, über die Preisgabe und Verwendung solcher Daten selbst zu bestimmen", das inhaltlich mit dem vom Bundesverfassungsgericht aus Art. 2 Abs. 1 in Verbindung mit Art. 1 Abs. 1 GG entwickelten Recht identisch sein dürfte. Bestandteil des informationellen Selbstbestimmungsrechts[283] ist ein nach Maßgabe der Gesetze bestehendes Auskunftsrecht darüber, welche Informationen über ihn in Akten und Dateien gespeichert sind und auf Einsicht in ihn betreffende Akten und Dateien (Art. 6 Abs. 4 Verf. Thüringen).

86 Ausdrückliche Garantie des Persönlichkeitsrechts

Recht auf informationelle Selbstbestimmung

Das Persönlichkeitsrecht und das informationelle Selbstbestimmungsrecht stehen unter einfachem Gesetzesvorbehalt (Art. 6 Abs. 3 Satz 1 Verf. Thüringen)[284], wobei das Gesetz bei Eingriffen in das informationelle Selbstbestimmungsrecht Anlaß, Zweck und Ausmaß der Datenerhebung, -verarbeitung und -weitergabe bereichsspezifisch, präzise und normenklar festlegen muß. Das allgemeine Persönlichkeitsrecht von Kindern und Jugendlichen, insbesondere ihr Schutzanspruch, erfährt in Art. 19 Abs. 1 Verf. Thüringen eine besondere Anerkennung, ohne daß damit eine Grundrechtsposition geschaffen würde, die sich nicht schon aus dem kindesspezifisch gedeuteten allgemeinen Persönlichkeitsrecht ergäbe: „Kinder und Jugendliche haben das Recht auf eine gesunde geistige, körperliche und psychische Entwicklung. Sie sind vor körperlicher und seelischer Vernachlässigung, Mißhandlung, Mißbrauch und Gewalt zu schützen"[285].

87 Gesetzesvorbehalt

Schutz für Kinder und Jugendliche

D. Wozu noch Landesgrundrechte (der Menschenwürde, der allgemeinen Handlungsfreiheit und des Persönlichkeitsschutzes)?

„Das erste Erfordernis einer Verfassung ist, daß sie nach Form und Inhalt dem Wesen und den Aufgaben des Landes und seiner Bevölkerung entspricht. [...] Entscheidend ist, ob sich ein Land nach seiner Art und seiner geschichtlichen Bestimmung von den anderen Ländern unterscheidet. Wo das der Fall

88 Menschenrechtlicher Universalismus statt regionaler Differenzierung

---

282 Zum Schutzbereich, der mit Art. 2 Abs. 1 i.V.m. Art. 1 Abs. 1 GG deckungsgleich sein dürfte, näher *Poppenhäger*, in: Linck/Baldus/Lindner/ders. (Hg.), Die Verfassung des Freistaats Thüringen (LitVerz.), Art. 6 RN 14–17.
283 Vgl. dazu *BVerfGE 120*, 351 (360).
284 S. *VerfGH Thüringen*, Urt. v. 21. 11. 2012 – 19/09 –, juris, RN 197 sowie *LVerfGE 23*, 385 (408).
285 Der Grundrechtscharakter des Art. 19 Abs. 1 Satz 2 Verf. Thüringen ist str.; s. zum Streitstand m.N. *Martin-Gehl*, in: Linck/Baldus/Lindner u.a. (LitVerz.), Art. 19 RN 10.

§ 233 *Sechzehnter Teil: II. Vergleichende Betrachtung der Landesgrundrechte*

ist, muß die Verfassung so gestaltet werden, daß sie dieser Verschiedenheit Rechnung trägt und Ausdruck und Mittel dieser besonderen Berufung des Landes wird"[286]. Diese Überzeugung, die schon *Montesquieu* in seiner Schrift „De l'esprit des lois" vertreten hatte[287], hat – jedenfalls hinsichtlich der Ausgestaltung des Staat-Bürger-Verhältnisses – ganz offensichtlich einem menschenrechtlichen Universalismus Platz gemacht, der für nationale, geschweige denn regionale Besonderheiten keinen Platz mehr läßt[288]: „Die Grundrechte sind zur ‚offenen Flanke' des Föderalismus geworden"[289].

89
Art. 142 GG in der Auslegung des BVerfG

Die Bestimmung des Art. 142 GG, der zufolge Bestimmungen der Landesverfassungen ungeachtet des Art. 31 GG auch insoweit in Kraft bleiben, „als sie in Übereinstimmung mit den Art. 1 bis 18 dieses Grundgesetzes Grundrechte gewährleisten", läßt kaum Entfaltungsraum für nicht nur originäre, sondern auch originelle Landesgrundrechte. Zwar hat das Bundesverfassungsgericht die Fortgeltung von landesverfassungsrechtlichen Grundrechten nach Art. 142 GG ausdrücklich auch insoweit anerkannt, als Landesgrundrechte gegenüber dem Grundgesetz einen weitergehenden Schutz oder auch einen geringeren Schutz verbürgen, sofern nur „das jeweils engere Grundrecht als Mindestgarantie zu verstehen ist und daher nicht den Normbefehl enthält, einen weitergehenden Schutz zu unterlassen", womit der Schutz der Grundrechte auch durch die Landesverfassungsgerichte ermöglicht werden sollte[290].

90
Umfassende Freiheit durch das GG

Doch weniger Schutz als die Grundrechte zu verbürgen, macht eine Landesverfassung unter dem gegenwärtig dominanten Selbstbestimmungsparadigma nicht attraktiv, und (vermeintlich) weitergehender Schutz, der nicht im Wege der Umverteilung von Freiheit zugleich auf Kosten der (Bundes-)Grundrechte anderer geht und damit unzulässig wird[291], ist angesichts der umfassenden Freiheitsgewährleistung durch das Grundgesetz kaum vorstellbar – allenfalls könnten, ohne daß dies für die behandelten Grundrechte von Bedeutung wäre, in Ausdehnung des persönlichen Schutzbereichs die wenigen verbliebenen und noch nicht europäisierten Deutschengrundrechte noch zu Jedermannrechten gemacht[292] und die Einschränkbarkeit bestimmter Grundrechte

---

286 Bremer Bürgermeister Dr. *T. Spitta*, Einige allgemeine Gedanken zum Verfassungsrecht, Vortrag v. 13. 5. 1948, Bremisches Jahrbuch 43 (1951), S. 1; zitiert nach: *E. Kulenkampff/H. Coenen*, Die Landesverfassung der Freien Hansestadt Bremen v. 21. 10. 1947, JÖR NF 3 (1954), S. 179 (183).
287 De l'esprit des lois, 1748, Livre Premier, Chapitre 3: „[L]es lois politiques et civiles de chaque nation […] doivent être tellement propres au peuple pour lequel elles sont faites, que c'est un très grand hasard si celles d'une nation peuvent convenir à une autre".
288 Es ist so betrachtet nur konsequent, wenn das BVerfG mittlerweile auch eine autonome Auslegung der Grundrechte des Grundgesetzes zugunsten eines Gleichlaufs mit den Garantien der EMRK (in der maßgeblichen Interpretation des EGMR) weithin aufgegeben hat. Dazu kritisch *Hillgruber*, Ohne rechtes Maß? Eine Kritik der Rspr. des Bundesverfassungsgerichts nach 60 Jahren, JZ 2011, S. 861 (870f.).
289 *Menzel*, Landesverfassungsrecht (LitVerz.), § 9, S. 196.
290 BVerfGE 96, 345 (364).
291 S. zu diesem Problem nur *Menzel*, Landesverfassungsrecht (LitVerz.), § 9, S. 198, § 22 II 3, S. 473 f. – Drittwirkung und Grundpflichten.
292 Zum Verhältnis landesverfassungsrechtlicher Jedermann-Grundrechte zu grundgesetzlichen Deutschenrechten s. nur *Menzel*, Landesverfassungsrecht (LitVerz.), § 22 II 1, S. 467–472.

(noch) weiter eingeschränkt werden²⁹³ – und im übrigen aus der Perspektive der dadurch noch weitergehend als ohnehin schon gebundenen Staatsgewalt nicht unbedingt erstrebenswert.

Mehr oder weniger Grundrechtsschutz auf Landesebene als auf Bundesebene schafft nicht wirklich Daseinsberechtigung für eigene Landesgrundrechte. So bleiben nur grundrechtliche Verdoppelungen im Geltungsgrund, die mangels autonom-abweichender Interpretation durch die Landesverfassungsgerichte aber letztlich – sieht man von der damit zugleich partiell verbundenen Verdoppelung der Möglichkeit des Individualrechtsschutzes einmal ab – überflüssig erscheinen, jedenfalls nichts Landesspezifisches beinhalten²⁹⁴. Das gilt auch und gerade für die untersuchten Grundrechtspositionen der Menschenwürde, der allgemeinen Handlungsfreiheit und des allgemeinen Persönlichkeitsrechts. Hier ist die Grundrechtsordnung durch die Vorgaben des Grundgesetzes zumindest „tendenziell geschlossen".

91 Fehlende Spezifität in den Landesgrundrechten

Daher stellt sich ernsthaft die Frage: Wozu noch Landesgrundrechte? Die aus der vorgrundgesetzlichen Zeit stammenden Landesgrundrechte mögen zwar fortgelten²⁹⁵, aber sie entbehren ganz offensichtlich eines fortbestehenden Sinns. Der grundgesetzliche Mindeststandard in Sachen Grundrechte wird zum Maßstab schlechthin, ungeachtet noch bestehender Abweichungsmöglichkeit: „Aber die ‚Anziehungskraft der größeren (Rechts-)Masse' hält diese Möglichkeit unter einer eigentümlich selbstverständlich wirksamen Kontrolle. Es ist irgendwie zu mühsam, zu wenig ‚lohnend', doppelspurig zu denken. [...] Und so beherrscht trotz aller Offenheit für eine eigene Interpretation, für eine eigene Rechtswirklichkeit ‚übereinstimmenden' Landesverfassungsrechts, das Grundgesetz auch die bayerische verfassungsrechtliche Szene"²⁹⁶. Eine wirklich eigenständige und eigensinnige grundrechtliche Landesverfassungspraxis

92 Keine eigenständige Landesverfassungspraxis

---

293 Vorstellbar ist dies angesichts der Unantastbarkeit der Menschenwürde nur für die allgemeine Handlungsfreiheit, die gegenwärtig im Bund und in den Ländern unter einem einfachen Gesetzesvorbehalt steht, der theoretisch qualifiziert werden könnte, wie dies der Sache nach bereits für das allgemeine Persönlichkeitsrecht gilt.

294 Zur Problematik → auch Bd. III: *Maurer*, Landesgrundrechte im Bundesstaat, § 82 RN 56–60, der auf Bedeutungs*möglichkeiten* hinweist (Bestätigung und Entfaltung der Eigenstaatlichkeit und Verfassungshoheit der Länder, Stärkung des Landesbewußtseins, Erweiterung der materiellen Grundrechte, landesverfassungsgerichtlichen Grundrechtsschutz), von denen m.E. allenfalls letztere partiell realisiert hat, ohne allerdings in der Substanz mehr oder anderes als das Bundesverfassungsgericht auf diesem Feld zu leisten; → Bd. III: *Grawert*, Wechselwirkungen zwischen Bundes- und Landesgrundrechten, § 81 RN 20, der von „Schattendasein" spricht, allerdings nur für die landesverfassungsrechtlichen Grundrechtsbestimmungen bis zur Wiedervereinigung. → auch Bd. III: *Lange*, Grundrechtliche Besonderheiten in den Landesverfassungen, § 83 RN 13 ff.; *Tjarks*, Zur Bedeutung der Landesgrundrechte, 1999, S. 101 ff.

295 S. *BVerfGE* 96, 345 (365); aus landesverfassungsrechtlicher Sicht *Domcke*, Zur Fortgeltung der Grundrechte der Bayerischen Verfassung, in: Verfassung und Verfassungsrechtsprechung. FS zum 25-jährigen Bestehen des Bayer. Verfassungsgerichtshofs, 1972, S. 311 ff.

296 *Zacher*, Vom Lebenswert der Bayerischen Verfassung, in: Land und Reich, Stamm und Nation. Probleme und Perspektiven bayerischer Geschichte, FG für Max Spindler zum 90. Geburtstag, 1984, Bd. III, S. 485 (491 f. FN 29).

ist nirgends auszumachen²⁹⁷. Selbst die sich gelegentlich auftuende Chance, auf bisher unbekanntem Terrain die ersten grundrechtlichen Vermessungen vorzunehmen, indem auf noch nicht durch die Rechtsprechung des Bundesverfassungsgerichts zu den Grundrechten des Grundgesetzes geklärte, neue verfassungsrechtliche Anfragen grundrechtlicher Art erste, autonome Antworten gegeben werden, die dann möglicherweise im viel beschworenen Dialog der Verfassungsgerichte auch vom Bundesverfassungsgericht – ungeachtet seiner Freiheit in der Auslegung des Grundgesetzes – nicht einfach unberücksichtigt gelassen werden können, ist von den Landesverfassungsgerichten nicht genutzt worden.

93
Sogkraft unitarischer Bundesgrundrechte

So geht es dem Bayerischen Verfassungsgerichtshof „ganz offenbar nicht darum, eine ‚bayerische Freiheit', den ‚bayerischen Rechtsstaat', zu schaffen; es geht ihm darum, in Bayern ‚die Freiheit', ‚den Rechtsstaat' so darzustellen, wie ‚Freiheit' und ‚Rechtsstaat' auch von außen erwartet werden"²⁹⁸. Der Dominanz und Sogkraft der unitarischen Bundesgrundrechte vermag sich offenbar keine Landesverfassung und keine Landesverfassungsgerichtsbarkeit zu entziehen. Man bemüht sich allenthalben eifrig um eine zumeist bereits durch interpretatorische Gleichschaltung geleistete, gelegentlich durch verfassungsändernde Gesetze bewirkte, stete Anpassung des Grundrechtsschutzniveaus der Landesverfassung an das des Grundgesetzes in der jeweils maßgeblichen Auslegung durch das Bundesverfassungsgericht²⁹⁹, was allerdings die Frage aufwirft, wieso es dann überhaupt noch einer eigenen landesverfassungsrechtlichen Ebene des Grundrechtsschutzes bedarf³⁰⁰.

94
Kein Eigenwert der Landesverfassungen

In Rheinland-Pfalz hätte der in der sehr viel stärkeren Betonung der Gemeinschaftsgebundenheit des Individuums wie auch in ihrer werthaften, naturrechtlichen Fundierung und Imprägnierung³⁰¹ – fernab eines „Neutralitätsliberalismus"³⁰² – liegende, fundamentale Unterschied der Grundrechtskonzeption an sich durchaus einen Ansatz für eine ganz eigene Grundrechtsaus-

---

297 Die bloß symbolische Bedeutung entfaltenden Grundrechtsvermehrungen in manchen Landesverfassungen tragen dazu nichts Substantielles bei. Mit Recht betont *K. Vogelsang*, Verfassungsregelungen zum Datenschutz, CR 1995, 554 (560 f.), daß nur wirklich originelle landesgrundrechtliche Neuschöpfungen auch inhaltlich Neues bringen könnten.
298 *Zacher*, Vom Lebenswert der Bayerischen Verfassung, in: Land und Reich, Stamm und Nation. Probleme und Perspektiven bayerischer Geschichte, FG für Max Spindler zum 90. Geburtstag, 1984, Bd. III, S. 485–530, 515; für eine Akzentuierung bayerischer Eigentümlichkeit auch bei der Sinnentfaltung der Grundrechte *W. Leisner*, Die bayerischen Grundrechte, 1968, S. 125.
299 So auch → Bd. III: *Grawert*, Wechselwirkungen zwischen Bundes- und Landesgrundrechten, § 81 RN 45: „Auffällig ist vielmehr die Neigung der Landesorgane zur Selbstanpassung an die bundesverfassungsgerichtliche Rechtsfortbildung".
300 S. dazu *Sachs*, Was kann eine Landesverfassung heute leisten?, KritV 1996, 125.
301 S. dazu – m.w.N. – *W. Baumgart*, Voraussetzungen und Wesen der rheinland-pfälzischen Verfassung, in: H. Klaas, Die Entstehung der Verfassung für Rheinland-Pfalz, 1978, S. 1–32, 23–27; *F. Duppré*, Verfassung für Rheinland-Pfalz, in: Mayer/Ule, Staats- und Verwaltungsrecht in Rheinland-Pfalz, 1969, S. 26. *Isele*, Naturrechtsgedanken in der Verfassung für Rheinland-Pfalz, FS C. Eckert, 1949, S. 182 bezeichnet das Verfassungswerk gar insgesamt als das „Bild eines verfassungspolitischen naturrechtlichen Praktikums"; *Schunck*, Die Verfassung für Rheinland-Pfalz v. 18. 5. 1947, JöR NF 5 (1956), S. 159 (160).
302 Wie er für das Grundgesetz und die Rspr. des BVerfG konstatiert worden ist; s. *Brugger*, Kommunitarismus als Verfassungstheorie des Grundgesetzes, AöR 123 (1998), S. 337 (372).

legung geboten, und das Bundesverfassungsgericht wäre ihr in den fünfziger und sechziger Jahren des 20. Jahrhunderts, als es selbst noch sehr viel stärker als heute die Gemeinschaftsgebundenheit des Individuums betont und von der heutigen Grundrechtshypertrophie noch weit entfernt war, voraussichtlich auch nicht entgegengetreten. Diese Chance ist jedoch verpaßt worden; stattdessen hat man sich einfach interpretatorisch dem Grundgesetz angepaßt und das Landesverfassungsrecht mit Inhalten des Grundgesetzes oder solchen, die das Bundesverfassungsgericht darin hineingelesen hat, angereichert. „Dies ist sicherlich der pragmatischere Weg, um mögliche Kollisionen mit Bundesrecht zu vermeiden", aber verdient doch wohl nicht „schon deshalb den Vorzug"[303]. Gewiß vermeidet die Rechtsprechung auf diese Weise, „Staatsgewalt unterhalb des Niveaus der Bundesgrundrechte auszuüben"[304], aber die Landesverfassung verliert so ihren Selbststand und Eigenwert, der nicht in einem rechnerischen Mehr oder Weniger an Grundrechtsschutz, sondern nur in einem aliud gegenüber den Grundrechten der Bundesverfassung bestehen kann.

95 Rechtsprechung in Hessen

Für Hessen ist in gleicher Weise zutreffend konstatiert worden, daß der Staatsgerichtshof nach Inkrafttreten des Grundgesetzes sich weitestgehend innerhalb der vom Bundesverfassungsgericht zur Auslegung der einschlägigen Grundrechte entwickelten Formeln bewegt hat[305].

96 Geringe Vorbildfunktion der Landesgrundrechte

Die angebliche „Grundrechtsblüte" in den Verfassungen der neuen Länder „hat bis heute noch nicht wirklich reiche Früchte getragen"[306]. Auch die mögliche Vorbild- oder Vorreiterfunktion von Landesgrundrechten für Bundesgrundrechte darf nicht überschätzt werden. Sie läßt sich immerhin für die Garantie einer allgemeinen Verhaltensfreiheit in Art. 2 Abs. 1 GG tatsächlich nachweisen. Hier hat namentlich die entsprechende Bestimmung der hessischen Landesverfassung bei der Abfassung des Grundgesetzes Pate gestanden. Dagegen haben die Menschenwürdegarantien der frühen Landesverfassungen auf Art. 1 Abs. 1 GG keinen bestimmenden Einfluß gehabt, hat sich vielmehr umgekehrt das durch die bundesverfassungsgerichtliche Rechtsprechung geprägte Verständnis dieser grundgesetzlichen Garantie fortan auch bei der Auslegung der mehr oder weniger vergleichbaren landesverfassungsrechtlichen Garantien unisono durchgesetzt.

---

303 So aber Ley/Jutzi (Hg.), Staats- und Verwaltungsrecht für Rheinland-Pfalz (LitVerz.), Teil B, RN 156, S. 121 m.w.N.
304 So die Rechtfertigung bei *Jutzi*, Leitlinie Grundgesetz – Zu Unitarisierungstendenzen in der Rspr. des VerfGH Rheinland-Pfalz, LKRZ 2007, S. 286 (290 f.).
305 *W. Schmidt*, Verfassungsrecht, in: Meyer/Stolleis (Hg.), Hessisches Staats- und Verwaltungsrecht (LitVerz.), S. 20–54, 53 f. unter IV.5. S. auch speziell zu Art. 2 Verf. Hessen *D. Schrodt*, Die Rechtsprechung des Hessischen Staatsgerichtshofs zu den Grundrechten der Hessischen Verfassung, Diss. Frankfurt, 1984, S. 78: „Seit dem Vorliegen der ‚Elfes'-Entscheidung des BVerfG übernahm der StGH die darin vorgenommene Auslegung des Grundrechts der ‚allgemeinen Handlungsfreiheit' (Art. 2 Abs. 1 GG) und ließ seine bisherige, etwas unklare Rspr. zu Art. 2 Abs. 1 u. 2 HV fallen. Dies führte in der Folgezeit dazu, daß er überwiegend auf eigene Ausführungen zu diesem Grundrecht verzichtete und sich auf eine aneinandergereihte Wiedergabe meist wörtlicher Zitate aus der Rspr. des BVerfG beschränkte".
306 Zutreffend *Kamp*, in: Heusch/Schönenbroicher, Landesverfassung Nordrhein-Westfalen (LitVerz.), Art. 4 RN 47.

§ 233 *Sechzehnter Teil: II. Vergleichende Betrachtung der Landesgrundrechte*

97
Durchsetzungskraft der BVerfG-Rechtsprechung

Die landesverfassungsrechtlichen Verbürgungen des Datenschutzes in Gestalt eines Grundrechts auf informationelle Selbstbestimmung – hier war die nordrhein-westfälische Verfassung mit dem 1978 und damit fünf Jahre vor dem Volkszählungsurteil des Bundesverfassungsgerichts eingefügten Art. 4 Abs. 2 Verf. Nordrhein-Westfalen Vorreiter – haben gegenüber den Ableitungen des Bundesverfassungsgerichts aus Art. 2 Abs. 1 in Verbindung mit Art. 1 Abs. 1 GG kein Profil erlangt, auch nicht in Nordrhein-Westfalen: „Es stehen sich ein textlich zwar unbenanntes, aber in Konturen aufgrund intensiver dogmatischer Bearbeitung erheblich klareres, rezipiertes Grundrecht und das verfassungsgerichtlich weitgehend unbeschriebene Blatt des Datenschutzgrundrechts gegenüber"[307], das daher notwendig den Kürzeren gezogen hat.

98
Fehlende landesspezifische Originalität

„Lebendiger Föderalismus setzt den Willen zum Unterschied voraus"[308], und, so ist zu ergänzen, Raum zu seiner Entfaltung. In grundrechtlicher Hinsicht fehlt es sowohl am Freiraum wie auch am Willen zum Anderssein. Das Grundgesetz fordert – anders als im Staatsorganisationsrecht (Art. 28 Abs. 1 GG), wo sich denn auch tatsächlich angestammte Originalität entfalten konnte – mehr als strukturelle Gleichartigkeit, es fordert inhaltliche Übereinstimmung und läßt damit keinen Platz für föderale Grundrechtsdisparitäten. Es fehlt zudem auf der Landesebene schon längst auch der Wille zu unangepaßter, landesspezifischer Originalität, wahrscheinlich – angesichts des durch die Freizügigkeit eingetretenen Verlusts an auch nur relativer Homogenität der Landesvölker – auch schlicht an der Fähigkeit dazu.

99
„Scheinbild eines autonomen Staates"

Dann aber gereicht vielleicht doch Schweigen mehr zur Ehre, so wie seinerzeit *Werner Weber* in bezug auf die Vorläufige Niedersächsische Verfassung vom 13. April 1951 konstatierte: Besser als nach Art der „Prunkverfassungen" der süddeutschen und südwestdeutschen Länder, von denen das Grundgesetz an vielen Stellen „nur noch eine Fassade inkompetenter Proklamationen übriggelassen" habe, „in barocken Formen das Trug- und Scheinbild eines autonomen Staates vorzuführen", sei es doch wohl, „sein Wesen als Glied des deutschen Staates mit den spezifischen Gaben seines Landes und seiner Bevölkerung zu erfüllen, mehr Selbstverwaltung zu pflegen als Eigenstaatlichkeit, mehr aus der Verantwortung für das Ganze zu leben als in isolierter Selbstgefälligkeit"[309].

---

307 *Kamp* aaO., Art. 4 RN 54, was *Grimm*, Verfassungsrecht, in: ders./Papier, Nordrhein-Westfälisches Staats- und Verwaltungsrecht (LitVerz.), S. 1, 58 bereits vorausgesehen hatte.
308 *B. Fassbender*, Der offene Bundesstaat, 2007, S. 445.
309 Gutachtliche Stellungnahme von *Werner Weber* im Plenum des Landtags und vor dem Verfassungsausschuß zum Regierungsentwurf einer Vorläufigen Niedersächsischen Verfassung v. 15. 11. 1950, zitiert nach: *Rebe*, in: Korte/ders., Verfassung und Verwaltung des Landes Niedersachsen (LitVerz.), 2. Kapitel, S. 115.

E. Bibliographie

Bachmann, U., Die Hessische Verfassung – Pate und Vorbild des Grundgesetzes?, in: H. Eichel/K.P. Möller (Hg.), 50 Jahre Verfassung des Landes Hessen, 1997, S. 90 ff.

Birn, Helmut, Die Aufnahme von Grundrechten und staatsbürgerlichen Rechten des Grundgesetzes in die Verfassung von Baden-Württemberg, Diss. Tübingen, 1972.

Brosig, Rudolph, Die Verfassung des Saarlandes, 2001.

Dietlein, Johannes, Die Grundrechte in den Verfassungen der neuen Bundesländer, 1993.

Dürig, Günter, Die Menschenauffassung des Grundgesetzes, JR 1952, S. 259.

Huber, Karl, Die Rechtsprechung des Bayerischen Verfassungsgerichtshofs zu den Grundrechten, BayVBl. 2010, S. 389.

Kanther, Wilhelm, Die neuen Landesverfassungen im Licht der Bundesverfassung, 1994.

Kulenkampff, Engelbert/Coenen, Helmut, Die Landesverfassung der Freien Hansestadt Bremen vom 21.10.1947, JÖR NF 3 (1954), S. 179 ff.

Leisner, Walter, Die bayerischen Grundrechte, 1968.

Löhr, Barbara, Die Rechte des Menschen in der Verfassung des Landes Hessen im Lichte des Grundgesetzes, 2007.

März, Wolfgang, Die Verfassungsentwicklung in Mecklenburg-Vorpommern, JöR NF 54 (2006), S. 175 ff.

v. Mangoldt, Hans, Die Verfassungen der neuen Bundesländer, ²1997.

Menzel, Jörg, Landesverfassungsrecht, 2002.

Nordmann, Christine, „Rezipierte" Grundrechte für Schleswig-Holstein, NordÖR 2009, S. 97 ff.

Polley, Rainer, Die Hessische Verfassung von 1946 und ihre historischen und zeitgenössischen Vorbilder, in: H. Eichel/K.P. Möller (Hg.), 50 Jahre Verfassung des Landes Hessen. Eine Festschrift, 1997, S. 47–69.

Rommelfanger, Ulrich, Die Verfassung des Freistaats Thüringen des Jahres 1993, ThürVBl. 1993, S. 173 ff.

Sachs, Michael, Was kann eine Landesverfassung heute leisten?, KritV 1996, S. 125.

Schmidt, Eduard, Staatsgründung und Verfassungsgebung in Bayern. Die Entstehung der Bayerischen Verfassung vom 8. Dezember 1946, Diss. iur. Regensburg, 1993.

Schrodt, Dietrich, Die Rechtsprechung des Hessischen Staatsgerichtshofs zu den Grundrechten der Hessischen Verfassung, Diss. Frankfurt, 1984.

Schunck, Egon, Die Verfassung für Rheinland-Pfalz vom 18. Mai 1947, JÖR NF 5 (1956), S. 159 ff.

Starck, Christian, Die Verfassungen der neuen deutschen Länder, 1994.

ders., Die neue Niedersächsische Verfassung von 1993, NdsVBl. 1994, S. 1 ff.

Tjarks, Eric, Zur Bedeutung der Landesgrundrechte, 1999.

§ 234
Freiheit der Person, Leben und körperliche Unversehrtheit, Freizügigkeit

Wolfgang Durner

Übersicht

	RN		RN
A. Freiheit der Person und Bewegungsfreiheit im Bundes- und Landesverfassungsrecht	1– 7	II. Der Schutz der Freiheit der Person in den Landesverfassungen	16–19
B. Leben und körperliche Unversehrtheit	8–14	D. Freizügigkeit und Auswanderung	20–27
I. Der Schutz von Leben und körperlicher Unversehrtheit im Grundgesetz	8	I. Der Schutz der Freizügigkeit im Grundgesetz	20
II. Der Schutz von Leben und körperlicher Unversehrtheit in den Landesverfassungen	9–11	II. Der Schutz der Freizügigkeit in den Landesverfassungen	21–23
III. Interpretatorische Angleichung von Bundes- und Landesverfassungsrecht	12–14	III. Zur Bedeutung der landesverfassungsrechtlichen Freizügigkeitsgewährleistungen	24–25
C. Freiheit der Person und Freiheitsentziehung	15–19	IV. Der Schutz der Auswanderung in den Landesverfassungen	26–27
I. Der Schutz der Freiheit der Person im Grundgesetz	15	E. Bewertung des landesverfassungsrechtlichen Grundrechtsschutzes	28
		F. Bibliographie	

§ 234 Sechzehnter Teil: II. Vergleichende Betrachtung der Landesgrundrechte

A. Freiheit der Person und Bewegungsfreiheit im Bundes- und Landesverfassungsrecht

1
Bedeutungsgehalt der Landesgrundrechte

Gemäß Art. 1 Abs. 3 GG binden die Grundrechte der deutschen Verfassung Gesetzgebung, vollziehende Gewalt und Rechtsprechung als unmittelbar geltendes Recht. Diese Grundrechtsbindung erfaßt sowohl die Gewalten des Bundes als auch jene der Länder und zielt somit auf eine lückenlose Bindung aller deutschen Staatsgewalt ab[1]. Angesichts dieser bundesverfassungsrechtlichen Grundrechtsbindung hängt die Bedeutung der Landesgrundrechte in den Landesverfassungen wesentlich von der Frage nach dem eigenständigen Gehalt ihrer Gewährleistungen ab[2].

2
Landesverfassungen mit Rezeptionsklausel

Mehrere dieser Landesverfassungen erschöpfen sich weitgehend in einer bloßen Inkorporation des Grundrechtskataloges des Bundes[3] und flankieren diese allenfalls durch punktuelle Zusätze. Wenn etwa Art. 2 Abs. 1 Verf. Baden-Württemberg oder Art. 5 Abs. 3 Verf. Mecklenburg-Vorpommern die im Grundgesetz festgelegten Grundrechte und staatsbürgerlichen Rechte als „Bestandteil dieser Verfassung und unmittelbar geltendes Recht" anerkennen, läuft dies jedenfalls im Ergebnis auf eine – angesichts der ohnehin bereits bestehenden Bindung der Landesstaatsgewalt an das Grundgesetz rechtspolitisch durchaus zweifelhafte – dynamische Parallelisierung der Grundrechtsniveaus von Bund und Land hinaus[4]. Diesem Modell einer landesverfassungsrechtlichen Rezeptionsklausel, welche die Grundrechte des Grundgesetzes als eigenständiges und unmittelbar geltendes Landesrecht inkorporiert, folgen unter anderem auch die Länder Niedersachsen (Art. 3 Abs. 2 Verf.)[5], Schleswig-Holstein (Art. 3 Verf.) und Nordrhein-Westfalen (Art. 4 Abs. 1 Verf.); in diesen drei Ländern existiert zudem bislang auch keine Landesverfassungsbeschwerde, so daß schon prozessual kaum Möglichkeiten zur gerichtlichen Durchsetzung der inkorporierten Landesgrundrechte bestehen[6].

3
Landesverfassungen mit Grundrechtsteil

Dort hingegen, wo die Landesverfassungen wie etwa in Hessen, Bayern oder Thüringen eigenständige, einschlägige Grundrechtsgewährleistungen kennen, hängt deren Bedeutung vor allem davon ab, ob sie lediglich den Inhalt der

---

1 *Herdegen*, in: Maunz/Dürig, GG (LitVerz.), Art. 1 Abs. 3 (Stand: Februar 2005) RN 93, 94, 98; *Wermeckes* (LitVerz.), S. 55 ff.
2 → Bd. III: *K. Lange*, Grundrechtliche Besonderheiten in den Landesverfassungen, § 83.
3 Vgl. dazu auch die Typologie bei *Peine*, Verfassungsgebung und Grundrechte – der Gestaltungsspielraum der Landesverfassungsgeber, LKV 2012, S. 385 (386).
4 Näher etwa *Kohl*, in: Classen/Litten/Wallerath (LitVerz.), Art. 5 RN 9 ff.; in Baden-Württemberg wurde durch Verfassungsänderung im Jahre 1995 der ursprüngliche Verweis auf das Ausfertigungsdatum gestrichen, um dadurch klarzustellen, daß der Verweis auf das Grundgesetz dynamisch sein soll, vgl. dazu – zweifelnd – *Engelken*, Ergänzungsband zu: *K. Braun*, Kommentar (LitVerz.), Art. 2 RN 4 ff.; → Bd. III: *Grawert*, Wechselwirkungen zwischen Bundes- und Landesgrundrechten, § 81 RN 25 ff.; *K. Lange*, Grundrechtliche Besonderheiten in den Landesverfassungen, § 83 RN 5.
5 Vgl. zu dem auch hier ausgetragenen Streit um die Dynamik oder Statik der Verweisung auf die Bundesgrundrechte für die dynamische Verweisung *Epping*, in: ders./Butzer/Brosius-Gersdorf u.a. (LitVerz.), Art. 3 RN 21 f.; *J. Ipsen*, Niedersächsische Verfassung (LitVerz.), Art. 3 RN 14 ff.
6 Vgl. exemplarisch zur Lage in Nordrhein-Westfalen *Kamp*, in: Heusch/Schönebroicher (LitVerz.), Art. 4 RN 72 ff. und 40 ff.; *Menzel*, in: Löwer/Tettinger (LitVerz.), Vor Art. 4 RN 14 f.

auch für die Landesstaatsgewalt verbindlichen Garantien des Bundesstaatsrechts deckungsgleich bestätigen oder über die Bundesgrundrechte hinausgehen[7]. So entsprechen etwa in Sachsen-Anhalt die hier interessierenden Art. 5, 15, 23 und 58 der Verfassung nahezu wortgleich den Vorbildern in Art. 2, 11, 104 sowie Art. 46 Abs. 1, 3 und 4 GG. Die Verfassung des Landes Brandenburg bekennt sich zwar in ihrem Artikel 2 Abs. 3 ebenfalls zu den europäischen und zu den im Grundgesetz für die Bundesrepublik Deutschland niedergelegten Grundrechten und stellt einen umfangreichen Grundrechtskatalog auf, bei dem die äußerst detaillierten Gewährleistungen allerdings im Kern denen des Grundgesetzes ähneln[8]. Insgesamt hat nur ein kleiner Teil der Länder überhaupt eigenständige Gewährleistungen der Freiheit der Person und der Bewegungsfreiheit in ihre Landesverfassungen aufgenommen[9]. Über die Gewährleistungen des Grundgesetzes hinausgehende Regelungsgehalte lassen sich vor allem bei neueren oder verfassungspolitisch umstrittenen Grundrechten wie dem Recht auf Datenschutz, auf Arbeit oder auf Bildung finden, die dem Grundgesetz allesamt allenfalls als Annex oder Ausprägung anderer Grundrechte bekannt sind[10]. Im Hinblick auf die in diesem Kapitel interessierenden Freiheitsrechte – das Recht auf Leben und körperliche Unversehrtheit, Freiheit der Person, Freizügigkeit und Bewegungsfreiheit – enthält das Grundgesetz demgegenüber in seinen Art. 2 Abs. 1 und 2, 11 und 104 GG ausdrückliche Gewährleistungen. Alle diese Normen bestätigen zudem klassisch-liberale Grundrechte, die bereits zum festen Bestand des deutschen Konstitutionalismus zählten und deren Inhalt in der verfassungsrechtlichen Kontinuität des 19. und 20. Jahrhunderts steht. Insgesamt führen diese Faktoren dazu, daß die Bedeutung des korrespondierenden Landesverfassungsrechts in diesem Bereich begrenzt geblieben ist.

Neuere Grundrechte

Selbst in den Fällen, in denen Grundrechte der Landesverfassung über die Gewährleistungen hinausgehen, wird ihre Wirkungskraft durch das Grundgesetz zudem ein Stück weit relativiert. Hintergrund ist Art. 142 GG, nach dem „[u]ngeachtet der Vorschrift des Artikels 31" Bestimmungen der Landesverfassungen auch insoweit in Kraft bleiben, „als sie in Übereinstimmung mit den Artikeln 1 bis 18 dieses Grundgesetzes Grundrechte gewährleisten". Anerkannt ist dabei, daß eine Anwendung des Art. 31 GG auf Fälle der inhaltlichen Übereinstimmung von Bundes- und Landesrecht ausscheidet, da in derartigen Fällen überhaupt keine Kollisionslage im Sinne der Vorschrift gegeben ist[11]. Die Norm wird stattdessen überwiegend derart verstanden, daß allein gegenläufiges Bundesrecht in der Lage ist, Landesgrundrechte nach Art. 31 GG außer Kraft zu setzen[12]. Damit können die Landesgesetzgebung

4
Relativierung der Wirkungskraft der Landesgrundrechte

---

7 → Bd. III: *Maurer*, Landesgrundrechte im Bundesstaat, § 82 RN 45 ff.
8 Kritisch dazu → Bd. III: *K. Lange*, Grundrechtliche Besonderheiten in den Landesverfassungen, § 83 RN 29.
9 Vgl. dazu die „Bestandsbeschreibung" bei *Tjarks* (LitVerz.), S. 146 f.
10 → Bd. III: *K. Lange*, § 83 RN 33 ff.
11 Vgl. nur *Kunig*, in: v. Münch/ders., GG (LitVerz.), Art. 142 RN 4.
12 *Korioth*, in: Maunz/Dürig, GG (LitVerz.), Art. 142 (Stand: Oktober 2008) RN 15; *Möstl*, Landesverfassungsrecht – zum Schattendasein verurteilt?, AöR 130 (2005), S. 350 (374); vgl. weiter *Menzel*, Landesverfassungsrecht (LitVerz.), S. 190 ff.

§ 234 *Sechzehnter Teil: II. Vergleichende Betrachtung der Landesgrundrechte*

sowie der Landesvollzug von Landesrecht grundsätzlich vollständig am Maßstab der Landesgrundrechte überprüft werden. Allerdings wird diese Grundrechtsbindung dadurch relativiert, daß Art. 142 GG die Landesgrundrechte nicht zum Maßstab für Bundesrecht erhebt[13]. Da im übrigen der Schwerpunkt der Gesetzesbefugnisse beim Bund liegt[14] und der Bundesgesetzgeber im Rahmen seines Tätigwerdens nicht an die Landesgrundrechte gebunden ist, ergibt sich somit eine durchaus begrenzte Bedeutung der Grundrechte der Landesverfassungen. Gleichwohl unterliegt insbesondere das im Schwerpunkt landesrechtlich normierte Polizei- und Ordnungsrecht einer im Hinblick auf die Gewährleistungen der Freiheit der Person und der Bewegungsfreiheit durchaus bedeutsamen Bindung an die Landesgrundrechte[15].

<small>Bindungen im Polizei- und Ordnungsrecht</small>

5
<small>Geltung der Landesgrundrechte beim Vollzug von Bundesrecht</small>

Auch beim Landesvollzug von Bundesrecht können die Landesgrundrechte nach Maßgabe des landesverfassungsrechtlichen Geltungsanspruchs ins Spiel kommen[16]. Nach der Rechtsprechung des Bundesverfassungsgerichts werden die durch Art. 142 GG erfaßten Landesgrundrechte solange nicht nach Art. 31 GG vom einfachen Bundesrecht verdrängt, als dieses „*Spielräume* für die Berücksichtigung von weitergehendem Landesrecht" läßt[17]. Bundesrecht geht den Landesgrundrechten somit nur vor, soweit die Rechtsfolgen zwingend vorgeschrieben oder nach autonomen bundesrechtlichen Maßstäben festzulegen sind, damit nicht durch Landesrecht die einheitliche Auslegung und Anwendung des Bundesrechts in Frage gestellt wird[18]. Nach diesem Maßstab ergeben sich nennenswerte Spielräume namentlich beim Erlaß von Rechtsverordnungen durch Landesorgane auf Grundlage einer bundesgesetzlichen Ermächtigung gemäß Art. 80 Abs. 1 Satz 1 GG[19] sowie bei der richterlichen Gestaltung des durch Bundesprozeßrecht geregelten Gerichtsverfahrens, soweit die Richter „dabei Grundrechte eigenständig anzuwenden und durchzusetzen haben"[20]. Vor allem der vielbeachtete *Honecker*-Beschluß des Berliner Verfassungsgerichtshofs, nach dem eine ungeschriebene landesverfassungsrechtliche Garantie der Menschenwürde es untersagen soll, einen von schwerer und unheilbarer Krankheit und von Todesnähe gekennzeichneten

---

<small>
13 Vgl. dazu auch *Korioth*, in: Maunz/Dürig, GG (LitVerz.), Art. 142 (Stand: Oktober 2008) RN 15.
14 So statt vieler *Rengeling*, Gesetzgebungszuständigkeit, HStR ³VI, § 135 RN 52.
15 Vgl. etwa *Söllner*, Grenzen der Hausdurchsuchung nach der Berliner Landesverfassung, LKV 2009, S. 358 ff.
16 → Bd. III: *Rozek*, Landesgrundrechte als Kontrollmaßstab für die Anwendung von Bundesrecht, § 85.
17 *BVerfGE* 96, 345 (366); vgl. dazu *Menzel*, Landesverfassungsrecht (LitVerz.), S. 208 ff.; *Möstl*, AöR 130 (2005), S. 350 (383 ff.); → Bd. III: *Grawert*, Wechselwirkungen zwischen Bundes- und Landesgrundrechten, § 81 RN 72 ff. zur Entwicklung der Auslegung der Norm; *Rozek*, Landesgrundrechte als Kontrollmaßstab für die Anwendung von Bundesrecht, § 85 RN 19 ff. mit dem Hinweis auf weiterbestehende Diskrepanzen in RN 41.
18 *Dietlein*, Landesverfassungsbeschwerde und Einheit des Bundesrechts, NVwZ 1994, S. 6 (11) bezeichnet dies zu Recht als „Gretchenfrage" jeder Auslegung des Art. 142 GG.
19 *BVerfGE 18*, 407 ff.
20 *BVerfGE 96*, 345 (366 f.).
</small>

Menschen weiter in Haft zu halten[21], verdeutlicht die potentielle Bedeutung dieser Funktion der Landesgrundrechte[22].

Soweit nach diesen Maßstäben noch Raum für eigenständige Landesgrundrechte oder eine über das Grundgesetz hinausgehende Bedeutung paralleler Gewährleistungen bleibt, setzen einzelne Landesverfassungen im Hinblick auf die Freiheit der Person und die Bewegungsfreiheit zumindest punktuell eigene Akzente[23]. Darüber hinaus finden sich im Landesverfassungsrecht mehrfach auch besondere Grundrechtsschranken sowie spezielle Vorgaben zu allgemeinen Grundrechtslehren, die den speziellen Gewährleistungen eine besondere Bedeutung verleihen können. So begründet beispielsweise Art. 117 Verf. Bayern eine dem Grundgesetz in dieser Form unbekannte allgemeine „Treuepflicht gegenüber Volk und Verfassung" sowie gegenüber „Staat und Gesetzen". Für die richterliche Entfaltung dieser Schranken bleibt allerdings wegen der in Art. 1 Abs. 3 GG angeordneten Bindung an die Bundesgrundrechte wenig Raum[24]. Gleichzeitig liefert die bayerische Verfassung jedoch auch eigenständige Ansatzpunkte für eine Schutzpflichtendimension der gewährten Rechte: Gemäß seinem Artikel 99 dient die Verfassung „dem Schutz und dem geistigen und leiblichen Wohl aller Einwohner. Ihr Schutz gegen Angriffe von außen ist gewährleistet durch das Völkerrecht, nach innen durch die Gesetze, die Rechtspflege und die Polizei"[25]. Auch Art. 1 Abs. 2 Satz 1 Verf. Baden-Württemberg liefert einen Anknüpfungspunkt für staatliche Schutzpflichten mit der Feststellung, der Staat habe die Aufgabe, den Menschen bei der in Absatz 1 erwähnten Entfaltung seiner Gaben in Freiheit zu dienen.

6
Eigenständige Akzente der Landesverfassungen

Besondere Grundrechtsschranken

Schutzpflichtendimension

Trotz solcher Einfallstore für eine eigenständige landesverfassungsrechtliche Grundrechtsdogmatik haben die Landesverfassungsgerichte in der Vergangenheit jedenfalls bei den in diesem Kapitel interessierenden Grundrechten kaum Bereitschaft gezeigt, von den Grundlinien der Grundrechtsjudikatur des Bundesverfassungsgerichts abzuweichen. Soweit die Landesverfassungen überhaupt Grundrechtsbeschwerden zu den Landesverfassungsgerichten

7
Bedeutung der Judikatur der Landesverfassungsgerichte

---

21 *VerfGH Berlin*, B. v. 12. 1. 1993 (VerfGH 55/92), NJW 1993, S. 515 ff. Die Entscheidung wurde kontrovers diskutiert, kritisch etwa durch *Wassermann*, Zum Ende des Honecker-Verfahrens, NJW 1993, S. 1567 ff.; verteidigend durch *Pestalozza*, Der „Honecker-Beschluß" des Berliner Verfassungsgerichtshofs, NVwZ 1993, S. 340 ff.; vgl. weiter auch *Berkemann*, Ein Landesverfassungsgericht als Revisionsgericht – Der Streitfall Honecker, NVwZ 1993, S. 409 ff. → Unten *Sodan*, Landesgrundrechte in Berlin, § 247 RN 15 ff.
22 → Bd. III: *Sodan,* Schutz der Landesgrundrechte durch die Landesverfassungsgerichtsbarkeit, § 84 RN 58.
23 Unten B II, RN 10 f.; B III, RN 14; C II, RN 17; D II, RN 22 f., und D IV, RN 27.
24 Deutlich wird dies bei *Lindner/Wolff,* in: Lindner/Möstl/Wolff (LitVerz.), Art. 117 RN 1 f., die in Anknüpfung an *Meder* die Bedeutung des Art. 117 Verf. Bayern auf einen „moralischen Appell" reduzieren; offener erklärt *Nawiasky*, in: ders./Schweiger/Knöpfle (LitVerz.), Art. 117 RN 6, die Vorschrift sei durch das Grundgesetz bedeutungslos geworden; → Bd. III: *K. Lange*, Grundrechtliche Besonderheiten in den Landesverfassungen, § 83 RN 40 f., diagnostiziert daher eine weitgehende Angleichung der landesverfassungsrechtlichen Grundrechtsschranken an jene des Grundgesetzes.
25 Nach *Möstl*, in: Lindner/ders./Wolff (LitVerz.), Art. 99 RN 5, bringt diese Norm Gehalte zum Ausdruck, die auf grundgesetzlicher Ebene zwar nicht explizit normiert, aber gleichwohl ebenfalls verwirklicht sind.

ermöglichen²⁶, liegt deren eigenständige Bedeutung daher weniger in der Eröffnung eines eigenständigen Prüfprogramms als in der Schaffung einer *zusätzlichen prozessualen Klagemöglichkeit* zur Durchsetzung eines im Kern einheitlichen gemeindeutschen Grundrechtsschutzes²⁷. Diese in den meisten Ländern bestehenden, verfassungspolitisch gewollten Zuständigkeitsüberschneidungen der Verfassungsgerichte von Bund und Ländern ermöglichen zugleich auch wieder Rückwirkungen der Rechtsprechung der Landesverfassungsgerichte auf die des Bundesverfassungsgerichts. Tatsächlich haben Entscheidungen der Landesverfassungsgerichte vereinzelt auch Weichen für die nachfolgende Rechtsprechung des Bundesverfassungsgerichts gestellt. Insgesamt ist seitens der Landesverfassungsgerichte aber dennoch durchgängig das Bemühen erkennbar, inhaltlich nicht in Widerspruch zum Bundesverfassungsgericht zu treten. Die Spruchtätigkeit der Landesverfassungsgerichte hat daher für die in diesem Kapitel interessierenden Grundrechte allenfalls zu punktuellen Flankierungen des grundgesetzlichen Schutzniveaus geführt.

B. Leben und körperliche Unversehrtheit

I. Der Schutz von Leben und körperlicher Unversehrtheit im Grundgesetz

8

Das in Art. 2 Abs. 2 Satz 1 GG normierte Jedermann-Grundrecht oder Menschenrecht auf Leben und körperliche Unversehrtheit ist durch eine umfassende Rechtsprechung in seinen Grundparametern weitgehend *konsolidiert*²⁸. Leben ist demnach das menschliche Leben, beginnend mit der Verschmelzung von Ei und Samenzelle²⁹ und endend mit dem medizinischen Hirntod³⁰; zumindest objektiv-rechtlich dient das Grundrecht somit auch dem Schutz des ungeborenen Lebens³¹. Es gibt unter dem Grundgesetz kein „lebensunwertes Leben". Unter der körperlichen Unversehrtheit ist die körperliche Integrität des Menschen unter Einschluß des psychischen Wohlbefindens zu verstehen,

---

26 → Bd. III: *Sodan*, Schutz der Landesgrundrechte durch die Landesverfassungsgerichtsbarkeit, § 84 RN 50.
27 Plastisch *von Ammon*, in: Link/Baldus/Lindner u.a. (LitVerz.), Art. 3 RN 26, der die „Bedeutung des Art. 4 Abs. 4" der Landesverfassung gerade in seiner „Inhaltsgleichheit mit Art. 104 Abs. 3 Satz 1 GG" sieht, weil so Verstöße auch beim Vollzug des Bundesrechts mit der Verfassungsbeschwerde zum Verfassungsgerichtshof Thüringen gerügt werden könnten. Ähnlich *Kamp*, in: Heusch/Schönebroicher (LitVerz.), Art. 4 RN 18, wonach die rezipierten Grundrechte materiell nichts bewirkten, aber als Prüfmaßstab für den Verfassungsgerichtshof zumindest in prozessualer Hinsicht Bedeutung hätten, *Hagebölling* (LitVerz.), Art. 3 RN 3 und *J. Ipsen*, Niedersächsische Verfassung (LitVerz.), Art. 3 RN 32. *K. Braun*, Kommentar (LitVerz.), Art. 2 RN 12, spricht daher von „doppeltem Gerichtsschutz", *Degenhart*, in: ders./Meissner (LitVerz.), § 7 RN 8, von einer „Intensivierung des Grundrechtsschutzes"; → Bd. III: *Grawert*, Wechselwirkungen zwischen Bundes- und Landesgrundrechten, § 81 RN 78.
28 → Bd. IV: *Fink*, Recht auf Leben und körperliche Unversehrtheit, § 88 RN 3 ff.
29 Näher zum Streitstand hinsichtlich des Beginns des grundrechtlichen Schutzes *Murswiek*, in: Sachs, GG (LitVerz.), Art. 2 RN 145 ff. m.w.N.; offengelassen durch *BVerfGE* 88, 203 (251), wonach der Grundrechtsschutz zumindest ab der Nidation einsetzt.
30 *Schulze-Fielitz*, in: H. Dreier, GG (LitVerz.), Art. 2 Abs. 2 RN 28 ff.
31 *BVerfGE* 39, 1 (41); 88, 203 ff.; → Bd. IV: *Fink*, Recht auf Leben und körperliche Unversehrtheit, § 88 RN 12 ff.

Rückwirkungen auf das BVerfG

Punktuelle Flankierungen

Grundrechtsschutz durch Art. 2 Abs. 2 Satz 1 GG

Körperliche Unversehrtheit

soweit entsprechende Einwirkungen auf die Psyche ihrer Wirkung nach körperlichen Eingriffen gleichkommen[32]. Auch das Grundrecht auf Leben und körperliche Unversehrtheit ist zunächst ein bloßes Abwehrrecht, das zwar unter Gesetzesvorbehalt steht, jedoch eine strenge Verhältnismäßigkeitskontrolle im Einzelfall gebietet[33]. Darüber hinaus erwachsen dem Staat allerdings gerade aus Art. 2 Abs. 2 Satz 1 GG auch Schutzpflichten: Der Staat muß sich schützend und fördernd vor bedrohtes Leben stellen[34], wobei jedoch konfligierende Schutzgüter zu berücksichtigen sind und daher regelmäßig eine Abwägung widerstreitender Interessen zu erfolgen hat[35].

II. Der Schutz von Leben und körperlicher Unversehrtheit in den Landesverfassungen

Die landesverfassungsrechtlichen Garantien des Lebens und der körperlichen Unversehrtheit sind mit diesen Vorgaben des Grundgesetzes trotz äußerer Abweichungen vielfach deckungsgleich. So ist etwa Art. 3 Abs. 1 Satz 1 Verf. Thüringen mit der Anerkennung des Rechts auf Leben und körperliche Unversehrtheit Art. 2 Abs. 2 Satz 1 GG wörtlich nachgebildet, und auch der Verzicht auf die Schranke des „Sittengesetzes" führt mittlerweile nicht mehr zu greifbaren inhaltlichen Abweichungen[36]. Zum Teil enthalten die Landesverfassungen jedoch punktuelle Ergänzungen der bundesrechtlichen Gewährleistung sowie terminologische Abweichungen, die sich vielfach im Grenzbereich des schwer zu bestimmenden Verhältnisses des Schutzes des Lebens und des Schutzes der menschlichen Würde bewegen[37]: So eröffnet beispielsweise Art. 1 Satz 1 Verf. Saarland den Verfassungstext mit einer spezifischen Ausprägung des Würdegedankens, nämlich der Anerkennung des Rechts eines jeden Menschen, „als Einzelperson geachtet zu werden". Nach Artikel 1 Satz 2 bestimmt ein Recht auf Leben, auf Freiheit und auf Anerkennung der Menschenwürde, in den Grenzen des Gesamtwohles, die Ordnung der Gemeinschaft. Tatsächlich gilt diese Bestimmung als Standort des in der saarländischen Verfassung nicht explizit geschützten Rechts auf körperliche Unversehrtheit[38].

9
Landesgrundrechte mit parallelem Schutzniveau

Punktuelle Ergänzungen

In Hessen erklärt Artikel 3 der Verfassung nicht nur „Leben und Gesundheit", sondern auch „Ehre und Würde" des Menschen für unantastbar, um so Zweifel an der Grundrechtsqualität der Menschenwürde auszuschließen, die angesichts des Verweises auf „nachfolgende" Grundrechte in Art. 1 Abs. 3

10
Akzentuierungen der Menschenwürde

---

32 *BVerfGE* 56, 54 (74); *Starck*, in: v. Mangoldt/Klein/ders., GG (LitVerz.), Art. 2 Abs. 2 RN 193 f.; → Bd. IV: *Fink*, Recht auf Leben und körperliche Unversehrtheit, § 88 RN 33 ff.
33 Vgl. *BVerfGE* 16, 194 ff.; 17, 108 ff.; *Schulze-Fielitz*, in: H. Dreier, GG, Art. 2 Abs. 2 RN 57 ff.
34 *BVerfGE* 46, 160 – Schleyer; *Hermes*, Das Grundrecht auf Schutz von Leben und Gesundheit (LitVerz.), S. 43 ff.; → Bd. IV: *Fink*, Recht auf Leben und körperliche Unversehrtheit, § 88 RN 38 ff.
35 *BVerfGE* 56, 54 (79 f.) – Fluglärm.
36 *Von Ammon*, in: Link/Baldus/Lindner u. a. (LitVerz.), Art. 3 RN 6; vgl. zu dieser Schranke indes noch *BVerfGE* 6, 389 (434).
37 *Stiens* (LitVerz.), S. 235 ff.; allgemein zu dem erwähnten Verhältnis von Lebens- und Würdeschutz *Udo Steiner*, Der Schutz des Lebens durch das Grundgesetz, 1992, S. 11 ff.
38 *Guckelberger*, in: Wendt/Rixecker (LitVerz.), Art. 1 RN 16 m.w.N.

§ 234 Sechzehnter Teil: II. Vergleichende Betrachtung der Landesgrundrechte

Inhalte völkerrechtlicher Grundrechtskataloge

GG teilweise für das Grundgesetz bestanden[39]. Art. 8 Verf. Brandenburg verankert neben dem Recht auf „Leben" und „Unversehrtheit" auch – erneut als besondere Akzentuierung der Menschenwürde – das Recht des Menschen auf „Achtung seiner Würde im Sterben"[40]. Flankierend findet sich in Absatz 3 das Verbot grausamer, unmenschlicher, erniedrigender Behandlung oder Strafe; ohne seine freiwillige und ausdrückliche Zustimmung darf auch niemand medizinischen oder wissenschaftlichen Versuchen unterworfen werden. Damit werden Inhalte völkerrechtlicher Grundrechtskataloge in die Landesverfassung übernommen, die zwar auch in der Menschenwürde-Rechtsprechung des Bundesverfassungsgerichts anerkannt sind, jedoch im Wortlaut des Bundesverfassungsrechts nicht zum Vorschein treten[41]. Zudem ist nach Art. 8 Abs. 2 Verf. Brandenburg „insbesondere durch umfassende Aufklärung, kostenlose Beratung und soziale Hilfe" für den Schutz des ungeborenen Lebens zu sorgen[42]. Auch Art. 16 Abs. 1 Verf. Sachsen wiederholt zunächst wörtlich Art. 2 Abs. 2 GG, ergänzt jedoch anschließend das Bundesrecht in seinem Absatz 2 um das Verbot grausamer, unmenschlicher oder erniedrigender Behandlung oder Strafe und um das Erfordernis einer Zustimmung, wenn es um die Teilnahme an einschlägigen Experimenten zu tun ist. Tendenziell akzentuieren und verdeutlichen alle diese Zusätze Gewährleistungen, die im Grundgesetz teilweise an anderer Stelle normiert oder jedenfalls ungeschriebener Teil des anerkannten Schutzniveaus der Menschenwürde sowie des Grundrechts auf Leben und körperliche Unversehrtheit sind[43].

11
Landesgrundrechte mit abweichenden Maßstäben

An anderen Stellen scheinen die Abweichungen vom Grundgesetz zumindest dem Wortlaut nach zunächst erheblicher zu sein. So ist gemäß Art. 3 Abs. 1 Verf. Rheinland-Pfalz das Leben des Menschen unantastbar. Artikel 3 Abs. 3 dieser Verfassung erklärt anschließend Eingriffe in die körperliche Unversehrtheit nur aufgrund eines Gesetzes für statthaft. Dieser Gesetzeswortlaut legt nahe, daß das Recht auf körperliche Unversehrtheit als Unterfall des Rechts auf Leben geschützt wird und die Verfassung keinerlei Eingriffe in das eigentliche Recht auf Leben zuläßt. Im Gegensatz zu diesem dem Wortlaut nach ausgesprochen starken Grundrechtsschutz enthält die Verfassung Bayerns überhaupt keine ausdrückliche Gewährleistung von Leben und körperlicher Unversehrtheit.

---

39 Vgl. *Hinkel* (LitVerz.), Erl. zu Art. 3 S. 76; auch *Wermeckes* (FN 1), S. 213 und *Zinn/Stein,* Verfassung des Landes Hessen (LitVerz.), Art. 3 RN 1, betonen die inhaltliche Übereinstimmung mit dem Grundgesetz.
40 Nach *Lieber/Iwers/Ernst* (LitVerz.), Art. 8 Punkt 2.3., soll damit jedoch gegenüber Art. 1 Abs. 1 GG „kein weiter reichender Schutz verbunden" sein. Ebenso *Wermeckes* (LitVerz.), S. 212 und → Bd. III: *K. Lange,* Grundrechtliche Besonderheiten in den Landesverfassungen, § 83 RN 32.
41 Vgl. *Lieber/Iwers/Ernst* (LitVerz.), Art. 8 Punkt 4.1 m.w.N.
42 Vgl. zu den durch tiefen verfassungspolitischen Streit geprägten Hintergründen dieser Staatszielbestimmung *Lieber/Iwers/Ernst* (LitVerz.), Art. 8 Punkt 3.
43 So für Sachsen exemplarisch *Degenhart,* in: ders./Meissner (LitVerz.), § 7 RN 1 u. 19 f.: Durch diese „Konkretisierungen des Menschenwürdeansatzes" werde „klargestellt", was nach dem Grundgesetz „ohnehin gilt". Dementsprechend bezieht sich die Kommentierung des Art. 16 Abs. 1 Verf. Sachsen durch *Rozek/Zimmermann,* in: Baumann-Hasske/Kunzmann (LitVerz.), Art. 16 RN 1 ff., durchgängig auf die Rechtsprechung und das Schrifttum zu Art. 2 Abs. 2 GG. Ebenso auch *Wermeckes* (LitVerz.), S. 127.

III. Interpretatorische Angleichung von Bundes- und Landesverfassungsrecht

Diese Abweichungen im Wortlaut der Landesgrundrechte werden jedoch durch die Rechtsprechung weitgehend eingeebnet. So werden im Rahmen des soeben erwähnten Art. 3 Verf. Rheinland-Pfalz nach herrschender Ansicht Eingriffe in das Recht auf Leben trotz des restriktiven Verfassungswortlauts gleichwohl unter engen, dem Grundgesetz vergleichbaren Voraussetzungen durch verfassungsimmanente Schranken gerechtfertigt[44]. Letztlich wird somit durch Auslegung auch in diesen Fällen doch wieder ein *Gleichklang* zwischen Bundes- und Landesgrundrechten hergestellt. Umgekehrt leitet der Bayerische Verfassungsgerichtshof ein Recht auf Leben und körperliche Unversehrtheit aus den Art. 100 und 101 Verf. Bayern ab, die ihrem Wortlaut nach lediglich die Menschenwürde und die freie Entfaltung der Persönlichkeit garantieren[45]. Inhalt und Schranken dieses ungeschriebenen Rechts werden freilich anschließend in enger Anlehnung an das Grundgesetz und unter unmittelbarem Rückgriff auf die korrespondierende Rechtsprechung des Bundesverfassungsgerichts bestimmt. Regelmäßige und angekündigte Probearbeiten in den Schulen sollen sich nach Ansicht des Verfassungsgerichtshofs unter Berücksichtigung dieser Maßstäbe daher im Bereich des sozial Adäquaten bewegen und könnten folglich auch nicht als Grundrechtsverletzungen angesehen werden[46]. Dementsprechend ist nach dieser Rechtsprechung beispielsweise eine Abrißverfügung für eine illegal errichtete Lärmschutzmauer mit diesem implizit geschützten Recht auf körperliche Unversehrtheit vereinbar, soweit diesem Belang in den vorgelagerten Abwägungen hinreichend Rechnung getragen wurde[47].

Entsprechendes gilt auch für die Existenz und die Reichweite korrespondierender Schutzpflichten. So gewährt nach der Rechtsprechung des Verfassungsgerichtshofs des Landes Rheinland-Pfalz das in Artikel 3 Abs. 1 und 3 der Verfassung verbürgte Recht auf Leben und körperliche Unversehrtheit zwar eine Pflicht der öffentlichen Gewalt, den einzelnen gegen Beeinträchtigungen durch Dritte zu schützen; allerdings begründet die Bestimmung keinen Anspruch auf Erlaß eines Rauchverbots für ein nur vorübergehend an einem Standort betriebenes Festzelt[48]. Auch der Verfassungsgerichtshof des Landes Berlin hat eine aus Art. 8 Abs. 1 Satz 1 Verf. Berlin folgende Schutzpflicht für Leben und körperliche Unversehrtheit anerkannt[49]. Vergleichbar

---

44 *Hubbertz*, in: Brocker/Droege/Jutzi (LitVerz.), Art. 3 RN 6 und 8 ff.
45 Vgl. die Nachweise bei *Lindner*, in: ders./Möstl/Wolff (LitVerz.), Art. 100 RN 39 f.; kritisch dazu *Pestalozza*, in: Nawiasky/Schweiger/Knöpfle (LitVerz.), Art. 100 RN 52 ff. Damit bewegt sich die bayerische Verfassung in einer älteren deutschen Traditionslinie, in der das Recht auf Leben nicht explizit normiert wurde, vgl. *Walter Leisner*, in: ders./Helmut Goerlich, Das Recht auf Leben, 1976, S. 7 (9 ff.).
46 *BayVerfGH*, E. v. 21.5.2014 (Vf. 7-VII-13), BayVBl. 2015, S. 46 (49).
47 *BayVerfGH*, Urt. v. 21.1.2000 (Vf. 54-VI-98), BayVBl. 2000, S. 272 (273).
48 *VerfGH Rheinland-Pfalz*, Urt. v. 8.3.2010 (VGH B 60/09 u.a.), NVwZ 2010, S. 1095 (1097).
49 *VerfGH Berlin*, Urt. v. 12.7.2001 (VerfGH 152/00), NVwZ 2001, S. 1266 (1268); *Driehaus*, Verfassung von Berlin (LitVerz.), Art. 8 RN 3.

ist auch das Schutzpflichtenverständnis in Thüringen⁵⁰. Insgesamt entspricht somit auch das Niveau der landesverfassungsrechtlichen Schutzpflichten im wesentlichen dem des Grundgesetzes.

14
Eigenständige Akzente der Landesverfassungsgerichte

Bemerkenswert ist schließlich, daß in einigen wenigen Bereichen der landesverfassungsrechtlichen Judikatur durchaus eigenständige Rechtsprechungsakzente erkennbar sind, wobei indes selbst in diesen Fällen die Ergebnisse zusätzlich auch durch das Bundesverfassungsrecht begründet werden. So leitet der Verfassungsgerichtshof des Landes Berlin aus dem durch Art. 8 Abs. 1 Satz 1 Verf. Berlin geschützten Recht auf Leben und körperliche Unversehrtheit besondere Anforderungen an die Ausgestaltung des Asylverfahrens ab, die auch zu Abstrichen an den gesetzgeberischen Zielen der gleichmäßigen Belastung der Länder und einer Straffung der Asylverfahren führen könnten;

Keine Sonderauslegung des Bundesrechts

er verweist indes in diesem Zusammenhang auf die Inhaltsgleichheit des Landesgrundrechts mit den Garantien des Grundgesetzes und postuliert damit gerade keine durch Besonderheiten des Landesverfassungsrechts bedingte Sonderauslegung des Bundesrechts⁵¹, die nur durch autonome Vollzugsspielräume gerechtfertigt werden könnte. In Brandenburg hat das Landesverfassungsgericht aus dem in Art. 8 Verf. Brandenburg verankerten Recht auf „Leben" die Pflicht abgeleitet, im Rahmen eines Strafverfahrens von der Durchführung der Hauptverhandlung abzusehen, wenn der Angeklagte dann sein Leben einzubüßen oder eine konkrete Lebens- oder schwerwiegende Gesundheitsgefährdung zu erwarten habe⁵². Vergleichbare Maßstäbe werden indes im Bund und in anderen Bundesländern aus der Menschenwürde abgeleitet⁵³, so daß auch insoweit allenfalls die abweichende Begründung auf genuin landesverfassungsrechtlichen Erwägungen beruht.

C. Freiheit der Person und Freiheitsentziehung

I. Der Schutz der Freiheit der Person im Grundgesetz

15
Schutzbereich des Art. 2 Abs. 2 Satz 2 GG

Das Grundrecht der Freiheit der Person (Art. 2 Abs. 2 Satz 2 GG) und die flankierenden Vorgaben des Art. 104 GG stehen in der Tradition der englischen Verfassungsgeschichte und orientieren sich an Gewährleistungen wie dem englischen Habeas-Corpus-Act von 1679, die allesamt Schutz gegen willkürliche Verhaftungen garantierten⁵⁴. Dabei normiert Art. 2 Abs. 2 Satz 2 GG

---

50 *VerfGH Thüringen*, B. v. 5. 12. 2008 (VerfGH 26, 34/08), ThürVBl. 2009, S. 54 (55 f.); *v. Ammon*, in: Link/Baldus/Lindner u.a. (LitVerz.), Art. 3 RN 12.
51 *VerfGH Berlin*, B. v. 18. 10. 2013 (VerfGH 115/13, 115 A/13), ZAR 2014, S. 244 f.
52 *VerfG Brandenburg*, B. v. 27. 5. 2011 (VfGBbg 59/10), BeckRS 2011, 52853, und dazu *Lieber/Iwers/Ernst* (LitVerz.), Art. 8 Punkt 2.1.
53 Vgl. *BVerfGE* 72, 105 (116 f.); *VerfGH Berlin*, B. v. 12. 1. 1993 (VerfGH 55/92), NJW 1993, S. 515 ff.
54 *Starck*, in: v. Mangoldt/Klein/ders., GG (LitVerz.), Art. 2 Abs. 2 RN 189; → Bd. IV: *Gusy*, Freiheit der Person, § 93 RN 5; vgl. auch → Bd. I: *K. Stern*, Die Idee der Menschen- und Grundrechte, § 1 RN 11, 24.

das eigentliche Grundrecht, während Art. 104 GG bestimmte grundrechtsgleiche *Verfahrensgarantien* für Einschränkungen dieses Grundrechts aufstellt, insbesondere das Mißhandlungsverbot des Art. 104 Abs. 1 Satz 2 GG sowie den Richtervorbehalt nach Art. 104 Abs. 2 GG. Beide Normen bilden letztlich eine funktionale Einheit. Sachlich schützt Art. 2 Abs. 2 Satz 2 GG in Abgrenzung zu dem Schutzbereich der Freizügigkeit des Art. 11 GG die körperliche Bewegungsfreiheit, insbesondere die Möglichkeit, aus eigenem Entschluß den derzeitigen Aufenthaltsort zu verlassen und dabei nicht festgehalten zu werden[55]. Allerdings gilt innerhalb des Art. 104 GG der Richtervorbehalt nach Absatz 2 nur für die „Freiheitsentziehung", so daß eine klare Unterscheidung zwischen „Freiheitsentziehungen" nach Art. 104 Abs. 2 GG sowie „Freiheitsbeschränkungen" im Sinne des Art. 104 Abs. 1 GG erforderlich ist. Das Bundesverfassungsgericht orientiert sich bei der Abgrenzung der beiden Eingriffsformen an der Intensität des Eingriffs[56]. Eine Freiheitsbeschränkung liegt demnach bereits dann vor, wenn jemand daran gehindert wird, einen Ort, der ihm an sich tatsächlich und rechtlich zugänglich ist, aufzusuchen oder sich dort aufzuhalten. Eine Freiheitsentziehung hingegen ist erst dann gegeben, wenn die körperliche Bewegungsfreiheit nach jeder Richtung hin aufgehoben wird[57]. Für diese Fälle werden jedoch die Garantien des Art. 104 GG streng ausgelegt; so leitet das Bundesverfassungsgericht aus dem Richtervorbehalt die staatliche Verpflichtung ab, jedenfalls zur Tageszeit durchgängig die Erreichbarkeit eines zuständigen Richters zu gewährleisten und ihm insoweit eine angemessene Wahrnehmung seiner richterlichen Aufgaben zu ermöglichen[58].

„Freiheitsentziehung"

II. Der Schutz der Freiheit der Person in den Landesverfassungen

Auch im Hinblick auf diese Garantien sind die Übereinstimmungen zahlreicher Landesverfassungen mit dem Grundgesetz augenfällig, selbst wenn einige landesverfassungsrechtliche Bestimmungen im Detail über den Schutz des Art. 104 GG hinausgehen[59]. Regelungstechnisch werden auch auf Landesebene vielfach das eigentliche Grundrecht und die Verfahrensgarantien für Freiheitsentziehungen auf mehrere Verfassungsnormen verteilt: So entspricht Art. 5 Abs. 2 Satz 2 Verf. Sachsen-Anhalt weitestgehend Art. 2 Abs. 2 Satz 2 GG, während Art. 23 Verf. Sachsen-Anhalt wörtlich dem Vorbild des Art. 104 GG folgt[60]. Auch Art. 16 Abs. 1 Satz 2 und Art. 17 Verf. Sachsen sind nahezu inhaltsgleich mit Art. 2 Abs. 2 GG und Art. 104 GG[61]. Ein ähnliches Rege-

16
Parallele Strukturen in den Landesverfassungen

---

55 Vgl. zu den Unsicherheiten bei der genaueren Bestimmung des sachlichen Schutzbereichs *Schulze-Fielitz*, in: H. Dreier, GG (LitVerz.), Art. 2 Abs. 2 RN 98 ff.; → Bd. IV: *Merten*, Bewegungsfreiheit, § 95 RN 2, 15 ff.
56 → Bd. IV: *Gusy*, Freiheit der Person, § 93 RN 16 f.
57 *BVerfGE 105*, 239 (248).
58 *BVerfGE 105*, 239, Ls. 1 u. 2.
59 Vgl. dazu im einzelnen *Wermeckes* (LitVerz.), S. 127 ff.
60 *Reich* (LitVerz.), Art. 5 RN 2 (dort auch zur geringfügigen Ergänzung um die „seelische Unversehrtheit") und Art. 23 RN 1.
61 Näher *Degenhart*, in: ders./Meissner (LitVerz.), § 7 RN 16 f.; *Rozek/Zimmermann*, in: Baumann-Hasske/Kunzmann (LitVerz.), Art. 16 RN 18 und Art. 17 RN 1 m.w.N.

§ 234 Sechzehnter Teil: II. Vergleichende Betrachtung der Landesgrundrechte

lungsmuster findet sich auch in Art. 3 Abs. 1 Satz 2 Verf. Thüringen und Art. 4 Verf. Thüringen, wobei jedoch Art. 4 Abs. 3 Satz 2 Verf. Thüringen vom Grundgesetz abweichend die Frist für die richterliche Entscheidung auf vierundzwanzig Stunden verkürzt[62]. Weitgehend inhaltsgleich mit Art. 104 GG ist auch der ältere Art. 102 Verf. Bayern[63]. In Hessen garantiert die Verfassung in Artikel 5 die Freiheit der Person, während Artikel 19 spezielle Vorgaben für Festnahmen und Verhaftungen regelt. Die Vorführung vor den Richter muß dabei nach Art. 19 Abs. 2 Verf. Hessen binnen vierundzwanzig Stunden erfolgen, der im Falle der Verhaftung „bis zur endgültigen richterlichen Entscheidung von Monat zu Monat neu zu prüfen hat, ob weitere Haft gerechtfertigt ist". Sonstige Beschränkungen der persönlichen Freiheit sind nach Art. 24 Verf. Hessen nur im Rahmen der Gesetze und nur insoweit zulässig, als sie nötig sind, um das Erscheinen Geladener vor Gericht, die Zeugnispflicht, die gerichtliche Sitzungspolizei, die Vollstreckung gerichtlicher Urteile sowie den Vollzug gesetzmäßiger Verwaltungsanordnungen zu sichern; die Vorschrift gilt jedoch im Sinne von Art. 31 GG als durch Bundesrecht gebrochen[64].

Sonstige Beschränkungen persönlicher Freiheit

17

Abweichende Ausgestaltung auf Länderebene

Gleichwohl wird in mehreren Landesverfassungen die regelungstechnisch fragwürdige Aufspaltung in zwei Normen nicht praktiziert. In Art. 8 Abs. 1 Verf. Berlin etwa werden Leben, körperliche Unversehrtheit und Freiheit der Person ähnlich wie im Grundgesetz garantiert und unter Gesetzesvorbehalt gestellt. Die Absätze 2 und 3 von Artikel 8 enthalten dann jedoch unmittelbar im Anschluß die Konkretisierungen für Verhaftungen und Festnahmen, modifizieren die Reichweite des Auskunftsrechts nach Art. 104 Abs. 4 GG und legen die Frist für die Vorführung zum Richter auf achtundvierzig Stunden fest[65]. Art. 9 Verf. Brandenburg folgt diesem Vorbild, fordert jedoch in seinem Absatz 3 spätestens innerhalb von vierundzwanzig Stunden eine richterliche Anhörung und spätestens bis zum Ende des Tages nach dem Ergreifen eine richterliche Entscheidung für jede nicht auf richterlicher Anordnung beruhende Freiheitsentziehung. Diese Fristen wurden in § 18 Abs. 1 Satz 1 Brandenburgisches Polizeigesetz übernommen[66] und verdeutlichen so die Bedeutung der Landesgrundrechte für die Landesgesetzgebung. Auch Art. 5 Verf. Bremen garantiert in seinen Absätzen 1 und 2 die Menschenwürde sowie die Unverletzlichkeit der Person und regelt in den Absätzen 3 bis 7 spezielle Anforderungen für Freiheitsentziehungen, wobei insbesondere das in Artikel 5 Abs. 5 Satz 1 normierte Verbot der nicht-notwendigen Härte zumindest dem Wortlaut nach über das Mißhandlungsverbot des Art. 104 Abs. 1 Satz 2

Landesgesetzliche Bedeutung der Landesgrundrechte

---

62 Vgl. dazu und zu weiteren Abweichungen *v. Ammon*, in: Link/Baldus/Lindner u.a. (LitVerz.), Art. 4 RN 7 ff.
63 In einigen Punkten ist Art. 104 GG jedoch die strengere Norm und gewährt einen weitergehenden Schutz, vgl. im einzelnen *Lindner*, in: ders./Möstl/Wolff (LitVerz.), Art. 102 RN 7 ff. Die bayerische Rechtsprechung sucht dies durch Rezeption der Aussagen des Bundesverfassungsgerichts zu beheben, vgl. *Pestalozza*, in: Nawiasky/Schweiger/Knöpfle (LitVerz.), Art. 102 RN 73.
64 *Hinkel* (LitVerz.), Erl. zu Art. 24, S. 107, allerdings ohne nähere Erläuterung.
65 Dazu zu dem gegenüber Art. 104 GG weiteren Kreis der von der Norm erfaßten Personen *Driehaus* (LitVerz.), Art. 8 RN 19.
66 *Lieber/Iwers/Ernst* (LitVerz.), Art. 9 Punkt 3.

GG hinausgeht[67]. Wie in Hessen gewährleistet Art. 5 Abs. 4 Satz 2 Verf. Bremen zudem eine im Grundgesetz nicht vorgesehene *Haftprüfung*. Eine vergleichbare einheitliche Regelung läßt sich in Art. 5 Verf. Rheinland-Pfalz finden[68]. Eine weitere Besonderheit dieser Art ist Art. 9 Abs. 2 Satz 3 Halbs. 2. Verf. Brandenburg, der im Falle der Freiheitsentziehung von Jugendlichen den Eltern oder Erziehungsberechtigten ein Recht auf Verfahrensbeteiligung garantiert. Zwar läßt sich ein solches Recht nicht unmittelbar aus Art. 2 oder 104 GG herleiten, jedoch wird in der Literatur auf bundesverfassungsrechtlicher Ebene eine solche Garantie als Ausprägung des elterlichen Erziehungsrechts in Art. 6 GG gesehen[69]. Trotz aller Unterschiede im Detail orientiert sich freilich die Auslegung der landesverfassungsrechtlichen Bestimmungen fast durchweg aufs engste am Bundesverfassungsrecht. So erfolgt etwa insbesondere die Abgrenzung der „Freiheitsbeschränkung" von der „Freiheitsentziehung" mehr oder weniger exakt nach den durch das Bundesverfassungsgericht zu Art. 104 GG entwickelten Maßstäben[70].

<small>Recht auf Verfahrensbeteiligung</small>

Ein zentrales Element für den verfassungsrechtlichen Freiheitsschutz ist die Flankierung der körperlichen Bewegungsfreiheit durch die allgemeine Handlungsfreiheit. Bekanntlich deutet das Bundesverfassungsgericht die freie Entfaltung der Persönlichkeit nach Art. 2 Abs. 1 GG als allgemeine Handlungsfreiheit im umfassenden Sinne. Art. 2 Abs. 1 GG schützt damit jedes menschliche Verhalten gegen staatliche Eingriffe und bildet ein subsidiäres Auffanggrundrecht der individuellen Freiheit[71]. Eine solche Garantie ist auch den meisten Verfassungen der Länder bekannt[72]. Teilweise übernehmen die Verfassungsurkunden die Formulierung des Art. 2 Abs. 1 GG wortgleich, so beispielsweise Art. 3 Verf. Berlin, der Art. 2 Abs. 1 GG wörtlich nachgebildet ist, oder auch Art. 10 Verf. Brandenburg, Art. 15 Verf. Sachsen, Art. 5 Abs. 1 Verf. Sachsen-Anhalt und Art. 3 Abs. 2 Verf. Thüringen. In all diesen Fällen wird die Gewährleistung wie im Grundgesetz extensiv ausgelegt und als Auffanggrundrecht einer allgemeinen Handlungsfreiheit verstanden[73]. Andere Landesverfassungen bringen jedoch die Vorstellung einer allgemeinen Handlungsfreiheit bereits formulierungstechnisch klarer zum Ausdruck; dies gilt etwa für Art. 58 Verf. Baden-Württemberg, nach dem niemand zu einer Handlung, Unterlassung oder Duldung gezwungen werden darf, wenn nicht ein Gesetz oder eine auf Gesetz beruhende Bestimmung es verlangt oder

18
<small>Flankierung durch die allgemeine Handlungsfreiheit</small>

<small>Klarere Fassungen</small>

---

[67] Vgl. den detaillierten Vergleich des Bundes- und Landesrechts bei *H. Neumann*, Verfassung der Freien Hansestadt Bremen (LitVerz.), Art. 5 RN 5 ff.
[68] Die Besonderheit der Norm besteht nach *Windoffer*, in: Brocker/Droege/Jutzi (LitVerz.), Art. 5 RN 2 darin, den „unlösbaren Zusammenhang" zwischen der Freiheit der Person und den korrespondierenden habeas corpus-Rechten zu verdeutlichen.
[69] Vgl. *Wermeckes* (LitVerz.), S. 128.
[70] Vgl. etwa *von Ammon*, in: Link/Baldus/Lindner u.a. (LitVerz.), Art. 3 RN 19.
[71] *BVerfGE* 6, 32 (36 f.) – Elfes; *BVerfGE* 54, 143 ff. – Füttern von Tauben; *BVerfGE* 80, 137 ff. – Reiten im Walde.
[72] → Bd. III: *K. Lange*, Grundrechtliche Besonderheiten in den Landesverfassungen, § 83 RN 15.
[73] Vgl. etwa *v. Ammon*, in: Link/Baldus/Lindner/Poppenhäger/Ruffert (LitVerz.), Art. 3 RN 2 ff.; *Reich* (LitVerz.), Art. 5 RN 1. Allgemeiner zur allgemeinen Handlungsfreiheit in den Landesverfassungen *Stiens* (LitVerz.), S. 242.

zuläßt. Darüber hinaus erklärt Art. 1 Verf. Baden-Württemberg den Menschen für berufen, „in der ihn umgebenden Gemeinschaft seine Gaben in Freiheit und in der Erfüllung des christlichen Sittengesetzes zu seinem und der anderen Wohl zu entfalten". Gemäß Art. 101 Verf. Bayern hat jedermann „die Freiheit, innerhalb der Schranken der Gesetze und der guten Sitten alles zu tun, was anderen nicht schadet". Besonders präzise und anschaulich formuliert Art. 2 Verf. Hessen: „Der Mensch ist frei. Er darf tun und lassen, was die Rechte anderer nicht verletzt oder die verfassungsmäßige Ordnung des Gemeinwesens nicht beeinträchtigt"[74]. Konsequenz dieser Freiheit ist die Aussage in Absatz 2, daß niemand zu einer Handlung, Unterlassung oder Duldung gezwungen werden kann, wenn nicht ein Gesetz oder eine auf Gesetz beruhende Bestimmung dies verlangt oder zuläßt. Art. 2 Satz 1 Verf. Saarland vereint daher beide Aussagen in einem „und"-Satz und bekräftigt in Satz 3 den allgemeinen Gesetzesvorbehalt. Denselben Maßstäben folgen – zum Teil wortgleich – unter anderem auch Art. 1 Abs. 1 und Art. 2 Verf. Rheinland-Pfalz[75] sowie Art. 3 Abs. 1 Satz 1 und Abs. 3 Verf. Bremen[76].

19

Schließlich werden die allgemeinen Gewährleistungen der Freiheit auf Bundesebene durch spezielle staatsorganisationsrechtliche Schranken für Eingriffe in die Freiheit der Person – in Form der Regelungen über die Immunität der *Bundestagsabgeordneten* gegenüber Beschränkungen ihrer persönlichen Freiheit – in Art. 46 Abs. 2 bis 4 GG ergänzt[77]. Vergleichbare Immunitätsrechte der *Abgeordneten der Landtage* finden sich – unterschiedlich detailliert ausgestaltet – auch in den meisten Landesverfassungen etwa in Art. 38 Abs. 1 und 2 Verf. Baden-Württemberg, Art. 28 Verf. Bayern, Art. 51 Verf. Berlin, Art. 58 Verf. Brandenburg, Art. 15 Verf. Hamburg, Art. 24 Verf. Mecklenburg-Vorpommern, Art. 15 Verf. Niedersachsen, Art. 48 Verf. Nordrhein-Westfalen, Art. 82 Verf. Saarland, Art. 55 Verf. Sachsen, Art. 58 Verf. Sachsen-Anhalt sowie Art. 24 Verf. Schleswig-Holstein. Im Kern handelt es sich bei allen diesen Regelungen jedoch nicht um Grundrechte im engeren Sinne, sondern um staatsorganisationsrechtliche Rechtspositionen der Abgeordneten.

---

[74] *Hinkel* (LitVerz.), Erl. zu Art. 2 S. 73, rühmt die „unvergleichliche Kürze" des Satzes 1.
[75] Vgl. dazu die kundigen Erläuterungen bei *Droege*, in: Brocker/ders./Jutzi (LitVerz.), Art. 1 RN 11 ff.
[76] Weniger klar ist allerdings die korrespondierende bremische Schrankenregelung: Nach Art. 3 Abs. 1 Satz 2 Verf. Bremen dürfen die auf diese Freiheit gründenden Handlungen „nicht die Rechte anderer verletzen oder gegen das Gemeinwohl verstoßen". Und nach Art. 3 Abs. 2 Verf. Bremen kann die Freiheit „nur durch Gesetz eingeschränkt werden, wenn die öffentliche Sicherheit, Sittlichkeit, Gesundheit oder Wohlfahrt es erfordert". Dieser ausgesprochen enge Gesetzesvorbehalt führt zu erheblichen Anwendungsproblemen, die letztlich wiederum durch Angleichung an die Maßstäbe des Grundgesetzes gelöst werden. Vgl. bereits *Spitta* (LitVerz.), Erl. zu Art. 5, sowie *H. Neumann*, Verfassung der Freien Hansestadt Bremen (LitVerz.), Art. 18 RN 5, nach dessen Lesart der qualifizierte Gesetzesvorbehalt nur die körperliche Freiheit erfassen soll.
[77] Vgl. dazu *H.H. Klein*, in: Maunz/Dürig, GG (LitVerz.), Art. 46 (Stand: Mai 2008) RN 51, der die Norm als ein Verfahrenshindernis zugunsten des Abgeordneten verortet.

D. Freizügigkeit und Auswanderung

I. Der Schutz der Freizügigkeit im Grundgesetz

Art. 11 GG normiert mit der Freizügigkeit ein Deutschengrundrecht, das in der Bundesverfassung in engem Bezug zur Staatsangehörigkeit steht, dessen sachlicher Schutzbereich indes nicht näher umschrieben wird. Die nahezu einhellig anerkannte Definition des Bundesverfassungsgerichts knüpft an Art. 111 WRV an und versteht Freizügigkeit als „das Recht, unbehindert durch die deutsche Staatsgewalt an jedem Ort innerhalb des Bundesgebietes *Aufenthalt* und *Wohnsitz* zu nehmen" und zudem auch „zu diesem Zweck in das Bundesgebiet einzureisen"[78]. Im Hinblick auf diesen Schutzbereich gewährt Art. 11 GG ein Abwehrrecht gegen staatliche Eingriffe und läßt solche nur auf Grundlage der Schranken des Art. 11 Abs. 2 GG zu. Abgrenzungsprobleme bei der Definition des Schutzbereichs ergeben sich vor allem im Verhältnis der Freizügigkeitsgarantie zum Menschenrecht der körperlichen Bewegungsfreiheit des Art. 2 Abs. 2 Satz 2 GG. Diese Abgrenzung ist wegen der unterschiedlichen Gesetzesvorbehalte von großer Bedeutung. Dabei geht es im Kern um eine Unterscheidung von alltäglicher Bewegungsfreiheit und freizügigkeitsrelevanter Mobilität. Art. 11 Abs. 1 GG schützt nur solche Ortsveränderungen, die nach konkreten Lebensumständen, Dauer und objektivierter Persönlichkeitsrelevanz den alltäglichen Lebenskreis überschreiten, also nicht den bloßen Gang zum Supermarkt, wohl aber die Urlaubsreise am Wochenende[79].

20 Schutz der Freizügigkeit durch Art. 11 GG

Abgrenzung der Schutzbereiche

Bewegungsfreiheit und Mobilität

II. Der Schutz der Freizügigkeit in den Landesverfassungen

Teilweise folgen die Freizügigkeitsgarantien der Landesverfassungen dem skizzierten Maßstab des Grundgesetzes nahezu vollständig. So entspricht etwa Art. 15 Verf. Sachsen-Anhalt dem Vorbild des Art. 11 GG bis auf den Unterschied, daß die Freizügigkeit allen Deutschen nicht im Bundesgebiet, sondern nur „in Sachsen-Anhalt" zugesprochen wird. Tendenziell finden sich jedoch gerade bei diesem Grundrecht Ausweitungen des Grundrechtsschutzes in den Landesverfassungen. Diese betreffen bereits den personellen Schutzbereich, der das Deutschengrundrecht des Art. 11 GG vielfach zu einem Menschenrecht erweitert[80]. So ist nach Art. 6 Verf. Hessen „Jedermann" frei, sich aufzuhalten und niederzulassen, wo er will. Auch Art. 17 Abs. 1 Verf. Brandenburg gewährt allen Menschen das Recht auf Freizügigkeit, das in Absatz 2 als Recht umschrieben wird, „sich an jedem beliebigen Ort aufzuhalten und niederzulassen". Weder findet sich hier eine Begrenzung

21 Parallele Landesgarantien – Ausweitung zum Menschenrecht

---
[78] *BVerfGE 2*, 266 Ls. 1 (273); *43*, 203 (211); *80*, 137 (150); *110*, 177 (191); *134*, 242 (323 f. RN 253); → Bd. IV: *Merten*, Freizügigkeit, § 94 RN 30 ff.
[79] *Durner*, in: Maunz/Dürig, GG (LitVerz.), Art. 11 (Stand: August 2012) RN 77 ff. m.w.N.
[80] *Jan Ziekow*, Über Freizügigkeit und Aufenthalt, 1997, S. 523 f.

§ 234 *Sechzehnter Teil: II. Vergleichende Betrachtung der Landesgrundrechte*

Allgemeiner Gesetzesvorbehalt

auf deutsche Staatsbürger noch eine räumliche Begrenzung des Grundrechts wie in Art. 11 GG. Dieses weit umrissene Freizügigkeitsrecht wird jedoch in Art. 17 Abs. 2 Verf. Brandenburg einem allgemeinen Gesetzesvorbehalt unterworfen und kann durch Gesetz oder aufgrund eines Gesetzes eingeschränkt werden. Da der Landesgesetzgeber allerdings im Hinblick auf Deutsche nicht hinter den Bindungen des Art. 11 Abs. 2 GG zurückbleiben darf, bleiben die weitergehenden Einschränkungsmöglichkeiten des Art. 17 Abs. 2 Verf. Brandenburg wohl nur für Einschränkungen der Freizügigkeit von Ausländern von Bedeutung[81]. In der Sache entspricht damit der den Ausländern gewährte Freizügigkeitsschutz doch wieder dem des Grundgesetzes, das mit Art. 2 Abs. 1 GG als Auffanggrundrecht die Mobilität nichtdeutscher Grundrechtsträger nach Maßgabe eines allgemeinen Gesetzesvorbehalts gewährleistet[82].

22

Schutzbereichserweiterung zur wirtschaftlichen Freizügigkeit

Älterer Ansatz

Einer älteren deutschen Regelungstradition folgt demgegenüber der Ansatz einiger Landesverfassungen, den sachlichen Schutzbereich der Freizügigkeit auch auf wirtschaftliche Begleitrechte wie den Grundstückserwerb oder die Mitnahme des Vermögens zu erstrecken, die Art. 11 GG im Gegensatz zu seiner Vorläufernorm in Art. 111 WRV nicht übernommen hat; allenfalls die Mitnahme der persönlichen Habe wird im Rahmen des Art. 11 GG nach einer freilich umstrittenen Rechtsauffassung mitgeschützt[83]. In den Landesverfassungen werden diese Begleitrechte vielfach weiterhin als Annex zur Freizügigkeit geregelt. Exemplarisch steht für jenen älteren Ansatz Art. 109 Verf. Bayern. Nach dessen Absatz 1 Satz 1 genießen „alle Bewohner Bayerns ... volle Freizügigkeit". Sie haben nach Absatz 1 Satz 2 zudem „das Recht, sich an jedem beliebigen Ort aufzuhalten und niederzulassen, Grundstücke zu erwerben und jeden Erwerbszweig zu betreiben"[84]. Als weiteres Beispiel für eine derartige Erweiterung des Schutzbereichs um die erwähnten Begleitrechte ist Art. 15 Abs. 1 Satz 1 Verf. Rheinland-Pfalz zu nennen, der wie in Art. 11 GG nur den Deutschen die landesverfassungsrechtliche Freizügigkeit garantiert. Diese umfaßt indes nach Artikel 15 Satz 2 nicht nur das „Recht, sich an jedem Orte aufzuhalten und niederzulassen", sondern berechtigt gerade auch dazu, „Grundstücke zu erwerben und jeden Erwerbszweig zu betreiben". Diese Rechte, die sich teilweise mit der Berufsfreiheit und dem Gleichheitssatz überschneiden[85], unterliegen jedoch wiederum nach Art. 15 Abs. 1 Satz 3 Verf. Rheinland-Pfalz einem allgemeinen Gesetzesvorbehalt, der zur Vermeidung von Defiziten gegenüber dem bundesrechtlich gewährleisteten Grundrechtsschutz „grundgesetzkonform" im Sinne des engeren Art. 11 Abs. 2 GG ausgelegt wird[86].

---

81 *Lieber/Iwers/Ernst* (LitVerz.), Art. 17 Punkt 4.
82 Näher *Durner*, in: Maunz/Dürig, GG (LitVerz.), Art. 11 (Stand: August 2012) RN 61 ff.
83 Auch dazu *Durner*, in: Maunz/Dürig, GG (LitVerz.), RN 84 ff.; → Bd. IV: *Merten*, Freizügigkeit, § 94 RN 57 ff.
84 Damit „scheint" Art. 109 über Art. 11 GG hinauszugehen, so *Lindner*, in: ders./Möstl/Wolff (LitVerz.), Art. 109 RN 6 ff., der allerdings zugleich auf die eher theoretische Möglichkeit einer Realisierung dieses erweiterten Schutzes verweist.
85 *Siegel*, in: Brocker/Droege/Jutzi (LitVerz.), Art. 15 RN 7 f.
86 *Siegel* aaO., RN 15.

Ein besonders weitgehendes Konzept verfolgt Art. 17 der Berliner Verfassung mit der Gewährleistung des Rechts „der Freizügigkeit, insbesondere die freie Wahl des Wohnsitzes, des Berufes und des Arbeitsplatzes", das seine Grenze in der Verpflichtung findet, bei der „Überwindung öffentlicher Notstände mitzuhelfen". Dieses weit verstandene Freizügigkeitsgrundrecht integriert die Gewährleistungen der Art. 11 und 12 GG und unterstellt diese sehr viel restriktiveren Schranken als das Grundgesetz selbst. Im Ergebnis findet die landesverfassungsrechtliche Garantie also bundesverfassungsrechtliche Entsprechung in mehreren Grundrechten – hier etwa auch der Berufsfreiheit –, ohne daß hiermit jedoch hinsichtlich der Reichweite des Schutzes letztlich eine inhaltliche Divergenz verbunden wäre[87]. Allerdings wird angenommen, daß das Landesgrundrecht insoweit hinter den Vorgaben des Grundgesetzes zurücktreten soll[88]. Zugleich sieht der Verfassungsgerichtshof Berlin jedoch in der Erstreckung des Grundrechtsschutzes des Art. 17 Verf. Berlin auf Ausländer die Grundlage dafür, auch ausländerrechtliche Maßnahmen auf ihre Verhältnismäßigkeit hin zu überprüfen[89]. Das Ergebnis ist damit erneut eine primär prozessuale Verdoppelung der Beschwerdemöglichkeiten unter gleichzeitiger Parallelisierung der inhaltlichen Schutzniveaus.

23
Weiterungen im Berliner Landesverfassungsrecht

Erstreckung auf Ausländer

III. Zur Bedeutung der landesverfassungsrechtlichen Freizügigkeitsgewährleistungen

Die Hauptfunktion der Landesgrundrechte liegt nach den oben dargestellten Maßstäben in ihrer Bindung des Landesgesetzgebers und beim Vollzug des Landesrechts. Ob und wieweit der Landesgesetzgeber überhaupt zu Eingriffen in das Grundrecht der Freizügigkeit berechtigt sein kann, ist wegen der ausschließlichen Gesetzgebungskompetenz des Bundes für die Freizügigkeit nach Art. 73 Abs. 1 Nr. 3 GG hochumstritten. Dieser Streit bestand bereits im Hinblick auf die Einschränkbarkeit der Freizügigkeitsgarantie in Art. 111 WRV, die zugleich in ihrem Artikel 6 Nr. 3 dem Reich die ausschließliche Gesetzgebung über die Freizügigkeit sowie über die Ein- und Auswanderung zugestand[90]. Nach einer lange Zeit weit verbreiteten Rechtsauffassung hindert Art. 73 Abs. 1 Nr. 3 GG die Länder daran, ohne Ermächtigung in einem Bundesgesetz nach Art. 71 GG, beschränkende Gesetze im Sinne von Art. 11 Abs. 2 GG zu erlassen[91]. Nach der mittlerweile vorherrschenden Rechtsauffassung erstreckt sich hingegen die Gesetzgebungskompetenz des Art. 73 Abs. 1 Nr. 3 GG jedenfalls nicht auf herkömmliche Regelungszuständigkeiten

24
Zuständigkeit des Landesgesetzgebers für Eingriffe in die Freizügigkeit?

Länderkompetenz zur Abwehr unmittelbarer Gefahren

---

87 *Ziekow* (FN 80), S. 477.
88 *Driehaus* (LitVerz.), Art. 8 RN 1 mit Verweis auf *VerfGH Berlin*, B. v. 14. 2. 2005 (VerfGH 172/04), NJW-RR 2005, S. 1294, wo im Hinblick auf die durch Art. 17 Verf. Berlin geschützte Berufsfreiheit ohne weiteres von mit dem Grundgesetz vergleichbaren Beschränkungsmöglichkeiten ausgegangen wird.
89 *Driehaus* (LitVerz.), Art. 8 RN 3 m.w.N.
90 Vgl. dazu *RGZ 107*, 261 (264); *Rohmer*, in: Hans Carl Nipperdey (Hg.), Die Grundrechte und Grundpflichten der Reichsverfassung, Bd. 1, 1929, S. 232 (241); *Karl-Heinz Schlottner*, Das Grundrecht der Freizügigkeit, 1933, S. 12; *Ilse Jahreiss*, Das Prinzip der Freizügigkeit nach dem Grundgesetz, 1953, S. 42 ff.
91 So eingehend *Waechter*, Freizügigkeit und Aufenthaltsverbot, NdsVBl. 1996, S. 197 (199 ff.); vgl. weiter *Hecker*, Aufenthaltsverbote im Recht der Gefahrenabwehr, NVwZ 1999, S. 261 (262 f.).

§ 234 *Sechzehnter Teil: II. Vergleichende Betrachtung der Landesgrundrechte*

Aufenthaltsverbote

der Länder im Bereich der Abwehr unmittelbarer Gefahren, also namentlich im Polizei-, Ordnungs- und Katastrophenschutzrecht[92]. Dementsprechend enthalten auch die meisten neueren Polizeigesetze Regelungen zur Verhängung zeitlich befristeter Aufenthaltsverbote für Personen, die in einem bestimmten örtlichen Bereich eine Straftat zu begehen drohen[93]. Diese Regelungen sind – im Fall einer Freizügigkeitsrelevanz – dann nicht nur an Art. 11 GG, sondern auch an den landesverfassungsrechtlichen Garantien der Freizügigkeit zu messen[94].

25
Bedeutung der LVerfG-Rechtsprechung

Gerade die Freizügigkeit hat sich zudem als Grundrecht erwiesen, bei dem sich die Rechtsprechung der Landesverfassungsgerichte als wegweisend für jene des Bundesverfassungsgerichts erwies. Ausgangspunkt dieser Rechtsprechung war eine im Zusammenhang der Umsiedlungen für den Braunkohlenbergbau entwickelte Literaturauffassung, nach der solche Planungen, die „faktisch zum Abzug nötigen", in den Schutzbereich des Art. 11 fallen sollen[95]. Der Brandenburgische Verfassungsgerichtshof entschied demgegenüber in seinen wegweisenden Entscheidungen zur Umsiedelung der Gemeinde *Horno* – zwar für das parallele landesverfassungsrechtliche Grundrecht auf Freizügigkeit aus Art. 17 Abs. 1 der Landesverfassung[96], jedoch unter Rekurs auf die zu Art. 11 GG geführte Debatte –, der Schutzbereich dieses Grundrechts werde nur durch „direkte staatliche Eingriffe", nicht aber bei Eingriffen berührt, „die für bestimmte Bereiche eine bestimmte Nutzung erzwingen".

Staatliche Planungen

Staatliche Entscheidungen und Planungen, die für ein bestimmtes Gebiet eine Nutzung vorsehen, die der Besiedlung dieses Gebietes entgegensteht, sollten hingegen nicht den Schutzbereich der Freizügigkeit berühren[97]. Dieser Weichenstellung folgten sodann die Rechtsprechung sowie die herrschende Rechtsauffassung auch für Art. 11 GG[98]: Damit wies diese Entscheidung schließlich auch den Weg für das im Jahre 2013 ergangene *Garzweiler*-Urteil des Bundesverfassungsgerichts, wonach das Grundrecht aus Art. 11 GG nicht dazu berechtigt, an Orten Aufenthalt zu nehmen und zu verbleiben, an denen Regelungen zur Bodenordnung oder Bodennutzung einem Daueraufenthalt entgegenstehen und damit entweder bereits den Zuzug einschrän-

---

92 So *BVerwG*, Urt. v. 25.7.2007 (6 C 39/06), NVwZ 2007, S. 1439 (1440); *BayVerfGH*, E. v. 2.8.1990 (Vf. 3-VII-89; Vf. 4-VII-89; Vf. 5-VII-89), NVwZ 1991, S. 664 (666); *OVG Bremen*, Urt. v. 24.3.1998 (1 BA 27-97), NVwZ 1999, S. 314 (316); *Cremer*, Aufenthaltsverbote und offene Drogenszene, NVwZ 2001, S. 1218 (1222 f.); *Kunig*, in: v. Münch/ders., GG (LitVerz.), Art. 11 RN 21; *Ziekow* (FN 80), S. 561 f.
93 So etwa § 34 Abs. 2 PolG NRW. Näher dazu *Rachor*, in: Hans Lisken/Erhard Denninger (Hg.), Handbuch des Polizeirechts, ⁵2012, Kap. E RN 439 ff.; *Wolf-Rüdiger Schenke*, Polizei- und Ordnungsrecht, ⁸2013, RN 132 ff. m.w.N.
94 *Guckelberger*, in: Wendt/Rixecker (LitVerz.), Art. 9 RN 7.
95 So *Baer*, Zum „Recht auf Heimat" – Artikel 11 GG und Umsiedlungen zugunsten des Braunkohletagebaus, NVwZ 1997, S. 27 (32); *Guckelberger*, „Recht auf Heimat" und Grundgesetz, in: Michaela Wittinger/Rudolf Wendt/Georg Ress (Hg.), FS W. Fiedler, 2011, S. 123 (143 f.).
96 Zu den Besonderheiten dieser Garantie *Stern*, Staatsrecht III/2 (LitVerz.), § 93 IV 5, S. 1451.
97 *VerfG Brandenburg*, Urt. v. 18.6.1998 (VfGBbg 27/97), LKV 1998, S. 395 (406); nochmals klarer dann *VerfG Brandenburg*, B. v. 28.6.2001 (VfGBbg 44/00), ZfB 2002, S. 45 ff.
98 So etwa *BVerwG*, B. v. 29.9.2008 (7 B 20/08), NVwZ 2009, S. 331 ff.; *OVG Münster*, Urt. v. 21.12.2007 (11 A 1194/12), DVBl. 2008, S. 452 ff.; *Gusy*, in: v. Mangoldt/Klein/Starck, GG (LitVerz.), Art. 11 RN 29 und 49 m.w.N.

ken oder letztlich zum Wegzug zwingen[99]. Auch nach jenen Landesverfassungen, die wie Art. 2 Abs. 2 Verf. Baden-Württemberg oder Art. 5 Abs. 2 Verf. Sachsen ein „Recht auf Heimat" normieren, ergeben sich insoweit schwerlich abweichende Maßstäbe, weil der Inhalt dieser Gewährleistungen wenig greifbar bleibt[100] und hinsichtlich der eigentlichen Mobilitätsfrage als durch Art. 11 überlagert angesehen wird[101].

Unbehelflichkeit des Rechts auf Heimat

IV. Der Schutz der Auswanderung in den Landesverfassungen

Potentiell sehr viel wichtiger als diese Akzentuierungen der Schutzbereiche der Freizügigkeit ist der in mehreren Landesverfassungen verankerte Schutz der Auswanderung. Die in der deutschen Verfassungsgeschichte traditionell gesondert normierte Gewährleistung der Auswanderungsfreiheit, die zuletzt etwa in Art. 112 WRV enthalten war, wurde bewußt nicht in das Grundgesetz übernommen. Zwar ging ein großer Teil des Schrifttums bis zum weichenstellenden *Elfes*-Urteil des Bundesverfassungsgerichts vom 16. Januar 1957 davon aus, der Schutzbereich des Artikels 11 umfasse auch das Recht zum Verlassen des deutschen Staatsgebiets. Nach der – weiterhin teilweise umstrittenen – ständigen Rechtsprechung garantiert Art. 11 GG die Ausreisefreiheit jedoch gerade nicht, so daß diese somit lediglich durch die allgemeine Handlungsfreiheit geschützt wird[102]. Dieses Fehlen einer spezifischen, besonders geschützten Garantie der Auswanderungsfreiheit ist daher nicht ohne Berechtigung als verfassungspolitischer Mangel und als Lücke im liberalstaatlichen Schutzsystem des Grundgesetzes kritisiert worden[103].

26
Recht auf Auswanderung im GG

Verfassungspolitischer Mangel

Teilweise anders ist die Rechtslage jedoch in den Landesverfassungen[104]: So gewährt etwa Art. 9 Verf. Saarland in Satz 1 und Satz 2 allen Deutschen volle Freizügigkeit, läßt aber insoweit gesetzliche Einschränkungen zu, um anschließend – der Stellung nach vorbehaltsfrei – zu erklären: „Jeder Deutsche ist berechtigt auszuwandern". Auch Art. 18 Verf. Bremen, erkennt jedem Bewohner der Freien Hansestadt Bremen das Recht der Freizügigkeit und

27
Recht auf Auswanderung in den Landesverfassungen

---

99 *BVerfGE* 134, 242 (325).
100 *K. Braun*, Kommentar (LitVerz.), Art. 2 RN 13 und *Degenhart*, in: ders./Meissner (LitVerz.), § 5 RN 40 bestreiten bereits, daß es sich bei diesen Bestimmungen überhaupt um subjektive Grundrechte handelt. Anders hingegen *Schimpff/Partsch*, Renaissance des Rechts auf die Heimat im nationalen und internationalen Recht?, LKV 1994, S. 47 (49), die freilich den Inhalt des Rechts als „nach wie vor ungeklärt" bezeichnen.
101 *Degenhart*, in: ders./Meissner (LitVerz.), § 5 RN 40.
102 *BVerfGE* 6, 32 Ls. 1; *Durner*, in: Maunz/Dürig, GG (LitVerz.), Art. 11 Abs. 3 (Stand: August 2012) RN 98 ff.; *Wollenschläger*, in: H. Dreier, GG (LitVerz.), Art. 11 RN 30 f. → Bd. IV: *Merten*, Freizügigkeit, § 94 RN 130 ff.; a.A. und für einen Schutz durch Art. 11 GG: *Pagenkopf*, in: Sachs, GG (LitVerz.), Art. 11 RN 82.
103 *Michael Kloepfer*, Verfassungsgebung als Zukunftsbewältigung aus Vergangenheitserfahrung, in: ders./Detlef Merten/Hans-Jürgen Papier/Wassilios Skouris, Kontinuität und Diskontinuität in der deutschen Verfassungsgeschichte. Von der Reichsgründung zur Wiedervereinigung, 1994, S. 35 (77 ff.), mit gewichtigen Ausführungen zum *Elfes*-Urteil; *ders.*, Der Wert der Ausreisefreiheit, in: Frankfurter Allgemeine Zeitung v. 30. 10. 2014, S. 6; ähnlich bereits *Scheuner,* Die Auswanderungsfreiheit in der Verfassungsgeschichte und im Verfassungsrecht Deutschlands, in: FS für Richard Thoma, hg. von Freunden, Schülern und Fachgenossen, 1950, S. 199 ff.
104 → Bd. III: *K. Lange*, Grundrechtliche Besonderheiten in den Landesverfassungen, § 83 RN 17.

§ 234 Sechzehnter Teil: II. Vergleichende Betrachtung der Landesgrundrechte

der Auswanderung ins Ausland zu und knüpft damit an die ältere deutsche Verfassungstradition an[105]. Ebenso sind gemäß Art. 109 Abs. 2 Verf. Bayern alle Bewohner Bayerns „berechtigt, nach außerdeutschen Ländern auszuwandern". In anderen Verfassungsbestimmungen soll die Auswanderungsfreiheit zumindest implizit mitgedacht sein. Wenn etwa Art. 5 Abs. 1 Verf. Thüringen den Bürgern allgemein „Freizügigkeit" zuspricht und dieses Recht in Absatz 2 den Schranken des Art. 11 Abs. 2 GG unterwirft, soll die Norm wegen des Verzichts auf jede räumliche Eingrenzung der Freizügigkeit ein Recht auf Auswanderung einschließen[106]. Die Bedeutung dieser Schutzerweiterung ist freilich deshalb gering, weil sich der Geltungsbereich dieser Gewährleistungen von vornherein auf das jeweilige Landesgebiet beschränkt[107] und die Länder zudem über keine Gesetzgebungsbefugnisse für das Paß- und Auswanderungswesen verfügen[108]. Spezifische Einschränkungen der Auswanderung durch Landesrecht werden daher nur in seltenen Fällen gegeben sein[109].

Geringe Bedeutung der Schutzerweiterung

E. Bewertung des landesverfassungsrechtlichen Grundrechtsschutzes

28

Untergeordnete Funktion der Landesgrundrechte

Die Bilanz der Analyse dieses Kapitels fällt vergleichsweise ernüchternd aus: Insgesamt leistet das Landesverfassungsrecht nur einen untergeordneten Beitrag zum Schutz der Freiheit und Unversehrtheit der Person sowie der Bewegungsfreiheit. In weiten Teilen sind die entsprechenden Gewährleistungen der Landesverfassungen mit denen des Grundgesetzes identisch. Immerhin werden durch die in einigen Ländern anzutreffenden textlichen Abweichungen manche Gewährleistungsgehalte „differenzierter und anschaulicher ausgestaltet als vergleichbare Regelungen im Grundgesetz"[110]. Allerdings ist selbst dort, wo der Verfassungstext von jenem des Grundgesetzes abweicht, die Tendenz unverkennbar, die Inhalte durch Auslegung gleichwohl weitgehend dem Bundesrecht interpretatorisch anzugleichen. Einen scheinbar grundlegenden zusätzlichen Grundrechtsschutz gewähren einige Landesverfassungen zwar durch eine ausdrückliche, vielfach vorbehaltlose Garantie der Auswanderungsfreiheit. Angesichts der ausschließlichen Gesetzgebungskompetenz des Bundes für die Freizügigkeit, für das Paßwesen, das Melde- und Ausweiswesen sowie für die Ein- und Auswanderung nach Art. 73 Abs. 1 Nr. 3 GG kommen diese Garantien jedoch nach dem Maßstab des Art. 142 GG kaum zum Tragen. Das Ergebnis inhaltsgleicher Grundrechte ist somit jedenfalls für den Schutz der Freiheit der Person und der Bewegungsfreiheit in erster Linie eine

Tendenz zu angleichender Interpretation

Verfassungsprozessuale Verdopplung

---
105 *Spitta* (LitVerz.), Erl. zu Art. 18.
106 *v. Ammon*, in: Link/Baldus/Lindner u.a. (LitVerz.), Art. 5 RN 6 m.w.N.
107 → Bd. III: *Grawert*, Wechselwirkungen zwischen Bundes- und Landesgrundrechten, § 81 RN 29; Bd. IV: *Merten*, Freizügigkeit, § 94 RN 51.
108 *H. Neumann*, Verfassung der Freien Hansestadt Bremen (LitVerz.), Art. 18 RN 5.
109 Vgl. aber die Überlegungen bei *Guckelberger*, in: Wendt/Rixecker (LitVerz.), Art. 9 RN 8f.
110 *Peine*, LKV 2012, S. 385 (387).

prozessuale Verdopplung der Beschwerdemöglichkeiten. Man darf durchaus anzweifeln, ob diese Multiplizierung der Rechtsschutzmöglichkeiten – auf die etwa Nordrhein-Westfalen und Bremen bislang bewußt verzichten – zu einem echten rechtsstaatlichen Mehrwert führt und ob die vermeintliche Eigenstaatlichkeit der Bundesländer einer solchen Verdeutlichung überhaupt bedarf.

F. Bibliographie

Baumann-Hasske, Harald/Bernd Kunzmann (Hg.), Die Verfassung des Freistaates Sachsen – Kommentar, ^{3}2011.
Braun, Klaus, Kommentar zur Verfassung des Landes Baden-Württemberg, 1984.
Brocker, Lars/Michael Droege/Siegfried Jutzi (Hg.), Verfassung für Rheinland-Pfalz, 2014.
Classen, Claus/Litten, Rainer/Maximilian Wallerath (Hg.), Verfassung des Landes Mecklenburg-Vorpommern, 2015.
Degenhart, Christoph/Claus Meissner (Hg), Handbuch der Verfassung des Freistaates Sachsen, 1997.
Driehaus, Hans-Joachim, Verfassung von Berlin, ^{3}2009.
Engelken, Klaas, Ergänzungsband zu Braun, Kommentar zur Verfassung des Landes Baden-Württemberg, 1997.
Epping, Volker/Hermann Butzer/Frauke Brosius-Gersdorf/Ulrich Haltern/Veith Mehde/Kay Wächter (Hg.), Hannoverscher Kommentar zur Niedersächsischen Verfassung, 2012.
Hagebölling, Lothar, Niedersächsische Verfassung – Kommentar, ^{2}2011.
Hermes, Georg, Das Grundrecht auf Schutz von Leben und Gesundheit. Schutzpflicht und Schutzanspruch aus Art. 2 Abs. 2 Satz 1 GG, 1987.
Heusch, Andreas/Klaus Schönebroicher (Hg.), Landesverfassung Nordrhein-Westfalen, 2010.
Hinkel, Karl Reinhard, Verfassung des Landes Hessen – Kommentar, 1998.
Ipsen, Jörn, Niedersächsische Verfassung – Kommentar, 2011.
Lieber, Hasso/Steffen Johann Iwers/Martina Ernst (Hg.), Verfassung des Landes Brandenburg – Kommentar, 2012.
Link, Joachim/Manfred Baldus/Joachim Lindner/Holger Poppenhäger/Matthias Ruffert (Hg.), Die Verfassung des Freistaats Thüringen, 2013.
Lindner, Josef Franz/Markus Möstl/Heinrich Amadeus Wolff (Hg.), Verfassung des Freistaates Bayern – Kommentar, 2009.
Löwer, Wolfgang/Peter J. Tettinger, Kommentar zur Verfassung des Landes Nordrhein-Westfalen, 2002.
Menzel, Jörg, Landesverfassungsrecht, 2002.
Nawiasky, Hans/Karl Schweiger/Franz Knöpfle (Hg.), Die Verfassung des Freistaates Bayern, ^{13}2008.
Neumann, Heinzgeorg, Verfassung der Freien Hansestadt Bremen, 1996.
Reich, Andreas, Verfassung des Landes Sachsen-Anhalt, ^{2}2004.
Spitta, Theodor, Kommentar zur bremischen Verfassung von 1947, 1960.
Steiner, Udo, Der Schutz des Lebens durch das Grundgesetz, 1992.
Stiens, Andrea, Chancen und Grenzen der Landesverfassungen im deutschen Bundesstaat der Gegenwart, 1997.
Wendt, Rudolf/Roland Rixecker (Hg.), Verfassung des Saarlandes, 2009.
Wermeckes, Bernd, Der erweiterte Grundrechtsschutz in den Landesverfassungen. Zu Erscheinungsformen, Wirksamkeit und Bestand weitergehender Landesgrundrechte im Bundesstaat des Grundgesetzes, 2000.
Zinn, Georg August/Erwin Stein (Hg.), Die Verfassung des Landes Hessen (Loseblattausg.), Stand: 1999.
Ziekow, Jan, Über Freizügigkeit und Aufenthalt, 1997.

§ 235
Schutz der Wohnung

Annette Guckelberger

Übersicht

	RN		RN
A. Normative Ausgangslage	1–18	D. Bedeutung des landesverfassungsrechtlichen Wohnungsschutzes	31–33
I. Länder mit speziellen Verfassungsbestimmungen zum Schutz der Wohnung	2–11	E. Die Unverletzlichkeit der Wohnung	34–59
II. Länder mit Verweisung auf das Grundgesetz	12	I. Schutzgegenstand	36
III. Kombination von Verweisung und eigenständiger Regelung	13	II. Grundrechtsberechtigte Personen	37–38
IV. Ländervergleich	14–18	III. Eingriffe	39–41
B. Ausgestaltung der Landesverfassungsnormen und Bundesrecht	19–27	IV. Durchsuchung von Wohnungen	42–50
I. Verweisung auf Art. 13 GG	20–22	V. Technische Wohnraumüberwachung	51–54
II. Eigenständig formulierte landesverfassungsrechtliche Regelungen	23–27	VI. Sonstige Beeinträchtigungen	55–59
C. Landesvorgaben und international- sowie unionsrechtliche Vorgaben	28–30	F. Recht auf angemessenen Wohnraum	60–65
		G. Bibliographie	

§ 235 *Sechzehnter Teil: II. Vergleichende Betrachtung der Landesgrundrechte*

A. Normative Ausgangslage

1
Variantenreiche Ausgestaltung des Grundrechts

Mit Ausnahme von Hamburg kennen die meisten Landesverfassungen einen grund- beziehungsweise verfassungsrechtlichen Schutz der Wohnung. Allerdings variiert die Ausgestaltung der Landesverfassungsnormen erheblich. Nur soweit die einzelnen Länder den Schutz der Wohnung explizit ausgestaltet haben, wird nachfolgend zur besseren Verständlichkeit der Wortlaut der Verfassungsnormen wiedergegeben. Davon kann bei denjenigen Ländern abgesehen werden, deren Verfassungen den Schutz der Grundrechte des Grundgesetzes zu ihrem Bestandteil erklären. Die unterschiedlichen Regelungen und Regelungstechniken sind Ausdruck der föderalen Vielfalt. Außerdem lassen sie sich mit den unterschiedlichen Entstehungszeitpunkten der einschlägigen Normen erklären, die teilweise vor Erlaß des Grundgesetzes datieren.

I. Länder mit speziellen Verfassungsbestimmungen zum Schutz der Wohnung

2
Bayern

Die Verfassung des Freistaates Bayern enthält in Art. 106 Verf. Bayern eine spezielle Verfassungsnorm zur Unverletzlichkeit der Wohnung. Gemäß dieser Bestimmung hat jeder Bewohner Bayerns einen Anspruch auf eine angemessene Wohnung. Nach Absatz 2 des Verfassungsartikels ist die Förderung des Baues billiger Volkswohnungen Aufgabe des Staates und der Gemeinden. In Art. 106 Abs. 3 Verf. Bayern heißt es sodann: „Die Wohnung ist für jedermann eine Freistätte und unverletzlich". Schließlich ist Art. 125 Abs. 3 der Verfassung hervorzuheben, wonach kinderreiche Familien einen Anspruch auf angemessene Fürsorge haben, insbesondere auf gesunde Wohnungen.

3
Berlin

In Berlin wird das Recht auf Wohnraum in Art. 28 Verf. Berlin geregelt. Nach Absatz 1 hat jeder Mensch das Recht auf angemessenen Wohnraum, wobei das Land dessen Schaffung und Erhaltung, insbesondere für Menschen mit geringem Einkommen, sowie die Bildung von Wohnungseigentum fördert. Gemäß Art. 28 Abs. 2 der Verfassung ist der Wohnraum unverletzlich. Eine Durchsuchung darf nur auf richterliche Anordnung erfolgen oder bei Verfolgung auf frischer Tat durch die Polizei, deren Maßnahmen jedoch binnen achtundvierzig Stunden der richterlichen Genehmigung bedürfen.

4
Brandenburg

Grundrechtseingriff

In Brandenburg gibt es zwei Verfassungsnormen zum Schutz der Wohnung. Nach Art. 15 Abs. 1 Verf. Brandenburg ist die Wohnung unverletzlich. Durchsuchungen dürfen nur durch den Richter oder aufgrund richterlicher Entscheidung, bei Gefahr im Verzuge auch durch die in den Gesetzen vorgesehenen anderen Organe angeordnet und nur in den dort vorgeschriebenen Formen durchgeführt werden (Art. 15 Abs. 2 der Verfassung). Im übrigen dürfen Eingriffe und Beschränkungen nur zur Abwehr einer gemeinen Gefahr oder einer Lebensgefahr für einzelne Personen, aufgrund eines Gesetzes auch zur Verhütung dringender Gefahren für die öffentliche Sicherheit und Ordnung, insbesondere zur Behebung von Raumnot, zur Bekämpfung von Seuchengefahr oder zum Schutze gefährdeter Kinder und Jugendlicher vorgenommen werden (Art. 15 Abs. 3 der Verfassung). Darüber hinaus ist das Land nach Art. 47 Abs. 1 der Verfassung verpflichtet, im Rahmen seiner Kräfte für die Verwirklichung des Rechts auf eine angemessene Wohnung zu sorgen, insbesondere durch die Förderung von Wohneigentum, durch Maßnahmen des sozialen Wohnungsbaus, durch Mieterschutz und Mietzuschüsse. Nach Absatz 2 dieser Bestimmung darf die Räumung einer Wohnung nur vollzogen werden, wenn Ersatzwohnraum zur Verfügung steht. Bei einer Abwägung der Interessen ist die Bedeutung der Wohnung für die Führung eines menschenwürdigen Lebens besonders zu berücksichtigen. *Objektive Verpflichtungen*

Art. 14 Abs. 1 der Landesverfassung der Freien Hansestadt Bremen verleiht jedem Bewohner der Hansestadt einen Anspruch auf eine angemessene Wohnung. Es ist Aufgabe des Staates und der Gemeinden, die Verwirklichung dieses Anspruchs zu fördern. Nach Art. 14 Abs. 2 Verf. Bremen ist die Wohnung unverletzlich. Zur Bekämpfung von Seuchengefahr und zum Schutz gefährdeter Jugendlicher können die Verwaltungsbehörden durch Gesetz zu Eingriffen und Einschränkungen ermächtigt werden. Absatz 3 betrifft Durchsuchungen, die nur in den vom Gesetz vorgesehenen Fällen und Formen zulässig sind. Die Anordnung von Durchsuchungen steht dem Richter und nur bei Gefahr im Verzuge oder bei Verfolgung auf frischer Tat auch der Staatsanwaltschaft oder ihren Hilfsbeamten zu; eine von der Staatsanwaltschaft oder ihren Hilfsbeamten angeordnete Durchsuchung bedarf jedoch der nachträglichen Genehmigung des Richters. **5** *Bremen* / *Durchsuchungsanordnungen*

Hessen garantiert in Artikel 8 seiner Verfassung die Unverletzlichkeit der Wohnung. Nach Art. 19 Abs. 1 Verf. Hessen kann ein Richter bei dringendem Verdacht einer strafbaren Handlung eine Haussuchung anordnen. Diese kann auch nachträglich genehmigt werden, wenn die Verfolgung des Täters zu sofortigem Handeln gezwungen hat. **6** *Hessen*

In der Verfassung von Rheinland-Pfalz finden sich zwei Bestimmungen zum Schutz der Wohnung. Nach Art. 7 Abs. 1 Verf. Rheinland-Pfalz ist die Wohnung unverletzlich. Nach Absatz 2 dieser Bestimmung dürfen Durchsuchungen nur durch den Richter, bei Gefahr im Verzuge auch durch die in den Gesetzen vorgesehenen anderen Organe angeordnet und nur in der dort vorgeschriebenen Form durchgeführt werden. Zur Behebung eines öffentlichen Notstandes können die Behörden durch Gesetz zu Eingriffen und Einschränkungen ermächtigt werden (Art. 7 Abs. 3 der Verfassung). Art. 63 der Verfassung gibt dem Land, den Gemeinden und den Gemeindeverbänden eine Hinwirkenspflicht auf die Schaffung und Erhaltung von angemessenem Wohnraum auf. **7** *Rheinland-Pfalz*

Nach Art. 16 Satz 1 der Verfassung des Saarlandes ist die Wohnung unverletzlich. Ausnahmen sind nur aufgrund von Gesetzen zulässig. **8** *Saarland*

Gemäß Art. 7 Abs. 1 der Verfassung des Freistaates Sachsen erkennt das Land das Recht eines jeden Menschen auf ein menschenwürdiges Dasein, insbesondere auf angemessenen Wohnraum an. Art. 30 Verf. Sachsen hat die Unver- **9** *Sachsen* letzlichkeit der Wohnung zum Gegenstand. Nach Herausstellung der Unverletzlichkeit in Absatz 1 heißt es in Absatz 2, daß Durchsuchungen nur durch den Richter, bei Gefahr im Verzug auch durch die in den Gesetzen vorgesehenen anderen Organe angeordnet und nur in der dort vorgeschriebenen Form durchgeführt werden dürfen. Im übrigen dürfen Eingriffe nur zur Abwehr einer gemeinen Gefahr oder einer Lebensgefahr für einzelne Personen, aufgrund eines Gesetzes auch zur Verhütung dringender Gefahren für die öffentliche Sicherheit und Ordnung, insbesondere zur Behebung der Raumnot, zur Bekämpfung von Seuchengefahr oder zum Schutz gefährdeter Jugendlicher vorgenommen werden (Art. 30 Abs. 3 der Verfassung).

10
Sachsen-Anhalt

Ausspähung

Bereitstellungs-auftrag

Art. 17 Abs. 1 bis 3 der Verfassung des Landes Sachsen-Anhalt zur Unverletzlichkeit der Wohnung hat denselben Text wie Art. 30 Verf. Sachsen. Im Unterschied zu den anderen hier vorgestellten Landesverfassungen verfügt diese Verfassung jedoch über eine spezielle Vorgabe zur Ausspähung. Nach Art. 17 Abs. 4 Verf. Sachsen-Anhalt sind Maßnahmen der optischen oder akustischen Ausspähung in oder aus Wohnungen durch den Einsatz technischer Mittel nur zur Abwehr einer gemeinen Gefahr oder einer Gefahr für Leib und Leben einzelner Personen auf der Grundlage eines Gesetzes zulässig; im übrigen gilt Absatz 2 dieser Bestimmung entsprechend. Art. 40 Abs. 1 der Verfassung verpflichtet das Land und die Kommunen, durch die Unterstützung des Wohnungsbaus, die Erhaltung vorhandenen Wohnraumes und durch andere geeignete Maßnahmen die Bereitstellung ausreichenden, menschenwürdigen Wohnraumes zu angemessenen Bedingungen für alle zu fördern. Außerdem sorgen Land und Kommunen dafür, daß niemand obdachlos wird (Art. 40 Abs. 2 der Verfassung).

11
Thüringen

Die Verfassung des Freistaates Thüringen enthält mit Artikel 8 eine dem Art. 30 Verf. Sachsen vergleichbare Bestimmung über die Unverletzlichkeit der Wohnung[1]. Nach Art. 15 Verf. Thüringen haben das Land und die Gebietskörperschaften durch die Unterstützung des Wohnungsbaus, die Erhaltung vorhandenen Wohnraumes und durch andere geeignete Maßnahmen die Bereitstellung angemessenen Wohnraums für alle zu fördern. Außerdem haben das Land und seine Gebietskörperschaften dafür zu sorgen, daß niemand obdachlos wird (Art. 16 der Verfassung).

II. Länder mit Verweisung auf das Grundgesetz

12
Baden-Württemberg

In Baden-Württemberg sind nach Art. 2 Abs. 1 der Verfassung die im Grundgesetz festgelegten Grundrechte Bestandteil der Verfassung und unmittelbar geltendes Recht. Durch die Streichung der Angabe des Datums des Grundgesetzes in dieser Norm durch verfassungsänderndes Gesetz vom 15. Februar 1995[2] wurde zum Ausdruck gebracht, daß es sich hierbei um eine dynamische

---

[1] Allerdings heißt es in Absatz 3 „zum Schutz gefährdeter Kinder und Jugendlicher".
[2] GBl.BW 1995, S. 269.

Verweisung auf das Grundgesetz, also in seiner jeweils geltenden Fassung³ handelt⁴. Eine vergleichbare Bestimmung findet sich in Art. 5 Abs. 3 der Verfassung des Landes Mecklenburg-Vorpommern⁵, nach dessen Absatz 1 sich das Volk zu den Menschenrechten als Grundlage der staatlichen Gemeinschaft, des Friedens und der Gerechtigkeit bekennt. Ebenso werden gemäß Art. 3 der Verfassung des Landes Schleswig-Holstein die im Grundgesetz festgelegten Grundrechte in die Landesverfassung inkorporiert⁶. Nicht ganz eindeutig ist, ob Art. 4 Abs. 1 der Verfassung des Landes Nordrhein-Westfalen eine statische oder dynamische Verweisung enthält. Denn dort heißt es, daß die im Grundgesetz „in der Fassung vom 23. Mai 1949" festgelegten Grundrechte Bestandteil dieser Verfassung und unmittelbar geltendes Landesrecht sind. Während diese Formulierung eigentlich auf eine statische Verweisung hindeutet, versteht das Schrifttum Art. 4 Verf. Nordrhein-Westfalen als dynamische Rezeption. Mit dieser Ausgestaltung habe man ein hohes Maß an Übereinstimmung mit dem Grundgesetz herstellen und nur den Folgen einer nicht auszuschließenden späteren Aufhebung des Grundgesetzes zuvorkommen wollen⁷.

Mecklenburg-Vorpommern

Schleswig-Holstein

Nordrhein-Westfalen

III. Kombination von Verweisung und eigenständiger Regelung

Das Land Niedersachsen hat sich zu einer Kombination aus Verweisung und eigenständiger Normierung entschieden. Nach Art. 3 Abs. 2 Satz 1 der Verfassung sind die im Grundgesetz für die Bundesrepublik festgelegten Grundrechte Bestandteil der Landesverfassung. Gemäß Art. 6a Var. 3 Verf. Niedersachsen wirkt das Land darauf hin, daß die Bevölkerung mit angemessenem Wohnraum versorgt ist.

13

Niedersachsen

IV. Ländervergleich

Betrachtet man die Länder mit eigenständig ausformulierten Normen zum Schutz der Wohnung, trifft man manchmal auf Termini und Formulierungen, die von der Ausgestaltung des Grundrechts auf Unverletzlichkeit der Wohnung im Grundgesetz abweichen. So charakterisiert Art. 106 Abs. 3 Verf. Bayern die Wohnung als „Freistätte". Nach dem allgemeinen Sprachgebrauch handelt es sich dabei um einen (Zufluchts-)Ort, an dem Dinge getan oder

14

Vom Grundgesetz abweichende Formulierungen

Freistätte

---

3 S. zur dynamischen Verweisung nur *Annette Guckelberger*, Die Verjährung im Öffentlichen Recht, 2004, S. 617ff.
4 *StGH Baden-Württemberg*, Urt. v. 17.6.2014 (15/13, 1 VB 15/13), juris, RN 300; *Krappel*, Landesverfassungsbeschwerde und verfassungsgerichtliche Kontrollkompetenz im Bundesstaat – Zur Einführung einer Landesverfassungsbeschwerde in Baden-Württemberg, VBlBW 2013, S. 121 (128).
5 Dazu *LVerfG Mecklenburg-Vorpommern* LKV 2000, S. 345 (347).
6 Für eine dynamische Verweisung *Nordmann*, Rezipierte Grundrechte für Schleswig-Holstein, NordÖR 2009, S. 97 (98).
7 So *Dietlein*, in: ders./Burgi/Hellermann (LitVerz.), § 1 RN 25; *Kamp*, in: Heusch/Schönenbroicher (LitVerz.), Art. 4 RN 32 f.; angesichts der Verwendung des Klammerzusatzes möglicherweise ebenso *OVG Münster*, B. v. 27.5.2014 (1 E 175/14), juris, RN 14.

§ 235 Sechzehnter Teil: II. Vergleichende Betrachtung der Landesgrundrechte

gesagt werden können, die anderswo nicht möglich sind[8]. In der Berliner Verfassung ist von der Unverletzlichkeit des „Wohnraumes" die Rede[9]. Während in den meisten Bundesländern Eingriffe und Beschränkungen der Unverletzlichkeit der Wohnung auf gesetzlicher Grundlage insbesondere zum Schutz gefährdeter Jugendlicher erfolgen dürfen, wird in Brandenburg und Thüringen der Kreis der Regelbeispiele auf den Schutz gefährdeter Kinder ausgeweitet.

15
Ausreichender Wohnraum als Voraussetzung der Unverletzlichkeit

In neun Landesverfassungen wird in teils unterschiedlicher Formulierung entweder ein „Anspruch" beziehungsweise „Recht" auf angemessenen Wohnraum oder ein diesbezügliches Hinwirken oder Fördern der staatlichen Stellen vorgegeben. Je nach Verfassung wird diese Regelung dabei entweder der Unverletzlichkeit der Wohnung vorangestellt oder folgt später. Die Voranstellung in ein und derselben Norm verdeutlicht, daß das ausreichende Vorhandensein von Wohnungen eine wichtige (Vor-)Bedingung für das Grundrecht der Unverletzlichkeit der Wohnung ist[10]. Wurde die jeweilige Bestimmung hingegen außerhalb des Grundrechtsteils verortet, kann dies ein bedeutsamer Hinweis dafür sein, daß diese Vorgabe dem Einzelnen gerade keinen grundrechtlichen Anspruch vermitteln soll. Letztlich ist für jede einzelne Landesnorm ihr Bedeutungsgehalt gesondert zu ermitteln. Hervorzuheben ist Art. 125 Abs. 3 Verf. Bayern hinsichtlich kinderreicher Familien.

16
Ersatz bei Wohnungsräumung

Art. 47 Abs. 2 Satz 1 Verf. Brandenburg, wonach eine Wohnungsräumung nur bei Ersatzwohnraum vollzogen werden darf, wird wegen seiner Einseitigkeit mit Blick auf den Grundrechtsschutz des Gläubigers verfassungsrechtlich teilweise kritisch betrachtet[11]. Auf jeden Fall kann diese Norm nur innerhalb des bundesrechtlich vorgegebenen Rahmens Wirkungen entfalten (siehe Art. 31 GG)[12]. Insbesondere bei der gefahrenabwehrrechtlichen Wohnungsräumung entnimmt das Verfassungsgericht des Landes Brandenburg Art. 47 Abs. 2 Satz 1 Verf. Brandenburg die Pflicht, dem Betroffenen ein Angebot zur Vermeidung der Obdachlosigkeit zu machen[13]. Auch Art. 40 Abs. 2 Verf. Sachsen-Anhalt und Art. 16 Verf. Thüringen nehmen die staatlichen Stellen bei drohender Obdachlosigkeit in die Pflicht. Relevanz erlangen diese Vorgaben insbesondere für polizeirechtliche Interventionen[14]. Da es hierbei regelmäßig um den Schutz von Leib und Leben gehen wird, sind

---

8 Duden-online.
9 Dazu, daß der Begriff „Wohnraum" nicht stets gleichbedeutend mit Wohnung sein muß, unter RN 62; hier ist er aber wegen des Bezugsworts der Unverletzlichkeit i.S.v. „Wohnung" zu verstehen; s. auch *Driehaus* (LitVerz.), Art. 28 RN 1.
10 S. auch *Blackstein*, in: Fischer-Lescano/Rinken u.a. (LitVerz.), Art. 14 RN 1.
11 *Johannes Dietlein*, Die Grundrechte in den Verfassungen der neuen Bundesländer – Zugleich ein Beitrag zur Auslegung der Art. 31 und 142 GG, 1993, S. 147 ff.
12 Näher dazu *Dietlein* (FN 11), S. 147 ff.; *Lieber*, in: ders./Iwers/Ernst (LitVerz.), S. 319.
13 *VerfG Brandenburg* LVerfGE 2, 105 (111); s. auch *Lieber* aaO., S. 319.
14 *Eichenhofer*, in: Linck/Baldus u.a. (LitVerz.), Art. 16 RN 4; dazu, daß die Sicherung einer dauerhaften Unterkunft Aufgabe der Sozialhilfe ist, *VGH Kassel* KommJur 2011, S. 340 (341 f.).

außerdem die Grundrechte und die Menschenwürdegarantie beim staatlichen Handeln zu beachten[15].

Der Umfang eigenständiger verfassungsrechtlicher Normierungen fällt unterschiedlich aus. Während einzelne Verfassungsnormen sich auf die Unverletzlichkeit der Wohnung beschränken, wird in einer Reihe von Landesverfassungen auch die Durchsuchung geregelt. In Hessen wird der Terminus „Haussuchung" verwendet. Um die Verfassung verständlich zu halten, wollte man nicht die juristische Fachterminologie verwenden[16]. Laut Duden wird unter dem Begriff die polizeiliche Durchsuchung einer Wohnung, eines Hauses nach tatverdächtigen Personen oder zwecks Beschlagnahme bestimmter Gegenstände verstanden. Art. 28 Abs. 2 Satz 2 Verf. Berlin und Art. 14 Abs. 3 Satz 2 Verf. Bremen enthalten eine Zuständigkeitsvorgabe für Durchsuchungen bei Verfolgung „auf frischer Tat". Nur ein einziges Bundesland enthält eine Regelung zur optischen oder akustischen Ausspähung (Art. 17 Abs. 4 Verf. Sachsen-Anhalt).

17
Grenzen landesgrundrechtlicher Eigenständigkeit

„Haussuchung"

Die eigenständig ausgestalteten Landesgrundrechte[17] zum Wohnungsschutz fallen unter Ausblendung etwaiger Regelungen zum angemessenen Wohnraum gegenüber denjenigen Landesverfassungen „kürzer" aus, die dynamisch auf Art. 13 GG verweisen. Die eigenständige Ausformulierung zieht jedoch nicht zwangsläufig eine andere Bedeutung gegenüber den Verweisungsnormen nach sich. Sieht man von der Einbettung in den Gesamtkontext der einzelnen Landesverfassungen ab, ergeben sich inhaltlich keine relevanten Unterschiede, wenn sich der ausformulierte Text mit demjenigen von Art. 13 Abs. 1, 2 und 7 GG deckt. Letzteres ist zum Beispiel bei Art. 30 Verf. Sachsen, Art. 17 Abs. 1 bis 3 Verf. Sachsen-Anhalt und Art. 8 Verf. Thüringen der Fall.

18
Eigenständiger Wohnungsschutz in Landesverfassungen

B. Ausgestaltung der Landesverfassungsnormen und Bundesrecht

Bundesrecht bricht gemäß Art. 31 GG Landesrecht. Allerdings bleiben nach Art. 142 GG „[u]ngeachtet der Vorschrift des Artikels 31 [...] Bestimmungen der Landesverfassungen auch insoweit in Kraft, als sie in Übereinstimmung mit den Artikeln 1 bis 18 dieses Grundgesetzes Grundrechte gewährleisten"[18]. Dies ist nicht nur bei wortgleich formulierten Grundrechten der Fall, son-

19
Übereinstimmung mit Bundesgrundrechten

---

15 *Eichenhofer* (FN 14), Art. 16 RN 4. Letztlich hängt es vom jeweiligen Landesrecht und seiner Systematik ab, ob dies zu einer subjektiv-rechtlichen Auflagung der auf die Obdachlosigkeit bezogenen Vorschriften führt. Für das Vorliegen eines Grundrechts bei Art. 16 Verf. Thüringen *Jutzi*, in: Linck/ders./Hopfe (LitVerz.), Art. 16 RN 2.
16 *Barbara Löhr*, Die Rechte des Menschen in der Verfassung des Landes Hessen im Lichte des Grundgesetzes, 2007, S. 217.
17 In Art. 106 Verf. Bayern, Art. 28 Verf. Berlin, Art. 15 Verf. Brandenburg, Art. 14 Verf. Bremen, Art. 8 Verf. Hessen, Art. 7 Verf. Rheinland-Pfalz, Art. 16 Verf. Saarland, Art. 30 Verf. Sachsen, Art. 17 Verf. Sachsen-Anhalt und Art. 8 Verf. Thüringen.
18 → Bd. III: *Maurer*, Landesgrundrechte im Bundesstaat, § 82.

Inhaltsgleichheit dern auch bei Inhaltsgleichheit gegeben. Dafür genügt es, wenn die jeweiligen Grundrechte „inhaltsgleich sind, weil sie ‚den gleichen Gegenstand in gleichem Sinne, mit gleichem Inhalt und in gleichem Umfang' regeln"[19]. Orientiert man sich an der Rechtsprechung des Bundesverfassungsgerichts, bleiben auch Landesgrundrechte mit einem im Vergleich zum Grundgesetz weitergehenden, aber auch zurückbleibenden Grundrechtsschutz unter der Voraussetzung in Kraft, daß das jeweils engere Grundrecht nur eine Mindestgarantie und damit keinen Normbefehl zur Unterlassung eines weitergehenden Schutzes enthält[20]. Deshalb muß in bezug auf jede einzelne Regelung des Landesverfassungsrechts geklärt werden, ob und inwieweit sie dem Übereinstimmungserfordernis des Art. 142 GG entspricht.

I. Verweisung auf Art. 13 GG

20
Inkorporierung durch dynamische Verweisung

Die geringsten Probleme hinsichtlich der Übereinstimmung zwischen Landes- und Bundesrecht bereiten diejenigen Landesverfassungsnormen, die das Grundrecht des Art. 13 GG[21] in seiner jeweils aktuellen Gestalt in die Landesverfassung inkorporieren. Über die Regelungstechnik der dynamischen Verweisung wird ein höchstmögliches Maß an inhaltlicher Übereinstimmung zwischen dem Bundes- und Landesgrundrecht der Unverletzlichkeit der Wohnung erzielt[22]. Allerdings werden Zweifel an der Verfassungsmäßigkeit dieser Regelungstechnik angemeldet. Denn mit dieser Dynamisierung geht unter demokratischen Gesichtspunkten sowie in rechts- und bundesstaatlicher Hinsicht die Gefahr einer versteckten Verlagerung der Regelungs- beziehungsweise Änderungsbefugnis auf den Bund einher[23]. Es gehört aber zu den vornehmlichen Aufgaben des Landtages, in eigener Verantwortung über den Inhalt der Landesverfassung sowie mit den erforderlichen Mehrheiten über deren Änderung zu befinden[24]. Das Landesverfassungsgericht Mecklenburg-Vorpommern ist mit guten Argumenten gerade in bezug auf das Wohnungsgrundrecht derartigen Bedenken entgegengetreten. Der Inhalt der Grundrechte des Grundgesetzes sei allgemein bekannt. Eine Änderung des Art. 13 GG müsse ausdrücklich erfolgen, dürfe nicht gegen die Vorgaben des Art. 79 Abs. 3 GG verstoßen und benötige die Zustimmung von zwei Dritteln der Mitglieder des Bundestages und zwei Dritteln der Stimmen des Bundesrates[25]. Da Änderungen von Art. 13 GG nur in engen Grenzen zulässig sind und hohen Hürden unterliegen, wird man angesichts der besonderen Publizität und der damit verbundenen Wahrnehmbarkeit von Grundgesetzänderungen sowie der Mitwirkung des Landes im Bundesrat am Änderungsprozeß anneh-

Ausgleich von Kollisionslagen

---

19 *BVerfGE 96*, 345 (365).
20 *BVerfGE 96*, 345 (365).
21 → Bd. V: *Papier*, Schutz der Wohnung, § 91.
22 Ohne speziellen Bezug zum Wohnungsgrundrecht *Nordmann* (FN 6), NordÖR 2009, S. 97 (S. 98).
23 *Engelken*, Änderung der Landesverfassung unter der Großen Koalition, VBlBW 1996, S. 121 (126).
24 Zum Rekurs auf die Eigenständigkeit der Länder und ihre Verfassungsautonomie *Engelken* (FN 23), VBlBW 1996, S. 121 (128).
25 *LVerfG Mecklenburg-Vorpommern* LKV 2000, S. 345 (348).

men können, daß das Land über ausreichende Möglichkeiten verfügt, um rechtzeitig einer abgelehnten Änderung des Inhalts eines Landesgrundrechts zuvorkommen zu können. Außerdem bindet das Bundesgrundrecht die Landesstaatsgewalt auch ohne Inkorporation in das Landesrecht (Art. 1 Abs. 3, Art. 20 Abs. 3 GG) und setzt sich im Kollisionsfall ohnehin gegen das Landesverfassungsrecht durch[26].

Während das Bundesverfassungsgericht in einer frühen Entscheidung bei einer Verweisung in der Landesverfassung auf die grundgesetzlichen Grundrechte von einem identischen Bedeutungsgehalt ausgegangen ist[27], ließ es diese Frage später offen[28]. Wegen der Eigenständigkeit der Verfassungsräume von Bund und Ländern hat sich der Staatsgerichtshof für das Land Baden-Württemberg zu Recht für das Vorliegen eines eigenständigen Landesgrundrechts ausgesprochen, zumal sich dessen Geltungsbefehl aus der jeweiligen Landesverfassung ergibt[29]. Wegen der Umhegung dieses Grundrechts durch die Landesverfassung ist es im Lichte dieser Wertordnung auszulegen[30]. Infolgedessen liegt die Interpretationshoheit für das Landesgrundrecht beim Landesverfassungsgericht, das – unter Beachtung der bundesrechtlichen Vorgaben – durchaus etwas andere Akzente setzen kann[31].

21
Identität vs. Vergleichbarkeit

Bei einer statischen Verweisung auf das Grundgesetz in einer bestimmten Fassung erhält das Landesgrundrecht durch eine spätere Änderung des Grundgesetzes keinen anderen Inhalt, sondern behält bis zu seiner Abänderung durch den Landesverfassungsgeber den von diesem beschlossenen Inhalt. Zwar kann sich auch heute noch jeder den Inhalt des Grundgesetzes in seiner amtlichen Fassung vom 23. Mai 1949 erschließen[32]. Bei einer expliziten Ausformulierung in der Landesverfassung wäre der Inhalt der Landesgrundrechte jedoch einfacher zu ermitteln. Da Art. 13 GG zwischenzeitlich geändert wurde, stellt sich überdies die nicht einfach zu beantwortende Frage, welche Konsequenzen dies für das jeweilige Landesgrundrecht hat[33].

22
Statische Verweisung

Konsequenzen aus Art. 13 GG-Änderung

---

26 *LVerfG Mecklenburg-Vorpommern* aaO.
27 *BVerfGE 22*, 267 (271).
28 *BVerfGE 96*, 345 (368).
29 *StGH Baden-Württemberg*, Urt. v. 17.6.2014 (15/13, 1 VB 15/13), juris, RN 301; zu dieser Frage auch *Guckelberger*, in: Wendt/Rixecker (LitVerz.), Art. 1 RN 5.
30 *StGH Baden-Württemberg*, Urt. v. 17.6.2014 (15/13, 1 VB 15/13), juris, RN 302; *Krappel* (FN 4), VBlBW 2013, S. 121 (S. 129).
31 Dazu auch *StGH Baden-Württemberg*, Urt. v. 17.6.2014 (15/13, 1 VB 15/13), juris, RN 302; *Krappel* (FN 4), VBlBW 2013, S. 121 (129).
32 BGBl. v. 23.5.1949, S. 1 ff.; Art. 13 GG in seiner damaligen Gestalt lautete: „(1) Die Wohnung ist unverletzlich. (2) Durchsuchungen dürfen nur durch den Richter, bei Gefahr im Verzuge auch durch die in den Gesetzen vorgesehenen anderen Organe angeordnet und nur in der dort vorgeschriebenen Form durchgeführt werden. (3) Eingriffe und Beschränkungen dürfen im übrigen nur zur Abwehr einer gemeinen Gefahr oder einer Lebensgefahr für einzelne Personen, auf Grund eines Gesetzes auch zur Verhütung dringender Gefahren für die öffentliche Sicherheit und Ordnung, insbesondere zur Behebung der Raumnot, zur Bekämpfung von Seuchengefahr oder zum Schutze gefährdeter Jugendlicher vorgenommen werden".
33 Dazu oben RN 12 und RN 20.

II. Eigenständig formulierte landesverfassungsrechtliche Regelungen

23
Eigenständiger Beitrag der Länder zur Grundrechtskultur

Diejenigen Landesverfassungen, die eine Ausgestaltung des „Rechts" auf eine angemessene Wohnung oder eine entsprechende Hinwirkens- oder Förderpflicht des Landes vorsehen, statuieren eine Vorgabe, die es in dieser Form im Grundgesetz nicht gibt. Während die Schutzwürdigkeit der räumlichen Privatsphäre in Gestalt der Unverletzlichkeit der Wohnung eine lange Tradition hat, handelt es sich bei den Verfassungsvorgaben zur Versorgung der Bevölkerung mit angemessenem Wohnraum um Regelungen jüngeren Datums[34]. Angesichts der Verfassungsautonomie der Länder sowie des Umstands, daß sich aus dem Grundgesetz keine diesbezügliche Sperrwirkung ergibt, bestehen diese Landesverfassungsnormen fort[35]. Die Länder können durch Ausnutzung ihrer verbleibenden verfassungsrechtlichen und verfassungspolitischen Möglichkeiten durchaus einen eigenständigen Beitrag für die Grundrechtskultur in Deutschland setzen[36]. Bei den hier in Rede stehenden Normen entfaltet das Landesverfassungsrecht seine Wirkung als Erfahrungs- und Erprobungsreservoir[37], kann aber wegen Art. 31 GG nur innerhalb des vom einfachen Bundesrecht abgesteckten Rahmens wirken.

Keine GG-Sperrwirkung

Erprobungsreservoir

24
Geringere Differenzierung des landesgrundrechtlichen Schutzes

Betrachtet man die selbständigen landesverfassungsrechtlichen Regelungen zum Grundrecht der Unverletzlichkeit der Wohnung, fallen sie allesamt gegenüber Art. 13 GG textlich „schmaler" aus, insbesondere sind die Regelungen zu den Eingriffen nicht in gleicher Weise differenziert wie in Art. 13 Abs. 3 bis 7 GG. Deshalb stellt sich gerade beim landesgrundrechtlichen Schutz der Unverletzlichkeit der Wohnung in erhöhtem Maße die Frage nach den sich aus den Abweichungen ergebenden Folgen. Wertet man die Rechtsprechung der Landesverfassungsgerichte hierzu aus, kann man im wesentlichen zwei verschiedene Reaktionsweisen hinsichtlich dieser Divergenzen feststellen, die sich regelmäßig beide mit dem Verständnis des Bundesverfassungsgerichts von Art. 142 GG in Einklang bringen lassen. Wegen der unterschiedlichen Ausgestaltungen der Landesverfassungen ist es letztlich konsequent, wenn die Landesverfassungsgerichte mit Blick auf ihren landesverfassungsrechtlichen „Hintergrund" den Bedeutungsgehalt des von ihnen auszulegenden und anzuwendenden Landesverfassungsrechts beurteilen.

LVerfG-Festlegungen zum Bedeutungsgehalt

25
Wortlautinterpretation

Ein Teil der Gerichte richtet seine Entscheidungen strikt am Wortlaut des jeweiligen Landesgrundrechts aus. So stellte sich der Verfassungsgerichtshof des Freistaates Sachsen auf den Standpunkt, daß das bei der Wohnraumüberwachung hinter den Anforderungen des Art. 13 GG zurückbleibende Landesgrundrecht in dieser Form seinen Entscheidungsmaßstab bildet[38]. Es befindet

---

34 *Blackstein*, in: Fischer-Lescano/Rinken u.a. (LitVerz.), Art. 14 RN 2 f.
35 *Lindner*, in: ders./Möstl/Wolff (LitVerz.), Art. 106 RN 9.
36 So aber ohne Bezug auf die Unverletzlichkeit der Wohnung Saarl.LT-Drucks. 7/2207, S. 5; s. auch *Guckelberger*, in: Wendt/Rixecker (LitVerz.), Art. 1 RN 1.
37 Vgl. ohne Bezug zum Wohnungsgrundrecht *P. M. Huber*, Bundesverfassungsrecht und Landesverfassungsrecht, NdsVBl. 2011, S. 233 (237).
38 *VerfGH Sachsen* NVwZ 2005, S. 1310 (1313).

sich insoweit auf derselben Linie wie das Verfassungsgericht des Landes Brandenburg, wonach bei landesverfassungsrechtlichen Mindergewährleistungen das Landesrecht nicht quasi automatisch um die zusätzlichen Schutzelemente des Grundgesetzes zu ergänzen ist. Für eine solche (Ergänzungs-)Befugnis des Gerichts gebe die brandenburgische Vollverfassung nichts her[39]. Gemäß Art. 142 GG bleibe zurückbleibendes Landesverfassungsrecht in Kraft, soweit es deckungsgleich mit dem Grundgesetz ist und seinen Grundrechtsträgern einen weitergehenden Schutz des Bundesgrundrechts durch andere Gerichte nicht versperrt. Nur eine solche Parallelgeltung zolle in ausreichendem Maße den getrennten Verfassungsräumen von Bund und Ländern sowie der Eigenständigkeit des Landesverfassungsrechts den gebührenden Respekt[40]. *Parallelgeltung?*

26
Andere Verfassungsgerichte folgen dagegen der sogenannten Ergänzungslehre. Nach Ansicht des Bayerischen Verfassungsgerichtshofs unterliegt der die Unverletzlichkeit der Wohnung garantierende Art. 106 Abs. 3 Verf. Bayern, der im Unterschied zu Art. 13 GG keine ausdrückliche Beschränkungsmöglichkeit für das Landesgrundrecht vorsieht, inhärenten Schranken, das heißt immanenten Gewährleistungseinschränkungen zum Schutz höherwertiger Rechtsgüter[41]. Deshalb könne auch in Bayern das Landesgrundrecht aufgrund einer Interessen- und Güterabwägung eingeschränkt werden, die im Ergebnis mit Art. 13 Abs. 7 GG übereinstimmt[42]. Ähnlich verfährt der Verfassungsgerichtshof Rheinland-Pfalz in bezug auf Art. 7 Verf. Rheinland-Pfalz, der zwar in Absatz 1 und 2 mit Art. 13 Abs. 1, 2 GG übereinstimmt, aber nach seinem Absatz 3 die Behörden zur Behebung öffentlicher Notstände durch Gesetz zu Eingriffen und Einschränkungen ermächtigt. Diese Norm beziehe sich nicht nur auf Naturkatastrophen oder allgemeine Notsituationen, sondern genauso auf Maßnahmen der Wohnraumüberwachung zur präventiven Gefahrenabwehr. „Insoweit kann und muß sie aber in grundrechtsfreundlicher Auslegung mit dem Schutzniveau in Einklang gebracht werden, das bundesverfassungsrechtlich nunmehr durch Art. 13 Abs. 4 GG n.F. vermittelt wird"[43]. Zur Begründung verweist der Verfassungsgerichtshof auf den weit gefaßten Wortlaut „Behebung öffentlicher Notstände" sowie den Umstand, daß in weiteren Vorschriften der Landesverfassung der Notstandsbegriff auch die Abwehr von Gefahren für die öffentliche Sicherheit und Ordnung betrifft[44]. Zwar kann man gegen diese inhaltliche Anreicherung des Landesgrundrechts mit den grundgesetzlichen Vorgaben unter dem Gesichtspunkt demokratischer Legitimation Zweifel anmelden. Jedoch sollen ausreichende Gründe diese Ausweitung der Kompetenzen der Landesverfassungsgerichte

Ergänzungslehre

Interessen- und Güterabwägung

Bundesgrundrechtsfreundliche Auslegung

Grundgesetzliche Anreicherung

---
39 *VerfG Brandenburg* LKV 1999, S. 450 (459).
40 *VerfG Brandenburg* LKV 1999, S. 450 (460); zur Zuständigkeit des Bundesverfassungsgerichts für den Rechtsschutz aus Art. 13 GG *Iwers*, in: Lieber/ders./Ernst (LitVerz.), S. 161.
41 *BayVerfGH* NVwZ-RR 2006, S. 585 (586); dazu *Krausnick*, in: Meder/Brechmann (LitVerz.), Art. 106 RN 6; *Lindner*, in: ders./Möstl/Wolff (LitVerz.), Art. 106 RN 28.
42 *BayVerfGH* NVwZ-RR 2006, S. 585 (586); dazu, daß der Verhältnismäßigkeitsgrundsatz letztlich zu vergleichbaren Anforderungen i.S.d. Art. 13 Abs. 2ff. GG führt, *Lindner*, in: ders./Möstl/Wolff (LitVerz.), Art. 106 RN 12.
43 *VerfGH Rheinland-Pfalz* AS 34, 169 (186f.) sowie NVwZ-RR 2007, S. 721 (723).
44 *VerfGH Rheinland-Pfalz* aaO.

§ 235 Sechzehnter Teil: II. Vergleichende Betrachtung der Landesgrundrechte

rechtfertigen. Als solche werden die Einbeziehung der Länder in den Bundesstaat sowie die Bewahrung und Schonung der Landesverfassungsvorgaben vor einem Geltungsverlust genannt[45]. Auch mute es befremdlich an, wenn Landesverfassungsgerichte ihre Staatsgewalt unterhalb des Niveaus der Bundesgrundrechte ausübten[46].

27
Durchsuchungsregelungen

Besonders brisant wird die Frage nach der Fortgeltung der landesgrundrechtlichen Regelungen insbesondere bei gegenüber Art. 13 Abs. 2 GG enger ausgestalteten Durchsuchungsregelungen. So werden im Schrifttum unterschiedliche Meinungen zum Schicksal von Art. 28 Abs. 2 Satz 2 Verf. Berlin vertreten, wonach Durchsuchungen nur auf richterliche Anordnung oder „bei Verfolgung auf frischer Tat" durch die Polizei vorgenommen werden dürfen. Nach Ansicht von *Nikolas Eschen* kommt eine Verfolgung nur bei bereits Geschehenem in Betracht, so daß diese Klausel das präventiv-polizeiliche Handeln nicht erfasse. Wegen des Wortes „nur" sei eine Erweiterung des Art. 28 Abs. 2 Satz 2 Verf. Berlin im Hinblick auf den Schutz anderer Verfassungsgüter nicht möglich. Diese Ausgestaltung des Landesgrundrechts umfaßt für ihn eine Mehrgewährleistung gegenüber Art. 13 Abs. 2 GG, weshalb nach der Berliner Verfassung Durchsuchungen zur Gefahrenabwehr im Eilfall stets richterlicher Anordnung bedürften[47]. Art. 13 Abs. 2 Alt. 2 GG, der nach seiner Ansicht wegen des Erfordernisses einer gesetzlichen Ermächtigung keinen Maximalstandard vorgibt, komme insoweit keine einschränkende Funktion zu[48]. Deshalb empfiehlt er dem Landesverfassungsgeber zur Verbesserung des präventiv-polizeilichen Handelns eine Korrektur der Verfassungsnorm. Einen vergleichbaren Standpunkt nimmt *Barbara Löhr* zur Haussuchung nach Art. 19 Verf. Hessen ein, die nur bei dringendem Verdacht einer strafbaren Handlung gestattet wird[49]. Demgegenüber sieht *Sebastian Söllner* in Art. 13 Abs. 2 Alt. 2 GG insbesondere zum Schutz des Grundrechts auf Leben und körperliche Unversehrtheit, aber auch der allgemeinen Handlungsfreiheit eine Maximalgewährleistung, so daß das Landesgrundrecht bei einer unverträglichen Kollision zurücktreten müsse[50]. Einen ähnlichen Standpunkt vertritt *Ylva Blackstein* zu Art. 14 Abs. 3 Satz 2 Verf. Bremen, wonach Durchsuchungen bei Gefahr im Verzuge oder bei Verfolgung auf frischer Tat subsidiär auch durch die Staatsanwaltschaft und deren Hilfsbeamten angeordnet werden dürfen. Weil man auch nach ihrer Einschätzung mit Art. 13 Abs. 2 GG die verfassungsrechtlichen Interessen abschließend zueinander in Ausgleich

Richterliche Anordnung auch im Eilfall?

Ausgleich

---

[45] *Jutzi*, Leitlinie Grundgesetz – Zu Unitarisierungstendenzen in der Rechtsprechung des VerfGH Rheinland-Pfalz, LKRZ 2011, S. 286 (290).
[46] *Jutzi* (FN 45), LKRZ 2011, S. 286 (290 ff.).
[47] *Eschen*, Zu den Voraussetzungen der Hausdurchsuchung bei Gefahr im Verzug, LKV 2001, S. 114 (116); ebenso *Driehaus* (LitVerz.), Art. 28 RN 9; auch nach *Söllner*, Grenzen der Hausdurchsuchung nach der Berliner Landesverfassung, LKV 2009, S. 358 (385) wird der Verfassungswortlaut bei einem Verständnis von „auf frischer Tat" verfolgt i.S. von Gefahr im Verzug überdehnt. A.A. *Stöhr*, in: Pfennig/ Neumann (LitVerz.), Art. 28 RN 12.
[48] *Eschen*, LKV 2001, S. 114 (116).
[49] *Löhr* (FN 16), S. 219 ff.
[50] *S. Söllner* (FN 47), LKV 2009, S. 358 (359).

bringen wollte, spreche einiges gegen eine unveränderte Weitergeltung von Art. 14 Abs. 3 Satz 2 Verf. Bremen[51] beziehungsweise könne dieser allenfalls durch Auslegung im Sinne des Art. 13 Abs. 2 GG weitergelten[52].

C. Landesvorgaben und international- sowie unionsrechtliche Vorgaben

Die von Deutschland ratifizierte Europäische Menschenrechtskonvention mit Zusatzprotokollen hat infolge ihrer Ratifikation den Rang eines förmlichen Bundesgesetzes[53]. Wegen der Völkerrechtsfreundlichkeit des Grundgesetzes und auch der Landesverfassungen sind die EMRK-Vorgaben einschließlich der dazu ergangenen Rechtsprechung des Europäischen Gerichtshofs für Menschenrechte im Rahmen des methodisch Vertretbaren bei der Erschließung des Bedeutungsgehalts der Grundrechte zu beachten[54]. Da EMRK-widriges Landesrecht überdies aufgrund des Vorrangs des Bundesrechts nichtig ist (Art. 31 GG)[55], sollten die Landesvorgaben zum Schutz der Wohnung möglichst konventionskonform ausgelegt werden.

28 Völkerrechtsfreundlichkeit von GG und Landesverfassungen

Nach Art. 8 Abs. 1 EMRK hat jede Person das Recht auf Achtung ihres Privat- und Familienlebens sowie ihrer Wohnung. Der Europäische Gerichtshof für Menschenrechte legt den Begriff der „Wohnung" autonom aus; geschützt sind auch Büroräume, so daß sich auch juristische Personen auf das Konventionsrecht berufen können[56]. Der Europäische Gerichtshof für Menschenrechte mußte einige Male über Durchsuchungen befinden und entschied unter anderem, daß bei der Verhältnismäßigkeit auf die Art und Weise der Durchsuchung zu achten sei. Als unverhältnismäßig sah er eine von fünf Polizeibeamten durchgeführte Durchsuchung an, obwohl lediglich einer von ihnen in der Durchsuchungsanordnung benannt war, in deren Durchführung die Wohnungseinrichtung in einem teilweise zerstörten und völlig unordentlichen Zustand hinterlassen wurde[57]. Je nach Konstellation wird Art. 8 EMRK ein Abwehrrecht gegen den Staat oder eine positive Verpflichtung des Staates zur Ergreifung angemessener und geeigneter Maßnahmen zum Wohnungs-

29 EMRK-konforme Auslegung

Verhältnismäßigkeitsprüfung

---

51 *Blackstein*, in: Fischer-Lescano/Rinken u.a. (LitVerz.), Art. 14 RN 13; *H. Neumann*, Verf. Bremen (LitVerz.), Art. 14 RN 11.
52 *Blackstein*, in: Fischer-Lescano/Rinken u.a. (LitVerz.), Art. 14 RN 13.
53 *BVerfGE 138* (355f. RN 149) sowie NJW 2015, S. 1359 (1368).
54 *BVerfGE 128*, 326 (371); *138* (356 RN 149) sowie NJW 2015, S. 1359 (1368); dazu, daß die Europäische Menschenrechtskonvention nicht Bestandteil der Bayerischen Verfassung ist: *BayVerfGH* BayVBl. 1996, S. 77.
55 *BVerfGE 138* (356 RN 149) sowie NJW 2015, S. 1359 (1368f.).
56 *EGMR*, Urt. v. 18.4.2013, Saint-Paul Luxemburg A.S. ./. Luxemburg, Beschwerde Nr. 26419/10, RN 37; Urt. v. 2.10.2014, Delta Pekárny A.S. ./. Tschechische Republik, Beschwerde Nr. 97/11, RN 77.
57 *EGMR*, Urt. v. 13.6.2013, Vasylchuk ./. Ukraine, Beschwerde Nr. 24402/07, RN 81 ff.; dazu, daß eine solche nicht aufgrund bloßer Vermutungen, sondern bloß aufgrund eines vernünftigen Verdachts in Betracht kommt: *EGMR*, Urt. v. 18.9.2014, Avanesyan ./. Russland, Beschwerde Nr. 41152/06, RN 42; zur Präzisierung des Suchgegenstands *EGMR*, Urt. v. 2.10.2014, Misan ./. Rußland, Beschwerde Nr. 4261/04, RN 61.

schutz entnommen⁵⁸. Weil schwere Beeinträchtigungen der Umwelt sich abträglich auf das Wohlbefinden der Personen und die Benutzbarkeit ihrer Wohnung auswirken, sind bei gefährlichen Tätigkeiten vernünftige und angemessene Maßnahmen für eine gesunde und geschützte Umwelt zu ergreifen, wobei den Konventionsstaaten ein Ermessensspielraum zugestanden wird⁵⁹. Nach Meinung des Bundesverfassungsgerichts ist die Europäische Menschenrechtskonvention beim Schutz der körperlichen Integrität lückenhaft. Mangels Eingriffs in Art. 13 GG sei die EGMR-Rechtsprechung auf Grundgesetzebene bei der Auslegung des Rechts auf körperliche Unversehrtheit aus Art. 2 Abs. 2 Satz 1 GG sowie der Eigentumsgarantie des Art. 14 GG zu implementieren⁶⁰.

Implementationsbasis für EGMR-Rechtsprechung

Bei der Interpretation der Landesverfassungsnormen zum Wohnungsschutz ist deshalb der Frage nachzugehen, welches das gegebenenfalls passende Landesgrundrecht zur Implementierung dieser EGMR-Rechtsprechung ist. Da die meisten Landesgrundrechte ebenso wie Art. 13 Abs. 1 GG an die Unverletzlichkeit der Wohnung anknüpfen, dürfte allerdings in Abhängigkeit zum übrigen Gesamtkontext der Landesverfassung die Übertragung der Rechtsprechung des Bundesverfassungsgerichts auf das Landesrecht naheliegen.

30

Wohnungsschutz nach der GRCh

Nach Art. 7 Var. 3 GRCh hat jede Person das Recht auf Achtung ihrer Wohnung. Dieser Wohnungsschutz kommt nach dem Europäischen Gerichtshof auch bestimmten Geschäftsräumen zugute, wobei hier weitergehende öffentliche Eingriffsmöglichkeiten als bei privaten Räumen möglich sind⁶¹. Der Wohnungsverlust stellt einen der schwersten Eingriffe in dieses Grundrecht dar, weshalb die Betroffenen grundsätzlich die Verhältnismäßigkeit dieser

Reichweite

Maßnahme müssen überprüfen lassen können⁶². Die Mitgliedstaaten müssen dieses Grundrecht allerdings nach Art. 51 Abs. 1 Satz 1 GRCh ausschließlich bei der Durchführung des Rechts der Union beachten, wobei sich auch in bezug auf das Landesgrundrecht vergleichbar zu den Grundrechten des Grundgesetzes die Frage nach der Reichweite und dem Verhältnis der Verfassungsnormen zueinander stellt. Nach Art. 34 Abs. 3 GRCh anerkennt und

Wohnungs-Unterstützung

achtet die Union zur Bekämpfung der sozialen Ausgrenzung und der Armut das Recht auf soziale Unterstützung und auf Unterstützung für die Wohnung zur Sicherstellung eines menschenwürdigen Daseins für alle, die nicht über ausreichende Mittel verfügen, nach Maßgabe des Unionsrechts und der einzelstaatlichen Rechtsvorschriften und Gepflogenheiten. Da diese Norm nur die Organe der Union sowie diese selbst als Rechtsperson bindet, ergeben sich daraus keine positiven Pflichten für die einzelnen (Bundes-)Länder⁶³. Wegen der Verwendung des Worts „Unterstützung", das sich auf rein finanzi-

---

58 *EGMR*, Urt. v. 28. 2. 2012, Kolyadenko ./. Rußland, NVwZ 2013, S. 993 (999), zur Untätigkeit der staatlichen Behörden hinsichtlich Überschwemmungsgefahr aufgrund des massiven Ablassens von Wasser aus einem Wasserspeicher.
59 *EGMR*, Urt. v. 10. 1. 2012, Di Sarno u.a. ./. Italien, NVwZ 2013, S. 415 (417 f.).
60 *BVerfGK 16, 68* (80 f.), sowie NVwZ 2009, S. 1494 (1498).
61 *EuGH*, Urt. v. 18. 6. 2015, Rs. C-583/13 (Deutsche Bahn und andere), RN 20.
62 *EuGH*, Urt. v. 10. 9. 2014, Rs. C-34/13 (Monika Kušionová), RN 63 ff.
63 Mit Bezug auf die Mitgliedstaaten *Jarass*, GRCh (LitVerz.), Art. 34 RN 9.

elle Maßnahmen bezieht, wird diese Regelung im Verhältnis zu anderen internationalen Vorgaben als unzureichend angesehen[64]. Aufgrund seiner Ausfüllungsbedürftigkeit wird Art. 34 Abs. 3 GRCh als Grundsatz und nicht als Grundrecht eingestuft[65]. Wie der Rekurs auf die nationalen Rechtsvorschriften zeigt, steht das Unionsrecht landesverfassungsrechtlichen Regelungen zur Förderung angemessenen Wohnraums positiv gegenüber. Somit ist die soziale Komponente des Wohnungsschutzes auf Unionsebene und in manchen Bundesländern gegenüber dem Grundgesetz stärker ausgeprägt.

Ausfüllungsbedürftigkeit von Art. 34 Abs. 3 GRCh

D. Bedeutung des landesverfassungsrechtlichen Wohnungsschutzes

Die Landesverfassung bindet die jeweilige Landesstaatsgewalt. Bei Bestehen eines Landesgrundrechts zum Wohnungsschutz ist diese also doppelt grundrechtsgebunden, nämlich an Art. 13 GG und das jeweilige Landesgrundrecht. Praktisch bedeutsam wird dies insbesondere bei Existenz einer Verfassungsbeschwerdemöglichkeit zum jeweiligen Landesverfassungsgericht. Dann können grundrechtsberechtigte Personen eine weitere Institution um Rechtsschutz ersuchen[66]. Nur das Landes-, nicht aber das Bundesverfassungsgericht kann innerhalb seines Zuständigkeitsbereichs über die Vereinbarkeit von Maßnahmen der Landesstaatsgewalt mit der Landesverfassung befinden[67]. Auch bei einer Anwendung des Bundesrechts durch die Landesstaatsgewalt kann es zu einer Verletzung des Landesgrundrechts kommen. Das Bundesverfassungsgericht hat dies explizit für die Anwendung von Verfahrensrecht des Bundes durch die Landesgerichte im Hinblick darauf anerkannt, „ob das gerügte Landesverfassungsrecht im zu entscheidenden Fall zu demselben Ergebnis wie das Grundgesetz führt"[68]. Weil die Landesgrundrechte jedoch einen weitergehenden Schutz als das Grundgesetz gewährleisten können, wird im Schrifttum zu Recht angenommen, daß das Landesgrundrecht auch maßstabsbildend ist, wenn das Verfahrens- oder materielle Recht des Bundes Spielräume bei der Rechtsanwendung durch die Landesstaatsgewalt gewährt[69].

31
Doppelte Grundrechtsbindung der Landesstaatsgewalt

Zweifache verfassungsgerichtliche Prüfung

---

64 Nachweise bei *Rudolf*, in: J. Meyer, GRCh (LitVerz.), Art. 34 RN 21.
65 *Jarass*, GRCh (LitVerz.), Art. 34 RN 3.
66 → Bd. III: *Rozek*, Landesgrundrechte als Kontrollmaßstab für die Anwendung von Bundesrecht, § 85; *Pestalozza*, Bundesverfassungsgerichtsbarkeit und Landesverfassungsgerichtsbarkeit, § 86; s. auch *Gärditz*, Das strafprozessuale Ermittlungsverfahren unter Kontrolle der Landesverfassungsgerichtsbarkeit, LKRZ 2014, S. 187 (189); dazu, daß ein Mehr an Garantien nicht automatisch zu einem Mehr an Freiheit führt, *P. M. Huber* (FN 37), NdsVBl. 2011, S. 233 (237).
67 *Wendt*, Die Rüge der Verletzung im Grundgesetz verbürgter Rechte vor den Landesverfassungsgerichten, NdsVBl. 2010, S. 150.
68 *BVerfGE* 96, 345 (374).
69 So *v. Coelln*, in: Gröpl/Windthorst/ders. (LitVerz.), Art. 142 RN 7, der in seiner Dissertation „Anwendung von Bundesrecht nach Maßgabe der Landesgrundrechte?", 2001, S. 326 ff., dies im übrigen auch bei der Anwendung materiellen Rechts annimmt. Ebenso *Guckelberger*, in: Wendt/Rixecker (LitVerz.), Art. 1 RN 2; *Lindner*, in: ders./Möstl/Wolff (LitVerz.), Art. 106 RN 14.

§ 235 Sechzehnter Teil: II. Vergleichende Betrachtung der Landesgrundrechte

32
Blässe der Landesgrundrechte?

Angesichts der sehr weitgehenden Ausübung seiner Gesetzgebungskompetenzen durch den Bund ist teilweise von einer blassen beziehungsweise geringen Bedeutung der Landesgrundrechte die Rede[70]. Auch wenn diese Pauschalisierung die Rechtslage an und für sich gut beschreibt, hängt es erheblich vom Inhalt des jeweiligen Landesgrundrechts sowie der Kompetenzverteilung zwischen Bund und Ländern ab, welcher Wirkungsbereich dem Landesverfassungsrecht bleibt. Eine Sichtung der Rechtsprechung der Landesverfassungsgerichte ergab, daß sich diese mit dem Wohnungsschutz bei Durchsuchungen, der Wohnraumüberwachung aus präventiven Gründen, den behördlichen Betretungsrechten sowie dem „Recht" beziehungsweise Hinwirken auf angemessenen Wohnraum befaßten[71]. Während dem Bund vor der Föderalismusreform 2006 nach Art. 74 Abs. 1 Nr. 18 GG a.F. die konkurrierende Gesetzgebungskompetenz für das Wohnungswesen zustand, beschränkt sich seine heutige Regelungskompetenz auf das Wohngeldrecht, das Wohnungsbauprämienrecht sowie das Bergarbeiterwohnungsbaurecht und das Bergmannssiedlungsrecht[72].

33
Wohnraumförderungs- bzw. -bindungsgesetze

Landespolizeirecht

Zwischenzeitlich hat die Mehrzahl aller Länder eigene Wohnraumförderungsbeziehungsweise Wohnungsbindungsgesetze erlassen[73]. Auch sind die Länder inzwischen für das Recht des Untersuchungshaftvollzugs zuständig. Da eine ganze Reihe behördlicher Betretungsrechte zum Landesrecht gehört, gibt es durchaus Bereiche, in denen der landesverfassungsrechtliche Schutz der Wohnung Wirkungen entfaltet und Praxisrelevanz erlangt. Weil die Landespolizeigesetze spezielle Regelungen zum Betreten und Durchsuchen von Wohnungen vorsehen, die meist nach Zeiten und Arbeits-, Betriebs- und Geschäftsräumen differenzieren, hat der Landesgesetzgeber bei der Ausgestaltung der

---

70 *P. M. Huber* (FN 37), NdsVBl. 2011, S. 233 (236).
71 Wobei sich gewisse Landesverfassungsgerichte mehrmals, andere dagegen kaum oder gar nicht mit dem landesverfassungsrechtlichen Wohnungsschutz befassen mußten.
72 Zu den jetzigen Regelungsmöglichkeiten der Länder *Lindner*, in: ders./Möstl/Wolff (LitVerz.), Art. 106 RN 4.
73 Baden-Württemberg: Landesgesetz zur Förderung von Wohnraum und Stabilisierung von Quartierstrukturen v. 11.12.2007 (GBl. S. 581); Bayern: Gesetz über die Wohnraumförderung in Bayern v. 10.4.2007 (GVBl. S. 260), zul. geänd. durch VO v. 22.7.2014 (GVBl. S. 286); Gesetz zur Sicherung der Zweckbestimmung von Sozialwohnungen in Bayern v. 23.7.2007 (GVBl. S. 562), zul. geänd. durch G. v. 22.12.2015 (GVBl. S. 485); Bremen: Bremisches Gesetz zur Sicherung der Zweckbestimmung von Sozialwohnungen v. 18.11.2008 (BremGBl. S. 392), zul. geänd. durch ÄndBek v. 24.1.2012 (BremGBl. S. 24); Hamburg: Gesetz über die Wohnraumförderung in der Freien und Hansestadt Hamburg v. 19.2.2008 (GVBl. S. 74), zul. geänd. durch G v. 21.5.2013 (GVBl. S. 244); Gesetz zur Sicherung der Zweckbestimmung von Sozialwohnungen in der Freien und Hansestadt Hamburg v. 19.2.2008 (GVBl. S. 74), zul. geänd. durch G v. 21.5.2013 (GVBl. S. 244); Hessen: Hessisches Wohnraumfördergesetz v. 13.12.2012 (GVBl. S. 600), zul. geänd. durch G v. 2.12.2014 (GVBl. S. 314); Hessisches Gesetz zur Sicherung der Zweckbestimmung von Sozialwohnungen v. 3.4.2013 (GVBl. S. 142), zul. geänd. durch G v. 2.12.2014 (GVBl. S. 314); Niedersachsen: Niedersächsisches Wohnraumfördergesetz v. 29.10.2009 (NdsGVBl. S. 403), zul. geänd. durch G v. 23.7.2014 (NdsGVBl. S. 208); Nordrhein-Westfalen: Gesetz zur Förderung und Nutzung von Wohnraum für das Land Nordrhein-Westfalen v. 8.12.2009 (GVNRW S. 772), zul. geänd. durch G v. 10.4.2014 (GVNRW S. 269); Rheinland-Pfalz: Landeswohnraumförderungsgesetz v. 22.11.2013 (GVBl. S. 472); Schleswig-Holstein: Gesetz über die Wohnraumförderung in Schleswig-Holstein v. 25.4.2009 (GVOBl. S. 194), zul. geänd. durch G v. 3.5.2016 (GVOBl. S. 118). Lediglich in denjenigen Ländern, die das Bundesrecht noch nicht durch eigenes Landesrecht ersetzt haben, bleiben gemäß Art. 125 a Abs. 1 Satz 1 GG weiterhin das WoFG und das WoBindG des Bundes gültig.

Befugnisnorm dem Landesgrundrecht ausreichend Rechnung zu tragen. Gleiches gilt für Behörden und Gerichte, wenn die Norm ausgelegt und angewendet wird. Die Polizeirechtsnormen zu Informationserhebungen über Wohnungen sind nicht nur mit den Vorgaben des Art. 13 Abs. 3 bis 6 GG, sondern gleichfalls mit dem Landesgrundrecht in Einklang zu bringen.

E. Die Unverletzlichkeit der Wohnung

Die Ausgestaltung des Grundrechts auf Unverletzlichkeit der Wohnung und seine Einschränkbarkeit variieren von Landesverfassung zu Landesverfassung. Deshalb bilden diese mit sämtlichen Bestimmungen immer den Ausgangspunkt für die Erschließung des genauen Inhalts des Landesgrundrechts. An dieser Stelle kann nur ein allgemeiner Überblick über die landesverfassungsrechtlich garantierte Unverletzlichkeit der Wohnung gegeben werden. Wie Art. 13 Abs. 1 GG[74] verbürgt auch das Landesgrundrecht auf Unverletzlichkeit der Wohnung seinen Grundrechtsträgern einen elementaren Lebensraum für die Entfaltung ihrer Persönlichkeit und das Recht, in diesem in Ruhe gelassen zu werden[75]. Sie sollen in den Räumen tun und lassen können, was sie wollen[76].

34
Variantenreiche Schutzbereichsgestaltung

Aus dem Landesgrundrecht folgt in erster Linie ein Abwehrrecht gegen das Eindringen der öffentlichen Gewalt in die Wohnung[77]. Dieser werden willkürliche Eingriffe in die räumliche Individualsphäre der Grundrechtsträger untersagt[78]. Sowohl das Berliner Verfassungsgericht als auch dasjenige des Landes Brandenburg betonten, Schutzgut des Grundrechts sei nicht das Besitzrecht an einer Wohnung, sondern ihre Privatheit[79]. Wie sich aus der Formulierung „Unverletzlichkeit der Wohnung" sowie den in einigen Landesverfassungen anzutreffenden Spezialbestimmungen zum Recht beziehungsweise Hinwirken auf angemessenen Wohnraum ergibt, gewährt die Unverletzlichkeit der Wohnung den Grundrechtsberechtigten keinen Leistungsanspruch auf Zurverfügungstellung einer bestimmten Wohnung[80]. Außerdem enthält das Grundrecht der Unverletzlichkeit der Wohnung eine objektive Wertentscheidung. Diese ist von den Behörden und Gerichten bei der Auslegung und Anwendung der einfachgesetzlichen Normen zu beachten, etwa, wenn ein Mieter dem Vermieter das Betreten der Wohnung verweigert und daraus

35
Abwehr von Eingriffen in die räumliche Individualsphäre

Objektive Wertentscheidung

---

74 Z.B. *BVerfGK 18, 414* (418), sowie *NJW* 2011, S. 2275.
75 *VerfGH Rheinland-Pfalz AS 34*, 169 (185 sub II 1 a) sowie *NVwZ-RR* 2007, S. 721 (723). S. auch *BayVerfGH NVwZ-RR* 2006, S. 585 (586); *VerfGH Sachsen NVwZ* 2005, S. 1310 (1313).
76 *VerfGH Sachsen JZ* 1996, S. 957 (967); *NVwZ* 2005, S. 1310 (1313).
77 *VerfGH Rheinland-Pfalz AS 34*, 169 (185 sub II 1 a) sowie *NVwZ-RR* 2007, S. 721 (723).
78 *BayVerfGH BayVBl.* 1996, S. 77 (78); *NVwZ-RR* 2006, S. 585 (586); s. auch *VerfGH Rheinland-Pfalz AS 34*, 169 (185) sowie *NVwZ-RR* 2007, S. 721 (723).
79 *VerfG Brandenburg*, B. v. 19. 6. 2013 (46/12), juris, RN 12; *VerfGH Berlin JR* 2000, S. 233 (234).
80 In diese Richtung *BayVerfGH*, E. v. 20. 6. 1966 (Vf. 28-VI-66).

§ 235 Sechzehnter Teil: II. Vergleichende Betrachtung der Landesgrundrechte

nachteilige Schlüsse gezogen werden sollen[81]. Das Landesgrundrecht begründet für den Landesgesetzgeber innerhalb seines Kompetenzbereichs die Pflicht, die räumliche Privatsphäre in hinreichendem Maße vor Übergriffen durch andere zu schützen[82]. Schließlich kommt dem Grundrecht auch eine verfahrens- und organisationsrechtliche Dimension zu, was den Richtervorbehalt für Wohnungsdurchsuchungen oder Dokumentations- und Informationspflichten betrifft[83].

Verfahrensdimension

I. Schutzgegenstand

36
Wohnungsbegriff

Wie bei Art. 13 Abs. 1 GG wird die Unverletzlichkeit in den meisten Landesverfassungen auf die Wohnung als Schutzgegenstand bezogen. Darunter fallen herkömmlicherweise Räume, die durch räumliche Abschirmung der allgemeinen Zugänglichkeit entzogen sind und als Stätte privaten Lebens und Wirkens fungieren[84]. Der Wohnungsbegriff wird weit ausgelegt, und es wird nicht darauf abgestellt, daß die Wohnung tatsächlich und kontinuierlich privat genutzt wird[85]. Deshalb werden auch Gäste- und Hotelzimmer geschützt[86]. Da eine Wohnung nicht zwingend eine ortsfeste Anlage voraussetzt, fallen darunter auch Wohnmobile[87]. Bei einem Personenkraftwagen ist dagegen – nach allerdings nicht unumstrittener Sicht – wegen seiner primären Fortbewegungsfunktion das Vorliegen einer Wohnung zu verneinen[88]. Zur Vermeidung von Divergenzen zu Art. 13 Abs. 1 GG, aber auch zu Art. 8 Abs. 1 EMRK fallen Arbeits-, Betriebs- und Geschäftsräume unter den Wohnungsbegriff[89], beispielsweise Kanzleiräume eines Rechtsanwalts[90] oder eine Notargeschäftsstelle[91]. Weil es um den Schutz der räumlichen Privatsphäre geht, können Amtsräume allenfalls dann eine „Wohnung" sein, wenn vorgetragen und plausibel erklärt wird, inwieweit der jeweilige Raum – zumindest auch – einen individuellen Rückzugsbereich vermittelt[92]. Nach nicht unumstrittener Ansicht sind Afträume wegen ihrer Überlagerung durch das staatliche Hausrecht keine Wohnung[93]. Auch wenn einfachgesetzliche Vorgaben kein Maßstab für die Auslegung des verfassungsrechtlichen Wohnungsbegriffs sind,

Amtsräume

Hafträume

---

81 *VerfGH Berlin*, B. v. 8. 10. 2001 (108/01, 108 A/01), juris, RN 11.
82 *Guckelberger*, in: Wendt/Rixecker (LitVerz.), Art. 16 RN 2.
83 *Lindner*, in: ders./Möstl/Wolff (LitVerz.), Art. 106 RN 39.
84 *Guckelberger*, in: Wendt/Rixecker (LitVerz.), Art. 16 RN 3.
85 *VerfGH Sachsen* JZ 1996, S. 957 (967).
86 *VerfGH Sachsen* aaO.
87 *Groh*, in: Brocker/Droege/Jutzi (LitVerz.), Art. 7 RN 4; *Ziekow/Guckelberger*, in: Friauf/Höfling, Berliner Kommentar (LitVerz.), Art. 13 RN 37.
88 *Guckelberger*, in: Wendt/Rixecker (LitVerz.), Art. 16 RN 3; a.A. *Lindner*, in: ders./Möstl/Wolff (LitVerz.), Art. 106 RN 19.
89 *VerfGH Sachsen* JZ 1996, S. 957 (967); *Krausnick*, in: Meder/Brechmann (LitVerz.), Art. 106 RN 14.
90 S. nur *BVerfG* (Kammer), B. v. 29. 1. 2015 (2 BvR 497/12, 2 BvR 498/12, 2 BvR 499/12, 2 BvR 1054/12) juris, RN 16.
91 *VerfGH Sachsen*, B. v. 28. 6. 2006 (Vf. 5-IV-06), juris RN 15.
92 *VerfGH Sachsen* aaO.; gegen die Qualifizierung von Diensträumen als Wohnung *BbgVerfG* LKV 2003, S. 27; für deren Wohnungseigenschaft *Lindner*, in: ders./Möstl/Wolff (LitVerz.), Art. 106 RN 20.
93 *BVerfG* (Kammer) NJW 1996, S. 2643; a.A. *Lindner*, in: ders./Möstl/Wolff (LitVerz.), Art. 106 RN 19.

heißt es in den Landespolizeigesetzen vielfach, daß die Wohnung „Wohn- und Nebenräume, Arbeits-, Betriebs- und Geschäftsräume sowie anderes befriedetes Besitztum" umfaßt[94].

II. Grundrechtsberechtigte Personen

Während die Mehrzahl der Landesverfassungen mit der Regelung „Die Wohnung ist unverletzlich" keine explizite Aussage zu den Trägern des Grundrechts trifft, bezieht sich Art. 106 Abs. 3 Verf. Bayern auf „jedermann". Sollte dem Grundrecht in demselben Artikel eine Aussage zum Recht auf angemessene Wohnung vorangestellt sein, wie in Art. 28 Abs. 1 Verf. Berlin („jeder Mensch") oder in Art. 14 Abs. 1 Verf. Bremen („jeder Bewohner"), kann die Normsystematik zugleich Hinweise für die Grundrechtsberechtigung hinsichtlich der Unverletzlichkeit der Wohnung liefern. Als sogenanntes Menschenrecht („Jedermann"-Recht) kommt die Unverletzlichkeit der Wohnung den Bewohnern der jeweiligen Räumlichkeit unabhängig von ihrer Nationalität[95] oder den Eigentumsverhältnissen an der Wohnung zugute[96]. Wird in die Wohnung eines Mieters eingedrungen, kann sich zwar dieser, nicht aber der Vermieter auf die Verletzung des Landesgrundrechts berufen[97]. Wohnen mehrere Personen in einer Wohnung, ist jeder von ihnen grundrechtsberechtigt[98]. Die Unverletzlichkeit der Wohnung schützt auch Personen, die sich – wie zum Beispiel ein gekündigter Mieter – „unberechtigt" in ihr aufhalten[99]. Personen, die sich nur kurzfristig, etwa zur Vornahme einer Reparatur oder anläßlich einer Einladung zu einem Abendessen, in der Wohnung aufhalten, sind keine Grundrechtsträger. Denn ihr Wille ist nicht darauf gerichtet, dort für sich eine räumliche Privatsphäre in Anspruch zu nehmen[100]. Werden sie von einer Maßnahme der Wohnraumüberwachung betroffen, ist für sie das anderweitig garantierte allgemeine Persönlichkeitsrecht einschlägig[101].

Soweit das Landesgrundrecht die Wohnung als Ausdruck des allgemeinen Persönlichkeitsrechts schützt, kommt es nur natürlichen Personen zugute[102]. Vom Vorhandensein einer der persönlichen Privatsphäre zugeordneten Räumlichkeit kann auch bei Räumlichkeiten eines Geschäftsführers einer

37 Jedermann-Recht

Menschenrecht

Ausnahmen vom Schutzbereich

38 Natürliche und juristische Personen als Berechtigte

---

94 § 21 Abs. 1 Satz 2 BremPolG, § 41 Abs. 1 Satz 2 PolG NRW, § 20 Abs. 1 Satz 2 POG RP, § 19 Abs. 1 Satz 2 SaarlPolG.
95 *Guckelberger*, in: Wendt/Rixecker (LitVerz.), Art. 16 RN 4.
96 *Löhr* (FN 16), S. 214.
97 *VerfGH Berlin*, B. v. 11.10.2001 (20/01), juris, RN 10; s. auch *VerfG Brandenburg* NStZ-RR 1998, S. 366, wonach Grundrechtsträger der „Wohnungsbesitzer" ist; *Guckelberger*, in: Wendt/Rixecker (LitVerz.), Art. 16 RN 4.
98 *BVerfGE 109*, 279 (325 ff.), sowie DVBl. 2004, S. 557 (563); *Guckelberger*, in: Wendt/Rixecker (LitVerz.), Art. 16 RN 4; *Lindner*, in: ders./Möstl/Wolff (LitVerz.), Art. 106 RN 17.
99 *BVerfGE 89*, 1 (12); *Guckelberger*, in: Wendt/Rixecker (LitVerz.), Art. 16 RN 4; *Lindner*, in: ders./Möstl/Wolff (LitVerz.), Art. 106 RN 17; a.A. *Fechner*, in: Linck/Baldus u.a. (LitVerz.), Art. 8 RN 9.
100 *Guckelberger*, in: Wendt/Rixecker, Verf. Saarland (LitVerz.), Art. 16 RN 4; s. auch *BVerfGE 109*, 279 (325 ff.), sowie DVBl. 2004, S. 557 (563).
101 *SächsVerfGH* NVwZ 2005, S. 1310 (1313).
102 *Windthorst*, in: Gröpl/ders./v. Coelln (LitVerz.), Art. 13 RN 6.

Ein-Personen-Gesellschaft ausgegangen werden[103]. Soweit das Wohnungsgrundrecht Arbeits-, Betriebs- und Geschäftsräume schützt, findet es auch auf juristische Personen und Personenvereinigungen des Privatrechts Anwendung[104]. Dies ist – falls vorhanden – mit der Heranziehung einer dem Art. 19 Abs. 3 GG vergleichbaren Verfassungsbestimmung zu begründen, wonach die Grundrechte auch für inländische juristische Personen gelten, soweit sie ihrem Wesen nach auf diese anwendbar sind[105]. Andernfalls liegt es – auch zur Vermeidung von Widersprüchen zu Art. 8 Abs. 1 EMRK – nahe, aus dem weiten sachlichen Schutzbereich die entsprechenden Schlußfolgerungen für die Grundrechtsberechtigung zu ziehen[106]. Im übrigen steht das Landesgrundrecht auf Unverletzlichkeit der Wohnung regelmäßig dem Unternehmer zu, der entscheidet, wer wann welche Räumlichkeiten (nicht) betreten darf. Arbeitnehmer sind allenfalls ausnahmsweise bei Vorliegen besonderer Umstände grundrechtsberechtigt[107].

III. Eingriffe

39
Einsatz von Hilfsmitteln

Obwohl die Wohnung als „unverletzlich" bezeichnet wird, kann in sie in vielfältiger Weise eingegriffen werden. Soweit eine freiwillige, auf einer eigenverantwortlichen Entscheidung des Grundrechtsträgers ohne Drohung, Täuschung oder Zwang beruhende Einwilligung des Grundrechtsträgers nicht vorliegt[108], stellt zum Beispiel das physische Eindringen der Organe der öffentlichen Gewalt in die Wohnung und ihr dortiges Verweilen gegen den Willen des Wohnungsinhabers einen Eingriff dar[109]. Eingriffsqualität kommt auch solchen Maßnahmen zu, bei denen sich die staatlichen Stellen mit besonderen Hilfsmitteln einen Einblick in Vorgänge innerhalb einer Wohnung verschaffen, die einer natürlichen Wahrnehmung von außen verschlossen sind[110], wenn beispielsweise Vorgänge innerhalb einer Wohnung mit optischen oder akustischen Mitteln ausgespäht und belauscht werden[111]. Die Unverletzlichkeit der Wohnung soll vor jeder Art staatlichen Zugriffs auf diese schützen, die zu einer Beeinträchtigung der privaten Lebensgestaltung führen kann[112].

---

103 *BVerfG* (Kammer), (Nichtannahme-)B. v. 16. 4. 2015 (2 BvR 2279/13), juris, RN 14.
104 Zu Art. 13 GG *BVerfG* (Kammer) NJW 2012, S. 2097 (2098).
105 Z.B. Art. 5 Abs. 3 Verf. Brandenburg; ähnlich Art. 37 Abs. 3 Verf. Sachsen.
106 Zu Art. 13 GG *Ziekow/Guckelberger*, in: Friauf/ Höfling, Berliner Kommentar (LitVerz.), Art. 13 RN 45.
107 *BVerfG* (Kammer) NVwZ 2009, S. 1281 (1282); dazu, daß bei Geschäftsräumen das Grundrecht dem Geschäftsherrn, nicht aber seinen Repräsentanten zukommt: *VerfG Brandenburg* NStZ-RR 1998, S. 366.
108 *Guckelberger*, in: Wendt/Rixecker (LitVerz.), Art. 16 RN 8; *Lindner*, in: ders./Möstl/Wolff (LitVerz.), Art. 106 RN 26.
109 *BayVerfGH* NVwZ-RR 2006, S. 585 (586); *VerfGH Rheinland-Pfalz AS 34*, 169 (185 ff.) sowie NVwZ-RR 2007, S. 721 (723).
110 *BVerfGE 120*, 274 (309 ff.), sowie NJW 2008, S. 822 (826).
111 *VerfGH Sachsen* NVwZ 2005, S. 1310 (1313); s. auch *VerfGH Rheinland-Pfalz AS 34*, 169 (185 ff.) sowie NVwZ-RR 2007, S. 721 (723).
112 *VerfGH Sachsen* JZ 1996, S. 957 (967).

Wird eine Wohnung betreten und werden in ihr technische Hilfsmittel zur Überwachung installiert, wird zweimalig in das Grundrecht eingegriffen[113].

Die Beschlagnahme eines Gegenstands enthält keinen Eingriff in das Wohnungsgrundrecht. Sie beschränkt sich darauf, die Sachherrschaft einer Person über den sichergestellten Gegenstand zu entziehen[114]. Demgegenüber greift eine der Beschlagnahme vorausgehende Durchsuchung der Wohnung schwerwiegend in die grundrechtlich geschützte Sphäre ihres Inhabers ein[115]. Nicht zu einer Beeinträchtigung des Wohnungsgrundrechts kommt es bei standortunabhängigen Zugriffen auf ein informationstechnisches System unter Ausnutzung der Verbindung eines Rechnernetzwerks zu einem Rechner[116] oder bei der Erhebung von Daten, die sich im Arbeitsspeicher oder auf den Speichermedien eines in einer Wohnung aufgestellten informationstechnischen Systems befinden[117]. Die Erhebung und Einholung von Auskünften ohne Eindringen und Verweilen in eine Wohnung greift nicht in deren Unverletzlichkeit ein[118].

40 Beschlagnahme eines Gegenstands

Zugriff auf Rechner

Landesrechtliche Befugnisse für die Bauaufsichtsbehörden zum Betreten von Grundstücken, Gebäuden, Wohnungen und Wohnräumen zur Kontrolle der Einhaltung der Baurechtsvorschriften umfassen einen Grundrechtseingriff[119]. Angesichts der unterschiedlichen Schutzwürdigkeit von Räumen, in denen sich das Privatleben im engeren Sinne vollzieht, und von Betriebs-, Geschäfts- oder Arbeitsräumen sind nach dem Bundesverfassungsgericht behördliche Befugnisse zu deren Betreten und Besichtigen kein Eingriff im Sinne des Art. 13 Abs. 7 GG, sondern nur an der allgemeinen Handlungsfreiheit und dem Verhältnismäßigkeitsgrundsatz zu messen[120]. Diese Rechtsprechung ist im Schrifttum teilweise auf Kritik gestoßen[121]. Hinsichtlich des jeweiligen Landesgrundrechts sollte daher überlegt werden, ob eine Übertragung der Rechtsprechung des Bundesverfassungsgerichts auf dieses angezeigt ist.

41 Betretungs- und Besichtigungsrechte

---

113 *VerfGH Rheinland-Pfalz* NVwZ-RR 2007, S. 721 (727); *Lindner*, in: ders./Möstl/Wolff (LitVerz.), Art. 106 RN 24.
114 *BVerfG* (Kammer), (Nichtannahme-)B. v. 18. 2. 2008 (2 BvR 2697/07), juris, RN 3.
115 *VerfGH Berlin* StV 1999, S. 296 (297); s. auch *BayVerfGH* BayVBl. 2012, S. 482.
116 *BVerfGE 120*, 274 (310), sowie NJW 2008, S. 822 (826).
117 *BVerfGE 120*, 274 (310), sowie NJW 2008, S. 822 (826).
118 *BVerfGE 65*, 1 (40).
119 *BayVerfGHE 60*, 179 (182).
120 *BVerfGE 97*, 228 (266). S. auch *BVerfG* (Kammer) NJW 2008, S. 2426 (2427), wonach derartige Betretungsbefugnisse zulässig sind, wenn sie auf einer besonderen gesetzlichen Grundlage beruhen, das Betreten zur Erreichung eines erlaubten Zwecks erforderlich ist, das Gesetz Zweck, Gegenstand und Umfang des Betretens absteckt und nur in solchen Zeiten gestattet wird, in denen die Räumlichkeiten normalerweise für betriebliche Zwecke zur Verfügung stehen.
121 Nachw. bei *Ziekow/Guckelberger*, in: Friauf/Höfling, Berliner Kommentar (LitVerz.), Art. 13 RN 127 f.

IV. Durchsuchung von Wohnungen

42
Lausch- und Späheingriffe

Die Durchsuchung einer Wohnung enthält einen schwerwiegenden Eingriff in das Grundrecht auf Unverletzlichkeit der Wohnung[122]: Staatliche Organe suchen ziel- und zweckgerichtet nach Personen oder Sachen oder sie suchen zur Sachverhaltsermittlung, um etwas aufzuspüren, das der Wohnungsinhaber von sich aus nicht offenlegen oder preisgeben will[123]. Zwar ist die heimliche Wohnraumüberwachung mit technischen Mitteln ebenso eingriffsintensiv wie die Wohnungsdurchsuchung. Nichtsdestotrotz würde es – so das Verfassungsgericht des Landes Brandenburg – „den klar umrissenen Begriff der Durchsuchung überdehnen, würde man hierunter auch Lausch- und Späheingriffe fassen, die sich dadurch von einer ‚Durchsuchung' unterscheiden, daß nicht die Wohnung betreten und in Augenschein genommen wird, sondern die darin befindlichen Personen belauscht und ausgespäht werden"[124].

Bauaufsichtliches Betretungsrecht

Die landesrechtlichen Befugnisnormen der Bauaufsichtsbehörden zum Betreten und Besichtigen von Wohnungen zur Kontrolle der Einhaltung der Baurechtsvorschriften sind nicht an den Rechtfertigungsanforderungen für Durchsuchungen zu messen. Denn die hierauf gestützten Maßnahmen zielen nicht wie die Durchsuchung darauf ab, „etwas nicht klar zu Tage Liegendes, vielleicht Verborgenes aufzudecken oder ein Geheimnis zu lüften"[125].

43
Besondere Rechtfertigungsanforderungen

Für den Eingriff in das Wohnungsgrundrecht in Form einer Durchsuchung gelten regelmäßig besondere Rechtfertigungsanforderungen[126]. Diese gelten für alle Durchsuchungen unabhängig davon, ob sie zivil- oder strafprozessual, polizei- oder steuerrechtlich veranlaßt sind[127]. Die meisten Länder sehen dem Art. 13 Abs. 2 GG vergleichbare Regelungen zur Durchsuchung von Wohnungen vor. Abweichende Formulierungen finden sich in Art. 28 Abs. 2 Satz 2 Verf. Berlin und Art. 14 Abs. 3 Verf. Bremen sowie bei der in Art. 19 Abs. 1 Verf. Hessen geregelten „Haussuchung". Diverse Landesverfassungsgerichte mußten mehrmals zur Landesgrundrechtskonformität von Wohnungsdurchsuchungen Stellung nehmen. Diese Rechtsprechung entspricht dabei im wesentlichen den Anforderungen des Bundesverfassungsgerichts an die Verfassungsmäßigkeit von Durchsuchungen nach Art. 13 Abs. 2 GG.

44
Gesetzliche Grundlage

Für Durchsuchungen bedarf es einer hinreichend bestimmten und verhältnismäßigen gesetzlichen Grundlage. Die polizeirechtliche Generalermächtigung genügt nicht[128]. Wegen der Schwere der Wohnungsdurchsuchung sowie der

---

[122] *BayVerfGHE 64*, 1 (9); *VerfGH Berlin* StV 1999, S. 296 (297); *VerfG Brandenburg* NStZ-RR 1998, S. 366 (367).
[123] *BVerfGE 51*, 97 (106f.).
[124] *VerfG Brandenburg* LKV 1999, S. 450 (460).
[125] *BVerwG* NJW 2006, S. 2504.
[126] In Bayern gibt es dafür zwar keine besondere Regelung, der *BayVerfGH* BayVBl. 2012, S. 482, berücksichtigt dies aber innerhalb der dem Grundrecht inhärenten Schranken. Bleibt das Landesgrundrecht in seinem Schutzbereich hinter Art. 13 Abs. 2 GG zurück, wird dieses entweder im Lichte dieser Vorgabe ausgelegt oder es bleibt bei dem Text des Landesgrundrechts, neben dem Art. 13 Abs. 2 GG anzuwenden ist.
[127] *Driehaus* (LitVerz.), Art. 28 RN 7; *Guckelberger*, in: Wendt/Rixecker (LitVerz.), Art. 16 RN 10.
[128] *BVerwGE 47*, 31 (38f.).

verfassungsrechtlichen Bedeutung des Schutzes der räumlichen Privatsphäre ist eine Durchsuchung grundsätzlich durch den Richter anzuordnen. Der präventive Richtervorbehalt[129] verstärkt das Landesgrundrecht durch eine vorbeugende Kontrolle der Maßnahme durch eine unabhängige und neutrale Instanz[130]. Der Richtervorbehalt beruht auf Gewaltenteilungserwägungen und bezweckt einen effektiven Grundrechtsschutz durch Verfahrensgestaltung, da potentiell von einer Wohnungsdurchsuchung Betroffene zur Erreichung des Durchsuchungszwecks in der Regel vorher nicht angehört werden und nur nachträglichen Rechtsschutz erlangen[131]. Sieht die gesetzliche Ermächtigung für die Durchsuchung keine Einbeziehung des Richters vor, ergibt sich der Richtervorbehalt unmittelbar aus der Landesverfassung[132]. Die richterliche Durchsuchungsanordnung sichert die gebührende Berücksichtigung der Interessen des Grundrechtsberechtigten[133]. Deshalb muß der jeweilige Richter die sich aus Verfassung und dem einfachen Recht ergebenden Voraussetzungen für Durchsuchungen eigenverantwortlich und umfassend prüfen[134]. Die Behörden müssen ihm im Regelfall alle entscheidungserheblichen Tatsachen mitteilen; tun sie dies nicht, muß er entweder selbst die Ermittlungen durchführen oder die zuständigen Stellen darum ersuchen[135].

Präventiver Richtervorbehalt

Aus Gründen eines effektiven Schutzes der Privatsphäre sowie der Einhaltung des Verhältnismäßigkeitsgrundsatzes darf die Durchführung der Untersuchung nicht allein dem Ermessen der damit beauftragten Beamten überlassen bleiben[136]. Vielmehr hat der die Durchsuchung anordnende Richter im Rahmen des Möglichen und Zumutbaren durch geeignete Formulierung des Durchsuchungsbeschlusses die Meßbarkeit und Kontrollierbarkeit des Grundrechtseingriffs sicherzustellen[137]. Um das Vorgehen der staatlichen Beamten in der Wohnung anzuleiten und auf den Durchsuchungszweck zu konzentrieren, muß die richterliche Durchsuchungsanordnung den äußeren Rahmen der Zwangsmaßnahme abstecken, beispielsweise durch Beschreibung des Tatvorwurfs[138]. Zur rechtsstaatlichen Begrenzung der Durchsuchung ist die aufzuklärende Straftat, wenn auch kurz, doch so präzise wie jeweils möglich zu umschreiben[139]. Dasselbe gilt für

45
Kontrolle des Grundrechtseingriffs

Anordnungsinhalt

---

129 → Bd. V: *Voßkuhle*, Präventive Richtervorbehalte, § 131.
130 *VerfG Berlin* NJW 2014, S. 682 (683).
131 *BVerfG*, B. v. 16. 6. 2015 (2 BvR 2718/10, 2 BvR 1849/11, 2 BvR 2808/11), juris, RN 58 f.
132 *Berlit*, in: Baumann-Hasske/Kunzmann (LitVerz.), Art. 30 RN 17; *Blackstein*, in: Fischer-Lescano/Rinken u.a. (LitVerz.), Art. 14 RN 12; *Guckelberger*, in: Wendt/Rixecker (LitVerz.), Art. 16 RN 10.
133 *VerfGH Sachsen*, B. v. 30. 3. 2006 (Vf. 18-10-05), juris, RN 20.
134 *VerfGH Berlin* NJW 2014, S. 682 (683); *VerfGH Rheinland-Pfalz* NJW 2014, S. 1434 (1435); s. auch *BVerfGE 139* (266 f. RN 61, 277 RN 87) sowie juris, RN 61, 86.
135 *VerfGH Rheinland-Pfalz* NJW 2014, S. 1434 (1435).
136 *VerfGH Sachsen*, B. v. 30. 3. 2006 (Vf. 18-10-05), juris, RN 20.
137 *VerfGH Berlin*, B. v. 12. 12. 2003 (86/03, 86 A/03), juris, RN 24; *VerfG Brandenburg* NStZ-RR 1998, S. 366; *VerfGH Sachsen*, B. v. 30. 3. 2006 (Vf. 18-10-05), juris, RN 20; *BVerfG* (Kammer) WM 2015, S. 1034 (1035); zu Nachbesserungsmöglichkeiten s. *BVerfG* (Kammer) NJW 2015, S. 1585 (1586 f.).
138 *VerfGH Berlin*, B. v. 2. 4. 2004 (7/03), juris, RN 24; *VerfGH Sachsen*, B. v. 30. 3. 2006 (Vf. 18-10-05), juris, RN 20; s. auch *BVerfG* (Kammer) NJW 2015, S. 1585 (1587).
139 *VerfGH Berlin*, B. v. 2. 4. 2004 (7/03), juris, RN 24.

die Art und den Inhalt der zu suchenden Beweismittel[140] sowie den Ort der Durchsuchung[141].

46
Verhältnismäßigkeitsprüfung

Der Richter muß die Verhältnismäßigkeit der Durchsuchung im Einzelfall sorgfältig prüfen. Wegen der Schwere des Grundrechtseingriffs setzt eine Durchsuchung zu strafrechtlichen Ermittlungen das Bestehen eines hinreichenden Tatverdachts voraus, der über vage Anhaltspunkte und Vermutungen hinausgeht[142]. Die Durchsuchung muß zur Erreichung des mit ihr verfolgten Zwecks geeignet und erforderlich sein[143]. Daran fehlt es, wenn sie keinen Erfolg verspricht[144] oder es weniger einschneidende, gleich wirksame Mittel zur Erlangung der Beweismittel gibt[145]. Die Durchsuchung muß in einem angemessenen Verhältnis zum Tatvorwurf sowie zur Stärke des Tatverdachts stehen, wobei die Bedeutung des potentiellen Beweismittels für das Strafverfahren einzustellen ist[146]. Je geringer das Gewicht der dem Betroffenen zur Last gelegten Tat ist, desto höher werden die Anforderungen an die Tatverdachtsstärke[147].

Schutz beruflicher Vertrauensbeziehungen

Bei der Durchsuchung einer Anwaltskanzlei sind das Vorliegen der Durchsuchungsvoraussetzungen und der Verhältnismäßigkeit besonders sorgfältig zu prüfen, da dadurch die Grundrechte nichtbeschuldigter Mandanten sowie der für eine wirksame und geordnete Rechtspflege gebotene Schutz der Vertrauensbeziehung zwischen Mandant und Anwalt beeinträchtigt werden können[148].

47
Anordnung, nicht Billigung

Da der Richter die Durchsuchung anordnen muß, genügt eine nachträgliche Billigung dem Richtervorbehalt nicht. Damit der Richtervorbehalt seine praktische Wirksamkeit entfalten kann, ist tagsüber ein richterlicher Bereitschaftsdienst auch außerhalb der üblichen Dienststunden sowie jedenfalls bei einem über den Ausnahmefall hinausgehenden Bedarf auch zur Nachtzeit einzurichten[149].

Effektivität

Für die effektive Durchsetzung des Richtervorbehalts müssen die Gerichte der Länder personell und sachlich mit den nötigen Ressourcen ausgestattet werden[150].

48
Gefahr im Verzug

Bei Gefahr im Verzug kann die Durchsuchung ausnahmsweise auch von anderen Organen getroffen werden. Diese Eilkompetenz ermöglicht insbesondere den Ermittlungsbehörden ein schnelles und situationsgerechtes Handeln für eine effektive Strafverfolgung[151]. Nach Wortlaut und Systematik ist der Be-

---

140 *VerfGH Berlin* aaO.; *VerfGH Sachsen*, B. v. 30.3.2006 (Vf. 18-10-05), juris, RN 20.
141 *BVerfG* (Kammer), B. v. 8.4.2004 (2 BvR 2224/03), juris, RN 4.
142 *VerfGH Berlin* StV 1999, S. 296 (297); *VerfGH Rheinland-Pfalz* NJW 2014, S. 1434 (1440); *BVerfG* (Kammer) NJW 2015, S. 1585 (1586).
143 *BayVerfGHE 64*, 1 (9); *VerfGH Sachsen*, B. v. 30.3.2006 (Vf. 18-10-05), juris, RN 19; *BVerfG* (Kammer) AnwBl. 2015, S. 440 (441).
144 *BayVerfGHE 64*, 1 (9); *VerfGH Sachsen*, B. v. 30.3.2006 (Vf. 18-10-05), juris, RN 19.
145 *VerfGH Sachsen*, B. v. 30.3.2006 (Vf. 18-10-05), juris, RN 19.
146 *VerfGH Sachsen*, B. v. 30.3.2006 (Vf. 18-10-05), juris, RN 19; *BVerfG* (Kammer) NJW 2015, S. 1585 (1586).
147 *BVerfG* (Kammer), B. v. 21.4.2008 (2 BvR 1910/05), RN 16.
148 *BayVerfGHE 64*, 1 (10); *BVerfG* (Kammer) AnwBl. 2015, S. 440.
149 *BVerfG* (Kammer) NJW 2004, S. 1442; s. auch *BVerfGE 139*, 245 (267f. RN 64) und juris, RN 64, sowie NJW 2015, S. 2787 (2789).
150 *BVerfGE 139*, 245 (268) RN 65, sowie NJW 2015, S. 2787 (2789).
151 *BVerfGE*, aaO., RN 68, sowie NJW 2015, S. 2787 (2789).

griff „Gefahr im Verzug" eng auszulegen[152]. Letztere „ist nur anzunehmen, wenn die richterliche Anordnung nicht mehr eingeholt werden kann, ohne daß der Zweck der Maßnahme (regelmäßig die Sicherstellung von Beweismitteln) gefährdet wird"[153]. Daran fehlt es, wenn der Richter ohne Risiko eines Beweismittelverlusts mit dem Durchsuchungsbegehren befaßt ist und darüber entscheiden kann[154]. Ob ein angemessener Zeitraum für eine richterliche Entscheidung verbleibt, haben zunächst die Ermittlungsbehörden unter Beachtung der verfassungsgerichtlichen Vorgaben zu entscheiden[155]. Allein der abstrakte Hinweis, man könne eine richterliche Entscheidung zur maßgeblichen Zeit üblicherweise nicht erreichen, reine Spekulationen, hypothetische Erwägungen oder lediglich auf kriminalistische Alltagserfahrungen gestützte, fallunabhängige Erwägungen genügen hierfür ebenso wenig wie das Selbstherbeiführen der tatsächlichen Voraussetzungen der Eilkompetenz[156]. Vielmehr müssen die subsidiär zuständigen Stellen bei ihrer Entscheidung allen Umständen des Einzelfalls Rechnung tragen[157]. Sie „haben insbesondere die Komplexität der im Rahmen der Durchsuchungsanordnung zu prüfenden tatsächlichen und rechtlichen Fragen und den insoweit erforderlichen Zeitaufwand zu berücksichtigen. Daneben haben sie aber auch in ihre Überlegungen einzubeziehen, daß die Vorlage schriftlicher Unterlagen zur Herbeiführung einer richterlichen Eilentscheidung zumindest nicht ausnahmslos erforderlich ist"[158]. Aus Rechtsschutzgründen sind die in der Entscheidung zugrunde gelegten Umstände zu dokumentieren und zu begründen[159]. Wurde eine Durchsuchungsanordnung beim Richter beantragt, entfällt die Eilkompetenz[160]. Nur wenn dieser Versuch zur Befassung des Gerichts fehlschlägt, kann die zuständige Stelle unter Beachtung der verfassungsrechtlichen Vorgaben einschließlich der Dokumentations- und Begründungspflicht erneut wegen Gefahr im Verzug tätig werden[161].

<small>Grenzen der Eilkompetenz</small>

<small>Dokumentations- und Begründungspflicht</small>

Im Falle der Eilzuständigkeit ist in den meisten Ländern keine nachträgliche richterliche Genehmigung der Durchsuchung notwendig. Gemäß Art. 28 Abs. 2 Satz 2 Verf. Berlin bedürfen Durchsuchungen bei Verfolgung auf frischer Tat durch die Polizei innerhalb von 48 Stunden der nachträglichen richterlichen Genehmigung[162]. Auch in Bremen und in Hessen muß eine von der Staatsanwaltschaft oder ihren Hilfsbeamten angeordnete Durchsuchung nachträglich richterlich genehmigt werden (Art. 14 Abs. 3 Satz 2 Hs. 2 Verf. Bremen, Art. 19 Abs. 1 Satz 2 Verf. Hessen).

49

<small>Nachträgliche richterliche Genehmigung</small>

---

152 *BVerfGE 139*, 245 RN 69, sowie NJW 2015, S. 2787 (2789).
153 *BVerfGE 139*, 245 RN 69, sowie NJW 2015, S. 2787 (2789); ähnlich *VerfG Brandenburg* NJW 2003, S. 2305 (2306).
154 *BVerfGE 139*, 245 RN 69, sowie NJW 2015, S. 2787 (2789 f.).
155 *BVerfGE 139*, 245 RN 70, sowie NJW 2015, S. 2787 (2790).
156 *BVerfGE 139*, 245 RN 70, sowie NJW 2015, S. 2787 (2790).
157 *BVerfGE 139*, 245 RN 71, sowie NJW 2015, S. 2787 (2790).
158 *BVerfGE 139*, 245 RN 71, sowie NJW 2015, S. 2787 (2790).
159 *BVerfGE 139*, 245 RN 72, sowie NJW 2015, S. 2787 (2790).
160 *BVerfGE 139*, 245 RN 94, 102 RN 281 RN 102 aaO., RN 93, 101, sowie NJW 2015, S. 2787 (2792, 2793).
161 *BVerfGE 139*, 245 RN 94, 281 RN 102 aaO., RN 83, sowie NJW 2015, S. 2787 (2791).
162 Näher dazu *Driehaus* (LitVerz.), Art. 28 RN 10 f.

50
Begrenztes Verwertungsverbot

Nicht jede fehlerhafte Durchsuchung führt zu einem Beweisverwertungsverbot der dabei gewonnenen Beweismittel[163]. Die Folgen eines solchen Verstoßes sind vielmehr aufgrund einer Gesamtschau zwischen den Beschuldigtenrechten und dem rechtsstaatlichen Bedürfnis nach einer funktionstüchtigen Strafrechtspflege zu ermitteln[164]. Nach der Verfassungsgerichtsrechtsprechung dürfen solche Beweise nicht verwertet werden, die auf schwerwiegenden, bewußten oder willkürlichen Verfahrensverstößen beruhen, bei denen die grundrechtlichen Sicherungen planmäßig oder systematisch außer acht gelassen wurden[165]. Beispiel dafür ist die willkürliche Annahme von Gefahr in Verzug unter Ausblendung des Richtervorbehalts für Durchsuchungen[166]. Ein uneingeschränktes Beweisverwertungsverbot besteht bei Maßnahmen, die den absoluten Kernbereich privater Lebensgestaltung berühren[167].

V. Technische Wohnraumüberwachung

51
Eingriffsgrenzen

Soweit die Länder keine dynamische Verweisung auf das Grundgesetz vorgenommen haben, gibt es lediglich in Sachsen-Anhalt eine spezielle Regelung zu Maßnahmen der optischen oder akustischen Ausspähung in oder aus Wohnungen durch den Einsatz technischer Mittel. Diese sind nur zur Abwehr einer gemeinen Gefahr oder einer Gefahr für Leib oder Leben einzelner Personen auf der Grundlage eines Gesetzes zulässig und werden im übrigen den Anforderungen für Durchsuchungen unterstellt (Art. 17 Abs. 4 Verf. Sachsen-Anhalt). Bleibt das Landesgrundrecht hinter den Anforderungen des Art. 13 Abs. 3 bis 5 GG für derartige Wohnraumüberwachungen zurück, kommt es darauf an, ob nach dem jeweiligen Landesverfassungsgericht in das Landesgrundrecht die Grundgesetz-Vorgaben dynamisch hineinzulesen sind oder das Grundrecht in seiner Textfassung anzuwenden ist[168].

52
Wesensgehalt und Menschenwürdekern

Da die Wohnraumüberwachung keine Durchsuchung ist, beurteilte der Verfassungsgerichtshof des Freistaates Sachsen die Verfassungsmäßigkeit der Wohnraumüberwachung am Maßstab des Art. 30 Abs. 3 Verf. Sachsen mit seinen Rechtfertigungsanforderungen für „übrige" Eingriffe und Beschränkungen der Unverletzlichkeit der Wohnung[169]. Dabei betonte er die Notwendigkeit der Wahrung des Verhältnismäßigkeitsprinzips sowie der Unantastbarkeit der Menschenwürde als Quelle aller Grundrechte[170]. Nach dem Verfassungsgericht des Landes Brandenburg darf eine die Wohnraumüberwachung

---

163 *VerfGH Rheinland-Pfalz* NJW 2014, S. 1434 (1436); *BVerfGK 18, 193* (203 f.), sowie NJW 2011, S. 2417 (2418).
164 *VerfGH Rheinland-Pfalz* NJW 2014, S. 1434 (1436).
165 *BVerfGK 18, 193* (204), sowie NJW 2011, S. 2417 (2419); *VerfGH Rheinland-Pfalz* NJW 2014, S. 1434 (1436), wenn die Beweise „bewusst und planmäßig in rechtswidriger oder gar strafbewehrter Weise" erhoben werden.
166 *BVerfGK 16, 22* (28 ff.), sowie NJW 2009, S. 3225.
167 *BVerfGK 18, 193* (204), sowie NJW 2011, S. 2417 (2419).
168 S. dazu unter oben RN 12, 20.
169 *VerfGH Sachsen* JZ 1996, S. 957 (967); NVwZ 2005, S. 1310 (1313).
170 *VerfGH Sachsen* NVwZ 2005, S. 1310 (1313).

gestattende Eingriffsbefugnis den Wesensgehalt des Grundrechts und seinen Menschenwürdekern nicht antasten[171]. Auf diese Weise werden oftmals im Ergebnis vergleichbar hohe Anforderungen an die Wohnraumüberwachung wie bei Art. 13 Abs. 3 und 4 GG gestellt. Art. 8 Verf. Thüringen wird in der Spruchpraxis im Ergebnis grundgesetzkonform ausgelegt[172]. Der Verfassungsgerichtshof Rheinland-Pfalz legt ebenfalls das Landesgrundrecht unter Berücksichtigung des Art. 13 Abs. 4 GG aus[173].

Gemäß der Rechtsprechung des Verfassungsgerichtshofs des Freistaates Sachsen müssen bei der Wohnraumüberwachung die Voraussetzungen und Schranken für die Vornahme eines solchen Eingriffs für den Rechtsanwender im Gesetz erkennbar geregelt werden. Eine Bestimmung des Anwendungsbereichs der Norm im Wege einer verfassungskonformen Reduktion genügt nicht[174]. Die Menschenwürdegarantie verlangt zwar keinen absoluten Schutz der Räume der Privatwohnung, „wohl aber ein[en] absolute[n] Schutz des Verhaltens in diesen Räumen, soweit es sich als individuelle Entfaltung im Kernbereich privater Lebensgestaltung darstellt"[175]. Deshalb müssen derartige Eingriffe der staatlichen Stellen in den Kernbereich privater Lebensgestaltung absolut unterbleiben. Der Verfassungsgerichtshof des Freistaates Sachsen sieht den Gesetzgeber nicht zur näheren Bestimmung dieses Kernbereichs verpflichtet. Auf jeden Fall müßten derartige einfachgesetzliche Regelungen hinreichend offen formuliert sein[176]. Wegen des besonderen Bezugs der Wohnung zur Menschenwürde müßten im Unterschied zur Telekommunikation Wohnraumüberwachungen von vornherein bei Anhaltspunkten für einen Eingriff in den Kernbereich unterbleiben[177]. Für den Fall etwaiger Eingriffe sei durch klare und bestimmte Regelungen der Abbruch der Maßnahme, die Löschung der kernbereichsrelevanten Daten sowie das Verbot ihrer Verwendung sicherzustellen[178]. Aus Gründen nachträglichen Rechtsschutzes muß die Erfassung und Löschung derartiger Daten dokumentiert werden; der Betroffene ist über die heimliche Datenerhebung zu informieren, sobald der Überwachungszweck nicht mehr beeinträchtigt werden kann[179]. Weil für eine in das Wohnungsgrundrecht eingreifende Datenerhebung gesteigerte Anforderungen gelten, sind diese auch bei der Weitergabe und Zweckänderung der Daten zu beachten[180]. Bei dermaßen erlangten Daten darf die

53
Regelung der Eingriffsvoraussetzungen

Kernbereich privater Lebensgestaltung

Löschung kernbereichsrelevanter Daten

---

171 *VerfG Brandenburg* LKV 1999, S. 450 (455), das auf S. 465 zusätzlich prüft, ob die Eingriffsbefugnis den materiellen Anforderungen des Art. 13 Abs. 4 GG standhält.
172 *VerfGH Thüringen* LVerfGE 23, 385 (408); *Fechner*, in: Linck/Baldus u.a. (LitVerz.), Art. 8 RN 22.
173 *VerfGH Rheinland-Pfalz* NVwZ-RR 2007, S. 721 (724).
174 *VerfGH Sachsen* NVwZ 2005, S. 1310 (1313).
175 *VerfGH Rheinland-Pfalz* NVwZ-RR 2007, S. 721 (725).
176 *VerfGH Thüringen* LVerfGE 23, 385 (420).
177 *VerfGH Thüringen* LVerfGE 23, 385 (421).
178 *VerfGH Thüringen* LVerfGE 23, 385 (422); s. auch *VerfGH Rheinland-Pfalz* NVwZ-RR 2007, S. 721 (726); *VerfGH Sachsen* NVwZ 2005, S. 1310 (1314).
179 *VerfGH Thüringen* LVerfGE 23, 385 (422); zur Unterrichtungspflicht auch *BayVerfGH* NVwZ 1996, S. 166 (170).
180 *BVerfGE* 133, 277 (372f.); s. auch *LVerfG Mecklenburg-Vorpommern* LKV 2000, S. 345 (351ff.); *VerfGH Sachsen* NVwZ 2005, S. 1310 (1315f.).

Übermittlungsschwelle keinesfalls unter diejenige für Eingriffe in die Unverletzlichkeit der Wohnung abgesenkt werden[181].

54
Modernisierungsbedarf

Insgesamt besteht bei den nicht auf Art. 13 Abs. 3 bis 6 GG verweisenden Landesgrundrechten der größte Modernisierungsbedarf, um die inzwischen gegebenen technischen Möglichkeiten der Wohnraumüberwachung in geordnete Bahnen zu lenken. Wegen der Regelungsbefugnis der Länder für das Gefahrenabwehrrecht machen solche „Nachbesserungen" durchaus Sinn. Damit ginge der Vorteil einer größeren Rechtsklarheit für die Grundrechtsberechtigten und Grundrechtsadressaten einher.

VI. Sonstige Beeinträchtigungen

55
Maßgaben zur Gefahrenabwehr

Sehr unterschiedlich fallen die Landesregelungen zur Rechtfertigung sonstiger Eingriffe und Beschränkungen der Unverletzlichkeit der Wohnung aus. Während drei Länder solche Regelungen nicht kennen[182], verweisen die meisten Länder entweder auf Art. 13 Abs. 7 GG oder enthalten eine entsprechend ausformulierte Grundrechtsschranke. In Rheinland-Pfalz können die Verwaltungsbehörden „[z]ur Behebung öffentlicher Notstände" (Art. 7 Abs. 3 Verf. Rheinland-Pfalz), in Bremen „[z]ur Bekämpfung von Seuchengefahr und zum Schutz gefährdeter Jugendlicher" durch Gesetz zu Eingriffen und Einschränkungen ermächtigt werden (Art. 14 Abs. 2 Satz 2 Verf. Bremen). Die gegenüber Art. 13 Abs. 7 GG enger gefaßte bremische Verfassungsbestimmung wird den praktischen Erfordernissen der Behörden nach einer wirksamen Gefahrenabwehr nicht gerecht. Weil man mit Art. 13 Abs. 7 GG kein Mindest-, sondern ein Höchstschutzniveau festlegen wollte, wird entweder eine Weitergeltung des Art. 14 Abs. 2 Satz 2 Verf. Bremen abgelehnt[183] oder eine erweiternde Auslegung im Sinne des Grundgesetzes befürwortet[184]. Auch könnte man gleichermaßen weitgehende Einschränkungsmöglichkeiten des Landesgrundrechts möglicherweise aus anderen Verfassungsgütern herleiten.

Höchstschutzniveau

56
Probleme der Schrankenauslegung

Obwohl Art. 106 Verf. Bayern keine Regelung zur Einschränkbarkeit der Unverletzlichkeit der Wohnung vorsieht, geht der Bayerische Verfassungsgerichtshof letztlich von der Existenz dem Art. 13 Abs. 7 GG vergleichbarer Schranken aus[185]. Auch wenn nach Art. 16 Satz 2 Verf. Saarland Ausnahmen von der Unverletzlichkeit der Wohnung „nur" aufgrund von Gesetzen zulässig sind, bedeutet dies nicht zwangsläufig, daß sich wegen der Hochrangigkeit des Grundrechts auf Leben eine rechtliche Fundierung zu einer unmittelbar aus dem Verfassungsrecht folgenden, im Ergebnis dem Art. 13 Abs. 7 Alt. 1 GG korrespondierenden Eingriffsmöglichkeit in die Unverletzlichkeit der

---

181 *VerfGH Sachsen* NVwZ 2005, S. 1310 (1315).
182 Art. 106 Verf. Bayern (allerdings geht man von einer inhärenten Schranke aus); Art. 28 Verf. Berlin; Art. 19 Verf. Hessen.
183 So wohl *H. Neumann*, Verf. Bremen (LitVerz.), Art. 14 RN 7; s. auch *Blackstein*, in: Fischer-Lescano/Rinken u.a. (LitVerz.), Art. 14 RN 9. Gegen eine Ausdehnbarkeit läßt sich vorbringen, daß die Schranke nach ihrem Wortlaut eng ausfällt und durchaus hätte weitergezogen werden können.
184 *Blackstein*, in: Fischer-Lescano/Rinken u.a. (LitVerz.), Art. 14 RN 9.
185 S. dazu oben unter RN 26.

Wohnung ergeben könnte[186]. Was die Nichterwähnung von Anlaß und Rechtsgütern zur Vornahme gesetzlicher Wohnungsbeschränkungen in der saarländischen Regelung betrifft, bleibt abzuwarten, ob der Verfassungsgerichtshof des Saarlandes durch einengende Auslegung dieser Schranke im Sinne des Art. 13 Abs. 7 GG oder unter Rekurs auf den Verhältnismäßigkeitsgrundsatz im Ergebnis zu einer mit dem Bundesgrundrecht übereinstimmenden Rechtslage gelangen wird[187].

Der Anwendungsbereich der hier darzustellenden Grundrechtsschranke hängt ebenfalls vom Inhalt des jeweiligen Landesgrundrechts ab. Wird auf Art. 13 GG verwiesen, sind mit den sonstigen Beeinträchtigungen solche gemeint, die weder Durchsuchungen noch technische Wohnraumüberwachungen sind. In Ländern mit eigenständiger Ausprägung ohne Regelung zur Wohnraumüberwachung wird letztere ebenfalls an der Schranke für sonstige Beeinträchtigungen gemessen[188]. Gleiches gilt, wenn das Landesgrundrecht keine spezielle Regelung für Durchsuchungen enthält[189].

57
Anwendung der GG-Grundrechtsschranke

Folgt die landesrechtliche Regelung der Ausgestaltung des Art. 13 Abs. 7 GG, ergibt sich aus dieser für die Abwehr einer gemeinen Gefahr oder einer Lebensgefahr eine verfassungsunmittelbare Schranke für Eingriffe in die Unverletzlichkeit der Wohnung. Aufgrund des Merkmals „Gefahr" bedarf es einer hinreichenden Wahrscheinlichkeit eines Schadenseintritts[190]. Eine „gemeine Gefahr" verlangt die hinreichende Wahrscheinlichkeit eines unübersehbaren Schadens für eine unbestimmte Zahl von Personen oder Sachen[191], wie dies beispielsweise bei Katastrophen oder außer Kontrolle geratenen technischen Einrichtungen mit hohem Schadenspotential der Fall ist[192]. Die gemeine Gefahr muß zwar nicht lebensbedrohend sein, aber wegen ihrer Gleichstellung mit der Lebensgefahr ähnlich weitreichend[193].

58
Verfassungsunmittelbare Schranke

Hiervon abgesehen sind Einschränkungen der Unverletzlichkeit der Wohnung aufgrund eines Gesetzes zur Verhütung dringender Gefahren für bestimmte Rechtsgüter zulässig. Eine Gefahr ist „dringend", wenn bei ungehindertem Ablauf des Geschehens mit hinreichender Wahrscheinlichkeit die Schädigung eines wichtigen Rechtsguts droht[194]. Wegen der Erwähnung der „Verhütung" derartiger dringender Gefahren kommt diese Einschränkungsmöglichkeit nicht nur bei Vorliegen einer konkreten Gefahr in Betracht. Es reicht, wenn mit der Grundrechtsbeschränkung der Zweck verfolgt wird, einen Zustand nicht eintreten zu lassen, der eine dringende Gefahr bilden

59
Verhütung dringender Gefahren

---
186 *Guckelberger*, in: Wendt/Rixecker (LitVerz.), Art. 16 RN 9.
187 Zur Möglichkeit, über die Verhältnismäßigkeit vergleichbare Ergebnisse zu erzielen, aber bezogen auf die bayerische Verfassung, *Lindner*, in: ders./Möstl/Wolff (LitVerz.), Art. 106 RN 12.
188 *Berlit*, in: Baumann-Hasske/Kunzmann (LitVerz.), Art. 30 RN 21.
189 Sofern es überhaupt eine Schranke gibt.
190 *Guckelberger*, in: Wendt/Rixecker (LitVerz.), Art. 16 RN 17.
191 *VerfGH Rheinland-Pfalz AS 34*, 169 (190f.) sowie NVwZ-RR 2007, S. 721 (724); s. auch *LVerfG Mecklenburg-Vorpommern* LKV 2000, S. 345 (350).
192 *VerfGH Sachsen* JZ 1996, S. 957 (967); *LVerfG Mecklenburg-Vorpommern* LKV 2000, S. 345 (350).
193 *Guckelberger*, in: Wendt/Rixecker (LitVerz.), Art. 16 RN 17.
194 *VerfGH Rheinland-Pfalz AS 34*, 169 (191) sowie NVwZ-RR 2007, S. 721 (724).

würde[195]. Für die Grundrechtsbeeinträchtigung ist ein materielles Gesetz auf der Basis eines ausreichend bestimmten förmlichen Gesetzes ausreichend[196], bei welchem das unmittelbar demokratisch legitimierte Parlament die wesentlichen Entscheidungen getroffen hat[197]. Der Bayerische Verfassungsgerichtshof hatte keine Bedenken, wenn sich die Berechtigung von Vollzugspersonen zum Betreten von Grundstücken und Wohnungen aus einer gemeindlichen Satzung ergibt[198]. Bei der Ausgestaltung und Anwendung des Gesetzes ist das Gebot der Verhältnismäßigkeit zu beachten. Der Eingriff in die Unverletzlichkeit der Wohnung muß zur Erreichung eines verfassungsrechtlich legitimen Zwecks geeignet, erforderlich und angemessen sein. Angesichts der Bedeutung der Unverletzlichkeit der Wohnung für die Persönlichkeitsentfaltung bedarf es eines hochrangigen Eingriffszwecks[199]. Bei allgemein zugänglichen Betriebs- und Geschäftsräumen fallen die Verhältnismäßigkeitsanforderungen im Vergleich zu Privatwohnungen regelmäßig geringer aus. Gegebenenfalls sind die sich aus dem Verfassungsrecht ergebenden Anforderungen in die Befugnisnorm „hineinzulesen"[200]. Nicht jeder Gesetzesverstoß vermag, als zum Rechtsgut der öffentlichen Sicherheit gehörend, einen Eingriff in die Unverletzlichkeit der Wohnung zu rechtfertigen[201]. Da gerade bei Wohnungen bausicherheitsgefährdende Zustände besonders gravierende Folgen haben können, muß den Bauaufsichtsbehörden eine Kontrolle der Einhaltung der öffentlich-rechtlichen Vorschriften unabhängig von der Existenz einer Baustelle möglich sein[202].

F. Recht auf angemessenen Wohnraum

60
Vorgaben zur Wohnraumversorgung

Neun Länder enthalten in ihren Verfassungen Vorgaben zur Versorgung der Bevölkerung mit angemessenem Wohnraum. Ihre Aufnahme ist in einigen der alten Bundesländer in unmittelbarem Kontext zur besonderen Wohnungsnot nach dem Ende des Zweiten Weltkriegs zu sehen[203]. Nach der Wiedervereinigung setzten einzelne Verfassungsgeber in den neuen Ländern ebenfalls auf eine Verbesserung der wohnungsbezogenen normativen Grundlagen[204], zumal nach Art. 37 Abs. 1 Satz 1 Verf. DDR 1968/74 jeder Bürger ein Recht auf Wohnraum für sich und seine Familie entsprechend den volkswirtschaft-

---

195 *BVerwG* NJW 2006, S. 2504 (2505); *VerfG Brandenburg* LKV 1999, S. 450 (462f.).
196 *Guckelberger*, in: Wendt/Rixecker (LitVerz.), Art. 16 RN 17.
197 S. auch *Lindner*, in: ders./Möstl/Wolff (LitVerz.), Art. 106 RN 29.
198 *BayVerfGH*, E. v. 10.10.2007 (Vf. 15-VII-06), juris, RN 13ff.
199 *Krausnick*, in: Meder/Brechmann (LitVerz.), Art. 106 RN 22.
200 *BayVerfGH* NVwZ-RR 2006, S. 585 f.; s. auch *OVG Koblenz* BRS 70 (2006) Nr. 184.
201 *OVG Koblenz* BRS 70 (2006) Nr. 184.
202 *BayVerfGH* NVwZ-RR 2006, S. 585 (586).
203 *Blackstein*, in: Fischer-Lescano/Rinken u.a. (LitVerz.), Art. 14 RN 2. Art. 6a Verf. Niedersachsen datiert dagegen von 1997, s. NdsGVBl. 1997, S. 480.
204 *Graf Vitzthum*, Auf der Suche nach einer sozio-ökonomischen Identität?, VBlBW 1991, S. 404 (411).

lichen Möglichkeiten und örtlichen Bedingungen hatte[205]. Die Vorgaben tragen der Bedeutung des Wohnraums für die Schaffung einer räumlichen Privatsphäre und damit dem Schutz der Menschenwürde als auch international vereinbarten Standards Rechnung[206]. In einigen Landesverfassungen wird den dort genannten Personen ein Anspruch[207] oder ein Recht[208] auf angemessenen Wohnraum eingeräumt oder das Land verpflichtet, im Rahmen seiner Kräfte für die Verwirklichung dieses Rechts zu sorgen[209]. Regelmäßig folgt eine Ergänzung, wonach die Förderung des Baues billiger Wohnungen[210] beziehungsweise die Schaffung und Erhaltung angemessenen Wohnraums, insbesondere für Menschen mit geringen Einkommen, sowie die Bildung von Wohnungseigentum[211] dem Land, manchmal auch den Gemeinden und Gemeindeverbänden aufgegeben wird. Andere Verfassungen geben dagegen nur das Hinwirken auf die Versorgung der Bevölkerung mit angemessenem Wohnraum vor[212]. Bei den zuletzt genannten Ländern läßt sich im Umkehrschluß zu den ein Recht beziehungsweise Anspruch erwähnenden Landesverfassungen klar entnehmen, daß diese Regelungen nur die staatlichen Stellen verpflichten. Es handelt sich bei ihnen um Staatszielbestimmungen, aus denen die einzelnen keine konkreten Ansprüche für sich herleiten können[213].

Anspruch oder Verpflichtung

Hinwirken

Welchen Bedeutungsgehalt dagegen die ein Recht beziehungsweise einen Anspruch auf angemessenen Wohnraum erwähnenden Verfassungsnormen haben, ist unter Einbeziehung des Gesamtkontexts der Landesverfassung für jedes Land gesondert zu ermitteln[214]. So wird zum Beispiel in einer Kommentierung zu Art. 106 Abs. 1 Verf. Bayern die Auffassung vertreten, nach Wortlaut und Stellung dieses Artikels handele es sich um ein Grundrecht, bei welchem dem Verpflichteten ein weiter, nur durch das Untermaßverbot begrenzter Erfüllungsspielraum zustehe[215]. Der Bayerische Verfassungsgerichtshof hat sich demgegenüber gegen die Einräumung eines verfassungsmäßigen Rechts auf angemessene Wohnung und insbesondere auf eine bestimmte Wohnung ausgesprochen[216]. Er begründet dies mit der Seltenheit der Gewährung originärer Leistungsgrundrechte in anderen Verfassungen sowie der

61

Kontextbezug des Bedeutungsgehalts „Anspruch"

---

205 Dazu *Dietlein* (FN 11), S. 146.
206 *Kunzmann*, in: Baumann-Hasske/ders. (LitVerz.), Art. 7 RN 3.
207 Art. 106 Abs. 1 Verf. Bayern; Art. 14 Abs. 1 Satz 1 Verf. Bremen; Art. 7 Abs. 1 Verf. Sachsen („Recht").
208 Art. 28 Abs. 1 Satz 1 Verf. Berlin.
209 Art. 47 Abs. 1 Verf. Brandenburg.
210 Art. 106 Abs. 2 Verf. Bayern; Art. 14 Abs. 1 Satz 2 Verf. Bremen weist dem Staat und den Gemeinden allgemein die Förderung der Verwirklichung dieses Anspruchs zu.
211 Art. 28 Abs. 1 Satz 2 Verf. Berlin; ähnlich Art. 47 Abs. 1 Verf. Brandenburg: durch Förderung von Wohnungseigentum, durch Maßnahmen des sozialen Wohnungsbaus, durch Mieterschutz und Mieterzuschüsse.
212 Art. 6a Verf. Niedersachsen, Art. 63 Verf. Rheinland-Pfalz, Art. 40 Abs. 1 Verf. Sachsen-Anhalt, Art. 15 Verf. Thüringen.
213 Im Ergebnis *Knops*, in: Brocker/Droege/Jutzi (LitVerz.), Art. 63 RN 13.
214 Dazu, daß bislang auch in diesen Staatszielbestimmungen gesehen werden, → Bd. IV: *Papier*, Schutz der Wohnung, § 91 RN 4.
215 *Lindner*, in: ders./Möstl/Wolff (LitVerz.), Art. 106 RN 3; a.A. *Krausnick*, in: Meder/Brechmann (LitVerz.), Art. 106 RN 4; eingehend zu den Argumenten gegen die Annahme eines Grundrechts *Graf Vitzthum* (FN 204), VBlBW 1991, S. 404 (406).
216 *BayVerfGH*, E. v. 20.6.1966 (Vf. 28-VI-66), juris, RN 6.

§ 235 Sechzehnter Teil: II. Vergleichende Betrachtung der Landesgrundrechte

Staatsziel-
bestimmung mangelnden Aussagekraft der Systematik der bayerischen Verfassung, da es in dieser inner- und außerhalb des Grundrechtsteils vereinzelt Normen mit und ohne Grundrechtscharakter gebe. Angesichts der realen Gegebenheiten im Entstehungszeitraum der Verfassung habe man mit dem in Art. 106 Abs. 1 Verf. Bayern verwendeten Wort „Anspruch" nur einen solchen im moralischen Sinne gemeint[217]. Auch der Verfassungsgerichtshof des Landes Berlin vertritt die Ansicht, daß Art. 28 Abs. 1 Verf. Berlin über die Qualität eines Programmsatzes hinaus allenfalls vor Obdachlosigkeit schützt und „weder ein allgemeines Behaltensrecht für eine bestimmte bezogene Wohnung noch – jenseits der Obdachlosigkeit – einen sonstigen Anspruch eines einzelnen Bürgers" begründet[218]. Da Art. 106 Abs. 1, 2 Verf. Bayern als Vorbild für Art. 14 Abs. 1 Verf. Bremen fungierte und dort in Satz 2 nicht von der Erfüllung, sondern Förderung der Verwirklichung des Anspruchs die Rede ist, handelt es sich bei dieser Regelung ebenfalls nur um eine zugespitzt formulierte Staatszielbestimmung[219].

62
„Wohnung" und „Wohnraum"

Aus der Gegenüberstellung der auf die Unverletzlichkeit der „Wohnung" gerichteten Landesgrundrechte und der teilweise auf den „Wohnraum" bezogenen Staatszielbestimmungen folgt, daß der zuletzt genannte Terminus nicht deckungsgleich mit demjenigen der Wohnung ist[220]. Damit wird eine Vielzahl von Wohnungen gemeint[221]. Dementsprechend wird in Art. 106 Abs. 2 Verf. Bayern von der Förderung des Baues billiger Volkswohnungen im Plural gesprochen, und ist die Bevölkerung das Bezugsobjekt der angemessenen Wohnraumversorgung in Art. 6a Verf. Niedersachsen[222]. Wegen der Bedeutung dieser Vorgaben für ein menschenwürdiges Dasein werden Arbeits-, Betriebs- und Geschäftsräume nicht unter den Wohnraumbegriff gefaßt[223].

Obdach und Wohnraum

Aus der Gegenüberstellung der Vorgabe zur Sicherung des Obdachs im Notfall in Art. 16 Verf. Thüringen und dem Staatsziel Wohnraum in Art. 15 der Verfassung folgt, daß dieser für die betreffenden Personen auf längere Zeit gedacht eine Wohnung bieten soll[224].

63
Soziale Staatsziele

Die sich inhaltlich auf das Gebiet der einzelnen Länder beziehenden[225] sozialen Staatszielbestimmungen sind für alle drei Gewalten verbindlich. Wenn sie auch keine einklagbaren Rechte gegen den Staat vermitteln, sind sie doch als Vorgaben auf der obersten Stufe der Landesnormenpyramide von Gewicht[226] und können bei der Einschränkung anderer Landesgrundrechte be-

---

217 *BayVerfGH* VerwRspr. 16 (1964), S. 1 (4).
218 *BerlVerfGH* NVwZ-RR 1997, S. 202 (203); B. v. 13.12.2001 (165/01, 165 A/01), juris, RN 10; B. v. 14.2.2005 (186/04), juris, RN 14; gegen die Annahme eines Anspruchs bei Obdachlosigkeit *Driehaus* (LitVerz.), Art. 28 RN 2.
219 Vgl. *Blackstein*, in: Fischer-Lescano/Rinken u.a. (LitVerz.), Art. 14 RN 4.
220 *Knops*, in: Brocker/Droege/Jutzi (LitVerz.), Art. 63 RN 7.
221 *Knops* aaO., Art. 63 RN 7, der in RN 6 darauf verweist, daß unter Wohnraum im zivilrechtlichen Sinne allgemein Räumlichkeiten zu Wohnzwecken verstanden werden, wobei primär die private Vereinbarung maßgeblich sei.
222 Dazu auch *Haltern/Manthey*, in: Epping/Butzer u.a. (LitVerz.), Art. 6a RN 12.
223 *Eichenhofer*, in: Linck/Baldus u.a. (LitVerz.), Art. 15 RN 7; *Jutzi* (FN 15), Art. 15 RN 10.
224 In diese Richtung *Jutzi*, in: Linck/ders./ Hopfe (LitVerz.), Art. 15 RN 9.
225 *Jutzi*, in: Linck/ders./ Hopfe (LitVerz.), Art. 15 RN 6.
226 *Graf Vitzthum* (FN 204), VBlBW 1991, S. 404 (406).

deutsam werden²²⁷. Die Staatszielbestimmung kann zu einer etwas anderen Akzentuierung der Abwägungsgewichte führen²²⁸. Selbst wenn nur in Art. 15 Verf. Thüringen von einer „ständige[n] Aufgabe" die Rede ist, folgt doch aus der Existenz der Staatszielbestimmungen, daß ihre Normadressaten diese Vorgabe kontinuierlich zu berücksichtigen und ihr Handeln daran auszurichten haben²²⁹. Zur Feststellung von Handlungsbedarf ist die Wohnraumversorgung der Bevölkerung statistisch zu erfassen und zu beobachten²³⁰.

„Ständige Aufgabe"

Die Staatszielbestimmungen zum angemessenen Wohnraum enthalten einen Handlungsauftrag für die Legislative. Außerdem sind sie von Verwaltung und Gerichten bei der Auslegung und Anwendung anderer (Verfassungs-)Regelungen zu berücksichtigen²³¹. Sehen andere Vorschriften einen Anspruch auf Bereitstellung von Wohnraum vor, werden diese durch die Staatszielbestimmung verstärkt²³². Insbesondere der (Haushalts-)Gesetzgeber verfügt über einen weiten Abwägungsspielraum bei der Umsetzung der Staatszielbestimmung der angemessenen Wohnraumversorgung, zumal er diese mit anderen (landes-)verfassungsrechtlichen Parametern in Einklang zu bringen hat, wie den zu ausgeglichenen Haushalten verpflichtenden Schuldenbremsen²³³. Soweit die Staatszielbestimmungen keine weiteren präzisierenden Vorgaben machen, wird es dem politischen Abwägungsprozeß überlassen, ob man dabei mehr auf öffentliche Wohnungen, den regulierten Markt oder die Gewährung finanzieller Unterstützung setzt²³⁴. Des weiteren kann die Staatszielbestimmung bei der Raum- und Bauleitplanung Relevanz erlangen²³⁵. Durch genaue Lektüre muß den Landesvorschriften entnommen werden, wer und was gefördert wird.

64
Handlungsauftrag für die Legislative

Abwägungsargument

Die Förderpflicht in Art. 106 Abs. 2 Verf. Bayern, Art. 28 Abs. 2 Satz 1 Verf. Berlin sowie in Art. 14 Abs. 1 Satz 2 Verf. Bremen wird auf „jedermann" bezogen²³⁶. Insbesondere in Wachstumsregionen stoßen Personen auf der Suche nach bezahlbarem Wohnraum häufig auf Schwierigkeiten. Auch angesichts der seit geraumer Zeit stetig wachsenden Zahl an Asylbewerbern, die unter angemessenen und menschenwürdigen Bedingungen unterzubringen sind, erlangen die landesverfassungsrechtlichen Staatszielbestimmungen aktuelle Relevanz²³⁷. Die verpflichteten Stellen müssen sich in besonderem Maße um ausreichende Unterkünfte für deren (dauerhafte) Unterbringung bemü-

65
Auf „jedermann" bezogene Förderpflicht

---

227 *Krausnick*, in: Meder/Brechmann (LitVerz.), Art. 106 RN 4.
228 *Haltern/Manthey*, in: Epping/Butzer u.a. (LitVerz.), Art. 6a RN 10.
229 So auch *Haltern/Manthey*, in: Epping/Butzer u.a. (LitVerz.), Art. 6a RN 13.
230 *Eichenhofer*, in: Linck/Baldus u.a. (LitVerz.), Art. 15 RN 9; zum niedersächsischen Wohnungsmarktbeobachtungssystem *Haltern/Manthey*, in: Epping/Butzer u.a. (LitVerz.), Art. 6a RN 13.
231 *Blackstein*, in: Fischer-Lescano/Rinken u.a. (LitVerz.), Art. 14 RN 6; *Krausnick*, in: Meder/Brechmann (LitVerz.), Art. 106 RN 9.
232 *Krausnick*, in: Meder/Brechmann (LitVerz.), Art. 106 RN 4.
233 *Knops*, in: Brocker/Droege/Jutzi (LitVerz.), Art. 63 RN 4.
234 *Waldhoff*, in: Siegel/ders. (LitVerz.), § 1 RN 97; s. auch *Knops*, in: Brocker/Droege/Jutzi (LitVerz.), Art. 63 RN 12.
235 *Eichenhofer*, in: Linck/Baldus u.a. (LitVerz.), Art. 15 RN 9.
236 Auch in Art. 6a Verf. Niedersachsen wird der angemessene Wohnraum allgemein auf die Bevölkerung bezogen.
237 *Blackstein*, in: Fischer-Lescano/Rinken u.a.(LitVerz.), Art. 14 RN 7.

Sozial schwache Personen

hen[238]. Indem einzelne Verfassungsnormen „insbesondere Menschen mit geringem Einkommen"[239] oder den sozialen Wohnungsbau[240] besonders hervorheben, wird auf die Unterstützungsbedürftigkeit sozial schwacher Personen aufmerksam gemacht. Laut Berechnungen des Deutschen Mieterbundes sollen in Deutschland insgesamt zwei Millionen Sozialwohnungen fehlen[241]. Gemäß Art. 125 Abs. 3 Verf. Bayern sind die Bedürfnisse kinderreicher Familien und deren Anspruch auf gesunde Wohnungen zu berücksichtigen. Nach einer Entscheidung des Bayerischen Verfassungsgerichtshofs von 1964 kann man bei zwei Kindern noch nicht von einer kinderreichen Familie sprechen[242]. Angesichts veränderter Lebensumstände ist dieser unbestimmte Rechtsbegriff ebenso wie derjenige des „angemessenen" Wohnraums zeitgemäß auszulegen. Der angemessene Wohnraum muß dem ortsüblichen und zeitgemäßen Standard entsprechen[243].

---

238 *Blackstein* aaO.
239 Art. 28 Abs. 1 Satz 2 Verf. Berlin.
240 Art. 47 Abs. 1 Verf. Brandenburg.
241 Artikel von *Alexander Fröhlich/Heike Jahberg*, „Sozialwohnungen; Mieterbund: zwei Millionen fehlen", in: Der Tagesspiegel v. 27.7. 2015, 18:27 Uhr; s. auch die Antwort von *Jan Mücke*, Bundesministerium für Verkehr, Bau und Stadtentwicklung, v. 31.7. 2012 zur Frage Nr. 236/Juli.
242 *BayVerfGH* VerwRspr. 16 (1964), S. 1 (9).
243 *Blackstein*, in: Fischer-Lescano/Rinken u.a. (LitVerz.), Art. 14 RN 7; s. auch *Jutzi*, in: Linck/ders./Hopfe (LitVerz.), Art. 15 RN 12.

G. Bibliographie

Berlit, Uwe, in: Harald Baumann-Hasske/Bernd Kunzmann (Hg.), Die Verfassung des Freistaates Sachsen, ³2011 (zu Art. 30 der Verfassung).

Blackstein, Ylva, in: Andreas Fischer-Lescano/Alfred Rinken/Karen Buse/Ilsemarie Meyer/Matthias Stauch/Christian Weber (Hg.), Kommentar zur Freien Hansestadt Bremen, 2015 (zu Art. 14 der Verfassung).

Driehaus, Hans-Joachim, in: ders., Verfassung von Berlin, ³2009 (zu Art. 28 der Verfassung).

Eichenhofer, Eberhard, in: Joachim Linck/Manfred Baldus/Joachim Lindner/Holger Poppenhäger/Matthias Ruffert (Hg.), Die Verfassung des Freistaats Thüringen, 2013 (Art. 15, 16 der Verfassung).

Fechner, Frank, in: Joachim Linck/Manfred Baldus/Joachim Lindner/Holger Poppenhäger/Matthias Ruffert (Hg.), Die Verfassung des Freistaats Thüringen, 2013 (Art. 8 der Verfassung).

Groh, Kathrin, in: Lars Brocker/Michael Droege/Siegfried Jutzi (Hg.), Verfassung für Rheinland-Pfalz, 2014 (Art. 7 der Verfassung).

Guckelberger, Annette, in: Rudolf Wendt/Roland Rixecker, Verfassung des Saarlandes, 2009 (Art. 1 und 16 der Verfassung).

Haltern, Ulrich/Leslie Manthey, in: Volker Epping/Hermann Butzer/Frauke Brosius-Gersdorf/Ulrich Haltern/Veith Mehde/Kay Waechter (Hg.), Hannoverscher Kommentar zur Niedersächsischen Verfassung, 2012 (Art. 6 a der Verfassung).

Iwers, Steffen Johann, in: Hasso Lieber/ders./Martina Ernst (Hg.), Verfassung des Landes Brandenburg, 2012 (Art. 15 der Verfassung).

Jutzi, Siegfried, in: Joachim Linck/ders./Jörg Hopfe (Hg.), Die Verfassung des Freistaats Thüringen, 1994 (Art. 8, 15, 16 der Verfassung).

Knops, Kai-Oliver, in: Lars Brocker/Michael Droege/Siegfried Jutzi (Hg.), Verfassung für Rheinland-Pfalz, 2014 (zu Art. 63 der Verfassung).

Krausnick, Daniel, in: Theodor Meder/Winfried Brechmann (Hg.), Die Verfassung des Freistaates Bayern, ⁵2014 (zu Art. 106 der Verfassung).

Kunzmann, Bernd, in: Harald Baumann-Hasske/ders., Die Verfassung des Freistaates Sachsen, ³2011 (zu Art. 7 der Verfassung).

Lieber, Hasso, in: ders./Steffen Johann Iwers/Martina Ernst, Verfassung des Landes Brandenburg, 2012 (zu Art. 47 der Verfassung).

Lindner, Josef Franz, in: ders./Markus Möstl/Heinrich Amadeus Wolff, Verfassung des Freistaates Bayern, 2009 (zu Art. 106 der Verfassung).

Löhr, Barbara, Die Rechte des Menschen in der Verfassung des Landes Hessen im Lichte des Grundgesetzes, 2007.

Ziekow, Jan/Annette Guckelberger, in: Heinrich Friauf/Wolfram Höfling (Hg.), Berliner Kommentar zum Grundgesetz, 46. Erg.-Lfg. 2015 (zu Art. 13 GG).

§ 236
Religiöse und weltanschauliche Freiheiten

Stefan Korioth

Übersicht

	RN
A. Einheitlicher grundgesetzlicher Rahmen und religionssoziologische Verschiedenheiten	1– 5
B. Religion, Gewissen und Weltanschauung	6– 8
I. Regelungstypen der Landesverfassungen	6
II. Besonderheiten des Schutzbereichs und der Schranken	7– 8
C. Kirchen und Religionsgemeinschaften	9–10
D. Erweiternde und einschränkende Garantien	11–37
I. Erweiternde und einschränkende Garantien und das Grundgesetz	12–14
II. Erweiternde Garantien zu Art. 136 bis 139, Art. 141 WRV und Ausgestaltungen	15–37
1. Körperschaftsstatus	16–19
2. Sonn- und Feiertagsschutz	20–21
3. Religionsunterricht	22–31
a) Die Grundkonzeption des Religionsunterrichts in öffentlichen Schulen	22–24
b) Einzelregelungen der Länder	25–28
c) Einzelprobleme	29–31
4. Staatsleistungen/ Leistungen des Landes	32–36
a) Die Verfassungsnormen der Länder	33–35
b) Der Sonderfall der kommunalen Kirchenbaulasten	36
5. Anstaltsseelsorge	37
E. Eigenständige Garantien der Länderverfassungen	38–53
I. Garantien im Bildungsbereich	38–44
1. Theologische Fakultäten	38–40
2. Kirchliche Hochschulen und Schulen	41
3. Öffentliche Schulen	42–44
II. Öffentlichkeitsauftrag der Kirchen	45–48
III. Religionsgemeinschaften als Träger karitativer Tätigkeit	49–50
1. Die verschiedenen Garantien	49
2. Sonderfinanzierungsgarantien in Sachsen	50
IV. Staatskirchenverträge	51–53
F. Bibliographie	

A. Einheitlicher grundgesetzlicher Rahmen und religionssoziologische Verschiedenheiten

1
Religionssoziologische Unterschiede in den Ländern

Den ursprünglichen und namengebenden Kern des „Kultus"-Rechts bildet das staatliche Religionsrecht. Es gehört traditionell und noch heute als Bestandteil der Kulturhoheit in den verfassungsrechtlichen Zuständigkeitsbereich der Länder. Dies geht zurück bis zum Augsburger Religionsfrieden vom Jahre 1555, der die Doppelkonfessionalität unter dem Dach des Alten Reiches zuließ und damit den Zusammenhang von föderaler Ordnung, Staatswerdung und religiöser Freiheit begründete[1]. Die in den Etappen der deutschen Verfassungsentwicklung zwischen 1849 und 1949 hochkontroversen religionspolitischen Eckpfeiler und Grundentscheidungen wurden jedoch als so wichtig und einheitlicher Regelung vorbehalten verstanden, daß sie, mit Ausnahme der Reichsverfassung von 1871, in der Bundesverfassung enthalten waren und sind. Die heutigen religionsrechtlichen Grundnormen der Art. 4 Abs. 1 und 2, Art. 7 Abs. 2 und 3, Art. 3 Abs. 3, Art. 33 Abs. 2 und 3 und Art. 140 GG bilden – konkretisiert durch eine dichtgeknüpfte Rechtsprechung des Bundesverfassungsgerichts und die Staatskirchenrechtslehre – einen festen einheitlichen Rahmen, in dem das Landesrecht lediglich in Einzelheiten eigenständige Akzente setzen und Freiheitsbereiche deutlicher akzentuieren kann. Daraus haben sich in den fast sieben Jahrzehnten der Geltung des Grundgesetzes einige landesrechtliche Besonderheiten ergeben, die vor allem der jeweiligen regionalen religionspolitischen Lage und kulturellen Überlieferung Rechnung tragen. Durchweg geht es darum, den Gestaltungsspielraum zu nutzen, den das vom Grundgesetz zugrunde gelegte Prinzip der religiös-weltanschaulichen Neutralität eröffnet.

2
Institutionelle Trennung von Staat und Kirche

Dieses leitet das Bundesverfassungsgericht aus Art. 4 Abs. 1, Art. 3 Abs. 3 Satz 1, Art. 33 Abs. 3 GG sowie Art. 140 GG in Verbindung mit Art. 136 Abs. 1 und 4, Art. 137 Abs. 1 WRV ab. Religiös-weltanschauliche Neutralität verlangt eine institutionelle Trennung von Staat und Kirche, „verwehrt die Einführung staatskirchlicher Rechtsformen und untersagt die Privilegierung bestimmter Bekenntnisse ebenso wie die Ausgrenzung Andersgläubiger [...]. Der Staat hat auf eine am Gleichheitssatz orientierte Behandlung der verschiedenen Religions- und Weltanschauungsgemeinschaften zu achten [...] und darf sich nicht mit einer bestimmten Religionsgemeinschaft identifizieren"[2]. Diese weltanschaulich-religiöse Neutralität sei „nicht als eine distanzierende im Sinne einer strikten Trennung von Staat und Kirche zu verstehen, sondern als eine offene und übergreifende, die Glaubensfreiheit für alle Bekenntnisse gleichermaßen fördernde Haltung. Art. 4 Abs. 1 und 2 GG gebietet auch im

---

1 *Martin Heckel*, Der Augsburger Religionsfriede, JZ 2005, S. 961 ff.; *ders.*, Vom Religionskonflikt zur Ausgleichsordnung, 2007; *Ch. Lutz*, Staatskirchenrecht und Föderalismus, in: Thomas Holzner/Hannes Ludyga (Hg.), Entwicklungstendenzen des Staatskirchen- und Religionsverfassungsrechts, 2013, S. 93 (97).
2 *BVerfGE 138*, 296 (338f. RN 109), unter Hinweis auf *BVerfGE 19*, 206 (216); *24*, 236 (246); *33*, 23 (28); *93*, 1 (17); *108*, 282 (299f.).

positiven Sinn, den Raum für die aktive Betätigung der Glaubensüberzeugung und die Verwirklichung der autonomen Persönlichkeit auf weltanschaulich-religiösem Gebiet zu sichern"[3]. Dies erlaubt den landesrechtlichen Freiheitsgewährleistungen insbesondere in den Bereichen Bildung und Schule, bei der finanziellen Förderung religiöser Aktivitäten, beim Sonn- und Feiertagsschutz und bei der Anerkennung der öffentlichen und gesellschaftlichen Rolle der Religionsgemeinschaften in begrenztem Maße eigenständige Ausformungen[4]. Diese dürfen – und sollen im Lichte des föderalen Prinzips der Einheit durch Vielfalt – religionssoziologischen Besonderheiten der Länder Rechnung tragen.

Solche lassen sich bis auf die unmittelbaren Folgen des im Jahre 1555 durch den Augsburger Religionsfrieden im Alten Reich eingeführten Grundsatz des cuius regio, eius religio zurückverfolgen. Seither gilt, daß der Norden und Osten Deutschlands lutherisch-protestantisch, der Süden und Westen katholisch geprägt sind. Das ausgehende 20. Jahrhundert hat dem die – gesamtdeutsche – Entwicklung des Verlusts des volkskirchlichen Status der Großkirchen und der zunehmenden religiösen Pluralisierung hinzugefügt, ferner die spezifischen und nachwirkenden Folgen der religionsfeindlichen vierzig Jahre der Deutschen Demokratischen Republik. Die Ergebnisse lassen sich in der Religionsstatistik ablesen. Ende des Jahres 2013 waren etwa 49,4 Millionen (ca. 62 v.H.) der Menschen in Deutschland Mitglieder der römisch-katholischen Kirche (24,9 Millionen) oder der evangelischen Landeskirchen (24,6 Millionen). Zum Islam bekennen sich – angesichts fehlender formalisierter Mitgliedschaft sind nur Schätzungen möglich – ca. 3,5 Millionen Menschen. Unter Berücksichtigung weiterer und deutlich kleinerer Religionsgemeinschaften bis hin zu den der jüdischen Gemeinden, die etwa 0,1 v.H. der Bevölkerung erfassen, gehören etwa 33 v.H. der Bevölkerung – religionsstatistisch inzwischen die größte Einzelgruppe – keiner Religionsgemeinschaft an.

3
cuius regio, eius religio

Interessant sind die regionalen Unterschiede: Den höchsten Anteil in der Bevölkerung weist die römisch-katholische Kirche im Saarland (63,3 v.H.), in Bayern (55,7 v.H.) und in Rheinland-Pfalz (45,7 v.H.) auf. Relativ betrachtet sind Mitglieder der evangelischen Kirche am häufigsten in Schleswig-Holstein (55,7 v.H.), in Niedersachsen (51,5 v.H.) und Bremen (43,2 v.H.). Menschen ohne Religionszugehörigkeit finden sich am häufigsten in Sachsen-Anhalt (ca. 79 v.H.), in Mecklenburg-Vorpommern (ca. 77 v.H.) und in Brandenburg (ca. 76 v.H.). Andere Religionsgemeinschaften als die katholische oder evangelische Kirche sind am stärksten in Baden-Württemberg (6,7 v.H.), Hessen (6,5 v.H.) und Nordrhein-Westfalen (6,4 v.H.). In den östlichen Ländern beträgt deren Anteil durchgehend weniger als 2 v.H.[5]. In keiner Großstadt mit

4
Regionale Unterschiede

---

3 *BVerfGE 138*, 296 (339 RN 110), unter Hinweis auf *BVerfGE 41*, 29 (49); *93*, 1 (16); *108*, 282 (300).
4 Allerdings hat das Bundesverfassungsgericht in seiner ersten Kopftuch-Entscheidung aus dem Jahre 2003 (*BVerfGE 108*, 282 ff.) dies in problematischer Weise dadurch verstärkt, daß es – mit Bezug auf die Schule – regionale Differenzierungen des Neutralitätsprinzips für möglich hielt. Das geht angesichts der bundesverfassungsrechtlichen Herleitung des Neutralitätsgrundsatzes zu weit und findet in der zweiten Kopftuch-Entscheidung vom Januar 2015 (*E 138*, 296) keine Erwähnung mehr.
5 Zahlen nach: Statistische Ämter des Bundes und der Länder, Zensus Kompakt, Ausgabe 2014, S. 16 ff.

mehr als 600 000 Einwohnern beträgt der religiös gebundene Bevölkerungsanteil mehr als 50 v.H. Der Befund ist deutlich: Überall, insbesondere in den großen Städten und in den östlichen Ländern, sind die traditionellen großen Kirchen im Zustand eines sich beschleunigenden Rückzugs. Die religiöse Pluralisierung findet vor allem in den großen Städten und in den wirtschaftlich bedeutenden Flächenländern statt. Hier spielt Migration eine große Rolle.

5
Rezeption der soziologischen Veränderungen

Es überrascht nicht, daß die vergleichsweise statische und traditionsbezogene Materie des Religionsverfassungsrechts dieser Lage nur sehr vorsichtig und langsam, aber durchaus wahrnehmbar Rechnung trägt. Das kommt weniger dort zum Tragen, wo das Landesrecht die individuelle und kollektive Freiheitsgewährung des Grundgesetzes[6] rezipiert und ausgestaltet. Die Statik des grundgesetzlichen Ordnungsrahmens, der schon 1949 ein wiederholter, „doppelter Kompromiß"[7] war, ist bemerkenswert und deutet darauf hin, daß sich mit ihm auch neuere Entwicklungen bewältigen lassen. Größere Bedeutung hat die normative Aufnahme der religionssoziologischen Veränderungen durch das Landesrecht dort, wo es landesbezogene Verbürgungen und Spielräume gibt[8].

B. Religion, Gewissen und Weltanschauung

I. Regelungstypen der Landesverfassungen

6
Selbständige und vom GG übernommene Regelungstypen

Selbständige und vollständige Regelungen der Religions-, Gewissens- und Weltanschauungsfreiheit enthalten die Verfassungen Bayerns (Art. 107), Bremens (Art. 4), Hessens (Art. 9), von Rheinland-Pfalz (Art. 8) und des Saarlandes (Art. 4). Das erklärt sich daraus, daß diese Verfassungen vor dem Grundgesetz entstanden sind und deshalb, wie in anderen grundrechtlichen Bereichen auch, Anlaß zur Vollregelung bestand. In den Formulierungen sind diese Normen vor allem den Vorläufern in der Weimarer Verfassung (Art. 135, 136 WRV) verpflichtet[9]. Wörtliche Übernahmen des Art. 4 Abs. 1 und 2 GG sind kennzeichnend für neuere Verfassungen, insbesondere in den östlichen Bundesländern[10], die damit die Dominanz der grundgesetzlichen Verbürgung nach vierzig Jahren seiner Geltung dokumentieren, aber auch den Wunsch nach Herstellung des grundgesetzlichen Zustands. Nur regelungstechnisch

---

6 Dazu B, RN 6 ff., und C, RN 9.
7 *Smend*, Kirche und Staat nach dem Bonner Grundgesetz, ZevKR 1 (1951), S. 1 ff.; *Unruh*, Religionsverfassungsrecht (LitVerz.), RN 43 ff.
8 D, RN 11 ff., und E, RN 38 ff.
9 Vgl. Art. 107 Verf. Bayern: „(1) Die Glaubens- und Gewissensfreiheit ist gewährleistet. (2) Die ungestörte Religionsausübung steht unter staatlichem Schutz. [...]". Art. 135 WRV lautete: „Alle Bewohner des Reichs genießen volle Glaubens- und Gewissensfreiheit. Die ungestörte Religionsausübung wird durch die Verfassung gewährleistet und steht unter staatlichem Schutz. [...]".
10 Berlin: Art. 29 Abs. 1; Brandenburg: Art. 13; Sachsen: Art. 19; Sachsen-Anhalt: Art. 9; Thüringen: Art. 39.

anders ist die Inkorporation der grundgesetzlichen Grundrechte in das Landesverfassungsrecht[11]. Als einzige Landesverfassung enthält die Hamburgische keinen Grundrechtsteil und somit keine landesverfassungsrechtliche Gewährleistung der Religionsfreiheit.

II. Besonderheiten des Schutzbereichs und der Schranken

Prägend für die landesverfassungsrechtlichen Verbürgungen der Glaubens- und Weltanschauungsfreiheit ist das vor allem in der Rechtsprechung des Bundesverfassungsgerichts entwickelte Verständnis als umfassendes Recht religiöser Lebensführung. Art. 4 Abs. 1 und 2 GG, verstanden als einheitliches Grundrecht, schützt damit zum einen ausdrücklich die freie Wahl des persönlichen Glaubens, eingeschlossen die negative Freiheit, keinen Glauben zu haben. Geschützt ist zum andern die Bekundung dieses Glaubens nach außen, das Bekenntnis. Art. 4 Abs. 2 GG sichert daneben ausdrücklich die „ungestörte Religionsausübung". Da kultische und liturgische Handlungen schon der Bekenntnisfreiheit unterfallen sollen, versteht das Bundesverfassungsgericht die weitere Schutzdimension in besonderer, historisch und vom Wortlaut her nicht gebotener, im Ergebnis aber überzeugender Weise. Geschützt sind über die erkennbar religiösen alle weiteren, sogar äußerlich nicht religionsspezifisch erscheinenden Verhaltensweisen, sofern der Grundrechtsträger diese als glaubensgefordert oder auch nur glaubensgeleitet versteht[12]. Dabei stellen die Rechtsprechung und die herrschende Lehre sogar, was das Verständnis von Religion und glaubensgefordert angeht, auf das Selbstverständnis der Grundrechtsträger ab, wenn es plausibel gemacht und erklärt werden kann[13]. Neben den einzelnen Gläubigen sind auch Religionsgemeinschaften aus Art. 4 Abs. 1 und 2 GG berechtigt. Die besondere Bedeutung der Freiheiten dieses Grundrechts verdeutlicht nicht nur der Wortlaut, der die „Unverletzlichkeit" hervorhebt, sondern auch der fehlende Gesetzesvorbehalt. Grenzen findet die Religions- und Weltanschauungsfreiheit in den Grundrechten anderer und weiteren mit Verfassungsrang ausgestatteten Rechtsgütern[14].

Da die Landesverfassungen in ihrem Anwendungsbereich Gewährleistungen des Grundgesetzes nicht einschränken können, wird der Schutzbereich des Landesrechts heute weitgehend mit dem des Grundgesetzes harmonisiert. Gleiches gilt für die Schranken. Kleinere Besonderheiten gibt es in Bayern und Hessen. Art. 98 Satz 1 und 2 Verf. Bayern enthalten eine allgemeine Regelung zur Einschränkbarkeit von Grundrechten: „Die durch die Verfassung gewährleisteten Grundrechte dürfen grundsätzlich nicht eingeschränkt werden. Einschränkungen durch Gesetz sind nur zulässig, wenn die öffentliche Sicherheit, Sittlichkeit, Gesundheit und Wohlfahrt es zwingend erfor-

7
Schutzbereich und Schranken der Glaubensfreiheit

Glaubensgefordertes oder glaubensgeleitetes Verhalten

8
Regelungen zur Einschränkbarkeit von Grundrechten

---
11 Art. 2 Abs. 1 Verf. Baden-Württemberg; Art. 5 Abs. 3 Verf. Mecklenburg-Vorpommern; Art. 3 Abs. 2 Verf. Niedersachsen; Art. 4 Abs. 2 Verf. Nordrhein-Westfalen; Art. 3 Verf. Schleswig-Holstein.
12 *BVerfGE* 24, 236 (245); *32*, 98 (106); *108*, 282 (297); *138*, 296 (328 f. RN 85).
13 *BVerfGE* 24, 236 (247 f.); *108*, 282 (298 f.); *138*, 296 (328 f. RN 86).
14 *BVerfGE* 28, 243 (260 f.); *41*, 29 (50 f.); *41*, 88 (107); *44*, 37 (49 f.); *52*, 223 (247); *93*, 1 (21); *108*, 282 (297).

§ 236 Sechzehnter Teil: II. Vergleichende Betrachtung der Landesgrundrechte

dern". Um Konflikte mit dem nur durch kollidierendes Verfassungsrecht einschränkbaren Art. 4 Abs. 1 und 2 GG zu vermeiden, hat der Bayerische Verfassungsgerichtshof diese Vorbehaltsgeneralklausel auch im Bereich der Religionsfreiheit bislang nicht aktiviert und statt dessen die Schranke der Religionsfreiheit in Anlehnung an die Rechtsprechung des Bundesverfassungsgerichts interpretiert[15]. In Hessen ergibt sich aus der Zusammenschau von Art. 9 seiner Verfassung („Glauben, Gewissen und Überzeugung sind frei") und Art. 48 Abs. 1 seiner Verfassung („Ungestörte und öffentliche Religionsausübung und die Freiheit der Vereinigung zu Religions- und Weltanschauungsgemeinschaften werden gewährleistet") eine umfassende Gewährleistung von forum internum und externum[16].

forum internum und externum

C. Kirchen und Religionsgemeinschaften

9
Vereinheitlichende Wirkung des GG

Ebenso wie bei der Gewährleistung der Religions- und Weltanschauungsfreiheit sind mit Blick auf besondere Normierungen der Stellung von Kirchen und Religionsgemeinschaften verschiedene Regelungstypen der Landesverfassungen zu beobachten. Keinerlei Regelungen zu dem institutionellen Verhältnis von Staat und Religionsgemeinschaften enthalten die Verfassungen von Niedersachsen, Hamburg, Schleswig-Holstein und Berlin. Inkorporationen des Art. 140 GG oder unmittelbar der Art. 136 bis 139, 141 WRV finden sich in Baden-Württemberg (Art. 5 Verf.), Mecklenburg-Vorpommern (Art. 9 Verf.), Nordrhein-Westfalen (Art. 22 Verf.), Sachsen (Art. 109, 110 Verf.), Sachsen-Anhalt (Art. 32 Verf.) und Thüringen (Art. 40 Verf.). Einige eigenständige Akzentsetzungen gibt es insofern, als manche Landesverfassungen religions- und kirchenfreundliche Akzente setzen, so beispielsweise Art. 4 Abs. 2 Verf. Baden-Württemberg, der die Bedeutung der Kirchen und der „anerkannten" Religions- und Weltanschauungsgemeinschaften „für die Bewahrung und Festigung der religiösen und sittlichen Grundlagen des menschlichen Lebens" hervorhebt, mit Blick auf das Schulwesen etwa Art. 135 Abs. 1 Verf. Bayern: „Die öffentlichen Volksschulen sind gemeinsame Schulen für alle volksschulpflichtigen Kinder. In ihnen werden die Schüler nach den Grundsätzen der christlichen Bekenntnisse unterrichtet und erzogen"[17]. Hessen und Bremen betonen stärker die Eigenständigkeit und Tren-

Religions- und kirchenfreundliche Akzente

---

15 Z.B. *BayVerfGHE 8*, 1 (9); *20*, 125 (128); *35*, 10 (25); *50*, 156 ff.
16 *StGH Hessen*, Urt. v. 10. 12. 2007, zit. nach juris, RN 74: „Art. 9 HV und Art. 48 HV bilden wie Art. 4 Abs. 1 und 2 GG ein umfassend zu verstehendes einheitliches Grundrecht [...]. Zu der somit umfassend gewährleisteten Religions- bzw. Glaubens-, Weltanschauungs- und Gewissensfreiheit gehört auch das Recht des Einzelnen, das gesamte Verhalten an den Lehren seines Glaubens auszurichten und dieser inneren Glaubensüberzeugung gemäß zu handeln".
17 Ähnlich das Saarland, Nordrhein-Westfalen und Rheinland-Pfalz; dazu *Robbers*, in: Brocker/Droege/Jutzi (LitVerz.), Art. 41 RN 10; *Ennuschat*, in: Löwer/Tettinger (LitVerz.), Art. 19 RN 16; *Elicker*, in: Wendt/Rixecker (LitVerz.), Vor Art. 35 RN 4 ff.

nung von Staat und Kirche[18]. Konflikte mit Art. 140 GG entstehen daraus nicht. Insgesamt läßt sich feststellen, daß die jedenfalls bis zum Jahre 1919 große Bedeutung der föderalen Gliederung und Vielfalt im Religionsrecht an Gewicht verloren hat. Wie in anderen Bereichen des Verhältnisses von Staat und Gesellschaft hat das Grundgesetz eine hohe zentralisierende und unitarisierende Wirkung entfaltet. Mit Blick auf das Verhältnis von Staat und Religionsgemeinschaften wird dies noch durch die vielfach einheitliche Vertragspraxis zwischen den Ländern und den Kirchen sowie weiteren Religionsgemeinschaften unterstützt.

Verluste föderaler Vielfalt im Religionsrecht

Deswegen legt das Staatskirchenrecht in den Landesverfassungen auf Landesebene dieselben Prinzipien wie das Grundgesetz zugrunde. Diese sind in der für alle Verfassungen gemeinsamen Grundlage der Weimarer Reichsverfassung verankert. Zunächst ist das Prinzip der moderaten Trennung[19] zu nennen, das die Trennung von Staat und Kirche festschreibt (Art. 137 Abs. 1 WRV)[20], zugleich aber Möglichkeiten der freiwilligen Kooperation und der funktionalen Verschränkung vorsieht, beispielsweise in Art. 137 Abs. 5 und 6, Art. 138, 139, 141 WRV, Art. 7 Abs. 3 GG. Die subjektive Kehrseite des Trennungsgebots läßt sich im Selbstbestimmungsrecht der Religionsgemeinschaften finden (Art. 137 Abs. 3 WRV)[21]. Eng verzahnt mit dem Trennungsgebot ist das zweite Prinzip, das der religiös-weltanschaulichen Neutralität des Staates[22]. Dieses verbietet die Identifikation des Staates mit einer Religionsgemeinschaft und die Bewertung verschiedener Glaubensinhalte und verlangt ein moderierendes Einwirken des Staates auf religiöse Konflikte. Schließlich muß der Staat den Grundsatz der Parität beachten[23], der die Gleichheit und die Forderung nach Gleichbehandlung aller religiösen und weltanschaulichen Bekenntnisse festschreibt. Diese Grundprinzipien sind auch den Landesverfassungen immanent, so daß Spielräume der Eigenstaatlichkeit diese beachten müssen.

10
Gemeinsame Grundlinien

Neutralität des Staates

---

18 Art. 59 Abs. 1 Verf. Bremen; Art. 50 Verf. Hessen, dort Absatz 2: „Die Kirchen, Religions- und Weltanschauungsgemeinschaften haben sich, wie der Staat, jeder Einmischung in die Angelegenheiten des anderen Teiles zu enthalten".
19 Dazu→ Bd. IV: *Korioth*, Freiheit der Kirchen und Religionsgemeinschaften, § 97 RN 2 ff.
20 Dementsprechend normieren die Landesverfassungen: Art. 142 Abs. 1 Verf. Bayern; Art. 36 Abs. 1 Verf. Brandenburg; Art. 59 Abs. 1 Verf. Bremen; Art. 48 Abs. 3 Verf. Hessen; Art. 109 Abs. 2 Verf. Sachsen; Art. 32 Abs. 1 Verf. Sachsen-Anhalt, sowie die Verfassungen, die Art. 137 Abs. 1 WRV inkorporieren.
21 In den Landesverfassungen: Art. 4 Abs. 1 Verf. Baden-Württemberg; Art. 142 Abs. 3 Verf. Bayern; Art. 36 Abs. 2 Verf. Brandenburg; Art. 59 Abs. 2 Verf. Bremen; Art. 19 Abs. 2 Verf. Nordrhein-Westfalen; Art. 41 Abs. 2 Verf. Rheinland-Pfalz; Art. 35 Verf. Saarland; Art. 109 Abs. 2 Verf. Sachsen; Art. 32 Abs. 2 Verf. Sachsen-Anhalt und die Verfassungen, die Art. 137 Abs. 3 WRV inkorporieren.
22 → Bd. IV: *Korioth*, § 97 RN 6 ff.; s. dort auch schon RN 1.
23 → Bd. IV: *Korioth*, § 97 RN 11 f.

D. Erweiternde und einschränkende Garantien

11
Keine Besonderheiten bei der abwehrrechtlichen Dimension

Wegen des weitgehenden Gleichlaufs von Bundes- und Landesverfassungsrecht bei den individuellen grundrechtlichen Freiheiten finden sich Besonderheiten in den Landesverfassungen vor allem bei der Ausgestaltung des Verhältnisses des Landes zu den Kirchen und Religionsgemeinschaften. Auffällig – aber im Ergebnis nicht verwunderlich[24] – ist es, daß sich auch dort in abwehrrechtlicher Perspektive keine Unterschiede zum grundgesetzlichen Rahmen ergeben, sondern diese vor allem im weiten Bereich der Ermöglichung von Freiheitsausübung durch staatliche Förderung zu finden sind. Für diese ist zunächst der Gestaltungsraum zu bestimmen, den das Grundgesetz den Ländern läßt, bevor Einzelmaterien untersucht werden können.

I. Erweiternde und einschränkende Garantien und das Grundgesetz

12
Das Verhältnis von Art. 142 zu Art. 31 GG

Das Grundgesetz kennt zwei Kollisionsnormen, die versuchen, unter Wahrung der Selbständigkeit der Länder Rechtseinheit in Deutschland herzustellen. Art. 142 GG regelt Kollisionen im grundrechtlichen Bereich, während Art. 31 GG die Generalklausel darstellt. Anders als es der Wortlaut von Art. 142 GG vermuten läßt, liegt diesem ein materielles Grundrechtsverständnis zugrunde[25]. Das führt dazu, daß auch Kollisionsfälle außerhalb der Art. 1 bis 18 GG, bei grundrechtsähnlichen Rechten und anderen subjektiv-öffentlichen Rechten mit Verfassungsrang, am Maßstab des Art. 142 GG zu beurteilen sind[26].

13
Der grundrechtliche Gehalt der staatskirchenrechtlichen Normen

Inwieweit die Beziehungen von Staat und Kirche dem Regime des Art. 142 GG zuzuordnen sind, hängt von der grundrechtlichen Qualität der Normen ab, die das Verhältnis des Staates zu den Religionsgemeinschaften ordnen. Das verweist auf eine inzwischen weitgehend beendete Diskussion zum Rechtscharakter der religionsbezogenen Normen, die sich begrifflich auf die Bezeichnungen Staatskirchenrecht und Religionsverfassungsrecht zurückführen läßt[27]. Dies muß kein rein terminologischer Unterschied sein, sondern kann unterschiedliche Zugänge zum Religionsrecht bezeichnen[28]. Es zeigt

---

24 Dies ist vor allem auf die unitarisierende Wirkung der Glaubensfreiheit zurückzuführen, *Wißmann*, Religionsverfassungsrecht im föderalen Mehrebenensystem, in: Härtel (Hg.), Handbuch Föderalismus III (LitVerz.), § 60 RN 33.
25 Vgl. *v. Campenhausen/de Wall*, Staatskirchenrecht (LitVerz.), S. 45.
26 *Korioth*, in: Maunz/Dürig, GG (LitVerz.), Art. 142 RN 12.
27 Die Begriffe Staatskirchenrecht und Religionsverfassungsrecht versuchen die gleiche Normgruppe zu beschreiben, nämlich diejenigen Normen des Staatsrechts, die das Verhältnis zur Religion, zu Kirchen und Religionsgemeinschaften und deren Rechte regeln; zur Terminologie *Korioth*, in: Maunz/Dürig, GG (LitVerz.), Art. 140 RN 2f.
28 Gleichwohl können diese Unterschiede als rein terminologische verstanden werden, ohne daß also ein spezifisches Verständnis daraus ersichtlich wird. Das gilt auch für den gegenüber „Staatskirchenrecht" heute meist bevorzugten Alternativbegriff „Religionsrecht", der wegen der Verwendung während des Nationalsozialismus als „beschädigt" gilt, vgl. *Waldhoff*, Staatskirchenrecht – Eine Begriffsbestimmung, in: Holzner/Ludyga (FN 1), S. 13 (23). Dieser Vorwurf wird vor allem auf die Einrichtung des Ausschusses für Religionsrecht in der Akademie für Deutsches Recht gestützt. Der Inhalt der damaligen Sitzungen spiegelt dieses Ergebnis nicht wider; vgl. *Jörg Winter*, Die Wissenschaft vom Staatskirchenrecht im Dritten Reich, 1978, S. 171.

eine Fokusverschiebung von einer institutionellen Programmierung hin zu einer Sichtweise, die die gesamten Beziehungen von Staat und Religionsgemeinschaften auf die Religionsfreiheit zurückführt[29]. Auch die Rechtsprechung des Bundesverfassungsgerichts weist die Tendenz auf, die Normen stärker mit subjektiv-rechtlichen Gehalten auszustatten, und leistet der zweiten Perspektive aus Art. 140 GG in Verbindung mit Art. 136 ff. WRV Vorschub[30]. Bei der ersten Sprachregelung können zwei Linien unterschieden werden. Zum einen gibt es eine strenge, die das Grundrecht strikt von den institutionellen Aussagen trennt[31]. Angesichts des starken Gehalts und der grundsätzlichen Bedeutung der Grundrechte ist diese auf dem Boden des Grundgesetzes nicht haltbar[32]. Die kollektive Glaubensfreiheit umfaßt einzelne Inhalte der staatskirchenrechtlichen Garantien vollständig[33]. Dies hat zur Folge, daß die Normen des Staatskirchenrechts mit der Glaubensfreiheit zusammen gelesen werden müssen[34]. Dem entspricht die zweite Lesart, die die grundrechtliche Durchdringung der Art. 140 GG in Verbindung mit Art. 136 ff. WRV anerkennt, trotzdem aber Bereiche eines „institutionellen Überhangs" identifiziert[35]. Damit ist gemeint, daß die Normen zum Teil trotz der grundrechtlichen Durchdringung einen über die Ausformung der Religionsfreiheit hinausweisenden, eigenständigen Gehalt haben[36]. Das immunisiert den Staat gegen exotische Ansprüche von Religionsgemeinschaften und trägt der historisch gewachsenen Zweispurigkeit des deutschen Religionsrechts Rechnung.

Stärkung subjektiv-rechtlicher Gehalte durch das BVerfG

Kollektive Glaubensfreiheit

14

Wegen des teilweise subjektiv-rechtlichen Gehalts der über Art. 140 GG inkorporierten Normen ist bei der Einordnung des institutionellen Staatskirchenrechts eine differenzierte Zusammenführung des Art. 140 GG mit Art. 142 und Art. 31 GG geboten. Zumindest in den subjektiv-rechtlichen Gehalten der staatskirchenrechtlichen Normen schimmert die kollektive Glaubensfreiheit durch, so daß die einschlägigen Normen der Landesverfassungen am Kolli-

Differenzierte Einordnung

---

29 Dazu *Waldhoff*, Staatskirchenrecht – Eine Begriffsbestimmung, in: Holzner/Ludyga (FN 1), S. 13 (24); *Korioth*, Vom institutionellen Staatskirchenrecht zum grundrechtlichen Religionsverfassungsrecht, in: Michael Brenner/Peter M. Huber/Markus Möstl (Hg.), FS Badura, 2004, S. 727 ff.; vgl. auch die Beiträge in: Hans Michael Heinig/Christian Walter (Hg.), Staatskirchenrecht oder Religionsverfassungsrecht, 2007.
30 Vgl. *BVerfGE 125*, 37 (75); *102*, 370 (387): „[...] die Gewährleistungen der Weimarer Kirchenartikel sind funktional auf die Inanspruchnahme und Verwirklichung des Grundrechts der Religionsfreiheit angelegt", mit Bezug auf *BVerfGE 42*, 312 (322), wo es freilich noch heißt: „Es genügt hier festzuhalten, daß es Tatbestände [...] gibt, die zugleich als wesentlicher Bestandteil zur staatskirchenrechtlichen Ordnung (Art. 140 GG) zu rechnen sind und in ihrer funktionalen Bedeutung auf Inanspruchnahme und Verwirklichung des Grundrechts der kollektiven kirchlichen Bekenntnis- und Kultfreiheit (Art. 4 GG) angelegt sind".
31 So zumindest *Unruh*, Religionsverfassungsrecht (LitVerz.), RN 2.
32 *Ch. Lutz*, Staatskirchenrecht und Föderalismus (FN 1), S. 93 (102); *BVerfGE 66*, 1 (22).
33 Für das Selbstbestimmungsrecht vgl. etwa *Korioth*, in: Maunz/Dürig, GG (LitVerz.), Art. 140/Art. 137 WRV RN 20 ff.
34 *BVerfGE 139*, 321 (349), RN 90: „interpretatorische Wechselwirkung".
35 Zuerst *Isensee*, Verfassungsrechtliche Erwartungen an die Kirchen, in: Essener Gespräche 25 (1991), 104 (112 f.).
36 *Waldhoff*, Staatskirchenrecht – Eine Begriffsbestimmung, in: Holzner/Ludyga (FN 1), S. 13 (25) m.w.N.

sionsmaßstab des Art. 142 GG beurteilt werden müssen[37]. Daraus folgt, daß die Landesverfassungen die Rechte der Religionsgemeinschaften nicht weiter beschränken dürfen, als es das Grundgesetz zuläßt[38]. Grundsätzlich ist das Überschreiten des Schutzniveaus möglich. Dabei muß aber immer bedacht werden, daß gerade die erweiternden Garantien sich in einem Spannungsfeld mit anderen Grundrechten bewegen und sich der Spielraum auch in diese Richtung nicht grenzenlos ausdehnt[39]. In der Praxis ergeben sich wegen der Ähnlichkeit der Ordnungen keine wesentlichen Konflikte[40].

II. Erweiternde Garantien zu Art. 136 bis 139, Art. 141 WRV und Ausgestaltungen

15
Unterschiedliche Ausprägungen

Die Länderverfassungen kennen einerseits Ausgestaltungen der vom Grundgesetz nur grundsätzlich oder gar nicht geregelten Fragen, andererseits aber auch Erweiterungen des im Grundgesetz vorgesehenen Schutzniveaus.

1. Körperschaftsstatus

16
Körperschaftsstatus als Ausdruck kollektiver Glaubensfreiheit

Entsprechend der grundsätzlichen Unterscheidung des staatlichen vom gesellschaftlichen Bereich erscheint auf den ersten Blick der Status von Religionsgemeinschaften als Körperschaften des öffentlichen Rechts bei der Besprechung der grundrechtlichen Garantien keinen Platz finden zu können. Der Körperschaftsstatus der Religionsgemeinschaften stellt jedoch einen Sonderfall dar. Er ordnet nicht etwa die Kirchen und Religionsgemeinschaften in den staatlichen Bereich ein[41], sondern soll gerade der stärkeren Eigenständigkeit der Religionsgemeinschaften dienen[42]. Er beschreibt ein paradoxes Phänomen. Durch die Rechtsform einer eigentlich in den Staat integrierten Organisationsform soll gegen den Eingriff in diese eine verstärkte Wand errichtet werden. Insofern ist der Körperschaftsstatus eine den Religionsgemeinschaften angebotene Form der Wahrnehmung ihrer kollektiven Glaubensfreiheit[43].

---

37 *Korioth*, in: Maunz/Dürig, GG (LitVerz.), Art. 142 RN 12; jedenfalls dazu zu zählen sind Art. 136, 137 Abs. 2 und 3, Art. 141 WRV, aber auch Art. 138 WRV kommt in Betracht; *Ch. Lutz*, Staatskirchenrecht und Föderalismus (FN 1), S. 93 (108).
38 *BVerfGE 42*, 312 (324).
39 *Korioth*, in: Maunz/Dürig, GG (LitVerz.), Art. 140 RN 20; auch → Bd. III: *Grawert*, Wechselwirkungen zwischen Bundes- und Landesgrundrechten, § 81 RN 31 ff., der gerade auch im staatskirchenrechtlichen Bereich die Gefahr sieht, daß durch die Stärkung oder Schwächung der Religionsgemeinschaften das durch das Grundgesetz ausbalancierte Verhältnis zwischen Staat und Kirchen zu kippen droht: „Deshalb setzt Art. 140 GG auch dem Verfassungsrecht der Länder enge Grenzen, deren Linien in die Länderverfassungen einwirken."; s. auch *Ch. Lutz*, Staatskirchenrecht und Föderalismus (FN 1), S. 93 (108).
40 S. auch *v. Campenhausen/de Wall*, Staatskirchenrecht (LitVerz.), S. 45; *Korioth*, in: Maunz/Dürig, GG (LitVerz.), Art. 140 RN 20.
41 Vgl. schon *Schlaich*, Staatskirchenrecht, in: Grimm/Papier, Staats- und Verwaltungsrecht (LitVerz.), S. 458 (714); vgl. auch *Korioth/Engelbrecht*, Erwerb und Verlust des Körperschaftsstatus von Orden und ordensähnlichen Gemeinschaften nach bayerischem Landesrecht, AfkKR 176 (2007), S. 102 (138).
42 *BVerfGE 139*, 321 (349 f.), RN 91; *BVerfGE 102*, 370 (387); vgl. auch *Unruh*, Religionsverfassungsrecht (LitVerz.), RN 280 m.w.N.
43 *BVerfGE 102*, 370 (390); zu den Wirkungen des Körperschaftsstatus s.: *Korioth*, in: Maunz/Dürig, GG (LitVerz.), Art. 140/137 WRV RN 83 ff.

Die Gesetzgebungs- und Verwaltungskompetenzen zu religiösen Korporationen liegen bei den Ländern[44]. Damit verbunden ist auch die Kompetenz zur Verleihung und zum Entzug des Körperschaftsstatus. Diese sind grundsätzlich in drei Arten möglich: durch Verwaltungsakt, durch Rechtsverordnung oder durch Gesetz. Auf der Verfassungsebene trifft allein Bremen eine Entscheidung über die Zuständigkeit und Rechtsform, indem Art. 61 Satz 2 Verf. Bremen für die Verleihung die Gesetzesform vorsieht. Diese Verleihungspraxis, die bis zum Jahre 2014 auch in Nordrhein-Westfalen stattfand, verstößt gegen das Grundgesetz[45]. Zum einen ist die Verweisung einer rechtsgebundenen Einzelfallentscheidung ohne gesetzgeberischen Entscheidungsspielraum an ein politisches Gremium aus Gründen der Gewaltenteilung (Art. 20 Abs. 2 Satz 2 GG) unzulässig[46]. Zum anderen führen auch rechtsstaatliche Erwägungen zur Verfassungswidrigkeit. Es gibt weder einen Anspruch auf Gesetzgebung noch genügt der stark begrenzte gerichtliche Schutz gegen unterlassene Gesetzgebung[47]. Die Verleihung des Körperschaftsstatus ist jedoch – wenn die vom Grundgesetz formal gefaßten Voraussetzungen (Art. 140 GG i.V.m. Art. 137 Abs. 2 Satz 2 WRV) gegeben sind[48] – durch einen grundrechtlichen oder grundrechtsnahen Anspruch abgesichert, der dann im Fall der nötigen gesetzgeberischen Entscheidung nicht fachgerichtlich durchgesetzt werden kann[49]. Auch der verfassungsgerichtliche Rechtsschutz kann dies nicht ersetzen[50]. Zudem werden durch diese Verleihungsart rechtsstaatliche Verfahrensanforderungen unterlaufen[51]. Die Praxis der Verleihungsgesetzgebung folgte grundsätzlich den Vorschlägen der Verwaltung, so daß kein großer Unterschied zu den anderen Verleihungsarten bestand[52].

17 Mögliche Verleihungsarten; Bremen

Rechtsstaatlichkeit

Die Verleihungskompetenz auf Landesebene zieht die Notwendigkeit nach sich, daß sich Religionsgemeinschaften, die den Körperschaftsstatus in einem Land erhalten haben, diesen für das restliche Bundesgebiet jeweils von den betreffenden Ländern verleihen lassen müssen, um die auf Landesrecht beru-

18 Bindungswirkung der Erstverleihung

---

44 Statt aller *BVerfGE 139*, 321 (353f.), RN 102; *Korioth*, in: Maunz/Dürig, GG (LitVerz.), Art. 140/137 WRV RN 72.
45 *BVerfGE 139*, 321 (361), RN 124. → Unten *Hase*, Landesgrundrechte in Bremen, § 249 RN 30.
46 *BVerfGE 139*, 321 (361ff., 365ff.), RN 125ff., insb. RN 136ff.; s. dazu auch *EGMR*, Urt. v. 8. 4. 2014, Magyar Keresztény Mennonita Egyaz u.a ./. Ungarn, NVwZ 2015, S. 499 (504), RN 102ff.; dagegen allerdings *Heinig*, Gesetzgeberische Gestaltungsoptionen zur Verleihung und zum Verlust des Körperschaftsstatus für Religions- und Weltanschauungsgemeinschaften, in: *ders.*, Die Verfassung der Religion, 2014, S. 232 (249).
47 *Nina Huxdorff*, Rechtsfragen der Erst- und Zweitverleihung des Körperschaftsstatus an Religionsgemeinschaften, 2013, S. 220ff.
48 Zu diesen s. *Korioth*, in: Maunz/Dürig, GG (LitVerz.), Art. 140/Art. 137 WRV RN 74ff.
49 *BVerfGE 139*, 321 (366ff., 370), RN 137ff., 147f.
50 *Huxdorff* (FN 47), S. 220ff.
51 Vgl. *Huxdorff* (FN 47), S. 223f.; s. darüber hinaus zur Praxis in Bremen, die Verleihung mit Auflagen zu versehen, *Meyer-Arndt*, in: Kröning/Pottschmied/Preuß/Rinken, Handbuch (LitVerz.), S. 259f.
52 *Meyer-Arndt* aaO., S. 254 (258).

henden Rechte auch in den weiteren Ländern zu erwerben[53]. Man bezeichnet diesen Vorgang als Zweitverleihung des Körperschaftsstatus. Ob von der Erstverleihung, die auf Bundesrecht beruht, eine Bindungswirkung ausgeht, so daß alle Länder auf Antrag die Entscheidung für ihr Landesgebiet nachvollziehen müssen, ist umstritten. Einerseits wird hier die Länderautonomie betont, die eine solche Bindungswirkung verböte; jedes Land habe noch einmal das Recht, die Verleihungsvoraussetzungen zu überprüfen[54]. Das hätte jedoch die Konsequenz, daß es zu Abweichungen von der Erstverleihungsentscheidung kommen könnte, wobei in diesem Fall eine der Entscheidungen zwangsläufig rechtsfehlerhaft wäre[55]. Zur Vermeidung divergierender Entscheidungen ist unter Rückgriff auf das Prinzip der Bundestreue von einer Bindungswirkung der Erstverleihung auszugehen, die eine erneute Prüfung der Voraussetzungen bei der Zweitverleihung ausschließt. Diese ist nur im Falle der fehlenden Prüfung durch das erstverleihende Land und des offensichtlichen Fehlens der Verleihungsvoraussetzungen durchzuführen[56].

Rückgriff auf die Bundestreue

19
Fehlende Gesetzesgrundlage für den Entzug

Die Zuständigkeit für die Verleihung, das Verfahren und Entscheidungsmaßstäbe haben in den meisten Ländern keine Ausgestaltung erfahren. Lediglich Bayern, Hamburg und neuerdings Nordrhein-Westfalen haben die Verleihungs- und die Entzugspraxis des Körperschaftsstatus auf einfachgesetzliche Grundlagen gestellt[57]. Die anderen Länder stützen sich hinsichtlich der Verfahrensausgestaltung auf die Empfehlungen der Kultusministerkonferenz über die Verleihung der öffentlichen Körperschaftsrechte an Religionsgesellschaften und Weltanschauungsvereinigungen aus dem Jahre 1954[58]. Dies ist vor dem Hintergrund des auch grundrechtlich vermittelten Gesetzesvorbehalts nicht unproblematisch. Gerade der unfreiwillige Entzug – aber nicht weniger die versagte Verleihung – sind zumindest mittelbar Eingriffe in die kollektive Glaubensfreiheit der Religionsgemeinschaft. Solche können nur

---

53 Vgl. *BVerfGE 139*, 321 (352), RN 97 ff.; *Huxdorff* (FN 47), S. 319 ff., *VG München*, ZevKR 29 (1984), S. 628 (630); *v. Campenhausen/de Wall*, Staatskirchenrecht (LitVerz.), S. 139; *Kirchhof*, in: Listl/Pirson, HdbStKirchR I (LitVerz.), § 22, S. 651 (687); *Friesenhahn*, in: ders./Scheuner (Hg.), Handbuch des Staatskirchenrechts der Bundesrepublik Deutschland, Bd. I, 1974, § 11, 545 (576); a.A. *Zacharias*, Zur Zweitverleihung der Körperschaftsrechte an Religionsgemeinschaften, NVwZ 2008, S. 1257 (1261 f.); *Christian Walter/Antje von Ungern-Sternberg/Stephan Lorentz*, Die „Zweitverleihung" des Körperschaftsstatus an Religionsgemeinschaften, 2012, S. 47 ff., die von einer extraterritorialen Wirkung des Körperschaftsstatus ausgehen; s. auch das Sondervotum der Richter Voßkuhle, Hermanns und Müller zu *BVerfGE 139*, 321 (324 ff.), RN 6 ff. *Zacharias* hält jedenfalls eine deklaratorische Anerkennung durch die Zweitverleihung für notwendig.
54 In diese Richtung *BVerfGE 139*, 321 (361), RN 122 f., allerdings mit Einschränkungen vgl. RN 119; davon scheinen auch die einfachgesetzlichen Regelungen und die Empfehlungen der Kultusministerkonferenz auszugehen, vgl. *Huxdorff* (FN 47), S. 326 ff.
55 *Zacharias*, NVwZ 2008, S. 1257 (1261).
56 *Huxdorff* (FN 47), S. 367 ff.; *de Wall*, in: Meder/Brechmann (LitVerz.), Art. 143 RN 16 spricht von keiner rechtlichen Bindung, aber von einer erheblichen faktischen Indizwirkung der Erstverleihung.
57 Vgl. Art. 1, 26 a BayKirchStG, RelGemKVG HA, KirchStG NW, § 1 JüdKultG NW; zu Bayern *Korioth/Engelbrecht*, Erwerb und Verlust des Körperschaftsstatus von Orden und ordensähnlichen Gemeinschaften nach bayerischem Landesrecht AfkKR 176 (2007), S. 102 ff.
58 Abgedr. bei *H. Weber*, Die Verleihung der Körperschaftsrechte an Religionsgemeinschaften, ZevKR 34 (1989), S. 337 (377 f.).

durch Gesetz oder aufgrund eines Gesetzes erfolgen[59]. Zumindest ist die Schaffung einer Rechtsgrundlage ein rechtspolitisches Gebot[60].

2. Sonn- und Feiertagsschutz

Der grundgesetzliche Sonn- und Feiertagsschutz ist in Art. 139 WRV mit einer sowohl sozial- als auch religionspolitischen Zielsetzung niedergelegt. Abgesehen von den Ländern, welche die Weimarer Kirchenartikel direkt oder indirekt in ihre Verfassungen aufnehmen[61], kennen außer Niedersachsen, Hamburg und Schleswig-Holstein alle Länder eine eigene Regelung zum Sonn- und Feiertagsschutz, wobei diese in Bayern[62], Hessen[63], Nordrhein-Westfalen[64] und Rheinland-Pfalz[65] im Wortlaut mit Art. 139 WRV nahezu gleichlaufen. Berlin[66], Bremen[67] und Brandenburg[68] verzichten in säkularer Tendenz darauf, die in Art. 139 WRV zugleich mit der Arbeitsruhe genannte seelische Erhebung als Zweck der Schutzvorschrift zu benennen. Das führt anders als meist angenommen nicht zu deren Nichtigkeit[69]. Baden-Württemberg und das Saarland setzen, der Grundtendenz des dortigen Landesrechts entsprechend, die christliche Tradition stärker in Geltung. Art. 3 Abs. 1 Verf. Baden-Württemberg verweist hierzu auf die zu wahrende christliche Tradition[70]. Die saarländische Verfassung spricht in Abweichung von der Weimarer Verfassung von „kirchlichen Feiertagen". Diese Formulierung läßt zwar eine kirchenfreundliche Tendenz erkennen, unterscheidet sich in der Sache aber nicht von Art. 139 WRV, der ebenfalls nur die religiösen Feiertage im Auge hat[71].

20
Normbestand in Landesverfassungen

Grundsätzlich ist der Sonn- und Feiertagsschutz eine an den Staat, insbesondere den Gesetzgeber adressierte Schutzaufgabe. Dessen Aufgabe ist es, die besonderen gesetzlichen Ausgestaltungen zu treffen, damit die Sonn- und Feiertage entsprechend ihren verfassungsrechtlich vorgegebenen Garantien durch die Bürger und die gesellschaftlichen Gruppen genutzt werden können. Eine dieser Gruppen sind auch die Kirchen, die ein besonderes Interesse an der seelischen Erhebung haben. Das Bundesverfassungsgericht hat in seiner

21
Feiertagsschutz als subjektives Recht

---

59 *Korioth*, in: Maunz/Dürig, GG (LitVerz.), Art. 140/Art. 137 WRV RN 82.
60 *Heinig* (FN 46), S. 232 (264).
61 Das sind Mecklenburg-Vorpommern, Sachsen, Sachsen-Anhalt und Thüringen.
62 Art. 147 Verf. Bayern.
63 Art. 53 Verf. Hessen.
64 Art. 24 Abs. 1 Verf. Nordrhein-Westfalen erweitert die Zwecke der Sonn- und Feiertage um die Gottesverehrung.
65 Art. 47 Verf. Rheinland-Pfalz fügt die religiöse Erbauung den Zwecken hinzu.
66 Art. 25 Abs. 1 Verf. Berlin.
67 Art. 55 Verf. Bremen.
68 Art. 14 Abs. 1 Verf. Brandenburg, wobei Art. 14 Abs. 2 Verf. Brandenburg auf die „mit Sonn- und Feiertagen verbundenen Traditionen" verweist.
69 S. dazu *Korioth*, in: Maunz/Dürig, GG (LitVerz.), Art. 140/Art. 139 WRV, RN 17; anders *Morlok*, in: H. Dreier, GG (LitVerz.), Art. 139 WRV, RN 7; *v. Campenhausen/Unruh*, in: v. Mangoldt/Klein/Starck, GG (LitVerz.), Art. 139 WRV RN 8 m.w.N.
70 Zu Bedenken gegen die Vereinbarkeit der Vorschrift mit dem Grundgesetz s. *Korioth*, in: Maunz/Dürig, GG (LitVerz.), Art. 140/139 WRV RN 17.
71 Vgl. *Korioth*, in: Maunz/Dürig, GG (LitVerz.), Art. 140/139 WRV, RN 50; anders *Elicker*, in: Wendt/Rixecker (LitVerz.), Art. 41 RN 4 ff., der in der Formulierung eine klare Abgrenzung erkennen will.

allgemeinen Tendenz zur Versubjektivierung der durch Art. 140 GG inkorporierten Garantien[72] auch den Sonn- und Feiertagsschutz als mit der Glaubensfreiheit verknüpftes subjektives Recht der Kirchen verstanden[73]. Das ist nur erklärbar, wenn man in Art. 4 GG die Grundnorm des gesamten Religionsverfassungsrechts[74] erblickt. Versteht man die Glaubensfreiheit und die staatskirchenrechtlichen Garantien nicht in einem Verhältnis von grundlegender Norm und Konkretisierungen, fällt es schwer, gerade im Sonn- und Feiertagsschutz Inhalte zu erblicken, die „funktional auf die Inanspruchnahme und Verwirklichung des Grundrechts der Religionsfreiheit angelegt"[75] sind. Schon allein aufgrund des allgemeinen Charakters, den der Sonn- und Feiertagsschutz vermittelt und der im Widerspruch mit der Zuordnung zur kollektiven Ausübung einer partikularen Freiheit steht, gewährt der Sonn- und Feiertagsschutz aus den Landesverfassungen kein subjektives Recht, sondern eine eingeschränkte Bestandsgarantie und einen Schutzauftrag[76].

3. Religionsunterricht

a) Die Grundkonzeption des Religionsunterrichts in öffentlichen Schulen

Mit dem Religionsunterricht bietet der Staat den Religionsgemeinschaften die Möglichkeit, konfessionsgebundene Unterweisung in der öffentlichen Schule stattfinden zu lassen und in der Gestalt für das Gemeinwesen besonders wichtigen Schule durch ihr eigenes Sinnangebot zu bereichern[77]. Dies belegt besonders deutlich, daß der grundgesetzliche Staat dem Religiösen nicht indifferent gegenübersteht und ihm unter Wahrung der staatlichen Neutralität Platz und Entfaltungsmöglichkeiten im öffentlichen Raum gibt. Der Religionsunterricht füllt eine Lücke der Wert- und Sinnorientierung, die der Staat wegen seiner Neutralitätspflicht selbst nicht schließen darf und kann[78]. Zu diesem Zweck setzt Art. 7 Abs. 2 und 3 GG den Religionsunterricht als ordentliches Lehrfach fest. Das bedeutet, daß der als staatliche Veranstaltung betriebene Religionsunterricht erstens weder räumlich, qualitativ oder zeit-

---

72 S. oben schon FN 30.
73 *BVerfGE 125*, 37 (79).
74 Vgl. dazu *Korioth*, in: FS Badura (FN 28), S. 727 (739 ff.).
75 *BVerfGE 125*, 37 (75); *102*, 370 (387) mit Bezug auf *BVerfGE 42*, 312 (322), s. dazu oben FN 30; vgl. dazu *Mosbacher*, Das neue Sonntagsgrundrecht – am Beispiel des Ladenschlusses, NVwZ 2010, S. 537 ff.; *de Wall*, Zum subjektiven Recht der Kirchen auf Sonntagsschutz, NVwZ 2000, S. 857 ff.
76 Vgl. dazu *BayVerfGH* BayVBl. 2012, S. 498 ff.; *OVG Greifswald*, NVwZ 2000, S. 948 (949 f.), das das subjektive Recht der Kirchen jedoch aus Vertragsstaatskirchenrecht herleiten konnte; → Bd. IV: *Korioth*, Freiheit der Kirchen und Religionsgemeinschaften, § 97 RN 73 m.w.N.; anders freilich *BVerfGE 125*, 39 (75 f.). Die Subjektivierung des Art. 139 WRV hat inzwischen auch die Gewerkschaften erreicht, s. *BVerwG* NVwZ 2015, S. 590 (591); dazu *Wiebauer*, Sonntagsarbeit und die Bedürfnisse der Bevölkerung, NVwZ 2015, S. 543 (544 f.).
77 Vgl. *Link*, Religionsunterricht, in: Listl/Pirson, HdbStKirchR II (LitVerz.), § 54, S. 439 (507 f.); auch *Jestaedt*, Unverstandenes Staatskirchenrecht – Ein Zwischenruf zur „pluralistischen" Überforderung des Staatskirchenrechts, KuR 2012, S. 151 (156).
78 Das vermag auch der Ethikunterricht nicht, *Korioth/Augsberg*, Ethik- oder Religionsunterricht? Eine Bestandsaufnahme aus verfassungsrechtlicher Sicht, ZG 2009, S. 222 (232).

lich vom regulären Schulbetrieb getrennt werden darf[79]. Es verbietet zweitens die Ausgestaltung des Unterrichts als Wahlfach[80]. Inhaltlich ist der Religionsunterricht darauf ausgerichtet, nicht etwa übergreifende Religionskunde oder die Vorstellung verschiedener ethischer Handlungsmaßstäbe zu vermitteln, dient vielmehr dazu, die Welt, die Gesellschaft und Gott aus der spezifischen Sicht des jeweiligen Bekenntnisses darzustellen[81]. Die Sprache des Religionsunterrichts ist auf die Unterweisung im Glauben des Bekenntnisses ausgelegt und ist in diesem Sinne kerygmatisch[82]. Da der neutrale Staat dies nicht zur Verfügung stellen kann, ist er auf die Mitwirkung der Religionsgemeinschaften angewiesen, die Inhalte des konfessionellen Unterrichts und geeignete Lehrkräfte zu bestimmen. Mit dem Unterricht verbunden ist die Verantwortung des Staates, eine qualifizierte Ausbildung der Lehrkräfte zu ermöglichen[83].

Inhaltliche Ausrichtung des Religionsunterrichts

In jüngerer Vergangenheit wird in einigen Ländern versucht, Weltanschauungsunterricht als Unterricht im Sinne des Art. 7 Abs. 3 GG zu etablieren. Durch Art. 137 Abs. 7 WRV erstrecken sich die Normen des Staatskirchenrechts grundsätzlich auf Weltanschauungsgemeinschaften. Dies wurde auch für Art. 7 Abs. 3 GG und damit für das Recht, Weltanschauungsunterricht anzubieten, angenommen[84]. Dennoch wurde es einer Weltanschauungsgemeinschaft in Nordrhein-Westfalen verwehrt, solchen Unterricht in Kooperation mit dem Land einzurichten und zu erteilen[85]. Ob Weltanschauungsunterricht die für die Erteilung des Unterrichts nach Art. 7 Abs. 3 GG erforderliche einheitliche Einbettung in Parallelen zur konfessionellen Einbettung bieten kann, bedarf noch der Klärung. Bisher wird Weltanschauungsunterricht nur in den Sonderfällen Berlin und Brandenburg angeboten (s. dazu unten)[86]. Im Ansatz sollte jedoch das Gleichstellungsgebot des Art. 137 Abs. 7 WRV auch auf Art. 7 Abs. 3 GG erstreckt werden.

23
Weltanschauungsunterricht

Die Garantie des Religionsunterrichts verpflichtet die Länder und berechtigt allein die Religionsgemeinschaften, die einen dem Art. 7 Abs. 3 GG entsprechenden Unterricht anbieten wollen[87]. Er verschafft ihnen einen Anspruch,

24

---

79 *Uta Hildebrandt*, Das Grundrecht auf Religionsunterricht: Eine Untersuchung zum subjektiven Rechtsgehalt des Art. 7 Abs. 3 GG, 2000, S. 44 ff.; umfassend auch *Link*, in: Listl/Pirson, HdbStKirchR II (LitVerz.), § 54, S. 439 (459 ff.).
80 *Unruh*, Religionsverfassungsrecht (LitVerz.), RN 429.
81 *BVerfGE 74*, 244 (251 f.).
82 *Heckel*, Neue Formen des Religionsunterrichts?, in: ders., Gesammelte Schriften VI, 2012, S. 379 (393), mit speziellem Bezug zum Christentum; diese Aussage läßt sich jedoch auf alle Religionen erweitern; vgl. auch *Korioth/Augsberg*, ZG 2009, S. 222 (225), die dafür den linguistischen Begriff des performativen Sprechakts verwenden.
83 Vgl. nur *Link*, in: Listl/Pirson, HdbStKirchR II (LitVerz.), § 54, S. 439 (473 ff.); ausdrücklich angesprochen in Art. 15 Verf. Nordrhein-Westfalen; dazu *Günther*, in: Heusch/Schönenbroicher (LitVerz.), Art. 15 RN 4 ff.
84 *v. Campenhausen/de Wall*, Staatskirchenrecht (LitVerz.), S. 217; *LVerfG Brandenburg* NVwZ 2005, S. 1052 f.; a.A. *Janz*, Wertevermittlung in Brandenburg – Humanistische Lebenskunde ad portas, LKV 2006, S. 208 ff.
85 *VG Düsseldorf KirchE 57*, 67 ff.; der Klageantrag wurde in der nächsten Instanz zurückgezogen.
86 Vgl. *BVerwG* NJW 1997, S. 1796; *LVerfG Brandenburg* NVwZ 2005, S. 1052 ff.
87 Vgl. schon *Korioth*, Islamischer Religionsunterricht in der Schule, in: Wolfgang Bock (Hg.), Islamischer Religionsunterricht?, ²2007, S. 33 (45 f.).

§ 236 *Sechzehnter Teil: II. Vergleichende Betrachtung der Landesgrundrechte*

<small>Berechtigte des subjektiv-öffentlichen Rechts</small>

soweit sie die Voraussetzungen[88] dafür erfüllen. Eltern und Schüler haben keinen Anspruch auf Einrichtung und Veranstaltung eines konfessionellen Unterrichts[89], wohl aber auf Teilnahme an einem bestehenden Unterricht[90]. Ein Anspruch Einzelner auf Religionsunterricht wäre aufgrund des Selbstbestimmungsrechts der Religionsgemeinschaften gerichtlich weder gegen die Religionsgemeinschaft noch gegen den Staat durchsetzbar. Die Beachtung des Selbstbestimmungsrechts verbietet es dem Staat, selbst bei Bedarf und politischem Willen, die Religionsgemeinschaften zur Zusammenarbeit zum

<small>Sachsen</small>

Zweck der Einrichtung des Religionsunterrichts zu zwingen[91]. Wenn für Sachsen dagegen eine positive Entscheidung für die Grundrechtsberechtigung der Schüler und Eltern aus der Rügemöglichkeit vor dem sächsischen Verfassungsgericht nach Art. 81 Abs. 1 Satz 4 Verf. Sachsen gefolgert wird[92], verkennt dies, daß diese Rügemöglichkeit insoweit keinen Unterschied zur materiellen Rechtslage nach dem Grundgesetz eröffnet, als auch dort ein subjektives Recht, allerdings nur für die Religionsgemeinschaften, zu finden ist[93].

b) Einzelregelungen der Länder

25
<small>Prinzipieller Gleichlauf</small>

Die Landesverfassungen, in denen der Religionsunterricht eine eigene Regelung erfahren hat, sehen zumeist in umfangreicheren Formulierungen Religionsunterricht entsprechend der grundgesetzlichen Ausgestaltung vor (mit der Ausnahme Bremens)[94]. Neben dem Charakter als ordentliches Lehrfach wird häufig das Aufsichtsrecht der Religionsgemeinschaften betont. Einzelne mißverständliche Abweichungen im Wortlaut erzeugen keine abweichende normative Wirkung. Bayern und das Saarland heben das notwendige Alter, selbst über die Teilnahme am Religionsunterricht zu entscheiden, auf achtzehn Jahre an[95].

26
<small>Ethikunterricht</small>

Die Verfassungen von Sachsen, Sachsen-Anhalt und Thüringen setzen den Ethikunterricht parallel zum Religionsunterricht, was insofern unpassend ist, als der wertneutrale Ethikunterricht keiner verfassungsrechtlichen Absicherung bedarf, sondern aus der mit der Schulhoheit des Staates verbundenen Hoheit zur Ausgestaltung des Fächerkanons und der Lehrpläne folgt[96]. Man versucht wohl damit, den Ethikunterricht als Ersatzunterricht zu legitimieren

---

88 Zu diesen *Korioth*, Konfessioneller Religionsunterricht in Deutschland – zukunftsfähig oder Auslaufmodell?, in: öarr 2012, S. 47 (51).
89 Anders *Unruh*, Religionsverfassungsrecht (LitVerz.), RN 446; *Hildebrandt* (FN 79), S. 177 ff.
90 *Jeand'Heur/Korioth*, Grundzüge (LitVerz.), RN 311.
91 *Jestaedt*, KuR 2012, S. 151 (156); *Korioth/Augsberg*, ZG 2009, S. 222 (223), auch die von *Unruh* aaO., RN 446 vorgesehene Einflußnahme auf die Religionsgemeinschaften durch den Staat ist kritisch zu sehen.
92 *Degenhart*, Kirchen und Religionsgemeinschaften, in: ders./Meißner, Handbuch (LitVerz.), § 9 RN 22.
93 *Jeand'Heur/Korioth*, Grundzüge (LitVerz.), RN 311 ff.
94 Art. 18 Verf. Baden-Württemberg; Art. 136 Abs. 2–5 Verf. Bayern; Art. 57 Verf. Hessen; Art. 14 Verf. Nordrhein-Westfalen; Art. 34 Verf. Rheinland-Pfalz; Art. 29 Verf. Saarland; Art. 105 Verf. Sachsen; Art. 27 Verf. Sachsen-Anhalt; Art. 25 Verf. Thüringen. Zur Ausnahme Bremen s. sogleich RN 27.
95 Zu diesen nicht unproblematischen Vorschriften s. *Jestaedt*, Das elterliche Erziehungsrecht, in: Listl/Pirson, HdbStKirchR II (LitVerz.), § 52, S. 371 (404 ff); *de Wall/Geis*, in: Meder/Brechmann (LitVerz.), Art. 137 RN 1 ff. → Oben *Merten*, Allgemeine Lehren der Landesgrundrechte, § 232 RN 104.
96 *Robbers*, in: v. Mangoldt/Klein/Starck, GG (LitVerz.), Art. 7 RN 139; BVerwGE 107, 75 (84).

und der Kritik daran den Boden zu entziehen[97]. Einen solchen Ersatzunterricht sehen Bayern und Rheinland-Pfalz ausdrücklich vor[98].

Einen vollkommen anderen Weg hat Bremen beschritten, das in Art. 32 Verf. Bremen einen Unterricht in „biblischer Geschichte auf allgemein christlicher Grundlage" vorsieht. Der Parlamentarische Rat hat auf diese in Bremen traditionelle Art der Religionsvermittlung Rücksicht genommen[99], indem er in Art. 141 GG eine Ausnahme für diejenigen Länder vorgesehen hat, in denen am 1. Januar 1949 eine andere landesrechtliche Regelung als nach Art. 7 Abs. 2 und 3 GG bestand. Diese sogenannte „Bremer Klausel" findet neben dem unstrittigen Fall Bremen auch in Berlin Anwendung[100]. Hier wird Religionsunterricht nur als Wahlfach angeboten.

27
Bremer Klausel

Problematisch ist dagegen die Erstreckung der Bremer Klausel auf die neuen Länder. Unstrittig gab es zu Beginn des Jahres 1949 in keinem der Länder der damaligen sowjetischen Besatzungszone Religionsunterricht im Sinne des Art. 7 Abs. 3 GG. Zweifel bestehen hinsichtlich der territorialen Anwendbarkeit des Art. 141 GG auf das Gebiet der neuen Länder. Da sich Sachsen[101], Sachsen-Anhalt[102], Thüringen[103] in ihren Verfassungen und Mecklenburg-Vorpommern[104] einfachgesetzlich dazu entschieden haben, Religionsunterricht nach dem Vorbild des Art. 7 Abs. 3 GG einzuführen, wurde die Problematik nur in Brandenburg virulent. Das Land sah und sieht sich an Art. 7 Abs. 2 und 3 GG nicht gebunden und wollte anstelle des Religionsunterrichts ein neues Fach, Lebensgestaltung – Ethik – Religionskunde (LER), einführen. Die Situation wurde letztlich durch einen verfassungsrechtlichen „Vergleich" gelöst, aber in der Sache nicht entschieden[105]. Heute gibt es in Brandenburg die Sonderform des Ethikunterrichts, LER, und daneben konfessionellen Religionsunterricht. Wer an diesem teilnimmt, kann sich von der Teilnahme am Fach Lebensgestaltung – Ethik – Religionskunde (LER) befreien lassen. Im Ergebnis ist die Erstreckung von Art. 141 GG auf die neuen Länder abzulehnen[106]. Die Bremer Klausel wollte einer föderativen Besonderheit

28
Keine Erstreckung auf die „neuen Länder"

---

97 Zu dieser Diskussion s. *Jeand'Heur/Korioth*, Grundzüge (LitVerz.), RN 314 ff.; insb. kritisch *Czermak*, Das Pflicht-Ersatzfach Ethikunterricht als Problem der Religionsfreiheit, des Elternrechts und des Gleichheitsrechte, NVwZ 1996, S. 450 ff.; *Bader*, Zur Verfassungsmäßigkeit des obligatorischen Ethikunterrichts, NVwZ 1998, S. 256 (257); a.A. bei *Unruh*, Religionsverfassungsrecht (LitVerz.), RN 432; *de Wall/Geis*, in: Meder/Brechmann (LitVerz.), Art. 137 RN 9f.
98 Art. 137 Abs. 2 Verf. Bayern; Art. 35 Verf. Rheinland-Pfalz.
99 Zu der Geschichte des Art 32 Verf. Bremen, etwa *Link*, Die Rechtsnatur des bremischen „Unterrichts in biblischer Geschichte auf allgemein christlicher Grundlage" (Art. 32 Verf. Bremen) und die sich daraus für die religionspädagogische Ausbildung im Lande Bremen ergebenden Konsequenzen, ZevKR 24 (1979), S. 54 (58 f.) m.w.N.
100 *BVerwGE 110*, 326 (335 f.); so auch *Badura*, in: Maunz/Dürig, GG (LitVerz.), Art. 141 RN 7; kritisch in bezug auf die Erstreckung auf den östlichen Teil Berlins *Unruh*, Religionsverfassungsrecht (LitVerz.), RN 445; *G. Fritz*, Religionsunterricht: Berliner Sonderweg nicht mehr gerechtfertigt!, BayVBl. 2002, S. 135 (136 ff.); *Kremser*, Das verfassungsrechtliche Verhältnis von Religions- und Ethikunterricht am Beispiel Berlins, DVBl. 2008, S. 607 ff.
101 Art. 110 Abs. 1 Verf. Sachsen.
102 Art. 27 Abs. 3 Verf. Sachsen-Anhalt.
103 Art. 25 Abs. 1 Verf. Thüringen.
104 § 7 SchulG Mecklenburg-Vorpommern.
105 *BVerfGE 104*, 305 (308 f.).
106 So auch *Unruh*, Religionsverfassungsrecht (LitVerz.), RN 444 m.w.N., auch für die Gegenansicht.

c) Einzelprobleme

29
Islamischer Religionsunterricht

Eine besondere Herausforderung stellt die Einrichtung muslimischen Religionsunterrichts dar. Selbstverständlich ist Art. 7 Abs. 3 GG auch auf das Zusammenwirken des Staates mit muslimischen Gemeinschaften anwendbar. Wie bei den meisten Schwierigkeiten des deutschen Staatskirchenrechts, dem Islam gerecht zu werden, rührt auch hier die Problematik von der Diversität der muslimischen Gemeinschaften[108] und den (auch innerreligiösen) Hindernissen her, diese als Organisationen rechtlich zu verfassen. Für die Einrichtung konfessionellen Religionsunterrichts benötigt der Staat einen verläßlichen Ansprechpartner in Gestalt der verfaßten religiösen Organisationen (im Normalfall der Religionsgemeinschaft, unter Umständen auch eines aus Religionsgemeinschaften bestehenden Dachverbands), die Inhalte des Religionsunterrichts und der Lehrerausbildung definieren können und definieren[109]. Aus demselben Grund ist die Veranstaltung eines konfessionellen Theologiestudiums an einer staatlichen Universität ohne die Mitwirkung der Religionsgemeinschaften angesichts ihres Selbstbestimmungsrechts und ihrer kollektiven Glaubensfreiheit nicht möglich[110]. Diese Mitwirkung erweist sich vor dem

Komplexität der Mitwirkungsinteressen

Hintergrund der diversen Ausprägungen der islamischen Lehren als schwierig. Dem wird in Nordrhein-Westfalen mit der Einrichtung von Beiräten begegnet, in denen muslimische Dachverbände, Rechtsgelehrte und auch nichtorganisierte Muslime neben staatlichen Repräsentanten vertreten sind. Die religiösen Mitglieder sollen die Religionsgemeinschaften als Ansprechpartner ersetzen. Die Beiräte werden von Teilen der Literatur aus verfassungsrechtlicher Sicht kritisiert. Gesprächspartner für den Religionsunterricht und das Theologiestudium könnten nur Religionsgemeinschaften sein, nicht aber durch universitäre Satzung oder Gesetz von öffentlicher Hand geschaffene Gremien, die mehrheitlich mit Vertretern von Dachorganisationen besetzt sind, die nur eine Minderheit der Muslime vertreten[111]. Diese Ansicht verkennt jedoch, daß es jedem Schüler, der sich durch die Gremien nicht vertreten fühlt, möglich ist, den Religionsunterricht nicht zu besuchen. Wollen nichtorganisierte Muslime einen Unterricht mit anderen Inhalten an den Schulen erhalten, steht es ihnen frei, ein Mindestmaß an eigener Organisation

---

107 S. hierzu *v. Campenhausen/Unruh*, in: v. Mangoldt/Klein/Starck, GG (LitVerz.), Art. 141 GG RN 8.
108 Vgl. dazu *Waldhoff*, Neue Religionskonflikte und staatliche Neutralität, Gutachten D zum 68. Deutschen Juristentag, 2010, S. 35 f.
109 *Link*, Konfessioneller Religionsunterricht in einer gewandelten sozialen Wirklichkeit? – zur Verfassungskonformität des Hamburger Religionsunterrichts für alle, ZevKR 46 (2001), S. 257 (280 f.).
110 BVerfGE 122, 89 (112); dazu auch *de Wall*, Der religionsrechtliche Rahmen für die Einführung des Fachs „islamische Studien" und für Beiräte für islamische Studien, in: Christian Walter/Janbernd Oebbecke/Antje v. Ungern-Sternberg/Moritz Indenhuck (Hg.), Die Einrichtung von Beiräten für islamische Studien, 2011, S. 15 (16 ff.).
111 Vgl. dazu *Kreß*, Islamischer Religionsunterricht zwischen Grundsatzproblemen und neuen Rechtsunsicherheiten, ZRP 2010, S. 14 (15); *Korioth*, in: öarr 2012, S. 47 (59).

zu bilden, um Religionsunterricht anbieten zu können[112]. Gleichzeitig müssen aber im Fall der Einrichtung und Tätigkeit von Beiräten Gefahren gebannt werden, daß über den staatlich vermittelten Unterricht Einfluß auf die Religionsgemeinschaften genommen oder eine bestimmte Ausprägung des Islam bevorzugt wird[113]. Schließlich darf nicht verkannt werden, daß dieses Modell nur so lange eine Berechtigung hat, wie die islamischen Religionsgemeinschaften sich nicht selbst in der Form konstituiert haben, daß sie auf dem üblichen Wege der Kooperation mit dem Staat in uneingeschränkter Anwendung des Art. 7 Abs. 3 GG Religionsunterricht anbieten können[114]. Das Beiratsmodell entspricht nicht dem Regelfall des Zusammenwirkens des Landes und der Religionsgemeinschaften im Fall der theologischen Fakultäten und des Religionsunterrichts nach Art. 7 Abs. 2 und 3 GG, stellt aber einen wichtigen Schritt auf dem Weg dorthin dar. Hessen hat dabei eine andere Lösung gefunden und läßt islamischen Religionsunterricht von zwei Religionsgemeinschaften anbieten[115].

Einrichtung von Beiräten

In Hamburg wird schon seit längerer Zeit ein sogenannter „Religionsunterricht für alle" unter Verantwortung der Evangelisch-Lutherischen Nordkirche angeboten. Dieser versucht, das religiös pluralistische Bild einer Großstadt abzubilden, in der sich die christliche Bevölkerung in der Minderheit befindet[116]. Hierbei kooperiert die evangelische Kirche als Ansprechpartner des Landes mit anderen Religionsgemeinschaften, insbesondere auch mit muslimischen[117]. Damit dieser Unterricht als noch von Art. 7 Abs. 3 GG abgedeckt gelten kann, darf der konfessionelle Zugriff auch der anderen Religionsgemeinschaften nicht zu stark in den Hintergrund treten. Der Unterricht muß durch konfessionell gebundene Lehrer erfolgen und darf den existenziellen Absolutheitsanspruch, den die beteiligten Konfessionen jeweils stellen, nicht verleugnen[118]. Ob dies bei einer Zusammenarbeit nicht nur über Konfessions-, sondern auch über Religionsgrenzen möglich ist, darf bezweifelt werden[119]. Die katholische Kirche wirkt bei diesem Versuch, konfessionelle Vielfalt in einem Religionsunterricht gleichzeitig zu entfalten und zu bündeln, nicht mit.

30
„Religionsunterricht für alle" in Hamburg

In Sachsen, Sachsen-Anhalt und Thüringen ist Religionsunterricht nach den Grundsätzen des Art. 7 Abs. 3 GG vorgesehen. Eine Besonderheit ergibt sich lediglich hinsichtlich der parallelen und gleichberechtigten Einrichtung des

31
Ethikunterricht in den neuen Ländern

---

112 *de Wall* (FN 110), S. 15 (38).
113 *Korioth*, in: öarr 2012, S. 47 (61).
114 *Korioth*, in: öarr 2012, S. 47 (61); *de Wall* (FN 110), S. 15 (39).
115 *Heinig*, Religionsunterricht nach Art. 7 Abs. 3 GG – Rechtslage und Spielräume, in: *ders.*, Die Verfassung der Religion (FN 46), S. 338 (344); *Muckel*, in: Katharina Ebner/Tosan Kraneis/Martin Minkner u.a. (Hg.), Staat und Religion, 2014, S. 140.
116 *Link*, ZevKR 2001, S. 257 (258).
117 *Heinig*, Religionsunterricht nach Art. 7 Abs. 3 GG – Rechtslage und Spielräume, in: *ders.*, Die Verfassung der Religion (FN 46), S. 338 (344).
118 *Heckel*, in: ders., Gesammelte Schriften VI, S. 397 (404 ff.); *Link*, ZevKR 2001, S. 257 (275 f.).
119 So auch *Heinig*, Religionsunterricht nach Art. 7 Abs. 3 GG – Rechtslage und Spielräume (FN 46), S. 338 (347); a.A. bei *Jochen Bauer*, Die Weiterentwicklung des Hamburger Religionsunterrichts in der Diskussion zwischen Verfassungsrecht und Schulpädagogik, ZevKR 59 (2014), S. 227 ff.

Ethikunterrichts. Für die Eltern oder für den religionsmündigen Schüler besteht gemäß den Verfassungsbestimmungen[120] ein Wahlrecht zwischen Religions- und Ethikunterricht. Damit ist für die Teilnahme am Religionsunterricht eine aktive Anmeldung erforderlich, was dem Charakter des Religionsunterrichts nach Art. 7 Abs. 3 GG als ordentliches Unterrichtsfach mit Abmeldemöglichkeit für alle der Religionsgemeinschaft angehörenden Kinder, nicht aber Anmeldepflicht, widerspricht[121]. Demgegenüber kann auch gerade unter Berücksichtigung der religionssoziologischen Umstände in Ostdeutschland diese Abweichung aus Gründen der Schulorganisation hingenommen werden[122]. Dies gilt umso mehr, als diese Regelung im Hinblick auf die tatsächliche Situation wegen der Möglichkeit, sich vom Religionsunterricht abzumelden, keinen Unterschied zum Normalfall bedeutet, wenn nur diejenigen Schüler am Unterricht teilnehmen, die oder deren Eltern dies wollen. Eine andere Situation entstünde, wenn konfessionell gebundene Schüler sich erst aktiv vom Ethikunterricht abmelden und zum Religionsunterricht anmelden müßten, um in den Genuß des Religionsunterrichts zu kommen. Dies wäre mit Art. 7 Abs. 3 GG nicht vereinbar.

4. Staatsleistungen/ Leistungen des Landes

32
Grundsätzliches

Staatsleistungen werden nach Art. 138 Abs. 1 WRV bis zu ihrer Ablösung gewährleistet. Diese Leistungen beruhen auf dem Ausgleich der Säkularisation von Kirchengut vor allem im 19. Jahrhundert[123]. Prinzipiell kann zwischen positiven und negativen Staatsleistungen unterschieden werden. Unter erstere fallen laufende Geldleistungen (Dotationen) und Geldbedarfsleistungen (vor allem Kirchenbaulasten). Negative Staatsleistungen sind vor allem Abgabenbefreiungen. Art. 138 Abs. 1 WRV sichert diejenigen überkommenen Leistungen ab, die vor dem Jahre 1919 durch Gesetz, Vertrag oder besondere Rechtstitel begründet wurden. Diese Leistungen werden so lange garantiert, bis die Länder den Verfassungsauftrag erfüllen, diese nach Maßgabe eines noch nicht erlassenen Grundsätzegesetzes des Bundes abzulösen. Ablösung bedeutet die Beendigung durch einmalige oder zeitlich begrenzte Ausgleichszahlung. Ohne Grundsätzegesetz ist die Ablösung nur auf vertraglicher Basis möglich. Nach Sinn und Zweck der Norm werden nicht nur Leistungen der Länder und des Bundes, sondern auch der Kommunen umfaßt[124]. Von den Staatsleistungen zu unterscheiden sind Subventionen, Kostenerstattungen und Zuwendungen, die der Staat den Religionsgemeinschaften im Rahmen seiner Sozial- und Kulturstaatsverantwortung zukommen läßt, vor allem bei der Erfüllung von Aufgaben der freien Wohlfahrtspflege durch Kirchen und Religionsgemeinschaften.

Sozial- und Kulturstaatsverantwortung

---

120 Art. 105 Verf. Sachsen; Art. 27 Abs. 3 Verf. Sachsen-Anhalt; Art. 25 Verf. Thüringen.
121 So *Unruh*, Religionsverfassungsrecht (LitVerz.), RN 432.
122 *Link*, in: Listl/Pirson, HdbStKirchR II (LitVerz.), § 54, S. 439 (445); *Robbers*, in: v. Mangoldt/Klein/Starck, GG (LitVerz.), Art. 7 RN 138.
123 Zu diesen Vorgängen s. *v. Campenhausen/de Wall*, Staatskirchenrecht (LitVerz.), S. 281 ff.
124 → Bd. IV: *Korioth*, Freiheit der Kirchen und Religionsgemeinschaften, § 97 RN 63.

a) Die Verfassungsnormen der Länder

In mehreren Ländern haben die überkommenen Leistungen des Staates eine eigene Verfassungsregelung erfahren. Diese orientieren sich an Art. 138 Abs. 1 WRV, weisen jedoch auch eigenständige Inhalte auf.

33 Art. 138 Abs. 1 WRV

Die Verfassungen von Bayern[125], Brandenburg[126], Rheinland-Pfalz[127] und des Saarlandes[128] erstrecken die Leistungen ausdrücklich auf kommunale Gebietskörperschaften. Das hat nach der hier vertretenen Auffassung nur klarstellende Funktion. Auch Art. 112 Abs. 1 Verf. Sachsen wird so verstanden, daß er die kommunalen Körperschaften einschließt. Angesichts der Diskontinuität der kommunalen Gebietskörperschaften im Osten wird der Vorschrift insoweit jedoch keine Bedeutung – wie auch der in Brandenburg – zugemessen[129]. Mit dem Untergang der kommunalen Gebietskörperschaften in ihrer alten Gestalt in den fünfziger Jahren des 20. Jahrhunderts sollen die althergebrachten Staatsleistungen auf die Deutsche Demokratische Republik übergegangen und schließlich mit dem DDR-Staat untergegangen sein[130]. Für die Länder Brandenburg und Sachsen überzeugt diese Argumentation nicht. Die ausdrückliche Aufnahme der kommunalen Ebene darf nicht völlig wirkungslos bleiben. Deswegen ist jedenfalls bei den Ländern Sachsen und Brandenburg von der bewußten Retransformation der Staatsleistungen von der untergegangenen Deutschen Demokratischen Republik auf die Kommunen auszugehen[131].

34 Erstreckung der Staatsleistungen auf kommunale Gebietskörperschaften

Eine echte Abweichung von Art. 138 Abs. 1 WRV bedeutet es jedoch, wenn die Verfassungen nicht die Ablösung der Leistungen festlegen, sondern ihre dauernde Erhaltung vorsehen. Dies ist der Fall in Bayern[132], in Rheinland-Pfalz[133], im Saarland[134] und in Sachsen[135]. Das erscheint vor dem klaren Verfassungsauftrag, die Staatsleistungen abzulösen, zumindest inkonsequent, wenn nicht gar grundgesetzwidrig. Die Ablösungspflicht tritt indes erst nach Erlaß eines Grundsätzegesetzes des Bundes in Kraft[136]. Insoweit sichern diese Verfassungen nur den status quo. Einige Länder verweisen auf die schon erwähnte Ablösung der Staatsleistungen auf konsensualem Wege. Dabei gibt es zwei Varianten. Die einen Landesverfassungen sehen die Vereinbarung als

35 Gewährleistung der Staatsleistungen

---

125 Art. 145 Verf. Bayern.
126 Art. 37 Abs. 1 Verf. Brandenburg.
127 Art. 45 Verf. Rheinland-Pfalz.
128 Art. 39 Verf. Saarland.
129 *Kunzmann*, in: Baumann-Hasske/ders. (LitVerz.), Art. 112 RN 5.
130 Vgl. *BVerwGE 132*, 358 (361 ff.).
131 So *Goerlich/Schmidt*, Das Staatskirchenrecht der Sächsischen Verfassung v. 27. Mai 1992, in: Uhle (LitVerz.), S. 111 ff. (131 ff.), mit Bezug auf die sächsische Verfassung.
132 Art. 145 Abs. 1 Verf. Bayern.
133 Art. 45 Verf. Rheinland-Pfalz; dazu *Robbers*, in: Brocker/Droege/Jutzi (LitVerz.), Art. 35 RN 2.
134 Art. 39 Verf. Saarland.
135 Art. 112 Abs. 1 Verf. Sachsen.
136 *de Wall*, in: Meder/Brechmann (LitVerz.), Art. 145 RN 1; *Elicker*, in: Wendt/Rixecker (LitVerz.), Art. 39 RN 2.

einzige Möglichkeit[137] der Ablösung vor, während die anderen diese nur fakultativ[138] berücksichtigen.

b) Der Sonderfall der kommunalen Kirchenbaulasten

36 *Kontinuität kommunaler Kirchenbaulasten*

Durch ein Urteil des Bundesverwaltungsgerichts ist der Bereich der kommunalen Kirchenbaulasten in Bewegung geraten. Entgegen der früher einhelligen Lehre[139] lehnte das Bundesverwaltungsgericht die Kontinuität der kommunalen Kirchenbaulasten in Ostdeutschland unter Hinweis auf die Neubegründung der kommunalen Gebietskörperschaften im Zuge der deutschen Einigung ab[140]. Das ist aus verfassungsrechtlicher Sicht zu kritisieren. Die Beseitigung des Schuldners ist aus Vertrauensschutzgesichtspunkten zumindest fragwürdig[141]. Außerdem fällt im Verfassungsvergleich auf, daß die Verfassung von Brandenburg ausdrücklich sowie die Verfassung von Sachsen konkludent davon ausgehen, daß es überkommene Leistungen der Gemeinden gibt. Diese Garantien würden bei konsequenter Durchführung der Rechtsprechung des Bundesverwaltungsgerichts vollständig leerlaufen[142].

5. Anstaltsseelsorge

37 *Tradition christlicher Seelsorge in Anstalten*

Die Anstaltsseelsorge nach Art. 141 WRV und nach den inhaltsgleichen Verbürgungen in den Landesverfassungen[143] erlaubt es den Religionsgemeinschaften, innerhalb von staatlichen Anstalten ihren Seelsorge- und Sendungsauftrag auszuführen. Nach der Grundkonzeption ist dies ursprünglich an der langen Tradition der christlichen Seelsorge in öffentlichen Einrichtungen orientiert, aber generell auch auf andere Religionsgemeinschaften anwendbar[144]. Mit Anstalten sind vor allem Gefängnisse und Krankenhäuser sowie im bundesrechtlichen Kontext die Militärseelsorge gemeint. Art. 141 WRV verschafft den Religionsgemeinschaften ein Zugangsrecht zu den Anstalten sowie das Recht, dort gottesdienstliche und seelsorgerische Handlungen vor-

---

137 So Art. 37 Abs. 2 Verf. Brandenburg; Art. 21 Verf. Nordrhein-Westfalen.
138 So in Art. 7 Abs. 3 Verf. Baden-Württemberg.
139 *Thomas Lindner*, Baulasten an kirchlichen Gebäuden, 1995, S. 282 ff.; *Böhland*, Kommunale Kirchenbaulastverpflichtungen vor dem Hintergrund des Einigungsvertrages, ZevKR 46 (2001), S. 141 ff.; *v. Campenhausen/Thiele*, Zur Kirchenbaulast in Hildburghausen-Häselrieth, Göttinger Gutachten II, 296 ff.; *Knöppel/Köster*, ThürVBl. 2000, S. 8 (10 f.).
140 BVerwGE 132, 358 ff.; das ist auch deswegen bemerkenswert, weil das Bundesverwaltungsgericht fast zeitgleich die Gültigkeit von Kirchenbaulasten in Westdeutschland bestätigt hat: Vgl. dazu umfassend *Markus Schulten*, Kommunale Kirchenbaulasten, 2014; *Traulsen*, Neueste Rechtsprechung des Bundesverwaltungsgerichts zu kommunalen Kirchenbaulastverträgen, NVwZ 2009, S. 1019 ff.; *Droege*, Die Gewährleistung des Kirchenguts und die Diskontinuität der staatlichen Rechtsordnung – Aktuelle Probleme des kirchlichen Vermögensrechts, ZevKR 55 (2010), S. 339 ff.
141 *Traulsen*, NVwZ 2009, S. 1022.
142 S. oben schon *Kunzmann*, in: Baumann-Hasske/ders. (LitVerz.), Art. 112 RN 5; Anders *Goerlich/Schmidt*, in: Uhle (LitVerz.), S. 111 (135), die aus den Garantien eine andere Rechtslage herleiten.
143 Art. 148 Verf. Bayern; Art. 38 Verf. Brandenburg; Art. 48 Verf. Hessen; Art. 62 Verf. Bremen mit kleinerer Abweichung, s. dazu *Korioth*, in: Maunz/Dürig, GG (LitVerz.), Art. 140/Art. 141 WRV RN 17.
144 Vgl. nur *Schulten*, Anstaltsseelsorge für Muslime. Eine verfassungsrechtliche Problemanzeige zu Art. 141 WRV, KuR 2014, S. 50 ff.

zunehmen[145]. Voraussetzung dafür ist nach dem grundgesetzlichen Konzept ein konkretes Bedürfnis, das allerdings schon bei einem Konfessionsangehörigen in der Anstalt vermutet wird[146]. Deswegen bedeutet es letztlich nur einen kleinen Unterschied, wenn die Verfassungen von Nordrhein-Westfalen, Rheinland-Pfalz und die des Saarlands diese Voraussetzung nicht kennen[147]. Damit soll den Selbstbeschreibungen der Religionsgemeinschaften Rechnung getragen werden, zu denen auch die Mission zählt[148]. Die negative Religionsfreiheit steht dieser Regelung nicht im Wege, denn auch in diesem Fall ist Zwang ausgeschlossen, und es sind Vorkehrungen zu treffen, daß die Religionsgemeinschaften die Zwangslage der Patienten und der Häftlinge nicht ausnutzen können[149].

Vermutung für das Bedürfnis

E. Eigenständige Garantien der Länderverfassungen

I. Garantien im Bildungsbereich

1. Theologische Fakultäten

Das Grundgesetz schweigt zu den theologischen Fakultäten an staatlichen Hochschulen. Es hat zudem Art. 149 Abs. 3 WRV, der theologische Fakultäten ausdrücklich schützte, nicht inkorporiert. Das bedeutet jedoch nicht, daß das Grundgesetz theologische Fakultäten nicht aufrechterhalten oder die Einrichtung neuer Fakultäten ausschließen wollte. Zumindest mittelbar geht das Grundgesetz von bestehenden theologischen Fakultäten aus, wenn es für die Religionsgemeinschaften Religionsunterricht nach Maßgabe des Art. 7 Abs. 3 GG vorsieht[150]. Weitere bundesgesetzliche Grundlagen werden in der Anerkennung des Reichskonkordates gemäß Art. 123 Abs. 2 GG und in der Freiheit der Wissenschaft nach Art. 5 Abs. 3 GG, die seit jeher die Theologie umfaßt, gesehen[151]. Konsequenterweise wurde die Ausgestaltung entsprechend dem Grundsatz der Hoheit der Länder im Hochschul- und Schulbereich diesen überlassen.

38
Landeskompetenz

---

145 Vgl. *Korioth*, in: Maunz/Dürig, GG (LitVerz.), Art. 140/141 WRV, RN 8 f.
146 v. *Campenhausen/Unruh*, in: v. Mangoldt/Klein/Starck, GG (LitVerz.), Art. 141 WRV RN 11 m.w.N.
147 Art. 20 Verf. Nordrhein-Westfalen; Art. 48 Verf. Rheinland-Pfalz; Art. 42 Verf. Saarland.
148 *Stuttmann*, in: Heusch/Schönenbroicher (LitVerz.), Art. 20 RN 4; anders *Ennuschat*, in: Löwer/Tettinger (LitVerz.), Art. 20 RN 20.
149 Für die Verfassungswidrigkeit der Normen *Hollerbach*, Die verfassungsrechtliche Grundlagen des Staatskirchenrechts, in: Joseph Listl/Dietrich Pirson (Hg.), Handbuch des Staatskirchenrechts, Bd. I, 1974, S. 215 (249).
150 *Unruh*, Religionsverfassungsrecht (LitVerz.), RN 461 f.; *Heinig*, Gesetzgeberische Gestaltungsoptionen zur Verleihung und zum Verlust des Körperschaftsstatus für Religions- und Weltanschauungsgemeinschaften, in: *ders.*, Die Verfassung der Religion (FN 46), S. 232 (S. 283 ff.).
151 *Hollerbach*, Theologische Fakultäten und staatliche Pädagogische Hochschulen, in: Listl/Pirson, HdbStKirchR II (LitVerz.), § 56, S. 549 (554); *Martin Heckel*, Die theologischen Fakultäten im weltlichen Verfassungsstaat, 1986, S. 9.

39
Landesverfassungs-vorschriften

Neun Landesverfassungen berücksichtigen theologische Fakultäten oder Lehrstühle an staatlichen Universitäten in ihren Verfassungen. Dabei lassen sich grob zwei Modelle unterscheiden. Das eine gewährleistet die Aufrechterhaltung der theologischen Fakultäten[152] oder geht inzident vom Bestand der Fakultäten aus[153]. Das andere verweist darauf, diese Angelegenheit im vertraglichen Wege zu regeln[154]. In Nordrhein-Westfalen sind die theologischen Fakultäten mit der verfassungsrechtlichen Anerkennung der Kirchenverträge geschützt[155]. Eine etwas eigentümliche Formulierung wählt die Verfassung des Saarlandes in Artikel 36, der den Kirchen das Recht einräumt, theologische Fakultäten im Einvernehmen mit dem Staat einzurichten. Religionsgemeinschaften sind jedoch wohl kaum fähig und befugt, solche Fakultäten als gemeinsame Einrichtungen von Staat und Religionsgemeinschaft an staatlichen Hochschulen zu errichten. Gemeint ist damit, daß eine solche Fakultät nur mit gemeinsamer Initiative möglich ist. Da an der Universität des Saarlandes sowohl katholische als auch evangelische Theologie angeboten wird und eine Einrichtung für islamische Theologie nicht in Sicht ist, wird die Vorschrift in nächster Zukunft keine Wirkung entfalten[156].

Einvernehmen mit dem Staat?

40
Subjektiv-rechtlicher Gehalt

Theologische Fakultäten sind eine gemeinsame Angelegenheit des Staates und der Kirchen. In gewisser Parallele zum konfessionellen Religionsunterricht ist die an der staatlichen Universität betriebene Theologie konfessionsgebundene Wissenschaft. Theologie kann daher nur unter Mitwirkung der Religionsgemeinschaften an den Universitäten gelehrt und erforscht werden[157]. Die Religionsgemeinschaften haben Einfluß auf die Besetzung der Lehrstühle, der neben den oben angesprochenen Garantien in den Landesverfassungen auch durch Staatskirchenverträge abgesichert ist. Solche Verträge dienen auch in denjenigen Ländern, die eine Verfassungsgarantie der theologischen Fakultäten nicht kennen, dazu, den Bestand der theologischen Fakultäten abzusichern[158]. Rechtsdogmatisch werden die theologischen Fakultäten durch eine institutionelle Garantie geschützt[159]. Diese Einordnung ändert nichts daran, daß Grundrechte, vor allem die Glaubensfreiheit der Religionsgemeinschaften, im Rahmen von theologischen Fakultäten in vielen Situationen eine große Rolle spielen. Staatliche Regelungen im Bereich der Theologie geraten sehr schnell mit der Selbstbeschreibung der Religionsgemeinschaften und damit ihrem Recht, die eigenen Angelegenheiten selbständig zu regeln, in Konflikt. Dennoch liegt dann der Konflikt im Schnittbereich der kollektiven Glaubensfreiheit mit dem Selbstbestimmungsrecht und nicht etwa

Institutionelle Garantie

---

152 Art. 150 Abs. 2 Verf. Bayern; Art. 60 Abs. 2 Verf. Hessen; Art. 39 Abs. 1 Satz 3 Verf. Rheinland-Pfalz.
153 Art. 10 Verf. Baden-Württemberg; Art. 32 Abs. 3 Verf. Brandenburg; Art. 111 Abs. 2 Verf. Sachsen, Art. 28 Abs. 3 Verf. Thüringen, die eigentlich die einvernehmliche Besetzung der Lehrstühle regeln.
154 Art. 9 Abs. 3 Verf. Mecklenburg-Vorpommern; Art. 28 Abs. 3 Verf. Thüringen.
155 Art. 23 Verf. Nordrhein-Westfalen.
156 Vgl. *Elicker*, in: Wendt/Rixecker (LitVerz.), Art. 36 RN 2.
157 *BVerfGE 122*, 89 (112f.); *BVerwGE 101*, 309 (312ff.); *de Wall* (FN 110), S. 15 (20).
158 *Unruh*, Religionsverfassungsrecht (LitVerz.), RN 468f.
159 So *Classen*, Landesverfassungsrecht, in: Schütz/ders. (LitVerz.), S. 42; *de Wall*, in: Meder/Brechmann (LitVerz.), Art. 150 RN 6ff.

in einem grundrechtlich fundierten Anspruch auf Errichtung theologischer Fakultäten[160].

2. Kirchliche Hochschulen und Schulen

Daneben bestehen in mehreren Landesverfassungen auch Garantien für kirchliche Hochschulen und Schulen[161]. Diese bedeuten eine Ausgestaltung des Selbstverwaltungsrechts der Religionsgemeinschaften, zu dem auch die Entscheidung über die Qualifikation ihrer Geistlichen und Religionsdiener und die Umsetzung ihres religiösen Lehrauftrags gehört[162]. Faktisch sind religionsgemeinschaftliche Ausbildungsstätten aus der Sicht des Staates ein Sonderfall der Privathochschulen und der Privatschulen[163]. Dienen sie allein der Ausbildung der Geistlichen nach kircheninternen Qualitätsmerkmalen, ist keinerlei Genehmigung erforderlich[164].

41
Ausgestaltung des Selbstverwaltungsrechts

3. Öffentliche Schulen

Der in Deutschland häufigste Schultypus der öffentlichen Regelschule ist noch der der sogenannten christlichen Gemeinschaftsschule[165]. Dieser findet auch in mehreren Landesverfassungen seine Verbürgung[166]. Die staatliche Nichtidentifikation mit einer bestimmten Religion und die Beachtung der negativen Religionsfreiheit lassen den spezifischen „christlichen" Gehalt in den Hintergrund treten[167]. Zurück bleibt eine christlich-abendländische Kulturprägung, die mit dem Christentum nur noch entfernt zu tun hat[168]. In Bayern wird diese Verbürgung dennoch als subjektives Recht verstanden[169].

42
Christliche Gemeinschaftsschule

---

160 Anders *Unruh* aaO., RN 473.
161 Hochschulen: Art. 9, Art. 16 Verf. Baden-Württemberg; Art. 150 Abs. 1 Verf. Bayern; Art. 32 Abs. 2 Verf. Brandenburg; Art. 60 Abs. 3 Verf. Hessen; Art. 16 Abs. 2 Verf. Nordrhein-Westfalen; Art. 42 Verf. Rheinland-Pfalz; Art. 36 Verf. Saarland; Art. 111 Verf. Sachsen; Art. 28 Abs. 3 Verf. Thüringen; Schulen: Art. 133 Abs. 1 Satz 3 Verf. Bayern; Art. 28 Verf. Rheinland-Pfalz; Anerkennung als Bildungsträger in: Art. 133 Abs. 1 Satz 2 Verf. Bayern; Art. 27 Abs. 2 Verf. Saarland; Art. 28 Satz 3 Verf. Rheinland-Pfalz; Art. 12 Abs. 2 Verf. Baden-Württemberg.
162 *Baldus*, Kirchliche Hochschulen, in: Listl/Pirson, HdbStKirchR II (LitVerz.), § 57, S. 601 (613 f); *Robbers*, in: Brocker/Droege/Jutzi (LitVerz.), Art. 42 RN 1 ff.
163 Für Schulen *Loschelder*, Kirchen als Schulträger, in: Listl/Pirson, HdbStKirchR II (LitVerz.), § 55, S. 511 (512 ff); *Baldus*, in: Wilhelm Rees (Hg.), Recht in Kirche und Staat, FS Listl, 2004, S. 580 (585 ff.); zu Privatschulen *Brosius-Gersdorf*, in: H. Dreier, GG (LitVerz.), Art. 7 RN 103 ff.; für Hochschulen: *Baldus*, Kirchliche Hochschulen, in: Listl/Pirson, HdbStKirchR II (LitVerz.), § 57, S. 601 (616).
164 *de Wall*, in: Meder/Brechmann (LitVerz.), Art. 150 RN 2; *Wolff*, in: Lindner/Möstl/ders. (LitVerz.), Art. 150 RN 5 ff.
165 Zur Zulässigkeit derselben: *BVerfGE 41*, 51 ff.
166 Art. 15 Verf. Baden-Württemberg; Art. 135 Verf. Bayern; Art. 32 Abs. 1 Verf. Bremen; Art. 12 Abs. 2 und 3 Verf. Nordrhein-Westfalen; Art. 29 Verf. Rheinland-Pfalz; Art. 27 Verf. Saarland.
167 *Wißmann*, in: Härtel, Handbuch Föderalismus III (LitVerz.), § 60 RN 45.
168 Vgl. *BayVerfGH NVwZ 2008*, S. 420 (421); *Ladeur*, Das Islamische Kopftuch in der christlichen Gemeinschaftsschule, JZ 2015, S. 633 (635); *Seckelmann*, in: Brocker/Droege/Jützi (LitVerz.), Art. 29 RN 7; *Geis*, in: Meder/Brechmann (LitVerz.), Art. 135 FN 5 f.; *Möstl*, in: Lindner/ders./Wolff (LitVerz.), Art. 135–137 RN 10.
169 Vgl. *Geis* aaO., Art. 135 FN 10; diese Norm ist nach der Konzeption des Verfassungsgerichtshofs jedoch kein Grundrecht, *BayVerfGHE 22*, 43 ff.

43
Christliche
Erziehungsziele

Die Landesverfassungen, die als kirchenfreundlich eingestuft werden können[170], berücksichtigen in ihren Verfassungen religiöse Erziehungsziele in der Schule, welche unter Rücksicht auf die bei der Schaffung betreffender Gesetze vorherrschenden religionssoziologischen Umstände vor allem am Christentum orientiert sind. So benennt die Verfassung von Baden-Württemberg in Artikel 12 die Ehrfurcht vor Gott und die christliche Nächstenliebe als Ziel der Erziehung, wobei der Unterricht nach Artikel 16 auf der Grundlage christlicher und abendländischer Kulturwerte erfolgt. Die Verfassungen von Bayern[171], Nordrhein-Westfalen[172], Rheinland-Pfalz[173] und des Saarlands[174] kennen diese Zielsetzungen in ähnlicher Weise.

44
Normative Wirkung

Der säkulare, neutrale Staat darf sich jedoch nicht mit einer einzelnen Religion oder Religionsgemeinschaft identifizieren. Deswegen entfalten diese Verbürgungen für den christlichen Glauben keine Wirkung in dem Sinne, daß die Lehrer in diesen Ländern angehalten wären, christliche Inhalte zu propagieren. Es ist ihnen vielmehr wegen der staatlichen Nichtidentifikation mit einer Religion verboten. Die Verbürgungen wirken sich nur in dem Sinne aus, daß es dem Staat bei seinem Erziehungsauftrag verboten ist, die Sinndimension des Transzendenten abzuschneiden, die ideengeschichtliche Rezeption christlicher Lehrgehalte zu vernachlässigen und sich dabei auf vermeintlich voraussetzungslosere Sinngehalte zu beschränken[175]. Diese Verbürgungen vermögen es jedoch nicht, eine unterschiedliche rechtliche Behandlung von Religionsgemeinschaften zu rechtfertigen[176].

II. Öffentlichkeitsauftrag der Kirchen

45
Der Öffentlichkeitsauftrag

Der Öffentlichkeitsauftrag der Religionsgemeinschaften beschreibt von staatlicher Seite aus die Ermöglichung der gesellschaftlichen Einflußnahme durch die Kirchen und Religionsgemeinschaften mit ihrer jeweiligen Verkündigungslehre in die Gesellschaft. Die staatliche Berücksichtigung dieses Prinzips zeigt an, daß der Staat das öffentliche Wirken religiöser Gemeinschaften für erwünscht sowie sinnvoll erachtet und fördern will[177]. Auch diese Öffnung soll den Staat um Sinnangebote bereichern, die er selbst nicht entfalten kann[178]. Gleichzeitig werden die Kirchen und Religionsgemeinschaften davor be-

---

170 S. oben unter C, RN 9ff.
171 Art. 131, 135 Verf. Bayern.
172 Art. 7 Abs. 1, Art. 12 Verf. Nordrhein-Westfalen.
173 Art. 33 Verf. Rheinland-Pfalz.
174 Art. 26, 27 Verf. Saarland.
175 *Kamp*, in: Heusch, Landesverfassung (LitVerz.), Art. 7 RN 36ff.; vgl. auch *Brink*, in: Brocker/Droege/Jutzi (LitVerz.), Art. 33 Verf. Rheinland-Pfalz; *Ennuschat*, in: Löwer/Tettinger (LitVerz.), Art. 7 RN 27; aus christlicher Sicht *Martin Rhonheimer*, Christentum und säkularer Staat, 2012, S. 381 ff.
176 Vgl. *BVerfGE 138*, 296 (346ff.), RN 123ff., mit Kritik bei *Ladeur*, JZ 2015, S. 633 (636); *BVerfGE 108*, 282 (298); wobei *BVerfGE 108*, 282 (302f.) auf verschiedene Gestaltungsspielräume der Länder hinweist; dagegen *BVerwGE 121*, 140 (150); *VGH Baden-Württemberg* VBlBW 2008, S. 437 (441); dazu auch *Wißmann*, in: Härtel, Handbuch Föderalismus III (LitVerz.), § 60 RN 45.
177 *Schlaich*, Der Öffentlichkeitsauftrag der Kirchen, in: Listl/Pirson, HdbStKirchR II (LitVerz.), § 44, S. 131 (132).
178 *Schlaich*, aaO., § 44, S. 131 (175 ff.).

wahrt, in den rein privaten Bereich abgeschoben zu werden. Das Reden vom Öffentlichkeits-„Auftrag" darf nicht darüber täuschen, daß dieser nicht vom Staat erteilt oder zugelassen wird, sondern aus dem Selbstverständnis der Religionsgemeinschaft entsteht und wachsen muß[179]. Die Religionsgemeinschaften füllen diese ihnen gegebene Möglichkeit traditionell mit öffentlicher Verkündigung, mit Stellungnahmen und anderen Verlautbarungen zu gesellschaftlich relevanten Themen aus. Verfassungsrechtlich speist sich der Öffentlichkeitsauftrag aus mehreren Quellen. Er bewegt sich zwischen der Meinungsfreiheit, kollektiven Glaubensfreiheit und dem Selbstbestimmungsrecht der Religionsgemeinschaften[180]. Er steht auch den Weltanschauungsgemeinschaften offen[181].

Auf Landesebene haben einige ältere Verfassungen diese öffentliche Wirksamkeit der Kirchen, ohne den Öffentlichkeitsauftrag als solchen zu benennen, abgesichert. Solche Verbürgungen finden sich in Art. 4 Abs. 2 Verf. Baden-Württemberg, Art. 6 Verf. Nordrhein-Westfalen sowie in Art. 25 Abs. 2, Art. 26 Verf. Saarland. Mit Abstrichen kann auch Art. 41 Verf. Rheinland-Pfalz und der Vorspruch der bayerischen Verfassung, der die Verwüstungen der NS-Herrschaft auf eine Gesellschaft ohne Gott zurückführt, dazu gezählt werden[182]. Im rechtlichen Kontext taucht der Begriff des Öffentlichkeitsauftrags erstmals im *Loccumer Vertrag* aus dem Jahre 1955 auf. In diesem Vertrag zwischen den evangelischen Kirchen in Niedersachsen und dem Land Niedersachsen heißt es in der Präambel, daß der Vertrag „in Übereinstimmung über den Öffentlichkeitsauftrag der Kirche und ihre Eigenständigkeit" geschlossen wird. Dieser Vertrag und mit ihm die Formel vom Öffentlichkeitsauftrag wurde in zahlreichen Kirchenverträgen rezipiert[183].

46
Öffentlichkeitsauftrag in älteren Verfassungen

Loccumer Vertrag

Auch die Verfassungen der im Jahre 1990 der Bundesrepublik beigetretenen Länder kennen diese Form der Berücksichtigung des Öffentlichkeitsauftrags. Die Verfassung Sachsens wählt in Artikel 109 Abs. 1 dabei eine Formulierung, die an den älteren Verfassungen orientiert ist[184]; Art. 32 Abs. 1 Verf. Sachsen-Anhalt anerkennt das Recht der Religionsgemeinschaften, zu öffentlichen Angelegenheiten Stellung zu nehmen, während sich Art. 36 Abs. 3 Verf. Brandenburg an der Loccumer Formel orientiert. Damit ist die Verfassung von Brandenburg die erste, die diese nicht ganz unproblematische Formel[185] auf die Verfassungsebene gehoben hat[186].

47
In den „neuen Ländern"

---

179 Zu diesem vor allem aus protestantischer Sicht *Götz Klostermann*, Der Öffentlichkeitsauftrag der Kirchen – Rechtsgrundlagen im kirchlichen und im staatlichen Recht, 2000, S. 129 ff.; vgl. auch *Schlaich*, aaO., § 44, S. 131 (143 ff.).
180 *BVerwGE* 18, 14 (15 f); *Schlaich*, aaO., § 44, S. 131 (162 ff.).
181 *BVerwGE* 37, 344 (363), dieser wird hier ohne Begründung hergeleitet; s. dazu *Schlaich*, aaO., § 44, S. 131 (143 m. Anm. 46).
182 So auch *Robbers*, in: Brocker/Droege/Jutzi (LitVerz.), Art. 41 RN 14.
183 Vgl. nur *Schlaich*, aaO., § 44, S. 131 (135 ff.).
184 Konkret an Art. 4 Abs. 2 Verf. Baden-Württemberg.
185 Zur Problematik, den Öffentlichkeitsauftrag als Rechtsbegriff zu fassen, s. *Schlaich*, aaO., § 44, S. 131 (160 f.); *Klostermann* (FN 179), S. 70 f., 120 ff.
186 *Lieber*, in: ders./Iwers/Ernst (LitVerz.), Art. 36, S. 281; *Kier*, in: Simon/Franke/Sachs (LitVerz.), § 7 RN 7.

§ 236 Sechzehnter Teil: II. Vergleichende Betrachtung der Landesgrundrechte

48
Das hessische Trennungsgebot

Ganz im Gegensatz zu der hier beschriebenen Öffnung sieht die Verfassung Hessens in Artikel 50 Abs. 2 vor, daß sich Kirchen, Religions- und Weltanschauungsgemeinschaften jeder Einmischung in den Staat zu enthalten hätten. Die Umsetzung der Norm käme der Absage an das Prinzip des Öffentlichkeitsauftrags gleich. Die Grundrechtsberechtigung der Religionsgemeinschaften[187] steht der strikten Anwendung der Norm jedoch im Wege. Die öffentliche Beteiligung der Religionsgemeinschaften ist sowohl durch Art. 5 Abs. 1 GG als auch, wenn diese Beteiligung als Ausdruck einer Glaubensüberzeugung verstanden werden muß, durch Art. 4 Abs. 1 und 2 GG geschützt[188]. Die als „verunglückt" apostrophierte Formulierung[189] hat das Land Hessen auch nicht daran gehindert, die Loccumer Formel in seinen eigenen Vertrag mit den evangelischen Kirchen zu integrieren[190]. Die Norm zeigt insofern keine normative oder nur eine modifizierte Wirkung[191].

III. Religionsgemeinschaften als Träger karitativer Tätigkeit

1. Die verschiedenen Garantien

49
Berücksichtigung in den Landesverfassungen

Die karitative Tätigkeit, welche die Kirchen – wie auch andere Religionsgemeinschaften – traditionell entfalten[192], wird auch in den Landesverfassungen berücksichtigt. Diese Tätigkeit umfaßt die Sozial-, Kranken- und Jugendsorge. Grundsätzlich ist diese in der Praxis durch das Selbstbestimmungsrecht aus Art. 137 Abs. 3 WRV und die Religionsausübungsfreiheit in Art. 4 GG geschützt[193]. Einige Verfassungen gehen darüber hinaus und sehen verschiedene Fördermaßnahmen für das karitative Wirken vor. Dabei sind vor allem zwei Gruppen zu unterscheiden. Die erste sieht für die kirchliche oder religiöse Tätigkeit das Prädikat der Gemeinnützigkeit vor[194]. Dies hat vor allem steuerliche Vorteile zur Folge und ist damit zu dem Bereich der negativen Staatsleistungen zu rechnen. Die Wirkungen dieser Vorschriften bleiben jedoch vor dem Hintergrund der vorrangigen bundesrechtlichen Regelung gering[195]. Eine zweite Gruppe schreibt die aktive Förderung oder Gewährleistung der karitativen Tätigkeit vor[196]. Das bedeutet einerseits eine institutionelle Garantie, wonach die karitative Tätigkeit in freier Trägerschaft erhalten

Aktive Förderung oder Gewährleistung

---

187 Auch der, die als Körperschaft des öffentlichen Rechts verfaßt sind, allg. Meinung, s. dazu statt aller nur *BVerfGE 102*, 370 (387); *70*, 138 (160); *53*, 366 (387).
188 Vgl. schon *BVerwGE 18*, 14 (15f.); auch *Engelhardt*, 50 Jahre Staat und Kirche in Hessen, in: Eichel/Möller (LitVerz.), S. 202 (210).
189 *v. Campenhausen/de Wall*, Staatskirchenrecht (LitVerz.), S. 42.
190 *Stolleis*, in: Meyer/ders. (LitVerz.), S. 458 (463).
191 Vgl. *Stolleis* aaO., S. 458 (463, 465).
192 Vgl. dazu *v. Campenhausen/de Wall*, Staatskirchenrecht (LitVerz.), S. 163.
193 *BVerfGE 24*, 236 (248); *46*, 73 ff.; *53*, 366 ff.
194 Art. 63 Verf. Bremen, Art. 40 Verf. Saarland; Art. 46 Verf. Rheinland-Pfalz; Art. 32 Abs. 3 Verf. Sachsen-Anhalt; Art. 41 Verf. Thüringen.
195 *Robbers*, in: Brocker/Droege/Jutzi (LitVerz.), Art. 46 RN 1; *Isensee*, Karitative Betätigung der Kirchen und Verfassungsstaat, in: Listl/Pirson, HdbStKirchR II (LitVerz.), § 59, S. 665 (750).
196 Art. 6 Verf. Baden-Württemberg; Art. 37 Verf. Brandenburg; Art. 44 Verf. Rheinland-Pfalz; Art. 19 Abs. 2 Verf. Mecklenburg-Vorpommern; Art. 32 Abs. 3 Verf. Sachsen-Anhalt; Art. 41 Verf. Thüringen. Ausdrücklich unabhängig von der Trägerschaft: Art. 45 Abs. 3 Verf. Brandenburg; Art. 22 Abs. 2 Verf. Berlin.

bleiben muß, andererseits enthalten die Bestimmungen nicht mehr – aber auch nicht weniger – als eine Staatszielbestimmung, die gesellschaftlichen Selbstorganisationskräfte in diesem Bereich zu stärken[197]. Ein unmittelbarer Anspruch im Sinne eines Leistungsrechts ergibt sich für die Religionsgemeinschaften hieraus nicht[198].

2. Sonderfinanzierungsgarantien in Sachsen

Eine besondere Berücksichtigung der finanziellen Ausstattung der Kirchen findet sich in Art. 110 Abs. 1, Art. 112 Abs. 2 Verf. Sachsen. Artikel 110 Abs. 1 normiert einen Anspruch auf angemessene Erstattung der Kosten für die von den Religionsgemeinschaften betriebenen gemeinnützigen Einrichtungen, während Artikel 112 Abs. 1 einen ähnlichen Ausgleich für den Erhalt der als Kulturdenkmäler anerkannten Kirchengebäude vorsieht. Diese speziellen Vorschriften betreffen keine Staatsleistungen, sondern die Subventionierung der von Kirchen ausgeführten Tätigkeiten im öffentlichen Interesse. Die maßgeblichen Vorschriften sind in erster Linie als Gesetzgebungsauftrag zu verstehen, diesen angemessenen Kostenausgleich zu schaffen. Einen konkreten Betrag wird man daraus nicht herleiten können[199]. Dennoch ist durch den Verweis auf einen Anspruch eine hinreichende Grundlage für eine Überprüfung der Erfüllung des Auftrags zu sehen[200]. Hinsichtlich der karitativen Tätigkeit bildet die Kostenersparnis der öffentlichen Hand den Maßstab[201]. Eine vollständige Kostenerstattung ist nicht zwingend geboten[202].

50 Besonderer Kostenerstattungsanspruch in Sachsen

IV. Staatskirchenverträge

Schon im Zuge des Auseinandertretens von Staat und Kirche im 18. Jahrhundert, vor allem aber mit der Trennung von Staat und Kirche durch die Weimarer Verfassung, war eine neue Form der Koordinierung der verschiedenen Interessen notwendig. So begannen Staat und katholische Kirche zu Anfang des 19. Jahrhunderts, nach dem Ende des landesherrlichen Kirchenregiments im Jahre 1918 auch die evangelische Kirche, die Staat und Kirche betreffen-

51 Koordinationsmittel

---

197 *de Wall/Germann*, Kirchen, Religions- und Weltanschauungsgemeinschaften, in: Kilian, Verfassungshandbuch (LitVerz.), S. 542 (553 f.).
198 Vgl. *Blanke*, in: Linck/Baldus/Lindner u.a. (LitVerz..), Art. 41 RN 4; *Hopfe*, in: Linck/Jutzi/Hopfe (LitVerz.), Art. 41 RN 5; *Degenhart*, in: ders./Meißner, Handbuch (LitVerz.), § 9 RN 20.
199 *Degenhart*, in: ders./Meißner, Handbuch (LitVerz.), § 9 RN 20; *Cl. Fuchs*, Staatskirchenrecht (LitVerz.), S. 263.
200 *Cl. Fuchs*, Staatskirchenrecht (LitVerz.), S. 175.
201 *Kunzmann*, in: Baumann-Hasske/ders. (LitVerz.), Art. 110 RN 2; s. auch *Degenhart*, in: ders./Meißner, Handbuch (LitVerz.), § 9 RN 19; *Goerlich/Schmidt* (FN 131), S. 111 (138); für eine Orientierung an der Rspr. zu Art. 7 Abs. 4 GG: *Cl. Fuchs*, Staatskirchenrecht (LitVerz.), S. 263; so auch *Heitmann*, Der evangelische Kirchenvertrag Sachsen aus der Sicht der Verwaltung, LKV 1995, S. 93 (95); zur Rspr.: BVerfGE 75, 40 ff; BVerwGE 23, 347 ff.; 27, 360 ff.; 70, 290 ff.
202 So aber *Goerlich/Schmidt* aaO., S. 111 (139); wie hier *Kunzmann* aaO., Art. 110 RN 2.

den oder gemeinsamen Angelegenheiten vertraglich zu regeln²⁰³. Die Natur dieser Verträge ist nicht ganz unumstritten; jedenfalls werden die Verträge mit der katholischen Kirche wegen der Völkerrechtssubjektivität des Heiligen Stuhls als völkerrechtlich bezeichnet²⁰⁴. Daß solche Verträge geschlossen werden können, wird nur vereinzelt bestritten²⁰⁵, sind sie doch ein geeignetes Mittel, gerade das Grundverhältnis einer „hinkenden" Trennung aufrechtzuerhalten und das partnerschaftliche Verhältnis von Staat und Religionsgemeinschaften zu bekräftigen²⁰⁶.

52
Staatskirchenverträge in den Landesverfassungen

Besondere Berücksichtigung finden die Staatskirchenverträge auch in den Landesverfassungen. Dies geschieht zunächst durch die Anerkennung vorkonstitutioneller Verträge. Diese Fortgeltung der Verträge war nach dem Zweiten Weltkrieg unsicher geworden²⁰⁷. Mit solchen Klauseln, die sich in Art. 182 Verf. Bayern, Art. 23 Verf. Nordrhein-Westfalen, Art. 35 Abs. 1 Satz 3 Verf. Saarland finden, wurden die Altverträge abgesichert²⁰⁸. Gleichzeitig kann ihnen entnommen werden, daß Staatskirchenverträge ein zulässiges Mittel der Koordinierung sind²⁰⁹.

53
Vertragliche Einigung

Eine in die Zukunft weisende Art der Berücksichtigung der Staatskirchenverträge zeigt sich vor allem in den nach 1990 entstandenen Verfassungen der neuen Länder. Diese verweisen sowohl zur Regelung des Staat-Kirche-Verhältnisses generell²¹⁰ als auch bezüglich einzelner Sachfragen auf die vertragliche Einigung²¹¹. Vor allem aus Art. 109 Abs. 2 Verf. Sachsen wird teilweise ein Anspruch auf Vertragsschluß hergeleitet²¹². Weil jedoch weder der Staat noch die Kirchen und Religionsgemeinschaften jedwedes Angebot des anderen Teils, das sich im verfassungsmäßigen Rahmen bewegt, annehmen müssen, kann es sich insoweit nur um einen Anspruch auf dialogische Auseinandersetzung mit dem Staat über Vertragsvereinbarungen handeln²¹³. Auch dies gilt jedoch nur insoweit, als Koordinierungsbedarf besteht. Dadurch wird nicht in Abrede gestellt, daß es aus anderen Gründen einen Zwang zu einem Vertrags-

---

203 Vgl. *Unruh*, Religionsverfassungsrecht (LitVerz.), RN 328 ff, *Hollerbach*, Die vertraglichen Grundlagen des Staatskirchenrechts, in: Listl/Pirson, HdbStKirchR I (LitVerz.), § 7, S. 253 (254 ff.); *Pirson*, Vertragsstaatskirchenrecht, in: Werner Heun u. a. (Hg.), Evangelisches Staatslexikon, 2006, S. 2600 ff.
204 Dazu *Unruh* aaO., RN 355, *Hollerbach* aaO., § 7, S. 253 (272 ff.).
205 Zur Zulässigkeit solcher Verträge vgl. *Unruh*, Religionsverfassungsrecht (LitVerz.), RN 348 f.; *Jeand'Heur/Korioth*, Grundzüge (LitVerz.), RN 271 ff.; kritisch *Renck*, Der sogenannte Rang der Kirchenverträge, DÖV 1997, S. 929 (930 ff.); mit Bedenken Hermann Weber, Grundprobleme des Staatskirchenrechts, 1970, S. 49 ff.
206 Vgl. *v. Campenhausen/de Wall*, Staatskirchenrecht (LitVerz.), S. 142.
207 S. *Brechmann*, in: Meder/ders. (LitVerz..), Art. 182 RN 1; *BayVerfGHE 33*, 65 (75); *Ennuschat*, in: Löwer/Tettinger (LitVerz.), Art. 23 RN 7.
208 Etwas anders regelt Art. 8 Verf. Baden-Württemberg, daß „Rechte und Pflichten, die sich aus den Verträgen mit der evangelischen und katholischen Kirche ergeben, von dieser Verfassung" unberührt bleiben; dazu *Kl. Braun*, Kommentar (LitVerz.), Art. 8.
209 *Jeand'Heur/Korioth*, Grundzüge (LitVerz.), RN 272.
210 Art. 9 Abs. 2 Verf. Mecklenburg-Vorpommern; Art. 109 Abs. 2 Verf. Sachsen; Art. 32 Abs. 4 Verf. Sachsen-Anhalt; vgl. singulär bei den älteren Verfassungen Art. 40 Verf. Hessen, der auf eine Auseinandersetzung im Wege der Vereinbarung verweist.
211 Art. 111 Abs. 2 Verf. Sachsen; Art. 28 Abs. 3 Verf. Thüringen; Art. 37 Abs. 2 Verf. Brandenburg; Art. 9 Abs. 2 Verf. Mecklenburg-Vorpommern.
212 *Cl. Fuchs*, Staatskirchenrecht (LitVerz.), S. 81 ff.
213 Vgl. jedoch, zu weit gehend *Kunzmann*, in: Baumann-Hasske/ders. (LitVerz.), Art. 109 RN 9.

schluß geben kann[214]. Hier ist vor allem der Grundsatz der Gleichbehandlung der Religionsgemeinschaften zu nennen. Schließt der Staat mit einer Kirche oder religiösen Gemeinschaft einen Vertrag, können Religionsgemeinschaften in vergleichbarer Lage den Abschluß eines entsprechenden Vertrages verlangen.

F. Bibliographie

Baldus, Manfred/Muckel, Stefan, Entscheidungen in Kirchensachen seit 1946, 1963 ff.
Campenhausen, Axel Freiherr v./de Wall, Heinrich, Staatskirchenrecht, [4]2006.
Classen, Claus Dieter, Religionsrecht, [2]2015.
Degenhart, Christoph, Kirchen und Religionsgemeinschaften, in: Christoph Degenhart/Claus Meißner (Hg.), Handbuch der Verfassung des Freistaates Sachsen, 1997, § 9.
Engelhardt, Hanns, 50 Jahre Staat und Kirche in Hessen, in: Hans Eichel/Klaus Peter Möller (Hg.), 50 Jahre Verfassung des Landes Hessen, 1997, S. 202 ff.
Fuchs, Claudio, Das Staatskirchenrecht der neuen Bundesländer, 1999.
Goerlich, Helmut/Schmidt, Torsten, Das Staatskirchenrecht der Sächsischen Verfassung vom 27. Mai 1992, in: Arndt Uhle (Hg.), 20 Jahre Sächsische Verfassung, 2013, S. 111 ff.
Heinig, Hans Michael, Die Verfassung der Religion, 2014.
Huxdorff, Nina, Rechtsfragen der Erst- und Zweitverleihung des Körperschaftsstatus an Religionsgemeinschaften, 2013.
Jeand'Heur, Bernd/Korioth, Stefan, Grundzüge des Staatskirchenrechts, 2000.
Johnsen, Hartmut, Die evangelischen Staatskirchenverträge in den neuen Bundesländern – ihr Zustandekommen und ihre praktische Anwendung, ZevKR 43 (1998), S. 182 ff.
Korioth, Stefan/Engelbrecht, Kai, Erwerb und Verlust des Körperschaftsstatus von Orden und ordensähnlichen Gemeinschaften nach bayerischem Landesrecht, in: AfkKR 176 (2007), S. 102 ff.
Listl, Joseph/Pirson, Dietrich (Hg.), Handbuch des Staatskirchenrechts der Bundesrepublik Deutschland, Bd. I, [2]1994; Bd. II, [2]1995.
Lutz, Christian, Staatskirchenrecht und Föderalismus, in: Thomas Holzner/Hannes Ludyga (Hg.) Entwicklungstendenzen des Staatskirchen- und Religionsverfassungsrechts, 2013, 93 ff.
Schlaich, Klaus, Staatskirchenrecht, in: Dieter Grimm/Hans-Jürgen Papier (Hg.), Nordrhein-Westfälisches Staats- und Verwaltungsrecht, 1986, S. 458 ff.
Schulten, Markus, Kommunale Kirchenbaulasten – Fortgeltung und Legitimation, insbesondere in den östlichen Bundesländern, 2014.
Unruh, Peter, Religionsverfassungsrecht, [3]2015.
de Wall, Heinrich/Germann, Michael, Kirchen, Religions- und Weltanschauungsgemeinschaften, in: Michael Kilian (Hg.), Verfassungshandbuch Sachsen-Anhalt, 2004, S. 542 ff.
Wißmann, Hinnerk, Religionsverfassungsrecht im föderalen Mehrebenensystem, in: Ines Härtel (Hg.), Handbuch des Föderalismus, Bd. III, 2012, § 60.

---

214 Vgl. dazu *Hollerbach*, in: Listl/Pirson, HdbStKirchR I (LitVerz.), § 7, S. 235 (268).

§ 237
Kommunikative Freiheiten

Kyrill-A. Schwarz

Übersicht

	RN		RN
A. Kommunikative Freiheiten als Gegenstände des Landesverfassungsrechts	1–2	II. Rundfunkfreiheit	40–49
		1. Bayern	42
		2. Brandenburg	43–44
I. Allgemeines	1	3. Sachsen	45–46
II. Zur Bedeutung der kommunikativen Freiheiten im Landesverfassungsrecht	2	4. Thüringen	47–49
		D. Freiheit der Wissenschaft und der Kunst	50–75
B. Meinungs- und Informationsfreiheit	3–37	I. Wissenschaftsfreiheit	50–70
I. Meinungsfreiheit	3–19	1. Baden-Württemberg	51–53
1. Bayern	4–10	2. Bayern	54–57
2. Berlin	11–12	3. Brandenburg	58–59
3. Brandenburg	13–15	4. Bremen	60
4. Bremen	16–17	5. Hessen	61
5. Hessen	18–19	6. Mecklenburg-Vorpommern	62
II. Informationsfreiheit	20–37	7. Niedersachsen	63–64
1. Berlin	21–22	8. Nordrhein-Westfalen	65
2. Brandenburg	23–25	9. Saarland	66
3. Bremen	26–27	10. Sachsen	67
4. Hessen	28–29	11. Sachsen-Anhalt	68
5. Mecklenburg-Vorpommern	30–31	12. Schleswig-Holstein	69
6. Rheinland-Pfalz	32	13. Thüringen	70
7. Sachsen	33	II. Kunstfreiheit	71–75
8. Sachsen-Anhalt	34–35	1. Kunstfreiheit als Abwehrrecht	72–74
9. Thüringen	36–37	2. Kunstverfassung	75
C. Presse- und Rundfunkfreiheit	38–49		
I. Pressefreiheit	38–39	E. Versammlungs- und Vereinigungsfreiheit	76–79
1. Pressefreiheit als primär abwehrrechtlich ausgestaltetes Grundrecht	38	I. Versammlungsfreiheit	76–77
		II. Vereinigungsfreiheit	78–79
2. Die institutionelle Garantie der Pressefreiheit in Bayern	39	F. Bibliographie	

A. Kommunikative Freiheiten als Gegenstände des Landesverfassungsrechts

I. Allgemeines

1
Kommunikative Freiheiten als Sammelbegriff

Versteht man kommunikative Freiheiten als Sammelbegriff für alle auf Verständigung und Ausdruck bzw. Interaktion gerichteten Grundrechte[1], so finden sich in allen Landesverfassungen, die eigene Grundrechte normieren, auch Gewährleistungen solcher kommunikativen Freiheitsrechte. Dies gilt zunächst für die Meinungs-[2] und Informationsfreiheit[3], erfaßt auch die Presse-[4] und Rundfunkfreiheit[5], ferner die Freiheit der Wissenschaft[6] und der Kunst[7] sowie zuletzt die Versammlungs-[8] und Vereinigungsfreiheit[9].

II. Zur Bedeutung der kommunikativen Freiheiten im Landesverfassungsrecht

2
Untergeordnete Bedeutung der Kommunikationsfreiheiten

Im Bereich der kommunikativen Freiheiten ist die rechtspraktische Wirkung des Landesverfassungsrechts von eher untergeordneter Bedeutung[10]. Ursächlich dafür dürfte zum einen die ausdifferenzierte und filigrane Rechtsprechung des Bundesverfassungsgerichts sein; aber auch die Dominanz bundes-

---

1 *Menzel*, Landesverfassungsrecht (LitVerz.), S. 485.
2 Art. 110 Verf. Bayern; Art. 14 Abs. 1, Art. 37 Verf. Berlin; Art. 19 Abs. 1 Verf. Brandenburg; Art. 15 Verf. Bremen; Art. 11, Art. 17 Verf. Hessen; Art. 4, Art. 10 Abs. 1 Satz 1 Verf. Rheinland-Pfalz; Art. 5 Abs. 1, Art. 10 Verf. Saarland; Art. 20 Abs. 1 Satz 1 Verf. Sachsen; Art. 10 Abs. 1 Satz 1 Verf. Sachsen-Anhalt; Art. 11 Abs. 1 Verf. Thüringen.
3 Art. 14 Abs. 2 Verf. Berlin; Art. 11 Abs. 1, Art. 19 Abs. 1, Art. 21 Abs. 3 Verf. Brandenburg; Art. 12 Abs. 4 Verf. Bremen; Art. 13 Verf. Hessen; Art. 5 Abs. 2 und 3 Verf. Mecklenburg-Vorpommern; Art. 4 a Abs. 1 Satz 2, Art. 10 Abs. 1 Satz 1 Verf. Rheinland-Pfalz; Art. 20 Abs. 1 Satz 1, Art. 34 Verf. Sachsen; Art. 6, Art. 10 Abs. 1 Satz 1 Verf. Sachsen-Anhalt; Art. 6 Abs. 1, Art. 11 Abs. 1 Verf. Thüringen.
4 Art. 111 Verf. Bayern; Art. 10 Abs. 1 Satz 3 Verf. Rheinland-Pfalz; Art. 20 Abs. 1 Satz 2 Verf. Sachsen; Art. 10 Abs. 1 Satz 2 Verf. Sachsen-Anhalt; Art. 11 Abs. 2 Verf. Thüringen.
5 Art. 111 a Verf. Bayern; Art. 19 Abs. 2 und Abs. 4 Verf. Brandenburg; Art. 10 Abs. 1 Satz 3 Verf. Rheinland-Pfalz; Art. 20 Abs. 1 Satz 2 Verf. Sachsen; Art. 10 Abs. 1 Satz 2 Verf. Sachsen-Anhalt; Art. 11 Abs. 2, Art. 12 Verf. Thüringen.
6 Art. 20, Art. 85 Verf. Baden-Württemberg; Art. 108, Art. 138, Art. 140 Verf. Bayern; Art. 21 Verf. Berlin; Art. 31, Art. 32 Verf. Brandenburg; Art. 11, Art. 34 Verf. Bremen; Art. 10, Art. 60, Art. 61 Verf. Hessen; Art. 7, Art. 16 Verf. Mecklenburg-Vorpommern; Art. 5 Verf. Niedersachsen; Art. 16, Art. 18 Abs. 1 Verf. Nordrhein-Westfalen; Art. 9 Verf. Rheinland-Pfalz; Art. 5 Abs. 2, Art. 10, Art. 33 Verf. Saarland; Art. 21 Verf. Sachsen; Art. 10 Abs. 3 Verf. Sachsen-Anhalt; Art. 13 Abs. 1 Verf. Schleswig-Holstein; Art. 27 Abs. 1 Satz 2, Art. 28 Verf. Thüringen.
7 Art. 108, Art. 140 Verf. Bayern; Art. 21 Verf. Berlin; Art. 37 Verf. Brandenburg; Art. 11 Verf. Bremen; Art. 10, Art. 17 Verf. Hessen; Art. 7 Abs. 1 Satz 1, Var. 1 Verf. Mecklenburg-Vorpommern; Art. 18 Verf. Nordrhein-Westfalen; Art. 9 Verf. Rheinland-Pfalz; Art. 5 Abs. 2, Art. 10 Verf. Saarland; Art. 21 Verf. Sachsen; Art. 10 Abs. 3 Verf. Sachsen-Anhalt; Art. 13 Abs. 1 Verf. Schleswig-Holstein; Art. 27 Abs. 1 Satz 1 Verf. Thüringen.
8 Art. 113 Verf. Bayern; Art. 26, Art. 37 Verf. Berlin; Art. 23 Verf. Brandenburg; Art. 16 Verf. Bremen; Art. 14 Verf. Hessen; Art. 6, Art. 12 Verf. Rheinland-Pfalz; Art. 10 Verf. Saarland; Art. 23 Verf. Sachsen; Art. 13 Verf. Sachsen-Anhalt; Art. 10 Verf. Thüringen.
9 Art. 114, Art. 170 Verf. Bayern; Art. 27, Art. 37 Verf. Berlin; Art. 20 Verf. Brandenburg; Art. 17, Art. 48 Verf. Bremen; Art. 15, Art. 36 Verf. Hessen; Art. 13 Verf. Rheinland-Pfalz; Art. 7, Art. 10 Verf. Saarland; Art. 24 Verf. Sachsen; Art. 13 Verf. Sachsen-Anhalt; Art. 13 Verf. Thüringen.
10 So auch in der Bewertung → Bd. IV: *Jestaedt*, Meinungsfreiheit, § 102 RN 106; *Menzel*, Landesverfassungsrecht (LitVerz.), S. 485.

gesetzlicher Regelungen – unbeschadet der Kulturhoheit der Länder[11] – dürfte ein weiterer Grund für das Schattendasein der landesverfassungsrechtlichen Kommunikationsfreiheiten sein[12].

B. Meinungs- und Informationsfreiheit

I. Meinungsfreiheit

In einer Vielzahl von Landesverfassungen finden sich – mit im einzelnen unterschiedlichen Nuancierungen – Gewährleistungen der Meinungsäußerungsfreiheit[13]. Die Unterschiede finden sich dabei weniger auf der Ebene des Schutzbereichs als vielmehr in den jeweiligen landesverfassungsrechtlichen Schrankenbestimmungen.

<small>3
Identische Schutzbereiche mit divergierenden Schranken</small>

1. Bayern

Die in Art. 110 Verf. Bayern normierte Meinungsfreiheit ist für ein freiheitliches, demokratisches Gemeinwesen von schlechthin konstituierender, wertsetzender Bedeutung[14]. In erster Linie handelt es sich um ein klassisches Abwehrrecht, dem aber zugleich – wie Artikel 110 Abs. 1 Satz 2 zum Ausdruck bringt – unmittelbare *Drittwirkung* zukommt[15]. Leistungsrechtliche Gehalte – beispielsweise auf Zurverfügungstellung oder Zugänglichmachung bestimmter Foren oder Mittel der Meinungsverbreitung – lassen sich der Bestimmung nicht entnehmen[16].

<small>4
Meinungsfreiheit als Abwehrrecht</small>

Art. 110 Verf. Bayern ist nach Art. 142 GG neben Art. 5 Abs. 1 Satz 1 GG fortgeltendes Landesgrundrecht[17]. Allerdings ist die inhaltliche Reichweite der Gewährleistung in Fällen konfligierender bundesrechtlicher Regelungen überaus gering, da hier letzten Endes ein bundesverfassungsrechtlich determiniertes Auslegungsergebnis vorliegt, das keiner abweichenden eigenständigen landesverfassungsrechtlichen Interpretation mehr zugänglich ist[18]. Dem-

<small>5
Fortgeltendes Landesgrundrecht</small>

---

11 Ausführlich zur Staatsaufgabe Kultur *Steiner*, HStR ³IV, § 86; zur Kulturhoheit der Länder in der Rspr. des Bundesverfassungsgerichts s. nur *BVerfGE 6*, 309 (346f., 353f.); *37*, 313 (322); *106*, 62 (132); *108*, 1 (14).
12 → Bd. IV: *Jestaedt*, Meinungsfreiheit, § 102 RN 106 weist in diesem Kontext zu Recht auf die unitarisierende Wirkung von Bundesgrundrechten in föderativen Verfassungsstaaten hin.
13 Vgl. nur Art. 110 Verf. Bayern; Art. 14 Abs. 1, Art. 37 Verf. Berlin; Art. 19 Abs. 1 Verf. Brandenburg; Art. 15 Verf. Bremen; Art. 11, Art. 17 Verf. Hessen; Art. 4, Art. 10 Abs. 1 Satz 1 Verf. Rheinland-Pfalz; Art. 5 Abs. 1, Art. 10 Verf. Saarland; Art. 20 Abs. 1 Satz 1 Verf. Sachsen; Art. 10 Abs. 1 Satz 1 Verf. Sachsen-Anhalt; Art. 11 Abs. 1 Verf. Thüringen.
14 *BayVerfGHE 30*, 78 (89).
15 Dazu *Möstl*, in: Lindner/ders./Wolff (LitVerz.), Art. 110 RN 3.
16 *BayVerfGHE 30*, 78 (96); ferner auch *Krausnick*, in: Meder/Brechmann (LitVerz.), Art. 110 RN 18; *Möstl* aaO., Art. 110 RN 3.
17 *BayVerfGHE 4*, 63 (76); *18*, 59 (73); *30*, 142 (147).
18 Ausführlich dazu *Krausnick*, in: Meder/Brechmann (LitVerz.), Art. 110 RN 3; *Möstl* aaO., Art. 110 RN 5.

gegenüber vermag Art. 110 Verf. Bayern seine Wirkungskraft aber im Bereich landesrechtlicher Materien[19] – soweit diese nicht mittelbar wie beispielsweise im Bereich des Straf- und Ordnungswidrigkeitenrechts doch bundesrechtlich determiniert sind – uneingeschränkt zu entfalten.

6
Vergleichbare sachliche Schutzbereiche

Auf den ersten Blick mit dem sachlichen Schutzbereich von Art. 5 Abs. 1 Satz 1 GG vergleichbar erfaßt Art. 110 Verf. Bayern Meinungen – also wertende Stellungnahmen, die geistige Wirkung auf die Umwelt haben können und sollen[20] – in einem grundsätzlich weiten Verständnis. Problematisch – nämlich mit Blick auf die Aussage des Bundesverfassungsgerichts, Art. 5 Abs. 1 Satz 1 GG entfalte seinen Schutz ungeachtet der Qualität oder Bedeutsamkeit der Meinung[21] – erscheint in diesem Zusammenhang indes, daß Artikel 110 Abs. 2 prima facie den Schluß gestatten könnte, „Schmutz und Schund" seien a priori vom Schutzbereich ausgenommen[22]. Mit Blick auf den sachlichen Schutzbereich ist ferner festzustellen, daß die dort normierten Formen der Meinungsäußerung („Wort, Schrift, Druck, Bild") weiter gefaßt sind als in Art. 5 Abs. 1 GG und zudem („oder in sonstiger Weise") auch nicht abschließender Natur sind[23] und damit eine Öffnung für neue Formen der medialen Meinungsvermittlung durchaus möglich ist.

7
Vorbehalt der allgemeinen Gesetze

Allgemeine Gesetze

Anders als Art. 5 Abs. 2 GG normiert Art. 110 Verf. Bayern in Ansehung des allgemeinen Schrankenvorbehalts in Art. 98 Satz 2 Verf. Bayern[24] keinen ausdrücklichen Vorbehalt der allgemeinen Gesetze. Gleichwohl – wenngleich dogmatisch mit Blick auf die Implementierung einer ungeschriebenen vorrangigen Schranke gegenüber einem ausdrücklich positivierten Schrankenvorbehalt nur bedingt überzeugend[25] – geht die Rechtsprechung des Bayerischen Verfassungsgerichtshofs in ständiger Rechtsprechung[26] davon aus, daß die Schranke der allgemeinen Gesetze Art. 110 Verf. Bayern immanent sei und Artikel 98 Satz 2 keine Anwendung finde. Allgemeine Gesetze sind danach solche, die kein Sonderrecht gegen eine bestimmte Meinung schaffen; vielmehr dienen sie dem Schutz eines schlechthin, ohne Rücksicht auf eine bestimmte Meinung zu schützenden Rechtsguts und damit der Sicherung eines Gemeinschaftswerts, welcher gegenüber der Meinungsfreiheit den Vorrang hat[27].

---

19 So bspw. für das Beamtenrecht *BayVerfGHE 18*, 59 ff.; *37*, 140 ff.; *43*, 148 ff.; für das Schulrecht *BayVerfGHE 28*, 24 ff.; *34*, 82 ff.; für das Kommunalrecht *BayVerfGHE 37*, 119 ff.; *48*, 87 ff. und für das Straßenrecht *BayVerfGHE 30*, 142 ff.
20 *BayVerfGHE 30*, 142 (146); *43*, 148 (154).
21 So, mit im einzelnen unterschiedlichen Nuancierungen, *BVerfGE 65*, 1 (41); *90*, 241 (247); *93*, 266 (289); *124*, 300 (320).
22 Ausführlich *Krausnick*, in: Meder/Brechmann (LitVerz.), Art. 110 RN 29; *Möstl*, in: Lindner/ders./Wolff (LitVerz.), Art. 110 RN 7, 10 – Einordnung als ausdrückliche Grundrechtsschranke.
23 *BayVerfGHE 30*, 78 (90 f.); *30*, 142 (147).
24 „Einschränkungen durch Gesetz sind nur zulässig, wenn die öffentliche Sicherheit, Sittlichkeit, Gesundheit und Wohlfahrt es zwingend erfordern".
25 Kritisch *Möstl*, in: Lindner/ders./Wolff (LitVerz.), Art. 110 RN 9.
26 *BayVerfGHE 4*, 63 (76); *11*, 164 (182); *30*, 78 (90); *32*, 106 (114); *35*, 1 (3); *37*, 119 (125); *43*, 148 (154); *47*, 36 (42) – st. Rspr.
27 Vgl. zum Vorstehenden nur *BayVerfGHE 30*, 144 (148); *37*, 119 (124); *37*, 140 (144).

Neben der ausdrücklichen Grundrechtsschranke „Schmutz und Schund" enthält Art. 110 Abs. 2 Verf. Bayern auch noch einen Bekämpfungsauftrag, der allerdings aus Verhältnismäßigkeitserwägungen restriktiv als Auftrag zum Schutz der Jugend zu interpretieren ist[28]. Als immanente Schranke ist ferner auch das Recht der persönlichen Ehre zu verstehen[29]; zudem können sich Beschränkungen aus kollidierendem Verfassungsrecht ergeben[30].

8
Bekämpfung von Schmutz und Schund

Art. 110 Abs. 1 Satz 2 Verf. Bayern statuiert einen Fall der unmittelbaren Drittwirkung für Arbeits- und Anstellungsverträge und untersagt die Beeinträchtigung der Meinungsäußerungsfreiheit durch private Maßnahmen[31]. Allerdings dürfte auch hier in Ansehung bundesrechtlicher Vorgaben der Anwendungsbereich durchaus begrenzt sein[32].

9
Unmittelbare Drittwirkung

Soweit Art. 48 Verf. Bayern der Staatsregierung die Möglichkeit einräumt, die Meinungsäußerungsfreiheit bei drohender Gefährdung der öffentlichen Sicherheit und Ordnung zeitlich begrenzt einzuschränken oder aufzuheben, mag dies zwar für Art. 110 Verf. Bayern gelten[33]; eine Beschränkung der inhaltsgleichen Rechte des Grundgesetzes (Art. 5 Abs. 1 GG) ist durch Artikel 48 nicht möglich[34].

10
Meinungsfreiheit im Notstand

2. Berlin

Art. 14 Abs. 1 Verf. Berlin garantiert das Recht, seine Meinung frei und öffentlich zu äußern. Trotz der Wortlautabweichung gegenüber Art. 5 Abs. 1 Satz 1 GG – „... frei zu äußern und zu verbreiten ..." – umfaßt der Grundrechtsschutz die Möglichkeit der kommunikativen Entfaltung nach außen hin[35]. Allerdings ist der sachliche Schutzbereich dahingehend beschränkt, daß der Grundrechtsträger „... die durch die Verfassung gewährleistete Freiheit nicht bedroht oder verletzt". Dies mag man als tatbestandliche Schutzbereichsbeschränkung oder als Konkretisierung eines Vorbehalts kollidierenden Verfassungsrechts verstehen; mit Blick auf den Umstand, daß die Meinungsfreiheit im übrigen aber ohnehin nur „... im Rahmen der Gesetze ..." gewährt wird, dürfte dem Vorbehalt keine praktische Bedeutung zukommen[36].

11
Begrenzter Schutzbereich

Soweit Art. 37 Verf. Berlin ausschließt, sich unter den dort normierten Bedingungen auf die Meinungsfreiheit zu berufen, so kommt dem keine eigenständige Bedeutung zu, da Art. 14 Verf. Berlin den Grundrechtsschutz ohnehin nur unter der Voraussetzung gewährt, daß der Grundrechtsträger „... die

12
Möglichkeit einer Grundrechtsverwirkung

---

28 Wie hier auch *Krausnick*, in: Meder/Brechmann (LitVerz.), Art. 110 RN 29; *Möstl*, in: Lindner/ders./ Wolff (LitVerz.), Art. 110 RN 10.
29 Dazu *Krausnick* aaO., Art. 110 RN 30; *Möstl* aaO., Art. 110 RN 11.
30 Ausführlich dazu *Krausnick* aaO., Art. 110 RN 30; *Möstl* aaO., Art. 110 RN 11.
31 Dazu *BayVerfGHE 18*, 59 (73).
32 Vgl. nur *Degenhart*, in: Bonner Kommentar (LitVerz.), Art. 5 RN 948; *Möstl* aaO., Art. 110 RN 13.
33 Nach *Degenhart* aaO., Art. 5 RN 948 handelt es sich dabei um ungültiges Verfassungsrecht; anders *Lindner*, in: ders./Möstl/Wolff (LitVerz.), Art. 48 RN 4.
34 So auch *Lindner* aaO., Art. 48 RN 1.
35 Dazu auch *Driehaus* (LitVerz.), Art. 14 RN 3.
36 Dazu auch *Driehaus* aaO., Art. 14 RN 3.

durch die Verfassung gewährleistete Freiheit nicht bedroht oder verletzt"[37]. Im übrigen kann sich der Grundrechtsträger auch im Fall der Anwendung von Artikel 37 auf die bundesrechtliche Verbürgung in Art. 5 Abs. 1 GG berufen, die ihm nach Art. 18 Satz 2 GG nur durch eine Entscheidung des Bundesverfassungsgerichts entzogen werden kann[38].

3. Brandenburg

13
Ausschluß bestimmter Äußerungen

Die in Art. 19 Abs. 1 Verf. Brandenburg gewährleistete Freiheit der Meinungsäußerung weist die Besonderheit auf, daß bereits auf der Ebene des Schutzbereichs „Kriegspropaganda sowie öffentliche, die Menschenwürde verletzende Diskriminierungen" ausgeschlossen sind[39]. Allerdings dürfte hier – in Ansehung der Tatsache, daß auch bei Art. 5 Abs. 1 GG bestimmte Aussagen („bewußt unwahre Tatsachenbehauptungen") schon auf Schutzbereichsebene nicht erfaßt werden[40] – keine substantielle Schutzlücke auftreten, vielmehr die Herstellung praktischer Konkordanz möglich sein[41].

14
Beschränkungen

Soweit Artikel 19 Abs. 3 Satz 1 einerseits auf die Schranke der allgemeinen Gesetze verzichtet, dafür indes eine Einschränkungsmöglichkeit zugunsten „anderer wichtiger Rechtsgüter" geschaffen wird, bedeutet dies nicht, der Gesetzgeber werde damit zu zielgerichteten Eingriffen ermächtigt[42]. Vielmehr dürfte es sich dabei um solche Rechtsgüter von Verfassungsrang handeln („kollidierendes Verfassungsrecht")[43], die Beschränkungen der Meinungsäußerungsfreiheit grundsätzlich zu rechtfertigen geeignet sind[44].

15
Unmittelbare Drittwirkung

Die in Art. 19 Abs. 1 Satz 2 Verf. Brandenburg angeordnete unmittelbare Drittwirkung[45] in Dienst- und Arbeitsverhältnissen dürfte von geringer praktischer Bedeutung sein, kann doch den überwiegend bundesgesetzlich geregelten Bereichen des Arbeitsrechts nicht durch Landesverfassungsrecht derogiert werden[46].

---

37 So auch *Graf v. Pestalozza*, Die überarbeitete Verfassung von Berlin. Integrationsbeitrag und Fusionsmitgift, LKV 1995, S. 344 (348).
38 Dazu auch *Driehaus* (LitVerz.), Art. 37 RN 1.
39 In diesem Sinne auch *Menzel*, Landesverfassungsrecht (LitVerz.), S. 485.
40 S. *BVerfGE 90*, 1 (15); *90*, 241 (254); *99*, 185 (197).
41 Vgl. nur *Dietlein*, Die Grundrechte (LitVerz.), S. 125; *Menzel*, Landesverfassungsrecht (LitVerz.), S. 485.
42 So auch *Menzel* aaO., S. 485; kritisch aber *Dietlein* aaO., S. 114.
43 Ausführlich zu Beschränkungen der Meinungsäußerungsfreiheit durch kollidierendes Verfassungsrecht auch → Bd. IV: *Jestaedt*, Meinungsfreiheit, § 102 RN 59, 65ff.; *Schmidt-Jortzig*, HStR ³VII, § 162 RN 58; *Stern*, Staatsrecht IV/1 (LitVerz.) § 108 IV 6, S. 1470f.; kritisch *Starck*, in: v. Mangoldt/Klein/ders., GG (LitVerz.), Art. 5 RN 193.
44 Für Art. 5 GG vgl. aus der Rspr. nur *BVerfGE 66*, 116 (136); *111*, 147 (157); *124*, 300 (328ff.).
45 So übereinstimmend in der Einordnung *Degenhart*, in: Bonner Kommentar (LitVerz.), Art. 5 RN 951; *Menzel*, Landesverfassungsrecht (LitVerz.), S. 486.
46 Vgl. nur *Degenhart* aaO., Art. 5 RN 951; *Kanther* (LitVerz.), S. 177; differenzierend *Menzel* aaO., S. 503f.

4. Bremen

Die in Art. 15 Abs. 1 Satz 1 Verf. Bremen gewährleistete Meinungsfreiheit unterliegt einer doppelten Schranke: Zum einen wird sie nur im Rahmen der verfassungsmäßigen Grundrechte garantiert; zum anderen ist eine Berufung auf die Meinungsäußerungsfreiheit ausgeschlossen, wenn und soweit gesetzliche Bestimmungen zum Schutz der Jugend verletzt werden (Art. 15 Abs. 3)[47]. Die Verfassung verzichtet also auf die Schranke der allgemeinen Gesetze, was aber in Ansehung der Reichweite des Schrankenvorbehalts unproblematisch ist.

16 Doppelte Schranke

Soweit Art. 19 Abs. 1 Satz 2 Verf. Bremen eine unmittelbare Drittwirkung in Dienstverhältnissen anordnet, dürfte dies praktisch ohne Relevanz sein, da das Landesverfassungsrecht keinen Vorrang gegenüber den überwiegend bundesgesetzlich geregelten Bereichen des Arbeitsrechts beanspruchen[48] kann.

17 Unmittelbare Drittwirkung

5. Hessen

Die in Art. 11 Abs. 1 Satz 1 Verf. Hessen gewährleistete Freiheit der Meinungsäußerung kennt keinen speziellen Schrankenvorbehalt; vielmehr sieht Art. 63 Abs. 1 Verf. Hessen eine allgemeine Möglichkeit der Beschränkung von Grundrechten vor, soweit das Grundrecht als solches unangetastet bleibt. Nach Art. 17 der Landesverfassung ist eine Berufung auf die Meinungsäußerungsfreiheit für denjenigen ausgeschlossen, der den verfassungsmäßigen Zustand angreift oder gefährdet. Es handelt sich dabei um eine nur im Einzelfall mögliche Suspendierung oder Verwirkung des Grundrechtsschutzes[49], nicht aber wie bei Art. 18 GG um eine umfassende Verwirkung des entsprechenden Grundrechts[50].

18 Allgemeiner Schrankenvorbehalt

Art. 11 Abs. 1 Satz 2 Verf. Hessen statuiert eine – mit Blick auf die vorrangigen bundesgesetzlichen Bestimmungen im Bereich des individuellen Arbeitsrechts – praktisch wenig relevante unmittelbare Drittwirkung für Dienstverhältnisse, nimmt aber zugleich in Satz 3 Tendenzbetriebe[51] von dieser Anordnung aus.

19 Drittwirkung

II. Informationsfreiheit

Diverse Landesverfassungen enthalten – mit durchaus unterschiedlicher Zielsetzung und divergierendem materiellen Gehalt – Aussagen zur Informationsfreiheit[52]. Die Bestimmungen tragen damit der zunehmenden Bedeu-

20 Voraussetzung der Persönlichkeitsentfaltung

---

47 Zum vorstehenden s. nur *Degenhart* aaO., Art. 5 RN 953.
48 Vgl. nur *Degenhart* aaO., Art. 5 RN 953.
49 Dazu *Hinkel* (LitVerz.), Art. 17 Anm. 6.
50 Ausführlich zum Ausmaß der Verwirkung *Wittreck*, in: H. Dreier, GG (LitVerz.), Art. 18 RN 52 ff.
51 Zu weiterreichenden Beschränkungen in Tendenzbetrieben s. im Schrifttum: *Schulze-Fielitz*, in: H. Dreier, GG (LitVerz.), Art. 5 I II RN 303.
52 S. dazu Art. 14 Abs. 2 Verf. Berlin; Art. 11 Abs. 1, Art. 19 Abs. 1, Art. 21 Abs. 3 Verf. Brandenburg; Art. 12 Abs. 4 Verf. Bremen; Art. 13 Verf. Hessen; Art. 5 Abs. 2 und 3 Verf. Mecklenburg-Vorpommern; Art. 4a Abs. 1 Satz 2; Art. 10 Abs. 1 Satz 1 Verf. Rheinland-Pfalz; Art. 20 Abs. 1 Satz 1, Art. 34 Verf. Sachsen; Art. 6, Art. 10 Abs. 1 Satz 1 Verf. Sachsen-Anhalt; Art. 6 Abs. 1, Art. 11 Abs. 1 Verf. Thüringen.

§ 237 *Sechzehnter Teil: II. Vergleichende Betrachtung der Landesgrundrechte*

tung[53] dieses Grundrechts – sowohl in demokratietheoretischer Grundierung als auch mit Blick auf die freie Entfaltung der Persönlichkeit[54] – Rechnung.

1. Berlin

21
Deckungsgleiche Gewährleistung mit Art. 5 GG

Die in Art. 14 Abs. 2 Verf. Berlin garantierte Informationsfreiheit ist – wenngleich nicht wortlautgleich[55] – vom materiellen Schutzgehalt her deckungsgleich mit der Gewährleistung in Art. 5 Abs. 1 GG[56]. Während die landesverfassungsrechtliche Garantie nur im Rahmen des allgemeinen Gesetzesvorbehalts in Art. 36 Abs. 2 Verf. Berlin besteht und die bundesrechtliche Gewährleistung dem qualifizierten Gesetzesvorbehalt in Art. 5 Abs. 2 GG unterworfen ist, so hindert dies gleichwohl nicht die Annahme einer Übereinstimmung[57].

22
Umfassender Schutz der Informationsgewinnung

Soweit Gewährleistung die Unterrichtung durch „Presse und Nachrichtenmittel aller Art" umfaßt, ist dies gleichbedeutend mit dem Begriff der „allgemein zugänglichen Quellen" in Art. 5 Abs. 1 GG[58]. Vom Schutz erfaßt wird daher nicht nur der Zugang zu inländischen Presseerzeugnissen und anderen Massenkommunikationsmitteln, sondern auch der Bezug ausländischer Medien. Soweit für die Mediennutzung spezielle technische Hilfsmittel erforderlich sind, erstreckt sich der Schutz auch auf die Anschaffung und Nutzung entsprechender Anlagen, wobei im Einzelfall eine Abwägung zwischen dem Informationsinteresse einerseits und gegenläufigen Grundrechtspositionen erforderlich ist[59]. Nicht vom Schutz erfaßt werden dagegen private oder geschäftliche Aufzeichnungen sowie Behördenvorgänge, zu denen indes nach Maßgabe einfachgesetzlicher Bestimmungen Zugang gewährt werden kann[60].

2. Brandenburg

23
Einschluß rechtmäßig erschließbarer Informationsquellen

Die in Art. 19 Abs. 1 Satz 1 Verf. Brandenburg gewährleistete Informationsfreiheit bezieht sich nicht nur auf allgemein zugängliche Quellen, sondern umfaßt auch „rechtmäßig erschließbare" Informationsquellen. Damit besteht zumindest die Möglichkeit, weitere Informationsträger – beispielsweise staatliche Stellen – einfachgesetzlich zur Informationsgewährung zu verpflichten[61].

24
Akteneinsichtsrecht

Daneben normiert Art. 21 Abs. 4 Verf. Brandenburg ein Jedermann-Recht auf Akteneinsicht. Damit wird auf der Ebene der Landesverfassung der Schritt

---

53 Dazu ausführlich → Bd. IV: *Dörr*, Informationsfreiheit, § 103 RN 1; *Schulze-Fielitz*, in: H. Dreier, GG (LitVerz.), Art. 5 I, II RN 76.
54 Grundlegend dazu *BVerfGE* 27, 71 (80); s. aber auch *VerfGH Berlin* NJW 2002, S. 2166.
55 Der Wortlaut betont vielmehr die Auslandsoffenheit („... auch anderer Völker ..."); dazu *Degenhart*, in: Bonner Kommentar (LitVerz.), Art. 5 RN 950.
56 *VerfGH Berlin* NJW 2002, S. 2166.
57 Dazu auch *Driehaus* (LitVerz.), Art. 14 RN 13.
58 *VerfGH Berlin* ZMR 2000, S. 740.
59 *VerfGH Berlin* NJW 2002, S. 2166; zur bundesrechtlichen Lage *BVerfGE* 90, 27 (32).
60 Vgl. dazu *Driehaus* (LitVerz.), Art. 14 RN 14.
61 Dazu *Degenhart*, in: Bonner Kommentar (LitVerz.), Art. 5 RN 951.

von einer beschränkten Akteneinsicht zur allgemeinen Aktenöffentlichkeit vollzogen[62], wobei das Recht selbst nur nach Maßgabe des Gesetzes[63] und auch nur dann gewährt wird, „...soweit nicht überwiegende öffentliche oder private Interessen entgegenstehen"[64].

Neben diesem allgemeinen Akteneinsichtsrecht findet sich in Art. 39 Abs. 7 Satz 2 Verf. Brandenburg ein Recht auf Information über Umweltdaten[65], dessen einfachgesetzliche Ausgestaltung in Sonderheit mit Blick auf die Abgrenzung zu den bundesrechtlichen Bestimmungen des Umweltinformationsgesetzes[66] nicht frei von Fragen ist[67].

25
Verfassungsrechtlich radizierter Umweltinformationsanspruch

3. Bremen

Art. 15 Abs. 5 Verf. Bremen normiert – inhaltlich mit Art. 5 Abs. 1 GG identisch – das Recht, „sich über die Meinung anderer zu unterrichten", wobei als Informationsquellen beispielhaft Druckerzeugnisse und Rundfunk genannt werden. Die Aufzählung dürfte aber im Wege der Interpretation auch andere moderne Medien umfassen.

26
Schutz der Information aus Medien

Nach Maßgabe der Gesetze begründet Art. 12 Abs. 4 Verf. Bremen einen Auskunfts- und Einsichtsanspruch für personenbezogene Daten; die Bestimmung entspricht dem vom Bundesverfassungsgericht im sogenannten Volkszählungsurteil[68] entwickelten Gedanken eines effektiven Grundrechtsschutzes durch entsprechende verfahrensrechtliche Kautelen.

27
Auskunft über personenbezogene Daten

4. Hessen

Art. 13 Verf. Hessen normiert als vorkonstitutionelle Verfassung die Informationsfreiheit als Menschenrecht. Dabei bezieht sich der Schutz nicht nur auf die Meinung anderer, sondern auch auf die Gebiete des Wissens und der Erfahrung[69]. Nach Art. 17 Verf. Hessen ist eine Berufung auf die Informationsfreiheit für denjenigen ausgeschlossen, der den verfassungsmäßigen Zustand angreift oder gefährdet. Es handelt sich dabei um eine nur im Einzel-

28
Informationsfreiheit als Menschenrecht

---

62 In diesem Sinne auch *Menzel*, Landesverfassungsrecht (LitVerz.), S. 487.
63 Die entsprechende einfachgesetzliche Ausgestaltung findet sich im Akteneinsichts- und Informationszugangsgesetz (AIG) v. 10. 3. 1998 (GVBl. S. 46), zuletzt geändert durch Gesetz v. 15. 10. 2013 (GVBl. Nr. 30); ausführlich dazu im Schrifttum *Partsch*, Brandenburgs Akteneinsichts- und Informationszugangsgesetz (AIG) – Vorbild für Deutschland?, NJW 1998, S. 2359 ff.
64 Vor dem Hintergrund dieser Einschränkungen des Auskunftsrechts wird auch die Normqualität bestritten, vgl. insoweit auch *Hans v. Mangoldt*, Die Verfassungen der neuen Bundesländer (LitVerz.), S. 45.
65 Vergleichbare Regelungen finden sich auch in Art. 6 Abs. 4 Verf. Mecklenburg-Vorpommern, Art. 34 Verf. Sachsen, Art. 6 Abs. 2 Verf. Sachsen-Anhalt und in Art. 33 Verf. Thüringen.
66 Vom 27. 10. 2014 (BGBl. I S. 1643).
67 So kennt z. B. das UIG des Bundes im Gegensatz zu Art. 39 Abs. 7 Verf. Brandenburg keine allgemeine Erhebungs- und Dokumentationspflicht der öffentlichen Hand; dazu auch *Turiaux*, Das neue Umweltinformationsgesetz, NJW 1994, S. 2319 (2321); generell zu den Kompetenzfragen auch *Burkholz*, Zur Gesetzgebungskompetenz für ein Umweltinformationsgesetz, DVBl. 1994, S. 733 ff.
68 *BVerfGE* 65, 1 (46).
69 Dazu *Hinkel* (LitVerz.), Art. 13 Anm. 1.

fall mögliche Suspendierung oder Verwirkung des Grundrechtsschutzes[70], nicht aber wie bei Art. 18 GG um eine umfassende Verwirkung des entsprechenden Grundrechts[71].

29
Moderne Medien

Als mögliche – nicht abschließend genannte – Informationsquellen kommen Druckerzeugnisse und das Abhören von Rundfunksendungen in Betracht. In Ansehung der nicht abschließenden Benennung dürften auch moderne Medien als Informationsquellen hier einzubeziehen sein[72].

5. Mecklenburg-Vorpommern

30
Auskunft als Ergänzung zum Datenschutz

Als Komplementärbestimmung zu dem in Art. 6 Abs. 1 Verf. Mecklenburg-Vorpommern normierten Recht auf Datenschutz garantiert Absatz 2 einen datenschutzrechtlichen Auskunftsanspruch. Die Beschränkung des Anspruchs durch Bundesrecht, rechtlich geschützte Interessen Dritter oder überwiegende Interessen der Allgemeinheit gründet sich zum einen in dem – selbstverständlichen – Vorrang bundesrechtlicher Regelungen auch gegenüber dem Landesverfassungsrecht. Zum anderen handelt es sich um ein notwendiges Korrektiv für einen Ausgleich mit gegenläufigen Grundrechten bzw. Verfassungspostulaten[73].

31
Umweltinformationsanspruch

Art. 6 Abs. 3 Verf. Mecklenburg-Vorpommern gewährt einen Anspruch auf solche Umweltinformationen, die bei der öffentlichen Verwaltung – nicht aber bei Privaten – vorhanden sind; der Vorschrift kann aber keine Verpflichtung zu einer bestimmten Datenerhebung entnommen werden[74]. Auch wenn der Bund in diesem Bereich mit dem Erlaß des Umweltinformationsgesetzes weitreichend seine Kompetenz ausgeübt hat und den Ländern damit nur eingeschränkte Zuständigkeiten verbleiben[75], kann gleichwohl davon ausgegangen werden, daß Artikel 6 Abs. 3 auch in Ansehung bestehender Landeszuständigkeiten sowohl in der Gesetzgebung als auch beim Verwaltungsvollzug nicht etwa nur symbolischen Gehalt aufweist[76].

6. Rheinland-Pfalz

32
Auskunftsanspruch

„Mit dem Recht auf informationelle Selbstbestimmung wären eine Gesellschaftsordnung und eine diese ermöglichende Rechtsordnung nicht vereinbar, in der Bürger nicht mehr wissen können, wer was wann und bei welcher Gele-

---

70 Vgl. nur *Hinkel* aaO., Art. 17 Anm. 6.
71 Ausführlich zum Ausmaß der Verwirkung *Wittreck*, in: H. Dreier, GG (LitVerz.), Art. 18 RN 52 ff.
72 So auch *Hinkel* aaO., Art. 13 Anm. 1.
73 Vgl. dazu *Kohl*, in: Litten/Wallerath (LitVerz.), Art. 6 RN 8, 10.
74 *Kohl* aaO., Art. 6 RN 11; *Pirsch*, in: Thiele/ders./Wedemeyer (LitVerz.), Art. 6 RN 12.
75 Ausführlich dazu auch *Wolfgang März*, Die Verfassungsentwicklung in Mecklenburg-Vorpommern, JöR NF 54 (2006), S. 175 (208).
76 Wie hier auch *Kohl*, in: Litten/Wallerath (LitVerz.), Art. 6 RN 12; *Pirsch*, in: Thiele/ders./Wedemeyer (LitVerz.), Art. 6 RN 16; vgl. zudem auch *Erbguth/Wiegand*, Umweltschutz im Landesverfassungsrecht – dargestellt am Beispiel der Verfassung des Landes Mecklenburg-Vorpommern, DVBl. 1994, S. 1325 (1329).

genheit über sie weiß"⁷⁷. Dieser Grundaussage des Bundesverfassungsgerichts entsprechend hat Art. 4a Abs. 1 Satz 2 Verf. Rheinland-Pfalz als ein Menschenrecht das Recht des Betroffenen auf Auskunft über ihn betreffende Daten und – den Anspruch damit verfahrensrechtlich ergänzend – auf Einsicht in amtliche Unterlagen, soweit diese solche Daten enthalten, normiert⁷⁸. Die Vorschrift stellt eine das in Art. 4a Abs. 1 Satz 1 Verf. Rheinland-Pfalz garantierte Grundrecht auf informationelle Selbstbestimmung erläuternde und verstärkende Bestimmung mit dienender Funktion dar⁷⁹. Nach Absatz 2 dieser Bestimmung kann das Recht auf informationelle Selbstbestimmung aus Gründen überwiegender Interessen der Allgemeinheit eingeschränkt werden⁸⁰; ein ausdrücklicher Vorbehalt zu Gunsten der Rechte Dritter ist dagegen nicht normiert worden.

7. Sachsen

Während die in Art. 20 Abs. 1 Verf. Sachsen gewährleistete Freiheit der Meinungsäußerung sowohl vom Schutzbereich als auch hinsichtlich der Schranken (dort in Abs. 3) mit der grundgesetzlichen Garantie in Art. 5 GG deckungsgleich ist, enthält Art. 34 Verf. Sachsen einen Anspruch auf durch das Land erhobene oder gespeicherte Umweltdaten. Die Beschränkung des Anspruchs durch Bundesrecht, durch rechtlich geschützte Interessen Dritter oder durch überwiegende Belange der Allgemeinheit gründet sich zum einen in dem – selbstverständlichen – Vorrang bundesrechtlicher Regelungen auch gegenüber dem Landesverfassungsrecht. Zum anderen handelt es sich um ein notwendiges Korrektiv für einen Ausgleich mit gegenläufigen Grundrechten bzw. Verfassungspostulaten.

33
Umweltinformationsanspruch ohne Pflicht zur Datenerhebung

8. Sachsen-Anhalt

Soweit Art. 10 Abs. 1 Satz 1 Verf. Sachsen-Anhalt ein Jedermann-Recht auf Informationsfreiheit gewährt, das nach Maßgabe von Absatz 2 dieser Bestimmung auf der Grundlage allgemeiner Gesetze, durch gesetzliche Bestimmungen zum Schutz der Jugend und durch das Recht der persönlichen Ehre beschränkt werden kann, ist die Gewährleistung inhaltsgleich mit Art. 5 GG.

34
Jedermann-Grundrecht

Nach Art. 6 Abs. 2 Verf. Sachsen-Anhalt hat jeder ein Recht auf Auskunft über umweltrelevante Vorhaben oder Daten, die sich im Verfügungsbereich der öffentlichen Gewalt befinden⁸¹. Der Anspruch wird begrenzt durch bun-

35
Umweltinformationsanspruch

---
77 BVerfGE 65, 1 (43).
78 Dazu *Brink*, in: Brocker/Droege/Jutzi (LitVerz.), Art. 4a RN 23; wegen der Beschränkung auf „ihn betreffende Daten" gewährt die Garantie auch kein allgemeines Informationsrecht, vgl. dazu nur *Brink* (FN 78), Art. 4a RN 25; *W. Rudolf*, in: Grimm/Caesar (LitVerz.), Art. 4a RN 21.
79 So auch *Brink* aaO., Art. 4a RN 24.
80 Erforderlich ist also eine Abwägung, bei der die Sensibilität der betroffenen Daten und die Schwere des Eingriffs zu berücksichtigen sind. Vgl. insoweit auch *Brink* aaO., Art. 4a RN 29; *W. Rudolf*, in: Grimm/Caesar (LitVerz.), Art. 4a RN 24.
81 Die Vorschrift verpflichtet also nicht zur Erschließung weiterer umweltspezifischer Daten.

9. Thüringen

36
Auskunft und Akteneinsicht

Art. 6 Abs. 4 Verf. Thüringen gewährt – nach Maßgabe der Gesetze – ein Auskunftsrecht bezüglich der in Akten und Dateien gespeicherten personenbezogenen Daten. Als verfahrensrechtliche Konkretisierung dieses Rechts normiert die Verfassung zudem ein dem Auskunftsrecht korrespondierendes Akteneinsichtsrecht.

37
Umweltinformationsanspruch

Art. 33 Verf. Thüringen normiert ferner ein Auskunftsrecht auf Umweltdaten, soweit diese bereits erhoben worden sind. Eine weitergehende Verpflichtung des Landes zur Sammlung und Speicherung entsprechender Daten ist dagegen nicht normiert. Der Anspruch besteht nur, soweit gesetzliche Regelungen oder Rechte Dritter nicht entgegenstehen. Auch hier handelt es sich um ein notwendiges Korrektiv zur Wahrung der Kompetenzverteilung zwischen Bund und Ländern sowie ein Instrument für einen Ausgleich mit gegenläufigen Grundrechten.

C. Presse- und Rundfunkfreiheit

I. Pressefreiheit

1. Pressefreiheit als primär abwehrrechtlich ausgestaltetes Grundrecht

38
Pressefreiheit als subjektives Recht und als Gewährleistung der Institution Presse

Auch die Pressefreiheit ist Thema einzelner Landesverfassungen[82]. Dabei finden sich sowohl Regelungen[83], welche die Pressefreiheit mehr in ihrer abwehrrechtlichen Funktion[84] thematisieren, als auch solche Bestimmungen[85], die dem Gedanken Rechnung tragen, daß der materielle Gehalt sich gerade nicht in einer individualrechtlichen Garantie erschöpft, sondern die Institution einer freien Presse[86] konstituierendes Element einer freiheitlichen demokratischen Staatsordnung ist.

---

[82] Art. 111 Verf. Bayern; Art. 10 Abs. 1 Satz 3 Verf. Rheinland-Pfalz; Art. 20 Abs. 1 Satz 2 Verf. Sachsen; Art. 10 Abs. 1 Satz 2 Verf. Sachsen-Anhalt; Art. 11 Abs. 2 Verf. Thüringen.

[83] Art. 10 Abs. 1 Satz 3 Verf. Rheinland-Pfalz; Art. 20 Abs. 1 Satz 2 Verf. Sachsen; Art. 10 Abs. 1 Satz 2 Verf. Sachsen-Anhalt; Art. 11 Abs. 2 Verf. Thüringen.

[84] Dazu ausführlich im Schrifttum: *Bethge*, in: Sachs, GG (LitVerz.), Art. 5 RN 71; *Bullinger*, HStR ³VII, § 163 RN 8 ff.; *Degenhart*, in: Bonner Kommentar (LitVerz.), Art. 5 RN 22, 388 ff., 394; *Stern*, Staatsrecht IV/1, § 109 III 2 (S. 1553 ff.); s. zudem auch aus der Rspr. *BVerfGE 36*, 193 (204); *66*, 116 (133).

[85] Sehr deutlich in Art. 111 Abs. 1 Verf. Bayern: „Die Presse hat die Aufgabe, im Dienst des demokratischen Gedankens über Vorgänge, Zustände und Einrichtungen und Persönlichkeiten des öffentlichen Lebens wahrheitsgemäß zu berichten".

[86] Zur institutionellen Garantie der Presse s. auch: *Bethge*, in: Sachs, GG (LitVerz.), Art. 5 RN 72; *Bullinger*, HStR ³VII, § 163 RN 31 ff.; → Bd. II: *Kloepfer*, Einrichtungsgarantien, § 43 RN 85; *Stern*, Staatsrecht IV/1, § 109 III 3 (S. 1558 ff.); ferner aus der Rspr. *BVerfGE 10*, 118 (121); *20*, 162 (175 f.); *50*, 234 (240); *52*, 283 (296); *62*, 230 (243); *66*, 116 (133 ff.); *80*, 124 (133); *117*, 244 (258 f.).

2. Die institutionelle Garantie der Pressefreiheit in Bayern

Während die abwehrrechtlichen Ausformungen mit der Gewährleistung in Art. 5 Abs. 1 Satz 2 GG deckungsgleich sind und daher keine landesverfassungsrechtlichen Besonderheiten bestehen, weist die institutionelle Garantie der Presse in Art. 111 Verf. Bayern doch markante Besonderheiten auf. Deutlich stärker als Art. 5 GG dies zum Ausdruck bringt, garantiert Art. 111 Abs. 1 Verf. Bayern die objektive Aufgabe der Presse und verstärkt auf diese Weise den nach herrschender Meinung in Art. 110 Verf. Bayern angelegten individuellen Schutz der Pressefreiheit[87]. Nach allgemeiner Ansicht umfaßt dabei Artikel 110 – verstanden als abwehrrechtliche Ausprägung – die Pressefreiheit in einem umfassenden weiten Sinn[88], während Artikel 111 seinen Schutz nur für solche periodischen Druckerzeugnisse zu entfalten vermag, denen in einem demokratischen Gemeinwesen eine besondere Berichterstattungsfunktion zukommt (enger Pressebegriff)[89]. Unbeschadet der Frage, ob der durch Artikel 111 vermittelte Schutz über die Gewährleistung in Art. 5 Abs. 1 Satz 2 GG hinausgeht oder partiell hinter diesem zurückbleibt, handelt es sich bei Art. 111 Verf. Bayern um ein nach Art. 142 GG weitergeltendes Landesgrundrecht[90].

39
Besonderheiten

Pressebegriff

II. Rundfunkfreiheit

In einigen Landesverfassungen finden sich auch Gewährleistungen der Rundfunkfreiheit[91]. Allerdings ist gerade bei der Rundfunkfreiheit zu berücksichtigen, daß diese sich in vielfacher Hinsicht von anderen Kommunikationsgrundrechten unterscheidet. So ist zunächst daran zu erinnern, daß Rundfunk für eine freiheitlich-demokratische Staatsordnung von schlechthin konstituierender Bedeutung ist; er erweist sich insofern nicht nur als „Medium", sondern als entscheidender „Faktor" der öffentlichen Meinungsbildung[92]. Zum anderen nimmt der Rundfunk gerade wegen seiner herausragenden Breitenwirkung, der Aktualität der Berichterstattung und der Suggestivkraft des Mediums eine Sonderstellung gegenüber Printmedien ein[93]. Zuletzt ist zu berücksichtigen, daß das für die Demokratie zentrale Ziel einer inhaltlichen Vielfalt im Rundfunkbereich unter marktüblichen Bedingungen in besonderem Maße gefährdet ist[94].

40
Konstituierende Bedeutung

---

87 *Möstl*, in: Lindner/ders./Wolff (LitVerz.), Art. 111 RN 1.
88 *BayVerfGHE 30*, 78 (89); ferner auch *Möstl* aaO., Art. 110 RN 8.
89 So auch *Möstl* aaO., Art. 111 RN 2.
90 Vgl. nur *Möstl* aaO., Art. 111 RN 5.
91 Art. 111 a Verf. Bayern; Art. 19 Abs. 2 und Abs. 4 Verf. Brandenburg; Art. 10 Abs. 1 Satz 3 Verf. Rheinland-Pfalz; Art. 20 Abs. 1 Satz 2 Verf. Sachsen; Art. 10 Abs. 1 Verf. Sachsen-Anhalt; Art. 11 Abs. 2, Art. 12 Verf. Thüringen.
92 *BayVerfGHE 30*, 78 (94); *BVerfGE 12*, 205 (260); *83*, 238 (296); zuletzt auch *BVerfGE 136*, 9 (28 ff.), sowie NVwZ 2014, S. 867 (868).
93 *BVerfGE 31*, 314 (325); *90*, 60 (87); *97*, 228 (256); *103*, 44 (74); *114*, 371 (387); *119*, 181 (215); ferner im Schrifttum *Möstl*, in: Lindner/ders./Wolff (LitVerz.), Art. 111 a RN 1.
94 *BVerfGE 119*, 181 (216).

41

Rundfunkfreiheit als „dienende" Freiheit

In der Konsequenz vorgenannter Prämissen ist die Rundfunkfreiheit als „dienende Freiheit"[95] ausgestaltet, die also nicht nur im – subjektiven – Interesse des jeweils einzelnen Rundfunkveranstalters, sondern auch im – objektiven – Interesse freier individueller und öffentlicher Meinungsbildung garantiert wird. Vor diesem Hintergrund zielt der Auftrag zur Gewährleistung der Rundfunkfreiheit auf eine Ordnung, die sicherstellt, daß die Vielfalt der bestehenden Meinungen im Rundfunk in möglichster Breite und Vollständigkeit Ausdruck findet[96]. Die Ausgestaltung dieser Ordnung ist eine dem Gesetzgeber obliegende Aufgabe, dem dabei allerdings ein weiter Gestaltungsspielraum, auch für Differenzierungen nach Regelungsart und Regelungsdichte, eröffnet ist[97].

1. Bayern

42

Kein ausschließlich öffentlich-rechtlicher Rundfunk

Soweit nach Art. 111a Abs. 2 Verf. Bayern der Rundfunk in öffentlicher Verantwortung und in öffentlich-rechtlicher Trägerschaft betrieben wird, so ändert dies nichts daran, daß auch private Rundfunkveranstalter unter der Geltung des bayerischen Medien(verfassungs)rechts den Schutz der grundrechtlichen Gewährleistung der Rundfunkfreiheit genießen[98]. Die dem Wortlaut nach allein zulässige Organisationsform des Rundfunks in öffentlich-rechtlicher Trägerschaft und der damit verbundene völlige Ausschluß privater Rundfunkanbieter dürfte in Ansehung der weitreichenden Interpretation von Art. 5 Abs. 1 GG keine Wirksamkeit mehr beanspruchen[99]; zudem dürfte dies mit Art. 10 EMRK als Gewährleistung eines Individualgrundrechts auf Rundfunkveranstaltungsfreiheit nicht mehr zu vereinbaren sein[100].

---

95 Zum Konzept „dienender Freiheit" s. nur aus der Rspr. *BVerfGE 57*, 295 (319); *73*, 118 (152); *107*, 299 (332); *114*, 371 (386f.); *119*, 181 (214); ferner im Schrifttum *Bethge*, in: Sachs, GG (LitVerz.), Art. 5 RN 92f.; *Bullinger*, HStR ³VII, § 163 RN 105; *Fechner*, in: Stern/Becker, Grundrechte-Kommentar, 2010, Art. 5 RN 151; *Stern*, Staatsrecht IV/1 (LitVerz.), § 110 III 2 (S. 1691); *Martin Stock*, Medienfreiheit als Funktionsgrundrecht, 1985, S. 325 ff.; kritisch zu diesem Konzept: *Schoch*, Öffentlich-rechtliche Rahmenbedingungen einer Informationsordnung, in: VVDStRL 57 (1998), S. 158 (193); *Starck*, „Grundversorgung" und Rundfunkfreiheit, in: NJW 1992, S. 3257 ff.

96 Vgl. insoweit nur *BVerfGE 57*, 295 (319); *73*, 118 (152f.); *90*, 60 (88); *114*, 371 (386ff.); *119*, 181 (214); *121*, 30 (51); zuletzt auch *BVerfGE 136*, 9 (30ff.), sowie NVwZ 2014, S. 867 (869).

97 So auch *BVerfGE 12*, 205 (262f.); *57*, 295 (321f., 325f.); *83*, 238 (296, 315f.); *90*, 60 (94); *114*, 371 (387); *119*, 181 (214).

98 Vgl. dazu nur *BVerfGE 97*, 298 (298 Ls. 2, 311 ff.); *BayVerfGHE 54*, 165 (170f.); *BayVerfGH* BayVBl. 2003, S. 523 (524); ferner im Schrifttum *Degenhart*, in: Bonner Kommentar (LitVerz.), Art. 5 RN 721 ff.; *Menzel*, Landesverfassungsrecht (LitVerz.), S. 488 f.; *Schulze-Fielitz*, in: H. Dreier, GG (LitVerz.), Art. 5 I II RN 118; *Stern*, Staatsrecht IV/1 (LitVerz.), § 110 IV 1b (S. 1695); differenzierend *Krausnick*, in: Meder/Brechmann (LitVerz.), Art. 111a RN 14 und RN 22, wonach die Bestimmung zwar Programmfreiheit, nicht aber Veranstalterfreiheit der privaten Anbieter sichere.

99 Wie hier auch *Degenhart*, in: Bonner Kommentar (LitVerz.), Art. 5 RN 721; *Herdegen*, HStR ³VI, § 129 RN 86; differenzierend *Möstl*, in: Lindner/ders./Wolff (LitVerz.), Art. 111a RN 4, der die Möglichkeit einer privaten Grundrechtsträgerschaft als „Sprengsatz" für die Konstruktion eines öffentlichen Verantwortungs- und Trägerschaftsvorbehalts ansieht; s. zum Problem im übrigen: *Krausnick* aaO., Art. 111a RN 14; *Menzel*, Landesverfassungsrecht (LitVerz.), S. 488; *Schulze-Fielitz*, in: H. Dreier, GG (LitVerz.), Art. 5 I II RN 38; *Wendt*, in: v. Münch/Kunig, GG (LitVerz.), Art. 5 RN 49.

100 So auch *Grabenwarter/Pabel*, EMRK (LitVerz.), § 23 RN 52 ff.; *Herdegen*, HStR ³VI, § 129 RN 86; *Krausnick*, in: Meder/Brechmann (LitVerz.), Art. 111a RN 15.

2. Brandenburg

Art. 19 Verf. Brandenburg normiert in den Absätzen 2 und 4 eine Garantie der Rundfunkfreiheit, die weitgehend die Vorgaben der bundesverfassungsgerichtlichen Judikatur aufgreift[101]. Soweit nach Artikel 19 Abs. 2 Satz 2 gesetzliche Regelungen sicherzustellen haben, daß die Vielfalt der in der Gesellschaft vorhandenen Meinungen zum Ausdruck kommt, entspricht dies dem Postulat des Bundesverfassungsgerichts an eine Rundfunkordnung, die gerade auf Vielfaltsicherung abzielt[102].

43 Vielfaltsicherung

Soweit Artikel 19 Abs. 3 Satz 2 vorschreibt, daß neben öffentlich-rechtlichen Anstalten auch private Sender aufgrund gesetzlicher Regelungen zuzulassen sind, ist auch dies Ausdruck der prinzipiellen Akzeptanz eines dualen Modells der Rundfunkordnung, das die Berufung auf die Rundfunkfreiheit auch privaten Anbietern ermöglicht[103].

44 Duales Modell des Rundfunks

3. Sachsen

Nach Art. 20 Abs. 2 Verf. Sachsen werden Bestand und Entwicklung des öffentlich-rechtlichen Rundfunks unbeschadet des Rechts, Rundfunk in privater Trägerschaft zu betreiben, gewährleistet. Der Bestimmung lassen sich zwei zentrale Aussagen entnehmen. Zum einen sind – was auch der Rechtslage unter der Geltung des Grundgesetzes entspricht – unstreitig auch die privaten Rundfunkveranstalter Grundrechtsberechtigte[104], wobei es aber grundsätzlich dem Landesgesetzgeber unbenommen ist, ob er privaten Rundfunk neben den öffentlich-rechtlichen Rundfunkanstalten zulassen will[105]. Für den Freistaat Sachsen ist in Ansehung von Artikel 20 Abs. 2 die duale Rundfunkordnung zwingend festgelegt[106].

45 Festlegung dualer Rundfunkordnung

Zum anderen erfährt der öffentlich-rechtliche Rundfunk mit der Bestands- und Entwicklungsgarantie einen besonderen Schutz, der auch dem Schutzniveau von Art. 5 GG entspricht[107]. Insbesondere folgt aus dieser Bestands- und

46 Bestands- und Entwicklungsgarantie

---

101 So auch in der Bewertung *Schulze-Fielitz*, in: H. Dreier, GG (LitVerz.), Art. 5 I II RN 37.
102 Vgl. insoweit nur *BVerfGE 57*, 295 (319); *73*, 118 (152 f.); *90*, 60 (88); *114*, 371 (386 ff.); *119*, 181 (214); *121*, 30 (51); zuletzt auch *BVerfGE 136*, 9 (33), sowie NVwZ 2014, S. 867 (869); s. zum Postulat der Vielfaltsicherung durch außen- bzw. binnenplurale Modelle auch im Schrifttum *Schulze-Fielitz*, in: H. Dreier, GG (LitVerz.), Art. 5 I II RN 258 ff.; *Stern*, Staatsrecht IV/1 (LitVerz.), § 110 IV 3 b β (S. 1727).
103 Dazu nur mit jeweils w.N. *Bethge*, in: Sachs, GG (LitVerz.), Art. 5 RN 110; *Degenhart*, in: Bonner Kommentar (LitVerz.), Art. 5 RN 709 ff.; *Jarass*, in: ders./Pieroth, GG (LitVerz.), Art. 5 RN 52; *Schulze-Fielitz*, in: H. Dreier, GG (LitVerz.), Art. 5 I II RN 106 ff.; *Stern*, Staatsrecht IV/1, § 110 IV 1 b (S. 1695); *Wendt*, in: v. Münch/Kunig, GG (LitVerz.), Art. 5 RN 50; s. ferner *BVerfGE 95*, 220 (234); *97*, 298 (310 ff.); *103*, 44 (59 f.).
104 *BVerfGE 95*, 220 (234); *97*, 298 (310 ff.); *103*, 44 (59 f.); s. ferner auch *Bethge*, in: Sachs, GG (LitVerz.), Art. 5 RN 110; *Degenhart*, in: Bonner Kommentar (LitVerz.), Art. 5 RN 709 ff.; *ders.*, in: ders./Meissner, Handbuch (LitVerz.), § 7 RN 38; *Jarass*, in: ders./Pieroth, GG (LitVerz.), Art. 5 RN 52; *Schulze-Fielitz*, in: H. Dreier, GG (LitVerz.), Art. 5 I II RN 106; *Stern*, Staatsrecht IV/1, § 110 IV 1 b (S. 1695); *Wendt*, in: v. Münch/Kunig, GG (LitVerz.), Art. 5 RN 50.
105 *BVerfGE 73*, 118 (152 f.); *83*, 238 (296 ff.).
106 So auch *Degenhart*, in: ders./Meissner, Handbuch (LitVerz.), § 7 RN 38.
107 Grundlegend dazu *BVerfGE 74*, 297 (324 f., 342); *90*, 60 (91); *119*, 181 (218).

4. Thüringen

47
Verpflichtung zur Grundversorgung

Art. 12 Abs. 1 Verf. Thüringen normiert, die Medienfreiheit in Artikel 11 Abs. 2 ergänzend, die Verpflichtung des Landes zur Gewährleistung der Grundversorgung durch den öffentlich-rechtlichen Rundfunk und verlangt zudem vom Normadressaten, für die Ausgewogenheit der Verbreitungsmöglichkeiten zwischen privaten und öffentlich-rechtlichen Veranstaltern zu sorgen. Nach Absatz 2 sind in den Aufsichtsgremien sowohl der öffentlich-rechtlichen Rundfunkanstalten als auch in denen des privaten Rundfunks die politischen, weltanschaulichen und gesellschaftlichen Gruppen nach Maßgabe der Gesetze zu beteiligen.

48
Außenpluralismus

Mit der Regelung in Absatz 1 wird zunächst die bundesverfassungsgerichtliche Vorgabe[110] aufgenommen, daß die öffentlich-rechtlichen Rundfunkanstalten die spezifische Aufgabe einer Grundversorgung der Bevölkerung haben. Zudem enthält die Bestimmung das Postulat einer außenpluralistischen Rundfunkstruktur[111].

49
Binnenpluralismus

Die Vorgabe in Art. 12 Abs. 2 Verf. Thüringen greift die vom Bundesverfassungsgericht[112] für den öffentlich-rechtlichen Rundfunk geforderte binnenpluralistische Struktur der Sendeanstalten auf. Dabei ist aber zu berücksichtigen, daß in den Rundfunkräten als Aufsichtsgremien insbesondere den Vertretern politischer Parteien nur begrenzter Einfluß eingeräumt werden darf[113], um so die prinzipielle Staatsfreiheit der Rundfunkfreiheit und damit auch eine pluralistische Zusammensetzung und Arbeit in den Aufsichtsgremien zu gewährleisten[114].

---

108 Vgl. insoweit nur *BVerfGE 87*, 181 (198); *90*, 60 (91); *119*, 181 (218).
109 *BVerfGE 89*, 144 (153).
110 Grundlegend dazu *BVerfGE 73*, 118 (158); *87*, 181 (199); *90*, 50 (90); *119*, 181 (218); kritisch zu diesem Auftrag *Karl-Eberhard Hain*, Rundfunkfreiheit und Rundfunkordnung, 1993, S. 161 ff.; *Starck*, in: v. Mangoldt/Klein/ders., GG (LitVerz.), Art. 5 RN 119 ff.
111 *BVerfGE 83*, 238 (296, 316, 324); *89*, 144 (152); ausführlich auch *Schulze-Fielitz*, in: H. Dreier, GG (LitVerz.), Art. 5 I II RN 263.
112 *BVerfGE 12*, 205 (261 f.); *57*, 295 (320 ff.); *73*, 118 (153); zuletzt auch *BVerfGE 136*, 9 (28 f.), sowie NVwZ 2014, S. 867 (868); vgl. dazu auch noch im Schrifttum *Schulze-Fielitz*, in: H. Dreier, GG (LitVerz.), Art. 5 I II RN 258 ff.; *Starck*, in: v. Mangoldt/Klein/ders., GG (LitVerz.), Art. 5 RN 129 ff.
113 *BVerfGE 73*, 118 (164 f., 186); zuletzt auch *BVerfGE 136*, 9 (31 f.), sowie NVwZ 2014, S. 867 (869); vgl. zudem auch *Schulze-Fielitz*, in: H. Dreier, GG (LitVerz.), Art. 5 I II RN 263.
114 Übereinstimmend *Schulze-Fielitz*, in: H. Dreier, GG (LitVerz.), Art. 5 I II RN 260.

D. Freiheit der Wissenschaft und der Kunst

I. Wissenschaftsfreiheit

Mit im einzelnen sehr unterschiedlicher Dichte der jeweiligen Regelung finden sich in einer Vielzahl von Landesverfassungen auch über die Gewährleistung von Art. 5 Abs. 3 GG hinausgehende Aussagen[115] zur Wissenschaftsfreiheit[116]. Dabei lassen sich Regelungen, die den Status und die Rechte der Hochschulen betreffen, ebenso ausmachen wie Bestimmungen, welche die individuelle Forschungsfreiheit in den Blick nehmen. Unbeschadet des durchaus umfangreichen Regelungsprogramms und der Vielfalt der einzelnen Gewährleistungen haben allerdings die landesverfassungsrechtlichen Bestimmungen gleichwohl nur eine untergeordnete Bedeutung[117].

50
Umfassendes Gewährleistungsprogramm

1. Baden-Württemberg

Art. 20 Abs. 1 Verf. Baden-Württemberg gewährleistet zunächst den Hochschulen als Institution die Freiheit in Forschung und Lehre; Absatz 2 ergänzt diese Garantie um das Recht auf eine dem besonderen Charakter der Hochschulen entsprechende Selbstverwaltung. Zudem normiert Art. 85 Verf. Baden-Württemberg eine Bestandsgarantie für Universitäten und Hochschulen mit Promotionsrecht.

51
Institutionelle Garantie

Die nach Art. 20 Abs. 1 Verf. Baden-Württemberg garantierte Freiheit von Forschung und Lehre ist enger als in Art. 5 Abs. 3 GG, da die Freiheit explizit nur für den universitären Bereich garantiert wird[118], eine Berufung auf Art. 5 Abs. 3 GG aber auch außerhalb eines solchen institutionalisierten Rahmens denkbar ist[119]. Soweit Art. 20 Abs. 2 Verf. Baden-Württemberg die Selbstverwaltung der Hochschule gewährleistet, ist damit aber keine Antwort auf die Frage gegeben, in welchen Bereichen eine Hochschule als Selbstverwaltungskörperschaft dieses Recht genießt. Allerdings ist davon auszugehen, daß in

52
Freiheit von Forschung und Lehre

Autonomie der Hochschulen

---

115 Mit Art. 5 Abs. 3 GG übereinstimmende Gewährleistungen finden sich in Art. 108 Verf. Bayern, Art. 21 Verf. Berlin, Art. 9 Verf. Rheinland-Pfalz, Art. 21 Verf. Sachsen, Art. 10 Abs. 3 Verf. Sachsen-Anhalt und in Art. 27 Abs. 1 Satz 2 Verf. Thüringen.
116 Art. 20, Art. 85 Verf. Baden-Württemberg; Art. 108, Art. 138, Art. 140 Verf. Bayern; Art. 21 Verf. Berlin; Art. 31, Art. 32 Verf. Brandenburg; Art. 11, Art. 34 Verf. Bremen; Art. 10, Art. 60, Art. 61 Verf. Hessen; Art. 7, Art. 16 Verf. Mecklenburg-Vorpommern; Art. 5 Verf. Niedersachsen; Art. 16, Art. 18 Abs. 1 Verf. Nordrhein-Westfalen; Art. 9 Verf. Rheinland-Pfalz; Art. 5 Abs. 2, Art. 10, Art. 33 Verf. Saarland; Art. 21 Verf. Sachsen; Art. 10 Abs. 3; Art. 31 Verf. Sachsen-Anhalt; Art. 13 Abs. 1 Verf. Schleswig-Holstein; Art. 27 Abs. 1 Satz 2, Art. 28 Verf. Thüringen.
117 So auch der Befund bei *Menzel*, Landesverfassungsrecht (LitVerz.), S. 501, der vor diesem Hintergrund von erheblichen Funktionsreserven des Landesverfassungsrechts ausgeht; ähnlich auch *Kühne*, Die Landesverfassungsgarantien hochschulischer Selbstverwaltung – ein unentfaltetes Autonomiepotential, DÖV 1997, S. 1 ff.
118 Vgl. nur *Feuchte* (LitVerz.), Art. 20 RN 18.
119 So auch *Britz*, in: H. Dreier, GG (LitVerz.), Art. 5 III RN 21; *Starck*, in: v. Mangoldt/Klein/ders., GG (LitVerz.), Art. 5 RN 377; umfassend auch *Ruffert*, Grund und Grenzen der Wissenschaftsfreiheit, in: VVDStRL 65 (2006), S. 146 (dort S. 165: „Wissenschaft als Lebensform").

Ansehung eines Selbstverwaltungsrechts auch ein Kernbereich existieren muß, der dem gesetzgeberischen Zugriff entzogen ist[120].

53
Bestandsgarantie

Die in Art. 85 Verf. Baden-Württemberg normierte Bestandsgarantie für Hochschulen, die beim Inkrafttreten der Landesverfassung bereits bestanden, erfaßt nicht nur alle Einrichtungen, die eine Universität ausmachen, wie beispielsweise Fakultäten oder Fachbereiche[121]; sie erstreckt sich auch auf die in einer Universität bestehenden Fachdisziplinen, was indes zweckmäßige Konzentrationen und einzelne Schwerpunktbildungen nicht ausschließt[122].

2. Bayern

54
Multimodale Gewährleistung der Wissenschaft

Die bayerische Verfassung enthält verschiedene Gewährleistungen zur Wissenschaftsfreiheit. So sind zunächst nach Art. 108 Verf. Bayern Wissenschaft und Lehre frei. Art. 138 Abs. 1 Verf. Bayern stellt ferner fest, daß die Errichtung und Verwaltung von Hochschulen grundsätzlich – eine Ausnahme bilden kirchliche Hochschulen – eine staatliche Aufgabe ist. Nach Absatz 2 Satz 1 haben die Hochschulen das Recht der Selbstverwaltung; zudem sind nach Absatz 2 Satz 2 die Studierenden an der akademischen Selbstverwaltung zu beteiligen, soweit es sich um ihre Angelegenheiten handelt. Art. 140 Abs. 1 Verf. Bayern normiert zudem die Verpflichtung zur Förderung der Wissenschaft.

55
Individualrechtlicher Schutz

Art. 108 Verf. Bayern schützt nicht nur die Freiheit der Wissenschaft und ihrer Lehre[123], sondern auch die wissenschaftliche Forschung[124], auch wenn diese nicht ausdrücklich in Artikel 108 genannt ist[125]. Insgesamt handelt es sich um ein individuelles Abwehrrecht[126]. Dieses wird indes durch Förder- und Schutzpflichten ergänzt, die den Staat verpflichten, einer Aushöhlung der Freiheitsgarantie vorzubeugen[127] und diese insbesondere gegen Gefährdungen durch Dritte zu schützen[128].

56
Konkretisierung der Wissenschaftsfreiheit

Die Regelung in Art. 138 Verf. Bayern erweist sich zum einen als objektivorganisationsrechtliche Konkretisierung der Wissenschaftsfreiheit; sie ist aber zugleich auch subjektives Recht der Hochschulen und ihrer Untergliederungen[129]. Soweit Hochschulen nach Absatz 1 Satz 1 dieser Verfassungsbestim-

---

120 So auch *Feuchte* (LitVerz.), Art. 20 RN 23.
121 Vgl. insoweit nur *Feuchte* aaO., Art. 85 RN 4 f.
122 So auch *Feuchte* aaO., Art. 85 RN 6.
123 *BayVerfGHE* 24, 199 (220 f.); 33, 65 (82); 50, 129 (142); vgl. zur Art. 5 Abs. 3 GG *BVerfGE* 35, 79 (112); 94, 268 (285).
124 *BayVerfGHE* 24, 199 (220 f.); 50, 129 (142).
125 *Geis*, in: Meder/Brechmann (LitVerz.), Art. 108 RN 16.
126 *BVerfGE* 47, 327 (367); s. ferner auch *Lindner*, in: ders./Möstl/Wolff (LitVerz.), Art. 108 RN 52 f.; nicht von der abwehrrechtlichen Dimension umfaßt ist indes der Schutz gegen Auflösung einer wissenschaftlichen Einrichtung; diese setzt aus Gründen des Vertrauensschutzes und der Kontinuitätsgewähr zumindest einen sachlichen Grund voraus. Vgl. dazu nur *Hufeld*, Rechtsfragen zur Schließung von Studiengängen und Fakultäten, DÖV 1997, S. 1025 (1027).
127 *BVerfGE* 85, 360 (384).
128 *BVerfGE* 35, 79 (114 f.); 55, 37 (68).
129 *Geis*, in: Meder/Brechmann (LitVerz.), Art. 138 RN 1.

mung durch den Staat errichtet und verwaltet[130] werden, erfolgt dies in der Rechtsform der Körperschaft des öffentlichen Rechts; da die Hochschulen zugleich Selbstverwaltungskörperschaften sind, erweisen sie sich damit als grundrechtsverpflichtet und als grundrechtsberechtigt[131]. Gerade die in Artikel 138 Abs. 2 Satz 1 subjektiv gewährleistete akademische Selbstverwaltung verlangt nach einem unantastbaren Kernbereich, den die Hochschulen eigenverantwortlich wahrnehmen können. Maßgeblich für die Bestimmung dieses Kernbereichs ist die Wissenschaftsfreiheit selbst, die dementsprechend auch für solche Entscheidungen, die den Kernbereich betreffen, verlangt, daß zumindest die maßgeblichen Entscheidungen durch die Träger der Wissenschaftsfreiheit getroffen werden[132].

Der in Art. 140 Abs. 1 Verf. Bayern normierte Förderauftrag begründet zwar eine Verpflichtung der öffentlichen Hand, begründet aber keine einklagbaren subjektiven Rechte. Vielmehr wird der öffentlichen Hand ein weiter Gestaltungsspielraum sowohl bei der Wahl der Mittel als auch beim Umfang der Förderung eröffnet, der erst dann verletzt sein dürfte, wenn entweder der Förderauftrag evident mißachtet wird oder völlig ungeeignete Maßnahmen getroffen werden[133]. Zudem muß bei staatlicher Förderung die Eigengesetzlichkeit der „freien" Wissenschaft berücksichtigt werden; der Entscheidung über die Förderung müssen daher sachgerechte und willkürfreie Kriterien zugrunde liegen[134].

57
Förderauftrag ohne subjektives Recht

3. Brandenburg

Die brandenburgische Verfassung trifft in den Artikeln 31 und 32 eine Vielzahl hochschulrechtlicher Aussagen. So sind nach Art. 31 Abs. 1 Verf. Brandenburg Wissenschaft, Forschung und Lehre frei, wobei Absatz 2 eine Einschränkungsmöglichkeit für solche Forschungstätigkeiten vorsieht, die geeignet sind, die Menschenwürde zu verletzten oder die natürlichen Lebensgrundlagen zu zerstören. Zudem unterwirft Absatz 3 die Lehre dem Vorbehalt der Verfassungstreue. Daneben garantiert Artikel 32 Abs. 1 die Selbstverwaltung der Universität und fordert zugleich, daß in den entsprechenden Selbstverwaltungsgremien Lehrende, andere Beschäftigte und Studierende beteiligt sind[135]. Außerdem

58
Umfassende Wissenschaftsfreiheit

Vorbehalt der Verfassungstreue

---

130 Der Begriff des „Verwaltens" dürfte alle Maßnahmen erfassen, die für die Funktionsfähigkeit der Hochschule notwendig sind und nicht ohne weiteres durch die Selbstverwaltung sichergestellt werden können; vgl. im einzelnen dazu *Lindner*, in: ders./Möstl/Wolff (LitVerz.), Art. 138 RN 12.
131 *Geis* aaO., Art. 138 RN 6.
132 So *BayVerfGHE 30*, 127 (133) im Anschluß an *BVerfGE 35*, 79 ff.; umfassend auch *Lindner* aaO., Art. 108 RN 66.
133 *Geis*, in: Meder/Brechmann (LitVerz.), Art. 140 RN 3; *Möstl*, in: Lindner/ders./Wolff (LitVerz.), Art. 140 RN 4.
134 *Geis* aaO., Art. 140 RN 7; *Möstl* aaO., Art. 140 RN 8.
135 Dies entspricht der Rechtsprechung des Bundesverfassungsgerichts, wonach die Gruppenuniversität verfassungsmäßig ist und in ihr keine verfassungswidrige Fremdbestimmung der Wissenschaftsfreiheit liegt, vgl. *BVerfGE 43*, 242 (268). Dies dürfte indes die Gefährdungen durch politische Fraktionierungen, durch mangelnde wissenschaftliche Sachkunde und durch die Überlagerung wissenschaftsrelevanter Entscheidungen durch wissenschaftsfremde Erwägungen verkennen, vgl. dazu nur *Starck*, in: v. Mangoldt/Klein/ders., GG (LitVerz.), Art. 5 RN 390; kritisch zur Rspr. des Bundesverfassungsgerichts auch *Wendt*, in: v. Münch/Kunig, GG (LitVerz.), Art. 5 RN 112a.

wird in Absatz 2 das Recht der Errichtung von Hochschulen in freier Trägerschaft garantiert[136]. Artikel 32 Abs. 3 normiert bei Vorliegen der allgemeinen Hochschulreife ein allgemeines Recht zum Hochschulzugang und fordert in Satz 2 Erleichterungen für den Erwerb der Hochschulreife durch Berufstätige sowie für den Zugang zum Hochschulstudium ohne Hochschulreife. Artikel 32 Abs. 4 enthält zudem eine Sondergarantie für kirchliche Hochschulen und für Anstalten mit Hochschulcharakter anderer Religionsgemeinschaften[137].

59
Wissenschaftsethische Einschränkungsmöglichkeiten

Soweit die brandenburgische Verfassung die Forschungsfreiheit – im Gegensatz zum Grundgesetz, aber ebenso wie in Art. 7 Abs. 2 Verf. Mecklenburg-Vorpommern und Art. 10 Abs. 2 Verf. Sachsen-Anhalt – unter einen ausdrücklichen Schrankenvorbehalt mit Blick auf die Menschenwürde und die natürlichen Lebensgrundlagen stellt, mag dies zwar zum einen Ausdruck eines gewandelten, restriktiveren Verständnisses dieses Grundrechts unter den Vorzeichen eines wissenschaftsethischen Diskurses sein[138]; zugleich ist dies aber auch mit Blick auf Art. 5 Abs. 3 GG keine substantielle Novität, ist doch auch für diese Gewährleistung anerkannt, daß sie unter dem Vorbehalt verfassungsimmanenter Schranken steht[139] und auch unter der Geltung des Grundgesetzes Limitierungen zum Schutz der Menschenwürde (Art. 1 Abs. 1 GG)[140] oder des Tierschutzes (Art. 20 a GG)[141] grundsätzlich statthaft sind.

4. Bremen

60
Freie Wissenschaft und Lehre

Nach Art. 11 Abs. 1 Verf. Bremen sind die Wissenschaft und ihre Lehre frei. Nach Absatz 2 gewährt der Staat ihnen Schutz[142] und nimmt an ihrer Pflege teil[143]. Nach Art. 34 Satz 1 Verf. Bremen sind Hochschulen in der Regel staatlich; nach Maßgabe von Satz 2 können sie auch in Gemeinschaft mit anderen Ländern oder als Zweig einer Hochschule eines anderen Landes errichtet und unterhalten werden.

---

136 Damit wird dem Gedanken Rechnung getragen, daß auch die Gründung privater wissenschaftlicher Institutionen grundrechtlich geschützt ist, vgl. insoweit auch *Britz*, in: H. Dreier, GG (LitVerz.), Art. 5 III RN 65; *Starck*, in: v. Mangoldt/Klein/ders., GG (LitVerz.), Art. 5 RN 361, 403; *Wendt* aaO., Art. 5 RN 103, 105.
137 Kirchliche Hochschulen oder andere wissenschaftliche Institutionen beruhen auf dem Selbstbestimmungsrecht der Kirchen (Art. 140 GG i.V.m. Art. 137 Abs. 3 WRV) und können sich daher auch gegen den Staat auf entsprechende Grundrechtsgewährleistungen berufen; wie hier auch *Starck* aaO., Art. 5 RN 403. → Oben *Korioth*, Religiöse und weltanschauliche Freiheiten, § 236 RN 40.
138 Dazu ausführlich *Ruffert* (FN 119), in: VVDStRL 65 (2006), S. 146 (196 ff.).
139 So übereinstimmend *Britz*, in: H. Dreier, GG (LitVerz.), Art. 5 III RN 41; → Bd. IV: *Löwer*, Freiheit wissenschaftlicher Forschung und Lehre, § 99 RN 27 ff.; *Starck*, in: v. Mangoldt/Klein/ders., GG (LitVerz.), Art. 5 RN 418 ff.
140 Dazu ausführlich *Britz* aaO., Art. 5 III RN 41; → Bd. IV: *Löwer*, Freiheit wissenschaftlicher Forschung und Lehre, § 99 RN 28 ff.; *Ruffert* (FN 119), in: VVDStRL 65 (2006), S. 146 (196 ff.); *Starck*, in: v. Mangoldt/Klein/ders., GG (LitVerz.), Art. 5 RN 418 ff.
141 Vgl. insoweit nur → Bd. IV: *Löwer*, § 99 RN 31 ff.; *Starck*, in: v. Mangoldt/Klein/ders., GG (LitVerz.), Art. 5 RN 423.
142 Zu Schutzpflichten bei Art. 5 III GG s. nur *Britz*, in: H. Dreier, GG (LitVerz.), Art. 5 III RN 61.
143 Ausführlich zur leistungsrechtlichen Dimension und der Frage eines entsprechenden Finanzausstattungsanspruchs *Britz* aaO., Art. 5 III RN 80 ff.; → Bd. IV: *Löwer*, Freiheit wissenschaftlicher Forschung und Lehre, § 99 RN 41 ff., 44.

5. Hessen

Art. 10 Verf. Hessen gewährleistet zunächst die individuelle Freiheit wissenschaftlichen Schaffens und die Freiheit der Verbreitung wissenschaftlicher Werke[144]. Die Vorschrift verbietet jede staatliche Bevormundung, Lenkung oder Beeinträchtigung einer wissenschaftlichen Betätigung[145]. Nach Art. 60 Abs. 1 Verf. Hessen genießen Universitäten und staatliche Hochschulen den Schutz des Staates[146] und haben das Recht auf Selbstverwaltung, an der die Studenten zu beteiligen sind. Absatz 2 enthält eine Bestandsgarantie für die theologischen Fakultäten an Universitäten[147]. Artikel 61 statuiert ein Genehmigungserfordernis für private Hochschulen.

61
Freiheit wissenschaftlichen Schaffens

6. Mecklenburg-Vorpommern

Art. 7 Abs. 1 Verf. Mecklenburg-Vorpommern garantiert zunächst die Freiheit von Wissenschaft, Forschung und Lehre, wobei Absatz 2 eine Einschränkungsmöglichkeit für solche Forschungstätigkeiten vorsieht, die geeignet sind, die Menschenwürde zu verletzen oder die natürlichen Lebensgrundlagen nachhaltig zu gefährden[148]. Artikel 7 Abs. 3 gewährt den Hochschulen zum einen den Status einer Körperschaft des öffentlichen Rechts und räumt ihnen zum anderen das Recht auf Selbstverwaltung im Rahmen der Gesetze ein. Zudem sind sie nach Absatz 3 Satz 3 in akademischen Angelegenheiten weisungsfrei[149]. Diese Regelungen werden durch einen Auftrag zur Förderung der Wissenschaft in Art. 16 Abs. 1 und Abs. 3 Verf. Mecklenburg-Vorpommern ergänzt[150].

62
Ethische Limitierung

---

144 Dies dürfte dem Gedanken Rechnung tragen, daß durch die Wissenschaftsfreiheit auch die Verbreitung der eigenen Forschungsergebnisse geschützt ist; vgl. dazu auch *Britz* aaO., Art. 5 III RN 26; *Starck*, in: v. Mangoldt/Klein/ders., GG (LitVerz.), Art. 5 RN 361.
145 So auch *Hinkel* (LitVerz.), Art. 10 Anm. 1.
146 Zu Schutzpflichten bei Art. 5 III GG s. nur *Britz* aaO., Art. 5 III RN 61.
147 Zum Spannungsverhältnis des kirchlichen Selbstbestimmungsrechts und der staatlichen Interessen u.a. an der Wissenschaftlichkeit der Theologie s. nur BVerwGE 101, 309, sowie NJW 1996, S. 3287 ff.
148 Die Vorschrift ist etwas enger gefaßt („nachhaltig") als die Parallelbestimmung in der brandenburgischen Verfassung. Ob sie wirksamen Schutz vor einer grenzenlosen Wissenschaft bieten kann, mag man in Ansehung der Dogmatik zu Art. 5 Abs. 3 GG zumindest bezweifeln; vgl. insoweit auch *Kohl*, in: Litten/Wallerath (LitVerz.), Art. 7 RN 17; s. auch *Pirsch*, in: Thiele/ders./Wedemeyer (LitVerz.), Art. 7 RN 9 zur Möglichkeit einer verfassungskonformen Auslegung.
149 Der materielle Gehalt dieser Aussage erschließt sich nicht ganz, sind doch Hochschulen im Kernbereich der Wissenschaftsfreiheit ohnehin gegen staatliche Ingerenzen geschützt. Insoweit mag man die Vorschrift als einen Akt symbolischer Gesetzgebung mit einer gewissen Warnfunktion verstehen, die Hochschulen nicht in ein zu enges staatliches Korsett zu zwingen; vgl. dazu ausführlich auch *Britz*, in: H. Dreier, GG (LitVerz.), Art. 5 III RN 88 ff.
150 Der Schutz und Förderverpflichtung lassen sich indes keine unmittelbaren Rechtspflichten und keine subjektiven Rechte auf Fördermittel entnehmen; im Ergebnis dürfte der Einrichtungs-, Unterhaltungs- und Förderungsverpflichtung zumindest das Gebot einer sachnotwendigen Mindestausstattung zu entnehmen sein, vgl. insoweit auch *Kohl*, in: Litten/Wallerath (LitVerz.), Art. 16 RN 4, 10.

7. Niedersachsen

63
Schutz- und Förderungspflicht für die Wissenschaft

Art. 5 Verf. Niedersachsen normiert in Absatz 1 zunächst eine Schutz- und Förderungsverpflichtung des Landes für die Wissenschaft. Ergänzend verpflichtet Absatz 2 das Land zum Unterhalt und zur Förderung von Hochschulen und anderen wissenschaftlichen Einrichtungen. Zudem wird den Hochschulen durch Absatz 3 das Recht auf Selbstverwaltung im Rahmen der Gesetze eingeräumt.

64
Wissenschaftsfreundlichkeit

Ungeachtet der indikativen Formulierung handelt es sich bei Art. 5 Abs. 1 Verf. Niedersachsen nicht etwa um eine Zustandsbeschreibung, sondern vielmehr um eine Staatszielbestimmung[151]. Die Vorschrift begründet keine subjektiven Rechtspositionen; sie stellt aber ein Bekenntnis zur Wissenschaftsfreundlichkeit[152] dar.

8. Nordrhein-Westfalen

65
Schutz der Selbstverwaltung

Nach Art. 16 Abs. 1 Verf. Nordrhein-Westfalen haben Universitäten und Hochschulen, die ihnen als Stätten der Forschung und der Lehre gleichstehen, das Recht auf eine ihrem besonderen Charakter entsprechende Selbstverwaltung. Die Bestimmung gewährleistet damit die Organisationsform „Selbstverwaltung". Dies umfaßt – in Anlehnung an die Dogmatik zur Garantie der kommunalen Selbstverwaltung – zum einen die institutionelle Rechtssubjektsgarantie als Schutz vor einer gänzlichen Abschaffung der Institution staatliche Hochschule[153].

Rechtsinstitutionen- und Rechtsstellungsgarantie

Daneben werden die objektive Rechtsinstitutionengarantie[154] – also das Recht der eigenverantwortlichen Aufgabenwahrnehmung – und eine subjektive Rechtsstellungsgarantie[155] – verstanden als Möglichkeit, gegen Beeinträchtigungen der Selbstverwaltungsgarantie um Rechtsschutz nachzusuchen – gewährleistet. Art. 18 Abs. 1 Verf. Nordrhein-Westfalen verpflichtet das Land zudem zur Pflege und Förderung der Wissenschaft. Dabei handelt es sich um eine Staatszielbestimmung, der indes keine subjektiven Rechte zu entnehmen sind[156].

---

151 S. dazu nur *J. Ipsen*, Niedersächsische Verfassung (LitVerz.), Art. 5 RN 6, 12; *Mühlenmeier*, in: Epping/Butzer/Brosius-Gersdorf u.a., Hannoverscher Kommentar zur Niedersächsischen Verfassung, 2012 (LitVerz.), Art. 5 RN 22 („andauernde Staatsaufgabe").
152 So auch *J. Ipsen* aaO., Art. 5 RN 12; weitergehend *Heinzgeorg Neumann*, Die Niedersächsische Verfassung (LitVerz.), Art. 5 RN 7: Verpflichtung zur Bereitstellung personeller, finanzieller und organisatorischer Mittel.
153 *Günther*, in: Heusch/Schönenbroicher (LitVerz.), Art. 16 RN 13; *Löwer*, in: ders./Tettinger (LitVerz.), Art. 16 RN 26 ff.
154 Dazu ausführlich *Günther* aaO., Art. 16 RN 14 ff.; *Löwer*, in: ders./Tettinger (LitVerz.), Art. 16 RN 59 ff.
155 Vgl. insoweit auch *Günther* aaO., Art. 16 RN 27; *Kühne*, Die Landesverfassungsgarantien hochschulischer Selbstverwaltung – ein unentfaltetes Autonomiepotential, DÖV 1997, S. 1 (9); *Löwer* aaO., Art. 16 RN 63 f.
156 *Günther* aaO., Art. 18 RN 2; *Mann*, in: Löwer/Tettinger (LitVerz.), Art. 18 RN 5.

9. Saarland

Während Art. 5 Abs. 2 Verf. Saarland die individuelle Freiheit von Wissenschaft und Lehre garantiert, bringt Artikel 33 Abs. 1 auf der Ebene der Verfassung die Erwartung zum Ausdruck, daß die Gründung und der Ausbau saarländischer Hochschulen angestrebt wird[157]. Hochschulen steht nach Artikel 33 Abs. 2 das Recht auf Selbstverwaltung zu. Zudem wird dort in Absatz 2 Satz 2 – erneut, neben Art. 5 Abs. 2 Verf. Saarland – die Freiheit von Forschung und Lehre gewährleistet. In Artikel 33 Abs. 2 Satz 3 schließlich wird den Studenten das Recht eingeräumt, an der Erledigung ihrer eigenen Angelegenheiten in demokratischer Weise mitzuwirken.

66
Erwartungshaltungen

10. Sachsen

Neben der in Art. 21 Verf. Sachsen normierten und mit Art. 5 Abs. 3 GG deckungsgleichen subjektivrechtlichen Garantie der Freiheit von Forschung und Lehre gewährleistet Art. 107 Abs. 1 – wiederholend – die Freiheit von Forschung und Lehre für Hochschulen[158]. Diesen wird zudem in Absatz 2 im Rahmen der Gesetze und ihrer vom Freistaat anerkannten Satzungen[159] das Recht auf eine ihrem besonderen Charakter entsprechende Selbstverwaltung gewährleistet, an der nach Absatz 2 Satz 2 die Studierenden zu beteiligen sind. Zudem sind nach Absatz 4 Hochschulen in freier Trägerschaft zulässig[160].

67
Freiheit von Forschung und Lehre

11. Sachsen-Anhalt

Während Art. 10 Abs. 3 Verf. Sachsen-Anhalt – inhaltlich deckungsgleich mit Art. 5 Abs. 3 GG – die Freiheit von Wissenschaft, Forschung und Lehre garantiert und für die Forschung in Artikel 10 Abs. 3 Satz 2 einen Vorbehalt der Achtung der Menschenwürde und der Wahrung der natürlichen Lebensgrundlagen normiert, verpflichtet Art. 31 Abs. 1 Verf. Sachsen-Anhalt das Land zur Einrichtung, Unterhaltung und Förderung von Hochschulen und anderen wissenschaftlichen Einrichtungen[161]. Hochschulen haben zudem nach Artikel 31 Abs. 2 das Recht zur Selbstverwaltung im Rahmen der Gesetze.

68
Freiheit mit ethischer Limitierung

---

157 Dabei dürfte es sich um einen Verfassungsauftrag handeln, der der Umsetzung durch den einfachen Gesetzgeber bedarf.
158 Vgl. zum materiellen Gehalt dieser Gewährleistung *Trute*, in: Degenhart/Meissner (LitVerz.), § 8 RN 60 ff.
159 Kritisch mit Blick auf die Tatsache, daß Satzungen Ausdruck von Selbstverwaltung, nicht aber ihr Rahmen oder ihre Grenze sind, *Trute* aaO., § 8 RN 69.
160 Damit wird dem Gedanken Rechnung getragen, daß auch die Gründung privater wissenschaftlicher Institutionen grundrechtlich geschützt ist, vgl. insoweit auch *Britz*, in: H. Dreier, GG (LitVerz.), Art. 5 III RN 65; *Starck*, in: v. Mangoldt/Klein/ders., GG (LitVerz.), Art. 5 RN 361, 403; *Trute* aaO., § 8 RN 71; *Wendt*, in: v. Münch/Kunig, GG (LitVerz.), Art. 5 RN 103, 105.
161 Dies dürfte der leistungsrechtlichen Dimension der Verfassungsgewährleistung entsprechen; vgl. dazu auch *Britz*, in: H. Dreier, GG (LitVerz.), Art. 5 III RN 80 ff.; → Bd. IV: *Löwer*, Freiheit wissenschaftlicher Forschung und Lehre, § 99 RN 41 ff., 44.

§ 237 *Sechzehnter Teil: II. Vergleichende Betrachtung der Landesgrundrechte*

12. Schleswig-Holstein

69
Staatsziel-
bestimmung

Die Verfassung des Landes Schleswig-Holstein beschränkt sich in ihrem Artikel 9 Abs. 1 auf die Verpflichtung des Landes zum Schutz und zur Förderung von Wissenschaft, Forschung und Lehre. Die Vorschrift konstituiert kein Freiheitsrecht; es handelt sich vielmehr um eine Staatszielbestimmung, die das Land in die Pflicht nimmt, durch Bereitstellung von personellen, finanziellen und organisatorischen Mitteln den institutionellen Rahmen zu schaffen, der freie Wissenschaft erst ermöglicht[162].

13. Thüringen

70
Freiheitsrecht und
Gewährleistung

Während Art. 27 Abs. 1 Satz 2 Verf. Thüringen – inhaltlich deckungsgleich mit Art. 5 Abs. 3 GG – die individuelle Freiheit von Wissenschaft, Forschung und Lehre garantiert, stellt Artikel 28 Abs. 1 Hochschulen unter den Schutz des Staates[163] und garantiert ihnen zugleich das Recht auf Selbstverwaltung, an der alle Mitglieder zu beteiligen sind. Zudem sind nach Absatz 2 Hochschulen in freier Trägerschaft zulässig[164]. Absatz 3 garantiert Kirchen und anderen Religionsgemeinschaften das Recht, eigene Hochschulen und andere theologische Bildungseinrichtungen zu unterhalten[165].

II. Kunstfreiheit

71
„Kunst" als Freiheit
und Aufgabe

Auch die Kunstfreiheit genießt – was auch der Kulturhoheit der Länder entsprechen dürfte – in diversen Landesverfassungen Verfassungsrang[166]. Damit wird der Idee des individuellen Freiheitsrechts der Kunst wie dem Gedanken von Kunst und Kultur als hoheitlicher Aufgabe Rechnung getragen[167].

1. Kunstfreiheit als Abwehrrecht

72
Freiheit mit
unterschiedlicher
Reichweite

In Anlehnung an Art. 142 WRV, der in Satz 1 die Freiheit der Kunst gewährleistet und in Satz 2 den Staat zur Gewährung von Schutz wie zur Teilnahme an ihrer Pflege verpflichtet, finden sich vergleichbare Kombinationen von

---

162 *BVerfGE* 35, 79 (113f.).
163 Zu Schutzpflichten bei Art. 5 III GG s. nur *Britz*, in: H. Dreier, GG (LitVerz.), Art. 5 III RN 61.
164 Vgl. zur Berufung Privater auf die Wissenschaftsfreiheit nur *Britz* aaO. Art. 5 III RN 65; *Starck*, in: v. Mangoldt/Klein/ders., GG (LitVerz.), Art. 5 RN 361, 403; *Wendt*, in: v. Münch/Kunig, GG (LitVerz.), Art. 5 RN 103, 105.
165 Kirchliche Hochschulen oder andere wissenschaftliche Institutionen beruhen auf dem Selbstbestimmungsrecht der Kirchen (Art. 140 GG i.V.m. Art. 137 Abs. 3 WRV) und können sich daher auch gegen den Staat auf entsprechende Grundrechtsgewährleistungen berufen; wie hier auch *Starck*, in: v. Mangoldt/Klein/ders., GG (LitVerz.), Art. 5 RN 403.
166 Art. 108, Art. 140 Verf. Bayern; Art. 21 Verf. Berlin; Art. 34 Verf. Brandenburg; Art. 11 Verf. Bremen; Art. 10, Art. 17 Verf. Hessen; Art. 7 Abs. 1 Satz 1, Var. 1 Verf. Mecklenburg-Vorpommern; Art. 18 Verf. Nordrhein-Westfalen; Art. 9 Verf. Rheinland-Pfalz; Art. 5 Abs. 2, Art. 10 Verf. Saarland; Art. 21 Verf. Sachsen; Art. 10 Abs. 3 Verf. Sachsen-Anhalt; Art. 9 Abs. 1 Verf. Schleswig-Holstein; Art. 27 Abs. 1 Satz 1 Verf. Thüringen.
167 Zum Staatszweck „Kultur" s. nur *Sommermann*, Kultur im Verfassungsstaat, in: VVDStRL 65 (2006), S. 7 (40ff.).

Freiheitsgewährleistung sowie Schutz- und Pflegegebot in diversen vorkonstitutionellen Landesverfassungen[168]. Eine eigenständige Ausformung findet sich in Art. 10 Verf. Hessen, demzufolge niemand in seinem künstlerischen Schaffen und in der Verbreitung seiner Werke gehindert werden darf. Hier wird das Abwehrrecht um eine Verwirkungsmöglichkeit ergänzt (Art. 17 Abs. 1 Verf. Hessen), wonach die Berufung auf die Kunstfreiheit für denjenigen ausgeschlossen ist, der den verfassungsmäßigen Zustand angreift oder gefährdet. Es handelt sich dabei um eine nur im Einzelfall mögliche Suspendierung oder Verwirkung des Grundrechtsschutzes[169], nicht aber wie bei Art. 18 GG um eine umfassende Verwirkung des entsprechenden Grundrechts[170]. Zudem ist nach Art. 18 Verf. Hessen eine Berufung auf die Kunstfreiheit bei einer Verletzung von Gesetzen zum Schutz der Jugend ausgeschlossen. Ob dies einen tatbestandlichen Ausschluß oder vielmehr die Konkretisierung der Schranke aus Art. 5 Abs. 2 GG darstellt, kann dahingestellt bleiben, weil die im Ergebnis über Art. 5 GG hinausreichende Beschränkung von Verfassungs wegen keinen Bestand haben dürfte.

73
Schutz geistigen Eigentums

Daneben finden sich in einigen Landesverfassungen[171] ausdrückliche Bestimmungen zum Schutz des geistigen Eigentums, die damit dem Gedanken des materiellen Schutzes der Verbreitung eines Kunstwerkes Rechnung tragen[172]. Allerdings dürfte den Vorgaben, die ohnehin mehr den Charakter von Programmsätzen haben, im Ergebnis kaum normative Bedeutung zukommen, fällt doch die Materie in die ausschließliche Gesetzgebungskompetenz des Bundes[173].

74
Kunst und Wissenschaft in nachkonstitutionellen Verfassungen

Die nachkonstitutionellen Verfassungen[174], soweit sie eigene Grundrechtskataloge haben, orientieren sich im wesentlichen an den grundgesetzlichen Vorgaben in Art. 5 Abs. 3 GG und gewährleisten vorbehaltlos die Freiheit der Kunst gemeinsam mit der Wissenschaftsfreiheit. Eine Sonderregelung findet sich in Art. 34 Abs. 1 Verf. Brandenburg, demzufolge die individuelle Kunstfreiheit mit einer konkreten Pflicht zur öffentlichen Förderung, insbesondere durch Unterstützung zugunsten der Künstler verbunden ist[175].

---

168 Art. 108 Verf. Bayern, allerdings unter Verzicht auf die Kulturpflege-Klausel; Art. 11 Verf. Bremen; Art. 9 Verf. Rheinland-Pfalz, ebenfalls unter Verzicht auf die Kulturpflege-Klausel.
169 Dazu *Hinkel* (FN 49), Art. 17 Anm. 6.
170 Ausführlich zum Ausmaß der Verwirkung *Wittreck*, in: H. Dreier, GG (LitVerz.), Art. 18 RN 52 ff.
171 Art. 162 Verf. Bayern; Art. 46 Verf. Hessen; Art. 40 Abs. 2, Art. 60 Abs. 3 Satz 2 Verf. Rheinland-Pfalz.
172 Zum sog. Wirkbereich s. nur *Britz*, in: H. Dreier, GG (LitVerz.), Art. 5 III RN 47; *Starck*, in: v. Mangoldt/Klein/ders., GG (LitVerz.), Art. 5 RN 310; *Wendt*, in: v. Münch/Kunig, GG (LitVerz.), Art. 5 RN 93; ferner aus der Rspr. BVerfGE 30, 173 (191); 36, 321 (331); 81, 278 (292); 83, 130 (146).
173 Vgl. insoweit auch *Funke*, in: (Meder/Brechmann (LitVerz.), Art. 162 RN 2; *Wagner*, in: Brocker/Droege/Jutzi (LitVerz.), Art. 40 RN 8.
174 Art. 21 Verf. Berlin; Art. 34 Verf. Brandenburg; Art. 7 Abs. 1 Satz 1, Var. 1 Verf. Mecklenburg-Vorpommern; Art. 6 Verf. Niedersachsen; Art. 18 Abs. 1 Verf. Nordrhein-Westfalen; Art. 9 Abs. 1; Art. 40 Abs. 1 Verf. Rheinland-Pfalz; Art. 5 Abs. 2 Saarland; Art. 21 Verf. Sachsen; Art. 10 Abs. 3 Verf. Sachsen-Anhalt; Art. 9 Abs. 1 Verf. Schleswig-Holstein; Art. 27 Abs. 1 Satz 1 Verf. Thüringen.
175 Dazu *Britz*, in: H. Dreier, GG (LitVerz.), Art. 5 III RN 30.

2. Kunstverfassung

75
Kunst- und Kulturstaatlichkeit

Neben diesen unstreitigen individualrechtlichen Ausgestaltungen der Kunstfreiheit finden sich in diversen Landesverfassungen weitere kunst- und kulturrelevante Bestimmungen. So bezeichnet sich Bayern in Art. 3 Abs. 1 Verf. Bayern ausdrücklich als „Kulturstaat", dem nach Art. 140 Abs. 2 seiner Verfassung die Pflicht zur finanziellen Unterstützung von Wissenschaftlern und Künstlern obliegt und der zudem verpflichtet ist, die Abwanderung deutschen Kunstbesitzes ins Ausland zu verhüten. Spezifische Vorschriften mit künstlerischem Gehalt finden sich auch in Art. 62 Verf. Hessen, wonach zum einen Kunstdenkmäler den Schutz und die Pflege des Staates genießen und dieser im Rahmen besonderer Gesetze über die künstlerische Gestaltung beim Wiederaufbau der deutschen Städte, Dörfer und Siedlungen wacht[176]. Art. 40 Abs. 1 Verf. Rheinland-Pfalz statuiert eine allgemeine Förderungspflicht, die sich nach Maßgabe von Absatz 3 dieser Bestimmung auch auf die Denkmäler der Kunst, der Geschichte und der Natur sowie der Landschaft bezieht.

Staatsziel

Zudem finden sich auf der Ebene des Landesverfassungsrechts[177] Förderklauseln für Kunst bzw. Kultur, die sich bei Lichte besehen als Staatszielbestimmungen erweisen dürften und keine subjektiven Rechte auf Kunstförderung begründen[178]. Bei der Ausgestaltung der Förderung steht der öffentlichen Hand ein weiter Ermessensspielraum zu, wobei das Ermessen in Ansehung des Staatszieles kunst- und kulturfreundlich auszuüben ist[179].

E. Versammlungs- und Vereinigungsfreiheit

I. Versammlungsfreiheit

76
Heterogenisierung des Versammlungsrechts

Gerade mit Blick auf die – politisch zentrale – Garantie der Versammlungsfreiheit finden sich in vielen Verfassungen – in Sonderheit denen der neuen Länder – Aussagen zu Inhalt und Reichweite der Versammlungsfreiheit[180]. Diese entsprechen im wesentlichen den grundgesetzlichen Vorgaben des Art. 8 GG. Nachdem die Föderalismusreform 2006 den Ländern durch eine Änderung des Art. 74 Abs. 1 Nr. 3 GG die Kompetenz für das Versammlungsrecht übertragen hat, ist dementsprechend – unbeschadet der immer noch uni-

---

176 Das erforderliche Umsetzungsgesetz ist nicht ergangen; vgl. dazu *Britz* aaO. RN 31.
177 Art. 3 c Verf. Baden-Württemberg; Art. 34 Abs. 2 und 3 Verf. Brandenburg; Art. 16 Abs. 1 Verf. Mecklenburg-Vorpommern; Art. 6 Verf. Niedersachsen; Art. 18 Abs. 1 und 2 Verf. Nordrhein-Westfalen; Art. 1 und Art. 11 Verf. Sachsen; Art. 36 Verf. Sachsen-Anhalt; Art. 9 Abs. 1 Verf. Schleswig-Holstein.
178 Vgl. insoweit übereinstimmend *Günther*, in: Heusch/Schönenbroicher (LitVerz.), Art. 18 RN 2; *Kohl*, in: Litten/Wallerath (LitVerz.), Art. 16 RN 4; *Wiegand*, Die neuen Bundesländer als Kulturstaaten, LKV 1995, S. 55 (60).
179 So auch *Wiegand*, LKV 1995, S. 55 (60).
180 Art. 113 Verf. Bayern; Art. 26, Art. 37 Verf. Berlin; Art. 23 Verf. Brandenburg; Art. 16 Verf. Bremen; Art. 14 Verf. Hessen; Art. 6, Art. 12 Verf. Rheinland-Pfalz; Art. 10 Verf. Saarland; Art. 23 Verf. Sachsen; Art. 13 Verf. Sachsen-Anhalt; Art. 10 Verf. Thüringen.

tarisierenden Wirkung der Rechtsprechung des Bundesverfassungsgerichts zu Art. 8 GG[181] – eine zunehmende Heterogenisierung des Versammlungsrechts zu beobachten[182]. Dieses Phänomen bezieht sich indes nicht auf das Landesverfassungsrecht; vielmehr hat der einfache Gesetzgeber entweder – so in Bayern, Niedersachsen und Sachsen-Anhalt – die restriktive Auslegung des Versammlungsbegriffs in der Judikatur des Bundesverfassungsgerichts[183] nachgezeichnet oder spezielle Regelungen zu Eil- und Spontanversammlungen getroffen. Zudem finden sich – so beispielsweise in Bayern, Niedersachsen und Sachsen-Anhalt – Regelungen, die Einschränkungen zum Schutz der Würde der Opfer des NS-Regimes ermöglichen.

Eine Besonderheit auf der Ebene des Landesverfassungsrechts dürfte die Regelung in Art. 23 Verf. Brandenburg sein. Wenngleich die Bestimmung vom Wortlaut her mit Art. 8 GG nahezu identisch ist, wird gleichwohl in Ansehung ihrer systematischen Stellung im dritten Abschnitt der Verfassung – „Politische Gestaltungsrechte" – von einem entsprechend minderen Schutz ausgegangen[184]. Allerdings ist auch nach der Rechtsprechung des Bundesverfassungsgerichts[185] anerkannt, daß die Versammlungsfreiheit (jedenfalls auch) ein politisches Gestaltungsrecht darstellt. Im übrigen dürfte diese Engführung des Versammlungsbegriffs auch mit der jüngeren Rechtsprechung des Bundesverfassungsgerichts[186] durchaus kompatibel sein[187].

77 Versammlungsfreiheit als politisches Gestaltungsrecht

II. Vereinigungsfreiheit

Auch die Vereinigungsfreiheit ist Gegenstand landesverfassungsrechtlicher Gewährleistungen[188], die vom Schutzbereich her weitgehend deckungsgleich mit der grundgesetzlichen Gewährleistung in Art. 9 GG sind.

78 Deckungsgleichheit mit Art. 9 GG

Bemerkenswert sind indes eher die landesverfassungsrechtlich normierten Verbotsvoraussetzungen, die in Teilen durchaus von den grundgesetzlichen Vorgaben in Art. 9 Abs. 2 GG abweichen. Dabei ist zunächst davon auszugehen, daß es sich – auch wenn der Wortlaut dies jedenfalls bei Art. 9 Abs. 2 GG („... sind verboten ...") nicht zwingend nahelegt – um einen zur Beschränkung ermächtigenden Gesetzesvorbehalt handelt[189]. Während nach Art. 9 Abs. 2 GG Vereinigungen, deren Zwecke oder deren Tätigkeit den Strafgesetzen

79 Divergierende Verbotsvoraussetzungen

---

181 So bspw. *BVerfGE 122*, 342 ff.
182 Dazu auch *Schulze-Fielitz*, in: H. Dreier, GG (LitVerz.), Art. 8 RN 23.
183 Vgl. nur *BVerfGE 104*, 92 (104); *BVerfG (Kammer) NJW 2001*, S. 2459 (2460); kritisch zu dieser Rechtsprechung *Schulze-Fielitz*, in: H. Dreier, GG (LitVerz.), Art. 8 RN 28 m.w.N. dort in FN 130.
184 So bspw. *Dietlein*, Die Grundrechte (LitVerz.), S. 98 ff.
185 So schon *BVerfGE 69*, 315 (343 ff.).
186 Vgl. dazu *BVerfGE 104*, 92 (104); *BVerfG (Kammer) NJW 2001*, S. 2459 (2460).
187 So auch im Ergebnis *Menzel*, Landesverfassungsrecht (LitVerz.), S. 490.
188 Art. 114, Art. 170 Verf. Bayern; Art. 27 Verf. Berlin; Art. 20 Verf. Brandenburg; Art. 17, Art. 48 Verf. Bremen; Art. 15, Art. 36 Verf. Hessen; Art. 13 Verf. Rheinland-Pfalz; Art. 7, Art. 10 Verf. Saarland; Art. 24 Verf. Sachsen; Art. 13 Verf. Sachsen-Anhalt; Art. 13 Verf. Thüringen.
189 So auch im Schrifttum *Bauer*, in: H. Dreier, GG (LitVerz.), Art. 9 RN 54; *Jarass*, in: ders./Pieroth, GG (LitVerz.), Art. 9 RN 17; anders, im Sinne einer tatbestandlichen Beschränkung des Schutzbereichs, wohl *BVerfGE 80*, 244 (253).

zuwiderlaufen oder die sich gegen die verfassungsmäßige Ordnung oder gegen den Gedanken der Völkerverständigung richten, verboten sind, kennt das Landesverfassungsrecht durchaus ergänzende und zum Teil weiterreichende Verbotsvoraussetzungen[190]. Hier wird man aber im Ergebnis davon ausgehen müssen, daß gerade bei solchen landesverfassungsrechtlichen Bestimmungen, die ein Vereinsverbot unter leichteren Voraussetzungen als in Art. 9 Abs. 2 GG normieren, diesen Bestimmungen in Ansehung des weiterreichenden bundesverfassungsrechtlichen Schutzes keine materielle Direktkraft mehr zukommt[191]. Auf der anderen Seite sind solche Bestimmungen, die nicht zwingend ein Verbot vorschreiben, sondern lediglich dazu ermächtigen[192], von Verfassungs wegen nicht zu beanstanden, trägt dies doch dem Gedanken Rechnung, daß auch Art. 9 Abs. 2 GG zu weniger belastungsintensiven Eingriffen ermächtigt[193].

---

190 Vgl. nur Art. 114 Abs. 2 Verf. Bayern: „Vereine und Gesellschaften, die rechts- oder sittenwidrige Zwecke verfolgen oder solche Mittel gebrauchen oder die darauf ausgehen, die staatsbürgerlichen Freiheiten zu vernichten oder gegen Volk, Staat oder Verfassung Gewalt anwenden, können verboten werden"; Art. 27 Abs. 1 Satz 2 Verf. Berlin: „Vereinigungen dürfen keine Zwecke verfolgen und Maßnahmen treffen, durch welche die Erfüllung von Aufgaben verfassungsmäßiger Organe und öffentlich-rechtlicher Verwaltungskörper gefährdet wird"; Art. 20 Abs. 2 Verf. Brandenburg: „Vereinigungen, die nach ihrem Zweck und ihrer Tätigkeit gegen die Verfassung, die Strafgesetze oder die Völkerverständigung verstoßen, sollen aufgrund eines Gesetzes Beschränkungen unterworfen oder verboten werden"; Art. 17 Abs. 2 Verf. Bremen: „Durch Gesetz sind Vereinigungen zu verbieten, die die Demokratie oder eine Völkerverständigung erschweren"; Art. 7 Verf. Saarland: „Vereine und Gesellschaften, deren Zwecke oder deren Tätigkeiten den Strafgesetzen zuwiderlaufen, sind verboten".
191 So auch im Ergebnis *Menzel*, Landesverfassungsrecht (LitVerz.), S. 491.
192 Vgl. nur Art. 114 Abs. 2 Verf. Bayern („können verboten werden"); Art. 20 Abs. 2 Verf. Brandenburg („sollen verboten werden").
193 S. dazu auch *BVerfGE 61*, 184 (187); ferner zustimmend im Schrifttum: *Jarass*, in: ders./Pieroth, GG (LitVerz.), Art. 9 RN 22; *Menzel* aaO., S. 491.

F. Bibliographie

von Coelln, Christian, Anwendung von Bundesrecht nach Maßgabe der Landesgrundrechte, 2001.
Cornils, Matthias, Maßstabs-, Verfahrens- und Entscheidungskoordination in der föderalen Medienordnung, in: Ines Härtel (Hg.), Handbuch des Föderalismus, Bd. III, 2012, § 66.
Dietlein, Johannes, Die Grundrechte in den Verfassungen der neuen Bundesländer, 1993.
Herdegen, Matthias, Strukturen und Institute des Verfassungsrechts der Länder, in: HStR VI, ^{3}2008, § 129.
Jutzi, Siegfried, Grundrechte der Landesverfassungen und Ausführung von Bundesrecht, DÖV 1983, S. 836 ff.
Kanther, Wilhelm, Die neuen Landesverfassungen im Lichte der Bundesverfassung (Diss. Köln), 1993.
Kunig, Philip, Die rechtsprechende Gewalt in den Ländern und die Grundrechte des Landesverfassungsrechts, NJW 1994, S. 687 ff.
Leisner, Walter, Die bayerischen Grundrechte, 1968.
Löwer, Wolfgang/Jörg Menzel, Die Wissenschaft als Thema alter und neuer Landesverfassungen, WissR 29 (1996), S. 237 ff.
von Mangoldt, Hans, Die Verfassungen der neuen Bundesländer, ^{2}1997.
Menzel, Jörg, Landesverfassungsrecht. Verfassungshoheit und Homogenität im grundgesetzlichen Bundesstaat, 2002.
Starck, Christian, Die Verfassungen der neuen deutschen Länder. Eine vergleichende Untersuchung, 1994.
Tjarks, Eric, Zur Bedeutung der Landesgrundrechte. Materielle und prozessuale Probleme der Grundrechte in den deutschen Landesverfassungen.
Uerpmann, Robert, Landesrechtlicher Grundrechtsschutz und Kompetenzordnung, in: Der Staat 35 (1996), S. 428 ff.

§ 238
Ehe, Familie, Schule

Gregor Kirchhof

Übersicht

	RN		RN
A. Unterschiedliche Gewährleistungen in Bund und Ländern	1–4	II. Bestätigende Landesverfassungen – mit Besonderheiten	27–34
B. Drei Ebenen der Verfassungsdeutung	5–16	1. Der besondere Schutz von Ehe und Familie in den Ländern	27
I. Unterschiedliche Verfassungen, differenzierte Verfassungsdeutung	5–8	2. Elternverantwortung und Wächteramt des Staates	28–31
II. Justitiable und nicht justitiable Vorgaben	9–11	3. Fürsorge für Mütter, Erziehung	32–34
III. Verfassungsrechtliche Klugheitsregeln	12–16	III. Besondere landesverfassungsrechtliche Regelungen	35–41
C. Der Ausgangspunkt: Der besondere Schutz von Ehe und Familie in Art. 6 GG	17–25	1. Lebensgemeinschaften	36–37
		2. Die Frage nach Kinderrechten in der Verfassung	38–41
I. Sonderstellung in den als Abwehrrechten gefaßten Grundrechten	17	E. Schule – grundgesetzlicher Rahmen, landesverfassungsrechtliche Besonderheiten	42–50
II. Ehe, Familie und die Ausrichtung auf das Kindeswohl	18–21	I. Schwerpunkt grundrechtlicher Regelungen in den Landesverfassungen	42–44
III. Fünf zu unterscheidende jeweils gesteigerte Schutzgehalte	22–25	II. Schulpflicht, Recht auf Bildung	45–46
		III. Bildungsziele	47–50
D. Ehe und Familie in den Landesverfassungen – drei unterschiedliche Regelungskonzepte	26–41	F. Deutung unterschiedlicher Verfassungen	51–56
I. Verweis auf die Grundrechte des Grundgesetzes	26	G. Bibliographie	

§ 238 *Sechzehnter Teil: II. Vergleichende Betrachtung der Landesgrundrechte*

A. Unterschiedliche Gewährleistungen in Bund und Ländern

1

Besonderer Schutz von Ehe und Familie

Ehe und Familie stehen nach dem Grundgesetz und zahlreichen Landesverfassungen unter dem besonderen Schutz der staatlichen Ordnung[1]. Das Grundgesetz kennt neben diesem Auftrag nur eine weitere ausdrückliche Schutzpflicht, den Schutz der Menschenwürde[2]. Es rückt so den Schutz von Ehe und Familie verfassungsrechtlich in die Nähe seines grundlegenden Anliegens, die Menschenwürde zu achten und zu schützen. Die Bedeutung von Ehe und Familie wird so in bemerkenswerter Weise hervorgehoben. Mit der Garantie der Menschenwürde, der Ehe und der Familie werden Grundlagen des Staates, werden Verfassungsvoraussetzungen[3] gesichert. Art. 6 Abs. 1 GG ist eine „wertentscheidende Grundsatznorm"[4]. Fünf Gewährleistungen sind zu unterscheiden, die im „besonderen" Schutz jeweils gesteigert sind[5]. Die öffentliche Hand hat Ehe und Familie vor staatlichen Eingriffen in einer erhöhten Rücksicht zu bewahren (gesteigertes Abwehrrecht)[6], ein Familienrecht bereitzustellen (Einrichtungsgarantie)[7], darf Ehe und Familie nicht benachteiligen[8], muß sie vielmehr vor Übergriffen Privater in besonderer Weise schützen (erhöhtes Untermaß)[9] und fördern[10]. Im unmittelbaren Anschluß an diese bemerkenswerte Bestimmung garantiert das Grundgesetz das Schulwesen[11]. Die Vorgaben im Bereich der Schule werden – mit Ausnah-

Garantie des Schulwesens

---

1 Art. 6 Abs. 1 GG; Art. 124 Abs. 1 Verf. Bayern; Art. 11 Abs. 1 Verf. Berlin; Art. 4 Verf. Hessen; Art. 23 Abs. 1 Verf. Rheinland-Pfalz; Art. 22 Verf. Saarland; Art. 22 Abs. 1 Verf. Sachsen; Art. 24 Abs. 1 Verf. Sachsen-Anhalt; Art. 17 Abs. 1 Verf. Thüringen; s. für einen ausdrücklichen, aber nicht durch das Adverb „besonders" gesteigerten Schutz: Art. 21 Abs. 1 Verf. Bremen; Art. 26 Abs. 1 Satz 1 Verf. Brandenburg.

2 *Isensee*, Das Grundrecht als Abwehrrecht und staatliche Schutzpflicht, HStR ³IX, § 191 RN 27 ff., 30 ff., 38 ff.; → Bd. IV: *ders.*, Würde des Menschen, § 87; *G. Kirchhof*, Der besondere Schutz der Familie in Art. 6 Abs. 1 des Grundgesetzes, AöR 120 (2004), S. 542 (543 f.); *J. Ipsen*, Ehe und Familie, HStR ³VII, § 154 RN 6 f., 73 ff.; → Bd. IV: *U. Steiner*, Schutz von Ehe und Familie, § 108 RN 1, jeweils m.w.H.

3 Unmittelbar zu Ehe und Familie *Häberle*, in: Detlef Merten/Reiner Schmidt/Rupert Stettner (Hg.), FS Knöpfle, 1996, S. 119 (122 f.); allgemein *Isensee*, Grundrechtsvoraussetzungen und Verfassungserwartungen an die Grundrechtsausübung, HStR ³IX, § 190, insb. RN 49 ff., 204 ff.; *Arndt Uhle*, Verfassungsvoraussetzungen, in: Hanno Kube/Rudolf Mellinghoff/Gerd Morgenthaler u.a. (Hg.), Leitgedanken des Rechts, Bd. I, 2013, § 14; → Bd. I: *P. Kirchhof*, Grundrechtsinhalte und Grundrechtsvoraussetzungen, § 21.

4 BVerfGE 6, 55 (76); 82, 60 (81); 87, 1 (35); 103, 242 (257); 105, 313 (342); hierzu → Bd. IV: *Burgi*, Elterliches Erziehungsrecht, § 109 RN 32 ff.

5 S. hierzu *G. Kirchhof*, AöR 120 (2004), S. 542 (554 ff.), und sogleich C III, RN 22 ff.; s. zum besonderen Schutz von Ehe und Familie allgemein und im einfachen Recht *P. Kirchhof*, Maßstäbe für eine familiengerechte Besteuerung, ZRP 2003, S. 73 ff.; *Papier*, Ehe und Familie in der neueren Rechtsprechung des BVerfG, NJW 2002, S. 2129 ff.; *Christian Seiler*, Grundzüge eines öffentlichen Familienrechts, 2008; *Germann*, Dynamische Grundrechtsdogmatik von Ehe und Familie?, in: VVDStRL 73 (2014), S. 257 ff.; *M. Böhm*, ebd. S. 211 ff.

6 Zum Abwehrrecht des Art. 6 Abs. 1 GG bereits BVerfGE 6, 55 (71, 76).

7 BVerfGE 6, 55 (72); 105, 313 (344 f.).

8 BVerfGE 6, 55 (76 f.); 82, 60 (86); 99, 216 (232); 103, 242 (258 ff.).

9 *G. Kirchhof*, AöR 120 (2004), S. 542 (558 ff.).

10 BVerfGE 6, 55 (76); 105, 313 (346).

11 Art. 7 GG; hierzu → Bd. IV: *Loschelder*, Schulische Grundrechte und Privatschulfreiheit, § 110; *Jestaedt*, Schule und außerschulische Erziehung, HStR ³VII, § 156.

me der Länder Berlin und Hamburg – von allen Landesverfassungen in zahlreichen Regelungen bestätigt und konkretisiert. Hier liegt der grundrechtliche Schwerpunkt der Landesverfassungen[12].

Die grundgesetzlichen Gewährleistungen von Ehe, Familie und Schule binden alle Staatsgewalt[13] und gehen den Landesverfassungen vor[14]. Das Grundgesetz bildet den rechtlichen Ausgangspunkt für die landesverfassungsrechtlichen Garantien. Das Homogenitätsgebot des Art. 28 GG und Art. 31 GG, nach dem Bundesrecht Landesrecht bricht, betont den Vorrang des Grundgesetzes ausdrücklich. Die Verfassungsgerichte der Länder orientieren sich daher zu Recht an den Gewährleistungen des Grundgesetzes und an der maßgeblichen Rechtsprechung des Bundesverfassungsgerichts[15]. Dieser Befund darf aber nicht dahingehend mißverstanden werden, daß die durch eine Landesverfassung gewährleisteten Grundrechte bedeutungslos wären. Die Landesgrundrechte werden vielmehr in fünf zu unterscheidenden Bereichen maßgeblich. Das Landesrecht bestätigt zunächst in weiten Teilen ausdrücklich die grundgesetzlichen Garantien und erhöht so die grundrechtliche Bindungswirkung für das jeweilige Land. Manche Landesverfassungen konkretisieren sodann – dies ist der zweite Bereich – in detaillierten Vorgaben die allgemeinen Garantien des Grundgesetzes, regeln spezielle Gewährleistungen, die in der Konkretisierung im Vergleich zum grundgesetzlichen Schutz Besonderheiten aufweisen. Die Landesgrundrechte entfalten schließlich – drittens – einen eigenständigen Schutz, wenn besondere Regelungen im Bereich des Kindes- und Jugendschutzes[16] oder für Lebensgemeinschaften[17] getroffen werden, die das Grundgesetz nicht oder nicht ausdrücklich garantiert. Überdies werden die Landesgrundrechte zuweilen durch besondere gerichtliche Verfahren geschützt, die – wie die bayerische Popularklage[18] – auf der Ebene des Bundes nicht bestehen. Der grundgesetzliche Schutz wird so – viertens – prozessual erweitert. Die Landesgrundrechte sind schließlich – fünftens – in besonderer Weise maßgeblich, wenn die Gesetzgebungskompetenz wie im Bereich des Schulwesens fast ausschließlich bei den Ländern liegt, so daß diese und nicht der Bund tätig sind. Den Schwerpunkt grundrechtlicher Regelungen in den Landesverfassungen bilden somit nicht zu Unrecht die Regelungen über das Schulwesen[19].

2
Maßgeblichkeit der Landesgrundrechte – fünf Bereiche

Homogenitätsgebot

Eigenständiger Schutz durch Landesgrundrechte

Prozessuale Erweiterung

---

12 Art. 11 bis 21 Verf. Baden-Württemberg; Art. 128 bis 139 Verf. Bayern; Art. 26 bis 36a Verf. Bremen; Art. 56 bis 61 Verf. Hessen; Art. 7 bis 15 Verf. Nordrhein-Westfalen; Art. 27 bis 38 Verf. Rheinland-Pfalz; Art. 20 bis 26, Art. 28f. Verf. Thüringen; s. eine geringere Regelungsdichte: Art. 26 bis 33 Verf. Saarland; Art. 101 bis 108 Verf. Sachsen; Art. 24 bis 31 Verf. Sachsen-Anhalt; s. zudem Art. 30 Verf. Brandenburg; Art. 15 Verf. Mecklenburg-Vorpommern; Art. 4 Verf. Niedersachsen; Art. 8 Verf. Schleswig-Holstein; s. insgesamt E I, RN 42 ff.
13 Art. 1 Abs. 3 GG.
14 S. mit Blick auf das Schulwesen *Jestaedt*, HStR ³VII, § 156 RN 21 ff. → Bd. IV: *Loschelder*, Schulische Grundrechte und Privatschulfreiheit, § 110 RN 4 ff.
15 S. hierzu *Krausnick*, in: Meder/Brechmann (LitVerz.), Art. 98 S. 1 bis 3 RN 6 a.E.; *Epping*, in: ders./Butzer (LitVerz.), Art. 3 RN 20.
16 D III 2, RN 38 ff.
17 D III 1, RN 36 f.
18 Art. 98 Satz 4 Verf. Bayern.
19 E I, RN 42 ff.

3
Vier unterschiedliche Konzepte der Landesverfassungen

Ausgehend von diesen Bereichen der Maßgeblichkeit des Landesverfassungsrechts können fünf Gewährleistungskonzepte der Landesverfassungen unterschieden werden. Manche Verfassungen der Länder regeln keinen eigenen Grundrechtsschutz. In der Regel wird dann auf die Grundrechte des Grundgesetzes verwiesen. Nur Hamburg verzichtet auf eigene Grundrechte ohne einen solchen Verweis[20]. Die Länder nehmen sich so die Möglichkeit, die grundgesetzlichen Garantien zu bestätigen, zu konkretisieren oder zu ergänzen.

Zurückgenommener Grundrechtsschutz

Dieser zurückgenommene Schutz unterscheidet sich erheblich von den Landesverfassungen, die einen detaillierten Grundrechtsschutz gewährleisten. Der Unterschied wird für manche Verfassungen nicht zu Unrecht mit dem Zeitpunkt der Verfassungsgebung erklärt. Für Landesverfassungen, die vor dem Grundgesetz in Kraft gesetzt wurden, bestand mangels grundgesetzlicher Grundrechte eine besondere Notwendigkeit, einen eigenen Grundrechtskatalog zu regeln; ein Verweis auf das Grundgesetz war nicht möglich. Maßgeblich für den Grundrechtsschutz waren ausschließlich die Landesgrundrechte. Verfassungen, die nach dem Grundgesetz erlassen wurden, konnten auf das Grundgesetz verweisen – was angesichts des Vorrangs des Grundgesetzes auch als sachgerecht erachtet wurde[21]. Zu der Unterscheidung nach dem Erlaßzeitpunkt treten insbesondere die jeweiligen Regelungsstile, die sich maßgeblich vom Duktus des Grundgesetzes unterscheiden.

4
Unterschiedlicher Grundrechtsschutz in Bund und Ländern

Zahlreiche Landesverfassungen bestätigen – dies ist das zweite Konzept – den besonderen Schutz von Ehe und Familie des Grundgesetzes in parallelen oder ähnlichen Regelungen[22]. Die allgemeinen Bestimmungen der Bundesverfassung werden sodann – drittens – konkretisiert. Landesverfassungen regeln – viertens – Garantien, die das Grundgesetz nicht oder nicht ausdrücklich gewährleistet[23]. Hinzu treten – dem jeweiligen Regelungsstil der Landesverfassung folgend – nicht selten soziale Grundrechte, Staatszielbestimmungen oder Programmsätze[24], die das Grundgesetz – seiner Gewährleistungsstruktur folgend – so nicht kennt. Anders als in zahlreichen Landesverfassungen wurden die Grundrechte des Grundgesetzes fast ausschließlich als Abwehrrechte normiert; auf soziale Grundrechte und Staatszielbestimmungen wurde verzichtet. Auch die für die Weimarer Reichsverfassung charakteristischen Lebensbereiche wollten die Autoren der Verfassung bewußt nicht in das Grundgesetz aufnehmen[25].

Staatszielbestimmungen

Demgegenüber geben die Landesverfassungen beispielsweise ausdrücklich vor, Kunst, Wissenschaft, Sport und das kulturelle Leben zu fördern[26], die Lebensgrundlagen und Tiere zu

---

20 RN 25 m.w.H.
21 Siehe RN 2 und insg. *Krausnick*, in: Meder/Brechmann (LitVerz.), Art. 98 S. 1 bis 3 RN 5 m.w.H.
22 D II, RN 27 ff.
23 RN 2 und insb. D III 1, RN 36 ff.
24 S. insb. D III 2, RN 38 ff.; für die bayerische Verfassung *G. Kirchhof*, in: Meder/Brechmann (LitVerz.), Art. 124 RN 7 m.w.H.
25 S. sogleich C, RN 17 ff. m.w.H.
26 Art. 140 Verf. Bayern; Art. 3c Verf. Baden-Württemberg; Art. 16 Verf. Mecklenburg-Vorpommern; Art. 6 Verf. Niedersachsen; Art. 18 Verf. Nordrhein-Westfalen; Art. 9 Verf. Schleswig-Holstein; zu Kultur und Sport: Art. 34f. Verf. Saarland; zum Sport: Art. 32 Verf. Berlin; Art. 34f. Verf. Brandenburg; Art. 62a Verf. Hessen; Art. 11 Verf. Sachsen; Art. 9 Verf. Schleswig-Holstein.

schützen[27], die kulturellen Überlieferungen[28] und das geistige und leibliche Wohl aller Einwohner zu wahren[29]. Den Schutz dieser Rechtsgüter lehnt das Grundgesetz selbstredend nicht ab, hat aber bewußt auf entsprechende Staatszielbestimmungen weitgehend verzichtet. Insbesondere diese Unterschiede der Verfassungen in Gewährleistungsstruktur und Regelungskonzept muß die Verfassungsdeutung und Verfassungsänderung aufnehmen.

B. Drei Ebenen der Verfassungsdeutung

I. Unterschiedliche Verfassungen, differenzierte Verfassungsdeutung

Vor allem die sozialen Grundrechte, Staatszielbestimmungen und Programmsätze der Landesverfassungen[30] fragen nach ihrem Gewährleistungsgehalt und ihrer Einklagbarkeit. Die Interpretation der Landesverfassungen muß daher – wie jede Verfassungsinterpretation – drei Ebenen der Verfassungsdeutung unterscheiden und so den verschiedenen Regelungskonzepten, der jeweiligen Tradition und Regelungskonvention[31] der Verfassung gerecht werden.

5
Gewährleistungsgehalt und Einklagbarkeit

Die Landesverfassungen regeln insbesondere im Abschnitt über Ehe, Familie und Kinder Vorgaben unterschiedlicher Verbindlichkeit[32]. Ehe und Familie werden als die „natürliche und sittliche Grundlage der menschlichen Gemeinschaft"[33] erfaßt[34]. Dieses Beispiel verdeutlicht, daß sich der nüchterne, auf rechtsverbindliche Abwehrrechte ausgerichtete Regelungsstil des Grundgesetzes[35] erheblich von den Gewährleistungskonzepten zahlreicher Landesverfassungen unterscheidet. Diese Unterschiede nimmt die Verfassungsdeutung in ihren drei Ebenen auf.

6
Divergente Regelungskonzepte

In der Sitzung, in der diese Vorgabe der Bayerischen Verfassung beraten wurde, wurden allgemein die Verbindlichkeit und Justitiabilität der Landesverfassung erörtert[36]. Jeder Artikel der Verfassung müsse – so eine ausdrückliche Forderung – klar vorgeben, ob ein einklagbares subjektives Recht gewährleistet oder lediglich einer „der berühmten und berüchtigten program-

7
Die bayerische Kontroverse über Programmsätze

---

27 Art. 3 a f. Verf. Baden-Württemberg; Art. 11 a f. Verf. Bremen; Art. 31 Verf. Berlin; Art. 39 Verf. Brandenburg; Art. 40 Verf. Rheinland-Pfalz; Art. 10 Verf. Sachsen; Art. 7 Verf. Schleswig-Holstein.
28 Art. 3 Abs. 2 Satz 1 Alt. 2, Art. 141 Verf. Bayern.
29 Art. 99 Verf. Bayern.
30 RN 3 f. und sogleich insb. D III 2, RN 38 ff.
31 S. hierzu allgemein *Isensee*, HStR ³IX, § 191 RN 16 ff.
32 S. zur bayerischen Verfassung *G. Kirchhof*, in: Meder/Brechmann (LitVerz.), Art. 124 RN 2 ff. m.w.H.
33 Art. 124 Abs. 1 Verf. Bayern; Art. 5 Abs. 1 Satz 1 Verf. Nordrhein-Westfalen anerkennt Ehe und Familie „als die Grundlagen der menschlichen Gemeinschaft"; Art. 21 Abs. 1 Verf. Bremen und Art. 4 Verf. Hessen beschreiben Ehe und Familie „als die Grundlage des Gemeinschaftslebens".
34 S. hierzu sogleich B III, RN 14 f.
35 *Isensee*, HStR ³IX, § 191 RN 16 ff., insb. RN 29: „Die Freiheitsrechte [des Grundgesetzes] sind durchwegs als Abwehrrechte gefaßt". S. zur Sonderrolle des Art. 6 GG RN 30.
36 Insgesamt Bayerische Verfassung, Prot. I S. 227 ff.

§ 238 Sechzehnter Teil: II. Vergleichende Betrachtung der Landesgrundrechte

Verbindliche Verfassungssätze und subjektive Rechte

matischen Erklärungen" abgegeben werde, „die zu nichts verpflichten", die – so fuhr die pointierte Kritik fort – „zu gar nichts nutzen als zu einem, die Staatsbürger zu verwirren"[37]. Dem Antrag wurde jedoch nicht entsprochen, dieses Fehlverständnis der Programmsätze vielmehr zu Recht ausdrücklich abgelehnt[38]. Die Verfassung dürfe – dies war die bestimmende Erwägung – nicht „nur unter dem Gesichtspunkt des Parteivertreters in einem Zivilprozeß", also im Sinne subjektiver einklagbarer Rechte „betrachtet werden". Die Grenze zwischen verbindlichen, aber nicht einklagbaren Verfassungssätzen und subjektiven einklagbaren Rechten sei ohnehin nicht immer „scharf" zu ziehen. Eine eindeutige Regelung über die Justitiabilität sei daher im vorhinein nicht in allen Fällen zu treffen. Zudem schütze auch objektives Verfassungsrecht den einzelnen[39], wenn es Gesetzgebung und Verwaltung leitet. Schließlich wurde hervorgehoben, daß eine Verfassung nicht nur „Programmsätze einerseits und subjektive öffentliche Rechte andererseits", sondern „auch noch Weisungen für den Gesetzgeber, Rechtsgrundsätze, die an den Gesetzgeber gerichtet sind", regele[40]. In den Debatten über die bayerische Verfassung wurden so bereits drei unterschiedliche Stufen der Verfassungsinterpretation angedeutet[41], ohne sie jedoch klar zu benennen.

8
Differenzierte Verfassungsdeutung – drei Ebenen

Bei der Interpretation des Grundgesetzes und der Landesverfassungen sind drei Ebenen zu unterscheiden: erstens die verbindlichen und von den Richtern zu prüfenden Vorgaben, zweitens die verbindlichen, aber nicht justitiablen Bestimmungen und drittens verfassungsrechtliche Klugheitsregeln, die in der Verfassung angelegt sind und Politik und Rechtsinterpretation leiten[42].

II. Justitiable und nicht justitiable Vorgaben

9
Anerkannte Unterschiede in Verbindlichkeit und Kontrolldichte

Diese drei Ebenen, die Unterschiede in der Verbindlichkeit und Kontrolldichte markieren, sind anerkannt. Grundrechtliche Gewährleistungen wie das Verbot der Zensur[43] sind justitiable verfassungsrechtliche Vorgaben und von der öffentlichen Gewalt zu befolgen. Die Verfassungsentscheidung zur Kooperation in Europa[44], die Aufträge, die natürlichen Lebensgrundlagen zu schützen und die weiteren Staatszielbestimmungen, die zahlreiche Landesver-

---

37 Bayerische Verfassung, Prot. I S. 227, 230 (*A. Loritz*).
38 Bayerische Verfassung, Prot. I S. 231. *H. Schirmer* wandte pragmatisch ein, daß man kaum noch einmal die gesamte Verfassung in dieser Differenzierung „durcharbeiten" könne. Der folgende Zwischenruf von *A. Loritz* „Das müssen wir" blieb ungehört (insg. Bayerische Verfassung, Prot. I S. 230).
39 Bayerische Verfassung, Prot. I, S. 228 (*H. Ehard*).
40 Bayerische Verfassung, Prot. I S. 229 (*W. Hoegner*).
41 Der maßgebliche Unterschied zu den von *W. Hoegner*, Bayerische Verfassung, Prot. I S. 229, gezeichneten Ebenen besteht darin, daß auf die erwogenen unverbindlichen verfassungsrechtlichen Programmsätze verzichtet wird. Diese Kategorie vermag im auf Rechtsbindung angelegten Rechtsstaat nicht zu überzeugen. Die Rechtsdeutung würde ihre Grenzen verkennen, wenn sie ein Gesetz als eine unverbindliche Regel und damit ein rechtliches Nullum interpretieren könnte.
42 S. zu den Klugheitsregeln sogleich B III, RN 12 ff.; s. zu diesen drei Ebenen und zum folgenden *Gregor Kirchhof*, Die Allgemeinheit des Gesetzes, 2009, S. 180 ff.; *dens.*, in: Meder/Brechmann (LitVerz.), Art. 124 RN 2 ff.
43 Art. 5 Abs. 1 Satz 3 GG; Art. 111 Abs. 2 Satz 1 Verf. Bayern.
44 Präambel und Art. 23 GG; Art. 3 a Verf. Bayern.

fassungen regeln⁴⁵, verpflichten Gesetzgeber, Regierung und Verwaltung, übertragen den Richtern aber – wenn überhaupt – nur einen zurückgenommenen, nachzeichnenden Kontrollauftrag. Landesverfassungen treffen ihrem Schutzkonzept entsprechend⁴⁶ insbesondere auf dieser Ebene mehr Regelungen als das Grundgesetz⁴⁷. Hinzu treten Klugheitsregeln, die in der Verfassung angelegt sind, ohne verbindlich vorgegeben zu sein.

Jede Verfassung bindet die gesamte Staatsgewalt. Diese rechtsstaatliche Selbstverständlichkeit fordert aber nicht gleichsam den Verfassungsversuch von Gesetzgeber, Regierung und Verwaltung, der sodann vollständig durch den Letztentscheid der Richter überprüft wird. Legislative und Exekutive werden eigene Verfassungsverantwortlichkeiten übertragen, die nicht vollständig, sondern nur in einem bestimmten Rahmen der richterlichen Kontrolle unterliegen. Eine ausnahmslos gerichtliche Prüfung dieser Gewalten liefe Gefahr, diese aus der Aktivität der gestaltenden in die abwartende Rolle einer vollständig kontrollierten Gewalt zu drängen, dem Verfassungsstaat Gestaltungskraft zu rauben. Die Verfassungsentscheidungen für die parlamentarische Demokratie und die Gewaltenteilung betonen den jeweiligen Einschätzungs- und Beurteilungsraum der Verfassungsorgane. Der erstgestaltende Auftrag des Gesetzgebers unterscheidet sich von der Kontrollkompetenz der Richter⁴⁸. Verfassungsrichter in Bund und Ländern sind insoweit an die Erstentscheidung des Gesetzgebers, an dessen Konkretisierung der Verfassung, „an das einfache Gesetz" gebunden⁴⁹, auch wenn sie ein Gesetz verfassungsrechtlich kontrollieren und sodann verwerfen. Der verfassungsrechtliche Handlungsmaßstab reicht weiter als der Kontrollmaßstab.

10 Keine umfassende richterliche Kontrolle

Einschätzungs- und Beurteilungsraum der Verfassungsorgane

Wenn eine Verfassung einen richterlichen Kontrollauftrag erteilt, ist dieser nicht starr vorgegeben, sondern variiert – bei fließenden Übergängen – zwischen Inhaltskontrolle, Vertretbarkeitskontrolle und Evidenzkontrolle. Die Prüfung des Verfahrens tritt in den Vordergrund, wenn den Richtern die Kontrolle des Ergebnisses verwehrt ist⁵⁰. Sodann werden die Wirkungen eines Gesetzes, wird der Vertrauensschutz geachtet, wenn nicht die Nichtigkeit, sondern lediglich die „Unvereinbarkeit" einer Regelung mit der Verfassung – einschließlich eines Nachbesserungsauftrags – ausgesprochen oder ein Gesetz nur in Teilen für nichtig erklärt wird⁵¹. Ein einheitliches Regelungs-

11 Differenzierte Justitiabilität

---

45 Art. 20 a GG; s. zu den Landesverfassungen RN 4.
46 RN 3 und 5.
47 RN 4 m.w.H. auf die Landesverfassungen.
48 *Badura*, Aussprache, in: VVDStRL 39 (1981), S. 160; *Schlaich*, Die Verfassungsgerichtsbarkeit im Gefüge der Staatsfunktionen, in: VVDStRL 39 (1981), S. 99 (107), spricht zu Recht von der „Distanz" der Richter „zum Gesetz"; *Waldhoff*, Institutionen und Verfassungsgerichtsbarkeit im parlamentarischen System – Zum staatsrechtlichen Werk Klaus Schlaichs, in: JöR NF, Bd. 56 (2008), S. 235 (238).
49 *Schlaich*, in: VVDStRL 39 (1981), S. 99 (122).
50 Insg. *BVerfGE 50*, 290 (333); *62*, 1 (50); *Korinek*, Die Verfassungsgerichtsbarkeit im Gefüge der Staatsfunktionen, in: VVDStRL 39 (1981), S. 7 (24, 26 f.), 29).
51 *BVerfGE 73*, 118 (151 m.w.H.): Im Falle der „Nichtigkeit einer oder mehrerer Bestimmungen eines Gesetzes ist das gesamte Gesetz für nichtig zu erklären […], wenn die nichtigen Bestimmungen mit den übrigen so verflochten sind, daß sie eine untrennbare Einheit bilden, die nicht in ihre einzelnen Bestandteile zerlegt werden kann". Siehe insg. *BVerfGE 121*, 266 (316); *E. Klein*, in: Benda/ders./ O. Klein, Verfassungsprozessrecht (LitVerz.), § 39 RN 1387 ff.; *Hillgruber/Goos* (LitVerz.), RN 534; *Klaus Stern*, Verfassungsgerichtsbarkeit und Gesetzgeber, 1997, S. 17 ff.

§ 238 *Sechzehnter Teil: II. Vergleichende Betrachtung der Landesgrundrechte*

Erhaltung von Regelungskonzepten

konzept darf nicht dadurch zerschlagen werden, daß einzelne Regelungen für verfassungswidrig erklärt werden. Das Bundesverfassungsgericht betont auch hier den Respekt vor dem Gestaltungsraum des Gesetzgebers. So wird ein Gesetz auch dann insgesamt für nichtig erklärt, wenn sich das nur in Teilen aufrecht erhaltene Gesetz zu weit vom Willen des Gesetzgebers entfernen, ein „Gesetz mit einem vom Bundesgesetzgeber nicht gewollten Inhalt in Kraft" gesetzt würde[52]. Insgesamt variieren Verbindlichkeit und Justiabilität verfassungsrechtlicher Vorgaben nach Maßstab und konkretem Fall[53].

III. Verfassungsrechtliche Klugheitsregeln

12

Klugheitsregeln

Zu den justiablen und den verbindlichen, aber nicht richterlich überprüfbaren Vorgaben treten auf der dritten Ebene verfassungsrechtliche Klugheitsregeln. Das Grundgesetz und die Landesverfassungen berühren etwa in den Entscheidungen für Demokratie und Rechtsstaat alte Wurzeln des Rechts, ohne damit verbindlich oder gar justiabel die Erfahrungen, die Rechtstradition, aufzunehmen, die in diesen Begriffen gespeichert ist. Die Verfassungen öffnen sich aber der Klugheit, welche die Rechts- und Ideengeschichte hervorbringt. Diese Regeln ruhen in den Rechtstexten, tragen Erkenntnisse, historische Erfahrungen an das Recht heran, um dieses zu bestätigen oder weiterzuentwickeln.

13

Erlaß von Rechtsverordnungen

Das Grundgesetz[54] und die Landesverfassungen[55] erlauben dem Gesetzgeber, die Regierung durch Parlamentsgesetz zu ermächtigen, Rechtsverordnungen zu erlassen. Die Verfassungen verpflichten den Gesetzgeber nicht, Rechtssetzungsmacht zu delegieren. In einer verfassungsrechtlichen Klugheitsregel legen die Bestimmungen aber nahe, von der Delegationsmöglichkeit Gebrauch zu machen, um so den Gesetzgeber zu entlasten und die Expertise der Regierung zu nutzen[56]. Diese Klugheitsregeln können kraftvoller wirken als verbindliche und justiable Vorgaben, wenn Parlament und Exekutive ihnen bei der Erfüllung ihrer Handlungsaufträge folgen. Nicht jeder Gedanken, der in eine verfassungsrechtliche Bestimmung hineingelesen werden kann, ordnet das Recht verbindlich an. Nur eine in juristischer Auslegung erlangte bestimmte Rechtsaussage ist verbindlich und als solche auch nur justiabel, wenn die Richter ermächtigt werden. Maßgeblich sind die jeweilige Regelung und ihre Konkretisierung im zu entscheidenden Fall[57].

14

Ehe und Familie als „Grundlagen jeder menschlichen Gemeinschaft"

Wenn die Bayerische Verfassung im Gleichklang mit anderen Landesverfassungen Ehe und Familie als die natürliche und sittliche Grundlage der menschlichen Gemeinschaft beschreibt[58], wollten die Mütter und Väter der Verfassung hier keine justiablen Vorgaben setzen. Vielmehr sollte der Stel-

---

52 *BVerfGE 111*, 226 (273).
53 *BVerfGE 57*, 139 (159); *62*, 1 (51); *106*, 62 (148 ff.); *Korinek*, in: VVDStRL 39 (1981), S. 7 (29); *Schlaich*, in: VVDStRL 39 (1981), S. 99 (S. 112).
54 Art. 80 Abs. 1 GG.
55 Siehe hier nur Art. 55 Nr. 2 Verf. Bayern.
56 S. insg. *Gregor Kirchhof*, Die Allgemeinheit des Gesetzes, 2009, S. 180 ff.
57 *BVerfGE 57*, 139 (159); *62*, 1 (51); *106*, 62 (148 ff.); *Korinek*, in: VVDStRL 39 (1981), S. 7 (30, 40 f.).
58 Art. 124 Abs. 1 Verf. Bayern; s. zu den anderen Landesverfassungen RN 6 m.w.H.

lenwert dieser vorgefundenen Gemeinschaften, die für den „Aufbau der menschlichen Gesellschaft von unten nach oben"[59] maßgeblich sind, verbindlich betont werden. Ehe und Familie sind – dies war der prägende Gedanke – Voraussetzungen jeder menschlichen Gemeinschaft, stehen nicht zur Disposition[60]. In den Landesverfassungen ruhen also Klugheitsregeln, die Erfahrungen über diese Grundlagen der Gemeinschaft vermitteln. Insoweit werden auch historische und kulturelle Erwägungen als Leitgedanken des Handelns bewußt gemacht. Verbindlich ordnet die Bayerische Verfassung diese jedoch nicht an.

Mit einem besonderen Pathos beschreibt die Bayerische Verfassung in Artikel 125 Abs. 1 Satz 1 Kinder als das „köstlichste Gut eines Volkes". Diese Formulierung löste bereits bei den Beratungen der Verfassung Befremden aus, das nicht ausgeräumt werden konnte[61]. Der Artikel ist aber keine Regelung ohne „rechtlichen Gehalt"[62], sondern Teil eines verbindlichen Verfassungstextes. Die bayerische Verfassung trifft hier eine verbindliche, aber nicht justitiable Feststellung[63]. Der öffentlichen Hand wird vorgegeben, den besonderen Wert der Kinder zu achten. Nur in dieser Verbindlichkeit kann treffend von einem Programm[64] gesprochen werden. Als rechtliche Klugheitsregel betont Art. 125 Abs. 1 Verf. Bayern darüber hinaus den Wert der Kinder im Sinne der allgemeinen Erkenntnis, daß die Gesellschaft in Kindern ihre Zukunft hat, Kinder in besonderer Weise zu schützen und zu fördern sind. Diese Gedanken werden an die öffentliche Hand als unverbindliche Anregungen herangetragen. Erfahrungen über die Grundlagen der Gemeinschaft und die zentrale Rolle der Kinder sollen als Klugheitsregeln die Verfassungsorgane leiten[65].

15 Kinder als „köstlichstes Gut eines Volkes"

Bei der Analyse landesverfassungsrechtlicher Vorgaben ist zu unterscheiden, ob diese als Klugheitsregeln, nur als verbindliche oder als verbindliche und zugleich justitiable Verfassungssätze wirken. Diese drei Ebenen der Verfassungsdeutung stehen nicht statisch nebeneinander, sondern greifen ineinander, wenn eine justitiable Forderung zwar gerichtlich geprüft, aber nur eine Unvereinbarkeitserklärung richterlich angeordnet wird, oder wenn eine Klugheitsregel die Verfassungskonkretisierung leitet und damit die Rechtsdeutung

16 Differenzierte Verfassungsinterpretation

---

59 Bayerische Verfassung, Prot. I. S. 237 (*A. Hundhammer*).
60 *H.A. Wolff*, in: Lindner/Möstl/ders. (LitVerz.), Art. 124 RN 13.
61 *E. Meyer-Spreckels* schlug vor, von einem „kostbaren" Gut zu sprechen, weil sich das Adjektiv „köstlich" mehr auf „sinnliche Eindrücke" beziehe und einen „Diminutiv" enthalte. *W. Hoegner* entgegnete, daß das Wort „köstlich" weiter reiche und deshalb beibehalten werden solle. *E. Meyer-Spreckels* zog daraufhin ihren Änderungsantrag mit dem Bemerken zurück, daß das „Wort ‚köstlich' im Sprachgebrauch hier anders zu sein scheint, als sie es kenne (insg. Bayerische Verfassung, Prot. II S. 343). In der ursprünglichen Fassung wurden „gesunde Kinder" als das köstlichste Gut des Volkes beschrieben. Durch das verfassungsändernde Gesetz vom 20. 2. 1998 wurde der Begriff „gesund" gestrichen (GVBl. S. 38). So sollte klargestellt werden, daß der Umkehrschluß, „nicht gesunde Kinder" nicht zum köstlichsten Gut des Volkes" zu zählen „unzweifelhaft nie gewollt war" (Gesetzesbegründung, LT-Drs. 13/7436, S. 5; insg. *G. Kirchhof*, in: Meder/Brechmann (LitVerz.), Art. 124 RN 7f., Art. 125 RN 2).
62 *Theodor Meder*, Die Verfassung des Freistaates Bayern, ⁴1992, Art. 125 RN 1.
63 *J. Schwalber*, Bayerische Verfassung, Prot. I S. 238; mit anderer Begründung *H.A. Wolff*, in: Lindner/Möstl/ders. (LitVerz.), Art. 125 RN 5.
64 *VerfGHE 50*, 67 (74), zu Art. 125 Abs. 1 und Abs. 2 Verf. Bayern.
65 *G. Kirchhof*, in: Meder/Brechmann (LitVerz.), Art. 124 RN 7f.

prägt. Gleichwohl erwartet die Interpretation des Grundgesetzes und der Landesverfassungen insbesondere in den Abschnitten über Ehe, Familie und Schule die deutliche Unterscheidung dieser drei Ebenen[66].

C. Der Ausgangspunkt: Der besondere Schutz von Ehe und Familie in Art. 6 GG

I. Sonderstellung in den als Abwehrrechte gefaßten Grundrechten

17
Sonderrolle des Art. 6 Abs. 1 GG

Elternverantwortung

Abweichung vom abwehrrechtlichen System

Die Freiheitsrechte des Grundgesetzes werden als Abwehrrechte gefaßt. Art. 6 GG nimmt hier eine Sonderrolle ein[67]. Absatz 1 stellt Ehe und Familie unter den besonderen Schutz der staatlichen Ordnung[68], weicht also vom abwehrrechtlichen Regelungskonzept in einem ausdrücklichen Schutzauftrag bewußt ab[69]. Diese Abweichung ist umso bemerkenswerter, als Familien nicht nur unter den Schutz, sondern unter den „besonderen" Schutz der staatlichen Ordnung gestellt werden. Art. 6 Abs. 2 und Abs. 3 GG regeln sodann das Verhältnis zwischen Eltern und Kindern, heben die Elternverantwortung hervor und weisen der öffentlichen Hand eine Wächterrolle zu, die diese aber entschlossen wahrnehmen muß, wenn das Wohl des Kindes dies erfordert. Die abwehrrechtliche Ausrichtung der Grundrechte, die die Bürger vor Zugriffen der öffentlichen Hand schützt, wird hier verlassen, um ein Verhältnis zwischen Privaten, zwischen Eltern und Kind zu regeln. In dieser Besonderheit nutzt Art. 6 Abs. 2 Satz 1 GG eine außergewöhnliche Formulierung, wenn Pflege und Erziehung der Kinder als „das natürliche Recht der Eltern und die zuvörderst ihnen obliegende Pflicht" geregelt werden. Art. 6 Abs. 4 GG gewährt jeder Mutter einen Anspruch auf den Schutz und die Fürsorge der Gemeinschaft. In einer erneut bemerkenswerten Abweichung vom abwehrrechtlichen Regelungssystem wird Müttern Schutz und Fürsorge gewährt. Art. 6 Abs. 5 GG widmet sich schließlich dem Schutz von Kindern, die außerhalb einer Ehe geboren wurden. Art. 6 GG ist in allen seinen Absätzen eine besondere Regelung, die auf das Wohl des Kindes, die Eltern-Kind-Beziehung und die Gemeinschaft ausgerichtet ist. In „den christlich überlieferten Menschenbildern – der Würde des einzelnen, der Intimität der Ehe, der Geborgenheit familialer Lebensgemeinschaften, der Sorge um die Kinder – ist ein ursprüngliches Humanitätsprogramm angelegt, von dessen Tiefenbedeutung bis heute

---

[66] S. insg. *Gregor Kirchhof*, Die Allgemeinheit des Gesetzes, 2009, S. 180 ff.; *dens.*, in: Meder/Brechmann (LitVerz.), Art. 124 RN 2 ff.
[67] *Isensee*, HStR³ IX, § 191 RN 29 f.
[68] S. insg. → Bd. IV: *U. Steiner*, Schutz von Ehe und Familie, § 108 RN 1 ff.; *J. Ipsen*, HStR³ VII, § 154 RN 73 ff.; jeweils m.w.H.
[69] S. insg. die 29. Sitzung des Ausschusses für Grundsatzfragen vom 4.12. (Deutscher Bundestag/Bundesarchiv [Hg.], Der Parlamentarische Rat 1948–1949. Akten und Protokolle, Bd. 5/II, Ausschuß für Grundsatzfragen, 1993, bearbeitet von *Eberhard Pikart* und *Wolfram Werner*, S. 806 ff.).

ausnahmslos unsere Chance auf Freiheit und auch jeder emanzipatorische Akt der Gleichstellung lebt"[70].

II. Ehe, Familie und die Ausrichtung auf das Kindeswohl

Art. 6 Abs. 1 GG stellt mit Ehe und Familie zwei zentrale Gemeinschaften unter den besonderen Schutz der staatlichen Ordnung. Der Gesetzgeber muß diese verfassungsrechtlichen Begriffe konkretisieren, dabei aber – in den Worten des Bundesverfassungsgerichts – die „wesentlichen Strukturprinzipien beachten, die sich aus der Anknüpfung" der Verfassung „an die vorgefundene Lebensform in Verbindung mit dem Freiheitscharakter des verbürgten Grundrechts und anderen Verfassungsnormen ergeben"[71].

18
Konkretisierungsauftrag des Gesetzgebers

Die Ehe ist – so fährt das Bundesverfassungsgericht fort – „die Vereinigung eines Mannes mit einer Frau zu einer auf Dauer angelegten Lebensgemeinschaft [...], begründet auf freiem Entschluß unter Mitwirkung des Staates, in der Mann und Frau in gleichberechtigter Partnerschaft zueinander stehen und über die Ausgestaltung ihres Zusammenlebens frei entscheiden können"[72]. Die Ehe ist gemäß Art. 6 Abs. 1 GG geschützt, unabhängig davon, ob aus ihr eine Familie hervorgeht. Der Schutz des Art. 6 Abs. 1 GG erstreckt sich nicht auf das Verlöbnis oder eheähnliche Gemeinschaften. Gleichgeschlechtliche Partner können – so das Bundesverfassungsgericht – keine Ehe im Sinne der Verfassung schließen[73]. Hiervon zu unterscheiden ist mit dem Bundesverfassungsgericht ein möglicher Gleichheitsverstoß, wenn gleichgeschlechtliche Lebenspartnerschaften anders als Ehen behandelt werden[74].

19
Ehe

Familie ist die umfassende, rechtsverbindliche Gemeinschaft von Eltern und Kindern, die durch die Geburt entsteht, aber auch auf andere Weise durch die staatliche Rechtsordnung begründet werden kann[75]. Eine Familie wird gegründet, wenn Eltern eine verbindliche Verantwortungsbeziehung zu einem Kind eingehen. Familie ist damit nicht immer dort, wo Kinder sind, sondern fordert die rechtssichere verantwortliche Verbindung des Kindes zu seinen Erziehungsberechtigten[76]. Eltern und Kinder müssen nicht in einer häuslichen Gemeinschaft vereint sein. Geschützt ist auch die Beziehung der alleinstehenden Mutter oder des alleinstehenden Vaters zum Kind, mag das Kind außerhalb einer Ehe geboren oder adoptiert worden sein, Stief- oder Pflegeeltern haben[77]. Art. 6 GG erfaßt nicht die Großfamilie, also die Gemeinschaft, die über die Eltern-Kind-Beziehung hinausgeht. Die normative Kraft des Art. 6

20
Familie

Verantwortliche Verbindung

---

70 *Di Fabio*, Der Schutz von Ehe und Familie: Verfassungsentscheidung für die vitale Gesellschaft, NJW 2003, S. 993 (994, 998).
71 *BVerfGE 105*, 313 (345 m.w.H.).
72 *BVerfGE* aaO.
73 *BVerfGE 124*, 199 (226).
74 *BVerfGE 124*, 199 (217 ff.); insg. *J. Ipsen*, HStR ³VII, § 154 RN 8 ff.
75 *BVerfGE 80*, 81 (90).
76 *G. Kirchhof*, AöR 120 (2004), S. 542 (549 ff.), zu Art. 6 Abs. 1 GG.
77 *BVerfGE 79*, 256 (267 m.w.H.).

GG wächst, wenn der grundrechtliche Schutz auf die Kleinfamilie beschränkt wird. Zum Wohle des Kindes wird die Beziehung zu seinen Eltern in besonderer Weise geschützt. Diese Zuordnung, dieser Schutz liefe Gefahr, geschwächt zu werden, wenn andere familiäre Beziehungen den gleichen Rang beanspruchen würden, nicht erst an zweiter Stelle kämen. Art. 6 GG erfaßt – wie die Landesverfassungen – nicht jedes Verwandtschaftsverhältnis, aber auch nicht nur bestimmte Familien, sondern jede prägende verbindliche Verantwortungsbeziehung der Eltern zu ihrem Kind[78].

Kindeswohl

21 *Schutzgehalte*

Besondere Schutzintensität

Der besondere, dieser außergewöhnliche Schutz von Ehe und Familie in Art. 6 Abs. 1 GG entfaltet sich in fünf zu unterscheidenden Schutzgehalten. Die Bestimmung gewährleistet ein Abwehrrecht und eine Einrichtungsgarantie, normiert ausdrücklich eine Schutzpflicht, gibt zudem eine Förderpflicht und ein Benachteiligungsverbot vor[79]. Der besondere Schutz meint dabei – beim Worte genommen – einen Schutz besonderer Intensität, der alle fünf Gewährleistungen prägt. Die bemerkenswerte verfassungsrechtliche Garantie ist auf das Wohl der Kinder ausgerichtet, rückt die Kinder in den Mittelpunkt. Art. 6 Abs. 1 GG schützt die Familie und damit die Kinder in besonderer Weise. Die folgenden beiden Absätze widmen sich der Beziehung zwischen Eltern und Kind, betonen die Elternverantwortung und das staatliche Wächteramt, um so dem Wohle der Kinder zu dienen. Auch der Anspruch der Mütter auf Schutz und Fürsorge dient dem Kind. Schließlich widmet sich Art. 6 Abs. 5 GG ausdrücklich Kindern, die außerhalb einer Ehe geboren wurden.

III. Fünf zu unterscheidende jeweils gesteigerte Schutzgehalte

22 *Gesteigertes Abwehrrecht*

Als Abwehrrecht verlangt Art. 6 Abs. 1 GG eine besondere Rechtfertigung von Eingriffen. Zugriffe der öffentlichen Hand auf die Ehe oder das familiäre Leben haben grundsätzlich zu unterbleiben. Ehen und Familien werden in Freiheit gegründet. Regelungen, welche die freie Entscheidung für diese Gemeinschaften und über die Aufgabenverteilung beeinträchtigen, sind zu vermeiden. Beeinträchtigungen des familiären Lebens können hiernach insbesondere durch das Wohl des Kindes gerechtfertigt sein. Die besondere Individualität jeder Familie soll sich – dieses Schutzkonzept betont das Bundesverfassungsgericht in ständiger Rechtsprechung – zum Wohle der Kinder frei vom Einfluß der öffentlichen Hand entfalten[80].

23 *Einrichtungsgarantie*

Auch als Einrichtungsgarantie nimmt Art. 6 GG den Gesetzgeber stärker in die Pflicht als andere grundrechtliche Gewährleistungen. Das Familienrecht muß die Verbindung zwischen den Ehepartnern und zwischen Eltern und

---

78 *G. Kirchhof*, AöR 120 (2004), S. 542 (549 ff.); zu den Landesverfassungen: *Dästner*, Verfassung (Lit-Verz.), Art. 5 RN 3; *Degenhart*, Die Grundrechte der Sächsischen Verfassung, in: ders./Meissner, Handbuch (LitVerz.), § 7 RN 53 f.; *Driehaus* (LitVerz.), Art. 12 RN 4; *A. Reich*, Verfassung (LitVerz.), Art. 24 RN 1; *Reiser-Uhlenbruch*, in: Linck/Baldus/Lindner u.a. (LitVerz.), Art. 17 RN 20; *Rixecker*, in: ders./Wendt (LitVerz.), Art. 22 RN 7.
79 S. bereits RN 1 m.w.H.
80 *BVerfGE* 99, 216 (232); 79, 51 (63 f.); 60, 79 (88).

Kind, die bestehenden Rechte und Pflichten verläßlich und klar normieren. Charakteristisch für Einrichtungsgarantien ist auch hier die Regelung eines Mehrpersonenverhältnisses. Dabei sind – dies betont das Bundesverfassungsgericht – die wesentlichen Strukturen aufzunehmen, die durch die vorgefundenen freiheitlichen Lebensformen vorgegeben sind[81]. Diese Vorgaben sind zwar schwer zu bestimmen, gehen auch nicht im Verhältnismäßigkeitsgrundsatz auf, werden aber durch die Wesensgehaltsgarantie konkretisiert.

Mehrpersonenverhältnisse

Ausdrücklich regelt das Grundgesetz den Auftrag, Ehe und Familie besonders zu schützen. Die explizite Schutzverpflichtung wird um eine Förderpflicht ergänzt. Der Gesetzgeber hat einen weiten Gestaltungsraum, wie er diese Aufträge erfüllt. – Schutz- und Förderpflichten sind grundsätzlich unbestimmt[82], richten sich zuvörderst an die gestaltenden Gewalten, sind umfassend verbindlich, aber nur in Teilen justitiabel[83]. Die öffentliche Hand verletzt die Pflichten aber in ihrem richterlich kontrollierbaren Kern, wenn Familien behindert werden, wenn das Schutzziel gänzlich verfehlt wird, wenn Schutz und Förderung offensichtlich unangemessen sind oder unterbleiben. Die Richter greifen ein, wenn der Gesetzgeber das Untermaß unterschreitet[84]. Der ausdrücklich betonte und im besonderen Schutz gesteigerte Schutzauftrag stärkt die Förder- und Schutzpflicht, erhöht das Untermaß[85]. Zwar gibt auch das erhöhte Untermaß keine eindeutige Grenze vor. Art. 6 Abs. 1 GG fordert auch nicht, Ehen und Familien vorrangig zu Lasten anderer staatlicher Verpflichtungen zu schützen und zu fördern. Die öffentliche Hand muß in den Grenzen ihrer Leistungsfähigkeit jeden Schutzauftrag angemessen erfüllen. Ansprüche auf bestimmte staatliche Leistungen, die Ausgestaltung einer Leistung oder gar auf eine Erhöhung einer solchen bestehen nicht. Das Grundgesetz verpflichtet die öffentliche Hand auch nicht, alle Belastungen auszugleichen, die Familien tragen. Die Entscheidung für die Familie ist auch in den monetären Folgen eine private. Art. 6 Abs. 1 GG fordert aber – auch in Verbindung mit dem Sozialstaatsprinzip – einen Familienleistungsausgleich. In welcher Weise dieser Auftrag zu erfüllen ist, läßt sich dem Grundgesetz jedoch nicht entnehmen[86]. Dieser Gestaltungsraum wird durch das erhöhte Untermaß begrenzt. Die Verfassung nimmt insgesamt den Gesetzgeber in besonderer Weise für Ehe und Familie in die Pflicht[87].

24
Gesteigerter Schutzauftrag, Förderpflicht

Erhöhtes Untermaß

Die verfassungsrechtliche Vorgabe, Ehe und Familie besonders zu schützen und zu fördern, schließt aus, diese zu benachteiligen. Art. 6 Abs. 1 GG regelt einen speziellen Gleichheitssatz. Dieser greift, wenn zwischen Ehe und anderen Partnerschaften, zwischen Familien und anderen Gemeinschaften differenziert wird, nicht jedoch, wenn eine Unterscheidung zwischen unterschiedlichen Ehen oder Familien getroffen wird. Der öffentlichen Hand ist es unter-

25
Benachteiligungsverbot

---
81 *BVerfGE 105*, 313 (345 m.w.H.); s. bereits C II, RN 18.
82 Deutlich *BVerfGE 88*, 203 (262).
83 S. oben B II, RN 9 ff.
84 *BVerfGE 103*, 242 (259 f.); *88*, 203 (254).
85 *G. Kirchhof*, AöR 120 (2004), S. 542 (S. 561 f.).
86 Deutlich *BayVerfGHE 61*, 237 (239).
87 Insg. *G. Kirchhof*, AöR 120 (2004), S. 542 (561 ff.).

§ 238 Sechzehnter Teil: II. Vergleichende Betrachtung der Landesgrundrechte

sagt, ohne hinreichenden sachlichen Grund Ehe und Familie zu benachteiligen. Auch eine neutral formulierte Regelung vermag den besonderen Gleichheitssatz zu verletzen.

D. Ehe und Familie in den Landesverfassungen – drei unterschiedliche Regelungskonzepte

I. Verweis auf die Grundrechte des Grundgesetzes

26
Keine eigenen Landesgrundrechte

Dynamische Verweisungen

Diesen Vorgaben des Art. 6 GG folgen die Landesverfassungen in drei unterschiedlichen Konzepten. Manche Länder regeln – das ist das erste Konzept – keine eigenen Grundrechte und damit auch keinen besonderen grundrechtlichen Schutz von Ehe und Familie. Die Verfassungen von Baden-Württemberg[88], Mecklenburg-Vorpommern[89], Niedersachsen[90], Nordrhein-Westfalen[91] und Schleswig-Holstein[92] verweisen dynamisch auf die Grundrechte des Grundgesetzes als „unmittelbar geltendes" Landesrecht[93]. Die Hamburgische Verfassung verzichtet ohne einen solchen Verweis auf eigene grundrechtliche Regelungen, konkretisiert auch den Schutz von Ehe und Familie nicht, so daß die grundgesetzlichen Gewährleistungen aus sich heraus maßgeblich werden[94]. Diese Länder nehmen sich – jedenfalls in Teilen – die Möglichkeit, die grundgesetzlichen Garantien in einem oder allen der genannten fünf Bereiche[95] zu bestätigen, zu konkretisieren oder zu ergänzen. Teilweise werden aber trotz des Verweises auf das Grundgesetz besondere Regelungen im Bereich von Ehe und Familie getroffen[96].

II. Bestätigende Landesverfassungen – mit Besonderheiten

1. Der besondere Schutz von Ehe und Familie in den Ländern

27
Besonderer Schutz von Ehe/Familie

Alle Landesverfassungen, die eigene Grundrechte regeln[97], stellen Ehe und Familie unter einen ausdrücklichen Schutz[98], regelmäßig aber – wie das Grundgesetz – unter einen besonderen Schutz der staatlichen Ordnung[99].

---

88 Art. 2 Abs. 1 Verf. Baden-Württemberg.
89 Art. 5 Abs. 3 Verf. Mecklenburg-Vorpommern.
90 Art. 3 Abs. 2 Verf. Niedersachsen.
91 Art. 4 Abs. 1 Verf. Nordrhein-Westfalen.
92 Art. 2 a Verf. Schleswig-Holstein.
93 S. bereits RN 3; s. zu diesem Verweis exemplarisch *Epping*, in: ders./Butzer (LitVerz.), Art. 3 RN 16 f., 21 ff.
94 Art. 1 ff. Verf. Hamburg.
95 RN 2.
96 S. z. B. Art. 14 Verf. Mecklenburg-Vorpommern; Art. 4 a Verf. Niedersachsen; Art. 5 f. Verf. Nordrhein-Westfalen; Art. 6 a Verf. Schleswig-Holstein; s. hierzu auch sogleich RN 27.
97 D I, RN 26.
98 Art. 21 Abs. 1 Verf. Bremen; Art. 26 Abs. 1 Satz 1 Verf. Brandenburg.
99 Art. 124 Abs. 1 Verf. Bayern; Art. 12 Abs. 1 Verf. Berlin; Art. 4 Verf. Hessen; Art. 23 Abs. 1 Verf. Rheinland-Pfalz; Art. 22 Verf. Saarland; Art. 22 Abs. 1 Verf. Sachsen; Art. 24 Abs. 1 Verf. Sachsen-Anhalt; Art. 17 Abs. 1 Verf. Thüringen.

Zuweilen wird zudem explizit eine Förderpflicht geregelt[100]. Die Landesverfassungen bestätigen so – das ist das zweite Konzept – die Gewährleistungen des Art. 6 Abs. 1 GG ausdrücklich, regeln dabei aber jeweils Besonderheiten[101]. Unterschiede im Wortlaut bestehen hinsichtlich des Schutzadressaten. Teilweise wird von einem besonderen Schutz des Staates[102], des Landes[103], des Gesetzes[104] oder – wie im Grundgesetz – der staatlichen Ordnung gesprochen[105]. Diese Regelungsunterschiede sind nicht maßgeblich. Die Formulierung „staatliche Ordnung" wurde in Art. 6 Abs. 1 GG dem Begriff „Verfassung" vorgezogen, um deutlich die umfassende Bindung aller drei Gewalten an die Grundrechte zu unterstreichen[106], insbesondere die Zivilrechtsordnung in den Schutz einzubeziehen. Durch den Begriff der staatlichen Ordnung wurde der Begriff „Verfassung" ersetzt, der wiederum anstelle des Wortes „Staat" getreten war, weil man sich nicht vorstellen konnte, wie der Staat Ehe und Familie schützen solle, wenn nicht durch die staatliche Ordnung, das heißt durch Maßnahmen aller drei Gewalten[107]. Wenn also die Landesverfassungen von einem besonderen Schutz des Landes, Staates oder der staatlichen Ordnung sprechen, wird die öffentliche Hand umfassend verpflichtet. Aber auch der besondere Schutz durch das Gesetz engt den Schutz nicht auf eine Gewalt – den Gesetzgeber – ein, sondern betont den Vorrang, auch den Vorbehalt des Gesetzes, die rechtliche Leitentscheidung des Parlamentsgesetzes, der die anderen Gewalten zu folgen haben. Alle Landesverfassungen, die eigene Grundrechte regeln, bestätigen den besonderen Schutz von Ehe und Familie des Grundgesetzes.

„Staatliche Ordnung"

Vorrang und Vorbehalt des Gesetzes

2. Elternverantwortung und Wächteramt des Staates

Pflege und Erziehung der Kinder werden sodann in allen Landesverfassungen, die eigene Grundrechte regeln[108], in weiten Teilen wortgleich mit dem Grundgesetz als natürliches Recht der Eltern und die zuvörderst ihnen obliegende Pflicht verstanden[109]. Das Grundgesetz und die Landesverfassungen

28
Elternverantwortung

---

100 Art. 26 Abs. 1 Satz 1 Verf. Brandenburg; Art. 22 Verf. Saarland.
101 RN 1 u. insb. C III, RN 22 ff.; s. für vergleichenden Blick *Reiser-Uhlenbruch*, in: Linck/Baldus/Lindner u. a. (LitVerz.), Art. 17 RN 14; *Rixecker*, in: ders./Wendt (LitVerz.), Art. 22 RN 2.
102 Art. 124 Abs. 1 Verf. Bayern; Art. 22 Verf. Saarland.
103 Art. 5 Abs. 1 Satz 2 Verf. Nordrhein-Westfalen; Art. 22 Abs. 1 Verf. Sachsen.
104 Art. 4 Verf. Hessen.
105 Art. 23 Abs. 1 Verf. Rheinland-Pfalz; Art. 24 Abs. 1 Verf. Sachsen-Anhalt; Art. 17 Abs. 1 Verf. Thüringen.
106 Art. 1 Abs. 3 GG.
107 *H. v. Mangoldt* in der 29. Sitzung des Ausschusses für Grundsatzfragen v. 4. 12. 1948 (Deutscher Bundestag/Bundesarchiv [Hg.], Der Parlamentarische Rat 1948–1949. Akten und Protokolle, Bd. 5/II, Ausschuß für Grundsatzfragen, 1993, bearbeitet von *Eberhard Pikart/Wolfram Werner*, S. 808 f., s. aber auch den Zwischenruf auf S. 826).
108 D, RN 26.
109 Art. 126 Abs. 1 Satz 1 Verf. Bayern; Art. 12 Abs. 2 Verf. Berlin; Art. 25 Abs. 1 Satz 1 Verf. Rheinland-Pfalz; Art. 24 Abs. 1 Satz 1 Verf. Saarland; Art. 22 Abs. 3 Verf. Sachsen; Art. 11 Abs. 1 Satz 1 Verf. Sachsen-Anhalt; Art. 27 Abs. 2 Verf. Brandenburg: „Eltern haben das Recht und die Pflicht zur Erziehung ihrer Kinder". Ähnlich: Art. 23 Abs. 1 Verf. Bremen; Art. 55 Verf. Hessen und Art. 21 Verf. Thüringen regeln die Elternverantwortung in systematischer Nähe zum Schulwesen.

überlassen – in den Worten des Bundesverfassungsgerichts – „die Entscheidung über das Leitbild der Erziehung den Eltern, die über die Art und Weise der Betreuung des Kindes, seine Begegnungs- und Erlebensmöglichkeiten [...] bestimmen. Diese primäre Entscheidungsverantwortlichkeit der Eltern beruht auf der Erwägung, daß die Interessen des Kindes in aller Regel am besten von den Eltern wahrgenommen werden". Die spezifische Integrationskraft der Familie soll sich ungehindert, frei vom Staat entfalten. Die staatliche Gemeinschaft muß aber in Ausübung ihres Wächteramtes entschieden eingreifen, wenn das Wohl des Kindes dies erfordert[110]. Das Elternrecht ist ein auf das Kind ausgerichtetes und damit besonderes Grundrecht[111]. Es ist elementar dem Kind verpflichtet[112]. Das Kindeswohl bildet die oberste Richtschnur für die Ausübung der Elternverantwortung[113].

29
Primäre Verantwortung der Eltern

In verfassungspolitischen Debatten wurde das Bild eines spitzwinkligen Dreiecks gezeichnet, an dessen Eckpunkten die Eltern, die Kinder und die öffentliche Hand stehen. Dieses Dreieck müsse – mit dieser Erwägung sollten insbesondere spezielle Kindergrundrechte in das Grundgesetz aufgenommen werden – gleichschenklig werden[114]. Wer diesem Vorschlag folgt, verlängert die dem Staat gegenüberliegende Seite des Dreiecks, vergrößert den Abstand zwischen Eltern und Kindern. Das Dreieck muß aber um der Kinder Willen spitzwinklig sein, die Nähe zwischen Eltern und Kindern gewahrt bleiben. Die Eltern tragen die erste Verantwortung. Im Anschluß wacht der Staat und übt seinen Bildungsauftrag aus. Art. 6 GG begründet auch hier ein „Gemeinschaftsgrundrecht", das in erster Linie dem Kindeswohl, aber in Erfüllung dieses Zieles auch der Gemeinschaft dient[115]. Zu Recht betonen Landesverfassungen, daß in persönlichen Erziehungsfragen der Wille der Eltern den Ausschlag gibt[116]. Das Rangverhältnis der besonderen Verantwortung der Eltern und des Wächteramts des Staates wird auch dann bewußt, wenn Kinder nach ausdrücklichen Bestimmungen in Landesverfassungen von den Eltern nur aufgrund eines Gesetzes und auch nur

---

110 *BVerfGE 99*, 216 (232); *79*, 203 (210f.); *59*, 360 (376); *24*, 119 (143); → Bd. IV: *Burgi*, Elterliches Erziehungsrecht, § 109 RN 43 ff.; für die Landesverfassungen mit einem vergleichenden Überblick *Völker*, in: Rixecker/Wendt (LitVerz.), Art. 24 RN 3, RN 5 ff.
111 → Bd. IV: *Burgi*, § 109 RN 38, der aber den Begriff „dienendes Grundrecht" (*BVerfGE 59*, 360 [376f. m.w.H.]) kritisiert; s. zum Begriff der „Elternverantwortung" ebd. RN 30.
112 *BVerfGE 121*, 69 (92 ff. m.w.H.).
113 *BVerfGE 104*, 373 (385 m.w.H.).
114 S. hierzu das Öffentliche Expertengespräch und die Stellungnahmen der Sachverständigen zum Thema „Kinderrechte in die Verfassung", Wortprotokoll mit Anhang, 13. Sitzung der Kommission zur Wahrnehmung der Belange der Kinder vom 20.11.2006, Deutscher Bundestag, 16. Wahlperiode, Prot. 16/13, insb. S. 27 ff., 33 f.; s. zur Diskussion der besonderen Kindergrundrechte sogleich RN 38 ff.
115 So und insg. *Di Fabio*, NJW 2003, S. 993 (994, 998); → Bd. IV: *Burgi*, § 109 RN 29; *Höfling*, Elternrecht, HStR ³VII, § 155 RN 9ff.; *ders.*, Erziehung, in: Hanno Kube/Rudolf Mellinghoff/Gerd Morgenthaler u.a. (Hg.), Leitgedanken des Rechts, Bd. I, 2013, § 57; *Böckenförde*, Elternrecht – Recht des Kindes – Recht des Staates, in: Essener Gespräche Bd. 14 (1980), S. 54 ff.
116 Art. 126 Abs. 1 Satz 3 Verf. Bayern; Art. 23 Abs. 2 Verf. Bremen.

dann getrennt werden dürfen, wenn die Eltern ihrem Erziehungsauftrag nicht ausreichend nachkommen[117].

Manche Landesverfassungen betonen, daß die elterliche Erziehung unter Achtung der Persönlichkeit und der wachsenden Einsichtsfähigkeit der Kinder zu erfolgen hat[118], die Kinder zu lebenstüchtigen Menschen[119], „zur leiblichen, geistigen und seelischen Tüchtigkeit zu erziehen" sind[120]. Insbesondere die letztgenannte Formulierung der Bayerischen Verfassung mag altmodisch klingen. Das Erziehungsziel soll die Elternverantwortung aber nicht einschränken, sondern stärken. Die Mütter und Väter der Bayerischen Verfassung wollten einen umfassenden Begriff der Erziehung setzen, der auch die Bildung einschließt[121]. Die Erziehung als Lernprozeß, fördernde Einflußnahme, Entfaltung von Geist und Charakter, des sozialen Handelns[122] findet Sinn und Maß – so die Formulierung der Urheber der Verfassung – in der Menschlichkeit und Humanität[123]. Die Eltern prägen in dieser Ausrichtung auf das Kindeswohl – in den Grenzen des Rechts – die Erziehung nach ihren Überzeugungen[124], bestimmen „die Art und Weise der Betreuung des Kindes, seine Begegnungs- und Erlebensmöglichkeiten sowie den Inhalt seiner Ausbildung [...]. Diese primäre Entscheidungsverantwortlichkeit der Eltern" dient dem Wohl des Kindes[125].

30
Erziehungsziele

Lernprozeß und fördernde Einflußnahme

Das Grundgesetz und die Landesverfassungen vertrauen auf die Elternverantwortung, darauf, daß die Eltern das Recht und die Pflicht, ihre Kinder zu erziehen, zum Wohle der Kinder wahrnehmen. Wäre dieses Freiheitsvertrauen in die funktionierende Familie nicht gerechtfertigt, gäbe es kaum einen Lebensbereich, der freiheitlich gestaltet werden dürfte. Das Kindeswohl ist ein Suchbegriff, der für jedes Kind individuell zu konkretisieren ist. Eine allgemeine Konkretisierung durch die öffentliche Hand würde dem Wohl der Kinder nicht dienen. Diese Suche ist der erste Auftrag der Eltern, der Familie[126]. Die staatliche Gemeinschaft wahrt freiheitliche Distanz, es sei denn, daß sie zum Wohl des Kindes einschreiten muß.

31
Kindeswohl als Aufgabe der Eltern

---

117 Art. 12 Abs. 4 Verf. Berlin; Art. 25 Abs. 3 Verf. Rheinland-Pfalz; Art. 22 Abs. 4 Verf. Sachsen; Art. 11 Abs. 2 Verf. Sachsen-Anhalt; Art. 18 Abs. 1 u. Abs. 2 Verf. Thüringen; s. zur besonderen Elternverantwortung und zum staatlichen Wächteramt zudem Art. 23 Abs. 2 u. Abs. 3 Verf. Bremen; Art. 27 Abs. 2, Abs. 5 Satz 2 Verf. Brandenburg; Art. 24 Abs. 2 Verf. Saarland.
118 Art. 11 Abs. 1 Satz 1 Verf. Sachsen-Anhalt.
119 Art. 23 Abs. 1 Verf. Bremen.
120 Art. 126 Abs. 1 Satz 1 u. 2 Verf. Bayern; Art. 24 Satz 1 u. 3 Verf. Saarland Art. 25 Abs. 1 Verf. Rheinland-Pfalz. In Art. 125 Abs. 2 Verf. Bayern heißt es altbacken: „Die Reinhaltung, Gesundung und soziale Förderung der Familie ist gemeinsame Aufgabe des Staates und der Gemeinden". Zur Hilfestellung des Staates auch Art. 27 Abs. 3 Satz 2 Verf. Brandenburg.
121 Bayerische Verfassung, Prot. II S. 343.
122 *H.A. Wolff*, in: Lindner/Möstl/ders. (LitVerz.), Art. 125 RN 11.
123 Bayerische Verfassung, Prot. I S. 239.
124 *VerfGHE 33*, 33 (40).
125 *BVerfGE 99*, 216 (232).
126 *BVerfGE 121*, 69 (92 ff.); *79*, 51 (63 f.); *56*, 363 (384); → Bd. IV: *Burgi*, Elterliches Erziehungsrecht, § 109 RN 23 ff.

3. Fürsorge für Mütter, Erziehung

32
Fürsorge für die Mutter

Jede Mutter hat gemäß Art. 6 Abs. 4 GG Anspruch auf den Schutz und die Fürsorge der Gemeinschaft. Diese bemerkenswerte Vorgabe nehmen zahlreiche Landesverfassungen ausdrücklich auf[127]. Die öffentliche Hand hat einen weiten Gestaltungsraum, wie sie den Schutz- und Fürsorgeauftrag erfüllt. Justitiabel ist – wie bei den allgemeinen Schutz- und Förderpflichten – nur das Untermaß[128]. Der Auftrag intensiviert sich zwar in Situationen besonderer Schutzbedürftigkeit, also insbesondere in der Schwangerschaft und in der ersten Zeit des Lebens des Kindes. Aber auch dann besteht in aller Regel kein Anspruch auf eine bestimmte Schutzmaßnahme.

33
Weitere Erziehungsberechtigte, kinderreiche Familien

Zuweilen wird der Schutz der Mütter um besondere Schutz- und Fürsorgeansprüche alleinerziehender Frauen und Männer[129], andere Sorgeberechtigte als die Eltern[130], von kinderreichen Familien[131], von Familien mit zu pflegenden[132] Angehörigen oder solchen mit Behinderung[133], auch um einen besonderen Schutz im Arbeitsverhältnis[134] erweitert. Manche Landesverfassungen gewähren Personen, die Kinder und Jugendliche erziehen, einen Anspruch auf angemessene staatliche Hilfe und Rücksichtnahme. Zuweilen wird diese Pflicht enger gefaßt und auf Personen, die in häuslicher Gemeinschaft Kinder erziehen oder für andere sorgen, beschränkt[135]. Ergänzt wird, daß Staat und Gesellschaft für altersgerechte Lebensbedingungen Sorge tragen müssen[136].

Objektives Verfassungsrecht

Auch bei diesen Vorgaben handelt es sich in erster Linie um objektives Verfassungsrecht, das die gestaltenden Gewalten, kaum die Richter verpflichtet[137]. In einer Parallelität zu Art. 6 Abs. 5 GG betonen sodann verschiedene Landesverfassungen, daß Kindern nach der Gesetzgebung die gleichen Bedingungen zuteil werden müssen, unabhängig davon, ob sie in einer Ehe geboren wurden[138]. Zudem heben Landesverfassungen hervor, daß die Hausarbeit, die Erziehung der Kinder, die häusliche Pflege Bedürftiger und die Berufsarbeit gleichgeachtet werden[139]. Schließlich wird – dies ist eine weitere Sonderregelung, die das Grundgesetz nicht kennt – die Kinderarbeit ausdrücklich verboten[140].

---

127 Art. 125 Abs. 1 Satz 3 Verf. Bayern; Art. 12 Abs. 6 Verf. Berlin; Art. 23 Satz 1 Verf. Saarland; Art. 22 Abs. 5 Verf. Sachsen; Art. 17 Abs. 3 Verf. Thüringen.
128 Ausdrücklich für die Bayerische Verfassung *VerfGH* BayVBl. 2012, S. 625 (626); s. oben C III, RN 24.
129 Art. 12 Abs. 7 Verf. Berlin.
130 Art. 18 Abs. 1 Verf. Thüringen.
131 Art. 125 Abs. 3 Verf. Bayern; Art. 5 Abs. 1 Satz 3 Verf. Nordrhein-Westfalen.
132 Art. 23 Abs. 2 Verf. Rheinland-Pfalz.
133 Art. 26 Abs. 1 Satz 2 Verf. Brandenburg.
134 Art. 12 Abs. 7 Satz 2 Verf. Berlin; Art. 30 Abs. 1 Verf. Hessen.
135 Art. 12 Abs. 5 Verf. Berlin; Art. 23 Satz 2 Verf. Saarland; Art. 22 Abs. 2 Verf. Sachsen; Art. 24 Abs. 2 Satz 1 Verf. Sachsen-Anhalt; Art. 17 Abs. 2 Verf. Thüringen.
136 Art. 4 a Abs. 2 Verf. Niedersachsen; Art. 12 Abs. 5 Verf. Berlin.
137 S. hierzu soeben RN 32 und B II, RN 9 ff.
138 Art. 126 Abs. 2 Verf. Bayern; Art. 13 Abs. 2 Verf. Berlin; Art. 24 Verf. Bremen; Art. 24 Satz 3 Verf. Rheinland-Pfalz; Art. 24 Abs. 3, Art. 25 Abs. 3 Verf. Saarland; Art. 19 Abs. 2 Verf. Thüringen.
139 Art. 26 Abs. 4 Verf. Brandenburg.
140 Art. 28 Abs. 8 Verf. Brandenburg; Art. 30 Abs. 3 Verf. Hessen.

Manche Landesverfassungen regeln schließlich ausdrücklich die Rolle der Kirchen, Religionsgemeinschaften, der Verbände der freien Wohlfahrtspflege, der Kinder- und Jugendhilfe, auch staatlich anerkannter weltanschaulicher Gemeinschaften bei der Erziehung[141]. Soweit hier ein Recht auf angemessenen Einfluß bei der Erziehung der Kinder geregelt wird, tritt dieses nicht in Konkurrenz zur zentralen Elternverantwortung, sondern soll diese ergänzen. Das Recht etwa der Religionsgemeinschaften, an der Erziehung teilzunehmen, ist fünffach beschränkt. So herrschte in den Debatten zur Bayerischen Verfassung die Sorge, Kräfte außerhalb der Familie könnten sachwidrig Einfluß auf die Kinder nehmen[142]. Die Beschränkungen sollten dem vorbeugen. Zunächst müssen die Kinder – das ist eine Selbstverständlichkeit – Mitglied der jeweiligen Religionsgemeinschaft sein, die Einfluß haben will. Die Religionsgemeinschaft ist staatlich anzuerkennen, wobei an den Akt der Anerkennung keine zu hohen Anforderungen gestellt werden dürfen. Schließlich geht es – drittens – nicht darum, das Erziehungsverhalten der Eltern zu beeinflussen, sondern die religiöse oder weltanschauliche Perspektive in der Erziehung zu stärken. Sodann darf das Recht der Religionsgemeinschaften und weltanschaulichen Gemeinschaften nur unbeschadet des Erziehungsrechts der Eltern ausgeübt werden. So wird die verfassungsrechtliche Grundentscheidung bestätigt, den Eltern eine Erstverantwortung bei der Erziehung der Kinder einzuräumen[143]. Insgesamt treffen die Landesverfassungen hier zwar Sonderregelungen, bestätigen dabei aber im Grunde den Schutz des Art. 6 Abs. 1 GG.

34
Beschränkte Mitwirkung Außenstehender

Keine sachwidrige externe Einflußnahme

III. Besondere landesverfassungsrechtliche Regelungen

Zu diesem, das Grundgesetz auch in den Besonderheiten bestätigenden Schutz und dem landesverfassungsrechtlichen Verweis auf die grundgesetzlichen Gewährleistungen[144] treten – das ist das dritte Konzept – zahlreiche landesverfassungsrechtliche Regelungen, die kein Pendant auf der Ebene des Grundgesetzes kennen. Regelungsunterschiede bestehen insbesondere im Bereich der nichtehelichen Lebensgemeinschaften und in der Frage, ob besondere Kindergrundrechte verfassungsrechtlich garantiert werden sollen.

35
Zwei Regelungsunterschiede in den Landesverfassungen

1. Lebensgemeinschaften

Die Ehe ist in den Worten des Bundesverfassungsgerichts eine „gleichberechtigte Partnerschaft"[145]. Diesen Grundgedanken, dieses Wesen der Ehe betonen manche Landesverfassungen ausdrücklich. Mann und Frau haben – so der

36
Gleichberechtigte Partnerschaft

---

141 Art. 127 Verf. Bayern; Art. 6 Abs. 4 Verf. Nordrhein-Westfalen; Art. 27 Abs. 6 Verf. Brandenburg; Art. 26 Verf. Rheinland-Pfalz.
142 Bayerische Verfassung, Prot. I S. 244 ff.
143 S. oben D II 2, RN 28 ff.
144 RN 26 und D II, RN 27 ff.
145 *BVerfGE 105*, 313 (345 m.w.H.); s. für die Bayerische Verfassung *H. Nawiasky* und *C. Lacherbauer*, Bayerische Verfassung, Prot. I S. 237.

§ 238 Sechzehnter Teil: II. Vergleichende Betrachtung der Landesgrundrechte

ausdrückliche Hinweis – in der Ehe die gleichen bürgerlichen Rechte und Pflichten[146]. Zuweilen werden diese Bestimmungen durch die Vorgabe ergänzt, daß häusliche Arbeit und die Kindererziehung der Erwerbstätigkeit gleichzusetzen sind[147]. Die Gleichberechtigung in der Ehe ist heute selbstverständlich. Daher mag es erstaunen, daß der Bayerische Verfassungsgerichtshof die entsprechende Vorgabe der Bayerischen Verfassung zunächst lediglich als „Richtlinie für die künftige Gesetzgebung" interpretierte[148]. Die Richter stellten hier aber nicht die Verbindlichkeit des Artikels in Frage[149], sondern wollten den Übergang des damals geltenden einfachen Rechts, das dieser Vorgabe noch nicht vollständig folgte, zu verfassungskonformen Neuregelungen organisieren[150]. Bei den Debatten über die Bayerische Verfassung war die Regelung über die Gleichberechtigung noch umstritten[151], wurde aber letztlich einstimmig angenommen[152]. *Elisabeth Meyer-Spreckels* begrüßte sie am Ende auch in der Erwägung, damit eine Frage gestellt zu haben, „die im Laufe der Zeit noch einmal ganz groß aufgerollt werden wird"[153]. Die Bestimmung verpflichtet den Gesetzgeber als verbindliche und justitiable Vorgabe. Das Gebot entfaltet keine unmittelbare Drittwirkung, greift nicht direkt zwischen Privaten[154].

37
Lebensgemeinschaften

Ehe im Sinne des Grundgesetzes ist mit dem Bundesverfassungsgericht die Lebensgemeinschaft zwischen Frau und Mann[155]. Gleichgeschlechtliche Partner schließen – dies stellt das Gericht ausdrücklich fest – keine Ehe gemäß Art. 6 Abs. 1 GG[156]. Doch kann nach der Rechtsprechung des Gerichts der allgemeine Gleichheitssatz verletzt sein, wenn gleichgeschlechtliche Lebenspartnerschaften anders als Ehen behandelt werden[157]. Verschiedene Landesverfassungen bestätigten, daß eine Ehe im verfassungsrechtlichen Sinne zwischen Frau und Mann geschlossen wird[158]. Die Verfassung Bremens stellt die eingetragenen Lebenspartnerschaften sodann der Ehe im Sinne der Verfassung gleich[159]. Die Verfassung Berlins regelt, daß – im Vergleich zur Ehe – andere auf Dauer angelegte Lebensgemeinschafen Anspruch auf Schutz vor Diskri-

---

146 Art. 124 Abs. 2 Verf. Bayern; Art. 22 Abs. 1 Verf. Bremen.
147 Art. 22 Abs. 2 Verf. Bremen.
148 *VerfGHE* 6, 1 (1).
149 *H.A. Wolff*, in: Lindner/Möstl/ders. (LitVerz.), Art. 124 RN 34.
150 *VerfGHE* 6, 1 (1).
151 Bayerische Verfassung, Prot. I S. 236, 237 ff.
152 Bayerische Verfassung, Prot. II S. 342.
153 Bayerische Verfassung, Prot. II S. 340.
154 *H.A. Wolff*, in: Lindner/Möstl/ders. (LitVerz.), Art. 124 RN 36.
155 *BVerfGE* 105, 313 (345 m.w.H.); s. oben RN 19.
156 *BVerfGE* 124, 199 (226).
157 S. hierzu *BVerfGE* 124, 199 (217 ff.).
158 *Dästner*, Verfassung (LitVerz.), Art. 5 RN 2; *Driehaus* (LitVerz.), Art. 12 RN 3; *Grawert*, Verfassung (LitVerz.), Art. 5 RN 1; *Hinkel*, Verfassung (LitVerz.), Art. 4; *Jutzi*, in: Linck/ders./Hopfe (LitVerz.), Art. 17 RN 6; *Heinzgeorg Neumann*, Verfassung (LitVerz.), Art. 21 RN 4; *A. Reich*, Verfassung (LitVerz.), Art. 24 RN 1; *Reiser-Uhlenbruch*, in: Linck/Baldus/Lindner u. a. (LitVerz.), Art. 17 RN 17; *Rixecker*, in: ders./Wendt (LitVerz.), Art. 22 RN 7; *K. Stöhr*, in: Pfennig/M.J. Neumann (LitVerz.), Art. 12 RN 4; Art. 23 Abs. 3. Verf. Rheinland-Pfalz trifft eine ausdrückliche Regelung über das Recht der Religionsgemeinschaften, die religiösen Verpflichtungen bezüglich der Ehe mit verbindlicher Wirkung für ihre Mitglieder selbstständig zu regeln.
159 Art. 21 Abs. 2 Verf. Bremen.

minierung haben¹⁶⁰. In Brandenburg wird – vergleichbar – die Schutzbedürftigkeit der Lebensgemeinschaften verfassungsrechtlich ausdrücklich anerkannt¹⁶¹. In diesen Artikeln wird die jüngere Rechtsprechung des Bundesverfassungsgerichts auf der Ebene der Länder bestätigt. Die überwiegende Zahl der Landesverfassungen hat in diesem Bereich aber keine Neuregelungen getroffen.

2. Die Frage nach Kinderrechten in der Verfassung

Der verfassungsrechtliche Schutz der Kinder weist einen grundlegenden Unterschied zwischen den Landesverfassungen und dem Schutzkonzept des Grundgesetzes auf, der zahlreiche Landesverfassungen betrifft. Die Verfassungen der Länder treffen mit Ausnahme von Hamburg und Hessen ausdrücklich spezielle Regelungen über Kinder. Staatszielbestimmungen sind von Schutz- und Förderpflichten sowie von besonderen Kindergrundrechten zu unterscheiden. Wird die öffentliche Hand verpflichtet, Kindertageseinrichtungen oder den vorbeugenden Gesundheitsschutz zu fördern, liegt hierin eine verbindliche, aber nicht justiziable Vorgabe¹⁶². Zuweilen werden im gleichen Atemzug mit solchen Staatszielbestimmungen Schutz-, Förder- und Gesetzgebungsaufträge geregelt¹⁶³, wenn allgemein Kinder besonders zu schützen oder ihre Rechte zu achten sind, wenn Förderpflichten insbesondere mit Blick auf eine altersgerechte Teilhabe und altersgerechte Lebensbedingungen¹⁶⁴ oder Ansprüche der Kinder „auf Entwicklung zu selbstbestimmungsfähigen und verantwortungsfähigen Persönlichkeiten" geregelt werden¹⁶⁵. Zudem sehen Landesverfassungen einen besonderen Schutzauftrag vor Gewalt, Vernachlässigung und Ausbeutung des körperlichen, geistigen und seelischen Wohls vor¹⁶⁶ oder regeln einen Anspruch auf Erziehung, Bildung, Betreuung und Versorgung in einer Kindertagesstätte¹⁶⁷. Zuweilen werden auch ein besonderer Schutz vor psychischer und physischer Gewalt, auch vor Ausbeutung und insoweit auch ein Anspruch auf Hilfe und Schutz aus-

38
Staatszielbestimmungen, Schutzpflichten, Kindergrundrechte

Schutzauftrag vor Gewalt, Vernachlässigung und Ausbeutung

---

160 Art. 12 Abs. 2 Verf. Berlin; *Driehaus* (LitVerz.), Art. 12 RN 7 ff.
161 Art. 26 Abs. 2 Verf. Brandenburg.
162 Art. 19 Abs. 3 u. Abs. 4 Verf. Thüringen; Art. 9 Abs. 3 Verf. Sachsen; allgemeiner Art. 13 Satz 2 Verf. Baden-Württemberg; Art. 27 Abs. 7 Verf. Brandenburg; Art. 14 Abs. 2 Verf. Mecklenburg-Vorpommern; s. bereits RN 9 ff.
163 Ausdrücklich *Martin-Gehl*, in: Linck/Baldus/Lindner u.a. (LitVerz.), Art. 19 RN 1, für einen vergleichenden Blick auf die Landesverfassungen RN 4 f. und *Völker*, in: Rixecker/Wendt (LitVerz.), Art. 24 a RN 5 f., Art. 25 RN 4 f.
164 Art. 6 Abs. 1, Abs. 2 Satz 3 Verf. Nordrhein-Westfalen; Art. 25 Abs. 1 Satz 2, Abs. 2 Verf. Bremen; Art. 13 Abs. 1 Satz 2 Verf. Berlin; Art. 27 Abs. 3 Satz 1, Abs. 4 Verf. Brandenburg; Art. 24 Satz 2, Art. 25 Abs. 2 Verf. Rheinland-Pfalz; Art. 25 Verf. Saarland; Art. 6 a Abs. 3 Verf. Schleswig-Holstein.
165 Art. 125 Abs. 1 Satz 2 Verf. Bayern; Art. 27 Abs. 5 Satz 1 Verf. Brandenburg; Art. 6 a Abs. 3 Verf. Schleswig-Holstein.
166 Art. 126 Abs. 3 Verf. Bayern; Art. 6 Abs. 2 Satz 2 Verf. Nordrhein-Westfalen; vgl. Art. 13 Abs. 1 Satz 1 Verf. Berlin; Art. 24 Satz 4 Verf. Rheinland-Pfalz; Art. 24 Abs. 3 u. 4 Verf. Sachsen-Anhalt; Art. 19 Abs. 1 Verf. Thüringen.
167 Art. 27 Abs. 7 Verf. Brandenburg.

drücklich betont[168]. Diese Schutz- und Förderpflichten richten sich in erster Linie an die gestaltenden Gewalten, sind nur in einem Untermaß justitiabel, das aber in Fällen der Gewalt gegen Kinder deutlich erhöht ist und dann auch die Richter stärker verpflichtet[169]. In diesen Vorgaben ruhen zudem Klugheitsregeln[170], mit Kindern in besonderer Fürsorge umzugehen, sie zu schützen, für ihr Wohl zu sorgen, ein kindgerechtes und kinderfreundliches Umfeld zu schaffen. Diese letztgenannten Aufträge richten sich aber weniger an die öffentliche Hand, stärker an die Gesellschaft. Schließlich werden ausdrücklich besondere Kindergrundrechte geregelt, wenn Kindern und Jugendlichen „als eigenständige[n] Personen" das Recht auf Achtung ihrer Würde und gewaltfreie Erziehung[171] sowie ein Recht auf Entwicklung und Entfaltung der Persönlichkeit[172] zugeschrieben wird.

Klugheitsregeln

39

Der maßgebliche Systemunterschied

Problematik von Schutzpflichten

Das Grundgesetz verzichtet mit guten Gründen auf solche Bestimmungen. Entsprechenden Änderungsanträgen[173] wurde zu Recht nicht gefolgt. Die Mütter und Väter des Grundgesetzes haben – anders als die Urheber zahlreicher Landesverfassungen – bewußt auf Staatszielbestimmungen und – mit Ausnahme des Art. 1 Abs. 1 und Art. 6 Abs. 1 und Abs. 4 GG[174] – auf ausdrückliche Schutzpflichten verzichtet[175]. Würden solche Regelungen nun punktuell für Kinder in das Grundgesetz aufgenommen, würden rechtliche Fremdkörper geregelt. Es würden sich die Fragen stellen, warum besondere Staatszielbestimmungen etwa über den Sport oder die Kultur, warum andere Schutzpflichten zugunsten kranker oder alter Menschen nicht geregelt werden. Insbesondere aber würde der grundgesetzliche Schutz der Kinder durch solche Regelungen geschwächt[176]. Die Landesverfassungen folgen demgegen-

---

168 Art. 13 Satz 1 Verf. Baden-Württemberg; Art. 26 Abs. 3 Verf. Brandenburg; Art. 24 Abs. 3 u. 4 Verf. Sachsen-Anhalt für Kinder und Jugendliche; Art. 14 Abs. 1 u. 3 Verf. Mecklenburg-Vorpommern; Art. 9 Abs. 2 Verf. Sachsen; Art. 19 Abs. 1 Satz 2 Verf. Thüringen.
169 S. hierzu RN 9 ff., RN 24.; zu den Landesverfassungen: *Martin-Gehl*, in: Linck/Baldus/Lindner u.a. (LitVerz.), Art. 19 RN 8, 10 ff., 21 ff.; *Müller-Terpitz*, in: Löwer/Tettinger (LitVerz.), Art. 6 RN 12, spricht davon, daß der Auftrag auf legislative Konkretisierung ausgerichtet ist, von ihm daher kaum Steuerungswirkung ausgehen wird; *Benstz/Franke*, in: Simon/Franke/Sachs, Handbuch (LitVerz.), § 6 RN 4; *Degenhart*, in: ders./Meissner, Handbuch (LitVerz.), § 7 RN 55.; in anderem Zusammenhang: *Reiser-Uhlenbruch*, in: Linck/Baldus/Lindner u.a. (LitVerz.), Art. 17 RN 28; weniger deutlich: *Driehaus* (LitVerz.), Art. 12 RN 15; *Jutzi*, in: Linck/ders./Hopfe (LitVerz.), Art. 19 RN 7; *Sauthoff*, in: Litten/Wallerath (LitVerz.), Art. 14 RN 3 („Staatsziel"); Kunzmann/Haas/Baumann-Hasske, ²1997 (LitVerz.), Art. 9 RN 2 ff.
170 B III, RN 12 ff.
171 Art. 4a Verf. Niedersachsen; Art. 6 Abs. 1 u. 2 Satz 1 Verf. Nordrhein-Westfalen; Art. 24 a Satz 1 Verf. Saarland; zur Würdegarantie: Art. 27 Abs. 1 Verf. Brandenburg; Art. 6a Abs. 3 Verf. Schleswig-Holstein; zur gewaltfreien Erziehung zudem: Art. 13 Abs. 1 Satz 1 Verf. Berlin.
172 Art. 13 Abs. 1 Satz 1 Verf. Berlin; Art. 25 Abs. 1 Satz 1 Verf. Bremen; Art. 6 Abs. 2 Satz 1 Verf. Nordrhein-Westfalen; Art. 24 Satz 1 Verf. Rheinland-Pfalz; Art. 24 a Satz 2 Verf. Saarland; vgl. Art. 9 Abs. 1 Verf. Sachsen; Art. 19 Abs. 1 Satz 1 Verf. Thüringen.
173 S. aus jüngerer Zeit die Gesetzentwürfe der Fraktion Die Linke v. 26. 6. 2012 (BT-Drs. 17/10118), der Fraktion Bündnis 90/Die Grünen v. 27. 11. 2012 (BT-Drs. 17/11650), und der Fraktion der SPD vom 23. 4. 2013 (BT-Drs. 17/13223).
174 RN 1 und RN 17.
175 RN 4.
176 S. sogleich RN 40 f.

über regelmäßig einem anderen Regelungssystem[177], so daß die getroffenen Staatszielbestimmungen und Schutzpflichten keine Fremdkörper bilden. Die besonderen Kindergrundrechte weichen aber auch dann vom elementaren grundrechtlichen Regelungssystem ab, drohen, den grundrechtlichen Schutz der Kinder auch auf der Ebene der Länder zu schwächen.

Besondere Kindergrundrechte, eine spezielle Menschenwürdegarantie für Kinder[178] oder ein Recht auf Entwicklung und Entfaltung der Persönlichkeit[179] sind nicht in das Grundgesetz aufzunehmen und sollten aus den Landesverfassungen, die diese Regelungen getroffen haben, wieder gestrichen werden[180]. Jedes Kind ist grundrechtsberechtigt, wird durch die Grundrechte umfassend geschützt. Diese Selbstverständlichkeit ist von der Frage zu unterscheiden, ab welchem Alter Kinder Grundrechte selbst, insbesondere ohne die Hilfe der Eltern oder anderer Sorgeberechtigter ausüben und vor Gericht durchsetzen können. Diese Frage stellt sich aber auch, wenn besondere Kindergrundrechte geregelt werden. Die umfassende Grundrechtsberechtigung eines jeden Menschen erteilt besonderen Kindergrundrechten eine Absage. Eine spezifische Menschenwürdegarantie oder ein besonderes Persönlichkeitsrecht für Kinder stellt die sachwidrige Frage, ob die entsprechenden allgemeinen Grundrechte auch für Kinder gelten. Besondere Kindergrundrechte könnten zudem nahelegen, auch andere Menschen ausdrücklich zu schützen, die aufgrund ihres Alters oder wegen einer Krankheit auf spezielle Hilfe angewiesen sind. Würde dieser Erwägung gefolgt, müßten weitere Sondergrundrechte geregelt werden – der Grundrechtsschutz würde sachwidrig vervielfacht. Diese Erwägung verdeutlicht, daß Spezialgrundrechte eine elementare Erkenntnis des Grundrechtsschutzes gefährden. Die Würde jedes Menschen ist unantastbar, zu achten und zu schützen. Das Grundgesetz und die Grundrechte der Landesverfassungen schützen jeden, unabhängig davon, ob er alt oder jung, krank oder gesund ist. Die Verfassungen fordern so nachdrücklich, daß die jeweiligen Grundrechte ebenfalls jeden Menschen schützen, dieses Gewährleistungskonzept nicht durch spezielle Grundrechte relativiert, nicht parzelliert wird. Der umfassende Grundrechtsschutz jedes Menschen ist Kernanliegen des modernen Verfassungsstaates, das nicht aufgegeben werden darf.

40
Keine besonderen Kindergrundrechte

Problematik weiterer Sondergrundrechte

Keine Parzellierung des Gewährleistungskonzepts

---

177 RN 4.
178 Art. 4 a Verf. Niedersachsen; Art. 6 Abs. 1 u. 2 Satz 1 Verf. Nordrhein-Westfalen; Art. 24 a Satz 1 Verf. Saarland; zur Würdegarantie: Art. 27 Abs. 1 Verf. Brandenburg; zur gewaltfreien Erziehung: Art. 13 Abs. 1 Satz 1 Verf. Berlin; Art. 25 Abs. 1 Satz 1 Verf. Bremen; Art. 14 Abs. 4 Satz 1 Verf. Mecklenburg-Vorpommern verweist allgemein auf die Rechte der Kinder; Art. 6 a Abs. 3 Verf. Schleswig-Holstein: Kinder und Jugendliche „haben ein Recht auf gewaltfreie Erziehung, auf Bildung, auf soziale Sicherheit und auf die Förderung ihrer Entwicklung zu eigenverantwortlichen und gemeinschaftsfähigen Persönlichkeiten".
179 Art. 13 Abs. 1 Satz 1 Verf. Berlin; Art. 25 Abs. 1 Satz 1 Verf. Bremen; Art. 6 Abs. 2 Satz 1 Verf. Nordrhein-Westfalen; Art. 24 Satz 1 Verf. Rheinland-Pfalz; Art. 24 a Satz 2 Verf. Saarland; vgl. Art. 9 Abs. 1 Verf. Sachsen; Art. 19 Abs. 1 Satz 1 Verf. Thüringen.
180 S. insg. *G. Kirchhof*, Kinderrechte in der Verfassung – zur Diskussion einer Grundgesetzänderung, ZRP 2007, S. 149 ff.; s. die andere Auffassung *Völker*, in: Rixecker/Wendt (LitVerz.), Art. 24 a RN 3 f., der zudem für einen „Ombudsman für Kinderrechte" plädiert (Art. 25 RN 11).

§ 238 Sechzehnter Teil: II. Vergleichende Betrachtung der Landesgrundrechte

41
Keine Grundrechte der Kinder gegen Eltern

Das grundrechtliche Schutzkonzept würde elementar geschwächt, wenn – wie zuweilen für das Grundgesetz erwogen[181] – Rechte der Kinder gegen die Eltern mit Verfassungsrang geregelt würden. Grundrechte wirken im Verhältnis zwischen Staat und Gesellschaft, sind zunächst Abwehrrechte, auch Schutzpflichten. Zwischen Privaten wirken Grundrechte lediglich mittelbar, wenn sie die Auslegung des einfachen Rechts leiten[182]. Zwar regeln Art. 6 Abs. 2 GG und die parallelen Normen in den Landesverfassungen[183] im Recht und in der Pflicht der Eltern, ihre Kinder zu erziehen, eine Beziehung zwischen Privaten. Dies ist aber eine verfassungsrechtliche Ausnahme, welche die Elternverantwortung und die elementare Beziehung in der Familie betont, nicht aber das Verhältnis zwischen Eltern und Kind auf Ebene der Verfassung sachwidrig verrechtlicht. Könnten besondere Rechte der Kinder mit Verfassungsrang vor den Gerichten, letztlich vor dem Verfassungsgericht, eingeklagt werden, würde dies zu weitreichenden praktischen Problemen führen und der besonderen familiären Beziehung nicht gerecht werden. Die öffentliche Hand muß die spezifische Integrationskraft der Familien zum Wohle der Kinder erhalten, die Familie als eigenständigen Lebenskreis respektieren und fördern, insoweit Distanz wahren[184].

Ersetzung der Eltern-Kind-Beziehung als Ausnahme

Diese Zurückhaltung ist entschlossen aufzugeben, wenn das Wohl des Kindes dies erfordert. Mit dem verfassungsrechtlichen Schwert der Justitia kann die Eltern-Kind-Beziehung in Ausnahmefällen – um des Kindeswohls willen – partiell oder ganz ersetzt werden. Rechte des Kindes wird dieses Verfassungsschwert in der Familie aber nicht sachgerecht durchsetzen, droht vielmehr, die familiäre Beziehung nachhaltig zu verletzen. Kinderrechte gegen die Eltern mit Verfassungsrang sind weder in das Grundgesetz noch in die Landesverfassungen aufzunehmen. Art. 6 Abs. 1 GG und die Landesverfassungen setzen zum Wohle der Kinder auf die Erstverantwortung der Eltern und das Wächteramt des Staates. Dieses System sollte – im Sinne der Kinder – nicht aufgegeben oder verwässert werden.

E. Schule – grundgesetzlicher Rahmen, landesverfassungsrechtliche Besonderheiten

I. Schwerpunkt grundrechtlicher Regelungen in den Landesverfassungen

42
Kultus als Landeskompetenz

Dem Bereich der Schule widmen sich die Landesverfassungen ausführlich. Mit teilweise rund zehn Artikeln liegt hier der Schwerpunkt landesgrundrechtlicher Regelungen[185]. Auch die fünf Länder, die auf den Grundrechts-

---
181 So ausdrücklich der Gesetzentwurf der Fraktion der SPD v. 23. 4. 2013, BT-Drs. 17/13223, S. 4.
182 *BVerfGE* 7, 198 (205 ff.).
183 D II 2, RN 28.
184 *BVerfGE* 99, 216 (232); 79, 51 (63 f.); *60*, 79 (88); *24*, 119 (135).
185 Art. 11 bis 21 Verf. Baden-Württemberg; Art. 128 bis 139 Verf. Bayern; Art. 26 bis 36 a Verf. Bremen; Art. 56 bis 61 Verf. Hessen; Art. 7 bis 15 Verf. Nordrhein-Westfalen; Art. 27 bis 38 Verf. Rheinland-Pfalz; Art. 20 bis 26, Art. 28 f. Verf. Thüringen; s. für eine nur leicht geringere Regelungsdichte: Art. 26 bis 33 Verf. Saarland; Art. 101 bis 108 Verf. Sachsen; 24 bis 31 Verf. Sachsen-Anhalt; teilweise werden Regelungen zum Erziehungsrecht der Eltern (s. RN 28 f.) und regelmäßig Bestimmungen zu den Hochschulen integriert; s. zu dem allgemeinen Befund bereits RN 1.

schutz des Grundgesetzes verweisen, regeln die Grundlagen des Schulwesens in ihren Verfassungen[186]. Nur vier Landesverfassungen beschränken sich – wie das Grundgesetz[187] – auf eine einzige Regelung[188]. Lediglich die Länder Berlin und Hamburg kennen keine ausdrücklichen verfassungsrechtlichen Bestimmungen über das Schulwesen. Der maßgebliche Grund für diese Regelungsdichte liegt in der Gesetzgebungskompetenz der Länder im Kultusbereich. Das Schulwesen ist seit Beginn der Bundesrepublik eine zentrale eigene Kompetenz der Länder. Daher war es folgerichtig, in diesem Bereich ausführliche landesverfassungsrechtliche Vorgaben zu setzen[189].

Regelungsdichte

Der hier maßgebliche[190] Art. 7 GG regelt Vorgaben in vier zentralen Bereichen. Art. 7 Abs. 1 GG widmet sich der Schulaufsicht, die sich auf das gesamte Schulwesen, also Staats- und Privatschulen erstreckt. Der öffentlichen Hand obliegen alle Befugnisse zur Organisation, Leitung, Planung und Beaufsichtigung des Schulwesens. Der Staat hat einen eigenen Bildungsauftrag, der neben dem Wächteramt über dem Erziehungsrecht der Eltern[191] steht, mit diesem und der Elternverantwortung abzustimmen ist[192]. Die Landesverfassungen übernehmen diese Regelung mit unterschiedlichen Formulierungen, teilweise auch in Betonung des notwendigen Ausgleichs mit der Elternverantwortung[193]. Der Religionsunterricht ist in Art. 7 Abs. 2 und Abs. 3 GG geregelt. Diese Bestimmungen werden durch die Landesverfassungen und teilweise zudem durch besondere Regelungen des Ethikunterrichts[194] konkretisiert[195]. Sodann widmet sich das Grundgesetz – drittens – dem Recht, private Schulen zu errichten (Art. 7 Abs. 4 und 5 GG). Das Grundgesetz entscheidet sich für eine plurale Schulordnung, eine umfassende staatliche Schulverantwortung, ohne aber ein staatliches Schulmonopol zu etablieren[196]. Diese Gewährleistung ist zugleich eine Wertentscheidung, die eine Benachteiligung gleichwertiger Ersatzschulen gegenüber den entsprechenden staatlichen Schulen allein wegen ihrer andersartigen Erziehungsformen und Erziehungs-

43
Art. 7 GG: vier Regelungsbereiche

Bildungsauftrag des Staates

Plurale Schulordnung

---

186 Art. 11 bis 21 Verf. Baden-Württemberg; Art. 15 Verf. Mecklenburg-Vorpommern, Art. 4 Verf. Niedersachsen, Art. 7 bis 15 Verf. Nordrhein-Westfalen; Art. 8 Verf. Schleswig-Holstein; s. für die Verweise auf das Grundgesetz D I, RN 26 m.w.H.
187 Art. 7 GG.
188 Art. 30 Verf. Brandenburg; Art. 15 Verf. Mecklenburg-Vorpommern; Art. 4 Verf. Niedersachsen; Art. 8 Verf. Schleswig-Holstein.
189 S. zu diesem zentralen Gestaltungsbereich der Landesverfassungen bereits RN 2.
190 Siehe RN 2 f.
191 Art. 6 Abs. 2 u. 3 GG; s. D II 2, insb. RN 29.
192 *Jestaedt*, HStR ³VII, § 156 RN 41 ff., spricht von einer staatlichen Schulverantwortung; *Thiel*, in: Sachs, GG (LitVerz.) [⁷2014], Art. 7 RN 16 ff., 22; jeweils m.w.H.
193 Art. 17 Abs. 2 Verf. Baden-Württemberg; Art. 130 Verf. Bayern; Art. 28 Verf. Bremen; Art. 56 Abs. 1 Satz 3, Abs. 6 Verf. Hessen; Art. 15 Abs. 1 Verf. Mecklenburg-Vorpommern; Art. 4 Abs. 2 Satz 2 Verf. Niedersachsen; Art. 8 Abs. 2 Satz 2 u. 3 Verf. Nordrhein-Westfalen; Art. 14 Verf. Rheinland-Pfalz; Art. 27 Abs. 3 u. 2 Verf. Rheinland-Pfalz; Art. 103 f. Verf. Sachsen; Art. 25 Abs. 2 u. 3, Art. 26 Abs. 3, Art. 29 Abs. 1 Verf. Sachsen-Anhalt; Art. 23 Abs. 2 u. 3 Verf. Thüringen.
194 Z.B. in Art. 105 Verf. Sachsen; Art. 27 Verf. Sachsen-Anhalt; Art. 25 Verf. Thüringen.
195 Art. 18 Verf. Baden-Württemberg; Art. 136 f. Verf. Bayern; Art. 31 Verf. Bremen; Art. 56 Abs. 2, Art. 57 f. Verf. Hessen; Art. 34 f. Verf. Rheinland-Pfalz; Art. 29 Verf. Saarland; Art. 105 Verf. Sachsen; Art. 27 Verf. Sachsen-Anhalt; Art. 25 Verf. Thüringen.
196 So *Jestaedt*, HStR ³VII, § 156 RN 25.

§ 238 *Sechzehnter Teil: II. Vergleichende Betrachtung der Landesgrundrechte*

inhalte verbietet. „Dieses Offensein des Staates für die Vielfalt der Formen und Inhalte, in denen Schule sich darstellen kann, entspricht" – so das Bundesverfassungsgericht – „den Wertvorstellungen der freiheitlichen demokratischen Grundordnung, die sich zur Würde des Menschen und zur religiösen und weltanschaulichen Neutralität bekennt"[197]. Art. 7 GG betont so die Elternverantwortung, unter verschiedenen Schulen die für die Kinder passende Einrichtung zu wählen. In diesem Rahmen treffen die Landesverfassungen konkretisierende Bestimmungen[198]. Schließlich bleibt – als vierte und letzte zentrale Vorgabe – die Vorschule aufgehoben (Art. 7 Abs. 6 GG).

44
Regelungsauftrag der Landesverfassungen

Die Landesverfassungen konkretisieren das Grundgesetz in diesen vier Bereichen. Aufgrund der vergleichsweise allgemeinen Vorgaben des Art. 7 GG haben sie hier einen beträchtlichen Gestaltungsraum[199]. Sie erfüllen zudem den ihnen durch die Schulhoheit der Länder übertragenen Auftrag, das Schulwesen, den Schulaufbau, die Schulwahl, die Schulorganisation und besondere Schulformen zu regeln[200]. Schulrecht ist nahezu ausschließlich Landesrecht, weswegen es hier – im Rahmen des Art. 7 GG – auf die landesverfassungsrechtlichen Regelungen ankommt[201]. Die Länder nutzen ihre maßgebliche Gesetzgebungskompetenz, um unterschiedliche Regelungen zu treffen. Die folgende Analyse konzentriert sich auf die beiden zentralen Besonderheiten der Landesverfassungen im Vergleich zum Grundgesetz, die Regelung eines Rechts auf Bildung und bestimmter Erziehungsziele.

II. Schulpflicht, Recht auf Bildung

45
Schulpflicht

Das Grundgesetz regelt anders als die Weimarer Reichsverfassung[202] keine allgemeine Schulpflicht, geht aber von einer gemeinsamen öffentlichen Grundschule und einer Schulbesuchspflicht von weiterführenden Schulen aus. Von beiden Vorgaben können Ausnahmen gemacht werden. Die Pflichten werden zu Recht damit gerechtfertigt, daß die Schule der Ort ist, soziale Kompetenzen in der Gruppe zu erlernen und junge Menschen in die Gemeinschaft zu integrieren[203]. Ganz in diesem Sinne regeln zahlreiche Landesverfassungen

---

197 *BVerfGE* 27, 195 (201).
198 Art. 134 Verf. Bayern; Art. 32 Verf. Bremen; Art. 8 Abs. 2 Verf. Nordrhein-Westfalen; Art. 28 bis 30 Verf. Rheinland-Pfalz; Art. 27 f. Verf. Saarland; Art. 26 Verf. Thüringen; s. auch Art. 28 Verf. Sachsen-Anhalt.
199 Vgl. *Jestaedt*, HStR ³VII, § 156 RN 24.
200 Art. 132, 133, 135 Verf. Bayern; vgl. Art. 15 Verf. Baden-Württemberg; Art. 20 Abs. 2 bis 6 Verf. Brandenburg; Art. 31 f. Verf. Bremen; weniger ausführlich: Art. 27 Verf. Saarland; Art. 102 Verf. Sachsen; Art. 24 Verf. Thüringen; allgem. als Regelungsauftrag Art. 15 Abs. 2 Verf. Mecklenburg-Vorpommern; Art. 4 Abs. 3 Verf. Niedersachsen; Art. 8 Abs. 3 Satz 1, Art. 9 Abs. 2, Art. 20, Art. 12, 15 Verf. Nordrhein-Westfalen; Art. 28, Art. 38 Verf. Rheinland-Pfalz; Art. 26 Abs. 1 Verf. Sachsen-Anhalt; Art. 8 Verf. Schleswig-Holstein.
201 RN 2; s. zu den internationalen Vorgaben und zu einer ausführlichen Übersicht, welche speziellen Regelungen die Landesverfassungen treffen, *Jestaedt*, HStR ³VII, § 156 RN 22, 30.
202 Art. 145 WRV.
203 Insg. *Thiel*, in: Sachs, GG (LitVerz.) [⁷2014], Art. 7 RN 11 ff.; *Jestaedt*, HStR ³VII, § 156 RN 43 ff., insb. RN 47; jeweils m.w.H.

die Schulpflicht[204] – nicht selten mit der Ergänzung, daß der Unterricht an den Schulen unentgeltlich ist[205].

Regelmäßig ergänzen die Landesverfassungen diese Vorgaben um ein ausdrückliches Recht auf Bildung[206], das teilweise auch als Ausbildungsanspruch gewährt wird[207]. Diese Rechte liegen vor allem auf der zweiten Ebene der Verfassungsdeutung, sind verbindliche, aber kaum justitiable Vorgaben[208]. Eine richterliche Durchsetzung ist – vergleichbar mit dem Untermaß der Schutzpflichten – denkbar, wenn die öffentliche Hand keine Bildungseinrichtungen zur Verfügung stellt. Aber auch dann besteht kein Anspruch darauf, daß eine bestimmte Einrichtung geschaffen wird. Das Recht gewährt in Sondersituationen einen Anspruch auf eine hinreichende Grundausstattung, gewährleistet aber vor allem den gleichen Zugang zu vorhandenen Bildungseinrichtungen[209].

46
Recht auf Bildung

III. Bildungsziele

Der Umfang und die Grenzen des staatlichen Erziehungsauftrags sind nicht klar abgesteckt. Anerkannt ist, daß die öffentliche Hand Wissen und Fertigkeiten vermitteln[210], dem Toleranzgebot, dem Indoktrinationsverbot und dem Gebot der religiös-weltanschaulichen Neutralität folgen muß[211]. Zahlreiche Landesverfassungen konkretisieren den Erziehungsauftrag in unterschiedlicher Art und Weise. Sie müssen dabei die – allerdings nicht eindeutigen – grundgesetzlichen Vorgaben wahren.

47
Toleranzgebot, Indoktrinationsverbot, Neutralität

Die Landesverfassungen formulieren allgemeine Bildungsziele, welche die grundgesetzlichen Vorgaben konkretisieren – mögen auch mache Formulierungen antiquiert klingen. In der Schule sollen „Herz und Charakter"[212] gebildet werden. Zudem werden die Achtung vor der „Würde des Menschen, Selbstbeherrschung, Verantwortungsgefühl und Verantwortungsfreudigkeit,

48
Allgemeine Bildungsziele

---

204 Art. 30 Abs. 1 Verf. Brandenburg; Art. 30 Verf. Bremen; Art. 4 Abs. 2 Satz 1 Verf. Niedersachsen; Art. 8 Abs. 2 Satz 1 Verf. Nordrhein-Westfalen; Art. 102 Abs. 1 Satz 2 Verf. Sachsen; Art. 8 Abs. 1 Verf. Schleswig-Holstein; Art. 23 Abs. 1 Verf. Thüringen.
205 Art. 14 Verf. Baden-Württemberg; Art. 129 Verf. Bayern; Art. 27 Verf. Bremen; Art. 56 Abs. 1 Satz 1, Art. 59 Abs. 1 Verf. Hessen; vgl. Art. 9 Abs. 1 Verf. Nordrhein-Westfalen; Art. 26 Abs. 4 Verf. Sachsen-Anhalt.
206 Art. 29 Verf. Brandenburg; Art. 4 Abs. 1 Verf. Niedersachsen; Art. 102 Abs. 1 Satz 1 Verf. Sachsen; Art. 25 Abs. 1 Verf. Sachsen-Anhalt; Art. 20 Verf. Thüringen.
207 Art. 128 Verf. Bayern; vgl. Art. 11 Verf. Baden-Württemberg; Art. 8 Abs. 1 Satz 1 Verf. Nordrhein-Westfalen.
208 Bereits *Feuchte*, Verfassung (LitVerz.), Art. 11 RN 11, spricht von einem „Grundrecht ohne Klagemöglichkeit"; *Bräth/Nolte*, in: Epping/Butzer (LitVerz.), Art. 4 RN 1 ff.; *Heinzgeorg Neumann*, Handkommentar (LitVerz.), Art. 4 RN 1 ff.; *A. Reich* (LitVerz.), Art. 25 RN 1; *Brenner*, in: Linck/Baldus/Lindner u. a. (LitVerz.), Art. 20 RN 1 ff.
209 *Thiel*, in: Sachs, GG (LitVerz.) [⁷2014], Art. 7 RN 11 m.w.H. auf die Rspr. der Landesverfassungsgerichte; *Benstz/Franke*, in: Simon/Franke/Sachs, Handbuch (LitVerz.), § 6 RN 4.
210 *Thiel*, in: Sachs, GG (LitVerz.) [⁷2014], Art. 7 RN 22 ff. m.w.H.
211 *Jestaedt*, HStR ³VII, § 156 RN 68 m.w.H. und insbesondere kritisch hinsichtlich des Toleranzgebotes und des Indoktrinationsverbots aufgrund der fehlenden direktiven Kraft dieser Vorgaben (aaO., RN 69 f.).
212 Art. 131 Abs. 1 Verf. Bayern.

Hilfsbereitschaft, Aufgeschlossenheit für alles Wahre, Gute und Schöne und Verantwortungsbewußtsein für Natur und Umwelt" als oberste Bildungsziele formuliert[213]. Die Schüler sind – so fahren die Verfassungen fort – „im Geiste der Demokratie, in der Liebe zur [...] Heimat und zum deutschen Volk und im Sinne der Völkerversöhnung zu erziehen"[214], „in Ehrfurcht vor dem Leben und im Geiste der Toleranz", in Verantwortung für die „künftigen Generationen"[215], im Sinne der „sozialen Gerechtigkeit"[216], der „Brüderlichkeit aller Menschen" und der „Friedensliebe", „in sittlicher und politischer Verantwortlichkeit, zu beruflicher und sozialer Bewährung und zu freiheitlicher demokratischer Gesinnung"[217]. Vereinzelt wird die schulische Erziehung auf das spätere Familienleben bezogen und betont, daß „Mädchen und Buben" außerdem „in der Säuglingspflege, Kindererziehung und Hauswirtschaft besonders zu unterweisen"[218] sowie „junge Menschen so heranzubilden" sind, daß sie die „Aufgaben in Familie und Gemeinschaft" erfüllen können[219].

49
Bildungsziele mit religiösen Bezügen

Diese allgemeinen Bildungsziele ergänzen manche Landesverfassungen um eine ausdrückliche Vorgabe, Rücksicht auf die religiösen und weltanschaulichen Empfindungen der Schüler zu nehmen sowie religiöse und weltanschauliche Auffassungen sachlich darzulegen[220]. Teilweise wird auch von einer „Achtung religiöser Überzeugung"[221] gesprochen oder das „natürliche und christliche Sittengesetz"[222] als Grundlage der Erziehung betont. Werden religiöse, werden insbesondere christliche Wertvorstellungen vermittelt, bleibt dies jedenfalls dann in den Grenzen des Grundgesetzes, wenn kein werbender Einschlag erhoben, kein Wahrheitsanspruch formuliert wird[223]. Dieser Befund und die Bildungsziele, die einen Gottesbezug aufweisen, verlangen dabei aber nach einem schwierigen Balanceakt, in einer Werterziehung die religiös-weltanschauliche Neutralität zu wahren[224].

50
„Ehrfurcht vor Gott"

Neutralitätsgebot

Die Frage, ob das Maß des Grundgesetzes verletzt wird, spitzt sich zu, wenn Landesverfassungen einen tieferen Gottesbezug als Bildungsziel vorgeben, eine Erziehung „zur Gottesfurcht"[225] oder in „Ehrfurcht vor Gott"[226] zu erfolgen hat. Diese Vorgaben werden zum Teil als Verstoß gegen das Neutralitätsgebot und damit als verfassungswidrig erachtet[227]. Dieser Befund droht

---

213 Art. 131 Abs. 2 Verf. Bayern; vgl. Art. 26 Verf. Bremen; Art. 7 Abs. 2 Verf. Nordrhein-Westfalen.
214 Art. 131 Abs. 3 Verf. Bayern; ähnlich Art. 12 Abs. 1 Verf. Baden-Württemberg.
215 Art. 15 Abs. 4 Verf. Mecklenburg-Vorpommern; Art. 27 Abs. 1 Verf. Sachsen-Anhalt.
216 Art. 26 Nr. 1 Verf. Bremen.
217 Art. 12 Abs. 1 Verf. Baden-Württemberg; ähnlich Art. 28 Verf. Brandenburg; insg. Art. 26 Verf. Bremen; Art. 56 Abs. 4 Verf. Hessen; Art. 15 Abs. 4 Verf. Mecklenburg-Vorpommern; Art. 33 Verf. Rheinland-Pfalz; Art. 101 Abs. 1 Verf. Sachsen; Art. 27 Abs. 1 Verf. Sachsen-Anhalt; Art. 22 Verf. Thüringen.
218 Art. 131 Abs. 4 Verf. Bayern.
219 Art. 26 Abs. 1 Satz 1 Verf. Saarland.
220 Art. 56 Abs. 2 Satz 2 Verf. Hessen.
221 Art. 131 Abs. 2 Verf. Bayern.
222 Art. 26 Abs. 1 Satz 1 Verf. Saarland.
223 *Thiel*, in: Sachs, GG (LitVerz.), Art. 7 RN 27 ff. m.w.H.
224 *E.-W. Böckenförde*, Aussprache, in: VVDStRL 54 (1995), S. 125.
225 Art. 33 Verf. Rheinland-Pfalz.
226 Art. 12 Abs. 1 Verf. Baden-Württemberg; Art. 131 Abs. 2 Verf. Bayern; Art. 7 Abs. 1 Verf. Nordrhein-Westfalen.
227 *Thiel*, in: Sachs, GG (LitVerz.), Art. 7 RN 27 m.w.H. insbesondere in FN 95.

aber, das Neutralitätsgebot mißzuverstehen. Der erste Satz des Grundgesetzes betont zu Recht die „Verantwortung vor Gott und den Menschen"[228]. Neutralität bedeutet nicht, das Religiöse aus dem öffentlichen Leben verbannen zu müssen. Das Grundgesetz fordert gerade keine völlige Indifferenz in religiös-weltanschaulichen Fragen, keine Trennung von Staat und Kirche. Das Konzept der Neutralität unterscheidet sich erheblich vom Laizismus[229]. Die öffentliche Hand darf nicht indoktrinieren, nicht missionieren – doch verbietet der neutrale Staat das Bildungsziel der „Ehrfurcht" vor Gott nicht. Wie die Präambel des Grundgesetzes greift diese Regelung für alle nach Maßgabe ihres Verständnisses, das einen besonderen, aber auch keinen Gott kennen kann[230].

F. Deutung unterschiedlicher Verfassungen

Art. 6 GG stellt Ehe und Familie unter den besonderen Schutz der staatlichen Ordnung. Das Grundgesetz betont so die Bedeutung dieser beiden grundlegenden Gemeinschaften für das Gelingen und die Zukunft des Gemeinwesens in bemerkenswerter Weise. Die Grundrechte des Grundgesetzes sind fast durchgehend als Abwehrrechte formuliert. Art. 6 GG macht hiervon bewußt in einem ausdrücklichen und im Adverb „besonders" gesteigerten Schutz eine Ausnahme[231]. Nahezu alle Landesverfassungen übernehmen dieses Schutzkonzept und unterstreichen so den Wert von Ehe und Familie[232]. Auch die allgemeinen Regeln über das Schulwesen in Art. 7 GG, über die Schulaufsicht, den Religionsunterricht, die plurale Schulordnung und die Vorschule werden von nahezu allen Ländern ausdrücklich verfassungsrechtlich bestätigt[233].

51 Weitgehend paralleler Schutz in Bund und Ländern

Zahlreiche Landesverfassungen treffen in der Bestätigung des grundgesetzlichen Schutzes besondere Regelungen im Bereich der Ehe, Familie und Schule. Sie wirken dann in fünf zu unterscheidenden Bereichen[234]. Die Landesverfassungen intensivieren – erstens – den grundgesetzlichen Schutz für das jeweilige Land, wenn sie ihn nachzeichnen. In der Regel werden zudem – zweitens – die allgemeinen Vorgaben des Grundgesetzes in speziellen Artikeln konkretisiert, so besondere Schwerpunkte, auch Besonderheiten geregelt. Manche Landesverfassungen treffen schließlich – drittens – Regelungen, auf die das Grundgesetz bewußt verzichtet. Diese speziellen landesrechtlichen Gewährleistungen entfalten einen eigenständigen Schutz, wenn besondere Vorgaben im Bereich des Kinder- und Jugendschutzes[235] oder über Lebens-

52 Maßgeblichkeit der Landesverfassungen – fünf Bereiche –

---
228 Präambel des Grundgesetzes, Satz 1.
229 *Udo Di Fabio*, Gewisse, Glaube, Religion, 2008, S. 31 m.w.H.
230 Vgl. für die Bayerische Verfassung *Geis*, in: Meder/Brechmann (LitVerz.), Art. 131 RN 7.
231 C, RN 17 ff.; A, RN 1 ff.
232 D, RN 26 ff.
233 E, RN 42 ff.
234 A, RN 2.
235 D III 2, RN 38 ff.

§ 238 Sechzehnter Teil: II. Vergleichende Betrachtung der Landesgrundrechte

gemeinschaften[236] gezeichnet, eine Schulpflicht, ein Recht auf Bildung oder besondere Bildungsziele[237] geregelt werden. Diese landesverfassungsrechtlichen Vorgaben unterscheiden sich von den grundgesetzlichen Gewährleistungen. Sie müssen dabei die Grenzen des Grundgesetzes wahren. Sodann wird – viertens – der Grundrechtsschutz durch die Landesverfassungen zuweilen durch landesspezifische gerichtliche Verfahren – wie die bayerische Popularklage[238] – prozessual intensiviert. Die Landesgrundrechte sind schließlich – fünftens – in besonderer Weise maßgeblich, wenn den Ländern und nicht dem Bund die Regelung eines Bereichs obliegt. Das Schulwesen bildet daher zu Recht den Schwerpunkt grundrechtlicher Regelungen in den Landesverfassungen[239].

53
Besondere Kindergrundrechte

Besondere Kindergrundrechte – eine spezielle Menschenwürdegarantie für Kinder[240] oder ein Recht auf Entwicklung und Entfaltung ihrer Persönlichkeit[241] – sollten aus den Landesverfassungen gestrichen werden. Jedes Kind wird durch die Grundrechte umfassend geschützt, ist grundrechtsberechtigt. Dieser selbstredende Befund steht besonderen Kindergrundrechten entgegen. Die Würde jedes Menschen ist unantastbar, zu achten und zu schützen, unabhängig davon, ob ein Mensch alt oder jung, krank oder gesund ist. Das Grundgesetz und die Verfassungen der Länder fordern in diesem elementaren grundrechtlichen Ausgangspunkt nachdrücklich, daß die jeweiligen Grundrechte ebenfalls jeden Menschen schützen, der Grundrechtsschutz nicht durch spezielle Grundrechte relativiert, nicht parzelliert wird[242].

54
Vier unterschiedliche landesverfassungsrechtliche Gewährleistungskonzepte

Die fünf Bereiche, die die Maßgeblichkeit des Landesverfassungsrechts markieren[243], stehen in Verbindung mit den vier unterschiedlichen grundrechtlichen Regelungskonzepten der Landesverfassungen. Erstens: Rund ein Drittel der Länder verweist verfassungsrechtlich ausdrücklich auf den Grundrechtsschutz des Grundgesetzes[244]. Diese Länder nehmen sich aber nur in Teilen die Möglichkeit, in den genannten fünf Bereichen zu wirken. Regelmäßig werden besondere Regelungen zum Schutz von Ehe und Familie getroffen[245]. Insbesondere aber setzten – mit Ausnahme der Länder Berlin und Hamburg – die Landesverfassungen ausdrückliche verfassungsrechtliche Vorgaben über das Schulwesen[246]. Die Landesverfassungen bestätigen so – zweitens – den besonderen Schutz von Ehe und Familie und die Regelungen des Schulwesens des

---

236 D III 1, RN 36 ff.
237 E II, RN 45 ff.
238 Art. 98 Satz 4 Verf. Bayern.
239 E, RN 42 ff.
240 Art. 4a Verf. Niedersachsen; Art. 6 Abs. 1 und Abs. 2 Satz 1 Verf. Nordrhein-Westfalen; Art. 24a Satz 1 Verf. Saarland; Art. 27 Abs. 1 Verf. Brandenburg.
241 Art. 13 Abs. 1 Satz 1 Verf. Berlin; Art. 25 Abs. 1 Satz 1 Verf. Bremen; Art. 6 Abs. 2 Satz 1 Verf. Nordrhein-Westfalen; Art. 24 Satz 1 Verf. Rheinland-Pfalz; Art. 24a Satz 2 Verf. Saarland; vgl. Art. 9 Abs. 1 Verf. Sachsen; Art. 19 Abs. 1 Satz 1 Verf. Thüringen.
242 D III 2, RN 38 ff.
243 F, RN 52; A, RN 2.
244 C III, RN 25.
245 D II, RN 27 ff.
246 E, RN 42 ff.

Grundgesetzes[247]. Die grundgesetzlichen Bestimmungen werden schließlich – drittens – mit leichten Abweichungen konkretisiert oder – viertens – um Garantien, die das Grundgesetz nicht oder nicht ausdrücklich gewährleistet, ergänzt[248].

Diese Regelungsunterschiede beruhen vor allem auf dem Gewährleistungsstil der Landesverfassungen, der sich deutlich vom Schutzkonzept des Grundgesetzes unterscheidet. Die Landesverfassungen regeln überwiegend soziale Grundrechte, Staatszielbestimmungen, Programmsätze sowie Schutz- und Förderpflichten, auf die das Grundgesetz mit nur wenigen Ausnahmen bewußt verzichtet[249]. Die Grundrechte des Grundgesetzes sind – mit Ausnahme der Art. 1 und Art. 6 GG – als Abwehrrechte konzipiert. Der nüchterne, auf rechtsverbindliche Abwehrrechte ausgerichtete grundgesetzliche Regelungsstil unterscheidet sich so erheblich von den Gewährleistungskonzepten der meisten Landesverfassungen. Auf Staatszielbestimmungen wie Art. 20a GG verzichtet das Grundgesetz weitgehend. Solche objektiven verfassungsrechtlichen Vorgaben werden insbesondere dann nicht aufgenommen, wenn – wie im Bereich des Kinder- und Jugendschutzes – Grundrechte greifen. Neben den subjektiven grundrechtlichen Gewährleistungen entfalten die Staatszielbestimmungen keine maßgebliche eigene Wirkung, helfen folglich dem Schutzziel nicht, drohen vielmehr, als schwächere Garantien den einschlägigen Grundrechtsschutz verfassungssystematisch zu schwächen[250].

55
Unterschiedliche Gewährleistungskonzepte in Bund und Ländern

Regelungsstil

Bei jeder Verfassungsdeutung, aber insbesondere bei der Interpretation der im Vergleich zum Grundgesetz besonderen landesverfassungsrechtlichen Vorgaben sind drei Ebenen der Verfassungsdeutung bewußt zu halten: erstens die verbindlichen und von den Richtern zu prüfenden Vorgaben, zweitens die verbindlichen, aber nicht justitiablen Bestimmungen und drittens die verfassungsrechtlichen Klugheitsregeln[251]. Wenn die Landesverfassungen besondere Staatsziele sowie Schutz- und Förderpflichten für Kinder und Jugendliche regeln[252], ein Recht auf Bildung oder Bildungsziele vorgeben[253], ermächtigen diese Vorgaben vor allem die gestaltenden Gewalten, nur in besonderen Ausnahmefällen die Richter. Die Artikel liegen fast ausschließlich auf der zweiten Ebene der Verfassungsdeutung. Auch deshalb widerspricht das Grundgesetz diesen Vorgaben nicht, wenngleich es bewußt nahezu vollständig auf vergleichbare Regelungen verzichtet. Wenn Landesverfassungen Ehe und Familie als die Grundlagen der menschlichen Gemeinschaft[254] hervorheben, wenn die Bayerische Verfassung etwas antiquiert Kinder als das „köstlichste Gut eines Volkes"[255] beschreibt, wird keine justitiable Vorgabe gesetzt, son-

56
Differenzierte Verfassungsdeutung

---

247 D II, RN 27 ff.
248 A, RN 3 f.
249 A, RN 4.
250 D III 2, RN 38 ff.
251 B, RN 5 ff.
252 D III 2, RN 38 ff.
253 E II, RN 45 ff.
254 Art. 124 Abs. 1 Verf. Bayern; Art. 5 Abs. 1 Satz 1 Verf. Nordrhein-Westfalen; Art. 21 Abs. 1 Verf. Bremen; Art. 4 Verf. Hessen.
255 Art. 125 Abs. 1 Verf. Bayern.

§ 238 *Sechzehnter Teil: II. Vergleichende Betrachtung der Landesgrundrechte*

Klugheitsregeln

dern der Stellenwert dieser vorgefundenen Gemeinschaften und der Kinder verbindlich betont. In diesen Bestimmungen der Landesverfassungen ruhen zudem Klugheitsregeln, die Erfahrungen über diese Grundlagen der Gemeinschaft und die zentrale Rolle der Kinder vermitteln. Diese Klugheitsregeln werden nicht verbindlich angeordnet. Sie sollen aber die Verfassungsorgane und die Gesellschaft leiten und können dann – wenn ihnen gefolgt wird – intensiver wirken, als verbindliche und justitiable Vorgaben[256].

---

[256] B III, RN 12 ff.

G. Bibliographie

Böckenförde, Ernst-Wolfgang, Elternrecht – Recht des Kindes – Recht des Staates, Essener Gespräche 14 (1980), S. 54 ff.
Böhm, Monika, Dynamische Grundrechtsdogmatik von Ehe und Familie?, in: VVDStRL 73 (2014), S. 211 ff.
Burgi, Martin, Elterliches Erziehungsrecht, in: Detlef Merten/Hans-Jürgen Papier, Handbuch der Grundrechte in Deutschland und Europa, Bd. IV, 2011, § 109.
Di Fabio, Udo, Der Schutz von Ehe und Familie: Verfassungsentscheidung für die vitale Gesellschaft, NJW 2003, S. 993 ff.
ders., Gewisse, Glaube, Religion, 2008.
Germann, Michael, Dynamische Grundrechtsdogmatik von Ehe und Familie?, VVDStRL 73 (2014), S. 257 ff.
Höfling, Wolfgang, Erziehung, in: Hanno Kube/Rudolf Mellinghoff/Gerd Morgenthaler u.a. (Hg.), Leitgedanken des Rechts, Bd. I, 2013, § 57.
ders., Elternrecht, HStR VII, ^{3}2009, § 155.
Ipsen, Jörn, Ehe und Familie, HStR VII, ^{3}2009, § 154.
Isensee, Josef, Das Grundrecht als Abwehrrecht und staatliche Schutzpflicht, HStR Bd. IX, ^{3}2011, 1992, § 191.
Jestaedt, Matthias, Schule und außerschulische Erziehung, HStR VII, ^{3}2009, § 156.
Kirchhof, Gregor, Kinderrechte in der Verfassung – zur Diskussion einer Grundgesetzänderung, ZRP 2007, S. 149 ff.
Kirchhof, Paul, Maßstäbe für eine familiengerechte Besteuerung, ZRP 2003, S. 73 ff.
von Nesselrode, Friederike, Ehe und Familie, in: Hanno Kube/Rudolf Mellinghoff/Gerd Morgenthaler u.a. (Hg.), Leitgedanken des Rechts, Bd. I, 2013, § 56.
Papier, Hans-Jürgen, Ehe und Familie in der neueren Rechtsprechung des BVerfG, NJW 2002, S. 2129 ff.
Seiler, Christian, Grundzüge eines öffentlichen Familienrechts, 2008.
Steiner, Udo, Schutz von Ehe und Familie, in: Detlef Merten/Hans-Jürgen Papier, Handbuch der Grundrechte in Deutschland und Europa, Bd. IV, 2011, § 108.

§ 239
Wirtschaftliche Grundrechte

Foroud Shirvani

Übersicht

	RN		RN
A. Wirtschaftsrelevante Grundaussagen in den Landesverfassungen	1– 3	H. Berufsfreiheit	32– 60
		I. Bedeutung	32– 34
		II. Abgrenzung	35– 36
B. Die wirtschaftsrelevanten Regelungen des Grundgesetzes und der Weimarer Reichsverfassung	4– 6	III. Die Berufsfreiheit als Abwehrrecht	37– 59
		1. Schutzbereich	37– 46
C. Verfassungs- und gesellschaftspolitische Grundlagen des Wirtschaftsverfassungsrechts der Länder	7–11	a) Persönlicher Schutzbereich	37– 39
		b) Sachlicher Schutzbereich	40– 46
D. Typologie der wirtschaftsverfassungsrechtlichen Regelungen	12–15	2. Eingriff	47– 50
		3. Rechtfertigung	51– 59
E. Europarechtliche und grundgesetzliche Vorgaben	16–22	a) Schranken	51– 52
I. Vorgaben des Unionsrechts	17	b) Grenzen der Einschränkbarkeit	53– 59
II. Vorgaben des Grundgesetzes	18–22	IV. Freiheit von Arbeitszwang und Zwangsarbeit	60
F. Wirtschaftsverfassungsrechtliche Staatszielbestimmungen und Programmsätze	23–29	I. Eigentum und Erbrecht	61– 95
		I. Eigentumsfreiheit	61– 92
I. Das Wohl des Volkes im Wirtschaftsleben	24	1. Systematische Verortung	61
II. Förderung der Klein- und Mittelbetriebe	25	2. Bedeutung und Wirkungsdimensionen	62– 65
III. Verbot des Mißbrauchs wirtschaftlicher Macht	26	3. Die Eigentumsfreiheit als Abwehrrecht	66– 92
IV. Schaffung von Arbeitsplätzen	27	a) Schutzbereich	67– 75
		b) Eingriff	76– 77
V. Sonstige Bestimmungen	28–29	c) Rechtfertigung	78– 92
		II. Erbrecht	93– 95
G. Die Freiheit der wirtschaftlichen Betätigung	30–31	J. Sozialisierung	96– 98
		K. Resümee	99–100
		L. Bibliographie	

A. Wirtschaftsrelevante Grundaussagen in den Landesverfassungen

1

Verfassungen mit wirtschaftsrelevanten Regelungsabschnitten

Die Verfassungen der deutschen Länder umfassen mit unterschiedlicher Nuancierung eine Reihe wirtschaftsverfassungsrechtlicher Bestimmungen, wie etwa Grundrechte, Staatszielbestimmungen und Programmsätze, die für die Ordnung und den Ablauf des wirtschaftlichen Prozesses von Bedeutung sind[1]. Ein kursorischer Blick in die Landesverfassungen zeigt bereits, daß zahlreiche Verfassungstexte eigene Regelungsabschnitte haben, die sich mit den Themen „Wirtschaft und Arbeit"[2], „Eigentum, Wirtschaft, Arbeit und soziale Sicherung"[3], „Arbeit, Wirtschaft und Umwelt"[4] oder „Wirtschafts- und Sozialordnung"[5] beschäftigen[6]. Die verfassungsrechtlichen Regelungen sind häufig detailliert formuliert und bringen die zum Teil unterschiedlichen Vorstellungen der Landesverfassungsgeber über die Wirtschaftsordnung im allgemeinen und die Wirtschaftsgrundrechte im besonderen plastisch zum Ausdruck. Die

Allgemeine und konkretisierende Bestimmungen

Verfassungsgeber haben dabei recht grundsätzliche Aussagen formuliert, wie etwa diejenige, daß die Sozial- und Wirtschaftsordnung auf der Anerkennung der Würde und der Persönlichkeit des Menschen beruht[7], das Wohl des Menschen im Mittelpunkt des Wirtschaftslebens steht[8] oder die soziale Marktwirtschaft die Grundlage der Wirtschaftsordnung ist[9]. Sie haben aber auch konkrete Bestimmungen über Beruf, Arbeitsplatz und Ausbildungsstätte[10] sowie Eigentum, Enteignung, Vergesellschaftung und Erbrecht[11] verfassungstextlich fixiert. Diese Bestimmungen werden von einer Vielzahl weiterer, recht heterogener wirtschaftsrelevanter Vorschriften flankiert, die die Förderung selbständiger Klein- und Mittelbetriebe[12], den Mißbrauch wirtschaftlicher Macht[13], das Verbot von Monopolen, Konzernen und Kartellen[14], die Überführung wirtschaftlicher Großunternehmen in das Gemeinschaftseigentum[15],

---

1 Vgl. zum Begriff der „Wirtschaftsverfassung" *Peter Badura*, Wirtschaftsverfassung und Wirtschaftsverwaltung, [4]2011, RN 14; *P. M. Huber*, Öffentliches Wirtschaftsrecht, in: Friedrich Schoch (Hg.), Besonderes Verwaltungsrecht, [15]2013, 3. Kap. RN 17; *R. Schmidt*, HStR [3]IV, § 92 RN 17.
2 Vierter Hauptteil Verf. Bayern; s. auch Zweiter Hauptteil, 3. Abschnitt Verf. Bremen: „Arbeit und Wirtschaft".
3 Zweiter Hauptteil, 9. Abschnitt Verf. Brandenburg.
4 Zweiter Teil, Vierter Abschnitt Verf. Nordrhein-Westfalen.
5 I. Hauptteil, 5. Abschnitt Verf. Saarland; s. auch Erster Hauptteil, VI. Abschnitt Verf. Rheinland-Pfalz.
6 Vgl. dazu im Überblick *Herdegen*, HStR [3]VI, § 129 RN 89 ff.; *R. Breuer*, HStR [3]VIII, § 170 RN 13 ff.; *Durner*, Wirtschaftsverfassung, in: Dirk Ehlers/Michael Fehling/Hermann Pünder (Hg.), Besonderes Verwaltungsrecht, Bd. 1, [3]2012, § 11 RN 39 ff.; *Stern*, Staatsrecht III/2 (LitVerz.), § 93 II 3 f δ (S. 1432 f.), § 93 IV 4 a (S. 1448 f.); *Hahn*, Staatszielbestimmungen (LitVerz.), S. 299 ff.; *Wermeckes*, (LitVerz.), S. 159 ff.
7 Art. 27 Verf. Hessen.
8 Art. 24 Abs. 1 Satz 1 Verf. Nordrhein-Westfalen.
9 Art. 51 Satz 1 Verf. Rheinland-Pfalz.
10 Art. 35 Abs. 1 Satz 1 Verf. Thüringen.
11 Art. 31 f. Verf. Sachsen.
12 Art. 40 Abs. 1 Verf. Bremen.
13 Art. 24 Satz 1 Verf. Berlin.
14 Art. 41 Abs. 1 Satz 1 Verf. Bremen.
15 Art. 52 Abs. 2 Verf. Saarland.

die Herstellung und Verteilung von Wirtschaftsgütern zur Deckung des notwendigen Lebensbedarfs[16] oder die Förderung der Landwirtschaft durch den Staat[17] betreffen.

In einem gewissen Kontrast zu diesen umfänglichen und wortreichen wirtschaftsrelevanten Regelungskomplexen einiger Landesverfassungen stehen andere Landesverfassungen, die nur rudimentäre wirtschaftsbezogene Aussagen enthalten. Häufig sind es Landesverfassungen, die durch Rezeptionsregelungen auf die Grundrechte des Grundgesetzes verweisen, also anordnen, daß die Grundrechte Bestandteil der jeweiligen Landesverfassungen sind[18], oder die mit Blick auf die Bundesgrundrechte keinen eigenen Grundrechtekatalog enthalten[19]. Diese Verfassungen weisen meist nur in ihren Präambeln nennenswerte wirtschaftsbezogene Aussagen auf, wie etwa das Ziel, den wirtschaftlichen Fortschritt aller zu fördern[20]. Mitunter existieren aber auch punktuelle arbeits- und wirtschaftsrelevante Bestimmungen[21].

2
Verfassungen mit rudimentärer Wirtschaftsrelevanz

Die unterschiedliche Regelungsintensität wirtschaftsverfassungsrechtlicher Fragen in den Landesverfassungen ist nicht zuletzt darauf zurückzuführen, daß die Verfassungen der Länder in verschiedenen zeitgeschichtlichen Phasen entstanden sind und uneinheitliche Regelungskonzepte verfolgen[22]. So enthalten die vorgrundgesetzlichen Verfassungen von Bayern, Bremen, Hessen, Rheinland-Pfalz und dem Saarland[23] in Anlehnung an das Modell der Weimarer Reichsverfassung[24] ausführliche Vorschriften zu Wirtschaftsgrundrechten und wirtschaftsverfassungsrechtlichen Grundsätzen[25]. Spärlicher dagegen ist der Befund, wenn man sich den nachgrundgesetzlichen Verfassungen in der Zeit vor der Wiedervereinigung, also den Verfassungen von Baden-Württemberg, Hamburg, Niedersachsen, Nordrhein-Westfalen[26] und Schleswig-Holstein zuwendet[27]. Diese Verfassungen enthalten keine ausformulierten eigenen

3
Einfluß der jeweiligen Zeitepoche

---

16 Art. 152 Satz 1 Verf. Bayern.
17 Art. 55 Abs. 1 Verf. Saarland.
18 Art. 2 Abs. 1 Verf. Baden-Württemberg; Art. 5 Verf. Mecklenburg-Vorpommern; Art. 3 Abs. 2 Verf. Niedersachsen; Art. 3 Verf. Schleswig-Holstein. Auch die Verfassung von Nordrhein-Westfalen enthält in ihrem Art. 4 Abs. 1 eine Rezeptionsregelung, äußert sich aber in den Art. 24 ff. zu wirtschaftsbezogenen Themen; vgl. dazu RN 10.
19 Das betrifft gegenwärtig nur die Verfassung von Hamburg. Vgl. zum Ganzen *H. Dreier*, GG (LitVerz.), Bd. I, Vorb. RN 60; *Herdegen*, HStR³ VI, § 129 RN 75; → Bd. III: *Maurer*, Landesgrundrechte im Bundesstaat, § 82 RN 40, 44.
20 Vorspruch Verf. Baden-Württemberg; Präambel Verf. Mecklenburg-Vorpommern; s. auch Eingangsformel Verf. Hamburg.
21 Vgl. etwa Art. 17 Abs. 1 Verf. Mecklenburg-Vorpommern.
22 Vgl. dazu *Stern*, Staatsrecht III/2 (LitVerz.), § 93 II 1 (S. 1420 ff.), § 93 III (S. 1433 ff.), § 93 IV (S. 1445 ff.); *Menzel*, Landesverfassungsrecht (LitVerz.), S. 329 ff.; *H. Maurer*, Staatsrecht I (LitVerz.), § 5 RN 49 ff.; *Brenne*, Soziale Grundrechte (LitVerz.), S. 29 ff.; → Bd. III: *Maurer*, Landesgrundrechte im Bundesstaat, § 82 RN 36 ff.
23 Die unter französischer Besatzungsmacht ausgearbeitete Verfassung des Saarlandes trat bereits 1947 in Kraft. Der Beitritt des Saarlandes zur Bundesrepublik erfolgte erst 1957, vgl. *Stern*, Staatsrecht V (LitVerz.), § 131 V 5 c δ (S. 1062 f.).
24 Vgl. dazu sogleich B, RN 4 ff.
25 Art. 151 ff. Verf. Bayern; Art. 37 ff. Verf. Bremen; Art. 27 ff. Verf. Hessen; Art. 51 ff. Verf. Rheinland-Pfalz; Art. 43 ff. Verf. Saarland.
26 Vgl. allerdings FN 18 und RN 10, 26, 98.
27 Vgl. zur Verfassung von Berlin FN 32.

Wirtschaftsgrundrechte, sondern verweisen, wie erwähnt, meist durch Rezeptionsklauseln auf die Wirtschaftsgrundrechte des Grundgesetzes[28]. Wiederum anders ist das Regelungskonzept der Verfassungen der neuen Länder, die als sogenannte Vollverfassungen weitgehend über eigene Grundrechtekataloge verfügen[29]. Die Verfassungen der neuen Länder garantieren häufig ausdrücklich die Berufs- und Eigentumsfreiheit[30] und beherbergen Bestimmungen zur marktwirtschaftlichen Ordnung, zum Mißbrauch wirtschaftlicher Macht oder zur Wirtschafts- und Arbeitsförderung[31]. Ähnliches gilt für die Verfassung von Berlin aus dem Jahr 1995[32]. Der verfassungstextliche Befund zeigt damit ein „buntes" wirtschaftsverfassungsrechtliches Panorama.

B. Die wirtschaftsrelevanten Regelungen des Grundgesetzes und der Weimarer Reichsverfassung

4
Diskrepanz zum GG

Diejenigen Landesverfassungen, die umfangreiche Regelungskomplexe über die Wirtschaftsordnung ausformulieren, stehen zum Teil in einer Diskrepanz zur Wirtschaftsverfassung des Grundgesetzes[33] und in einer Nähe zur Wirtschaftsverfassung der Weimarer Reichsverfassung[34].

5
Wirtschaftspolitische Neutralität des GG

Im Unterschied zum Recht der Europäischen Union[35] und zum Landesverfassungsrecht verzichtet das Grundgesetz auf konkrete verfassungsrechtliche Zielsetzungen oder Prinzipien für die Gestaltung des Wirtschaftslebens[36]. Es überläßt die Ordnung des Wirtschaftssektors „vielmehr dem Gesetzgeber, der hierüber innerhalb der ihm durch das Grundgesetz gezogenen Grenzen frei zu entscheiden hat, ohne dazu einer weiteren als seiner allgemeinen demokratischen Legitimation zu bedürfen"[37]. Das Bundesverfassungsgericht hat in diesem Zusammenhang frühzeitig die These von der sogenannten „wirtschaftspolitische[n] Neutralität" des Grundgesetzes entwickelt und betont, daß „sich

---

28 Vgl. FN 18; zur Rechtslage in Hamburg → unten *Kämmerer*, Landesgrundrechte in Hamburg, § 250 RN 6 f.
29 *Menzel*, Landesverfassungsrecht (LitVerz.), S. 365 f.
30 Art. 28 f., 31 Verf. Sachsen; Art. 16, 18 Verf. Sachsen-Anhalt; Art. 34 f. Verf. Thüringen.
31 Art. 42 Abs. 2 Verf. Brandenburg; Art. 36 Satz 2 Verf. Thüringen.
32 Vgl. Art. 17, 23 f. Verf. Berlin. Die ursprüngliche (West-)Berliner Verfassung trat 1950 in Kraft. Nach der Wiedervereinigung wurde sie überarbeitet und trat in dieser Fassung 1995 in Kraft, vgl. *Stern*, Staatsrecht V (LitVerz.), § 135 V 3 a (S. 2082 f.). → Unten *Sodan*, Landesgrundrechte in Berlin, § 247 RN 65 ff., 79 ff.
33 Vgl. dazu *Badura* (FN 1), RN 14 ff.; *P. M. Huber* (FN 1), 3. Kap. RN 17 ff.; *R. Schmidt*, HStR ³IV, § 92 RN 16 ff.; *Papier*, HVerfR, ²1994, § 18 RN 1 ff.; *Durner* (FN 6), § 11 RN 1 ff.; *Jan Ziekow*, Öffentliches Wirtschaftsrecht, ³2013, § 3 RN 7 ff.
34 Vgl. dazu *Gerhard Anschütz*, Die Verfassung des Deutschen Reichs, ¹⁴1933 (ND 1960), S. 697 ff.; *Ernst Rudolf Huber*, Deutsche Verfassungsgeschichte, Bd. VI, 1981, S. 1025 ff.; *Christoph Gusy*, Die Weimarer Reichsverfassung, 1997, S. 342 ff.; *Stern*, Staatsrecht V (LitVerz.), § 129 IV 7 b β (S. 657).
35 Vgl. insb. Art. 3 Abs. 3 UAbs. 1 Satz 2 EUV.
36 Vgl. *BVerfGE 50*, 290 (337).
37 *BVerfGE 50*, 290 (337).

der Verfassungsgeber nicht ausdrücklich für ein bestimmtes Wirtschaftssystem entschieden" habe[38]. Daher sei es dem Gesetzgeber möglich, „die ihm jeweils sachgemäß erscheinende Wirtschaftspolitik zu verfolgen, sofern er dabei das Grundgesetz" beachte[39]. Zu den grundgesetzlichen Vorgaben zählen namentlich die bundesstaatliche Kompetenzverteilung, die grundrechtlichen Garantien, der sozialstaatliche Auftrag und die rechtsstaatlichen Grundsätze, die gemeinsam die Rahmenbedingungen für die wirtschaftspolitischen Maßnahmen des Gesetzgebers setzen[40]. So enthalten die Berufsfreiheit (Art. 12 Abs. 1 GG), die Eigentumsfreiheit (Art. 14 Abs. 1 GG), die Vereinigungsfreiheit (Art. 9 Abs. 1 GG), die Koalitionsfreiheit (Art. 9 Abs. 3 GG) und die Vorschriften über die Gesetzgebungskompetenzen[41] Garantien und Festlegungen mit „wirtschaftsverfassungsrechtliche[r] Tragweite", die die Aktivitäten des Wirtschaftsgesetzgebers reglementieren[42]. Die wirtschaftspolitische Gestaltungsfreiheit des Gesetzgebers wird dabei insbesondere durch die Freiheitsrechte des Bürgers begrenzt[43].

Genauso wie das Grundgesetz erteilte auch die Weimarer Reichsverfassung einem „System freier, unregulierter Wirtschaft" eine klare Absage[44]. Im Unterschied zum Grundgesetz enthielt die Weimarer Reichsverfassung aber einen eigenen Regelungsabschnitt über „Das Wirtschaftsleben"[45], der sich aus freiheitlichen Garantien, verfassungsrechtlichen Richtlinien, staatlichen Interventionsvorbehalten und wirtschaftlichen Mitbestimmungsrechten zusammensetzte[46]. Die Regelungen über die Wirtschaftsordnung gewährleisteten wirtschaftliche Freiheiten, waren aber mit dezidiert sozialen Zielsetzungen imprägniert[47]. Der Leitgedanke der Vorschriften über die Wirtschaftsordnung war Art. 151 Abs. 1 Satz 1 WRV zu entnehmen[48], wonach die Ordnung des Wirtschaftslebens den Grundsätzen der Gerechtigkeit mit dem Ziel der Gewährleistung eines menschenwürdigen Daseins für alle entsprechen mußte. Innerhalb dieser Grenzen galt es, die wirtschaftliche Freiheit des Individuums zu sichern (Art. 151 Abs. 1 Satz 2 WRV). Im einzelnen gewährleistete die Weimarer Reichsverfassung die Handels- und Gewerbefreiheit, die Eigentumsfreiheit, das Erbrecht sowie die Koalitionsfreiheit und proklamierte die Förderung des selbständigen Mittelstands in Landwirtschaft, Gewerbe und Handel[49]. Daneben formulierte die Verfassung Richtlinien für eine Bodenreform und für die Sozialisierung privatwirtschaftlicher Unternehmen, unterstellte die Arbeitskraft dem besonderen Schutz des Reichs und sah die Schaffung

6
WRV-Abschnitt „Das Wirtschaftsleben" mit sozialen Zielen

Leitprinzip

---
38 *BVerfGE* 4, 7 (17f.); s. ferner *BVerfGE* 7, 377 (400); 50, 290 (338).
39 *BVerfGE* 4, 7 (18); 50, 290 (338).
40 *P.M. Huber* (FN 1), 3. Kap. RN 20; *Durner* (FN 6), § 11 RN 5f.
41 Vgl. Art. 73 Abs. 1 Nr. 4, 5, 9; 74 Abs. 1 Nr. 11, 12, 14, 16, 17 GG.
42 Vgl. *Badura* (FN 1), RN 16f. (Zitat); *Papier*, HVerfR, ²1994, § 18 RN 14f.
43 Vgl. *BVerfGE* 50, 290 (338).
44 Vgl. *Gusy* (FN 34), S. 343.
45 Vgl. Art. 151 ff. WRV.
46 Vgl. *E.R. Huber* (FN 34), S. 1028.
47 *Anschütz* (FN 34), S. 697 spricht von „ausgeprägt sozialistische[n] Züge[n]" dieses Teils der Verfassung; s. dazu auch *Gusy* (FN 34), S. 343; *Breuer*, HStR ³VIII, § 170 RN 6.
48 Vgl. *Anschütz* (FN 34), Art. 151 Anm. 1.
49 Art. 151 Abs. 3, 153 f., 159, 164 WRV.

eines einheitlichen Arbeitsrechts vor[50]. Diese und andere wirtschafts- bzw. arbeitsbezogenen Bestimmungen hatten den Zweck, die Interessen verschiedener gesellschaftlicher Gruppierungen, insbesondere der Arbeitnehmer, der Arbeitgeber, des Mittelstands oder der Grundbesitzer zu berücksichtigen und wirtschaftliche Disparitäten auszugleichen oder zu verringern[51]. Die vorgrundgesetzlichen Landesverfassungsgeber griffen teilweise die Regelungen der Weimarer Reichsverfassung auf und konzipierten ihre eigenen wirtschaftsverfassungsrechtlichen Modelle.

C. Verfassungs- und gesellschaftspolitische Grundlagen des Wirtschaftsverfassungsrechts der Länder

7
„Generationen"-Folge der Landesverfassungen

Die Wirtschafts- und Arbeitsordnungen der Landesverfassungen beruhen häufig auf jeweils eigenen verfassungs- und gesellschaftspolitischen sowie ideologischen Ansätzen. Das wird deutlich, wenn man die „drei Generationen" der Landesverfassungen, also die vorgrundgesetzlichen Verfassungen, die nachgrundgesetzlichen Verfassungen in der Zeit vor der Wiedervereinigung und die Verfassungen der neuen Länder miteinander vergleicht[52].

8
Unterschiedliche gesellschaftspolitische Vorstellungen nach 1945

Die gesellschaftspolitischen und ideologischen Vorstellungen der Autoren der vorgrundgesetzlichen Landesverfassungen waren in besonderer Weise durch die Erfahrungen mit dem Nationalsozialismus, der Nachkriegssituation und den drängenden sozialen und ökonomischen Problemen der damaligen Zeit geprägt. Zudem orientierten sich die Verfassungsgeber häufig am Vorbild der Weimarer Reichsverfassung[53]. „Klassische Grundrechte mit christlichen und sozialen, teils sozialistischen Einsprengseln" fungierten als Elemente der neuen Verfassungskonzeptionen[54]. Diese Feststellung gilt auch für die wirtschaftsverfassungsrechtlichen Bestimmungen der Landesverfassungen. Während etwa die Autoren der Verfassung von Rheinland-Pfalz unter dem Einfluß der katholischen Soziallehre die christlichen Grundprinzipien der Wirtschaftsordnung zu verwirklichen suchten[55], waren die Schöpfer der Verfassungen von Hessen und vom Saarland gegenüber sozialistischen und planwirtschaftlichen Konzepten aufgeschlossen[56]. So wurde der sogenannte „Monopolkapitalismus" bei den Beratungen zur hessischen Verfassung unter Hinweis auf die Unterstützung *Adolf Hitlers* durch das Großkapital abgelehnt[57].

---

50 Art. 155 Abs. 1, 156 Abs. 1, 157 WRV; s. auch *Anschütz* (FN 34), Art. 155 Anm. 1, Art. 156 Anm. 1.
51 Vgl. *Stern*, Staatsrecht V (LitVerz.), § 129 IV 7 b β (S. 657); *Gusy* (FN 34), S. 343.
52 Vgl. zu dieser Einteilung RN 3 mit Nachweisen in FN 22.
53 Vgl. *Grawert*, Die Bedeutung gliedstaatlichen Verfassungsrechts in der Gegenwart, NJW 1987, S. 2329 (2335); *Stern*, Staatsrecht III/2 (LitVerz.), § 93 II 3 (S. 1426 f.); *Stiens* (LitVerz.), S. 76.
54 *Stern*, Staatsrecht III/2 (LitVerz.), § 93 II 3 (S. 1426 f.).
55 Vgl. *Bengt Beutler*, Das Staatsbild in den Länderverfassungen nach 1945, 1973, S. 117 ff., 119.
56 Vgl. *Volker Schockenhoff*, Wirtschaftsverfassung und Grundgesetz, S. 31 ff.; *Elicker*, in: Wendt/Rixecker (LitVerz.), Vor Art. 43 RN 2.
57 *Schockenhoff* aaO., S. 38 f.; *Stiens* (LitVerz.), S. 80.

Damit einher ging die Forderung, den Mißbrauch wirtschaftlicher Macht zu unterbinden und monopolistische Betriebe zu sozialisieren[58]. Der „Monopolkapitalismus" war auch Gegenstand der Verhandlungen zur bayerischen Verfassung[59]. In diesen Verhandlungen spielten zudem die Interessen des gewerblichen Mittelstandes und der Landwirte eine wichtige Rolle[60].

Das Vorbild der Weimarer Reichsverfassung und die verschiedenen gesellschaftspolitischen sowie ideologischen Ansätze schimmern in zahlreichen wirtschaftsbezogenen Bestimmungen der vorgrundgesetzlichen Landesverfassungen durch. In Anlehnung an die Weimarer Reichsverfassung enthalten die Landesverfassungen neben Wirtschaftsgrundrechten etwa Bestimmungen, die den Gemeinwohlbezug der wirtschaftlichen Tätigkeit proklamieren oder betonen, daß die Wirtschaftsordnung auf der Anerkennung der Würde des Menschen beruht[61]. Zudem stellen die Landesverfassungen die menschliche Arbeitskraft unter den Schutz des Staates[62] oder ordnen die Förderung der Klein- und Mittelstandsbetriebe in den Bereichen Landwirtschaft, Handwerk, Handel, Gewerbe und Industrie an[63]. Jenseits des Regelungsgehalts der Bestimmungen der Weimarer Reichsverfassung[64] sehen manche Landesverfassungen auch die obligatorische Sozialisierung bestimmter Schlüsselunternehmen der Wirtschaft vor[65] oder verpflichten den Gesetzgeber – planwirtschaftlichen Überlegungen folgend – zu Marktkorrekturen bei der Herstellung und Verteilung der Wirtschaftsgüter[66]. Regelmäßig werden auch wirtschaftliche Monopole bzw. Zusammenballungen wirtschaftlicher Macht untersagt[67].

9
WRV-Orientierung in vor-grundgesetzlichen Landesverfassungen

Im Unterschied zu den vorgrundgesetzlichen Landesverfassungen verzichten die nachgrundgesetzlichen Landesverfassungen in der Zeit vor der Wiedervereinigung überwiegend auf eigene Bestimmungen zur Wirtschafts- und Arbeitsordnung[68]. Das beruht nicht zuletzt darauf, daß der Parlamentarische Rat wirtschaftsverfassungsrechtliche Bestimmungen in das Grundgesetz aufnahm und dabei die konkurrierende Gesetzgebungsbefugnis des Bundes für weite Bereiche des Wirtschafts- und Arbeitsrechts festlegte[69]. Vor diesem Hintergrund hielten die meisten nachgrundgesetzlichen Landesverfassungsgeber eigene wirtschaftsverfassungsrechtliche Entwürfe für entbehrlich. Nur der nordrhein-westfälische Verfassungsgeber übte sich nicht in Regelungsabstinenz[70]. Dies wurde unter anderem damit begründet, daß Nordrhein-

10
Wirtschaftsverfassungsrechtliche Abstinenz in Landesverfassungen nach dem GG

---

58 *Schockenhoff* aaO., S. 40.
59 *Schockenhoff* aaO., S. 63.
60 *Schockenhoff* aaO., S. 70.
61 Art. 151 Abs. 1 Verf. Bayern; Art. 38 Abs. 1 Verf. Bremen; Art. 27 Verf. Hessen.
62 Art. 37 Abs. 1 Verf. Bremen; Art. 28 Abs. 1 Verf. Hessen; Art. 45 Satz 1 Verf. Saarland.
63 Art. 153 Satz 1 Verf. Bayern.
64 Vgl. Art. 156 WRV.
65 Art. 52 Abs. 1 Verf. Saarland.
66 Art. 43 Abs. 2 Verf. Saarland; s. dazu *Elicker*, in: Wendt/Rixecker (LitVerz.), Vor Art. 43 RN 2 f.
67 Art. 156 Satz 1 Verf. Bayern; Art. 41 Abs. 1 Satz 1 Verf. Bremen; Art. 39 Abs. 1 Verf. Hessen.
68 Vgl. RN 3.
69 Vgl. etwa Art. 74 Nr. 11, 12, 16 GG i.d.F. d. Bek. v. 23. 5. 1949 (BGBl. I S. 1); s. auch *Stiens* (LitVerz.), S. 82.
70 Vgl. Art. 24 ff. Verf. Nordrhein-Westfalen.

§ 239 Sechzehnter Teil: II. Vergleichende Betrachtung der Landesgrundrechte

Westfalen als gewerbe- und industriereiches Land auf Regelungen im Bereich „Arbeit und Wirtschaft" nicht verzichten könne, zumal solche Regelungen für die weitere Entwicklung des Gesellschaftslebens wegweisend sein könnten[71].

11
Regelungseifer in den Verfassungen der neuen Länder

Abweichend vom Modell der meisten nachgrundgesetzlichen Verfassungen in der Zeit vor der Wiedervereinigung enthalten die Verfassungen der neuen Bundesländer eigene wirtschaftsverfassungsrechtliche Vorschriften[72]. Von der Möglichkeit, die (Wirtschafts-)Grundrechte des Grundgesetzes zu rezipieren, wurde weitgehend nicht Gebrauch gemacht[73]. Hintergrund für den Regelungseifer war namentlich der Gedanke, daß eine Vollverfassung, die der Politik in allen wesentlichen Lebensbereichen einen Rahmen bieten wolle, auf Regelungen zur Sozial- und Wirtschaftsordnung nicht verzichten könne[74]. Darin kommt auch das Streben nach einem „eigenstaatliche[n] Profil" zum Ausdruck[75]. Zudem war die Aufnahme wirtschafts- und arbeitsbezogener Regelungen in die Verfassungen von der Vorstellung beeinflußt, daß der Staat als Garant für den wirtschaftlichen und sozialen Fortschritt fungiere[76]. Dabei sollten gewisse Korrektive zur Einführung der Marktwirtschaft in den neuen Ländern geschaffen und bestimmte tatsächliche oder vermeintliche Errungenschaften der ehemaligen Deutschen Demokratischen Republik aufrechterhalten werden[77]. Diese Anliegen werden etwa in den Bestimmungen über die Wirtschafts- und Beschäftigungsförderung sichtbar[78].

D. Typologie der wirtschaftsverfassungsrechtlichen Regelungen

12
Heterogene Normtypologie

Die wirtschaftsverfassungsrechtlichen Regelungskomplexe der Landesverfassungen sind normtypologisch heterogen. Sie umfassen insbesondere klassische Freiheitsrechte, Staatszielbestimmungen und Programmsätze.

---

71 Vgl. Landtag Nordrhein-Westfalen, Erste Wahlperiode, 126. und 127. Sitzung am 24. und 25.4.1950, Sten. Ber. S. 4272f.; *Müller-Terpitz*, in: Löwer/Tettinger (LitVerz.), Vorbem. zu Art. 24–29a RN 3. Zur praktischen Bedeutung der Art. 24ff. Verf. Nordrhein-Westfalen s. *Müller-Terpitz*, ebd. RN 4. → Unten *Dietlein*, Landesgrundrechte in Nordrhein-Westfalen, § 254 RN 27f., 29, 56.
72 Vgl. RN 3.
73 Eine Ausnahme bildet die Verfassung von Mecklenburg-Vorpommern (vgl. dort Art. 5 Abs. 3), die allerdings einige eigene Grundrechte formuliert; vgl. dazu *Stern*, Staatsrecht III/2 (LitVerz.), § 93 IV 2 (S. 1446f.). → Unten *Classen*, Landesgrundrechte in Mecklenburg-Vorpommern, § 252 RN 17ff.
74 So *Berlit*, Eigentum, Wirtschaft, Arbeit und soziale Sicherung, in: Simon/Franke/Sachs (LitVerz.), § 9 RN 1 zum brandenburgischen Modell.
75 *Stern*, Staatsrecht III/2 (LitVerz.), § 93 IV 3 (S. 1447).
76 *Wassermann*, Staatszielbestimmungen in der Verfassungsdiskussion, RuP 1992, S. 69 (73); *Stiens* (LitVerz.), S. 88.
77 *Stiens* (LitVerz.), S. 88; *Stern*, Staatsrecht III/2 (LitVerz.), § 93 IV 3 (S. 1447).
78 Art. 48 Abs. 1 Verf. Brandenburg; Art. 17 Abs. 1 Verf. Mecklenburg-Vorpommern; Art. 36 Satz 2 Verf. Thüringen.

Ähnlich wie im Grundgesetz sind die landesverfassungsrechtlichen Wirtschaftsgrundrechte als Freiheitsrechte konzipiert. Das betrifft sowohl das Berufsgrundrecht als auch das Eigentumsgrundrecht und das Erbrecht[79]. Die Grundrechte wirken primär in ihrer klassischen Funktion als Abwehrrechte des einzelnen gegen den Staat und verpflichten diesen, Eingriffe in die Freiheitssphäre des Individuums grundsätzlich zu unterlassen[80]. Sie binden die Landesstaatsgewalt[81].

13 Wirtschaftsgrundrechte als (negatorische) Freiheitsrechte

Von den klassischen Grundrechten sind die Staatszielbestimmungen[82] zu unterscheiden, denen man in den Normkomplexen zur „Wirtschaft und Arbeit" begegnet. Staatszielbestimmungen sind Verfassungsbestimmungen mit rechtlich verbindlicher Wirkung, die das staatliche Handeln leiten und lenken, ohne ein vollständiges Handlungsprogramm zu enthalten[83]. Sie weisen künftigen Staatstätigkeiten den Weg, sind also zukunftsorientiert und haben einen dynamischen Charakter[84]. Staatszielbestimmungen binden prinzipiell alle Staatsorgane[85]. Der primäre Adressat der landesverfassungsrechtlichen Staatszielbestimmungen ist der Landesgesetzgeber, der die Art und Weise der Zielverwirklichung bestimmt[86]. Staatszielbestimmungen haben einen objektiv-rechtlichen Charakter und gewähren dem Bürger nach herrschender Auffassung keine subjektiven Rechte[87]. Einige Verfassungen der neuen Bundesländer enthalten ausdrückliche Bestimmungen zur Wirkung von Staatszielen[88].

14 Wirtschaftliche Staatszielbestimmungen

Zum Teil sind die wirtschaftsverfassungsrechtlichen Bestimmungen der Länder auch als Programmsätze einzuordnen. Programmsätze werden überwiegend als unverbindliche Empfehlungen für das staatliche Handeln gedeutet[89]. Sie haben „eine nur appellative oder anregende Qualität" und „geben die allgemeine Linie einer sachgerechten Politik an, ohne eine rechtlich definite

15 Programmsätze mit Appellcharakter

---

79 Vgl. H, RN 32 ff.; I, RN 61 ff.
80 Vgl. Art. 98 Satz 1 Verf. Bayern.
81 Vgl. *Lindner*, in: ders./Möstl/Wolff (LitVerz.), Vor Art. 98 RN 127.
82 Vgl. dazu allgemein den Bericht der Sachverständigenkommission, Staatszielbestimmungen/Gesetzgebungsaufträge, 1983, RN 7; *Sommermann*, Staatsziele (LitVerz.), S. 355 ff., 377 ff. et passim; *H. Maurer*, Staatsrecht I (LitVerz.), § 6 RN 9 ff.; *Isensee*, HStR ³IV, § 73 RN 6 ff.; *Merten*, Über Staatsziele, DÖV 1993, S. 368 ff.; *Hahn*, Staatszielbestimmungen (LitVerz.), S. 63 ff.; *P.Ch. Fischer*, Staatszielbestimmungen (LitVerz.), S. 3 ff.
83 Vgl. Bericht der Sachverständigenkommission, aaO., RN 7; *Isensee*, HStR ³IV, § 73 RN 9.
84 *Merten*, DÖV 1993, S. 368 (370); *Hahn*, Staatszielbestimmungen (LitVerz.), S. 64.
85 *Sommermann*, Staatsziele (LitVerz.), S. 383.
86 Vgl. *P.Ch. Fischer*, Staatszielbestimmungen (LitVerz.), S. 5; *Isensee*, HStR ³IV, § 73 RN 9.
87 Bericht der Sachverständigenkommission (FN 82), RN 67; *K. Hesse*, HVerfR, ²1994, § 5 RN 34; *Sommermann*, Staatsziele (LitVerz.), S. 418. Zum Teil werden Staatszielbestimmungen aber auch subjektive Rechtsgehalte entnommen, → Bd. III: *Lange*, Grundrechtliche Besonderheiten in den Landesverfassungen, § 83 RN 53 ff.
88 Art. 13 Verf. Sachsen; Art. 3 Abs. 3 Verf. Sachsen-Anhalt; Art. 43 Verf. Thüringen.
89 *Badura*, Die Staatsaufgaben nach dem Grundgesetz und die Reformfrage, ThürVBl. 1992, S. 73 (75); *Maunz*, Staatsziele in den Verfassungen von Bund und Ländern, BayVBl. 1989, S. 545 (545); *Hahn*, Staatszielbestimmungen (LitVerz.), S. 67 f.; *P.Ch. Fischer*, Staatszielbestimmungen (LitVerz.), S. 25 f.; *Alfred Katz*, Staatsrecht, ¹⁸2010, RN 570. Vgl. auch *BVerfGE 128*, 326 (369): „unverbindlicher Programmsatz"; *VerfGH Saarland AS 21*, 141 (146). A.A. *Lindner*, in: ders./Möstl/Wolff (LitVerz.), Vierter Hauptteil, Vorbem. RN 3 ff.

Verpflichtung zu begründen"[90]. Während die Weimarer Reichsverfassung einige Bestimmungen enthielt, die nach herrschender Lesart Programmsätze darstellten[91], hat das Grundgesetz von unverbindlichen, bloß programmatischen Äußerungen Abstand genommen[92]. Anders ist die Rechtslage im Bereich der Landesverfassungen, die sich nicht selten an der Weimarer Verfassung orientieren: Im Landesverfassungsrecht ist die Kategorie der „Programmsätze" durchaus noch aktuell. Allerdings wird der Begriff des „Programmsatzes" nicht immer einheitlich verwendet[93].

E. Europarechtliche und grundgesetzliche Vorgaben

16
Keine isolierte Betrachtung der Landesgrundrechte

Die wirtschaftsbezogenen Bestimmungen der Landesverfassungen sind keine isoliert zu bewertenden und auszulegenden Regelungen, sondern müssen aufgrund der Einordnung der Länder in den deutschen Bundesstaat und den europäischen Staatenverbund im Lichte einiger wichtiger grundgesetzlicher und unionsrechtlicher Vorgaben interpretiert werden. Dabei handelt es sich insbesondere um homogenitätssichernde, kompetentielle und kollisionsregelnde Vorschriften[94]. Auf europäischer Ebene sind primär die Vorgaben des EU-Wirtschaftsrechts, auf nationaler Ebene die Art. 28 Abs. 1, 31, 70 ff., 142 GG zu beachten.

I. Vorgaben des Unionsrechts

17
Verdrängung oder Modifizierung der Landesgrundrechte

Die wirtschaftsverfassungsrechtlichen Vorschriften der Länder werden zum Teil durch die Vorgaben des Wirtschaftsrechts der Europäischen Union modifiziert bzw. verdrängt[95]. Zu diesen Vorgaben gehören die primär- und sekundärrechtlichen Wettbewerbsregeln[96] genauso wie die Grundfreiheiten[97] und die Wirtschaftsgrundrechte der Grundrechtecharta[98]. So enthält etwa das Primärrecht in den Art. 101 ff. AEUV Wettbewerbsregeln für Unternehmen im Binnenmarkt, insbesondere Vorschriften zum Kartellverbot sowie zum Ver-

---

90 *Badura*, ThürVBl. 1992, S. 73 (75).
91 Vgl. etwa Art. 151 Abs. 1 Satz 1, 163 Abs. 1 WRV; s. dazu *Anschütz* (FN 34), Art. 151 Anm. 1 und 2, Art. 163 Anm. 2.
92 Vgl. vor allem Art. 1 Abs. 3 GG; s. ferner *Badura*, ThürVBl. 1992, S. 73 (75); *Katz* (FN 89), RN 570.
93 Vgl. etwa StGH Hessen ESVGH 41, 159 (Ls. IV): „Programmsatz mit Anweisungen an den Gesetzgeber und die Verwaltung"; *U. Brink*, in: Brocker/Droege/Jutzi (LitVerz.), Art. 31 RN 9, wo die Begriffe „Staatszielbestimmung" und „Programmsatz" gleichsinnig verwendet werden.
94 Vgl. auch *H. Dreier*, GG (LitVerz.), Art. 31 RN 18 f.
95 Vgl. zur Wirtschaftsverfassung der EU *Hatje*, Wirtschaftsverfassung im Binnenmarkt, in: v. Bogdandy/Bast (LitVerz.), S. 801 (801 ff., 811 ff.); *Cremer*, Zielsetzung und Regelungsansätze des Europäischen Wirtschaftsrechts, in: Dirk Ehlers/Michael Fehling/Hermann Pünder (Hg.), Besonderes Verwaltungsrecht, Bd. 1, ³2012, § 9 RN 1 f., 7 ff.; *Oppermann/Classen/Nettesheim*, Europarecht,⁶2014, § 18 RN 1 ff., § 20 RN 1 ff.
96 Vgl. insb. Art. 101 ff. AEUV.
97 Vgl. Art. 34 ff. AEUV.
98 Vgl. Art. 15 bis 17 GRCh.

bot des Mißbrauchs einer marktbeherrschenden Stellung, die in ihrem Anwendungsbereich gegenüber den landesverfassungsrechtlichen Bestimmungen über das Verbot des Mißbrauchs wirtschaftlicher Macht[99] Vorrang genießen[100]. Soweit die Länder die wirtschaftliche Betätigung von Personen oder Unternehmen regeln, die (auch) einen grenzüberschreitenden Bezug haben, müssen sie die Anforderungen der Grundfreiheiten, namentlich die Arbeitnehmerfreizügigkeit, Dienstleistungsfreiheit und Niederlassungsfreiheit beachten[101]. Schließlich sind die Länder gemäß Art. 51 Abs. 1 Satz 1 GRCh an die Chartagrundrechte gebunden, wenn sie ausschließlich EU-Recht durchführen[102], beispielsweise eine EU-Richtlinie ins innerstaatliche Recht umsetzen. Werden zwingende Vorgaben einer Richtlinie in Landesrecht umgesetzt, kommen ausschließlich die (Wirtschafts-)Grundrechte der Grundrechtecharta, nicht die (Wirtschafts-)Grundrechte der Landesverfassungen zur Anwendung[103].

Bindung an die GRCh-Grundrechte

II. Vorgaben des Grundgesetzes

Im übrigen wird das Wirtschaftsverfassungsrecht der Länder durch die Vorgaben des Grundgesetzes determiniert. Soweit die Landesverfassungen Wirtschaftsgrundrechte garantieren, bestimmt sich deren Verhältnis zu den einschlägigen Grundrechten des Grundgesetzes nach Art. 142 GG. Demnach bleiben ungeachtet der Vorschrift des Art. 31 GG die Bestimmungen der Landesverfassungen auch insoweit in Kraft, als sie in Übereinstimmung mit den Art. 1 bis 18 GG Grundrechte gewährleisten[104]. Damit wird der Grundsatz der Verfassungsautonomie der Länder im Bereich der Grundrechte bekräftigt und den Verfassungsgerichten der Länder ein Prüfungsmaßstab, etwa bei der Entscheidung über Landesverfassungsbeschwerden, zur Verfügung gestellt[105]. Die Frage, ob Bundes- und Landesgrundrechte im Sinne von Art. 142 GG „übereinstimmen", beurteilt sich nach dem sachlichen und persönlichen Schutzbereich der Grundrechte sowie nach den jeweiligen Beschränkungsmöglichkeiten[106].

18
Geltung nach Maßgabe des Art. 142 GG

Bundes- und Landesgrundrechte stimmen erstens überein, wenn sie inhaltsgleich sind, also denselben Gegenstand im gleichen Sinn und mit gleichem Umfang regeln[107]. Sie stimmen nach herrschender Auffassung – zweitens – auch überein, wenn die Landesgrundrechte einen weitergehenden Schutz ver-

19
„Übereinstimmung" von Bundes- und Landesgrundrechten

---

99 Vgl. F III, RN 26.
100 Vgl. *Weiß*, in: Calliess/Ruffert, EUV/AEUV (LitVerz.), Art. 101 AEUV RN 16.
101 Vgl. dazu *BayVerfGH* NVwZ 2014, S. 141 (142): Die Bestimmungen über die Dienstleistungsfreiheit sind einzuhalten, wenn der Landesgesetzgeber Tätigkeiten im Bereich des Glücksspielsektors regelt.
102 Vgl. auch *Jarass*, GRCh (LitVerz.), Art. 51 RN 11 f.
103 Vgl. *BVerfGE 121*, 1 (15); *125*, 260 (306); *129*, 78 (90).
104 → Bd. III: *Maurer*, Landesgrundrechte im Bundesstaat, § 82.
105 Vgl. *BVerfGE 96*, 345 (369 f.); *Pieroth*, in: Jarass/ders., GG (LitVerz.), Art. 142 RN 1; *v. Campenhausen/ Unruh*, in: v. Mangoldt/Klein/Starck, GG (LitVerz.), Art. 142 RN 5; *P. M. Huber*, in: Sachs, GG (LitVerz.), Art. 142 RN 8, 10.
106 *BVerfGE 96*, 345 (365); *P.M. Huber*, in: Sachs, GG (LitVerz.), Art. 142 RN 11; *Kunig*, in: v. Münch/ ders., GG (LitVerz.), Art. 142 RN 6.
107 *BVerfGE 96*, 345 (365).

bürgen[108]. Das kann etwa vorliegen, wenn ein entsprechendes Bundesgrundrecht gänzlich fehlt oder der sachliche bzw. persönliche Schutzbereich des Bundesgrundrechts enger formuliert ist[109]. Drittens stimmen Bundes- und Landesgrundrechte im Sinne von Art. 142 GG überein, wenn die Landesgrundrechte gegenüber dem Grundgesetz einen geringeren Schutz garantieren, wenn also etwa der Schutzbereich des Landesgrundrechts enger konfiguriert ist[110]. In dieser Konstellation sind die Landesgrundrechte in der Regel als Mindestgarantien zu verstehen, die einen weitergehenden Schutz durch das Bundesrecht nicht auszuschließen bezwecken[111]. Stimmen Bundes- und Landesgrundrechte im Sinne einer der drei genannten Fallgruppen überein, bleiben letztere gemäß Art. 142 GG in Kraft und binden die Landesstaatsgewalt[112]. Die Landesgrundrechte sind allerdings gegenüber sonstigem Verfassungsrecht oder einfachem Bundesrecht nicht „resistent"[113]. Wenn etwa der Bund von seiner Gesetzgebungskompetenz nach Art. 70 ff. GG Gebrauch macht, setzt sich im Kollisionsfall das Bundesrecht nach Art. 31 GG durch[114].

20
Homogenitätsprinzip für Staatszielbestimmungen maßgeblich

Soweit die Landesverfassungen keine wirtschaftlichen Grundrechte, sondern Staatszielbestimmungen[115] enthalten, ist für das Verhältnis zwischen Landes- und Bundesverfassungsrecht Art. 142 GG nicht einschlägig, da diese Vorschrift die Grundrechte als subjektiv-öffentliche Rechte zum Regelungsgegenstand hat[116]. Die Staatszielbestimmungen müssen vielmehr den Anforderungen des Homogenitätsgebots nach Art. 28 Abs. 1 Satz 1 GG genügen[117]. Dies ist bei den wirtschaftsverfassungsrechtlichen Staatszielbestimmungen der Länder, wie etwa der Staatszielbestimmung, die Klein- und Mittelbetriebe zu fördern[118], in der Regel der Fall. Art. 28 Abs. 1 Satz 1 GG räumt den Ländern bei der Verfassungsgebung einen nicht unerheblichen Gestaltungsspielraum ein und ermöglicht auch die Normierung landesverfassungsrechtlicher Staatszielbestimmungen, die das Grundgesetz nicht kennt[119].

---

108 *BVerfGE* 96, 345 (365); *Korioth*, in: Maunz/Dürig, GG (LitVerz.), Art. 142 RN 14; *Kunig*, in: v. Münch/Kunig, GG (LitVerz.), Art. 142 RN 7. Kritisch gegenüber dieser Auffassung mit Blick auf Mehrpersonenverhältnisse *H. Dreier*, GG (LitVerz.), Art. 142 RN 51 f.
109 *Korioth*, in: Maunz/Dürig, GG (LitVerz.), Art. 142 RN 14.
110 *BVerfGE* 96, 345 (365); *Pietzcker*, HStR³ VI, § 134 RN 70 ff.; *Kunig*, in: v. Münch/Kunig, GG (LitVerz.), Art. 142 RN 9; *P. M. Huber*, in: Sachs (LitVerz.), Art. 142 RN 13.
111 *Korioth*, in: Maunz/Dürig, GG (LitVerz.), Art. 142 RN 14.
112 *v. Campenhausen/Unruh*, in: v. Mangoldt/Klein/Starck, GG (LitVerz.), Art. 142 RN 14; *Pieroth*, in: Jarass/ders., GG (LitVerz.), Art. 142 RN 3 f.
113 *Kunig*, in: v. Münch/Kunig, GG (LitVerz.), Art. 142 RN 8.
114 Vgl. *BVerfGE* 96, 345 (365); *Kunig*, in: v. Münch/Kunig, GG (LitVerz.), Art. 142 RN 8; *Pietzcker*, HStR³ V, § 134 RN 66.
115 Vgl. sogleich F, RN 23 ff.
116 *H. Dreier*, GG (LitVerz.), Art. 142 RN 39; *v. Campenhausen/Unruh*, in: v. Mangoldt/Klein/Starck, GG (LitVerz.), Art. 142 RN 8.
117 *H. Dreier*, GG (LitVerz.), Art. 28 RN 68; *Jutzi*, Staatsziele der Verfassung des Freistaats Thüringen, ThürVBl. 1995, S. 25 (27); *Hahn*, Staatszielbestimmungen (LitVerz.), S. 226 f.
118 Vgl. F II, RN 25.
119 Vgl. *BVerfGE* 36, 342 (360 f.); *H. Dreier*, GG (LitVerz.), Art. 28 RN 66, 68. Enger *R. Scholz*, Arbeitsverfassung, Grundgesetzreform und Landesverfassungsrecht, RdA 1993, S. 249 (252), wonach die Länder im Kern das Prinzip der neutralen Wirtschafts- und Arbeitsverfassung des Grundgesetzes wahren müßten.

Nehmen die Länder Staatszielbestimmungen in ihre Verfassungen auf, stellt sich allerdings die Frage, ob sie an die grundgesetzliche Kompetenzverteilung in den Art. 70 ff. GG gebunden sind. Diese Frage ist nicht zuletzt deshalb von Interesse, weil der Bund für weite Bereiche des Wirtschafts- und Arbeitsrechts die Gesetzgebungskompetenz hat[120]. Nach überwiegender Auffassung sind die Länder bei der Verfassungsgebung nicht an die Art. 70 ff. GG gebunden, da diese Kompetenzvorschriften die einfache Landesgesetzgebung, nicht die Landesverfassungsgesetzgebung betreffen[121]. Müßten die Landesverfassungsgeber die grundgesetzliche Kompetenzverteilung strikt einhalten, wäre der den Ländern durch Art. 28 Abs. 1 Satz 1 GG gewährleistete Gestaltungsspielraum und die Möglichkeit, Staatszielbestimmungen zu formulieren, die zu den Zuständigkeitsvorschriften oft querliegen, übermäßig eingeengt[122]. Daher können die Länder Staatszielbestimmungen oder Programmsätze auch in denjenigen Sachbereichen normieren, für die der Bund die Gesetzgebungskompetenz hat. Die Verfassungsautonomie der Länder findet erst dort ihre Grenze, wo die Länder vom Bundesrecht abweichende verbindliche Regelungen treffen und sich damit in Widerspruch zum Bundesrecht setzen. Dann greift die Kollisionsbestimmung des Art. 31 GG[123].

21
Art. 70 ff. für Landesverfassungsrecht nicht einschlägig

Unabhängig von der Frage, ob die wirtschaftsverfassungsrechtlichen Vorschriften der Länder entsprechend den vorausgehenden Ausführungen wirksam sind oder gegen höherrangiges Recht verstoßen, ist zu konstatieren, daß jene Vorschriften vielfach durch einfaches Bundesrecht überlagert werden. Das hängt damit zusammen, daß der Bund – gestützt auf seine Gesetzgebungskompetenzen im Bereich des Wirtschafts- und Arbeitsrechts[124] – zahlreiche Bundesgesetze erlassen hat, die den Ländern die „Geschäftsgrundlage" für wirtschaftspolitische Alternativprogramme entzogen haben[125]. Beispiele sind etwa das Gesetz gegen Wettbewerbsbeschränkungen, die Gewerbeordnung, das Energiewirtschaftsgesetz oder das Urheberrechtsgesetz. Durch die bundesgesetzliche „Normenflut" werden die einschlägigen wirtschaftsrechtlichen Vorschriften des Landesverfassungsrechts in der Rechtspraxis häufig „überspült"[126]. Immerhin haben die Länder im Rahmen der Föderalismusreform 2006 einige neue wirtschaftsrelevante Gesetzgebungskompetenzen erhalten[127]. Dazu zählen das Recht des Ladenschlusses, der Gaststätten, der Spielhallen, der Schaustellung von Personen, der Messen, der Ausstellungen

22
Überlagerung des Landesverfassungsrechts durch Bundesrecht

Föderalismusreform 2006

---

120 Vgl. FN 41.
121 *Pietzcker*, HStR ³VI, § 134 RN 57; *H. Dreier*, GG (LitVerz.), Art. 31 RN 29; *März*, in: v. Mangoldt/Klein/Starck, GG (LitVerz.), Art. 31 RN 87; *Hahn*, Staatszielbestimmungen (LitVerz.), S. 220 ff. A.A. *P. M. Huber*, in: Sachs, GG (LitVerz.), Art. 31 RN 16 f.; *Korioth*, in: Maunz/Dürig, GG (LitVerz.), Art. 31 RN 24.
122 Vgl. BVerfGE 36, 342 (360 f.); *März*, in: v. Mangoldt/Klein/Starck, GG (LitVerz.), Art. 31 RN 87.
123 *H. Dreier*, GG (LitVerz.), Art. 31 RN 29; *März*, in: v. Mangoldt/Klein/Starck, GG (LitVerz.), Art. 31 RN 88.
124 Vgl. FN 41.
125 *Stern*, Staatsrecht III/2 (LitVerz.), § 93 VI 4 c γ (S. 1483); *Grawert*, NJW 1987, S. 2329 (2335).
126 *Dieter Grimm*, Verfassungsrecht, in: ders./Hans-Jürgen Papier (Hg.), Nordrhein-westfälisches Staats- und Verwaltungsrecht, 1986, S. 1 (62).
127 Vgl. *Ziekow* (FN 33), § 3 RN 14; *Durner* (FN 6), § 11 RN 7.

und der Märkte, für die nach Art. 74 Abs. 1 Nr. 11 GG die Länder zuständig sind. Werden die Länder auf diesen Gebieten tätig, müssen sie die wirtschaftsrechtlichen Direktiven ihrer Landesverfassungen, insbesondere die Wirtschaftsgrundrechte, beachten. Aktuelle Beispiele finden sich in der Rechtsprechung der Landesverfassungsgerichte zum Recht der Spielhallen[128]. Die neuen Gesetzgebungskompetenzen könnten mittel- oder langfristig die Relevanz des wirtschaftsverfassungsrechtlichen Regelwerks der Länder steigern, auch wenn bislang eine Trendwende zugunsten des Landesverfassungsrechts nicht in Sicht ist[129].

F. Wirtschaftsverfassungsrechtliche Staatszielbestimmungen und Programmsätze

23
Regelungsvielfalt im Wirtschaftsverfassungsrecht

Das Wirtschaftsverfassungsrecht der Länder umfaßt, wie ausgeführt, nicht nur subjektive Grundrechte, sondern insbesondere auch Staatszielbestimmungen und Programmsätze. Im folgenden werden einige wichtige Beispiele der zuletzt genannten Kategorien skizziert.

I. Das Wohl des Volkes im Wirtschaftsleben

24
„Wohl des Volkes"

Einige Landesverfassungen enthalten in den Textabschnitten über die Wirtschafts- und Arbeitsordnung die Aussage, daß die Wirtschaft dem Wohl des Volkes und der Befriedigung seines Bedarfs zu dienen und ein menschenwürdiges Dasein zu gewährleisten hat[130]. Diese Bestimmungen, die zum Teil wörtlich an Art. 151 Abs. 1 Satz 1 WRV anknüpfen, fungieren mitunter als Einleitungsvorschriften zu den wirtschaftsrechtlichen Regelungskomplexen der Landesverfassungen und werden als deren „Grundgedanken"[131] bzw. „Leitmotiv[e]"[132] klassifiziert. Soweit die Vorschriften textlich vor die Bestimmungen über die Freiheit wirtschaftlicher Betätigung plaziert sind[133], hat dies durchaus Signalwirkung: Dadurch wird insbesondere zum Ausdruck gebracht, daß das Wohl des Menschen im Mittelpunkt des Wirtschaftssystems stehen und die Wirtschaft zur Verbesserung der Lebens- und Wirtschaftsbedingungen der Menschen beitragen soll[134]. Damit wollen die Vorschriften einem ungeregelten Wirtschaftsliberalismus eine Absage erteilen und zugleich betonen, daß der Mensch nicht bloßes Objekt betriebs- und volkswirtschaftlichen

---

128 Vgl. *BayVerfGH* NVwZ 2014, S. 141 (141, 144 ff.); *VerfGH Berlin* NVwZ-RR 2014, S. 825 ff.
129 Vgl. *Durner* (FN 6), § 11 RN 7, 39; *P. M. Huber*, in: Sachs, GG (LitVerz.), Art. 142 RN 6.
130 Art. 151 Abs. 1 Verf. Bayern; Art. 38 Abs. 1 Verf. Bremen; Art. 27, 38 Abs. 1 Satz 1 Verf. Hessen; Art. 24 Abs. 1 Satz 1 Verf. Nordrhein-Westfalen; Art. 43 Abs. 1 Verf. Saarland.
131 *Nawiasky/Leusser* (LitVerz.), Erl. zu Art. 151.
132 *Justen*, Grundprinzipien (LitVerz.), S. 133.
133 Vgl. etwa Art. 151 Abs. 1 und Abs. 2 Verf. Bayern; Art. 38 Abs. 1, 39 Abs. 2 Verf. Bremen. S. ferner oben RN 9.
134 Vgl. Art. 24 Abs. 1 Satz 1 Verf. Nordrhein-Westfalen; Art. 51 Satz 2 Verf. Rheinland-Pfalz.

Kalküls, sondern vielmehr Zweckbestimmung allen wirtschaftlichen Handelns ist[135]. Zudem folgen die Vorschriften auch sozialstaatlichen Überlegungen[136]. Typologisch werden die Vorschriften überwiegend als Programmsätze charakterisiert, die vor allem appellativ wirken, subjektive Rechtspositionen aber nicht vermitteln[137].

II. Förderung der Klein- und Mittelbetriebe

Auch die Förderung der Klein- und Mittelbetriebe ist ein Thema der wirtschaftsverfassungsrechtlichen Regelungsabschnitte. Dabei schreiben mehrere Landesverfassungen in Anlehnung an Art. 164 Abs. 1 WRV vor, daß die selbständigen Klein- und Mittelbetriebe in Landwirtschaft, Industrie, Handwerk, Handel oder Gewerbe zu schützen bzw. zu fördern sind[138]. Diese Klausel wird in manchen Landesverfassungen mit den Zusätzen „in der Gesetzgebung und Verwaltung" oder „durch Gesetzgebung und Verwaltung" ergänzt[139]. Während die meisten Verfassungen den Schutz- und Förderungsauftrag auf Klein- und Mittelbetriebe beschränken, hat Art. 65 Abs. 1 Verf. Rheinland-Pfalz die Förderung sämtlicher selbständiger Betriebe in den einzelnen Wirtschaftssektoren zum Gegenstand und schließt größere Unternehmen vom Förderungsauftrag nicht aus[140]. Die Einordnung der Vorschriften über die Förderung des Mittelstands und der Kleinbetriebe wird kontrovers diskutiert: Während manche Stimmen von einer Programmvorschrift ausgehen[141], nehmen andere eine objektiv-rechtliche Förderungsverpflichtung oder eine Staatszielbestimmung an[142]. Für die zuletzt genannte Einordnung streitet der Wortlaut der Bestimmungen, der strikt formuliert ist[143] und gegen eine unverbindliche Äußerung spricht[144]. Zudem wird das Förderungsziel in den Vorschriften hinreichend deutlich konturiert[145]. Unabhängig von dieser Kontroverse können die begünstigten Betriebe aus diesen Vorschriften keine subjektiven Ansprüche herleiten[146].

25 Schutz- und Förderungsauftrag

Programmvorschrift oder objektiv-rechtliche Förderungspflicht

---

135 *Müller-Terpitz*, in: Löwer/Tettinger (LitVerz.), Art. 24 RN 8, 11.
136 Vgl. Art. 151 Abs. 1 Verf. Bayern; Art. 38 Abs. 1 Satz 2 Verf. Hessen; *Schmidt am Busch*, in: Meder/Brechmann (LitVerz.), Art. 151 RN 1; *Hinkel* (LitVerz.), Erl. zu Art. 38.
137 Vgl. *BayVerfGHE 4*, 150 (164); *Elicker*, in: Wendt/Rixecker (LitVerz.), Art. 43 RN 1; *Günther*, in: Heusch/Schönenbroicher (LitVerz.), Art. 24 RN 3.
138 Art. 153 Satz 1 Verf. Bayern; Art. 40 Abs. 1 Verf. Bremen; Art. 43 Abs. 1 Verf. Hessen; Art. 28 Satz 1 Verf. Nordrhein-Westfalen; Art. 54 Abs. 1 Verf. Saarland.
139 Art. 153 Satz 1 Verf. Bayern; Art. 40 Abs. 1 Verf. Bremen; Art. 43 Abs. 1 Verf. Hessen.
140 *Janot*, in: Brocker/Droege/Jutzi (LitVerz.), Art. 65 RN 7.
141 *BayVerfGHE 56*, 1 (12); *StGH Hessen ESVGH 41*, 159 (Ls. IV): „Programmsatz mit Anweisungen an den Gesetzgeber und die Verwaltung"; *Elicker*, in: Wendt/Rixecker (LitVerz.), Art. 54 RN 1; *Lindner*, in: ders./Möstl/Wolff (LitVerz.), Art. 153 RN 2.
142 *Tettinger*, in: Löwer/ders. (LitVerz.), Art. 28 RN 8; *Günther*, in: Heusch/Schönenbroicher (LitVerz.), Art. 28 RN 1; *Janot*, in: Brocker/Droege/Jutzi (LitVerz.), Art. 65 RN 3; *Schmidt am Busch*, in: Meder/Brechmann (LitVerz.), Art. 153 RN 3; *Hahn*, Staatszielbestimmungen (LitVerz.), S. 122.
143 Die Formulierung lautet meist: „sind ... zu fördern".
144 *Tettinger*, in: Löwer/ders. (LitVerz.), Art. 28 RN 7; *Janot*, in: Brocker/Droege/Jutzi (LitVerz.), Art. 65 RN 3.
145 *Tettinger*, in: Löwer/ders. (LitVerz.), Art. 28 RN 7. Vgl. zu Konkretisierungsoptionen *Günther*, in: Heusch/Schönenbroicher (LitVerz.), Art. 28 RN 3.
146 *VerfGH Saarland AS 21*, 141 (146f.); *Janot*, in: Brocker/Droege/Jutzi (LitVerz.), Art. 65 RN 8.

III. Verbot des Mißbrauchs wirtschaftlicher Macht

26
Programmsatz mit politischer Stoßrichtung

Wie bereits ausgeführt, lehnten zahlreiche politische Kräfte bei den Beratungen zu den vorgrundgesetzlichen Landesverfassungen den sogenannten „Monopolkapitalismus" ab und wollten wirtschaftliche Machtzusammenballungen eindämmen[147]. Dementsprechend untersagen die vorgrundgesetzlichen und auch einige nachgrundgesetzliche Landesverfassungen den Mißbrauch wirtschaftlicher Macht und verbieten zum Teil ausdrücklich Monopole, Kartelle und Konzerne, die die Freiheit des wirtschaftlichen Wettbewerbs beschränken[148]. Das Verbot wirtschaftlicher Monopole und Kartelle soll der Sicherung eines funktionierenden ökonomischen Wettbewerbs dienen und insbesondere verhindern, daß Klein- und Mittelbetriebe durch Kartellbildung vom Markt verdrängt werden[149]. Zudem haben die angesprochenen landesverfassungsrechtlichen Vorschriften auch eine politische Stoßrichtung, die deutlich wird, wenn im Verfassungstext monopolistische Machtzusammenballung und politische Macht in einem Atemzug genannt werden[150]. Die landesverfassungsrechtlichen Vorschriften sind als Verbotsnormen oder – wie in Nordrhein-Westfalen – als Weisungen, Verbote auszusprechen[151], formuliert. Sie werden allerdings durch Bundesrecht, namentlich durch das auf Art. 74 Abs. 1 Nr. 16 GG gestützte Gesetz gegen Wettbewerbsbeschränkungen (GWB)[152], sowie durch Unionsrecht[153] überlagert und sind weitgehend wirkungslos[154]. Nicht zuletzt deshalb werden sie auch als Programmsätze charakterisiert[155].

IV. Schaffung von Arbeitsplätzen

27
Bekenntnis zur „Arbeitsgesellschaft"

Ein weiteres wichtiges wirtschafts- und arbeitsrechtliches Thema der Landesverfassungen ist die Schaffung von Arbeitsplätzen. In unterschiedlichen Formulierungen statuieren die Verfassungen das „Recht auf Arbeit"[156] bzw. verpflichten die Länder, zur Schaffung und Erhaltung von Arbeitsplätzen beizutragen[157]. So heißt es etwa in der Verfassung von Mecklenburg-Vorpommern, daß das Land zur Erhaltung und Schaffung von Arbeitsplätzen beiträgt und im Rahmen des gesamtwirtschaftlichen Gleichgewichts einen hohen Beschäf-

---

147 Vgl. oben RN 8 und unten RN 96.
148 Art. 156 Verf. Bayern; Art. 24 Verf. Berlin; Art. 42 Abs. 2 Satz 2 Verf. Brandenburg; Art. 41 Abs. 1 Verf. Bremen; Art. 39 Abs. 1 Verf. Hessen; Art. 27 Abs. 2 Verf. Nordrhein-Westfalen; Art. 52 Abs. 2 Satz 2 Verf. Rheinland-Pfalz; Art. 44 Satz 2 Verf. Saarland.
149 Vgl. Art. 156 Satz 2 Verf. Bayern; *Lindner*, in: ders./Möstl/Wolff (LitVerz.), Art. 156 RN 1.
150 Vgl. Art. 39 Abs. 1 Verf. Hessen.
151 Art. 27 Abs. 2 Verf. Nordrhein-Westfalen; *Müller-Terpitz*, in: Löwer/Tettinger (LitVerz.), Art. 27 RN 15.
152 Vgl. oben RN 22.
153 Vgl. Art. 101 ff. AEUV; s. dazu oben RN 17.
154 Vgl. *BayVerfGHE 58*, 277 (288); *Schmidt am Busch*, in: Meder/Brechmann (LitVerz.), Art. 156 RN 5; *Elicker*, in: Wendt/Rixecker (LitVerz.), Art. 44 RN 2.
155 *Hinkel* (LitVerz.), Erl. zu Art. 39; *Lindner*, in: ders./Möstl/Wolff (LitVerz.), Art. 156 RN 2.
156 → Unten *Shirvani*, Soziale Grundrechte, § 242 RN 9, 15, 39, 43 ff.
157 Vgl. etwa Art. 18 Verf. Berlin; Art. 48 Verf. Brandenburg; Art. 17 Abs. 1 Verf. Mecklenburg-Vorpommern; Art. 6a Alt. 1 Verf. Niedersachsen; Art. 36 Verf. Thüringen.

tigungsstand sichert[158]. Nach der Verfassung von Thüringen ist es ständige Aufgabe des Freistaates, jedem die Möglichkeit zu geben, seinen Lebensunterhalt durch frei gewählte und dauerhafte Arbeit zu verdienen[159]. Mit diesen und ähnlichen Formulierungen geben die Landesverfassungen „ein Bekenntnis zur Arbeitsgesellschaft als Basis der Existenzsicherung für jedermann" ab[160]. Die Förderung der Beschäftigung ist nach diesen Vorschriften eine Daueraufgabe des Staates[161], die allerdings insoweit relativiert wird, als das Land gehalten ist, „im Rahmen seiner Kräfte"[162] bzw. „im Rahmen des gesamtwirtschaftlichen Gleichgewichts"[163] einen hohen Beschäftigungsstand zu sichern. Bei den einschlägigen Bestimmungen handelt es sich in der Regel um Staatszielbestimmungen, die mit verbindlicher Wirkung das staatliche Handeln lenken[164].

V. Sonstige Bestimmungen

Neben den erwähnten wirtschaftsverfassungsrechtlichen Vorschriften gibt es noch eine Reihe weiterer Staatszielbestimmungen und Programmsätze, auf die im folgenden nur exemplarisch eingegangen werden kann. Zu den markantesten Vorschriften zählt die Staatszielbestimmung „soziale Marktwirtschaft". Im Unterschied zum Grundgesetz[165] und zu zahlreichen anderen Landesverfassungen enthalten die Verfassungen von Brandenburg, Rheinland-Pfalz und Thüringen Bestimmungen zur sozialen, ökologischen Grundsätzen verpflichteten Marktwirtschaft[166]. Dabei geht es um eine marktwirtschaftliche Ordnung, die zur Verbesserung der Lebens- und Beschäftigungsbedingungen der Menschen beiträgt und wirtschaftliche Freiheiten mit sozialem Ausgleich sowie ökologischen Standards verbindet[167]. Damit wenden sich die erwähnten Landesverfassungen, vor allem diejenigen Brandenburgs und Thüringens, gegen „staatswirtschaftlich-planbürokratische" Konzepte, die namentlich in der ehemaligen Deutschen Demokratischen Republik praktiziert wurden[168]. Als Staatszielbestimmungen[169] verpflichten die genannten Vorschriften den

28
„Soziale Marktwirtschaft" als Staatsziel

---

158 Art. 17 Abs. 1 Verf. Mecklenburg-Vorpommern.
159 Art. 36 Satz 1 Verf. Thüringen.
160 *Eichenhofer*, in: Linck/Baldus/Lindner (LitVerz.), Art. 36 RN 4.
161 *Eichenhofer*, in: Linck/Baldus/Lindner (LitVerz.), Art. 36 RN 5.
162 Art. 48 Abs. 1 Verf. Brandenburg.
163 Art. 18 Satz 3 Verf. Berlin; Art. 17 Abs. 1 Satz 2 Verf. Mecklenburg-Vorpommern.
164 *VerfGH Berlin* LVerfGE 7, 3 (8); *VerfG Brandenburg* LVerfGE 8, 97 (142 f.); *Haltern/Manthey*, in: Epping/Butzer/Brosius-Gersdorf (LitVerz.), Art. 6 a RN 9; *Sauthoff*, in: Classen/Litten/Wallerath (LitVerz.), Art. 17 RN 2; → unten *Shirvani*, Soziale Grundrechte, § 242 RN 45.
165 Vgl. RN 5. S. aber auch Art. 1 Abs. 3 S. 1 des Vertrags über die Schaffung einer Währungs-, Wirtschafts- und Sozialunion zwischen der Bundesrepublik Deutschland und der Deutschen Demokratischen Republik vom 18. 5. 1990 (BGBl. II S. 537), wonach „Grundlage der Wirtschaftsunion [...] die Soziale Marktwirtschaft als gemeinsame Wirtschaftsordnung beider Vertragsparteien" ist.
166 Art. 42 Abs. 2 Satz 1 Verf. Brandenburg; Art. 51 Verf. Rheinland-Pfalz; Art. 38 Verf. Thüringen.
167 Vgl. Art. 51 Satz 2 Verf. Rheinland-Pfalz.
168 Vgl. *Ruffert*, in: Linck/Baldus/Lindner (LitVerz.), Art. 38 RN 13 (Zitat); *Berlit* (FN 74), § 9 RN 2.
169 *VerfGH Rheinland-Pfalz* AS 27, 231 (248 f.); *Ruffert*, in: Linck/Baldus/Lindner (LitVerz.), Art. 38 RN 1; *Lieber*, in: ders./Iwers/Ernst (LitVerz.), Erl. zu Art. 42.

§ 239 *Sechzehnter Teil: II. Vergleichende Betrachtung der Landesgrundrechte*

Staat und seine Organe, das Wirtschaftsleben nach den Grundsätzen der sozialen bzw. ökologischen Marktwirtschaft zu ordnen, und werden durch wirtschaftsgrundrechtliche und sozialstaatliche Gewährleistungen flankiert[170].

29
Wirtschaftsfortschritt als Präambel-Aussage

Weitere wirtschaftsbezogene Aussagen finden sich schließlich in einigen Präambeln der Landesverfassungen. Gemeint sind die an die Länder adressierten Aufträge, „den wirtschaftlichen Fortschritt aller" oder „die wirtschaftliche Entwicklung" zu fördern[171].

G. Die Freiheit der wirtschaftlichen Betätigung

30
Freie Wirtschaftsbetätigung als Grundrecht

Neben den erörterten wirtschaftsverfassungsrechtlichen Grundsätzen garantieren die Landesverfassungen auch subjektive Rechte. Dazu zählt zunächst die in einigen Verfassungstexten normierte Freiheit wirtschaftlicher Betätigung[172], die mitunter durch die Vertrags- bzw. Gewerbefreiheit ergänzt wird[173]. Die einschlägigen Freiheiten, welche die Landesverfassungen zum Teil neben der Berufsfreiheit garantieren[174], werden von den Landesverfassungsgerichten überwiegend als Grundrechte interpretiert[175], während der Bayerische Verfassungsgerichtshof im Falle des Art. 151 Abs. 2 der bayerischen Verfassung von einem Programmsatz ausgeht[176]. Nach Auffassung des Verfassungsgerichtshofs Rheinland-Pfalz schützt die Gewährleistung der wirtschaftlichen Freiheit die Privatinitiative als „Motor für ein gesundes Wirtschaftsleben" und stärkt „die Individualbelange der wirtschaftlich Handelnden, deren Ziel" es sei, „ihre Existenz auf eigenverantwortlicher staatsfreier Grundlage zu verwirklichen"[177]. Damit werde das „selbständige Streben nach Schaffung einer wirtschaftlichen Existenzgrundlage" durch die Landesverfassung gewürdigt[178]. Nicht selten markieren die Verfassungen auch die Grenzen der wirtschaftlichen Betätigungsfreiheit, wie etwa in Art. 42 Abs. 1 Satz 1 Verf. Brandenburg, der die Rechte anderer, die Verfassung und die ihr entsprechenden Gesetze als Schranken nennt.

---

170 Vgl. dazu für Thüringen *Ruffert*, in: Linck/Baldus/Lindner (LitVerz.), Art. 38 RN 15 ff.
171 Präambel der Verf. Mecklenburg-Vorpommern; Vorspruch der Verf. Rheinland-Pfalz; Präambel der Verf. Sachsen-Anhalt.
172 Art. 151 Abs. 2 Satz 2 und Satz 3 Verf. Bayern; Art. 42 Abs. 1 Satz 1 Verf. Brandenburg; Art. 39 Abs. 2 Verf. Bremen; Art. 38 Abs. 2 Verf. Hessen; Art. 52 Abs. 1 und Abs. 2 Satz 1 Verf. Rheinland-Pfalz; Art. 44 Satz 1 Verf. Saarland.
173 Art. 151 Abs. 2 Satz 1 Verf. Bayern; Art. 52 Abs. 1 Verf. Rheinland-Pfalz.
174 Vgl. zum Verhältnis der beiden Garantien sogleich RN 35.
175 *VerfGH Saarland* LKRZ 2008, S. 177 (177 f.); *VerfGH Rheinland-Pfalz AS 36*, 323 (330 f.); *StGH Hessen ESVGH 50*, 1 (2); *VerfG Brandenburg*, B. v. 16.9.2011 (5/11 EA), juris, RN 31.
176 *BayVerfGHE 37*, 177 (183); kritisch zu dieser Rechtsprechung *Walter Leisner*, Die bayerischen Grundrechte, 1968, S. 76.
177 *VerfGH Rheinland-Pfalz AS 36*, 323 (341) zu Art. 52 Abs. 1 Verf. Rheinland-Pfalz.
178 *VerfGH Rheinland-Pfalz AS 36*, 323 (341).

Die Landesverfassungen, die die wirtschaftliche Betätigungsfreiheit expressis verbis garantieren, wählen einen anderen Weg als das Grundgesetz, das die wirtschaftliche Betätigung nicht ausdrücklich erwähnt, diese aber durch Art. 12 und 14 GG bzw. subsidiär durch Art. 2 Abs. 1 GG schützt[179]. Sub specie Art. 142 GG ist dieser Unterschied zwischen den Bundes- und den Landesgrundrechten aber unbedenklich[180].

31
Anwendbarkeit des Art. 142 GG

H. Berufsfreiheit

I. Bedeutung

Die Landesverfassungen garantieren in der Regel[181] das Grundrecht der Berufsfreiheit, indem sie entweder auf die Grundrechte des Grundgesetzes – und damit auch auf Art. 12 GG – verweisen[182] oder explizite eigene Vorschriften enthalten. Die zuletzt genannten Vorschriften, die im Fokus der nachfolgenden Überlegungen stehen, differenzieren zwischen den einzelnen Teilgewährleistungen des Berufsgrundrechts, nämlich der Gewährleistung der freien Berufswahl und Berufsausübung, der freien Wahl des Arbeitsplatzes sowie der freien Wahl der Ausbildungsstätte. Innerhalb der Verfassungen herrscht eine Formulierungsvielfalt, die zu textlichen Unterschieden zwischen den einzelnen Landesgrundrechten einerseits und zwischen einigen Landesgrundrechten und dem Bundesgrundrecht (Art. 12 GG) andererseits geführt haben. So gewährleistet etwa die Berliner Verfassung das Recht der Freizügigkeit, insbesondere die freie Wahl des Wohnsitzes, des Berufs und des Arbeitsplatzes; dieses Recht findet seine Grenze in der Verpflichtung, bei Überwindung öffentlicher Notstände mitzuhelfen[183]. Prägnanter ist demgegenüber die Verfassung von Bremen gefaßt, wonach jeder das Recht hat, seinen Beruf frei zu wählen[184]. Anders wiederum ist die Formulierung der sächsischen Verfassung, wonach Beruf und Arbeitsplatz frei gewählt werden können, soweit Bundesrecht nicht entgegensteht[185]. Die bayerische Verfassung enthält kein explizit ausformuliertes Berufsgrundrecht, schützt aber über das Auffanggrundrecht in Art. 101 den „beruflichen und wirtschaftlichen Bereich"[186].

32
Regelungsvielfalt

---

179 *BVerfGE 91*, 207 (221); *126*, 286 (300); *Di Fabio*, in: Maunz/Dürig, GG (LitVerz.), Art. 2 RN 77 ff.; *Jarass*, in: ders./Pieroth, GG (LitVerz.), Art. 2 RN 25, Art. 12 RN 4.
180 Vgl. auch *VerfGH Rheinland-Pfalz AS 36*, 323 (331); *Böckenförde/Grawert*, Kollisionsfälle und Geltungsprobleme im Verhältnis von Bundesrecht und Landesverfassung, DÖV 1971, S. 119 (121); *H. Dreier*, GG (LitVerz.), Art. 142 RN 50.
181 Die Verfassung des Saarlandes garantiert die Berufsfreiheit nicht ausdrücklich. Der saarländische Verfassungsgerichtshof zieht teils das Auffanggrundrecht in Art. 2 Satz 1 Verf. Saarland, teils Art. 44 Satz 1 Verf. Saarland (Schutz der Vertrags- und Gewerbefreiheit) heran, vgl. *VerfGH Saarland*, B. v. 19. 3. 2004 (Lv 4/03), juris, RN 12; Urt. v. 18. 3. 2013 (Lv 6/12), juris, RN 24, sowie NStZ-RR 2013, S. 228 (zitierte Passage dort nicht abgedruckt).
182 Vgl. FN 18.
183 Art. 17 Verf. Berlin.
184 Art. 8 Abs. 2 Verf. Bremen.
185 Art. 28 Abs. 1 Satz 1 Verf. Sachsen.
186 *BayVerfGHE 60*, 234 (247); *BayVerfGH* DVBl. 2012, S. 906 (907).

33
Einheitliches Grundrecht der Berufsfreiheit

Die Berufsgrundrechte der Landesverfassungen fungieren im klassischen Sinn primär als Abwehrrechte des Bürgers gegen die staatliche Gewalt[187]. Als solche sichern sie die Freiheit des einzelnen vor Eingriffen der Landesstaatsgewalt[188]. Überwiegend wird in Anknüpfung an die Rechtsprechung des Bundesverfassungsgerichts[189] ein einheitliches Grundrecht der Berufsfreiheit angenommen, das die freie Berufswahl und Berufsausübung ebenso erfaßt wie die freie Wahl des Arbeitsplatzes und der Ausbildungsstätte[190]. Die Landesgrundrechte werden auch dann in der soeben genannten Weise ausgelegt, wenn sie nach ihrem Wortlaut nicht sämtliche der in Art. 12 Abs. 1 Satz 1 GG genannten Teilgewährleistungen umfassen[191].

34
Teilhaberechtlicher Aspekt

Neben der abwehrrechtlichen Dimension wird den Berufsgrundrechten zudem auch eine teilhaberechtliche Dimension attestiert[192]. Dabei geht es um das Recht auf Teilhabe an staatlichen Leistungen oder Einrichtungen, das aus der Berufsfreiheit in Verbindung mit dem allgemeinen Gleichheitssatz und dem Sozialstaatsprinzip hergeleitet wird[193]. Behandelt wird beispielsweise das Recht auf Zulassung zum Hochschulstudium oder das Recht auf Teilhabe an Ausbildungskapazitäten in der Hochschule[194]. Erkenntnisleitend ist dabei der Gedanke, daß das „Recht auf freie Wahl der Ausbildungsstätte [...] als bloßes Abwehrrecht gegen staatliche Eingriffe ohne die tatsächliche Voraussetzung, es in Anspruch nehmen zu können, wertlos [wäre]. Schafft der Staat mit öffentlichen Mitteln Ausbildungseinrichtungen, so muß er auch den gleichen und freien Zugang zu ihnen gewährleisten"[195]. Das Teilhaberecht ist zum Teil ausdrücklich geregelt, etwa in Art. 29 Abs. 2 der sächsischen Verfassung[196]. Im übrigen gibt es Berührungspunkte mit dem Recht auf Bildung[197].

II. Abgrenzung

35
Berufsfreiheit als lex specialis

Die Berufsgrundrechte der Landesverfassungen sind von anderen verfassungsrechtlichen Verbürgungen abzugrenzen. Als Freiheitsrecht ist das Berufsgrundrecht zunächst vom ebenfalls in vielen Landesverfassungen vorgesehenen Recht auf Arbeit zu unterscheiden[198]. Soweit die Landesverfassungen neben der Berufsfreiheit auch die Freiheit wirtschaftlicher Betätigung

---

187 Vgl. etwa *Ruffert*, in: Linck/Baldus/Lindner (LitVerz.), Art. 35 RN 7; *Rozek*, in: Baumann-Hasske/Kunzmann (LitVerz.), Art. 28 RN 2; *Driehaus* (LitVerz.), Art. 17 RN 7.
188 Vgl. *VerfG Brandenburg LVerfGE 5*, 94 (106).
189 Vgl. *BVerfGE 7*, 377 (400 ff.).
190 *VerfGH Berlin LVerfGE 12*, 15 (22 f.); *BremStGHE 2*, 38 (45); *VerfG Brandenburg LVerfGE 5*, 94 (106); *Rozek*, in: Baumann-Hasske/Kunzmann (LitVerz.), Art. 28 RN 2.
191 Vgl. RN 32, 41.
192 *Reich* (LitVerz.), Art. 16 RN 2; *Driehaus* (LitVerz.), Art. 17 RN 7.
193 Vgl. etwa *BayVerfGHE 50*, 129 (138); 62, 79 (100).
194 *BayVerfGHE 50*, 129 (138); 62, 79 (100); *VerfGH Berlin LVerfGE 19*, 32 (36); *VerfG Brandenburg LVerfGE 5*, 94 (107 f.).
195 *BayVerfGH* NVwZ 2013, S. 1543 (1544), in Anknüpfung an *BVerfGE 85*, 36 (53 f.).
196 Dieser lautet: „Alle Bürger haben das Recht auf gleichen Zugang zu den öffentlichen Bildungseinrichtungen."; vgl. dazu *Rozek*, in: Baumann-Hasske/Kunzmann (LitVerz.), Art. 29 RN 2.
197 → Unten *Shirvani*, Soziale Grundrechte, § 242 RN 53, 55.
198 Vgl. oben RN 27; → unten *Shirvani*, Soziale Grundrechte, § 242 RN 41.

garantieren[199], ist die Berufsfreiheit lex specialis, wenn ihr persönlicher und sachlicher Schutzbereich eröffnet ist[200].

Besonders relevant ist zudem die Frage nach dem Verhältnis zwischen dem Berufs- und dem Eigentumsgrundrecht. Der Bayerische Verfassungsgerichtshof orientiert sich in diesem Zusammenhang an der Rechtsprechung des Bundesverfassungsgerichts[201] und prüft, welches der beiden Grundrechte das sachnähere Grundrecht ist und ob das eine Grundrecht im Einzelfall das andere verdrängt[202]. Während nach der Rechtsprechung des Verfassungsgerichtshofs die Eigentumsfreiheit das Erworbene, die Ergebnisse geleisteter Arbeit schützt, fällt der Erwerb, die Betätigung selbst in den Schutzbereich der Berufsfreiheit. Wenn ein hoheitlicher Akt eher in die Freiheit der individuellen Erwerbs- und Leistungsfähigkeit eingreift, ist der Schutzbereich des Berufsgrundrechts eröffnet; wenn es eher um die Innehabung und Verwendung vorhandener Vermögensgüter geht, ist der Schutzbereich des Eigentumsgrundrechts eröffnet[203]. Maßgeblich ist also der Schwerpunkt des Eingriffs[204]. Auch der sächsische Verfassungsgerichtshof verfährt ähnlich und prüft, ob im Schwerpunkt die berufliche Tätigkeit betroffen ist oder die Ausübung von Eigentümerbefugnissen[205]. Ungeachtet dieser Abgrenzungsformel sind Überschneidungen zwischen beiden Grundrechten möglich, wenn etwa die staatliche Maßnahme das Erworbene und die Erwerbstätigkeit in gleicher Weise betrifft und daher kein eindeutiger Schwerpunkt vorliegt. In solchen Fällen ist die Maßnahme am Maßstab sowohl des Berufs- als auch des Eigentumsgrundrechts zu prüfen[206].

36
Unterscheidung zwischen Erworbenem und Erwerbstätigkeit

III. Die Berufsfreiheit als Abwehrrecht

1. Schutzbereich

a) Persönlicher Schutzbereich

Die landesverfassungsrechtlichen Berufsgrundrechte regeln die Frage, welche Personen sich überhaupt auf das Berufsgrundrecht berufen können, wer also Grundrechtsträger ist, unterschiedlich. Während nach den – insoweit mit Art. 12 Abs. 1 GG übereinstimmenden – Verfassungen von Rheinland-Pfalz[207], Sachsen-Anhalt[208] und Thüringen[209] das Berufsgrundrecht ein sogenanntes

37
Unterschiedliche Kreise der Grundrechtsträger

---

199 Vgl. etwa Art. 8 Abs. 2, 39 Abs. 2 Verf. Bremen; Art. 52 Abs. 1, 58 Verf. Rheinland-Pfalz.
200 Vgl. *J. Wolff*, in: Brocker/Droege/Jutzi (LitVerz.), Art. 58 RN 12.
201 *BVerfGE 30*, 292 (335); *88*, 366 (377); *121*, 317 (344f.).
202 *BayVerfGHE 51*, 74 (88); *56*, 148 (172f.); *63*, 83 (113); s. dazu *Funke*, in: Meder/Brechmann (LitVerz.), Art. 101 RN 9.
203 *BayVerfGHE 51*, 74 (88).
204 *BayVerfGHE 63*, 83 (113), im Anschluß an *BVerfGE 121*, 317 (344f.).
205 VerfGH Sachsen, B. v. 16.10.2008 (Vf. 15-IV-08 u.a.), BeckRS 2008, 40332, sowie NVwZ 2009, S. 245 (Ls.); s. dazu *Rozek*, in: Baumann-Hasske/Kunzmann (LitVerz.), Art. 28 RN 3.
206 Vgl. *Rozek* aaO., Art. 28 RN 3; s. zum gleichsinnigen Verhältnis zwischen Art. 12 und 14 GG *Papier*, in: Maunz/Dürig, GG (LitVerz.), Art. 14 RN 222.
207 Art. 58 Verf. Rheinland-Pfalz.
208 Art. 16 Abs. 1 Satz 1 Verf. Sachsen-Anhalt.
209 Art. 35 Abs. 1 Satz 1 Verf. Thüringen.

Deutschen- bzw. Bürgergrundrecht ist, gewährleisten die Verfassungen Berlins[210], Brandenburgs[211] und Bremens[212] das Berufsgrundrecht als Jedermann-Grundrecht. Das Gleiche gilt für die Verfassung Bayerns, die durch ihr Auffanggrundrecht auch die berufliche Betätigung schützt[213]. Die sächsische Verfassung regelt demgegenüber die freie Wahl des Berufs bzw. des Arbeitsplatzes[214] und die freie Wahl der Ausbildungsstätte[215] in zwei separaten Vorschriften; dabei figuriert das erstgenannte Grundrecht als Jedermann-Grundrecht, das zweitgenannte als Bürgerrecht. Soweit die Landesgrundrechte nicht an die Staatsangehörigkeit anknüpfen und den Grundrechtsträgern insoweit einen weitergehenden Schutz als Art. 12 Abs. 1 GG garantieren, ist dagegen aus der Perspektive des Art. 142 GG prinzipiell nichts einzuwenden[216].

38
Unionsbürger

Sind die landesverfassungsrechtlichen Berufsgrundrechte als Deutschengrundrechte konstituiert, stellt sich die Frage, ob auch nichtdeutsche Unionsbürger sich auf das Grundrecht berufen können. Im Anwendungsbereich des EU-Rechts wird dies mit einem Hinweis auf Art. 18 AEUV bejaht[217]. Art. 19a Verf. Rheinland Pfalz äußert sich zu dieser Frage ausdrücklich: Demnach stehen die Rechte, welche die Landesverfassung allen Deutschen gewährt, auch Staatsangehörigen eines anderen EU-Mitgliedstaates zu, soweit diese nach dem Unionsrecht Anspruch auf Gleichbehandlung haben[218].

39
Juristische Personen

Grundrechtsträger sind schließlich auch inländische juristische Personen des Privatrechts. Das folgt aus denjenigen landesverfassungsrechtlichen Bestimmungen, die Art. 19 Abs. 3 GG entsprechen[219], wird aber auch dann angenommen, wenn eine solche Regelung fehlt[220]. Juristische Personen des öffentlichen Rechts, wie etwa kommunale Zweckverbände, können sich auf das Berufsgrundrecht nicht berufen[221].

b) Sachlicher Schutzbereich

aa) Schutzbereichserweiterung durch die Landesverfassungsgerichte

40
Textunterschiede

Wie beschrieben, existieren zahlreiche textliche Unterschiede zwischen den einzelnen Berufsgrundrechten der Landesverfassungen[222]. Wortlautidentisch mit Art. 12 Abs. 1 GG ist Art. 16 Abs. 1 Satz 1 Verf. Sachsen-Anhalt, wonach alle Deutschen das Recht haben, Beruf, Arbeitsplatz und Ausbildungsstätte

---

210 Art. 17 Verf. Berlin.
211 Art. 49 Abs. 1 Satz 1 Verf. Brandenburg.
212 Art. 8 Abs. 2 Verf. Bremen.
213 Vgl. Art. 101 Verf. Bayern; s. dazu RN 56.
214 Art. 28 Abs. 1 Verf. Sachsen.
215 Art. 29 Abs. 1 Verf. Sachsen.
216 Vgl. oben E II, RN 18 ff.
217 *Ruffert*, in: Linck/Baldus/Lindner (LitVerz.), Art. 35 RN 9 m.w.N.
218 Vgl. dazu *Weiß*, in: Brocker/Droege/Jutzi (LitVerz.), Art. 19a RN 4 ff.; *J. Wolff*, ebd. Art. 58 RN 5.
219 Art. 5 Abs. 3 Verf. Brandenburg; Art. 37 Abs. 3 Verf. Sachsen; Art. 20 Abs. 3 Verf. Sachsen-Anhalt; Art. 42 Abs. 2 Verf. Thüringen. Siehe auch *VerfGH Sachsen*, B. v. 16. 10. 2008 (Vf. 92-IV-08), juris, RN 28.
220 *J. Wolff*, in: Brocker/Droege/Jutzi (LitVerz.), Art. 58 RN 6.
221 *VerfG Brandenburg*, B. v. 15. 1. 2009 (4/08), juris, RN 2.
222 Vgl. oben H I, RN 32 ff.

frei zu wählen. Ähnlich ist auch Art. 35 Abs. 1 Satz 1 Verf. Thüringen formuliert, der jedem „Bürger" diese Freiheiten garantiert. Demgegenüber fehlt die Erwähnung der freien Wahl des Arbeitsplatzes und der Ausbildungsstätte in der brandenburgischen Verfassung[223]. Auch die Verfassungen Bremens sowie Berlins sind in ihren Formulierungen sparsam: Erstere nennt nur die freie Berufswahl[224], letztere nur die freie Wahl des Berufs und des Arbeitsplatzes[225].

Ungeachtet dieser textlichen Mindergewährleistungen werden die Landesgrundrechte durch die Landesverfassungsgerichte in der Regel bundesgrundrechtskonform ausgelegt[226]. Der Berliner Verfassungsgerichtshof argumentiert dabei folgendermaßen: „Zwar erwähnt Art. 17 VvB die freie Ausübung des Berufs nicht ausdrücklich. Zieht man bei der Auslegung des Wortlauts jedoch auch die Systematik der Norm heran, so ergibt sich die Gewährleistung auch eines Grundrechts der Berufsausübungsfreiheit. Dazu führt ein Vergleich mit der bundesrechtlichen Regelung in Art. 12 Abs. 1 GG. Diese Grundrechtsnorm umfaßt ausdrücklich sowohl die Berufswahl als auch die Berufsausübung"[227]. Ähnlich geht auch der bremische Staatsgerichtshof vor, der bei der Auslegung des landesverfassungsrechtlichen Berufsgrundrechts die Judikatur des Bundesverfassungsgerichts zur grundgesetzlichen Berufsfreiheit heranzieht und ohne große Umschweife feststellt, daß die Freiheit der Berufswahl auch die Wahl der Ausbildungsstätte und des Ausbildungsganges umfasse[228]. In die gleiche Richtung argumentiert das brandenburgische Verfassungsgericht hinsichtlich der freien Wahl des Arbeitsplatzes, die es durch das Berufsgrundrecht als geschützt ansieht[229].

41
Grundgesetzkonforme Auslegung der „Berufsfreiheit"

Die skizzierte Judikatur der Landesverfassungsgerichte läßt eine genaue dogmatische Begründung der Schutzbereichserweiterung mitunter vermissen. Im übrigen bewirkt sie eine vereinheitlichende Interpretation der Berufsgrundrechte auf Bundes- und Landesebene und führt dazu, daß die Landesverfassungsgerichte sich im „Schlepptau" der Rechtsprechung des Bundesverfassungsgerichts befinden. Verfassungsrechtlich geboten ist die Schutzbereichserweiterung durch die Landesverfassungsgerichte indes nicht. Im Falle landesverfassungsrechtlicher Mindergewährleistungen kommt das weiterreichende Bundesgrundrecht (Art. 12 Abs. 1 GG) zur Anwendung, das auch die Landesstaatsgewalt unmittelbar bindet. Schutzlücken zum Nachteil der Grundrechtsadressaten können daher nicht entstehen[230].

42
Vereinheitlichungstendenzen mit „Schlepptau"-Effekt

---

223 Art. 49 Verf. Brandenburg; s. zu diesem Befund *Lieber*, in: ders./Iwers/Ernst (LitVerz.), Erl. 1 zu Art. 49.
224 Art. 8 Abs. 2 Verf. Bremen.
225 Art. 17 Verf. Berlin.
226 Vgl. zu dieser Rechtsprechungspraxis auch *H. Dreier*, GG (LitVerz.), Art. 142 RN 49.
227 *VerfGH Berlin LVerfGE 12*, 15 (22); kritisch zu dieser Rechtsprechung → Bd. III: *Lange*, Grundrechtliche Besonderheiten in den Landesverfassungen, § 83 RN 42.
228 *BremStGHE 2*, 38 (45).
229 *VerfG Brandenburg LVerfGE 5*, 94 (106).
230 Vgl. *H. Dreier*, GG (LitVerz.), Art. 142 RN 48.

bb) Begriff des „Berufs"

43
Weite Auslegung des Berufsbegriffs

Im Zentrum des sachlichen Schutzbereichs der einschlägigen Landesgrundrechte steht der „Beruf" als jede auf Erwerb gerichtete Tätigkeit, die auf Dauer angelegt ist und der Schaffung und Erhaltung einer Lebensgrundlage dient[231]. Der Schaffung und Erhaltung der Lebensgrundlage dient eine Tätigkeit, wenn sie objektiv geeignet ist, die finanzielle und wirtschaftliche Grundlage des einzelnen oder den Bestand eines Unternehmens nachhaltig zu gewährleisten[232]. Der Berufsbegriff wird weit ausgelegt und sichert nicht nur solche Tätigkeiten, die sich in „bestimmten, traditionell geprägten oder rechtlich fixierten Berufsbildern darstellen"[233]. Erfaßt werden vielmehr prinzipiell alle selbständigen und unselbständigen Tätigkeiten, Nebenberufe sowie auch atypische Tätigkeiten, die keinem traditionellen Berufsbild entsprechen[234]. Unter den Schutz des Berufsgrundrechts fällt etwa die Tätigkeit als Rechtsanwalt[235], als Gastwirt[236], als Diskothekenbetreiber[237], als Spielhallenbetreiber[238] oder als Rettungsdienstunternehmer[239]. Geschützt werden auch Tätigkeiten „in der Grauzone der Sozialadäquanz", wie etwa Prostitution oder Glücksspielveranstaltungen[240]. Etwas anderes gilt, wenn die Tätigkeit aufgrund ihrer „Sozial- und Gemeinschaftsschädlichkeit" schlechthin verboten ist[241]. Schließlich schützt die Berufsfreiheit auch Berufe, die im öffentlichen Dienst ausgeübt werden oder durch öffentlich-rechtliche Anforderungen „staatlich gebunden" sind[242]. Dazu gehört beispielsweise die Tätigkeit der kommunalen Wahlbeamten[243] oder der öffentlich bestellten Vermessungsingenieure[244].

cc) Berufswahl und Berufsausübung

44
Einheitlicher Lebensvorgang

Unter den Schutz der Landesgrundrechte fallen die freie Berufswahl und die freie Berufsausübung. Soweit die Freiheit der Berufsausübung in den Verfassungstexten nicht ausdrücklich erwähnt wird[245], werden die jeweiligen Bestimmungen von den Landesverfassungsgerichten schutzbereichserweiternd ausgelegt[246]. Einheitlich geschützt werden demnach die freie Wahl und

---

231 *BayVerfGH* DVBl. 2012, S. 906 (907); *Rozek*, in: Baumann-Hasske/Kunzmann (LitVerz.), Art. 28 RN 4; *Driehaus* (LitVerz.), Art. 17 RN 77; vgl. auch *BVerfGE 7*, 377 (397 ff.); *119*, 59 (78).
232 *BayVerfGH* DVBl. 2012, S. 906 (907) mit Verweis auf *Kämmerer*, in: v. Münch/Kunig, GG (LitVerz.), Art. 12 RN 19.
233 *BayVerfGHE 42*, 41 (46), im Anschluß an *BVerfGE 7*, 377 (397).
234 *Rozek*, in: Baumann-Hasske/Kunzmann (LitVerz.), Art. 28 RN 4.
235 *VerfG Brandenburg LVerfGE 23*, 101 (108); *VerfGH Berlin* AGS 2013, S. 334 (335).
236 *VerfGH Rheinland-Pfalz AS 36*, 323 (330).
237 *VerfGH Sachsen*, B. v. 16.10.2008 (Vf. 92-IV-08), juris, RN 28.
238 *VerfGH Thüringen* ThürVBl. 2009, S. 54 (55).
239 *BayVerfGH* DVBl. 2012, S. 906 (907).
240 *Ruffert*, in: Linck/Baldus/Lindner (LitVerz.), Art. 35 RN 11.
241 *BVerfGE 115*, 276 (300 f.) (Zitat); *Ruffert*, in: Linck/Baldus/Lindner (LitVerz.), Art. 35 RN 11.
242 *VerfGH Sachsen LVerfGE 17*, 363 (366), im Anschluß an u.a. *BVerfGE 73*, 301 (315).
243 *VerfGH Rheinland-Pfalz AS 34*, 38 (45 f.).
244 *VerfGH Sachsen LVerfGE 17*, 363 (366).
245 Art. 17 Verf. Berlin; Art. 8 Abs. 2 Verf. Bremen.
246 Vgl. oben RN 40 ff.

die freie Ausübung des Berufs[247]. „Vorbildung, Berufswahl und Berufsausübung" sind nach der Rechtsprechung „als Abschnitte eines einheitlichen Lebensvorgangs" zu begreifen[248]. Die Freiheit der Berufsausübung schützt nicht nur „das Recht, Art und Qualität der am Markt angebotenen Güter und Leistungen selbst festzulegen", sondern auch „die Befugnis, den Kreis der angesprochenen Interessenten selbst auszuwählen"[249]. Auf die Berufsausübungsfreiheit können sich etwa Gastwirte, Diskothekenbetreiber oder Spielhallenbetreiber berufen, die selbst bestimmen wollen, ob sie den Besuchern in ihrer Gaststätte das Rauchen gestatten oder nicht[250]. Die Übernahme und Ausübung eines Mandats durch einen Rechtsanwalt und die Vertretung des Mandanten vor dem Gericht sind wesentliche Bestandteile der anwaltlichen Berufsausübungsfreiheit[251]. Die Freiheit der Berufsausübung des Rechtsanwalts ist zudem unmittelbar mit der Freiheit verbunden, eine angemessene Vergütung zu fordern[252]. Die Berufsausübungsfreiheit schützt daneben auch das Recht eines Arztes, „die Öffentlichkeit über erworbene berufliche Qualifikationen wahrheitsgemäß und in angemessener Form zu informieren"[253].

dd) Wahl des Arbeitsplatzes und der Ausbildungsstätte

Der sachliche Schutzbereich der Landesgrundrechte erstreckt sich schließlich auch auf die freie Wahl des Arbeitsplatzes und der Ausbildungsstätte. Der Begriff des „Arbeitsplatzes" bezeichnet die Stelle, an der ein bestimmter Beruf ausgeübt wird[254]. Der Grundrechtsträger hat das Recht, eine konkrete Beschäftigungsmöglichkeit anzunehmen, diese beizubehalten oder wieder aufzugeben[255]. Dies impliziert aber keine Bestandsgarantie für den einmal gewählten Arbeitsplatz[256]. Insbesondere hat der Grundrechtsträger kein Recht darauf, daß der Staat ihm dauerhaft einen Arbeitsplatz zu Verfügung stellt oder ihn dauerhaft weiterbeschäftigt[257]. Dementsprechend haben Wissenschaftler keinen grundrechtlich fundierten Anspruch gegen ein Bundesland, dauerhaft in dessen Hochschulen integriert zu werden[258]. Das Grundrecht auf freie Wahl des Arbeitsplatzes läßt im übrigen die Organisationsgewalt des öffentlichen Arbeitgebers unberührt[259].

45
Kein Recht auf einen Arbeitsplatz

---

247 *VerfGH Berlin LVerfGE 12*, 15 (22); s. auch *VerfGH Sachsen*, B. v. 16.10.2008 (Vf. 92-IV-08), juris, RN 28.
248 *VerfGH Berlin LVerfGE 12*, 15 (22), im Anschluß an u.a. *BVerfGE 33*, 303 (329 f.).
249 *VerfGH Rheinland-Pfalz AS 36*, 323 (330), im Anschluß an *BVerfGE 121*, 317 (345).
250 *VerfGH Rheinland-Pfalz AS 36*, 323 (330); *VerfGH Sachsen*, B. v. 16.10.2008 (Vf. 92-IV-08), juris, RN 28; *VerfGH Thüringen* ThürVBl. 2009, S. 54 (55); *BayVerfGH E 64*, 39 (47).
251 *VerfG Brandenburg LVerfGE 23*, 101 (108).
252 *VerfGH Berlin* AGS 2013, S. 334 (335).
253 *BayVerfGH*, E. v. 11.11.2015 (Vf. 2-VII-15), juris, RN 45, im Anschluß an *BVerfGE 106*, 181.
254 *Ruffert*, in: Linck/Baldus/Lindner (LitVerz.), Art. 35 RN 12.
255 *VerfGH Berlin*, B. v. 29.1.2004 (143/00), juris, RN 62, sowie NVwZ 2004, S. 1350 (Ls.) mit Verweis auf u.a. *BVerfGE 84*, 133 (146).
256 *VerfGH Berlin*, B. v. 29.1.2004 (143/00), juris, RN 62, sowie NVwZ 2004, S. 1350 (Ls.); *VerfGH Sachsen*, B. v. 26.2.2015 (Vf. 47-IV-14), juris, RN 17.
257 *VerfG Brandenburg LVerfGE 5*, 94 (109).
258 *VerfG Brandenburg LVerfGE 5*, 94 (106).
259 *VerfGH Berlin*, B. v. 29.1.2004 (143/00), juris, RN 62, sowie NVwZ 2004, S. 1350 (Ls.).

46
Berufsbezogenheit der Ausbildungsstätte

Ausbildungsstätten sind Einrichtungen, die auf ein berufliches Tätigkeitsfeld vorbereiten, indem sie die dafür erforderlichen Fachkenntnisse, Fähigkeiten und Methoden vermitteln[260]. Dabei geht es um berufsbezogene Einrichtungen, wie etwa Universitäten oder Berufsschulen, die über die Vermittlung allgemeiner Schulbildung hinausgehen und für bestimmte Berufe Ausbildungsangebote zur Verfügung stellen[261]. Geschützt sind der freie Zugang zur Ausbildungsstätte, die freie Wahl des Ausbildungsfachs, die freie Teilnahme an Lehrveranstaltungen und alle weiteren während der Ausbildung erforderlichen Tätigkeiten[262].

2. Eingriff

47
Kein Eingriff bei Berufsneutralität

Eingriffe in die Berufsfreiheit können durch Rechtsakte, wie etwa Gesetze, Rechtsverordnungen und Verwaltungsakte, oder durch Realakte erfolgen. Dabei können die Berufswahlfreiheit, die Berufsausübungsfreiheit, die freie Wahl des Arbeitsplatzes oder die freie Wahl der Ausbildungsstätte beeinträchtigt werden. Nach der Rechtsprechung greifen solche Rechtsvorschriften in die Berufsfreiheit ein, die sich unmittelbar auf die berufliche Tätigkeit beziehen oder in einem engen Zusammenhang mit der Ausübung eines Berufs stehen und eine objektiv berufsregelnde Tendenz haben[263]. Demgegenüber fehlt die Eingriffswirkung bei Vorschriften mit berufsneutraler Zwecksetzung[264]. Der Eingriffscharakter fehlt nach der Rechtsprechung auch, wenn die Anwendung einer Rechtsvorschrift unter gewissen Umständen Rückwirkungen auf einen Beruf hat. Anders verhält es sich, wenn die tatsächlichen Auswirkungen einer Regelung geeignet sind, die berufliche Tätigkeit nennenswert zu behindern[265].

48
Gesetzliche Eingriffe

Nach diesen Leitlinien kann die Freiheit der Berufswahl durch gesetzliche Altersgrenzen unmittelbar beeinträchtigt werden. Denn die Berufswahlfreiheit erfaßt nicht nur den freien Eintritt in einen bestimmten Beruf, sondern wirkt auch in der Entscheidung fort, wie lange man diesen Beruf ausüben will[266]. Ein wichtiges Beispiel für einen Eingriff in die Berufsausübungsfreiheit stellt das gesetzliche Rauchverbot in Gaststätten dar. Dieser Eingriff ist kein bloßer Reflex eines ausschließlich an Raucher gerichteten gesetzlichen Verbots[267]. Vielmehr werden Gastwirte daran gehindert, ihre Leistungen und Dienste auch rauchenden Kunden anzubieten[268]. Demgegenüber greifen ge-

---

260 *Reich* (LitVerz.), Art. 16 RN 2.
261 *Driehaus* (LitVerz.), Art. 17 RN 10; *Reich* (LitVerz.), Art. 16 RN 2.
262 *BayVerfGH* NVwZ 2013, S. 1543 (1544); *Driehaus* (LitVerz.), Art. 17 RN 10; *Reich* (LitVerz.), Art. 16 RN 2; *Rozek*, in: Baumann-Hasske/Kunzmann (LitVerz.), Art. 29 RN 4.
263 *VerfGH Rheinland-Pfalz* NVwZ 2015, S. 64 (66); *BayVerfGH* DVBl. 2014, S. 848 (848f., RN 66); *VerfGH Sachsen LVerfGE 6*, 221 (243).
264 *VerfG Brandenburg LVerfGE 23*, 101 (110).
265 *VerfG Brandenburg LVerfGE 23*, 101 (110), im Anschluß an u.a. *BVerfGE 110*, 370 (393f.).
266 *VerfGH Berlin LVerfGE 8*, 45 (52), im Anschluß an *BVerfGE 9*, 338 (344f.).
267 *VerfGH Rheinland-Pfalz AS 36*, 323 (330).
268 *VerfGH Rheinland-Pfalz AS 36*, 323 (330); s. auch *VerfGH Sachsen*, B. v. 16.10.2008 (Vf. 92-IV-08), juris, RN 29.

setzliche Pflichten zur Zahlung von Rundfunkbeiträgen nicht in die Berufsfreiheit der Inhaber von Betriebsstätten ein. Die Rundfunkbeitragspflicht hat weder einen unmittelbaren Bezug zur beruflichen Tätigkeit noch eine objektiv berufsregelnde Tendenz[269]. Ein Eingriff ist auch bei landesgesetzlichen Bestimmungen zu verneinen, die das Reiten im Wald auf dafür ausgewiesene und gekennzeichnete Wege beschränken. Insbesondere beeinträchtigen die Vorschriften nicht die Berufsausübungsfreiheit derjenigen, die im Bereich des Pferdesports, der Pferdezucht oder der Reittouristik beruflich tätig sind[270].

Die Berufsfreiheit kann auch durch gerichtliche oder behördliche Entscheidungen beeinträchtigt werden. Ein unmittelbarer Eingriff in die Berufsausübungsfreiheit ist etwa zu bejahen, wenn ein Rechtsanwalt durch eine gerichtliche Entscheidung von der Vertretung seines Mandanten ausgeschlossen wird, weil seine Tätigkeit gegen das kommunale Vertretungsverbot verstößt[271]. Auch gerichtliche Streitwert- und Kostenfestsetzungsentscheidungen haben Eingriffscharakter, da sie die Vergütung anwaltlicher Leistungen betreffen und daher in einem engen Zusammenhang mit der Ausübung des Anwaltsberufs stehen[272]. Die polizeiliche Beschlagnahme von Patientenakten in einer Arztpraxis und die gerichtliche Bestätigung dieser Maßnahme stellen einen Eingriff in die Berufsausübungsfreiheit des Arztes dar[273].

49 Gerichtliche und behördliche Entscheidungen

Schließlich können hoheitliche Maßnahmen auch in die Grundrechte der freien Wahl des Arbeitsplatzes und der Ausbildungsstätte eingreifen. Das Grundrecht auf freie Wahl des Arbeitsplatzes wird etwa beeinträchtigt, wenn der Staat den einzelnen zur Annahme eines bestimmten Arbeitsplatzes zwingt oder die Aufgabe eines Arbeitsplatzes fordert[274]. Die Ausbildungsfreiheit wird durch die Pflicht zur Zahlung von allgemeinen Studienbeiträgen beeinträchtigt, da diese an die Immatrikulation anknüpfen und in einem Zusammenhang mit dem Besuch der Hochschule stehen[275].

50 Keine Annahme- oder Aufgabepflicht bei Arbeitsplatzwahl

3. Rechtfertigung

a) Schranken

Ähnlich wie im Grundgesetz enthalten die meisten Landesverfassungen berufsgrundrechtliche Schrankenbestimmungen. Im Detail weichen diese Schrankenbestimmungen allerdings von ihrem grundgesetzlichen Pendant ab. So ordnet die Berliner Verfassung an, daß die freie Wahl des Berufs und des Arbeitsplatzes ihre Grenzen in der Verpflichtung findet, bei Überwindung

51 Schrankenvielfalt

---

[269] *BayVerfGH* DVBl. 2014, S. 848 (848 f., RN 66); *VerfGH Rheinland-Pfalz* NVwZ 2015, S. 64 (66).
[270] *VerfGH Sachsen LVerfGE 6*, 221 (243).
[271] *VerfG Brandenburg LVerfGE 23*, 101 (108 f.).
[272] *VerfGH Berlin* AGS 2013, S. 334 (335).
[273] *VerfGH Berlin LVerfGE 12*, 15 (25 f.).
[274] *VerfGH Berlin*, B. v. 29. 1. 2004 (143/00), juris, RN 62, sowie NVwZ 2004, S. 1350 (Ls.), im Anschluß an *BVerfGE 84*, 133 (146).
[275] *BayVerfGHE 62*, 79 (101).

§ 239   Sechzehnter Teil: II. Vergleichende Betrachtung der Landesgrundrechte

öffentlicher Notstände mitzuhelfen[276]. Die sächsische Verfassung garantiert die freie Wahl des Berufs und des Arbeitsplatzes, soweit Bundesrecht nicht entgegensteht[277]. Während sie die Berufsausübung unter einen Regelungsvorbehalt stellt[278], gewährleistet sie die freie Wahl der Ausbildungsstätte vorbehaltlos[279]. Auch in der Verfassung Bremens ist die freie Berufswahl vorbehaltlos garantiert[280]. Demgegenüber können nach der Verfassung von Thüringen Berufswahl, Berufsausübung und Berufsausbildung aufgrund eines Gesetzes geregelt werden[281].

52
Schrankenharmonisierung und Schrankentransfer

Die Rechtsprechung der Landesverfassungsgerichte gleicht allerdings die unterschiedlichen Schrankenbestimmungen der Schrankenregelung des Art. 12 Abs. 1 GG an. Insoweit bestehen Parallelen zur Herangehensweise der Landesverfassungsgerichte auf der Schutzbereichsebene[282]. Das hat zur Konsequenz, daß die einzelnen Teilkomponenten der Berufsfreiheit im Ergebnis einem umfassenden Regelungsvorbehalt unterstellt werden[283]. Der Berliner Verfassungsgerichtshof wendet beispielsweise das Schrankenreglement des Bundesgrundrechts auch beim Landesgrundrecht an, weil das Landes- und das Bundesgrundrecht „vom materiellen Inhalt her übereinstimmten"[284]. Nach Auffassung des sächsischen Verfassungsgerichtshofs erstreckt sich der Regelungsvorbehalt des Art. 28 Abs. 1 Satz 2 Verf. Sachsen, der nach seinem Wortlaut nur die Berufsausübung zum Gegenstand hat, auch auf die Berufswahl. Dem stehe nicht entgegen, so der Verfassungsgerichtshof, daß Art. 28 Abs. 1 Satz 1 der Landesverfassung die freie Berufswahl gewährleiste, soweit Bundesrecht nicht entgegenstehe; diese Formulierung weise lediglich auf die Begrenzung des Schutzbereichs durch Art. 31 GG hin[285]. Im übrigen ist der sächsische Verfassungsgerichtshof der Auffassung, daß auch die vorbehaltlos gewährleistete Ausbildungsfreiheit (Art. 29 Abs. 1 Verf. Sachsen) durch Gesetz eingeschränkt werden könne, und begründet dies mit dem Zusammenhang zwischen Art. 29 und 28 der Landesverfassung[286]. Dieser methodisch zweifelhafte „Schrankentransfer [...]" wird zu Recht kritisiert[287]. Er führt dazu, daß die Einschränkungsmöglichkeiten des Gesetzgebers entgegen dem Wortlaut der Landesverfassung ausgedehnt werden.

---

276 Art. 17 Verf. Berlin.
277 Art. 28 Abs. 1 Satz 1 Verf. Sachsen.
278 Art. 28 Abs. 1 Satz 2 Verf. Sachsen.
279 Art. 29 Abs. 1 Verf. Sachsen.
280 Art. 8 Abs. 2 Verf. Bremen.
281 Art. 35 Abs. 1 Satz 2 Verf. Thüringen.
282 Vgl. oben RN 40 ff.
283 Vgl. etwa *J. Wolff*, in: Brocker/Droege/Jutzi (LitVerz.), Art. 58 RN 10; *Reich* (LitVerz.), Art. 16 RN 2.
284 *VerfGH Berlin LVerfGE 12*, 15 (23 f.).
285 *VerfGH Sachsen*, B. v. 21.3.2002 (Vf. 71-IV-01), http://www.justiz.sachsen.de/esaver/internet/2001_071_IV/2001_071_IV.pdf (Abruf: Nov. 2014), S. 6.
286 *SächsVerfGH E 10*, 401 (409).
287 *Rozek*, in: Baumann-Hasske/Kunzmann (LitVerz.), Art. 29 RN 1 (Zitat); → Bd. III: *Lange*, Grundrechtliche Besonderheiten in den Landesverfassungen, § 83 RN 43.

b) Grenzen der Einschränkbarkeit

aa) Allgemeines

Schränkt der Landesgesetzgeber die Berufsfreiheit ein, muß das Gesetz formell und materiell verfassungskonform sein. Die gesetzliche Grundlage muß insbesondere der Kompetenzordnung des Grundgesetzes entsprechen[288] und das Bestimmtheitsgebot wahren[289]. Der parlamentarische Gesetzgeber hat zudem die wesentlichen, die Berufsfreiheit betreffenden Entscheidungen selbst zu treffen und darf diese nicht auf den Verordnungsgeber delegieren[290].

53 Kompetenzwahrung, Bestimmtheitsgebot, Wesentlichkeitstheorie

Hinsichtlich des Zitiergebots gibt es meist Übereinstimmung, punktuell aber auch Unterschiede zwischen dem Landes- und dem Bundesverfassungsrecht: Der umstrittenen Rechtsprechung des Bundesverfassungsgerichts zufolge ist das grundgesetzliche Zitiergebot auf berufsregelnde Gesetze nicht anzuwenden, da diese keine Einschränkungen im Sinne von Art. 19 Abs. 1 GG enthielten[291]. Die Rechtslage in Brandenburg weicht insoweit ab, als die brandenburgische Verfassung beim Landesberufsgrundrecht einen Eingriffs-, keinen Regelungsvorbehalt normiert[292]. Das brandenburgische Verfassungsgericht hat daran anknüpfend das landesverfassungsrechtliche Zitiergebot angewendet und eine berufsrelevante kommunalrechtliche Vorschrift, die dagegen verstieß, für nichtig erklärt[293].

54 Zitiergebot

Bei der Prüfung der materiellen Verfassungsmäßigkeit des die Berufsfreiheit einschränkenden Gesetzes hat der Verhältnismäßigkeitsgrundsatz eine zentrale Bedeutung. Nach diesem Grundsatz muß der Eingriff Gemeinwohlbelangen dienen und zur Erreichung des Eingriffsziels geeignet sowie erforderlich sein. Zudem muß bei einer Abwägung zwischen der Schwere des Eingriffs und dem Gewicht der ihn rechtfertigenden Gründe die Zumutbarkeitsgrenze gewahrt werden[294]. Im Prinzip gelten diese Anforderungen immer dann, wenn der Gesetzgeber die Berufswahl- bzw. Berufsausübungsfreiheit, die freie Wahl des Arbeitsplatzes oder die freie Wahl der Ausbildungsstätte[295] beschränkt.

55 Verhältnismäßigkeitsgrundsatz

bb) Verhältnismäßigkeit und Dreistufenlehre

Die berufsgrundrechtliche Verhältnismäßigkeitsprüfung ist im Rahmen des Art. 12 Abs. 1 GG vom Bundesverfassungsgericht durch die sogenannte „Dreistufenlehre" typisiert und spezifiziert worden[296]. Die Dreistufenlehre

56 Dreistufenlehre als Grundraster

---

288 *VerfGH Thüringen* ThürVBl. 2009, S. 54 (55).
289 *BremStGHE 2*, 38 (49).
290 *BayVerfGH* NVwZ 2013, S. 1543 (1544).
291 *BVerfGE 64*, 72 (80f.); vgl. zur Kritik etwa *Sachs*, GG (LitVerz.), Art. 19 RN 16f., 29; *Stern*, Staatsrecht III/2 (LitVerz.), § 83 III 5 f (S. 756).
292 Art. 49 Abs. 1 Satz 2 Verf. Brandenburg: „In diese Freiheit darf nur durch Gesetz oder aufgrund eines Gesetzes eingegriffen werden".
293 *VerfG Brandenburg* LVerfGE 23, 101 (111 ff.) zum kommunalrechtlichen Vertretungsverbot.
294 *VerfGH Rheinland-Pfalz* AS 36, 323 (332f.); *BayVerfGHE 57*, 175 (179); *VerfGH Thüringen* ThürVBl. 2009, S. 54 (55) jeweils zu Eingriffen in die Berufsausübungsfreiheit; → Bd. III: *Merten*, Verhältnismäßigkeitsgrundsatz, § 68.
295 Vgl. dazu etwa *BayVerfGH* NVwZ 2013, S. 1543 (1545): Altersgrenzen für das Studium an Kunsthochschulen.
296 *BVerfGE 7*, 377 (404ff.); *13*, 97 (104f.); *46*, 120 (138); *Manssen* in: v. Mangoldt/Klein/Starck, GG (LitVerz.), Art. 12 RN 140; *Ruffert*, in: Epping/Hillgruber, BeckOK-GG (LitVerz.), Art. 12 (2013) RN 93.

differenziert nach der Eingriffsintensität und formuliert unterschiedliche Rechtfertigungsanforderungen, je nachdem ob Berufsausübungs-, subjektive Berufswahl- oder objektive Berufswahlregelungen vorliegen[297]. Je intensiver der Eingriff ist, desto höher sind die materiellen Rechtfertigungsanforderungen, denen der Gesetzgeber im Hinblick auf den Verhältnismäßigkeitsgrundsatz gerecht werden muß[298]. Die Landesverfassungsgerichte orientieren sich an der vom Bundesverfassungsgericht propagierten Dreistufenlehre. Das geschieht, wie die Rechtsprechung des Bayerischen Verfassungsgerichtshofs zeigt, in verblüffender Weise auch dann, wenn der Verfassungstext für die Dreistufenlehre keinerlei Anhaltspunkte bietet: Obwohl die Berufsfreiheit lediglich durch das Auffanggrundrecht des Art. 101 Verf. Bayern geschützt wird und in dieser Vorschrift weder von Beruf noch von Berufswahl oder Berufsausübung die Rede ist, hält sich der Bayerische Verfassungsgerichtshof an die Grundsätze der Dreistufenlehre[299]. Insgesamt ist diese Lehre auch im Landesverfassungsrecht das wesentliche „Grundraster"[300] für die berufsgrundrechtliche Verhältnismäßigkeitsprüfung. Im folgenden sollen einige kurze Anmerkungen zur Handhabung der Dreistufenlehre im Landesverfassungsrecht gemacht werden.

57
Geringe Eingriffsintensität von Berufsausübungsregeln

Berufsausübungsregelungen sind Regelungen, die die Art und Weise der Berufstätigkeit betreffen. Sie sind aufgrund ihrer geringen Eingriffsintensität nach der Dreistufenlehre zulässig, „soweit vernünftige Erwägungen des Gemeinwohls" die Regelung „zweckmäßig erscheinen lassen"[301]. Zu den legitimen Gemeinwohlzielen gehören etwa der Schutz der Bevölkerung vor den Gesundheitsgefahren durch das Passivrauchen[302], der Schutz der Patienten vor einer Weitergabe ihrer medizinischen Daten an Dritte[303] oder der Schutz vor gefährlichen Hunden[304]. Der Gesetzgeber hat bei Berufsausübungsregelungen einen weiten Einschätzungs-, Wertungs- und Gestaltungsspielraum[305]. Allerdings können Berufsausübungsregelungen wegen ihrer gravierenden wirtschaftlichen Auswirkungen wie Berufswahlregelungen zu beurteilen sein, wenn die Berufsangehörigen in der Regel wirtschaftlich nicht mehr in der Lage sind, den gewählten Beruf auszuüben[306]. Dann müssen die für Berufswahlregelungen geltenden erhöhten Kautelen erfüllt werden.

---

297 *BVerfGE* 7, 377 (405 ff.); *Manssen* in: v. Mangoldt/Klein/Starck, GG (LitVerz.), Art. 12 RN 140; *Dietlein,* in: Stern, Staatsrecht IV/1 (LitVerz.), § 111 V 4 a (S. 1890).
298 *Dietlein,* in: Stern, Staatsrecht IV/1 (LitVerz.), § 111 V 4 a (S. 1890); *Wieland,* in: H. Dreier, GG (LitVerz.), Art. 12 RN 92.
299 Vgl. etwa *BayVerfGHE* 53, 1 (7); *BayVerfGH* DVBl. 2012, S. 906 (908); NVwZ 2014, S. 141 (144). Siehe zur Kritik *Funke,* in: Meder/Brechmann (LitVerz.), Art. 101 RN 31.
300 *Wieland,* in: H. Dreier, GG (LitVerz.), Art. 12 RN 92.
301 *BayVerfGHE* 53, 1 (7) (Zitat); *VerfGH Thüringen* ThürVBl. 2009, S. 54 (55).
302 *VerfGH Thüringen* ThürVBl. 2009, S. 54 (55).
303 *BayVerfGHE* 42, 41 (47).
304 *VerfGH Berlin* NVwZ 2001, S. 1266 (1273).
305 *VerfGH Sachsen,* B. v. 16. 10. 2008 (Vf. 92-IV-08), juris, RN 39; s. auch *BayVerfGHE* 42, 41 (47).
306 *BayVerfGHE* 60, 234 (247 f.), im Anschluß an *BVerfGE* 68, 155 (170 f.); *BayVerfGH* NVwZ 2014, S. 141 (144); *Funke,* in: Meder/Brechmann (LitVerz.), Art. 101 RN 37.

Subjektive Berufswahlregelungen betreffen die Berufszulassung und stellen Voraussetzungen auf, die in der Person und im Einflußbereich des einzelnen liegen[307]. Beispiele hierfür sind persönliche Kenntnisse, Fähigkeiten und Qualifikationen, die charakterliche Eignung, das Lebensalter oder die Bewährung in der Probezeit[308]. Subjektive Berufswahlregelungen sind gerechtfertigt, wenn sie ein besonders wichtiges Gemeinschaftsgut schützen, das der Freiheit des einzelnen vorgeht[309]. Sie dürfen darüber hinaus nicht außer Verhältnis zu dem angestrebten Zweck stehen und keine unzumutbare Belastung enthalten[310]. Die Standfestigkeit von Gebäuden als Bestandteil der öffentlichen Sicherheit ist etwa ein besonders wichtiges Gemeinschaftsgut, das eine Altersgrenze für Prüfingenieure für Baustatik mit Blick auf die in diesem Beruf erforderliche Leistungsfähigkeit rechtfertigt[311]. Regelungen über die Erforderlichkeit der Bewährung des Probebeamten haben den Zweck, die Funktionsfähigkeit der Verwaltung aufrechtzuerhalten, die ihrerseits ein besonders wichtiges Gemeinschaftsgut darstellt[312].

58 Subjektive Berufswahlregelungen zum Schutz besonders wichtiger Gemeinschaftsgüter

Objektive Berufswahlregelungen stehen in keinem Zusammenhang mit den persönlichen Eigenschaften oder Fähigkeiten des einzelnen und sind dessen Einfluß entzogen[313]. Dazu zählen Vorschriften, die den Berufszugang von einem konkreten Bedarf abhängig machen oder den grundsätzlichen Vorrang einer Berufsgruppe gegenüber einer anderen bei der Wahrnehmung bestimmter Aufgaben festlegen[314]. Derartige objektive Berufszugangsschranken sind nach der Rechtsprechung nur zum Schutz eines überragend wichtigen Gemeinschaftsguts zulässig[315]. Die Gefahren, von denen das Gemeinschaftsgut bedroht ist, müssen schwer sowie nachweisbar oder wenigstens höchstwahrscheinlich sein. Zudem muß die Regelung als Mittel zur Gefahrabwehr unentbehrlich sein. Der Gesetzgeber hat einen Einschätzungs- und Prognosespielraum bei der Beurteilung der Auswirkungen der Regelung und der Bedrohungslage für das Gemeinschaftsgut[316]. Überragend wichtige Gemeinschaftsgüter, die eine objektive Berufswahlregelung rechtfertigen können, sind etwa der Schutz von Leben und Gesundheit der Bevölkerung[317] oder die Bekämpfung der Spielsucht[318].

59 Objektive Berufswahlregelungen

---

307 *BayVerfGHE 56*, 1 (10).
308 *VerfGH Berlin LVerfGE 8*, 45 (52); *VerfGH Berlin*, B. v. 26.5.2005 (24/03), juris, RN 34; *Driehaus* (LitVerz.), Art. 17 RN 14.
309 *VerfGH Rheinland-Pfalz AS 34*, 38 (46).
310 *VerfGH Rheinland-Pfalz* aaO.
311 *VerfGH Berlin LVerfGE 8*, 45 (52f.), im Anschluß an *BVerfGE 64*, 72 (83).
312 *VerfGH Berlin*, B. v. 26.5.2005 (24/03), juris, RN 34.
313 *BayVerfGH DVBl.* 2012, S. 906 (908); *Driehaus* (LitVerz.), Art. 17 RN 14; *Reich* (LitVerz.), Art. 16 RN 2.
314 *BayVerfGH DVBl.* 2012, S. 906 (908f.); *Driehaus* (LitVerz.), Art. 17 RN 14.
315 *BayVerfGH DVBl.* 2012, S. 906 (909), im Anschluß an *BVerfGE 7*, 377 (404ff., 408).
316 *BayVerfGH* aaO.
317 *BayVerfGH* aaO.
318 *BayVerfGH NVwZ* 2014, S. 141 (145): „[...] besonders wichtiges Gemeinwohlziel [...], das selbst objektive Berufswahlbeschränkungen rechtfertigen könnte"; *BayVBl.* 2016, S. 81 (91).

IV. Freiheit von Arbeitszwang und Zwangsarbeit

60
Anlehnungen an das Grundgesetz

Jenseits der Vorschriften über die Berufswahl und Berufsausübung enthalten manche Landesverfassungen auch Bestimmungen, die ganz oder teilweise Art. 12 Abs. 2 und Abs. 3 GG entsprechen. Ebenso wie im Grundgesetz ist etwa in der Verfassung Sachsen-Anhalts das grundsätzliche Verbot des Arbeitszwangs und der Zwangsarbeit statuiert[319]. Die Verfassung Thüringens enthält nur das prinzipielle Verbot des Arbeitszwangs[320], die Verfassung Sachsens neben diesem Verbot das grundsätzliche Verbot der erwerbsmäßigen Kinderarbeit[321]. Letzteres wird allerdings durch das Jugendarbeitsschutzgesetz weitgehend überlagert[322].

I. Eigentum und Erbrecht

I. Eigentumsfreiheit

1. Systematische Verortung

61
Eigentum als zentrales Wirtschaftsgrundrecht

Neben der Berufsfreiheit ist die Eigentumsfreiheit das zweite zentrale landesverfassungsrechtliche Wirtschaftsgrundrecht[323]. Soweit die Landesverfassungen einen eigenen Grundrechtekatalog enthalten[324], existieren meist Bestimmungen über das Eigentum, die Inhalts- und Schrankenbestimmung, die Sozialpflichtigkeit des Eigentums und die Enteignung. Diese Regelungen werden durch weitere Vorschriften über Erbrecht, Gemeineigentum und Sozialisierung ergänzt[325]. Während im Grundgesetz die beiden maßgeblichen Vorschriften über Eigentum und Sozialisierung im Grundrechteteil plaziert sind (Art. 14 und 15 GG), weisen manche Landesverfassungen ein anderes Regelungskonzept auf. Innerhalb dieser Landesverfassungen gibt es zahlreiche eigentumsrechtliche Vorschriften, die nicht nur in den Regelungskomplexen zu den Freiheitsrechten stehen, sondern in einen wirtschaftsverfassungsrechtlichen Kontext eingebettet sind[326]. So sind die Eigentumsbestimmungen der hessischen Verfassung nicht im Regelungsabschnitt über die Gleichheits- und Freiheitsrechte[327], sondern in demjenigen über „Soziale und wirtschaftliche Rechte und Pflichten"[328] zu finden. Dabei wendet sich die hessische Verfas-

---

319 Art. 16 Abs. 2 und Abs. 3 Verf. Sachsen-Anhalt.
320 Art. 35 Abs. 2 Verf. Thüringen.
321 Art. 28 Abs. 2 und Abs. 3 Verf. Sachsen.
322 Vgl. § 5 JArbSchG; s. dazu *Rozek*, in: Baumann-Hasske/Kunzmann (LitVerz.), Art. 28 RN 33.
323 Vgl. zur Abgrenzung zwischen diesen beiden Grundrechten H II, RN 36.
324 Vgl. zur Rezeption der Bundesgrundrechte RN 2.
325 Vgl. etwa Art. 41 Verf. Brandenburg; Art. 60 f. Verf. Rheinland-Pfalz; Art. 18, 51 f. Verf. Saarland; Art. 31 f. Verf. Sachsen.
326 Vgl. dazu auch *Papier*, in: Starck/Stern, Landesverfassungsgerichtsbarkeit III (LitVerz.), S. 319 (321 ff.).
327 Art. 1–16 Verf. Hessen.
328 Art. 27–47 Verf. Hessen.

sung zunächst den Themen „Gemeineigentum", „Sozialisierung" und „Bodenreform" zu[329], um erst später das Privateigentum und das Urheberrecht unter verfassungsrechtlichen Schutz zu stellen[330]. Die bayerische Verfassung gewährleistet das Eigentums- und das Erbrecht[331] in ihrem Zweiten Hauptteil über „Grundrechte und Grundpflichten" und enthält im Vierten Hauptteil über „Wirtschaft und Arbeit" zusätzliche Bestimmungen über Enteignung, Sozialisierung, Eigentum an Bodenschätzen, geistiges Eigentum sowie bäuerliches Eigentum an Grund und Boden[332]. Nicht so wortreich wie die hessische und die bayerische Verfassung sind die Verfassungen der neuen Länder, soweit sie Eigentumsbestimmungen textlich fixieren. So äußert sich die Verfassung Sachsen-Anhalts zur Garantie des Eigentums- und Erbrechts sowie zur Inhalts- und Schrankenbestimmung, Sozialpflichtigkeit des Eigentums, Enteignung und Vergesellschaftung in einer einzigen Grundrechtsvorschrift[333]. Die Verfassung von Thüringen regelt diese Fragen ebenso in einer Grundrechtsnorm im Abschnitt über „Eigentum, Wirtschaft und Arbeit", enthält aber keine Vorschrift zur Vergesellschaftung[334]. Überblickt man diese und andere Bestimmungen, zeigt sich ein breites Tableau unterschiedlicher, im Kern aber ähnlicher eigentumsverfassungsrechtlicher Regelungskonzepte.

2. Bedeutung und Wirkungsdimensionen

Die Eigentumsfreiheit hat im Landesverfassungsrecht genauso wie im Bundesverfassungsrecht unterschiedliche Wirkungsdimensionen. Die Freiheit des Eigentums ist „ein elementares Grundrecht" und hat die Funktion, dem Grundrechtsträger „einen Freiheitsraum im vermögensrechtlichen Bereich zu sichern und ihm dadurch eine eigenverantwortliche Gestaltung seines Lebens zu ermöglichen"[335]. Inhaltlich ist das Eigentum durch Privatnützigkeit und die prinzipielle Verfügungsbefugnis des Berechtigten über den Eigentumsgegenstand gekennzeichnet[336]. Das Bekenntnis zum Eigentum ist eine verfassungsrechtliche Wertentscheidung von hohem Rang und hat für den sozialen Rechtsstaat eine besondere Bedeutung[337]. Die Verfassung von Rheinland-Pfalz bezeichnet das Eigentum als „Naturrecht", das vom Staat gewährleistet wird[338]; ein Unterschied zum rechtlichen Aussagegehalt des Art. 14 Abs. 1 GG besteht nach herrschender Auffassung allerdings nicht[339].

62
Elementares Grundrecht

---

329 Art. 39–42 Verf. Hessen.
330 Art. 45 f. Verf. Hessen; → Bd. III: *Lange*, Grundrechtliche Besonderheiten in den Landesverfassungen, § 83 RN 66.
331 Art. 103 Abs. 1 Verf. Bayern.
332 Art. 159, 160, 162, 163 Abs. 3 Verf. Bayern.
333 Art. 18 Verf. Sachsen-Anhalt.
334 Art. 34 Verf. Thüringen. Vgl. auch *Fechner*, in: Linck/Baldus/Lindner (LitVerz.), Art. 34 RN 8.
335 *BayVerfGHE 35*, 56 (69 f.) (Zitat), im Anschluß an *BVerfGE 53*, 257 (290); *VerfGH Saarland*, B. v. 19. 3. 2004 (Lv 7/03), juris, RN 19; *VerfGH Berlin*, B. v. 9. 5. 2003 (150/01), juris, RN 9.
336 *VerfGH Berlin*, B. v. 11. 10. 2001 (20/01), juris, RN 12.
337 *VerfGH Saarland*, B. v. 19. 3. 2004 (Lv 7/03), juris, RN 19; *VerfGH Sachsen LVerfGE 11*, 343 (348).
338 Art. 60 Abs. 1 Satz 1 Verf. Rheinland-Pfalz.
339 Vgl. *VerfGH Rheinland-Pfalz AS 3*, 227 (234 f.); *Braun Binder*, in: Brocker/Droege/Jutzi (LitVerz.), Art. 60 RN 10; zunächst aber anders *VerfGH Rheinland-Pfalz AS 3*, 63 (67).

63
Subjektives Abwehrrecht

Die Garantie des Eigentums gewährt dem einzelnen primär ein subjektiv-öffentliches Abwehrrecht gegen staatliche Eingriffe³⁴⁰. Er hat ein verfassungsmäßiges subjektives Recht gegen die Landesstaatsgewalt auf Achtung seines Eigentums³⁴¹ und kann die Unterlassung rechtswidriger Eingriffe verlangen³⁴². Grundrechtlich geschützt wird dabei der konkrete Bestand an vermögenswerten Gütern vor ungerechtfertigten Eingriffen der öffentlichen Gewalt (Bestandsgarantie)³⁴³.

64
Eigentum als normgeprägtes Grundrecht

Das Eigentum ist ein normgeprägtes Grundrecht³⁴⁴. Der Gesetzgeber hat den Inhalt und die Grenzen des Eigentums zu bestimmen³⁴⁵. Die Bestimmungsmacht des Gesetzgebers ist aber nicht schrankenlos³⁴⁶. Das Eigentumsgrundrecht begrenzt die Gestaltungsmacht des Gesetzgebers und verbietet es ihm, diejenigen Sachbereiche dem Eigentumsschutz zu entziehen, die zum elementaren Bestand grundrechtlich geschützter Tätigkeit im vermögensrechtlichen Bereich gehören³⁴⁷. Das Eigentumsgrundrecht enthält also eine Institutsgarantie, die den Gesetzgeber verpflichtet, einen rechtlichen Rahmen für Eigentumspositionen zu schaffen und diese funktionsfähig zu erhalten³⁴⁸.

65
Verfahrensrechtliche Komponente

Das Eigentumsgrundrecht hat darüber hinaus eine verfahrensrechtliche und eine Rechtsschutzkomponente³⁴⁹. Die Eigentumsgarantie schützt insbesondere das Recht des Eigentümers, seine Interessen im Verwaltungs- und gerichtlichen Verfahren effektiv zu vertreten und durchzusetzen³⁵⁰. Der Eigentümer hat einen Anspruch auf effektiven Rechtsschutz und faire Verfahrensführung. Das gilt etwa bei Eigentumseingriffen im Zwangsversteigerungsverfahren³⁵¹.

3. Die Eigentumsfreiheit als Abwehrrecht

66
Negatorische Dimension

Die abwehrrechtliche Dimension der landesverfassungsrechtlichen Eigentumsgrundrechte steht im Fokus der Rechtsprechung und des Schrifttums. Im folgenden werden einige zentrale Fragestellungen der abwehrrechtlichen Dimension erörtert.

---

340 *VerfGH Berlin*, B. v. 9.5.2003 (150/01), juris, RN 9; *BayVerfGHE 4*, 212 (218).
341 Vgl. *BayVerfGHE 34*, 55 (57).
342 *BayVerfGHE 30*, 67 (71); *34*, 55 (57).
343 Vgl. *VerfGH Berlin*, B. v. 9.5.2003 (150/01), juris, RN 9; *VerfG Brandenburg LVerfGE 8*, 97 (165); *Driehaus* (LitVerz.), Art. 23 RN 4.
344 Vgl. *BayVerfGHE 11*, 81 (85); *StGH Hessen ESVGH 56*, 1 (4); *60*, 14 (17).
345 Art. 41 Abs. 1 Satz 2 Verf. Brandenburg; Art. 45 Abs. 1 Satz 2 Verf. Hessen; Art. 31 Abs. 1 Satz 2 Verf. Sachsen.
346 *StGH Hessen ESVGH 60*, 14 (17).
347 *StGH Hessen ESVGH 60*, 14 (17): Der Staatsgerichtshof rekurriert bei der Grenzziehung für den Gesetzgeber auf die Wesensgehaltsgarantie.
348 *Braun Binder*, in: Brocker/Droege/Jutzi (LitVerz.), Art. 60 RN 3; *Rozek*, in: Baumann-Hasske/Kunzmann (LitVerz.), Art. 31 RN 3.
349 Vgl. *VerfGH Saarland*, B. v. 19.3.2004 (Lv 7/03), juris, RN 19; *StGH Hessen*, B. v. 12.3.2002 (P.St. 1438), juris, RN 33.
350 *VerfGH Saarland*, B. v. 19.3.2004 (Lv 7/03), juris, RN 19.
351 *VerfGH Saarland* aaO., im Anschluß an u.a. *BVerfGE 46*, 325 ff.

a) Schutzbereich

aa) Persönlicher Schutzbereich

Alle natürlichen Personen können sich auf das Eigentumsgrundrecht berufen. Die Verfassung von Rheinland-Pfalz betont in diesem Zusammenhang, daß „[j]edermann" aufgrund der Gesetze Eigentum erwerben und darüber verfügen kann[352]. Neben natürlichen Personen sind auch alle inländischen juristischen Personen des Privatrechts Träger des Eigentumsgrundrechts. Das wird auch dann angenommen, wenn eine Landesverfassung eine Art. 19 Abs. 3 GG entsprechende Vorschrift nicht enthält[353]. Prinzipiell grundrechtsberechtigt sind zudem sonstige privatrechtliche Personenvereinigungen, wie etwa Gesellschaften des bürgerlichen Rechts, die im Rechtsverkehr nach außen hin tätig werden[354]. Demgegenüber können sich juristische Personen des Privatrechts, die vollständig in öffentlicher Hand sind oder aufgrund der Beteiligungsverhältnisse von der öffentlichen Hand beherrscht werden, nicht auf das Eigentumsgrundrecht berufen[355].

67 Träger des Jedermann-Rechts

Selbiges gilt nach herrschender Meinung für juristische Personen des öffentlichen Rechts[356]. Nicht grundrechtsberechtigt sind zum Beispiel kommunale Zweckverbände als Körperschaften des öffentlichen Rechts[357]. Eine etwas andere Linie verfolgt allerdings der Bayerische Verfassungsgerichtshof, der juristischen Personen des öffentlichen Rechts die Berufung auf Grundrechte grundsätzlich gestattet[358]. Voraussetzung ist, daß sie „sich in einer Schutzsituation befinden, welche die betreffende Grundrechtsnorm voraussetzt"[359]. Namentlich die Gemeinden können sich vor dem Bayerischen Verfassungsgerichtshof auf das Eigentumsgrundrecht der bayerischen Verfassung berufen, wenn sie fiskalisch tätig sind[360]. Diese Rechtsprechung ist problematisch, da sie nicht in Rechnung stellt, daß die Gemeinden auch bei fiskalischer Tätigkeit an Grundrechte sowie rechtsstaatliche Prinzipien gebunden sind und daher mit Privaten, die ihre Freiheitsrechte ausüben, nicht gleichgesetzt werden können[361].

68 Umstrittene Grundrechtsberechtigung juristischer Personen des öffentlichen Rechts

bb) Sachlicher Schutzbereich

Der sachliche Schutzbereich der landesverfassungsrechtlichen Eigentumsgrundrechte erstreckt sich auf alle vermögenswerten Rechte, die dem einzel-

69 Privatnützigkeit, Verfügungsbefugnis

---

352 Art. 60 Abs. 1 Satz 2 Verf. Rheinland-Pfalz.
353 Vgl. etwa zu den Verfassungen von Saarland und Rheinland-Pfalz *Wendt*, in: ders./Rixecker (LitVerz.), Art. 18 RN 7; *Braun Binder*, in: Brocker/Droege/Jutzi (LitVerz.), Art. 60 RN 6.
354 *VerfGH Saarland* LKRZ 2008, S. 177 (177).
355 *VerfGH Berlin* DÖV 2005, S. 515 (515, 517): Eine Wohnungsbaugesellschaft ist nicht grundrechtsberechtigt, deren Anteile ganz überwiegend von einem Bundesland gehalten werden.
356 *VerfGH Berlin* DÖV 2005, S. 515 (516); *VerfGH Sachsen*, B. v. 10. 7. 2003 (Vf. 24-IV-02), juris, RN 7; *Fechner*, in: Linck/Baldus/Lindner (LitVerz.), Art. 34 RN 21; *Wendt*, in: ders./Rixecker (LitVerz.), Art. 18 RN 8.
357 *VerfG Brandenburg*, B. v. 15. 1. 2009 (4/08), juris, RN 2.
358 *BayVerfGHE* 29, 1 (4); *54*, 1 (5).
359 *BayVerfGHE* 27, 14 (20); *29*, 1 (4) (Zitat).
360 *BayVerfGHE* 37, 101 (107 f.); *54*, 1 (5).
361 Vgl. zur Kritik auch *Badura*, Grundrechte der Gemeinde?, BayVBl. 1989, S. 1 (3 ff.); *Funke*, in: Meder/Brechmann (LitVerz.), Art. 103 RN 9. A. A → oben *Merten*, Allgemeine Lehren der Landesgrundrechte, § 232 RN 107 ff.

§ 239 *Sechzehnter Teil: II. Vergleichende Betrachtung der Landesgrundrechte*

nen nach Art eines Ausschließlichkeitsrechts zugeordnet sind[362]. Maßgebliche Kriterien des Eigentumsbegriffs sind die Privatnützigkeit des vermögenswerten Rechts und die grundsätzliche Verfügungsbefugnis des Berechtigten[363]. Der Schutzbereich erfaßt nicht nur das Eigentum im Sinne des Bürgerlichen Gesetzbuchs, sondern auch andere vermögenswerte subjektive Rechte[364]. Hierzu gehören neben privatrechtlichen Rechtspositionen auch solche, die im öffentlichen Recht verwurzelt sind[365]. Soweit sich die Landesverfassungsgerichte mit den Eigentumsgrundrechten beschäftigen[366], ist eine deutliche Orientierung an der Judikatur des Bundesverfassungsgerichts zu konstatieren[367]. So betonen einige Landesverfassungsgerichte, daß die jeweiligen Landesgrundrechte mit Art. 14 Abs. 1 GG „inhaltsgleich" seien bzw. mit dieser Vorschrift übereinstimmten[368]. Die landesverfassungsrechtliche Rechtsprechung wird damit an die bundesverfassungsgerichtliche Judikatur weitgehend „angeseilt". Insoweit bestehen Parallelen zum Berufsgrundrecht[369].

70
Schutz privatrechtlicher vermögenswerter Rechtspositionen

Eigentumsgrundrechtlich geschützt sind alle privatrechtlichen vermögenswerten Rechtspositionen, „die dem Berechtigten von der Rechtsordnung in der Weise zugeordnet sind, daß er die damit verbundenen Befugnisse nach eigenverantwortlicher Entscheidung zu seinem privaten Nutzen ausüben darf"[370]. Dazu gehören namentlich das Sacheigentum und sonstige dingliche Rechte. Vom Eigentumsgrundrecht erfaßt sind etwa das Grundeigentum[371], das Eigentum an Mietwohnungen[372], das Wohnungsrecht nach § 1093 BGB[373], das Waldeigentum[374], das Besitzrecht des Mieters[375], das Hausrecht[376], die Fischereiberechtigung[377], das Jagdrecht[378], das geistige Eigentum[379], Aneignungsrechte und gesellschaftsrechtliche Anteilsrechte[380]. Der sachliche Schutzbe-

---

362 *Rozek*, in: Baumann-Hasske/Kunzmann (LitVerz.), Art. 31 RN 7; *Driehaus* (LitVerz.), Art. 23 RN 6; *Fechner*, in: Linck/Baldus/Lindner (LitVerz.), Art. 34 RN 15; *Wendt*, in: ders./Rixecker (LitVerz.), Art. 18 RN 9.
363 Vgl. etwa *BayVerfGHE 41*, 83 (91); *Rozek*, in: Baumann-Hasske/Kunzmann (LitVerz.), Art. 31 RN 7.
364 *Funke*, in: Meder/Brechmann (LitVerz.), Art. 103 RN 10.
365 *Braun Binder*, in: Brocker/Droege/Jutzi (LitVerz.), Art. 60 RN 9; *Wendt*, in: ders./Rixecker (LitVerz.), Art. 18 RN 10, 13.
366 Vgl. hierzu auch die Rechtsprechungsanalyse von *Papier*, in: Starck/Stern, Landesverfassungsgerichtsbarkeit III (LitVerz.), S. 319 (324 ff.).
367 Ebenso die Einschätzung von *Papier* aaO., S. 319 (324).
368 *VerfGH Berlin*, B. v. 29. 8. 2003 (16/03), juris, RN 31 (Zitat); *VerfGH Sachsen*, B. v. 18. 1. 2007 (Vf. 120-IV-06 u.a.), juris, RN 17 (Zitat); *StGH Hessen ESVGH 17*, 18 (30); *VerfGH Thüringen* LKV 2010, S. 558 (559).
369 Vgl. RN 42.
370 *VerfGH Sachsen* SächsVBl. 2013, S. 114 (117 – Zitat), im Anschluß an *BVerfGE 83*, 201 (209); *VerfGH Berlin*, B. v. 9. 5. 2003 (150/01), juris, RN 9; s. ferner *BVerfGE 89*, 1 (6); *101*, 239 (258); *112*, 93 (107); *115*, 97 (110 f.); *131*, 66 (79).
371 *VerfG Brandenburg LVerfGE 8*, 97 (164).
372 *VerfGH Berlin LVerfGE 11*, 80 (86).
373 *VerfGH Berlin*, B. v. 13. 12. 2011 (165/01 u.a.), juris, RN 26.
374 *VerfGH Thüringen* LKV 2010, S. 558 (559).
375 *VerfGH Berlin* NJW-RR 2014, S. 1292 (1293).
376 *BayVerfGHE 63*, 83 (113).
377 *BayVerfGH* NVwZ 1986, S. 464 (466).
378 *BayVerfGHE 46*, 160 (164).
379 *BayVerfGHE 47*, 36 (44). Nach Art. 162 Verf. Bayern genießen insb. das geistige Eigentum und das Urheberrecht den Schutz des Staates; ähnlich: Art. 46 Verf. Hessen.
380 *BayVerfGHE 49*, 111 (117).

reich erfaßt auch schuldrechtliche Ansprüche[381]. Es muß sich aber um konkrete, bereits zustehende subjektive Rechtspositionen handeln[382]. Gewinnchancen und Hoffnungen, Erwartungen und Aussichten werden eigentumsgrundrechtlich prinzipiell nicht geschützt[383].

Die Frage, ob das Recht am eingerichteten und ausgeübten Gewerbebetrieb eine eigentumskräftige Rechtsposition darstellt, wird von den Landesverfassungsgerichten unterschiedlich bewertet. Der sächsische Verfassungsgerichtshof und der Verfassungsgerichtshof Rheinland-Pfalz haben diese Frage offengelassen[384]. Jedenfalls seien, so der sächsische Verfassungsgerichtshof, rechtliche oder faktische Gegebenheiten, die sich wertsteigernd oder wertbegründend auswirkten, vom Schutzbereich des Eigentumsgrundrechts nicht erfaßt[385]. Der Bayerische Verfassungsgerichtshof bejaht demgegenüber grundsätzlich den eigentumsgrundrechtlichen Schutz des Gewerbebetriebs[386]. Nach seiner Auffassung genießt der eingerichtete und ausgeübte Gewerbebetrieb „als Sach- und Rechtsgesamtheit seiner Substanz nach" Eigentumsschutz[387]. Zur Sach- und Rechtsgesamtheit gehört insbesondere der bereits erworbene Kundenstamm[388]. Der eigentumsgrundrechtliche Schutz fokussiert sich nach der Rechtsprechung des Bayerischen Verfassungsgerichtshofs auf Eingriffe in die Substanz des Gewerbebetriebs[389].

71
„Eingerichteter und ausgeübter Gewerbebetrieb"

Das Eigentumsgrundrecht schützt nicht das Vermögen als solches[390]. So kann sich etwa der Schuldner bei einer gerichtlichen Verurteilung zur Zahlung eines Geldbetrages nicht auf das Eigentumsgrundrecht berufen, da Geldleistungspflichten nicht durch einen bestimmten Eigentumsgegenstand zu erfüllen, sondern „aus dem fluktuierenden Vermögen" zu bestreiten sind[391]. Selbiges gilt für die Auferlegung kommunalrechtlicher Beiträge[392].

72
Kein Schutz des Vermögens

In Anlehnung an die bundesverfassungsrechtliche Eigentumsdogmatik wird ferner der eigentumsrechtliche Schutz öffentlich-rechtlicher Positionen bejaht, wenn diese Substrat eigener Leistung sind, also nicht ausschließlich in Erfüllung einer staatlichen Fürsorgepflicht gewährt werden[393]. Nach Auffassung des Bayerischen Verfassungsgerichtshofs unterfallen dem Eigentumsbegriff alle „subjektive[n] öffentlich-rechtliche[n] Rechte, sofern sie ihrem Inhalt und ihrer wirtschaftlichen Bedeutung nach privaten Rechten ähnlich

73
Schutz öffentlich-rechtlicher Positionen als Substrat eigener Leistung

---

381 *StGH Hessen*, B. v. 12.3.2002 (P.St. 1438), juris, RN 28f.
382 *BayVerfGHE 49*, 111 (117).
383 Vgl. *BayVerfGHE 49*, 111 (117); *VerfGH Berlin* NJW-RR 2008, S. 1179 (1180).
384 *VerfGH Sachsen LVerfGE 6*, 221 (244); *VerfGH Rheinland-Pfalz* NVwZ 2015, S. 64 (66).
385 *VerfGH Sachsen LVerfGE 6*, 221 (243f.).
386 *BayVerfGHE 35*, 10 (24); *35*, 56 (70); *BayVerfGH* NVwZ 2014, S. 141 (146); BayVBl. 2016, S. 81 (93).
387 *BayVerfGHE 35*, 56 (70).
388 *BayVerfGH* NVwZ 2014, S. 141 (146).
389 *BayVerfGHE 35*, 56 (70); gegenüber der Rechtsprechung des Bayerischen Verfassungsgerichtshofs kritisch *Funke*, in: Meder/Brechmann (LitVerz.), Art. 103 RN 13.
390 *BayVerfGHE 53*, 175 (180); *VerfGH Berlin*, B. v. 29.8.2003 (16/03), juris, RN 31; *VerfGH Sachsen*, B. v. 28.9.2006 (Vf. 16-IV-06), juris, RN 21.
391 *VerfGH Berlin*, B. v. 29.8.2003 (16/03), juris, RN 31, im Anschluß an *BVerfGE 95*, 267 (300).
392 *BayVerfGHE 53*, 175 (180).
393 *Rozek*, in: Baumann-Hasske/Kunzmann (LitVerz.), Art. 31 RN 9; s. ferner *Wendt*, in: ders./Rixecker (LitVerz.), Art. 18 RN 13.

sind und wie diese Rechtspositionen schaffen, die denjenigen des Eigentums so nahe kommen, daß ihnen der gleiche verfassungsrechtliche Eigentumsschutz zugebilligt werden muß"[394]. Die Rechtsposition darf also nicht auf einseitiger staatlicher Gewährung beruhen[395]. Subventionsansprüche werden beispielsweise wegen fehlender Eigenleistung eigentumsgrundrechtlich nicht geschützt[396].

74
Eigentum als Nutzungs- und Verfügungsrecht

Der Schutzbereich erfaßt den Bestand bzw. das Innehaben der Eigentumsposition[397]. Dies impliziert das Recht, Dritten oder dem Staat den Zugriff auf die Rechtsposition zu verweigern[398]. Zudem wird die Befugnis geschützt, das Eigentum zu nutzen[399] und darüber frei zu verfügen, insbesondere es zu verkaufen und zu verwerten[400]. Nach der Verfassung von Rheinland-Pfalz schließt das Verfügungsrecht das Recht der Vererbung und Schenkung ein[401]. Die Verfassungen von Hessen und Rheinland-Pfalz betonen zudem, daß jeder berechtigt ist, aufgrund der Gesetze Eigentum zu erwerben und darüber zu verfügen[402]. Die Erwerbsfreiheit wird also von diesen Landesverfassungen in den Schutzbereich einbezogen. Insoweit besteht ein Unterschied zum grundgesetzlichen Eigentumsverständnis, als Art. 14 Abs. 1 GG nach herrschender Auffassung die Freiheit des Eigentumserwerbs nicht schützt[403].

75
Bauliche Nutzung von Grundstücken

Die Frage des Bestands und der Nutzung einer Eigentumsposition stellt sich insbesondere bei Grundstücken. Der Eigentümer eines Grundstücks hat das Recht, dieses im Rahmen der Gesetze baulich zu nutzen[404]. Das Nutzungsrecht gewährt dem Grundeigentümer keinen Anspruch auf Einräumung gerade derjenigen Nutzungsmöglichkeit, die ihm den größtmöglichen wirtschaftlichen Vorteil verspricht[405]. Die konkrete Ausgestaltung des baurechtlichen Bestandsschutzes ist Aufgabe des Gesetzgebers[406].

b) Eingriff

76
Vielfältige Eingriffsarten

Eingriffe in das Eigentumsgrundrecht können durch Normen, Einzelfallregelungen oder Realakte erfolgen[407]. Die Landesverfassungsgerichte beschäftigen sich namentlich mit der Einschränkung der Eigentümerbefugnisse durch

---

394 *BayVerfGHE 35*, 56 (70); *41*, 83 (91); s. auch *Lindner*, in: ders./Möstl/Wolff (LitVerz.), Art. 103 RN 39.
395 Vgl. *BayVerfGHE 49*, 111 (117); *StGH Hessen ESVGH 17*, 18 (31 f.).
396 *Rozek*, in: Baumann-Hasske/Kunzmann (LitVerz.), Art. 31 RN 9.
397 *VerfGH Saarland*, B. v. 19.3.2004 (Lv 7/03), juris, RN 13; *Wendt*, in: ders./Rixecker (LitVerz.), Art. 18 RN 9; *Braun Binder*, in: Brocker/Droege/Jutzi (LitVerz.), Art. 60 RN 9.
398 *Braun Binder* aaO.
399 *VerfGH Rheinland-Pfalz AS 29*, 23 (41); *VerfGH Berlin* NJW-RR 2014, S. 1292 (1293); *VerfGH Thüringen* LKV 2010, S. 558 (559).
400 *VerfGH Berlin* NJW-RR 2008, S. 1179 (1180).
401 Art. 60 Abs. 1 Satz 3 Verf. Rheinland-Pfalz.
402 Art. 45 Abs. 1 Satz 3 Verf. Hessen; Art. 60 Abs. 1 Satz 2 Verf. Rheinland-Pfalz.
403 Vgl. *Papier*, in: Maunz/Dürig, GG (LitVerz.), Art. 14 RN 223 ff.; *Dietlein*, in: Stern, Staatsrecht IV/1 (LitVerz.), § 113 III 2 b δ (S. 2182 ff.), jeweils m.w.N.
404 *BayVerfGH* NVwZ-RR 2012, S. 297 (299).
405 *BayVerfGH* NVwZ 1986, S. 464 (466), im Anschluß an *BVerfGE 58*, 300 (345).
406 *StGH Hessen ESVGH 56*, 1 (5).
407 *Braun Binder*, in: Brocker/Droege/Jutzi (LitVerz.), Art. 60 RN 16; *Rozek*, in: Baumann-Hasske/Kunzmann (LitVerz.), Art. 31 RN 15.

Gesetze⁴⁰⁸, Rechtsverordnungen⁴⁰⁹ oder Satzungen⁴¹⁰. So kann beispielweise ein Landesgesetz ein Vorkaufsrecht statuieren und die privatrechtliche Verfügungs- und Vertragsfreiheit des Eigentümers begrenzen⁴¹¹. Eine Gefahrenabwehrverordnung kann die Möglichkeiten des Umgangs mit gefährlichen Hunden reglementieren und damit die Nutzung des Eigentums neu regeln⁴¹². Eine Werbeanlagensatzung kann bestimmte ortsfeste Werbeanlagen untersagen und damit die Nutzung von Grundstücken zu Werbezwecken beschränken⁴¹³. Zudem können auch behördliche oder gerichtliche Maßnahmen die Eigentümerbefugnisse beschränken. Das ist der Fall bei einem Besitzeinweisungsbeschluß einer Behörde⁴¹⁴ oder bei der Anordnung eines dinglichen Arrests durch ein Gericht⁴¹⁵.

Mögliche Eingriffe in das Eigentumsgrundrecht werden auch erörtert, wenn Geldleistungspflichten auferlegt werden. Nach der landesverfassungsgerichtlichen Judikatur wird das Vermögen vor der Auferlegung von Geldleistungspflichten eigentumsgrundrechtlich nicht geschützt⁴¹⁶. Ein Eigentumseingriff kommt aber in Betracht, wenn die Geldleistungspflichten an den Bestand oder die Nutzung einer bestimmten Eigentumsposition oder die Verfügung über eine solche Position anknüpfen⁴¹⁷. Gleiches soll gelten, „wenn die Geldleistungspflichten den Betroffenen übermäßig belasten und seine Vermögensverhältnisse so grundlegend beeinträchtigen, daß sie eine erdrosselnde Wirkung haben"⁴¹⁸. Keine erdrosselnde Wirkung haben etwa Rundfunkbeiträge⁴¹⁹. Die landesverfassungsgerichtliche Rechtsprechung zur Auferlegung von Geldleistungspflichten ist nicht unumstritten⁴²⁰.

77
Probleme bei Auferlegung von Geldleistungen

c) Rechtfertigung

Hoheitliche Eingriffe in das Eigentum können gerechtfertigt werden, wenn die einzelnen landesverfassungsrechtlich vorgesehenen Vorgaben erfüllt werden. Die Landesverfassungen formulieren unterschiedliche Anforderungen an Eingriffe in das Eigentumsgrundrecht, je nachdem ob es sich um eine Inhalts- und Schrankenbestimmung oder eine Enteignung handelt. Ähnlich wie in der bundesverfassungsrechtlichen Eigentumsdogmatik⁴²¹ hat sich auch

78
Unterscheidung von Inhalts- und Schrankenbestimmung und Enteignung

---
408 *VerfGH Thüringen* LKV 2010, S. 558 (559); *VerfGH Berlin* NVwZ-RR 2006, S. 599 (600).
409 *VerfGH Rheinland-Pfalz AS 29*, 23 (41).
410 *BayVerfGH* NVwZ-RR 2012, S. 297 (299f.).
411 *VerfGH Thüringen* LKV 2010, S. 558 (559).
412 *VerfGH Rheinland-Pfalz AS 29*, 23 (41).
413 *BayVerfGH* NVwZ-RR 2012, S. 297 (299f.).
414 Vgl. *VerfGH Sachsen* SächsVBl. 2013, S. 114 (117).
415 *VerfGH Sachsen*, B. v. 18. 1. 2007 (Vf. 120-IV-06 u.a.), juris, RN 19.
416 *VerfGH Berlin* JR 2006, S. 60 (62), im Anschluß an u.a. *BVerfGE 95*, 267 (300); *BayVerfGHE 58*, 1 (20); *VerfGH Sachsen*, B. v. 28. 9. 2006 (Vf. 16-IV-06), juris, RN 21.
417 *VerfGH Berlin* JR 2006, S. 60 (62).
418 *VerfGH Berlin* JR 2006, S. 60 (62).
419 *VerfGH Rheinland-Pfalz* NVwZ 2015, S. 64 (66).
420 Vgl. etwa *Funke*, in: Meder/Brechmann (LitVerz.), Art. 103 RN 14 m.w.N.: Wenn Geldleistungspflichten nur das Vermögen, nicht das Eigentumsgrundrecht beträfen, sei nicht verständlich, warum durch übermäßige Belastungen doch das Eigentumsgrundrecht beeinträchtigt werde.
421 Vgl. *BVerfGE 52*, 1 (27f.); *58*, 300 (330ff.); *102*, 1 (15f.); *Papier*, in: Maunz/Dürig, GG (LitVerz.), Art. 14 RN 354ff.; *Dietlein*, in: Stern, Staatsrecht IV/1 (LitVerz.), § 113 V 1 (S. 2222ff.).

in der landesverfassungsrechtlichen Dogmatik die Unterscheidung zwischen diesen beiden Kategorien nach formalen Kriterien durchgesetzt[422].

aa) Inhalts- und Schrankenbestimmung

79
Vielfältige Abweichungen vom Grundgesetz

Sowohl der Regelungsauftrag an den Gesetzgeber, Inhalt und Schranken des Eigentums zu bestimmen, wie auch die Sozialpflichtigkeit des Eigentums gehören zu den Grundaussagen der landesverfassungsrechtlichen Eigentumsgrundrechte. Die größte Übereinstimmung zu Art. 14 Abs. 1 Satz 2 und Abs. 2 GG weisen die Bestimmungen der Verfassungen der neuen Länder auf, die textlich identische oder weitgehend gleiche Aussagen treffen[423]. Die Verfassungen von Sachsen und Sachsen-Anhalt weichen allerdings vom Grundgesetztext etwas ab, indem sie anordnen, daß der Gebrauch des Eigentums dem Wohl der Allgemeinheit dienen, insbesondere die natürlichen Lebensgrundlagen schonen bzw. ihrem Schutz dienen soll[424]. Im Unterschied zu diesen Landesverfassungen verliert die Berliner Verfassung über die Sozialpflichtigkeit des Eigentums kein Wort[425]. Nach Auffassung des Berliner Verfassungsgerichtshofs ist dies aber im Ergebnis unschädlich, da die Sozialpflichtigkeit des Eigentums der Eigentumsgewährleistung „immanent" sei[426]. Ähnlich überbrückt auch der Bayerische Verfassungsgerichtshof die Divergenzen zum Grundgesetztext: Die bayerische Verfassung enthält keinen Regelungsauftrag an den Landesgesetzgeber, Inhalt und Schranken des Eigentums zu bestimmen, ordnet aber in Artikel 103 Abs. 2[427] und 158 Satz 1[428] die Sozialbindung des Eigentums an. Daraus leitet der Bayerische Verfassungsgerichtshof die Befugnis des Normgebers ab, die Eigentumsordnung im Dienste des Gemeinwohls festzulegen und den Inhalt des Eigentums allgemeinverbindlich abzugrenzen[429].

80
Sozialpflichtigkeit des Eigentums

Weitere Abweichungen zum Grundgesetztext sind festzustellen, soweit sich die Landesverfassungen zur Sozialpflichtigkeit des Eigentums äußern. Während das Grundgesetz in Artikel 14 Abs. 2 zunächst apodiktisch feststellt, daß das Eigentum verpflichtet, und in einem weiteren Satz den Gemeinwohlbezug des Eigentums dekretiert, haben die einschlägigen Vorschriften der Verfassungen von Rheinland-Pfalz und Saarland folgenden Wortlaut: „Eigentum verpflichtet gegenüber dem Volk. Sein Gebrauch darf nicht dem Gemeinwohl zuwiderlaufen"[430]. Nach den Verfassungen von Bremen und Hessen verpflichtet das Eigentum gegenüber der „Gemeinschaft"[431]. Insoweit sind aber keine

---

422 Vgl. etwa *Rozek*, in: Baumann-Hasske/Kunzmann (LitVerz.), Art. 31 RN 19; *Wendt*, in: ders./Rixecker (LitVerz.), Art. 51 RN 5 f.; *Lieber*, in: ders./Iwers/Ernst (LitVerz.), Erl. 6.1 zu Art. 41.
423 Art. 41 Abs. 1 Satz 2 und Abs. 2 Verf. Brandburg; Art. 31 Abs. 1 Satz 2 und Abs. 2 Verf. Sachsen; Art. 18 Abs. 1 und Abs. 2 Verf. Sachsen-Anhalt; Art. 34 Abs. 1 Satz 2 und Abs. 2 Verf. Thüringen.
424 Art. 31 Abs. 2 Satz 2 Verf. Sachsen; Art. 18 Abs. 2 Satz 2 Verf. Sachsen-Anhalt.
425 Vgl. Art. 23 Verf. Berlin.
426 *VerfGH Berlin LVerfGE 23*, 28 (34); B. v. 13. 6. 2003 (59/02), juris, RN 10.
427 Art. 103 Abs. 2 Verf. Bayern: „Eigentumsordnung und Eigentumsgebrauch haben auch dem Gemeinwohl zu dienen."
428 Art. 158 Satz 1 Verf. Bayern: „Eigentum verpflichtet gegenüber der Gesamtheit."
429 *BayVerfGHE 41*, 83 (91 f.); *56*, 178 (188 f.).
430 Art. 60 Abs. 2 Verf. Rheinland-Pfalz; Art. 51 Abs. 1 Verf. Saarland.
431 Art. 13 Abs. 1 Satz 1 Verf. Bremen; Art. 45 Abs. 2 Satz 1 Verf. Hessen.

inhaltlichen Divergenzen gegenüber dem grundgesetzlichen Eigentumsverständnis zu konstatieren: Es gilt die Leitlinie, daß das Wohl der Allgemeinheit Eingriffe in das Eigentum legitimiert und zugleich auch begrenzt[432].

81
Abgrenzung zur Enteignung

Im Anschluß an die Rechtsprechung des Bundesverfassungsgerichts[433] werden Inhalts- und Schrankenbestimmungen im Landesverfassungsrecht als abstrakt-generelle Festlegungen von Rechten und Pflichten definiert, die der Gesetzgeber hinsichtlich solcher Rechtsgüter vornimmt, die als Eigentum im Sinne der Landesverfassungen aufzufassen sind[434]. Die Inhalts- und Schrankenbestimmung ist von der Enteignung abzugrenzen, die als vollständige oder teilweise Entziehung einer eigentumsfähigen Rechtsposition verstanden wird[435]. Inhalts- und Schrankenbestimmung und Enteignung werden damit anhand formaler Kriterien definiert und kategorial unterschieden[436]. Eine verfassungswidrige Inhalts- und Schrankenbestimmung kann nicht in eine Enteignung uminterpretiert werden[437].

82
Fälle der Inhalts- und Schrankenbestimmung

Um eine Inhalts- und Schrankenbestimmung handelt es sich etwa, wenn der Landesgesetzgeber dem Land für bestimmte Grundstücke ein Vorkaufsrecht einräumt und damit die Rechte des Eigentümers beschränkt[438]. Inhalts- und Schrankenbestimmungen sind auch Vorschriften über die Durchführung des Winterdienstes durch Straßenanlieger[439] sowie naturschutzrechtliche[440] oder baugestalterische[441] Verbotsvorschriften. Beschränkt der Verordnungsgeber den Umgang mit gefährlichen Hunden, ist dies eine Inhalts- und Schrankenbestimmung, die das Eigentumsnutzungsrecht der Hundehalter neu regelt[442]. Klassische Inhalts- und Schrankenbestimmungen sind auch satzungsrechtliche Vorschriften über den Anschluß- und Benutzungszwang, die beispielsweise den Anschluß an kommunale Abwasserbeseitigungsanlagen vorschreiben und deren Benutzung zur Pflicht machen[443].

83
Erfordernis parlamentsgesetzlicher Grundlage

Die Bestimmung des Inhalts und der Schranken des Eigentums ist Sache des Gesetzgebers[444]. Inhalts- und Schrankenbestimmungen können zwar in Gestalt von Rechtsverordnungen oder Satzungen ergehen[445], bedürfen aber einer parlamentsgesetzlichen Grundlage, die ihrerseits dem Bestimmtheits-

---

432 *BayVerfGH* NVwZ 2014, S. 141 (146); *Wendt*, in: ders./Rixecker (LitVerz.), Art. 51 RN 10; s. auch *Braun Binder*, in: Brocker/Droege/Jutzi (LitVerz.), Art. 60 RN 20; *Hinkel* (LitVerz.), Erl. 6 zu Art. 45.
433 Vgl. *BVerfGE 52*, 1 (27); *58*, 300 (330).
434 *VerfGH Berlin LVerfGE 23*, 28 (36); *Rozek*, in: Baumann-Hasske/Kunzmann (LitVerz.), Art. 31 RN 20; *Wendt*, in: ders./Rixecker (LitVerz.), Art. 51 RN 5; *Lindner*, in: ders./Möstl/Wolff (LitVerz.), Art. 103 RN 54.
435 Vgl. oben RN 78.
436 Vgl. zur Kritik etwa *Wendt*, in: ders./Rixecker (LitVerz.), Art. 51 RN 6 m.w.N.
437 Vgl. *BVerfGE 52*, 1 (27 f.); *Rozek*, in: Baumann-Hasske/Kunzmann (LitVerz.), Art. 31 RN 19; *Funke*, in: Meder/Brechmann (LitVerz.), Art. 103 RN 17.
438 *VerfGH Sachsen* SächsVBl. 2003, S. 167 (169).
439 *VerfGH Berlin LVerfGE 23*, 28 (36).
440 *VerfGH Berlin* NVwZ-RR 2006, S. 599 (600).
441 *BayVerfGH* NVwZ-RR 2012, S. 297 (299 f.).
442 *VerfGH Rheinland-Pfalz AS 29*, 23 (41).
443 *BayVerfGHE 57*, 39 (44).
444 *VerfGH Berlin LVerfGE 23*, 28 (34); *VerfG Brandenburg*, B. v. 16.11.2012 (61/11), juris, RN 21.
445 *VerfGH Berlin*, B. v. 16.12.1993 (114/93), juris, RN 7.

grundsatz genügen muß[446]. Der Gesetzgeber hat die Sozialpflichtigkeit des Eigentums zu konkretisieren. Dabei hat er sowohl die verfassungsrechtlich garantierte Rechtsstellung des Eigentümers wie auch das Gebot der sozial gerechten Eigentumsordnung zu berücksichtigen[447]. Er ist insbesondere verpflichtet, „die schutzwürdigen Interessen des Eigentümers und die Belange des Gemeinwohls in einen gerechten Ausgleich und ein ausgewogenes Verhältnis zu bringen"[448]. Bei der Erfüllung dieser Aufgabe hat er grundsätzlich einen weiten Beurteilungs- und Prognosespielraum, der allerdings nicht unbegrenzt ist[449]. Die Gestaltungsfreiheit des Gesetzgebers ist umso enger, je mehr der personale Bezug des Eigentums im Vordergrund steht, und umso weiter, je stärker der soziale Bezug des Eigentumsobjekts ist[450].

84
Bindung an den Verhältnismäßigkeitsgrundsatz

Bestimmt der Gesetzgeber Inhalt und Schranken des Eigentums, ist er an den Verhältnismäßigkeitsgrundsatz gebunden[451]. Der Verhältnismäßigkeitsgrundsatz fordert, „daß eine Maßnahme zur Erreichung des angestrebten Zweckes geeignet und erforderlich sein muß. Sie ist grundsätzlich geeignet, wenn der gewünschte Erfolg mit ihrer Hilfe gefördert werden kann, und erforderlich, wenn der Gesetzgeber kein gleich wirksames, aber das betreffende Grundrecht nicht oder doch weniger fühlbar einschränkendes Mittel hätte wählen können. Ferner darf der mit der Maßnahme verbundene Eingriff nicht außer Verhältnis zur Bedeutung der Sache stehen"[452]. Voraussetzung ist also, daß die Inhalts- und Schrankenbestimmung einen legitimen Zweck verfolgt und geeignet, erforderlich sowie angemessen ist.

85
Verfolgung legitimer Zwecke in geeigneter, erforderlicher und angemessener Art

Legitime Gemeinwohlbelange sind beispielsweise der Schutz von Leben und Gesundheit[453], der Umweltschutz[454], der Denkmalschutz[455] oder die Erhaltung und Verbesserung der Waldstruktur[456]. Die Geeignetheit der gesetzlichen Regelung wird etwa bejaht, wenn der Normgeber den Winterdienst auf Straßenanlieger überträgt, um die Räumung der Gehwege von Schnee und Eis effektiv und schnell zu bewirken[457]. Die Erforderlichkeit wird beispielsweise bejaht, wenn der Eigentumseingriff erst dann ermöglicht wird, falls auf andere Weise die Erreichung des Gemeinwohlzwecks nicht sichergestellt werden kann[458]. Im Rahmen der Angemessenheit ist schließlich eine Güterabwägung vorzunehmen, bei der die Schwere und Tragweite der Eigentumsbeein-

---

446 *Lindner*, in: ders./Möstl/Wolff (LitVerz.), Art. 103 RN 73.
447 *VerfGH Berlin LVerfGE 23*, 28 (35).
448 *BayVerfGHE 57*, 39 (44), im Anschluß an *BVerfGE 100*, 226 (240). Vgl. auch *BVerfGE 101*, 54 (75); *102*, 1 (17); *110*, 1 (28); *122*, 374 (391); *126*, 331 (360); *128*, 1 (75).
449 *VerfGH Thüringen* LKV 2010, S. 558 (559); *VerfGH Berlin LVerfGE 23*, 28 (35).
450 *VerfGH Berlin LVerfGE 23*, 28 (35).
451 *VerfGH Sachsen* SächsVBl. 2003, S. 167 (169); *VerfGH Berlin LVerfGE 23*, 28 (35); *VerfGH Thüringen* LKV 2010, S. 558 (559); *BayVerfGH* NVwZ 2014, S. 141 (146); → Bd. III: *Merten*, Verhältnismäßigkeitsgrundsatz, § 68.
452 *VerfGH Thüringen* LKV 2010, S. 558 (559), im Anschluß an u.a. *BVerfGE 70*, 278 (286); s. auch *BVerfGE 92*, 262 (273).
453 *VerfGH Berlin LVerfGE 23*, 28 (35).
454 *VerfGH Berlin LVerfGE 3*, 72 (74).
455 *VerfGH Sachsen* SächsVBl. 2003, S. 167 (169).
456 *VerfGH Thüringen* LKV 2010, S. 558 (560).
457 *VerfGH Berlin LVerfGE 23*, 28 (35).
458 *VerfGH Sachsen* SächsVBl. 2003, S. 167 (169).

trächtigung der Intensität der Sozialbindung gegenüberzustellen sind, die die Einschränkung der betreffenden Eigentumsposition mit Blick auf deren Eigenart und Funktion rechtfertigt[459]. In die Güterabwägung können auch individuelle Belange eines Dritten einfließen[460]. Der Kernbereich der Eigentumsgarantie, zu dem die Privatnützigkeit des Eigentumsgegenstands gehört, darf nicht ausgehöhlt werden[461]. Gegebenenfalls sind Übergangs-, Befreiungs- und Ausnahmebestimmungen vorzusehen, um unzumutbare Belastungen des Eigentümers abzuwenden[462].

bb) Enteignung

Neben den Inhalts- und Schrankenbestimmungen gehört auch die Enteignung zum Standardrepertoire der Eigentumsvorschriften der Landesverfassungen. Zwischen den einzelnen Landesverfassungen bestehen allerdings auffällige Unterschiede: Während die Enteignungsbestimmungen der Verfassungen der neuen Länder[463] weitgehend mit dem Regelungsmodell des Art. 14 Abs. 3 GG übereinstimmen[464], weichen die Bestimmungen der vorgrundgesetzlichen Verfassungen in bestimmten Punkten von ihrem bundesverfassungsrechtlichen Pendant ab[465]. Ein wichtiger Unterschied besteht darin, daß die vorgrundgesetzlichen Landesverfassungen im wesentlichen nur die Enteignung auf gesetzlicher Grundlage (sogenannte Administrativenteignung) vorsehen und die Enteignung durch Gesetz (sogenannte Legalenteignung), wie sie durch Art. 14 Abs. 3 Satz 2 GG ermöglicht wird, nicht erwähnen[466]. Der Bayerische Verfassungsgerichtshof legt Art. 159 Satz 1 Verf. Bayern, wonach die Enteignung „nur in den gesetzlich vorgesehenen Fällen" erfolgen darf, allerdings so aus, daß auch die Legalenteignung von der Landesverfassung zugelassen ist[467].

86 Unterschiedliche Enteignungsbestimmungen in den Landesverfassungen

Ein weiterer Unterschied zur bundesverfassungsrechtlichen Enteignungsvorschrift besteht darin, daß die sogenannte Junktimklausel des Art. 14 Abs. 3 Satz 2 GG, wonach das die Enteignung vornehmende oder ermöglichende Gesetz Art und Ausmaß der Entschädigung zu regeln hat, in den vorgrundgesetzlichen Verfassungen fehlt. Diese Verfassungen orientieren sich vielmehr an Art. 153 Abs. 2 Satz 2 WRV und ordnen an, daß die Enteignung nur gegen

87 Keine Junktimklausel in vorgrundgesetzlichen Verfassungen

---

459 *VerfGH Thüringen* LKV 2010, S. 558 (560), im Anschluß an u.a. *BVerfGE 112*, 93 (109 f.).
460 *VerfGH Thüringen* LKV 2010, S. 558 (560).
461 *BayVerfGHE 57*, 39 (44), im Anschluß an *BVerfGE 100*, 226 (240 f.).
462 Vgl. *BayVerfGH* NVwZ 2014, S. 141 (146).
463 Art. 41 Abs. 4 Verf. Brandenburg; Art. 32 Abs. 1 und Abs. 3 Verf. Sachsen; Art. 18 Abs. 3 Verf. Sachsen-Anhalt; Art. 34 Abs. 3 Verf. Thüringen.
464 Unterschiedlich formuliert ist Art. 34 Abs. 3 Satz 2 Verf. Thüringen, der – wie die vorgrundgesetzlichen Landesverfassungen – nur die Administrativenteignung, nicht die Legalenteignung vorsieht. Letztere Enteignungsvariante allerdings einbeziehend *Fechner*, in: Linck/Baldus/Lindner (LitVerz.), Art. 34 RN 30.
465 Vgl. auch *Papier*, in: Starck/Stern, Landesverfassungsgerichtsbarkeit III (LitVerz.), S. 319 (338).
466 Vgl. Art. 13 Abs. 2 Verf. Bremen; Art. 45 Abs. 2 Satz 3 Verf. Hessen; Art. 60 Abs. 3 Satz 1 Verf. Rheinland-Pfalz; Art. 51 Abs. 2 Satz 1 Verf. Saarland.
467 *BayVerfGHE 30*, 67 (73); *32*, 74 (83); vgl. dazu auch *Lindner*, in: ders./Möstl/Wolff (LitVerz.), Art. 103 RN 100.

eine „angemessene Entschädigung" erfolgen darf[468]. Zur Frage, wann eine Entschädigung „angemessen" ist, findet man nähere Informationen in den Verfassungen von Rheinland-Pfalz und Saarland[469]. Nach der Verfassung von Rheinland-Pfalz ist „angemessen" jede Entschädigung, die die Belange der einzelnen Beteiligten sowie die Forderung des Gemeinwohls berücksichtigt. Diese Bestimmung ähnelt Art. 14 Abs. 3 Satz 3 GG. In anderen vorgrundgesetzlichen Landesverfassungen fehlt eine dieser Grundgesetznorm entsprechende Vorschrift gänzlich. Eine besonders „schlanke" Enteignungsklausel enthält Art. 23 Abs. 2 Verf. Berlin. Demnach kann die Enteignung nur zum Wohle der Allgemeinheit auf gesetzlicher Grundlage vorgenommen werden. Weitere Vorgaben für die Enteignung, wie etwa das Erfordernis der Entschädigung, formuliert die Vorschrift nicht[470].

88
Art. 142 GG und geringeres Schutzniveau der Landesverfassungen

Soweit die Berliner Verfassung und andere Landesverfassungen ein im Vergleich zu Art. 14 Abs. 3 GG geringeres Eigentumsschutzniveau aufweisen, indem sie beispielsweise keine Junktimklausel enthalten, bleiben die entsprechenden Bestimmungen nach Maßgabe des Art. 142 GG in Kraft[471]. Unterverfassungsrechtliche Vorschriften des Landesrechts, die den Vorgaben der Landesverfassung genügen, sind aber bei einem Verstoß gegen Art. 14 Abs. 3 GG grundgesetzwidrig und daher nichtig. Im Ergebnis darf also das einfache Landesrecht, obgleich es landesverfassungskonform ist, den Anforderungen des Bundesgrundrechts nicht widersprechen[472].

89
Fehlende Definition der „Enteignung"

Der Begriff der „Enteignung" ist in den Landesverfassungstexten nicht definiert. Rechtsprechung und Literatur[473] orientieren sich bei der Begriffsauslegung weitgehend an der bundesverfassungsrechtlichen Dogmatik und akzeptieren dabei auch den Wandel im Begriffsverständnis, der auf die Judikatur des Bundesverfassungsgerichts zurückzuführen ist[474]. Während etwa der Bayerische Verfassungsgerichtshof die Enteignung im Jahr 1977 als die zugunsten eines Dritten erfolgende Beeinträchtigung des Rechts des Eigentümers, mit dem Eigentumsgegenstand nach Belieben zu verfahren, definierte und dabei insbesondere die Schwere und Tragweite des Eingriffs als Abgrenzungskriterien nannte[475], deutet er den Enteignungsbegriff nun folgendermaßen: „Mit der Enteignung greift der Staat auf das Eigentum des einzelnen zu; sie ist darauf gerichtet, konkrete durch das Eigentumsgrundrecht geschützte Rechtspositionen zur Erfüllung bestimmter öffentlicher Aufgaben vollständig

---

468 Art. 159 Satz 1 Verf. Bayern; Art. 13 Abs. 2 Verf. Bremen; Art. 45 Abs. 2 Satz 3 Verf. Hessen; Art. 60 Abs. 4 Satz 1 Verf. Rheinland-Pfalz; Art. 51 Abs. 2 Satz 3 Verf. Saarland.
469 Art. 60 Abs. 4 Satz 2 Verf. Rheinland-Pfalz; Art. 51 Abs. 2 Satz 4 Verf. Saarland.
470 Vgl. auch *Driehaus* (LitVerz.), Art. 23 RN 1.
471 Vgl. RN 18 ff.; s. auch *StGH Hessen ESVGH 17*, 18 (30 f.); *Lindner*, in: ders./Möstl/Wolff (LitVerz.), Art. 103 RN 19.
472 Vgl. *Driehaus* (LitVerz.), Art. 23 RN 1, 13.
473 Vgl. *BayVerfGH NVwZ* 2014, S. 141 (146); *VerfGH Sachsen* SächsVBl. 2013, S. 114 (117); *Driehaus* (LitVerz.), Art. 23 RN 11; *Lieber*, in: ders./Iwers/Ernst (LitVerz.), Erl. 6.1 zu Art. 41; *Wendt*, in: ders./Rixecker (LitVerz.), Art. 51 RN 13.
474 Vgl. *BVerfGE 52*, 1 (27 f.); *58*, 300 (330 ff.); *100*, 226 (239 f.).
475 *BayVerfGHE 30*, 99 (106).

oder teilweise zu entziehen"[476]. Diese Begriffsdefinition, die mit derjenigen des sächsischen Verfassungsgerichtshofs konform ist[477], verzichtet auf früher bemühte quantitative Kriterien und stellt auf den formalen Entzug der Eigentumsposition ab[478]. Keine Enteignung ist etwa ein Besitzeinweisungsbeschluß, durch den dem Berechtigten der Besitz während einer Baumaßnahme entzogen und im Anschluß wieder zugewiesen wird[479]. Demgegenüber stellt die bergrechtliche Grundabtretung eine Enteignung dar[480].

90 „Gemeinwohl" als Voraussetzung
Die Enteignung kann nur auf gesetzlicher Grundlage und nur aus Gründen des Gemeinwohls vorgenommen werden[481]. Die Enteignungsvorschrift der hessischen Verfassung verwendet anstelle der Begriffe „Gemeinwohl" oder „Wohl der Allgemeinheit" den inhaltlich entsprechenden Begriff des „öffentlichen Interesse[s]"[482], während ihr bayerisches Pendant keinen dieser Begriffe enthält[483]. Gleichwohl ist nach Auffassung des Bayerischen Verfassungsgerichtshofs das Wohl der Allgemeinheit dem „Wesen der Enteignung immanent" und daher Enteignungsvoraussetzung, zumal das Gemeinwohl an anderer Stelle der Landesverfassung als Schranke der Eigentumsfreiheit genannt werde[484]. Die Konkretisierung der Gemeinwohlgründe bei einer Enteignungsmaßnahme erfolgt im übrigen durch den Gesetzgeber, der festzulegen hat, für welche Arten von Vorhaben und unter welchen Voraussetzungen die Enteignung zulässig sein soll[485]. Eine Enteignung dient nicht dem Gemeinwohl, wenn sie aus rein fiskalischen Gründen motiviert ist[486].

91 Verbot des Übermaßes
Die Enteignung muß dem Verhältnismäßigkeitsgrundsatz genügen, also geeignet, erforderlich und angemessen sein[487]. Sie muß insbesondere „zur Erfüllung der öffentlichen Aufgabe unumgänglich notwendig sein" und ultima ratio-Charakter haben[488]. Gleich effektive, aber weniger belastende Maßnahmen, wie etwa der freihändige Erwerb vom Eigentümer, haben Vorrang[489]. Zudem muß eine Gesamtabwägung erfolgen, in die sowohl der Gemeinwohlbelang als auch entgegenstehende private oder öffentliche Interessen einzu-

---

476 *BayVerfGHE 57*, 39 (44), im Anschluß an *BVerfGE 100*, 226 (239f.); *BayVerfGH* NVwZ 2014, S. 141 (146).
477 Vgl. *VerfGH Sachsen* SächsVBl. 2013, S. 114 (117).
478 Mißverständlich ist allerdings die Rechtsprechung des Bayerischen Verfassungsgerichtshofs, soweit sie prüft, ob ein Rechtsakt „enteignende Wirkung" hat, und dabei auf die tatsächlichen und rechtlichen Verhältnisse vor und nach dem Eingriff abstellt, vgl. etwa *BayVerfGHE 61*, 205 (210). Kritisch dazu *Funke*, in: Meder/Brechmann (LitVerz.), Art. 103 RN 17.
479 *VerfGH Sachsen* SächsVBl. 2013, S. 114 (117).
480 *VerfG Brandenburg* LVerfGE 8, 97 (165).
481 Vgl. etwa Art. 23 Abs. 2 Verf. Berlin; Art. 60 Abs. 3 Satz 1 Verf. Rheinland-Pfalz; Art. 32 Abs. 1 Verf. Sachsen.
482 Art. 45 Abs. 2 Satz 3 Verf. Hessen.
483 Art. 159 Satz 1 Verf. Bayern.
484 *BayVerfGHE 37*, 26 (28); vgl. auch Art. 103 Abs. 2 Verf. Bayern.
485 *BayVerfGHE 37*, 26 (28), im Anschluß an u.a. *BVerfGE 24*, 367 (403f.).
486 *Braun Binder*, in: Brocker/Droege/Jutzi (LitVerz.), Art. 60 RN 24; *Lieber*, in: ders./Iwers/Ernst (LitVerz.), Erl. 6.1 zu Art. 41.
487 *Rozek*, in: Baumann-Hasske/Kunzmann (LitVerz.), Art. 32 RN 19ff.; *Driehaus* (LitVerz.), Art. 23 RN 13.
488 *BayVerfGHE 37*, 26 (28) (Zitat); *Rozek*, in: Baumann-Hasske/Kunzmann (LitVerz.), Art. 32 RN 20.
489 *Rozek*, in: Baumann-Hasske/Kunzmann (LitVerz.), Art. 32 RN 20.

stellen sind⁴⁹⁰. Nur wenn der Gemeinwohlbelang die entgegenstehenden Interessen überwiegt, ist der Zugriff auf das Eigentum gerechtfertigt⁴⁹¹.

92
„Angemessenheit" der Entschädigung

Die Landesverfassungen äußern sich, wie erwähnt, in der Regel auch zur Frage der Entschädigung. Während die Verfassungen der neuen Bundesländer Bestimmungen enthalten, die mit Art. 14 Abs. 3 Satz 3 GG übereinstimmen⁴⁹², verwenden die vorgrundgesetzlichen Landesverfassungen den Begriff der „angemessenen Entschädigung"⁴⁹³ und liefern zum Teil eine Definition dessen, was unter „angemessen" zu verstehen ist⁴⁹⁴. Bei der Auslegung der Entschädigungsbestimmungen orientiert man sich im übrigen häufig an den in Art. 14 Abs. 3 Satz 3 GG formulierten Abwägungskriterien⁴⁹⁵. Dabei stellt sich die Frage, ob eine angemessene Entschädigung nur dann vorliegt, wenn die Eigentumsposition entsprechend dem Verkehrswert entschädigt wird. Die verfassungsrechtliche Leitlinie, zwischen den Belangen der Beteiligten und denjenigen des Gemeinwohls abzuwägen, spricht eher dafür, daß die Entschädigung nicht notwendig dem Verkehrswert entsprechen muß⁴⁹⁶.

II. Erbrecht

93
„Eigentum" und „Erbrecht" als häufige Paarformel

Die Landesverfassungen garantieren in der Regel neben dem Eigentumsgrundrecht auch das Erbrecht. Entsprechend dem Regelungsmodell des Art. 14 Abs. 1 Satz 1 GG werden Eigentum und Erbrecht meist zusammen unter verfassungsrechtlichen Schutz gestellt⁴⁹⁷. Lediglich die Berliner Verfassung erwähnt das Erbrecht nicht⁴⁹⁸. Demgegenüber ist Art. 45 Abs. 4 Verf. Hessen, wonach das Erbrecht nach Maßgabe des bürgerlichen Rechts gewährleistet wird und der Anteil des Staates am Nachlaß sich nach dem Gesetz bestimmt, in Anlehnung an Art. 154 WRV formuliert worden. Die Verfassung von Rheinland-Pfalz gewährleistet das Erbrecht nicht als eigenständiges Institut, sondern garantiert das Recht auf Vererbung als Teil des Verfügungsrechts über das Eigentum⁴⁹⁹.

94
Freiheit des Vererbens und Erbens

„Das Erbrecht hat die Funktion, das Privateigentum als Grundlage der eigenverantwortlichen Lebensgestaltung [...] mit dem Tode des Eigentümers nicht untergehen zu lassen, sondern seinen Fortbestand im Wege der Rechtsnachfolge zu sichern"⁵⁰⁰. Es ist wie das Eigentumsrecht ein Individualgrundrecht,

---

490 Vgl. *BayVerfGHE 61*, 55 (60).
491 Vgl. *BayVerfGHE 61*, 55 (60).
492 Art. 41 Abs. 4 Satz 3 Verf. Brandenburg; Art. 32 Abs. 3 Verf. Sachsen; Art. 18 Abs. 3 Satz 3 Verf. Sachsen-Anhalt; Art. 34 Abs. 3 Satz 3 Verf. Thüringen.
493 Vgl. FN 468.
494 Vgl. FN 469.
495 Vgl. etwa *Funke*, in: Meder/Brechmann (LitVerz.), Art. 159 RN 6.
496 Vgl. *Funke*, in: Meder/Brechmann (LitVerz.), Art. 159 RN 6; *Rozek*, in: Baumann-Hasske/Kunzmann (LitVerz.), Art. 32 RN 23. A.A. *Wendt*, in: ders./Rixecker (LitVerz.), Art. 51 RN 16.
497 Vgl. etwa Art. 103 Abs. 1 Verf. Bayern; Art. 31 Abs. 1 Satz 1 Verf. Sachsen; Art. 18 Abs. 1 Verf. Sachsen-Anhalt; Art. 34 Abs. 1 Satz 1 Verf. Thüringen.
498 Vgl. Art. 23 Abs. 1 Verf. Berlin; s. dazu *Driehaus* (LitVerz.), Art. 23 RN 1.
499 Art. 60 Abs. 1 Satz 3 Verf. Rheinland-Pfalz; s. dazu *Braun Binder*, in: Brocker/Droege/Jutzi (LitVerz.), Art. 60 RN 13.
500 *BVerfGE 91*, 346 (358) (Zitat); *Wendt*, in: ders./Rixecker (LitVerz.), Art. 18 RN 21.

das der gesetzlichen Ausgestaltung bedarf[501]. Geschützt werden insbesondere die Testierfreiheit, also die Freiheit des Vererbens, wie auch das Recht des Erben, aufgrund Erbfolge Eigentum zu erwerben[502].

Die Erbrechtsgarantie hat auf landesverfassungsrechtlicher Ebene keine nennenswerte Bedeutung erlangt. Das ist darauf zurückzuführen, daß die Ausgestaltung des Erbrechts nach Maßgabe der Art. 72 Abs. 1, 74 Abs. 1 Nr. 1 GG durch Bundesrecht, namentlich durch das Bürgerliche Gesetzbuch, erfolgt ist[503]. Als Prüfungsmaßstab für einfachgesetzliche Vorschriften konnte das Landesverfassungsrecht daher nicht fungieren[504]. Originär landesverfassungsrechtliche Aussagen, die über diejenigen zum Bundesgrundrecht hinausgehen, sind kaum anzutreffen.

95
Erbrecht als Bundesrecht

J. Sozialisierung

Die Eigentumsbestimmungen der Landesverfassungen werden meist[505] von Sozialisierungsvorschriften flankiert, die auf gemeinwirtschaftlichen Überlegungen beruhen und die zum Teil von ihrem bundesverfassungsrechtlichen Pendant (Art. 15 GG) abweichen[506]. Auch im Rahmen der Sozialisierungsvorschriften existieren Diskrepanzen zwischen einigen vorgrundgesetzlichen Verfassungen und den Verfassungen der neuen Bundesländer, die Art. 15 GG nachgebildet worden sind. Die Unterschiede sind auf die Entstehungsgeschichte der jeweiligen Normkomplexe sowie insbesondere darauf zurückzuführen, daß nach dem Zweiten Weltkrieg die Überführung von großen Unternehmen oder Monopolbetrieben in Gemeineigentum häufig als ein taugliches Instrument der Wirtschaftspolitik bewertet wurde[507]. Sowohl in den „linken" wie auch in den bürgerlichen Parteien war die Idee einer Vergemeinschaftung der Großindustrie durchaus en vogue, nicht zuletzt aufgrund der Erfahrungen aus der Zeit des Nationalsozialismus, in der eine enge Verflechtung zwischen der Nationalsozialistischen Deutschen Arbeiterpartei (NSDAP) und der Wirtschaft bestanden hatte[508]. Die Idee der Vergemeinschaftung der großen

96
Diskrepanzen bei Sozialisierungsnormen

---

501 *Rozek*, in: Baumann-Hasske/Kunzmann (LitVerz.), Art. 31 RN 35.
502 *Wendt*, in: ders./Rixecker (LitVerz.), Art. 18 RN 22; *Rozek*, in: Baumann-Hasske/Kunzmann (LitVerz.), Art. 31 RN 36.
503 *Lindner*, in: ders./Möstl/Wolff (LitVerz.), Art. 103 RN 52; *Funke*, in: Meder/Brechmann (LitVerz.), Art. 103 RN 28.
504 Zur möglichen Relevanz des Landesverfassungsrechts bei der Prüfung erbschaftssteuerlicher Vorschriften vgl. *Wendt*, in: ders./Rixecker (LitVerz.), Art. 18 RN 28; → Bd. III: *Lange*, Grundrechtliche Besonderheiten in den Landesverfassungen, § 83 RN 21.
505 Ausnahmen bilden die Verfassungen von Berlin und Thüringen.
506 Art. 160 Verf. Bayern; Art. 41 Abs. 5 Verf. Brandenburg; Art. 42–44 Verf. Bremen; Art. 39–41 Verf. Hessen; Art. 27 Abs. 1 Verf. Nordrhein-Westfalen; Art. 61 Verf. Rheinland-Pfalz; Art. 52 Verf. Saarland; Art. 32 Abs. 2 und Abs. 3 Verf. Sachsen; Art. 18 Abs. 4 Verf. Sachsen-Anhalt.
507 Vgl. *Wieland*, in: H. Dreier, GG (LitVerz.), Art. 15 RN 17.
508 Vgl. *Durner*, in: Maunz/Dürig, GG (LitVerz.), Art. 15 RN 7; s. auch RN 8. Vgl. zum Sozialisierungsgedanken in den einzelnen vorgrundgesetzlichen Landesverfassungen *Martin Lars Brückner*, Sozialisierung in Deutschland, 2013, S. 80 ff.

Unternehmen stand mit der Forderung nach der Abschaffung des sogenannten „Monopolkapitalismus"[509] in einem Zusammenhang. Dieser Zusammenhang wird auf normativer Ebene durch den systematischen Kontext der Vorschriften über das Verbot des Mißbrauchs wirtschaftlicher Macht und derjenigen über Sozialisierung deutlich[510].

97
Unterschiedliche Reichweite der Sozialisierungsvorschriften

Die landesverfassungsrechtlichen Sozialisierungsvorschriften sind von unterschiedlicher Reichweite. Insbesondere existieren sowohl fakultative als auch obligatorische Sozialisierungsvorschriften[511]. Eher in den traditionellen Bahnen bewegt sich die fakultative Sozialisierungsvorschrift in Art. 160 Abs. 2 Satz 1 Verf. Bayern, wonach für die Allgemeinheit lebenswichtige Produktionsmittel, Großbanken und Versicherungsunternehmungen in Gemeineigentum übergeführt werden können, wenn die Rücksicht auf die Gesamtheit es erfordert. Die Überführung erfolgt auf gesetzlicher Grundlage und gegen angemessene Entschädigung[512]. Weitreichender als die Bestimmung der bayerischen Verfassung ist die obligatorische Sozialisierungsvorschrift in Art. 42 Nr. I lit. a Verf. Bremen. Danach sind Unternehmen durch Gesetz in Gemeineigentum zu überführen, die beispielsweise Monopolen oder Kartellen angehört haben und auch nach ihrem Ausscheiden aus diesen Zusammenschlüssen noch eine Macht innerhalb der deutschen Wirtschaft verkörpern, die die Gefahr eines politischen, wirtschaftlichen oder sozialen Mißbrauchs in sich schließt. Bei der Festsetzung der angemessenen Entschädigung für derartige Unternehmen ist nach Art. 44 Verf. Bremen zu berücksichtigen, ob und in welchem Umfang die Unternehmen auf Kosten der Allgemeinheit, insbesondere aus Kriegsgewinnen, entstanden sind; insoweit ist eine Entschädigung zu versagen. Eine obligatorische Sozialisierung sieht auch Art. 52 Abs. 1 Verf. Saarland vor, wonach Schlüsselunternehmungen der Wirtschaft (Kohlen-, Kali- und Erzbergbau, andere Bodenschätze, Energiewirtschaft, Verkehrs- und Transportwesen) wegen ihrer überragenden Bedeutung für die Wirtschaft des Landes oder ihres Monopolcharakters nicht Gegenstand privaten Eigentums sein dürfen und im Interesse der Volksgemeinschaft geführt werden müssen. Eine Entschädigungsklausel enthält die saarländische Sozialisierungsvorschrift nicht[513].

98
Kollisionsprobleme mit dem Grundgesetz

Im Unterschied zu den Sozialisierungsvorschriften der Verfassungen von Bremen, Saarland, Hessen[514] und Nordrhein-Westfalen[515] sieht Art. 15 Satz 1 GG nur Grund und Boden, Naturschätze und Produktionsmittel als sozialisierungsfähig an, ermächtigt den Gesetzgeber zur Sozialisierung, ohne ihn zu verpflichten, und ordnet an, daß Art und Ausmaß der Entschädigung gesetzlich geregelt werden. Vor allem aufgrund der Unterschiede zwischen dem

---

509 Vgl. RN 8 und 26.
510 Vgl. etwa Art. 41 f. Verf. Bremen; Art. 39 Abs. 1 und Abs. 2, 41 Verf. Hessen; Art. 27 Abs. 1 und Abs. 2 Verf. Nordrhein-Westfalen.
511 Vgl. *Wieland*, in: H. Dreier, GG (LitVerz.), Art. 15 RN 14.
512 Art. 160 Abs. 2 Satz 2 Verf. Bayern.
513 Vgl. auch *Wendt*, in: ders./Rixecker (LitVerz.), Art. 52 RN 14.
514 Art. 41 Verf. Hessen.
515 Art. 27 Abs. 1 Verf. Nordrhein-Westfalen.

Bundes- und dem Landesverfassungsrecht werden die landesverfassungsrechtlichen Sozialisierungsvorschriften, soweit sie über Art. 15 GG hinausreichen, häufig als verfassungswidrig und daher nichtig bewertet[516]. Dieses Ergebnis wird zum Teil auf Art. 31 GG[517], zum Teil auf Art. 31 in Verbindung mit Art. 142 GG gestützt[518]. Verneint man die Grundrechtsnatur des Art. 15 GG mit dem Argument, daß die Vorschrift primär einen Eingriff in das Eigentumsgrundrecht rechtfertigt[519], ist für das Verhältnis zwischen den jeweiligen bundes- und landesverfassungsrechtlichen Bestimmungen Art. 31 GG einschlägig. Diese Vorschrift setzt eine Kollisionslage voraus, die dann vorliegt, „wenn Regelungen des Bundes- und des Landesrechts auf denselben Sachverhalt anwendbar sind und bei ihrer Anwendung zu verschiedenen Ergebnissen führen"[520]. Bevor eine Kollisionslage bejaht wird, ist allerdings zu prüfen, ob sich durch Auslegung, beispielsweise durch eine einschränkende Auslegung der landesverfassungsrechtlichen Sozialisierungsvorschriften, die Möglichkeit der Harmonisierung der bundes- und landesverfassungsrechtlichen Normen ergibt[521]. Diese Möglichkeit wird beispielsweise im Falle der nordrhein-westfälischen[522] und saarländischen[523] Vorschrift diskutiert. Besteht eine solche Auslegungsoption nicht, erfolgt die Derogation der landesverfassungsrechtlichen Vorschrift[524].

K. Resümee

Das Wirtschaftsverfassungsrecht der Länder umfaßt einen reichhaltigen Bestand unterschiedlicher subjektiv-rechtlicher, objektivrechtlicher und programmatischer Bestimmungen, die aus verschiedenen Phasen der Landesverfassungsgebung stammen und auf heterogenen verfassungspolitischen und ideologischen Ansätzen beruhen. Die markantesten Differenzen zur grundgesetzlichen Wirtschaftsverfassung weisen die vorgrundgesetzlichen Landesverfassungen auf, die an das Regelungskonzept der Weimarer Reichsverfassung

99
Überlagerung der Landesverfassungen durch höherrangiges Recht

---

516 Vgl. etwa zur saarländischen Bestimmung *Isensee*, Fortgeltung des saarländischen Sozialisierungs-Artikels unter dem Grundgesetz, DÖV 1978, S. 233 ff.; *Gröpl*, Der saarländische Sozialisierungsartikel – eine tote Zelle im Verfassungskorpus, LKRZ 2009, S. 1 ff.; *Wendt*, in: ders./Rixecker (LitVerz.), Art. 52 RN 15 ff.; zur bremischen Bestimmung s. *Neumann*, (LitVerz.), Art. 42 RN 3 f.; s. im übrigen *Bryde*, in: v. Münch/Kunig, GG (LitVerz.), Art. 15 RN 23; *Wieland*, in: H. Dreier, GG (LitVerz.), Art. 15 RN 32; *Dietlein*, in: Stern, Staatsrecht IV/1 (LitVerz.), § 113 XIII 5 b (S. 2341); *Herdegen*, HStR³ VI, § 129 RN 90.
517 Vgl. *Herdegen*, HStR³ VI, § 129 RN 90.
518 Vgl. *Wieland*, in: H. Dreier, GG (LitVerz.), Art. 15 RN 32; *Dietlein*, in: Stern, Staatsrecht IV/1 (LitVerz.), § 113 XIII 5 b (S. 2341).
519 *Jarass*, in: ders./Pieroth, GG (LitVerz.), Art. 15 RN 1; *Bryde*, in: v. Münch/Kunig, GG (LitVerz.), Art. 15 RN 5; a.A. *Depenheuer*, in: v. Mangoldt/Klein/Starck, GG (LitVerz.), Art. 15 RN 8.
520 BVerfGE 96, 345 (364); 121, 317 (348) (Zitat).
521 Vgl. *H. Dreier*, GG (LitVerz.), Art. 31 RN 37.
522 Vgl. *Müller-Terpitz*, in: Löwer/Tettinger (LitVerz.), Art. 27 RN 11 f.
523 Vgl. *Durner*, in: Maunz/Dürig, GG (LitVerz.), Art. 15 RN 77.
524 Vgl. zu dieser Rechtsfolge *P. M. Huber*, in: Sachs, GG (LitVerz.), Art. 31 RN 23 f.; *Pieroth*, in: Jarass/ders., GG (LitVerz.), Art. 31 RN 5. Differenzierend *Pietzcker*, HStR³ VI, § 134 RN 62 ff.

anknüpfen und sich der Wirtschafts- und Arbeitsordnung recht ausführlich widmen. Sowohl die vorgrundgesetzlichen wie auch einige nachgrundgesetzlichen Landesverfassungen enthalten eine Reihe von Staatszielbestimmungen und Programmsätzen, die das wirtschaftspolitische Selbstverständnis der Länder zum Ausdruck bringen und sich vom nüchternen wirtschaftsverfassungsrechtlichen Regelwerk des Grundgesetzes absetzen. Die kompetentielle Dominanz des Bundes im Bereich des Wirtschaftsrechts und die Vorgaben des EU-Wirtschaftsrechts haben allerdings zum Teil dazu geführt, daß das Wirtschaftsverfassungsrecht der Länder durch höherrangiges Recht überlagert wird oder als Prüfungsmaßstab für einfachrechtliche Bestimmungen nicht in Betracht kommt[525].

100
Bundesverfassungsrechtliche Prägung

Im Zentrum der wirtschaftsbezogenen Bestimmungen der Landesverfassungen stehen die wirtschaftlichen Grundrechte, die auch Gegenstand der landesverfassungsgerichtlichen Judikatur sind. Das Hauptaugenmerk der landesverfassungsgerichtlichen Rechtsprechung richtet sich dabei auf die Berufs- und Eigentumsfreiheit, die in manchen Landesverfassungstexten in puncto Wortlaut und Systematik von ihrem jeweiligen bundesverfassungsrechtlichen Pendant abweichen. Allerdings werden die textlichen und systematischen Unterschiede von der Rechtsprechung der Landesverfassungsgerichte nicht selten eingeebnet, indem sie die Wirtschaftsgrundrechte der Landesverfassungen durch eine „bundesgrundrechtskonforme Auslegung" in sehr ähnlicher oder gleicher Weise interpretiert wie das Bundesverfassungsgericht die Wirtschaftsgrundrechte des Grundgesetzes[526]. Im Ergebnis hat die Rechtsprechungspraxis der Landesverfassungsgerichte dazu geführt, daß das Bundesverfassungsgericht nicht nur den Gewährleistungsgehalt der Wirtschaftsgrundrechte des Grundgesetzes bestimmt, sondern mittelbar auch den Inhalt der Wirtschaftsgrundrechte der Länder. Damit bestätigt sich auch im Bereich der Wirtschaftsgrundrechte der Befund, daß die maßgeblichen materiellen Grundrechtspositionen der Landesverfassungen bundesverfassungsrechtlich vorgeprägt sind[527].

---

525 Vgl. RN 2.
526 Vgl. RN 33, 42, 56, 69, 81, 89.
527 Vgl. zu dieser Einschätzung *Grawert*, NJW 1987, S. 2329 (2334).

L. Bibliographie

Breuer, Rüdiger, Freiheit des Berufs, in: Josef Isensee/Paul Kirchhof, Handbuch des Staatsrechts der Bundesrepublik Deutschland, Bd. VIII, ³2010, § 170, S. 63 ff.

Durner, Wolfgang, Wirtschaftsverfassung, in: Dirk Ehlers/Michael Fehling/Hermann Pünder (Hg.), Besonderes Verwaltungsrecht, Bd. 1, ³2012, § 11.

Grawert, Rolf, Die Bedeutung gliedstaatlichen Verfassungsrechts in der Gegenwart, NJW 1987, S. 2329 ff.

Hahn, Daniel, Staatszielbestimmungen im integrierten Bundesstaat, Berlin 2010.

Herdegen, Matthias, Strukturen und Institute des Verfassungsrechts der Länder, in: Josef Isensee/Paul Kirchhof, Handbuch des Staatsrechts der Bundesrepublik Deutschland, Bd. VI, ³2008, § 129.

Papier, Hans-Jürgen, Die wirtschaftlichen Freiheitsrechte der Landesverfassungen in der Rechtsprechung der Landesverfassungsgerichte, in: Christian Starck/Klaus Stern (Hg.), Landesverfassungsgerichtsbarkeit, Teilband III, 1983, S. 319 ff.

Schockenhoff, Volker, Wirtschaftsverfassung und Grundgesetz, 1986.

Stiens, Andrea, Chancen und Grenzen der Landesverfassungen im deutschen Bundesstaat der Gegenwart, Berlin 1997.

§ 240
Gleichheitsrechte

Michael Sachs

Übersicht

	RN		RN
A. Der Bestand an Gleichheitsgrundrechten in den Landesverfassungen	1	E. Sonstige Gleichheitssätze	37–54
B. Der allgemeine Gleichheitssatz	2–11	I. Gleichstellung unehelicher Kinder	37–38
I. Die Normtexte	3	1. Die Normtexte	37
II. Auslegung und Anwendung	4–11	2. Auslegung und Anwendung	38
C. Die Gleichberechtigung von Männern und Frauen	12–26	II. Gleicher Ämterzugang	39–41
I. Die Normtexte	12–22	1. Die Normtexte	39–40
II. Auslegung und Anwendung	23–26	2. Auslegung und Anwendung	41
D. (Andere) Unterscheidungsverbote	27–36	III. Allgemeinheit und Gleichheit der Wahl	42–47
I. Allgemeine Unterscheidungsverbote mit Merkmalskatalog	27–29	1. Die Normtexte	42
1. Die Normtexte	27–28	2. Auslegung und Anwendung	43–47
2. Auslegung und Anwendung	29	IV. Weitere Gleichheitssätze	48–54
II. Das Verbot der Benachteiligung wegen einer Behinderung	30–33	1. Lastengleichheit	49
1. Die Normtexte	30	2. Lohngleichheit	50
2. Auslegung und Anwendung	31–33	3. Chancengleicher Bildungszugang	51–52
III. Sonstige begrenzte Unterscheidungsverbote	34–36	4. Gleichheit in bezug auf einzelne andere Grundrechte	53
		5. Gleichstellung der Unionsbürger?	54
		F. Bibliographie	

A. Der Bestand an Gleichheitsgrundrechten in den Landesverfassungen

1
Bestand an selbständig formulierten Gleichheitssätzen

Die Landesverfassungen seit 1946 im heutigen Geltungsbereich des Grundgesetzes[1] kennen, soweit sie überhaupt selbständig formulierte Grundrechtsgarantien enthalten[2], seit jeher ähnlich wie das Grundgesetz[3] den allgemeinen Gleichheitssatz und besondere Gleichheitssätze[4]. Letztere betreffen insbesondere die Gleichberechtigung von Männern und Frauen oder verbieten bestimmte (andere) Unterscheidungen; daneben stehen einige unterschiedlich strukturierte Garantien. Einzelne Gleichheitssätze finden sich auch in Landesverfassungen, welche die grundgesetzlichen Grundrechte inkorporiert haben[5], so wie im Stadtstaat Hamburg, dessen Verfassung (sonst) keine eigenen Grundrechte kennt[6]. Insgesamt stimmt die (verfassungs)gerichtliche Auslegung der gleichheitsrechtlichen Bestimmungen der Landesverfassungen weitgehend mit der der grundgesetzlichen Gleichheitssätze überein, obwohl die Möglichkeit eigenständiger Interpretation sogar für die inkorporierten Gleichheitssätze aus dem Grundgesetz vielfach betont wird[7].

Möglichkeit eigenständiger Interpretation

---

1 Berücksichtigt werden auch die Garantien der Landesverfassungen der SBZ (auch abgedruckt in: Wilhelm Wegener [Hg.], Die neuen deutschen Verfassungen, 1947), ausgespart in → Bd. III: *Maurer*, Landesgrundrechte im Bundesstaat, § 82 RN 37 f.
2 → Bd. III: *Grawert*, Wechselwirkungen zwischen Bundes- und Landesgrundrechten, § 81; *Maurer*, Landesgrundrechte im Bundesstaat, § 82; *Lange*, Grundrechtliche Besonderheiten in den Landesverfassungen, § 83; *Sodan*, Schutz der Landesgrundrechte durch die Landesverfassungsgerichtsbarkeit, § 84.
3 Vgl. → Bd. V, *Pietzcker*, Der allgemeine Gleichheitssatz, § 125; *D. Richter*, Gleichberechtigung von Mann und Frau, § 126; *Wendt*, Spezielle Gleichheitsrechte, § 127; *Uerpmann-Wittzack*, Strikte Privilegierungs- und Diskriminierungsverbote, § 128. Vgl. ferner → Bd. II: *Papier*, Grundrechte und Sozialordnung, § 30 RN 12 ff., 56 ff.
4 Erfaßt werden sollen grundsätzlich nur spezifisch auf den Schutz grundrechtlicher Gleichheitsanliegen gerichteten Verfassungsbestimmungen; zu deren Abgrenzung auf der Ebene des Grundgesetzes näher *Sachs*, HStR ³VIII, § 182 RN 1 ff. Nicht berücksichtigt sind auf Gleichheit zwischen Elementen der Staatsorganisation bezogene Bestimmungen (zur Chancengleichheit der Opposition oder zur Gleichbehandlung von Kommunen), ferner der weitgehend für grundgesetzwidrig gehaltene Art. 29 Abs. 1 Verf. Hessen zum einheitlichen Arbeitsrecht für Arbeitnehmer und Beamte, dazu etwa StGH Hessen LKRZ 2013, S. 243 (246) m.w.N.
5 Eine Übernahme der grundgesetzlichen Grundrechte als Bestandteil des Landesverfassungsrechts findet sich in Art. 4 Abs. 1 Verf. Nordrhein-Westfalen; Art. 2 Abs. 1 Verf. Baden-Württemberg (1995 wurde das ursprünglich in Bezug genommene Entstehungsdatum des Grundgesetzes gestrichen); Art. 3 Abs. 3 Satz 1 Verf. Niedersachsen; Art. 5 Abs. 3 Verf. Mecklenburg-Vorpommern; Art. 3 Verf. Schleswig-Holstein; allgemein → Bd. III: *Grawert*, Wechselwirkungen zwischen Bundes- und Landesgrundrechten, § 81 RN 25 ff., 31 ff.; *Maurer*, Landesgrundrechte im Bundesstaat, § 82 RN 70 ff.; *Lange*, Grundrechtliche Besonderheiten in den Landesverfassungen, § 83 RN 2 ff.
6 Siehe namentlich Art. 3 Abs. 2 Satz 3, 4; Art. 4 Abs. 3; Art. 6 Abs. 2; Art. 59 Abs. 1 Verf. Hamburg; siehe ferner unten FN 16.
7 Für selbständige Auslegung auch bei in die Landesverfassungen inkorporierten Grundrechten des Grundgesetzes etwa StGH Baden-Württemberg v. 17. 6. 2014 (1 VB 15/13), juris, RN 301 f. (für Art. 3 Abs. 1 GG); VerfGH Nordrhein-Westfalen NVwZ 1995, S. 579 (582 f.); *J. Ipsen*, (LitVerz.), Art. 3 RN 33 f.; *ders.*, in: Brandt/Schinkel (LitVerz.), S. 65 (80 f.); *Epping*, in: ders./Butzer u.a. (LitVerz.), Art. 3 RN 18 ff.; *Menzel*, in: Löwer/Tettinger (LitVerz.), Art. 4 RN 9 ff. m.w.N.; *Kamp*, in: Heusch/Schönenbroicher (LitVerz.), Art. 4 RN 35 f.; für möglicherweise abweichende Ergebnisse der Rechtsprechung auch *Geller*, in: ders./Kleinrahm (LitVerz.), Art. 4 (1982) Anm. 3 c; *Braun* (LitVerz.), Art. 2 RN 12; nicht eindeutig *Hollerbach*, in: Feuchte (LitVerz.), Art. 2 RN 19 f.; anders wohl *Kohl*, in: Litten/Wallerath (LitVerz.), Art. 5 RN 9 f.; *Engelken* (LitVerz.), Art. 2 Abs. 1 RN 14 ff. und FN 23.

B. Der allgemeine Gleichheitssatz

Als allgemeine Gleichheitssätze sollen hier nur sachlich umfassend angelegte Bestimmungen erfaßt werden, die weder auf abschließend festgelegte Differenzierungskriterien noch auf eingegrenzte Anwendungsbereiche[8] bezogen sind.

2
Beschränkung auf sachlich umfassende Bestimmungen

I. Die Normtexte

„Alle Menschen sind vor dem Gesetz gleich". Diese Formulierung des Art. 3 Abs. 1 GG wird genauso auch im geltenden Landesverfassungsrecht[9] überwiegend verwendet[10]. Variationen finden sich in der Bezeichnung der Grundrechtsberechtigten[11], durch die Verknüpfung mit der Absage an bestimmte Unterschiede[12] oder mit zusätzlichen Garantiegehalten[13]. Art. 17 Abs. 2 Verf. Rheinland-Pfalz schließt (seit 1947) an die Gleichheit aller vor dem Gesetz ein Verbot willkürlicher Begünstigung oder Benachteiligung von Einzelpersonen oder Personengruppen für die drei Staatsgewalten an[14]; ähnlich untersagt auch noch[15] Art. 12 Abs. 1 Satz 2 Verf. Brandenburg der öffentlichen Gewalt (nur) jede Willkür und jede sachwidrige Ungleichbehandlung[16]. Vereinzelt wird speziell die gegenüber der Formulierung „vor dem Gesetz" nicht recht klare Bindung auch der Gesetzgebung an den Gleichheitssatz verdeutlicht[17]; Art. 52 Abs. 3 Verf. Brandenburg spricht zusätzlich die Gleichheit vor Gericht an[18].

3
Grundformulierung

---

[8] Zu den Gleichheitsanforderungen an Wahlen siehe unten RN 42 ff.; zur Lastengleichheit und weiteren gegenständlich begrenzten Garantien siehe unten RN 49 ff.

[9] Zu den nicht mehr geltenden Verfassungen der Nachkriegszeit vgl. *Sachs*, in: Stern, Staatsrecht IV/2 (LitVerz.), § 120 I 1 d α (S. 1453 f.).

[10] Art. 10 Abs. 1 Verf. Berlin; Art. 12 Abs. 1 Satz 2 Verf. Brandenburg; Art. 2 Abs. 1 Verf. Bremen; Art. 1 Verf. Hessen; Art. 12 Abs. 1 Verf. Saarland; Art. 18 Abs. 1 Verf. Sachsen; Art. 7 Abs. 1 Verf. Sachsen-Anhalt; Art. 2 Abs. 1 Verf. Thüringen.

[11] „Alle" sind angesprochen in Art. 118 Abs. 1 Satz 1 Verf. Bayern (bei abweichender Wortreihenfolge); Art. 17 Abs. 1 Verf. Rheinland-Pfalz; „alle Männer und Frauen" waren in Art. 6 Abs. 1 Satz 1 Verf. Berlin 1950 angesprochen; siehe unten FN 108 ff.

[12] Art. 1 Verf. Hessen („ohne Unterschied des Geschlechts, der Rasse, [...]" usw.); ganz ähnlich bis 1999 Art. 12 Abs. 1 Verf. Saarland; auch Art. 2 Abs. 1 Verf. Württemberg-Baden („ohne Unterschied des Geschlechts und der Herkunft frei und gleich vor dem Gesetz").

[13] Art. 2 Abs. 1 Verf. Bremen („Recht auf gleiche wirtschaftliche und kulturelle Entwicklungsmöglichkeiten").

[14] Dazu *Süsterhenn/Schäfer* (LitVerz.), Art. 17 Anm. 2 ff.; zur gleichwohl heute strengeren Handhabung siehe unten FN 56 ff.

[15] Zur Kritik dieser die seit 1980 etablierte Judikatur des Bundesverfassungsgerichts zur „neuen Formel" nicht berücksichtigenden Formulierung *Sachs*, in: Simon/Franke/ders. (LitVerz.), § 5 RN 32; *Iwers*, in: Lieber/ders./Ernst (LitVerz.), Art. 12 Anm. 2.1, sieht diese Judikatur „in eher fragwürdiger Weise" umgesetzt.

[16] Nur erwähnt sei exemplarisch Art. 58 Verf. Hamburg mit der Pflicht zur unparteiischen Amtsausübung „ohne Rücksicht auf die Person nur nach sachlichen Gesichtspunkten", die als „unerlässliche Voraussetzung[en] für die [...] insbesondere dem Gleichheitssatz verpflichtete Exekutive" qualifiziert wird und ähnlich in vielen anderen Landesverfassungen vorkommt, s. *David* (LitVerz.), Art. 58 RN 4 und 1.

[17] Vgl. Art. 118 Abs. 1 Satz 2 Verf. Bayern und dazu etwa *BayVerfGHE 1*, 69 (78 f.); *Stettner*, in: Nawiasky/Schweiger/Knöpfle (LitVerz.), Art. 118 RN 11 f. m.w.N.; deutlich auch Art. 2 Abs. 3 Satz 2 Verf. Württemberg-Baden (1946); dazu *Nebinger* (LitVerz.), Art. 2 Anm. II. 3, allerdings nur für die Freiheitseinschränkungen des Satzes 1. Zur allerdings auf alle frühen Landesverfassungen gestützten entsprechenden Interpretation des allgemeinen Gleichheitssatzes (dort aber unmittelbar bezogen auf Art. I der Kontrollratsproklamation Nr. 3 v. 20. 10. 1945) in *BVerfGE 2*, 237 (261 f.) → Bd. III, *Lange*, Grundrechtliche Besonderheiten in den Landesverfassungen, § 83 RN 22.

[18] Für ein „sog. Prozessgrundrecht[e]" *Ernst*, in: Lieber/Iwers/ders. (LitVerz.), Art. 52 Anm. 4; siehe auch unten FN 82.

II. Auslegung und Anwendung

4
Inhaltsgleichheit mit Art. 3 Abs. 1 GG

Auslegung und Anwendung der allgemeinen landesverfassungsrechtlichen Gleichheitssätze, die oft explizit als mit Art. 3 Abs. 1 GG „inhaltsgleich" bezeichnet werden[19], folgen weitgehend den für diesen anerkannten – zumal durch die Judikatur des Bundesverfassungsgerichts, der allerdings einige landesverfassungsgerichtliche Entscheidungen vorausgingen[20] – geprägten Linien[21]. So wird der Inhalt des Gleichheitssatzes auch auf die Anordnung erstreckt, Ungleiches ungleich zu behandeln[22]; diese problematische Annahme[23] findet sich sogar für die als „Gebot strikt formaler, Differenzierungen nur aus besonderen zwingenden Gründen zulassender Gleichbehandlung" verstandene Chancengleichheit der politischen Parteien[24]. Dem allgemeinen Gleichheitssatz wird durchweg ein subjektives Grundrecht zugeordnet[25], dessen Struktur allerdings meist unklar bleibt.

---

[19] Zu dieser nach *BVerfGE 96*, 345 (373) für die Überprüfung der Anwendung von Bundesrecht durch Landesgerichte anhand von Landesgrundrechten maßgeblichen Qualifikation → Bd. III, *Rozek*, Landesgrundrechte als Kontrollmaßstab für die Anwendung von Bundesrecht, § 85; vgl. *VerfGH Berlin LVerfGE 2*, 16 (17 f.); *3*, 104 (106 f.); *5*, 58 (60); JR 1999, S. 317; *LVerfGE 13*, 37 (40); LKV 2007, S. 413 f.; *VerfGH Berlin* v. 4. 3. 2009 (96/07), juris, RN 54; *VerfG Brandenburg* LKV 2011, S. 124 (125); *VerfGH Saarland* v. 18. 2. 1964 (LV 1/63), S. 17 f.; *VerfGH Sachsen* v. 15. 7. 2004 (Vf. 20-IV-04), S. 4; *BayVerfGH* v. 9. 2. 2015 (Vf. 11-VI-14), juris, RN 56 m.w.N.; *VerfGH Sachsen-Anhalt LVerfGE 19*, 447 (450) m.w.N.; offenlassend *StGH Hessen* v. 13. 6. 2001 (P.St. 1409), juris, RN 21; für Anwendung als inhaltsgleich vgl. etwa *OVG Sachsen* SächsVBl. 2015, S. 38 RN 20 ff.; *BayVerfGHE 64*, 31 (34) m.w.N.; *VerfGH Berlin* DVBl. 2008, S. 998; *VerfG Brandenburg* LKV 2011, S. 124 (125); *StGH Hessen ESVGH 21*, 193 (194).
[20] Vgl. etwa *BayVerfGHE 1*, 29 (31); *1*, 64 (78 f.); *2*, 45 ff.; *2*, 50 (56 f.); *2*, 127 (138 ff.); *4*, 30 (40); *5*, 243 (261 f.); *BayVerfGH* VerwRspr. 1 (1949), S. 378 (385); 2 (1950), S. 7 (12); 2 (1950), S. 179 (187 ff.); *StGH Württemberg-Baden* VerwRspr. 4 (1952), S. 1 (10 f.); *StGH Baden* VerwRspr. 3 (1951), S. 1 (4); *StGH Hessen* VerwRspr. 2 (1950), S. 299 (307 f.); ferner etwa *VGH Württemberg-Baden* VerwRspr. 3 (1951), S. 355 (359); *VGH Hessen* VerwRspr. 2 (1950), S. 260 (261 f.); 3 (1951), S. 540 (547 f.).
[21] Vgl. zum Folgenden weitgehend parallel die Kommentierungen, etwa *Stettner*, in: Nawiasky/Schweiger/Knöpfle (LitVerz.), Art. 118 RN 3 ff., mit Hinweis auf die stillschweigende Rezeption der Judikatur des Bundesverfassungsgerichts in RN 26; *Schmidt am Busch*, in: Meder/Brechmann (LitVerz.), Art. 118 RN 4 ff.; *J.F. Lindner*, in: ders./Möstl/Wolff (LitVerz.), Art. 118 RN 20 ff.; *Holzner* (LitVerz.), Art. 118 RN 1 ff.; *Stöhr*, in: Pfennig/Neumann (LitVerz.), Art. 10 RN 1 ff.; *Driehaus*, in: ders. (LitVerz.), Art. 10 RN 3 ff.; *Iwers*, in: Lieber/ders./Ernst (LitVerz.), Art. 12 Anm. 2; *Hinkel* (LitVerz.), Art. 1 Anm. 2.2; *Caesar*, in: Grimm/ders. (LitVerz.), Art. 17 RN 6 ff.; *Hummrich*, in: Brocker/Droege/Jutzi (LitVerz.), Art. 17 RN 14 ff.; *Wendt*, in: ders./Rixecker (LitVerz.), Art. 12 RN 4 ff.; *Müller* (LitVerz.), Art. 18 Anm. 2–5; *Rozek*, in: Baumann-Hasske/Kunzmann (LitVerz.), Art. 18 RN 3 ff.; *Reich* (LitVerz.), Art. 7 RN 2; *S. Jutzi*, in: Linck/ders./Hoppe (LitVerz.), Art. 2 RN 3 ff., 11 ff.; *J. Lindner*, in: Linck/Baldus u.a. (LitVerz.), Art. 2 RN 6 ff.
[22] So etwa schon vor dem Bundesverfassungsgericht *BayVerfGH* VerwRspr. 1 (1949), S. 378 (385); *BayVerfGHE 4*, 30 (40); *StGH Baden* VerwRspr. 3 (1951), S. 1 (4); in neuerer Zeit etwa *BayVerfGHE 54*, 47 (58); *58*, 271 (274); *59*, 219 (228); *VerfGH Rheinland-Pfalz* NVwZ 2001, S. 1273 (1274 f.); *BayVerfGH* NVwZ-RR 2009, S. 709 (710); NVwZ-RR 2010, S. 665 (668, 670); *BayVerfGH* NVwZ 2013, S. 792 (795); *BayVerfGH* NVwZ 2013, S. 1075 (1077); *BayVerfGH* BayVBl. 2014, S. 751 (753); *BayVerfGH* NJW 2014, S. 3215 RN 102 f.; *VerfG Brandenburg* LKV 2011, S. 124 (125); *VerfGH Rheinland-Pfalz* NVwZ 2001, S. 1273 (1274 f.); NVwZ-RR 2011, S. 217 f.; *VerfGH Saarland* v. 1. 12. 2008 (LV 2/08 u.a), S. 22; *VerfGH Sachsen* v. 16. 10. 2008 (92-IV-08), RN 41; *VerfGH Thüringen* NVwZ-RR 2003, S. 793 (795).
[23] Zum diesbezüglichen Verständnis des Art. 3 Abs. 1 GG kritisch *Sachs*, in: Stern, Staatsrecht IV/2 (LitVerz.), § 120 II 2 a γ (S. 1477 ff.) m.w.N.
[24] *VerfGH Saarland* NVwZ-RR 2013, S. 537 (539 f.).
[25] Ausdrücklich schon *BayVerfGHE 1*, 29 (31); *2*, 9 (Ls. 1, 12 f.); *VerfGH Berlin* v. 24. 1. 2002 (148/01), juris, RN 8; *StGH Hessen* DVBl. 1985, S. 682 (683); *StGH Bremen* NVwZ-RR 1993, S. 417 (418); *VerfG Brandenburg* v. 15. 4. 2011 (50/10), juris, RN 18; *VerfGH Sachsen* v. 25. 2. 2014 (Vf. 50-IV-13), juris, RN 20; *VerfGH Rheinland-Pfalz AS 39*, 1 f.; *VerfGH Saarland* NJW-RR 2006, S. 561; *VerfGH Thüringen* NVwZ-RR 2011, S. 545.

Die in den Texten unmißverständlich ausgesprochene Geltung für alle (Menschen) wird nicht in Zweifel gezogen; auch die Grundrechtsberechtigung juristischer Personen wird anerkannt[26], teils auf solche des öffentlichen Rechts ausgedehnt[27]. Als verpflichtet werden alle Elemente der Landesstaatsgewalt, insbesondere die Gesetzgebung[28], gesehen[29], und zwar beschränkt auf den jeweiligen Zuständigkeitsbereich des Rechtsträgers[30]. In Bayern soll jedenfalls theoretisch auch die verfassungsändernde Gesetzgebung an den allgemeinen Gleichheitssatz gebunden sein[31].

5
Berechtigte und Adressaten

---

26 Für eine Gesellschaft bürgerlichen Rechts (GbR): *VerfGH Saarland* v. 1.12.2008 (2/08 u.a.), S. 10; *StGH Hessen* NVwZ 2000, S. 430 (431); *VerfGH Rheinland-Pfalz* NVwZ 2015, S. 64; *VerfGH Sachsen* v. 20.11.2008 (Vf. 63-IV-08), juris, RN 15, 19; für einen eingetragenen Verein *BayVerfGH* BayVBl. 2013, S. 14f.; *J. Lindner*, in: Linck/Baldus u.a. (LitVerz.), Art. 2 RN 7; *Iwers*, in: Lieber/ders./Ernst (LitVerz.), Art. 12 Anm. 2.2; generell offenlassend *VerfGH Berlin* NVwZ 1993, S. 1093f.

27 Namentlich zu den Gemeinden für Bayern vgl. *BayVerfGHE 29*, 105 (120); *36*, 15 (18); *37*, 101 (105); *41*, 140 (145); *45*, 157 (161); *BayVerfGH* BayVBl. 2002, S. 11; dagegen *StGH Hessen* v. 11.4.1973 (P.St. 694), juris, RN 22 ff., und *VerfGH Sachsen* v. 10.7.2003 (Vf. 24-IV-02), juris, RN 7; für die Gleichheit vor Gericht nach Art. 53 Abs. 3 Verf. Brandenburg allgemein *VerfG Brandenburg* v. 15.4.2011 (50/10), juris, RN 12, 15; ablehnend *LVerfG Sachsen-Anhalt* LVerfGE 2, 227 (259); *OVG Sachsen-Anhalt* LKV 1995, S. 195 (197); für eine Fraktion in der Bezirksverordnetenversammlung *VerfGH Berlin* NVwZ 1993, S. 1093 f.; ablehnend *J. Lindner*, in: Linck/Baldus u.a. (LitVerz.), Art. 2 RN 7; für Beachtung nur des objektiv-rechtlichen Willkürverbots *Hummrich*, in: Brocker/Droege/Jutzi (LitVerz.), Art. 17 RN 16; ebenso *Rozek*, in: Baumann-Hasske/Kunzmann (LitVerz.), Art. 18 RN 7; *Iwers*, in: Lieber/ders./Ernst (LitVerz.), Art. 12 Anm. 2.2. Zur allgemein abweichenden Position des BVerfG nur *Sachs*, in: Stern, Staatsrecht IV/2 (LitVerz.), Vorb. §§ 120 ff.; § 120 II 4b β (S. 1435 ff.; 1497 f.).

28 Vgl. aus der frühen Judikatur nach *BayVerfGHE 1*, 29 (31, noch offenlassend): *BayVerfGHE 1*, 69 (78 f.); *2*, 45 (47); *4*, 30 (40); *BayVerfGH* VerwRspr. 1 (1949), S. 378 (385); VerwRspr. 2 (1950), S. 3 (5) und S. 179 (187 ff.); *StGH Württemberg-Baden* VerwRspr. 4 (1952), S. 1 (10); *StGH Hessen* VerwRspr. 2 (1950), S. 299 (307); *StGH Baden* VerwRspr. 3 (1952), S. 1 (4). Aus der neueren Rechtsprechung ausdrücklich etwa *VerfG Berlin* LKV 2005, S. 212; NVwZ 2001, S. 1266 (1267); *VerfGH Rheinland-Pfalz* NVwZ-RR 2011, S. 217 f.; *VerfGH Sachsen* v. 20.11.2008 (Vf. 63-IV-08), juris, RN 28; *StGH Hessen* NVwZ 2008, S. 883 (891); *StGH Bremen* DVBl. 1978, S. 444 (446); *BayVerfGH* NJW 2014, S. 3215 (3221). Im Übrigen wird dies in allen Entscheidungen zur Gleichheitswidrigkeit von Gesetzen vorausgesetzt.

29 Ausdrücklich etwa *Rozek*, in: Baumann-Hasske/Kunzmann (LitVerz.), Art. 18 RN 4; *Driehaus* (LitVerz.), Art. 10 RN 5; *Holzner* (LitVerz.), Art. 118 RN 13; *Iwers*, in: Lieber/ders./Ernst (LitVerz.), Art. 12 Anm. 2.2; *Hinkel* (LitVerz.), Art. 1 Anm. 2.2.; *Hummrich*, in: Brocker/Droege/Jutzi (LitVerz.), Art. 17 RN 17; *Wendt*, in: ders./Rixecker (LitVerz.), Art. 12 RN 2; *Reich* (LitVerz.), Art. 7 RN 2. Zur Gleichheitsbindung von Behörden und Gerichten vgl. sogleich RN 6.

30 Für den jeweiligen „Kompetenzträger" (zur Landesebene) *BayVerfGHE 64*, 10 (19); *BayVerfGH* NVwZ 2013, S. 1075 (1077) m.w.N.; *VerfGH Sachsen* v. 26.2.2009 (Vf. 136-IV-08 u.a.), S. 8; *J.F. Lindner*, in: ders./Möstl/Wolff (LitVerz.), Art. 118 RN 33 f. m.w.N. (im Lande insb. für Gemeinden, Hochschulen); für den jeweiligen „Hoheitsträger" *VGH Baden-Württemberg* VerwRspr. 3 (1951), S. 355 (359); *Rozek*, in: Baumann-Hasske/Kunzmann (LitVerz.), Art. 18 RN 4; ebenso, dann aber auch auf Gerichte und Behörden abstellend *Caesar*, in: Grimm/ders. (LitVerz.), Art. 17 RN 16; *Hummrich*, in: Brocker/Droege/Jutzi (LitVerz.), Art. 17 RN 19. Unterschiedliches Verhalten verschiedener Regierungsressorts zulassend *BayVerfGHE 20*, 87 (94); *Stettner*, in: Nawiasky/Schweiger/Knöpfle (LitVerz.), Art. 118 RN 83, 91. Zur Problematik bei Art. 3 Abs. 1 GG nur *Sachs*, in: Stern, Staatsrecht IV/2 (LitVerz.), § 120 II 5 a (S. 1499 ff., 1504 ff.).

31 Vgl. etwa *BayVerfGH* BayVBl. 1967, S. 312 (313) m.w.N.; *BayVerfGH* NJW 1987, S. 1543 (1544) (zu Art. 131 Abs. 4 Verf. Bayern); *BayVerfGH* NVwZ 1999, S. 759 (zu Art. 143 Abs. 2 Verf. Bayern); zur einschlägigen Judikatur im Übrigen nur *Stettner*, in: Nawiasky/Schweiger/Knöpfle (LitVerz.), Art. 118 RN 5 f., 14; dies reflektiert die vollständige Zuordnung des Willkürverbots zu Art. 118 Abs. 1 Verf. Bayern (vgl. unten FN 51); im Ergebnis ähnlich für Art. 79 Abs. 3 GG *BVerfGE 84*, 90 (121); *94*, 12 (34); dazu etwa *Sachs*, GG (LitVerz.), Art. 79 RN 77 m.w.N.

§ 240   Sechzehnter Teil: II. Vergleichende Betrachtung der Landesgrundrechte

6
Gleichheitsrelevante Behandlungen

Als gleichheitsrelevante Behandlungen werden (nicht nur personenbezogene[32]) normative Differenzierungen (oder – seltener – Nichtdifferenzierungen)[33] ebenso erfaßt wie die unterschiedliche (oder unterschiedslose) Handhabung den Verwaltungsbehörden zustehender Spielräume[34]. Bei gesetzwidrigem Behördenhandeln wird teilweise ein Anspruch auf „Gleichbehandlung im Unrecht"[35] undifferenziert auch gegenüber belastenden Eingriffen verneint[36]. Rechtsanwendungsfehler von Gerichten werden wie beim Bundesverfassungsgericht[37] nur in klaren Fällen von Willkür[38] einbezogen[39]. Daneben finden sich Entscheidungen, die eine Kontrolle vornehmen, die der auf Verletzungen spezifischen Verfassungsrechts bei anderen Grundrechten[40] entspricht[41]. Insbesondere darf die gerichtliche Gesetzesauslegung nicht zu einer Unterscheidung führen, die wegen des allgemeinen Gleichheitsgrundsatzes auch dem Gesetzgeber verwehrt wäre[42].

---

32 Trotz der auf diese beschränkten Formulierungen des Art. 17 Abs. 2 Verf. Rheinland-Pfalz s. die selbstverständliche Anwendung auf sachbezogene Differenzierungen etwa in *VerfGH Rheinland-Pfalz* NVwZ 2001, S. 1273 (1274 f.) (Kampfhundeverbot); *VerfGH Rheinland-Pfalz* NVwZ 2015, S. 64 (74) (Rundfunkbeitrag); *VerfGH Rheinland-Pfalz* NVwZ 2010, S. 1095 (1096) (Rauchverbot). Auch die neueren Kommentierungen der Landesverfassung vernachlässigen dieses Element des Wortlauts.
33 So etwa *BayVerfGH* NVwZ-RR 1997, S. 3; *BayVerfGHE 52*, 9 (17 ff.); *58*, 1 (29); *BayVerfGH* NJW 2014, S. 3215 RN 102 ff.; *VerfGH Rheinland-Pfalz* NVwZ 2001, S. 1273 (1274 f.); *VerfG Brandenburg* LKV 2011, S. 124 (125); *VerfGH Thüringen* NVwZ-RR 2003, S. 793 (797); *VerfGH Saarland* v. 1. 12. 2008 (LV 2/08), S. 18.
34 Vgl. *VerwGH Hessen* VerwRspr. 2 (1950), S. 260 (261 f.); *VerwGH Hessen* NVwZ-RR 2007, S. 115 f.; *OVG Thüringen* BauR 2011, S. 244 f.; *J.F. Lindner*, in: ders./Möstl/Wolff (LitVerz.), Art. 118 RN 100; *Rozek*, in: Baumann-Hasske/Kunzmann (LitVerz.), Art. 18 RN 4; *Jutzi*, in: Linck/ders./Hopfe (LitVerz.), Art. 2 RN 24; *Driehaus*, in: ders. (LitVerz.), Art. 10 RN 7.
35 Vgl. hierzu auch *F. Kirchhof*, Keine Gleichheit im Unrecht?, in: ders./Papier/Schäffer (Hg.), Rechtsstaat und Grundrechte. FS Merten, 2007, S. 109 ff.
36 S. etwa *BayVerfGH* BayVBl. 2013, S. 334 m.w.N.; ferner etwa *J.F. Lindner*, in: ders./Möstl/Wolff (LitVerz.), Art. 118 RN 42, auch 101; *Schmidt am Busch*, in: Meder/Brechmann (LitVerz.), Art. 118 RN 55; *Hummrich*, in: Brocker/Droege/Jutzi (LitVerz.), Art. 17 RN 33; *Rozek*, in: Baumann-Hasske/Kunzmann (LitVerz.), Art. 18 RN 4. Dagegen ausführlich *Sachs*, in: Stern, Staatsrecht IV/2 (LitVerz.), § 120 III 2 b (S. 1591 ff.) m.w.N. Nur gegen Anspruch auf Wiederholung einer rechtswidrigen Begünstigung, insoweit mit Recht, *VerfGH Sachsen* v. 22. 6. 1995 (Vf. 47-IV-94), S. 2; nur gegen Wiederholung rechtswidriger Maßnahmen *Jutzi*, in: Linck/ders./Hoppe (LitVerz.), Art. 2 RN 18.
37 Vgl. *Sachs*, in: Stern, Staatsrecht IV/2 (LitVerz.), § 120 II 6 b β ββ (S. 1522 f.) m.w.N. mit Kritik an der Zuordnung zu Art. 3 Abs. 1 GG.
38 Siehe oben RN 7.
39 Vgl. etwa *VerfGH Berlin* LVerfGE 1, 65 (68); 2, 16 (18); 5, 58 (60); 7, 19 (24); *VerfG Brandenburg* NStZ-RR 2000, S. 172 (173) m.w.N.; *StGH Hessen* StAnz 2005, S. 1752 (1754); *StGH Hessen* NJW-RR 2013, S. 181 (183); *StGH Hessen* DVBl. 2013, S. 1116 (1118) m.w.N.; *StGH Hessen* v. 9. 10. 2013 (P.St. 2401), juris, RN 57; *VerfGH Saarland* v. 19. 3. 2004 (LV 4/03), RN 14; *VerfGH Sachsen* v. 13. 1. 2011 (Vf. 91-IV-10), juris, RN 16 m.w.N.; *VerfGH Thüringen* NVwZ 2007, S. 950 (952); *VerfGH Thüringen* ThürVBl. 2010, S. 179 (180); zur umfangreichen Rspr. in Bayern *Götz*, Die Gleichheitsgarantie in der Rechtsprechung der Landesverfassungsgerichte, in: Starck/Stern (Hg.), Landesverfassungsgerichtsbarkeit Bd. III: Verfassungsauslegung (LitVerz.), S. 362 f.; *J.F. Lindner*, in: ders./Möstl/Wolff (LitVerz.), Art. 118 RN 8 m.w.N.
40 Vgl. etwa *BVerfGE 95*, 96 (127 f.) m.w.N.; *BVerfG (K)* NVwZ 2014, S. 1005 (1008); *Bethge*, in: Maunz/Schmidt-Bleibtreu u.a., BVerfGG (LitVerz.), § 90 (Stand: Okt. 2013) RN 119.
41 So für die „Rechtswahrnehmungsgleichheit" etwa *VerfGH Sachsen* v. 26. 8. 2010 (Vf. 33-IV-10), RN 11 m.w.N., im Anschluß an die Judikatur des Bundesverfassungsgerichts zur Rechtsschutzgleichheit, dazu nur *Sachs*, GG (LitVerz.), Art. 20 RN 162 m.w.N.; vgl. unten FN 81 f.
42 *BayVerfGHE 54*, 178 (180) im Anschluß an *BVerfGE 99*, 129 (139).

Bei den Bestimmungen, die sich auch gegen einzelne Kriterien richten[43], wird die Gleichheitsprüfung nicht auf diese Merkmale beschränkt[44]. Auf die sonst ohnehin gegebene Offenheit der Vergleichskriterien wurde schon vor der entsprechenden Judikatur des Bundesverfassungsgerichts[45] dadurch reagiert, daß nur willkürliche bzw. ohne sachlichen Grund getroffene Unterscheidungen als Gleichheitsverstöße eingestuft wurden[46]. Dabei wird für sachliche Gründe meist auf Verschiedenheiten der unterschiedlich geregelten Fallgestaltungen abgestellt[47], die teilweise schon zuvor in einer gesonderten Prüfung der Vergleichbarkeit[48] aufgegriffen werden; gelegentlich wird die Willkürprüfung auch auf der Landesebene[49] in einer im Rahmen des Gleichheitssatzes problematischen Weise von Unterschieden abgelöst[50]. Teilweise wird sogar als

7
Offenheit der Vergleichskriterien

---

43 Siehe oben FN 12.
44 Vgl. für Hessen *Zinn/Stein* (LitVerz.), Bd. 1, Art. 1 Anm. 2; zum Saarland für die Zeit bis 1999 die in FN 47 hierzu genannten Entscheidungen; auch *Schranil* (LitVerz.), Art. 12 Anm. 2.
45 Zu dieser und zum Hintergrund nur *Sachs*, in: Stern, Staatsrecht IV/2 (LitVerz.), § 120 II 6 b β (S. 1514 ff.) m.w.N.
46 Vgl. etwa *BayVerfGHE 1*, 29 (31); *1*, 69 (79); *2*, 1 (12); *2*, 45 (47); *BayVerfGH* VerwRspr. 1 (1949), S. 378 (385); VerwRspr. 2 (1950), S. 3 (5) und S. 179 (188); *StGH Hessen* VerwRspr. 2 (1950), S. 299 (308); *VerwGH Hessen* VerwRspr. 2 (1950), S. 260 (261 f.) und S. 540 (547 f.); zu Art. 2 Verf. Baden *StGH Baden* VerwRspr. 3 (1951), S. 1 (4); zur Verf. Württemberg-Baden: *StGH Württemberg-Baden* VerwRspr. 4 (1952), S. 1 (10); früh auch *StGH Hessen*, in: Giese/Schunck/Winkler (LitVerz.), Art. 1 Nr. 4 Verf. Hessen. Bloße Willkürprüfungen in der neueren Judikatur etwa in *BayVerfGH* NVwZ-RR 2002, S. 546 (547); *BayVerfGH* NVwZ-RR 2005, S. 176 (179); *BayVerfGH 59*, 63 (76); *59*, 219 (228); *BayVerfGH* NVwZ-RR 2008, S. 145 (148); S. 618 f.; *BayVerfGH* NVwZ-RR 2009, S. 709 (710); *BayVerfGHE 64*, 10 (19); *BayVerfGH* NVwZ 2013, S. 792 (795); S. 1075 (1077); *BayVerfGH* NVwZ-RR 2014, S. 7 (8); *BayVerfGH* BayVBl. 2015, S. 337 (341); *VerfGH Rheinland-Pfalz AS 25*, S. 418 (419); *VerfGH Saarland* v. 13. 2. 1964 (LV 1/63), S. 18; *VerfGH Saarland* v. 1. 7. 1987 (LV 4/86), S. 114; *LVerfG Sachsen-Anhalt* LKV 2003, S. 131 (137); *LVerfG Sachsen-Anhalt LVerfGE 19*, 447 (451 f.). Bloße Willkürprüfung für Altersgrenzen noch bei *VerfGH Saarland* NVwZ-RR 1997, S. 449; *VerfGH Rheinland-Pfalz* NVwZ-RR 2005, S. 369 (370); *BayVerfGH* NVwZ 2013, S. 792 (795), entsprechend bei Beschränkungen des Rechts auf informationelle Selbstbestimmung für unter 21-jährige Schüler *VerfGH Rheinland-Pfalz* NJW 2005, S. 410 (414 f.).
47 So schon zu Art. 2 Verf. Baden: *StGH Baden* VerwRspr. 3 (1951), S. 1 (4); ferner etwa *BayVerfGHE 21*, 158 (162); *64*, 10 (20); *VerfGH Rheinland-Pfalz AS 25* (1997), S. 418 (419); *VerfGH Saarland* v. 13. 2. 1964 (LV 1/63), S. 18 ff.; v. 1. 7. 1987 (LV 4/86), S. 114 ff.; v. 17. 12. 1996 (LV 3/95), RN 117; *VerfGH Berlin LVerfGE 5*, 3 (9 f.); *VerfG Brandenburg* v. 12. 12. 2014 (31/12), juris, RN 150; *StGH Bremen* DVBl. 1978, S. 444 (445 ff.); *StGH Hessen* NVwZ 2008, S. 199 (205 f.); NVwZ 2000, S. 430 (432); *VerfGH Rheinland-Pfalz* NVwZ 2015, S. 64 (75 f.); *VerfGH Rheinland-Pfalz* NVwZ-RR 2011, S. 217 (219 ff.).
48 Dezidiert dafür etwa *Wendt*, in: ders./Rixecker (LitVerz.), Art. 18 RN 9; auch *Rozek*, in: Baumann-Hasske/Kunzmann (LitVerz.), Art. 18 RN 9; ähnlich auch *J. F. Lindner*, in: ders./Möstl/Wolff (LitVerz.), Art. 118 RN 68; *Iwers*, in Lieber/ders./Ernst (LitVerz.), Art. 12 Anm. 2.3; *VerfGH Sachsen* v. 20. 11. 2008 (Vf. 63-IV-08), juris, RN 30; *Hummrich*, in: Brocker/Droege/Jutzi (LitVerz.), Art. 17 RN 22; *Wendt*, in ders./Rixecker (LitVerz.), Art. 12 RN 13; gegen Gleichheitsverletzung mangels Vergleichbarkeit etwa *BayVerfGH* BayVBl. 1981, S. 429 (430); *VerfGH Berlin LVerfGE 13*, 37 (40), dort für Regelungen unterschiedlicher Ordnungsbereiche; dafür *VerfGH Rheinland-Pfalz* NVwZ 2015, S. 64 (78); *VerfGH Rheinland-Pfalz* NVwZ 1997, S. 507; für die „Vergleichung [...als] Voraussetzung für die Anwendung des Gleichheitssatzes" etwa *BayVerfGHE 15*, 21. Gegen die selbständige Bedeutung dieser Kategorie für Art. 3 Abs. 1 GG *Sachs*, in: Stern, Staatsrecht IV/2 (LitVerz.), § 120 II 6 a β ββ (S. 1512 f.) m.w.N. zum dortigen Meinungsstand.
49 Für entsprechende Ansätze beim Bundesverfassungsgericht vgl. *Sachs*, in: Stern, Staatsrecht IV/2 (LitVerz.), § 120 II 6 b β αα (S. 1516 f.) m.w.N.
50 Vgl. abgesehen von der Willkürkontrolle der Rechtsprechung (oben FN 39) schon für nicht auf Unterschiede bezogene sachliche Gründe zur Verf. Württemberg-Baden *StGH Württemberg-Baden* VerwRspr. 4 (1952), S. 1 (10 f.) (Verwendungszweck einer Pressesondersteuer); *BayVerfGHE 2*, 45 (48) (Sicherung regierungsfähiger Mehrheiten); *2*, 127 (139 f.) (höhere Interessen); *VerfGH Nordrhein-Westfalen* NVWZ-RR 1988, 493 (494) (keine Systemwidrigkeit); *Hummrich*, in: Brocker/Droege/Jutzi (LitVerz.), Art. 17, RN 32; *Rozek*, in: Baumann-Hasske/Kunzmann (LitVerz.), Art. 18 RN 20.

§ 240 *Sechzehnter Teil: II. Vergleichende Betrachtung der Landesgrundrechte*

besonderer Teilgehalt des Gleichheitsartikels ein (vergleichsunabhängiges) allgemeines oder objektives Willkürverbot angenommen[51], das gegebenenfalls neben dem in der Sache auch als Willkürverbot verstandenen allgemeinen Gleichheitssatz geprüft wird[52].

8
Anknüpfung an „neue Formel"

Daneben werden vor allem[53] im Anschluß an die Judikatur des Bundesverfassungsgerichts zur „neuen Formel"[54] – wenn auch wie dort teilweise mit eher zum Willkürverbot passenden Erwägungen vermengt[55] – schärfere Anforderungen gestellt[56], zumal bei Anknüpfung an personenbezogene Eigenschaften[57], insbesondere an solche, die den verpönten Merkmalen von Unterscheidungsverboten nahekommen[58], und bei Auswirkungen auf andere grund-

---

51 Für die ständige Rechtsprechung zu Art. 118 Abs. 1 Verf. Bayern etwa *BayVerfGHE 59*, 219 (228); *BayVerfGH* BayVBl. 2013, S. 301 (303); *BayVerfGH* NVwZ 2013, S. 1075 (1077); *J.F. Lindner*, in: ders./Möstl/Wolff (LitVerz.), Art. 118 RN 7; *Schmidt am Busch*, in: Meder/Brechmann (LitVerz.), Art. 118 RN 17 m.w.N.; zu Art. 10 Abs. 1 Verf. Berlin *VerfGH Berlin* v. 21. 3. 2014 (41/12), juris, RN 26; *Rozek*, in: Baumann-Hasske/Kunzmann (LitVerz.), Art. 18 RN 3. Für dessen (in der Judikatur des Bundesverfassungsgerichts nicht ausnahmslose) Zuordnung zum Rechtsstaatsprinzip nur *Sachs*, in: Stern, Staatsrecht IV/2 (LitVerz.), § 120 II 2 a γ αα; § 120 II 6 b β αα (S. 1480 f., 1516 m.w.N.).
52 So etwa in *BayVerfGHE 59*, 1 (11 ff.; 13 ff.).
53 Vgl. für die Übernahme besonderer Anforderungen an Sachgesetzlichkeit, Systemgerechtigkeit oder Folgerichtigkeit etwa *Götz*, in: Starck/Stern (Hg.), Landesverfassungsgerichtsbarkeit Bd. III: Verfassungsauslegung (LitVerz.), S. 385 f.; *Wendt*, in: ders./Rixecker (LitVerz.), Art. 12 RN 14 f.; *Hummrich*, in: Brocker/Droege/Jutzi (LitVerz.), Art. 17 RN 32; *Rozek*, in: Baumann-Hasske/Kunzmann (LitVerz.), Art. 18 RN 20; *Jutzi*, in: Linck/ders./Hoppe (LitVerz.), Art. 2 RN 23.
54 Dazu näher *Sachs*, in: Stern, Staatsrecht IV/2 (LitVerz.), § 120 II 6 b γ ββ (S. 1529 ff.).
55 Etwa in *BayVerfGHE 44*, 124 (132 f.); *VerfGH Rheinland-Pfalz* NVwZ-RR 2011, S. 217 f.; *VerfGH Sachsen* JbSächsOVG 5, 57 (71 f.); gegen die Übernahme eines neuen Maßstabs, nur für weitere Präzisierung *BayVerfGHE 52*, 9 (18 f.).
56 Dem Bundesverfassungsgericht mehr oder weniger umfassend folgend neben den in den folgenden Fußnoten genannten Entscheidungen etwa *BayVerfGHE 55*, 143 (155); *VerfGH Berlin* NJW 1999, S. 47 (48); *VerfGH Berlin* NVwZ 2001, S. 1266 (1267 f.); *VerfGH Berlin* LKV 2005, S. 212; LKV 2007, S. 413 (414); *VerfGH Berlin* v. 4. 3. 2009 (96/07), juris, RN 54; *StGH Hessen* NJW 2000, S. 430 (432); *StGH Hessen* NVwZ 2001, S. 670 (671); *VerfGH Rheinland-Pfalz* NVwZ 2010, S. 1095 (1096); *VerfGH Saarland* v. 17. 12. 1996 (Lv 3/95), RN 108; *VerfGH Saarland* v. 1. 12. 2008 (LV 2/08 u.a.), S. 22 f.; *VerfGH Sachsen* v. 16. 10. 2008 (Vf. 92-IV-08), juris, RN 41; *LVerfG Sachsen-Anhalt* NVwZ-RR 2010, S. 459 f.; nach *BayVerfGHE 40*, 45 (50 f.) ausdrücklich offenlassend wieder *BayVerfGHE 58*, 271 (274 f.) und *60*, 151 (156); nur andeutungsweise (durch Bezugnahme auf *BVerfGE 110*, 141 [167], insoweit nur bei juris, RN 40 a.E.) *VerfG Brandenburg* LKV 2011, S. 124 (125). S. auch *BayVerwGH* BayVBl. 2012, S. 303 (304); *OVG Sachsen* NVwZ-RR 2009, S. 563 (564 f.).
57 Vgl. etwa *VerfGH Saarland* v. 1. 12. 2008 (LV 2/08 u.a.), S. 22 f.; *VerfGH Berlin* NVwZ 2001, S. 1266 (1267); *StGH Hessen* NVwZ 2000, S. 430 (432); *VerfGH Sachsen* v. 20. 11. 2008 (Vf. 63-IV-08), juris, RN 29. Gegen diesbezügliche Anhaltspunkte in der Judikatur der Landesverfassungsgerichte noch *Götz*, in: Starck/Stern (Hg.), Landesverfassungsgerichtsbarkeit Bd. III: Verfassungsauslegung (LitVerz.), S. 385. Gleichermaßen zur „Ungleichbehandlung von Personen oder Sachverhalten" im Kontext der neuen Formel etwa *VerfGH Rheinland-Pfalz* NVwZ 2010, S. 1095 (1096); NVwZ-RR 2011, S. 217 f. Gegen diese Unterscheidung, da gleichheitsrechtliche Relevanz stets einen „personalen Bezug" voraussetze, *J.F. Lindner*, in: ders./Möstl/Wolff (LitVerz.), Art. 118 RN 69 FN 126; gegen diesen (nicht neuen) Einwand *Sachs*, in: Stern, Staatsrecht IV/2 (LitVerz.), § 120 II 6 b γ ββ (S. 1531 ff.).
58 *VerfGH Berlin* LKV 2007, S. 413 (414); *VerfGH Rheinland-Pfalz* NVwZ 2015, S. 64 (74); *VerfGH Sachsen* v. 18. 10. 2001 (Vf. 65-IV-01 u. 66-IV-01), S. 7.

rechtsgeschützte Interessen[59]. Allerdings findet sich auch eine Lockerung der Maßstäbe im Hinblick auf die Bedeutung der verfolgten Ziele[60].

Explizit auf den allgemeinen Gleichheitssatz bezogene Gesetzesvorbehalte finden sich auch in den Landesverfassungen nicht[61]. Denkbar wäre allerdings der Rückgriff auf den auf alle „Grundrechte" bezogenen Art. 98 mit den Sätzen 2 und 3 Verf. Bayern[62], dessen Anwendung auf Art. 118 Abs. 1 Verf. Bayern wegen des abweichenden Verständnisses der Struktur des allgemeinen Gleichheitssatzes durchweg abgelehnt wird[63]. Auch kollidierendes Verfassungsrecht spielt als Grundlage für die Rechtfertigung von Ungleichbehandlungen[64] beim allgemeinen Gleichheitssatz[65] jedenfalls bislang keine Rolle[66]. Damit haben auch die gegebenenfalls auf der Grundlage begrenzenden Verfassungsrechts an Ungleichbehandlungen zu stellenden Anforderungen, wie die Notwendigkeit eines Gesetzes, die Wahrung der Verhältnismäßigkeit[67] oder die Einhaltung sonstiger allgemeiner oder spezieller Vorgaben bislang keine Bedeutung erlangt.

9
Keine auf den allgemeinen Gleichheitssatz bezogenen Gesetzesvorbehalte

Hauptanwendungsgebiet des allgemeinen Gleichheitssatzes der Landesverfassungen sind landesgesetzliche Regelungen, die nur im Rahmen der Landesgesetzgebungskompetenzen ergehen dürfen. Dementsprechend finden sich einschlägige Entscheidungen, die sich vielfach an der Judikatur des Bundesverfassungsgerichts orientieren[68], vor allem auf solchen, den Landesgesetz-

10
Hauptanwendungsgebiete für den allgemeinen Gleichheitssatz

---

59 S. etwa *StGH Baden-Württemberg* v. 17.6.2014 (15/13, 1 VB 15/13), juris, RN 357, 376; *BayVerfGHE 40*, 45 (51); 62, 79 (105f.); *BayVerfGH* NJW 2014, S. 3215 RN 102; *VerfGH Rheinland-Pfalz* NVwZ 2001, S. 1273; *VerfGH Rheinland-Pfalz* NVwZ 2010, S. 1095 (1096); *VerfGH Rheinland-Pfalz* NVwZ-RR 2011, S. 217f.; *VerfGH Saarland* v. 1.12.2008 (LV 2/08 u.a.), S. 23; *VerfGH Sachsen* v. 28.5.2009 (Vf. 9-IV-09), juris, RN 17; *SächsOVG* SächsVBl. 2009, S. 171 (173). Für großzügige Maßstäbe bei geringen Auswirkungen auf Freiheitsrechte *BayVerfGH* NVwZ-RR 1995, S. 262 (266); großzügig mangels Auswirkungen auf Freiheitsrechte (bei Ausschluß von Gasthörern von Lehrveranstaltungen ohne Erwähnung des Art. 29 Verf. Sachsen) *SächsOVG* NVwZ-RR 2009, S. 563 (565).
60 S. etwa *BayVerfGH* NVwZ-RR 1995, S. 262 (266); NVwZ-RR 2005, S. 176 (179); *VerfGH Rheinland-Pfalz* NVwZ 2001, S. 1273 (1275).
61 Dazu etwa *Caesar*, in: Grimm/ders. (LitVerz.), Art. 17 RN 20 („traditionell"); *Hummrich*, in: Brocker/Droege/Jutzi (LitVerz.), Art. 17 RN 14 („aufgrund seiner relationalen Struktur").
62 Dafür ganz selbstverständlich (auch zur Geltung des Art. 184 Verf. Bayern) noch *BayVerfGHE 2*, 50 (56f.); wohl auch *Leisner* (LitVerz.), S. 52f., 88f., jedenfalls mit deutlicher Reserve gegenüber der späteren Judikatur.
63 Vgl. *Meder*, Die Verfassung des Freistaates Bayern, ⁴1992, Art. 118 RN 5; *Stettner*, in: Nawiasky/Schweiger/Knöpfle (LitVerz.), Art. 118 (1995) RN 22; *J. F. Lindner*, in: ders./Möstl/Wolff (LitVerz.), Art. 118 RN 52f.
64 Hier verstanden im Sinne von Unterscheidungen, die aus der Verschiedenheit der differenziert geregelten Fälle nicht zu erklären sind, vgl. zur Terminologie *Sachs*, in: Stern, Staatsrecht IV/2 (LitVerz.), § 120 II 2 c α (S. 1487 f.).
65 Vgl. zu dieser Möglichkeit für Art. 3 Abs. 1 GG *Sachs*, in: Stern, Staatsrecht IV/2 (LitVerz.), § 120 II 7 b α; § 120 II 7 c (S. 1551 ff., 1555 ff.) m.w.N.
66 Siehe aber *BayVerfGH* BayVBl. 1967, S. 312 (314), wo Art. 127 Verf. Bayern zur Begründung dafür herangezogen wird, daß die Erhaltung des Schulfriedens und des religiösen Friedens ein sachlicher Grund für die angegriffene Regelung sind.
67 Abgesehen von ihrer atypischen Verwendung im Rahmen der Übernahme der Judikatur zur neuen Formel, dazu ablehnend *Sachs*, in: Stern, Staatsrecht IV/2 (LitVerz.), § 120 II 6 b γ ββ (S. 1538 f.) m.w.N.
68 Vgl. ausdrücklich etwa für den weiten Spielraum des Besoldungsgesetzgebers *LVerfG Sachsen-Anhalt* LVerfGE 19, 447 (451 f.); zur Gleichbehandlung im Unrecht *BayVerfGH* BayVBl. 2013, S. 334; zum Gebührenrecht *VerfGH Berlin* v. 13.6.2003 (161/00), juris, RN 16; zu Studienbeiträgen *StGH Hessen* NVwZ 2008, S. 883 (891); für den weiten Spielraum bei der Organisation der Verwaltung *VerfGH Berlin* v. 4.3.2009 (96/07), juris, RN 55.

gebungskompetenzen zuzurechnenden Gebieten[69], wie etwa zum Gefahrenabwehrrecht[70], zum Rundfunkgebührenrecht[71], zum Schulrecht[72], zum Hochschulrecht[73], zum Prüfungsrecht[74] und zum Besoldungsrecht[75]. Auch untergesetzliche Regelungen des Landesrechts sind betroffen, etwa Verordnungen zum Naturschutz[76], zur Arbeitszeit der Beamten[77], zu Rundfunkgebühren[78].

11
Landesgerichtliche Willkürkontrolle

Die Willkürkontrolle durch die Rechtsprechung der Landesgerichte[79] kann auch die Anwendung bundesrechtlicher Vorschriften betreffen[80]; zudem ist auch die Sicherung der Rechtsschutzgleichheit durch die Gerichte nach bundesverfassungsgerichtlichem Muster[81] von Bedeutung[82].

C. Die Gleichberechtigung von Männern und Frauen

I. Die Normtexte

12
Differenzierter und dynamischer Befund

Die Gleichberechtigung von Männern und Frauen ist wie schon in Art. 3 Abs. 2, Abs. 3 GG auch in den Landesverfassungen Gegenstand einer Mehrzahl recht unterschiedlicher Regelungen, die seit den frühen Nachkriegsverfassungen erheblichen Fortentwicklungen unterworfen waren. Ein Gesetzesvorbehalt findet sich auch für diese Regelungen von Anfang an nicht[83].

---

69 Vgl. zur älteren Rechtsprechung die Zusammenstellung bei *Götz*, in: Starck/Stern (Hg.), Landesverfassungsgerichtsbarkeit Bd. III: Verfassungsauslegung (LitVerz.), S. 387 ff.; speziell zur umfangreichen Judikatur des BayVerfGH *Stettner*, in: Nawiasky/Schweiger/Knöpfle (LitVerz.), Art. 118 RN 104; *J.F. Lindner*, in: ders./Möstl/Wolff (LitVerz.), Art. 118 RN 89 ff.; *Schmidt am Busch*, in: Meder/Brechmann (LitVerz.), Art. 118 RN 67 ff.; *Holzner* (LitVerz.), Art. 118 RN 48 ff.
70 Vgl. zu Kampfhundeverboten *VerfGH Rheinland-Pfalz* NVwZ 2001, S. 1273 ff.; *BayVerfGH* NVwZ-RR 2005, S. 176 ff.
71 *BayVerfGH* NJW 2014, S. 3215 RN 101 ff.
72 *BayVerfGHE 59*, 63 ff.; *BayVerfGH* NVwZ 2008, S. 420 ff.; *StGH Hessen* NVwZ 2008, S. 199 ff.
73 *StGH Hessen* NVwZ 2008, S. 883 ff.
74 *BayVerfGH* BayVBl. 2015, S. 46 (49 f.) (im Schulbereich).
75 *LVerfG Sachsen-Anhalt LVerfGE 19*, 447 (451 ff.).
76 *BayVerfGH* NVwZ-RR 2014, 7 ff.
77 *VerfGH Rheinland-Pfalz AS 25* (1997), S. 418 ff.
78 *BayVerfGHE 58*, 271 (274 ff.).
79 Siehe oben RN 6.
80 Vgl. ausdrücklich etwa *BayVerfGHE 58*, 37 (40 f.); 60, 14 (21); *VerfGH Berlin* NJW 1995, S. 1344; *VerfGH Thüringen* v. 30. 9. 2013 (12/12), juris, RN 9; *VerfGH Thüringen* NVwZ 2007, S. 950 (952); *VerfG Brandenburg* LKV 2011, S. 124 (125); dagegen *StGH Hessen* v. 22. 12. 1993 (P.St. 1166), juris, RN 11; *J.F. Lindner*, in: ders./Möstl/Wolff (LitVerz.), Art. 118 RN 9 m.w.N. Zur allgemeinen Problematik siehe auch die Nachweise in FN 19.
81 Zur Rechtsschutzgleichheit in der Judikatur des Bundesverfassungsgerichts nur *Sachs*, GG (LitVerz.), Art. 20 RN 162 m.w.N.
82 *VerfG Brandenburg LVerfGE 15*, 110 (113 f.); *VerfG Brandenburg* v. 15. 3. 2007 (VfGBbg 51/06); v. 30. 9. 2010 (VfGBbg 52/09); *VerfGH Sachsen* v. 26. 3. 2015 (Vf. 53-IV-14), juris, RN 10 f.; *VerfGH Berlin* v. 16. 3. 2010 (111/09, 111 A/09), juris, RN 18; *StGH Hessen* v. 11. 1. 2000 (P.St. 1331), juris, RN 45; *VerfGH Thüringen* v. 30. 9. 2013 (12/12), juris, RN 8 f.; *VerfGH Saarland* v. 19. 11. 2007 (Lv 8/07), RN 7; ohne Zuweisung zu Art. 118 I i.V.m. dem Rechtsstaatsprinzip *BayVerfGH* BayVBl. 1994, S. 560 (561); *Wendt*, in: ders./Rixecker (LitVerz.), Art. 12 RN 20; für „Rechtswahrnehmungsgleichheit" *VerfGH Sachsen* v. 26. 8. 2010 (Vf. 33-IV-10), juris, RN 11 m.w.N.; siehe auch oben FN 18.
83 Darauf den absoluten Charakter des Verbots stützend *Driehaus*, in: ders. (LitVerz.), Art. 10 RN 18 (allerdings nur „sozusagen"). Siehe aber zu nur „grundsätzlich" geltender Gleichberechtigung unten FN 91.

Bestimmungen, die ganz allgemein „Frauen und Männer" für gleichberechtigt erklären, sind heute (nur noch in dieser Reihenfolge)[84] in den meisten Landesverfassungen enthalten[85]. In den vorgrundgesetzlichen Verfassungen fand sich die Formulierung des Art. 3 Abs. 2 (heute Satz 1) GG zunächst nur in Verfassungen der Länder der sowjetischen Besatzungszone[86]. Allerdings wurde sonst teilweise die allgemeine Gleichheit vor dem Gesetz ausdrücklich „ohne Unterschied des Geschlechts" garantiert[87]. Umfassend angelegt waren auch Bestimmungen in Landesverfassungen der sowjetischen Besatzungszone zur Gleichstellung der Frau auf allen Gebieten des staatlichen, wirtschaftlichen und gesellschaftlichen Lebens[88]. Zudem fand sich das allgemeine Verbot, jemanden zu bevorzugen oder zu benachteiligen, schon unter anderem auf das Geschlecht bezogen[89].

13
„Frauen und Männer"

Von solchen Bestimmungen abgesehen waren Regelungen zur Gleichberechtigung in den Westzonen zunächst enger ausgerichtet. Insbesondere wurden Männern und Frauen die gleichen staatsbürgerlichen Rechte zugesprochen[90], teilweise noch – wie in Art. 109 Abs. 2 WRV – mit einem relativierenden „grundsätzlich"[91]. Nur noch vereinzelt wurde die in Art. 17 Abs. 1 Satz 2, Abs. 2 Satz 1, Art. 22 Abs. 1 Satz 1 WRV umfassend für alle Volksvertretungswahlen ausgesprochene Geltung des Wahlrechts auch für Frauen ausdrücklich erwähnt[92].

14
Engere Ausrichtung in den Westzonen

---

84 Kaum überzeugend will *Zivier* (LitVerz.), S. 105 FN 12, die Reihung „– wahrscheinlich – nicht als rechtspolitisches Programm" werten, sondern versteht sie als Ausdruck „gesellschaftlicher Konvention"; dagegen sieht etwa *Reich* (LitVerz.), Art. 7 Anm. 3, ein „äußeres Zeichen, daß man den Frauenfragen größeres Gewicht beimessen möchte", nimmt dabei aber eine „rein deklaratorische Wirkung" an.

85 Art. 118 Abs. 2 Verf. Bayern (seit 1998); Art. 10 Abs. 3 Satz 1 Verf. Berlin (seit 1995); Art. 12 Abs. 3 Satz 1 Verf. Brandenburg; Art. 2 Abs. 4 Satz 1 Verf. Bremen (seit 1997); Art. 17 Abs. 3 Satz 1 Verf. Rheinland-Pfalz (seit 1991); Art. 12 Abs. 3 Satz 1 Verf. Saarland (seit 1999); Art. 18 Abs. 2 Verf. Sachsen; Art. 7 Abs. 2 Verf. Sachsen-Anhalt; Art. 2 Abs. 2 Satz 1 Verf. Thüringen. Der von *Menzel* (LitVerz.), S. 482, dem Land Brandenburg zugesprochene „sprachemanzipatorische Akt" hatte somit schon mehrere Vorbilder.

86 Art. 8 Abs. 1 Satz 2 Verf. Sachsen-Anhalt (1947); Art. 7 Abs. 1 Satz 2 Verf. Mecklenburg (1947); s. auch die Anordnung der Aufhebung gleichberechtigungswidriger Gesetze in Art. 20 Abs. 1 Satz 2 Verf. Mecklenburg (1947); Art. 22 Abs. 1 Satz 2 Verf. Sachsen.

87 So bis heute Art. 1 Verf. Hessen; ferner Art. 12 Abs. 1 Verf. Saarland (1947); ähnlich auch (zugleich für die Freiheit) Art. 2 Abs. 1 Verf. Württemberg-Baden (1946); Art. 6 Abs. 1 Verf. Württemberg-Hohenlohe (1947) ließ Unterschiede u.a. des Geschlechts (allerdings: grundsätzlich) keinen Unterschied der Rechte und Pflichten begründen. Art. 2 Satz 3 Verf. Baden (1947) schloß u.a. „Vorrechte [...] des Geschlechts" aus. Zugleich war das Geschlecht in den Merkmalskatalogen der Unterscheidungsverbote der Art. 10 Abs. 1 Verf. Württemberg-Baden (1946), Art. 2 Satz 4 Verf. Baden (1947) nicht erwähnt.

88 Art. 22 Abs. 1 Verf. Sachsen-Anhalt (1947); Art. 20 Abs. 1 Satz 1 Verf. Mecklenburg (1947); Art. 22 Abs. 1 Satz 1 Verf. Sachsen (1947).

89 So in Art. 2 Abs. 2 Verf. Bremen, nicht aber in Art. 10 Abs. 1 Verf. Württemberg-Baden (1946); Art. 2 Satz 4 Verf. Baden (1947). Siehe auch weiter unten FN 116, 125.

90 Art. 17 Abs. 3 Verf. Rheinland-Pfalz (1947); auch Art. 12 Abs. 2 Verf. Saarland (1947); ebenso (für „dieselben") Art. 2 Satz 2 Verf. Baden (1947); ferner Art. 4 Abs. 1 Verf. Mecklenburg (1947); auch Art. 5 Abs. 1 Satz 1 Verf. Thüringen (1946), der (deutsche) Einwohner des Landes „Männer und Frauen" zu Bürgern erklärte und diesen in Abs. 2 die gleichen staatsbürgerlichen Rechte zusprach.

91 So ganz bewußt in Art. 118 Abs. 2 Verf. Bayern (1946); dazu *Sachs*, Grenzen des Diskriminierungsverbots, 1987, S. 314f. m.w.N. Dies stand in Kontrast zur nach Art. 7 Abs. 1 Verf. Bayern „ohne Unterschied [...] des Geschlechts" den (damals) 21- (heute 18-)jährigen Staatsangehörigen zugesprochenen Staatsbürgerschaft. Vgl. auch das „grundsätzlich" in Art. 6 Abs. 1 Verf. Württemberg-Hohenlohe (1947).

92 Vgl. Art. 76, 78 (Wählbarkeit) und 69 Abs. 1 Verf. Bremen (1947) (für Volksentscheid); Art. 66 Abs. 1 Satz 1 Verf. Saarland (1947) (allgemein für Stimmberechtigung); so auch Art. 3 Abs. 6 Verf. Thüringen (1946); Art. 10 Abs. 3 Verf. Mecklenburg (1947) (zum Wahlrecht).

§ 240 Sechzehnter Teil: II. Vergleichende Betrachtung der Landesgrundrechte

15
WRV-Vorbild

An das Vorbild des Art. 119 Abs. 1 Satz 2 WRV anknüpfend war vorgesehen, daß die Ehe auf der Gleichberechtigung der Geschlechter beruhe[93]; ähnliche Bestimmungen ließen Männer und Frauen „in der Ehe" allerdings auch hier nur „grundsätzlich die gleichen bürgerlichen Rechte und Pflichten haben"[94]. Auch gab es Regelungen zugunsten eines angemessenen güterrechtlichen Anteils der Frau am während der Ehe erworbenen Vermögen[95].

16
Bereichsspezifische Gleichbehandlungsgebote

Andere bereichsspezifische Vorschriften zur Gleichbehandlung von Männern und Frauen betrafen den Arbeitslohn, die Berufsfreiheit, den Arbeitsplatz und den Ämterzugang, in den Landesverfassungen der sowjetischen Besatzungszone auch die Schulen[96]. Demgegenüber verlangte Art. 32 Verf. Rheinland-Pfalz (1947), beim Aufbau des Schulwesens der Eigenart der männlichen und weiblichen Jugend Rechnung zu tragen; Art. 131 Abs. 4 Verf. Bayern verlangte bis 1998, „(d)ie Mädchen [seither: und Buben] in der Säuglingspflege, Kindererziehung und Hauswirtschaft besonders zu unterweisen"[97].

17
Traditionelle Geschlechterrollen als Ausgangspunkt

Auch sonst waren die Bemühungen der ersten Landesverfassungen um die Stellung der Frau noch stark der traditionellen Rollenverteilung der Geschlechter verhaftet. So sollte das Gesetz die Gewähr schaffen, „daß die Frau ihre Aufgabe als Bürgerin und Schaffende mit ihren Pflichten als Frau und Mutter vereinbaren kann"[98]. Oder es hieß: „Die häusliche Arbeit der Frau wird der Berufsarbeit des Mannes gleichgeachtet"[99]. Auch der besondere Schutz hinsichtlich der Arbeitsbedingungen, der Frauen (wie Jugendlichen) zu gewähren ist[100], gehört in diesen Kontext.

18
Beibehaltung der Rollenmuster

Soweit die zeitlich eng auf das Grundgesetz folgenden Verfassungen die Gleichberechtigung der Geschlechter überhaupt ansprachen, blieben sie weitgehend in diesen Mustern. So fand sich die Feststellung, „die der Familie gewidmete Hausarbeit der Frau [... werde] der Berufsarbeit gleichgeachtet"[101]; der Anspruch auf gleichen Lohn für gleiche Tätigkeit und gleiche Leistung sollte explizit „auch für Frauen und Jugendliche" gelten[102], auch der besondere Schutz im Arbeitsverhältnis kehrte wieder[103]. Wie in vorhergehenden Verfassungen der sowjetischen Besatzungszone wurde in Berlin die

---

93 So Art. 22 Abs. 2 Verf. Saarland (1947); auch Art. 21 Satz 2 Verf. Sachsen-Anhalt (1947); Art. 19 Abs. 1 Satz 2 Verf. Mecklenburg (1947); Art. 21 Abs. 1 Satz 1 Verf. Sachsen (1947).
94 So bis heute Art. 124 Abs. 2 Verf. Bayern (1946); Art. 22 Abs. 1 Verf. Bremen (1947). Die bayerische Verfassungsbestimmung wurde nicht nur als bloße Richtlinie für die Gesetzgebung verstanden, sondern zudem genutzt, um eine alte Regelung zur Haftung des Ehemannes für Forstfrevel seiner Ehefrau selbst dem allgemeinen Gleichheitssatz zu entziehen, vgl. *BayVerfGHE* 6, 1 (5). Zu Art. 124 Abs. 2 Verf. Bayern noch unten in FN 148.
95 Art. 16 Abs. 2 Satz 2 Verf. Württemberg-Baden (1946); Art. 21 Abs. 2 Satz 2 Verf. Baden (1947); explizit als Gesetzgebungsauftrag Art. 102 Abs. 2 Verf. Württemberg-Hohenlohe (1947).
96 Dazu die Nachweise bei *Sachs*, in: Stern, Staatsrecht IV/2 (LitVerz.), § 121 I 1 d (S. 1608) m.w.N.
97 Siehe unten in FN 128, 144.
98 So bis heute Art. 30 Abs. 2 Verf. Hessen; ähnlich Art. 41 Abs. 4 Verf. Baden (1947); Art. 54 Verf. Bremen (1947).
99 Art. 22 Abs. 2 Verf. Bremen (1947); ähnlich auch Art. 16 Abs. 2 Satz 1 Verf. Württemberg-Baden (1946); Art. 21 Abs. 2 Satz 1 Verf. Baden (1947); Art. 102 Abs. 1 Verf. Württemberg-Hohenlohe (1947).
100 Art. 55 Abs. 2 Verf. Rheinland-Pfalz (1947).
101 Art. 5 Abs. 2 Verf. Nordrhein-Westfalen (1950).
102 Art. 24 Abs. 2, 3 Verf. Nordrhein-Westfalen (1950).
103 Art. 12 Abs. 2 Verf. Berlin (1950).

Gleichstellung von Männern und Frauen in diversen Lebensbereichen ausgesprochen[104]; auch war hier der gleiche Ämterzugang[105] ohne Unterschied unter anderem des Geschlechts vorgesehen[106]. Als Stilmittel finden sich verschiedentlich Bezugnahmen auf Männer und Frauen, die als Verfassungsgeber genannt[107] und als vor dem Gesetz gleich bezeichnet[108], denen die gleichen Entwicklungsmöglichkeiten unterschiedlicher Art eingeräumt[109] und Versammlungs- sowie Vereinigungsfreiheit zugesprochen wurden[110] und die an der Rechtsprechung zu beteiligen waren[111].

Bis zur Wiedervereinigung gab es nur wenige Änderungen des Normenbestandes. In Richtung auf eine Angleichung an das Grundgesetz wurde im Jahr 1956 im Saarland die Gleichberechtigung über die staatsbürgerlichen Rechte hinaus ausgedehnt[112]; gestrichen wurde zugleich die Erstreckung der Stimmberechtigung auf Personen beiderlei Geschlechts[113]. Teils wurden auch leichte Korrekturen an Formulierungen vorgenommen, die allzu sehr bestimmten Rollenverständnissen verhaftet schienen[114].

19
Angleichungen an das Grundgesetz

Die seit dem Jahre 1992 in den neuen Ländern erlassenen Verfassungen knüpfen in vielem an die bestehenden Vorbilder an. Namentlich stellen sie durchweg allgemein die Gleichberechtigung von Frauen und Männern fest[115] und enthalten ein auf das Geschlecht erstrecktes allgemeines Unterscheidungsverbot[116]. Auch finden sich ein Anspruch auf Lohngleichheit[117], mehrfach die Beteiligung von Frauen und Männern an der Rechtsprechung[118], die Erwähnung der „Bürgerinnen und Bürger" als Verfassungsgeber[119]. Im Vorgriff auf die Einfügung des Art. 3 Abs. 2 Satz 2 GG von 1994 – zugleich in der Tradition der Verfassungen der Länder der sowjetischen Besatzungszone[120] – ist überall in Variationen das Ziel der (insbesondere tatsächlichen) Gleichstellung von

20
Aufnahme der Verfassungstraditionen in neuen Ländern

---

104 Art. 6 Abs. 2 Verf. Berlin (1950).
105 Siehe RN 39 ff.
106 Art. 13 Verf. Berlin (1950).
107 So die bis heute geltende Präambel der Verf. Nordrhein-Westfalen.
108 Art. 6 Abs. 1 Satz 1 Verf. Berlin (1950); für die auch bei dieser Formulierung bestehende Bedeutung als allgemeiner Gleichheitssatz etwa *VerfGH Berlin LVerfGE 1*, 65 (67).
109 Art. 6 Abs. 1 Satz 2 Verf. Berlin (1950).
110 Art. 18 Abs. 1 Verf. Berlin (1950); in den Art. 26 und 27 Verf. Berlin bis heute so fortgeschrieben.
111 So bis heute Art. 72 Abs. 2 Verf. Nordrhein-Westfalen (1950) und ähnliche Bestimmungen in Art. 63 Abs. 2 Verf. Berlin 1950 (heute Art. 79 Abs. 2 Verf. Berlin) und im noch geltenden Art. 62 Satz 2 Verf. Hamburg.
112 Art. 12 Abs. 2 Verf. Saarland.
113 So in Art. 66 Abs. 1 Verf. Saarland (1947).
114 So erst 1989 Art. 5 Abs. 2 Verf. Nordrhein-Westfalen (siehe Text zu FN 101). Die heutige Fassung lautet: „Familien- und Erwerbsarbeit sind gleichwertig. Frauen und Männer sind entsprechend ihrer Entscheidung an Familien- und Erwerbsarbeit gleichberechtigt beteiligt". Dazu skeptisch näher *Sachs*, Zur Entwicklung des Landesverfassungsrechts in Nordrhein-Westfalen, NWVBl. 1997, S. 161 (166, 170).
115 Siehe oben FN 85.
116 Art. 18 Abs. 2 Verf. Sachsen; Art. 7 Abs. 3 Verf. Sachsen-Anhalt; Art. 12 Abs. 2 Verf. Brandenburg; Art. 2 Abs. 3 Verf. Thüringen.
117 Art. 48 Abs. 3 Satz 2 Verf. Brandenburg für „Männer und Frauen" (in dieser Reihenfolge).
118 Art. 77 Abs. 3 Verf. Sachsen, Art. 108 Abs. 2 Verf. Brandenburg; Art. 86 Abs. 3 Verf. Thüringen.
119 Präambel Verf. Brandenburg.
120 Siehe oben FN 88.

§ 240 Sechzehnter Teil: II. Vergleichende Betrachtung der Landesgrundrechte

Frauen und Männern verankert[121]. Teilweise wurde auch vorgesehen, daß Amts-, Personen- bzw. Funktionsbezeichnungen in männlicher und weiblicher Variante verwendet würden[122], wobei auch diese Verfassungen selbst weitestgehend auf Doppelgeschlechtlichkeit ihrer Sprache verzichteten.

21
Modernisierte Verfassungstexte

In den alten Ländern kam es seit der Wiedervereinigung – unbeschadet der Fortführung traditioneller Bestimmungen bei Neuerlaß oder Totalrevision der Verfassung[123] – vermehrt zu einschlägigen Neuerungen. Namentlich wurden wie in Art. 3 Abs. 2, 3 GG die Gleichberechtigung von Frauen und Männern allgemein vorgesehen[124] und auf das Geschlecht erstreckte Unterscheidungsverbote aufgenommen[125]. Dafür wurden ältere Formulierungen gestrichen[126]. Beseitigt wurden Einengungen auf Gleichberechtigung zielender Bestimmungen[127] sowie einzelne auf Unterscheidungen nach dem Geschlecht angelegte Regelungen[128]; Bezüge auf geschlechtstypische Rollenbilder wurden durch Regelungen für Frauen und Männer ersetzt[129].

22
Fördermaßnahmen

Nachdem Art. 6 Satz 1 Verf. Schleswig-Holstein schon 1990 mit einem auf die Förderung der rechtlichen und tatsächlichen Gleichstellung von Frauen und Männern gerichteten Verfassungsauftrag vorangegangen war, erklärte auch Art. 3 Abs. 2 Verf. Niedersachsen (1993) die Verwirklichung der Gleichberechtigung zur öffentlichen Aufgabe, bevor andere Länder dem 1994 ins Grundgesetz aufgenommenen Artikel 3 Abs. 2 Satz 2 mehr[130] oder weniger genau nachfolgten[131]. Teils wurden dabei Fördermaßnahmen „zum Ausgleich

---

121 Art. 12 Abs. 3 Satz 2 Verf. Brandenburg; Art. 13 Verf. Mecklenburg-Vorpommern; Art. 8 Verf. Sachsen; Art. 34 Verf. Sachsen-Anhalt; Art. 2 Abs. 2 Satz 2 Verf. Thüringen. Für über Art. 3 Abs. 2 Satz 2 GG hinausgehende Bedeutung etwa *P. M. Huber*, Thüringer Staats- und Verwaltungsrecht (LitVerz.), RN 281; *Storr*, Staats- und Verfassungsrecht (LitVerz.), RN 350 ff.; wohl auch *Degenhart*, in: Stober (LitVerz.), § 2 RN 16 ff. (bei Vorrang des Art. 3 Abs. 2 GG); für Übereinstimmung mit Art. 3 Abs. 2 Satz 2 GG (bei unterschiedlichem Verständnis) *Pirsch*, in: Thiele/ders./Wedemeyer (LitVerz.), Art. 13 RN 8; *Classen*, in: Manssen/Schütz (LitVerz.), S. 19 (31 f.).
122 Art. 100 Verf. Sachsen-Anhalt; Art. 79 Verf. Mecklenburg-Vorpommern. Zur Ablehnung einer solchen Forderung in Sachsen *Kunzmann*, in: Baumann-Hasske/ders. (LitVerz.), vor Art. 113 RN 2.
123 Vgl. Art. 19 Abs. 2, Art. 26 Satz 1, Art. 27 Abs. 1 Satz 1, Art. 79 Abs. 2 Verf. Berlin.
124 Art. 118 Abs. 2 Satz 1 Verf. Bayern (seit 1998); Art. 10 Abs. 3 Satz 1 Verf. Berlin; Art. 2 Abs. 4 Satz 1 Verf. Bremen (seit 1997); Art. 17 Abs. 3 Satz 1 Verf. Rheinland-Pfalz (seit 1991); Art. 12 Abs. 3 Satz 1 Verf. Saarland (seit 1999).
125 Vgl. Art. 3 Abs. 3 Satz 1 Verf. Niedersachsen (seit 1997) (trotz Inkorporation der Grundrechte des Grundgesetzes); Art. 10 Abs. 2 Verf. Berlin; Art. 12 Abs. 3 Verf. Saarland (seit 1999); vgl. schon oben FN 89.
126 So namentlich Art. 6 Abs. 1, 2 Verf. Berlin (1950); auch Art. 22 Abs. 2 Verf. Saarland (1947) zur Gleichberechtigung in der Ehe.
127 So das „grundsätzlich" bei den gleichen bürgerlichen Rechten in der Ehe in Art. 22 Abs. 1 Verf. Bremen (1947).
128 So die oben zu FN 97 genannten schulbezogenen Bestimmungen.
129 Vgl. jetzt Art. 12 Abs. 7 Verf. Berlin; auch Art. 22 Abs. 2 Verf. Bremen.
130 Wörtlich übereinstimmend Art. 118 Abs. 2 Satz 2 Verf. Bayern; sehr ähnlich auch Art. 12 Abs. 2 Satz 2 Verf. Saarland.
131 Art. 10 Abs. 3 Satz 2 Verf. Berlin für Gleichstellung und gleichberechtigte Teilhabe; Art. 3 Abs. 2 Satz 2 Verf. Hamburg für Gleichstellung; Art. 2 Abs. 4 Satz 2 Verf. Bremen für gleichberechtigte Teilhabe; Art. 17 Abs. 3 Satz 2 Verf. Rheinland-Pfalz für Gleichstellung. „(M)indestens einen Anhaltspunkt" für die Zulässigkeit von Durchbrechungen des Unterscheidungsverbots sieht *Zivier* (LitVerz.), S. 105; vorsichtig („dürfte") auch *Driehaus* (LitVerz.), Art. 10 RN 19. Zu den Verfassungen der neuen Länder siehe oben FN 121.

bestehender Ungleichheiten" ausdrücklich auch für zulässig erklärt, ohne allerdings explizit zu diesem Zweck Durchbrechungen des Unterscheidungsverbots zu erlauben[132], teils wird aber anteilig gleiche[133] oder gleichberechtigte Vertretung[134] in Kollegialorganen des öffentlichen Rechts angestrebt. Zudem wurden in einigen Verfassungen die Personenbezeichnungen durchgängig geschlechtsbezogen verdoppelt[135].

II. Auslegung und Anwendung

In der älteren Judikatur zu den oft noch nicht umfassend angelegten Gleichberechtigungsbestimmungen finden sich kaum einschlägige Judikate[136]. Die nach Art. 118 Abs. 2 Verf. Bayern bis 1998 allein erfaßten „staatsbürgerlichen Rechte und Pflichten" wurden eng auf das organschaftliche Handeln für den Staat[137] bezogen[138], wobei aber immerhin der Ämterzugang[139] einbezogen war[140]. Der Ausschluß von Frauen vom Wahlrecht zum Passionsspielkomitee von Oberammergau wurde, wenngleich nur als obiter dictum, trotz des vorkonstitutionellen Hintergrundes (!) als vor der Gleichberechtigung kaum vertretbar eingestuft[141], dann auch explizit verworfen[142]. Teilweise wurden die zu Art. 3 Abs. 2, Abs. 3 GG entwickelten strengeren Anforderungen für Unterscheidungen nach dem Geschlecht[143] im Rahmen des allgemeinen Gleichheitssatzes übernommen[144].

23
Erste Interventionen der Rechtsprechung

---

132 So in Art. 10 Abs. 3 Satz 3 Verf. Berlin; so auch für „Maßnahmen, die der Gleichstellung dienen", Art. 17 Abs. 3 Satz 3 Verf. Rheinland-Pfalz.
133 So Art. 6 Satz 3 Verf. Schleswig-Holstein; Art. 2 Abs. 4 Satz 3 Verf. Bremen.
134 So Art. 3 Abs. 2 Satz 4 Verf. Hamburg. Zur bewußten Abweichung vom mißverständlich gefaßten schleswig-holsteinischen Vorbild *David* (LitVerz.), Art. 3 RN 58.
135 Namentlich in Schleswig-Holstein, Niedersachsen und Hamburg. Als „sprachlich zweifelhaft" sieht dies (für Schleswig-Holstein) *Menzel* (LitVerz.), S. 482; der „geschlechtergerechten Sprache" für die Kommentierung ausdrücklich nicht folgend *David* (LitVerz.), Vorbem. RN 40; auch *J. Ipsen* (LitVerz.), Art. 28 RN 12 in FN 15, der annimmt, daß die „pädagogische Absicht" „inzwischen obsolet geworden" sein dürfte.
136 Vgl. nur *Götz*, Die Gleichheitsgarantie in der Rechtsprechung der Landesverfassungsgerichte, in: Starck/Stern (Hg.), Landesverfassungsgerichtsbarkeit Bd. III: Verfassungsauslegung (LitVerz.), S. 363 f.
137 So auch schon *Anschütz*, WRV (LitVerz.), Art. 109 Anm. 3.
138 *BayVGH* VerwRspr. 11 (1959), S. 395 (401 f.) (Nichtgeltung für Beihilfeansprüche von Beamtinnen) m.w.N.; *BayVerfGH* NJW 1960, S. 2139 (2140) (Nichtgeltung für beamtenrechtliche Versorgungsansprüche).
139 Siehe unten RN 39.
140 Siehe *BayVerfGHE 11*, 203 (211); *13*, 89 (92).
141 *BayVerfGHE 32*, 45 (50; abweichende Meinung dort 55 f.).
142 *BayVGH* NJW 1991, S. 1498 (1499).
143 Eingehend dazu nur *Sachs*, in: Stern, Staatsrecht IV/2 (LitVerz.), § 121 II 6 (S. 1632 ff.) m.w.N.
144 So etwa vor der Angleichung des Art. 118 Abs. 2 Verf. Bayern an Art. 3 Abs. 2 GG *BayVerfGHE 32*, 18 (27 f.), bei Billigung der Feuerwehrdienstpflicht nur für Männer; *BayVerfGH* NJW 1987, S. 1543 (1544), sogar zur Überprüfung des Art. 131 Abs. 4 Verf. Bayern, der trotz der damals noch bestehenden Beschränkung auf Mädchen gebilligt wurde; allgemein skeptisch zu dieser Judikatur etwa *Stettner*, in: Nawiasky/Schweiger/Knöpfle (LitVerz.), Art. 118 RN 105 ff. m.w.N. Für Verfassungswidrigkeit der auf Mädchen beschränkten gesetzlichen Regelung des Handarbeitsunterrichts aber *BayVGH* NJW 1988, S. 1405 f.

§ 240 *Sechzehnter Teil: II. Vergleichende Betrachtung der Landesgrundrechte*

24
Übernahme bundesverfassungsgerichtlicher Maßstäbe

Die dem Art. 3 Abs. 3 Satz 1 GG entsprechenden Unterscheidungsverbote werden – wie bei deren Fehlen die Garantie der Gleichberechtigung – jedenfalls seit dem Nachtarbeitsurteil des Bundesverfassungsgerichts[145] primär auf Regelungen angewandt, die tatbestandlich an das Geschlecht anknüpfen[146]. Inwieweit darüber hinaus auch sogenannte mittelbare Diskriminierungen einzubeziehen sind[147], ist für die Landesverfassungen nicht abschließend geklärt[148]. Auch für die Zulässigkeit (unmittelbar) nach dem Geschlecht unterscheidender Regelungen werden die Maßstäbe der neueren Judikatur des Bundesverfassungsgerichts[149] (zwingende Notwendigkeit bei Regelung geschlechtsspezifischer Probleme[150] bzw. kollidierendes Verfassungsrecht) übernommen[151].

25
Explizite Förderaufträge als Staatsziele

Explizite Förderaufträge werden durchweg als Staatsziele verstanden, die keine subjektiven Rechte begründen[152]; entsprechende normative Gehalte waren auch schon den geschlechtsbezogenen Unterscheidungsverboten bzw.

---

145 *BVerfGE* 85, 191 (206); auch *E* 92, 91 (109ff.).
146 Vgl. etwa *J.F. Lindner*, in: ders./Möstl/Wolff (LitVerz.), Art. 118 RN 133; *Schmidt am Busch*, in: Meder/Brechmann (LitVerz.), Art. 118 RN 89; *Driehaus* (LitVerz.), Art. 10 RN 15, 18; *Iwers*, in: Lieber/ders./Ernst (LitVerz.), Art. 12 Anm. 3; *Epping*, in: ders./Butzer u.a. (LitVerz.), Art. 3 RN 37; *Hummrich*, in: Brocker/Droege/Jutzi (LitVerz.), Art. 17 RN 37; *Wendt*, in: ders./Rixecker (LitVerz.), Art. 12 RN 23, 27; *Rozek*, in: Baumann-Hasske/Kunzmann (LitVerz.), Art. 18 RN 35; *Jutzi*, in: Linck/ders./Hoppe (LitVerz.), Art. 2 RN 30.
147 Dafür inzwischen bei abgeschwächten Zulässigkeitsbedingungen auch die Judikatur des Bundesverfassungsgerichts, vgl. nur (ablehnend) *Sachs*, in: Stern, Staatsrecht IV/2 (LitVerz.), § 121 II 6 b β γγ (S. 1643 ff.) m.w.N.
148 Dagegen noch klar *BayVerfGHE* 52, 79 (87 ff.); ohne Zuordnung zu Art. 118 Abs. 2 Verf. Bayern auch *BayVerfGHE* 55, 123 (130); 58, 196 (204, 206); dagegen erwägt *BayVerfGH* NJW-RR 1996, S. 388 (389), eine Verletzung von Art. 124 Abs. 2 Verf. Bayern (vgl. oben FN 94) durch eine faktisch Hausfrauenehen begünstigende Regelung; offenlassend etwa *StGH Hessen* NVwZ 2008, S. 199 (203); 883 (892). Im Schrifttum für die Einbeziehung „mittelbarer Diskriminierungen" bei erweiterter Rechtfertigungsmöglichkeit etwa *J.F. Lindner*, in: ders./Möstl/Wolff (LitVerz.), Art. 118 RN 136; *Schmidt am Busch*, in: Meder/Brechmann (LitVerz.), Art. 118 RN 90, 93; *Holzner* (LitVerz.), Art. 118 RN 65; *Stöhr*, in: Pfennig/Neumann (LitVerz.), Art. 10 RN 23, 30; *Driehaus* (LitVerz.), Art. 10 RN 18; *Epping*, in: ders./Butzer u.a. (LitVerz.), Art. 3 RN 38; *Hummrich*, in: Brocker/Droege/Jutzi (LitVerz.), Art. 17 RN 37; *Wendt*, in: ders./Rixecker (LitVerz.), Art. 12 RN 23; *Rozek*, in: Baumann-Hasske/Kunzmann (LitVerz.), Art. 18 RN 32; *Welti*, in: Caspar/Ewer/Nolte/Waack (LitVerz.), Art. 6 RN 19; *J. Linder*, in: Linck/Baldus u.a. (LitVerz.), Art. 2 RN 15; zweifelnd *Jutzi*, in: Linck/ders./Hopfe (LitVerz.), Art. 2 RN 31.
149 *BVerfGE* 85, 191 (206 ff.); 92, 91 (109 ff.).
150 Nur dazu *J.F. Lindner*, in: ders./Möstl/Wolff (LitVerz.), Art. 118 RN 135; *Holzner* (LitVerz.), Art. 118 RN 64; *Mahnke* (LitVerz.), Art. 7 RN 10. Verfehlt *StGH Hessen* NVwZ 2008, S. 199 (203), der durch ein Verbot des Tragens „spezifisch weiblicher Kleidungsstücke", namentlich eines Kopftuchs (!), das Unterscheidungsverbot wegen des Geschlechts offenbar nicht berührt sieht.
151 Für beide Aspekte etwa *Stettner*, in: Nawiasky/Schweiger/Knöpfle (LitVerz.), Art. 118 RN 109; *Schmidt am Busch*, in: Meder/Brechmann (LitVerz.), Art. 118 RN 92; *Stöhr*, in: Pfennig/Neumann (LitVerz.), Art. 10 RN 20, 32; *Driehaus* (LitVerz.), Art. 10 RN 15, 18; *Iwers*, in: Lieber/ders./Ernst (LitVerz.), Art. 12 Anm. 3; *Epping*, in: ders./Butzer u.a. (LitVerz.), Art. 3 RN 50, 52; *Caesar*, in: Grimm/ders. (LitVerz.), Art. 17 RN 23; *Hummrich*, in: Brocker/Droege/Jutzi (LitVerz.), Art. 17 RN 38 f.; *Wendt*, in: ders./Rixecker (LitVerz.), Art. 12 RN 23; *Rozek*, in: Baumann-Hasske/Kunzmann (LitVerz.), Art. 18 RN 33, 35; *Müller* (LitVerz.), Art. 18 Anm. 6; *Jutzi*, in: Linck/ders./Hoppe (LitVerz.), Art. 2 RN 33; *J. Lindner*, in: Linck/Baldus u.a. (LitVerz.), Art. 2 RN 18; noch teilweise mit älteren Ansätzen etwa *Reich* (LitVerz.), Art. 7 RN 3.
152 Vgl. etwa *BayVerfGHE* 52, 79 (87); *VerfGH Sachsen* v. 13. 1. 2011 (Vf. 75-IV-10), juris, RN 7; offenlassend *VerfGH Berlin* LVerfGE 7, 3 (8); *Stöhr*, in: Pfennig/Neumann (LitVerz.), Art. 10 RN 26; *David* (LitVerz.), Art. 3 RN 50; *Sauthoff*, in: Litten/Wallerath (LitVerz.), Art. 13 RN 1; *Hummrich*, in: Brocker/Droege/Jutzi (LitVerz.), Art. 17 RN 40; *J. Linder*, in: Linck/Baldus u.a. (LitVerz.), Art. 2 RN 16; *Welti*, in: Caspar/Ewer/Nolte/Waack (LitVerz.), Art. 6 RN 5; anders *Epping*, in: ders./Butzer u.a. (LitVerz.), Art. 3 RN 32.

Gleichberechtigungsgarantien – wie dem Art. 3 Abs. 2 GG vor 1994[153] – zugeschrieben worden[154]. Auf diese oder auf ausdrückliche Förderaufträge gestützt, hat die landesverfassungsgerichtliche Rechtsprechung gelegentlich vom Unterscheidungsverbot abweichende Regelungen gerechtfertigt[155] oder dies (obiter) für zulässig erklärt[156]. Als gerechtfertigt angesehen wurde eine gesetzliche Regelung, nach der nur Frauen zu Gleichstellungsbeauftragten bestellt werden dürfen[157]. Nur in Grenzen zugelassen wurden gesetzliche Einschränkungen der kommunalen Organisationshoheit zugunsten der Frauenförderung[158]. Auch im Schrifttum finden sich zahlreiche Stimmen, die zur Frauenförderung Durchbrechungen des Unterscheidungsverbots, etwa für Quotenregelungen[159], zulassen. Dabei wird teilweise immerhin eine gesetzliche Regelung verlangt[160].

Unbeanstandet im Hinblick auf Art. 10 Abs. 3 Verf. Berlin insgesamt geblieben sind dagegen gerichtliche Entscheidungen, die ausschließlich oder ganz überwiegend von Frauen erworbene Rentenanwartschaften für Mutterschutz- und Kindererziehungszeiten in den Versorgungsausgleich einbezogen haben[161].

26
Mutterschutz- und Kindererziehungszeiten

---

153 Zum die vorherige Judikatur des Bundesverfassungsgerichts zum programmatischen Gehalt der Gleichberechtigung nur bestätigenden Charakter des Art. 3 Abs. 2 Satz 2 GG *Sachs*, in: Stern, Staatsrecht IV/2 (LitVerz.), § 121 III 1 b (S. 1692 ff.) m.w.N.
154 Vgl. etwa zu Art. 1 und 30 Abs. 2 Verf. Hessen *StGH Hessen* NVwZ 1994, S. 1197 (1200) im Anschluß an *BVerfGE 85*, 191 (206 f.); *StGH Hessen ESVGH 48*, 1 (7) (bezogen auf „Gleichstellung").
155 Vgl. für Regelungen eines Geschlechterproporzes bei Personalvertretungen *StGH Hessen* NVwZ 1994, S. 1197 (1200 f.); für Bevorzugungen von Frauen im öffentlichen Dienst nach dem Gleichberechtigungsgesetz *StGH Hessen ESVGH 48*, 1 (13 ff.). Siehe ferner etwa *VG Berlin* v. 19. 11. 2004 (25 A 181.04), juris, für den Ausschluß von Männern von der (aktiven) Wahl der Frauenvertretung nach dem Gleichstellungsgesetz.
156 So etwa *VerfGH Rheinland-Pfalz* NVwZ 2014, S. 1089 (1093), unter nicht zutreffender Berufung auf *BVerfGE 114*, 357 (370), wo nur festgestellt ist, daß eine Rechtfertigung durch Art. 3 Abs. 2 Satz 2 GG als kollidierendes Verfassungsrecht (dort S. 368) (jedenfalls) im entschiedenen Fall ausscheidet; die positive Aussage zur Bedeutung des Auftrags bezieht sich nicht auf Unterscheidungen nach dem Geschlecht.
157 *StGH Niedersachsen* NVwZ 1997, S. 58 (60 f.), während *BVerfGE 91*, 228 (244) die Problematik im Rahmen einer kommunalen Verfassungsbeschwerde noch wenig überzeugend ausgeblendet hatte.
158 Vgl. für die Notwendigkeit der Bestellung von Gleichstellungsbeauftragten *StGH Niedersachsen* NVwZ 1997, S. 58 (59 f.); *LVerfG Sachsen-Anhalt* NVwZ 1999, S. 760; *BVerfGE 91*, 228 (242 ff.); *VerfGH Nordrhein-Westfalen* NVwZ 2002, S. 1502 ff.
159 So etwa *Stettner*, in: Nawiasky/Schweiger/Knöpfle (LitVerz.), Art. 118 RN 110; *J.F. Lindner*, in: ders./Möstl/Wolff (LitVerz.), Art. 118 RN 139; *Stöhr*, in: Pfennig/Neumann (LitVerz.), Art. 10 RN 31; *Sauthoff*, in: Litten/Wallerath (LitVerz.), Art. 13 RN 2 f.; *Epping*, in: ders./Butzer u.a. (LitVerz.), Art. 3 RN 33, 53; *Rozek*, in: Baumann-Hasske/Kunzmann (LitVerz.), Art. 18 RN 37; allgemeiner auch *Kunzmann* ebd., Art. 8 RN 3; unter berechtigter Verwahrung gegen die Gleichsetzung mit einer paritätischen Besetzung von Positionen *Driehaus* (LitVerz.), Art. 10 RN 39; ähnlich *Hummrich*, in: Brocker/Droege/Jutzi (LitVerz.), Art. 17 RN 39 ff.; gegen eine positive Aussage des Art. 12 Abs. 3 Verf. Brandenburg *Iwers*, in: Lieber/ders./Ernst (LitVerz.), Art. 12 Anm. 4; nicht eindeutig *J. Ipsen*, (LitVerz.), Art. 3 RN 29; auch *Caesar*, in: Grimm/ders. (LitVerz.), Art. 17 RN 28 (dort zum EuGH) und RN 25 (Satz 2 „letztlich redundant"); offengelassen bei *Wendt*, in: ders./Rixecker (LitVerz.), Art. 12 RN 24; *Reich* (LitVerz.), Art. 8 RN 2 f.; *Jutzi*, in: Linck/ders./Hoppe (LitVerz.), Art. 2 RN 43, aber RN 39 gegen Hälftigkeit als anzustrebendes Ergebnis; *J. Lindner*, in: Linck/Baldus u.a. (LitVerz.), Art. 2 RN 19 (mit Tendenz für Zulässigkeit); gegen die Zulässigkeit von Frauenquoten zur Sicherung von Ergebnisgleichheit *David* (LitVerz.), Art. 3 RN 55 f.
160 So etwa *Stöhr*, in: Pfennig/Neumann (LitVerz.), Art. 10 RN 28; anders jedenfalls für die Meisterinnenprämie *BVerwG* NVwZ 2003, S. 93 (95), und dagegen *Sachs*, in: Stern, Staatsrecht IV/2 (LitVerz.), § 120 II 8 (S. 1563 f.) m.w.N.
161 So überzeugend *VerfGH Berlin* v. 16. 5. 2002 (32/01), juris, RN 24.

D. (Andere) Unterscheidungsverbote

I. Allgemeine Unterscheidungsverbote mit Merkmalskatalog

1. Die Normtexte

27
Vorbilder in Nachkriegsverfassungen

Unterscheidungsverbote, die sich wie Art. 3 Abs. 3 Satz 1 GG allgemein gegen Benachteiligungen und Bevorzugungen wegen in einem Katalog aufgelisteter persönlicher Merkmale richten, sind im geltenden Verfassungsrecht der Länder recht verbreitet[162]. Wie bereits im alliierten Besatzungsrecht wurden in Deutschland zuvor wenig gebräuchliche Kataloge verpönter Unterscheidungskriterien in mancherlei Variation und in verschiedenen Zusammenhängen schon in sämtliche frühen Nachkriegsverfassungen aufgenommen[163]. Art. 10 Abs. 1 Verf. Württemberg-Baden (1946)[164], Art. 2 Abs. 3 Verf. Bremen (1947)[165] sowie Art. 2 Abs. 2 Satz 4 Verf. Baden (1947)[166] enthielten unmittelbare Vorbilder für Art. 3 Abs. 3 Satz 1 GG, der demgegenüber insgesamt nur noch die Merkmale um Sprache, Heimat und Herkunft erweiterte. Entsprechende Bestimmungen haben neben den Verfassungen der neuen Länder dann nur noch Berlin im Jahr 1995, Niedersachsen im Jahr 1997[167] und das Saarland im Jahr 1999 eingeführt.

28
Zusätzliche Merkmale für Differenzierungsverbote

In den allgemeinen Unterscheidungsverboten der geltenden Landesverfassungen finden sich durchweg jedenfalls teilweise nur die in Art. 3 Abs. 3 Satz 1 GG aufgezählten Merkmale[168]. Ein zusätzliches Merkmal hat sich in Bremen mit der „sozialen Stellung" erhalten[169], die mit der „Herkunft"[170] verwandt ist.

---

162 Wörtlich mit Art. 3 Abs. 3 Satz 1 GG übereinstimmend Art. 3 Abs. 3 Satz 1 Verf. Niedersachsen; Art. 18 Abs. 3 Verf. Sachsen; Art. 7 Abs. 3 Verf. Sachsen-Anhalt; mit einem zusätzlichen Merkmal Art. 10 Abs. 2 Verf. Berlin; Art. 12 Abs. 3 SaarlVerf.; gegen Bevorzugungen und Benachteiligungen (in dieser Reihenfolge) Art. 12 Abs. 2 Verf. Brandenburg (mit Abweichungen bei den Merkmalen und seit 2013 ohne [männliche] Possessivpronomen und mit einer Variante bezüglich der Rasse); Art. 2 Abs. 2 Verf. Bremen (mit zusätzlichen Merkmalen) und Art. 2 Abs. 3 Verf. Thüringen (mit Abweichungen bei den Merkmalen).

163 Näher dazu und zur weiteren Entwicklung auch bei den einzelnen Merkmalen *Sachs*, in: Stern, Staatsrecht IV/2 (LitVerz.), § 122 II 1 d (S. 1708 ff.). Zur Verbindung mit dem allgemeinen Gleichheitssatz siehe oben FN 12; eine Gleichsetzung mit dem umfassenden Unterscheidungsverbot – dafür zu Art. 1 Verf. Hessen etwa *StGH Hessen* v. 12.6.1953 (P.St. 133), juris, RN 14; *Zinn/Stein* (LitVerz.), Bd. 1, 1954, Art. 1 Anm. 2; *Hinkel* (LitVerz.), S. 69 – ist nicht unproblematisch, da jedenfalls nach dem Wortlaut nur die Geltung des allgemeinen Gleichheitssatzes für alle unabhängig von den genannten Merkmalen garantiert wird.

164 Nur bezogen auf Abstammung, Glauben, religiöse oder politische Anschauungen.

165 Bezogen auf Geschlecht, Abstammung, soziale Stellung, religiöse oder politische Anschauungen.

166 Bezogen auf Abstammung, Rasse, Glauben, religiöse und politische Anschauungen.

167 Nachträglich trotz der Übernahme aller grundgesetzlichen Grundrechte als Bestandteil der Landesverfassung nach Art. 3 Abs. 2 Satz 1, 2 Verf. Niedersachsen als Art. 3 Abs. 3 Satz 1 ergänzt; zu den Gründen *Hagebölling* (LitVerz.), Art. 3 Anm. 5.

168 In Bremen seit der Ergänzung des Katalogs von 1997; vorher wurde teils die Fortgeltung verneint, so *H. Neumann* (LitVerz.), Art. 2 RN 3 m.w.N.; anders *Ladeur*, in: Kröning/Pottschmidt u.a. (LitVerz.), S. 158 (164 FN 17); auch schon *Spitta* (LitVerz.), Anm. zu Art. 2 Abs. 2.

169 *Spitta* (LitVerz.), Anm. zu Art. 2 Abs. 2, sieht dies auch in Art. 3 Abs. 3 GG eingeschlossen.

170 Zu deren Bedeutung bei Art. 3 Abs. 3 GG *Sachs*, in: Stern, Staatsrecht IV/2 (LitVerz.), § 122 II 3 c ε (S. 1735 f.), zur Entstehung auch ebd., § 122 II 3 a (S. 1724 mit FN 114), dort zum Vorschlag „Zugehörigkeit zu einer sozialen Klasse".

In Brandenburg greift der zudem abweichend gereihte Katalog dies mit der „sozialen Herkunft oder Stellung" auf, bezieht zudem die Merkmale Nationalität, weltanschauliche Überzeugungen[171] und mit Blick auf die verbotene Bevorzugung problematischerweise[172] auch die Behinderung ein. Das Merkmal der Rasse[173] ist teilweise durch die Formulierung „aus rassistischen Gründen" ersetzt worden[174]. Hinzugekommen ist wie in anderen Ländern die sexuelle Identität[175] bzw. die sexuelle Orientierung[176], die weder in der einen noch in der anderen Variante Aufnahme in Art. 3 Abs. 3 Satz 1 GG gefunden hat[177]. Der Katalog in Art. 2 Abs. 3 Verf. Thüringen kennt auch – abgesehen von der Reihenfolge der Aufzählung – weitere Besonderheiten[178]: Während dort das Merkmal der Heimat fehlt, findet sich statt des Merkmals der Rasse die ethnische Zugehörigkeit; zusätzlich berücksichtigt sind auch hier die soziale Stellung und die weltanschaulichen Überzeugungen.

2. Auslegung und Anwendung

Einschlägige Judikatur ist – wie auf Bundesebene – eher spärlich und weicht kaum von der des Bundesverfassungsgerichts ab. So wird unter anderem auf das Unterscheidungsverbot der Grundsatz staatlicher Neutralität gegenüber Religionen und Weltanschauungen gestützt[179]; hierzu findet sich auch der verwandte Grundsatz der Parität[180]. Auch das Schrifttum orientiert sich weitgehend an der Behandlung des grundgesetzlichen Vorbilds[181]. Das zusätzliche

29
Nachjustierung durch die Rechtsprechung

---

171 Zu deren Einbeziehung in die religiösen Anschauungen bei Art. 3 Abs. 3 GG *Sachs*, in: Stern, Staatsrecht IV/2 (LitVerz.), § 122 II 3 c ζ (S. 1736 f.); *Osterloh/Nußberger*, in: Sachs, GG (LitVerz.), Art. 3 RN 302; vgl. auch unten FN 179.
172 Dazu vgl. oben RN 30, 33, sowie etwa *Sachs*, in: Simon/Franke/ders. (LitVerz.), § 5 RN 12; zur deshalb unterbliebenen Aufnahme in den Katalog in Sachsen bei Aufnahme des Art. 7 Abs. 2 Verf. Sachsen *Kunzmann/Rozek*, in: Baumann-Hasske/Kunzmann (LitVerz.), vor Art. 14 RN 12.
173 Zu den Schwierigkeiten hiermit schon *Sachs*, in: Stern, Staatsrecht IV/2 (LitVerz.), § 122 II 3 c β (S. 1730 f.).
174 Gesetz v. 5. 12. 2013 (GVBl. I, Nr. 42); dazu näher *H. Bauer/Abromeit*, Antirassismus-Novellen im Landesverfassungsrecht, DÖV 2015, S. 1 (4 ff.); siehe für einen ähnlichen Entwurf auch das Abgeordnetenhaus Berlin (Drs. 17/1481).
175 So schon vor Brandenburg Art. 10 Abs. 2 Verf. Berlin, Art. 2 Abs. 2 Verf. Bremen (seit 2001), sowie dann Art. 12 Abs. 3 Verf. Saarland (seit 2011). Art. 12 Abs. 2 Verf. Berlin ergänzt dies durch den (weiter reichenden) Anspruch auf Schutz vor Diskriminierung für andere auf Dauer angelegte Lebensgemeinschaften.
176 Art. 2 Abs. 3 Verf. Thüringen.
177 Vgl. *Sachs*, in: Stern, Staatsrecht IV/2 (LitVerz.), § 122 II 3 a (S. 1724 f.). Darum und wegen Miterfassung durch das Merkmal „Geschlecht" wurde das Merkmal in Sachsen nicht aufgegriffen, vgl. *Kunzmann/Rozek*, in: Baumann-Hasske/Kunzmann (LitVerz.), vor Art. 14 RN 11 m.w.N.
178 Nach *P. M. Huber*, Thüringer Staats- und Verwaltungsrecht (LitVerz.), RN 252, ergeben sich allerdings keine Unterschiede zum Grundgesetz.
179 *VerfG Brandenburg* NVwZ 2006, S. 1052 (1053), gegen die Zulassung von Religions-, nicht aber Weltanschauungsunterricht; auch *VerfG Brandenburg* NVwZ-RR 2012, S. 577 (579 ff.), zur finanziellen Förderung von Religionsgemeinschaften.
180 Vgl. etwa *VerfG Brandenburg* NVwZ-RR 2012, S. 577 (579, 582).
181 Vgl. *Stöhr*, in: Pfennig/Neumann (LitVerz.), Art. 10 RN 12 ff.; *Driehaus* (LitVerz.), Art. 10 RN 15; *Iwers*, in: Lieber/ders./Ernst (LitVerz.), Art. 12 Anm. 3; *Epping*, in: ders./Butzer u.a. (LitVerz.), Art. 3 RN 37 ff.; *Wendt*, in: ders./Rixecker (LitVerz.), Art. 12 RN 25 ff.; *Rozek*, in: Baumann-Hasske/Kunzmann (LitVerz.), Art. 18 RN 38 ff.; *Reich* (LitVerz.), Art. 7 RN 4; *Jutzi*, in: Linck/ders./Hoppe (LitVerz.), Art. 2 RN 46 ff. (teils zu überholter Judikatur); *J. Lindner*, in: Linck/Baldus u.a. (LitVerz.), Art. 2 RN 21 f.

Merkmal der sexuellen Identität wird im Sinne einer irreversiblen Prägung verstanden[182]. In Berlin wurde 1998 eine aufenthaltsrechtliche Begünstigung, die nur bei Eheschließungen, nicht aber für – damals nur informell mögliche – gleichgeschlechtliche Lebensgemeinschaften galt, nicht nur vor Artikel 10 Abs. 2, sondern auch vor Art. 12 Abs. 2 Verf. Berlin gebilligt[183]. Einer Einschränkbarkeit zugunsten der sexuellen Integrität von Kindern als kollidierendem Verfassungsschutzgut[184] bedarf es nicht, wenn man das Unterscheidungsverbot nur auf das „bloße ‚Haben'" der Identität bzw. Orientierung bezieht und es jedenfalls nicht gegen Verhaltensweisen durchgreifen läßt, die vor den betroffenen Freiheitsrechten verfassungsrechtlich zulässiger Weise sanktioniert getragen werden können[185].

II. Das Verbot der Benachteiligung wegen einer Behinderung

1. Die Normtexte

30
Entsprechungen in Landesverfassungen

Das 1994 in Art. 3 Abs. 3 Satz 2 GG aufgenommene Verbot, jemanden wegen seiner Behinderung zu benachteiligen, hat so keine Vorbilder im Landesverfassungsrecht. Doch hatten die Verfassungen der neuen Länder schon vorher im Einzelnen unterschiedliche Bestimmungen zur Unterstützung und Förderung behinderter Menschen aufgenommen[186]. In Brandenburg war allerdings das Merkmal der Behinderung zudem in den Katalog verpönter Unterscheidungskriterien aufgenommen worden; das Verbot richtet sich damit auch gegen Bevorzugungen, was bei einem strikten Verständnis wie zu Art. 3 Abs. 3 Satz 1 GG[187] schwerlich zu den sehr extensiv gestalteten Förderbestimmungen paßt[188]. Nach dessen Aufnahme in das Grundgesetz sind dem Art. 3 Abs. 3 Satz 2 GG entsprechende Benachteiligungsverbote in einige Verfassungen der alten Länder aufgenommen worden[189], teils wird abweichend formuliert: „Menschen mit Behinderungen dürfen nicht benachteiligt werden"[190]. Ergänzend finden sich unterschiedliche Schutz- und Fördervorschriften[191].

---

182 So im Anschluß an *BVerwGE* 79, 143 ff. *Iwers*, in: Lieber/ders./Ernst (LitVerz.), Art. 12 Anm. 3; für ein „umfassend[es]" Verständnis der sexuellen Orientierung *Jutzi*, in: Linck/ders./Hoppe (LitVerz.), Art. 2 RN 54; *J. Lindner*, in: Linck/Baldus u.a. (LitVerz.), Art. 2 RN 23. *Menzel* (LitVerz.), S. 483 FN 180, will die „Identität" als „Orientierung" verstehen.
183 NVwZ 1998, Beilage Nr. 5, S. 41 (43); zustimmend noch *Driehaus* (LitVerz.), Art. 12 RN 10; auch *Menzel* (LitVerz.), S. 484 f., geht noch davon aus, daß Privilegierungen der Ehe weiterhin möglich sind.
184 Dafür *Wermeckes*, Grundrechtsschutz (LitVerz.), S. 212; auch *Menzel* (LitVerz.), S. 484, dessen Parallele zur notwendigen Begrenzung von Freiheitsrechten, deren Betätigung auf Grundrechtsgüter anderer übergreift, auf Gleichheitsrechte nicht paßt. Auch im Sinne des Textes deutbar *Jutzi*, in: Linck/ders./Hoppe (LitVerz.), Art. 2 RN 54.
185 Im Sinne der nicht unproblematischen Formulierungen in *BVerfGE* 39, 334 (368).
186 Art. 7 Abs. 2 Verf. Sachsen; Art. 38 Verf. Sachsen-Anhalt; Art. 12 Abs. 4, Art. 26 Abs. 1 Satz 2, Art. 35 Satz 2, Art. 45 Abs. 1 Satz 1, Abs. 3; Art. 48 Abs. 4 Verf. Brandenburg; Art. 17 Abs. 2, später Art. 17 a Verf. Mecklenburg-Vorpommern; Art. 2 Abs. 4, Art. 20 Satz 3 Verf. Thüringen.
187 *Sachs*, in: Stern, Staatsrecht IV/2 (LitVerz.), § 122 e α αα (S. 1743 ff.).
188 Siehe unter RN 28 und 33.
189 Art. 2 a Verf. Baden-Württemberg; Art. 2 Abs. 3 Satz 1 Verf. Bremen; Art. 3 Abs. 3 Satz 2 Verf. Niedersachsen (trotz Inkorporation der Grundrechte des Grundgesetzes); Art. 12 Abs. 3 Verf. Saarland.
190 So Art. 11 Satz 1 Verf. Berlin (seit 1995); dann Art. 118 a Satz 1 Verf. Bayern (seit 1998).
191 Vgl. Art. 11 Satz 2 Verf. Berlin; Art. 118 a Satz 2 Verf. Bayern; Art. 2 Abs. 3 Sätze 2, 3 Verf. Bremen; nur dazu Art. 64 Verf. Rheinland-Pfalz.

2. Auslegung und Anwendung

Die Förderaufträge der Landesverfassungen werden durchweg im Sinne von Staatszielbestimmungen oder der auch bei Art. 3 Abs. 3 Satz 2 GG besonders bedeutsamen objektiven Grundrechtsgehalte[192] aufgefaßt, so daß sich aus ihnen keine zwingenden Einzelverpflichtungen entnehmen lassen sollen[193]. Teilweise werden auch originäre subjektive Leistungsrechte ganz[194] oder durch Unterwerfung unter einen Haushaltsvorbehalt[195] ausgeschlossen. Andererseits ist eine grundsätzliche Verpflichtung zu Ausgleichsmaßnahmen zugunsten behinderter Prüfungsteilnehmer angenommen worden[196].

31 Förderaufträge als Staatszielbestimmungen

Das Verständnis der Benachteiligungsverbote orientiert sich eng an dem des Art. 3 Abs. 3 Satz 2 GG[197]. Ihnen wird namentlich das Verbot jeder Anknüpfung an das Merkmal der Behinderung entnommen[198], wobei teilweise „mittelbare" Benachteiligungen einbezogen werden[199]. Eine Benachteiligung soll auch in einem nicht durch Fördermaßnahmen hinlänglich kompensierten Ausschluß von Entfaltungs- und Betätigungsmöglichkeiten liegen können[200]. Daher wird die Zuweisung an eine Förderschule nicht für sich schon als verbotene Benachteiligung eingestuft[201]. Dem Bundesverfassungsgericht, das dabei allerdings wohl als zusätzliches Erfordernis zwingende Gründe verlangt hat[202], folgend, wird die Berücksichtigung des Fehlens unerläßlicher geistiger oder körperlicher Fähigkeiten zugelassen; die rechtliche Schlechterstellung Behinderter wird dabei verallgemeinernd bei „zwingenden Gründen" für zulässig erklärt[203].

32 An Art. 3 Abs. 3 Satz 2 GG orientiertes Verständnis

Kaum Beachtung findet demgegenüber die besondere Formulierung in Berlin[204] und Bayern[205], die Raum für eine Ablösung von den hier wenig adäquaten dogmatischen Vorgaben des Art. 3 Abs. 3 Satz 1 GG[206] geben könnte, weil

33 Abweichungen von Art. 3 Abs. 3 Satz 1 GG

---

192 Insoweit zu Art. 3 Abs. 3 Satz 2 GG *Sachs*, in: Stern, Staatsrecht IV/2 (LitVerz.), § 122 II 4 c (S. 1783 ff.) m.w.N.
193 Vgl. etwa *BayVerfGHE 55*, 143 (159); *BayVerfGH* NJW 2014, S. 3215 (3225 f.).
194 Den Verfassungsauftrag vom individuellen Grundrecht unterscheidend etwa *BayVerfGHE 55*, 143 (149).
195 Dabei im Grundsatz offenlassend *VerfGH Berlin* NJW 1998, S. 3632 f.
196 So für Art. 118a Verf. Bayern *BayVerfGH* BayVBl. 2014, S. 562 (563).
197 Vgl. für Inhaltsgleichheit etwa *VerfGH Berlin* NJW 1998, S. 3632; *LVerfGE 13*, 37 (41).
198 *BayVerfGH* NVwZ-RR 2007, S. 109 (110); NVwZ-RR 2008, S. 618; *VerfGH Berlin LVerfGE 13*, 37 (41).
199 Zu mittelbar nachteiligen Ungleichbehandlungen *BayVerfGH* NJW 2014, S. 3215 (3224); nur im Ergebnis so auch *BVerfGE 99*, 324 (356 f.). Siehe zur mittelbaren Diskriminierung beim Geschlecht oben FN 147 f. Jenseits auch mittelbarer Anknüpfung liegt die Erhebung von Kurbeiträgen auch bei Begleitpersonen behinderter Kinder, dazu *BayVerfGH* NVwZ-RR 2009, S. 218 (221).
200 Wie *BVerfGE 96*, 288 (303); *VerfGH Berlin* NJW 1998, S. 3632; *VerfGH Berlin LVerfGE 13*, 37 (41).
201 Wie *BVerfGE 96*, 288 (Ls. 1, 303, 306 f.) *BayVerfGH* NVwZ-RR 2007, S. 109 (110); *OVG Sachsen-Anhalt* v. 1.10. 1999 (A 2 S 140/98), juris, RN 13 ff.; s. auch *BayVerfGH* NVwZ-RR 2008, S. 618.
202 *BVerfGE 99*, 341 (357) („danach jedoch nur"); dabei wird unpassend auf *BVerfGE 85*, 191 (206 f.) hingewiesen, wo es um eine unmittelbar an das Geschlecht anknüpfende Regelung ging.
203 *BayVerfGHE 55*, 85 (92), allerdings auch im Zusammenhang mit behinderungsbedingter Unfähigkeit einer eigenverantwortlichen Wahl; allgemein auch *BayVerfGH* NVwZ-RR 2007, S. 109 (110); NVwZ-RR 2008, S. 618. Ganz abgelöst von besonderen Eigenschaften eines Behinderten *BayLSozG* v. 31.8. 2010 (L 2 P 35/10 B ER), juris, RN 15 f.
204 Ausdrücklich für inhaltliche Übereinstimmung *VerfGH Berlin* NJW 1998, S. 3632.
205 Ohne weiteres auf Art. 3 Abs. 3 Satz 2 GG als Anknüpfungsverbot Bezug nehmend *BayVerfGHE 55*, 85 (92); für ein Verbot einer „Benachteiligung wegen einer Behinderung" etwa *Schmidt am Busch*, in: Meder/Brechmann (LitVerz.), Art. 118 a RN 11.
206 Vgl. zu den Problemen *Sachs*, in: Stern, Staatsrecht IV/2 (LitVerz.), § 122 II 4 b α (S. 1768 ff.) m.w.N.

sie darauf verzichtet, die Benachteiligung durch das „wegen" explizit auf die Behinderung zu beziehen. Ausdrücklich festgestellt wurde, daß Grundrechtsträger nicht auch Behindertenverbände oder -einrichtungen sind[207]. Das Verbot auch von Bevorzugungen in Brandenburg wird als mißlungen eingestuft und soll „sehr stark eingeschränkt zu verstehen" sein[208].

III. Sonstige begrenzte Unterscheidungsverbote

34
Religiöses Bekenntnis als Differenzierungsmerkmal

Wie im Grundgesetz – dort in Art. 33 Abs. 3 Sätzen 1, 2 und Art. 140 GG in Verbindung mit Art. 136 Abs. 1, 2 WRV – finden sich auch im Landesverfassungsrecht (zusätzliche) Unterscheidungsverbote speziell im Hinblick auf das religiöse Bekenntnis. Abgesehen vom Ämterzugang[209] gilt dies namentlich für den Genuß der bürgerlichen und staatsbürgerlichen Pflichten[210].

35
Verbot der Unterscheidung nach Landeszugehörigkeit

Parallelen[211] finden sich auch im Hinblick auf die Gleichstellung aller Deutschen unabhängig von ihrer mangels – nirgendwo geregelter[212] – Landesstaatsangehörigkeit schwer faßbaren Landeszugehörigkeit (vgl. Art. 33 Abs. 1 GG)[213]. Die irreführende Beschränkung von Artikel 33 Abs. 1 auf staatsbürgerliche Rechte[214] hat nur Art. 8 Abs. 1 Verf. Sachsen-Anhalt übernommen[215]. Art. 8 Verf. Bayern, der noch auf den Vergleich zu bayerischen Staatsangehörigen abstellt, soll nur (noch) bedeuten, daß alle deutschen Staatsangehörigen, die in Bayern ihren Wohnsitz haben, die gleichen Rechte und Pflichten haben[216]. Art. 3 Abs. 2 Verf. Brandenburg garantiert die Deutschengleichheit nur „soweit nicht ein gesetzlicher Vorbehalt für die Bürger Brandenburgs besteht"[217]. Letztere sind nach Art. 3 Abs. 1 Satz 1 Verf. Brandenburg die

---

207 *BayVerfGHE* 55, 143 (159).
208 *Iwers*, in: Lieber/ders./Ernst (LitVerz.), Art. 12 Anm. 3.
209 Siehe unten RN 40.
210 Unmittelbar geregelt namentlich in Art. 107 Abs. 3 Satz 1 Verf. Bayern, im Übrigen nach Maßgabe unmittelbar oder über Art. 140 GG angeordneter Inkorporation; siehe unten zu FN 237 f.
211 Diese widerlegen die Annahme, Art. 33 Abs. 1 GG könne von einer Inkorporation nicht erfaßt werden, so namentlich *J. Ipsen* (LitVerz.), Art. 3 RN 22; dem folgend *Epping*, in: ders./Butzer u.a. (LitVerz.), Art. 3 RN 28; anders *Birn*, in: Spreng/ders./Feuchte (LitVerz.), Art. 2 Anm. 3 i, 4; *Braun* (LitVerz.), Art. 2 RN 11; *Hollerbach*, in: Feuchte (LitVerz.), Art. 2 RN 15; *Hagebölling* (LitVerz.), Art. 3 Erl. 3; Thiele/Pirsch/Wedemeyer (LitVerz.), Art. 13 RN 13; *Kohl*, in: Litten/Wallerath (LitVerz.), Art. 5 RN 11 f.; *Menzel*, in: Löwer/Tettinger (LitVerz.), Art. 4 RN 17 (zu Art. 33); *Kamp*, in: Heusch/Schönenbroicher (LitVerz.), Art. 4 RN 19. Richtig ist allerdings, daß eine Landesverfassung nicht gleiche Rechte und Pflichten „in jedem Lande" garantieren kann.
212 Ursprünglich stand dem Bund eine konkurrierende „Gesetzgebungszuständigkeit für die Staatsangehörigkeit in den Ländern" in Art. 74 Nr. 8 GG zu, die aber durch Abs. 1 Nr. 6 lit. a) aa) des Gesetzes zur Änderung des Grundgesetzes v. 17. 10. 1994 (BGBl. I S. 3146) aufgehoben worden ist.
213 Zur Inländergleichheit näher *Sachs*, in: Stern, Staatsrecht IV/2 (LitVerz.), § 122 II 5 (S. 1786 ff.).
214 *Sachs*, in: Stern, Staatsrecht IV/2 (LitVerz.), § 122 II 5 b β (S. 1791 ff.).
215 Jedenfalls über die politischen Mitwirkungsrechte hinausgehend *Mahnke* (LitVerz.), Art. 8 RN 3; zur Geltung für „das gesamte Rechtsverhältnis des Staatsbürgers zum Staat" nicht recht eindeutig *Reich* (LitVerz.), Art. 8 RN 1.
216 S. nur *BayVerfGH* NVwZ 2013, S. 1075 (1077); so bis zu einer gesetzlichen Regelung der bayerischen Staatsangehörigkeit auch schon *BayVerfGH* v. 22. 3. 1948 (Vf. 29-VI-47), juris. Die Kommentierungen der Bestimmungen lassen erhebliche Unklarheiten über ihre genaue Bedeutung erkennen.
217 Gemeint sind mit dem „gesetzlichen Vorbehalt" offenbar gesetzliche Ausnahmen, die wohl in der Anknüpfung an den Wohnsitz bestehen sollen, vgl. *Lieber*, in: ders./Iwers/Ernst (LitVerz.), Art. 3 Anm. 3.

Deutschen mit ständigem Wohnsitz in Brandenburg. Die Übergangsvorschrift des Art. 154 Verf. Hessen, der alle Angehörigen der deutschen Länder zu Inländern im Sinne diesbezüglicher gesetzlicher Bestimmungen erklärt, soll im Hinblick auf den Fortbestand des Deutschen Reichs gegenstandslos geworden sein[218].

Nicht hierher gehört trotz der Verwandtschaft mit einschlägigen Merkmalen die Anordnung der Achtung ethnischer und sprachlicher Minderheiten nach Art. 19 Abs. 2 Verf. Rheinland-Pfalz. Dasselbe gilt für sonstige Minderheitenschutzbestimmungen[219].

36 Minderheitenschutzbestimmungen

E. Sonstige Gleichheitssätze

I. Gleichstellung unehelicher Kinder

1. Die Normtexte

Nach dem unerfüllt gebliebenen Verfassungsauftrag des Art. 121 WRV griffen einige vorgrundgesetzliche Landesverfassungen das Thema in unterschiedlicher Form wieder auf. So wurde den unehelichen Kindern der gleiche Anspruch auf Förderung zuerkannt wie ehelichen[220] und zusätzlich festgestellt, sie würden im beruflichen und öffentlichen Leben gleich behandelt[221]; ehelichen und unehelichen Kindern wurden gleiche Rechte zugesprochen[222]. Während in Rheinland-Pfalz das Wort „unehelich" 1991 durch „nicht ehelich" ersetzt wurde[223], wurde im Saarland 1956 eine Angleichung an Art. 6 Abs. 5 GG vorgenommen, 1993 das „unehelich" auf „nichtehelich" umgestellt. In neueren Verfassungen wurde das Thema nur vereinzelt – und zwar angelehnt an Art. 6 Abs. 5 GG[224] – erstmalig aufgegriffen[225]. Einige der Formulierungen lassen, anders als wohl Art. 6 Abs. 5 GG[226], zumindest Raum für die Annahme, daß auch eheliche Kinder Berechtigte sein können[227].

37 Gleicher Anspruch auf Förderung

---

218 *Hinkel* (LitVerz.), Erl. zu Art. 154.
219 Siehe Art. 25 Verf. Brandenburg; Art. 18 Verf. Mecklenburg-Vorpommern; Art. 5 Abs. 2, 3, Art. 6 Verf. Sachsen; Art. 37 Abs. 1, Art. 6 Abs. 2 Verf. Schleswig-Holstein; unten → *Mann*, Minderheitenschutz, § 241.
220 So bis heute Art. 126 Abs. 2 Verf. Bayern; ebenso Art. 24 Abs. 2 Satz 2 Verf. Rheinland-Pfalz (1947).
221 So bis heute Art. 24 Verf. Bremen; so für gleiche Stellung auch Art. 18 Verf. Württemberg-Baden; Art. 23 Satz 2 Verf. Baden; Art. 104 Abs. 1 Verf. Württemberg-Hohenlohe.
222 So Art. 24 Abs. 2 Verf. Saarland (1947).
223 Seit dem Jahr 2000 findet sich die Vorschrift sonst unverändert in Art. 24 Satz 3 Verf. Rheinland-Pfalz.
224 Unverständlich *Stöhr*, in: Pfennig/Neumann (LitVerz.), Art. 13 RN 1: „ohne Vorbild im GG".
225 So in Art. 19 Abs. 2 Verf. Thüringen und Art. 13 Abs. 2 Verf. Berlin (1995). Für Geltung „beiderseits", also auch gegen die Benachteiligung ehelicher Kinder, *Martin-Gehl*, in: Linck/Baldus u.a. (LitVerz.), Art. 19 RN 18; ebenso *Jutzi*, in: Linck/ders./Hoppe (LitVerz.), Art. 19 RN 11.
226 Vgl. nur *Stern*, Staatsrecht IV/1 (LitVerz.), § 100 XI 6 (S. 577) m.w.N.
227 Namentlich Art. 24 Verf. Bremen und Art. 19 Abs. 2 Verf. Thüringen.

2. Auslegung und Anwendung

38
Bundesrechtlicher Bezug und Programmsatz

Für die Anwendung der Bestimmungen war wenig Anlaß, weil einschlägige Fragen eher das Bundesrecht betreffen. Die wenigen, teils älteren Entscheidungen sind recht restriktiv. So wurde Art. 126 Abs. 2 Verf. Bayern „nur auf die vom Staat und von den Gemeinden geleistete Sozialhilfe" bezogen[228]. Er wird zudem vom Bayerischen Verfassungsgerichtshof bis heute als „Programmsatz" qualifiziert, gegen den der Gesetzgeber aber doch mit Nichtigkeitsfolge soll verstoßen können[229]. Das Schrifttum erkennt aufgrund abweichender Formulierungen teilweise eine geringere Reichweite der Garantien der Landesverfassungen an[230], übernimmt im Übrigen weitgehend die Grundsätze der Judikatur des Bundesverfassungsgerichts zu Art. 6 Abs. 5 GG[231].

II. Gleicher Ämterzugang

1. Die Normtexte

39
Art. 128 WRV als Hintergrund

Die vorgrundgesetzlichen Landesverfassungen behandelten den gleichen Ämterzugang[232] vor dem Hintergrund des Art. 128 WRV durchweg in einer auf die Bindung an entsprechende positive Auswahlkriterien[233] gerichteten, im Detail allerdings überaus differenzierten Weise[234]. Von diesen Bestimmungen gelten Art. 94 Abs. 2, Art. 116 Verf. Bayern, Art. 134 Verf. Hessen, Art. 128 Verf. Bremen bis heute unverändert, in Art. 19 Verf. Rheinland-Pfalz, der bemerkenswerterweise von Anfang an explizit die Gewähr der Verfassungstreue verlangte, wurden nur „alle Staatsbürger" als Berechtigte durch „alle Deutschen" ersetzt. Nach Erlaß des Grundgesetzes wurde mit Art. 13 Verf. Berlin noch eine Regelung des Ämterzugangs mit einem Negativkatalog nicht beachtlicher Merkmale getroffen, die heute in Art. 19 Abs. 2 Verf. Berlin fortbesteht; dagegen übernahm Art. 59 Abs. 1 Verf. Hamburg den Art. 33 Abs. 2 GG wörtlich, stellte die Berechtigung im Jahr 2001 auf jede Deutsche und jeden Deutschen um. Die Verfassungen der neuen Länder mit Ausnahme

---

228 *BayVerfGH* VerwRspr. 13 (1961), S. 129 (133), mit der Folge der Nichtgeltung für die Waisengeldregelung der (öffentlich-rechtlichen) Bayerischen Ärzteversorgung; ausdrücklich „im Gegensatz zu Art. 6 Abs. 5 GG" dem folgend *BayVerfGH* NJW 1963, S. 707 (708 f.).
229 *BayVerfGHE 50*, 67 (75) m.w.N., bei erwogener Anwendung auf ein Landeserziehungsgeld. Dagegen für einen „klaren und scharfen Gleichheitssatz" und subjektive Gleichheitsrechte etwa *Wolff*, in: Lindner/Möstl/ders. (LitVerz.), Art. 126 RN 37; für ein „subjektives einklagbares Recht" *G. Kirchhof*, in: Meder/Brechmann (LitVerz.), Art. 126 RN 12.
230 Vgl. *Wolff*, in: Lindner/Möstl/ders. (LitVerz.), Art. 126 RN 39; *Arnold*, in: Brocker/Droege/Jutzi (LitVerz.), Art. 24 RN 20; für Angleichung an Art. 6 Abs. 5 GG etwa *S. Jutzi*, in: Grimm/Caesar (LitVerz.), Art. 24 RN 13.
231 Umfassend etwa *H. Neumann* (LitVerz.), Art. 24 RN 3 ff. (dort RN 5: „inhaltsgleich"); *Völker*, in: Wendt/Rixecker (LitVerz.), Art. 24 RN 2.
232 Vgl. → Bd. V: *Wendt*, Spezielle Gleichheitsrechte, § 127 RN 50 ff., 74 ff.; *Merten*, Berufsfreiheit des Beamten und Berufsbeamtentum, § 114 RN 14 ff.
233 Teils ist zugleich die Relevanz anderer Kriterien ausgeschlossen, wie in Art. 134 Verf. Hessen, Art. 19 Verf. Rheinland-Pfalz; doch greifen allgemeine Unterscheidungsverbote auch ohne dies auch für den Ämterzugang ergänzend durch, siehe für das Geschlecht in Bayern oben RN 23.
234 Dazu nur *Sachs*, in: Stern, Staatsrecht IV/2 (LitVerz.), § 122 III 1 a β (S. 1810 f.).

von Thüringen[235] haben sich bei Unterschieden hinsichtlich der Berechtigten auch Art. 33 Abs. 2 GG angeschlossen[236].

Ebenfalls dem Weimarer Vorbild, Art. 136 Abs. 2 WRV, der unmittelbar[237] oder über die Anknüpfung an Art. 140 GG[238] zum Bestandteil einer Reihe weiterer Landesverfassungen erklärt ist, entspricht die gesonderte[239] Garantie der Unabhängigkeit der Zulassung zu den öffentlichen Ämtern vom religiösen Bekenntnis, ausdrücklich angeordnet in Art. 107 Abs. 4 Verf. Bayern[240]. Für den Spezialfall der Lehrer an den Volksschulen will Art. 16 Abs. 2 Satz 2 Verf. Baden-Württemberg die Benachteiligung bekenntnismäßig nicht gebundener Lehrer bei deren unter Rücksichtnahme auf das Bekenntnis der Schüler vorzunehmenden Bestellung ausschließen[241].

40
Bekenntnisunabhängigkeit des Ämterzugangs

2. Auslegung und Anwendung

Die landesverfassungsrechtlichen Bestimmungen zum gleichen Ämterzugang werden, soweit ersichtlich, durchweg im Einklang mit den für Art. 33 Abs. 2 GG geltenden Grundsätzen[242] interpretiert und angewandt[243]. In Betracht gezogen wird ein Rückgriff auf Art. 33 Abs. 2 GG auch im Rahmen von Art. 2 (und Art. 3 Abs. 2) Verf. Thüringen[244]. Auf die Vergabe von Ämtern durch Volkswahlen sollen die entsprechenden landesverfassungsrechtlichen Bestim-

41
Einzelergebnisse

---

235 Für bloße Willkürkontrolle der Ämtervergabe anhand der Landesverfassung *VerfGH Thüringen* NVwZ 2007, S. 950 (952).
236 Art. 91 Abs. 2 Verf. Sachsen; Art. 8 Abs. 2 Verf. Sachsen-Anhalt; Art. 21 Abs. 2 Satz 1 Verf. Brandenburg (allerdings mit Gesetzesvorbehalt); Art. 71 Abs. 1 Verf. Mecklenburg-Vorpommern.
237 Eindeutig Art. 9 Abs. 1 Verf. Mecklenburg-Vorpommern; auch Art. 109 Abs. 4 Verf. Sachsen, wenngleich im Abschnitt über Kirchen und Religionsgesellschaften; trotz Bezugs nur auf das Verhältnis des Staates zu den Kirchen pp. Art. 32 Abs. 5 Verf. Sachsen-Anhalt.
238 Allerdings ausdrücklich nur bezogen auf das Verhältnis zwischen Staat und Kirchen pp. Art. 5 Verf. Baden-Württemberg; Art. 22 Verf. Nordrhein-Westfalen; Art. 40 Verf. Thüringen. Trotzdem auch insoweit für Geltung des ja individualrechtlichen Art. 136 WRV etwa *Ennuschat*, in: Löwer/Tettinger (LitVerz.), Art. 22 RN 11 ff.
239 In einem Katalog für den Ämterzugang für bedeutungslos erklärter Merkmale findet sich das religiöse Bekenntnis namentlich in Art. 134 Verf. Hessen, Art. 19 Verf. Rheinland-Pfalz, Art. 19 Abs. 2 Verf. Berlin.
240 Zur Ausnahme für konfessionell gebundene Ämter *Wolff*, in: Lindner/Möstl/ders. (LitVerz.), Art. 107 RN 53 m.w.N. zur Rechtsprechung.
241 Dazu *Braun* (LitVerz.), Art. 16 RN 17; *Feuchte* (LitVerz.), Art. 16 RN 11 m.w.N.
242 Dazu nur *Sachs*, in: Stern, Staatsrecht IV/2 (LitVerz.), § 122 III 4 a (S. 1816 f.) m.w.N.
243 Vgl. für Übereinstimmung etwa *VerfGH Berlin* JR 1999, S. 317; *VerfGH Sachsen* v. 20. 4. 2010 (Vf. 4-IV-10), juris, dort im Gliederungspunkt 2 a; *LVerfG Sachsen-Anhalt* LKV 2001, S. 363 (364); an Art. 33 Abs. 2 GG anschließend auch *StGH Hessen* ESVGH 43, 1 (3 f., 6); Art. 19 Verf. Rheinland-Pfalz nur mitzitierend etwa *OVG Rheinland-Pfalz* NVwZ 2015, S. 141 (142); ohne Erwähnung neben Art. 33 Abs. 2 GG *OVG Rheinland-Pfalz* NVwZ 2015, S. 146 ff. Siehe ferner etwa *Wolff*, in: Lindner/Möstl/ders. (LitVerz.), Art. 94 RN 12, Art. 116 f.; *Iwers*, in: Lieber/ders./Ernst (LitVerz.), Art. 21 Anm. 3.1; *David* (LitVerz.), Art. 59 RN 3 ff.; *Meyer*, in: Litten/Wallerath (LitVerz.), Art. 71 RN 4 ff.; *Geis*, in: Brocker/Droege/Jutzi (LitVerz.), Art. 19 RN 3 ff.; *Kaplonek*, in: Baumann-Hasske/Kunzmann (LitVerz.), Art. 91 RN 28 ff.; *Reich* (LitVerz.), Art. 8 RN 2.
244 Vgl. *VerfGH Thüringen* NVwZ 2004, S. 608.

mungen nicht angewendet werden[245]; der Richterwahlausschuß in Hamburg soll zwar an die Kriterien des Art. 59 Abs. 1 Verf. Hamburg gebunden sein, doch ist die Gerichtskontrolle infolge der geheimen Abstimmung eingeschränkt[246]. Ausdrücklich festgestellt wurde eine grundsätzliche verfassungsrechtliche Pflicht zur Ausschreibung[247]. Abgelehnt wurde hingegen die Notwendigkeit einer gesetzlichen Regelung der Einstellungskriterien für Lehrkräfte[248]. Ein vor der Religionsfreiheit gerechtfertigtes Verbot bestimmter Bekleidung für Lehrer verletzt auch Art. 134 Verf. Hessen nicht[249].

III. Allgemeinheit und Gleichheit der Wahl

1. Die Normtexte

42
WRV und GG als Vorbilder der Wahlrechtsgrundsätze

Die Grundsätze der Allgemeinheit und der Gleichheit (insbesondere) für (Volks[vertretungs-])Wahlen[250] wurden nach dem Vorbild der Art. 17 Abs. 1 Satz 2, Abs. 2 Satz 1, Art. 22 Abs. 1 Satz 1 WRV schon in den Landesverfassungen vor dem Grundgesetz verankert[251] und sind auch seither bei unterschiedlich gefaßtem Anwendungsbereich[252] durchweg in Übereinstimmung mit Art. 28 Abs. 1 Satz 2, Art. 38 Abs. 1 Satz 1 GG gewährleistet[253]. Vielfach sind auch die Volksabstimmungen ausdrücklich diesen Grundsätzen unterwor-

---

245 Zu Art. 8 Abs. 2 Verf. Sachsen-Anhalt *LVerfG Sachsen-Anhalt* LKV 2001, S. 363 (364); zu Art. 91 Abs. 2, Art. 119 Verf. Sachsen für die Volkswahl des Bürgermeisters *VerfGH Sachsen* LVerfGE 6, 254 (262 ff.), wo die entstandene Lücke dann durch einen ungeschriebenen Verfassungsgrundsatz des Ausschlusses untragbarer Stasi-Mitarbeiter geschlossen wurde; offenlassend für Art. 116 Verf. Bayern *BayVerfGH* NVwZ 2013, S. 792 (796); *David* (LitVerz.), Art. 59 RN 4; *Geis*, in: Brocker/Droege/Jutzi (LitVerz.), Art. 19 RN 5; *Meyer*, in: Litten/Wallerath (LitVerz.), Art. 71 RN 18; anders offenbar *Reich* (LitVerz.), Art. 8 RN 2 (S. 84 f.), der das Wohnsitzerfordernis für die Wählbarkeit von Abgeordneten nach Art. 42 Verf. Sachsen-Anhalt als „Einschränkung des Zugangsrechts" versteht.
246 *OVG Hamburg* NordÖR 2013, S. 21 (22 f.).
247 Zu Art. 128 Verf. Bremen *StGH Bremen* NVwZ-RR 1993, S. 417 (418); zu Art. 91 Abs. 2 Verf. Sachsen *OVG Sachsen* SächsVBl. 2001, S. 196; *Reich* (LitVerz.), Art. 8 RN 2; offenlassend *StGH Hessen* v. 26. 8. 1998 (P.St. 1319), juris, RN 13; anders *Meyer*, in: Litten/Wallerath (LitVerz.), Art. 71 RN 15.
248 *StGH Hessen* NVwZ-RR 1993, S. 201 (202).
249 *StGH Hessen* NVwZ 2008, S. 199 (203).
250 Vgl. → Bd. V: *Wendt*, Spezielle Gleichheitsrechte, § 127 RN 10 ff., 14 ff.; *Kotzur*, Freiheit und Gleichheit der Wahl, § 120.
251 Vgl. die zum Teil modifiziert weiterhin geltenden Art. 12 Abs. 1, 14 Abs. 1 Satz 1 Verf. Bayern; Art. 73 Abs. 2 Satz 1, (seit 1991) Art. 138 Verf. Hessen; Art. 50 Abs. 1 Satz 1, 76 Abs. 1 Verf. Rheinland-Pfalz; Art. 75 Abs. 1 Satz 1 Verf. Bremen; auch Art. 65 (jetzt 63) Abs. 1 Verf. Saarland; ferner Art. 49 Abs. 3 Verf. Württemberg-Baden; Art. 58 Abs. 1 Satz 1 Verf. Baden; Art. 22 Abs. 2 Satz 2 Verf. Württemberg-Hohenlohe und auch Art. 3 Abs. 5 Verf. Thüringen (1946); Art. 25 Abs. 2 Verf. Sachsen-Anhalt (1947); Art. 23 Abs. 2 Verf. Mecklenburg (1947); Art. 10 Abs. 1 Satz 2 Verf. Mark Brandenburg (1947); Art. 27 Abs. 2 Verf. Sachsen (1947).
252 Neben ausdrücklich nur auf Wahlen der Landtage und kommunalen Volksvertretungen bezogenen Bestimmungen finden sich solche, die alle (nach der jeweiligen Verfassung) vom Volk vorzunehmenden Wahlen (oder auch Abstimmungen) betreffen.
253 S. heute weiterhin Art. 26 Abs. 4, Art. 72 Abs. 1 Satz 1 Verf. Baden-Württemberg; Art. 39 Abs. 1, Art. 70 Abs. 1 Satz 1 Verf. Berlin; Art. 22 Abs. 3 Satz 1 Verf. Brandenburg; Art. 6 Abs. 2 Verf. Hamburg; Art. 3 Abs. 3, Art. 20 Abs. 2 Satz 2 Verf. Mecklenburg-Vorpommern; Art. 8 Abs. 1, Art. 57 Abs. 2 Satz 1 Verf. Niedersachsen; Art. 31 Abs. 1 Verf. Nordrhein-Westfalen; Art. 4 Abs. 1 Verf. Sachsen; Art. 42 Abs. 1, Art. 89 Verf. Sachsen-Anhalt; Art. 4 Abs. 1 Verf. Schleswig-Holstein; Art. 46 Abs. 1 Verf. Thüringen.

fen²⁵⁴. Soweit es an einschlägigen Bestimmungen fehlt²⁵⁵, findet eine Gleichheitskontrolle bei verschärften Maßstäben über den allgemeinen Gleichheitssatz²⁵⁶ oder eine Erstreckung der (diesbezüglichen) Wahlrechtsgrundsätze²⁵⁷ auch über den Bereich unmittelbarer Staatlichkeit hinaus statt²⁵⁸. Einige Landesverfassungen lassen nach dem Muster des (ohnehin durchgreifenden²⁵⁹) Art. 137 Abs. 1 GG gesetzliche Beschränkungen der „Wählbarkeit" von Angehörigen des öffentlichen Dienstes des jeweiligen Landes zu²⁶⁰. Verbreitet sind verfassungsrechtliche Verankerungen von Sperrklauseln²⁶¹ oder ihre Zulassung²⁶².

2. Auslegung und Anwendung

In der Praxis hat das Bundesverfassungsgericht bis 1998 diese Grundsätze als Erscheinungsform des allgemeinen Gleichheitssatzes des Grundgesetzes aufgefaßt und auf dieser Grundlage zahlreiche Entscheidungen getroffen, überläßt seither²⁶³ indessen die Überprüfung den Landes(verfassungs)gerichten.

43
Judikatur der Landesverfassungsgerichte

---

254 Art. 26 Abs. 4 Verf. Baden-Württemberg; Art. 22 Abs. 3 Satz 1 Verf. Brandenburg; Art. 69 Abs. 2 Verf. Bremen; Art. 73 Abs. 2 Satz 1 Verf. Hessen; Art. 68 Abs. 5 Satz 1 Verf. Nordrhein-Westfalen; Art. 76 Abs. 1 Verf. Rheinland-Pfalz; Art. 63 Abs. 1 Verf. Saarland; Art. 4 Abs. 1 Verf. Sachsen; Art. 4 Abs. 1 Verf. Schleswig-Holstein; Art. 46 Abs. 1 Verf. Thüringen. Mit *BVerfGE* 47, 253 (276f.); 49, 15 (19) m.w.N. gelten die Grundsätze aber auch ohnedies, vgl. ausdrücklich *BayVerfGHE* 52, 104 (142); *BayVerfGH* NVwZ-RR 2014, S. 8; *VerfG Hamburg* HmbJVBl. 2012, S. 26 (28, 36, 38ff.), dort auch zu Art. 28 Abs. 1 Satz 2 GG.
255 Ausdrücklich für Geltung der Grundsätze für Betriebsvertretungen Art. 47 Abs. 1 Verf. Bremen; Art. 37 Abs. 1 Verf. Hessen.
256 Vgl. für Kommunalwahlen etwa *StGH Hessen ESVGH* 31, 161 (166) m.w.N.; *StGH Hessen* NVwZ-RR 1993, S. 654 (655).
257 Für Kommunalwahlen unter Ablehnung des Rückgriffs auf Art. 2 Abs. 1 Verf. Thüringen *VerfGH Thüringen* NVwZ 1999, S. 665, wegen *BVerfGE* 99, 1, wo aber nur die Anrufung des Bundesverfassungsgerichts über Art. 3 Abs. 1 GG verneint wird.
258 Vgl. allgemein für landesrechtlich geregelte Wahlen *Schröder*, in: Brocker/Droege/Jutzi (LitVerz.), Art. 76 RN 1; *Gröpl*, in: Wendt/Rixecker (LitVerz.), Art. 63 RN 2; allgemein für Bayern allenfalls mit Modifikationen *Möstl*, in: Lindner/ders./Wolff (LitVerz.), Art. 14 RN 6; *Wollenschläger*, in: Meder/Brechmann (LitVerz.), Art. 14 RN 21 jeweils m.w.N; für Personalratswahlen mit Modifikationen *StGH Hessen* NVwZ 1994, S. 1197 (1198); strikter *VG Frankfurt a.M.* v. 15.8.2011 (23 K 863/11.F.PV); juris, RN 54 ff.
259 Vgl. für unmittelbare Geltung *LVerfG Sachsen-Anhalt* NVwZ-RR 1995, S. 457 (459) m.w.N.; ablehnend etwa *Menzel*, in: Löwer/Tettinger (LitVerz.), Art. 46 RN 17 m.w.N.; *VerfG Brandenburg* NJW 1996, S. 590 (591 f.) sieht Art. 137 Abs. 1 GG durch die Art. 22 Abs. 5 Satz 1 Verf. Brandenburg nur verdrängt.
260 Art. 13 Abs. 2 Satz 2 Verf. Hamburg (erweitert); Art. 71 Abs. 3 Verf. Mecklenburg-Vorpommern; Art. 61 Verf. Niedersachsen; Art. 46 Abs. 3 Verf. Nordrhein-Westfalen; Art. 91 Abs. 2 Verf. Sachsen-Anhalt; zu diesen Bestimmungen etwa *LVerfG Sachsen-Anhalt* NVwZ-RR 1995, S. 457 (459f.); *VerfGH Nordrhein-Westfalen* NVwZ 1995, S. 159 (161f.); *VG Lüneburg* v. 26.4.2006 (5 A 414/05), juris, RN 20. Korrekt im Sinne bloßer Inkompatibilität formuliert Art. 22 Abs. 5 Verf. Brandenburg; dazu etwa *VerfG Brandenburg* LKV 1999, S. 59 f.
261 S. für eine 5 v.H.-Klausel Art. 14 Abs. 4 Verf. Bayern; Art. 75 Abs. 3 Verf. Bremen; Art. 8 Abs. 3 Verf. Niedersachsen; Art. 49 Abs. 2 Verf. Thüringen; differenziert Art. 39 Abs. 2, Art. 70 Abs. 2 Verf. Berlin (5 v.H. für das Abgeordnetenhaus; 3 v.H. für Bezirksverordnetenversammlungen); Art. 4 Abs. 3 Satz 1, Art. 6 Abs. 2 Satz 2 Verf. Hamburg (3 v.H. für Bezirksversammlungen, 5 v.H. für die Bürgerschaft). Vgl. auch *Wolfgang Roth*, Verfassungsmäßigkeit der Einführung einer 3%-Sperrklausel bei Kommunalwahlen durch Verfassungsänderung, insbesondere für das Land Nordrhein-Westfalen, 2015.
262 Eine 5 v.H.-Klausel erlaubt Art. 80 Abs. 5 Satz 2 Verf. Rheinland-Pfalz; Klauseln bis höchstens 5 v.H. lassen zu Art. 28 Abs. 3 Satz 3 Verf. Baden-Württemberg; Art. 75 Abs. 3 Satz 2 Verf. Hessen.
263 *BVerfGE* 99, 1 (8ff.) m.w.N. unter Aufgabe dieser Judikatur.

Gleichwohl bleiben die vom Bundesverfassungsgericht dabei entwickelten Rechtsprechungsgrundsätze jedenfalls praktisch weiterhin von großer Bedeutung[264]. In der Judikatur der Landesverfassungsgerichte[265] werden Allgemeinheit und Gleichheit der Wahl bei Unterschieden in der Konstruktion im Ergebnis auch für Volkswahlen herangezogen[266], für die sie nicht explizit vorgeschrieben sind[267]. Offengelassen wurde sogar die entsprechende Anwendbarkeit (der Wahlgleichheit) auf Hochschulwahlen[268]. Ausgenommen wurden die Wahlen zum inzwischen abgeschafften Senat in Bayern[269]. Für gesetzlich zu Kommunalwahlen zugelassene Ausländer sollen die nur auf Deutsche bezogenen Garantien nicht gelten[270]. Gebilligt wurde, daß Stimmen am Wahltag bereits verstorbener Briefwähler mitgezählt wurden[271].

44
Allgemeinheit der Wahl

Zur Allgemeinheit der Wahl wird wohl allgemein anerkannt, daß sie einer Beschränkung des Wahlrechts auf Deutsche[272] nicht entgegensteht[273]. Auch die Beschränkung auf Menschen, die sich vor der Wahl für eine gewisse Zeit

---

264 Für Anknüpfung an die zum Grundgesetz entwickelten Grundsätze ausdrücklich *VerfG Brandenburg* LKV 2001, S. 267; *VerfGH Saarland* NJW 1980, S. 2181 (2183); siehe auch *Feuchte* (LitVerz.), Art. 26 RN 13; *Möstl*, in: Lindner/ders./Wolff (LitVerz.), Art. 14 RN 3; *Neumann* (LitVerz.), Art. 75 RN 2; *David* (LitVerz.), Art. 6 RN 44; *Wallerath*, in: Litten/ders. (LitVerz.), Art. 3 RN 8; *Hagebölling* (LitVerz.), Art. 8 Anm. 2; *J. Ipsen* (LitVerz.), Art. 8 RN 10; *Soffner*, in: Epping/Butzer u.a. (LitVerz.), Art. 8 RN 15; *Löwer*, in: ders./Tettinger (LitVerz.), Art. 31 RN 6; *Thesling*, in: Heusch/Schönenbroicher (LitVerz.), Art. 31 RN 2; *Schröder*, in: Brocker/Droege/Jutzi (LitVerz.), Art. 17 RN 2; *von der Weiden*, in: Linck/Jutzi/Hoppe (LitVerz.), Art. 46 RN 4; zur Gänze daran orientiert auch *Magen*, in: Pfennig/Neumann (LitVerz.), Art. 39 RN 4 ff. Siehe im Einzelnen etwa zur Billigung von Unterschriftenquoren und Ausnahmen davon *BayVerfGHE 48*, 61 (69 ff.); *49*, 12 (16 ff.); *50*, 106 (111 ff.); *VerfGH Berlin* v. 24.1.2003 (152/01), juris, RN 18 ff.; v. 8.9.2011 (107/11, 107A/11), juris, RN 8 ff.; *LVerfG Sachsen-Anhalt* LKV 2001, S. 363 (365 ff.), dort allerdings bei Kritik am Bundesverfassungsgericht. Für Übereinstimmung der Ergebnisse der Landesverfassungsrechtsprechung mit denen des Bundesverfassungsgerichts schon vor 1983 *Götz*, Die Gleichheitsgarantie in der Rechtsprechung der Landesverfassungsgerichte, in: Starck/Stern (Hg.), Landesverfassungsgerichtsbarkeit Bd. III: Verfassungsauslegung (LitVerz.), S. 366 und passim zu vielen Details.

265 Vgl. dazu allgemein die einschlägigen Kommentierungen, etwa *Schweiger*, in: Nawiasky/ders./Knöpfle (LitVerz.), Art. 14 RN 4 ff.; *Möstl*, in: Lindner/ders./Wolff (LitVerz.), Art. 14 RN 22 ff.; *Wollenschläger*, in: Meder/Brechmann (LitVerz.), Art. 14 RN 20 ff.; *Holzner* (LitVerz.), Art. 14 RN 38 ff.; *Löwer*, in: ders./Tettinger (LitVerz.), Art. 31 RN 16 ff.; *Thesling*, in: Heusch/Schönenbroicher (LitVerz.), Art. 31 RN 7 ff.

266 Solche Bestimmungen finden sich für die Wahlen der Bürgermeister pp. in Art. 138 Verf. Hessen; Art. 50 Abs. 1 Satz 1 Verf. Rheinland-Pfalz; nicht ganz eindeutig auch Art. 12 Abs. 1 Verf. Bayern, dazu *BayVerfGHE 21*, 83 (88 f.); für Bezirksversammlungen (seit 2009) in Art. 4 Abs. 3 Verf. Hamburg; bis 1950 für Kommunalwahlen in Art. 137 Abs. 6 Verf. Hessen.

267 Vgl. *VerfG Hamburg* NVwZ-RR 1998, S. 697 (698 f.); 1999, S. 358; *LVerfG Sachsen-Anhalt* LKV 2001, S. 363 (Ls. 2, S. 364, 365); *VerfGH Saarland* AS 8, S. 39 (43 f.); *VerfGH Sachsen* LKV 1997, S. 285; NVwZ-RR 1998, S. 124 (125); *LVerfG Sachsen-Anhalt* LKV 2001, S. 363 (365); trotz Streichung der ursprünglichen Bestimmung dazu *StGH Hessen* ESVGH 31, 161 (166); *StGH Hessen* NVwZ-RR 1993, S. 654 (655); für Einbeziehung in die grundrechtliche Wahlgleichheit *VerfGH Thüringen* NVwZ-RR 1999, S. 665 (bei Deutung des einschlägigen Art. 95 S. 1 Verf. Thüringen als nur objektives Recht).

268 *VerfGH Hessen* NJW 1980, S. 1538; *BayVerfGH* NVwZ-RR 1999, S. 636; ablehnend aber *VerfGH Berlin LVerfGE 3*, 8 ff.

269 *BayVerfGH* BayVBl. 1989, S. 718 (719).

270 *BayVerfGH* NVwZ 1998, S. 54.

271 *BayVerfGHE 27*, 139 (151 f.).

272 Zur Vereinbarkeit der Nichtanknüpfung an die (nicht geregelte) bayerische Staatsangehörigkeit im Wahlrecht *BayVerfGH* BayVBl. 1986, S. 396 (396 f.).

273 Für Verfassungswidrigkeit des Ausländerwahlrechts umgekehrt etwa *StGH Bremen* NVwZ-RR 1992, S. 149 f.; NVwZ-RR 2014, S. 497 (498 ff.); *OVG Lüneburg*, DÖV 1985, S. 1067 (1068 ff.); *Möstl*, in: Lindner/ders./Wolff (LitVerz.), Art. 14 RN 7; *Braun* (LitVerz.), Art. 26 RN 3; *Magen*, in Pfennig/Neumann (LitVerz.), Art. 38 RN 3; *Meyer*, in: Litten/Wallerath (LitVerz.), Art. 72 RN 47; *Schönenbroicher*, in

im Wahlgebiet aufgehalten haben²⁷⁴, kann – auch ohne diesbezüglichen Vorbehalt²⁷⁵ – kaum beanstandet werden²⁷⁶. Eher fraglich scheint dies für die Regelung einer (Mindest-)Dauer der (deutschen) Staatsangehörigkeit²⁷⁷. In der Verfassung selbst festgelegte Altersgrenzen sind grundsätzlich unbedenklich. Mit verfassungsrechtlich legitimierten, gewichtigen Gründen wurden aber auch gesetzliche Altersgrenzen für die Wählbarkeit von (berufsmäßigen) Bürgermeistern oder Landräten²⁷⁸, ebenso der Ausschluß betreuter Personen²⁷⁹ gerechtfertigt.

Zur Gleichheit der Wahl ist die allmähliche Absage an 5 v.H.-Klauseln für die kommunale Ebene bemerkenswert²⁸⁰, während sie für Parlamentswahlen mit dem Bundesverfassungsgericht weiterhin gebilligt wird²⁸¹. Zur Wahlkreiseinteilung²⁸² werden Toleranzgrenzen für die Wahlgleichheit aus dem Grundsatz der Deckungsgleichheit mit dem Gemeinde- bzw. Kreisgebiet hergeleitet²⁸³, aber mit dem Bundesverfassungsgericht²⁸⁴ auch unabhängig davon anerkannt²⁸⁵. Als verfassungswidrig wurde die Anwendung des grundsätzlich ge-

45
Wahlrechtsgleichheit

Heusch/ders. (LitVerz.), Art. 2 RN 2, Art. 78 RN 28; *Hummrich*, in: Brocker/Droege/Jutzi (LitVerz.), Art. 80 RN 28; *K. Müller* (LitVerz.), Art. 4, Anm. 1; *Reich* (LitVerz.), Art. 42 RN 2; *Nolte/Tams*, in: Caspar/Ewer/Nolte/Waack (LitVerz.), Art. 1 RN 12; *von der Weiden*, in: Linck/Baldus u.a. (LitVerz.), Art. 46 RN 45. Für die Zulässigkeit der Verleihung (nur) des kommunalen Wahlrechts an Unionsbürger *VerfG Hamburg* NVwZ-RR 2010, S. 129 ff.; *StGH Bremen* NVwZ-RR 2014, S. 497 (498 ff.).

274 Wohnsitzerfordernisse sind dagegen im Hinblick auf Obdachlose nicht unproblematisch, vgl. offenlassend *VerfGH Nordrhein-Westfalen* NWVBl. 1996, S. 429. Zur verfassungskonformen Auslegung des Wohnsitzbegriffs etwa *VerfGH Thüringen* NJW 1998, S. 525 ff.

275 So etwa Art. 26 Abs. 7 Verf. Baden-Württemberg; Art. 7 Abs. 3 Verf. Bayern; Art. 4 Abs. 3 Verf. Sachsen; Art. 42 Abs. 3 Verf. Sachsen-Anhalt; Art. 39 Abs. 3, 70 Abs. 1 Satz 2 Verf. Berlin; Art. 22 Abs. 5 Satz 2 Verf. Brandenburg; Art. 73 Abs. 1 Verf. Hessen; Art. 8 Abs. 5 Satz 2 Verf. Niedersachsen; Art. 76 Abs. 3 Verf. Nordrhein-Westfalen; Art. 46 Abs. 2 Verf. Thüringen.

276 Ausdrücklich etwa *BayVerfGH* BayVBl. 1967, S. 235; vgl. ferner etwa *Löwer*, in: ders./Tettinger (LitVerz.), Art. 31 RN 20; *Linck*, in: ders./Jutzi/Hoppe (LitVerz.), Art. 46 RN 24; *Soffner*, in: Epping/Butzer u.a. (LitVerz.), Art. 8 RN 3; *Hinkel* (LitVerz.), Erl. zu Art. 73; *Driehaus* (LitVerz.), Art. 39 RN 15; *Iwers*, in: Lieber/ders./Ernst (LitVerz.), Art. 22 Anm. 6. Mangels einer unabhängig vom Aufenthalt im Lande bestehenden Staatsangehörigkeit in den Ländern kann es Komplikationen wie bei den Auslandsdeutschen, vgl. *BVerfGE 132*, 39 ff., nicht geben.

277 Art. 42 Abs. 3 Satz 2 Verf. Sachsen-Anhalt; ohne Bedenken dazu *Reich* (LitVerz.), Art. 42 RN 5; *Mahnke* (LitVerz.), Art. 42 RN 10.

278 *BayVerfGH* NVwZ 2013, S. 792 (794 f.).

279 Wegen zwingender Gründe wie nach der vorher bestehenden Rechtslage *BayVerfGH* E 55, 85 (90 f.).

280 Vgl. dazu für Schleswig-Holstein, auch ländervergleichend, nur *BVerfGE 120*, 82 (109 ff.) m.w.N.; ferner etwa *VerfGH Thüringen* NVwZ 2009, S. 1 ff.; ohne Stellungnahme für die mit der Parlamentswahl verbundene Wahl zur Stadtbürgerschaft *StGH Bremen* LVerfGE 11, S. 199 (212 f.); für Zulässigkeit der 5 v.H.-Klausel für Wahlen zu Bezirksversammlungen *VerfG Hamburg* LVerfGE 18, 232 (259); dagegen *VerfG Berlin* LVerfGE 6, 32 (39 ff.). S. auch oben FN 261.

281 S. etwa *BayVerfGH* NVwZ-RR 2007, S. 73 (74 f.); *BayVerfGH* BayVBl. 2015, S. 190 (193); BayVBl. 2015, S. 193 (194); *StGH Bremen* LVerfGE 11, 199 (212); *VerfG Schleswig-Holstein* v. 13. 9. 2013 (LVerfG 7/12), juris, RN 108 ff., und v. 13. 9. 2013 (LVerfG 9/12), juris, RN 192 ff.; *VerfGH Berlin* LVerfGE 6, 28 (30 f.); gebilligt wurde auch der Ausschluß des Erwerbs von Direktmandaten durch die Sperrklausel, *BayVerfGH* BayVBl. 1986, S. 717 (718). Siehe auch oben FN 261.

282 Für einen Verstoß bezüglich der Direktwahl *StGH Niedersachsen* NVwZ 2000, S. 670 f. (bei mehr als einem Drittel Abweichung).

283 *BayVerfGH* NVwZ-RR 2002, S. 473 ff. für 25 v.H.

284 Die früher angenommene Abweichung um ein Drittel der (deutschen) Bevölkerung hat *BVerfGE 97*, 335 (365) für nicht mehr akzeptabel erklärt; zur notwendigen Orientierung an den Wahlberechtigten *BVerfGE 130*, 212 (229 f.).

285 Siehe etwa *StGH Baden-Württemberg* ESVGH 58, 1 (7 ff.) für 25 v.H.; *StGH Niedersachsen* NVwZ 2000, S. 670 f.; *VerfGH Nordrhein-Westfalen* NVwZ-RR 1996, S. 679 (noch für ein Drittel).

§ 240 *Sechzehnter Teil: II. Vergleichende Betrachtung der Landesgrundrechte*

Neutralität

gebilligten[286] *d'Hondt*'schen Höchstzahlverfahrens bei Verteilung der Sitzkontingente in den (sieben) einzelnen Wahlkreisen qualifiziert[287]. Gefolgschaft in der Judikatur findet das Bundesverfassungsgericht zu den insbesondere aus der Wahlrechtsgleichheit hergeleiteten Geboten der Neutralität der Staatsorgane im Wahlkampf[288] und der formalisierten Gleichheit der Abgeordneten[289].

46
Stimmzettelgestaltung

In Rheinland-Pfalz wurde die auf eine Steuerung der Wahlentscheidung zugunsten weiblicher Kandidaten gerichtete Gestaltung von Stimmzetteln als Verstoß gegen die Wahlfreiheit verworfen, ohne daß auch die mittelbar beeinträchtigte passive Wahlgleichheit angesprochen wurde[290]. Ein Elternwahlrecht hat der Bayerische Verfassungsgerichtshof als Verstoß gegen die Wahlgleichheit eingestuft[291]. In Schleswig-Holstein wird eine Grundlage für die Freistellung von Parteien der nationalen dänischen Minderheit von der 5 v.H.-Klausel in Art. 6 Abs. 2 der Verfassung gesehen[292]; allerdings hat die Ausgestaltung im Einzelnen zu Problemen geführt[293].

47
Erfolgswertdifferenzierungen

In Bremen wurden Differenzierungen des Erfolgswerts der Stimmen in den Wahlbereichen Bremen und Bremerhaven ebenso wie eine über 5 v.H. hinausreichende Wirkung des natürlichen Quorums für Bremerhaven infolge einer Parlamentsverkleinerung mit anderen verfassungsrechtlichen Vorgaben gerechtfertigt[294]. In Hamburg wurde es als gleichheitsgemäß eingestuft, daß die absolute Mehrheit der abgegebenen Stimmen notwendig zur absoluten Mehrheit der Bürgerschaftsmandate führt[295]. Der hessische Staatsgerichtshof

---

286 So etwa auch *StGH Baden-Württemberg ESVGH 58*, 1 (12 ff.); *VerfGH Berlin* JR 2001, S. 497 f.; *VerfGH Rheinland-Pfalz AS 22*, S. 14 (18).
287 *BayVerfGH* NVwZ-RR 1993, S. 113 (114 f.). Akzeptiert wird aber auch das Hare-Niemeyer-Verfahren, vgl. *VerfGH Berlin* v. 19. 2. 2007 (169/06), juris, RN 26.
288 S. etwa gegenüber *BVerfGE 44*, 125 (144); *63*, 230 (241 f.) *StGH Hessen* NVwZ 1992, S. 465 (466) m.w.N. zur Rechtsprechung weiterer Gerichte; *VerfGH Rheinland-Pfalz* NVwZ-RR 2014, S. 665 (666); *VerfGH Saarland* NVwZ-RR 2010, S. 785; *BayVerfGH* BayVBl. 2005, S. 334 (337); *VerfG Hamburg* v. 17. 2. 2004 (2/04), juris, RN 31.
289 Vgl. etwa gegenüber *BVerfGE 40*, 296 (317 ff.); *112*, 118 (133 f. m.w.N.); *130*, 318 (352 m.w.N.) *BayVerfGHE 35*, 148 (163); *BayVerfGH* BayVBl. 2015, S. 343 (345); *VerfG Hamburg* NJW 1998, S. 1054 (1055 ff.), bei Abweichungen im Detail; *VerfGH Saarland* LKRZ 2008, S. 96 (98); *VerfG Schleswig-Holstein* NVwZ-RR 2014, S. 3 ff. (bei abweichendem Ergebnis).
290 *VerfGH Rheinland-Pfalz* NVwZ 2014, S. 1089 ff., wobei (S. 1092 f.) eine Grundrechtsbindung der Wähler auch für Gleichheitsrechte abgelehnt wurde; alles bestätigt in *VerfGH Rheinland-Pfalz* v. 13. 6. 2014 (VGH N 14/14, VGH B 16/14), juris, RN 38 ff., 58.
291 *BayVerfGH* BayVBl. 2004, S. 207 (208); *Magen*, in: Pfennig/Neumann (LitVerz.), Art. 39 RN 5; *von den Weiden*, in: Linck/Baldus u.a. (LitVerz.), Art. 46 RN 36; *Möstl*, in: Lindner/ders./Wolff (LitVerz.), Art. 14 RN 7; *Hummrich*, in: Brocker/Droege/Jutzi (LitVerz.), Art. 80 RN 27 m.w.N.
292 Ein Verstoß gegen Art. 3 Abs. 3 Satz 1 GG ist so allerdings nicht auszuschließen; so auch → Bd. V: *Wendt*, Spezielle Gleichheitsrechte, § 127 RN 28 und 20 ff. zum Bundestagswahlrecht, gegen *BVerfGE 6*, 84 (97) (dies ohne Erwähnung des Art. 3 Abs. 3 GG); diesen verneint *VerfG Schleswig-Holstein* v. 13. 9. 2013 (LVerfG 7/12), juris, RN 130, und v. 13. 9. 2013 (LVerfG 9/12), juris, RN 114, da mit der Anknüpfung an das freie Bekenntnis zur Minderheit keines der verpönten Merkmale angesprochen sei.
293 Vgl. die nach *BVerfG* (Kammer) NVwZ 2005, S. 205 (206) bzw. S. 568 ff. unzulässigen Richtervorlagen *OVG Schleswig-Holstein* NVwZ-RR 2003, S. 161 ff., und erneut *OVG Schleswig-Holstein* NordÖR 2005, S. 63 ff.; *VerfG Schleswig-Holstein* v. 13. 9. 2013 (LVerfG 7/12), juris, RN 139 ff., und v. 13. 9. 2013 (LVerfG 9/12), juris, RN 124 ff.
294 *StGH Bremen* NordÖR 2005, S. 155 (157).
295 *VerfG Hamburg LVerfGE 18*, 232 (260 f.).

scheint keine Bedenken gegen ein doppeltes Stimmgewicht bei sogenannten Splitting-Wählern zu haben[296].

IV. Weitere Gleichheitssätze

In den Landesverfassungen seit 1946 fanden und finden sich zum Teil neben mehr oder weniger überholten Reminiszenzen an das Weimarer Vorbild[297] weitere gleichheitsbezogene Bestimmungen, die mangels spezieller Parallelvorschriften, wie etwa des Art. 3 Abs. 3 Satz 1 GG hinsichtlich der Herkunft für Standesprivilegien, nach dem Grundgesetz dessen allgemeinem Gleichheitssatz unterfallen.

48
Sonderbestimmungen

1. Lastengleichheit

Zu nennen ist insbesondere die traditionsreiche Lastengleichheit[298], die allerdings nur noch in der Ausrichtung auf proportional[299] oder sozial progressiv[300] differenzierende Gestaltung ohne explizite Artikulation des Gleichheitsanliegens[301] geltendes Landesverfassungsrecht ist. Wegen der im Steuerrecht dominanten Bundesgesetzgebung kommt diesen Bestimmungen nur sehr beschränkte Bedeutung zu[302]; insoweit ist der Grundsatz der Lastengleichheit im Rahmen des Art. 3 Abs. 1 GG gleichheitsrechtlicher Ausgangspunkt[303]. Impulse für die Bewertung erbschaftsteuerrechtlicher Regelungen[304] könnten die landesverfassungsrechtlichen Bestimmungen auch in ihrer Ausrichtung gegen „Riesenvermögen in den Händen einzelner"[305] und für den besonderen Schutz erarbeiteten Eigentums[306] geben.

49
Verbleibender Traditionsbestand

---

296 *StGH Hessen* NVwZ 2007, S. 328 (330), unter nicht voll zutreffender Berufung auf *BVerfGE* 76, 161 (167 f.), wo doppeltes Stimmgewicht gerade ausgeschlossen bzw. mißbilligt wurde.
297 Vgl. etwa ähnlich wie Art. 109 Abs. 3 bis 5 WRV noch Art. 118 Abs. 3 bis 5 Verf. Bayern; Art. 18 Abs. 1, Abs. 2 Verf. Rheinland-Pfalz. Für Bedeutungslosigkeit in der verfassungsgerichtlichen Praxis *Lindner*, in: ders./Möstl/Wolff (LitVerz.), Art. 118 RN 141, aber dort auch RN 11; vgl. zu „Stand" i.S.d. Art. 118 Abs. 3 Verf. Bayern als Geburtsstand nur *BayVerfGH* BayVBl. 1990, S. 430 m.w.N. Nach wie vor „bedeutsame Maßstäbe" sieht aber (für Abs. 2) *Caesar*, in: Grimm/ders. (LitVerz.), Art. 18 RN 2. Zu den historischen Zusammenhängen näher *Sachs*, in: Stern, Staatsrecht IV/2 (LitVerz.), § 122 II 1 d β (S. 1712 f.).
298 Vgl. die Hinweise zu entsprechenden Regelungen vorgrundgesetzlicher Verfassungen in Deutschland bei *Sachs*, in: Stern, Staatsrecht IV/2 (LitVerz.), § 120 I 1 d β ββ (S. 1455 f.).
299 Art. 123 Abs. 1 Verf. Bayern, wo die Geltung für „(a)lle" als egalitäres Element angesprochen werden mag; vgl. für ein Verbot von Steuerprivilegien deshalb *G. Kirchhof*, in: Meder/Brechmann (LitVerz.), Art. 123 RN 12.
300 Art. 47 Abs. 1, auch 2 Verf. Hessen.
301 Wie noch beim „ohne Unterschied" in Art. 134 WRV; ähnlich auch Art. 6 Abs. 2 Verf. Württemberg-Hohenlohe.
302 S. ausdrücklich etwa *G. Kirchhof*, in: Meder/Brechmann (LitVerz.), Art. 123 RN 7; *Hinkel* (LitVerz.), Erl. zu Art. 47.
303 So *BVerfGE 138*, 136 (181 RN 123) sowie NJW 2015, S. 303 RN 123 m.w.N.
304 In ähnliche Richtung unter Berufung auf das Sozialstaatsprinzip die abweichende Meinung von *Gaier, Masing* und *Baer*, NJW 2015, S. 303, 327 f.
305 Art. 123 Abs. 3 Verf. Bayern; vgl. in diese Richtung zur Erbschaftsteuer im Hinblick auf das Sozialstaatsprinzip das Sondervotum zu *BVerfGE 138*, 136, abgedr. aaO. S. 252 ff. sowie NJW 2015, S. 303 (327 f.); dazu *Sachs*, Konzentration privater Vermögen im Sozialstaat, NJW 2015, S. 601 ff.
306 Art. 47 Abs. 2 Verf. Hessen; auch bezogen auf durch Sparsamkeit erworbenes Eigentum Art. 15 Abs. 2 Verf. Baden (1947).

2. Lohngleichheit

50
Aspekt der Gleichberechtigung

Die Lohngleichheit war und ist in etlichen Landesverfassungen als Aspekt der Gleichberechtigung der Geschlechter, zum Teil auch zugunsten der Jugend, vorgesehen[307]. Weitergehend normieren Art. 24 Abs. 2 Satz 2 Verf. Nordrhein-Westfalen allgemein einen Anspruch auf gleichen Lohn für gleiche Tätigkeit und Leistung[308]. Praktische Bedeutung haben diese Vorschriften unabhängig vom Grad ihrer originären Bindungskraft allerdings neben dem arbeitsrechtlichen Gleichbehandlungsgrundsatz, Art. 3 GG und inzwischen dem Allgemeinen Gleichbehandlungsgesetz[309] kaum[310]. Im einzelnen finden sich auch restriktive Interpretationen aufgrund der Landesverfassung selbst, so der Ausschluß der Geltung für Beamte, hier aufgrund der systematischen Stellung im Verfassungstext[311].

3. Chancengleicher Bildungszugang

51
Einschlägige Bestimmungen

Dem Vorbild des Art. 146 Abs. 1 Satz 3 WRV folgend, haben zunächst die Landesverfassungen in der sowjetischen Besatzungszone vorgesehen, daß die Schulbildung den Fähigkeiten und Anlagen entsprechend unabhängig von der sozialen Lage der Eltern und vom Religionsbekenntnis erfolgen sollte[312]. Gegen eine Bedeutung der Stellung der Eltern und auf die maßgebliche Orientierung an der Begabung des Kindes richteten sich Art. 128 Abs. 1, Art. 132 Verf. Bayern[313]; nur positiv auf die Maßgabe der Begabung legte Art. 27 Abs. 1 Verf. Bremen „das gleiche Recht auf Bildung" fest[314]. Studienbeiträge dürfen keine unüberwindbare soziale Barriere bilden[315]. Auch in den nach dem Grundgesetz erlassenen Landesverfassungen finden sich Bestimmungen, die ein Recht auf begabungsentsprechende Erziehung und Ausbildung ohne

---

307 Art. 168 Abs. 1 Verf. Bayern; Art. 33 Satz 2 Verf. Hessen; Art. 56 Abs. 2 Verf. Rheinland-Pfalz; Art. 53 Abs. 1 Verf. Bremen (dort in Abs. 2 auch zum Anspruch von Frauen auf gleichwertige Arbeitsplätze); ursprünglich auch in Art. 47 Satz 4 Verf. Saarland (1947); w.N. zu vorgrundgesetzlichen Verfassungen bei *Sachs*, in: Stern, Staatsrecht IV/2 (LitVerz.), § 121 I d (S. 1608 FN 64).
308 Zur näheren Bedeutung der als verbindlich eingestuften Lohngleichheitsgarantie etwa *BAG* NJW 1964, S. 2269 ff. Art. 168 Abs. 1 Verf. Bayern, der jeder ehrlichen Arbeit den gleichen sittlichen Wert zuspricht, wird i.V.m. dem allgemeinen Gleichheitssatz zum rechtlichen Maßstab, vgl. *BayVerfGH* BayVBl. 2007, S. 651 (652).
309 Vom 14. 8. 2006 (BGBl. I S. 1897), durch Art. 8 des Gesetzes v. 3. 4. 2013 (BGBl. I S. 610) geändert.
310 Vgl. bei Unterschieden im Einzelnen *Stettner*, in: Nawiasky/Schweiger/Knöpfle (LitVerz.), Art. 118 RN 2, RN 21; *J.F. Lindner*, in: ders./Möstl/Wolff (LitVerz.), Art. 168 RN 7; *Schmidt am Busch*, in: Meder/Brechmann (LitVerz.), Art. 168 RN 7; *Müller-Terpitz*, in: Löwer/Tettinger (LitVerz.), Art. 24 RN 28; *Günther*, in: Heusch/Schönenbroicher (LitVerz.), Art. 24 RN 10; *Bartz*, in: Grimm/Caesar (LitVerz.), Art. 56 RN 2, 4, 12, 14; im Ergebnis gegen weitergehenden Grundrechtsschutz auch *Wermeckes*, Grundrechtsschutz (LitVerz.), S. 161 f.
311 *BayVerfGH* NJW 1960, S. 2139 (2140).
312 Art. 71 Satz 1 Verf. Thüringen (1946); Art. 87 Satz 1 Verf. Sachsen-Anhalt (1947); Art. 97 Abs. 1 Verf. Mecklenburg (1947); Art. 60 Satz 1 Verf. Mark Brandenburg (1947); Art. 87 Abs. 1 Verf. Sachsen (1947).
313 Für Bildungschancengleichheit insoweit etwa *BayVerfGH* BayVBl. 2015, S. 46 (48) m.w.N.
314 Ähnlich ohne Erwähnung des Gleichheitsaspekts Art. 31 Verf. Rheinland-Pfalz; Art. 27 Abs. 5 (jetzt 6) Verf. Saarland und schon Art. 59 Abs. 2 Verf. Hessen, dem *StGH Hessen* NVwZ 2008, S. 883 (885 ff.), eine „Wertentscheidung" für Bildungschancengleichheit entnimmt. Garantien eines „Rechts auf Bildung" an sich bleiben hier außer Betracht.
315 Zu Art. 128 Abs. 1 Verf. Bayern *BayVerfGH* BayVBl. 2009, S. 593 (595 f.).

Rücksicht auf Herkunft und wirtschaftliche Lage vorsehen[316] oder den Schulzugang von der Religion unabhängig machen[317]. Auf Gleichbehandlung ohne Unterschied der Religion zielt auch die Festlegung von Gemeinschaftsschulen[318].

Die Verfassungen der neuen Länder setzten überwiegend die Tradition der SBZ-Zeit fort[319], teils unter Erweiterung der verpönten Merkmale auf die (weltanschauliche und) politische Überzeugung[320]. Das Recht auf gleichen Zugang zu Bildungseinrichtungen wird nur auf die vorhandenen Kapazitäten bezogen[321]. Bestimmungen, die sich für Privatschulen gegen eine „Sonderung der Schüler nach den Besitzverhältnissen der Eltern" wenden, zielen darauf, eine unterschiedliche Behandlung beim Zugang zu solchen Einrichtungen zu verhindern[322]. Unabhängig davon wird im Zusammenhang mit Bildungsfragen auch der allgemeine Gleichheitssatz als Garantie von Chancengleichheit herangezogen[323]. Ein Recht von Ausländern auf besondere Begünstigung wurde für Art. 128 Abs. 1 Verf. Bayern verneint[324].

52
Rechtsprechungsergebnisse

4. Gleichheit in bezug auf einzelne andere Grundrechte

Vereinzelt kennen die Landesverfassungen gleichheitsrechtliche Bestimmungen in bezug auf die Betätigung anderer Grundrechte. Hierher läßt sich für die Meinungsäußerungs- und Informationsfreiheit das allerdings an jedermann gerichtete Verbot zählen, jemanden „deshalb" zu benachteiligen (Art. 10 Abs. 1 Satz 2 Verf. Rheinland-Pfalz)[325]. Auch Art. 13 Abs. 2 Verf. Rheinland-Pfalz, nach dem der Erwerb der Rechtsfähigkeit einem Verein

53
Meinungsäußerungs- und Informationsfreiheit
Vereinsfreiheit

---

316 Art. 11 Abs. 1 Verf. Baden-Württemberg. Ohne dezidiert gleichbehandlungsbezogene Formulierung auch Art. 10 Abs. 1 Satz 4 Verf. Nordrhein-Westfalen mit der Festlegung der maßgeblichen und unmaßgeblichen Kriterien; für einen Fall von Diskriminierungsverbot gleichwohl *Ennuschat*, in: Löwer/Tettinger (LitVerz.), Art. 10 RN 11; dem folgend *Söbbeke*, in: Heusch/Schönenbroicher (LitVerz.), Art. 10 RN 10. Nur für maßgebliche Orientierung an der Begabung etwa Art. 12 Abs. 2 Verf. Schleswig-Holstein.
317 Art. 13 Verf. Nordrhein-Westfalen, allerdings nur „falls keine entsprechende Schule vorhanden ist".
318 Vgl. etwa Art. 32 Abs. 2 Satz 1 Verf. Bremen; Art. 56 Abs. 2 Verf. Hessen; später auch Art. 135 Satz 1 Verf. Bayern; Art. 12 Abs. 3 Verf. Schleswig-Holstein; Art. 27 Abs. 4 Verf. Saarland; Art. 26 Abs. 2 Verf. Sachsen-Anhalt; Art. 12 Abs. 4 Satz 1 Verf. Nordrhein-Westfalen.
319 Art. 25 Abs. 1 Verf. Sachsen-Anhalt; ohne Absage an verpönte Kriterien Art. 29 Abs. 2 Verf. Sachsen; Art. 20 Satz 2 Verf. Thüringen (dort mit Auftrag zur besonderen Förderung bestimmter Personen in Satz 3).
320 Art. 29 Abs. 3 Satz 1 Verf. Brandenburg (mit Auftrag zur besonderen Förderungen bestimmter Personen in Satz 2); Art. 8 Satz 1 Verf. Mecklenburg-Vorpommern.
321 *VerfG Brandenburg* NVwZ 2001, S. 912; *VerfGH Thüringen* v. 19. 11. 2014 (VerfGH 24/12), juris, RN 46; für partielle Inhaltsgleichheit mit Art. 12 Abs. 1 i.V.m. Art. 3 Abs. 1 GG; entsprechend zu Art. 128 Abs. 1 Verf. Bayern *BayVerfGH* NVwZ 1984, S. 93 (94); BayVBl. 2008, S. 266 (271); BayVBl. 2015, S. 46 (48). Siehe auch *Wermeckes*, Grundrechtsschutz (LitVerz.), S. 141 ff., 151.
322 Strenger als der Ausschluß der Genehmigungspflicht nach Art. 147 Abs. 1 Satz 2 WRV, Art. 7 Abs. 4 Satz 3 GG etwa der diese Sonderung verbietende Art. 30 Abs. 2 Verf. Rheinland-Pfalz und der Ausschluß der Genehmigung nach Art. 61 Satz 2 Verf. Hessen.
323 Vgl. etwa *BayVerfGH* BayVBl. 2015, S. 46 (49 f.).
324 *BayVGH* WissR 1993, S. 136.
325 Nur von unmittelbarer Bindung der öffentlichen Gewalt sprechen gleichwohl *Lücke*, in: Grimm/Caesar (LitVerz.), Art. 10 RN 15; *Dörr*, in: Brocker/Droege/Jutzi (LitVerz.), Art. 10 RN 12, jeweils unter Hinweis auf Art. 3 Abs. 3 Satz 2 GG.

nicht deshalb versagt werden darf, weil er einen politischen, religiösen oder weltanschaulichen Zweck verfolgt, läßt sich hierher zählen[326]. Allgemeiner garantiert Art. 11 Abs. 5 Verf. Bayern den Gemeindebürgern die Gleichheit der politischen Rechte und Pflichten[327].

5. Gleichstellung der Unionsbürger?

54
Ausdehnung der Grundrechtsträgerschaft

Nach Art. 19 a Verf. Rheinland-Pfalz stehen Deutschengrundrechte der (Landes-)Verfassung auch nichtdeutschen Unionsbürgern zu, soweit sie nach dem Unionsrecht Anspruch auf Gleichbehandlung haben. Damit wird kein Recht auf Gleichbehandlung begründet[328], sondern im angesprochenen Umfang die Grundrechtsträgerschaft für die Deutschengrundrechte auf Unionsbürger ausgedehnt; einer unmittelbar unionsrechtlich bewirkten Anwendungserweiterung[329] bedarf es daneben nicht mehr.

---

326 Nach *Bickenbach*, in: Brocker/Droege/Jutzi (LitVerz.), Art. 13 RN 5, ist es Ziel der Bestimmung, „eine einfachrechtliche Schlechterstellung zu verhindern". Durch das historische Vorbild des Art. 124 Abs. 2 WRV wurden Bestimmungen des BGB aufgehoben, die es ermöglichten, die Rechtsfähigkeit von Vereinen wegen (bestimmter) Ziele dieser Art zu verhindern.
327 Dazu etwa BayVBl. 1970, S. 95 (96).
328 Für diese (formale) Qualität aber *Weiß*, in: Brocker/Droege/Jutzi (LitVerz.), Art. 19 a RN 1.
329 So für juristische Personen zu Art. 19 Abs. 3 GG *BVerfGE 129*, 78 (Ls. 1, 94 ff.).

F. Bibliographie

Götz, Volkmar, Die Gleichheitsgarantie in der Rechtsprechung der Landesverfassungsgerichte, in: Christian Starck/Klaus Stern (Hg.), Landesverfassungsgerichtsbarkeit, Teilband III: Verfassungsauslegung, 1983.
Menzel, Jörg, Landesverfassungsrecht, 2002.
Wermeckes, Bernd, Der erweiterte Grundrechtsschutz in den Landesverfassungen, 2000.

§ 241
Minderheitenschutz

Thomas Mann

Übersicht

	RN		RN
A. Einführung	1– 30	2. Brandenburg	57– 74
I. Hintergrund u. Zielrichtung des Minderheitenschutzes	1– 3	a) Hintergrund und Entstehungsgeschichte	58– 59
II. Begriffsbestimmungen	4– 27	b) Normtypologische Klassifizierung	60– 65
1. Völkerrechtlicher Minderheitenbegriff	5– 18	c) Geschützter Personenkreis	66
a) Ausgangspunkt	6– 8	d) Gewährleistungsumfang	67– 73
b) Merkmale	9– 14	e) Zusammenfassung	74
c) Fortentwicklung	15– 18	3. Sachsen	75– 91
2. Minderheitenbegriff in der Bundesrepublik Deutschland	19– 27	a) Hintergrund und Entstehungsgeschichte	78
a) Minderheitenschutz in der deutschen Verfassungstradition	20	b) Normtypologische Klassifizierung	79– 81
b) Außenpolitischer Minderheitenbegriff	21– 23	c) Geschützter Personenkreis	82– 84
c) Minderheitenschutz im Grundgesetz	24– 26	d) Gewährleistungsumfang	85– 90
d) Landesverfassungen	27	e) Zusammenfassung	91
III. Gegenwärtige Situation der Minderheiten	28– 30	4. Sachsen-Anhalt	92–100
1. Anerkannte Minderheiten	28	a) Hintergrund und Entstehungsgeschichte	93
2. Sog. neue Minderheiten	29– 30	b) Normtypologische Klassifizierung	94
B. Minderheitenschutzvorschriften in den Landesverfassungen	31–111	c) Geschützter Personenkreis	95– 97
I. Instrumente und Normtypen	31– 34	d) Gewährleistungsinhalt	98– 99
1. Überblick	31– 32	e) Zusammenfassung	100
2. Gewährleistungen und Grundrechtsnormen	33	5. Mecklenburg-Vorpommern	101–107
3. Staatszielbestimmungen und Verfassungsaufträge	34	a) Hintergrund und Entstehungsgeschichte	102
II. Die Minderheitenschutzvorschriften im einzelnen	35–111	b) Normtypologische Klassifizierung	103
1. Schleswig-Holstein	36– 56	c) Geschützter Personenkreis	104–105
a) Hintergrund und Entstehungsgeschichte	38– 39	d) Gewährleistungsinhalt	106
b) Normtypologische Klassifizierung	40– 45	e) Zusammenfassung	107
c) Begünstigter Personenkreis	46– 48	6. Niedersachsen	108–111
d) Gewährleistungsumfang	49– 54	C. Vergleichendes Fazit	112–114
e) Zusammenfassung	55– 56	D. Bibliographie	

A. Einführung

I. Hintergrund und Zielrichtung des Minderheitenschutzes

1
Kontext der Entstehung des Nationalstaats

Idee und Konzeption des Minderheitenschutzes hängen, wie *Dietrich Murswiek* gezeigt hat[1], eng mit der Entstehung des Nationalstaats zusammen: Soweit im Nationalstaat ein Volk seine politische Einheit verwirklicht, das sich typischerweise durch bestimmte ethnische Merkmale wie Sprache, gemeinsame Geschichte und Kultur von anderen Völkern unterscheidet, wird ein solcher Nationalstaat zwangsläufig auch durch diese ethnisch relativ homogene Mehrheitsbevölkerung kulturell geprägt und dominiert. Allein die zahlenmäßige Überlegenheit gibt dem Mehrheitsvolk, das diesen Nationalstaat prägt, jedoch kein Recht, von den ebenfalls zum Staatsvolk gehörenden Angehörigen ethnischer Minderheiten eine Assimilation an die Mehrheitsgesellschaft durch Aufgabe der eigenen Sprache, Kultur und letztlich der eigenen ethnischen Identität zu verlangen. Es hat vielmehr umgekehrt dem faktisch erfahrbaren Assimilierungsdruck entgegenzuwirken, indem es die Existenz und die Besonderheit der Minderheit respektiert und die Bewahrung ihrer Identität positiv fördert[2]. Minderheitenschutz kann sich daher nicht auf reinen Diskriminierungsschutz beschränken, sondern muß darauf gerichtet sein, der jeweiligen ethnischen Minderheit die Bewahrung ihrer spezifischen Andersartigkeit zu ermöglichen und den Assimilationsdruck, wenn nötig durch gezielte Förderung, von ihr abzuwenden[3].

2
Dysfunktionalität strenger Egalität

Anerkennung von „Anderssein"

Demgegenüber wird ein sich zu strenger Egalität bekennender Staat, der alle seine Bürger ohne Rücksicht auf tatsächlich bestehende Unterschiede als gleich behandeln will, ein Gegenüber von Mehrheit und Minderheit und damit auch Konflikte, die sich hieraus ergeben können, leugnen müssen[4]. Eine staatliche Neutralität durch normative Abstinenz führt dazu, daß Besonderheiten zugunsten bestimmter ethnischer Gruppen keine rechtliche Anerkennung finden[5] und die postulierte Gleichheit aller Menschen letztlich auf der Grundlage der Mehrheitsgesellschaft verwirklicht wird[6]. Vor diesem Hintergrund können spezifische Minderheitenrechte nur in einer Rechtsordnung Anerkennung finden, welche ein Bedürfnis nach Differenz nicht ignoriert, sondern das „Anderssein" anerkennt und sich der Minderheitenproblematik

---

1 *Murswiek*, Schutz der Minderheiten in Deutschland, HStR ³X, § 213 RN 44.
2 *Murswiek* aaO.
3 *Pallek*, Minderheiten in Deutschland – Der Versuch einer juristischen Begriffsbestimmung, AöR 125 (2002), S. 587 (611).
4 *Krugmann*, Das Recht der Minderheiten (LitVerz.), S. 20.
5 In diesem Sinne dann auch die Erklärung Frankreichs zu der Minderheitenschutzvorschrift in Art. 27 des Internationalen Paktes über bürgerliche und politische Rechte (IPbürgR – BGBl. II 1973 S. 1533): „In the light of article 2 of the Constitution of the French Republic, the French Government declares that article 27 is not applicable so far as the Republic is concerned", abrufbar unter: https://treaties.un.org/pages/viewdetails.aspx?chapter=4&src=treaty&mtdsg_no=iv-4&lang=en (Abruf am 23.7.2016); vgl. → Bd. VI/2: *Vedder*, Die UN-Menschenrechtspakte und ihre Verfahren, § 174 RN 11 ff., 87 ff.
6 *Murswiek*, HStR ³X, § 213 RN 46.

durch Statuierung eines Minderheitenschutzes annimmt[7]. Unabhängig davon, ob man dem Wesen und Selbstverständnis des demokratischen Rechtsstaates die Pflicht entnimmt, Angehörige von Minderheiten zu schützen[8], folgt doch bereits aus der Menschenwürde, daß die Einzigartigkeit jedes Individuums einschließlich seiner Andersartigkeit zu achten ist[9]. „Minderheitenrechte sind damit eine notwendige Ergänzung der Menschenrechte; sie sollen die faktische Basis für ihre gleiche Verwirklichung sichern"[10].

Ein Bedürfnis nach Minderheitenschutz kann sich zudem aus der Änderung von Staatsgrenzen ergeben: Ändert sich die rechtliche Zuordnung von Gebietsteilen in der Weise, daß sie künftig einem anderen Nationalstaat zugehörig werden, so wird die Bevölkerung des abgetrennten Gebiets nicht selten ethnisch dem Volk zugehörig sein, in dessen Gebiet sie bisher gelebt hat. Auf dem Gebiet des Staates, in dem sie künftig leben wird, wird sie dann regelmäßig eine nationale Minderheit darstellen, die, weil sie seit jeher in ihrem Siedlungsgebiet ansässig ist und in ihrer Heimat lebt, einen Anspruch auf Achtung und Bewahrung ihrer Identität verdient[11].

3
Änderung von Staatsgrenzen

II. Begriffsbestimmungen

Da sich trotz jahrzehntelanger Bemühungen bisher eine allgemein akzeptierte Definition des Minderheitenbegriffs weder auf internationaler Ebene noch auf nationaler Ebene herausbilden konnte[12], erweist sich die Bestimmung des Rechtsterminus „Minderheit" allgemein als schwierig, weshalb einleitende Ausführungen zur Definition des zugrunde liegenden Minderheitenbegriffs angezeigt sind. Um Mißverständnissen vorzubeugen, ist zunächst deutlich herauszustellen, daß der Begriff der Minderheit im Minderheitenschutzrecht – anders als in seinem sonstigen Bedeutungszusammenhang sowohl im juristischen als auch im allgemeinen Sprachgebrauch – nicht die allgemein gesellschaftlich oder sozial benachteiligten Gruppen bezeichnet[13].

4
Maßgeblichkeit des Bedeutungszusammenhangs

1. Völkerrechtlicher Minderheitenbegriff

Den Ausgangspunkt der Betrachtung verschiedener Definitionsansätze bildet der völkerrechtliche Minderheitenbegriff, der im Hinblick auf die nachfolgend relevanten Minderheitenschutzvorschriften der Landesverfassungen insoweit Bedeutung erlangt, als diese an den völkerrechtlichen Minderheiten-

5
„Begriffsprägende Kraft" des Völkerrechts

---

7 *Siegert* (Bibl.), S. 55.
8 So *Siegert* (Bibl.), S. 55; *Erich H. Pircher*, Der vertragliche Schutz ethnischer, sprachlicher und religiöser Minderheiten im Völkerrecht, 1979, S. 21.
9 *Herdegen*, in: Maunz/Dürig, GG (LitVerz.), Art. 1 RN 28; *Siegert* (Bibl.), S. 55; *Pircher* (FN 8), S. 21.
10 *Murswiek*, HStR³ X, § 213 RN 47.
11 *Murswiek*, HStR³ X, § 213 RN 50.
12 *Pallek*, AöR 125 (2000), S. 587 m.w.N. zum jeweiligen Stand der Debatten; *Otto Kimminich*, Rechtsprobleme der polyethnischen Staatsorganisation, 1985, S. 108; *Oeter*, (Bibl.), Sp. 1542.
13 *Murswiek*, HStR³ X, § 201 RN 3; *R. Arnold*, Minderheiten, in: Görres-Gesellschaft (Hg.), Staatslexikon Bd. III, 1987, Sp. 1160; ausführlich *Pallek*, AöR 125 (2000), S. 587 ff.

begriff anknüpfen, indem sie ihn aufgreifen und gegebenenfalls weiter führen. *Murswiek* spricht in diesem Zusammenhang von der „begriffsprägenden Kraft" des Völkerrechts, aus der er folgert, daß die in den landesrechtlichen Minderheitenschutzvorschriften verwendeten Begriffe im Zweifel im Sinne des entsprechenden völkerrechtlichen Begriffs zu verstehen seien[14].

a) Ausgangspunkt

6
Keine völkerrechtliche Definition

Obgleich auf völkerrechtlicher Ebene bereits einige Vorschriften und Abkommen zum Schutz von Minderheiten verabschiedet wurden, existiert keine allgemeinverbindliche völkerrechtliche Definition des Minderheitenbegriffs, was nicht zuletzt darauf zurückzuführen ist, daß die entsprechenden Dokumente sich sämtlich jeglicher Definitionsversuche enthalten. In der völkerrechtlichen Literatur haben sich gleichwohl einzelne weitgehend anerkannte Definitionsmerkmale herausgebildet.

7
Anknüpfungspunkt im IPbürgR

Das Menschenrechtssystem der Vereinten Nationen legt seinen Fokus nicht auf den kollektiv ausgerichteten Minderheitenschutz, sondern auf den Schutz individueller Menschenrechte[15]. Dennoch enthält Art. 27 IPbürgR[16], der über Art. 59 Abs. 2 GG Teil des deutschen Rechts im Range eines einfachen Bundesgesetzes geworden ist[17], einen wesentlichen Anknüpfungspunkt für eine völkerrechtliche Minderheitendefinition. Nach Art. 27 IPbürgR darf in Staaten mit ethnischen, religiösen oder sprachlichen Minderheiten Angehörigen solcher Minderheiten nicht das Recht vorenthalten werden, gemeinsam mit anderen Angehörigen ihrer Gruppe ihr eigenes kulturelles Leben zu pflegen, ihre eigene Religion zu bekennen und auszuüben oder sich ihrer eigenen Sprache zu bedienen.

8
Minderheitenbegriff nach Capotorti

Ausgehend von Art. 27 IPbürgR hat *Francesco Capotorti* in seiner Funktion als Berichterstatter der Unterkommission über die Verhinderung der Diskriminierung und den Schutz der Minderheiten in der UN-Menschenrechtskommission einen Minderheitenbegriff entwickelt, auf den in der Literatur mehrheitlich zurückgegriffen wird. Danach ist eine Minderheit eine der übrigen Bevölkerung eines Staates zahlenmäßig unterlegene Gruppe, die keine dominierende Stellung einnimmt, deren Angehörige – gleichwohl Bürger dieses Staates – in ethnischer, religiöser oder sprachlicher Hinsicht Merkmale aufweisen, die sie von der übrigen Bevölkerungsgruppe unterscheiden, und die zumindest ein Gefühl der Solidarität zeigen, das auf die Bewahrung der eige-

---

14 *Murswiek*, HStR³ X, § 213 RN 6.
15 Deutlich wird diese individuelle Ausrichtung vor allem in der Allgemeine Erklärung der Menschenrechte der Vereinten Nationen v. 10.12.1949, die keine Minderheitenschutzvorschrift, sondern ausschließlich individuelle Rechte verankert; vgl. *Faisst* (Bibl.), S. 83 m.w.N.
16 Internationaler Pakt über bürgerliche und politische Rechte v. 19.12.1966, in Kraft getreten am 23.3.1976 (BGBl. II 1973, S. 1533).
17 S. dazu *Pastor*, Sorben (Bibl.), S. 195; a.A. *Alexander H. Stopp*, Die Behandlung ethnischer Minderheiten als Gleichheitsproblem, 1994, S. 14, der unter Berufung auf *Felix Ermacora*, Der Minderheitenschutz im Rahmen der Vereinten Nationen, 1988, S. 56, 58, von allgemeinem, zwingendem Völkerrecht ausgeht, das gemäß Art. 25 GG verbindlich ist.

nen Kultur, der eigenen Tradition, der eigenen Religion oder der eigenen Sprache gerichtet ist[18].

b) Merkmale

Nach dieser Definition von *Capotorti* ergeben sich im wesentlichen vier Merkmale für die Definition des Minderheitenbegriffs, die heute als allgemein anerkannt angesehen werden können und daher auch die landesverfassungsrechtlichen Minderheitenschutzbestimmungen wesentlich prägen: Die zahlenmäßige Unterlegenheit und die (politisch) schwächere Position der Minderheit gegenüber der Mehrheit, die Existenz spezifischer ethnischer, religiöser oder sprachlicher Charakteristika und ein gewisses inneres Solidaritätsgefühl[19].

9
Vier anerkannte Merkmale

aa) Numerische Inferiorität

Die Voraussetzung der zahlenmäßigen Unterlegenheit ergibt sich bereits aus dem Begriff „Minderheit", der seinen Ursprung im lateinischen „minor" hat und dort „kleiner", „geringer" bedeutet. Dabei bezieht sich der numerische Vergleich auf die Gesamtbevölkerung eines Staates, weshalb die Einordnung als Minderheit nicht dadurch in Frage gestellt wird, daß die Minderheit innerhalb einer bestimmten Region die Mehrheit bildet[20]. Auch wird eine Mindestzahl von Personen nicht vorausgesetzt[21], da es der Idee des Minderheitenschutzes schon begrifflich zuwider laufen würde, die Gewährleistungen an das Vorhandensein einer bestimmten Anzahl von Personen zu knüpfen[22].

10
Numerische Unterlegenheit zur Gesamtbevölkerung

bb) Politisch unterlegene Stellung

Daß diese zahlenmäßig unterlegene Gruppe eine politisch unterlegene Stellung einnehmen muß, um als Minderheit anerkannt zu werden, erklärt sich schon vor dem Hintergrund, daß eine Gruppe, die zwar zahlenmäßig unterlegen ist, aber innerhalb eines Staates eine (politisch) dominierende Stellung einnimmt, nicht des besonderen Schutzes des Minderheitenrechts bedarf.

11
Grund besonderer Schutzbedürftigkeit

cc) Ethnische, religiöse oder sprachliche Charakteristika

Weiterhin muß eine Minderheit besondere ethnische, religiöse oder sprachliche Charakteristika aufweisen, die durch objektive oder subjektive Merkmale bestimmt werden[23]. Ethnische Minderheiten zeichnen sich durch gruppenspe-

12

---

18 Die in *Francesco Capotorti*, Study on the rights of persons belonging to ethnic, religious and linguistic minorities, New York, 1991 (E/CN.4/Sub.2/384/Rev.1), Ziff. 568, veröffentlichte englische Originalfassung lautet: „A group numerically inferior to the rest of the population of a State, in a non-dominant position, whose members – being nationals of the State – possess ethnic, religious or linguistic characteristics differing from those of the rest of the population and show, if only implicitly, a sense of solidarity, directed towards preserving their culture, traditions, religion or language".
19 *Stephan Hobe*, Einführung in das Völkerrecht, 2008, S. 463; *Pallek*, AöR 125 (2000), S. 587 (594), jeweils m.w.N.; vgl. auch den OSZE- Hochkommissar für nationale Minderheiten, http://www.humanrights.ch/de/menschenrechte-themen/minderheitenrechte/konzeptuelles/definitionen/definition-minderheit (Abruf am 23.7.2016).
20 *Manfred Nowak*, U.N. Covenant on Civil and Political Rights: CCPR commentary, 2005, Art. 27 RN 16; *Johannes Niewerth*, Der kollektive und der positive Schutz von Minderheiten im Völkerrecht, 1996, S. 32.
21 *Capotorti* (FN 18), Ziff. 38.
22 *Faisst* (Bibl.), S. 25.
23 *Pallek*, AöR 125 (2000), S. 587 (594).

Objektive oder subjektive Merkmale

zifische biologische, kulturelle oder historische Eigenschaften aus[24]; neben physischen Besonderheiten können dies vor allem spezifische Sitten und Gebräuche, Sprache und Religion, Siedlungsgewohnheiten oder die allgemeine Lebensart sein[25]. In der deutschen Literatur hat sich neben dem Begriff der ethnischen Minderheit, der in internationalen Abkommen verwendet wird, auch der Begriff der Volksgruppe herausgebildet, wobei die beiden Begriffe vielfach synonym verwendet werden[26]. Ein Unterschied in der Blickrichtung tritt jedoch insoweit zu Tage, als der Terminus Volksgruppe eher die kollektivistische, der Begriff der Minderheit eher die individuale Ausrichtung des Schutzes hervorhebt[27].

13
Nicht anerkannte Merkmale

Keine im eigentlichen Minderheitenrecht anerkannten Merkmale sind hingegen solche der Homosexualität, des Geschlechts oder der Behinderung[28]. Damit fallen weitere im gesellschaftlichen Leben benachteiligte Gruppen nicht unter den juristischen Minderheitenbegriff im Sinne des Minderheitenschutzrechts[29], wenngleich sie ebenso wie die durch das Minderheitenrecht geschützten Gruppen eine benachteiligte Stellung innerhalb der Mehrheitsbevölkerung einnehmen und folglich ähnlich schutzbedürftig sind[30]. Im Hinblick auf diese Personengruppen wird jedoch eine andere Zielrichtung verfolgt und durch allgemeine und besondere Gleichheitsvorschriften Schutz vor Diskriminierung gewährt[31].

dd) Gruppenidentität

14
Solidaritätsgefühl

Das Solidaritätsgefühl, das sich in dem gemeinsamen Wunsch äußert, die eigene Kultur, Sprache und Religion zu bewahren[32], verbindet die einzelnen Angehörigen einer Minderheit zu einer Gruppe und macht deren Gruppenidentität aus[33]. Teilweise wird die Auffassung vertreten, die Gruppenidentität von religiösen und sprachlichen Minderheiten manifestiere sich bereits in dem Bekenntnis zu einer bestimmten Religion bzw. durch Verständigung in einer bestimmten Minderheitensprache, so daß insoweit auf das Solidaritätsgefühl als subjektives Element des Minderheitenbegriffs verzichtet werden könne[34]. Dem ist jedoch entgegenzuhalten, daß Personen und Personengruppen, die sich durch ihre Religion oder ihre Sprache von der Mehrheitsgesellschaft unterscheiden, nicht gegen ihren Willen oder gegen ihr Selbstverständnis als Minderheit qualifiziert und auf diese Weise von der Mehrheitsbevölkerung

---

24 *Renate Oxenknecht*, Der Schutz ethnischer, religiöser und sprachlicher Minderheiten in Art. 27 des Internationalen Paktes über bürgerliche und politische Rechte vom 16. Dezember 1966, 1988, S. 110.
25 *Pircher* (FN 8), S. 30.
26 *Dieter Blumenwitz*, Minderheiten- und Volksgruppenrecht: Aktuelle Entwicklungen, 1992, S. 122.
27 *Faisst* (Bibl.), S. 22; *Blumenwitz* (FN 26), S. 31.
28 S. dazu *Kimminich* (FN 12), S. 103; *Nowak* (FN 20), Art. 27 RN 23.
29 *Kimminich* (FN 12), S. 103.
30 *Faisst* (Bibl.), S. 22.
31 Vgl. die korrespondierenden Beiträge von → oben *Sachs*, Gleichheitsrechte, § 239, und *Korioth*, Religiöse und weltanschauliche Freiheiten, § 236.
32 *Kimminich* (FN 12), S. 98; *Nowak* (FN 20), Artikel 27 RN 14.
33 *Siegert* (Bibl.), S. 36; *Capotorti* (FN 18), Ziff. 55.
34 *Niewerth* (FN 20), S. 38 f.

abgegrenzt werden dürfen[35]. Die praktische Relevanz dieser Debatte um die Notwendigkeit des subjektiven Elements zeigt sich am Beispiel der jüdischen Gemeinschaft, die sich – obgleich sie zahlenmäßig den Angehörigen der christlichen Mehrheitsreligion unterlegen ist – nicht als nationale Minderheit, sondern allein als Glaubensgemeinschaft begreift.

Jüdische Gemeinschaft

c) Fortentwicklung des Minderheitenbegriffs

Während die genannten vier Kriterien heute im wesentlichen als allgemein anerkannt gelten, wird über zwei weitere Definitionsmerkmale – die Staatsangehörigkeit und die Kontinuität – immer wieder kontrovers debattiert.

15
Strittige Merkmale

aa) Staatsangehörigkeit

Die Diskussion betrifft zunächst die Frage, ob Personen und Personengruppen, welche im übrigen alle Merkmale des anerkannten Minderheitenbegriffs erfüllen, die Staatsangehörigkeit desjenigen Staates innehaben müssen, demgegenüber sie den Minderheitenschutz beanspruchen[36]. In den völkerrechtlichen Abkommen zeigt sich insoweit kein einheitliches Bild: So setzen einige Dokumente das Kriterium der Staatsangehörigkeit voraus, indem es entweder in die jeweilige Definition des Minderheitenbegriffs aufgenommen[37] oder implizit unterstellt[38] wird, während andere Dokumente gänzlich darauf verzichten und stattdessen allein voraussetzen, daß die Angehörigen der Minderheit in dem Aufenthaltsstaat „traditionell"[39] bzw. „in Folge vieler Generationen"[40] ansässig sind.

16
Traditionelle Ansässigkeit

Gegen eine Erweiterung des Minderheitenschutzes auf Personengruppen ohne Staatsangehörigkeit des Aufenthaltsstaates wird im wesentlichen ein fehlendes Bedürfnis eingewendet, da Ausländer bereits durch das völkerrechtliche Fremdenrecht hinreichend geschützt seien[41]. Dem ist allerdings entgegenzuhalten, daß das völkerrechtliche Fremdenrecht eine völlig andere Zielrichtung verfolgt als das Minderheitenschutzrecht, da ersteres nicht auf die speziellen Bedürfnisse ethnischer Minderheiten, insbesondere nicht auf die Wahrung ihrer kulturellen und sprachlichen Identität ausgerichtet ist[42]. Gleiches gilt im Ergebnis für die allgemeinen und besonderen Diskriminierungsverbote, die

17
Zieldiversität von Fremdenrecht und Minderheitenschutzrecht

---

35 *Faisst* (Bibl.), S. 26.
36 *Pallek*, AöR 125 (2000), S. 587 (595).
37 So z.B. Ziff. 11 der Europarat-Empfehlung 1134 (199) und Richtlinie 456 (1990) betr. die Minderheitenrechte, BT-Drucks. 12/14 v. 2. 1. 1991, abgedr. in: *Blumenwitz* (FN 26), S. 146. Für weitere Beispiele s. die Nachw. bei *Murswiek*, HStR ³X, § 213 RN 7 FN 10.
38 So z.B. das Dokument des Kopenhagener Treffens der Konferenz über die menschliche Dimension der KSZE v. 9. 6. 1990, abgedr. in: EuGRZ 1990, S. 239 ff. Für weitere Beispiele s. die Nachw. bei *Murswiek*, HStR ³X, § 213 RN 7 FN 11.
39 So Art. 1 lit. a des von der österreichischen Delegation bei der Sitzung des Ministerkomitees des Europarats v. 26. 11. 1991 in Straßburg vorgelegten Entwurfs eines Zusatzprotokolls zur EMRK zum Schutz von Volksgruppen, abgedr. in *Blumenwitz* (FN 26), S. 173.
40 So der Entwurf *Graf Stauffenbergs* für eine Charta der Volksgruppenrechte, Art. 1 lit. a, abgedr. in *Blumenwitz* (FN 26), S. 178.
41 *Murswiek*, HStR ³X, § 213 RN 37 m.w.N.; *Capotorti* (FN 18), Ziff. 57.
42 Vgl. *Faisst* (Bibl.), S. 31 m.w.N.

statt gezielter Förderung reinen Diskriminierungsschutz verfolgen, so daß ihr Vorhandensein einen Minderheitenschutz nicht entbehrlich macht.

bb) Kontinuität

18
Schutz als bereits existierende Gruppe

Wenngleich die allgemein anerkannte Definition der Minderheit eine Kontinuität nicht voraussetzt, ist die Mehrheit der völkerrechtlichen Literatur[43] mit *Capotorti* der Auffassung, daß Minderheitenschutz seinem Zweck nach nur solchen Gruppen zuteil werden soll, die bereits existent sind; Sinn des Minderheitenschutzes sei es nicht, die Herausbildung neuer Minderheiten zu fördern[44]. Daher setze die Anerkennung als Minderheit voraus, daß sich die Angehörigen auf historische Wurzeln berufen können[45], das heißt in ihrem Aufenthaltsstaat traditionell ansässig sind[46]. Ihre Stütze findet diese Auffassung im Normtext des Art. 27 IPbürgR: „In those States in which ethnic, religious or linguistic minorities *exist* [...]". Für die Annahme der Kontinuität soll allein die Einbürgerung von Zuwanderern nicht ausreichen, da ansonsten die eingewanderten Personengruppen gegenüber den traditionellen Minderheiten in unzulässiger Weise bevorzugt würden[47]. Für eine Erweiterung des Minderheitenbegriffs auf zugewanderte Personen bestehe zudem bereits kein Bedürfnis, da sich diese ohnehin in die Mehrheitsbevölkerung einfügten und ihr Hauptziel auf Integration gerichtet sei und nicht darauf, eine isolierte Gruppe innerhalb des Einwanderungslandes zu bilden[48].

Keine Erweiterung auf Zuwanderer

2. Minderheitenbegriff in der Bundesrepublik Deutschland

19
Vergleichsweise hoher Standard

Als Gegenreaktion auf den Nationalsozialismus, der anderen Völkern ihr Existenzrecht aberkannte und die Ideologie einer beispiellosen Unterdrückung und Vernichtung ethnischer Minderheiten verfolgte, ist der Minderheitenschutz in Deutschland vergleichsweise hoch[49]. Dennoch hat sich bis heute auch ein bundeseinheitlicher Minderheitenbegriff nicht herausbilden können. Eine Ursache hierfür mag sein, daß keine Minderheitenschutzvorschrift in das Grundgesetz aufgenommen wurde, die insoweit als Referenzrahmen dienen könnte[50].

---

43 S. etwa *Christian Tomuschat*, Protection of Minorities under Article 27 of the International Covenant on Civil and Political Rights, in: Rudolf Bernhardt (Hg.), Völkerrecht als Rechtsordnung, Internationale Gerichtsbarkeit, Menschenrechte, FS Hermann Mosler, 1983, S. 955f.; *Nowak* (FN 20), Art. 27 RN 19ff.; *Niewerth* (FN 20), S. 40ff.
44 *Capotorti* (FN 18), Ziff. 202, 205, 567.
45 So auch *Tomuschat* (FN 43), S. 961.
46 *Siegert* (Bibl.), S. 49. In diesem Sinne auch Art. 1 lit. a des Entwurfs eines Zusatzprotokolls zur Europäischen Menschenrechtskonvention zum Schutz von Volksgruppen, abgedr. in: *Blumenwitz* (FN 26), S. 173.
47 *Siegert* (Bibl.), S. 50f.
48 *Tomuschat* (FN 43), S. 961.
49 Näher *Murswiek*, HStR ³X, § 213 RN 1.
50 *Faisst* (Bibl.), S. 19.

a) Minderheitenschutz in der deutschen Verfassungstradition

Wenngleich bereits die Paulskirchenverfassung[51] und die Weimarer Reichsverfassung[52] Minderheitenschutzvorschriften enthielten, läßt sich aus der deutschen Verfassungstradition ein bundeseinheitlicher Minderheitenbegriff nicht entwickeln. In den Beratungen des Parlamentarischen Rates in den Jahren 1948/1949 stand die Frage der Aufnahme eines Minderheitenschutzartikels überhaupt nicht zur Debatte. Denn das Grundrechtsverständnis hatte sich im Verhältnis zur Zeit der Weimarer Republik dahingehend geändert, daß nur einklagbare Individualrechte Eingang in das Grundgesetz finden sollten. Eine mögliche Minderheitenschutzvorschrift wie Art. 113 WRV, den die Weimarer Staatsrechtslehre als bloßen Programmsatz gedeutet hatte[53], wurde daher als entbehrlich erachtet[54]. Diese Fortentwicklung des Grundrechtsverständnisses steht im Einklang mit der damaligen völkerrechtlichen Tendenz zur Stärkung individueller Menschenrechte gegenüber Kollektivrechten[55].

20 Kein bundeseinheitlicher Minderheitenbegriff

b) Außenpolitischer Minderheitenbegriff

Auf internationaler Ebene vertritt die Bundesrepublik Deutschland einen eher restriktiven Minderheitenbegriff, der im wesentlichen den anerkannten völkerrechtlichen Kriterien entspricht. Anläßlich des Beitritts zur Minderheitenschutzdeklaration der Generalversammlung der Vereinten Nationen vom 18. Dezember 1992[56], die den Minderheitenbegriff nicht definiert, erklärte die deutsche Delegation, daß Deutschland als Minderheiten nur in besonderer Weise abgrenzbare und spezifische Gruppen anerkenne, die seit jeher auf dem Territorium des Staates ansässig sind. Die Minderheitenschutzbestimmungen der Konvention sollten daher nicht in einer Art und Weise zur Anwendung kommen, welche die Bildung neuer Minderheiten befördere oder den Assimilationsprozeß von Einwanderern hemme[57].

21 Restriktive Linie auf internationaler Ebene

Auch in den Berichten an den Menschenrechtsausschuß auf der Grundlage des Art. 40 IPbürgR vertritt die Bundesrepublik Deutschland einen engen

22 Dänen und Sorben

---

51 § 188 Paulskirchenverfassung lautete: „Den nicht Deutsch redenden Volksstämmen Deutschlands ist ihre volkstümliche Entwicklung gewährleistet, namentlich die Gleichberechtigung ihrer Sprache soweit deren Gebiete reichen, in dem Kirchenwesen, dem Unterricht, der inneren Verwaltung und der Rechtspflege".
52 Art. 113 WRV lautete: „Die fremdsprachigen Volksteile des Reichs dürfen durch die Gesetzgebung und Verwaltung nicht in ihrer freien, volkstümlichen Entwicklung, besonders nicht im Gebrauch ihrer Muttersprache beim Unterricht, sowie bei der inneren Verwaltung und der Rechtspflege beeinträchtigt werden".
53 Vgl. nur *Gerhard Anschütz*, Die Verfassung des Deutschen Reichs, ¹⁴1933, Art. 113 Anm. 1: „Richtschnur für den Gesetzgeber"; „zu unbestimmt", „daß aus Art. 113 irgendwer irgendwelche subjektiven Rechte herleiten könnte, kann keine Rede sein". Weitere Nachweise bei *R. Hofmann*, Minderheitenschutz in Europa, ZaöRV 52 (1992), S. 1 (31).
54 Näher dazu *Faisst* (Bibl.), S. 85 m.w.N.
55 S. oben RN 7.
56 UN General Assembly, Declaration on the Rights of Persons Belonging to National or Ethnic, Religious and Linguistic Minorities v. 18.12.1992, A/RES/47/135, abrufbar unter: http://www.un.org/documents/ga/res/47/a47r135.htm (letzter Abruf am 23.7.2016).
57 Commission of Human Rights, fourty-eight Session, Summary Record of the 38th Meeting, UN Doc. E/CN.4/1992/SR.38, S. 7 Ziff. 30, abrufbar unter: http://www.un.org/en/ga/search/view_doc.asp?symbol=E/CN.4/1992/SR.38 (letzter Abruf am 23.7.2016).

Minderheitenbegriff. So werden explizit nur die Dänen in Schleswig-Holstein und die Sorben in Sachsen und Brandenburg als Minderheiten qualifiziert und in den Bericht einbezogen[58]. Wenngleich diesen beiden Minderheitengruppen rechtlich gleichgestellt[59], finden die Friesen sowie die Sinti und Roma hingegen keine Erwähnung.

23
Friesen, Sinti und Roma

Ähnlich zurückhaltend äußerte sich die Bundesregierung auch im Rahmen des Beitritts zu dem Rahmenübereinkommen des Europarats zum Schutz nationaler Minderheiten vom 1. Februar 1995[60]. So wies sie in ihrer Erklärung zunächst darauf hin, daß das Übereinkommen den Begriff der Minderheit nicht definiere und es daher Sache des einzelnen Vertragsstaates sei, zu bestimmen, auf welche Gruppe das Übereinkommen nach der Ratifizierung Anwendung finde. Die Bundesregierung erklärte weiterhin, daß nationale Minderheiten in der Bundesrepublik die Dänen deutscher Staatsangehörigkeit und die Angehörigen des sorbischen Volkes mit deutscher Staatsangehörigkeit seien, das Abkommen aber auf die Angehörigen der traditionell in Deutschland lebenden Friesen deutscher Staatsangehörigkeit sowie der Sinti und Roma deutscher Staatsangehörigkeit entsprechend zur Anwendung komme[61]. Damit legt die Bundesregierung einen Minderheitenbegriff zugrunde, wie er im wesentlichen auch in der Denkschrift zum Rahmenübereinkommen des Europarats zum Schutz nationaler Minderheiten definiert ist. Dort heißt es: „Die Bundesregierung sieht als nationale Minderheiten Gruppen der Bevölkerung an, die folgenden fünf Kriterien entsprechen: – ihre Angehörigen sind deutsche Staatsangehörige; – sie unterscheiden sich vom Mehrheitsvolk durch eigene Sprache, Kultur und Geschichte, also eigene Identität; – sie wollen diese Identität bewahren; – sie sind traditionell in Deutschland heimisch; – sie leben hier in angestammten Siedlungsgebieten"[62].

c) Minderheitenschutz im Grundgesetz

24
Reflexion des Einigungsvertrags

Nach der deutschen Wiedervereinigung wurde nicht nur im Rahmen der Erarbeitung der Verfassungsdokumente der neuen Bundesländer verstärkt über Minderheitenklauseln beraten[63], sondern auch im Zuge einer Revision des Grundgesetzes. Der Grund hierfür war eine entsprechende Regelung im Einigungsvertrag, nach der „die Bewahrung und Fortentwicklung der sorbischen Kultur und der sorbischen Tradition" sowie „die Freiheit zur Pflege und Be-

---

58 ICCPR, Human Rights Committee, Fourth periodic reports of States parties due in 1993, Addendum, Germany, UN Doc. CCPR/C/84/Add.5, 1996, S. 58 Ziff. 236, abrufbar unter: http://www.un.org/en/ga/search/view_doc.asp?symbol=CCPR/C/84/ADD.5 (letzter Abruf am 23.7.2016).
59 Vgl. RN 23, 28.
60 BT-Drucks. 13/6912, S. 19 ff.
61 Erklärung der Bundesregierung bei der Zeichnung des Rahmenübereinkommens zum Schutz nationaler Minderheiten am 11.5.1996, BT-Drucks. 13/6912, S. 18.
62 Denkschrift zum Rahmenübereinkommen des Europarats zum Schutz nationaler Minderheiten, BT-Drucks. 13/6912, S. 21.
63 Dazu *Pallek*, AöR 125 (2000), S. 587 (588); *Hans v. Mangoldt*, Die Verfassungen der neuen Bundesländer – Einführung und synoptische Darstellung, 1993, S. 58 f.; *Starck*, Verfassungsgebung in den neuen Ländern, ZG 1992, S. 1 (25 ff.); *Vogelgesang*, Die Verfassungsentwicklungen in den neuen Bundesländern, DÖV 1991, S. 1045 (1051).

wahrung der sorbischen Sprache im öffentlichen Leben" garantiert werden sollten[64].

In den Diskussionen über die Aufnahme einer Minderheitenschutzvorschrift ins Grundgesetz traten die Kontroversen hinsichtlich der Bedeutung des Rechtsbegriffs „Minderheit" deutlich zu Tage, sah doch bereits ein Vorschlag der Verfassungskommission des Bundesrates einen Minderheitenschutzartikel vor. Hierzu wurde einerseits ausgeführt, seine Ausgestaltung als Achtensklausel solle auch den in Deutschland bestehenden ausländischen Minderheiten Schutz gewähren[65], während noch eingangs desselben Dokuments betont wurde, daß eine inhaltsgleiche Ausgestaltung des Minderheitenschutzes auch für hier lebende Ausländergruppen weder notwendig noch sinnvoll sei[66]. In gleicher Weise sollte auch der später von der Gemeinsamen Verfassungskommission erarbeitete Art. 20b GG – „Der Staat achtet die Identität der ethnischen, kulturellen und sprachlichen Minderheiten"[67] – als Entwurf eines Minderheitenschutzartikels ausdrücklich auf in Deutschland lebende Ausländer Anwendung finden[68], obwohl es auch innerhalb der Gemeinsamen Verfassungskommission nicht an Bedenken gefehlt hatte, daß die Verankerung einer solch weitreichenden Minderheitenschutzvorschrift dazu führen würde, statt eines „Modells der Integration von Zuwanderern" ein „Modell eines Nebeneinanders weitgehend eigenständiger Kulturen" zu fördern[69]. Vor dem Hintergrund des historischen Ursprungs des Minderheitenschutzes, angesichts des völkerrechtlichen Diskussionsstands und der zuvor auf internationaler Ebene vertretenen Haltung Deutschlands zum Minderheitenbegriff hätte die Verankerung eines solch weitreichenden Minderheitenschutzartikels in der Tat nicht nur den Begriff der Minderheit für die Bundesrepublik Deutschland grundlegend neu definiert, sondern dem Minderheitenschutz zugleich eine zusätzliche, gänzlich neue Zielrichtung auferlegt.

25
Diskussion über „Minderheit"

Vorschlag der Gemeinsamen Verfassungskommission

Nach kontroversen Debatten um die Festlegung eines Minderheitenbegriffs und die einzubeziehenden Personengruppen[70] erreichte die Abstimmung im Bundestag über den Minderheitenschutzartikel am 30. Juni 1994 allerdings nicht die für eine Grundgesetzänderung erforderliche Zweidrittelmehrheit, so daß es letztlich nicht zur Aufnahme einer Minderheitenschutzvorschrift in das Grundgesetz kam[71]. So erklärt es sich, daß das Grundgesetz bis heute keine Minderheitenschutzbestimmung enthält. Statt einen auf Bewahrung ethnischer Differenz und kultureller Identität ausgerichteten speziellen Minderheitenschutz zu verfolgen, beschränkt es sich ausschließlich auf den Schutz vor Diskriminierung und verankert nunmehr in Art. 3 Abs. 3 GG ein Benachteili-

26
Scheitern eines Minderheitenschutzartikels

Beschränkung auf den Diskriminierungsschutz

---
64 Art. 35 Abs. 7 EV v. 31. 8. 1990 (BGBl. II 1990, S. 885), i.V.m. Ziff. 14 des Protokolls zum EV.
65 Bericht der Kommission Verfassungsreform des Bundesrates, BR-Drucks. 360/92, S. 21 RN 128.
66 BR-Drucks. 360/92, S. 20 RN 126.
67 Empfehlungen der Gemeinsamen Verfassungskommission, BT-Drucks. 12/6000, S. 15.
68 Bericht der Gemeinsamen Verfassungskommission, BT-Drucks. 12/6000, S. 72, 74.
69 BT-Drucks. 12/6000, S. 74f.
70 Vgl. den Bericht und Beschlußempfehlung des Rechtsausschusses, BT-Drucks. 12/8165, S. 34ff.
71 Vgl. BT-Prot. 12/238, S. 21033 (C).

gungsverbot für die Merkmale Abstammung, Rasse, Sprache, Heimat und Herkunft[72].

d) Minderheitenbegriff in den Landesverfassungen

27
Uneinheitlicher Befund

Stattdessen haben, wie schon bei den vereinigungsbedingten Verfassungsberatungen im Bundesrat angeregt[73], vor allem die Landesverfassungen der neuen Bundesländer Minderheitenschutzartikel aufgenommen[74]. Aber auch innerhalb dieser Vorschriften läßt sich kein einheitlicher Minderheitenbegriff ausmachen, so daß die Bestimmung des jeweils zugrunde liegenden Minderheitenbegriffs nur anhand einer differenzierten Betrachtung der einzelnen Verfassungen vorgenommen werden kann[75]. Schon an dieser Stelle sei allerdings darauf hingewiesen, daß nur fünf Landesverfassungen Minderheitenschutzvorschriften verankern, die im Hinblick auf die Bestimmung der „Minderheit" zum Teil dem von der Bundesrepublik Deutschland auf internationaler Ebene vertretenen traditionellen Minderheitenbegriff entsprechen, zum Teil aber auch darüber hinausgehen, indem sie auf einzelne Kriterien verzichten.

III. Gegenwärtige Situation der Minderheiten in Deutschland

1. Anerkannte Minderheiten

28
Dänen, Sorben, Friesen, Sinti und Roma

Innerhalb Deutschlands sind die Dänen, die Sorben, die Friesen sowie die Sinti und Roma als nationale Minderheiten bzw. als den Minderheiten rechtlich gleichgestellte Volksgruppen anerkannt, weil diese Volksgruppen – mit Ausnahme der Sinti und Roma – in angestammten Siedlungsgebieten innerhalb Deutschlands ansässig sind[76]. Die Gleichstellung der deutschen Sinti und Roma mit den traditionellen ethnischen Minderheiten erfolgte im Rahmen der Erklärung der Bundesrepublik Deutschland zur Anwendung des Rahmenübereinkommens des Europarats zum Schutz nationaler Minderheiten vom 11. Mai 1995[77], obwohl die Sinti und Roma als sogenannte Streuminderheit

Streuminderheit

meist in kleinerer Zahl nahezu in ganz Deutschland und nicht in abgegrenzten eigenen Siedlungsgebieten leben[78]. Ihre späte staatliche Anerkennung hängt nicht zuletzt damit zusammen, daß sie sich erst zu dieser Zeit als Minderheit politisch zu Wort gemeldet haben[79]. Sie werden jedoch expressis verbis nur in der Landesverfassung von Schleswig-Holstein geschützt. Durch die Unterzeichnung der Europäischen Charta der Regional- oder Minderhei-

---

72 Vgl. → Bd. V: *Uerpmann-Wittzack*, Privilegierungs- und Diskriminierungsverbote, § 128 RN 6 ff., 24 ff., 51 ff., insb. 53 ff.
73 Bericht der Kommission Verfassungsreform des Bundesrates, BR-Drucks. 360/92, RN 127.
74 Vgl. → Bd. V: *Uerpmann-Wittzack*, § 128 RN 48 ff.
75 Siehe unten B II, RN 35 ff.
76 BMI, Nationale Minderheiten, abrufbar unter: http://www.bmi.bund.de/DE/Themen/Gesellschaft-Verfassung/Nationale-Minderheiten/nationale-minderheiten_node.html (Abruf am 23.7.2016).
77 BGBl. II 1997, S. 1418.
78 *Faisst* (Bibl.), S. 10.
79 *D. Franke/R. Hofmann*, Nationale Minderheiten – ein Thema für das Grundgesetz?, EuGRZ 1992, S. 401 (402).

tensprachen hat sich Deutschland überdies zum Schutz ihrer Sprache, des Romanes, verpflichtet[80]. Die jüdische Bevölkerung in Deutschland betrachtet sich demgegenüber bislang nicht als nationale Minderheit, sondern als Glaubensgemeinschaft.

2. Sogenannte neue Minderheiten

Als neue Minderheiten in einem weiteren Sinne werden alle Zuwanderungsminderheiten unabhängig von ihrer Staatsangehörigkeit bezeichnet[81]. Von den traditionellen ethnischen Minderheiten unterscheiden sich diese neuen Minderheiten primär dadurch, daß sie nicht seit Jahrhunderten im Aufenthaltsstaat beheimatet sind, sondern als Gastarbeiter, Bürgerkriegsflüchtlinge, politisch Verfolgte oder aus sozio-ökonomischen Motiven dorthin kommen[82]. Neue Minderheiten im engeren Sinn bilden hingegen nur diejenigen Zuwanderungsgruppen, deren Mitglieder nach und nach die deutsche Staatsangehörigkeit erhalten und sich von den traditionellen Minderheiten somit nur noch durch ihre kurze Migrationsgeschichte unterscheiden[83]. Eine explizite verfassungsrechtliche Anerkennung als Minderheit hat in Deutschland allerdings bisher keine dieser neuen Minderheitengruppen gefunden, so daß die ihnen gegenüber getroffenen gesetzgeberischen Maßnahmen nicht, wie bei den traditionellen Minderheiten, der Wahrung ihrer kulturellen Identität dienen, sondern eher den Schutz vor gesellschaftlicher Diskriminierung bezwecken.

29 Zuwanderungsminderheiten

Diskriminierungsschutz statt Identitätswahrung

Während die Zahl derjenigen, die den solchermaßen umrissenen neuen Minderheiten angehören, stetig ansteigt, läßt sich bei den Angehörigen der traditionellen Minderheiten eine statistische Abnahme beobachten[84]. Lag der wesentliche Unterschied zwischen den beiden Gruppen zunächst darin, daß die traditionellen Minderheiten in eng umgrenzten Siedlungsgebieten lebten, wohingegen sich die neuen Minderheiten im ganzen Bundesgebiet verstreut finden, kann an diesem Unterscheidungskriterium jedoch nur noch bedingt festgehalten werden, seitdem die Sinti und Roma, die ebenfalls ein solche Streuminderheit bilden, den anerkannten traditionellen Minderheiten zugerechnet werden[85]. Hinzu kommt, daß eine zunehmende Abwanderung von Angehörigen traditioneller Minderheiten aus ihren überkommenen Siedlungsgebieten zu beobachten ist; der wesentliche und eine rechtliche Differenzierung begründende Unterschied liegt insoweit also nur noch darin, daß die traditionellen Minderheiten über eine längere Siedlungsdauer hinweg in Deutschland ansässig sind, während die neuen Minderheiten im engeren Sinn hier erst seit einem kurzen Zeitraum ihre Heimat gefunden haben[86].

30 Abnahme traditioneller Minderheiten

Differenzierung nach Siedlungsdauer

---

80 Europäische Charta der Regional- oder Minderheitensprachen v. 5.11.1992 (BGBl. II 1998, S. 1314). Als Minderheitensprachen sind außerdem das Dänische, das Obersorbische, das Niedersorbische, das Nordfriesische und das Saterfriesische anerkannt.
81 *Nowak* (FN 20), Art. 27 RN 21.
82 Vgl. *Murswiek*, HStR ³X, § 123 RN 51 mit der Unterscheidung zwischen autochthonen und neuen Minderheiten.
83 *Faisst* (Bibl.), S. 13.
84 *Faisst* aaO., S. 17.
85 Vgl. soeben RN 28.
86 *Faisst* aaO., S. 17.

B. Minderheitenschutzvorschriften in den Landesverfassungen

I. Instrumente und Normtypen

1. Überblick

31
„Gruppenrecht" bzw. „Kollektivrecht"

Das Minderheitenschutzrecht ist, wie *Dietrich Murswiek* herausgestellt hat[87], seiner Wesensart nach „Gruppenrecht" bzw. „Kollektivrecht", da es dem Schutz von Personengruppen dient, die sich durch bestimmte Merkmale von der Mehrheitsbevölkerung unterscheiden; dies gilt selbst dann, wenn sich die jeweiligen Vorschriften nicht nur an die Gruppe als Ganzes richten, sondern echte subjektive Rechte des einzelnen begründen, da Minderheitenschutzvorschriften immer insoweit an die Gruppe anknüpfen, als auch die als individuelle Rechte ausgestalteten Gewährleistungen ihre Berechtigung vom Schutz der Gruppe herleiten.

32
Materiell-rechtlicher Normtyp

Rechtstechnisch kann ein solcher Minderheitenschutz in unterschiedlichen Normtypen erfolgen. Als Normtyp bezeichnet man eine Gruppe von Normen mit bestimmten gemeinsamen Qualitäten[88]. Verfassungsrechtssätze lassen sich in einer groben Gliederung gegenstandsbezogen und nach ihrer Funktion in organisationsrechtliche und materiell-rechtliche Normen unterteilen[89]. Während den organisationsrechtlichen Verfassungsnormen die Aufgabe zukommt, die Staatsgewalt rechtlich zu konstituieren und ihr Tätigwerden zu regeln, sprechen materielle Verfassungsgehalte einzelnen Verfassungssubjekten bestimmte Rechtspositionen zu oder treffen andere materielle Regelungen, die nicht Teil der organisationsrechtlichen Normierungen sind. Die einzelnen Regelungen zum Minderheitenschutz sind den materiellen Regelungen zugehörig. Innerhalb der materiellen Regelungen lassen sich Gewährleistungen und Grundrechtsnormen sowie Staatszielbestimmungen und Verfassungsaufträge unterscheiden.

2. Gewährleistungen und Grundrechtsnormen

33
Bezug zur Grundrechtstypologie

Gewährleistungen sichern die Existenz privatrechtlicher Einrichtungen (sog. Institutsgarantie) sowie von öffentlich-rechtlichen Institutionen (sog. institutionelle Garantie)[90]. Solche Gewährleistungen finden sich in speziellen

---

87 *Murswiek*, HStR ³X, § 213 RN 9.
88 *Sachs*, Normentypen im deutschen Verfassungsrecht, ZG 1991, S. 1 (2).
89 *Stern*, Staatsrecht ²I (LitVerz.), § 4 II 3 unter Verweis auf *Walther Burckhardt*, Die Organisation der Rechtsgemeinschaft: Untersuchungen über die Eigenart des Privatrechts, des Staatsrechts und des Völkerrechts, 1944, insb. S. 32 f.
90 Zu den Begriffen erstmals *C. Schmitt*, Inhalt und Bedeutung des zweiten Hauptteils der Reichsverfassung, HStR Bd. II, 1932, S. 572 ff. (595 f.); s.a. *Stern*, Staatsrecht ²I (LitVerz.), § 4 II 3. Eine Notwendigkeit der Unterscheidung zwischen institutionellen Garantien und Institutsgewährleistungen ablehnend, *Scheuner*, Normative Gewährleistungen und Bezugnahme auf Fakten im Verfassungstext, in: Norbert Achterberg (Hg.), FS Scupin, 1973, S. 328.

Garantienormen (z.B. Art. 28 Abs. 2 GG), doch lassen sie sich bisweilen auch aus grundrechtlichen Normen herleiten, so daß unter diesem Blickwinkel eine Trennung von Grundrechtsnormen und Gewährleistungsnormen nicht immer eindeutig erfolgen kann. So stellt beispielsweise Art. 6 Abs. 1 GG eine Institutsgarantie und ein Grundrecht gleichermaßen dar[91]. Grundrechtsnormen regeln demgegenüber in einer die freiheitliche Grundordnung ausbildenden Weise das grundsätzliche Verhältnis der Bürger zum Staat. Grundrechtsnormen gewähren bestimmte individuelle oder kollektive Rechte, gerichtet auf Unterlassen eines Eingriffs in eine Rechts- oder Freiheitsposition, bisweilen auf Teilhabe oder letztlich im begrenzten Maße auch auf Gewährung von Leistungen durch den Staat. Bestimmte Freiheitsbereiche werden durch sie dem staatlichen Zugriff entzogen. Sie binden die Staatsorgane unmittelbar und ihre Aufgabe liegt darin, staatliches Handeln zu begrenzen[92].

3. Staatszielbestimmungen und Verfassungsaufträge

Demgegenüber liegt die Aufgabe der Staatszielbestimmungen darin, eine Richtung für staatliches Handeln vorzuschreiben. Dieser Typ von Verfassungsbestimmungen zeichnet sich nicht etwa durch einen festgelegten Regelungsgehalt aus, sondern kann sowohl organisationsrechtlichen als auch materiell-rechtlichen Gehalt aufweisen. Diese Bestimmungen umfassen generelle Zielsetzungen und allgemeine Grundsätze. Sie können nicht durch Erlaß eines einmaligen staatlichen Aktes erfüllt werden, sondern wirken gewissermaßen dauerhaft in Form von Richtlinien für das staatliche Handeln. Charakteristisch für diesen Normtyp sind regelmäßig ein besonders hoher Abstraktionsgrad und eine verhältnismäßig geringe unmittelbare Wirkungsintensität[93]. Aus ihnen können im Einzelfall konkrete Gesetzgebungsaufträge abgeleitet werden, sie können darüber hinaus aber auch Maßstab für die Auslegung bereits erlassener Gesetze sein[94]. In ihrer Bindungswirkung bleiben sie jedoch hinter der grundrechtlichen Intensität zurück. Der Normtyp des Verfassungsauftrags wiederum erteilt konkretere Aufträge zu bestimmten Tätigkeiten, beispielsweise zur Schaffung bestimmter Einrichtungen oder zur Regelung bestimmter Sachbereiche. Die jeweiligen Aufträge sind dabei unterschiedlich verpflichtend: sie können konkrete Inhalte vorgeben oder dem Gesetzgeber Gestaltungsspielräume eröffnen. Problematisch ist die Durchsetzung von Verfassungsaufträgen angesichts fehlender Sanktionen[95]; eine Verfassungsbeschwerde unmittelbar gegen den Gesetzgeber infolge des Unterlassens einer Ausführung des Gesetzesauftrages ist nur im engen Rahmen möglich[96].

34 Staatszielbestimmungen

Verfassungsaufträge

---

91 Vgl. nur *BVerfGE 133*, 377 (409); *v. Coelln*, in: Sachs, GG (LitVerz.), Art. 6 RN 1, 31; *Scheuner*, Staatszielbestimmungen (LitVerz.), S. 229.
92 *Scheuner*, Staatszielbestimmungen (LitVerz.), S. 228; *Stern*, Staatsrecht ²I (LitVerz.), § 4 II 3.
93 *Sachs* (FN 88), ZG 1991, S. 1 (4).
94 Ausführlich *Sommermann*, Staatsziele (LitVerz.), S. 377 ff.
95 *Stern*, Staatsrecht I² (LitVerz.), § 4 II 3.
96 Zu den Voraussetzungen s. *BVerfGE 11*, 255 (261); kritisch *Scheuner*, Staatszielbestimmungen (LitVerz.), S. 231 in FN 37.

§ 241 *Sechzehnter Teil: II. Vergleichende Betrachtung der Landesgrundrechte*

II. Die Minderheitenschutzvorschriften der Landesverfassungen im einzelnen

35
Sprachlich-kulturell ausgerichtetes Konzept

Schutzbestimmungen zugunsten ethnischer Minderheiten verankern die Verfassungen Schleswig-Holsteins[97] (Art. 6), Brandenburgs[98] (Art. 25), Sachsens[99] (Art. 5 und 6), Sachsen-Anhalts[100] (Art. 37), Mecklenburg-Vorpommerns[101] (Art. 18) und Thüringens[102] (Art. 2 Abs. 3). Alle Verfassungen verfolgen dabei ein sprachlich-kulturell ausgerichtetes Konzept, das in den Verfassungen Schleswig-Holsteins, Brandenburgs und Sachsen-Anhalts um politische Mitbestimmungsrechte ergänzt wird. Die traditionsreichste Minderheitenschutzvorschrift enthält die Verfassung Schleswig-Holsteins; die übrigen Minderheitenschutzvorschriften sind erst nach der deutschen Wiedervereinigung in den Verfassungen der neuen Bundesländer entstanden, im Falle Sachsen-Anhalts und Mecklenburg-Vorpommerns sogar, obwohl es dort keine Siedlungsgebiete der traditionellen Minderheiten gibt.

1. Schleswig-Holstein

36
Verfassungswortlaut

Die Verfassung des Landes Schleswig-Holstein enthält in ihrem Artikel 6 mit Blick auf Minderheiten folgende Regelung: „(1) Das Bekenntnis zu einer nationalen Minderheit ist frei; es entbindet nicht von den allgemeinen staatsbürgerlichen Pflichten. (2) ¹Die kulturelle Eigenständigkeit und die politische Mitwirkung nationaler Minderheiten und Volksgruppen stehen unter dem Schutz des Landes, der Gemeinden und Gemeindeverbände. ²Die nationale dänische Minderheit, die Minderheit der deutschen Sinti und Roma und die friesische Volksgruppe haben Anspruch auf Schutz und Förderung".

37
Ergänzende Gewährleistungen

Gewährleistungen zum Schutz nationaler Minderheiten finden sich überdies in Art. 12 Abs. 4 bis 6 der Landesverfassung: „(4) Die Erziehungsberechtigten entscheiden, ob ihre Kinder die Schule einer nationalen Minderheit besuchen sollen. (5) Schulen der nationalen dänischen Minderheit gewährleisten für deren Angehörige Schulunterricht im Rahmen der Gesetze. Ihre Finanzierung durch das Land erfolgt in einer der Finanzierung der öffentlichen Schulen entsprechenden Höhe. (6) Das Land schützt und fördert die Erteilung von Friesischunterricht und Niederdeutschunterricht in öffentlichen Schulen".

---

97 Verf. Schleswig-Holstein i.d.F. v. 2.12.2014 (GVBl. S. 344, ber. GVBl. 2015, S. 41).
98 Verf. Brandenburg v. 20.8.1992 (GVBl. S. 298), zuletzt geändert durch Gesetz v. 5.12.2013 (GVBl.I/ Nr. 42).
99 Verf. Sachsen v. 27.5.1992 (GVBl. S. 243), zuletzt geändert durch Gesetz v. 11.7.2013 (GVBl. S. 502).
100 Verf. Sachsen-Anhalt v. 16.7.1992 (GVBl. S. 600), zuletzt geändert durch Gesetz v. 5.12.2014 (GVBl. S. 494).
101 Verf. Mecklenburg-Vorpommern v. 23.5.1993 (GVBl. S. 372), zuletzt geändert durch Gesetz v. 30.6.2011 (GVBl. S. 375).
102 Verf. Thüringen v. 25.10.1993 (GVBl. S. 625), zuletzt geändert durch Gesetz v. 11.10.2004 (GVBl. S. 745).

a) Hintergrund und Entstehungsgeschichte

38 Dänische Minderheit

Die Entstehung der dänischen Minderheit resultiert aus häufigen Grenzverschiebungen in der Vergangenheit; heute bekennen sich etwa 50 000 Menschen mit deutscher Staatsangehörigkeit zu der dänischen Minderheit, deren Angehörige sich hauptsächlich nur noch durch ihre Zweisprachigkeit von der deutschen Mehrheitsbevölkerung unterscheiden. Sie leben vor allem in der Grenzstadt Flensburg, wo bis zu 20 v.H. der Bevölkerung zur dänischen Minderheit gehören, daneben aber auch in den Kreisen Nordfriesland und Schleswig-Flensburg sowie im nördlichen Teil des Kreises Rendsburg-Eckernförde[103].

39 „Kieler Erklärung" der Landesregierung

Die schleswig-holsteinische Verfassung verleiht dem Minderheitenschutz eine besondere Bedeutung, weil sie gleich mehrere Vorschriften zum Minderheitenschutz vorsieht. Art. 6 und Art. 12 Abs. 4 bis 6 Verf. Schleswig-Holstein gehen in ihrem sachlichen Kern auf die „Kieler Erklärung" der Landesregierung vom 26. September 1949[104] zurück, die noch vor Inkrafttreten der Landessatzung Gewährleistungen zum Schutze der dänischen Minderheit verbürgte. Sie ist später durch die weitergehende „Bonn-Kopenhagener Erklärung"[105] aus dem Jahr 1955 abgelöst und dadurch nach Ansicht der Landesregierung gegenstandslos geworden[106]. Schon in der Landessatzung für Schleswig-Holstein vom 13. Dezember 1949 waren der heutige Artikel 6 Abs. 1 (als Artikel 5) sowie die nunmehr in Artikel 12 Abs. 4 verbürgte Gewährleistung (als Artikel 6 Abs. 6) wortgleich enthalten[107]. Die Schutz- und Förderungspflicht im heutigen Artikel 6 Abs. 2 wurde hingegen erst im Zuge der Verfassungsreform von 1990 eingefügt[108], wobei die seinerzeitige Textfassung ursprünglich nur die dänische Minderheit und die friesische Volksgruppe erfaßte. Die Minderheit der deutschen Sinti und Roma wurde erst Ende 2012 in die Vorschrift aufgenommen[109].

„Bonn-Kopenhagener Erklärung"

b) Normtypologische Klassifizierung

40 Bekenntnis zu einer nationalen Minderheit

Durch Einführung des Art. 6 Abs. 1 Verf. Schleswig-Holstein wurde der Freiheit des Bekenntnisses zu einer nationalen Minderheit Verfassungsrang verliehen. Offen bleibt jedoch, welcher Minderheitenbegriff hier zugrunde gelegt ist. Da die Kieler Erklärung[110] nur einen speziellen Schutz der dänischen Min-

---

103 Daten nach Landesregierung Schleswig-Holstein, Minderheiten in Schleswig-Holstein, abrufbar unter: http://www.schleswig-holstein.de/DE/Fachinhalte/M/minderheiten/minderheiten_daenen.html (abgerufen am 23.7.2016).
104 Erklärung der Landesregierung Schleswig-Holstein über die Stellung der dänischen Minderheit v. 26.9.1949 (GVBl. S. 183).
105 Erklärung der Bundesregierung v. 29.3.1955, Bundesanzeiger Nr. 63 v. 31.3.1955, S. 4.
106 Vgl. die Erklärung der Landesregierung Schleswig-Holsteins zur „Kieler Erklärung", GVBl. 1955, S. 163.
107 GVBl. 1950, S. 3. Vgl. hierzu *Sybille Waller*, Die Entstehung der Landessatzung von Schleswig-Holstein v. 13.12.1949, 1988, S. 178; *Faisst* (Bibl.), S. 173.
108 Vgl. Bericht und Beschlußempfehlung des Sonderausschusses „Verfassungs- und Parlamentsreform" v. 28.11.1989, LT-Drucks. 12/620, S. 33 f.
109 Durch das Gesetz zur Änderung der Verfassung des Landes Schleswig-Holstein v. 28.12.2012 (GVBl. 2013, S. 8).
110 Soeben RN 39.

§ 241 *Sechzehnter Teil: II. Vergleichende Betrachtung der Landesgrundrechte*

derheit vorsah, war eine abstrakte Begriffsdefinition der nationalen Minderheit ursprünglich nicht notwendig, deren Nachholung jedoch auch später unterblieb.

41
Individual-Abwehrrecht

Da das Bekenntnis zu einer Minderheit begriffsnotwendig nur einzelnen Individuen, nicht aber einer Gruppe als Gesamtheit möglich ist, wird man die Vorschrift als individuell ausgerichtete Gewährleistung und damit als subjektives Recht, das dem einzelnen unmittelbar zukommt, auslegen müssen[111]. Konstituiert wird ein Abwehrrecht des einzelnen gegen staatliche Einwirkungen oder Benachteiligungen aufgrund des positiven Bekenntnisses zu einer Minderheit, wobei Art. 6 Abs. 1 Verf. Schleswig-Holstein zugleich davor schützt, gegen eigenen Willen einer nationalen Minderheit zugeordnet zu werden[112].

42
Weitere Schutzdimensionen?

Es wird nicht einheitlich beurteilt, ob Art. 6 Abs. 1 Hs. 1 Verf. Schleswig-Holstein ergänzend zur Freiheit des Bekenntnisses zu einer nationalen Minderheit noch weitere Schutzdimensionen gewährt. Zum Teil wird mit der Begründung, die explizit geschützte Zugehörigkeitsentscheidung bliebe irrelevant, falls damit nicht weitere Rechte verbunden wären, aus der Vorschrift auch ein Recht auf Teilhabe am kulturellen Leben der Minderheitengruppe hergeleitet[113]. Dagegen spricht allerdings der Wortlaut der Vorschrift, der für weitere Gewährleistungen keine Anhaltspunkte bietet[114]. Überdies werden in Absatz 2 weiterreichende Schutzansprüche verankert, so daß das Bekenntnis zu einer Minderheit keineswegs ohne rechtliche Folgen bleibt. Auch wenn damit weitergehende Schutzansprüche nicht aus der Freiheit des Bekenntnisses nach Absatz 1 hergeleitet werden können und die systematische Stellung im Abschnitt „Land und Volk" gegen eine grundrechtliche Gewährleistung spricht[115], ist diese Vorschrift dennoch als Grundrecht einzustufen, welches dem einzelnen ohne staatliche Umsetzungsnotwendigkeit zugute kommt[116].

43
Abschwächung der Gewährleistungswirkung

Ungeachtet der Einordnung als individuelles Grundrecht wird die effektive Gewährleistung der Freiheit des Bekenntnisses zu einer nationalen Minderheit jedenfalls de facto dadurch abgeschwächt, daß Schleswig-Holstein im Zuständigkeitskatalog des Landesverfassungsgerichts (Art. 51 Abs. 2 Verf. Schleswig-Holstein) keine Individualverfassungsbeschwerde vorsieht. Eine auf die Verletzung der Bekenntnisfreiheit gestützte Verfassungsbeschwerde ist mithin nicht möglich. Nach teilweise vertretener Auffassung[117] soll allein diese fehlende gerichtliche Durchsetzbarkeit bereits einer normtypologischen Einstufung als Grundrechtsnorm entgegenstehen – eine Ansicht, die

---

111 *Siegert* (Bibl.), S. 110.
112 *Caspar*, Verfassung (LitVerz.), Art. 5 RN 11.
113 *Alexander H. Stopp*, Das Grundgesetz und die Minderheitenschutzbestimmungen in deutschen Landesverfassungen, Jahrbuch zur Staats- und Verwaltungswissenschaft 8 (1995), S. 21.
114 In diesem Sinne auch *Faisst* (Bibl.), S. 179.
115 So *Faisst* aaO., S. 181. Dem ist jedoch entgegenzuhalten, daß die Grundrechtsinkorporation in Art. 3 Verf. Schleswig-Holstein ebenfalls in diesem Abschnitt erfolgt.
116 So auch *Siegert* (Bibl.), S. 110; *Uwe Barschel/Volkram Gebel*, Landessatzung für Schleswig-Holstein, Neumünster 1976, Art. 5 Nr. 3.
117 *Faisst* (Bibl.), S. 181: „nicht einklagbares, grundrechtsähnliches Recht".

angesichts des materiellen Gehalts der Vorschrift, der von der Möglichkeit ihrer prozessualen Geltendmachung strikt zu trennen ist, nicht zu überzeugen vermag.

Wenn Art. 6 Abs. 2 Satz 1 Verf. Schleswig-Holstein die kulturelle Eigenständigkeit und die politische Mitwirkung nationaler Minderheiten und Volksgruppen unter Schutz stellt, unterbleibt eine Bezugnahme auf eine konkrete, insbesondere auf die dänische Minderheit. Erfaßt sind damit alle nationalen Minderheiten und Volksgruppen in Schleswig-Holstein, unabhängig davon, ob bereits entstanden oder erst neu entstehend[118], nicht aber die einzelnen Angehörigen der jeweiligen Minderheit. Die Vorschrift weist daher einen kollektiven Charakter auf. Rechtsnatur und Umfang ihrer Gewährleistungen sind indes fraglich: Eine am Wortlaut („stehen unter dem Schutz") orientierte Auslegung läßt die Schlußfolgerung zu, daß das Land, die Gemeinde und Gemeindeverbände als Adressaten der Vorschrift verpflichtet werden sollen, zugunsten der Minderheit schützend einzugreifen, wenn Angriffe durch Dritte drohen[119]. Unmittelbare subjektiv-rechtliche Ansprüche werden den einzelnen Minderheitsangehörigen durch Art. 6 Abs. 2 Satz 1 Verf. Schleswig-Holstein indes nicht verliehen[120]. In konsequenter Weise fehlt es daher auch an einer unmittelbaren prozessualen Durchsetzbarkeit der Vorschrift[121]. Sie gibt mit dem Schutz kultureller Eigenständigkeit und der politischen Mitwirkung von Minderheiten lediglich das Ziel vor, nicht aber den konkreten Weg zu dessen Verwirklichung[122]. Dem Normadressaten verbleibt innerhalb des durch Art. 6 Abs. 2 Satz 1 Verf. Schleswig-Holstein gesetzten Rahmens ein weiter Spielraum hinsichtlich der konkreten Ausgestaltung der zu ergreifenden Maßnahmen, der durch Gesetze, Verordnungen, Satzungen sowie administrative und politische Entscheidungen auszufüllen ist[123]. Die Vorschrift ist daher als Verfassungsauftrag anzusehen.

Art. 6 Abs. 2 Satz 2 Verf. Schleswig-Holstein richtet sich in erster Linie an den Gesetzgeber, stellt jedoch auch für Exekutive und Judikative eine Verhaltensrichtlinie dar. Die Norm entfaltet ihre Wirkung sowohl beim Erlaß neuer Gesetze, Satzungen und Verordnungen, als auch bei der Auslegung bereits geltender Vorschriften. Ihre Formulierung – „haben Anspruch auf Schutz und Förderung" – läßt eine subjektiv-rechtliche Wirkung erkennen, die jedoch nur als kollektives Minderheitenrecht ausgestaltet ist. Für den einzelnen Angehörigen einer Minderheit ist sie daher nur mittelbar begünstigend und kann folglich nicht als individuelles Grundrecht angesehen werden. Vor diesem Hintergrund liegt eine Einordnung als Verfassungsauftrag näher.

---

118 Vgl. *Caspar*, Verfassung (LitVerz.), Art. 5 RN 13.
119 *Siegert* (Bibl.), S. 110.
120 *Caspar*, Verfassung (LitVerz.), Art. 5 RN 13.
121 *Faisst* (Bibl.), S. 175.
122 *Caspar*, Verfassung (LitVerz.), Art. 5 RN 11. Zu Inhalt und Reichweite eines Förderungsauftrags s. auch *BVerfGE* 22, 180 (204).
123 Vgl. *M.J. Hahn*, Die rechtliche Stellung der Minderheiten in Deutschland, in: Jochen A. Frowein/Rainer Hofmann/Stefan Oeter (Hg.), Das Minderheitenrecht europäischer Staaten, Teil 1, 1993, S. 77; *Rainer Hofmann*, Minderheitenschutz in Europa, 1995, S. 78; *ders.*, ZaöRV 52 (1992), S. 1 (33).

c) Begünstigter Personenkreis

46
Ausschluß von Ausländern

Zwar fehlt es im ersten Halbsatz des Art. 6 Abs. 1 Verf. Schleswig-Holstein an einer expliziten Beschränkung auf deutsche Staatsangehörige, doch zeigt die Bezugnahme auf die „staatsbürgerlichen Pflichten" im zweiten Halbsatz der Norm, daß Ausländer vom Minderheitenschutz ausgeschlossen sein sollen, da diese keine solchen Pflichten haben können[124]. Auch der in Art. 6 Abs. 2 Satz 1 Verf. Schleswig-Holstein vorgesehene Schutz der politischen Mitwirkung setzt eine deutsche Staatsbürgerschaft voraus[125], weshalb davon auszugehen ist, daß die Vorschrift an den klassischen völkerrechtlichen Minderheitenbegriff anknüpfen will. Soweit die im Verfassungstext verwendeten Bezeichnungen „nationale Minderheit" bzw. „Volksgruppe" nicht näher erläutert werden, ist dem Wortlaut nach aber zumindest denkbar, auch eingebürgerte Zuwanderer in die Vorschrift einzubeziehen[126].

47
Volksgruppe

Die unterschiedliche Wortwahl, die in Art. 6 Abs. 1 Verf. Schleswig-Holstein nur den Begriff der nationalen Minderheit verwendet, in Absatz 2 Satz 1 daneben aber auch die Volksgruppe benennt, ist – wie auch sonst im Minderheitenschutzrecht[127] – in rechtlicher Hinsicht kein Ausdruck unterschiedlicher Relevanz, sondern kann als Reminiszenz an das Selbstverständnis der friesischen Bevölkerung gelten, die sich selbst als Volksgruppe begreift[128]. Diese Wortwahl verwirklicht damit das in Art. 6 Abs. 1 Verf. Schleswig-Holstein verankerte Bekenntnisprinzip in einem besonderen Maße[129].

48
Schutz und Förderung adressierter Minderheiten

Als adressierte Minderheiten, die einen Anspruch auf Schutz und Förderung haben, nennt Art. 6 Abs. 2 Satz 2 Verf. Schleswig-Holstein die nationale dänische Minderheit, die Minderheit der deutschen Sinti und Roma und die friesische Volksgruppe. Demgegenüber beschränkt der Verfassungsauftrag zum Schutz der kulturellen Eigenständigkeit und der politischen Mitwirkung nationaler Minderheiten und Volksgruppen in Art. 6 Abs. 2 Satz 1 Verf. Schleswig-Holstein seinen Anwendungsbereich nicht auf die bereits bestehenden Minderheiten, sondern läßt auch die Einbeziehung künftig noch entstehender Minderheiten zu. Dies bestätigt auch die Entstehungsgeschichte, denn schon im Bericht des Sonderausschusses „Verfassungs- und Parlamentsreform" vom 28. November 1989 war die Einbeziehung weiterer Minderheiten vorgesehen[130].

Sinti und Roma-Einbezug

Obgleich zumindest Satz 1 somit bereits in seiner ursprünglichen Fassung einer Einbeziehung der deutschen Sinti und Roma offenstand, sah sich der verfassungsändernde Gesetzgeber im Jahre 2012 veranlaßt, diese

---

124 *Pallek*, AöR 125 (2000), S. 587 (606); *Siegert* (Bibl.), S. 110.
125 *Faisst* (Bibl.), S. 175.
126 *Pallek*, AöR 125 (2000), S. 587 (606).
127 *Siegert* (Bibl.), S. 109; a.A. *Stopp* (FN 113), S. 9, 16: Mit dem Begriff „Volksgruppe" wolle die Verfassung eher objektive Kriterien bemühen, während „nationale Minderheiten" solche seien, deren Zugehörigkeit vom subjektiven Bekenntnis abhänge. Vgl. auch bereits RN 12.
128 *Siegert* (Bibl.), S. 109; *Kremser*, Die Sonderstellung von Minderheiten im Wahlrecht zu nationalen Parlamenten, in: Dieter Blumenwitz/Gilbert Gornig/Dietrich Murswiek (Hg.), Minderheitenschutz und Demokratie, 2004, S. 59 (73 f.).
129 Vgl. *Faisst* (Bibl.), S. 175.
130 Bericht und Beschlußempfehlung des Sonderausschusses „Verfassungs- und Parlamentsreform" v. 28. 11. 1989, LT-Drucks. 12/620, S. 34.

auch ausdrücklich in den Wortlaut des Art. 6 Abs. 2 Satz 2 Verf. Schleswig-Holstein aufzunehmen. Als erstes deutsches Land hat Schleswig-Holstein diese Minderheit damit den traditionell als Minderheiten anerkannten Personengruppen verfassungstextlich ausdrücklich gleichgestellt und ihr damit einen gegenüber den sonstigen von der Vorschrift erfaßten Minderheiten hervorgehobenen Status verliehen.

d) Gewährleistungsumfang

aa) Bekenntnisprinzip, Art. 6 Abs. 1 Verf. Schleswig-Holstein

Das Minderheitenrecht nach Art. 6 Abs. 1 Verf. Schleswig-Holstein hat als Grundrecht[131] einen abwehrrechtlichen Gehalt. Die Zugehörigkeit zu einer Minderheit richtet sich gemäß dieser Verfassungsbestimmung konstitutiv allein nach dem subjektiven Bekenntnis; objektive Kriterien sind nicht maßgeblich (sog. Bekenntnisprinzip)[132]. Dementsprechend kann ein solches Bekenntnis weder staatlich nachgeprüft noch bestritten werden[133]. Artikel 6 Abs. 1 verbietet zudem nach Art einer „negativen Bekenntnisfreiheit"[134], eine Person gegen ihren Willen einer nationalen Minderheit zuzuordnen sowie darüber hinaus die Benachteiligung einer Person aufgrund ihres Bekenntnisses zu einer nationalen Minderheit[135].

49
Abwehrrecht

Bekenntnisprinzip

bb) Schutz und Förderung, Art. 6 Abs. 2 Verf. Schleswig-Holstein

Art. 6 Abs. 2 Verf. Schleswig-Holstein thematisiert in seinen beiden Sätzen den Minderheitenschutz als unterschiedliche Verfassungsaufträge[136]. Soweit in Satz 1 in allgemeiner Weise ein an die Gebietskörperschaften adressierter Schutzauftrag zugunsten der kulturellen Eigenständigkeit nationaler Minderheiten und Volksgruppen statuiert wird, wird diese Gewährleistung in Anlehnung an die „begriffsprägende Funktion" des Wortlauts in Art. 27 IPbürgR dahingehend ausgelegt, daß hierdurch das Recht der Minderheiten „gemeinsam mit anderen Angehörigen ihrer Gruppe ihr eigenes kulturelles Leben zu pflegen, ihre eigene Religion zu bekennen und auszuüben oder sich ihrer eigenen Sprache zu bedienen", geschützt sein soll[137]. In der alltäglichen Praxis kommt diese Variante vor allem im staatlich unterstützen Kulturbereich zur Anwendung[138]. Dadurch werden die adressierten Gebietskörperschaften verpflichtet, kulturelle Einrichtungen der Minderheit genauso zu fördern wie andere Einrichtungen, die in der Trägerschaft des Landes oder der Kommunen stehen[139].

50
Gleiche Förderung kultureller Einrichtungen

---

131 Oben RN 42 f.
132 *Barschel/Gebel* (FN 116), Art. 5 Nr. 2; *Hahn* (FN 123), S. 74.
133 *Caspar*, Verfassung (LitVerz.), Art. 5 RN 10 und 11.
134 Hierzu → Bd. II: *Merten*, Negative Grundrechte, § 42 RN 73 ff.
135 *Faisst* (Bibl.), S. 177; *Caspar*, Verfassung (LitVerz.), Art. 5 RN 11.
136 Oben RN 44 f.
137 *Stopp* (FN 113), S. 17.
138 *Faisst* aaO., S. 183.
139 Vgl. *Caspar*, Verfassung (LitVerz.), Art. 5 RN 21 f.

§ 241 *Sechzehnter Teil: II. Vergleichende Betrachtung der Landesgrundrechte*

51
Schutz politischer Mitwirkung

Soweit sich der Schutz der Minderheiten zudem auf ihre politische Mitwirkung bezieht, wird dieser Verfassungsauftrag angesichts des Umstandes, daß die Gewährung von Mitwirkungsrechten einer staatlichen Entscheidung bedarf, im Sinne einer entsprechenden Förderungspflicht des Landes verstanden[140]. Darüber hinaus bleibt angesichts des zurückhaltenden Verfassungswortlauts offen, auf welche Art und Weise diese Mitwirkung konkret gewährleistet werden soll. Im Rahmen der Verfassungsreformdiskussion im Jahr 1990 wurde daher etwa darüber debattiert, ob aufgrund dieser Norm nicht die Parteien nationaler Minderheiten von der 5 v.H.-Klausel befreit werden sollen[141]. Wenn nunmehr auf einfachgesetzlicher Ebene in § 3 Abs. 1 Satz 2 des schleswig-holsteinischen Wahlgesetzes vorgesehen ist, daß lediglich Parteien der dänischen Minderheit von der 5 v.H.-Hürde befreit sind[142], erklärt sich diese Beschränkung daraus, daß es daneben keine weiteren Parteien nationaler Minderheiten in Schleswig-Holstein gibt.

52
Einheitliche Gewährleistung für alle Minderheiten?

Soweit Art. 6 Abs. 2 Satz 2 Verf. Schleswig-Holstein für drei speziell genannte Minderheiten einen Anspruch auf Schutz und Förderung vorsieht, ist bereits umstritten, ob dieser Anspruch dadurch nur diesen explizit genannten Minderheiten zugute kommen soll[143] oder ob Satz 2 als Konkretisierung des Satzes 1 zu verstehen und Artikel 6 Abs. 2 folglich als einheitliche Gewährleistung anzusehen ist, die sich auf alle Minderheiten gleichermaßen bezieht[144]. Angesichts der Systematik der Vorschrift, des klar differenzierenden Wortlauts und der aus ihrer ausdrücklichen Anerkennung resultierenden herausragenden Stellung der genannten Minderheitengruppen wird man freilich davon ausgehen müssen, daß der Verfassungsgeber gerade diese Minderheitengruppen auch besonders schützen und folglich nur ihnen einen weitergehenden Anspruch auf Schutz und Förderung gewähren wollte.

53
Schutzdimension und Förderfunktion

Der eigentliche Normbefehl des Satzes 2 von Artikel 6 Abs. 2 läßt sich in einen Schutzauftrag einerseits und einen Förderauftrag andererseits unterteilen. Beide Varianten beleuchten die Minderheitenrechte aus gegensätzlichen Perspektiven; die Schutzdimension verpflichtet die Staatsgewalt, die genannten Minderheiten und Volksgruppen vor Beeinträchtigungen durch Dritte zu bewahren, die Förderfunktion legt ihnen die Verpflichtung zu positiver Unterstützung dieser Minderheiten und Volksgruppen auf. Der Adressat dieses Verfassungsauftrags wird nicht benannt, doch dürften hierdurch prinzipiell alle drei Emanationen der Staatsgewalt angesprochen sein. Zuzugeben ist jedoch, daß die Judikative keine eigenen Förderinitiativen entfalten, sondern lediglich ihren Spielraum zur minderheitenfreundlichen Auslegung der Gesetze nutzen kann[145].

---

140 *Siegert* (Bibl.), S. 110.
141 Vgl. näher *Kremser* (FN 128), S. 74; *Caspar*, Verfassung (LitVerz.), Art. 5 RN 4 m.w.N.
142 Zur Verfassungsmäßigkeit s. *LVerfG Schleswig-Holstein* NordÖR 2013, S. 461.
143 *Caspar*, Verfassung (LitVerz.), Art. 5 RN 17; *Siegert* (Bibl.), S. 111; *Stopp* (FN 113), S. 21.
144 So *Faisst* (Bibl.), S. 185 f.
145 Zum vergleichbaren landesverfassungsrechtlichen Schutz- und Förderauftrag zugunsten des Mittelstandes s. *Th. Mann*, in: Landesvereinigung der Arbeitgeberverbände NRW (Hg.), FS Jochen F. Kirchhoff, 2002, S. 221 (226 ff.).

cc) Schulwesen

Soweit in Art. 12 Abs. 4 bis 6 Verf. Schleswig-Holstein besondere Minderheitenschutzvorschriften im Zusammenhang mit der Stellung nationaler Minderheiten im Schulwesen verankert sind, wird damit ein Bereich aufgegriffen, der im Hinblick auf die Wahrung und Förderung der kulturellen Identität, insbesondere im Hinblick auf die Erlernung und Erhaltung der Sprache der jeweiligen Minderheit als besonders sensibel anzusehen ist. Die Gewährleistung geht dabei vergleichbar weit, da der dänischen Minderheit im Gegensatz zur verfassungsrechtlichen Gewährleistung für die Sorben/Wenden in Brandenburg[146] durch Art. 12 Abs. 4 und 5 der Verfassung sogar die Einrichtung und Unterhaltung eigener Schulen gewährt wird. Die Friesen hingegen sind hiervon nicht erfaßt; Art. 12 Abs. 6 der Verfassung enthält lediglich einen Förderauftrag zugunsten der Erteilung von Friesischunterricht und Niederdeutschunterricht in öffentlichen Schulen.

54 Schulen der dänischen Minderheit

e) Zusammenfassung und Fazit

Der Verfassung Schleswig-Holsteins liegt der traditionelle Minderheitenbegriff zugrunde, welcher nur den deutschen Staatsangehörigen einen Minderheitenschutz gewährt. Wenngleich explizit nur die nationale dänische Minderheit, die Minderheit der deutschen Sinti und Roma und die friesische Volksgruppe als Inhaber eines Anspruchs auf Schutz und Förderung genannt sind, wird der geschützte Personenkreis im übrigen nicht abschließend festgelegt, sondern steht für künftige Entwicklungen offen. So können auch neue Minderheiten anerkannt werden und den besonderen Schutzstatus für sich beanspruchen, sofern sie die übrigen Kriterien des Minderheitenbegriffs erfüllen, insbesondere also eine gemeinsame Gruppenidentität aufweisen und über die deutsche Staatsangehörigkeit verfügen, die von Art. 6 jedenfalls implizit vorausgesetzt wird.

55 Entwicklungsoffener traditioneller Minderheitenschutz

Das Schutzniveau ist vergleichsweise hoch und die einzelnen Gewährleistungen sind differenziert ausgestaltet. Neben der Wahrung der kulturellen Eigenständigkeit wird auch die politische Mitgestaltung geschützt und gefördert. Überdies weist Art. 6 Abs. 1 Verf. Schleswig-Holstein mit der Verankerung der (positiven und negativen) Bekenntnisfreiheit einen grundrechtlichen Gehalt auf und geht damit über eine reine Staatszielbestimmung oder einen Verfassungsauftrag hinaus. Abgeschwächt wird das Schutzniveau in Schleswig-Holstein allerdings durch die fehlende individuelle Einklagbarkeit etwaiger Schutzansprüche.

56 Hohes Schutzniveau

2. Brandenburg

Die Verfassung des Landes Brandenburg bestimmt in Artikel 25: „(1) ¹Das Recht des sorbischen/wendischen Volkes auf Schutz, Erhaltung und Pflege seiner nationalen Identität und seines angestammten Siedlungsgebietes wird

57 Verfassungswortlaut

---

146 Siehe unten RN 72.

gewährleistet. ²Das Land, die Gemeinden und Gemeindeverbände fördern die Verwirklichung dieses Rechtes, insbesondere die kulturelle Eigenständigkeit und die wirksame politische Mitgestaltung des sorbischen/wendischen Volkes. (2) Das Land wirkt auf die Sicherung einer Landesgrenzen übergreifenden kulturellen Autonomie der Sorben/Wenden hin. (3) Die Sorben/Wenden haben das Recht auf Bewahrung und Förderung der sorbischen/wendischen Sprache und Kultur im öffentlichen Leben und ihre Vermittlung in Schulen und Kindertagesstätten. (4) ¹Im Siedlungsgebiet der Sorben/Wenden ist die sorbische/wendische Sprache in die öffentliche Beschriftung einzubeziehen. ²Die sorbische/wendische Fahne hat die Farben Blau, Rot, Weiß. (5) ¹Die Ausgestaltung der Rechte der Sorben/Wenden regelt ein Gesetz. ²Dies hat sicherzustellen, daß in Angelegenheiten der Sorben/Wenden, insbesondere bei der Gesetzgebung, sorbische/wendische Vertreter mitwirken".

a) Hintergrund und Entstehungsgeschichte

58
Besondere Schutzbedürftigkeit der Sorben

Die Sorben bzw. Wenden sind in Brandenburg in der Niederlausitz als sogenannte Niedersorben ansässig, wobei es sich um Nachfahren slawischer Stämme handelt, die vor ca. 1 500 Jahren in die Lausitz eingewandert sind[147]. Nimmt man die Obersorben aus der Oberlausitz im Freistaat Sachsen hinzu, so leben insgesamt etwa 60 000 bis 70 000 Sorben bzw. Wenden in Deutschland[148]. Sie sind im Vergleich zu der dänischen Minderheit in Schleswig-Holstein vor allem deshalb besonders schutzbedürftig, weil sie außerhalb Deutschlands kein Heimatland haben[149]. Daher bestand bei Gründung des Landes Brandenburg weitgehend Einigkeit darüber, daß eine Minderheitenschutzvorschrift zugunsten der Sorben bzw. Wenden in die brandenburgische Verfassung aufgenommen werden sollte[150].

59
Herausgehobene Bedeutung in der Verfassung

Die Verfassung Brandenburgs behandelt die Minderheitenrechte der Sorben bzw. Wenden in einem eigenen Abschnitt der Verfassung, was bereits die herausgehobene Bedeutung dieser Agenda unterstreicht. Dieser „4. Abschnitt: Rechte der Sorben/Wenden" enthält mit Art. 25 Verf. Brandenburg allerdings nur eine einzelne Vorschrift, die jedoch mit fünf Absätzen eine vergleichsweise differenzierte Regelung bereitstellt und im wesentlichen auf Art. 23 a des Verfassungsentwurfs der Arbeitsgruppe „Landesverfassung" zurückgeht[151]. Hintergrund der Vorschrift, die gemeinsam mit den Vertretern des Bundesvorstands der Domowina[152] erarbeitet wurde, ist die „von der Regierung der DDR angestrebte Gewährleistung einer länderübergreifenden

---

147 http://www.bmi.bund.de/DE/Themen/Gesellschaft-Verfassung/Nationale-Minderheiten/Nationale-Minderheiten-Deutschland/SorbischesVolk/sorbischesVolk_node.html (letzter Abruf am 23.7.2016).
148 *Pastor*, Sorben (Bibl.), S. 15.
149 *Lieber/Iwers/Ernst* (LitVerz.), Art. 25, S. 112 d.
150 *Pastor* aaO., S. 96. Für w.N. s. *Faisst* (Bibl.), S. 206.
151 Vgl. *Faisst* (Bibl.), S. 208 zum ursprünglichen Entwurf des Koordinationsausschusses v. 22. 4. 1990 und der Ergänzung v. 8. 5. 1990, beide abgedruckt in: Landtag Brandenburg (Hg.), Dokumentation „Verfassung des Landes Brandenburg", 1993, Bd. 1, S. 225 ff. und S. 340a ff.
152 Die Domowina ist ein politisch unabhängiger und selbstständiger Bund der Sorben/Wenden und deren Interessenvertreter, vgl. http://www.domowina.de/start (Abruf am 23. 7. 2016).

verfassungsmäßig garantierten kulturellen Autonomie des sorbischen Volkes"[153]. Der tatsächliche Einfluß der sorbischen Vertreter auf die Ausgestaltung der Vorschrift zeigt sich darin, daß die Einbeziehung des Schutzes des angestammten Siedlungsgebiets und die Förderung der wirksamen politischen Mitgestaltung auf ihren Vorschlag hin aufgenommen wurden[154].

b) Normtypologische Klassifizierung

Art. 25 Abs. 1 Verf. Brandenburg schützt das Siedlungsgebiet und die nationale Identität des sorbisch/wendischen Volkes, wobei die in Artikel 25 Abs. 1 Satz 1 der Verfassung formulierte Gewährleistung durch den Dreiklang „Schutz, Erhaltung und Pflege" eine dynamische, über die bloße Bewahrung der Tradition hinausgehende Bedeutung gewinnt[155]. Orientiert an der Wortwahl eingangs des Satzes 1 („Recht des sorbischen/wendischen Volkes"), wird Art. 25 Abs. 1 der Verfassung bisweilen als Grundrecht gedeutet, dessen Träger das sorbisch/wendische Volk sei[156]. Abgesehen von Bedenken gegen solche Kollektivgrundrechte entspricht die weitere Textstruktur des Satzes 1 („Recht auf [...] wird gewährleistet") aber eher einer Gewährleistungsnorm, die den Sorben das Recht auf eine nationale Identität und ein eigenes Siedlungsgebiet garantiert, wie es – ergänzend zur Grundrechtsfunktion – etwa auch Art. 6 Abs. 4 Satz 1 GG mit Blick auf die Institutsgarantie der Privatschulen[157] oder Art. 14 Abs. 1 Satz 1 GG mit Blick auf die Institutsgarantie des Privateigentums[158] vorsehen[159]. Darüber hinaus schreibt die Vorschrift dem Land Brandenburg als objektiv-rechtliche Verpflichtung eine fortdauernde Beachtung der Rechte des sorbischen/wendischen Volkes vor, was normtypologisch einer Staatszielbestimmung entspricht. Die vom Verfassungstext angesprochene „Erhaltung" des angestammten Siedlungsgebietes der Sorben/Wenden verlangt, daß der Staat schützend über den Bestand dieses Gebietes wacht, was insbesondere mit Blick auf den Braunkohlentagebau in der Lausitz relevant wird. Die Inanspruchnahme des sorbischen Siedlungsgebietes durch den fortschreitenden Braunkohlenabbau, dem ganze Dörfer zum Opfer fallen, erfolgt nämlich durch Handlungen Dritter in Gestalt der privaten Bergbauunternehmen. Insoweit bleiben negatorische Abwehrrechte gegen das Land Brandenburg nach Art eines Grundrechts nutzlos. Das Siedlungsgebiet bedarf vielmehr des Schutzes durch den Staat, der sich besser

60
Siedlungsgebiet und nationale Identität

Gewährleistungsnorm statt Kollektivgrundrecht

Staatsziel

Gebietserhalt

---

153 Vorwort des Ergänzungsblatts v. 8.5.1990 zu dem ursprünglichen Verfassungsentwurf des Koordinationsausschusses v. 22.4.1990, abgedr. in: Landtag Brandenburg (Hg.), Dokumentation „Verfassung des Landes Brandenburg", 1993, Bd. 1, S. 340a.
154 *VerfG Brandenburg LVerfGE 8*, 97 (129); *Faisst* (Bibl.), S. 209; *Lieber/Iwers/Ernst* (LitVerz.), S. 452; *Dietrich Franke/Reinhold Kier*, Die Rechte der sorbischen Minderheiten, in: Simon/Franke/Sachs (LitVerz.), § 10 RN 5.
155 *Faisst* aaO., S. 211.
156 So wohl *Hahn* (FN 123), S. 81; *Stopp* (FN 113), S. 9, 25 ff.; *Franke/Kier* (FN 154), § 10 RN 5; *P.Ch. Fischer*, Staatszielbestimmungen (LitVerz.), S. 81 f.
157 Vgl. nur *BVerfGE 6*, 309 (355); *75*, 40 (61 f.); *112*, 74 (83).
158 Dazu *BVerfGE 24*, 367 (389); *58*, 300 (339); aus der Literatur statt vieler *Bryde*, in: v. Münch/Kunig, GG (LitVerz.), Art. 14 RN 30 ff.
159 Die subjektiv-rechtliche/grundrechtliche Komponente ausdrücklich offenlassend *VerfG Brandenburg*, LKV 1998, S. 395 (398).

§ 241 *Sechzehnter Teil: II. Vergleichende Betrachtung der Landesgrundrechte*

Schutzauftrag über eine Staatszielbestimmung verwirklichen läßt. Art. 25 Abs. 1 Satz 1 Verf. Brandenburg enthält also einen Schutzauftrag an das Land Brandenburg. Es hat sich „bei jeder Entscheidung, die das angestammte Siedlungsgebiet der Sorben berührt, so auch bei das sorbische Siedlungsgebiet betreffenden landesplanerischen Entscheidungen, daran auszurichten, daß es dem sorbischen Volk zum Schutz, zur Erhaltung und zur Pflege seines angestammten Siedlungsgebietes verpflichtet ist"[160].

61
Staatsziel mit erhöhten Schutzpflichten

Zu diesem Ergebnis kam 1998 auch das brandenburgische Landesverfassungsgericht, als es Art. 25 Abs. 1 Verf. Brandenburg nicht als ein Grundrecht im Sinne eines Abwehrrechts, sondern als eine Staatszielbestimmung von herausgehobenen Stellenwert und mit entsprechend erhöhten Schutzpflichten gedeutet hat[161]. Dies komme insbesondere dadurch zum Ausdruck, daß Art. 25 Abs. 1 der Verfassung nur gegenüber Belangen zurücktreten könne, „die sowohl nach ihrer normativen Ranghöhe als auch nach dem Maß ihrer jeweiligen Betroffenheit vergleichbares Gewicht und vergleichbare Bedeutung haben"[162].

62
Präzisierung der Förderungspflicht

Auch Art. 25 Abs. 1 Satz 2 Verf. Brandenburg deutet mit seiner Formulierung „Das Land ... fördern die Verwirklichung dieses Rechts" eher in die Richtung einer Staatszielbestimmung als auf eine grundrechtstypische Beschränkung der Staatsmacht. Angesichts des sprachlichen Rückbezugs („Verwirklichung dieses Rechts") erlangt Satz 2 keine eigenständige Bedeutung, sondern dient nurmehr der Klarstellung, daß die bereits in der Gewährleistungsverpflichtung des Satzes 1 verankerte Förderungspflicht insbesondere die kulturelle Eigenständigkeit und politische Mitgestaltung umfassen soll. Zur Sprache kommen damit zwei wesentliche Anliegen des Minderheitenschutzes, die auch in der schleswig-holsteinischen Verfassung herausgehoben werden[163].

63
Grenzüberschreitende kulturelle Autonomie

Gemäß Art. 25 Abs. 2 Verf. Brandenburg soll der Gesetzgeber auf die Sicherung einer Landesgrenzen übergreifenden kulturellen Autonomie der Sorben/Wenden hinwirken. Die Sorben können ihre kulturelle Autonomie nicht einfordern, es handelt sich also um eine objektiv-rechtliche Verpflichtung[164] im Sinne einer Staatszielbestimmung. Anders verhält es sich mit Absatz 3,

Bewahrung und Förderung der Sprache

wonach den Sorben/Wenden ein Recht auf Bewahrung und Förderung der sorbischen/wendischen Sprache und Kultur im öffentlichen Leben und in bezug auf die Vermittlung in Schulen und Kindertagesstätten zukommt. Nach Auffassung des brandenburgischen Verfassungsgerichts ist Art. 25 Abs. 3 Verf. Brandenburg auf eine normative Ausgestaltung durch den Gesetzgeber ausgerichtet[165], was eher für eine normtypologische Qualifizierung als Staatszielbestimmung spricht[166]. Angesichts der Wendung „haben das Recht" wird man

---
160 *VerfG Brandenburg* LKV 1998, S. 395 (399).
161 *VerfG Brandenburg* LKV 1998, S. 395 (398 f.); tendenziell zuvor bereits *VerfG Brandenburg* LVerfGE 8, 97 (129); ebenso *R. Postier*, NJ 1995, S. 511 (513).
162 *VerfG Brandenburg* LKV 1998, 395 (401).
163 Oben RN 50 f.
164 *Siegert* (Bibl.), S. 113.
165 *VerfG Brandenburg* LVerfGE 8, 97, RN 167.
166 So i.E. auch *Pastor*, Sorben (Bibl.), S. 103.

jedoch nicht umhin kommen, darin zusätzlich auch noch einen grundrechtlichen Gehalt zu sehen[167].

Für einen Teilbereich des öffentlichen Lebens erfährt diese Gewährleistung durch die Maßgabe des Art. 25 Abs. 4 Satz 1 Verf. Brandenburg, daß im Siedlungsgebiet der Sorben/Wenden die sorbische/wendische Sprache in die öffentliche Beschriftung einzubeziehen ist, eine verfassungsrechtliche Präzisierung[168]. Teile der Literatur schließen aus dem imperativen Wortlaut des Art. 25 Abs. 4 Satz 1 („ist ... einzubeziehen") auf eine kollektiv adressierte Absicherung im Sinne eines subjektiven Rechts[169]. Dem ist jedoch entgegenzuhalten, daß eine strikte Formulierung allein noch keinen Anspruch begründen kann, wenn nicht auch weitere Anhaltpunkte für eine subjektiv-rechtliche Bedeutungsfacette ersichtlich sind. Gerade wenn man Art. 25 Abs. 4 Satz 1 der Verfassung als Konkretisierung des Artikels 25 Abs. 3 begreift, liegt es aber näher, die Bestimmung ebenfalls als Staatszielbestimmung anzusehen[170].

64
Öffentliche Beschriftung

In Art. 25 Abs. 4 Satz 2 Verf. Brandenburg werden die Farben der sorbischen Fahne festgeschrieben. Dieser Vorschrift wird teils ein lediglich symbolischer Charakter zugeschrieben[171], was jedoch angesichts der einfachrechtlich angeordneten Gleichberechtigung der sorbischen Fahne neben staatlichen Symbolen[172] kaum überzeugen kann[173]. Art. 25 Abs. 5 der Verfassung stellt einen Gesetzgebungsauftrag herkömmlicher Art dar[174]. Von diesem Gesetzgebungsauftrag hat der brandenburgische Gesetzgeber durch Erlaß des Sorben/Wenden-Gesetzes[175] Gebrauch gemacht. Die einheitliche Auslegung und Durchführung dieses Gesetzes sichert zudem eine Verwaltungsvorschrift[176].

65
Farben der sorbischen Fahne

c) Geschützter Personenkreis

Die brandenburgische Verfassung schützt ausschließlich die Minderheit der Sorben/Wenden, weil der Verfassungsgeber den besonderen Verhältnissen des Landes Rechnung tragen und eine auf die dort beheimatete Minderheit

66

---

167 Ausschließlich im Sinne eines Individualgrundrechts *VerfG Brandenburg LVerfGE 8*, 97, RN 167; *Franke/Kier* (LitVerz.), § 10 RN 5; *Hahn* (FN 123), S. 81 f.; *P.Ch. Fischer*, Staatszielbestimmungen (LitVerz.), S. 82.
168 *Lieber/Iwers/Ernst* (LitVerz.), Art. 25, S. 122.
169 *Franke/Kier* (LitVerz.), § 10 RN 5; *Peter Neumann*, Staatszielbestimmungen, in: ders./Reiner Tillmanns, Verfassungsrechtliche Probleme bei der Konstituierung der neuen Bundesländer, 1997, S. 94; *Siegert* (Bibl.), S. 113.
170 *Faisst* (Bibl.), S. 222.
171 *Franke/Kier* (LitVerz.), § 10 RN 5; *Faisst* (Bibl.), S. 222.
172 Vgl. § 4 Satz 2 des Gesetzes über die Ausgestaltung der Rechte der Sorben/Wenden im Land Brandenburg (Sorben/Wenden-Gesetz – SWG) v. 7.7.1994 (GVBl. I S. 294), zuletzt geändert durch Gesetz v. 11.2.2014 (GVBl. I Nr. 7, S. 1): „[Die Fahne] kann gleichberechtigt mit staatlichen Symbolen verwendet werden".
173 *Lieber/Iwers/Ernst* (LitVerz.), S. 123.
174 *Alexander von Brünneck/Franz Joseph Peine*, Staats- und Verwaltungsrecht für Brandenburg, 2004, S. 31; *Faisst* (Bibl.), S. 222; *Bendig*, Gewährt die Verfassung des Landes Brandenburg den Sorben einen Grundrechtsschutz vor Umsiedlungen?, NJ 1998, S. 169 (173); *Franke/Kier* (LitVerz.), § 10 RN 5; *Lieber/Iwers/Ernst* (LitVerz.), Art. 25, S. 123.
175 SWG – Nachweis in FN 172.
176 Verwaltungsvorschriften des Ministeriums für Wissenschaft, Forschung und Kultur zum Gesetz zur Ausgestaltung der Rechte der Sorben (Wenden) im Land Brandenburg v. 28.4.1997 (ABl. S. 422).

§ 241 *Sechzehnter Teil: II. Vergleichende Betrachtung der Landesgrundrechte*

Auf die Sorben zugeschnittener Schutzbereich

zugeschnittene Vorschrift schaffen wollte[177]. Der Terminus „Minderheit" findet im Wortlaut des Art. 25 Verf. Brandenburg keine Erwähnung, der stattdessen vom sorbischen/wendischen Volk spricht. Aus dieser Begrifflichkeit folgt die Kommentarliteratur, daß nicht der einzelne Sorbe/Wende geschützt ist, sondern die Sorben/Wenden bzw. das sorbische/wendische Volk als Gesamtheit[178]. Ganz in diesem Sinne wurde bei den Verfassungsberatungen mit Blick auf Art. 25 Abs. 3 der Verfassung nicht die Formulierung „Bürger sorbischer Nationalität", sondern schlicht die Wendung „Die Sorben/Wenden" gewählt[179].

Traditioneller Minderheitenbegriff

Auf der einfachrechtlichen Ebene bestimmt das den Art. 25 der Verfassung ausgestaltende Gesetz[180] in § 1 Abs. 1, daß die „die im Land Brandenburg lebenden Bürgerinnen und Bürger sorbischer/wendischer Volkszugehörigkeit" ein „gleichberechtigter Teil des Staatsvolkes" sind. Damit sind sowohl die allgemein anerkannten Kriterien des völkerrechtlichen Minderheitenbegriffs als auch die engen Kriterien erfüllt, welche die Bundesrepublik Deutschland nach außen vertritt. Dies läßt den Rückschluß zu, daß sich auch die Verfassung Brandenburgs im Rahmen des traditionellen Minderheitenbegriffs bewegt.

d) Gewährleistungsumfang

67

Eingehende Differenzierung

Im Vergleich mit den anderen Minderheitenschutzvorschriften des Landesverfassungsrechts fallen der Umfang und die Ausführlichkeit der differenzierten Regelung in Brandenburg auf.

aa) Schutz der nationalen Identität und des angestammten Siedlungsgebiets

68

Enger Zusammenhang von Identität und Siedlungsgebiet

Nach der Rechtsprechung des brandenburgischen Verfassungsgerichts sollen die in Art. 25 Abs. 1 Satz 1 Verf. Brandenburg verankerten Rechte auf Schutz, Erhaltung und Pflege der nationalen Identität und des angestammten Siedlungsgebietes eng miteinander zusammenhängen, da das Siedlungsgebiet der Sorben/Wenden erst die Grundlagen dafür schaffe, daß die nationale Identität tatsächlich entfaltet werden könne[181]. In der Verfassung selbst wird dieses Siedlungsgebiet nicht näher umgrenzt. Eine einfachgesetzliche Definition findet sich jedoch in § 3 Abs. 1 Satz 1 SWG. Danach gelten als angestammtes Siedlungsgebiet die kreisfreie Stadt „Cottbus/Chóśebuz sowie diejenigen Gemeinden und Gemeindeteile in den Landkreisen Dahme-Spreewald, Oberspreewald-Lausitz und Spree-Neiße/Sprjewja-Nysa, in denen eine kontinuierliche sprachliche oder kulturelle Tradition bis zur Gegenwart nachweisbar ist". An den Kriterien der kontinuierlichen sprachlichen und kulturellen Tradition zeigt sich, daß das Land Brandenburg dem Kriterium der traditionellen Verwurzelung der Minderheit[182] besondere Bedeutung zumißt.

Siedlungsgebiet

---

177 *Faisst* (Bibl.), S. 210 unter Verweis auf das Ausschußmitglied *Koch*, Ausschußprotokoll V1/UA I/4, S. 8.
178 *Lieber/Iwers/Ernst* (LitVerz.), Art. 25, S. 113.
179 *Faisst* aaO., S. 210 unter Verweis auf das Ausschußmitglied *Koch*, Ausschußprotokoll V1/UA I/4, S. 11.
180 S. den Nachweis in FN 172.
181 *VerfG Brandenburg LVerfGE 8*, 97 (122).
182 Oben RN 18, 23.

Der Schutz des Art. 25 Abs. 1 Satz 1 Verf. Brandenburg verwehrt dem Gesetzgeber jedoch nicht jegliche Eingriffe. Beeinträchtigungen, etwa durch den Braunkohlenabbau, können gerechtfertigt werden, wenn sie sich im Rahmen des Verhältnismäßigkeitsgrundsatzes bewegen[183].

69
Eingriffsrechtfertigung

bb) Politische Mitgestaltung

Ein Recht auf wirksame politische Mitgestaltung, wie es in Art. 25 Abs. 1 Satz 2 Verf. Brandenburg niedergelegt ist, wird explizit nur noch in den Verfassungen Schleswig-Holsteins[184] und Sachsen-Anhalts[185] erwähnt. Mit der hier ausgesprochenen Förderpflicht des Landes, der Gemeinden und Gemeindeverbände korrespondiert der Gesetzgebungsauftrag in Art. 25 Abs. 5 Satz 2 Verf. Brandenburg, der mit dem Erlaß des Sorben/Wenden-Gesetzes[186] umgesetzt wurde: § 5 SWG sieht vor, daß beim Landtag ein Rat für Angelegenheiten der Sorben/Wenden zu bilden ist, dem ein Anhörungsrecht bei allen Beratungsgegenständen zukommt, durch die die Rechte der Sorben/Wenden berührt werden können. Seine fünf Mitglieder werden von den Sorben/Wenden gewählt. Darüber hinaus benennt die Landesregierung einen Beauftragten für die Angelegenheiten der Sorben/Wenden, dem die Aufgabe zukommt, die Koordination der Ministerien in allen die Sorben/Wenden betreffenden Fragen zu unterstützen (§ 5 a SWG). In ähnlicher Weise sind die Belange der Sorben/Wenden im Rahmen der kommunalen Selbstverwaltung zu wahren, indem bei den Ämtern, den amtsfreien Städten und Gemeinden sowie den Landkreisen im angestammten Siedlungsgebiet ein Beauftragter für Angelegenheiten der Sorben/Wenden zu benennen ist, dem die Aufgabe zukommt, als Ansprechpartner für die Sorben/Wenden zu dienen und das gedeihliche Zusammenleben zwischen ihnen und der nichtsorbischen/nichtwendischen Bevölkerung zu fördern (§ 6 SWG). In den Verfassungsberatungen zu Art. 25 Verf. Brandenburg war über den Vorschlag debattiert worden, den Sorben außerdem noch verfassungsrechtlich die Vertretung durch ein bis zwei Abgeordnete im Landtag zu garantieren, doch ist dieser Vorschlag mit Hinweis auf die damit verbundene Verfälschung des Wählerwillens letztlich abgelehnt worden[187].

70
Rat für Angelegenheiten der Sorben/Wenden

Beauftragter für Angelegenheiten der Sorben/Wenden

Keine garantierten Landtagssitze

cc) Landesübergreifende kulturelle Autonomie

Der Sinn des Art. 25 Abs. 2 Verf. Brandenburg, dem zufolge das Land auf die Sicherung einer Landesgrenzen übergreifenden kulturellen Autonomie hinwirkt, erklärt sich vor dem Hintergrund, daß die Sorben ihre Siedlungsgebiete in Sachsen und Brandenburg und damit in zwei verschiedenen Ländern

71
Mitbestimmungsrecht in kulturellen Belangen?

---

[183] *VerfG Brandenburg LVerfGE 8*, 97 (120 f.). Das Verfassungsgericht hatte im Rahmen eines Normenkontrollantrags über das Gesetz zur Förderung der Braunkohle im Land Brandenburg v. 7. 7. 1997 (GVBl. I S. 72) zu entscheiden, durch welches die Fläche der Gemeinde Horno, die im Siedlungsgebiet der Sorben liegt, vollständig für den Braunkohlenabbau beansprucht werden sollte.
[184] Oben RN 51.
[185] Unten RN 98.
[186] Oben RN 65.
[187] Vgl. Ausschußprotokoll VA/UA I-13 v. 11. 10. 1991, S. 21, abgedruckt in: Landtag Brandenburg (Hg.), Dokumentation „Verfassung des Landes Brandenburg", 1993, Bd. 2, S. 693 f., sowie die Nachzeichnung bei *Lieber/Iwers/Ernst* (LitVerz.), Art. 25, S. 117 unter Verweis auf einen Protokollvermerk des Ausschusses, wonach mit Art. 25 Verf. Brandenburg nicht gemeint sei, daß in jedem Fall ein Sorbe Mitglied des Landtags zu sein habe.

haben[188]. Unter Zugrundelegung eines weiten Verständnisses des Begriffs „kultureller Autonomie" soll aus der Vorschrift auch ein Recht auf Mitbestimmung in kulturellen Belangen folgen[189], was angesichts des objektiv-rechtlichen Charakters der Vorschrift als Staatszielbestimmung[190] allerdings nicht zu überzeugen vermag.

dd) Recht auf Bewahrung, Förderung und Vermittlung der sorbischen/wendischen Sprache und Kultur

72
Verhinderung von Assimilierungsdruck

Über den „fördernden Minderheitenschutz" nach Maßgabe des Art. 25 Abs. 3 Verf. Brandenburg wird der Staat verpflichtet, drohendem Assimilierungsdruck durch positive Maßnahmen entgegenzuwirken[191]. Denn das dort fixierte Recht der Sorben/Wenden auf Bewahrung und Förderung der sorbischen/wendischen Sprache und Kultur im öffentlichen Leben und ihre Vermittlung in Schulen und Kindertagesstätten verpflichtet den Staat zu kulturellen Fördermaßnahmen, wie beispielsweise einer Unterstützung sorbischer kultureller Einrichtungen oder einer Berücksichtigung spezieller sorbischer/wendischer Belange im Rahmen des Denkmalschutzes[192]. Mit den Schulen und Kindertagesstätten werden im Verfassungstext solche Institutionen explizit aufgegriffen, denen im Zusammenhang mit der Vermittlung der Sprache und der kulturellen Werte besondere Bedeutung zukommt. Garantiert wird insoweit – anders als in Schleswig-Holstein[193] – nicht die Einrichtung und Unterhaltung eigener Schulen, sondern lediglich das Recht auf Vermittlung der sorbischen/ wendischen Sprache, das auch an deutschen Schulen verwirklicht werden kann[194].

73
Sorbisch als Verwaltungs- und Gerichtssprache

Aus dem Recht zur Bewahrung der sorbischen/wendischen Sprache im öffentlichen Leben folgt, daß sich die Sorben/Wenden vor Behörden und anderen staatlichen Stellen ihrer Sprache bedienen können[195]. Das ist einfachrechtlich in § 8 SWG[196] niedergelegt. Außerdem trägt das brandenburgische Verwaltungsverfahrensrecht dem Rechnung, indem es in § 4 VwVfG Brandenburg[197] für sorbische/wendische Verfahrensbeteiligte Sonderregeln vorsieht. Auch vor Gericht findet zwar zunächst § 184 GVG Anwendung, der Deutsch als Gerichtssprache festlegt, doch ist bereits im Einigungsvertrag zugunsten der Sorben eine Ausnahme von diesem Grundsatz dahingehend vorgesehen, daß das Recht der Sorben, in den Heimatkreisen der sorbischen Bevölkerung sorbisch zu sprechen, durch § 184 GVG nicht beeinträchtigt wird[198].

---

188 *Lieber/Iwers/Ernst* (LitVerz.), Art. 25, S. 118.
189 *Faisst* (Bibl.), S. 215.
190 Oben RN 63.
191 *VerfG Brandenburg LVerfGE 8*, 97 (161); *Lieber/Iwers/Ernst* (LitVerz.), Art. 25, S. 121.
192 *VerfG Brandenburg LVerfGE 8*, 97 (159).
193 Oben RN 37, 54.
194 *Pastor*, Sorben (Bibl.), S. 135.
195 *VerfG Brandenburg LVerfGE 8*, 97 (157); *Pastor* aaO., S. 102; *Stopp* (FN 113), S. 28.
196 Oben RN 65, Nachweis in FN 172.
197 Verwaltungsverfahrensgesetz für das Land Brandenburg v. 7.7.2009 (GVBl. I, S. 262), zuletzt geändert durch Gesetz v. 10.7.2014 (GVBl. I Nr. 32).
198 Vgl. Anlage I, Kapitel III (Justiz), Sachgebiet A: Rechtspflege, Abschnitt III, 1 lit. r) des Einigungsvertrags v. 31.8.1990 (BGBl. II 1990, S. 885).

e) Zusammenfassung und Fazit

Die Minderheitenschutzvorschrift in Art. 25 Verf. Brandenburg kommt zwar ausdrücklich nur den Sorben/Wenden und damit einem klar umgrenzten Personenkreis zugute, sie verankert jedoch ein hohes Schutzniveau. Die detaillierte Verfassungsnorm ist darauf ausgerichtet, die sorbische/wendische Minderheit vor einem Assimilierungsdruck durch die Mehrheitsbevölkerung zu bewahren und bewegt sich damit im Rahmen des traditionellen Minderheitenrechts. Gewährleistet wird nicht nur Schutz, Erhaltung und Pflege der nationalen Identität und des angestammten Siedlungsgebiets, sondern darüber hinaus auch die sorbische/wendische Sprache und Kultur sowie die wirksame politische Mitgestaltung im Rahmen von speziellen Förderaufträgen. Abgeschwächt wird das Schutzniveau allerdings dadurch, daß Art. 25 keine subjektiven Rechte verankert, sondern sich überwiegend mit Staatszielbestimmungen an den Gesetzgeber wendet. Dieser hat in Umsetzung des in Art. 25 Abs. 5 der Verfassung enthaltenen Gesetzgebungsauftrags durch das Sorben-Wenden-Gesetz[199] sowohl dem einzelnen Sorben/Wenden als auch dem sorbischen/wendischen Volk als ganzem konkrete subjektive Rechte eingeräumt und damit den verfassungsrechtlich geforderten Minderheitenschutz auf der einfachrechtlichen Ebene vorbildlich realisiert.

74 Hohes Schutzniveau der Minderheitenschutzvorschrift

Staatszielbestimmungen statt subjektiver Rechte

3. Sachsen

Die Verfassung Sachsens enthält zwei Bestimmungen, die sich mit der Rechtsstellung von Minderheiten befassen. Art. 5 Verf. Sachsen, der für alle Minderheiten gilt, lautet: „(1) ¹Dem Volk des Freistaates Sachsen gehören Bürger deutscher, sorbischer und anderer Volkszugehörigkeit an. ²Das Land erkennt das Recht auf die Heimat an. (2) Das Land gewährleistet und schützt das Recht nationaler und ethnischer Minderheiten deutscher Staatsangehörigkeit auf Bewahrung ihrer Identität sowie auf Pflege ihrer Sprache, Religion, Kultur und Überlieferung. (3) Das Land achtet die Interessen ausländischer Minderheiten, deren Angehörige sich rechtmäßig im Land aufhalten".

75 Verfassungswortlaut für alle Minderheiten

Art. 6 Verf. Sachsen befaßt sich zudem ausschließlich mit der Rechtsstellung der Sorben und hat folgenden Wortlaut: „(1) ¹Die im Land lebenden Bürger sorbischer Volkszugehörigkeit sind gleichberechtigter Teil des Staatsvolkes. ²Das Land gewährleistet und schützt das Recht auf Bewahrung ihrer Identität sowie auf Pflege und Entwicklung ihrer angestammten Sprache, Kultur und Überlieferung, insbesondere durch Schulen, vorschulische und kulturelle Einrichtungen. (2) ¹In der Landes- und Kommunalplanung sind die Lebensbedürfnisse des sorbischen Volkes zu berücksichtigen. ²Der deutsch-sorbische Charakter des Siedlungsgebietes der sorbischen Volksgruppe ist zu erhalten. (3) Die landesübergreifende Zusammenarbeit der Sorben, insbesondere in der Ober- und Niederlausitz, liegt im Interesse des Landes".

76 Verfassungswortlaut zur Rechtsstellung der Sorben

---

199 Oben RN 65.

§ 241 *Sechzehnter Teil: II. Vergleichende Betrachtung der Landesgrundrechte*

77
Farben und Wappen

Überdies bestimmt Art. 2 Abs. 4 Verf. Sachsen: „Im Siedlungsgebiet der Sorben können neben den Landesfarben und dem Landeswappen Farben und Wappen der Sorben, im schlesischen Teil des Landes die Farben und das Wappen Niederschlesiens, gleichberechtigt geführt werden".

a) Hintergrund und Entstehungsgeschichte

78
Entwicklung und Reichweite „sorbischer Nationalität"

Im Freistaat Sachsen leben Sorben als sogenannte Obersorben vornehmlich in der Oberlausitz[200]. Bereits durch Art. 40 der DDR-Verfassung von 1968[201] war den „Bürgern sorbischer Nationalität" ein „Recht zur Pflege ihrer Muttersprache und Kultur" eingeräumt und mit einem staatlichen Förderauftrag verbunden worden, doch waren in der Realität die Kultur und Tradition der Sorben aufgrund der eingeschränkten DDR-Bildungs- und Kulturpolitik keineswegs sichergestellt. Ein Ziel bei der Erarbeitung der sächsischen Verfassung

Die Gohrischen Entwürfe

ist es gewesen, diese Defizite auszugleichen[202]. Der Wortlaut der Vorschriften ist auf Art. 6 des sogenannten „Ersten Gohrischen Entwurfes" einer Verfassung für das Land Sachsen vom 6. August 1990[203] zurückzuführen, der von der Arbeitsgruppe „Landesverfassung" noch vor der Wiedereinführung der Landesstaatlichkeit in den neuen Bundesländern erarbeitet worden war[204]. Insbesondere sollte durch die Aufspaltung in eine allgemeine Minderheitenschutzbestimmung (Art. 5) und einen speziellen Sorbenartikel (Art. 6) im „Zweiten Gohrischen Entwurf"[205] auf das Selbstverständnis der Sorben, die sich als Teil des Landesvolkes sehen, Rücksicht genommen werden[206].

b) Normtypologische Klassifizierung

79
Staatszielbestimmung

Die subjektive Formulierung in Art. 5 Abs. 1 Satz 2 und Abs. 2 Verf. Sachsen – „Recht auf ..." – läßt zwar im Ansatz eine grundrechtliche Deutung der Norm zu, doch zeigen die systematische Stellung der Bestimmung außerhalb des Abschnitts „Die Grundrechte" sowie die Klarstellung in Art. 13 der Verfassung, daß der Verfassungsgeber hier eine Staatszielbestimmung intendiert

Negatorische Dimension

hat[207]. Gleichwohl läßt sich die Gewährleistung in Art. 5 Abs. 2 der Verfassung in ihrer negatorischen Dimension auch als Pflicht des Staates begreifen, sich solcher Handlungen zu enthalten, welche die Identität der nationalen und ethnischen Minderheiten gefährden könnten. Insoweit wird die Vorschrift bis-

---

200 Vgl. oben RN 58.
201 Verfassung der Deutschen Demokratischen Republik v. 6. 4. 1968 (GBl. DDR I S. 199).
202 *Kunzmann/Haas/Baumann-Hasske* (LitVerz.), Art. 6 RN 2.
203 Abgedruckt in: JöR NF Bd. 39 (1990), S. 439 ff.
204 *Faisst* (Bibl.), S. 192. Zur Entstehung der Sächsischen Verfassung ausführlich *Kunzmann*, in: ders./Hass/Baumann-Hasske (LitVerz.), Einleitung.
205 Abgedr. in: JöR NF Bd. 40 (1991/1992), S. 425 ff.
206 *Faisst* aaO., S. 192.
207 So im Ergebnis *Kunzmann/Hass/Baumann-Hasske* (LitVerz.), Art. 5 RN 8; *Degenhart*, Verfassungsrecht, in: Stober, Handbuch (LitVerz.), § 2 RN 32. Eine „abwehrrechtliche Funktion" wird der Norm hingegen von *Klaus Müller*, Kommentar (LitVerz.), Art. 5, S. 80, zugeschrieben; vgl. auch *Faisst* (aaO.), S. 205.

weilen als ein den Grundrechten vergleichbares Abwehrrecht gegenüber dem Freistaat Sachsen gedeutet[208].

Art. 6 Abs. 1 Satz 1 Verf. Sachsen greift die Zuordnung der Bürger sorbischer Volkszugehörigkeit zum Volk des Freistaates Sachsen durch Art. 5 Abs. 1 Satz 1 der Verfassung auf und verankert darüber hinausgehend ein besonderes Gleichheitsrecht, demzufolge die im Land lebenden Bürger sorbischer Volkszugehörigkeit ein gleichberechtigter Teil des Staatsvolks sind.

Besonders betontes Gleichheitsrecht — **80**

Fraglich ist, ob Art. 6 Abs. 1 Satz 2 Verf. Sachsen für die Sorben weitergehende Rechte gewährt, als es bereits Art. 5 Abs. 2 der Verfassung für alle Minderheiten ausspricht. Zum Teil wird dies mit der Begründung bejaht, die nochmalige verfassungstextliche Erwähnung der Sorben könne nur darauf zurückzuführen sein, daß der Verfassungsgeber der sorbischen Minderheit zusätzliche Rechte habe verleihen wollen[209]. Abweichend von Artikel 5 Abs. 2 soll Art. 6 Abs. 2 Verf. Sachsen daher einen subjektiv-öffentlichen Anspruch begründen, der allerdings nicht einzelnen Bürgern sorbischer Volkszugehörigkeit, sondern nur der sorbischen Minderheit als solcher zustehe[210]. Dieser Sichtweise kann man jedoch den weitgehend gleichlautenden Wortlaut der Bestimmungen entgegenhalten, der dafür spricht, daß keine über Art. 5 Abs. 2 der Verfassung hinausgehende Gewährleistung geschaffen, sondern lediglich aus symbolischen Gründen eigenständig betont werden sollte, daß diese Rechte vor allem den Sorben zustehen[211]. Konkrete Verpflichtungen lassen sich mithin auch aus dieser Norm nicht ableiten; bei der Ausgestaltung der Schutz- und Gewährleistungsfunktion des Landes steht dem Gesetzgeber ein weiter Gestaltungsspielraum zu Gebote[212]. So spricht vieles dafür, in Art. 6 Abs. 2 Verf. Sachsen lediglich eine Konkretisierung dahingehend zu sehen, welche Maßnahmen – „insbesondere" – zur Wahrung der sorbischen Identität als erforderlich und empfehlenswert erachtet werden[213].

Sonstige Minderheitenrechte übersteigende Rechte? — **81**

Keine Ableitbarkeit konkreter Pflichten

c) Geschützter Personenkreis

Art. 5 Verf. Sachsen differenziert zwischen den nationalen und ethnischen Minderheiten deutscher Staatsangehörigkeit, deren Rechte das Land „gewährleistet und schützt" (Abs. 2), sowie den ausländischen Minderheiten, deren Interessen das Land „achtet" (Abs. 3). Diese Separierung greift die Aussage des Art. 5 Abs. 1 Satz 1 der Verfassung auf, der das Volk des Freistaates Sachsen in „Bürger deutscher, sorbischer und anderer Volkszugehörigkeit" unterteilt. Aus Art. 115 Verf. Sachsen, der den Begriff der Bürger im

Nationale und ethnische Minderheiten deutscher Staatsangehörigkeit — **82**

---

208 *Kunzmann/Hass/Baumann-Hasske* (LitVerz.), Art. 5 RN 12; *Faisst* aaO., S. 198.
209 *Klaus Müller*, Kommentar (LitVerz.), Art. 6, S. 81; *Degenhart*, Verfassungsrecht, in: Stober, Handbuch (LitVerz.), § 2 RN 32.
210 *Müller* aaO., Art. 6, S. 81.
211 So auch mit entstehungsgeschichtlicher Begründung *Faisst* aaO., S. 193, 199. Ganz in diesem Sinne bescheinigt auch *Degenhart*, Verfassungsrecht, in: Stober, Handbuch (LitVerz.), § 2 RN 32, dem Minderheitenschutz in Sachsen trotz seiner herausgehobenen Stellung im Grundlagenteil der Verfassung eine insgesamt nur begrenzte Normativität.
212 Vgl. *Klaus Müller*, Kommentar (LitVerz.), Art. 6, S. 82.
213 In diesem Sinne auch *Faisst* aaO., S. 199; *Stopp* (FN 113), S. 31; *Siegert* (Bibl.), S. 118.

§ 241 *Sechzehnter Teil: II. Vergleichende Betrachtung der Landesgrundrechte*

Sinne der Landesverfassung definiert, ergibt sich, daß die in Art. 5 Abs. 1 Satz 1 Verf. Sachsen genannten „Bürger ... sorbischer und anderer Volkszugehörigkeit" ebenfalls Deutsche im Sinne des Art. 116 Abs. 1 GG sind. Insoweit erfassen Art. 5 Abs. 1 und 2 Verf. Sachsen also teilidentische Personengruppen im Sinne des Minderheitenbegriffs des Völkerrechts. Anders als in Art. 25 Abs. 1 Verf. Brandenburg werden die Sorben auch nicht als eigenes Volk tituliert, sondern gemäß ihrem Selbstverständnis[214] ausdrücklich dem Volk des Freistaats Sachsen zugeordnet[215].

83
Besondere Schutzbedürftigkeit der Sorben

Kongruent hierzu werden die Sorben gemäß Art. 6 Verf. Sachsen auch nicht als Minderheit, sondern als „gleichberechtigter Teil des Staatsvolkes" (Abs. 1) bzw. als „sorbische Volksgruppe" (Abs. 2) bezeichnet. Ihre besondere Schutzbedürftigkeit, die einen besonderen Sorbenartikel rechtfertigt, wird daraus abgeleitet, daß die Sorben/Wenden nie einen eigenen Staat außerhalb der deutschen Grenzen hatten[216]. Die Gewährung zusätzlicher Rechte für die Sorben ist damit jedoch nicht verbunden[217].

84
Offenheit für den Schutz neuer Minderheiten

Achtung ausländischer Minderheiten

Durch die offene Formulierung in Art. 5 Abs. 2 Verf. Sachsen können auch neue Minderheiten erfaßt werden, soweit sie – in Anlehnung an die völkerrechtliche Definition – ein auf die Bewahrung ihrer kulturellen Identität gerichtetes Gruppenbewußtsein entwickeln und eine gewisse Kontinuität aufweisen. Die in Art. 5 Abs. 3 der Verfassung erwähnten ausländischen Minderheiten stehen hingegen außerhalb des völkerrechtlichen Minderheitenbegriffs, weshalb ihnen dort auch kein klassisches Minderheitenrecht, sondern – gedacht als Zeichen gegen Ausländerfeindlichkeit[218] – lediglich ein Achtungsanspruch zuteil wird[219].

d) Gewährleistungsumfang

aa) Recht auf Heimat

85
Schutz vor Vertreibung

Aus der Anerkennung des Rechts auf die Heimat in Art. 5 Abs. 1 Satz 2 Verf. Sachsen als Staatszielbestimmung[220] wird der Staat verpflichtet, angestammte Heimaten zu achten und ihren Bestand zu fördern, was als negatorische Komponente auch umfaßt, daß er dauerhafte Störungen einer Heimatfindung zu unterlassen hat[221], insbesondere also niemanden aus seiner angestammten Heimat gewaltsam vertreiben darf[222].

---

214 Oben RN 78.
215 So auch *Kunzmann/Hass/Baumann-Hasske* (LitVerz.), Art. 5 RN 3 unter Hinweis auf eine noch abweichende Regelung im ersten Verfassungsentwurf.
216 *Lieber/Iwers/Ernst* (LitVerz.), Art. 25, S. 112 d.
217 Oben RN 81.
218 Vgl. *Faisst* (Bibl.), S. 193 unter Verweis auf *v. Mangoldt*, in: Volker Schimpf/Jürgen Rühmann, Protokolle 1997, 2. Klausurtagung, S. 33 ff., sowie den Abgeordneten *Herbert Goliasch* (CDU) in der zweiten Lesung des Verfassungsentwurfs am 25. 5. 1992, abgedruckt in: *Rolf Stober*, Quellen zur Entstehungsgeschichte der sächsischen Verfassung, 1993, S. 428.
219 So auch die Intention bei den Beratungen des Verfassungs- und Rechtsausschusses, vgl. *Faisst* aaO., S. 193 unter Bezugnahme auf *v. Mangoldt*, in: Schimpf/Rühmann aaO., 6. Klausurtagung, S. 14.
220 Oben RN 79.
221 *Klaus Müller*, Kommentar (LitVerz.), Art. 5, S. 80.
222 *Kunzmann/Hass/Baumann-Hasske* (LitVerz.), Art. 5 RN 6.

bb) Recht auf Bewahrung der Identität und auf Pflege von Sprache, Religion, Kultur und Überlieferung

Die Formulierung des Art. 5 Abs. 2 Verf. Sachsen unterscheidet zwischen zwei Gewährleistungsdimensionen, indem er anordnet, daß der Freistaat Sachsen die dort genannten Minderheitenrechte „gewährleistet" und „schützt". Die Schutzkomponente verpflichtet das Land primär, Beeinträchtigungen dieser Rechte durch Dritte abzuwenden. Die Gewährleistungskomponente ist demgegenüber an den Freistaat selbst adressiert; sie enthält einen gewissen Leistungsaspekt dahingehend, daß das Land einen – durch die Beispiele im Relativsatz („insbesondere durch ...") exemplifizierten – Standard an Unterstützungsmaßnahmen zu erbringen hat, um die tatsächliche Ausübung der näher genannten Minderheitenrechte möglich zu machen.

86 Schutz und Gewährleistung

Neben dem besonderen Gleichheitsrecht des Art. 6 Abs. 1 Satz 1 Verf. Sachsen[223] wiederholt Artikel 6 Abs. 1 Satz 2 für die Bürger sorbischer Volkszugehörigkeit die bereits durch Artikel 5 Abs. 2 garantierten Rechte auf Bewahrung ihrer Identität sowie auf Pflege ihrer Sprache, Kultur und Überlieferung, ohne ein höheres Schutzniveau bereitzustellen[224]. Abweichend von der allgemeinen Gewährleistung in Art. 5 Abs. 2 der Verfassung sind in dem speziellen Sorbenartikel jedoch Beispiele („insbesondere") einzelner Gewährleistungsmaßnahmen benannt, die eine hervorgehobene Bedeutung für die Bewahrung der sorbischen Identität haben. Auffallend im Vergleich der Normen ist, daß in Art. 6 Abs. 1 Satz 2 Verf. Sachsen kein ausdrücklicher Schutz der Religion aufgenommen wurde. Das erklärt sich allerdings daraus, daß die Religion der Sorben der christlichen Mehrheitsreligion entspricht und daher eine spezifische Hervorhebung durch den Sorbenartikel nicht erforderlich war[225].

87 Spezielle Bewahrensrechte ohne höheres Schutzniveau

Soweit Art. 6 Abs. 3 Verf. Sachsen postuliert, daß die landesübergreifende Zusammenarbeit der Sorben, insbesondere in der Ober- und Niederlausitz, im Interesse des Landes liegt, entspricht er in seinem über die Landesgrenzen hinausgehenden Gewährleistungsinhalt[226] der Vorschrift in Art. 25 Abs. 2 Verf. Brandenburg[227]. Durch die Gleichstellung der sorbischen Farben und Wappen mit den sächsischen Landesfarben im Siedlungsgebiet der Sorben und der Farben und Wappen Niederschlesiens im schlesischen Teil des Landes geht Art. 2 Abs. 4 Verf. Sachsen allerdings über die verfassungsrechtliche Gewährleistung Brandenburgs hinaus, die in Art. 25 Abs. 4 Satz 2 Verf. Brandenburg lediglich die Farben der sorbischen Fahne benennt; eine Gleichberechtigung dieser Fahne neben anderen staatlichen Symbolen wird dort nur einfachrechtlich angeordnet[228].

88 Gewährleistungsinhalt über Landesgrenzen hinaus

---

223 Oben RN 80.
224 Oben RN 81.
225 *Faisst* (Bibl.), S. 199.
226 *Klaus Müller*, Kommentar (LitVerz.), Art. 6, S. 81.
227 Oben RN 71.
228 Oben RN 65.

cc) Erhaltung des Siedlungsgebiets der sorbischen Volksgruppe

89
Siedlungsgebiet und Landesplanung

Mit der Aussage in Art. 6 Abs. 2 Verf. Sachsen, daß die Lebensbedürfnisse des sorbischen Volkes in der Landes- und Kommunalplanung zu berücksichtigen sind und der deutsch-sorbische Charakter des Siedlungsgebietes der sorbischen Volksgruppe zu erhalten ist, erkennt neben Brandenburg[229] auch Sachsen die Bedeutung des Siedlungsgebiets als notwendige räumliche Grundlage für die Entfaltung der nationalen Identität an. Die Norm ergänzt insoweit das in Art. 5 Abs. 1 Satz 1 der Verfassung gewährleistete Recht auf Heimat. Die Maßgabe, die Lebensbedürfnisse der Sorben „zu berücksichtigen", macht deutlich, daß Eingriffe zwar möglich sind, doch den Planungsträgern auferlegt ist, den Bedürfnissen des sorbischen Volkes im Rahmen einer gebotenen Abwägung hinreichend Rechnung zu tragen.

dd) Achtung der Interessen ausländischer Minderheiten

90
Aufenthaltsgenehmigung als Schutzvoraussetzung

Außerhalb des völkerrechtlichen Minderheitenbegriffs normiert Art. 5 Abs. 3 Verf. Sachsen einen Achtungsanspruch hinsichtlich der Interessen ausländischer Minderheiten. Durch die Einschränkung, daß „deren Angehörige sich rechtmäßig im Land aufhalten" müssen, verengt sich der Anwendungsbereich auf diejenigen, die eine Aufenthaltsgenehmigung besitzen oder eine solche nicht benötigen; durch die Vokabel „achten" zeigt sich zudem ein abgestuftes Schutzniveau gegenüber Art. 5 Abs. 2 der Verfassung („gewährleistet und schützt")[230]. Die Interessen ausländischer Minderheiten zu achten, bedeutet, auch den im Land lebenden ausländischen Minderheiten Identitätsschutz zu garantieren und Assimilationsdruck von ihnen abzuwenden[231]. Einschränkungen der Interessen der Minderheiten bedürfen damit der Rechtfertigung, die aus der Verfolgung anderer staatlicher Interessen erwachsen kann[232].

e) Zusammenfassung und Fazit

91
Weite Fassung über den traditionellen Minderheitenbegriff hinaus

Abgestuftes Schutzniveau

Die sächsische Verfassung faßt den geschützten Personenkreis, insbesondere im Vergleich zur brandenburgischen Verfassung, relativ weit. Während Brandenburg ausschließlich die traditionelle Minderheit der Sorben/Wenden schützt, räumt Art. 6 Verf. Sachsen den Sorben zwar eine exponierte Stellung ein, doch werden durch Art. 5 der Verfassung weitere Minderheiten geschützt. Art. 5 Abs. 3 Verf. Sachsen geht sogar über den traditionellen Minderheitenbegriff hinaus, indem dort auch ausländische Minderheiten angesprochen werden, was jedoch zugleich durch ein abgestuftes Schutzniveau kompensiert wird[233]. In seinem Schutzniveau bleibt auch Art. 6 der Verfassung vergleichsweise blaß, weil es in Sachsen insbesondere an der Gewährleistung einer aktiven politischen Mitgestaltung fehlt, wie sie in Art. 6 Verf. Schleswig-Hol-

---

229 Oben RN 68 f.
230 *Kunzmann/Hass/Baumann-Hasske* (LitVerz.), Art. 5 RN 12 f.
231 Vgl. Unterrichtung der Kommission der Verfassungsreform des Bundesrates, BR-Drucks. 360/92, RN 128 zu einem inhaltsgleichen Vorschlag im Rahmen der einigungsbedingten Revision des Grundgesetzes.
232 *Faisst* (Bibl.), S. 197; *Kunzmann/Hass/Baumann-Hasske* (LitVerz.), Art. 5 RN 12.
233 Oben RN 90. In diesem Sinne auch *Pallek*, AöR 125 (2000), S. 587 (607).

stein²³⁴ und Art. 25 Verf. Brandenburg²³⁵ garantiert wird. In einem demokratischen Staat, in dem sich die Minderheit bereits quantitativ dem politischen Willen der Mehrheit unterordnen muß, kommt diesem Aspekt eine nicht unerhebliche Bedeutung zu.

4. Sachsen-Anhalt

Eine Minderheitenschutzbestimmung findet sich des weiteren in der Verfassung Sachsen-Anhalts. Deren Artikel 37 bestimmt vergleichsweise knapp: „(1) Die kulturelle Eigenständigkeit und die politische Mitwirkung ethnischer Minderheiten stehen unter dem Schutz des Landes und der Kommunen. (2) Das Bekenntnis zu einer kulturellen oder ethnischen Minderheit ist frei; es entbindet nicht von den allgemeinen staatsbürgerlichen Pflichten".

92 Verfassungswortlaut

a) Hintergrund und Entstehungsgeschichte

Da in Sachsen-Anhalt keine der traditionell in Deutschland verankerten Minderheiten beheimatet ist, erscheint die entsprechende Schutzvorschrift in Art. 37 Verf. Sachsen-Anhalt zunächst überraschend. Allgemein wird die Aufnahme der Minderheitenschutzvorschrift daher vor allem als Zeichen für das Bemühen um eine besonders „moderne" Verfassung gedeutet²³⁶. Als Vorbild diente offenbar Art. 6 Verf. Schleswig-Holstein, an dessen 1990 neu gefaßten Absatz 1 sich insbesondere die Struktur des Art. 37 Abs. 2 Verf. Sachsen-Anhalt anlehnt.

93 Zeichen der Modernität

b) Normtypologische Klassifizierung

Bei Art. 37 Abs. 1 Verf. Sachsen-Anhalt handelt es sich um eine Regelung mit objektiv-rechtlichem Charakter, deren normtypologische Einordnung als Staatszielbestimmung²³⁷ sich bereits aus der systematischen Stellung im mit „Staatsziele" überschriebenen Dritten Abschnitt des Zweiten Hauptteiles der Verfassung ergibt. Soweit gemäß Art. 37 Abs. 2 der Verfassung indes das Bekenntnis zu einer kulturellen oder ethnischen Minderheit nicht von den allgemeinen staatsbürgerlichen Pflichten (vgl. Art. 8 Verf. Sachsen-Anhalt) entbindet, wird die Freiheit des Bekenntnisses als ein subjektives Recht vorausgesetzt²³⁸, denn sich zu einer Minderheit bekennen und staatsbürgerliche Pflichten erfüllen kann nur der einzelne, nicht aber das Kollektiv²³⁹. Die Vorschrift ist daher in der gleichen Weise wie im sprachlichen Vorbild des Art. 6 Abs. 1 Verf. Schleswig-Holstein zu verstehen²⁴⁰.

94 Objektiv-rechtlicher Charakter als Staatsziel

Subjektivrechtliches Bekenntnis

---

234 Oben RN 51.
235 Oben RN 70.
236 *Siegert* (Bibl.), S. 108.
237 Ebenso *Siegert* (Bibl.), S. 120; *Kremser* (FN 128), S. 73; *Faisst* (Bibl.), S. 228 m.w.N.
238 *Reich* (LitVerz.), Art. 37 RN 3.
239 *Siegert* (Bibl.), S. 110.
240 Oben RN 41.

c) Geschützter Personenkreis

95
Nur deutsche Staatsangehörige

Eine nähere Definition der in Art. 37 Verf. Sachsen-Anhalt geschützten ethnischen Minderheiten bietet die Verfassung Sachsen-Anhalts nicht, doch kann ebenso wie in Schleswig-Holstein[241] aus der Bezugnahme auf die politische Mitwirkung in Absatz 1 und auf die staatsbürgerlichen Pflichten in Absatz 2, die beide traditionell eine Staatsbürgerschaft voraussetzen, geschlossen werden, daß nur deutsche Staatsangehörige erfaßt sein sollen[242]. Zudem bestehen auch im übrigen keine Anhaltspunkte, daß hier eine Abweichung vom völkerrechtlichen Minderheitenbegriff[243] beabsichtigt war.

96
Kulturelle und ethnische Minderheiten

Auch wenn in Sachsen-Anhalt nicht wie in anderen Landesverfassungen sprachlich zwischen „Minderheiten" und „Volksgruppen" differenziert wird, kann angesichts der im Minderheitenschutzrecht üblichen synonymen Verwendung der beiden Begriffe[244] nicht davon ausgegangen werden, daß damit eine Eingrenzung des geschützten Personenkreises einhergehen sollte[245]. Entsprechend wird, soweit Art. 37 Abs. 2 Verf. Sachsen-Anhalt umgekehrt die scheinbar erweiternde Wendung „kulturelle und ethnische Minderheiten" benutzt, als „kulturelle Minderheit" keine zusätzliche, von den ethnischen Minderheiten zu separierende Personengruppe angesprochen, sondern lediglich der bereits in Absatz 1 hervorgehobene Aspekt der kulturellen Eigenständigkeit der ethnischen Minderheiten erneut aufgegriffen[246].

97
Relevanz für neue Minderheiten i. e. S.

Ist somit auch in Art. 37 Verf. Sachsen-Anhalt der traditionelle Minderheitenbegriff zugrunde zu legen, so ergibt sich aus dem tatsächlichen Befund, daß in Sachsen-Anhalt kein Siedlungsgebiet der traditionell in Deutschland anerkannten Minderheiten beheimatet ist, die Konsequenz, daß die Vorschrift nur für die in Sachsen-Anhalt lebenden Sinti und Roma sowie für zukünftig entstehende sogenannte neue Minderheiten im engeren Sinn[247] eine praktische Anwendung findet[248], wenn diese eine von Solidarität getragene Gruppenidentität entwickeln, die ein „Bekenntnis" zu dieser Minderheit zuläßt.

d) Gewährleistungsinhalt

98
Schutz vor Assimilierungsdruck

Soweit Art. 37 Abs. 1 Verf. Sachsen-Anhalt die kulturelle Eigenständigkeit und die politische Mitwirkung ethnischer Minderheiten unter den Schutz des Landes und der Kommunen stellt, verpflichtet die Verfassungsnorm den Gesetzgeber zum einen, dafür Sorge zu tragen, daß die kulturelle Eigenständigkeit der ethnischen Minderheiten gegenüber der vorherrschenden Mehrheitsgesellschaft gewahrt bleibt und insoweit einem Assimilierungsdruck ent-

---

241 Oben RN 46.
242 *Reich* (LitVerz.), Art. 37 RN 1; *Faisst* aaO., S. 226 f.
243 Oben RN 9 ff.
244 Oben RN 12, 47.
245 In diesem Sinne auch *Blumenwitz* (FN 26), S. 122; *Faisst* aaO., S. 226; *Siegert* (Bibl.), S. 109, 120.
246 Unklar insoweit *Faisst* aaO., S. 226.
247 Oben RN 29.
248 *Mahnke* (LitVerz.), Art. 37 RN 1; *Faisst* aaO., S. 224, 227; *Reich* (LitVerz.), Art. 37 RN 1; *Kremser* (FN 128), S. 73.

gegengewirkt wird[249]. Zum anderen wird mit Blick auf die Zuerkennung besonderer politischer Mitwirkungsrechte über den Schutzgedanken hinaus auch ein Förderaspekt aktiviert[250], der durch Gewährung staatsbürgerlicher Teilhabe zu verhindern sucht, daß sich die Minderheit unartikuliert der politischen Mehrheit unterordnen muß[251].

Ebenso wie dem sprachlichen Vorbild in Art. 6 Abs. 1 Verf. Schleswig-Holstein liegt Art. 37 Abs. 2 Verf. Sachsen-Anhalt das Bekenntnisprinzip zugrunde, demzufolge nicht eine staatliche Zuordnung für die Zugehörigkeit zu einer Minderheit entscheidend ist, sondern allein das Bekenntnis einer Person zu dieser Minderheit[252].

99
Bekenntnisprinzip

e) Zusammenfassung und Fazit

Im Vergleich zu den Minderheitenbestimmungen in den Verfassungen Schleswig-Holsteins, Brandenburgs und Sachsens ist Art. 37 Verf. Sachsen-Anhalt weniger detailliert und in seinen Gewährleistungen weniger umfassend. Das mag seinen Grund darin haben, daß die Vorschrift gerade keine spezielle traditionelle Minderheit fokussiert und damit etwaige Besonderheiten dieser Volksgruppe nicht aufgreifen muß. Ihr Minderheitenbegriff steht auch neuen Minderheiten im engeren Sinn[253] offen. In der Gesamtbetrachtung bestätigt die Verfassung Sachsen-Anhalts damit die Annahme, daß mit einer Erweiterung des Minderheitenbegriffs in der Regel eine Abstufung des Schutzniveaus einhergeht.

100
Abstufung des Schutzniveaus

5. Mecklenburg-Vorpommern

Im Hinblick auf Minderheiten wird in der Verfassung Mecklenburg-Vorpommerns in Artikel 18 verankert: „Die kulturelle Eigenständigkeit ethnischer und nationaler Minderheiten und Volksgruppen von Bürgern deutscher Staatsangehörigkeit steht unter dem besonderen Schutz des Landes".

101
Verfassungswortlaut

a) Hintergrund und Entstehungsgeschichte

Weil auch in Mecklenburg-Vorpommern keine der traditionellen Minderheiten[254] beheimatet ist, läßt sich die Minderheitenschutzvorschrift in Art. 18 Verf. Mecklenburg-Vorpommern vor allem darauf zurückführen, daß eine minderheitenfreundliche Haltung zum Ausdruck gebracht und eine besonders „moderne" Verfassung geschaffen werden sollte[255].

102
Ausdruck minderheitenfreundlicher Haltung

---

249 Zu diesem Ziel eines effektiven Minderheitenschutzes vgl. *Pallek*, AöR 125 (2000), S. 587 (611).
250 Vgl. *Siegert* (Bibl.), S. 110.
251 Oben RN 51.
252 Insoweit kann für den Gewährleistungsinhalt im einzelnen auf RN 49 verwiesen werden. Vgl. *Caspar*, Verfassung (LitVerz.), Art. 5 RN 10 f.; *Hahn* (FN 123), S. 74; *Faisst* (Bibl.), S. 178.
253 Oben RN 29.
254 Oben RN 28.
255 *Siegert* (Bibl.), S. 108.

b) Normtypologische Klassifizierung

103
Staatszielbestimmung

Bereits ausweislich ihrer Aufnahme in den mit „Staatsziele" überschriebenen Teil III des Ersten Abschnitts der Verfassung wird deutlich, daß es sich bei Artikel 18 um eine Staatszielbestimmung handelt[256], welche in ihrer Ausgestaltung der Aussage in Art. 37 Abs. 1 Verf. Sachsen-Anhalt weitgehend gleichkommt, weshalb auf die dazu getroffenen Aussagen[257] verwiesen werden kann.

c) Geschützter Personenkreis

104
Anknüpfung an deutsche Staatsangehörigkeit

Durch die Formulierung „von Bürgern deutscher Staatsangehörigkeit"[258] knüpft der Minderheitenbegriff des Art. 18 Verf. Mecklenburg-Vorpommern in Übereinstimmung mit der traditionellen völkerrechtlichen Auffassung explizit an die deutsche Staatsangehörigkeit an. Da auch in Mecklenburg-Vorpommern keine traditionellen Minderheiten ansässig sind, können wie bei Art. 37 Abs. 1 Verf. Sachsen-Anhalt unter die Vorschrift lediglich die dort lebenden Sinti und Roma und eingebürgerte Zuwanderer im Sinne des neuen Minderheitenbegriffs[259] gefaßt werden[260], sofern sie die nötigen Merkmale des Gruppenbewußtseins und der Kontinuität aufweisen.

105
„Minderheiten" und „Volksgruppen"

Der Verfassungstext verwendet die Termini „Minderheiten" und „Volksgruppen" nebeneinander. Wie in Schleswig-Holstein[261] ist auch hier damit keine separierende Bedeutung verbunden; der Verfassungsgeber kommt damit vielmehr dem Selbstverständnis derjenigen Gruppen entgegen, die sich nicht als Minderheiten, sondern als Volksgruppen verstehen[262].

d) Gewährleistungsinhalt

106
Schutz der sprachlichen und kulturellen Identität

Die vergleichsweise knappe Vorschrift dient mit ihrem Bezug auf die kulturelle Eigenständigkeit vor allem dem Schutz der sprachlichen und kulturellen Identität[263], anerkennt in Anlehnung an Art. 27 IPbürgR also das Recht, das kulturelle Leben zu pflegen und sich der eigenen Sprache zu bedienen. Soweit damit dem Land eine Pflicht zum „Identitätsschutz" auferlegt wird, bleibt die konkrete Ausgestaltung angesichts der offenen Formulierung jedoch dem Regelungsermessen des Gesetzgebers vorbehalten[264].

---

256 *Thiele*, in: ders./Pirsch/Wedemeyer (LitVerz.), Art. 18 RN 4; *Faisst* (Bibl.), S. 234.
257 Oben RN 94.
258 Zur Genese dieser Formulierung als Korrektur eines grammatikalischen Fehlers in der ursprünglichen Fassung der Vorschrift („Minderheiten deutscher Staatsangehörigkeit") vgl. den Abschlußbericht der Verfassungskommission (LT-Drucks. 1/3100), abgedr. in: Landtag Mecklenburg-Vorpommern, Vorläufige Verfassung, 1993, S. 41 ff., 110.
259 Oben RN 29.
260 *Faisst* aaO., S. 232.
261 Oben RN 47.
262 Oben RN 12.
263 *Thiele*, in: ders./Pirsch/Wedemeyer (LitVerz.), Art. 18 RN 2.
264 *Thiele* aaO., Art. 18 RN 4; *Faisst* aaO., S. 234.

e) Zusammenfassung und Fazit

In der Gesamtwürdigung ist nicht nur die praktische Bedeutung, sondern auch der Gewährleistungsgehalt der Staatszielbestimmung des Art. 18 Verf. Mecklenburg-Vorpommern als vergleichsweise gering einzustufen. Zwar steht der geschützte Personenkreis für die Einbeziehung neuer Minderheiten offen, doch bleibt das Schutzniveau sogar noch hinter dem Minderheitenschutz der insoweit ebenfalls wenig detaillierten Verfassung Sachsen-Anhalts zurück, die neben der kulturellen Eigenständigkeit aber zusätzlich noch die politische Mitwirkung garantiert[265].

107 Geringer Gewährleistungsgehalt

6. Niedersachsen

Das Siedlungsgebiet der Friesen befindet sich nicht nur an der schleswig-holsteinischen Westküste (Nordfriesen[266]), sondern auch im nordwestlichen Niedersachsen in der Küstenregion nahe der niederländischen Grenze sowie im niedersächsischen Landkreis Cloppenburg (Ostfriesen)[267]. Gleichwohl enthält die niedersächsische Verfassung keine Minderheitenschutzvorschrift, was zu einer Sonderstellung Niedersachsens innerhalb der Bundesländer mit Siedlungsgebieten von Minderheiten führt.

108 Friesen ohne Minderheitenschutz

Bei den Beratungen zur Niedersächsischen Verfassung von 1993[268] hatte der gemeinsame Verfassungsentwurf der Landtagsfraktionen von Sozialdemokratischer Partei Deutschlands und der Partei der Grünen im Abschnitt „Grundrechte" als Art. 2/5 unter der Überschrift „Kulturelle und ethnische Minderheiten" allerdings noch einen Minderheitenschutzartikel folgenden Inhalts vorgesehen[269]: „(1) Das Bekenntnis zu einer kulturellen, ethnischen oder regionalen Minderheit ist frei; es entbindet nicht von den allgemeinen staatsbürgerlichen Pflichten. (2) Die kulturelle Eigenständigkeit und die politische Mitwirkung ethnischer und regionaler Minderheiten und Volksgruppen stehen unter dem Schutz des Landes und der Kommunen. Die heimatbezogenen Einrichtungen und Eigenheiten der eigenen Regionen innerhalb des Landes sind zu pflegen. Ihre innere Ordnung muß demokratischen Grundsätzen entsprechen. (3) Das Land hat Sprachen und Kulturen von Regionen und Minderheiten in Niedersachsen zu wahren und zu fördern".

109 Minderheitenschutzartikel-Entwurf

Im Gegensatz zu dieser allgemein gehaltenen Vorschrift nahm ein konkurrierender Entwurf der FDP-Fraktion ausdrücklich auf die friesische Volksgruppe Bezug und schlug, ebenfalls im Grundrechtsteil, als Art. 7 Abs. 3 vor[270]: „(3) Die friesische Volksgruppe hat Anspruch auf Schutz und Förderung".

110 Entwurf der FDP-Fraktion

---

265 Oben RN 98f.
266 Oben RN 47f., 54.
267 BMI, Friesische Volksgruppe, http://www.bmi.bund.de/DE/Themen/Gesellschaft-Verfassung/Nationale-Minderheiten/Nationale-Minderheiten-Deutschland/FriesischeVolksgruppe/friesische-volksgruppe_node.html (letzter Abruf am 23.7.2016).
268 Nds. GVBl. 1993, S. 107.
269 Gemeinsamer Entwurf der Fraktionen der SPD und der Grünen für eine neue Niedersächsische Verfassung v. 13.3.1992, LT-Drucks. 12/3008, S. 4.
270 Verfassungsentwurf der Fraktion der FDP v. 1.6.1992, Nds. LT-Drucks. 12/3250, S. 4.

§ 241 Sechzehnter Teil: II. Vergleichende Betrachtung der Landesgrundrechte

111
Allein Diskriminierungsschutz

Beide Regelungen fanden letztlich jedoch aus Gründen der politischen Kompromißfindung keinen Eingang in die Niedersächsische Verfassung[271]. Daher bleibt der Minderheitenschutz in Niedersachsen heutzutage allein auf den besonderen Diskriminierungsschutz gemäß Art. 3 Abs. 3 Verf. Niedersachsen – unter anderem: keine Diskriminierung wegen Sprache, Heimat und Herkunft – beschränkt.

C. Vergleichendes Fazit

112
Abgestuftes Schutzniveau: „schützen", „gewähren", „achten"

Zusammenfassend läßt sich festhalten, daß die landesrechtlichen Minderheitenschutzbestimmungen keineswegs ein homogenes Konzept verfolgen. Sie verankern sowohl besondere Gleichheitssätze, Staatszielbestimmungen und Diskriminierungsverbote als auch eine Reihe von subjektiven Minderheitenrechten, die über das Schutzniveau von Gleichheitsrechten hinausgehende Gewährleistungen enthalten. Soweit das Landesverfassungsrecht zwischen verschiedenen Minderheitengruppen unterscheidet, ist ein abgestuftes Schutzniveau erkennbar, das sich den in differenzierenden Begriffen „schützen", „gewähren" und „achten" widerspiegelt. Dabei zeigt sich, daß der materielle Schutzgehalt zunimmt, je konkreter die zugrunde gelegte Minderheit benannt wird[272]. Am deutlichsten wird dieses abgestufte Schutzniveau in der Sächsischen Verfassung, die hinsichtlich des jeweiligen Schutzniveaus zwischen dem deutschen Volk, dem sorbischen Volk, den nationalen und ethnischen Minderheiten und den ausländischen Minderheiten differenziert[273].

113
Staatsangehörigkeit und traditionelles Siedlungsgebiet in den Staatsgrenzen

Die Minderheitenschutzvorschriften in den deutschen Landesverfassungen gehen in der Regel von dem mehrheitlich im Völkerrecht konsentierten[274] und auch auf Bundesebene präferierten[275] Minderheitenbegriff aus, der für die Anerkennung als Minderheit unter anderem Staatsangehörigkeit und ein traditionelles Siedlungsgebiet innerhalb der Staatsgrenzen voraussetzt. Weiterungen zeigen sich vor allem in den Verfassungen Sachsen-Anhalts und Mecklenburg-Vorpommerns, die Minderheitenschutzvorschriften aufgenommen haben, obgleich in ihrem Staatsgebiet keine der anerkannten Minderheiten mit traditionellem Siedlungsgebiet ansässig sind[276]. Neben der Streuminderheit der Sinti und Roma erscheint daher eine Anwendung dieser Minderheitenrechte auf sogenannte neue Minderheiten im engeren Sinn[277] denkbar.

---

271 Aus den diversen Fraktionsentwürfen wurde im Sonderausschuß „Niedersächsische Verfassung" ein fraktionsübergreifender gemeinsamer Verfassungsentwurf erarbeitet (LT-Drucks. 12/4650), der in Art. 3 nur noch eine Verweisung auf die Grundrechte und staatsbürgerlichen Rechte des GG vorsah, wodurch insbesondere auch die Entwürfe der Minderheitenartikel obsolet wurden, vgl. näher *Butzer*, in: Epping u.a., Hannoverscher Kommentar (LitVerz.), Vorbem. RN 30.
272 So schon *Pallek*, AöR 125 (2000), S. 587 (611).
273 Oben RN 82 ff.
274 Oben RN 5 ff.
275 Oben RN 19 ff.
276 Oben RN 97, 102.
277 Oben RN 29.

Zwar blieben diese Vorschriften bislang ohne größere praktische Bedeutung[278], doch könnten sie künftig noch eine Dynamik entfalten, weil die gesellschaftliche Realität in Deutschland nicht erst seit der aktuellen Flüchtlingskrise durch Zuwanderung geprägt ist.

Soweit der Minderheitenschutz in Fortführung seines historischen Ursprungs die kulturelle Identität ethnischer Minderheiten in ihrer angestammten Heimat sichern und sie vor Assimilierungsdruck schützen will, erscheint es nur konsequent, Zuwanderer, die in Deutschland nicht traditionell beheimatet sind, vom Minderheitenschutz auszuschließen und ihnen zum Zwecke der Integration in die Mehrheitsgesellschaft Schutz durch das Diskriminierungsverbot und allgemeine Freiheitsgrundrechte, insbesondere die Religionsfreiheit, zu gewähren. Denn Minderheitenschutz ist nicht darauf gerichtet, die Entstehung neuer Minderheiten zu begünstigen und die Integration von Zuwanderern zu erschweren[279]. Wenn man allerdings bedenkt, daß auch die in Deutschland anerkannten Minderheiten[280] sich von später zugewanderten Volksgruppen nur durch eine längere Aufenthaltsdauer unterscheiden, könnten die Vorschriften mit offenem Minderheitenbegriff durchaus noch für andere Volksgruppen aktiviert werden, wenn diese sich im Sinne einer Gruppenidentität zueinander bekennen und die weiteren Begriffskriterien einer Minderheit erfüllen. Das rechtstechnische Problem liegt dann allerdings darin, daß eine auf eine Vielzahl von Personen und Personengruppen ausgerichtete Minderheitenschutzvorschrift den individuellen Besonderheiten der jeweiligen Minderheiten kaum hinreichend Rechnung tragen können wird und somit Gefahr läuft, zu einem bloßen Programmsatz zu verkommen.

114
Integration in die Mehrheitsgesellschaft

---

278 Vgl. *Murswiek* (Bibl.), § 201 RN 27.
279 Vgl. *Capotorti* (FN 18), Ziff. 202, 205, 567 sowie die Nachw. in FN 44. Bericht der Gemeinsamen Verfassungskommission, BT-Drucks. 12/6000, S. 74 f.; Art. 27 IPbürgR („In those States in which ethnic, religious or linguistic minorities *exist* [...]").
280 Oben RN 28.

D. Bibliographie

Faisst, Sabine N., Minderheitenschutz im Grundgesetz und in den Landesverfassungen, 2000.
Murswiek, Dietrich, Schutz der Minderheiten in Deutschland, in: HStR ³X, 2012, § 213.
Oeter, Stefan, Minderheiten, Minderheitenschutz, in: Werner Heun/Martin Honecker/Martin Morlok/Joachim Wieland (Hg.), Evangelisches Staatslexikon, Neuausgabe 2006, Sp. 1542 ff.
Pallek, Markus, Minderheiten in Deutschland – Der Versuch einer juristischen Begriffsbestimmung, in: AöR 125 (2000), S. 587 ff.
Pastor, Thomas, Die rechtliche Stellung der Sorben in Deutschland, 1997.
Siegert, Anja, Minderheitenschutz in der Bundesrepublik Deutschland. Erforderlichkeit einer Verfassungsänderung, 1999.

§ 242
Soziale Grundrechte

Foroud Shirvani

Übersicht

	RN		RN
A. Soziale Grundrechte als Thema der Landesverfassungen	1– 4	II. Soziale Grundrechte als Staatszielbestimmungen	30–32
B. Begriff und Eigenart der sozialen Grundrechte	5–10	F. Vorgaben des Grundgesetzes	33–36
C. Soziale Menschen- bzw. Grundrechte im internationalen, supranationalen und nationalen Recht	11–23	G. Erscheinungsformen	37–69
I. Internationale Verträge	12–16	I. Regelungsgehalt, Wortlaut und Systematik	37–42
1. UN-Sozialpakt	13–14	II. Recht auf Arbeit	43–48
2. Europäische Sozialcharta	15–16	1. Inhalt und Auslegung	43–46
II. EU-Grundrechtecharta	17–18	2. Vereinbarkeit mit Bundesverfassungsrecht	47–48
III. Weimarer Reichsverfassung und Grundgesetz	19–23	III. Recht auf Bildung	49–57
1. Weimarer Reichsverfassung	20–21	1. Regelungsgehalt	49–55
2. Grundgesetz	22–23	2. Unentgeltlichkeit des Unterrichts an öffentlichen Schulen	56–57
D. Typologie der sozialen Grundrechte der Landesverfassungen	24–27	IV. Recht auf Wohnung	58–63
E. Wirkung und Justitiabilität sozialer Grundrechte	28–32	V. Recht auf soziale Sicherung	64–67
I. Soziale Grundrechte als Leistungsgrundrechte	29	VI. Weitere soziale Verfassungsvorschriften	68–69
		H. Resümee	70–72
		I. Bibliographie	

A. Soziale Grundrechte als Thema der Landesverfassungen

1
Soziale Gerechtigkeit und staatliche Sorge

Während die klassischen liberalen Grundrechte den einzelnen vor staatlicher Bevormundung und hoheitlichen Übergriffen schützen sollen, dem Individuum staatsfreie Aktionsräume garantieren und den Staat prinzipiell zur Nichteinmischung in die Freiheitssphäre des Grundrechtsträgers verpflichten, ist das Proprium der sozialen Grundrechte ein anderes: Sie sollen „dem Staat eine bestimmte Verantwortung für soziale Gerechtigkeit in bestimmten Lebensbereichen abverlangen und damit eine Verpflichtung zu staatlicher Tätigkeit begründen"[1].

2
Soziale Frage

Bestand eine der Grundannahmen des bürgerlich-liberalen Rechtsstaates des 19. Jahrhunderts darin, daß der dem einzelnen zugeordnete Lebensbereich von sich aus eine ausreichende soziale Grundlage für die Entfaltung der rechtlich garantierten Freiheit biete, setzte die im Zuge der Industrialisierung immer drängender werdende „soziale Frage" andere Forderungen auf die Tagesordnung[2]. Zentral war die Forderung nach sozialem Schutz bzw. sozialer Sicherheit der gesellschaftlich Benachteiligten und nach staatlichem Schutz der arbeitenden Klasse[3]. Diese Forderung wurde auch deswegen erhoben, weil die vom Bürgertum erkämpften Freiheits- und Gleichheitsrechte die Masse der Lohnarbeiter kaum befriedigen konnten, die in sozial prekären Verhältnissen lebten und häufig nicht über die bildungs- und besitzbezogenen Voraussetzungen verfügten, um liberale Freiheitsrechte umfassend auszuüben[4].

3
Zusammenhang von sozialen Grundrechten und Sozialstaat

Langsam reifte der Gedanke, das Konzept formaler rechtlicher Freiheit und Gleichheit mit einem materiellen Inhalt zu füllen, um auch die schwachen Mitglieder der Gesellschaft tatsächlich in die Lage zu versetzen, von ihren Freiheitsrechten Gebrauch machen zu können[5]. Es sollten soziale Grundrechte statuiert werden, die eine angemessene Verteilung von Ressourcen und Lebensgütern gewährleisteten und einen chancengleichen Freiheitsgebrauch ermöglichten[6]. Die Idee der sozialen Grundrechte steht damit in einem gedanklichen Zusammenhang mit der Idee des Sozialstaates, der die tatsächlichen Voraussetzungen für die Ausübung der Freiheitsrechte zu gewährleisten bezweckt[7].

---

1 *Badura*, Staatsrecht (LitVerz.), Abschn. C RN 9 (Zitat); *Böckenförde*, Die sozialen Grundrechte (LitVerz.), S. 7 (8f.); *Georg Brunner*, Die Problematik der sozialen Grundrechte, 1971, S. 5, 12.
2 *Murswiek*, HStR ³IX, § 192 RN 43; *Badura*, Das Prinzip der sozialen Grundrechte und seine Verwirklichung im Recht der Bundesrepublik Deutschland, in: Der Staat 14 (1975), S. 17 (19); *Böckenförde* aaO., S. 7 (8f.).
3 Vgl. *Badura*, in: Der Staat 14 (1975), S. 17 (19).
4 *Brunner* (FN 1), S. 7; *Böckenförde* (LitVerz.), S. 7 (8f.).
5 *Brunner* aaO.
6 Vgl. *Marauhn*, Das Grundrecht auf Zugang zu den Leistungen der sozialen Sicherheit – Anmerkungen zur Normkategorie der sozialen Grundrechte –, in: Franz Matscher (Hg.), Erweitertes Grundrechtsverständnis, 2003, S. 247 (263).
7 Vgl. *Jarass*, in: ders./Pieroth, GG (LitVerz.), Art. 20 RN 159; *Gröschner*, in: H. Dreier, GG (LitVerz.), Art. 20 (Sozialstaat) RN 21; *Benda*, HVerfR, ²1994, § 17 RN 158.

Obschon der verfassungspolitische Grundgedanke durchaus plausibel ist, die tatsächlichen Voraussetzungen für die Wahrnehmung der Freiheitsgrundrechte zu schaffen, bedeutet er nicht automatisch, grundrechtliche, gerichtlich einklagbare Ansprüche auf Herstellung der realen Möglichkeiten der Freiheitsverwirklichung vorzusehen[8]. Der verfassungsrechtliche Befund zeigt vielmehr, daß die Verfassungen des Bundes und der Länder von der Verankerung derartiger grundrechtlicher Ansprüche meist Abstand genommen haben[9]. Dieser Befund gilt zuvörderst für das Grundgesetz, das bis auf wenige Ausnahmen keine einklagbaren grundrechtlichen Leistungsansprüche enthält[10]. Er gilt aber auch für die Landesverfassungen, die eine Fülle sozialer Ziele, Forderungen oder Verheißungen enthalten, welche unter dem Oberbegriff der „sozialen Grundrechte" bekannt sind[11]. Die sozialen Grundrechte finden sich in den vorgrundgesetzlichen Verfassungen, in den nachgrundgesetzlichen Verfassungen in der Zeit vor der Wiedervereinigung und in den Verfassungen der neuen Bundesländer[12] mit unterschiedlicher Regelungsdichte und unterschiedlicher Regelungssystematik. Zu den sozialen Grundrechten zählen namentlich die Rechte auf Arbeit, Bildung, Wohnung und soziale Sicherung sowie weitere verfassungsrechtliche Vorschriften mit sozialem Gehalt[13]. Insbesondere im Vergleich zum Grundgesetz stellen die sozialen Grundrechte eine „Domäne der Landesverfassungen" dar[14].

4
Soziale Grundrechte als „Domäne der Landesverfassungen"

B. Begriff und Eigenart der sozialen Grundrechte

Eine allgemein konsentierte Definition des Begriffs der „sozialen Grundrechte" existiert bis heute nicht. Vielmehr ist eine „terminologische [...] Unschärfe"[15] zu konstatieren, welche die verfassungsdogmatische Analyse der Thematik nicht erleichtert. Zum Teil werden „soziale Grundrechte" prägnant als „Rechte des [e]inzelnen auf positive Leistungen des Staates"[16], zum Teil als „verfassungsrechtlich verankerte Forderungen nach positivem staatlichen Handeln zur Schaffung der Voraussetzungen freier Persönlichkeitsentfaltung"[17] definiert. Etwas anders lautet demgegenüber die Definition, die soziale Grundrechte als „individualrechtliche Gewährleistungen" deutet, „die

5
Unschärfe des Begriffs „soziale Grundrechte"

---

8 Vgl. *Murswiek*, HStR ³IX, § 192 RN 33; *Lücke*, Soziale Grundrechte als Staatszielbestimmungen und Gesetzgebungsaufträge, AöR 107 (1982), S. 15 (18).
9 Vgl. unten E, RN 28 ff.
10 Vgl. unten RN 22 f.
11 Vgl. dazu etwa *Brenne* (LitVerz.), S. 51 ff.; *Stiens*, (LitVerz.), S. 267 ff.; *Lange*, Soziale Grundrechte (LitVerz.), S. 49 (54 ff.); *Dietlein*, Grundrechte (LitVerz.), S. 121 ff.; *Wermeckes* (LitVerz.), S. 159 ff.
12 → Oben *Shirvani*, Wirtschaftliche Grundrechte, § 239 RN 3.
13 Vgl. G, RN 43 ff.
14 → Bd. III: *Lange*, Grundrechtliche Besonderheiten in den Landesverfassungen, § 83 RN 45.
15 *Stern*, Staatsrecht III/2 (LitVerz.) § 93 VI 5 a (S. 1485); *Dietlein*, Grundrechte (LitVerz.), S. 124.
16 *Carl Schmitt*, Verfassungslehre, ⁵1970, S. 169: Dort ist von „sozialistischen" Rechten die Rede.
17 *Lange*, Soziale Grundrechte (LitVerz.), S. 49.

auf die menschliche Gemeinschaft bezogen sind, indem sie in diese hineinwirken und zu ihrer Verwirklichung der (Unterstützung der) menschlichen Gemeinschaft bedürfen"[18]. Mitunter werden auch Vorschriften, die „ausdrücklich ein Recht auf ein bestimmtes Lebensgut garantieren", als soziale Grundrechte interpretiert[19]. Anstelle von Definitionen[20] finden sich häufig auch Hinweise auf die Spezifika sozialer Grundrechte: So wird betont, soziale Grundrechte seien „im Kernpunkt soziale Staatsaufgaben"[21], bedürften zu ihrer „Erfüllung einer staatlichen Veranstaltung [...], sei es einer materiellen Leistung des Staates, sei es einer Inpflichtnahme von Privaten [...] durch den staatlichen Gesetzgeber"[22] oder zielten „auf finanzielle oder sachliche Leistungen, die dem einzelnen die Wahrnehmung rechtlicher Freiheiten, faktische Freiheit" ermöglichten[23].

6
Erwartung aktiven, fördernden Handelns

Diese und andere Erklärungsansätze verdeutlichen, daß soziale Grundrechte vom „adressierten Hoheitsträger ein aktives, förderndes Handeln"[24] zugunsten des Individuums verlangen und daß sie „in höherem Maße" als die Freiheitsgrundrechte „staatliche Aktionen zur Verwirklichung des in ihnen enthaltenen Programms" fordern[25]. Im Unterschied zu den Freiheitsgrundrechten in ihrer Abwehrfunktion wollen sie dem Staat nicht „Verbotsschilder in den Weg" stellen oder Grenzen markieren, die er nicht überschreiten darf, sondern ihn zur Gestaltung bzw. Veränderung der sozialen Verhältnisse verpflichten[26]. Sie haben also eine progressive Komponente und wollen die bestehenden sozialen Gegebenheiten verändern[27]. Bei den sozialen Grundrechten geht es im übrigen nicht um alle möglichen positiven Leistungen des Staates[28], sondern nur um solche, die eine soziale Implikation[29] aufweisen, insbesondere „auf die Verwirklichung einer menschenwürdigen Lebensform für alle abzielen"[30]. Der damit angesprochene Zusammenhang zwischen sozialen Grundrechten und dem Gedanken menschenwürdiger Lebensgestal-

---

18 *Marauhn* (FN 6), S. 247 (251 f.).
19 *Murswiek*, HStR ³IX, § 192 RN 15.
20 S. zu weiteren Definitionen etwa *VerfGH Saarland LVerfGE 3*, 233 (236); *Theodor Tomandl*, Der Einbau sozialer Grundrechte in das positive Recht, 1967, S. 6; *Wipfelder*, Die verfassungsrechtliche Kodifizierung sozialer Grundrechte, ZRP 1986, S. 140 (140); *Graf Vitzthum*, Soziale Grundrechte und Staatszielbestimmungen morgen, ZfA 1991, S. 695 (698).
21 Bericht der Sachverständigenkommission, Staatszielbestimmungen/Gesetzgebungsaufträge, 1983, RN 4.
22 *Isensee*, Verfassung ohne soziale Grundrechte, in: Der Staat 19 (1980), S. 367 (373).
23 *Martin Borowski*, Grundrechte als Prinzipien, ²2007, S. 341.
24 *Dietlein*, Grundrechte (LitVerz.), S. 124.
25 *K. Hesse*, HVerfR, ²1994, § 5 RN 32.
26 *Brunner* (FN 1), S. 5 (Zitat); *Graf Vitzthum*, ZfA 1991, S. 695 (699); *Tomandl* (FN 20), S. 7, 10 f.
27 *Isensee*, in: Der Staat 19 (1980), S. 367 (375).
28 Vgl. dazu die Aufzählung von *Sachs*, GG (LitVerz.), Vor Art. 1 RN 49: Dort werden etwa auch Art. 19 Abs. 4, 101 Abs. 1 Satz 2, 103 Abs. 1 GG als Bestimmungen genannt, die staatliche Leistungspflichten zur Folge haben.
29 *Zacher*, HStR ³II, § 28 RN 25 nennt als wichtigste Ziele des Sozialstaates unter anderem die Hilfe gegen Not und Armut, ein menschenwürdiges Existenzminimum für jedermann, mehr Gleichheit durch den Abbau von Wohlstandsdifferenzen und mehr Sicherheit gegenüber den Wechselfällen des Lebens.
30 So *VerfGH Saarland LVerfGE 3*, 233 (236).

tung liegt zahlreichen Vorschriften des Landesverfassungsrechts zugrunde[31]. Allerdings bestehen Abgrenzungsprobleme, da das Feld des „Sozialen" weit ist[32]. Zum Teil bedient man sich daher eines deskriptiven Ansatzes und verweist auf typische, in verschiedenen (Landes-)Verfassungen oder internationalen Verträgen[33] vorgesehene Rechte mit sozialem Impetus, wie etwa die Rechte auf Arbeit, Bildung, Wohnung oder soziale Sicherung[34]. Diese Aufzählung ist allerdings, wie das Landesverfassungsrecht zeigt, nicht abschließend[35].

Abgrenzungsprobleme

Die Verwendung des plakativen Begriffs der „sozialen Grundrechte" sagt noch nichts über den normativen bzw. verfassungsrechtlichen Gehalt dieser Rechte aus[36]. Allein der Umstand, daß etwa die Landesverfassungen von einem „Recht auf Arbeit", „Recht auf Bildung" oder „Recht auf Wohnung" sprechen, darf nicht zur Annahme verleiten, es handle sich um Leistungsgrundrechte[37], die dem Grundrechtsträger subjektive öffentlich-rechtliche Ansprüche auf die jeweilige staatliche Leistung garantierten. Das folgt insbesondere daraus, daß die in den Landesverfassungen vorgesehenen sozialen Grundrechte in der Regel zu allgemein bzw. abstrakt formuliert sind, um daraus qua Verfassungsexegese konkrete Rechtsansprüche herleiten zu können[38]. Sieht etwa eine Verfassung ein Recht auf Wohnung vor, ist damit noch nichts über die Voraussetzungen gesagt, die erfüllt sein müssen, damit jemandem eine Wohnung zur Verfügung gestellt wird[39]. Vielmehr ist es Aufgabe des parlamentarischen Gesetzgebers, die Anspruchsvoraussetzungen und den Anspruchsumfang zu bestimmen[40]. Gewährt eine Verfassung ein Recht auf Arbeit, muß der Gesetzgeber darüber entscheiden, ob zur Verwirklichung dieses Rechts das Arbeitsrecht geändert wird, die Unternehmenssteuern reduziert werden oder ein Beschäftigungsförderungsprogramm verabschiedet wird, das der Schaffung neuer Arbeitsplätze dient[41]. In diesen Fällen geht es um politische Gestaltungsaufgaben und die Festlegung von Prioritäten, für die primär der Gesetzgeber zuständig und verantwortlich ist[42].

7
Keine hinreichend konkretisierten subjektiven Rechte

Konkretisierungserfordernisse

---

31 Vgl. Art. 22 Abs. 1 Verf. Berlin; Art. 45 Abs. 1 und Abs. 2, 48 Abs. 3 Verf. Brandenburg; Art. 7 Abs. 1 Verf. Sachsen; Art. 40 Abs. 1 Verf. Sachsen-Anhalt; Art. 24 a Abs. 1 Verf. Saarland. Siehe zum Recht auf soziale Sicherung G V, RN 64 ff.
32 Vgl. auch *Isensee*, in: Der Staat 19 (1980), S. 367 (373).
33 Vgl. unten C I, RN 12 ff.
34 Vgl. *H. Dreier*, GG (LitVerz.), Vorb. RN 81; *Sachs*, GG (LitVerz.), Vor Art. 1 RN 47; *Starck*, in: v. Mangoldt/Klein/ders., GG (LitVerz.), Art. 1 RN 188; s. zu diesem Ansatz *Marauhn* (FN 6), S. 247 (253 f.).
35 Vgl. G VI, RN 68 f.
36 *Badura*, in: Der Staat 14 (1975), S. 17; *Lücke*, AöR 107 (1982), S. 15 (19).
37 → Bd. II: *Jarass*, Funktionen und Dimensionen der Grundrechte, § 38 RN 48 f.; → Bd. II: *Rüfner*, Leistungsrechte, § 40; → oben *Merten*, Allgemeine Lehren der Landesgrundrechte, § 232 RN 81.
38 *Böckenförde* (LitVerz.), S. 7 (11); a.A. *Marauhn* (FN 6), S. 247 (256), wonach die Vagheit sozialer Grundrechte nicht aus dem sozialen Thema, sondern aus ihrem leistungsrechtlichen Charakter folge.
39 *Böckenförde* (LitVerz.), S. 7 (11).
40 *Martens*, Grundrechte im Leistungsstaat, in: VVDStRL 30 (1972), S. 7 (30); *Starck*, in: v. Mangoldt/Klein/ders., GG (LitVerz.), Art. 1 RN 190; *Borgmann/Hermann*, Soziale Grundrechte – Regelungsmodelle und Konsequenzen, JA 1992, S. 337 (337).
41 Vgl. *Lübbe-Wolff*, Justiziabilität sozialer Grundrechte und Verfassungsaufträge, in: JöR NF Bd. 53 (2005), S. 1 (7); *Murswiek*, HStR ³IX, § 192 RN 57.
42 *Murswiek*, HStR ³IX, § 192 RN 57; *Lübbe-Wolff*, in: JöR NF Bd. 53 (2005), S. 1 (7); *Brohm*, Soziale Grundrechte und Staatszielbestimmungen in der Verfassung, JZ 1994, S. 213 (216).

§ 242 Sechzehnter Teil: II. Vergleichende Betrachtung der Landesgrundrechte

8
Ausgestaltungsvarianten

Im übrigen sind hinsichtlich eines Rechts auf Arbeit oder Rechts auf Wohnung unterschiedliche Ausgestaltungsvarianten möglich. Fehlt eine nähere Bestimmung in der Verfassungsvorschrift und will man gleichwohl konkrete Rechtsansprüche unmittelbar aus der Verfassung herleiten, müßten die Gerichte, letztlich die Verfassungsgerichte, entscheiden, ob und gegebenenfalls unter welchen Voraussetzungen ein Leistungsanspruch besteht[43]. Damit würde die Judikative in die Kompetenzen der nach dem Prinzip der Gewaltenteilung zuständigen Legislative eingreifen[44]. Enthält die Verfassung über den genauen Inhalt einer sozialen Verheißung keine ausreichenden Maßstäbe, ist es grundsätzlich Sache des Gesetzgebers, nicht der Gerichte, die entsprechenden Maßstäbe festzulegen[45].

9
Finanzierungsbedürftigkeit und Haushaltsabhängigkeit

Soziale Grundrechte wie das Recht auf Arbeit sind zudem – und meist in stärkerem Umfang als klassische Freiheitsgrundrechte[46] – mit finanziellen Aufwendungen verbunden[47]. Sie haben Einfluß auf den Staatshaushalt[48]. Da die Haushaltshoheit des Parlaments betroffen ist, sind die für die Finanzierung erforderlichen Mittel durch das Parlament bereitzustellen. Unmittelbar einklagbare Leistungsrechte würden dazu führen, daß die Haushaltspolitik in einigen wichtigen Bereichen grundrechtlich determiniert wäre[49]. Allerdings darf das Argument der Haushaltspolitik auch nicht verabsolutiert werden. Die „Finanzierungsbedürftigkeit staatlicher Leistungen" ist „mit grundrechtlicher Verbindlichkeit" nicht strukturell unverträglich[50]. So ist es etwa möglich, daß die nähere Ausgestaltung eines etwaigen Leistungsanspruchs durch den Gesetzgeber erfolgt, während das Verfassungsgericht über den Leistungsanspruch nur dem Grunde nach entscheidet[51].

10
Auslegungsbedarf

Die soeben ausgeführten Argumente sprechen dagegen, aus den Rechten auf Arbeit, Bildung oder Wohnung[52] unmittelbare Leistungsansprüche gegen den Staat herzuleiten, etwa einen Anspruch auf einen Arbeitsplatz oder einen Anspruch auf einen Ausbildungsplatz. Nicht ausgeschlossen ist aber, daß in anderen Fällen grundrechtliche Leistungsansprüche im Sinne des status positivus (landes-)verfassungsrechtlich garantiert werden[53]. Maßgeblich ist dabei vor allem die Auslegung der jeweiligen sozialen Verfassungsbestimmungen, um zu erkennen, ob es sich um ein Leistungsgrundrecht, eine Staatszielbe-

---

43 *Borgmann/Hermann*, JA 1992, S. 337 (341).
44 *Martens*, in: VVDStRL 30 (1972), S. 7 (36); *Alexy* (LitVerz.), S. 462.
45 *Alexy* (LitVerz.), S. 462.
46 Auf die Kostenfolgen der Freiheitsgrundrechte weist zu Recht *Marauhn* (FN 6), S. 247 (258) hin; s. auch → Bd. II: *Rüfner*, Leistungsrechte, § 40 RN 15.
47 *Starck*, in: v. Mangoldt/Klein/ders., GG (LitVerz.), Art. 1 RN 189; *Alexy* (LitVerz.), S. 462; *Brohm*, JZ 1994, S. 213 (216).
48 *Starck*, in: v. Mangoldt/Klein/ders., GG (LitVerz.), Art. 1 RN 189.
49 *Starck* aaO.; *Alexy* (LitVerz.), S. 462.
50 *Sachs*, in: Stern, Staatsrecht III/1 (LitVerz.), § 67 III 2 b, c (S. 718).
51 Vgl. zu dieser Herangehensweise beim „Grundrecht auf Gewährleistung eines menschenwürdigen Existenzminimums", RN 23.
52 *Lübbe-Wolff*, in: JöR NF Bd. 53 (2005), S. 1 (6) spricht insoweit von „anspruchsvollen", d.h. von komplexen materiellen und institutionellen Voraussetzungen abhängigen, sozialen Grundrechten.
53 Vgl. *H. Dreier*, GG (LitVerz.), Vorb. RN 89.

stimmung, einen Programmsatz oder eine andere Normkategorie handelt[54]. Der Terminus der „sozialen Grundrechte" umfaßt also keine Aussage über die „rechtstechnische Form" der sozialen Forderung oder Verheißung[55]; seine „rechtsdogmatische Aussagekraft" ist letztlich gering[56]. Er ist im übrigen mißverständlich, soweit der Eindruck erweckt wird, es würden stets verfassungsunmittelbare Leistungsansprüche bestehen. Gleichwohl hat er sich als Terminus im wissenschaftlichen Diskurs eingebürgert und kann als Oberbegriff für den Gesamtbestand verfassungsrechtlich fundierter sozialer Ansprüche oder Ziele verwendet werden, ohne die Analyse der jeweiligen sozialen Verfassungsbestimmungen entbehrlich zu machen.

Geringe grundrechtsdogmatische Aussagekraft

C. Soziale Menschen- bzw. Grundrechte im internationalen, supranationalen und nationalen Recht

Dem Phänomen der sozialen Rechte begegnet man nicht nur im nationalen Recht, sondern auch im ausländischen Recht, Unionsrecht und Völkerrecht[57]. Zwischen den sozialen Rechten der einzelnen Rechtsquellen bestehen im Kern inhaltlich-thematische Übereinstimmungen. Häufig geht es etwa um die Rechte auf Arbeit, soziale Sicherheit, Fürsorge, Bildung und Ausbildung. Sowohl im internationalen und supranationalen wie auch im nationalen Recht wird über den rechtlichen Gehalt und die Justitiabilität der jeweiligen sozialen Menschen- bzw. Grundrechte lebhaft diskutiert.

11
Inhaltlichthematische Übereinstimmungen

I. Internationale Verträge

Der internationale Schutz der sozialen Rechte erfolgt durch eine Reihe völkerrechtlicher Verträge und Institutionen[58]. Prominente völkerrechtliche Verträge, die soziale Menschenrechte enthalten, sind der Internationale Pakt über wirtschaftliche, soziale und kulturelle Rechte[59] und die Europäische Sozialcharta[60]. Die in diesen beiden Verträgen ausformulierten sozialen Rechte werden der „zweiten Generation" der Menschenrechte zugeordnet[61].

12
IPWSKR und Europäische Sozialcharta

---

54 Vgl. D, RN 24 ff.
55 *Lücke*, AöR 107 (1982), S. 15 (19).
56 So auch *Kingreen*, Soziale Grundrechte, in: Ehlers, Europäische Grundrechte (LitVerz.), § 22 RN 11, im unionsrechtlichen Kontext; vgl. ferner *Sachs*, GG (LitVerz.), Vor Art. 1 RN 47 mit FN 131; *Hahn*, Staatszielbestimmungen (LitVerz.), S. 74.
57 Vgl. im Überblick *Starck*, Soziale Rechte in Verträgen, Verfassungen und Gesetzen, in: Jörg Ennuschat u.a.. (Hg.), Wirtschaft und Gesellschaft im Staat der Gegenwart, GS Tettinger, 2007, S. 761 ff.; *Eberhard Eichenhofer*, Soziale Menschenrechte im Völker-, europäischen und deutschen Recht, 2012, S. 139 ff.
58 Vgl. *Simma*, „Die vergessenen Rechte": Bemühungen zur Stärkung des VN-Sozialpakts, in: Franz Ruland u.a. (Hg.), Verfassung, Theorie und Praxis des Sozialstaates, FS Zacher, 1998, S. 867 (867 f.).
59 IPWSKR, v. 19.12.1966 (BGBl. 1973 II S. 1570).
60 ESC, v. 18.10.1961 (BGBl. 1964 II S. 1262).
61 Der „ersten Generation" der Menschenrechte werden die bürgerlichen und politischen Freiheitsrechte zugeordnet, vgl. *Matthias Herdegen*, Völkerrecht, ^{15}2016, § 47 RN 6; *Andreas v. Arnauld*, Völkerrecht, ^{2}2014, RN 606 f.

1. UN-Sozialpakt

13
Grundlegende und flankierende Rechte

Der im Jahr 1966 verabschiedete UN-Pakt über wirtschaftliche, soziale und kulturelle Rechte verpflichtet grundsätzlich jeden Vertragsstaat, die in diesem Pakt genannten Rechte zu verwirklichen[62]. Dazu zählen namentlich das Recht auf Arbeit[63] und das Recht auf gerechte und günstige Arbeitsbedingungen, welches das Recht auf angemessenen Arbeitslohn und auf sichere und gesunde Arbeitsbedingungen umfaßt[64]. Ergänzt werden diese Rechte durch das Recht auf soziale Sicherheit[65], das Recht auf angemessenen Lebensstandard unter Einschluß des Rechts auf ausreichende Ernährung, Bekleidung und Unterbringung[66] sowie das Recht auf ein Höchstmaß an körperlicher und geistiger Gesundheit[67]. Weitere wichtige Komponenten des UN-Sozialpakts sind die Rechte auf Bildung und auf Teilnahme am kulturellen Leben[68].

14
Rechtlicher Gehalt

Für die Frage, welchen rechtlichen Gehalt die im UN-Sozialpakt verbürgten Gewährleistungen haben, ist Art. 2 Abs. 1 IPWSKR bedeutsam, der jeden Vertragsstaat verpflichtet, Maßnahmen zu treffen, um nach und nach mit allen geeigneten Mitteln, vor allem durch gesetzgeberische Maßnahmen, die volle Verwirklichung der in diesem Pakt anerkannten Rechte zu erreichen. Insbesondere unter Hinweis auf diese Bestimmung und die darin vorgesehene „progressive Verwirklichung" der wirtschaftlichen und sozialen Rechte[69] gehen zahlreiche Stimmen davon aus, daß der UN-Sozialpakt keine unmittelbar zugunsten des einzelnen anwendbaren Rechte enthalte, also nicht „self-executing" sei[70], während die Gegenauffassung jedenfalls manchen der im UN-Sozialpakt verankerten Verbürgungen eine subjektiv-rechtliche Komponente entnimmt[71]. Zur Verbesserung der Durchsetzung der im UN-Sozialpakt aufgeführten Rechte wurde 2008 ein Fakultativprotokoll verabschiedet[72], das aber von vielen Staaten – wie etwa von der Bundesrepublik– (noch) nicht ratifiziert worden ist[73]. Das Fakultativprotokoll enthält unter anderem ein In-

Fakultativprotokoll

---

62 Vgl. zum UN-Sozialpakt *Simma*, Soziale Grundrechte und das Völkerrecht, in: Peter Badura/Rupert Scholz (Hg.), Wege und Verfahren des Verfassungslebens, FS Lerche, 1993, S. 83 ff.; *dens.* (FN 58), S. 867 ff.; *Trilsch*, Justiziabilität (LitVerz.), S. 17 ff.; *v. Arnauld* (FN 61), RN 749 ff.; → Bd. VI/1: *Langenfeld*, Soziale Grundrechte, § 163 RN 10 ff.; → Bd. VI/2: *Vedder*, Die allgemeinen UN-Menschenrechtspakte und ihre Verfahren, § 174 RN 93 ff.
63 Art. 6 Abs. 1 IPWSKR.
64 Art. 7 IPWSKR.
65 Art. 9 IPWSKR.
66 Art. 11 Abs. 1 IPWSKR.
67 Art. 12 Abs. 1 IPWSKR.
68 Art. 13 Abs. 1 Satz 1, 15 Abs. 1 lit. a IPWSKR.
69 Vgl. dazu *Trilsch*, Justiziabilität (LitVerz.), S. 23 ff.
70 *Stern*, Staatsrecht III/2 (LitVerz.), § 94 II 3 b (S. 1546 – Zitat); *Murswiek*, HStR ³IX, § 192 RN 49; *Torsten Stein/Christian v. Buttlar*, Völkerrecht, ¹³2012, RN 1014; → Bd. VI/1: *Langenfeld*, Soziale Grundrechte, § 163 RN 16. Vgl. auch *Herdegen* (FN 61), § 48 RN 6, wonach die Gewährleistungen des Pakts oft „weich" ausgestaltet seien und auf „unbestimmte Bemühungsverpflichtungen" schrumpften.
71 *Simma* (FN 58), S. 867 (869 ff.); *v. Arnauld* (FN 61), RN 749; *Mahler*, Endlich gleichberechtigt – die Anerkennung der Justiziabilität von wirtschaftlichen, sozialen und kulturellen Rechten!, in: Marten Breuer u.a. (Hg.), Der Staat im Recht, FS E. Klein, 2013, S. 1189 (1193 ff.).
72 Optional Protocol to the International Covenant on Economic, Social and Cultural Rights vom 10.12.2008, UN-Doc. A/RES/63/117.
73 Vgl. zum Fakultativprotokoll *Trilsch*, Justiziabilität (LitVerz.), S. 55 ff.; → Bd. VI/2: *Vedder*, Die allgemeinen UN-Menschenrechtspakte und ihre Verfahren, § 174 RN 143 ff.

dividualbeschwerdeverfahren zum Ausschuß für wirtschaftliche, soziale und kulturelle Rechte, das allerdings kein gerichtliches Verfahren ist, welches mit einer verbindlichen Entscheidung enden würde[74].

2. Europäische Sozialcharta

Auf europäischer Ebene verbürgt die 1961 von den Mitgliedern des Europarats verabschiedete Europäische Sozialcharta[75] einige soziale und wirtschaftliche Menschenrechte[76] und soll dabei die Europäische Menschenrechtskonvention ergänzen, die die bürgerlichen und politischen Menschenrechte gewährleistet[77]. Die Europäische Sozialcharta enthält in ihrem Teil II einen detailliert ausformulierten Katalog von Rechten, der insbesondere die beiden Komplexe „Arbeitsbedingungen" und „Sozialer Zusammenhalt" umfaßt[78]. Dabei gehören zum ersten Komplex etwa das Recht auf Arbeit[79], das Recht auf sichere und gesunde Arbeitsbedingungen[80], das Recht auf ein gerechtes Arbeitsentgelt[81], das Recht auf Kollektivverhandlungen[82] sowie das Recht auf Berufsberatung und berufliche Ausbildung[83], zum zweiten Komplex das Recht auf Schutz der Gesundheit[84], das Recht auf soziale Sicherheit[85], das Recht auf Fürsorge[86] und das Recht der Familien auf sozialen, gesetzlichen und wirtschaftlichen Schutz[87].

15 „Arbeitsbedingungen" und „Sozialer Zusammenhalt"

Die in Teil II der Europäischen Sozialcharta verbürgten Rechte enthalten nach ihrem Wortlaut primär völkervertragliche Verpflichtungen[88]. Diese Auslegung wird durch Teil III des Anhangs zur Sozialcharta bestätigt, wonach die Charta rechtliche Verpflichtungen internationalen Charakters enthält, deren Durchführung ausschließlich der in ihrem Teil IV vorgesehenen Überwachung unterliegt. Das in Teil IV geregelte Überwachungsreglement sieht zwar

16 Völkervertragliche Verpflichtungen aus der ESC

---

74 Vgl. Art. 8f. Fakultativprotokoll; *Mahler* (FN 71), S. 1189 (1195); vgl. auch *H. Dreier*, GG (LitVerz.), Vorb. RN 89, der das Durchsetzungsinstrumentarium als „eher schwach" bewertet; positiver demgegenüber das Fazit von → Bd. VI/2: *Vedder*, Die allgemeinen UN-Menschenrechtspakte und ihre Verfahren, § 174 RN 166.
75 Die Europäische Sozialcharta wurde 1996 zwar überarbeitet, die revidierte Fassung ist aber von einigen Mitgliedstaaten wie der Bundesrepublik noch nicht ratifiziert worden. Im folgenden soll die Sozialcharta aus dem Jahr 1961 zugrunde gelegt werden. Vgl. zum Ganzen → Bd. VI/1: *Giegerich*, Menschenrechtsübereinkommen des Europarats, § 148 RN 101 f.
76 Vgl. dazu etwa Europarat (Hg.), Die Europäische Sozialcharta, Ein Leitfaden, 2002; *Xenia Neubeck*, Die Europäische Sozialcharta und deren Protokolle, Frankfurt am Main 2002; *Wegener*, Wirtschaftsgrundrechte, in: Ehlers, Europäische Grundrechte (LitVerz.), § 5 RN 62 ff.; *Trilsch*, Justiziabilität (LitVerz.), S. 30 ff.; → Bd. VI/1: *Giegerich*, Menschenrechtsübereinkommen des Europarats, § 148 RN 86 ff.
77 Europarat (FN 76), S. 3.
78 Europarat (FN 76), S. 4.
79 Art. 1 ESC.
80 Art. 2 ESC.
81 Art. 4 ESC.
82 Art. 6 ESC.
83 Art. 9 f. ESC.
84 Art. 11 ESC.
85 Art. 12 ESC.
86 Art. 13 ESC.
87 Art. 16 ESC.
88 Vgl. etwa Art. 1 ESC: „Um die wirksame Ausübung des Rechtes auf Arbeit zu gewährleisten, verpflichten sich die Vertragsparteien ...".

ein Berichts-, Prüfungs- und Empfehlungsverfahren, aber weder ein Individual- noch ein Staatenbeschwerdeverfahren vor[89]. Gestützt auf diesen Befund vertritt die herrschende Auffassung in der Bundesrepublik den Standpunkt, daß es sich bei den Chartarechten nicht um Rechtssätze handle, „die einer unmittelbaren, gerichtlich überprüfbaren Anwendung im innerstaatlichen Recht zugänglich" seien[90]. Ungeachtet dessen sind die Bestimmungen der Sozialcharta nach dem Grundsatz der völkerrechtsfreundlichen Auslegung[91] bei der Auslegung und Anwendung innerstaatlichen Rechts heranzuziehen[92]. Die Verfassung von Brandenburg geht einen Schritt weiter und spricht das Bekenntnis des brandenburgischen Volkes zu den „Grundrechten" aus, die in der Europäischen Sozialcharta und in den Internationalen Menschenrechtspakten niedergelegt sind[93].

II. EU-Grundrechtecharta

17
„Solidarität"

Soziale Rechte sind nicht nur im Völkervertragsrecht, sondern auch im supranationalen Recht, namentlich in der Grundrechtecharta, zu verorten. Insbesondere im Titel IV der Grundrechtecharta findet sich unter der Überschrift „Solidarität" eine Reihe inhaltlich heterogener, unterschiedlich ausgestalteter sozialer Rechte und Grundsätze[94]. Dazu gehören das Recht auf Zugang zu einem unentgeltlichen Arbeitsvermittlungsdienst[95], das Recht auf gesunde, sichere und würdige Arbeitsbedingungen[96], das Verbot der Kinderarbeit[97], das Recht auf soziale Sicherheit und soziale Unterstützung[98] und das Recht auf Zugang zur Gesundheitsvorsorge[99]. Auch außerhalb des Titels IV der Grundrechtecharta begegnet man Rechten mit sozialem Bezug, wie etwa dem Recht auf Bildung und Zugang zur beruflichen Ausbildung und Weiterbildung[100].

---

89 *Wegener*, in: Ehlers, Europäische Grundrechte (LitVerz.), § 5 RN 64; → Bd. VI/1: *Giegerich*, Menschenrechtsübereinkommen des Europarats, § 148 RN 94.
90 So *BVerwGE 91*, 327 (330 – Zitat); vgl. ferner *BVerwGE 98*, 31 (45); *BAGE 110*, 79 (89); *Wegener* aaO., § 5 RN 64; → Bd. VI/1: *Giegerich*, Menschenrechtsübereinkommen des Europarats, § 148 RN 88.
91 Vgl. dazu *BVerfGE 111*, 307 (317 f.); *128*, 326 (368 f.); *Rojahn*, in: v. Münch/Kunig, GG (LitVerz.), Art. 24 RN 2 ff.
92 Vgl. *BVerwGE 66*, 268 (274); *BAGE 104*, 155 (166); *Neubeck* (FN 76), S. 181 ff.; → Bd. VI/1: *Giegerich*, Menschenrechtsübereinkommen des Europarats, § 148 RN 89.
93 Art. 2 Abs. 3 Verf. Brandenburg.
94 Vgl. dazu etwa *Kingreen*, in: Ehlers, Europäische Grundrechte (LitVerz.), § 22; *Walter Frenz*, Handbuch Europarecht, Bd. IV, 2009, RN 3533 ff.; *Axer*, Sozialrechtsspezifische Grundrechte, in: Monika Schlachter/Hans Michael Heinig (Hg.), Europäisches Arbeits- und Sozialrecht, EnzEuR VII, 2016, § 3 RN 13 ff.; *Streinz*, EUV/AEUV (LitVerz.), Vor Art. 27 GRCh; *Krebber*, in: Calliess/Ruffert, EUV/AEUV (LitVerz.), Art. 27 GRCh RN 2 ff.; → Bd. VI/1: *Langenfeld*, Soziale Grundrechte, § 163.
95 Art. 29 GRCh.
96 Art. 31 Abs. 1 GRCh.
97 Art. 32 Abs. 1 Satz 1 GRCh.
98 Art. 34 GRCh.
99 Art. 35 Satz 1 GRCh.
100 Art. 14 Abs. 1 GRCh.

Hinsichtlich des Gewährleistungsgehalts dieser Rechte ist zu differenzieren[101]: Zum Teil handelt es sich um Abwehrrechte, wie zum Beispiel beim Verbot der Kinderarbeit[102], zum Teil um soziale Schutz- und Förderansprüche, wie etwa beim Recht auf gesunde, sichere und würdige Arbeitsbedingungen oder bei den Schutzbestimmungen für Jugendliche am Arbeitsplatz[103]. Zudem werden auch Teilhaberechte statuiert, die auf einen gleichberechtigten Zugang zu bestehenden sozialen Systemen oder staatlichen Einrichtungen gerichtet sind, wie zum Beispiel beim Recht auf Zugang zu einem unentgeltlichen Arbeitsvermittlungsdienst, beim Anspruch auf Leistungen der sozialen Sicherheit, beim Recht auf Zugang zur Gesundheitsvorsorge oder beim Recht auf Bildung[104]. Bei allen diesen Rechten und Verbürgungen muß allerdings Art. 51 Abs. 1 Satz 1 GRCh beachtet werden, welcher den Anwendungsbereich der Grundrechtecharta bestimmt: Demnach gilt die Charta für die Union sowie für die Mitgliedstaaten, wenn sie ausschließlich EU-Recht durchführen. Da die Kompetenzen der EU im Bereich des Sozial- und Arbeitsrechts beschränkt sind, wie sich insbesondere Art. 153 Abs. 1 AEUV entnehmen läßt, liegt die Hauptverantwortung in diesem Bereich nach wie vor bei den Mitgliedstaaten[105]. Die Grundrechtecharta kann diese Kompetenzverteilung nicht überspielen[106]. Daher sind die Mitgliedstaaten grundsätzlich dafür verantwortlich, neue, originäre soziale Rechtspositionen zu gewährleisten. Die Grundrechtecharta ist allerdings insoweit von Bedeutung, als sie die Union verpflichtet, die darin genannten sozialen Rechte bei der Durchführung ihrer Politik zu achten und Maßnahmen zu unterlassen, die die Verwirklichung dieser Rechte gefährden könnten[107].

18
Gewährleistungsgehalt sozialer GRCh-Rechte

GRCh-Anwendungsbereich

III. Weimarer Reichsverfassung und Grundgesetz

Für die Bedeutung und Stellung der sozialen Grundrechte im nationalen Verfassungsrecht ist nicht nur das Grundgesetz von Relevanz. Wichtige Weichenstellungen wurden bereits durch die Weimarer Reichsverfassung getroffen, in deren Tradition vor allem die vorgrundgesetzlichen Landesverfassungen stehen.

19
WRV mit wichtigen Wegweisern

1. Weimarer Reichsverfassung

Die Grundrechte der Weimarer Reichsverfassung waren nicht zuletzt ein „Akt der sozialreformerischen Fortbildung" der bis dahin auf liberale Frei-

20

---

101 Vgl. dazu etwa *Grabenwarter*, Die Charta der Grundrechte für die Europäische Union, DVBl. 2001, S. 1 (9f.); *Streinz*, EUV/AEUV (LitVerz.), Vor Art. 27 GRCh RN 3.
102 *Streinz*, EUV/AEUV (LitVerz.), Art. 32 GRCh RN 4; *Krebber* (FN 94), Art. 32 GRCh RN 2.
103 *Hans D. Jarass*, Charta der Grundrechte der Europäischen Union, ²2013, Art. 31 RN 2, Art. 32 RN 2.
104 *Kingreen* (FN 56), § 22 RN 14.
105 *Krebber* (FN 94), Art. 153 AEUV RN 3; *Eichenhofer*, in: Streinz, EUV/AEUV (LitVerz.), Art. 153 AEUV RN 3.
106 Vgl. Art. 51 Abs. 2 GRCh.
107 Vgl. *Kingreen* (FN 56), § 22 RN 16f.; s. zum Recht auf Zugang zu einem Arbeitsvermittlungsdienst *Streinz*, EUV/AEUV (LitVerz.), Art. 29 GRCh RN 3.

§ 242 *Sechzehnter Teil: II. Vergleichende Betrachtung der Landesgrundrechte*

Sozialreformerische Fortbildung

heiten fokussierten Grundrechtskonzeptionen[108]. Die Weimarer „Grundrechte sollten nicht nur der Verteidigung des status quo im Interesse des Bürgertums dienen", sondern auch die zum Nachteil der Arbeiterschaft und der sozial Schwachen entstandenen Ungleichheiten nivellieren bzw. beseitigen[109]. Daher wurden soziale Grundrechte in die Verfassung aufgenommen[110], die unter anderem die signifikanten Bereiche „Arbeit", „Bildung", „Wohnung" und „soziale Sicherung" verfassungsrechtlich behandelten. Den Bestimmungen der Weimarer Reichsverfassung zufolge sollte etwa jedem Deutschen die Möglichkeit gegeben werden, durch wirtschaftliche Arbeit seinen Unterhalt zu erwerben[111]. Damit einher ging der soziale Verfassungsauftrag, ein umfassendes Versicherungswesen zu schaffen, um die Gesundheit und Arbeitsfähigkeit zu erhalten, die Mutterschaft zu schützen und gegen die wirtschaftlichen Folgen der Wechselfälle des Lebens vorzusorgen[112]. Zudem wurde die Bedeutung der Bildung, namentlich der Bildung der Jugend durch öffentliche Anstalten, unterstrichen[113]. Der Unterricht und die Lernmittel in den Volksschulen und Fortbildungsschulen waren unentgeltlich[114]. Die Verfassung sprach schließlich auch die Schaffung von Wohnraum an und erklärte diese zu einem der Ziele staatlicher Bodenpolitik[115].

Ausbau der Sozialversicherung

21

Gebote an den Gesetzgeber

Die in diesen Verfassungsvorschriften niedergelegten sozialen Verbürgungen umfaßten nach herrschender Lesart grundsätzlich keine subjektiven einklagbaren Rechte[116]. Vielmehr wurden sie als „lex imperfectissima" bzw. als „Gebote an den Gesetzgeber, demnächst gewisse Gesetze bestimmter Tendenz zu erlassen"[117], als „Richtlinien für künftig zu gebende Gesetze"[118] oder als „Handhaben und Richtlinien für staatliche Maßnahmen"[119] qualifiziert[120]. Nach diesem Verständnis waren die sozialen Verbürgungen Direktiven bzw. Handlungsaufträge, die der Konkretisierung durch den Gesetzgeber bedurften, oder Programmsätze, die eine primär verfassungspolitische Bedeutung

---

108 *Ernst Rudolf Huber*, Deutsche Verfassungsgeschichte, Bd. VI, 1981, S. 95.
109 Vgl. *Pieroth/Schlink/Kingreen/Poscher* (LitVerz.), RN 38.
110 Vgl. dazu etwa *C. Schmitt* (FN 16), S. 169 f.; *Lange*, Soziale Grundrechte (LitVerz.), S. 49 (50 ff.); *Sachs*, in: Stern, Staatsrecht III/1 (LitVerz.), § 64 II 12 c (S. 449 f.); → Bd. I: *H. Dreier*, Die Zwischenkriegszeit, § 4 RN 9 f., 36.
111 Art. 163 Abs. 2 Satz 1 WRV.
112 Art. 161 WRV; s. dazu *Christoph Gusy*, Die Weimarer Reichsverfassung, 1997, S. 357.
113 Art. 143 Abs. 1 Satz 1 Satz 1 WRV.
114 Art. 145 Satz 3 WRV.
115 Art. 155 Abs. 1 Satz 1 WRV; s. dazu *Gerhard Anschütz*, Die Verfassung des Deutschen Reichs, [14]1933 (ND 1960), Art. 155 Anm. 1.
116 *Lange*, Soziale Grundrechte (LitVerz.), S. 49 (52); *Brohm*, JZ 1994, S. 213 (215).
117 So *Thoma*, Die juristische Bedeutung der grundrechtlichen Sätze der deutschen Reichsverfassung im allgemeinen, in: Hans Carl Nipperdey (Hg.), Die Grundrechte und Grundpflichten der Reichsverfassung, Bd. 1, 1929, S. 1 (30).
118 So *Anschütz* (FN 115), S. 514.
119 So im Hinblick auf Art. 155 WRV *Anschütz* (FN 115), Art. 155 Anm. 1.
120 Als „Programm" bzw. als „nicht aktuelles Recht" wurde dabei auch manch eine präzise formulierte Verfassungsbestimmung charakterisiert, wie etwa diejenige über die Unentgeltlichkeit des Unterrichts und der Lernmittel, vgl. *Anschütz* (FN 115), Art. 145 Anm. 6.

hatten¹²¹. Zum Teil wurde ihnen auch eine negative Stoßrichtung attestiert, der zufolge sie den Gesetzgeber dazu verpflichteten, Gesetze zu unterlassen, die dem sozialen Verfassungsrechtssatz widersprachen¹²². Insoweit wurden sie mitunter auch als justitiabel bewertet¹²³. Insgesamt hat das skizzierte Verständnis der sozialen Grundrechte der Weimarer Reichsverfassung auf die Interpretation der sozialen Grundrechte des Landesverfassungsrechts nach wie vor einen spürbaren Einfluß¹²⁴.

2. Grundgesetz

Im Unterschied zu den Konzepten der Weimarer Reichsverfassung und der vorgrundgesetzlichen Landesverfassungen hat sich der Parlamentarische Rat dafür entschieden, auf die Aufnahme sozialer Rechtsverbürgungen in den Verfassungstext weitgehend zu verzichten¹²⁵. Dabei wollte man insbesondere vermeiden, die „sozialwirtschaftliche Struktur der kommenden Zeit" einer verfassungsrechtlichen Regelung zuzuführen¹²⁶. In den wenigen Grundrechtsvorschriften, die Ansprüche auf fördernde soziale Leistungen des Staates vorsehen, zeigt sich die „rigide [...] Insistenz" des Grundgesetzes auf „justitiable, klassisch-liberale Grundrechte"¹²⁷. Zu nennen ist vor allem Art. 6 Abs. 4 GG, der den Müttern einen Anspruch auf Schutz und Fürsorge garantiert und dabei nicht nur einen verbindlichen Auftrag für die staatliche Gewalt, sondern nach überwiegender Auffassung auch ein Leistungsgrundrecht enthält¹²⁸. Eine leistungsrechtliche Komponente enthält zudem Art. 6 Abs. 5 GG, der eine „Schutznorm zugunsten nichtehelicher Kinder" darstellt und vom Gesetzgeber „positive Regelungen" zur Erreichung des verfassungsrechtlich vorgegebenen Ziels verlangt¹²⁹. Abgesehen von diesen eher punktuellen Vorschriften, die einen sozialen Bezug aufweisen¹³⁰, hat das Grundgesetz die das Gemeinwesen betreffenden sozialen Fragen durch die Normierung des Sozial-

22
Weitgehender Verzicht auf soziale Verbürgungen

---

121 Vgl. *Thoma* (FN 117), S. 1 (30); *Hermann Heller*, Grundrechte und Grundpflichten (1924), in: *ders.*, Gesammelte Schriften, Bd. 2, 1971, S. 281 (286); *Lange*, Soziale Grundrechte (LitVerz.), S. 49 (52); *Brohm*, JZ 1994, S. 213 (215). Kritisch zur damals herrschenden Auffassung *Pieroth/Schlink/Kingreen/Poscher* (LitVerz.), RN 38, wonach weder die Rechtsprechung noch die Rechtslehre größere Anstrengungen unternommen hätten, um die sozialen Verfassungsbestimmungen angemessen umzusetzen.
122 Vgl. *Thoma* (FN 117), S. 1 (14, 30); *Heller* (FN 121), S. 281 (286 f.).
123 Vgl. *Thoma* (FN 117), S. 1 (14, 30).
124 Vgl. etwa zur Interpretation der sozialen Grundrechte als Staatszielbestimmungen E II, RN 30 ff.
125 Vgl. dazu *Isensee*, in: Der Staat 19 (1980), S. 367 (369 ff.); *Murswiek*, HStR ³IX, § 192 RN 52 ff.; *Brohm*, JZ 1994, S. 213 (215); *Borgmann/Hermann*, JA 1992, S. 337 (338 f.).
126 So der Abgeordnete *Heuß* (FDP), zit. nach *v. Doemming/Füsslein/Matz*, Entstehungsgeschichte der Artikel des Grundgesetzes, in: JöR NF Bd. 1 (1951), S. 1 (43).
127 → Bd. I: *H. Dreier*, Die Zwischenkriegszeit, § 4 RN 36.
128 Vgl. *BVerwGE 47*, 23 (27); *Jarass*, in: ders./Pieroth, GG (LitVerz.), Art. 6 RN 66; *v. Coelln*, in: Sachs, GG (LitVerz.), Art. 6 RN 91, 95; *Coester-Waltjen*, in: v. Münch/Kunig, GG (LitVerz.), Art. 6 RN 105 mit FN 569.
129 *BVerfGE 84*, 168 (184 f.) – (Zitat); *Stern*, Staatsrecht IV/1 (LitVerz.), § 100 XI 3 a (S. 568 f.); *Jarass*, in: ders./Pieroth, GG (LitVerz.), Art. 6 RN 77. S. auch *Badura*, in: Maunz/Dürig, GG (LitVerz.), Art. 6 RN 179: „Soziales Grundrecht, insbesondere Gleichstellungsgebot".
130 Genannt werden zum Teil auch Art. 6 Abs. 1 GG (Förderungspflicht für Ehe und Familie) und Art. 33 Abs. 5 GG (Recht der Beamten auf Fürsorge), → Bd. II: *Rüfner*, Leistungsrechte, § 40 RN 25; *Isensee*, in: Der Staat 19 (1980), S. 367 (370 f.).

staatsprinzips (Art. 20 Abs. 1, 28 Abs. 1 Satz 1 GG) nicht konkret, sondern in einer sehr allgemeinen Weise angesprochen[131]. Damit verfolgt das Grundgesetz das „Leitbild einer ‚offenen' Sozialstaatlichkeit" und beauftragt den „einfachen Gesetzgeber, die soziale Ordnung des Gemeinwesens eigenverantwortlich und unter Berücksichtigung der sozialen Bedürfnisse der Zeit zu gestalten"[132].

23
(Sozial-)Rechtsfortbildung durch das BVerfG

Während explizite Leistungsgrundrechte mit sozialer Implikation im Grundrechtekatalog sehr rar sind, hat das Bundesverfassungsgericht im Wege richterlicher Rechtsfortbildung ein wichtiges Leistungsgrundrecht aus Art. 1 Abs. 1 GG in Verbindung mit dem Sozialstaatsprinzip hergeleitet, nämlich das „Grundrecht auf Gewährleistung eines menschenwürdigen Existenzminimums"[133]. Dieses Grundrecht verbürgt einen „unmittelbar[en] verfassungsrechtliche[n] Leistungsanspruch", der allerdings gesetzlicher Konkretisierung bedarf[134]. Das Grundrecht enthält eine „Garantie, die sowohl die physische Existenz des Menschen, also Nahrung, Kleidung, Hausrat, Unterkunft, Heizung, Hygiene und Gesundheit [...], als auch die Sicherung der Möglichkeit zur Pflege zwischenmenschlicher Beziehungen und zu einem Mindestmaß an Teilhabe am gesellschaftlichen, kulturellen und politischen Leben umfa[ß]t"[135]. Der einzelne hat einen Anspruch, wenn ihm die notwendigen materiellen Mittel fehlen, weil er sie weder selbst noch durch Hilfe Dritter erlangen kann[136]. Unabhängig von der Frage, ob man bei diesem Grundrecht nicht die allgemeinen Argumente gegen die Herleitung verfassungsunmittelbarer Leistungsansprüche beachten müßte[137], behandelt es Themen, die auch Gegenstand anderer sozialer Grundrechte sind. Deutlich ist etwa die Schnittmenge zwischen diesem Grundrecht und dem Recht auf soziale Sicherung[138].

Existenzminimum

D. Typologie der sozialen Grundrechte der Landesverfassungen

24
Leistungsgrundrechte, Staatszielbestimmungen und Programmsätze

Die sozialen Grundrechte der Landesverfassungen werden in unterschiedliche Normkategorien eingeteilt. Im wesentlichen handelt es sich um die Kategorien der Leistungsgrundrechte, Staatszielbestimmungen und Programmsätze[139]. Zum Teil werden sie auch als institutionelle Garantien charakteri-

---

131 *Brohm*, JZ 1994, S. 213 (215).
132 *Stern*, Staatsrecht III/2 (LitVerz.), § 93 VI 5 b α ββ (S. 1490 – Zitat); s. auch *Badura*, Staatsrecht (LitVerz.), Abschn. C RN 9.
133 *BVerfGE 125*, 175 (222 ff.); *132*, 134 (159 ff., RN 62 ff.); *137*, 34 Ls. 1 (72 RN 74 ff.).
134 *BVerfGE 125*, 175 (223).
135 *BVerfGE 125*, 175 (223).
136 *BVerfGE 125*, 175 (222).
137 Vgl. RN 7 ff.
138 Vgl. unten G V, RN 64 ff.
139 Vgl. zu diesen und anderen Einordnungen *Lücke*, AöR 107 (1982), S. 15 (20 ff.); *Brenne* (LitVerz.), S. 7 ff.; *Diercks*, Soziale Grundrechte der neuen Landesverfassungen, LKV 1996, S. 231 (232); *Kutscha*, Soziale Grundrechte und Staatszielbestimmungen in den neuen Landesverfassungen, ZRP 1993, S. 339 (341 f.); → Bd. I: *H.-P. Schneider*, Grundrechte und Verfassungsdirektiven, § 18 RN 73 ff.; → Bd. III: *Lange*, Grundrechtliche Besonderheiten in den Landesverfassungen, § 83 RN 45 ff.

siert, die bestimmte verfassungsrechtliche Einrichtungen vor der Beseitigung durch den Gesetzgeber schützen[140].

Selten stellen soziale Grundrechte Leistungsgrundrechte dar, die dem einzelnen subjektive öffentlich-rechtliche Ansprüche auf entsprechende Leistungen des Staates garantieren[141]. Mitunter wird hierbei auch von „sozialen Grundrechten im engeren Sinne" gesprochen[142]. Die Frage, ob es sich um einen Leistungsanspruch handelt, muß zunächst nach den Methoden der Auslegung ermittelt werden. Zu prüfen ist, ob die Norm nicht lediglich einen objektiven, sondern auch einen subjektiven Rechtsgehalt aufweist[143]. Die einschlägige Norm muß insbesondere den Zweck verfolgen, den Grundrechtsträger zu begünstigen, und ihm die Rechtsmacht verleihen, sich auf die Begünstigung zu berufen und sie durchzusetzen[144]. Wortlaut, Zweck, Systematik sowie etwaige verfassungshistorische Vorbilder der jeweiligen sozialen Bestimmung sind zu berücksichtigen. Anspruchsobjekt, Anspruchssubjekt und Anspruchsgegner müssen hinreichend bestimmt geregelt sein[145]. Das Leistungsgrundrecht kann als „Gewährleistungsrecht" Gestalt gewinnen, das vom Gesetzgeber zu konkretisieren bzw. zu aktualisieren ist[146].

25
Leistungsansprüche als Auslegungsproblem

Meist sind die sozialen Grundrechte der Landesverfassungen als Staatszielbestimmungen[147] zu qualifizieren[148]. Das ergibt sich zum Teil bereits aus dem Wortlaut oder aus der systematischen Stellung der einschlägigen Vorschriften[149]. Oft handelt es sich auch um „in subjektiv-rechtliche Formeln gekleidete [...] Staatszielbestimmungen"[150], die in den Topoi „Recht auf ..." oder „Anspruch auf ..." auftreten[151]. Staatszielbestimmungen sind Verfassungsbestimmungen mit rechtlich verbindlicher Wirkung, die das staatliche Handeln leiten und lenken, ohne ein vollständiges Handlungsprogramm zu enthalten[152].

26
Staatszielbestimmungen

---

140 Vgl. auch *Lücke*, AöR 107 (1982), S. 15 (28 ff.). Der hessische Staatsgerichtshof interpretiert z. B. Art. 35 Abs. 1 Verf. Hessen als institutionelle Garantie der Sozialversicherung, vgl. *StGH Hessen*, Urt. v. 27. 3. 1953 (P.St. 96), juris, RN 31; s. dazu RN 66.
141 Vgl. E I, RN 29.
142 Demgegenüber sind mit „sozialen Grundrechten im weiteren Sinne" Staatszielbestimmungen und objektiv-rechtliche Verpflichtungen des Staates angesprochen, vgl. *Ramm*, Die sozialen Grundrechte im Verfassungsgefüge, in: Böckenförde/Jekewitz/Ramm (LitVerz.), S. 17 (30); *Hahn*, Staatszielbestimmungen (LitVerz.), S. 74 f.
143 Vgl. *Dietlein*, Grundrechte (LitVerz.), S. 125 f.; *Brenne* (LitVerz.), S. 15 f.
144 Vgl. zu diesen, auf der Grundlage der „Schutznormlehre" gebildeten Kriterien *Sachs*, in: Stern, Staatsrecht III/1 (LitVerz.), § 65 II 4 a β (S. 542 f.); *dens.*, GG (LitVerz.), Vor Art. 1 RN 39; *Dietlein*, Grundrechte (LitVerz.), S. 126.
145 Vgl. *Tomandl* (FN 20), S. 32 f.; *Brenne* (LitVerz.), S. 16; s. auch *Murswiek*, HStR ³IX, § 192 RN 55.
146 So die Konstruktion des Grundrechts auf Gewährleistung eines menschenwürdigen Existenzminimums durch das Bundesverfassungsgericht, vgl. *BVerfGE 125*, 175 (222); s. RN 23.
147 Im Schrifttum wird mitunter auch der Begriff des „Verfassungsauftrags" verwendet, vgl. etwa *Böckenförde* (LitVerz.), S. 7 (14); *Lübbe-Wolff*, in: JöR NF Bd. 53 (2005), S. 1 ff. Dieser Begriff wird vorliegend nicht benutzt, da er in der Literatur häufig mit dem Terminus „Gesetzgebungsauftrag" gleichgesetzt wird, vgl. *Lücke*, AöR 107 (1982), S. 15 (25) m.w.N.
148 Vgl. *Hesse*, HVerfR, ²1994, § 5 RN 32 a.E.; *H. Dreier*, GG (LitVerz.), Vorb. RN 81; *Sachs*, GG (LitVerz.), Vor Art. 1 RN 47; *Sommermann*, Staatsziele (LitVerz.), S. 371 f. A.A. etwa *Marauhn* (FN 6), S. 247 (251 ff., 274), der die sozialen Grundrechte als eine eigene Normkategorie ansieht.
149 Vgl. RN 40 f.
150 *H. Dreier*, GG (LitVerz.), Art. 142 RN 39.
151 Vgl. RN 39 f., 50, 59, 65.
152 Vgl. hierzu und zum folgenden → oben *Shirvani*, Wirtschaftliche Grundrechte, § 239 RN 14 m.w.N.

Dynamischer Charakter

Sie weisen künftigen Staatstätigkeiten den Weg, sind also zukunftsorientiert und haben einen dynamischen Charakter. Staatszielbestimmungen binden prinzipiell alle Staatsorgane. Der primäre Adressat der landesverfassungsrechtlichen Staatszielbestimmungen ist der Landesgesetzgeber, der die Art und Weise der Zielverwirklichung bestimmt. Staatszielbestimmungen haben einen objektiv-rechtlichen Charakter und gewähren dem Bürger nach herrschender Auffassung keine subjektiven Rechte. Ansätze, die Unterscheidung zwischen Staatszielbestimmungen und Grundrechten aufzugeben, haben sich nicht durchgesetzt[153]. Die Verfassungen der neuen Bundesländer unterscheiden mitunter auch systematisch deutlich zwischen diesen beiden Kategorien[154].

27
Programmsätze

Zum Teil werden die sozialen Grundrechte der Landesverfassungen als Programmsätze charakterisiert. Programmsätze sind nach herrschender Auffassung unverbindliche Empfehlungen für das staatliche Handeln[155]. Sie haben „eine nur appellative oder anregende Qualität" und „geben die allgemeine Linie einer sachgerechten Politik an, ohne eine rechtlich definite Verpflichtung zu begründen"[156]. Das Grundgesetz hat im Unterschied zur Weimarer Reichsverfassung von unverbindlichen, bloß programmatischen Äußerungen Abstand genommen. Im Landesverfassungsrecht ist die Kategorie der „Programmsätze" allerdings durchaus anzutreffen. Dabei wird der Begriff des „Programmsatzes" nicht immer einheitlich verwendet[157].

E. Wirkung und Justitiabilität sozialer Grundrechte

28
Konsequenzen aus der Staatsziel- oder Leistungsqualität

Parallel zur Diskussion über die sozialen Menschen- bzw. Grundrechte im Völker- und Europarecht sowie in der Weimarer Reichsverfassung und im Grundgesetz[158] stellt sich auch im Landesverfassungsrecht die Frage, welche Wirkung die jeweiligen sozialen Grundrechte haben und ob sie justitiabel sind. Da die sozialen Grundrechte vor allem als Staatszielbestimmungen, selten als Leistungsgrundrechte in Erscheinung treten, soll die aufgeworfene Frage anhand dieser beiden Kategorien diskutiert werden.

---

153 In diese Richtung z.B. *Sacksofsky*, in: Bonner Kommentar (LitVerz.), Art. 142 RN 24 ff.; s. zur Diskussion *Sommermann*, Staatsziele (LitVerz.), S. 415 ff.; *P.Ch. Fischer*, Staatszielbestimmungen (LitVerz.), S. 197 ff.; *Hahn*, Staatszielbestimmungen (LitVerz.), S. 70 f.
154 Gemeint sind die Verfassungen von Mecklenburg-Vorpommern und Sachsen-Anhalt, vgl. RN 41, 45, 59. S. auch die kategoriale Unterscheidung in Art. 3 Abs. 1 und Abs. 3 Verf. Sachsen-Anhalt.
155 Vgl. hierzu und zum folgenden → oben *Shirvani*, Wirtschaftliche Grundrechte, § 239 RN 15 m.w.N.
156 *Badura*, Die Staatsaufgaben nach dem Grundgesetz und die Reformfrage, ThürVBl. 1992, S. 73 (75).
157 → Oben *Shirvani*, Wirtschaftliche Grundrechte, § 239 RN 15 m.w.N.
158 Vgl. RN 11 ff.

I. Soziale Grundrechte als Leistungsgrundrechte

Soweit soziale Grundrechte Leistungsansprüche enthalten, sind die staatlichen Organe der Länder verpflichtet, das Leistungsversprechen gegenüber dem Bürger einzulösen[159]. Beispiele für landesverfassungsrechtliche Leistungsansprüche sind der Anspruch auf Gewährleistung des Existenzminimums[160] und das Recht auf Unentgeltlichkeit des Unterrichts an öffentlichen Schulen[161]. Mitunter bedarf allerdings auch ein originärer Leistungsanspruch als Gewährleistungsrecht der Konkretisierung durch den Gesetzgeber. Die Verpflichtung zur Gesetzgebung kann etwa daraus resultieren, daß das Grundrecht ein bestimmtes Ergebnis herbeizuführen verlangt, das nur durch gesetzgeberische Maßnahmen erreicht werden kann[162]. Der Gesetzgeber kann bei der Konkretisierung des Leistungsanspruchs über einen Gestaltungsspielraum verfügen. Dieser variiert je nachdem, wie bestimmt die Verfassungsvorschrift formuliert ist. Leistungsansprüche sind justitiabel, das heißt gerichtlich einklagbar[163]. Als Rechtsbehelf kommt etwa die Verfassungsbeschwerde vor den Landesverfassungsgerichten[164] in Betracht[165]. Dabei sind gegebenenfalls die Besonderheiten bzw. Einschränkungen zu beachten, die bei Verfassungsbeschwerden wegen gesetzgeberischen Unterlassens gelten[166].

29
Existenzminimum und Unentgeltlichkeit des Unterrichts an öffentlichen Schulen

II. Soziale Grundrechte als Staatszielbestimmungen

Soziale Grundrechte formulieren als Staatszielbestimmungen ein „bestimmtes Programm der Staatstätigkeit und sind dadurch eine Richtlinie oder Direktive für das staatliche Handeln"[167]. Die Rechte auf Arbeit, Bildung oder Wohnung enthalten ähnlich wie das Sozialstaatsprinzip Zielvorgaben, artikulieren diese aber im Vergleich zum „offenen" Sozialstaatsgrundsatz etwas deutlicher. Die staatlichen Organe der Länder sind verpflichtet, nach Kräften und im Rahmen ihrer Zuständigkeiten die Verwirklichung der sozialen Staatsziele anzustreben und ihr Handeln danach auszurichten[168]. Der primär zur Verwirklichung beauftragte Landesgesetzgeber ist hinsichtlich des Ziels gebunden, hat aber im Hinblick auf die Art und Weise sowie die Mittel der

30
Programmierung von Staatstätigkeit

---

159 → Bd. II: *Rüfner*, Leistungsrechte, § 40 RN 33; s. auch *Starck*, in: v. Mangoldt/Klein/ders., GG (LitVerz.), Art. 1 RN 192.
160 Vgl. RN 66, 69.
161 Zu beachten ist allerdings die systematische Stellung der jeweils einschlägigen landesverfassungsrechtlichen Vorschrift über die Unentgeltlichkeit des Unterrichts; vgl. RN 56 f.
162 *Sachs*, in: Stern, Staatsrecht III/1 (LitVerz.), § 67 IV 1 c γ (S. 726).
163 Vgl. *Alexy* (LitVerz.), S. 467 f.; → Bd. II: *Jarass*, Funktionen und Dimensionen der Grundrechte, § 38 RN 50.
164 → Bd. III: *Sodan*, Schutz der Landesgrundrechte durch die Landesverfassungsgerichtsbarkeit, § 84 RN 50 ff.; s. zur Geltendmachung des Anspruchs auf Gewährleistung des Existenzminimums im Verfahren der Landesverfassungsbeschwerde *VerfGH Berlin LVerfGE 4*, 62 (64).
165 → Bd. II: *Rüfner*, Leistungsrechte, § 40 RN 38.
166 Vgl. dazu *Schlaich/Korioth* (LitVerz.), RN 229; → Bd. II: *Rüfner*, Leistungsrechte, § 40 RN 38.
167 Vgl. Bericht der Sachverständigenkommission (FN 21), RN 7.
168 Vgl. Art. 13 Verf. Sachsen; Art. 3 Abs. 3 Verf. Sachsen-Anhalt; Art. 43 Verf. Thüringen; → Bd. I: *H.-P. Schneider*, Grundrechte und Verfassungsdirektiven, § 18 RN 77.

§ 242 *Sechzehnter Teil: II. Vergleichende Betrachtung der Landesgrundrechte*

Finanzierungs- Zielverwirklichung Gestaltungsfreiheit[169]. Stellt der Gesetzgeber finanzielle
vorbehalte oder sachliche Leistungen zur Verfügung oder schafft er die Voraussetzungen
hierfür, kann dies nicht ohne Rücksicht auf die finanzielle Leistungsfähigkeit
der öffentlichen Hand geschehen. Deswegen stehen die sozialen Grundrechte
meist unter dem „Vorbehalt des Möglichen"[170]. Das geht mitunter auch aus
dem Wortlaut der sozialen Verfassungsbestimmungen hervor[171].

31
Vorrang im
politischen Diskurs

Als verfassungsrechtlich vorgezeichnete Ziele genießen soziale Grundrechte
im politischen Diskurs Vorrang vor programmatischen Zielsetzungen[172]. Bei
„Entscheidungen des Gesetzgebers im Falle von Zielkonflikten" werden sie
„zu zwingend zu berücksichtigenden Faktoren der erforderlichen Abwägungs-
und Optimierungsprozesse"[173]. Als Abwägungsbelang haben sie (landes-)ver-
fassungsrechtlich Gewicht[174]. Soweit der Landesgesetzgeber zur Realisierung
der sozialen Verfassungsbestimmungen Regelungen erläßt, die in Grundrechte Dritter eingreifen, können die Bestimmungen für die Verhältnismäßigkeit der Grundrechtseingriffe von Bedeutung sein[175]. Staatliche Organe haben alles zu unterlassen, was die Verwirklichung eines sozialen Grundrechts
verhindern könnte[176]. Völlige „Untätigkeit und evidente grobe Vernachlässigung" des sozialen Grundrechts durch ein staatliches Organ sind unzulässig
bzw. verfassungswidrig[177]. Die sozialen Grundrechte können insoweit als verfassungsrechtlicher Prüfungsmaßstab für Landesgesetze oder untergesetzliche
Vorschriften des Landesrechts fungieren[178]. Die Exekutive und die Judikative
haben die sozialen Grundrechte als Leitlinien für die Auslegung und Anwendung verfassungsrechtlicher oder einfachrechtlicher Vorschriften zu beachten[179]. Das gilt namentlich bei der Auslegung unbestimmter Rechtsbegriffe
sowie bei Ermessensentscheidungen[180].

32 Soziale Grundrechte als Staatszielbestimmungen können Gegenstand landesverfassungsgerichtlicher Kontrolle sein. Gesetze, die mit einem sozialen
Grundrecht unvereinbar sind, können etwa im Wege der abstrakten oder kon-

---

169 *K. Hesse*, HVerfR, ²1994, § 5 RN 34; *Sommermann*, Staatsziele (LitVerz.), S. 383 f.
170 Vgl. *BayVerfGHE 38*, 152 (160) zum Recht auf Ausbildung; *VerfG Brandenburg LVerfGE 8*, 97 (176) zum Recht auf Arbeit; s. ferner *Isensee*, in: Der Staat 19 (1980), S. 367 (381); *Murswiek*, HStR ³IX, § 192 RN 63 ff.; *Brohm*, JZ 1994, S. 213 (216).
171 Vgl. Art. 22 Abs. 1 Satz 1 Verf. Berlin; Art. 45 Abs. 1 Satz 1, 47 Abs. 1, 48 Abs. 1 Verf. Brandenburg, wo jeweils der Terminus „im Rahmen seiner Kräfte" verwendet und damit auf die Leistungsfähigkeit des jeweiligen Landes hingewiesen wird; s. auch RN 71.
172 *K. Hesse*, HVerfR, ²1994, § 5 RN 35.
173 *K. Hesse* aaO.
174 Vgl. *VerfG Brandenburg LVerfGE 8*, 97 (142 f.), zum Recht auf Arbeit; s. dazu RN 43 ff.
175 *Lübbe-Wolff*, in: JöR NF Bd. 53 (2005), S. 1 (20); *Sommermann*, Staatsziele (LitVerz.), S. 423.
176 → Bd. I: *Schneider*, Grundrechte und Verfassungsdirektiven, § 18 RN 77.
177 *Böckenförde* (LitVerz.), S. 7 (14 – Zitat); *Kutscha*, ZRP 1993, S. 339 (343); → Bd. I: *Schneider*, Grund-rechte und Verfassungsdirektiven, § 18 RN 77.
178 Vgl. *BAGE 146*, 48 (62 f.); *StGH Baden-Württemberg ESVGH 20*, 1 (2 ff.); *BayVerfGHE 51*, 109 (118); *58*, 94 (104); *StGH Hessen LVerfGE 19*, 199 (237 ff.); *VGH Hessen ESVGH 46*, 247 (251 ff.). Siehe auch RN 71.
179 *Lübbe-Wolff*, in: JöR NF Bd. 53 (2005), S. 1 (19); *Sommermann*, Staatsziele (LitVerz.), S. 385 f.; Bericht der Sachverständigenkommission (FN 21), RN 7.
180 *K. Hesse*, HVerfR, ²1994, § 5 RN 35.

kreten Normenkontrolle[181] den Landesverfassungsgerichten zur Prüfung vorgelegt werden[182]. Die Landesverfassungsgerichte haben den weiten Gestaltungsspielraum des Gesetzgebers zu respektieren und können in der Regel nur bei evidenten Verstößen eingreifen[183]. Im übrigen enthalten Staatszielbestimmungen objektives Verfassungsrecht und vermitteln dem einzelnen keine subjektiven Rechtspositionen, die durch Landesverfassungsbeschwerde geltend gemacht werden könnten. Dies haben die Landesverfassungsgerichte etwa für das Recht auf Arbeit verschiedentlich festgestellt[184]. Ob in Ausnahmefällen soziale Staatszielbestimmungen einen subjektiv-rechtlichen Rechtsgehalt aufweisen[185], ist nicht abschließend geklärt[186].

Landesverfassungsgerichtliche Prüfungsgegenstände

F. Vorgaben des Grundgesetzes

Die Interpretation der sozialen Grundrechte im Landesverfassungsrecht darf sich nicht allein auf den Text der Landesverfassungen fokussieren. Zwar können die Länder aufgrund ihrer Verfassungsautonomie eigene Grundrechtekataloge formulieren. Die Landesverfassungen stehen aber auf einem bundesverfassungsrechtlichen Fundament, das die Reichweite bzw. Grenze der Verfassungsautonomie der Länder und das Verhältnis zwischen Landes- und Bundesrecht bestimmt.

33
Bundesverfassungsrechtliches Fundament

Soweit die Landesverfassungen soziale Grundrechte statuieren, ist für das Verhältnis zwischen Landes- und Bundesverfassungsrecht Art. 142 GG zu beachten. Nach Art. 142 GG bleiben ungeachtet der Vorschrift des Art. 31 GG die Bestimmungen der Landesverfassungen auch insoweit in Kraft, als sie in Übereinstimmung mit den Art. 1 bis 18 GG Grundrechte gewährleisten. Art. 142 GG betont den Grundsatz der Verfassungsautonomie der Länder im Bereich der Grundrechte und stellt den Verfassungsgerichten der Länder einen Prüfungsmaßstab, etwa bei der Entscheidung über Landesverfassungsbeschwerden, zur Verfügung[187]. Da Art. 142 GG allgemein von „Grundrechte[n]" der Landesverfassungen spricht, erhebt sich die Frage, ob von dieser Vorschrift auch der reichhaltige Katalog der sozialen Grundrechte der Lan-

34
Verfassungsautonomie der Länder im Grundrechtsbereich

---

181 → Bd. III: *Sodan*, Schutz der Landesgrundrechte durch die Landesverfassungsgerichtsbarkeit, § 84 RN 28 ff., 41 ff.
182 Vgl. *Starck*, HStR¹ IX, § 208 RN 81; *Hahn*, Staatszielbestimmungen (LitVerz.), S. 100.
183 *Lübbe-Wolff*, in: JöR NF Bd. 53 (2005), S. 1 (11); *Hahn*, Staatszielbestimmungen (LitVerz.), S. 100 f.; *Sterzel*, Staatsziele und soziale Grundrechte, ZRP 1993, S. 13 (15).
184 *VerfGH Berlin LVerfGE 7*, 3 (8); *VerfG Brandenburg LVerfGE 5*, 94 (104); *VerfGH Saarland LVerfGE 3*, 233 ff.
185 Dies wird etwa bejaht von *Böckenförde* (LitVerz.), S. 7 (14 f.); *Kutscha*, ZRP 1993, S. 339 (343); → Bd. III: *Lange*, Grundrechtliche Besonderheiten in den Landesverfassungen, § 83 RN 53 ff. S. zum Ganzen auch *Sommermann*, Staatsziele (LitVerz.), S. 416 ff.
186 Vgl. dazu das Beispiel der Vorschriften über die Sicherung von Obdach in Notfällen in RN 62.
187 → Oben *Shirvani*, Wirtschaftliche Grundrechte, § 239 RN 18 m.w.N.

§ 242 Sechzehnter Teil: II. Vergleichende Betrachtung der Landesgrundrechte

Weiter Grundrechtsbegriff des Art. 142 GG

desverfassungen erfaßt ist[188]. Der Begriff der „Grundrechte" im Sinne von Art. 142 GG wird weit ausgelegt. So werden nicht nur Grundrechte, sondern auch grundrechtsgleiche Rechte, nicht nur Abwehrrechte, sondern auch Mitwirkungs-, Teilhabe- und Leistungsrechte in den Anwendungsbereich des Art. 142 GG einbezogen[189]. Nicht erfaßt werden aber Programmsätze oder Staatszielbestimmungen mit rein objektiv-rechtlichem Gehalt[190]. In diesen Fällen fehlt der Individualrechtsbezug[191]. Daher sind soziale Grundrechte nur dann als „Grundrechte" im Sinne von Art. 142 GG zu interpretieren, wenn sie Leistungsrechte im Sinne von subjektiven, einklagbaren Ansprüchen enthalten. Sind sie aber wie so häufig als Staatszielbestimmungen zu qualifizieren, ist Art. 142 GG nicht einschlägig[192]. Als Staatszielbestimmungen müssen die sozialen Grundrechte vielmehr den Vorgaben des Art. 28 Abs. 1 Satz 1 GG genügen[193].

35

Homogenitätsgebot (Art. 28 Abs. 1 Satz 1 GG)

Nach dieser Vorschrift muß die verfassungsmäßige Ordnung in den Ländern insbesondere den Grundsätzen des sozialen Rechtsstaates im Sinne des Grundgesetzes entsprechen. Das Homogenitätsgebot des Art. 28 Abs. 1 Satz 1 GG überläßt „den Ländern in der Gestaltung ihrer Verfassung im einzelnen Spielraum und will nicht Konformität oder Uniformität, sondern nur eine gewisse Homogenität durch Bindung an die leitenden Prinzipien herbeiführen"[194]. Im Hinblick auf das Sozialstaatsprinzip bedeutet diese Auslegung, daß die Landesverfassungen nicht das Konzept des grundgesetzlichen Sozialstaatsgrundsatzes vollständig übernehmen müssen, sondern alternative sozialstaatliche Regelungsmodelle ausarbeiten können[195]. So können die Landesverfassungen vom Leitbild der „,offenen' Sozialstaatlichkeit" des Grundgesetzes abweichen und den Sozialstaatsgedanken auf Landesebene konkreter ausbuchstabieren[196]. Soweit die Ausgestaltung durch Aufnahme sozialer Grundrechte in die Landesverfassungen erfolgt, ist dies, ungeachtet etwaiger

Mögliche Abweichungen

---

188 Vgl. dazu *Sacksofsky*, in: Bonner Kommentar (LitVerz.), Art. 142 RN 24 ff.; *Dietlein*, Grundrechte (LitVerz.), S. 30 ff.; *Brenne* (LitVerz.), S. 41 ff.
189 *Korioth*, in: Maunz/Dürig, GG (LitVerz.), Art. 142 RN 8; *H. Dreier*, GG (LitVerz.), Art. 142 RN 39; *v. Campenhausen/Unruh*, in: v. Mangoldt/Klein/Starck, GG (LitVerz.), Art. 142 RN 8; *P. M. Huber*, in: Sachs, GG (LitVerz.), Art. 142 RN 10; *Pietzcker*, HStR ³VI, § 134 RN 67.
190 *Böckenförde/Grawert*, Kollisionsfälle und Geltungsprobleme im Verhältnis von Bundesrecht und Landesverfassung, DÖV 1971, S. 119 (121); *Korioth*, in: Maunz/Dürig, GG (LitVerz.), Art. 142 RN 8; *Dietlein*, Grundrechte (LitVerz.), S. 28. A.A. *Sacksofsky*, in: Bonner Kommentar (LitVerz.), Art. 142 RN 26, 28 hinsichtlich Staatszielbestimmungen.
191 *Böckenförde/Grawert*, DÖV 1971, S. 119 (121); *Germann*, in: Epping/Hillgruber (Hg.), Beck OK-GG (LitVerz.), Art. 142 (2014) RN 8.
192 *H. Dreier*, GG (LitVerz.), Art. 142 RN 39; *Korioth*, in: Maunz/Dürig, GG (LitVerz.), Art. 142 RN 8; *v. Campenhausen/Unruh*, in: v. Mangoldt/Klein/Starck, GG (LitVerz.), Art. 142 RN 8; *Dietlein*, Grundrechte (LitVerz.), S. 32. A.A. *Sacksofsky*, in: Bonner Kommentar (LitVerz.), Art. 142 RN 28; *Pieroth*, in: Jarass/ders., GG (LitVerz.), Art. 142 RN 2.
193 Vgl. *H. Dreier*, GG (LitVerz.), Art. 28 RN 68; *Jutzi*, Staatsziele der Verfassung des Freistaats Thüringen, ThürVBl. 1995, S. 25 (27); *Hahn*, Staatszielbestimmungen (LitVerz.), S. 226 f.
194 BVerfGE 9, 268 (279 – Zitat); 90, 60 (84 f.); *Nierhaus*, in: Sachs, GG (LitVerz.), Art. 28 RN 7.
195 Vgl. *Stern*, Staatsrecht III/2 (LitVerz.), § 93 VI 5 b α ββ (S. 1490); *Löwer*, in: v. Münch/Kunig, GG (LitVerz.), Art. 28 RN 22.
196 Vgl. *Stern*, Staatsrecht III/2 (LitVerz.), § 93 VI 5 (S. 1490).

verfassungspolitischer Bedenken[197], mit dem Homogenitätsgebot kompatibel[198]. Die Verfassungsautonomie der Länder findet aber dort ihre Grenzen, wo die Länder vom Bundesrecht abweichende verbindliche Regelungen treffen und sich damit in Widerspruch zum Bundesrecht setzen. Dann greift die Kollisionsbestimmung des Art. 31 GG[199].

Während die Länder demnach über einen weiten Gestaltungsspielraum verfügen und soziale Grundrechte, die das Grundgesetz nicht kennt, in die Landesverfassungen aufnehmen können, wird ihr Aktionsradius durch die Verteilung der Gesetzgebungskompetenzen im Grundgesetz beschränkt. Das hat Konsequenzen für die Wirkung der sozialen Grundrechte des Landesverfassungsrechts. Da die sozialen Grundrechte meist als Staatszielbestimmungen fungieren, ist zur Verwirklichung des in ihnen enthaltenen Programms in der Regel eine einfachgesetzliche Konkretisierung erforderlich[200]. Weil das Grundgesetz die Gesetzgebungskompetenzen für wesentliche Bereiche des Sozial-, Arbeits- und Wirtschaftsrechts dem Bund zugewiesen hat (vgl. Art. 74 Abs. 1 Nr. 7, 11, 12 GG) und der Bund von dieser Gesetzgebungsbefugnis durch Erlaß entsprechender Sozial- und Arbeitsgesetze umfassend Gebrauch gemacht hat, können die Länder in diesen, dem Recht auf Arbeit und soziale Sicherung zuzuordnenden Bereichen meist legislativ nicht tätig werden[201]. Allerdings können die Länder durch ihre Wirtschafts- und Investitionspolitik, etwa durch den Ausbau der wirtschaftlichen Infrastruktur oder durch Wirtschaftsförderung, zur Bekämpfung der Arbeitslosigkeit beitragen[202]. Der Aufgabenschwerpunkt liegt also im exekutiven Bereich[203]. Anders als im Arbeits- und Sozialrecht stellt sich die Rechtslage in den Bereichen Bildung und Wohnung dar[204]. In diesen Bereichen können die Länder gesetzgeberisch handeln[205], um die entsprechenden sozialen Ziele zu realisieren. Der kompetentielle Befund in den genannten sozialen Bereichen zeigt also kein einheitliches Bild, aber eine Präponderanz zugunsten des Bundes.

36
Gestaltungsspielraum in den Grenzen der Kompetenzordnung

Vorprägungen durch den Bundesgesetzgeber

Wirtschafts- und Investitionspolitik der Länder

---

197 Vgl. dazu etwa *Scholz*, Inflation der Staatsziele?, in: Jürgen Goydke u.a. (Hg.), Vertrauen in den Rechtsstaat, FS Remmers, 1995, S. 89 (92 ff.); *Merten*, Über Staatsziele, DÖV 1993, S. 368 (375); *Graf Vitzthum*, ZfA 1991, S. 695 (699 f.); *Dietlein*, Grundrechte (LitVerz.), S. 157 ff.
198 *H. Dreier*, GG (LitVerz.), Art. 28 RN 63, 68; *Löwer*, in: v. Münch/Kunig, GG (LitVerz.), Art. 28 RN 22.
199 → Oben *Shirvani*, Wirtschaftliche Grundrechte, § 239 RN 19, 21 m.w.N.
200 Vgl. *K. Hesse*, HVerfR, ²1994, § 5 RN 32.
201 Vgl. *Stern*, Staatsrecht III/2 (LitVerz.), § 93 VI 5 (S. 1484); *Hahn*, Staatszielbestimmungen (LitVerz.), S. 418 ff., 423 ff.; *Dietlein*, Grundrechte (LitVerz.), S. 158.
202 Vgl. *Kunzmann*, in: Baumann-Hasske/ders. (LitVerz.), Art. 7 RN 10; s. auch Art. 36 Satz 2 Verf. Thüringen.
203 *Kunzmann*, in: Baumann-Hasske/ders. (LitVerz.), Art. 7 RN 10.
204 Vgl. RN 49, 63; s. ferner *Hahn*, Staatszielbestimmungen (LitVerz.), S. 421 ff., 428 ff.
205 Für den Bereich der Wohnung gilt dies allerdings nicht uneingeschränkt, vgl. RN 63.

G. Erscheinungsformen

I. Regelungsgehalt, Wortlaut und Systematik

37
Begriffsabgrenzungsprobleme „sozialer Grundrechte"

Wie erwähnt, weisen die Landesverfassungen einen bemerkenswerten Fundus sozialer Forderungen und Proklamationen auf. Nicht zuletzt aufgrund der Tatsache, daß der Begriff der „sozialen Grundrechte" terminologisch unscharf ist[206], ist die Frage, welche landesverfassungsrechtlichen Bestimmungen zum Komplex der sozialen Grundrechte gehören, nicht abschließend zu beantworten. In der Literatur werden unterschiedliche Kataloge aufgelistet[207]. Dabei werden verschiedene Rechte mit sozialem Impetus, namentlich die Rechte auf Arbeit, Bildung, Wohnung, soziale Sicherung, Lebensunterhalt, Mitbestimmung, Urlaub oder Resozialisierung genannt[208]. Vergleicht man diese Rechte mit den sozialen Rechten, die in den internationalen Verträgen, in der EU-Grundrechtecharta und in der Weimarer Reichsverfassung genannt werden bzw. wurden[209], erkennt man deutliche inhaltliche Konvergenzen. Die Frage nach der Rechtsnatur der sozialen Rechte steht in allen Regelwerken an zentraler Stelle.

38
Soziale Grundrechte im Kontext der WRV und des GG

Soziale Grundrechte sind sowohl in den vorgrundgesetzlichen Verfassungen als auch in den nachgrundgesetzlichen Verfassungen in der Zeit vor der Wiedervereinigung und in den Verfassungen der neuen Bundesländer[210] anzutreffen. Während die Autoren der vorgrundgesetzlichen Landesverfassungen häufig nach dem Vorbild der Weimarer Reichsverfassung einen recht ausführlichen Bestand sozialer Rechte formuliert haben[211], sind die Autoren der nachgrundgesetzlichen Landesverfassungen bei der Aufnahme sozialer Grundrechte behutsamer vorgegangen[212]. Dies mag insbesondere damit zusammenhängen, daß das zwischenzeitlich in Kraft getretene Grundgesetz die Gesetzgebungskompetenz für einige wichtige, den sozialen Grundrechten zuzuordnende Bereiche, namentlich für den Bereich des Sozial- und Arbeitsrechts, dem Bund zugewiesen hat[213]. Obwohl sich an dieser Rechtslage nach der Wiedervereinigung nichts Wesentliches änderte, fanden die sozialen Grundrechte in die Verfassungen der neuen Bundesländer verstärkt Ein-

---

206 Vgl. RN 5.
207 Vgl. etwa *Brenne* (LitVerz.), S. 51 ff.; *Stiens*, (LitVerz.), S. 267 ff.; *Lange*, Soziale Grundrechte (LitVerz.), S. 49 (54 f.); *Stern*, Staatsrecht III/2 (LitVerz.), § 93 VI 5 (S. 1483 f.); *Dietlein*, Grundrechte (LitVerz.), S. 121; *Diercks*, LKV 1996, S. 231 (234 f.).
208 *Stern*, Staatsrecht III/2 (LitVerz.), § 93 VI 5 (S. 1483 f.); *Dietlein*, Grundrechte (LitVerz.), S. 121.
209 Vgl. RN 11 ff.
210 Vgl. RN 4.
211 Vgl. etwa Art. 106 Abs. 1, 166 Abs. 2, 171 Verf. Bayern; Art. 8 Abs. 1, 14 Abs. 1, 27 Abs. 1 Verf. Bremen; Art. 28 Abs. 2, 34, 59 Abs. 1 Verf. Hessen.
212 Vgl. etwa Art. 11 Abs. 1 Verf. Baden-Württemberg; Art. 4 Verf. Niedersachsen; Art. 24 Abs. 1 Satz 2 Verf. Nordrhein-Westfalen; s. auch *Lange*, Soziale Grundrechte (LitVerz.), S. 49 (54, 56); *Dietlein*, Grundrechte (LitVerz.), S. 122 f.
213 Vgl. RN 36; *Stern*, Staatsrecht III/2 (LitVerz.), § 93 VI 5 (S. 1484).

gang²¹⁴. Die Aufnahme sozialer Grundrechte war auch von der Vorstellung beeinflußt, daß der Staat den sozialen und wirtschaftlichen Lebensstandard garantiere²¹⁵. Bestimmte soziale Grundrechte, die bereits in der DDR-Verfassung vorgesehen waren²¹⁶, sollten in den neuen Landesverfassungen nicht fehlen²¹⁷.

Soziale Vorgaben der DDR-Verfassung

Die sozialen Grundrechte der Landesverfassungen folgen, was ihren Wortlaut anbelangt, keinem einheitlichen Muster. Vielmehr sind begriffliche und syntaktische Variationen zu verzeichnen. Häufig findet man die klassische Formulierung, wie zum Beispiel in Art. 18 Satz 1 Verf. Berlin, der lautet: „Alle haben das Recht auf Arbeit". Nicht selten findet man auch eine Abwandlung dieser Wendung, etwa in Art. 48 Abs. 2 Verf. Saarland mit dem Wortlaut: „Jeder Arbeitnehmer hat Anspruch auf bezahlten Urlaub". Darüber hinaus gibt es Formulierungen, die die objektiv-rechtliche Rechtsnatur klarer zum Ausdruck bringen, wie zum Beispiel in Art. 31 Satz 1 Verf. Rheinland-Pfalz mit dem Wortlaut: „Jedem jungen Menschen soll zu einer seiner Begabung entsprechenden Ausbildung verholfen werden". Zum Teil werden auch Formulierungen verwendet, die subjektiv- und objektivrechtliche Aspekte vermengen, wie etwa in Art. 45 Abs. 1 Satz 1 der Verf. Brandenburg: „Das Land ist verpflichtet, im Rahmen seiner Kräfte für die Verwirklichung des Rechts auf soziale Sicherung bei Krankheit, Unfall, Invalidität, Behinderung, Pflegebedürftigkeit und im Alter zu sorgen"²¹⁸.

39
Begriffliche und syntaktische Variationen

Die Autoren der Landesverfassungen haben die sozialen Grundrechte systematisch unterschiedlich plaziert. Vor allem die vorgrundgesetzlichen Landesverfassungen, die nach dem Vorbild der Weimarer Reichsverfassung²¹⁹ die verschiedenen „Lebensordnungen", wie etwa „Bildung und Schule" oder „Arbeit und Wirtschaft", behandeln, haben die sozialen Grundrechte in die Regelungsabschnitte über die jeweiligen Lebensordnungen integriert²²⁰. So ist beispielsweise der Anspruch auf Ausbildung in der bayerischen Verfassung²²¹ im Abschnitt über „Bildung und Schule, Schutz der natürlichen Lebensgrundlagen und der kulturellen Überlieferung" zu finden, während der Anspruch auf Sicherung gegen die Wechselfälle des Lebens²²² im Abschnitt über „Die Arbeit" zu verorten ist. Diese Regelungssystematik wird aber nicht konsequent durchgehalten. So regelt zum Beispiel die bremische Verfassung den

40
Systematische Zuordnungsunterschiede

---

214 Vgl. etwa Art. 29, 45, 47f. Verf. Brandenburg; Art. 7 Verf. Sachsen; Art. 25 Abs. 1, 39f. Verf. Sachsen-Anhalt; Art. 15, 20, 36 Verf. Thüringen.
215 *Wassermann*, Staatszielbestimmungen in der Verfassungsdiskussion, RuP 1992, S. 69 (73); *Stiens* (LitVerz.), S. 88; → oben *Shirvani*, Wirtschaftliche Grundrechte, § 239 RN 11.
216 Vgl. z.B. Art. 24f., 35, 37 DDR-Verfassung (1974).
217 Vgl. *Starck*, HStR¹IX, § 208 RN 57; *Stern*, Staatsrecht III/2 (LitVerz.), § 93 IV 3 (S. 1447), § 93 VI 5 (1485).
218 Kritisch dazu *Merten*, DÖV 1993, S. 368 (374), der von einer „Grundrechtszielbestimmung" bzw. einem „Zielgrundrecht" spricht.
219 Vgl. etwa Art. 142ff., 151ff. WRV.
220 Vgl. etwa Art. 128ff., 166ff. Verf. Bayern; Art. 26ff., 37ff. Verf. Bremen; Art. 43ff. Verf. Saarland; s. auch *Stern*, Staatsrecht III/2 (LitVerz.), § 93 II 3f. (S. 1429).
221 Art. 128 Abs. 1 Verf. Bayern.
222 Art. 171 Verf. Bayern.

Anspruch auf Wohnung²²³ in ihrem „Ersten Hauptteil" über „Grundrechte und Grundpflichten" und garantiert in ein und derselben Vorschrift auch die Wohnungsfreiheit als Abwehrrecht²²⁴.

41
Begriffliche Unterscheidung von Grundrechten und Staatszielen

Im Unterschied zu den vorgrundgesetzlichen und den meisten nachgrundgesetzlichen Verfassungen in der Zeit vor der Wiedervereinigung unterscheiden die Verfassungen der neuen Bundesländer begrifflich zwischen Grundrechten und Staatszielen²²⁵. Die Verfassungen von Mecklenburg-Vorpommern und Sachsen-Anhalt halten sich auch systematisch an diese Unterscheidung und behandeln die Themen „Arbeit" und „Wohnung" in einem eigenen Abschnitt über Staatsziele²²⁶. Demgegenüber werden in den Verfassungen von Brandenburg und Thüringen die Grundrechte und Staatszielbestimmungen nicht voneinander separiert²²⁷. So werden etwa in der Verfassung von Brandenburg das Recht auf Arbeit (Art. 48) und die Berufsfreiheit (Art. 49) im selben Abschnitt über „Eigentum, Wirtschaft, Arbeit und soziale Sicherung" geregelt.

42
Fokussierung auf zentrale soziale Rechte

Auf der Grundlage der skizzierten inhaltlichen, sprachlichen und systematischen Gesichtspunkte werden im folgenden einige zentrale soziale Grundrechte erörtert, die in zahlreichen Landesverfassungen vorgesehen sind. Im Anschluß wird ein kurzer Überblick über weitere soziale Rechte gegeben.

II. Recht auf Arbeit

1. Inhalt und Auslegung

43
„Prototyp" der sozialen Grundrechte

Das Recht auf Arbeit gehört im nationalen wie internationalen Recht²²⁸ zum Standardrepertoire der sozialen Bestimmungen. Es ist der „Prototyp" der sozialen Grundrechte schlechthin²²⁹. Das zeigt sich gerade im Landesverfassungsrecht, das zahlreiche Vorschriften zum Recht auf Arbeit sowie Annexvorschriften zu diesem Recht²³⁰ kennt, wie etwa das Recht auf Urlaub²³¹, das Recht von Männern und Frauen auf gleichen Lohn bei gleicher Tätigkeit²³² oder Bestimmungen über humane Arbeitsbedingungen²³³.

44
Variantenreiches Erscheinungsbild

Die Landesverfassungen äußern sich zum Recht auf Arbeit variantenreich. Nach der bayerischen Verfassung hat beispielsweise jedermann das Recht, sich durch Arbeit eine auskömmliche Existenz zu schaffen²³⁴. Nach der saarländi-

---

223 Art. 14 Abs. 1 Verf. Bremen.
224 Art. 14 Abs. 2 und Abs. 3 Verf. Bremen.
225 Vgl. etwa Art. 13, 36 Verf. Sachsen; Art. 3 Abs. 1 und Abs. 3 Verf. Sachsen-Anhalt; Art. 42f. Verf. Thüringen; s. zum Ganzen *Sommermann*, Staatsziele (LitVerz.), S. 353 ff.
226 Art. 17 Verf. Mecklenburg-Vorpommern; Art. 39 f. Verf. Sachsen-Anhalt.
227 Vgl. *Sommermann*, Staatsziele (LitVerz.), S. 354.
228 Vgl. RN 12 ff.
229 *Badura*, in: Der Staat 14 (1975), S. 17 (20).
230 Vgl. dazu im Überblick *Brenne* (LitVerz.), S. 88 f.; *Dietlein*, Grundrechte (LitVerz.), S. 145 f.
231 Vgl. etwa Art. 56 Abs. 1 Verf. Bremen; Art. 48 Abs. 2 Verf. Saarland.
232 Vgl. Art. 168 Abs. 1 Satz 2 Verf. Bayern; Art. 24 Abs. 2 Satz 2 und Satz 3 Verf. Nordrhein-Westfalen.
233 Vgl. etwa Art. 55 Abs. 1 Verf. Rheinland-Pfalz; Art. 39 Abs. 2 Verf. Sachsen-Anhalt.
234 Art. 166 Abs. 2 Verf. Bayern.

schen Verfassung hat jeder nach seinen Fähigkeiten ein Recht auf Arbeit[235]. Ähnliches liest man in der Verfassung von Nordrhein-Westfalen[236]. Neben diesen subjektiv-rechtlichen Formulierungen finden sich zahlreiche objektiv-rechtliche Fassungen, zum Beispiel in der Verfassung von Niedersachsen, der zufolge das Land darauf hinwirkt, daß jeder Mensch Arbeit finden und dadurch seinen Lebensunterhalt bestreiten kann[237]. Die Verfassung von Sachsen-Anhalt sieht es als dauernde Aufgabe des Landes und der Kommunen an, allen die Möglichkeit zu geben, ihren Lebensunterhalt durch eine frei gewählte Arbeit zu verdienen[238]. Zum Teil werden auch subjektiv- und objektiv-rechtliche Formulierungen miteinander vermengt, was aber im Ergebnis für die rechtliche Einordnung keine Konsequenzen hat[239]: So erkennt der Freistaat Sachsen nach seiner Verfassung das Recht eines jeden Menschen auf ein menschenwürdiges Dasein, insbesondere auf Arbeit, als Staatsziel an[240]. Die Verfassung von Brandenburg stellt die Politik der Vollbeschäftigung mit der Verwirklichung des Rechts auf Arbeit in einen unmittelbaren textlichen Zusammenhang[241].

Die Analyse der Rechtsnatur der Verfassungsbestimmungen über das Recht auf Arbeit wird im Rahmen derjenigen Landesverfassungen erleichtert, die die einschlägigen Bestimmungen unter der Rubrik „Staatsziele" positioniert haben. Das ist bei den Verfassungen von Mecklenburg-Vorpommern und Sachsen-Anhalt der Fall[242]. Andere Verfassungen, wie diejenige von Sachsen und Thüringen, gehen expressis verbis von einem Staatsziel aus[243]. Die Verfassung von Berlin, der zufolge alle das Recht auf Arbeit haben, stellt in der gleichen Vorschrift die objektiv-rechtliche Stoßrichtung dieses Rechts klar: Demnach trägt das Land zur Schaffung und Erhaltung von Arbeitsplätzen bei und sichert im Rahmen des gesamtwirtschaftlichen Gleichgewichts einen hohen Beschäftigungsstand[244]. Nach Auffassung des Berliner Verfassungsgerichtshofs ist die Vorschrift eine Staatszielbestimmung, die „weder im Verhältnis zum Staat noch im Verhältnis zu dritten Personen ein subjektives Recht auf Arbeit" gewähre[245]; daher könne die Bestimmung nicht im Wege der Verfassungsbeschwerde gerichtlich geltend gemacht werden[246]. Auch die Landesver-

45
Rechtsnatur der Verfassungsbestimmungen

---

235 Art. 45 Satz 2 Verf. Saarland.
236 Art. 24 Abs. 1 Satz 3 Verf. Nordrhein-Westfalen: „Jedermann hat ein Recht auf Arbeit".
237 Art. 6 a Alt. 1 Verf. Niedersachsen.
238 Art. 39 Abs. 1 Verf. Sachsen-Anhalt; eine vergleichbare Regelung findet sich in Art. 36 Satz 1 Verf. Thüringen: „Es ist ständige Aufgabe des Freistaats, jedem die Möglichkeit zu schaffen, seinen Lebensunterhalt durch frei gewählte und dauerhafte Arbeit zu verdienen".
239 Vgl. RN 39.
240 Art. 7 Abs. 1 Verf. Sachsen.
241 Art. 48 Abs. 1 Verf. Brandenburg.
242 Art. 17 Abs. 1 Verf. Mecklenburg-Vorpommern; Art. 39 Verf. Sachsen-Anhalt; s. RN 41.
243 Art. 7 Abs. 1 Verf. Sachsen; Art. 36 Satz 2 Verf. Thüringen.
244 Art. 18 Satz 1 und Satz 3 Verf. Berlin.
245 *VerfGH Berlin* VerfGHE 7, 3 (8).
246 *VerfGH Berlin* VerfGHE 7, 3 (8); s. auch *VerfGH Berlin* NJW-RR 2004, S. 1706 (1708).

§ 242 *Sechzehnter Teil: II. Vergleichende Betrachtung der Landesgrundrechte*

fassungsgerichte in Brandenburg[247], Hessen[248] und Saarland[249] sowie die Oberverwaltungsgerichte Bremen[250] und Nordrhein-Westfalen[251] gehen von einer rein objektiv-rechtlichen Rechtsnatur des „Rechts auf Arbeit" aus. In einer ausführlich begründeten Entscheidung setzt sich namentlich der saarländische Verfassungsgerichtshof mit dem Recht auf Arbeit auseinander[252]. Er begründet die Qualifikation des Art. 45 Satz 2 Verf. Saarland als Staatszielbestimmung insbesondere damit, daß die „Norm den Inhalt des Verschaffungsanspruchs nicht einmal annäherungsweise" festlege und nicht sage, „wen letztlich die Pflicht, den Arbeitsplatz bereitzustellen und den Lohn zu bezahlen", treffe[253]. Die Verfassung regele nicht, so der Verfassungsgerichtshof weiter, „ob das Recht auf Arbeit ein soziales Minimalrecht oder ein Anspruch auf einen wie auch immer der Existenz und Lebensweise des einzelnen angemessenen Arbeitsplatz mit angemessenen Arbeitsbedingungen und angemessener Entlohnung sein soll"[254]. Auch der Bayerische Verfassungsgerichtshof verneint die Möglichkeit, subjektive Rechte aus dem Recht auf Arbeit herzuleiten, geht aber nicht von einer Staatszielbestimmung, sondern von einem Programmsatz aus[255]. Diese Auslegung[256] schöpft den Gewährleistungsgehalt der landesverfassungsrechtlichen Vorschriften nicht hinreichend aus[257]. Der verfassungsrechtliche Auftrag, Arbeitsplätze zu sichern und die Entstehung neuer Arbeitsplätze zu fördern, etwa durch Maßnahmen der Arbeits- und Wirtschaftsförderung[258], ist auch im Vergleich zum grundgesetzlichen Sozialstaatsprinzip nicht völlig unkonkret und rechtfertigt es nicht, den Auftrag als bloßen Programmsatz zu qualifizieren.

Ausschöpfen des Gewährleistungsgehalts

46
Weitere rechtliche Wirkungen

Während die Landesverfassungsgerichte die subjektiv-rechtliche Komponente des Rechts auf Arbeit regelmäßig verneinen, beschäftigen sie sich eher seltener mit der Frage, welche rechtlichen Wirkungen von dieser sozialen Staatszielbestimmung sonst ausgehen. Immerhin hat das brandenburgische Verfassungsgericht das Recht auf Arbeit als einen vom Gesetzgeber zu beachtenden Abwägungsbelang eingeordnet und ihm verfassungsrechtliches Gewicht beigemessen[259]. Das Landesverfassungsgericht begründet dies mit der „überragende[n] Bedeutung eines hohen Beschäftigungsgrades als Fundament des allgemeinen Wohlstandes und d[en] Gefahren steigender Arbeits-

---

247 *VerfG Brandenburg LVerfGE 5*, 94 (104).
248 *StGH Hessen ESVGH 22*, 13 (17): Art. 28 Abs. 2 Verf. Hessen wird vom Staatsgerichtshof als „institutionelle Garantie einer Arbeitsvermittlung und einer Arbeitslosenversicherung" interpretiert.
249 *VerfGH Saarland LVerfGE 3*, 233 (237 ff.).
250 *OVG Bremen* NVwZ 1986, S. 496.
251 *OVG NRW* WissR 43 (2010), S. 85 (86).
252 *VerfGH Saarland LVerfGE 3*, 233 ff.
253 *VerfGH Saarland LVerfGE 3*, 233 (238).
254 *VerfGH Saarland LVerfGE 3*, 233 (239).
255 *BayVerfGHE 13*, 141 (141 ff.); *52*, 79 (91).
256 Vgl. zur Qualifikation des „Rechts auf Arbeit" als Programmsatz auch den Bericht der Sachverständigenkommission (FN 21), RN 95 ff., 99 f.; *R. Breuer*, HStR ³VIII, § 170 RN 16.
257 *Wieland*, in: H. Dreier, GG (LitVerz.), Art. 12 RN 18; vgl. auch *dens.*, Arbeitsmarkt und staatliche Lenkung, in: VVDStRL 59 (2000), S. 13 (39 f.).
258 Vgl. Art. 36 Satz 2 Verf. Thüringen; *Eichenhofer*, in: Linck/Baldus/Lindner (LitVerz.), Art. 36 RN 6.
259 *VerfG Brandenburg LVerfGE 8*, 97 (142 f.).

losenzahlen für die sozialen Sicherungssysteme und das Gemeinwesen"[260]. Da das Land nach Art. 48 Abs. 1 Verf. Brandenburg verpflichtet ist, „im Rahmen seiner Kräfte" für die Verwirklichung des Rechts auf Arbeit zu sorgen, geht das Verfassungsgericht von einem „Vorbehalt des finanziell und wirtschaftlich Möglichen" aus[261]. Die objektiv-rechtliche Dimension der Staatszielbestimmung „Recht auf Arbeit" greift auch das Bundesarbeitsgericht im Rahmen einer Inzidenzprüfung auf[262]. Dort wird die Vereinbarkeit einer landesrechtlichen Regelung mit Art. 36 der Verfassung von Thüringen erörtert[263]. Diese Judikate verdeutlichen zum einen den weiten Gestaltungsspielraum des Gesetzgebers bei der Verwirklichung dieses Staatsziels, widerlegen zum anderen aber die These, daß das Recht auf Arbeit nicht justitiabel sei[264].

Justitiabilität

2. Vereinbarkeit mit Bundesverfassungsrecht

Die Vereinbarkeit des in den Landesverfassungen verankerten Rechts auf Arbeit mit den Freiheitsrechten und sonstigen Bestimmungen des Grundgesetzes ist verschiedentlich diskutiert und mitunter bezweifelt worden[265]. So wird etwa moniert, daß das Recht auf Arbeit eine „Doppel- sowie auch Drittwirkung" impliziere, da es „in die freiheitliche Wirtschafts- bzw. Berufsbetätigung aller derjenigen" eingreife, „die etwa durch die Verpflichtung, bestimmte Arbeitsplätze bereitzustellen, freiheitsrechtlich beeinträchtigt" würden[266]. Auch ein möglicher Verstoß des Rechts auf Arbeit gegen die Vorgaben des Art. 109 Abs. 2 GG in Verbindung mit § 1 StabG wird erörtert[267]. Es stellt sich nämlich die Frage, ob eine Politik der Länder, die einseitig auf die Bekämpfung der Arbeitslosigkeit setzte, den Erfordernissen des gesamtwirtschaftlichen Gleichgewichts im Sinne von Art. 109 Abs. 2 GG Rechnung trüge, das entsprechend der Umschreibung in § 1 Satz 2 StabG als Teilziele die Stabilität des Preisniveaus, einen hohen Beschäftigungsstand und außenwirtschaftliches Gleichgewicht bei stetigem und angemessenem Wirtschaftswachstum erfaßt[268].

47
Drittwirkungseffekte

Gesamtwirtschaftliches Gleichgewicht

Im Ergebnis können die skizzierten Einwände einen Verstoß des Rechts auf Arbeit gegen die Vorgaben des Grundgesetzes nicht begründen. So ist sehr zweifelhaft, ob die Länder kompetentiell überhaupt in der Lage sind, in die

48

---

260 *VerfG Brandenburg LVerfGE 8*, 97 (143).
261 *VerfG Brandenburg LVerfGE 8*, 97 (176).
262 Vgl. *BAGE 146*, 48 (62 f.).
263 Vgl. *BAGE 146*, 48 (62 f.).
264 Vgl. zu dieser These mit Nachweisen aus dem älteren Schrifttum *Lange*, Soziale Grundrechte (LitVerz.), S. 49 (57).
265 Vgl. zur Diskussion *Dietlein*, Grundrechte (LitVerz.), S. 134 ff.; *Hahn*, Staatszielbestimmungen (LitVerz.), S. 269 ff.; *Stern*, Staatsrecht III/2 (LitVerz.), § 93 VI 5 b β (S. 1490 ff.); *Brenne* (LitVerz.), S. 80 ff.; *Scholz*, Das Recht auf Arbeit. Verfassungsrechtliche Grundlagen. Möglichkeiten und Grenzen der Kodifikation, in: Ernst-Wolfgang Böckenförde/Jürgen Jekewitz/Thilo Ramm (Hg.), Soziale Grundrechte, 1981, S. 75 (77 ff.); *dens.*, in: Maunz/Dürig, GG (LitVerz.), Art. 12 RN 11.
266 *Scholz*, in: Maunz/Dürig, GG (LitVerz.), Art. 12 RN 11.
267 Vgl. etwa *Stern*, Staatsrecht III/2 (LitVerz.), § 93 VI 5 b β αα (S. 1491 f.).
268 Vgl. zum Begriff des „gesamtwirtschaftlichen Gleichgewichts" *BVerfGE 79*, 311 (338 f.); *Jarass*, in: ders./Pieroth, GG (LitVerz.), Art. 109 RN 10; *Sieckmann*, in: Sachs, GG (LitVerz.), Art. 109 RN 41.

§ 242 *Sechzehnter Teil: II. Vergleichende Betrachtung der Landesgrundrechte*

Gestaltungsspielraum und Realisierungsgrenzen

Freiheitsrechte von Unternehmen einzugreifen und diese zur Schaffung von Arbeitsplätzen zu verpflichten. Die Gesetzgebungskompetenz in diesem Bereich liegt weitgehend beim Bund[269]. Unabhängig davon müssen alle Maßnahmen der Länder zur Verwirklichung des Rechts auf Arbeit mit den Grundrechten der Maßnahmeadressaten vereinbar sein, insbesondere den Anforderungen der grundrechtlichen Schrankenvorbehalte genügen[270]. Auch ein Verstoß gegen die Vorgaben des Art. 109 Abs. 2 GG in Verbindung mit § 1 StabG liegt nicht vor, wenn die Schaffung von Arbeitsplätzen gegenüber den anderen Teilzielen des gesamtwirtschaftlichen Gleichgewichts nicht als prioritär behandelt wird. Eine Politik der „Vollbeschäftigung um jeden Preis" schreiben die Landesverfassungen aber gerade nicht vor[271]. Vielmehr haben die Länder bei der Verwirklichung des Staatsziels einen Gestaltungsspielraum und können unter Beachtung der Erfordernisse des gesamtwirtschaftlichen Gleichgewichts einen hohen Beschäftigungsstand anstreben[272].

III. Recht auf Bildung

1. Regelungsgehalt

49
Weitgehend ausschließliche Länder-Gesetzgebungskompetenz

Neben dem Recht auf Arbeit ist das Recht auf Bildung ein weiteres prominentes soziales Grundrecht. Während beim Recht auf Arbeit aus kompetentieller Perspektive der Bund eine Vorrangstellung hat, ist dies beim Recht auf Bildung anders, da die Länder im Bildungsbereich, namentlich im Schul- und Hochschulwesen, weitgehend die ausschließliche Gesetzgebungskompetenz haben, diese Bereiche mithin zur konstitutionellen Domäne der Länder gehören[273]. Die Länder sind prinzipiell für die Organisation des Schul- und Hochschulwesens zuständig und tragen damit die Verantwortung für die zentralen Bildungseinrichtungen der Bundesrepublik[274].

50
Bildung und Ausbildung

Das Recht auf Bildung oder Ausbildung kommt in einer Vielzahl landesverfassungsrechtlicher Bestimmungen zum Ausdruck. Prägnant formuliert etwa die Verfassung von Niedersachsen, daß jeder Mensch das Recht auf Bildung hat[275]. Die Verfassung von Nordrhein-Westfalen verspricht jedem Kind einen Anspruch auf Erziehung und Bildung[276], die bayerische Verfassung jedem Bewohner Bayerns einen Anspruch darauf, eine seinen erkennbaren Fähigkeiten und seiner inneren Berufung entsprechende Ausbildung zu erhalten[277].

---

269 Vgl. RN 36.
270 Vgl. *Dietlein*, Grundrechte (LitVerz.), S. 137.
271 Vgl. *Hahn*, Staatszielbestimmungen (LitVerz.), S. 280 f.
272 Vgl. zu diesem Gedanken auch Art. 18 Satz 3 Verf. Berlin; Art. 17 Abs. 1 Verf. Mecklenburg-Vorpommern.
273 Vgl. RN 36; s. auch *Uhle*, in: Maunz/Dürig, GG (LitVerz.), Art. 70 RN 103, 115; *Hahn*, Staatszielbestimmungen (LitVerz.), S. 428.
274 Vgl. *Dietlein*, Grundrechte (LitVerz.), S. 150.
275 Art. 4 Abs. 1 Verf. Niedersachsen.
276 Art. 8 Abs. 1 Satz 1 Verf. Nordrhein-Westfalen.
277 Art. 128 Abs. 1 Verf. Bayern.

Die Verfassung von Rheinland-Pfalz ist demgegenüber objektiv-rechtlich gefaßt und ordnet an, daß jedem jungen Menschen zu einer seiner Begabung entsprechenden Ausbildung verholfen werden soll[278]. Die Verfassung von Sachsen-Anhalt gewährt in dem Abschnitt über „Einrichtungsgarantien"[279] jedem jungen Menschen eine seine Begabung und seine Fähigkeiten fördernde Erziehung und Ausbildung[280]. Die Verfassung von Thüringen normiert das Recht auf Bildung und gewährleistet den freien und gleichen Zugang zu den öffentlichen Bildungseinrichtungen nach Maßgabe der Gesetze[281]. Diese und andere Bestimmungen über Bildung oder Ausbildung werden durch eine Reihe weiterer Vorschriften, etwa über die allgemeine Schulpflicht[282], über die Grundsätze der Erziehung und Bildung[283] oder über die Unentgeltlichkeit des Unterrichts an öffentlichen Schulen[284], ergänzt.

Den Verfassungsbestimmungen über das Recht auf Bildung liegt die „allgemeine bildungspolitische Vorstellung" zugrunde, „die darauf zielt, jedem einzelnen das Wissen und diejenigen Kenntnisse zu vermitteln, die für ein Leben in einer modernen Gesellschaft unabdingbar sind"[285]. Während Bildung einen kontinuierlichen Prozeß darstellt, der nie abgeschlossen, sondern „stets im Werden" begriffen ist, ist Ausbildung meist auf eine berufsbezogene Qualifikation gerichtet[286]. Die Landesverfassungen regeln überwiegend das Recht auf Bildung, zum Teil auch das Recht auf Ausbildung[287]. Dabei wird der landesverfassungsrechtliche Begriff der „Ausbildung" eher weit interpretiert und erfaßt die unterschiedlichen Stationen der schulischen, universitären und sonstigen berufsbezogenen Ausbildung[288].

51 Bildungsprozeß und Qualifikation

Bei der rechtlichen Qualifikation des Rechts auf Bildung oder Ausbildung tendieren die Landesverfassungs- und Oberverwaltungsgerichte in die gleiche Richtung, indem sie originäre einklagbare Ansprüche auf staatliche Leistungen verneinen. Nach Auffassung des Bayerischen Verfassungsgerichtshofs verpflichtet das Recht auf Ausbildung den Staat nicht, „so viele Ausbildungsstätten zu errichten oder so viele Ausbildungsmöglichkeiten zu schaffen, daß jedermann an jedem Ort die ihm entsprechende Ausbildung erhalten kann"[289]. Eine solche Verpflichtung würde die finanzielle Leistungsfähigkeit des Staates überfordern und den Bestimmungen über die staatliche Haus-

52 Keine originären einklagbaren Leistungsansprüche

---

278 Art. 31 Satz 1 Verf. Rheinland-Pfalz.
279 Vgl. zum Wesen der Einrichtungsgarantie Art. 3 Abs. 2 Verf. Sachsen-Anhalt.
280 Art. 25 Abs. 1 Verf. Sachsen-Anhalt.
281 Art. 20 Satz 1 und Satz 2 Verf. Thüringen.
282 Art. 14 Abs. 1 Verf. Baden-Württemberg; Art. 8 Abs. 2 Verf. Nordrhein-Westfalen.
283 Art. 28 Verf. Brandenburg; Art. 26 Verf. Bremen.
284 Art. 14 Abs. 2 Satz 1 Verf. Baden-Württemberg; Art. 24 Abs. 3 Satz 1 Verf. Thüringen; s. dazu ausführlicher RN 56 f.
285 Vgl. *Brenner*, in: Linck/Baldus/Lindner (LitVerz.), Art. 20 RN 10.
286 Vgl. *Schlink*, Überlegungen zur Kodifikation von Grundrechten auf Bildung, in: Ernst-Wolfgang Böckenförde/Jürgen Jekewitz/Thilo Ramm (Hg.), Soziale Grundrechte, 1981, S. 129 (131 – Zitat); *Dietlein*, Grundrechte (LitVerz.), S. 151.
287 Vgl. etwa Art. 11 Abs. 1 Verf. Baden-Württemberg; Art. 128 Abs. 1 Verf. Bayern.
288 Vgl. *Möstl*, in: Lindner/ders./Wolff (LitVerz.), Art. 128 RN 7.
289 *BayVerfGHE 35*, 126 (135 f.).

haltsführung widerstreiten²⁹⁰. Art. 128 Abs. 1 Verf. Bayern stellt nach Auffassung des Verfassungsgerichtshofs unmittelbar geltendes, objektives Verfassungsrecht dar, setzt dem Gesetzgeber Schranken und führt dazu, daß widersprechende Gesetze unzulässig sind²⁹¹. Auf die Frage, ob die Vorschrift als Programmsatz zu qualifizieren ist oder ob sie dem einzelnen ein subjektives Recht auf Ausbildung einräumt, will sich der Verfassungsgerichtshof nicht festlegen²⁹². Das Landesverfassungsgericht von Brandenburg lehnt einen Anspruch auf Zugang zu einer bestimmten Bildungseinrichtung ab, da das Recht auf Bildung auf das vorhandene Bildungsangebot bezogen sei und nicht davon losgelöst beurteilt werden könne²⁹³. Ähnlich verneint auch der Thüringer Verfassungsgerichtshof ein einklagbares Recht auf Bildung und spricht stattdessen von einem „zentrale[n] Staatsziel"²⁹⁴. Nach Auffassung des Staatsgerichtshofs für das Land Baden-Württemberg handelt es sich beim Recht auf Erziehung und Ausbildung²⁹⁵ „nicht um einen bloßen Programmsatz, sondern um ein klares Verfassungsgebot für die Legislative und Exekutive"²⁹⁶.

53

Teilhaberechtliche Dimension

Vorbehalt des Möglichen

Nicht selten wird dem Recht auf Bildung bzw. Ausbildung eine teilhaberechtliche Dimension bescheinigt²⁹⁷. Der Verwaltungsgerichtshof Baden-Württemberg legt das Recht auf Ausbildung als „Grundrecht auf Zugang zu den öffentlichen Ausbildungseinrichtungen" aus, nicht als subjektives Recht „auf vollständige Ausstattung von Ausbildungsplätzen an den Universitäten"²⁹⁸. Das Oberverwaltungsgericht Berlin betont die teilhaberechtliche Dimension des Rechts auf Bildung, welches berechtige, „bei der Verteilung der verfügbaren Leistungen schulischer Bildung nicht ohne vertretbaren Grund schlechter behandelt zu werden als andere Schüler"²⁹⁹. Nach Auffassung des Oberverwaltungsgerichts Nordrhein-Westfalen steht das Recht auf Bildung unter dem Vorbehalt des Möglichen³⁰⁰. Diese Auffassung vertritt auch der Bayerische Verfassungsgerichtshof³⁰¹. Zudem stellt er klar, daß der Zugang zu Ausbildungseinrichtungen „nicht von gesellschaftlichen, wirtschaftlichen oder politischen Gegebenheiten abhängig gemacht werden" dürfe³⁰². Daher dürften „Studienbeiträge [...] keine unüberwindbare soziale Barriere" für den Zugang zum Studium bilden³⁰³.

Verfassungsgebote (margin note)

---

290 *BayVerfGHE 35*, 126 (136).
291 *BayVerfGHE 51*, 109 (118); *62*, 79 (98).
292 Vgl. zu dieser nicht ganz klaren Rechtsprechungslinie etwa *BayVerfGHE 51*, 109 (118); *59*, 63 (79); *62*, 79 (98).
293 *VerfG Brandenburg LVerfGE 10*, 151 (155).
294 *VerfGH Thüringen*, B. v. 19.11.2014 (24/12), juris, RN 31, 33.
295 Art. 11 Abs. 1 Verf. Baden-Württemberg.
296 *StGH Baden-Württemberg ESVGH 20*, 1 (3); s. auch *VGH Baden-Württemberg*, B.v. 10.6.1991 (9 S 2111/90), juris, RN 43.
297 Insoweit gibt es Berührungspunkte mit der teilhaberechtlichen Dimension des Berufsgrundrechts, → oben *Shirvani*, Wirtschaftliche Grundrechte, § 239 RN 34.
298 *VGH Baden-Württemberg ESVGH 44*, 113 (118).
299 *OVG Berlin* NVwZ-RR 2003, S. 35 (35).
300 *OVG Nordrhein-Westfalen OVGE 34*, 211 (213).
301 *BayVerfGHE 38*, 152 (160).
302 *BayVerfGHE 62*, 79 (97).
303 *BayVerfGHE 62*, 79 (97 f.).

Auch wenn die Rechtsprechung beim Recht auf Bildung nicht immer explizit von einer Staatszielbestimmung spricht, ist die Grundtendenz deutlich: Demnach existiert kein justitiabler Anspruch auf Bereitstellung neuer oder Erweiterung bestehender Bildungseinrichtungen[304]. Der Staat ist nur im Rahmen seiner Möglichkeiten und Kapazitäten verpflichtet, neue Bildungseinrichtungen zu schaffen und dem einzelnen die Chance zu bildungsmäßiger Entfaltung zu gewähren[305]. Der Zugang des einzelnen zu öffentlichen Bildungseinrichtungen darf nicht von sachfremden, etwa wirtschaftlichen oder sozialen Kriterien abhängig gemacht werden. Vielmehr hat der einzelne nach seiner Begabung und seinen Fähigkeiten ein Recht auf Bildung.

54
Schaffung neuer Bildungseinrichtungen

Im Vergleich zur Rechtsprechung ist die Literatur bei der dogmatischen Einordnung des Rechts auf Bildung dezidierter. Sie qualifiziert dieses Recht als Staatszielbestimmung[306], verbindlichen Verfassungsauftrag[307] oder derivatives Teilhaberecht[308]. Im Ergebnis stimmen diese Einordnungen mit den Grundaussagen der Rechtsprechung zum Recht auf Bildung überein.

55
Staatsziel, Verfassungsauftrag, derivative Teilhabe

2. Unentgeltlichkeit des Unterrichts an öffentlichen Schulen

Neben dem Recht auf Bildung ist in einigen Landesverfassungen auch die Unentgeltlichkeit des Unterrichts in öffentlichen Schulen vorgesehen[309]. Beispielhaft ist Art. 24 Abs. 3 Satz 1 der Verfassung von Thüringen, der lautet: „Der Unterricht an öffentlichen Schulen ist unentgeltlich". In den einschlägigen Bestimmungen wird die Schulart zum Teil spezifiziert[310], zum Teil ist auch die Unentgeltlichkeit der Lehr- bzw. Lernmittel normiert[311]. Die Vorschriften über die Unentgeltlichkeit des Unterrichts in öffentlichen Schulen ergänzen häufig die Bestimmungen über die allgemeine Schulpflicht[312] und enthalten eine „objektiv-rechtliche Wertentscheidung" für „Bildungschancengleichheit", die unabhängig von der wirtschaftlichen Situation des einzelnen gewährleistet sein soll[313]. Die Frage, ob die Vorschriften über die Unentgeltlichkeit des Unterrichts nur objektiv-rechtlicher Natur sind oder auch eine subjektiv-rechtliche Komponente enthalten, ist nicht gänzlich geklärt[314]. Der Bayerische

56
„Wertentscheidung" für Bildungschancengleichheit

Subjektivrechtlicher Charakter?

---

304 Vgl. *Driehaus* (LitVerz.), Art. 20 RN 2.
305 Vgl. *BayVerfGHE 62*, 79 (97).
306 *Brenner*, in: Linck/Baldus/Lindner (LitVerz.), Art. 20 RN 2; *Neumann* (LitVerz.), Art. 27 RN 2; *Möstl*, in: Lindner/ders./Wolff (LitVerz.), Art. 128 RN 5; *K. Braun*, Kommentar (LitVerz.), Art. 11 RN 2.
307 *Geis*, in: Meder/Brechmann (LitVerz.), Art. 128 RN 5.
308 *Driehaus* (LitVerz.), Art. 20 RN 2; *Brenner*, in: Linck/Baldus/Lindner (LitVerz.), Art. 20 RN 12; *Bräth/Nolte*, in: Epping/Butzer/Brosius-Gersdorf (LitVerz.), Art. 4 RN 10.
309 Vgl. etwa Art. 14 Abs. 2 Satz 1 Verf. Baden-Württemberg; Art. 129 Abs. 2 Verf. Bayern; Art. 31 Abs. 2 Verf. Bremen; Art. 26 Abs. 4 Verf. Sachsen-Anhalt; Art. 24 Abs. 3 Satz 1 Verf. Thüringen. Mitunter ist auch weitergehend von Schulgeldfreiheit die Rede, vgl. Art. 30 Abs. 5 Satz 2 Verf. Brandenburg; Art. 9 Abs. 1 Verf. Nordrhein-Westfalen.
310 Vgl. Art. 129 Abs. 2 i.V.m. Abs. 1 Verf. Bayern; Art. 59 Abs. 1 Satz 1 Verf. Hessen.
311 Vgl. Art. 14 Abs. 2 Satz 1 Verf. Baden-Württemberg; Art. 31 Abs. 3 Verf. Bremen; Art. 102 Abs. 4 Satz 1 Verf. Sachsen.
312 Vgl. etwa Art. 30 Abs. 1 Verf. Bremen; Art. 23 Abs. 1 Verf. Thüringen.
313 Vgl. *StGH Hessen LVerfGE 19*, 199 (241).
314 Vgl. etwa *Möstl*, in: Lindner/ders./Wolff (LitVerz.), Art. 129 RN 7.

Verfassungsgerichtshof hat die Beantwortung dieser Frage offengelassen und erklärt, daß eine dem Gebot der Unentgeltlichkeit widersprechende Norm verfassungswidrig sei[315]. Der hessische Staatsgerichtshof spricht von einem „sozialen Grundrecht", das „der Ausgestaltung und Konkretisierung durch den Gesetzgeber zugänglich" sei[316]. Nach Auffassung des sächsischen Oberverwaltungsgerichts gewährleistet Art. 102 Abs. 4 Satz 1 Verf. Sachsen „allen Schülern die kostenlose Unterrichtsteilnahme und kostenfreie Bereitstellung der Lernmittel" und ist „unmittelbar geltendes Recht"[317].

57
Enger Kontext zur allgemeinen Schulpflicht

Eruiert man zunächst die systematische Stellung der jeweiligen Vorschriften über die Unentgeltlichkeit des Unterrichts in den einzelnen Landesverfassungen, hat man einen ersten Anhaltspunkt, um deren Rechtsnatur zu klären[318]. Abgesehen hiervon spricht für eine subjektiv-rechtliche Dimension der Vorschriften der Befund, daß diese in einem engen sachlichen Kontext zu den Bestimmungen über die allgemeine Schulpflicht stehen[319] und im Unterschied zum sehr abstrakt gefaßten „Recht auf Bildung" durchaus konkret formuliert sind. Die Vorschriften sind nicht lediglich Ausdruck einer „programmatische[n] Groborientierung", sondern regeln konkret eine „Rechts- und Pflichtenstellung"[320]. Das spricht dafür, ein subjektiv-öffentliches Recht[321] mit Leistungskomponente[322] anzunehmen.

IV. Recht auf Wohnung

58
Existenzsicherung und Schutz der Privatheit

Zum Grundkanon der sozialen Verbürgungen der Landesverfassungen gehört zweifelsohne auch das Recht auf Wohnung. Die Bereitstellung von Wohnraum dient der Erfüllung des zivilisatorischen Standards, jedem Menschen eine Unterkunft zu verschaffen[323]. Ausreichender Wohnraum ist Ausdruck eines elementaren menschlichen Existenzbedürfnisses und sichert Privatheit und Intimität in einer von der Öffentlichkeit abgeschirmten Sphäre[324]. Während die Wohnungsfreiheit als Abwehrrecht die räumlich geschützte Privatsphäre gegen staatliche Eingriffe schützen will, soll das Recht auf Wohnung den Menschen Unterkunft und Behausung ermöglichen.

---

315 *BayVerfGHE 34*, 135 (138).
316 *StGH Hessen LVerfGE 19*, 199 (239).
317 *OVG Sachsen* SächsVBl. 2012, S. 235 (238).
318 Vgl. etwa Art. 26 Abs. 4 Verf. Sachsen-Anhalt, der in dem Abschnitt über „Einrichtungsgarantien" (s. dazu Art. 3 Abs. 2 Verf. Sachsen-Anhalt) zu finden ist.
319 Vgl. *Möstl*, in: Lindner/ders./Wolff (LitVerz.), Art. 129 RN 7.
320 Vgl. *K. Braun*, Kommentar (LitVerz.), Art. 14 RN 11.
321 Vgl. *Ennuschat*, in: Löwer/Tettinger (LitVerz.), Art. 9 RN 6; *Brenner*, in: Linck/Baldus/Lindner (LitVerz.), Art. 24 RN 19; *Möstl*, in: Lindner/ders./Wolff (LitVerz.), Art. 129 RN 7; *K. Braun*, Kommentar (LitVerz.), Art. 14 RN 11; *Baumann-Hasske*, in: ders./Kunzmann (LitVerz.), Art. 103 RN 12; *Ernst*, in: Lieber/Iwers/dies. (LitVerz.), Erl. 8 zu Art. 30.
322 *Möstl*, in: Lindner/ders./Wolff (LitVerz.), Art. 129 RN 7 geht demgegenüber von einem Recht auf Abwehr einer zusätzlichen Belastung im Rahmen der Schulpflicht aus.
323 Vgl. *Eichenhofer*, in: Linck/Baldus/Lindner (LitVerz.), Art. 15 RN 7.
324 Vgl. *Sauthoff*, in: Classen/Litten/Wallerath (LitVerz.), Art. 17 RN 8; *Eichenhofer*, in: Linck/Baldus/Lindner (LitVerz.), Art. 15 RN 7.

Dementsprechend proklamieren zahlreiche Landesverfassungen das Recht auf angemessenen Wohnraum bzw. formulieren die staatliche Aufgabe, für angemessenen Wohnraum zu sorgen. Die Berliner Verfassung verheißt etwa jedem Menschen das Recht auf angemessenen Wohnraum und verknüpft dies mit dem Auftrag, die Schaffung und Erhaltung von angemessenem Wohnraum, insbesondere für Menschen mit geringem Einkommen, zu fördern[325]. Nach dem im Grundrechtsteil plazierten Art. 106 Abs. 1 Verf. Bayern hat jeder Bewohner Bayerns Anspruch auf eine angemessene Wohnung[326]. Nicht in den Grundrechtsabschnitten, sondern in den Abschnitten über die „Staatsziele" sind die Wohnraumvorschriften der Verfassungen von Mecklenburg-Vorpommern[327] und Sachsen-Anhalt[328] zu finden. Als Staatsziel ist auch Art. 15 Satz 1 Verf. Thüringen deklariert, wonach der Freistaat Thüringen die ständige Aufgabe hat, darauf hinzuwirken, daß in ausreichendem Maße angemessener Wohnraum zur Verfügung steht[329]. Die verschiedenen Vorschriften über die Schaffung von Wohnraum werden in manchen Landesverfassungen durch Bestimmungen über die Sicherung von Obdach in Notfällen flankiert[330]. Zu nennen ist etwa Art. 40 Abs. 2 Verf. Sachsen-Anhalt, dem zufolge das Land und die Kommunen dafür sorgen, daß niemand obdachlos wird. Die brandenburgische Verfassung enthält zwar keine ausdrückliche Vorschrift über die Vermeidung von Obdachlosigkeit, aber als Unikat eine (umstrittene) Bestimmung zur Räumung von Wohnungen: Demnach darf die Räumung einer Wohnung nur vollzogen werden, wenn Ersatzwohnraum zur Verfügung steht[331].

59 Angemessener Wohnraum

Obdach-Sicherungen

Ersatzwohnraum

Die soziale Implikation der landesverfassungsrechtlichen Bestimmungen über das Recht auf angemessene Wohnung bzw. die Schaffung von Wohnraum geht mitunter bereits aus ihrem Wortlaut hervor: Art. 17 Abs. 2 Satz 1 Verf. Mecklenburg-Vorpommern macht beispielsweise den sozialen Impetus deutlich, wenn er angemessenen Wohnraum zu sozial tragbaren Bedingungen anvisiert. Die Verfassung Brandenburgs bezieht sich ausdrücklich auf Maßnahmen des sozialen Wohnungsbaus[332], die bayerische Verfassung auf die Förderung des Baus billiger Volkswohnungen, die sie zur Aufgabe von Staat und Gemeinden erklärt[333]. Die soziale Stoßrichtung kommt zudem im Begriff der „Angemessenheit" des Wohnraums zum Ausdruck: Dabei geht es zum einen um die Größe und die Ausstattung des Wohnraums, zum anderen aber auch um die

60 Soziale Implikation

---

325 Art. 28 Abs. 1 Verf. Berlin.
326 Art. 106 Abs. 1 Verf. Bayern.
327 Art. 17 Abs. 2 Satz 1 Verf. Mecklenburg-Vorpommern.
328 Art. 40 Abs. 1 Verf. Sachsen-Anhalt.
329 Art. 15 Satz 1 und Satz 2 Verf. Thüringen.
330 Art. 17 Abs. 2 Satz 3 Verf. Mecklenburg-Vorpommern; Art. 40 Abs. 2 Verf. Sachsen-Anhalt; Art. 16 Verf. Thüringen.
331 Art. 47 Abs. 2 Satz 1 Verf. Brandenburg; vgl. zu dieser Vorschrift und den damit zusammenhängenden kompetenzrechtlichen Fragen *VerfG Brandenburg LVerfGE* 2, 105 (110f.); *Lieber*, in: ders./Iwers/Ernst (LitVerz.), Erl. 2 zu Art. 47; *Dietlein*, Grundrechte (LitVerz.), S. 147 ff.; *Menzel*, Landesverfassungsrecht (LitVerz.), S. 476 f.
332 Art. 47 Abs. 1 Verf. Brandenburg.
333 Art. 106 Abs. 2 Verf. Bayern.

§ 242 Sechzehnter Teil: II. Vergleichende Betrachtung der Landesgrundrechte

Kosten des Wohnraums, gerade für einkommensschwache Bevölkerungsgruppen[334].

61
Staatszielbestimmung

Das Recht auf Wohnung stellt nach herrschender Auffassung eine Staatszielbestimmung dar[335]. Das ergibt sich, wie skizziert, zum Teil bereits aus dem Wortlaut und der Systematik der Verfassungsbestimmungen[336]. In anderen Fällen läßt sich dieses Ergebnis durch Auslegung der Vorschriften ermitteln, die objektiv-rechtlich formuliert sind[337] bzw. auf die staatliche Aufgabe hinweisen, die Verwirklichung des Rechts auf Wohnung zu fördern[338]. Ein subjektives Recht auf Zuteilung einer bestimmten Wohnung läßt sich aus diesen Verfassungsbestimmungen nicht herleiten[339]. Dementsprechend betont der Berliner Verfassungsgerichtshof, daß das Recht auf angemessenen Wohnraum nach Art. 28 Abs. 1 der Verfassung von Berlin „weder ein allgemeines Behaltensrecht für eine bestimmte bezogene Wohnung noch [...] einen sonstigen Anspruch eines einzelnen Bürgers" begründe und „grundsätzlich nicht unmittelbar anspruchsbegründend" wirke[340]. Die Vorschrift wird vom Berliner Verfassungsgerichtshof zum Teil als Programmsatz[341], zum Teil als Staatszielbestimmung[342] qualifiziert. Nach Auffassung des Bayerischen Verfassungsgerichtshofs verbürgt Art. 106 Abs. 1 Verf. Bayern kein Grundrecht, „begründet jedoch in Verbindung mit Abs. 2 für den Staat und die Gemeinden die Verpflichtung, den Wohnungsbau mit dem Ziel zu fördern, da[ß] alle Bewohner Bayerns angemessene Wohnungen erhalten können"[343]. Noch interessanter ist der Befund, daß die genannte Vorschrift nach Auffassung des Bayerischen Verfassungsgerichtshofs als Prüfungsmaßstab für die Beurteilung unterverfassungsrechtlicher Normen in Betracht kommt[344].

Prüfungsmaßstab

62
Teilweise subjektivrechtliche Annexvorschriften

Während beim Recht auf Wohnung ein subjektiver Rechtsgehalt verneint wird, wird er bei den wohnungsbezogenen Annexvorschriften nicht durchgehend abgelehnt. So hat das brandenburgische Verfassungsgericht Art. 47 Abs. 2 Satz 1 Verf. Brandenburg, der den Vollzug der Räumung einer Wohnung betrifft[345], als Grundrecht eingestuft[346]. Zum Teil wird auch manchen Bestimmungen über die Sicherung von Obdach in Notfällen[347] eine subjektive

---

334 Vgl. *Sauthoff*, in: Classen/Litten/Wallerath (LitVerz.), Art. 17 RN 9; *Knops*, in: Brocker/Droege/Jutzi (LitVerz.), Art. 63 RN 9; *Eichenhofer*, in: Linck/Baldus/Lindner (LitVerz.), Art. 15 RN 6.
335 Vgl. etwa *Krausnick*, in: Meder/Brechmann (LitVerz.), Art. 106 RN 3; *Knops*, in: Brocker/Droege/Jutzi (LitVerz.), Art. 63 RN 13; *Haltern/Manthey*, in: Epping/Butzer/Brosius-Gersdorf (LitVerz.), Art. 6a RN 9; *Driehaus* (LitVerz.), Art. 28 RN 2. A.A. *Lindner*, in: ders./Möstl/Wolff (LitVerz.), Art. 106 RN 3, der im Falle des Art. 106 Abs. 1 Verf. Bayern von einer Grundrechtsverbürgung ausgeht.
336 Vgl. RN 41.
337 Vgl. Art. 6a Alt. 2 Verf. Niedersachsen; Art. 63 Verf. Rheinland-Pfalz.
338 Vgl. Art. 14 Abs. 1 Satz 2 Verf. Bremen.
339 Vgl. *VerfGH Berlin LVerfGE 4*, 62 (63f.); *BayVerfGHE 15*, 49 (52).
340 *VerfGH Berlin LVerfGE 4*, 62 (63).
341 *VerfGH Berlin LVerfGE 4*, 62 (63).
342 *VerfGH Berlin*, B. v. 29.8.2003 (16/03), juris, RN 30.
343 *BayVerfGHE 58*, 94 (104); s. auch *BayVerfGHE 15*, 49 (56). Art. 106 Abs. 2 Verf. Bayern lautet: „Die Förderung des Baues billiger Volkswohnungen ist Aufgabe des Staates und der Gemeinden".
344 Vgl. *BayVerfGHE 58*, 94 (104): Im konkreten Fall ging es um die Überprüfung eines Bebauungsplans.
345 Vgl. RN 59.
346 *VerfG Brandenburg LVerfGE 2*, 105 (110f.).
347 Vgl. die Nachweise in FN 330.

Dimension bescheinigt, obwohl sie als Staatszielbestimmungen konstruiert sind. Demnach würden die Bestimmungen einen Rechtsanspruch auf Obdach begründen[348]. Gegen diese Auslegung spricht, daß sich der Anspruch auch grundrechtlich, etwa aus der Menschenwürdegarantie bzw. dem Recht auf eine menschenwürdige Unterkunft, herleiten läßt[349]. Eine Subjektivierung der Staatszielbestimmung ist nicht erforderlich.

Die Länder sind kompetentiell in gewissem Umfang in der Lage, den verfassungsrechtlichen Auftrag zur Schaffung von angemessenem Wohnraum zu verwirklichen. Die wesentlichen Gesetzgebungskompetenzen des Bundes in diesem Bereich ergeben sich aus Art. 74 Abs. 1 Nr. 1, 18 GG. Demnach hat der Bund die konkurrierende Gesetzgebungskompetenz insbesondere für das soziale Mietrecht, das Bodenrecht, das Wohngeldrecht und das Wohnungsbauprämienrecht[350]. Die Länder sind seit der Föderalismusreform des Jahres 2006 legislativ unter anderem für die soziale Wohnraumförderung und das Zweckentfremdungsrecht zuständig[351]. Zudem haben sie Kompetenzen im Bereich des Bauordnungs- und Landesplanungsrechts. Im übrigen können sie durch Wohnraumförderungsprogramme den Neubau von Wohnungen unterstützen[352].

63
Kompetenzen der Länder

V. Recht auf soziale Sicherung

Neben den Rechten auf Arbeit, Bildung und Wohnung gibt es eine weitere Gruppe landesverfassungsrechtlicher Vorschriften, die auf soziale Sicherung, Hilfe und Fürsorge gerichtet sind und zusammenfassend mit dem „Recht auf soziale Sicherung"[353] umschrieben werden können. Im Vergleich zur sozialen Trias „Arbeit, Bildung und Wohnung" ist die soziale Sicherung weniger deutlich konturiert, was damit zusammenhängt, daß die Landesverfassungen nicht immer den Begriff der „sozialen Sicherung" verwenden und zum Teil auch nur Teilaspekte der sozialen Sicherung normieren. Soziale Sicherung soll, wie die Verfassungen Berlins und Brandenburgs betonen, eine menschenwürdige und eigenverantwortliche Lebensgestaltung ermöglichen[354]. Aus dieser For-

64
Ziel: menschenwürdige eigenverantwortliche Lebensgestaltung

---

348 Vgl. *Menzel*, Landesverfassungsrecht (LitVerz.), S. 476; *Eichenhofer*, in: Linck/Baldus/Lindner (LitVerz.), Art. 16 RN 4; → Bd. III: *Lange*, Grundrechtliche Besonderheiten in den Landesverfassungen, § 83 RN 56.
349 Vgl. auch *VGH Baden-Württemberg* NVwZ-RR 1996, S. 439 (439 f.); *Wermeckes* (LitVerz.), S. 173. Einfachrechtliche Grundlage für die Einweisung eines Obdachlosen in eine Unterkunft sind die Bestimmungen des Polizei- bzw. Ordnungsrechts, vgl. *Ruder*, Die polizei- und ordnungsrechtliche Unterbringung von Obdachlosen, NVwZ 2012, S. 1283 (1284 ff.).
350 Vgl. *Degenhart*, in: Sachs, GG (LitVerz.), Art. 74 RN 73 f., 81; *Hahn*, Staatszielbestimmungen (LitVerz.), S. 421 f.
351 Vgl. *Degenhart* aaO., Art. 74 RN 81.
352 Vgl. *Günther*, in: Heusch/Schönenbroicher (LitVerz.), Art. 29 RN 4.
353 Da die Landesverfassungen von „sozialer Sicherung" sprechen, wird dieser Begriff zugrunde gelegt. Zum Teil ist auch vom „Recht auf soziale Sicherheit" die Rede, vgl. etwa *Dietlein*, Grundrechte (LitVerz.), S. 121.
354 Art. 22 Abs. 1 Satz 2 Verf. Berlin; Art. 45 Abs. 1 Satz 2 Verf. Brandenburg.

65
Verklammerung mit der Sozialversicherung

mulierung geht der den sozialen Grundrechten immanente Gedanke der menschenwürdigen Lebensgestaltung deutlich hervor[355].

Die Verfassung Brandenburgs verpflichtet das Land, im Rahmen seiner Kräfte zur Verwirklichung des Rechts auf soziale Sicherung bei Krankheit, Unfall, Invalidität, Behinderung, Pflegebedürftigkeit und im Alter zu sorgen[356]. Damit werden einige wesentliche Zweige der Sozialversicherung angesprochen, die den einzelnen gegen die Wechselfälle des Lebens sichern sollen. Die Sozialversicherung ist ein wichtiger Anknüpfungspunkt weiterer landesverfassungsrechtlicher Vorschriften: Die bayerische Verfassung verspricht etwa jedem einen Anspruch auf Sicherung gegen die Wechselfälle des Lebens durch eine ausreichende Sozialversicherung im Rahmen der Gesetze[357]. Die Verfassungen von Bremen und Hessen sehen die Schaffung einer Sozialversicherung für das ganze Volk vor[358]. Die Verfassung von Rheinland-Pfalz proklamiert eine dem ganzen Volk zugängliche Sozial- und Arbeitslosenversicherung[359]. Neben der Sozialversicherung sind auch die Rechte auf Lebensunterhalt, Fürsorge und Sozialhilfe wiederkehrende Themen der Landesverfassungen. So verheißt die bayerische Verfassung jedem, der arbeitsunfähig ist oder dem keine Arbeit vermittelt werden kann, ein Recht auf Fürsorge[360], die Berliner Verfassung in vergleichbaren Fällen einen Anspruch auf Unterhalt aus öffentlichen Mitteln[361]. Nach der brandenburgischen Verfassung besteht in Notlagen ein Anspruch auf Sozialhilfe[362]. Die sächsische Verfassung erkennt das Recht eines jeden Menschen auf angemessenen Lebensunterhalt und auf soziale Sicherung als Staatsziel an[363].

66
Staatszielbestimmungen, institutionelle Garantien, Programmsätze

Die unterschiedlichen Bestimmungen über die soziale Sicherung, soziale Fürsorge und Sozialversicherung werden als Staatszielbestimmungen, institutionelle Garantien oder Programmsätze eingeordnet. Der Berliner Verfassungsgerichtshof qualifiziert die Verpflichtung des Landes Berlin, im Rahmen seiner Kräfte die soziale Sicherung zu verwirklichen[364], als eine Staatszielbestimmung, die dem einzelnen keine subjektiven Rechte auf staatliche Leistungen gewähre, aber wie das „Sozialstaatsprinzip seine Wirkung namentlich bei der Anwendung und Auslegung subjektiver öffentlicher Rechte" entfalte[365]. Auch das brandenburgische Verfassungsgericht geht bei der rechtlichen Einordnung des Art. 45 Abs. 1 der Landesverfassung von einer Staatszielbestimmung aus[366]. Keine Staatszielbestimmung, sondern eine institutionelle Garantie

---

355 Vgl. zu diesem Gedanken RN 6; s. zum Grundrecht auf Gewährleistung eines menschenwürdigen Existenzminimums RN 23.
356 Art. 45 Abs. 1 Satz 1 Verf. Brandenburg.
357 Art. 171 Verf. Bayern.
358 Art. 57 Abs. 1 Verf. Bremen; Art. 35 Abs. 1 Satz 1 Verf. Hessen.
359 Art. 53 Abs. 3 Verf. Rheinland-Pfalz.
360 Art. 168 Abs. 3 Verf. Bayern.
361 Art. 18 Satz 4 Verf. Berlin.
362 Art. 45 Abs. 2 Verf. Brandenburg.
363 Art. 7 Abs. 1 Verf. Sachsen.
364 Art. 22 Abs. 1 Verf. Berlin.
365 *VerfGH Berlin LVerfGE 4*, 62 (64).
366 *VerfG Brandenburg*, B. v. 15. 3. 2007 (3/07), juris, RN 3.

stellt nach Auffassung des hessischen Staatsgerichtshofs Art. 35 Abs. 1 der Landesverfassung dar, der die Schaffung einer das ganze Volk verbindenden Sozialversicherung vorsieht[367]. Als Programmsatz wird etwa das Recht auf Fürsorge nach Art. 168 Abs. 3 der Verf. Bayern eingestuft[368]. Im Kern geht es bei dieser Vorschrift um die Betonung des aus der Menschenwürdegarantie abgeleiteten Anspruchs auf Sicherung des Existenzminimums[369].

Die Steuerungsschwäche des Rechts auf soziale Sicherung einschließlich seiner Annexvorschriften resultiert daraus, daß der Bund auf den Gebieten der Sozialversicherung und der Sozialhilfe die konkurrierende Gesetzgebungsbefugnis innehat und von dieser Kompetenz umfassend Gebrauch gemacht hat[370]. Da die einzelnen Sozialversicherungszweige genauso wie die Sozialhilfe im Sozialgesetzbuch bundesrechtlich geregelt sind[371], können die Länder auf diesen Gebieten legislativ kaum tätig werden. Insoweit werden die landesverfassungsrechtlichen Sozialverbürgungen bundesrechtlich überlagert und laufen ins Leere[372]. Immerhin haben die Länder gewisse punktuelle sozialrechtliche Zuständigkeiten, etwa im Heimrecht[373] oder bei der Pflichtversicherung der sog. freien Berufe in Versorgungswerken[374]. Sie können in diesen Bereichen gesetzgeberisch tätig werden und etwa Regelungen über die berufsständische Versorgung treffen. Durch eine landesverfassungsrechtliche Bestimmung, die eine Sozialversicherung für die gesamte Bevölkerung proklamiert, werden sie daran nicht gehindert[375].

67
Steuerungsschwächen

Punktuelle sozialrechtliche Zuständigkeiten

VI. Weitere soziale Verfassungsvorschriften

Abgesehen von den erörterten Rechten auf Arbeit, Bildung, Wohnung und soziale Sicherung existieren weitere Vorschriften mit sozialem Bezug, die im Zusammenhang mit den erwähnten sozialen Rechten stehen. Dazu gehören Vorschriften, die auf den Schutz bzw. die Förderung von Kindern, Jugendlichen, alten Menschen oder Menschen mit Behinderung gerichtet sind[376]. Nach der Verfassung von Mecklenburg-Vorpommern gewähren zum Beispiel das Land, die Gemeinden und die Kreise alten Menschen und Menschen mit Be-

68
Weitere Schutzund Förderaufträge

---

367 *StGH Hessen*, Urt. v. 27. 3. 1953 (P. St. 96), juris, RN 31; s. auch *VGH Hessen ESVGH 46*, 247 (252). Vgl. ferner *BayVerfGHE 7*, 1 (3): Art. 171 Verf. Bayern stelle eine institutionelle Garantie der Sozialversicherung dar.
368 *Lindner*, in: ders./Möstl/Wolff (LitVerz.), Art. 168 RN 9; s. auch *BayVerfGHE 5*, 273 (277); *42*, 28 (32).
369 Vgl. *Lindner* aaO.
370 Vgl. Art. 72 Abs. 2, Art. 74 Abs. 1 Nr. 7, 12 GG; *Hahn*, Staatszielbestimmungen (LitVerz.), S. 423 ff.; *Driehaus* (LitVerz.), Art. 22 RN 1.
371 Vgl. etwa SGB III: Arbeitsförderung; SGB V: Gesetzliche Krankenversicherung; SGB VI: Gesetzliche Rentenversicherung; SGB XII: Sozialhilfe.
372 Vgl. auch *Lindner*, in: ders./Möstl/Wolff (LitVerz.), Art. 168 RN 9.
373 Vgl. Art. 74 Abs. 1 Nr. 7 GG.
374 Vgl. dazu *Degenhart*, in: Sachs, GG (LitVerz.), Art. 74 RN 58 m.w.N.
375 Vgl. *VGH Hessen ESVGH 46*, 247 (252): Art. 35 Abs. 1 Verf. Hessen hat keine Sperrwirkung für landesrechtliche Regelungen über die Rechtsanwaltsversorgung.
376 Vgl. dazu etwa *Stiens*, (LitVerz.), S. 274 ff.; *Hahn*, Staatszielbestimmungen (LitVerz.), S. 283 ff.

hinderung besonderen Schutz[377]. Die Verfassung von Rheinland-Pfalz hebt den Schutz behinderter Menschen vor Benachteiligung und ihre Integration hervor[378]. Eine ähnliche Regelung findet man in der Verfassung von Sachsen-Anhalt[379]. Die Verfassung von Schleswig-Holstein gewährt den Kindern und Jugendlichen ein Recht auf gewaltfreie Erziehung, Bildung, soziale Sicherheit und Förderung ihrer Entwicklung zu eigenverantwortlichen und gemeinschaftsfähigen Persönlichkeiten[380]. Nach der Verfassung des Saarlandes hat jedes Kind ein Recht auf besonderen Schutz vor Gewalt, Vernachlässigung, Ausbeutung sowie leiblicher, geistiger oder sittlicher Verwahrlosung[381]. Bei diesen Vorschriften handelt es sich meist um Staatszielbestimmungen, die besondere Schutz- bzw. Förderaufträge für Bevölkerungsgruppen enthalten, die sozial schwach bzw. auf Hilfe durch die Gemeinschaft angewiesen sind[382].

69
Gewährleistung des Existenzminimums

Keine Staatszielbestimmung, sondern ein Leistungsgrundrecht stellt der Anspruch auf Gewährleistung des Existenzminimums dar, der nicht nur im Bundesverfassungsrecht[383], sondern auch im Landesverfassungsrecht überwiegend anerkannt ist[384]. Der Anspruch soll die Mindestanforderungen für ein menschenwürdiges Dasein sichern[385]. Der Berliner Verfassungsgerichtshof leitet diesen Anspruch aus der Menschenwürdebestimmung der Berliner Landesverfassung ab und betont dabei das „Recht auf Belassung eines Existenzminimums" sowie den „Anspruch auf menschenwürdige Unterkunft"[386]. Ähnlich argumentiert der Bayerische Verfassungsgerichtshof, dem zufolge das Grundrecht auf Achtung der Menschenwürde den einzelnen unmittelbar dazu berechtigt, daß der Staat ihm die Wirtschaftsgüter beläßt, die er für ein menschenwürdiges Dasein seiner Person und seiner Familie benötigt[387].

H. Resümee

70
Tragendes Element der Landesverfassungen

Die sozialen Grundrechte sind ein hervorstechendes Merkmal der Landesverfassungen. Während man im Text des Grundgesetzes nach sozialen Rechten, wie den Rechten auf Arbeit, Bildung oder Wohnung, vergeblich sucht, haben die Landesverfassungen einen beachtlichen Bestand sozialer Rechte und Ver-

---

377 Art. 17a Satz 1 Verf. Mecklenburg-Vorpommern.
378 Art. 64 Verf. Rheinland-Pfalz.
379 Art. 38 Verf. Sachsen-Anhalt.
380 Art. 10 Abs. 3 Satz 2 Verf. Schleswig-Holstein.
381 Art. 24a Abs. 2 Verf. Saarland; s. ferner Art. 24 Verf. Rheinland-Pfalz; Art. 19 Abs. 1 Verf. Thüringen.
382 Vgl. zu Art. 64 Verf. Rheinland-Pfalz *Broscheit*, in: Brocker/Droege/Jutzi (LitVerz.), Art. 64 RN 1; zu Art. 17a Verf. Mecklenburg-Vorpommern *Sauthoff*, in: Classen/Litten/Wallerath (LitVerz.), Art. 17a RN 1, 4.
383 Vgl. zum Grundrecht auf Gewährleistung eines menschenwürdigen Existenzminimums RN 23.
384 Vgl. etwa *Rozek*, in: Baumann-Hasske/Kunzmann (LitVerz.), Art. 14 RN 9; *Iwers*, in: Lieber/ders./Ernst (LitVerz.), Erl. 2.2.2 zu Art. 7; *Schmidt am Busch*, in: Meder/Brechmann (LitVerz.), Art. 100 RN 14.
385 *Rozek*, in: Baumann-Hasske/Kunzmann (LitVerz.), Art. 14 RN 9.
386 *VerfGH Berlin LVerfGE* 4, 62 (64).
387 *BayVerfGH*, E. v. 16.5.1966 (Vf. 60-VI-65), hier: Kurztext juris; Leistungsanspruch noch offen gelassen in: *BayVerfGHE* 15, 49 (59).

bürgungen aufzuweisen. Die Landesverfassungen stehen damit in konzeptioneller und inhaltlicher Nähe zur Weimarer Reichsverfassung und zum internationalen sowie europäischen Recht.

Sowohl im internationalen und supranationalen wie auch im nationalen Recht ist die Frage über den Rechtsgehalt und die Justitiabilität sozialer Menschen- bzw. Grundrechte von zentraler Bedeutung. Überblickt man die Diskussionen in den einzelnen Rechtsgebieten, kann man festhalten, daß die sozialen Menschen- bzw. Grundrechte in der Regel keine unmittelbaren Leistungsansprüche garantieren. Diese Feststellung gilt gerade für die sozialen Grundrechte der Landesverfassungen. Sie stellen überwiegend soziale Staatszielbestimmungen dar, die Richtlinien oder Direktiven für das staatliche Handeln formulieren und die staatlichen Organe dazu verpflichten, im Rahmen ihrer Zuständigkeit und Leistungsfähigkeit die Realisierung der jeweiligen Ziele anzustreben. Die sozialen Grundrechte sind justitiabel und können Gegenstand landesverfassungsgerichtlicher Kontrolle sein. Die Analyse der Rechtsprechung der Landesverfassungsgerichte zeigt, daß die Gerichte sich primär mit der Frage beschäftigen, welche Ansprüche die sozialen Grundrechte *nicht* begründen. Mitunter gibt es auch Entscheidungen, in denen die sozialen Grundrechte als Prüfungsmaßstab für unterverfassungsrechtliche Vorschriften oder als verfassungsrechtliche Abwägungsbelange herangezogen werden.

71
Rechtsgehalt und Justitiabilität

Jenseits dieser verfassungsrechtsdogmatischen Aspekte steht die hinlänglich geführte Diskussion über die verfassungspolitische Sinnhaftigkeit oder Zweckmäßigkeit, soziale Grundrechte in die Landesverfassungen aufzunehmen[388]. Während die einen betonen, daß eine Verfassung nicht nur ein Organisationsstatut sei, sondern auch darüber eine Aussage treffen solle, welche elementaren Ziele der Staat zugunsten seiner Bürger verfolge[389], befürchten andere den Verlust der Autorität der Verfassung, wenn die Verfassung mehr verspreche, als die Staatsorgane einzulösen imstande seien[390]. Das damit beschriebene Problem der „Diskrepanz zwischen Norminhalt und Normsuggestion"[391] besteht vor allem dann, wenn die Länder über keine nennenswerten legislativen oder exekutiven Zuständigkeiten verfügen, um die Verwirklichung der sozialen Grundrechte anzustreben, und wenn die sozialen Verheißungen aufgrund bundesrechtlicher Regelungen ins Leere laufen. Daß dies nicht bei allen sozialen Grundrechten der Fall ist, haben die Ausführungen dieses Beitrags gezeigt.

72
Verfassungspolitische Zweckmäßigkeit

„Diskrepanz zwischen Norminhalt und Normsuggestion"

---

388 Vgl. zur Debatte im Zuge der Verfassungsgebung in den neuen Bundesländern *Graf Vitzthum*, ZfA 1991, S. 695 ff.; *Merten*, Verfassungspatriotismus und Verfassungsschwärmerei, in: VerwArch 83 (1992), S. 283 (296 ff.); *Kutscha*, ZRP 1993, S. 339 ff.; *Scholz* (FN 197), S. 89 ff.; *Stern*, Staatsrecht III/2 (Lit-Verz.), § 93 VI 5 c (S. 1493 f.); *Brenne* (LitVerz.), S. 165 ff.; s. zur Diskussion auf Bundesebene den Bericht der Gemeinsamen Verfassungskommission, BT-Drs. 12/6000, S. 78 ff.
389 Vgl. Bericht der Gemeinsamen Verfassungskommission, BT-Drs. 12/6000, S. 78; *Sterzel*, ZRP 1993, S. 13 (14).
390 Vgl. *Starck*, HStR¹ IX, § 208 RN 82 f.; *Stern*, Staatsrecht III/2 (LitVerz.), § 93 VI 5 c (S. 1493).
391 So *Stern*, Staatsrecht III/2 (LitVerz.) § 93 VI 5 c (S. 1493).

§ 242 *Sechzehnter Teil: II. Vergleichende Betrachtung der Landesgrundrechte*

I. Bibliographie

Badura, Peter, Das Prinzip der sozialen Grundrechte und seine Verwirklichung im Recht der Bundesrepublik Deutschland, in: Der Staat 14 (1975), S. 17 ff.
Böckenförde, Ernst-Wolfgang, Die sozialen Grundrechte im Verfassungsgefüge, in: ders./Jürgen Jekewitz/Thilo Ramm (Hg.), Soziale Grundrechte, 1981, S. 7 ff.
Brenne, Anke, Soziale Grundrechte in den Landesverfassungen, 2003.
Dietlein, Johannes, Die Grundrechte in den Verfassungen der neuen Bundesländer, 1993.
Hahn, Daniel, Staatszielbestimmungen im integrierten Bundesstaat, 2010.
Isensee, Josef, Verfassung ohne soziale Grundrechte, in: Der Staat 19 (1980), S. 367 ff.
Lange, Klaus, Soziale Grundrechte in der deutschen Verfassungsentwicklung und in den derzeitigen Länderverfassungen, in: Ernst-Wolfgang Böckenförde/Jürgen Jekewitz/Thilo Ramm (Hg.), Soziale Grundrechte, 1981, S. 49 ff.
Marauhn, Thilo, Das Grundrecht auf Zugang zu den Leistungen der sozialen Sicherheit – Anmerkungen zur Normkategorie der sozialen Grundrechte –, in: Franz Matscher (Hg.), Erweitertes Grundrechtsverständnis, 2003, S. 247 ff.
Murswiek, Dietrich, Grundrechte als Teilhaberechte, soziale Grundrechte, HStR IX, ^{3}2011, § 192.

§ 243
Teilnahmerechte (Mitwirkungsrechte)

Christian von Coelln

Übersicht

	RN		RN
A. Einleitung	1	II. Plebiszitäre Instrumente auf kommunaler Ebene	54
B. Verfassunggebende Gewalt	2– 5	E. Weitere Teilnahmerechte	55–66
C. Wahlen	6–25	I. Bundesstaatlichkeit	55
I. Landtagswahlen	6–16	II. Zugang zum öffentlichen Dienst	56
1. Wahlrechtsgrundsätze	6– 9	III. Kommunikationsgrundrechte	57
2. Wahlsystem	10	IV. Parteienfreiheit und Grundrechte auf politische Mitgestaltung	58–60
3. Wahlrecht und Wählbarkeit	11–16	V. Mitwirkungs- und Betätigungsrechte im Verwaltungsverfahren	61
II. Kommunalwahlen	17–25	VI. Schüler- und Elternmitwirkungsrechte	62
1. Wahlrechtsgrundsätze	18–23	VII. Selbstverwaltung	63–66
2. Wahlsystem	24	1. Kommunen	64
3. Wahlrecht und Wählbarkeit	25	2. Berufskammern	65
D. Abstimmungen	26–54	3. Wissenschaftliche Hochschulen	66
I. Plebiszitäre Instrumente auf Landesebene	26–53	F. Bibliographie	
1. Instrumente und Verfahren	28–48		
a) Volksinitiativen	28–35		
b) Volksbegehren	36–42		
c) Volksentscheid	43–48		
2. Thematische Reichweite und Grenzen	49–53		

A. Einleitung

1
Begriff der Teilnahmerechte

Teilnahmerechte gewähren dem einzelnen „Ansprüche auf Teilnahme am Staat". In der Statuslehre *Georg Jellinek*s beschreiben sie – in Abgrenzung zum status negativus und zum status positivus – den status activus: Sie erweitern die Sphäre des Individuums, indem sie ihm das Recht gewähren, für den Staat zu handeln. Auf der Grundlage dieses Begriffsverständnisses hat *Christian Starck* einzelne Teilnahmerechte systematisiert und ihre Wirkungen sowie ihre staatsrechtliche Bedeutung erläutert[1]. Daran knüpft der folgende Beitrag an, der die Erscheinungsformen der einzelnen Teilnahmerechte in den Landesverfassungen querschnittartig in den Blick nimmt. Hinsichtlich der prinzipiellen Erwägungen zur Funktion und zum Stellenwert von Teilnahmerechten sei zur Vermeidung von Wiederholungen auf den Beitrag von *Christian Starck* verwiesen.

B. Verfassunggebende Gewalt

2
Rolle des Landesvolks

Jede Landesverfassung muß auf das jeweilige Landesvolk als den Inhaber der verfassunggebenden Gewalt zurückgehen. Das kann durch Zustimmung in einer Volksabstimmung geschehen. Alternativ kann die Landesverfassung auch durch eine verfassunggebende Versammlung endgültig beschlossen werden, sofern diese – das verlangt die Festlegung der Länder durch Art. 28 Abs. 1 Satz 1, Abs. 2 GG – unmittelbar vom Volk gewählt wurde[2]. Schließlich können der Beschluß einer Versammlung, die das Volk repräsentiert, und die Zustimmung des Volkes selbst kumulativ verlangt werden.

3
Landesvolk und bestehende Landesverfassungen

In den Landesverfassungen, deren Normtext Auskunft über ihre Entstehung gibt, finden alle drei Formen der Ausübung verfassunggebender Gewalt Niederschlag. In etlichen Fällen wird schon in einer Präambel darauf hingewiesen, daß sich die Bürger des Landes die betreffende Verfassung gegeben haben[3] – was freilich noch keinen Schluß auf eine Volksabstimmung zuläßt[4]. In einem Fall steht ausdrücklich in der Präambel, daß der Landtag in Vertretung der Bürger die Verfassung beschlossen hat[5]. Eine Reihe von Landesverfassungen enthält Regelungen über ihr Inkrafttreten, in denen dieses von der Zustimmung bzw. Annahme per Volksabstimmung abhängig gemacht wird[6], der in Meck-

---

1 → Bd. II: *Starck*, Teilnahmerechte, § 41.
2 → Bd. II: *Starck*, § 41 RN 37 f.
3 In Baden-Württemberg, Bayern, Brandenburg, Mecklenburg-Vorpommern, Niedersachsen, Nordrhein-Westfalen, Rheinland-Pfalz, Sachsen, Sachsen-Anhalt und Thüringen.
4 Zur lediglich repräsentativen Beschlußfassung in Sachsen trotz einer derartigen Präambel sogleich mit FN 12.
5 So verhält es sich in Schleswig-Holstein.
6 Art. 101 Abs. 1 Verf. Berlin; Art. 155 Abs. 1 Verf. Bremen; Art. 160 Abs. 1 Satz 1 Verf. Hessen; Art. 90 Abs. 1 Satz 1 Verf. Nordrhein-Westfalen; Art. 144 Abs. 1 Verf. Rheinland-Pfalz (s. auch Art. 142 Abs. 1 Verf. Rheinland-Pfalz).

lenburg-Vorpommern und Thüringen überdies ein Parlamentsbeschluß vorauszugehen hatte[7]. Während es für diesen einer qualifizierten Mehrheit bedurfte – verlangt wurde jeweils eine Mehrheit von zwei Dritteln der Mitglieder des Landtags –, genügte für die Volksabstimmungen stets die einfache Mehrheit der Abstimmenden. Ausdrücklich festgelegt ist das allein in Mecklenburg-Vorpommern, Nordrhein-Westfalen und Thüringen[8]. Jedoch gilt in den übrigen Ländern nichts anderes[9]. Nur in Bremen verzeichnet der Verfassungstext ergänzend, daß es zu der Annahme durch eine Volksabstimmung gekommen ist[10]. In Baden-Württemberg war die Verfassung von der Verfassunggebenden Landesversammlung zu beschließen[11], in Sachsen bedurfte sie (allein) der Zustimmung von zwei Dritteln der Mitglieder des Landtags[12].

Im wesentlichen beschränken sich die Landesverfassungen auf diese retrospektive Erwähnung der verfassunggebenden Gewalt, die lediglich ihre Ausübung in der Vergangenheit betrifft. Eine Ausnahme findet sich in Brandenburg, wo der Verfassungstext (auch) die zukünftige Ausübung verfassunggebender Gewalt anspricht: Nach Art. 115 Abs. 1 Verf. Brandenburg verliert die Verfassung ihre Gültigkeit, wenn eine – hier mit „s" geschriebene – verfassungsgebende Versammlung eine neue Verfassung mit der Mehrheit von zwei Dritteln ihrer Mitglieder beschlossen und in einem Volksentscheid die Mehrheit der Abstimmenden der neuen Verfassung zugestimmt hat. 10 v.H. der Stimmberechtigten können die Wahl einer verfassungsgebenden Versammlung verlangen. Die Wahl findet statt, wenn in einem Volksentscheid zwei Drittel derjenigen zustimmen, die eine Stimme abgeben, mindestens aber die Hälfte der Stimmberechtigten[13]. Zudem kann der Landtag mit einer Mehrheit von zwei Dritteln seiner Mitglieder die Wahl einer verfassungsgebenden Versammlung beschließen[14].

4
Landesvolk und zukünftige Landesverfassungen

Verfassungsänderungen folgen anderen Regeln als die Verfassunggebung. Regelmäßig können sie entweder durch das Landesparlament oder im Wege eines Volksentscheides beschlossen werden[15]. Eine zwingende Beteiligung der Bürger auch an parlamentsbeschlossenen Verfassungsänderungen sehen drei Landesverfassungen vor: In Bayern und Hessen muß jede vom Parlament beschlossene Verfassungsänderung dem Volk zur Entscheidung vorgelegt werden[16]. Weniger weit reicht die Einbeziehung des Volkes in Berlin. Hier bedarf es nur dann einer Volksabstimmung, wenn die Regeln der Verfassung zu Volksbegehren und Volksentscheiden verändert werden sollen[17].

5
Verfassungsänderungen

---

7 Art. 80 Abs. 1 Verf. Mecklenburg-Vorpommern; Art. 106 Abs. 1, Abs. 3 Verf. Thüringen.
8 Art. 80 Abs. 1 Verf. Mecklenburg-Vorpommern; Art. 90 Abs. 1 Satz 3 Verf. Nordrhein-Westfalen, Art. 106 Abs. 2 Verf. Thüringen [für die zweite Abstimmung].
9 Die Verfassunggebung ist – anders als Verfassungsänderungen – nicht an qualifizierte Mehrheiten gebunden. S. dazu → Bd. II: *Starck*, Teilnahmerechte, § 41 RN 38.
10 Art. 155 Abs. 3 Verf. Bremen.
11 Art. 94 Abs. 1 Verf. Baden-Württemberg.
12 Art. 122 Abs. 1 Verf. Sachsen.
13 Art. 115 Abs. 2, 3 Verf. Brandenburg.
14 Art. 115 Abs. 4 Verf. Brandenburg.
15 Zu Verfassungsänderungen per Volksentscheid s. noch unten RN 46 ff.
16 Art. 75 Abs. 2 Satz 2 Verf. Bayern; Art. 123 Abs. 2 Verf. Hessen.
17 Art. 100 Satz 2 Verf. Berlin i.V.m. Art. 62, 63 Verf. Berlin.

C. Wahlen

I. Landtagswahlen

1. Wahlrechtsgrundsätze

6
Allgemeine, gleiche, unmittelbare, geheime Wahl

Die Wahl des Landesparlaments ist nach den Verfassungen aller Länder – den Vorgaben des Art. 28 Abs. 1 Satz 2 GG entsprechend[18], welche die Grundsätze des Art. 38 Abs. 1 Satz 1 GG[19] für die Länder verbindlich machen – allgemein, gleich, unmittelbar und geheim[20]. Daß Art. 39 Abs. 1 Verf. Berlin von „direkt" statt von „unmittelbar" spricht, stellt nur eine sprachliche Abweichung dar; inhaltlich sind beide Begriffe deckungsgleich[21]. Unmittelbarkeit der Wahl bedeutet gerade, daß die Abgeordneten direkt, also ohne Zwischeninstanzen wie Wahlmänner oder ähnliche, gewählt werden[22].

7
Freie Wahl

In der weit überwiegenden Zahl der Länder bestimmt die Verfassung über die vorgenannten Grundsätze hinaus ausdrücklich, daß die Wahlen zum Landesparlament frei sein müssen[23]. Im Gegensatz dazu verzichten die Verfassungen von Bayern, Berlin und Hessen im Rahmen der hier einschlägigen[24] Wahlrechtsgrundsätze[25] auf eine derartige Festlegung. Insofern stellt sich die Frage, ob die Freiheit der Landtags- bzw. Abgeordnetenhauswahl auch in diesen Ländern verfassungsrechtlich normiert ist. Soweit sie unter Hinweis auf Art. 28 Abs. 1 Satz 2 GG bejaht wird[26], ist das prima facie nicht frei von Bedenken:

Normativbestimmung

Bei Art. 28 Abs. 1 GG einschließlich seines zweiten Satzes handelt es sich um eine sogenannte Normativbestimmung[27], die nicht in den Ländern, sondern für die Länder[28] gilt. Sie verpflichtet die Länder zu einer bestimmten Gestaltung ihres Wahlrechts. Jedoch ist Art. 28 Abs. 1 Satz 2 GG (und damit auch

---

18 Zur Übereinstimmung der Begriffe im Grundgesetz und in den Landesverfassungen s. nur *BVerfGE 120*, 82 (102): Art. 3 Abs. 1 Verf. Schleswig-Holstein a.F. wiederhole die bereits nach Art. 28 Abs. 1 Satz 2 GG verbindlichen Wahlrechtsgrundsätze des Art. 38 GG. Ebenso *VerfGH Thüringen* NVwZ-RR 2009, S. 1 (4): Art. 95 Verf. Thüringen wiederhole inhaltlich, was Art. 28 Abs. 1 Satz 2 GG für die Kommunalvertretungen vorschreibe.
19 Zur Übereinstimmung der Begrifflichkeiten in Art. 38 Abs. 1 Satz 1 GG und Art. 28 Abs. 1 Satz 2 GG s. *Nierhaus*, in: Sachs, GG (LitVerz.), Art. 28 RN 18.
20 Art. 26 Abs. 4 Verf. Baden-Württemberg; Art. 14 Abs. 1 Satz 1 Verf. Bayern; Art. 39 Abs. 1 Verf. Berlin; Art. 22 Abs. 3 Satz 1 Verf. Brandenburg; Art. 75 Abs. 1 Satz 1 Verf. Bremen; Art. 6 Abs. 2 Satz 1 Verf. Hamburg; Art. 73 Abs. 2 Satz 1 Verf. Hessen; Art. 20 Abs. 2 Satz 2 Verf. Mecklenburg-Vorpommern; Art. 8 Abs. 1 Verf. Niedersachsen; Art. 31 Abs. 1 Verf. Nordrhein-Westfalen; Art. 76 Abs. 1 Verf. Rheinland-Pfalz; Art. 63 Abs. 1 Verf. Saarland; Art. 4 Abs. 1 Verf. Sachsen; Art. 42 Abs. 1 Verf. Sachsen-Anhalt; Art. 4 Abs. 1 Verf. Schleswig-Holstein; Art. 46 Abs. 1 Verf. Thüringen.
21 *Magen*, in: Pfennig/Neumann (LitVerz.), Art. 39 RN 6. *Driehaus* (LitVerz.), Art. 39 RN 8, spricht sogar von dem Wahlrechtsgrundsatz der Unmittelbarkeit, ohne auf die Wortlautabweichung einzugehen.
22 *Magiera*, in: Sachs, GG (LitVerz.), Art. 38 RN 83.
23 S. die zuvor in FN 20 genannten Vorschriften.
24 Für die Wahl der Oberbürgermeister, Bürgermeister und Landräte legt Art. 138 Verf. Hessen alle fünf Wahlrechtsgrundsätze fest.
25 S. Art. 14 Abs. 1 Satz 1 Verf. Bayern; Art. 39 Abs. 1 Verf. Berlin; Art. 73 Abs. 2 Satz 1 Verf. Hessen.
26 *Driehaus* (LitVerz.), Art. 39 RN 12; *Magen*, in: Pfennig/Neumann (LitVerz.), Art. 39 RN 8; *Möstl*, in: Lindner/ders./Wolff (LitVerz.), Art. 14 RN 21.
27 *Löwer*, in: v. Münch/Kunig, GG (LitVerz.), Art. 28 RN 23.
28 *BVerfGE 1*, 208 (236); 6, 104 (111).

der Grundsatz der Freiheit der Wahl) in den Verfahren der abstrakten und der konkreten Normenkontrolle nach Art. 93 Abs. 1 Nr. 2 GG bzw. Art. 100 Abs. 1 GG Maßstab für die Gültigkeit des Landeswahlrechts[29], was im Ergebnis dazu führt, daß Wahlen zu den Landesparlamenten bundesweit frei im Sinne des Wahlrechtsgrundsatzes sein müssen. Zum Teil werden auch Vorschriften des Landesverfassungsrechts jenseits der Wahlrechtsgrundsätze als Grundlage der Freiheit der Wahl herangezogen: So soll in einem demokratischen Staat das Recht auf Freiheit der Wahl bereits aus dem Begriff der Wahl selbst folgen[30]. Dafür läßt sich anführen, daß der Grundsatz der freien Wahl dem demokratischen Prinzip immanent[31] und für die demokratische Legitimation der Gewählten unentbehrlich ist[32]. Zum Teil setzt die Literatur auch am Recht auf (freie) Kundgabe des politischen Willens durch die Teilnahme an Wahlen an, das zur Folge habe, daß auch die Wahl selbst frei sein müsse[33]. Im Ergebnis wird man daher annehmen können, daß der Grundsatz der Freiheit der Wahl prinzipiell auch für Landtagswahlen in Bayern, Berlin und Hessen gilt. Ob seine Herleitung über das Demokratieprinzip oder das Recht auf Teilnahme an Wahlen in allen Fällen zu den teils facettenreichen Anforderungen[34] an den Wahlakt und an die diesem vorgelagerte Willensbildung führt[35], die ein separat normierter Wahlrechtsgrundsatz stellt, läßt sich zumindest diskutieren. Ebenso argumentiert der Verfassungsgerichtshof Berlin, wenn er annimmt, daß sich der Grundsatz der Wahlrechtsgleichheit nicht in all den Ausprägungen, die sich aus einer separaten Normierung dieses Grundsatzes ergeben, aus dem Demokratieprinzip herleiten läßt[36]. Abhilfe kann bei Bedarf die bereits angesprochene Möglichkeit schaffen, das Bundesverfassungsgericht im Wege eines abstrakten oder konkreten Normenkontrollverfahrens anzurufen, um das jeweilige Landeswahlrecht am Maßstab des Art. 28 Abs. 1 Satz 2 GG überprüfen zu lassen. Dem einzelnen Bürger steht diese Option jedoch nicht zur Verfügung. Eine Verfassungsbeschwerde nach Art. 93 Abs. 1 Nr. 4a GG, die auf einen vermeintlichen Verstoß von Regelungen des Landeswahlrechts gegen Art. 28 Abs. 1 Satz 2 GG gestützt würde, wäre ebenso unzulässig wie Anträge in anderen bundesverfassungsgerichtlichen Verfahrensarten, die auf subjektiven Rechtsschutz ausgerichtet sind[37].

Immanenz der Freiheit

Ableitung aus dem Demokratieprinzip

---

29 Näher *BVerfGE 99*, 1 (11 f.).
30 *VerfGH Berlin* LKV 1996, S. 334 (335).
31 *BVerfGE 47*, 253 (283).
32 *BVerfGE 44*, 125 (139).
33 *Möstl*, in: Lindner/ders./Wolff (LitVerz.), Art. 14 RN 21, unter Hinweis auf Art. 2 Abs. 2, 7 Abs. 2 Verf. Bayern. Ähnlich *Holzner* (LitVerz.), Art. 14 RN 70, der auf die Bedeutung der freien Wahl als unverzichtbare Grundlage des aktiven Wahlrechts abstellt.
34 Zum grundsätzlich freien Wahlvorschlagsrecht für alle Wahlberechtigten als Teil der Wahlfreiheit *BVerfGE 41*, 399 (417), wobei das Vorschlagsrecht freilich zugleich auf das „Bürgerrecht auf aktive Teilnahme an der Wahl" gestützt wird.
35 *H. Meyer*, HStR ³III, § 46 RN 23.
36 *VerfGH Berlin* DVBl. 2013, S. 848 (848 f.). Zu dieser Entscheidung s. noch näher unten RN 21.
37 *BVerfGE 99*, 1 (8 ff.). Danach kann eine Verfassungsbeschwerde zum Bundesverfassungsgericht gegen eine Vorschrift des Landeswahlrechts nicht (soweit es um die Allgemeinheit und Gleichheit der Wahl geht: nicht mehr) auf einen vermeintlichen Verstoß gegen die Wahlrechtsgrundsätze gestützt werden.

§ 243 *Sechzehnter Teil: II. Vergleichende Betrachtung der Landesgrundrechte*

8
Wahlpflicht

Als nicht abschließend geklärt wird man die Frage ansehen müssen, ob Art. 26 Abs. 3 Verf. Baden-Württemberg, wonach die Ausübung unter anderem des Wahlrechts Bürgerpflicht ist, unter dem Gesichtspunkt der freien Wahl gegen Art. 28 Abs. 1 Satz 2 GG verstößt. Von vornherein vermieden wird ein Verstoß durch die Auffassung, Art. 26 Abs. 3 Verf. Baden-Württemberg stelle keine gesetzliche Verpflichtung dar, sondern eine „allgemeine Bürgerpflicht aus der Verantwortung für das in der staatlichen Organisationsform zu ordnende Gemeinschaftsleben des Volkes"[38]. Entnimmt man der Vorschrift hingegen eine – wenn auch nicht mit Zwang durchsetzbare – normative Pflicht zur Teilnahme[39], ist sie mit dem Grundsatz der Freiheit der Wahl unvereinbar, sofern man annimmt, daß dieser bereits eine Wahlpflicht als solche verbietet und nicht erst eine sanktionierte Wahlpflicht[40].

9
Öffentlichkeit
der Wahl

Der Grundsatz der Öffentlichkeit der Wahl, den das Bundesverfassungsgericht für die Wahlen zum Bundestag aus den verfassungsrechtlichen Grundentscheidungen für die Demokratie, die Republik und den Rechtsstaat – Art. 38 in Verbindung mit Art. 20 Abs. 1, 2 GG – über die fünf Wahlrechtsgrundsätze des Art. 38 Abs. 1 Satz 1 GG hinaus herleitet[41], wird in den Landesverfassungen ebenso wenig ausdrücklich erwähnt wie im Grundgesetz. Sofern man der Herleitung des Bundesverfassungsgerichts für die Bundesebene folgt, muß der Grundsatz auf Landesebene freilich ebenfalls gelten[42]. Im Unterschied zu den ausdrücklich genannten Wahlrechtsgrundsätzen ergibt sich die einschlägige grundgesetzliche Vorgabe nicht aus Art. 28 Abs. 1 Satz 2 GG, sondern aus Art. 28 Abs. 1 Satz 1 GG.

2. Wahlsystem

10
Persönlichkeitswahl
und Verhältniswahl

Die exakte Ausformung des Wahlrechts für die Kreation des Landesparlaments bleibt in allen Ländern dem einfachen Gesetzgeber überlassen. Dieser muß in Baden-Württemberg, Berlin, Brandenburg, Mecklenburg-Vorpommern, Rheinland-Pfalz, Sachsen, Sachsen-Anhalt, Schleswig-Holstein und Thüringen ein Verfahren schaffen, das die Persönlichkeitswahl – zum Teil wird auch von Personenwahl gesprochen – mit den Grundsätzen der Verhält-

---

38 *StGH Baden-Württemberg* ESVGH 11, 25 (28); zustimmend *Feuchte*, Verfassung des Landes Baden-Württemberg, 1987, Art. 26 RN 10.
39 So *Klaus Braun*, Kommentar (LitVerz.), Art. 26 RN 9.
40 *Magiera*, in: Sachs, GG (LitVerz.), Art. 38 RN 85, spricht überzeugend von der Unvereinbarkeit einer Wahlpflicht mit dem Grundsatz der Wahlfreiheit, ohne dies auf eine sanktionierte Wahlpflicht zu beschränken. Anders *H.H. Klein*, in: Maunz/Dürig, GG (LitVerz.), Art. 38 RN 108, der (nur?) eine sanktionierte Wahlpflicht für unzulässig hält. Anders fällt die Beurteilung vom Standpunkt derer aus, die dem Grundsatz der Freiheit der Wahl keine negative Wahlbeteiligungsfreiheit entnehmen (so etwa → Bd. II: *Merten*, Negative Grundrechte, § 42 RN 235 ff., unter ausdrücklichem Hinweis auf Art. 26 Abs. 3 Verf. Baden-Württemberg). Näher zum Problem der Wahlpflicht *Jan Roscheck*, Enthaltung und Nichtbeteiligung bei staatlichen Wahlen und Abstimmungen, 2003, S. 59 ff.
41 *BVerfGE 123*, 39 (68 ff.); zuvor bereits *E 121*, 266 (291).
42 Für die Geltung in den jeweiligen Landesverfassungen *Wollenschläger*, in: Meder/Brechmann (LitVerz.), Art. 14 RN 46; *Thesling*, in: Heusch/Schönenbroicher (LitVerz.), Art. 31 RN 18; *Soffner*, in: Epping/Butzer/Brosius-Gersdorf (LitVerz.), Art. 8 RN 47; angesprochen auch bei *Hageböling* (LitVerz.), Art. 8 S. 79.

niswahl verbindet[43]. Im Saarland ist er auf die Grundsätze eines Verhältniswahlrechts festgelegt[44], in Bayern auf ein verbessertes Verhältniswahlrecht in Wahlkreisen und Stimmkreisen[45]. In Bremen, Hamburg, Hessen, Niedersachsen und Nordrhein-Westfalen enthalten die Landesverfassungen keine auf die Parlamentswahl bezogenen näheren Festlegungen zum Wahlsystem.

3. Wahlrecht und Wählbarkeit

Da die Staatsgewalt vom (deutschen) Volk ausgeht (s. Art. 20 Abs. 2 GG), können auch bei Wahlen zum Landesparlament nur Deutsche wahlberechtigt sein[46]. Von den Landesverfassungen, die sich zum Recht auf Teilnahme an Wahlen äußern[47], regeln dies einzelne ausdrücklich, indem sie Deutschen[48] oder – in einer lediglich sprachlichen Abweichung – (Staats-)Bürgern[49] das Wahlrecht zuweisen. Dazu zählen auch die Verfassungen von Brandenburg und Sachsen-Anhalt, die freilich beide erkennen lassen, daß die Begrenzung auf Deutsche zwar als verbindliche Vorgabe des Grundgesetzes akzeptiert, vom politischen Willen des jeweiligen Landesverfassungsgebers aber an sich nicht oder zumindest nicht uneingeschränkt getragen wird: Nach Art. 22 Abs. 1 Satz 2 Verf. Brandenburg ist das Wahlrecht auch anderen Einwohnern zu gewähren, sobald und soweit das Grundgesetz dies zuläßt. Art. 42 Abs. 2 Satz 2 Verf. Sachsen-Anhalt bindet den Landesgesetzgeber für den Fall einer grundgesetzlichen Freigabe nicht in gleicher Weise. Die Vorschrift läßt lediglich explizit zu, daß das Wahlrecht Staatenlosen und Ausländern nach Maßgabe des Grundgesetzes gewährt werden kann.

11
Bedeutung der Staatsangehörigkeit

Die durch die Allgemeinheit der Wahl geforderte Fähigkeit aller Bürger, zu wählen und gewählt zu werden, läßt nur wenige traditionelle Beschränkungen des Wahlrechts und der Wählbarkeit zu. Zu den anerkannten Ausnahmen zählen die Wahlmündigkeit, die ein bestimmtes Mindestalter voraussetzt, die Seßhaftigkeit und die Gründe für den Ausschluß vom Wahlrecht, wie sie für die Bundestagswahlen in § 13 BWahlG normiert sind. Von diesen Beschränkungsmöglichkeiten machen die Landesverfassungen in unterschiedlicher Weise Gebrauch. Soweit das Wahlalter in der Landesverfassung ausdrücklich

12
Beschränkungen des Wahlrechts

---

43 Art. 28 Abs. 1 Verf. Baden-Württemberg; Art. 22 Abs. 3 Satz 3 Verf. Brandenburg; Art. 20 Abs. 2 Satz 2 Verf. Mecklenburg-Vorpommern; Art. 80 Abs. 1 Verf. Rheinland-Pfalz; Art. 41 Abs. 1 Satz 2 Verf. Sachsen; Art. 42 Abs. 1 Verf. Sachsen-Anhalt; Art. 16 Abs. 2 Satz 1 Verf. Schleswig-Holstein; Art. 49 Abs. 1 Verf. Thüringen. In Berlin ergibt sich dies mittelbar aus Art. 39 Abs. 2 Verf. Berlin, vgl. *Driehaus* (Lit-Verz.), Art. 39 RN 3.
44 Art. 66 Abs. 1 Satz 2 Verf. Saarland.
45 Art. 14 Abs. 1 Satz 1 Verf. Bayern.
46 Vgl. *BVerfGE 83*, 37 (50 ff.).
47 Keine näheren Aussagen über das Wahlrecht enthalten lediglich die Verfassungen in Hamburg, Mecklenburg-Vorpommern und Schleswig-Holstein.
48 Art. 26 Abs. 1 Verf. Baden-Württemberg; Art. 39 Abs. 3 Verf. Berlin; Art. 73 Abs. 1 Verf. Hessen; Art. 8 Abs. 2 Verf. Niedersachsen; Art. 64 Satz 1 Verf. Saarland; Art. 42 Abs. 2 Satz 1 Verf. Sachsen-Anhalt.
49 Art. 14 Abs. 1 Satz 1 Verf. Bayern; Art. 22 Abs. 1 Satz 1 Verf. Brandenburg; Art. 76 Abs. 2 Verf. Rheinland-Pfalz; Art. 4 Abs. 2 Verf. Sachsen; Art. 46 Abs. 2 Verf. Thüringen.

§ 243   Sechzehnter Teil: II. Vergleichende Betrachtung der Landesgrundrechte

bestimmt wird, liegt es üblicherweise bei achtzehn Jahren[50]. Allein in Brandenburg eröffnet die Landesverfassung derzeit das Wahlrecht bereits ab der Vollendung des sechzehnten Lebensjahres[51]. In etlichen Fällen verlangt schon die Verfassung einen Wohnsitz im jeweiligen Land[52], an dessen Mindestdauer das Wahlrecht zum Teil geknüpft wird[53] bzw. werden kann[54]; gelegentlich genügt alternativ auch der bloße Aufenthalt[55]. Soweit Landesverfassungen das Teilnahmerecht wahlberechtigten Staatsbürgern vorbehalten, kann darin eine Anknüpfung an einfach-rechtliche Ausschlußtatbestände liegen[56]. Zwingend ist das freilich nicht, wie das Beispiel Hessen zeigt: Art. 73 Abs. 1 Verf. Hessen macht die Stimmberechtigung davon abhängig, daß der potentielle Wähler nicht vom Stimmrecht ausgeschlossen ist. Wann das der Fall ist, ergibt sich aus Art. 74 Verf. Hessen, der eigene Ausschlußgründe festlegt.

13
Voraussetzungen der Wählbarkeit

Eine gewisse Bandbreite weisen auch die landesverfassungsrechtlichen Regelungen zur Wählbarkeit bei Landtagswahlen auf. Von den Verfassungen, die insofern Festlegungen enthalten[57], verlangen einige zunächst das Stimm- bzw. Wahlrecht[58]. Andere fordern – deklaratorisch –, daß es sich um Deutsche handeln muß[59]. Die bereits angesprochenen Regelungen in Brandenburg und Sachsen-Anhalt, nach denen das Wahlrecht nach Maßgabe grundgesetzlicher Zulässigkeit personell erweitert werden muß bzw. darf[60], gelten auch für die Wählbarkeit. Viele Landesverfassungen legen – zum Teil zusätzlich zur Voraussetzung „Wahlrecht", zum Teil allein – ein Mindestalter fest. Dieses liegt in der Mehrzahl der Fälle bei achtzehn Jahren[61]. Vorbehaltlich einer Änderung des § 2 BGB stimmt das mit der andernorts geforderten Volljährigkeit[62] überein. In Hessen kann man erst ab dem einundzwanzigsten Lebensjahr in den Landtag gewählt werden[63]. Einzelne Verfassungen verlangen ausdrücklich

---

50 Art. 26 Abs. 1 Verf. Baden-Württemberg; Art. 39 Abs. 3 Verf. Berlin; Art. 73 Abs. 1 Verf. Hessen; Art. 8 Abs. 2 Verf. Niedersachsen; Art. 31 Abs. 2 Satz 1 Verf. Nordrhein-Westfalen; Art. 76 Abs. 2 Verf. Rheinland-Pfalz; Art. 64 Satz 1 Verf. Saarland; Art. 4 Abs. 2 Verf. Sachsen; Art. 42 Abs. 2 Satz 1 Verf. Sachsen-Anhalt; Art. 46 Abs. 2 Verf. Thüringen.
51 Art. 22 Abs. 1 Satz 1 Verf. Brandenburg. Unter anderem in Niedersachsen befindet sich der Entwurf eines entsprechenden Gesetzes (Landtag Niedersachsen, Drs. 17/4966) aktuell in der parlamentarischen Beratung.
52 Art. 73 Abs. 1 Verf. Hessen; Art. 64 Satz 1 Verf. Saarland; Art. 42 Abs. 2 Satz 1 Verf. Sachsen-Anhalt; Art. 46 Abs. 2 Verf. Thüringen.
53 Art. 39 Abs. 3 Verf. Berlin.
54 Art. 22 Abs. 5 Satz 2 Verf. Brandenburg; Art. 8 Abs. 2, Abs. 5 Satz 2 Verf. Niedersachsen; Art. 76 Abs. 3 Verf. Rheinland-Pfalz; Art. 4 Abs. 3 Satz 2 Verf. Sachsen.
55 Art. 26 Abs. 1 Verf. Baden-Württemberg; Art. 4 Abs. 2 Verf. Sachsen.
56 So in Art. 14 Abs. 1 Satz 1 Verf. Bayern; Art. 76 Abs. 2 Verf. Rheinland-Pfalz; Art. 64 Satz 1 Verf. Saarland.
57 Keine eigenen Aussagen treffen die Verfassungen in Hamburg und Bremen; Art. 75 Abs. 1 Satz 2 Verf. Bremen verweist auf das Wahlgesetz.
58 Art. 28 Abs. 2 Verf. Baden-Württemberg; Art. 14 Abs. 2 Verf. Bayern; Art. 39 Abs. 4 Verf. Berlin; Art. 75 Abs. 2 Verf. Hessen; Art. 80 Abs. 2 Verf. Rheinland-Pfalz; Art. 66 Abs. 2 Satz 2 Verf. Saarland; Art. 41 Abs. 2 Satz 1 Verf. Sachsen.
59 Art. 8 Abs. 2 Verf. Niedersachsen; Art. 42 Abs. 2 Satz 1 Verf. Sachsen-Anhalt. In Brandenburg verlangt Art. 22 Abs. 1 Verf. Brandenburg, daß es sich um Bürger handelt.
60 Art. 22 Abs. 1 Satz 2 Verf. Brandenburg; Art. 42 Abs. 2 Satz 2 Verf. Sachsen-Anhalt. Dazu oben RN 11.
61 Art. 14 Abs. 2 Verf. Bayern; Art. 39 Abs. 4 Verf. Berlin; Art. 22 Abs. 1 Verf. Brandenburg; Art. 8 Abs. 2 Verf. Niedersachsen; Art. 42 Abs. 2 Satz 1 Verf. Sachsen-Anhalt; Art. 46 Abs. 2 Verf. Thüringen.
62 Art. 31 Abs. 2 Satz 2 Verf. Nordrhein-Westfalen; Art. 80 Abs. 2 Verf. Rheinland-Pfalz; Art. 66 Abs. 2 Satz 2 Verf. Saarland.
63 Art. 75 Abs. 2 Verf. Hessen.

einen Wohnsitz im Land⁶⁴. In mehreren Fällen gestatten sie, daß die Wählbarkeit von einer Mindestdauer der Staatsangehörigkeit, des Aufenthalts oder des Wohnsitzes im Land abhängig gemacht wird⁶⁵. Gelegentlich lassen die Landesverfassungen auch Inkompatibilitätsregelungen ausdrücklich zu⁶⁶ oder enthalten selbst derartige Begrenzungen der Wählbarkeit⁶⁷.

14 *Sperrklauseln und Gleichheit der Wahl*

Einen seit einiger Zeit intensiv diskutierten Eingriff in die Gleichheit der Wahl stellen Sperrklauseln dar, nach denen ein bestimmter Stimmenanteil erforderlich ist, um bei der Sitzverteilung berücksichtigt zu werden. Das Ziel, die Zersplitterung der Vertretungskörperschaften zu verhindern, erreichen sie nur um den Preis einer Einschränkung der Erfolgswertgleichheit der Stimmen und der Chancengleichheit kleinerer, insbesondere neuerer Parteien. Ihre Beurteilung fällt mit Blick auf Wahlen zu den Landesparlamenten aus mindestens einem Grund anders aus als mit Blick auf die separat zu behandelnden Wahlen zu kommunalen Vertretungskörperschaften⁶⁸: Während die Aufnahme entsprechender Bestimmungen in die Landesverfassungen für Kommunalwahlen in den meisten Fällen lediglich diskutiert wird – etwas anderes gilt für Nordrhein-Westfalen⁶⁹–, sind sie für Wahlen zu den Landesparlamenten bereits in einer Reihe von Landesverfassungen enthalten. Vor allem aber unterscheiden sich die Kriterien für die Zulässigkeit derartiger Regelungen.

15 *Festlegungen und Gestattung von Sperrklauseln*

In Baden-Württemberg und Hessen gestatten die Landesverfassungen dem einfachen Gesetzgeber, Sitze im Landesparlament von einer bestimmten Mindeststimmenzahl abhängig zu machen, die in beiden Fällen maximal fünf vom Hundert der abgegebenen gültigen Stimmen betragen darf⁷⁰. Aus Sicht beider Landesverfassungen wären daher auch niedrigere Sperrklauseln zulässig. Nichts anderes gilt in Rheinland-Pfalz. Zwar kann nach Art. 80 Abs. 4 Satz 2 Verf. Rheinland-Pfalz das Wahlgesetz „bestimmen, daß Landtagssitze nur solchen Wahlvorschlägen zugeteilt werden, die mindestens 5 vom Hundert der im Lande abgegebenen gültigen Stimmen erreicht haben". Dann müssen aus Sicht der Landesverfassung erst recht niedrigere Sperrklauseln zulässig sein⁷¹. Anders stellt sich die Situation in den Ländern dar, deren Landesverfassun-

---

64 Art. 8 Abs. 2 Verf. Niedersachsen; Art. 42 Abs. 2 Satz 1 Verf. Sachsen-Anhalt; Art. 46 Abs. 2 Verf. Thüringen.
65 Art. 28 Abs. 2 Satz 2 Verf. Baden-Württemberg; Art. 22 Abs. 5 Satz 2 Verf. Brandenburg; Art. 8 Abs. 5 Satz 2 Verf. Niedersachsen; Art. 41 Abs. 2 Satz 2 Verf. Sachsen.
66 Art. 22 Abs. 5 Satz 3 Verf. Brandenburg (Beamte, Angestellte des öffentlichen Dienstes, Richter); Art. 71 Abs. 3 Verf. Mecklenburg-Vorpommern (Angehörige des öffentlichen Dienstes).
67 Art. 8 Abs. 4 Verf. Niedersachsen (Mitglieder des Bundestages, der Bundesregierung, des Europäischen Parlaments sowie der Volksvertretungen und Regierungen anderer Länder).
68 Unten RN 17 ff.
69 S. hierzu unten RN 22.
70 Art. 28 Abs. 3 Satz 2, 3 Verf. Baden-Württemberg (geforderter Anteil darf diesen Wert „nicht überschreiten"); Art. 75 Abs. 3 Satz 2 Verf. Hessen (die neben anderen Erfordernissen verlangte Mindestzahl darf „nicht höher sein" als dieser Wert).
71 So auch zu Art. 80 Abs. 4 Verf. Rheinland-Pfalz *Wagner*, in: Grimm/Caesar (LitVerz.), Art. 80 RN 37. Zu einem derartigen Fall vgl. BVerfGE 1, 208 (250): Während die Verfassungen von Württemberg-Baden (dort Art. 52) und Niedersachsen (Art. 4 Abs. 3 Satz 2) ein Quorum bis zu 10 v.H. für zulässig erklärten, enthielt das Württemberg-Badische Wahlgesetz v. 5.10.1950 (RegBl. S. 91) in seinem Art. 43 nur eine 5%-Klausel. Das Niedersächsische Wahlgesetz v. 5.3.1951 (GVBl. S. 15) sah keine Sperrklausel vor.

§ 243   Sechzehnter Teil: II. Vergleichende Betrachtung der Landesgrundrechte

gen festlegen, daß die Zuteilung von Sitzen im Landesparlament einen Anteil von fünf vom Hundert der abgegebenen gültigen Stimmen – das ist in Bayern, Berlin, Hamburg und Thüringen der Fall[72] – bzw. der abgegebenen Stimmen – so verhält es sich in Bremen und Niedersachsen[73] – voraussetzt. Niedrigere Sperrklauseln im einfachen Gesetzesrecht würden in diesen Ländern gegen die Landesverfassung verstoßen. Aufwerfen könnte man allenfalls die Frage, ob die Landesverfassung die Grenze auch nach oben hin abschließend festlegt. Immerhin schließt die Aussage, daß Wahlvorschläge mit weniger als fünf vom Hundert der Stimmen nicht berücksichtigt werden, eine noch höhere Sperrklausel im einfachen Recht logisch nicht aus. Gleichwohl spricht viel dafür, die Regelungen zugleich als Obergrenze zu verstehen.

16
Grundgesetzliche Grenzen für Sperrklauseln

Letztlich kommt es auf diese Überlegung jedoch nicht an. Eine höhere Sperrklausel im einfachen Recht würde zumindest gegen grundgesetzliche Vorgaben verstoßen. Zwar sind Sperrklauseln bei Parlamentswahlen selbst nach der Rechtsprechung des Bundesverfassungsgerichts – anders als bei den Europawahlen[74] sowie bei Kommunalwahlen[75] – nicht von vornherein unzulässig. Wenn das Ziel, die Funktionsfähigkeit des auf stabile Mehrheiten angewiesenen Parlaments zu wahren, auf Bundesebene einen „zwingenden Grund"[76] darstellt, der die Einschränkung der bei der Verhältniswahl an sich gebotenen Erfolgswertgleichheit der Stimmen rechtfertigt[77], kann auf Landesebene nichts anderes gelten. Freilich sind umgekehrt auch keine Gründe dafür ersichtlich, daß ein Landesparlament zur Erhaltung seiner Funktionsfähigkeit auf höhere Quoren angewiesen sein könnte als der Bundestag. Zwar hat das Bundesverfassungsgericht eine höhere Grenze bis heute nicht schlechthin ausgeschlossen. Jedoch hält es der Sache nach an der mit Blick auf die Landesebene aufgestellten Forderung fest, daß „ganz besondere, zwingende Gründe gegeben sein" müßten, „um eine Erhöhung des Quorums über den gemeindeutschen Satz von 5 v.H. zu rechtfertigen"[78], wenn es formuliert, der Gesetzgeber dürfe „in aller Regel kein höheres als ein Fünfprozentquorum" begründen[79]. Eine Änderung der tatsächlichen Verhältnisse, die eine Ausnahme rechtfertigen könnte[80], wird man derzeit schon deshalb nicht annehmen können, weil es in den letzten Jahren auch auf Landesebene nicht zu Situationen gekommen ist, in denen sich die bestehenden Grenzen von 5 v.H. als zu niedrig erwiesen hätten, um die Funktionsfähigkeit des Landesparlaments zu gewährleisten. Aus diesem Grund

---

72 Art. 14 Abs. 4 Verf. Bayern; Art. 39 Abs. 2 Verf. Berlin (vorbehaltlich eines Sitzes, den ein Bewerber der Partei in einem Wahlkreis erringt); Art. 6 Abs. 2 Satz 2 Verf. Hamburg; Art. 49 Abs. 2 Verf. Thüringen. Im Saarland soll eine derartige Regelung in Art. 66 Abs. 1 Verf. Saarland aufgenommen werden, vgl. Landtag Saarland, Drs. 15/1537.
73 Art. 75 Abs. 3 Verf. Bremen (Mindestzahl gilt für die Wahlbereiche Bremen bzw. Bremerhaven); Art. 8 Abs. 3 Verf. Niedersachsen.
74 *BVerfGE 129*, 300 ff.; *135*, 259 ff.
75 Unten RN 20 ff.
76 *BVerfGE 1*, 208 (248 f.).
77 *BVerfGE 95*, 408 (417 ff.).
78 *BVerfGE 1*, 208 (256).
79 *BVerfGE 95*, 408 (419).
80 *BVerfGE 82*, 322 (338 f.).

sind nicht nur die einfachen Landesgesetzgeber an der Errichtung höherer Hürden gehindert. Selbst entsprechende Regelungen in den Landesverfassungen würden gegen die von Art. 28 Abs. 1 Satz 2 GG geforderte Gleichheit der Wahl verstoßen[81].

II. Kommunalwahlen

Die meisten Landesverfassungen enthalten zudem Regelungen zu den Kommunalwahlen. Ausnahmen bilden aus der Natur der Sache heraus die Stadtstaaten. Die bislang insofern abstinente Verfassung von Nordrhein-Westfalen nimmt sich des Themas nunmehr in ihrem Artikel 78 Abs. 1 Satz 2, 3 an.

17
Regelung in nunmehr allen Flächenländern

1. Wahlrechtsgrundsätze

Daß auch die Kommunalwahlen allgemein, unmittelbar, frei, gleich und geheim sein müssen, ergibt sich bereits aus Art. 28 Abs. 1 Satz 2 GG. Üblicherweise normieren die Landesverfassungen dies in einer Vorschrift, die neben den Landtagswahlen zugleich für die Kommunalwahlen gilt[82], durch einen Verweis auf die Grundsätze der Landtagswahl[83] oder durch eine allein auf die Kommunalwahlen bezogene separate Vorschrift[84]. Einen regelungstechnischen Sonderweg geht Hessen, dessen Landesverfassung die Geltung der fünf vorgenannten Wahlrechtsgrundsätze nur für die Wahl der Oberbürgermeister, Bürgermeister und Landräte vorschreibt[85], während es im übrigen – also mit Blick auf die Wahlen zu den kommunalen Vertretungskörperschaften – mit dem für alle Wahlen geltenden Art. 73 Abs. 2 Satz 1 Verf. Hessen sein Bewenden hat. Diese Vorschrift beschränkt sich auf die Grundsätze „allgemein, gleich, geheim und unmittelbar", ohne die Freiheit der Wahl zu erwähnen. Angesichts der für Kommunalwahlen ebenso wie für die Wahlen zu den Landesparlamenten geltenden Vorgaben des Art. 28 Abs. 1 Satz 2 GG, zu denen auch die Freiheit der Wahl gehört, kann für die rechtliche Beurteilung dieser Situation auf die obigen Erwägungen zu solchen Wahlen zu den Landesparlamenten verwiesen werden, deren Freiheit in der maßgeblichen Landesverfassung nicht explizit verbürgt ist[86]. Etwas anders gelagert ist die Situation für die Wahl der Bezirksverordnetenversammlung in Berlin: Zwar fehlt in der für sie relevanten Normierung der Wahlrechtsgrundsätze – in Art. 70 Abs. 1 Satz 1 Verf. Berlin – ebenfalls das Merkmal „frei". Jedoch ist die Bezirksvertretung keine Vertretung in „Ländern, Kreisen und Gemeinden" im Sinne von Art. 28

18
Unterschiedliche Regelungstechniken

Bezirksvertretungen

---

81 Zur Parallelproblematik der Aufnahme von Sperrklauseln für Kommunalwahlen in die Landesverfassungen unten RN 20 ff.
82 Art. 22 Abs. 3 Satz 1 Verf. Brandenburg; Art. 3 Abs. 3 Verf. Mecklenburg-Vorpommern; Art. 63 Abs. 1 Verf. Saarland; Art. 4 Abs. 1 Verf. Sachsen; Art. 4 Abs. 1 Verf. Schleswig-Holstein.
83 Art. 12 Abs. 1 Verf. Bayern; Art. 50 Abs. 1 Satz 1 Verf. Rheinland-Pfalz.
84 Art. 72 Abs. 1 Satz 1 Verf. Baden-Württemberg; Art. 57 Abs. 2 Satz 1 Verf. Niedersachsen; Art. 78 Abs. 1 Verf. Nordrhein-Westfalen; Art. 89 Verf. Sachsen-Anhalt; Art. 95 Satz 1 Verf. Thüringen.
85 Art. 138 Verf. Hessen.
86 Dazu bereits oben RN 7.

§ 243 *Sechzehnter Teil: II. Vergleichende Betrachtung der Landesgrundrechte*

Abs. 1 Satz 2 GG; die Vorschrift gilt daher für diese Wahlen nicht[87]. In Hamburg verbürgt Art. 4 Abs. 3 Satz 1 Verf. Hamburg alle fünf Wahlrechtsgrundsätze für die Wahl der Bezirksversammlung. Die Öffentlichkeit der Wahl wird für die Kommunalwahlen in den Landesverfassungen ebensowenig erwähnt wie für die Landtagswahlen[88].

19
Inhalt der Wahlrechtsgrundsätze

Inhaltlich entsprechen die Wahlrechtsgrundsätze denen des Grundgesetzes. Daß die Freiheit der Wahl – zumal mit Blick auf die Zuspitzung, welche die generelle Zurückhaltungspflicht des Staates durch die Privatheit der Wahlkabine erfährt – staatliche Einflußnahme auf den Wählerwillen im Zeitpunkt der Stimmabgabe ausschließt, soweit diese durch eine gerade auf Beeinflussung ausgerichtete und nicht nur technisch bedingte Gestaltung des Stimmzettels vorgenommen wird[89], gilt daher – obwohl gerade mit Blick auf Kommunalwahlen entschieden – auch für jede andere freie Wahl.

20
Begrenzung einfach-gesetzlicher Sperrklauseln

Eine intensive Diskussion befaßt sich mit der Frage, ob bzw. gegebenenfalls auf welchem Wege die (Erfolgswert-)Gleichheit der Wahl bei Wahlen zu kommunalen Vertretungskörperschaften beschränkt werden kann. Anders als für Wahlen zu den Landesparlamenten fanden sich für Wahlen auf Kreis- und Gemeindeebene im Sinne von Art. 28 Abs. 1 Satz 2 GG[90] lange keine Sperrklauseln in Landesverfassungen. Sperrklauseln waren nur im einfachen Recht angesiedelt. Dort hatten sie freilich keinen Bestand. Sie wurden durch die Landesverfassungsgerichte mehrfach (und zu Recht) als Verstoß gegen die Gleichheit der Wahl (und die Chancengleichheit der Parteien) gewertet[91]. Zwar seien Sperrklauseln zulässig, wenn die Funktionsfähigkeit der Kommunalvertretung ohne sie gefährdet wäre. Jedoch genüge insofern die bei abstrakter Betrachtung theoretisch bestehende Möglichkeit der Funktionsunfähigkeit nicht. Zu fordern sei vielmehr die konkrete, mit einiger Wahrscheinlichkeit zu erwartende Möglichkeit einer solchen Beeinträchtigung, an der es jedenfalls in den bislang entschiedenen Fällen stets fehlte[92]. Diesen Standpunkt hat auch das (seinerzeit noch als Landesverfassungsgericht des Landes Schleswig-Holstein handelnde) Bundesverfassungsgericht eingenommen[93]. Es betont, daß die kommunalen Vertretungskörperschaften nicht in gleicher

BVerfG-Sicht

---

87 *BVerfGE 47*, 253 (275); *VerfGH Berlin* DVBl. 2013, S. 848 (851).
88 Dazu oben RN 9.
89 So zutreffend *VerfGH Rheinland-Pfalz*, B. v. 13. 6. 2014 (VGH N 14/14, VGH B 16/14); vgl. schon Beschl. v. 4. 4. 2014 *AS 42*, 229. Mit der Entscheidung wurden Bestimmungen des Kommunalwahlgesetzes Rheinland-Pfalz für nichtig erklärt, nach denen auf den Stimmzetteln u. a. der Wortlaut von Art. 3 Abs. 1 Satz 1 GG („Männer und Frauen sind gleichberechtigt"), der Geschlechteranteil in der Vertretungskörperschaft zwei Monate vor der Wahl und der Geschlechteranteil innerhalb der aussichtsreichen Plätze der einzelnen Wahlvorschläge hätte abgedruckt werden müssen.
90 Zu landesverfassungsrechtlichen Sperrklauseln für Wahlen auf der Bezirksebene sogleich RN 21; zur neuen Sperrklausel u. a. für die Gemeinde-, Bezirks- und Kreisebene in Art. 78 Abs. 1 Verf. Nordrhein-Westfalen sogleich RN 22.
91 Zusammenfassend *Hebeler*, Das Ende kommunalwahlrechtlicher Sperrklauseln, LKRZ 2008, S. 406 (407).
92 *VerfGH Berlin* LKV 1998, S. 142 ff.; *VerfGH Nordrhein-Westfalen* NVwZ 2000, S. 666 ff.; *VerfGH Thüringen* NVwZ-RR 2009, S. 1 ff.; *VerfGH Nordrhein-Westfalen* NVwZ 2009, S. 449 ff.; *StGH Bremen* NordÖR 2009, S. 251 ff. Ebenso für die (einfachrechtliche) Sperrklausel zu den Bezirksversammlungen in Hamburg *VerfG Hamburg* DVBl. 2013, S. 304 ff.
93 *BVerfGE 120*, 82 (101 ff., insb. 109 ff.).

Weise auf stabile Mehrheiten angewiesen seien wie die Parlamente auf Bundes- und Landesebene. Daß die Meinungsbildung durch eine größere Zahl von Parteien und Wählergruppen schwerfälliger werde, dürfe nicht mit einer Funktionsstörung oder Funktionsunfähigkeit gleichgesetzt werden[94]. Auch dem Gedanken, der Einzug kleinerer Parteien dürfe legitimerweise verhindert werden, weil sie reine Partikularinteressen verträten, was dem Gemeinwohl nicht entspreche, wird eine berechtigte Absage erteilt: Das Gemeinwohl müsse – gerade auf kommunaler Ebene[95] – erst durch die Vielfalt des politischen Prozesses gefunden werden[96]. Und eine schlichte Selbstverständlichkeit, die gleichwohl bedauerlicherweise regelmäßig wiederholt werden muß, ist schließlich, daß Sperrklauseln nicht dem Zweck dienen dürfen, Parteien wegen ihrer vermeintlichen Verfassungsfeindlichkeit aus Vertretungsorganen fernzuhalten, solange sie nicht nach Art. 21 Abs. 2 GG verboten sind[97]. Alles in allem war damit das „Ende kommunalwahlrechtlicher Sperrklauseln"[98] eingeläutet. Mehrere Gesetzgeber in anderen Ländern reagierten durch die Aufhebung entsprechender Vorschriften[99].

Kein Verfassungsfeindlichkeits-Filter

Daß es in Zukunft zu einer gegenläufigen Regelungstendenz kommen könnte, dürfte maßgeblich damit zusammenhängen, daß die Drei-Prozent-Klausel für die Wahlen zu den Bezirksverordnetenversammlungen in Berlin bei der Überprüfung durch den Verfassungsgerichtshof Berlin unbeanstandet blieb. Anders als die für verfassungswidrig erklärten Regelungen wird sie nicht nur einfach-rechtlich normiert, sondern wurde zusätzlich in die Landesverfassung selbst aufgenommen (Art. 70 Abs. 2 Satz 2 Verf. Berlin). Aus diesem Grund verneint der Verfassungsgerichtshof Berlin einen Verstoß gegen die Berliner Verfassung mit dem Argument, eine Norm könne nur gegen eine ihr selbst gegenüber höherrangige und damit vorgehende Norm verstoßen. Daran fehle es im Verhältnis des Art. 70 Abs. 2 Satz 2 Verf. Berlin zum Prinzip der Wahlgleichheit (Art. 70 Abs. 1 Satz 2 Verf. Berlin) bzw. zum Grundsatz der Chancengleichheit der Parteien, der ungeschriebener Grundsatz auch der Landesverfassung sei[100]. Auf diese Entscheidung hat bereits der verfassungsändernde Gesetzgeber in Hamburg reagiert. Er hat für die Wahlen zu den Bezirksversammlungen eine 3%-Sperrklausel in Art. 4 Abs. 3 Satz 2 Verf. Hamburg aufgenommen[101], deren Vereinbarkeit mit der Verfassung mittlerweile vom Hamburgischen Verfassungsgericht bestätigt wurde[102].

21
Verfassungsrechtliche Sperrklauseln für die Bezirksebene

Diese Entwicklung hat in Nordrhein-Westfalen zu einer Änderung der Landesverfassung geführt, durch die eine 2,5%-Sperrklausel für die Wahlen zu

22

---

94 *VerfGH Nordrhein-Westfalen* NVwZ 2009, S. 449 (450).
95 *BVerfGE 120*, 82 (109f.).
96 *VerfGH Thüringen* NVwZ-RR 2009, S. 1 (4).
97 *BVerfGE 120*, 82 (109).
98 So der Titel des Beitrags von *Hebeler*, LKRZ 2008, S. 406 ff.
99 *Hebeler*, LKRZ 2008, S. 406 (407).
100 *VerfGH Berlin* DVBl. 2013, S. 848 ff.
101 Durch das Fünfzehnte Gesetz zur Änderung der Verfassung der Freien und Hansestadt Hamburg v. 13.12.2013 (GVBl. S. 499). Die Entwurfsbegründung nimmt ausdrücklich Bezug auf die Entscheidung des Verfassungsgerichtshofs Berlin (Bürgerschaft Hamburg, Drs. 20/9961, S. 5).
102 *VerfG Hamburg*, Urt. v. 20.10.2015 (4/15, HVerfG 4/15).

§ 243 *Sechzehnter Teil: II. Vergleichende Betrachtung der Landesgrundrechte*

Keine Übertragbarkeit auf Kreis- und Gemeindeebene

den Vertretungskörperschaften (u.a.) auf Kreis- und Gemeindeebene in Art. 78 Abs. 1 Satz 3 Verf. Nordrhein-Westfalen aufgenommen wurde[103]. Der zugrundeliegende Entwurf beruht auf der Annahme, daß derartige Sperrklauseln, die nach den Maßstäben der verfassungsgerichtlichen Rechtsprechung einfach-rechtlich nicht mehr angeordnet werden dürfen, durch die Aufnahme in die Landesverfassung dem Verdikt der Verfassungswidrigkeit entzogen werden können[104]. In der Tat: Müßte nicht auch insofern gelten, daß nicht verfassungswidrig sein kann, was selbst in der Verfassung steht[105]? Diese Frage ist im Ergebnis zu verneinen: Von der Zulässigkeit einer solchen Regelung für Wahlen auf der Bezirksebene kann schon deshalb nicht auf ihre Zulässigkeit für Wahlen auf der Gemeinde- oder Kreisebene geschlossen werden, weil für letztere das Gebot der gleichen Wahl nach Art. 28 Abs. 1 Satz 2 GG gilt, das für Wahlen auf der Bezirksebene nicht zur Anwendung kommt[106]. Das aber ist der entscheidende Punkt: Was in der Landesverfassung steht, kann durchaus gegen das Grundgesetz verstoßen. Aus gutem Grund haben der Verfassungsgerichtshof Berlin und das Verfassungsgericht Hamburg einen Verstoß der in der jeweiligen Landesverfassung vorgesehenen Sperrklausel gegen Art. 28 Abs. 1 Satz 2 GG gerade mit der Begründung verneint, daß diese grundgesetzliche Vorschrift auf die Bezirke der Einheitsgemeinde Berlin bzw. auf die Bezirke der Freien und Hansestadt Hamburg keine Anwendung

Homogenitätsgebot

finde[107]. So war der Weg frei, die Sperrklausel nur am Homogenitätsgebot des Art. 28 Abs. 1 Satz 1 GG prüfen zu müssen, das den Ländern größeren Spielraum für Abweichungen läßt, weil es sie mit Blick auf die hier relevante Fragestellung allein an die Grundsätze des demokratischen Staates im Sinne des Grundgesetzes bindet. Dagegen verpflichtet Art. 28 Abs. 1 Satz 2 GG die Länder auf gleiche Wahlen, die grundgesetzlichen Maßstäben genügen. Ob auf Landesebene der einfache Gesetzgeber oder der verfassungsändernde Gesetzgeber tätig wird, ist insofern unerheblich[108].

23

Weitgehende Unzulässigkeit von Sperrklauseln

Vorbehaltlich eines Kurswechsels der verfassungsgerichtlichen Rechtsprechung, für den nach hier vertretener Auffassung kein Anlaß besteht, setzt die Zulässigkeit von Sperrklauseln für Kommunalwahlen daher voraus, daß konkrete Gefahren für die Funktionsfähigkeit der Vertretungskörperschaften durch eine zu starke Zersplitterung aufgezeigt werden können[109]. Unter diesen Umständen aber bedürfte bzw. bedurfte es keiner Änderung der Landes-

---

103 Gesetz zur Änderung der Verfassung für das Land Nordrhein-Westfalen und verfassungsrechtlicher Vorschriften v. 14. 6. 2015 (GV. NRW. S. 442).
104 Landtag Nordrhein-Westfalen, Drs. 16/9795. Dazu *Burger*, Frankfurter Allgemeine Zeitung v. 20. 1. 2015, Nr. 16, S. 4; *Wolfgang Roth*, Verfassungsmäßigkeit der Einführung einer 3%-Sperrklausel bei Kommunalwahlen durch Verfassungsänderung, insbesondere für das Land Nordrhein-Westfalen, 2014, S. 82 ff.
105 Vgl. dazu *Dietlein*, Legal Tribune ONLINE, 28. 8. 2014, http://www.lto.de/persistent/a_id/13022/ (abgerufen am 8. 5. 2015).
106 *Dietlein* aaO.; *Lothar Michael*, Verfassungsunmittelbare Sperrklauseln auf Landesebene, 2015, S. 16.
107 *VerfGH Berlin* DVBl. 2013, S. 848 (850 f.); *VerfG Hamburg*, Urt. v. 20. 10. 2015 (4/15, HVerfG 4/15). Ebenso schon zu Berlin *BVerfGE 47*, 253 (275), zu Hamburg *BVerfGE 83*, 60 (76).
108 A.A. *Roth* (FN 104), S. 106 f.; *L. Michael* (FN 106), S. 107 ff.
109 A.A. *L. Michael* (FN 106), S. 117, der für den verfassungsändernden Gesetzgeber abstrakte Gefahren ausreichen lassen will.

verfassung: Regelungsbefugt wäre dann (auch) der einfache Landesgesetzgeber. Daß aber selbst *Wolfgang Roth* als exponierter Vertreter derer, die Sperrklauseln für zulässig halten, unter dem Topos der konkreten Funktionsstörung allein auf die stärkere Zersplitterung durch den Wegfall von Sperrklauseln eingeht, ohne sich mit der Frage zu beschäftigen, ob daraus eine Funktionsstörung oder lediglich ein schwerfälligerer Meinungsbildungsprozeß resultiert, deutet darauf hin, daß beides unzulässigerweise[110] gleichgesetzt wird und daß der Nachweis einer konkreten Gefahr für die Funktionsfähigkeit jedenfalls derzeit nicht geführt werden kann[111].

Funktionsstörung?

2. Wahlsystem

Auf Festlegungen zum Wahlsystem bei Kommunalwahlen verzichtet der überwiegende Teil der Landesverfassungen. Ausnahmen finden sich in Bayern, Baden-Württemberg und im Saarland. In Bayern gelten die Grundsätze für die Wahl zum Landtag – unter anderem also das in Art. 14 Abs. 1 Satz 1 Verf. Bayern enthaltene Gebot des verbesserten Verhältniswahlrechts – auch für die Gemeinden und Gemeindeverbände[112]. In Baden-Württemberg und im Saarland ist vorgesehen, daß Kommunalwahlen unter Berücksichtigung der bzw. nach den Grundsätze(n) der Verhältniswahl stattfinden müssen, sofern mehr als ein gültiger Wahlvorschlag vorliegt[113].

24
Nur vereinzelte Regelungen

3. Wahlrecht und Wählbarkeit

Auch spezielle Vorschriften zum Wahlrecht und zur Wählbarkeit bei Kommunalwahlen finden sich in den Landesverfassungen nur vereinzelt. In Baden-Württemberg und in Rheinland-Pfalz nimmt bereits die Landesverfassung (und nicht erst das einfache Gesetzesrecht) die von Art. 28 Abs. 1 Satz 3 GG angeordnete Erstreckung beider Rechte auf EU-Bürger vor[114]. Im übrigen gelten dieselben landesverfassungsrechtlichen Regelungen[115] wie für die Wahlen zu den Landesparlamenten[116].

25
Weitgehende Geltung der Regeln für Parlamentswahlen

---

110 S. oben RN 20.
111 A.A. freilich *Jörg Bogumil/David Gehne/Benjamin Garske/Marc Seuberlich/Jonas Hafner*, Auswirkungen der Aufhebung der kommunalen Sperrklausel auf das kommunalpolitische Entscheidungssystem in Nordrhein-Westfalen, 2015, die meinen, eine erhebliche Störung der Funktionsfähigkeit der Kommunalvertretungen konstatieren zu können.
112 Art. 12 Abs. 1 Verf. Bayern. Zur Einbeziehung auch der Verhältniswahl *Wollenschläger*, in: Meder/Brechmann (LitVerz.), Art. 12 RN 11.
113 Art. 72 Abs. 2 Satz 1 Verf. Baden-Württemberg; Art. 121 Verf. Saarland.
114 Art. 72 Abs. 1 Satz 2 Verf. Baden-Württemberg; Art. 50 Abs. 1 Satz 2 Verf. Rheinland-Pfalz.
115 Einfachrechtlich können sich durchaus Abweichungen ergeben. Ein Beispiel ist das Wahlalter in Nordrhein-Westfalen. Nach Art. 31 Abs. 2 Satz 1 Verf. Nordrhein-Westfalen liegt es für Landtagswahlen bei achtzehn Jahren, während nach § 7 KWahlG Nordrhein-Westfalen auf kommunaler Ebene sechzehn Jahre genügen.
116 Dazu oben RN 11 ff.

D. Abstimmungen

I. Plebiszitäre Instrumente auf Landesebene

26
Stufen der Volksgesetzgebung

Volksgesetzgebung, die auf Bundesebene faktisch keine Rolle spielt[117], ist mittlerweile in allen Landesverfassungen vorgesehen. Die Vorschriften, die ein Handeln des Volkes nicht nur durch Wahlen, sondern auch durch Abstimmungen vorsehen[118], werden – anders als Art. 20 Abs. 2 Satz 2 GG – durch weitere Vorschriften der jeweiligen Verfassung mit Leben erfüllt. Volksgesetzgebung findet in einem mindestens zweistufigen Verfahren statt: Sämtliche Landesverfassungen kennen das Volksbegehren und den Volksentscheid. In etlichen Fällen sind zudem – gewissermaßen unterhalb der Ebene des Volksbegehrens – Abstimmungen vorgesehen, durch die das Landesparlament dazu verpflichtet werden kann, sich mit bestimmten Themen zu befassen, ohne daß es sich hierbei stets um Gesetzesvorhaben handeln müßte. Überwiegend wird diese Stufe als „Volksinitiative" bezeichnet[119].

27
Aufnahme und Ausbreitung direktdemokratischer Elemente

Daß es direkte Demokratie mittlerweile auch in den Ländern gibt, die sie zuvor nicht kannten, ist nicht zuletzt ein Ergebnis der friedlichen Revolution in der Deutschen Demokratischen Republik, die dazu geführt hat, daß die frühere Zurückhaltung gegenüber plebiszitären Elementen[120] zumindest partiell abgelegt wurde[121]. Bereits im Jahr 1990 nahm Schleswig-Holstein Volksinitiative, Volksbegehren und Volksentscheid in seine Verfassung auf[122]. Aus dem Kreis der alten Länder, deren Verfassungen zuvor nichts dergleichen enthielten – die neuen sahen in ihren Verfassungen jeweils von Anfang an plebiszitäre Elemente vor[123] – folgten 1993 Niedersachsen[124] und 1996 Hamburg[125].

1. Instrumente und Verfahren

a) Volksinitiativen

28
Volksinitiative bzw. Bürgerantrag

Die Möglichkeit, das Landesparlament mit einer hinreichenden Zahl von Unterstützern zur Beschäftigung mit bestimmten Gegenständen zu zwingen, sehen derzeit vierzehn Landesverfassungen vor. In den meisten Fällen wird

---

117 Zu Art. 29, 118, 118a und 146 GG *Rux*, Direkte Demokratie (LitVerz.), S. 200 ff.
118 Nur beispielhaft Art. 71 Verf. Hessen; Art. 2 Verf. Nordrhein-Westfalen.
119 Zu unverbindlichen Unterschriftensammlungen s. *Arne Everts*, Plebiszitäre Unterschriftenaktionen, 2004.
120 Zur Entscheidung gegen die Einführung direktdemokratischer Elemente auf Bundesebene zunächst 1949 sowie später 1994 s. *Schwieger*, Volksgesetzgebung (LitVerz.), S. 370 ff., 309 ff.
121 *Franke*, in: Grimm/Caesar (LitVerz.), Art. 108a RN 1.
122 Gesetz zur Änderung der Landessatzung für Schleswig-Holstein v. 13. 6. 1990 (GVBl. S. 391). Zu den bis 1988 reichenden Ursachen sowie zum gesamten Reformprozeß s. *Rux*, Direkte Demokratie (LitVerz.), S. 440 f.; *O. Jung*, Jüngste plebiszitäre Entwicklungstendenzen in Deutschland auf Landesebene, in: JöR Bd. 41 (1993), S. 29 (32 ff.).
123 Dazu die u.a. verfassungshistorisch ausgelegte Analyse von *Guido Sampels*, Bürgerpartizipation in den neuen Länderverfassungen, 1998. Zuvor bereits *Feddersen*, Die Verfassunggebung in den neuen Ländern: Grundrechte, Staatsziele, Plebiszite, DÖV 1992, S. 989 ff.; *O. Jung* aaO., S. 45 ff.
124 Niedersächsische Verfassung v. 19. 5. 1993 (GVBl. S. 107).
125 Fünftes Gesetz zur Änderung der Verfassung der Freien und Hansestadt Hamburg v. 29. 5. 1996 (GVBl. S. 77).

dieses Instrument als „Volksinitiative" bezeichnet[126], in Baden-Württemberg als „Volksantrag"[127]. In Bremen und Thüringen nennt es sich „Bürgerantrag"[128]. In Schleswig-Holstein ist von „Initiativen aus dem Volk" die Rede[129], in Berlin von Initiativen der Einwohner[130]. Die Verfassung der Freien und Hansestadt Hamburg normiert neben der Volksinitiative[131] die „Volkspetition"[132]. Kein derartiges Instrument kennen allein die Verfassungen Bayerns und Hessens.

Bis vor relativ kurzer Zeit war die Zahl der Länder, deren Landesverfassungen plebiszitäre Elemente erst mit dem Volksbegehren einsetzen ließen, noch deutlich größer. Jedoch hat es im Kontext der Ausweitung der direkten Demokratie auf Landesebene seit dem Jahre 1990[133] einen Trend zur „Komplettierung" derartiger Mitwirkungsmöglichkeiten gegeben. Zumindest drängt sich dieser Eindruck auf, wenn man sieht, daß jene die Volksinitiative regelnden Vorschriften in Bremen 1994[134], in Berlin 1995[135], in Rheinland-Pfalz 2000[136], in Nordrhein-Westfalen 2002[137], im Saarland 2013[138] und in Baden-Württemberg 2015[139] eingeführt wurden. Es soll sich bewußt um ein „niedrigschwelliges" Instrument handeln[140], durch das einerseits die Bürger in den Stand versetzt werden, Defizite oder wichtige Angelegenheiten im Parlament zur Sprache zu bringen, andererseits den Abgeordneten ermöglicht wird, aktuelle Probleme schneller zu erkennen und zu behandeln. Die Befürworter der Volksinitiative erhoffen sich, daß sie die Distanz zwischen Bürgern und Parlament verringert, die Kommunikation verbessert und die Akzeptanz politischer Entscheidungen erhöht[141].

29
Aufnahme in weitere Landesverfassungen

„Niedrigschwelliges" Instrument

---

126 Art. 76 Verf. Brandenburg; Art. 50 Abs. 1, 2 Verf. Hamburg; Art. 59 Verf. Mecklenburg-Vorpommern; Art. 47 Verf. Niedersachsen; Art. 67a Verf. Nordrhein-Westfalen; Art. 108a Verf. Rheinland-Pfalz; Art. 98a Verf. Saarland; Art. 80 Verf. Sachsen-Anhalt.
127 Art. 59 Abs. 2 Verf. Baden-Württemberg.
128 Art. 87 Abs. 2 Verf. Bremen; Art. 68 Verf. Thüringen.
129 Art. 48 Verf. Schleswig-Holstein.
130 Art. 61 Verf. Berlin.
131 Art. 50 Abs. 1, 2 Verf. Hamburg.
132 Art. 29 Verf. Hamburg. Zum Verhältnis beider Instrumente s. noch unten RN 57.
133 Oben RN 27.
134 Art. 87 Verf. Bremen, geändert durch das Gesetz zur Änderung der Landesverfassung der Freien Hansestadt Bremen v. 1. 11. 1994 (GVBl. S. 289).
135 Verfassung von Berlin v. 23. 11. 1995 (GVBl. S. 779).
136 Art. 108a Verf. Rheinland-Pfalz, eingefügt durch das Vierunddreißigste Landesgesetz zur Änderung der Verfassung für Rheinland-Pfalz v. 8. 3. 2000 (GVBl. S. 65). Zur Entstehungsgeschichte näher *Rux*, Direkte Demokratie (LitVerz.), S. 850 f.
137 Art. 67a Verf. Nordrhein-Westfalen, eingefügt durch Gesetz v. 5. 3. 2002 (GV. NRW. S. 108). Zur Vorgeschichte *Rux* aaO., S. 870.
138 Art. 98a Verf. Saarland, eingefügt durch das Gesetz Nr. 1805 zur Änderung der Verfassung des Saarlandes zur Stärkung der Bürgerbeteiligung v. 15. 5. 2013.
139 Art. 59 Abs. 2 Verf. Baden-Württemberg, in seine aktuelle Fassung gebracht durch Gesetz zur Änderung der Verfassung des Landes Baden-Württemberg v. 1. 12. 2015 (GBl. S. 1030).
140 So der Entwurf der CDU- und der SPD-Landtagsfraktion zum Gesetz zur Änderung der Verfassung des Saarlandes zur Stärkung der Bürgerrechte, LT-Drs. Saarland 15/140, S. 3.
141 So die Darstellung der Position der Befürworter einer Volksinitiative in dem bereits 1994 abgegebenen Bericht der Enquête-Kommission „Verfassungsreform" in Rheinland-Pfalz, LT-Drs. Rheinland-Pfalz 12/5555, S. 18.

§ 243 *Sechzehnter Teil: II. Vergleichende Betrachtung der Landesgrundrechte*

Letztlich[142] vermochten sie sich in den vorgenannten Ländern (und zuvor bereits in den meisten übrigen Ländern) gegen ihre Widersacher durchzusetzen, die unter anderem befürchteten, es würden sich primär politische Parteien des Mittels der Volksabstimmung bedienen, um den Landtag über die innerparlamentarisch bereits vorgesehenen Möglichkeiten hinaus mit einer Vielzahl von Initiativen zu befassen[143].

30
Befassungspflicht und zulässige Gegenstände

Prägendes Merkmal der Volksinitiative – und der ihr vergleichbaren Instrumente, die im folgenden aus Gründen der sprachlichen Vereinfachung nicht in jedem Fall separat erwähnt werden – ist es, daß sie im Erfolgsfall das Landesparlament zur Befassung mit einem bestimmten Gegenstand verpflichten – nicht zu weniger, aber auch nicht zu mehr: Das Landesparlament erfüllt seine Pflicht durch die Befassung als solche. Unterbreitet werden können ihm Gegenstände[144] der politischen Willensbildung[145], von denen vereinzelt ausdrücklich verlangt wird, daß sie das jeweilige Land betreffen müssen[146] oder daß sie in die Zuständigkeit des Landtags fallen[147]. In einigen Ländern werden Volksinitiativen zu einzelnen Themen und Objekten – in erster Linie handelt es sich um finanzielle, insbesondere haushaltsbezogene Fragen – ausdrücklich ausgeschlossen[148]. Darin kommt offenbar dieselbe Skepsis gegenüber der Zulassung plebiszitärer Elemente in derartigen Angelegenheiten zum Ausdruck wie bei Volksbegehren und Volksentscheiden[149].

31
Finanzfragen und Gesetzesvorhaben

Selbst von diesem Standpunkt aus wären aber entsprechende Vorbehalte bei den bloßen Volksinitiativen eigentlich nicht erforderlich, da durch die bloße Befassung des Landesparlaments mit einem Thema an sich kein „Schaden" – so ein solcher durch finanzwirksame Plebiszite überhaupt drohen sollte – zu befürchten steht. Anders mag man dies allenfalls dort beurteilen, wo eine Volksinitiative ein konkretes Gesetzgebungsvorhaben zum Gegenstand hat. Daß solches möglich ist, ordnen mehrere Landesverfassungen ausdrücklich

---

142 In Rheinland-Pfalz folgte der verfassungsändernde Gesetzgeber dem Vorschlag zur Einführung der Volksinitiative erst im Jahr 2000. Näher dazu *Franke*, in: Grimm/Caesar (LitVerz.), Art. 108a RN 2; *Hebeler*, in: Brocker/Droege/Jutzi (LitVerz.), Art. 108a vor RN 1.
143 So die Darstellung der Position der Gegner einer Volksinitiative in dem bereits 1994 abgegebenen Bericht der Enquête-Kommission „Verfassungsreform" in Rheinland-Pfalz (FN 141), S. 18 f.
144 Auf diese Vorgabe beschränkt sich Art. 87 Abs. 1 Verf. Bremen.
145 So die gebräuchlichste Formulierung. Verwendet wird sie von Art. 76 Abs. 1 Satz 1 Verf. Brandenburg; Art. 50 Abs. 1 Satz 1 Verf. Hamburg; Art. 59 Abs. 1 Satz 1 Verf. Mecklenburg-Vorpommern; Art. 47 Satz 1 Verf. Niedersachsen; Art. 67a Abs. 1 Satz 1 Verf. Nordrhein-Westfalen; Art. 108a Abs. 1 Satz 1 Verf. Rheinland-Pfalz; Art. 98a Abs. 1 Verf. Saarland; Art. 48 Abs. 1 Satz 1 Verf. Schleswig-Holstein; Art. 68 Abs. 1 Satz 1 Verf. Thüringen.
146 Art. 61 Abs. 1 Satz 1 Verf. Berlin; Art. 80 Abs. 1 Satz 1 Verf. Sachsen-Anhalt.
147 Art. 59 Abs. 2 Satz 1 Verf. Baden-Württemberg; Art. 98a Satz 1 Verf. Saarland.
148 Art. 87 Abs. 2 Satz 3 Verf. Bremen (Anträge zum Haushalt, zu Dienst- und Versorgungsbezügen, Abgaben und Personalentscheidungen); Art. 50 Abs. 1 Satz 2 Verf. Hamburg (Bundesratsinitiativen, Haushaltspläne, Abgaben, Tarife der öffentlichen Unternehmen sowie Dienst- und Versorgungsbezüge); Art. 59 Abs. 3 Verf. Mecklenburg-Vorpommern (Initiativen über den Haushalt des Landes, über Abgaben und Besoldung); Art. 108a Abs. 1 Satz 2 Verf. Rheinland-Pfalz (Gesetzentwürfe zu Finanzfragen, Abgabengesetzen und Besoldungsordnungen); Art. 48 Abs. 2 Verf. Schleswig-Holstein (Initiativen über den Haushalt des Landes, über Dienst- und Versorgungsbezüge sowie über öffentliche Abgaben); Art. 68 Abs. 2 Verf. Thüringen (Bürgeranträge zum Landeshaushalt, zu Dienst- und Versorgungsbezügen, Abgaben und Personalentscheidungen).
149 Zu den insofern geltenden Begrenzungen s. unten RN 49 ff.

an[150]. Sofern ein Volksbegehren oder ein Volksentscheid zum Beispiel zu Finanzfragen unzulässig ist[151], ist es zwar regelungstechnisch darstellbar, eine Volksinitiative zu Finanzfragen, die bereits einen Gesetzentwurf enthält, noch zuzulassen[152]. Daß das Verfahren nach der Ablehnung des Entwurfs durch den Landtag endet, ist im „Ernstfall" jedoch womöglich politisch schwer zu vermitteln. Um diesem Gedanken Rechnung zu tragen, müßte man freilich andere Volksinitiativen, die zum Beispiel allein auf eine Parlamentsdebatte zu Finanzfragen abzielen, nicht aber auf die Diskussion über einen Gesetzentwurf, noch nicht für unzulässig erklären. Das aber tun nahezu alle Landesverfassungen, die entsprechende Ausschlußtatbestände vorsehen, indem sie diese auf sämtliche Volksinitiativen beziehen. Eine differenziertere Lösung findet sich in Art. 108a Abs. 1 Satz 2 Verf. Rheinland-Pfalz. Nach dieser Vorschrift kann einer Volksinitiative auch – neben anderen Gegenständen der politischen Willensbildung – ein ausgearbeiteter Gesetzentwurf zugrunde liegen, soweit er nicht Finanzfragen, Abgabengesetze und Besoldungsordnungen betrifft. Im Umkehrschluß sind Volksinitiativen zulässig, die zwar diese Fragen und Regelungen betreffen, aber nicht auf den Erlaß eines Gesetzes gerichtet sind. In Baden-Württemberg hat sich der verfassungsändernde Gesetzgeber sogar entschlossen, trotz der Ausschlußtatbestände für finanzwirksame Gesetze bei Volksbegehren und Volksentscheid (Art. 59 Abs. 3 Satz 3, Art. 60 Abs. 6 Verf. Baden-Württemberg) für den Volksantrag auf derartige Restriktionen zu verzichten – und zwar unabhängig davon, ob der Antrag auf den Erlaß eines Gesetzes gerichtet ist oder nicht (Art. 59 Abs. 2 Verf. Baden-Württemberg): Er nimmt damit bewußt in Kauf, daß ein durch Volksantrag zum Ausdruck gebrachtes Anliegen, das auf den Erlaß eines Gesetzes gerichtet war, nach einer Ablehnung durch den Landtag endgültig gescheitert ist. Statt auf die zuvor erwähnten möglichen Schwierigkeiten bei der politischen Vermittelbarkeit stellen die Landtagsfraktionen in ihrem gemeinsamen Gesetzentwurf darauf ab, daß es ein Ausdruck von Achtung und Respekt vor dem Volk als Souverän sei, wenn sich der Landtag mit dessen Anliegen befasse[153].

Differenziertere Ansätze

Generalisierend lassen sich Volksinitiativen über alle Landesverfassungen hinweg als plebiszitäres Element unterhalb der Ebene des Volksbegehrens beschreiben. Ihre konkrete Einbindung in die Gesamtsystematik der direktdemokratischen Elemente fällt freilich von Land zu Land unterschiedlich aus. In Berlin, Bremen, Niedersachsen und im Saarland steht die Volksinitiative ohne echten inneren Zusammenhang neben dem Volksbegehren bzw. Volksentscheid. Ein Volksbegehren setzt hier keine vorherige Volksinitiative vor-

32
Verhältnis zu anderen plebiszitären Elementen

---

150 Art. 59 Abs. 2 Satz 1 Verf. Baden-Württemberg; Art. 76 Abs. 1 Satz 2 Verf. Brandenburg; Art. 50 Abs. 1 Satz 1 Verf. Hamburg; Art. 59 Abs. 1 Satz 2 Verf. Mecklenburg-Vorpommern; Art. 67a Abs. 1 Satz 2 Verf. Nordrhein-Westfalen; Art. 108a Abs. 1 Satz 2 Verf. Rheinland-Pfalz; Art. 80 Abs. 1 Satz 2 Verf. Sachsen-Anhalt; Art. 48 Abs. 1 Satz 2 Verf. Schleswig-Holstein; Art. 68 Abs. 1 Satz 2 Verf. Thüringen. Zum Sonderfall in Sachsen, wo einem Volksantrag zwingend ein mit Begründung versehener Gesetzentwurf zugrunde liegen muß, s. noch sogleich FN 155.
151 Dazu unten RN 50ff.
152 Zu einer derartigen Regelung in Baden-Württemberg sogleich im Anschluß RN 32 (am Ende).
153 Landtag Baden-Württemberg, Drs. 15/7178, S. 6.

§ 243 *Sechzehnter Teil: II. Vergleichende Betrachtung der Landesgrundrechte*

Mehrstufige Verfahren

aus. Das gilt auch für Mecklenburg-Vorpommern, Nordrhein-Westfalen, Sachsen-Anhalt und Thüringen. Zwar betonen die Verfassungen dieser Länder ausdrücklich, daß Gegenstand einer Volksinitiative auch ein Gesetzentwurf sein kann[154]. Ungeachtet dessen können Volksbegehren und Volksentscheid ohne eine vorangehende Volksinitiative eingeleitet werden. Anders verhält es sich in Brandenburg, Hamburg, Sachsen und Schleswig-Holstein. Hier kann ein Volksbegehren überhaupt nur eingeleitet werden, wenn das Landesparlament das im Wege der Volksinitiative (bzw. des Volksantrags) beantragte Gesetz nicht verabschiedet bzw. den anderen begehrten Beschluß[155] nicht gefaßt hat[156]. Das Volksgesetzgebungsverfahren ist hier also zwingend dreistufig aufgebaut[157]. So weit geht die Verbindung in Rheinland-Pfalz und Baden-Württemberg nicht. Zwar berechtigt in Rheinland-Pfalz die versagte Zustimmung des Landtags zu einer Volksinitiative deren Vertreter nach Art. 108a Abs. 2 Satz 3 Verf. Rheinland-Pfalz dazu, die Durchführung eines Volksbegehrens zu beantragen, sofern die Volksinitiative einen Gesetzentwurf zum Gegenstand hat. Diese Vorschrift macht die Volksinitiative aber nicht zu einer notwendigen Vorstufe des Volksbegehrens[158]. Zum einen ist sie in der Norm über die Volksinitiative (Art. 108a Verf. Rheinland-Pfalz) enthalten, nicht in der über das Volksbegehren (Art. 109 Verf. Rheinland-Pfalz). Zum anderen sollte durch die nachträgliche Einführung der Möglichkeit einer Volksinitiative[159] das Volksbegehren, das zuvor notwendigerweise auch ohne Volksinitiative zulässig war, erkennbar nicht von zusätzlichen Voraussetzungen abhängig gemacht werden. Entsprechendes gilt in Baden-Württemberg: Gegenstand eines Volksbegehrens kann nach Art. 59 Abs. 3 Satz 2 Verf. Baden-Württemberg „auch" ein als Volksantrag eingebrachter Gesetzentwurf sein, dem der Landtag nicht unverändert zugestimmt hat. Indizien dafür, daß die neu eingefügte Möglichkeit des Volksantrags zwingend vor dem Volksbegehren genutzt werden müßte, enthält die Landesverfassung nicht. Daher bleibt ein Volksbegehren auch ohne vorherigen Volksantrag möglich[160].

33
Folgen für die Volksinitiative

Ob die Volksinitiative Voraussetzung eines Volksbegehrens ist oder nicht, wirkt sich zwangsläufig auf ihre Wahrnehmung und Wertschätzung aus[161]. Wer ein Anliegen durch Plebiszit durchsetzen will, von dem abzusehen ist, daß es im Landtag keine Mehrheit finden wird, kann in den Ländern, in denen

---

154 Oben FN 150.
155 Diese Variante betrifft allein Brandenburg, Hamburg und Schleswig-Holstein. In Sachsen muß einem Volksantrag nach Art. 71 Abs. 1 Satz 3 Verf. Sachsen ein mit Begründung versehener Gesetzentwurf zugrunde liegen; auf andere Gegenstände gerichtete Volksanträge sind nicht vorgesehen.
156 Art. 77 Abs. 1 Verf. Brandenburg; Art. 50 Abs. 2 Satz 4 Verf. Hamburg; Art. 72 Abs. 1 Satz 1 Verf. Sachsen; Art. 49 Abs. 1 Satz 1 Verf. Schleswig-Holstein.
157 Für Brandenburg *Lieber*, in: ders./Iwers/Ernst (LitVerz.), Art. 76 S. 505.
158 *Hebeler*, in: Brocker/Droege/Jutzi (LitVerz.), Art. 108a RN 2; *Franke*, in: Grimm/Caesar (LitVerz.), Art. 108a RN 3.
159 Oben RN 29.
160 Auch die Begründung des zugrundeliegenden Gesetzentwurfs betont, daß den Bürgern mit dem Volksantrag neben Volksbegehren und Volksabstimmung ein zusätzliches Instrument an die Hand gegeben werden sollte (Landtag Baden-Württemberg, Drs. 15/7178, S. 6).
161 Zu den zwischen 1991 und 2006 durchgeführten Volksinitiativen s. *Rux*, Direkte Demokratie (LitVerz.), S. 931 ff.

die Volksinitiative nur optional vorgeschaltet ist, aus gut nachvollziehbaren Gründen zu der Einschätzung kommen, daß Aufwand und Ertrag bei der Volksinitiative in einem ungünstigen Verhältnis stehen: Da ohnehin nur die Befassung des Parlaments mit einem bestimmten Gegenstand erreicht werden kann, dürfte der Gedanke naheliegen, Kosten und Mühen für die Volksinitiative zu vermeiden und unmittelbar ein Volksbegehren zu initiieren. Entgegenwirken läßt sich dem allenfalls durch die Verringerung des erforderlichen Aufwands, also durch eine kleinere Zahl benötigter Unterstützerunterschriften.

Die Landesverfassungsgeber verlangen nahezu durchgängig eine absolut festgelegte Zahl von Unterstützern. Sie reicht grundsätzlich von 5 000 bis 70 000 Personen[162]. Selbst in Relation zur Zahl der möglichen Unterstützer führt das zu recht unterschiedlichen Anforderungen an das erforderliche Maß an Unterstützung: Die in Hamburg geforderte Zahl von 10 000 Wahlberechtigten entspricht etwas mehr als 0,8 v.H. der etwa 1,2 Millionen Wahlberechtigten[163]. In Niedersachsen wird mit 70 000 von etwa 6,1 Millionen Wahlberechtigten eine Unterstützung durch ca. 1,15 v.H. der Berechtigten verlangt. In Baden-Württemberg und Nordrhein-Westfalen setzen die Landesverfassungen den Wert relativ fest; sie fordern eine Unterstützung durch 0,5 v.H. der Wahl-[164] bzw. Stimmberechtigten[165]. Im übrigen unterscheiden sich die Gruppen der möglichen Unterstützer insofern, als in Berlin, Brandenburg, Bremen und im Saarland im Gegensatz zu den anderen Ländern nicht nur Wahl- bzw. Stimmberechtigte, sondern alle Einwohner ab dem vollendeten 16. Lebensjahr unterschreiben dürfen[166]. Damit wird die Volksinitiative von den weiteren Phasen der Volksgesetzgebung abgekoppelt, an denen allein Wahlberechtigte teilnehmen dürfen[167]. Dies wäre mit Art. 28 Abs. 1 GG in Verbindung mit Art. 20 Abs. 2 GG nur vereinbar, wenn man in der Volksinitiative keine Ausübung von Staatsgewalt sehen wollte[168].

34 Erforderliche Unterstützung

Einwohner-Initiativen

---

162 Art. 61 Abs. 1 Satz 2 Verf. Berlin: 20 000; Art. 76 Abs. 1 Satz 3 Verf. Brandenburg: 20 000 (150 000, sofern auf Auflösung des Landtags gerichtet); Art. 87 Abs. 2 Satz 1 Verf. Bremen: 5 000; Art. 50 Abs. 1 Satz 3 Verf. Hamburg: 10 000; Art. 59 Abs. 2 Satz 1 Verf. Mecklenburg-Vorpommern: 15 000; Art. 47 Satz 1 Verf. Niedersachsen: 70 000; Art. 108 a Abs. 2 Satz 1 Verf. Rheinland-Pfalz: 30 000; Art. 98 a Satz 2 Verf. Saarland: 5 000; Art. 71 Abs. 1 Satz 2 Verf. Sachsen: 40 000; Art. 80 Abs. 2 Satz 1 Verf. Sachsen-Anhalt: 30 000; Art. 48 Abs. 1 Satz 3 Verf. Schleswig-Holstein: 20 000; Art. 68 Abs. 3 Verf. Thüringen: 50 000.
163 Pressemitteilung des Bundeswahlleiters v. 5. 3. 2009, abrufbar unter http://www.bundeswahlleiter.de/de/bundestagswahlen/BTW_BUND_09/presse/11Wahlberechtigte_Laender.html. Die Mitteilung bezieht sich naturgemäß auf die Zahl der Wahlberechtigten bei der Bundestagswahl. Abweichungen zur Zahl der Wahlberechtigten bei den Landtagswahlen, die sich durch ein insofern niedrigeres Wahlalter ergeben können, bleiben im folgenden unberücksichtigt.
164 Art. 59 Abs. 2 Satz 2 Verf. Baden-Württemberg. Besonderheiten gelten nach Art. 59 Abs. 2 Satz 3 i.V.m. Art. 43 Verf. Baden-Württemberg für die Auflösung des Landtags.
165 Art. 67 a Abs. 2 Satz 1 Verf. Nordrhein-Westfalen.
166 In Berlin, Bremen und dem Saarland verlangen die zuvor in FN 162 zitierten Vorschriften, daß es sich um mindestens sechzehn Jahre alte Einwohner handelt. In Brandenburg spricht Art. 76 Abs. 1 Satz 3 Verf. nur von Einwohnern; die Altersgrenze ergibt sich hier aus Art. 22 Abs. 2 Satz 1 Verf.
167 Unten RN 40 f., 46 f.
168 *P. Neumann*, Sachunmittelbare Demokratie (LitVerz.), RN 267.

§ 243 *Sechzehnter Teil: II. Vergleichende Betrachtung der Landesgrundrechte*

35
Pflicht zur Anhörung der Vertreter

Sofern die Volksinitiative die erforderliche Unterstützung erhalten hat, muß sich das Landesparlament mit dem Gegenstand der Initiative befassen. Die Hälfte der Landesverfassungen, die eine Volksinitiative kennen, statuieren dabei für die Vertreter bzw. Initiatoren explizit Anhörungsrechte. Durch wen die Repräsentanten anzuhören sind, wird nur vereinzelt näher festgelegt[169]. Soweit die Landesverfassungen im übrigen pauschal von einem Recht auf Anhörung sprechen[170], wird man annehmen müssen, daß dieser Festlegung sowohl durch einen zuständigen Ausschuß als auch durch das Landtagsplenum Rechnung getragen werden kann[171].

b) Volksbegehren

36
Antrag auf Durchführung eines Volksentscheides

Alle Landesverfassungen sehen das Instrument des Volksbegehrens vor. Dabei handelt es sich der Sache nach um den – zum Teil auch so bezeichneten – Antrag auf Durchführung eines Volksentscheides. Bevor es nach einem erfolgreichen Volksbegehren aber zu einem Volksentscheid kommt, darf regelmäßig[172] das Landesparlament entscheiden, ob es dem Begehren zustimmt, womit dann der Volksentscheid verzichtbar wird. Unmittelbar ist das Volksbegehren also – der Volksinitiative insofern vergleichbar – ein Instrument, durch das sich – von der Gesetzgebungszuständigkeit des Landes erfaßte – Gesetzesvorlagen in das Landesparlament einbringen lassen bzw. sich der Wunsch nach dem Erlaß eines entsprechenden Gesetzes zum Ausdruck bringen läßt[173]. In einzelnen Ländern darf ein Volksbegehren auch andere Gegenstände betreffen, bei denen der angestrebte Landtagsbeschluß nicht im Erlaß eines Gesetzes besteht. In Berlin, Brandenburg und Hamburg können das beliebige Beschlüsse innerhalb der Entscheidungszuständigkeit der Landesparlamente sein[174], in Bayern und Rheinland-Pfalz die Auflösung des Landtags[175] bzw. in Bremen die vorzeitige Beendigung der Wahlperiode[176]. In Berlin und Brandenburg ist diese

---

169 Art. 61 Abs. 1 Satz 3 Verf. Berlin („in den zuständigen Ausschüssen"); Art. 50 Abs. 2 Satz 3 Verf. Hamburg („in einem Ausschuss"); Art. 68 Abs. 4 Satz 2 Verf. Thüringen („in einem Ausschuß").
170 Art. 76 Abs. 1 Satz 4 Verf. Brandenburg; Art. 59 Abs. 2 Satz 2 Verf. Mecklenburg-Vorpommern; Art. 47 Satz 2 Verf. Niedersachsen; Art. 48 Abs. 1 Satz 4 Verf. Schleswig-Holstein.
171 Gegen ein Recht auf Anhörung vor dem Plenum auch *Stender-Vorwachs*, in: Epping/Butzer/Brosius-Gersdorf (LitVerz.), Art. 48 RN 16.
172 Zu einer Ausnahme s. Art. 70 Abs. 1 lit. c Verf. Bremen: Auf Antrag eines Fünftels der Stimmberechtigten kommt es in Bremen zum Volksentscheid über die vorzeitige Beendigung der Wahlperiode, ohne daß zuvor das Parlament über den Antrag zu entscheiden hat. – Daß Verfassungsänderungen nach Art. 75 Abs. 2 Satz 2 Verf. Bayern stets vom Volk mitbeschlossen werden müssen, hat zur Folge, daß die Zustimmung des Landtags zu einem Volksbegehren, das auf eine Verfassungsänderung gerichtet ist, das folgende Referendum nicht entbehrlich macht (*Möstl*, in: Lindner/ders./Wolff, [LitVerz.], Art. 74 RN 14).
173 Art. 59 Abs. 1 Verf. Baden-Württemberg; Art. 74 Abs. 1 Verf. Bayern; Art. 62 Abs. 1 Satz 1 Verf. Berlin; Art. 77 Abs. 1 Satz 1 Verf. Brandenburg; Art. 70 Abs. 1 lit. d Verf. Bremen; Art. 50 Abs. 1 Satz 1 Verf. Hamburg; Art. 124 Verf. Hessen; Art. 60 Abs. 1 Verf. Mecklenburg-Vorpommern; Art. 48 Abs. 1 Satz 1 Verf. Niedersachsen; Art. 68 Abs. 1 Verf. Nordrhein-Westfalen; Art. 109 Abs. 1 Nr. 1 Verf. Rheinland-Pfalz; Art. 99 Abs. 1 Satz 1 Verf. Saarland; Art. 72 Abs. 1 Verf. Sachsen; Art. 81 Abs. 1 Satz 1 Verf. Sachsen-Anhalt; Art. 49 Abs. 1 Satz 1 Verf. Schleswig-Holstein; Art. 82 Abs. 1 Verf. Thüringen.
174 Art. 62 Abs. 1 Satz 2 Verf. Berlin; Art. 77 Abs. 1 Satz 1 Verf. Brandenburg; Art. 50 Abs. 2 Satz 5 Verf. Hamburg.
175 Art. 18 Abs. 3 Verf. Bayern; Art. 109 Abs. 1 Nr. 2 Verf. Rheinland-Pfalz.
176 Art. 70 Abs. 1 lit. c, 76 Abs. 1 lit. b Verf. Bremen.

Option zusätzlich zu den gegenständlich nicht enger beschränkten Volksbegehren vorgesehen[177].

Während die Grundstruktur des Volksbegehrens in allen Ländern übereinstimmt – Sammlung von Unterschriften; nach erfolgreichem Volksbegehren Entscheidung des Landesparlaments; bei Ablehnung des Antrags Durchführung eines Volksentscheids –, weichen die Regelungen in den Einzelheiten teils erheblich voneinander ab. Dabei geht es nicht nur um eher technische Details, sondern letztlich um die Höhe der Hürden für die Volksgesetzgebung, von der die praktische Bedeutung der plebiszitären Elemente entscheidend abhängt.

37
Übereinstimmende Grundstruktur in allen Ländern

Soweit sich das Volksbegehren auf den Erlaß eines Gesetzes richtet, verlangen die meisten Landesverfassungen ausdrücklich, daß es einen ausgearbeiteten und mit Gründen versehenen Gesetzentwurf enthält[178]. In Bremen sowie im Saarland bedarf es für finanzwirksame bzw. kostenverursachende Anliegen besonderer Finanzierungsvorschläge[179].

38
Erforderlicher Inhalt

Der Sammlung der benötigten Unterschriften kann eine obligatorische Volksinitiative[180] oder ein anderes Einleitungsverfahren[181] vorgeschaltet sein. Die Sammlung der Unterschriften für das Begehren selbst stellt regelmäßig eine zentrale Hürde auf dem Weg zu einem volksbeschlossenen Gesetz dar. Ihre Höhe hängt nicht allein von der Zahl der benötigten Unterschriften ab, sondern zudem von der Wahrung von Frist- und Formfragen[182].

39
Vorgeschaltete Verfahren

Im Überblick stellt sich die Rechtslage, soweit sie in den Landesverfassungen selbst geregelt ist, wie folgt dar: In Baden-Württemberg und Bayern müssen jeweils 10 v.H. der Wahl- bzw. Stimmberechtigten unterschreiben[183]; Regelun-

40

---

177 Art. 54 Abs. 3, 62 Abs. 6 Verf. Berlin; Art. 77 Abs. 1 Satz 1 Verf. Brandenburg.
178 Art. 59 Abs. 3 Satz 1 Verf. Baden-Württemberg; Art. 74 Abs. 2 Verf. Bayern; Art. 71 Abs. 1 Verf. Bremen; Art. 60 Abs. 1 Satz 2 Verf. Mecklenburg-Vorpommern; Art. 68 Abs. 1 Satz 2 Verf. Nordrhein-Westfalen; Art. 109 Abs. 2 Satz 2 Verf. Rheinland-Pfalz; Art. 99 Abs. 2 Satz 1 Verf. Saarland; mittelbar: Art. 72 Abs. 1 Satz 1 i.V.m. Art. 71 Abs. 1 Verf. Sachsen; Art. 81 Abs. 1 Satz 2 Verf. Sachsen-Anhalt; mittelbar: Art. 48 Abs. 1 Satz 2 Verf. Schleswig-Holstein (Begründungspflicht für Gesetzentwurf bei der Volksinitiative führt wegen des obligatorischen Charakters der Volksinitiative zu einer Begründungspflicht auch beim Volksbegehren). Art. 62 Abs. 3 Satz 1 Verf. Berlin, Art. 124 Abs. 1 Satz 2 Verf. Hessen, Art. 49 Abs. 1 Satz 1 Verf. Niedersachsen sprechen nur vom Entwurf eines Gesetzes, ohne dessen Begründung zu fordern.
179 Art. 71 Abs. 2 Verf. Bremen; Art. 99 Abs. 1 Satz 6 Verf. Saarland. Die Vorschrift in Bremen betrifft nur finanzwirksame Volksentscheide, noch nicht das vorgelagerte Volksbegehren.
180 Oben RN 32.
181 Art. 63 Abs. 1 Satz 1, Abs. 2 Satz 1 Verf. Berlin (Unterschriften von mindestens 20 000 zum Abgeordnetenhaus Wahlberechtigten zum Nachweis der Unterstützung, bei Verfassungsänderungen von mindestens 50 000); Art. 99 Abs. 2 Satz 2 Verf. Saarland (Einleitung bei Antrag durch 5 000 Stimmberechtigte); Art. 82 Abs. 3 Satz 1 Verf. Thüringen (Antrag auf Zulassung muß von mindestens 5 000 Stimmberechtigten unterschrieben sein).
182 Zur Bedeutung von Eintragungsfristen *Meerkamp*, Die Bedeutung von Eintragungsfristen beim Volksbegehren im Rahmen der Volksgesetzgebungsverfahren in den deutschen Ländern, ZParl 2010, S. 579 ff.; zur Bedeutung der Eintragungsmodalitäten *ders.*, Die Bedeutung von Eintragungsmodalitäten beim Volksbegehren in den deutschen Ländern, RuP 2010, S. 134 ff.
183 Art. 59 Abs. 3 Satz 4 Verf. Baden-Württemberg; Art. 74 Abs. 1 Verf. Bayern. In Baden-Württemberg stellt dies im Vergleich mit der bis Anfang Dezember 2015 geltenden Vorgängerregelung, die eine Unterstützung durch ein Sechstel der Wahlberechtigten verlangte, eine erhebliche Erleichterung für die Volksgesetzgebung dar. – Strengere Anforderungen gelten in Bayern für einen Antrag auf Auflösung des Landtags per Volksentscheid: Dieser muß von einer Million wahlberechtigter Staatsbürger gestellt werden (Art. 18 Abs. 3 Verf. Bayern). Für Baden-Württemberg s. insofern Art. 59 Abs. 2 Satz 3 i.V.m. Art. 43 Verf.

§ 243 *Sechzehnter Teil: II. Vergleichende Betrachtung der Landesgrundrechte*

Erforderliche Unterstützung – erste Gruppe

gen zur Art der Einholung der Unterschriften oder zu Fristen enthalten die Landesverfassungen nicht. Geringere Anforderungen stellt Berlin, dessen Verfassung die Unterstützung durch 7 v.H. der zum Abgeordnetenhaus Stimmberechtigten (bei Verfassungsänderungen sowie bei der vorzeitigen Beendigung der Wahlperiode des Abgeordnetenhauses: 20 v.H.) verlangt, die jedoch – was sich als zusätzliche Hürde darstellt – binnen vier Monaten dem Volksbegehren zustimmen müssen[184]. In Brandenburg gilt es, binnen sechs Monaten die Unterschriften von 80 000 Stimmberechtigten (bei Anträgen auf Auflösung des Landtages: 200 000) zu sammeln[185]. In Bremen liegt die Schwelle normalerweise bei einem Zwanzigstel, im Fall von Anträgen auf Verfassungsänderungen oder auf eine vorzeitige Beendigung der Wahlperiode bei einem Zehntel bzw. einem Fünftel der Stimmberechtigten[186]. In Hamburg genügt in jedem Fall – also auch bei Verfassungsänderungen – die Unterstützung durch ein Zwanzigstel der Wahlberechtigten[187]. Das unterscheidet sich erheblich von der Verfassungsrechtslage in Hessen, nach der ein Fünftel der Stimmberechtigten den Antrag stellen muß[188].

41
Erforderliche Unterstützung – zweite Gruppe

Die Verfassung von Mecklenburg-Vorpommern verlangt (derzeit noch) die Unterstützung durch 120 000 Wahlberechtigte[189]. Bezogen auf die Zahl der Wahlberechtigten ist das eine etwas niedrigere Schwelle[190] als die in Niedersachsen, die bei 10 v.H. der Wahlberechtigten liegt[191]. Von der Verfassung Nordrhein-Westfalen werden 8 v.H. der Stimmberechtigten gefordert[192]. In dieser Größenordnung liegen auch die in Rheinland-Pfalz verlangten 300 000 Unterschriften[193], die freilich binnen einer Eintragungsfrist von zwei Monaten gesammelt werden müssen[194]. Im Saarland läßt die Landesverfassung 7 v.H. der Stimmberechtigten genügen, die ihre Unterstützung aber durch Eintragung in amtliche ausgelegte Unterstützungsblätter innerhalb von drei Monaten zum Ausdruck bringen müssen[195]. Mindestens die doppelte Zeit haben die Befürworter eines Volksbegehrens in Sachsen: Hier müssen mindestens sechs Monate zur Verfügung stehen, um die erforderlichen 450 000 Unterstützungsunterschriften zusammenzubringen. Daß diese Zahl auf maximal 15 v.H. der

---

184 Art. 63 Abs. 1 Satz 2, Abs. 2 Satz 2, Abs. 3 Satz 2 Verf. Berlin.
185 Art. 77 Abs. 3 Verf. Brandenburg. Bei 2,1 Mio. Wahlberechtigten (Pressemitteilung des Bundeswahlleiters v. 5. 3. 2009 [oben FN 163]) sind 80 000 etwas weniger als 4 v.H.
186 Art. 70 Abs. 1 lit. c, d Verf. Bremen.
187 Art. 50 Abs. 2 Satz 8 Verf. Hamburg. Daß die Landesverfassung im Wege der Volksgesetzgebung geändert werden kann, ergibt sich aus dem Quorum für einschlägige Volksentscheide in Art. 50 Abs. 3 Satz 11 Verf. Hamburg.
188 Art. 124 Abs. 1 Verf. Hessen.
189 Art. 60 Abs. 1 Satz 3 Verf. Mecklenburg-Vorpommern. Die Bestimmung wurde geändert durch das Gesetz zur Änderung der Verfassung des Landes Mecklenburg-Vorpommern und weiterer Rechtsvorschriften, das der Landtag am 8. 6. 2016 beschlossen hat. Nach der noch nicht verkündeten Änderung wird noch die Unterstützung von 100 000 Wahlberechtigten verlangt.
190 Bei 1,4 Mio. Wahlberechtigten (Pressemitteilung des Bundeswahlleiters v. 5. 3. 2009 [oben FN 163]) sind 120 000 gute 8,5 v.H.
191 Art. 48 Abs. 3 Satz 1 Verf. Niedersachsen.
192 Art. 68 Abs. 1 Satz 7 Verf. Nordrhein-Westfalen.
193 Bei 3,0 Mio. Wahlberechtigten (Pressemitteilung des Bundeswahlleiters v. 5. 3. 2009 [oben FN 163]) entspricht das geforderte Quorum 10 v.H.
194 Art. 109 Abs. 3 Satz 1, 2 Verf. Rheinland-Pfalz.
195 Art. 99 Abs. 2 Satz 2 Verf. Saarland.

Stimmberechtigten gedeckelt wird, kommt angesichts einer Wahlbevölkerung von derzeit etwa 3,5 Millionen Wahlberechtigten derzeit nicht zum Tragen[196]. In Sachsen-Anhalt verlangt die Landesverfassung eine Unterstützung durch 9 v.H. der Wahlberechtigten[197]. Das ist im Ergebnis das Zweieinhalbfache der in Schleswig-Holstein geforderten Zustimmung durch 80 000 Stimmberechtigte[198], die im übrigen innerhalb eines halben Jahres geäußert werden muß[199]. Daß das Erreichen einer bestimmten Zahl von Unterschriften in amtlich ausgelegten Unterschriftsbögen oder in freier Sammlung unterschiedliche Schwierigkeiten aufweist – im ersten Fall müssen Bürger motiviert werden, den Ort aufzusuchen, an dem die Listen liegen; im zweiten Fall muß eine womöglich begrenzte Zahl von Helfern möglichst viele Orte aufsuchen, was nur sukzessive möglich ist –, kommt in Thüringen gut zum Ausdruck: Die Antragsteller haben die Wahl zwischen beiden Methoden. Auf amtlich ausgelegten Bögen müssen 8 v.H. der Stimmberechtigten binnen zwei Monaten unterschreiben, bei freier Sammlung 10 v.H. binnen vier Monaten[200].

Unterschriftsbögen bzw. freie Sammlung

Unter anderem aufgrund dieser unterschiedlich hohen Hürden – sowie der für einen erfolgreichen Volksentscheid gegebenenfalls zu erreichenden Quoren[201] – nimmt es nicht Wunder, daß zwischen den Ländern große Abweichungen in der Zahl der tatsächlich durchgeführten Volksbegehren zu verzeichnen sind[202]. Die konkrete Ausgestaltung der direkten Demokratie hat maßgeblichen Anteil daran, wo „zwischen Placebo und Erfolgsmodell"[203] diese angesiedelt ist. Besonders markant läßt sich die Spannbreite ausdrükken, wenn man unterstellt, daß es in jedem Land bei der bisherigen Frequenz an Volksbegehren bleibt. Dann würde in Hamburg alle 1,2 Jahre eines stattfinden, gefolgt von Brandenburg (2,2 Jahre) und Bayern (3,6 Jahre). Wesentlich länger wäre das Intervall in Nordrhein-Westfalen (32 Jahre), Rheinland-Pfalz (67 Jahre) und Hessen (68 Jahre). Überhaupt keine Volksbegehren gab es bislang im Saarland sowie in Baden-Württemberg, obwohl die Möglichkeit dazu seit 1979 bzw. 1974 besteht[204].

42
Tatsächliche Nutzung

---

196 Pressemitteilung des Bundeswahlleiters v. 5.3.2009 (oben FN 163). Zur Regelung s. Art. 72 Abs. 2 Satz 1, 2 Verf. Sachsen.
197 Art. 81 Abs. 1 Satz 4 Verf. Sachsen-Anhalt.
198 Ausweislich der Pressemitteilung des Bundeswahlleiters v. 5.3.2009 (oben FN 163) gibt es etwa 2,2 Mio. Wahlberechtigte; 80 000 entsprechen also in etwa 3,6 v.H.
199 Art. 49 Abs. 1 Satz 5 Verf. Schleswig-Holstein.
200 Art. 82 Abs. 5 Verf. Thüringen.
201 Unten RN 45 ff.
202 S. dazu die statistischen Auswertungen bei *Bärbel Weixner*, Direkte Demokratie in den Bundesländern, 2002, S. 207 ff.; *Rux*, Direkte Demokratie (LitVerz.), S. 931 ff., listet alle von 1991 bis 2006 eingeleiteten Verfahren auf. S. weiter den Beitrag von *Obermann*, Entwicklung direkte Demokratie im Ländervergleich, LKV 2012, S. 241 ff.
203 So ein Teil des Titels des Beitrags von *Decker*, Zwischen Placebo und Erfolgsmodell. Direkte Demokratie auf der Landesebene, ZParl 2010, S. 564 ff.
204 Mehr Demokratie e.V., Volksbegehrensbericht 2013, S. 15. Die Berechnungen beziehen sich auf Volksbegehren (bzw. Volksentscheide) im Zeitraum 1946–2013. Die Intervalle ergeben sich aus der Division der Zahl der Jahre, in denen Volksbegehren durchgeführt werden konnten, durch die Zahl der tatsächlich durchgeführten Volksbegehren (z.B. Brandenburg: Durchführung seit 1992 möglich, 2014 also seit 22 Jahren, zehn Volksbegehren haben seither stattgefunden). Der im Jahre 2011 durchgeführten Volksabstimmung über das Bahnprojekt „Stuttgart 21" in Baden-Württemberg ging kein Volksbegehren voraus; es handelte sich um eine Abstimmung auf der Grundlage von Art. 60 Abs. 3 Verf. Baden-Württemberg.

c) Volksentscheid

43
Abwendung des Volksentscheids durch das Parlament

Ob sich an ein erfolgreiches Volksbegehren ein Volksentscheid (zum Teil auch als Volksabstimmung bezeichnet)[205] anschließt, hängt in aller Regel von der Reaktion des Landesparlaments ab. Abgesehen von Spezialkonstellationen, in denen es nach einem Volksbegehren stets zu einem Volksentscheid kommt[206], läßt sich ein Volksentscheid jedenfalls dadurch abwenden, daß das Landesparlament dem Volksbegehren unverändert zustimmt. Gerade der unveränderten Zustimmung, die jedenfalls inhaltliche Abweichungen ausschließt[207], bedarf es zumindest in den Ländern, in denen sie ausdrücklich gefordert wird[208]. Landesverfassungen, die lediglich die Zustimmung verlangen, sich zu Modifikationen aber ausschweigen[209], könnten theoretisch so interpretiert werden, daß kleinere Änderungen unschädlich sind. Die besseren Gründe dürften freilich dafür sprechen, auch hier eine unveränderte Zustimmung zu verlangen[210]. Anders verhält es sich in Ländern, deren Verfassung eine im wesentlichen unveränderte Annahme fordern[211]. Den damit früher oder später unumgänglichen Streit über den wesentlichen oder unwesentlichen Charakter einer Änderung vermeiden die Verfassungen Bremens und Schleswig-Holsteins: Nach ihnen läßt sich ein Volksentscheid zum einen durch die unveränderte Zustimmung oder – das ist die Besonderheit – durch die Zustimmung zu einer zwar geänderten, aber von den Repräsentanten des Volksbegehrens gebilligten Fassung vermeiden[212].

44
Durchführung des Volksentscheids

Ohne diese Zustimmung binnen einer bestimmten Frist kommt es zum Volksentscheid, mit dem über den (gegebenenfalls überarbeiteten)[213] Antrag des Volksbegehrens sowie unter Umständen über einen konkurrierenden Ent-

---

205 Die Terminologie ist nicht einheitlich: Art. 60 Abs. 1 Verf. Baden-Württemberg spricht von einer Volksabstimmung über Gesetze; in anderen Ländern würde dies als Volksentscheid bezeichnet. Art. 71 Verf. Hessen verwendet „Volksabstimmung" als Oberbegriff für „Volkswahl, Volksbegehren und Volksentscheid".
206 Dazu bereits oben FN 172.
207 Nach *Mario Martini*, Wenn das Volk (mit)entscheidet ..., 2011, S. 56, soll die „vollinhaltliche" Übereinstimmung stets ausreichen; eine wortgetreue Übernahme werde man nicht verlangen können. Zumindest mit Blick auf die Länder, in denen eine „unveränderte" Übernahme gefordert wird, läßt sich das durchaus auch anders sehen.
208 Art. 60 Abs. 1 Satz 1 Verf. Baden-Württemberg; Art. 124 Abs. 2 Satz 2 Verf. Hessen; Art. 72 Abs. 1 Satz 1 Verf. Sachsen; Art. 81 Abs. 3 Satz 1 Verf. Sachsen-Anhalt.
209 Art. 78 Abs. 1 Satz 1 Verf. Brandenburg; Art. 50 Abs. 3 Satz 3 Verf. Hamburg; Art. 68 Abs. 2 Satz 2, 3 Verf. Nordrhein-Westfalen; Art. 109 Abs. 4 Satz 1 Verf. Rheinland-Pfalz; Art. 82 Abs. 7 Satz 2 Halbsatz 1 Verf. Thüringen. In Art. 74 Abs. 4 Verf. Bayern kommt die Forderung nach parlamentarischer Zustimmung zur Abwendung des Volksentscheides nur mittelbar zum Ausdruck: Die Vorschrift ordnet an, daß der Landtag dem Volk einen eigenen Gesetzentwurf mit zur Entscheidung vorlegen darf, wenn er das Volksbegehren ablehnt.
210 So auch *Möstl*, in: Lindner/ders./Wolff (LitVerz.), Art. 74 RN 14.
211 Art. 62 Abs. 4 Satz 4 Verf. Berlin; Art. 60 Abs. 3 Satz 1 Verf. Mecklenburg-Vorpommern; Art. 49 Abs. 1 Satz 1 Verf. Niedersachsen.
212 So Art. 49 Abs. 2 Satz 2 Nr. 1 Verf. Schleswig-Holstein. Art. 70 Abs. 1 lit. d Verf. Bremen begrenzt den insofern bestehenden Änderungsspielraum durch die Maßgabe, daß die veränderte Fassung dem Anliegen des Volksbegehrens nicht widersprechen darf.
213 Nur beispielhaft Art. 50 Abs. 3 Satz 4 Verf. Hamburg; Art. 72 Abs. 1 Satz 2 Verf. Sachsen.

wurf des Landesparlaments²¹⁴ abgestimmt wird. Eines gesonderten Antrags auf Durchführung des Volksentscheides bedarf es nur ausnahmsweise²¹⁵.

45 Bedeutung von Zustimmungsquoren

Ob Volksentscheide ein wirksames Instrument der Mitentscheidung oder ein eher theoretisches Mittel der Gesetzgebung darstellen, dessen praktischer Nutzung faktisch mehr oder weniger unüberwindliche Hürden entgegenstehen, hängt im wesentlichen davon ab, ob ihr Erfolg an ein Zustimmungsquorum geknüpft ist bzw. wie hoch dieses ist. Je höher ein Quorum liegt, desto schwieriger ist es, ein Gesetz bei überdies womöglich niedriger Abstimmungsbeteiligung vom Volk beschließen zu lassen²¹⁶.

46 Zustimmungsquoren – erste Gruppe

In Baden-Württemberg bedarf eine Volksabstimmung der Mehrheit der abgegebenen gültigen Stimmen, bei der es sich mindestens um 20 v.H. der Stimmberechtigten handeln muß. Verfassungsänderungen muß die Mehrheit der Stimmberechtigten zustimmen²¹⁷. Kein Quorum gibt es für Volksentscheide in Bayern; hier hat es mit der Anordnung „Mehrheit entscheidet"²¹⁸ sein Bewenden. In Berlin muß die Mehrheit der Teilnehmer und zugleich ein Viertel der zum Abgeordnetenhaus Wahlberechtigten zustimmen; Verfassungsänderungen erfordern eine Mehrheit von mindestens zwei Dritteln der Teilnehmer und zugleich mindestens der Hälfte der Wahlberechtigten, die vorzeitige Beendigung der Wahlperiode nur die Zustimmung der Mehrheit der Teilnehmer, zusätzlich aber die Beteiligung von mindestens der Hälfte der Wahlberechtigten²¹⁹. In Brandenburg hat der Volksentscheid Erfolg bei Zustimmung durch die Mehrheit derjenigen, die ihre Stimme abgegeben haben, sofern es sich dabei mindestens um ein Viertel der Stimmberechtigten handelt; Verfassungsänderungen sowie die vorzeitige Auflösung des Landtags erfordern eine Mehrheit von zwei Dritteln der abgegebenen Stimmen, mindestens aber die Stimmen der Hälfte der Stimmberechtigten²²⁰. Die Verfassung Bremens läßt es genügen, daß die Mehrheit der abgegebenen Stimmen ein Fünftel – bei Verfassungsänderungen: zwei Fünftel – der Stimmberechtigten erreicht²²¹. In

Berlin; Brandenburg

Bremen; Hamburg; Hessen

---

214 Art. 60 Abs. 1 Satz 2 Verf. Baden-Württemberg; Art. 74 Abs. 4 Verf. Bayern; Art. 62 Abs. 4 Satz 3 Verf. Berlin; Art. 78 Abs. 1 Satz 2 Verf. Brandenburg; Art. 50 Abs. 3 Satz 6 Verf. Hamburg; Art. 60 Abs. 3 Satz 3 Verf. Mecklenburg-Vorpommern; Art. 49 Abs. 1 Verf. Niedersachsen; Art. 109 Abs. 4 Satz 2 Verf. Rheinland-Pfalz; Art. 100 Abs. 2 Satz 2 Verf. Saarland; Art. 72 Abs. 2 Satz 3 Verf. Sachsen; Art. 81 Abs. 4 Satz 1 Verf. Sachsen-Anhalt; Art. 49 Abs. 2 Satz 2 Verf. Schleswig-Holstein; Art. 82 Abs. 7 Satz 2 Hs. 2 Verf. Thüringen.
215 Vorgesehen ist ein solcher Antrag durch Art. 70 Abs. 1 lit. d Verf. Bremen.
216 Zur Wirkung von Quoren als „Stellschrauben zwischen Repräsentation und Partizipation" *Frank Meerkamp*, Die Quorenfrage im Volksgesetzgebungsverfahren, 2011, S. 431 ff. S. weiter *O. Jung*, Das Quorenproblem beim Volksentscheid. Legitimität und Effizienz beim Abschluss des Verfahrens der Volksgesetzgebung, ZPol 1999, S. 863 ff.
217 Art. 60 Abs. 5, 64 Abs. 3 Satz 3 Verf. Baden-Württemberg. Bis zum Inkrafttreten der aktuellen Version der Verfassung im Dezember 2015 mußte die Mehrheit der abgegebenen gültigen Stimmen nach Art. 60 Abs. 5 Verf. Baden-Württemberg a.F. mindestens einem Drittel der Stimmberechtigten entsprechen. Eingehend zu den Rechtsgrundlagen, zur Entwicklung der Quoren sowie zur Praxis und Bewertung der Regelungen hier und in sämtlichen anderen Ländern *Meerkamp*, Quorenfrage, aaO., S. 79 ff.
218 Art. 2 Abs. 2 Satz 2 Verf. Bayern.
219 Art. 63 Abs. 1 Satz 3, Abs. 2 Satz 3, Abs. 3 Satz 3 Verf. Berlin.
220 Art. 78 Abs. 2, 3 Verf. Brandenburg. Zu den Sonderfällen nach Art. 115 Abs. 1, Abs. 3 Satz 2 Verf. Brandenburg s. bereits oben RN 4.
221 Art. 72 Verf. Bremen.

§ 243   *Sechzehnter Teil: II. Vergleichende Betrachtung der Landesgrundrechte*

Hamburg hängen die Mehrheitserfordernisse vom Abstimmungstag ab: Findet der Volksentscheid am Tag einer Bürgerschaftswahl oder einer Bundestagswahl statt, muß die Mehrheit der Abstimmenden zustimmen, die mindestens so groß sein muß wie die Mehrheit der in dem gleichzeitig gewählten Parlament repräsentierten Hamburger Stimmen. Im Falle von Verfassungsänderungen ist statt der einfachen jeweils eine Zwei-Drittel-Mehrheit gefordert. Bei Volksabstimmungen, die an anderen Tagen stattfinden – was für Verfassungsänderungen nicht zulässig ist –, genügt es, wenn die Mehrheit der Abstimmenden ein Fünftel der Wahlberechtigten erreicht[222]. In Hessen bedarf es keines Quorums; es genügt die Mehrheit der abgegebenen Stimmen[223].

47
Zustimmungsquoren – zweite Gruppe

Dagegen muß die Mehrheit der Abstimmenden in Mecklenburg-Vorpommern (noch) mindestens einem Drittel der Wahlberechtigten entsprechen; Verfassungsänderungen erfordern die Zustimmung von zwei Dritteln der Abstimmenden, bei denen es sich mindestens um die Hälfte der Wahlberechtigten handeln muß[224]. Niedriger liegen die Anforderungen in Niedersachsen: Hier darf die Mehrheit der abgegebenen Stimmen ein Viertel der Wahlberechtigten nicht unterschreiten; Verfassungsänderungen bedürfen der Zustimmung von mindestens der Hälfte der Wahlberechtigten[225]. In Nordrhein-Westfalen muß die Mehrheit der abgegebenen Stimmen mindestens 15 v.H. der Stimmberechtigten entsprechen[226]; bei Verfassungsänderungen ist eine Mehrheit von zwei Dritteln der Abstimmenden bei einer Beteiligung von mindestens der Hälfte der Stimmberechtigten gefordert[227]. In Rheinland-Pfalz kann die Mehrheit der Stimmberechtigten die Verfassung ändern[228]. Im übrigen wird hier lediglich für einfache Gesetzesbeschlüsse und für die Auflösung des Landtags eine Abstimmungsbeteiligung von einem Viertel der Stimmberechtigten verlangt; entscheidend ist jeweils die Mehrheit der abgegebenen Stimmen[229].

Saarland; Sachsen

Dagegen muß im Saarland nicht die Beteiligung, sondern die Mehrheit der Zustimmenden einem Viertel der Stimmberechtigten entsprechen. Für Verfassungsänderungen bedarf es einer Zustimmung von zwei Dritteln der Abstimmenden bei einer Beteiligung von mindestens der Hälfte der Stimmberechtigten[230]. Sachsen zählt zu den Ländern, die jenseits von Verfas-

---

222 Art. 50 Abs. 3 Satz 10–13 Verf. Hamburg.
223 Art. 124 Abs. 3 Satz 2 Verf. Hessen.
224 Art. 60 Abs. 4 Verf. Mecklenburg-Vorpommern. An dieser Vorschrift scheiterte der Volksentscheid gegen die Neuordnung der Gerichtsstrukturen im September 2015: Zwar stimmte ihm die Mehrheit der Abstimmenden zu. Dabei handelte es sich jedoch nicht um ein Drittel der Wahlberechtigten. S. hierzu AmtsBl. Mecklenburg-Vorpommern 2015, S. 548. – Art. 60 Abs. 4 Verf. Mecklenburg-Vorpommern wurde durch ein vom Landtag beschlossenes Gesetz v. 8.6.2016 geändert (s. FN 189). Nach der noch nicht verkündeten Änderung muß die Mehrheit der Abstimmenden nur noch einem Viertel der Wahlberechtigten entsprechen.
225 Art. 49 Abs. 2 Verf. Niedersachsen.
226 Art. 68 Abs. 4 Satz 2 Verf. Nordrhein-Westfalen.
227 Art. 69 Abs. 3 Satz 3 Verf. Nordrhein-Westfalen. Zur Zulässigkeit eines de constitutione ferenda zu realisierenden Verzichts auf Beteiligungs- und Zustimmungsquorum in Nordrhein-Westfalen *Sachs*, in: Peter Neumann/Stefan v. Raumer (Hg.), Die verfassungsrechtliche Ausgestaltung der Volksgesetzgebung, 1999, S. 135ff.
228 Art. 129 Abs. 1 Verf. Rheinland-Pfalz.
229 Art. 109 Abs. 4 Satz 3 Verf. Rheinland-Pfalz. Zum Sonderfall des Volksentscheides über ein nach Art. 114 Verf. Rheinland-Pfalz ausgesetztes Gesetz s. Art. 115 Verf. Rheinland-Pfalz.
230 Art. 100 Abs. 3, 101 Abs. 1 Satz 3 Verf. Saarland.

sungsänderungen, denen die Mehrheit der Stimmberechtigten zustimmen muß[231], auf ein Quorum verzichten. Es genügt die Mehrheit der abgegebenen Stimmen[232]. In Sachsen-Anhalt hängen die Zustimmungserfordernisse davon ab, ob der Landtag einen eigenen Gegenentwurf zur Abstimmung vorlegt. Ist das der Fall, genügt die Mehrheit der gültigen abgegebenen Stimmen. Andernfalls muß die Mehrheit der gültigen abgegebenen Stimmen einem Viertel der Wahlberechtigten entsprechen[233]. Nicht unter 15 v.H. der Stimmberechtigten darf die Mehrheit der abgegebenen Stimmen in Schleswig-Holstein liegen; Verfassungsänderungen müssen hier mit zwei Dritteln der abgegebenen Stimmen, mindestens aber der Hälfte der Stimmberechtigten angenommen werden[234]. In Thüringen schließlich verlangt die Verfassung die Mehrheit der abgegebenen Stimmen, die ein Viertel der Stimmberechtigten übersteigen muß. Verfassungsänderungen setzen eine Mehrheit der Abstimmenden voraus, die mindestens 40 v.H. der Stimmberechtigten betragen muß[235].

Sachsen-Anhalt; Schleswig-Holstein; Thüringen

Zu Volksentscheiden kann es nicht nur aufgrund von (Volksinitiativen oder) Volksbegehren kommen. Eine Reihe von Landesverfassungen sieht sie auch für andere Konstellationen vor[236]. In Baden-Württemberg können vom Landtag beschlossene Gesetze oder von ihm abgelehnte Gesetzesvorlagen unter näher bestimmten Voraussetzungen durch die Regierung zur Volksabstimmung gebracht werden[237]. In Bayern bedarf jede Verfassungsänderung einer Bestätigung durch Volksentscheid[238]. Art. 115 Abs. 1 und Abs. 3 Verf. Brandenburg sieht Volksentscheide in unterschiedlichen Phasen einer eventuellen Verfassungsneugebung vor. Besonders weit reichen die Möglichkeiten, Volksentscheide durch das Landesparlament zu initiieren, in Bremen. Unter anderem kann die Bürgerschaft hier Verfassungsänderungen oder eine andere zu ihrer Zuständigkeit gehörende Frage dem Volksentscheid unterbreiten[239]. Gesetzentwürfe oder andere Vorlagen von grundsätzlicher oder gesamtstädtischer Bedeutung können in Hamburg nach dem in jüngerer Zeit erlassenen[240] Art. 50 Abs. 4 b Verf. Hamburg von der Bürgerschaft zum Volksentscheid gestellt werden. In Nordrhein-Westfalen hat die Landesregierung das Recht, ein von ihr eingebrachtes, vom Landtag jedoch abgelehntes Gesetz zum Volksentscheid zu stellen[241]; sofern eine Verfassungsänderung im Landtag nicht die erforderliche Mehrheit von zwei Dritteln der Mitglieder erreicht,

48
Einleitung nicht nur durch Volksbegehren

Volksentscheide

---

231 Art. 74 Abs. 3 Satz 3 Verf. Sachsen.
232 Art. 72 Abs. 4 Satz 2 Verf. Sachsen.
233 Art. 81 Abs. 3 Satz 2, Abs. 4 Satz 2 Verf. Sachsen-Anhalt.
234 Art. 49 Abs. 4 Verf. Schleswig-Holstein.
235 Art. 82 Abs. 7 Satz 3, 83 Abs. 2 Satz 2 Verf. Thüringen.
236 Begrifflich wird insofern zwischen volksinitiierten und „arbiträren" Volksentscheiden unterschieden, s. *Arne Everts*, Plebiszitäre Unterschriftenaktionen, 2004, S. 33 FN 10.
237 Art. 60 Abs. 2, 3 Verf. Baden-Württemberg.
238 Art. 75 Abs. 2 Satz 2 Verf. Bayern.
239 Art. 70 Abs. 1 lit. a, b Verf. Bremen. S. zudem die Möglichkeiten zur Herbeiführung eines Volksentscheids über die Veräußerung von Unternehmen der Freien Hansestadt Bremen nach Art. 70 Abs. 2 i.V.m. Art. 42 Abs. 4 Verf. Bremen.
240 Sechzehntes Gesetz zur Änderung der Verfassung der Freien und Hansestadt Hamburg v. 1.6.2015 (GVBl. S. 102).
241 Art. 68 Abs. 3 Satz 1 Verf. Nordrhein-Westfalen.

§ 243   Sechzehnter Teil: II. Vergleichende Betrachtung der Landesgrundrechte

steht dieses Recht sowohl der Regierung als auch dem Landtag zu[242]. Zu einem Volksentscheid kommt es grundsätzlich auch, wenn die Verkündung eines Landesgesetzes gemäß Art. 114 Satz 1 Verf. Rheinland-Pfalz auf Verlangen eines Drittels des Landtags ausgesetzt wird, sofern 150 000 Stimmberechtigte dies im Wege des Volksbegehrens gemäß Artikel 115 Abs. 1 verlangen. In Sachsen kann die Verfassung durch Volksentscheid auf Antrag von mehr als der Hälfte der Mitglieder des Landtags geändert werden[243].

2. Thematische Reichweite und Grenzen

49
Gegenstände von Volksentscheiden

Welche thematischen Anliegen mit Volksinitiativen, Volksbegehren und Volksentscheiden verfolgt werden dürfen, ist von Landesverfassung zu Landesverfassung unterschiedlich geregelt. Als Begrenzungen lassen sich Ausschlußkataloge sowie – zum Teil ungeschriebene – Vorbehalte der Vereinbarkeit mit höherrangigem Recht ausmachen.

50
Ausschlußkataloge

Die Ausschlußkataloge beziehen sich in erster Linie auf die Themen Haushalt, Personalfragen und öffentliche Abgaben. Sie betreffen Abgabengesetze, Besoldungsgesetze und das Staatshaushaltsgesetz (Art. 60 Abs. 6 Verf. Baden-Württemberg), den Staatshaushalt (Art. 73 Verf. Bayern), das Landeshaushaltsgesetz, Dienst- und Versorgungsbezüge, Abgaben, Tarife der öffentlichen Unternehmen sowie Personalentscheidungen (Art. 62 Abs. 2 Verf. Berlin), den Landeshaushalt, Dienst- und Versorgungsbezüge, Abgaben und Personalentscheidungen (Art. 76 Abs. 2 Verf. Brandenburg), den laufenden[244] Haushaltsplan, Bezüge oder Entgelte öffentlich Bediensteter oder vergleichbarer Personen und Steuern, Abgaben, Beiträge und Gebühren sowie Einzelheiten solcher Gesetzesvorlagen (Art. 70 Abs. 3 Satz 1 Verf. Bremen), Bundesratsinitiativen, Haushaltspläne, Abgaben, Tarife der öffentlichen Unternehmen sowie Dienst- und Versorgungsbezüge (Art. 50 Abs. 1 Satz 2 Verf. Hamburg), den Haushaltplan, Abgabengesetze oder Besoldungsordnungen (Art. 124 Abs. 1 Satz 3 Verf. Hessen), den Haushalt des Landes, über Abgaben und Besoldung (Art. 59 Abs. 3 Verf. Mecklenburg-Vorpommern) bzw. Haushaltsgesetze, Abgabengesetze und Besoldungsgesetze (Art. 60 Abs. 2 Satz 1 Verf. Mecklenburg-Vorpommern), Gesetze über den Landeshaushalt, über öffentliche Abgaben sowie über Dienst- und Versorgungsbezüge (Art. 48 Abs. 1 Satz 3 Verf. Niedersachsen), Finanzfragen, Abgabengesetze und Besoldungsordnungen[245], Landeshaushaltsgesetze, Abgaben, Besoldung, Entgelt- und Entschädigungszahlungen, Staatsleistungen, andere finanzwirksame Gesetze

---

[242] Art. 69 Abs. 3 Satz 1 Verf. Nordrhein-Westfalen.
[243] Art. 74 Abs. 3 Satz 1 Verf. Sachsen.
[244] Nach Art. 70 Abs. 3 Satz 2 Verf. Bremen sind finanzwirksame Volksentscheide mit Wirkung für zukünftige Haushaltspläne zulässig, soweit diese die Struktur eines zukünftigen Haushalts nicht wesentlich verändern, den verfassungsrechtlichen Regelungen des Haushaltsrechts, welchen auch die Bürgerschaft für die Aufstellung des Haushaltsplans unterliegt, entsprechen und zur Gegenfinanzierung keine Haushaltspositionen herangezogen werden, die gesetzlich, vertraglich oder auf andere Weise rechtlich gebunden sind.
[245] Art. 68 Abs. 1 Satz 4 Verf. Nordrhein-Westfalen; Art. 108a Abs. 1 Satz 2, 109 Abs. 3 Satz 3 Verf. Rheinland-Pfalz.

je nach ihrer finanziellen Bedeutung (Art. 99 Abs. 1 Satz 3 bis 5 Verf. Saarland) sowie die Vorschriften der Verfassung zum Gesetzgebungsverfahren (Art. 101 Abs. 1 Satz 4 Verf. Saarland), Abgaben-, Besoldungs- und Haushaltsgesetze[246] den Haushalt des Landes, Dienst- und Versorgungsbezüge sowie öffentliche Abgaben (Art. 48 Abs. 2 Verf. Schleswig-Holstein) sowie den Landeshaushalt, Dienst- und Versorgungsbezüge, Abgaben und Personalentscheidungen (Art. 68 Abs. 2, Art. 82 Abs. 2 Verf. Thüringen).

Ungeachtet der scheinbar großen Ähnlichkeiten dieser Vorschriften läßt sich die exakte Reichweite des jeweiligen Ausschlußtatbestandes nur mit Blick auf die einzelne Landesverfassung ermitteln. Eine erste Auslegungsschwierigkeit betrifft die Frage, auf welches Instrument der direkten Demokratie sich die Ausschlüsse beziehen, die ihrem Wortlaut nach nur für bestimmte Verfahrensschritte gelten. Wenn beispielsweise Art. 73 Verf. Bayern einen Volksentscheid über den Staatshaushalt ausschließt, gilt das richtiger Auffassung nach auch für ein entsprechendes Volksbegehren[247]. Dagegen wird zu Art. 76 Abs. 2 Verf. Brandenburg, nach dem Initiativen unter anderem zum Landeshaushalt unzulässig sind, die Auffassung vertreten, die Vorschrift erfasse nur die eigentliche Volksgesetzgebung, nicht aber die rein petitive Volksinitiative[248]. Das mag als rechtspolitisches Argument überzeugen. Dem eindeutigen Wortlaut („Initiativen") und der systematischen Stellung der Vorschrift im Artikel über Volksinitiativen aber trägt diese Interpretation keine Rechnung. Vermieden werden derartige Interpretationsschwierigkeiten, wenn die Ausschlußtatbestände (gleichlautend) für mehrere Verfahrensstufen angeordnet sind, wie es etwa in Thüringen der Fall ist[249].

51
Auslegung der Ausschlußkataloge

Der problematischste Punkt im Zusammenhang mit den Ausschlußtatbeständen ist ihre Reichweite im Hinblick auf finanzielle Aspekte. Bei länderübergreifender Betrachtung stehen zwei Fragen[250] im Vordergrund: Wie weit reichen umfassend formulierte Ausschlüsse, nach denen sich plebiszitäre Instrumente beispielsweise nicht auf „Finanzfragen" beziehen dürfen? Und wie weit reichen eng gefaßte Ausschlüsse, nach denen zum Beispiel Volksabstimmungen „über den Staatshaushalt" oder „über das Haushaltsgesetz" unzulässig sind?[251] Die erste Frage wird zumindest deutlich überwiegend und ungeachtet der daraus resultierenden bzw. der so verbleibenden Abgrenzungsprobleme zu Recht damit beantwortet, daß der Ausschluß von „Finanzfragen" nur solche Vorhaben betrifft, die gezielt gerade auf die Finanzen einwirken[252] bzw. deren Schwerpunkt auf der Anordnung von Einnahmen oder Ausgaben

52
Ausschluß finanzieller Aspekte

---

246 Art. 73 Abs. 1 Verf. Sachsen; ähnlich Art. 81 Abs. 1 Satz 3 Verf. Sachsen-Anhalt: „Besoldungsregelungen".
247 *Holzner* (LitVerz.), Art. 73 RN 1.
248 *Lieber*, in: ders./Iwers/Ernst (LitVerz.), Art. 76, S. 499.
249 S. Art. 68 Abs. 2, 82 Abs. 2 Verf. Thüringen.
250 Zur Diskussion der Frage, ob die Finanzvorbehalte gestrichen werden dürfen oder ob einem solchen Vorhaben höherrangiges Recht entgegensteht, *P. Neumann*, in: ders./v. Raumer (FN 227), S. 17 (50 ff.).
251 Zu dieser Problematik speziell mit Blick auf Schleswig-Holstein *Rux*, Direkte Demokratie (LitVerz.), S. 448 ff.
252 *Dickersbach*, in: Geller/Kleinrahm/ders. (LitVerz.), Art. 68 S. 4 f.

liegt[253], die den Staatshaushalt wesentlich beeinflussen[254]. Ob das der Fall ist, läßt sich letztlich nur im Einzelfall beantworten[255]. Soweit plebiszitäre Elemente „über den Haushalt" oder „über das Haushaltsgesetz" ausgeschlossen sind, sind damit nach ganz überwiegender Meinung nicht nur solche Vorhaben gemeint, durch die das Haushaltsgesetz im technischen Sinne geändert werden soll. Ausgeschlossen sind vielmehr auch andere finanzwirksame Gesetze, sofern sie gewichtige finanzielle Auswirkungen haben und so den Haushalt des Landes wesentlich beeinflussen[256].

53
Verfassungsrechtliche Grenzen

Einzelne Landesverfassungen machen die Zulässigkeit direktdemokratischer Elemente zudem ausdrücklich von der Beachtung übergeordneter verfassungsrechtlicher Regeln abhängig: Beispielsweise sind in Berlin Einwohneranträge nur im Rahmen der Entscheidungs-, Volksbegehren im Rahmen der Gesetzgebungs- bzw. Entscheidungskompetenz des Landes bzw. des Landesparlaments zulässig[257]. In Schleswig-Holstein darf ein durch Initiative aus dem Volk eingebrachter Gesetzentwurf den Grundsätzen des demokratischen und sozialen Rechtsstaats nicht widersprechen[258]. Richtigerweise wird man diese Begrenzungen als lediglich deklaratorisch ansehen müssen[259]. Soweit das Landes(verfassungs)recht ein Verfahren zur präventiven Prüfung der Zulässigkeit direktdemokratischer Elemente vorsieht, können materiell-rechtliche Begrenzungen jedenfalls aus der Landesverfassung daher auch in den Ländern zur Unzulässigkeit eines Antrags führen, in denen sie nicht ausdrücklich erwähnt sind[260]. Ob Bundes- und Europarecht in diesen regelmäßig von den Landesverfassungsgerichten zu entscheidenden Verfahren eine Rolle spielen kann[261], ist noch nicht abschließend geklärt[262].

Deklaratorische Grenzziehungen

II. Plebiszitäre Instrumente auf kommunaler Ebene

54
Einwohnerantrag; Bürgerbegehren, -entscheid

Auch auf kommunaler Ebene ist die direkte Demokratie ein wichtiges Element der Entscheidungsfindung. Alle Kommunalordnungen sehen Verfahren vor, die ihrer Grundstruktur nach den plebiszitären Verfahren auf Länderebene entsprechen. In bewußter Anlehnung an diese wird typischerweise von

---

253 *Günther*, in: Heusch/Schönenbroicher (LitVerz.), Art. 68 RN 8 f.; *Mann*, in: Löwer/Tettinger (LitVerz.), Art. 68 RN 22 f.; *Hebeler*, in: Brocker/Droege/Jutzi (LitVerz.), Art. 108 a RN 10.
254 VerfGH Nordrhein-Westfalen NVwZ 1982, S. 188 f.
255 *Franke*, in: Grimm/Caesar (LitVerz.), Art. 109 RN 16.
256 BVerfGE 102, 176 (185 ff.); *Litten*, in: ders./Wallerath (LitVerz.), Art. 60 RN 7; *Baumann-Hasske*, in: ders./Kunzmann (LitVerz.), Art. 73 RN 1 ff.; *A. Reich* (LitVerz.), Art. 81 RN 3.
257 So z.B. Art. 61 Abs. 1 Satz 1, 62 Abs. 1 Verf. Berlin.
258 Art. 48 Abs. 1 Satz 2 Halbs. 2 Verf. Schleswig-Holstein.
259 So ausdrücklich *Caspar*, in: ders./Ewer/Nolte/Waack (LitVerz.), Art. 41 RN 23, zur geforderten Vereinbarkeit mit den Grundsätzen eines demokratischen und sozialen Rechtsstaats.
260 Zutreffend daher *Möstl*, in: Lindner/ders./Wolff (LitVerz.), Art. 74 RN 11: Ein Gesetzentwurf sei über die einzige ausdrücklich geregelte landesverfassungsrechtliche Grenze in Art. 73 Verf. Bayern (kein Volksentscheid über den Staatshaushalt) hinaus an der gesamten Verf. Bayern, also allen ihren materiellen Maßstäben, zu überprüfen. Das Zulassungsverfahren selbst ist in Bayern nur einfach-rechtlich geregelt (s. Art. 63 f. BayLWG).
261 Nur beispielhaft Art. 77 Abs. 2 Verf. Brandenburg; Art. 99 Abs. 3 Satz 2 Verf. Saarland.
262 Auch hierzu *Möstl*, in: Lindner/ders./Wolff (LitVerz.), Art. 74 RN 11.

Bürgerbegehren und Bürgerentscheid gesprochen; zum Teil ist als Pendant zur Volksinitiative noch ein Einwohnerantrag vorgeschaltet. Die maßgeblichen Regelungen sind jedoch so gut wie ausschließlich im einfachen Recht zu finden; in den Landesverfassungen werden sie nur vereinzelt und allenfalls dem Grunde nach erwähnt. Nach Art. 12 Abs. 3 Satz 1 Verf. Bayern haben die Staatsbürger das Recht, Angelegenheiten des eigenen Wirkungskreises der Gemeinden und Landkreise durch Bürgerbegehren und Bürgerentscheid zu regeln. Art. 22 Abs. 2 Verf. Brandenburg statuiert das Recht der Bürger, sich mit Vollendung des sechzehnten Lebensjahres – unter anderem – an Einwohneranträgen, Bürgerbegehren und Bürgerentscheiden zu beteiligen, sowie das Recht anderer Einwohner, sich – unter anderem – an Einwohneranträgen zu beteiligen. Die Existenz dieser Instrumente wird damit erkennbar vorausgesetzt. Art. 64 Satz 2 Verf. Saarland schließlich gewährt Bürgern aus anderen EU-Mitgliedstaaten nach Maßgabe von EU-Recht die Stimmberechtigung bei Bürgerbegehren und Bürgerentscheiden. Verfassungsrechtlich unbedenklich ist dies nur, sofern man annimmt, daß Art. 28 Abs. 1 Satz 3 GG die Einführung nicht nur des kommunalen Wahlrechts, sondern auch des kommunalen Abstimmungsrechts gestattet[263].

Einfachgesetzliche Ausgestaltung

Kommunales Wahl- und Abstimmungsrecht für EU-Bürger

E. Weitere Teilnahmerechte

I. Bundesstaatlichkeit

Die Bundesstaatlichkeit als Staatsstrukturprinzip, das die Teilnahmerechte schon durch die Verdopplung der staatlichen Ebenen verstärkt[264], ist als gesamtstaatliches Strukturprinzip notwendigerweise im Grundgesetz angelegt. Nahezu alle Länder ordnen sich durch ihre Verfassungen als Teil der Bundesrepublik Deutschland, als Glied der deutschen Republik oder als Gliedstaat Deutschlands ein[265]. In Bayern ist der Beitritt zu einem deutschen Bundesstaat – aus der vorgrundgesetzlichen Entstehung der Verfassung heraus erklärbar – als zukünftige Perspektive formuliert[266].

55

Selbsteinordnung als Gliedstaaten

---

263 Für diese Sichtweise *Nierhaus*, in: Sachs, GG (LitVerz.), Art. 28 RN 27; dagegen überzeugend *Vogelgesang*, in: Friauf/Höfling, Berliner Kommentar zum Grundgesetz (LitVerz.), Art. 28 RN 74: Art. 28 Abs. 1 Satz 2 bezieht sich nur auf Wahlen, nicht auf die von diesen ausweislich des Art. 20 Abs. 2 Satz 2 GG begrifflich zu unterscheidenden Abstimmungen. Tendenziell für die Ziellosigkeit der Teilnahme von EU-Bürgern an Bürgerbegehren und Bürgerentscheiden jetzt aber *BVerfG* (Kammer) B. v. 31. 3. 2016 (2 BvR 1576/13): Danach ist die Auffassung, daß Art. 28 Abs. 1 Satz 3 GG die Teilnahme nicht verbiete, verfassungsrechtlich nicht zu beanstanden.
264 → Bd. II: *Starck*, Teilnahmerechte, § 41 RN 52.
265 Art. 23 Abs. 2 Verf. Baden-Württemberg; Art. 1 Abs. 2 Verf. Berlin; Art. 1 Abs. 1 Verf. Brandenburg; Art. 64 Verf. Bremen; Art. 1 Verf. Hamburg; Art. 64 Verf. Hessen; Art. 1 Abs. 2 Verf. Mecklenburg-Vorpommern; Art. 1 Abs. 2 Verf. Niedersachsen; Art. 1 Abs. 1 Satz 1 Verf. Nordrhein-Westfalen; Art. 74 Abs. 1 Verf. Rheinland-Pfalz; Art. 60 Abs. 1 Verf. Saarland; Art. 1 Abs. 1 Satz 1 Verf. Sachsen; Art. 1 Abs. 1 Verf. Sachsen-Anhalt; Art. 1 Verf. Schleswig-Holstein; Art. 44 Abs. 1 Satz 1 Verf. Thüringen.
266 Art. 178 Satz 1 Verf. Bayern.

II. Zugang zum öffentlichen Dienst

56
Parallelregelungen zu Art. 33 Abs. 2 GG

Soweit der Zugang zum öffentlichen Dienst in den Landesverfassungen[267] geregelt wird, geschieht dies in weitgehender Übereinstimmung mit Art. 33 Abs. 2 GG[268]. Teilungs- bzw. wiedervereinigungsbedingte Sonderregelungen lassen sich in Sachsen[269] und Thüringen[270] ausmachen.

III. Kommunikationsgrundrechte

57
Grenzfall der Teilnahmerechte

Landesverfassungen, die überhaupt Grundrechte enthalten, also keine reinen Organisationsstatute darstellen, verbürgen auch Kommunikationsgrundrechte[271]. Das geschieht durch originäre Landesgrundrechte oder durch die Rezeption von Bundesgrundrechten. Insofern kann auf Darstellungen der Situation in den einzelnen Ländern verwiesen werden[272]. Jedoch ist der Hinweis veranlaßt, daß Kommunikationsgrundrechte zumindest einen Grenzfall der Teilnahmerechte darstellen, soweit man darunter Grundrechte des status activus versteht. Zwar eröffnen sie dem einzelnen die Möglichkeit der Teilnahme am Meinungs- und Willensbildungsprozeß. Insofern läßt sich ein Zusammenhang zu den Teilnahmerechten nicht bestreiten[273]. Jedoch handelt es sich dabei um Rechte des status negativus, gegebenenfalls auch des status positivus[274]. Gut verdeutlichen läßt sich diese kategoriale Unterscheidung am Beispiel der Abgrenzung zwischen der Volkspetition nach Art. 29 Verf. Hamburg einerseits und der Volksinitiative nach Art. 50 Abs. 1 Verf. Hamburg andererseits: Ungeachtet der Gemeinsamkeit, daß beide Instrumente zu einer Befassungspflicht der Bürgerschaft führen, ist die Volkspetition im Gegensatz zur Volksinitiative, die einen möglichen Vorläufer eines Volksbegehrens darstellt, nicht dem status activus zuzuordnen, sondern dem status positivus[275].

IV. Parteienfreiheit und Grundrechte auf politische Mitgestaltung

58
Negative Konnotation der Parteien

Die zu den Teilnahmerechten zählende Parteienfreiheit[276] findet in den meisten Landesverfassungen keinen oder allenfalls rudimentären Ausdruck. Sofern Parteien in den Verfassungen der Länder überhaupt erwähnt wer-

---

267 → Bd. II: *Starck*, Teilnahmerechte § 41 RN 53 ff.
268 Art. 94 Abs. 2 Verf. Bayern; Art. 19 Abs. 2 Verf. Berlin; Art. 21 Abs. 2 Verf. Brandenburg; Art. 128 Verf. Bremen; Art. 59 Abs. 1 Verf. Hamburg; Art. 134 Verf. Hessen; Art. 71 Abs. 1 Verf. Mecklenburg-Vorpommern; Art. 19 Verf. Rheinland-Pfalz; Art. 91 Abs. 2 Verf. Sachsen; Art. 8 Abs. 2 Verf. Sachsen-Anhalt.
269 Art. 119 Verf. Sachsen: Verweis auf den Einigungsvertrag, fehlende Eignung bei Menschenrechtsverstößen sowie Stasi-Tätigkeit.
270 Art. 96 Abs. 2 Verf. Thüringen: Fehlende Eignung bei früherer Stasi-Tätigkeit.
271 Zur Bedeutung von Kommunikationsgrundrechten unter dem Gesichtspunkt der Teilnahmerechte → Bd. II: *Starck*, Teilnahmerechte § 41 RN 56 ff.
272 → Oben *K.-A. Schwarz*, Kommunikative Freiheiten in Landesverfassungen, § 237.
273 Vgl. dazu *Stern*, HStR³ IX, § 185 RN 67.
274 Gegen eine „Parallelisierung" von Kommunikationsgrundrechten zu Wahl-/Stimmrechten auch *Höfling*, Demokratische Grundrechte – zu Bedeutungsgehalt und Erklärungswert einer dogmatischen Kategorie, in: Der Staat 33 (1994), S. 493 (505 ff.).
275 *K. David*, Verfassung (LitVerz.), Art. 29 RN 10.
276 → Bd. II: *Starck*, Teilnahmerechte § 41 RN 61.

den[277], geschieht dies häufig in eher negativer Konnotation durch die Festlegung, daß Beamte (und zum Teil auch Abgeordnete) nicht Diener einer Partei sind[278], oder durch die Regelung eines Verbotsverfahrens[279]. Wertneutral erwähnt werden sie in Vorschriften über Sperrklauseln oder den Zugang zum öffentlichen Dienst[280]. Gelegentlich wird auch die Rolle der Parteien für die parlamentarische Arbeit mittelbar anerkannt[281].

Positive Regelungen der Tätigkeit der Parteien finden sich in drei Landesverfassungen. Nach Art. 3 Abs. 4 Verf. Mecklenburg-Vorpommern wirken Parteien (und Bürgerbewegungen) bei der politischen Willensbildung des Volkes mit. Die Freiheit dieser Mitwirkung ist gemäß Art. 20 Abs. 3 Satz 2 Verf. Brandenburg zu gewährleisten. Art. 20 Abs. 3 Satz 1 Verf. Brandenburg fordert von Parteien und Bürgerbewegungen, die sich öffentlichen Aufgaben widmen und auf die öffentliche Meinungsbildung einwirken, eine demokratische Binnenstruktur. Zudem gehört nach der ausdrücklichen Verbürgung des Art. 20 Abs. 1 Satz 1 Verf. Brandenburg das Recht, unter anderem Parteien zu gründen oder ihnen beizutreten, zum Grundrecht der Vereinigungsfreiheit. Art. 22 Abs. 3 Satz 2 Verf. Brandenburg statuiert explizit das Recht – unter anderem – von Parteien, an Wahlen teilzunehmen.

59
Rechte von Parteien und Bürgerbewegungen

In engem inhaltlichen Zusammenhang damit stehen spezielle Grundechte auf politische Mitgestaltung. Deutlich wird das in Art. 9 Verf. Thüringen, der das „Recht auf Mitgestaltung des politischen Lebens" verbürgt und hinzufügt, daß dieses Recht in Ausübung politischer Freiheitsrechte, insbesondere durch die Mitwirkung in Parteien und Bürgerbewegungen wahrgenommen werde. In Brandenburg wird das Recht auf politische Mitgestaltung[282] unter anderem durch das – zusätzlich zur Vereinigungsfreiheit verbürgte – Recht gewährleistet, sich in Bürgerinitiativen oder Verbänden zusammenzuschließen, denen bestimmte Rechte zustehen[283]. Art. 13 Abs. 1 Verf. Sachsen-Anhalt nennt das Recht zur Beteiligung von Bürgerbewegungen explizit als Teil der Vereinigungsfreiheit.

60
Grundrechte auf politische Mitgestaltung

V. Mitwirkungs- und Betätigungsrechte im Verwaltungsverfahren

Mitwirkungs- und Betätigungsrechte im Verwaltungsverfahren, die sich ebenfalls zu den Teilnahmerechten zählen lassen[284], werden – sofern man bloße

61

---

277 Nicht der Fall ist dies in Baden-Württemberg, Hamburg und Hessen.
278 Art. 13 Abs. 2 Satz 1, 96 Satz 1 Verf. Bayern; Art. 96 Abs. 3 Satz 1 Verf. Brandenburg; Art. 71 Abs. 2 Verf. Mecklenburg-Vorpommern; Art. 60 Satz 2 Verf. Niedersachsen; Art. 80 Satz 1 Verf. Nordrhein-Westfalen; Art. 127 Satz 1 Verf. Rheinland-Pfalz; Art. 115 Abs. 1 Satz 1 Verf. Saarland; Art. 92 Abs. 1 Verf. Sachsen; Art. 91 Abs. 1 Verf. Sachsen-Anhalt.
279 Art. 8 Verf. Saarland.
280 Art. 19 Abs. 2, 39 Abs. 2 Verf. Berlin; Art. 19 Verf. Rheinland-Pfalz.
281 Art. 18 Abs. 2 Verf. Schleswig-Holstein (Bedeutung des Stimmenanteils der Parteien für die Festlegung des Oppositionsführers); Art. 58 Satz 1 Verf. Thüringen (Recht von Abgeordneten u.a. der gleichen Partei, sich zu Fraktionen zusammenzuschließen).
282 Art. 21 Abs. 1 Verf. Brandenburg.
283 Art. 21 Abs. 1 Verf. Brandenburg.
284 → Bd. II: *Starck*, Teilnahmerechte, § 41 RN 64 ff.

§ 243 *Sechzehnter Teil: II. Vergleichende Betrachtung der Landesgrundrechte*

<small>Einräumung von Beteiligungsmöglichkeiten</small>

Informations- und Einsichtsrechte nicht mitzählt[285] – nur von zwei Landesverfassungen angesprochen. Nach Art. 70 Abs. 2 Satz 2 Verf. Mecklenburg-Vorpommern können bei der Regelung der Organisation, der Zuständigkeiten und des Verfahrens der öffentlichen Verwaltung „Möglichkeiten der Einbeziehung der Bürger durch die öffentliche Verwaltung vorgesehen werden". Diese Regelung muß man als rein deklaratorisch verstehen. Sie eignet sich nicht dafür, die Schaffung derartiger Möglichkeiten in anderen Ländern mangels einer Regelung in der Landesverfassung im Wege eines e contrario-Schlusses für unzulässig zu halten. Schon auf der landesverfassungsrechtlichen Ebene verbürgt ist ein Recht auf Verfahrensbeteiligung für denjenigen, der durch öffentliche oder private Vorhaben in seinen rechtlich geschützten Interessen betroffen wird, und zwar in Art. 21 Abs. 5 Verf. Brandenburg.

VI. Schüler- und Elternmitwirkungsrechte

<small>62
Mitgestaltung in der Schule</small>

Anders als das Grundgesetz enthalten einige Landesverfassungen ausdrücklich ein Recht auf Mitwirkung an der Gestaltung des Lebens und der Arbeit in der Schule bzw. des Schulwesens[286], das zum Teil nur den Eltern bzw. sonstigen Erziehungsberechtigten[287], zum Teil gleichzeitig den (Lehrern und) Schülern zugewiesen wird[288]. Die konkrete Ausgestaltung der Mitgestaltungsmöglichkeiten bleibt ausnahmslos dem einfachen Gesetzgeber vorbehalten. Die Landesverfassungen selbst legen allenfalls fest, daß die Mitwirkung durch (gewählte) Vertreter erfolgt[289].

VII. Selbstverwaltung

<small>63
Aktivierung durch Selbstverwaltung</small>

Mehrere Landesverfassungen heben jenseits spezieller Selbstverwaltungsgarantien generell hervor, daß die Verwaltungstätigkeit (auch) durch die Träger der Selbstverwaltung wahrgenommen wird[290]. Als Mittel zur Aktivierung von Betroffenen wird sie speziell mit Blick auf Kommunen, Berufskammern und wissenschaftliche Hochschulen verbürgt.

<small>285 S. dazu Art. 21 Abs. 4 Verf. Brandenburg; Art. 12 Abs. 4 Verf. Bremen; Art. 4 a Abs. 1 Satz 2 Verf. Rheinland-Pfalz; Art. 6 Abs. 4 Verf. Thüringen. Einen Sonderfall stellt das Informationsrecht von Bürgerinitiativen und Verbänden nach Art. 21 Abs. 3 Verf. Brandenburg dar.
286 Zum Charakter derartiger Rechte als Teilnahmerechte → Bd. II: *Starck*, § 41 RN 66 ff.
287 Art. 56 Abs. 6 Verf. Hessen; Art. 10 Abs. 2 Verf. Nordrhein-Westfalen. Art. 27 Abs. 1 Verf. Rheinland-Pfalz, nach dem das Erziehungsrecht die Grundlage für die Gestaltung des Schulwesens bildet, spricht ein Mitgestaltungsrecht jedenfalls nicht ausdrücklich an.
288 Art. 17 Abs. 4, 21 Abs. 1 Verf. Baden-Württemberg; Art. 30 Abs. 2 Satz 2 Verf. Brandenburg; Art. 104 Abs. 1 Verf. Sachsen; Art. 29 Abs. 2 Verf. Sachsen-Anhalt; Art. 23 Abs. 3 Verf. Thüringen.
289 Art. 17 Abs. 4 Verf. Baden-Württemberg; Art. 10 Abs. 2 Verf. Nordrhein-Westfalen; Art. 104 Abs. 1 Verf. Sachsen; Art. 29 Abs. 2 Verf. Sachsen-Anhalt. Art. 30 Abs. 2 Satz 2 Verf. Brandenburg spricht zusätzlich die Verbändemitwirkung an.
290 Art. 69 Verf. Baden-Württemberg; Art. 2 Abs. 4 Satz 2 Verf. Brandenburg; Art. 69 Verf. Mecklenburg-Vorpommern; Art. 82 Abs. 1 Satz 1 Verf. Sachsen. Zur Bedeutung der Selbstverwaltung unter dem Gesichtspunkt der Teilnahmerechte → Bd. II: *Starck*, Teilnahmerechte, § 41 RN 69 ff.</small>

1. Kommunen

Besondere Bedeutung kommt der kommunalen Selbstverwaltung zu. Sie dient dem Aufbau der Demokratie von unten nach oben[291] und ist den Gemeinden und Gemeindeverbänden mit Unterschieden in den Details in den Verfassungen aller Flächenländer[292] und Bremens[293] garantiert. Nach den Grundsätzen der Selbstverwaltung nehmen auch die Berliner Bezirke ihre Aufgaben wahr[294]. Art. 75 Verf. Mecklenburg-Vorpommern ermöglicht die Errichtung von Landschaftsverbänden mit dem Recht auf Selbstverwaltung; nach Art. 78 Abs. 2 Verf. Rheinland-Pfalz befindet das Gesetz über Selbstverwaltungsrechte der einzelnen Landesteile, „insbesondere der Pfalz".

64
Ebenen kommunaler Selbstverwaltung

2. Berufskammern

Selbstverwaltungsorgane der Wirtschaft werden durch die Landesverfassungen allein in Bayern – hier nehmen sie an wirtschaftlichen Gestaltungsaufgaben teil[295] – und im Saarland angesprochen, wo ihnen die öffentlich-rechtliche Vertretung der Wirtschaft obliegt[296]. Um abgrenzbare Sozialgruppen (wenn auch nicht aus dem Bereich der Wirtschaft) handelt es sich auch bei den Versicherten der Sozial- bzw. der Sozial- und Arbeitslosenversicherung, deren Selbstverwaltung in einzelnen Landesverfassungen anerkannt wird[297].

65
Wirtschaft und Sozialversicherung

3. Wissenschaftliche Hochschulen

Dagegen verbürgt eine deutliche Mehrheit der Landesverfassungen das Selbstverwaltungsrecht der wissenschaftlichen Hochschulen[298]. Die richtigerweise zu bejahende, tatsächlich aber umstrittene Frage, ob Art. 5 Abs. 3 GG ein derartiges Recht umfaßt[299], ist in diesen Ländern von nachrangiger Bedeutung.

66
Selbstverwaltung wissenschaftlicher Hochschulen

---

291 Art. 11 Abs. 4 Verf. Bayern; Art. 3 Abs. 2 Verf. Mecklenburg-Vorpommern.
292 Art. 71 Verf. Baden-Württemberg (zusätzlich: Selbstverwaltung der Zweckverbände); Art. 10, 11 Verf. Bayern; Art. 97 Verf. Brandenburg; Art. 137 Verf. Hessen; Art. 72 Verf. Mecklenburg-Vorpommern; Art. 57 Verf. Niedersachsen (zusätzlich: Selbstverwaltung sonstiger öffentlich-rechtlicher Körperschaften); Art. 78 Verf. Nordrhein-Westfalen; Art. 49 Verf. Rheinland-Pfalz; Art. 117, 118 Verf. Saarland; Art. 84 ff. Verf. Sachsen; Art. 87 f. Verf. Sachsen-Anhalt; Art. 54 Verf. Schleswig-Holstein; Art. 91, 93 Verf. Thüringen.
293 Art. 144 Verf. Bremen. Träger des Selbstverwaltungsrechts sind die Gemeinden Bremen und Bremerhaven.
294 Art. 66 Abs. 2, 72 Abs. 1 Verf. Berlin.
295 Art. 154 Verf. Bayern. Zu fakultativen „Bedarfsdeckungsgebieten" s. Art. 155 Verf. Bayern, zur Rechtsstellung sämtlicher vorgenannter Organisationen Art. 179 Verf. Bayern.
296 Art. 59 Verf. Saarland.
297 Art. 57 Abs. 4 Satz 2 Verf. Bremen; Art. 35 Abs. 1 Satz 3 Verf. Hessen; Art. 53 Abs. 4 Satz 1 Verf. Rheinland-Pfalz; Art. 46 Satz 2 Verf. Saarland.
298 Art. 138 Abs. 2 Verf. Bayern; Art. 32 Abs. 1 Verf. Brandenburg; Art. 60 Abs. 1 Satz 2 Verf. Hessen; Art. 7 Abs. 3 Satz 2 Verf. Mecklenburg-Vorpommern; Art. 5 Abs. 3 Verf. Niedersachsen; Art. 16 Abs. 1 Verf. Nordrhein-Westfalen; Art. 39 Abs. 1 Satz 1, Abs. 2 Verf. Rheinland-Pfalz; Art. 33 Abs. 2 Satz 1 Verf. Saarland; Art. 107 Abs. 2 Verf. Sachsen; Art. 31 Abs. 2 Verf. Sachsen-Anhalt; Art. 28 Abs. 1 Satz 2 Verf. Thüringen. → Oben *Schwarz*, Kommunikative Freiheiten, § 237 RN 50 ff.
299 Dafür *Bethge*, in: Sachs, GG (LitVerz.), Art. 5 RN 202; *Stern*, Staatsrecht, IV/2 (LitVerz.), § 117 IX 4 a γ (S. 763 f.); *Arnold Köttgen*, Das Grundrecht der deutschen Universität, 1959, S. 20; dagegen. *Carolyn Tomerius*, Die Hochschulautonomie und ihre Einschränkungen beim Zusammenwirken von Land und Hochschule, 1996, S. 84.

F. Bibliographie

Everts, Arne, Plebiszitäre Unterschriftenaktionen, 2004.
Jung, Otmar, Jüngste plebiszitäre Entwicklungstendenzen in Deutschland auf Landesebene, in: JöR Bd. 41 (1993), S. 29 ff.
Martini, Mario, Wenn das Volk (mit)entscheidet …, 2011.
Meerkamp, Frank, Die Quorenfrage im Volksgesetzgebungsverfahren, 2011.
Michael, Lothar, Verfassungsunmittelbare Sperrklauseln auf Landesebene, 2015.
Neumann, Peter, Sachunmittelbare Demokratie, 2009.
Roscheck, Jan, Enthaltung und Nichtbeteiligung bei staatlichen Wahlen und Abstimmungen, 2003.
Roth, Wolfgang, Verfassungsmäßigkeit der Einführung einer 3 %-Sperrklausel bei Kommunalwahlen durch Verfassungsänderung, insbesondere für das Land Nordrhein-Westfalen, 2014.
Rux, Johannes, Direkte Demokratie in Deutschland, 2008.
Sampels, Guido, Bürgerpartizipation in den neuen Länderverfassungen, 1998.
Schwieger, Christopher, Volksgesetzgebung in Deutschland, 2005.

§ 244
Prozeßgrundrechte

Meinhard Schröder, Passau

Übersicht

	RN		RN
A. Grundlagen	1– 9	IV. Anspruch auf rechtliches Gehör	25–28
I. Begriff und Quellen der Prozeßgrundrechte	1– 4	V. Grundrechte im Strafprozeßrecht und Strafvollzug	29–34
II. Bedeutung der Landesprozeßgrundrechte	5– 7	VI. Rechte bei Eingriffen in die Freiheit der Person	35–45
III. Einfluß der Europäischen Menschenrechtskonvention	8– 9	VII. Weitere Prozeßgrundrechte	46–50
B. Vergleich der landesverfassungsrechtlichen Prozeßgrundrechte	10–50	1. Recht auf ein faires Verfahren	47–48
I. Garantie des effektiven Rechtsschutzes gegen die öffentliche Gewalt	12–18	2. Öffentlichkeitsgrundsatz	49
II. Justizgewähranspruch	19–20	3. Aussageverweigerungsrechte	50
III. Recht auf den gesetzlichen Richter	21–24	C. Fazit	51–52
		D. Bibliographie	

A. Grundlagen

I. Begriff und Quellen der Prozeßgrundrechte

1
Begriffsbildung

Der Begriff des Prozeßgrundrechts ist nicht leicht zugänglich. Das Grundgesetz kennt ihn anders als den des Grundrechts, der etwa in der Überschrift des ersten Abschnitts, in Artikel 1 Abs. 3 oder in dem die Verfassungsbeschwerde ermöglichenden Artikel 93 Abs. 1 Nr. 4a verwendet wird, nicht. In Rechtsprechung und Schrifttum wird er als Sammelbezeichnung in etwa gleichbedeutend mit dem des justitiellen (Grund-)Rechts[1], des grundrechtsgleichen oder -ähnlichen Rechts[2] oder auch des Verfahrensgrundrechts[3] vor allem für die in Art. 101 ff. GG kodifizierten Rechte verwendet[4], die das Grundgesetz selbst, wie man seiner Aufteilung in Grundrechte und andere Rechte in Art. 93 Abs. 1 Nr. 4a GG entnehmen kann, nicht zu den „echten" Grundrechten zählt. Andererseits wird in einem weiteren Sinne auch das Grundrecht auf Rechtsschutz gegen die öffentliche Gewalt aus Art. 19 Abs. 4 GG, der systematisch unzweifelhaft zum Grundrechtsteil des Grundgesetzes gehört, als Prozeßgrundrecht in der Bedeutung eines Grundrechts auf einen Prozeß verstanden[5].

Justizgewährungsanspruch

In diesem weiteren Sinne kann dann auch der allgemeine Justizgewährungsanspruch, der überhaupt nicht ausdrücklich in der Verfassung verankert ist, sondern aus dem Rechtsstaatsprinzip fließt[6], aber mit Hilfe einer auf das jeweils einschlägige materielle Grundrecht gestützten Verfassungsbeschwerde durchsetzbar ist[7], zu den Prozeßgrundrechten gezählt werden[8]. Die dieser Verknüpfung zugrundeliegende Idee, daß der Schutz der materiellen Grundrechte auch ein adäquates gerichtliches Verfahren erfordert, läßt sich über den Justizgewährungsanspruch hinaus auf einzelne inhalt-

---

1 Vgl. die Überschrift des Titels VI der Grundrechtecharta der Europäischen Union, die in Art. 47 ff. ähnliche Rechte enthält; aus der Rechtsprechung *OLG Stuttgart* NJW-RR 2014, S. 423 (425); *BbgVerfG*, B. v. 26. 8. 2011 (54/10), juris, Ls. 4; aus dem Schrifttum etwa *Walter Frenz*, Handbuch Europarecht, Bd. 4: Europäische Grundrechte, 2009, Kap. 13; ähnlich *D. Schroeder*, Die Justizgrundrechte des Grundgesetzes, JA 2010, S. 167.
2 So etwa *BVerfGE 12*, 6 (8) mit Blick auf Art. 103 Abs. 1 GG; *BVerfGE 135*, 155 (230) mit Blick auf Art. 101 Abs. 1 Satz 2 GG; für die Bezeichnung „grundrechtsgleich" auch *Stern*, Staatsrecht III/1 (LitVerz.), § 75 II 4.
3 So die Bezeichnung in *BVerfGE 129*, 78 (93); aus dem Schrifttum *Fuchs*, Verfahrensgrundrechte im Eingriffs und Schrankenmodell? Überlegungen zur Struktur grundrechtlicher Verfahrensgarantien, ZÖR 67 (2012), S. 537 ff.; *Martin Heidebach*, Grundrechtsschutz durch Verfahren bei gerichtlicher Freiheitsentziehung, 2014, S. 134, spricht von „grundrechtsgleichen Verfahrensrechten".
4 So etwa in *BVerfG* FamRZ 2008, S. 244, für das Recht aus Art. 103 Abs. 1 GG; *BVerfG* NVwZ 2008, S. 878, für das Recht aus Art. 101 Abs. 1 Satz 2 GG; aus dem Schrifttum vgl. etwa *Manssen*, Staatsrecht II – Grundrechte (LitVerz.), § 31.
5 So die Einordnung bei *Stern*, Staatsrecht III/1 (LitVerz.), § 75 II 1, 4.
6 S. zum Justizgewähranspruch als Ausfluß des Rechtsstaatsprinzips eingehend *Papier*, HStR ³VIII, § 176 RN 7.
7 Vgl. *BVerfGE 107*, 395 (401); s. zur Verknüpfung von rechtsstaatlicher Justizgewährpflicht und subjektivem Justizgewähranspruch *Papier*, HStR ³VIII, § 176 RN 5, 26; *Schmidt-Aßmann*, in: Maunz/Dürig, GG (LitVerz.), Art. 19 Abs. 4 RN 16.
8 So die Einordnung bei *Stern*, Staatsrecht III/1 (LitVerz.), § 75 II 1. S. zum umfassenden Verständnis des Prozeßgrundrechts auch → Bd. V: *Uhle*, Rechtsstaatliche Prozeßgrundrechte und -grundsätze, § 129 RN 6.

liche Aspekte dieses Gerichtsverfahrens erstrecken – oft werden sie als Prozeßgrundsätze bezeichnet[9] –, die dann als grundrechtlich geboten angesehen werden können[10]. Ergeben sich dabei von der konkreten Situation und möglicherweise sogar vom spezifischen materiellen Gehalt einzelner Grundrechte abstrahierbare Anforderungen an ein Gerichtsverfahren, ist es vor dem Hintergrund, daß mitunter Ausschnitte grundrechtlicher Schutzbereiche selbst als Grundrechte bezeichnet werden[11], nur ein kleiner Schritt, diese prozessualen, gegebenenfalls auch objektiv-rechtsstaatlich verankerten Dimensionen von Grundrechten[12] wieder zu ungeschriebenen Prozeßgrundrechten zu synthetisieren.

Der wesentliche Unterschied zwischen kodifizierten Prozeßgrundrechten und den aus den materiellen Grundrechten und dem Rechtsstaatsprinzip gewonnenen ungeschriebenen Prozeßgrundrechten liegt neben möglicherweise differierenden persönlichen Schutzbereichen[13] darin, daß den echten Prozeßgrundrechten eine zwar dem materiellen Grundrechtsschutz dienende, jedoch ausschließlich gerichtsprozeßbezogene Bedeutung zukommt. Sie entfalten *nur* im Gerichtsprozeß Wirkung, während materielle Grundrechte und das Rechtsstaatsprinzip *auch* im Gerichtsprozeß Bedeutung erlangen können[14]. Daher stehen ungeschriebene und geschriebene Prozeßgrundrechte in einem Spezialitätsverhältnis: Den ungeschriebenen, aus den materiellen Grundrechten in Verbindung mit dem Rechtsstaatsprinzip gewonnenen Rechten kommt gegenüber denen aus Art. 19 Abs. 4, Art. 101 und 103 GG eine „ergänzende, lückenfüllende und abstützende Wirkung" zu[15]. Umgekehrt ließe sich das, was die Prozeßgrundrechte regeln, aber auch aus den materiellen Grundrechten in Verbindung mit dem Rechtsstaatsprinzip herleiten. So gehören die Rechte auf den gesetzlichen Richter (Art. 101 Abs. 1 Satz 2 GG) und auf rechtliches Gehör (Art. 103 Abs. 1 GG) beispielsweise auch objektiv zu den fundamentalen Bestandteilen rechtsstaatlicher Gerichtsbarkeit[16]; ohne ihre Beachtung ist ein effektiver Schutz subjektiver Rechte nicht denkbar.

2
Kodifizierte und ungeschriebene Prozeßgrundrechte

Spezialitätsverhältnis

Abhängig von der Formulierung des Normtexts kann es schwierig sein, (geschriebene) Prozeßgrundrechte überhaupt als solche zu erkennen. Dies gilt insbesondere, wenn sie wie im Grundgesetz (mit Ausnahme von Art. 19 Abs. 4 GG) systematisch nicht im Grundrechtsteil, sondern im Kontext der

3
Erkennbarkeit (geschriebener) Prozeßgrundrechte

---

9 Vgl. nur → Bd. V: *Uhle*, § 129 RN 8.
10 S. hierzu eingehend *D. Lorenz*, Grundrechte und Verfahrensordnungen, NJW 1977, 865 ff.; *Stern*, Staatsrecht III/1 (LitVerz.), § 75 II 2 b. Besonders augenfällig ist dies für das Recht auf ein faires Verfahren, das vom Bundesverfassungsgericht als „allgemeines Prozeßgrundrecht" bezeichnet wird, vgl. aus der ständigen Rechtsprechung *BVerfGE 57*, 250 (275); *78,* 123 *(126); 109,* 38 (60); *110,* 339 (342).
11 Vgl. insb. die Teilausprägungen des Grundrechts auf Schutz der Persönlichkeit (aus Art. 2 Abs. 1 i.V.m. Art. 1 Abs. 1 GG) oder das Streikrecht (aus Art. 9 Abs. 3 GG).
12 S. zu den entsprechenden materiellen Dimensionen des Rechtsstaatsprinzips etwa *Katharina Sobota*, Das Prinzip Rechtsstaat, 1997, S. 65 ff.; vgl. auch schon *Philip Kunig*, Das Rechtsstaatsprinzip, 1986, S. 457 ff.; zur Verankerung beispielsweise des Rechts auf ein faires Verfahren in mehreren Freiheitsrechten vgl. eingehend *BVerfGE 57*, 250 (254). Zur Frage der Herleitung aus Grundrechten oder dem Rechtsstaatsprinzip vgl. eingehend → Bd. V: *Uhle*, Rechtsstaatliche Prozeßgrundrechte und -grundsätze, § 129 RN 10.
13 Dies betont zu Recht *P. M. Huber*, in: v. Mangoldt/Klein/Starck, GG (LitVerz.), Art. 19 Abs. 4 RN 360.
14 *Stern*, Staatsrecht III/1 (LitVerz.), § 75 II 4 e.
15 *Stern*, Staatsrecht III/1 (LitVerz.), § 75 II 2 d; vgl. auch *BVerfGE 57*, 250 (274); → Bd. V: *Uhle*, § 129 RN 10.
16 *BVerfGE 12*, 6 (8) für das rechtliche Gehör; vgl. allgemein *Stern*, Staatsrecht III/1 (LitVerz.), § 75 II 3.

Konstituierung der rechtsprechenden Gewalt und damit unter staatsorganisationsrechtlichen Bestimmungen verortet sind. Legt man die allgemeine Definition für Grundrechte – „aus staatlich positivierten, konstitutionellen, normativen und aktuellen Grundrechtsbestimmungen abgeleitete, fundamentale Rechte im Staat-Bürger-Verhältnis, die dem einzelnen eine Rechtsmacht oder Ansprüche verleihen und – typischerweise gerichtlich – durchsetzbar sind"[17] – auch für Prozeßgrundrechte zugrunde, lassen sich Art. 101 Abs. 1 Satz 2 und Art. 103 Abs. 1 GG vielleicht noch durch die Anspruchs- bzw. Possessiv-Formulierung und die Anordnung ihrer Verfassungsbeschwerdefähigkeit in Art. 93 Abs. 1 Nr. 4a GG als subjektive Rechte begründend einordnen. Auch den Verfahrensgarantien bei Freiheitsentziehungen (Art. 104 GG) wird – in der Tradition der Magna Charta von 1215 – Qualität als grundrechtsgleiches Recht zugesprochen[18], obgleich sie genau genommen nur besondere Anforderungen an Beschränkungen des Grundrechts auf Freiheit der Person (Art. 2 Abs. 2 Satz 2 GG) aufstellen[19]. Anderen für Gerichtsverfahren bedeutsamen Bestimmungen, wie dem Prinzip der richterlichen Unabhängigkeit, wird ein rein objektiv-rechtsstaatlicher Charakter[20] attestiert, was freilich kein Hindernis ist, ihre Beachtung als für den Schutz von (Prozeß-)Grundrechten unabdingbar zu erklären und sie auf diesem Weg faktisch zu subjektivieren[21]. Umstritten ist dabei allerdings mitunter, ob solche objektiv-rechtlichen Teilkonkretisierungen des Rechtsstaatsprinzips eher an ein besonderes Prozeßgrundrecht anknüpfen oder Voraussetzung für einen effektiven Rechtsschutz sind. So ordnet beispielsweise das Bundesverfassungsgericht die Unabhängigkeit des Gerichts dem Gebot des „gesetzlichen Gerichts" im Sinne des Art. 101 Abs. 1 Satz 2 zu[22]; im Schrifttum wird es hingegen als Erfordernis für einen effektiven Rechtsschutz angesehen[23].

4
Konsentierte Rahmenbedingungen für Gerichtsverfahren

Diese Zuordnungsproblematik erscheint für die Prozeßgrundrechte, insbesondere diejenigen der Landesverfassungen, geradezu paradigmatisch. Es besteht nämlich ein weitgehender, im tradierten Prozeßrecht wurzelnder[24], maßgeblich vom Bundesverfassungsgericht und in jüngerer Zeit auch vom

---

17 Vgl. ausführlich → Bd. II: *Merten*, Begriff und Abgrenzung der Grundrechte, § 35 RN 129; *dens.* → oben, § 232 RN 29. Das Erfordernis subjektiver Rechte wird auch in kürzeren Definitionen des Grundrechtsbegriffs anerkannt, vgl. etwa *Carl Creifelds*, Rechtswörterbuch, ^{21}2014, Stichwort: Grundrechte; *Gerhard Köbler*, Juristisches Wörterbuch, ^{15}2012, Stichwort: Grundrecht.
18 *Degenhart*, in: Sachs, GG (LitVerz.), Art. 104 RN 3; → Bd. V: *Uhle*, § 129 RN 90; *BVerfGE 58*, 208 (220) spricht von „formellen Gewährleistungen der Freiheit". Anders zu Recht *Dürig*, in: Maunz/ders., GG (LitVerz.), Art. 104 RN 1.
19 S. dazu noch unten B VI, RN 35.
20 Zu dessen nur objektiv-rechtlicher Dimension vgl. statt vieler → Bd. V: *Papier*, Richterliche Unabhängigkeit, § 130 RN 4.
21 Vgl. *BVerfGE 89*, 28 (36), wobei unklar bleibt, ob der Anknüpfungspunkt eher Art. 101 Abs. 1 Satz 2 GG oder Art. 103 Abs. 1 GG ist.
22 So schon *BVerfGE 10*, 200 (213): „setzt voraus, daß nur Gerichte bestehen, die in jeder Hinsicht den Anforderungen des Grundgesetzes entsprechen"; vgl. auch *BVerfGE 60*, 175 (214); in *BVerfGE 89*, 28 (36) wird auch Art. 103 Abs. 1 GG angesprochen.
23 Hierfür etwa → Bd. V: *Uhle*, Rechtsstaatliche Prozeßgrundrechte und -grundsätze, § 129 RN 42 mit dem zutreffenden Hinweis auf Überschneidungen.
24 *Stern*, Staatsrecht III/1 (LitVerz.), § 75 II 4 e).

Europäischen Gerichtshof für Menschenrechte[25] geprägter Konsens darüber, unter welchen Rahmenbedingungen Gerichtsverfahren stattzufinden haben, um ihre Aufgabe zu erfüllen. Aufgrund der im Prinzip der Effektivität des Rechtsschutzes wurzelnden untrennbaren Verknüpfung der Gerichtszugangsrechte mit diesen Rahmenbedingungen[26] lassen sich letztere unabhängig davon, ob sie als eigenständige Prozeßgrundrechte oder als objektiver Verfassungsrechtssatz kodifiziert sind oder sich „nur" aus dem Rechtsstaatsprinzip ergeben, stets auch als Ausprägung des Rechts auf effektiven Rechtsschutz auffassen. Die Effektivität des Rechtsschutzes ist nämlich auch und gerade in Situationen gefährdet, denen durch die – von Bundesland zu Bundesland differierenden – speziellen Prozeßgrundrechte und übergeordnete rechtsstaatliche Prinzipien begegnet werden soll. Wenn nicht der gesetzliche und unabhängige Richter entscheidet, wenn kein rechtliches Gehör gewährt wird, wenn das Verfahren „unfair" oder zu langsam ist, erscheint stets auch die Effektivität des Rechtsschutzes gefährdet[27]. Umgekehrt kann beispielsweise das Recht auf rechtliches Gehör auch implizieren, den Zugang zu einem Gericht zu eröffnen, das dann erst das Gehör gewährt. Die gängige Aufteilung in Rechte *auf* einen Gerichtsprozeß und Rechte *in* einem Gerichtsprozeß[28], die auch in der systematischen Stellung von Art. 19 Abs. 4 GG einerseits und den Art. 101 ff. GG andererseits zum Ausdruck kommt, knüpft damit vor allem an die zeitliche Abfolge von Gerichtszugang und Gerichtsverfahren an. Sie vermag es aber kaum, ein Recht abschließend der einen oder anderen Kategorie zuzuordnen, da diese komplementär sind, was im übrigen auch in Art. 6 EMRK und Art. 47 GRCh, die nicht zwischen dem Recht auf einen Prozeß und Rechten im Prozeß differenzieren[29], zum Ausdruck kommt. Für die Interpreten der Landesverfassungen ist dieses Komplementärverhältnis von besonderer Bedeutung, da etwa die bayerische Verfassung kein Gerichtszugangsrecht, sondern nur Rechte im Prozeß kodifiziert, während etwa die Verfassung von Hessen ausdrücklich Rechtsschutz gegen die öffentliche Gewalt, aber kein rechtliches Gehör verbürgt. Letztlich geht es angesichts der vielfachen verfassungsrechtlichen Radizierung der Gewährleistungsgehalte der allgemein konsentierten Prozeßgrundrechte, die kaum die Annahme zuläßt, eine Landesverfassung schütze ein bestimmtes Recht überhaupt nicht, vor allem darum, die unter Spezialitätsgesichtspunkten jeweils einschlägige Grundrechtsbestimmung zu ermitteln, wobei die Reihenfolge in allgemeiner werdender Richtung lautet: spezielles Prozeßgrundrecht – allgemeines Grundrecht auf Rechtsschutz – materielles Grundrecht (in Verbindung mit dem Rechtsstaatsprinzip). Unter den materiellen Grundrechten ist nament-

Gefährdungslagen für die Rechtsschutzeffektivität

Komplementärverhältnis

---

25 S. zum Einfluß der EMRK noch unten A III, RN 8.
26 In *BVerfGE 107*, 395 (409) ist von einem „funktionalen Zusammenhang" die Rede.
27 Vgl. im Hinblick auf das unabhängige Gericht → Bd. V: *Uhle*, § 129 RN 16, 29.
28 Vgl. hierzu etwa → Bd. V: *Uhle*, § 129 RN 3.
29 Vgl. → Bd. V: *Uhle*, § 129 RN 112.

lich das in Art. 3 Abs. 1 GG und seinen landesrechtlichen Pendants wurzelnde Willkürverbot von Bedeutung[30].

II. Bedeutung der Landesprozeßgrundrechte

5
Ergänzungen zum Bundesprozeßrecht

Prozeßrecht ist grundsätzlich Bundesrecht. Dies ergibt sich daraus, daß der Bund von seiner konkurrierenden Gesetzgebungskompetenz für die Bereiche Gerichtsverfassung und gerichtliches Verfahren (Art. 74 Abs. 1 Nr. 1 GG) umfassend Gebrauch gemacht hat, so daß Art. 72 Abs. 1 GG für ergänzende Regelungen der Länder kaum Raum läßt[31]. Für den Landesgesetzgeber beschränkt sich die Bedeutung der Landesprozeßgrundrechte daher insoweit auf einen kleinen Bereich, in dem er das einfache Bundesprozeßrecht ergänzt, etwa bei der Regelung der Gerichtsorganisation[32]; insofern sind allerdings die Spielräume, die dem Gesetzgeber bei der Ausgestaltung des Prozeßrechts eingeräumt sind[33], zu berücksichtigen.

Verfahrensgarantien bei Freiheitsentziehungen

Weitergehende Bedeutung kann etwa landesverfassungsrechtlichen Verfahrensgarantien bei Freiheitsentziehungen zukommen, da solche auch durch den Landesgesetzgeber normiert werden müssen, beispielsweise im Polizeirecht. Daraus ergeben sich freilich nur dann materielle Restriktionen, wenn das Landesverfassungsrecht strengere Vorgaben als das ebenfalls zu beachtende Grundgesetz enthält. Eine solche Verfassungslage ist nicht selten anzutreffen[34] und wird auch nicht durch Art. 31, Art. 142 GG aufgelöst, solange keine Grundgesetzbestimmungen ersichtlich sind, die einem höheren Schutz durch die Landesverfassung entgegenstehen.

Mindeststandards

Vielmehr erweisen sich – wenn es kein abschließendes einfaches Bundesrecht gibt – Landes- und Bundesgrundrechte (und auch die Europäische Menschenrechtskonvention[35]) jedenfalls im Prozeßrecht in aller Regel als bloße Mindeststandards, deren höchsten der Landesgesetzgeber einzuhalten hat, aber auch übertreffen darf.

6
Bindungen an Grundgesetz und Landesverfassung

Der Rechtsanwender in den Ländern sieht sich einer anderen Situation gegenüber: Er findet das vor allem bundesgesetzlich normierte Verfahrensrecht sowie sein Landesrecht vor und muß es anwenden, dabei aber auch die Bindungen berücksichtigen, die an Grundgesetz und Landesverfassung gleichermaßen bestehen. Für Angehörige der Exekutive bedeutet dies, daß sie

---

30 Vgl. hierzu paradigmatisch *BayVerfGH*, B. v. 29. 1. 2014 (Vf. 18-VI-12), juris, RN 44, wo der Schutz der Rechte auf ein faires Verfahren sowie auf effektiven Rechtsschutz bzw. auf Justizgewährleistung offengelassen wird, „da die relevanten Gesichtspunkte bereits im Zusammenhang mit Art. 118 Abs. 1 BV [d.h. dem Willkürverbot, Anm. d. Verf.] geprüft worden sind". Die Verfassung von Brandenburg kodifiziert als einzige gesondert das Recht auf Gleichheit vor Gericht (Art. 52 Abs. 3), das u.a. Willkür verbietet; vgl. zu dieser Ausprägung *M. Ernst*, in: Lieber/Iwers/dies. (LitVerz.), Art. 52 Anm. 4.2.
31 Vgl. allgemein zum Verhältnis von Bundes- und Landesgrundrechten → Bd. III: *Grawert*, Wechselwirkungen zwischen Bundes- und Landesgrundrechten, § 81; *Maurer*, Landesgrundrechte im Bundesstaat, § 82; *Lange*, Grundrechtliche Besonderheiten in den Landesverfassungen, § 83; *Sodan*, Schutz der Landesgrundrechte durch die Landesverfassungsgerichtsbarkeit, § 84.
32 Zur Bedeutung der Prozeßgrundrechte für die Ausstattung der Gerichte s. unten B I, RN 17; B III, RN 21; B VII 1, RN 48.
33 → Bd. V: *Uhle*, Rechtsstaatliche Prozeßgrundrechte und -grundsätze, § 129 RN 12.
34 S. unten B VI, RN 37 ff.
35 Dazu sogleich unten A III, RN 8.

das einfache Recht im Rahmen des Möglichen verfassungskonform auszulegen haben, es aber selbst im Fall der Überzeugung der Verfassungswidrigkeit nicht verwerfen dürfen[36]. Für Richter, die Prozeßgrundrechte naturgemäß primär betreffen, bedeutet die Bindung, daß sie ebenfalls den Versuch der verfassungskonformen Auslegung unternehmen, gegebenenfalls aber auch eine Vorlage nach Art. 100 Abs. 1 GG zum Bundes- oder Landesverfassungsgericht vornehmen müssen. Während bei der Anwendung einfachen Landesrechts ohne weiteres die Prozeßgrundrechte des Grundgesetzes *und* die der jeweiligen Landesverfassung Anwendung finden, so daß sich auch hier eine „Meistbegünstigung" des Grundrechtsträgers bzw. aus der Perspektive der Staatsgewalt eine Kumulation der Restriktionen ergibt, stellt sich bei der Anwendung einfachen Bundes(verfahrens)rechts durch die Landesstaatsgewalt die Frage, ob und inwieweit neben der selbstverständlichen Bindung an die Bundesgrundrechte auch noch Raum für eine Berücksichtigung der Landesgrundrechte bleibt. Das Bundesverfassungsgericht hat sich mit dieser Frage in einem Beschluß aus dem Jahr 1997 befaßt und sie richtigerweise dahingehend beantwortet, daß die Landesgrundrechte nicht nur anwendbar bleiben, wenn sie einen auch durch das Grundgesetz gewährleisteten, also mit diesem „inhaltsgleichen" Schutz gewähren[37], sondern auch dann, wenn das einfache Bundesrecht „Spielräume für die Berücksichtigung von weitergehendem Landesrecht" läßt[38]. Ob solche Spielräume bestehen, wird allerdings vielfach nicht leicht zu ermitteln sein. Landesverfassungsgerichte verfolgen teilweise einen strengeren Maßstab; dies gilt namentlich für den Bayerischen Verfassungsgerichtshof[39].

„Meistbegünstigung" des Grundrechtsträgers

„Spielräume"

Soweit die Landesprozeßgrundrechte nach diesen Maßstäben Wirkung entfalten, wird diese durch ihre landesverfassungsgerichtliche Durchsetzbarkeit besonders gesichert. Hierin liegt auch der besondere Gewinn für den Grundrechtsträger, der ansonsten auch durch das einfache Prozeßrecht geschützt wäre, das den Prozeßgrundrechten in der Regel entspricht und vielfach sogar vorbildhaft für sie war[40]. Da die Fälle der Richtervorlage nach Art. 100 Abs. 1 GG aufgrund der Tatsache, daß sich der Vorwurf der Verletzung von Prozeßgrundrechten meist gegen Gerichte richtet, zu vernachlässigen sein dürften, kommt es insoweit vor allem darauf an, ob das Landesrecht die Verfassungsbeschwerde ermöglicht. Dies ist derzeit in Baden-Württemberg, Bayern, Berlin, Brandenburg, Hessen, Mecklenburg-Vorpommern, Rheinland-Pfalz, im

7
Landesverfassungsgerichtliche Durchsetzbarkeit

---

36 Gegen eine behördliche Normverwerfungskompetenz ausführlich *BayVGH* BayVBl. 1982, S. 654; bestätigt durch *BayVGH* BayVBl. 1993, S. 626. Die Frage ist nach wie vor umstritten und bisher vom Bundesverwaltungsgericht offengelassen worden, vgl. *BVerwG* NVwZ 2001, S. 1035; in der Literatur finden sich unterschiedliche Auffassungen; s. zum Streitstand *R. Engel*, Zur Normverwerfungskompetenz einer Behörde, NVwZ 2000, S. 1258.
37 *BVerfGE 96*, 345 (365).
38 *BVerfGE 96*, 345 (366).
39 So soll etwa eine Verletzung von Art. 102 Verf. Bayern bei der Anwendung von Bundesrecht ausgeschlossen sein, solange diese willkürfrei erfolgt; vgl. etwa *BayVerfGE 57*, 56 (61).
40 *Stern*, Staatsrecht III/1 (LitVerz.), § 75 II 4 e, spricht insofern anschaulich von tradiertem Verfahrensrecht.

§ 244 *Sechzehnter Teil: II. Vergleichende Betrachtung der Landesgrundrechte*

Saarland, in Sachsen, Sachsen-Anhalt und in Thüringen der Fall[41], wobei in Sachsen-Anhalt die Besonderheit besteht, daß die Verfassungsbeschwerde grundsätzlich nur gegen Gesetze zulässig ist, was sie mit Blick auf die Prozeßgrundrechte weitgehend bedeutungslos macht[42]. Im Ergebnis genauso ist die Rechtslage in Mecklenburg-Vorpommern, wo es neben der Gesetzesverfassungsbeschwerde zwar auch eine Verfassungsbeschwerde gegen andere Akte der öffentlichen Gewalt gibt, aber nur wegen Verletzung der in den Art. 6 bis 10 Verf. Mecklenburg-Vorpommern genannten Grundrechte, zu denen Prozeßgrundrechte nicht zählen, und nur, soweit eine Zuständigkeit des Bundesverfassungsgerichts nicht gegeben ist. In Bremen, Hamburg, Niedersachsen, Nordrhein-Westfalen sowie Schleswig-Holstein gibt es keine Landesverfassungsbeschwerde. Für die Zwecke einer Verfassungsbeschwerde verdeutlichen die geschriebenen Prozeßgrundrechte dem Grundrechtsträger gerade aufgrund ihrer im Vergleich zu den materiellen Grundrechten begrenzteren, dafür aber präziser formulierten Schutzbereiche seine Rechtspositionen und erleichtern so prinzipiell die Behauptung ihrer Verletzung. Allerdings hat das Bundesverfassungsgericht im Einklang mit seiner allgemeinen Grundrechtsrechtsprechung[43] Wege gefunden, auch in diesem Bereich zwischen der Mißachtung des einfachen Verfahrensrechts und der Verletzung eines Prozeßgrundrechts zu differenzieren. Sie unterscheiden sich von Grundrecht zu Grundrecht: So wird beispielsweise für die Entziehung des gesetzlichen Richters Willkür verlangt[44] oder im Rahmen der Verletzung rechtlichen Gehörs eine spezifische Grundrechtsverletzung gefordert[45]. Bei Freiheitsentziehungen soll nur die Verletzung „bedeutsamer" Verfahrensvorschriften auch einen Grundrechtsverstoß umfassen[46]. Stets im Raum steht auch, daß Verfahrensfehler grundrechtlich unbeachtlich sind, wenn von vornherein ausgeschlossen werden kann, daß sie sich auf das Ergebnis ausgewirkt haben[47]. Die Landesverfassungsgerichte verfolgen eine ähnliche Linie, um nicht zu obersten „Ver-

---

41 Art. 68 Abs. 1 Satz 2 Nr. 4 Verf. Baden-Württemberg i.V.m. §§ 55 ff. StGHG Baden-Württemberg; Art. 120 Verf. Bayern; gegen Gesetze ist hingegen die Popularklage nach Art. 98 Satz 4 Verf. Bayern statthaft; Art. 84 Abs. 2 Nr. 5 Verf. Berlin; Art. 6 Abs. 2, Art. 113 Nr. 4 Verf. Brandenburg; Art. 131 Verf. Hessen (unter dem Namen „Grundrechtsklage"); Art. 53 Nr. 6 und 7 Verf. Mecklenburg-Vorpommern; Art. 135 Abs. 1 Nr. 6 Verf. Rheinland-Pfalz; Art. 97 Nr. 4 Verf. Saarland, § 9 Nr. 13 VerfGHG Saarland; Art. 81 Abs. 1 Nr. 4 Verf. Sachsen; Art. 75 Nr. 6 Verf. Sachsen-Anhalt; Art. 80 Abs. 1 Nr. 1 Verf. Thüringen.
42 Für Sachsen-Anhalt → unten *Kluth*, Landesgrundrechte in Sachsen-Anhalt, § 258 RN 80.
43 S. zum Erfordernis der Verletzung „spezifischen Verfassungsrechts" grundlegend BVerfGE 18, 85 (92); vgl. auch *Martin Düwel*, Kontrollbefugnisse des Bundesverfassungsgerichts bei Verfassungsbeschwerden gegen gerichtliche Entscheidungen, 2000, S. 31 ff.; s. ferner *Jestaedt*, Verfassungsrecht und einfaches Recht – Verfassungsgerichtsbarkeit und Fachgerichtsbarkeit, DVBl. 2001, S. 1309 (1319 f.). Kritisch zur Formel vom „spezifischen Verfassungsrecht" etwa *H. Dreier*, GG (LitVerz.), Art. 2 I RN 43; *Voßkuhle*, in: v. Mangoldt/Klein/Starck, GG (LitVerz.), Art. 93 RN 55 f.
44 Ständige Rechtsprechung, vgl. BVerfGE 3, 359 (364 f.); 29, 198 (207); in BVerfGE 135, 155 (231) wird dies vermeintlich präzisiert durch die Formulierung, daß die Auslegung und Anwendung des einfachen Rechts „bei verständiger Würdigung der das Grundgesetz bestimmenden Gedanken nicht mehr verständlich erscheinen und offensichtlich unhaltbar" sein muß.
45 BVerfGE 75, 302 (313 f.).
46 BVerfGE 58, 208 (220 f.); krit. hierzu *Heidebach* (FN 3), S. 214 ff.
47 Vgl. *Heidebach* (FN 3), S. 246 m.w.N. aus der Rechtsprechung.

fahrenskontrollgerichten" zu werden⁴⁸. Voraussetzung für eine Landesverfassungsbeschwerde unter Berufung auf eine Verletzung von Landesprozeßgrundrechten ist grundsätzlich auch, daß nicht Bundesgerichte in letzter, den Rechtsweg erst erschöpfender Instanz entscheiden und damit gegebenenfalls dem Landesverfassungsgericht den Prüfungsgegenstand entziehen⁴⁹.

III. Einfluß der Europäischen Menschenrechtskonvention

Eine der zentralen und auch in der Praxis bedeutsamsten⁵⁰ Bestimmungen der Europäischen Konvention zum Schutz der Menschenrechte und Grundfreiheiten (EMRK) ist ihr Artikel 6. Unter der Überschrift „Recht auf ein faires Verfahren" werden eine ganze Reihe von Verfahrensrechten etabliert⁵¹, die der Europäische Gerichtshof für Menschenrechte in seiner Rechtsprechung konkretisiert hat. Von Bedeutung ist darüber hinaus Art. 13 EMRK, der ein Recht auf eine wirksame Beschwerde bei einer innerstaatlichen Instanz für den Fall der Konventionsverletzung garantiert⁵². Ebenfalls dem Bereich der Prozeßgrundrechte zugerechnet werden können die Garantien, die Art. 5 EMRK für den Fall der Freiheitsentziehung vorsieht, die Grundsätze *nullum crimen sine lege* und *nulla poena sine lege* (Art. 7 EMRK)⁵³.

8
„Recht auf ein faires Verfahren"

---

48 S. dazu die Ausführungen zu den einzelnen Prozeßgrundrechten.
49 Etwas anderes mag gelten, wenn ein Landesverfassungsgericht eine Verfassungsbeschwerde ohne Rechtswegerschöpfung zur Entscheidung annimmt; s. zu dieser Möglichkeit etwa *BayVerfGH* BayVBl. 2011, S. 530.
50 Im Jahr 2014 beruhten nach der amtlichen Statistik des EGMR mehr als 35 v.H. aller Verurteilungen der Vertragsparteien durch den EGMR auf einer Verletzung des Art. 6 EMRK; für Deutschland beruhte eine von drei Verurteilungen darauf.
51 Art. 6 lautet: „(1) Jede Person hat ein Recht darauf, daß über Streitigkeiten in bezug auf ihre zivilrechtlichen Ansprüche und Verpflichtungen oder über eine gegen sie erhobene strafrechtliche Anklage von einem unabhängigen und unparteiischen, auf Gesetz beruhenden Gericht in einem fairen Verfahren, öffentlich und innerhalb angemessener Frist verhandelt wird. Das Urteil muß öffentlich verkündet werden; Presse und Öffentlichkeit können jedoch während des ganzen oder eines Teiles des Verfahrens ausgeschlossen werden, wenn dies im Interesse der Moral, der öffentlichen Ordnung oder der nationalen Sicherheit in einer demokratischen Gesellschaft liegt, wenn die Interessen von Jugendlichen oder der Schutz des Privatlebens der Prozeßparteien es verlangen oder – soweit das Gericht es für unbedingt erforderlich hält – wenn unter besonderen Umständen eine öffentliche Verhandlung die Interessen der Rechtspflege beeinträchtigen würde. (2) Jede Person, die einer Straftat angeklagt ist, gilt bis zum gesetzlichen Beweis ihrer Schuld als unschuldig. (3) Jede angeklagte Person hat mindestens folgende Rechte: a) innerhalb möglichst kurzer Frist in einer ihr verständlichen Sprache in allen Einzelheiten über Art und Grund der gegen sie erhobenen Beschuldigung unterrichtet zu werden; b) ausreichende Zeit und Gelegenheit zur Vorbereitung ihrer Verteidigung zu haben; c) sich selbst zu verteidigen, sich durch einen Verteidiger ihrer Wahl verteidigen zu lassen oder, falls ihr die Mittel zur Bezahlung fehlen, unentgeltlich den Beistand eines Verteidigers zu erhalten, wenn dies im Interesse der Rechtspflege erforderlich ist; d) Fragen an Belastungszeugen zu stellen oder stellen zu lassen und die Ladung und Vernehmung von Entlastungszeugen unter denselben Bedingungen zu erwirken, wie sie für Belastungszeugen gelten; e) unentgeltliche Unterstützung durch einen Dolmetscher zu erhalten, wenn sie die Verhandlungssprache des Gerichts nicht versteht oder spricht". Vgl. → Bd. VI/1: *Gundel*, Verfahrensrechte, § 146.
52 Dazu → Bd. V: *Uhle*, Rechtsstaatliche Prozeßgrundrechte und -grundsätze, § 129 RN 108; → Bd. VI/1: *Gundel*, Verfahrensrechte, § 146 RN 170 ff.
53 Das 7. Zusatzprotokoll zur EMRK, das in seinem Artikel 4 den Grundsatz *ne bis in idem* enthält, ist von Deutschland bisher nicht ratifiziert worden.

9
Bedeutung im innerstaatlichen Recht

Die Europäische Menschenrechtskonvention gilt im innerstaatlichen Recht aufgrund des Zustimmungsgesetzes nach Art. 59 Abs. 2 GG mit dem Rang einfachen Bundesrechts[54]. Für die Bundesgrundrechte hat das Bundesverfassungsgericht anerkannt, daß sie trotz ihres formal höheren Ranges im Einklang mit der Europäischen Menschenrechtskonvention auszulegen sind, um der Völkerrechtsfreundlichkeit des Grundgesetzes Rechnung zu tragen[55]. Im Verhältnis zu den Landesgrundrechten stellt sich das Rangverhältnis allerdings anders dar: Da die Menschenrechtskonvention zum Bundesrecht zählt, kann ihr nach Art. 31 GG ohne weiteres Geltungsvorrang vor dem Landesrecht, und zwar auch vor dem Landesverfassungsrecht zukommen. Voraussetzung dafür, daß Landesrecht in dieser Weise gebrochen wird, ist allerdings ein Widerspruch zwischen Bundesrecht und Landesrecht – also unvereinbare Normbefehle[56]. Soweit ein solcher Widerspruch nicht besteht, weil beide Normen vom Rechtsanwender dasselbe verlangen oder die Forderungen jedenfalls miteinander vereinbar sind, gilt auch das Landesrecht fort – dies wird bei den Prozeßgrundrechten in aller Regel anzunehmen sein. Darüber hinaus wird man zur Vermeidung der Nichtigkeitsfolge auch für das Landesverfassungsrecht eine konventionskonforme Auslegungsvariante wählen müssen.

B. Vergleich der landesverfassungsrechtlichen Prozeßgrundrechte

10
Länderorientierte oder rechteorientierte Sicht

Eine vergleichende Betrachtung der Prozeßgrundrechte in den einzelnen Landesverfassungen kann entweder aus einem länderorientierten oder aus einem rechteorientierten Blickwinkel erfolgen. Bei der erstgenannten Vorgehensweise wird jede Verfassung auf ihren Bestand an Prozeßgrundrechten hin untersucht, bei der letzteren ausgehend von einem abstrakten Bestand an Prozeßgrundrechten ermittelt, ob und wie diese in den Landesverfassungen verankert sind. Die länderorientierte Vorgehensweise bietet den Vorteil, daß sie die strukturelle Einordnung der Prozeßgrundrechte in die jeweilige Landesverfassung erleichtert und einen Gesamtüberblick über den jeweiligen Bestand bietet, der auch landesverfassungsrechtliche Besonderheiten erfaßt. Mit Rücksicht darauf, daß eine solche kontextualisierende Untersuchung der Prozeßgrundrechte in den Landesberichten erfolgt[57], soll im Folgenden die rechteorientierte Vorgehensweise gewählt werden. Sie bietet darüber hinaus

---

[54] Grundlegend *BVerfGE 74*, 358 (370); vgl. aus neuerer Zeit *BVerfGE 111*, 307 (317); *131*, 268 (295). Vgl. → Bd. VI/2: *Grabenwarter*, Nationale Grundrechte und Rechte der EMRK, § 169, insb. RN 12 ff.
[55] *BVerfGE* aaO.
[56] Vgl. etwa *Pieroth*, in: Jarass/ders., GG (LitVerz.), Art. 31 RN 4; *Korioth*, in: Maunz/Dürig, GG (LitVerz.), Art. 31 RN 14; *H. Dreier*, GG (LitVerz.), Art. 31 RN 40; ebenso *Wittreck*, Das Bundesverfassungsgericht und die Kassationsbefugnis der Landesverfassungsgerichte, DÖV 1999, S. 634 (637); a.A. *P. M. Huber*, in: Sachs, GG (LitVerz.), Art. 31 RN 22 und Art. 142 RN 5. S. zu der Frage auch *Pietzcker*, HStR³ VI, § 134 RN 74 ff.
[57] Vgl. → unten §§ 245 ff.

den Vorteil, daß sie die Unterschiede zwischen den einzelnen Ländern deutlicher hervortreten läßt. Im Fall der Beobachtung unterschiedlicher Rechtslagen soll vor allem untersucht werden, ob diese im Zusammenhang mit einem bestimmten Typ Landesverfassung stehen. Zu unterscheiden sind insofern einerseits die Landesverfassungen von Bayern, Bremen, Hessen, Rheinland-Pfalz und dem Saarland, die schon vor Inkrafttreten des Grundgesetzes existierten und insofern aus grundgesetzlicher Perspektive „vorkonstitutionell" sind, und andererseits die „nachkonstitutionellen" Verfassungen der übrigen Bundesländer[58]. Während die Verfassung der Freien und Hansestadt Hamburg ein reines Organisationsstatut ohne jeden Grundrechtsbezug darstellt und daher auch im Rahmen dieses Beitrags nicht weiter interessiert, verbürgen die Verfassungen aller anderen Länder Grundrechte. Unter diesen „Vollverfassungen" kann sodann weiter differenziert werden zwischen solchen mit einem eigenen Grundrechtekatalog und denen von Baden-Württemberg, Mecklenburg-Vorpommern, Nordrhein-Westfalen, Niedersachsen und Schleswig-Holstein, die (primär) auf die Grundrechte des Grundgesetzes verweisen und diese zu Landesrecht erklären[59].

Verfassungstypen

„Vollverfassungen"

Für das Analyseraster, den „Katalog" an Prozeßgrundrechten, anhand dessen die Landesverfassungen verglichen werden sollen, bietet sich zunächst der Rückgriff auf die Prozeßgrundrechte des Grundgesetzes als Ausgangspunkt an. Soweit sich landesverfassungsrechtliche Grundrechte als Ausschnitte solcher Rechte erweisen, werden sie dort behandelt, landesverfassungsrechtliche Prozeßgrundrechte ohne grundgesetzliches Pendant müssen demgegenüber separat untersucht werden.

11
Prozeßgrundrechte des GG als Ausgangspunkt

I. Garantie des effektiven Rechtsschutzes gegen die öffentliche Gewalt

Die Garantie des Rechtsschutzes gegen die öffentliche Gewalt, die im Grundgesetz in Artikel 19 Abs. 4 Satz 1 gewährleistet ist, findet sich auch in den meisten Landesverfassungen. Ausnahme ist – abgesehen von der Verfassung der Freien und Hansestadt Hamburg, die ein reines Organisationsstatut darstellt und keinerlei Grundrechte enthält – die bayerische Verfassung, die in Artikel 120 keinen regulären Rechtsweg, sondern nur die Möglichkeit der Landesverfassungsbeschwerde gegen Behördenakte als außerordentlichen Rechtsbehelf vorsieht. Allerdings wird in Bayern – die Ablehnung der strengen Trennung zwischen Grundrechten *auf* einen und *in* einem Gerichtsprozeß bestätigend – die Rechtsweggarantie in das Grundrecht auf rechtliches Gehör hineingelesen[60].

12
Rechtsschutzgarantie in den meisten Landesverfassungen

---

[58] Zu berücksichtigen ist dabei allerdings, daß manche Bestimmungen nach Inkrafttreten des Grundgesetzes geändert wurden; vgl. etwa Art. 5 Verf. Rheinland-Pfalz, der erst 1991 an die Formulierung von Art. 104 GG angepaßt worden ist; s. dazu unten B VI, RN 39.
[59] Art. 2 Abs. 1 Verf. Baden-Württemberg; Art. 5 Abs. 3 Verf. Mecklenburg-Vorpommern; Art. 4 Abs. 1 Verf. Nordrhein-Westfalen; Art. 3 Abs. 2 Verf. Niedersachsen; Art. 3 Verf. Schleswig-Holstein.
[60] *BayVerfGHE 51*, 144 (147); *H.A. Wolff*, in: Lindner/Möstl/Wolff (LitVerz.), Art. 91 RN 33.

13
Übernahmeklauseln

In Mecklenburg-Vorpommern und Schleswig-Holstein, deren Verfassungen keinen eigenständigen Grundrechtekatalog enthalten, sondern auf die Grundrechte des Grundgesetzes verweisen, wird damit die Regelung des Art. 19 Abs. 4 Satz 1 GG übernommen. Eine solche Übernahmeklausel enthalten auch die Verfassungen von Baden-Württemberg, Nordrhein-Westfalen und Niedersachen; dennoch haben die Verfassungsgeber in diesen Ländern eine eigenständige Kodifizierung der Rechtsweggarantie im Kontext der Regelungen über die rechtsprechende Gewalt für erforderlich gehalten[61]. In Baden-Württemberg und Nordrhein-Westfalen steht dies im Zusammenhang damit, daß nicht nur ein Rechtsweg gegen Maßnahmen der öffentlichen Gewalt garantiert ist, sondern auch eine zweite Instanz in Verwaltungsstreitsachen[62] und damit überhaupt die Existenz der Verwaltungsgerichtsbarkeit als Institution[63]; warum die Niedersächsische Verfassung noch im Jahr 1993 den Rechtsweg „doppelt" verbürgt, bleibt unklar. Da die Garantie einer zweiten Instanz in Verwaltungsstreitsachen durch die Vorgaben der Verwaltungsgerichtsordnung ohnehin gemäß Art. 31 GG gebrochen wird[64], erweist sich die ausdrückliche Kodifikation der Rechtsschutzgarantie in den Ländern, die auf die Grundrechte des Grundgesetzes und damit auch auf dessen Artikel 19 Abs. 4 verweisen, heute insgesamt als überflüssig.

14
Rechtsschutzanspruch als Gerichtsschutzanspruch

In den meisten anderen Ländern entspricht oder ähnelt die Formulierung der Rechtsschutzgarantie gegen die öffentliche Gewalt der in Art. 19 Abs. 4 Satz 1 GG[65]. In Bremen wird der Formulierung „Zum Schutz des einzelnen gegen Anordnungen und Verfügungen oder pflichtwidrige Unterlassungen der Verwaltungsbehörden steht der Rechtsweg an die ordentlichen Gerichte oder Verwaltungsgerichte offen" derselbe Inhalt entnommen[66]. Soweit die Verfassung des Saarlandes mit der Formulierung „Glaubt jemand durch die öffentliche Gewalt in seinen Rechten verletzt zu sein, so steht ihm der Beschwerde- bzw. Rechtsweg offen" so verstanden wird, daß sie den verwaltungsinternen

---

61 Art. 67 Abs. 1 Verf. Baden-Württemberg; Art. 53 Verf. Niedersachsen; Art. 74 Abs. 1 Verf. Nordrhein-Westfalen; zur Bedeutung der letzteren Norm, die (für die genannten Handlungen) die Generalklausel verfassungsrechtlich absichern sollte, vgl. *Th. Mann*, in: Löwer/Tettinger (LitVerz.), Art. 74 RN 3.

62 Art. 67 Abs. 3 Verf. Baden-Württemberg; Art. 74 Abs. 2 Nordrhein-Westfalen. In Baden-Württemberg besteht gemäß Art. 67 Abs. 2 der Verfassung zudem eine subsidiäre Rechtswegeröffnung der Verwaltungsgerichtsbarkeit, für die zumindest in Teilen des Schrifttums angenommen wird, daß sie durch § 40 VwGO gemäß Art. 31 GG gebrochen wird und nichtig ist; vgl. *Helmut Birn,* Die Aufnahme von Grundrechten und staatsbürgerlichen Rechten des Grundgesetzes in die Verfassung von Baden-Württemberg, 1972, S. 65; jedenfalls ist die Norm nicht von solcher Bedeutung, daß sie aufrechterhalten werden müßte.

63 *Th. Mann*, in: Löwer/Tettinger (LitVerz.), Art. 74 RN 9. Dieselbe Garantie ergibt sich auch aus Art. 93 der bayerischen Verfassung, dem allerdings die Grundrechtsqualität fehlt.

64 *Th. Mann*, in: Löwer/Tettinger (LitVerz.), Art. 74 RN 14, der allerdings darauf hinweist, daß die Norm auch objektiv verstanden werden kann und dann nur abstrakt die auf der Landesebene zweistufige Gerichtsorganisation vorgibt.

65 Art. 15 Abs. 4 Satz 1 Verf. Berlin; Art. 6 Abs. 1 Verf. Brandenburg; Art. 124 Abs. 1 Verf. Rheinland-Pfalz; Art. 38 Abs. 1 Satz 1 Verf. Sachsen; Art. 21 Abs. 1 Satz 1 Verf. Sachsen-Anhalt; Art. 42 Abs. 5 Satz 1 Verf. Thüringen. Ähnlich die Formulierung in Art. 2 Abs. 3 Verf. Hessen: „Glaubt jemand, durch die öffentliche Gewalt in seinen Rechten verletzt zu sein, so steht ihm der Rechtsweg offen."

66 Art. 141 Verf. Bremen, s. dazu *H. Neumann*, Verfassung, 1996 (LitVerz.), Art. 141 RN 3. Ähnlich auch Art. 74 Verf. Nordrhein-Westfalen: „Gegen die Anordnungen, Verfügungen und Unterlassungen der Verwaltungsbehörden kann der Betroffene die Entscheidung der Verwaltungsgerichte anrufen".

Rechtsweg genügen läßt[67], ist dieser Maßstab nicht hinreichend; der Rechtsschutzanspruch ist ein Gerichtsschutzanspruch[68]. In den meisten Verfassungen ist die Rechtsschutzgarantie gegen die öffentliche Gewalt im Grundrechtekapitel verortet; anderes gilt neben den bereits genannten Verfassungen von Baden-Württemberg, Nordrhein-Westfalen und Niedersachsen auch in den vorkonstitutionellen Verfassungen von Bremen und Rheinland-Pfalz[69]: Sie betonen, indem sie das Recht im Kontext der Bestimmungen über die rechtsprechende Gewalt verbürgen, auch den institutionellen Gehalt.

Zuordnung zu den Grundrechten

15

Genau wie das Grundgesetz in Artikel 14 Abs. 3 Satz 3 und Artikel 34 Satz 2 besondere Rechtswegzuweisungen enthält, finden sich vergleichbare Bestimmungen auch in einigen Landesverfassungen[70]. Man kann darin die bloße Anordnung eines Rechtswegs ohne Grundrechtscharakter sehen, man kann sie allerdings auch als *leges speciales* zur allgemeinen Rechtsweggarantie verstehen[71]. Für die letztgenannte Auffassung spricht, daß die Anordnung eines bestimmten Rechtswegs auch das Zugangsrecht zu den Gerichten impliziert; dieses ließe sich allerdings auch aus Art. 19 Abs. 4 Satz 1 GG herleiten. § 40 VwGO könnte vor landesverfassungsrechtlichen Rechtswegzuweisungen an die Zivilgerichte theoretisch Vorrang haben; indessen sind die den Zivilgerichten durch Landesverfassungsrecht zugewiesenen Fälle mit der Enteignungsentschädigung und der Staatshaftung keine anderen als die, die auch schon nach dem Grundgesetz, an das sich die VwGO hält, der Verwaltungsgerichtsbarkeit entzogen sind.

Frage des Grundrechtscharakters

16

Angesichts der weitgehenden, auch formulierungsmäßigen Parallelität zu Art. 19 Abs. 4 GG wird man den landesverfassungsrechtlichen Garantien des Rechtsschutzes gegen die öffentliche Gewalt grundsätzlich denselben Gehalt zumessen können wie der grundgesetzlichen Garantie. Das bedeutet zunächst, daß unter „öffentlicher Gewalt" nach zwar mit beachtlichen Gründen bestrittener, aber historisch überlieferter und in der Rechtsprechung unverändert anerkannter[72] Auffassung nur die Exekutive, nicht hingegen Legislative und Judikative zu verstehen sind[73]. Die Garantie des Rechtsschutzes gegen

Parallelität zu Art. 19 Abs. 4 GG

---

67 So *Schranil* (LitVerz.), Art. 20 Nr. 2, dem folgend *VerfGH Saarland*, B. v. 28. 6. 2007 (Lv 2/07), juris, RN 7. Dem ist nicht zuzustimmen; ablehnend zu Recht auch unter Berufung auf die Entstehungsgeschichte *Rixecker*, in: Wendt/ders. (LitVerz.), Art. 20 RN 1.
68 *Papier*, HStR ³VIII, § 176 RN 8.
69 Art. 141 Verf. Bremen; Art. 124 Verf. Rheinland-Pfalz.
70 Für die Enteignungsentschädigung: Art. 159 Satz 2 Verf. Bayern; Art. 41 Abs. 4 Verf. Brandenburg; Art. 45 Abs. 3 Verf. Hessen; Art. 60 Abs. 4 Satz 3 Verf. Rheinland-Pfalz; Art. 51 Abs. 2 Satz 6 Verf. Saarland; Art. 34 Abs. 3 Satz 4 Verf. Thüringen. Für die Staatshaftung s. etwa Art. 97 Abs. 2 Verf. Bayern.
71 Zu dieser Einordnung etwa → Bd. V: *Uhle*, Rechtsstaatliche Prozeßgrundrechte und -grundsätze, § 129 RN 4.
72 Vgl. *BVerfGE 116*, 1 (11 f.) zu Art. 19 Abs. 4 GG.
73 Aus der Literatur zu den Landesverfassungen vgl. *Stöhr*, in: Pfennig/Neumann (LitVerz.), Art. 15 RN 26; *Rixecker*, in: Wendt/ders. (LitVerz.), Art. 20 RN 5; aus der Rechtsprechung der Landesverfassungsgerichte *VerfGH Saarland*, B. v. 19. 5. 2006 (Lv 6/05); B. v. 28. 6. 2007 (Lv 2/07). Zum Ausschluß des Rechtswegs gegen Gesetze vgl. die ständige Rechtsprechung des Bundesverfassungsgerichts seit *BVerfGE 24*, 33, 49; ebenso *Sachs*, GG (LitVerz.), Art. 19 RN 123; kritisch dagegen *Papier*, HStR ³VIII, § 177 RN 40; *P. M. Huber*, in: v. Mangoldt/Klein/Starck, GG (LitVerz.), Art. 19 Abs. 4 RN 430; *Schmidt-Aßmann*, in: Maunz/Dürig, GG (LitVerz.), Art. 19 Abs. 4 RN 93. Zum Ausschluß des Rechtswegs gegen

die öffentliche Gewalt umfaßt daher auch in den Landesverfassungen weder das Erfordernis eines Rechtswegs unmittelbar gegen Gesetze – der freilich in einzelnen Ländern dennoch in besonderen Bestimmungen gegeben ist[74] – noch einen „Rechtsschutz gegen den Richter" im Sinne eines Instanzenzugs[75]; auch die Einführung einer Landesverfassungsbeschwerde ist nicht erforderlich[76]. Eine die Rechtsschutzgarantie gegen die öffentliche Gewalt aktivierende Situation ist stets die Verletzung eines subjektiven Rechts[77], das der Garantie vorausliegt. Inwieweit ein solches gegeben ist, bemißt sich grundsätzlich nach dem materiellen Recht[78].

17
Zugang, Prüfung, Entscheidung

Inhaltlich umfaßt die Rechtsschutzgarantie „den Zugang zu den Gerichten, die Prüfung des Streitbegehrens in einem förmlichen Verfahren sowie die verbindliche gerichtliche Entscheidung"[79]. Wie es auch aus dem Grundgesetz hergeleitet wird, muß der gewährte Rechtsschutz, ohne daß dies ausdrücklich in den Landesverfassungen stünde, effektiv sein[80]; die Rechtsschutzgarantie darf nicht lediglich auf dem Papier stehen. Hieraus läßt sich allerdings kein Postulat eines optimalen oder maximalen Rechtsschutzes herleiten[81], der abstrakt entwickelt werden müßte (oder auch nur könnte), sondern es ist zu ermitteln, ob der Rechtsschutz so, wie er im Prozeßrecht durch den Gesetzgeber ausgestaltet und in der Praxis durch die Gerichte gehandhabt wird, dem Effektivitätsgebot genügt. Vor dem Hintergrund der hochgradigen Unbestimmtheit des Begriffs der Effektivität und der Notwendigkeit einer wertenden Gesamtbetrachtung sind hierzu im Einzelfall unterschiedliche Auffassungen denkbar oder sogar vorprogrammiert. Nicht vergessen werden darf in diesem Zusammenhang, daß es bei der Rechtsschutzgarantie gegen die öffentliche Gewalt nicht um ein Abwehrgrundrecht geht, sondern der Einzelne vom Staat eine Leistung, nämlich den effektiven Rechtsschutz, fordert[82]. Bei der Erfüllung dieser Forderung genießt der Gesetzgeber eine gewisse Einschätzungsprärogative, so daß insbesondere keine Bestandsgarantie für alle Einzel-

Grundrechtliche Leistungsdimension

Judikativakte vgl. die ständige Rechtsprechung des Bundesverfassungsgerichts seit *BVerfGE 4*, 74 (96); s. mit erneuter eingehender Begründung *BVerfGE 107*, 395 (404ff.); zu gegenteiligen Tendenzen im Schrifttum vgl. etwa *P. M. Huber*, in: v. Mangoldt/Klein/Starck, GG (LitVerz.), Art. 19 RN 438ff.; *Andreas Voßkuhle*, Rechtsschutz gegen den Richter, 1993, S. 255ff. und dort insb. S. 308ff.; → Bd. V: *Uhle*, § 129 RN 13.

74 Vgl. insb. die Popularklage nach Art. 98 Satz 4 Verf. Bayern; vgl. auch Art. 6 Abs. 2 Verf. Brandenburg, in dem der Begriff der öffentlichen Gewalt anders ausgelegt wird als dort im Absatz 1; vgl. *Iwers*, in: Lieber/ders./Ernst (LitVerz.), Art. 6 RN 2.1.
75 Vgl. *BVerfGE 107*, 395 (402).
76 *StGH Baden-Württemberg*, B. v. 20. 9. 2000 (6/00), juris; *StGH Niedersachsen*, B. v. 22. 7. 2013 (1-3/13), juris.
77 Vgl. für Berlin *Stöhr*, in: Pfennig/Neumann (LitVerz.), Art. 15 RN 25.
78 *BVerfGE 61*, 82 (110): „Die Vorschrift gewährleistet nicht selbst den sachlichen Bestand oder Inhalt einer als verletzt behaupteten Rechtsstellung dieser Art; dieser Bestand und sein Inhalt richtet sich vielmehr nach der Maßgabe der Rechtsordnung im übrigen"; ähnlich auch *BVerfGE 116*, 1 (11 f.).
79 *BVerfGE 107*, 395 (401).
80 *BVerfGE 107*, 395 (408); s. auch schon *BVerfGE 54*, 277 (291).
81 → Bd. V: *Uhle*, § 129 RN 55.
82 So zu Recht *P.M. Huber*, in: v. Mangoldt/Klein/Starck, GG (LitVerz.), Art. 19 Abs. 4 RN 355; *Jutzi*, in: Linck, Verfassung von Thüringen, 1994 (LitVerz.), Art. 42 RN 60; a.A. *Schmidt-Aßmann*, in: Maunz/Dürig, GG (LitVerz.), Art. 19 Abs. 4 RN 17, der allerdings in RN 17a auch von „offeneren Rechtsfolgen des allgemeinen Justizgewähranspruchs" spricht.

elemente des tradierten Rechtsschutzsystems besteht. Allerdings kann man der Rechtsschutzgarantie gegen die öffentliche Gewalt immerhin die institutionelle Garantie[83] einer Gerichtsbarkeit entnehmen, die geeignet ist, wirksamen Gerichtsschutz zu garantieren[84].

Institutionelle Garantie

Die Rechtsprechung hat im Laufe der Zeit anhand zahlreicher Fälle, in denen der Vorwurf der fehlenden Effektivität des Rechtsschutzes erhoben wurde, Grenzen der gesetzgeberischen Ausgestaltungsbefugnis der Rechtsschutzgarantie entwickelt. So muß der Streitgegenstand einer umfassenden tatsächlichen und rechtlichen Prüfung durch den Richter unterzogen werden und abschließend eine verbindliche Entscheidung getroffen werden[85]. Hierfür müssen gegebenenfalls auch die finanziellen Mittel staatlicherseits zur Verfügung gestellt werden – Ansprüche auf Prozeßkostenhilfe können insofern Ausfluß des Rechts auf Rechtsschutz gegen die öffentliche Gewalt sein[86], wenn sie nicht, wie – soweit ersichtlich – allein in Hessen[87], besonders kodifiziert sind. Zur Effektivität des Rechtsschutzes zählt auch eine zeitliche Komponente[88], die vor allem durch die Rechtsprechung des Europäischen Gerichtshofs für Menschenrechte zur „überlangen Verfahrensdauer"[89] in das allgemeine Bewußtsein getreten ist: Rechtsschutz ist nur dann effektiv, wenn er innerhalb angemessener Zeit erfolgt – *justice delayed is justice denied*. Die Verfassung Brandenburgs trägt dem in besonderer Weise Rechnung, indem sie das Gebot des zügigen Verfahrens als eigenes Prozeßgrundrecht kodifiziert[90]. Dieses Beispiel illustriert zugleich erneut die Verbindung zwischen der Garantie effektiven Rechtsschutzes gegen die öffentliche Gewalt und den besonderen Prozeßgrundrechten[91].

18
Grenzen gesetzgeberischer Ausgestaltung

Verfahrensdauer

II. Justizgewähranspruch

Genauso wenig wie das Grundgesetz kodifiziert irgendeine Landesverfassung einen allgemeinen Justizgewähranspruch, also jenen aus dem Rechtsstaatsprinzip und den materiellen Grundrechten fließenden, der staatlichen Justizgewährpflicht korrespondierenden Anspruch auf Zugang zu einem staatlichen Gericht auch in Angelegenheiten, die nicht unter die Garantie des Rechtsschutzes gegen die öffentliche Gewalt (Art. 19 Abs. 4 GG) fallen[92]. Da das Rechtsstaatsprinzip schon aufgrund des Homogenitätsgebots des Art. 28

19
Keine umfassende Kodifikation

---

83 Vgl. → Bd. II: *Kloepfer*, Einrichtungsgarantien, § 43, dort insb. RN 84.
84 *Iwers*, in: Lieber/ders./Ernst (LitVerz.), Art. 6 RN 1.1; *Jutzi*, in: Linck, Verfassung von Thüringen, 1994 (LitVerz.), Art. 42 RN 60. Die gleiche Forderung wird auch aus dem Recht auf den gesetzlichen Richter (unten B III, RN 21) sowie aus dem Recht auf ein faires Verfahren (unten B VII 1, RN 48) hergeleitet.
85 *BVerfGE* 54, 277 (291); 85, 337 (345).
86 So auch → Bd. V: *Uhle*, Rechtsstaatliche Prozeßgrundrechte und -grundsätze, § 129 RN 24.
87 Art. 129 Verf. Hessen.
88 *Stöhr*, in: Pfennig/Neumann (LitVerz.), Art. 15 RN 28; → Bd. V: *Uhle*, § 129 RN 64 ff.
89 S. insb. *EGMR*, Urt. v. 8.6.2006, Sürmeli ./. Deutschland, Beschwerde Nr. 75529/01, NJW 2006, S. 2389 (2393).
90 Art. 52 Abs. 4 Verf. Brandenburg.
91 S. dazu schon oben A I, RN 4.
92 Zur Definition vgl. etwa *Papier*, HStR³ VIII, § 176 RN 1; *Schmidt-Aßmann*, HStR³ II, § 26 RN 71; *Degenhart*, HStR³ V, § 114 RN 8; vgl. auch → Bd. V: *Uhle*, § 129 RN 27.

§ 244   *Sechzehnter Teil: II. Vergleichende Betrachtung der Landesgrundrechte*

Abs. 1 GG in allen Ländern gilt, ist dies auch für die Justizgewährpflicht der Fall[93]. Mit der auch vom Bundesverfassungsgericht gewählten Konstruktion der Verknüpfung mit einem materiellen Grundrecht[94] läßt sich damit in denjenigen Ländern, in denen es eine Landesverfassungsbeschwerde gibt, die Einhaltung des Justizgewähranspruchs landesverfassungsgerichtlich überprüfen. Der auch in den anderen Ländern theoretisch denkbare Weg der Richtervorlage zum Landesverfassungsgericht nach Art. 100 Abs. 1 GG, die gegebenenfalls über das Recht auf den gesetzlichen Richter durchgesetzt werden kann, bringt dem Rechtschutzsuchenden dagegen nichts, geht es beim Justizgewähranspruch doch gerade darum, überhaupt erst Zugang zu einem Richter zu bekommen.

20
Inhaltliche Wirkung

Inhaltlich greift der allgemeine Justizgewähranspruch in all den Fällen ein, in denen der Anwendungsbereich des Art. 19 Abs. 4 GG oder seiner landesverfassungsrechtlichen Pendants nicht eröffnet ist, und in gleicher Weise wie Art. 19 Abs. 4 GG garantiert auch er einen effektiven Rechtsschutz[95]. Wenngleich im Schrifttum der Spielraum des Gesetzgebers bei der Ausgestaltung des Justizgewähranspruchs teilweise für größer erachtet wird als im Anwendungsbereich des Art. 19 Abs. 4 GG, also im Fall des Rechtsschutzes gegen die öffentliche Gewalt[96], wird man zumindest die groben Leitlinien doch übertragen können. Auch für den allgemeinen Justizgewähranspruch gilt, daß ähnlich wie im Grundgesetz in den Landesverfassungen Elemente dessen, was die Effektivität ausmacht, gesondert kodifiziert sind, etwa in Brandenburg das Gebot des zügigen Verfahrens (Art. 52 Abs. 4 Verf. Brandenburg) oder der aus dem Gebot der Gleichheit vor Gericht (Art. 52 Abs. 3 Verf. Brandenburg) abgeleitete Anspruch auf Ermöglichung der Rechtsverfolgung auch für eine unbemittelte Partei, das heißt auf Prozeßkostenhilfe[97], oder in Hessen der ausdrückliche Anspruch auf Prozeßkostenhilfe in Art. 129 der Verfassung.

III. Recht auf den gesetzlichen Richter

21
Umfassende Gewährleistung bzw. GG-Verweisung

Differenzierungen

Das Recht auf den gesetzlichen Richter, im Grundgesetz in Art. 101 Abs. 1 Satz 2 GG gewährleistet, findet sich in allen Landesverfassungen, die eigenständig Grundrechte kodifiziert haben. Die Länder mit einem Verweis auf die Grundrechte des Grundgesetzes haben eine zusätzliche Verbürgung zu Recht für überflüssig erachtet. Die Verortung des Rechts auf den gesetzlichen Richter unterscheidet sich allerdings von Land zu Land: Die meisten Länder haben es in den Grundrechteteil ihrer Verfassungen aufgenommen, in Brandenburg in den Abschnitt „Gerichtsverfahren und Strafvollzug" unter der

---

93 Vgl. etwa für das Saarland *VerfGH Saarland*, B. v. 19.5.2006 (Lv 6/05), juris, RN 14, allerdings unter der Bezeichnung des effektiven Rechtsschutzes – gemeint ist Rechtsschutz gegen den Richter.
94 S. dazu schon oben RN 1.
95 Zur Parallelität vgl. nur *BVerfGE 107*, 395 (401).
96 *Papier*, HStR ³VIII, § 176 RN 23; a.A. → Bd. V: *Uhle*, § 129 RN 28.
97 *VerfGH Brandenburg*, B. v. 30.9.2010 (52/09), juris, RN 2, wo allerdings behauptet wird, die Bestimmung sei insoweit inhaltsgleich mit Art. 103 Abs. 1 GG. Zur Prozeßkostenhilfe als Voraussetzung für die Effektivität des Rechtsschutzes s. oben B I, RN 18; vgl. auch → Bd. V: *Uhle*, § 129 RN 33.

Überschrift „Grundrechte vor Gericht"[98]. Lediglich in Bayern[99], Sachsen[100] und Thüringen[101] findet sich das Recht auf den gesetzlichen Richter im Zusammenhang mit den Bestimmungen über die Rechtsprechung. Diese Einordnung erscheint vor allem dann plausibel, wenn man sich vergegenwärtigt, daß das Bundesverfassungsgericht unter dem „gesetzlichen" Richter nicht nur den gesetzlich vorherbestimmten Richter, sondern auch den grundgesetzgemäßen, insbesondere den Art. 92 und 97 GG entsprechenden Richter versteht[102] und damit der Grundrechtsbestimmung auch institutionelle Anforderungen entnimmt[103]. Auch eine hinreichende personelle und sachliche Ausstattung der Gerichte wird als „Ergänzungsgarantie" zum Recht auf den gesetzlichen Richter verstanden[104].

22
Verbot von Ausnahme- und Zulässigkeit von Sondergerichten

Das Verbot von Ausnahmegerichten und die Zulässigkeit von Sondergerichten (Art. 101 Abs. 1 Satz 1 und Abs. 2 GG) werden trotz ihrer organisationsrechtlichen Formulierung meist als Konkretisierungen des Rechts auf den gesetzlichen Richter angesehen[105] und klären den Spielraum, welcher der Staatsgewalt bei und im Rahmen der gesetzlichen Vorherbestimmung des Richters zukommt[106]. Sondergerichte für bestimmte Sachgebiete sind durchaus zulässig, um Spezialisierungen innerhalb der Justiz und damit eine qualitativ hochwertige Rechtspflege zu ermöglichen. Unzulässig sind hingegen Ausnahmegerichte, also solche Spruchkörper, „die in Abweichung von der gesetzlichen Zuständigkeit besonders gebildet und zur Entscheidung einzelner konkreter oder individuell bestimmter Fälle berufen sind"[107]. Ausnahmegerichte sind in allen Landesverfassungen, die das Recht auf den gesetzlichen Richter kennen, für unzulässig erklärt. Die Landesverfassungen von Berlin, Rheinland-Pfalz und Sachsen verzichten darauf, die Zulässigkeit von Sondergerichten ausdrücklich zu kodifizieren und sehen sie als Selbstverständlichkeit an[108]; in den vorkonstitutionellen Verfassungen von Bremen[109] und Hessen[110] sind

Differenzierungen

---

98 Art. 52 Abs. 1 Satz 2 Verf. Brandenburg.
99 Art. 86 Abs. 1 Satz 2 Verf. Bayern.
100 Art. 78 Abs. 1 Verf. Sachsen.
101 Art. 87 Abs. 3 Verf. Thüringen.
102 *BVerfGE* 10, 200 (213); unklar *BVerfGE* 89, 28 (36), wo auch Art. 103 Abs. 1 GG geprüft wird. Kritisch zu der Verankerung in den Prozeßgrundrechten → Bd. V: *Uhle*, § 129 RN 42, der die Frage eher als eine des Gerichtszugangs ansieht.
103 Zustimmend zur Einordnung im Abschnitt über die Rechtspflege auch *H.A. Wolff*, in: Lindner/Möstl/Wolff (LitVerz.), Art. 86 RN 3.
104 Zu dieser Vorgabe für den Haushaltsgesetzgeber als „Ergänzungsgarantie" zum Recht auf den gesetzlichen Richter vgl. *H.A. Wolff*, in: Lindner/Möstl/Wolff (LitVerz.), Art. 86 RN 19.
105 *Degenhart*, in: Sachs, GG (LitVerz.), Art. 101 RN 1; *Classen*, in: v. Mangoldt/Klein/Starck, GG (LitVerz.), Art. 101 RN 4; *Pieroth* (FN 56), Art. 101 RN 1; für Einheitlichkeit wohl auch *Maunz*, in: ders./Dürig, GG (LitVerz.), Art. 101 RN 3/6; a.A. wohl *Gerd Morgenthaler*, in: Beck'scher Onlinekommentar zum GG (LitVerz.), der im Hinblick auf das Verbot von Ausnahmegerichten von einem grundrechtsgleichen Recht (A I, RN 2), im Hinblick auf die Zulässigkeit von Sondergerichten von einem Vorbehalt des Parlamentsgesetzes (B VI, RN 33) spricht.
106 Zur Anwendbarkeit des Verbots von Ausnahmegerichten auch auf den Gesetzgeber vgl. *Degenhart*, in: Sachs, GG (LitVerz.), Art. 101 RN 23.
107 *BVerfGE* 3, 213 (223).
108 So für die Verfassung von Rheinland-Pfalz *Süsterhenn*, in: ders./Schäfer (LitVerz.), Art. 6 Nr. 2.
109 Art. 6 Abs. 2 Verf. Bremen.
110 Art. 20 Abs. 1 Satz 2 Verf. Hessen.

§ 244 Sechzehnter Teil: II. Vergleichende Betrachtung der Landesgrundrechte

– über die Regelung des Grundgesetzes hinausgehend und angesichts der Bundeskompetenz für das Strafprozeßrecht bedeutungslos – auch Sonderstrafgerichte, eine besondere durch den Nationalsozialismus diskreditierte Form der Ausnahmegerichte[111], für unzulässig erklärt. In Bayern[112], Brandenburg[113], dem Saarland[114], Sachsen-Anhalt[115] und Thüringen[116] findet sich die gleiche Aussage wie im Grundgesetz. Meist sind die Aussagen über Ausnahmegerichte (und gegebenenfalls Sondergerichte) wie im Grundgesetz im Kontext mit dem Recht auf den gesetzlichen Richter zu finden. Eine andere Struktur findet sich nur im Saarland, dessen Verfassung das Recht auf den gesetzlichen Richter dem Grundrechtsteil[117], die Bestimmungen zu Ausnahme- und Sondergerichten hingegen dem Teil über die Rechtspflege[118] zuordnet und damit ihren organisationsrechtlichen Charakter stärker betont.

23
Organisationsvoraussetzungen ordnungsgemäßer Rechtspflege

Nicht mit dem Recht auf den gesetzlichen Richter verwechselt werden dürfen Bestimmungen, nach denen die rechtsprechende Gewalt ausübenden Gerichte gesetzlich bestellt bzw. errichtet oder festgelegt sein müssen. Solche, ähnlich dem Art. 92 GG einzuordnende Aussagen finden sich in vielen Landesverfassungen[119] einschließlich solcher, die keinen eigenen Grundrechtskatalog enthalten, nämlich Baden-Württemberg[120] und Niedersachsen[121]. Sie sind rein organisationsrechtlicher Natur und umfassen den Auftrag an den Landesgesetzgeber, die Voraussetzungen für eine ordnungsgemäße Rechtspflege zu schaffen[122]. Soweit dieser Auftrag nicht ordnungsgemäß erfüllt wird, können daraus freilich auch Verletzungen von Prozeßgrundrechten resultieren, weil etwa wegen unzureichender Ausstattung der Gerichte Verfahren zu lange dauern.

24
Auch Judikative als Adressatin

Das Recht auf den gesetzlichen Richter ist nicht nur an Legislative und Exekutive adressiert, sondern auch an die Judikative[123]. Hier verlangt es, daß der durch das Gesetz (und den Geschäftsverteilungsplan) abstrakt vorausbestimmte Richter[124] in einer Rechtssache entscheidet. Dies setzt beispielsweise voraus, daß Gerichte nicht entgegen den Vorgaben des Prozeßrechts ihre Zuständigkeit annehmen[125] und daß nicht wegen Befangenheit ausgeschlos-

---

111 *H. Neumann*, Verfassung, 1996 (LitVerz.), Art. 6 RN 8; *Erwin Stein*, in: Zinn/ders. (LitVerz.), Art. 20 Anm. 3.
112 Art. 86 Abs. 2 Verf. Bayern. S. hierzu ausführlich *Bay VerfGHE 37*, 1.
113 Art. 52 Abs. 2 Verf. Brandenburg.
114 Art. 109 Abs. 2 Verf. Saarland.
115 Art. 21 Abs. 2 Verf. Sachsen-Anhalt.
116 Art. 87 Abs. 1 Verf. Thüringen.
117 Art. 14 Abs. 1 Verf. Saarland.
118 Art. 109 Abs. 2 Verf. Saarland. S. dazu, daß damit allein nicht das Recht auf den gesetzlichen Richter garantiert ist, *Gehrlein*, in: Wendt/Rixecker (LitVerz.) Art. 109 RN 11.
119 Vgl. etwa Art. 126 Abs. 1 Verf. Hessen; zur Abgrenzung *StGH Hessen*, B. v. 8. 11. 2000 (P.St. 1329), juris, RN 16; s. auch Art. 83 Abs. 1 Verf. Sachsen-Anhalt.
120 Art. 65 Abs. 1 Verf. Baden-Württemberg.
121 Art. 51 Abs. 1 Verf. Niedersachsen.
122 S. für Baden-Württemberg *K. Braun* (LitVerz.), Art. 65 RN 4.
123 Vgl. *BayVerfGHE 15*, 15.
124 S. hierzu eingehend → Bd. V: *Uhle*, Rechtsstaatliche Prozeßgrundrechte und -grundsätze, § 129 RN 37 ff.
125 *VerfGH Sachsen*, B. v. 20. 4. 2006 (Vf. 4-IV-05), juris, RN 10.

sene Richter an der Entscheidung mitwirken[126]. Ebenfalls dazu gehört, daß der an sich zuständige Richter seine gesetzlichen Vorlagepflichten nach einfachem Prozeßrecht[127], nach Art. 100 GG[128] oder auch nach Art. 267 AEUV zum Gerichtshof der Europäischen Union[129] erfüllt. Er darf auch nicht in rechtswidriger Weise zulassungsabhängige Rechtsmittel nicht zulassen und damit den Zugang zu einem eigentlich zuständigen Richter verhindern[130]. Mit Blick auf diese judikativen Pflichten zur Wahrung des Rechts auf den gesetzlichen Richter ist allerdings zu beachten, daß nicht jede fehlerhafte Rechtsanwendung – der bloße *error in procedendo* – zu einem Verfassungsverstoß führt, sondern nur die willkürliche Nichtvorlage oder die Verkennung der Bedeutung und Tragweite des Rechts auf den gesetzlichen Richter[131]. Dies ist in der Regel der Fall, wenn das einfache Recht in unvertretbarer Weise gehandhabt wird. Soweit hierin eine Übertragung der Grundsätze zur auf die Verletzung „spezifischen Verfassungsrechts" beschränkten Kontrolldichte der Verfassungsgerichtsbarkeit[132] liegt, erscheint dies vor dem Hintergrund der unterschiedlichen Aufgaben von Verfassungs- und Fachgerichtsbarkeit überzeugend; einen – dann nicht verfassungsgerichtlich sanktionierten – Verfassungsverstoß wird man freilich trotzdem annehmen müssen.

error in procedendo

IV. Anspruch auf rechtliches Gehör

Der Anspruch auf rechtliches Gehör, im Grundgesetz in Art. 103 Abs. 1 GG verbürgt, findet sich vor dem Hintergrund, daß er ein „‚prozessuales Urrecht' des Menschen" und ein „objektivrechtliches Verfahrensprinzip, das für ein rechtsstaatliches Verfahren im Sinne des Grundgesetzes schlechthin konstitutiv ist" darstellt[133], in überraschend wenigen Landesverfassungen. Lediglich sieben Länder, sämtlich solche mit eigenem Grundrechtskatalog, nämlich Bayern, Berlin, Brandenburg, Rheinland-Pfalz, Sachsen, Sachsen-Anhalt und Thüringen, haben dieses Recht ausdrücklich kodifiziert[134]. In den Ländern, die auf die Grundrechte des Grundgesetzes verweisen, ergibt es sich aus der Übernahme von Art. 103 Abs. 1 GG. In Bremen, Hessen und dem Saarland, die – anders als Hamburg – eine Grundentscheidung für die Verbürgung von Grundrechten getroffen haben, deren Verfassungen das Recht auf rechtliches

25

„Prozessuales Urrecht' des Menschen"

---

126 Vgl. *BayVerfGH* BayVBl. 2014, S. 122.
127 *StGH Hessen*, B. v. 17. 1. 2001 (P.St. 1484), juris, RN 21.
128 Dazu *BVerfGE, 138*, 64 Ls. 2 (87 f.) sowie DVBl. 2015, S. 429.
129 Dazu *VerfGH Sachsen*, B. v. 23. 1. 2014 (Vf. 103-IV-13), juris, RN 14. Zum Maßstab bei der Nichtvorlage an den EuGH s. *M. Schröder*, Die Vorlagepflicht zum EuGH aus europarechtlicher und nationaler Perspektive, EuR 2011, S. 808 (813), aus der Rechtsprechung des Bundesverfassungsgerichts zuletzt *BVerfGE 135*, 155 (230 ff.).
130 Dazu *BayVerfGH*, B. v. 13. 7. 2010 (Vf. 98-VI-09), juris, RN 40; *VerfGH Berlin* JR 2009, S. 57; *VerfGH Berlin*, B. v. 31. 5. 2013 (51/11), in: Grundeigentum 2013, S. 937 f.
131 *StGH Hessen*, B. v. 17. 1. 2001 (P.St. 1484), juris, RN 21.
132 Oben A III, RN 7.
133 *BVerfGE 107*, 395 (408), s. auch schon *BVerfGE 55*, 1 (6).
134 Art. 91 Abs. 1 Verf. Bayern; Art. 15 Abs. 1 Verf. Berlin; Art. 52 Abs. 3 Verf. Brandenburg; Art. 6 Abs. 2 Verf. Rheinland-Pfalz; Art. 78 Abs. 2 Verf. Sachsen; Art. 21 Abs. 4 Verf. Sachsen-Anhalt; Art. 88 Abs. 1 Satz 1 Verf. Thüringen.

Gehör aber nicht kennen und auch nicht auf die Grundrechte des Grundgesetzes verweisen, wäre es naheliegend, das Recht auf rechtliches Gehör aus dem Recht auf Rechtsschutz gegen die öffentliche Gewalt oder aus dem Justizgewähranspruch herzuleiten, da ohne rechtliches Gehör die von diesen Grundrechten geforderte Effektivität des Rechtsschutzes nicht gegeben ist[135]. Der Hessische Staatsgerichtshof hat sich indessen zu einem anderen Weg entschlossen und verankert das Gebot rechtlichen Gehörs – auch für juristische Personen – in der Menschenwürdegarantie (Art. 3 Verf. Hessen) in Verbindung mit dem Rechtsstaatsprinzip[136]. Der saarländische Verfassungsgerichtshof beruft sich allein auf das Rechtsstaatsprinzip (Art. 60 Verf. Saarland)[137]. Der Staatsgerichtshof der Freien Hansestadt Bremen hatte, da zu ihm keine Verfassungsbeschwerde vorgesehen ist, bislang keine Gelegenheit, sich zum Anspruch auf rechtliches Gehör zu äußern.

26

Inhaltsgleichheit mit Art. 103 Abs. 1 GG

Der Anspruch auf rechtliches Gehör ist – soweit nicht ohnehin auf diese Norm verwiesen wird – inhaltsgleich mit dem Recht aus Art. 103 Abs. 1 GG[138]. Die an einem Rechtsstreit Beteiligten müssen Gelegenheit erhalten, sich zur Sache und zu den Rechtsfragen zu äußern; daraus werden Aufklärungs- und Informationspflichten für das Gericht, Äußerungsrechte für die Prozeßparteien sowie korrespondierende Erwägungspflichten des Gerichts hergeleitet[139]. Das Recht auf rechtliches Gehör zielt damit vor allem darauf ab, „Überraschungsentscheidungen" zu verhindern[140]. Aus dem Recht auf rechtliches Gehör Ansprüche auf Prozeßkostenhilfe abzuleiten[141], überzeugt hingegen weniger, geht es bei diesen doch meist darum, auch bei fehlenden Mitteln überhaupt ein Verfahren einleiten zu können, und weniger darum, das Verfahren gegenüber dem Gericht effektiv führen zu können. Ansprüche auf Prozeßkostenhilfe sind daher eher der Garantie des effektiven Rechtsschutzes gegen die öffentliche Gewalt[142] oder dem Justizgewähranspruch[143] zuzuordnen; allenfalls, wenn es um das Hinzuziehen Dritter zu einem nicht-kontradiktorischen Verfahren geht, kann der Aspekt rechtlichen Gehörs eine

---

135 S. zu diesem Zusammenhang oben A I, RN 4; den „funktionalen Zusammenhang" betont auch *BVerfGE 107*, 395 (409).
136 Vgl. *StGH Hessen ESVGH 57*, 13; *StGH Hessen*, B. v. 9.10.2013 (P.St. 2401), juris, RN 20.
137 *VerfGH Saarland*, B. v. 19.5.2006 (Lv 6/05), juris, RN 14; B. v. 19.11.2007 (Lv 9/06), juris, RN 27.
138 *Stöhr*, in: Pfennig/Neumann (LitVerz.), Art. 15 RN 2.
139 S. zu diesen drei „Verwirklichungsstufen" etwa *Schmidt-Aßmann*, in: Maunz/Dürig, GG (LitVerz.), Art. 103 RN 69 ff.; → Bd. V: *Uhle*, Rechtsstaatliche Prozeßgrundrechte und -grundsätze, § 129 RN 45 ff.; aus der landesverfassungsrechtlichen Kommentarliteratur vgl. statt vieler *Stöhr*, in: Pfennig/Neumann (LitVerz.), Art. 15 RN 5 f.
140 Vgl. *VerfGH Berlin*, B. v. 31.5.2013 (22/12), in: Grundeigentum 2013, S. 1269 f.; *Henning Radtke/Andrea Hagemeier*, in: Beck'scher Onlinekommentar zum GG (LitVerz.), Art. 103 RN 6.
141 Zur Einordnung der Prozeßkostenhilfe als Voraussetzung für die Gewährung des rechtlichen Gehörs vgl. etwa *Stöhr*, in: Pfennig/Neumann (LitVerz.), Art. 15 RN 14. Einen Bezug bejaht auch *Nolte*, in: v. Mangoldt/Klein/Starck, GG (LitVerz.), Art. 103 RN 70; ebenso *Schmidt-Aßmann*, in: Maunz/Dürig, GG (LitVerz.), Art. 103 RN 113.
142 So *BVerfGE 81*, 347 (356 f.): „für den Rechtsschutz gegen Akte der öffentlichen Gewalt in Art. 19 Abs. 4 GG seinen besonderen Ausdruck findet". Warum für den Justizgewähranspruch etwas anderes gelten soll, ist nicht ersichtlich.
143 So auch *Schmidt-Aßmann*, in: Maunz/Dürig, GG (LitVerz.), Art. 103 RN 113, der aber davon ausgeht, daß Art. 103 GG den Gedanken aufnimmt.

Rolle spielen¹⁴⁴. Die vom Bundesverfassungsgericht regelmäßig bemühte „Rechtsschutzgleichheit" aus Art. 3 Abs. 1 GG in Verbindung mit dem Rechtsstaatsprinzip¹⁴⁵, die in Art. 52 Abs. 3 Verf. Brandenburg gesondert kodifiziert ist¹⁴⁶, vermag demgegenüber nur argumentativ-unterstützend zu wirken. Ähnlich schwierig ist das Recht auf anwaltliche Vertretung zuzuordnen: Soweit es nicht wie in einigen Landesverfassungen besonders kodifiziert ist¹⁴⁷, kommt in Betracht, es im rechtlichen Gehör zu verankern¹⁴⁸ oder es mit dem Bundesverfassungsgericht dem Recht auf ein faires Verfahren zuzuordnen¹⁴⁹.

„Rechtsschutz-
gleichheit"

Anwaltliche
Vertretung

Die Tatsache, daß der Anspruch auf rechtliches Gehör in jedem Gerichtsprozeß von Bedeutung ist und angesichts mitunter offener Formulierungen im Prozeßrecht ein hohes „Verletzungspotential" bietet, hat zu einer Flut von auf dieses Grundrecht gestützten (und vielfach auch erfolgreichen¹⁵⁰) Verfassungsbeschwerden geführt. Das Bundesverfassungsgericht ist dem entgegengetreten, indem es abgesehen von der seit jeher anerkannten Unbeachtlichkeit bestimmter Gehörsverstöße¹⁵¹ die Aufgabenteilung zwischen Fachgerichtsbarkeit und Verfassungsgerichtsbarkeit in mehrfacher Hinsicht betont hat. Dazu hat es erstens (nach längerer Bedenkzeit¹⁵²) den üblichen zurückgenommenen Maßstab der Verletzung „spezifischen Verfassungsrechts" auch auf das Recht auf rechtliches Gehör übertragen¹⁵³ und zweitens vom Gesetzgeber die Einführung einfachrechtlicher Rechtsbehelfe verlangt, mit denen Verletzungen des rechtlichen Gehörs gerügt werden können, damit der Grundrechtsträger nicht nur auf die Verfassungsbeschwerde zur Durchsetzung seines Grundrechts angewiesen ist¹⁵⁴. Die Erhebung der inzwischen in allen Prozeßordnungen vorgesehenen Anhörungsrüge¹⁵⁵ ist unter dem Aspekt der Rechtswegerschöpfung Voraussetzung für die Erhebung einer

27

Hohes „Verletzungspotential"

Aufgabenteilung
zwischen Fach- und
Verfassungsgerichts-
barkeit

---

144 So in *BVerfGE 92*, 122 (124) für die Möglichkeit der Stellungnahme zur Verfassungsbeschwerde eines Dritten.
145 S. *BVerfGE 81*, 347 (356 f.); *92*, 122 (124).
146 Zu ihrer Bedeutung für die Prozeßkostenhilfe vgl. *M. Ernst*, in: Lieber/Iwers/dies. (LitVerz.), Art. 52 Anm. 4.2.
147 S. insb. für das Strafrecht noch unten B V, RN 33.
148 Für eine Zuordnung zum Recht auf rechtliches Gehör *Schmidt-Aßmann*, in: Maunz/Dürig, GG (LitVerz.), Art. 103 RN 103.
149 S. noch unten B VII 1, RN 48.
150 Vgl. *Nolte*, in: v. Mangoldt/Klein/Starck, GG (LitVerz.), Art. 103 RN 1; *Kunig*, in: v. Münch/ders., GG (LitVerz.), Art. 103 RN 1.
151 Vgl. *BVerfGE 7*, 239 (241); *13*, 132 (145); *52*, 131 (152 f.); *89*, 381 (392 f.). Möglicherweise eine Rechtsprechungsänderung initiierte aber ein Beschluß der 3. Kammer des Zweiten Senats vom 6. 6. 2011 (2 BvR 2076/08), juris, RN 3: „Dies gilt – auch wenn der Gehörsverstoß nach der Rechtsprechung des Bundesverfassungsgerichts zur Aufhebung der ergangenen Entscheidung nur unter der Voraussetzung führt, daß sie auf dem Verstoß beruht [...] – grundsätzlich unabhängig davon, ob unter den gegebenen Umständen von der Möglichkeit auszugehen ist, daß eine mögliche Gegenstandnahme Einfluss auf das Entscheidungsergebnis gewinnt, oder nicht. Denn der grundrechtliche Anspruch auf rechtliches Gehör dient nicht nur der Gewährleistung sachrichtiger Entscheidungen, sondern auch der Wahrung der Subjektstellung der Beteiligten im gerichtlichen Verfahren".
152 Die Frage wurde noch in *BVerfGE 69*, 145 (149) ausdrücklich offengelassen.
153 *BVerfGE 75*, 302 (313 f.).
154 *BVerfGE 107*, 395 (411 ff.).
155 Vgl. § 321 a ZPO, §§ 33 a, 356 a StPO, § 152a VwGO, § 178a SGG, § 78a ArbGG, § 44 FamFG, § 133 a FGO.

auf Verletzung des Grundrechts aus Art. 103 Abs. 1 GG gestützten Verfassungsbeschwerde[156].

28
Begrenzung des verfassungsgerichtlichen Prüfungsumfangs

Die Landesverfassungsgerichte verfolgen eine vergleichbare Linie: Sie überprüfen ebenfalls nur die Verletzung spezifischen Verfassungsrechts, sanktionieren also nicht jede Verletzung des einfachen Prozeßrechts[157]. Dies gilt insbesondere dann, wenn die Verletzung in einer Rechtsmittelinstanz geheilt wurde oder die Entscheidung nicht auf ihr beruhte[158]. Seit Einführung der Anhörungsrüge in das Prozeßrecht zählt diese ebenfalls zum grundsätzlich zu erschöpfenden Rechtsweg[159].

Entlastung durch Anhörungsrüge

Da sich die Anhörungsrügen an den *iudex a quo* richten und kein höheres Gericht mit der Sache befaßt wird, kommt es insoweit nicht zu einer zusätzlichen, die Landesverfassungsgerichtsbarkeit einschränkenden Befassung von Bundesgerichten. Die Anhörungsrüge muß allerdings unabhängig davon erhoben werden, in welcher Weise das Recht auf rechtliches Gehör in der Landesverfassung verankert ist; insofern liegt dem einfachen Prozeßrecht ein am Grundgesetz orientierter Gehörsbegriff zugrunde. Das bedeutet, daß eine Anhörungsrüge beispielsweise auch erforderlich ist, bevor man gestützt auf die Menschenwürdegarantie der Verfassung in Hessen eine Grundrechtsklage erhebt und die Verletzung rechtlichen Gehörs rügt[160], oder vor der Berufung auf eine landesverfassungsrechtliche Teilkonkretisierung des Rechts auf rechtliches Gehör.

lex specialis-Grundsatz

Nicht zulässig ist, etwa um eine versäumte Anhörungsrüge auszugleichen, auch ein Rückgriff auf allgemeinere, nicht dem besonderen Rechtswegerfordernis unterliegende, aber subsidiär ebenfalls rechtliches Gehör verbürgende (materielle) Grundrechte, da ein solcher zum einen gegen die Auslegungsmaxime *lex specialis derogat legi generali* verstoßen und zum anderen auch die mit der Anhörungsrüge betonte Aufgabenteilung zwischen Verfassungsgerichtsbarkeit und Fachgerichtsbarkeit durchkreuzen würde. Es muß also in jedem Fall vor einer Landesverfassungsbeschwerde, die Elemente des rechtlichen Gehörs im prozeßrechtlichen (und grundgesetzlichen Sinne) betrifft, die Anhörungsrüge erhoben werden, um den Rechtsweg zu erschöpfen.

---

156 Vgl. *BVerfGE 122*, 190 (198); *126*, 1 (17); *134*, 106 (113 ff.), auch zum Verhältnis zur Rüge der Verletzung anderer Grundrechte.
157 *Stöhr*, in: Pfenning/Neumann (LitVerz.), Art. 15 RN 4.
158 *Jutzi*, in: Linck, Verfassung von Thüringen, 1994 (LitVerz.), Art. 88 RN 14 *Stöhr*, in: Pfenning/Neumann (LitVerz.), Art. 15 RN 9.
159 *BVerfGE 122*, 190 (198); *134*, 106 (113).
160 S. zu dieser Verankerung des Gehörsrechts StGH Hessen ESVGH 57, 13; StGH Hessen, B. v. 9. 10. 2013 (P.St. 2401), juris, RN 20.

V. Grundrechte im Strafprozeßrecht und Strafvollzug

Die Grundsätze *nullum crimen sine lege* und *nulla poena sine lege* (Art. 103 Abs. 2 GG)[161] sowie *ne bis in idem* (Art. 103 Abs. 3 GG)[162], aus denen namentlich der besondere strafrechtliche Bestimmtheitsgrundsatz fließt[163], finden sich in den meisten Verfassungen mit eigenem Grundrechtekatalog[164]. Lediglich Sachsen verzichtet vollständig auf die entsprechenden Rechte, das Saarland auf den Grundsatz *ne bis in idem*[165]. Die Verfassungen, in denen auf die Grundrechte des Grundgesetzes verwiesen wird, sehen keine entsprechenden Grundrechte vor, ebensowenig die Verfassung der Freien und Hansestadt Hamburg, die überhaupt keinen Grundrechtekatalog enthält. Die Verfassung von Bremen kodifiziert als Ausschnitt des Schuldprinzips das Verbot der Sippenhaft[166]; die Verfassung von Hessen verbietet in ähnlicher Stoßrichtung, daß jemand für Handlungen oder Unterlassungen leidet oder strafrechtlich verantwortlich gemacht wird, die ihm nicht persönlich zur Last fallen (Verbot der Kollektivschuld)[167]. Soweit darin auch ein Verbot der Bestrafung juristischer Personen gesehen wird[168], ist gegebenenfalls der Vorrang widersprechenden Bundesrechts zu berücksichtigen.

29 Maßgaben zum strafrechtlichen Bestimmtheitsgrundsatz

Kollektivschuldverbot

In immerhin sechs Landesverfassungen, nämlich denen von Berlin[169], Brandenburg[170], Bremen[171], Hessen[172], Rheinland-Pfalz[173] und vom Saarland[174] findet sich eine ausdrückliche Erwähnung der Unschuldsvermutung. Sie ist schon in Artikel 11 der Allgemeinen Erklärung der Menschenrechte vom 10. Dezember 1948 und (rechtlich bedeutsamer[175]) auch in Art. 6 Abs. 2 EMRK enthalten und kann auch als Reaktion auf den Nationalsozialismus gesehen werden[176]. Das Grundgesetz enthält keine entsprechende Bestim-

30 Unschuldsvermutung

---

161 Vgl. → Bd. V: *H.A. Wolff*, Nullum crimen, nulla poena sine lege, § 134.
162 Vgl. → Bd. V: *Nolte*, Ne bis in idem, § 135.
163 → Bd. V: *Uhle*, Rechtsstaatliche Prozeßgrundrechte und -grundsätze, § 129 RN 88; seine Bedeutung ist allerdings durch das Bundesverfassungsgericht stark relativiert worden, insb. in *BVerfGE 126*, 170 (194 ff.).
164 Art. 104 Abs. 1 und 2 Verf. Bayern; Art. 15 Abs. 2 und 3 Verf. Berlin; Art. 53 Abs. 1 und 3 Verf. Brandenburg; Art. 7 Abs. 1 und 2 Verf. Bremen; Art. 22 Abs. 1 und 3 Verf. Hessen; Art. 6 Abs. 3 und Abs. 4 Satz 1 Verf. Rheinland-Pfalz; Art. 22 Abs. 1 und 2 Verf. Sachsen-Anhalt; Art. 88 Abs. 2 und 3 Verf. Thüringen.
165 Das Verbot der Bestrafung ohne Gesetz findet sich hier in Art. 15 Verf. Sachsen.
166 Art. 7 Abs. 3 Verf. Bremen; zum Begriff s. *H. Neumann*, Verfassung, 1996 (LitVerz.), Art. 7 RN 6.
167 Art. 22 Abs. 2 Verf. Hessen; s. dazu *Erwin Stein*, in: Zinn/ders. (LitVerz.), Art. 22 Anm. 4.
168 So *Erwin Stein*, in: Zinn/ders. (LitVerz.), Art. 22 Anm. 4.
169 Art. 9 Abs. 2 Verf. Berlin.
170 Art. 53 Abs. 2 Verf. Brandenburg.
171 Art. 6 Abs. 3 Verf. Bremen.
172 Art. 20 Abs. 2 Satz 1 Verf. Hessen.
173 Art. 6 Abs. 4 Satz 2 Verf. Rheinland-Pfalz. Zur Bedeutung s. *Stahnecker*, in: Brocker/Droege/Jutzi (LitVerz.), Art. 6 RN 28.
174 Art. 14 Abs. 2 Verf. Saarland.
175 Zur Bedeutung der Allgemeinen Erklärung der Menschenrechte im deutschen Recht vgl. *M. Schröder*, The Role of the Universal Declaration of Human Rights in German Law, in: Rossana Deplano (Hg.), I diritti delle persone dentro e fuori i confini costituzionali, Rom 2008, S. 46 ff; vgl. auch → Bd. VI/2: *Nettesheim*, Allgemeine Erklärung der Menschenrechte, § 173. Zur Bedeutung der EMRK s. oben A III, RN 8 f.
176 Zu letzterem *Erwin Stein*, in: Zinn/ders. (LitVerz.), Art. 20 Anm. 4.

§ 244　Sechzehnter Teil: II. Vergleichende Betrachtung der Landesgrundrechte

mung, allerdings ist die Unschuldsvermutung vom Bundesverfassungsgericht als „eine besondere Ausprägung des Rechtsstaatsprinzips" anerkannt worden[177]. Sie genießt daher auch auf Bundesebene Verfassungsrang, und auf dem Umweg, mit dem auch sonst rechtsstaatliche Prinzipien subjektiviert werden, nämlich über die Verknüpfung mit einem materiellen Grundrecht, sind *Prägung für* Verstöße auch verfassungsbeschwerdefähig. Als weiteres Argument für ihren *den gesamten* subjektiven Charakter wird angeführt, sie sei „die selbstverständliche Folge *Strafprozeß* eines nach Inhalt und Grenzen durch das Gebot der Achtung der Menschenwürde bestimmten, auf dem Schuldgrundsatz aufbauenden materiellen Strafrechts"[178]. Ihre besondere Bedeutung entfaltet die Unschuldsvermutung nicht nur in strengen Anforderungen an die Zulässigkeit der Untersuchungshaft[179], sondern in der gesamten Ausgestaltung und Handhabung des Strafprozeßrechts[180]. So hat etwa der Verfassungsgerichtshof des Landes Berlin eine Verletzung der Unschuldsvermutung angenommen, wenn einem Beschuldigten trotz Verfahrenseinstellung gemäß § 153a Abs. 2 StPO Auslagen im Adhäsionsverfahren auferlegt wurden[181] oder wenn eine Strafaussetzung zur Bewährung schon vor einer Verurteilung widerrufen wurde[182]. Auch der Grundsatz *in dubio pro reo* wird unter anderem aus der Unschuldsvermutung hergeleitet[183].

31
Weitere strafprozessuale Verbürgungen

Einige Landesverfassungen kennen ergänzende, speziell auf den Strafprozeß zugeschnittene Verbürgungen. Art. 13 Abs. 1 Verf. Saarland schützt vor ungesetzlicher Verfolgung, worunter „jedes staatliche oder dem Staat zuzurechnende Vorgehen, das gegen eine bestimmte Person gerichtet ist und auf Eingriffe in ihre Grundrechte zielt", verstanden wird[184]; ob der Gehalt dieser Bestimmung wesentlich über den des allgemeinen Vorbehalts des Gesetzes hinausgeht, erscheint allerdings fraglich. Art. 21 Abs. 2 Verf. Hessen betont als besondere Ausprägung des Verhältnismäßigkeitsprinzips, daß sich die Strafe nach der Schwere der Tat richtet[185].

32
Verteidigung im Strafverfahren

Zwei Landesverfassungen garantieren ein Recht auf Verteidigung im Strafverfahren. Die sächsische Verfassung verbürgt das „Recht auf Verteidigung"[186]; die Verfassung von Thüringen stellt fest, das Recht auf Verteidigung dürfe nicht beschränkt werden[187], und setzt es damit voraus. Die Bestimmungen zielen (auch) auf die persönliche Verteidigung ab und stellen ein im Strafprozeß unverzichtbares Recht dar, das auch in Art. 6 Abs. 3 lit. b und c EMRK verbürgt ist. Im Grundgesetz fehlt es freilich genauso wie in den meisten Lan-

---

177 *BVerfGE 35*, 311 (320); *74*, 358 (370); *110*, 1 (22); *133*, 1 (31); *133*, 168 (202).
178 *BVerfGE 74*, 358 (371).
179 S. *BVerfG*, B. v. 30.7.2014 (2 BvR 1457/14), JR 2014, S. 488 ff., wo die Verzögerung der Hauptverhandlung aufgrund Personalmangels nicht als Grund zur Haftverlängerung gesehen wurde. S. zum Erfordernis der hinreichenden Ausstattung der Gerichte auch oben B I, RN 17; B III, RN 21.
180 *BVerfGE 74*, 358 (371).
181 *VerfGH Berlin* NJW 2014, S. 3358.
182 *VerfGH Berlin* NStZ-RR 2013, S. 242.
183 → Bd. V: *Uhle*, Rechtsstaatliche Prozeßgrundrechte und -grundsätze, § 129 RN 100.
184 *Rixecker*, in: Wendt/ders. (LitVerz.), Art. 13 RN 2. Er sieht die Norm daher nicht einmal auf das Strafrecht beschränkt an.
185 Dazu *Erwin Stein*, in: Zinn/ders. (LitVerz.), Art. 21 Anm. 3.
186 Art. 78 Abs. 3 Satz 1 Verf. Sachsen.
187 Art. 88 Abs. 1 Satz 2 Verf. Thüringen, vgl. dazu *Dette*, in: Linck/Baldus u.a. (LitVerz.), Art. 88 RN 20.

desverfassungen und muß anderweitig hergeleitet werden; das Bundesverfassungsgericht beruft sich heute meist auf das allgemeine Freiheitsrecht aus Art. 2 Abs. 1 GG in Verbindung mit dem Rechtsstaatsprinzip (als Ausfluß des Rechts auf ein rechtsstaatliches, faires Verfahren)[188], hat aber auch schon das Recht auf rechtliches Gehör herangezogen[189]. Eine solche Vorgehensweise erscheint auch in den Ländern adäquat, die das Verteidigungsrecht nicht kennen. Soweit das Verteidigungsrecht bundesrechtlich eingeschränkt ist, etwa durch die Möglichkeit der Verhandlung in Abwesenheit (§ 232 StPO), hat diese Regelung Vorrang vor dem Landesrecht[190], so daß sich die Frage nach einer möglichen Rechtfertigung der Beschränkung nicht stellt.

Vom Recht auf Verteidigung zu unterscheiden ist nach der Konzeption mancher Landesverfassungen das Recht, einen Verteidiger zu mandatieren und sich seines Beistands zu bedienen. Es wird in den Verfassungen von Bayern, Berlin, Brandenburg, Bremen und Hessen verbürgt[191] und ebenfalls in Art. 6 Abs. 3 lit. c EMRK genannt. Soweit eine Landesverfassung nicht wie die von Thüringen ein vom Strafprozeß losgelöstes allgemeines Recht auf einen Verfahrensbeistand enthält[192], kann man das Recht auf einen Verteidiger wie auf der grundgesetzlichen Ebene[193] dem Recht auf ein „faires" Verfahren[194] entnehmen. Ein das Landesrecht nach Art. 31 GG brechender Widerspruch zum Bundesrecht besteht in aller Regel und namentlich in Gestalt des § 137 Abs. 1 Satz 1 StPO nicht[195], da es an widersprechenden Normbefehlen fehlt; anderes gälte allenfalls, wenn man etwa in der Begrenzung der Zahl der Wahlverteidiger auf drei (§ 137 Abs. 1 Satz 2 StPO) eine Begrenzung des Rechts sähe, sich eines Beistands zu bedienen.

33 Recht auf Mandatierung eines Verteidigers

Die Verfassungen von Brandenburg und Hessen enthalten darüber hinaus besondere Bestimmungen für den Strafvollzug, deren Grundrechtscharakter zumindest diskutabel erscheint[196]. In Art. 54 Abs. 1 Verf. Brandenburg findet sich einerseits das (selbstverständliche) Gebot, die Würde des Menschen auch im Strafvollzug zu achten, andererseits ein „Vollzugsziel"[197], nämlich den Gefangenen zu befähigen, künftig in sozialer Verantwortung ein Leben ohne Straftaten zu führen. Artikel 54 Abs. 2 gewährt einen Anspruch auf Wiedereingliederungshilfe nach Maßgabe der Gesetze. Art. 21 Abs. 3 Verf. Hessen

34 Verfassungsbestimmungen für den Strafvollzug

---

188 *BVerfGE* 26, 66 (71) nennt nur das Rechtsstaatsprinzip (wohl, weil es um eine Richtervorlage ging und daher keine grundrechtliche Verankerung erforderlich war); *BVerfGE* 46, 202 (209f.); *63*, 45 (61); *63*, 380 (390); *65*, 171 (174f.); *66*, 313 (318), jeweils mit der Formulierung, daß dem Einzelnen die Möglichkeit gegeben werden muß, „zur Wahrung seiner Rechte auf den Gang und das Ergebnis des Strafverfahrens Einfluß zu nehmen". Vgl. auch → Bd. V: *Uhle*, § 129 RN 96.
189 *BVerfGE* 9 ,89 (95).
190 *Dette*, in: Linck/Baldus u.a.(LitVerz.), Art. 88 RN 22.
191 Art. 90 Abs. 2 Verf. Bayern; Art. 9 Abs. 1 Verf. Berlin; Art. 53 Abs. 4 Verf. Brandenburg; Art. 5 Abs. 6 Verf. Bremen; Art. 20 Abs. 2 Satz 2 Verf. Hessen.
192 Art. 88 Abs. 2 Satz 2 Verf. Thüringen; dazu *Dette*, in: Linck/Baldus u.a. (LitVerz.), Art. 88 RN 23.
193 So *BVerfGE* 39, 238 (243); *46*, 202 (210); *65*, 171 (175); *66*, 313 (319); *68*, 237 (255).
194 Dazu noch unten B VI 1, RN 47f.
195 A.A. für Art. 5 Abs. 6 der Bremischen Verfassung *H. Neumann*, Verfassung, 1996 (LitVerz.), Art. 5 RN 9; für Art. 20 Abs. 2 Satz 2 der hessischen Verfassung *Erwin Stein*, in: Zinn/ders. (LitVerz.), Art. 20 Anm. 5; ähnlich für Berlin *Stöhr*, in: Pfennig/Neumann (LitVerz.), Art. 9 RN 3.
196 *M. Ernst*, in: Lieber/Iwers/dies. (LitVerz.), Art. 54 Anm. 1.
197 *M. Ernst* aaO., Art. 54 Anm. 3.

ordnet die menschliche Behandlung von Gefangenen an[198]. Wie Art. 3 EMRK betont auch die sächsische Verfassung, daß niemand „grausamer, unmenschlicher oder erniedrigender [...] Strafe [...] unterzogen werden"[199] darf. Im Strafvollzug ebenfalls relevant sind die Verbote der Mißhandlung festgehaltener Personen (im Grundgesetz Art. 104 Abs. 1 Satz 2), die einige Landesverfassungen enthalten[200].

VI. Rechte bei Eingriffen in die Freiheit der Person

35
Besondere Anforderungen

Für Eingriffe in das Grundrecht auf Freiheit der Person (Art. 2 Abs. 2 Satz 2 GG) stellt Art. 104 GG besondere Anforderungen auf. Neben den für Freiheitsbeschränkungen und Freiheitsentziehungen gleichermaßen relevanten Vorgaben des Absatzes 1 – Vorbehalt des förmlichen Gesetzes, Mißhandlungsverbot Festgehaltener – verlangen die Absätze 2 und 3 des Art. 104 GG bei Freiheitsentziehungen die Autorisierung derselben durch einen Richter; Art. 104 Abs. 4 GG ordnet die Information eines Angehörigen oder einer Vertrauensperson vor der richterlichen Entscheidung an. Obgleich Art. 104 GG – insofern vergleichbar mit dem Richtervorbehalt in Art. 13 Abs. 2 bis 4 GG – letztlich den Gesetzesvorbehalt um zusätzliche, bei der Anwendung des Gesetzes zu beachtende Erfordernisse „qualifiziert", wird die Norm aufgrund ihrer systematischen Stellung bei den „Prozeßgrundrechten" mitunter als

Verknüpfung mit dem Richtervorbehalt

eigenständiges grundrechtsgleiches Recht angesehen[201]. Dies überzeugt nicht, vielmehr wird der untrennbare Zusammenhang zwischen dem Recht auf Freiheit der Person und dem Richtervorbehalt für Freiheitsentziehungen auch bei einem Blick auf die Landesverfassungen deutlich: In den Verfassungen von Bayern, Berlin, Brandenburg, Rheinland-Pfalz und Sachsen[202] finden sich das Recht auf Freiheit der Person und der Richtervorbehalt in ein und demselben (Grundrechts-)Artikel. Aber auch von den anderen Landesverfassungen kennen nur diejenigen, die einen eigenständigen Grundrechtskatalog aufweisen, auch den Richtervorbehalt für Freiheitsentziehungen, alle anderen nicht, was den Zusammenhang ebenfalls nahelegt: Verletzungen der (landes-)verfassungsrechtlichen Vorgaben für eine Freiheitsentziehung stellen Eingriffe in das Grundrecht auf Freiheit der Person dar.

36
Freiheitsbeschränkungen und -entziehungen

Das Grundgesetz teilt die besonderen Rechte bei Eingriffen in die Freiheit der Person in nur dem Vorbehalt des förmlichen Gesetzes unterfallende Freiheits*beschränkungen* und zusätzlich der richterlichen Entscheidung vorbehaltene Freiheits*entziehungen* auf[203]. Für letztere wird wiederum zwischen Frei-

---

198 Daß die Norm durch Art. 104 Abs. 1 Satz 2 GG „ersetzt" ist, wie es *Erwin Stein*, in: Zinn/ders. (LitVerz.), Art. 21 Anm. 4 annimmt, erscheint vor dem Hintergrund des fehlenden Normwiderspruchs nicht überzeugend.
199 Art. 16 Abs. 2 Verf. Sachsen.
200 Dazu unten B VI, RN 45.
201 So etwa *Jarass*, in: ders./Pieroth, GG (LitVerz.), Art. 104 RN 1.
202 Art. 102 Verf. Bayern; Art. 8 Verf. Berlin; Art. 9 Verf. Brandenburg; Art. 5 Verf. Rheinland-Pfalz; Art. 17 Verf. Sachsen.
203 Vgl. → Bd. IV: *Merten*, Bewegungsfreiheit, § 95, insb. RN 9 ff.; ferner → Bd. V: *Voßkuhle*, Präventive Richtervorbehalte, § 131.

heitsentziehungen zum Zwecke der Strafverfolgung (Art. 104 Abs. 3) und anderen Freiheitsentziehungen (Art. 104 Abs. 2) differenziert: Erfolgt eine Freiheitsentziehung, weil der Betroffene einer Straftat verdächtig ist, ist er „spätestens am Tage nach der Festnahme dem Richter vorzuführen, der ihm die Gründe der Festnahme mitzuteilen, ihn zu vernehmen und ihm Gelegenheit zu Einwendungen zu geben hat." Der Richter hat sodann unverzüglich über die Freilassung oder Fortdauer der Freiheitsentziehung zu entscheiden; zudem gilt die Benachrichtigungspflicht für Angehörige und Vertrauenspersonen (Art. 104 Abs. 4). Erfolgt die Freiheitsentziehung aus anderen Gründen, hat der Richter, wenn er die Freiheitsentziehung nicht ohnehin vorher angeordnet hat (wie es vorrangig zu geschehen hat) „unverzüglich" zu entscheiden (Art. 104 Abs. 2 Satz 1 GG); die Vorführung des Festgehaltenen ist anders als in Absatz 3 nicht ausdrücklich verlangt, wird aber aus dem Erfordernis rechtlichen Gehörs hergeleitet[204]. Für den Fall, daß der Festgehaltene sich in den Händen der Polizei befindet – die Bedeutung des Begriffs in diesem Kontext ist umstritten[205] – wird der Unverzüglichkeit eine Maximalfrist bis zum Ende des auf die Ergreifung folgenden Tages gesetzt (Art. 104 Abs. 2 Satz 2 GG), auch hier gilt das Erfordernis der Benachrichtigung von Angehörigen oder Vertrauenspersonen (Absatz 4). Daß die Beteiligung des Richters in allen Details den einfachgesetzlichen Anforderungen entsprochen hat, ist nach der Rechtsprechung des Bundesverfassungsgerichts nicht Inhalt des Art. 104 GG: Geschützt sein sollen nur „bedeutsame Verfahrensgarantien"[206]; auch hierin liegt (zumindest) eine Beschränkung des verfassungsgerichtlichen Prüfungsmaßstabs, die im Schrifttum Kritik auf sich gezogen hat[207].

<small>Freiheitsentziehung aus anderen Gründen</small>

<small>Beschränkung des Prüfungsmaßstabs</small>

Von diesem Grundmodell, das aufgrund des Art. 1 Abs. 3 GG stets und als Mindestgarantie unabhängig davon zu beachten ist, ob Bundesbehörden oder Landesbehörden handeln und ob die Beeinträchtigung der Freiheit aufgrund von Bundesrecht oder von Landesrecht erfolgt, finden sich in den Landesverfassungen einige Abweichungen. Im Vergleich mit dem Grundgesetz ist dabei zu unterscheiden zwischen (partiell) strengeren Vorgaben in den Landesverfassungen, deren Bedeutung zu Tage tritt, wenn eine Freiheitsentziehung aufgrund von Landesrecht erfolgt: Hier gilt der Grundsatz der Meistbegünstigung für den Betroffenen, es sind also neben dem Grundgesetz auch punktuell günstigere Vorgaben der Landesverfassungen einzuhalten. Bei Freiheitsentziehungen aufgrund von Bundesrecht, wie sie namentlich auf der Grundlage der Strafprozeßordnung, des Infektionsschutzgesetzes, des Aufenthaltsgesetzes und des Asylverfahrensgesetzes in Betracht kommen, stellt sich in solchen Fällen die höchst umstrittene Frage, ob Landesverfassungsrecht bei der Anwendung von einfachem Bundesrecht zur Anwendung kommen

37

<small>Abweichungen von der Mindestgarantie</small>

<small>Abweichendes einfaches Bundesrecht</small>

<small>204 Vgl. *Jarass*, in: ders./Pieroth, GG (LitVerz.), Art. 104 RN 17f.
205 Für die Vollzugspolizei: *Degenhart*, in: Sachs, GG (LitVerz.), Art. 104 RN 34; für alle Ordnungsbehörden dagegen *Kunig*, in: v. Münch/ders., GG (LitVerz.), Art. 104 RN 24; *Jarass*, in: ders./Pieroth, GG (LitVerz.), Art. 104 RN 27 (zumindest analog).
206 *BVerfGE 58*, 208 (220f.).
207 Vgl. eingehend *Heidebach* (FN 3), S. 214 ff., 264.</small>

§ 244 Sechzehnter Teil: II. Vergleichende Betrachtung der Landesgrundrechte

kann[208]. Sind die Vorgaben der Landesverfassung weniger streng als die des Grundgesetzes, droht ihnen im Prinzip die Nichtigkeit aufgrund von Art. 31 GG; allerdings werden sie in solchen Fällen meist als unvollständig und damit ergänzungsfähig angesehen.

38
Gesetzesvorbehalte

Die Verfassungen fast aller Länder mit eigenem Grundrechtekatalog enthalten einen ausdrücklichen Gesetzesvorbehalt für Einschränkungen des Rechts auf Freiheit der Person. Einige Landesverfassungen kennen aber nicht die im Grundgesetz vorgesehene Differenzierung zwischen Freiheitsbeschränkungen und Freiheitsentziehungen sowie zwischen Freiheitsentziehungen wegen Straftatverdachts und aus anderen Gründen. Gänzlich fehlt der Gesetzesvorbehalt nur in Art. 102 der bayerischen Verfassung; allerdings ist anerkannt, daß er sich aus allgemein-rechtsstaatlichen und im Hinblick auf die Förmlichkeit des Gesetzes demokratischen[209] Grundsätzen herleiten läßt. Die Gesetzesvorbehalte in den Landesverfassungen sind allerdings regelmäßig nicht in der Weise qualifiziert, daß sie vorgäben, in welchen Fällen eine Freiheitsbeschränkung oder gar -entziehung überhaupt in Frage kommt, sondern sie überlassen dies dem Gesetzgeber. Einzig die hessische Verfassung nennt abschließend die Gründe, aufgrund derer Beschränkungen der Freiheit vorgenommen werden dürfen, nämlich neben der Strafhaft (Art. 21 Abs. 1 Satz 1 Verf.) einerseits die Unterbringung in einer Anstalt (Art. 23 Verf.) und andererseits Freiheitsbeschränkungen, um das Erscheinen Geladener vor Gericht, die Zeugnispflicht, die gerichtliche Sitzungspolizei, die Vollstreckung gerichtlicher Urteile und den Vollzug gesetzmäßiger Verwaltungsanordnungen zu sichern (Art. 24 Verf.). Gegenüber bundesgesetzlich vorgesehenen Freiheitsbeschränkungen mit anderem Ziel würde diese Beschränkung freilich aufgrund von Art. 31 GG nicht wirken[210].

Beschränkungsgründe

39
Varianten des Richtervorbehalts

Was die Beteiligung des Richters angeht, ist in den Landesverfassungen zwischen drei Konzeptionen zu differenzieren: Die Verfassung von Bremen regelt als einzige den Richtervorbehalt nur für die Fälle der Verhaftung wegen eines Straftatverdachts: Nach Art. 5 Abs. 4 Verf. Bremen ist der Festgenommene unverzüglich, spätestens am nächsten Tag, seinem Richter zuzuführen[211]. Die Verfassungen von Rheinland-Pfalz, Sachsen, Sachsen-Anhalt und Thüringen unterscheiden wie das Grundgesetz zwischen Freiheitsentziehungen aus Gründen des Verdachts einer Straftat und aus sonstigen Gründen. Die Bestimmungen für den ersteren Fall entsprechen in diesen Ländern denen des Grundgesetzes: Der Festgenommene ist spätestens am auf die Festnahme folgenden Tag dem Richter vorzuführen, der unverzüglich über Haft oder Frei-

---

208 Bejahend für Bayern *Lindner*, in: ders./Möstl/Wolff (LitVerz.), Art. 102 RN 13; für Berlin *Stöhr*, in: Pfennig/Neumann (LitVerz.), Art. 8 RN 27; eher skeptisch dagegen *BayVerfGHE 57*, 56 (61), wo weitere Grundrechte nur für anwendbar erklärt werden, wenn auch Willkür gegeben ist.
209 *Lindner*, in: ders./Möstl/Wolff (LitVerz.), Art. 102 RN 8.
210 So auch *Erwin Stein*, in: Zinn/ders. (LitVerz.), Art. 24 Anm. 1.
211 *H. Neumann*, Verfassung, 1996 (LitVerz.), Art. 5 RN 8, hält die Norm wegen dieser Beschränkung auf das Strafverfahren für mit Art. 31, 142 GG unvereinbar und unwirksam.

lassung zu entscheiden hat[212]. Auch für den Fall der Freiheitsentziehung aus anderen Gründen findet sich eine weitgehende Parallele zum Grundgesetz: Wenn der Richter die Freiheitsentziehung nicht ohnehin angeordnet hat, ist er unverzüglich mit der Angelegenheit zu befassen, wobei die persönliche Anhörung des Festgehaltenen zwar nicht im Text erwähnt, aber aufgrund des Gebots rechtlichen Gehörs erforderlich ist[213]. Der Unverzüglichkeit wird in Rheinland-Pfalz, Sachsen und Sachsen-Anhalt die auch aus dem Grundgesetz bekannte Frist des auf die Festnahme folgenden Tages für den Fall gesetzt, daß sich der Betroffene in der Hand der Polizei befindet[214], in Thüringen findet sich stattdessen eine unabhängig von der Qualifikation der festhaltenden Behörde geltende Frist von 24 Stunden[215].

Freiheitsentziehung aus anderen Gründen

Die anderen Landesverfassungen, die eigene Regelungen zum Richtervorbehalt treffen, differenzieren nicht zwischen Freiheitsentziehungen aus Gründen des Verdachts einer Straftat und aus sonstigen Gründen, sondern regeln beide Fälle einheitlich: Die Verfassung von Berlin verlangt ohne Unterscheidung nach dem Festnahmegrund eine Vorführung vor den Richter[216] innerhalb von 48 Stunden nach Verhaftung oder Festnahme[217]. Die Verfassung Brandenburgs ordnet eine richterliche Anhörung unverzüglich nach dem Ergreifen an, spätestens aber innerhalb von 24 Stunden, sowie eine richterliche Entscheidung bis zum Ende des Tages nach dem Ergreifen, allerdings nur für Fälle, in denen die Freiheitsentziehung nicht ohnehin schon auf einer richterlichen Entscheidung beruht[218]. Auch Art. 13 Abs. 2 Verf. Saarland, der vorsieht, daß niemand in Haft gehalten werden darf, ohne spätestens am Tage nach der Festnahme einem Richter vorgeführt zu werden, wird zumindest im Schrifttum entnommen, daß er in allen Fällen der Freiheitsentziehung Geltung beansprucht[219]. Art. 102 Verf. Bayern, nach dem Festgenommene spätestens am Tag nach der Festnahme dem zuständigen Richter vorzuführen sind, der entweder Haftbefehl zu erlassen oder unverzüglich die Freilassung anzuordnen hat, wird ebenfalls – den Wortlaut als Grenze der Auslegung leicht überschrei-

40
Landesregelungen zum Richtervorbehalt

---

212 Art. 5 Abs. 3 Verf. Rheinland-Pfalz; Art. 17 Abs. 3 Verf. Sachsen; Art. 23 Abs. 3 Verf. Sachsen-Anhalt; Art. 4 Abs. 4 Verf. Thüringen. Art. 5 Verf. Rheinland-Pfalz erhielt erst 1991 seine heutige, am Grundgesetz orientierte Fassung; die „vorkonstitutionelle" Fassung von 1947 lautete: „(1) Die Freiheit der Person ist unverletzlich. Eine Beeinträchtigung oder Entziehung der persönlichen Freiheit durch die öffentliche Gewalt ist nur auf Grund von Gesetzen und in den von diesen vorgeschriebenen Formen zulässig. (2) Jeder Festgenommene ist binnen 24 Stunden dem Richter vorzuführen. Dieser hat ihn unverzüglich zu vernehmen, über die Entlassung oder Verhaftung durch begründete Entscheidung zu befinden und im Falle der Verhaftung jeden Monat zu prüfen, ob Haftfortdauer gerechtfertigt ist. Jedem Verhafteten ist Gelegenheit zu geben, Einwendungen gegen die Festnahme zu erheben sowie einen Verteidiger zu bestellen. (3) Auf seinen Wunsch hat die festnehmende Behörde seinen Angehörigen die Tatsache seiner Verhaftung mitzuteilen".
213 Art. 5 Abs. 2 Verf. Rheinland-Pfalz; Art. 17 Abs. 2 Verf. Sachsen; Art. 23 Abs. 2 Verf. Sachsen-Anhalt; Art. 4 Abs. 3 Verf. Thüringen.
214 Art. 5 Abs. 2 Satz 3 Verf. Rheinland-Pfalz; Art. 17 Abs. 2 Satz 3 Verf. Sachsen; Art. 23 Abs. 2 Satz 3 Verf. Sachsen-Anhalt.
215 Art. 4 Abs. 3 Satz 2 Verf. Thüringen.
216 Zum Begriff *Stöhr*, in: Pfennig/Neumann (LitVerz.), Art. 8 RN 23.
217 Art. 8 Abs. 2 Verf. Berlin.
218 Art. 9 Abs. 3 Verf. Brandenburg.
219 *Rixecker*, in: Wendt/ders. (LitVerz.), Art. 13 RN 6.

tend – als nicht nur im Strafrecht geltend verstanden[220]; gleiches gilt für den ähnlich formulierten Art. 19 Abs. 2 Verf. Hessen[221].

41
Haftprüfungsfristen

Die Verfassungen von Bremen, Hessen und dem Saarland sehen zudem für den Fall der Haft vor, daß die Notwendigkeit ihrer Fortdauer periodisch überprüft wird[222]. Soweit im Anwendungsbereich des Bundesrechts, insbesondere der Strafprozeßordnung, längere Fristen zulässig sind, dürften diese Regelungen gegenstandslos sein[223]. In rein landesrechtlich geregelten Konstellationen oder im Fall bundesrechtlicher Mindestfristen könnten sie aber Bedeutung erlangen.

42
Zeitpunkt der Bekanntgabe des Festnahmegrunds

Unterschiede finden sich auch mit Blick auf den Zeitpunkt, an dem der Festgehaltene über den Festnahmegrund zu informieren ist. In Bremen und Hessen ist der Festgehaltene „sofort"[224], in Sachsen „unverzüglich"[225], in Berlin innerhalb von 24 Stunden[226], in Bayern, Rheinland-Pfalz, Sachsen-Anhalt und Thüringen bei Vorführung vor den Richter[227] über den Festnahmegrund aufzuklären. In den Verfassungen von Bayern, Rheinland-Pfalz, Sachsen, Sachsen-Anhalt und Thüringen gilt die Informationspflicht wie im Grundgesetz nur im Fall von Verhaftungen wegen des Verdachts einer Straftat; in der brandenburgischen und der saarländischen Verfassung gibt es überhaupt keine ausdrücklichen Informationspflichten. Allerdings wird man die Information über den Festnahmegrund auch über die in den Verfassungen vorgesehenen Fälle hinaus als ungeschriebene Voraussetzung für das Recht, in der richterlichen Vernehmung Einwendungen zu erheben, anzusehen haben[228]; es besteht daher immer ein Recht darauf. In zeitlicher Hinsicht ist das Recht jeder festgehaltenen Person, „unverzüglich in einer ihr verständlichen Sprache mitgeteilt [zu erhalten], welches die Gründe für ihre Festnahme sind und welche Beschuldigungen gegen sie erhoben werden" (Art. 5 Abs. 2 EMRK), zu beachten. Dem genügen nur die Regelungen in Bremen, Hessen und Sachsen[229]; für die Staatsgewalt

EMRK-Maßgabe

---

220 *BayVerfGHE 34*, 162 (172).
221 Hiernach ist ein Festgenommener binnen 24 Stunden seinem Richter zuzuführen, der über Entlassung oder Verhaftung zu befinden hat. Obwohl Art. 23 Satz 2 Verf. Hessen vorsieht, daß gegen die Einweisung in eine Anstalt der Richter angerufen werden kann, wird Art. 19 Abs. 2 Verf. Hessen so verstanden, daß er in allen Fällen der Freiheitsentziehung eingreift, vgl. *Erwin Stein*, in: Zinn/ders. (LitVerz.), Art. 19 Anm. 3.
222 Art. 5 Abs. 4 Satz 3 Verf. Bremen: alle zwei Monate, im Fall der Untersuchungshaft „jederzeit" (Art. 5 Abs. 4 Satz 2 Verf. Bremen); Art. 19 Abs. 2 Satz 1 Verf. Hessen: jeden Monat; Art. 13 Satz 3 Verf. Saarland: periodisch ab einem Monat.
223 *H. Neumann*, Verfassung, 1996 (LitVerz.), Art. 5 RN 9.
224 Art. 5 Abs. 4 Satz 5 Verf. Bremen; Art. 19 Abs. 2 Satz 2 Verf. Hessen.
225 Art. 17 Abs. 1 Satz 2 Verf. Sachsen.
226 Art. 8 Abs. 2 Verf. Berlin.
227 D.h. spätestens am auf die Festnahme folgenden Tag; dazu B VI, RN 39f. – Art. 102 Abs. 2 Satz 2 Verf. Bayern; Art. 5 Abs. 3 Satz 1 Verf. Rheinland-Pfalz; Art. 23 Abs. 3 Satz 1 Verf. Sachsen-Anhalt; Art. 4 Abs. 4 Satz 1 Verf. Thüringen.
228 Vgl. *Rixecker*, in: Wendt/ders. (LitVerz.), Art. 13 RN 10.
229 *EGMR*, Urt. v. 30. 8. 1990, Fox, Campbell u. Hartley ./. Großbritannien, Beschwerde Nr. 12244/86, hat ein Intervall von vier Stunden und 35 Minuten bis zum Beginn einer Vernehmung, in deren Verlauf die Gründe genannt wurden, noch für zulässig erachtet (dort RN 40/42), mit Urt. v. 14. 10. 1991, Clinton u.a. ./. Großbritannien, Beschwerde Nr. 12690/87, hingegen eine Dauer von 14 Stunden und 50 Minuten als nicht mehr unverzüglich erachtet (dort RN 45f.), obgleich sie durch die medizinische Untersuchung des Festgehaltenen und das Zusammenstellen des Vernehmungsteams bedingt war.

der übrigen Länder reicht es nicht aus, sich an der jeweiligen Landesverfassung (und am Grundgesetz) zu orientieren, sondern sie muß zusätzlich die strengeren Anforderungen der Europäischen Menschenrechtskonvention beachten.

Unterschiede finden sich auch im Hinblick auf die Benachrichtigung von Angehörigen oder Vertrauenspersonen im Fall der Festnahme: Die Verfassungen von Rheinland-Pfalz, Sachsen, Sachsen-Anhalt und Thüringen enthalten die gleiche Regelung wie Art. 104 Abs. 4 GG[230]. In der bayerischen Verfassung ist eine Benachrichtigung anders als in Art. 104 Abs. 4 GG überhaupt nicht vorgesehen[231]; gleiches gilt im Saarland. In Berlin haben die nächsten Angehörigen ein Recht auf Auskunft über die Freiheitsentziehung; auf Verlangen des Festgenommenen ist auch anderen Personen davon Kenntnis zu geben[232]. Die Regelung geht in zeitlicher Hinsicht über das grundgesetzlich Geforderte hinaus, indem sie sich schon auf die Freiheitsentziehung und nicht erst auf die richterliche Entscheidung bezieht[233]; zugleich bleibt sie aber hinter dieser zurück, indem sie – jedenfalls dem Wortlaut nach[234] – den Angehörigen nur einen Informationsanspruch gibt, nicht aber zu deren Benachrichtigung verpflichtet. In Brandenburg ist von Amts wegen unverzüglich eine Person des Vertrauens zu benachrichtigen; bei Jugendlichen haben die Erziehungsberechtigten ein Recht auf Verfahrensbeteiligung[235]. Nach der Verfassung von Bremen sind die nächsten Angehörigen des Beschuldigten – für sonstige Freiheitsentziehungen gibt es hier keine Regelung – auf sein Verlangen von Amts wegen vom Haftgrund zu informieren[236]. Die hessische Verfassung sieht vor, die nächsten Angehörigen auf Wunsch des Verhafteten über den Haftgrund innerhalb von 24 Stunden nach der richterlichen Entscheidung in Kenntnis zu setzen.

43
Benachrichtigung von Angehörigen über die Festnahme

Art. 9 Abs. 2 Satz 2 Verf. Brandenburg sieht speziell für die Fälle der Freiheitsentziehung vor, daß dem Betroffenen vor jeder richterlichen Entscheidung über Anordnung oder Fortdauer eines Freiheitsentzugs Gelegenheit zu geben ist, einen Rechtsbeistand seiner Wahl beizuziehen. Obgleich unter dem Begriff der „Vertrauensperson", die nach einigen Landesverfassungen und nach Art. 104 Abs. 4 GG zu benachrichtigen ist, auch ein Rechtsbeistand verstanden werden kann, geht diese Regelung weiter, da Beiziehen auch die Inanspruchnahme der Dienste des Rechtsbeistands und nicht nur seine Information meint[237]. In den Ländern, deren Verfassungen ein Recht auf Beistand

44
Rechtsbeistand eigener Wahl

---

230 Art. 5 Abs. 4 Verf. Rheinland-Pfalz; Art. 17 Abs. 4 Verf. Sachsen; Art. 23 Abs. 4 Verf. Sachsen-Anhalt; Art. 4 Abs. 5 Verf. Thüringen.
231 Zur Weitergeltung trotz dieses Defizits vgl. *VerfGHE 2*, 115 (120) und *VerfGHE 34*, 162 (172), beide ohne nähere Erklärung; ebenso *Lindner*, in: ders./Möstl/Wolff (LitVerz.), Art. 102 RN 12.
232 Art. 8 Abs. 2 Satz 2 und 3 Verf. Berlin.
233 *Stöhr*, in: Pfennig/Neumann (LitVerz.), Art. 8 RN 15.
234 Zur Vermeidung der Nichtigkeit nach Art. 31 GG kann man möglicherweise eine Benachrichtigungspflicht in die Norm hineinlesen.
235 Art. 9 Abs. 2 Satz 3 Verf. Brandenburg.
236 Art. 5 Abs. 4 Satz 4 Verf. Bremen.
237 *Iwers*, in: Lieber/ders./Ernst (LitVerz.), Art. 9 Anm. 2.

§ 244 *Sechzehnter Teil: II. Vergleichende Betrachtung der Landesgrundrechte*

im Strafverfahren kodifizieren[238], können diese in Fällen der straf(prozeß)-rechtlichen Freiheitsentziehung Bedeutung gewinnen; durch den in die gleiche Richtung zielenden § 137 Abs. 1 Satz 1 StPO sind sie jedenfalls nicht verdrängt[239].

45
Mißhandlungsverbot

Das in Art. 104 Abs. 1 Satz 2 GG verankerte Verbot, festgehaltene Personen seelisch oder körperlich zu mißhandeln, hat auch Eingang in einige Landesverfassungen gefunden[240]. In der brandenburgischen Verfassung wird es ergänzt um ein Schikaneverbot[241]. Die Verfassung von Bremen verbietet, ebenfalls in Erweiterung des grundgesetzlichen Schutzes[242], unnötige Härte und unnötigen Zwang zum Ergreifen oder Aufrechterhalten der Haft sowie jeden körperlichen und geistigen Zwang während des Verhörs[243]. Die hessische Verfassung ordnet mit einem in persönlicher Hinsicht beschränkteren Anwendungsbereich die menschliche Behandlung aller Gefangenen an[244]. In den Ländern, deren Verfassungen keine entsprechenden Regelungen enthalten (Bayern, Berlin, Saarland, Sachsen) ergeben sich entsprechende Verbote aus den materiellen Grundrechten auf körperliche Unversehrtheit und Achtung der Menschenwürde[245] sowie im Fall des Zusammenhangs mit einem Strafverfahren auch aus dem Recht auf ein faires Verfahren.

VII. Weitere Prozeßgrundrechte

46
Ergänzungen des Grundrechtsschutzes

In unterschiedlichem Maße kodifizieren die Landesverfassungen weitere Prozeßgrundrechte und -grundsätze. Teilweise sind diese bereits als Teilkodifikationen anderer Prozeßgrundrechte oben angesprochen worden, im übrigen sollen sie im Folgenden kurz skizziert werden.

1. Recht auf ein faires Verfahren

47
Einklang mit Art. 6 EMRK

Im Gegensatz zum Grundgesetz, dafür aber im Einklang mit Art. 6 EMRK normieren einige Landesverfassungen ausdrücklich ein Recht auf ein faires Verfahren. Es findet sich in Art. 9 Verf. Berlin, in Art. 52 Abs. 4 Verf. Brandenburg und in Art. 78 Abs. 3 Verf. Sachsen. Prima facie gehen diese Verfassungen damit über das grundgesetzlich Gebotene hinaus[246]. Materiell dürfte

---

238 Dazu oben B V, RN 33.
239 Anderer Ansicht *H. Neumann*, Verfassung, 1996 (LitVerz.), Art. 5 RN 12; *Erwin Stein*, in: Zinn/ders. (LitVerz.), Art. 20 Anm. 5.
240 Ohne Differenzierung zwischen seelischer und körperlicher Mißhandlung: Art. 5 Abs. 5 Verf. Rheinland-Pfalz; wie im Grundgesetz: Art. 23 Abs. 1 Satz 2 Verf. Sachsen-Anhalt; Art. 4 Abs. 2 Verf. Thüringen.
241 Art. 9 Abs. 4 Verf. Brandenburg.
242 *H. Neumann*, Verfassung, 1996 (LitVerz.), Art. 5 RN 10 f.
243 Art. 5 Abs. 5 Satz 1 und 2 Verf. Bremen.
244 Art. 21 Abs. 3 Verf. Hessen.
245 Zum Rückgriff auf diese Normen s. für das Saarland *Rixecker*, in: Wendt/ders. (LitVerz.), Art. 13 RN 1. S. insbes. Art. 16 Abs. 2 Verf. Sachsen, der insoweit an Art. 3 EMRK angelehnt ist: „Niemand darf grausamer, unmenschlicher oder erniedrigender Behandlung oder Strafe [...] unterworfen werden".
246 *M. Ernst*, in: Lieber/Iwers/dies. (LitVerz.), Art. 52 Anm. 5.

sich allerdings keine Schutzverstärkung und nicht einmal eine Verbesserung der Landesverfassungsbeschwerdefähigkeit im Vergleich zu Ländern ergeben, die das Recht auf ein faires Verfahren nicht kodifiziert haben. Das Bundesverfassungsgericht behandelt das Recht auf ein faires Verfahren nämlich als „allgemeines Prozeßgrundrecht", das Ausfluß des allgemeinen Freiheitsrechts aus Art. 2 Abs. 1 GG in Verbindung mit dem Rechtsstaatsprinzip ist[247] und das alle Elemente eines rechtsstaatlichen und fairen Verfahrens umschließt, die von den speziellen Gewährleistungen nicht erfaßt werden[248]. In den Landesverfassungen, denen sämtlich das Rechtsstaatsprinzip immanent ist, kann bei Fehlen einer ausdrücklichen Bestimmung über das Recht auf ein faires Verfahren nichts anderes gelten[249]. Obwohl die Rechtsprechung das Recht auf ein faires Verfahren bislang vor allem für Strafverfahren betont hat, in denen das Risiko, daß der Einzelne zum bloßen „Verfahrensobjekt" wird, sicherlich besonders hoch ist, wird man es auch jenseits dessen anerkennen müssen[250]; im Schrifttum wird darüber hinaus mit guten Gründen erwogen, es eher dem Gebot effektiven Rechtsschutzes zuzuordnen als den materiellen Grundrechten in Verbindung mit dem Rechtsstaatsprinzip[251].

„Allgemeines Prozeßgrundrecht"

Dem Grundrecht auf ein faires Verfahren kommt Auffangcharakter zu[252], und es vermag damit auch die aus Art. 6 EMRK abgeleiteten Aspekte, namentlich Verteidigungsrechte nach Art. 6 Abs. 3 lit. b und c EMRK, die bislang den Hauptanwendungsbereich des Grundrechts ausgemacht haben, zu erfassen. Sein darüber hinausgehender Inhalt ist abstrakt kaum zu ermitteln; ähnlich wie bei Art. 19 Abs. 4 GG geht es darum, ob die konkrete gesetzliche Ausgestaltung oder richterliche Handhabung eines Verfahrens den rechtsstaatlich gebotenen Mindeststandard wahrt[253]. Ein ausdrücklich in der Landesverfassung kodifiziertes oder aus materiellen Landesgrundrechten in Verbindung mit dem Rechtsstaatsprinzip hergeleitetes Recht auf ein faires Verfahren greift allerdings wie sein grundgesetzliches Pendant nur dann ein, wenn keine speziellen Verbürgungen vorhanden sind[254]. Soweit beispielsweise besondere Rechte auf Hinzuziehen eines Verteidigers im Strafverfahren bestehen[255], sind diese vorrangig; gleiches gilt für das nicht auf Strafverfahren begrenzte[256] Recht auf einen rechtlichen Beistand in Art. 88 Abs. 1 Satz 3 Verf. Thüringen. Auch das Grundrecht der Gleichheit vor Gericht, das die Verfassung von Brandenburg als einzige kodifiziert[257], kann, soweit ihm etwa das Prinzip der

48
Auffangcharakter

Spezielle Verbürgungen

Gleichheit vor Gericht

---

247 BVerfGE 38, 105, (111); 46, 202 (209f.); 57, 250 (274f.); 63, 45 (61); 63, 380 (390); 65, 171 (174f.); 66, 313 (318); 109, 38 (60); 118, 212 (231); 122, 248 (271); 130, 1 (25).
248 BVerfGE 57, 250 (274f.) m.w.N.
249 Vgl. für das Saarland VerfGH Saarland, B. v. 19. 11. 2007 (Lv 9/06), juris, RN 27.
250 So auch Heidebach (FN 3), S. 187 ff.; vgl. auch → Bd. V: Uhle, Rechtsstaatliche Prozeßgrundrechte und -grundsätze, § 129 RN 62.
251 → Bd. V: Uhle, § 129 RN 59.
252 Zum Vorrang der speziellen Verfahrensgrundrechte vgl. etwa → Bd. V: Uhle, § 129 RN 35, 60.
253 BVerfGE 57, 250 (275f.); zustimmend Heidebach (FN 3), S. 188.
254 BVerfGE 57, 250 (274f.) m.w.N.
255 Oben B IV, RN 27.
256 Vgl. Dette, in: Linck/Baldus u.a. (LitVerz.), Art. 88 RN 23.
257 Art. 52 Abs. 3 Verf. Brandenburg.

§ 244 *Sechzehnter Teil: II. Vergleichende Betrachtung der Landesgrundrechte*

Waffengleichheit zwischen Staatsanwaltschaft und Angeklagtem entnommen wird[258], zum Fair Trial-Grundsatz speziell sein, dem ansonsten dasselbe Gebot immanent ist[259]. Soweit man dem Recht auf ein faires Verfahren auch Forderungen nach angemessener Personalausstattung der Gerichte sowie nach deren Unabhängigkeit und Unparteilichkeit entnimmt[260], stellt sich die Frage, ob diese Zuordnung zu den vorhandenen Grundrechtsbestimmungen unter Berücksichtigung deren allfälliger Spezialität adäquat ist; in Betracht kommt auch eine Zuordnung zum Gebot des effektiven Rechtsschutzes, das jedenfalls in Form der Rechtsschutzgarantien gegen die öffentliche Gewalt gesondert kodifiziert ist[261].

2. Öffentlichkeitsgrundsatz

49
Ausgestaltung als Prozeßgrundrecht

Einige Bundesländer kodifizieren im Kontext der Prozeßgrundrechte die grundsätzliche Öffentlichkeit von Gerichtsverfahren. Dies ist etwa in Art. 90 Abs. 1 Verf. Bayern ausdrücklich, in Art. 52 Abs. 4 Satz 2 Verf. Brandenburg implizit, nämlich über eine abschließende Regelung der Gründe für den Ausschluß der Öffentlichkeit, und in Art. 78 Abs. 3 Satz 1 Verf. Sachsen in der Formulierung eines Anspruchs auf ein öffentliches Verfahren geschehen. Die letztgenannte Bestimmung knüpft ersichtlich an Art. 6 EMRK an, der die öffentliche Verhandlung zum Teil des subjektiven Rechts auf ein faires Verfahren macht. Während bei einer solchen Formulierung der Grundrechtscharakter offenkundig ist[262], ließe sich der Öffentlichkeitsgrundsatz in der bayerischen[263] und der brandenburgischen[264] Verfassung auch rein objektivrechtlich deuten. Bestärkt wird eine solche Sichtweise dadurch, daß auch das Bundesverfassungsgericht nur von einer Prozeßrechtsmaxime, nicht aber einem Verfassungsrechtsgrundsatz spricht[265]. Im Fall der brandenburgischen Verfassung klärt allerdings die systematische Stellung – der Öffentlichkeitsgrundsatz steht unter der Überschrift „Grundrechte vor Gericht" – die Qualität als Grundrechtsbestimmung[266]. Ob sich das Öffentlichkeitsprinzip in Verfassungstexten, in denen es nicht als Grundrecht kodifiziert ist, einem speziellen Prozeßgrundrecht zuordnen läßt[267], erscheint allerdings fraglich. Eine besondere Nähe der Öffentlichkeit zu einem dieser Grundrechte ist nicht ersichtlich, so daß es eher naheliegt, es dem allgemeinen Grundrecht auf ein faires Verfahren zuzuordnen[268]. Daß man seine grundrechtliche Bedeutung über-

Qualität als Grundrechtsbestimmung

---

258 *M. Ernst*, in: Lieber/Iwers/dies. (LitVerz.), Art. 52 Anm. 4.2.
259 → Bd. V: *Uhle*, § 129 RN 50 ff.
260 So *M. Ernst*, in: Lieber/Iwers/dies. (LitVerz.), Art. 52 Anm. 5.
261 S. dazu oben B I, RN 17 f.
262 *Baumann-Haske*, in: ders./Kunzmann (LitVerz.), Art. 78 RN 14: Anspruch auf Einhaltung.
263 Weitergehend *H.A. Wolff*, in: Lindner/Möstl/Wolff (LitVerz.), Art. 90 RN 2.
264 *M. Ernst*, in: Lieber/Iwers/dies. (LitVerz.), Art. 52 Anm. 6: Verfassungsverstoß bei Mißachtung.
265 BVerfGE 15, 303 (307).
266 *M. Ernst*, in: Lieber/Iwers/dies. (LitVerz.), vor Art. 52; Art. 52 Anm. 6.
267 *Baumann-Haske*, in: ders./Kunzmann (LitVerz.), Art. 78 RN 14, geht etwa von einer Verankerung im Recht auf rechtliches Gehör und auf den gesetzlichen Richter aus.
268 → Bd. V: *Uhle*, § 129 RN 78, ordnet es der Effektivität des Rechtsschutzes zu.

haupt in irgendeiner Form anerkennen muß, scheint vor dem Hintergrund des Einflusses der Europäischen Menschenrechtskonvention unabweisbar[269].

3. Aussageverweigerungsrechte

Als einziges Bundesland kodifiziert Brandenburg in Art. 52 Abs. 5 seiner Verfassung Aussageverweigerungsrechte: „Niemand darf gezwungen werden, gegen sich selbst oder durch Gesetz bestimmte nahestehende Personen auszusagen". Dies umfaßt einerseits die traditionellen, aus dem Prinzip *nemo tenetur se ipsum accusare* fließenden Rechte von Beschuldigten und Zeugen, die Aussage zu verweigern, um sich nicht selbst zu belasten, und andererseits das Recht von Zeugen, nahestehende Personen nicht belasten zu müssen[270]. Diese Grundsätze, die in der Verfassung von Brandenburg unter der Überschrift „Grundrechte vor Gericht" stehen, gelten allerdings auch in allen anderen Ländern, denn sie sind Ausfluß materieller Grundrechte: Die Rechtsprechung des Bundesverfassungsgerichts ist in der Begründung ambivalent – genannt werden einerseits das Prinzip des fairen Verfahrens, also Art. 2 Abs. 1 GG in Verbindung mit dem Rechtstaatsprinzip, andererseits die Menschenwürde, die es verbiete, den Einzelnen zum bloßen Verfahrensobjekt zu machen –, in der Sache aber klar: Niemand kann gezwungen werden, gegen sich selbst auszusagen[271]. Als Begründung für das Zeugnisverweigerungsrecht nahestehender Personen wird allgemein der Gewissenskonflikt angeführt, in den ein Zeuge kommen könnte, wenn er Angehörige aufgrund seiner Wahrheitspflicht belasten müßte[272]; verfassungsrechtlich dürfte insofern sein Grundrecht auf Schutz der Persönlichkeit in Stellung zu bringen sein.

50
Schutz vor (Selbst-)Belastung

Materiellrechtliche Basis

C. Fazit

Die Analyse der Prozeßgrundrechte in den Landesverfassungen zeigt in besonderem Maße das Dilemma der Landesgrundrechte insgesamt: Vermeintlich über das grundgesetzliche Schutzniveau hinausgehende Bestimmungen erweisen sich bei näherer Betrachtung lediglich als Kodifikationen von Inhalten, die das Bundesverfassungsgericht in allgemeinere Bestimmungen des Grundgesetzes auch schon hineingelesen hat oder durch den Europäischen Gerichtshof für Menschenrechte veranlaßt hineinlesen mußte. Insofern verbessert ein detaillierteres Kodifikationsniveau zwar die Sichtbarkeit ein-

51
Dilemma der Landesgrundrechte

---

269 So auch → Bd. V: *Uhle*, § 129 RN 79.
270 *M. Ernst*, in: Lieber/Iwers/dies. (LitVerz.), Art. 52 Anm. 7.
271 *BVerfGE 38*, 105 (113f.); *56*, 37 (43); *80*, 109 (121).
272 So schon *BGHSt 2*, 351 (354); *22*, 35 (36f.).

§ 244 *Sechzehnter Teil: II. Vergleichende Betrachtung der Landesgrundrechte*

<small>Anpassung an das grundgesetzliche Schutzniveau</small>

zelner Ausprägungen der Grundrechte[273], erhöht aber nicht unbedingt den materiellen Schutz. Umgekehrt wird prima facie geringerer Schutz häufig in methodisch mehr oder weniger überzeugender Weise an das grundgesetzliche Schutzniveau angepaßt. Die auf dem Papier bestehende Vielfalt der Landesprozeßgrundrechte wird in der Praxis dadurch zu einem nicht geringen Maße nivelliert; Unterschiede beschränken sich vielfach auf die Frage, in welcher Grundrechtsbestimmung man ein Recht verankert. Wo der Landesverfassungsgeber tatsächlich versucht, einen über den grundgesetzlichen Standard hinausgehenden Schutz zu etablieren, stellt sich hingegen stets – und im meist bundesrechtlich geprägten Prozeßrecht in besonderem Maße – die Frage, ob nicht das einfache Bundesrecht nach Art. 31 GG dieser Bestimmung entgegensteht.

52
<small>Parallelität in der Gestaltung der Verfassungsbeschwerde</small>

Im Einklang mit dieser weitgehenden Unitarisierung verläuft auch die Möglichkeit der Landesverfassungsbeschwerde wegen der Verletzung eines Prozeßgrundrechts, soweit sie denn überhaupt vorgesehen ist und nicht am Rechtsweg zu Bundesgerichten oder an der in einigen Ländern angeordneten – vom Beschwerdeführer allerdings vermeidbaren – Subsidiarität gegenüber der eingelegten Bundesverfassungsbeschwerde scheitert, weitgehend parallel zur Bundesverfassungsbeschwerde; lediglich die als verletzt gerügte Bestimmung mag sich unterscheiden. Die Vorzüge der Landesverfassungsbeschwerde können vor diesem Hintergrund nur darin gesehen werden, daß sie einen geographisch näheren Grundrechtsschutz bietet, und daß ein Landesverfassungsgericht angesichts seiner möglicherweise geringeren Belastung vielleicht eher geneigt ist, die vom Bundesverfassungsgericht stets abgelehnte Rolle als Superrevisionsinstanz einzunehmen und die Einhaltung des einfachen Rechts nachdrücklicher zu überwachen.

---

273 Zu diesem Anliegen der Kodifikationsidee schon *Jeremy Bentham*, Brief an James Madison vom Oktober1811, abgedruckt in: Philip Schofield/Jonathan Harris (Hg.), Legislator of the World, Writings on Codification, Law and Education, Oxford 1998, S. 5 (22), wo „cognoscibility" des Rechts gefordert wird.

D. Bibliographie

Birn, Helmut, Die Aufnahme von Grundrechten und staatsbürgerlichen Rechten des Grundgesetzes in die Verfassung von Baden-Württemberg, 1972.
Düwel, Martin, Kontrollbefugnisse des Bundesverfassungsgerichts bei Verfassungsbeschwerden gegen gerichtliche Entscheidungen, 2000.
Fuchs, Claudia, Verfahrensgrundrechte im Eingriffs und Schrankenmodell? Überlegungen zur Struktur grundrechtlicher Verfahrensgarantien, ZÖR 67 (2012), S. 537 ff.
Heidebach, Martin, Grundrechtsschutz durch Verfahren bei gerichtlicher Freiheitsentziehung, 2014.
Jestaedt, Matthias, Verfassungsrecht und einfaches Recht – Verfassungsgerichtsbarkeit und Fachgerichtsbarkeit, DVBl. 2001, S. 1309 ff.
Lorenz, Dieter, Grundrechte und Verfahrensordnungen, NJW 1977, S. 865 ff.
Voßkuhle, Andreas, Rechtsschutz gegen den Richter, 1993.
Wittreck, Fabian, Das Bundesverfassungsgericht und die Kassationsbefugnis der Landesverfassungsgerichte, DÖV 1999, S. 634 ff.

III. Die Grundrechte in den Landesverfassungen

§ 245
Landesgrundrechte in Baden-Württemberg

Meinhard Schröder, Passau

Übersicht

	RN		RN
A. Entstehung der Verfassung Baden-Württembergs	1–3	3. Wissenschaftsfreiheit der Hochschulen	42–48
B. Anordnung der Geltung der Grundrechte des Grundgesetzes	4–18	D. Weitere landesverfassungsrechtliche Grundrechtsverbürgungen	49–55
I. Statische oder dynamische Übernahme	5–8	I. Wahl- und Stimmrecht	50–51
II. Wirkung der Übernahme	9–14	II. Rechtsweggarantie gegen Akte der öffentlichen Gewalt	52–55
III. Gegenstand der Übernahme	15–18		
C. Besondere Grundrechtsverbürgungen in den „Lebensordnungen"	19–48	E. Bedeutung und Durchsetzung der Grundrechte der Landesverfassung	56–66
I. „Mensch und Staat"	24–29	I. Landesgrundrechte im grundgesetzlichen Korsett	57–60
1. Verbot der Diskriminierung Behinderter	25–27	II. Bedeutung für die Landesstaatsgewalt	61–62
2. Weitere Bestimmungen	28–29	III. Stärkung des Grundrechtsschutzes durch die Einführung der Landesverfassungsbeschwerde	63–66
II. „Religion und Religionsgemeinschaften"	30–32		
III. „Erziehung und Unterricht"	33–48		
1. Recht auf Erziehung und Ausbildung	34–38		
2. Unentgeltlichkeit von Unterricht und Lernmitteln an öffentlichen Schulen	39–41	F. Bibliographie	

A. Entstehung der Verfassung Baden-Württembergs

1
Nachkonstitutionelles Landesverfassungsrecht

Das Land Baden-Württemberg wurde erst im Jahre 1952 durch den Zusammenschluß der Länder Württemberg-Baden, Baden und Württemberg-Hohenzollern gebildet. Anders als noch in den unmittelbaren Nachkriegsjahren, als die Alliierten diese Länder geformt hatten[1], waren sie inzwischen Teil der 1949 gegründeten Bundesrepublik Deutschland. Die Verfassungsgebung für das neue Land Baden-Württemberg erfolgte daher anders als in manchen anderen „alten" Bundesländern[2] nicht mehr „autonom", sondern bereits in den grundgesetzlichen Rahmen eingebunden. Der Charakter der baden-württembergischen Verfassung als originärer Gliedstaatsverfassung wird nicht zuletzt bei einem Blick auf die Grundrechtsverbürgungen deutlich, die größtenteils[3] nicht eigenständig in Form eines Katalogs kodifiziert, sondern wie auch in vier anderen Bundesländern[4] durch einen schlichten Verweis auf die Grundrechte des Grundgesetzes in Bezug genommen sind[5].

Gliedstaatsverfassung

2
Traditionswandel in den Grundrechte-Verbürgungen

Darin liegt ein Bruch zur historischen Tradition, denn die Länder Württemberg-Baden, Baden und Württemberg-Hohenzollern verfügten genauso wie ihre historisch gewachsenen Vorgänger über umfangreiche Grundrechtekataloge[6]. Die Verfassung von *Württemberg-Baden* von 1946 enthielt in den ersten fünfzehn Artikeln unter der Überschrift „Die Grundrechte" Verbürgungen klassischer Rechte, zu denen sowohl Freiheits- und Gleichheitsrechte als auch justitielle Rechte zählten. Darauf folgten die Abschnitte über Familie, Sozial- und Wirtschaftsordnung, Religion und Religionsgemeinschaften sowie Erziehung und Unterricht, in denen sich ebenfalls Grundrechtsgarantien, aber auch zahlreiche objektive Normen wie Staatszielbestimmungen und Staatsaufgaben fanden. In ähnlicher Weise enthielt die Verfassung von *(Süd-)Baden* von 1947 einen ausdrücklich unter dem Titel „Grundrechte" stehenden ersten Hauptabschnitt, der von einem Hauptabschnitt „Grundpflichten und Gemeinschaftsleben" gefolgt wurde, in dem sich ebenfalls verstreut in die Bereiche Familie/Erziehung/Bildung, Kirchen/Religionsgemeinschaften sowie Arbeit und Wirtschaft Bestimmungen finden, die heute unstreitig zu den

---

1 Zur Lage in Südwestdeutschland am Ende des Zweiten Weltkriegs s. etwa *V. Maurer*, Verfassung des Landes, in: Bretzinger (LitVerz.), S. 25 ff.; *Hans-Jörg Köhres*, Struktur und Probleme der Verfassung des Landes Baden-Württemberg (Diss. Köln), 1959, S. 12 ff.
2 Vgl. etwa die „vorkonstitutionellen" Verfassungen in Bayern (8.12.1946), Hessen (1.12.1946) und Rheinland-Pfalz (18.5.1947).
3 Der Verweis auf die im Grundgesetz festgelegten Grundrechte und staatsbürgerlichen Rechte hat den Landesverfassungsgeber nicht gehindert, einzelne Grundrechte doch separat zu regeln, s. dazu unten C.
4 Nordrhein-Westfalen, Schleswig-Holstein, Niedersachsen und Mecklenburg-Vorpommern.
5 Art. 2 Verf. Baden-Württemberg.
6 Vgl. dazu *Feuchte*, Verfassungsgeschichte (LitVerz.), S. 181; *Josef Kleiner*, Die verfassungsrechtliche Bedeutung der Grundrechte im Bonner Grundgesetz und in den Landesverfassungen, 1953, S. 108 ff. Siehe aber auch zur Aufhebung der Grundrechte in der württembergischen Verfassung von 1919 nach Inkrafttreten der Weimarer Reichsverfassung: *Helmut Birn*, Die Aufnahme von Grundrechten und staatsbürgerlichen Rechten des Grundgesetzes in die Verfassung von Baden-Württemberg, 1972, S. 3; → oben *Wittreck*, § 231.

Grundrechten zählen. Die Verfassung von *Württemberg-Hohenzollern* von 1947 benannte einige klassische Grundrechte in einem ihrer Anfangsteile unter dem Titel „Pflichten und Rechte der Staatsangehörigen"; weitere befanden sich am Ende der Verfassung in den Abschnitten über das Wirtschafts- und Gemeinschaftsleben, Ehe und Familie, Erziehung und Unterricht sowie über die Religionsgemeinschaften.

Sucht man nach dem Grund für die von dieser Tradition abweichende Regelungstechnik der baden-württembergischen Verfassung von 1952, wird man in den Materialien der verfassungsgebenden Versammlung fündig. Beide diskutierten Entwürfe, derjenige der Regierungsparteien (SPD, FDP/DVP und BHE) und derjenige der oppositionellen Christlich Demokratischen Union, sahen ein Mischsystem vor, dem zufolge auf die Grundrechte des Grundgesetzes verwiesen werden sollte und ergänzend in mehr oder weniger großem Umfang Grundrechte unmittelbar in der Landesverfassung geregelt sein sollten[7]. Es bestand grundsätzlich Einigkeit darin, überhaupt Grundrechte in die Verfassung aufzunehmen und damit auch die Zuständigkeit des Staatsgerichtshofs für ihre Einhaltung zu begründen[8]. Die Befürworter einer höheren Zahl ausdrücklicher Landesgrundrechte sahen sich in der Tradition der überkommenen „Vollverfassung", in der die Bürger alle für sie grundlegenden Bestimmungen finden[9], und betonten das Risiko der Aufhebung des als vorübergehend geplanten Grundgesetzes mit seinen Grundrechten[10]. Die Gegenauffassung hielt einen weitergehenden Grundrechtskatalog vor allem angesichts der umfassend geltenden Grundrechtsgewährleistungen des Grundgesetzes und der durch Art. 31 GG reduzierten Bedeutung von Landesgrundrechten für verzichtbar[11]. Mit dem Verweis auf die grundgesetzlichen Grundrechte, dessen Vorbild in der Verfassung Nordrhein-Westfalens von 1949 zu sehen ist[12], und der zusätzlichen Kodifikation einzelner Grundrechte wurde ein politischer Kompromiß gefunden[13], der das Ziel einer „Vollverfassung"[14] formal sicherte, ohne sie mit dem (vermeintlich) überflüssigen Ballast eines umfassenden Grundrechtekatalogs zu überladen.

3
Mischsystem statt „Vollverfassung"

Verweis auf die Grundrechte des Grundgesetzes

---

7 *Feuchte*, Verfassungsgeschichte (LitVerz.), S. 181 f.
8 *Feuchte*, Verfassungsgeschichte (LitVerz.), S. 182; *K. Braun*, Kommentar (LitVerz.), Art. 2 RN 1; weitere Gründe bei *Birn* (FN 6), S. 1 f.
9 Vgl. *Spreng/Birn/Feuchte* (LitVerz.), Art. 2 RN 1 a.
10 *Feuchte*, Verfassungsgeschichte (LitVerz.), S. 182; *K. Braun*, Kommentar (LitVerz.), Art. 2 RN 1.
11 *Krappel*, Landesverfassungsbeschwerde und verfassungsgerichtliche Kontrollkompetenz im Bundesstaat – Zur Einführung einer Landesverfassungsbeschwerde in Baden-Württemberg, VBlBW 2013, S. 121 (127); s. auch *Hollerbach*, in: Feuchte, Verfassung (LitVerz.), Art. 2 RN 4 f.
12 *Spreng/Birn/Feuchte* (LitVerz.), Art. 2 RN 1 b.
13 Vgl. *Hollerbach*, in: Feuchte, Verfassung (LitVerz.), Art. 2 RN 3 ff. mit Hinweis auf die unterschiedlichen Entwürfe.
14 Vgl. *K. Braun*, Kommentar (LitVerz.), Art. 2 RN 1.

B. Anordnung der Geltung der Grundrechte des Grundgesetzes

4
Anwendungsprobleme einer Verweisungsnorm

Art. 2 Abs. 1 Verf. Baden-Württemberg verweist in seiner heutigen Fassung auf die „im Grundgesetz für die Bundesrepublik Deutschland festgelegten Grundrechte und staatsbürgerlichen Rechte" und erklärt sie zum Bestandteil dieser Verfassung sowie zu unmittelbar geltendem Recht. Die Formulierung ist seit 1952 weitgehend unverändert geblieben, lediglich die ursprünglich vorhandene Datumsangabe („Grundgesetz [...] vom 23. Mai 1949") wurde 1995 gestrichen[15]. Die Verwendung einer Verweisungsnorm hat nicht nur in Baden-Württemberg, sondern in allen Ländern mit entsprechender Regelungstechnik zu mehreren, im Detail bis heute nicht gelösten Streitigkeiten darüber geführt, wie weit der Selbststand der Landesgrundrechte im Bundesstaat reicht.

I. Statische oder dynamische Übernahme

5
Abkehr von konsequentem „Originalismus"

Ein erster klassischer Streit betrifft die Frage, ob es sich bei Art. 2 Abs. 1 der Landesverfassung um eine statische oder eine dynamische Verweisung handelt, sie sich also nur auf den Grundgesetzstand von 1952 (oder nach der Änderung der Landesverfassung im Jahr 1995 auf den Stand dieses Jahres) bezieht, oder ob spätere Grundgesetzänderungen ebenfalls in Bezug genommen werden[16]. Von praktischer Relevanz kann die Frage namentlich für Art. 13 GG werden, der für den „Großen Lauschangriff" erst 1998 geändert wurde[17]. Eine konsequent statische Sichtweise mag aber auch Weiterentwicklungen von Grundrechten durch das Bundesverfassungsgericht, wie sie vor allem mit Blick auf die zahlreichen Ausprägungen des Grundrechts auf Schutz der Persönlichkeit (Art. 2 Abs. 1 GG i.V.m. Art. 1 Abs. 1 GG) erfolgt sind, als nicht mehr von der ursprünglichen Verweisung gedeckt ansehen und sich damit einer Sichtweise annähern, die der vor allem in den Vereinigten Staaten von Amerika diskutierten Verfassungsauslegung im Sinne eines Originalismus[18] ähnelt.

6

Anlaß zu dem Streit gab in der ursprünglichen Fassung des Art. 2 Abs. 1 der Landesverfassung, die noch die Datumsangabe („Grundgesetz [...] vom 23. Mai 1949") enthielt, vor allem die nicht mit Sicherheit zu ermittelnde

---

15 Gesetz v. 15. 2. 1995 (GBl. S. 269).
16 S. zu der Frage schon eingehend *Birn* (FN 6), S. 37 ff.
17 Den Vorwurf der Illegalität vor dem Maßstab der Landesverfassungen erhebt *Tiedemann*, Lauschangriff und Landesverfassung, KritV 1998, S. 529 (532); a.A. *VerfGH Mecklenburg-Vorpommern*, Urt. v. 18. 5. 2000 (5/98), juris, RN 75 ff. Zum vorherigen Problem der Änderung des Art. 16a GG *Göbel-Zimmermann*, Asylrechte der Landesverfassungen im Verhältnis zum Bundesrecht, NVwZ 1995, S. 763. Weitere Fälle bei *Hollerbach*, in: Feuchte, Verfassung (LitVerz.), Art. 2 RN 18.
18 S. dazu etwa *Antonin Scalia*, Originalism, the Lesser Evil, in: Cincinnati Law Review 57 (1989), S. 849 ff. S. zur Sonderform des original intent etwa *Heun*, Original intent und Wille des historischen Verfassungsgebers, AöR 116 (1991), S. 185 ff.

Intention des Verfassungsgebers[19], der womöglich einen mit dem Grundgesetz kongruenten[20], möglichst effektiven und damit wohl auch dynamisch-zeitgemäßen Grundrechtsschutz gewährleisten, andererseits aber auch den hypothetischen Wegfall eines Bundesgrundrechts kompensieren wollte[21], was mit einer rein dynamischen Verweisung gerade nicht zu erreichen gewesen wäre. Die Verfassungsänderung von 1995 sollte den Streit durch die Streichung des Verweisdatums zugunsten der Dynamik der Verweisung klarstellend entscheiden[22]. Dieses Anliegen war insofern erfolgreich, als der Staatsgerichtshof die Verweisung jedenfalls heute als dynamisch ansieht[23].

Unklare Intention des Verfassungsgebers

Dynamische Ausrichtung seit 1995

Im Schrifttum bestehen allerdings nach wie vor Bedenken gegen diese Sichtweise. Da sinnvollerweise nicht mehr darüber gestritten werden kann, was der verfassungsändernde Gesetzgeber wollte, und die Einordnung des Verweises als bloß kosmetische „Erwähnungsklausel", die verhindern soll, daß die anderen Grundrechte der Landesverfassung alleine stehen[24], zu kurz greift[25], ist nun die (auch schon früher bestrittene[26]) Zulässigkeit der dynamischen Verweisung ins Zentrum der Kritik gerückt[27], wobei die üblichen rechtsstaatlichen und demokratischen Bedenken gegen deren Zulässigkeit[28] ins Feld geführt werden: Verstöße gegen die Prinzipien des Gesetzesvorbehalts, der rechtstaatlichen Publizität und der Normbestimmtheit sowie gegen das Demokratieprinzip.

7
Kritik an der Zulässigkeit dynamischer Verweisung

Mit Blick auf eine Norm, durch die Grundrechte in einen Verfassungstext aufgenommen werden sollen, überzeugen diese Bedenken allerdings nicht. Das Prinzip des Gesetzesvorbehalts ist vor dem Hintergrund der häufig grundrechtsbeschränkenden Wirkung gesetzgeberischen Handelns zu sehen[29], das bei der Frage, welche Grundrechte gelten sollen, gerade nicht stattfindet. Was das rechtsstaatliche Gebot der Publizität und Bestimmtheit des Verweisungsziels angeht, bestehen eher weniger Bedenken als bei einer statischen Verwei-

8
Bedenken gegen statische Verweisungen

---

19 Dazu, daß über die Wirkung der Verweisungsnorm nicht nachgedacht wurde, vgl. *Stern*, Staatsrecht III/2 (LitVerz.), § 93 III 4 (S. 1439 ff.); vgl. auch *Birn* (FN 6), S. 37 ff.
20 Für Dynamik daher etwa *Hollerbach*, in: Feuchte, Verfassung (LitVerz.), Art. 2 RN 16 ff.; ebenfalls eine dynamische Verweisung annehmend Stern aaO., § 93 III 4 c (1442 f.); zweifelnd an der These der beabsichtigten Kongruenz *Engelken*, Änderung der Landesverfassung unter der Großen Koalition. Zugleich erste Kommentierung, VBlBW 1996, S. 121 (127).
21 Vgl. *K. Braun*, Kommentar (LitVerz.), Art. 2 RN 1; s. auch *Goebel*, Verfassung (LitVerz.), Art. 2 (S. 32); *Spreng/Birn/Feuchte* (LitVerz.), Art. 2 RN 1a, 2b; skeptisch zur praktischen Relevanz dieser Konstellation *Hollerbach*, in: Feuchte, Verfassung (LitVerz.), Art. 2 RN 21.
22 LT-Drs. 11/5326, S. 5.
23 StGH Baden-Württemberg, Urt. v. 17.6.2014, 1 VB 15/13, RN 300.
24 *Engelken*, VBlBW 1996, S. 121 (128).
25 Ablehnend auch *Stern*, Staatsrecht III/2 (LitVerz.), § 93 III 4 (S. 1439 ff.); *Dietlein*, Die Rezeption von Bundesgrundrechten durch Landesverfassungsrecht, AöR 120 (1995), S. 1 (5, 8).
26 Etwa von *K. Braun*, Kommentar (LitVerz.), Art. 2 RN 9.
27 Kritisch etwa *Engelken*, VBlBW 1996, S. 121 (127); *Göbel-Zimmermann*, NVwZ 1995, S. 763; *D. Sannwald/R. Sannwald*, Die Reform der Verfassung des Landes Baden-Württemberg, BWVPr 1995, S. 217 (219), halten das Problem hingegen für erledigt.
28 Grundlegend *Ossenbühl*, Die verfassungsrechtliche Zulässigkeit der Verweisung als Mittel der Gesetzgebungstechnik, DVBl. 1967, S. 401 ff.; *Hans-Ulrich Karpen*, Die Verweisung als Mittel der Gesetzgebungstechnik, 1970.
29 In diese Richtung auch *OVG Hamburg* NJW 1980, S. 2830 (2831); dagegen *Sachs*, Die dynamische Verweisung als Ermächtigungsnorm, NJW 1981, S. 1651 f.

sung, denn der jeweils geltende Text des Grundgesetzes ist leichter auffindbar als seine historischen Vorläufer. Problematischer erscheint jedenfalls auf den ersten Blick die Vereinbarkeit mit dem Demokratieprinzip, in das man hineinlesen kann, daß der Verfassungsgeber die Bestimmung der Grundrechte keiner anderen Stelle überlassen darf. Ungeachtet der Tatsache, daß dieser Grundsatz auch bei einem Grundrechtekatalog nur bedingt gewahrt ist, weil der Inhalt der Grundrechte ganz maßgeblich auch durch die Rechtsprechung bestimmt wird[30], bestehen gegen diese Sichtweise aus mehreren Gründen Bedenken. Erstens könnte der verfassungsändernde Gesetzgeber jederzeit eine ihm mißfallende negative Entwicklung des bundesrechtlichen Kodifikationsstands der Grundrechte durch eine Änderung des Verweises korrigieren und somit wieder die inhaltliche Kontrolle übernehmen. Zweitens durfte er (damit zusammenhängend) gerade im Bereich der Grundrechte das Risiko einer solchen Entwicklung angesichts der vorstaatlichen Radizierung zumindest vieler Grundrechte, zu der sich auch das Grundgesetz in Artikel 1 Abs. 2 bekennt[31], und der Grenzen des Art. 79 GG[32] für vernachlässigbar halten. Drittens schließlich ist ohnehin nicht ersichtlich, warum Verweisungstypen nur in einer schlichten Dichotomie sollen verstanden werden können. Dem Willen des Verfassungsgebers, dem Zweck der Verweisung und der Eigenart des Verweisungsziels entspricht es wohl am ehesten, in dem Verweis eine Meistbegünstigungsklausel zu sehen, die statische und dynamische Elemente in der Weise vereint, daß sie den im Zeitpunkt der Entstehung des Verweises bestehenden Standard als Minimum fordert, aber für zusätzliche Grundrechte offen ist[33].

II. Wirkung der Übernahme

Was bedeutet es, daß die grundgesetzlichen Grundrechte „Bestandteil" der Verfassung und „unmittelbar geltendes Recht" sind? Die Diskussion um die Antwort auf diese Frage, also die Wirkung der Übernahme, ist insoweit verwandt mit dem Streit um die Qualifizierung der Verweisung als statisch oder dynamisch, als sie ebenfalls von unterschiedlichen Vorstellungen über den Selbststand der Landesgrundrechte getragen ist. Sie spiegelt sich in der Frage wider, ob man begrifflich am besten schlicht von Verweisung, in Anlehnung an Art. 140 GG von Inkorporation[34], von Rezeption[35] oder von Transforma-

---

30 Zum Einfluß der Rechtsprechung zu Recht *OVG Hamburg* NJW 1980, S. 2830 (2832).
31 Dazu *Meinhard Schröder*, The Role of the Universal Declaration of Human Rights in German Law, in: Daniela Deplano (Hg.), I diritti delle persone dentro e fuori i confini costituzionali, 2008, S. 46 (50). S. zur Entstehung der Grundrechte des Grundgesetzes auch eingehend *Stern*, Staatsrecht III/1 (LitVerz.), § 60 III 4 (S. 155ff.).
32 Hierzu *VerfGH Mecklenburg-Vorpommern*, Urt. v. 18.5.2000 (5/98), juris, RN 79 zur entsprechenden dortigen Rechtslage.
33 In diese Richtung auch *Dietlein*, AöR 120 (1995), S. 1 (18f.).
34 So *Hollerbach*, in: Feuchte, Verfassung (LitVerz.), Art. 2 RN 11; *V. Maurer*, in: Bretzinger (LitVerz.), S. 25 (83); *VerfGH Mecklenburg-Vorpommern*, Urt. v. 18.5.2000 (5/98), juris, RN 79, zur entsprechenden dortigen Rechtslage.
35 So etwa *Dietlein*, AöR 120 (1995), S. 1 (11); ablehnend dagegen *Hollerbach* aaO., Art. 2 RN 12.

tion³⁶ spricht. Den Begriffen sind zwar bestimmte Konnotationen immanent, die im Detail aber aufgrund subjektiver Prägung variieren³⁷. Daher kommt es primär darauf an, die hinter der Debatte um die richtige Begriffswahl stehenden Fragen zu klären.

Kern der begrifflichen Debatte ist die Frage, ob die Bezugnahme in der Landesverfassung ein eigenes Landesgrundrecht entstehen läßt, das – in gewissen Grenzen – auch eigenständig interpretiert werden kann, oder ob weiterhin nur ein Grundrecht besteht, das lediglich in mehreren Verfassungstexten gewährleistet ist, aber immer einheitlich (und damit vor allem entsprechend den Vorgaben des Bundesverfassungsgerichts) auszulegen ist. Das Bundesverfassungsgericht folgte in einer frühen Entscheidung der letztgenannten „Einheitstheorie"³⁸, obgleich die streitentscheidende bayerische Verfassung nicht einmal einen Verweis, sondern einen eigenen Grundrechtskatalog enthält³⁹. Der Staatsgerichtshof des Landes Baden-Württemberg hatte sich dem anfangs angeschlossen⁴⁰, seine Meinung aber unter dem Eindruck beachtlicher Kritik im Schrifttum⁴¹ revidiert⁴² und folgt jetzt der „Trennungstheorie"⁴³, die im Einklang mit dem Konzept der getrennten Verfassungsräume von Bund und Ländern⁴⁴ die Existenz zweier eigenständiger Grundrechte annimmt. Demnach wirkt die Übernahmeklausel letztlich so, als würde der Text des Bundesgrundrechts in der Landesverfassung wiederholt⁴⁵.

10
Eigenständiges Landesgrundrecht durch Inbezugnahme?

„Einheitstheorie" oder „Trennungstheorie"

Die Bedeutung dieser Einordnung der Grundrechte als eigenständige Landesgrundrechte liegt darin, daß sie es den Landesgerichten und insbesondere dem Staatsgerichtshof ermöglicht, bei der Interpretation der Grundrechte des Grundgesetzes in ihrer Gestalt als Landesgrundrechte eigene Akzente zu setzen⁴⁶. Ob diese Autonomie vom Verfassungsgeber, der mit der Verweisung vielleicht auch Bundes- und Landesgrundrechte synchronisieren wollte⁴⁷, be-

11
Akzentsetzungen durch Rechtsprechung

---

36 *StGH Baden-Württemberg ESVGH* 27, 189; *StGH Baden-Württemberg* VBlBW 1985, S. 415 (416); *StGH Baden-Württemberg ESVGH* 55, 27; *StGH Baden-Württemberg*, Urt. v. 17.6.2014 (1 VB 15/13), RN 300 f.; ebenso *Krappel*, VBlBW 2013, S. 121 (122); *Köhres* (FN 1), S. 44 f.
37 *Dietlein*, AöR 120 (1995), S. 1 (11), spricht zutreffend davon, daß ein Begriff etwas suggeriert.
38 *Nordmann*, „Rezipierte" Grundrechte für Schleswig-Holstein, NordÖR 2009, S. 97 (100), spricht im Anschluß an *Johannes Caspar*, Kompetenzen des Landesverfassungsgerichts im Schnittfeld zwischen Bundes- und Landesrecht, NordÖR 2008, S. 193 (199), von Identitätstheorie.
39 *BVerfGE* 22, 267 (271).
40 *StGH Baden-Württemberg ESVGH* 19, 133 (138). Ebenso auch *V. Maurer*, in: Bretzinger (LitVerz.), S. 25 (83).
41 *Dietlein*, Landesverfassungsbeschwerde und Einheit des Bundesrechts – Zu den Kontrollbefugnissen der Landesverfassungsgerichte im Rahmen des „Urteilsverfassungsbeschwerdeverfahrens", NVwZ 1994, S. 6 (7 f. m.w.N.); s. auch schon *Spreng/Birn/Feuchte* (LitVerz.), Art. 2 RN 2 b); *Birn* (FN 6), S. 44; *Stern*, Staatsrecht III/2 (LitVerz.), § 93 III 4 (S. 1439 ff.).
42 *StGH Baden-Württemberg*, Urt. v. 17.6.2014 (1 VB 15/13), RN 301 f.
43 Zum Begriff *Nordmann*, NordÖR 2009, S. 97 (100) im Anschluß an *J. Caspar*, NordÖR 2008, S. 193 (199).
44 Vgl. zu diesem Grundprinzip der getrennten Verfassungsräume *Bartlsperger*, in: Isensee/Kirchhof, HStR VI, ³2008, § 128 RN 30 ff.; *Stern*, Staatsrecht ²I (LitVerz.), § 19 III 5 d (S. 707 f.); inhaltlich, aber nicht explizit auch schon *BVerfGE* 1, 14 (34).
45 *Dietlein*, AöR 120 (1995), S. 1 (S. 6).
46 *Krappel*, VBlBW 2013, S. 121 (128 f.); skeptischer unter dem Aspekt der Akzeptanz *Nordmann*, NordÖR 2009, S. 97 (101). *Dietlein*, AöR 120 (1995), S. 1 (20 ff.).
47 Vgl. *Dietlein*, AöR 120 (1995), S. 1 (20); a.A. *Engelken*, VBlBW 1996, S. 121 (127).

absichtigt ist, mag man bezweifeln; sie ist aber letztlich Folge der getrennten Verfassungsräume von Bund und Ländern. Sie wird nach dieser Sichtweise auch nicht durch Art. 100 Abs. 3 GG eingeschränkt. Diese Norm sieht zwar eine Vorabentscheidung des Bundesverfassungsgerichts vor, wenn das Verfassungsgericht eines Landes bei der Auslegung des Grundgesetzes von einer Entscheidung des Bundesverfassungsgerichtes oder des Verfassungsgerichtes eines anderen Landes abweichen will. Das Grundgesetz ist im hiesigen Kontext allerdings nur insoweit einschlägig, als es darum geht, ob die Landesverfassung vor dem Hintergrund von Art. 31 GG überhaupt anwendbar und damit Prüfungsmaßstab für das Landesverfassungsgericht sein kann[48]. Kann ein Grundrecht nach diesem Maßstab übernommen werden, ist seine Auslegung keine Frage der „Auslegung des Grundgesetzes" mehr, sondern eine Auslegung der Landesverfassung[49].

12
Kaum eigenständige Grundrechtsinterpretation durch Landesgerichte

In der Praxis ist freilich festzustellen, daß die Landesgerichte von der Möglichkeit einer eigenständigen Grundrechtsinterpretation kaum Gebrauch machen, sondern sich in ihrer Rechtsprechung seit jeher stark an der des Bundesverfassungsgerichts orientieren[50]. Dies gilt nicht nur für ältere Entscheidungen[51], denen man zugutehalten mag, noch von der „Einheitstheorie" geprägt zu sein. Auch in einer der ersten Entscheidungen des Staatsgerichtshofs über eine Verfassungsbeschwerde aus dem Jahre 2014 finden sich zahlreiche aus der bundesverfassungsgerichtlichen Rechtsprechung bekannte Elemente wieder, etwa die Dreistufentheorie, die Unterscheidung zwischen echter und unechter Rückwirkung oder der „moderne Enteignungsbegriff"[52]. Es bleibt der Eindruck, daß sich die Eigenständigkeit der Landesgrundrechte in der Hinzuzitierung von Art. 2 Abs. 1 Verf. Baden-Württemberg zu dem übernommenen Bundesgrundrecht erschöpft[53]. Angesichts der übereinstimmenden (fiktiven) Wortlaute und des Kontexts zweier Normen ist eine solche Sicht allerdings weder überraschend noch unplausibel; die Grundrechte sind im wesentlichen „ausprozessiert"[54]. Bei neuen Fragestellungen bleibt einem früh

Chance zur „Erstinterpretation"

befaßten und schnellen Landesverfassungsgericht aber immerhin die Möglichkeit einer „Erstinterpretation", die vielleicht später auch das (mit der wortlautidentischen Bundesgrundrechtsbestimmung befaßte) Bundesverfassungsgericht überzeugt[55].

---

48 S. zu dieser Vorprüfung eingehend *BVerfGE 96*, 345 (374).
49 Vgl. *Krappel*, VBlBW 2013, S. 121 (126f., 129 m.w.N.); *Voßkuhle*, Die Landesverfassungsgerichtsbarkeit im föderalen und europäischen Verfassungsgerichtsverbund, in: JöR NF Bd. 59 (2011), S. 215 (226); etwas unklar, im Ergebnis aber wohl ebenso *Nordmann*, NordÖR 2009, S. 97 (99f., 101).
50 Zur in der Regel gleichen Auslegung *Hollerbach*, in: Feuchte, Verfassung (LitVerz.), Art. 2 RN 19.
51 Vgl. etwa *StGH Baden-Württemberg ESVGH 55*, 27 zur Rundfunkfreiheit.
52 *StGH Baden-Württemberg*, Urt. v. 17. 6. 2014 (1 VB 15/13), juris.
53 Vgl. schon für Art. 3 Abs. 1 GG (Willkürverbot) *VGH Baden-Württemberg*, Urt. v. 26. 2. 1979 (I 63/78), juris; *VGH Baden-Württemberg* VBlBW 1996, S. 432. Für Art. 12 Abs. 1 GG (Berufsfreiheit) siehe *VGH Baden-Württemberg* NVwZ 1987, S. 431.
54 *Zuck*, Die Bedeutung der baden-württembergischen Landesverfassungsbeschwerde für einen lebendigen Bundesstaat, VBlBW 2014, S. 1.
55 Zu dieser Impulswirkung vgl. etwa *Tjarks*, Landesgrundrechte (LitVerz.), S. 104; s. auch *Gärditz*, Landesverfassungsrichter. Zur personalen Dimension der Landesverfassungsgerichtsbarkeit, in: JöR NF 61 (2013), S. 449 (451, 454).

Ungeachtet der Frage der tatsächlichen Ausnutzung der Möglichkeiten zur eigenständigen Grundrechtsinterpretation durch die Gerichte spricht für die Entstehung eigenständiger Landesgrundrechte durch die Inbezugnahme auch, daß eine Übernahme nicht exakt erfolgen könnte. Es bedarf jedenfalls der Modifikation bestimmter Formulierungen, um Grundrechte dem Einwirkungsbereich der Landesstaatsgewalt anzupassen[56]. Weder kann diese für das deutsche Volk ein Bekenntnis zu Menschenrechten aussprechen (Art. 1 Abs. 2 GG), noch kann sie das Freizügigkeitsrecht des Art. 11 GG über ihr Hoheitsgebiet hinaus im gesamten Bundesgebiet gewährleisten[57]; insofern ist eine „maßstäbliche Verkleinerung" geboten[58]. Eine Modifikation der „Deutschengrundrechte" scheidet hingegen jedenfalls in der Zusammenschau mit Art. 33 Abs. 1 GG aus. Bei einigen Grundrechten stellt sich zudem die Frage, ob sie thematisch überhaupt einen Anwendungsbereich für die Landesstaatsgewalt haben. Ein Schrankenvorbehalt, nach dem ein Grundrecht durch „Bundesgesetz" eingeschränkt werden darf (Art. 4 Abs. 3 GG), spielt zwar für den Landesgesetzgeber keine Rolle. Es ist aber nicht nur auf die Gesetzgebungskompetenzen zu achten[59], sondern auch auf die Vollzugszuständigkeit, da Landesgrundrechte auch beim Vollzug von Bundesrecht eine Rolle spielen können; dann jedoch wiederum nur in den Grenzen der Art. 31, Art. 142 GG[60]. Allerdings erscheint etwa das Recht auf Kriegsdienstverweigerung angesichts der in Art. 87b GG für die Bundeswehr festgelegten Bundesverwaltung mit eigenem Unterbau auch unter diesem Gesichtspunkt nicht relevant. Auch für Art. 18 GG, der die Feststellung der Grundrechtsverwirkung durch das Bundesverfassungsgericht regelt, wird teilweise angenommen, daß eine Übernahme in das Landesrecht nicht möglich sei[61]. Die Gegenauffassung geht davon aus, daß die entsprechende Entscheidung des Bundesverfassungsgerichts auch zur Verwirkung der entsprechenden Landesgrundrechte führe[62] oder daß den Landesverfassungsgerichten eine entsprechende Kompetenz überantwortet werden müsse[63].

13
Notwendige Modifikationen bei Bezugnahme auf Grundrechte des Grundgesetzes

„Deutschengrundrechte"

Grundrechtsverwirkung

Die durch Übernahme entstandenen Landesgrundrechte sind nach Art. 2 Abs. 1 Verf. Baden-Württemberg „unmittelbar geltendes Recht". Die Formulierung knüpft an Art. 1 Abs. 3 GG an und hat im Kontext der Landesverfassung keine andere Bedeutung als im Grundgesetz. Die Grundrechte bedürfen also in Abkehr von vorkonstitutionellen Auffassungen[64] grundsätzlich keiner weiteren Konkretisierung durch den Gesetzgeber, um Geltung zu beanspru-

14
Übernommene Grundrechte als „unmittelbar geltendes Recht"

---

56 Vgl. *Spreng/Birn/Feuchte* (LitVerz.), Art. 2 RN 3 b; *K. Braun*, Kommentar (LitVerz.), Art. 2 RN 10; s. auch *Nordmann*, NordÖR 2009, S. 97 (98 f.) für die parallele Situation in der schleswig-holsteinischen Landesverfassung; allgemein *Dietlein*, AöR 120 (1995), S. 1 (6 f.).
57 *Spreng/Birn/Feuchte* (LitVerz.), Art. 2 RN 3 c.
58 *Birn* (FN 6), S. 45 ff.; *Stern*, Staatsrecht III/2 (LitVerz.), § 93 III 4 b (S. 1442); *Dietlein*, AöR 120 (1995), S. 1 (9).
59 So aber wohl *Spreng/Birn/Feuchte* (LitVerz.), Art. 2 RN 3 g.
60 S. unten E II, RN 62.
61 *Spreng/Birn/Feuchte* (LitVerz.), Art. 2 RN 1.
62 *K. Braun*, Kommentar (LitVerz.), Art. 2 RN 11.
63 So *Dietlein*, AöR 120 (1995), S. 1 (16 f.).
64 Vgl. *Gerhard Anschütz*, Die Verfassung des Deutschen Reiches vom 11. August 1919, [14]1933, S. 514, 515.

chen[65], sie sind vielmehr Maßstab auch für das Handeln des Gesetzgebers. Auch von Behörden und Gerichten sind sie ohne weiteres anzuwenden, und sie begründen für den einzelnen subjektive Rechte[66].

III. Gegenstand der Übernahme

15
Umfassende Übernahme des grundgesetzlichen Grundrechtsstandards

Art. 2 Abs. 1 Verf. Baden-Württemberg verweist auf die „im Grundgesetz für die Bundesrepublik Deutschland festgelegten Grundrechte und staatsbürgerlichen Rechte". Die Formulierung ist bis zu einem gewissen Grad unbestimmt, läßt aber erkennen, daß der grundgesetzliche Grundrechtsstandard umfassend übernommen werden soll[67]. Gegenstand der Verweisung sind dementsprechend unzweifelhaft die in den Art. 1 bis 19 GG genannten Grundrechte, aber auch die in den Art. 101 bis 104 GG genannten „grundrechtsgleichen" Rechte. Hinzu kommen die staatsbürgerlichen Rechte der Art. 20 Abs. 4, Art. 21 Abs. 1 und 2, Art. 33 Abs. 1 bis 3 und 5 GG sowie nach überwiegender Auffassung Art. 34 und Art. 140 GG in Verbindung mit den fortgeltenden Bestimmungen der Weimarer Reichsverfassung[68]; für letztere dürfte allerdings (abgesehen von der zweifelhaften Grundrechtsqualität dieser Bestimmungen[69]) Art. 5 Verf. Baden-Württemberg die gegenüber Art. 2 Abs. 1 Verf. Baden-Württemberg speziellere Verweisung sein. Das staatsbürgerliche Wahlrecht zum Landtag wird nicht aus Art. 38 GG übernommen, sondern ist in Art. 26 Verf. Baden-Württemberg eigenständig kodifiziert[70].

16
Abgrenzungsproblem bei Grundrechts-Übernahme

Umstritten ist, ob die Übernahme auch insoweit stattfindet, als Grundrechte schon ausdrücklich in der Landesverfassung kodifiziert sind. Relevant wird dies mit Blick auf das Verbot der Diskriminierung Behinderter (Art. 2a Verf. Baden-Württemberg), die Wissenschaftsfreiheit (Art. 20 Verf. Baden-Württemberg) und die Rechtsweggarantie (Art. 67 Verf. Baden-Württemberg)[71], die alle auch im Grundgesetz normiert sind. Für diese Fälle wird teilweise für eine teleologische Reduktion des Art. 2 Abs. 1 Verf. Baden-Württemberg plädiert, da kein Bedürfnis für eine Übernahme bestehe[72]; teilweise wird von einer Spezialität dieser Bestimmungen zu Artikel 2 Abs. 1 ausgegangen[73]. Im Gegensatz dazu werden in der Rechtsprechung die Grundrechtsbestimmungen teilweise zusammen geprüft[74], was die Annahme eines einheitlichen Landesgrundrechts nahelegt; dem folgt auch die wohl überwiegende Auffassung

---

65 Vgl. etwa *Herdegen*, in: Maunz/Dürig, GG (LitVerz.), Art. 1 Abs. 3 RN 7.
66 Vgl. *Jarass*, in: ders./Pieroth, GG (LitVerz.), Art. 1 RN 31; aus der Rechtsprechung vgl. etwa BVerfGE 6, 386 (387).
67 *Stern*, Staatsrecht III/2 (LitVerz.), § 93 III 4 b (S. 1442); zur weiten Auslegung auch *Birn* (FN 6), S. 49 mit einer umfassenden Auflistung aller denkbaren Übernahmen.
68 Vgl. *K. Braun*, Kommentar (LitVerz.), Art. 2 RN 11; *V. Maurer*, in: Bretzinger (LitVerz.), S. 25 (83).
69 Vgl. hierzu → Bd. IV: *Korioth*, Freiheit der Kirchen und Religionsgemeinschaften, § 97 RN 19, 22; → oben dens., § 236.
70 S. dazu unten D I, RN 50.
71 S. zu diesen Fällen noch unten C, RN 19 ff.
72 *Dietlein*, AöR 120 (1995), S. 1 (10).
73 *Birn* (FN 6), S. 49; *K. Braun*, Kommentar (LitVerz.), Art. 2 RN 11.
74 StGH Baden-Württemberg DÖV 1974, S. 632 ff., mit Blick auf Art. 20 Verf. Baden-Württemberg und Art. 5 Abs. 3 GG i.V.m. Art. 2 Abs. 1 Verf. Baden-Württemberg.

in der Kommentarliteratur[75]. Der Streit ist von geringer praktischer Bedeutung. Anders als bei der Frage der Wirkung der Übernahme der Bundesgrundrechte geht es nicht um die Abgrenzung der Verfassungsräume von Bund und Ländern, sondern lediglich darum, wo innerhalb der Landesverfassung ein Grundrecht zu finden ist. Dabei verbietet sich eine pauschale Betrachtungsweise. So greift etwa die lex specialis-Regel jedenfalls dann nicht ein, wenn zwischen dem explizit kodifizierten Grundrecht und dem über die Verweisung in Bezug genommenen Grundrecht materiell kein Unterschied besteht – in solchen Fällen kann allenfalls das Bedürfnis für die Übernahme fehlen. Andere Fälle sind anders zu behandeln: Die Wissenschaftsfreiheit ist beispielsweise in Art. 20 Verf. Baden-Württemberg in einer wesentlich detaillierteren und teilweise auch von Art. 5 Abs. 3 GG abweichenden Form kodifiziert[76]. Hier kann in Abhängigkeit von dem schutzbedürftigen Lebenssachverhalt entweder ein Fall vorliegen, in dem Art. 20 Verf. Baden-Württemberg speziell ist, es kann aber auch ein Fall gegeben sein, in dem ergänzend auf Art. 5 Abs. 3 GG in Verbindung mit Art. 2 Abs. 1 Verf. Baden-Württemberg zurückzugreifen ist.

Übernommen werden nach allgemeiner Auffassung nicht nur die subjektiven Rechtspositionen, sondern (zumindest soweit sie sinnvollerweise anwendbar sind) auch die mit ihnen verbundenen Bestimmungen über Einschränkungsmöglichkeiten[77], persönlichen Geltungsbereich und Durchsetzung. Gleiches gilt für objektiv-rechtliche Grundrechtsgehalte, etwa Einrichtungsgarantien oder Schutzpflichten[78]. Diese Sichtweise erscheint grundsätzlich überzeugend, allerdings weniger, weil es den Rezeptionsklauseln wie Art. 2 Abs. 1 Verf. Baden-Württemberg um eine Synchronisation von Landes- und Bundesgrundrechten geht[79], sondern vor allem, weil nicht ersichtlich ist, warum einem textlich identischen Grundrecht in Abhängigkeit von seinem Standort in der Bundes- oder Landesverfassung insoweit unterschiedliche Bedeutungsgehalte zukommen sollen[80]. Berücksichtigt man allerdings, wie weit sich die Rechtsprechung des Bundesverfassungsgerichts mitunter vom Wortlaut der Grundrechte gelöst hat (etwa in den Rundfunkentscheidungen), wird man es vor dem Hintergrund der getrennten Verfassungsräume von Bund und Ländern aber auch für zulässig erachten müssen, wenn Landes(verfassungs)gerichte insoweit einen anderen Weg einschlagen.

17 Völlige Übernahme der Grundrechtsbestimmung

Textidentität

Art. 31, 142 GG spielen bei der Bestimmung des Gegenstands der Übernahme keine Rolle. Zwar bestimmt das Grundgesetz in diesen Vorschriften, in welchem Maße Landesgrundrechte bei Widersprüchen zum Bundesrecht fortgelten[81]. Allerdings ist genau wie bei Landesverfassungen, die den Grund-

18 Unbeachtlichkeit der Art. 31, 142 GG für die Übernahme als solche

---

75 *Spreng/Birn/Feuchte* (LitVerz.), Art. 2 RN 3f; *Hollerbach*, in: Feuchte, Verfassung (LitVerz.), Art. 2 RN 14.
76 S. dazu noch unten C III 3, RN 42 ff.
77 Dazu *Dietlein*, AöR 120 (1995), S. 1 (8, 12).
78 *Spreng/Birn/Feuchte* (LitVerz.), Art. 2 RN 3 b; *K. Braun*, Kommentar (LitVerz.), Art. 2 RN 11.
79 Dazu *Dietlein*, AöR 120 (1995), S. 1 (13 f.).
80 Zur in der Regel gleichen Auslegung *Hollerbach*, in: Feuchte, Verfassung (LitVerz.), Art. 2 RN 19.
81 Dazu noch unten RN 57 f.

rechtsteil ausformulieren, die Ermittlung des Bestands an Landesgrundrechten der Frage, welche von ihnen fortgelten und welche gebrochen werden, vorgelagert: Art. 31, 142 GG definieren nicht die Reichweite der Übernahme, sondern das Schicksal der (übernommenen) Landesgrundrechte.

C. Besondere Grundrechtsverbürgungen in den „Lebensordnungen"

19
„Lebensordnung" als Regelungskomplex

Trotz des Verweises auf die Grundrechte des Grundgesetzes sahen sich der Verfassungsgeber und später auch der verfassungsändernde Gesetzgeber veranlaßt, zusätzlich einige Bestimmungen in die Verfassung aufzunehmen, deren Grundrechtsqualität in einigen Fällen unstreitig, in anderen Fällen zumindest diskussionswürdig ist. Sie finden sich vor allem im ersten Hauptteil der Verfassung, der unter dem Titel „Vom Menschen und seinen Ordnungen" steht (Art. 1 bis 22 Verf. Baden-Württemberg). Dieser Hauptteil knüpft an die Vorkriegstradition der Kodifikation sogenannter „Lebensordnungen" an, der nicht nur die Weimarer Reichsverfassung[82], sondern auch die Verfassungen der baden-württembergischen Vorgängerstaaten aus den Jahren 1946 und 1947[83] verpflichtet waren. Lebensordnungen beschreiben die Vorstellungen

Begriff

des Verfassungsgebers darüber, wie ein bestimmter Lebensbereich aussehen soll, und enthalten hierzu vor allem Grundsätze, Staatszielbestimmungen und Handlungsaufträge an den Gesetzgeber. Teilweise beschreiben die Lebensordnungen allerdings auch Freiräume, die für den einzelnen oder bestimmte gesellschaftliche Akteure vor dem Staat bestehen sollen[84], und erkennen Ansprüche zu.

20
Interpretationsbedürftigkeit der Einzelbestimmungen in „Lebensordnungen"

Im Grundgesetz wird das Konzept der Lebensordnungen trotz des unbestreitbaren Vorteils, bestimmte Themen im Zusammenhang zu regeln, bewußt nicht mehr verfolgt, um den Freiheitsrechten durch ihre isolierte Präsentation mehr Profil zu geben[85]. Dies ist auch die Grundlage dafür, daß man aus Art. 1 Abs. 3 GG nicht nur die unmittelbare Geltung der folgenden Grundrechte entnimmt, sondern auch, daß sie im Zweifel subjektive Rechte begründen[86]. In der baden-württembergischen Landesverfassung, der es an einem vergleichbaren Grundrechte-Katalog fehlt, weil man in den Lebensordnungen be-

---

82 Vgl. *Anschütz* (FN 64), vor Art. 109, Nr. 2 (S. 507), der zu Recht darauf hinweist, daß die Art. 109 ff. WRV insofern mehr enthalten, als die Überschrift „Grundrechte und Grundpflichten der Deutschen" ankündigt.
83 S. dazu oben RN 2.
84 Vgl. etwa für Art. 4 Verf. Baden-Württemberg *K. Braun*, Kommentar (LitVerz.), Art. 4 RN 1: „wie bei Grundrechten".
85 S. dazu etwa *Stern*, Staatsrecht III/1 (LitVerz.), § 60 III 4 (S. 155 ff.); ablehnend zur Übernahme solcher Lebensordnungen in das Grundgesetz etwa der Bericht des Abg. *v. Mangoldt* aus dem Parlamentarischen Rat, Schriftl. Ber., Drs. 850, 854, S. 5.
86 *BVerfGE* 6, 386 (387); zustimmend *Jarass*, in: ders./Pieroth, GG (LitVerz.), Art. 1 RN 31.

sonders kontroverse Aspekte weiterhin verfassungsgesetzlich regeln wollte[87], müssen hingegen die „echten" Grundrechte aus den Lebensordnungen erst herausdestilliert werden.

Erschwert wird dieses Anliegen dadurch, daß nach heutigem Verständnis Grundrechte nicht nur Gleichheits- und Abwehrrechte darstellen, sondern auch Leistungs- und Teilhaberechte[88] sowie Schutzpflichten[89] begründen, eine objektive Werteordnung[90] etablieren sowie Einrichtungen[91] garantieren[92]. Es bedarf daher der Klärung, was eigentlich Grundrechte ausmacht, woran man sie im Verfassungstext erkennt. Versteht man unter Grundrechten „aus staatlich positivierten, konstitutionellen, normativen und aktuellen Grundrechtsbestimmungen abgeleitete, fundamentale Rechte im Staat–Bürger-Verhältnis, die dem einzelnen eine Rechtsmacht oder Ansprüche verleihen und – typischerweise gerichtlich – durchsetzbar sind"[93], stellt sich zunächst die Frage, welche Rechtspositionen des einzelnen fundamental sind[94]. Sie läßt sich beispielsweise mit einem Blick auf traditionelle historische Überlieferungen wie die Virginia Bill of Rights (1776) oder die Déclaration des Droits de l'Homme et du Citoyen (1789)[95] oder mit dem Bezug zur Menschenwürde[96] beantworten, muß aber auch die dynamische Entwicklung der Menschenrechte, die bis heute zu mehreren Generationen von (freilich nicht überall anerkannten) Rechten geführt hat[97], berücksichtigen, ohne dabei einem Grundrechtsenthusiasmus zu verfallen, der jedes in der Verfassung vorgesehene Recht zum Grundrecht überhöht[98].

21
Unterscheidung von „Rechten" und „Grundrechten"

Schwierig ist auch die Frage zu beurteilen, ob der Verfassungsgeber mit einer bestimmten Norm eine Rechtsposition des einzelnen begründen wollte: Sie kann nämlich nicht nur ausdrücklich zugestanden sein, sondern sich auch spie-

22

---

87 S. zum monatelangen Streit insb. um die Abschnitte „Religion und Religionsgemeinschaft" und „Erziehung und Unterricht" *Spreng/Birn/Feuchte* (LitVerz.), S. 46 f.
88 Zu Leistungsrechten, etwa aus Art. 5 Abs. 1 Satz 2 GG für den öffentlich-rechtlichen Rundfunk, vgl. *BVerfGE* 87, 181 (197 f.); zu Teilhaberechten aus Art. 12 Abs. 1 GG für die Zulassung zum Hochschulstudium vgl. etwa *BVerfGE* 33, 303 (329 ff.).
89 Vgl. grundlegend *BVerfGE* 39, 1 (36 ff.); 49, 89 (132, 141 ff.); 53, 30 (57) – st. Rspr.
90 Grundlegend hierzu *BVerfGE* 7, 198 (205).
91 Vgl. etwa mit Blick auf Art. 6 Abs. 1 GG *BVerfGE* 6, 55 (72).
92 S. insgesamt zu den Grundrechtsfunktionen → Band II: *Jarass*, Funktionen und Dimensionen der Grundrechte, § 38.
93 Vgl. ausführlich → Bd. II: *Merten*, § 35 RN 129.
94 Dieses Erfordernis wird auch in kürzeren Definitionen des Grundrechtsbegriffs anerkannt, vgl. etwa Carl Creifelds u.a. (Hg.), Rechtswörterbuch, ²¹2014, Stichwort Grundrechte („elementar"); *Gerhard Köbler*, Juristisches Wörterbuch, ¹⁵2012, Stichwort Grundrecht („grundlegend"); s. auch *Stern*, Staatsrecht III/1 (LitVerz.), § 60 III 2 (S. 149 ff.), der zu Recht auf die Ausweitung dieser Rechte im Lauf der Zeit hinweist.
95 Hierzu etwa *Stern*, Staatsrecht III/1 (LitVerz.), § 63 I 1 und 2 (S. 316 ff. u. 319 ff.); → Bd. I: *Würtenberger*, Von der Aufklärung zum Vormärz § 2 RN 5 f. und RN 7; → Bd. II: *Merten*, Begriff und Abgrenzung der Grundrechte, § 35 RN 10 ff.
96 Vgl. *Theo Öhlinger*, Verfassungsrecht, ⁸2009, RN 678; → Bd. IV: *Isensee*, Würde des Menschen, § 87.
97 *Eibe Riedel*, Menschenrechte der dritten Dimension, EuGRZ 1989, S. 9 (11 ff.) spricht insoweit von „Dimensionen", was aber eine Verwechslungsgefahr mit den Grundrechtsfunktionen birgt. Wie hier etwa *Herdegen*, in: Maunz/Dürig, GG (LitVerz.), Art. 1 Abs. 2 RN 28.
98 → Bd. II: *Merten*, Begriff und Abgrenzung der Grundrechte, § 35 RN 125.

§ 245   *Sechzehnter Teil: III. Die Grundrechte in den Landesverfassungen*

Findungsprobleme bei subjektiv-öffentlichen Rechten

gelbildlich aus einer Verpflichtung des Staates ergeben[99]. Sie kann sehr konkret sein, etwa beim Leistungsrecht auf das Existenzminimum[100], oder sehr allgemein, wenn sie die Realisierung einer Schutzpflicht betrifft[101]. Eine in diesem Sinne allgemeine Verpflichtung des Staates besteht aber auch bei objektiv-rechtlichen Staatszielbestimmungen oder Handlungsaufträgen an den Gesetzgeber. Ist ihr Gegenstand personenbezogen, etwa wenn der Staat in Art. 13 Verf. Baden-Württemberg verpflichtet wird, die Jugend zu schützen, stellt sich die Frage, ob damit nur eine objektiv-rechtliche Verpflichtung des Staats begründet wird, oder – im Sinne der subjektivierten Schutzpflichten-Rechtsprechung des Bundesverfassungsgerichts[102] – zugleich subjektive öffentliche Rechte auf Schutz begründet werden. Berücksichtigt man, daß es sich bei den Schutzpflichten um eine dogmatische Konstruktion handelt, die aus klassischen Abwehrrechten hergeleitet ist und diesen eine zusätzliche Dimension gibt, spricht einiges dafür, isolierte staatliche Handlungsverpflichtungen objektiv-rechtlich zu beurteilen, selbst wenn sie (auch) zugunsten einer bestimmten Personengruppe bestehen.

23
Erfordernis differenzierter Betrachtung

Vor diesem Hintergrund überzeugt es nicht, den die Lebensordnungen beschreibenden Normen der Landesverfassung ihren Grundrechtscharakter im klassischen Sinne pauschal abzusprechen[103] und ihnen lediglich eine gewisse Grundrechtsnähe zu attestieren[104]. Vielmehr ist eine differenzierte Betrachtungsweise geboten, die berücksichtigt, daß sich auch in den Lebensordnungen einzelne Bestimmungen finden, die konkrete subjektive Rechte begründen, denen Grundrechtsqualität zukommen kann.

I. „Mensch und Staat"

24
Wenige subjektive Rechte

In der ersten der in der Landesverfassung kodifizierten Lebensordnungen, die den Titel „Mensch und Staat" trägt, läßt sich abgesehen von dem Verweis auf die Grundrechte des Grundgesetzes in Art. 2 Abs. 1 Verf. Baden-Württemberg nur das Verbot der Diskriminierung Behinderter als Grundrecht identifizieren. Allen anderen Bestimmungen fehlt es am notwendigen subjektiv-rechtlichen Gehalt.

---

99 Zur Interpretationsbedürftigkeit → *Merten* aaO., RN 58. Vgl. zur parallelen Situation im Europarecht grundlegend *EuGH*, Urt. v. 5.2.1963, Rs. 26/62 (van Gend & Loos), Slg. 1963, S. 25.
100 *BVerfGE 125*, 175 (222 ff.).
101 Vgl. *BVerfGE 77*, 170 (215); *BVerfG* (Kammer) NJW 1996, S. 651; s. dazu auch → Bd. II: *Calliess*, Schutzpflichten, § 44 RN 6; kritisch zum lediglich gewährleisteten Mindestschutz auch *Gertrude Lübbe-Wolff*, Die Grundrechte als Eingriffsabwehrrechte,1988, S. 180.
102 *BVerfGE 46*, 160 (164); *49*, 89 (141 f.); *BVerfG* (Kammer) NJW 1996, S. 651. In *BVerfGE 88*, 203 (251) wird sogar Art. 1 Abs. 1 GG allein als Grund für die Existenz der Schutzpflichten angegeben und das Einzelgrundrecht nur hinsichtlich des Gegenstands und des Maßes des Schutzes herangezogen.
103 *Stern*, Staatsrecht III/2 (LitVerz.), § 93 III 5 (S. 1444 f.). Anders *Köhres* (FN 1), S. 45, der sie als „Grundrechte und Gemeinschaftsrechte" bezeichnet.
104 *Stern*, Staatsrecht III/2 (LitVerz.), § 93 V 1 (S. 1451 f.).

1. Verbot der Diskriminierung Behinderter

Das Verbot der Diskriminierung Behinderter wurde 1995 in die Verfassung eingeführt[105], nachdem kurz vorher mit Art. 3 Abs. 3 Satz 2 GG eine wortlautgleiche Bestimmung in das Grundgesetz aufgenommen worden war[106]. Die Begründung des Gesetzes zur Änderung der Landesverfassung erkennt zwar an, daß dieses Grundrecht durch den Verweis in Art. 2 Abs. 1 Verf. Baden-Württemberg inkorporiert ist, es sollte aber dennoch wegen seiner Bedeutung „und als Beitrag und Appell der Solidarität der Gesellschaft mit Behinderten" deklaratorisch in einem eigenen Artikel in der Landesverfassung aufgenommen werden[107]. Diese Entscheidung des verfassungsändernden Gesetzgebers kann man in Anbetracht der herausgehobenen Stellung, die diesem Diskriminierungsverbot nunmehr im Vergleich zu anderen Diskriminierungsverboten des Art. 3 Abs. 3 GG zukommt, kritisieren[108]. Rechtlich hat sie ohnehin keine Konsequenzen – gäbe es die Norm nicht, würde aufgrund von Art. 2 Abs. 1 Verf. Baden-Württemberg in Verbindung mit Art. 3 Abs. 3 Satz 2 GG dasselbe gelten[109].

25
„Deklaratorische" Verfassungseinfügung

Den Inhalt des Diskriminierungsverbots sollte man – obgleich das nicht zwingend ist – im Einklang mit dem Bundesgrundrecht aus Art. 3 Abs. 3 Satz 2 GG ermitteln[110]. Das bedeutet, daß Art. 2a Verf. Baden-Württemberg primär und im Einklang mit der systematischen Stellung seines grundgesetzlichen Vorbilds einen besonderen Gleichheitssatz enthält[111], der unmittelbare und auch mittelbare Diskriminierungen aufgrund von Behinderungen verbietet, wenn sie nicht im Einzelfall durch zwingende Gründe gerechtfertigt sind[112]. Sekundär enthält Art. 2a Verf. Baden-Württemberg ein objektiv-rechtliches Gebot zur Förderung Behinderter, insbesondere durch den Abbau von Benachteiligungen[113], dem aber nach überwiegender Auffassung keine Ansprüche auf Begünstigungen korrespondieren[114]; der Staat genießt insofern einen erheblichen Spielraum[115].

26
Besonderer Gleichheitssatz

Der Begriff der Behinderung und damit der Kreis der Grundrechtsberechtigten ist nach wie vor nicht geklärt[116]. Dies gilt nicht nur im Hinblick auf Grenzfälle, etwa bei der Abgrenzung von Behinderung und krankheits- oder altersbedingten Gebrechen[117], sondern betrifft bereits das grundsätzliche Begriffs-

27
Begriff

---

105 Gesetz zur Änderung der Landesverfassung v. 15.2.1995 (GBl. S. 269).
106 Gesetz zur Änderung der Grundgesetzes v. 27.10.1994 (BGBl. I S. 3146).
107 LT-Drs. 11/5326, S. 5. Zustimmend zu dieser Wirkung *Engelken*, VBlBW 1996, S. 121 (130).
108 *D. Sannwald/R. Sannwald*, BWVPr 1995, S. 217 (219f.).
109 *Engelken*, VBlBW 1996, S. 121 (130).
110 Zur Eigenständigkeit der Landesgrundrechte s. oben B II, RN 11; zur parallelen Interpretation des Diskriminierungsverbots vgl. etwa *D. Sannwald/R. Sannwald*, BWVPr 1995, S. 217 (219f.).
111 Vgl. *Jarass*, in: ders./Pieroth, GG (LitVerz.), Art. 3 RN 142.
112 Zur Rechtfertigungsmöglichkeit vgl. etwa *BVerfGE* 99, 341 (357).
113 Vgl. zu dieser Dimension BT-Drs. 12/8165, S. 29.
114 *D. Sannwald/R. Sannwald*, BWVPr 1995, S. 217 (220); offengelassen in *BVerfGE* 96, 228 (304).
115 *Jarass*, in: ders./Pieroth, GG (LitVerz.), Art. 3 RN 147; *Kischel*, in: Volker Epping/Christian Hillgruber (Hg.), Beck'scher Online-Kommentar zum Grundgesetz, Edition 24, Art. 3 RN 237.
116 *D. Sannwald/R. Sannwald*, BWVPr 1995, S. 217 (220).
117 S. etwa zum Streit um die Behandlung von Legasthenie/Dyslexie und Dyskalkulie eingehend *Kischel* (FN 115), Art. 3 RN 241ff.

verständnis. Das Bundesverfassungsgericht versteht unter einer Behinderung eine nicht nur vorübergehende Funktionsbeeinträchtigung, die auf einem regelwidrigen körperlichen, geistigen oder seelischen Zustand beruht[118]. Ob diese traditionelle Sichtweise[119] mit Blick auf die Vorgaben der UN-Behindertenrechtskonvention[120], der möglicherweise ein anderer, weitergehender Begriff der Behinderung zugrunde liegt[121], und vor dem Hintergrund des Gebots der völkerrechtsfreundlichen Auslegung des Grundgesetzes Bestand haben wird, ist derzeit nicht absehbar; anders als im Fall der Europäischen Menschenrechtskommission gibt es jedenfalls keinen internationalen Gerichtshof, der eine maßgebliche Konventionsauslegung durchsetzen könnte[122]. Ohnehin verlangt auch der Grundsatz der Völkerrechtsfreundlichkeit keine „unreflektierte Adaption völkerrechtlicher Begriffe" unter Inkaufnahme dogmatischer Brüche, sondern erlaubt eine schonende Einfügung in das deutsche (Verfassungs-)Recht[123], solange die durch einen völkerrechtlichen Vertrag gebotene Rechtslage im Ergebnis erreicht wird[124].

2. Weitere Bestimmungen

28
Recht auf Heimat

Kein Grundrecht ist trotz seiner Nähe zur Verweisnorm des Art. 2 Abs. 1 Verf. Baden-Württemberg im Bekenntnis zum Recht auf Heimat in Artikel 2 Abs. 2 zu erkennen. Es ist von Anfang an in der Verfassung enthalten gewesen; der baden-württembergische Verfassungsgeber sah im Gegensatz zur Parlamentarischen Versammlung, welche die Aufnahme einer entsprechenden Bestimmung ins Grundgesetz abgelehnt hatte[125], ein Kodifikationsbedürfnis, und zwar nicht etwa aus Verfassungstradition[126], sondern vor dem Hintergrund der hohen Zahl von Vertriebenen in der Nachkriegszeit[127]. Der Wortlaut der Norm insinuiert mit ihrer Stellung und der Formulierung „Recht auf" das Bestehen eines extrakonstitutionellen[128] (insbesondere völkerrechtlichen[129]) Menschenrechts auf Heimat, das durch die Verfassung mit seinem

---

118 Vgl. etwa *BVerfGE 96*, 288 (301).
119 Vgl. *Kischel* (FN 115), Art. 3 RN 233.
120 Gesetz vom 21.12.2008 zu dem Übereinkommen der Vereinten Nationen vom 13.12.2006 über die Rechte von Menschen mit Behinderungen sowie zu dem Fakultativprotokoll vom 13.12.2006 zum Übereinkommen der Vereinten Nationen über die Rechte von Menschen mit Behinderungen (BGBl. 2008 II S. 1419).
121 Vgl. *Kischel* (FN 115), Art. 3 RN 233.2.
122 S. zu diesem Aspekt *Meinhard Schröder*, Gesetzesbindung des Richters und Rechtsweggarantie im Mehrebenensystem, 2010, S. 191.
123 *BVerfGE 128*, 326 (370 f.).
124 Zum Gebot völkerrechtskonformer Ergebnisse im Einzelfall vgl. *Kischel* (FN 115), Art. 3 RN 233.2.
125 Parlamentarischer Rat, Hauptausschuss, 42. Sitzung, S. 531 f.; *Hollerbach*, in: Feuchte, Verfassung (Lit-Verz.), Art. 2 RN 27.
126 Auch die Verfassungen von Baden, Württemberg-Baden und Württemberg-Hohenzollern kannten kein Recht auf Heimat, vgl. *Hollerbach* aaO., Art. 2 RN 25.
127 *Hollerbach* aaO., Art. 2 RN 27; *Paul Feuchte*, Die Landesverfassung – damals und heute, BWVPr. 1993, S. 241 (245).
128 Dazu, daß die Verfassung mit Art. 2 Abs. 2 nicht selbst geltendes Recht setzen wollte, vgl. *Spreng/Birn/Feuchte* (LitVerz.), Art. 2 RN 2 a, 6.
129 Vgl. *K. Braun*, Kommentar (LitVerz.), Art. 2 RN 14. S. zum Recht auf Heimat im völkerrechtlichen Sinne eingehend *Otto Kimminich*, Das Recht auf Heimat, ³1989, S. 65 ff.

besonders andernorts anerkannten Gehalt gelten soll. Allerdings ist ein solches Recht bis heute jedenfalls nicht in klarem Umfang anerkannt[130] und läßt sich nach herrschender Auffassung insbesondere auch nicht aus dem Recht auf Freizügigkeit (Art. 11 GG) herleiten[131]. Die Bedeutung der Verankerung des Bekenntnisses zum Recht auf Heimat in der baden-württembergischen Landesverfassung ist daher allenfalls[132] die eines „objektiven Rechtsgrundsatzes"[133], eines Programmsatzes[134], einer Staatszielbestimmung[135]. Entsprechend messen die Gerichte dem Recht auf Heimat etwa in Abschiebungsentscheidungen keine Bedeutung bei[136].

Objektiver Rechtsgrundsatz, Programmsatz, Staatszielbestimmung

Nicht zu den Grundrechten zu zählen sind auch Art. 3 Verf. Baden-Württemberg (Schutz der Sonntagsruhe), Art. 3 a Verf. Baden-Württemberg (Umweltschutz), Art. 3 b Verf. Baden-Württemberg (Tierschutz) und Art. 3 c Verf. Baden-Württemberg (Kulturgüterschutz und Sportförderung). Sie alle stellen lediglich Staatszielbestimmungen dar, die im Laufe der Zeit in die Verfassung aufgenommen wurden.

29
Weitere Staatszielbestimmungen

II. „Religion und Religionsgemeinschaften"

Die Art. 4 bis 10 Verf. Baden-Württemberg enthalten unter dem Titel „Religion und Religionsgemeinschaften" das „Staatskirchenrecht der Landesverfassung"[137]. Es war aufgrund unterschiedlicher Vorstellungen über die Intensität der Beziehung zwischen Staat und Kirchen (insbesondere im Schulbereich) und die Gültigkeit des Reichskonkordats von 1933[138] im Verfahren der Verfassungsgebung in besonderem Maße umstritten[139].

30
Staatskirchenrecht

Schon in Art. 4 Abs. 1 Verf. Baden-Württemberg[140] zeigt sich, daß es der Landesverfassung darum geht, Freiheitsräume der Religionsgemeinschaften zu gewährleisten[141]. Angesichts dieser Parallele zur kollektiven, im Grundgesetz durch Artikel 4 in Verbindung mit Artikel 19 Abs. 3 garantierten Religions-

31
Echte Grundrechtsverbürgung

---

130 Zur Rechtslage bei Inkrafttreten *Hollerbach*, in: Feuchte, Verfassung (LitVerz.), Art. 2 RN 28; *Goebel*, Verfassung (LitVerz.), Art. 2 (S. 32).
131 *BVerfGE 124*, 242 (322 RN 250) sowie NVwZ 2014, S. 211 (225); *Durner*, in: Maunz/Dürig, GG (LitVerz.), Art. 11 RN 92; → Bd. IV: *Merten*, Freizügigkeit, § 94 RN 76; weitergehend *Baer*, Zum „Recht auf Heimat" – Art. 11 GG und Umsiedlungen zugunsten des Braunkohletagebaus, NVwZ 1997, S. 27 (32).
132 *V. Maurer*, in: Bretzinger (LitVerz.), S. 25 ff., nennt die Vorschrift „ohne praktische Bedeutung"; sehr ablehnend auch *Birn* (FN 6), S. 61.
133 *Hollerbach*, in: Feuchte, Verfassung (LitVerz.), Art. 2 RN 29.
134 *K. Braun*, Kommentar (LitVerz.), Art. 2 RN 14; dem folgend *VGH Baden-Württemberg* VBlBW 2005, 200 (205).
135 A.A., nämlich Begründung eines subjektiven Rechts, *Schimpff/Partsch*, Renaissance des Rechts auf Heimat im nationalen und internationalen Recht?, LKV 1994, S. 47 (48).
136 Vgl. etwa *VG Stuttgart*, Urt. v. 19. 1. 2004 (A 17 K 11834/03), juris.
137 S. hierzu *V. Maurer*, in: Bretzinger (LitVerz.), S. 25 (84 f.).
138 S. dazu später *BVerfGE 6*, 309 (aus dem Jahr 1957).
139 *Spreng/Birn/Feuchte* (LitVerz.), S. 46; *Feuchte*, Verfassungsgeschichte (LitVerz.), S. 187 ff.
140 „Die Kirchen und die anerkannten Religions- und Weltanschauungsgemeinschaften entfalten sich in der Erfüllung ihrer religiösen Aufgaben frei von staatlichen Eingriffen".
141 Vgl. etwa für Art. 4 Verf. Baden-Württemberg *K. Braun*, Kommentar (LitVerz.), Art. 4 RN 1: „wie bei Grundrechten".

freiheit[142] überzeugt es nicht, mit der wohl überwiegenden Auffassung nur von einer aufgrund unklarer Reichweite wenig befriedigenden Teilkodifikation des nach Maßgabe von Art. 5 Verf. Baden-Württemberg übernommenen[143] Staatskirchenrechts der Weimarer Reichsverfassung auszugehen[144]. Vielmehr spricht alles dafür, in Art. 4 Verf. Baden-Württemberg eine echte, nun auch landesverfassungsbeschwerdefähige Grundrechtsverbürgung zu sehen, die – ähnlich wie die spezielle Wissenschaftsfreiheit für die Hochschulen in Art. 20 Verf. Baden-Württemberg[145] – einen Teilbereich des durch die Verfassung (Art. 2 Abs. 1) übernommenen grundgesetzlichen Bestands an Grundrechten und staatsbürgerlichen Rechten ausmacht und daher insoweit lex specialis ist[146]. Inhaltlich erfaßt der Grundrechtsschutz durch Art. 4 Abs. 1 Verf. Baden-Württemberg bei diesem Verständnis sowohl Handlungen mit religiösem Bezug als auch „neutrale" Handlungen, die aufgrund religiöser Motivation durchgeführt werden, nicht hingegen rein wirtschaftliche Aktivitäten[147]. Mangels kodifizierter Schranken kommt wie für das Bundesgrundrecht aus Art. 4, 19 Abs. 3 GG nur eine Einschränkung durch Gesetze in Betracht, die kollidierendes Verfassungsrecht in einen verhältnismäßigen Ausgleich mit der Religionsfreiheit bringen[148].

Schutzbereich und Schranken

32

„Organisches Ganzes"

Schwieriger erscheint die Beurteilung der weiteren Bestimmungen des Abschnitts über „Religion und Religionsgemeinschaften". Art. 5 Verf. Baden-Württemberg enthält eine besondere Verweisung auf Art. 140 GG, der seinerseits die staatskirchenrechtlichen Bestimmungen der Weimarer Reichsverfassung inkorporiert. Für diese ist anerkannt, daß sie zwar keine Grundrechte darstellen[149]; das Bundesverfassungsgericht versteht die Bestimmungen aber mit Art. 4 GG zusammen als „organisches Ganzes", das aufeinander abgestimmt zu interpretieren ist[150]. Daraus ergibt sich, daß soweit sich aus den Artikeln der Weimarer Reichsverfassung subjektive Rechte der Religionsgemeinschaften ableiten lassen, was namentlich für das Selbstbestimmungsrecht des Art. 137 Abs. 3 WRV, aber auch die Kirchengutsgarantie des Art. 138 Abs. 2 WRV anzunehmen ist, diese Rechte auch mittels einer auf Art. 4 GG gestützten Verfassungsbeschwerde durchgesetzt werden können[151]. In gleicher Weise kann man eine Verbindung zu einem „organischen Ganzen" auch mit Art. 4 Abs. 1 Verf. Baden-Württemberg herstellen[152]. Diese Verbindung

Selbstbestimmungsrecht und Kirchengutsgarantie

---

142 Vgl. → Bd. IV: *Korioth* (FN 69), RN 14; → oben dens., § 236.
143 Kritisch zur formalen Struktur der „Rezeption der Rezeption" *Birn* (FN 6), S. 3.
144 So aber wohl *K. Braun*, Kommentar (LitVerz.), Art. 4 RN 1 ff., 7; *Hollerbach*, in: Feuchte, Verfassung (LitVerz.), Art. 4 RN 24.
145 S. dazu noch unten C III 3, RN 42.
146 Eher ablehnend *Birn* (FN 6), S. 50, allerdings nur auf die allgemeine Religionsausübungsfreiheit bezogen.
147 → Bd. IV: *Korioth*, Freiheit der Kirchen und Religionsgemeinschaften, § 97 RN 18.
148 Vgl. → Bd. IV: *Korioth*, § 97 RN 20.
149 → Bd. IV: *Korioth*, § 97 RN 19, 22.
150 St. Rspr. seit *BVerfGE* 53, 66 (400), vgl. dazu *Korioth*, in: Maunz/Dürig, GG (LitVerz.), Art. 140 RN 12 ff.
151 → Bd. IV: *Korioth*, § 97 RN 19.
152 A.A. *K. Braun*, Kommentar (LitVerz.), Art. 4 RN 2, der zwar die Verbindung anerkennt, aber wegen einer rein objektiven Einordnung des Art. 4 Abs. 1 Verf. Baden-Württemberg eine Verfassungsbeschwerdefähigkeit verneint.

betrifft nicht nur über Art. 5 Verf. Baden-Württemberg und Art. 140 GG die Bestimmungen der Weimarer Reichsverfassung, sondern auch die subjektive Rechte gewährenden Vorschriften der Art. 6 bis 10 Verf. Baden-Württemberg, also beispielsweise die Ansprüche aus Art. 7 Verf. Baden-Württemberg auf staatliche Leistungen[153], aus Art. 8 Verf. Baden-Württemberg in Verbindung mit entsprechenden Konkordaten, das Recht zur Führung von Konvikten und Seminaren (Art. 9 Verf. Baden-Württemberg) oder das Recht auf Mitsprache bei der Besetzung von Lehrstühlen an theologischen Fakultäten (Art. 10 Verf. Baden-Württemberg). Auch insoweit besteht seit der entsprechenden Änderung des Gesetzes über den Staatsgerichtshof die Möglichkeit der Landesverfassungsbeschwerde. Soweit den Art. 4ff. Verf. Baden-Württemberg eine objektiv-rechtliche Dimension immanent ist, wie dies etwa für Artikel 6[154] der Fall ist, folgt daraus kein Anspruch gegen den Staat auf bestimmte Leistungen[155].

III. „Erziehung und Unterricht"

Ähnlich umstritten wie die Lebensordnung „Religion und Religionsgemeinschaften" war bei ihrer Entstehung auch die Lebensordnung „Erziehung und Unterricht"[156]. Vor allem unterschiedliche Vorstellungen über die „richtige" Schulform (christliche Gemeinschaftsschule oder Bekenntnisschule) und die Frage der Kostenfreiheit von Unterricht und Lernmitteln, die auch aus der unterschiedlichen Lage in den drei Gründungsländern Baden-Württembergs resultierten, wurden erst in einem „Schulkompromiß" gelöst[157]. In der Konsequenz sind die Vorschriften der Lebensordnung „Erziehung und Unterricht" im Vergleich zu den anderen Ordnungen sehr detailliert ausgestaltet und regeln auch Übergangs- und Detailprobleme. Mit zu der hohen Regelungsdichte beigetragen hat aber sicherlich auch die Tatsache, daß der Abschnitt einen Bereich betrifft, der aufgrund der Kulturhoheit der Länder relativ unanfällig für die Nichtigkeitsfolge des Art. 31 GG ist und deshalb geradezu einlädt, detaillierte verfassungsrechtliche Vorgaben zu entwickeln[158]. Trotz der hohen Regelungsdichte lassen sich allerdings nur drei Vorschriften aus dem Abschnitt „Erziehung und Unterricht" der Verfassung Baden-Württembergs als Grundrechte einstufen: das Recht auf Erziehung und Ausbildung (Art. 11 Abs. 1), die Lernmittelfreiheit (Art. 14 Abs. 2) und die Wissenschaftsfreiheit (Art. 20). Die anderen Bestimmungen dieses Abschnitts sind hingegen nicht als Grundrechtsverbürgungen anzusehen. Insbesondere Art. 12 Abs. 2 Verf. Baden-Württemberg benennt weniger das elterliche Erziehungsrecht als

33
„Schulkompromiß"

Detaillierte
Ausgestaltung

---

153 S. hierzu etwa *VGH Baden-Württemberg* DVBl. 2014, S. 468.
154 „Die Wohlfahrtspflege der Kirchen und der anerkannten Religions- und Weltanschauungsgemeinschaften wird gewährleistet".
155 Dazu etwa *VGH Baden-Württemberg* VBlBW 2014, S. 104 ff.
156 *Spreng/Birn/Feuchte* (LitVerz.), S. 46; *Feuchte*, Verfassungsgeschichte (LitVerz.), S. 196 ff.
157 *Spreng/Birn/Feuchte* (LitVerz.), S. 47; *Feuchte*, BWVPr 1993, S. 241 (242 f.).
158 In diese Richtung auch *Spreng/Birn/Feuchte* (LitVerz.), S. 46.

Elternrechte

die geteilte Verantwortung von Eltern und Staat[159], und auch Artikel 13 Satz 1 ist kein Grundrecht, sondern benennt den Jugendschutz als objektive Staatsaufgabe[160]. Die Art. 15 Abs. 2, Art. 17 Abs. 4 und Art. 18 Satz 3 Verf. Baden-Württemberg werden teilweise als besondere Ausprägungen des Elternrechts verstanden[161].

1. Recht auf Erziehung und Ausbildung

34
Grundrecht ohne grundgesetzliches Pendant

Nach Art. 11 Abs. 1 Verf. Baden-Württemberg, die in der Tradition der Verfassungen von Baden (dort Art. 13) und Württemberg-Baden (dort Art. 35) steht, hat jeder junge Mensch ohne Rücksicht auf Herkunft oder wirtschaftliche Lage das Recht auf eine seiner Begabung entsprechende Erziehung und Ausbildung. Während die Einordnung als subjektives Recht anfangs umstritten war[162], ist der Grundrechtscharakter heute anerkannt[163]. Art. 11 Abs. 1 Verf. Baden-Württemberg hat kein grundgesetzliches Pendant, insbesondere läßt sich sein Inhalt nicht aus Art. 7 oder Art. 12 GG herleiten. Auf völkerrechtlicher Ebene bietet Art. 2 des ersten Zusatzprotokolls zur Europäischen Menschenrechtskommission einen ähnlichen Schutz: Unter dem dort in Satz 1 genannten „Recht auf Bildung" werden, wie sich aus Satz 2 ergibt, „Erziehung und Unterricht" verstanden[164]. Unter dem Aspekt der völkerrechtsfreundlichen Auslegung des nationalen Rechts[165] kann damit die durch den Europäischen Gerichtshof für Menschenrechte vorgenommene Auslegung des Artikels 2 des Zusatzprotokolls auch Bedeutung für die Auslegung des Art. 11 Abs. 1 Verf. Baden-Württemberg gewinnen[166]. Von Bedeutung ist, ebenfalls aufgrund des Gebots der völkerrechtsfreundlichen Auslegung, des weiteren die UN-Behindertenrechtskonvention[167], die in ihrem Art. 24 Abs. 2 grundsätzlich eine Verpflichtung der Vertragsparteien zu einem inklusiven[168] Schulsystem etabliert[169].

---

159 So auch *K. Braun*, Kommentar (LitVerz.), Art. 12 RN 26; a.A. *Birn* (FN 6), S. 51, der darin eine Ergänzung zu Art. 6 Abs. 2 GG sieht.
160 *K. Braun*, Kommentar (LitVerz.), Art. 13 RN 5; unklar *Feuchte*, Verfassung (LitVerz.), Art. 13 RN 3.
161 So *Birn* (FN 6), S. 63.
162 Offen gelassen vom *VGH Baden-Württemberg* NVwZ-RR 1993, S. 29; *Spreng/Birn/Feuchte* (LitVerz.), Art. 11 RN 1, sprechen von einem „Leitsatz"; a.A. *Birn* (FN 6), S. 62 (echtes Grundrecht).
163 *VGH Baden-Württemberg* VBlBW 2014, S. 104 (107); *Feuchte*, Verfassung (LitVerz.), Art. 11 RN 7; s. auch *Brenne*, Soziale Grundrechte (LitVerz.), S. 115 f.
164 Auch in der Verfassung wurde der Begriff der Bildung nur deshalb abgelehnt, weil er als zu anspruchsvoll empfunden wurde, vgl. *Feuchte*, Verfassung (LitVerz.), Art. 11 RN 1.
165 *BVerfGE 111*, 307 (317 f., 329), s. dazu eingehend *M. Schröder* (FN 122), S. 185 ff.
166 *VGH Baden-Württemberg* DVBl. 2013, 519. Zur Bedeutung des konventionsrechtlichen Rechts auf Bildung s. auch eingehend *Ralf Poscher/Johannes Rux/Thomas Langer*, Das Recht auf Bildung, 2009, S. 66 ff.
167 Gesetz vom 21. 12. 2008 (BGBl. 2008 II S. 1419).
168 Die deutsche Übersetzung spricht von integrativ, was aber das gleiche meint, vgl. etwa *VGH Baden-Württemberg*, B. v. 3. 9. 1996 (9 S 1971/96), juris, RN 7; s. auch schon *VGH Baden-Württemberg* NVwZ-RR 1991, S. 479 (481).
169 Dazu noch sogleich C III 1, RN 36.

Das Recht auf Erziehung und Unterricht ist ein Grundrecht derjenigen, die in den Genuß der Erziehung und Ausbildung kommen wollen[170], nicht aber ihrer Eltern[171] und auch nicht der Träger der Bildungseinrichtungen. Der unbestimmte Begriff des „jungen Menschen" darf nicht zu dem Fehlschluß verleiten, es seien nur Minderjährige oder nur Schüler erfaßt; der Staatsgerichtshof hat etwa entschieden, daß auch ein siebenunddreißigjähriger Student sich noch auf die Norm berufen kann[172].

35
Kein Grundrecht der Eltern

Art. 11 Verf. Baden-Württemberg umfaßt neben einem Auftrag vor allem an die Legislative[173], ein geeignetes Schulsystem zur Verfügung zu stellen[174], ein soziales Grundrecht[175] auf Erziehung und Ausbildung. Erfaßt sind Kindergarten und Vorschulerziehung, das gesamte Schul- und Hochschulwesen, aber auch Berufsakademien und sonstige Berufsausbildungseinrichtungen[176]. Es stellt nach wohl überwiegender Auffassung ein Teilhaberecht auf Bildung dar[177] und vermittelt Zugangsansprüche zu den Einrichtungen, bei denen Schulpflicht besteht[178]. Allerdings ist es sowohl im Hinblick darauf, welche Form der Erziehung und Ausbildung der jeweiligen Begabung[179] entsprechend ist, als auch im Hinblick darauf, wie Herkunft und wirtschaftliche Lage als maßgebliche Bildungsfaktoren eliminiert werden, auf Ausgestaltung durch den (Schul-)Gesetzgeber angewiesen (vgl. auch Art. 11 Abs. 2 und 4 Verf. Baden-Württemberg)[180], wobei diesem ein weitreichender Einschätzungsspielraum zukommt[181].

36
Gesetzgebungsauftrag und soziales Grundrecht

Die Ausgestaltungsbefugnis des Gesetzgebers zeigt sich vor allem mit Blick auf das Schulsystem. Die Schüler haben einen Anspruch auf angemessene „Beschulung"[182]; was aber angemessen ist, entscheidet der Gesetzgeber. So gibt es aus Art. 11 Abs. 1 Verf. Baden-Württemberg keinen Individualanspruch auf die Wahl einer bestimmten Schule[183]. Ob die Rechtsprechung, der zufolge ein Anspruch auf integrative Beschulung nicht besteht und der Gesetzgeber das Recht auf Bildung auch in Sonderschulen realisieren darf[184], heute noch tragfähig ist, muß vor dem Hintergrund des Inkrafttretens der

37
Ausgestaltungsbefugnis für die Legislative

---

170 *VGH Baden-Württemberg* VBlBW 2014, S. 104 (107).
171 *VGH Baden-Württemberg* DVBl. 2013, S. 519.
172 *VGH Baden-Württemberg* NVwZ-RR 1993, S. 360.
173 *VGH Baden-Württemberg* VBlBW 2013, S. 461; *K. Braun*, Kommentar (LitVerz.), Art. 11 RN 2.
174 *Feuchte*, Verfassungsgeschichte (LitVerz.), S. 186.
175 *Feuchte*, Verfassung (LitVerz.), Art. 11 RN 10; *Poscher/Rux/Langer* (FN 166), S. 109 sprechen von einem Teilhabrecht.
176 *K. Braun*, Kommentar (LitVerz.), Art. 11 RN 1.
177 *VGH Baden-Württemberg*, B. v. 10.6.1991 (9 S 2111/90), juris, RN 43; zum Streitstand s. *K. Braun*, Kommentar (LitVerz.), Art. 11 RN 7.
178 *VGH Baden-Württemberg* NVwZ-RR 1993, S. 360; *VGH Baden-Württemberg* NVwZ-RR 1996, S. 262; *K. Braun*, Kommentar (LitVerz.), Art. 11 RN 7.
179 Zur Auslegung vgl. *Feuchte*, Verfassung (LitVerz.), Art. 11 RN 13.
180 *VGH Baden-Württemberg* NVwZ-RR 1993, S. 29; DVBl. 2013, S. 519; VBlBW 2013, S. 461. *Feuchte*, Verfassung (LitVerz.), Art. 11 RN 4, 10.
181 *K. Braun*, Kommentar (LitVerz.), Art. 11 RN 6.
182 *VG Stuttgart*, B. v. 31.1.2006 (10 K 4596/05), juris, RN 12.
183 *VGH Baden-Württemberg* NVwZ-RR 1996, 262.
184 *VGH Baden-Württemberg*, B. v. 3.9.1996 (9 S 1971/96), juris, RN 7; s. auch schon *VGH Baden-Württemberg* NVwZ-RR 1991, S. 479 (481).

Behindertenrechtskonvention[185] bezweifelt werden; sie ist bei der Auslegung des Begriffs „seiner Begabung entsprechend" heranzuziehen und schränkt den Gestaltungsspielraum des Gesetzgebers ein.

38
Gestaltungsfreiheit des Gesetzgebers

Daß Art. 11 Abs. 1 Verf. Baden-Württemberg das Recht auf Erziehung und Ausbildung „ohne Rücksicht auf Herkunft oder wirtschaftliche Lage" gewährt, mag zu der Forderung nach einem umfassend kostenlosen Bildungssystem verleiten. Diese läßt sich allerdings aus Art. 11 Abs. 1 Verf. Baden-Württemberg nicht herleiten. Aus dem Umkehrschluß zu Art. 14 Abs. 2 Verf. Baden-Württemberg, der für öffentliche Schulen die Kostenfreiheit von Unterricht und Lernmitteln etabliert[186], ergibt sich vielmehr, daß darüber hinaus keine vollständig kostenlose Erziehung und Ausbildung gewährt werden muß[187]. Der Gesetzgeber ist zwar verpflichtet, auch öffentliche Finanzmittel aufzuwenden, um das Ziel des Artikels 11 Abs. 1, soziale und wirtschaftliche Hindernisse für das Recht auf Bildung zu beseitigen, zu erreichen[188]. Er darf im Rahmen seiner auch insoweit bestehenden Ausgestaltungsbefugnis aber zwischen verschiedenen Möglichkeiten wählen, um dieses Ziel zu erreichen, und dabei auch beurteilen, wie schwer ein wirtschaftliches oder soziales Hindernis wiegt. Dementsprechend wurden etwa Gebühren für Kindergärten[189], Schulnebenkosten[190], insbesondere Beförderungskosten[191], oder selbst zu tragende Kosten für die Ausbildung an den Universitäten[192] für mit Art. 11 Abs. 1 Verf. Baden-Württemberg vereinbar gehalten.

2. Unentgeltlichkeit von Unterricht und Lernmitteln an öffentlichen Schulen

39
Subjektives Leistungsrecht

Nach Art. 14 Abs. 2 Satz 1 Verf. Baden-Württemberg sind Unterricht und Lernmittel an den öffentlichen Schulen unentgeltlich. Die bei ihrer Entstehung aufgrund der damit verbundenen Kosten nicht unumstrittene[193] Regelung steht im Zusammenhang mit der in Artikel 14 Abs. 1 festgelegten Schulpflicht und gleicht die durch sie entstehenden Kosten für Schüler und Erziehungsberechtigte zumindest partiell aus. Sie dient damit zugleich der Verwirklichung des Rechts auf Erziehung und Ausbildung (Art. 11 Abs. 1)[194]. Ob man sie als fundamentales „Grund"-Recht bezeichnen muß, sei dahingestellt; in

---

185 S. dazu oben C I 1, RN 27.
186 Dazu unten C III 2, RN 39 ff.
187 *VGH Baden-Württemberg* VBlBW 2013, S. 461.
188 *VGH Baden-Württemberg*, B. v. 10. 6. 1991 (9 S 2111/90), juris, RN 43.
189 *VGH Baden-Württemberg*, B. v. 7. 5. 1984 (2 S 2877/83), juris, RN 54.
190 *VGH Baden-Württemberg* VBlBW 2013, S. 461; s. aber auch *VG Stuttgart*, Urt. v. 28. 7. 2014 (12 K 3576/12), juris, unter Gesamtbetrachtung der Art. 11 Abs. 3, Abs. 1 Verf. Baden-Württemberg i. V. m. Art. 12 Abs. 1, Art. 3 Abs. 1 GG und dem in Art. 20 Abs. 1 GG verankerten Sozialstaatsprinzip für den Fall des verpflichtenden Besuchs einer Berufsschule an einem anderen Ort.
191 *VGH Baden-Württemberg*, B. v. 10. 6. 1991 (9 S 2111/90), juris, RN 43.
192 *VGH Baden-Württemberg* NVwZ-RR 1994, S. 332.
193 *Spreng/Birn/Feuchte* (LitVerz.), Art. 14 RN 3; *Feuchte*, Verfassungsgeschichte (LitVerz.), S. 186.
194 *VGH Baden-Württemberg*, Urt. v. 11. 4. 2013 (9 S 233/12), juris, RN 180; s. auch schon *Spreng/Birn/Feuchte* (LitVerz.), Art. 14 RN 3.

jedem Fall begründet sie ein subjektives Leistungsrecht[195], das der Verfassungsgeber für so wichtig erachtet hat, daß es in die Verfassung aufgenommen wurde. Der Auftrag zur stufenweisen Verwirklichung in Artikel 14 Abs. 2 Satz 2 ist mittlerweile bis auf eine Bagatellgrenze[196] gegenstandslos; Streitigkeiten betreffen heute den Umfang der Unentgeltlichkeit und die Kostenerstattungsansprüche der Schulträger (Art. 14 Abs. 2 Sätze 3 und 5, Abs. 3), für welche die Rechtsprechung ein Ausgestaltungsrecht des Gesetzgebers annimmt[197].

40
lex specialis zum Recht auf Bildung

Die Unentgeltlichkeit gilt nur für öffentliche Schulen. Diese Begrenzung wird als mit dem grundgesetzlichen Sozialstaatsprinzip vereinbar angesehen, selbst wenn für bestimmte Bedürfnisse solche Schulen nicht bestehen[198]. Diese Sichtweise erscheint zutreffend, da die Frage, ob die Bedürfnisse der Schüler durch öffentliche Schulen in hinreichendem Maße befriedigt werden, das Grundrecht auf Bildung (Art. 11 Abs. 1 Verf. Baden-Württemberg) betrifft und nicht die Verknüpfung von Schulpflicht und Kostenfreiheit für diese Schulen.

41
Keine Übernahme mittelbarer Kosten

Unentgeltlich sind Unterricht und Lernmittel. Wie sich aus dem Zusammenhang mit Art. 11 Abs. 3 Verf. Baden-Württemberg ergibt, meint unentgeltlicher Unterricht, daß kein Schulgeld, also keine Gegenleistung für den Besuch der öffentlichen Anstalt „Schule" verlangt werden darf[199]. Ausgeschlossen ist damit auch eine Entgeltlichkeit für sogenannte Lehrmittel, also Ausbildungsmittel, die die Schule ohnehin beschaffen muß[200]. Aber auch die Lernmittel, also Gegenstände, die für den Unterricht nach Anordnung der Unterrichtsverwaltung notwendig und zur Nutzung durch den einzelnen Schüler bestimmt sind[201], müssen unentgeltlich sein, also den Schülern zumindest leihweise zur Verfügung gestellt werden. Ihr Umfang wird durch die Lernmittelverordnung bestimmt[202]. Von der Lehr- und Lernmittelfreiheit zu unterscheiden sind dagegen sonstige Kosten, die mit dem Schulbesuch einhergehen, insbesondere Beförderungskosten[203] oder Unterkunftskosten bei auswärtiger Unterbringung[204]. Sie fallen nicht unter Artikel 14 Abs. 2 Satz 1; ein Anspruch auf Befreiung von solchen Kosten kommt nur auf anderer Grundlage in Betracht. Das Recht auf Bildung ohne Rücksicht auf die wirtschaftliche Lage (Art. 11 Abs. 1 Verf. Baden-Württemberg) allein reicht hierfür angesichts des Gestaltungsspielraums des Gesetzgebers nicht aus[205].

---

195 *VGH Baden-Württemberg* VBlBW 2013, S. 461; *K. Braun*, Kommentar (LitVerz.), Art. 14 RN 11; *Poscher/Rux/Langer* (FN 166), S. 109.
196 *Feuchte*, Verfassung (LitVerz.), Art. 14 RN 12.
197 *VGH Baden-Württemberg*, Urt. v. 11. 4. 2013 (9 S 233/12), juris, RN 184; ein Eigenbehalt wird dabei für zulässig erachtet, so *VGH Baden-Württemberg* ESVGH 56, 60.
198 *BVerwG* JZ 1978, S. 145.
199 *VGH Baden-Württemberg* VBlBW 2013, S. 461 m.w.N. auch zur Entstehungsgeschichte.
200 *K. Braun*, Kommentar (LitVerz.), Art. 14 RN 14; zur Definition s. *VGH Baden-Württemberg* NVwZ-RR 1991, S. 485.
201 Vgl. *VGH Baden-Württemberg* VBlBW 2013, S. 461.
202 Lernmittelverordnung v. 19. 4. 2004 (GBl. S. 368). Vgl. auch *Rux*, Zum Begriff des Lernmittels, VBlBW 2001, S. 221.
203 *VGH Baden-Württemberg*, B. v. 10. 6. 1991 (9 S 2111/90), juris, RN 44.
204 *VGH Baden-Württemberg*, VBlBW 2013, S. 461.
205 *VGH Baden-Württemberg*, VBlBW 2013, S. 461; s. aber jetzt *VG Stuttgart*, Urt. v. 28. 7. 2014 (12 K 3576/12), juris, unter Gesamtbetrachtung der Art. 11 Abs. 3, Abs. 1 Verf. Baden-Württemberg i.V.m. Art. 12 Abs. 1, Art. 3 Abs. 1 GG und dem in Art. 20 Abs. 1 GG verankerten Sozialstaatsprinzip.

3. Wissenschaftsfreiheit der Hochschulen

42
Freiheit für (wissenschaftliche) Hochschulen

Art. 20 Verf. Baden-Württemberg enthält das Grundrecht der Wissenschaftsfreiheit der Hochschulen. Der Begriff der Wissenschaft wird zwar nicht ausdrücklich genannt, ist aber als Oberbegriff zu Forschung und Lehre anerkannt[206]. Mehrere Gründe waren ausschlaggebend dafür, trotz der Garantie der Wissenschaftsfreiheit in Art. 5 Abs. 3 GG die Wissenschaftsfreiheit der Hochschulen besonders in die Landesverfassung aufzunehmen. Zum einen vermißte man im Grundgesetz einen konkreten Bezug dieser Freiheit zur Hochschule und wollte diesen bekräftigen[207]. Zudem war das Verhältnis von Hochschulen und Staat zur Zeit der Verfassungsgebung gerade besonders problematisch, was es nahelegte, diesem Bereich besondere Aufmerksamkeit zu widmen[208]. Schließlich konnte man das Grundrecht auch als integralen Bestandteil der Lebensordnung „Erziehung und Unterricht" ansehen, die nicht in einem so wichtigen Punkt wie dem der Hochschulen unvollständig erscheinen sollte.

43
Nur institutionelles, kein individuelles Recht

Anders als im Grundgesetz wird mit der „Hochschule" ein Träger des Grundrechts in Art. 20 Abs. 1 Verf. Baden-Württemberg ausdrücklich benannt. Unter Hochschulen sind alle Einrichtungen zu verstehen, die aufgrund ihres Errichtungszwecks, den für öffentliche Hochschulen der Gesetzgeber bestimmen kann[209], freie Wissenschaft oder Lehre betreiben, also Universitäten, Pädagogische Hochschulen[210], Kunsthochschulen und – mit gewissen Einschränkungen[211] – Fachhochschulen[212]. Mit der Benennung der Hochschule als Grundrechtsträger erfaßt das Grundrecht aus Artikel 20 schon in persönlicher Hinsicht nur einen Ausschnitt aus der grundgesetzlichen Wissenschaftsfreiheit[213] und enthält insbesondere nicht das individuelle Abwehrrecht des einzelnen Wissenschaftlers, das den Kerngehalt des Art. 5 Abs. 3 GG bildet[214]. Die mitunter vertretene Gegenauffassung[215] erscheint zu sehr von dem (angesichts von Art. 2 Abs. 1 Verf. Baden-Württemberg überflüssigen) Bestreben getragen, eine Parallele von Bundes- und Landesgrundrecht herbeizuführen. Sie berücksichtigt weder den Wortlaut noch die dezidiert an der Hochschule und nicht am einzelnen orientierte Normstruktur, die auch in den Absätzen 2 und 3 des Art. 20 Verf. Baden-Württemberg zum Ausdruck kommt. Diese präzisieren die Rechte aus Absatz 1, verharren aber ebenfalls in der rein institu-

---

206 *K. Braun*, Kommentar (LitVerz.), Art. 20 RN 4.
207 *Feuchte*, Verfassungsgeschichte (LitVerz.), S. 210.
208 *Feuchte* aaO., S. 209.
209 *Feuchte*, Verfassung (LitVerz.), Art. 20 RN 4.
210 *StGH Baden-Württemberg* DÖV 1981, S. 963 (964).
211 Vgl. zur Wissenschaftsfreiheit an Fachhochschulen *BVerfGE 61*, 210 (242); *64*, 323 (358).
212 Vgl. *V. Maurer*, in: Bretzinger (LitVerz.), S. 25 (89).
213 So auch *K. Braun*, Kommentar (LitVerz.), Art. 20 RN 1 (der allerdings in RN 8 auch die Gegenauffassung vertritt).
214 Hierzu etwa *BVerfGE 35*, 79 (112). S. zu den Komponenten der grundgesetzlichen Wissenschaftsfreiheit statt vieler *Scholz*, in: Maunz/Dürig, GG (LitVerz.), Art. 5 Abs. 3 RN 81.
215 Unklar *Spreng/Birn/Feuchte* (LitVerz.), Art. 20 RN 2, wo auch das Recht des einzelnen betont wird, allerdings im Zusammenhang mit Art. 5 Abs. 3 GG; dem folgend *StGH Baden-Württemberg* DÖV 1974, S. 632 (633).

tionellen Perspektive der Hochschule gegenüber dem Staat. Diese Sichtweise erklärt auch, warum die Treuepflicht zur Verfassung aus Art. 5 Abs. 3 Satz 2 nicht übernommen wurde. Sie mag in den Augen des Verfassungsgebers selbstverständlich und daher entbehrlich sein[216], ist aber bei einem institutionellen Grundrechtsverständnis im Vergleich zum individuellen Abwehrrecht von nachrangiger Bedeutung.

Daß die Hochschule „frei in Forschung und Lehre" ist, beschreibt zunächst „objektiv-rechtlich die Freiheit der Wissenschaft als autonomen und eigengesetzlichen Lebensbereich"[217]. Der Verfassungsgeber hat die Hochschule als bestehende Organisation mit diesen Charakteristika vorgefunden[218] und ihre Garantie in dieser Form für notwendig erachtet. Inhalt dieser Institutionsgarantie ist das Bestehen einer öffentlich-rechtlichen Organisationsform für eine bestimmte Form der freiheitlichen Betätigung in der Gesellschaft[219]. Wie der Gesetzgeber diese Organisation im Detail auszugestalten hat, läßt sich weder dem Begriff der institutionellen Garantie noch dem der Hochschule entnehmen; insofern ist das Konzept bis auf einen wie auch immer gearteten Kernbereich „wandlungs- und gestaltungsfähig"[220] und beispielsweise die derzeitige „Gruppenuniversität" nur ein denkbares Modell[221].

44
Gestaltungsfreiheit des Gesetzgebers

Anders als dem Grundgesetz, wo es der Zuhilfenahme von Art. 19 Abs. 3 GG bedarf, um Art. 5 Abs. 3 GG zum „Grundrecht der Universitäten" zu machen[222], läßt sich Art. 20 Verf. Baden-Württemberg unmittelbar ein subjektives Recht der Hochschulen entnehmen[223]. Sein Inhalt ist es, staatliche Eingriffe in die Institution der freien Universität abwehren und staatlichen Schutz vor Eingriffen Dritter verlangen zu können[224]. Mit dieser Subjektivierung der institutionellen Garantie geht eine zwar mittelbare, aber ganz wesentliche Stärkung der individuellen Wissenschaftsfreiheit der einzelnen Wissenschaftler, die Mitglieder der Universität sind, einher[225], und die institutionelle Garantie entfaltet ihre der Freiheit dienende Funktion[226].

45
Subjektives Grundrecht der Hochschulen

Aus dieser Einordnung ergeben sich Konsequenzen für das Verhältnis des Art. 20 Verf. Baden-Württemberg zu Art. 5 Abs. 3 GG, dessen Übernahme Art. 2 Abs. 1 Verf. Baden-Württemberg grundsätzlich anordnet. Soweit es um die individuelle Wissenschaftsfreiheit geht, ist aufgrund der Tatsache, daß

46
Individuelles Grundrecht nur kraft Übernahme

---

216 *Spreng/Birn/Feuchte* (LitVerz.), Art. 20 RN 2.
217 Vgl. zu diesem Gehalt der Wissenschaftsfreiheit *Scholz*, in: Maunz/Dürig, GG (LitVerz.), Art. 5 Abs. 3 RN 81, 131 ff. S. zum „in erster Linie" objektiven Gehalt des Art. 20 Abs. 1 Verf. Baden-Württemberg auch *StGH Baden-Württemberg* DÖV 1974, S. 632 (633) unter Berufung auf *BVerfGE 35*, 79 (112), wo allerdings der objektive Gehalt „neben die in derselben Norm enthaltene Freiheitsverbürgung [...] tritt".
218 *Scholz*, in: Maunz/Dürig, GG (LitVerz.), Art. 5 Abs. 3 RN 131.
219 *Scholz* aaO., Art. 5 Abs. 3 RN 132 f.
220 *Scholz* aaO., Art. 5 Abs. 3 RN 134.
221 Vgl. dazu *BVerfGE 35*, 79 (116).
222 *Scholz* aaO., Art. 5 Abs. 3 RN 124.
223 So wohl auch, wenngleich undifferenziert, *Birn* (FN 6), S. 51; tendenziell befürwortend auch *K. Braun*, Kommentar (LitVerz.), Art. 20 RN 8.
224 *StGH Baden-Württemberg* DÖV 1974, S. 632 (633) unter Bezugnahme auf *BVerfGE 35*, 79 (114).
225 *Scholz*, in: Maunz/Dürig, GG (LitVerz.), Art. 5 Abs. 3 RN 124.
226 S. zu dieser Funktion schon *Feuchte*, Verfassungsgeschichte (LitVerz.), S. 209.

diese gar nicht vom Schutzbereich des Artikels 20 erfaßt ist, auf Art. 2 Abs. 1 Verf. Baden-Württemberg in Verbindung mit Art. 5 Abs. 3 GG zurückzugreifen. Geht es hingegen um die institutionelle Freiheit, das Grundrecht der Hochschulen, ist Art. 20 Verf. Baden-Württemberg spezieller, so daß es nicht des Rückgriffs auf Art. 2 Abs. 1 Verf. Baden-Württemberg in Verbindung mit Art. 5 Abs. 3 GG bedarf[227].

47
Selbstverwaltungsrecht

Die Absätze 2 und 3 des Art. 20 Verf. Baden-Württemberg enthalten jeweils detaillierter werdende Ausschnitte aus diesem Recht[228]: Erwähnt ist zunächst das Selbstverwaltungsrecht in Absatz 2. Im Gegensatz zum Grundgesetz, dessen Art. 5 Abs. 3 GG sich ein Selbstverwaltungsrecht für die Hochschulen allenfalls mit großem argumentativem Aufwand entnehmen läßt[229], bezieht die Landesverfassung hier klar Stellung. Der Inhalt des Selbstverwaltungsrechts ist allerdings verfassungsrechtlich nicht genauer vorgegeben. Im Einklang mit den abgestuften Möglichkeiten zur Ausgestaltung der institutionellen Garantie hat der Verwaltungsgerichtshof zu Art. 20 Abs. 2 Verf. Baden-Württemberg ausgeführt: „Das Selbstverwaltungsrecht der Hochschule [...] erstreckt sich nur auf eine ,dem besonderen Charakter' der Hochschule ,entsprechende Selbstverwaltung im Rahmen der Gesetze und ihrer staatlich anerkannten Satzungen'. Die Gesetze können daher das Selbstverwaltungsrecht begrenzen, sofern sie es nur in seiner Einrichtung als Ganzes und in

Kernbereich

ihrem Kernbereich unangetastet lassen. Was zu dem Kernbereich gehört, ist durch Auslegung der Landesverfassung zu ermitteln. Dabei kommt auch dem in der geschichtlichen Entwicklung erreichten Zustand eine gewisse Bedeutung zu, weil dieser Anknüpfungspunkt für die Regelung in der Landesverfassung ist"[230]. Auch wenn die Rechtsprechung zu Recht versucht, den Kernbereich dort zu verorten, „wo es um die Freiheit von Forschung und Lehre geht"[231], bleibt der Prüfungsmaßstab, „ob die diese Selbstverwaltung konkretisierenden Bestimmungen freie Wissenschaft und deren ungestörte tatsächliche Ausübung ermöglichen", recht unbestimmt[232]. Mit der Wissenschaftsfrei-

Beispiele

heit in diesem Sinne vereinbar angesehen wurde beispielsweise die Übertragung zusätzlicher Aufgabengebiete zur Erledigung nach Weisung, etwa im Rahmen der Krankenversorgung in den Universitätskliniken[233]. Selbst die Auflösung einer Hochschule tangiert nicht den Kernbereich der Wissenschaftsfreiheit[234]; Schutz gegen eine solche Maßnahme können nur das Will-

---

227 So auch *K. Braun*, Kommentar (LitVerz.), Art. 20 RN 1; unklar *StGH Baden-Württemberg* DÖV 1974, S. 632 ff., und *StGH Baden-Württemberg* DÖV 1981, S. 963 (964), wo Art. 20 Verf. Baden-Württemberg und Art. 5 Abs. 3 GG zusammengeprüft werden.
228 *Spreng/Birn/Feuchte* (LitVerz.), Art. 20 RN 1; *Feuchte*, Verfassung (LitVerz.), Art. 20 RN 16.
229 Offen gelassen in BVerfGE 51, 369 (381); zweifelnd etwa *Erichsen/Scherzberg*, Verfassungsrechtliche Determinanten staatlicher Hochschulpolitik, NVwZ 1990, S. 8 (9).
230 *VGH Baden-Württemberg* NJW 1972, S. 1339 (1340); s. auch *StGH Baden-Württemberg* DÖV 1974, 632 (633).
231 *VGH Baden-Württemberg* NJW 1972, 1339 (1340); *StGH Baden-Württemberg* DÖV 1974, 632 (633).
232 *Spreng/Birn/Feuchte* (LitVerz.), Art. 20 RN 3: „Im einzelnen mag der Umfang der Selbstverwaltung freilich zweifelhaft sein".
233 *StGH Baden-Württemberg* DÖV 1974, S. 632 (633).
234 *StGH Baden-Württemberg* NVwZ 1982, S. 32 (33).

kürverbot²³⁵ und für die bei Inkrafttreten der Verfassung bestehenden Universitäten mit Promotionsrecht die Bestandsgarantie des Art. 85 Verf. Baden-Württemberg geben²³⁶. Vor diesem Hintergrund darf das Anliegen des Verfassungsgebers, das Maß der staatlichen Aufsicht genauer zu bestimmen²³⁷ als im Grundgesetz, als nur bedingt verwirklicht angesehen werden. Im Schrifttum entwickelte „Zonen" unterschiedlicher Einflußmöglichkeiten²³⁸ versuchen insofern eine bessere Handhabbarkeit einer an sich graduellen Skala zu erzielen.

Staatsaufsicht

Art. 20 Abs. 3 Verf. Baden-Württemberg greift aus dem Bereich der Selbstverwaltung wiederum einen Teil heraus²³⁹ und garantiert das Mitspracherecht der Hochschulen in Berufungsangelegenheiten. Seine besondere Kodifikationsbedürftigkeit ergibt sich daraus, daß Hochschullehrern an öffentlichen Universitäten eine „Doppelrolle" zukommt: Sie sind einerseits Mitglieder der Universität und verkörpern dort die freie Wissenschaft, andererseits aber auch Beamte des Staates. Als solche werden sie nach Art. 51 Verf. Baden-Württemberg durch den Ministerpräsidenten ernannt. Artikel 20 Abs. 3 stellt hierzu ein Gegengewicht dar und sichert den Einfluß der Hochschulen bei der Auswahl ihres Personals. Indem lediglich das Vorschlagsrecht garantiert wird, bleibt freilich das entscheidende Problem des Maßes des Einflusses der Hochschule, etwa in Fragen der Bindung des Staats an Listenreihenfolgen oder die Berufung nicht vorgeschlagener Professoren, ungeklärt²⁴⁰. Für die Besetzung der Lehrstühle an theologischen Fakultäten gilt Art. 10 Verf. Baden-Württemberg als lex specialis zu deren Art. 20 Abs. 3.

48
Mitspracherecht in Berufungsangelegenheiten

Vorschlagsrecht

D. Weitere landesverfassungsrechtliche Grundrechtsverbürgungen

Obgleich der zweite Hauptteil der Verfassung dem „Staat und seinen Ordnungen" gewidmet ist und primär staatsorganisatorische Bestimmungen enthält, finden sich auch hier Grundrechtsverbürgungen im Sinne von Normen, die subjektive Rechte des einzelnen gegen den Staat begründen. Es sind dies das Wahl- und Stimmrecht (Art. 26, Art. 28 Abs. 2 Verf. Baden-Württemberg) und die Rechtsweggarantie gegen Akte der öffentlichen Gewalt (Art. 67 Verf. Baden-Württemberg). Sie stehen im Zusammenhang mit der Organisation des Staates – Konstituierung des Landtags einerseits, Rechtspflege anderer-

49
Wahlrecht und Rechtsweggarantie

---
235 *StGH Baden-Württemberg* DÖV 1981, S. 963 (964 f.).
236 S. hierzu *StGH Baden-Württemberg* DÖV 1981, S. 963 ff.; *V. Maurer*, in: Bretzinger (LitVerz.), S. 25 (89).
237 *Feuchte*, Verfassung (LitVerz.), Art. 20 RN 1.
238 Dazu etwa *K. Braun*, Kommentar (LitVerz.), Art. 20 RN 22 ff.
239 *Spreng/Birn/Feuchte* (LitVerz.), Art. 20 RN 1.
240 S. zu diesem Defizit schon *Spreng/Birn/Feuchte* (LitVerz.), Art. 20 RN 4; *Feuchte*, Verfassungsgeschichte (LitVerz.), S. 210; *K. Braun*, Kommentar (LitVerz.), Art. 20 RN 27 ff.

§ 245   *Sechzehnter Teil: III. Die Grundrechte in den Landesverfassungen*

seits – und sind daher im Einklang mit der Systematik der „Ordnungen" in den zweiten Verfassungsteil aufgenommen worden.

I. Wahl- und Stimmrecht

50
Mitwirkungsrechte des Bürgers

Zu den Grundrechten zählen auch die verfassungsrechtlich garantierten Mitwirkungsrechte an der staatlichen Willensbildung[241]. Sie beschreiben den status activus des Bürgers[242], der nicht nur vom Staat in Ruhe gelassen oder Leistungen von ihm verlangen, sondern ihn als citoyen gerade mitgestalten können soll[243]. In der Landesverfassung finden sich die Mitwirkungsrechte in Artikel 26, der das aktive Wahl- und Abstimmungsrecht für jeden Deutschen, der seinen Wohnsitz im Lande und das achtzehnte Lebensjahr vollendet hat, vorsieht (Abs. 1)[244], und in Artikel 28 Abs. 2, der das passive Wahlrecht regelt. Dieses ist zusätzlich durch Art. 29 Verf. Baden-Württemberg, der sich an Art. 48 GG anlehnt und Urlaubsansprüche zur Wahlvorbereitung sowie einen Kündigungs- und Entlassungsschutz gewährt, abgesichert[245]. Die staatsbürgerlichen Mitwirkungsrechte in der Landesverfassung erfüllen zugleich das Homogenitätsgebot des Art. 28 Abs. 1 GG, der auch in den Ländern demokratische Verhältnisse verlangt.

51
Detaillierte Vorgaben für das Wahlsystem

Das Wahlsystem, mit dem Stimmen in Parlamentssitze umgewandelt werden[246], muß den in Art. 26 Abs. 4 Verf. Baden-Württemberg genannten Wahlrechtsgrundsätzen der Allgemeinheit, Freiheit, Gleichheit, Unmittelbarkeit und Geheimheit der Wahl entsprechen, die mit denen des Art. 38 Abs. 1 Satz 1 GG übereinstimmen. Art. 26 Abs. 3 Verf. Baden-Württemberg, der die Wahl zur „Bürgerpflicht" erklärt, kommt vor dem Hintergrund, daß sie nach Art. 26 Abs. 4 Verf. Baden-Württemberg auch frei ist, lediglich Appellcharakter zu; ein Zwang zur Durchsetzung oder Sanktionen bei Verstößen wären unzulässig[247]. Streitigkeiten über die Beachtung des Grundrechts aus Art. 26 Verf. Baden-Württemberg können sich vor allem mit Blick auf die Wahlrechtsgleichheit ergeben[248], zu der nicht nur die Zählwertgleichheit, sondern bei ei-

---

241 Ausführlich → Bd. V: *Kotzur*, Freiheit und Gleichheit der Wahl, § 120; *Stern*, Staatsrecht III/1 (Lit-Verz.), § 63 IV 2 (S. 359 f.).
242 Zum Begriff grundlegend *Georg Jellinek*, System der subjektiven öffentlichen Rechte, ²1905 (ND 2011, hg. und eingeleitet von Jens Kersten), S. 136 ff.
243 → Bd. II: *Starck*, Teilnahmerechte § 41 RN 1; s. *Kotzur* (FN 241).
244 Zum Grundrechtscharakter vgl. *K. Braun*, Kommentar (LitVerz.), Art. 26 RN 6; *Feuchte*, Verfassung (LitVerz.), Art. 26 RN 11.
245 *K. Braun*, Kommentar (LitVerz.), Art. 29 RN 2, betont demgegenüber eher den Zusammenhang zu Art. 27 Abs. 3 Verf. Baden-Württemberg, erkennt aber die grundrechtliche Dimension an. Zweifelnd an der hinreichenden Grundsätzlichkeit des Rechts → Bd. II: *Merten*, Begriff und Abgrenzung der Grundrechte, § 35 RN 125; *Stern*, Staatsrecht III/1 (LitVerz.), § 63 V 4 (S. 374 ff.) spricht von grundrechtsähnlichen Rechten.
246 Vgl. → Bd. II: *Starck*, § 41 RN 42.
247 Vgl. *Spreng/Birn/Feuchte* (LitVerz.), Art. 26 RN 5; *K. Braun*, Kommentar (LitVerz.), Art. 26 RN 6; → Bd. II: *Merten*, Negative Grundrechte, § 42 RN 235 ff.
248 Insofern ist es kein Zufall, daß die meisten Entscheidungen des *StGH* zu Art. 26 Verf. Baden-Württemberg diese Frage betreffen, s. nur *ESVGH 58*, 1; *4*, 4; *40*, 161. Zur Grenze der Öffentlichkeitsarbeit der Regierung vgl. dagegen etwa *ESVGH 31*, 81.

nem Verhältniswahlsystem auch die Erfolgswertgleichheit gehört[249]. Sie sind offenbar unvermeidliche Konsequenz einer zunehmenden mathematisch-juristischen Durchdringung der Funktionsweise des Wahlsystems, die mit gesteigerten Anforderungen an den Begriff der Wahlrechtsgleichheit einhergeht[250]. Zu berücksichtigen ist allerdings im Vergleich zum Grundgesetz, daß das Wahlsystem in Baden-Württemberg in Artikel 28 seiner Verfassung detaillierter als im Bund vorgegeben und damit insoweit der Kontrolle durch den Staatsgerichtshof in Wahlprüfungsverfahren[251] entzogen ist.

II. Rechtsweggarantie gegen Akte der öffentlichen Gewalt

Mit der Garantie eines Rechtswegs gegen Akte der öffentlichen Gewalt übernimmt Art. 67 Abs. 1 Verf. Baden-Württemberg die Formulierung des Art. 19 Abs. 4 Satz 1 GG, um einen möglichst weitgehenden Schutz gegen Handeln und Unterlassen der Verwaltung zu gewährleisten[252]. Gleichzeitig steht die Bestimmung in der Tradition der früheren Verfassungen[253]. Sie hat Vorrang vor der durch Art. 2 Abs. 1 Verf. Baden-Württemberg bewirkten Übernahme des Bundesgrundrechts aus Art. 19 Abs. 4 Satz 1 GG[254]. Es fehlt allerdings an einer Schrankenregelung, die Art. 19 Abs. 4 Satz 3 GG enthält. Hält man diese nicht aufgrund von Art. 2 Abs. 1 Verf. Baden-Württemberg für isoliert übertragbar (und begründet damit letztlich ein einheitliches Grundrecht), wird man insoweit auf Art. 31, Art. 142 GG rekurrieren und das Landesgrundrecht kupieren müssen[255]. Inhaltlich bestehen grundsätzlich keine Unterschiede zur Rechtsweggarantie des Grundgesetzes, so daß auch hier effektiver Rechtsschutz verlangt wird[256].

52
Garantie effektiven Rechtsschutzes

Dies bedeutet nach traditioneller[257] und wohl noch herrschender Ansicht einen Rechtsschutz nur gegen Akte der Exekutive. Nach der ständigen Rechtsprechung des Bundesverfassungsgerichts[258] und der überwiegenden Meinung im Schrifttum[259] verlangt die grundgesetzliche Rechtsschutzgarantie gegen die

53
Rechtsschutz gegen Akte der Legislative

---

249 S. etwa *BVerfGE 121*, 266 (296).
250 Vgl. aus jüngerer Zeit etwa *BVerfGE 129*, 300 zur Fünf-Prozent-Hürde bei Europawahlen sowie *BVerfGE 120*, 82 zur Sperrklausel bei Kommunalwahlen sowie *E 131*, 316 und *E 121*, 266 zum negativen Stimmengewicht.
251 Vgl. Art. 31 Abs. 2 Verf. Baden-Württemberg; s. dazu *K. Braun*, Kommentar (LitVerz.), Art. 26 RN 6. Die Wahlprüfung nach Art. 31 Abs. 2 Verf. Baden-Württemberg dürfte auch nach Einführung der Landesverfassungsbeschwerde lex specialis zu dieser sein.
252 *Spreng/Birn/Feuchte* (LitVerz.), Art. 67 RN 1.
253 *Feuchte*, Verfassung (LitVerz.), Art. 67 RN 1.
254 *Birn* (FN 6), S. 56; *K. Braun*, Kommentar (LitVerz.), Art. 2 RN 11 und Art. 67 RN 3.
255 Hierfür *K. Braun*, Kommentar (LitVerz.), Art. 67 RN 3.
256 *Feuchte*, Verfassung (LitVerz.), Art. 67 RN 6. *Köhres* (FN 1), S. 154 sieht die Übernahme daher als entbehrlich an.
257 Zur Herleitung aus der Paulskirchenverfassung vgl. *BVerfGE 107*, 395 (404 f.).
258 S. etwa *BVerfGE 4*, 74 (96); *11*, 263 (265); *15*, 275 (280); *22*, 106 (110); *25*, 352 (375); *49*, 329 (340); *65*, 76 (90); *107*, 395 (411 ff.).
259 *Papier*, HStR ³VIII, § 177 RN 43 ff.; *Schmidt-Aßmann*, in: Maunz/Dürig, GG (LitVerz.), Art. 19 Abs. 4 RN 96; *Schenke*, Verfassungsrechtliche Garantie eines Rechtsschutzes gegen Rechtsprechungsakte?, JZ 2005, S. 116 (117 ff.); a.A. etwa *P. M. Huber*, in: v. Mangoldt/Klein/Starck, GG (LitVerz.), Art. 19 IV RN 437 ff.; *Andreas Voßkuhle*, Rechtsschutz gegen den Richter, 1993, S. 255 ff.

öffentliche Gewalt nämlich nur eine gerichtliche Instanz, da die richterliche Entscheidung selbst in aller Regel nicht als Ausübung öffentlicher Gewalt zu verstehen ist und auch die Effektivität des Rechtsschutzes durch nur eine Instanz nicht notwendigerweise in Frage gestellt wird[260]. Auch die Legislative wird aus historischen Gründen als nicht von der Rechtsschutzgarantie erfaßt angesehen[261].

54
Zweistufigkeit des verwaltungsgerichtlichen Rechtsweges

Eine Erweiterung dieser Rechtsweggarantie ergibt sich theoretisch aus Art. 67 Abs. 3 Verf. Baden-Württemberg. Die Norm garantiert dem Rechtsschutzsuchenden eine Rechtsmittelinstanz gegen Entscheidungen der Verwaltungsgerichte. Sie knüpft an die Rechtswegzuweisung in Art. 67 Abs. 2 Verf. Baden-Württemberg an, die den Rechtsschutz gegen die öffentliche Gewalt im Sinne des Absatzes 1 sowie andere öffentlich-rechtliche Streitigkeiten in die Hände der Verwaltungsgerichtsbarkeit legt, wenn eine andere Zuständigkeit nicht gesetzlich begründet ist[262]. Die Rechtsmittelinstanz muß auf der Ebene des Landes bestehen und eine Tatsacheninstanz sein[263]; eine Revisionsmöglichkeit zum Bundesverwaltungsgericht reicht nicht aus[264]. Mit der Garantie der Zweistufigkeit des Verwaltungsrechtswegs[265] ist faktisch auch die Existenz des Verwaltungsgerichtshofes landesverfassungsrechtlich abgesichert.

55
Kollision mit Bundesrecht

Das Anliegen einer zweiten landesgerichtlichen Instanz in Verwaltungsstreitsachen sieht sich allerdings der Schwierigkeit ausgesetzt, daß das Verwaltungsprozeßrecht und damit auch die Ausgestaltung des Rechtsmittelrechts nach Art. 74 Abs. 1 Nr. 1 GG in die Kompetenz des Bundes und nicht des Landes fällt. Aufgrund des Art. 31 GG wird Art. 67 Abs. 3 Verf. Baden-Württemberg daher in den Fällen, in denen die Verwaltungsgerichtsordnung die Einschaltung einer zweiten landesgerichtlichen Instanz nicht vorsieht, gebrochen[266]. Relevant wird dies einerseits bei Verfahren, für die der Verwaltungsgerichtshof erstinstanzlich zuständig ist, namentlich die Normenkontrolle nach § 47 VwGO, und andererseits, wenn die Zulässigkeit der Berufung gegen erstinstanzliche Urteile der Verwaltungsgerichte eingeschränkt wird (§§ 124, 124a VwGO). Im letzteren Fall ist auch nicht etwa eine landesverfassungskonforme Auslegung der Verwaltungsgerichtsordnung im Sinne einer großzügigen Handhabung der Berufungsgründe geboten.

---

260 *Papier* aaO., § 177 RN 43.
261 *Feuchte*, Verfassung (LitVerz.), Art. 67 RN 5.
262 Zur Eigenschaft als Generalklausel für den Verwaltungsrechtsweg vgl. *Spreng/Birn/Feuchte* (LitVerz.), Art. 67 RN 2. *Birn* (FN 6), S. 65, geht seit Inkrafttreten der VwGO von einer Nichtigkeit der Norm aus, wobei diese Sichtweise angesichts der nicht divergierenden Rechtsfolge nicht zwingend ist.
263 So etwa *Spreng/Birn/Feuchte* (LitVerz.), Art. 67 RN 4; *Feuchte*, Verfassung (LitVerz.), Art. 67 RN 10.
264 *BVerwGE* 3, 291 (292); StGH Baden-Württemberg NJW 1956, S. 120.
265 *Spreng/Birn/Feuchte* (LitVerz.), Art. 67 RN 4.
266 So schon vorhergesehen von *Spreng/Birn/Feuchte* (LitVerz.), Art. 67 RN 6; ebenso *Birn* (FN 6), S. 56, 65; *K. Braun*, Kommentar (LitVerz.), Art. 67 RN 8; zweifelnd *Feuchte*, Verfassung (LitVerz.), Art. 67 RN 13.

E. Bedeutung und Durchsetzung der Grundrechte der Landesverfassung

Den Grundrechten der Landesverfassung wurde lange Zeit nur geringe Aufmerksamkeit geschenkt; teilweise wurden sie sogar als überflüssig bezeichnet[267]. Auch wenn vor dem Hintergrund der nivellierenden[268] „Sogwirkung der Bundesgrundrechte"[269] den letzteren unzweifelhaft die größere Bedeutung zukommt, erscheint die Geringschätzung der Landesgrundrechte (inzwischen) übertrieben. Zu differenzieren ist dabei allerdings zwischen der materiellen Bedeutung, im Sinne eines „Freiheitsgewinns" für den Grundrechtsträger, und den Auswirkungen auf den Grundrechtsschutz infolge der Durchsetzung der Grundrechte auf Landesebene.

56
Landesgrundrechte als Freiheitsgewinn

I. Landesgrundrechte im grundgesetzlichen Korsett

Trotz des Prinzips der getrennten Verfassungsräume von Bund und Ländern[270] unterliegen die Länder aufgrund der Einbindung in den Gesamtstaat zahlreichen Einschränkungen ihrer Verfassungsautonomie. Mit Blick auf die Grundrechte der Landesverfassungen ist dabei weniger das sonst bedeutsame Homogenitätsgebot des Art. 28 Abs. 1 GG von Bedeutung als die Art. 31 und 142 GG. Nach Art. 31 GG bricht Bundesrecht jeden Ranges (widersprechendes) Landesrecht und damit gegebenenfalls auch die Grundrechte der Landesverfassung; die Rechtsfolge ist nach allgemeiner Auffassung die Nichtigkeit der widersprechenden Norm des Landes(verfassungs)rechts[271]. Art. 142 GG erklärt mit Blick auf die Landesgrundrechte, daß sie insoweit in Kraft bleiben, „als sie in Übereinstimmung mit den Artikeln 1 bis 18 dieses Grundgesetzes Grundrechte gewährleisten". Bei der Ermittlung einer solchen Übereinstimmung verfährt das Bundesverfassungsgericht zu Recht großzügig, indem es eine Fortgeltung des Landesgrundrechts nicht nur bei völliger „Inhaltsgleichheit" annimmt, sondern auch für landesgrundrechtliche Minder- oder Teilgewährleistungen, solange diese nicht den Anspruch erheben, einen weitergehenden Schutz (durch das Grundgesetz) auszuschließen[272]. Auch Landesgrundrechte, die einen weitergehenden Schutz als das Grundgesetz gewähren, können nach dieser Rechtsprechung grundsätzlich fortgelten, wenn nicht das Bundesgrundrecht einen weitergehenden Schutz verbietet[273].

57
Wirkung der Art. 31 und 142 GG

---

267 *Hans Peters*, Die Verfassung von Nordrhein-Westfalen, DVBl. 1950, S. 449 (450), für die vergleichbare Rechtslage dort; *Renner*, Entstehung und Aufbau des Landes Baden-Württemberg, JöR NF Bd. 7 (1958), S. 197 (210f.); kritisch zu dieser Sichtweise *K. Braun*, Kommentar (LitVerz.), Art. 2 RN 2.
268 *Gärditz*, in: JöR NF Bd. 61 (2013), S. 449 (451).
269 *Stern*, Staatsrecht III/2 (LitVerz.), § 93 III 4 (S. 1439ff.).
270 Vgl. die in FN 44 Genannten.
271 Vgl. etwa *Pieroth*, in: Jarass/ders., GG (LitVerz.), Art. 31 RN 5; *P. M. Huber*, in: Sachs, GG (LitVerz.), Art. 31 RN 23.
272 BVerfGE 96, 345 (365).
273 BVerfGE aaO.

Dies ist allerdings nach überwiegender Auffassung nicht Folge des Art. 142 GG, sondern ergibt sich daraus, daß die Nichtigkeitsfolge des Art. 31 GG nur greift, wenn überhaupt ein Widerspruch zum Bundesrecht besteht[274]. In jedem Fall wird man ergänzen müssen, daß aufgrund von Art. 31 GG auch andere Grundrechte – etwa bei mehrpoligen Grundrechtsverhältnissen, in denen ein Freiheitsgewinn für den einen zugleich einen Freiheitsverlust für den anderen bedeutet[275] – und überhaupt jede Form von Bundesrecht einen weitergehenden Schutz durch Landesgrundrechte vernichten können.

58
Prägende BVerfG-Rechtsprechung

Der Verfassungsgeber in Baden-Württemberg kannte diese Ausgangssituation in normativer Hinsicht, wenngleich sie noch nicht durch die Rechtsprechung des Bundesverfassungsgerichts erläutert worden war. Er war sich bewußt, daß eigenständige Landesgrundrechte ohne inhaltliches Pendant im Grundgesetz einem nicht unerheblichen Nichtigkeitsrisiko ausgesetzt waren, und beschränkte solche Grundrechte daher vor allem auf Bereiche, die auch in die Gesetzgebungszuständigkeit der Länder („Kulturhoheit") fielen[276]. Für die aufgrund von Art. 2 Abs. 1 Verf. Baden-Württemberg aus dem Grundgesetz übernommenen Grundrechte bestand dieses Risiko jedenfalls so lange nicht, wie sie nicht in einer abweichenden Weise interpretiert wurden. Dem stand in früherer Zeit schon die „Einheitstheorie", nach der aufgrund der Verweisung nur ein Grundrecht mit doppelter Gewährleistung bestand[277], entgegen. Diese ist zwar heute aufgegeben, jedoch entfaltet die Rechtsprechung des Bundesverfassungsgerichts zu den Grundrechten des Grundgesetzes eine auch die Auslegung der Landesgrundrechte stark prägende Wirkung[278], die vor allem auf der „Doppelbindung" der Landesstaatsgewalt auch an die Bundesgrundrechte[279] und der daraus resultierenden Möglichkeit einer Bundesverfassungsbeschwerde beruht.

„Einheitstheorie"

59
Auslotung des „Freiheitsgewinns"

Materielle „Freiheitsgewinne" durch die Landesgrundrechte lassen sich dementsprechend allenfalls in solchen Bereichen konstatieren, in denen Landesgrundrechte ohne grundgesetzliches Pendant bestehen. Soweit diese als Abwehrrechte konzipiert sind, führt dies allerdings aufgrund der Tatsache, daß auch die Bundesgrundrechte einen zumindest über das Auffanggrundrecht der allgemeinen Handlungsfreiheit aus Art. 2 Abs. 1 GG lückenlosen Schutz gegen staatliche Eingriffe gewähren, regelmäßig nicht zu Freiheitsgewinnen. Landesgrundrechte wie die Grundrechte der Wissenschaftsfreiheit der Hochschulen (Art. 20 Verf. Baden-Württemberg) oder der kollektiven Religionsfreiheit der Religionsgemeinschaften (Art. 4 Abs. 1 Verf. Baden-Württemberg) akzentuieren zwar bestimmte Freiheitsaspekte stärker als das Grund-

---

274 Vgl. etwa *Pieroth*, in: Jarass/ders., GG (LitVerz.), Art. 31 RN 4; *Korioth*, in: Maunz/Dürig, GG (LitVerz.), Art. 31 RN 14; *H. Dreier*, GG (LitVerz.), Art. 31 RN 40; ebenso *Wittreck*, Das Bundesverfassungsgericht und die Kassationsbefugnis der Landesverfassungsgerichte, DÖV 1999, S. 634 (637); a.A. *P. M. Huber*, in: Sachs, GG (LitVerz.), Art. 31 RN 22 und Art. 142 RN 5. S. zu der Frage auch *Pietzcker*, in: HStR ³VI, § 134 RN 74 ff.
275 Hierzu etwa *P. M. Huber*, in: Sachs, GG (LitVerz.), Art. 142 RN 13 a.
276 *Spreng/Birn/Feuchte* (LitVerz.), S. 46.
277 *StGH Baden-Württemberg ESVGH 19*, 133 (138); *V. Maurer*, in: Bretzinger (LitVerz.), S. 25 (83).
278 *StGH Baden-Württemberg*, Urt. v. 17. 6. 2014 (1 VB 15/13), RN 301 f.; siehe oben B II, RN 12.
279 *K. Braun*, Kommentar (LitVerz.), Art. 2 RN 2, spricht insoweit von einer Überlagerung.

gesetz (und die daraus übernommenen Landesgrundrechte), aufgrund der letztlich vor allem entscheidenden Prüfung der Verhältnismäßigkeit eines Freiheitseingriffs kommt es aber in aller Regel nicht zu abweichenden Ergebnissen. Symptomatisch hierfür ist die in der Rechtsprechung mitunter vorgenommene „Zusammenprüfung" entsprechender Bestimmungen[280].

Eine weitergehende Bedeutung kommt allerdings landesverfassungsrechtlichen Teilhabe- und Leistungsrechten zu, wie sich gerade am Beispiel der Kostenfreiheit von Unterricht und Lernmitteln (Art. 14 Abs. 2 Satz 1 Verf. Baden-Württemberg) zeigen läßt. Diese Norm hat vor allem in der Frühzeit der Verfassung ihre Wirkung gegenüber dem Landesgesetzgeber entfaltet und subjektive Rechtspositionen geschaffen, die unter dem Grundgesetz nicht bestünden. Eine ähnliche Bedeutung läßt sich auch dem Grundrecht auf Bildung aus Art. 11 Abs. 1 Verf. Baden-Württemberg zusprechen; diese steht allerdings aufgrund des unbestimmten Inhalts dieses Grundrechts in stärkerem Maße zur Disposition des Gesetzgebers, dem bei der Erfüllung des Bildungsanspruchs eine Einschätzungsprärogative zukommt[281].

60
Weitergehende Bedeutung von Teilhabe- und Leistungsrechten

II. Bedeutung für die Landesstaatsgewalt

Da die Landesgrundrechte unmittelbar geltendes Recht sind[282], sind sie von der gesamten Landesstaatsgewalt zu beachten; die Einhaltung dieses Verfassungsgebots durch Legislative und Exekutive kontrollieren die Gerichte einschließlich des Staatsgerichtshofs[283] auch inzident in Verfahren der Verwaltungsgerichtsbarkeit und der Normenkontrolle nach Art. 100 Abs. 1 GG. Je weiter die Kompetenzen der Landesstaatsgewalt reichen, desto größere Bedeutung kann auch den Landesgrundrechten zukommen. Ein besonderer Bedeutungsgewinn wird daher aufgrund der Erweiterung der Gesetzgebungskompetenzen des Landesgesetzgebers durch die Föderalismusreform I im Jahr 2006 konstatiert[284]. Dies ist sicherlich insofern zutreffend, als der Landesgesetzgeber in den neu gewonnenen Kompetenzbereichen den Landesgrundrechten unterworfen ist und dem Staatsgerichtshof die Möglichkeit der Kontrolle der zusätzlichen Landesgesetze am Maßstab der Landesverfassung eröffnet wird. Zu berücksichtigen ist allerdings auch, daß die Landesstaatsgewalt gemäß Art. 1 Abs. 3 GG parallel an die Bundesgrundrechte gebunden ist, so daß sich in weiten Teilen eine materielle Doppelbindung ergibt. Diese führt dazu, daß dem Bundesverfassungsgericht bei der Frage der Grundrechtsbeachtung durch die Landesstaatsgewalt das letzte Wort zukommt[285], so daß die

61
Bedeutungsgewinn durch Föderalismusreform I

Hinzugewinn an Landeskompetenzen

Materielle Doppelbindung

---

280 *StGH Baden-Württemberg* DÖV 1974, S. 632 ff., und *StGH Baden-Württemberg* DÖV 1981, S. 963 (964) für Art. 20 Verf. Baden-Württemberg.
281 Siehe oben C III, RN 33 ff.
282 Oben B II, RN 14.
283 Vgl. etwa *StGH Baden-Württemberg* ESVGH 27, 189 (190); *StGH Baden-Württemberg* VBlBW 1985, S. 415 (416).
284 Vgl. *Gärditz*, in: JöR NF 61 (2013), S. 449 (453 f.); *Zuck*, VBlBW 2014, S. 1 (2); zurückhaltender *P. M. Huber*, in: Sachs, GG (LitVerz.), Art. 142 RN 6.
285 S. dazu noch unten RN 66.

§ 245   Sechzehnter Teil: III. Die Grundrechte in den Landesverfassungen

Feststellung, daß die (inhaltsgleichen) Bundesgrundrechte die Landesgrundrechte „überlagern"[286], zutreffend erscheint. Insoweit läßt sich auch bezweifeln, daß es der mittlerweile erhebliche Konkretisierungsgrad der Grundrechte durch die Rechtsprechung ist, der die Bedeutung gerade der Landesgrundrechte gegenüber dem Landesgesetzgeber gesteigert hat[287].

62
Geltung der Landesgrundrechte bei Entscheidungsengpässen

Umstritten ist jedenfalls im Detail, wie weit die Pflicht der Landesbehörden zur Beachtung der Landesgrundrechte reicht, wenn sie Bundesrecht vollziehen[288]. Die Frage stellt sich nur, soweit das Bundesrecht Entscheidungsspielräume eröffnet, denn ansonsten bricht es gemäß Art. 31 GG widersprechende Landesgrundrechte[289]. Fehlt es hingegen an einander widersprechenden Normbefehlen, welche die Nichtigkeitsfolge auslösen, spricht einiges dafür, daß eine Doppelbindung der Landesstaatsgewalt eintritt. Das Bundesverfassungsgericht hat dies dem Grunde nach anerkannt[290], allerdings nur, soweit die Landesgrundrechte mit den ohnehin zu berücksichtigenden Bundesgrundrechten inhaltsgleich sind[291]. Mit der Entscheidung hat das Bundesverfassungsgericht die Rolle der Landesverfassungsgerichte gestärkt, indem es die Möglichkeit der Landesverfassungsbeschwerde eröffnet hat, die es für die Anhänger der Auffassung, daß die Landesstaatsgewalt beim Vollzug von Bundesrecht nur an Bundesgrundrechte gebunden ist, nicht gegeben hätte; eine materielle Stärkung der Landesgrundrechte bringt die Entscheidung aufgrund des Standards der Inhaltsgleichheit nicht[292]. Mag die Entscheidung bis zu einem gewissen Grad auch von demselben Bestreben nach Entlastung des Bundesverfassungsgerichts getragen sein, das auch in der Plenarentscheidung, mit der die Einführung der Anhörungsrüge gefordert wurde, zum Ausdruck kommt, erscheint sie dennoch zutreffend. Verfassungsbestimmungen sind „im Sinne ihrer größtmöglichen Wirkkraft zu interpretieren, nicht im Sinne ihrer Redundanz"[293], was für eine Anwendung der Landesgrundrechte spricht, soweit nicht Art. 31 GG entgegensteht; das ist gerade nicht der Fall, wenn das Bundesrecht Entscheidungsspielräume eröffnet. Konsequenterweise wird man, wenn es um den Vollzug materiellen Bundesrechts geht, dasselbe annehmen

Interpretation im Sinne größtmöglicher Wirkkraft

---

286 Vgl. *K. Braun*, Kommentar (LitVerz.), Art. 2 RN 2.
287 So etwa für den Datenschutz *Hollerbach*, in: Feuchte, Verfassung (LitVerz.), Art. 2 RN 22.
288 S. etwa die weitgehende Auffassung in *VerfGH Berlin* NJW 1993, S. 515 ff., bestätigt in NJW 1994, S. 436 ff.; *Henning v. Olshausen*, Landesverfassungsbeschwerde und Bundesrecht, 1980, S. 147, 150; kritisch hingegen *Gehb*, Bricht Berliner Landesrecht Bundesrecht?, DÖV 1993, S. 470 (474); *Löwer*, Kritische Anmerkungen zum Beschluß des Verfassungsgerichtshofes des Landes Berlin in Sachen Honekker, SächsVBl. 1993, S. 73 ff. Zurückhaltender *BayVerfGHE 39*, 9 (16); *StGH Hessen*, Urt. v. 1. 4. 1981 (P.St. 928); Urt. v. 2. 9. 1982 (P.St. 950). Zu Ausnahmen s. etwa *BayVerfGH* NVwZ 1994, S. 64 ff.; *BayVerfGHE 47*, 47 (51); kritisch wiederum dazu *E. Klein/ Haratsch*, Landesverfassung und Bundesrecht, in: JuS 1994, S. 559 (561); *Rozek*, Landesverfassungsgerichtsbarkeit, Landesgrundrechte und die Anwendung von Bundesrecht, AöR 119 (1994), S. 450 (456).
289 So zu Recht *P. M. Huber*, Bundesverfassungsrecht und Landesverfassungsrecht, NdsVBl. 2011, S. 233 (237).
290 *BVerfGE 96*, 345 (374).
291 Hierfür ist eine Vorprüfung am Maßstab des Grundgesetzes erforderlich, vgl. *BVerfGE 96*, 345 (373 ff.); *Voßkuhle*, in: JöR NF Bd. 59 (2011), S. 215 (226).
292 So auch *P. M. Huber*, NdsVBl. 2011, S. 233 (237), der in der Sache keinen Bedeutungsgewinn annimmt.
293 *P. M. Huber* aaO., S. 235 f.

müssen[294], obwohl das Gericht diese Frage ausdrücklich offengelassen hat. Auch wenn es beispielsweise um die Aufstellung eines Bebauungsplans nach dem Baugesetzbuch geht, ist nicht ersichtlich, warum dann Landesgrundrechte nicht in gleicher Weise Berücksichtigung finden können.

III. Stärkung des Grundrechtsschutzes durch die Einführung der Landesverfassungsbeschwerde

Die wahre Bedeutung der Landesgrundrechte besteht trotz der Tatsache, daß sie materiell größtenteils und in Baden-Württemberg aufgrund der Verweisung in Art. 2 Abs. 1 Verf. Baden-Württemberg in besonderem Maße lediglich den Normtext ohnehin geltenden Rechts wiederholen, darin, daß sie zu dem Prüfungsmaßstab gehören, den der Staatsgerichtshof bei seiner Tätigkeit anwendet. Lange Zeit war damit allerdings wenig gewonnen, denn im Rahmen der in Art. 68 Verf. Baden-Württemberg vorgesehenen Zuständigkeiten, zu denen eine Verfassungsbeschwerde nicht zählte[295], spielte die Vereinbarkeit von Gesetzen mit den Landesgrundrechten keine herausragende Rolle[296].

63 Frühere geringe Bedeutung der Landesgrundrechte

Seit 1. April 2013 besteht jetzt allerdings auch in Baden-Württemberg die Möglichkeit, zum Staatsgerichtshof Verfassungsbeschwerde zu erheben[297]. Sie wurde rechtstechnisch nicht durch Verfassungsänderung[298], sondern durch einfaches Gesetz geschaffen, womit der Gesetzgeber Art. 68 Abs. 1 Satz 2 Nr. 4 Verf. Baden-Württemberg ausnutzte, der vorsieht, dem Staatsgerichtshof durch Gesetz weitere Zuständigkeiten zuzuweisen. Die Änderung verfolgt die Absicht, eine „größere Beachtung der Landesgrundrechte" zu sichern[299], und spricht im Einklang mit der schwierigen Identifikation der Grundrechte in der Landesverfassung nicht von Grundrechten und/oder grundrechtsgleichen Rechten, sondern schlicht von „in der Verfassung des Landes Baden-Württemberg enthaltenen Recht[en]". Es ist zu erwarten, daß das Ziel des verfassungsändernden Gesetzgebers erreicht wird. Dabei kann es allerdings angesichts der beschriebenen materiellen Bedeutung der Landesrechte nur sekundär darum gehen, Spezifika der Landesgrundrechte, die sie

64 Verfassungsbeschwerde als grundrechtliche Sicherung

---

294 Vgl. *Schröder* (FN 122), S. 99; ebenso schon *Tanja Rippberger*, Zur Frage der Kompetenz der Landesverfassungsgerichte zur Überprüfung formellen und materiellen Bundesrechts, 2006, S. 270 ff.; in die gleiche Richtung auch *K.-E. Hain*, Anmerkung zu *BVerfGE 96*, 345, JZ 1998, S. 620 (623); *Jutzi*, Anmerkung zu *BVerfGE 96*, 345, NJ 1998, S. 252 (254); noch weitergehend *Möstl*, Landesverfassungsrecht – zum Schattendasein verurteilt?, AöR 130 (2005), S. 350 (382 ff.). S. speziell für Baden-Württemberg auch *Krappel*, VBlBW 2013, S. 121 (130).
295 Zur Vereinbarkeit des Fehlens einer Landesverfassungsbeschwerde mit dem Grundgesetz vgl. *BVerfG* (Kammer) NVwZ 2002, S. 73 (74).
296 Vgl. *Engelken*, VBlBW 1996, S. 121 (128). Zum Fehlen der Landesverfassungsbeschwerde als Grund für die geringe Bedeutung der Landesgrundrechte vgl. etwa *Hollerbach*, in: Feuchte, Verfassung (LitVerz.), Art. 2 RN 20; s. zur immerhin bestehenden Möglichkeit von Richtervorlagen *K. Braun*, Kommentar (LitVerz.), Art. 2 RN 12.
297 § 55 ff. StGHG; eingeführt durch Gesetz v. 8. 12. 2012 (GBl. 2912 S. 569). Zur Entstehungsgeschichte vgl. eingehend *Rüdiger Zuck*, Die Landesverfassungsbeschwerde in Baden-Württemberg, 2013, RN 28 ff.
298 Kritisch hierzu *Krappel*, VBlBW 2013, S. 121 (122).
299 LT-Drs. 15/2153, S. 10 f.

von den Bundesgrundrechten unterscheiden, zu realisieren. Der entscheidende Effekt der Einführung der Verfassungsbeschwerde ist, daß eine zusätzliche Instanz geschaffen wird, die anders als die Fachgerichtsbarkeit auf eine spezifisch grundrechtliche Perspektive verpflichtet ist und daher einen Gewinn für den Grundrechtsschutz zu bringen vermag. Die Bürger erhalten also nicht inhaltlich „mehr Rechte", sondern einen zusätzlichen Rechtsweg, um die immer schon bestehenden Rechte durchzusetzen[300].

65
Subsidiarität zu erhobener Bundesverfassungsbeschwerde

Diese zusätzliche Instanz tritt, obgleich der Landesgesetzgeber mit der Formulierung „soweit nicht Verfassungsbeschwerde zum Bundesverfassungsgericht erhoben ist oder wird" ihre Subsidiarität gegenüber einer tatsächlich eingelegten Bundesverfassungsbeschwerde angeordnet hat[301], in Konkurrenz zum Bundesverfassungsgericht. Dieses ist in den meisten Fällen, soweit es nämlich nicht um landesgrundrechtliche Spezifika wie das Recht auf Bildung oder die Lernmittelfreiheit geht, einem zumindest im Ergebnis inhaltsgleichen grundgesetzlichen Prüfungsmaßstab verpflichtet. Der Gewinn der zusätzlichen Instanz für den Grundrechtsschutz mag daher auf den ersten Blick zweifelhaft erscheinen; es ist jedenfalls nicht davon auszugehen, daß Verfassungsbeschwerden beim Staatsgerichtshof eine wesentlich höhere Erfolgsquote als solchen beim Bundesverfassungsgericht beschert sein wird[302]. Vor dem Hintergrund der dort mitunter langen Verfahrensdauer[303] mag ein Vorteil aber in einem schnelleren (und theoretisch, in Baden-Württemberg allerdings kaum bedeutsam, geographisch näheren) Grundrechtsschutz liegen[304] – die Landesverfassungsbeschwerde führt letztlich zu einer Dezentralisierung des Grundrechtsschutzes innerhalb des Bundesstaats, von der nunmehr auch die Bürger Baden-Württembergs profitieren.

Dezentralisierung des Grundrechtsschutzes

66
Gefahr einer „Hypertrophie des Grundrechtsschutzes"

Hinzuweisen ist allerdings auch darauf, daß das Risiko einer „Hypertrophie des Grundrechtsschutzes"[305] besteht und es zu widersprechenden Entscheidungen der mit der Grundrechtsdurchsetzung befaßten Gerichte kommen kann[306]. Zwar ist nicht zu erwarten, daß der Staatsgerichtshof im Hinblick auf die Auslegung der Schutzbereiche der (inhaltsgleichen) Grundrechte wesentlich von der Rechtsprechung des Bundesverfassungsgerichts abweicht[307]; bei der Abwägung einer Grundrechtsposition gegen Gemeinwohlbelange oder

---

300 K. *Braun*, Kommentar (LitVerz.), Art. 2 RN 3 f., geht zwar abstrakt zutreffend von mehreren subjektiven Rechten aus, versäumt es aber, deren eigenständige Bedeutung bei inhaltsgleichen Grundrechten zu beschreiben; zu den verbesserten Rechtsschutzmöglichkeiten s. auch *P. M. Huber*, NdsVBl. 2011, S. 233 (237); vgl. auch *Tjarks*, Landesgrundrechte (LitVerz.), S. 106 f.
301 *Krappel*, VBlBW 2013, S. 121 (123).
302 Vgl. zu dieser Frage *Zuck*, VBlBW 2014, S. 1 (2). Weitergehend *Tjarks* aaO., S. 107 f. aufgrund des Annahmeverfahrens beim Bundesverfassungsgericht; ähnlich *P. M. Huber*, in: Sachs, GG (LitVerz.), Art. 142 RN 7.
303 Aus der Jahresstatistik 2013 ergibt sich bspw., daß mindestens 5 v.H. der Verfassungsbeschwerden eine Verfahrensdauer von mehr als drei Jahren aufwiesen.
304 So auch *Gärditz*, in: JöR NF 61 (2013), S. 449 (454), zur Bedeutung der Landesverfassungsgerichte.
305 Vgl. *Karl August Bettermann*, Hypertrophie der Grundrechte. Eine Streitschrift, 1984 (abgedruckt in: Detlef Merten u.a. [Hg.], Staatsrecht – Verfahrensrecht – Zivilrecht. Schriften aus vier Jahrzehnten, 1988, S. 49 ff.).
306 *P. M. Huber*, NdsVBl. 2011, S. 233 (237). Dieses Risiko wurde schon ohne Verfassungsbeschwerde konstatiert, vgl. *K. Braun*, Kommentar (LitVerz.), Art. 2 RN 12.
307 S. dazu oben B II, RN 12.

Grundrechte Dritter, wie sie etwa im Rahmen der Kontrolle der Verhältnismäßigkeit von Grundrechtseingriffen erforderlich ist, besteht allerdings das Risiko unterschiedlicher Sichtweisen. Da gegen Entscheidungen der Landesverfassungsgerichte (Bundes-)Verfassungsbeschwerden nach Art. 93 Abs. 1 Nr. 4a GG unter Berufung auf eine Verletzung der Bundesgrundrechte, die auch den Staatsgerichtshof binden, zulässig sind[308], kann es dazu kommen, daß Entscheidungen des Staatsgerichtshofs vom Bundesverfassungsgericht als grundgesetzwidrig qualifiziert werden. Insofern besteht eine ähnliche Situation wie zwischen Bundesverfassungsgericht und Europäischem Gerichtshof für Menschenrechte, der ebenfalls mitunter zu anderen Ergebnissen kommt als das Bundesverfassungsgericht. Alle Techniken, die diesem Effekt in einem Verbund von mit dem Grundrechtsschutz betrauten Gerichten entgegenwirken sollen[309], vermögen solche Entscheidungsdivergenzen nicht völlig zu verhindern, so daß wohl immer die Entscheidung des zeitlich zuletzt entscheidenden, „höchsten" Gerichts maßgeblich sein wird.

Unvermeidliche Entscheidungsdivergenzen

---

308 *Dietlein*, AöR 120 (1995), S. 1 (3). Ob es daher zu einer Entlastung des Bundesverfassungsgerichts kommt, wie etwa *Tjarks*, Landesgrundrechte (LitVerz.), S. 108, annimmt, erscheint zweifelhaft.
309 Dazu etwa *Voßkuhle*, in: JöR NF Bd. 59 (2011), S. 215 (236 ff.).

F. Bibliographie

Birn, Helmut, Die Aufnahme von Grundrechten und staatsbürgerlichen Rechten des Grundgesetzes in die Verfassung von Baden-Württemberg, 1972.

Engelken, Klaas, Änderung der Landesverfassung unter der Großen Koalition. Zugleich erste Kommentierung, VBlBW 1995, S. 217 ff. (Teil 1) und VBlBW 1996, S. 121 ff. (Teil 2).

Feuchte, Paul, Verfassungsgeschichte von Baden-Württemberg, Bd. 1, 1983.

Köhres, Hans-Jörg, Struktur und Probleme der Verfassung des Landes Baden-Württemberg (Diss. Köln), 1959.

Krappel, Thomas, Landesverfassungsbeschwerde und verfassungsgerichtliche Kontrollkompetenz im Bundesstaat – Zur Einführung einer Landesverfassungsbeschwerde in Baden-Württemberg, VBlBW 2013, S. 121 ff.

Sannwald, Detlef/Sannwald, Rüdiger, Die Reform der Verfassung des Landes Baden-Württemberg, BWVPr 1995, S. 217 ff.

Zuck, Rüdiger, Die Bedeutung der baden-württembergischen Landesverfassungsbeschwerde für einen lebendigen Bundesstaat, VBlBW 2014, S. 1 ff.

ders., Die Landesverfassungsbeschwerde in Baden-Württemberg, 2013.

§ 246
Landesgrundrechte in Bayern

Ralf Müller-Terpitz

Übersicht

	RN		RN
A. Entwicklung der Landesgrundrechte in der Nachkriegszeit	1–8	b) Freizügigkeit im Landesgebiet	37–38
I. Verabschiedung der bayerischen Landesverfassung	1–4	2. Schutz der Individualität und Privatsphäre	39–49
II. Grundrechte als Bestandteil der Landesverfassung	5–7	a) Unverletzlichkeit der Wohnung	39–41
III. Entwicklung der Grundrechte seit Inkrafttreten der Landesverfassung	8	b) Glaubens- und Gewissensfreiheit	42–45
		c) Schutz von Ehe und Familie	46–49
B. Merkmale der bayerischen Landesgrundrechte	9–26	3. Schutz der Kommunikationsfreiheiten	50–68
I. Materielle Aspekte	9–22	a) Meinungsfreiheit	50–53
1. Vorbemerkung	9–10	b) Pressefreiheit	54–58
2. Typologie des Grundrechtskatalogs	11–17	c) Rundfunkfreiheit	59–62
a) Grundrechte	11–13	d) Informationsfreiheit	63
b) Grundpflichten	14–15	e) Versammlungsfreiheit	64–67
c) Staatszielbestimmungen	16–17	f) Unverletzlichkeit der Kommunikationswege	68
3. Funktionen der Landesgrundrechte	18–20	4. Kunst- und Wissenschaftsfreiheit	69–76
4. Wirkkraft der Landesgrundrechte	21–22	a) Kunstfreiheit	70–72
II. Prozessuale Aspekte	23–26	b) Wissenschaftsfreiheit	73–76
1. Popularklage	23–24	5. Schutz wirtschaftlicher Vorgänge	77–83
2. Individualverfassungsbeschwerde	25–26	a) Berufsfreiheit	78–79
C. Überblick über ausgewählte Landesgrundrechte	27–93	b) Eigentum und Erbrecht	80–82
I. Statusgrundrechte	28–30	c) Vereinigungsfreiheit	83
1. Menschenwürde	28–29	IV. Gleichheitsgrundrechte	84–90
2. Recht auf Leben und körperliche Unversehrtheit	30	1. Allgemeine Gleichheitsrechte	84–88
II. Allgemeine Freiheitsrechte	31–33	2. Gleichstellung von Menschen mit Behinderungen	89–90
1. Allgemeine Handlungsfreiheit	31–32	V. Leistungsgewährende und soziale Grundrechte	91–93
2. Allgemeines Persönlichkeitsrecht	33	1. Asylrecht	91
III. Besondere Freiheitsrechte	34–93	2. Petitionsrecht	92
1. Schutz der körperlichen Bewegungsfreiheit	34–38	3. Genuß der Naturschönheiten	93
a) Allgemeine Bewegungsfreiheit	34–36	D. Bibliographie	

§ 246 Sechzehnter Teil: III. Die Grundrechte in den Landesverfassungen

A. Entwicklung der Landesgrundrechte in der Nachkriegszeit

I. Verabschiedung der bayerischen Landesverfassung

1
Vorkonstitutionelle Verfassung

Die „Verfassung des Freistaates Bayern" vom 2. Dezember 1946[1] trat am 8. Dezember desselben Jahres in Kraft. Neben den Verfassungen von Hessen, Rheinland-Pfalz, Bremen und des Saarlandes gehört die bayerische Verfassung (Verf. Bayern) deshalb zu den sogenannten vorkonstitutionellen – vorgrundgesetzlichen – Landesverfassungen in Deutschland[2]. Sie ist damit die zweitälteste in Kraft befindliche Landesverfassung[3] und gilt gegenwärtig in der Fassung der Bekanntmachung vom 15. August 1998[4].

2
Vorarbeiten für einen Verfassungsentwurf

Nach dem Kriegsende am 8. Mai 1945 wurde das besiegte und zerstörte Deutschland in vier Besatzungszonen unterteilt. Bayern lag in der US-amerikanischen Besatzungszone. Die amerikanische Besatzungsmacht erkannte den Fortbestand des Freistaates Bayern an und drängte auf eine rasche Reorganisation seiner staatlichen Strukturen. Zuallererst erforderte dies den Erlaß einer demokratischen und rechtsstaatlichen Verfassung[5]. Hierzu wurde auf Bitten der US-Amerikaner von *Wilhelm Hoegner* – dem von ihnen bestellten Ministerpräsidenten – am 22. Februar 1946 ein Ausschuß unter anderem mit dem Auftrag eingesetzt, Vorarbeiten für die im Sommer 1946 zu wählende Verfassunggebende Landesversammlung zu leisten. Dieser „Vorbereitende Verfassungsausschuß" tagte in fünfzehn Sitzungen von Mai bis Juni 1946[6].

Vorbereitender Verfassungsausschuß

Grundlage für seine Arbeiten war ein Verfassungsentwurf, den Ministerpräsident *Hoegner* im Schweizer Exil ausgearbeitet hatte. Dieser sogenannte Vorentwurf wurde im Vorbereitenden Verfassungsausschuß ausführlich diskutiert. Die Ergebnisse dieser Diskussion flossen in einen Entwurf ein, den Ministerpräsident *Hoegner* am 15. Juli 1946 dem Präsidenten der vom Volk kurz zuvor gewählten Verfassunggebenden Landesversammlung vorlegte. Die Landesversammlung überantwortete sodann die Beratung dieses Verfassungsentwurfs einem Verfassungsausschuß[7].

3
Entwurf einer Landesverfassung

Auf der Basis dieser Vorarbeiten erarbeitete der Verfassungsausschuß innerhalb von nur zwei Monaten einen Entwurf der bayerischen Landesverfassung. Dieser Entwurf wurde sodann in mehreren Plenarsitzungen der Verfassunggebenden Landesversammlung im August und September 1946 beraten. Bei

---

1 GVBl. S. 333.
2 Das Grundgesetz für die Bundesrepublik Deutschland trat erst am 24. 5. 1949 in Kraft. Ausführlich zu den vorgrundgesetzlichen Landesverfassungen *Menzel*, Landesverfassungsrecht (LitVerz.), S. 329 ff.
3 Nur die hessische Verfassung ist um wenige Tage älter, da sie bereits am 1. 12. 1946 durch eine Volksabstimmung bestätigt wurde.
4 GVBl. S. 991, zuletzt geändert durch Gesetz v. 11. 11. 2013 (GVBl. S. 642).
5 *Lindner*, in: ders./Möstl/Wolff (LitVerz.), Vorb. A RN 8 f.
6 Weitere Einzelheiten hierzu bei *U. Steiner*, Zum Wiederaufbau des Rechtsstaats nach 1945 am Beispiel Bayerns, BayVBl. 2012, S. 549 (552 m.w.N.).
7 *Lindner*, in: ders./Möstl/Wolff (LitVerz.), Vorb. A RN 10.

der Gesamtabstimmung am 20. September 1946 wurde er ohne wesentliche Änderungen mit 134 gegen 18 Stimmen angenommen[8].

Dieser Entwurf wurde der US-amerikanischen Militärregierung zugeleitet, die den Text mit einigen Änderungen grundsätzlich akzeptierte. Den entsprechend überarbeiteten Verfassungstext nahm die Verfassunggebende Landesversammlung am 26. Oktober 1946 mit 136 gegen 14 Stimmen an. Dieser beschlossene Text wiederum wurde vom amerikanischen Militärgouverneur für Deutschland, General *Lucius D. Clay*, mit bestimmten Maßgaben genehmigt und zugleich seiner Vorlage zum Volksentscheid zugestimmt. Am 1. Dezember 1946 nahm die bayerische Bevölkerung den Entwurf sodann mit einer Mehrheit von über 70 v.H. der Stimmberechtigten an, am 2. Dezember fertigte Ministerpräsident *Hoegner* den Verfassungstext aus. Seine Bekanntmachung im Gesetzes- und Verordnungsblatt erfolgte am 8. Dezember 1946. An diesem Tag trat die neue Verfassung in Kraft[9].

4
Inkrafttreten der Landesverfassung

II. Grundrechte als Bestandteil der Landesverfassung

In ihrer Grobstruktur orientiert sich die bayerische Verfassung an der Weimarer Reichsverfassung (WRV). Wie diese leitet sie den Grundrechtskatalog mit der Überschrift „Grundrechte und Grundpflichten" ein. Auch findet sich dieser Katalog erst im zweiten Hauptteil der Verfassungsurkunde (Art. 98 ff. Verf. Bayern) nach den zentralen staatsorganisationsrechtlichen Bestimmungen (erster Hauptteil)[10]. Mit diesem Aufbau weicht die bayerische Landesverfassung vom Grundgesetz und einigen anderen Landesverfassungen mit Grundrechtskatalogen ab, die den Grundrechtsteil als Kontrapunkt zur nationalsozialistischen Willkür- und Schreckensherrschaft bewußt an die Spitze ihrer jeweiligen Verfassungsurkunden gestellt haben[11]. Diese „nachgeordnete" Positionierung des Grundrechtskatalogs wurde von *Hans Nawiasky*, einem der maßgeblichen Autoren des Verfassungstextes, damit begründet, „daß man zunächst auf den staatsrechtlichen Trümmern, welche das zusammengebrochene Regime hinterlassen habe, das Gebäude des bayerischen Staates neu errichten müsse. Erst wenn der Staat wieder aufgebaut sei, könne von Rechten der Einzelperson und von einem Gemeinschaftsleben die Rede sein"[12]. Eine Geringschätzung der Grundrechte kann in dieser Verortung des Grundrechtskatalogs deshalb nicht gesehen werden, zumal auch andere deutsche Landesverfassungen und europäische Staatsverfassungen jüngeren Da-

5
Grundrechtskatalog im Gefüge der Verfassungsurkunde

„Nachgeordnete" Positionierung des Grundrechtskatalogs

---

8 *Lindner* aaO., Vorb. A RN 12.
9 *Lindner* aaO., Vorb. A RN 13 f., dort auch mit weiteren Einzelheiten. Näher zur Entstehungsgeschichte der bayerischen Landesverfassung zudem *Brechmann*, in: Meder/ders. (LitVerz.), Einl. RN 2 ff.; *Nawiasky*, in: ders./Schweiger/Knöpfle (LitVerz.), Systematischer Überblick (III), dort auch mit Abdrucken der erwähnten textlichen Vorfassungen (Ia-Ic). Für weitere Nachweise s. ferner *Menzel* (LitVerz.), S. 334 FN 42.
10 Vgl. *Lindner* aaO., Vorb. A RN 38.
11 → Bd. I: *E. Klein*, Von der Spaltung zur Einigung Europas, § 5 RN 5.
12 Wiedergegeben nach *Zacher*, Die Bayerische Verfassung, in: Bernd Rill (Hg.), Bavaria Felix. Ein Land, das Heimat ist und Zukunft hat, 1986, S. 63 (64).

tums die Grundrechte nicht stets an die Spitze der jeweiligen Verfassungsurkunde zu stellen pflegen[13]. Auch für den Freistaat gilt deshalb: Den Grundrechten der bayerischen Landesverfassung kommt die gleiche „Fundamentalfunktion"[14] wie den Grundrechten des Grundgesetzes zu. So wie diese erweisen sie sich als „Gravitationszentrum"[15] der landestaatlichen Ordnung.

6
Vorentwurf des Grundrechtskatalogs

So wie beim Grundgesetz und bei den Landesverfassungen der frühen Nachkriegsjahre ist die Formulierung der bayerischen Grundrechte geprägt durch die Erfahrung der nationalsozialistischen Willkür- und Schreckensherrschaft, die in einem bis dahin unvorstellbaren Ausmaß Fundamentalrechte des einzelnen mißachtet hatte. Der Vorentwurf von Ministerpräsident *Hoegner*[16] sah in einem zweiten Hauptteil unter der Überschrift „Grundrechte und Grundpflichten" (Art. 62 ff.) deshalb einen umfangreichen Grundrechtskatalog mit der Möglichkeit zur Verfassungsbeschwerde gegen Behördenentscheidungen (Art. 76) vor. In Anlehnung an die Weimarer Reichsverfassung (WRV) war dieser Teil untergliedert in die Abschnitte „Die Einzelperson", „Das Gemeinschaftsleben", „Bildung und Schule" sowie „Religion und Religionsgesellschaften".

7
Heutige Fassung des Grundrechtskatalogs

Dieser Regelungssystematik folgte auch der Entwurf des Vorbereitenden Verfassungsausschusses[17] (Art. 69 ff.). Der Verfassungsausschuß der Verfassunggebenden Landesversammlung nahm von dieser Untergliederung des zweiten Hauptteils der Verfassung indes mit der Erwägung Abstand, daß eine Vermengung grundrechtlicher und programmatischer Regelungen vermieden werden sollte. Denn dies – so die Begründung – lasse den Bürger über die Rechtsnatur einer Verfassungsnorm im unklaren[18]. Der Bürger solle durch die systematische Stellung einer Vorschrift vielmehr erkennen können, ob es sich um eine Grundrechtsverbürgung handle oder nicht[19]. In seiner 16. Sitzung am 12. August 1946 beschloß der Verfassungsausschuß auf Vorschlag von *Hans Nawiasky* deshalb einstimmig, im zweiten Hauptteil – mit Modifizierungen in der Zuordnung – nur diejenigen Normen zu verankern, die in den vorangegangenen Entwürfen unter der Überschrift „Die Einzelperson" zusammengefaßt waren[20]. Die Regelungen zur Ehe und Familie, zur Bildung und Schule sowie zur Religion und Religionsgemeinschaft wurden deshalb unter dem Titel „Das Gemeinschaftsleben" in einen dritten Hauptteil der Verfassung ausgegliedert. Diese Modifikationen der verschiedenen Verfassungsentwürfe erhellen, warum einerseits nicht alle Bestimmungen des zweiten Hauptteils

---

13 Für Deutschland vgl. insofern die Landesverfassungen von Brandenburg, Mecklenburg-Vorpommern, Sachsen und Sachsen-Anhalt: → unten § 248, 252, 257, 258. Für das europäische Ausland vgl. z.B. die Verfassungen von Litauen: → Bd. X, und Polen: → Bd. IX, §§ 264–266.
14 *K. Huber*, Die Rechtsprechung des Bayerischen Verfassungsgerichtshofs zu den Grundrechten, BayVBl. 2010, S. 389 (390).
15 *Christian Starck*, Praxis der Verfassungsauslegung, 1994, S. 47.
16 S. oben A I, RN 2.
17 S. erneut oben A I, RN 2.
18 Vgl. 8. Sitzung am 30. 7. 1946, Prot. I S. 195 f. (*Nawiasky*).
19 Vgl. 8. Sitzung am 30. 7. 1946, Prot. I S. 197 f. (*Wimmer*).
20 *Knöpfle*, in: Nawiasky/Schweiger/Knöpfle (LitVerz.), Vor Art. 98–123 RN 3; *Lindner*, in: ders./Möstl/Wolff (LitVerz.), Vor Art. 98 RN 4.

der bayerischen Landesverfassung einen Grundrechtscharakter aufweisen, sich andererseits aber auch grundrechtliche Verbürgungen außerhalb des zweiten Hauptteils finden[21].

III. Entwicklung der Grundrechte seit Inkrafttreten der Landesverfassung

Im Unterschied zum Grundgesetz, das seit seinem Inkrafttreten im Jahre 1949 schon auf 57 Änderungen zurückblicken kann, wurde die bayerische Landesverfassung seit 1946 – wohl nicht zuletzt wegen des (wie in Hessen) obligatorischen Plebiszits (Art. 75 Abs. 2 Satz 2 Verf. Bayern)[22] – lediglich zwölf Mal und damit relativ selten geändert[23]. Nur drei dieser Änderungen betreffen die Landesgrundrechte: So wurde 1973 durch das Vierte Gesetz zur Änderung der Verfassung des Freistaates Bayern[24] Artikel 111a eingefügt. Diese Norm verbürgt die Rundfunkfreiheit und ordnet den Betrieb von Rundfunk in öffentlicher Verantwortung und öffentlich-rechtlicher Trägerschaft an. Durch das (siebte) Gesetz zur Änderung der Verfassung des Freistaates Bayern vom 20. Februar 1998[25] erhielt Art. 118 Abs. 2 der Verfassung (Gleichberechtigung von Frau und Mann) seine heutige Fassung. Zudem wurde Art. 118a der Verfassung (Menschen mit Behinderungen) in den Grundrechtskatalog eingefügt. Und schließlich erhielt Art. 100 der Verfassung (Würde des Menschen) durch das (elfte) Gesetz zur Änderung der Verfassung des Freistaates Bayern vom 10. November 2003 seine nunmehr wörtlich mit Art. 1 Abs. 1 GG übereinstimmende Fassung[26].

8 Verfassungsänderungen mit Grundrechtsbezug

B. Merkmale der bayerischen Landesgrundrechte

I. Materielle Aspekte

1. Vorbemerkung

Im Unterschied zur Verfassung der Hansestadt Hamburg handelt es sich bei der Verfassung des Freistaates Bayern um eine „Vollverfassung". Eingedenk der unklaren politischen Situation Deutschlands nach dem vollständigen Zusammenbruch der staatlichen Ordnung im Jahre 1945 wurde sie für ein eigenständiges und souveränes Bayern konzipiert[27]. Sie umfaßt deshalb nicht

9 Vollverfassung

---

21 *Lindner* aaO., Vor Art. 98 RN 4.
22 Vgl. *Menzel* (LitVerz.), S. 335, 393 ff.
23 Eine Übersicht aller Änderungen findet sich bei *Lindner*, in: ders./Möstl/Wolff (LitVerz.), Vorb. A RN 22. S. ferner *Brechmann*, in: Meder/ders. (LitVerz.), Einleitung RN 7.
24 GVBl. S. 389.
25 GVBl. S. 38.
26 GVBl. S. 817.
27 Näher hierzu *Lindner*, in: ders./Möstl/Wolff (LitVerz.), Vorb. A RN 33. S. ferner *Brechmann*, in: Meder/ders. (LitVerz.), Einl. RN 6; *K. Huber*, BayVBl. 2010, S. 389.

nur ein Organisationsstatut, das sich auf die verfassungsrechtliche Regelung der Aufgaben und Organisation des Staates beschränkt, sondern statuiert zugleich einen eigenen und zudem sehr umfassenden Grundrechtskatalog. Anders als in den Verfassungen von Baden-Württemberg, Mecklenburg-Vorpommern, Niedersachsen, Nordrhein-Westfalen und Schleswig-Holstein[28] findet sich in der bayerischen Verfassung folglich auch keine Rezeptionsnorm, durch welche die bundesverfassungsrechtlichen Grundrechte pauschal und vollständig in die Landesverfassung inkorporiert und dadurch zu Landesgrundrechten transformiert werden[29].

10
Materielle Gerechtigkeitsverfassung

Im umfassenden Grundrechtskatalog der bayerischen Landesverfassung spiegelt sich allerdings nicht nur die bereits erwähnte staatsrechtliche Unsicherheit der Nachkriegsjahre 1945/46 wider. Zugleich ist dieser Katalog Ausdruck einer „materiellen Gerechtigkeitsverfassung"[30], die sich bewußt, kategorisch und nachdrücklich vom nationalsozialistischen Terrorregime distanziert. Dies kommt sehr deutlich in der Betonung der Würde des Menschen in der Präambel, aber auch zu Beginn des Grundrechtskatalogs in Art. 100 Verf. Bayern sowie in den nachfolgenden Freiheits- und Gleichheitsrechten zum Ausdruck.

2. Typologie des Grundrechtskatalogs

a) Grundrechte

11
Grundrechte im zweiten Hauptteil

Die Grundrechte der bayerischen Landesverfassung sind ganz überwiegend im zweiten Hauptteil (von insgesamt vier Hauptteilen) der Verfassungsurkunde konzentriert. Entsprechend finden sich dort die klassischen freiheits- und gleichheitsrechtlichen Verbürgungen wie die allgemeine Handlungsfreiheit (Art. 101 Verf. Bayern), die Freiheit der Person (Art. 102), die Eigentumsfreiheit (Art. 103), die Glaubens- und Gewissensfreiheit (Art. 107), die Meinungsfreiheit (Art. 110), die allgemeine Gleichheit vor dem Gesetz (Art. 118 Abs. 1). Gerade über das Grundrecht der allgemeinen Handlungsfreiheit verbürgt die bayerische Verfassung deshalb – wie auch das Grundgesetz – einen nahezu lückenlosen Grundrechtsschutz für praktisch jede menschliche Betätigung[31]. Zudem finden sich dort in Gestalt der sogenannten Popularklage (Art. 98 Satz 4 Verf. Bayern) und der Verfassungsbeschwerde gegen behördliche Akte (Art. 120 Verf. Bayern), aber auch mit der Verbürgung des nulla poena sine lege und des ne bis in idem-Satzes (Art. 104 Verf. Bayern) prozessuale Gewährleistungen, denen Grundrechtscharakter zukommt.

12
Grundrechte außerhalb des zweiten Hauptteils

Des weiteren finden sich auch außerhalb des explizit mit „Grundrechte" überschriebenen zweiten Hauptteils grundrechtliche Verbürgungen, so insbesondere im dritten Hauptteil („Das Gemeinschaftsleben") für die Bereiche Ehe und Familie (124 Abs. 1 Verf. Bayern – Schutz von Ehe und Familie, 126 Abs. 1

---

28 Vgl. hierzu die entsprechenden Landesberichte von Baden-Württemberg, Mecklenburg-Vorpommern, Niedersachsen, Nordrhein-Westfalen und Schleswig-Holstein: → oben § 245; → unten § 252, 253, 254, 259.
29 Ausführlich zu letzterem *Menzel* (LitVerz.), S. 462 ff.
30 *Lindner*, in: ders./Möstl/Wolff (LitVerz.), Vorb. A RN 35.
31 Vgl. *Lindner*, BayVBl. 2004, S. 641 (644).

Verf. Bayern – elterliches Erziehungsrecht) sowie Bildung und Schule (Art. 134 Verf. Bayern – Privatschulfreiheit). Hinzu treten unter anderem die Rechte aus Art. 14 (i.V.m. Art. 12 Abs. 1) Verf. Bayern (Wahlrechte) sowie die Prozeßgrundrechte in Art. 86 Abs. 1 Verf. Bayern (gesetzlicher Richter) und Art. 91 Verf. Bayern (rechtliches Gehör)[32].

Zudem statuiert der zweite Hauptteil grundrechtsbezogene Regelungen wie den allgemeinen Gesetzesvorbehalt in Art. 98 Satz 1 bis 3 Verf. Bayern und eine allgemeine Schutzklausel in Art. 99 der Verfassung; auf diese Besonderheiten der bayerischen Landesverfassung wird noch zurückzukommen sein[33]. Regelungen zum Verbot des Einzelfallgesetzes, zum Zitiergebot oder zur Unantastbarkeit des Wesensgehalts der Grundrechte, wie man sie aus Art. 19 Abs. 1 und 2 GG, aber auch aus anderen Landesverfassungen[34] kennt, finden sich demgegenüber nicht.

13
Sonstige grundrechtsbezogene Regelungen

b) Grundpflichten

Wie schon der Grundrechtekatalog des Grundgesetzes (Art. 1 bis 19 GG) verbürgt allerdings nicht jede der im zweiten Hauptteil statuierten Norm ein klassisches Freiheits- oder Gleichheitsgrundrecht[35]. Dem Vorbild der Weimarer Reichsverfassung folgend, finden sich dort auch Bestimmungen in Gestalt sogenannter Grundpflichten, also von Pflichten, die dem Individuum durch die Verfassung auferlegt werden und der staatlichen Gemeinschaft gegenüber zu erfüllen sind; bereits die Überschrift dieses Hauptteils („Grundrechte und Grundpflichten") bringt dies deutlich zum Ausdruck. So statuiert Art. 117 Verf. Bayern eine allgemeine Treue-, Achtungs- und Betätigungspflicht gegenüber Volk, Verfassung, Staat und Gesetzen. Auch ist es bei Androhung von Strafe verboten, Rassen- und Völkerhaß zu entfachen (Art. 119 Verf. Bayern). Des weiteren werden die Bewohner Bayerns zur Übernahme von Ehrenämtern (Schöffe, Vormund, Jugendpfleger etc. – Art. 121), zur gegenseitigen Hilfe bei Unglücks- und Katastrophenfällen (Art. 122) und zu Steuerabgaben verpflichtet (Art. 123)[36]. Außerhalb des zweiten Hauptteils finden sich zudem weitere Grundpflichten im dritten („Das Gemeinschaftsleben") und vierten Hauptteil („Wirtschaft und Arbeit") der bayerischen Verfassung. So statuiert Artikel 126 Abs. 1 die Erziehungspflicht der Eltern, Art. 129 Abs. 1 der Verfassung die Schulpflicht und Art. 166 Abs. 3 der Verfassung die Arbeitspflicht nach näherer Bestimmung der Gesetze. Einige dieser Pflichten entspringen der Weimarer Tradition[37]. Auch steht die bayerische Landesverfassung mit dieser Systematik nicht allein: Zwar enthält das Grundgesetz nur vereinzelt und nicht explizit herausgestellte Grundpflichten[38]; wohl aber kennen an-

14
Verfassungsrechtliche Grundpflichten

Weitere Grundpflichten

---

32 *Lindner*, in: ders./Möstl/Wolff (LitVerz.), Vor Art. 98 RN 14.
33 S. unten B I 3, RN 19f.
34 Instruktiv hierzu *Menzel* (LitVerz.), S. 461f.
35 So auch *K. Huber*, BayVBl. 2010, S. 389 (390); *Lindner*, in: ders./Möstl/Wolff (LitVerz.), Vor Art. 98 RN 11.
36 Vgl. *Lindner* aaO., Vor Art. 98 RN 13.
37 Vgl. hierzu → Bd. II: *Randelzhofer*, Grundrechte und Grundpflichten, § 37 RN 5.
38 S. insoweit Art. 6 Abs. 2 Satz 1, Art. 12 Abs. 2, Art. 12 a, Art. 14 Abs. 2, Art. 26 und 33 Abs. 4 GG.

dere vorkonstitutionelle Landesverfassungen (Bremen, Rheinland-Pfalz, Saarland) vergleichbare Pflichtenkanons[39].

15
Charakter der Grundpflichten

Diese – mit dem Grundgesetz durchaus zu vereinbarenden[40] – Grundpflichten haben teils einen nicht justitiablen oder zumindest rechtlich nicht durchsetzbaren Charakter, so wenn Art. 117 Satz 2 Verf. Bayern eine Anteilnahme an öffentlichen Angelegenheiten sowie eine Betätigung der körperlichen und geistigen Kräfte für diese einfordert. Teils regeln sie allerdings auch eine auf explizite Normierung nicht angewiesene Selbstverständlichkeit wie insbesondere die Pflicht zur Beachtung der Gesetze und der Verfassung (Art. 117 Satz 1 und 2 Verf. Bayern)[41]. Schließlich sind die Grundpflichten in der Mehrzahl auf einfachgesetzliche Ausgestaltung angewiesen und stehen deshalb zum Teil auch – wie etwa Art. 121 und Art. 122 Verf. Bayern – unter einem expliziten gesetzlichen Regelungs- bzw. Ausgestaltungsvorbehalt. Aufgrund ihrer Staatsgerichtetheit kann aus den Grundpflichten keinesfalls eine individuelle Grundrechtsposition zugunsten anderer Grundrechtsträger hergeleitet werden[42]. Die Grundpflichten sind deshalb zwar formell gleichrangig mit den Grundrechten, bleiben aber in ihrer Bedeutung materiell-inhaltlich hinter diesen zurück[43]. Ihnen soll deshalb im folgenden nicht weiter nachgegangen werden.

c) Staatszielbestimmungen

16
Staatsziele im Grundrechtskatalog

Neben Grundrechten und Grundpflichten statuiert der zweite Hauptteil der bayerischen Verfassung schließlich auch noch objektiv-rechtliche Staatszielbestimmungen. Zu nennen ist hier der Anspruch auf angemessenen und billigen Wohnraum (Art. 106 Abs. 1 und 2 Verf. Bayern). Zwar sieht man der Formulierung in Art. 106 Abs. 1 der Verfassung („Jeder Bewohner Bayerns hat Anspruch auf eine angemessene Wohnung") ihren rein objektiv-rechtlichen Charakter prima facie nicht an. Er erschließt sich jedoch aus seinem systematischen Bezug zum Förderauftrag in Art. 106 Abs. 2 der Verfassung („Die Förderung des Baues billiger Volkswohnungen ist Aufgabe des Staates und der Gemeinden")[44].

17
Staatsziele außerhalb des Grundrechtskatalogs

Erneut finden sich derartige objektiv-rechtliche Staatszielbestimmungen auch außerhalb des Grundrechtskatalogs und dort vor allem in denjenigen Hauptteilen, die artverwandte Sachbereiche regeln. Hervorzuheben ist hier zum einen der dritte Hauptteil über das Gemeinschaftsleben, wo solche Staatsziel-

---

39 Ausführlich zum Vorstehenden → Bd. II: *Randelzhofer*, Grundrechte und Grundpflichten, § 37 RN 8 ff., 13 ff.
40 → Bd. II: *Randelzhofer*, Grundrechte und Grundpflichten § 37 RN 12.
41 Hierin liegt auch ein Grund, warum die Mütter und Väter des Grundgesetzes von einer umfassenden und expliziten Statuierung derartiger Pflichten absahen. S. erneut → Bd. II: *Randelzhofer*, § 37 RN 15 m.w.N., der ebd. RN 36 f., die Pflicht zum Gesetzesgehorsam im übrigen als eine indirekt aus der Verfassung folgende Pflicht kennzeichnet.
42 *Lindner*, in: ders./Möstl/Wolff (LitVerz.), Art. 117 RN 1. In diesem Sinne wohl auch → Bd. II: *Randelzhofer*, Grundrechte und Grundpflichten, § 37 RN 62: Keine unmittelbare Drittwirkung der Grundpflichten.
43 So mit Recht schon → Bd. II: *Randelzhofer*, Grundrechte und Grundpflichten, § 37 RN 11.
44 K. *Huber*, BayVBl. 2010, S. 389 (390). Vgl. ferner *Hahnzog*, Lebendige Bayerische Verfassung, BayVBl. 2007, S. 321 (324).

aufgaben etwa in Art. 125 Abs. 2 (Förderung der Familie) und Art. 128 Verf. Bayern (Ausbildung, Begabtenförderung) niedergelegt sind[45]. Zu nennen ist ferner der vierte Hauptteil über die „Wirtschaft und Arbeit", in dem etwa jedermann das Recht zugesprochen wird, „sich durch Arbeit eine auskömmliche Existenz zu schaffen" (Art. 166 Abs. 2 Verf. Bayern). Wie schon bei Art. 106 Abs. 1 und Art. 128 Abs. 1 Verf. Bayern kommt auch diese objektiv-rechtliche Optimierungsaufgabe im sprachlichen Gewande eines subjektiven Anspruchs daher, kann aber aus organisatorischen und finanziellen Gründen nicht als solcher interpretiert werden[46]. Die Mütter und Väter des Grundgesetzes haben denn auch bewußt darauf verzichtet, solche subjektiv-rechtlich unerfüllbaren, politisch aber unstreitigen Staatsaufgaben in den Grundrechtskatalog bzw. in die Bundesverfassung aufzunehmen, um keine falschen (und letztlich enttäuschten) Erwartungshaltungen bei den Bürgern hervorzurufen[47].

3. Funktionen der Landesgrundrechte

Die Funktionen der Landesgrundrechte sind mit denjenigen der Bundesgrundrechte identisch[48]. Primär sind sie deshalb als Abwehrrechte gegen staatliches Handeln zu interpretieren. Daneben kann ihnen aber auch eine (originäre oder derivative) Leistungsfunktion, eine Funktion als objektive Wertentscheidung, welche auf die Gesamtrechtsordnung ausstrahlt, eine Schutzpflichtenfunktion sowie eine verfahrens- und organisationsrechtliche Funktion zukommen. All dies wurde bereits an anderer Stelle ausführlich beschrieben[49], so daß nachfolgend nur kurz auf zwei Besonderheiten der bayerischen Landesverfassung einzugehen ist.

18 Herkömmliche Grundrechtsfunktionen

Die erste betrifft die abwehrrechtliche Funktion der Grundrechte: Insoweit findet sich in der bayerischen Verfassung die Besonderheit eines allgemeinen Gesetzesvorbehalts. Zwar dürfen die durch die Landesverfassung gewährleisteten Grundrechte gemäß Art. 98 Satz 1 Verf. Bayern grundsätzlich nicht eingeschränkt werden. Art. 98 Satz 2 der Verfassung relativiert diese Aussage jedoch sogleich durch die Feststellung, daß Einschränkungen durch Gesetz (nur) zulässig sind, wenn die öffentliche Sicherheit, Sittlichkeit, Gesundheit und Wohlfahrt es zwingend erfordern. Sonstige Einschränkungen sind laut

19 Allgemeiner Gesetzesvorbehalt

---

45 Für Art. 128 Verf. Bayern entspricht dies der Sichtweise des BayVerfGH, ist im übrigen aber nicht unstr. Ausführlich dazu *Hahnzog* (FN 44), S. 323 f.; *Möstl*, in: Lindner/ders./Wolff (LitVerz.), Art. 128 RN 5.
46 Vgl. insoweit *Lindner* aaO., Art. 166 RN 3 m.w.N., auch zur BayVerfGH-Rechtsprechung. Zur ähnlichen Rechtslage nach der nordrhein-westfälischen Landesverfassung, deren Art. 24 Abs. 1 Satz 3 ebenfalls ein „Recht auf Arbeit" verfügt; *Müller-Terpitz*, in: Löwer/Tettinger (LitVerz.), Art. 24 RN 14 ff.
47 Vgl. erneut *Müller-Terpitz* aaO., Art. 24 RN 14. In jüngerer Vergangenheit haben an dieser Tradition der „sozialen Grundrechte" bzw. Staatszielbestimmungen die Verfassungen der fünf neuen Bundesländer festgehalten. Gleiches gilt für die Charta der Grundrechte der Europäischen Union. Hierzu ausführlich → Bd. VI/I: *Langenfeld*, Soziale Grundrechte, § 163.
48 Ausführlich zu den Funktionen der bayerischen Landesgrundrechte *Lindner*, in: ders./Möstl/Wolff (LitVerz.), Vor Art. 98 RN 50 ff., 87 ff.
49 → Bd. II, Zweites Kapitel, §§ 38 bis 46.

Art. 98 Satz 3 der Verfassung nur unter den Voraussetzungen ihres Artikels 48 statthaft, was eine zeitlich limitierte Suspendierung bestimmter kommunikativer Grundrechte „bei drohender Gefährdung der öffentlichen Sicherheit und Ordnung" erlaubt. Aus historischer Perspektive erstaunt an dieser Regelungstechnik, daß der Aspekt der Einschränkbarkeit von Grundrechten an den Anfang, also vor die konkreten Verbürgungen, und nicht, wie in der noch jungen Grundrechte-Charta der Europäischen Union (GRCh)[50], an das Ende des Grundrechtskatalogs gestellt wurde. Des weiteren überrascht, daß der Bayerische Verfassungsgerichtshof von dieser allgemeinen Vorbehaltsgeneralklausel bislang keinen Gebrauch gemacht, sondern die jeweiligen Grundrechtspositionen mit „immanenten" oder „inhärenten" Gesetzesvorbehalten versehen hat, welche er in Anlehnung an die Rechtsprechung des Bundesverfassungsgerichts interpretiert[51]. Art. 98 Satz 2 Verf. Bayern ist in der verfassungsgerichtlichen Rechtsprechung deshalb „weitgehend bedeutungslos" geblieben[52].

20
Schutzpflichtenfunktion

Eine zweite Besonderheit, ja Singularität der bayerischen Grundrechte resultiert aus dem Umstand, daß die Landesverfassung den grundrechtlichen Schutzaspekt, erneut zu Beginn des Grundrechtskatalogs (Art. 99 Verf. Bayern), explizit hervorhebt. Dies erspart eine aufwendige Herleitung grundrechtlichen Schutzpflichten, wie sie vom Bundesverfassungsgericht erst spät in seinen beiden Entscheidungen zum Schwangerschaftsabbruch geleistet werden mußte[53] und seitdem Gegenstand einer intensiven rechtswissenschaftlichen Auseinandersetzung war bzw. weiterhin ist[54]. Demgegenüber statuiert Art. 99 Satz 1 Verf. Bayern, daß die Verfassung dem Schutz und dem geistigen und leiblichen Wohl aller Einwohner dient. Ihr Schutz „nach innen (ist) durch die Gesetze, die Rechtspflege und die Polizei" zu gewährleisten (Art. 99 Satz 2 Halbs. 2 der Verfassung). Nach der Rechtsprechung des Bayerischen Verfassungsgerichtshofs folgt hieraus nicht nur eine objektiv-rechtliche Verpflichtung der drei Staatsgewalten, sondern zugleich auch ein subjektiv-rechtlicher Anspruch des Bürgers in Gestalt eines „Grundrechts auf Sicherheit", welches der Legislative, Exekutive und Judikative entgegengehalten werden kann[55].

---

50 Vgl. dort Art. 52 GRCh.
51 *Lindner*, in: ders./Möstl/Wolff (LitVerz.), Art. 98 RN 2.
52 *Lindner*, BayVBl. 2004, S. 641 (651).
53 Vgl. *BVerfGE 39*, 1 (44 ff.); *88*, 203 (254 ff.).
54 Vgl. hierzu die Grundlegungen von *Josef Isensee*, Das Grundrecht auf Sicherheit, 1983, passim; ders., HStR ³IX, § 191 RN 217 ff. sowie u.a. *Johannes Dietlein*, Die Lehre von den grundrechtlichen Schutzpflichten, 1992, passim; *Georg Hermes*, Das Grundrecht auf Schutz von Leben und Gesundheit, 1987, passim; *Liv Jaeckel*, Schutzpflichten im deutschen und europäischen Recht, 2001, passim und *Ralf Müller-Terpitz*, Der Schutz des pränatalen Lebens, 2007, S. 82 ff.
55 Vgl. insoweit *BayVerfGHE 33*, 98 (99): „Recht auf Rechtsschutz im Range eines Grundrechts"; *E 47*, 241 (255) und *50*, 226 (247): „Verpflichtung des Staates zum Schutz seiner Bürger". Ebenso *BayVerfGHE 47*, 207 (223); *57*, 84 (98). Einzelheiten hierzu bei *A. Funke*, in: Meder/Brechmann (LitVerz.), Art. 99 RN 8 ff.

4. Wirkkraft der Landesgrundrechte

Die Frage nach der Wirkkraft der Landesgrundrechte hat eine rechtliche und eine faktische Dimension: Aus rechtlicher Perspektive stellt sich die Frage, inwiefern die Grundrechte der bayerischen Landesverfassung neben den im Jahre 1949 in Kraft getretenen Grundrechten des Grundgesetzes überhaupt noch zur Anwendung kommen können. Die Antwort hierauf liefert die Kollisionsregelung in Art. 142 GG: Hiernach bleiben „[u]ngeachtet der Vorschrift des Artikels 31 Bestimmungen der Landesverfassungen auch insoweit in Kraft, als sie in Übereinstimmung mit den Artikeln 1 bis 18 dieses Grundgesetzes Grundrechte gewährleisten"[56]. Eine solche Übereinstimmung bejaht das Bundesverfassungsgericht auch dann, wenn die Landesgrundrechte einen weitergehenden oder einen geringeren Schutz als die Bundesgrundrechte gewährleisten. Die Landesgrundrechte dürfen dabei allerdings nicht in Widerspruch zu letzteren treten[57]. Dieser großzügig gesteckte Rahmen hat zur Folge, daß die bayerischen Grundrechte ganz überwiegend im Einklang mit dem Grundgesetz stehen[58]. Sie sind deshalb weiterhin gültig und folglich mit all ihren Grundrechtsfunktionen[59] für die drei Landesstaatsgewalten (Legislative, Exekutive und Judikative) grundsätzlich maßstabsbildend.

21
Rechtliche Wirkkraft

Weniger positiv sieht es demgegenüber für die faktische Wirkkraft der bayerischen Grundrechte aus: Zwar finden diese nicht nur Anwendung, wenn es sich um rein landesrechtliche staatliche Maßnahmen handelt. Auch beim Vollzug von Bundesrecht durch Landesinstitutionen sind gesetzesimmanente Spielräume, beispielsweise in Gestalt von Ermessen, nach Maßgabe landesgrundrechtlicher Wertentscheidungen auszufüllen[60]. Wie für die Grundrechte anderer Landesverfassungen gilt allerdings auch für die bayerischen Grundrechte, daß sie im Schatten der Bundesgrundrechte, an die der Freistaat über Art. 1 Abs. 3 GG ebenfalls gebunden ist, einschließlich einer wirkmächtigen Rechtsprechung des Bundesverfassungsgerichts stehen und deshalb ihre faktische Wirkkraft verblaßt ist. Hinzu kommen die europäischen Grundrechtsebenen[61] – Europäische Menschenrechtskonvention[62], Grundrechte-Charta der Europäischen Union –, welche aufgrund der völkervertraglichen Bindungen Deutschlands bzw. des unionsrechtlichen Anwendungsvorrangs gleichfalls nach Beachtung durch die Landesebene verlangen. Nur dort, wo die Landesgrundrechte Besonderheiten im Vergleich zu diesen Grundrechtsebenen statuieren, wie insbesondere im Hinblick auf die bayerische Rundfunkord-

22
Faktische Wirkkraft

---

56 → Bd. III: *Maurer*, Landesgrundrechte im Bundesstaat, § 82.
57 *BVerfGE 96*, 345 (365). Näher dazu *Lindner*, BayVBl. 2004, S. 641 (644 f.); *Pabel*, BVerfGE 96, 345 – Landesverfassungsgerichte. Zur Frage des Umfangs der Prüfungskompetenz der Landesverfassungsgerichte, in: Jörg Menzel/Ralf Müller-Terpitz (Hg.), Verfassungsrechtsprechung, ²2011, S. 623 ff.
58 Vgl. *K. Huber*, BayVBl. 2010, S. 389 (390); *Lindner*, BayVBl. 2004, S. 641 (645).
59 S. vorstehend B I 3, RN 18 ff.
60 Für Details zu diesen komplexen Maßstabsfragen *Lindner*, BayVBl. 2004, S. 641 (646 ff.); *Menzel* (LitVerz.), S. 206 ff.
61 → Bd. VI/1, §§ 159 ff.
62 → Bd. VI/1, §§ 137 ff.

nung (Art. 111 a Verf. Bayern)[63], kommt ihnen deshalb nicht nur eine rechtlich, sondern auch eine faktisch eigenständige Wirkkraft zu.

II. Prozessuale Aspekte

1. Popularklage

23
Prozessuales Unikat

Der vorstehend skizzierte Verlust an faktischer Wirkkraft wird zudem durch ein prozessuales Unikat der bayerischen Landesverfassung, die sogenannte Popularklage, abgemildert. Begünstigt durch den Befund einer umfassenden Grundrechtskodifikation sowie durch das im Freistaate Bayern über zwei Jahrhunderte hinweg gewachsene nationale Identitäts- und Selbstbewußtsein relativiert diese prozessuale Möglichkeit den Bedeutungsverlust der Landesgrundrechte gerade gegenüber Maßnahmen der Landesgesetzgebung. Denn die nur in Bayern bekannte Popularklage ermöglicht es jedermann, kostenfrei und ohne Ansehung von Fristen den Bayerischen Verfassungsgerichtshof mit der Behauptung anzurufen, ein Landesgesetz, eine Landesrechtsverordnung oder eine kommunale Satzung verletzte die bayerischen Grundrechte (Art. 98 Satz 4 Verf. Bayern i.V.m. Art. 2 Nr. 7, 55 BayVerfGHG)[64]. Einer möglichen Eigenbetroffenheit, wie bei der Verfassungsbeschwerde grundgesetzlicher Provenienz, bedarf es zur Geltendmachung eines Grundrechtsverstoßes gerade nicht[65]. Diese geringe prozessuale Zugangshürde verleiht dem Rechtsbehelf der Popularklage neben der nicht selten bestehenden Möglichkeit, das Bundesverfassungsgericht anzurufen, Attraktivität und stärkt zugleich den Charakter der bayerischen Verfassung als einer veritablen „Bürgerverfassung"[66].

24
Prüfungsmaßstab

Rechtsstaatsprinzip

Da sich die Popularklage auf Akte der Landesgesetzgebung bezieht, kommen als Prüfungsmaßstab nur die Landesgrundrechte in Betracht. Ist die Popularklage zulässig, erstreckt der Verfassungsgerichtshof seinen Prüfungsmaßstab allerdings auch auf alle sonstigen Bestimmungen der bayerischen Landesverfassung[67]. Gegebenenfalls muß der Verfassungsgerichtshof dabei im Rahmen einer Vorprüfung untersuchen, ob die den Gegenstand der Popularklage bildende Gesetzesnorm mit höherrangigem Bundesrecht vereinbar ist. Maßstab hierfür bildet das in Art. 3 Abs. 1 Verf. Bayern verankerte Rechtsstaatsprinzip. Dieses ist verletzt, wenn der Widerspruch des bayerischen Landesrechts zum Bundesrecht offen zutage tritt und darüber hinaus auch inhaltlich nach seinem Gewicht als schwerwiegender Eingriff in die

---

63 Dazu noch unten C III 3 c, RN 59 ff.
64 Speziell zur Möglichkeit, Bebauungspläne (also Satzungen) zum Gegenstand einer Popularklage zu machen, *BayVerfGH* BayVBl. 2009, S. 142 ff.; *Fröhlich*, Der Bebauungsplan als Gegenstand der Popularklage nach Art. 98 Satz 4 Verf. Bayern, BayVBl. 2013, S. 1 ff. Beachte ferner die Kollisionsregelung in § 47 Abs. 3 VwGO.
65 Ausführliche Darstellung des Verfahrens bei *Bohn* (LitVerz.), passim. Für weitere prozessuale Details mit Hinweisen zu aktuellen Entscheidungen des BayVerfGH s. *Lindner*, Die Rechtsprechung des Bayerischen Verfassungsgerichtshofs – Überblick über wichtige Entscheidungen aus den Jahren 2010 bis 2012, BayVBl. 2013, S. 549 (559 f.).
66 Zum Begriff *Lindner*, in: ders./Möstl/Wolff (LitVerz.), Vorb. A RN 36 f.
67 Vgl. z. B. *BayVerfGHE 52*, 47 (56); *55*, 1 (6); *59*, 134 (138).

Rechtsordnung anzusehen ist[68]. Das gilt auch für die Beurteilung der Frage, ob der Landesgesetzgeber die bundesrechtliche Kompetenzordnung des Grundgesetzes eingehalten hat[69].

2. Individualverfassungsbeschwerde

Daneben kennt die bayerische Landesverfassung auch die – allerdings eingeschränkte – Möglichkeit einer Individualverfassungsbeschwerde (Art. 66, 120 Verf. Bayern i.V.m. Art. 2 Nr. 6, Art. 51 ff. BayVerfGHG), wonach sich jeder „Bewohner Bayerns, der sich durch eine Behörde in seinen verfassungsmäßigen Rechten verletzt fühlt, [...] den Schutz des Bayerischen Verfassungsgerichtshofes anrufen" kann. Anders als die grundgesetzliche Verfassungsbeschwerde, die gemäß Art. 93 Abs. 1 Nr. 4a GG grundsätzlich gegen jeden Akt der öffentlichen Gewalt erhoben werden kann, ist die Individualverfassungsbeschwerde bayerischer Prägung auf Maßnahmen einer „Behörde" beschränkt. Allerdings wird dieser Begriff weit interpretiert und neben den unmittelbar adressierten Exekutivakten auch auf Akte der Judikative (nicht aber der Legislative) erstreckt[70]. Immerhin wird von dieser Möglichkeit pro Jahr durchschnittlich in 110 bis 130 Fällen Gebrauch gemacht[71]. Sie ist damit im Vergleich zur Popularklage das quantitativ bedeutsamere Verfahren, wobei letzterer zumeist ein höherer verfassungsrechtlicher Stellenwert zukommt[72].

25 Anwendungsbereich

Die Individualverfassungsbeschwerde ist dabei auf die Prüfung von Einzelfallentscheidungen der Landesstaatsgewalt beschränkt. Dementsprechend können Entscheidungen von Bundesbehörden oder Bundesgerichten nur vor dem Bundesverfassungsgericht, nicht hingegen vor dem Bayerischen Verfassungsgerichthof angegriffen werden. Nach dessen ständiger Rechtsprechung ist eine Individualverfassungsbeschwerde gegen landesgerichtliche Entscheidungen zudem nicht mehr zulässig, wenn diese von einem obersten Bundesgericht „aufgrund sachlicher Prüfung in ihrem Inhalt" bestätigt wurde[73]. In Umsetzung der vom Bundesverfassungsgericht gewährten Spielräume[74] prüft der Verfassungsgerichtshof jedoch bundesrechtlich geregelte Verfahrensfragen am Maßstab der landesrechtlichen Verfahrensgrundrechte, soweit diese

26 Prüfungsmaßstab

---

68 *BayVerfGHE 41*, 59 (64f.); *41*, 69 (73ff.); *41*, 83 (89); *50*, 76 (98); *59*, 219 (224); *61*, 248 (254); NJW 2014, S. 3215 (3217 RN 69). Für weitere Einzelheiten s. *H.A. Wolff*, in: Lindner/Möstl/ders. (LitVerz.), Art. 98 RN 66f.; *Schmitt Glaeser/Horn*, Die Rechtsprechung des Bayerischen Verfassungsgerichtshofs – Anmerkungen zu ausgewählten Entscheidungen aus jüngster Zeit, BayVBl. 1992, S. 673 (684f. m.w.N.).
69 *BayVerfGHE 55*, 57 (64); NJW 2014, S. 3215 (3217 RN 69), dort (RN 87ff.) erneut offengelassen für einen Verstoß gegen Unionsrecht.
70 Zu diesem weiten, vom Wortlaut entkoppelten Verständnis des Behördenbegriffs in Art. 120 Verf. Bayern vgl. *K. Huber*, BayVBl. 2010, S. 389 (391); *H.A. Wolff*, in: Lindner/Möstl/ders. (LitVerz.), Art. 120 RN 16ff. Für weitere prozessuale Details mit Hinweisen zu aktuellen Entscheidungen des BayVerfGH s. erneut *Lindner*, BayVBl. 2013, S. 549 (560).
71 Zahlenangaben nach *K. Huber*, BayVBl. 2010, S. 389 (391).
72 *K. Huber*, BayVBl. 2010, S. 389 (393). Für jüngere statistische Angaben vgl. *Lindner*, BayVBl. 2013, S. 549 (550).
73 S. exemplarisch *BayVerfGHE 22*, 124 (125); *46*, 257 (262f.).
74 S. oben FN 57.

§ 246 Sechzehnter Teil: III. Die Grundrechte in den Landesverfassungen

Materielle Überprüfung von Bundesrecht?

inhaltsgleiche Verbürgungen wie das Grundgesetz beinhalten. In concreto betrifft dies den Anspruch auf rechtliches Gehör (Art. 91 Abs. 1 Verf. Bayern) und auf den gesetzlichen Richter (Art. 86 Abs. 1 Satz 2 Verf. Bayern). Für ersteren hat der Bayerische Verfassungsgerichtshof eine differenzierte Rechtsprechung entwickelt[75]. Eine materielle Überprüfung von Bundesrecht am Maßstab der Landesgrundrechte kann demgegenüber nur erfolgen, soweit das Bundesrecht für diese Anwendungsspielräume beläßt – etwa in Gestalt von Ermessensentscheidungen – oder wenn das entscheidungsbefugte Landesgericht willkürlich im Sinne des Art. 118 Abs. 1 der Verfassung gehandelt hat. Letzteres ist laut Rechtsprechung des Bayerischen Verfassungsgerichtshofs allerdings nur dann der Fall, wenn die angegriffene Entscheidung als schlechthin unhaltbar, offensichtlich sachwidrig bzw. eindeutig unangemessen zu qualifizieren ist und sich deshalb außerhalb jeder Rechtsanwendung stellt, ihr in Wahrheit also gar kein Bundesrecht zugrunde gelegen hat[76].

C. Überblick über ausgewählte Landesgrundrechte

27
Summarischer Überblick

In der Mehrzahl decken sich die Schutzbereiche der Landesgrundrechte – trotz zum Teil unterschiedlicher Formulierungen – im wesentlichen mit denjenigen der grundgesetzlichen Verbürgungen[77]. Der nachfolgende Überblick, der ob des nur begrenzt zur Verfügung stehenden Raums zwangsläufig summarisch bleiben muß, fokussiert sich deshalb vor allem auf die normativen Unterschiede, die Rechtsprechung des Bayerischen Verfassungsgerichtshofs sowie auf die Bedeutung des jeweiligen Landesgrundrechts für die Landesstaatsgewalt.

I. Statusgrundrechte

1. Menschenwürde

28
Normgenese

Ebenso wie das Grundgesetz eröffnet der materielle Teil des bayerischen Grundrechtskatalogs mit einem Bekenntnis zur Würde des Menschen. Diese in Art. 100 Verf. Bayern verfassungsänderungsresistent lozierte Aussage zum Status des Menschen als würdebegabtes Wesen wurde auf Vorschlag von *Hans Nawiasky* in den Grundrechtskatalog eingefügt; sie ist eine Reaktion auf die nationalsozialistische Willkür- und Schreckensherrschaft[78]. In ihrer Ursprungsfassung lautete die Bestimmung: „Die Würde der menschlichen Persönlichkeit ist in Gesetzgebung, Verwaltung und Rechtspflege zu achten"[79].

---

75 *K. Huber*, BayVBl. 2010, S. 389 (392), unter Verweis auf *BayVerfGH* NJW-RR 2008, S. 1312.
76 Vgl. erneut *K. Huber*, BayVBl. 2010, S. 389 (392), unter Verweis auf *BayVerfGH* BeckRS 2009, 39900.
77 *K. Huber*, BayVBl. 2010, S. 389 (390).
78 *BayVerfGHE 1*, 29 (32). S. ferner *B. Schmidt am Busch*, in: Meder/Brechmann (LitVerz.), Art. 100 RN 1, 2 und 5.
79 *BayVerfGHE 1*, 29 (32); *K. Huber*, BayVBl. 2010, S. 389 (389).

Schon in einer seiner ersten Entscheidungen vom 22. März 1948, also noch vor Inkrafttreten des Grundgesetzes, hat der Bayerische Verfassungsgerichtshof grundlegende Aussagen zum Verständnis dieser Norm getroffen. Danach ist „[d]er Mensch als Person [...] Träger höchster geistig-sittlicher Werte und verkörpert einen sittlichen Eigenwert, der unverlierbar und auch jedem Anspruch der Gemeinschaft, insbesondere allen rechtlichen und politischen Zugriffen des Staates und der Gesellschaft gegenüber eigenständig und unantastbar ist"[80]. Der zunächst recht sperrigen Formulierung des Art. 100 Verf. Bayern kam deshalb von Anfang an dieselbe zentrale Bedeutung für das Menschenbild und das Wertesystem der bayerischen Verfassung zu, wie sie von Art. 1 Abs. 1 GG für die grundgesetzliche Ordnung ausgeht[81]. Insbesondere kommt in diesem Verständnis des Art. 100 der Verfassung bereits der Absolutheitsanspruch dieser Norm zum Ausdruck. Formulierung wie Stellung haben dabei Art. 1 Abs. 1 GG beeinflußt[82], wobei dessen Formulierung seinerseits auf die bayerische Verfassung zurückwirkte, was im Jahre 2003 zu einer wortgleichen Anpassung des Art. 100 Verf. Bayern an Art. 1 Abs. 1 GG führte[83]. Vor diesem Hintergrund verwundert es wenig, daß der Bayerische Verfassungsgerichtshof den abwehr- und leistungsrechtlichen Gewährleistungsgehalt dieses Artikels an Art. 1 Abs. 1 GG orientiert[84]. Auch hat er aus dieser Bestimmung einen postmortalen Würdeschutz hergeleitet[85].

Im Unterschied zu Art. 1 Abs. 1 GG kann für Art. 100 Verf. Bayern nicht in Abrede gestellt werden, daß es sich bei ihm um ein echtes Grundrecht und nicht nur um ein tragendes Leitmotiv der Verfassung handelt. Dies folgt aus seiner Stellung nach den allgemeinen Bestimmungen zur Einschränkbarkeit und zum Schutz der Grundrechte (Art. 98, 99 Verf. Bayern). Folgerichtig hat der Bayerische Verfassungsgerichtshof in der bereits erwähnten Entscheidung hervorgehoben, daß dem in Art. 100 der Verfassung verbürgten sozialen Wert- und Achtungsanspruch die Bedeutung eines „bindende[n] Rechtssatz[es]" mit „zwingende[m] Charakter" zukommt, welcher als „subjektives öffentliches Recht", sprich als verfassungsmäßiges Recht im Sinne des Art. 120 der Verfassung anzusehen ist[86].

2. Recht auf Leben und körperliche Unversehrtheit

Im Unterschied zum Grundgesetz fehlt in der bayerischen Landesverfassung demgegenüber die explizite Normierung eines anderen Statusgrundrechts, das enge Berührungspunkte zur Würdegarantie aufweist: des Rechts auf Leben

---

80 BayVerfGHE 1, 29 (32).
81 K. Huber, BayVBl. 2010, S. 389 (390).
82 Vgl. K. Huber, BayVBl. 2010, S. 389 (389).
83 S. hierzu bereits oben bei FN 26 sowie B. Schmidt am Busch, in: Meder/Brechmann (LitVerz.), Art. 100 RN 5f.
84 Vgl. BayVerfGHE 15, 49 (59); 47, 241 (254); B. Schmidt am Busch aaO., Art. 100 RN 8, 13 und 20ff.
85 Vgl. BayVerfGH BayVBl. 2013, S. 236 (237). S. ferner BayVGH NJW 2003, S. 1618 (1620) – Körperwelten; B. Schmidt am Busch aaO., RN 17.
86 BayVerfGHE 1, 29 (32). S. zudem BayVerfGHE 2, 85 (89f.); 49, 79 (92); 62, 45 (51); 63, 83 (110), sowie B. Schmidt am Busch aaO., Art. 100 RN 13.

und körperliche Unversehrtheit. Hieraus folgt allerdings nicht, daß diese Rechte keine Anerkennung durch das bayerische Verfassungsrecht finden. Vielmehr hat der Bayerische Verfassungsgerichtshof diese in Art. 100 (Menschenwürde) und Art. 101 der Verfassung (allgemeine Handlungsfreiheit) verortet[87]. Ausschlaggebend hierfür war die Erkenntnis, daß der Schutz des menschlichen Lebens als personales Substrat der Menschenwürde und als Voraussetzung aller anderen grundrechtlichen Verbürgungen auch innerhalb der bayerischen Verfassungsordnung einen anzuerkennenden Höchstwert darstellt[88].

II. Allgemeine Freiheitsrechte

1. Allgemeine Handlungsfreiheit

31
Subsidiäres Auffanggrundrecht

Mit der in Artikel 101 verbürgten allgemeinen Handlungsfreiheit hält die bayerische Verfassung ein Pendant zu Art. 2 Abs. 1 GG vor. Ebenso wie diese Bestimmung schützt Art. 101 Verf. Bayern als subsidiäres Auffanggrundrecht jedes menschliche Tun oder Unterlassen, und sei es (scheinbar) noch so trivial[89]. Auch die Auferlegung gesetzwidriger Zahlungsverpflichtungen läßt sich mit diesem Grundrecht rügen[90]. In Ermangelung einer speziellen Normierung schützt Art. 101 der Verfassung zudem die Berufsfreiheit[91], gewährt Schutz vor Zwangsmitgliedschaften in öffentlich-rechtlichen Körperschaften[92] und verbürgt – wie gesehen[93] – in Verbindung mit Art. 100 Verf. Bayern das Recht auf Leben und körperliche Unversehrtheit. Folglich muß sich der Landesgesetzgeber nicht nur wegen Art. 2 Abs. 1 GG, sondern auch wegen Art. 101 der Verfassung für jede den Bürger belastende Maßnahme rechtfertigen. Art. 101 Verf. Bayern etabliert mithin eine „Freiheit von ungesetzlichem Zwang"[94]. Analog zu Art. 2 Abs. 1 GG fungiert Art. 101 Verf. Bayern schließlich in personeller Hinsicht als Auffanggrundrecht für diejenigen Freiheitsrechte, welche den „Bewohnern Bayerns" vorbehalten sind[95].

---

87 *BayVerfGHE 40*, 58 (64); *42*, 188 (192); *59*, 63 (74); *K. Huber*, BayVBl. 2010, S. 389 (390). Darunter soll in Anlehnung an das Bundesverfassungsgericht nach der Rspr. des BayVerfGH auch „die menschliche Gesundheit im biologisch-physiologischen Sinn" fallen, nicht aber rein psychische Beeinträchtigungen (*BayVerfGHE 59*, 63 [74]).
88 *BayVerfGHE 10*, 101 (105); *40*, 58 (61) – in letztgenannter Entscheidung auch zur Schutzpflicht des Staates.
89 „Reiten im Walde". *A. Funke*, in: Meder/Brechmann (LitVerz.), Art. 101 RN 1.
90 *BayVerfGHE 60*, 80 (88); *BayVerfGH* NJW 2014, S. 3215 (3216 RN 65) – Rundfunkbeitrag.
91 Dazu noch unten C III 5 a, RN 78 f.
92 *BayVerfGHE 4*, 30 (38 f.).
93 Oben C I 2, RN 30.
94 *BayVerfGHE 52*, 104 (140).
95 *Lindner*, in: ders./Möstl/Wolff (LitVerz.), Art. 101 RN 43; *A. Funke*, in: Meder/Brechmann (LitVerz.), Art. 101 RN 6. Für EU-Ausländer ist dies, ebenso wie unter dem Grundgesetz, allerdings umstritten. Auch hier werden beide Lösungsansätze (Anwendung des Art. 101 Verf. Bayern unter Geltung der Schranken des Spezialgrundrechts vs. Anwendung des Spezialgrundrechts auch auf EU-Ausländer unter Berufung auf Art. 18 AEUV und Art. 4 Abs. 3 EUV) vertreten. Zum Ganzen *A. Funke* aaO., Art. 101 RN 6 m.w.N.

Nach dem durch die Formulierung „innerhalb der Schranken der Gesetze" angesprochenen allgemeinen Gesetzesvorbehalt[96] muß sich jeder Eingriff auf eine Rechtsvorschrift stützen lassen können, die mit der bayerischen Verfassung einschließlich der aus Artikel 101 selbst resultierenden „Schranken-Schranken", also insbesondere mit dem Bestimmtheitsgebot, dem Wesentlichkeitsvorbehalt und dem Verhältnismäßigkeitsprinzip, in Einklang steht[97]. Neben den „Schranken der Gesetze" benennt Art. 101 der Verfassung, erneut in Übereinstimmung mit Art. 2 Abs. 1 GG, die „guten Sitten" als Grenze der allgemeinen Handlungsfreiheit. Zudem erfolgt eine explizite Bezugnahme auf das neminem laedere-Gebot („was anderen nicht schadet"), während das Grundgesetz insoweit, allerdings ebenfalls vergleichbar, auf die „Rechte anderer" rekurriert. Für beide Schranken ist umstritten, ob es sich um Schutzbereichsbegrenzungen[98] oder um Beschränkungen auf der Rechtfertigungsebene handelt[99]. Freilich wirkt sich dieser Streit im Ergebnis selten bis gar nicht aus. Nach einigen frühen und heute zweifelhaft erscheinenden Urteilen, in denen der Bayerische Verfassungsgerichtshof die Prostitution wegen vermeintlicher Sittenwidrigkeit vom Grundrechtsschutz ausnahm[100], haben beide Schranken in seiner Rechtsprechung keine Bedeutung mehr erlangt. In einer rechtsstaatlichen und pluralen Gesellschaft erweisen sich die „guten Sitten" als ein zu fragiles Instrument, um Grundrechte zu beschränken[101]. Das Nichtschadensgebot geht ohnehin in den „Schranken der Gesetze" auf[102]. Damit gleichen sich die allgemeinen Handlungsfreiheiten aus Grundgesetz und bayerischer Verfassung in allen wesentlichen Belangen[103].

32
Schranken

neminem laedere

2. Allgemeines Persönlichkeitsrecht

Neben der allgemeinen Handlungsfreiheit und dem Recht auf körperliche Unversehrtheit wird aus Art. 100 i.V.m. 101 Verf. Bayern auch das allgemeine Persönlichkeitsrecht unter Einschluß der informationellen Selbstbestimmung hergeleitet. Dabei war in der Rechtsprechung des Bayerischen Verfassungsgerichtshofs lange Zeit allein letztgenanntes Datenschutzgrundrecht von Relevanz, etwa in den Urteilen zu den Datenschutzregelungen des Polizeiaufga-

33
Recht auf informationelle Selbstbestimmung

---

96 *BayVerfGHE 10*, 101 (108); *52*, 4 (8). Kritisch zu dieser Lesart *Ch. Graf v. Pestalozza*, in: Nawiasky/Schweiger/Knöpfle (LitVerz.), Art. 101 RN 32 ff.
97 Vgl. *BayVerfGHE 26*, 18 (24); *42*, 41 (47); *42*, 156 (165); *57*, 161 (166); *60*, 234 (247); *63*, 83 (96); NJW 2014, S. 3215 (3216 RN 67). S. auch *Lindner*, in: ders./Möstl/Wolff (LitVerz.), Art. 101 RN 3 f.
98 Dafür *A. Funke*, in: Meder/Brechmann (LitVerz.), Art. 101 RN 22 f.
99 In diese Richtung *Lindner*, in: ders./Möstl/Wolff (LitVerz.), Art. 101 RN 35 (der indes die „guten Sitten" auch auf Schutzbereichsebene diskutiert, vgl. ebd. RN 23 ff.). Ebenso *Ch. Graf v. Pestalozza*, in: Nawiasky/Schweiger/Knöpfle (LitVerz.), Art. 101 RN 32 ff. und 63 ff. Für das Grundgesetz vgl. *Isensee*, HStR ³IX, § 191 RN 101. Gegen eine Heranziehung der „Rechte anderer" als Schutzbereichsbegrenzung *Cornils*, HStR ³VII, § 168 RN 88.
100 Vgl. *BayVerfGHE 20*, 62 (68).
101 Kritisch auch *Lindner*, in: ders./Möstl/Wolff (LitVerz.), Art. 101 RN 26, der dieses Merkmal dennoch als „Schrankenreserve" anerkennt, die wie der Topos der „öffentlichen Ordnung" zu handhaben sei.
102 Vgl. *Lindner* aaO., Art. 101 RN 25.
103 *Ch. Graf v. Pestalozza*, in: Nawiasky/Schweiger/Knöpfle (LitVerz.), Art. 101 RN 84.

§ 246   Sechzehnter Teil: III. Die Grundrechte in den Landesverfassungen

Schrankentransfer
bengesetzes oder zur Identitätsfeststellung im Rahmen der sogenannten „Schleierfahndung"[104]. Grundrechtsdogmatisch hat sich der Gerichtshof hier an der Rechtsprechung des Bundesverfassungsgerichts orientiert, auch in Bezug auf den Schrankentransfer aus Art. 101 der Verfassung[105]. Hinsichtlich der Schleierfahndung hat er die Identitätskontrolle zwar für verfassungskonform erachtet[106]; die Durchsuchung mitgeführter Sachen hingegen stellte nach Auffassung des Gerichtshofs keinen bloß geringfügigen Eingriff in die Privat- und Intimsphäre des Betroffenen dar, weshalb zu ihrer Rechtfertigung eine rein abstrakte Gefahr nicht ausreiche. Vielmehr forderte das Gericht insofern eine „erhöhte abstrakte Gefahr"[107]. Weitere eigenständige Konturen hat dieses Grundrecht – anders als in der Rechtsprechung des Bundesverfassungsgerichts – auf Landesebene bisher kaum erlangt[108].

III. Besondere Freiheitsrechte

1. Schutz der körperlichen Bewegungsfreiheit

a) Allgemeine Bewegungsfreiheit

34
Konstituierendes Freiheitsrecht von hohem Rang
Als „konstituierendes Freiheitsrecht von hohem Rang"[109] umfaßt die in Art. 102 Verf. Bayern geschützte, an Art. 114 WRV angelehnte „Freiheit der Person" als Menschen- und Grundrecht zusammen mit Art. 104 Verf. Bayern (nulla poena sine lege; ne bis in idem) fundamentale Gewährleistungen rechtsstaatlicher Freiheit und Rechtssicherheit[110]. Trotz des Umstands, daß Art. 102 Abs. 2 der Verfassung partiell hinter den korrespondierenden Gewährleistungen aus Art. 2 Abs. 2, Art. 104 GG zurückbleibt, ist die Bestimmung gemäß Art. 142 GG weiterhin in Geltung[111]. Im Verhältnis zu Artikel 100 (Menschenwürde), Artikel 101 (allgemeine Handlungsfreiheit)

---

104 Allgemein zum Recht auf informationelle Selbstbestimmung *BayVerfGHE 40*, 7 (12); *56*, 28 (44); *57*, 113 (120); *59*, 29 (34 ff.). Näher zur Verfassungsmäßigkeit der polizeilichen Datenerhebung *Schmitt Glaeser/Horn*, Die Rechtsprechung des Bayerischen Verfassungsgerichtshofs – Anmerkungen zu ausgewählten Entscheidungen aus jüngerer Zeit, BayVBl. 1996, S. 417 (422 ff.).
105 Vgl. insoweit *BayVerfGHE 38*, 74 (79 f.) mit einem allgemeinen Verweis auf die Rechtsprechung des Bundesverfassungsgerichts zur Zulässigkeit von Beschränkungen; *BayVerfGHE 57*, 161 (166). Restriktiver noch *BayVerfGHE 1*, 23 (25): Persönlichkeitsrechte seien nur insoweit Grundrechte im Sinne der Verfassung, als sie ausdrücklich aufgenommen wurden.
106 *BayVerfGHE 56*, 28, sowie BayVBl. 2003, S. 560.
107 *BayVerfGH* BayVBl. 2006, S. 339, bestätigt durch *BayVerfGH* BayVBl. 2011, S. 206. Für weitere, auch kritische Nachweise zu dieser Rspr. vgl. *Lindner*, BayVBl. 2013, S. 549 (556).
108 Vgl. *Lindner*, in: ders./Möstl/Wolff (LitVerz.), Art. 101 RN 27. Zur Frage, ob aus dem „Kombinationsgrundrecht" des Art. 100 i.V.m. Art. 101 Verf. Bayern auch ein Grundrecht auf Resozialisierung folgt, vgl. *BayVerfGH* BayVBl. 2011, S. 629 (630) sowie *Lindner*, BayVBl. 2013, S. 549 (556 f.).
109 *BayVerfGHE 43*, 107 (128); *45*, 125 (132); *56*, 28 (53).
110 Der Bayerische Verfassungsgerichtshof spricht insofern von der „Magna Charta rechtsstaatlicher Freiheit und Rechtssicherheit", vgl. *BayVerfGHE 1*, 101 (109). Laut *BayVerfGH* BayVBl. 2011, S. 562, erfordert der nulla poena-Satz, die Voraussetzungen der Sanktionierung so konkret zu umschreiben, daß Tragweite und Anwendungsbereich des Disziplinartatbestands (im Fall: ein Arrest im Rahmen des Strafvollzugs) jedenfalls durch Auslegung zu erkennen ist.
111 Allg. hierzu bereits oben B I 4, RN 21.

sowie Artikel 109 (Freizügigkeit) stellt sich Art. 102 Verf. Bayern als lex specialis dar[112].

Der persönliche Schutzbereich des Art. 102 Verf. Bayern umfaßt jede natürliche Person, unabhängig von ihrer Staatsangehörigkeit, ihrem Wohnort oder ihrer Handlungs- bzw. Geschäftsfähigkeit[113]. Juristische Personen des Zivilrechts hingegen können sich nicht auf Art. 102 der Verfassung berufen; ihnen stehen jedoch die Grundrechte aus Art. 109 bzw. Art. 101 Verf. Bayern zur Verfügung[114]. Art. 102 Abs. 1 der Verfassung schützt die tatsächliche körperliche Bewegungsfreiheit im Sinne des Rechts, sich von einem Ort wegzubewegen[115]. Die Befugnis, sich überall unbegrenzt aufhalten oder hinbewegen zu dürfen, erwächst aus diesem Grundrecht allerdings nicht[116]. Schon jede Freiheitsbeschränkung, durch welche die körperliche Bewegungsfreiheit mehr als nur kurzfristig aufgehoben wird, stellt einen Eingriff dar[117]. Die Formulierung „unverletzlich" legt im übrigen nahe, daß eine verfassungsrechtliche Rechtfertigung der Freiheitsentziehung oder Freiheitsbeschränkung nur ausnahmsweise, das heißt zum Schutze anderer hochrangiger Rechtsgüter oder Interessen zulässig sein kann.

35 Schutzbereich

Wie vorstehend[118] bereits erwähnt, bleiben die in Art. 102 Abs. 2 Verf. Bayern gewährten Verfahrensgarantien zumindest partiell hinter Art. 104 GG zurück. So fordert das Grundgesetz für die Beschränkung des Art. 104 GG ein formelles Gesetz, was sich für die bayerische Verfassung nicht aus der grundrechtlichen Verbürgung, wohl aber aus dem Demokratieprinzip ergibt. Auch enthält Art. 104 Abs. 1 Satz 2 GG das in Art. 102 Verf. Bayern nicht explizit erwähnte Verbot seelischer und körperlicher Mißhandlung, was für die bayerische Verfassung allerdings Art. 100 in Verbindung mit Art. 101 Verf. Bayern entnommen werden kann[119]. Schließlich fehlt in Art. 102 Verf. Bayern die in Art. 104 Abs. 4 GG vorgeschriebene Benachrichtigung der Angehörigen[120].

36 Verfahrensgarantien

b) Freizügigkeit im Landesgebiet

Der an Art. 111 Satz 1 und 2 sowie an Art. 112 Abs. 1 Satz 1 WRV angelehnte Art. 109 Verf. Bayern statuiert mit dem Recht auf Freizügigkeit (Absatz 1)

37

---

112 *BayVerfGHE 34*, 157 (161); *43*, 107 (130); *Ch. Graf v. Pestalozza*, in: Nawiasky/Schweiger/Knöpfle (LitVerz.), Art. 102 RN 71. Laut *BayVerfGH* BayVBl. 2011, S. 562, berührt die Anordnung der Disziplinarmaßnahme Arrest im Strafvollzug gegenüber einem Inhaftierten Art. 102 Verf. Bayern allerdings nicht, da sie nicht als „weitere Festnahme" angesehen werden könne. Von daher sind solche Maßnahmen am Maßstab des Art. 101 Verf. Bayern zu messen.
113 *Lindner*, in: ders./Möstl/Wolff (LitVerz.), Art. 102 RN 16; *C. Schulz*, in: Meder/Brechmann (LitVerz.), Art. 102 RN 7.
114 *Lindner* aaO. Art. 102 RN 16.
115 *Ch. Graf v. Pestalozza*, in: Nawiasky/Schweiger/Knöpfle (LitVerz.), Art. 102 RN 23; *C. Schulz*, in: Meder/Brechmann (LitVerz.), Art. 102 RN 9.
116 *C. Schulz* aaO., Art. 102 RN 10.
117 *C. Schulz* aaO., Art. 102 RN 12, dort auch zu der an Art. 104 GG orientierten Unterscheidung zwischen einer (längerfristigen) Freiheitsentziehung und einer (bloß vorübergehenden) Freiheitsbeschränkung.
118 Oben C III 1 a, RN 34.
119 *Lindner*, in: ders./Möstl/Wolff (LitVerz.), Art. 102 RN 9.
120 Ausführlich zu den Diskrepanzen zwischen Art. 102 Abs. 2 Verf. Bayern und Art. 104 GG *Lindner* aaO., Art. 102 RN 7 ff.

sowie mit der Ausreisefreiheit (Absatz 2), dem ius emigrandi, zwei im Grundgesetz unter verschiedene Normen gefaßte Grundrechte. Aufgrund der ausschließlichen Gesetzgebungskompetenz des Bundes für Fragen der Freizügigkeit (Art. 73 Abs. 1 Nr. 3 GG) kommt Art. 109 Abs. 1 Verf. Bayern allerdings im wesentlichen nur dort Bedeutung zu, wo das Bundesrecht dem Landesrecht – wie insbesondere im allgemeinen Polizei- und Ordnungsrecht – weiterhin Legislativspielräume beläßt.

38
Schutzbereich

In persönlicher Hinsicht schützen beide durch Art. 109 Verf. Bayern normierten Grundrechte „[a]lle Bewohner Bayerns", bei denen es sich – ohne Ansehung der Staatsangehörigkeit – um solche natürlichen Personen handelt, die eine gefestigte räumliche Beziehung zum bayerischen Staatsgebiet aufweisen. Da Art. 11 Abs. 1 GG die Freizügigkeit nur für Deutsche verbürgt, ist die bayerische Gewährleistung mithin weitreichender als die bundesverfassungsrechtliche. Unter der von Art. 109 Abs. 1 der Verfassung garantierten „vollen" Freizügigkeit ist das Recht zu verstehen, sich an jedem beliebigen Ort in Bayern zum Wohnen oder Arbeiten aufzuhalten und niederzulassen[121]. Ein Recht auf Einreise (ius imigrandi) oder Zuwanderung läßt sich daraus indessen nicht herleiten[122]. Der im Grundgesetz fehlende Passus des Art. 109 Abs. 1 Satz 2 Verf. Bayern verbietet zudem die Beschränkung des Rechts, aufgrund fehlender Ortsansässigkeit Grundstücke zu erwerben oder jeden Erwerbszweig zu betreiben[123]. Die Ausreisefreiheit des Art. 109 Abs. 2 Verf. Bayern, im Grundgesetz über die allgemeine Handlungsfreiheit aus Art. 2 Abs. 1 GG garantiert[124], bezieht sich ausweislich ihres expliziten Wortlauts jedenfalls auf „außerdeutsche Länder" und gewährleistet deshalb jene nach einem fremden Staatsgebiet[125].

Kein ius immigrandi

2. Schutz der Individualität und Privatsphäre

a) Unverletzlichkeit der Wohnung

39
Bedeutung des Grundrechts

Das in Art. 106 Abs. 3 Verf. Bayern verbürgte Grundrecht auf Unverletzlichkeit der Wohnung[126] dient dem Schutz der räumlichen Integrität, das heißt eines Bereichs, in dem jeder einzelne ungestört leben kann[127]. Mithin sichert es eine wichtige Facette der individuellen Persönlichkeitsentfaltung und stellt

---

121 *BayVerfGHE* 16, 67 (71).
122 *Lindner*, in: ders./Möstl/Wolff (LitVerz.), Art. 109 RN 1 und 9.
123 *Krausnick*, in: Meder/Brechmann (LitVerz.), Art. 109 RN 8; *Lindner* aaO., Art. 109 RN 15.
124 *BVerfGE* 6, 32 (41 f.) – Elfes. Zur nach wie vor streitigen Diskussion über den Sitz der Einreise- und Ausreisefreiheit im Grundgesetz vgl. Bd. IV: *Merten*, Freizügigkeit, § 94 RN 2, 130 ff.
125 Ob davon auch die Freiheit umfaßt ist, in die übrigen Bundesländer der Bundesrepublik auszureisen, ist strittig. *Krausnick*, in: Meder/Brechmann (LitVerz.), Art. 109 RN 9 sieht dieses Recht von Art. 109 Abs. 1 Verf. Bayern gewährleistet, *Lindner* aaO., Art. 109 RN 14 hingegen von Art. 109 Abs. 2 Verf. Bayern.
126 Im Unterschied zu Art. 106 Abs. 1 und 2 (oben B I 2 c, RN 16) ist der Grundrechtscharakter des Art. 106 Abs. 3 Verf. Bayern unstrittig; vgl. insoweit *Krausnick*, in: Meder/Brechmann (LitVerz.), Art. 106 RN 2 mit Verweis auf die st. Rspr. seit *BayVerfGHE* 8, 74 (79). Aus neuerer Zeit vgl. *BayVerfGHE* 59, 23 (25).
127 *Krausnick* aaO., Art. 106 RN 13 ff.; *Lindner*, in: ders./Möstl/Wolff (LitVerz.), Art. 106 RN 5.

deshalb eine Konkretisierung der Menschenwürdegarantie dar. Obwohl sich im Landesrecht einige Befugnisnormen für Eingriffe in dieses Grundrecht finden, werden die meisten beeinträchtigenden Maßnahmen auf Bundesrecht gestützt. Da in diesen Fällen eine Überprüfung anhand des Art. 13 GG erfolgt, befaßte sich der Bayerische Verfassungsgerichtshof bislang nur selten mit dieser Bestimmung[128]. Art. 13 GG und Art. 106 Abs. 3 Verf. Bayern entsprechen einander im Ergebnis[129], wobei das Grundgesetz seit dem Jahr 1998 mit den Regelungen zum sogenannten „großen" und „kleinen Lauschangriff" über eine differenziertere Ausgestaltung der Einschränkungsmöglichkeiten verfügt.

40 Schutzbereich

Das Grundrecht schützt „jedermann", also alle natürlichen Personen sowie juristische Personen des Zivilrechts, welche die tatsächliche Sachherrschaft über eine im Freistaat Bayern gelegene Räumlichkeit ausüben[130]. Das Verständnis des Begriffs der Wohnung orientiert sich an der grundgesetzlichen Definition und meint jede bewegliche oder unbewegliche Sache, die dem einzelnen nach subjektiver Bestimmung und objektiver Erkennbarkeit zur Abschirmung seiner Privatsphäre dient oder dienen kann. Auch Arbeits-, Betriebs- und Geschäftsräume können unter diesen Voraussetzungen davon erfaßt sein[131]. Jedes staatliche Eindringen in diesen privaten Raum stellt deshalb einen rechtfertigungsbedürftigen Eingriff dar[132]. Darüber hinaus enthält Art. 106 Abs. 3 Verf. Bayern eine (praktisch wenig relevante) Schutzpflicht des Staates, die Wohnung als räumlichen Mittelpunkt der Persönlichkeitsentfaltung vor unbefugtem Zugriff zu schützen[133].

41 Schranken

Obschon Art. 106 Abs. 3 Verf. Bayern unter keinem expliziten Gesetzesvorbehalt steht und auch Art. 98 Satz 2 der Verfassung nach der Rechtsprechung des Bayerischen Verfassungsgerichtshofs keine Anwendung findet[134], ist das Grundrecht nicht schrankenlos gewährleistet, sondern unterliegt einem ungeschriebenen Gesetzesvorbehalt[135]. So bestehen dem Gericht zufolge „immanente Gewährleistungsschranken, die dem Schutz höherwertiger Güter dienen"[136]. Angesichts der individuellen Bedeutung dieses Grundrechts[137] ist dabei dem Grundsatz der Verhältnismäßigkeit besondere Aufmerksamkeit zu schenken[138]. Hierbei sind mit dem Grundgesetz vergleichbare Maßstäbe anzulegen.

---

128 *Krausnick* aaO., Art. 106 RN 7; *Lindner* aaO., Art. 106 RN 6, 14 f.
129 *Lindner* aaO., Art. 106 RN 10.
130 Ausführlich zu den Grundrechtsberechtigten *Krausnick* aaO., Art. 106 RN 11; *Lindner* aaO., Art. 106 RN 17.
131 *Lindner* aaO., Art. 106 RN 18 m.w.N.
132 *Krausnick* aaO., Art. 106 RN 12, 16 f.; *Lindner* aaO., Art. 106 RN 22, je m.w.N. und Beispielen zu denkbaren Modalitäten des Eindringens.
133 *Krausnick* aaO., Art. 106 RN 12. Für Art. 13 GG vgl. insoweit *BVerfGE 89*, 1 (12 f.).
134 Vgl. *BayVerfGHE 59*, 23 (25 f.) sowie oben B I 3, RN 19.
135 *Krausnick* aaO., Art. 106 RN 18 ff.; *Lindner*, in: ders./Möstl/Wolff (LitVerz.), Art. 106 RN 26 ff., je m.w.N.
136 *BayVerfGHE 59*, 23 (25).
137 S. oben RN 39.
138 Vgl. *Krausnick*, in: Meder/Brechmann (LitVerz.), Art. 106 RN 22; *Lindner* aaO., Art. 106 RN 30 ff.

b) Glaubens- und Gewissensfreiheit

42
Schutzbereich

Inhaltlich entspricht Art. 107 Verf. Bayern weitgehend Art. 4 Abs. 1 und 2 GG sowie Art. 33 Abs. 3 GG und gilt deshalb gemäß Art. 142 GG weiter[139]. Vom persönlichen Schutzbereich des Grundrechts sind alle natürlichen Personen umfaßt[140]. Auch juristische Personen sowohl des öffentlichen Rechts als auch des Zivilrechts, insbesondere Kirchen, kommen als Träger des Grundrechts in Betracht[141]. Als einheitliches Grundrecht schützt Art. 107 Abs. 1 und 2 Verf. Bayern die Glaubens- und Gewissensfreiheit hinsichtlich religiöser und weltanschaulicher Überzeugungen sowie die ungestörte Religionsausübung[142]. Teil der ungestörten Religionsausübung kann neben der Ausübung religiöser Handlungen auch die religiöse Erziehung oder das Tragen religiöser Symbole bzw. Kleidungsstücke sein[143]. Gedeckt ist ferner die negative Glaubensfreiheit, also die Freiheit, seinen Glauben zu verschweigen oder keinen Glauben zu haben[144]. Daraus fließt jedoch für keinen das Recht, andere in ihrer Glaubensfreiheit zu behindern oder mit dem Glauben anderer nicht konfrontiert zu werden[145]. Treten insoweit Kollisionen etwa im schulischen Bereich auf, so sind sie an Art. 107 Abs. 1 Verf. Bayern zu messen und die widerstreitenden Interessen in Einklang zu bringen[146].

43
Eingriff

Allgemein liegt ein rechtfertigungsbedürftiger Eingriff in den Schutzbereich des Grundrechts vor, wenn staatliches Handeln ein von Art. 107 Verf. Bayern geschütztes Verhalten beeinträchtigt[147]. Die Bestimmung enthält auch eine Schutzpflicht des Staates, Beeinträchtigungen von dritter Seite zu verhindern oder abzuwehren. Konkrete Schutzansprüche lassen sich daraus allerdings nicht herleiten[148].

44
Schranken

Nach der Rechtsprechung des Bayerischen Verfassungsgerichtshofs ist das Grundrecht vorbehaltlos gewährleistet und unterliegt lediglich verfassungsimmanenten Schranken wie insbesondere der negativen Glaubensfreiheit Dritter, der Schulpflicht (Art. 129 Verf. Bayern), den schulischen Bildungszielen (Art. 131 Abs. 2 Verf. Bayern) sowie dem aus der Glaubensfreiheit fließenden Gebot staatlicher Neutralität in religiösen und moralischen Angelegenheiten[149]. Die – auch wegen Art. 107 Abs. 5 der Verfassung – häufig zum Gegen-

---

139 *BayVerfGHE* 7, 49 (54); *21*, 38 (49); *32*, 106 (115); *de Wall*, in: Meder/Brechmann (LitVerz.), Art. 107 RN 1; *H.A. Wolff*, in: Lindner/Möstl/ders. (LitVerz.), Art. 107 RN 5.
140 *de Wall* aaO., Art. 107 RN 2 (zum Grundrechtsschutz Minderjähriger s. ebd. RN 5 bis 7); *Wolff* (FN 70), Art. 107 RN 6 ff.
141 *de Wall* aaO., Art. 107 RN 8 f.; *H.A. Wolff*, in: Lindner/Möstl/ders. (LitVerz.), Art. 107 RN 12 f.
142 *de Wall* aaO., Art. 107 RN 11 ff.; *Wolff* aaO., Art. 107 RN 20 ff. → oben *Korioth*, Religiöse und weltanschauliche Freiheiten, § 236.
143 Vgl. *BayVerfGHE* 60, 1 (1 ff.).
144 *de Wall* aaO., Art. 107 RN 27 ff.; → Bd. II: *Merten*, Negative Grundrechte, § 42 RN 63 ff.
145 *H.A. Wolff*, in: Lindner/Möstl/ders. (LitVerz.), Art. 107 RN 30.
146 *BayVerfGHE* 60, 1 (1 ff.).
147 *de Wall* aaO., Art. 107 RN 34; *H.A. Wolff*, in: Lindner/Möstl/ders. (LitVerz.), Art. 107 RN 33.
148 *de Wall* aaO., Art. 107 RN 38 ff., 41 f.
149 *BayVerfGHE* 60, 1 (9); *de Wall* aaO., Art. 107 RN 44. Allg. zu den Schranken-Schranken der Glaubens- und Gewissensfreiheit unter Einbeziehung der Neutralitätspflicht des Staates *de Wall* aaO., Art. 107 RN 46 ff. Speziell zum Problem der Kruzifixe in Schulen *Menzel* (LitVerz.), S. 497 f.; *de Wall* aaO., Art. 107 RN 54 f. und *H.A. Wolff*, in: Lindner/Möstl/ders. (LitVerz.), Art. 107 RN 44, je m.w.N.

stand der Rechtsprechung gemachte Kirchensteuer scheiterte bislang nicht am grundrechtlichen Schutz[150]. Ferner kam den Feiertagen eine ähnliche Relevanz in der Rechtsprechung des Verfassungsgerichtshofs zu[151]; sie wurden bislang jedoch ebenfalls nicht beanstandet[152].

Art. 107 Abs. 3 Verf. Bayern enthält einen besonderen Gleichheitssatz, der inhaltlich mit Art. 3 Abs. 3 GG sowie mit Art. 140 GG in Verbindung mit Art. 136 Abs. 3 WRV übereinstimmt und die Rechtsstellung einer Person im Verhältnis zum Staat unabhängig von ihrem persönlichen Bekenntnis macht[153]. Art. 107 Abs. 4 Verf. Bayern (Zulassung zu öffentlichen Ämtern) enthält lediglich eine Wiederholung der Gewährleistung aus Absatz 3[154]. Auch Artikel 107 Abs. 5 (keine Pflicht zur Offenbarung religiöser Überzeugungen) und Absatz 6 (kein Zwang zur Teilnahme an religiösen Übungen) bringen keine neuen Erkenntnisse, da sie den Inhalt des Grundrechts aus Art. 107 Abs. 1 Verf. Bayern lediglich konkretisieren bzw. klarstellen[155].

45
Weitere Gewährleistungen

c) Schutz von Ehe und Familie

Die Regelungen zu Ehe und Familie sind ausführlicher als diejenigen des Grundgesetzes. Die bayerische Landesverfassung widmet dieser „natürliche(n) und sittliche(n) Grundlage der menschlichen Gemeinschaft" gleich zu Beginn ihres dritten Hauptteils einen eigenen, ganze vier Artikel umfassenden Abschnitt. In Anlehnung an Art. 119 Abs. 1 WRV und in Übereinstimmung mit Art. 6 Abs. 1 GG stellt Art. 124 Abs. 1 Verf. Bayern Ehe und Familie „unter den besonderen Schutz des Staates". Die landesrechtliche gilt deshalb neben der bundesrechtlichen Regelung weiter[156].

46
Besonderer Schutz des Staates

Der persönliche Schutzbereich umfaßt ausschließlich natürliche Personen. Einbezogen sind Ehegatten und Familienmitglieder[157]. Sachlich statuiert Art. 124 Abs. 1 Verf. Bayern verschiedene Gewährleistungen: So sind Ehe und Familie als Institutsgarantien zu begreifen und deshalb vom Staat zu gewährleisten[158]. Für diese Institute besteht zudem eine staatliche Förderpflicht, aus der sich jedoch keine Ansprüche auf bestimmte Leistungen herleiten lassen[159].

47
Schutzbereich und Schutzfunktionen

---

150 Vgl. insoweit *BayVerfGHE 21*, 38 (49); BayVBl. 2011, S. 107; *Lindner*, BayVBl. 2013, S. 549 (556); *H.A. Wolff*, in: Lindner/Möstl/ders. (LitVerz.), Art. 107 RN 34 f.
151 Beispielhaft *BayVerfGH* DÖV 1996, S. 558 ff.
152 Näher hierzu *H.A. Wolff*, in: Lindner/Möstl/ders. (LitVerz.), Art. 107 RN 36. Zum Spannungsverhältnis zwischen dem Schutz der sonntäglichen Ruhe und dem Ladenschlußgesetz *Johannes Unterreitmeier*, BayVBl. 2012, S. 260 ff.
153 *de Wall*, in: Meder/Brechmann (LitVerz.), Art. 107 RN 56 ff.; *H.A. Wolff*, in: Lindner/Möstl/ders. (LitVerz.), Art. 107 RN 47.
154 *de Wall* aaO., Art. 107 RN 62 ff.; *H.A. Wolff* aaO., Art. 107 RN 50 ff.
155 Ausführlich zu diesen Konkretisierungen *de Wall* aaO., Art. 107 RN 71 ff., RN 77 ff.; *H.A. Wolff* aaO., Art. 107 RN 54 ff., 57 f.
156 *BayVerfGH*, Urt. v. 9. 11. 1966 (Vf. 76-VI-66).
157 *H.A. Wolff*, in: Lindner/Möstl/ders. (LitVerz.), Art. 124 RN 9 unter Bezugnahme auf *BVerfGE 13*, 290 (297 f.) zu Art. 6 GG.
158 *G. Kirchhof*, in: Meder/Brechmann (LitVerz.), Art. 124 RN 17; *H.A. Wolff* aaO., Art. 124 RN 21 ff. mit Verweis auf *BVerfGE 36*, 146 (161 f.). Ebenso wie Art. 6 Abs. 1 GG schützt Art. 124 Abs. 1 Verf. Bayern nur die auf Dauer angelegte Verbindung von Frau und Mann (wie hier *H.A. Wolff* aaO., RN 11), weshalb der Schutz gleichgeschlechtlicher Formen dauerhaften Zusammenlebens unter das allgemeine Persönlichkeitsrecht aus Art. 100 i.V.m. Art. 101 Verf. Bayern zu subsumieren ist.
159 Vgl. *BayVerfGHE 60*, 167 (167 ff.); *G. Kirchhof* aaO., Art. 124 RN 18; *H.A. Wolff* aaO., Art. 124 RN 26.

Des weiteren trifft den Staat eine Schutzpflicht für Ehe und Familie[160]. Mit Blick auf das eheliche und familiäre Zusammenleben verbürgt das Grundrecht zudem ein klassisches Abwehrrecht gegen staatliche Beeinträchtigungen[161]. Schließlich statuiert Art. 124 Abs. 1 der Verfassung einen besonderen Gleichheitssatz, der dem Gesetzgeber eine Benachteiligung allein aufgrund des Umstands, verheiratet zu sein oder familiär zusammenzuleben, verbietet und als *lex specialis* dem allgemeinen Gleichheitssatz aus Art. 118 Abs. 1 Verf. Bayern vorgeht[162]. Da Art. 124 Abs. 1 Verf. Bayern vorbehaltlos gewährleistet wird, vermögen nur verfassungsimmanente Schranken staatliche Eingriffe zu rechtfertigen[163].

48
Gleichheit der Eheleute

In Anlehnung an Art. 119 Abs. 1 Satz 2 WRV enthält Art. 124 Abs. 2 Verf. Bayern eine spezielle Regelung zur gleichberechtigten Stellung von Frau und Mann, die in ehelicher Gemeinschaft zusammenleben. Die frühere restriktive Auslegung des Bayerischen Verfassungsgerichtshofs, in dieser Bestimmung nur eine Richtlinie für den Gesetzgeber, aber kein unmittelbar verbindliches Verfassungsrecht zu sehen[164], ist heute nicht mehr haltbar[165].

49
Weitere Verbürgungen

Die Art. 125 bis 127 Verf. Bayern, die gleichfalls ihre Vorbilder in der Weimarer Reichsverfassung finden, enthalten weitere Regelungen mit zum Teil grundrechtlichem Charakter: So spricht Artikel 125 Abs. 1 Satz 3 der Mutter einen Anspruch auf Schutz und Fürsorge des Staates zu[166]. Art. 126 Abs. 1 der Verfassung umfaßt neben der Elternverantwortung zugleich ein klassisches Abwehrrecht gegen Eingriffe in das elterliche Erziehungsrecht[167]. Artikel 126 Abs. 2 schließlich gewährt unehelichen Kindern den gleichen Anspruch auf Förderung wie ehelichen Kindern[168].

3. Schutz der Kommunikationsfreiheiten

a) Meinungsfreiheit

50
Vornehmstes Menschenrecht

Als unmittelbarer Ausdruck der menschlichen Persönlichkeit und „von schlechthin konstituierender Bedeutung"[169] für die freiheitliche demokratische Grundordnung gehört die durch Art. 110 Verf. Bayern verbürgte Meinungsfreiheit zu den „vornehmsten Menschenrechten"[170], das als höherrangige Fundamentalnorm innerhalb der bayerischen Verfassung zugleich zum

---

160 *H.A. Wolff* aaO., Art. 124 RN 27.
161 *G. Kirchhof* aaO., Art. 124 RN 16; *H.A. Wolff* aaO., Art. 124 RN 28.
162 *G. Kirchhof* aaO., Art. 124 RN 19; *H.A. Wolff* aaO., Art. 124 RN 29ff.
163 *H.A. Wolff* aaO., Art. 124 RN 20.
164 Vgl. *BayVerfGHE* 6, 1 (4f.). Der Gerichtshof sah sich zu dieser Restriktion durch den Umstand veranlaßt, daß nach 1945 zahlreiche Bestimmungen Ehegatten ungleich behandelten.
165 So mit Recht *H.A. Wolff* aaO., Art. 124 RN 34.
166 Zum subjektiv-rechtlichen Charakter der Norm *H.A. Wolff* aaO., Art. 125 RN 8.
167 Allg. dazu *BayVerfGHE* 33, 33 (40); *G. Kirchhof*, in: Meder/Brechmann (LitVerz.), Art. 126 RN 6ff.; *H.A. Wolff* aaO., Art. 126 RN 5.
168 Zum subjektiv-rechtlichen Charakter dieser Norm s. erneut *H.A. Wolff* aaO., Art. 126 RN 39.
169 *BayVerfGHE* 30, 142 (147).
170 *BayVerfGHE* 30, 78 (89).

änderungsfesten Kern derselben zählt[171]. Weitgehend angelehnt an Art. 118 Abs. 1 WRV[172], erlangt die Meinungsfreiheit trotz ihrer aus Art. 142 GG resultierenden Fortgeltung im wesentlichen nur noch dort Bedeutung, wo sie sich auf genuin landesrechtliche Materien, insbesondere auf das Beamten-, Kommunal-, Polizei-, Schul-, Straßen- und Versammlungsrecht bezieht[173]. Im Unterschied zum Grundgesetz, das die Kommunikationsfreiheiten überwiegend in Art. 5 Abs. 1 GG zusammenfaßt, ordnet die Landesverfassung diese Freiheiten verschiedenen grundrechtlichen Verbürgungen zu – neben Art. 110 den Art. 111, 111a und 112 der Verfassung.

51
Persönlicher Schutzbereich

In persönlicher Hinsicht schützt die Meinungsfreiheit „[a]lle Bewohner Bayerns", wozu – ohne Ansehung ihrer Staatsangehörigkeit – alle natürlichen Personen zählen, die eine gefestigte räumliche Beziehung zum bayerischen Staatsgebiet aufweisen[174]. Wegen Art. 33 Abs. 1 GG werden jedoch gleichfalls alle außerhalb Bayerns wohnhaften Deutschen geschützt[175]. Juristische Personen des Privatrechts mit Sitz in Bayern sind grundrechtsberechtigt, sofern sie über Teilrechtsfähigkeit verfügen[176]. Amtsträger in Ausübung ihres Amtes sollen sich zwar grundsätzlich im Innen-, nicht aber im Außenverhältnis auf Art. 110 Verf. Bayern berufen können[177].

52
Sachlicher Schutzbereich

In sachlicher Hinsicht geschützt sind Meinungen, mithin „wertende Stellungnahmen, die geistige Wirkung auf die Umwelt haben sollen und können"[178], und zwar unabhängig von ihrer Qualität oder Bedeutsamkeit. Sind Tatsachenbehauptungen meinungsrelevant oder weisen sie meinungsbildende Inhalte auf, werden auch sie von der Meinungsfreiheit geschützt. Anders hingegen ist es bei bewußt unwahren Tatsachenbehauptungen sowie Formalbeleidigungen[179]. Neben dem Äußern einer Meinung ist, wenn auch im Unterschied zu Art. 5 Abs. 1 GG textlich nicht explizit erwähnt, das Verbreiten einer solchen ebenso geschützt wie die freie Wahl der insoweit relevanten Modalitäten (Zeit, Ort, Form und Mittel)[180]. Ebenfalls geschützt werden die negative Meinungsfreiheit und die Filmfreiheit.

53
Schranken

Auch wenn Art. 110 Verf. Bayern, anders als Art. 5 Abs. 2 GG, keinen ausdrücklichen Vorbehalt allgemeiner Gesetze kennt, betrachtet der Bayerische

---

171 *BayVerfGHE 30*, 78 (90); *Krausnick*, in: Meder/Brechmann (LitVerz.), Art. 110 RN 2; *Möstl*, in: Lindner/ders./Wolff (LitVerz.), Art. 110 RN 1.
172 Dazu weiterführend *Krausnick* aaO., Art. 110 RN 2.
173 Vgl. insoweit, je m.w.N., *Krausnick* aaO., Art. 110 RN 3; *Möstl* aaO., Art. 110 RN 5.
174 Daß der persönliche Schutzbereich damit gegenüber Art. 5 Abs. 1 Satz 1 GG („jeder") zurückbleibt, schadet wegen Art. 142 GG nicht; vgl. hierzu *Möstl*, in: Lindner/ders./Wolff (LitVerz.), Art. 110 RN 6 sowie allg. oben B I 4, RN 21.
175 *BayVerfGHE 9*, 21 (23); *14*, 1 (2); *20*, 153 (156); *29*, 42 (44).
176 *BayVerfGHE 5*, 203 (210); *Krausnick*, in: Meder/Brechmann (LitVerz.), Art. 110 RN 24.
177 *Möstl*, in: Lindner/ders./Wolff (LitVerz.), Art. 110 RN 6. Für Landtagsabgeordnete findet zudem der speziellere Art. 13 Abs. 2 Verf. Bayern (Freiheit des Mandats) Anwendung. Für Gemeinderäte differenzierend *Geis*, Zum Recht des Gemeinderatsmitglieds auf freie Meinungsäußerung in der Gemeinderatssitzung, BayVBl. 1992, S. 41 ff.
178 *BayVerfGHE 30*, 142 (147); *43*, 148 (154).
179 *Möstl*, in: Lindner/ders./Wolff (LitVerz.), Art. 110 RN 7 unter Verweis auf die Rspr. des Bundesverfassungsgerichts.
180 *BayVerfGHE 30*, 78 (90f.); *30*, 142 (147).

Verfassungsgerichtshof diesen als der Meinungsfreiheit immanente Schranke und läßt insofern die (geschriebene) Schranke des Art. 98 Satz 2 Verf. Bayern erneut außer Betracht[181]. Den Begriff des allgemeinen Gesetzes bestimmt das Gericht in Übereinstimmung mit dem Bundesverfassungsgericht[182]. Als weitere immanente Schranken fungieren das Recht der persönlichen Ehre sowie kollidierendes Verfassungsrecht[183]. Die in Art. 110 Abs. 2 der Verfassung erwähnte und zugleich einzige geschriebene Schranke – die Bekämpfung von „Schmutz und Schund" – bezieht sich auf den Jugendschutz, hat aber aufgrund der dem Bund zugewiesenen Gesetzgebungskompetenz für diese Materie nur geringe Bedeutung[184]. Als Schrankenschranken schließlich sind dem Grundsatz der Verhältnismäßigkeit und mit ihm der bei den Kommunikationsfreiheiten stets zu beachtenden Wechselwirkungslehre sowie dem Art. 111 Abs. 2 Satz 1 Verf. Bayern zu entnehmenden Verbot der Vorzensur Rechnung zu tragen.

b) Pressefreiheit

54
Schlechthin konstituierende Bedeutung

Ebenso wie der Meinungsfreiheit kommt auch der in Art. 111 Verf. Bayern verbürgten Pressefreiheit eine schlechthin konstituierende Bedeutung für das freiheitlich-demokratische Gemeinwesen zu, da sie nach wie vor einen unverzichtbaren Faktor zur freien Meinungsbildung darstellt[185]. Auch wenn der Wortlaut dies nicht nahelegt, handelt es sich bei Art. 111 der Verfassung um ein echtes Grundrecht[186], das über Art. 142 GG Fortgeltung beansprucht[187].

55
Grundrechtsfunktionen

Bei der durch die bayerische Verfassung verbürgten Pressefreiheit kommt bereits sprachlich – und zwar stärker als beim grundgesetzlichen Pendant – zum Ausdruck, daß sie nicht bloß ein Abwehrrecht statuiert, sondern zudem einen objektiv-rechtlichen sowie institutionellen Gehalt aufweist. Vermag die Presse die ihr durch Art. 111 Abs. 1 Verf. Bayern zugewiesenen Aufgaben nicht mehr zu erfüllen, kann dem Staat hieraus eine Schutz- und Förderpflicht erwachsen[188]. Ein konkreter Anspruch auf staatliche Förderung, etwa in Gestalt sogenannter Pressesubventionen, resultiert daraus freilich nicht[189].

56
Persönlicher Schutzbereich

Zwar trifft Art. 111 Verf. Bayern keine explizite Aussage hinsichtlich der personellen Schutzreichweite. Dennoch läßt sich sagen, daß von ihm zunächst alle natürlichen und juristischen Personen des Privatrechts umfaßt sind, die an

---

181 *BayVerfGHE* 4, 63 (76f.); *11*, 164 (182); *32*, 106 (114); *35*, 1 (3); *37*, 119 (124); *43*, 148 (154). Allgemein zu Art. 98 Satz 2 Verf. Bayern bereits oben B I 3, RN 19.
182 Vgl. *BayVerfGHE* 30, 144 (148); *37*, 140 (144); *39*, 119 (124).
183 *Krausnick*, in: Meder/Brechmann (LitVerz.), Art. 110 RN 30; *Möstl*, in: Lindner/ders./Wolff (LitVerz.), Art. 110 RN 11.
184 *Stettner*, in: Nawiasky/Schweiger/Knöpfle (LitVerz.), Art. 110 RN 41.
185 Vgl. *Krausnick* aaO., Art. 111 RN 1.
186 Namentlich heißt es im dortigen Abs. 1: „Die Presse hat die Aufgabe, im Dienst des demokratischen Gedankens über Vorgänge, Zustände und Einrichtungen und Persönlichkeiten des öffentlichen Lebens wahrheitsgemäß zu berichten".
187 *Krausnick* aaO., Art. 111 RN 2; *Möstl*, in: Lindner/ders./Wolff (LitVerz.), Art. 111 RN 7; *Stettner*, in: Nawiasky/Schweiger/Knöpfle (LitVerz.), Art. 110 RN 3.
188 *Krausnick*, in: Meder/Brechmann (LitVerz.), Art. 111 RN 9; *Möstl* aaO., Art. 111 RN 5, 9f.
189 *Möstl* aaO., Art. 111 RN 9.

der Entstehung und Verbreitung eines Presseprodukts mitwirken. Nicht erfaßt hingegen werden, von Religionsgemeinschaften abgesehen, juristische Personen des öffentlichen Rechts; staatlichen Hochschulen verbleibt die Berufung auf ihr Selbstverwaltungsrecht (Art. 138 Abs. 2 Verf. Bayern), öffentlich-rechtlichen Rundfunkanstalten auf die Rundfunkfreiheit (Art. 111 a Abs. 1 Verf. Bayern)[190]. Politischen Parteien kann die Beteiligung an Presseunternehmen nicht vollständig verboten, diese jedoch gesetzlich beschränkt oder ihre Offenlegung gefordert werden[191].

57
Sachlicher Schutzbereich

Sachlich ist der Pressebegriff – gerade in Abgrenzung zur Meinungsfreiheit – eng zu interpretieren. Er umfaßt nur solche (verkörperten) Druckwerke, welche die in Art. 111 Abs. 1 Verf. Bayern genannten Aufgaben und Voraussetzungen erfüllen[192]. Auf die Qualität oder den Inhalt des Presseerzeugnisses kommt es nicht an. Die Reichweite des sachlichen Schutzbereichs stimmt mit der grundgesetzlichen Pressefreiheit überein, so daß die gesamte Pressetätigkeit – von der Informationsbeschaffung über die Informationsaufbereitung und -verbreitung unter Einschluß des Redaktionsgeheimnisses – geschützt wird[193].

58
Schranken

Hinsichtlich der Schranken gilt das zu Art. 110 Verf. Bayern Gesagte[194]. Begrifflich präziser gefaßt als in Art. 5 Abs. 1 Satz 3 GG fungiert das in Art. 111 Abs. 2 Satz 1 Verf. Bayern verbürgte Verbot der Vorzensur als Schrankenschranke, die eng zu interpretieren ist[195]. Der im Grundgesetz fehlende Passus des Art. 111 Abs. 2 Satz 2 Verf. Bayern[196] betrifft nicht die Rechtfertigungsebene. Auch läßt sich ihm keine Gewährleistung der sogenannten Polizeifestigkeit der Presse entnehmen. Vielmehr stellt er eine besondere Ausformung des durch Art 19 Abs. 4 GG und Art. 3 Abs. 1 Verf. Bayern gewährleisteten effektiven Rechtsschutzes gegen polizeiliche Maßnahmen dar[197].

c) Rundfunkfreiheit

59
Bayerische Sonderdogmatik

Wie allgemein bekannt, begreift das Bundesverfassungsgericht die Rundfunkfreiheit nicht als eine „urwüchsige", „natürliche", sondern als eine „dienende" Freiheit[198]. Dieser vom Bundesverfassungsgericht seit Beginn der sechziger Jahre entwickelten Dogmatik hat der bayerische Verfassungsgesetzgeber im Jahre 1973 durch eine eigenständige Regelung in Art. 111 a der Verfassung Rechnung getragen. In ihrem Absatz 1 verbürgt sie nicht nur die Rundfunk-

---

190 *Krausnick* aaO., Art. 111 RN 15 f.; *Möstl* aaO., Art. 111 RN 8.
191 Wenn diese Beschränkung ihrerseits dem Schutz und der Funktion einer freien Presse zu dienen bestimmt ist, vgl. *Krausnick* aaO., Art. 111 RN 18. Weiterführend dazu *Möstl*, Politische Parteien als Medienunternehmen, DÖV 2003, S. 106 ff.
192 *Möstl*, in: Lindner/ders./Wolff (LitVerz.), Art. 111 RN 2. A.A. *Krausnick* aaO., Art. 111 RN 6, der – in Anlehnung an den grundgesetzlichen Pressebegriff nach Art. 5 Abs. 1 Satz 2 Alt. 1 GG – für ein weites Begriffsverständnis plädiert.
193 Vgl. *Krausnick* aaO., Art. 111 RN 7.
194 Vgl. oben C III.3.a, RN 53.
195 *Krausnick* aaO., Art. 111 RN 25.
196 „Gegen polizeiliche Verfügungen, welche die Pressefreiheit berühren, kann gerichtliche Entscheidung verlangt werden".
197 *Krausnick* aaO., Art. 111 RN 26; *Möstl*, in: Lindner/ders./Wolff (LitVerz.), Art. 111 RN 9.
198 Aus jüngerer Zeit s. nur *BVerfGE 119*, 181 (214) m.w.N. – Rundfunkfinanzierung II.

freiheit als Grundrecht und formuliert konkrete inhaltliche Anforderungen an die Rundfunkveranstalter[199], sondern zieht in ihrem Absatz 2 daraus zugleich die organisationsrechtliche Schlußfolgerung, daß Rundfunk in Bayern „in öffentlicher Verantwortung und in öffentlich-rechtlicher Trägerschaft betrieben" wird[200]. Aufgrund dieser in Deutschland einmaligen Regelung besteht eine „duale", das heißt durch öffentlich-rechtliche wie privat-rechtliche Veranstalter gestaltete Rundfunkordnung in Bayern *de jure* nicht. Vielmehr hat sich der Verfassungsgesetzgeber für ein rein öffentlich-rechtliches Rundfunkmodell entschieden[201].

60
Ausgestaltungsbedürftige Grundrechte

Sowohl bei der materiellen Verbürgung aus Art. 111a Abs. 1 Satz 1 Verf. Bayern als auch bei den formell-organisationsrechtlichen Vorgaben des Art. 111a Abs. 2 Satz 1 der Verfassung handelt es sich um grundrechtliche Gewährleistungen. So ordnet der Verfassungsgesetzgeber nicht nur einen Rundfunkbetrieb in öffentlicher Verantwortung an, sondern weist diesen – gleichsam als verfassungsrechtliche Deduktion aus dieser Konstruktion – auch öffentlich-rechtlichen Trägern zu. Allerdings bleiben diese abstrakten organisationsverfassungsrechtlichen Vorgaben auf gesetzgeberische Ausgestaltung angewiesen, wofür Art. 111a Abs. 3 der Verfassung[202] die Grundlage bildet.

61
Öffentlich-rechtliches Trägerschaftsmodell

Der bayerische Landesgesetzgeber hat von seinem Ausgestaltungsauftrag dahingehend Gebrauch gemacht, daß er die Trägerschaft für den Rundfunk in Bayern neben den öffentlich-rechtlichen Rundfunkanstalten „Bayerischer Rundfunk" (BR), „Zweites Deutsches Fernsehen" (ZDF) und „Deutschlandradio" (DR)[203] der Bayerischen Landeszentrale für neue Medien (BLM) überantwortet hat. Der Gesetzgeber hat hierzu eine rechtsfähige Anstalt des öffentlichen Rechts kreiert, die nicht nur Träger der materiellen Rundfunkfreiheit aus Art. 111a Abs. 1 Satz 1 Verf. Bayern, sondern kraft legislatorischer Entscheidung zugleich Träger der organisationsrechtlichen Grundrechtsverbürgung aus Art. 111a Abs. 2 Satz 1 Verf. Bayern ist[204]. Diesen grundrechtlichen Status der Landeszentrale hat auch die sogenannte „extra

---

199 Namentlich heißt es dort: „Die Freiheit des Rundfunks wird gewährleistet. Der Rundfunk dient der Information durch wahrheitsgemäße, umfassende und unparteiische Berichterstattung sowie durch die Verbreitung von Meinungen. Er trägt zur Bildung und Unterhaltung bei. Der Rundfunk hat die freiheitliche demokratische Grundordnung, die Menschenwürde, religiöse und weltanschauliche Überzeugungen zu achten. Die Verherrlichung von Gewalt sowie Darbietungen, die das allgemeine Sittlichkeitsgefühl grob verletzen, sind unzulässig. Meinungsfreiheit, Sachlichkeit, gegenseitige Achtung, Schutz vor Verunglimpfung sowie die Ausgewogenheit des Gesamtprogramms sind zu gewährleisten".
200 Wörtlich heißt es in Art. 111a Abs. 2 Verf. Bayern: „Rundfunk wird in öffentlicher Verantwortung und in öffentlich-rechtlicher Trägerschaft betrieben. An der Kontrolle des Rundfunks sind die in Betracht kommenden bedeutsamen politischen, weltanschaulichen und gesellschaftlichen Gruppen angemessen zu beteiligen. Der Anteil der von der Staatsregierung und dem Landtag in die Kontrollorgane entsandten Vertreter darf ein Drittel nicht übersteigen. Die weltanschaulichen und gesellschaftlichen Gruppen wählen oder berufen ihre Vertreter selbst".
201 *Möstl*, in: Lindner/ders./Wolff (LitVerz.), Art. 111a RN 2.
202 „Das Nähere regelt ein Gesetz".
203 Vgl. insoweit *Stettner*, in: Nawiasky/Schweiger/Knöpfle (LitVerz.), Art. 111a RN 30.
204 Vgl. insoweit etwa *BayVerfGHE 58*, 137 (144) m.w.N.; *Herbert Bethge*, Der verfassungsrechtliche Status der Bayerischen Landeszentrale für neue Medien, 1999, S. 32 f.; *Möstl*, in: Lindner/ders./Wolff (LitVerz.), Art. 111a RN 10; *Stettner* aaO., Art. 111a RN 51.

ratio"-Entscheidung des Bundesverfassungsgerichts nicht in Frage gestellt. Das Gericht hatte sich dort nur mit dem bundesverfassungsrechtlichen Schutz privater Rundfunkanbieter, nicht aber mit dem landesverfassungsrechtlichen Status der Landeszentrale auseinanderzusetzen[205].

Aus der dienenden Funktion des Rundfunks folgt zudem, daß er weder einzelnen gesellschaftlichen Gruppen noch dem Staat überlassen werden darf. Hieraus resultiert zwar nicht ein absolutes Trennungsgebot zwischen staatlicher Sphäre und Rundfunk, sprich: eine vollständige Freiheit des Rundfunks von jeglicher staatlicher Einflußnahme. Wohl aber ist eine weitgehende Staatsferne zur Verwirklichung freier, individueller und öffentlicher Meinungsbildung anzustreben[206]. Textuellen Anklang findet dieser Grundsatz der Staatsfreiheit in Art. 111 a Abs. 1 Satz 2 Verf. Bayern, der unter anderem eine umfassende sowie unparteiische Berichterstattung fordert. Mit Bedacht spricht der Verfassungsgesetzgeber in Art. 111 a Abs. 2 Satz 1 der Verfassung auch nicht von einer „staatlichen", sondern von einer „öffentlichen Verantwortung" und einer „öffentlich-rechtlichen Trägerschaft". Zudem darf gemäß Art. 111 a Abs. 2 Satz 3 der Verfassung der Anteil der von der Staatsregierung und dem Landtag in die Kontrollorgane der öffentlich-rechtlichen Träger entsandten Vertreter ein Drittel nicht übersteigen. Hierdurch soll verhindert werden, daß diese bestimmenden Einfluß auf die Umsetzung und Ausgestaltung der Rundfunkfreiheit durch die öffentlich-rechtlichen Rundfunkanstalten bzw. die Landeszentrale erlangen.

62
Staatsferne des Rundfunks

„Öffentliche Verantwortung"

d) Informationsfreiheit

Als Gegenstück zur aktiven Kommunikationsfreiheit ist die Informationsfreiheit in Art. 112 Abs. 2 Verf. Bayern geregelt, also im Anschluß an die Presse- und Rundfunkfreiheit sowie im Kontext der Unverletzlichkeit der Kommunikationswege[207]. Anders als die grundgesetzliche Verbürgung in Art. 5 Abs. 1 Satz 1 2. Alt. GG erfaßt ihr Wortlaut nicht sämtliche „allgemein zugänglichen Quellen", sondern ist auf einen offenen Rundfunkempfang sowie auf den ungehinderten Bezug von Druck-Erzeugnissen beschränkt. Dieser sprachlich enger gefaßte Wortlaut hat den Bayerischen Verfassungsgerichtshof allerdings nicht davon abgehalten, die Informationsfreiheit dennoch weit, das heißt im Sinne des Art. 5 Abs. 1 Satz 1 GG zu interpretieren[208]. Einen Anspruch auf Eröffnung von (entgeltfreien) Informationsquellen gewährt dieses Grundrecht ebensowenig wie die Bundesverfassung[209]. Allerdings hat der Verfassungsgerichtshof der Regelung zumindest eine Ausstrahlungswirkung in dem Sinne entnommen, daß bei der Beurteilung staatlicher Entgeltre-

63
Gewährleistungsgehalt der Informationsfreiheit

Allgemeinzugänglichkeit

---

205 Vgl. insoweit *BVerfGE 97*, 298 (312, 315); *BayVerfGHE 53*, 196 (209 ff.); *58*, 137 (144).
206 Für das Bundesverfassungsgericht vgl. insoweit *BVerfGE 121*, 30 (52 f.) m.w.N. – Parteibeteiligung an Rundfunkunternehmen. Für das Landesverfassungsrecht s. etwa *BayVerfGHE 56*, 1 (5 f.) m.w.N.
207 Dazu noch unten C III 3 f, RN 68.
208 *BayVerfGHE 38*, 134 (139); *44*, 61 (77); *BayVerfGH* NJW 2014, S. 3215 (3216 RN 64) – Rundfunkbeitrag.
209 *Möstl*, in: Lindner/ders./Wolff (LitVerz.), Art. 112 RN 8.

gelungen die allgemeine Zugänglichkeit der Quelle in Rechnung zu stellen ist[210]. Staatlich festgesetzte Entgelte für den Rundfunk können die Informationsfreiheit deshalb zumindest dann verletzen, wenn sie darauf zielen oder wegen ihrer Höhe objektiv dazu geeignet sind, Interessenten von Informationen aus bestimmten Quellen fernzuhalten[211]. Im übrigen unterliegt Art. 112 Abs. 2 der Verfassung laut Bayerischem Verfassungsgerichtshof der Schranke der allgemeinen Gesetze, die diesem Grundrecht immanent sein soll[212].

e) Versammlungsfreiheit

64
Bedeutung der Versammlungsfreiheit

Als unverzichtbares Mittel eines öffentlichen Diskurses kommt auch der Versammlungsfreiheit in der freiheitlich-demokratischen Grundordnung eine schlechthin konstituierende Bedeutung zu[213]. Angelehnt an Art. 123 WRV[214] hat dieses in Art. 113 Verf. Bayern verbürgte Grundrecht mit der Föderalismusreform von 2006, durch die der Bund seine Gesetzgebungskompetenz für das Versammlungswesen verlor und der Freistaat Bayern daraufhin ein eigenes Versammlungsgesetz (BayVersG)[215] erließ, an normativer Relevanz gewonnen.

65
Persönlicher Schutzbereich

Sprachlich weicht Art. 113 Verf. Bayern, der über Art. 142 GG Fortgeltung beansprucht, zum Teil von der in Art. 8 Abs. 1 GG grundgesetzlich verbürgten Versammlungsfreiheit ab. So sind von seinem persönlichen Schutzbereich alle Bewohner Bayerns, mithin alle natürlichen Personen unabhängig von ihrer Staatsangehörigkeit umfaßt, während Art. 8 Abs. 1 GG ein sogenanntes Deutschengrundrecht statuiert. Auch juristische Personen des Privatrechts können sich auf seinen Schutzbereich berufen, sofern sie auf Dauer angelegt sind sowie über ein Mindestmaß an innerer Struktur und Organisation verfügen[216].

66
Sachlicher Schutzbereich

Der von Art. 2 Abs. 1 BayVersG legaldefinierte Versammlungsbegriff ist mit demjenigen des Grundgesetzes identisch. Unter ihm ist die Zusammenkunft von mindestens zwei Personen[217] zu einem überwiegend meinungsbildenden Zweck zu verstehen[218]. Der Schutzbereichsbegrenzung dient der – erneut anders als im Grundgesetz formulierte – Passus der friedlichen und unbewaff-

---

210 *BayVerfGHE 44*, 61 (78 f.) zum bayerischen Teilnehmerentgelt; *58*, 277 (285 ff.) zur Rundfunkgebühr; *Möstl* aaO., Art. 112 RN 8.
211 *BayVerfGH* NJW 2014, S. 3215 (3216 RN 64) – Rundfunkbeitrag, unter Berufung auf *BVerfG* (Kammer) NJW 2000, S. 649.
212 *BayVerfGHE 47*, 36 (42 f.); *Möstl* aaO., Art. 112 RN 10.
213 *Krausnick*, in: Meder/Brechmann (LitVerz.), Art. 113 RN 2; *H.A. Wolff*, in: Lindner/Möstl/ders. (LitVerz.), Art. 113 RN 1 f.
214 Dazu ausführlich *Stettner*, in: Nawiasky/Schweiger/Knöpfle (LitVerz.), Art. 113 RN 1.
215 Das derzeit geltende BayVersG (GVBl. 2010, S. 421) ist eine geänderte Version, nachdem Teile der ersten Fassung durch das Bundesverfassungsgericht (s. dazu den Beschluß im Wege der einstweiligen Anordnung, *BVerfGE 122*, 342 ff., sowie BayVBl. 2009, S. 335 ff.) als verfassungswidrig eingestuft wurden.
216 *BayVGH* BayVBl. 1984, S. 406 (407); *Stettner*, in: Nawiasky/Schweiger/Knöpfle (LitVerz.), Art. 113 RN 5.
217 Strittig – s. *Krausnick*, in: Meder/Brechmann (LitVerz.), Art. 113 RN 6.
218 Ebenfalls strittig – s. *Stettner* aaO., Art. 113 RN 6. Dies unter Verweis auf die Judikatur des Bundesverfassungsgerichts zu Art. 8 GG bejahend *H.A. Wolff*, in: Lindner/Möstl/ders. (LitVerz.), Art. 113 RN 15.

neten Versammlung²¹⁹. Dennoch folgt die Bestimmung dieses Begriffspaares der Judikatur des Bundesverfassungsgerichts zu Art. 8 GG²²⁰.

Anders als Art. 8 GG, der in seinem Absatz 2 einen expliziten Gesetzesvorbehalt für Versammlungen unter freiem Himmel statuiert, normiert Art. 113 Verf. Bayern keine geschriebene Schranke. Dementsprechend wird diskutiert, ob die Schranke des Art. 98 Satz 2 der Verfassung Anwendung findet oder stattdessen auf verfassungsimmanente Schranken zu rekurrieren ist²²¹. Selbst wenn die geschriebene Schranke des Art. 98 Satz 2 Verf. Bayern zur Anwendung käme, resultierte hieraus keine den Landesgesetzgeber stärker als den Bundesgesetzgeber restringierende Gestaltungsmöglichkeit, da insbesondere der dort verwendete Begriff der „öffentlichen Sicherheit" weit auszulegen ist²²².

67
Schranken

f) Unverletzlichkeit der Kommunikationswege

In Gestalt des Brief-, Post-, Telegraphen- und Fernsprechgeheimnisses schützt Art. 112 Abs. 1 Verf. Bayern die Kommunikationswege und stellt diesen Schutz thematisch zutreffend in den Kontext der übrigen Kommunikationsfreiheiten. Obschon Art. 112 Abs. 1 der Verfassung wegen Art. 142 GG Fortgeltung beansprucht, wird seine Bedeutung durch den Umstand geschmälert, daß hauptsächlich der Bund für die das Brief-, Post- und Fernmeldegeheimnis berührenden Lebensbereiche gesetzgebungsbefugt ist²²³. Trotz sprachlicher Divergenzen zur grundgesetzlichen Verbürgung stimmt Art. 112 Abs. 1 Verf. Bayern in Schutzbereich und Schranken fast völlig mit Art. 10 GG überein²²⁴. Entsprechend wird auch er einem allgemeinen Gesetzesvorbehalt unterworfen²²⁵. Art. 10 Abs. 2 Satz 2 GG hingegen findet kein Pendant auf der landesverfassungsrechtlichen Ebene.

68
Bedeutung und Schutzbereich

4. Kunst- und Wissenschaftsfreiheit

In Anknüpfung an Art. 142 Satz 1 WRV erklärt Art. 108 Verf. Bayern die Kunst, die Wissenschaft und ihre Lehre für frei. Laut *Wilhelm Hoegner*²²⁶ handelt es sich dabei um „eine besondere Art der Meinungsfreiheit"²²⁷. Zu Recht betonte *Hoegner* damit den Charakter der Kunst- und Wissenschaftsfreiheit als Kommunikationsgrundrecht, welches nicht nur das schöpferische Denken

69
Allgemeine Bedeutung

---

219 *Krausnick* aaO., Art. 113 RN 8; *H.A. Wolff* aaO., Art. 113 RN 19 ff.
220 Vgl. insoweit etwa *BVerfGE* 69, 315 (360) für das Merkmal der „Unfriedlichkeit".
221 Für eine Anwendung des Art. 98 Satz 2 Verf. Bayern aus historischen Gründen *H.A. Wolff*, in: Lindner/Möstl/ders. (LitVerz.), Art. 113 RN 29, wohl dagegen *Krausnick*, in: Meder/Brechmann (LitVerz.), Art. 113 RN 21. Der Bayerische Verfassungsgerichtshof hat sich zu dieser Frage bislang nicht geäußert.
222 Weiterführend dazu *Krausnick* aaO., Art. 113 RN 21.
223 Vgl. insoweit die Art. 73 Abs. 1 Nr. 7 GG für das Post- und Telekommunikationswesen sowie Art. 73 Abs. 1 Nr. 9a, 10 und Art. 74 Abs. 1 Nr. 1 GG für Fragen der Terrorismusbekämpfung, des Verfassungsschutzes sowie der Strafprozessordnung. Den Ländern verbleibt daneben die Regelung des allgemeinen Gefahrenabwehrrechts.
224 *Möstl*, in: Lindner/ders./Wolff (LitVerz.), Art. 112 RN 4.
225 Allein die Herleitung ist dabei noch nicht abschließend geklärt. Näher dazu *Krausnick*, in: Meder/Brechmann (LitVerz.), Art. 112 RN 13; *Möstl* aaO., Art. 112 RN 7
226 S. oben A I, RN 2.
227 *Hoegner*, Lehrbuch (LitVerz.), S. 144.

und Handeln, sondern auch dessen Rezeptionsmöglichkeiten schützt[228]. Neben einem subjektiven Abwehrrecht des einzelnen gegen den Staat statuiert die Bestimmung des weiteren eine institutionell-organisatorische Sicherung, welche zudem durch das Selbstverwaltungsrecht der Hochschulen aus Art. 138 Abs. 2 Satz 1 der Verfassung sekundiert wird. Darüber hinaus bringt Art. 108 Verf. Bayern eine objektive Wertentscheidung für die Lebensbereiche Kunst und Wissenschaft zum Ausdruck[229].

a) Kunstfreiheit

70
Schutzbereich

Über die Kunstfreiheit verwirklicht das bayerische Verfassungsrecht die Zielbestimmung des Kulturstaates aus Art. 3 Abs. 1 Satz 1 der Verfassung. Die Bestimmung des Kunstbegriffs und damit die Bestimmung der Reichweite des Schutzbereichs bereiten seit jeher Probleme. Wie bei Art. 5 Abs. 3 GG ist der Begriff auch im Rahmen des Art. 108 Verf. Bayern weit und offen zu interpretieren[230]. Von daher wird Kunst kumulativ wie alternativ unter Rückgriff auf den formalen Kunstbegriff (Bestimmung vom Werktyp her), den materiell-inhaltlichen Kunstbegriff (Bestimmung vom Künstler her) und den semiotischen (offenen) Kunstbegriff (Bestimmung vom Betrachter her) bestimmt[231]. Neben dem Kunstwerk selbst wird der schöpferische Prozeß im Vorfeld (Werkbereich) sowie die kommunikative Vermittlung des Geschaffenen (Wirkbereich) geschützt. Dies schließt auch die Werbung für ein Kunstwerk mit ein[232]. Nicht nur der Künstler selbst, sondern auch die Mitwirkenden im Wirkbereich (Verleger, Produzenten, Veranstalter) können sich auf Art. 108 Verf. Bayern berufen. Dies umfaßt auch juristische Personen des Privatrechts. Sofern sich Organisationseinheiten des öffentlichen Rechts in einer grundrechtstypischen Gefährdungslage befinden (wie etwa bei Kunst- und Musikhochschulen, Museen, Theatern und Galerien) können sich auch diese ausnahmsweise auf den Schutz aus Artikel 108 berufen[233].

71
Schranken

Zur Rechtfertigung von Beschränkungen zieht der Bayerische Verfassungsgerichtshof erneut nicht Art. 98 Satz 2 Verf. Bayern heran, sondern rekurriert insoweit – wie auch bei anderen Grundrechten – auf „inhärente Begrenzungen"[234] im Sinne eines ungeschriebenen Gesetzesvorbehalts[235]. Der Sache nach läuft dies auf eine Grenzziehung durch kollidierendes Verfassungsrecht – verfassungsimmanente Schranke – hinaus, die vom parlamentarischen Gesetzgeber in verhältnismäßiger Art und Weise vorzunehmen ist. Typische Kollisionen bestehen dabei zum allgemeinen Persönlichkeitsrecht solcher Per-

---

228 *Geis*, in: Meder/Brechmann (LitVerz.), Art. 108 RN 1. Dieser Zusammenhang tritt besonders deutlich in Art. 5 GG zu Tage, wo die Kunst- und Wissenschaftsfreiheit im unmittelbaren Kontext zu den klassischen Kommunikationsfreiheiten verbürgt wird.
229 *Geis* aaO., Art. 108 RN 1.
230 *Geis* aaO., Art. 108 RN 4 m.w.N.
231 Einzelheiten hierzu bei *Geis* aaO., Art. 108 RN 5 f. mit Nachweisen zur BVerfG-Rechtsprechung.
232 *Geis* aaO., Art. 108 RN 7.
233 *Geis* aaO., Art. 108 RN 9; → Bd. IV: *Hufen*, Kunstfreiheit, § 101 RN 73.
234 *BayVerfGHE* 22, 1 (9).
235 *Lindner*, in: ders./Möstl/Wolff (LitVerz.), Art. 108 RN 29.

sonen, die zum Gegenstand eines Kunstwerks – etwa eines Romans – gemacht werden. Auch der Jugendschutz kann insofern als Schranke zur Kunstfreiheit fungieren. Bezogen auf das Eigentumsrecht ist daran zu erinnern, daß die Verwirklichung von Kunst nicht die Inanspruchnahme fremden Eigentums rechtfertigt. Im öffentlichen Straßenraum (Straßenkunst) kann der Gemeingebrauch, das heißt die ungestörte Nutzung von Straßen durch die Allgemeinheit, als Schranke der Kunstfreiheit fungieren[236].

Mit der durch Art. 108 Verf. Bayern geschützten Kunstfreiheit mußte sich der Bayerische Verfassungsgerichtshof bislang kaum beschäftigen. Zu erklären ist dies durch den Umstand, daß die Mehrzahl der streitigen Fälle aus Kollisionen mit dem allgemeinen Persönlichkeitsrecht entsteht. Damit ist üblicherweise in einer bundesrechtlich geregelten Frage der Rechtsweg zu den Zivilgerichten eröffnet, was über die zuständige letzte Rechtsweginstanz – den Bundesgerichtshof – regelmäßig zum Bundesverfassungsgericht führt[237].

72
Praktische Bedeutung der Kunstfreiheit

b) Wissenschaftsfreiheit

Art. 108 Verf. Bayern schützt zudem die Freiheit der Wissenschaft und ihrer Lehre, darunter auch die wissenschaftliche Forschung, obschon sie in Art. 108 der Verfassung – anders als bei Art. 5 Abs. 3 GG – nicht ausdrücklich erwähnt wird[238]. Unter den Begriff „Forschung" fällt jedes Verhalten, das systematisch, methodisch und in nachprüfbarer Weise neue Erkenntnisse zu generieren versucht. Wissenschaftliche Lehre wird üblicherweise als die wissenschaftlich fundierte Übermittlung der durch Forschung gewonnenen Erkenntnisse an Studierende definiert[239]. Die sogenannte Lernfreiheit der Studierenden wird demgegenüber nicht durch Art. 108 der Verfassung, sondern durch die Ausbildungsfreiheit nach Art. 128 Verf. Bayern geschützt[240].

73
Schutzbereich

Die Wissenschaftsfreiheit gewährleistet zudem ein Recht der wissenschaftlich Tätigen auf Teilhabe an öffentlichen Ressourcen und auf Teilhabe an der Organisation des Wissenschaftsbetriebs[241]. Dem hieraus resultierenden Konflikt zwischen den entgegengesetzten Grundrechtsgewährleistungen – Abwehr staatlicher Eingriffe einerseits und Ermöglichung wissenschaftlicher Betätigung durch den Staat andererseits – wirkt der objektiv-rechtliche Charakter des Art. 108 Verf. Bayern in seiner Ausprägung als institutionelle Garantie der Hochschulen und das Recht ihrer akademischen Selbstverwaltung entgegen[242]. Letztere wird – anders als im Grundgesetz – von Art. 138 Abs. 2 Satz 1 der Verfassung denn auch ausdrücklich verbürgt. Eine objektive (und deshalb nicht einklagbare) staatliche Förderpflicht statuiert ferner

74
Akademische Selbstverwaltung

---

236 Einzelheiten hierzu bei *Geis* aaO., Art. 108 RN 10 ff.; *Lindner* aaO., Art. 108 RN 27 ff., je m.w.N.
237 *Geis* aaO., Art. 108 RN 5.
238 *Geis* aaO., Art. 108 RN 16 unter Berufung auf *BayVerfGHE* 24, 199 (220 f.); 50, 129 (142).
239 *Geis* aaO., Art. 108 RN 18 f. m.w.N.
240 *Geis* aaO., Art. 108 RN 27.
241 *Geis* aaO., Art. 108 RN 22 unter Berufung auf *BVerfGE* 111, 333 (354) – Brandenburg.
242 *Geis* aaO., Art. 108 RN 23; → Bd. IV: *Geis*, Autonomie der Universitäten, § 100 RN 9.

Legislatorische Einschätzungsprärogative

Art. 140 der Verfassung[243]. Bei der konkreten Ausgestaltung des Hochschulwesens steht dem Gesetzgeber freilich eine weite Einschätzungsprärogative zu. Im Binnenbereich ist die Hochschule so zu organisieren, daß sich die individuelle Wissenschaftsfreiheit ungehindert entfalten kann. Die Grundrechtsnorm wird allerdings verletzt, wenn die Institution als Wissenschaftsorganisation nicht mehr funktionsfähig ist[244]. Ob diesen Vorgaben durch die Organisation der bayerischen Hochschulen, insbesondere durch die starke Stellung des Hochschulrats, Genüge getan wird, war umstritten, wurde vom Verfassungsgerichtshof allerdings bejaht[245]. Das Konzept der Gruppenuniversität steht demgegenüber mit der bayerischen Verfassung in Einklang[246]. Der Gruppe der Hochschullehrer muß jedoch ein bestimmender Einfluß auf Entscheidungen der Hochschule verbleiben.

75 Schranken

Ebenso wie die Kunstfreiheit wird auch die Wissenschaftsfreiheit durch verfassungsimmanente Schranken begrenzt[247]. Solche Schranken können sich etwa aus der Würdegarantie, dem Schutz von Leben und Gesundheit, dem Persönlichkeitsrecht und dem Umweltschutz (Art. 141 Verf. Bayern) ergeben. Auch die Ausbildungsfreiheit (Art. 128 Verf. Bayern) fungiert als Schranke der Wissenschaftsfreiheit. Allerdings darf der Ausbildungsauftrag der Hochschulen deren freiheitlich-wissenschaftliche Betätigung infolge einer (Über-)Beanspruchung durch Lehre und Prüfungen nicht *de facto* unmöglich machen[248].

76 Praktische Bedeutung der Wissenschaftsfreiheit

Obschon das Hochschulrecht ganz überwiegend in die Landeszuständigkeit fällt, der bayerische Verfassungsgerichtshof als Landesgericht mithin eine größere Nähe zu dieser Materie besitzt als zur Kunstfreiheit[249], vermochte er im Vergleich zum Bundesverfassungsgericht bislang noch kein eigenständiges Profil in wissenschaftsrechtlichen Fragen zu entwickeln[250].

5. Schutz wirtschaftlicher Vorgänge

77 Regelungsstruktur

Wirtschaftliche Vorgänge werden zumeist durch den „grundrechtlichen Dreiklang" aus Berufs-, Eigentums- und Vereinigungsfreiheit" umhegt, eventuell verbleibende Lücken durch die allgemeine Handlungsfreiheit geschlossen. Auf den ersten Blick scheint die bayerische Verfassung von dieser Regelungsstruktur allerdings abzuweichen: So erkennt sie, historisch angelehnt an die Normierungen der Weimarer Reichsverfassung und im Gegensatz zum Grundgesetz, einzelne Aspekte wirtschaftlicher Betätigung in ihrem vierten

---

243 Namentlich heißt es dort: „Kunst und Wissenschaft sind von Staat und Gemeinde zu fördern".
244 *Geis* aaO., Art. 108 RN 23 m.w.N.
245 Vgl. insoweit ausführlich *BayVerfGHE 61*, 103 ff. – Bayerisches Hochschulurteil, sowie *Geis* aaO., Art. 108 RN 25; *Müller-Terpitz*, Neue Leitungsstrukturen als Gefährdungen der Wissenschaftsfreiheit, WissR 44 (2011), S. 236 ff., je m.w.N.
246 Vgl. *BayVerfGHE 30*, 127 (133).
247 Vgl. *Geis* aaO., Art. 108 RN 30 m.w.N.
248 Vgl. *BayVerfGHE 61*, 103 (112).
249 S. oben C III 4 a, RN 72.
250 So die plausible Einschätzung von *Geis* aaO., Art. 108 RN 16.

Hauptteil („Wirtschaft und Arbeit") ausdrücklich an, so vor allem in Art. 151 Abs. 2 Satz 2 und 3[251] und in Art. 166 Abs. 2 und 3 Verf. Bayern[252]. Indes handelt es sich bei diesen Normen nach herrschender Lesart lediglich um Programmsätze, die keine subjektiven Rechte, erst recht keine Ausprägungen der Berufsfreiheit, verbürgen[253]. Damit wird auch in der bayerischen Landesverfassung „echter", das heißt subjektiv-rechtlicher Schutz für wirtschaftliche Vorgänge nur über die Grundrechte vermittelt. Sie entfalten vor allem dort Bedeutung, wo eine Materie der Landesgesetzgebungskompetenz betroffen ist. Für die Berufsfreiheit ist dies etwa in Bezug auf Sportwetten, berufsständische Kammern oder Gaststätten der Fall. Eigentumsbezogene Landesgesetze betreffen zum Beispiel das Bauordnungs-, Denkmalschutz-, Naturschutz- und Wasserrecht.

a) Berufsfreiheit

Es überrascht, daß sich die selbstbewußte, ja teils wortgewaltige Landesverfassung just zur Berufsfreiheit ausschweigt. Die wirtschaftliche Betätigungsfreiheit wird vom Bayerischen Verfassungsgerichtshof deshalb seit jeher in der allgemeinen Handlungsfreiheit aus Art. 101 Verf. Bayern loziert. Dieser garantiert die Berufsfreiheit im engeren Sinne, aber auch die Wettbewerbsfreiheit und sonstige wirtschaftliche Betätigungen[254]. In Verbindung mit dem Gleichheitssatz (Art. 118 Verf. Bayern) und dem Sozialstaatsprinzip (Art. 3 Abs. 1 Satz 1 Verf. Bayern) gewährt Art. 101 der Verfassung zudem ein Recht auf diskriminierungsfreien Zugang zu berufsqualifizierenden Ausbildungen und auf diskriminierungsfreie Ausgestaltung von Prüfungsverfahren[255].

78 Allgemeine Handlungsfreiheit

Art. 101 Verf. Bayern statuiert mit den „Schranken der Gesetze" einen einfachen Gesetzesvorbehalt, welcher der allgemeinen Regelung in Art. 98 Satz 2 der Verfassung vorgeht[256]. Über diese Schranke läßt der Bayerische Verfassungsgerichtshof die gesamte berufsrechtliche Schrankendogmatik des Bundesverfassungsgerichts in die Landesverfassung einfließen, einschließlich der Figur der „Dreistufentheorie" und der „berufsregelnden Tendenz"[257]. Trotz

79 Schranken

---

251 „Die Freiheit der Entwicklung persönlicher Entschlußkraft und die Freiheit der selbständigen Betätigung des einzelnen in der Wirtschaft wird grundsätzlich anerkannt. Die wirtschaftliche Freiheit des einzelnen findet ihre Grenze in der Rücksicht auf den Nächsten und auf die sittlichen Forderungen des Gemeinwohls".
252 „(2) Jedermann hat das Recht, sich durch Arbeit eine auskömmliche Existenz zu schaffen. (3) Er hat das Recht und die Pflicht, eine seinen Anlagen und seiner Ausbildung entsprechende Arbeit im Dienste der Allgemeinheit nach näherer Bestimmung der Gesetze zu wählen".
253 Vgl. *Lindner*, in: ders./Möstl/Wolff (LitVerz.), Art. 166 RN 1. Kritisch dazu *Leisner* (LitVerz.), S. 76. Zum Ganzen im übrigen schon oben B I 2 c, RN 17.
254 Vgl. *BayVerfGHE* 26, 18 (24); *35*, 58 (67); *56*, 1 (10); *59*, 80 (93). Allein für den Zugang zum öffentlichen Dienst bildet Art. 116 Verf. Bayern eine *lex specialis*, vgl. *Lindner*, in: ders./Möstl/Wolff (LitVerz.), Art. 101 RN 17 (dort FN 66).
255 *BayVerfGHE* 50, 129 (138); *BayVerfGH* NVwZ 2013, S. 1543 (1544 f.).
256 S. hierzu *BayVerfGHE* 35, 58 (67); *A. Funke*, in: Meder/Brechmann (LitVerz.), Art. 101 RN 24 sowie oben B.I. 4., RN 21.
257 Vgl. *BayVerfGHE* 42, 174 (183); *50*, 129 (139); *51*, 74 (84); *56*, 1 (10); *59*, 80 (94). Demgegenüber hat die Schranke der „guten Sitten" und das neminem laedere-Gebot („alles zu tun, was anderen nicht schadet") auch für berufs- oder unternehmensbezogene Fragen bislang keine Relevanz in der Rechtsprechung des BayVerfGH erlangt.

ihrer zahlreichen eigenständigen und vom Grundgesetz textlich abweichenden Regelungen zur Wirtschaftsordnung kommt der Landesverfassung damit jedenfalls in Bezug auf die Berufsfreiheit keine eigenständige Bedeutung neben dem Grundgesetz zu. Soweit Art. 101 Verf. Bayern als Schutzbereich der Berufsfreiheit angesprochen ist, muß bei Eingriffen deshalb zwischen Berufsausübungsregeln (erste Stufe), subjektiven Berufszulassungsschranken (zweite Stufe) und objektiven Berufszulassungsschranken (dritte Stufe) unterschieden werden[258]. Freilich handelt es sich hierbei lediglich um einen „ersten Zugriff" auf die Verhältnismäßigkeitsprüfung, da die Übergänge zwischen den Stufen fließend sind und deshalb nicht starr angewendet werden dürfen[259]. Der Verfassungsgerichtshof hat nach dieser Formel zuletzt das strenge bayerische Rauchverbot in Gaststätten[260] und das staatliche Monopol für Sportwetten als bloße Berufsausübungsregelungen[261] sowie eine Altersgrenze für Prüfingenieure im Bauwesen als subjektive Berufswahlvoraussetzung gerechtfertigt[262]. Eine gesetzliche Regelung zur bodengebundenen Durchführung von Notfallmaßnahmen, welche Hilfsorganisationen vor privaten Rettungsdienstunternehmen privilegierte, hat er hingegen als unverhältnismäßige objektive Berufswahlbeschränkung verworfen[263].

b) Eigentum und Erbrecht

80
Regelungsstruktur

Für die Garantie von Eigentum und Erbrecht kann dasselbe Fazit gezogen werden: Auch hier hat der Verfassungsgerichtshof die Dogmatik des Bundesverfassungsgerichts übernommen, obwohl die bayerische Verfassung auch insoweit textlich anders gestaltet ist. So ist die Eigentumsgarantie nicht nur in der Zentralnorm des Art. 103 Verf. Bayern verankert. Vielmehr muß diese Bestimmung zusammen mit den Art. 158 („Eigentum verpflichtet") und 159 (Enteignung) der Verfassung gelesen werden, mit denen sie eine Einheit bildet[264]. Weitere eigentumsrelevante Regelungen finden sich in Art. 160 Abs. 2 (Parallelnorm zu Art. 15 GG), Art. 161 (Programmsatz zur Bodenverteilung), Art. 162 (geistiges Eigentum, Urheberrecht sowie das Recht der Erfinder und Künstler)[265] und Art. 163 Verf. Bayern (Freiheit von Grund und Boden).

---

258 Vgl. *BayVerfGHE* 56, 1 (10); 59, 80 (94). Locus classicus der Dreistufentheorie *BVerfGE* 7, 377 ff. – Apothekenurteil.
259 S. insoweit etwa *BayVerfGHE* 56, 99 (109); *A. Funke*, in: Meder/Brechmann (LitVerz.), Art. 101 RN 37; *Lindner*, in: ders./Möstl/Wolff (LitVerz.), Art. 101 RN 42. Speziell zur BVerfG-Rechtsprechung s. *Ralf Müller-Terpitz*, Bedürfnisorientierte Zulassung von Rechtsanwälten bei dem Bundesgerichtshof – „Alter Zopf" oder notwendiges Instrument zur Förderung der höchstrichterlichen Rechtsprechung?, in: Steffen Detterbeck/Jochen Rozek/Christian von Coelln (Hg.), FS Bethge, 2009, S. 569 ff.
260 Vgl. *BayVerfGH* BayVBl. 2011, S. 466 (468); BayVBl. 2012, S. 13 (15 f.) für sog. Shisha-Cafés; BayVBl. 2012, S. 596 (598). Näher hierzu m.w.N. *Lindner*, BayVBl. 2013, S. 549 (555).
261 *BayVerfGH* BayVBl. 2008, S. 367 ff.
262 *BayVerfGH* NVwZ 2013, S. 1075 ff.
263 *BayVerfGH* BayVBl. 2013, S. 431 ff.
264 *Lindner*, in: ders./Möstl/Wolff (LitVerz.), Art. 103 RN 2.
265 Diese Norm hat jedoch weitestgehend deklaratorische Bedeutung, weil die subjektiv dem einzelnen zugeordneten Rechte des geistigen Eigentums bereits von Art. 103 Verf. Bayern erfaßt werden, vgl. *Lindner* aaO., Art. 162 RN 1.

Die Interpretation des Normendreiklangs aus Art. 103, 158 und 159 Verf. Bayern durch den Verfassungsgerichtshof deckt sich mit der Dogmatik des Bundesverfassungsgerichts zu Art. 14 GG. Auch die Eigentumsgarantie der bayerischen Verfassung wird als normgeprägte Freiheit verstanden, die der Gesetzgeber – nur der Bestands- und Institutsgarantie sowie der grundrechtlichen Schutzpflicht verpflichtet – mit weitem Gestaltungsspielraum ausgestalten kann und muß[266]. Grundrechtlich geschützte Eigentumspositionen sind demnach alle vermögenswerten Gegenstände, die einem Rechtsträger privatnützig durch das einfache Recht zugeordnet werden[267]. Das können Rechte des geistigen Eigentums ebenso sein wie das ausgestaltete Sacheigentum, die Befugnis zum Bauen nach Maßgabe der Baugesetze[268], Beschränkungen der Nutzung von Grundstücken zu Werbezwecken[269] oder wasserrechtliche Duldungspflichten von Grundstückseigentümern[270]. Nicht geschützt hingegen sind der Erwerbsvorgang – dieser fällt unter die Berufsfreiheit –, bloße Chancen und Erwartungen sowie das Vermögen als solches[271]. Für den Entzug einer konkreten Eigentumsposition unter Beibehaltung der Rechtsordnung im übrigen sieht die bayerische Verfassung ebenso wie das Grundgesetz eine Enteignungsentschädigung vor; allerdings statuiert Art. 159 Verf. Bayern hierfür keine „Junktim-Klausel"[272].

81
Normgeprägte Freiheit

Geschützte Eigentumspositionen

Eine Besonderheit besteht nach der Rechtsprechung des Verfassungsgerichtshofs jedoch in Bezug auf den persönlichen Schutzbereich: Anders als nach der *Sasbach*-Entscheidung des Bundesverfassungsgerichts[273] wird unter der bayerischen Verfassung auch juristischen Personen des öffentlichen Rechts, namentlich Gemeinden, der Schutz durch die Eigentumsgarantie gewährt, soweit sie sich mit ihrem privatrechtlichen Eigentum in einer grundrechtstypischen Gefährdungslage befinden und keine hoheitlichen Aufgaben erfüllen[274].

82
Persönlicher Schutzbereich

c) Vereinigungsfreiheit

Der in Art. 114 Verf. Bayern normierten individuellen und kollektiven Vereinigungsfreiheit kommt eine nur sehr beschränkte Bedeutung zu. Zum einem ressortieren die vereinigungsrelevanten Regelungen bei der Gesetzgebungs-

83
Keine besonderen inhaltlichen Akzente

---

266 *BayVerfGHE 36*, 1 (7); *39*, 1 (8). Zur Ausgestaltungsgesetzgebung *Lindner* aaO., Art. 103 RN 72 ff.
267 *BayVerfGHE 35*, 56 (70); *41*, 83 (91).
268 Ausführlich *Lindner* aaO., Art. 103 RN 33 ff.
269 *BayVerfGH* BayVBl. 2012, S. 397 (400).
270 *BayVerfGH* BayVBl. 2010, S. 500 ff. Für weitere Entscheidungen aus jüngerer Zeit s. *Lindner*, BayVBl. 2013, S. 549 (557).
271 *BayVerfGHE 54*, 85 (94); *58*, 1 (31); *A. Funke*, in: Meder/Brechmann (LitVerz.), Art. 101 RN 15; *Lindner*, in: ders./Möstl/Wolff (LitVerz.), Art. 103 RN 49 ff.
272 Dies steht der Gültigkeit der bayerischen Norm allerdings nicht entgegen (vgl. dazu *BVerfGE 96*, 345 [365] sowie oben B I 4, RN 21). Entschädigungsgesetze ohne Junktim-Klausel sind allerdings wegen Verstoßes gegen Art. 14 Abs. 3 Satz 2 GG („bundes"-)verfassungswidrig, vgl. *Lindner* aaO., Art. 103 RN 19. Die Abgrenzung zwischen Enteignungen und sonstigen Eingriffen nimmt der BayVerfGH mittlerweile im Einklang mit der Nassauskiesungsrechtsprechung (in *BVerfGE 58*, 300 ff.) vor, vgl. *BayVerfGHE 39*, 36 (38); *57*, 39 (44).
273 *BVerfGE 61*, 82 (103).
274 *BayVerfGHE 27*, 14 (20); *29*, 1 (4); *44*, 109 (119). Hierzu auch *Badura*, Grundrechte der Gemeinde, BayVBl. 1989, S. 1 (3f.); *Herbert Bethge*, Grundrechtsschutz von kommunalem Eigentum, NVwZ 1985, S. 402 (403). → oben *Merten*, Allgemeine Lehren der Landesgrundrechte, § 232 RN 123.

§ 246　Sechzehnter Teil: III. Die Grundrechte in den Landesverfassungen

GG-Abweichungen

kompetenz des Bundes und sind insoweit der Kontrolle durch den Bayerischen Verfassungsgerichtshof entzogen. Zum anderen wird die Vereinigungsfreiheit vom Verfassungsgerichtshof in Übereinstimmung mit der Dogmatik des Art. 9 GG interpretiert, so daß durch Art. 114 der Verfassung auch inhaltlich keine Akzente gesetzt werden[275]. Allein auf der Ebene des persönlichen Schutzbereichs geht die bayerische Verfassung über das Grundgesetz hinaus, indem sie allen „Bewohnern Bayerns" die Vereinigungsfreiheit zugesteht. Die zweite Abweichung in Art. 114 Abs. 2 der Verfassung, welcher ein Verbot von Vereinigungen mit „sittenwidrige[n] Zwecke[n]" erlaubt – ist mit Art. 9 Abs. 2 GG nicht vereinbar und deshalb unwirksam[276]. Die in Art. 9 Abs. 3 GG ebenfalls angesiedelte Koalitionsfreiheit findet sich für Bayern in Art. 170 der Verfassung. Weitere leges speciales zu Art. 114 Verf. Bayern bilden Art. 142 Abs. 2 (Zusammenschluß von Religionsgemeinschaften), Art. 143 Abs. 1 (Rechtsfähigkeit von Religions- und Weltanschauungsgemeinschaften) und Art. 15 Verf. Bayern (Wählergruppen)[277].

IV. Gleichheitsgrundrechte

1. Allgemeine Gleichheitsrechte

84
Bedeutung und Normstruktur

Art. 118 Verf. Bayern stellt einen bedeutenden Angelpunkt der bayerischen Grundrechtskodifikation und – insofern wenig überraschend – die von der Rechtsprechung des Bayerischen Verfassungsgerichtshofs am häufigsten angewendete Vorschrift dar[278]. In ihrem Absatz 1 statuiert die Norm den allgemeinen Gleichheitssatz[279]. Absatz 2 verfügt die Gleichberechtigung von Frau und Mann. Im weiteren hebt Absatz 3 jegliche Standesprivilegien auf, und treffen die Absätze 4 und 5 Regelungen in Bezug auf Titel bzw. Orden[280]. Art. 118 Verf. Bayern ist gemäß Art. 142 GG weiter anwendbar, nicht zuletzt da Art. 118 Abs. 1 und 2 Verf. Bayern mit Art. 3 Abs. 1 und 2 GG übereinstimmt[281]. Eine bindende „Maßstabswirkung" geht von Art. 118 Verf. Bayern nur für Landesrechtsakte aus[282].

275　Näher dazu *Lindner*, in: ders./Möstl/Wolff (LitVerz.), Art. 114 RN 6 ff.
276　*Krausnick*, in: Meder/Brechmann (LitVerz.), Art. 114 RN 15; *Lindner* aaO., Art. 114 RN 8.
277　*Krausnick* aaO., Art. 114 RN 10.
278　S. nur *BayVerfGHE 1*, 29 (31); *2*, 45 (47); *24*, 181 (191); *27*, 153 (158); *Lindner* aaO., Art. 118 RN 1; *Stettner*, in: Nawiasky/Schweiger/Knöpfle (LitVerz.), Art. 118 RN 3.
279　*Lindner* aaO., Art. 118 RN 5.
280　Diese Vorschriften sind verfassungsrechtlich allerdings bedeutungslos, s. *Lindner* aaO., Art. 118 RN 141. Das Verbot der Übertragung des Adelstitels durch Adoption ist zudem zivilrechtlich überlagert; *Menzel* (LitVerz.), S. 481.
281　*BayVerfGHE 3*, 67 (68); *4*, 30 (40); *10*, 49 (52); *Lindner* aaO., Art. 118 RN 16; *B. Schmidt am Busch*, in: Meder/Brechmann (LitVerz.), Art. 118 RN 7; *Stettner*, in: Nawiasky/Schweiger/Knöpfle (LitVerz.), Art. 118 RN 7.
282　*Lindner* aaO., Art. 118 RN 17; *B. Schmidt am Busch* aaO., Art. 118 RN 16; *Stettner* aaO., Art. 118 RN 80 ff. Zu Landesrechtsakten, die auf materiellem Bundesrecht beruhen, s. *Lindner* aaO., Art. 118 RN 18 sowie *Stettner* aaO., Art. 118 RN 100. Für das Verhältnis zum europäischen Recht s. *Lindner* aaO., Art. 118 RN 19.

Im Rahmen des Art. 118 Abs. 1 Verf. Bayern ist „jedermann" grundrechtsberechtigt[283]. Der allgemeine Gleichheitssatz enthält das Gebot der rechtlichen Gleichbehandlung[284]. Dies ist als Verbot zu verstehen, gleichliegende Sachverhalte, die aus der Natur der Sache und unter dem Gesichtspunkt der Gerechtigkeit eine gleichartige Regelung erfordern, ungleich zu behandeln; dagegen ist wesentlich Ungleiches nach seiner Eigenart verschieden zu regeln. Der Gleichheitssatz verbietet Willkür, verlangt aber keine schematische Gleichbehandlung, sondern lässt Differenzierungen zu, die durch sachliche Erwägungen gerechtfertigt sind[285]. Der Verfassungsgerichtshof verwendet insofern unterschiedliche Formeln, welche weitgehend die Rechtsprechung des Bundesverfassungsgerichts aufgreifen[286]. Ungleichbehandlungen, die durch sachliche Gründe gerechtfertigt werden können, sind zulässig[287]. Zudem nimmt sich der Gerichtshof bei der Überprüfung legislativer Akte stark zurück und gesteht dem Gesetzgeber insofern einen weiten Gestaltungsspielraum zu[288].

85
Allgemeiner Gleichheitssatz

Keine schematische Gleichbehandlung

Neben dem allgemeinen Gleichheitssatz statuiert Art. 118 Abs. 1 Verf. Bayern ein allgemeines Willkürverbot, welches ohne Notwendigkeit eines relativen Vergleichs den Anspruch verbürgt, nicht willkürlich behandelt zu werden[289]. Allerdings knüpft der Verfassungsgerichtshof das Vorliegen dieses „Gerechtigkeits-Auffangtatbestands"[290] an hohe Voraussetzungen. Seine Rechtsprechungspraxis zum Willkürverbot betrifft zumeist Verfassungsbeschwerden gegen landesgerichtliche Entscheidungen[291]. Insoweit kann auch eine willkürliche Anwendung von Bundesrecht gerügt werden[292]. Allerdings ist auch eine willkürliche Normsetzung vorstellbar[293], obschon der Verfassungsge-

86
Willkürverbot

---

283 Zu juristischen Personen des Zivil- und des öffentlichen Rechts s. *Lindner* aaO., Art. 118 RN 20 f.; *B. Schmidt am Busch* aaO., Art. 118 RN 14 f.
284 *Lindner* aaO., Art. 118 RN 24; *B. Schmidt am Busch* aaO., Art. 118 RN 20 ff.
285 Ständige Rechtsprechung – s. etwa *BayVerfGHE* 62, 79 (105 f.); *BayVerfGH* BayVBl 2012, S. 498 (500); NJW 2014, S. 3215 (3212 RN 102).
286 *BayVerfGHE* 13, 45 (48 f.); *Lindner* aaO., Art. 118 RN 49 ff.; *Stettner*, in: Nawiasky/Schweiger/Knöpfle (LitVerz.), Art. 118 RN 24 ff. je m.w.N. zur Rspr. des BayVerfGH.
287 *BayVerfGHE* 12, 91 (112); *12* 152 (159); *13*, 170 (174); *B. Schmidt am Busch*, in: Meder/Brechmann (LitVerz.), Art. 118 RN 26 ff., insb. RN 28; *Stettner* aaO., Art. 118 RN 41, 104.
288 Vgl. *BayVerfGH* BayVBl. 2010, S. 658 (662); *Lindner*, BayVBl. 2013, S. 549 (558) mit aktuellen Rechtsprechungsbeispielen.
289 *Lindner*, in: ders./Möstl/Wolff (LitVerz.), Art. 118 RN 119, *B. Schmidt am Busch*, in: Meder/Brechmann (LitVerz.), Art. 118 RN 32 f. und *Stettner*, in: Nawiasky/Schweiger/Knöpfle (LitVerz.), Art. 118 RN 27.
290 *Lindner*, BayVBl. 2013, S. 549 (558).
291 Vgl. *BayVerfGH* BayVBl. 2011, S. 93; BayVBl. 2011, S. 600 (601). Wie oben B II 2, RN 25 bereits erwähnt, bejaht der Gerichtshof einen Verstoß gegen das Willkürverbot, wenn die Entscheidung bei Würdigung der die Verfassung beherrschenden Grundsätze nicht mehr verständlich ist und sich der Schluß aufdrängt, daß sie auf sachfremden Erwägungen beruht, sie unter keinem Gesichtspunkt rechtlich vertretbar erscheint, „schlechthin unhaltbar, offensichtlich sachwidrig, eindeutig unangemessen" ist. Eine fehlerhafte Anwendung des einfachen Rechts allein genügt für die Annahme von Willkür nicht.
292 S. erneut oben B II 2, RN 25.
293 Vgl. insoweit *BayVerfGH* BayVBl. 2009, S. 142 ff., wo der Gerichtshof einen Verstoß des Bebauungsplans „Gut Kaltenbrunn" gegen Art. 118 Abs. 1 Verf. Bayern in seiner Ausprägung als Willkürverbot bejahte. Näher zu diesem Themenkomplex *Kruis/Didovic*, Das bayerische Staatsziel des Natur- und Kulturgüterschutzes und der Gleichheitssatz im Spiegel bayerischer Gesetzgebung und aktueller Entscheidungen des Bayerischen Verfassungsgerichtshofs, BayVBl. 2009, S. 353 (356 ff.); *Söhnlein*, Klagebefugnis aus dem allgemeinen Willkürverbot bei einem Verstoß gegen die Staatszielbestimmung Umweltschutz, NuR 2008, S. 251 ff.

§ 246 Sechzehnter Teil: III. Die Grundrechte in den Landesverfassungen

richtshof dem Gesetzgeber insoweit einen weiten Gestaltungsspielraum zubilligt[294].

87
Weitere Funktionen

Über diese Wirkungsweisen hinaus entnimmt der Bayerische Verfassungsgerichtshof Art. 118 Abs. 1 Verf. Bayern weitere Grundrechtsfunktionen[295]. Zu nennen sind hier seine Ausstrahlwirkung auf das einfache Recht, seine Schutzpflichtenfunktion sowie die (derivative) Erzeugung von Leistungsansprüchen[296].

88
Gleichberechtigung von Frau und Mann

Als lex specialis zu Art. 118 Abs. 1 Verf. Bayern verbietet Art. 118 Abs. 2 der Verfassung eine Ungleichbehandlung von Frauen und Männern aufgrund des Geschlechts[297]. Dies gilt sowohl für unmittelbare als auch für mittelbare Diskriminierungen von Frauen und Männern; beide Formen sind grundsätzlich unzulässig, sofern sie nicht ausnahmsweise gerechtfertigt werden können[298]. In Übereinstimmung mit Art. 3 Abs. 2 Satz 2 GG erlegt Art. 118 Abs. 2 Satz 2 Verf. Bayern seit der Verfassungsreform von 1998[299] dem Staat eine Förderpflicht zwecks *tatsächlicher* Durchsetzung der Gleichberechtigung auf.

2. Gleichstellung von Menschen mit Behinderungen

89
Normcharakter

Einem allgemeinen Trend auf Bundes- wie Landesebene folgend enthält auch die bayerische Verfassung in Artikel 118a seit der vorstehend erwähnten Verfassungsänderung von 1998 ein Benachteiligungsverbot zugunsten von Menschen mit Behinderungen. Art. 118a Satz 1 der Verfassung statuiert dabei ein echtes (Gleichheits-)Grundrecht, Satz 2 eine objektiv-rechtliche Staatszielbestimmung des Inhalts, sich für gleichwertige Lebensbedingungen von Menschen mit und ohne Behinderung einzusetzen. Freilich kommt dem Staat insofern ein weiter Gestaltungsspielraum zu[300]. Da Art. 118a Verf. Bayern in Anlehnung an Art. 3 Abs. 3 Satz 2 GG formuliert wurde, beansprucht er gemäß Art. 142 GG neben dieser Bestimmung Geltung[301].

90
Schutzbereich

Vom persönlichen Schutzbereich erfaßt ist jeder Mensch mit einer Behinderung[302]. Das Grundrecht schützt vor solchen Benachteiligungen, die ihren Grund allein im Bestehen einer Behinderung finden[303]. Unmittelbare Diskriminierungen wegen einer Behinderung können nur durch zwingende Gründe

---

294 Vgl. *BayVerfGH* BayVBl. 2013, S. 301; *Lindner*, BayVBl. 2013, S. 549 (558).
295 *Lindner*, BayVBl. 2013, S. 549 (558), unterscheidet insgesamt 5 Funktionen des Gleichheitssatzes.
296 Zu derivativen Ansprüchen vgl. beispielsweise *BayVerfGHE 19*, 121 (128), dort bezogen auf das Briefwahlrecht, das gleichheitswidrig nur in Gemeinden mit mehr als 5 000 Einwohnern zugelassen wurde, sowie die oben C III 5 a, RN 78 bereits erwähnten Zugangsanspruch zu Ausbildungsplätzen; zum BayPetG *Lindner*, in: ders./Möstl/Wolff (LitVerz.), Art. 118 RN 129 ff.; *B. Schmidt am Busch*, in: Meder/Brechmann (LitVerz.), Art. 118 RN 11 ff.
297 *Lindner* aaO., Art. 118 RN 133; *B. Schmidt am Busch* aaO., Art. 118 RN 79; *Stettner*, in: Nawiasky/Schweiger/Knöpfle (LitVerz.), Art. 118 RN 109.
298 *Lindner* aaO., Art. 118 RN 134 ff.; *B. Schmidt am Busch* aaO., Art. 118 RN 87 ff.; *Stettner* aaO., Art. 118 RN 109.
299 Vgl. oben A. III., RN 8.
300 *Lindner* aaO., Art. 118a RN 109; *Stettner* aaO., Art. 118a RN 2.
301 *Lindner* aaO., Art. 118a RN 1, 4; *B. Schmidt am Busch*, in: Meder/Brechmann (LitVerz.), Art. 118a RN 4.
302 *Lindner* aaO., Art. 118a RN 5 f.; *Stettner*, in: Nawiasky/Schweiger/Knöpfle (LitVerz.), Art. 118a RN 3.
303 *Lindner* aaO., Art. 118a RN 7.

gerechtfertigt werden[304]. Mittelbare Diskriminierungen, das heißt solche, die nicht gezielt, aber doch typischerweise Menschen mit Behinderungen treffen, hält der Bayerische Verfassungsgerichtshof für gerechtfertigt, wenn nicht aufgrund der Behinderung, sondern wegen des Fehlens konkreter objektiver Voraussetzungen, die nicht notwendigerweise allein der Behinderung entspringen, unterschieden wird[305]. Eine Bevorzugung Behinderter wird durch Art. 118 a Verf. Bayern weder verboten noch vorgegeben, muß aber – so sie erfolgt – mit Art. 118 Abs. 1 der Verfassung in Einklang stehen[306].

V. Leistungsgewährende und soziale Grundrechte

1. Asylrecht

Ebenso wie das Grundgesetz (Art. 16 a GG) enthält auch die bayerische Verfassung ein Grundrecht auf Asyl. Art. 105 Verf. Bayern weist allerdings wesentliche Unterschiede zur Bundesverfassung auf: So setzt er insbesondere keine politische Verfolgung voraus, sondern ist bereits bei einer Verfolgung gegeben, die sich als Nichtbeachtung der in der Landesverfassung niedergelegten Grundrechte darstellt. Diese weitere Formulierung erfaßt etwa eine Verfolgung aufgrund der sexuellen Orientierung, aber auch sonstige Diskriminierungen von Minderheiten leichter als der Topos der politischen Verfolgung. Auch die Restriktionen des Art. 16 a Abs. 2 bis 4 GG fehlen in Art. 105 Verf. Bayern – ohne daß damit Art. 105 der Verfassung ungültig wäre[307]. Grundrechtsberechtigt ist jeder Ausländer, der aus den genannten Gründen verfolgt wird und nach Bayern geflohen ist[308]. Auch wenn sich durch die Anwendung des Art. 105 der Verfassung damit ein weitergehender Schutz ergeben könnte, hat dieses Grundrecht aus normenhierarchischen Gründen und aufgrund einer umfassenden einfachgesetzlichen Ausgestaltung des Asyls durch Bundesrecht *in praxi* bislang keine Relevanz erlangt. Art. 105 der Verfassung ist nur in den seltenen und in der Praxis noch nicht akut gewordenen Fällen anwendbar, in denen das Bundesrecht Entscheidungs- und Auslegungsspielräume beläßt und seine Wertungen denen des Art. 105 der Verfassung nicht zuwiderlaufen[309].

91 Weiter Schutzbereich

Mangelnde Relevanz

2. Petitionsrecht

Parallel zu Art. 17 GG statuiert Art. 115 Verf. Bayern mit dem Petitionsrecht ein echtes Leistungsgrundrecht. Nach ihrem Wortlaut gewährt die Bestimmung nur „Bewohnern Bayerns", in der Anwendungspraxis aber faktisch

92 Echtes Leistungsgrundrecht

---
304 *BayVerfGHE 55*, 85 (92); *59*, 200 (205); *61*, 47 (51); *Lindner* aaO., Art. 118 a RN 7.
305 Vgl. *BayVerfGHE 61*, 237 (248); *Lindner* aaO., Art. 118 a RN 8.
306 *Stettner*, in: Nawiasky/Schweiger/Knöpfle (LitVerz.), Art. 118 a RN 5.
307 *H.A. Wolff*, in: Lindner/Möstl/ders. (LitVerz.), Art. 105 RN 3 m.w.N.
308 *Steib*, in: Meder/Brechmann (LitVerz.), Art. 105 RN 2.
309 *Steib* aaO., Art. 105 RN 1; *H.A. Wolff*, in: Lindner/Möstl/ders. (LitVerz.), Art. 105 RN 5 m.w.N. Allgemein und ausführlich zu Art. 105 Verf. Bayern auch *U. Becker*, Das Asylrecht der Bayerischen Verfassung, BayVBl. 1988, S. 577 ff.; *Vill*, Die Auswirkungen des Bundesrechts auf das Asylrecht der Bayerischen Verfassung, BayVBl. 1988, S. 585 ff.

§ 246 *Sechzehnter Teil: III. Die Grundrechte in den Landesverfassungen*

Petitionsgesetz

jedermann[310], Anspruch darauf, schriftlich[311] eine Petition an Behörden des Freistaates Bayern oder an den Landtag zu stellen, welche sodann behandelt werden muß. Ein Anspruch auf Anhörung, Auskunft oder Akteneinsichtsrecht ist damit nicht verbunden[312]. Das Recht wurde einfachgesetzlich im bayerischen Petitionsgesetz (BayPetG) sowie in den §§ 76 ff. der Geschäftsordnung des Landtages ausgestaltet. Das Petitionsverfahren kann parallel zu laufenden Verwaltungs- und Gerichtsverfahren durchlaufen und die abschließende Entscheidung ihrerseits vor den Verwaltungsgerichten angegriffen werden[313], ohne daß damit eine aufschiebende Wirkung für das Verwaltungsverfahren verbunden wäre[314]. Insgesamt gewährt Art. 115 der Verfassung keinen über Art. 17 GG, der auch die Landesbehörden und Landtage bindet, hinausgehenden Schutz[315].

3. Genuß der Naturschönheiten

93

Landesspezifische Grundrechtsverbürgung

Ein weiteres Leistungsgrundrecht gewährt der im Ausbildungskontext gern als „Grundrecht auf Beerensammeln" verunglimpfte Art. 141 Abs. 3 Satz 1 Verf. Bayern. Er gewährt jedermann Anspruch auf freien Zugang zu Naturschönheiten – gemeint ist damit die Natur als solche – und Erholung in der Natur sowie das Recht, in „ortsüblichem Umfang [...] wildwachsende Waldfrüchte" zu sammeln, wobei es sich bei der Aufzählung nur um Beispiele handelt[316]. Mit diesem dem Grundgesetz fremden Leistungsrecht gewährt die bayerische Verfassung ein subjektives Recht auf Betreten (auch privater[317]) Grundstücke und die Nutzung der Natur zur Erholung, soweit sie der Erholung und nicht allein dem Sport dient[318] und das verwendete Fortbewegungsmittel sich mit der ungestörten Erholung verträgt[319]. Beschränkungen dieses Nutzungsrechts sind möglich über die Schranke des Art. 141 Abs. 3 Satz 2 Verf. Bayern, kollidierendes Verfassungsrecht und auf gesetzlicher Grundlage im überwiegenden Allgemeininteresse[320]. Art. 141 Abs. 3 Satz 1 der Verfassung gewährt indes keinen Anspruch auf Schaffung von Erholungsflächen. Der flankierende Art. 141 Abs. 3 Satz 3 der Verfassung (Freihaltung der Zugänge zur Landschaft) stellt lediglich eine Staatszielbestimmung dar[321].

---

310 Da jeder erfaßt wird, der in Kontakt mit der bayerischen Staatsgewalt kommt, vgl. *Stettner*, in: Nawiasky/Schweiger/Knöpfle (LitVerz.), Art. 115 RN 7. S. dazu auch Art. 1 Abs. 1 BayPetG.
311 Dieses Kriterium wird in der Praxis weit verstanden. Der Landtag etwa hat ein eigenes E-Mail-Formular eingerichtet.
312 Vgl. *BayVerfGHE* 13, 80 (87); 53, 42 (73); *H. Huber*, in: Meder/Brechmann (LitVerz.), Art. 115 RN 8; *Stettner* aaO., Art. 115 RN 10.
313 Ausführlich zur Verbescheidung und zum Rechtsweg *H. Huber* aaO., Art. 115 RN 7 ff.
314 *BayVerfGHE* 32, 1 (11).
315 Für weitere Einzelheit vgl. neben der einschlägigen Kommentarliteratur *Hablitzel*, Petitionsinformierungsrecht des Parlaments und Auskunftspflicht der Regierung, BayVBl. 1986, S. 97 ff.
316 Vgl. *BayVerfGHE* 28, 107 (125).
317 *Möstl*, in: Lindner/ders./Wolff (LitVerz.), Art. 141 RN 15 m.w.N.
318 *BayVerfGHE* 30, 152 (60); 58, 150 (152).
319 *BayVerfGHE* 4, 206; *Möstl* aaO., Art. 141 RN 16.
320 Ausführlich *J. Müller*, in: Meder/Brechmann (LitVerz.), Art. 141 RN 29 ff. m.w.N.
321 *BayVerfGHE* 34, 103 (106); 51, 94 (101); *J. Müller* aaO., Art. 141 RN 33. Daneben kann er, worauf *Möstl* aaO., Art. 141 RN 18 zutreffend hinweist, als Rechtfertigung für Eigentumsbeschränkungen fungieren.

D. Bibliographie

Bohn, Bastian, Das Verfassungsprozeßrecht der Popularklage – zugleich eine Untersuchung der Rechtsprechung des Bayerischen Verfassungsgerichtshofs der Jahre 1995 bis 2011, 2012.
Huber, Karl, Die Rechtsprechung des Bayerischen Verfassungsgerichtshofs zu den Grundrechten, BayVBl. 2010, S. 389 ff.
Leisner, Walter, Die bayerischen Grundrechte, 1968.
Lindner, Josef Franz, Die Grundrechte der Bayerischen Verfassung – Eine dogmatische Bestandsaufnahme, in: BayVBl. 2004, S. 641 ff.
ders., Die Rechtsprechung des Bayerischen Verfassungsgerichtshofs – Überblick über wichtige Entscheidungen aus den Jahren 2010 bis 2012, in: BayVBl. 2013, S. 549 ff.
Menzel, Jörg, Landesverfassungsrecht, 2002.
Schmitt Glaeser, Walter/Horn, Hans-Detlef, Die Rechtsprechung des Bayerischen Verfassungsgerichtshofs – Anmerkungen zu ausgewählten Entscheidungen aus jüngster Zeit, BayVBl. 1992, S. 673 ff.
dies., Die Rechtsprechung des Bayerischen Verfassungsgerichtshofs – Anmerkungen zu ausgewählten Entscheidungen aus jüngerer Zeit, in: BayVBl. 1996, S. 417 ff.
Steiner, Udo, Zum Wiederaufbau des Rechtsstaats nach 1945 am Beispiel Bayerns, in: BayVBl. 2012, S. 549 ff.
Zacher, Hans F., Die Bayerische Verfassung, in: Bernd Rill (Hrsg.), Bavaria Felix. Ein Land, das Heimat ist und Zukunft hat, 1986, S. 63 ff.

§ 247
Landesgrundrechte in Berlin

Helge Sodan

Übersicht

	RN		RN
A. Entwicklung der Grundrechte in Berlin	1–18	g) Schutz und Fürsorge für Mütter	42
I. Grundrechte in der preußischen Verfassung von 1850	1– 2	h) Gleichstellung nichtehelicher Kinder	43
II. Grundrechtsschutz durch die Verfassung von Berlin (1950)	3–17	i) Anspruch auf rechtliches Gehör	44
1. Grundrechtskatalog	4– 8	j) Nulla poena sine lege	45
2. Jahrzehntelanges Fehlen einer Berliner Verfassungsgerichtsbarkeit	9–13	k) Ne bis in idem	46
		l) Rechtsweggarantie	47–48
3. Errichtung des Verfassungsgerichtshofs des Landes Berlin	14	m) Recht auf den gesetzlichen Richter	49
4. Schutz der Menschenwürde?	15–17	n) Kunst- und Wissenschaftsfreiheit	50–51
		2. Grundgesetzähnliche Formulierungen	52–74
III. Überarbeiteter Grundrechtskatalog in der Verfassung von Berlin (1995)	18	a) Besondere Gleichheitssätze	52–54
		b) Elternrecht	55
B. Grundrechte und Staatsziele in der Verfassung von Berlin (1995)	19–81	c) Meinungsfreiheit	56–58
		d) Informationsfreiheit	59
I. Geltung von Landesgrundrechten nach Art. 142 GG	20–25	e) Brief-, Post- und Fernmeldegeheimnis	60
II. Grundsätzliche Anwendbarkeit allgemeiner Grundrechtslehren	26–28	f) Recht der Freizügigkeit einschließlich Berufsfreiheit	61–63
III. Mit Bundesgrundrechten übereinstimmende Landesgrundrechte in der Verfassung von Berlin (1995)	29–74	g) Zugang zu öffentlichen Ämtern	64
		h) Eigentumsfreiheit	65–67
		i) Versammlungsfreiheit	68
1. Textidentität von Grundrechtsvorschriften	30–51	j) Vereinigungsfreiheit und Streikrecht	69–70
a) Schutz der Menschenwürde	31	k) Unverletzlichkeit des Wohnraums	71
b) Recht auf freie Entfaltung der Persönlichkeit	32–36	l) Glaubens- und Gewissensfreiheit	72
		m) Petitionsrecht	73
c) Recht auf Leben und körperliche Unversehrtheit	37	n) Widerstandsrecht	74
		IV. Besondere Landesgrundrechte ohne grundgesetzliche Entsprechungen	75–77
d) Freiheit der Person	38–39	V. Staatszielbestimmungen und Gesetzgebungsaufträge	78–81
e) Allgemeiner Gleichheitssatz	40	1. Staatszielbestimmungen	79–80
f) Schutz von Ehe und Familie	41	2. Gesetzgebungsaufträge	81
		C. Bibliographie	

A. Entwicklung der Grundrechte in Berlin

I. Grundrechte in der preußischen Verfassung von 1850

1
Revidierte Verfassung von 1850

Für die Entwicklung von Grundrechten[1] in Berlin ist zunächst die „Verfassungs-Urkunde für den Preußischen Staat" vom 31. Januar 1850[2] von Bedeutung. Der König von Preußen stellte diese von ihm als „Staatsgrundgesetz" verkündete Verfassung nach der Revision der zuvor von ihm – noch während der Debatten der Nationalversammlung in der Paulskirche zu Frankfurt[3] – erlassenen und damit oktroyierten Verfassungsurkunde vom 5. Dezember 1848[4] in Übereinstimmung mit den beiden neugebildeten Kammern fest. Sinn dieser Revision war „die Verwandlung der oktroyierten in eine vereinbarte Verfassung"[5]. Wie sich bereits aus der vor Art. 3 der preußischen Verfassung vom Jahre 1850 befindlichen Überschrift „II. Titel. Von den Rechten der Preußen" ergibt, handelte es sich ausschließlich um *Bürgerrechte*. Zwar wird in einigen Grundrechtsbestimmungen der preußischen Verfassung nach dem vorherigen Wiedererstarken der monarchisch-konservativen Kräfte ein gewisses „Restriktionsvorgehen sichtbar"[6]. Dennoch enthielt diese Verfassung gerade mit der Festlegung der Rechte der Preußen „bedeutsame Zugeständnisse an die bürgerliche Verfassungsbewegung"[7]. *Gerhard Anschütz* zufolge beruht die Aufnahme dieser Rechte in die preußische Verfassung von 1850 „auf der Anschauung […], daß eine richtige Verfassung nicht nur – und nicht einmal in erster Linie – die Organisation des Staates zu regeln, sondern vor allem auch dauerhafte Schranken zwischen Staat und Individuum aufzurichten und in Erfüllung dieser letzteren Aufgabe einen eigenen Abschnitt zu enthalten habe, worin die Freiheit der Einzelnen vom Staat durch Zusicherung subjektiver Rechte – ‚Menschen- und Bürgerrechte', ‚Grund-', ‚Freiheitsrechte' – verbrieft wird"[8].

„Zugeständnisse an die bürgerliche Verfassungsbewegung"

2
Rechte der Preußen

Zahlreiche Vorschriften sind jedenfalls so formuliert, daß sie durchaus als Vorläuferinnen von Grundrechtsnormen gelten können, wie sie heute das Grundgesetz für die Bundesrepublik Deutschland und die Verfassung von Berlin enthalten. So legt Art. 4 Satz 1 der preußischen Verfassung von 1850 fest, daß alle Preußen *vor dem Gesetz gleich* sind. Artikel 5 Satz 1 gewährleistet die *persönliche Freiheit*. „Die Bedingungen und Formen, unter welchen

---

1 Zum Begriff → Bd. II: *Merten*, Begriff und Abgrenzung der Grundrechte, § 35 RN 129.
2 PrGS S. 17.
3 S. dazu näher *Pauly*, Die Verfassung der Paulskirche und ihre Folgewirkungen, HStR ³I, § 3 RN 15 ff.
4 PrGS S. 375.
5 *Wahl*, Die Entwicklung des deutschen Verfassungsstaates bis 1866, HStR ³I, § 2 RN 39. S. zur Entstehungsgeschichte der preußischen Verfassung von 1850 ausführlich *Gerhard Anschütz*, Die Verfassungs-Urkunde für den Preußischen Staat vom 31. Januar 1850. Kommentar, 1912, S. 28 ff.; *Günther Grünthal*, Parlamentarismus in Preußen 1848/49–1857/58: Preußischer Konstitutionalismus – Parlament und Regierung in der Reaktionsära, 1982, S. 27 ff., 126 ff., 175 ff.
6 → Bd. I: *Kühne*, Von der bürgerlichen Revolution bis zum Ersten Weltkrieg, § 3 RN 62.
7 *Wahl*, HStR ³I, § 2 RN 39.
8 *Anschütz* (FN 5), S. 91.

eine Beschränkung derselben, insbesondere eine Verhaftung zulässig ist, werden durch das Gesetz bestimmt" (Art. 5 Satz 2). Artikel 6 Satz 1 erklärt die *Wohnung* für unverletzlich. „Das Eindringen in dieselbe und Haussuchungen, so wie die Beschlagnahme von Briefen und Papieren sind nur in den gesetzlich bestimmten Fällen und Formen gestattet" (Art. 6 Satz 2). Gemäß Artikel 7 darf niemand seinem *gesetzlichen Richter* entzogen werden; unstatthaft sind „*Ausnahmegerichte* und außerordentliche Kommissionen". Nach Artikel 8 können *Strafen* „nur in Gemäßheit des Gesetzes angedroht oder verhängt werden". Artikel 9 Satz 1 bezeichnet das *Eigentum* als unverletzlich. „Es kann nur aus Gründen des öffentlichen Wohles gegen vorgängige, in dringenden Fällen wenigstens vorläufig festzustellende Entschädigung nach Maßgabe des Gesetzes entzogen oder beschränkt werden" (Art. 9 Satz 2). Nach Artikel 11 Abs. 1 kann die Freiheit der *Auswanderung* „von Staatswegen nur in bezug auf die Wehrpflicht beschränkt werden". Artikel 12 Satz 1 gewährleistet die Freiheit des *religiösen Bekenntnisses*, der Vereinigung zu *Religionsgesellschaften* und der gemeinsamen häuslichen und öffentlichen *Religionsausübung*. Artikel 20 garantiert die Freiheit der *Wissenschaft* und ihrer *Lehre*. Gemäß Artikel 27 Abs. 1 hat jeder Preuße „das Recht, durch Wort, Schrift, Druck und bildliche Darstellung seine *Meinung frei zu äußern*". „Die *Censur* darf nicht eingeführt werden; jede andere Beschränkung der *Preßfreiheit* nur im Wege der Gesetzgebung" (Art. 27 Abs. 2). Nach Artikel 29 Abs. 1 sind alle Preußen „berechtigt, sich ohne vorgängige obrigkeitliche Erlaubniß friedlich und ohne Waffen in geschlossenen Räumen zu *versammeln*". „Diese Bestimmung bezieht sich nicht auf Versammlungen unter freiem Himmel, welche auch in bezug auf vorgängige obrigkeitliche Erlaubniß der Verfügung des Gesetzes unterworfen sind" (Art. 29 Abs. 2). Gemäß Artikel 30 Abs. 1 haben alle Preußen „das Recht, sich zu solchen Zwecken, welche den Strafgesetzen nicht zuwiderlaufen, *in Gesellschaften zu vereinigen*". „Das Gesetz regelt, insbesondere zur Aufrechterhaltung der öffentlichen Sicherheit, die Ausübung des in diesem und in dem vorstehenden Artikel (29) gewährleisteten Rechts" (Art. 30 Abs. 2). Nach Artikel 32 Satz 1 steht allen Preußen das *Petitionsrecht* zu. Artikel 33 Satz 1 bezeichnet das *Briefgeheimnis* als unverletzlich – vergleiche aber die bereits genannte Einschränkung in Artikel 6 Satz 2. „Die bei strafgerichtlichen Untersuchungen und in Kriegsfällen nothwendigen Beschränkungen sind durch die Gesetzgebung festzustellen" (Art. 33 Satz 2). Nach Artikel 111 dürfen die Vorschriften über die persönliche Freiheit, die Unverletzlichkeit der Wohnung, das Recht auf den gesetzlichen Richter, die Meinungsfreiheit, Pressefreiheit, Versammlungsfreiheit und Vereinigungsfreiheit im Falle eines „Krieges oder Aufruhrs [...] bei dringender Gefahr für die öffentliche Sicherheit [...] zeit- und distriktsweise außer Kraft gesetzt werden. Das Nähere bestimmt das Gesetz"[9]. Die preußische Verfassung von 1850 blieb – nach einigen im Laufe der Zeit erfolgten Änderungen[10] – faktisch bis

Auswanderung, Religion, Wissenschaft und Lehre

Meinungs- und Preßfreiheit

Versammlungs- und Vereinigungsfreiheit

Briefgeheimnis; Unverletzlichkeit der Wohnung

Aufhebung durch Verfassung von 1920

---
9 S. dazu das Gesetz über den Belagerungszustand v. 4. 6. 1851 (PrGS S. 451).
10 S. zur letzten Änderung das Gesetz v. 10. 7. 1906, „betreffend die Abänderung des Artikels 26 und die Aufhebung des Artikels 112 der Verfassungsurkunde vom 31. Januar 1850" (PrGS S. 333).

§ 247   Sechzehnter Teil: III. Die Grundrechte in den Landesverfassungen

zur Revolution vom 9. November 1918 in Wirkung und wurde formal durch Art. 81 Abs. 1 der Verfassung des Freistaats Preußen vom 30. November 1920[11] aufhoben. Diese Verfassung von 1920 enthielt jedoch keinen Grundrechtskatalog.

II. Grundrechtsschutz durch die Verfassung von Berlin (1950)

3
Entwicklung zur Verfassung (1950)

Nach dem Zweiten Weltkrieg erließ die Alliierte Kommandatura Berlin die Vorläufige Verfassung von Groß-Berlin vom 13. August 1946[12], in der jedoch ein Grundrechtskatalog fehlte. Art. 35 Abs. 2 dieser Vorläufigen Verfassung verpflichtete die Stadtverordnetenversammlung zur Ausarbeitung des Entwurfs einer neuen Verfassung für Groß-Berlin und bestimmte, daß dieser Entwurf den Alliierten Mächten bis zum 1. Mai 1948 zur Genehmigung vorzulegen war. Die im Jahre 1948 erfolgte Teilung Berlins[13] hatte jedoch zur Folge, daß der von der letzten Gesamtberliner Stadtverordnetenversammlung fristgemäß am 22. April 1948 beschlossene Verfassungsentwurf[14] von den Alliierten nicht genehmigt wurde[15]. So dauerte es bis zum 4. August 1950: An diesem Tage beschloß die Stadtverordnetenversammlung als West-Berliner Parlament mit Zustimmung des Magistrats und dem politischen Anspruch, das ganze Berlin zu vertreten, die Verfassung von Berlin, welche nach Zustimmung der Alliierten Kommandatura Berlin[16] am 1. September 1950 ausgefertigt sowie unter dem 29. September 1950 verkündet wurde[17] und nach ihrem Artikel 89 am 1. Oktober 1950 in Kraft trat. Im Vergleich zum Grundgesetz für die Bundesrepublik Deutschland ist die Verfassung von Berlin (1950) zwar formal eine *nachkonstitutionelle* Verfassung, da sie *nach* dem am 23. Mai 1949 um 24:00 Uhr erfolgten Inkrafttreten des Grundgesetzes[18] verkündet wurde. Gleichwohl ist sie nach ihrer Entstehung eigentlich eine *vorkonstitutionelle* Verfassung[19], weil sie schon deutlich früher ausgearbeitet worden war und bei der Überprüfung des Entwurfs durch die zweite Stadtverordnetenversammlung in den Jahren 1949 und 1950 das Grundgesetz kaum berücksichtigt worden ist[20].

Formal nachkonstitutionelle Verfassung

---

11 PrGS S. 543.
12 VOBl. der Stadt Berlin S. 295. S. zur Entstehung dieser Vorläufigen Verfassung *Wilke/Ziekow*, Die Entwicklung von Status und Verfassung des Landes Berlin seit 1945, in: JöR NF Bd. 37 (1988), S. 167 (246 ff.).
13 Dazu *Zivier* (LitVerz.), S. 35 f.
14 Drucks. Nr. 111 Vorlage Nr. 797 für die Stadtverordnetenversammlung von Groß-Berlin.
15 S. zu diesem Verfassungsentwurf *Wilke/Ziekow*, in: JöR NF Bd. 37 (1988), S. 167 (255 f.).
16 BK/O (50) 75 v. 29. 8. 1950 (VOBl. für Groß-Berlin I S. 440).
17 VOBl. für Groß-Berlin 1950 I S. 433.
18 S. dazu näher *Schmahl*, in: Sodan, GG (LitVerz.), Art. 145 RN 3.
19 So etwa *Jürgen Fijalkowski/Peter Hauck/Axel Holst/Gerd-Heinrich Kemper/Alf Mintzel*, Berlin – Hauptstadtanspruch und Westintegration, 1967, S. 139 f.
20 S. zur Entstehung der Berliner Verfassung von 1950 nach dem Scheitern des Verfassungsentwurfs von 1948 näher *Wilke/Ziekow*, in: JöR NF Bd. 37 (1988), S. 167 (257).

1. Grundrechtskatalog

Die im Abschnitt II der Verfassung von Berlin (1950) in den Artikeln 6 bis 24 enthaltenen Vorschriften über „Die Grundrechte" sind wörtlich identisch mit dem gescheiterten Verfassungsentwurf, der – wie soeben dargelegt – von der Stadtverordnetenversammlung bereits am 22. April 1948 und damit noch vor Beginn der Beratungen zum Grundgesetz durch den Herrenchiemseer Verfassungskonvent[21] sowie den Parlamentarischen Rat[22] beschlossen wurde. Dies mag ein Grund dafür sein, daß nur wenige Grundrechtsvorschriften der Verfassung von Berlin (1950) mit den grundgesetzlichen Regelungen über die Grundrechte und grundrechtsgleichen Rechte wörtlich übereinstimmen. Dies gilt für Artikel 9 Abs. 1 Satz 1 („Die *Freiheit der Person* ist unverletzlich"; ebenso für Art. 2 Abs. 2 Satz 2 GG), für Artikel 9 Abs. 1 Satz 2 („Niemand darf seinem *gesetzlichen Richter* entzogen werden", Art. 101 Abs. 1 Satz 2 GG) sowie für Artikel 10 („Das *Briefgeheimnis* sowie das *Post- und Fernmeldegeheimnis* sind unverletzlich", ferner für Art. 10 Abs. 1 GG). Art. 20 Abs. 1 Verf. Berlin (1950) – „Die ungestörte *Religionsausübung* ist gewährleistet" – stimmt fast wörtlich mit Art. 4 Abs. 2 GG überein. Vorbilder für diese Garantien sind offensichtlich Bestimmungen aus der Verfassung des Deutschen Reiches vom 28. März 1849[23], welche auch als Frankfurter Reichsverfassung bezeichnet wird[24] und deren Grundrechtsteil zuvor bereits am 27. Dezember 1848 als Gesetz beschlossen und verkündet worden war[25], sowie aus der Verfassung des Deutschen Reiches vom 11. August 1919[26], die meist „Weimarer Reichsverfassung" genannt wird[27].

Einige Vorschriften aus dem Abschnitt II der Verfassung von Berlin (1950) enthalten Formulierungen mit Regelungen ähnlich denen des Grundgesetzes. Dies gilt etwa für den *allgemeinen Gleichheitssatz* des Art. 6 Abs. 1 Satz 1 Verf. Berlin (1950), demzufolge alle Männer und Frauen vor dem Gesetz gleich sind und der damit sprachlich nur geringfügig von Art. 3 Abs. 1 GG abweicht, der von „allen Menschen" spricht[28]. Die Ergänzung in Art. 6 Abs. 2 Verf. Berlin (1950), daß die Frau „auf allen Gebieten des staatlichen, wirtschaftlichen und sozialen Lebens dem Manne gleichgestellt" ist, entspricht dem in Art. 3 Abs. 2 und 3 GG geregelten Verbot der Differenzierung nach dem Geschlecht. Unklar ist, ob Art. 6 Abs. 1 Satz 2 Verf. Berlin (1950), der allen Männern und Frauen „das Recht auf gleiche wirtschaftliche, soziale und geistige Entwicklungsmöglichkeiten" gewährleistet, nur eine Konkretisierung des allgemeinen Gleichheitssatzes oder ein selbständiges soziales Grundrecht enthält[29]. Art. 8

---

21 Dazu *Mußgnug*, Zustandekommen des Grundgesetzes und Entstehen der Bundesrepublik Deutschland, HStR ³I, § 8 RN 39 ff.
22 S. *Mußgnug*, HStR ³I, § 8 RN 45 ff.
23 RGBl. 1849 S. 101.
24 Zu deren Vorbildfunktion und Verwirklichung im späteren deutschen Rechtsleben *Kühne*, Die Reichsverfassung der Paulskirche, ²1998.
25 S. § 138 Abs. 1, § 142 Abs. 1, § 144 Abs. 1 und § 175 Abs. 2 Satz 1 (RGBl. 1848 S. 49, 57).
26 RGBl. S. 1383.
27 S. Art. 105 Satz 2, Art. 114 Abs. 1 Satz 1, Art. 117 Satz 1 und Art. 135 Satz 1 WRV.
28 S. dazu *OVGE Berlin 2*, 72 (74).
29 S. näher *Wilke/Ziekow*, in: JöR NF Bd. 37 (1988), S. 167 (265 f.).

Verf. Berlin (1950) garantiert jedermann „das Recht, innerhalb der Gesetze seine Meinung frei und öffentlich zu äußern, solange er die durch die Verfassung gewährleistete Freiheit nicht bedroht oder verletzt" (Abs. 1), sowie „das Recht, sich über die Meinung anderer, insbesondere auch anderer Völker, durch die Presse oder Nachrichtenmittel aller Art zu unterrichten" (Abs. 2). Diese Formulierungen sind denjenigen in Art. 5 Abs. 1 Satz 1 GG zwar ähnlich, unterscheiden sich von diesen allerdings in gewisser Hinsicht auch[30]. Inhaltsgleich mit Art. 5 Abs. 1 Satz 3 GG enthält Art. 8 Abs. 3 Verf. Berlin (1950) ein *Zensurverbot*. Artikel 11 lautet: „Das Recht der *Freizügigkeit*, insbesondere die freie *Wahl des Wohnsitzes, des Berufes und des Arbeitsplatzes*, ist gewährleistet, findet aber seine Grenze in der Verpflichtung, bei Überwindung öffentlicher Notstände mitzuhelfen". In dieser Grundrechtsnorm[31] finden sich Begriffe aus Art. 11 Abs. 1 und Art. 12 Abs. 1 Satz 1 GG wieder. Nach Art. 13 Verf. Berlin (1950) steht „der Zugang zu allen *öffentlichen Ämtern* [...] jedem ohne Unterschied der Herkunft, des Geschlechts, der Partei und des religiösen Bekenntnisses offen, wenn er die nötige Eignung besitzt". Diese Garantie ist ähnlich formuliert wie das grundrechtsgleiche Recht des Art. 33 Abs. 2 GG. Art. 15 Verf. Berlin (1950) gewährleistet das *Eigentum*, dessen Inhalt und Schranken sich aus den Gesetzen ergeben (Abs. 1); eine „Enteignung kann nur zum Wohle der Allgemeinheit auf gesetzlicher Grundlage vorgenommen werden" (Abs. 2). Fast wörtlich identisch sind die Bestimmungen in Art. 14 Abs. 1 und Abs. 3 Satz 1 GG. Es fehlen jedoch in der Verfassung Berlins (1950) Regelungen zur Entschädigung, wie sie in Art. 14 Abs. 3 Satz 2 bis 4 GG enthalten sind. Art. 18 Abs. 1 Verf. Berlin (1950) gewährleistet für alle Männer und Frauen „das Recht, sich zu gesetzlich zulässigen Zwecken friedlich und unbewaffnet zu versammeln, sowie Vereinigungen und Gesellschaften zu bilden". Mit Ausnahme der Erweiterung der personellen Schutzbereiche auch auf Ausländer stimmen damit inhaltlich Art. 8 Abs. 1 GG bezüglich der *Versammlungsfreiheit* und Art. 9 Abs. 1 GG hinsichtlich der *allgemeinen Vereinigungsfreiheit* überein. Die in Art. 19 Abs. 2 Satz 1 Verf. Berlin (1950) statuierte Unverletzlichkeit des Wohnraums entspricht dem Art. 13 Abs. 1 GG, der allerdings statt „Wohnraum" den Begriff „Wohnung" verwendet. Die Formulierung in Art. 21 Abs. 1 Verf. Berlin (1950), daß Handlungen, die geeignet sind, das *friedliche Zusammenleben der Völker* zu stören, dem Geist der Verfassung widersprechen und unter Strafe zu stellen sind, ist dem Art. 26 Abs. 1 GG sehr ähnlich. Nach Art. 21 Abs. 2 Verf. Berlin (1950) hat jedermann „das Recht, Kriegsdienste zu verweigern, ohne daß ihm Nachteile entstehen dürfen". Diese Norm ist dem Art. 4 Abs. 3 Satz 1 GG ähnlich, der allerdings das Grundrecht der *Kriegsdienstverweigerung* ausdrücklich von Gewissensgründen abhängig macht und keine Freiheit von Nachteilen gewährleistet. Art. 22 Abs. 1 Verf. Berlin (1950), der den Sonntag und die

---

[30] Zu den mit Art. 8 Abs. 1 und 2 Verf. Berlin (1950) wörtlich übereinstimmenden Gewährleistungen in Art. 14 Abs. 1 und 2 Verf. Berlin (1995) s. unten B III 2 c und d, RN 56–59. Zur Entstehung von Art. 8 Verf. Berlin (1950) *Wilke/Ziekow*, in: JöR NF Bd. 37 (1988), S. 167 (266).
[31] S. zur Frage, ob diese Vorschrift, die mit dem heute geltenden Art. 17 Verf. Berlin (1995) wörtlich übereinstimmt, ein einheitliches Grundrecht der Berufsfreiheit gewährleistet, s. unten B III 2 f, RN 63.

gesetzlichen Feiertage als *Tage der Arbeitsruhe* schützt, entspricht fast wörtlich dem Art. 139 WRV, der nach Art. 140 GG Bestandteil des Grundgesetzes ist. Art. 23 Abs. 1 Verf. Berlin (1950) stimmt hinsichtlich der darin angeordneten *Grundrechtsverbindlichkeit* für Gesetzgebung, Verwaltung und Rechtsprechung nahezu wörtlich mit Art. 1 Abs. 3 GG überein. Indem Art. 23 Abs. 2 Verf. Berlin (1950) Einschränkungen der Grundrechte durch Gesetz nur insoweit für zulässig erklärt, „als sie nicht den Grundgedanken dieser Rechte verletzen", entspricht er der Sache nach der *Wesensgehaltsgarantie* des Art. 19 Abs. 2 GG. Entferntere Ähnlichkeiten weisen Art. 23 Abs. 3 („Werden die in der Verfassung festgelegten Grundrechte offensichtlich verletzt, ist jedermann zum Widerstand berechtigt") und Art. 24 Verf. Berlin (1950) – „Auf die Artikel 8 und 18 darf sich nicht berufen, wer mißbräuchlich die Grundrechte angreift oder gefährdet, insbesondere wer nationalsozialistische oder andere totalitäre oder kriegerische Ziele verfolgt" – zu Art. 20 Abs. 4 (*Widerstandsrecht*) bzw. Art. 18 GG (*Grundrechtsverwirkung*) auf.

Grundrechts-
verbindlichkeit

Jedenfalls keine ausdrücklichen Entsprechungen zu grundgesetzlichen Vorschriften enthalten einige Bestimmungen aus dem Abschnitt II der Verfassung von Berlin (1950). Dies gilt etwa für deren Artikel 7, wonach niemand „an der Wahrnehmung *staatsbürgerlicher Rechte* oder *öffentlicher Ehrenämter* gehindert werden" darf, „insbesondere nicht durch sein Arbeitsverhältnis". Diese Regelung geht damit deutlich über den sich speziell auf Abgeordnete beziehenden Art. 48 Abs. 2 GG hinaus. Obwohl in den vorausgegangenen Verfassungsberatungen – abgesehen von den SED-Vertretern – Einigkeit darüber bestand, „nur rechtsverbindliche Sätze als Grundrechte aufzunehmen" und wegen der Erfahrungen mit der Weimarer Reichsverfassung auf „programmatische Postulate" zu verzichten[32], heißt es in Art. 12 Abs. 1 Verf. Berlin (1950): „Jedermann hat das *Recht auf Arbeit*. Dieses Recht ist durch eine Politik der Vollbeschäftigung und Wirtschaftslenkung zu verwirklichen. Wenn Arbeit nicht nachgewiesen werden kann, besteht Anspruch auf Unterhalt aus öffentlichen Mitteln". Art. 14 Verf. Berlin (1950) bestimmt: „Wer durch Krankheit, Alter oder aus anderen Ursachen in Not gerät, hat *Anspruch auf Lebensunterhalt* aus öffentlichen Mitteln, sofern ein ausreichender Schutz durch die Sozialversicherung nicht gegeben ist"[33]. Art. 16 Verf. Berlin (1950) regelt: „Jeder *Mißbrauch wirtschaftlicher Macht* ist widerrechtlich. Insbesondere stellen alle auf Produktions- und Marktbeherrschung gerichteten privaten Monopolorganisationen einen Mißbrauch wirtschaftlicher Macht dar und sind verboten". Nach Art. 17 Verf. Berlin (1950) ist das *Mitbestimmungsrecht* der Arbeiter und Angestellten in Wirtschaft und Verwaltung durch Gesetz zu gewährleisten. Artikel 18 Abs. 3 spricht von einem *Streikrecht*. Artikel 19 Abs. 1 garantiert jedermann „das *Recht auf Wohnraum*". Soweit die vorgenannten Besonderheiten Eingang in die geltende Verfassung von Berlin aus dem Jahre 1995 gefunden haben, werden sie nachfolgend[34] näher erörtert.

6
Besonderheiten

„Programmatische
Postulate"

Mitbestimmung;
Recht auf Wohn-
raum

---

32 *Wilke/Ziekow*, in: JöR NF Bd. 37 (1988), S. 167 (265) mit den Nachw. dort in FN 711.
33 S. dazu *Wilke/Ziekow* aaO., S. 270.
34 Dazu unten RN 70, 76, 79–81.

7
Vorrang der
Bundesgrundrechte

Über etwaige Widersprüche von Bestimmungen aus dem Abschnitt II der Verfassung von Berlin (1950) zu Grundrechtsvorschriften des Grundgesetzes half der seinerzeitige Artikel 87 Abs. 3 der Landesverfassung bis zur Wiedervereinigung Deutschlands hinweg[35]. Diese Norm lautete: „Soweit in der Übergangszeit die Anwendung des Grundgesetzes für die Bundesrepublik Deutschland in Berlin keinen Beschränkungen (Abs. 1) unterliegt, sind die Bestimmungen des Grundgesetzes auch in Berlin geltendes Recht. Sie gehen den Bestimmungen der Verfassung vor. Das Abgeordnetenhaus kann im Einzelfall mit Zweidrittelmehrheit der anwesenden Mitglieder anders beschließen [...]".

Berlin-Vorbehalt?

Der in Nr. 4 des Genehmigungsschreibens der Militärgouverneure der britischen, französischen und amerikanischen Besatzungszone zum Grundgesetz vom 12. Mai 1949 enthaltene Berlin-Vorbehalt[36] bezog sich *nicht* auf die Geltung der Bundesgrundrechte in Berlin[37]. Da von der in Art. 87 Abs. 3 Satz 3 Verf. Berlin (1950) geregelten Möglichkeit der Korrektur der in Satz 1 angeordneten „Globalrezeption" nicht Gebrauch gemacht wurde, gingen die Grundrechtsbestimmungen des Grundgesetzes den in den Art. 6 bis 24 Verf. Berlin (1950) enthaltenen Grundrechtsvorschriften nach Artikel 87 Abs. 3 Satz 2 dieser Landesverfassung vor, besaßen also „mindestens Anwendungsvorrang"[38]. Im übrigen richtete sich die Fortgeltung von Landesgrundrechten schon damals nach Art. 142 GG, demzufolge ungeachtet der Vorschrift des Art. 31 GG („Bundesrecht bricht Landesrecht") Bestimmungen der Landesverfassungen insoweit in Kraft bleiben, als sie in Übereinstimmung mit den Art. 1 bis 18 GG Grundrechte gewährleisten[39]. Artikel 87 Abs. 3 blieb zwar Bestandteil der Verf. Berlin (1950) bis zu deren Außerkrafttreten am 29. November 1995[40], war jedoch schon vorher mit der Wiederherstellung der deutschen Souveränität am 3. Oktober 1990[41] obsolet geworden.

8
Änderungen durch
Gesetz von 1990

Nachdem der Abschnitt II in der Verfassung von Berlin (1950) mit seinen Regelungen über „Die Grundrechte" etwa vier Jahrzehnte unverändert geblieben war[42], kam es in der Vorbereitung der Wiedervereinigung Ber-

---

35 *Pestalozza*, Berliner Alt-Grundrechte vor und nach der deutschen Einigung – Wege der Harmonisierung von Landes- und Bundesgrundrechten, LKV 1998, S. 374 ff.
36 Dieser lautete in der Übersetzung des Parlamentarischen Rates (veröffentlicht in VOBl. für die britische Zone 1949 S. 416): „Ein dritter Vorbehalt betrifft die Beteiligung Groß-Berlins am Bund. Wir interpretieren den Inhalt der Artikel 23 und 144 (2) des Grundgesetzes dahin, daß er die Annahme unseres früheren Ersuchens darstellt, demzufolge Berlin keine abstimmungsberechtigte Mitgliedschaft im Bundestag oder Bundesrat erhalten und auch nicht durch den Bund regiert werden wird, daß es jedoch eine beschränkte Anzahl Vertreter zur Teilnahme an den Sitzungen dieser gesetzgebenden Körperschaften benennen darf." Zum damaligen besatzungsrechtlichen Status Berlins näher *Christian Pestalozza*, Verfassungsprozeßrecht, ³1991, § 24 RN 2 ff.
37 S. aber zur Frage der Zuständigkeit des Bundesverfassungsgerichts in „Berliner Sachen" unten A II 2, RN 10, 13.
38 *Pestalozza*, LKV 1998, S. 374 (376 f.).
39 Dazu näher unten B I, RN 20 ff.
40 S. A III, RN 18.
41 *Pestalozza*, LKV 1998, S. 374 (S. 377 mit FN 46).
42 Vgl. zur Bedeutung der Kontinuität einer Verfassung *Helge Sodan*, Staat und Verfassungsgerichtsbarkeit, 2010, S. 83 ff.

lins[43] in West-Berlin zu einigen diesbezüglichen Modifizierungen[44]. So erfolgten jeweils mit Wirkung zum 7. September 1990 die Aufhebung von Artikel 9 Abs. 1 Satz 2 – die darin enthaltene Garantie „Niemand darf seinem gesetzlichen Richter entzogen werden" wurde wörtlich identisch als Satz 2 dem Artikel 67 angefügt – sowie die Einfügung von drei Vorschriften in die Verfassung von Berlin (1950), die den *Umweltschutz* als Staatszielbestimmung – vergleiche Art. 20 a GG –, das *Recht auf informationelle Selbstbestimmung* – vergleiche Art. 2 Abs. 1 in Verbindung mit Art. 1 Abs. 1 GG – und das *Petitionsrecht* – vergleiche Art. 17 GG – betreffen. Der neu aufgenommene Art. 21 a lautet: „Die Umwelt und die natürlichen Lebensgrundlagen stehen unter dem besonderen Schutz des Landes". Art. 21 b regelt: „Das Recht des einzelnen, grundsätzlich selbst über die Preisgabe und Verwendung seiner persönlichen Daten zu bestimmen, wird gewährleistet. Einschränkungen dieses Rechts bedürfen eines Gesetzes. Sie sind nur im überwiegenden Allgemeininteresse zulässig". Art. 21 c bestimmt: „Jeder hat das Recht, sich einzeln oder in Gemeinschaft mit anderen mit schriftlichen Anträgen, Anregungen oder Beschwerden an die zuständigen Stellen, insbesondere an das Abgeordnetenhaus, den Senat, die Bezirksverordnetenversammlungen oder die Bezirksämter, zu wenden".

2. Jahrzehntelanges Fehlen einer Berliner Verfassungsgerichtsbarkeit

Trotz der in Art. 23 Abs. 1 Verf. Berlin (1950) angeordneten Verbindlichkeit der durch diese Verfassung gewährleisteten Grundrechte für Gesetzgebung, Verwaltung und Rechtsprechung waren die Gerichte nach Art. 64 Abs. 2 Verf. Berlin (1950) bis zur Aufhebung dieser Vorschrift im Jahre 1974[45] nicht befugt, vom Abgeordnetenhaus beschlossene Gesetze und Verordnungen auf ihre Verfassungsmäßigkeit zu prüfen. Diese Regelung kritisierte *Klaus Stern* im Jahre 1963 in seiner öffentlichen Antrittsvorlesung an der Freien Universität Berlin als „unrühmliche", dem Grundgesetz widersprechende „Singularität im gemeindeutschen Verfassungsrecht" und als „Parlamentsabsolutismus"[46]. Vor allem aber litt die praktische Bedeutung der in der Verfassung von Berlin (1950) enthaltenen Grundrechte wesentlich darunter, daß in Berlin über vier Jahrzehnte ein Landesverfassungsgericht fehlte[47], das aufgrund insbesondere von Verfassungsbeschwerden über die Vereinbarkeit von Akten der Landesstaatsgewalt mit Grundrechten hätte entscheiden können. Art. 72

9
Verfassungsauftrag zur Bildung eines Verfassungsgerichtshofs

---

43 S. zu der am 11.7.1990 von der Ost-Berliner Stadtverordnetenversammlung beschlossenen Verfassung v. 23.7.1990 sowie den darin enthaltenen „Grundrechte(n) und Staatszielbestimmungen" die ausführliche Darstellung von *Wilke*, Die Verfassungsentwicklung in Berlin: Vom Ende der Teilung zum Aufstieg zur Bundeshauptstadt, in: JöR NF 51 (2003), S. 193 (197 ff.).
44 Durch Art. I Nr. 2, 3 und 10 sowie Art. III Satz 1 des Zweiundzwanzigsten Gesetzes zur Änderung der Verfassung von Berlin v. 3.9.1990 (GVBl. S. 1877).
45 Durch Art. I Nr. 5 des Siebzehnten Gesetzes zur Änderung der Verfassung von Berlin v. 22.11.1974 (GVBl. S. 2741).
46 *Stern*, Probleme der Errichtung eines Verfassungsgerichts in Berlin, DVBl. 1963, S. 696 (700).
47 S. zur Vorgeschichte der Errichtung des Verfassungsgerichtshofs des Landes Berlin auch *Sodan*, Berliner Verfassungsgerichtsbarkeit – eine späte Errungenschaft, DVBl. 2002, S. 645 ff.

Verf. Berlin (1950) sah ursprünglich allerdings die Bildung eines Verfassungsgerichtshofs aus Berufsrichtern und Laien vor, welche vom Abgeordnetenhaus gewählt werden sollten, und legte einen ausgesprochen schmalen Kompetenzkatalog fest. Art. 72 Abs. 2 Verf. Berlin (1950) bestimmte, daß das Abgeordnetenhaus aufgrund eines mit Zweidrittelmehrheit der gewählten Abgeordneten zu fassenden Beschlusses gegen Mitglieder des Senats, Bezirksbürgermeister, die gewählten höchsten Richter und den Präsidenten des Rechnungshofes im Falle einer Verletzung der Verfassung oder der Gesetze bei dem Verfassungsgerichtshof Anklage erheben konnte. Nach Art. 72 Abs. 3 Verf. Berlin (1950) sollte sich der Verfassungsgerichtshof auf Antrag des Senats oder eines Viertels der gewählten Mitglieder des Abgeordnetenhauses gutachtlich zur Verfassungsmäßigkeit eines Gesetzes äußern[48]. Zuständigkeiten für Organstreit- und Normenkontrollverfahren sowie für Verfassungsbeschwerden waren hingegen nicht vorgesehen. Dies führte zu der Diskussion, ob überhaupt von einer echten Verfassungsgerichtsbarkeit gesprochen werden könne[49].

Gutachtliche Funktion

10

Versuch zur Erfüllung des Verfassungsauftrags

Der erste Anlauf zur Erfüllung des in Art. 72 Verf. Berlin (1950) enthaltenen Verfassungsauftrags, der „Ermächtigung *und* Verpflichtung" zugleich war[50], erfolgte dadurch, daß der Senat von Berlin im Juli 1952 dem Abgeordnetenhaus zwei Gesetzentwürfe vorlegte: einen für ein „Gesetz über den Verfassungsgerichtshof"[51] und den anderen für ein „Gesetz zur Übernahme des Gesetzes über das Bundesverfassungsgericht"[52]. Die Verknüpfung der Vorhaben erfolgte mit dem Ziel, sich so eng wie möglich an den Bund zu binden. Dazu sollte die Bundesverfassungsgerichtsbarkeit eingeführt werden; ferner war beabsichtigt, die Landesverfassungsgerichtsbarkeit so weit wie möglich gemäß Art. 99 GG vom Bundesverfassungsgericht ausüben zu lassen[53]. Während der parlamentarischen Beratungen der Gesetzentwürfe legte die Alliierte Kommandantura im Dezember 1952 ihr Veto gegen die Übernahme des Bundesverfassungsgerichtsgesetzes ein; sie begründete dieses Veto unter anderem wie folgt: „Eine der Hauptfunktionen des Bundesverfassungsgerichtes besteht in der Erkenntnis über Streitigkeiten zwischen den Bestandteilen und den Organen des Bundes. Die Übernahme des Gesetzes über das Bundesverfassungsgericht durch Berlin würde Berlin als einen Bestandteil des Bundes erscheinen lassen. [...] Die Alliierte Kommandantura sieht in dem Bundesverfassungsgericht eines der Organe, in denen die oberste Regierungsgewalt in der Bundesrepublik verankert ist. Würde die in dem vom Senat über-

Vorbehalte der Alliierten

---

48 Zur Entstehung der ursprünglichen Bestimmungen über den Verfassungsgerichtshof *Sebastian Wille*, Der Berliner Verfassungsgerichtshof, 1993, S. 2 ff.
49 Vgl. dazu *Bachof/Jesch*, Die Rechtsprechung der Landesverfassungsgerichte in der Bundesrepublik Deutschland, in: JöR NF 6 (1957), S. 47 (52 FN 19); *Knoll*, Berlin und das Bundesverfassungsgericht, JR 1963, S. 361 (363); *Stern* (FN 46), S. 2 ff.
50 *Stern* (FN 46), S. 696.
51 Vorlage v. 8. 7. 1952, AH-Drucks. I/1299.
52 Vorlage v. 8. 7. 1952, AH-Drucks. I/1300.
53 So die Begründung des Senats von Berlin, AH-Drucks. I/1300, S. 1 und 3. S. dazu näher *Pestalozza*, Berlin ohne Verfassungsgericht, in: Starck/Stern (Hg.), Landesverfassungsgerichtsbarkeit, Teilbd. I, 1983, S. 183 (187 ff.).

reichten Gesetzentwurf vorgesehene Ausdehnung der Zuständigkeit dieses Gerichtshofes auf Berlin angenommen, so wäre dies gleichbedeutend mit einer Verletzung der Vorbehalte, die die Militärgouverneure in ihrem Schreiben vom 12. Mai 1949, mit denen sie das Grundgesetz gebilligt haben, formuliert hatten"[54]. Zu diesen Vorbehalten zählte die Forderung der Alliierten, Berlin dürfe nicht durch den Bund „regiert" werden[55]. Das Land Berlin verfolgte daraufhin auch den Entwurf eines „Gesetzes über den Verfassungsgerichtshof" nicht weiter, welcher thematisch eng auf das Übernahmegesetz abgestimmt war. Nach dessen Scheitern hätte es nahe gelegen, nunmehr die Zuständigkeiten des Verfassungsgerichtshofs zu erweitern und die Umsetzung des Verfassungsauftrags zur Errichtung dieses Verfassungsgerichtshofs voranzutreiben[56]. Derartige Bemühungen unterblieben jedoch vorerst.

Keine „Regierung" Berlins durch den Bund

Auch eine „Denkschrift über die Revision der Verfassung von Berlin", die sich wesentlich mit den Berliner Landesgrundrechten und der Verfassungsgerichtsbarkeit beschäftigte und vom Senat von Berlin im September 1958 dem Abgeordnetenhaus unterbreitet wurde[57], blieb ohne praktische Resonanz. In dieser Denkschrift führte der Senat unter anderem aus: „Das Abgeordnetenhaus wird sich darüber schlüssig werden müssen, ob es den Grundrechtsteil der Verfassung von Berlin einer gründlichen Überarbeitung unterziehen will, um ihn juristisch brauchbar und zur Grundlage einer verfassungsgerichtlichen Überprüfung des Landesrechts unter Aufhebung des bisherigen Verbots der richterlichen Nachprüfung von Gesetzen (Art. 64 Abs. 2) zu machen. Dabei wird gleichzeitig zu entscheiden sein, auf welche anderen Gegenstände sich eine Berliner Landesverfassungsgerichtsbarkeit erstrecken soll"[58]. Vorangegangen waren fachgerichtliche Entscheidungen, welche von ihnen als verfassungswidrig erkannte Berliner Gesetze wegen Verstoßes gegen höherrangige Normen bei der jeweiligen Sachentscheidung außer acht gelassen hatten[59]. Der dieser Judikatur „an sich" entgegenstehende Art. 64 Abs. 2 Verf. Berlin (1950) war als grundgesetzwidrig eingestuft worden[60] und wurde später sogar ausdrücklich als „nichtig" bezeichnet[61]. Der Senat von Berlin stellte in seiner Denkschrift von 1958 im übrigen fest, „daß die Berliner Grundrechte bisher eine gegenüber den Bundesgrundrechten durchaus untergeordnete Rolle gespielt" hätten, und schlug dem Abgeordnetenhaus vor, „unter Verzicht auf den bisherigen Grundrechtsteil der Verfassung von Berlin den Wortlaut der

11
Denkschrift des Senats von 1958

Erkenntnisse der Verfassungswidrigkeit durch Fachgerichte

---

54 BK/O (52) 35 v. 20.12.1952, in: Forschungsinstitut der Deutschen Gesellschaft für Auswärtige Politik e.V. (Hg.), Dokumente zur Berlin-Frage 1944–1966, ³1967, Nr. 97, S. 127.
55 S. Nr. 4 des Genehmigungsschreibens der Militärgouverneure der britischen, französischen und amerikanischen Besatzungszone zum Grundgesetz v. 12.5.1949 (FN 36).
56 *Pestalozza* (FN 36), § 24 RN 20.
57 Denkschrift v. 17.9.1958, AH-Drucks. II/1759. Kritisch zum Inhalt dieser Denkschrift *Pestalozza* (FN 53), S. 192 f.
58 Denkschrift (FN 57), S. 2.
59 S. insbesondere *BGHZ 20*, 112 (116 ff.) – gebilligt durch *BVerfGE* 7, 1 (16); vgl. etwa auch *OVGE Berlin* 4, 164 ff.
60 *BVerfGE* 7, 1 (17); *OVGE Berlin* 4, 164 (165 f.); 6, 105 (106).
61 *OVGE Berlin* 8, 162 (166).

12
Suspendierung des Verfassungsauftrags

Grundrechte des Grundgesetzes möglichst unverändert in die Landesverfassung zu übernehmen"[62]. Dazu kam es seinerzeit aber nicht.

Im Laufe der Jahre sah die Berliner Politik das Haupthindernis für die Errichtung eines Verfassungsgerichtshofs in dem Verhalten der Besatzungsmächte. Diese vertraten die Auffassung, das vom Abgeordnetenhaus nach Berlin im sogenannten Mantelgesetzgebungsverfahren übernommene Bundesrecht[63] werde mit der Übernahme zu Landesrecht, das sonstigem Landesrecht völlig gleiche und daher ebenso der Normenkontrolle des Verfassungsgerichtshofs unterworfen werden müsse[64]. Damit hätte ein Berliner Verfassungsgerichtshof in die Lage versetzt werden können, verbindlich über die Gültigkeit von Gesetzen zu entscheiden, deren eigentliche Urheber Verfassungsorgane des *Bundes* waren[65]. Dies gerade wollten die in Berlin politisch Verantwortlichen von ihrem Rechtsstandpunkt der Fortdauer des Bundesranges aus vermeiden. Der Senat von Berlin befürchtete als Konsequenz „eine schwerwiegende Beeinträchtigung der Rechtseinheit Berlins mit dem Bund"[66]. Aufgrund der Annahme, ohne die Befugnis zur Normenkontrolle gebe eine Berliner Verfassungsgerichtsbarkeit keinen hinreichenden Sinn, war seinerzeit eine Umsetzung des Verfassungsauftrags von 1950 ohne Aussicht auf Erfolg. Folgerichtig wurde Art. 72 Verf. Berlin (1950) im Jahre 1974[67] durch Einfügung des Artikels 87a in diese Verfassung ausdrücklich „suspendiert". Bestehen blieb jedoch – „offenbar als Denkmal des guten deutschen, aber nicht durchsetzbaren Willens"[68] – Art. 72 Abs. 1 Verf. Berlin (1950) mit folgendem Inhalt: „Es wird ein Verfassungsgerichtshof aus Berufsrichtern und Laien gebildet; sie werden vom Abgeordnetenhaus gewählt". Aus Art. 72 Abs. 4 Verf. Berlin (1950) wurde Art. 72 Abs. 2; der Wortlaut („Alles Nähere wird durch ein Gesetz geregelt") blieb unverändert. Die Kompetenzzuweisungen in Art. 72 Abs. 2 und 3 Verf. Berlin (1950) entfielen hingegen[69]. Im Zuge dieser Verfassungsänderungen wurde Art. 64 Abs. 2 Verf. Berlin (1950) aufgehoben, der bestimmt hatte, daß die Gerichte nicht befugt seien, Gesetze und Rechtsverordnungen auf ihre Verfassungsmäßigkeit zu prüfen[70].

Erhalt des Errichtungsziels

---

62 Denkschrift (FN 57), S. 3.
63 Zum Übernahmeverfahren *Wilke/Ziekow*, in: JöR NF 37 (1988), S. 167 (219 ff.).
64 *Pestalozza* (FN 36), § 24 RN 23.
65 Vgl. *Wilke*, Der Verfassungsgerichtshof Berlins, in: Everhardt Franßen (Hg.), Bürger – Richter – Staat, FS H. Sendler, 1991, S. 139 (141), mit der Bewertung, „dann wäre für das Linsengericht eines Statussymbols wie des Verfassungsgerichtshofes der Preis der gefährdeten Rechtseinheit gezahlt worden".
66 So in der Begründung zum Entwurf des Siebzehnten Gesetzes zur Änderung der Verfassung von Berlin, AH-Drucks. 6/1445, S. 2.
67 S. Art. I Nr. 7 des Siebzehnten Gesetzes zur Änderung der Verfassung von Berlin v. 22. 11. 1974 (GVBl. S. 2741). Kritisch dazu *Schachtschneider*, Der Verfassungsgerichtshof für Berlin, JR 1975, S. 397 ff.
68 *Pestalozza* (FN 36), § 24 RN 24. S. dazu die Begründung zur Änderung des Art. 72 Verf. Berlin (1950) durch den Senat von Berlin: Darin ist von der „Möglichkeit" die Rede, „den ursprünglichen Auftrag des Verfassungsgebers bei einer entsprechenden Veränderung der politischen Lage Berlins zu erfüllen" (AH-Drucks. 6/1445, S. 3).
69 Durch Art. I Nr. 6 des Siebzehnten Gesetzes zur Änderung der Verfassung von Berlin (GVBl. S. 2741).
70 Vgl. oben A II 2, RN 9, 11.

Das jahrzehntelange Fehlen eines Berliner Landesverfassungsgerichts war in grundrechtlicher Hinsicht auch insofern besonders schmerzlich, als die Rüge von Verstößen gegen Grundrechte des Grundgesetzes in „Berliner Sachen" vor dem Bundesverfassungsgericht wegen des besonderen Status der Stadt auf erhebliche Probleme stieß[71]. Akte der öffentlichen Gewalt des Landes Berlin unterlagen seinerzeit nicht der bundesverfassungsgerichtlichen Kontrolle, „weil die Ausübung der Gerichtsbarkeit des Bundesverfassungsgerichts insoweit durch den in Nr. 4 des Genehmigungsschreibens der Militärgouverneure zum Grundgesetz vom 12. Mai 1949 (VOBl. BZ S. 416) enthaltenen Berlinvorbehalt beschränkt" war, wonach Berlin nicht durch den Bund „regiert" werden durfte[72]. Aus diesem Vorbehalt folgte jedoch „kein generelles Verbot jeder Tätigkeit des Bundesverfassungsgerichts in allen Berlin unmittelbar oder mittelbar berührenden Sachen"; in dem sogenannten *Brückmann*-Beschluß des Bundesverfassungsgerichts aus dem Jahre 1974 heißt es – in deutlichem Gegensatz zu der von den Besatzungsmächten vertretenen Auffassung[73] – unter anderem: „Insbesondere unterliegen die im Land Berlin geltenden Gesetze des Bundes uneingeschränkt der Kontrolle des Bundesverfassungsgerichts. Diese Gesetze dürfen auf Verlangen der Alliierten in Berlin zwar erst nach einem formalen Übernahmeakt angewendet werden, durch den das Abgeordnetenhaus dem vom Bundesgesetzgeber gesetzten Recht in Berlin Geltung verschafft. Hierdurch wird jedoch ihre Qualität als Bundesrecht nicht in Frage gestellt"[74].

13
Zur Zuständigkeit des Bundesverfassungsgerichts

„Berliner Sachen"

3. Errichtung des Verfassungsgerichtshofs des Landes Berlin

Nachdem bereits eine im Januar 1987 vom Abgeordnetenhaus eingesetzte[75] „Enquete-Kommission zur Errichtung eines Berliner Verfassungsgerichtshofes" in ihrem Bericht vom 4. Januar 1989[76] eine „auf dem Gebiet der Verfassungsgerichtsbarkeit [...] empfindliche und weithin sichtbare Lücke" festgestellt und „einstimmig ein Bedürfnis für die Errichtung eines Verfassungsgerichtshofs" bejaht hatte, ebneten wenig später die friedliche Revolution in der DDR und die deutsche Wiedervereinigung vom 3. Oktober 1990 den Weg für eine Berliner Verfassungsgerichtsbarkeit. Noch vor der Wiedervereinigung begannen die Vorbereitungen zur Errichtung des Berliner Verfassungsgerichtshofs[77]. Das Abgeordnetenhaus hob im September 1990[78] die alte Rege-

14
Grundrechtsschutz durch Verfassungsbeschwerde

---

71 Dazu näher → Bd. I: *E. Klein*, Von der Spaltung zur Einigung Europas, § 5 RN 50 ff.; *Schachtschneider*, JR 1975, S. 397 f.
72 *BVerfGE 37*, 57 (60) – sog. Brückmann-Beschluß; vgl. auch *BVerfGE 7*, 1 (7); 7, 190 (192); 7, 192 (193).
73 S. oben A II 2, RN 10.
74 *BVerfGE 37*, 57 (62); vgl. auch *E 19*, 377 (388 f.). → Oben *Merten*, Allgemeine Lehren der Landesgrundrechte, § 232 Rn 34.
75 Zu dieser Einsetzung *Sodan* (FN 47), S. 647.
76 AH-Drucks. 10/2767, S. 3, 10. S. zum Bericht der Enquete-Kommission auch die Darstellung von *Wille* (FN 48), S. 24 ff.
77 S. dazu *Sodan* (FN 47), S. 648.
78 Durch Art. I Nr. 11 und 14 des Zweiundzwanzigsten Gesetzes zur Änderung der Verfassung von Berlin (FN 44).

lung zur „Suspendierung" des Art. 72 Verf. Berlin (1950) durch Änderung des Artikels 87 a auf[79] und faßte Artikel 72 neu, der nunmehr in seinem Absatz 2 Nr. 4 eine Zuständigkeit des Verfassungsgerichtshofs für Entscheidungen über Verfassungsbeschwerden[80] erhielt und somit durch die Regelung dieses außerordentlichen Rechtsbehelfs[81] in besonderer Weise dem Grundrechtsschutz diente. Darauf folgte das Gesetz über den Verfassungsgerichtshof (VerfGHG) vom 8. November 1990[82], das in seinem § 49 Abs. 1 bestimmt, daß jedermann mit der Behauptung, durch die öffentliche Gewalt des Landes Berlin in einem seiner in der Verfassung von Berlin enthaltenen Rechte verletzt zu sein, die Verfassungsbeschwerde zum Verfassungsgerichtshof erheben kann, soweit nicht Verfassungsbeschwerde zum Bundesverfassungsgericht erhoben ist oder wird. Das Verfassungsgerichtshofsgesetz wurde wenig später gleichlautend von der Stadtverordnetenversammlung im Ostteil Berlins beschlossen[83], die wegen der besonderen Rechtslage bei der Vereinigung Berlins noch bis zum 11. Januar 1991 – dem Tag der konstituierenden Sitzung des Gesamtberliner Abgeordnetenhauses – amtierte[84]. Die Wahl der ersten neun Mitglieder des Verfassungsgerichtshofs des Landes Berlin erfolgte erst am 26. März 1992[85].

VerfGHG v. 8. 11. 1990

4. Schutz der Menschenwürde?

15
Honecker-Beschluß von 1993

Von den Entscheidungen, die der Verfassungsgerichtshof des Landes Berlin noch unter der Geltung der Verfassung von Berlin (1950)[86] traf, verdient zweifellos der sogenannte *Honecker*-Beschluß vom 12. Januar 1993[87] besondere Erwähnung. Mit dieser Entscheidung hob der Verfassungsgerichtshof auf eine Verfassungsbeschwerde hin Beschlüsse des Landgerichts Berlin und des Kammergerichts auf, welche die Ablehnung der Einstellung des Strafverfahrens und der Aufhebung des Haftbefehls gegen den früheren langjährigen Vorsitzenden des Staatsrats und des Nationalen Verteidigungsrates der ehemaligen DDR, *Erich Honecker*, betrafen. Der Verfassungsgerichtshof hielt sich für „berechtigt, die angefochtenen Beschlüsse von Landgericht und Kammergericht am Maßstab des inhaltlich mit Art. 1 Abs. 1 S. 2 GG übereinstimmenden landesverfassungsrechtlichen Grundrechts des Beschwerdeführers auf Achtung seiner Menschenwürde zu messen", und sah sich an dieser Kontrolle

---

79 Die Neufassung des Art. 87 a betraf einen völlig anderen Regelungsgegenstand, nämlich Wahlen zum Abgeordnetenhaus sowie zu den Bezirksverordnetenversammlungen und Bezirksämtern.
80 Zur Individualverfassungsbeschwerde und zu weiteren grundrechtsschützenden Verfahrensarten innerhalb der Landesverfassungsgerichtsbarkeit → Bd. III: *Sodan*, Schutz der Landesgrundrechte durch die Landesverfassungsgerichtsbarkeit, § 84 RN 28 ff.
81 → Bd. III: *Sodan*, § 84 RN 51.
82 GVBl. S. 2246. Das VerfGHG wurde zuletzt geändert durch das Gesetz zur Änderung des Landeswahlgesetzes und des Gesetzes über den Verfassungsgerichtshof v. 21. 4. 2016 (GVBl. S. 221, ber. S. 262).
83 VerfGHG v. 23. 11. 1990 (Gesetz-, Verordnungs- und Amtsblatt für die Stadtbezirke Mitte, Prenzlauer Berg, Friedrichshain, Treptow, Lichtenberg, Weißensee, Pankow, Marzahn, Hohenschönhausen, Hellersdorf von Berlin, S. 510).
84 Dazu näher *Wille* (FN 48), S. 29.
85 Zu den Hintergründen für die Verzögerung *Wilke* (FN 43), S. 227 ff.
86 Zu ihrem Außerkrafttreten s. A III, RN 18.
87 *LVerfGE 1*, 56 ff.

nicht dadurch gehindert, „daß diese Beschlüsse auf Bundesrecht, vornehmlich auf der Strafprozeßordnung" beruhten[88]. Im Text der Verfassung von Berlin (1950) – anders als in Art. 1 Abs. 1 GG und im späteren Art. 6 Verf. Berlin (1995)[89] – befand sich allerdings keine ausdrückliche Menschenwürdegarantie. Der Verfassungsgerichtshof behalf sich jedoch mit der These, die Verfassung von Berlin (1950) enthalte, „abgeleitet einerseits aus dem in die Verfassung hineinwirkenden grundgesetzlichen Bekenntnis zur Achtung der Menschenwürde, abgeleitet andererseits aber aus dem den Grundrechten der Verfassung von Berlin zugrunde liegenden Menschenbild, als ungeschriebenen Verfassungssatz das Bekenntnis zur Menschenwürde und die Verpflichtung aller staatlichen Gewalt, die Würde des Menschen zu achten und zu schützen"[90]. Dem *Honecker*-Beschluß zufolge verletzt es „das Grundrecht auf Achtung der Menschenwürde, wenn ein Strafverfahren fortgesetzt wird, obwohl nach den tatrichterlichen Feststellungen davon auszugehen ist, daß der Angeklagte infolge schwerer und unheilbarer Erkrankung mit an Sicherheit grenzender Wahrscheinlichkeit das Ende des Strafverfahrens in erster Instanz nicht mehr erleben wird"[91]. Diese Voraussetzungen sah der Verfassungsgerichtshof im Falle von *Honecker* als gegeben an: Die Aufrechterhaltung des Haftbefehls hätte *Honecker* – so das Gericht – „zum bloßen Objekt von Strafverfahren und Untersuchungshaft" gemacht[92].

Würde des Menschen

Die Entscheidung des Berliner Verfassungsgerichtshofs, die *Honecker* letztendlich zur Freilassung und Ausreise nach Chile verhalf[93], stieß nicht nur im Fachschrifttum auf vielfältige und teilweise sehr heftige Kritik. Diese richtete sich angesichts der vom Verfassungsgerichtshof ausgeübten Kontrolle landesgerichtlicher Anwendung von Bundesrecht[94] teilweise bereits gegen die vom Gericht angenommene Zulässigkeit der Verfassungsbeschwerde[95]. In bezug auf seine Prüfungskompetenz wurde der Berliner Verfassungsgerichtshof jedoch durch eine wenige Jahre später ergangene grundlegende Entscheidung des Bundesverfassungsgerichts in verfassungsprozessualer Hinsicht im nach-

16
Landesverfassungsgerichtliche Prüfungskompetenz

---

88 *LVerfGE 1*, 56 (62f.). Vgl. dazu bereits *VerfGH Berlin LVerfGE 1*, 44 (51f.).
89 Dazu B III 1 a, RN 31.
90 *LVerfGE 1*, 56 (62).
91 *LVerfGE 1*, 56 (57, Ls. 4).
92 *LVerfGE 1*, 56 (64).
93 *Michaelis-Merzbach*, Rechtspflege und Verfassung von Berlin, 1999, S. 202. S. auch die Bewertung von *Wilke* (FN 43), S. 231: „Der [...] mehrheitlich aus Rechtsanwälten bestehende Verfassungsgerichtshof erregte alsbald Aufsehen mit seiner Honecker-Entscheidung, die den inhaftierten Diktator seinen Strafrichtern entwand und anschließend fürsorglichen Behörden eine letzte ‚Passierscheinaktion' ermöglichte".
94 → Bd. III: *Sodan*, § 84 RN 57 ff.
95 S. etwa *Bartlsperger*, Einstellung des Strafverfahrens von Verfassungs wegen. Zum Strafverfahren Erich Honecker, DVBl. 1993, S. 333 (337 ff.); *Berkemann*, Ein Landesverfassungsgericht als Revisionsgericht – Der Streitfall Honecker, NVwZ 1993, S. 409 (413 ff.); *Gehb*, Bricht Berliner Landesrecht Bundesrecht?, DÖV 1993, S. 470 (471 ff.); *E. Klein/Haratsch*, Landesverfassung und Bundesrecht, in: JuS 1994, S. 559 (560 ff.); *Löwer*, Kritische Anmerkungen zum Beschluß des Verfassungsgerichtshofes des Landes Berlin in Sachen Honecker, SächsVBl. 1993, S. 73 (74 ff.); *Meurer*, Der Verfassungsgerichtshof und das Strafverfahren. Zehn Bemerkungen zu der Kassationsentscheidung des Berliner Verfassungsgerichtshofes vom 12. 1. 1993 und zu dem Beschluß des Kammergerichts vom 13. 1. 1993, JR 1993, S. 89 (90 ff.); *Starck*, Der Honecker-Beschluß des Berliner VerfGH. Anwendung von Bundesprozeßrecht durch Landesgerichte unter Kontrolle der Landesverfassungsgerichte?, JZ 1993, S. 231 (232).

hinein bestätigt: Durch Beschluß vom 15. Oktober 1997 antwortete das Bundesverfassungsgericht auf eine Vorlagefrage des Verfassungsgerichtshofs des Freistaates Sachsen, „daß das vorlegende Gericht nicht gehindert ist, die Anwendung von Verfahrensrecht des Bundes durch Gerichte des Landes auf die Einhaltung der mit dem Grundgesetz inhaltsgleichen subjektiven Rechte des Landesverfassungsrechts zu prüfen. Dabei muß allerdings die verfassungsrechtliche Beschwer eines Beschwerdeführers ausschließlich auf der Entscheidung eines Gerichts des Landes – und nicht auch des Bundes – beruhen. Zudem läßt die föderale Kompetenzordnung des Grundgesetzes die Anordnung einer Kassationsbefugnis des Landesverfassungsgerichts nur unter der Voraussetzung zu, daß die Subsidiarität gegenüber dem fachgerichtlichen Rechtsweg Voraussetzung einer Landesverfassungsbeschwerde ist"[96]. Diese Erkenntnis, daß die Anwendung von *Bundesprozeßrecht* durch das Fachgericht eines Landes Gegenstand einer Landesverfassungsbeschwerde sein kann, wird mittlerweile im Bereich der Landesverfassungsgerichtsbarkeit nicht mehr bestritten[97].

17
Kritik am „Menschenwürdeverstoß"

Problematisch bleibt jedoch auch aus heutiger Perspektive, ob die Verfassung von Berlin (1950) überhaupt eine mit Art. 1 Abs. 1 GG inhaltsgleiche ungeschriebene Menschenwürdegarantie enthielt und – bejahendenfalls – ob diese im Falle von *Honecker* bei einer Aufrechterhaltung des Haftbefehls verletzt gewesen wäre. So wurde dem Verfassungsgerichtshof etwa vorgehalten, zum Berliner Schutz der Menschenwürde bedürfe es angesichts der Existenz des Bundesverfassungsgerichts „nicht der paraphrasierenden Auslegungsanstrengung eines Landesverfassungsgerichts, das rechtsirrig davon" ausgegangen sei, „es müsse sich nach einem Prinzip der stellvertretenden Verfassungspflege betätigen"[98]. „Unhaltbar" sei „jedenfalls die vom Berliner Landesverfassungsgericht in erster Linie angeführte Begründung, wonach der grundrechtliche Schutz der Menschenwürde nach Art. 1 Abs. 1 GG rechtsbegründend in das Landesverfassungsrecht des Landes Berlin ‚hineinwirke' und damit dessen Bestandteil sei"[99]. Durch die voreilige Aufgabe der „Möglichkeiten exakter Interpretationsarbeit" habe sich der Verfassungsgerichtshof „dem Verdacht politischer Judikatur" ausgesetzt[100]. Mit „der Auffindung, Heranziehung und eigenwilligen Anwendung der Menschenwürdegarantie" habe der Verfassungsgerichtshof „tief in das bundesrechtlich abschließend geregelte Strafprozeßrecht" eingegriffen und „praktisch einen neuen absoluten Haftaufhebungsgrund und einen neuen absoluten Grund für die Einstellung des Strafverfahrens" geschaffen[101]. Dies stelle „eine nicht durchdachte,

---

96 *BVerfGE* 96, 345 (363).
97 → Bd. III: *Sodan*, § 84 RN 61 mit den Nachw. in FN 271.
98 *Meurer* (FN 95), S. 92.
99 *Bartlsperger*, (FN 95), S. 348.
100 *Berkemann* (FN 95), S. 412.
101 *Starck* (FN 95), S. 231; vgl. auch *Bartlsperger* (FN 95), S. 341; *Wilke*, Landesverfassungsgerichtsbarkeit und Einheit des Bundesrechts. Bemerkungen aus Anlaß des Honecker-Beschlusses des Berliner Verfassungsgerichtshofs, NJW 1993, S. 887 f.

gefährliche Fehlentwicklung" dar[102]. Es sei „schwer verständlich, warum *Honecker*, dessen Verhandlungsfähigkeit unzweifelhaft feststand, dadurch zum bloßen Objekt staatlichen Handelns geworden und in seiner Würde als Mensch verletzt sein sollte, daß er sich im Angesicht des Todes für ihm vorgeworfene Straftaten verantworten mußte"[103]. Bis heute hat jedenfalls keine Entscheidung des Berliner Verfassungsgerichtshofs eine so intensive und kritische Diskussion ausgelöst wie der *Honecker*-Beschluß. Zugleich hat dieser den Verfassungsgerichtshof knapp zehn Monate nach der Wahl der ersten Mitglieder einer breiten Öffentlichkeit bekannt gemacht.

III. Überarbeiteter Grundrechtskatalog in der Verfassung von Berlin (1995)

Bereits im September 1990 war in Art. 88 Abs. 2 Verf. Berlin (1950) die Verpflichtung verankert worden, die Verfassung während der ersten Wahlperiode des Gesamtberliner Abgeordnetenhauses zu überarbeiten und dann die überarbeitete Verfassung durch Volksabstimmung in Kraft zu setzen[104]. Das Abgeordnetenhaus hatte zur Vorbereitung dieser Verfassungsrevision am 26. September 1991 eine Enquête-Kommission „Verfassungs- und Parlamentsreform" eingesetzt[105], die knapp drei Jahre später ihren Schlußbericht vorlegte[106]. Die Empfehlungen der Enquête-Kommission wurden in den Ausschüssen und im Plenum des Abgeordnetenhauses beraten, modifiziert und ergänzt. Die neue Verfassung von Berlin ist vom Abgeordnetenhaus am 8. Juni 1995 beschlossen worden[107]. Die Bevölkerung Berlins hat ihr am 22. Oktober 1995 zugestimmt[108]. Die Verfassung von Berlin vom 23. November 1995[109] ist ausweislich ihres Artikels 101 Abs. 1 Satz 1[110] am 29. November 1995 in Kraft getreten. Gleichzeitig ist die Verfassung von Berlin (1950)[111] außer Kraft getreten (Art. 101 Abs. 1 Satz 2 Verf. Berlin [1995]). Der im Abschnitt II der neuen Verfassung in den Artikeln 6 bis 37 enthaltene Katalog

18
Neue Verfassung

Beschlußfassung

---

102 *Schoreit*, Absolutes Strafverfahrenshindernis und absolutes U-Haftverbot bei begrenzter Lebenserwartung des Angeklagten? Bedeutung, Auswirkungen und Wirksamkeit des Beschlusses des Verfassungsgerichtshofs des Landes Berlin auf die im Verfahren gegen Erich Honecker eingelegte Verfassungsbeschwerde, NJW 1993, S. 881 (887).
103 *E. Klein/Haratsch* (FN 95), S. 563.
104 S. Art. I Nr. 16 Buchst. a des Zweiundzwanzigsten Gesetzes zur Änderung der Verfassung von Berlin (FN 44).
105 Zur Einsetzung und zur Arbeit der Enquête-Kommission *Wilke* (FN 43), S. 235 f.
106 2. Bericht (Schlußbericht) der Enquête-Kommission „Verfassungs- und Parlamentsreform" – 12. Wahlperiode – v. 18. 5. 1994 (AH-Drucks. 12/4376). Vgl. ferner den Zwischenbericht (AH-Drucks. 12/2733) und die Stellungnahme des Senats von Berlin zum Schlußbericht der Enquete-Kommission (AH-Drucks. 12/5224).
107 Bekanntmachung v. 5. 7. 1995 (GVBl. S. 420) des Beschlusses des Abgeordnetenhauses von Berlin über die überarbeitete Verfassung von Berlin v. 8. 6. 1995 (GVBl. S. 421).
108 Bekanntmachung v. 9. 11. 1995 über das Ergebnis der Volksabstimmung v. 22. 10. 1995 (GVBl. S. 719).
109 GVBl. S. 779, zuletzt geändert durch Art. 1 des Dreizehnten Gesetzes zur Änderung der Verfassung von Berlin v. 22. 3. 2016 (GVBl. S. 114).
110 Vorbehaltlich der Ausnahmeregelungen in Art. 101 Abs. 2 und 3.
111 Zuletzt geändert durch Art. I des Dreißigsten Gesetzes zur Änderung der Verfassung von Berlin v. 8. 6. 1995 (GVBl. S. 339).

von Grundrechten und Staatszielen umfaßt umfangreiche Neuregelungen, auf die – zusammen mit den aus der alten Verfassung übernommenen Grundrechtsbestimmungen – im folgenden näher einzugehen sein wird.

B. Grundrechte und Staatsziele in der Verfassung von Berlin (1995)

19
Auffüllung des Grundrechtskatalogs in Abschnitt II

Zu deutlichen Erweiterungen der Grundrechtsvorschriften kam es im Abschnitt II der Verfassung von Berlin (1995) insbesondere dadurch, daß einige Grundrechtsnormen aus dem Grundgesetz wörtlich übernommen wurden; hinzu traten neue – und nun erstmals als solche bezeichnete – Staatsziele[112].

I. Geltung von Landesgrundrechten nach Art. 142 GG

20
Föderales Gefüge Deutschlands

Landesrechtliche Regelungen werden grundsätzlich nach Art. 31 GG, wonach Bundesrecht Landesrecht bricht, durch gültiges[113] formelles und materielles Bundesrecht verdrängt. Art. 142 GG nimmt jedoch die Grundrechtsregelungen der Länder aus dem Geltungsbereich des Art. 31 GG heraus und stellt für die Rechtsbeziehungen zwischen Landes- und Bundesverfassung einen neuen Rechtssatz auf. Danach bleiben ungeachtet des Artikels 31 Bestimmungen der Landesverfassungen auch insoweit in Kraft, als sie in Übereinstimmung mit den Art. 1 bis 18 GG Grundrechte gewährleisten. Der Grundsatz „Bundesrecht bricht Landesrecht" wird also dahingehend modifiziert, daß er sich nicht auf den Bereich der Grundrechtsvorschriften der Landesverfassungen bezieht, die mit den Grundrechtsnormen des Grundgesetzes inhaltlich übereinstimmen, sofern sie Grundrechte gewähren. Art. 142 GG hat nicht zur Folge, daß landesverfassungsrechtliche Grundrechte auf normhierarchischer Ebene mit den Grundrechten des Grundgesetzes gleichziehen. Dies wäre auch mit dem Wortlaut („ungeachtet") nicht vereinbar. Vielmehr ist Artikel 142 Ausdruck des föderalen Gefüges der Bundesrepublik Deutschland.

Autonome Grundrechtsgestaltung

Hiernach ist es den Ländern aufgrund ihrer besonderen Staatsqualität unbenommen, sich eine eigene Verfassung zu geben und so nicht nur Staatsorganisation und Ausübung der Staatsgewalt, sondern darüber hinaus die Grundrechte autonom zu gestalten[114]. „Den in Art. 142 GG genannten Grundrech-

---

112 Skeptisch dazu *Pestalozza*, Die überarbeitete Verfassung von Berlin – Integrationsbeitrag und Fusionsmitgift, LKV 1995, S. 344 (346), der die Auffassung vertritt, der Zugewinn sei „dennoch mager". Seine – in der Wortwahl und in der Sache selbst völlig überzogene – Kritik an der Verf. Berlin (1995) insgesamt gipfelt in folgender Feststellung: „Ich kenne keine mißlungenere deutsche Verfassung" (aaO., S. 353).

113 *P. M. Huber*, in: Sachs, GG (LitVerz.), Art. 31 RN 12; *W. G. Leisner*, in: Sodan, GG (LitVerz.), Art. 31 RN 4.

114 Vgl. *BVerfGE 4*, 178 (189); *60*, 175 (209); *Helge Sodan/Jan Ziekow*, Grundkurs Öffentliches Recht. Staats- und Verwaltungsrecht, [7]2016, § 8 RN 7 ff.

ten stehen einige an anderer Stelle von der Verfassung gewährleistete Rechte der Qualität nach gleich; dazu gehört unter anderem der Anspruch auf rechtliches Gehör vor Gericht. Art. 142 GG muß deshalb auch für derartige in den Landesverfassungen enthaltene Rechte [...] gelten, die sich im Grundgesetz nicht im ersten Abschnitt, sondern an anderer Stelle finden"[115]. Die Vorschrift „ist daher auf alle mit einer Verfassungsbeschwerde geltend zu machenden Grundrechte und grundrechtsgleichen Gewährleistungen zu erstrecken"[116].

Vor dem historischen Hintergrund und angesichts seines Wortlauts („*bleiben* [...] in Kraft") könnte Art. 142 GG so verstanden werden, daß er sich nur auf diejenigen Grundrechtsnormen der Landesverfassungen bezieht, die *vor* dem Entstehen des Bundesrechts formuliert worden sind[117]. Schließlich gab es zu jener Zeit – die meisten Landesverfassungen stammen aus den Jahren 1946 und 1947 – noch kein Bundesrecht, das als Orientierung hätte dienen können. Das Bundesverfassungsgericht machte jedoch deutlich, daß sich das Wort „bleiben" nicht in zeitlicher Dimension auf vorkonstitutionelle Landesverfassungen bezieht, sondern auf das Verhältnis zu Art. 31 GG abzielt[118]. Somit gilt Art. 142 GG auch für den Grundrechtskatalog der Verfassung von Berlin (1995).

21
Keine zeitliche Beschränkung

Die Untersuchung, ob Bundes- und Landesgrundrechte im Sinne des Art. 142 GG übereinstimmen, erfolgt anhand der anerkannten Auslegungsmethoden[119]. Diese Übereinstimmung setzt voraus, daß „der Gewährleistungsbereich der jeweiligen Grundrechte und ihre Schranken einander nicht widersprechen"; soweit beide Grundrechte „einen bestimmten Gegenstand in gleichem Sinne und mit gleichem Inhalt regeln", sind sie inhaltsgleich und daher widerspruchsfrei[120]. „Aber auch soweit Landesgrundrechte gegenüber dem Grundgesetz einen weitergehenden Schutz oder auch einen geringeren Schutz verbürgen, *widersprechen* sie den entsprechenden Bundesgrundrechten als solchen nicht, wenn das jeweils engere Grundrecht als Mindestgarantie zu verstehen ist und daher nicht den Normbefehl enthält, einen weitergehenden Schutz zu unterlassen"[121]. Ein Landesgrundrecht gewährt „Mehr", „wenn der Schutzbereich größer, die Einschränkungsmöglichkeiten geringer oder der Kreis der Berechtigten größer ist. ‚Weniger' gewährt es, wenn – umgekehrt – der Schutzbereich geringer, die Einschränkungsmöglichkeiten großzügiger oder der Kreis der Berechtigten kleiner ist. [...] Es besteht kein Anlaß, ein Landesgrundrecht, das weniger gewährt als ein Bundesgrundrecht, auszuschalten, zumal das ‚Weniger' immer noch ‚mehr' ist als das Nichts. Das Bun-

22
Übereinstimmungstatbestand

Nicht im Widerspruch zu Bundesgrundrechten

---
115 *BVerfGE 22*, 267 (271).
116 *BVerfGE 96*, 345 (364).
117 Zu den vorgrundgesetzlichen Landesgrundrechten → Bd. III: *Maurer*, Landesgrundrechte im Bundesstaat, § 82 RN 37 f.
118 *BVerfGE 96*, 345 (364 f.). Zur Entstehungsgeschichte und zur tatbestandlichen Reichweite näher → Bd. III: *Maurer*, § 82 RN 48 f., 61. Vgl. ferner *Poscher*, Landesgrundrechte und Bundesrecht, NJ 1996, S. 351 (352).
119 Zu diesen Methoden *Sodan/Ziekow* (FN 114), § 2 RN 4 ff.
120 *BVerfGE 96*, 345 (365).
121 *BVerfGE 96*, 345 (365). Vgl. etwa auch *Pietzcker*, Zuständigkeitsordnung und Kollisionsrecht im Bundesstaat, HStR ³VI, § 134 RN 70 ff.

desgrundrecht wird durch das weniger gewährleistende Landesgrundrecht nicht beeinträchtigt. Der Bürger kann und wird sich vor allem auf die Bundesgrundrechte berufen und nach Erschöpfung des Rechtswegs das Bundesverfassungsgericht anrufen. Er kann aber, sofern ihm das weniger gewährleistende Landesgrundrecht genügt, auch dieses heranziehen und das Landesverfassungsgericht anrufen. Da der Individualrechtsschutz beim Bundesverfassungsgericht durch die Annahmeregelung des § 93 a BVerfGG beschränkt ist und das Bundesverfassungsgericht von dieser Beschränkung in erheblichem Umfang Gebrauch macht, gewinnt der landesverfassungsgerichtliche Grundrechtsschutz durchaus an Bedeutung"[122]. Demnach steht dem jeweiligen Landesverfassunggeber und damit auch dem Abgeordnetenhaus von Berlin bei der Festlegung von Grundrechten ein erheblicher Gestaltungsspielraum zu[123], der erst dort endet, „wo eine Kollision auftritt"[124].

LVerfG-Bedeutungsgewinn angesichts § 93 a BVerfGG

23
Kollision mit einfachem Bundesrecht

Gewährt ein Landesgrundrecht mehr oder weniger Schutz als das entsprechende Bundesgrundrecht, so kann dieses Landesgrundrecht einfachem Bundesrecht widersprechen; dieser Fall liegt etwa vor, wenn das einfache Bundesrecht zwar mit dem engeren Gewährleistungsbereich eines Bundesgrundrechts, nicht jedoch mit dem weiteren eines Landesgrundrechts vereinbar ist[125]. Die Berücksichtigung der nach Art. 142 GG gewährleisteten Landesgrundrechte ist jedoch nur insoweit möglich, als das Bundesrecht der Landesstaatsgewalt Entscheidungsspielräume eröffnet; ist dies nicht der Fall, kollidiert das Bundesgesetz mit dem Landesgrundrecht[126]. Grundsätzlich ist dies aber keine unmittelbare Frage des Übereinstimmungstatbestandes nach Art. 142 GG; vielmehr kommt dann Art. 31 GG (allerdings in modifizierter Form) zur Anwendung: Das Bundesrecht verdrängt aufgrund seiner Höherrangigkeit nur im konkreten Fall das kollidierende Landesgrundrecht, so daß dieses durch die Landesorgane – ohne Eintritt einer Nichtigkeit – lediglich nicht angewendet werden darf[127].

Anwendungsvorrang

24
Verfassungsprozessuale Konsequenzen

In einem grundlegenden Beschluß des Bundesverfassungsgerichts vom 15. Oktober 1997 heißt es unter Berufung auf diesbezügliche Überlegungen des Parlamentarischen Rats: „Art. 142 GG sieht die Geltung der von den Landesverfassungen in Übereinstimmung mit dem Grundgesetz gewährleisteten Grundrechte vor, um der Landesverfassungsbeschwerde einen Prüfungsmaßstab zu geben"[128]. In dieser Entscheidung stellte das Bundesverfassungsgericht klar, daß Landesverfassungsgerichte im Verfahren über eine Verfassungsbeschwerde gegen Entscheidungen von Fachgerichten des Landes grundsätzlich auch die *Anwendung von Bundesverfahrensrecht* auf Einhaltung

---

122 → Bd. III: *Maurer*, § 82 RN 62 mit Nachw. dort in FN 163 zur gegenteiligen Auffassung, daß Landesgrundrechte, die hinter den Bundesgrundrechten zurückbleiben, außer Kraft treten.
123 Vgl. *Peine*, Verfassunggebung und Grundrechte – der Gestaltungsspielraum der Landesverfassunggeber, LKV 2012, S. 385 (389 f.).
124 *Pietzcker*, HStR ³VI, § 134 RN 69.
125 *BVerfGE 96*, 345 (365 f.).
126 *BVerfGE 96*, 345 (366).
127 → Bd. III: *Maurer*, § 82 RN 69; *P. M. Huber*, in: Sachs, GG (LitVerz.), Art. 142 RN 15a; *Menzel*, Landesverfassungsrecht (LitVerz.), S. 201 ff.; *Sodan*, GG (LitVerz.), Art. 142 RN 5.
128 *BVerfGE 96*, 345 (369).

der mit dem Grundgesetz inhaltsgleichen subjektiven Rechte des Landesverfassungsrechts überprüfen können[129]. Landesgerichte üben nämlich trotz bundesgesetzlicher Verfahrensregelungen *Landesstaatsgewalt* aus. Das Bundesrecht steht in diesen Fallgestaltungen nicht zur Disposition, sondern lediglich seine Anwendung durch ein Landesorgan, dessen Handeln Gegenstand einer landesverfassungsgerichtlichen Überprüfung unter landesverfassungsrechtlichen Maßstäben sein kann[130]. Ein Konflikt aus der gleichzeitigen Bindung des Richters an Landes- und Bundesgrundrechte ist ausgeschlossen, da die Anwendung dieser – inhaltsgleichen – Grundrechte im konkreten Fall zu demselben Ergebnis führen muß[131]. Diese Erkenntnis, daß die Anwendung von Bundesprozeßrecht durch das Fachgericht eines Landes Gegenstand einer Landesverfassungsbeschwerde sein kann, wird mittlerweile im Bereich der Landesverfassungsgerichtsbarkeit nicht mehr bestritten[132]. Im Jahre 2002 stellte der damalige Präsident des Bundesverfassungsgerichts fest, der „Interessen- und Spannungsausgleich zwischen den beiden Verfassungsräumen" sei „per saldo in einer Art und Weise erfolgt, mit dem offenbar sowohl das Bundesverfassungsgericht als auch die Verfassungsgerichte der Länder leben können"[133]. Ausdrücklich offen ließ das Bundesverfassungsgericht in seinem Beschluß vom 15. Oktober 1997 jedoch die Frage, „ob ein Landesverfassungsgericht auch berechtigt sein kann, die Anwendung *materiellen Bundesrechts* durch Landesgerichte auf die Beachtung der von der Landesverfassung inhaltsgleich mit dem Grundgesetz garantierten Grundrechte zu überprüfen"[134]. Wie bereits an anderer Stelle dieses Handbuchs ausführlich dargelegt wurde[135], liegt es in der Konsequenz dieser wegweisenden und die Stellung der Landesverfassungsgerichtsbarkeit im föderativen Bundesstaat stärkenden Entscheidung des Bundesverfassungsgerichts, daß Landesverfassungsgerichte, soweit das Landesrecht wie in Rheinland-Pfalz[136] nicht entgegensteht, im Rahmen von Landesverfassungsbeschwerden auch die Auslegung und Anwendung materiellen Bundesrechts nach den gleichen vom Bundesverfassungsgericht aufgezeigten Maßstäben prüfen dürfen, wie dies für die Anwendung von Bundesprozeßrecht bereits allgemein üblich ist. „Die Gründe, auf denen die landesverfassungsgerichtliche Prüfungskompetenz beruht, gelten für den einen Bereich des Bundesrechts ebenso wie für den anderen. Soweit Grundrechte des Grundgesetzes im Kontext materiellen Bundesrechts Gel-

---

129 *BVerfGE 96*, 345 (366f.). Vgl. oben A II 4, RN 16.
130 *VerfGH Berlin LVerfGE 1*, 44 (52).
131 *BVerfGE 96*, 345 (366f.); → Bd. III: *Sodan*, § 84 RN 61.
132 → Bd. III: *Sodan*, § 84 RN 61 mit den Nachw. dort in FN 271.
133 *Papier*, Die Bedeutung der Landesverfassungsgerichtsbarkeit (LitVerz.), S. 19 (29).
134 So *BVerfGE 96*, 345 (362).
135 → Bd. III: Sodan, § 84 RN 64ff. Vgl. ferner *dens.*, Überprüfbarkeit landesgerichtlicher Anwendung materiellen Bundesrechts auf Grund einer Landesverfassungsbeschwerde, NVwZ-Sonderheft 2005, S. 8 (10ff.); *dens.*, Landesverfassungsgerichtsbarkeit in Berlin und den neuen Bundesländern, LKV 2010, S. 440 (448f.).
136 § 44 Abs. 2 VerfGHG Rheinland-Pfalz bestimmt: „Die Verfassungsbeschwerde ist unzulässig, soweit die öffentliche Gewalt des Landes Bundesrecht ausführt oder anwendet. Dies gilt nicht für die Durchführung des gerichtlichen Verfahrens oder wenn die Landesverfassung weiter reichende Rechte als das Grundgesetz gewährleistet". Vgl. dazu *VerfGH Rheinland-Pfalz* NJW 2001, S. 2621.

§ 247   Sechzehnter Teil: III. Die Grundrechte in den Landesverfassungen

tung beanspruchen, schaffen sie nach Art. 142 GG auch hier Raum für die Geltung inhaltsgleicher Landesgrundrechte bei der Umsetzung des Bundesrechts durch die Länder. Wird das Bundesgrundrecht verletzt, so wird auch das inhaltsgleiche Landesgrundrecht verletzt"[137].

25

Rechtsprechung des Berliner VerfGH

„Inhaltsgleiche" Landesgrundrechte

Erledigungszahlen

Subsidiaritätsfragen

Dieser Linie folgt der Verfassungsgerichtshof des Landes Berlin, der in ständiger Rechtsprechung hinsichtlich seiner Kompetenz zur Prüfung von Verstößen gegen Grundrechte der Verfassung von Berlin (1995), die mit Grundrechten des Grundgesetzes inhaltsgleich sind, im Rahmen von Landesverfassungsbeschwerden nicht zwischen der Anwendung formellen und materiellen Bundesrechts durch Fachgerichte des Landes Berlin unterscheidet[138]. So prüft dieser Verfassungsgerichtshof anläßlich von Verfassungsbeschwerden etwa gegen mietrechtliche[139] oder ausländerrechtliche Entscheidungen[140], ob diese von Fachgerichten des Landes Berlin getroffenen Entscheidungen Verstöße gegen „inhaltsgleiche" Landesgrundrechte, wie etwa die Grundrechte auf Eigentum (Art. 23 Abs. 1 Satz 1 Verf. Berlin [1995]), auf Schutz von Ehe und Familie (Art. 12 Abs. 1 Verf. Berlin [1995]) oder auf Freizügigkeit (Art. 17 Verf. Berlin [1995]), enthalten. Diese Verfahrensweise dient nicht nur dem Schutz der in der Verfassung von 1995 enthaltenen Grundrechte, sondern führt zwangsläufig auch zu einer erheblichen Arbeitsbelastung des Verfassungsgerichtshofs, dessen Mitglieder ehrenamtlich tätig sind[141]. Seit vielen Jahren verzeichnet der Berliner Verfassungsgerichtshof unter den Landesverfassungsgerichten die mit Abstand meisten Verfahrenseingänge[142]. Seit der Arbeitsaufnahme dieses Gerichts nach der am 26. März 1992 erfolgten Wahl der ersten neun Mitglieder[143] bis zum Jahresende 2014 und damit in einem Zeitraum von knapp 23 Jahren erledigte der Verfassungsgerichtshof 3 833 Verfahren, von denen ca. 98 v.H. Verfassungsbeschwerden waren. Die Erfolgsquote liegt bei etwa 4,5 v.H. aller Verfahren und damit nicht unerheblich über derjenigen des Bundesverfassungsgerichts: Dort waren von den allein im Jahre 2015 insgesamt 5 884 entschiedenen Verfassungsbeschwerden nur 111 und damit 1,89 v.H. erfolgreich; schon seit einigen Jahren bewegt sich der Anteil der stattgegebenen an den entschiedenen Verfassungsbeschwerden pro Jahr beim Bundesverfassungsgericht ungefähr in diesem Bereich[144]. In Berlin gilt im übrigen für die Landesverfassungsbeschwerde folgende Subsidiarität[145] ge-

---

137 *K. Lange*, Das Bundesverfassungsgericht und die Landesverfassungsgerichte (LitVerz.), S. 289 (300).
138 S. etwa *VerfGH Berlin LVerfGE 9*, 45 (48 f.); *11*, 80 (86 ff.); NVwZ-RR 2001, S. 60; NVwZ-RR 2001, S. 687; NZM 2001, S. 746; *LVerfGE 13*, 42 (50 f.); *14*, 74 (78 f.). Zur uneinheitlichen Prüfungspraxis von Landesverfassungsgerichten → Bd. III: *Sodan*, § 84 RN 62 f.
139 Vgl. *VerfGH Berlin LVerfGE 11*, 80 (86 f.); NZM 2001, S. 746; *LVerfGE 13*, 42 (50 f.).
140 Vgl. *VerfGH Berlin LVerfGE 9*, 70 (77 f.); NVwZ-RR 2001, S. 60; NVwZ-RR 2001, S. 687; *LVerfGE 14*, 19 (23).
141 Zur Ehrenamtlichkeit → Bd. III: *Sodan*, § 84 RN 12.
142 Vgl. dazu *Sodan*, Die Individualverfassungsbeschwerde in der Landesverfassungsgerichtsbarkeit, NdsVBl. 2005, Sonderheft zum 50-jährigen Bestehen des Niedersächsischen Staatsgerichtshofs, S. 32 (35).
143 S. A II 3, RN 14.
144 http://www.bundesverfassungsgericht.de/DE/Verfahren/Jahresstatistiken/2015/gb2015/A-IV-2.html (zuletzt aufgerufen am 19. 6. 2016).
145 → Bd. III: *Sodan*, § 84 RN 70.

genüber der Verfassungsbeschwerde zum Bundesverfassungsgericht: Nach Art. 84 Abs. 2 Nr. 4 Verf. Berlin (1995) und § 49 Abs. 1 VerfGHG Berlin ist die Verfassungsbeschwerde nur zulässig, soweit nicht Verfassungsbeschwerde zum Bundesverfassungsgericht erhoben ist oder wird. Der Berliner Verfassungsgerichtshof hat demgemäß nicht nur die gleichzeitige, sondern auch die spätere Erhebung einer Bundesverfassungsbeschwerde als absolutes Zulässigkeitshindernis für eine Landesverfassungsbeschwerde gewertet[146]. Dem Beschwerdeführer steht also lediglich ein endgültiges Wahlrecht zwischen Bundes- und Landesverfassungsbeschwerde offen. Das Bundesverfassungsgericht hat diese Rechtsprechung bestätigt[147]. Von den Verfassungsbeschwerden, die beim Berliner Verfassungsgerichtshof bislang eingingen, richteten sich die allermeisten gegen fachgerichtliche Entscheidungen. Insoweit zieht der Verfassungsgerichtshof für seine Prüfungsbefugnis enge Grenzen: Die Gestaltung des Verfahrens, Feststellung und Würdigung des Tatbestands, Auslegung des „einfachen" Rechts und seine Anwendung auf den konkreten Fall obliegen den dafür zuständigen Fachgerichten und sind der Nachprüfung durch den Verfassungsgerichtshof prinzipiell entzogen; der Prüfungsmaßstab beschränkt sich hier vielmehr auf die Frage, ob die jeweilige fachgerichtliche Entscheidung Fehler aufweist, die auf einer Verkennung der Bedeutung eines Grundrechts oder auf einer grundsätzlich unrichtigen Anwendung von Grundrechten beruhen[148].

Prüfungsabgrenzung gegen Fachgerichtsbarkeiten

II. Grundsätzliche Anwendbarkeit allgemeiner Grundrechtslehren

Allgemeine Grundrechtslehren, die insbesondere in bezug auf das Grundgesetz Anerkennung gefunden haben[149], können grundsätzlich auf die in der Verfassung von Berlin (1995) enthaltenen Grundrechtsvorschriften angewendet werden[150]. Eine geradezu überragende Bedeutung kommt insoweit in der Berliner Verfassungsrechtsprechung – ebenso wie in der Judikatur des Bundesverfassungsgerichts – dem Grundsatz der Verhältnismäßigkeit[151] zu, der zwar in der Verfassung von Berlin (1995) ebensowenig wie im Grundgesetz eine ausdrückliche Erwähnung gefunden hat, dessen Existenz jedoch allgemein anerkannt ist[152]. Art. 36 Abs. 2 Verf. Berlin (1995) bestimmt, daß Einschränkungen der Grundrechte durch Gesetz nur insoweit zulässig sind, „als sie nicht den Grundgedanken dieser Rechte verletzen". Der Sache nach entspricht diese Vorschrift dem Art. 19 Abs. 2 GG, wonach in keinem Falle ein Grundrecht in seinem Wesensgehalt angetastet werden darf[153]. Art. 36 Abs. 2

26
Übermaßverbot, Wesensgehaltsgarantie, Grundrechtsnormativität

Wesensgehaltsgarantie

---

146 S. etwa *VerfGH Berlin LVerfGE 1*, 152 (154); *2*, 14 (15); *10*, 96. Vgl. auch *VerfG Brandenburg LVerfGE 10*, 258 (259).
147 *BVerfG* (Kammer) NJW 1996, S. 1464.
148 S. etwa *VerfGH Berlin LVerfGE 1*, 7 (8f.); *5*, 10 (12); B. v. 5. 3. 2004 (VerfGH 30/02), juris, RN 7; NJW 2006, S. 1416; B. v. 25. 4. 2006 (VerfGH 113/02), juris, RN 30.
149 S. zu einer kompakten Übersicht *Sodan*, GG (LitVerz.), Vorb. Art. 1.
150 *Waldhoff*, in: Siegel/ders. (LitVerz.), § 1 RN 46.
151 → Bd. III: *Merten*, Verhältnismäßigkeitsgrundsatz, § 68.
152 S. zum Verhältnismäßigkeitsprinzip als allgemeinem Rechtsgrundsatz → Bd. III: *Merten*, § 68 RN 25.
153 → Bd. III: *Leisner-Egensperger*, Wesensgehaltsgarantie, § 70.

Verf. Berlin (1995) enthält eine sogenannte „Schranken-Schranke"[154] und nicht einen allgemeinen Gesetzesvorbehalt für alle Grundrechte[155]. Nach Art. 36 Abs. 1 Verf. Berlin (1995) sind die durch diese Verfassung gewährleisteten Grundrechte „für Gesetzgebung, Verwaltung und Rechtsprechung verbindlich". Diese Norm, welche dem Art. 1 Abs. 3 GG entspricht, ist eine Vorschrift objektiven Rechts, auf die sich eine Verfassungsbeschwerde nicht stützen läßt[156], und eine Ausprägung des Rechtsstaatsprinzips[157].

27
Zur Geltung eines Parlamentsvorbehalts

Zu den vom Gesetzgeber im Hinblick auf Grundrechtseingriffe zu beachtenden „Schranken-Schranken" gehört auch der sogenannte Parlamentsvorbehalt[158]. Nach ständiger Rechtsprechung des Bundesverfassungsgerichts folgt aus den Staatsstrukturprinzipien von Demokratie und Rechtsstaat, daß der parlamentarische Gesetzgeber die „grundlegenden"[159], „wesentlichen Entscheidungen"[160] selbst treffen muß und diese nicht der Exekutive überlassen darf. Dem vom Parlament beschlossenen Gesetz kommt nämlich „gegenüber dem bloßen Verwaltungshandeln die unmittelbarere demokratische Legitimation zu, und das parlamentarische Verfahren gewährleistet ein höheres Maß an Öffentlichkeit der Auseinandersetzung und Entscheidungssuche und damit auch größere Möglichkeiten eines Ausgleichs widerstreitender Interessen"[161].

Kompetenzordnung und Funktionentrennung

Das Rechtsstaatsprinzip fordert, „die öffentliche Gewalt in allen ihren Äußerungen auch durch klare Kompetenzordnung und Funktionentrennung rechtlich zu binden, so daß Machtmißbrauch verhütet und die Freiheit des Einzelnen gewahrt wird"[162]. „Die Bindung der vollziehenden Gewalt und der Rechtsprechung an Gesetz und Recht, der Vorrang des Gesetzes also, würden ihren Sinn verlieren, wenn nicht schon die Verfassung selbst verlangen würde, daß staatliches Handeln in bestimmten grundlegenden Bereichen nur Rechtens ist, wenn es durch das förmliche Gesetz legitimiert wird"[163]. Die damit begründete sogenannte *Wesentlichkeitstheorie* hat das Bundesverfassungsgericht in zahlreichen Entscheidungen konkretisiert. Es hielt zur Bestimmung des „Wesentlichen" ein Vorgehen „mit großer Behutsamkeit" für geboten und sprach von den „Gefahren einer zu weitgehenden Vergesetzlichung"; im „grundrechtsrelevanten Bereich bedeutet [...] ‚wesentlich' in der Regel ‚wesentlich für die Verwirklichung der Grundrechte'"[164]. Zwar hat der Verfassungsgerichtshof des Landes Berlin entschieden, daß das Abgeordnetenhaus von Berlin „kein generelles Mitwirkungsrecht bei grundlegenden Entscheidungen der Regierung" besitze und ein so weit verstandener „allgemeiner

Wesentlichkeit zur Grundrechtsverwirklichung

---

154 S. zu diesem Begriff etwa *H. Dreier*, GG (LitVerz.), Vorb. Art. 1 RN 144; *Sodan*, GG (LitVerz.), Vorb. Art. 1 RN 54.
155 *Driehaus* (LitVerz.), Art. 36 RN 4; *Stöhr*, in: Pfennig/Neumann (LitVerz.), Art. 36 RN 5.
156 *VerfGH Berlin LVerfGE 8*, 62 (68); B. v. 9. 5. 2003 (VerfGH 140/00), juris, RN 24.
157 *VerfGH Berlin LVerfGE 20*, 23 (39f.).
158 *Sodan*, GG (LitVerz.), Vorb. Art. 1 RN 55 ff.
159 *BVerfGE 33*, 303 (346).
160 *BVerfGE 45*, 400 (417f.); *47*, 46 (78f.); *49*, 89 (126f.); *58*, 257 (268f.); *82*, 209 (224); *98*, 218 (251).
161 *BVerfGE 40*, 237 (249).
162 *BVerfGE 33*, 125 (158).
163 *BVerfGE 40*, 237 (248f.).
164 *BVerfGE 47*, 46 (79); vgl. etwa auch *E 57*, 295 (321); *98*, 218 (251).

Parlamentsvorbehalt" der Verfassung von Berlin nicht entnommen werden könne[165]. Auch im Land Berlin muß aber ein Parlamentsvorbehalt im Sinne der vom Bundesverfassungsgericht entwickelten Wesentlichkeitstheorie gelten. Dies ergibt sich bereits aus deren Herleitung und damit aus den Staatsstrukturprinzipien von Demokratie und Rechtsstaat; nach Art. 28 Abs. 1 Satz 1 GG muß die verfassungsmäßige Ordnung in den Ländern den Grundsätzen des demokratischen Rechtsstaats im Sinne des Grundgesetzes entsprechen. Folgerichtig hat das Bundesverfassungsgericht den Parlamentsvorbehalt auch auf *landes*rechtliche Regelungen angewandt[166]. Nach der Rechtsprechung des Verfassungsgerichtshofs enthält Art. 59 Abs. 1 Verf. Berlin (1995), wonach die für alle verbindlichen Gebote und Verbote auf Gesetz beruhen müssen, „für den Bereich der Verfassung von Berlin den vom Bundesverfassungsgericht für den Bereich des Grundgesetzes [...] entwickelten und von ihm zuweilen als ‚Wesentlichkeitstheorie' bezeichneten Grundsatz, daß im Verhältnis zwischen Staat und Bürger alle wesentlichen Entscheidungen vom Gesetzgeber, also normativ, zu treffen sind"[167].

Auffällig ist hier im übrigen, daß einige Bestimmungen des Grundgesetzes in der Verfassung von Berlin (1995) keine ausdrücklichen Entsprechungen haben. Dies gilt für das in Art. 19 Abs. 1 Satz 1 GG verankerte Verbot des grundrechtseinschränkenden Einzelfallgesetzes[168] ebenso wie für das in Art. 19 Abs. 1 Satz 2 GG enthaltene Zitiergebot[169] und die in Art. 19 Abs. 3 GG geregelte Geltung der Grundrechte für inländische juristische Personen[170]. Jedenfalls für das Verbot des grundrechtseinschränkenden Einzelfallgesetzes und die Grundrechtsgeltung für juristische Personen dürfte davon auszugehen sein, daß das Abgeordnetenhaus von Berlin diese als Gegenstände allgemein anerkannter Grundrechtsdogmatik in die Verfassung von 1995 „stillschweigend inkorporiert hat"[171]. Ganz auf der Linie der vom Bundesverfassungsgericht zu Art. 19 Abs. 3 GG entwickelten Grundsätze[172] stellte der Verfassungsgerichtshof des Landes Berlin fest, daß juristische Personen des öffentlichen Rechts grundsätzlich nicht Trägerinnen von *materiellen* Grundrechten sein können; eine „Ausnahme von diesem Grundsatz gilt, wenn die juristische Person des öffentlichen Rechts solche Aufgaben wahrnimmt, die ihrerseits unmittelbar Grundrechtsschutz genießen, wie dies für Universitäten hinsichtlich der Freiheit von Forschung und Lehre der Fall ist"[173]. Die in Art. 21 Satz 1 Verf. Berlin (1995) garantierte Wissenschaftsfreiheit begründet

28
Lücken
im Vergleich zum
Grundgesetz

Stillschweigende
Inkorporationen

Hochschul-
autonomie

---
165 *VerfGH Berlin LVerfGE 10*, 96 (108); vgl. auch bereits *LVerfGE 1*, 131 (136f.).
166 S. etwa *BVerfGE 58*, 257 (268ff., 279ff.).
167 *VerfGH Berlin LVerfGE 10*, 96 (107); ebenso bereits zu Art. 45 Abs. 1 Verf. Berlin (1950) *VerfGH Berlin LVerfGE 1*, 131 (136). Vgl. ferner *LVerfGE 25*, 115 (129); *Michaelis-Merzbach*, in: Driehaus (LitVerz.), Art. 59 RN 1.
168 → Bd. III: *Lege*, Verbot des Einzelfallgesetzes, § 66.
169 → Bd. III: *Axer*, Zitiergebot, § 67.
170 → Bd. II: *Tettinger*, Juristische Personen des Privatrechts als Grundrechtsträger, § 51, und *Schnapp*, Zur Grundrechtsberechtigung juristischer Personen des öffentlichen Rechts, § 52.
171 *Waldhoff*, in: Siegel/ders. (LitVerz.), § 1 RN 46.
172 S. dazu etwa *Sodan*, GG (LitVerz.), Art. 19 RN 22ff.
173 *VerfGH Berlin LVerfGE 11*, 92 (94); vgl. ferner *VerfGH Berlin LVerfGE 3*, 47 (48f.); NVwZ 2000, S. 549.

§ 247 *Sechzehnter Teil: III. Die Grundrechte in den Landesverfassungen*

„ein Recht der wissenschaftlichen Hochschulen auf Selbstverwaltung in dem auf Wissenschaft, Forschung und Lehre unmittelbar bezogenen Bereich und enthält zugleich eine das Verhältnis der Wissenschaft zum Staat regelnde wertentscheidende Grundsatznorm"[174]. In mehreren Beschlüssen stellte der Verfassungsgerichtshof fest, daß eine städtische Wohnungsbaugesellschaft, in der das Land Berlin aufgrund der Beteiligungsverhältnisse eine beherrschende Stellung einnimmt, nicht Trägerin des Grundrechts der Eigentumsfreiheit aus Art. 23 Abs. 1 Verf. Berlin (1995) ist[175].

III. Mit Bundesgrundrechten übereinstimmende Landesgrundrechte in der Verfassung von Berlin (1995)

29
Verschiedene Arten von Grundrechten

Innerhalb der in der Verfassung von 1995 gewährleisteten Grundrechte, die im Sinne von Art. 142 GG mit Grundrechten oder grundrechtsgleichen Rechten des Grundgesetzes übereinstimmen, lassen sich verschiedene Gruppen unterscheiden. Teilweise stimmen Grundrechtsvorschriften der Verfassung von Berlin (1995) wörtlich mit Normen des Grundgesetzes überein. Teilweise sind die Formulierungen (sehr) ähnlich. Gelegentlich finden sich Garantien von Rechten, die zwar nicht im Grundgesetz ausdrücklich genannt sind, vom Bundesverfassungsgericht aber aus Grundrechten des Grundgesetzes hergeleitet wurden. Soweit sich im folgenden eine Inhaltsgleichheit mit Bundesgrundrechten feststellen läßt, wird zur Vermeidung von Wiederholungen auf die in diesem Handbuch enthaltenen umfangreichen Darstellungen der betreffenden Einzelgrundrechte, welche vor allem *grundgesetzliche* Normen zum Gegenstand haben, bezug genommen[176]. Wie ernst der Verfassungsgerichtshof des Landes Berlin seine bei der Auslegung und Anwendung inhaltsgleicher Grundrechte bestehende Bindung an die Rechtsprechung des Bundesverfassungsgerichts[177] nimmt, belegen in seiner Judikatur zahlreiche Hinweise auf einschlägige Entscheidungen des Bundesverfassungsgerichts. Nachfolgend werden daher zur Erläuterung der mit Bundesgrundrechten übereinstimmenden Landesgrundrechte nur ausgewählte Entscheidungen des Verfassungsgerichtshofs herangezogen. Die Reihenfolge der erörterten Normen aus der Verfassung von Berlin (1995) entspricht derjenigen, die das Abgeordnetenhaus von Berlin für diese Landesverfassung gewählt hat.

Starke VerfGH-Bindung an die BVerfG-Rechtsprechung

1. *Textidentität von Grundrechtsvorschriften*

30
Grund für die wörtliche Übernahme

In der Verfassung von Berlin (1995) befinden sich einige Grundrechtsbestimmungen, die mit Normen des Grundgesetzes wörtlich übereinstimmen. Ein wesentlicher Grund für die Übernahme grundgesetzlicher Vorschriften dürfte

---
174 *VerfGH Berlin LVerfGE 15*, 34 (47); vgl. auch *LVerfGE 5*, 37 (44); 7, 3 (9); LKV 2001, S. 268 (269). S. zur Wissenschaftsfreiheit näher unten B III 1 n, RN 51.
175 *VerfGH Berlin*, Beschlüsse jeweils v. 14. 2. 2005 (VerfGH 77/03), DÖV 2005, S. 515 ff.; VerfGH 79/03; 154/03; 156/03; 209/03; 19/04, juris, RN 19. S. zur Eigentumsfreiheit näher B III 2 h, RN 65–67.
176 → Bd. IV und V.
177 Vgl. *BVerfGE 96*, 345 (375).

„die Absicht sein, die hohe Bedeutung dieser Grundrechte zu betonen und zu verdeutlichen, daß sich das Land von sich aus zu ihnen bekennt. Vielleicht kommt diese Absicht in der Aufnahme einzelner auch im Grundgesetz verankerter Grundrechte in eine Landesverfassung noch besser zum Ausdruck als durch eine umfassende Inkorporation"[178].

a) Schutz der Menschenwürde

Während sich im Text der Verf. Berlin (1950) jedenfalls keine ausdrückliche Menschenwürdegarantie befand[179], erklärt Art. 6 Verf. Berlin (1995) in wörtlicher Übereinstimmung mit Art. 1 Abs. 1 GG die Menschenwürde[180] für unantastbar, die zu achten und zu schützen Verpflichtung aller staatlichen Gewalt ist. Ein – sich auf den Inhalt des Art. 6 Verf. Berlin (1995) allerdings nicht auswirkender – Unterschied besteht zwischen Bundes- und Landesverfassung nur insoweit, als die Verfassung von 1995 im Gegensatz zu Art. 79 Abs. 3 GG für den Schutz der Menschenwürde keine Unabänderlichkeitserklärung (sogenannte Ewigkeitsgarantie) enthält[181]. In Übernahme der vom Bundesverfassungsgericht in ständiger Rechtsprechung vertretenen sogenannten Objektformel[182] sieht der Verfassungsgerichtshof des Landes Berlin die Menschenwürde als verletzt an, „wenn der Mensch durch hoheitliche Maßnahmen zum bloßen Objekt von Strafverfahren und Untersuchungshaft gemacht wird"; dies „gilt auch gegenüber einem Straftäter, der schwerwiegende Taten begangen hat"[183]. Die Strafverfolgung eines Beschuldigten in hohem Lebensalter bei gegebener Verhandlungsfähigkeit verstößt jedoch nicht gegen die Menschenwürde[184]. Die Ablehnung, einen transsexuellen Untersuchungsgefangenen, der noch nicht als Frau anerkannt ist, in eine Untersuchungshaftanstalt für Frauen zu verlegen, verletzt nicht die Menschenwürde, wenn der Vollzug der Untersuchungshaft in einer Männeranstalt auf die Transsexualität des Untersuchungsgefangenen Rücksicht nimmt[185]. Zur Wahrung der Menschenwürde dürfen angesichts der besonderen Verantwortung des Staates für Strafgefangene bestimmte Mindeststandards der Haftbedingungen auch bei einer Verschlechterung der wirtschaftlichen Verhältnisse nicht unterschritten werden; der Verfassungsgerichtshof bejahte einen Verstoß gegen die Menschenwürdegarantie im Falle der Unterbringung eines Gefangenen für einen Zeitraum von knapp drei Monaten in einem Einzelhaftraum von 5,25 m² mit räumlich nicht abgetrennter Toilette bei einer zeitweisen Verschlußdauer zwischen 15 und fast 21 Stunden[186]. Art. 6 Verf. Berlin (1995) gebietet nicht, den

31
Übernahme der Objektformel

---

178 → Bd. III: *Lange*, Grundrechtliche Besonderheiten in den Landesverfassungen, § 83 RN 11.
179 Zur Problematik, insbesondere zum Honecker-Beschluß des VerfGH Berlin oben A II 4, RN 15, 17.
180 → Bd. IV: *Isensee*, Würde des Menschen, § 87.
181 *Driehaus* (LitVerz.), Art. 6 RN 2.
182 S. aus jüngerer Zeit etwa *BVerfGE 109*, 133 (149 f.); *116*, 69 (85 f.); *117*, 71 (89); *131*, 268 (286).
183 *VerfGH Berlin LVerfGE 13*, 61 (68).
184 Vgl. *VerfGH Berlin LVerfGE 1*, 169 (191) noch zur Zeit der Geltung der Verf. Berlin (1950).
185 *VerfGH Berlin LVerfGE 13*, 61 (68 f.).
186 *VerfGH Berlin LVerfGE 20*, 70 (77 ff.).

weiteren illegalen Aufenthalt eines vollziehbar ausreisepflichtigen Ausländers in Deutschland durch staatliche Leistungen zu ermöglichen und zu fördern[187].

b) Recht auf freie Entfaltung der Persönlichkeit

32
Allgemeine Handlungsfreiheit

In wörtlicher Übereinstimmung mit Art. 2 Abs. 1 GG regelt Art. 7 Verf. Berlin (1995), daß jeder das Recht auf freie Entfaltung der Persönlichkeit hat, soweit er nicht die Rechte anderer verletzt und nicht gegen die verfassungsmäßige Ordnung oder das Sittengesetz verstößt. Ein – nicht ins Gewicht fallender – Textunterschied besteht lediglich darin, daß Art. 7 Verf. Berlin (1995) vor „freie Entfaltung der Persönlichkeit" nicht den in Art. 2 Abs. 1 GG genannten Artikel „die" enthält. Ebenso wie diese grundgesetzliche Norm[188] gewährleistet Art. 7 Verf. Berlin (1995) die allgemeine Handlungsfreiheit „im umfassenden Sinne"[189]. „Geschützt ist jede Form menschlichen Handelns ohne Rücksicht darauf, welches Gewicht der Betätigung für die Entfaltung der Persönlichkeit zukommt"[190].

Auffanggrundrecht

Infolge der Funktion als Auffanggrundrecht[191] kommt ein Verstoß gegen die allgemeine Handlungsfreiheit „nur in Betracht, wenn der beanstandete Akt der öffentlichen Gewalt nicht in den Schutzbereich eines anderen Grundrechts eingreift"[192]. Die grundrechtliche Garantie effektiven Rechtsschutzes leitet der Verfassungsgerichtshof des Landes Berlin für *zivil*prozessuale Verfahren nicht aus der Rechtsweggarantie des Art. 15 Abs. 4 Verf. Berlin (1995)[193], sondern aus der allgemeinen Handlungsfreiheit in Verbindung mit dem Rechtsstaatsprinzip her[194]. Von den drei in Art. 7 Verf. Berlin (1995) genannten Schranken steht in der Verfassungspraxis – ebenso wie im Falle von Art. 2 Abs. 1 GG[195] – eindeutig die verfassungsmäßige Ordnung

Verfassungsmäßige Ordnung

im Vordergrund. Darunter ist „die Gesamtheit der Normen zu verstehen, die formell und materiell verfassungsmäßig sind, das heißt den Anforderungen der Bundes- und der Landesverfassung einschließlich ihrer Kompetenznormen genügen"[196]. Als Bestandteile der verfassungsmäßigen Ordnung erkannte der Verfassungsgerichtshof des Landes Berlin etwa an: die Vorschriften des Gesetzes über Fachanwaltsbezeichnungen[197], Bestimmungen der seinerzeitigen Verordnung über das Halten von Hunden in Berlin[198] und diejenigen Regelungen des Berliner Ladenöffnungsgesetzes, welche die Laden-

---

187 *VerfGH Berlin*, B. v. 25. 1. 2001 (VerfGH 148/00).
188 → Bd. V: *Kahl*, Die allgemeine Handlungsfreiheit, § 124.
189 *VerfGH Berlin LVerfGE 12*, 40 (69); B. v. 5. 3. 2004 (VerfGH 30/02), juris, RN 7; vgl. ferner etwa *VerfGH Berlin LVerfGE 23*, 40 (49).
190 *VerfGH Berlin LVerfGE 19*, 3 (9), unter Bezugnahme auf *BVerfGE 54*, 143 (146) zu Art. 2 Abs. 1 GG.
191 Vgl. zu dieser Funktion des Art. 2 Abs. 1 GG etwa *BVerfGE 6*, 32 (37); *77*, 84 (118); *83*, 182 (194); *89*, 1 (13).
192 *VerfGH Berlin*, B. v. 13. 12. 2001 (VerfGH 138/01); B. v. 16. 5. 2002 (VerfGH 134/01), juris, RN 36; *LVerfGE 15*, 66 (74).
193 S. dazu näher näher B III 1 l, RN 47 f.
194 *VerfGH Berlin LVerfGE 21*, 43 (52 f.).
195 *Sodan*, GG (LitVerz.), Art. 2 RN 12 ff.
196 *VerfGH Berlin LVerfGE 19*, 3 (9); vgl. ferner *E 23*, 40 (49).
197 *VerfGH Berlin NVwZ 2001*, S. 910 (911).
198 *VerfGH Berlin LVerfGE 12*, 40 (69 ff.).

öffnungszeiten an Wochenenden und Feiertagen beschränken[199]. Als vereinbar mit Art. 7 Verf. Berlin (1995) in Verbindung mit dem Grundsatz der Verhältnismäßigkeit bezeichnete der Verfassungsgerichtshof ferner die in der verwaltungsgerichtlichen Judikatur vertretene Auffassung, ein Verkehrsteilnehmer könne jedenfalls nach Ablauf von drei Tagen nicht mehr darauf vertrauen, daß ein zunächst ordnungsgemäßes Parken auf öffentlichem Straßenland auch weiterhin erlaubt sein werde, mit der Folge, daß er zu Gebühren für eine danach erfolgte Umsetzung eines Kraftfahrzeugs herangezogen werden könne[200].

Verhältnismäßigkeit

Das Bundesverfassungsgericht hat aus Art. 2 Abs. 1 GG das „Recht auf freie Verteidigerwahl" hergeleitet[201]. Dieser Einzelausprägung der allgemeinen Handlungsfreiheit ersichtlich nachgebildet findet sich in Art. 9 Abs. 1 Verf. Berlin (1995) eine spezielle landesverfassungsrechtliche Gewährleistung: Danach kann sich ein Beschuldigter in jeder Lage des Verfahrens des Beistandes eines Verteidigers bedienen. „Zur Sicherung der Verteidigung als Grundvoraussetzung eines fairen Verfahrens" ist also das Recht geschützt, „einen Verteidiger eigener Wahl zu beauftragen, und, unter bestimmten Voraussetzungen, das Recht auf unentgeltliche Beiordnung eines Pflichtverteidigers"[202]. Auf der einfachgesetzlichen Ebene entspricht § 137 Abs. 1 Satz 1 StPO dem Art. 9 Abs. 1 Verf. Berlin (1995).

33
Recht auf freie Wahl eines Verteidigers

Nach der Rechtsprechung des Bundesverfassungsgerichts ist die Unschuldsvermutung „eine besondere Ausprägung des Rechtsstaatsprinzips", deren Verletzung zugleich gegen das Grundrecht des Betroffenen aus Art. 2 Abs. 1 GG verstößt[203]. Sie ist wegen Art. 6 Abs. 2 EMRK, dem zufolge jede Person, die einer Straftat angeklagt ist, bis zum gerichtlichen Beweis ihrer Schuld als unschuldig gilt, auch „Bestandteil des positiven Rechts der Bundesrepublik Deutschland im Range eines Bundesgesetzes"[204]. Als spezielle landesverfassungsrechtliche Norm bestimmt Art. 9 Abs. 2 Verf. Berlin (1995), daß ein Beschuldigter nicht als schuldig gilt, solange er nicht von einem Gericht verurteilt ist. Diese Unschuldsvermutung gilt nicht nur im strafprozessualen Hauptverfahren, sondern auch für Entscheidungen im Vollstreckungsverfahren[205]. Sie enthält jedoch keine Gebote oder Verbote, die in allen Einzelheiten bestimmt sind; ihre Auswirkungen auf das Verfahrensrecht bedürfen vielmehr entsprechend den sachlichen Gegebenheiten der Konkretisierung durch den Gesetzgeber[206]. Für den Widerruf einer Strafaussetzung zur Bewährung fordert die Unschuldsvermutung aber regelmäßig, daß der Täter wegen einer neuen Straftat von einem Gericht jedenfalls in erster Instanz verurteilt

34
Unschuldsvermutung

Konkretisierung durch den Gesetzgeber

---

199 *VerfGH Berlin LVerfGE 19*, 3 (9ff.).
200 *VerfGH Berlin*, B. v. 5. 3. 2004 (VerfGH 30/02), Ls., juris.
201 *BVerfGE 45*, 272 (295).
202 *VerfGH Berlin LVerfGE 9*, 41 (44).
203 *BVerfGE 74*, 358 (369ff.); *82*, 106 (114f.).
204 *BVerfGE 74*, 358 (370); *82*, 106 (114).
205 *VerfGH Berlin LVerfGE 24*, 3 (7).
206 *VerfGH Berlin*, B. v. 14. 11. 2003 (VerfGH 88/02), juris, RN 22; *LVerfGE 24*, 3 (7); jeweils im Anschluß an *BVerfGE 74*, 358 (371f.); *82*, 106 (115).

wurde[207]. Die Unschuldsvermutung wird verletzt, sofern ein Strafgericht nach Einstellung des Strafverfahrens gemäß § 153a StPO von der Entscheidung über einen Adhäsionsantrag absieht und die gerichtlichen Auslagen des Adhäsionsverfahrens sowie die Auslagen des Geschädigten nach § 472a Abs. 2 StPO wegen einer sehr hohen Wahrscheinlichkeit für die Verurteilung im Strafverfahren dem Angeklagten auferlegt[208].

35
Allgemeines Persönlichkeitsrecht

Durch Art. 7 in Verbindung mit Art. 6 Verf. Berlin (1995) wird – ebenso wie durch Art. 2 Abs. 1 in Verbindung mit Art. 1 Abs. 1 GG[209] – das allgemeine Persönlichkeitsrecht gewährleistet. Dieses Grundrecht schützt „Elemente der Persönlichkeit, die nicht Gegenstand besonderer Freiheitsgarantien sind, aber diesen in ihrer konstituierenden Bedeutung für die Persönlichkeit nicht nachstehen"[210]. Es umfaßt „auch den Schutz vor Äußerungen, die geeignet sind, sich abträglich auf das Bild der Persönlichkeit in der Öffentlichkeit auszuwirken"[211]. Daraus folgt zugleich eine „Pflicht des Staates, den Einzelnen wirksam gegen Einwirkungen der Medien auf seine Individualsphäre zu schützen", so daß der durch einen Bericht in den Medien Betroffene ein

Schutzpflicht gegenüber Minderjährigen

Recht zur Gegendarstellung haben muß[212]. Sofern Kinder oder Jugendliche an zivilrechtlichen Streitigkeiten beteiligt sind, müssen die ordentlichen Gerichte der sich aus dem allgemeinen Persönlichkeitsrecht ergebenden staatlichen Schutzpflicht Rechnung tragen und berücksichtigen, daß eine unbegrenzte Haftung Minderjähriger auf verfassungsrechtliche Bedenken stößt[213]. Der Verfassungsgerichtshof des Landes Berlin sah in einem Beschluß des Landesarbeitsgerichts Berlin, der einen Prozeßkostenhilfeantrag als „unverschämt" bezeichnete, keine Verletzung des durch das allgemeine Persönlichkeitsrecht geschützten Rechts der persönlichen Ehre; das Fachgericht habe damit zwar nicht dem Gebot der Sachlichkeit entsprochen, aber nicht zu erkennen gegeben, daß es die Beschwerdeführerin als Staatsbürgerin „2. Klasse" ansehe, deren Anliegen nicht geprüft werde[214].

36
Recht auf informationelle Selbstbestimmung

Das Bundesverfassungsgericht leitet in ständiger Rechtsprechung aus dem allgemeinen Persönlichkeitsrecht das Recht auf informationelle Selbstbestimmung her: Danach kann der Betroffene grundsätzlich selbst entscheiden, ob, wann und wie persönliche Lebenssachverhalte offenbart werden[215]. Dieser Judikatur ersichtlich nachgebildet ist in Art. 33 Verf. Berlin (1995) eine spezielle landesverfassungsrechtliche Gewährleistung: Danach ist das Recht des

---

207 *VerfGH Berlin* LVerfGE 24, 3 (7 f.), im Anschluß an *BVerfGK 14*, 144 (147).
208 *VerfGH Berlin* NJW 2014, S. 3358 ff.
209 S. dazu *Sodan*, GG (LitVerz.), Art. 2 RN 5 ff.
210 *VerfGH Berlin*, B. v. 7.12.2004 (VerfGH 163/04, 163 A/04), juris, RN 32, im Anschluß an *BVerfGE 54*, 148 (153); *99*, 185 (193).
211 *VerfGH Berlin*, B. v. 7.12.2004 (VerfGH 163/04, 163 A/04), juris, RN 32, im Anschluß an *BVerfGE 99*, 185 (193).
212 *VerfGH Berlin*, B. v. 7.12.2004 (VerfGH 163/04, 163 A/04), juris, RN 33, im Anschluß an *BVerfGE 63*, 131 (142 f.); *73*, 118 (201).
213 *VerfGH Berlin* LVerfGE 20, 81 (88).
214 *VerfGH Berlin*, B. v. 19.9.2005 (VerfGH 115/02, 148/02), juris, RN 34.
215 *BVerfGE 65*, 1 (41 f.); *113*, 29 (46); *115*, 320 (341); *117*, 202 (228); *118*, 168 (184); *120*, 351 (359 ff.); *120*, 378 (397 ff.); *128*, 1 (42).

einzelnen geschützt, grundsätzlich selbst über die Preisgabe und Verwendung seiner persönlichen Daten zu bestimmen; Einschränkungen dieses Rechts bedürfen eines Gesetzes und sind nur im überwiegenden Allgemeininteresse zulässig. Damit entspricht diese Vorschrift dem grundgesetzlich garantierten Recht auf informationelle Selbstbestimmung[216]. Einen Eingriff in den absolut geschützten Kernbereich der Persönlichkeit, bei dem eine Abwägung nach Maßgabe des Grundsatzes der Verhältnismäßigkeit nicht stattfindet, verneinte der Verfassungsgerichtshof des Landes Berlin in bezug auf die Regelung einer sogenannten DNA-Identitätsfeststellung in künftigen Strafverfahren („genetischer Fingerabdruck"); wegen der Vorgaben des § 81g Abs. 2 StPO werde ein Persönlichkeitsprofil nicht ermöglicht[217]. *Kernbereichseingriff*

c) Recht auf Leben und körperliche Unversehrtheit

In wörtlicher Übereinstimmung mit Art. 2 Abs. 2 Satz 1 sowie Art. 3 GG[218] und damit inhaltsgleich[219] bestimmen die Sätze 1 und 3 in Art. 8 Abs. 1 Verf. Berlin (1995), daß jeder das Recht auf Leben und körperliche Unversehrtheit hat und in diese Rechte nur auf Grund eines Gesetzes eingegriffen werden darf. Schutz besteht danach nicht nur gegen unmittelbare körperliche Beeinträchtigungen, sondern auch gegen nichtkörperliche Einwirkungen, die ihrer Wirkung nach körperlichen Eingriffen gleichzusetzen sind[220]. Das Recht auf Leben und körperliche Unversehrtheit erschöpft sich nicht lediglich in einem subjektiven Abwehrrecht gegen staatliche Eingriffe[221]. Im Anschluß an die ständige Rechtsprechung des Bundesverfassungsgerichts[222] zu Art. 2 Abs. 2 Satz 1 GG führte der Verfassungsgerichtshof des Landes Berlin aus, daß das Recht auf Leben und körperliche Unversehrtheit nach seinem objektiv-rechtlichen Gehalt auch eine staatliche Pflicht begründet, „sich schützend und fördernd vor diese Rechtsgüter zu stellen und sie insbesondere vor rechtswidrigen Eingriffen anderer zu bewahren". Im „Bereich der vorbeugenden Gefahrenabwehr darf der Verordnungsgeber daher auch berücksichtigen, daß die gefahrlose Haltung von Hunden mit gesteigerter Aggressivität und Gefährlichkeit besondere Anforderungen an das Verantwortungsbewußtsein und die Befähigung der jeweiligen Halter stellt. Der in der Haltung solcher Hunde liegenden abstrakten Gefahrenquelle kann er durch sicherheitsrechtliche Vorschriften, die die Haltung zum Schutz der Allgemeinheit bestimmten Anforderungen unterwerfen, entgegentreten"[223].

37
Abwehrrecht und staatliche Schutzpflicht

Schutzpflicht

Vorbeugende Gefahrenabwehr

---

216 VerfGH Berlin LVerfGE 14, 74 (79); vgl. ferner VerfGH Berlin LVerfGE 7, 26 (31) zu dem mit Art. 33 Verf. Berlin (1995) wörtlich übereinstimmenden Art. 21b Verf. Berlin (1950). S. dazu auch → Bd. III: *Lange*, Grundrechtliche Besonderheiten in den Landesverfassungen, § 83 RN 27f.
217 VerfGH Berlin LVerfGE 14, 74 (80); vgl. auch VerfGH Berlin, B. v. 14. 2. 2006 (VerfGH 34/03).
218 → Bd. IV: *Fink*, Recht auf Leben und körperliche Unversehrtheit, § 88.
219 VerfGH Berlin LVerfGE 12, 40 (60).
220 VerfGH Berlin, B. v. 21. 3. 2005 (VerfGH 67/03), juris, RN 40, im Anschluß an BVerfGE 56, 54 (75) zu Art. 2 Abs. 2 Satz 1 GG.
221 VerfGH Berlin LVerfGE 4, 40 (43f.).
222 S. etwa BVerfGE 39, 1 (41); 46, 160 (164); 56, 54 (73); 115, 25 (44f.); 115, 118 (152).
223 VerfGH Berlin LVerfGE 12, 40 (60).

d) Freiheit der Person

38 **Schutzbereich und Gesetzesvorbehalt**

Art. 8 Abs. 1 Satz 2 Verf. Berlin (1995) erklärt die Freiheit der Person für unverletzlich und stimmt daher wörtlich mit Art. 2 Abs. 2 Satz 2 GG[224] überein. In Textidentität mit Art. 2 Abs. 2 Satz 3 GG regelt Art. 8 Abs. 1 Satz 3 Verf. Berlin (1995), daß in dieses Freiheitsrecht nur auf Grund eines Gesetzes eingegriffen werden darf. Durch diesen Vorbehalt wird deutlich, daß aus dem Wort „unverletzlich" nicht auf eine schrankenlose Garantie geschlossen werden kann[225]. Durch die Freiheit der Person ist die „persönliche Bewegungsfreiheit" geschützt und somit das Recht des einzelnen, „seinen Körper dorthin zu tragen, wohin er mag"[226]. Wegen des hohen Ranges, den die Freiheit der Person als Grundlage menschlicher Entfaltungsmöglichkeit unter den Grundrechten einnimmt, darf eine Freiheitsentziehung nur dann aufgrund eines Gesetzes angeordnet und aufrechterhalten werden, sofern überwiegende Gründe des Gemeinwohls dies zwingend erfordern[227].

Untersuchungshaftdauer

Bei der Untersuchungshaft setzt der Grundsatz der Verhältnismäßigkeit der Haftdauer auch unabhängig von der zu erwartenden Strafe Grenzen[228]. Das in Art. 8 Abs. 1 Satz 2 Verf. Berlin (1995) „angelegte verfassungsrechtliche Beschleunigungsgebot in Haftsachen" gebietet „auch bei tatsächlichem Nichtvollzug der Untersuchungshaft [...], einen Beschuldigten nur so lange unter dem psychischen und [...] auch physischem Druck eines Haftbefehls zu belassen, wie dies der legitime Anspruch des Staates auf vollständige Aufklärung der Tat und rasche Bestrafung des Täters erfordert"[229].

Sicherungsverwahrung

Die erhebliche Überschreitung der gesetzlichen Fristen zur Überprüfung der weiteren Vollstreckung der Sicherungsverwahrung kann zu einem Vollstreckungshindernis bis zur Entscheidung über ihre Fortdauer führen[230]. In dem Grundrecht der Freiheit der Person sowie in dem Schutz der Menschenwürde sieht der Verfassungsgerichtshof des Landes Berlin „die Wurzeln des Anspruchs auf ein faires, rechtsstaatliches Verfahren"[231]. Daraus ergeben sich Mindesterfordernisse für eine zuverlässige Wahrheitserforschung, welche nicht nur im strafprozessualen Hauptverfahren beachtet werden müssen[232].

39 Art. 8 Abs. 2 und 3 Verf. Berlin (1995) stellen besondere Verfahrensanforderungen an Freiheitsentziehungen. Eine Freiheitsentziehung als schwerste

---

224 → Bd. IV: *Gusy*, Freiheit der Person und freie Bewegung, § 93.
225 *VerfGH Berlin*, B. v. 19.12.2006 (VerfGH 120/06), juris, RN 9; *LVerfGE 25*, 138 (143).
226 *VerfGH Berlin*, B. v. 29.8.2003 (VerfGH 54/03, 54 A/03), juris, RN 17.
227 *VerfGH Berlin*; B. v. 13.12.2001 (VerfGH 138/01), juris, RN 17; *LVerfGE 25*, 138 (143).
228 *VerfGH Berlin LVerfGE 1*, 44 (53); B. v. 13.12.2001 (VerfGH 138/01), juris, RN 17; B. v. 11.7.2003 (VerfGH 81/01, 81 A/01), juris, RN 10; B. v. 25.4.2008 (VerfGH 164/07, 164 A/07), juris, RN 34; jeweils im Anschluß an *BVerfGE 20*, 45 (49f.); *20*, 144 (148).
229 *VerfGH Berlin*, B. v. 13.12.2001 (VerfGH 138/01), juris, RN 21; s. zum Anspruch auf angemessene Beschleunigung des mit einer Freiheitsentziehung verbundenen gerichtlichen Verfahrens auch *VerfGH Berlin*, B. v. 21.3.2003 (VerfGH 183/02, 183 A/02), juris, RN 21 ff.; B. v. 17.4.2007 (VerfGH 39/07, 39 A/07), juris, RN 17 ff.
230 *VerfGH Berlin LVerfGE 25*, 138 (143 ff.).
231 *VerfGH Berlin LVerfGE 1*, 169 (188); B. v. 19.12.2006 (VerfGH 120/06), juris, RN 9; *LVerfGE 25*, 138 (143); jeweils im Anschluß an *BVerfGE 57*, 250 (274f.).
232 *VerfGH Berlin LVerfGE 1*, 169 (189); B. v. 15.11.2001 (VerfGH 129/01, 129 A/01), juris, RN 12; B. v. 13.6.2002 (VerfGH 63/01), juris, RN 13; B. v. 19.12.2006 (VerfGH 120/06), juris, RN 9.

Form der Freiheitsbeschränkung liegt vor, „wenn die – tatsächlich und rechtlich an sich gegebene – körperliche Bewegungsfreiheit durch staatliche Maßnahmen nach jeder Richtung hin aufgehoben wird"[233]. Art. 8 Abs. 2 und 3 Verf. Berlin (1995) ähneln dem Art. 104 GG, der kein eigenes Grundrecht statuiert, sondern Verfahrensregeln bei Eingriffen festlegt[234]. Sie sind jedoch im Vergleich zur grundgesetzlichen Vorschrift insofern enger, als sie lediglich Freiheits*entziehungen* betreffen, sofern diese bereits *erfolgt* sind[235]. Nach Art. 8 Abs. 2 Satz 1 und 2 Verf. Berlin (1995) ist jeder Verhaftete oder Festgenommene binnen 24 Stunden darüber in Kenntnis zu setzen, von welcher Stelle und aus welchem Grunde die Entziehung der Freiheit angeordnet wurde; die nächsten Angehörigen haben ein Auskunftsrecht über die Freiheitsentziehung. Dieser Auskunftsanspruch ist wegen der Beschränkung auf die „nächsten" Angehörigen und des Fehlens einer zeitlichen Erfüllungsfrist enger als die Regelung in Art. 104 Abs. 3 und 4 GG; er gilt jedoch – anders als derjenige nach Art. 104 Abs. 4 GG – auch für andere als richterliche Entscheidungen[236]. Art. 8 Abs. 2 Satz 3 Verf. Berlin (1995) bestimmt, daß auf Verlangen des Verhafteten oder Festgenommenen auch anderen Personen unverzüglich von der Verhaftung oder Festnahme Kenntnis zu geben ist. Art. 104 Abs. 4 GG spricht insofern in bezug auf den Festgehaltenen von einer „Person seines Vertrauens". Nach Art. 8 Abs. 3 Verf. Berlin (1995) muß jeder Verhaftete oder Festgenommene binnen 48 Stunden dem zuständigen Richter zur Entscheidung über die Haft oder die Festnahme vorgeführt werden. Dieser Richtervorbehalt ist im Vergleich zu demjenigen in Art. 104 Abs. 3 Satz 1 GG weitergefaßt, da insoweit im Grundgesetz nur die Festnahme wegen des Verdachts einer strafbaren Handlung geregelt ist. Die Landesstaatsgewalt ist an die genannten Verfahrensanforderungen sowohl des Art. 104 GG als auch des Art. 8 Abs. 2 und 3 Verf. Berlin (1995) gebunden, so daß ein Betroffener wählen kann, ob er eine Verletzung der im konkreten Fall weitergehenden Vorschrift in Art. 104 GG mit einer Verfassungsbeschwerde zum Bundesverfassungsgericht geltend macht oder unter Berufung auf einen Verstoß gegen die in gewisser Hinsicht weitergehenden landesverfassungsrechtlichen Verfahrensanforderungen eine Verfassungsbeschwerde zum Verfassungsgerichtshof des Landes Berlin erhebt[237].

e) Allgemeiner Gleichheitssatz

In wörtlicher Übereinstimmung mit Art. 3 Abs. 1 GG und damit inhaltsgleich[238] bestimmt Art. 10 Abs. 1 Verf. Berlin (1995), daß alle Menschen vor dem Gesetz gleich sind. Der allgemeine Gleichheitssatz[239] gebietet nach der

---
233 So *BVerfGE 94*, 166 (198) zu Art. 2 Abs. 2 Satz 2 und Art. 104 Abs. 2 GG; s. ferner *BVerfG* (Kammer) DVBl. 2011, S. 623 (624).
234 *Sodan*, GG (LitVerz.), Art. 2 RN 32, Art. 104 RN 1.
235 *Waldhoff*, in: Siegel/ders. (LitVerz.), § 1 RN 52.
236 *Waldhoff* aaO.
237 *Driehaus* (LitVerz.), Art. 8 RN 2.
238 *VerfGH Berlin LVerfGE 5*, 58 (60); B. v. 28. 6. 2001 (VerfGH 48/01, 48 A/01), juris, RN 11; B. v. 11. 10. 2001 (VerfGH 7/01), juris, RN 11; *LVerfGE 14*, 86 (91); *24*, 51 (56); *25*, 104 (110).
239 → Bd. V: *Pietzcker*, Der allgemeine Gleichheitssatz, § 125.

§ 247   Sechzehnter Teil: III. Die Grundrechte in den Landesverfassungen

Rechtsprechung des Bundesverfassungsgerichts zu Art. 3 Abs. 1 GG, „wesentlich Gleiches gleich und wesentlich Ungleiches ungleich zu behandeln"[240]. Die Grenzen für Ungleichbehandlungen hängen von dem Regelungsgegenstand sowie den Differenzierungsmerkmalen ab und können „stufenlos von gelockerten, auf das Willkürverbot beschränkten Bindungen bis hin zu strengen Verhältnismäßigkeitsanforderungen reichen"[241]. Zahlreiche Entscheidungen des Verfassungsgerichtshofs des Landes Berlin beschäftigen sich mit der Frage der Vereinbarkeit fachgerichtlicher Entscheidungen mit dem allgemeinen Gleichheitssatz des Art. 10 Abs. 1 Verf. Berlin (1995). Im Anschluß an die Judikatur des Bundesverfassungsgerichts zu Art. 3 Abs. 1 GG[242] nimmt der Verfassungsgerichtshof in ständiger Rechtsprechung einen Verstoß gegen Art. 10 Abs. 1 Verf. Berlin (1995) nicht schon dann an, wenn die Rechtsanwendung Fehler enthält; vielmehr muß hinzukommen, daß die Entscheidung sachlich schlechthin unhaltbar und deshalb objektiv willkürlich ist, sie also unter keinem denkbaren Aspekt vertretbar erscheint und sich daher der Schluß aufdrängt, daß sie auf sachfremden Erwägungen beruht[243]. Diese Voraussetzungen liegen in der gerichtlichen Praxis selten vor. Beispielhaft zu nennen ist etwa ein Beschluß des Verfassungsgerichtshofs aus dem Jahre 2013, demzufolge die vom Kammergericht vertretene Auffassung, das Strafrechtliche Rehabilitierungsgesetz habe „nicht den Zweck, die Ausreisepraxis der DDR aufzuarbeiten und Betroffene dafür zu entschädigen, dass sie nicht aus der DDR ausreisen durften"[244], „auf einer krassen Missdeutung des Inhalts" von § 2 Abs. 1 des Strafrechtlichen Rehabilitierungsgesetzes beruht, „durch die das gesetzgeberische Anliegen grundlegend verfehlt wird"[245]. Mit dem allgemeinen Gleichheitssatz vereinbar ist es, „wenn der Gesetzgeber im Straßenreinigungsrecht anstelle des Frontmetermaßstabes den Grundstücksflächenmaßstab festlegt, die Höhe der Straßenreinigungsentgelte von der jeweiligen Reinigungsklasse einer Straße abhängig macht sowie neben den Anliegern auch die Hinterlieger einer Straße zu den Straßenreinigungsentgelten heranzieht"[246]. Auch die im Berliner Haushaltsentlastungsgesetz 2002 erfolgte Auflösung des Freiwilligen Polizeidienstes verstieß nicht gegen Art. 10 Abs. 1 Verf. Berlin (1995): Die Ungleichbehandlung der Angehörigen des Freiwilligen Polizeidienstes einerseits sowie der zur Aufrechterhaltung der öffentlichen Sicherheit und Ordnung eingesetzten Dienstkräfte der Berliner Polizei

Zum Strafrechtlichen Rehabilitierungsgesetz

Auflösung des Freiwilligen Polizeidienstes

---

240 BVerfGE 112, 164 (174); 112, 268 (279); 116, 164 (180); 117, 1 (30); 130, 52 (65); 130, 240 (252); 131, 239 (255); 132, 179 (188); 137, 1 (20).
241 So zu Art. 3 Abs. 1 GG BVerfGE 129, 49 (Ls. 1); vgl. auch BVerfGE 88, 87 (96); 91, 389 (401); 107, 218 (244); 107, 257 (270); 108, 52 (67f.); 110, 274 (291); 116, 164 (180); 130, 52 (66); 131, 239 (255 f.); 132, 179 (188 f.).
242 S. z. B. BVerfGE 58, 163 (167 f.); 62, 189 (192); 71, 122 (136); 71, 202 (205).
243 S. etwa VerfGH Berlin LVerfGE 5, 58 (60); B. v. 28. 6. 2001 (VerfGH 48/01, 48 A/01), juris, RN 11; B. v. 11. 10. 2001 (VerfGH 7/01), juris, RN 12; B. v. 15. 11. 2001 (VerfGH 28/01), juris, RN 21; B. v. 27. 9. 2002 (VerfGH 108/02, 108 A/02), juris, RN 17; B. v. 21. 3. 2003 (VerfGH 60/01), juris, RN 11; B. v. 21. 3. 2005 (VerfGH 33/00), juris, RN 18; B. v. 26. 5. 2005 (VerfGH 24/03), juris, RN 26; B. v. 19. 8. 2005 (VerfGH 153/00), juris, RN 26; B. v. 22. 9. 2009 (VerfGH 170/07), juris, RN 18; LVerfGE 23, 40 (46 f.).
244 KG B. v. 28. 10. 2011 (2 Ws 177/11 REHA), juris, RN 22.
245 VerfGH Berlin LVerfGE 24, 51 (55 f.).
246 VerfGH Berlin LVerfGE 14, 86 (Ls. 1).

andererseits beruhte auf hinreichend sachbezogenen, nach Art und Gewicht vertretbaren Gründen[247]. Keine Verletzung des allgemeinen Gleichheitssatzes sah der Verfassungsgerichtshof ferner darin, daß Heilberufekammern, die nach dem 22. September 1999 gegründet worden sind, sich gemäß § 35 Abs. 3 des Berliner Kammergesetzes nicht einer Versorgungseinrichtung mit Sitz in einem anderen Bundesland anschließen dürfen[248].

f) Schutz von Ehe und Familie

In wörtlicher Übereinstimmung[249] mit Art. 6 Abs. 1 GG[250] und somit inhaltsgleich[251] stellt Art. 12 Abs. 1 Verf. Berlin (1995) Ehe und Familie unter den besonderen Schutz der staatlichen Ordnung. In der Rechtsprechung des Verfassungsgerichtshofs des Landes Berlin kommt diesem Grundrecht praktische Bedeutung insbesondere im Bereich des Aufenthaltsrechts zu. Aus Art. 12 Abs. 1 Verf. Berlin (1995) läßt sich allerdings nicht unmittelbar ein Anspruch auf Aufenthalt[252] oder Nachzug eines Kindes nach Berlin herleiten[253]. Auch schützt diese Norm den ausländischen Ehepartner einer deutschen Staatsangehörigen nicht schlechthin vor einer Abschiebung; jede Entscheidung über den Aufenthalt eines Ausländers muß aber das Interesse des deutschen Ehepartners an einer Fortsetzung seiner Ehe im Bundesgebiet von Amts wegen berücksichtigen[254]. Die in Art. 12 Abs. 1 Verf. Berlin (1995) enthaltene wertentscheidende Grundsatznorm verpflichtet die Ausländerbehörden und Gerichte dazu, bei ihren Ermessensentscheidungen über die Erteilung von Aufenthaltsgenehmigungen die familiären Bindungen des jeweiligen aufenthaltsbegehrenden Ausländers an Personen, die sich berechtigterweise in der Bundesrepublik Deutschland aufhalten, pflichtgemäß zu beachten[255]. Einwanderungspolitische Belange werden durch die staatliche Schutzpflicht für die Ehe regelmäßig zurückgedrängt, sofern ein aufenthaltsberechtigtes Familienmitglied auf die Lebenshilfe des anderen Familienmitglieds angewiesen ist, die sich lediglich in der Bundesrepublik Deutschland erbringen läßt[256]. Eine Anwendung von Art. 12 Abs. 1 Verf. Berlin (1995) ist in aufenthaltsrechtlicher Hinsicht sachlich nur gerechtfertigt, „wenn außer einer rechtlichen auch eine tatsächliche – regelmäßig in der Pflege einer häuslichen Gemeinschaft zum Ausdruck kommende – Verbundenheit zwischen Familienmitgliedern

41
Bedeutung vor allem im Aufenthaltsrecht

Wertentscheidende Grundsatznorm

Schutzpflicht

---

247 S. dazu näher *VerfGH Berlin* LKV 2005, S. 212 (214 ff.).
248 *VerfGH Berlin* LVerfGE 25, 104 (110 ff.).
249 Sieht man von der Kleinigkeit ab, daß in Art. 6 Abs. 1 GG vom „Schutze" und in Art. 12 Abs. 1 Verf. Berlin (1995) vom „Schutz" die Rede ist.
250 → Bd. IV: *Steiner*, Schutz von Ehe und Familie, § 108.
251 *VerfGH Berlin* NVwZ-RR 2001, S. 687; B. v. 9. 5. 2003 (VerfGH 188/02, 188 A/02), juris, RN 22; B. v. 19. 8. 2005 (VerfGH 111/04), juris, RN 16.
252 *VerfGH Berlin* NVwZ-RR 2001, S. 687.
253 *VerfGH Berlin* LVerfGE 7, 60 (66).
254 *VerfGH Berlin*, B. v. 21. 12. 2000 (VerfGH 70/00), juris, RN 18, im Anschluß an *BVerfGE 35*, 382 (408); *51*, 386 (397) jeweils zu Art. 6 Abs. 1 GG.
255 *VerfGH Berlin* NVwZ-RR 2001, S. 687; B. v. 1. 11. 2004 (VerfGH 89/04; 89 A/04); B. v. 19. 8. 2005 (VerfGH 111/04), juris, RN 16; B. v. 27. 6. 2006 (VerfGH 66/06, 66 A/06), juris, Orientierungssatz 3b; jeweils im Anschluß an *BVerfGE 76*, 1 (49 ff.); *80*, 81 (93) zu Art. 6 Abs. 1 GG.
256 *VerfGH Berlin*, B. v. 1. 11. 2004 (VerfGH 89/04, 89 A/04); vgl. auch *BVerfGE 80*, 81 (95).

besteht oder (wieder) hergestellt werden soll"[257]. Art. 12 Abs. 2 Verf. Berlin (1995) stellt im übrigen klar, daß andere auf Dauer angelegte Lebensgemeinschaften Anspruch auf Schutz vor Diskriminierung haben[258].

g) Schutz und Fürsorge für Mütter

42
Kein Privilegierungsgebot

In Textidentität mit Art. 6 Abs. 4 GG[259] bestimmt Art. 12 Abs. 6 Verf. Berlin (1995), daß jede Mutter Anspruch auf den Schutz und die Fürsorge der Gemeinschaft hat. Aus dieser staatlichen Verpflichtung läßt sich jedoch kein allgemeines Gebot ableiten, kindererziehende Mütter im Versorgungsausgleich gegenüber „nichterziehenden Vätern" zu privilegieren[260]. Anders als Art. 6 Abs. 4 GG kommt dem Art. 12 Abs. 6 Verf. Berlin (1995) im Hinblick auf die Zeit während der Schwangerschaft und nach der Geburt keine besondere Bedeutung im Arbeitsrecht zu; denn insoweit stellt Art. 12 Abs. 7 Satz 2 Verf. Berlin (1995), wonach Frauen „während der Schwangerschaft und nach der Geburt [...] Anspruch auf besonderen Schutz im Arbeitsverhältnis" haben, die speziellere Norm dar[261].

h) Gleichstellung nichtehelicher Kinder

43
Gleichheitsgrundrecht und staatliche Schutzpflicht

Sieht man davon ab, daß Art. 6 Abs. 5 GG von „unehelichen" und Art. 13 Abs. 2 Verf. Berlin (1995) von „nichtehelichen Kindern" spricht, so stimmen diese beiden Vorschriften im übrigen wörtlich darin überein, daß diesen Kindern durch die Gesetzgebung die gleichen Bedingungen für ihre leibliche und seelische Entwicklung sowie ihre Stellung in der Gesellschaft zu schaffen sind wie den ehelichen Kindern. Der damit gewährte Grundrechtsschutz zugunsten von Kindern, deren Eltern zum Zeitpunkt ihrer Geburt nicht verheiratet waren, „besteht zum einen in einem eigenständigen Diskriminierungsverbot (Gleichheitsgrundrecht), zum anderen in einer verfassungsrechtlichen Wertentscheidung, die die Basis für eine staatliche Schutzpflicht bildet"[262].

i) Anspruch auf rechtliches Gehör

44
Folgerung aus dem Rechtsstaatsgedanken

In wörtlicher Übereinstimmung mit Art. 103 Abs. 1 GG[263] und damit inhaltsgleich[264] enthält Art. 15 Abs. 1 Verf. Berlin (1995) den Anspruch auf rechtliches Gehör, mit dem sich zahlreiche Entscheidungen des Verfassungsgerichtshofs des Landes Berlin beschäftigen. Als „Folgerung aus dem Rechtsstaatsgedanken für das Gebiet des gerichtlichen Verfahrens" müssen die daran Betei-

---

257 *VerfGH Berlin LVerfGE* 7, 60 (65), im Anschluß an *BVerfGE* 76, 1 (42 f.) zu Art. 6 Abs. 1 GG.
258 S. dazu näher *Driehaus* (LitVerz.), Art. 12 RN 9 ff.; *Stöhr*, in: Pfennig/Neumann (LitVerz.), Art. 12 RN 10 ff.; *Waldhoff*, in: Siegel/ders. (LitVerz.), § 1 RN 65.
259 → Bd. IV: *Burgi*, Elterliches Erziehungsrecht, § 109 RN 12 ff.
260 *VerfGH Berlin*, B. v. 16. 5. 2002 (VerfGH 32/01), juris, RN 27.
261 *Driehaus* (LitVerz.), Art. 12 RN 20.
262 → Bd. IV: *Burgi*, Elterliches Erziehungsrecht, § 109 RN 19.
263 → Bd. V: *Graßhof*, Rechtliches Gehör, § 133.
264 *VerfGH Berlin*, B. v. 21. 3. 2003 (VerfGH 29/02), juris, RN 11; B. v. 14. 2. 2005 (VerfGH 53/00), juris, RN 17; B. v. 17. 4. 2007 (VerfGH 157/06), juris, RN 30; LVerfGE 23, 23 (27); NJW 2014, S. 1084; DVBl. 2014, S. 577 (578).

ligten Gelegenheit erhalten, sich vor Erlaß einer Entscheidung zum Sachverhalt und zur Rechtslage zu äußern; einer gerichtlichen Entscheidung dürfen keine Tatsachen und Beweisergebnisse zugrundegelegt werden, zu denen sich die Verfahrensbeteiligten zuvor nicht äußern konnten[265]. Art. 15 Abs. 1 Verf. Berlin (1995) verpflichtet das mit einem Verfahren befaßte Gericht dazu, die Äußerungen eines Beteiligten bei der Entscheidungsfindung zu berücksichtigen, das heißt zur Kenntnis zu nehmen und in Erwägung zu ziehen; ein Verstoß gegen diese Pflicht läßt sich nur feststellen, sofern im Einzelfall besondere Umstände eindeutig darauf hinweisen, daß erhebliches Vorbringen überhaupt nicht zur Kenntnis genommen oder bei der Entscheidung nicht erwogen wurde[266]. Dies ist namentlich der Fall, wenn trotz entsprechenden Parteivortrags in den Entscheidungsgründen keine Stellungnahme zu einer Frage erfolgt, welche für das Verfahren nach der Rechtsauffassung des Gerichts von zentraler Bedeutung ist; wendet beispielsweise der Halter eines Kraftfahrzeugs gegen einen Kostenbescheid nach § 25a StVG[267] ein, dem eingestellten Bußgeldverfahren habe gar keine Ordnungswidrigkeit zugrundegelegen, so hat sich das zuständige Amtsgericht damit auseinanderzusetzen[268]. „Überraschungsentscheidungen sind Fälle enttäuschten prozessualen Vertrauens"[269]. Eine Entscheidung kann jedoch auch bei einer Verletzung des Art. 15 Abs. 1 Verf. Berlin (1995) nur dann aufgehoben werden, wenn sie hierauf beruht, das heißt wenn sich nicht ausschließen läßt, daß die Gewährung rechtlichen Gehörs zu einer anderen Entscheidung geführt hätte, welche für den Beschwerdeführer günstiger gewesen wäre[270]. Ist die Rechtslage umstritten oder problematisch, hat ein Verfahrensbeteiligter grundsätzlich alle vertretbaren Gesichtspunkte von sich aus in Betracht zu ziehen und seinen Vortrag danach auszurichten[271].

j) Nulla poena sine lege

In Textidentität mit Art. 103 Abs. 2 GG[272] und daher inhaltsgleich[273] legt Art. 15 Abs. 2 Verf. Berlin (1995) fest, daß eine Tat nur bestraft werden kann, wenn die Strafbarkeit gesetzlich bestimmt war, bevor die Tat begangen wurde (nulla poena sine lege). Von dieser Vorschrift erfaßt sind Strafen und straf-

---

265 *VerfGH Berlin LVerfGE* 7, 19 (22); B. v. 16.12.1998 (VerfGH 103/97), juris, RN 16; NZM 2001, S. 847 (848); B. v. 21.3.2003 (VerfGH 29/02), juris, RN 11; B. v. 28.5.2004 (VerfGH 166/01), juris, RN 23; B. v. 14.2.2005 (VerfGH 15/00), juris, RN 30; B. v. 17.4.2007 (VerfGH 157/06), juris, RN 30.
266 *VerfGH Berlin LVerfGE* 6, 80 (82); B. v. 29.8.2001 (VerfGH 127/00), juris, RN 20; B. v. 15.11.2001 (VerfGH 68/01), juris, RN 15; B. v. 9.5.2003 (VerfGH 140/00), juris, RN 30; B. v. 29.1.2004 (VerfGH 123/00), juris, RN 15; NVwZ 2004, S. 1351; B. v. 14.2.2005 (VerfGH 53/00), juris, RN 17; jeweils im Anschluß an *BVerfGE* 22, 267 (273f.); 47, 182 (187f.); 65, 293 (295f.) zu Art. 103 Abs. 1 GG.
267 S. zu dessen Verfassungsmäßigkeit *BVerfGE* 80, 109 (118ff.).
268 *VerfGH Berlin LVerfGE* 23, 23 (27); vgl. auch *LVerfGE* 22, 29 (33f.); DVBl. 2014, S. 577 (578).
269 *VerfGH Berlin*, B. v. 14.2.2005 (VerfGH 15/00), juris, RN 30.
270 *VerfGH Berlin*, B. v. 14.1.2010 (VerfGH 67/09), juris, RN 13; B. v. 14.11.2012 (VerfGH 127/10), juris, RN 22; jeweils im Anschluß an *BVerfGE* 28, 17 (19f.) zu Art. 103 Abs. 1 GG.
271 B. v. 28.5.2004 (VerfGH 166/01), juris, RN 23.
272 → Bd. V: *Wolff*, Nullum crimen, nulla poena sine lege, § 134.
273 *VerfGH Berlin LVerfGE* 17, 46 (52).

ähnliche Sanktionen[274], also auch die Sanktionen des Ordnungswidrigkeiten- und Disziplinarrechts[275]. Die landesverfassungsrechtliche Garantie ist von praktischer Bedeutung für Normen des Landesstrafrechts (vgl. Art. 2 und 4 Abs. 2 bis 4 EGStGB) und den landesgesetzlich bestimmten Teil des Ordnungswidrigkeitenrechts[276]. Art. 15 Abs. 2 Verf. Berlin (1995) enthält nicht nur ein Rückwirkungsverbot, sondern auch eine Verpflichtung des Gesetzgebers, die Voraussetzungen für eine Strafbarkeit so genau festzulegen, daß sich Anwendungsbereich und Tragweite des betreffenden Straftatbestandes aus dem Wortlaut ergeben oder jedenfalls im Wege der Interpretation ermitteln lassen; diese Verpflichtung bezweckt zum einen die Vorhersehbarkeit seitens der Normadressaten, welches Verhalten verboten und strafbewehrt ist, und zum anderen die Sicherstellung, daß über strafwürdiges Verhalten im Voraus durch den Gesetzgeber und nicht erst nachträglich durch Exekutive oder Judikative entschieden wird, so daß Art. 15 Abs. 2 Verf. Berlin (1995) einen strengen Gesetzesvorbehalt enthält[277]. Mit dem Grundgedanken dieser Vorschrift ist ferner eine Verurteilung unvereinbar, „der eine objektiv unhaltbare und deshalb willkürliche Auslegung und Anwendung des geschriebenen materiellen Strafrechts zugrunde liegt"; die Norm enthält daher „auch eine spezielle Ausgestaltung des Willkürverbots der Verfassung von Berlin für die Strafgerichtsbarkeit"[278].

k) Ne bis in idem

46
Verbot mehrfacher Verfolgung und Bestrafung

Mit Art. 103 Abs. 3 GG[279] stimmt der damit inhaltsgleiche Art. 15 Abs. 3 Verf. Berlin (1995) wörtlich überein und verbietet, jemanden wegen derselben Tat auf Grund der allgemeinen Strafgesetze mehrmals zu bestrafen (ne bis in idem). Da nicht nur eine mehrfache Bestrafung, sondern überdies eine mehrfache Verfolgung verboten ist, darf auch eine verbrauchte Strafklage wegen „derselben Tat" nicht wiederholt werden[280]. Wie der Wortlaut in Art. 15 Abs. 3 Verf. Berlin (1995) („auf Grund der allgemeinen Strafgesetze") erkennen läßt, bezieht diese Vorschrift in das darin geregelte Verbot nicht alle Arten von Bestrafungen ein, sondern betrifft nur „die Verhängung einer weiteren echten Kriminalstrafe"; eine Maßnahme nach § 890 Abs. 1 ZPO gehört dazu hingegen nicht, auch wenn sie strafrechtliche Elemente enthält[281].

---

274 *VerfGH Berlin*, B. v. 13. 4. 2005 (VerfGH 37/02), juris, RN 19.
275 *Driehaus* (LitVerz.), Art. 15 RN 19; *Stöhr*, in: Pfennig/Neumann (LitVerz.), Art. 15 RN 18; *Waldhoff*, in: Siegel/ders. (LitVerz.), § 1 RN 57.
276 *Driehaus* (LitVerz.), Art. 15 RN 19; *Michaelis-Merzbach* (FN 93), S. 122; *Waldhoff*, in: Siegel/ders. (LitVerz.), § 1 RN 57.
277 *VerfGH Berlin LVerfGE 17*, 46 (52), im Anschluß an *BVerfGE 71*, 108 (114); *73*, 206 (234 f.); *87*, 209 (223 f.); *92*, 1 (11 f.) jeweils zu Art. 103 Abs. 2 GG.
278 *VerfGH Berlin LVerfGE 17*, 46 (53), im Anschluß an *BVerfGE 64*, 389 (394).
279 → Bd. V: *Nolte*, Ne bis in idem, § 135.
280 Vgl. *VerfGH Berlin LVerfGE 4*, 20 (25) zur Verf. Berlin (1950), im Anschluß an *BVerfGE 12*, 62 (66) zu Art. 103 Abs. 3 GG.
281 *VerfGH Berlin LVerfGE 17*, 10 (21).

l) Rechtsweggarantie

Eine textidentische[282] und damit inhaltsgleiche[283] Vorschrift wie Art. 19 Abs. 4 GG[284] enthält Art. 15 Abs. 4 Verf. Berlin (1995) zur Rechtsschutzgarantie. Nach Satz 1 dieser Norm steht jedem, der durch die öffentliche Gewalt in seinen Rechten verletzt wird, der Rechtsweg offen. Zu dieser Gewalt gehört nicht die Judikative[285], weil Art. 15 Abs. 4 Satz 1 Verf. Berlin (1995) Schutz durch den Richter und nicht gegen den Richter gewährt. Diese Vorschrift garantiert nicht nur das formelle Recht und die theoretische Möglichkeit zur Anrufung von Gerichten, sondern auch die Effektivität des Rechtsschutzes; sie begründet einen substantiellen Anspruch auf eine tatsächlich wirksame gerichtliche Kontrolle zur Vermeidung des Eintretens vollendeter Tatsachen, welche den Rechtsschutz ins Leere laufen ließen[286]. Wird ein Ausländer darauf verwiesen, seinen Rechtsschutz durch deutsche Gerichte vom Ausland her zu betreiben, so kann darin keine prinzipielle Verkürzung des durch Art. 15 Abs. 4 Verf. Berlin (1995) gewährleisteten Rechtsschutzes gesehen werden[287]. Das Gebot effektiven Rechtsschutzes erfordert eine einschränkende Auslegung des § 92 Abs. 1 Nr. 1 AuslG insoweit, als eine Straftat des Ausländers nach dieser Vorschrift entfällt, sofern dieser weder eine Aufenthaltsgenehmigung noch eine Duldung besitzt, die Ausländerbehörde jedoch im Rahmen eines verwaltungsgerichtlichen Verfahrens über einen Antrag auf Gewährung vorläufigen Rechtsschutzes gegenüber dem Verwaltungsgericht zusichert, die Abschiebung des Ausländers bis zu einer gerichtlichen Entscheidung nicht zu vollziehen[288]. Die Rechtsschutzgarantie besteht grundsätzlich nur im Rahmen der jeweils geltenden Verfahrensordnungen und gewährleistet nicht, daß diese einen Instanzenzug bereitstellen[289].

47
Gebot effektiven Rechtsschutzes

Außervollzugsetzung einer Ausweisung

Art. 15 Abs. 4 Satz 2 Verf. Berlin (1995), der – ebenso wie Art. 19 Abs. 4 Satz 2 GG – bestimmt, daß der ordentliche Rechtsweg gegeben ist, soweit eine andere Zuständigkeit nicht begründet ist, kommt wegen der bundesrechtlichen Generalklauseln wie etwa § 40 Abs. 1 VwGO keine Bedeutung zu[290].

48
Subsidiäre Rechtswegzuweisung

---

282 Sieht man davon ab, daß Art. 15 Abs. 4 Satz 3 Verf. Berlin (1995) den Zusatz „des Grundgesetzes" aufweist, den – naheliegend – Art. 19 Abs. 4 Satz 3 GG nicht enthält.
283 *VerfGH Berlin LVerfGE 14*, 19 (23); *21*, 3 (13); *22*, 44 (56).
284 → Bd. V: *Uhle*, Rechtsstaatliche Prozeßgrundrechte und -grundsätze, § 129 RN 13 ff.
285 *VerfGH Berlin*, B. v. 21. 2. 2001 (VerfGH 71/01, 71 A/01), juris, RN 15; *LVerfGE 14*, 19 (23); B. v. 1. 9. 2006 (VerfGH 107/06, 107 A/06), juris, RN 16; jeweils im Anschluß an *BVerfGE 15*, 275 (280); *49*, 329 (340) zu Art. 19 Abs. 4 Satz 1 GG.
286 *VerfGH Berlin*; B. v. 30. 4. 2004 (VerfGH 36/02, 36 A/02), juris, RN 14; B. v. 1. 9. 2006 (VerfGH 107/06, 107 A/06), juris, RN 16; B. v. 17. 10. 2006 (VerfGH 98/06, 98 A/06), juris, RN 23; *LVerfGE 21*, 3 (13 f.); *22*, 44 (56); jeweils im Anschluß etwa an *BVerfGE 40*, 272 (275).
287 *VerfGH Berlin*, B. v. 17. 10. 2006 (VerfGH 98/06, 98 A/06), juris, RN 23, im Anschluß an *BVerfGE 69*, 220 (228 f.) zu Art. 19 Abs. 4 Satz 1 GG.
288 *VerfGH Berlin LVerfGE 14*, 19 (Ls.).
289 *VerfGH Berlin*, B. v. 30. 4. 2004 (VerfGH 36/02, 36 A/02), juris, RN 14.
290 Vgl. *Driehaus* (LitVerz.), Art. 15 RN 39; *Waldhoff*, in: Siegel/ders. (LitVerz.), § 1 RN 58.

m) Recht auf den gesetzlichen Richter

49
Objektiver Verfahrensgrundsatz und subjektives Recht

Art. 15 Abs. 5 Satz 2 Verf. Berlin (1995) stimmt wörtlich mit Art. 101 Abs. 1 Satz 2 GG[291] überein und legt fest, daß niemand seinem gesetzlichen Richter entzogen werden darf. Art. 15 Abs. 5 Satz 1 Verf. Berlin (1995), demzufolge Ausnahmegerichte *unstatthaft* sind, weicht sprachlich geringfügig von Art. 101 Abs. 1 Satz 1 GG ab, der die Ausnahmegerichte für *unzulässig* erklärt. Eine dem Art. 101 Abs. 2 GG entsprechende Vorschrift, wonach Gerichte für besondere Sachgebiete durch Gesetz errichtet werden können, fehlt in der Verfassung von 1995. Dieser Befund steht der Inhaltsgleichheit hier jedoch nicht entgegen, da sich die zu Art. 101 GG vertretene Interpretation eines einheitlichen Grundrechts auf den gesetzlichen Richter mit der Folge, daß in Art. 101 Abs. 1 Satz 1 und Abs. 2 GG lediglich Spezialfälle von Art. 101 Abs. 1 Satz 2 GG geregelt sind[292], auf Art. 15 Abs. 5 Verf. Berlin (1995) übertragen läßt. Das Gebot des gesetzlichen Richters ist nicht nur ein von Amts wegen zu beachtender „objektiver Verfahrensgrundsatz", sondern umfaßt auch ein subjektives Recht, dessen Verletzung mit der Verfassungsbeschwerde gerügt werden kann; Schutz besteht sowohl gegen Eingriffe in die Unabhängigkeit der Justiz „von außen", insbesondere durch die Exekutive,

Grundrechtsverstöße

als auch gegen Manipulationen innerhalb der Justiz[293]. Ein Verstoß gegen das Recht auf den gesetzlichen Richter kommt in Betracht, sofern ein Gericht seine Zuständigkeit zu Unrecht bejaht oder verneint mit der Folge eines Abweichens von der gesetzlichen Zuständigkeit im Einzelfall; ein solcher Verstoß liegt jedoch noch nicht bei einer bloßen Verletzung verfahrensrechtlicher Zuständigkeitsregelungen, sondern erst dann vor, wenn die fehlerhafte Auslegung und Anwendung von Vorschriften über die gerichtliche Zuständigkeit willkürlich ist[294]. Die Verletzung des Rechts auf den gesetzlichen Richter durch Nichtvorlage an ein zur Entscheidung berufenes Gericht setzt voraus, daß sich dem entscheidenden Gericht die „Notwendigkeit einer Vorlage aufdrängen mußte"[295].

n) Kunst- und Wissenschaftsfreiheit

50
Kunstfreiheit

Textidentisch mit Art. 5 Abs. 3 GG[296] bestimmt Art. 21 Verf. Berlin (1995), daß Kunst sowie Wissenschaft, Forschung und Lehre frei sind, die Freiheit der Lehre aber nicht von der Treue zur Verfassung entbindet. Trotz ihrer vorbehaltlosen Gewährleistung kann die Kunstfreiheit auf Grenzen durch kollidierende Grundrechte Dritter wie das allgemeine Persönlichkeitsrecht[297] stoßen, sofern dessen Beeinträchtigung so *schwerwiegend* ist, daß die Kunstfreiheit

---

291 → Bd. V: *Horn*, Verbot von Ausnahmegerichten und Anspruch auf den gesetzlichen Richter, § 132.
292 S. etwa *Pieroth*, in: Jarass/ders., GG (LitVerz.), Art. 101 RN 1; *Sodan*, GG (LitVerz.), Art. 101 RN 1.
293 *VerfGH Berlin*, B. v. 4.3.2009 (VerfGH 84/06), juris, RN 17 ff.
294 *VerfGH Berlin LVerfGE* 9, 59 (64); B. v. 29.1.2004 (VerfGH 25/00), juris, RN 16; *LVerfGE* 17, 10 (21); B. v. 4.3.2009 (VerfGH 84/06), juris, RN 22; jeweils im Anschluß etwa an *BVerfGE* 87, 282 (284 f.).
295 *VerfGH Berlin LVerfGE* 7, 49 (54).
296 → Bd. IV: *Löwer*, Freiheit wissenschaftlicher Forschung und Lehre, § 99, und *Hufen*, Kunstfreiheit, § 101.
297 B III 1 b, RN 35.

zurückzutreten hat; für die diesbezügliche Entscheidung ist eine Abwägung aller Umstände des Einzelfalls geboten[298].

Die mit „Forschung und Lehre" in Art. 21 Verf. Berlin (1950) geschützte Wissenschaftsfreiheit[299] begründet zugunsten der wissenschaftlichen Hochschulen ein Selbstverwaltungsrecht und enthält ferner eine wertentscheidende Grundsatznorm[300]. In dem grundsätzlich ohne Vorbehalt geschützten Freiraum des einzelnen Wissenschaftlers „herrscht Freiheit von jeder Ingerenz öffentlicher Gewalt, und zwar auch im Bereich der Teilhabe am öffentlichen Wissenschaftsbetrieb in den Universitäten"; in „diesen Freiraum fallen vor allem die auf wissenschaftlicher Eigengesetzlichkeit beruhenden Prozesse, Verhaltensweisen und Entscheidungen im Auffinden von Erkenntnissen, ihre Deutung und Weitergabe", kurzum „alles, was nach Inhalt und Form als ernsthafter planmäßiger Versuch zur Ermittlung der Wahrheit anzusehen ist"[301]. Durch Urteil vom 1. November 2004 qualifizierte der Verfassungsgerichtshof des Landes Berlin Regelungen, die den Berliner Universitäten als mündliche Promotionsleistung ausschließlich die Disputation als Verteidigung der Dissertation vorschrieben, als verfassungswidrigen Eingriff in den Kernbereich wissenschaftlicher Betätigung der betroffenen Hochschulen, der nicht im Hinblick auf andere, kollidierende Verfassungsgüter gerechtfertigt war; in einer anderen Vorschrift, welche die Universitäten verpflichtete, die Dissertation von mindestens einem nicht der verleihenden Hochschule angehörenden Gutachter bewerten zu lassen, lag ein verfassungswidriger Eingriff in den Kernbereich akademischer Selbstverwaltung[302]. Der vom Verfassungsgerichtshof hinsichtlich der Aufhebung eines Studienganges vertretenen Auffassung, infolge der Wissenschaftsfreiheit müsse der betroffenen Hochschule die Möglichkeit eröffnet werden, „ihre Belange in einer der Sache nach angemessenen Weise vorzubringen"[303], ist das Bundesverfassungsgericht in Anwendung von Art. 5 Abs. 3 GG ausdrücklich nicht gefolgt: Danach begründe das Grundrecht der Wissenschaftsfreiheit keine gesonderten Beteiligungsrechte der Hochschulen, Fakultäten oder einzelnen Wissenschaftler beim Zustandekommen eines Gesetzes zur Fusion von zwei Hochschulen; ein öffentliches Gesetzgebungsverfahren biete die Möglichkeit, die Interessen der wissenschaftlich Tätigen und der betroffenen Einrichtungen hinreichend zur Geltung zu bringen[304]. Ebensowenig wie die nichtwissenschaftlichen (sonstigen) Mitarbeiter in ihren Tätigkeiten durch Art. 21 Satz 1 Verf. Berlin (1995) geschützt werden, sind in die Garantie der akademischen Selbstverwaltung

51
Wissenschaftsfreiheit

Promotionsverfahren

Aufhebung von Studiengängen

---

298 *VerfGH Berlin* NJW-RR 2007, S. 1686 (1688 f.).
299 S. zu diesem Oberbegriff *Driehaus* (LitVerz.), Art. 21 RN 6.
300 B II, RN 28.
301 *VerfGH Berlin LVerfGE 15*, 34 (46), im Anschluß an *BVerfGE 35*, 79 (112 f.); *47*, 327 (367) zu Art. 5 Abs. 3 GG.
302 *VerfGH Berlin LVerfGE 15*, 34 (53 ff.).
303 *VerfGH Berlin LVerfGE 5*, 37 (47).
304 *BVerfGE 139*, 148 (177).

Personalentscheidungen einbezogen, welche ausschließlich die Gruppe der nichtwissenschaftlich Beschäftigten betreffen; insoweit fehlt die erforderliche Wissenschaftsrelevanz[305].

2. Grundgesetzähnliche Formulierungen

a) Besondere Gleichheitssätze

52
Einbeziehung auch der sexuellen Identität

Zu den Grundrechtsvorschriften der Verfassung von 1995, die den entsprechenden Bestimmungen im Grundgesetz (sehr) ähnlich sind, gehören zunächst besondere Gleichheitssätze. Art. 10 Abs. 2 Verf. Berlin (1995) stimmt mit Art. 3 Abs. 3 Satz 1 GG[306] wörtlich insoweit überein, als er verbietet, jemanden wegen seines Geschlechts, seiner Abstammung, seiner Rasse, seiner Sprache, seiner Heimat und Herkunft, seines Glaubens oder seiner religiösen oder politischen Anschauungen zu benachteiligen oder zu bevorzugen. Während in den Art. 3 Abs. 3 Satz 1 GG jedoch das Kriterium der sexuellen Identität bewußt nicht aufgenommen wurde[307], findet sich in Art. 10 Abs. 2 Verf. Berlin (1995) der Zusatz der sexuellen Identität, worunter „das geschlechtliche Selbstverständnis" eines Menschen verstanden werden kann[308]. Das Bundesverfassungsgericht leitet für das Grundgesetz das Recht zum „Finden und Erkennen der eigenen geschlechtlichen Identität sowie der eigenen sexuellen Orientierung" aus Art. 2 Abs. 1 GG in Verbindung mit Art. 1 Abs. 1 GG und damit aus dem allgemeinen Persönlichkeitsrecht[309] her[310].

53
Gleichberechtigung von Frauen und Männern

In umgekehrter Reihenfolge zu Art. 3 Abs. 2 Satz 1 GG[311] bestimmt Art. 10 Abs. 3 Satz 1 Verf. Berlin (1995), daß Frauen und Männer gleichberechtigt sind. Die nachfolgenden Formulierungen unterscheiden sich deutlicher, ohne allerdings zu einem nach Art. 142 GG beachtlichen Widerspruch zu führen: Gemäß Art. 3 Abs. 2 Satz 2 GG fördert der Staat die tatsächliche Durchsetzung der Gleichberechtigung von Frauen und Männern und wirkt auf die Beseitigung bestehender Nachteile hin. Art. 10 Abs. 3 Satz 2 Verf. Berlin (1995) verpflichtet das Land Berlin dazu, die Gleichstellung sowie die gleichberechtigte Teilhabe von Frauen und Männern auf allen Gebieten des gesellschaftlichen Lebens herzustellen und zu sichern; Artikel 10 Abs. 3 Satz 3 erklärt Förderungsmaßnahmen zum Ausgleich bestehender Ungleichheiten für zulässig. Der Verfassungsgerichtshof des Landes Berlin ließ es in einem Beschluß vom 20. August 1997 „dahinstehen, ob und unter welchen Voraussetzungen diese Verfassungsnorm subjektive Ansprüche einzelner zu begrün-

---

305 *VerfGH Berlin* LKV 2001, S. 268 (269).
306 → Bd. V: *Uerpmann-Wittzack*, Strikte Privilegierungs- und Diskriminierungsverbote, § 128.
307 Bericht der Gemeinsamen Verfassungskommission aus dem Jahre 1993, BT-Drucks. 12/6000, S. 54.
308 *Driehaus* (LitVerz.), Art. 10 RN 16; *Stöhr*, in: Pfennig/Neumann (LitVerz.), Art. 10 RN 16; *Waldhoff*, in: Siegel/ders. (LitVerz.), § 1 RN 62.
309 B III 1 b, RN 35.
310 *BVerfGE 121*, 175 (190).
311 → Bd. V: *Richter*, Gleichberechtigung von Mann und Frau, § 126.

den vermag"³¹². Im Schrifttum³¹³ wird diese Frage wegen des klaren Wortlauts in Artikel 10 Abs. 3 Satz 3, der allein das Land Berlin ermächtigt, zu Recht verneint.

Nach Art. 11 Satz 1 Verf. Berlin (1995) dürfen Menschen mit Behinderungen nicht benachteiligt werden. Der Text dieser Vorschrift ist demjenigen in Art. 3 Abs. 3 Satz 2 GG („Niemand darf wegen seiner Behinderung benachteiligt werden")³¹⁴ sehr ähnlich. An das damit inhaltlich übereinstimmende Benachteiligungsverbot³¹⁵ schließt Art. 11 Satz 2 Verf. Berlin (1995) die Verpflichtung des Landes an, für die gleichwertigen Lebensbedingungen von Menschen mit und ohne Behinderung zu sorgen; eine entsprechende Norm enthält das Grundgesetz nicht. Diese Ergänzung des Benachteiligungsverbots „um einen staatlichen Förderungs- und Integrationsauftrag"³¹⁶ begründet jedoch keinen Anspruch auf eine unentgeltliche Benutzung eines Behindertenfahrdienstes; eine entsprechende Eigenbeteiligung bei dieser Nutzung, welche den Preis für eine Monatskarte für Nichtbehinderte nicht übersteigt, erweist sich als maßvoll und zumutbar³¹⁷.

54
Gleichstellung Behinderter

b) Elternrecht

Art. 12 Abs. 3 Verf. Berlin (1995) stimmt wörtlich mit Art. 6 Abs. 2 Satz 1 GG³¹⁸ überein und bestimmt, daß Pflege und Erziehung der Kinder das natürliche Recht der Eltern und die zuvörderst ihnen obliegende Pflicht sind; den Zusatz in Art. 6 Abs. 2 Satz 2 GG, wonach über ihre Betätigung die staatliche Gemeinschaft wacht, hat die Verf. Berlin (1995) jedoch nicht übernommen. Sehr ähnliche Formulierungen enthalten Art. 12 Abs. 4 Verf. Berlin (1995) und Art. 6 Abs. 3 GG: Beide Vorschriften sind insoweit textidentisch, als sie anordnen, daß Kinder gegen den Willen der Erziehungsberechtigten nur auf Grund eines Gesetzes von der Familie getrennt werden dürfen; nach Art. 12 Abs. 4 Verf. Berlin (1995) ist dafür Voraussetzung, daß die Erziehungsberechtigten ihrem Erziehungsauftrag nicht nachkommen, während Art. 6 Abs. 3 GG davon spricht, daß die Erziehungsberechtigten versagen oder die Kinder aus anderen Gründen zu verwahrlosen drohen. Für den Fall einer zwangsweisen Trennung von Mutter und Kind im Rahmen des Vollzugs einer Untersuchungshaft ist der Verfassungsgerichtshof des Landes Berlin „von einem mit den Bestimmungen des Grundgesetzes identischen Grundrecht" ausgegangen; gerade einer noch nicht volljährigen Mutter muß grundsätzlich ermöglicht werden, die mit dem Elternrecht „verbundenen konkreten Rechte und Pflichten möglichst weitgehend und vor allem während der ersten Monate nach der Geburt und damit in der Stillzeit erfahren und ausüben zu kön-

55
Kindeswohl als oberste Richtschnur

---

312 *VerfGH Berlin LVerfGE* 7, 3 (8).
313 *Driehaus* (LitVerz.), Art. 10 RN 19; *Stöhr*, in: Pfennig/Neumann (LitVerz.), Art. 10 RN 26; *Waldhoff*, in: Siegel/ders. (LitVerz.), § 1 RN 62.
314 → Bd. V: *Uerpmann-Wittzack*, § 128 RN 63 ff.
315 *VerfGH Berlin LVerfGE* 8, 62 (65).
316 *VerfGH Berlin LVerfGE* 13, 37 (41).
317 *VerfGH Berlin LVerfGE* 8, 62 (65 ff.).
318 → Bd. IV: *Burgi*, Elterliches Erziehungsrecht, § 109.

Sorgerechtsentzug nen"[319]. Der stärkste vorstellbare Eingriff in das Elternrecht des Art. 12 Abs. 3 GG ist der Entzug des Sorgerechts[320]. Art. 12 Abs. 3 Verf. Berlin (1995) „dient in erster Linie dem Kindeswohl, das zugleich oberste Richtschnur für die Ausübung der Elternverantwortung ist"[321]. Das Kindeswohl wird wesentlich durch Art. 13 Abs. 1 Verf. Berlin (1995) konkretisiert: Danach hat jedes Kind ein Recht auf Entwicklung und Entfaltung seiner Persönlichkeit, auf gewaltfreie Erziehung und auf den besonderen Schutz der Gemeinschaft vor Gewalt, Vernachlässigung und Ausbeutung; die staatliche Gemeinschaft achtet, schützt und fördert die Rechte des Kindes als eigenständiger Persönlichkeit und trägt Sorge für kindgerechte Lebensbedingungen.

c) Meinungsfreiheit

56
Schutzbereich

Nach Art. 14 Abs. 1 Verf. Berlin (1995) hat jedermann das Recht, innerhalb der Gesetze seine Meinung frei und öffentlich zu äußern, solange er die durch die Verfassung gewährleistete Freiheit nicht bedroht oder verletzt. Diese Vorschrift ist dem Art. 5 Abs. 1 Satz 1 GG sehr ähnlich, wonach jeder das Recht hat, seine Meinung in Wort, Schrift und Bild frei zu äußern und zu verbreiten[322]. Der Verfassungsgerichtshof des Landes Berlin hat schon früh[323] eine Sinnidentität des Art. 8 Abs. 1 Verf. Berlin (1950)[324], der mit Art. 14 Abs. 1 Verf. Berlin (1995) wörtlich übereinstimmt, und von Art. 5 Abs. 1 Satz 1 GG bezüglich der Meinungsfreiheit festgestellt und dazu ausgeführt: „Der Grundrechtsschutz umfaßt hier wie dort die kommunikative Entfaltung desjenigen, der sich äußern will, das Verbreiten steht deshalb im Mittelpunkt". Er bezieht Äußerungen ein, welche „durch die Elemente der Stellungnahme, des Dafürhaltens oder Meinens geprägt" sind[325]. Erfaßt werden sowohl Werturteile als auch dem Wahrheitsbeweis zugängliche Tatsachenbehauptungen, „unabhängig davon, ob eine Äußerung rational oder emotional, begründet oder grundlos ist oder ob sie von anderen für nützlich oder schädlich, wertvoll oder wertlos gehalten wird"[326]. Auch eine „scharf oder verletzend" formulierte Meinungsäußerung genießt prinzipiell den Grundrechtsschutz[327]. Eine unzulässige Schmähkritik liegt nicht schon im Falle einer herabsetzenden Wirkung der Äußerung für Dritte vor, sondern erst dann, wenn die Diffamierung der Person und nicht die Auseinandersetzung in der Sache im Vordergrund steht; dies gilt etwa dann, wenn Richtern unterstellt wird, sie wollten die Grund-

Schmähkritik

---

319 *VerfGH Berlin* NJW 2001, S. 3181 f.
320 *VerfGH Berlin*, B. v. 21. 4. 2009 (VerfGH 18/08), juris, RN 14.
321 *VerfGH Berlin*, B. v. 25. 4. 2006 (VerfGH 127/05), juris, RN 34, im Anschluß an *BVerfGE 61*, 358 (371 f.) zu Art. 6 Abs. 2 Satz 1 GG.
322 → Bd. IV: *Jestaedt*, Meinungsfreiheit, § 102.
323 *VerfGH Berlin LVerfGE 1*, 99 (102).
324 Oben A II 1, RN 5.
325 *VerfGH Berlin LVerfGE 10*, 129 (134), im Anschluß an *BVerfGE 61*, 1 (9); *71*, 162 (179) zu Art. 5 Abs. 1 Satz 1 GG.
326 *VerfGH Berlin* NJW-RR 2008, S. 1179 (1180), im Anschluß an *BVerfGE 61*, 1 (7) zu Art. 5 Abs. 1 Satz 1 GG.
327 *VerfGH Berlin* NJW-RR 2006, S. 1704 (1705), im Anschluß an *BVerfGE 54*, 129 (136 ff.); *61*, 1 (7); *90*, 241 (247) zu Art. 5 Abs. 1 Satz 1 GG.

lagen dieser Republik bekämpfen sowie zerstören und hüllten sich dazu in Richterroben, „um ihre verfassungsrechtlich gewährte Unabhängigkeit zur Ausübung von Willkür zu missbrauchen"[328]. Der in Art. 14 Abs. 1 Verf. Berlin (1995) enthaltene Verfassungsvorbehalt, daß Meinungsäußerungen nur insoweit geschützt sind, als sie nicht die durch die Verfassung gewährleistete Freiheit bedrohen oder verletzen (vgl. auch Art. 37 Verf. Berlin [19959]), ist „weitgehend funktionslos", weil jedes Grundrecht ohnehin unter dem Vorbehalt der Einschränkung durch kollidierendes Verfassungsrecht steht[329]. Eine „echte Einschränkung des Schutzbereichs" kann jedoch Art. 29 Abs. 2 Verf. Berlin (1995) entnommen werden[330]: Danach widersprechen Rassenhetze und Bekundung nationalen oder religiösen Hasses dem Geist der Verfassung und sind unter Strafe zu stellen[331].

Verfassungsvorbehalt

Im Gegensatz zu Art. 5 Abs. 1 Satz 2 GG sind die Pressefreiheit und die Freiheit der Berichterstattung durch Rundfunk in der Verf. Berlin (1995) nicht ausdrücklich geschützt. Der Verfassungsgerichtshof des Landes Berlin stellte aber schon in einem Beschluß vom 16. Juni 1993 in Anwendung von Art. 8 Abs. 1 und 2 Verf. Berlin (1950) fest, die Presse habe „selbstverständlich teil an der verbürgten Meinungsäußerungs- und Unterrichtungsfreiheit"[332]. Unter Bezugnahme auf diese Entscheidung führte der Verfassungsgerichtshof in einem Beschluß vom 25. April 2006 aus, dies müsse entsprechend für die Tätigkeit der Rundfunkanstalten gelten, und fügte hinzu: „Rundfunkfreiheit ist primär eine der Freiheit der Meinungsbildung in ihren subjektiv- und objektivrechtlichen Elementen dienende Freiheit"[333]. Wird eine Rundfunkanstalt zur Ausstrahlung einer Gegendarstellung verurteilt, so liegt darin ein Eingriff in den Schutzbereich des Art. 14 Abs. 1 Verf. Berlin (1995); das zuständige Fachgericht muß dabei eine ausdrückliche und nachvollziehbare Abwägung zwischen dem durch die Gegendarstellung geschützten Persönlichkeitsrecht und der Meinungsfreiheit der betroffenen Rundfunkanstalt vornehmen[334].

57
Schutz auch der Presse- und Rundfunkfreiheit

Dienende Freiheit

Anders als Art. 5 Abs. 2 GG, der für die Meinungsfreiheit einen qualifizierten Gesetzesvorbehalt – „Vorschriften der allgemeinen Gesetze"[335] – regelt, garantiert Art. 14 Abs. 1 Verf. Berlin (1995) die Meinungsfreiheit nur „innerhalb der Gesetze". Dieses Grundrecht ist damit in stärkerem Maße eingeschränkt als die im Grundgesetz gewährleistete Meinungsfreiheit[336]. Nach ständiger Rechtsprechung des Verfassungsgerichtshofs des Landes Berlin steht „eine derartige schrankendivergente Parallelverbürgung von Grund-

58
Gesetzesvorbehalt

---

328 VerfGH Berlin, B. v. 21. 3. 2002 (VerfGH 15 A/01, 15/01), juris, RN 22 f.
329 Waldhoff, in: Siegel/ders. (LitVerz.), § 1 RN 67; vgl. auch Driehaus (LitVerz.), Art. 14 RN 3; Stöhr, in: Pfennig/Neumann (LitVerz.), Art. 14 RN 10.
330 Waldhoff, in: Siegel/ders. (LitVerz.), § 1 RN 67, 78.
331 S. dazu, daß der Landesgesetzgeber diesen Regelungsauftrag im Hinblick auf die erforderliche Gesetzgebungskompetenz nur eingeschränkt wahrnehmen kann, Driehaus (LitVerz.), Art. 29 RN 13.
332 VerfGH Berlin LVerfGE 1, 99 (102).
333 VerfGH Berlin LVerfGE 17, 3 (7), im Anschluß an BVerfGE 74, 297 (323) zu Art. 5 Abs. 1 Satz 2 GG.
334 VerfGH Berlin LVerfGE 17, 3 (Ls. 2, S. 7 ff.).
335 Näher dazu Sodan, (LitVerz.), Art. 5 RN 29.
336 So bereits VerfGH Berlin LVerfGE 1, 145 (148) zu Art. 8 Abs. 1 Verf. Berlin (1950).

rechten auf Bundes- und Landesebene [...] jedoch, da das stärker eingeschränkte Landesgrundrecht im Sinne einer (zusätzlichen) Mindestgarantie auf der Ebene der Landesverfassung zu verstehen ist, der Annahme einer Übereinstimmung mit dem entsprechenden Bundesgrundrecht und damit der Anwendung durch den Verfassungsgerichtshof nicht entgegen"[337]. Als sogenannte Schrankenschranke und damit Grenze für Eingriffe in die Meinungsfreiheit verbietet Art. 14 Abs. 3 Verf. Berlin (1995) eine Zensur[338].

d) Informationsfreiheit

Nach Art. 14 Abs. 2 Verf. Berlin (1995) hat jedermann das Recht, sich über die Meinung anderer, insbesondere auch anderer Völker, durch die Presse oder Nachrichtenmittel aller Art zu unterrichten. Die damit geschützte Informationsfreiheit stimmt inhaltlich mit der entsprechenden Gewährleistung in Art. 5 Abs. 1 Satz 1 GG[339] überein, wonach jeder das Recht hat, sich aus allgemein zugänglichen Quellen ungehindert zu unterrichten[340]. Im Gegensatz zu diesem Bundesgrundrecht, das unter dem qualifizierten Einschränkungsvorbehalt des Art. 5 Abs. 2 GG steht, garantiert Art. 14 Abs. 2 Verf. Berlin (1995) die Informationsfreiheit nach der Rechtsprechung des Verfassungsgerichtshofs des Landes Berlin zwar nur im Rahmen des Art. 36 Abs. 2 Verf. Berlin (1995)[341]; das stärker einschränkbare Landesgrundrecht ist dieser Judikatur zufolge aber „als (zusätzliche) Mindestgarantie auf der Ebene der Landesverfassung zu verstehen und enthält nicht den Normbefehl, einen weitergehenden Schutz zu unterlassen"[342]. Streiten Mieter und Vermieter um die Anbringung einer Parabolantenne an einer Mietwohnung, so muß das zuständige Fachgericht im Rahmen einer fallbezogenen Interessenabwägung regelmäßig das durch Art. 14 Abs. 2 Verf. Berlin (1995) geschützte Informationsinteresse des Mieters und das durch Art. 23 Abs. 1 Verf. Berlin (1995) garantierte Eigentumsrecht des Vermieters an der optisch ungeschmälerten Erhaltung des Wohnhauses berücksichtigen[343].

e) Brief-, Post- und Fernmeldegeheimnis

In wörtlicher Übereinstimmung mit Art. 10 Abs. 1 GG[344] erklärt Art. 16 Verf. Berlin (1995) das Briefgeheimnis sowie das Post- und Fernmeldegeheimnis für unverletzlich. Im Gegensatz zu Art. 10 Abs. 2 GG fehlt jedoch in Art. 16 Verf. Berlin (1995) ein Gesetzesvorbehalt. Gleichwohl ist diese Vorschrift gültig,

---

337 *VerfGH Berlin LVerfGE 10*, 129 (134); B. v. 14. 2. 2006 (VerfGH 122/05, 123/05), juris, RN 19; NJW-RR 2006, S. 1704 (1705); LKV 2015, S. 414 (415); vgl. auch *VerfGH Berlin LVerfGE 17*, 22 (28). S. zur Anwendung von Art. 142 GG oben B I, RN 22.
338 S. dazu *Driehaus* (LitVerz.), Art. 14 RN 16.
339 → Bd. IV: *Dörr*, Informationsfreiheit, § 103.
340 *VerfGH Berlin*, B. v. 21. 2. 2000 (VerfGH 18/99), juris, RN 9; NJW 2002, S. 2166.
341 S. aber dazu, daß Art. 36 Abs. 2 Verf. Berlin (1995) keinen allgemeinen Gesetzesvorbehalt für alle Grundrechte enthält, oben B II, RN 26.
342 *VerfGH Berlin*, B. v. 21. 2. 2000 (VerfGH 18/99), juris, RN 9. S. zur Anwendung von Art. 142 GG oben B I, RN 22.
343 *VerfGH Berlin* NJW 2002, S. 2166.
344 → Bd. IV: *Stettner*, Schutz des Brief-, Post- und Fernmeldegeheimnisses, § 92.

weil der dadurch vermittelte weitergehende Schutz nicht dem Art. 10 GG widerspricht; aufgrund von Art. 10 Abs. 2 GG erlassenes „einfaches" Bundesrecht verdrängt jedoch Art. 16 Verf. Berlin (1995) insoweit, als dieses Bundesrecht keine Spielräume für weitergehendes Landesrecht läßt[345]. Das in Art. 16 Verf. Berlin (1995) garantierte Brief-, Post- und Fernmeldegeheimnis „gewährleistet die freie Entfaltung der Persönlichkeit durch einen privaten, vor den Augen der Öffentlichkeit verborgenen Austausch von Nachrichten, Gedanken und Meinungen, indem es den Einzelnen davor schützt, dass die öffentliche Gewalt sich Kenntnis vom Inhalt seiner Telefonate oder seines Brief- und Postverkehrs verschafft; es geht als das speziellere Grundrecht demjenigen auf Schutz der Privatsphäre vor"[346]. Ein Gericht verstößt gegen das einem Untersuchungsgefangenen garantierte Brief-, Post- und Fernmeldegeheimnis, wenn es die Erforderlichkeit von Überwachungsanordnungen gemäß § 119 Abs. 1 StPO lediglich auf die für die Anordnung der Untersuchungshaft maßgeblichen Erwägungen stützt, ohne eine Prüfung durchzuführen, ob schon durch die Inhaftierung des Beschuldigten der Flucht-, Verdunkelungs- oder Wiederholungsgefahr ausreichend begegnet wird[347].

Privater Austausch von Nachrichten, Gedanken und Meinungen

f) Recht der Freizügigkeit einschließlich Berufsfreiheit

Nach Art. 17 Verf. Berlin (1995) ist das Recht der Freizügigkeit gewährleistet, insbesondere die freie Wahl des Wohnsitzes, des Berufs und des Arbeitsplatzes; es findet jedoch seine Grenze in der Verpflichtung, bei Überwindung öffentlicher Notstände mitzuhelfen. Wie die beispielhafte Erwähnung der freien Wahl des Berufs und des Arbeitsplatzes zeigt, wird damit die „Freizügigkeit in einem umfassenden Sinne" geschützt, der sich von der engeren Garantie des Art. 11 GG unterscheidet[348].

61
Schutz umfassender Freizügigkeit

Als „Unterfall einer umfassend zu verstehenden Freizügigkeit"[349] nennt Art. 17 Verf. Berlin (1995) ausdrücklich die freie Wahl des Wohnsitzes. Diese Freizügigkeit im engeren Sinne schützt die freie Bestimmung des Aufenthaltsortes innerhalb der Grenzen des Landes Berlin und damit „das Recht, ungehindert durch die Staatsgewalt sowohl von einem Berliner Bezirk in den anderen zu ziehen, als auch innerhalb dieser Bezirke nach eigener Wahl Aufenthalt und Wohnsitz zu nehmen"; sie umfaßt ferner „sozusagen als Kehrseite der positiven Freizügigkeit das Recht, nicht ziehen zu müssen, das Recht, innerhalb Berlins dort zu bleiben, wo man ist (sog. negative Freizügigkeit)"[350]. Mit diesem Inhalt stimmt zwar nicht der räumliche, aber der sachliche Schutzbereich des Art. 17 Verf. Berlin (1995) im wesentlichen mit demjenigen des

62
Freie Wahl des Wohnsitzes

---

345 *Driehaus* (LitVerz.), Art. 16 RN 1; *Stöhr*, in: Pfennig/Neumann (LitVerz.), Art. 16 RN 2; *Waldhoff*, in: Siegel/ders. (LitVerz.), § 1 RN 72. Vgl. oben B I, RN 23.
346 *VerfGH Berlin LVerfGE 21*, 65 (68).
347 *VerfGH Berlin LVerfGE 21*, 65 (Ls.).
348 *Waldhoff*, in: Siegel/ders. (LitVerz.), § 1 RN 73; vgl. auch *Driehaus* (LitVerz.), Art. 17 RN 1.
349 *VerfGH Berlin LVerfGE 2*, 19 (24) zu dem mit Art. 17 Verf. Berlin (1995) wörtlich übereinstimmenden Art. 11 Verf. Berlin (1950); s. aus dem Schrifttum: *Stöhr*, in: Pfennig/Neumann (LitVerz.), Art. 17 RN 4.
350 *VerfGH Berlin LVerfGE 2*, 19 (24) zu Art. 11 Verf. Berlin (1950); vgl. auch *VerfGH Berlin*, B. v. 27. 6. 2006 (VerfGH 30/06, 30 A/06), juris, RN 16.

§ 247   Sechzehnter Teil: III. Die Grundrechte in den Landesverfassungen

Unterschied im personellen Schutzbereich

Art. 11 Abs. 1 GG überein[351]. Beide Vorschriften unterscheiden sich allerdings jeweils in ihrem personellen Schutzbereich: Während Art. 17 Verf. Berlin (1995) ein *Menschenrecht* enthält, genießen nach Art. 11 Abs. 1 GG[352] nur alle *Deutschen* im Sinne von Art. 116 Abs. 1 GG Freizügigkeit im ganzen Bundesgebiet. Insoweit ist jedoch das aufgrund der Gesetzgebungskompetenzen in Art. 73 Abs. 1 Nr. 3 und Art. 74 Abs. 1 Nr. 4 in Verbindung mit Art. 72 Abs. 2 GG geregelte materielle Bundesrecht vorrangig[353].

63
Schutz der Berufsfreiheit

In ausdrücklicher Abweichung von der früheren Auffassung[354], Art. 17 Verf. Berlin (1995) enthalte kein eigenständiges Grundrecht der Berufsausübung, stellte der Verfassungsgerichtshof des Landes Berlin in einem Beschluß vom 28. Juni 2001 klar, daß diese Vorschrift in Übereinstimmung mit Art. 12 Abs. 1 Satz 1 GG[355] und der dazu ergangenen Rechtsprechung des Bundesverfassungsgerichts[356] auch ein Grundrecht der Freiheit der Berufsausübung gewährleistet[357]. Daran, daß die in Art. 17 Verf. Berlin (1995) ausdrücklich genannte freie Wahl des Berufs „im Sinne eines umfassenden Grundrechts der Berufsfreiheit" einschließlich der Berufsausübung zu verstehen ist[358], hält

Ausprägung als Menschenrecht

der Verfassungsgerichtshof seitdem fest. Die Berufsfreiheit wird in Art. 17 Verf. Berlin (1995) allerdings im Unterschied zu Art. 12 Abs. 1 GG allen Menschen und nicht nur den Deutschen gewährleistet; weil sich nach der Rechtsprechung des Bundesverfassungsgerichts Ausländer hinsichtlich derjenigen Freiheitsrechte, für die den Deutschen exklusiver Schutz durch die diesbezüglichen Bürgerrechte gewährt wird, auf die allgemeine Handlungsfreiheit des Art. 2 Abs. 1 GG als Auffanggrundrecht berufen können[359], besteht hier „in der Sache insoweit ebenfalls eine weitestgehende Übereinstimmung zwischen Bundes- und Landesrecht"[360]. Art. 17 Verf. Berlin (1995) garantiert die Freiheit des einzelnen, jede Tätigkeit, für die er sich als geeignet ansieht, als Beruf zu ergreifen und damit zur Grundlage seiner Lebensführung zu machen[361]. Mit der Freiheit der Berufsausübung verbunden ist etwa das Recht, eine ange-

Drei-Stufen-Theorie

messene Vergütung zu fordern[362]. Wegen der Einheitlichkeit des Grundrechts der Berufsfreiheit läßt sich die vom Bundesverfassungsgericht entwickelte sogenannte Drei-Stufen-Theorie[363] auch auf Beschränkungen der in Art. 17

---

351 Vgl. *VerfGH Berlin LVerfGE* 2, 19 (24) zu Art. 11 Verf. Berlin (1950).
352 → Bd. IV: *Merten*, Freizügigkeit, § 94.
353 Vgl. *VerfGH Berlin LVerfGE* 2, 19 (24 f.) zu Art. 11 Verf. Berlin (1950); *Waldhoff*, in: Siegel/ders. (Lit-Verz.), § 1 RN 73.
354 *VerfGH Berlin LVerfGE* 9, 45 (50 f.); vgl. auch *VerfGH Berlin* JR 1996, S. 146 f.; *LVerfGE* 5, 14 (17) zu Art. 11 Verf. Berlin (1950).
355 → Bd. V: *H.-P. Schneider*, Berufsfreiheit, § 113.
356 S. etwa *BVerfGE* 85, 248 (256); *94*, 372 (389); *95*, 173 (181); *101*, 331 (346).
357 *VerfGH Berlin LVerfGE* 12, 15 (21 ff.).
358 *VerfGH Berlin LVerfGE* 25, 146 (154); vgl. etwa auch *LVerfGE* 19, 32 (36); B. v. 19. 6. 2013 (VerfGH 174/11), juris, RN 10.
359 S. etwa *BVerfGE* 78, 179 (196 f.); *128*, 1 (68).
360 *Driehaus* (LitVerz.), Art. 17 RN 6; vgl. auch *Stöhr*, in: Pfennig/Neumann (LitVerz.), Art. 17 RN 4.
361 *VerfGH Berlin*, B. v. 21. 3. 2003 (VerfGH 2/03), juris, RN 15, im Anschluß an *BVerfGE* 7, 377 (397) zu Art. 12 Abs. 1 GG.
362 *VerfGH Berlin*, B. v. 19. 6. 2013 (VerfGH 174/11), juris, RN 10, im Anschluß u. a. an *BVerfGE* 88, 145 (159) zu Art. 12 Abs. 1 GG.
363 S. dazu *Sodan*, GG (LitVerz.), Art. 12 RN 29 ff.

Verf. Berlin (1995) geschützten Berufsausübungsfreiheit übertragen; danach kann beispielsweise eine umfangreiche Beschlagnahme ärztlicher Patientenakten in Wahrung des Grundsatzes der Verhältnismäßigkeit zulässig sein[364]. Zu einem aus Art. 17 Verf. Berlin (1995) in Verbindung mit dem allgemeinen Gleichheitssatz des Art. 10 Abs. 1 Verf. Berlin (1995) und dem Sozialstaatsprinzip herzuleitenden Anspruch auf Teilhabe an staatlichen Leistungen stellte der Verfassungsgerichtshof klar, daß jedenfalls weder ein Anspruch auf Bereitstellung eines Arbeitsplatzes eigener Wahl noch eine Bestandsgarantie für den einmal gewählten Arbeitsplatz existiert[365]. Aus Art. 17 und Art. 20 Abs. 1 Satz 2 Verf. Berlin (1995), wonach das Land Berlin jedem Menschen den Zugang zu den öffentlichen Bildungseinrichtungen ermöglicht[366], folgerte der Verfassungsgerichtshof die Gewährleistung der freien Wahl der Ausbildungsstätte in gleichem Umfang wie durch Art. 12 Abs. 1 Satz 1 GG; dazu gehöre die Freiheit einer Wahl zwischen verschiedenen Universitäten und damit auch des Studienortes, so daß eine eingehende fachgerichtliche Überprüfung normierter Kapazitätsbeschränkungen erforderlich sei[367].

Zugang zu Bildungseinrichtungen

g) Zugang zu öffentlichen Ämtern

Nach Art. 19 Abs. 2 Verf. Berlin (1995) steht jedem der Zugang zu allen öffentlichen Ämtern ohne Unterschied der Herkunft, des Geschlechts, der Partei und des religiösen Bekenntnisses offen, sofern er die nötige Eignung besitzt. Damit ähnelt diese – gegenüber dem allgemeinen Gleichheitssatz des Art. 10 Abs. 1 Verf. Berlin (1995) speziellere[368] – Vorschrift dem in Art. 33 Abs. 2 GG enthaltenen grundrechtsgleichen Recht, wonach jeder Deutsche nach seiner Eignung, Befähigung und fachlichen Leistung gleichen Zugang zu jedem öffentlichen Amt hat[369]. Anders als diese grundgesetzliche Bestimmung bezieht Art. 19 Abs. 2 Verf. Berlin (1995) in den Schutz auch Ausländer ein; dabei gehen allerdings bundesrechtliche Staatsangehörigkeitsvorbehalte stets vor[370]. Zur Eignung im Sinne von Art. 19 Abs. 2 Verf. Berlin (1995) zählt auch die charakterliche Eignung; dazu „gehört u. a. auch die Fähigkeit und die innere Bereitschaft, die dienstlichen Aufgaben nach den Grundsätzen der Verfassung wahrzunehmen, insbesondere die Freiheitsrechte der Bürger zu wahren und rechtsstaatliche Regeln einzuhalten"[371]. Diese Vorschrift begründet ein subjektives Recht auf Bewerbung und sachgerechte Beurteilung dieser Bewerbung, nicht aber einen Anspruch auf ein Amt[372]. Eine Verletzung der

64
Spezieller Gleichheitssatz

Einbezug von Ausländern

Bewerbung und Beurteilung

---

[364] *VerfGH Berlin LVerfGE 12*, 15 (24 ff.).
[365] *VerfGH Berlin LVerfGE 7*, 3 (10), im Anschluß an *BVerfGE 84*, 133 (146) zu Art. 12 Abs. 1 Satz 1 GG. S. zu dem in Art. 18 Satz 1 Verf. Berlin (1995) genannten „Recht auf Arbeit" als Staatsziel unten BV 1, RN 80.
[366] S. zu diesem Handlungsauftrag an das Land auch unten B IV, RN 77.
[367] *VerfGH Berlin LVerfGE 19*, 32 (36 ff.); vgl. auch *LVerfGE 22*, 69 (80). Kritisch zur Herleitung *Driehaus* (LitVerz.), Art. 17 RN 11; *Waldhoff*, in: Siegel/ders. (LitVerz.), § 1 RN 74.
[368] *Driehaus* (LitVerz.), Art. 19 RN 7.
[369] → Bd. V: *Wendt*, Spezielle Gleichheitsrechte, § 127 RN 50 ff.
[370] *Waldhoff*, in: Siegel/ders. (LitVerz.), § 1 RN 63.
[371] So *VerfGH Berlin LVerfGE 7*, 26 (32) zu dem mit Art. 19 Abs. 2 Verf. Berlin (1995) wörtlich übereinstimmenden Art. 13 Verf. Berlin (1950), im Anschluß an *BVerfGE 92*, 140 (151) zu Art. 33 Abs. 2 GG.
[372] *Driehaus* (LitVerz.), Art. 19 RN 7; *Waldhoff*, in: Siegel/ders. (LitVerz.), § 1 RN 63.

Norm kann zwar mit der Verfassungsbeschwerde zum Verfassungsgerichtshof des Landes Berlin gerügt werden; aus Art. 19 Abs. 2 Verf. Berlin (1995) läßt sich aber beispielsweise weder ein subjektives Recht auf die Einrichtung und Ausschreibung einer bestimmten Zahl von Notarstellen noch eine Selbstbindung der Verwaltung gegenüber späteren potentiellen Bewerbern herleiten[373].

h) Eigentumsfreiheit

65
Abwehrrecht und Institutsgarantie

Art. 23 Abs. 1 Verf. Berlin (1995) gewährleistet das Eigentum, dessen Inhalt und Schranken sich aus den Gesetzen ergeben. Der Wortlaut dieser Vorschrift ist damit dem Art. 14 Abs. 1 GG[374] sehr ähnlich – mit dem Unterschied freilich, daß in Satz 1 dieser Norm zusätzlich auch das Erbrecht garantiert wird. Der Verfassungsgerichtshof des Landes Berlin spricht von der „inhaltsgleichen Eigentumsgewährleistung des Art. 14 Abs. 1 Satz 1 GG"[375]. Art. 23 Abs. 1 Verf. Berlin (1995) enthält sowohl ein Abwehrrecht gegen staatliche Eingriffe als auch eine Institutsgarantie für das Privatrecht[376]. Der Eigentumsbegriff dieser Vorschrift ist identisch mit demjenigen des Art. 14 Abs. 1 Satz 1

Eigentumsbegriff

GG: Er umfaßt grundsätzlich alle vermögenswerten Rechte, welche die Rechtsordnung dem Berechtigten so zuordnet, daß dieser die damit verbundenen Befugnisse in eigenverantwortlicher Weise zu seinem privaten Nutzen ausüben kann[377]. Aus der Eigentumsposition ergibt sich, daß die gerichtliche Durchsetzung des Anspruchs auf die gesetzlich zulässige Miete nicht unzumutbar erschwert werden darf[378]. Ob das Besitzrecht des Mieters an der Wohnung als Eigentum im Sinne von Art. 23 Abs. 1 Verf. Berlin (1995) anzusehen ist[379], hat der Verfassungsgerichtshof in seiner Rechtsprechung offengelassen[380]. Eine städtische Wohnungsbaugesellschaft, in der das Land Berlin aufgrund der Beteiligungsverhältnisse eine beherrschende Stellung einnimmt, ist nicht Trägerin des Grundrechts der Eigentumsfreiheit aus Art. 23 Abs. 1 Verf. Berlin (1995)[381].

66
Nach Art. 23 Abs. 1 Satz 2 Verf. Berlin (1995) obliegt es dem Gesetzgeber, Inhalt sowie Schranken des Eigentums und damit die konkrete Reichweite des Schutzes der Eigentumsgarantie zu bestimmen[382]. Es fehlt in Art. 23 Verf.

---

373 *VerfGH Berlin* NJW-RR 2004, S. 1706 (1708).
374 → Bd. V: *Depenheuer*, Eigentum, § 111.
375 *VerfGH Berlin* NZM 2001, S. 847 (848).
376 *VerfGH Berlin*, B. v. 9. 5. 2003 (VerfGH 150/01), juris, RN 9, im Anschluß etwa an *BVerfGE 24*, 367 (389) zu Art. 14 Abs. 1 Satz 1 GG.
377 *VerfGH Berlin* LVerfGE 13, 42 (51); B. v. 9. 5. 2003 (VerfGH 150/01), juris, RN 9; jeweils im Anschluß etwa an *BVerfGE 78*, 58 (71); *83*, 201 (208) zu Art. 14 Abs. 1 Satz 1 GG.
378 *VerfGH Berlin* NJW-RR 2002, S. 80; B. v. 9. 5. 2003 (VerfGH 150/01), juris, RN 10; jeweils im Anschluß an *BVerfGE 89*, 340 (342) zu Art. 14 Abs. 1 Satz 1 GG.
379 Bejahend für Art. 14 Abs. 1 Satz 1 GG etwa *BVerfGE 89*, 1 (5 ff.); *BVerfG* (Kammer) NJW 2011, S. 1723 (1724). S. zur Kritik an dieser Judikatur etwa *Depenheuer*, Der Mieter als Eigentümer?, NJW 1993, S. 2561 ff.
380 *VerfGH Berlin* LVerfGE 5, 58 (63); *13*, 42 (51); ebenso zu dem mit Art. 23 Abs. 1 Satz 1 Verf. Berlin (1995) wörtlich übereinstimmenden Art. 15 Abs. 1 Satz 1 Verf. Berlin (1950) *LVerfGE 2*, 9 (12).
381 B II, RN 28 mit den Nachw. in FN 175.
382 *VerfGH Berlin* NZM 2001, S. 746 (747); B. v. 13. 6. 2003 (VerfGH 59/02), juris, RN 10; *LVerfGE 23*, 28 (34); jeweils im Anschluß etwa an *BVerfGE 50* , 290 (339 f.); *95*, 48 (58) zu Art. 14 Abs. 1 Satz 2 GG.

Berlin (1995) jedoch eine dem Art. 14 Abs. 2 GG entsprechende Regelung, daß Eigentum verpflichtet und sein Gebrauch zugleich dem Wohle der Allgemeinheit dienen soll[383]. Nach der Rechtsprechung des Verfassungsgerichtshofs ist jedoch die Sozialpflichtigkeit der Eigentumsgewährleistung des Art. 23 Abs. 1 Verf. Berlin (1995) „immanent"[384]. Zur Sozialbindung des Eigentums gehört das Gebot der Rücksichtnahme auf den Nichteigentümer, der auf die Nutzung des Eigentumsobjekts zu seiner Freiheitssicherung und verantwortlichen Lebensgestaltung angewiesen ist[385]. Zur Wahrung des Grundsatzes der Verhältnismäßigkeit muß der Landesgesetzgeber die schutzwürdigen Interessen der Beteiligten in einen gerechten Ausgleich und ein ausgewogenes Verhältnis bringen; die im Straßenreinigungsgesetz von Berlin geregelte Verantwortlichkeit der Straßenanlieger für den Winterdienst auf Gehwegen erklärte der Verfassungsgerichtshof bei verfassungskonformer Auslegung und Anwendung für vereinbar mit dem Eigentumsgrundrecht[386].

<small>Keine ausdrückliche Bestimmung zur Sozialpflichtigkeit</small>

<small>Verhältnismäßigkeit</small>

Während nach Art. 14 Abs. 3 Satz 2 GG eine Enteignung nur *durch Gesetz oder auf Grund eines Gesetzes* erfolgen darf, kann eine Enteignung gemäß Art. 23 Abs. 2 Verf. Berlin (1995) zum Wohle der Allgemeinheit ausschließlich *auf einer gesetzlichen Grundlage* vorgenommen werden. Dem Landesgesetzgeber ist also lediglich eine sogenannte Administrativenteignung erlaubt, eine Legalenteignung hingegen verwehrt[387]. Im Gegensatz zu Art. 14 Abs. 3 Satz 2 GG enthält Art. 23 Verf. Berlin (1995) keine sogenannte Junktimklausel, derzufolge ein Enteignungsgesetz zugleich Art und Ausmaß der Entschädigung regeln muß. Auch landesrechtliche Enteignungsnormen haben jedoch den Anforderungen der Junktimklausel zu genügen, weil anderenfalls zwar kein Verstoß gegen Art. 23 Abs. 2 Verf. Berlin (1995) vorläge, aber Art. 14 Abs. 3 Satz 2 GG verletzt wäre[388].

67
<small>Verwehrung von Legalenteignungen</small>

i) Versammlungsfreiheit

Nach Art. 26 Abs. 1 Satz 1 Verf. Berlin (1995) haben alle *Männer und Frauen* das Recht, sich zu gesetzlich zulässigen Zwecken friedlich und unbewaffnet zu versammeln. Der Wortlaut dieser Vorschrift ist demjenigen in Art. 8 Abs. 1 GG ähnlich, wonach alle *Deutschen* das Recht haben, sich ohne Anmeldung oder Erlaubnis friedlich und ohne Waffen zu versammeln[389]. Mit der Beschränkung auf ein Bürgerrecht bleibt allerdings die im Grundgesetz gewährleistete Versammlungsfreiheit hinter dem personellen Schutzbereich des Art. 26 Abs. 1 Satz 1 Verf. Berlin (1995) zurück, der die Versammlungs-

68
<small>Gewährleistung als Menschenrecht</small>

---

383 → Bd. V: *Depenheuer*, Eigentum, § 111 RN 78.
384 *VerfGH Berlin* NZM 2001, S. 746 (747); B. v. 13. 6. 2003 (VerfGH 59/02), juris, RN 10; *LVerfGE 23*, 28 (34).
385 *VerfGH Berlin*, B. v. 13. 6. 2003 (VerfGH 59/02), juris, RN 10.
386 *VerfGH Berlin LVerfGE 23*, 28 (34 ff.).
387 *Driehaus* (LitVerz.), Art. 23 RN 1, 11; *Stöhr*, in: Pfennig/Neumann (LitVerz.), Art. 23 RN 3; *Waldhoff*, in: Siegel/ders. (LitVerz.), § 1 RN 76.
388 *Driehaus* (LitVerz.), Art. 23 RN 1; *Stöhr*, in: Pfennig/Neumann (LitVerz.), Art. 23 RN 4.
389 → Bd. IV: *Hoffmann-Riem*, Versammlungsfreiheit, § 106.

§ 247   *Sechzehnter Teil: III. Die Grundrechte in den Landesverfassungen*

Teilersetzung des Versammlungsgesetzes

freiheit als Jedermannrecht auch zugunsten von Ausländern schützt. In bundesrechtlicher Hinsicht ist jedoch zu beachten, daß Ausländer sich insoweit auf das Auffanggrundrecht des Art. 2 Abs. 1 GG berufen können[390] und zudem einfachgesetzlich durch § 1 Abs. 1 VersammlG geschützt werden, wonach „jedermann" und somit nicht nur ein Deutscher das Recht hat, öffentliche Versammlungen und Aufzüge zu veranstalten sowie an solchen Veranstaltungen teilzunehmen. Dieses Bundesgesetz gilt gemäß Art. 125a Abs. 1 Satz 1 GG fort, sofern ein Land nicht von der in Art. 125a Abs. 1 Satz 2 GG eingeräumten Ersetzungsmöglichkeit infolge der Änderung des Art. 74 Abs. 1 Nr. 3 GG a.F.[391] Gebrauch gemacht hat[392]. Der Verfassungsgerichtshof des Landes Berlin bestätigte in einem Urteil vom 11. April 2014 die Verfassungsmäßigkeit der Teilersetzung des Versammlungsgesetzes des Bundes, welche durch das Berliner Gesetz über Aufnahmen und Aufzeichnungen von Bild und Ton bei Versammlungen unter freiem Himmel und Aufzügen[393] erfolgt ist[394]. Nach § 3 dieses Landesgesetzes wurde lediglich § 19a VersammlG

Gesetzesvorbehalt

ersetzt, so daß § 1 Abs. 1 VersammlG im Land Berlin fortgilt. Art. 26 Abs. 1 Satz 2 Verf. Berlin (1995), demzufolge das in Satz 1 geschützte Recht für Versammlungen unter freiem Himmel durch Gesetz oder auf Grund eines Gesetzes beschränkt werden kann, stimmt wörtlich mit Art. 8 Abs. 2 GG überein. Angesichts dieses Gesetzesvorbehalts kommt dem in Art. 26 Abs. 1 Satz 1 Verf. Berlin (1995) genannten Hinweis, daß eine Versammlung nur zu „gesetzlich zulässigen Zwecken" erfolgen darf, keine weitergehende einschränkende Bedeutung zu[395]. Insgesamt – also unter Einbeziehung auch der beiden Schutzbereiche – bescheinigte der Verfassungsgerichtshof dem Art. 26 Verf. Berlin (1995), das Grundrecht der Versammlungsfreiheit „in weitgehender Übereinstimmung mit Art. 8 GG" zu verbürgen[396]. In dem soeben genannten Urteil vom 11. April 2014 entschied er, die in § 1 Abs. 3 des Berliner Gesetzes über Aufnahmen und Aufzeichnungen von Bild und Ton bei Versammlungen unter freiem Himmel und Aufzügen geregelte Ermächtigung der Polizei zur Anfertigung von Übersichtsaufnahmen sei „bei der gebotenen Auslegung und Anwendung im Lichte der grundlegenden Bedeutung der Versammlungsfrei-

Friedlichkeit

heit" verhältnismäßig und auch im übrigen verfassungsmäßig[397]. Angesichts der in Art. 26 Abs. 1 Satz 1 Verf. Berlin (1995) enthaltenen Beschränkung auf „friedliche" Versammlungen läuft im übrigen Art. 37 Verf. Berlin (1995), wonach sich auf die Versammlungsfreiheit nicht berufen darf, wer dieses

---

390 Vgl. oben B III 2 f, RN 63.
391 Durch Art. 1 Nr. 7 lit. a) bb) des Gesetzes zur Änderung des Grundgesetzes v. 28. 8. 2006 (BGBl. I S. 2034).
392 Vgl. *BVerfGE 128*, 226 (257).
393 Vom 23. 4. 2013 (GVBl. S. 103).
394 *VerfGH Berlin LVerfGE 25*, 115 (125 ff.).
395 *Driehaus* (LitVerz.), Art. 26 RN 3; *Waldhoff*, in: Siegel/ders. (LitVerz.), § 1 RN 70; a.A. *Stöhr*, in: Pfennig/Neumann (LitVerz.), Art. 26 RN 8.
396 *VerfGH Berlin LVerfGE 25*, 115 (128).
397 *VerfGH Berlin LVerfGE 25*, 115 (127 ff.) mit krit. Anmerkung von *Neskovic/Uhlig*, NVwZ 2014, S. 1317 ff.

Grundrecht angreift oder gefährdet, insbesondere nationalsozialistische oder andere totalitäre oder kriegerische Ziele verfolgt, „weitestgehend leer"[398].

j) Vereinigungsfreiheit und Streikrecht

Nach Art. 27 Abs. 1 Satz 1 Verf. Berlin (1995) haben alle *Männer und Frauen* das Recht, Vereinigungen und Gesellschaften zu bilden. Einen ähnlichen Wortlaut enthält Art. 9 Abs. 1 GG, der allen *Deutschen* das Recht gewährleistet, Vereine und Gesellschaften zu bilden[399]. Ebenso wie im Falle der Versammlungsfreiheit[400] reicht daher der personelle Schutzbereich dieses Grundrechts in der Landesverfassung mit dem darin geregelten Menschenrecht weiter als im Grundgesetz mit dem dort garantierten Bürgerrecht. In bundesrechtlicher Hinsicht ist jedoch zu beachten, daß Ausländer sich bezüglich Vereinigungen auf das Auffanggrundrecht des Art. 2 Abs. 1 GG berufen können[401]; überdies erklärt § 1 Abs. 1 VereinsG die Bildung von Vereinen für frei, ohne insoweit Ausländer von dieser Vereinsfreiheit auszuschließen. Nach Art. 27 Abs. 1 Satz 2 Verf. Berlin (1995) dürfen Vereinigungen keine Zwecke verfolgen und Maßnahmen treffen, durch welche die Erfüllung von Aufgaben verfassungsmäßiger Organe und öffentlich-rechtlicher Verwaltungskörper gefährdet wird. Darin unterscheidet sich diese Vorschrift von Art. 9 Abs. 2 GG, der bestimmte Arten von Vereinigungen verbietet, nämlich solche, deren Zwecke oder deren Tätigkeit den Strafgesetzen zuwiderlaufen oder die sich gegen die verfassungsmäßige Ordnung oder gegen den Gedanken der Völkerverständigung richten. Trotz der abweichenden Formulierungen besteht jeweils ein Gesetzesvorbehalt, den der Gesetzgeber durch eine Schrankenregelung zu konkretisieren hat[402]. Solche Einschränkungen enthalten vor allem die §§ 3 ff. VereinsG. Die in § 14 VereinsG für Vereine, deren Mitglieder oder Leiter sämtlich oder überwiegend Ausländer sind (Ausländervereine), und in § 15 VereinsG für Vereine mit Sitz im Ausland (ausländische Vereine) geregelten bundesrechtlichen Sondervorschriften gehen allerdings über Art. 27 Abs. 1 Satz 2 Verf. Berlin (1995) hinaus und verdrängen die weiterreichende landesrechtliche Garantie der Vereinigungsfreiheit[403]. Angesichts der in Art. 27 Abs. 1 Satz 2 Verf. Berlin (1995) enthaltenen Beschränkungen läuft im übrigen Art. 37 Verf. Berlin (1995), wonach sich auf die Vereinigungsfreiheit nicht berufen darf, wer dieses Grundrecht angreift oder gefährdet, insbesondere nationalsozialistische oder andere totalitäre oder kriegerische Ziele verfolgt, zumindest teilweise leer[404].

69 Schutz der Vereinigungsfreiheit

Erstreckung des Schutzbereichs auf Ausländer

Kein ausdrückliches Verbot strafgesetzwidriger Versammlungen

Vorbehaltskonkretisierende Schrankenregelungen

In der Verfassung von Berlin (1995) fehlt eine dem Art. 9 Abs. 3 GG[405] entsprechende Vorschrift, so daß die speziell zur Wahrung und Förderung der

70 Streikrecht

---

398 *Driehaus* (LitVerz.), Erl. zu Art. 37.
399 → Bd. IV: *Ziekow*, Vereinigungsfreiheit, § 107.
400 S. B III 2 i, RN 68.
401 Vgl. B III 2 f, i, RN 63, 68.
402 *Driehaus* (LitVerz.), Art. 27 RN 5; *Waldhoff*, in: Siegel/ders. (LitVerz.), § 1 RN 71.
403 *Driehaus* aaO., Art. 27 RN 2.
404 *Driehaus* aaO., Erl. zu Art. 37; vgl. auch oben B III 2 i, RN 68 zur Versammlungsfreiheit.
405 → Bd. V: *v. Danwitz*, Koalitionsfreiheit, § 116.

Arbeits- und Wirtschaftsbedingungen gebildeten Vereinigungen – die sogenannten Koalitionen – grundsätzlich nur im Rahmen von Art. 27 Abs. 1 Verf. Berlin (1995) geschützt sind[406]. Einen besonderen Aspekt der Koalitionsfreiheit greift Artikel 27 Abs. 2 auf, indem er das Streikrecht, nicht aber die Aussperrung gewährleistet. Nach der Rechtsprechung des Bundesverfassungsgerichts zu Art. 9 Abs. 3 GG zählen zu den durch dieses Grundrecht geschützten Mitteln auch Arbeitskampfmaßnahmen, die zur Sicherstellung einer funktionierenden Tarifautonomie erforderlich sind; dazu gehören jedenfalls Aussperrungen, „die mit suspendierender Wirkung in Abwehr von Teil- oder Schwerpunktstreiks zur Herstellung der Verhandlungsparität eingesetzt werden"[407], ebenso wie Streikmaßnahmen[408]. Unzulässig sind allerdings sogenannte wilde Streiks, die nicht von Koalitionen geführt werden, und politische Streiks, die sich nicht gegen den jeweiligen Tarifpartner wenden[409]. Das in Art. 27 Abs. 2 Verf. Berlin (1995) gewährleistete Streikrecht kann Wirkung lediglich im Rahmen bundesrechtlicher Vorgaben entfalten; Beschränkungen sind durch kollidierendes Verfassungsrecht[410] möglich[411].

k) Unverletzlichkeit des Wohnraums

71

Schutz der Privatheit

Art. 28 Abs. 2 Satz 1 Verf. Berlin (1995) erklärt den Wohnraum für unverletzlich und stimmt damit fast wörtlich mit Art. 13 Abs. 1 GG[412] überein, der allerdings von „Wohnung" und nicht von „Wohnraum" spricht. Der Verfassungsgerichtshof des Landes Berlin sieht beide Vorschriften als inhaltsgleich an[413]. Durch Art. 28 Abs. 2 Satz 1 Verf. Berlin (1995) wird dem einzelnen „ein elementarer Lebensraum gewährleistet"[414], also „das Recht, in den Räumen, in denen sich das Privatleben entfaltet, in Ruhe gelassen zu werden"[415]. Dieses Grundrecht schützt daher nicht mittelbare Besitzer und somit keine Wohnungen, welche ein Hauseigentümer vermietet hat oder leer stehen läßt, sondern nur die mit erkennbarem Wohnwillen den Wohnraum unmittelbar besitzenden Personen[416]. Die Privatheit der innegehabten Wohnung wird durch die Kündigung des betreffenden Mietverhältnisses als solche nicht berührt, so daß sich für Räumungsprozesse gegen den Mieter aus Art. 28 Abs. 2 Verf. Berlin (1995) grundsätzlich keine Maßstäbe herleiten lassen[417]. Eine Wohnungs-

---

406 *Driehaus* aaO., Art. 27 RN 1.
407 *BVerfGE* 84, 212 (225).
408 *BVerfGE* 88, 103 (114); *119*, 247 (264).
409 *Driehaus* (LitVerz.), Art. 27 RN 7.
410 S. etwa zu Art. 33 Abs. 5 GG als Grundlage eines für Beamte geltenden Verbots, zur Durchsetzung von Arbeitsbedingungen kollektive Kampfmaßnahmen zu ergreifen, *Sodan*, GG (LitVerz.), Art. 9 RN 30.
411 *Driehaus* (LitVerz.), Art. 27 RN 6.
412 → Bd. IV: *Papier*, Schutz der Wohnung, § 91.
413 *VerfGH Berlin*, B. v. 25. 3. 1999 (VerfGH 84/99), juris, RN 16; B. v. 8. 10. 2001 (VerfGH 108/01, 108 A/01), juris, RN 11; B. v. 11. 10. 2001 (VerfGH 20/01), juris, RN 10; *LVerfGE* 24, 58 (62).
414 *VerfGH Berlin LVerfGE* 24, 58 (62), im Anschluß an *BVerfGE* 42, 212 (219) zu Art. 13 Abs. 1 GG.
415 *VerfGH Berlin*, B. v. 25. 3. 1999 (VerfGH 84/99), juris, RN 16, im Anschluß etwa an *BVerfGE* 89, 1 (12) zu Art. 13 Abs. 1 GG.
416 *VerfGH Berlin*, B. v. 11. 10. 2001 (VerfGH 20/01), juris, RN 10.
417 *VerfGH Berlin*, B. v. 8. 10. 2001 (VerfGH 108/01, 108 A/01), juris, RN 11, im Anschluß an *BVerfGE* 89, 1 (11 f.) zu Art. 13 Abs. 1 GG.

durchsuchung führt jedoch zu einem schwerwiegenden Eingriff in das Grundrecht auf Unverletzlichkeit des Wohnraums[418]. Eine Durchsuchung ist das durch körperliches Betreten verfolgte, „ziel- und zweckgerichtete Suchen staatlicher Organe nach Personen oder Sachen oder zur Ermittlung eines Sachverhalts, um etwas aufzuspüren, was der Inhaber der Wohnung von sich aus nicht offenlegen oder herausgeben will"[419]. Durchsuchungen dürfen nur auf der Grundlage einer formellgesetzlichen Ermächtigung vorgenommen werden; solche Regelungen enthalten beispielsweise die §§ 102 ff. StPO[420]. Art. 28 Abs. 2 Satz 2 Verf. Berlin (1995) bestimmt, daß eine Durchsuchung nur auf richterliche Anordnung hin oder bei Verfolgung auf frischer Tat durch die Polizei durchgeführt werden darf, deren Maßnahmen jedoch binnen 48 Stunden der richterlichen Genehmigung bedürfen. Die Formulierung „bei Verfolgung auf frischer Tat" ist nicht inhaltsgleich mit der in Art. 13 Abs. 2 GG enthaltenen Anforderung „bei Gefahr im Verzuge"[421]. Der in Art. 28 Abs. 2 Satz 2 Verf. Berlin (1995) normierte Richtervorbehalt bezweckt eine vorbeugende Kontrolle der Maßnahme durch eine unabhängige und neutrale Instanz[422]. Der richterliche Durchsuchungsbeschluß muß im Rahmen des Möglichen und Zumutbaren mit seiner Begründung sicherstellen, daß der Grundrechtseingriff meßbar und kontrollierbar bleibt[423]. Erfolgt eine Wohnungsdurchsuchung zu Lasten eines Dritten lediglich auf der Grundlage einer strafrechtlichen Verurteilung, die ihn nicht betrifft, so wird das Grundrecht auf Unverletzlichkeit des Wohnraums verletzt; erforderlich ist grundsätzlich die richterliche Anordnung gegenüber dem Inhaber des Wohnraums[424]. In der Landesverfassung fehlen im übrigen Vorschriften, die den Regelungen in den Absätzen 3 bis 7 in Art. 13 GG entsprechen.

Wohnungsdurchsuchung

Richtervorbehalt

l) Glaubens- und Gewissensfreiheit

Art. 29 Abs. 1 Satz 1 Verf. Berlin (1995) erklärt die Freiheit des Glaubens, des Gewissens sowie die Freiheit des religiösen und weltanschaulichen Bekenntnisses für unverletzlich und stimmt wörtlich mit Art. 4 Abs. 1 GG überein. Eine Textidentität besteht auch zwischen Art. 29 Abs. 1 Satz 2 Verf. Berlin (1995), der die ungestörte Religionsausübung gewährleistet, und Art. 4 Abs. 2 GG. Abgesehen von dem eigenständigen Grundrecht der Gewissensfreiheit[425] wird durch diese Garantien ein „umfassend zu verstehendes einheitliches

72
Einschränkung des Schutzbereichs

---

418 *VerfGH Berlin LVerfGE 10*, 49 (Ls. 1); *18*, 111 (115); *24*, 58 (62); jeweils im Anschluß an *BVerfGE 51*, 97 (107); *96*, 27 (40) zu Art. 13 GG.
419 So *BVerfGE 51*, 97 (106 f.) zu Art. 13 Abs. 2 GG.
420 *VerfGH Berlin LVerfGE 24*, 58 (62).
421 S. zu der damit durch Art. 28 Abs. 2 Satz 2 Verf. Berlin (1995) im Verhältnis zu Art. 13 Abs. 2 GG begründeten problematischen Mehrgewährleistung *Driehaus* (LitVerz.), Art. 28 RN 9; *Eschen*, Zu den Voraussetzungen der Hausdurchsuchung bei Gefahr im Verzug, LKV 2001, S. 114 ff.; *Söllner*, Grenzen der Hausdurchsuchung nach der Berliner Landesverfassung, LKV 2009, S. 358 f.
422 *VerfGH Berlin LVerfGE 24*, 58 (62), im Anschluß an *BVerfGE 76*, 83 (91) zu Art. 13 Abs. 2 GG. Vgl. → Bd. V: *Voßkuhle*, Präventive Richtervorbehalte, § 131.
423 *VerfGH Berlin LVerfGE 18*, 111 (115).
424 *VerfGH Berlin LVerfGE 24*, 58 (Ls.).
425 → Bd. IV: *Herdegen*, Gewissensfreiheit, § 98.

Bekenntnisfreiheit

Grundrecht" der Glaubensfreiheit[426] geschützt[427]. Die Glaubensfreiheit „gewährt dem einzelnen einen von staatlichen Eingriffen freien Rechtsraum, in dem er sich in religiöser Hinsicht die Lebensform zu geben vermag, die seiner Überzeugung entspricht. Dazu gehört auch die Freiheit, den Glauben zu manifestieren, zu bekennen und zu verbreiten, sowie das Recht des einzelnen, sein gesamtes Verhalten an den Lehren seines Glaubens auszurichten und seiner inneren Überzeugung gemäß zu handeln"[428]. Mit diesem Grundrecht war die landesgesetzliche Streichung des Buß- und Bettages als staatlicher Feiertag vereinbar, weil die Glaubensfreiheit dem Gesetzgeber nicht die generelle Anerkennung oder Erhaltung von kirchlichen Feiertagen als allgemeinen Feiertagen – siehe zum Schutz gesetzlicher Feiertage Art. 35 Verf. Berlin (1995) – gebietet[429]. Die „negative" Glaubensfreiheit schließt das Recht ein, einer Kirche fernzubleiben und keinen öffentlichen Abgaben wegen einer Kirchenmitgliedschaft unterworfen zu werden; mit Art. 29 Abs. 1 Verf. Berlin (1995) vereinbar ist jedoch eine Kirchensteuerpflicht aufgrund einer durch Taufe begründeten und nicht durch Austritt beendeten Kirchenmitgliedschaft, es sei denn, daß der Zahlungspflichtige seine Kirchenmitgliedschaft nicht kannte und auch nicht mit ihr hätte rechnen können oder müssen[430]. Artikel 29 Abs. 2 enthält eine besondere Vorschrift ohne grundgesetzliche Entsprechung, indem er den Schutzbereich des Grundrechts der Glaubensfreiheit einschränkt[431]: Danach widersprechen Rassenhetze und Bekundung nationalen oder religiösen Hasses dem Geist der Verfassung und sind unter Strafe zu stellen[432].

„Negative" Glaubensfreiheit

m) Petitionsrecht

73

Parlaments- und Verwaltungspetitionen

Art. 34 Verf. Berlin (1995) gewährleistet jedem das Recht, sich einzeln oder in Gemeinschaft mit anderen mit schriftlichen Anträgen, Anregungen oder Beschwerden an die zuständigen Stellen, insbesondere an das Abgeordnetenhaus, den Senat, die Bezirksverordnetenversammlungen oder die Bezirksämter zu wenden. Diese Vorschrift entspricht damit trotz geringfügiger sprachlicher Abweichungen in der Sache dem Art. 17 GG[433], wonach jedermann das Recht hat, sich einzeln oder in Gemeinschaft mit anderen schriftlich mit Bitten oder Beschwerden an die zuständigen Stellen und an die Volksvertretung

---

426 *BVerfGE 108*, 282 (297); *137*, 273 (309); *138*, 296 (328f.) zu Art. 4 Abs. 1 und 2 GG.
427 → Bd. IV: *Muckel*, Schutz von Religion und Weltanschauung, § 96, und *Korioth*, Freiheit der Kirchen und Religionsgemeinschaften, § 97.
428 *VerfGH Berlin LVerfGE 3*, 43 (45) zu Art. 20 Abs. 1 Verf. Berlin (1950), im Anschluß an *BVerfGE 24*, 236 (245); *32*, 98 (106); *41*, 29 (49); *52*, 223 (240f.) zu Art. 4 Abs. 1 und 2 GG.
429 *VerfGH Berlin LVerfGE 3*, 43 (45f.) zu Art. 20 Abs. 1 Verf. Berlin (1950).
430 *VerfGH Berlin LVerfGE 22*, 34 (41ff.).
431 *Driehaus* (LitVerz.), Art. 29 RN 13; *Stöhr*, in: Pfennig/Neumann (LitVerz.), Art. 29 RN 9; *Waldhoff*, in: Siegel/ders. (LitVerz.), § 1 RN 67, 78.
432 S. dazu, daß der Landesgesetzgeber diesen Regelungsauftrag im Hinblick auf die erforderliche Gesetzgebungskompetenz nur eingeschränkt wahrnehmen kann, *Driehaus* (LitVerz.), Art. 29 RN 13; vgl. oben B III 2 c, RN 56.
433 *Driehaus* (LitVerz.), Art. 34 RN 1; *Stöhr*, in: Pfennig/Neumann (LitVerz.), Art. 34 RN 2; *Waldhoff*, in: Siegel/ders. (LitVerz.), § 1 RN 86.

zu wenden[434]. Die Stelle, an welche eine Petition in zulässiger Weise gerichtet wird, ist zur Entgegennahme und sachlichen Prüfung der Petition sowie gegenüber dem Petenten zur schriftlichen Mitteilung der Art der Erledigung und – sofern nicht im Einzelfall untunlich – der für die Erledigung maßgeblichen Gründe verpflichtet[435]. Das Petitionsrecht gewährt keinen „Anspruch auf Erledigung der Petition im Sinne des Petenten"[436]. Für die verfahrensmäßige Behandlung speziell von Parlamentspetitionen, die von Verwaltungspetitionen zu unterscheiden sind[437], gelten nach Art. 46 Verf. Berlin (1995) in Verbindung mit dem Gesetz über die Behandlung von Petitionen an das Abgeordnetenhaus von Berlin (Petitionsgesetz)[438] besondere Regelungen.

Erledigungs-
begründung

n) Widerstandsrecht

Nach Art. 36 Abs. 3 Verf. Berlin (1995) ist jedermann zum Widerstand berechtigt, sofern die in dieser Verfassung festgelegten Grundrechte offensichtlich verletzt werden. Den mit dieser Vorschrift wörtlich übereinstimmenden Art. 23 Abs. 3 Verf. Berlin (1950) bezeichnete der Verfassungsgerichtshof des Landes Berlin als eine dem grundrechtsgleichen Recht[439] des Art. 20 Abs. 4 GG[440] „ähnliche Bestimmung"[441]. Die grundgesetzliche Garantie gewährt allen Deutschen gegen jeden, der es unternimmt, die verfassungsmäßige Ordnung zu beseitigen, das Recht zum Widerstand, wenn andere Abhilfe nicht möglich ist. Anders als Art. 36 Abs. 3 Verf. Berlin (1995) beschränkt Art. 20 Abs. 4 GG damit das Widerstandsrecht auf Deutsche[442] sowie auf Handlungen, die auf die Abwehr von Bestrebungen zur Beseitigung und nicht schon einer offensichtlichen Verletzung gerichtet sind; während das Landesgrundrecht nur „die in der Verfassung festgelegten Grundrechte" zum Schutzobjekt erklärt, geht es beim grundgesetzlichen Widerstandsrecht um die gesamte verfassungsmäßige Ordnung. Überdies fehlt in Art. 36 Abs. 3 Verf. Berlin (1995) eine ausdrückliche, dem Art. 20 Abs. 4 GG entsprechende sogenannte Subsidiaritätsklausel („wenn andere Abhilfe nicht möglich ist"). Der Verfassungsgerichtshof stellte jedoch klar, das landesverfassungsrechtliche Widerstandsrecht stehe „unter dem selbstverständlichen Vorbehalt, daß die von der Rechtsordnung zur Verfügung gestellten Rechtsbehelfe versagen und demzufolge die Ausübung des Widerstandsrechts als letztes verbleibendes Mittel zur

74
Geringe praktische
Bedeutung

Notstands-
oder Staatsstreich-
situation

---

434 → Bd. V: *Bauer*, Petitionsrecht, § 117 RN 27 ff.
435 *VerfGH Berlin LVerfGE 2*, 5 (6 f.) zu dem mit Art. 34 Verf. Berlin (1995) wörtlich übereinstimmenden Art. 21 c Verf. Berlin (1950); vgl. zu Art. 17 GG *BVerfGE 2*, 225 (230).
436 *VerfGH Berlin LVerfGE 2*, 5 (7) zu Art. 21 c Verf. Berlin (1950), im Anschluß an *BVerfGE 13*, 54 (90) zu Art. 17 GG.
437 *Driehaus* (LitVerz.), Art. 34 RN 1.
438 Vom 25. 11. 1969 (GVBl. S. 2511), zuletzt geändert durch Art. I des Zweiten Änderungsgesetzes v. 6. 7. 2006 (GVBl. S. 710).
439 *Sodan*, GG (LitVerz.), Vorb. Art. 1 RN 3.
440 → Bd. V: *Höfling*, Widerstand im Rechtsstaat, § 121.
441 *VerfGH Berlin*, B. v. 29. 4. 1993 (VerfGH 8/93), juris, RN 6.
442 S. dazu, daß in der Erweiterung des personellen Schutzbereichs auf Ausländer durch Art. 36 Abs. 3 Verf. Berlin (1995) kein Verstoß gegen Bundesrecht zu sehen ist, *Stöhr*, in: Pfennig/Neumann (LitVerz.), Art. 36 RN 8.

Rechtswahrung erscheint"; infolgedessen kann eine Inanspruchnahme des Widerstandsrechts „von vornherein nur in Betracht kommen, wenn gegen offensichtliches Unrecht die Inanspruchnahme der Rechtsverfolgungschancen des Rechtsstaates faktisch unmöglich ist, also insbesondere in einer Notstands- oder Staatsstreichsituation"[443]. Die praktische Bedeutung von Art. 36 Abs. 3 Verf. Berlin (1995) ist daher gering[444].

IV. Besondere Landesgrundrechte ohne grundgesetzliche Entsprechungen

75
Anspruch auf Unterhalt aus öffentlichen Mitteln

In Nutzung seines Gestaltungsspielraums[445] hat das Abgeordnetenhaus von Berlin auch Landesgrundrechte geschaffen, die keine Parallelen im Grundgesetz aufweisen. So besteht nach Art. 18 Satz 4 Verf. Berlin (1995) ein Anspruch auf Unterhalt aus öffentlichen Mitteln, wenn Arbeit nicht nachgewiesen werden kann. Dieses „soziale Grundrecht"[446] ist hier als sogenanntes derivatives Teilhaberecht zu verstehen und gewährleistet damit ein Recht auf Teilhabe an den staatlichen Leistungssystemen, die für den Fall der Arbeitslosigkeit geschaffen wurden; da aber der Bundesgesetzgeber in Nutzung seiner Gesetzgebungskompetenz insoweit umfassende Regelungen erlassen hat, kommen darüber hinausgehende Ansprüche gegen das Land Berlin aus Artikel 18 Satz 4 nicht in Betracht[447].

76
Schutz staatsbürgerlicher Rechte und öffentlicher Ehrenämter

Personeller Schutzbereich

Art. 19 Abs. 1 Verf. Berlin (1995) bestimmt, daß niemand im Rahmen der geltenden Gesetze an der Wahrnehmung staatsbürgerlicher Rechte oder öffentlicher Ehrenämter gehindert werden darf, insbesondere nicht durch sein Arbeitsverhältnis. In bezug auf den – mit Ausnahme des Zusatzes „im Rahmen der geltenden Gesetze"[448] – wörtlich übereinstimmenden Art. 7 Verf. Berlin (1950) führte der Verfassungsgerichtshof des Landes Berlin aus, dieses Grundrecht betreffe „allein die Sicherung der Teilnahme des Bürgers an der Ausübung der staatlichen Macht"[449]. Art. 19 Abs. 1 Verf. Berlin (1995) geht deutlich über die Regelung in Art. 48 Abs. 2 GG hinaus, wonach niemand daran gehindert werden darf, speziell das Amt eines Abgeordneten zu übernehmen sowie auszuüben, und eine Kündigung oder Entlassung aus diesem Grund unzulässig ist. Obwohl der Wortlaut des Art. 19 Abs. 1 Verf. Berlin (1995) eine weiterreichende Geltung zuließe, schützt diese Vorschrift in Übereinstimmung mit der beschränkten Hoheitsgewalt der Berliner Staatsorgane ausschließlich Menschen, die in Berlin ansässig sind, und nur die Wahrnehmung staatsbürgerlicher Rechte und öffentlicher Ehrenämter *in Berlin*; erfaßt sind als staatsbürgerliche Rechte beispielsweise die Ausübung des aktiven und passiven Wahlrechts, die Teilnahme an Abstimmungen sowie die Beteili-

---

443 *VerfGH Berlin*, B. v. 29. 4. 1993 (VerfGH 8/93), juris, RN 7 zu Art. 23 Abs. 3 Verf. Berlin (1950).
444 *Driehaus* (LitVerz.), Art. 36 RN 7.
445 Vgl. oben B I, RN 22.
446 S. dazu *Waldhoff*, in: Siegel/ders. (LitVerz.), § 1 RN 94.
447 *Driehaus* (LitVerz.), Art. 18 RN 2; *Stöhr*, in: Pfennig/Neumann (LitVerz.), Art. 18 RN 2.
448 S. dazu *Driehaus* (LitVerz.), Art. 19 RN 6.
449 *VerfGH Berlin* LVerfGE 1, 68 (71).

gung an Einwohnerinitiativen, Volksbegehren und Volksentscheiden, als öffentliche Ehrenämter etwa die Funktionen von Wahlvorständen und Schöffen[450]. Auch die nach § 3 Abs. 3 Satz 1 VerfGHG Berlin ehrenamtliche Tätigkeit der Richter des Verfassungsgerichtshofs wird durch Art. 19 Abs. 1 Verf. Berlin (1995) geschützt und hat Vorrang gegenüber jeder anderen beruflichen Tätigkeit[451]. Weil sich diese Grundrechtsnorm ausdrücklich auch auf das Arbeitsverhältnis erstreckt, entfaltet sie unmittelbare Drittwirkung und geht somit über die Funktion eines subjektiven Abwehrrechts gegenüber Eingriffen durch staatliche Gewalt hinaus[452].

Nach Art. 20 Abs. 1 Satz 1 Verf. Berlin (1995) hat jeder Mensch das Recht auf Bildung. Den Inhalt dieses Rechts konkretisiert Artikel 20 Abs. 1 Satz 2 wie folgt: „Das Land ermöglicht und fördert nach Maßgabe der Gesetze den Zugang eines jeden Menschen zu den öffentlichen Bildungseinrichtungen, insbesondere ist die berufliche Erstausbildung zu fördern". Eine öffentliche Bildungseinrichtung ist dadurch gekennzeichnet, daß ihr Träger eine juristische Person des öffentlichen Rechts im Land Berlin ist, wobei es nicht darauf ankommt, ob die Einrichtung in öffentlich-rechtlicher oder privatrechtlicher Form betrieben wird[453]. Artikel 20 Abs. 1 begründet keinen einklagbaren Anspruch auf Bereitstellung neuer oder auf Erweiterung vorhandener öffentlicher Bildungseinrichtungen, sondern ein subjektiv-öffentliches Recht lediglich in der Form eines derivativen Teilhaberechts[454]. Nach der Rechtsprechung des Verfassungsgerichtshofs des Landes Berlin müssen die den Zugang regelnden Vorschriften den Anforderungen des allgemeinen Gleichheitssatzes des Art. 10 Abs. 1 Verf. Berlin (1995)[455] entsprechen, denen sowohl die bevorzugte Berücksichtigung von Kindern Bediensteter des Auswärtigen Amtes, die nachweislich der sogenannten Rotation unterliegen, als auch die Privilegierung von Geschwisterkindern jeweils bei der Vergabe zur Verfügung stehender Plätze in öffentlichen Schulen gerecht werden[456]. Aus Art. 17 und Art. 20 Abs. 1 Satz 2 Verf. Berlin (1995) folgerte der Verfassungsgerichtshof die Gewährleistung der freien Wahl der Ausbildungsstätte; dazu gehöre die Freiheit einer Wahl zwischen verschiedenen Universitäten und damit auch des Studienortes, so daß eine eingehende fachgerichtliche Überprüfung normierter Kapazitätsbeschränkungen erforderlich sei[457]. Artikel 20 Abs. 1 Satz 2 enthält einen objektiv-rechtlichen Handlungsauftrag an Legislative und Exekutive, öffentliche Bildungseinrichtungen zu schaffen und zu erhalten[458]. Aus dem

77
Recht auf Bildung

Zugangsanforderungen des allgemeinen Gleichheitssatzes

---

450 *Driehaus* (LitVerz.), Art. 19 RN 2 f.; *Waldhoff*, in: Siegel/ders. (LitVerz.), § 1 RN 93.
451 *v. Lampe*, in: Pfennig/Neumann (LitVerz.), Art. 84 RN 14; *Sodan*, DVBl. 2002, S. 645 (649 f.).
452 *Driehaus* (LitVerz.), Art. 19 RN 4; *Stöhr*, in: Pfennig/Neumann (LitVerz.), Art. 19 RN 4; *Waldhoff*, in: Siegel/ders. (LitVerz.), § 1 RN 93.
453 *Driehaus* aaO., Art. 20 RN 3; *Stöhr*, in: Pfennig/Neumann (LitVerz.), Art. 20 RN 5.
454 *Driehaus* aaO., Art. 20 RN 2; *Waldhoff*, in: Siegel/ders. (LitVerz.), § 1 RN 95.
455 Oben B III 1 e, RN 40.
456 *VerfGH Berlin* LKV 2007, S. 413 ff.
457 *VerfGH Berlin* LVerfGE 19, 32 (36 ff.); vgl. auch LVerfGE 22, 69 (80). Krit. zur Herleitung *Driehaus* (LitVerz.), Art. 17 RN 11; *Waldhoff*, in: Siegel/ders. (LitVerz.), § 1 RN 74. Vgl. oben B III 2 f, RN 63.
458 *Driehaus* aaO., Art. 20 RN 3; *Stöhr*, in: Pfennig/Neumann (LitVerz.), Art. 20 RN 3.

§ 247 Sechzehnter Teil: III. Die Grundrechte in den Landesverfassungen

Bildung als eigenständiger kultureller Wert

Zusammenhang von Art. 20 Abs. 1 und Abs. 2 Verf. Berlin (1995), demzufolge das Land Berlin das kulturelle Leben schützt und fördert, ergibt sich, daß Bildung „hier nicht nur als Element der Berufsausbildung, sondern auch als darüber hinausgehender, eigenständiger kultureller Wert zu verstehen ist"[459].

V. Staatszielbestimmungen und Gesetzgebungsaufträge

78
Unterscheidung der Begriffe

Staatszielbestimmungen

Der mit „Grundrechte, Staatsziele" überschriebene Abschn. II der Verf. Berlin (1995) enthält schließlich einige Staatszielbestimmungen und Gesetzgebungsaufträge. Insbesondere weil diese in der Rechtsprechung des Verfassungsgerichtshofs des Landes Berlin bislang keine nennenswerte Rolle gespielt haben, werden sie im folgenden nur knapp dargestellt. „Staatszielbestimmungen sind Verfassungsnormen mit rechtlich bindender Wirkung, die der Staatstätigkeit die fortdauernde Beachtung oder Erfüllung bestimmter Aufgaben – sachlich umschriebener Ziele – vorschreiben. Sie umreißen ein bestimmtes Programm der Staatstätigkeit und sind dadurch eine Richtlinie oder Direktive für das staatliche Handeln, auch für die Auslegung von Gesetzen und sonstigen Rechtsvorschriften. Im Regelfall wendet sich eine Staatszielbestimmung an den Gesetzgeber, ohne daß damit ausgeschlossen sein muß, daß die Norm auch eine Auslegungsrichtlinie für Exekutive und Rechtsprechung ist. [...] Eine Staatszielbestimmung überläßt es der politischen Gestaltungsfreiheit des Gesetzgebers, in welcher Weise und zu welchem Zeitpunkt er die ihm eingeschärfte Staatsaufgabe durch Gesetz erfüllt und dabei etwa auch Ansprüche einzelner auf öffentliche Leistungen oder gegen Dritte entstehen läßt"[460]. Staatszielbestimmungen unterscheiden sich von den Gesetzgebungsaufträgen, die sich nur an den Gesetzgeber richten[461] und ihm „die Regelung oder die bestimmte Regelung einzelner Vorhaben oder in einzelnen Sozialbereichen vorschreiben"[462]. Landesverfassungsrechtliche Staatszielbestimmungen und Gesetzgebungsaufträge fallen nicht unter Art. 142 GG, sondern sind – sofern sie nicht im Einzelfall gegen Bundesrecht verstoßen – durch die Verfassungshoheit der Länder (Art. 28 Abs. 1 Satz 1 GG) gedeckt[463].

Gesetzgebungsaufträge

1. Staatszielbestimmungen

79
Formulierungen eindeutiger Staatsziele

Verschiedene landesverfassungsrechtliche Vorschriften lassen schon von ihrem Wortlaut her eindeutig erkennen, daß es sich um Staatszielbestimmungen handelt. Dies gilt zunächst für Art. 12 Abs. 5 Verf. Berlin (1995), wonach

---

459 *Driehaus* aaO., Art. 20 RN 1; vgl. auch *Waldhoff*, in: Siegel/ders. (LitVerz.), § 1 RN 95.
460 Bundesminister des Innern/Bundesminister der Justiz (Hg.), Bericht der Sachverständigen-Kommission „Staatszielbestimmungen/Gesetzgebungsaufträge", 1983, S. 21, RN 7; Bericht der Gemeinsamen Verfassungskommission, BT-Drucks.12/6000, S. 77.
461 Gemeinsame Verfassungskommission (FN 460).
462 → Bd. II: *Rüfner*, Leistungsrechte, § 40 RN 10.
463 Vgl. → Bd. III: *Maurer*, Landesgrundrechte im Bundesstaat, § 82 RN 61.

derjenige, der *in häuslicher Gemeinschaft Kinder erzieht oder für andere sorgt*, Förderung verdient. Im Schrifttum wird darin eine „verfassungsrechtliche Wertentscheidung" gesehen[464]. Eine weitere Staatszielbestimmung und einen bindenden Auftrag an die Organe des Landes Berlin[465] enthält Art. 12 Abs. 7 Satz 1 Verf. Berlin (1995): Danach ist es Frauen und Männern zu ermöglichen, *Kindererziehung* sowie *häusliche Pflegetätigkeit* mit der Erwerbstätigkeit und der Teilnahme am öffentlichen Leben zu vereinbaren. Der Verfassungsgerichtshof des Landes Berlin wies darauf hin, daß Artikel 12 Abs. 5 und 7 als Prüfungsmaßstäbe in Verfassungsbeschwerdeverfahren ausscheiden, weil sie keine Entsprechungen im Grundrechtsteil des Grundgesetzes finden[466]. Eine Staatszielbestimmung, die „ein Gegengewicht gegen rein wirtschaftliche und fiskalische Gesichtspunkte" setzt[467], befindet sich in Art. 20 Abs. 2 Verf. Berlin (1995), demzufolge das Land Berlin das *kulturelle Leben* schützt und fördert[468]. Art. 22 Abs. 1 Verf. Berlin (1995) verpflichtet das Land Berlin dazu, im Rahmen seiner Kräfte die *soziale Sicherung* zu verwirklichen; diese soll eine menschenwürdige und eigenverantwortliche Lebensgestaltung ermöglichen. Diese Vorschrift begründet kein subjektives Recht auf bestimmte staatliche Leistungen, sondern lediglich ein Staatsziel, das seine Wirkung insbesondere bei der Anwendung und Auslegung subjektiver öffentlicher Rechte entfaltet[469]. Angesichts vielfältiger bundesrechtlicher Regelungen zur sozialen Sicherung sind hier nur „im Einzelfall überschießende Sozialleistungen denkbar"[470]. Eine Präzisierung der Staatszielbestimmung des Art. 22 Abs. 1 Verf. Berlin (1995) erfolgt durch den nachfolgenden Absatz 2, der das Land Berlin zur Förderung der Errichtung und Unterhaltung von Einrichtungen für die Beratung, Betreuung und Pflege im Alter, bei Krankheit, Behinderung, Invalidität und Pflegebedürftigkeit sowie für andere soziale und karitative Zwecke – unabhängig von der Trägerschaft – verpflichtet. Kein einklagbares subjektives Verfassungsrecht[471], sondern eine weitere Staatszielbestimmung enthält die „programmatische Norm" des Art. 24 Verf. Berlin (1995)[472]: Nach dessen Satz 1 ist jeder *Mißbrauch wirtschaftlicher Macht* widerrechtlich; gemäß Satz 2 stellen insbesondere alle auf Produktions- und Marktbeherrschung gerichteten privaten Monopolorganisationen einen Mißbrauch wirtschaftlicher Macht dar und sind verboten. Wegen der in Nutzung der Gesetzgebungskompetenz des Art. 74 Abs. 1 Nr. 16 GG abschließenden bundesrechtlichen Regelung durch das Gesetz gegen Wettbewerbsbeschränkungen ist dem Lan-

„Verfassungsrechtliche Wertentscheidung"

Kulturelle und soziale Ziele

Pflicht zur Förderung und Unterhaltung von Einrichtungen

„Programmatische Norm"

---

464 *Driehaus* (LitVerz.), Art. 12 RN 19.
465 *Driehaus* aaO., Art. 12 RN 21; vgl. auch *Stöhr*, in: Pfennig/Neumann (LitVerz.), Art. 12 RN 35.
466 *VerfGH Berlin*, B. v. 16. 5. 2002 (VerfGH 32/01), juris, RN 13.
467 *Driehaus* (LitVerz.), Art. 20 RN 5.
468 Vgl. soeben B IV, RN 77.
469 *VerfGH Berlin LVerfGE 4*, 62 (64); vgl. auch *E 8*, 62 (68); B. v. 16. 5. 2002 (VerfGH 32/01), juris, RN 13; B. v. 11. 7. 2003 (VerfGH 70/03, 70 A/03), juris, RN 5.
470 *Waldhoff*, in: Siegel/ders. (LitVerz.), § 1 RN 96.
471 *VerfGH Berlin*, B. v. 11. 8. 1993 (VerfGH 64/93), juris, RN 5 zu dem mit Art. 24 Verf. Berlin (1995) wörtlich übereinstimmenden Art. 16 Verf. Berlin (1950); vgl. ferner *LVerfGE 1*, 68 (71).
472 *Waldhoff*, in: Siegel/ders. (LitVerz.), § 1 RN 89.

§ 247   Sechzehnter Teil: III. Die Grundrechte in den Landesverfassungen

Friedliches Zusammenleben der Völker

desgesetzgeber hier aber ein Tätigwerden verwehrt[473]. Eine Staatszielbestimmung befindet sich ferner in dem – Art. 26 Abs. 1 GG sehr ähnlichen – Art. 30 Abs. 1 Verf. Berlin (1995): Danach widersprechen Handlungen, die geeignet sind, das friedliche *Zusammenleben der Völker* zu stören, dem Geist der Verfassung und sind unter Strafe zu stellen. Für die Schaffung von Strafsanktionen durch den Landesgesetzgeber dürfte allerdings aufgrund bundesrechtlicher Regelungen – vergleiche Art. 73 Abs. 1 Nr. 1 und Art. 74 Abs. 1 Nr. 1 GG sowie die §§ 80 und 80a StGB – kein Raum verbleiben[474]. Ähnlich wie Art. 20a GG[475] erklärt Art. 31 Verf. Berlin (1995) den *Umwelt- und Tierschutz*

Umwelt und natürliche Lebensgrundlagen; Sport

zu Staatszielen: Nach Absatz 1 stehen die Umwelt und die natürlichen Lebensgrundlagen unter dem besonderen Schutz des Landes Berlin; gemäß Absatz 2 sind Tiere als Lebewesen zu achten und vor vermeidbaren Leiden zu schützen. Art. 32 Verf. Berlin (1995) enthält zwei Staatszielbestimmungen: Nach Satz 1 ist *Sport* ein förderungs- und schützenswerter Teil des Lebens; Satz 2 weist dem Land Berlin die Aufgabe zu, die Teilnahme am Sport den Angehörigen aller Bevölkerungsgruppen zu ermöglichen.

80

Als „Rechte" deklarierte Staatsziele

Gelegentlich spricht die Landesverfassung von bestimmten „Rechten", hinter denen sich jedoch nur Staatsziele verbergen. In Wirklichkeit werden durch solche Vorschriften keine Berechtigungen begründet, sondern „in einer Art juristischer Springprozession" lediglich Verpflichtungen des Landes geschaf-

„Recht auf Arbeit"

fen, für die Verwirklichung der Ziele Sorge zu tragen[476]. Dies gilt zunächst für Art. 18 Satz 1 Verf. Berlin (1995), in dem von einem *„Recht auf Arbeit"* die Rede ist. Die nachfolgenden Formulierungen des Art. 18 Verf. Berlin (1995) in den Sätzen 2 („Dieses Recht zu schützen und zu fördern ist Aufgabe des Landes") und 3 („Das Land trägt zur Schaffung und Erhaltung von Arbeitsplätzen bei und sichert im Rahmen des gesamtwirtschaftlichen Gleichgewichts einen hohen Beschäftigungsstand") machen nämlich „deutlich, daß der Verfassungsgeber hier lediglich ein Staatsziel beschreiben, nicht aber einklag-

„Recht auf angemessenen Wohnraum"

bare Individualansprüche begründen wollte"[477]. Auch Art. 28 Abs. 1 Satz 1 Verf. Berlin (1995), wonach jeder Mensch *„das Recht auf angemessenen Wohnraum"* hat, enthält eine Staatszielbestimmung[478]: Nach ständiger Rechtsprechung des Verfassungsgerichtshofs des Landes Berlin wirkt diese Vorschrift „grundsätzlich nicht unmittelbar anspruchsbegründend, sondern verpflichtet das Abgeordnetenhaus und den Senat von Berlin, das im Rahmen staatlicher Einflußnahme und unter Berücksichtigung anderer staatlicher Aufgaben und Pflichten Mögliche zu tun, für Schaffung und Erhaltung von Wohnraum zu sorgen"; aus der Norm folgt beispielsweise kein „allgemeines

---

473 *Driehaus* (LitVerz.), Erl. zu Art. 24; *Stöhr*, in: Pfennig/Neumann (LitVerz.), Art. 24 RN 2; *Waldhoff*, in: Siegel/ders. (LitVerz.), § 1 RN 89.
474 *Driehaus* aaO., Art. 30 RN 2; *Stöhr*, in: Pfennig/Neumann (LitVerz.), Art. 30 RN 1; *Waldhoff*, in: Siegel/ders. (LitVerz.), § 1 RN 91.
475 S. zu dieser Vorschrift *W. G. Leisner*, in: Sodan, GG (LitVerz.), Art. 20a RN 1 ff.
476 → Bd. II: *Merten*, Begriff und Abgrenzung der Grundrechte, § 35 RN 121.
477 VerfGH Berlin LVerfGE 7, 3 (8); s. ferner NVwZ 2001, S. 910.
478 *Driehaus* (LitVerz.), Art. 28 RN 2; *Stöhr*, in: Pfennig/Neumann (LitVerz.), Art. 28 RN 3; *Waldhoff*, in: Siegel/ders. (LitVerz.), § 1 RN 97.

Behaltensrecht für eine bestimmte bezogene Wohnung"[479]. Art. 28 Abs. 1 Satz 2 Verf. Berlin (1995) präzisiert das Staatsziel durch folgenden „Verfassungsauftrag"[480]: Das Land Berlin fördert die Schaffung und Erhaltung von angemessenem Wohnraum, insbesondere für Menschen mit geringem Einkommen, sowie die Bildung von Wohnungseigentum.

„Verfassungsauftrag"

2. Gesetzgebungsaufträge

Neben Art. 13 Abs. 2 und Art. 29 Abs. 2 Verf. Berlin (1995)[481] enthält schließlich auch Art. 25 Verf. Berlin (1995) einen Gesetzgebungsauftrag: Danach ist das Mitbestimmungsrecht der Arbeiter und Angestellten in Wirtschaft und Verwaltung durch Gesetz zu gewährleisten. Weil der Bundesgesetzgeber von der Gesetzgebungskompetenz aus Art. 74 Abs. 1 Nr. 12 GG für die Mitbestimmung privat Beschäftigter durch den Erlaß namentlich des Betriebsverfassungsgesetzes und das Mitbestimmungsgesetzes abschließend Gebrauch gemacht hat, kommt dem Gesetzgebungsauftrag in Art. 25 Verf. Berlin (1995) Bedeutung nur für Regelungen zu, welche sich auf die Mitbestimmung von Arbeitern und Angestellten in der öffentlichen Verwaltung des Landes Berlin beziehen; der Landesgesetzgeber hat insoweit das Personalvertretungsgesetz (PersVG)[482] erlassen, welches über Art. 25 Verf. Berlin (1995) hinaus auch Beamte erfaßt (vgl. § 3 Abs. 1 Satz 1 PersVG)[483].

81
Mitbestimmung

---

479 *VerfGH Berlin LVerfGE 4*, 62 (63 f.); B. v. 13. 12. 2001 (VerfGH 165/01, 165 A/01), juris, RN 10; B. v. 14. 2. 2005 (VerfGH 186/04), juris, RN 14.
480 *VerfGH Berlin* DÖV 2005, S. 515 (517).
481 B III 1 h, RN 43; B III 2 c, l, RN 56, 72.
482 I.d.F. v. 14. 7. 1994 (GVBl. S. 337, ber. 1995 S. 24), zuletzt geändert durch Art. 5 des Berliner E-Government-Gesetzes v. 30. 5. 2016 (GVBl. S. 282).
483 *Driehaus* (LitVerz.), Erl. zu Art. 25; *Stöhr*, in: Pfennig/Neumann (LitVerz.), Art. 25 RN 2; *Waldhoff*, in: Siegel/ders. (LitVerz.), § 1 RN 90.

C. Bibliographie

Anschütz, Gerhard, Die Verfassungs-Urkunde für den Preußischen Staat vom 31. Januar 1850. Ein Kommentar für Wissenschaft und Praxis, 1912.
Driehaus, Hans-Joachim (Hg.), Verfassung von Berlin. Taschenkommentar, ³2009.
Klein, Eckart/Haratsch, Andreas, Landesverfassung und Bundesrecht, in: JuS 1994, S. 559 ff.
Menzel, Jörg, Landesverfassungsrecht. Verfassungshoheit und Homogenität im grundgesetzlichen Bundesstaat, 2002.
Michaelis-Merzbach, Petra, Rechtspflege und Verfassung von Berlin, 1999.
Papier, Hans-Jürgen, Die Bedeutung der Landesverfassungsgerichtsbarkeit im Verhältnis zur Bundesverfassungsgerichtsbarkeit, in: Helge Sodan (Hg.), Zehn Jahre Berliner Verfassungsgerichtsbarkeit, 2002, S. 19 ff.
Peine, Franz-Joseph, Verfassunggebung und Grundrechte – der Gestaltungsspielraum der Landesverfassunggeber, LKV 2012, S. 385 ff.
Pestalozza, Christian, Die überarbeitete Verfassung von Berlin. Integrationsbeitrag und Fusionsmitgift, LKV 1995, S. 344 ff.
ders., Berliner Alt-Grundrechte vor und nach der deutschen Einigung – Wege der Harmonisierung von Landes- und Bundesgrundrechten, LKV 1998, S. 374 ff.
Pfennig, Gero/Neumann, Manfred J. (Hg.), Verfassung von Berlin. Kommentar, ³2000.
Poscher, Ralf, Landesgrundrechte und Bundesrecht, NJ 1996, S. 351 ff.
Siegel, Thorsten/Waldhoff, Christian, Öffentliches Recht in Berlin. Verfassungs- und Organisationsrecht, Polizei- und Ordnungsrecht, Öffentliches Baurecht, 2015.
Sodan, Helge, Berliner Verfassungsgerichtsbarkeit – eine späte Errungenschaft, DVBl. 2002, S. 645 ff.
ders., Überprüfbarkeit landesgerichtlicher Anwendung materiellen Bundesrechts auf Grund einer Landesverfassungsbeschwerde, NVwZ-Sonderheft 2005, S. 8 ff.
ders., Die Individualverfassungsbeschwerde in der Landesverfassungsgerichtsbarkeit, NdsVBl. 2005, Sonderheft zum 50-jährigen Bestehen des Niedersächsischen Staatsgerichtshofs, S. 32 ff.
ders., Landesverfassungsgerichtsbarkeit in Berlin und den neuen Bundesländern, LKV 2010, S. 440 ff.
ders., Staat und Verfassungsgerichtsbarkeit, 2010.
Wilke, Dieter, Die Verfassungsentwicklung in Berlin: Vom Ende der Teilung zum Aufstieg zur Bundeshauptstadt, JöR NF 51 (2003), S. 193 ff.
Wilke, Dieter/Ziekow, Jan, Die Entwicklung von Status und Verfassung des Landes Berlin seit 1945, JöR NF 37 (1988), S. 167 ff.
Wille, Sebastian, Der Berliner Verfassungsgerichtshof, 1993.
Zivier, Ernst R., Verfassung und Verwaltung von Berlin, ⁴2008.

§ 248
Landesgrundrechte in Brandenburg

*Franz-Joseph Peine**

Übersicht

	RN
A. Grundrechte in der Nachkriegszeit bis zur Wiedervereinigung	1–7
B. Grundrechte seit der Wiedervereinigung	8–94
I. Die verfassungslose Zeit	8–9
II. Grundrechte und Staatsziele in der Verfassung Brandenburgs	10–25
1. Überblick	10–11
2. Der Gestaltungsraum des Verfassunggebers	12–16
a) Voraussetzungen	13
b) Art. 142 GG	14
c) Art. 31 GG	15
d) Ergebnis	16
3. Umfang des Gestaltungsspielraums	17–25
a) Aussagen betreffend die „Inkorporation"	18–20
b) Aussagen betreffend die „Textgleichheit" und die „Inhaltsgleichheit"	21
c) Aussagen betreffend die „eigenständigen Landesgrundrechte"	22–24
d) Aussagen betreffend die „sozialen Grundrechte/Grundrechte als Leistungsrechte"	25
III. Grundrechte und Staatsziele im einzelnen	26–94
1. Geltung (Art. 5)	26–28
2. Rechtsschutz (Art. 6)	29–30
3. Freiheit, Gleichheit und Würde (Art. 7 bis 18)	31–43
4. Politische Freiheitsrechte (Art. 19 und 20)	44–48
5. Politische Gestaltungsrechte (Art. 21 bis 24)	49–60
a) Recht auf politische Mitgestaltung	50
b) Zugang zu politischen Ämtern	51
c) Beeinflussung öffentlicher Angelegenheiten durch Bürgerinitiativen und Verbände	52
d) Akteneinsicht	53
e) Verfahrensbeteiligung	54
f) Aktives und passives Wahlrecht	55
g) Direkte Demokratie	56
h) Wahlen und Abstimmungen	57
i) Schutz der Kandidaten und Abgeordneten	58
j) Versammlungsfreiheit	59
k) Petitionsrecht	60
6. Rechte der Sorben bzw. Wenden (Art. 25)	61–62
7. Ehe, Familie, Lebensgemeinschaften und Kinder (Art. 26 und 27)	63–65
8. Bildung, Wissenschaft, Kunst und Sport (Art. 28 bis 35)	66–73
9. Kirchen und Religionsgemeinschaften (Art. 36 bis 38)	74
10. Natur und Umwelt (Art. 39 und 40)	75–78
11. Eigentum, Wirtschaft, Arbeit und soziale Sicherung (Art. 41 bis 51)	79–90
12. Gerichtsverfahren und Strafvollzug (Art. 52 bis 54)	91–94
C. Schlußbetrachtung	95–97
D. Bibliographie	
E. Textanhang	
I. DDR-Verfassung (1949), Art. 6 bis 18	
II. DDR-Verfassung (1968/1974), Art. 19 bis 40	

§ 248　Sechzehnter Teil: III. Die Grundrechte in den Landesverfassungen

A. Grundrechte in der Nachkriegszeit bis zur Wiedervereinigung

1
„Provinzialverwaltung Mark Brandenburg"

Am 8. Mai 1945 kapitulierte Deutschland bedingungslos[1]. Die vier alliierten Siegermächte erklärten am 5. Juni 1945, daß sie die „oberste Regierungsgewalt in Deutschland, einschließlich aller Befugnisse der deutschen Regierung, des Oberkommandos der Wehrmacht und der Regierungen, Verwaltungen oder Behörden der Länder, Städte und Gemeinden" übernehmen[2]. Die Sowjetische Militäradministration in Deutschland (SMAD) bestellte am 4. Juli 1945 eine „Provinzialverwaltung Mark Brandenburg"[3]. Sie war zuständig für die diesseits von Oder und Neiße gelegenen Gebiete der preußischen Provinz Brandenburg[4]. Ihr Handeln war von der Besatzungsmacht vollständig abhängig. Sie war auf dem Gebiet der Legislative und der Exekutive tätig[5]. Sie erließ aber keine Verfassung. In der Folge gab es keine Grundrechte, die das Handeln der Legislative, Exekutive und Judikative verbindlich beschränkten.

2
Landesregierung 1946

Verfassung für die Mark Brandenburg

Am 20. Oktober 1946 wählte Brandenburg einen Landtag[6]. Er bildete im Dezember 1946 eine Allparteien-Regierung mit *Karl Steinhoff* (SED) als Ministerpräsidenten. Die Sowjetische Militäradministration in Deutschland bestätigte die Landesregierung am 29. Dezember 1946. Wenig später verabschiedete der Landtag eine „Verfassung für die Mark Brandenburg". Ihre Verkündung erfolgte am 6. Februar 1947[7]. Mit ihrem Inkrafttreten wandelte sich die bisherige *Provinz* Mark Brandenburg zum *Land* Mark Brandenburg[8].

3
Grundzüge der Verfassung von 1947

Die Verfassung war äußerlich geringen Umfangs. Inhaltlich orientierte sie sich — wie alle Landesverfassungen der Nachkriegsjahre — an den demokratischen Verfassungen der Weimarer Zeit. Eine Besonderheit war die Bestim-

---

* Der Verfasser dankt herzlich Herrn Assessor *Jan Balbach*, LL.M., Wissenschaftlichem Mitarbeiter im Zentrum für Rechts- und Verwaltungswissenschaften an der Brandenburgischen Technischen Universität Cottbus-Senftenberg, für seine wertvolle Hilfe bei der Erarbeitung des Aufsatzes.
1 Zur Entstehung und Geschichte des Landes Brandenburg nach der Kapitulation s. *A. v. Brünneck*, Entwicklung von Verfassung und Verwaltung in Brandenburg, in: Bauer/Peine (LitVerz.), S. 29 ff.; *Wolfgang Ribbe*, Das Land Brandenburg in der SBZ/DDR (1945 bis 1952), in: Ingo Materna/ders. (Hg.), Brandenburgische Geschichte, 1995, S. 677 ff.; Landtag Brandenburg (Hg.), Der Brandenburgische Landtag, FS zur 50. Wiederkehr seiner Konstituierung, Schriften des Landtags Brandenburg, Heft 3, 1996 (mit kommentierten Dokumenten und Zeittafel zur brandenburgischen Verfassungs- und Verwaltungsgeschichte 1946-1952), S. 54 ff.; *Günter de Bruyn*, Zum Gedenken an den ersten Brandenburgischen Landtag von 1946, Rede auf der Gedenkveranstaltung des Landtags Brandenburg anläßlich der Konstituierung des brandenburgischen Landtags am 22. 11. 1946, Schriften des Landtags Brandenburg, Heft 4/1996, S. 9 ff., wiederabgedruckt in: *ders.*, Deutsche Zustände, 1999, S. 72 ff.
2 ABl. des Kontrollrats in Deutschland, Ergänzungsblatt Nr. 1, S. 7.
3 VOBl. der Provinzialverwaltung Mark Brandenburg 1945, S. 1.
4 *v. Brünneck*, in: Bauer/Peine (LitVerz.), S. 29.
5 Befehl der SMAD über das „Gesetzgebungsrecht der Provinzialverwaltungen" v. 22. 10. 1945 (VOBl. 1945, S. 25).
6 *Karl-Heinz Hajna*, Die Landtagswahlen 1946 in der SBZ — eine Untersuchung der Begleitumstände der Wahl, 2000.
7 GVBl. der Provinzialregierung Mark Brandenburg 1947, S. 45.
8 *v. Brünneck*, in: Bauer/Peine (LitVerz.), S. 30 m.w.N.

mung des Artikels 9 Abs. 2. Die Vorschrift regelte, daß der Landtag die Regierung, die Verwaltung und die Rechtsprechung überwacht. Diese Formulierung verabschiedete das Plenum nach kontroverser Debatte gegen den Widerstand der Liberal-Demokratischen Partei Deutschlands (LDP). Mit ihr wurde „die seit dem 17. und 18. Jh. insbesondere von dem Liberalismus und Kapitalismus geforderte Dreiteilung der Gewalten" beseitigt[9]. Folgerichtig fehlte eine Verfassungsgerichtsbarkeit. Die Verfassung garantierte die hier interessierenden Grundrechte formal nur knapp. Die Garantie fand sich in Artikel 6 Satz 1: „Die Staatsgewalt findet im Rahmen der Gesetze ihre Grenzen an den Grundrechten". Diese Grundrechte fanden Erwähnung in Art. 6 Satz 2 der Verfassung von 1947. Die Norm lautete: „Diese [die Grundrechte] sind: Freiheit der Person, Freiheit der Meinungsäußerung, Glaubens- und Gewissensfreiheit, Freiheit der Wissenschaft und ihrer Lehre, Wahlfreiheit, Vereins- und Versammlungsfreiheit, Freiheit des Streikrechts, Freiheit des Stimmrechts, Freiheit der Wohnung, das Recht der Freizügigkeit, die Wahrung des Brief- und Postgeheimnisses". Es fehlte indes eine inhaltliche Bestimmung der Begriffe in der üblichen Weise. Ferner normierte Art. 41 der Verfassung von 1947 die so genannten Justizgrundrechte, Artikel 50 enthielt eine Eigentumsgewährleistung, Artikel 58 räumte das Recht auf Bildung ein und Artikel 62 sicherte (noch einmal) die Glaubens- und Gewissensfreiheit.

4
Wachsende SMAD-Einflußnahme

Die Verfassung von 1947 bildete einen Rahmen für die Ausübung staatlicher Tätigkeit in Brandenburg. Deren Umfang nahm in dem Maße ab, wie auf der SBZ/DDR-Ebene zentrale Verwaltungen und Staatsorgane entstanden[10]. Die schwach ausgebildeten Garantien individueller Freiheitsrechte waren praktisch bedeutungslos; denn die Sowjetische Militäradministration in Deutschland und deutsche Stellen mißachteten sie, um ihre Ziele zu realisieren. Ferner führten oppositionelle politische Meinungsäußerungen oder Betätigungen zu Verhaftungen und Verurteilungen. Schließlich fehlte effektiver Rechtsschutz: Die Justiz selbst beteiligte sich an der Verfolgung politischer Gegner[11].

5
Landtagneuwahl in der Mark Brandenburg

Der Landtag des Landes Mark Brandenburg wurde am 15. Oktober 1950 nach einer Einheitsliste der Nationalen Front neu gewählt. Wegen der zunehmenden Zentralisierung der Deutschen Demokratischen Republik war er praktisch bedeutungslos. In der Folge der Proklamation des Übergangs zum Sozialismus 1952 wurde die Deutsche Demokratische Republik in einen einheitlich organisierten Zentralstaat umgewandelt. Der Landtag teilte 1952 das Land in drei neue, kleinere Kreise ein und übertrug — mit verfassungsändernder Mehrheit — die verbliebenen Aufgaben der Landesregierung auf diese Bezirke. Ferner legte er fest, daß seine Abgeordneten ihre Tätigkeit als Volks-

---

9 *Karl Steinhoff*, Vorwort in: ders. (Hg.), Die demokratischen Verfassungsgesetze nebst Wahlordnungen, Berlin 1947, S. 11.
10 *v. Brünneck*, in: Bauer/Peine (LitVerz.), S. 30.
11 *Dieter Pohl*, Justiz in Brandenburg 1945–1955. Gleichschaltung und Anpassung, 2001; *Hermann Wentker*, Justiz in der SBZ/DDR 1945–1953 – Transformation und Rolle ihrer zentralen Institutionen, 2001.

vertreter in den Bezirkstagen der Bezirke fortsetzen. Eine förmliche Auflösung des Landes Brandenburg unterblieb, auch seine Verfassung vom 6. Februar 1947 galt formell weiter; denn ihre ausdrückliche Aufhebung unterblieb. Mit der Auflösung aller seiner Institutionen existierte das Land nicht mehr. Damit verlor auch die Verfassung ihren Bezugspunkt.

6
DDR-Verfassung von 1949

Die DDR-Verfassung vom 7. Oktober 1949 kannte einen Grundrechtskatalog in den Artikeln 6 bis 18[12]. Dieser Katalog enthielt eine Reihe zusätzlicher Aussagen, die mit einer „Grundrechtseinräumung" oder „Grundrechtsgewährleistung" nichts zu tun hatten.

7
Sozialistische Grundrechte-Konzeption

Mit Wirkung vom 6.4.1968 gab sich die DDR eine neue Verfassung. Ihr Wortlaut erhielt mit Geltung ab dem 7. Oktober 1974 eine neue Fassung[13]. Sie verlor ihre Wirksamkeit mit der Wiedervereinigung. Sie normierte in den Art. 19 bis 40 Grundrechte und Grundpflichten der Bürger. Damit existierten auf dem Gebiet des (später untergegangenen) Landes Brandenburg formal „Grundrechte" bis zum Ende der Deutschen Demokratischen Republik, aber keine „Landesgrundrechte". Die „Grundrechte" waren indes nicht materielle Verbürgungen unveräußerlicher Menschenrechte und individueller vorstaatlicher Deutschenrechte, die das Handeln des Staats begrenzten, sondern sie waren wie folgt zu verstehen: „Die Konzeption der Grundrechte, die der sozialistischen Verfassung [der DDR] zugrunde liegt, sucht nicht die vorgebliche Freiheit des abgesonderten Individuums zu postulieren. Sie gründet die Freiheit auf der Verbindung des Menschen mit dem Menschen, auf der Gemeinsamkeit des Handelns der Mitglieder der Gesellschaft zum Wohle der Allgemeinheit wie des einzelnen. Die Freiheit des Menschen kann nicht in der Isolierung des einzelnen, sondern nur durch die tätige Mitwirkung bei der Gestaltung des Lebens der Gesellschaft verwirklicht werden. Wahre Freiheit kann nicht die Freiheit *von* Staat und Gesellschaft, sondern nur Freiheit *im* Staat und *in* der Gesellschaft sein. Nicht der vom Staatsbürger getrennte Mensch ist frei, sondern der Staatsbürger, der als solcher seine menschlichen Qualitäten zu entfalten vermag"[14]. Diesen „Grundrechten" fehlte ein gerichtlich durchsetzbarer Anspruch des Einzelnen auf Beachtung; praktisch waren sie irrelevant.

---

[12] GBl., S. 5; www.documentarchiv.de/ddr/verfddr1949.html. Die „Rechte des Bürgers" sind im Wortlaut im Textanhang (sub E I) abgedruckt.
[13] Die Art. 19 bis 40 sind im Wortlaut im Textanhang (sub E II) abgedruckt.
[14] Hermann Sorgenicht/Wolfgang Weichelt/Tord Riemann/Hans-Joachim Semler (Hg.), Verfassung der Deutschen Demokratischen Republik, Dokumente / Kommentar, Bd. 2, 1966, S. 15 f.; Band 1 dokumentiert die Entstehungsgeschichte der Verfassung von 1968. Einfügung vom *Verf.*, Hervorhebung im Original; → Bd. I: *Brunner*, Grundrechtstheorie im Marxismus-Leninismus, § 13.

B. Grundrechte seit der Wiedervereinigung

I. Die verfassungslose Zeit

Mit der Wiedervereinigung entstand das Land Brandenburg neu. Der neu gewählte Landtag erarbeitete eine „Verfassung des Landes Brandenburg"[15]. Sie trat am 21. August 1992 in Kraft[16]. Bis zu diesem Zeitpunkt gab es in Brandenburg keine Landesgrundrechte.

8 Verfassungserarbeitung

Die „Grundrechtssituation" des Landes Brandenburg entsprach damit der Situation, die die Lage der Bundesländer Hamburg und Schleswig-Holstein bis heute kennzeichnet. Die Verfassung des Landes Hamburg enthält keine Aussage zu den Grundrechten. Die Verfassung von Schleswig-Holstein kennt jetzt den Schutz nationaler Minderheiten (im wesentlichen „Dänen") und der Volksgruppe der „Friesen", im übrigen besitzt diese Verfassung keinen Grundrechtskatalog[17].

9 Grundrechtssituation

II. Grundrechte und Staatsziele in der Verfassung Brandenburgs

1. Überblick

Der Grundrechtskatalog der Verfassung Brandenburgs ist einmalig[18]. Er enthält in knapp fünfzig Vorschriften neben der Normierung der klassischen Freiheitsrechte soziale Grundrechte und Staatsziele in sozialer, wirtschaftlicher und kultureller Hinsicht. Es läßt sich feststellen[19]: „Die Bestimmungen der Art. 5–54 [Verf. Brandenburg] über ‚Grundrechte und Staatsziele' gehen

10 Umfassender Grundrechtskatalog

---

15 Verfassung des Landes Brandenburg v. 20. 8. 1992 (GVBl. I S. 298); zum Prozeß der Verfassunggebung s. *v. Brünneck*, in: Bauer/Peine (LitVerz.), S. 36 ff. m.w.N. dort in FN 83 ff.
16 Art. 117 Verf. Brandenburg.
17 S. *Peine*, Verfassunggebung und Grundrechte – der Gestaltungsspielraum der Landesverfassungsgeber, LKV 2012, S. 385 ff.; ebenfalls gedruckt in: Volkmar Schöneburg/Norbert Janz/Franz-Joseph Peine u.a. (Hg.), Verfassungsfragen in Berlin, Brandenburg, Mecklenburg-Vorpommern, Sachsen, Sachsen-Anhalt und Thüringen, Bd. 7, 2013, S. 3 ff.; → unten *Becker*, Landesgrundrechte in Schleswig-Holstein, § 259.
  Mit Blick auf die Ausgestaltung des Grundrechtskatalogs in den Landesverfassungen sei auf die hier erarbeitete Typologie verwiesen: 1. Inkorporation der Bundesgrundrechte in Landesverfassungen: Die Verfassungen von Baden-Württemberg, Mecklenburg-Vorpommern, Niedersachsen und Nordrhein-Westfalen inkorporieren die Grundrechte des Grundgesetzes. 2. Partielle Textgleichheit zwischen Bundes- und Landesgrundrechten: Partielle Textgleichheit (oder unwesentliche Änderungen) findet sich in den Verfassungen von Bayern, Hessen und Rheinland-Pfalz, also den sogenannten „vorgrundgesetzlichen Verfassungen". Ihre Aussagen dienten dem bundesrepublikanischen Verfassungsgeber als Vorbild. Später in Kraft getretene Verfassungen übernehmen dann Formulierungen des Grundgesetzes, so die Verfassungen von Berlin und Brandenburg. 3. Landesverfassungsrechtliche Regelungen klassischer Freiheits- und Gleichheitsgrundrechte: Klassische Freiheits- und Gleichheitsgrundrechte in einer sprachlich anderen Fassung als im Grundgesetz finden sich in den Verfassungen von Bayern, Baden-Württemberg, Hessen und Rheinland-Pfalz. Häufiger ist die Inhaltsgleichheit ohne Textgleichheit in allen Verfassungen der neuen Bundesländer und der Verfassung Berlins. Ferner sind zwei weitere Varianten eigenständiger landesrechtlicher Landesgrundrechte klassischer Gewährungen von Freiheits- und Gleichheitsgrundrechte zu finden: Landesgrundrechte mit einem anderen Schutzbereich und Landesgrundrechte mit anderen Schranken.
18 *Peine*, LKV 2012, S. 387.
19 *v. Brünneck/Rüdiger Postier*, Verfassungsrecht, in: Bauer/Peine (LitVerz.), S. 42 f.

aus von den allgemein anerkannten Regelungen des deutschen Verfassungsrechts. Sie übernehmen zum Teil wörtlich bewährte Vorschriften des Grundgesetzes und anderer Landesverfassungen. Die Rechtsprechung des BVerfG wird oftmals kodifiziert".

11
Neuerungen

Die Art. 5 bis 54 enthalten eine Reihe erheblicher dogmatischer Neuerungen. Sie lassen sich unter folgenden fünf Gesichtspunkten zusammenfassen[20]: Erstens: Viele Grundrechte sind differenzierter ausgestaltet als vergleichbare Regelungen im Grundgesetz. Zweitens: Es werden neue Grundrechte eingeführt. Drittens: Potentielle Grundrechtsträger sind neben den Individuen und juristischen Personen auch gesellschaftliche Gruppen und Zusammenschlüsse von Betroffenen. Viertens: Der Kreis der Grundrechtsverpflichteten wird erweitert; die Erweiterung wird erzielt durch eine Ausweitung der Drittwirkung *nach Maßgabe der Verfassung*. Und fünftens: Neue Staatsziele verpflichten den Staat zum Schutz bedeutender Gemeinwohlbelange. Eine zweite Gruppe bilden Aufträge an die politischen Instanzen, eine bestimmte, oft genau spezifizierte Politik zu verfolgen. Die dritte Gruppe von Staatszielen kennzeichnet ihre weite Fassung; sie besitzen appellativen Charakter; sie richten sich nicht nur an den Staat, sondern auch an die Bürger. Alles in allem darf herausgestellt werden, daß die umfassenden Vorschriften über Grundrechte und Staatsziele im zweiten Hauptteil den sachlichen Geltungsanspruch der Verfassung Brandenburgs über den des Grundgesetzes weit ausdehnen.

Über das GG hinausweisender sachlicher Geltungsanspruch

2. Der Gestaltungsraum des brandenburgischen Verfassunggebers

12
Erlaß und Normierungsgrenzen

Der Grundrechtskatalog des Grundgesetzes ist umfassend und abschließend. Deshalb stellt sich die Frage nach einem Gestaltungsspielraum des brandenburgischen Verfassunggebers betreffend den Erlaß von Grundrechten „an sich", und im Falle der grundsätzlichen Zulässigkeit des Grundrechtserlasses sind die Grenzen seines Normierungsrechts zu bestimmen[21].

---

20 *Peine*, LKV 2012, 387 ff.
21 Zur Frage der Relation „Bundesgrundrechte – Landesgrundrechte" → Bd. III: *Grawert*, Bundesgrundrechte und Landesgrundrechte, § 81; *H. Maurer*, Landesgrundrechte im Bundesstaat, § 82; *K. Lange*, Grundrechtliche Besonderheiten in den Landesverfassungen, § 83; *Sodan*, Schutz der Landesgrundrechte durch die Landesverfassungsgerichtsbarkeit, § 84; *Rozek*, Landesgrundrechte als Kontrollmaßstab für die Anwendung von Bundesrecht, § 85; *Graf von Pestalozza*, Bundesverfassungsgerichtsbarkeit und Landesverfassungsgerichtsbarkeit, § 86. Ferner *Berkemann*, Ein Landesverfassungsgericht als Revisionsgericht – Der Streitfall Honecker, NVwZ 1993, S. 409 ff.; *Henner Jörg Boehl*, Verfassunggebung im Bundesstaat, 1997; *Harald Clausen*, Landesverfassungsbeschwerde und Bundesstaatsgewalt, 2000; *Christian v. Coelln*, Anwendung von Bundesrecht nach Maßgabe der Landesgrundrechte?, 2001; *Johannes Dietlein*, Die Grundrechte in den Verfassungen der neuen Bundesländer, 1993; *ders.*, Landesverfassungsbeschwerde und Einheit des Bundesrechts, NVwZ 1994, S. 6 ff.; *Horst Dreier*, Grundrechtsschutz durch Landesverfassungsgerichte, 2000; *Peter Christian Fischer*, Staatszielbestimmungen in den Verfassungen und Verfassungsentwürfen der neuen Bundesländer (Diss. München 1993), 1994; *Grawert*, Die Bedeutung gliedstaatlichen Verfassungsrechts in der Gegenwart, NJW 1987, S. 2329 ff.; *Hans Heimann*, Die Entstehung der Verfassungsgerichtsbarkeit in den neuen Ländern und in Berlin, 2001; *Astrid Hencke*, Die Grundpflichten in den Landesverfassungen unter dem Grundgesetz (Diss. Würzburg, 1989); *Steffen Johann Iwers*, Entstehung, Bindungen und Ziele der materiellen Bestimmungen der Landesverfassung Brandenburg (Diss. Potsdam, 1998); *Jachmann*, Bundesrecht (insbesondere

a) Voraussetzungen

Die Ausgangsfrage hat ihre dogmatische Basis in dem Umstand, daß die Bundesrepublik Deutschland ein Bundesstaat ist. In diesem Bündnis von Zentralstaat und sechzehn Gliedstaaten muß die Relation von Bundes- und Landesrecht bestimmt werden. Die das Verhältnis festlegenden Normen sind neben Art. 1 Abs. 3 GG die Art. 142 und 31 GG. – Bedeutungslos sind in diesem Zusammenhang die Art. 70ff. GG. Diese Vorschriften sowie einige Sonderregelungen, zum Beispiel Art. 4 Abs. 3 GG, verteilen die Gesetzgebungskompetenzen auf den Bund und die Länder. Die Aufteilung ist vollständig. Kompetenzwidrig erlassenes Bundes- bzw. kompetenzwidrig erlassenes Landesrecht ist verfassungswidrig und nichtig. Es kann nicht zu Kollisionen kommen[22]. Ferner gelten die Art. 70ff. GG nicht für Verfassungsrecht[23]. Die Befugnis der Länder zur Regelung von Verfassungsrecht ergibt sich aus Art. 28 Abs. 1 Satz 1 GG.

13
Bundestaatlichkeit

b) Art. 142 GG

Art. 142 GG bezieht sich auf landesrechtliche Grundrechte unabhängig vom Zeitpunkt ihres Erlasses[24] und läßt sie „ungeachtet" des Art. 31 GG gelten. Die Norm ist, wie mit Recht betont wird, schwer verständlich[25]. Ihre Interpretation unter Berücksichtigung ihrer Entstehungsgeschichte erbringt, daß sie vorsorglichen Charakters und keine Ausnahme von Art. 31 GG ist. Konsequenterweise bildet Art. 142 GG nicht die Basis für den Schluß, Art. 31 GG

14
Vorsorglicher Charakter

Bundesverfassungsrecht) und Landesverfassungen, in: JuS 1994, S. 81 ff.; *Siegfried Jutzi*, Landesverfassungsrecht und Bundesrecht, 1982; *Kunig*, Die rechtsprechende Gewalt in den Ländern und die Grundrechte des Landesverfassungsrechts, NJW 1994, S. 687 ff.; *K. Lange*, Das Bundesverfassungsgericht und die Landesverfassungsgerichte, in: Peter Badura/Horst Dreier (Hg.). FS 50 Jahre Bundesverfassungsgericht, Bd. 1, 2001, S. 289 ff.; *Lübbe-Wolff*, Justiziabilität sozialer Grundrechte und Verfassungsaufträge, in: JöR NF Bd. 53 (2005), S. 1 ff.; *Löwer*, Kritische Anmerkungen zum Beschluß des Verfassungsgerichtshofs des Landes Berlin in Sachen Honecker, SächsVBl. 1993, S. 73 ff.; *Wolfgang März*, Bundesrecht bricht Landesrecht – Eine staatsrechtliche Untersuchung zu Art. 31 des Grundgesetzes, 1989; *Dietmar Martina*, Die Grundrechte der nordrhein-westfälischen Landesverfassung im Verhältnis zu den Grundrechten des Grundgesetzes (Diss. Köln, 1999); *Jörg Menzel*, Landesverfassungsrecht, 2002; *Henning v. Olshausen*, Landesverfassungsbeschwerde und Bundesrecht, 1980; *Papier*, Die Bedeutung der Landesverfassungsgerichtsbarkeit im Verhältnis zur Bundesverfassungsgerichtsbarkeit, in: Helge Sodan (Hg.), Zehn Jahre Berliner Verfassungsgerichtsbarkeit, 2002, S. 19 ff.; *Christian Graf von Pestalozza*, Verfassungsprozeßrecht, 1991; *ders.*, Der „Honecker-Beschluß" des Berliner Verfassungsgerichtshofs, NVwZ 1993, S. 340 ff.; *Jochen Rozek*, Das Grundgesetz als Prüfungs- und Entscheidungsmaßstab des Landesverfassungsrechts, 1993; *Sachs*, Die Grundrechte im Grundgesetz und in den Landesverfassungen, DÖV 1985, S. 469 ff.; *Sacksofsky*, Landesverfassungen und Grundgesetz – am Beispiel der Verfassungen der neuen Länder, NVwZ 1993, S. 235 ff.; *K. Stern*, Nahtstellen zwischen Bundes- und Landesverfassungsgerichtsbarkeit, in: Dieter Dörr u.a. (Hg.), Die Macht des Geistes, FS H. Schiedermair, 2001, S. 143 ff.; *Eric Tjarks*, Zur Bedeutung der Landesgrundrechte, 1999; *Uerpmann*, Landesrechtlicher Grundrechtsschutz und Kompetenzordnung, in: Der Staat 35 (1996), S. 428 ff.; *Graf Vitzthum*, Die Bedeutung gliedstaatlichen Verfassungsrechts in der Gegenwart, in: VVDStRL 46 (1987), S. 7 ff.; *Bernd Wermeckes*, Der erweiterte Grundrechtsschutz in den Landesverfassungen. Zu Erscheinungsformen, Wirksamkeit und Bestand weitergehender Landesgrundrechte im Bundesstaat des Grundgesetzes (Diss. Düsseldorf, 2000).

22 S. statt vieler → Bd. III: *H. Maurer*, § 82 RN 46 (S. 1121).
23 *Pietzcker*, HStR ³VI, § 134 RN 57.
24 → Bd. III: *Grawert*, § 81 RN 89 (S. 1081) m.w.N. dort in FN 264.
25 → Bd. III: *H. Maurer*, § 82 RN 49 (S. 1124).

breche auch übereinstimmendes Landesrecht; denn anderenfalls wäre Art. 142 GG nicht erforderlich gewesen[26].

c) Art. 31 GG

15
Erstreckung auf übereinstimmendes Landesrecht

Die Frage, ob Art. 31 GG nicht nur widersprechendes, sondern auch übereinstimmendes Landesrecht erfaßt, wird unterschiedlich beantwortet. Die überwiegende Meinung nimmt unter Berücksichtigung der Rechtsprechung des Bundesverfassungsgerichts[27] mit Recht an, Art. 31 GG breche *allein* dem Bundesrecht *widersprechendes* Landesrecht[28]. Die Begründung geht von der Annahme aus, Art. 31 GG sei eine Kollisionsnorm; eine Kollision zwischen Normen liege aber nur dann vor, wenn die Normen einander widersprechen. Bei einer Übereinstimmung entfalle eine Kollision, mithin komme Art. 31 GG nicht zum Einsatz. Ferner wird der Wortlaut des Art. 31 GG bemüht: Das Gesetz formuliert „bricht"; ‚gebrochen' werden könne allein widersprechendes Recht.

d) Ergebnis

16
Gestaltungsspielraum des Landesverfassunggebers

Eigenständige Grundrechte sind in der Verfassung Brandenburgs möglich. Es existiert ein Gestaltungsspielraum des Landesverfassunggebers. Das Grundgesetz verhindert die Wirksamkeit von Landesgrundrechten nicht.

3. Folgerungen – der Umfang des Gestaltungsspielraums

17
Umfang

Der Umfang des Gestaltungsspielraums ergibt sich aus folgenden Aussagen[29].

a) Aussagen betreffend die „Inkorporation"

18
Eigenständige Landesgrundrechte

– Die Inkorporation der Grundrechte des Grundgesetzes in die Landesverfassung führt zu eigenständigen Landesgrundrechten. Mit Recht widerspricht die Literatur[30] der Auffassung, die Inkorporation führe lediglich zu einem zweifachen Schutz ein und desselben Grundrechts. Die abzulehnende Auffassung steht mit der „Unterschiedlichkeit und Eigenständigkeit" der Rechtsquellen nicht in Einklang und erzeugt nur schwer lösbare Probleme, wenn die Grundrechtsverbürgungen lediglich teilweise übereinstimmen. Die doppelte Gewährleistung eines Grundrechts führt zur Entstehung zweier Grundrechte.

19
Umfang textlich vollzogener Inkorporation

– Eine Inkorporation liegt nur dann vor, wenn sie tatsächlich vorgenommen worden ist. Ein Landesgrundrecht entsteht ausschließlich im Umfang der textlich vollzogenen Inkorporation und nicht durch ein bloßes „Hineinwirken" des Grundgesetzes in die Landesverfassung[31].

---

26 AaO.
27 *BVerfGE 36*, 342 (363 ff.); *96*, 345 (364).
28 *H. Dreier*, GG (LitVerz.), Art. 31 RN 40 m.w.N.
29 Zu diesen Aussagen ausführlich und m.w.N. → Bd. III: *K. Lange*, Grundrechtliche Besonderheiten in den Landesverfassungen, § 83 RN 2 ff. (S. 1148 ff.).
30 → Bd. III: *K. Lange*, § 83 RN 3 (S. 1149).
31 Abzulehnen deshalb *BerlVerfGH* NJW 1993, S. 515.

– Prüfungsmaßstab des Landesverfassungsgerichts Brandenburg sind die Landesgrundrechte. Hier stellt sich die Frage, ob das Landesverfassungsgericht von der Rechtsprechung des Bundesverfassungsgerichts abweichen darf, wenn der Umfang des grundrechtlichen Schutzes zu bestimmen ist. Art. 31 BVerfGG mit seiner Aussage zur Bindungswirkung betrifft allein die konkrete Entscheidung[32]. Regelmäßig bestimmt das Landesverfassungsgericht den grundrechtlichen Schutz entsprechend den Feststellungen des Bundesverfassungsgerichts. Dieses ist zwingend im Fall der Bestimmung des Schutzbereichs bei einem Eingriff insoweit, als der Schutz nicht geringer ausfallen darf als durch das Bundesverfassungsgericht bestimmt. Ein praktisches Argument für die Richtigkeit dieser Auffassung ist der Hinweis, daß im Falle einer restriktiven Interpretation niemand das Landesverfassungsgericht um Rechtsschutz ersuchen, sondern jeder sich sofort an das großzügigere Bundesverfassungsgericht wenden wird – die Landesgrundrechte „liefen leer". Hingegen darf das Landesverfassungsgericht den Schutzbereich erweitern. Es kann eine „Vorreiterrolle" spielen, wenn es darum geht, grundrechtlichen Schutz in „neuen Situationen" sicherzustellen.

20
LVerfG-Prüfungsmaßstab

b) Aussagen betreffend die „Textgleichheit" und die „Inhaltsgleichheit"

– Bei Textgleichheit und Inhaltsgleichheit treffen die soeben gemachten Aussagen zur Qualität der Grundrechte und zur Rechtsprechung des Landesverfassungsgerichts ebenfalls zu.

21
Prüfungsmaßstab Landesgrundrechte

c) Aussagen betreffend die „eigenständigen Landesgrundrechte"

– Sehr selten bleibt der Schutzbereich eines Landesgrundrechts hinter dem eines „parallelen" Bundesgrundrechts zurück. Im hier interessierenden Brandenburg könnte dieses der Fall bei Art. 15 in Relation zu Art. 13 GG sein: Schutz der Wohnung vor heimlicher Überwachung; davon geht das Landesverfassungsgericht Brandenburg aus[33]. Andere Landesverfassungsgerichte halten eine Reduktion des Schutzbereichs ebenfalls für möglich[34] – das ist unbedenklich, weil der potenziell in seinen Grundrechten Verletzte das Bundesverfassungsgericht anrufen und dort den „vollen" Schutz entsprechend der grundgesetzlichen Verbürgung erhalten kann.

22
Zurückbleibender Grundrechtsschutz der Landesverfassung

– Häufiger gehen Landesgrundrechte über das grundgesetzlich (ausdrücklich) Gewährleistete hinaus. Für das hier maßgebliche Brandenburg ist beispielhaft festzustellen: Der Schutz von Ehe und Familie erfährt Erweiterung auf andere Formen des Zusammenlebens: „Die Schutzbedürftigkeit anderer auf Dauer angelegter Lebensgemeinschaften wird anerkannt" (Art. 26 Abs. 2 Verf. Brandenburg); Deutschenrechte werden zu Menschenrechten erweitert: „Alle Menschen haben das Recht, [...] Vereine [...] zu gründen [...]" (Art. 20 Abs. 1 Verf.). All dieses ist verfassungsrechtlich ohne weiteres zulässig.

23
Weitergehende Gewährleistungen

---
32 *Heusch*, in: Umbach/Clemens/Dollinger (LitVerz.), § 31 RN 57.
33 *LVerfG Brandenburg LVerfGE 10*, 157, 188. Diese Ansicht ablehnend *v. Brünneck/Postier*, in: Bauer/Peine (LitVerz.), S. 47.
34 Nachweise bei → Bd. III: *K. Lange*, § 83 RN 10 (S. 1162).

§ 248   Sechzehnter Teil: III. Die Grundrechte in den Landesverfassungen

24
Schranken-
unterschiede

– Landesgrundrechte enthalten gelegentlich andere Schranken. Drei Fälle sind zu unterscheiden: Grundrechte werden in Relation zur grundgesetzlichen Gewährleistung erstens einschränkungslos, zweitens stärker und drittens weniger eingeschränkt gewährleistet. Beispiele für den ersten und den dritten Fall existieren in Brandenburg wohl nicht. Wenn Grundrechte stärker eingeschränkt werden als durch das Grundgesetz vorgesehen, wie die Freizügigkeit in Art. 11 Abs. 2 Verf. Brandenburg, dann nur zum Schutz vor direkten staatlichen Eingriffen, und wie die Meinungsfreiheit nach Art. 19 Abs. 3 Satz 3 Verf. Brandenburg, als Verbot der Diskriminierung, welche die Menschenwürde verletzt, dann ist zumindest Vorsicht geboten; es wird geraten, diese Einschränkung grundgesetzkonform zu interpretieren, weil anderes zu einem Fall des Art. 31 GG führe[35]. In diesem Sinn verfährt der Verfassungsgerichtshof Rheinland-Pfalz bei der Unverletzlichkeit der Wohnung (Art. 7 Abs. 1 Verf. Rheinland-Pfalz)[36]. Hingewiesen sei darauf, daß dann, wenn die Grundrechtsgewährleistung durch die Landesverfassung großzügiger ausfällt, eine Reduzierung auf grundgesetzliches Niveau zu erfolgen hat – so der Verfassungsgerichtshof Berlin mit Blick auf die freie Wahl des Berufs nach Art. 17 Verf. Berlin[37]. Diese Auffassung bedingt, daß die Fälle der im Vergleich zum Grundgesetz anderen Beschränkung eines Grundrechts durch die Verfassung Brandenburgs bedeutungslos sind.

d) Aussagen betreffend die „sozialen Grundrechte/Grundrechte als Leistungsrechte"

25
Weiter Spielraum
des Landesverfas-
sungsgebers

– Da das Grundgesetz soziale Grundrechte bzw. Grundrechte als Leistungsrechte nur in geringem Umfang enthält, ist der Landesverfassunggeber nicht gehindert, über diese Gewährleistungen hinaus neue „Ansprüche" auf staatliche Leistungen zu normieren. Immer zu beachten sind in den Fällen dieser Anspruchsnormierung die „Anspruchsvoraussetzungen". Von großer Bedeutung ist die Abgrenzung zwischen sozialen Grundrechten bzw. Grundrechten als Leistungsrechten und Staatszielbestimmungen.

III. Grundrechte und Staatsziele im einzelnen

1. Geltung (Art. 5 der Verfassung)

26
Geltungsumfang
der Grundrechte

Den Umfang der Geltung der Grundrechte bestimmt Art. 5 Verf. Brandenburg. Die Vorschrift übernimmt teils wörtlich die fundamentalen Regeln der Art. 1 Abs. 3 GG und Art. 19 GG[38]. Über die Reichweite dieser Regeln hinaus

---

35 Ebd.
36 Ebd.
37 Ebd.
38 Zu einem Verstoß gegen das Zitiergebot s. *LVerfG Brandenburg* LKV 2012, S. 557. Hinweis: Die „amtliche" Sammlung von Entscheidungen des Landesverfassungsgerichts ist eingestellt. Alle Entscheidungen des LVerfG Brandenburg finden sich im Internet unter www.verfassungsgericht.brandenburg.de. Nicht in Fachzeitschriften publizierte Entscheidungen werden hier mit dem Datum ihrer Verkündung und dem Aktenzeichen zitiert. Berichte über die Tätigkeit des Gerichts geben *Heinrich-Reichow*, Bericht über die Arbeit des Verfassungsgerichts des Landes Brandenburg im Jahre 2011, LKV 2012, S. 116 ff.; *A. John*, Bericht über die Arbeit des Verfassungsgerichts des Landes Brandenburg im Jahre 2013, LKV 2014, S. 163 ff.

erstreckt Art. 5 Abs. 1 Verf. Brandenburg die Geltung der Grundrechte auch auf gesellschaftliche Gruppen und normiert ihre Drittwirkung, „soweit diese Verfassung das bestimmt"[39]. Die Rechtsprechung des Bundesverfassungsgerichts zum Grundsatz der Verhältnismäßigkeit als Schranke jeder Rechtsausübung in einen Rechtssatz ummünzend, bindet Art. 5 Abs. 2 Satz 1 Verf. Brandenburg Beschränkungen der Geltung von Grundrechten an den Grundsatz der Verhältnismäßigkeit[40].

Die Verfassung Brandenburgs enthält im Gegensatz zu anderen Verfassungen der neuen Bundesländer[41] keine allgemeinen Bestimmungen über die Geltung der Staatsziele[42]. Es fehlen in der Verfassung ferner dogmatische Abgrenzungen zwischen Grundrechten und Staatszielen; die einzelnen Abschnitte des zweiten Hauptteils der Verfassung sind nach Lebenssachverhalten geordnet und können sowohl Grundrechte als auch Staatsziele enthalten[43]. Die Charakterisierung einer Norm als Grundrecht oder Staatsziel ist bei den herkömmlichen Bestimmungen eindeutig, weil Entscheidungen des Bundesverfassungsgerichts in überzeugender Weise Abgrenzungen getroffen haben. Bei vielen neuartigen Regelungen der Verfassung Brandenburgs ist die Qualifizierung als Grundrecht oder Staatsziel jedoch problematisch, weil höchstrichterliche Festlegungen fehlen. Einige ihrem Wortlaut nach als Rechte formulierte Bestimmungen stellen sich bei näherer Prüfung nicht als Grundrechte, sondern als Staatsziele heraus[44].

27
Geltung der Staatsziele

Eindeutigkeit des Charakters

Der Verfassunggeber hat die Abgrenzung zwischen Grundrechten und Staatszielen bewußt offengelassen, soweit er den herkömmlichen Bestand der Verfassungsnormen überschritten hat. Er hat ferner bewußt darauf verzichtet, allgemeine Bestimmungen über den Geltungsbereich der Staatsziele zu formulieren. Für dieses Vorgehen war entscheidend, daß die in der Verfassung Brandenburgs formulierten Grundrechte und Staatsziele vielfach dogmatisch ohne Vorbild waren. In der Folge kann der Geltungsanspruch solcher innovativen Regelungen nicht im voraus abstrakt und allgemein definiert werden. Es ist Aufgabe der Wissenschaft und der drei Staatsgewalten, im Einzelfall die Grenzen zu bestimmen. Die Offenheit der Verfassung für zukünftige Entwicklungen bietet eine große Chance für die wirksame Umsetzung ihrer Postulate in die Praxis von Staat und Gesellschaft[45]. Das Landesverfassungsgericht hat judiziert, daß Staatszielbestimmungen wie Art. 48 Abs. 1 Verf. Brandenburg „keine subjektive Berechtigung auf Seiten des Bürgers [begründen]; sie gewähren – anders als Grundrechte – keine individuellen Rechte, auf

28
Abgrenzung zu den Staatszielen

---

39 Juristische Personen des öffentlichen Rechts genießen durch die Verfassung Brandenburgs keinen Grundrechtsschutz, es sei denn, sie berufen sich auf durch die Verfassung zu Grundrechten erhobenen Prozeßrechte. Gehörs- und Besetzungsrügen sowie Beanstandungen überlanger Gerichtsverfahren sind zulässig, das Willkürverbot ist nur in verfahrensrechtlicher Hinsicht beachtlich: *LVerfG Brandenburg* NVwZ-RR 2011, S. 714.
40 Zur Geltung des Grundsatzes der Verhältnismäßigkeit s. *LVerfG Brandenburg*, B. v. 24. 1. 2014 (15/13).
41 Art. 3 Abs. 3 Verf. Sachsen-Anhalt von 1992.
42 Zur Abgrenzung von Grundrechten und Staatszielen s. *LVerfG Brandenburg LVerfGE* 5, 94.
43 *v. Brünneck/Postier*, in: Bauer/Peine (LitVerz.), S. 43.
44 Ebd.
45 Ebd., S. 44.

die sich der Einzelne gegenüber der öffentlichen Gewalt berufen kann, sondern stellen lediglich (objektive) Verfassungsnormen dar, die der Staatstätigkeit die fortdauernde Beachtung oder Erfüllung bestimmter Aufgaben und in diesem Sinne sachlich umschriebene Ziele vorschreiben"[46].

2. Rechtsschutz (Art. 6 der Verfassung)

29
Allgemeine Rechtsschutzgarantie

Die grundlegenden Vorschriften über den Rechtsschutz finden sich in Art. 6 Verf. Brandenburg. Die Vorschrift übernimmt die Aussagen der Art. 19 Abs. 4, Art. 93 Abs. 1 Nr. 4a und 4b[47] und Art. 34 GG. Die allgemeine Rechtsschutzgarantie des Art. 6 Abs. 1 Verf. Brandenburg interpretiert das Landesverfassungsgericht wie das Bundesverfassungsgericht[48]. Ausgestaltet ist das System des Rechtsschutzes in Art. 52 bis 54 Verf. Brandenburg sowie in den Artikeln 97 bis 113 der Verfassung. Wegen der Überlastung der Verfassungsgerichte ermöglicht Artikel 6 Abs. 2 Satz 2 ein besonderes Annahmeverfahren bei Verfassungsbeschwerden. Der Gesetzgeber hat bislang davon abgesehen, von dieser Möglichkeit Gebrauch zu machen[49]. Die Verfassungsbeschwerde ist ein subsidiärer Rechtsbehelf[50].

30
Unmittelbare Staatshaftung

Art. 6 Abs. 3 Verf. Brandenburg sieht eine unmittelbare Staatshaftung vor. Diese Regelung ist moderner als die Bestimmung in Art. 34 GG, der eine mittelbare Staatshaftung, einen Übergang der Haftung auf den Staat oder die Anstellungskörperschaft vorschreibt[51].

3. Freiheit, Gleichheit und Würde (Art. 7 bis 18 der Verfassung)

a) Menschenwürde und Leben

31
Allgemeine Grundlage und Konkretisierungen

Art. 7 Verf. Brandenburg garantiert den Schutz der Menschenwürde; diesen Schutz hebt bereits die Präambel hervor. Über Art. 1 Abs. 1 GG hinaus bestimmt Art. 7 Abs. 1 (a.E.) Verf. Brandenburg die Menschenwürde zur „Grundlage jeder solidarischen Gemeinschaft". Diesen Ansatz erweitert Artikel 7 Abs. 2 zu einer Drittwirkung mit dem Satz: „Jeder schuldet jedem die Anerkennung seiner Würde". Eine besondere Ausgestaltung erhält die Garantie der Menschenwürde in Art. 8 Abs. 1 Satz 1 der Verfassung; hier wird das Recht auf Achtung der eigenen Würde im Sterben anerkannt. Die Menschenwürde erfährt auch an weiteren Stellen der Verfassung Brandenburg spezielle Konkretisierungen: in Artikel 19 Abs. 3, in Artikel 27 Abs. 1, in Artikel 28 Abs. 1, in Artikel 31 Abs. 2, in Artikel 45 Abs. 1, in Artikel 47 Abs. 2

---

46 *LVerfG Brandenburg* LVerfGE 5, 94 (104).
47 Entscheidungen betreffend Kommunalverfassungsbeschwerden aus jüngerer Zeit: *LVerfG Brandenburg* LKV 2011, S. 411 ff.; Urt. v. 30. 4. 2013 (49/11); Urt. v. 6. 8. 2013 (70/11); NVwZ 2013, S. 1481; LKV 2013, S. 554.
48 *LVerfG Brandenburg* LVerfGE 9, 88 (92).
49 S. §§ 45 bis 50 LVerfGG Brandenburg.
50 *LVerfG Brandenburg*, B. v. 18. 10. 2013 (72/12).
51 *Franz-Joseph Peine*, Allgemeines Verwaltungsrecht, ^{11}2014, RN 1086.

sowie in Artikel 54 Abs. 1. Die Interpretation des Art. 7 Abs. 1 der Verfassung durch das Landesverfassungsgericht entspricht der des Bundesverfassungsgerichts zu Art. 1 Abs. 1 GG[52]. In ihrer Würde ist die Person berührt, die zum bloßen Objekt gemacht wird, weil sie als Person nicht zur Kenntnis genommen wird. Das Landesverfassungsgericht hat Verletzungen dieser Bestimmung bislang nicht festgestellt.

Die Garantie des Rechts auf Leben und Unversehrtheit in Art. 8 Verf. Brandenburg knüpft an Art. 2 Abs. 2 Satz 1 GG an. Sie schützt neben Eingriffen in die körperliche Integrität vor psychischen Beeinträchtigungen, die nach Art und Schwere mit jenen vergleichbar sind[53]. Art. 8 Abs. 2 Verf. Brandenburg statuiert Schutzpflichten des Staats für das ungeborene Leben. Das Verbot grausamer, unmenschlicher, erniedrigender Behandlung oder Strafe sowie unfreiwilliger medizinischer oder wissenschaftlicher Versuche in Absatz 3 ist bereits ungeschrieben in Absatz 1 und in Artikel 9 Abs. 1 enthalten. Mit Recht wird hervorgehoben, daß seine Ausformulierung eine Bekräftigung ist, die sich besonders gegen die Wiederholung entsprechender Praktiken in der Zeit vor der Wende im Jahr 1989 richtet[54].

32
Recht auf Leben und Unversehrtheit

b) Freiheit und Gleichheit

Die Verbürgung der Freiheit der Person durch Art. 9 Verf. Brandenburg übernimmt die Aussagen der Art. 2 Abs. 2 Satz 2 GG und Art. 104 GG. Sie ist einschlägig für den Fall der Unterbringung in einem psychiatrischen Krankenhaus[55]. Das Recht auf Zuziehung eines Rechtsbeistands aus Art. 9 Abs. 2 Satz 2 Verf. Brandenburg interpretiert das Landesverfassungsgericht großzügig[56]. Dieses Recht sowie das Recht der Erziehungsberechtigten auf Verfahrensbeteiligung im Falle einer Haftentscheidung betreffend Jugendliche aus Artikel 9 Abs. 2 Satz 3 Halbs. 2 sind leges speciales in Relation zu allgemeinen Aussagen des Art. 9 Verf. Brandenburg, die ihrerseits das Recht auf Menschenwürde konkretisieren. Das gilt nicht für das ausdrückliche Verbot von Schikanen nach Artikel 9 Abs. 4; dieses Verbot ist eine Ausweitung des Schutzes, den Art. 104 GG festlegt; das Verbot erfaßt nicht unmenschliche Handlungen und Anordnungen, sondern solche, „die in anderem Zusammenhang rechtmäßig sein können, jedoch ihrer möglichen Zweckbestimmung entkleidet dazu eingesetzt werden, dem Betroffenen böswillig Übel zuzufügen"[57]. Das Schikaneverbot ist bislang noch nicht Gegenstand einer Gerichtsentscheidung geworden.

33
Freiheit der Person

---

52 *LVerfG Brandenburg LVerfGE 2*, 88 (92); *3*, 141 (144); *5*, 94 (104); *LVerfG Brandenburg*, B. v. 28. 9. 2006 (19/06).
53 *LVerfG Brandenburg LVerfGE 8*, 97 (163); *12*, 107 (114); B. v. 27. 5. 2011 (59/10).
54 *v. Brünneck/Postier*, in: Bauer/Peine (LitVerz.), S. 45.
55 Einen Verstoß gegen Art. 9 Abs. 1 stellte das Landesverfassungsgericht fest, weil es an einem Grund für die Fortdauer einer Unterbringung in einem psychiatrischem Krankenhaus fehlt: *LVerfG Brandenburg*, B. v. 21. 2. 2014 (35/13).
56 *LVerfG Brandenburg LVerfGE 11*, 161; *13*, 197 (202).
57 *Iwers*, in: Lieber/Iwers/Ernst (LitVerz.), S. 126.

34
Freie Entfaltung der Persönlichkeit

Art. 10 Verf. Brandenburg garantiert das Recht auf freie Entfaltung der Persönlichkeit im selben Umfang wie Art. 2 Abs. 1 GG. Das Landesverfassungsgericht sieht in ihm das Gebot effektiven Rechtsschutzes im Sinne einer wirksamen gerichtlichen Kontrolle verankert[58].

35
Datenschutz

Art. 11 Abs. 1 und 2 Verf. Brandenburg enthalten eingehende Bestimmungen zum Datenschutz. Sie normieren die Judikatur des Bundesverfassungsgerichts zum Recht auf informationelle Selbstbestimmung[59]. Artikel 11 Abs. 1 garantiert das Recht des Bürgers, erstens, über die Preisgabe und Verwendung der eigenen persönlichen Daten selbst zu bestimmen, zweitens auf Auskunft über die Speicherung seiner persönlichen Daten und drittens auf Einsicht in Akten und sonstige amtliche Unterlagen, soweit sie ihn selbst betreffen.

Zustimmungserfordernis

Die Daten dürfen nach Artikel 11 Abs. 2 nur mit „freiwilliger und ausdrücklicher Zustimmung des Berechtigten erhoben, gespeichert, verarbeitet, weitergegeben und sonst verwendet werden". Das ist nach § 4 Abs. 1 bis 3 DSG Brandenburg[60] bzw. § 3 Abs. 5 Satz 1 BDSG nur dann der Fall, wenn der Berechtigte ohne jeden Zweifel in die Datenerhebung schriftlich eingewilligt hat und er umfassend über die Bedeutung seiner Einwilligung, den Verwendungszweck, den Empfänger der Daten und über sein Verweigerungsrecht belehrt worden ist[61]. Das Auskunfts- und Akteneinsichtsrecht sichert das Recht betreffend die persönlichen Daten. Das gilt auch für § 5 Abs. 1 Satz 1 AIG Brandenburg[62].

36
Datenverarbeitung

Der Verfassungsschutz sammelt und verarbeitet in größerem Umfang Daten. Deshalb haben seine Befugnisse und seine Kontrolle in Art. 11 Abs. 3 Verf. Brandenburg eine ausdrückliche Regelung erhalten. Einzelheiten normiert das Gesetz über den Verfassungsschutz[63]. Absatz 3 rechtfertigt keine Einschränkung des Datenschutzes[64].

Verdeckter Einsatz technischer Mittel

Die Vorschriften über den verdeckten Einsatz technischer Mittel nach § 33 PolG Brandenburg beachten den Rahmen des Gesetzesvorbehalts nach Artikel 11 Abs. 2[65] der Verfassung. Die Anordnung einer DNA-Analyse nach § 81 g StPO verletzte das Grundrecht auf informationelle Selbstbestimmung nach Absatz 1[66].

---

58 *LVerfG Brandenburg*, B. v. 19. 11. 2009 (17/09).
59 *BVerfGE* 65, 1.
60 Gesetz zum Schutz personenbezogener Daten im Land Brandenburg i.d.F. v. 15. 5. 2008 (GVBl. I S. 114). *Dix*, Zehn Jahre Brandenburgisches Datenschutzgesetz, LKV 2002, S. 153 ff.
61 S. *auch M. Ernst*, in: Lieber/Iwers/Ernst (LitVerz.), S. 134.
62 Akteneinsichts- und Informationsfreiheitsgesetz v. 10. 3. 1998 (GVBl. I S. 46 ff.); *Antonia Winterhager*, Der Anwendungsbereich des Akteneinsichts- und Informationszugangsgesetzes des Landes Brandenburg, 2002; *Peine*, Allgemeines Verwaltungsrecht (FN 51), RN 623 ff.
63 Gesetz über den Verfassungsschutz im Land Brandenburg v. 5. 4. 1993 (GVBl. I S. 78), zuletzt geändert durch Art. 1 des Gesetzes v. 12. 1. 2010 (GVBl. I S. 1).
64 Wie hier Sondervotum *LVerfG Brandenburg LVerfGE* 15, 124 (142); *v. Brünneck/Postier*, in: Bauer/Peine (LitVerz.), S. 46.
65 *LVerfG Brandenburg LVerfGE* 10, 157 (162–178).
66 *LVerfG Brandenburg LVerfGE* 12, 155; LKV 2002, S. 131; zur gerichtlichen Bestätigung der Beschlagnahme von Unterlagen: *LVerfG Brandenburg LVerfGE* 13, 177 (186), und zum Schutz gegen die Akteneinsicht in strafrechtliche Ermittlungsakten durch Dritte: *LVerfG Brandenburg*, B. v. 15. 4. 2010 (37/09); allgemein: *Husein*, LKV 2010, S. 337.

Art. 12 Abs. 1 Satz 2 Verf. Brandenburg faßt die Grundsätze der Rechtsprechung des Bundesverfassungsgerichts zum Gleichheitssatz in Gesetzesform. Das Diskriminierungsverbot wird in Absatz 2 – über die Regelung des Art. 3 Abs. 3 Satz 1 GG hinausgehend – auch auf die sexuelle Identität erstreckt. Die Sorge für die Gleichstellung von Frau und Mann sowie von Menschen mit und ohne Behinderungen ist nach Art. 12 Abs. 3 Satz 2 und Absatz 4 Verf. Brandenburg Pflicht des Landes und der Gemeinden. Diese Pflichten konkretisieren das Gleichstellungsgesetz[67] und die Frauenförderverordnung[68]. Das Landesverfassungsgericht interpretiert den Gleichheitssatz wie das Bundesverfassungsgericht[69]; dazu zählt auch das Verbot objektiver Willkür[70]. Spezielle Grundrechtsnormen verdrängen Absatz 1 Satz 1 als Prüfungsmaßstab[71].

37
Grundsätze zum Gleichheitssatz in Gesetzesform

c) Persönliche Freiheitsrechte

Art. 13 Verf. Brandenburg übernimmt mit der Gewissens-, Glaubens- und Bekenntnisfreiheit die Garantien des Art. 4 Abs. 1, Abs. 2 GG. Dazu zählt auch die finanzielle Förderung jüdischer Religionsgemeinschaften[72]. Art. 13 Abs. 2, Abs. 3 Verf. Brandenburg enthält Aspekte der negativen Gewissens-, Glaubens- und Bekenntnisfreiheit; sie entsprechen Art. 140 GG in Verbindung mit Art. 136 Abs. 3, Abs. 4 WRV. Nach Art. 13 Abs. 4 Verf. Brandenburg ist die Nichterfüllung staatsbürgerlicher Pflichten nach Möglichkeit durch andere gleich belastende Pflichten zu kompensieren; eine parallele Regel existiert auf der Ebene des Bundesrechts im Falle der Kriegsdienstverweigerung aus Gewissensgründen nach Art. 4 Abs. 3 GG. Die staatskirchenrechtlichen Vorschriften der Art. 36 bis 38 Verf. Brandenburg ergänzen die Aussagen des Art. 13 der Verfassung. Der Gesetzgeber ist gehalten, Religions- und Weltanschauungsgemeinschaften gleich zu behandeln[73].

38
Gewissens-, Glaubens- und Bekenntnisfreiheit

Der Schutz der Sonn- und Feiertage nach Art. 14 Verf. Brandenburg folgt den Regelungen des Art. 140 GG in Verbindung mit Art. 139 WRV. Das nach Artikel 14 Abs. 3 geforderte Gesetz ist das Feiertagsgesetz[74].

39
Sonn- und Feiertagsschutz

Die Vorschriften über die Unverletzlichkeit der Wohnung in Art. 15 Verf. Brandenburg entsprechen Art. 13 GG. Eine richterliche Durchsuchungsanordnung muß den äußeren Rahmen dieser Zwangsmaßnahme abstecken[75]; sie ist nur dann entbehrlich, wenn der Richter auch fernmündlich nicht erreichbar ist[76]; die verdeckte Wohnraumüberwachung mit technischen Mitteln nach

40
Unverletzlichkeit der Wohnung

---

67 Landesgleichstellungsgesetz v. 4. 7. 1994 (GVBl. I S. 254); Monika Weisberg-Schwarz (Hg.), Kommentar zum Landesgleichstellungsgesetz des Landes Brandenburg, 1999.
68 Frauenförderverordnung v. 25. 4. 1996 (GVBl. I S. 354).
69 *LVerfG Brandenburg LVerfGE 2*, 105 (110); *3*, 141 (145); *6*, 96 (98); *7*, 105 (108); *7*, 112 (116).
70 *LVerfG Brandenburg*, B. v. 15. 3. 2013 (42/12); B. v. 19. 6. 2013 (61/12); B. v. 20. 6. 2013 (67/12); B. v. 21. 3. 2014 (41/13).
71 *LVerfG Brandenburg*, Urt. v. 15. 10. 2009 (9/08).
72 *LVerfG Brandenburg NVwZ-RR* 2012, S. 577.
73 *LVerfG Brandenburg LVerfGE 16*, 190 (198); → oben *Korioth*, Religiöse und weltanschauliche Freiheiten, § 236.
74 Gesetz über die Sonn- und Feiertage v. 21. 3. 1991 (GVBl. I S. 44).
75 *LVerfG Brandenburg LVerfGE 9*, 102 (107).
76 *LVerfG Brandenburg LVerfGE 13*, 196.

§ 33 Abs. 3 PolG Brandenburg gestattet der Gesetzesvorbehalt in Art. 15 Abs. 3 Verf. Brandenburg[77].

41
Postgeheimnis

Die Regelung über das Brief-, Post- und Fernmeldegeheimnis in Art. 16 Verf. Brandenburg gibt Art. 10 GG und die zu ihm ergangene Gesetzgebung wieder.

42
Freizügigkeit

Das Recht auf Freizügigkeit nach Art. 17 Abs. 1 Verf. Brandenburg definiert Artikel 17 Abs. 2 – über Art. 11 GG hinausgehend – im Anschluß an die Rechtsprechung des Bundesverfassungsgerichts[78] als „das Recht, sich an jedem beliebigen Ort aufzuhalten und niederzulassen". Es steht nicht nur wie nach Art. 11 Abs. 1 GG allen *Deutschen*, sondern allen *Menschen* zu. Der Gesetzesvorbehalt des Art. 17 Abs. 2 Verf. Brandenburg ist indes weiter gefaßt als der nach Art. 11 Abs. 2 GG und schränkt deshalb den Freiheitsbereich stärker ein; das Grundrecht schützt nur vor direkten staatlichen Eingriffen[79].

43
Asylrecht

Die Bestimmungen über das Asylrecht[80], das Verbot der Auslieferung und die Abschiebung in Art. 18 Verf. Brandenburg sind knapper als die Festlegungen des Art. 16a GG. Das Verbot der Auslieferung oder der Abschiebung von Ausländern in ein Land, in dem für sie die Gefahr der Todesstrafe oder der Folter besteht, entspricht § 60 Abs. 1 Satz 1 Aufenthaltsgesetz.

4. Politische Freiheitsrechte (Art. 19 und 20 der Verfassung)

44
Meinungs- und Medienfreiheit

Die Aussagen betreffend die Meinungs- und Medienfreiheit in Art. 19 Verf. Brandenburg gehen von den Rechten nach Art. 5 Abs. 1, Abs. 2 GG aus, weisen aber eine Reihe von Besonderheiten auf. Dem Recht auf Meinungsfreiheit unterfallen nicht Anträge, die auf Sachverhaltsaufklärung oder Ähnliches gerichtet sind[81].

45
Drittwirkung

(1) Art. 19 Abs. 1 Satz 2 Verf. Brandenburg ordnet eine Drittwirkung im Sinne des Art. 5 Abs. 1 a.E. GG an: In Dienst- und Arbeitsverhältnissen dürfen die Meinungs- und Informationsfreiheit nur nach Maßgabe eines Gesetzes eingeschränkt werden; insoweit fehlt ein allgemeines Gesetz, ein spezielles enthält § 4 Landespressegesetz[82].

46
Medienfreiheiten

(2) Die Normen betreffend die Freiheit der Presse, des Rundfunks, des Films und anderer Massenmedien sind detailreicher als die einschlägigen Aussagen des Art. 5 GG. Grundgedanken der Rechtsprechung des Bundesverfassungsgerichts werden als Basis genommen und entwickelt. Nach Art. 19 Abs. 2 Satz 2 Verf. Brandenburg hat der Gesetzgeber den Auftrag, durch Verfah-

---

77 *LVerfG Brandenburg LVerfGE 10*, 157 (191).
78 Vgl. *BVerfGE 2*, 266 Ls. 1 (273); *8*, 95 (97); *43*, 203 (211); *80*, 137 (150); *110*, 177 (191); *134*, 242 (323 RN 253).
79 *LVerfG Brandenburg LVerfGE 8*, 97 (164). S. dazu oben den Text bei FN 38.
80 Ausführlich *Neubauer/Lörincz*, Nochmals: Verfassunggebung und Grundrechte – der Gestaltungsraum der Landesverfassunggeber, LKV 2013, S. 115 ff.
81 *LVerfG Brandenburg* NVwZ-RR 2011, S. 665.
82 Pressegesetz des Landes Brandenburg v. 13. 5. 1993 (GVBl. I S. 162). Zum presserechtlichen Gegendarstellungsanspruch vgl. *LVerfG Brandenburg LVerfGE 11*, 127.

rensregelungen die Meinungsvielfalt in Presse und Rundfunk sicherzustellen. Ihn hat der Gesetzgeber für den Rundfunk und das Fernsehen mit dem Erlaß des Gesetzes zu dem Staatsvertrag über den Rundfunk im vereinten Deutschland[83] erfüllt, im Landespressegesetz Brandenburgs fehlen jedoch einschlägige Aussagen. Nach Artikel 19 Abs. 4 müssen im Anschluß an die Rechtsprechung des Bundesverfassungsgerichts[84] Rundfunk und Fernsehen durch eine „Vielfalt von Programmen zur öffentlichen Meinungsbildung bei[zu]tragen". Das Gesetz soll auch bei privaten Sendern ein Höchstmaß an Meinungsvielfalt gewährleisten. Nach Artikel 19 Abs. 5 ist die rechtmäßige journalistische Tätigkeit vor Behinderungen durch Zeugnispflicht, Beschlagnahme und Durchsuchung geschützt; einschlägig sind § 53 Abs. 1 Nr. 5, § 97 Abs. 5, §§ 102 ff. StPO. Art. 19 Abs. 6 Verf. Brandenburg stellt klar: „Eine Zensur findet nicht statt".

(3) Art. 19 Abs. 3 Satz 1 Verf. Brandenburg enthält eine Kodifizierung der Rechtsprechung des Bundesverfassungsgerichts zum Schrankenvorbehalt des Art. 5 Abs. 2 GG. Einschränkungen der Rechte nach Art. 19 Abs. 2 Verf. Brandenburg zum Schutz aller wichtigen Rechtsgüter sind erlaubt; verboten sind nach Absatz 2 Satz 2 Kriegspropaganda und öffentliche Diskriminierung, welche die Menschenwürde verletzt.

47 Schrankenvorbehalt

Das Recht der Vereinigungsfreiheit nach Art. 20 Verf. Brandenburg erweitert die Regeln des Art. 9 Abs. 1, Abs. 2 GG. Die Vereinigungsfreiheit steht nicht nur, wie Art. 9 Abs. 1 GG bestimmt, allen Deutschen, sondern allen *Menschen* zu. Die Freiheit der Gründung von Vereinigungen erfaßt nach Art. 20 Abs. 1 Verf. Brandenburg alle Arten von Vereinigungen, auch Parteien; deren Gründungsfreiheit regelt das Grundgesetz in der Spezialnorm Art. 21 Abs. 1 Satz 2 GG. Nach Art. 20 Abs. 3 Satz 1 Verf. Brandenburg unterfallen auch Bürgerbewegungen der Vereinigungsfreiheit. Vereinigungen bestimmen nach Artikel 20 Abs. 1 Satz 2 ihre innere Ordnung autonom. Parteien und politisch tätige Bürgerbewegungen müssen nach Artikel 20 Abs. 3 Satz 1 demokratisch organisiert sein. Der Staat muß nach Artikel 20 Abs. 3 Satz 2 ihre Mitwirkung an der politischen Willensbildung gewährleisten.

48 Vereinigungsfreiheit

5. Politische Gestaltungsrechte (Art. 21 bis 24 der Verfassung)

Die Art. 21 bis 24 Verf. Brandenburg konkretisieren das Prinzip der Volkssouveränität nach Art. 2 Abs. 2 der Verfassung. Ihre Regeln ermöglichen in Brandenburg eine lebendige politische Kultur[85]. Sie basieren zum Teil wörtlich auf Art. 21 und 35 des Verfassungsentwurfs des „Runden Tischs" vom 4. April 1990[86]. Elf Arten politischer Entscheidungsrechte finden sich in den Art. 21 bis 24 Verf. Brandenburg[87].

49 Konkretisierung der Volkssouveränität

---

83 ORB-G i.d.F. v. 17. 8. 1999 (GVBl. I S. 400).
84 Grundlegend *BVerfGE 12*, 205.
85 v. *Brünneck/Postier*, in: Bauer/Peine (LitVerz.), S. 49 ff.
86 Abgedr. bei: *Häberle*, Der Entwurf der Arbeitsgruppe „Neue Verfassung der DDR" des Runden Tisches (1990), in: JöR NF Bd. 39 (1990), S. 320 ff, hier: S. 350 ff.
87 v. *Brünneck/Postier*, in: Bauer/Peine (LitVerz.), S. 49 ff.

a) Recht auf politische Mitgestaltung

50
Wahlen, Abstimmungen und sonstige Formen

Allgemein und nicht als Grundrecht[88] gewährleistet Art. 21 Abs. 1 Verf. Brandenburg das Recht auf politische Mitgestaltung. Erfaßt sind Wahlen, Abstimmungen und sonstigen Formen. Inhaber des Rechts auf Mitgestaltung sind Individuen und nach Absatz 3 Bürgerinitiativen und Verbände.

b) Zugang zu politischen Ämtern

51
Ämter unter dem Recht des Landes

Art. 21 Abs. 2 Verf. Brandenburg ermöglicht den Zugang zu öffentlichen Ämtern, die dem Recht des Landes Brandenburg unterliegen, über Art. 33 Abs. 2 GG hinaus „jedem, also deutschen Staatsangehörigen, Ausländern und Staatenlosen". Eine Ausnahme besteht für Dienstposten, die mit der Wahrnehmung hoheitlicher Befugnisse verbunden sind; insoweit einschlägig ist das Beamtenrecht[89]. Das in Art. 21 Abs. 2 Satz 2 Verf. Brandenburg ausgesprochene Verbot, politische oder religiöse Betätigung zu sanktionieren, sichert das Betätigungsrecht jeden Amtswalters.

c) Beeinflussung öffentlicher Angelegenheiten durch Bürgerinitiativen und Verbände

52
Informations- und Anhörungsrechte

Art. 21 Abs. 3 Satz 1 Verf. Brandenburg akzeptiert die praktisch wichtige Aufgabe der Beeinflussung öffentlicher Angelegenheiten durch Bürgerinitiativen und Verbände. Absatz 3 Satz 2 sichert diese Funktion durch die Einräumung umfassender Informations- und Anhörungsrechte. Einfach-gesetzlich ist insoweit § 9 AIG Brandenburg[90] einschlägig.

d) Recht auf Akteneinsicht

53
Umfassendes Einsichtsrecht

Absatz 4 garantiert ein umfassendes Recht auf Einsicht in die Akten der Behörden. Nach Art. 11 Abs. 1 Satz 1 Verf. Brandenburg hat jeder das Recht auf Einsicht in „ihn selbst betreffende" Akten. Artikel 11 Abs. 4 legt ein Recht auf Einsicht „in alle sonstigen" Akten fest. Dieses Recht gestattet den Bürgerinitiativen oder Journalisten politische Mitgestaltung. Einzelheiten und Grenzen normiert das Akteneinsichts- und Informationsfreiheitsgesetz Brandenburgs[91].

e) Recht auf Verfahrensbeteiligung

54
Mitgestaltung in der eigenen Interessenssphäre

Das Recht auf Verfahrensbeteiligung nach Art. 11 Abs. 5 Verf. Brandenburg setzt Artikel 21 Abs. 4 des Verfassungsentwurfs des „Runden Tischs" um. Es soll die politische Mitgestaltung in der eigenen, rechtlich geschützten Interessenssphäre erleichtern. Es ist umfassender als das Anhörungsrecht nach § 1 Abs. 1 VwVfG Brandenburg[92] in Verbindung mit § 28 VwVfG. Ein konkretisierendes Gesetz fehlt.

---

88 *LVerfG Brandenburg* LKV 2003, S. 469.
89 Beamtengesetz für das Land Brandenburg v. 3. 4. 2009 (GVBl. I S. 26).
90 S. den Nachweis in FN 62.
91 Ebd.
92 Verwaltungsverfahrensgesetz für das Land Brandenburg v. 7. 7. 2009 (GVBl. I S. 262).

f) Aktives und passives Wahlrecht

Art. 22 Abs. 1 Verf. Brandenburg garantiert allen Bürgern, also nach Art. 3 Abs. 1 der Verfassung allen Deutschen mit ständigem Wohnsitz in Brandenburg, das aktive und passive Wahlrecht nach Vollendung des achtzehnten Lebensjahres. Für das Wahlrecht der in Brandenburg lebenden Ausländer und Staatenlosen nimmt Artikel 22 Abs. 1 Satz 2 Bezug auf Art. 28 Abs. 1 Satz 3 GG. Das Wahlrecht konkretisieren das Wahlgesetz für das Land Brandenburg[93] und das Gesetz über die Kommunalwahlen im Land Brandenburg[94].

55
Konkretisierungen

g) Direkte Demokratie

Art. 22 Abs. 2 Verf. Brandenburg gestattet allen Bürgern, die älter als sechzehn Jahre sind, „sich an Volksinitiativen, Volksbegehren und Volksentscheiden auf Landesebene sowie an Einwohneranträgen, Bürgerbegehren und Bürgerentscheiden auf kommunaler Ebene zu beteiligen". Die in Brandenburg lebenden Ausländer und Staatenlosen können an Volksinitiativen und Einwohneranträgen teilnehmen. Bei Volksinitiativen und Einwohneranträgen kann der Gesetzgeber die Altersgrenze nach Artikel 22 Abs. 2 Satz 3 auf sechzehn Jahre herabsetzen. Die ursprüngliche Einschränkung, daß dies nur für Vorhaben gelte, „die vornehmlich Jugendliche betreffen", legte das Landesverfassungsgericht eng aus[95]; sie wurde aufgehoben[96]. Das Verfahren der Volksabstimmungen ist für die Landesebene in Art. 76 bis 78 der Verfassung und im Volksabstimmungsgesetz[97] sowie für die kommunale Ebene in § 15 KVerf. Brandenburg[98] normiert.

56
Volksinitiativen, Volksbegehren und Volksentscheide

h) Wahlen und Abstimmungen

Art. 22 Abs. 3 Verf. Brandenburg formuliert wesentliche Grundsätze des Verfahrens bei Wahlen und Abstimmungen. Sie orientieren sich an Art. 38 und 43 GG. Sie gelten für die Landes- und die Kommunalebene. Die Teilnahme an Wahlen wird Parteien, politischen Vereinigungen, Listenvereinigungen und einzelnen Bürgern garantiert; die Regelung wendet sich gegen die Monopolisierung der politischen Willensbildung durch die Parteien. Art. 22 Abs. 3 Satz 3 Verf. Brandenburg normiert Grundzüge des Wahlrechts; die Verbindung von Persönlichkeitswahl und Verhältniswahl entspricht den Wahlrechtsgrundsätzen des Bundeswahlgesetzes. Einzelheiten regeln wiederum das Wahlgesetz für das Land Brandenburg und das Gesetz über die Kommunalwahlen im Land Brandenburg[99]. Ein verfassungsänderndes Ge-

57
Grundsätze des Verfahrens

---

[93] LWahlG Brandenburg i.d.F. v. 28. 1. 2004 (GVBl. I S. 30).
[94] KWahlG Brandenburg i.d.F. v. 9. 7. 2009 (GVBl. I S. 326).
[95] *LVerfG Brandenburg* LVerfGE 3, 177 (181).
[96] Durch das Änderungsgesetz v. 7. 4. 1999 (GVBl. I S. 98).
[97] Gesetz über das Verfahren bei Volksinitiative, Volksbegehren und Volksentscheid v. 14. 4. 1993 (GVBl. I S. 94).
[98] Kommunalverfassung des Landes Brandenburg v. 18. 12. 2007 (GVBl. I S. 286).
[99] *P. Schumacher*, Änderungen des Kommunalwahlrechts in Brandenburg in der Perspektive des Verfassungsrechts, LKV 2001, S. 489 ff.

setz¹⁰⁰ ergänzte die Wahlrechtsgrundsätze in Artikel 22 durch einen neuen Absatz 5 Satz 3: Jetzt kann ein Gesetz insbesondere vorsehen, daß Beamte, Angestellte des öffentlichen Dienstes und Richter nicht zugleich Mitglied im Landtag oder in kommunalen Vertretungskörperschaften sein können. Die Verfassungsergänzung ist Folge eines Urteils des Landesverfassungsgerichts[101]. Es erklärte einfachgesetzliche Inkompatibilitätsvorschriften im Gesetz über die Kommunalwahlen ohne ausdrückliche verfassungsrechtliche Grundlage für unvereinbar mit Art. 22 Abs. 1 Satz 1 und Abs. 3 Satz 1 Verf. Brandenburg. Nach der Ergänzung der Verfassung durch Artikel 22 Abs. 5 Satz 3 sind die Inkompatibilitätsvorschriften im Gesetz über die Kommunalwahlen verfassungsmäßig[102].

i) Schutz der Kandidaten und Abgeordneten

58
Schutz vor Benachteiligungen durch Dritte

Art. 22 Abs. 4 Verf. Brandenburg enthält die herkömmlichen Regelungen zum Schutz der Kandidaten und Abgeordneten gegen Benachteiligungen durch Dritte, insbesondere im Arbeitsleben. Sie entsprechen Art. 48 Abs. 1, Abs. 2 GG. Einzelheiten regeln die §§ 2 bis 4 Abgeordnetengesetz[103].

j) Versammlungsfreiheit

59
Politische Mitgestaltung

Die Versammlungsfreiheit nach Art. 23 Verf. Brandenburg ist Teil der politischen Gestaltungsrechte, um ihre Bedeutung für den demokratischen Willensbildungsprozeß entsprechend der Rechtsprechung des Bundesverfassungsgerichts[104] hervorzuheben: Die Versammlungsfreiheit ermöglicht dem Einzelnen eine politische Mitgestaltung auch außerhalb von Wahlen und Abstimmungen und unabhängig von „großen Verbänden, finanzstarken Geldgebern oder Massenmedien"[105]. Im einzelnen entsprechen die Formulierungen des Art. 23 Verf. Brandenburg dem Art. 8 GG, dem Versammlungsgesetz des Bundes und der Rechtsprechung des Bundesverfassungsgerichts.

k) Petitionsrecht

60
Schutzbereich

Der politischen Mitgestaltung dient auch das Petitionsrecht des Art. 24 Verf. Brandenburg. Sein Schutzbereich ist großzügiger als der des Art. 17 GG. Art. 71 Verf. Brandenburg bestimmt weiteres; Ausführungsvorschriften enthält das Gesetz über die Behandlung von Petitionen an den Landtag Brandenburg[106].

---

100 V. 10.3.1997 (GVBl. I S. 4).
101 *LVerfG Brandenburg LVerfGE 4*, 85; *H.-G. Kluge*, Verfassungs-Wortlaut als Kompetenzgrenze, NJ 1996, S. 356 ff.
102 *LVerfG Brandenburg LVerfGE 9*, 111.
103 Abgeordnetengesetz i.d.F. v. 25.10.2007 (GVBl. I S. 146).
104 *BVerfGE 69*, 315.
105 Ebd., S. 346.
106 Gesetz über die Behandlung von Petitionen an den Landtag Brandenburg v. 20.12.2010 (GVBl. I Nr. 48 S. 1).

6. Rechte der Sorben bzw. Wenden (Art. 25 der Verfassung)

Die Verfassung gewährleistet in Artikel 25 Abs. 1 Satz 1 „das Recht des sorbischen Volkes auf Schutz, Erhaltung und Pflege seiner nationalen Identität und seines angestammten Siedlungsraumes"[107]. Insbesondere haben die Sorben nach Absatz 3 „das Recht auf Bewahrung und Förderung der sorbischen Sprache und Kultur". Diese Rechte gestaltet das Gesetz über die Ausgestaltung der Rechte der Sorben/Wenden im Land Brandenburg[108] aus.

61 Schutz, Erhaltung und Pflege nationaler Identität

Nach dem Urteil des Landesverfassungsgerichts[109] zum Braunkohleabbau auf dem sorbischen Gebiet der von Sorben bewohnten Gemeinde Horno enthält Art. 25 Abs. 1, Abs. 3 Verf. Brandenburg keine individuellen Grundrechte, sondern eine Staatszielbestimmung. Die Aussagen sind ferner keine kommunalen Schutzvorschriften. Offengelassen hat das Landesverfassungsgericht, ob bei einem „gezielt gegen das Sorbentum gerichteten Eingriff" aus Artikel 25 ein „Grundrecht im Sinne eines Abwehrrechts" abzuleiten ist, weil dieser Fall beim Braunkohleabbau in Horno nicht vorliegt. Das Gericht erkannte an, daß der Gesetzgeber die Staatsziele nach Artikel 25 gegen andere Staatsziele wie die Arbeitsplatzsicherung nach Artikel 48 Abs. 1 oder die regionale Strukturförderung nach Artikel 44 abwägen darf; er muß den Staatszielen aus Artikel 25 indes „einen herausgehobenen Stellenwert" beimessen. Die dem Gesetzgeber bei der Abwägung zustehende Einschätzungsprärogative unterliegt einer gesteigerten Kontrolle durch das Landesverfassungsgericht. Es verneinte im Ergebnis einen Verstoß gegen Artikel 25. Diese Erwägungen orientieren sich an einschlägigen Ansätzen des Bundesverfassungsgerichts. Das Landesverfassungsgericht[110] hat zwei Gesichtspunkte erarbeitet, die für die Konkretisierung der im zweiten Hauptteil der Verfassung enthaltenen Staatsziele relevant sind: Sie dürfen nicht leer laufen, müssen aber mit anderen Staatszielen und sonstigen verfassungsrechtlich anerkannten Rechtsgütern in einer Weise sachgerecht ausgeglichen werden, die ihrer jeweiligen Bedeutung entspricht. Der Gesetzgeber ist ferner zur Verwirklichung der Staatsziele des zweiten Hauptteils verpflichtet, hat aber Spielräume, sie nach seinem politischen Ermessen zu konkretisieren.

62 Staatszielbestimmung

Abwägung

7. Ehe, Familie, Lebensgemeinschaften und Kinder (Art. 26 und 27 der Verfassung)

Die Art. 26 und 27 Verf. Brandenburg enthalten weit über Art. 6 GG hinausgehende, also dessen Schutzbereich ausdehnende differenzierte Regelungen über Ehe, Familie, andere Lebensgemeinschaften und Kinder[111]. Der Verfassunggeber erkennt neuere Entwicklungen und Gefahrenlagen an: die Schutz-

63 Schutzbereichsausdehnende differenzierte Regelungen

---

107 *D. Franke/Kier*, Die Rechte der sorbischen Minderheit, in: Simon/ders./Sachs (LitVerz.), S. 171 ff.; *v. Brünneck*, Die Staatszielbestimmung über die Rechte der Sorben in der Brandenburgischen Verfassung, NJ 1999, S. 169 ff.; → oben *Th. Mann*, Minderheitenschutz, § 241.
108 Gesetz über die Ausgestaltung der Rechte der Sorben/Wenden im Land Brandenburg v. 7.7.1994 (GVBl. I S. 294).
109 *LVerfG Brandenburg LVerfGE 8*, 97, sowie LKV 1998, S. 395, sowie EuGRZ 1998, S. 698.
110 Ebd.
111 *Benstz/Franke*, Schulische Bildung, Jugend und Sport, in: Simon/ders./Sachs (LitVerz.), S. 109 ff.

bedürftigkeit von Lebensgemeinschaften nach Maßgabe von Artikel 26 Abs. 2, die Gleichstellung der Hausarbeit, der Erziehung der Kinder und der häuslichen Pflege Bedürftiger mit der Berufsarbeit nach Artikel 26 Abs. 4. Art. 27 Verf. Brandenburg widmet sich Kindern und Jugendlichen; Absatz 1 lautet: „Kinder haben als eigenständige Personen das Recht auf Achtung ihrer Würde". Einen Anspruch auf Erziehung und Betreuung in Kindertagesstätten gewährleistet Artikel 27 Abs. 7 nach Maßgabe des einfachen Gesetzes[112]. Bei den in Artikel 27 enthaltenen Kinder- und Elternrechten handelt es sich um Grundrechte[113]; ausschließlich ein Handeln zugunsten des Kindeswohls rechtfertigt einen Eingriff in die Elternrechte[114]. Zur Interpretation dieser Rechte können Art. 8 EMRK sowie die zu ihm ergangene Rechtsprechung herangezogen werden; Großeltern können sich auf die Elternrechte unter Umständen berufen[115].

64
Schutz, Förderung, Hilfe oder Fürsorge

Die Verfassung verpflichtet auf vielen Ebenen das Land zum Schutz, zur Förderung, zur Hilfe oder zur Fürsorge für Ehe, Familie, Lebensgemeinschaften und Kinder. Sie räumt ihm indes weite Spielräume mit Blick auf die Art der Erfüllung dieser Pflichten ein. Ferner existieren auf diesen Gebieten bundesrechtlich normierte Grenzen. Schließlich muß das Land auch andere Gemeinwohlbelange berücksichtigen, zum Beispiel seine finanzielle Leistungsfähigkeit. Deswegen durften die sehr weit gefaßten Ansprüche nach dem Kindertagesstättengesetz durch das Haushaltsstrukturgesetz[116] eingeschränkt werden. Diese Frage hat das Landesverfassungsgericht[117] im Urteil über die Zulässigkeit einer Volksinitiative gegen die Änderung des Kindertagesstättengesetzes nicht behandelt.

65
Betroffene oder die Gesellschaft als Adressaten

Es ist auffällig, daß sich in den Art. 26 bis 27 Verf. Brandenburg viele Formulierungen befinden, die sich direkt oder indirekt nicht an den Staat, sondern an die Betroffenen oder die Gesellschaft wenden. Diese Bestimmungen haben den Charakter von Appellen. Sie beruhen auf der Einsicht, daß der Staat in diesem Bereich nur beschränkte Möglichkeiten zur Verwirklichung der Verfassungspostulate hat. Weil sie in markanter Form an grundlegende und allgemein anerkannte Einsichten erinnern, haben auch diese Vorschriften eine legitime verfassungsrechtliche Funktion[118].

8. Bildung, Wissenschaft, Kunst und Sport (Art. 28 bis 35 der Verfassung)

66

Die Art. 28 bis 35 Verf. Brandenburg regeln die Bereiche Bildung, Wissenschaft, Kunst und Sport weit über die entsprechenden Aussagen in Art. 5 Abs. 3 und Art. 7 GG hinaus[119]. Art. 28 Verf. Brandenburg legt die Aufgaben

---

[112] Brandenburger Kindertagesstättengesetz v. 1.7.2010 (GVBl. I Nr. 25 S. 1).
[113] *LVerfG Brandenburg* B. v. 25.2.2011 (15/10); *LVerfG Brandenburg* B. v. 18.3.2011 (56/10); *v. Brünneck/Postier* (LitVerz.), S. 53.
[114] *LVerfG Brandenburg*, B. v. 17.9.2009 (34/09).
[115] *LVerfG Brandenburg* NJW-RR 2011, S. 1514.
[116] Haushaltsstrukturgesetz v. 28.6.2000 (GVBl. I S. 90).
[117] *LVerfG Brandenburg* LVerfGE 12, 119; Zusammenfassungen, NJ 2002, S. 86 ff., und LKV 2001, S. 550.
[118] *v. Brünneck/Postier*, in: Bauer/Peine (LitVerz.), S. 54.
[119] Dazu m.w.N.: *Benstz/Franke*, in: Simon/ders./Sachs (LitVerz.), S. 109 ff.

Erziehung und Bildung fest: Sie „sollen die Entwicklung der Persönlichkeit zu Selbstständigkeit und Toleranz sowie die Anerkennung der Grundlagen der Verfassung, wie Demokratie, Freiheit, soziale Gerechtigkeit, Friedfertigkeit und Umweltschutz fördern". Diese Bildungsziele stärken auch die Geltungsvoraussetzungen der Verfassung Brandenburgs[120].

Über das GG hinausweisende Ausprägung

67
Detaillierungen

Die folgenden Artikel der Verfassung Brandenburgs formulieren zu den jeweiligen Gebieten relativ detailliert einzelne Positionen: beispielsweise zur Bildung in Artikel 29 Abs. 1 sowie zu Pflichten, wie die Schulpflicht in Artikel 30 Abs. 1, zu Ansprüchen, beispielsweise einen Finanzierungszuschuß der Schulen in freier Trägerschaft in Artikel 30 Abs. 6, zu Schutzpflichten, beispielsweise für Denkmale der Kultur in Artikel 34 Abs. 2, oder zu Förderaufträgen, zum Beispiel für die Weiterbildung in Artikel 33 Abs. 1 Satz 1. Die Verbindlichkeit dieser Vorschriften ist different. Viele Formulierungen sind so weit gefaßt, daß sie nur appellativer Natur sein können, zum Beispiel Artikel 35 Abs. 1 Satz 1: „Sport ist ein förderungswürdiger Teil des Lebens". Sie fassen den in Gesetzgebung, Verwaltungspraxis und Rechtsprechung überwiegend konsentierten Stand programmatisch zusammen[121].

68
Allgemeines Recht auf Bildung

Art. 29 Abs. 1 Verf. Brandenburg erkennt ein allgemeines Recht auf Bildung an und verbindet mit ihm Förderaufträge in Absatz 2 und Absatz 3 Satz 2 dieser Verfassungsbestimmung. Seine Konkretisierung erfolgt in den Artikeln 30, 32 und 33 für die Schulen, Hochschulen und die Weiterbildung. Dem Einzelnen vermitteln Art. 29 Abs. 2 und Art. 30 Abs. 4 Verf. Brandenburg nur einen Anspruch auf gleichen Zugang zu den vorhandenen Bildungseinrichtungen im Rahmen seiner Leistungen und keinen Anspruch auf Schaffung neuer Bildungseinrichtungen[122].

69
Schulwesen: Konkretisierung von Mitgestaltungsrechten

Art. 30 Verf. Brandenburg betrifft das Schulwesen. Die Vorschrift übernimmt einige Formulierungen aus Art. 7 GG und formuliert zugleich Besonderheiten: In Konkretisierung der Mitgestaltungsrechte nach Art. 21 bis 24 Verf. Brandenburg bestimmt Artikel 30 Abs. 2 Satz 2 ein Mitgestaltungsrecht der Eltern, Lehrer und Schüler. Nach Artikel 30 Abs. 5 müssen Land und Kommunen Schulen einrichten. Diese Pflicht bedingt indes kein Abwehrrecht der Gemeinde, deren Schulträgerschaft endet[123]. Schulen in freier Trägerschaft haben nach Artikel 30 Abs. 6 Satz 2 Anspruch auf eine öffentliche Finanzierung[124]; dem Gesetzgeber ist bei der Regelung des öffentlichen Finanzierungszuschusses für die Träger von Ersatzschulen ein Gestaltungs- und Prognosespielraum einzuräumen[125].

---

120 *v. Brünneck/Postier*, in: Bauer/Peine (LitVerz.), S. 55.
121 Ebd.
122 *BVerfGE 33*, 303; *LVerfG Brandenburg LVerfGE 10*, 151.
123 *LVerfG Brandenburg LVerfGE 7*, 74.
124 Zu dieser Problematik liegt eine Reihe von Entscheidungen des Landesverfassungsgerichts vor, z.B. *LVerfG Brandenburg*, B. v. 12.12.2014 (50/12).
125 *LVerfG Brandenburg* Urteil v. 12.12.2014 (31/12), sowie LKV 2015, S. 129 (nur Leitsätze); *Rackow*, Keine Zukunft für Ersatzschulen in Brandenburg?, LKV 2015, S. 106 ff.

70
Lebensgestaltung–
Ethik–Religions-
kunde

Gleichbehandlung
der Weltanschau-
ungs- und Religions-
gemeinschaften

Vorschriften über den Religionsunterricht fehlen in der Verfassung Brandenburgs. Das Schulgesetz Brandenburgs[126] normiert als ordentliches Lehrfach in § 11 Abs. 2 bis 4 und in § 141 allein das Fach Lebensgestaltung–Ethik–Religionskunde (LER). Die Kirchen erhielten in § 9 Abs. 2, 3 SchulG Brandenburg nur das Recht, in Schulräumen Religionsunterricht in eigener Verantwortung zu erteilen. Die Verfassungsmäßigkeit dieser Bestimmungen ist umstritten[127]. Ihre Gegner berufen sich auf Art. 7 Abs. 3 Satz 1 GG, nach dem der Religionsunterricht in öffentlichen Schulen ordentliches Lehrfach ist. Die Befürworter verweisen auf die Ausnahme des Art. 141 GG. Das zur Streitlösung eingeleitete Verfahren vor dem Bundesverfassungsgericht endete auf Vorschlag des Gerichts mit einem Vergleich: Der Religionsunterricht ist nicht ordentliches Lehrfach, seine Stellung ist aber stark aufzuwerten[128]. Dementsprechend änderte der Gesetzgeber das Gesetz über die Schulen im Land Brandenburg[129]. Weitere Anträge in dieser Sache waren erfolglos[130]. Die Novellierung des Schulgesetzes erfüllt die Forderung des Landesverfassungsgerichts nach Gleichbehandlung der Weltanschauungs- mit den Religionsgemeinschaften entsprechend § 9 Abs. 8 des Schulgesetzes[131].

71
Wissenschafts-
freiheit und
Hochschulen

Die Bestimmungen über die Wissenschaftsfreiheit und die Hochschulen in Art. 31 und 32 Verf. Brandenburg[132] entsprechen Art. 5 Abs. 3 GG und den Hochschulgesetzen[133]. Die Interpretation der Forschungsfreiheit des Art. 31 Abs. 1 Verf. Brandenburg muß der Rechtsprechung des Bundesverfassungsgerichts zu Art. 5 Abs. 3 GG folgen; es existiert ein Anspruch des Hochschullehrers auf eine finanzielle Mindestausstattung[134]. Die zum Schutz der Menschenwürde und der natürlichen Lebensgrundlagen nach Art. 31 Abs. 2 Verf. Brandenburg mögliche Einschränkbarkeit der Forschungsfreiheit ist mit der zu Art. 5 Abs. 3 GG entwickelten Schrankendogmatik vereinbar; sie dient der Sicherung überragend wichtiger Verfassungsgüter. Die Garantie der Wissenschaftsfreiheit enthält kein Recht auf Schaffung von Arbeits- und Forschungs-

---

126 BbgSchulG i.d.F. v. 2. 8. 2002 (GVBl. I S. 78).
127 *Christoph Link*, „LER", Religionsunterricht und das deutsche Staatskirchenrecht, in: Joachim Bohnert u.a. (Hg.), FS Hollerbach, 2001, S. 747 ff.; *Bernhard Schlink/Ralf Poscher*, Der Verfassungskompromiss zum Religionsunterricht. Art. 7 Abs. 3 und Art. 141 GG im Kampf des Parlamentarischen Rats um die „Lebensordnungen", 2000; *Schlink*, Religionsunterricht in den neuen Ländern, NJW 1992, S. 1008 ff.; *Heckel*, Religionskunde im Lichte der Religionsfreiheit – Zur Verfassungsmäßigkeit des LER-Unterrichts in Brandenburg, ZevKR 1999, S. 147 ff.; *ders.*, Religionsunterricht in Brandenburg, 1998; *Rosemarie Will*, Das Grundgesetz und die Einführung des Unterrichtsfaches „Lebensgestaltung-Ethik-Religionskunde" (LER) im Land Brandenburg, in: Macke (LitVerz.), S. 131 ff.
128 *BVerfGE 104*, 305, sowie NVwZ 2002, 980; LKV 2002, 371; *Thorsten Ingo Schmidt*, LER – Der Vergleich vor dem BVerfG, in: NVwZ 2002, S. 925 ff. → Oben *Korioth*, Religiöse und weltanschauliche Freiheiten, § 236 RN 28.
129 Änderungsgesetz v. 10. 7. 2002 (GVBl. I S. 55).
130 *BVerfGE 105*, 235, sowie NVwZ 2002, S. 981.
131 *LVerfG Brandenburg LVerfGE 16*, 190.
132 Zu einem Fall eines behaupteten Verstoßes gegen Art. 32 Abs. 1 Verf. Brandenburg s. *A. Musil*, Einstweiliger Rechtsschutz der Universität Potsdam gegen Entnahmen aus ihren Rücklagen, LKV 2011, S. 13 ff.
133 Zur Auflösung der BTU Cottbus s. *LVerfG Brandenburg* B. v. 19. 6. 2013 (3/13, 5/13) und v. 18. 10. 2013 (25/13).
134 *Mitzner/Wolnicki*, Forschungsfreiheit und Anspruch auf Finanzausstattung nach der Brandenburgischen Verfassung, in: Macke (LitVerz.), S. 93–111.

plätzen¹³⁵. Über Art. 5 Abs. 3 GG hinausgehend wird den Hochschulen in Art. 32 Abs. 1 Verf. Brandenburg das Recht auf Selbstverwaltung garantiert. Dieses kann nach dem speziellen Gesetzesvorbehalt in Absatz 1 in weitem Umfang ausgestaltet werden¹³⁶. Dieses geschieht durch das Hochschulgesetz¹³⁷. Der Zugang zum Hochschulstudium steht nach Art. 32 Absatz 3 Satz 1 jedem offen, der die Hochschulreife besitzt, aber nur im Rahmen einer sachgerechten Verteilung vorhandener Kapazitäten¹³⁸.

Art. 33 Abs. 1 Satz 1 Verf. Brandenburg normiert den Auftrag zur Förderung der Weiterbildung Erwachsener. Den Auftrag konkretisiert das Gesetz zur Regelung und Förderung der Weiterbildung im Land Brandenburg¹³⁹. Beschäftigte haben nach dessen §§ 14 f. einen Anspruch auf bezahlte Freistellung zur Weiterbildung von zehn Tagen innerhalb von zwei Jahren, aber keinen Anspruch auf unbezahlte Freistellung¹⁴⁰.

72 Erwachsenenweiterbildung

Art. 34 Abs. 1 Satz 1 Verf. Brandenburg garantiert die Kunstfreiheit im Sinne des Art. 5 Abs. 3 GG. Anschließend finden sich weitreichende Förderaufträge und Schutzpflichten für die Kunst, die Künstler, das kulturelle Leben, das kulturelle Erbe, die Kunstwerke und die Kulturdenkmale. Konkretisierungen enthält unter anderem das Gesetz zum Schutz personenbezogener Daten im Land Brandenburg¹⁴¹. Nach Art. 34 Abs. 3 Verf. Brandenburg unterstützen Land, Gemeinden und Gemeindeverbände die Teilnahme am kulturellen Leben und den Zugang zu den Kulturgütern. – Die in Art. 35 Verf. Brandenburg geregelte Sportförderung erfährt ihre Konkretisierung im Sportförderungsgesetz¹⁴². – Artikel 34 und 35 normieren Staatsziele und nicht subjektive Rechte; entschieden ist dieses für die Erhaltung der Kunst- oder Kulturdenkmäler¹⁴³. Das bei der Erfüllung der Staatsziele Gesetzgeber und Verwaltung eingeräumte Ermessen erlaubt die Beachtung aller einschlägigen Gemeinwohlbelange einschließlich der finanziellen Möglichkeiten. Rechtsprechung ist insoweit nicht ergangen.

73 Kunstfreiheit

9. Kirchen und Religionsgemeinschaften (Art. 36 bis 38 der Verfassung)

Art. 36 bis 38 Verf. Brandenburg regeln die Rechtsverhältnisse zwischen den Kirchen bzw. Religionsgemeinschaften und dem Land¹⁴⁴. Diese Vorschriften sind hier thematisch nicht einschlägig und bleiben unbehandelt.

74 Rechtsverhältnisse zum Land

---

135 *LVerfG Brandenburg LVerfGE* 5, 94.
136 *v. Brünneck*, Verfassungsrechtliche Probleme der öffentlich-rechtlichen Stiftungshochschule, in: Wissenschaftsrecht 2002, 21 ff.
137 Brandenburgisches Hochschulgesetz i.d.F. v. 28. 4. 2014 (GVBl. Nr. 18 S. 1). Zu der älteren Fassung Lothar Knopp/Franz-Joseph Peine (Hg.), Brandenburgisches Hochschulgesetz, Handkommentar, ²2012.
138 *LVerfG Brandenburg LVerfGE* 10, 151.
139 WeiterbildungsG v. 15. 12. 1993 (GVBl. I S. 498).
140 *LVerfG Brandenburg LVerfGE* 2, 117 (123).
141 DSchG Brandenburg i.d.F. v. 15. 5. 2008 (GVBl. I S. 114).
142 V. 10. 12. 1992 (GVBl. I S. 498).
143 *LVerfG Brandenburg* NVwZ-RR 2010, S. 337.
144 *Kier*, Stellung der Kirchen und Religionsgemeinschaften, in: Simon/Franke/Sachs (LitVerz.), S. 131 ff.; *Fuchs*, Staatskirchenrecht (LitVerz.), 1999.

§ 248   Sechzehnter Teil: III. Die Grundrechte in den Landesverfassungen

10. Natur und Umwelt (Art. 39 und 40 der Verfassung)

75
Bewahrung von Natur und Umwelt

Grundrechtlicher Bereich

Die Bewahrung von Natur und Umwelt zählt nach der Präambel, Art. 2 Abs. 1, Art. 28 Abs. 1, 31 Abs. 2, Art. 39 bis 40, Art. 42 Abs. 2, Art. 43 und Art. 101 Abs. 1 zu den grundlegenden Prinzipien der Verfassung Brandenburgs. In ihr hat der Schutz der Natur und Umwelt einen höheren Stellenwert als im Grundgesetz und in anderen Landesverfassungen. Die Art. 39 bis 40 Verf. Brandenburg normieren zum Schutz des Einzelnen und der Natur Staatszielbestimmungen, Gesetzgebungsaufträge, Verbote, Gebote, Politikaufträge und Appelle. Ein Grundrecht[145] enthält Artikel 39 Abs. 2: „Jeder hat das Recht auf Schutz seiner Unversehrtheit vor Verletzungen und unzumutbaren Gefährdungen, die aus Veränderungen der natürlichen Lebensgrundlagen entstehen". Es wird als ein außerordentlich bedeutsamer Ausschnitt aus dem Grundrecht nach Art. 8 Abs. 1 Satz 2 Verf. Brandenburg verstanden und hebt den Schutz der personalen Integrität besonders hervor[146]. Ihm korrespondiert eine Schutzpflicht des Staats, deren Umfang unbestimmt ist[147]. Rechtsprechung ist insoweit nicht vorhanden. Das Grundrecht entspricht nicht dem vielfach geforderten Grundrecht auf Umweltschutz.

76
Staatsziele

Grenzen durch Europa- oder Bundesrecht

Die meisten Bestimmungen der Artikel 39 und 40 sind Staatszielbestimmungen, die einer Umsetzung durch den Gesetzgeber bedürfen. Wie bei allen Staatszielen darf der Gesetzgeber auch hier andere Staatsziele berücksichtigen[148]. Die Pflicht des Landes nach Absatz 9, darauf hinzuwirken, daß auf seinem Gebiet keine atomaren, biologischen oder chemischen Waffen entwickelt, hergestellt oder gelagert werden, soll wegen seiner unbestimmten Formulierung noch mit den Kompetenzen des Bundes auf dem Gebiete der Verteidigung vereinbar sein[149]. Die praktische Bedeutung des Art. 39 Verf. Brandenburg begrenzen Europa- oder Bundesrecht. Die Aussagen der Norm überlagern Bundesgesetze, beispielsweise auf den Gebieten des Naturschutzes (Art. 39 Abs. 1), des Immissionsschutzes (Art. 39 Abs. 2), des Tierschutzes (Art. 39 Abs. 3), der Kreislaufwirtschaft (Art. 39 Abs. 4, Abs. 6), der Umweltverträglichkeit (Art. 39 Abs. 5) oder der Umweltinformation (Art. 39 Abs. 7). Das Verbot aus Artikel 39 Abs. 6, Abfälle, die nicht im Gebiet des Landes entstanden sind, in Brandenburg zu entsorgen, verstößt gegen europäisches Recht und gegen Bundesrecht[150]. Soweit eine Zuständigkeit des Landes besteht, hat es Umweltgesetze erlassen[151].

---

145 *v. Brünneck/Postier*, in: Bauer/Peine (LitVerz.), S. 57.
146 *Iwers*, in: Lieber/Iwers/Ernst (LitVerz.), S. 289; *ders.* Entstehung, Bindungen und Ziele (LitVerz.), S. 591.
147 AaO.
148 LVerfG Brandenburg LVerfGE 8, 97. S. dazu die Ausführungen zu Art. 25 und Art. 34 Verf. Brandenburg oben RN 62, 73.
149 *v. Brünneck/Postier*, in: Bauer/Peine (LitVerz.), S. 58.
150 *Beckmann/Hagmann*, Das Verbot der Entsorgung landesfremder Abfälle in Brandenburg — Zur Unwirksamkeit des Art. 39 Abs. VI BbgLVerf, in: LKV 2002, S. 351 ff.
151 S. dazu *Diana Engel/Peine*, in: Bauer/Peine (LitVerz.), S. 297 ff.

Art. 40 Verf. Brandenburg faßt die dem Schutz der Natur und Umwelt für den Bereich des Bodens dienenden Aussagen der Verf. Brandenburg zusammen. Ihr Ausgangspunkt in Absatz 1 Satz 1 ist, daß die „Nutzung des Bodens und der Gewässer in besonderem Maß den Interessen der Allgemeinheit und künftiger Generationen verpflichtet" sein muß. Artikel 40 setzt die Sozialpflichtigkeit des Eigentums nach Art. 14 Abs. 2 GG bzw. Art. 41 Abs. 2 Satz 2 Verf. Brandenburg auf speziellen Gebieten um. Auch im Geltungsbereich des Art. 40 Verf. Brandenburg überlagert Bundesrecht viele seiner Aussagen, zum Beispiel auf den Gebieten des Bodenschutzes und des Wasserhaushalts: Artikel 40 Abs. 1 Satz 1; des Bergrechts: Absatz 2, und des Naturschutzes: Absatz 4. Für Teilbereiche hat das Land eigene Gesetze erlassen, das brandenburgische Abfall- und Bodenschutzgesetz[152], das brandenburgische Wassergesetz[153] und das brandenburgische Ausführungsgesetz zum Bundesnaturschutzgesetz[154]. Nach Artikel 40 Abs. 1 Satz 3 darf dem Land gehörender Grund und Boden nur nach Maßgabe eines Gesetzes veräußert werden. Maßgebend ist das Gesetz zur Verwertung landeseigener Grundstücke[155]. Nach ihm sind bei der Veräußerung landeseigener Grundstücke auch nichtfiskalische Gemeinwohlbelange zu berücksichtigen.

77
Boden- und Gewässerschutz

Überlagerung durch Bundesrecht

Gesetzesvorbehalt

Eine Besonderheit ist der freie Zugang zur Natur, insbesondere zu Bergen, Wäldern, Seen und Flüssen nach Art. 40 Abs. 3 Verf. Brandenburg. Die Norm enthält kein subjektives Recht des Einzelnen, sondern ein Staatsziel in Form eines umfassenden Handlungsauftrags an die öffentliche Hand[156]. Das brandenburgische Landeswaldgesetz erlaubt daher in seinen §§ 15 ff. in weitem Umfang das Betreten des Waldes. Deshalb ist die Einzäunung einer Waldfläche rechtswidrig[157]. Artikel 40 enthält Staatszielbestimmungen, die sowohl den Gesetzgeber als auch die politischen Instanzen im Land und in den Kommunen verpflichten. Nach Artikel 40 Abs. 3 ist es Staatsziel, der Allgemeinheit den Zugang zur Natur freizuhalten und gegebenenfalls zu eröffnen[158]. Von großer praktischer Bedeutung ist die Förderung von Nationalparks, Natur- und Landschaftsschutzgebieten in Absatz 4 Satz 1 sowie das Hinwirken auf die zivile Nutzung bisher militärisch genutzter Liegenschaften in Absatz 5. Hier bestehen bei der Pflichterfüllung weite Spielräume.

78
Naturzugang

Staatszieladressaten

---

152 AbfBodSchG Brandenburg v. 6. 6. 1997 (GVBl. I S. 40), geändert durch Art. 11 des Gesetzes v. 10. 7. 2014 (GVBl. I Nr. 32).
153 WG Brandenburg v. 8. 12. 2004 (GVBl. I S. 50).
154 NatSchAG Brandenburg v. 21. 1. 2013 (GVBl. I Nr. 3, berichtigt GVBl. I Nr. 21).
155 GrundstückverwertungsG Gesetz zur Verwertung landeseigener Grundstücke v. 26. 7. 1999 (GVBl. I S. 271).
156 *Iwers*, in: Lieber/Iwers/Ernst (LitVerz.), S. 299. Ebenso *Bettermann*, DVBl. 1975, S. 548 (Anm.) zu Art. 141 Abs. 3 Verf. Bayern.
157 *OVG Brandenburg* NuR 1999, S. 519.
158 Gegen diese Vorschrift soll § 22 NatSchAG Brandenburg verstoßen, s. *Bunzel/C. G. Müller*, Spaziergänger „sans souci" – Betretungsrechte nach neuem brandenburgischem Naturschutzrecht, LKV 2014, S. 103 ff.

11. Eigentum, Wirtschaft, Arbeit und soziale Sicherung
(Art. 41 bis 51 der Verfassung)

79
Wirtschaftliche Rechte und sozialer Ausgleich

Der Abschnitt über Eigentum, Wirtschaft, Arbeit und soziale Sicherung[159] der Verfassung Brandenburgs normiert zentrale Grundrechte auf wirtschaftlichem Gebiet und gewährleistet einen weitreichenden sozialen Ausgleich. Die Vorschriften sind weit ausführlicher als die des Grundgesetzes. Es finden sich detailliert Staatsziele formuliert. Diese sind inhaltlich nicht neu; neu ist ihre Anerkennung als Staatsziel: Die Aussagen befördern „weithin den in der Gesetzgebung der Europäischen Union und des Bundes sowie den in der politischen Praxis der letzten Jahrzehnte erreichten Stand in den Rang von Landesverfassungsrecht"[160].

80
Spezifische Gesetzgebungs- und Politikaufträge

Die Bedeutung der Art. 41 bis 51 Verf. Brandenburg ist noch stärker als die der Artikel 39 und 40 durch Regelungen des Europa- oder Bundesrechts relativiert; denn das Land hat auf dem Gebiet der Wirtschafts- und Sozialordnung kaum eigene Gesetzgebungskompetenzen. Für die Realisierung der meisten Staatszielbestimmungen der Artikel 41 bis 51 fehlen dem Land ferner die finanziellen Mittel. Gleichwohl haben die Artikel 41 bis 51 praktische Bedeutung für das Verfassungsleben[161]: Sie eröffnen dem einzelnen grundrechtliche Abwehrrechte; sie sind ferner spezifische Gesetzgebungs- und Politikaufträge; sie enthalten schließlich verbindliche Auslegungsgrundsätze für die Interpretation des Europa-, Bundes- und Landesrechts durch alle Verwaltungen und Gerichte des Landes; sie sind endlich Appelle an jedermann, zur Verwirklichung der Ziele der Artikel 41 bis 51 beizutragen.

81
Streuung des Eigentums

Art. 41 Verf. Brandenburg betreffend das Eigentum[162] und das Erbrecht entspricht Art. 14 und 15 GG[163]. Neu ist die Pflicht des Landes nach Artikel 41 Abs. 3, eine breite Streuung des Eigentums zu fördern, „insbesondere die Vermögensbildung von Arbeitnehmern am Produktiveigentum". Einschlägige Aktivitäten lassen sich nicht beobachten.

82
Grundsätze zur Ordnung des Wirtschaftslebens

Das Grundgesetz ist wirtschaftspolitisch neutral[164]. Demgegenüber formuliert Art. 42 Verf. Brandenburg dezidierte Grundsätze zur Ordnung des Wirtschaftslebens. Sie überwinden endgültig die sozialistische Planwirtschaft vor 1989. Die Basisaussage findet sich in Artikel 42 Abs. 1 Satz 1: „Jeder hat das Recht auf freie Entfaltung wirtschaftlicher Eigeninitiative [...]". Dieses Grundrecht ist in seinem Kern auf Bundesebene durch Art. 2 Abs. 1, Art. 12 und Art. 14 GG garantiert. Es konkretisiert die allgemeine Handlungsfreiheit

---

159 *Berlit*, Eigentum, Wirtschaft, Arbeit und soziale Sicherung, in: Simon/Franke/Sachs (LitVerz.), S. 153 ff.
160 *v. Brünneck/Postier*, in: Bauer/Peine (LitVerz.), S. 59.
161 Zum Folgenden *v. Brünneck/Postier* aaO.
162 Die Einräumung eines Notwegerechts verstößt nicht gegen Art. 41, *LVerfG Brandenburg* B. v. 17.6.2011 (33/10); der Anschluß- und Benutzungszwang ist eine zulässige Inhalts- und Schrankenbestimmung des Eigentums i.S.v. Art. 41 Abs. 1 Satz 2: *LVerfG Brandenburg* B. v. 16.11.2012 (58/11, 59/11, 60/11 und 61/11).
163 Für den Besitz an der Wohnung: *LVerfG Brandenburg LVerfGE 11*, 129; für das Fischereirecht: *LVerfG Brandenburg LVerfGE 12*, 164.
164 Z.B. *BVerfGE 50*, 290 (338).

des Art. 10 Verf. Brandenburg auf wirtschaftlichem Gebiet und tritt im Einzelfall hinter die Spezialregelung über die Berufsfreiheit nach Art. 49 Abs. 1 Verf. Brandenburg zurück[165]. Außerdem normiert Art. 42 Verf. Brandenburg mehrere weit gefaßte Staatsziele[166]: Das Wirtschaftsleben muß nach Absatz 2 Satz 1 in einer Weise geordnet werden, die zugleich sozial, ökologisch und marktwirtschaftlich ausgerichtet ist; Wettbewerb und Chancengerechtigkeit sind anzustreben (Art. 42 Abs. 1 Satz 2); der Mißbrauch wirtschaftlicher Macht ist zu verhindern (Abs. 2 Satz 2)[167].

Wettbewerb und Chancengerechtigkeit

Die Land- und Forstwirtschaft unterliegen nach Art. 43 Abs. 1 Verf. Brandenburg speziellen Bindungen: Sie sind auf Standortgerechtigkeit, Stabilität der Ertragsfähigkeit und ökologische Verträglichkeit auszurichten. Diese Pflichten konkretisieren insbesondere das Brandenburgische Ausführungsgesetz zum Bundesnaturschutzgesetz und das Brandenburgische Landeswaldgesetz. Das Land fördert nach Artikel 43 Abs. 2 den Beitrag der Land- und Forstwirtschaft zur Pflege der Kulturlandschaft, zur Erhaltung des ländlichen Raums und zum Schutz der natürlichen Umwelt als Staatsziele[168] mit speziellen Programmen.

83
Land- und Forstwirtschaft

Art. 44 Verf. Brandenburg formuliert das Staatsziel Strukturförderung der Regionen, um in allen Landesteilen gleichwertige Lebens- und Arbeitsbedingungen zu sichern. Die Konkretisierungen erfolgen durch die Gesetze zur Regionalplanung, zur Braunkohlen- und Sanierungsplanung, zur Landesplanung[169] sowie durch den Landesplanungsvertrag zwischen Berlin und Brandenburg[170]. Das Staatsziel Strukturförderung besitzt „als überörtliches Gemeinwohlinteresse" einen verfassungsrechtlich hohen Rang; es muß bei der Abwägung gegen andere Staatsziele entsprechend berücksichtigt werden[171].

84
Strukturförderung der Regionen

Art. 45 Verf. Brandenburg enthält Staatsziele, die der sozialen Sicherung dienen. Da das Land auf diesem Gebiet kaum Gesetzgebungszuständigkeiten besitzt, verbleiben ihm kaum Handlungsmöglichkeiten. Ferner steht die Pflicht des Landes, für die Verwirklichung des Rechts auf soziale Sicherung zu sorgen, nach Artikel 45 Abs. 1 Satz 1 unter dem ausdrücklichen Vorbehalt „im Rahmen seiner Kräfte". Es ist nicht ausgeschlossen, daß einzelne Bestimmungen des Artikels 45 dennoch rechtliche Relevanz erlangen können; insoweit sind Aktivitäten des Landes nicht bekannt geworden.

85
Staatsziele zur sozialen Sicherung

Die in Art. 46 Verf. Brandenburg normierte Nothilfe beansprucht eine weitreichende Drittwirkung. Die Pflicht zur Nothilfe besteht für jeden Menschen „nach Maßgabe der Gesetze": Einfaches Recht – §§ 323 c, 34 StGB und

86
Drittwirkung der Nothilfe

---

165 *LVerfG Brandenburg LVerfGE 10*, 213 (231).
166 *LVerfG Brandenburg* B. v. 21. 2. 2001 (59/00).
167 Ein Grundrecht auf Garantie eines ökologischen Existenzminimums garantieren diese Vorschriften nicht, *LVerfG Brandenburg* B. v. 16. 11. 2012 (59/11).
168 *LVerfG Brandenburg LVerfGE 12*, 164.
169 Gesetz zur Regionalplanung und zur Braunkohlen- und Sanierungsplanung i.d.F. v. 12. 12. 2002 (GVBl. I 2003 S. 2).
170 Gesetz zu dem Landesplanungsvertrag i.d.F. v. 10. 2. 2008 (GVBl. I S. 42).
171 *LVerfG Brandenburg LVerfGE 8*, 97 (142).

§ 248   Sechzehnter Teil: III. Die Grundrechte in den Landesverfassungen

§§ 228, 904 BGB – erhält Verfassungsrang: Sein Geltungsbereich erfährt dadurch aber auch in Brandenburg keine Vergrößerung.

87
Recht auf angemessene Wohnung

Die Pflicht des Landes nach Art. 47 Abs. 1 Verf. Brandenburg, für die Verwirklichung des Rechts auf eine angemessene Wohnung zu sorgen, ist ein Staatsziel[172] und steht ebenfalls unter dem ausdrücklichen Vorbehalt „im Rahmen seiner Kräfte". Artikel 47 Abs. 2 über die Wohnungsräumung soll „eine grundrechtliche Gewährleistung" enthalten[173]; ihr Schutzbereich erfaßt nur den Vollzug der Räumung. Die in Absatz 2 genannten Gesichtspunkte sind bei der Entscheidung über die Vornahme der Vollstreckung zu berücksichtigen.

88
Verwirklichung des Rechts auf Arbeit

Art. 48 Abs. 1 Verf. Brandenburg verpflichtet das Land im Wege des Staatsziels[174], „im Rahmen seiner Kräfte [...] für die Verwirklichung des Rechts auf Arbeit zu sorgen". Artikel 48 Abs. 2 bis 4 enthält Bestimmungen zum individuellen Arbeitsrecht, die dem heutigen Stand des Arbeitsrechts entsprechen, wie er durch die Gesetze des Bundes und die Rechtsprechung des Bundesarbeitsgerichts ausgestaltet ist. Als arbeitsrechtliche Mindestgarantien haben die Regelungen der Absätze 2 bis 4 dennoch eine eigene sachliche Bedeutung[175].

89
Berufsfreiheit

Die Garantie der Berufsfreiheit in Art. 49 Verf. Brandenburg entspricht Art. 12 Abs. 1 und 2 GG. Sie steht aber nach brandenburgischem Recht – anders als nach Art. 12 Abs. 1 GG – „jedem" zu. Art. 49 Abs. 1 Verf. Brandenburg ist ein Abwehrgrundrecht[176]; Absatz 1 verpflichtet die Landesregierung oder den Landtag aber nicht dazu, dem Arbeitsuchenden eine dauerhafte Beschäftigung zu verschaffen[177]. Die in Absatz 1 enthaltene Berufsausübungsfreiheit ist im Sinne der Rechtsprechung des Bundesverfassungsgerichts zu verstehen[178]. Artikel 49 Abs. 1 enthält in Relation zur allgemeinen wirtschaftlichen Betätigungsfreiheit (Art. 42 Abs. 1) das speziellere Grundrecht[179].

90
Kollektives Arbeitsrecht

Die Art. 49 und 50 Verf. Brandenburg enthalten Aussagen zum kollektiven Arbeitsrecht. Sie stimmen mit Art. 9 Abs. 3 GG, der Gesetzgebung des Bundes und der Rechtsprechung des Bundesverfassungsgerichts sowie des Bundesarbeitsgerichts überein. Es werden allgemein anerkannte Mindeststandards in den Rang von Landesverfassungsrecht erhoben. Das Recht zur Mitbestimmung ist ein soziales Grundrecht; die Beschäftigten besitzen einen einklagbaren Anspruch auf Mitbestimmung[180].

---

172 *LVerfG Brandenburg LVerfGE 2*, 105 (111).
173 *LVerfG Brandenburg LVerfGE 2*, 105 (110).
174 *LVerfG Brandenburg LVerfGE 5*, 94 (104); vgl. auch B. v. 4. 8. 2000 (21/00).
175 *v. Brünneck/Postier*, in: Bauer/Peine (LitVerz.), S. 61.
176 Zum Schutzbereich zählt auch das Recht kommunaler Vertreter, Dritte bei der Geltendmachung von Ansprüchen und Interessen gegenüber der Kommune vertreten zu dürfen, *LVerfG Brandenburg* LKV 2012, S. 557.
177 *LVerfG Brandenburg LVerfGE 5*, 94 (109).
178 *LVerfG Brandenburg LVerfGE 10*, 213 (220).
179 *LVerfG Brandenburg LVerfGE 10*, 213 (231).
180 *LVerfG Brandenburg* LKV 2009, S. 557.

12. Gerichtsverfahren und Strafvollzug (Art. 52 bis 54 der Verfassung)

Die Art. 52 und 53 Verf. Brandenburg wiederholen die in Art. 101 und 103 GG normierten Justizgrundrechte[181]. Die Aussagen über den Strafvollzug in Art. 54 Verf. Brandenburg gehen über die Festlegungen des Grundgesetzes hinaus. Der Schutz der Menschenwürde wird hervorgehoben; die Resozialisierung ist das Ziel des Vollzugs[182]. Der Landesgesetzgeber besitzt in diesem Bereich kaum Räume für eine eigene Gestaltung. Lediglich die Festlegung des gesetzlichen Richters nach Art. 52 Abs. 1 Satz 2 Verf. Brandenburg durch die Gesetze zur Gerichtsorganisation steht dem Land zu[183].

91 Justizgrundrechte

Die Rechtsprechung des Landesverfassungsgerichts zu den Art. 52 und 53 Verf. Brandenburg orientiert sich an der einschlägigen Judikatur des Bundesverfassungsgerichts[184]. Grundrechte kann vor Gericht aber nur derjenige geltend machen, der in das gerichtliche Verfahren eingebunden oder willkürlich nicht beteiligt worden ist[185]. Artikel 52 Abs. 3 Alt. 2 – die Garantie des rechtlichen Gehörs – verpflichtet das Gericht, die Ausführungen der Verfahrensbeteiligten zur Kenntnis zu nehmen und in Erwägung zu ziehen[186]. Die Garantie erfaßt auch den effektiven Rechtsschutz; dazu zählt eine umfassende tatsächliche und rechtliche Prüfung im Sinne einer wirksamen Kontrolle des Verfahrensgegenstands[187]. Verletzt ist die Garantie bei einer offensichtlich unrichtigen Anwendung einer Präklusionsvorschrift[188]. Nach Artikel 53 Abs. 3 sind vor Gericht alle Menschen gleich. Gegen dieses Verfahrensgrundrecht verstößt eine Entscheidung, wenn sie unter keinem rechtlichen Gesichtspunkt vertretbar ist und sich deshalb der Schluß aufdrängt, sie beruhe auf sachfremden Erwägungen. Die Entscheidung muß ganz und gar unverständlich erscheinen und das Recht in einer Weise falsch anwenden, die jeden Auslegungs- und Bewertungsspielraum überschreitet[189].

92 Orientierung an der BVerfG-Judikatur

Nach Art. 52 Abs. 4 Satz 1 Verf. Brandenburg hat jeder einen Anspruch auf ein faires und zügiges Verfahren. Diese Regel entspricht den Grundsätzen des Art. 6 Abs. 1 Satz 1 EMRK. Dieses Grundrecht ist bei einer willkürfreien Anwendung des materiellen und des Prozeßrechts nicht verletzt[190]. Das Fair-

93 Fairneßgebot

---

181 Zum Recht auf Gehör *LVerfG Brandenburg*, B. v. 19. 10. 2012 (72/11).
182 *Kruis*, Vitalisierung der Landesverfassung am Beispiel des Resozialisierungsgebots, in: Macke (Lit.-Verz.), S. 67 ff.
183 Gesetz zur Errichtung der Arbeitsgerichtsbarkeit im Land Brandenburg v. 21. 6. 1991 (GVBl. I S. 186); Gesetz zur Errichtung der Sozialgerichtsbarkeit im Land Brandenburg v. 3. 3. 1992 (GVBl. I S. 86); Brandenburgisches Verwaltungsgerichtsgesetz i.d.F. v. 22. 11. 1996 (GVBl. I S. 317); Brandenburgisches Finanzgerichtsgesetz v. 10. 12. 1992 (GVBl. I S. 504); Brandenburgisches Gerichtsneuordnungsgesetz v. 14. 6. 1993 (GVBl. I S. 198).
184 Gesetzlicher Richter: *LVerfG Brandenburg LVerfGE 3*, 171 (174); rechtliches Gehör: *LVerfG Brandenburg LVerfGE 2*, 179 (182); *4*, 175 (178); *4*, 201 (205); *8*, 82 (85); *9*, 95 (98); *12*, 103; *12*, 163; Rückwirkungsverbot: *LVerfG Brandenburg LVerfGE 5*, 74 (78); Unschuldsvermutung: *LVerfG Brandenburg LVerfGE 5*, 74 (76).
185 *LVerfG Brandenburg*, B. v. 26. 8. 2011 (54/10).
186 *LVerfG Brandenburg*, B. v. 29. 8. 2014 (13/14).
187 *LVerfG Brandenburg*, Urt. v. 24. 1. 2014 (213/14).
188 *LVerfG Brandenburg*, B. v. 16. 1. 2015 (37/14).
189 *LVerfG Brandenburg*, B. v. 20. 8. 2009 (39/09. S. auch den B. v. 1 v. 17. 6. 2011 (45/10).
190 *LVerfG Brandenburg LVerfGE 2*, 179 (182 f.), sowie DÖV 1995, S. 331; *4*, 175 (178); *5*, 67 (72).

neßgebot verpflichtet das Gericht zur Rücksichtnahme gegenüber den Verfahrensbeteiligten in deren konkreter (Prozeß-)Situation[191]; das Gericht darf dem Rechtsstreit keine Wendung geben, mit der ein verständiger Beteiligter nicht zu rechnen brauchte. Häufig wurde das Landesverfassungsgericht wegen einer Verletzung des Anspruchs auf ein zügiges Verfahren nach Art. 52 Abs. 4 Satz 1 Verf. Brandenburg angerufen. Auch diese Garantie ist ein Grundrecht[192]. Die Einhaltung des Rechts auf ein zügiges Verfahren ist abhängig von den Umständen des Einzelfalls[193]; relevant sind das Prozeßverhalten des Beschwerdeführers sowie die nach objektiven Maßstäben zu beurteilende Dringlichkeit der Entscheidung[194]. Erstmals stellte das Landesverfassungsgericht im Jahre 2003 einen Verstoß gegen das Recht auf ein zügiges Verfahren fest[195].

94
Freiwillige Gerichtsbarkeit

Der Schutzbereich des Art. 52 Abs. 4 Satz 1 Verf. Brandenburg erfaßt auch die Freiwillige Gerichtsbarkeit[196]. Ein Rechtsschutzbedürfnis für eine Entscheidung über die Verfahrensdauer entfällt grundsätzlich nach Abschluß des Verfahrens[197]; wenn ausnahmsweise an der verfassungsgerichtlichen Klärung der Rechtslage ein über die höchstpersönliche Beschwer hinausgehendes öffentliches Interesse vorliegt, kann das Gericht bei Begründetheit der Beschwerde stattgeben[198].

C. Schlußbetrachtung

95
Typisierungen

Mit Blick auf den „Charakter" der in den Art. 5 bis 54 Verf. Brandenburg enthaltenen Aussagen lassen sich mehrere Typen unterscheiden: erstens Grundrechte, die Grundrechte des Grundgesetzes inhaltsgleich wiederholen bzw. konkretisieren – dazu zählen auch die Zusammenfassung der Rechtsprechung des Bundesverfassungsgerichts zu einem Grundrecht und die „Erhebung" eines Textes des Bundesverfassungsgerichts in den Status eines Grundrechts; zweitens Grundrechte, die Grundrechte des Grundgesetzes inhaltlich verändern; drittens eigenständige Landesgrundrechte; viertens politische Gestaltungsrechte, die nicht immer Grundrechtscharakter besitzen, sondern eine allgemeine Gewährleistung darstellen; fünftens Staatszielbestimmungen, sowie sechstens Aussagen appellativer Natur, Pflichten, Förderaufträge, Gesetzgebungsaufträge, Gebote und Verbote sowie Politikaufträge.

---

191 *LVerfG Brandenburg*, Beschlüsse v. 20. 8. 2009 (39/08) und v. 15. 1. 2009 (63/07).
192 *LVerfG Brandenburg LVerfGE 2*, 105 (112); *2*, 115 (116); *12*, 89, sowie LKV 2001, S. 409.
193 *LVerfG Brandenburg LVerfGE 12*, 89, sowie LKV 2001, S. 409, im Anschluß an *BVerfGE 55*, 349 (369).
194 Ebd.
195 *LVerfG Brandenburg* LKV 2003, S. 426, sowie NJ 2003, S. 418; B. v. 13. 4. 2012 (54/11). *Kemper*, Wirksamer gerichtlicher Rechtsschutz als „Frage der Zeit", NJ 2003, S. 393 ff.
196 *LVerfG Brandenburg LVerfGE 2*, 105 (112); *2*, 115 (116); *12*, 89, sowie LKV 2001, S. 409.
197 *LVerfG Brandenburg LVerfGE 5*, 125 (128 f.); *5*, 130 (133).
198 *LVerfG Brandenburg* NVwZ 2010, S. 378.

Das Verfassungsgericht Brandenburgs hat in einer umfangreichen Rechtsprechung die Rechtsnatur der meisten hier behandelten Verfassungsbestimmungen geklärt und ihre inhaltliche Reichweite bestimmt. Entsprechend seinen Aussagen sind die Artikel 5 ff. den vorgestellten Typen zugeordnet worden. Judikatur, die über eine einschlägige Rechtsprechung des Bundesverfassungsgerichts hinausreicht, fehlt. Soweit die Verfassung Brandenburgs Erweiterungen gegenüber dem Grundgesetz enthält – beispielsweise mit Blick auf den Schutz der Sorben/Wenden –, ist die Bestimmung deren Umfangs (soweit im Rahmen der Entscheidungsfindung notwendig) erfolgt.

96
Rechtsnatur und inhaltliche Reichweite

Die Verfassung Brandenburgs enthält in den Artikeln 5 ff. auf den ersten Blick viele „neue Positionen". Der theoretisch denkbare Rahmen für „neue Positionen" ist wohl ausgeschöpft. Eine Analyse ihres Rechtsgehalts zeigt indes, daß sich die Stellung des Bürgers nicht häufig, aber dann in wichtigen Bereichen gegenüber der ihm durch das Grundgesetz eingeräumten Position wirklich verbessert hat. Die Möglichkeiten des Landesverfassunggebers sind, wie dargelegt, aus rechtlichen Gründen begrenzt. Praktisch beschränkt die Finanzkraft des Landes das noch Mögliche. Diese Feststellung trifft insbesondere für die Bereiche Staatszielbestimmungen, Pflichten, Förderaufträge, Gesetzgebungsaufträge, Gebote und Verbote sowie Politikaufträge zu.

97
Politische Gestaltungsaufträge

D. Bibliographie

Bauer, Hartmut/Peine, Franz-Joseph (Hg.), Landesrecht Brandenburg, ²2011.
Kluge, Hans-Georg/Wolnicki, Boris (Hg.), Verfassungsgerichtsbarkeit des Landes Brandenburg, ²1999.
Knippel, Wolfgang (Hg.), Verfassungsgerichtsbarkeit im Land Brandenburg, 2003.
Knoblich, Herbert (Hg.), 10 Jahre Verfassungswirklichkeit im Land Brandenburg, 2002.
Lieber, Hasso/Iwers, Steffen Johann/Ernst, Martina (Hg.), Verfassung des Landes Brandenburg, Kommentar, 2012.
Macke, Peter (Hg.), Verfassung und Verfassungsgerichtsbarkeit auf Landesebene, 1998.
Sachs, Michael, Zur Verfassung des Landes Brandenburg, LKV 1993, S. 241 ff.
Simon, Helmut/Franke, Dietrich/Sachs, Michael (Hg.), Handbuch der Verfassung des Landes Brandenburg, 1994.

E. Textanhang

I. DDR-Verfassung (1949), Art. 6 bis 18

Art. 6 (1) Alle Bürger sind vor dem Gesetz gleichberechtigt. (2) Boykotthetze gegen demokratische Einrichtungen und Organisationen, Mordhetze gegen demokratische Politiker, Bekundung von Glaubens-, Rassen-, Völkerhaß, militaristische Propaganda sowie Kriegshetze und alle sonstigen Handlungen, die sich gegen die Gleichberechtigung richten, sind Verbrechen im Sinne des Strafgesetzbuches. Ausübung demokratischer Rechte im Sinne der Verfassung ist keine Boykotthetze. (3) Wer wegen Begehung dieser Verbrechen bestraft ist, kann weder im öffentlichen Dienst noch in leitenden Stellen im wirtschaftlichen und kulturellen Leben tätig sein. Er verliert das Recht zu wählen und gewählt zu werden.

Art. 7 (1) Mann und Frau sind gleichberechtigt. (2) Alle Gesetze und Bestimmungen, die der Gleichberechtigung der Frau entgegenstehen, sind aufgehoben.

Art. 8 (1) Persönliche Freiheit, Unverletzlichkeit der Wohnung, Postgeheimnis und das Recht, sich an einem beliebigen Ort niederzulassen, sind gewährleistet. Die Staatsgewalt kann diese Freiheiten nur auf Grund der für alle Bürger geltenden Gesetze einschränken oder entziehen.

Art. 9 (1) Alle Bürger haben das Recht, innerhalb der Schranken der für alle geltenden Gesetze ihre Meinung frei und öffentlich zu äußern und sich zu diesem Zweck friedlich und unbewaffnet zu versammeln. Diese Freiheit wird durch kein Dienst- oder Arbeitsverhältnis beschränkt; niemand darf benachteiligt werden, wenn er von diesem Recht Gebrauch macht. (2) Eine Pressezensur findet nicht statt.

Art. 10 (1) Kein Bürger darf einer auswärtigen Macht ausgeliefert werden. (2) Fremde Staatsbürger werden weder ausgeliefert noch ausgewiesen, wenn sie wegen ihres Kampfes für die in dieser Verfassung niedergelegten Grundsätze im Ausland verfolgt werden. (3) Jeder Bürger ist berechtigt, auszuwandern. Dieses Recht kann nur durch Gesetz der Republik beschränkt werden.

Art. 11 (1) Die fremdsprachigen Volksteile der Republik sind durch Gesetzgebung und Verwaltung in ihrer freien volkstümlichen Entwicklung zu fördern; sie dürfen insbesondere am Gebrauch ihrer Muttersprache im Unterricht, in der inneren Verwaltung und in der Rechtspflege nicht gehindert werden.

Art. 12 (1) Alle Bürger haben das Recht, zu Zwecken, die den Strafgesetzen nicht zuwiderlaufen, Vereine oder Gesellschaften zu bilden.

Art. 13 (1) Vereinigungen, die die demokratische Gestaltung des öffentlichen Lebens auf der Grundlage dieser Verfassung satzungsgemäß erstreben und deren Organe durch ihre Mitglieder bestimmt werden, sind berechtigt, Wahlvorschläge für die Volksvertretungen der Gemeinden, Kreise und Länder einzureichen. (2) Wahlvorschläge für die Volkskammer dürfen nur die Vereinigungen aufstellen, die nach ihrer Satzung die demokratische Gestaltung des staatlichen und gesellschaftlichen Lebens der gesamten Republik erstreben und deren Organisation das ganze Staatsgebiet umfaßt.

Art. 14 (1) Das Recht Vereinigungen zur Förderung der Lohn- und Arbeitsbedingungen anzugehören, ist für jedermann gewährleistet. Alle Abreden und Maßnahmen, welche diese Freiheit einschränken oder zu behindern suchen, sind rechtswidrig und verboten. (2) Das Streikrecht der Gewerkschaften ist gewährleistet.

Art. 15 (1) Die Arbeitskraft wird vom Staat geschützt. (2) Das Recht auf Arbeit wird verbürgt. Der Staat sichert durch Wirtschaftslenkung jedem Bürger Arbeit und Lebensunterhalt. Soweit dem Bürger angemessene Arbeitsgelegenheit nicht nachgewiesen werden kann, wird für seinen notwendigen Unterhalt gesorgt.

Art. 16 (1) Jeder Arbeitende hat das Recht auf Erholung, auf jährlichen Urlaub gegen Entgelt [sic![199]], auf Versorgung bei Krankheit und im Alter. (2) Der Sonntag, die Feiertage und der 1. Mai sind Tage der Arbeitsruhe und stehen unter dem Schutz der Gesetze. (3) Der Erhaltung der Gesundheit und Arbeitsfähigkeit der arbeitenden Bevölkerung, dem Schutze der Mutterschaft und der Versorgung gegen die wirtschaftlichen Folgen von Alter, Invalidität, Arbeitslosigkeit und sonstigen Wechselfällen des Lebens dient ein einheitliches, umfassendes Sozialversicherungswesen auf der Grundlage der Selbstverwaltung der Versicherten.

Art. 17 (1) Die Regelung der Produktion sowie der Lohn- und Arbeitsbedingungen in den Betrieben erfolgt unter maßgeblicher Mitbestimmung der Arbeiter und Angestellten. (2) Die Arbeiter und Angestellten nehmen diese Rechte durch Gewerkschaften und Betriebsräte wahr.

Art. 18 (1) Die Republik schafft unter maßgeblicher Mitbestimmung der Werktätigen ein einheitliches Arbeitsrecht, eine einheitliche Arbeitsgerichtsbarkeit und einen einheitlichen Arbeitsschutz. (2) Die Arbeitsbedingungen müssen so beschaffen sein, daß die Gesundheit, die kulturellen Ansprüche und das Familienleben der Werktätigen gesichert sind. (3) Das Arbeitsentgelt [sic![199]] muß der Leistung entsprechen und ein menschenwürdiges Dasein für den Arbeitenden und seine unterhaltsberechtigten Angehörigen gewährleisten. (4) Mann und Frau, Erwachsener und Jugendlicher haben bei gleicher Arbeit das Recht auf gleichen Lohn. (5) Die Frau genießt besonderen Schutz im Arbeitsverhältnis. Durch Gesetz der Republik werden Einrichtungen geschaffen, die es gewährleisten, daß die Frau ihre Aufgabe als Bürgerin und Schaffende mit ihren Pflichten als Frau und Mutter vereinbaren kann. (6) Die Jugend wird gegen Ausbeutung geschützt und vor sittlicher, körperlicher und geistiger Verwahrlosung bewahrt. Kinderarbeit ist verboten.

---

199 Hinweis vom Verfasser.

II. DDR-Verfassung (1968/1974), Art. 19 bis 40

Art. 19 (1) Die Deutsche Demokratische Republik garantiert allen Bürgern die Ausübung ihrer Rechte und ihre Mitwirkung an der Leitung der gesellschaftlichen Entwicklung. Sie gewährleistet die sozialistische Gesetzlichkeit und Rechtssicherheit. (2) Achtung und Schutz der Würde und Freiheit der Persönlichkeit sind Gebot für alle staatlichen Organe, alle gesellschaftlichen Kräfte und jeden einzelnen Bürger. (3) Frei von Ausbeutung, Unterdrückung und wirtschaftlicher Abhängigkeit hat jeder Bürger gleiche Rechte und vielfältige Möglichkeiten, seine Fähigkeiten in vollem Umfang zu entwickeln und seine Kräfte aus freiem Entschluß zum Wohle der Gesellschaft und zu seinem eigenen Nutzen in der sozialistischen Gemeinschaft ungehindert zu entfalten. So verwirklicht er Freiheit und Würde seiner Persönlichkeit. (4) Die Beziehungen der Bürger werden durch gegenseitige Achtung und Hilfe, durch die Grundsätze sozialistischer Moral geprägt. (5) Die Bedingungen für den Erwerb und den Verlust der Staatsbürgerschaft der Deutschen Demokratischen Republik werden durch Gesetz bestimmt.

Art. 20 (1) Jeder Bürger der Deutschen Demokratischen Republik hat unabhängig von seiner Nationalität, seiner Rasse, seinem weltanschaulichen oder religiösen Bekenntnis, seiner sozialen Herkunft und Stellung die gleichen Rechte und Pflichten. Gewissens- und Glaubensfreiheit sind gewährleistet. Alle Bürger sind vor dem Gesetz gleich. (2) Mann und Frau sind gleichberechtigt und haben gleiche Rechtsstellung in allen Bereichen des gesellschaftlichen, staatlichen und persönlichen Lebens. Die Förderung der Frau, besonders in der beruflichen Qualifizierung, ist eine gesellschaftliche und staatliche Aufgabe. (3) Die Jugend wird in ihrer gesellschaftlichen und beruflichen Entwicklung besonders gefördert. Sie hat alle Möglichkeiten, an der Entwicklung der sozialistischen Gesellschaftsordnung verantwortungsbewußt teilzunehmen.

Art. 21 (1) Jeder Bürger der Deutschen Demokratischen Republik hat das Recht, das politische, wirtschaftliche, soziale und kulturelle Leben der sozialistischen Gemeinschaft und des sozialistischen Staates umfassend mitzugestalten. Es gilt der Grundsatz „Arbeite mit, plane mit, regiere mit!". (2) Das Recht auf Mitbestimmung und Mitgestaltung ist dadurch gewährleistet, daß die Bürger alle Machtorgane demokratisch wählen, an ihrer Tätigkeit und an der Leitung, Planung und Gestaltung des gesellschaftlichen Lebens mitwirken; Rechenschaft von den Volksvertretungen, ihren Abgeordneten, den Leitern staatlicher und wirtschaftlicher Organe über ihre Tätigkeit fordern können; mit der Autorität ihrer gesellschaftlichen Organisationen ihrem Wollen und ihren Forderungen Ausdruck geben; sich mit ihren Anliegen und Vorschlägen an die gesellschaftlichen, staatlichen und wirtschaftlichen Organe und Einrichtungen wenden können; in Volksabstimmungen ihren Willen bekunden. (3) Die Verwirklichung dieses Rechts der Mitbestimmung und Mitgestaltung ist zugleich eine hohe moralische Verpflichtung für jeden Bürger. (4) Die Ausübung gesellschaftlicher oder staatlicher Funktionen findet ihre Anerkennung und Unterstützung der Gesellschaft und des Staates.

Art. 22 (1) Jeder Bürger der Deutschen Demokratischen Republik, der am Wahltag das 18. Lebensjahr vollendet hat, ist wahlberechtigt. (2) Jeder Bürger kann in die Volkskammer und in die örtlichen Volksvertretungen gewählt werden, wenn er am Wahltag das 18. Lebensjahr vollendet hat. (3) Die Leitung der Wahlen durch demokratisch gebildete Wahlkommissionen, die Volksaussprache über die Grundfragen der Politik und die Aufstellung und Prüfung der Kandidaten durch die Wähler sind unverzichtbare sozialistische Wahlprinzipien.

Art. 23 (1) Der Schutz des Friedens und des sozialistischen Vaterlandes und seiner Errungenschaften ist Recht und Ehrenpflicht der Bürger der Deutschen Demokratischen Republik. Jeder Bürger ist zum Dienst und zu Leistungen für die Verteidigung der Deutschen Demokratischen Republik entsprechend den Gesetzen verpflichtet. (2) Kein Bürger darf an kriegerischen Handlungen und ihrer Vorbereitung teilnehmen, die der Unterdrückung eines Volkes dienen. (3) Die Deutsche Demokratische Republik kann Bürgern anderer Staaten oder Staatenlosen Asyl gewähren, wenn sie wegen politischer, wissenschaftlicher oder kultureller Tätigkeit zur Verteidigung des Friedens, der Demokratie, der Interessen des werktätigen Volkes oder wegen ihrer Teilnahme am sozialen und nationalen Befreiungskampf verfolgt werden.

Art. 24 (1) Jeder Bürger der Deutschen Demokratischen Republik hat das Recht auf Arbeit. Er hat das Recht auf einen Arbeitsplatz und dessen freie Wahl entsprechend den gesellschaftlichen Erfordernissen und der persönlichen Qualifikation. Er hat das Recht auf Lohn nach Qualität und Quantität der Arbeit. Mann und Frau, Erwachsene und Jugendliche haben das Recht auf gleichen Lohn bei gleicher Arbeitsleistung. (2) Gesellschaftlich nützliche Tätigkeit ist eine ehrenvolle Pflicht für jeden arbeitsfähigen Bürger. Das Recht auf Arbeit und die Pflicht zur Arbeit bilden eine Einheit. (3) Das Recht auf Arbeit wird gewährleistet durch das sozialistische Eigentum an den Produktionsmitteln; durch die sozialistische Leitung und Planung des gesellschaftlichen Reproduktionsprozesses; durch das stetige und planmäßige Wachstum der sozialistischen Produktivkräfte und der Arbeitsproduktivität; durch die konsequente Durchführung der wissenschaftlich-technischen Revolution; durch ständige Bildung und Weiterbildung der Bürger und durch das einheitliche sozialistische Arbeitsrecht.

Art. 25 (1) Jeder Bürger der Deutschen Demokratischen Republik hat das gleiche Recht auf Bildung. Die Bildungsstätten stehen jedermann offen. Das einheitliche sozialistische Bildungssystem gewährleistet jedem Bürger eine kontinuierliche sozialistische Erziehung, Bildung und Weiterbildung. (2) Die Deutsche Demokratische Republik sichert das Voranschreiten des Volkes zur sozialistischen Gemeinschaft allseitig gebildeter und harmonisch entwickelter Menschen, die vom Geist des sozialistischen Patriotismus und Internationalismus durchdrungen sind und über eine hohe Allgemeinbildung und Spezialbildung verfügen. (3) Alle Bürger haben das Recht auf Teilnahme am kulturellen Leben. Es erlangt unter den Bedingungen der wissenschaftlich-technischen Revolution und der Erhöhung der geistigen Anforderungen wachsende Bedeutung. Zur vollständigen Ausprägung der sozialistischen Persönlichkeit und zur wachsenden Befriedigung der kulturellen Interessen und Bedürfnisse wird die Teilnahme der Bürger am kulturellen Leben, an der Körperkultur und am Sport durch den Staat und die Gesellschaft gefördert. (4) In der Deutschen Demokratischen Republik besteht allgemeine zehnjährige Oberschulpflicht, die durch den Besuch der zehnklassigen allgemeinbildenden polytechnischen Oberschule in den Einrichtungen der Berufsausbildung oder der Aus- und Weiterbildung der Werktätigen beendet werden. Alle Jugendlichen haben das Recht und die Pflicht, einen Beruf zu erlernen. (5) Für Kinder und Erwachsene mit psychischen und physischen Schädigungen bestehen Sonderschul- und Ausbildungseinrichtungen. (6) Die Lösung dieser Aufgaben wird durch den Staat und alle gesellschaftlichen Kräfte in gemeinsamer Bildungs- und Erziehungsarbeit gesichert.

Art. 26 (1) Der Staat sichert die Möglichkeit des Übergangs zur nächsthöheren Bildungsstufe bis zu den höchsten Bildungsstätten, den Universitäten und Hochschulen, entsprechend dem Leistungsprinzip, den gesellschaftlichen Erfordernissen und unter Berücksichtigung der sozialen Struktur der Bevölkerung. (2) Es besteht Schulgeldfreiheit. Ausbildungsbeihilfen und Lernmittelfreiheit werden nach sozialen Gesichtspunkten gewährt. (3) Direktstudenten an den Universitäten, Hoch- und Fachschulen sind von Studiengebühren befreit. Stipendien und Studienbeihilfen werden nach sozialen Gesichtspunkten und nach Leistung gewährt.

Art. 27 (1) Jeder Bürger der Deutschen Demokratischen Republik hat das Recht, den Grundsätzen dieser Verfassung gemäß seine Meinung frei und öffentlich zu äußern. Dieses Recht wird durch kein Dienst- oder Arbeitsverhältnis beschränkt. Niemand darf benachteiligt werden, wenn er von diesem Recht Gebrauch macht. (2) Die Freiheit der Presse, des Rundfunks und des Fernsehens ist gewährleistet.

Art. 28 (1) Alle Bürger haben das Recht, sich im Rahmen der Grundsätze und Ziele der Verfassung friedlich zu versammeln. (2) Die Nutzung der materiellen Voraussetzungen zur ungehinderten Ausübung dieses Rechts, der Versammlungsgebäude, Straßen und Kundgebungsplätze, Druckereien und Nachrichtenmittel wird gewährleistet.

Art. 29 Die Bürger der Deutschen Demokratischen Republik haben das Recht auf Vereinigung, um durch gemeinsames Handeln in politischen Parteien, gesellschaftlichen Organisationen, Vereinigungen und Kollektiven ihre Interessen in Übereinstimmung mit den Grundsätzen und Zielen der Verfassung zu verwirklichen.

Art. 30 (1) Die Persönlichkeit und die Freiheit jedes Bürgers der Deutschen Demokratischen Republik sind unantastbar. (2) Einschränkungen sind nur im Zusammenhang mit strafbaren Handlungen oder einer Heilbehandlung zulässig und müssen gesetzlich begründet sein. Dabei dürfen die Rechte solcher Bürger nur insoweit eingeschränkt werden, als dies gesetzlich zulässig und

§ 248   *Sechzehnter Teil: III. Die Grundrechte in den Landesverfassungen*

unumgänglich ist. (3) Zum Schutz seiner Freiheit und der Unantastbarkeit seiner Persönlichkeit hat jeder Bürger den Anspruch auf die Hilfe der staatlichen und gesellschaftlichen Organe.

Art. 31 (1) Post- und Fernmeldegeheimnis sind unverletzbar. (2) Sie dürfen nur auf gesetzlicher Grundlage eingeschränkt werden, wenn es die Sicherheit des sozialistischen Staates oder eine strafrechtliche Verfolgung erfordern.

Art. 32 Jeder Bürger der Deutschen Demokratischen Republik hat im Rahmen der Gesetze das Recht auf Freizügigkeit innerhalb des Staatsgebietes der Deutschen Demokratischen Republik.

Art. 33 (1) Jeder Bürger der Deutschen Demokratischen Republik hat bei Aufenthalt außerhalb der Deutschen Demokratischen Republik Anspruch auf Rechtsschutz durch die Organe der Deutschen Demokratischen Republik. (2) Kein Bürger der Deutschen Demokratischen Republik darf einer auswärtigen Macht ausgeliefert werden.

Art. 34 (1) Jeder Bürger der Deutschen Demokratischen Republik hat das Recht auf Freizeit und Erholung. (2) Das Recht auf Freizeit und Erholung wird gewährleistet durch die gesetzliche Begrenzung der täglichen und wöchentlichen Arbeitszeit, durch einen vollbezahlten Jahresurlaub und durch den planmäßigen Ausbau des Netzes volkseigener und anderer gesellschaftlicher Erholungs- und Urlaubszentren.

Art. 35 (1) Jeder Bürger der Deutschen Demokratischen Republik hat das Recht auf Schutz seiner Gesundheit und seiner Arbeitskraft. (2) Dieses Recht wird durch die planmäßige Verbesserung der Arbeits- und Lebensbedingungen, die Pflege der Volksgesundheit, eine umfassenden Sozialpolitik, die Förderung der Körperkultur, des Schul- und Volkssports und der Touristik gewährleistet. (3) Auf der Grundlage eines sozialen Versicherungssystems werden bei Krankheit und Unfällen materielle Sicherheit, unentgeltliche ärztliche Hilfe, Arzneimittel und andere medizinische Sachleistungen gewährt.

Art. 36 (1) Jeder Bürger der Deutschen Demokratischen Republik hat das Recht auf Fürsorge der Gesellschaft im Alter und bei Invalidität. (2) Dieses Recht wird durch eine steigende materielle, soziale und kulturelle Versorgung und Betreuung alter und arbeitsunfähiger Bürger gewährleistet.

Art. 37 (1) Jeder Bürger der Deutschen Demokratischen Republik hat das Recht auf Wohnraum für sich und seine Familie entsprechend den volkswirtschaftlichen Möglichkeiten und örtlichen Bedingungen. Der Staat ist verpflichtet, dieses Recht durch die Förderung des Wohnungsbaus, die Werterhaltung vorhandenen Wohnraums und die öffentliche Kontrolle über die gerechte Verteilung des Wohnraums zu verwirklichen. (2) Es besteht Rechtsschutz bei Kündigungen. (3) Jeder Bürger hat das Recht auf Unverletzbarkeit seiner Wohnung.

Art. 38 (1) Ehe, Familie und Mutterschaft stehen unter dem besonderen Schutz des Staates. Jeder Bürger der Deutschen Demokratischen Republik hat das Recht auf Achtung, Schutz und Förderung der Ehe und Familie.

(2) Dieses Recht wird durch die Gleichberechtigung von Mann und Frau in der Ehe und Familie, durch die gesellschaftliche und staatliche Unterstützung der Bürger bei der Festigung und Entwicklung ihrer Ehe und Familie gewährleistet. Kinderreichen Familien, alleinstehenden Müttern und Vätern gilt die Fürsorge und Unterstützung des sozialistischen Staates durch besondere Maßnahmen. (3) Mutter und Kind genießen den besonderen Schutz des sozialistischen Staates. Schwangerschaftsurlaub, spezielle medizinische Betreuung, materielle und finanzielle Unterstützung bei Geburten und Kindergeld werden gewährt. (4) Es ist das Recht und die vornehmste Pflicht der Eltern, ihre Kinder zu gesunden und lebensfrohen, tüchtigen und allseitig gebildeten Menschen, zu staatsbewußten Bürgern zu erziehen. Die Eltern haben Anspruch auf ein enges und vertrauensvolles Zusammenwirken mit den gesellschaftlichen und staatlichen Erziehungs- und Bildungseinrichtungen.

Art. 39 (1) Jeder Bürger der Deutschen Demokratischen Republik hat das Recht, sich zu einem religiösen Glauben zu bekennen und religiöse Handlungen auszuüben. (2) Kirchen und andere Religionsgemeinschaften ordnen ihre Angelegenheiten und üben ihre Tätigkeit aus in Übereinstimmung mit der Verfassung und den gesetzlichen Bestimmungen der Deutschen Demokratischen Republik. Näheres kann durch Vereinbarungen geregelt werden.

Art. 40 Bürger der Deutschen Demokratischen Republik sorbischer Nationalität haben das Recht zur Pflege ihrer Muttersprache und Kultur. Die Ausübung dieses Rechts wird vom Staat gefördert.

§ 249
Landesgrundrechte in Bremen

Friedhelm Hase

Übersicht

	RN		RN
A. Allgemeines	1–10	1. Freiheitsrechte	12–17
I. Die Gewährleistungen des Ersten und Zweiten Hauptteils der Landesverfassung	1–3	2. Gleichheitsgewährleistungen	18–19
		II. Soziale Rechte	20–21
		III. Grundpflichten	22–23
II. Freiheits- und Gleichheitsrechte	4–5	C. Gewährleistungen des Zweiten Hauptteils der Landesverfassung	24–30
III. Soziale Grundrechte	6–8	I. Ehe und Familie	25
IV. Zur Bedeutung der Landesgrundrechte aus heutiger Sicht	9–10	II. Erziehung und Unterricht	26–27
		III. Arbeit und Wirtschaft	28–29
B. Gewährleistungen des Grundrechtsteils der Landesverfassung	11–23	IV. Kirchen und Religionsgesellschaften	30
I. Freiheits- und Gleichheitsrechte	12–19	D. Schlußbemerkung	31–32
		E. Bibliographie	

§ 249　Sechzehnter Teil: III. Die Grundrechte in den Landesverfassungen

A. Allgemeines

I. Die Gewährleistungen des Ersten und Zweiten Hauptteils der Landesverfassung

1
Entstehungsgeschichte der Verfassung

Vorarbeiten zu einer Bremer Landesverfassung waren 1946 unter britischer Besatzungshoheit aufgenommen worden. Die Verfassung wurde dann unter amerikanischer Hoheit von einem Ausschuß („Verfassungsdeputation") ausgearbeitet, in dem Ausschuß und in der Bürgerschaft beschlossen, vom (amerikanischen) Office of Military Government for Germany genehmigt und am 12. Oktober 1947 in einem Volksentscheid – bei einer Beteiligung von 67,6 % der Stimmberechtigten mit 72,5 % Ja-Stimmen und 27,5 % Nein-Stimmen – angenommen. Am 21. Oktober 1947 ist die Verfassung der Freien Hansestadt Bremen in Kraft getreten[1].

2
Grundrechte in der Verfassung

Grundrechte sind in der Landesverfassung nicht allein im Ersten, die Artikel 1 bis 20 umfassenden, mit dem Titel „Grundrechte und Grundpflichten" überschriebenen Hauptteil der Landesverfassung geregelt. Auch im Zweiten, der „Ordnung des sozialen Lebens" gewidmeten, von Artikel 21 bis 58 reichenden Hauptteil[2] finden sich zahlreiche, „thematisch" jeweils korrespondierende Grundrechtsgarantien, die zum Teil Gewährleistungen des Ersten Hauptteils – wie das Recht auf Arbeit – konkretisieren oder ergänzen[3]. Im einzelnen betreffen sie die Bereiche „Familie" (Art. 21 bis 25 Verf. Bremen), „Erziehung und Unterricht" (Art. 26 bis 36a Verf. Bremen), „Arbeit und Wirtschaft" (Art. 37 bis 58 Verf. Bremen) sowie „Kirchen und Religionsgesellschaften" (Art. 59 bis 63 Verf. Bremen). Besonderes Gewicht ist dabei den Regelungen des Abschnitts „Arbeit und Wirtschaft" beizumessen, in denen

---

1 Zur Vorgeschichte und zum Prozeß der Verfassungsgebung *Wolfgang Kringe*, Verfassungsgenese. Die Entstehung der Landesverfassung der Freien Hansestadt Bremen v. 21. 10. 1947, 1993, S. 11 ff.; *Alexander Kessler*, Die Entstehung der Landesverfassung der Freien Hansestadt Bremen v. 21. 10. 1947, Bremen 1996 (Diss. Freiburg 1995), S. 46 ff., 121 ff.; *Engelbert Kulenkampff/Helmut Koehnen*, Die Landesverfassung der freien Hansestadt Bremen v. 21. 10. 1947, JöR 3 (1954), S. 179 ff.; *Bengt Beutler*, Das Staatsbild in den Länderverfassungen nach 1945, 1973, S. 158 ff.; *ders.*, Die Verfassungsentwicklung in Bremen, JöR 52 (2004), S. 299 ff.; *Inge Marßolek*, Entstehung der bremischen Landesverfassung v. 21. 10. 1947, in: Kröning/Pottschmidt/Preuß/Rinken (Hg.), Handbuch der Bremischen Verfassung (LitVerz.), S. 43 ff.; *Dian Schefold*, 150 Jahre Bremische Verfassung, Jahrbuch der Juristischen Gesellschaft Bremen, 2000, S. 7 ff. – Zu Fragen der Fortgeltung der Regelungen der Landesverfassung näher *Ernst-Wolfgang Böckenförde/Rolf Grawert*, Rechtsgutachten zu der Frage, inwieweit Bestimmungen der Bremischen Landesverfassung durch das Grundgesetz oder anderes Bundesrecht außer Kraft getreten sind, Bielefeld 1970; zu den Perspektiven *Häberle*, Die Zukunft der Landesverfassung der Freien Hansestadt Bremen im Kontext Deutschlands und Europas, in: Bremische Bürgerschaft (Hg.), 50 Jahre Landesverfassung der Freien Hansestadt Bremen, 1997, S. 19 ff.; *Pottschmidt*, Gedenken über eine Reform der Landesverfassung, in: Handbuch der Bremischen Verfassung, S. 594 ff.
2 Im Dritten Hauptteil, Art. 64 bis 149, sind „Aufbau und Aufgaben des Staates" geregelt, die Art. 150 bis 155 schließlich enthalten Übergangs- und Schlußbestimmungen.
3 Zu den Beratungen der Verfassungsdeputation über die Grundrechte und Grundpflichten näher *Kessler* (FN 1), S. 150 ff.; zu den Grundrechten der Landesverfassung allgemein *Ladeur*, Staatszielbestimmungen, Grundrechte und Grundpflichten, in: Handbuch der Bremischen Verfassung (FN 1), S. 158 ff.; *Fisahn/Bovenschulte*, Die Verfassung der Freien Hansestadt Bremen, in: Fisahn (Hg.), Bremer Recht. Einführung in das Staats- und Verwaltungsrecht der Freien Hansestadt Bremen, 2002, S. 20, 25 ff.

das – vom Kontext der Verfassungsentstehung, vor allem von der entschiedenen Absage an die nationalsozialistische Zeit geprägte, in mancher Hinsicht aber doch sehr allgemein und offen gehaltene – Konzept einer „sozialen Wirtschafts- und Arbeitsordnung" zu erkennen ist[4]. Sozialstaatlichkeit, die sich nach der Gründung der Bundesrepublik Deutschland in der Ordnung des Grundgesetzes entfaltet hat, wird hier, ähnlich wie in anderen nach dem Ende des Weltkriegs entstandenen Landesverfassungen, in der Form eines allgemeinen Projekts gleichsam antizipiert.

Die Errichtung einer durch das Recht bestimmten – auf Freiheitsrechte gegründeten, sozialer Gerechtigkeit verpflichteten – „Ordnung des gesellschaftlichen Lebens" ist das alles überragende Anliegen der bremischen Verfassung, das auf die Erfahrung der durch das NS-Regime verursachten „Vernichtung" zurückverweist[5]. Mit dieser Orientierung wird nicht ein bestimmter, historisch gegebener Zustand fixiert, sondern die Abkehr von einer zerstörerischen – individuelle Rechte wie kollektive Regelungsstrukturen entwertenden – totalen Herrschaft zum Ausdruck gebracht. Einer solchen „Negativität" setzt die Verfassung eine „Ordnung" entgegen, in der gesellschaftliche Institutionen ebenso wie Rechte und Pflichten des einzelnen gewährleistet sind und ein humaner, demokratischer Lern- und Entwicklungsprozess eröffnet ist[6].

3
Humane Ordnung als Abkehr von totaler Herrschaft

II. Freiheits- und Gleichheitsrechte

Grundlage der mit der Verfassung von 1947 errichteten „Ordnung" ist die Anerkennung und Achtung der „klassischen" Grundrechte, das heißt der Freiheits- und Gleichheitsgewährleistungen der rechtsstaatlich-liberalen Verfassungstradition. Im Ersten, auf das Bekenntnis zur Menschenwürde (Art. 5 Abs. 1) zentrierten Hauptteil garantiert die Landesverfassung vor allem das Recht auf Persönlichkeitsentfaltung und die Freiheit der Person (Art. 3 und Art. 5 Abs. 2), die Freiheit des Glaubens, Gewissens und der Überzeugung und die ungehinderte Ausübung der Religion (Art. 4), die Berufsfreiheit (Art. 8 Abs. 2), die Freiheit der Kunst und der Wissenschaft (Art. 11), das Eigentum (Art. 13), die Unverletzlichkeit der Wohnung (Art. 14 Abs. 2 und 3), die Meinungsfreiheit und das Postgeheimnis (Art. 15 Abs. 1 bis 4), die Versammlungs- und die Vereinigungsfreiheit (Art. 16 und 17), die Freizügigkeit (Art. 18) sowie justitielle Grundrechte (Art. 5 Abs. 3 bis 6, Art. 6 und Art. 7);

4
Anerkennung „klassischer" Grundrechte nebst Einfügung moderner Schutzbestimmungen

---

4 Eingehend dazu *Großmann*, Wirtschafts- und sozialpolitische Grundkonzeption, in: Handbuch der Bremischen Verfassung (FN 1), S. 208 ff.
5 Sehr einprägsam die Präambel der Bremischen Verfassung: „Erschüttert von der Vernichtung, die die autoritäre Regierung der Nationalsozialisten unter Mißachtung der persönlichen Freiheit und der Würde des Menschen in der jahrhundertealten Freien Hansestadt Bremen verursacht hat, sind die Bürger dieses Landes willens, eine Ordnung des gesellschaftlichen Lebens zu schaffen, in der die soziale Gerechtigkeit, die Menschlichkeit und der Friede gepflegt werden, in der der wirtschaftlich Schwache vor Ausbeutung geschützt und allen Arbeitswilligen ein menschenwürdiges Dasein gesichert wird".
6 Näher *Ladeur* (FN 3), S. 158 f.

1997 wurden Bestimmungen zum Schutz personenbezogener Daten in die Verfassung eingefügt (Art. 12 Abs. 3 bis 5)[7]. Weitere freiheitsrechtliche Gewährleistungen sind in den Abschnitten des Zweiten Hauptteils der Verfassung enthalten (so der Schutz von Ehe und Familie in Art. 21[8], das Elternrecht in Art. 23, die Koalitionsfreiheit in Art. 48 und die Freiheit der Vereinigung zu Religions- und Weltanschauungsgemeinschaften in Art. 60).

5
Umfassende Gleichheitsgewährleistungen

Das allgemeine Recht auf Gleichheit und – weithin Art. 3 Abs. 3 GG entsprechende – Diskriminierungsverbote sind in Art. 2 Abs. 1 bis 3 Verf. Bremen geregelt, besondere Gleichheitsgewährleistungen bzw. Benachteiligungsverbote finden sich in Artikel 2 Abs. 3 (Verbot der Benachteiligung wegen einer Behinderung), in Artikel 2 Abs. 4 (Gleichberechtigung von Frauen und Männern) sowie in mehreren Bestimmungen des Zweiten Hauptteils der Verfassung; anzuführen sind insbesondere die Bestimmungen über die Gleichstellung nichtehelicher mit ehelichen Kindern in Artikel 24, das „gleiche Recht auf Bildung" in Artikel 27 Abs. 1, die Lohngleichheit von Männern, Frauen und Jugendlichen in Artikel 53 Abs. 1 und das Recht der Frau auf gleichberechtigten Zugang zum Arbeitsplatz in Artikel 53 Abs. 2[9].

III. Soziale Grundrechte

6
Soziale Grundrechte mit gleichheitsrechtlicher Ausrichtung

Mit der Verbürgung sozialer Grundrechte weist die bremische Verfassung – ebenso wie andere nach dem Kriegsende geschaffene Landesverfassungen[10] – über rechtsstaatlich-liberale Traditionslinien hinaus[11]. Die entsprechenden Gewährleistungen sind durchweg gleichheitsrechtlich ausgerichtet, für die „Verwirklichung" der entsprechenden Rechte werden der Staat oder öffentliche Einrichtungen zumeist direkt in die Verantwortung genommen, subjektivrechtliche Garantien werden zum Teil von weiteren verfassungsrechtlichen Vorgaben und Vorkehrungen flankiert und abgestützt; soziale Leistungsrechte stehen ihrer Natur nach unter dem „Vorbehalt des Möglichen"[12]. Die Verfassung gewährleistet vor allem

- das Recht auf gleiche wirtschaftliche und kulturelle Entfaltungsmöglichkeiten (Art. 2 Abs. 1),
- ein Recht auf Arbeit, das „die sittliche Pflicht zu arbeiten", impliziert (Art. 8 Abs. 1),
- den „Anspruch auf eine angemessene Wohnung" (Art. 14 Abs. 1),

---

7 Gesetz v. 14. 10. 1997 (GBl. S. 353).
8 Dem Wortlaut nach stellt die Vorschrift den Anspruch auf den Schutz und die Förderung des Staates in den Vordergrund.
9 Einige der zuletzt genannten Gewährleistungen – wie das Recht auf Bildung oder das Recht i.S.d. Art. 53 Abs. 2 Verf. Bremen – können allerdings insofern den „sozialen" Grundrechten zugeordnet werden, als sie von vornherein auf eine „Verwirklichung" mit den Mitteln des Staats bzw. der öffentlich-rechtlichen Organisation hin angelegt sind.
10 Soziale Grundrechte finden sich vor allem in der hessischen Verfassung v. 1. 12. 1946, der bayerischen Verfassung v. 2. 12. 1946, der Verfassung für Rheinland-Pfalz v. 18. 5. 1947.
11 Zu den sozialen Grundrechten der Landesverfassung *Ladeur* (FN 3), S. 166 f.
12 *BVerfGE 33*, 303 (333).

- das Recht jedes Kindes „auf Entwicklung und Entfaltung seiner Persönlichkeit, auf gewaltfreie Erziehung und den besonderen Schutz vor Gewalt, Vernachlässigung und Ausbeutung" (Art. 25 Abs. 1)[13] und
- das „gleiche Recht auf Bildung" für jeden „nach Maßgabe seiner Begabung" (Art. 27 Abs. 1).

Auch die Bestimmungen zur Integration Behinderter (Art. 2 Abs. 3 Satz 2 und 3 Verf. Bremen) und zur Verwirklichung einer gleichberechtigten Teilhabe der Geschlechter (Art. 2 Abs. 4 Satz 2 und 3 Verf. Bremen) sind als spezifisch soziale, auf besondere Mittel des Staates verweisende Gewährleistungen zu sehen.

7
Weitere soziale Gewährleistungen

In Einzelvorschriften des Zweiten Hauptteils, die auf das Recht auf Arbeit zu beziehen sind, werden „die Arbeit" allgemein sowie die „menschliche Arbeitskraft" dem besonderen Schutz des Staates unterstellt (Art. 37 Abs. 1, Art. 48 Verf. Bremen), Konkretisierungen finden sich in einer Reihe von Vorgaben für das Arbeits- und Sozialrecht (Art. 49 Abs. 2 bis 58). Eine Besonderheit des bremischen Verfassungsrechts ist die allgemein-wertende Aussage, „der Mensch" stehe „höher als Technik und Maschine" (Art. 12 Abs. 1 Verf. Bremen)[14], die keine subjektiv-rechtliche Ausprägung enthält. Sie ist mit einer Ermächtigung zu gesetzlichen Eingriffen in die Benutzung wissenschaftlicher Erfindungen und technischer Einrichtungen verknüpft (Art. 12 Abs. 1 Verf. Bremen), die hinsichtlich der Wissenschaft mit Art. 5 Abs. 3 GG unvereinbar ist[15].

8
Schutz von Arbeit und Arbeitskraft

IV. Zur Bedeutung der Landesgrundrechte aus heutiger Sicht

Insgesamt erscheint die Relevanz der Grundrechtsgewährleistungen der Landesverfassung im Rahmen des heutigen Rechts als gering. Freiheits- und Gleichheitsrechte sind im Grundgesetz weithin – bis in die Formulierungen hinein – im Einklang mit der Landesverfassung garantiert. Die Landesgrundrechte gelten insoweit nach Art. 142 GG zwar grundsätzlich fort[16], aufgrund der Dominanz des Bundesverfassungsrechts und zumal der dazu – in der Rechtsprechung des Bundesverfassungsgerichts – ausgearbeiteten Dogmatik können sie aber kaum eigenständige Bedeutung erlangen. Vielfach werden sie allerdings bei der Auslegung bundesrechtlicher Garantien heranzuziehen sein[17]. Mit sozialen Grundrechten, die im Grundgesetz nicht verankert sind,

9
Abnehmende Relevanz der Landesgrundrechte durch Zeitablauf

---

13 Geregelt war ursprünglich nur die staatliche Verpflichtung, „die Jugend vor Ausbeutung und vor körperlicher, geistiger und sittlicher Verwahrlosung zu schützen", subjektiv-rechtlich wurde die Bestimmung durch Gesetz v. 8. 4. 2003 (GBl. S. 167) gefaßt.
14 *Theodor Spitta*, Kommentar zur Bremischen Verfassung von 1947, 1960, Anm. zu Art. 12.
15 Vgl. *Heinzgeorg Neumann*, Verfassung der Freien Hansestadt Bremen, 1996, Art. 12 RN 6.
16 Zu Art. 142 GG vgl. nur *Korioth*, in: Maunz/Dürig, GG (LitVerz.), Art. 142; *Michael Sachs*, Die Grundrechte im Grundgesetz und in den Landesverfassungen: Zur Voraussetzung des Normwiderspruchs im Bereich der Art. 31 und 142 GG, DÖV 1985, S. 470ff.; *Hans-Ullrich Gallwas*, Konkurrenz von Bundes- und Landesgrundrechten, JA 1981, S. 537ff.
17 Dazu *Ladeur* (FN 3), S. 164ff.

hebt sich das Landesrecht zwar stärker als mit der Gewährleistung von Freiheits- und Gleichheitsrechten vom bundesstaatlichen Verfassungsrecht ab. Den Belangen, die mit der Anerkennung sozialer Rechte geschützt und gefördert werden sollen, wird aber längst in sehr weitem Umfang durch „einfaches" Bundesrecht Rechnung getragen: Es ist die inzwischen mehr als sechs Jahrzehnte umspannende – aus der Perspektive des Jahres 1947 natürlich noch nicht abzusehende – Entfaltung der sozialstaatlichen Ordnung im Bund, die mit ihren weit ausgreifenden arbeits- und sozialrechtlichen Verbürgungen den (durchweg allgemein-programmatisch gehaltenen) landesrechtlichen Garantien weithin die Bedeutung genommen hat. Soweit sozialen Rechten der Landesverfassung auch heute noch normative Relevanz zuzuerkennen ist, sind tatsächlich – in einem kleinen und finanziell schlecht ausgestatteten Bundesland – kaum Spielräume für die Verfolgung eigenständiger sozialpolitischer Ziele gegeben[18].

10
Konzept einer sozialstaatlichen Demokratie

Die 1949 einsetzende Verfassungsentwicklung im Bund hat gleichsam die landesrechtlichen Gewährleistungen überholt und deren Bedeutung jedenfalls im Ergebnis sehr stark relativiert. Sie hat diese Garantien allerdings keineswegs entwertet; in der Errichtung und im Ausbau der bundesstaatlichen Ordnung sind vielmehr Kernelemente des vor der Gründung der Bundesrepublik geschaffenen Landesverfassungsrechts „aufgehoben". Durch Landesverfassungen wie die bremische sind in einer staatsrechtlich in vieler Hinsicht noch ungeklärten Situation, wie sie nach dem Ende des Weltkriegs auf deutschem Boden gegeben war, Wege zu einem gesamtstaatlichen verfassungsrechtlichen Neubeginn erschlossen worden[19]. Impulse, die sich in einem solchen Sinne in langfristig wirksamen rechtlichen Verbürgungen und Regelungsstrukturen niedergeschlagen haben, hat die bremische Verfassung mit der Anerkennung klassischer Freiheits- und Gleichheitsrechte, vor allem aber auch mit der Ausrichtung an einer neuen „Ordnung des sozialen Lebens" gegeben. Besonderes Gewicht kommt dabei Regelungen zu, mit denen die Landesverfassung ein (schon mit Rücksicht auf die wirtschaftlichen Zerrüttungen des Jahres 1947 vorläufiges und sehr offen gehaltenes) Konzept einer sozialstaatlichen Demokratie umreißt, das im wesentlichen erst im gesamtstaatlichen Rahmen konkretisiert und „mit Leben erfüllt" werden konnte[20].

---

18 Vgl. *Ladeur* (FN 3), S. 167.
19 Zur Bedeutung der Landesverfassungen für die Entwicklung des Staatsrechts nach 1945 vgl. *Bartlsperger*, HStR ³IV, § 96 RN 1, 4.
20 Näher *Großmann* (FN 4), S. 209f.

B. Gewährleistungen des Grundrechtsteils der Landesverfassung

Nach Art. 20 Abs. 2 Verf. Bremen binden die Grundrechte des Ersten Hauptteils, wie dies für die Grundrechte der Bundesverfassung in Art. 1 Abs. 3 GG festgelegt worden ist, die Staatsgewalt in allen ihren Ausprägungen als unmittelbar geltendes Recht[21]. In Art. 20 Verf. Bremen ist darüber hinaus eine „Ewigkeitsklausel" im Sinne des Art. 79 Abs. 3 GG vorformuliert[22]: Verfassungsänderungen, die die im Ersten Hauptteil enthaltenen „Grundgedanken der allgemeinen Menschenrechte" verletzen, sollen unzulässig sein (Abs. 1), Art. 1 Verf. Bremen selbst wird – ebenso wie Art. 20 Verf. Bremen – für „unabänderlich" erklärt (Abs. 2)[23].

11
Bindungs- und Ewigkeitsklausel

I. Freiheits- und Gleichheitsrechte

1. Freiheitsrechte

Die freiheitsrechtlichen Gewährleistungen der Landesverfassung stimmen weithin mit denen überein, die 1949 im Grundgesetz verankert worden sind. Grundlegend ist auch für die bremische Verfassung die Anerkennung und Achtung der Menschenwürde (Art. 5 Abs. 1)[24]. Das allgemeine Menschenrecht auf Freiheit (Art. 3 Abs. 1 Verf. Bremen) ist seinem Schutzbereich nach sehr weit gefaßt, es schließt vor allem – ohne weitere Spezifizierung im Text – das Recht auf Persönlichkeitsentfaltung ein; jedweder Zwang zu einem bestimmten Verhalten setzt eine gesetzliche Regelung voraus (Art. 3 Abs. 3 Verf. Bremen)[25]. Der Weite des grundrechtlichen Schutzbereichs entsprechen, wie bei Art. 2 Abs. 1 GG, umfassende Schrankenvorbehalte. Diese sind zum Teil etwas anders als in der genannten Bestimmung des Grundgesetzes gefaßt[26], ohne daß sich daraus rechtlich relevante Unterschiede ergäben[27]. Die Unverletzlichkeit der Person – gemeint sind die Rechte, die in Art. 2 Abs. 2 Satz 1 und 2 GG gewährleistet sind[28] – wird in Art. 5 Abs. 2 Verf. Bremen garantiert. – Justitielle Grundrechte sind in Art. 5 Abs. 3 bis 6 (Rechts-

12
Menschenwürde, Freiheit der Person und Justizgrundrechte

---

21 „Die Grundrechte und Grundpflichten binden den Gesetzgeber, den Verwaltungsbeamten und den Richter unmittelbar".
22 Vor allem *Carl Schmitt* hatte die These einer Begrenzung der Verfassungsrevision durch die verfassungsändernde Gesetzgebung in der Weimarer Zeit in die staatsrechtliche Diskussion eingeführt, *ders.*, Verfassungslehre, 1928, S. 101 ff.
23 Skeptisch hinsichtlich der rechtlichen Bindungskraft der Bestimmungen *Spitta*, Kommentar zur Bremischen Verfassung von 1947 (LitVerz.), Anm. zu Art. 20.
24 Dazu bereits die Präambel der Verfassung, Art. 5 Abs. 1 Verf. Bremen lautet: „Die Würde der menschlichen Persönlichkeit wird anerkannt und vom Staate geachtet".
25 Näher dazu *Spitta*, Kommentar zur Bremischen Verfassung von 1947 (LitVerz.), Anm. zu Art. 3.
26 Nach Art. 3 Abs. 1 Satz 2 Verf. Bremen darf der Freiheitsgebrauch nicht zu einer Beeinträchtigung der Rechte anderer oder des Gemeinwohls führen, nach Art. 3 Abs. 2 Verf. Bremen kann die Freiheit durch Gesetz eingeschränkt werden, wenn die öffentliche Sicherheit, Sittlichkeit, Gesundheit oder Wohlfahrt es erfordert".
27 Dazu *Spitta* aaO., Anm. zu Art. 3 Verf. Bremen; *Ladeur* (FN 3), S. 164.
28 *Spitta* aaO., Anm. zu Art. 5, S. 43.

garantien bei Freiheitsentziehung), Art. 6 (Unschuldsvermutung, Verbot von Ausnahmegerichten) und Art. 7 Verf. Bremen (rechtstaatliche Prinzipien des Strafrechts) geregelt. Die Vorschriften stimmen weithin mit Art. 101, 103 und 104 GG überein, zum Teil sind sie durch abschließende Regelungen des Bundesrechts aufgehoben worden[29].

13
Unverletzlichkeit der Wohnung, Freizügigkeit und Datenschutz

In Art. 14 Abs. 2 Satz 1 Verf. Bremen wird die Unverletzlichkeit der Wohnung garantiert. Eingriffs- und Beschränkungsmöglichkeiten sind in Art. 14 Abs. 2 Satz 2 und Abs. 3 Verf. Bremen – bei einzelnen Abweichungen insgesamt ähnlich wie in Art. 13 Abs. 2 und 3 GG – festgelegt; in einer Reihe von Gesetzen hat der Bund inzwischen abschließende rechtliche Regelungen getroffen[30]. – Das Grundrecht auf Freizügigkeit, das jeder Bewohner der Freien Hansestadt genießt, wird um ein – im Grundgesetz nicht expliziertes – Recht auf Auswanderung ins Ausland ergänzt (Art. 18 Verf. Bremen). Zu den grundlegenden Gewährleistungen gehört ferner das 1997 in die Landesverfassung aufgenommene Recht auf Schutz der personenbezogenen Daten[31], das allerdings relativ weiten gesetzlichen Beschränkungen – „im überwiegenden Interesse der Allgemeinheit oder eines Dritten" – unterliegt[32].

14
Religions-, Meinungs- und Informationsfreiheit

Ohne ausdrückliche Gewährleistungsschranken sind Glaubens-, Gewissens- und Überzeugungsfreiheit und die ungehinderte Ausübung der Religion geschützt (Art. 4 Verf. Bremen)[33]. Soweit die Landesverfassung im Ersten Hauptteil Kommunikationsgrundrechte – in einem weiten Sinne – vorsieht, beschränkt sie sich überwiegend auf geradezu kursorische Bestimmungen. Eingehender geregelt ist jedoch die Meinungsfreiheit als das Recht, Meinungen „frei und öffentlich durch Wort, Schrift, Druck und Bild oder in sonstiger Weise zu äußern". Sie ist in der Landesverfassung im wesentlichen als individuelles Freiheitsrecht konzipiert, während das Grundgesetz in Art. 5 Abs. 1 – mit der Gewährleistung der Freiheit von Presse, Rundfunk und Film – institutionellen Bedingungen der Freiheitsentfaltung ausdrücklich Rechnung trägt[34]. In der Landesverfassung wird die Presse als Einrichtung nicht erwähnt, Druckerzeugnisse und der Rundfunk werden in Art. 15 Abs. 5 Verf. Bremen nur als Informationsquellen angeführt[35].

15
Problem der Drittwirkung

In der Ausgestaltung der Landesverfassung kommt dem Grundrecht direkte Drittwirkung zu: Die Meinungsfreiheit darf nicht durch ein Dienstverhältnis beschränkt werden, ihr Gebrauch nicht zu einer Benachteiligung führen (Art. 15 Abs. 1 Satz 2 und 3 Verf. Bremen). Bei den Grundrechten des Grundgesetzes hingegen ist grundsätzlich nur eine „mittelbare" Drittwirkung aner-

---

29 Näher *Ladeur* (FN 3), S. 164; *Böckenförde/Grawert*, Rechtsgutachten (FN 1), S. 43 ff.
30 Näher dazu *Böckenförde/Grawert*, Rechtsgutachten (FN 1), S. 51; *Neumann*, Verfassung der Freien Hansestadt Bremen (LitVerz.), Art. 14 RN 7 ff., 11.
31 Gesetz v. 14.10.1997 (GBl. S. 353).
32 In Art. 12 Abs. 4 Verf. Bremen wird ein Recht auf Auskunft über die zu einer Person in Akten und Dateien gespeicherten Informationen garantiert.
33 Im Zweiten Hauptteil finden sich in den Artikeln 59 bis 63 Verf. Bremen Konkretisierungen, die weithin nach Art. 140 GG weitergeltenden Bestimmungen der Weimarer Verfassung entsprechen.
34 *Ladeur* (FN 3), S. 164 f.
35 „Das Recht, sich über die Meinung anderer zu unterrichten, insbesondere durch den Bezug von Druckerzeugnissen und durch den Rundfunk, darf nicht eingeschränkt werden".

kannt, der Wertgehalt der Garantien fließt der Rechtsprechung des Bundesverfassungsgerichts zufolge über Generalklauseln und unbestimmte Rechtsbegriffe in die Privatrechtsbeziehungen ein[36]. Zumindest in einem allgemeinen Sinn wird die vorherrschende Auslegung des Art. 5 Abs. 1 GG durch die – einfachere, direktere – landesverfassungsrechtliche Regelung abgestützt[37]. Im übrigen enthält Art. 15 Verf. Bremen ein – Art. 5 Abs. 1 Satz 3 GG entsprechendes – Zensurverbot (Abs. 2), die – im wesentlichen mit Art. 5 Abs. 1 Satz 1 GG übereinstimmende – Gewährleistung der Informationsfreiheit (Abs. 5) und Bestimmungen über das Postgeheimnis (Abs. 4), das aber durch Bundesrecht abschließend geregelt ist[38]. Die Schranken der Meinungsfreiheit werden in Art. 15 Verf. Bremen anders als in Art. 5 Abs. 2 GG gezogen. Nach Art. 15 Abs. 1 Verf. Bremen ist die Meinungsfreiheit – nur – „im Rahmen der verfassungsmäßigen Grundrechte" garantiert, nach Absatz 3 kann sich auf den Schutz des Grundrechts nicht berufen, wer gesetzliche Bestimmungen zum Schutz der Jugend verletzt; daß die „allgemeinen Gesetze" die Freiheit begrenzen, wird hier nicht – explizit – ausgesprochen[39].

Art. 11 Abs. 1 Verf. Bremen garantiert die Freiheit der Kunst, der Wissenschaft und ihrer Lehre, die Gewährleistung wird in Absatz 2 mit einer staatlichen Schutzpflicht verknüpft[40]. Die Versammlungs- und die Vereinigungsfreiheit werden in Art. 16 und 17 Verf. Bremen mit etwas anderer Formulierung, in der Sache aber ganz ähnlich wie in Art. 8 und 9 GG garantiert[41]. Die Grundrechtsberechtigung wird jedoch in beiden landesrechtlichen Gewährleistungen anders als im Grundgesetz bestimmt: Art. 8 Abs. 1 und 9 Abs. 1 GG sind als „Deutschengrundrechte" gefaßt, die Rechte aus Art. 16 Abs. 1 und 17 Abs. 1 Verf. Bremen hingegen stehen „allen Bewohnern der Freien Hansestadt Bremen" zu, sie werden also auch Ausländern, aber nicht allen Deutschen eingeräumt[42]. Ferner ist das Vereinsverbot in Art. 17 Abs. 2 Verf. Bremen restriktiver als in Art. 9 Abs. 2 GG geregelt, entsprechende Maßnahmen kommen der Vorschrift zufolge nur bei einer Gefährdung der Demokratie oder der Völkerverständigung in Betracht[43]. In Art. 19 Verf. Bremen ist das

16
Wissenschafts-, Versammlungs- und Vereinsfreiheit

Widerstandsrecht

---

36 Grundlegend *BVerfGE* 7, 198, 203 ff. Nur bei der Koalitionsfreiheit ist in Art. 9 Abs. 3 Satz 2 GG die Drittwirkung ausdrücklich geregelt; allgemein zur Drittwirkungslehre *Volker Epping*, Grundrechte, 2015, RN 343 ff.; *Hans-Uwe Erichsen*, Die Drittwirkung der Grundrechte, in: Jura 1996, S. 527 ff.; vgl. ferner *Ladeur*, Die Drittwirkung der Grundrechte im Privatrecht – „Verfassungsprivatrecht" als Kollisionsrecht, in: Rolf-Peter Calliess/Andreas Fischer-Lescano/Dan Wielsch/Peer Zumbansen (Hg.), FS Gunther Teubner, S. 543 ff.
37 *Ladeur* (FN 3), S. 165.
38 Zur Frage der Fortgeltung des Art. 15 Verf. Bremen *Böckenförde/Grawert*, Rechtsgutachten (FN 1), S. 51 ff., zu Art. 15 Abs. 4 Verf. Bremen dort S. 53 f.
39 *Böckenförde/Grawert* wollen daraus auf die Unvereinbarkeit des Art. 15 Abs. 1 und 3 Verf. Bremen mit Art. 5 Abs. 1 und 2 GG schließen, Rechtsgutachten (FN 1), S. 52 f.; anders *Ladeur* (FN 3), S. 164 f.
40 Die Regelung entspricht wörtlich Art. 142 Abs. 2 WRV; in Art. 11 Abs. 3 Verf. Bremen wird der Staat darüber hinaus zum Schutz und zur Förderung des kulturellen Lebens verpflichtet.
41 Die Koalitionsfreiheit ist in Art. 48, im dritten Abschnitt des Zweiten Hauptteils der Verfassung („Arbeit und Wirtschaft"), nicht im Grundrechtsteil geregelt.
42 Zur Unvereinbarkeit mit Art. 8 Abs. 1 und 9 Abs. 1 GG sowie mit dem Versammlungsgesetz und dem Vereinsgesetz *Böckenförde/Grawert*, Rechtsgutachten (FN 1), S. 54 ff.; *Ladeur* (FN 3), S. 166.
43 Die Regelung ist durch das Grundgesetz und das Vereinsgesetz außer Kraft gesetzt worden, *Böckenförde/Grawert* aaO., S. 56 f.

§ 249 Sechzehnter Teil: III. Die Grundrechte in den Landesverfassungen

Widerstandsrecht verankert; in der Regelung kommt deutlicher als in Art. 20 Abs. 4 GG die Stoßrichtung gegen ein verfassungswidriges Vorgehen der öffentlichen Gewalt zum Ausdruck[44]. Insoweit muß vorausgesetzt werden, daß vorrangig die in der Verfassung vorgesehenen Rechtsschutzmöglichkeiten auszuschöpfen sind, ein Widerstandsrecht kann immer nur im Sinne einer Erhaltung der Verfassungsordnung des Landes in Betracht gezogen werden[45].

17
Berufsfreiheit und Eigentumsgarantie

Die Berufsfreiheit ist in Art. 8 Abs. 2 Verf. Bremen wiederum lapidar geregelt, ihrem Wortlaut nach ist in der Bestimmung nur die Freiheit der Berufswahl erfaßt[46]. Die Gewährleistung steht im Einklang mit Art. 12 Abs. 1 Satz 1 GG; grundrechtsberechtigt ist allerdings „jeder", das Recht aus Art. 12 Abs. 1 GG hingegen ist den Deutschen vorbehalten[47]. Die Eigentumsgarantie ist in Art. 13 Abs. 1 Verf. Bremen, ähnlich wie in Art. 14 Abs. 1 und 2 GG, mit Vorbehalten und Einschränkungen versehen: Eigentum verpflichtet gegenüber der Gemeinschaft, sein Gebrauch darf dem Gemeinwohl nicht zuwiderlaufen, (nur) unter diesen Voraussetzungen ist es – ebenso wie das Erbrecht – geschützt. Enteignungen dürfen nach Art. 13 Abs. 2 Verf. Bremen, ähnlich wie nach Art. 14 Abs. 3 GG, nur zu Gemeinwohlzwecken, auf gesetzlicher Grundlage und gegen angemessene Entschädigung vorgenommen werden. Die Vorschrift enthält allerdings, anders als Art. 14 Abs. 3 Satz 2 GG, keine Junktimklausel[48]; mit Rücksicht auf die Überführung von Unternehmen in Gemeineigentum verweist sie auf die Regelung in Art. 44 Verf. Bremen, in der auch die vollständige Versagung einer Entschädigung zugelassen wird. Art. 13 Abs. 2 Verf. Bremen wird deshalb in der Literatur als nichtig angesehen[49].

Schutzaufträge und Staatsziele

Schließlich sind mit Art. 11 Abs. 3, 11 a und 11 b drei Bestimmungen in den Ersten Hauptteil der Verfassung eingefügt worden, die allgemeine Schutzaufträge oder Staatszielbestimmungen, aber keine Grundrechtsgewährleistungen enthalten. In Art. 11 Abs. 3 Verf. Bremen wird der Staat zum Schutz und zur Förderung des kulturellen Lebens verpflichtet[50]. Art. 11 a Verf. Bremen betrifft den Schutz der natürlichen Lebensgrundlagen, in der Vorschrift werden insoweit Staat, Gemeinden und Körperschaften des öffentlichen Rechts in die Verantwortung genommen[51]. Art. 11 b Verf. Bremen hat den Tierschutz zum Gegenstand[52].

---

44 Die Vorschrift lautet: „Wenn die in der Verfassung festgelegten Menschenrechte durch die öffentliche Gewalt verfassungswidrig angetastet werden, ist Widerstand jedermanns Recht und Pflicht".
45 Vgl. *Ladeur* (FN 3), S. 166.
46 „Jeder hat das Recht, seinen Beruf frei zu wählen".
47 Dazu *Neumann*, Verfassung der Freien Hansestadt Bremen (LitVerz.), Art. 8 Anm. 6.
48 Dazu *BVerfGE* 4, 219 (230 ff.).
49 *Böckenförde/Grawert*, Rechtsgutachten (FN 1), S. 50; *Neumann*, Verfassung der Freien Hansestadt Bremen (LitVerz.), Art. 13 RN 3; anders wohl *Spitta*, Kommentar zur Bremischen Verfassung von 1947 (LitVerz.), Anm. zu Art. 13, S. 53.
50 Die Bestimmung wurde durch das Gesetz v. 14.10.1997 (GBl. S. 353) in die Verfassung eingefügt.
51 Art. 11 a wurde durch Gesetz v. 9.12.1986 (GBl. S. 283) geschaffen.
52 Die Vorschrift geht auf das Gesetz v. 16.12.1997 (GBl. S. 269) zurück. Tiere werden danach „als Lebewesen und Mitgeschöpfe geachtet", vor „nicht artgemäßer Haltung und vermeidbarem Leiden" werden sie geschützt.

2. Gleichheitsgewährleistungen

Das allgemeine Recht auf Gleichheit wird in Art. 2 Abs. 1 Verf. Bremen in einer Fassung garantiert, die den Gleichheitssatz in der klassischen menschenrechtlichen Ausprägung ohne weiteres mit einem sozialen Recht auf Chancengleichheit verbindet[53]. In der ersten Komponente (oder dem ersten Halbsatz) stimmt die Regelung mit Art. 3 Abs. 1 GG überein, mit der zweiten geht sie in einem strukturellen Sinn über die Bestimmung des Grundgesetzes hinaus[54].

18 Allgemeiner Gleichheitssatz

Art. 2 Abs. 2 Verf. Bremen enthält Diskriminierungsverbote, die im wesentlichen den Regelungen in Art. 3 Abs. 3 Satz 1 GG entsprechen; die Liste der mißbilligten Differenzierungskriterien ist durch Ergänzung der Vorschrift unter anderem um das Merkmal der sexuellen Identität erweitert worden[55]. Darüber hinaus hat die verfassungsändernde Gesetzgebung Art. 2 Verf. Bremen um die Absätze 3 und 4 ergänzt[56]. Abs. 3 verbietet in Satz 1 jedwede Benachteiligung wegen einer Behinderung, in Satz 2 und 3 wird der Staat zum besonderen Schutz Behinderter, zur Förderung ihrer sozialen Integration („gleichwertige Teilnahme am Leben in der Gemeinschaft") und zu Maßnahmen im Sinne der Beseitigung bestehender Nachteile verpflichtet. Absatz 4 schließlich ist der Gleichberechtigung der Geschlechter gewidmet. Auch hier wird das klassische gleichheitsrechtliche Verständnis – „Frauen und Männer sind gleichberechtigt" – um eine sozialstaatliche Regelungsdimension ergänzt, mit der die Verwirklichung von Teilhabemöglichkeiten in Staat und Gesellschaft als Ziel vorgegeben wird[57]. Weitere Ausprägungen des Gleichheitsrechts finden sich im Zweiten Hauptteil der Verfassung, sie betreffen vor allem die Gleichberechtigung von Mann und Frau in der Ehe und die „Gleichsetzung" der häuslichen Arbeit und der Kindererziehung mit der Erwerbsarbeit (Art. 22 Verf. Bremen), die Gleichstellung und gleiche Förderung ehelicher und nichtehelicher Kinder (Art. 24 Verf. Bremen), das gleiche Recht auf Bildung (Art. 27 Verf. Bremen), die Lohngleichheit von Männern, Frauen und Jugendlichen (Art. 53 Abs. 1 Verf. Bremen) und das Recht der Frau auf gleichberechtigten Zugang zum Arbeitsplatz (Art. 53 Abs. 2 Verf. Bremen).

19 Diskriminierungsverbote

II. Soziale Rechte

Bereits bei den gleichheitsrechtlichen Verbürgungen verbinden sich in der bremischen Verfassung „formale", von der liberal-rechtsstaatlichen Tradition geprägte Gewährleistungen („Gleichheit vor dem Gesetz") mit sozialstaatlich ausgerichteten, auf die Verwirklichung von Chancengleichheit und sozialer

20 Ziel: Ausschöpfung persönlicher Entwicklungspotentiale

---

53 Art. 2 Abs. 1 Verf. Bremen lautet: „Alle Menschen sind vor dem Gesetz gleich und haben das Recht auf gleiche wirtschaftliche und kulturelle Entwicklungsmöglichkeiten".
54 Anders *Böckenförde/Grawert*, Rechtsgutachten (FN 1), S. 39: Der 2. Halbs. in Art. 2 Abs. 1 Verf. Bremen sei als „Ausfluß des allgemeinen Gleichheitssatzes konzipiert", er präzisiere „Art. 3 Abs. 1 und 3 GG für besondere Fälle".
55 Gesetz v. 4. 9. 2001 (GBl. S. 279).
56 Gesetz v. 14. 10. 1997 (GBl. S. 353).
57 Nach Art. 2 Abs. 4 Satz 2 und 3 Verf. Bremen soll unter anderem darauf hingewirkt werden, daß Frauen und Männer in Gremien des öffentlichen Rechts zu gleichen Teilen vertreten sind.

Teilhabe abzielenden Garantien. Dies gilt schon für die Verfassung des Jahres 1947[58], in später eingefügten Vorschriften tritt eine solche Tendenz besonders deutlich hervor[59]. Bestimmungen, durch die das Gleichheitspostulat in einem solchen Sinne „materialisiert" wird, sind zu den sozialen Grundrechten zu zählen, die in der bremischen Verfassung, anders als im Grundgesetz, verankert sind[60]. Durch solche Gewährleistungen soll verhindert werden, daß die reale Entfaltung persönlicher Rechte durch strukturelle gesellschaftliche Hindernisse blockiert wird. Weil die Bearbeitung entsprechender Probleme – primär – vom Staat (oder umfassender von öffentlichen Einrichtungen) erwartet wird, sind die Übergänge zu allgemeinen Staatszielbestimmungen und staatsgerichteten Handlungsaufträgen fließend. Da von vornherein nicht jede individuelle Entwicklungsbeeinträchtigung ausgeglichen werden kann, sind soziale Grundrechte in dem Sinne zu verstehen, daß in ihrem Anwendungsbereich eine Verfestigung gesellschaftlicher Verhältnisse, Bedingungen und Gegebenheiten (etwa bestimmter sozialer Rollen) verhindert werden soll, die der Ausschöpfung persönlicher Entwicklungspotentiale entgegenstehen. In erster Linie ist die Gesetzgebung zur Verwirklichung sozialer Gewährleistungen aufgerufen[61], diese können aber auch bei der Auslegung und Konkretisierung einfachgesetzlicher Bestimmungen herangezogen werden[62].

21
Recht auf Arbeit und Wohnraum

Die bremische Verfassung sieht außer dem allgemeinen Recht auf Chancengleichheit (Art. 2 Abs. 1 Halbs. 2)[63] vor allem ein Recht auf Arbeit (Art. 8 Abs. 1) und ein Recht auf angemessenen Wohnraum (Art. 14 Abs. 1) vor. Bedeutung und Gehalt des Rechts auf Arbeit, das in Art. 8 Abs. 1 Verf. Bremen mit einer entsprechenden sittlichen Pflicht verknüpft ist[64], sind umstritten[65]. Ein einklagbares Recht auf einen Arbeitsplatz wird durch Art. 8 Abs. 1 Verf. Bremen nicht garantiert[66]. Andererseits ist die Regelung kaum auf einen

---

58 Vgl. die bereits angesprochene Fassung des allgemeinen Gleichheitssatzes in Art. 2 Abs. 1 Verf. Bremen, aber etwa auch die Regelung in Art. 27 Verf. Bremen (gleiches Recht auf Bildung).
59 Anzuführen sind bspw. die Bestimmungen in Art. 2 Abs. 3 (Verbot der Benachteiligung wegen einer Behinderung) und Abs. 4 Verf. Bremen (Gleichberechtigung von Frauen und Männern).
60 Zu den sozialen Grundrechten allgemein *Walter Schmidt*, Soziale Grundrechte im Verfassungsrecht der Bundesrepublik Deutschland, in: Der Staat, Beiheft 5 (1981), S. 9 ff.; *Jörg Lücke*, Soziale Grundrechte als Zielbestimmungen und Gesetzgebungsaufträge, AöR 107 (1982), S. 15 ff.; *Jörg-Paul Müller*, Soziale Grundrechte in der Verfassung?, 2. Aufl., Basel u.a., 1981; *Lange*, in: Ernst-Wolfgang Böckenförde/Jürgen Jekewitz/Thilo Ramm (Hg.), Soziale Grundrechte, 5. Rechtspolitischer Kongress der SPD v. 29.2. bis 2.3. 1980 in Saarbrücken, 1981, S. 49 ff.; *Martin Borowski*, Grundrechte als Prinzipien, 1998, S. 289 ff.; *Thilo Marauhn*, Rekonstruktion sozialer Grundrechte als Normkategorie, 1989; zur europarechtlichen Dimension *Dieter Grimm*, in: Bernhard J. Güntert/Franz-Xaver Kaufmann/Udo Krolzik (Hg.), Freie Wohlfahrtspflege und europäische Integration, 2002, S. 13 ff.; zu den sozialen Grundrechten der Bremer Verfassung *Ladeur* (FN 3), S. 166 ff.
61 Vgl. (zum Recht auf Arbeit) *Spitta*, Kommentar zur Bremischen Verfassung von 1947 (LitVerz.), Anm. zu Art. 8, S. 49.
62 Vgl. *Ladeur* (FN 3), S. 166 f., der in gewissem Umfang auch die Relativierung formaler Gleichheitsrechte – im Sinne einer „positiven Diskriminierung" – für zulässig hält.
63 Dazu eingehend *Ladeur* (FN 3), S. 166 f.
64 „Jeder hat die sittliche Pflicht zu arbeiten und ein Recht auf Arbeit".
65 Vgl. nur *Michael Rath*, Die Garantie des Rechts auf Arbeit, Göttingen, 1974, insb. S. 47 ff., 79 ff.; *Rolf Wank*, Das Recht auf Arbeit im Verfassungsrecht und im Arbeitsrecht, 1980, insb. S. 11 ff.; *Franz Ruland*, Recht auf Arbeit – Recht auf Arbeitslosenunterstützung, GS Wolfgang Martens, 1987, S. 679 ff.
66 *Neumann*, Verfassung der Freien Hansestadt Bremen (LitVerz.), Art. 8 RN 4 mit Nachw.; *Spitta*, Kommentar zur Bremischen Verfassung von 1947 (LitVerz.), Anm. zu Art. 8, S. 49.

bloßen Programmsatz zu reduzieren[67]. Aus Gewährleistungen wie dem Recht aus Art. 8 Abs. 1 Verf. Bremen wird herzuleiten sein, daß bei allen auf den Arbeitsmarkt bezogenen oder einwirkenden Normen und Einzelmaßnahmen den spezifischen Belangen derjenigen Personenkreise Rechnung zu tragen ist, die aktuell und in Zukunft auf eine Arbeitsmöglichkeit angewiesen sind, bei der Arbeitssuche oder der Erhaltung eines Arbeitsplatzes aber typischerweise besonderen Schwierigkeiten gegenüberstehen. Die Probleme, die aufgrund der Komplexität des Gegenstandsbereichs bei der juristischen Konturierung einer solchen Forderung aufgeworfen werden, sind bislang allerdings nicht gelöst[68]. Zu berücksichtigen ist aber, daß die Landesverfassung im Zweiten Hauptteil in dem Abschnitt „Arbeit und Wirtschaft" (Art. 37–58) zahlreiche Einzelvorschriften enthält, mit denen das programmatisch gehaltene Recht auf Arbeit konkretisiert werden soll[69]. Auch aus dem Recht auf eine angemessene Wohnung, das nach Art. 14 Abs. 1 Satz 1 Verf. Bremen jedem Bewohner der Freien Hansestadt Bremen zusteht, ergeben sich keine einklagbaren Ansprüche gegen den Staat oder die Gemeinden; die Bestimmung wird überwiegend als verfassungsrechtlicher Programmsatz verstanden[70].

III. Grundpflichten

Während das Grundgesetz nur in Art. 11 Abs. 2 und Art. 11a Bestimmungen über Dienstpflichten und Dienstverpflichtungen enthält, sieht die Landesverfassung eine Reihe von Grundpflichten vor, deren rechtlicher Status unklar geblieben ist[71]. Aus Art. 20 Abs. 2 Verf. Bremen ergibt sich, daß die entsprechenden Regelungen den Gesetzgeber, den Verwaltungsbeamten und den Richter unmittelbar binden, sie werden aber doch zumeist einer gesetzlichen Konkretisierung bedürfen[72]. Die Landesverfassung regelt vor allem

22
Konkretisierungsbedürftige Grundpflichten

– die sittliche Pflicht zu arbeiten (Art. 8 Abs. 1),
– die Pflicht zur Treue gegen Volk und Verfassung,
– die Pflicht, am öffentlichen Leben Anteil zu nehmen und die eigenen Kräfte zum Wohle der Allgemeinheit einzusetzen (Art. 9 Satz 1 und 2)[73],

---

67 Zum nordrhein-westfälischen Landesverfassungsrecht in diesem Sinne *Hein Hoebink*, Das Recht auf Arbeit und seine Verankerung in der Nordrhein-Westfälischen Verfassung, in: Der Staat (1988), S. 290, 302.
68 Vgl. dazu die Überlegungen bei *Ladeur* (FN 3), S. 168 f.; *Hoebink* (FN 67), S. 302.
69 Diese Bestimmungen sind allerdings in weiten Teilen durch das in der Bundesrepublik geschaffene Bundesrecht aufgehoben oder überlagert worden.
70 *Spitta*, Kommentar zur Bremischen Verfassung von 1947 (LitVerz.), Anm. zu Art. 14 Abs. 1, S. 54; *Neumann*, Verfassung der Freien Hansestadt Bremen (LitVerz.), Art. 14 RN 4 mit Nachw.; *Ladeur* (FN 3), S. 168.
71 Allgemein dazu *Hasso Hoffmann*, Grundpflichten als verfassungsrechtliche Dimension VVDStRL 41 (1983), S. 42 ff.; *Otto Luchterhandt*, Grundpflichten als Verfassungsproblem in Deutschland, 1988; zu den Grundpflichten der bremischen Verfassung *Ladeur* (FN 3), S. 169 ff.
72 Vgl. *Spitta*, Kommentar zur Bremischen Verfassung von 1947 (LitVerz.), Anm. zu Art. 9, S. 50.
73 Ferner hat nach Art. 9 Satz 3 Verf. Bremen jeder nach Maßgabe der Gesetze Ehrenämter anzunehmen. Den Pflichten i.S.d. Art. 9 Verf. Bremen muß ein gleicher Zugang zu öffentlichen Ämtern und Mandaten entsprechen, vgl. *Ladeur* (FN 3), S. 170 f.

- die allgemeine Verpflichtung zu gegenseitiger Hilfeleistung bei Unglücksfällen, Notständen und Naturkatastrophen (Art. 10 Verf. Bremen) und
- die – mit dem Widerstandsrecht zusammenfallende – Widerstandspflicht, die jedermann trifft, wenn die in der Verfassung festgelegten Menschenrechte durch die öffentliche Gewalt verfassungswidrig angetastet werden (Art. 19).

23
„Pflichten" als Verantwortung

In solchen Regelungen werden elementare Erwartungen umrissen, auf denen nicht allein aus der Perspektive des Staats dem einzelnen gegenüber zu bestehen ist, die vielmehr ebenso jeder einzelne – als Privatperson und als Mitglied des Gemeinwesens – an sich selbst zu richten hat. Insofern wird das, was in den angeführten Verfassungsbestimmungen geregelt wird, mit dem Terminus „Grundpflicht" nicht angemessen erfaßt. Vielleicht kann insoweit – unter den Bedingungen des Rechts- und Sozialstaats der Gegenwart – an das frühbürgerliche Staats- und Verfassungsvertragsdenken angeknüpft werden, in dem die Notwendigkeit der Vermittlung zwischen der Sphäre sozialer und politischer Einrichtungen und der Sphäre des Bürgers in den Vordergrund gestellt wird. In den „Grundpflichten" bringt die bremische Verfassung eine grundlegende Verantwortung zum Ausdruck, die der einzelne für sich selbst und zugleich den Mitbürgern und dem Gemeinwesen gegenüber trägt. Der Staat wiederum hat für Bedingungen einzustehen, unter denen eine solche Verantwortung wahrgenommen werden kann[74].

C. Gewährleistungen des Zweiten Hauptteils der Landesverfassung

24
Verstreute Grundrechtsbestimmungen

Auch im Zweiten, der „Ordnung des sozialen Lebens" gewidmeten Hauptteil der Landesverfassung (Art. 21–63) sind, wie bereits erwähnt, grundrechtliche Gewährleistungen und mit diesen verknüpfte Staatszielbestimmungen und staatsbezogene Handlungsaufträge geregelt.

I. Ehe und Familie

25
Grundsätzlich Übereinstimmung mit Art. 6 GG

Der 1. Abschnitt des Zweiten Hauptteils (Art. 21–25 Verf. Bremen) betrifft die Familie; die Garantie des Art. 21 Verf. Bremen[75] entspricht im wesentlichen der des Art. 6 Abs. 1 GG[76]. Artikel 22 (Gleichberechtigung in der Ehe, „Gleichsetzung" innerfamiliärer Funktionen mit der Erwerbstätigkeit) knüpft

---

74 Vgl. *Ladeur* (FN 3), S. 170 f.
75 „Ehe und Familie bilden die Grundlage des Gemeinschaftslebens und haben darum Anspruch auf den Schutz und die Förderung des Staates".
76 *Spitta*, Kommentar zur Bremischen Verfassung von 1947 (LitVerz.), Anm. zu Art. 21, S. 68; *Neumann*, Verfassung der Freien Hansestadt Bremen (LitVerz.), Art. 21 RN 3 ff.

an Art. 2 Abs. 4 Verf. Bremen an[77]. Die Bestimmungen über das Eltern- und Erziehungsrecht in Art. 23 Verf. Bremen stimmen weithin mit denen in Art. 6 Abs. 1 bis 3 GG überein[78]. Art. 24 Verf. Bremen betrifft, wie Art. 6 Abs. 5 GG, die Gleichstellung nichtehelicher mit ehelichen Kindern; in Art. 25 Verf. Bremen wird ein umfassendes, als soziale Gewährleistung konzipiertes Recht des Kindes auf Entwicklung und Entfaltung seiner Persönlichkeit anerkannt[79].

II. Erziehung und Unterricht

Im Abschnitt „Erziehung und Unterricht" (Art. 26–36 a Verf. Bremen) wird in Artikel 27 ein Recht auf Bildung eingeräumt, das sozialstaatliche, auf die Verwirklichung gleicher Bildungschancen gerichtete Gewährleistungselemente umfaßt und insofern als soziales, das „Recht auf gleiche kulturelle Entwicklungsmöglichkeiten" (Art. 2 Abs. 1 Verf. Bremen) spezifizierendes Grundrecht zu sehen ist[80]. Die Garantie selbst wird in Art. 31 Verf. Bremen durch eine Reihe von Bestimmungen konkretisiert; diese betreffen den Grundsatz der Schulgeldfreiheit (Abs. 2), der in der Literatur auch subjektiv-rechtlich verstanden wird[81], die unentgeltliche Bereitstellung von Lehr- und Lernmitteln (Abs. 3) und den Auftrag zur Förderung „minderbemittelter" begabter Schüler und Hochschüler (Abs. 4), aus dem zum Teil ebenfalls ein entsprechendes soziales Grundrecht hergeleitet wird[82].

26
Recht auf Bildung als soziales Recht

Privatschulen können aufgrund staatlicher Genehmigung errichtet und in einem gesetzlichen Rahmen betrieben werden (Art. 29 Satz 1 Verf. Bremen); ihrem Wortlaut nach räumt die Regelung, anders als Art. 7 Abs. 4 Satz 1 GG, kein individuelles Grundrecht ein[83]; hinsichtlich des Genehmigungserfordernisses wird, abweichend von Art. 7 Abs. 4 Satz 2 GG, nicht zwischen Ersatz- und Ergänzungsschulen unterschieden[84]. Dem Willen der Erziehungsberechtigten ist nach Art. 29 Satz 2 Verf. Bremen im Rahmen der Ausführungsgesetzgebung Rechnung zu tragen. Die komplizierten Grundlagen der bremischen Schulverfassung („Bremer Klausel") können hier nicht erörtert wer-

27
Privatschulen, „Bremer Klausel"

---

77 Art. 22 Verf. Bremen lautet: „Mann und Frau haben in der Ehe die gleichen bürgerlichen Rechte und Pflichten. Die häusliche Arbeit und die Kindererziehung werden der Erwerbstätigkeit gleichgesetzt"; durch die Bundesgesetzgebung ist das Eherecht erschöpfend geregelt worden.
78 Art. 23 Abs. 3 Verf. Bremen ist allerdings aufgehoben, näher dazu *Neumann*, Verfassung der Freien Hansestadt Bremen (LitVerz.), Art. 23 RN 7; *Böckenförde/Grawert*, Rechtsgutachten (FN 1), S. 62.
79 Die Vorschrift hatte zunächst nur einen allgemeinen Verfassungsauftrag und einen Gesetzesvorbehalt für Zwangsmaßnahmen der Fürsorge enthalten, durch Gesetz v. 8. 4. 2003 (GBl. S. 167) ist die Bestimmung wesentlich erweitert und um ein subjektives Recht ergänzt worden.
80 *Neumann*, Verfassung der Freien Hansestadt Bremen (LitVerz.), Art. 27 RN 2 ff. mit Nachw.; *Hans-Peter Füssel*, Erziehung und Unterricht, in: Handbuch der Bremischen Verfassung (FN 1), S. 185, 200 f.
81 *Neumann* aaO., Art. 31 RN 6 mit Nachw.
82 *Neumann* aaO., Art. 31 RN 9 ff. mit Nachw.; die subjektivierende Deutung der Bestimmung ist allerdings umstritten, die zugrundeliegende Materie ist durch Bundesrecht – das Bundesausbildungsförderungsgesetz – umfassend geregelt.
83 Anders wohl *Böckenförde/Grawert*, Rechtsgutachten (FN 1), S. 64: „Die Privatschulfreiheit entspricht sachlich im Wesentlichen Art. 7 Abs. 4 und 5 GG".
84 Dazu *Böckenförde/Grawert* aaO., S. 54 f.

den[85]. Nach Art. 32 Verf. Bremen sind die allgemeinbildenden öffentlichen Schulen „Gemeinschaftsschulen mit bekenntnismäßig nicht gebundenem Unterricht in Biblischer Geschichte auf allgemein christlicher Grundlage" (Abs. 1); für Lehrer ist die Unterrichtung in Biblischer Geschichte freiwillig, über die Teilnahme der Kinder entscheiden die Erziehungsberechtigten (Abs. 2)[86]. Schließlich wird das Recht der Kirchen, Religions- und Weltanschauungsgemeinschaften anerkannt, Kinder außerhalb der Schulzeit mit Einwilligung der Erziehungsberechtigten zu unterweisen (Abs. 3), eine solche Unterrichtung ist der verfassungsrechtlich garantierten Religionsausübung zuzuordnen[87]. Im übrigen enthält der 2. Abschnitt des Zweiten Hauptteils allgemeine, an den Staat adressierte Vorgaben, etwa die zur Beachtung des Toleranzgebots (Art. 33 Verf. Bremen), zur Sorge für die Erwachsenenbildung (Art. 35 Verf. Bremen) oder zur Unterstützung von Jugendorganisationen (Art. 36 Verf. Bremen). Die Bestimmungen sind für die Grundrechtsverwirklichung bedeutsam, selbst aber nicht mit subjektiven Rechten verknüpft.

III. Arbeit und Wirtschaft

28
Koalitionsfreiheit und Streikrecht

Im 3. Abschnitt des Zweiten Hauptteils finden sich – außer allgemeinen Bestimmungen über die Aufgaben und die Ordnung der Wirtschaft (Art. 38–45 Verf. Bremen) – mit der Gewährleistung der Koalitionsfreiheit (Art. 48 Verf. Bremen)[88] und des Streikrechts (Art. 51 Abs. 3 Verf. Bremen)[89] verfassungsrechtliche Garantien, auf denen die kollektiven arbeitsrechtlichen Beziehungen beruhen. Auch die betrieblichen Vertretungen der Arbeitnehmer sind in der Verfassung verankert (Art. 47 Verf. Bremen). Darüber hinaus werden in einer ganzen Reihe von Vorschriften Einzelaspekte des in Art. 8 Abs. 1 Verf. Bremen gewährleisteten Rechts auf Arbeit geregelt. In Art. 37 Abs. 1 Verf. Bremen wird „die Arbeit", in Art. 49 Abs. 1 Verf. Bremen die menschliche Arbeitskraft dem besonderen Schutz des Staates unterstellt. Nach Art. 49 Abs. 2 Verf. Bremen hat der Staat „geeignete Maßnahmen zu treffen, daß jeder, der auf Arbeit angewiesen ist, durch Arbeit seinen Lebensunterhalt verdienen kann", in Art. 49 Abs. 3 Verf. Bremen wird Arbeitslosen ein Anspruch auf Unterhalt garantiert. Weitere Regelungen, die nur zum Teil subjektiv-rechtlich gefaßt sind, betreffen die Gewährleistung

Einzelaspekte des Rechts auf Arbeit

– eines „neuen sozialen Arbeitsrechts" (Art. 50 Verf. Bremen) und des Schlichtungswesens (Art. 51 Abs. 1 und 2 Verf. Bremen),

---

85 Dazu *Füssel* (FN 80), S. 185 ff.; *Spitta*, Kommentar zur Bremischen Verfassung von 1947 (LitVerz.), Anm. zu Art. 32, S. 79 ff.
86 Art. 32 Abs. 2 Verf. Bremen wird als Ausprägung der „negativen Bekenntnisfreiheit" verstanden, vgl. *Neumann*, Verfassung der Freien Hansestadt Bremen (LitVerz.), Art. 32 RN 8 ff.; → Bd. II: *Merten*, Negative Grundrechte, § 42 RN 73 ff.
87 *Neumann* aaO., Art. 32 RN 11.
88 „Arbeitnehmer und Unternehmer haben die Freiheit, sich zu vereinigen, um die Arbeits- und Wirtschaftsbedingungen zu gestalten. Niemand darf gehindert oder gezwungen werden, Mitglied einer solchen Vereinigung zu werden".
89 Das Streikrecht wird in der Vorschrift als Recht „der wirtschaftlichen Vereinigungen" anerkannt.

- angemessener Arbeitsbedingungen (Art. 52 Verf. Bremen),
- des Anspruchs der Frauen und Jugendlichen auf eine dem Lohn der Männer entsprechende Arbeitsvergütung (Art. 53 Abs. 1 Verf. Bremen)[90],
- des Mutterschutzes (Art. 54 Verf. Bremen), des Achtstundentags, der Sonn- und Feiertagsruhe (Art. 55 Abs. 2 und 3 Verf. Bremen) und des Urlaubsanspruchs (Art. 56 Verf. Bremen),
- der sozialversicherungsrechtlichen Absicherung sozialer Risiken (Art. 57 Verf. Bremen) und der sozialen Hilfe für Bedürftige (Art. 58 Verf. Bremen).

Bei der Beurteilung der zuletzt angeführten Regelungen muß der besonderen Situation der Verfassungsentstehung Rechnung getragen werden. Die Bestimmungen, durch die in der Verfassung von 1947 das Recht auf Arbeit ausgefüllt und abgestützt werden sollte, sind zwar durch die mit der Gründung der Bundesrepublik einsetzende Bundesgesetzgebung in weiten Teilen aufgehoben und im übrigen mehr oder weniger bedeutungslos geworden[91]. Die Landesverfassung ist damit aber – auch mit den genannten Vorschriften des Zweiten Hauptteils – keineswegs gescheitert: Sie hat, mit anderen in der Nachkriegszeit geschaffenen Landesverfassungen, Beiträge zur Eröffnung des Wegs zur Wiedererrichtung einer gesamtstaatlichen Ordnung geleistet, Regelungsanstöße, die in einer offenen staatsrechtlichen Situation wirksam geworden sind, konnten zum Teil erst im Recht des Bundes aufgegriffen und weiterentwickelt werden. Insofern hat Landesrecht, das aus heutiger Sicht „überholt" ist, die Rechtsentwicklung der Bundesrepublik nachhaltig geprägt.

29
Regelungsanstöße der Landesverfassung

IV. Kirchen und Religionsgesellschaften

Im 4. Abschnitt des Zweiten Hauptteils der Verfassung (Art. 59 bis 63) finden sich Grundrechtsgewährleistungen und Regelungen, die der Absicherung grundrechtlich geschützter Freiheit dienen. Die Bestimmungen entsprechen weithin Regelungen in Art. 136, 137 und 141 WRV, die nach Art. 140 GG als Bestandteil der Bundesverfassung weitergelten[92]. Art. 59 Verf. Bremen betrifft die „Trennung" der Kirchen und Religionsgesellschaften vom Staat, Art. 60 die Freiheit der Vereinigung zu Religions- und Weltanschauungsgemeinschaften (Abs. 1); das bereits in Art. 136 Abs. 4 WRV geregelte Verbot des Zwangs zu einer kirchlichen Handlung oder Feierlichkeit, zur Teilnahme an religiösen Übungen oder zur Benutzung einer religiösen Eidesform wird in der Vorschrift um das Verbot der Hinderung an einem entsprechenden, religiös geprägten Verhalten erweitert (Abs. 2). Beide Absätze des Art. 60 Verf. Bremen enthalten Grundrechtsgewährleistungen[93]: Die Vereinigungsfreiheit

30
Weitgehende Übereinstimmung mit Art. 140 GG i.V.m. der Weimarer Verfassung

---

90 Frauen steht nach Art. 53 Abs. 2 Verf. Bremen – bei gleicher Eignung – „ein gleichwertiger Arbeitsplatz zu".
91 Im einzelnen dazu *Böckenförde/Grawert* (FN 1), Rechtsgutachten, S. 80 ff.
92 Näher *Spitta*, Kommentar zur Bremischen Verfassung von 1947 (LitVerz.), Anm. zu Art. 59 bis 62, S. 129 ff.; *Böckenförde/Grawert*, Rechtsgutachten (FN 1), S. 95 ff.
93 *Böckenförde/Grawert* aaO., S. 95 f.

im Sinne des Absatzes 1 wie die Kultusfreiheit und die Freiheit der Entscheidung über die Eidesform nach Absatz 2 können als konkrete Ausprägungen der Glaubens- und Weltanschauungsfreiheit verstanden werden[94]. Art. 61 Verf. Bremen betrifft die Stellung der Kirchen, Religions- und Weltanschauungsgemeinschaften als Körperschaften des öffentlichen Rechts, in Art. 62 Verf. Bremen ist die Zulassung der Kirchen, Religions- und Weltanschauungsgemeinschaften zum Gottesdienst und zur Seelsorge in öffentlichen Krankenhäusern, Strafanstalten und sonstigen öffentlichen Anstalten – fast wortgleich mit Art. 141 WRV – geregelt. Die Regelung in Art. 61 Satz 2 Verf. Bremen, nach der Religions- oder Weltanschauungsgemeinschaften der Körperschaftsstatus unter bestimmten Voraussetzungen durch Gesetz verliehen werden konnte, hat das Bundesverfassungsgericht 2015 für nichtig erklärt[95]. Der Gewaltenteilungsgrundsatz (Art. 20 Abs. 2 Satz 2 GG) stehe einer Regelung entgegen, mit der die im Einzelfall gebotene Prüfung von Anspruchsvoraussetzungen dem parlamentarischen Gesetzgeber zugewiesen wird, mittelbar diene der Grundsatz auch der Absicherung des Rechts auf wirkungsvollen Rechtsschutz im Einzelfall. Die Freie Hansestadt Bremen hat daraufhin die Verfassung geändert; in Artikel 61 Satz 2 ist die Verleihung des Körperschaftsstatus „durch Gesetz" entfallen, nach Artikel 61 Satz 3 ist „das Nähere" nun durch Gesetz zu regeln[96].

D. Schlußbemerkung

31
Vielfache Überlagerung durch Bundes(verfassungs)recht

Die bremische Verfassung hat in einer ganz außergewöhnlich komplizierten, von den Zerstörungen des Weltkriegs und der nationalsozialistischen Zeit geprägten und mit vielfältigen Ungewißheiten belasteten Situation Orientierungen für den Wiederaufbau einer staatlichen Ordnung in Deutschland geschaffen. Dies gilt gerade auch hinsichtlich der Grundrechtsgewährleistungen, die sie im Ersten wie im Zweiten Hauptteil enthält. Die unmittelbare juristische Bedeutung der Vorschriften ist aus heutiger Sicht nicht groß. Liberalrechtsstaatliche Garantien des Landesverfassungsrechts gelten nach § 142 GG weithin fort, sie werden aber zumeist durch Bundesverfassungsrecht überlagert. Soziale Gewährleistungen – und mit diesen verknüpfte Bestimmungen – sind in erheblichem Umfang durch bundesrechtliche Regelungen aufgehoben worden.

---

94 Vgl. *Neumann*, Verfassung der Freien Hansestadt Bremen (LitVerz.), Art. 60 RN 4 f., 6 ff.
95 Beschl. v. 30.6.2015 (2 BvR 1282/11) *BVerfGE 139*, 321; → oben *Korioth*, Religiöse und weltanschauliche Freiheiten, § 236 RN 17.
96 S. Art. 1 Nr. 1 und 2 des Gesetzes über die Änderung des Verfahrens zur Verleihung von Rechten einer Körperschaft des öffentlichen Rechts von Kirchen, Religionsgemeinschaften und Weltanschauungsgemeinschaften v. 22.3.2016 (GBl. S. 200).

Damit aber sind die Impulse, die von der bremischen Verfassung ausgegangen sind, nicht erloschen. Anliegen, zu denen diese Verfassung sich bekennt, sind im Rahmen des Bundesrechts aufgegriffen, auf gesamtstaatlicher Ebene weiterverfolgt und verwirklicht worden. Dies gilt hinsichtlich der liberal-rechtsstaatlichen, aber auch hinsichtlich der sozialstaatlichen Elemente, die in der bremischen Verfassung miteinander verbunden sind. Insofern darf in der Entfaltung des Bundesrechts auch ein Beleg für die Orientierungskraft gesehen werden, die der Landesverfassung des Jahres 1947 zuzuschreiben ist.

32
Impulse für gesamtstaatliche Regelungen

E. Bibliographie

Beutler, Bengt, Das Staatsbild in den Länderverfassungen nach 1945, Berlin 1973.
ders., Die Verfassungsentwicklung in Bremen, JöR 52 (2004), S. 299 ff.
Böckenförde, Ernst-Wolfgang/Grawert, Rolf, Rechtsgutachten zu der Frage, inwieweit Bestimmungen der bremischen Landesverfassung durch das Grundgesetz oder anderes Bundesrecht außer Kraft getreten sind, Bielefeld, 1970.
Bremische Bürgerschaft (Hg.), 50 Jahre Landesverfassung der Freien Hansestadt Bremen, Bremen, 1997, S. 19 ff.; JZ 1998, S. 57 ff.
Kessler, Alexander, Die Entstehung der Landesverfassung der Freien Hansestadt Bremen vom 21. 10. 1947, Bremen, 1996 (Diss. Freiburg 1995).
Kringe, Wolfgang, Verfassungsgenese. Die Entstehung der Landesverfassung der Freien Hansestadt Bremen vom 21. Oktober 1947, Frankfurt a.M. u.a., 1993.
Kröning, Volker/Pottschmidt, Günter/Preuß, Ulrich K./Rinken, Alfred (Hg.), Handbuch der Bremischen Verfassung, Baden-Baden, 1991.
Kulenkampff, Engelbert/Koehnen, Helmut, Die Landesverfassung der freien Hansestadt Bremen vom 21. 10. 1947, JöR 3 (1954), S. 179 ff.
Schefold, Dian, 150 Jahre Bremische Verfassung, Jahrbuch der Juristischen Gesellschaft Bremen, Bremen, 2000.

§ 250
Landesgrundrechte in Hamburg

Jörn Axel Kämmerer

Übersicht

	RN		RN
A. Die Hamburgische Verfassung als Organisationsstatut	1	I. Politische Initiativrechte (insbesondere Volksgesetzgebung)	9
B. Historischer Hintergrund und Genese	2– 7	II. Gleicher Zugang zu öffentlichen Ämtern	10
I. Der Vollverfassungsentwurf von 1948	2– 5	III. Garantie des Verwaltungsrechtswegs	11
II. Rückwendung zum Organisationsstatut	6– 7	IV. Gleichstellungsvorschriften	12–18
C. Grundrechtsnahe Bestimmungen der Hamburgischen Verfassung	8–18	D. Bibliographie	

A. Die Hamburgische Verfassung als Organisationsstatut

1
Organisationsstatut

Die Verfassung der Freien und Hansestadt Hamburg wurde am 6. Juni 1952[1] und damit erst nach dem Grundgesetz erlassen. Während andere nachgrundgesetzliche Landesverfassungen – teils anfangs, teils erst im Zuge einer späteren Revision – die Bundesgrundrechte pauschal inkorporierten oder eigene, teils weitergehende Grundrechte statuierten, verzichtet die Hamburgische Verfassung auf beides bis heute. Sie bildet wie ihre Vorgängerverfassungen vom 13. Oktober 1879[2] und 7. Januar 1921[3] ein bloßes Organisationsstatut[4] – zwar mit eingesprengten subjektiven öffentlichen Rechten, die jedoch nicht durchweg als Grundrechte im engeren Sinne verstanden werden können. Dem entspricht, daß das Hamburgische Verfassungsgericht für Individualverfassungsbeschwerden keine Zuständigkeit besitzt. Von Bürgern kann es nur wegen Verletzung politischer Teilhaberechte (Wahlrecht, Volksinitiative bzw. Volksbegehren) angerufen werden (§ 14 Nr. 5, 7 HVerfGG).

B. Historischer Hintergrund und Genese

I. Der Vollverfassungsentwurf von 1948

2
Entwurf von 1948 als Auffangverfassung

Das einzige mit einem Grundrechtskatalog ausgestattete verfassungsrechtliche Dokument in der Geschichte Hamburgs war der Entwurf einer Verfassung, welchen der Senat der Bürgerschaft am 13. Januar 1948 unterbreitete[5]. Begründet wurde die Intention einer Ausgestaltung als Vollverfassung mit einer Art Auffangverantwortlichkeit der Hansestadt in grundrechtlichen Belangen: „Im Jahre 1919 war die Beziehung des einzelnen zum Staat durch die in der Reichsverfassung festgelegten Grundrechte für alle Länder verbindlich geregelt, so daß eine Aufnahme von Grundrechten in die Länderverfassung eine reine Wiederholung bereits geltenden Rechts gewesen wäre. Jetzt fehlt es an einer Reichsverfassung, und es ist auch nicht abzusehen, wann es zu einer Reichsverfassung kommen wird. Die Länderverfassungen müssen also einen Teil der Aufgaben, die früher die Reichsverfassung regelte, übernehmen"[6]. Tatsächlich sollte die Verfassungsdiskussion auf gesamtstaatlicher Ebene erst mit der Vorlage der Frankfurter Dokumente am 1. Juli 1948 Fahrt aufnehmen. Der Grundrechtskatalog des Hamburger Entwurfs beschränkt

---

1 GVBl. S. 117.
2 GS. 1878, I. Abt., S. 353.
3 GVBl. S. 9.
4 *Ulrich Karpen*, Verfassungsrecht, in: Hoffmann-Riem/Koch (Hg.), Hamburgisches Staats- und Verwaltungsrecht (LitVerz.), ³2006, S. 25 (27).
5 Mitteilung des Senats an die Bürgerschaft Nr. 6 v. 13.1.1948 (Allgemeine Begründung für den Entwurf einer Verfassung der Freien und Hansestadt Hamburg).
6 Mitteilung des Senats an die Bürgerschaft Nr. 6 v. 13.1.1948 aaO., S. 5.

sich laut Begründung auf die „Grundrechte im engsten Sinn", die „als unbestreitbares Gemeingut der deutschen Verfassungsgesetzgebung aller Länder angesehen werden können und die andererseits als Mindestvoraussetzung für jede demokratische Regelung des öffentlichen Lebens gelten müssen"[7]. Dies schließt ein, daß auf solche Grundrechte weitgehend verzichtet wird, die sich auf Sachverhalte beziehen, die ihrer Natur nach auf gesamtstaatlicher Ebene zu regeln sind (wie z.B. Ehe und Familie)[8].

Der Katalog der im Verfassungsentwurf von 1948 enthaltenen „Grundrechte und Grundpflichten" schließt sich dort als Abschnitt II unmittelbar an die ersten vier Artikel an, in welchen die staatlichen Grundlagen umrissen sind. Entgegen der Überschrift führt der Katalog keine Grundpflichten auf. Seine Formulierungen sind noch stark von der Weimarer Reichsverfassung geprägt – was sich auch am Fehlen einer Menschenwürdegarantie zeigt. Allerdings konzentriert sich der Entwurf auf wenige zentrale Verbürgungen und blendet Staatsziele weitgehend aus. Diese finden sich insbesondere im Abschnitt IX („Wirtschaft und Arbeit"). Zudem sind bis auf den allgemeinen Gleichheitssatz alle Grundrechte als Jedermann-Grundrechte ausgestaltet, die damit wesentlich stärker im Vordergrund stehen als in der Weimarer Reichsverfassung, aber auch stärker als im Grundgesetz (welches Freizügigkeit, Versammlungs- und Vereinigungsfreiheit, anders als im Hamburger Entwurf, als Deutschengrundrechte anlegt). Begrenzt wird die Wirkung der Grundrechte allerdings dadurch, daß – wie schon in der Reichsverfassung – keine Zuständigkeit des „Staatsgerichtshofs" (Art. 77 E-HVerf) für Individualverfassungsbeschwerden vorgesehen ist.

3
Anlehnung des Entwurfs an die Weimarer Verfassung

Die Grundrechte im zweiten Abschnitt des Verfassungsentwurfs von 1948 sind:

4
Grundrechte-Katalog des Entwurfs

– Gleichheit aller Deutschen vor dem Gesetz (Art. 6 Abs. 1 E-HVerf, der Art. 109 Abs. 1 WRV wortgetreu nachzeichnet);
– gleiche staatsbürgerliche Rechte und Pflichten von Männern und Frauen (Art. 6 Abs. 2 E-HVerf, der – unter Auslassung des Begriffs „grundsätzlich" – dem Art. 109 Abs. 2 WRV wörtlich entspricht);
– Verbot der Bevorzugung und Benachteiligung wegen Abstammung, Rasse, Überzeugung oder Glauben (Art. 6 Abs. 3 E-HVerf);
– Persönliche Freiheit und Verfahrensgarantien bei Freiheitsbeschränkungen (Art. 7, 8 E-HVerf, die teils wörtlich und teils sinngemäß Art. 114 WRV aufgreifen und um ein Recht auf gerichtliche Nachprüfung ergänzen);
– Schutz der Wohnung (Art. 8 E-HVerf; die Bestimmung ist ausführlicher gefaßt als Art. 115 WRV und nicht mehr auf Deutsche beschränkt. Auf der anderen Seite wird sie mit einem weiterreichenden Grundrechtsvorbehalt für den Fall des öffentlichen Notstandes und insbesondere der Wohnungsnot versehen, der offenkundig von den Erfahrungen mit Wohnungsknappheit aufgrund Kriegszerstörung und Zuflucht Heimatvertriebener geprägt ist);

---
[7] Mitteilung des Senats an die Bürgerschaft Nr. 6 v. 13.1.1948 aaO., S. 7, 21 f.
[8] Mitteilung des Senats an die Bürgerschaft Nr. 6 v. 13.1.1948 aaO., S. 4 f.

- das Recht, Aufenthalt und Niederlassung in Hamburg zu nehmen und die Stadt zu verlassen (Art. 9 E-HVerfG, knapper gefaßt als Art. 111 WRV und unter Verzicht auf den Begriff „Freizügigkeit", dafür aber als Jedermann-Grundrecht ausgestaltet);
- Meinungsfreiheit und Zensurverbot (Art. 10 E-HVerf, konziser gefaßt als Art. 118 und anders als dieser ebenfalls ein Jedermann-Recht. Als Antwort auf die nationalsozialistische Diktatur muß die Formulierung des Art. 10 Abs. 3 E-HVerf verstanden werden, wonach das Hören von Rundfunksendungen sowie das Lesen oder Halten von Zeitungen nicht verboten werden dürfen, wenngleich die Verbürgung inhaltlich hinter der Informationsfreiheit des Art. 5 Abs. 1 Satz 2 GG zurückbleibt);
- die Versammlungsfreiheit (Art. 11 E-HVerf, der im wesentlichen Art. 123 WRV aufgreift, allerdings ohne Beschränkung auf Deutsche);
- die – positive und negative – Vereinigungsfreiheit (Art. 12 E-HVerf, zwar als Jedermannrecht, aber knapper und restriktiver gefaßt als Art. 124 WRV. So ermächtigt Art. 12 Satz 3 E-HVerf den Gesetzgeber zur Anordnung von Zwangszusammenschlüssen);
- das Post-, Telegraphen- und Fernmeldegeheimnis (Art. 13 E-HVerf, bis auf Formulierungsnuancen identisch mit Art. 117 WRV und auch der späteren Urfassung des Art. 10 GG);
- die Eigentumsgarantie (Art. 14 E-HVerf, allerdings mit stärkeren Beschränkungen als in Art. 153 WRV und in Art. 14 GG. So wird – was bedenklich erscheint – das Eigentum nur gewährleistet, „soweit sein Gebrauch dem Gemeinwohl nicht zuwiderläuft", Art. 14 Abs. 1 Halbs. 2 E-HVerf, und von Enteignung Betroffene sind nur dann angemessen zu entschädigen, „soweit nicht ein Gesetz etwas anderes bestimmt", Art. 14 Abs. 3 2 E-HVerf);

überdies, außerhalb des zweiten Abschnitts stehend, aber (ex post) als Grundrechte qualifiziert[9]:
- das Zugangsrecht Deutscher zu öffentlichen Ämtern nach Befähigung und Leistung (Art. 68 E-HVerf, der insoweit Art. 128 Abs. 1 WRV fast wörtlich wiedergibt);
- die Koalitionsfreiheit (Art. 91 E-HVerf, der wortgetreu Art. 159 WRV entspricht);
- die Freiheit von Wissenschaft und Lehre (Art. 97 E-HVerf; vgl. hierzu bereits Art. 142 WRV).

5
Mißbrauchsklausel des Entwurfs

Ferner finden sich im Grundrechtskatalog des zweiten Abschnitts des 1948er Entwurfs eine Mißbrauchsklausel (Art. 15 E-HVerf)[10], wonach sich auf Grundrechte nicht berufen kann, wer durch seine Handlungen die Verfassung angreift oder bedroht oder gegen die Strafgesetze verstößt, und die in nuce be-

---

9 Mitteilung des Senats an die Bürgerschaft Nr. 170 v. 19.7.1949 (Entwurf einer Verfassung der Freien und Hansestadt Hamburg), S. 303.
10 Für diese findet sich kein unmittelbares Vorbild in früheren Landesverfassungen der Nachkriegszeit. Ähnlich gestaltete, aber auf bestimmte Grundrechte bezogene Bestimmungen sind Art. 17f. Verf. Hessen v. 1.12.1946.

reits den Art. 18 GG vorwegnimmt. Sinngemäß ist in Art. 16 Abs. 1 E-HVerf (wonach das Grundrecht „als solches unangetastet bleiben" muß) auch die Wesensgehaltsgarantie verankert. In Art. 16 Abs. 2 E-HVerf ist überdies verfügt, daß Grundrechte nur durch Parlamentsgesetze beschränkt werden dürfen. Wörtlich heißt es weiter: „Verordnungen können ein Grundrecht nicht einschränken". Dies würde, streng genommen, dazu führen, daß vom Instrument der Verordnung kaum mehr Gebrauch gemacht werden dürfte, und muß wohl so verstanden werden, daß die Einschränkung eines Grundrechts durch Verordnung nicht erfolgen darf, wenn es an einer gesetzlichen Ermächtigung dazu fehlt.

II. Rückwendung zum Organisationsstatut

Der bevorstehende Erlaß des Grundgesetzes veränderte die Ausgangslage in Hamburg. Die Notwendigkeit, in die „grundrechtliche Bresche" für eine in ungewisser Zukunft liegende Reichsverfassung zu springen, war nun entfallen. Für den Senat wurde „eine Wiederholung der Grundrechte in der Landesverfassung unnötig". Nicht nur die Grundrechte des zweiten Teils, sondern auch die in den Art. 91, 97 und – mit Einschränkungen – Art. 68 des ersten Entwurfs verankerten Rechte fanden sich im späteren Entwurf vom 19. Juli 1949 nicht mehr wieder[11]. Mit Ausnahme des gleichen Zugangs zu öffentlichen Ämtern (nun Art. 58 Abs. 1 Verf. Hamburg) und der Rechtsweggarantie (Art. 60 Verf. Hamburg) wurden sie auch in die überarbeitete Fassung vom 20. Januar 1950[12] nicht wieder eingefügt. (Ganz im Gegenteil wurde nun auch der Abschnitt „Wirtschaft und Arbeit" mit seinen Staatszielbestimmungen aus dem Verfassungstext getilgt und einige dieser Ziele in die Präambel verschoben[13].) Der Verfassungsausschuß lehnte es ab, die Grundrechte des Grundgesetzes nach nordrhein-westfälischem Vorbild „summarisch zum Bestandteil der Hamburger Verfassung zu machen"[14]. Er begründete dies damit, daß die Ausgestaltung der Grundrechte in erster Linie Aufgabe des Gesamtstaates sei und im übrigen Art. 31 GG eine Wiederholung, Bestätigung oder Interpretation des Bundesrechts nicht zulasse[15]. Die strenge Auffassung, die sich der Senatsausschuß damals zu eigen machte, hat sich in Rechtsprechung und Schrifttum nicht durchgesetzt; vielmehr ist anerkannt, daß die Länder gemäß Art. 142 GG inhaltsgleiche und sogar weiterreichende Grundrechte schaffen dürfen, solange und soweit sie nicht im Widerspruch zu denjenigen des Grundgesetzes stehen[16].

6
Tilgung der Entwurfsgrundrechte

Rigorose Interpretation des Art. 31 GG

---

11 Mitteilung des Senats an die Bürgerschaft Nr. 170 v. 19. 7. 1949 (Entwurf einer Verfassung der Freien und Hansestadt Hamburg), S. 303; dazu auch *Klaus David*, Verfassung der Freien und Hansestadt Hamburg (LitVerz.), Vorbem. RN 48; *Günter Hoog*, Hamburgs Verfassung, 2004, S. 30.
12 Mitteilung des Senats an die Bürgerschaft Nr. 16 v. 20. 1. 1950 (Entwurf einer Verfassung der Freien und Hansestadt Hamburg), S. 13 ff.
13 *David* (FN 11), Vorbem. RN 48.
14 Senatsantrag Nr. 16/50, Stellungnahme des Abgeordneten Dr. *Kröger* zu Punkt 10 A, 6. Sitzung der Bürgerschaft vom Mittwoch, 5. 3. 1950, S. 400.
15 2. Bericht des Verfassungsausschusses über den Senatsantrag Nr. 16/50, Dezember 1951, S. 430 (431).
16 BVerfGE 42, 312 (325); 36, 342 (362 ff.); *David* (FN 11), Art. 59 RN 3; → Bd. III: *Grawert*, Wechselwirkungen zwischen Bundes- und Landesgrundrechten, § 81; *Maurer*, Landesgrundrechte im Bundesstaat, § 82 RN 45 ff.

7
Kargheit der Verfassung

Im Ergebnis entstand jedenfalls eine Verfassung, die sich – so *Karpen* – „(norddeutsch) schlicht und anspruchslos" gibt[17], was zumindest in Grundrechtsbelangen bis heute gilt. Aus Sicht hamburgischer Verfassungsrechtler hat der Verzicht auf Grundrechte und Staatsziele (vor allem solche nach Weimarer Modell) dem Verfassungstext eine gewisse Immunität gegen wirtschaftlich-soziale Veränderungen bewahrt[18].

C. Grundrechtsnahe Bestimmungen der Hamburgischen Verfassung

8
Individualrechtliche Einsprengsel

Obschon im Kern ein Organisationsstatut, ist Hamburgs Verfassung nicht frei von individualrechtlichen Einsprengseln[19]. Nach grundgesetzlichem Verständnis würde es sich bei diesen Rechten nicht durchweg um Grundrechte im engeren Sinne, sondern teils um „grundrechtsgleiche" Rechte handeln, teils um Staatsziele, die sich auf die Grundrechtsausübung auswirken[20].

I. Politische Initiativrechte (insbesondere Volksgesetzgebung)

9
Beteiligungsrechte als Surrogat einer Verfassungsbeschwerde

Die plebiszitären Elemente sind im hamburgischen Staatsrecht besonders ausgeprägt. Im Zuge einer Verfassungsreform vom 29. Mai 1996[21] hat das Recht auf Volksbegehren, Volksinitiative und Volksentscheid Eingang in die Verfassung gefunden. Der heutige Art. 50 Verf. Hamburg geht in seiner jetzigen Gestalt auf eine Ausgestaltung durch die Bürgerschaft zurück, die das Anliegen verschiedener Volksinitiativen und -begehren berücksichtigte[22]. Mit seiner Fülle an verfahrensrechtlichen Details, deren Großteil in einer Verfassungsurkunde fehl am Platze ist, wirkt die Vorschrift bereits optisch als Fremdkörper im sonst noch immer konzisen und knapp gefaßten Verfassungstext. Allerdings gehen die Mitwirkungsrechte nach Art. 50 Verf. Hamburg auch über den Standard der weitaus meisten anderen Landesverfassungen deutlich hinaus. Von der Möglichkeit, wegen Verletzung der Partizipationsrechte das Hamburgische Verfassungsgericht anzurufen (Art. 26 ff. HmbVAbstG[23]), haben Initiatoren bzw. Initiativen in der Vergangenheit in vielen

---

17 *Karpen* (FN 4), S. 25 (27).
18 *David* (FN 11), Vorbem. RN 2.
19 Vgl. auch *David* (FN 11), Art. 3 RN 6.
20 A.A. *Stefan von Braunschweig*, Verfassungsentwicklung in den westlichen Bundesländern, 1993, S. 38.
21 GVBl. 1996, S. 77. Die ursprünglich gebräuchliche Abkürzung als HmbVVVG wurde durch das Fünfte Gesetz zur Änderung des VVVG v. 4. 5. 2005 aufgegeben (GVBl. S. 195).
22 Die Bürgerschaft übernahm wesentliche Gedanken der zustande gekommenen Volksinitiative „Für faire und verbindliche Volksentscheide – Mehr Demokratie" vom Februar 2008 wie auch von dem durch Bürgerschaftsbeschluß v. 6. 7. 2007 übernommenen Volksbegehren „Rettet den Volksentscheid – Mehr Demokratie".
23 Hamburgisches Gesetz über Volksinitiative, Volksbegehren und Volksentscheid v. 20. 6. 1996 (GVBl. S. 136).

Fällen Gebrauch gemacht[24]. Zwar kann Art. 50 Verf. Hamburg nicht als Grundrecht verstanden werden, doch handelt es sich um ein – kollektiv wahrzunehmendes – Individualrecht zur Geltendmachung von Interessen, die ihrerseits in den Schutzbereich von Grundrechten (des Grundgesetzes) fallen. Insoweit läßt sich die Durchsetzung dieser Beteiligungsrechte im Verfahren vor dem Hamburgischen Verfassungsgericht bundesrechtlich gesehen als ein gewisses Komplement der Verfassungsbeschwerde, aus hamburgischer Sicht dagegen als ihr Surrogat bezeichnen[25].

II. Gleicher Zugang zu öffentlichen Ämtern

Art. 59 Abs. 1 Verf. Hamburg (früher Art. 58 Abs. 1 Verf. Hamburg) ist deckungsgleich mit Art. 33 Abs. 2 GG und entfaltet gemäß Art. 142 GG parallel dazu Geltung. Einzelne können sich, etwa im Wege einer Konkurrentenklage, vor der Verwaltungsgerichtsbarkeit auf eine Verletzung von Art. 59 Abs. 1 Verf. Hamburg berufen[26]. Der Verfassungsbeschwerde – vor dem Bundesverfassungsgericht – ist jedoch nur Art. 33 Abs. 2 GG zugänglich.

10
Konkurrentenklage

III. Garantie des Verwaltungsrechtswegs

Art. 61 Verf. Hamburg garantiert den Rechtsweg zu den Verwaltungsgerichten bei Rechtsverletzungen durch die öffentliche Gewalt. Nach einer im Schrifttum vertretenen Ansicht ist die Bestimmung im Jahr 1960 durch § 195 Abs. 2 Nr. 1 VwGO[27] außer Kraft gesetzt worden, weil sie als landesgesetzliche Bestimmung den gleichen Gegenstand wie die Verwaltungsgerichtsordnung regelt[28]. Zwar weicht Art. 61 Verf. Hamburg insoweit, als der Verwaltungsrechtsweg zum Auffangrechtsweg bestimmt wird, von Art. 19 Abs. 4 GG im Wortlaut ab, stimmt jedoch inhaltlich mit § 40 Abs. 1, 2 VwGO wiederum überein. Ein echter Widerspruch zu Grundrechten des Grundgesetzes, der nach Art. 142 in Verbindung mit Art. 31 GG die Nichtigkeit landesgrundrechtlicher Bestimmungen nach sich zöge[29], liegt daher nicht vor. Markante Folgen hat die hier vorgeschlagene geltungserhaltende Deutung allerdings nicht, da das in Art. 61 Verf. Hamburg verankerte Recht nicht mit einer Verfassungsbeschwerde gerügt werden kann.

11
Keine Nichtigkeit wegen Art. 142 GG

---

24 S. nur *HVerfG* 7/12; 4/10; 3/10; 3/06; 16/04.
25 Vgl. *Andrea Stiens*, Chancen und Grenzen der Landesverfassung im deutschen Bundesstaat der Gegenwart, 1997, S. 314 f.; ebd. S. 187 ff. auch zur komplementären Funktion von Landesverfassungsbeschwerden; zur wachsenden Rolle des Hamburger Verfassungsgerichts *Karpen* (FN 4), S. 50 f.
26 *David* (FN 11), Art. 60 RN 13.
27 BGBl. 1960 I, S. 17.
28 *Hoog* (FN 11), S. 30.
29 *BVerfGE* 36, 342 (363 ff.); *Korioth*, in: Maunz/Dürig, GG (LitVerz.), Art. 142 RN 3 f., 15 (2014); *Germann*, in: Beck'scher OK, GG (LitVerz.), Stand v. 1. 12. 2014, Art. 142 RN 3.

IV. Gleichstellungsvorschriften

12
Gleichstellungsauftrag als Staatsziel

In der Hamburgischen Verfassung finden sich in Ermangelung eines Grundrechtskatalogs weder ein allgemeines Gleichheitsgrundrecht noch spezielle Gleichheitsrechte. Im Zuge einer Verfassungsänderung wurden 1996 jedoch Art. 3 Abs. 3, 4 Verf. Hamburg normiert, welche die Gleichstellung von Frauen und Männern anordnen. Nach Art. 3 Abs. 2 Satz 3 hat die Staatsgewalt „die Aufgabe, die tatsächliche rechtliche und tatsächliche Gleichstellung von Frauen und Männern zu fördern". Satz 4 lautet: „Insbesondere wirkt sie darauf hin, daß Frauen und Männer in kollegialen öffentlich-rechtlichen Beschluß- und Beratungsorganen gleichberechtigt vertreten sind". Es handelt sich bei diesen Vorschriften nicht um Grundrechte, sondern – ebenso wie bei Art. 3 Abs. 2 Satz 2 GG[30] – um Staatsziele[31]. Als solche stehen sie in einem Spannungsverhältnis zur grundrechtlichen Gleichberechtigung der Geschlechter gemäß Art. 3 Abs. 2 Satz 1, Abs. 3 Var. 1 GG, die über Art. 1 Abs. 3 GG auch die hamburgische Staatsgewalt binden[32].

13
Probleme der Vereinbarkeit mit dem GG

Art. 3 Abs. 2 Sätze 3, 4 Verf. Hamburg sind detaillierter gefaßt als ihr grundgesetzliches Pendant. Dies gibt Anlaß, die Frage nach ihrer Vereinbarkeit mit dem Grundgesetz aufzuwerfen. Da Art. 3 Abs. 2 Satz 2 GG kein Grundrecht statuiert, kann die Bindung der Länder an das grundgesetzliche Gleichstellungsgebot nicht einfach auf Art. 1 Abs. 3 GG gestützt werden, der sie nur für die „nachfolgenden Grundrechte" ausspricht[33]. Hinzu kommt, daß Art. 3 Abs. 2 Satz 2 GG eine Ausprägung des Sozialstaatsprinzips ist, das für die Länder ebenfalls nicht unmittelbar, sondern nur über die Bande des Homogenitätsprinzips des Art. 28 Abs. 1 GG Wirkung entfaltet. Nur soweit die (wenigen) im Grundgesetz normierten Staatsziele – explizit oder implizit – Verbindlichkeit für die staatliche Gewalt in den Ländern beanspruchen, kann auch Art. 31 GG als Kollisionsnorm Anwendung finden. Art. 3 Abs. 2 Satz 2 GG ordnet eine unmittelbare Bindung der Länder nicht ausdrücklich an; allerdings scheint das Bundesverfassungsgericht (ohne dies weiter zu begründen) von dessen Verbindlichkeit auch für die Länder auszugehen[34]. Folgt man dem nicht, wird Art. 31 GG – im Zusammenspiel mit Art. 142 GG – gleichwohl insofern zum Prüfungsmaßstab, als die rechtliche Gleichstellung der Geschlechter nach Art. 3 Abs. 2 Satz 1, Abs. 3 Var. 1 GG durch weiterreichende Gleichstellungsgebote in den Ländern im Ergebnis keinen geringeren Wirkungskreis entfalten darf als im Bund, mit der Folge, daß durch das ländereigene Staatsziel der Grundrechtsschutz im Widerspruch zu Grundrechten des Grundge-

---

30 BT-Drs. 12/6000, S. 50 NOLE; *Boysen*, in: von Münch/Kunig, GG (LitVerz.), Art. 3 RN 162; *Scholz*, in: Maunz/Dürig, GG (LitVerz.), Art. 3 Abs. 3 RN 60f., 66 (1996).
31 *David* (FN 11), Art. 3 RN 50; *Daniel Hahn*, Staatszielbestimmungen im integrierten Bundesstaat, 2010, S. 150.
32 *Hahn* (FN 31), S. 230f.; zur Grundrechtsbindung der Länder s. nur *Kischel*, in: Beck'scher OK, GG (LitVerz.), Stand v. 1. 12. 2014, Art. 3 RN 9 m.w.N.
33 Im Schrifttum wird dies, soweit ersichtlich, nicht problematisiert; eine Bindung der Länder an Art. 3 Abs. 2 S. 2 GG setzt *Hahn* (FN 31), S. 316, ohne Begründung voraus.
34 *BVerfGE* 92, 91 (109); 97, 332 (347); vgl. zu Art. 3 Abs. 2 S. 1 GG auch *BVerfGE* 3, 225 (238f.); 52, 369 (374).

setzes eingeschränkt würde. Dies kann, soweit Raum dafür besteht, durch grundgesetzkonforme Auslegung verhindert werden.

Die verfassungsrechtliche Wirkungsgrenze der Art. 3 Abs. 2 Sätze 3, 4 Verf. Hamburg wird also – wenn auch möglicherweise vermittelt durch Art. 3 Abs. 2 Satz 1, Abs. 3 Var. 1 GG – durch die Wirkungsgrenze des Art. 3 Abs. 2 Satz 2 GG bestimmt. Für diese wiederum ist entscheidend, wie Art. 3 Abs. 2 Satz 2 GG ausgelegt wird. Während für einen Teil des Schrifttums Art. 3 Abs. 2 Satz 2 GG Fördermaßnahmen zugunsten des unterrepräsentierten Geschlechts nur insoweit zuläßt, als die Gleichberechtigung im Sinne von Art. 3 Abs. 2 Satz 1, Abs. 3 Var. 1 GG unberührt bleibt[35], besteht nach der – auch hier vertretenen – Gegenansicht zwischen Gleichstellungsauftrag und Gleichheitsgrundrecht ein durch praktische Konkordanz auszugleichendes Spannungsverhältnis. Aus wichtigen Sachgründen ist auch die Benachteiligung des strukturell überrepräsentierten Geschlechts zulässig[36]. Ihre Grenze findet sie, wenn Qualifikation der Geschlechtszugehörigkeit nachgeordnet oder fixe Quoten bestimmt werden[37].

14
Spannungsverhältnis zwischen Gleichstellungsauftrag und Gleichheitsgrundrecht

Obschon detaillierter als die Bestimmungen des Grundgesetzes, lassen sich Art. 3 Abs. 2 Sätze 3, 4 Verf. Hamburg in Einklang mit Art. 3 Abs. 2 GG bringen; dies gilt unabhängig von deren strengerer oder weiterer Interpretation. Die von Art. 3 Abs. 2 Satz 3 Verf. Hamburg vorgegebene Förderung der rechtlichen Gleichstellung ist schon in Art. 3 Abs. 2 Satz 1 GG, diejenige der tatsächlichen Gleichstellung jedenfalls in Art. 3 Abs. 2 Satz 2 GG angelegt. Nach Art. 3 Abs. 2 Satz 4 Verf. Hamburg hat das Land darauf hinzuwirken, daß Frauen und Männer in kollegialen öffentlich-rechtlichen Beschluß- und Beratungsorganen gleichberechtigt vertreten sind. Insoweit kann sich auch ein Spannungsverhältnis zu Art. 33 Abs. 2 GG ergeben. Das Bindewort „insbesondere" in Art. 3 Abs. 2 Satz 4 Verf. Hamburg unterstreicht erstens, daß die Gleichheitsfunktion nicht von derjenigen des Satzes 3 abweicht, sondern ein spezieller Anwendungsbereich der Vorgabe herausgehoben wird[38]. Zweitens wird damit ausgedrückt, daß der Anwendungsfall bei der Verwirklichung rechtlicher und tatsächlicher Gleichstellung einen gewissen Vorrang genießt. Probleme wirft die Auslegung des Passus „gleichberechtigt vertreten" auf. Schon der Kontext der Vorschrift unterstreicht, daß nicht die – selbstverständliche – Rechtsgleichheit in solchen Organen vertretener Frauen und Männer gemeint ist, sondern daß eine möglichst proportionale Repräsentation angestrebt wird. Während Art. 6 Abs. 2 der Verfassung Schleswig-Holsteins, von welcher Art. 3 Abs. 2 Satz 4 Verf. Hamburg inspiriert ist, von „gleichen Anteilen" spricht, zog der hamburgische Gesetzgeber, um zu vermeiden, daß die Vorschrift als Quotenvorgabe verstanden würde, die Formel „gleichberech-

15
Probleme der „gleichberechtigten" Vertretung

---

35 *Dürig/Scholz*, in: Maunz/Dürig, GG (LitVerz.), Art. 3 Abs. 2 RN 61 f., 64 (2014); *Kischel* (FN 32), Art. 3 RN 183.
36 *Kischel* (FN 32), Art. 3 RN 196 f.; vgl. auch Abschlußbericht der *Gemeinsamen Verfassungskommission*, BT-Drs. 12/6000, S. 50 f.
37 Ausdrücklich der Abschlußbericht der *Gemeinsamen Verfassungskommission*, BT-Drs. 12/6000 v. 5. 11. 1993, S. 50.
38 *David* (FN 11), Art. 3 RN 58.

tigte Vertretung" vor³⁹. Die Verwendung des Begriffs „gleichberechtigt" anstelle von „in gleichem Umfang" oder „zu gleichen Anteilen" erlaubt eine flexible, grundgesetzkonforme Interpretation.

16
An alle Staatsgewalten gerichtete Pflicht

Beschluß- und Beratungsorgane im Sinne der Vorschrift können allen drei Gewalten zugeordnet sein, so wie umgekehrt auch alle drei Gewalten potentiell Adressaten der aus Art. 3 Abs. 2 Satz 4 entspringenden Pflicht sind⁴⁰. Auf die „gleichberechtigte Vertretung" haben insbesondere die Bürgerschaft (Parlament), die Bezirksversammlungen, der Senat (Landesregierung), aber auch der Richterwahlausschuß (Art. 63 Abs. 1 Verf. Hamburg) hinzuwirken. Zumindest letztere zählen gleichzeitig wiederum zu den Beschlußgremien, auf welche die Pflicht aus Art. 3 Abs. 2 Satz 4 Verf. Hamburg abzielt. In erster Linie jedoch gilt sie für exekutive Gremien (Verwaltungsausschüsse aller Art).

17
Beschränkung auf öffentlich-rechtlich organisierte Organe

Die Vorschrift erfaßt nur öffentlich-rechtliche Beschluß- und Beratungsorgane. Das Attribut „öffentlich-rechtlich" bezieht sich auf die Organisationsform, nicht den Aufgabenbereich einer kollegialen Entität. Privatrechtsförmige Einrichtungen, deren Träger die Freie und Hansestadt Hamburg ist oder an denen sie Anteile hält, fallen selbst dort, wo sie als Beliehene fungieren, nicht unter die Vorschrift⁴¹, werden allerdings von der allgemeinen Regel des Art. 3 Abs. 2 Satz 3 Verf. Hamburg erfaßt. Auch für Parteien gilt die Vorschrift nicht: Sie sind nicht nur nicht öffentlich-rechtlich organisiert, sondern wirken, ohne zur organisierten Staatlichkeit zu gehören, an der öffentlichen (aber eben nicht: öffentlich-rechtlichen) Willensbildung nur mit⁴².

18
Auswahlprärogative im Rahmen anderer Verfassungsvorgaben

Geboten ist lediglich ein „Hinwirken", womit denen an Art. 3 Abs. 2 Satz 4 Verf. Hamburg gebundenen Stellen eine weite Auswahlprärogative eingeräumt ist. Sie wird begrenzt und konditioniert durch entgegenstehende Verfassungsprinzipien. Bei der Besetzung administrativer und judikativer Beschlußgremien wird Art. 3 Abs. 2 Satz 4 Verf. Hamburg durch Art. 59 Abs. 1 Verf. Hamburg (bzw. Art. 33 Abs. 2 GG) eingeschränkt; dem unterrepräsentierten Geschlecht kann also nur bei gleicher Eignung Vorrang eingeräumt werden⁴³. Dem Wortlaut nach erstreckt sich Art. 3 Abs. 2 Satz 4 Verf. Hamburg zwar auch auf Wahlgremien, wird hier jedoch durch das Demokratieprinzip und die Wahlgleichheit erheblich begrenzt. Das „Hinwirken" muß sich hier auf Öffentlichkeitsarbeit beschränken. Es wäre unzulässig, in das Wahlrecht zur Bürgerschaft Proporzvorgaben für Frauen und Männer einzubauen, kraft derer eine Frau selbst bei Zugehörigkeit zur gleichen Partei einen Bürgerschaftssitz mit einem geringeren Stimmenanteil erringen könnte als ein Mann (oder ggf. auch umgekehrt)⁴⁴. Dies gilt umso mehr, als das Recht der Parteien, die sich mit ihren Listen und Einzelkandidaten zur Wahl stellen, nach Art. 21 Abs. 3 GG eine ausschließliche Bundesangelegenheit ist.

---

39 *David* (FN 11), Art. 3 RN 58 mit Hinweis auf Bürgerschafts-Drs. 15/3500 v. 12. 6. 1995, S. 3 NOLE.
40 Vgl. Bürgerschafts-Drs. 15/4879 v. 6. 2. 1996, S. 3; *David* (FN 11), Art. 3 RN 60, 62, 65.
41 *David* (FN 11), Art. 3 RN 63.
42 *BVerfGE* 20, 56 (101f.); *David* (FN 11), Art. 3 RN 60.
43 *Werner Thieme*, Verfassung der Freien und Hansestadt Hamburg (LitVerz.), S. 26.
44 Vgl. *David* (FN 11), Art. 6 RN 56, 59f., 63.

D. Bibliographie

David, Klaus, Verfassung der Freien und Hansestadt Hamburg, ²2004.
Hoog, Günter, Hamburgs Verfassung, 2004.
Karpen, Ulrich, Verfassungsrecht, in: Wolfgang Hoffmann-Riem/Hans-Joachim Koch (Hg.), Hamburgisches Staats- und Verwaltungsrecht, ³2006, S. 25 ff.
Thieme, Werner, Verfassung der Freien und Hansestadt Hamburg, 1998.

§ 251
Landesgrundrechte in Hessen

Sebastian Müller-Franken

Übersicht

	RN		RN
A. Grundlagen	1–13	1. Die Arbeitswelt	42–46
I. Die hessische Verfassung als die älteste geltende Verfassung in Deutschland	1–3	2. Die Wirtschaft	47–51
		III. Staat, Kirchen, Religions- und Weltanschauungsgemeinschaften	52–53
II. Historische Vorläufer	4–8	IV. Erziehung, Bildung, Denkmalschutz und Sport	54–63
III. Gegenentwurf zur nationalsozialistischen Herrschaftsordnung	9–10	E. Normativität der Grundrechte	64–75
IV. Menschenbild	11–13	I. Vorrang der Verfassung	64–65
B. Normierung von Grundrechten in der hessischen Verfassung	14–21	II. Klassische Grundrechtsgarantien	66–67
I. Terminologie	14–17	III. Soziale Grundrechte	68–69
II. Der Erste Hauptteil	18–19	IV. Staatszielbestimmungen	70
III. Grundrechtsgleiche Rechte	20–21	V. Programmsätze	71–73
C. Grundrechtstheorie	22–40	VI. Instituts- und institutionelle Garantien	74
I. Grundrechtstheoretische Heterogenität	22	VII. Gesetzgebungsaufträge	75
II. Elemente einer liberalen Grundrechtstheorie	23–24	F. Allgemeine Grundrechtslehren	76–89
		I. Grundrechtsberechtigte	76
III. Elemente einer sozialistischen Grundrechtstheorie	25–35	II. Grundrechtsverpflichtete	77–78
		III. Beschränkungen für Eingriffe in Grundrechte	79–86
1. Verortung in der Vielheit sozialistischer Grundrechtstheorien	25	1. Stärkung der Normativität durch allgemeine Regeln	79
2. Tatsächliche Gleichheit	26–27	2. Besondere Gesetzesvorbehalte	80–81
3. Sozialisierung und Eigentum	28–33	3. Grundsatz der Verhältnismäßigkeit	82–83
4. Soziale Grundrechte	34	4. Anforderungen an grundrechtseingreifende Gesetze	84–86
5. Steuerliche Umverteilung	35		
IV. Elemente einer konservativen Grundrechtstheorie	36–39	IV. Verwirkung	87–88
V. Elemente einer demokratischen Grundrechtstheorie	40	V. Rechtsschutz vor dem Staatsgerichtshof	89
D. Lebens- und Gemeinschaftsordnungen	41–63	G. Formelle und reale Verfassung	90
I. Allgemeines	41	H. Bibliographie	
II. Soziale und wirtschaftliche Rechte und Pflichten	42–51		

§ 251   Sechzehnter Teil: III. Die Grundrechte in den Landesverfassungen

A. Grundlagen

I. Die hessische Verfassung als die älteste geltende Verfassung in Deutschland

1
„Vollverfassung"

Die hessische Verfassung[1] gewährleistet in ihrem Ersten Hauptteil die Grundrechte der Personen, denen gegenüber sie einen Geltungsanspruch erhebt[2]. Sie beschränkt sich damit nicht auf die Regelung dessen, was für das organisatorische Funktionieren des nach dem Zweiten Weltkrieg von den Besatzungsmächten territorial geformten und von der amerikanischen Militärregierung politisch neu errichteten Staates „Hessen" allein notwendig gewesen wäre: den „Aufbau des Landes" – so der Titel ihres Zweiten Hauptteils[3]. Die Verfassung nimmt vielmehr auch das Verhältnis des Staates zu seinen Bürgern in ihren Blick und gehört so zum Typus der ein Gemeinwesen in seiner Gänze konstituierenden Vollverfassungen[4]. Mit ihrem Inkrafttreten am 1. Dezember 1946[5] ist sie die älteste noch geltende Verfassung in Deutschland[6].

2
Insgesamt nur fünf Änderungen

Von den fünf Änderungen, welche die Verfassung seit ihrem Inkrafttreten bis heute erfahren hat[7], betraf keine die grundrechtlichen Bestimmungen des

---

1 Artikel ohne nähere Bezeichnung sind solche der hessischen Verfassung.
2 Der sich nicht auf die in Hessen lebenden Menschen beschränkt, sondern sich auch auf jenseits der Landesgrenzen domizilierende Personen erstreckt, Art. 41 Abs. 1 Nr. 1: staatliche Verwaltung der Betriebe des Bergbaus, der Eisen- und Stahlerzeugung u.a., bei denen sich der Sitz des sie tragenden Unternehmens außerhalb Hessens befindet; auch das Grundrecht auf Asyl (Art. 7 Abs. 1) weist über die Grenzen Hessens hinaus.
3 Proklamation Nr. 2 der Militärregierung – Amerikanische Zone v. 19. 9. 1945, abgedruckt in: Felix Brandl (Hg.), Das Recht der Besatzungsmacht, 1947, S. 336 ff.; zur Bedeutung der Konferenz von Jalta und der dort getroffenen Entscheidung, den Franzosen eine eigene Besatzungszone zuzugestehen, für die territoriale Ordnung Hessens: *M. Will*, Die Konstituierung Hessens nach dem 2. Weltkrieg, ZHG 108 (2003), S. 231 (235).
4 *W. Schmidt*, Verfassungsrecht, in: H. Meyer/Stolleis (LitVerz.), S. 35, 39; s. zum Begriff Vollverfassung etwa *Kingreen*, Vorrang und Vorbehalt der Verfassung, HStR ³XII, § 263 RN 47 u. 51.
5 Das „Gesetz betreffend den Volksentscheid über die Verfassung des Landes Hessen" v. 14. 10. 1946 (GVBl. 1946 S. 177), bestimmte ursprünglich den 17. 11. 1946 als Tag der Volksabstimmung. Durch das „Gesetz über den Termin für den Volksentscheid über die Verfassung des Landes Hessen und für die Wahl des Landtags des Landes Hessen" v. 30. 10. 1946 (GVBl. 1946 S. 189) wurde jenes Gesetz aber dahingehend geändert, daß die Volksabstimmung nunmehr am 1. 12. 1946 durchgeführt werden sollte, an dem – bei deren positivem Ausgang – die Verfassung auch gleich nach Art. 160 Abs. 1 Satz 1 Verf. Hessen in Kraft treten sollte. Die Veröffentlichung der Verfassung erfolgte dann schließlich mit Ausgabedatum am 18. 12. 1946 (GVBl. 1946, S. 229).
6 *Christian Graf v. Pestalozza*, Verfassungen (LitVerz.), S. XXVII. Württemberg-Baden, das sich bereits zwei Tage zuvor am 28. 11. 1946 eine Verfassung gegeben hatte (RegBl. der Regierung des Landes Württemberg-Baden Nr. 25 v. 30. 11. 1946, S. 277), ist mit seinem Aufgehen in dem am 25. 4. 1952 neu errichteten Bundesland Baden-Württemberg untergegangen und seine Verfassung mit dem Inkrafttreten der Verfassung des Landes Baden-Württemberg am 19. 11. 1953 außer Kraft getreten (vgl. Art. 94 Abs. 2 Verf. Baden-Württemberg).
7 Gesetz zur Änderung der Art. 75 u. 137 Verf. Hessen v. 22. 7. 1950 (GVBl. 1950 S. 131); Gesetz zur Änderung der Art. 73 u. 75 Verf. Hessen v. 23. 3. 1970 (GVBl. 1970 S. 281); Gesetz zur Änderung des Art. 138 Verf. Hessen und zur Ergänzung der Verf. Hessen v. 20. 3. 1991 (GVBl. 1991 S. 101) sowie Gesetz zur Ergänzung des Art. 26 a Verf. Hessen v. 20. 3. 1991 (GVBl. 1991 S. 102); Gesetz zur Änderung der Art. 79 u. 161 Verf. Hessen v. 18. 10. 2002 (GVBl. 2002 S. 627) sowie Gesetz zur Ergänzung des Art. 62 a Verf. Hessen v. 18. 10. 2002 (GVBl. 2002 S. 626) und Gesetz zur Ergänzung des Art. 137 Abs. 6 Verf. Hessen v. 18. 10. 2002 (GVBl. 2002 S. 628); Gesetz zur Änderung der Art. 141 u. 161 Verf. Hessen v. 29. 4. 2011 (GVBl. S. 182).

Ersten Hauptteils; der Grundrechtsteil entspricht damit noch heute dem Zustand, in dem er ursprünglich erlassen worden war. Die später eingefügte Regelung zum Schutz der Umwelt (Art. 26 a Verf. Hessen)[8] enthält, trotz ihrer Stellung im ersten Abschnitt der Verfassung, bereits ausweislich ihrer Überschrift nur eine Staatszielbestimmung, kein Grundrecht der Bürger[9]. Änderungen gab es lediglich bei dem außerhalb des Grundrechtsabschnitts zwar nicht ausdrücklich geregelten, wohl aber mitgeschriebenen Grundrecht der Bürger auf demokratische Mitbestimmung[10], das insbesondere in der Garantie des Wahlrechts zum Ausdruck kommt[11]. Mit der Senkung des Wahlalters von einundzwanzig auf achtzehn Jahre (Art. 73 Abs. 1 Verf. Hessen)[12] und der Einführung der Direktwahl der Bürgermeister (Art. 138 Verf. Hessen)[13] wurde dieses Grundrecht durch zwei der fünf Änderungen erfaßt.

Wahlrecht

Unterdessen ist ein Großteil der Bestimmungen der hessischen Verfassung zwar durch höherrangiges Recht des Bundes außer Kraft gesetzt worden[14]; ein rechtswissenschaftliches Interesse an dieser Verfassung vermag dies indes nicht in Frage zu stellen: Eine Befassung mit den Inhalten der Verfassung Hessens, ihren theoretischen Fundamenten und Wirkungen vermittelt einen Eindruck von den konstitutionellen Gestimmtheiten und Prägungen des Landes ebenso wie der Menschen, welche die Verfassung schufen wie auch unter ihr lebten und leben[15].

3
Konstitutionelle Prägungen des Landes

II. Historische Vorläufer

Als von den Besatzungsmächten geschaffenes staatliches Gebilde[16] konnte Hessen mit seiner Verfassung nicht an direkte Vorläufer anknüpfen. Auch wenn der Gedanke der Verfassung, verstanden als Bindung und Begrenzung von politischer Herrschaft in der hessischen Verfassungsgeschichte, auf eine bis in die erste Hälfte des 19. Jahrhunderts zurückreichende Geschichte zu-

4
Frühere hessische Verfassungen ohne Bedeutung

---

8 Eingefügt durch Gesetz v. 20. 3. 1991 (GVBl. 1991 S. 102).
9 *Von Zezschwitz*, in: Zinn/Stein (LitVerz.), Art. 26 a Anm. 9 ff. Durch die weitreichenden Aktivitäten des Bundesgesetzgebers im Bereich des Umweltrechts hat die Bestimmung für den hessischen Gesetzgeber nur eine geringe praktische Bedeutung, *Pascale Cancik*, Die Verfassungsentwicklung in Hessen, JöR NF Bd. 51 (2003), S. 271 (277).
10 Zum Konzept des mitgeschriebenen Verfassungsrechts: *Ehlers*, Ungeschriebene Kompetenzen, in: Jura 2000, S. 323 ff.
11 Zu diesem Grundrecht auf der Ebene des Grundgesetzes: *BVerfGE 89*, 155 (171 f.); *123*, 267 (330); → Bd. II: *Rupp*, Einteilung und Gewichtung der Grundrechte, § 36 RN 7; *P. M. Huber*, Natürliche Personen als Grundrechtsträger, § 49 RN 34; auf der Ebene der Länder s. etwa ausdrücklich Art. 21 Abs. 1 Verf. Brandenburg.
12 Art. 73 Abs. 1 Verf. Hessen, geändert durch Gesetz v. 23. 3. 1970 (GVBl. S. 281).
13 Art. 138 Verf. Hessen, geändert durch Gesetz v. 20. 3. 1991 (GVBl. S. 101).
14 S. unter G, RN 90.
15 *Von Zezschwitz*, Die Hessische Verfassung zwischen der Weimarer Reichsverfassung und dem Bonner Grundgesetz, in: Eichel/Möller (LitVerz.), S. 70 (75); zu den Einwirkungen der hessischen Verfassung auf das Grundgesetz: *Bachmann*, Die Hessische Verfassung – Pate und Vorbild des Grundgesetzes?, ebd., S. 90 (95 ff.).
16 Art. 1 der Proklamation Nr. 2 der amerikanischen Militärregierung v. 19. 9. 1945, abgedruckt in: Brandl (FN 3), S. 336 (337).

rückblicken kann[17], lassen sich Einflüsse auf die Grundrechte der Verfassung Hessens aus verfassungsrechtlichen Quellen des 19. Jahrhunderts der in dem neuen Staat aufgegangenen, früher selbständigen hessischen Fürsten- und Herzogtümer nicht belegen[18]. Der Wunsch nach einem demokratischen Neuanfang, der mit der Verfassung genommen werden sollte – die Präambel spricht davon, daß „Deutschland nur als demokratisches Gemeinwesen eine Gegenwart und Zukunft haben kann" –, stand einer Anknüpfung an verfassungsrechtliches Gedankengut, das noch der Ideenwelt des monarchischen Prinzips verhaftet war, entgegen. Bei den im 20. Jahrhundert erlassenen republikanischen Verfassungen, wie der des Freistaats Preußen vom 30. November 1920, die in der Provinz Hessen-Nassau gegolten hatte[19], und der des aus dem Großherzogtum Hessen hervorgegangenen, die Provinzen Oberhessen, Rheinhessen und Starkenburg umfassenden Volksstaates Hessen vom 12. Dezember 1919[20], waren Anleihen bei grundrechtlichen Normen nicht möglich, da es sich bei diesen Verfassungen um bloße Organisationsstatute gehandelt hatte.

5
Vorbildwirkung der bayerischen Verfassung von 1919

Mit Blick auf verfassungsrechtliche Entwicklungen in anderen Teilen Deutschlands ist allein die bayerische Verfassung vom 14. August 1919 zu erwähnen. So wurde das in dieser Verfassung wie auch im Entwurf für die zeitgleich stattfindenden Beratungen der neuen bayerischen Verfassung vorgesehene Institut der Verfassungsbeschwerde in einer Denkschrift der Juristischen Fakultät der Universität Gießen für die neue hessische Verfassung zur Übernahme empfohlen[21], weshalb es naheliegt, in ihr ein Vorbild für die speziell der Verteidigung der Grundrechte dienenden Klage vor dem Staatsgerichtshof zu sehen[22].

6
Weimarer Reichsverfassung als allgegenwärtiges Vorbild

Eindeutig nachweisen läßt sich dagegen ein Einfluß auf die Grundrechte der hessischen Verfassung für die Weimarer Reichsverfassung, die in der Vorstellungswelt der handelnden Akteure allgegenwärtig gewesen ist[23]. Sowohl für die klassisch-liberalen Grundrechte (Art. 109 bis 118 WRV) als auch für die gesellschaftsverfassungsrechtlichen Abschnitte der Weimarer Reichsverfassung über „Religion und Religionsgesellschaften" (Art. 135 bis 141 WRV), „Bildung und Schule" (Art. 142 bis 150 WRV) sowie das „Wirtschaftsleben"

---

17 *Frotscher/Volkmann*, Geburtswehen des modernen Verfassungsstaates – Der Kampf um die kurhessische Verfassung als deutscher Präzedenzfall, in: Eichel/Möller (LitVerz.), S. 17 (36). Die Funktion der Begründung von Herrschaft durch eine Verfassung (dazu: *Otto Depenheuer*, Funktionen der Verfassung, in: ders./Christoph Grabenwarter [Hg.], Verfassungstheorie, 2010, § 16 RN 10ff.), spielte in Deutschland im 19. Jh. keine Rolle, folgten die Verfassungen dieser Zeit doch allesamt noch dem monarchischen Prinzip.
18 Analyse: *Polley*, Die Hessische Verfassung von 1946 und ihre historischen und zeitgenössischen Vorbilder, in: Eichel/Möller (LitVerz.), S. 47 (64f.).
19 Gesetzsammlung für Preußen, Nr. 54, Jahrgang 1920, S. 543.
20 RegBl. Nr. 37 v. 20. 12. 1919, S. 439.
21 Denkschrift der Juristischen Fakultät der (damaligen) Ludwigs-Universität Gießen v. 27. 4. 1946, abgedruckt in: Helmut Berding (Hg.), Entstehung der Hessischen Verfassung von 1946, 1996, Dokument 7, S. 48 (56).
22 *Polley*, in: Eichel/Möller (LitVerz.), S. 47 (61); s. zu dieser Klage unter F V.
23 *Von Zezschwitz*, in: Eichel/Möller (LitVerz.), S. 70 (74 f.).

(Art. 151 bis 165 WRV) besteht eine, sich großenteils in wörtlichen Übernahmen niederschlagende Vorbildwirkung für die entsprechenden Themen gewidmeten Abschnitte III, IV und V der hessischen Verfassung[24].

Belegen lassen sich weiter Einflüsse verfassungsrechtlichen Denkens aus dem Ausland. Die Bill of Rights des US-Bundesstaates Virginia vom 12. Juni 1776[25] wurde zur Begründung dafür herangezogen, daß Grundrechte für Gesetzgebung, Rechtsprechung und Verwaltung nicht lediglich Richtlinien, sondern unmittelbar verbindlich sein sollten[26]. Ebenso wurde die amerikanische Unabhängigkeitserklärung vom 4. Juli 1776[27] als Prototyp der Festlegung von Menschen- und Bürgerrechten in den Beratungen als vorbildhaft angesehen[28].

7
Einfluß der „Bill of Rights"

Eine über die Rolle des nordamerikanischen Verfassungsdenkens sogar noch hinausgehende Leitbildfunktion besaß der Entwurf einer Verfassung der französischen Republik vom 19. April 1946[29]. Grund hierfür war, daß dieser Entwurf neben klassischen Freiheitsrechten eine Reihe von sozialen Grundrechten, Staatszielbestimmungen und Aufträgen zu gesellschaftlicher Umgestaltung enthielt, an denen sich Vertreter von Sozialdemokratischer Partei und Kommunistischer Partei mit ihren in diese Richtung gehenden verfassungspolitischen Vorstellungen orientieren konnten[30]. In den Kompromiß zwischen Sozialdemokratischer Partei und Christlich Demokratischer Union, zu dem es am Ende der Beratungen nach mehreren gescheiterten Einigungsversuchen infolge des von der amerikanischen Militärverwaltung gesetzten Zeitdrucks gekommen war[31], hat eine Vielzahl seiner Regelungen Eingang gefunden; der Entwurf konnte, nachdem er in Frankreich in der Volksabstimmung bei den Bürgern durchgefallen war, in der hessischen Verfassung so in Teilen zu Geltung gelangen.

8
Einfluß Frankreichs

---

24 S. unter D II–IV, RN 42 ff.
25 Englische Fassung sowie deutsche Übersetzung abgedruckt in: Günther Franz (Hg.), Staatsverfassungen, ²1964, S. 6. Vgl. → Bd. I: *Stern*, Die Idee der Menschen- und Grundrechte, § 1 RN 25.
26 So etwa von *Hermann L. Brill*, abgedruckt bei Berding (FN 21), S. 482 f.
27 Abgedruckt in: Verlagshaus der Amerikanischen Hochkommission (Hg.), Leben, Freiheit und das Streben nach Glück: Dokumente der amerikanischen Demokratie in neuen Übersetzungen und im englischen Originaltext, 1953, S. 21 (deutsche Übersetzung) u. S. 65 (englische Originalfassung). Vgl. → Bd. I: *Stern*, Die Idee der Menschen- und Grundrechte, § 1 RN 25.
28 So von den Mitgliedern der KPD in einem Aufsatz zu Verfassungsfragen, abgedruckt bei Berding (FN 21), S. 326.
29 Abgedruckt in: Leon Duguit/Henri Monnier/Roger Bonnard (Hg.), Les constitutions et les principales lois politiques de la France depuis 1789, 2. Aufl. besorgt von Georges Berlia, Paris 1952, S. 518. Vgl. → Bd. X: *Peggy Ducoulombier*, Grundrechte in Frankreich, § 286.
30 Zu den Vorstellungen der SPD s. den Entwurf einer Verfassung des Landes Hessen vom Juli 1946 von *Georg August Zinn/Adolf Arndt*, abgedruckt bei Berding (FN 21), S. 220 ff.: Art. 1 Abs. 2: „Hessen ist eine sozialistische Demokratie"; Art. 32 Abs. 1 Satz 1: „Die Wirtschaft ist sozialistisch"; zur Orientierung an der französischen Verfassung s. auch *Arndt*, Grundfragen des Verfassungsrechts, SJZ 1946, S. 81 ff.; zu den Konzepten der KPD s. deren Offenen Brief zur Wahl der verfassunggebenden Versammlung, abgedruckt bei Berding, ebd., S. 356 ff.
31 Die amerikanische Militärregierung hatte in einer Direktive an den Ministerpräsidenten eine Frist zuerst bis zum 30. 9. 1946, dann später bis zum 5. 10. 1946 gesetzt, binnen derer ein vollständiger Verfassungsentwurf der Zivilverwaltungsdivision der Militärregierung für Groß-Hessen überreicht werden sollte; für den Volksentscheid über die Verfassung wurde der 8. 12. 1946 festgesetzt, s. bei Berding (FN 21), Dokument 63, S. 1061; zu den Beratungen und dem „hessischen Verfassungskompromiß": *Will*, Entstehung (LitVerz.), S. 452 ff.

III. Gegenentwurf zur nationalsozialistischen Herrschaftsordnung

9
Grundrechtsgeprägte Vollverfassung

Das Ende der Gewaltherrschaft der Nationalsozialisten lag zu Beginn der Beratungen der hessischen Verfassung am 12. März 1946 erst kurze Zeit zurück. Unter dem Eindruck der Schrecknisse waren die an den Beratungen der hessischen Verfassung beteiligten Personen, ungeachtet aller Unterschiede in politischen und weltanschaulichen Fragen, in dem Willen geeint, mit der neuen Verfassung einen Gegenentwurf zu dem untergegangenen Herrschaftssystem zu schaffen[32]. So stellten diese, wie die zur gleichen Zeit verabschiedete Verfassung Württemberg-Badens[33], in Abkehr von der – noch die umgekehrte Reihenfolge favorisierenden – Weimarer Reichsverfassung die Grundrechte vor den staatsorganisationsrechtlichen Teil an ihren Anfang.

Staat um der Menschen willen

Die Verfassung will hiermit ihre Grundentscheidung verdeutlichen, daß das Individuum mit seinen Rechten in seinem Status der Freiheit und Gleichheit dem Staat, nicht umgekehrt der Staat den in ihm lebenden Menschen vorgeordnet ist: „Der Staat ist um des Menschen willen da, nicht der Mensch um des Staates willen"[34]. Das Grundgesetz, das zweieinhalb Jahre später ebenfalls die Grundrechte an den Anfang vor den staatsorganisationsrechtlichem Teil stellen sollte, kann für diese Reihung damit kein Urheberrecht für sich in Anspruch nehmen[35].

10
Bruch mit NS-Unrecht

Der Wille zu einem politischen und rechtlichen Neuanfang in Abkehr von der nationalsozialistischen Gewaltherrschaft findet seinen Ausdruck sodann in der inhaltlichen Ausgestaltung der Grundrechte selbst. So erklärte die Verfas-

---

[32] In diesem Sinne etwa die Äußerungen von *Wilhelm Knothe* (SPD) in der Verfassungberatenden Landesversammlung Groß-Hessen, abgedruckt bei Berding (FN 21), S. 422: „Wir Sozialdemokraten ... tragen deshalb das Bestreben in uns, mit allen jenen am Verfassungswerk mitzuarbeiten, die von der neuen schöpferischen Kraft, die in der Demokratie [...] begründet liegt, erfüllt sind [...]" und Dr. *Erich Köhler* (CDU), S. 424: „Mit einer Verfassung [...] bezeugen wir zugleich auch der Welt unseren Willen, uns endgültig und für immer von der hitlerischen Vergangenheit loszusagen [...]", S. 425 f, S. 427: „Jetzt ist die Stunde da, in der wir für immer die Folgerungen aus den furchtbaren Erfahrungen der jüngsten Vergangenheit ziehen müssen, [...]", S. 430: „[...] verfassungsrechtlich und verfassungspolitisch alles zu tun, um zu verhindern, daß wir noch einmal in einer totalen Herrschaft versinken, [...]" oder von *August M. Euler* (LDP), S. 446: „nach den Ursachen, die uns ins Elend stürzten, zu forschen ... und bei der Gestaltung des neuen Staates daraus die erforderlichen Konsequenzen zu ziehen, um die Wiederholung der in der Vergangenheit gemachten Fehler auszuschließen" sowie *Karl Theodor Bleek* (LDP), S. 476: „Der Staat, den wir schaffen wollen, ist kein Selbstzweck, der den Menschen zu seinen Zwecken mißbrauchen könnte und dürfte, sondern der Zweck alles politischen Handelns und Tuns ist der Mensch [...] und der Staat hat diesem Zwecke zu dienen" sowie der KPD in ihrem Offenen Brief zur Wahl der verfassunggebenden Versammlung, S. 359: „Noch ist es uns nicht gelungen, die Trümmer und den Schutt, die die Nazis uns in jeder Beziehung hinterlassen haben, wegzuräumen. Das aber ist die Voraussetzung, um das neue Deutschland aufzubauen".

[33] Gesetz v. 28.11.1946 (RegBl. Nr. 25 v. 30.11.1946, S. 277). Vgl. → oben *M. Schröder*, Grundrechte in Baden-Württemberg, § 245 RN 2. Die Idee findet sich ursprünglich bereits in dem Entwurf von *Walter Jellinek*, abgedruckt bei Berding (FN 21), Dokument 17, S. 153 ff.

[34] Art. 1 Abs. 1 des Entwurfs des Verfassungskonvents von Herrenchiemsee, JöR NF Bd. 1 (1951), S. 48; Deutung: *W. Schmidt*, Verfassungsrecht, in: H. Meyer/Stolleis (LitVerz.), S. 35 (39); zur Voranstellung von Grundrechten allgemein → Bd. II, *Merten*, Das Prinzip Freiheit im Gefüge der Staatsfundamentalbestimmungen, § 27 RN 5 ff. m.N.; zu älteren Traditionen *W. Jellinek*, Die Verfassung des Landes Hessen, DRZ 1947, S. 4 (5).

[35] Der „Wandel der Staatsauffassung", den *Hermann v. Mangoldt*, Das Bonner Grundgesetz, 1953, Vorbem. 1 zu: I. Die Grundrechte, S. 34, aufgrund der verfassungssystematischen Stellung der Grundrechte vor dem organisationsrechtlichen Teil für das Grundgesetz konstatiert, war bereits zweieinhalb Jahre zuvor auf der Ebene der Länder in Hessen zu beobachten gewesen.

sung Hessens gleich an ihrem Beginn in der Garantie rechtlicher Gleichheit nicht nur der Deutschen, sondern aller Menschen die Merkmale Rasse, Religion und politische Überzeugung zu unzulässigen Differenzierungskriterien (Art. 1), anerkennt die Würde des Menschen, garantiert das Leben und die körperliche Unversehrtheit (Art. 3 Abs. 1), sichert die persönliche Freiheit gegen verschiedene, in der Zeit des Nationalsozialismus erlebte Gefährdungen rechtlich ab (Art. 5, 19, 23, 24)[36], schafft für politisch Verfolgte ein Asylrecht (Art. 7 Abs. 1), gewährleistet das Recht, Rundfunksender zu hören, einschränkungslos (Art. 13)[37] und normiert als Reaktion auf die drakonische Strafpraxis während der nationalsozialistischen Herrschaft rechtsstaatliche Standards für den Strafprozeß durch die Begrenzung der Strafe durch die Schwere der Tat (Art. 21 Abs. 2)[38], das Verbot der Mehrfachbestrafung (Art. 22 Abs. 3)[39], die Unschuldsvermutung (Art. 20 Abs. 2 Satz 1), den Schuldgrundsatz (Art. 22 Abs. 2) sowie das Gebot der menschlichen Behandlung Gefangener (Art. 21 Abs. 3)[40].

IV. Menschenbild

Zugleich wollte die Verfassung Hessens größtmögliche Vorsorge dagegen treffen, daß sich die staatliche Organisation von Unrecht und Willkür in Deutschland jemals wiederholt[41]. Neben den staatsorganisatorischen und grundrechtlichen Sicherungen war hierzu beim Menschen selbst anzusetzen, bei der Bildung und Erziehung der Jugend[42]. Denn die Verbrechen während der Herrschaft der Nationalsozialisten wurden von den Mitgliedern der Verfassungsberatenden Landesversammlung in ihrer letzten Ursache als ein sittliches Versagen der Deutschen als Personen gedeutet, die entweder als Täter am Unrecht aktiv mitgewirkt oder als Unbeteiligte nichts oder jedenfalls nicht genug gegen das Unrecht der Täter unternommen hätten[43].

11
Vorsorge gegen Unrecht und Willkür

---

36 Zum (engen) Anwendungsbereich des Art. 19 Abs. 1 Verf. Hessen: *Hinkel* (LitVerz.), Anm. zu Art. 19; Art. 19 Abs. 2 Verf. Hessen ist aufgrund von Art. 104 Abs. 2 bis 4 GG nach Art. 31 GG gebrochen (*ders.* ebd.) wie auch Art. 24 Verf. Hessen durch Art. 104 GG und die entsprechenden strafprozessualen Vorschriften des Bundesrechts nach Art. 31 GG gebrochen werden (*ders.* ebd. Anm. zu Art. 24).
37 Weitere Beispiele bei *W. Jellinek*, DRZ 1947, S. 4 (5).
38 Zur verfassungsrechtlichen Verankerung des strafrechtlichen Schuldprinzips in der Garantie der Menschenwürde des Art. 1 Abs. 1 Satz 1 GG: *BVerfGE* 20, 323 (331); 25, 269 (285); 95, 96 (131); 96, 245 (249).
39 Entgegen *Erwin Stein*, in: Zinn/ders. (LitVerz.), Stand: 1954, Art. 22, Anm. 1, ist Art. 22 Abs. 3 Verf. Hessen nicht durch Art. 103 Abs. 3 GG ersetzt und so auch nicht nach Art. 31 GG gebrochen worden, *Löhr*, Die Rechte des Menschen (LitVerz.), S. 302.
40 Art. 21 Abs. 3 Verf. Hessen konkretisiert die Gewährleistung der Menschenwürde in Art. 1 Abs. 1 GG, so daß die Norm nach Art. 142 GG fortgilt, *Hinkel* (LitVerz.), Art. 21, und nicht durch Art. 104 Abs. 1 Satz 2 GG ersetzt worden ist, so aber *Erwin Stein*, in: Zinn/ders. (LitVerz.), Stand: 1954, Art. 21, Anm. 4.
41 Nachweise bei Berding (FN 21), S. 424, 430, 446.
42 *Rückert*, 50 Jahre Hessische Verfassung, KritV (79) 1996, S. 116 (119).
43 S. etwa *Eugen Kogon*, Der SS-Staat, 1946, hier zit. nach der Neuaufl. 1974, S. 386 ff., 395 ff.; zur Rolle Eugen Kogons im Prozeß der Entstehung der hessischen Verfassung: *Will*, Entstehung (LitVerz.), S. 35, 192; s. auch *Euler*, abgedruckt bei Berding (FN 21), S. 447 („Es gilt, dem Menschen als einzelnem wieder ein Gewissen zu geben [...]"), sowie *Franz W. Jerusalem*, Zum Verfassungsproblem, SJZ 1946, S. 108 (109) („geistige Grundhaltung").

12
Heranbildung besserer Menschen

Mit keinem geringeren Anspruch als dem, die Angehörigen der neuen Generationen zu besseren Menschen heranbilden zu wollen, normiert die Verfassung Hessens für die Schulen allgemeine Grundsätze (Art. 56 Abs. 3 Satz 1) und Ziele der Erziehung (Art. 56 Abs. 4) sowie speziell für das Fach Geschichte Prinzipien und Schwerpunkte des Unterrichts sowie Toleranzgrenzen gegen bestimmte Ansichten (Art. 56 Abs. 5)[44]. Den Bürgern gibt sie nicht nur das Recht, sich gegen einen Umsturz der Verfassung zu stellen (so Art. 20 Abs. 4 GG), sondern macht den Widerstand hiergegen zu deren sittlicher Pflicht (Art. 146 Abs. 1, Art. 147 Abs. 1 Verf. Hessen)[45].

13
Idealistisches Menschenbild

Die Verfassung erstrebt auf diese Weise die Heranbildung eines „politisch engagierten Menschen, der aus seiner Verantwortung gegenüber Volk und Menschheit zu handeln bereit ist und sich dafür die erforderlichen Grundqualifikationen während der Schulzeit aufgrund seines Rechts auf und seiner Pflicht zur Bildung erworben hat"[46]. Es war ein idealistisches Bild vom Menschen, gepaart mit dem Glauben an die Kraft rechtlicher Regeln einer Verfassung, von dem die die Verfassung gestaltenden Personen bei ihren Festschreibungen ausgegangen sind.

B. Normierung von Grundrechten in der hessischen Verfassung

I. Terminologie

14
Unmittelbarer Ausdruck positivierter Menschenrechte

Die Überschrift des Ersten Hauptteils der hessischen Verfassung „Die Rechte des Menschen" ist nicht begrifflich gemeint. Die „verfassungsberatende Groß-Hessische Landesversammlung" wollte mit dieser Formulierung keine Menschenrechte im Sinne von Rechten ankündigen, die der einzelne bereits im status naturalis besitzt und die als überstaatliches Recht den Grund ihrer Geltung überpositiv aus dem Naturrecht oder positiv aus dem internationalen Recht herleiten können[47]. Gemeint sind mit dieser Bezeichnung vielmehr Rechte, die der Betroffene nur im status civilis kraft staatlichen Rechts im Gemeinwesen innehaben kann. Es geht um Grundrechte, verstanden als von der Verfassung verbriefte Rechte des Individuums gegen die neu zu konstitu-

---

44 Zum Ziel der dauerhaften Abkehr vom Nationalsozialismus durch andere Inhalte des Geschichtsunterrichts: *W. v. Brünneck*, Die Verfassung des Landes Hessen vom 1. Dezember 1946, JöR NF Bd. 3 (1952), S. 213 (247).

45 *Reh*, in: Zinn/Erwin Stein (LitVerz.), Stand: 1954, Art. 146, Anm. 2; *v. Zezschwitz*, in: Eichel/Möller (LitVerz.), S. 70 (88). Die in Art. 147 Abs. 2 vorgesehene Verpflichtung zur Anrufung des Staatsgerichtshofs im Falle der Kenntniserlangung von einem Verfassungsbruch ist obsolet durch § 6 Abs. 1 EGStPO, *StGH Hessen* v. 4. 8. 1971 (P.St. 649), *ESVGH 22*, 13 (16).

46 *Walter Schultze*, Das Bildungskonzept der hessischen Verfassung und seine Verwirklichung im Schulwesen und in der Lehrerbildung, in: Erwin Stein (Hg.), Hessische Verfassung (LitVerz.), S. 230 (231).

47 Zu diesen Merkmalen des Begriffs Menschenrechte → Bd. II: *Isensee*, Positivität und Überpositivität der Grundrechte, § 26 RN 7; *ders.* auch zum folgenden.

ierende staatliche Gewalt, um positivierte Menschenrechte⁴⁸. In einer Reihe von Vorschriften (Art. 7, 26, 63, 131, 157) spricht die Verfassung Hessens denn auch mehrfach sachlich zutreffend von „Grundrechten" und gibt zu erkennen, daß es ihr mit ihren Gewährleistungen um verfassungsrechtliche Garantien der Bürger und der sonst mit hessischer Staatlichkeit in Berührung kommenden Personen, nicht indes um vorstaatliche Rechte des Menschen geht.

„Grundrechte"

Die Ausdrucksweise in der Überschrift des Ersten Hauptteils der Verfassung wie auch der zweiten Gliederungsebene „Grenzen und Sicherung der Menschenrechte" beruht allerdings nicht auf einem Redaktionsversehen, sondern ist mit Bedacht gewählt. Die Verfassung spricht in ihren Überschriften von Menschrechten und nicht von Rechten der „Bürger", da mit letzterem ein auf Staatsangehörige begrenzter Kreis von Berechtigten bezeichnet sein könnte. Mit der Verwendung des Wortes „Mensch" verfolgt sie so ein weitergehendes, von der Staatsangehörigkeit abstrahierendes Konzept, das im Sinne von „Jedermannrechten" auch Personen ohne deutsche Staatsangehörigkeit in ihren Schutz einbeziehen will. Anders als noch die Weimarer Reichsverfassung, die in ihrem Zweiten Hauptteil von den „Grundrechten und Grundpflichten der Deutschen" gesprochen und die meisten Grundrechte in ihrem persönlichen Schutzbereich auch noch einmal ausdrücklich deutschen Staatsangehörigen vorbehalten hatte (beispielsweise Art. 109, 110, 111, 115, 118 WRV)⁴⁹, wählt die hessische Verfassung ein universalistisches Grundrechtsverständnis zu ihrem Ausgangspunkt. Das Grundanliegen ihres Bekenntnisses zur Gleichheit aller Menschen vor dem Gesetz gleich an ihrem Beginn (Art. 1 Verf. Hessen), demzufolge Unterscheidungen nach Rasse oder Herkunft des einzelnen unzulässig sind, wird in der Überschrift auf den persönlichen Anwendungsbereich der hessischen Grundrechte übertragen und dort sachlich erweitert, indem die bis dahin in Verfassungen für die Inhaberschaft von Grundrechten übliche einschränkende Voraussetzung der Staatsangehörigkeit für unbeachtlich erklärt wird.

15
„Rechte des Menschen" als programmatische Aussage

Universalistisches Grundrechtsverständnis

Diese Festlegung des Verfassungsgebers ist wiederum Ausdruck seines Willens, einen Gegenentwurf zur verbrecherischen Herrschaft der Nationalsozialisten zu schaffen. Das in der Zeit des Nationalsozialismus für den rechtlichen Status des einzelnen neben der „Blutszugehörigkeit" maßgebende Merkmal der Staatsangehörigkeit sollte in der neu konstituierten Staatlichkeit fortan für dessen Anspruch auf Freiheit und Gleichheit keine Rolle mehr spielen dürfen⁵⁰.

16
Belastung des Staatsangehörigkeitskriteriums

Allerdings kann eine Erklärung der Unbeachtlichkeit des Merkmals der Staatsangehörigkeit nur der Ausgangspunkt der grundrechtlichen Ordnung der Verfassung sein; konsequent durchhalten kann sie diesen Gedanken hingegen nicht. Entweder aufgrund der Natur der Sache – so beim Verbot der

17
Bedeutung der Staatsangehörigkeit

---

48 Zu dieser Unterscheidung: *Martin Kriele*, Zur Geschichte der Grund- und Menschenrechte, in: Norbert Achterberg (Hg.), FS H.U. Scupin, 1973, S. 187 (188 ff.).
49 Dabei hat die Reichsverfassung dieses Konzept nicht durchgehalten: *Gerhard Anschütz*, Kommentar zur Weimarer Reichsverfassung, ¹⁴1933, Grundrechte und Grundpflichten der Deutschen, Anm. 5.
50 §§ 1, 2 Reichsbürgergesetz v. 15. 9. 1935 (RGBl. I S. 1136).

Auslieferung (Art. 7 Satz 1) – oder aus staatspolitischer Notwendigkeit – so bei der Versammlungs- (Art. 14 Abs. 1) und der Vereinigungsfreiheit (Art. 15) oder dem Recht zur Teilnahme an Wahlen und Abstimmungen (Art. 73 Abs. 1) – muß die hessische Verfassung ihren universalen Anspruch zurücknehmen und den Kreis der aus diesen Grundrechten persönlich Berechtigten auf Personen mit deutscher Staatsangehörigkeit beschränken[51]. Die Begriffswahl reduziert sich so auf eine Aussage von symbolisch-programmatischem Gehalt.

II. Der Erste Hauptteil

18
Orientierung an Weimarer Reichsverfassung

Die hessische Verfassung hat ihren Ersten Hauptteil den Grundrechten gewidmet. In ihrem Umfang und zu großen Teilen auch in ihrem Inhalt orientiert sie sich dabei am Grundrechtsteil der Weimarer Reichsverfassung; bei einer Reihe von Vorschriften betritt sie allerdings auch grundrechtliches Neuland[52]. Gegliedert war dieser Teil der Verfassung ursprünglich in sechs Abschnitte; mit der Verfassungsänderung vom 20. März 1991[53], in der mit dem „Staatsziel Umweltschutz" (Art. 26 a) zwischen den Abschnitten II und III ein nur eine Vorschrift umfassender Abschnitt II a eingefügt worden war, kam ein siebter Abschnitt hinzu.

19
Grundrechtsgruppierung in der Verfassung

Am Beginn des ersten, mit „Gleichheit und Freiheit" überschriebenen Abschnitts (Art. 1 bis 16 Verf. Hessen) steht eine gleichheitsrechtliche Garantie, an die sich klassische freiheitsrechtliche Gewährleistungen anschließen. Der zweite Abschnitt (Art. 17 bis 26 Verf. Hessen) zu den „Grenzen und Sicherung der Menschenrechte" enthält – seiner Überschrift entsprechend – sowohl grundrechtliche Freiheiten begrenzende als auch diese schützende Bestimmungen. Im dritten, den „sozialen und wirtschaftlichen Rechte und Pflichten"

---

51 *Rückert*, KritV (79) 1996, S. 116 (117), mit der Formulierung: „übernimmt sich".
52 Zusätzlich zu den unter A III, RN 9 f. genannten, eine Reaktion auf die nationalsozialistische Herrschaft darstellenden Regelungen betrat der hessische Verfassungsgeber grundrechtliches Neuland bei der Schaffung eines allgemeinen Freiheitsrechts (Art. 2 Abs. 1), eines Rechts auf gerichtlichen Rechtsschutz gegen die öffentliche Gewalt (Art. 2 Abs. 3), der Garantie eines Rechts auf Verbreitung wissenschaftlicher und künstlerischer Werke (Art. 10), der Anordnung der Unabänderlichkeit der Grundrechte sowie der unmittelbaren Bindung von Gesetzgeber, Richter und Verwaltung (Art. 26), der Statuierung einer Sozial- und Wirtschaftsordnung, die auf der Anerkennung der Würde und der Persönlichkeit des Menschen beruht (Art. 27 Verf. Hessen; zu den Unterschieden zu Art. 151 Abs. 1 WRV: *Barwinski*, in: Zinn/Erwin Stein [LitVerz.], Stand: 1954, Art. 27, Anm. 3), der Anerkennung des Streikrechts etc., Art. 29 Abs. 2 bis 4, der Gewährleistung eines Mindestniveaus an Arbeitsbedingungen, des Mutterschutzes sowie des Verbots der Kinderarbeit (Art. 30), der Anordnung des Acht-Stunden-Arbeitstages als gesetzliche Regel (Art. 31) und des 1. Mai als gesetzlichen Feiertags (Art. 32), der Statuierung eines ausreichenden Arbeitsentgelts sowie der Lohngleichheit der Geschlechter (Art. 33), der Anordnung eines Mindesturlaubsanspruchs (Art. 34), der negativen Vereinigungsfreiheit (Art. 36 Abs. 2), der Mitbestimmung der Erziehungsberechtigten bei der Gestaltung des Unterrichts (Art. 56 Abs. 6), der Unterrichtsgeld- und Lernmittelfreiheit (Art. 59 Abs. 1) und der Selbstverwaltung der Hochschulen (Art. 60 Abs. 1 Satz 2), bei der Beschneidung von Freiheiten der Bürger im Hinblick auf die Anordnung einer Lenkung und Planung der Wirtschaft (Art. 38), die Schaffung eines Gemeineigentums (Art. 40), der Anordnung der Sofortsozialisierung von Grundlagenindustrien (Art. 41), der Förderung des Genossenschaftswesens (Art. 44) sowie der Verschärfung des Prinzips der Trennung von Staat und Kirche (Art. 50 Verf. Hessen).
53 GVBl. S. 102.

gewidmeten Abschnitt (Art. 27 bis 47 Verf. Hessen) finden sich Bestimmungen zu Rechten von Arbeitnehmern und Gewerkschaften, zu einer Ordnung der Wirtschaft, zu betrieblicher und unternehmerischer Mitbestimmung, zu Sozialisierung, Eigentum, Erbrecht und Urheberrecht sowie zur Besteuerung. Der vierte Abschnitt „Staat, Kirchen, Religions- und Weltanschauungsgemeinschaften (Art. 48 bis 54 Verf. Hessen) regelt das Staatskirchen- und Religionsverfassungsrecht, der fünfte „Erziehung, Bildung, Denkmalschutz und Sport" (Art. 55 bis 62 Verf. Hessen) das Verhältnis der Eltern zu ihren Kindern, die Bereiche Schule, Hochschule und Denkmalschutz sowie nun auch den Sport. Im sechsten Abschnitt „Gemeinsame Bestimmung für alle Grundrechte" findet sich eine Regelung über die Grenzen („Schrankenschranken")[54], die der gesetzlichen Beschränkung der geschützten Freiheiten und Güter gesetzt sind (Art. 63 Verf. Hessen).

III. Grundrechtsgleiche Rechte

Wie schon die Weimarer Verfassung und später das Grundgesetz konzentriert die hessische Verfassung ihre grundrechtlichen Normen nicht auf den hierfür nach seiner Überschrift vorgesehenen Abschnitt, sondern enthält über ihren gesamten Text verstreut Vorschriften, die wie die ausdrücklich als Grundrechte bezeichneten Bestimmungen subjektive Rechte des einzelnen gegen den Staat statuieren; in Übernahme eines für entsprechende Normen im Grundgesetz geprägten Begriffs ließe sich von grundrechtsgleichen Rechten[55] sprechen.

20 Grundrechte im Staatsorganisations-Teil

Zu nennen sind hier an erster Stelle die Rechte auf demokratische Mitbestimmung, wie das aktive (Art. 75 Abs. 1 i.V.m. Art. 70ff. Verf. Hessen) und passive Wahlrecht (Art. 75 Abs. 2) zum hessischen Landtag, das Recht auf Direktwahl der Bürgermeister und Landräte (Art. 138) und das Recht auf Teilnahme an Volksabstimmungen bei einfachen (Art. 71, 116 Abs. 1 Nr. 1, Art. 117, 124) und verfassungsändernden Gesetzen (Art. 123 Abs. 2), die an den einschlägigen Stellen im organisationsrechtlichen Zweiten Teil geregelt sind. Sodann gehören hierzu das Recht auf gleichen Zugang zu öffentlichen Ämtern nach Eignung und Befähigung (Art. 134) sowie das Widerstandsrecht (Art. 146, 147), das vom Staatsgerichtshof ebenso als ein Grundrecht betrachtet wird[56]. In dem Verbot, jemanden wegen Mittellosigkeit an der Verfolgung seiner Rechtsansprüche zu hindern (Art. 129), sieht der Staatsgerichtshof dagegen kein Grundrecht, sondern lediglich eine Direktive an den Gesetzgeber, „durch staatliche Maßnahmen dem Mittellosen die Möglichkeit zu geben, sein Recht zu verfolgen"[57].

21 Mitbestimmungs-, Teilnahme- und Zugangsrechte

---

54 *W. Schmidt*, Verfassungsrecht, in: H. Meyer/Stolleis (LitVerz.), S. 35 (45). Vgl. → Bd. III: *Merten*, Grundrechtlicher Schutzbereich, § 56 RN 7, 16; *Hermes*, Grundrechtsbeschränkungen auf Grund von Gesetzesvorbehalten, § 63 RN 45.
55 Zum Begriff grundrechtsgleichen Rechts und Synonyma s. *Stern*, Staatsrecht III/1 (LitVerz.), § 63 IV 3 a, b, S. 358; kritisch → Bd. II: *Merten*, Begriff und Abgrenzung der Grundrechte, § 35 RN 1, 80.
56 *StGH Hessen* v. 30.12.1981 (P.St. 926), juris, Ls.; v. 26.3.1990 (P.St. 1103), juris, RN 19.
57 *StGH Hessen* v. 29.10.1954 (P.St. 162), juris, RN 31.

C. Grundrechtstheorie

I. Grundrechtstheoretische Heterogenität

22
Kompromisse und Fehlen kohärenter Grundrechtskonzepte

Die grundrechtlichen Bestimmungen der hessischen Verfassung finden ihre übergeordneten Leitgedanken nicht in einer einheitlichen, sondern in unterschiedlichen, teilweise gegensätzlichen grundrechtstheoretischen Konzeptionen[58]. Eine Erklärung für diese theoretische Heterogenität der hessischen Verfassung findet sich in deren bereits erwähnten kompromißhaften Charakter[59]. Hiernach konnte keines der beiden widerstreitenden politischen Lager, die an ihrem Zustandekommen beteiligt gewesen sind[60], seine Position in der verabschiedeten Fassung ungeschmälert durchsetzen, sondern mußte diese mit den Vorstellungen der Gegenseite zu einem Ausgleich bringen. In einem nicht geringen Maße kommt als eine weitere Ursache jedoch hinzu, daß die verfassungspolitischen Vorstellungen der Christlich Demokratischen Union als einem der beiden maßgebenden Verhandlungspartner schon gar nicht von einer kohärenten Grundrechtstheorie getragen waren, sondern diesen bereits ihrerseits höchst heterogene Konzepte zugrunde gelegen hatten[61]. So verfocht die Union etwa in Fragen der Wirtschaftsverfassung keineswegs einen folgerichtigen marktwirtschaftlichen Kurs, sondern hielt in weiten Teilen – nicht anders als die Sozialdemokratie – eine staatlich gelenkte Volkswirtschaft für dasjenige Wirtschaftsmodell, das für die Bewältigung der Aufgaben der Zukunft, die durch den Zusammenbruch der nationalsozialistischen Herrschaft aufgeworfen worden waren, angemessen sei[62]. Insgesamt können im theoretischen Fundament der Grundrechte der hessischen Verfassung Elemente einer liberalen, einer sozialistischen, einer konservativen sowie einer demokratisch-funktionalen Grundrechtstheorie ausgemacht werden[63].

---

58 Zur Orientierung stiftenden Funktion der Verfassungstheorie: *Otto Depenheuer/Christoph Grabenwarter*, Vorwort, in: dies. (Hg.), Verfassungstheorie, 2010, S. V f.
59 S. unter A II, RN 8 mit FN 31.
60 Zur Zusammensetzung des vorbereitenden Verfassungsausschusses, der Verfassungsberatenden Landesversammlung und des Verfassungsausschusses s. *Will*, Entstehung (LitVerz.), S. 46 ff., 276, 279 f.
61 Obwohl mit dem (revidierten) Verfassungsentwurf von *Caspary* und dem Entwurf von *Zinn* und *Erwin Stein* in der SPD zwar ebenso verschiedene Verfassungsentwürfe erarbeitet worden waren, traf dieser Befund auf die SPD weit weniger zu als auf die CDU. Denn in beide Entwürfe hatte, ungeachtet von Unterschieden im Detail, in den für ein sozialistisches Weltbild entscheidenden Fragen die dezidiert sozialistische Stoßrichtung der von Verfassungsrechtspolitikern der SPD verabschiedeten „Hochwaldhäuser Beschlüsse" Eingang gefunden, dazu *Will*, Entstehung (LitVerz.), S. 142 ff., insb. S. 148 f., 152 ff., 165 ff., 170 ff., 265; zu den Vorstellungen der KPD s. oben FN 30.
62 Dazu: *Will*, ZHG 108 (2003), S. 231 (251); s. zur Position der CDU auch *Erwin Stein*, Die Staatszielbestimmungen in der Hessischen Verfassung, in: ders. (Hg.), Hessische Verfassung (LitVerz.), S. 183 (193): „soziale Wirtschaftsordnung, aus christlicher Verantwortung als eine Art dritter Weg zwischen Kapitalismus und Sozialismus".
63 Charakterisierung der Grundeinstellung der maßgebenden Akteure Georg August Zinn und Erwin Stein bei *Hinkel* (LitVerz.), S. 19 („humanistisch-sozialistisch und christlich").

II. Elemente einer liberalen Grundrechtstheorie

In ihrem ersten, mit „Gleichheit und Freiheit" überschriebenen Abschnitt finden sich klassisch-liberale Garantien grundrechtlicher Gleichheit und Freiheit, wie sie schon in der Weimarer Verfassung, der Paulskirchen- und der Preußischen Verfassung enthalten gewesen waren. Die Verfassungberatende Landesversammlung ist hier den Vorschlägen *Walter Jellinek*s gefolgt, der zuvor einen von liberalem Geist getragenen Entwurf als Arbeitsgrundlage vorgelegt hatte[64].

Klassische liberale Garantien — **23**

Die für die wirtschaftliche Freiheit der Bürger maßgebenden Garantien des Berufs und des Eigentums, die herkömmlich zum Kanon liberaler Grundrechte gehören[65], hat die hessische Verfassung dagegen nicht schon in diesem, sondern erst später im dritten Abschnitt bei den „sozialen und wirtschaftlichen Rechten und Pflichten" und dort auch nur eingeschränkt geregelt. Diese nicht nur formelle, sondern auch inhaltliche Zuordnung jener Rechte gehört zu den Entscheidungen, in denen die Verfassung ihre, einer sozialistischen Weltsicht entstammende Höhergewichtung des Wertes der Gleichheit vor dem Wert der Freiheit deutlich werden läßt[66]. Auch einige kommunikative Gewährleistungen hat die Verfassung – anders als kurze Zeit später das Grundgesetz – noch nicht für regelungsbedürftig gehalten, weder bei den Freiheitsrechten noch an einer anderen Stelle[67]. Das Petitionsrecht als eine Garantie mit einem nicht nur abwehr-, sondern auch leistungsrechtlichen Gehalt, kann dagegen ebenso auf eine lange Zugehörigkeit zu den klassischen Grundrechten zurückblicken[68], so daß seine Gewährleistung systematisch konsequent im ersten Abschnitt vorgenommen worden ist.

Höhergewichtung der Gleichheit vor der Freiheit — **24**

III. Elemente einer sozialistischen Grundrechtstheorie

1. Verortung in der Vielheit sozialistischer Grundrechtstheorien

Für ein liberales Grundrechtskonzept gab es über die klassischen individuellen Rechte der Gleichheit und Freiheit des ersten Abschnitts hinaus in den verfassungsberatenden Gremien keine Mehrheit[69]. Es kennzeichnet vielmehr

Reformorientierter Sozialismus — **25**

---

64 S. oben FN 33.
65 Zur Bedeutung des Eigentums → Bd. I: *Schmidt-Jortzig*, Grundrechte und Liberalismus, § 10 RN 31, 51 f.; *Depenheuer*, Grundrechte und Konservativismus, § 11 RN 20 f.; zur Bedeutung der Berufsfreiheit → Bd. V: *Schneider*, Berufsfreiheit, § 113 RN 4, 15 ff., 20 ff.; zur Bedeutung beider Grundrechte für die Wirtschaftsordnung → Bd. II: *Badura*, Grundrechte und Wirtschaftsordnung, § 29 RN 4, 19 ff., 5 ff.
66 *Rückert*, KritV (79) 1996, S. 116 (118, 121); *Ramm*, Die soziale Ordnung in der hessischen Verfassung, in: Erwin Stein (Hg.), Hessische Verfassung (LitVerz.), S. 204 (211); zu dieser Weltsicht s. hier unter C III 2, RN 26 f.
67 So wird etwa die Pressefreiheit nicht eigens gewährleistet, sondern im Verbot der Pressezensur (Art. 11 Abs. 2 Verf. Hessen) sowie in der Garantie der Freiheit der Information „durch den Bezug von Druck-Erzeugnissen" (Art. 13 Verf. Hessen) vorausgesetzt. Auch die Rundfunkfreiheit erfährt keine besondere Regelung, sondern ist in der Freiheit des „Abhörens von Rundfunksendern" mitgedacht (Art. 13 Verf. Hessen); die Gewährleistung der Presse- und Rundfunkfreiheit im Grundgesetz durch Art. 5 Abs. 1 Satz 2 GG schließt diese Lücke in ihrer Konkretisierung und Ausgestaltung durch die Rechtsprechung des Bundesverfassungsgerichts, *W. Schmidt*, Verfassungsrecht, in: H. Meyer/Stolleis (LitVerz.), S. 35 (45); zu grundrechtlichem Neuland s. oben die Auflistung in FN 52.
68 Zu den Gehalten des Petitionsrechts → Bd. V: *Bauer*, Petitionsrecht, § 117 RN 36 ff., 45 ff.
69 Vgl. *Will*, Entstehung (LitVerz.), S. 130 f.

den hessischen Verfassungskompromiß, daß sich die Beteiligten, nachdem sich die für die Sozialdemokratische Partei Deutschlands in der Verfassungberatenden Landesversammlung auftretenden Akteure mit der Forderung der für die Christlich Demokratische Union verhandelnden Ausschußmitglieder einverstanden erklärt hatten, von einer Regelung der Sofortsozialisierung die in Hessen beheimatete chemische Industrie auszunehmen[70], auf eine Reihe von Bestimmungen verständigen konnten, die – mit der notwendigen Vereinfachung – grundrechtstheoretischen Vorstellungen des Sozialismus zuzuordnen sind[71]. Einer Vereinfachung bedarf es für diese Charakterisierung deshalb, weil es eine einheitliche sozialistische Sicht auf die Grundrechte nicht gibt, sondern verschiedene sozialistische Deutungen der Grundrechte auszumachen sind[72]. Möchte man hier gleichwohl zu einer Orientierung kommen, lassen sich unter diesen verschiedenen Sichtweisen typisierend eine fundamentalistische, marxistisch-leninistische Stoßrichtung, welche die bestehende gesellschaftliche Ordnung nicht bewahren, sondern insgesamt verändern will, und eine konstruktive, sozialdemokratische Variante, die nicht auf einen grundstürzenden Wandel, sondern lediglich auf eine Fortentwicklung der bestehenden Gegebenheiten hinarbeiten will, unterscheiden[73]. Vor der Folie dieser Unterscheidung wird man das gedankliche Fundament, von dem die hier relevanten Abschnitte der hessischen Verfassung getragen sind, im wesentlichen nicht der fundamentalistischen, sondern der konstruktiven Spielart sozialistischer Grundrechtstheorien zuzuordnen haben[74].

Sozialistische Grundrechtsdeutungen

2. Tatsächliche Gleichheit

26
„Soziale Gleichheit"

Sozialistische Deutungen der Grundrechte stimmen überein in der Ablehnung der Prämisse liberaler Grundrechtstheorien, das Fehlen von Freiheit sei allein Folge rechtlicher Ungleichheit[75]. Denn auch Lebenschancen seien ungleich verteilt, weshalb eine Beseitigung von rechtlichen Schranken nicht schon von selbst zu realer Gleichheit führen könne, wobei das Ziel realer Gleichheit nicht im Sinne von tatsächlicher Rechtsgleichheit, sondern von sozialer Gleichheit zu verstehen sei[76]. Ohne gleichzeitig etwas bei den tatsächlichen Startbedingungen der schwächer Gestellten in der Gesellschaft zum Positiven zu ändern, verstärke das liberale Modell die reale Ungleichheit vielmehr.

---

70 Zu dieser Forderung der CDU-Seite s. Dr. *Karl Kanka* und Dr. *Erich Köhler* in den Beratungen im Siebener-Ausschuß, abgedruckt bei Berding (FN 21), Dokument 47, S. 641 (663 ff.).
71 W. v. *Brünneck*, JöR NF Bd. 3 (1952), S. 213 (242 f.); zur Selbstdeutung einer Sichtweise des „freiheitlichen Sozialismus" bzw. des „Sozialismus der produktiven Arbeit": *Georg August Zinn*, Regierungserklärungen v. 10.1.1951, Sten. Ber. 2. LT., 1951, S. 20 f., v. 19.1.1955, Sten. Ber. 3. LT., 1955, S. 17 u. v. 28.1.1959, Sten. Ber. 4. LT., 1959, S. 16.
72 Dazu → Bd. I: *Volkmann*, Grundrechte und Sozialismus, § 12 RN 2 ff.
73 → Bd. I: *Volkmann*, § 12 RN 8.
74 Zur Selbstdeutung s. FN 71.
75 → Bd. I: *Volkmann*, § 12 RN 19 ff.
76 Zu dieser Bedeutung des Begriffs „reale Gleichheit" → Bd. II: *Heun*, Freiheit und Gleichheit, § 34 RN 49.

Für die hessische Verfassung als eine auch sozialistisch geprägte Verfassung ist der Gesichtspunkt der realen Gleichheit damit von hohem Wert. Die Verfassung macht den Rang, den sie diesem Wert in dem von ihr zu konstituierenden Gemeinwesen künftig zugemessen sehen will, gleich an ihrem Beginn mit der Reihenfolge deutlich, in der sie Freiheits- und Gleichheitsrechte auftreten läßt: Die Gleichheit steht am Anfang, die Freiheit folgt erst an zweiter, die Menschenwürde gar erst an dritter Stelle[77]. Das Gebot der Gleichbehandlung ist so nicht auf die rechtliche Gleichheit beschränkt, sondern erstreckt sich nach Ansicht des Staatsgerichtshofs auf die gesellschaftliche Wirklichkeit: Ziel der Norm sei eine Angleichung der Lebensverhältnisse[78].

27
Ziel realer Gleichheit

3. Sozialisierung und Eigentum

Nach sozialistischem Verständnis ist das Institut des Eigentums die Hauptursache gesellschaftlicher Ungleichheit, so daß eine Gesellschaft gleicher Chancen und gleicher realer Freiheit notwendig die Eigentumsverhältnisse umgestalten muß[79]. In der historischen Lage der hessischen Verfassungsgebung kam die Vorstellung hinzu, daß die Eigentumsordnung eine wesentliche Ursache für die Herrschaft der Nationalsozialisten gewesen ist[80] und zudem die Probleme der Zeit sich nicht mit einer privatwirtschaftlichen, sondern nur mit einer an gemeinwirtschaftlichen Formen orientierten Eigentumsordnung würden lösen lassen können[81].

28
Eigentum als Ursache gesellschaftlicher Ungleichheit

Die damit gebotene Neuordnung des Eigentums sollte auf verschiedene Weise erfolgen. Die weitestreichende Vorstellung zielte auf eine völlige Abschaffung eigentumsrechtlich geschützter Positionen für die Betriebe in den Bereichen Bergbau (Kohle, Kali, Erze), Eisen und Stahl, Energieerzeugung und schienen- bzw. oberleitungsgebundener Verkehr (Art. 41 Abs. 1 Nr. 1 i.V.m. Art. 40 Verf. Hessen) durch deren Überführung in Gemeineigentum mit dem Inkrafttreten der Verfassung (Sofortsozialisierung)[82]. Hier hatte der

29
Neuordnung des Eigentums

---

77 S. dazu bereits oben Nachweise unter C II, RN 24 mit FN 66.
78 *StGH Hessen* v. 22. 12. 1993 (P.St. 1141), *ESVGH 44*, 13 ff.
79 → Bd. I: *Brunner*, Grundrechtstheorie im Marxismus-Leninismus, § 13 RN 56; klassisch: *Jean-Jacques Rousseau*, Discours sur l'origine et les fondements de l'inégalité parmi les hommes, Amsterdam 1755, Seconde Partie, hier zit. nach Heinrich Meier (Hg.), Diskurs über die Ungleichheit. Kritische Ausgabe des integralen Textes, ⁵2001, S. 173 ff. 3 ff., insb. S. 173, 191, 209, 219, 271 f.
80 *Rückert*, KritV 79 (1996), S. 116 (122).
81 Dazu die Nachweise bei Berding (FN 21): *Ludwig Keil* (KPD) forderte in einem Beitrag über die Verstaatlichung der Großindustrie und Großbanken u.a. wegen der länger anhaltenden Warenverknappung eine „straffe Organisation in der Planung und Verbrauchslenkung" sowie die „Aufhebung der Konzerne und Übereignung dieser Betriebe an die Allgemeinheit", S. 344 f.; *Caspary* (SPD) sah in der Neugestaltung des Wirtschaftslebens und seiner Eigentumsordnung eine Frage, die auch aus der „gegenwärtigen Notlage" heraus wachse, S. 622; für die CDU bekannte ihr Vertreter *Dr. Karl Kanka*: „Auch wir sind für Planung und Sozialisierung", S. 471.
82 Mit Inkrafttreten des Grundgesetzes ist Art. 41 Verf. Hessen nicht nur in seinem Abs. 1 Nr. 2, so *Barwinski*, in: Zinn/Erwin Stein (LitVerz.), Stand: 1954, Art. 41, Anm. 6 b u. 7, sondern insgesamt von Art. 15 GG i.V.m. Art. 31 GG gebrochen worden, *Hinkel* (LitVerz.), Art. 41. Da das Grundgesetz sich keine Rückwirkung beigelegt hat, kam es für die Wirksamwerden der Sofortsozialisierung darauf an, ob sie vor dessen Erlaß vollzogen worden ist, *Durner*, in: Maunz/Dürig, GG (LitVerz.), Art. 15 RN 78, was der *StGH Hessen* in seiner Entscheidung v. 6. 6. 1952 (P.St. 76), VerwRspr 1953, S. 13 (24), angenom-

Verfassungsgeber sein Konzept einer konstruktiven Kritik an der bestehenden Ordnung verlassen und einer Lösung der Eigentumsfrage im Sinne der fundamentalen, marxistisch-leninistischen Stoßrichtung des Sozialismus den Vorzug gegeben. In diesem Sinne sind auch „Großbanken" und Versicherungen staatlicher Aufsicht oder Verwaltung zu unterstellen (Art. 41 Abs. 1 Nr. 2 Verf. Hessen), Vermögen, das (allein) „die Gefahr des Mißbrauchs wirtschaftlicher Macht" in sich birgt, ist in Gemeineigentum zu überführen (Art. 39 Abs. 2, Art. 40 Verf. Hessen)[83].

30
„Großes" und „kleines" Eigentum

Eine Gewährleistung des Eigentums als Grundrecht konnte so nicht generell, sondern nur für ein vom „großen", vor allem unternehmerisch genutzten und deshalb nicht schutzwürdigen Eigentum zu unterscheidendes „kleines", dem persönlichen Gebrauch dienendes „Privateigentum" in Betracht kommen (Art. 45 Abs. 1 Satz 1 Verf. Hessen)[84]. Inhalt und Grenzen dieses Rechts sind dabei nicht allein einer Entscheidung des Gesetzgebers überlassen, sondern diesem trotz der in eine andere Richtung deutenden Formulierung der Verfassung (Art. 45 Abs. 1 Satz 2) durch die Garantie des Rechtsinstituts Eigentum, die in der Norm ebenso enthalten ist, in ihrem Kern vorgegeben[85]. Dem die hessische Verfassung dominierenden Gedanken der Gleichheit der Bürger entsprechend, soll zwar jeder berechtigt sein, aufgrund der Gesetze (solches) Eigentum zu erwerben und darüber zu verfügen (Art. 45 Abs. 1 Satz 3); jedoch verpflichtet auch dieses Eigentum gegenüber der Gemeinschaft (Art. 45 Abs. 2 Satz 1), und darf sein Gebrauch dem Gemeinwohl nicht zuwiderlaufen (Art. 45 Abs. 2 Satz 2); Einschränkungen und Enteignungen sind nur im öffentlichen Interesse aufgrund eines Gesetzes in dem darin vorgesehenen Verfahren gegen angemessene Entschädigung erlaubt (Art. 45 Abs. 2 Satz 3).

31
Staatsanteil am Nachlaß

Das Erbrecht, in sozialistischer Weltsicht der Verstärker jener durch das Institut des Eigentums begründeten Ungleichheit unter den Menschen überhaupt[86], wird nicht generell, sondern allein nach Maßgabe des bürgerlichen Rechts gewährleistet (Art. 45 Abs. 4 Satz 1 Verf. Hessen). Der Gesetzgeber

---

men hat. Der Streit um Divergenzen zwischen dem Wortlaut der Norm im Verfassungsentwurf und dem Text auf dem bei der Volksabstimmung benutzten Stimmzetteln – die amerikanische Militärverwaltung hatte ihre Genehmigung der hessischen Verfassung von einer separaten Volksabstimmung nur über die Sozialisierungsartikel abhängig gemacht (dazu: *Will*, Entstehung [LitVerz.], S. 491 ff., 507 ff.) – stellt die Wirksamkeit der Verfassungsnorm zum 1. 12. 1946 nicht in Frage, *StGH Hessen* v. 20. 7. 1951 (P.St. 76), DÖV 1952, S. 249 ff., v. 18. 1. 1952 (P.St. 76 [W]); ähnlich Art. 52 Verf. Saarland v. 15. 12. 1947 (BS Saar 100-1).

83 Art. 39 Abs. 2 Verf. Hessen widerspricht ebenfalls Art. 15 GG und ist somit gemäß Art. 31 GG gebrochen, *Barwinski*, in: Zinn/Erwin Stein (LitVerz.), Stand: 1954, Art. 39, Anm. 1 b.
84 *W. Schmidt*, Verfassungsrecht, in: H. Meyer/Stolleis (LitVerz.), S. 35 (47); vgl. Art. 11 Nr. 1 Verf. DDR v. 6. 4. 1968 (GBl. 1968 I., S. 199 [207]), i.d.F. v. 7. 10. 1974 (GBl. 1974 I, S. 432 [436]); s. näher unter D III, RN 52 f.
85 Zur Gewährleistung einer Institutsgarantie: *Hinkel* (LitVerz.), Art. 45, Anm. 4; *Barwinski*, in: Zinn/Erwin Stein (LitVerz.), Stand: 1954, Art. 45, Anm. 1, 3 a; zu diesem Verständnis bereits in der Weimarer Reichsverfassung: *Anschütz* (FN 49), Art. 153, Anm. 5 m.w.N.
86 S. etwa *Anton Menger*, Das Bürgerliche Recht und die besitzlosen Volksklassen, ^{5}1927, S. 214; klassisch: *Karl Marx/Friedrich Engels*, Manifest der kommunistischen Partei, 1848, Reproduktion der Erstausgabe, 1965, S. 16.

erhält den Auftrag, den Anteil des Staates am Nachlaß, dessen Berechtigung vor diesem Hintergrund keiner weiteren Rechtfertigung bedarf, sich vielmehr von selbst versteht, durch Gesetz zu bestimmen (Art. 45 Abs. 4 Satz 2).

Von der Ordnung des Eigentums und des Erbrechts abgesetzt, unterstellt die Verfassung Hessens die Rechte der Urheber, Erfinder und Künstler staatlichem Schutz (Art. 46)[87]. Die hessische Verfassung vermutet hier – wie schon die Weimarer Reichsverfassung[88] – eine besondere Schutzbedürftigkeit wie auch Schutzwürdigkeit der Betroffenen, weshalb sie diese Positionen, die begrifflich wie funktional als Eigentum zu qualifizieren sind, besser behandelt sehen will.

32 Urheber, Erfinder und Künstler

Für das Eigentum an größeren Ländereien, den „Großgrundbesitz", konnte nach dem beschriebenen Geschichtsverständnis des hessischen Verfassungsgebers auch wieder nur eine restriktive Linie gelten. Zur Begründung der hier gewollten großflächigen Enteignung der Landbesitzer im Rahmen einer Bodenreform hat der hessische Verfassungsgeber sogar ausdrücklich in die Verfassung geschrieben, daß Großgrundbesitz „nach geschichtlicher Erfahrung die Gefahr politischen Mißbrauchs oder der Begünstigung militaristischer Bestrebungen in sich birgt" (Art. 42 Abs. 1). Die Bodenreform sollte vor allem den land- und forstwirtschaftlichen Boden erhalten und vermehren und seine Leistung steigern, Bauern ansiedeln und gesunde Wohnstätten, Kleinsiedlerstellen und Kleingärten schaffen (Art. 42 Abs. 2). Darüber hinaus sollte jeglicher Grundbesitz, den sein Eigentümer einer ordnungsmäßigen Bewirtschaftung entzieht, nach näherer gesetzlicher Bestimmung eingezogen werden können (Art. 42 Abs. 4). Eine Entschädigung des seitherigen Eigentümers sollte nach sozialen Gesichtspunkten geregelt werden, wobei bei erwiesenem Mißbrauch eine Entschädigung auch ganz sollte versagt werden können (Art. 42 Abs. 5 i.V.m. Art. 39 Abs. 4)[89]. Schließlich sollte Streubesitz durch Umlegung leistungsfähiger gemacht werden (Art. 42 Abs. 3)[90], was freilich nicht zu den spezifisch sozialistischen, sondern zu den herkömmlichen städtebaulichen Instrumenten des planenden und ordnenden Sozialstaats gehört (§§ 45 ff. BauGB)[91].

33 Bodenreform für „Großgrundbesitz"

---

87 Weil nach Art. 73 Abs. 1 Nr. 9 GG der Bund die ausschließliche Gesetzgebungskompetenz für den gewerblichen Rechtsschutz, das Urheberrecht sowie das Verlagsrecht besitzt, kommt der Institutsgarantie des Art. 46 Verf. Hessen keine Bedeutung mehr zu, *Barwinski*, in: Zinn/Erwin Stein (LitVerz.), Stand: 1954, Art. 46, Anm. 1.

88 *Wenzel Goldbaum*, in: Hans Carl Nipperdey (Hg.), Die Grundrechte und Grundpflichten der Reichsverfassung – Kommentar zum zweiten Teil der Reichsverfassung, Bd. III., 1930, Art. 158, S. 375.

89 Art. 42 Abs. 5 Verf. Hessen ist durch Art. 14 GG gebrochen und ersetzt, *Barwinski*, in: Zinn/Erwin Stein (LitVerz.), Stand: 1954, Art. 42, Anm. 1 d).

90 Gebrochen durch das Flurbereinigungsgesetz v. 14. 7. 1953 (BGBl. I S. 591), sowie Art. 14 Abs. 3 GG, *Klaus Lange/A. Thorsten Jobs*, Brauchen wir eine Verfassungsreform? Vom Beruf unserer Zeit für die Landesverfassungsgesetzgebung, in: Eichel/Möller (LitVerz.), S. 445 (462); *Barwinski*, in: Zinn/Erwin Stein (LitVerz.), Stand: 1954, Art. 42, Anm. 1 b).

91 *Schmidt-Aßmann*, Die eigentumsrechtlichen Grundlagen der Umlegung (Art. 14 GG), DVBl. 1982, S. 152 (153 ff.).

4. Soziale Grundrechte

34
Recht auf Arbeit und Bildung

Zu den Instrumenten zur Herstellung realer Gleichheit gehören traditionell soziale Grundrechte, verstanden als Normen, die ausdrücklich ein Recht auf ein bestimmtes Lebensgut garantieren[92]. Die hessische Verfassung gewährleistet den ihrer Anwendung unterworfenen Personen mit dem Recht auf Arbeit (Art. 28 Abs. 2) das „Urbild" sozialer Grundrechte[93], wobei sie auch mit der Nichterfüllung dieses Versprechens rechnet und für diesen Fall den Betroffenen ein Recht auf Arbeitslosenunterstützung gewährt (Art. 28 Abs. 3)[94]; jungen Menschen garantiert sie im Sinne eines „Rechts auf Bildung" einen Anspruch auf kostenfreien Unterricht an Schulen und Hochschulen (Art. 59 Abs. 1 Satz 1)[95] sowie auf Kostenfreiheit der Lernmittel, dies freilich beschränkt auf die Schulen (Art. 59 Abs. 1 Satz 2)[96].

5. Steuerliche Umverteilung

35
Progressive Besteuerung von Einkommen und Vermögen

„Leistungsloser Zufluß"?

Die Verfassung trifft zum Ende ihres Abschnitts zu den sozialen und wirtschaftlichen Rechten schließlich Aussagen zum Steuerrecht. Um sich dem alles überragenden Ziel tatsächlicher Gleichheit der Menschen zu nähern, soll einer als unangemessen empfundenen Verteilung von Besitz und Eigentum in der Gesellschaft durch eine umverteilende Steuerpolitik entgegengewirkt werden[97]. Vermögen und Einkommen seien deshalb progressiv nach sozialen Gesichtspunkten unter besonderer Berücksichtigung der familiären Lasten zu besteuern (Art. 47 Satz 1), wobei auf erarbeitetes Vermögen und Einkommen besondere Rücksicht zu nehmen ist (Art. 47 Satz 2). Die hessische Verfassung erklärt hier die Unterscheidung, ob Vermögen oder Einkommen auf einer Leistung seines Inhabers beruht oder diesem als „leistungsloser Zufluß" zugekommen ist, abweichend von den allgemeinen Regeln für ein zulässiges Kriterium der Differenzierung steuerlicher Lasten. Denn für die Bemessung von Steuern ist im Grundsatz allein die Frage nach der finanziellen Leistungsfähigkeit des Betroffenen ausschlaggebend; ob das Einkommen nur unter

---

[92] Begriff: *Murswiek*, Grundrechte als Teilhaberechte, soziale Grundrechte, HStR ³IX, § 192 RN 15, im Anschluß an *Isensee*, Verfassung ohne soziale Grundrechte, in: Der Staat 19 (1980), S. 367 (373); zu sozialen Grundrechten als Mittel zur Herstellung realer Gleichheit: *K. Lange*, Soziale Grundrechte in der deutschen Verfassungsentwicklung und in den derzeitigen Länderverfassungen, in: Ernst-Wolfgang Böckenförde/Jürgen Jekewitz/Thilo Ramm (Hg.), Soziale Grundrechte, 1981, S. 49 f.; → Bd. III: *Papier*, Das Bundesverfassungsgericht als Hüter der Grundrechte, § 80 RN 10.
[93] *Isensee*, in: Der Staat 19 (1980), S. 367 (373).
[94] Art. 28 Verf. Hessen ist praktisch ohne Bedeutung, da die Arbeitslosenunterstützung Gegenstand der konkurrierenden Gesetzgebung (Art. 74 Abs. 1 Nr. 7 u. Nr. 12 GG) ist und der Bund umfassende Regelungen erlassen hat, *Barwinski*, in: Zinn/Erwin Stein (LitVerz.), Stand: 1954, Art. 28, Anm. 2.
[95] Zur – vom Staatsgerichtshof bejahten – Vereinbarkeit von Studiengebühren mit dieser Garantie, StGH Hessen v. 11. 6. 2008 (P.St. 2133, 2158), NVwZ 2008, S. 883 (884 ff.).
[96] Zur Normativität s. hier unter E III, RN 68 f.
[97] Art. 29 des Verfassungsentwurfs des vorbereitenden Verfassungsausschusses v. 18. 6. 1946 lautete: „Unangemessene Verteilung von Besitz und Einkommen gleicht der Staat durch progressive Besteuerung aus. Er wird hierbei zwischen erarbeitetem und ererbtem Besitz unterschieden"; abgedruckt bei Berding (FN 21), Dokument 18, S. 173 (178); ähnlich Art. 123 Abs. 1, 3 BayVerf. v. 2. 12. 1946 (GVBl. S. 333).

Mühen oder mit Leichtigkeit erzielt worden ist, spielt dagegen keine Rolle[98]. Das Unterscheidungsmerkmal fügt sich aber gedanklich nicht nur in die sozialistische Weltsicht der Verfassung ein, sondern paßt auch zu deren Entscheidung, eine sittliche Pflicht zur Arbeit für jedermann zu postulieren[99].

IV. Elemente einer konservativen Grundrechtstheorie

Neben liberalem und sozialistischem hat in der hessischen Verfassung auch konservatives Grundrechtsdenken seinen Niederschlag gefunden. So findet sich in ihr die für eine konservative Grundrechtstheorie kennzeichnende Wertschätzung von Institutionen[100]. Danach werden etwa Ehe und Familie nicht nur als individuelle Freiheitsrechte, sondern – noch vor der Freiheit der Person – objektiv-institutionell „als Grundlage des Gemeinschaftslebens" unter den besonderen Schutz des Gesetzes gestellt (Art. 4)[101]. Aus dem Staatskirchenrecht der Weimarer Reichsverfassung werden die Garantie des Status der Körperschaft des öffentlichen Rechts (Art. 51 Abs. 1, 2 Verf. Hessen) wie auch die der Institution Kirche förderlichen Garantien des kirchlichen Selbstbestimmungsrechts (Art. 49), der Kirchensteuer (Art. 51 Abs. 3), der Staatsleistungen (Art. 52), des Feiertagsschutzes (Art. 53) und der Anstaltsseelsorge (Art. 54) übernommen[102].

36
Ehe, Familie

Institutionelles Staatskirchenrecht

Die hessische Verfassung beschäftigt sich – für konservatives Denken wiederum typisch – auch mit den Voraussetzungen liberaler Freiheit[103]. Neben dem institutionellen Staatskirchenrecht und der Garantie des Religionsunterrichts im Abschnitt V „Erziehung und Schule" (Art. 57 Verf. Hessen), die im Sinne des „Böckenförde-Diktums" ihre Rechtfertigung gerade aus der Pflege

37
Voraussetzungen grundrechtlicher Freiheit

---

98 *Hans Georg Ruppe*, Die Ausnahmebestimmungen des Einkommensteuergesetzes – Probleme der Rechtsanwendung und Rechtsfortbildung bei den Steuerbegünstigungen der österreichischen Einkommensteuer, 1971, S. 111 ff.; *Joachim Lang*, Die Bemessungsgrundlage der Einkommensteuer: Rechtssystematische Grundlagen steuerlicher Leistungsfähigkeit im deutschen Einkommensteuerrecht, 1981/88, S. 218 FN 24, S. 229 f.; *Klaus Tipke*, Die Steuerrechtsordnung, Bd. II², 2003, S. 634. In der Rechtswirklichkeit sind die steuerpolitischen Gebote ohne praktische Bedeutung, da es sich bei der Einkommen- und Vermögensteuer um Materien der konkurrierenden Gesetzgebung handelt (Art. 105 Abs. 2 Alt. 1 i.V.m. Art. 106 Abs. 3 Satz 1 GG bzw. Art. 105 Abs. 2 Alt. 2 i.V.m. Art. 106 Abs. 2 Nr. 5 GG, Art. 72 Abs. 2 GG) und der Bund hier von seinem Gesetzgebungsrecht Gebrauch gemacht hat (Art. 72 Abs. 1 GG); das gilt auch für die mit der Verfassung unvereinbare Vermögensteuer, *Paul Kirchhof*, Bundessteuergesetzbuch, 2011, § 2 RN 62; *Christian Mayer*, Die Folgen des Ausbleibens der vom Bundesverfassungsgericht geforderten Reform des Vermögensteuerrechts, DStR 1997, S. 1152 (1155); a.A. *Hanno Kube*, Verfassungsrechtlicher Rahmen von Vermögensteuer und Vermögensabgabe, DStR-Beih. 2013, S. 37 (39); s. auch *Roman Seer*, in: Tipke/Lang, Steuerrecht, ²¹2013, § 16 RN 61.
99 *Barwinski*, in: Zinn/Stein (LitVerz.), Stand: 1954, Art. 47, Anm. 3.
100 Zur Wertschätzung von Institutionen als Kennzeichen konservativen Denkens: → Bd. I: *Depenheuer*, Grundrechte und Konservativismus, § 11 RN 36 ff.
101 Klassisch zur Bedeutung der Familie für den Staat: *Friedrich Schlegel*, Zur Geschichte und Politik, 1827, hier zit. nach Ernst Behler (Hg.), Kritische Friedrich-Schlegel-Ausgabe, Fragmente zur Geschichte und Politik, Bd. XXII, 1979, S. 353.
102 Zur Bedeutung der Institution Kirche für den Konservatismus: → Bd. I: *Depenheuer*, § 11 § 11 RN 36 f.
103 Dazu: → Bd. II: *Depenheuer*, § 11 § 11 RN 18 ff., 54.

der Voraussetzungen grundrechtlicher Freiheit erfahren[104], formuliert die Verfassung das Ziel der Erziehung der Jugend zu „Gemeinsinn und zu leiblicher und seelischer Tüchtigkeit" als Recht und Pflicht der Eltern (Art. 55 Verf. Hessen). Das Gelingen grundrechtlicher Freiheit wird hier nicht als etwas betrachtet, das sich wie selbstverständlich von selbst ergibt, sondern wird als etwas verstanden, das staatlicher und gesellschaftlicher Vorsorge und Umhegung bedarf.

38
Symmetrie von Rechten und Pflichten

Die zu konservativem Grundrechtsdenken gehörenden Prinzipien einer materiellen Gebundenheit von Freiheit sowie einer Symmetrie von Rechten und Pflichten treten in der Ausgestaltung zutage, die das Eigentum wie auch die Stellung des Bürgers erfahren haben[105]: Eigentum ist apriorisch gebunden, sein Inhalt wie auch seine Grenzen ergeben sich aus dem Gesetz; der Eigentümer ist gegenüber der Gemeinschaft verpflichtet und nur zu einem gemeinwohlverträglichen Gebrauch seines Eigentums befugt (Art. 45 Abs. 2 Satz 1 GG). Jedermann kann durch Gesetz zur Übernahme ehrenamtlicher Tätigkeiten und zur Leistung persönlicher Dienste für Staat und Gemeinde verpflichtet werden (Art. 25 Satz 1 Verf. Hessen); dem Recht auf Arbeit steht eine sittliche Pflicht zu arbeiten gegenüber (Art. 28 Abs. 2 Verf. Hessen).

39
„Nachhaltigkeit"

Die konservative Vorstellung schließlich eines auch der Zukunft gegenüber zu verantwortenden Freiheitsgebrauchs hat im Prinzip der „Nachhaltigkeit" des Staatsziels Umweltschutz bei einer der jüngeren Verfassungsänderungen ihren Ausdruck gefunden (Art. 26a Verf. Hessen)[106].

V. Elemente einer demokratischen Grundrechtstheorie

40
Demokratie als „Lebensform"

Schließlich finden sich in der hessischen Verfassung auch Vorstellungen, die einer als demokratisch zu bezeichnenden Grundrechtstheorie zuzuordnen sind[107]. Soll der Staat um des Menschen willen da sein, könnten sich Grundrechte nach Ansicht des Verfassungsgebers nicht auf die Funktion von Abwehrrechten zum Schutz individueller oder kollektiver Rechtspositionen beschränken, sondern müßten auch eine staatshervorbringende Dimension

---

104 *v. Campenhausen/de Wall*, Staatskirchenrecht. Eine systematische Darstellung des Religionsverfassungsrechts in Deutschland und Europa, ⁴2006, S. 242, 246; *Heckel*, Der Rechtsstatus des Religionsunterrichts im pluralistischen Verfassungssystem des Grundgesetzes, ZThK 97 (2000), S. 128 (131 f.); *Böckenförde*, Die Entstehung des Staates als Vorgang der Säkularisation, in: Ernst Forsthoff zum 65. Geburtstag, 1967, S. 75 (93) – zum Böckenförde-Diktum: *Isensee*, Der lange Weg zu „Dignitas humanae" – Konvergenzen und Divergenzen von kirchlichem Wahrheitsanspruch und verfassungsrechtlichem Freiheitsverständnis, in: Christian Hillgruber (Hg.), Das Christentum und der Staat. Annäherungen an eine komplexe Beziehung und ihre Geschichte, 2014, S. 51 (69 ff.); *Link*, Religionsunterricht, in: Listl/Pirson, HdbStKirchR II (LitVerz.), § 54, S. 439 (508 f.); *Mückl*, Freiheit kirchlichen Wirkens, HStR ³VII, § 161 RN 28.
105 Dazu → Bd. I: *Depenheuer*, § 11 RN 18 ff., 54.
106 Zur „Nachhaltigkeit" als Ausdruck konservativen Grundrechtsdenkens: → Bd. I: *Depenheuer*, § 11 RN 32, 47 ff.
107 Zu den Merkmalen einer demokratischen Grundrechtstheorie nach wie vor einflußreich: *Böckenförde*, Grundrechtstheorie und Grundrechtsinterpretation, NJW 1974, S. 1529 (1534 f.); kanonisiert zuletzt von Ino Augsberg/Sebastian Unger (Hg.), Basistexte: Grundrechtstheorie, 2012, S. 15 ff.

entfalten[108]. Die Demokratie sei hier nicht allein Staatsform, sondern habe auch Lebensform zu sein. Die Menschen sollen in einer solchen Ordnung nicht nur bei der Willensbildung in der staatlichen und kommunalen Sphäre durch Wahlen und Abstimmungen (Art. 71, 138 Verf. Hessen) mitentscheiden, sondern hätten ebenso mitzubestimmen in den Betrieben (Art. 37), in der Sozialversicherung (Art. 35 Abs. 1 Satz 2, 3)[109], in den wirtschaftslenkenden Organen des Staates (Art. 38 Abs. 3), bei der Gestaltung des Unterrichtswesens in der Schule (Art. 56 Abs. 6) und in der Universität (Art. 60 Abs. 1 Satz 2). An dieser Mitgestaltung teilzunehmen steht dabei nicht, wie dies einem freiheitlichen Konzept des Verhältnisses von Staat und Gesellschaft im Sinne der Gegenüberstellung von staatlicher Bindung und gesellschaftlicher Freiheit entsprechen würde[110], im Belieben des Bürgers, sondern ist seine rechtliche Pflicht[111].

Mitgestaltungspflicht

D. Lebens- und Gemeinschaftsordnungen

I. Allgemeines

Die hessische Verfassung beschränkt sich nicht darauf, juridisch einklagbare Grundrechte für die ihr unterworfenen Menschen zu gewährleisten. Sie knüpft vielmehr an die Tradition der Weimarer Reichsverfassung an und gestaltet auch einzelne Lebensbereiche: staatliche (Schule), gesellschaftliche (Wirtschaft und Arbeit, Religion und Kirche) wie auch in einer Zwischenschicht zwischen Staat und Gesellschaft angesiedelte (Universität, Sozialversicherung) durch soziale Grundrechte, Staatszielbestimmungen und Programmsätze aus. Angesichts der schwierigen Lage, in der sich Staat und Gesellschaft nach dem Zusammenbruch der Diktatur und dem Ende des Zweiten Weltkrieges befunden haben, schien den maßgebenden Akteuren eine grundrechtliche Ordnung, die sich auf die Gewährleistung klassisch-liberaler Grundrechte beschränkte, nicht angemessen; vielmehr habe es in dieser Ordnung auch einer normativen Umhegung von Lebensbereichen bedurft, deren Ausrichtung an den Gestaltungsprinzipien der Verfassung für das Gelingen des Gemeinwesens als wesentlich zu betrachten sei[112].

41
Normative Umhegung von Lebensbereichen

---

108 *Eichel*, Vorwort des Hessischen Ministerpräsidenten, in: ders./Möller (LitVerz.), S. 9; *Erwin Stein* (FN 62), S. 183 (188, 191, 202); ders. aaO. auch zum Folgenden.
109 *Hinkel* (LitVerz.), Art. 35, weist auf die weitgehende Überlagerung des Art. 35 Verf. Hessen durch Bundesrecht hin, so daß der Norm seit Inkrafttreten des Grundgesetzes keine Gesetzgebungsdirektive mehr innewohne, die auf die Errichtung eines allgemeinen Sozialversicherungsträgers ziele.
110 Zu dieser Unterscheidung: *H.H. Rupp*, Staat und Gesellschaft, HStR³ II, § 31 RN 26, 27 f., 29 ff.
111 *Erwin Stein* (FN 62), S. 183 (191); zur Unvereinbarkeit dieses Konzepts mit einem freiheitlichen Grundrechtsverständnis: *Merten*, Handlungsgrundrechte als Verhaltensgarantien, in: VerwArch. 73 (1982), S. 103 (113 ff.).
112 Zu diesem allgemeinen Trend der damaligen Zeit: *H.L. Brill*, Die Grundrechte als Rechtsproblem, DÖV 1948, S. 54; aus jüngerer Zeit → Bd. III: *Lange*, Grundrechtliche Besonderheiten in den Landesverfassungen, § 83 RN 50.

II. Soziale und wirtschaftliche Rechte und Pflichten

1. Die Arbeitswelt

42
Menschenwürde als Fundament

Die hessische Verfassung beginnt ihren Abschnitt III „Soziale und wirtschaftliche Rechte und Pflichten" mit Regeln für die Arbeitswelt (Art. 28 bis 37), die sie mit einem Programmsatz einleitet und grundiert, der für diesen Bereich des Gemeinwesens bestimmend sein soll: Die Sozial- und Wirtschaftsordnung „beruht" auf der Anerkennung der Würde und der Persönlichkeit des Menschen (Art. 27 Verf. Hessen). Die menschliche Arbeitskraft – so heißt es weiter – soll „unter dem besonderen Schutze des Staates" stehen (Art. 28 Abs. 1). Vor dem Hintergrund der Deutung, daß auch die hohe Arbeitslosigkeit in der Spätphase der Weimarer Republik eine Ursache für das Aufkommen des Nationalsozialismus gewesen ist, wie auch als Ausdruck der Würde und Persönlichkeit des Menschen als Grundlage der Sozial- und Wirtschaftsordnung, hat jeder nach seinen Fähigkeiten ein „Recht auf Arbeit" (Art. 28 Abs. 2 Halbs. 1), wobei er im Sinne einer konservativen Theorie der Verfassung als einer „Ordnung auf Gegenseitigkeit"[113], unbeschadet seiner persönlichen Freiheit, sittlich zur Arbeit verpflichtet ist (Art. 28 Abs. 2 Halbs. 2).

Arbeitslosigkeit

Der Arbeitslose besitzt einen Anspruch auf den notwendigen Unterhalt für sich und seine unterhaltsberechtigten Angehörigen, wobei dieser Anspruch an der nicht immer beachteten Einschränkung hängt, daß den Betroffenen „keine Schuld" an seiner Arbeitslosigkeit treffen darf (Art. 28 Abs. 3 Satz 1). Die Arbeitslosenunterstützung ist nicht nur unverbindliche Verheißung, sondern ihrer Idee nach ein unmittelbar gegen den Staat gerichteter einklagbarer Anspruch[114], dessen Mittel nicht aus Steuern[115], sondern aus einer vom Gesetzgeber zu schaffenden Arbeitslosenversicherung aufzubringen sind (Art. 28 Abs. 3 Satz 2).

43
Vorgaben für das Arbeitsverhältnis

In Weiterführung der programmatischen Aussage, daß die Sozial- und Wirtschaftsordnung auf der Anerkennung der Würde und der Persönlichkeit des Menschen beruht (Art. 27 Verf. Hessen), folgen Vorgaben für die konkrete Ausgestaltung jedes einzelnen Arbeitsverhältnisses. Danach „müssen" die Arbeitsbedingungen so beschaffen sein, daß sie die Gesundheit, die Würde, das Familienleben und die kulturellen Ansprüche des Arbeitnehmers sichern; insbesondere darf die leibliche, geistige und sittliche Entwicklung der Jugendlichen nicht gefährdet werden (Art. 30 Abs. 1); die Beschäftigung von Kindern ist verboten (Art. 30 Abs. 3). Der Gesetzgeber erhält den Auftrag, Einrichtun-

---

113 → Bd. I: *Depenheuer*, Grundrechte und Konservativismus, § 11 § 11 RN 52 f., allgemein bereits RN 32 ff.; von einer konservativen Theorie einer Verfassung als Gegenseitigkeitsordnung zu unterscheiden ist das gleichlautende vertragstheoretische Konzept von *Görg Haverkate*, Verfassungslehre. Verfassung als Gegenseitigkeitsordnung, 1992, passim.
114 *Sacksofsky*, in: Hermes/Reimer (LitVerz.), § 2 RN 20; zur rechtlichen Bedeutung s.o. FN 94; zur Mediatisierung dieses Anspruchs durch einfachrechtliche Sicherungssysteme s. unten E III mit FN 163.
115 So *Sacksofsky* aaO., § 2 RN 20, die hierin einen Fall öffentlicher Fürsorge (Art. 74 Abs. 1 Nr. 7 GG) und damit keinen sozialversicherungsrechtlichen, sondern aus Steuermitteln zu finanzierenden Anspruch sieht.

gen zum Schutze der Mütter und Kinder zu errichten sowie die „Gewähr zu schaffen", Frauen zu ermöglichen, ihre Aufgaben als Bürgerin und Schaffende mit ihren Pflichten als Frau und Mutter zu vereinbaren (Art. 30 Abs. 2); die auf der Ebene des Bundes zunehmend erst ab den siebziger Jahren des 20. Jahrhunderts zum Thema gewordene Forderung nach staatlicher Organisation der Vereinbarkeit von „Familie und Beruf" war Staatsziel der hessischen Verfassung bereits von Anfang an. Sonn- und gesetzliche Feiertage sollen künftig arbeitsfrei, der Achtstundentag die gesetzliche Regel sein (Art. 31)[116]; Ausnahmen hiervon dürfen nur durch Gesetz oder Gesamtvereinbarung zugelassen werden, wenn sie der Allgemeinheit dienen (Art. 31 Abs. 2 Satz 2). Der 1. Mai wird gesetzlicher Feiertag aller arbeitenden Menschen (Art. 32 Satz 1), wobei er als eine Versinnbildlichung „des Bekenntnisses" – gemeint ist das der hessischen Verfassung – zur sozialen Gerechtigkeit, zu Fortschritt, Frieden, Freiheit und Völkerverständigung verstanden werden soll (Art. 32 Satz 2). Das Arbeitsentgelt soll einerseits der Leistung des Arbeitnehmers entsprechen, muß andererseits aber zum Lebensbedarf für den Arbeitenden wie auch seiner Unterhaltsberechtigten ausreichen (Art. 33 Satz 1), für die in die Arbeitszeit fallende Feiertage weiter gezahlt werden (Art. 33 Satz 3) und für Frauen und Jugendliche bei gleicher Tätigkeit und gleicher Leistung gleich bemessen sein (Art. 33 Satz 2). Jeder Arbeitnehmer hat zudem Anspruch auf bezahlten Urlaub von mindestens zwölf Arbeitstagen im Jahr (Art. 34)[117].

„Familie und Beruf"

Arbeitsentgelt

Neben dem einzelnen Arbeitsverhältnis nimmt die Verfassung auch die Gesamtheit der Beschäftigten in den Blick. So erteilt sie dem Gesetzgeber den Auftrag, ein für Angestellte, Arbeiter und Beamte einheitliches Arbeitsrecht zu schaffen (Art. 29 Abs. 1)[118]. Im kollektiven Arbeitsrecht wird das Recht, sich in Gewerkschaften oder Unternehmervertretungen zu vereinigen, um die Arbeits- und Wirtschaftsbedingungen zu gestalten und zu verbessern, ausdrücklich für jedermann als Individualrecht wie objektivrechtlich als Institutsgarantie gewährleistet (Art. 36 Abs. 1)[119]. Gegenüber Privaten werden im Sinne einer „unmittelbaren Drittwirkung" der Grundrechte die positive – „niemand darf gehindert werden" – und die negative – „niemand darf gezwungen werden" – Koalitionsfreiheit geschützt, wobei die negative Koalitionsfreiheit sogar noch vor der positiven aufgeführt wird (Art. 36 Abs. 2). Gewerkschaften und Unternehmungen sollen Gesamtvereinbarungen schließen können (Art. 29 Abs. 2 Satz 1), die normativ verbindlich sind und Abweichungen lediglich zugunsten („Günstigkeitsprinzip") der Arbeitnehmer (Art. 29 Abs. 2

44
Gewerkschaften, Tarifautonomie und Streik

Drittwirkung

---

116 Die Norm ist weitestgehend von Regelungen des Bundes überlagert, dazu: *Hinkel* (LitVerz.), Art. 31.
117 Nach *Hinkel* (LitVerz.), Art. 34, geht das Bundesurlaubsgesetz v. 8.1.1963 (BGBl. I S. 2), diesem Artikel grundsätzlich vor.
118 Diesem Auftrag ist der hessische Gesetzgeber in den ersten Jahren nicht nachgekommen und ist nach Erlaß des Grundgesetzes hierzu auch nicht mehr in der Lage. Das Grundgesetz und der auf seiner Grundlage tätig gewordene Bundesgesetzgeber haben ihm die Kompetenz für das Arbeitsrecht, das Beamtenrecht und das Recht der Angestellten im öffentlichen Dienstes genommen (Art. 72 ff. GG).
119 Zum subjektiv-rechtlichen Gehalt: → Bd. III: *Lange*, Grundrechtliche Besonderheiten in den Landesverfassungen, § 83 RN 20, gegen *Barwinski*, in: Zinn/Erwin Stein (LitVerz.), Art. 45 Anm. 3 c; zur Institutsgarantie *Barwinski* aaO., Anm. 1, 3 a.

§ 251   *Sechzehnter Teil: III. Die Grundrechte in den Landesverfassungen*

Streikrecht | Satz 2) zulassen dürfen[120]. Das Streikrecht wird anerkannt, sofern der Streik, so der Kompromiß zwischen Sozialdemokratischer Partei und Christlich Demokratischer Union[121], sich nicht unorganisiert als „wilder" Streik ereignet, sondern von den Gewerkschaften geführt wird (Art. 29 Abs. 4). Die Aussperrung als Kampfmittel der Arbeitgeber soll hierbei rechtswidrig sein, und zwar nach dem Text der Verfassung ausnahmslos (Art. 29 Abs. 5)[122]; zudem ist das Schlichtungswesen gesetzlich zu regeln (Art. 29 Abs. 3).

45
Mitbestimmung

In allen Betrieben und Behörden erhalten unter Mitwirkung der Gewerkschaften Angehörige aller Beschäftigtengruppen gemeinsame Betriebsvertretungen, die in allgemeiner, gleicher, freier, geheimer und unmittelbarer Wahl von den Beschäftigten zu wählen sind (Art. 37 Abs. 1 Verf. Hessen)[123]. Diese Betriebsvertretungen sind dazu berufen, im Benehmen mit den Gewerkschaften gleichberechtigt mit den Unternehmern in sozialen, personellen und wirtschaftlichen Fragen des Betriebes mitzubestimmen, wobei das Nähere gesetzlich zu regeln ist (Art. 37 Abs. 2, 3). In den vom Staat mit der Durchführung seiner Maßnahmen zur Lenkung der Wirtschaft beauftragten Organen sollen Gewerkschaften und Vertreter der Unternehmen sogar gleiches Mitbestimmungsrecht bekommen (Art. 38 Abs. 3).

46
Gebot einer „das gesamte Volk" verbindenden Sozialversicherung

Schließlich konnte sich die Sozialdemokratische Partei Deutschlands mit ihrem Wunsch durchsetzen, die Schaffung einer „das gesamte Volk" verbindenden, das heißt weite Teile der Bevölkerung in die Versicherungspflicht einbeziehenden Sozialversicherung als Gebot in die Verfassung aufzunehmen (Art. 35 Abs. 1 Satz 1 Verf. Hessen). Innerhalb des Gesamtkompromisses konnte die Union bei diesem Thema die Sozialdemokratische Partei zu dem für sie wichtigen Zugeständnis bewegen[124], daß diese Versicherung „sinnvoll aufzubauen" sei (Art. 35 Abs. 1 Satz 2), also nicht zu einer Beseitigung der vorgefundenen Mehrzahl von Versicherungsarten, der Verschiedenheit der Versicherungsträger und der Differenzierung der Versicherungsleistungen führen sollte[125]. Zudem sollten die Selbstverwaltung der Versicherten anerkannt und ihre Organe in allgemeiner, gleicher, freier und geheimer Wahl

Gesetzgebungsdirektiven

---

120 Art. 29 Abs. 1, 2 widerspricht im Hinblick auf Beamte Art. 33 Abs. 5 GG und kann daher wegen Art. 31 GG keine Geltung beanspruchen, *Hinkel* (LitVerz.), Art. 29; die arbeitsrechtliche Gesetzgebung stellt sich insgesamt als ein Gegenstand der konkurrierenden Gesetzgebung nach Art. 74 Abs. 1 Nr. 12 GG dar, von der der Bundesgesetzgeber auch bereits weitestgehend Gebrauch gemacht hat, so daß für das Land kaum noch Regelungsmöglichkeiten verblieben sind, *ders.* ebd.; BVerfGE 84, 212 (224 ff.).
121 S. unter A II, RN 8 mit FN 31.
122 Die Zulässigkeit der Abwehraussperrung als Arbeitskampfmittel der Arbeitgeberseite berührt das im bundesrechtlichen Richterrecht geregelte Tarifrecht. Das Landesrecht kann diese Frage damit nicht regeln, BAGE 33, 140 (161 f.); 58, 138 (155 f.); a.A. für die lösende Aussperrung, da die Vorrangigkeit der grundgesetzlichen Koalitionsfreiheit bisher nur für die suspendierende Aussperrung entschieden worden sei, *Lange/Jobs* (FN 90), S. 445 (462); *Hinkel* (LitVerz.), Art. 29.
123 Die Gewährleistung des Art. 37 Verf. Hessen hat keine praktische Bedeutung, da der Bund von seiner Gesetzgebungskompetenz nach Art. 74 Abs. 1 Nr. 12 GG durch Erlaß des Betriebsverfassungsgesetzes v. 11. 10. 1952 (BGBl. I S. 681) Gebrauch gemacht hat, *Löhr*, Die Rechte des Menschen (LitVerz.), S. 337.
124 S. unter A II, RN 8 mit FN 31.
125 *Barwinski*, in: Zinn/Erwin Stein (LitVerz.), Art. 35, Anm. 2.

gewählt werden, wobei das Nähere im Gesetz bestimmt werden sollte (Art. 35 Abs. 1 S. 4, 5). An den die Sozialversicherung ausgestaltenden Gesetzgeber richtet die Verfassung die Direktive, daß die Institution Sozialversicherung den Gesundheitszustand des Volkes, auch durch vorbeugende Maßnahmen, heben, Kranken, Schwangeren und Wöchnerinnen jede erforderliche Hilfe leisten und eine ausreichende Versorgung für Erwerbsbeschränkte, Erwerbsunfähige und Hinterbliebene sowie im Alter sichern solle (Art. 35 Abs. 2). Die Ordnung des Gesundheitswesens insgesamt sollte Angelegenheit des Staates sein, wobei der Gesetzgeber auch hier das Nähere zu bestimmen haben sollte (Art. 35 Abs. 3).

2. Die Wirtschaft

47 Staatliche Lenkung der Wirtschaft

An den Beginn der verfassungsrechtlichen Ordnung der Wirtschaft stellt der Verfassunggeber wiederum einen Programmsatz, in dem er sein Verständnis dieses Wirkungsfeldes des Gemeinwesens offenlegt: Das Gebiet der Wirtschaft ist kein Lebensbereich grundrechtlicher Freiheit, sondern staatlicher Lenkung, der Bürger wird hier nicht in Freiheit entlassen, sondern in rechtliche Bindung genommen. Der Wirtschaft wird daher – im Widerspruch zur Idee der Freiheit, die keine Aufgaben kennt[126] – eine Aufgabe auferlegt: sie hat dem Wohle des ganzen Volkes und der Befriedigung seines Bedarfs zu dienen (Art. 38 Abs. 1 Satz 1 Verf. Hessen). Der Gesetzgeber soll hierzu Maßnahmen anordnen, die erforderlich sind, um die Erzeugung, Herstellung und Verteilung sinnvoll zu lenken und jedermann einen gerechten Anteil an dem wirtschaftlichen Ergebnis aller Arbeit zu sichern und ihn vor Ausbeutung zu schützen (Art. 38 Abs. 1 Satz 2). Nur im Rahmen der Grenzen, die durch diese verfassungsrechtlichen Vorgaben gezogen sind, ist die wirtschaftliche Betätigung frei (Art. 38 Abs. 2).

Verteilungsgerechtigkeit

48 Verhinderung des Mißbrauchs wirtschaftlicher Macht

Der „Wirtschaft" insgesamt begegnet die Verfassung mit einem grundsätzlichen Mißtrauen, und zwar vor allem dann, wenn die in ihr tätigen Unternehmen eine bestimmte Größe erreicht haben. Hintergrund dieser Weltsicht ist wiederum die Deutung der Gründe für die Entstehung der nationalsozialistischen Herrschaft, bei deren Zustandekommen und Festigung den „Großunternehmen" eine wesentliche Mitschuld zugeschrieben wird[127]. In der Konsequenz dieses Gedankens hält die hessische Verfassung es für notwendig, in einer weiteren für den gesamten Bereich geltenden Bestimmung jeden „Mißbrauch der wirtschaftlichen Freiheit", insbesondere zu monopolistischer Machtzusammenballung und zu politischer Macht, ausdrücklich zu untersa-

---

126 → Bd. II: *Merten*, Negative Grundrechte, § 42 RN 40 ff.
127 In diese Richtung etwa *Wilhelm Knothe* (SPD), abgedruckt bei: Berding (FN 21), S. 416: „Es waren die Kreise der Schwerindustrie, der Großagrarier [...], die in Hitler den Vollstrecker ihres politischen und ökonomischen Machtstrebens zu erkennen glaubten [...]", S. 418 oder *Müller* (KPD), abgedruckt bei: Institut für Marxistische Studien und Forschungen (Hg.), 1978, Dokument 14, S. 97 (99): „[...] wohin eine solche Wirtschaftspolitik geführt hat, das zeigen uns die Trümmerhaufen ringsum, das beweisen uns die 33 Millionen Toten, das demonstrieren uns die Schwerbeschädigten".

gen (Art. 39 Abs. 1)[128]. Zur Abwehr der Gefahr des Mißbrauchs wirtschaftlicher Freiheit erhält der Gesetzgeber den Auftrag, Vermögen, das die Gefahr solchen Mißbrauchs in sich birgt, in Gemeineigentum zu überführen (Art. 39 Abs. 2 Satz 1). Die Verfügung über dieses Eigentum und über seine Verwaltung soll durch Gesetz solchen Rechtsträgern übertragen werden, welche die Gewähr dafür bieten, daß das Eigentum ausschließlich dem Wohle des ganzen Volkes dient und Machtzusammenballungen vermieden werden (Art. 40 S. 2).

49
Sozialisierungsfragen

Der Gesetzgeber hat seine Entscheidung über die Sozialisierung davon abhängig zu machen, ob die Überführung des Betriebes in Gemeineigentum wirtschaftlich zweckmäßig ist. Kommt er zu der Einschätzung, daß es hieran fehlt, hat er das Vermögen durch gesetzliche Bestimmungen (lediglich) unter Staatsaufsicht zu stellen oder durch vom Staate bestellte Organe verwalten zu lassen (Art. 39 Abs. 2 Satz 2 Verf. Hessen). Die Entschädigung für das in Gemeineigentum überführte Vermögen hat der Gesetzgeber nach sozialen Gesichtspunkten zu regeln (Art. 39 Abs. 4 Satz 1), wobei bei festgestelltem Mißbrauch wirtschaftlicher Macht in der Regel die Entschädigung ganz zu versagen ist (Art. 39 Abs. 4 Satz 2).

50
Erstreckung des Geltungsanspruchs der Verfassung über Hessen hinaus

Den Mißbrauch ihrer wirtschaftlichen Machtstellung bereits für erwiesen erachteten die Mitglieder der Verfassungberatenden Landesversammlung in ihrer Mehrheit bei den Unternehmen unter anderem des Bergbaus, der Eisen- und Stahlerzeugung, die daher mit dem Inkrafttreten der Verfassung automatisch in Gemeineigentum überführt werden sollten[129]. Das Mißtrauen gegen Unternehmen, die in diesen Bereichen der Wirtschaft tätig sind, ging sogar so weit, daß die hessische Verfassung ihren Geltungsanspruch über die Landesgrenzen Hessens hinaus erstreckte und in Hessen gelegene Betriebe mit ihrem Inkrafttreten auch dann der Aufsicht oder Verwaltung des Staates unterstellte, wenn der Sitz des diese Betriebe tragenden Unternehmens sich nicht in Hessen befand[130]. Zudem sollten große in Hessen gelegene Banken und Versicherungen der Aufsicht oder Verwaltung des Staates unterstellt werden[131]. Die Eigentümer sowie die mit der Leitung eines auf diese Weise in Gemeineigentum überführten Betriebes betrauten Personen hatten die Betriebe als Treuhänder des Landes bis zum Erlaß der Ausführungsgesetze, welche die Verfassung für notwendig hält, weiterzuführen (Art. 41 Abs. 3 Verf. Hessen).

51
Leitbild des Klein- und Mittelbetriebs

Sind Großunternehmen aus Sicht des Verfassungsgebers für die Freiheit der Beschäftigten wie auch für das soziale Funktionieren einer Wirtschaft per se „latent gefährlich", ist Leitbild der Wirtschaft konsequenterweise der selb-

---

128 Art. 39 Abs. 1 ist durch das auf Grundlage von Art. 74 Abs. 1 Nr. 16 GG erlassene Gesetz gegen Wettbewerbsbeschränkungen (GWB) v. 27. 7. 1957 (BGBl. I S. 1081) sowie durch das Gesetz gegen den unlauteren Wettbewerb (UWG) v. 27. 5. 1896 (RGBl. S. 145), das nach Art. 125 GG fortgilt, verdrängt und damit gemäß Art. 31 GG gebrochen, *Lange/Jobs* (FN 90), S. 445 (462); Art. 39 Abs. 2 bis 4 verstoßen gegen Art. 15 GG i.V.m. Art. 14 Abs. 3 Satz 3 GG und sind so ebenfalls unwirksam (Art. 31 GG), *Hinkel* (LitVerz.), Art. 39.
129 S. oben unter C III 3, RN 28 ff.
130 S. bereits oben in FN 2.
131 S. oben unter C III 3, RN 28 ff.

ständige Klein- und Mittelbetrieb in Landwirtschaft, Gewerbe, Handwerk und Handel. Gesetzgebung und Verwaltung erhalten deshalb den Auftrag, Betriebe dieser Größe zu fördern und besonders vor Überlastung und „Aufsaugung" zu schützen (Art. 43 Abs. 1 Verf. Hessen), wobei der Ausbau der genossenschaftlichen Selbsthilfe (Art. 43 Abs. 2) wie auch die Förderung des Genossenschaftswesen insgesamt (Art. 44) ausdrücklich als hier denkbare Instrumente in der Verfassung hervorgehoben werden[132].

III. Staat, Kirchen, Religions- und Weltanschauungsgemeinschaften

Zu den Themen, die in den Beratungen der Verfassung zwischen den beiden großen politischen Lagern besonders umstritten gewesen waren, gehörte das Staatskirchenrecht[133]. Hier standen sich laizistisch eingestellte Kräfte in den Reihen von Sozialdemokratischer Partei Deutschlands, Kommunistischer Partei und Liberaldemokratischer Partei auf der einen und kirchenfreundlich gestimmte Akteure in den Reihen der Christlich Demokratischen Union auf der anderen Seite mit diametralen Positionen gegenüber. Erst am Ende der Verhandlungen war es möglich, im Rahmen des Kompromisses, der für die gesamte Verfassung gefunden werden konnte[134], eine Einigung auch für das Staatskirchenrecht zu erzielen. Dabei kennzeichnen den Kompromiß zwei Elemente. Im Ausgangspunkt sollten die staatskirchenrechtlichen Regeln der Weimarer Reichsverfassung, die ihrerseits bereits Ergebnis eines Kompromisses zwischen laizistischen und kirchenfreundlichen Kräften in der Weimarer Nationalversammlung gewesen sind[135], übernommen werden. Der Abschnitt beginnt daher mit einer Garantie der individuellen und der kollektiven Religionsfreiheit. Die ungestörte und öffentliche Religionsübung wie auch die Freiheit der Vereinigung zu Religions- und Weltanschauungsgemeinschaften werden gewährleistet (Art. 48 Abs. 1 Verf. Hessen), der Zwang wie auch die Hinderung, an einer kirchlichen Handlung oder Feierlichkeit oder religiösen Übung teilzunehmen oder eine religiöse Eidesformel zu benutzen, werden verboten (Art. 48 Abs. 2). Gewährleistet sein sollte auch die negative Religionsfreiheit, und zwar, wie der Staatsgerichtshof im Schulgebetsstreit betont hatte, „unbedingt und ausnahmslos"[136]. Dabei stimmten die Beteiligten darin überein, neben Fragen der individuellen Religionsfreiheit auch die institutionelle Ordnung des Verhältnisses von Staat und Kirche zu regeln. Anders als später im Grundgesetz geschieht dies gesetzgebungstechnisch jedoch nicht

52
Weimarer Kompromiß als Ausgangspunkt

Individuelle und kollektive Religionsfreiheit

---

132 Das Genossenschaftswesen ist im GenG v. 1.5.1889, RGBl. S. 55 geregelt, das gem. Art. 125 Nr. 1 GG als Bundesrecht seine Geltung behalten hat, *Barwinski*, in: Zinn/Erwin Stein (LitVerz.), Art. 44 Anm. 1.
133 Dazu: *Will*, Entstehung (LitVerz.), S. 431 ff., 457.
134 S. unter A II, RN 8 mit FN 31.
135 Dazu: *Korioth*, in: Maunz/Dürig, GG (LitVerz.), Art. 140 RN 4 ff.; *Ehlers*, in: Sachs, GG (LitVerz.), Art. 140 RN 1.
136 Mit der Folge der Unzulässigkeit des Schulgebets: *StGH Hessen* v. 27.10.1965 (P.St. 388), *ESVGH 16*, 1 (8); zeitgenössische Kritik: *Hamel*, Die Bekenntnisfreiheit in der Schule, NJW 1966, S. 18 ff.; anders in dieser Frage: *BVerfGE 52*, 223 (241).

durch einen Verweis auf die Bestimmungen der Reichsverfassung, sondern durch eigenständige Regeln in der hessischen Verfassung selbst[137].

53
Betonung der Trennung von Staat und Kirche

Dabei – und das ist das andere Element – sollte der Gedanke der Trennung von Staat und Kirche, der aus der ebenfalls aus der Weimarer Reichsverfassung übernommenen Absage (Art. 137 Abs. 1 WRV) an das Bestehen einer Staatskirche (Art. 49 Abs. 3 Verf. Hessen) abzuleiten ist, deutlicher akzentuiert werden, als dies in der Reichsverfassung der Fall gewesen war[138]. So erteilt die hessische Verfassung dem Staat einen Handlungsauftrag, durch Gesetz oder im Wege der Vereinbarung die staatlichen und kirchlichen Bereiche klar gegeneinander abzugrenzen (Art. 50 Abs. 1 Verf. Hessen). Weiter haben sich die Kirchen, Religions- und Weltanschauungsgemeinschaften, wie umgekehrt auch der Staat, jeder Einmischung in die Angelegenheiten des anderen Teiles zu enthalten (Art. 50 Abs. 2 Verf. Hessen). Schließlich sollten die auf Gesetz, Vertrag oder besonderen Rechtstiteln beruhenden Staatsleistungen an die Kirchen, Religions- und Weltanschauungsgemeinschaften im Wege der Gesetzgebung abgelöst werden dürfen, ohne daß hierfür – wie noch von der Weimarer Reichsverfassung verlangt[139] – das vorherige Ergehen eines Grundsätzegesetzes des Reiches weiterhin Voraussetzung sein sollte (Art. 52 Verf. Hessen).

IV. Erziehung, Bildung, Denkmalschutz und Sport

54
Orientierung an Weimarer Reichsverfassung

Der den Themen „Erziehung, Bildung, Denkmalschutz und Sport" gewidmete fünfte Abschnitt der hessischen Verfassung orientiert sich ebenfalls weitgehend am vierten Abschnitt „Bildung und Schule" des Zweiten Teils der Weimarer Reichsverfassung. An ihren Beginn stellt die hessische Verfassung das in der Reichsverfassung noch im Abschnitt über das Gemeinschaftsleben plazierte und einer konservativen Grundrechtstheorie zugehörige Prinzip der Verantwortung der Eltern für ihre Kinder: Nicht der Staat, sondern die Eltern sind berechtigt und verpflichtet, die Jugend zu Gemeinsinn und zu leiblicher, geistiger und seelischer Tüchtigkeit zu erziehen (Art. 55 Verf. Hessen). Dieses Recht darf den Eltern nur durch Richterspruch nach Maßgabe der Gesetze und nicht auch durch eine behördliche Entscheidung entzogen werden (Art. 55 Satz 2)[140].

Elterliche Verantwortung

---

137 Selbstbestimmungsrecht der Kirchen und Religionsgemeinschaften (zu Art. 49 Abs. 1 Verf. Hessen s. Art. 137 Abs. 3 WRV), Status einer Körperschaft des öffentlichen Rechts (zu Art. 51 Abs. 2 Verf. Hessen s. Art. 137 Abs. 3 WRV), Kirchensteuer (zu Art. 51 Abs. 3 Verf. Hessen s. Art. 137 Abs. 6), Feiertagsschutz (zu Art. 53 Verf. Hessen s. Art. 141 WRV), Anstaltsseelsorge (zu Art. 54 Satz 1 Verf. Hessen s. Art. 139 WRV).
138 *Von Zezschwitz*, in: Eichel/Möller (LitVerz.), S. 70 (81 f.). → Oben *Korioth*, Religiöse und weltanschauliche Freiheiten, § 236 RN 48.
139 Zum Erlaß des Grundsätzegesetzes als Voraussetzung der Ablösung: *Isensee*, Staatsleistungen an die Kirchen und Religionsgemeinschaften, in: Listl/Pirson, HdbStKirchR I (LitVerz.), § 35, S. 1009 (1039 ff.).
140 Das Grundgesetz statuiert für die Entscheidung über die Trennung der Kinder von ihren Erziehungsberechtigten gegen deren Willen in seinem Text keinen Richtervorbehalt (Art. 6 Abs. 3), sondern dieser ergibt sich auf der Ebene des Bundes erst aus dem einfachen Recht (§§ 1666, 1666 a BGB).

Im Zusammenhang mit ihrer dann folgenden Statuierung einer allgemeinen Schulpflicht (Art. 56 Abs. 1 Satz 1) erklärt die Verfassung Hessens die Schule zur „Sache des Staates" (Art. 56 Abs. 1 Satz 2), womit sie stärker noch als die Weimarer Verfassung und später das Grundgesetz, die beide nur von einer „Aufsicht des Staates" über das Schulwesen sprechen (Art. 144 Satz 1 WRV, Art. 7 Abs. 1 GG), zwar nicht in der Sache, wohl aber sprachlich-symbolisch kirchliche Ansprüche abwehren und so an dieser Stelle das Prinzip der Trennung von Staat und Kirche weiter verdeutlichen will[141].

55
Schule als „Sache des Staates"

Zum Kompromiß, der in der Frage der Ordnung des Verhältnisses von Staat und Kirche zwischen den kirchenfreundlichen und laizistischen Kräften in der Verfassungberatenden Landesversammlung gefunden wurde[142], gehört, wie schon unter der Reichsverfassung, die Festlegung auf die Gemeinschaftsschule (Simultanschule) als Regelschule (Art. 56 Abs. 2 Verf. Hessen), und zwar, so in der Lesart des Staatsgerichtshofs, nicht im Sinne einer christlichen Gemeinschaftsschule, sondern „eine(r) Gemeinschaftsschule (für alle Bekenntnisse und Weltanschauungen) schlechthin"[143]. Das Recht, ausnahmsweise Bekenntnisschulen errichten zu dürfen, ist dagegen nicht schon in der Verfassung selbst ausdrücklich erwähnt (so Art. 146 Abs. 2 WRV). Es wird vielmehr durch Auslegung der Verpflichtung des Gesetzgebers entnommen, bei der näheren Regelung des Rechts der Eltern zur Mitgestaltung des Unterrichts (Art. 56 Abs. 7 Satz 1 Verf. Hessen) Vorkehrungen dagegen zu treffen, „daß in der Schule die religiösen und weltanschaulichen Grundsätze verletzt werden, nach denen die Erziehungsberechtigten ihre Kinder erzogen haben wollen" (Art. 56 Abs. 7 Satz 2)[144].

56
Gemeinschaftsschule als Regelschule

Die religiös-weltanschauliche Neutralität der Schule betont die hessische Verfassung weiter mit dem Gebot, daß Grundsatz eines jeden Unterrichts die Duldsamkeit zu sein hat (Art. 56 Abs. 3 Satz 1) und der Lehrer in jedem Fach auf die religiösen und weltanschaulichen Empfindungen aller Schüler Rücksicht nehmen und die religiösen und weltanschaulichen Auffassungen sachlich darlegen muß (Art. 56 Abs. 3 Satz 2).

57
Neutralität der Schule

In sprachlich abgewandelter Form werden die Weimarer Ziele schulischer Erziehung zur gewollten Heranbildung des jungen Menschen zu einer sittlichen Persönlichkeit[145] und seiner Vorbereitung zu beruflicher Tüchtigkeit und politischer Verantwortung übernommen, wobei diese Erziehung nicht bloß „im Geiste" des eigenen Volkes und der Völkerversöhnung (Art. 148 Abs. 1 WRV), sondern weitergehend zur Vorbereitung auf den „selbständigen und

58
Erziehung zum „Dienst am Volk und der Menschheit"

---

141 *Schultze* (FN 46), S. 230 (235); *Erwin Stein*, in: Zinn/ders (LitVerz.) Stand: 1954, Art. 56, Anm. 2; zur Trennung von Staat und Kirche unter der Hessischen Verfassung s. oben D III, RN 52 f.
142 Zum hessischen Verfassungskompromiß s. oben A II, RN 4 ff.; zum Staatskirchenrecht: *Will*, Entstehung (LitVerz.), S. 431 ff., 457 f., 464, 475, 516.
143 Urt. v. 27. 10. 1965 (P.St. 388), *ESVGH 16*, 1 (11).
144 *Erwin Stein*, in: Zinn/ders. (LitVerz.), Stand: 1954, Art. 56, Anm. 8, 12; bis zum Erlaß dieses Gesetzes blieben die bereits bestehenden Bekenntnisschulen weiterhin in Betrieb, Art. 156 Abs. 1 Verf. Hessen, *Erwin Stein* aaO., Art. 56 Anm. 8 u. Art. 156 Anm. 2 (11. Lfg., Stand: Juli 1980).
145 S. oben unter A IV.

verantwortlichen Dienst am Volk und der Menschheit durch Ehrfurcht und Nächstenliebe, Achtung und Duldsamkeit, Rechtlichkeit und Wahrhaftigkeit" zu erfolgen hat (Art. 56 Abs. 4 Verf. Hessen). Dazu muß der Geschichtsunterricht auf getreue, unverfälschte Darstellung der Vergangenheit gerichtet sein (Art. 56 Abs. 5 Satz 1) und nicht „Feldherren, Kriege und Schlachten", sondern die „Wohltäter der Menschheit, die Entwicklung von Staat, Wirtschaft, Zivilisation und Kultur in den Vordergrund" stellen (Art. 56 Abs. 5 Satz 2). Zudem sollten Auffassungen, welche die Grundlagen des demokratischen Staates gefährden, nicht geduldet werden (Art. 56 Abs. 5 Satz 3).

„Pädagogisches Elternrecht"
Die Erziehungsberechtigten erhalten schließlich das Recht, „die Gestaltung des Unterrichtswesens mitzubestimmen", soweit die zuvor genannten Grundsätze nicht verletzt werden (Art. 56 Abs. 6). Mit diesem „pädagogischen Elternrecht" betritt die Verfassung Neuland, wohin ihr das Grundgesetz mit der Gewährleistung seines Elternrechts (Art. 6 Abs. 2 GG) später nicht folgen wird[146].

59
Religionsunterricht

Die Regelungen zum Religionsunterricht mit seiner Bestimmung zum ordentlichen Lehrfach (Art. 57 Abs. 1 Satz 1), zur Bindung des Lehrers an die Lehren und die Ordnungen seiner Kirche oder Religionsgemeinschaft (Art. 57 Abs. 1 Satz 2), zum Recht der Erziehungsberechtigten zur Entscheidung über die Teilnahme ihres Kindes hieran (Art. 58 Satz 1) sowie zum Schutz der Lehrer vor einer Verpflichtung, Religionsunterricht gegen ihren Willen erteilen zu müssen (Art. 58 Satz 2), entsprechen, von kleineren sprachlichen und einigen unbedeutenden inhaltlichen Abweichungen abgesehen, der Rechtslage unter der Reichsverfassung[147].

60
Bildungschancen für sozial Schwächere

Wie schon die Weimarer Nationalversammlung wollte die Verfassungberatende Landesversammlung in Hessen den Zugang von Kindern aus sozial schwächeren Verhältnissen zu den öffentlichen Bildungseinrichtungen durch verfassungsrechtliche Gewährleistungen sichern. So sollten in allen öffentlichen Grund-, Mittel- und höheren Schulen wie auch an den Hochschulen der Unterricht (Art. 59 Abs. 1 Satz 1 Verf. Hessen), an den Schulen zudem die Lernmittel unentgeltlich sein (Art. 59 Abs. 1 Satz 2). Für begabte Kinder sozial schwächer Gestellter sollte das Gesetz sicherstellen, daß deren Eltern Erziehungsbeihilfen zu leisten sind (Art. 59 Abs. 1 Satz 3). Der Gesetzgeber wurde ermächtigt, die Zahlung eines angemessenen Schulgeldes anzuordnen, wenn die wirtschaftliche Lage des Schülers, seiner Eltern oder der sonst Unterhaltspflichtigen es gestattet (Art. 59 Abs. 1 Satz 4). Der Zugang zu den Mittel-, höheren und Hochschulen sollte in jedem Falle nur von der Eignung des Schülers abhängig sein dürfen (Art. 59 Abs. 2).

---

146 Analyse und Vergleich von Art. 55, 56 Verf. Hessen gegenüber Art. 6 Abs. 2 GG: *StGH Hessen* v. 30. 12. 1981 (P.St. 880), StAnz. 1982, S. 150 (157 f.); *Ingo Richter*, Verfassungskämpfe um die Schule – ein Schwanengesang, in: Eichel/Möller (LitVerz.), S. 160 (167); zum Fehlen eines solchen kollektiven Elternrechts in Art. 6 Abs. 2 GG: *BVerfGE 47*, 46 (76).

147 Zur Rechtslage unter der Weimarer Reichsverfassung: *Anschütz* (FN 49), Anm. 4 zu Art. 149 („konfessionelle Gebundenheit und Positivität"); zur hessischen Verfassung: *Erwin Stein*, in: Zinn/ders. (LitVerz.), Art. 58 Anm. 1.

Die hessische Verfassung beschäftigt sich als erste deutsche Verfassung ausdrücklich mit den Universitäten und staatlichen Hochschulen, die sie unter den Schutz und die Aufsicht des Staates stellt (Art. 60 Abs. 1 Satz 1)[148]. Zusätzlich zu dieser Sicherung durch eine institutionelle Garantie[149] gewährleistet die Verfassung den Universitäten im Sinne der ihr auch zugrundeliegenden demokratischen Grundrechtstheorie das Recht der Selbstverwaltung[150], an der die Studenten zu beteiligen sind (Art. 60 Abs. 1 Satz 2). Die an den Universitäten bestehenden theologischen Fakultäten erhalten in einer eigenen institutionellen Garantie Bestandsschutz (Art. 60 Abs. 2 Satz 1)[151]. Die Einrichtung neuer theologischer Fakultäten, die von der Verfassung nicht ausgeschlossen wird, darf aus Gründen des kirchlichen Selbstbestimmungsrechts nur mit Einverständnis der Kirchen erfolgen[152]. Lediglich für die Berufung der an den theologischen Fakultäten tätigen Dozenten hat die Verfassung das Selbstbestimmungsrecht der Kirchen ausdrücklich auf ein Anhörungsrecht beschränkt (Art. 60 Abs. 2 Satz 2)[153]. Schließlich werden zudem die kircheneigenen theologischen Bildungsanstalten anerkannt (Art. 60 Abs. 3).

61
Schutz der Universitäten und Hochschulen

Die Bestimmung zu den Privatschulen – Genehmigungserfordernis, Abhängigkeit der Erteilung der Genehmigung von einem Nichtzurückstehen der Privatschule in ihren Lehrzielen und Einrichtungen sowie in der wissenschaftlichen Ausbildung ihrer Lehrkräfte hinter den öffentlichen Schulen, keine Förderung der Sonderung nach den Besitzverhältnissen der Eltern, genügende Sicherung der wirtschaftlichen und rechtlichen Stellung der Lehrkräfte (Art. 61 Verf. Hessen) – knüpft, von Formulierungsunterschieden abgesehen, wiederum an die Regelung der Reichsverfassung an[154]. Den Schutz und die Pflege der Denkmale der Kunst, der Geschichte und Kultur sowie der Landschaft vertraut die hessische Verfassung in Abweichung von der Reichsverfassung dagegen nicht allein dem Staat, sondern auch den Gemeinden an (Art. 62 Satz 1)[155]. Staat und Gemeinden haben zudem im Rahmen besonderer Gesetze über die künstlerische Gestaltung beim Wiederaufbau der deutschen Städte, Dörfer und Siedlungen zu wachen (Art. 62 Satz 2).

62
Garantie der Privatschule

Schutz von Denkmalen und Landschaft

Die Aussage, daß der Sport unter dem Schutz und der Pflege des Staates, der Gemeinden und der Gemeindeverbände steht, war nicht schon ursprünglich in der hessischen Verfassung enthalten, sondern wurde erst nachträglich durch eine Änderung in diese eingefügt (Art. 62 a); bei der Regelung handelt es sich um eine Staatszielbestimmung, nicht um ein Grundrecht[156].

63
Staatsziel: Schutz und Pflege des Sports

---

148 Die Weimarer Reichsverfassung ordnete in Art. 10 Nr. 2 dem Reich nur die Kompetenz für eine Grundsätzegesetzgebung für das Schulwesen einschließlich des Hochschulwesens zu.
149 Diese Deutung ist allgemeine Ansicht, statt aller: *Erwin Stein*, in: Zinn/ders. (LitVerz.), Art. 60 Anm. 2.
150 Zur demokratischen Grundrechtstheorie s. oben unter C V, RN 40.
151 Zu dieser Deutung statt aller: *Erwin Stein*, in: Zinn/ders. (LitVerz.), Art. 60 Anm. 5.
152 *VGH Hessen* v. 7.7.1994 (6 UE 2724/90), *ESVGH 45*, 24 (28 ff.); *BVerwGE 101*, 309 (311 f., 314 ff.) sowie NJW 1996, S. 3287 ff.; a.A. noch *VG Wiesbaden* NVwZ 1986, S. 409 (411 ff.).
153 *Hinkel* (LitVerz.), Anm. zu Art. 60; *Erwin Stein*, in: Zinn/ders. (LitVerz.), Art. 60 Anm. 5.
154 *Erwin Stein* aaO., vor Art. 55 Anm. I.
155 *Erwin Stein* aaO., Art. 62 Anm. 2.
156 *Sacksofsky*, in: Hermes/Reimer (LitVerz.), § 2 RN 19; zur Begründung der Einführung des Staatsziels „Sport": LT-Drucks. 15/3553, S. 4.

E. Normativität der Grundrechte

I. Vorrang der Verfassung

64
Ausnahmslose normative Verbindlichkeit

Die Mitglieder der Verfassungberatenden Landesversammlung waren sich darin einig, die Wirksamkeit ihrer grundrechtlichen Gewährleistungen gegenüber derjenigen der Grundrechte der Weimarer Reichsverfassung erhöhen zu wollen[157]. In der Weimarer Zeit bestand zwar nicht bei den klassischen grundrechtlichen Verbürgungen, wohl aber bei vielen der hierüber hinausgehenden Gewährleistungen die Notwendigkeit zu fragen, ob es sich bei ihnen um einen Rechtssatz von aktueller Wirksamkeit oder nur um eine Richtlinie handelt, die erst einer dem Gesetzgeber überlassenen Aktualisierung bedarf[158]. Nach dem Willen des hessischen Verfassungsgebers sollte diese Alternativenbildung fortan der Vergangenheit angehören[159] und sich statt dessen zukünftig der Vorrang der Verfassung auch gegenüber dem Gesetzgeber auf alle Grundrechte beziehen (Art. 63 Verf. Hessen)[160].

65
Unterschiede in den Wirkungen

In ihren normativen Wirkungen sind dabei jedoch nicht alle Grundrechte gleich, sondern bei den verschiedenen Gewährleistungen ist zu differenzieren zwischen klassischen Grundrechtsgarantien, sozialen Grundrechten, Staatszielbestimmungen, institutionellen Garantien und Gesetzgebungsaufträgen mit teils wiederum unterschiedlichen Wirkungsdimensionen. Auch handelt es sich nicht bei allen Bestimmungen des Ersten Teils um Grundrechte, sondern der Verfassungsgeber hat in diesem Bereich der Verfassung ebenso Programmsätze plaziert.

II. Klassische Grundrechtsgarantien

66
Unabänderlichkeit von Freiheit und Gleichheit

Die abwehrrechtlichen Garantien und die Garantie rechtlicher Gleichheit des ersten Abschnitts wie auch die hinzutretenden ergänzenden Sicherungen des zweiten Abschnitts binden alle Erscheinungsformen staatlicher Gewalt unter Einschluß der parlamentarischen Gesetzgebung unmittelbar (Art. 26 Halbs. 2 Verf. Hessen). Die Verfassung erklärt die Grundrechte des ersten und zweiten Abschnitts zudem für „unabänderlich" (Art. 26 Halbs. 1) und entzieht sie damit der Disposition des verfassungsändernden Gesetzgebers („Ewigkeitsgarantie")[161].

---

157 *Erwin Stein*, in: Zinn/ders. (LitVerz.), vor Art. 1 Anm. II 1, II 4; entsprechende Äußerungen abgedruckt bei Berding (FN 21), insb. S. 248, 361, 440f., 565ff.; w.N. bei *Polley*, in: Eichel/Möller (LitVerz.), S. 47 (57).

158 *Anschütz* (FN 49), S. 514; zur Notwendigkeit von Differenzierungen im Wirkungsgrad der Grundrechte unter der Weimarer Reichsverfassung → Bd. I: *H. Dreier*, Die Zwischenkriegszeit, § 4 RN 12ff., 21ff.; *Thoma*, Grundrechte und Polizeigewalt, in: Heinrich Triepel (Hg.), Verwaltungsrechtliche Abhandlungen - Festgabe zur Feier des fünfzigjährigen Bestehens des Preußischen OVG, 1925, S. 183 (194ff.); *Anschütz* (FN 49), S. 514ff.

159 *W. Jellinek*, Die Verfassung des Landes Hessen, DRZ 1947, S. 4 (5); *Erwin Stein*, in: Zinn/ders. (LitVerz.), vor Art. 1 Anm. II 1, unter Bezugnahme auf *H. Krüger*, Die Einschränkung von Grundrechten nach dem Grundgesetz, DVBl. 1950, S. 625: „[...] pathetische Deklamationen ohne rechte Nutzanwendung in der Praxis".

160 *W. Schmidt*, Verfassungsrecht, in: H. Meyer/Stolleis (LitVerz.), S. 35 (46); *v. Zezschwitz*, in: Eichel/Möller (LitVerz.), S. 70 (85ff.); *Bachmann* (FN 15), S. 90 (100).

161 *Erwin Stein*, in: Zinn/ders. (LitVerz.), vor Art. 17 Anm. II; *W. Jellinek*, DRZ 1947, S. 4 (8).

Eingriffe in die in diesen Grundrechten geschützten Güter und Freiheiten durch den Gesetzgeber auf der Grundlage eines Gesetzesvorbehalts sind, anders als unter der Weimarer Verfassung, nur unter einer Reihe von Einschränkungen möglich (Art. 63 Abs. 2 Verf. Hessen) und haben die Grundrechte dabei zudem „als solches unangetastet" zu lassen (Art. 63 Abs. 1).

Unantastbarer Kerngehalt — 67

III. Soziale Grundrechte

Die sozialen Grundrechte sind ebenfalls für die staatliche Gewalt in allen ihren Erscheinungsformen rechtlich verbindlich – nicht handelt es sich bei ihnen um bloße Verheißungen[162]. Die Weise, in der sich diese rechtliche Verbindlichkeit äußert, unterscheidet sich jedoch in der Regel von derjenigen klassischer Grundrechte und ist indessen auch bei allen sozialen Grundrechten nicht stets die gleiche. So entbindet etwa das Recht auf Arbeit (Art. 28 Abs. 2 Verf. Hessen) keinen Anspruch gegen den Staat auf Zurverfügungstellung eines Arbeitsplatzes. Es entfaltet auch nicht unmittelbare Drittwirkung gegen andere Bürger, die diese zur Einstellung eines Betroffenen verpflichten würde. Das Recht auf Arbeit äußert sich vielmehr in einer objektiv-rechtlichen Staatszielbestimmung[163], die dem hessischen Staat mit rechtlich bindender Wirkung die Aufgabe stellt, den auf seinem Gebiet lebenden Menschen eine Beschäftigungsmöglichkeit anzubieten und diese Aufgabe fortdauernd zu beachten[164]. Dabei kann es sich nur um eine weitestgehende Annäherung an das vom Grundrecht gesetzte Ziel handeln („Optimierungsgebot"), denn die Erfüllung auch dieser Aufgabe steht wie alles staatliche Handeln notwendig unter dem Vorbehalt des Möglichen[165].

Verbindlichkeit sozialer Grundrechte — 68

Staatsziel: Beschäftigung

Anders liegt es beim Anspruch des (schuldlos) Arbeitslosen auf den notwendigen Unterhalt für sich und seine unterhaltsberechtigten Angehörigen (Art. 28 Abs. 3 Satz 1 Verf. Hessen). Dieser Anspruch konnte aufgrund der zahlreichen gesetzlichen Sicherungen, die zum Zeitpunkt der Verfassungsgebung bereits vorhanden waren, sowie aufgrund der in der Norm enthaltenen Verpflichtung des Gesetzgebers, eine Arbeitslosenversicherung zusätzlich zu schaffen (Art. 28 Abs. 3 Satz 2), sich zwar nicht unmittelbar in einem gegen den Staat gerichteten Leistungsanspruch äußern; er war vielmehr durch die verschiedenen einfach-rechtlichen Sicherungssysteme mediatisiert[166]. Wohl aber konnte dieser Leistungsanspruch sich in der Erzeugung klagbarer Ansprüche des einzelnen im vorhandenen System auswirken[167]. Unmittelbare Wirkung gegen den Staat besitzt dagegen der Anspruch auf kostenfreien Unterricht an Grund-, Haupt- und höheren Schulen wie auch auf schulische

Unterschiede bei Verpflichtungsadressaten — 69

Anspruch auf kostenfreien Unterricht

---

162 → Bd. III: *Lange*, Grundrechtliche Besonderheiten in den Landesverfassungen, § 83 RN 48.
163 *Sacksofsky*, in: Hermes/Reimer (LitVerz.), § 2 RN 20.
164 StGH Hessen v. 4. 8. 1971 (P.St. 649), *ESVGH* 22, 13 (17), sieht in der Norm „allenfalls" die institutionelle Garantie einer Arbeitsvermittlung und einer Arbeitslosenversicherung.
165 → Bd. I: *H.-P. Schneider*, Grundrechte und Verfassungsdirektiven, § 18 RN 103; umfassend *Depenheuer*, Vorbehalt des Möglichen, HStR ³XII, § 269 RN 4 ff., 45 ff. u. passim.
166 *Barwinski*, in: Zinn/Erwin Stein (LitVerz.), Stand: 1954, Art. 28, Anm. 6.
167 *Barwinski* aaO., Art. 28, Anm. 4.

Lehrmittelfreiheit (Art. 59 Abs. 1 Satz 1 Verf. Hessen)[168]. Der Staat hat diese Leistungen kostenfrei zur Verfügung zu stellen; der einzelne kann auf der Grundlage dieses Rechts ein an ihn gerichtetes Gebührenverlangen einer der genannten staatlichen Einrichtungen als mit der Verfassung unvereinbar zurückweisen; bereits zu Unrecht geleistete Zahlungen kann er von der Verwaltung zurückfordern[169]. Das soziale Grundrecht auf **Lohngleichheit** von Mann und Frau (Art. 33 Satz 2) entfaltet neben seiner unmittelbaren Wirkung gegenüber dem Staat nach Ansicht des Staatsgerichtshofs unmittelbare („Dritt"-)Wirkung auch gegen Private[170].

IV. Staatszielbestimmungen

70

Rechtliche Bindung aller drei staatlichen Gewalten

Ein differenziertes Bild zeigt sich ebenso bei den Staatszielbestimmungen[171]. Auch Staatszielbestimmungen sollen nach dem Willen des hessischen Verfassunggebers für den Staat als Aufgaben- und Zielvorgabe durchweg rechtlich verbindlich sein; die Verfassung macht hier keine Ausnahme von ihrem normativen Konzept. Aus Staatszielbestimmungen erwachsen jedoch unmittelbar keine Rechte des Bürgers, sondern allein vermittelt über andere Normen kommt eine Berechtigung des einzelnen in Betracht[172]. Der Gesetzgeber ist jedoch in jedem Falle objektiv-rechtlich verpflichtet, das in der Staatszielbestimmung gesetzte Ziel mit gesetzgeberischen Mitteln anzustreben. Auch sind Verwaltung und Gerichte bei der Auslegung und Anwendung des einfachen Rechts stets verpflichtet, in der Verfassung normierte Staatsziele zu berücksichtigen[173].

V. Programmsätze

71

Daneben finden sich in der hessischen Verfassung einige Vorschriften, die herkömmlicherweise als Programmsätze bezeichnet werden[174]: Bestimmungen, die nicht unmittelbar angewendet werden können, sondern deren Aussage

---

168 *StGH Hessen* v. 8. 7. 1949 (P.St. 22), juris, RN 12 ff.
169 *StGH Hessen* v. 8. 7. 1949 (P.St. 22), juris, RN 18.
170 *LAG Frankfurt* v. 10. 4. 1952, WA 1952, S. 137 (138).
171 Die hessische Verfassung bezeichnet in ihrem Text lediglich Art. 26 a ausdrücklich als Staatsziel; als Staatsziel anzusehen sind außerdem Art. 28 Abs. 2 (*Sacksofsky*, in: Hermes/Reimer [LitVerz.], § 2 RN 20), Art. 62 u. Art. 62 a (*Löhr*, Die Rechte des Menschen [LitVerz.], S. 353).
172 *Von Zezschwitz*, in: Zinn/Erwin Stein (LitVerz.), Art. 26 a (16. Lfg., Stand: Januar 1999) Anm. 21 ff. (für Art. 26 a); weitergehend → Bd. III: *Lange*, Grundrechtliche Besonderheiten in den Landesverfassungen, § 83 RN 53 ff., 59 ff.
173 *Sommermann*, Staatsziele (LitVerz.), S. 385 f., 386 m.w.N.; kritisch: *Merten*, Über Staatsziele, DÖV 1993, S. 368 (371).
174 Den Charakter eines Programmsatzes haben *Art. 27* Verf. Hessen: *StGH Hessen* v. 20. 10. 1965 (P.St. 417), juris, RN 11; v. 23. 5. 1979 (P.St. 862), juris, RN 48; v. 1. 2. 1995 (P.St. 1187), juris, RN 17; *Art. 28 Abs. 1* Verf. Hessen: *StGH Hessen* v. 4. 8. 1971 (P.St. 649), *ESVGH* 22, 12 (17); v. 23. 5. 1979 (P.St. 862), juris, RN 48; *Barwinski*, in: Zinn/Erwin Stein (LitVerz.), Art. 28 Anm. 3 (Stand: 1954); *Art. 30* Verf. Hessen: *Hinkel* (LitVerz.), Art. 30; *Art. 33 Satz 1* Verf. Hessen: *Hinkel* (LitVerz.), Art. 33; *Art. 35 Abs. 1 u. 2* Verf. Hessen: *StGH Hessen* v. 27. 3. 1953 (P.St. 96), StAnz. 1953, S. 546 (548); *Barwinski*, in: Zinn/Erwin Stein (LitVerz.), Art. 35, Anm. 1; *Hinkel* (LitVerz.), Art. 35; zur Weiterentwicklung: *W. Schmidt*, Art. 35 Abs. 1 Verf. Hessen und die berufsständischen Versorgungswerke, in: Eichel/Möller (LitVerz.), S. 191 (192 f.); *Art. 39 Abs. 1* Verf. Hessen: *Hinkel* (LitVerz.), Art. 39; *Art. 43* Verf. Hessen: *StGH Hessen* v. 31. 1. 1968 (P.St. 463), juris, RN 30; v. 26. 3. 1990 (P.St. 1103), juris, RN 20; *Art. 44* Verf. Hessen: *Barwinski*, in: Zinn/Erwin Stein (LitVerz.), Art. 44 Anm. 1.

erst noch durch Gesetze verwirklicht werden muß. Während die Programmsätze der Weimarer Reichsverfassung vielfach[175], vor allem auch in der Zeit nach ihrer Geltung, nur als bloße „Verheißungen"[176], „rein deklaratorisch"[177] oder als „gänzlich inhaltslose Phrasen ohne jeden rechtlichen Inhalt" abqualifiziert wurden[178], wollte der hessische Verfassungsgeber, daß seine Anordnungen durchweg ernst genommen und deshalb auch in ihren programmatischen Teilen als rechtlich bindend verstanden, nicht etwa wieder nur in den Bereich der politischen Opportunität verwiesen werden[179]. Durch die rechtliche Verbindlichkeit auch der Programmsätze werden diese zu Verfassungsdirektiven, die ähnlich den Staatszielbestimmungen dem staatlichen Handeln normativ bindend eine Richtung weisen[180].

Programmsätze als Verfassungsdirektiven

In der Frage des Verhältnisses von Verfassungsdirektiven zu den Staatszielbestimmungen ist zu differenzieren. Auf der einen Seite unterscheiden sich die Verfassungsdirektiven von den Staatszielbestimmungen darin, daß sie es nicht wie diese dem Staat überlassen, wann er sich der ihm vorgegebenen Richtung nähern will[181], sondern sie den Staat fortdauernd verpflichten, entsprechende Anstrengungen zu unternehmen[182]. Auch sind sie regelmäßig unbestimmter als diese, so daß sie dem offenen politischen Prozeß nur Orientierungspunkte und Wegmarken bieten können[183]. Für eine gerichtliche Kontrolle fehlen deswegen konkrete Maßstäbe, so daß ihre Verwirklichung damit zwar nicht rechtlich, wohl aber faktisch doch wieder weitgehend den Zweckmäßigkeitserwägungen der staatlichen Organe überlassen ist.

72
Verhältnis zu den Staatszielbestimmungen

Auf der anderen Seite trifft die Pflicht, die Direktiven zu befolgen, ebenso wie bei den Staatszielbestimmungen alle Erscheinungsformen staatlicher Gewalt[184], das heißt nicht nur die gesetzgebende, sondern auch die vollziehende und rechtsprechende Gewalt in der Anwendung und Auslegung des bereits geltenden Rechts[185]. Ein subjektives Recht des einzelnen auf ein Tätigwerden des Staates in der vorgezeichneten Richtung ergibt sich aus den Direktiven indes wie auch bei den Staatszielbestimmungen nicht. Ein solcher Anspruch entsteht erst dann, wenn andere, als subjektive Rechte ausgestaltete Garan-

73
Befolgungspflicht für alle staatliche Gewalt

---

175 Betroffen hiervon waren z.B. Art. 119 WRV u. Art. 151 Abs. 1 WRV; gegen die These der Wirkungsschwäche bereits *Richard Thoma*, Die juristische Bedeutung der grundrechtlichen Sätze der deutschen Reichsverfassung im allgemeinen, in: Hans Carl Nipperdey (Hg.), Die Grundrechte und Grundpflichten der Reichsverfassung – Kommentar zum zweiten Teil der Reichsverfassung, Bd. I., 1929, S. 1, 14.
176 Vgl. Staatszielbestimmungen/Gesetzgebungsaufträge. Bericht der Sachverständigenkommission, 1983, S. 14; aus der Weimarer Zeit: *Leo Wittmayer*, Die Weimarer Reichsverfassung, 1922, S. 194.
177 *Axel Freiherr v. Freytagh-Loringhoven*, Politik, 1919, S. 92 f.
178 *Conrad Bornhak*, Die Verfassung des Deutschen Reichs vom 11. August 1919, ²1921, S. 15.
179 *W. Jellinek*, Die Verfassung des Landes Hessen, DRZ 1947, S. 4 (5).
180 *Lerche*, AöR 90 (1965), S. 341 (346 f.); zur Wirkung der Verbindlichkeit von Verfassungsnormen auch *M. Sachs*, Normtypen im deutschen Verfassungsrecht, ZG 6 (1991), S. 1, (12 f.).
181 Zu diesem Merkmal der Staatszielbestimmung: *Badura*, Arten der Verfassungsrechtssätze, HStR ²VII, § 159 RN 15; zur Schwäche der Bindungswirkung auch *Scheuner*, Staatszielbestimmungen, in: Roman Schnur (Hg.), FS E. Forsthoff, 1972, S. 325 (339 f.); *Hartmut Maurer*, Staatsrecht I, ⁶2010, § 6 RN 12; kritisch *Sommermann*, Staatsziele (LitVerz.), S. 379 f.
182 → Bd. I: *H.-P. Schneider*, Grundrechte und Verfassungsdirektiven, § 18 RN 58.
183 → Bd. I: *H.-P. Schneider*, § 18 RN 26.
184 → Bd. I: *H.-P. Schneider*, § 18 RN 28 ff.
185 *Lerche*, Das Bundesverfassungsgericht und die Verfassungsdirektiven, AöR 90 (1965), S. 341 (346).

tien der Verfassung durch ein Unterlassen staatlichen Handelns beeinträchtigt werden, wie etwa das Recht auf Leben, auf körperliche Unversehrtheit oder auf Ehre sowie – äußerstenfalls – auf die Garantie menschlicher Würde (Art. 3 Verf. Hessen)[186].

VI. Instituts- und institutionelle Garantien

74
Objektivrechtliche Wirkungen

Die zahlreichen über alle Abschnitte des Ersten Teils der Verfassung verstreuten Garantien von Instituten des privaten[187] und von Institutionen des öffentlichen Rechts[188] sind rechtlich verbindlich, enthalten als solche jedoch ebenfalls keine subjektiven Rechte der Bürger[189]. Sie verpflichten den Gesetzgeber vielmehr allein objektivrechtlich, die in den Garantien erfaßten Einrichtungen in ihren typischen Grundzügen, wie sie sich in der Rechtsentwicklung herausgebildet haben, zu sichern und nicht durch einfaches Recht zu beseitigen[190].

VII. Gesetzgebungsaufträge

75
Unentbehrlichkeit des Gesetzes

Verfassungen sind außerstande, aus sich heraus die Wirklichkeit zu gestalten, sondern sind hierfür auf einfache Gesetze angewiesen, die ihren Inhalten eine konkrete Form geben sollen[191]. Aus diesem Grund enthält die hessische Verfassung in ihrem Grundrechtsabschnitt eine Vielzahl von Gesetzgebungsaufträgen[192], um die vielfältigen von ihr gewollten Umgestaltungen des Gemeinwesens zu erreichen. Diese schreiben dem Gesetzgeber vor, die hierfür notwendigen Vorhaben zu regeln[193]. Die Richtung, die der Gesetzgeber hierbei zu verfolgen und in seinen Regeln zum Ausdruck zu bringen hat, ergibt sich aus den ihn dirigierenden Staatszielbestimmungen, institutionellen Garantien und Programmsätzen der Verfassung.

---

186 *StGH Hessen* v. 1.2.1995 (P.St. 1187), juris, RN 17.
187 Art. 4, Art. 29 Abs. 2, Art. 45, Art. 46 Verf. Hessen.
188 Art. 28 Abs. 3, Art. 31, Art. 35 Abs. 1, Art. 49, Art. 53, Art. 55, Art. 56 Abs. 1 Satz 2 u. Abs. 2, Art. 57, Art. 60 Abs. 1 u. 2 Verf. Hessen.
189 Anders liegt es, wenn die Norm daneben ein Grundrecht garantiert, wie dies etwa beim Eigentum (Art. 45) der Fall ist, *Erwin Stein*, in: Zinn/ders. (LitVerz.), vor Art. 1 Anm. IV 5.
190 Zu diesen Wirkungen von Instituts- und institutionellen Garantien: *C. Schmitt*, Inhalt und Bedeutung des zweiten Hauptteils der Reichsverfassung, in: Gerhard Anschütz/Richard Thoma (Hg.), Handbuch des Deutschen Staatsrechts, Bd. II, 1932, § 101, S. 577, 595 f.
191 Zur Verfassung allgemein: *Isensee*, Verfassungsrecht als „politisches Recht", HStR ³XII, § 268 RN 65; *K. Hesse*, Grundzüge (LitVerz.), RN 45; zu den Grundrechten: *Lerche*, Grundrechtlicher Schutzbereich, Grundrechtsprägung und Grundrechtseingriff, HStR ²V, § 121 RN 1.
192 Ausdrücklich in der hessischen Verfassung als Gesetzgebungsauftrag benannt werden die Art. 23 Satz 3, Art. 25 Satz 3, Art. 28 Abs. 3 Satz 2, Art. 29 Abs. 1 u. 3, Art. 30 Abs. 2, Art. 34 Satz 2, Art. 35, 37 Abs. 1 u. 3, Art. 38 Abs. 1, Art. 39 Abs. 2–4, Art. 40, 41 Abs. 2, Art. 42 Abs. 1 u. 4, Art. 43 Abs. 1, Art. 56 Abs. 7, Art. 50 Abs. 1, Art. 52, 59 Abs. 1 Satz 3 u. 4 Verf. Hessen. Außerdem enthalten auch die Art. 28, 33 Satz 1, Art. 43, 44, 47, 62 Verf. Hessen Aufträge an das Parlament, gesetzgeberisch tätig zu werden.
193 *Badura* (FN 181), § 159 RN 18; *ders.* auch zum Folgenden.

F. Allgemeine Grundrechtslehren

I. Grundrechtsberechtigte

Mit ihrer Rede von den „Rechten des Menschen" bringt die hessische Verfassung zum Ausdruck, daß nach ihrem Verständnis die natürliche Person der geborene Grundrechtsträger ist. Die Grundrechtsfähigkeit juristischer Personen regelt sie, anders als das Grundgesetz in Artikel 19 Abs. 3, dagegen nicht. Gleichwohl ist die Grundrechtsfähigkeit juristischer Personen schon früh vom hessischen Staatsgerichtshof anerkannt worden[194]. Der im Grundgesetz zum Ausdruck kommende Gedanke sei in Ermangelung einer entsprechenden Regelung in der hessischen Verfassung auch auf den Bereich des Landesverfassungsrechts zu übertragen[195]. Die Maßstäblichkeit der Bundesverfassung für die Landesverfassung, die in dieser Bezugnahme hervorgehoben wird, erstreckt sich nach Ansicht des Staatsgerichtshofs zudem auf die Rechtsprechung des Bundesverfassungsgerichts zur wesensmäßigen Anwendung der Grundrechte des Grundgesetzes auf juristische Personen, auf die er sich zur Begründung seiner Entscheidung bezieht[196]. Folgerichtig sind auch unter der hessischen Verfassung juristische Personen des öffentlichen Rechts grundsätzlich von der Grundrechtsgeltung ausgenommen[197].

76
Natürliche und juristische Personen

II. Grundrechtsverpflichtete

Die Frage der Grundrechtsbindung regelt die hessische Verfassung in ihrem Abschnitt über die Begrenzung von Eingriffen in Grundrechte (Art. 26). In einer Vorwegnahme des Art. 1 Abs. 3 GG sollen danach Gesetzgebung, vollziehende Gewalt und Rechtsprechung an die Grundrechte des ersten Abschnitts gebunden sein. Die Bindung des Gesetzgebers wird nur in Art. 26 Verf. Hessen für die Grundrechte des Abschnitts II ausdrücklich erwähnt, für die anderen Abschnitte indessen als mitgeschriebenes Verfassungsrecht wie selbstverständlich vorausgesetzt (Art. 63 Verf. Hessen)[198].

77
Vorwegnahme von Art. 1 Abs. 3 GG

Zur Bindung von Privaten an Grundrechte, die in den allgemeinen Grundrechtslehren unter dem Stichwort der Drittwirkung behandelt wird[199], äußert

78
Drittwirkungsfragen

---

[194] *StGH Hessen* v. 14.4.1950 (P.St. 41), juris, RN 61; v. 14.4.1950 (P.St. 41 u. 54), VerwRspr. 1950, S. 299 (305); v. 10.11.1950 (P.St. 78), juris, RN 12; v. 11.4.1973 (P.St. 697), *ESVGH 23*, 147 (150 ff.); v. 3.5.1999 (P.St. 1296), *ESVGH 50*, 1 (2 f.).
[195] *StGH Hessen* v. 4.11.1973 (P.St. 697), *ESVGH 23*, 147 (150 ff.).
[196] *StGH Hessen* v. 31.1.1968 (P.St. 463), juris, RN 32; zu diesem Phänomen allgemein: → Bd. III: *Lange*, Grundrechtliche Besonderheiten in den Landesverfassungen, § 83 RN 9.
[197] *StGH* v. 11.4.1973 (P.St. 697), DÖV 1973, S. 524 (525 f.); v. 11.4.1973 (P.St. 694), juris, RN 22 ff.; v. 18.6.1980 (P.St. 878), *ESVGH 30*, 131 (133 f.).
[198] *Sacksofsky*, in: Hermes/Reimer (LitVerz.), § 2 RN 24 mit FN 16; zum Konzept des mitgeschriebenen Verfassungsrechts: dort FN 9.
[199] Dazu → Bd. II: *Papier*, Drittwirkung, § 55.

sich die hessische Verfassung nicht in einer eigenen Bestimmung allgemein, sondern nur vereinzelt an verschiedenen Stellen. So richten sich die Garantie der Meinungsfreiheit (Art. 11 Abs. 1 Satz 2), das Aussperrungsverbot (Art. 29 Abs. 5)[200], das Gebot der Lohngleichheit von Mann und Frau (Art. 33 Satz 2)[201] wie auch das Verbot, den Beitritt zu oder das Fernbleiben von einer Gewerkschaft zu erzwingen oder zu behindern (Art. 36 Abs. 2), unmittelbar auch an privatrechtlich verfaßte Arbeitgeber[202]. Jenseits dieser Spezialbestimmungen sind die Grundrechte der hessischen Verfassung für das Verhältnis zwischen Privaten ebenfalls nicht ohne Bedeutung, sondern machen sich auch hier nach den allgemeinen Regeln der Wirkung der Grundrechte im Privatrechtsverkehr geltend[203].

III. Beschränkungen für Eingriffe in Grundrechte

1. Stärkung der Normativität durch allgemeine Regeln

79
Normierung von „Schrankenschranken"

Der Arbeit des hessischen Verfassunggebers lag die in der Rechtswissenschaft verbreitete These zugrunde, daß in der Weimarer Zeit die Grundrechte aufgrund von Konstruktionsfehlern der Reichsverfassung wirkungsschwach gewesen seien[204]. Dieser Wirkungsschwäche sollte auch durch die Normierung von Einschränkungen für schrankenziehendes staatliches Handeln, vor allem von solchem des Gesetzgebers, künftig entgegengewirkt werden[205].

2. Besondere Gesetzesvorbehalte

80
Vorbehalt des Gesetzes

Um dies zu erreichen, hat es der Verfassunggeber unterlassen, seine grundrechtlichen Gewährleistungen mit einem einfachen Gesetzesvorbehalt zu versehen[206]. Das Erfordernis einer gesetzlichen Grundlage für Eingriffe in das allgemeine Freiheitsrecht der Bürger, das die Verfassung Hessens an Beginn

---

200 → Bd. III: *Lange*, Grundrechtliche Besonderheiten in den Landesverfassungen, § 83 RN 16.
201 S. oben FN 170.
202 Vereinzelt wird auch die Freiheit der Information auf „allen" Gebieten des Wissens auf private Inhaber von Informationsquellen im Sinne einer unmittelbaren Drittwirkung erstreckt, *v. Zezschwitz*, in: Eichel/Möller (LitVerz.), S. 70 (77), dort FN 30.
203 Dies aber nicht im Sinne eines allgemein geltenden „ordre public", so *Ramm* (FN 66), S. 204 (210), sondern konstruktiv unter Anwendung der Figur der grundrechtlichen Schutzpflicht, *Müller-Franken*, Bindung Privater an Grundrechte? Zur Wirkung der Grundrechte auf Privatrechtsbeziehungen, in: Steffen Detterbeck/Jochen Rozek/Christian von Coelln (Hg.), Recht als Medium der Staatlichkeit, FS Herbert Bethge zum 70. Geburtstag, 2009, S. 223 (242ff.); die gänzlich ablehnende Haltung von *Erwin Stein*, in: Zinn/ders. (LitVerz.), vor Art. 1 Anm. IV 1, läßt sich nicht begründen.
204 Nachweise in FN 157f.; zur Ungenauigkeit dieser verbreiteten These s. die Nachweise in FN 158 u. FN 219.
205 *W. Jellinek*, DRZ 1947, S. 4 (5) sowie *ders.*, Grundrechte und Gesetzesvorbehalt, DRZ 1946, S. 4; *Walter Schmidt*, Grundrechte – Theorie und Dogmatik seit 1946 in Westdeutschland, in: Dieter Simon (Hg.), Rechtswissenschaft in der Bonner Republik, 1994, S. 188 (189f., 191f., 194, 197ff.).
206 *W. v. Brünneck*, JöR NF Bd. 3 (1952), S. 213 (241); zu den Gesetzesvorbehalten als Schwachstelle der Grundrechte der WRV gegenüber dem Reichsgesetzgeber: → Bd. I: *H. Dreier*, Die Zwischenkriegszeit, § 4 RN 19ff.

ihres ersten Abschnitts (Art. 2 Abs. 2) setzt, statuiert allein den Vorbehalt des Gesetzes als hergebrachte rechtsstaatliche Bindung der Verwaltung; eine allgemeine Ermächtigung für Beschränkungen der Grundrechte durch den Gesetzgeber begründet es nicht.

Erst im zweiten Abschnitt betreffend das Thema „Grenzen und Sicherung der Menschenrechte" hat die hessische Verfassung für einige Grundrechte Ziele normiert, zu deren Erreichung in diese eingegriffen werden darf. Verwehrt die Verfassung einer Person, sich auf das Recht der freien Meinungsäußerung (Art. 11), der Versammlungs- (Art. 14) und der Vereinigungsfreiheit (Art. 15) sowie der Verbreitung wissenschaftlicher oder künstlerischer Werke (Art. 10) zu berufen, wenn sie den verfassungsmäßigen Zustand angreift oder gefährdet (Art. 17 Abs. 1), so ermächtigt sie damit den Gesetzgeber, die für ein Vorgehen gegen den Betroffenen notwendigen (Art. 2 Abs. 2) gesetzlichen Grundlagen zu erlassen. Eine Ermächtigung des Gesetzgebers zur Schaffung von gesetzlichen Grundlagen begründet die Verfassung weiter für Eingriffe in das Recht der freien Meinungsäußerung (Art. 11), der Verbreitung wissenschaftlicher oder künstlerischer Werke (Art. 10) und der freien Unterrichtung (Art. 13) für den Fall der Verletzung von Gesetzen zum Schutze der Jugend (Art. 18) wie auch für Eingriffe in die Freiheit der Person (Art. 5) durch die Anordnung von Untersuchungshaft, in die Unverletzlichkeit der Wohnung (Art. 8) durch eine „Haussuchung" sowie in das Postgeheimnis (Art. 12) unter der Voraussetzung, daß jemand dringend einer strafbaren Handlung verdächtig ist (Art. 19 Abs. 1). Ist jemand einer strafbaren Handlung für schuldig befunden worden, kann der hessische Gesetzgeber in Strafgesetzen den Richter ermächtigen, dem Betroffenen durch Urteil die Freiheit und die bürgerlichen Ehrenrechte zu entziehen oder zu beschränken (Art. 21 Abs. 1 Satz 1)[207] sowie bei besonders schweren Verbrechen gegen diesen sogar die Todesstrafe zu verhängen (Art. 21 Abs. 1 Satz 2 Verf. Hessen)[208].

81
Eingriffsvorbehalte für bestimmte Grundrechte

3. Grundsatz der Verhältnismäßigkeit

Eingriffe in die Grundrechte der hessischen Verfassung müssen generell verhältnismäßig sein[209]. Der Grundsatz der Verhältnismäßigkeit ist zwar in der hessischen Verfassung nicht ausdrücklich normiert; jedoch ist anerkannt, daß

82
Ungeschriebenes Verfassungsgebot

---

207 Art. 21 Abs. 1 Satz 1 Verf. Hessen ist nach Art. 31 GG durch Art. 102 GG und die strafrechtlichen Vorschriften des Bundesrechts gebrochen, *Hinkel* (LitVerz.), Art. 21.
208 Art. 21 Abs. 1 Satz 2 Verf. Hessen verstößt gegen Art. 102 GG, *W. Schmidt*, Verfassungsrecht, in: H. Meyer/Stolleis (LitVerz.), S. 35 (38, 47f.); zur regelmäßig übersehenen Intention des Verfassungsgebers, vor dem Hintergrund eines auf Bundesebene erwarteten Fortbestehens der Todesstrafe dem zum Tode Verurteilten durch das Erfordernis der Bestätigung des Urteils durch die Regierung (Art. 109 Abs. 1 Satz 3) ein Mehr an Schutz zu bieten: *Wittreck*, Die Todesstrafe in den deutschen Landesverfassungen, in: JöR NF Bd. 49 (2001), S. 157 (158ff., 188f.).
209 *StGH Hessen* v. 20. 12. 1971 (P.St. 608/637), *ESVGH* 22, 4 (9); v. 3. 5. 1999 (P.St. 1296), *ESVGH* 50, 1 (6); v. 10. 12. 2007 (P.St. 2016), *ESVGH* 58, 46 (50); v. 1. 2. 1995 (P.St. 1187), juris, RN 20; zu Verhältnismäßigkeitsfragen → Bd. III: *Merten*, Verhältnismäßigkeitsgrundsatz, § 68.

die Verfassung einen ungeschriebenen Grundsatz der Rechtsstaatlichkeit statuiert[210] und aus diesem wie auch aus den grundrechtlichen Garantien selbst im Wege der Auslegung der Verhältnismäßigkeitsgrundsatz zu entnehmen ist[211]. Grundrechtseingriffe bedürfen danach eines legitimen Zieles, müssen sich geeigneter Mittel bedienen, haben von mehreren gleich geeigneten Mitteln nur das den Betroffenen am wenigsten belastende zu wählen und dürfen in ihren Wirkungen nicht außer Verhältnis stehen zum Wert des Zieles, um dessentwillen sie erfolgen[212].

83
Eingriffsziele

Die Ziele, zu deren Erreichung in das jeweilige Grundrecht eingegriffen werden darf, normiert die Verfassung in den besonderen Gesetzesvorbehalten ihres zweiten Abschnitts[213].

4. Anforderungen an grundrechtseingreifende Gesetze

84
Gemeinsame Bestimmung

Eine Reihe von Anforderungen an Gesetze, die zu Eingriffen in grundrechtliche Güter und Freiheiten ermächtigen oder diese auch nur ausgestalten, normiert die hessische Verfassung in ihrem sechsten Abschnitt in einer für alle Grundrechte geltenden gemeinsamen Bestimmung (Art. 63).

85
Gesetzesvorbehalt, Zitiergebot, Wesensgehalt

Ein zu Grundrechtseingriffen ermächtigendes oder grundrechtliche Freiheiten ausgestaltendes Gesetz muß danach ein vom Volk oder dem Parlament beschlossenes Gesetz sein (Art. 63 Abs. 2 Satz 1 Verf. Hessen); Verordnungen, Hinweise auf ältere Regelungen sowie durch Auslegung allgemeiner gesetzlicher Ermächtigungen gewonnene Bestimmungen genügen diesen Erfordernissen nicht (Art. 63 Abs. 2 Satz 2). Das Gesetz darf nicht nur für den Einzelfall gelten, sondern muß „allgemeinverbindliche Anordnungen" enthalten[214] und das Grundrecht „ausdrücklich" einschränken oder ausgestalten (Art. 63 Abs. 2 Satz 1)[215]. Das Grundrecht als solches muß unangetastet bleiben (Art. 63 Abs. 1)[216].

86
Bestimmtheitsgebot

Ein Gebot der Bestimmtheit des grundrechtseingreifenden Gesetzes statuiert die hessische Verfassung nicht ausdrücklich. Gleichwohl steht außer Zweifel, daß aufgrund des rechtsstaatlichen Prinzips, das auch für die hessische Verfassung bestimmend ist, ein Gebot der Bestimmtheit von der Verfassung mitgeschrieben ist[217], dem gesetzliche Ermächtigungen zu Eingriffen in Grund-

---

210 *StGH Hessen* v. 4. 2. 1970 (P.St. 533), StAnz. 1970, S. 531 (535); v. 10. 5. 1989 (P.St. 1073), StAnz. 1989, S. 1237 (1240).
211 *StGH Hessen* v. 9. 2. 1972 (P.St. 665), *ESVGH 22*, 136 (139) unter Bezugnahme auf *BVerfGE 19*, 342 (348f.); *Hinkel* (LitVerz.), Art. 2, S. 75 f.; *Erwin Stein*, in: Zinn/ders. (LitVerz.), Stand: 1954, Art. 2 Anm. 4.
212 *StGH Hessen* v. 20. 12. 1971 (P.St. 608/637), *ESVGH 22*, 4 (9) unter Bezugnahme auf *BVerfGE 25*, 112 (118); *26*, 215 (228); *27*, 211 (219).
213 S. unter F III 2, RN 80 f.
214 Vgl. Art. 19 Abs. 1 Satz 1 GG.
215 Vgl. Art. 19 Abs. 1 Satz 2 GG, hierzu *Sacksofsky*, in: Hermes/Reimer (LitVerz.), § 2 RN 21.
216 Vgl. Art. 19 Abs. 2 GG.
217 Zum Konzept des mitgeschriebenen Verfassungsrechts s. FN 10.

IV. Verwirkung

Als eine weitere Reaktion auf die angenommene Schwäche der Weimarer Reichsverfassung regelt die hessische Verfassung erstmals die Verwirkung grundrechtlicher Freiheit, wenn der Berechtigte diese zu dem Zweck gebrauchen will, die von der Verfassung gewollte freiheitliche Ordnung zu beseitigen[219]. Auf das Recht der freien Meinungsäußerung, der Versammlungs- und der Vereinigungsfreiheit sowie das Recht der Verbreitung wissenschaftlicher oder künstlerischer Werke soll sich danach nicht berufen können, wer den verfassungsmäßigen Zustand angreift oder gefährdet (Art. 17 Abs. 1). Anders als später unter dem Grundgesetz verliert der Betroffene nicht das Grundrecht selbst (Art. 18 GG), sondern nur das Recht, für sein konkret gegen die Verfassung gerichtetes Verhalten den Schutz des unter anderen Umständen sachlich einschlägigen Grundrechts in Anspruch nehmen zu können[220]. Der Einritt dieser Rechtsfolge hängt, wiederum anders als unter dem Grundgesetz, nicht von einem vorherigen konstitutiven Tätigwerden des Verfassungsgerichts, hier des Staatsgerichtshofs ab, sondern kann von allen Behörden und Gerichten selbständig ausgesprochen werden. Nur wenn der Bürger diesen Ausspruch nicht akzeptieren will, kann er den Staatsgerichtshof nachträglich mit einer Beschwerde anrufen, der dann letztverbindlich zu entscheiden hat (Art. 17 Abs. 2 Verf. Hessen)[221].

87 Verlust des Grundrechtsschutzes

Aufgrund der Verschiedenheit der Konzepte – nicht Verwirkung des Grundrechts selbst, sondern nur seiner Anwendbarkeit im konkreten Fall, keine vorherige, sondern nur eine erst nachträgliche Befassung des für Verfassungsstreitigkeiten zuständigen Gerichts – kann die Regelung in der hessischen Verfassung neben der des Grundgesetzes bestehen[222]. Der Staatsgerichtshof, der zu Beginn seiner Tätigkeit zunächst von einem Nebeneinander der beiden Instrumente ausgegangen war[223], hat diese Ansicht nach nur kurzer Zeit sei-

88 Verschiedenheit der Konzepte

---

218 *Sacksofsky*, in: Hermes/Reimer (LitVerz.), § 2 RN 22.
219 Zum Bezug zur Weimarer Verfassung: *Erwin Stein*, in: Zinn/ders. (LitVerz.), Stand: 1954, vor Art. 17 Anm. I; Widerlegung der These des Scheiterns der Weimarer Republik an ihrer Verfassung: *Walter Pauly*, Grundrechtslaboratorium Weimar, 2004, S. 67 ff. („Mythos"); → Bd. I: *H. Dreier*, Die Zwischenkriegszeit, § 4 RN 52 f.
220 *Erwin Stein*, in: Zinn/ders. (LitVerz.), Art. 17 Anm. 2.
221 So noch *StGH Hessen* v. 4. 8. 1950 (P.St. 66), StAnz. 1950, Beil. 8 zu Nr. 41.
222 *Erwin Stein*, in: Zinn/ders. (LitVerz.), Art. 18 Anm. 3; *Hans Schröder*, Entfaltung der hessischen Verfassung durch die Rechtsprechung des Staatsgerichtshofs, in: Erwin Stein, Hessische Verfassung (LitVerz.), S. 293 (312); *Hinkel* (LitVerz.), Art. 17 Anm. 6; *Sacksofsky*, in: Hermes/Reimer (LitVerz.), § 2 RN 14.
223 *StGH Hessen* v. 4. 8. 1950 (P.St. 66), StAnz. 1950, Beil. 8 zu Nr. 41.

ner Tätigkeit indes aufgegeben und die Regelung der Verwirkung in der hessischen Verfassung gegenüber der Normierung im Grundgesetz zu Unrecht für obsolet erklärt[224].

V. Rechtsschutz vor dem Staatsgerichtshof

89
Verteidigung der Grundrechte mit der Grundrechtsklage

Um die Rechte der Bürger in ihrer Wirksamkeit weiter zu stärken, begründet die hessische Verfassung schließlich auch eine Entscheidungszuständigkeit des hessischen Staatsgerichtshofs für „die Verletzung der Grundrechte" (Art. 131 Abs. 1)[225]. Berechtigt, eine solche „Grundrechtsklage" anzustrengen, ist nach dem das Verfahren konkretisierenden Gesetz über den Staatsgerichtshof „jedermann"[226]. Das Verfahren ist unzulässig, wenn in derselben Sache Verfassungsbeschwerde zum Bundesverfassungsgericht erhoben ist, es sei denn, die von der hessischen Verfassung gewährleisteten Grundrechte reichen weiter als die des Grundgesetzes (§ 43 Abs. 1 Satz 2, 3 StGHG Hessen).

G. Formelle und reale Verfassung

90
Verhältnis zum Grundgesetz

Die hessische Verfassung ist zweieinhalb Jahre vor Erlaß des Grundgesetzes verabschiedet worden, so daß ihre Verfasser auf dessen Inhalt noch keine Rücksicht nehmen konnten. Dementsprechend enthält die hessische Verfassung in ihrem Grundrechtsabschnitt eine Vielzahl von Vorschriften, die dem Grundgesetz, sei es seinen Grundrechten[227], sei es seinen sonstigen Bestimmungen[228], oder der auf seiner Grundlage geschaffenen rechtlichen Ordnung widersprechen und deshalb nichtig sind (Art. 31 GG)[229]. Die geschriebene („formelle") Verfassung bildet die in Hessen geltende tatsächliche („reale") Verfassungsrechtslage damit nicht ab[230]. Die in solchen Lagen des Auseinanderfallens von urkundlicher Verfassung und „Verfassungswirklichkeit" sich anbietende „Nachführung" der Verfassung, verstanden im Sinne einer Hereinnahme des gelebten Verfassungsrechts in den Text der Verfassung[231], ist aufgrund der Besonderheiten der Regeln über die Änderung der hessischen

---

[224] StGH Hessen v. 27. 7. 1951 (P.St. 94), NJW 1951, S. 734 (734); v. 7. 12. 1951 (P.St. 106), juris, RN 12; v. 6. 6. 1952 (P.St. 108), juris, RN 10 ff.
[225] *Herbert Günther*, Verfassungsgerichtsbarkeit in Hessen, 2004, Einleitung zu §§ 43–47, RN 1 m.N.
[226] § 43 Abs. 1 Satz 1 StGHG Hessen i.V.m. Art. 131 Abs. 3 Verf. Hessen.
[227] S. dazu FN 36, 89, 120, 122.
[228] S. dazu FN 82, 83, 128, 207, 208.
[229] S. dazu FN 45, 83, 87, 90, 94, 98, 109, 116, 117, 118, 120, 123, 128, 132.
[230] Zu den Begriffen formelle und reale Verfassung *Josef Isensee*, Staat und Verfassung, HStR³ I, § 15 RN 177 f., 184 f.
[231] Zum Begriff „Nachführung" *Kurt Eichenberger*, Neue Zürcher Zeitung v. 12. 5. 1986, S. 19; weiterführend zur Funktion und Methode der „Nachführung": *Georg Müller*, ZSR NF Bd. 116 (1997), Halbbd. 1, S. 21 ff.

Verfassung, der Notwendigkeit eines obligatorischen Referendums (Art. 123 Abs. 2 Verf. Hessen), bislang von den initiativberechtigten Staatsorganen nicht ernsthaft in Angriff genommen worden. Insgesamt haben sich Staat und Gesellschaft in Hessen über die Jahre mit diesem Zustand arrangiert[232]; nach Ansicht nicht weniger Beobachter hat sich die Verfassung während dieser Zeit sogar bewährt[233].

H. Bibliographie

Bachmann, Ulrich, Die Hessische Verfassung – Pate und Vorbild des Grundgesetzes?, in: Hans Eichel/Klaus Peter Möller (Hg.), 50 Jahre Verfassung des Landes Hessen – Eine Festschrift, S. 90 ff.

Berding, Helmut (Hg.), Entstehung der Hessischen Verfassung von 1946, 1996.

Cancik, Pascale, Die Verfassungsentwicklung in Hessen, JöR 51 (2003), S. 271 ff.

Günther, Herbert, Verfassungsgerichtsbarkeit in Hessen, 2004.

Löhr, Barbara, Die Rechte des Menschen in der Verfassung des Landes Hessen im Lichte des Grundgesetzes, 2007.

Rückert, Joachim, 50 Jahre Hessische Verfassung, KritV (79) 1996, S. 116 ff.

Will, Martin, Die Konstituierung Hessens nach dem 2. Weltkrieg, ZHG 108 (2003), S. 231 ff.

ders., Die Entstehung der Verfassung des Landes Hessen von 1946, 2009.

Zezschwitz, Friedrich von, Die Hessische Verfassung zwischen der Weimarer Reichsverfassung und dem Bonner Grundgesetz, in: Hans Eichel/Klaus Peter Möller (Hg.), 50 Jahre Verfassung des Landes Hessen – Eine Festschrift, 1997, S. 70 ff.

---

232 *Sacksofsky*, in: Hermes/Reimer (LitVerz.), § 2 RN 4.
233 *Eichel* (FN 108), S. 9; *Erwin Stein*, Vorwort des Herausgebers, in: ders., Hessische Verfassung (LitVerz.), S. VII, VIII; *Holger Börner*, Ansprache anläßlich des 30-jährigen Bestehens der Verfassung, abgedruckt in: Hessen – 30 Jahre Hessische Verfassung, 1976, S. 31 (32); grundsätzlich auch *Lange/Jobs* (FN 90), S. 445 (455), wenngleich diese eine „Teilrevision" für geboten halten; vorsichtig auch *Rückert*, KritV 79 (1996), S. 116 (124); wobei der für ein solches Urteil notwendige „Test" (dazu: *Lerche*, „Bewährung" des Grundgesetzes?, in: Matthias Herdegen/Hans Hugo Klein/Hans-Jürgen Papier/Rupert Scholz (Hg.), FS Roman Herzog, 2009, S. 265 (265 ff.)), dem Land und seiner Verfassung erspart geblieben ist; grundsätzliche Kritik: *Hans Meyer*, Warum brauchen wir und wie kommen wir zu einer modernen Verfassung? KritV 79 (1996), S. 145 (146 ff.); *Cancik* (FN 9), JöR NF Bd. 51 (2003), S. 271 ff.

§ 252
Landesgrundrechte in Mecklenburg-Vorpommern

Claus Dieter Classen

Übersicht

	RN		RN
A. Grundlagen	1–14	1. Datenschutz	26–28
I. Mecklenburg-(Vorpommern) und seine Verfassung von 1945 bis 1952	1–10	2. Auskunftsrecht über gespeicherte Daten	29
1. Allgemeines	1–2	3. Schranken	30
2. Grundrechte und vergleichbare Bestimmungen	3–10	4. Landesdatenschutzbeauftragter	31
a) Herkömmliche Grundrechte	5–6	5. Verhältnis zum Bundesrecht	32–33
b) Soziale Rechte, Wirtschaft und Bildung	7–9	6. Umweltinformationsrecht	34
c) Antinationalsozialistische und antimilitaristische Bestimmungen	10	II. Kulturelle Rechte	35–46
		1. Kultur und Sport	36
		2. Bildung	37–40
		3. Wissenschaft	41–46
		a) Wissenschaftsfreiheit	41
II. Die Wiederbegründung des Landes Mecklenburg-Vorpommern 1990 und die Erarbeitung der Verfassung	11–14	b) Garantien zugunsten der Hochschulen	42–45
		c) Garantien zugunsten von Forschungseinrichtungen	46
B. Allgemeine Bemerkungen zu den grundrechtlichen Garantien der Landesverfassung	15–25	III. Kirchen und Religionsgemeinschaften	47–51
I. Dynamischer Verweis auf die Grundrechte des Grundgesetzes	15–17	1. Übernahme der Weimarer Garantien	47
II. Spezifische Grundrechte der Landesverfassung	18	2. Konkordate und Kirchenverträge	48–50
III. Staatszielbestimmungen	19–20	3. Theologische Fakultäten	51
IV. Verfassungsprozessuale Durchsetzung der Grundrechte und der verwandten Garantien	21–24	IV. Petitions- und vergleichbare Rechte	52–54
		V. Schutz benachteiligter Gruppen	55–58
		VI. Soziales	59
V. Zur Interpretation des Landesverfassungsrechts	25	VII. Gemeinwohlverpflichtungen	60–61
C. Einzelgarantien	26–61	D. Ausblick	62
I. Datenschutz und Informationsrechte	26–34	E. Bibliographie	

§ 252   *Sechzehnter Teil: III. Die Grundrechte in den Landesverfassungen*

A. Grundlagen

I. Mecklenburg-(Vorpommern) und seine Verfassung von 1945 bis 1952

1. Allgemeines

1
Mecklenburg

Die Verbindung von Mecklenburg und Vorpommern in einem Bundesland ist eine Folge des Zweiten Weltkrieges. Im Zuge der damals erfolgten staatlichen Reorganisation Deutschlands faßte die sowjetische Besatzungsmacht in dem neuen Land unter Vornahme kleinerer Grenzkorrekturen zwei historisch nicht in näherer Verbindung zueinander stehende, beide relativ kleine Territorien zusammen: Mecklenburg und (der Deutschland verbliebene Teil von) Pommern. Beide waren im 11./12. Jahrhundert entstanden. Mecklenburg war im Laufe der Zeit mehrfach, zuletzt 1701, in zwei teilselbständige Fürstentümer aufgeteilt worden (Mecklenburg-Schwerin und Mecklenburg-Strelitz), die aber bis zum Jahr 1918 den gemeinsamen Staat Mecklenburg bildeten. In der Weimarer Zeit wurden beide zunächst formal völlig getrennt, dann aber im Jahr 1934 zusammengeschlossen.

Vorpommern

Vorpommern ist der westlich der Oder liegende Teil des bis zum Dreißigjährigen Krieg eigenständigen Herzogtums Pommern, das 1648 in Teilen zu Brandenburg-Preußen und, soweit es um das heutige Vorpommern geht, zu Schweden kam. Ab dem Jahr 1815 gehörte es dann vollständig zu Preußen. Der östliche Teil des Landes – Hinterpommern – kam nach 1945 unter polnische Verwaltung, so daß nur Vorpommern bei Deutschland verblieb. Zur Vermeidung von Friktionen mit dem Nachbarn Polen wurde das neu entstandene Land 1947 in „Mecklenburg" umbenannt.

2
Territoriale Reorganisation

Nachdem am 20. Oktober 1946 Landtagswahlen stattgefunden hatten, beschloß der damals gewählte Landtag am 16. Januar 1947 eine Verfassung. Im Zuge der territorialen Reorganisation der Deutschen Demokratischen Republik im Jahre 1952 wurde das Land dann faktisch aufgelöst. An seine Stelle wurden mit nicht unerheblichen Grenzkorrekturen die drei Bezirke Rostock, Schwerin und Neubrandenburg gesetzt.

2. Grundrechte und vergleichbare Bestimmungen

3
Verfassung von 1947

Die Verfassung von 1947 enthält an der Spitze einen ausführlichen Grundrechtsteil, der, wie seine Überschrift betont, zugleich auch gewisse Grundpflichten enthält[1]. Im weitesten Sinne grundrechtsrelevante Bestimmungen finden sich darüber hinaus in einigen weiteren Abschnitten, so im Zusammenhang mit der staatlichen Rechtspflege sowie in den Abschnitten über Wirtschaft, Religionsgesellschaften und Volksbildung. Eine Verfassungsgerichtsbarkeit war damals nicht vorgesehen; vielmehr betonte Art. 64 Abs. 2 der Ver-

---

1 Allgemein zur Kategorie der Grundpflichten → Bd. II: *Randelzhofer*, Grundrechte und Grundpflichten, § 37.

fassung ausdrücklich die Bindung aller Richter an die ordnungsgemäß verkündeten Gesetze.

Im einzelnen enthält der Grundrechtsteil der Verfassung von 1947 eine ganze Reihe von klassischen Grundrechten. Daneben sind Garantien im sozialen Bereich zu verzeichnen, die insbesondere das Arbeits- und Wirtschaftsleben sowie den Bildungsbereich betreffen. Schließlich sind einige Garantien durch ihren pointiert antinationalsozialistischen und antimilitaristischen Gehalt geprägt.

4
Klassische Grundrechte und soziale Rechte

a) Herkömmliche Grundrechte

Im einzelnen sind als herkömmliche Grundrechte der Verfassung von 1947 im Bereich der Freiheit insbesondere hervorzuheben die Freiheit der Person (Art. 8), die Freizügigkeit einschließlich des Auswanderungsrechts (Art. 9), die Glaubens-, Gewissens-, Meinungs- und Versammlungsfreiheit (Art. 10), die Freiheit von Kunst und Wissenschaft (Art. 11), die Freiheit der Wohnung (Art. 12), der Schutz von Post- und Fernmeldegeheimnis (Art. 13), die Vereinigungsfreiheit unter Einschluß der Koalitionsfreiheit und des Streikrechts (Art. 14), ferner der Schutz von Ehe und Familie sowie im Bereich der Gleichberechtigung eine allgemeine Garantie sowie besondere Garantien zu Gunsten von Frau, Mutter und nichtehelichem Kind (Art. 7, Art. 19 und 20).

5
Katalog der Freiheits- und Gleichheitsrechte

Justizgrundrechte sind in der Form der Garantien des gesetzlichen Richters, des Rechts auf rechtliches Gehör, auf einen Verteidiger sowie das Verbot rückwirkender Strafgesetze in Art. 66 der Verfassung von 1947 garantiert. Das Eigentums- und Erbrecht werden in Artikel 75 im Kontext von Regelungen zur Wirtschaftsverfassung gewährleistet. Schließlich enthält der Fünfte Abschnitt zu Religionsgesellschaften in seinem Artikel 86 eine Reihe staatskirchenrechtlicher Garantien, die sich im Wesentlichen mit denen der Weimarer Reichsverfassung decken, zum Teil aber auch darüber hinausgehen.

6
Justizgrundrechte und weitere institutionelle Garantien

b) Soziale Rechte, Wirtschaft und Bildung

Weiterhin enthält die Verfassung von 1947 eine Reihe von sozialen Garantien. Diese sind nicht allein Produkt der sich damals herausbildenden sozialistischen Strukturen, sondern finden Parallelen auch in den im Westen in der unmittelbaren Nachkriegszeit beschlossenen Verfassungen[2]. Sie entsprachen also zumindest teilweise auch einem damaligen gesamtdeutschen Zeitgeist. Konkret sind zunächst arbeitsrechtliche Garantien zu erwähnen. Neben dem Recht auf Arbeit steht die Aufgabe des Landes, durch Wirtschaftslenkung jedem Bürger Arbeits- und Lebensunterhalt zu sichern, zumindest aber für seinen notwendigen Lebensunterhalt zu sorgen (Art. 15). Garantiert wird weiterhin das Recht der Arbeitnehmer auf Urlaub und Erholung sowie Versorgung bei Krankheit und Alter (Art. 16). Nach Artikel 17 der Verfassung von 1947 sind die Arbeiter und Angestellten gleichberechtigt mit den Unterneh-

7
Soziale Garantien

---
2 S. in diesem Sinne die Landesverfassungen von Bayern (1946, Art. 151–177), Bremen (1947, Art. 37–58), Hessen (1946, Art. 27–47), Rheinland-Pfalz (1947, Art. 51–68).

mern an der Regelung der Lohn- und Arbeitsbedingungen sowie an der wirtschaftlichen Entwicklung der produktiven Kräfte beteiligt. Eine besondere Garantie gilt der Jugend, der das Recht auf Arbeit und Erholung zugesichert wird (Art. 21).

8
Wirtschaftliche Regelungen

Darüber hinaus gibt es wie schon erwähnt einen der Wirtschaft gewidmeten Abschnitt. Dort wird vorgegeben, daß die Ordnung des Wirtschaftslebens den Grundsätzen der sozialen Gerechtigkeit sowie dem Ziel der Gewährleistung eines menschenwürdigen Daseins entsprechen muß. Zugleich ist die Wirtschaft unter Berücksichtigung der Erfordernisse der Wirtschaftseinheit planvoll zu lenken (Art. 73 Abs. 3); Monopole sind ausdrücklich verboten (Art. 74). Die Verteilung und Nutzung des Bodens wird überwacht, und die Neubildung privaten Großgrundbesitzes mit einer Fläche von mehr als einhundert Hektar ist verboten (Art. 76). Damit wurden die Ergebnisse der in den Jahren 1945 und 1946 durchgeführten Bodenreform[3] abgesichert. Das Land und die Selbstverwaltungskörperschaften sollen an der Verwaltung wirtschaftlicher Unternehmen beteiligt werden (Art. 78).

9
Aspekte des Rechts auf Bildung

Ein weiteres wichtiges Thema der Landesverfassung von 1947 ist die Bildung. Nach Artikel 18 haben alle Bürger das Recht auf gleiche Bildung, das durch öffentliche Einrichtungen gewährleistet wird. Zudem gibt es einen besonderen Abschnitt zum Thema Volksbildung. Dort wird eine „für Knaben und Mädchen gleich gegliederte Einheitsschule mit demokratischem Schulsystem" garantiert und die allgemeine Schulpflicht verankert (Art. 95 Abs. 2). Dabei wird der besondere Auftrag der Schule, unabhängig von der sozialen Lage der Eltern und vom Religionsbekenntnis Bildung zu vermitteln, ausdrücklich erwähnt (Art. 97). Als Erziehungsziel wird postuliert, daß die Jugend „zu selbstständig denkenden und verantwortungsbewußten Menschen" erzogen werden soll, „die fähig und bereit sind, sich in das Leben der Gemeinschaft einzuordnen" (Art. 98). Abschließend seien noch zwei Bestimmungen im Kontext der Justiz erwähnt. Nach Art. 61 der Landesverfassung von 1947 ist die Rechtsprechung „nach Maßgabe der Gesetze [...] im Sinne sozialer Gerechtigkeit" auszuüben, und nach Artikel 62 trägt das Land „durch den Ausbau juristischer Bildungsstätten dafür Sorge, dass Angehörigen aller Schichten des Volkes die Möglichkeit gegeben wird, die Fähigkeit zum Richteramt zu erlangen".

Justiz

c) Antinationalsozialistische und antimilitaristische Bestimmungen

10
Spezifisch antinationalsozialistische und antimilitaristische Prägung

Schließlich enthält die Verfassung von 1947 in den vorgenannten Abschnitten auch jeweils Bestimmungen, die spezifisch durch ihren antinationalsozialistischen und antimilitaristischen Charakter geprägt sind. So wird die staatsbürgerliche Gleichheit nach Artikel 7 Abs. 1 Satz 3 ausdrücklich insoweit eingeschränkt, als den Bürgern Rechte unter anderem wegen ihrer nationalsozialistischen oder militaristischen Betätigung aberkannt worden sind. Jede Bekundung nationalen Hasses wird bestraft; Personen, die militaristische und

Schutz vor nationalem Haß

---

3 Zu deren späteren Absicherung durch Art. 143 GG s. *BVerfGE 84*, 90.

nationalsozialistische Auffassungen verbreiten oder unterstützen, sind nicht nur aus dem öffentlichen Dienst zu entfernen, sondern dürfen auch in der Wirtschaft und im kulturellen Leben keine leitende Stellung bekleiden. Zudem kann ihnen das Wahlrecht entzogen werden. Spezifische Schranken bestehen auch bei der Vereinigungsfreiheit (Art. 14). Bei der Sicherung der Heimstätten sind Opfer des Faschismus besonders zu berücksichtigen (Art. 77). Ferner wird offenbar vorausgesetzt, daß Betriebe der aktiven nationalsozialistischen Kriegsverbrecher enteignet worden sind, weil diese Unternehmen von der öffentlichen Hand zu übernehmen sind (Art. 80).

II. Die Wiederbegründung des Landes Mecklenburg-Vorpommern 1990 und die Erarbeitung der Verfassung

Am 22. Juli 1990 hat die DDR-Volkskammer das Ländereinführungsgesetz (LEG) beschlossen, das unter anderem – wieder mit diesem Namen und bei Vornahme gewisser Grenzkorrekturen – die Bildung des Landes Mecklenburg-Vorpommern auf den Gebieten der Bezirke Schwerin, Rostock und Neubrandenburg vorsah. Diese Entscheidung wurde letztlich mit dem DDR-Beitritt zur Bundesrepublik zum 3. Oktober 1990 wirksam. Am 14. Oktober 1990 wurde dann erstmalig ein Landtag gewählt. Diesem kam nach § 23 Abs. 2 Satz 1 LEG die Aufgabe zu, eine Landesverfassung zu erarbeiten.

11
Ländereinführungsgesetz

Der Entwurf der Verfassung wurde durch eine vom Landtag eingesetzte Kommission erstellt, die aus elf Mitgliedern des Landtages und acht Sachverständigen bestand; außerdem war der Justizminister des Landes mit beratender Stimme vertreten[4]. Als Sachverständige fungierten vier von Parteien benannte Vertreter, unter denen insbesondere die beiden westdeutschen Staatsrechtslehrer *Christian Starck* (Göttingen) und *Albert von Mutius* (Kiel) besonderes Gewicht erlangten, sowie vier Vertreter von weiteren Gruppierungen, die ihrerseits zum Teil bereits Verfassungsentwürfe erarbeitet hatten. Der Kommission wurden drei Verfassungsentwürfe als Arbeitsmaterial zur Verfügung gestellt. Konkret handelte es sich um einen Entwurf, der von einer Arbeitsgruppe der drei Runden Tische der Bezirke Rostock, Schwerin und Neubrandenburg erarbeitet worden war, ein Gegenentwurf einer Arbeitsgruppe, der an der schleswig-holsteinischen Landesverfassung ausgerichtet war, sowie ein vom Justizminister erarbeiteter Entwurf. Die Verfassung des Landes Mecklenburg vom Januar 1947 spielte in diesen Beratungen letztlich keine Rolle.

12
Verfassungskommission

Die Kommission konstituierte sich am 31. Januar 1991. Bei den Beratungen zeigte sich alsbald, daß nicht zuletzt bei der Frage der Verankerung sozialer Grundrechte und Staatsziele in der Verfassung zwischen den Parteien zunächst erhebliche Meinungsverschiedenheiten bestanden, die aber letztlich

13
Verankerung sozialer Grundrechte und Staatsziele

---

[4] Ausführlich zur Erarbeitung der Landesverfassung *Kronisch*, in: Classen/Litten/Wallerath (LitVerz.), Entstehungsgeschichte; *März*, Die Verfassungsentwicklung in Mecklenburg-Vorpommern, in: JöR NF Bd. 54 (2006), S. 175 (189 ff.).

§ 252   Sechzehnter Teil: III. Die Grundrechte in den Landesverfassungen

Volksentscheid

überwunden werden konnten. Die verabschiedete Verfassung enthält so einen für alle tragbaren Kompromiß. Ein Zwischenbericht wurde im Mai 1992 der Öffentlichkeit vorgestellt. Ihren Abschlußbericht legte die Kommission ein Jahr später dem Landtag vor. Am 12. Mai 1993 wurde die Verfassung mit 53 Ja-Stimmen bei neun Nein-Stimmen ohne Enthaltung vom Landtag angenommen. Damit trat diese allerdings nur vorläufig in Kraft. Nach dem Gesetz über die Verabschiedung und das Inkrafttreten der Verfassung von Mecklenburg-Vorpommern sollte bei der nächsten landesweiten Wahl ein Volksentscheid über die Verfassung durchgeführt werden. Dieser fand ein Jahr später, am 12. Juni 1994, parallel mit den damals durchgeführten Kommunal- und Europawahlen statt. Bei dieser Abstimmung beteiligten sich 65,5 v.H. der Stimmberechtigten; von diesen stimmten 58,7 v.H. für und 38,9 v.H. gegen die Verfassung. Mit Ablauf der Wahlperiode des Landtages am 15. November 1994 trat die Landesverfassung nunmehr endgültig in Kraft.

14
Marginale Änderungen

Seither wurde die Verfassung marginal geändert. Gewisse Modifikationen hat es insbesondere im Bereich der Staatsziele gegeben; sie werden im einzelnen an der jeweiligen Stelle erläutert. Der Grundrechtsteil ist unverändert.

B. Allgemeine Bemerkungen zu den grundrechtlichen Garantien der Landesverfassung

I. Dynamischer Verweis auf die Grundrechte des Grundgesetzes

15
Teilverfassung

In grundrechtlicher Perspektive enthält die Landesverfassung nur eine „Teilverfassung". Gemäß Art. 5 Abs. 3 Verf. Mecklenburg-Vorpommern sind die „im Grundgesetz für die Bundesrepublik Deutschland festgelegten Grundrechte und staatsbürgerlichen Rechte [...] Bestandteil dieser Verfassung und unmittelbar geltendes Recht". Daneben bestehen nur einige wenige spezifische Garantien. Damit ist das Land Mecklenburg-Vorpommern einem Regelungsmodell gefolgt, das auch andere Länder ihren Verfassungen zugrunde gelegt haben[5]. Im Vergleich zu den anderen neuen Ländern hat Mecklenburg-Vorpommern hingegen einen Sonderweg beschritten, denn deren Landesverfassungen enthalten durchweg einen umfassenden Grundrechtskatalog.

16
Dynamische Verweisung auf das Grundgesetz

Der Verweis in Art. 5 Abs. 3 Verf. Mecklenburg-Vorpommern auf das Grundgesetz hat dynamischen Charakter. Daher gelten die zwischenzeitlich erfolgten Änderungen des Grundgesetzes entsprechend auch für den Grundrechtsschutz auf Landesebene[6]. Dieses Verständnis ist auch mit den Regeln über die Verfassungsänderung nach Art. 56 Verf. Mecklenburg-Vorpommern verein-

---

[5] Baden-Württemberg: Art. 2 Abs. 1; Niedersachsen: Art. 3 Abs. 2 Satz 1; Nordrhein-Westfalen: Art. 4 Abs. 1.
[6] Zu alledem *LVerfG Mecklenburg-Vorpommern LVerfGE 11*, 265 (277 f. m.w.N.); *Kohl*, in: Classen/Litten/Wallerath (LitVerz.), Art. 5 RN 23; *März*, in: JöR NF Bd. 54 (2006), S. 175 (205 f.).

bar. Konkret wird nach dem Bericht der Verfassungskommission mit dem genannten Verweis auf die eigentlichen Grundrechte (Art. 1 bis 19 GG) sowie weitere im Grundgesetz enthaltene staatsbürgerliche Rechte (Art. 20, 33, 101, 103 und 104 GG) Bezug genommen[7]. Damit entspricht dieser Katalog dem in Art. 93 Abs. 1 Nr. 4a GG zum Ausdruck gebrachten Verständnis. Daß das allein bundesspezifisch in Art. 38 GG geregelte Wahlrecht hier fehlt, ergibt sich aus der Natur der Sache[8]. Grenzen weist die Transformation der Bundesgrundrechte in die Landesverfassung insofern auf, als diese zum Teil auch dem Grundgesetz vergleichbare bzw. sich mit diesem deckende Garantien enthält[9]. Insoweit haben die spezifischen Garantien als Spezialnormen Vorrang[10].

Ergänzend ist darauf hinzuweisen, daß Art. 5 Abs. 1 und 2 Verf. Mecklenburg-Vorpommern auch allgemeine Aussagen zu den Grundrechten bereithalten. Artikel 5 Abs. 1 knüpft inhaltlich an Art. 1 Abs. 2 GG an und enthält ein allgemeines Bekenntnis zu den Menschenrechten als Grundlage der staatlichen Gemeinschaft, des Friedens und der Gerechtigkeit. Zugleich wird in Art. 5 Abs. 2 Verf. Mecklenburg-Vorpommern die Menschenwürde verankert und betont, daß das Land Mecklenburg-Vorpommern um des Menschen willen da ist und nicht umgekehrt.

17
Bekenntnis zu den Menschenrechten

II. Spezifische Grundrechte der Landesverfassung

Weiterhin enthält die Landesverfassung in den Artikeln 6 bis 10 einige nachfolgend näher erläuterte spezifische Grundrechte. Außerdem finden sich im weiteren Verfassungstext eigenständige grundrechtsgleiche Garantien im jeweiligen Sachzusammenhang. Zu nennen sind insbesondere das Wahlrecht (Art. 20 Abs. 2), die Rechte, den Bürger- und den Datenschutzbeauftragten in ihrem jeweiligen Aufgabenbereich anzurufen (Art. 36 Abs. 2 Satz 2 und Art. 37 Abs. 3) sowie das Recht auf Zugang zum öffentlichen Dienst (Art. 71 Abs. 1). Dagegen enthält der Abschnitt über die Justiz keine Justizgrundrechte, so daß diese landesverfassungsrechtlich allein über Art. 5 Abs. 3 Verf. Mecklenburg-Vorpommern garantiert sind.

18
Grundrechtsgewährungen im Sachzusammenhang

III. Staatszielbestimmungen

Die Landesverfassung enthält als Folge des im Rahmen der Verfassungsgebung gefundenen Kompromisses[11] neben den Grundrechten auch eine Reihe von ausdrücklich als solchen beschriebenen und damit von den Grundrechten abgegrenzten Staatszielen. Eine nähere Definition dessen, was hierunter zu verstehen ist, enthält die Verfassung nicht[12]. Das Verfassungsprozeßrecht, das diese Normen als Prüfungsmaßstäbe bei einer Verfassungsbeschwerde aus-

19
Begrenzte verfassungsgerichtliche Kontrolle

---
7 *Kohl* aaO., Art. 5 RN 11.
8 *Kohl* aaO., Art. 5 RN 11.
9 Dazu noch in anderem Zusammenhang C I V, RN 32.
10 *Kohl* aaO., Art. 5 RN 14.
11 A II, RN 13.
12 *Schütz*, in: Classen/Litten/Wallerath (LitVerz.), vor Art. 11 RN 3.

schließt[13], macht damit allerdings implizit deutlich, daß es offenbar um Normen geht, bei denen nur eine begrenzte verfassungsgerichtliche Kontrolle möglich ist. Von diesen Staatszielen haben einige staatsorganisationsrechtlichen Charakter, wie insbesondere der Hinweis auf die europäische Integration in Art. 11 Verf. Mecklenburg-Vorpommern, die hier nicht näher behandelt werden. Die meisten enthalten hingegen einen Bezug zu grundrechtlichen Garantien und werden daher im folgenden im entsprechenden Kontext mit behandelt.

20
Staatsziele als Verkörperung von Grundrechtsgewährleistungen?

Einige Staatsziele beschränken sich sogar nicht darauf, der staatlichen Tätigkeit Ziele zu setzen, sondern bilden inhaltlich, wie auch die nachfolgende Darstellung zeigt, geradezu Verkörperungen einer Grundrechtsgewährleistung[14]. Zum Teil wird aus diesem Umstand die Konsequenz abgeleitet, daß auch die im Abschnitt Staatsziele enthaltenen grundrechtlichen Gewährleistungen formal als Grundrechte anzusehen sind[15]. Angesicht der klaren systematischen

Objektivrechtlich bindende Normen

Struktur der Verfassung vermag dies nicht zu überzeugen. Vielmehr gilt insoweit wie im übrigen, daß es sich hier um objektivrechtlich bindende Normen handelt, die sich an alle staatlichen Organe richten, also insbesondere an den Gesetzgeber, als Auslegungsrichtlinie für die Gesetze aber auch an Verwaltung und Rechtsprechung, die aber eben keine subjektiven Rechte des Einzelnen begründen[16]. Prinzipiell sind sie also justitiabel. Inhaltlich allerdings kommt dem Gesetzgeber hier ein erheblicher Gestaltungsspielraum zu. In der Rechtspraxis spielen diese Staatszielbestimmungen nur eine sehr begrenzte Rolle.

IV. Verfassungsprozessuale Durchsetzung der Grundrechte und der verwandten Garantien

21
Landesverfassungsgerichtsbarkeit

Mit der Landesverfassung wurden auch die Grundlagen für die Errichtung einer Landesverfassungsgerichtsbarkeit geschaffen. Diese kennt alle Verfahrensarten, die auch auf Bundesebene der Durchsetzung der Grundrechte dienen: Abstrakte und konkrete Normenkontrolle sowie die Verfassungsbeschwerde (Art. 53 Abs. 1 Nr. 2, 5, 6 und 7 Verf. Mecklenburg-Vorpommern). Alle drei sind zumindest in wesentlichen Elementen dem Verfassungsprozeßrecht des Bundes nachgebildet.

22
Geringe Praxis des Landesverfassungsprozesses

Aus mehreren Gründen spielt die verfassungsgerichtliche Kontrolle des Grundrechtsschutzes auf Landesebene jedoch praktisch keine Rolle. Abstrakte und konkrete Normenkontrollverfahren hat es bisher nicht gegeben. Die Verfassungsbeschwerde wiederum ist uneingeschränkt nur möglich, soweit jemand unmittelbar durch ein Landesgesetz in seinen Grundrechten oder staatsbürgerlichen Rechten verletzt ist (Art. 53 Abs. 1 Nr. 6 Verf. Mecklenburg-Vorpommern). Hierzu zählen neben den eigentlichen Grundrechten in den Artikeln 5 bis 10 auch die an anderen Stellen in der Landesverfassung

---

13 S. noch B IV, RN 21 ff.
14 *Schütz* aaO., vor Art. 11 RN 7.
15 So *Schütz* aaO., vor Art. 11 RN 7.
16 *März,* in: JöR NF Bd. 54 (2006), S. 175 (214).

enthaltenen staatsbürgerlichen Rechte[17]. Demgegenüber wird man die Staatszielbestimmungen auch insoweit nicht hier nennen können, wie sich diese rein interpretatorisch als Grundrechte verstehen ließen[18].

Dabei versteht das Landesverfassungsgericht den Begriff der Unmittelbarkeit ausgesprochen weit. Hierher gehört nicht nur der aus dem Verfassungsprozeßrecht des Bundes bekannte Fall, daß ein Vollzugsakt zwar notwendig ist, dieser aber heimlich durchgeführt wird, so daß der Betroffene ihn nicht wahrnimmt[19]. Vielmehr hat das Gericht in einem umstrittenen Fall eine Verfassungsbeschwerde auch gegen offen zu nutzende polizeiliche Kontrollbefugnisse zugelassen mit Hinweis auf die besondere Struktur der fraglichen Norm[20]. Diese verlangte nämlich keine nähere Individualisierung des Adressaten und war zudem dadurch gekennzeichnet, daß Rechtsschutz erst ex post möglich war. In der Literatur hat die Entscheidung viel Kritik erfahren[21]. Möglicherweise ist sie in der Sache auch dadurch erklärlich, daß nachträglicher verfassungsgerichtlicher Rechtsschutz wegen der in diesem Fall bestehenden Zuständigkeit des Bundesverfassungsgerichts durch das Landesverfassungsgericht nicht möglich gewesen wäre[22].

23 Unmittelbarkeit bei der Verfassungsbeschwerde

Verfassungsbeschwerden gegen einen Akt der Verwaltung oder der Rechtsprechung, also die in der Praxis des Bundesverfassungsgericht dominierenden Konstellationen, sind demgegenüber nur möglich, soweit es um ein in Art. 6 bis 10 Verf. Mecklenburg-Vorpommern genanntes Grundrecht geht, und zudem nur dann, wenn insoweit eine Zuständigkeit des Bundesverfassungsgerichts nicht gegeben ist (Art. 53 Nr. 7 Verf. Mecklenburg-Vorpommern). Hieraus ergibt sich als praktische Konsequenz: Wenn und soweit ein den genannten Rechten vergleichbarer Prüfungsmaßstab auf Bundesebene bereitsteht, ist eine Verfassungsbeschwerde zum Landesverfassungsgericht nicht möglich. Konkret gilt dies nach allgemein konsentierter Auffassung für Art. 6 Abs. 1[23] und 2[24], Art. 7 Abs. 1[25], Art. 8[26], Art. 9 Abs. 1 und 2[27]

24 Verfassungsbeschwerdefähige Grundrechtskonstellationen

---

17 Vgl. RN 16.
18 RN 20.
19 *LVerfG Mecklenburg-Vorpommern LVerfGE 11*, 265 (273) im Anschluß an *BVerfGE 30*, 1 (16 f.); *100*, 313 (354).
20 *LVerfG Mecklenburg-Vorpommern LVerfGE 10*, 336 (nur Ls.), sowie NVwZ RR 1999, S. 617 mit Sondervotum *Häfner*.
21 Zur Kritik s. *März*, in: JöR NF Bd. 54 (2006), S. 175 (300); *Buchholz/Rau*, Rechtssatzverfassungsbeschwerde gegen Gesetze zur vorbeugenden Verbrechensbekämpfung?, NVwZ 2000, S. 396 ff.; *Martell*, Unmittelbare Grundrechtsbetroffenheit durch gesetzliche Befugnis zu lagebildabhängiger Kontrolle, NVwZ 2002, S. 1336 ff., mit Hinweis auf das Urteil des *LVerfGes Sachsen-Anhalt* NVwZ 2002, S. 1370, das eine Beschwerde gegen eine ähnliche, aber wenig weit ausgreifende gesetzliche Regelung für unzulässig erklärt. Zustimmend hingegen *Classen*, in: ders./Wallerath/Litten (LitVerz.), Art. 53 RN 41.
22 Dazu *März*, Die Rechtsprechung des Landesverfassungsgerichts in der ersten Amtszeit, in: Landesverfassungsgericht Mecklenburg-Vorpommern (Hg.), Zwölf Jahre Verfassungsgerichtsbarkeit in Mecklenburg-Vorpommern, 2008, S. 11 (43 f.). Im übrigen s. dazu sogleich in RN 24.
23 Dazu *LVerfG Mecklenburg-Vorpommern LVerfGE 19*, 301 (308 ff.); ferner *LVerfGE 10*, 337 (348) unter Hinweis auf *BVerfGE 65*, 1, zu Art. 2 Abs. 1 i.V.m. Art. 1 Abs. 1 GG; vgl. auch nachfolgend im Text RN 26.
24 *Kohl*, in: Classen/Litten/Wallerath (LitVerz.), Art. 6 RN 1; vgl. auch nachfolgend im Text RN 29.
25 *Kohl* aaO., Art. 7 RN 10; vgl. auch nachfolgend im Text RN 36.
26 *März*, in: JöR NF Bd. 54 (2006), S. 175 (211), unter Hinweis auf Art. 12 i.V.m. Art. 3 GG; *Kohl* aaO., Art. 8 RN 2; vgl. auch nachfolgend im Text RN 37.
27 *Kronisch*, in: Classen/Litten/Wallerath (LitVerz.), Art. 9 RN 5; vgl. auch nachfolgend im Text RN 47.

§ 252   Sechzehnter Teil: III. Die Grundrechte in den Landesverfassungen

<small>Einschränkung des verfassungsgerichtlichen Kontrollzugriffs</small>

und Art. 10 Satz 1 Verf. Mecklenburg-Vorpommern[28]. Daraus ergibt sich umgekehrt, daß Verfassungsbeschwerden nur auf Verletzung der Rechte aus Art. 6 Abs. 3 (Informationsfreiheit), Art. 7 Abs. 3 und 4 (Körperschaftsstatus und Selbstverwaltung der Hochschulen und sonstigen wissenschaftlichen Einrichtungen), Art. 9 Abs. 3 (Schutz theologischer Fakultäten) und Art. 10 Satz 2 (Pflicht zur Bescheidung von Petitionen) gestützt werden können[29]. Hintergrund dieser Einschränkung des verfassungsgerichtlichen Kontrollzugriffs ist der Wille, eine mittelbare Kontrolle von Bundesrecht am Maßstab von Landesgrundrechten in jedem Fall auszuschließen. Entstehungsgeschichtlich hat dabei die während der Beratungen des Verfassungsentwurfes ergangene Entscheidung des Berliner Verfassungsgerichts zum Fall *Honecker*[30] eine wichtige Rolle gespielt.

V. Zur Interpretation des Landesverfassungsrechts

25
<small>Landesverfassungsgerichtliche BVerfG-Anlehnung</small>

Abschließend ist hervorzuheben, daß das Landesverfassungsgericht in seiner Rechtsprechung praktisch systematisch der des Bundesverfassungsgerichts folgt. Dies gilt sowohl für die materiellen Grundrechte selbst, soweit sie explizit in der Landesverfassung enthalten sind[31], als auch – im Grundsatz – für das Verfassungsprozeßrecht[32].

C. Einzelgarantien

I. Datenschutz und Informationsrechte

1. Datenschutz

26
<small>Recht auf informationelle Selbstbestimmung</small>

Eine der besonders leidvollen DDR-Erfahrungen bildet die systematische Überwachung und Bespitzelung der Bevölkerung durch die Organe der Staatssicherheit. Dies erklärt, warum der Datenschutz als eigenes Grundrecht in Art. 6 Abs. 1 Verf. Mecklenburg-Vorpommern gewährleistet wird[33]. In der Sache besteht dabei eine klare Übereinstimmung mit dem Recht auf informationelle Selbstbestimmung, wie es das Bundesverfassungsgericht in seiner Rechtsprechung entfaltet hat[34]. Unter den dort genannten personenbezoge-

---

28 *Kohl*, in: Classen/Litten/Wallerath (LitVerz.), Art. 10 RN 3; vgl. auch nachfolgend im Text RN 52.
29 *Classen*, in: ders./Wallerath/Litten (LitVerz.), Art. 53 RN 34.
30 NJW 1993, S. 515 ff. → Oben *Sodan*, Landesgrundrechte in Berlin, § 247 RN 15 ff.
31 Vgl. schon oben RN 18.
32 S. etwa *LVerfGE* 5, 203 (217); *12*, 209 (218 f.); dazu *Gärditz*, Landesverfassungsrichter, in: JöR NF 61 (2013), S. 449 (451).
33 *Kohl*, in: Classen/Litten/Wallerath (LitVerz.), Art. 6 RN 1.
34 Beginnend mit *BVerfGE* 65, 1. Zur Orientierung des Landesverfassungsgerichts an den Vorgaben des Bundesverfassungsgerichts s. bereits FN 23. Ausführlich zum Verständnis der grundgesetzlichen Garantie → Bd. IV: *W. Rudolf*, Recht auf informationelle Selbstbestimmung, § 90.

nen Daten sind in Übereinstimmung mit den einfach-rechtlichen Konkretisierungen im Bundes- und im Landesrecht „Einzelangaben über persönliche oder sachliche Verhältnisse einer bestimmten oder bestimmbaren natürlichen Person" zu verstehen[35]. Juristische Personen werden dementsprechend nicht geschützt. Wo und wie die genannten Angaben gespeichert werden, ist unerheblich. Erfaßt werden also nicht nur elektronisch gespeicherte Daten, sondern alle Sammlungen von Daten unabhängig vom Speichermedium. Zugleich ist nicht Voraussetzung, daß sich die Daten in der Hand der öffentlichen Verwaltung befinden. Vielmehr werden prinzipiell auch die in privater Hand oder bei ausländischen Stellen gespeicherten Daten vom Grundrecht erfaßt.

Unerheblichkeit der Speicherungsart

Nichtsdestoweniger ist Grundrechtsadressat nur die öffentliche Gewalt des Landes. Mit Blick auf Private sowie ausländische Stellen besteht daher nur, aber immerhin eine Schutzpflicht[36]. Diese kann sich allerdings nur entfalten, wenn und soweit das Bundesrecht entsprechenden Spielraum beläßt[37]. Mit Hinweis auf dieses Grundrecht hat das Landesverfassungsgericht in einem seiner wenigen, den materiellen Grundrechtsschutz betreffenden Urteile verdachtsunabhängigen Kontrollen durch die Polizei („Schleierfahndung") klare Grenzen gezogen. Diese vom Gesetz auf allen (näher definierten) Durchgangsstraßen erlaubten Kontrollen hat das Gericht als solche für unzulässig erklärt. Akzeptiert hat es nur die weitere Regelung, nach der solche Kontrollen auch in einem dreißig Kilometer breiten Streifen in Entfernung zur Landesgrenze, an öffentlichen Einrichtungen des internationalen Verkehrs und im Küstenmeer zulässig sind[38]. Zur Begründung verwies es darauf, daß es dem Bürger im Grundsatz möglich sein müsse, sich im öffentlichen Raum unkontrolliert aufzuhalten. Ausnahmen von dieser Regel müßten eng begrenzt bleiben. Mit anderen Worten: Die rechtsstaatlich elementare Unterscheidung von Störern und Nichtstörern dürfe nicht flächendeckend eingeebnet werden. Im konkreten Fall kam hinzu, daß die vorgesehenen Kontrollen, die gegebenenfalls auch zu einer Speicherung der gewonnenen Informationen führen könnten, tatbestandlich über die Definition der Örtlichkeit hinaus an gar keine Voraussetzungen gebunden und so die nach deutschem Verständnis zentrale rechtsstaatliche Unterscheidung von Aufgaben- und Befugnisnorm in Frage gestellt wurde. Weitere Landesverfassungsgerichte haben die vom Landesver-

27
Grundrechtsadressat

Begrenzung der „Schleierfahndung"

Rechtsstaatliche Grenzen

---

35 *Kohl* aaO., Art. 6 RN 9.
36 Dazu etwa *Marauhn* und *Pöschl*, Sicherung grund- und menschenrechtlicher Standards gegenüber neuen Gefährdungen durch private und ausländische Akteure, in: VVDStRL 74 (2015), S. 373 ff. und S. 405 ff.
37 Dazu noch RN 20, 40.
38 *LVerfG Mecklenburg-Vorpommern LVerfGE 10*, S. 337 (350 ff.). Zustimmend *Kutscha*, Polizeirecht auf dem Prüfstand der Landesverfassungsgerichte, NJ 2000, S. 63 ff.; *Lisken*, Das Ende der „Schleierfahndung" in Mecklenburg-Vorpommern, DRiZ 2000, S. 272 ff.; *Möllers*, Urteilsanmerkung, ThürVBl. 2000, S. 41 ff.; *Rachor,* Das Polizeihandeln, in: Hans Lisken/Eberhard Denninger (Hg.), Handbuch des Polizeirechts, ⁴2007, RN F 431; *Denninger*, Schleierfahndung im Rechtsstaat, in: Heiko Faber/Götz Frank (Hg.), Demokratie in Staat und Wirtschaft, FS E. Stein, 2002, S. 15 (19 ff.); ablehnend *Heckmann*, Zur Verfassungsmäßigkeit der sog. Schleierfahndung, in: Hans-Joachim Cremer u. a. (Hg.), Tradition und Weltoffenheit des Rechts, FS Steinberger, 2002, S. 467 (483); *Engelken*, Urteilsanmerkung, DVBl. 2000, S. 269 ff.

fassungsgericht Mecklenburg-Vorpommerns angestellten Überlegungen nur insoweit fruchtbar gemacht, als sie die vorgenannten Probleme zum Anlaß restriktiver Interpretation der jeweiligen Befugnisse nahmen[39].

28
„Großer Lauschangriff"

Eine weitere grundlegende Entscheidung betrifft den „Großen Lauschangriff"[40]. Hier hat sich das Landesverfassungsgericht Mecklenburg-Vorpommerns insbesondere ausführlich mit der kurz zuvor beschlossenen Änderung des über Art. 5 Abs. 3 Verf. Mecklenburg-Vorpommern auch als landesverfassungsrechtliche Norm geltenden Art. 13 GG befaßt. Es hat den in Artikel 13 Abs. 4 GG enthaltenen Begriff der öffentlichen Sicherheit vor dem Hintergrund, daß es insbesondere um eine gemeine Gefahr oder eine Lebensgefahr gehen muß, sehr restriktiv ausgelegt[41] und zugleich auf die dort vorgesehene Beschränkung der Polizei auf die Abwehr von Gefahren hingewiesen[42]. Dabei hat es insbesondere in mehreren Punkten Überlegungen angestellt, die dann

Dilemma aus der Datenlöschung

später vom Bundesverfassungsgericht aufgegriffen wurden. So hat das Bundesverfassungsgericht später im Anschluß an das Landesverfassungsgericht Mecklenburg-Vorpommern die Notwendigkeit regelmäßiger unabhängiger Kontrollen betont, soweit die Betroffenen mangels Kenntnis sich nicht wehren können[43], und auf das Dilemma hingewiesen, das für den Rechtsschutz entsteht, wenn dessen Inanspruchnahme faktisch durch die datenschutzrechtlich geforderte Löschung erhobener Daten nachhaltig erschwert wird[44].

2. Auskunftsrecht über gespeicherte Daten

29
Einschluß privater und im Ausland erfaßter Daten

Spiegelbildlich zum Datenschutzrecht nach Artikel 6 Abs. 1 garantiert die Landesverfassung auch das Recht auf Auskunft über alle von Absatz 1 erfaßten und irgendwo gespeicherten Daten (Art. 6 Abs. 2). Hier gilt daher gleichfalls, daß private oder im Ausland erfaßte Daten eingeschlossen sind. Aus dieser verfassungsrechtlichen Garantie ist nicht zuletzt abzuleiten, daß jedenfalls die öffentlichen Stellen des Landes die bei ihnen vorhandenen Daten kostenlos bereitstellen müssen[45].

3. Schranken

30
Parallele Schrankensysteme

Beide Rechte stehen unter im Grundsatz parallel formulierten Schranken. Zu nennen sind insbesondere die überwiegenden Interessen der Allgemeinheit, denn eine Gemeinschaft kann kaum Rechte und Pflichten für den Einzelnen begründen, ohne daß im gewissen Umfang auch diesen betreffende Informa-

---

39 *SächsVerfGH*, Urt. v. 10. 7. 2003 (Vf. 43-II-00); *BayVerfGH* DVBl. 2003, S. 861 ff.
40 *LVerfG Mecklenburg-Vorpommern LVerfGE 11*, 265.
41 *LVerfG Mecklenburg-Vorpommern LVerfGE 11*, 265 (285).
42 *LVerfG Mecklenburg-Vorpommern LVerfGE 11*, 265 (287).
43 *LVerfG Mecklenburg-Vorpommern LVerfGE 11*, 265 (300) und im Anschluß daran *BVerfGE 109*, 279 (367).
44 *LVerfG Mecklenburg-Vorpommern LVerfGE 11*, 265 (297) und im Anschluß daran *BVerfGE 109*, 279 (380). Anhängig ist zudem ein Verfahren betreffend Regelungen zur Bestandsdatenauskunft (Az. 3/14), das aber bis zur Erledigung des bundesverfassungsgerichtlichen Verfahrens 1 BvR 1873/13 ausgesetzt wurde.
45 *Kohl*, in: Classen/Litten/Wallerath (LitVerz.), Art. 6 RN 13.

tionen gespeichert werden. Fernerhin sind mit Blick auf den Datenschutz Rechte Dritter und mit Blick auf das Informationsrecht rechtlich geschützte Interessen Dritter erwähnt. Hieraus wird man keine Unterschiede ableiten können; in der Sache sind diese Schranken selbstverständlich. Explizit nur mit Blick auf das Informationsrecht ist schließlich ein Vorbehalt hinsichtlich des Bundesrechts formuliert, doch soweit Bundesrecht dem entgegensteht, gilt auch mit Blick auf das Datenschutzrecht dessen Vorrang (Art. 31 GG). Durch das in diesem Bereich zunehmend einschlägige Unionsrecht wird die Bedeutung des Landesrechts zusätzlich eingeschränkt.

4. Landesdatenschutzbeauftragter

Ergänzend ist auf die in Art. 37 Verf. Mecklenburg-Vorpommern enthaltene Garantie zu Gunsten des Landesdatenschutzbeauftragten hinzuweisen. Dessen Aufgabe ist es, „das Recht der Bürger auf ihre persönlichen Daten" zu wahren. Nach Artikel 37 Abs. 3 kann sich jeder an diesen Beauftragten mit der Behauptung wenden, daß bei Bearbeitung seiner personenbezogenen Daten sein Datenschutzgrundrecht verletzt worden sei. Unklar ist der verfassungsrechtlich definierte Aufgabenbereich insofern, als das Zugangsrecht nach Absatz 3 sich nur auf die öffentliche Verwaltung bezieht, während die allgemein formulierte Aufgabe nach Absatz 1 insoweit keinen Vorbehalt enthält. Systematisch spricht jedenfalls nichts für eine unterschiedliche Interpretation beider Absätze. Im Ergebnis ist daher wohl davon auszugehen, daß der Verfassungsgeber auch die Aufgaben des Datenschutzbeauftragten als solche, soweit es um die verfassungsrechtliche Verankerung geht, auf die öffentliche Verwaltung beschränkt wissen wollte. Dies war jedenfalls zunächst auch die Auffassung des einfachen Gesetzgebers bei Erlaß des Landesdatenschutzgesetzes. Später wurde allerdings der Aufgabenbereich des Landesbeauftragten auch auf den privaten Datenschutz erstreckt. Wie dann im Jahre 2010 der Gerichtshof der Europäischen Union entschieden hat, war dies sogar unionsrechtlich geboten[46]. Aus der Perspektive der Landesverfassung bestehen gegen die Erweiterung der Aufgaben jedoch keine Bedenken.

31
Aufgaben

Beschränkung auf die öffentliche Verwaltung?

5. Verhältnis zum Bundesrecht

Zweifelsfragen entstehen mit Blick auf das Verhältnis zum Bundesrecht. Diese betreffen zunächst die verfassungsrechtlichen Garantien. Das Bundesverfassungsgericht hat bekanntlich aus dem allgemeinen Persönlichkeitsrecht nach Art. 2 Abs. 1 in Verbindung mit Art. 1 Abs. 1 GG gleichfalls ein Recht auf Datenschutz und auf Auskunft über persönliche Informationen abgeleitet. Das Landesverfassungsgericht hat insoweit offen gelassen, wie sich diese Garantie materiell-rechtlich zum Bundesverfassungsrecht verhält und nur mit

32
Verfassungsrechtliche Garantien

---

46 *EuGH*, Urt. vom 9. 3. 2010, Rs. C-518/07 (Kommission ./. Deutschland), Slg. 2010, I-1885 RN 17 ff.

§ 252   Sechzehnter Teil: III. Die Grundrechte in den Landesverfassungen

Bundesgrundrechts-vorrang

Blick auf das Landesverfassungsprozeßrecht eine Parallelität angenommen[47]. Tatsächlich wird man davon ausgehen müssen, daß das Landesrecht im Grundsatz spezieller ist[48]. Anderes gilt nur, soweit das Grundgesetz für bestimmte Lebensbereiche spezifische persönlichkeitsrechtbezogene Datenschutzgarantien enthält, wie dies in der Form des Post- und Briefgeheimnisses nach Art. 10 GG sowie des Wohnungsschutzes nach Art. 13 GG der Fall ist. Insoweit kommt den bundesrechtlichen Garantien, die nach Art. 5 Abs. 3 Verf. Mecklenburg-Vorpommern auch Bestandteil der Landesverfassung sind, Vorrang zu[49].

33
Weitergefaßtes einfaches Bundesrecht

Dem Landesgrundrecht kommt zudem nur begrenzte Bedeutung zu, weil im einfachen Recht das Bundesdatenschutzgesetz zum Teil weitergehende Vorgaben enthält. Dieses betrifft insbesondere alle Daten bei privatrechtlichen Stellen, wobei nur persönliche oder familiäre Tätigkeiten ausgeklammert sind. Insoweit sind die Regelungen des Bundes abschließend (§§ 27 ff. BDSG). Dagegen richtet sich die Speicherung von Daten bei öffentlichen Stellen des Landes nach Landesrecht, weil dieses ein einschlägiges Landesgesetz kennt (vgl. § 1 Abs. 2 Nr. 2 BDSG). Insoweit ist also das Landesgrundrecht ebenso einschlägig wie für den Datenschutz bei Religionsgemeinschaften, die als Körperschaften des öffentlichen Rechts verfaßt sind, die nicht vom Bundesdatenschutz-

Ausländische Stellen

gesetz erfaßt werden (vgl. § 2 BDSG)[50]. Mit Blick auf die gerade in letzter Zeit intensiv diskutierte Datenerhebung und -speicherung durch ausländische Stellen geht grundrechtlicher Schutz allerdings faktisch weitgehend ins Leere, weil ihnen gegenüber die Bundesrepublik keine Hoheitsgewalt ausüben kann. Schließlich ist auf das europäische Unionsrecht hinzuweisen, das bereits seit dem Jahr 1995 grundsätzliche Bestimmungen zum Datenschutz enthält[51], die nunmehr grundsätzlich neu gefaßt wurden[52]. Diese Normen verdrängen naturgemäß in ihrem Anwendungsbereich die landesrechtlichen Bestimmungen.

6. Umweltinformationsrecht

34
Landesgrundrechtlicher Zugang zu Umweltdaten

Schließlich enthält Art. 6 Abs. 3 Verf. Mecklenburg-Vorpommern eine spezielle Garantie über den Zugang zu Umweltinformationen, die bei der öffentlichen Verwaltung vorhanden sind. Auf Grund der Erfahrungen, die man in der Deutschen Demokratischen Republik mit Umweltdaten gemacht hatte, die vielfach als Geheimsache behandelt wurden, aber auch zwecks Umsetzung des unionsrechtlich seit dem Jahr 1990 bestehenden entsprechenden Gestal-

---

[47] LVerfG Mecklenburg-Vorpommern LVerfGE 10, 337 (348f.).
[48] Kohl, in: Classen/Litten/Wallerath (LitVerz.), Art. 5 RN 14.
[49] LVerfG Mecklenburg-Vorpommern LVerfGE 11, 265 (277).
[50] Näher dazu Germann, Das kirchliche Datenschutzrecht als Ausdruck kirchlicher Selbstbestimmung, in: ZevKR 48 (2003), S. 446 (460f.).
[51] Richtlinie 95/46/EWG (ABl.EG 1995 Nr. L 281, S. 46).
[52] Datenschutzgrundverordnung 2016/679 (ABl. EU 2016 Nr. 2119, S. 1).

tungsauftrages⁵³ ist hier ein Landesgrundrecht verankert⁵⁴. Auch dieses Recht steht allerdings unter dem Vorbehalt einer näheren Ausgestaltung durch das Gesetz. Im einzelnen ist der Begriff der Umweltinformation weit zu verstehen. Die Frage, ob und inwieweit die Beschränkungen, die das Bundesrecht insoweit vorsieht⁵⁵, auch dem landesrechtlichen Informationsanspruch entgegengehalten werden können, ist nur differenziert zu beantworten. Schon aus kompetenzrechtlichen Erwägungen uneingeschränkt zu bejahen ist dies, soweit es um private Belange geht und solche Belange, die spezifisch den Bund betreffen. Mit Blick auf landesrechtliche Belange ist dagegen zu prüfen, ob sich bundesgesetzlich vorgesehene Schranken auch im Lichte des Landesgrundrechts als verhältnismäßig erweisen. Ergänzend ist auf das Abweichungsrecht hinzuweisen, über das die Länder seit der Föderalismusreform im Bereich des Umweltrechts verfügen.

Begriff der Umweltinformation

II. Kulturelle Rechte

Vor dem Hintergrund der Kulturhoheit der Länder, aber auch angesichts der Instrumentalisierung der Kultur zu DDR-Zeiten nicht verwunderlich, enthält die Landesverfassung etliche Garantien, die den Bereich der Kultur einschließlich von Bildung und Wissenschaft betreffen.

35
Kulturhoheit der Länder

1. Kultur und Sport

In wörtlicher Übereinstimmung mit Art. 5 Abs. 3 GG garantiert Art. 7 Abs. 1 Satz 1 Verf. Mecklenburg-Vorpommern zunächst die Kunstfreiheit. Insoweit kann uneingeschränkt für das Verständnis an die zum Grundgesetz entwickelten Vorstellungen angeknüpft werden⁵⁶. Ergänzend enthält Art. 16 Abs. 1 Verf. Mecklenburg-Vorpommern als Staatsziel eine Förderpflicht unter anderem für Kultur und Sport. Beide Begriffe sind nicht näher definiert. Als Adressaten sind das Land sowie die Gemeinden und Kreise benannt. Mit Blick auf die kommunalen Gebietskörperschaften wird dennoch verbreitet angenommen, daß es sich insoweit im Sinne der herkömmlichen kommunalrechtlichen Terminologie um eine freiwillige Aufgabe handele⁵⁷. Daran trifft zu, daß sich aus der verfassungsrechtlichen Verpflichtung keine konkrete Vorgabe, etwa zum Betrieb eines Theaters oder ähnliches, ableiten läßt. Eine völlige Entscheidungsfreiheit der kommunalen Organe kann jedoch angesichts der bestehenden Verfassungsnorm nicht angenommen werden. Vielmehr besteht dem Grunde nach eine Pflichtaufgabe. Haushaltsrechtlich gesprochen

36
Kunstfreiheit und Förderpflichten

Pflichtaufgabe

---

53 Zunächst Richtlinie 90/313/EWG (ABl.EG 1993 Nr. L 158, S. 56), nunmehr Richtlinie 2003/4 (ABl.EU 2004 Nr. L 241, S. 26).
54 Dazu *März,* in: JöR NF Bd. 54 (2006), S. 175 (208); *Kohl,* in: Classen/Litten/Wallerath (LitVerz.), Art. 6 RN 15.
55 §§ 8 f. Umweltinformationsgesetz.
56 Dazu ausführlich → Bd. IV: *Hufen,* Kunstfreiheit, § 101.
57 So *H.-J. Schütz,* Kommunalrecht, in: ders./Classen (LitVerz.), § 5 RN 115; *Hubert Meyer,* Kommunalrecht, ²2002, RN 97; vgl. auch *Kohl,* in: Classen/Litten/Wallerath (LitVerz.), Art. 16 RN 5. Ausführlich zu dieser Förderpflicht *Classen* DVBl. 2016, S. 406 ff.

darf also der einschlägige Etatansatz – trotz aller Finanzprobleme der kommunalen Körperschaften gerade in Mecklenburg-Vorpommern – nicht schlicht bei „Null Euro" liegen. Erst bei der Ausgestaltung der Förderung besteht Freiheit. Die herkömmliche Aussage, daß der Betrieb bestimmter kultureller Einrichtungen freiwillig sei, ist also nur insoweit zutreffend, wie es um die konkrete Einrichtung geht. An das Land gerichtet ist im übrigen die zusätzliche Forderung, die beiden Landesteile – Mecklenburg und Vorpommern – jeweils angemessen zu berücksichtigen. Eine spezielle Förderpflicht mit Blick auf das Land enthält Art. 16 Abs. 2 Verf. Mecklenburg-Vorpommern hinsichtlich der niederdeutschen Sprache.

2. Bildung

37
Chancengleichheit und freier Zugang zu Bildungseinrichtungen

Schulaufnahme

Etwas konkreter sind die Aussagen zur Bildung. Grundrechtlich garantiert Art. 8 Verf. Mecklenburg-Vorpommern das Recht auf Chancengleichheit. Danach hat jeder nach seiner Begabung das Recht auf freien Zugang zu allen öffentlichen Bildungseinrichtungen. Dies deckt sich mit dem, was das Bundesverfassungsgericht für den Bereich der berufsrelevanten Bildungsstätten aus Art. 12 GG in Verbindung mit Art. 3 GG abgeleitet hat[58]. Ergänzend wird in Art. 15 Abs. 3 Verf. Mecklenburg-Vorpommern als Staatsziel postuliert, daß für die Aufnahme an weiterführenden Schulen außer dem Willen der Eltern nur Begabung und Leistung der Schüler maßgebend sein sollen. Daneben werden in Artikel 8 explizit bestimmte Gesichtspunkte benannt, die im Bildungsbereich keine Rolle spielen sollen. Dies betrifft konkret einerseits die weltanschaulichen und politischen Überzeugungen und andererseits die wirtschaftliche und soziale Lage. Ergänzend betont Artikel 15 Abs. 5 – wiederum als Staatsziel –, daß die Schulen die religiösen und weltanschaulichen Überzeugungen der Schüler, Eltern und Lehrer zu achten haben[59].

38
Durchlässigkeit

Insgesamt ist aus diesen Vorgaben zunächst eine grundrechtliche Verpflichtung des Landes abzuleiten, alle Maßnahmen zu unterlassen, die für den vom Schüler bzw. seinen Erziehungsberechtigten gewählten Bildungsweg verbotene Hürden errichten. Mit Blick auf die vorgegebene Bedeutungslosigkeit der wirtschaftlichen und sozialen Lage dürfte dies allerdings nicht ausreichen, um das Gewollte tatsächlich zu erreichen, weil die Ursachen durch staatliches Unterlassen allein nicht zu beseitigen sind. Chancengleichheit meint zwar im Grundsatz nur Startgleichheit. Aber auch Startgleichheit wird in manchen Fällen nur durch staatliches Engagement sichergestellt. In der Zeitachse tritt ergänzend die Forderung von Art. 15 Abs. 3 Verf. Mecklenburg-Vorpommern hinzu, die Durchlässigkeit der Bildungsgänge zu gewährleisten.

39
Verantwortung für das Schulwesen

Konsequenterweise verpflichtet Art. 15 Abs. 2 Verf. Mecklenburg-Vorpommern das Land, die Gemeinden und die Kreise, insgesamt für ein ausreichendes und vielfältiges öffentliches Schulwesen zu sorgen; im Anschluß an Art. 7

---

[58] BVerfGE 33, 303 (329 ff.). Zur Deckung mit den grundgesetzlichen Vorgaben s. bereits FN 26.
[59] → Bd. IV: Loschelder, Schulische Grundrechte und Privatschulfreiheit, § 110 RN 36 ff.

Abs. 1 GG postuliert Art. 15 Abs. 1 Verf. Mecklenburg-Vorpommern die staatliche Verantwortung für das Schulwesen. In Artikel 16 Abs. 4 werden ergänzend Einrichtungen der Jugend- und Erwachsenenbildung genannt. Schließlich wird in Artikel 15 Abs. 4 das Erziehungsziel des staatlichen Bildungswesens benannt, nämlich die Entwicklung der Schüler „zu einer freien Persönlichkeit, die aus Ehrfurcht vor dem Leben und dem Geist der Toleranz bereit ist, Verantwortung für die Gemeinschaft mit anderen Menschen und Völkern sowie gegenüber künftigen Generationen zu tragen"[60].

Nichtsdestoweniger gilt über Art. 5 Abs. 3 Verf. Mecklenburg-Vorpommern auch die Privatschulfreiheit des Grundgesetzes in Artikel 7 Abs. 4[61]. Die zu dieser Norm vom Bundesverfassungsgericht entwickelte Förderpflicht[62] hat das Landesverfassungsgericht gleichfalls akzeptiert[63]. Allerdings ist es im einzelnen Sache des Gesetzgebers, den konkreten Förderbedarf zu bestimmen; hierfür kommt ihm – auch in der Abwägung mit anderen vom Staat zu leistenden Aufgaben – ein Gestaltungsspielraum zu. Dabei wird sogar davon ausgegangen, daß wegen geringerer Möglichkeiten der Eigenleistung von privaten Schulträgern der Zuschußbedarf in den neuen Ländern höher liegt als in den alten Ländern. Trotzdem darf dieser auch gekürzt werden. Allerdings muß es dann angemessene Übergangsvorschriften geben.

40
Privatschulfreiheit und Förderpflicht

3. Wissenschaft

a) Wissenschaftsfreiheit

Schließlich enthält die Landesverfassung mehrere Aussagen zur Wissenschaft. Zunächst wird in Artikel 7 Abs. 1 wie schon für die Kunst im Anschluß an die Formulierung von Art. 5 Abs. 3 GG Wissenschaft, Forschung und Lehre garantiert und die Lehre unter den Vorbehalt der Treue zur Verfassung gestellt[64]. Hinzu kommt ein besonderer Gesetzesvorbehalt nach Art. 7 Abs. 2 Verf. Mecklenburg-Vorpommern. Danach unterliegt die Forschung den gesetzlichen Beschränkungen, wenn sie die Menschenwürde zu verletzen oder die natürlichen Lebensgrundlagen nachhaltig zu gefährden droht. Angesichts der Tatsache, daß Art. 5 Abs. 3 GG diesen Vorbehalt nicht enthält, könnte man Zweifel an der Zulässigkeit dieser Norm haben. Allerdings lassen sich vergleichbare Grenzen aus dem Grundgesetz aus Artikel 1 Abs. 3 sowie aus Artikel 20a ableiten[65]. In jedem Fall kann Art. 7 Abs. 2 Verf. Mecklenburg-Vorpommern unproblematisch zum Tragen kommen, wenn und soweit es um Fördermaßnahmen durch das Land geht[66].

41
Beschränkungen der Forschungsfreiheit

---

60 → Bd. IV: *Loschelder*, § 110 RN 35 ff.
61 Dazu → Bd. IV: *Loschelder*, § 110 RN 69 ff.
62 *BVerfGE* 75, 40 (62); *90*, 106 (115); *90*, 128 (138); dazu → Bd. IV: *Loschelder*, § 110 RN 77 f.
63 *LVerfG Mecklenburg-Vorpommern LVerfGE* 12, 227 (237 ff.).
64 Dazu ausführlich → Bd. IV: *Löwer*, Freiheit wissenschaftlicher Forschung und Lehre, § 99.
65 → Bd. IV: *Löwer*, § 99 RN 28 ff.; zurückhaltend demgegenüber *Kohl*, in: Classen/Litten/Wallerath (LitVerz.), Art. 5 RN 20.
66 *Kohl* aaO., Art. 5 RN 21.

b) Garantien zugunsten der Hochschulen

42
Freie Forschung und Lehre in institutioneller Verbindung

Spezifische Garantien enthält die Landesverfassung mit Blick auf die Hochschulen. Hierunter sind Einrichtungen zu verstehen, die in institutioneller Verbindung freie Forschung und Lehre anbieten[67]. Hierzu gehören Universitäten und Fachhochschulen in gleicher Weise[68]. Zweifelhaft ist nur die Stellung sogenannter „interner" Fachhochschulen, die der Ausbildung des Beamtennachwuchses des Landes dienen. Deren Stellung hängt davon ab, ob sie in gleicher Weise wie die anderen Hochschulen auf unabhängige Forschung und Lehre ausgerichtet sind. Mit Blick auf die konkrete Fachhochschule des Landes in Güstrow hat sich der Landesgesetzgeber nun widersprüchlich verhalten. Einerseits wird die Einrichtung vom Hochschulgesetz des Landes als solche erfaßt. Damit ist auch ihr die Aufgabe unabhängiger Forschung und Lehre zugewiesen. Andererseits aber wird das Organisationsrecht – bei Anwendbarkeit von Art. 7 Abs. 3 Verf. Mecklenburg-Vorpommern mit dieser Norm nicht vereinbar – vollständig unter einen Rechtsverordnungsvorbehalt gestellt (§ 107 LHG Mecklenburg-Vorpommern).

„Interne" Fachhochschulen

43
Selbstverwaltungsrecht

Nach Art. 7 Abs. 3 Satz 1 Verf. Mecklenburg-Vorpommern sind Hochschulen in der Regel Körperschaften des öffentlichen Rechts. Damit wird die Möglichkeit eingegrenzt, abweichende Strukturen zu schaffen, wie sie insbesondere mit Blick auf Stiftungshochschulen diskutiert und zum Teil auch geschaffen wurden[69]. Unter einer Körperschaft des öffentlichen Rechts ist ein mitgliedschaftlich verfaßter Verwaltungsträger zu verstehen[70]. Konsequent ist daher die sich anschließende Vorgabe aus Art. 7 Abs. 3 Satz 2 Verf. Mecklenburg-Vorpommern, daß im Rahmen der Gesetze das Recht zur Selbstverwaltung besteht. Damit geht die Landesverfassung über dasjenige hinaus, was aus dem Grundgesetz abzuleiten ist. Zu diesem hat das Bundesverfassungsgericht ausdrücklich betont, daß es zur Sicherung der Wissenschaftsfreiheit nicht erforderlich sei, die gebotene Teilhabe der wissenschaftlich Tätigen in jedem Fall im Sinne der herkömmlichen Selbstverwaltung zu organisieren, und daraus abgeleitet, daß auch hochschulexterne Institutionen in die Steuerung der Hochschulen eingebunden werden können[71]. Aus der landesverfassungsrechtlichen Bestimmung folgt demgegenüber, daß externer Einfluß in Grenzen zu halten ist. Außerdem muß sich die Legitimation der Hochschulorgane selbst maßgeblich auf die Mitglieder der Hochschule stützen, was zumindest eine gewisse Mindestrolle auch für akademische Gremien impliziert.

Einbindung hochschulexterner Institutionen?

44
Eigene Angelegenheiten

Das Recht zur Selbstverwaltung erstreckt sich auf alle eigenen Angelegenheiten. Was hierunter konkret zu verstehen ist, insbesondere im Personal- und Haushaltsbereich, definiert die Verfassung jedoch nicht selbst und überläßt dies damit dem einfachen Gesetzgeber; die Wirkkraft der Verfassungsgarantie

---

67 *Kohl* aaO., Art. 5 RN 22.
68 Die Überlegungen in *BVerfGE 126*, 1 (19 ff.) gelten hier entsprechend; → Bd. IV: *Löwer*, § 99 RN 19.
69 *März*, in: JöR NF Bd. 54 (2006), S. 175 (211).
70 *Max-Emanuel Geis*, in: Kay Hailbronner/ders. (Hg.), Hochschulrecht im Bund und in den Ländern, Loseblattsammlung, § 58 RN 10.
71 *BVerfGE 111*, 333 (356). → Bd. IV: *Geis*, Autonomie der Universitäten, § 100 RN 25 ff.

bleibt so begrenzt. So behandelt der Gesetzgeber den Personalbereich bis heute als Landesangelegenheit (§ 12 Abs. 2 Nr. 1 LHG). Nur für „akademische Angelegenheiten" wird – im Landesrechtsvergleich einzigartig – ausdrücklich von der Verfassung Weisungsfreiheit garantiert. Hierunter sind alle unmittelbar Forschung und Lehre betreffenden Angelegenheiten zu fassen, also im Bereich der Forschung die Setzung von Schwerpunkten sowie Koordination, Planung und Durchführung von Forschungsvorhaben. Im Bereich der Lehre geht es um die fachlichen Einzelfragen der Ausgestaltung von Studiengängen einschließlich der Gestaltung des Prüfungswesens. Gleichfalls gehören die Verleihung von akademischen Graden und Ehrungen hinzu[72]. Die Garantie der Weisungsfreiheit schließt allerdings eine Rechtsaufsicht nicht aus[73]; deren Fehlen wäre vielmehr rechtsstaatlich problematisch.

Personalbereich als Landesangelegenheit

Ergänzend ist auf die Verpflichtung des Landes hinzuweisen, nach Art. 16 Abs. 3 Verf. Mecklenburg-Vorpommern unter anderem Hochschulen im ausreichenden Maße zu errichten, zu unterhalten und zu fördern. Daraus kann man allerdings wohl nicht ein Recht auf Bestandsschutz einer konkreten Einrichtung ableiten[74]. Vielmehr sind Zusammenlegungen denkbar. Ergänzend sind nach Artikel 16 Abs. 3 Satz 2 freie Träger zugelassen. Hierunter sind wohl alle nicht der Hoheit des Landes unterstehenden Rechtsträger, also Private ebenso wie der Bund oder auch Kirchen zu verstehen[75]. Allen Hochschulen, also auch denjenigen, die nicht vom Land getragen werden, ist nach Art. 7 Abs. 3 Verf. Mecklenburg-Vorpommern das Recht zur Selbstverwaltung zuerkannt. Wer diese Vorgabe nicht erfüllen will, kann also nicht als Hochschule anerkannt werden.

45

Errichtungs-, Unterhaltungs- und Förderpflichten

Freie Träger

c) Garantien zugunsten von Forschungseinrichtungen

Eine landesrechtliche Besonderheit ohne jedes Vorbild in einer anderen Verfassung enthält schließlich Art. 7 Abs. 4 Verf. Mecklenburg-Vorpommern. Dort wird auch anderen wissenschaftlichen Einrichtungen das Recht zur Selbstverwaltung im Rahmen der Gesetze garantiert[76]. Für den Anwendungsbereich gilt das Gleiche wie für Absatz 3. Dementsprechend unterfallen auch dieser Norm nicht nur die Einrichtungen des Landes, sondern auch die des Bundes und privater Träger. Voraussetzung ist allerdings auch hier eine entsprechende Aufgabenstellung. Dementsprechend gehören Einrichtungen der sogenannten Ressortforschung, die also im Verantwortungsbereich von Mini-

46

Einrichtungen des Landes, des Bundes und privater Träger

---

72 *Classen*, in: Hailbronner/Geis, Hochschulrecht im Bund und in den Ländern: Mecklenburg-Vorpommern, RN 19.
73 Praktischer Fall: Die rechtsaufsichtliche Beanstandung der Verleihung der Ehrendoktorwürde an den US-Bürger *Snowden* durch die Philosophische Fakultät der Universität Rostock im Juni 2014, weil nach § 43 Abs. 3 Satz 3 LHG Mecklenburg-Vorpommern nur „besondere wissenschaftliche Leistungen" eine solche Verleihung rechtfertigen. Der Rektor der Universität und anschließend das Bildungsministerium des Landes haben bestritten, daß deren Vorliegen von der Fakultät überzeugend dargelegt wurde; eine Klage dagegen war zu Recht erfolglos.
74 Angesichts des quantitativ bescheidenen Status quo bewertet *Kohl*, in: Classen/Litten/Wallerath (Lit-Verz.), Art. 16 RN 11 es hingegen als problematisch, wollte man eine bestehende Hochschule aufheben.
75 *Kohl* aaO., Art. 16 RN 12.
76 Zur Lage nach Bundesrecht s. *Claus Dieter Classen*, Wissenschaftsfreiheit außerhalb der Hochschule, 1994.

sterien wissenschaftliche Dienstaufgaben zu erfüllen haben[77], nicht unter diese Norm, weil sie nicht freier Forschung und Lehre verpflichtet sind. Im übrigen ist die Regelung, soweit es um Einrichtungen des Bundes geht, unter kompetenzrechtlichen Gesichtspunkten, soweit es um private Einrichtungen geht, mit Blick auf die Grundrechte der Betreiber diskutabel[78]. Die Förderpflicht nach Artikel 16 Abs. 3 erstreckt sich auch auf diese Einrichtungen.

III. Kirchen und Religionsgemeinschaften

1. Übernahme der Weimarer Garantien

47

Art. 9 Verf. Mecklenburg-Vorpommern enthält einige Bestimmungen zum Verhältnis von Staat und Religionsgemeinschaften. Absatz 1 verweist in sachlicher Übereinstimmung mit Art. 140 GG auf bestimmte einschlägige Normen der Weimarer Reichsverfassung, die damit bundes- und landesverfassungsrechtlich parallel gelten. Eine Besonderheit weist die landesrechtliche Norm allerdings insofern auf, als sie ausdrücklich als Grundrecht qualifiziert wird. Die auf Bundesebene geführte Diskussion über die Überzeugungskraft der Rechtsprechung des Bundesverfassungsgerichts, nach der die über Art. 140 GG rezipierten WRV-Bestimmungen funktional auf die Inanspruchnahme und Verwirklichung des Grundrechts der Religionsfreiheit angelegt sind[79], ist daher zumindest mit Blick auf die Frage nach der individuellen Berechtigung auf Landesebene positiv entschieden. Das muß dann auch Auswirkungen auf das inhaltliche Verständnis haben. So können hier staatliche Eigeninteressen, wie vom Bundesverfassungsgericht auf Bundesebene entschieden, keine Voraussetzung für die Verleihung des Status einer Körperschaft des öffentlichen Rechts bilden[80]. Mit Blick auf die Reichweite der Sonntagsruhe[81] wäre an sich zu fragen, ob das grundrechtliche Verständnis auch eine gewisse Begrenzung des Garantiegehaltes bewirkt, nämlich soweit es um Verhaltensweisen geht, die nicht einmal ansatzweise konkrete Rechtspositionen der Kirche berühren. Ein Grundrecht auf ein bestimmtes gesamtgesellschaftliches Verhalten – konkret die Einhaltung der Sonntagsruhe – unabhängig von Fragen der Rücksichtnahme auf Gottesdienste und Rechte der Gläubigen wäre systematisch ein Novum. Allerdings hat insoweit auch das Bundesverfassungsgericht kein Problembewußtsein gezeigt[82].

---

77 Zu den grundrechtlichen Fragen dieser Institutionen s. *Classen,* Wissenschaftsfreiheit, aaO., S. 348 ff.
78 Zur grundrechtlichen Lage in privat getragenen Forschungseinrichtungen s. *Classen,* Wissenschaftsfreiheit, aaO., S. 156 ff.
79 BVerfGE *42,* 312 (322); *105,* 370 (387); zur Kritik etwa *Isensee,* Verfassungsstaatliche Erwartungen an die Kirche, in: Burkhard Kämper/Hans-Werner Thönnes (Hg.), Essener Gespräche zu Staat und Kirche, Bd. 25 (1991), S. 104 (112 f.); ausführlich zur Diskussion Hans Michael Heinig/Christian Walter (Hg.), Staatskirchenrecht oder Religionsverfassungsrecht?, 2007; s. ferner *Claus Dieter Classen,* Religionsrecht, ²2015, RN 47, 306 f. Zu den Bestimmungen der WRV auch → Bd. IV: *Korioth,* Freiheit der Kirchen und Religionsgemeinschaften, § 97 RN 21 ff. → oben *Korioth,* Religiöse und weltanschauliche Freiheiten, § 236 RN 13.
80 → Bd. IV: *Korioth,* § 97 RN 48.
81 → Bd. IV: *Korioth,* § 97 RN 72 f.
82 Zur Kritik *Classen,* Urteilsanmerkung, JZ 2010, S. 144 ff.; *ders.,* Religionsrecht aaO., RN 616.

2. Konkordate und Kirchenverträge

Art. 9 Abs. 2 Verf. Mecklenburg-Vorpommern verankert ausdrücklich die Möglichkeit von Kirchen und Religionsgemeinschaften, Fragen von „gemeinsamen Belangen" durch Vertrag zu regeln. Zum Rechtscharakter und zur Bedeutung dieser Verträge in der innerstaatlichen Rechtsordnung macht die Verfassung keine explizite Aussage. Man kann jedoch davon ausgehen, daß die Verfassungsnorm nicht nur verwaltungsrechtliche Verträge meint, sondern auch die mit der katholischen Kirche zu schließenden völkerrechtlichen Konkordate und die mit anderen Religionsgemeinschaften zu schließenden staatsrechtlichen, also parlamentarisch ratifizierungsbedürftigen und dann innerstaatlich im Range einfachen Gesetzes stehenden Verträge[83]. Eine weitergehende Bindung, insbesondere auch ein Vorrang vor späterer abweichender Gesetzgebung, ist demgegenüber aus der Norm nicht herzuleiten.

48
Vertragsregelung

Als Partner solcher Verträge werden einerseits die (christlichen) „Kirchen" und andererseits „die diesen gleichgestellten Religionsgemeinschaften" benannt. Unklar ist, was sich mit der zweitgenannten Begrifflichkeit verbindet. Der Wortlaut schließt aus, daß damit alle Religionsgemeinschaften gemeint sind. Die stattdessen naheliegende Konsequenz, daß nur öffentlich-rechtliche Körperschaften gemeint seien, hätte zur Konsequenz, daß ein Vertragsabschluß mit privatrechtlichen Organisationen wie etwa islamischen Gruppen, wie er kürzlich in Hamburg[84] und Bremen[85] erfolgt ist und anderswo diskutiert wird, unzulässig wäre. Problematisch ist diese Differenzierung, weil sie bestimmte Religionsgemeinschaften anders behandelt als andere, ohne daß ein innerer Zusammenhang zwischen Status und Vertragsabschluß und auch sonst im konkreten Zusammenhang kein Grund zu dieser Differenzierung erkennbar ist[86]. In der Praxis dürfte dieser Frage allerdings keine Bedeutung zukommen, weil in Mecklenburg-Vorpommern ohnehin keine entsprechende relevante Religionsgemeinschaft besteht.

49
Kirchen und ihnen gleichgestellte Religionsgemeinschaften

Als Vertragsgegenstand kommen nach der ausdrücklichen Vorgabe der Norm „gemeinsame Belange" in Betracht. Dies ist im Kern selbstverständlich und in der Reichweite präzisierungsbedürftig. Ausdrücklich wird in Art. 9 Abs. 3 Verf. Mecklenburg-Vorpommern die Möglichkeit benannt, Fragen theologischer Fakultäten an Landesuniversitäten zu regeln. Problematisch erscheint es demgegenüber, wenn in einen solchen Vertrag auch Regelungen aufgenommen werden, die eigentlich in die originäre Entscheidungsgewalt des Staates fallen. Konkret kann etwa benannt werden die Regelung des mit den evangelischen Landeskirchen 1994 abgeschlossenen Güstrower Vertrages[87] in Artikel 25 zur Aufnahme von Vertretern der Kirchen in rundfunkrechtliche Auf-

50
„Gemeinsame Belange" als Vertragsgegenstand

---

83 *Kronisch*, in: Classen/Litten/Wallerath (LitVerz.), Art. 9 RN 15. Zu diesen Verträgen generell s. *Classen*, Religionsrecht (FN 79), RN 60ff.; *Peter Unruh*, Religionsverfassungsrecht, ³2015, RN 58ff.
84 Verträge vom 13. 11. 2012, abgedruckt in Drs. 20/5830 der Hamburgischen Bürgerschaft. Diese hat den Verträgen am 13. 6. 2013 zugestimmt, die damit wirksam geworden sind.
85 Vertrag vom 21. 1. 2014, abgedruckt in Drs. 18/727 der Bremischen Bürgerschaft.
86 → Bd. IV: *Korioth*, Freiheit der Kirchen und Religionsgemeinschaften, § 97 RN 12.
87 GVBl. Mecklenburg-Vorpommern 1994, S. 559.

Grenzen landesspezifischer Vertragsgestaltung

sichtsgremien, obwohl es insoweit allein um eine vom Staat zu treffende Entscheidung über die gesellschaftliche Repräsentanz bestimmter Gruppen geht, ohne daß diesen ein entsprechendes subjektives Recht zusteht[88]. Allerdings finden sich vergleichbare Bestimmungen in zahlreichen anderen Kirchenstaatsverträgen, obwohl das hier angesprochene Grundsatzproblem unabhängig von der konkreten landesverfassungsrechtlichen Regelung besteht und damit alle einschlägigen Vertragsbestimmungen betrifft. Auch die im Güstrower Vertrag in Artikel 4 Abs. 7 enthaltene Regelung zum Standort des Instituts für Kirchenmusik ist spätestens nach dem Aufgehen der beiden früheren Landeskirchen von Mecklenburg und Pommern in der Nordkirche in ihrer Legitimation zweifelhaft geworden[89].

3. Theologische Fakultäten

51

Institutsgarantie

Art. 9 Abs. 3 Verf. Mecklenburg-Vorpommern sieht zunächst vor, daß die Einrichtung Theologischer Fakultäten an den Landesuniversitäten nach Maßgabe des im vorherigen Absatz genannten Vertrages gewährleistet wird. Damit wird im Kern eine Institutsgarantie geschaffen, nicht aber der Vertragsinhalt in Verfassungsrang erhoben[90]. Nur eine Abschaffung aller – also beider bestehenden – im betreffenden Vertrag mit der Evangelischen Landeskirche genannten Fakultäten würde der Verfassungsnorm widersprechen. Zugleich werden die Garantien über die Hochschulautonomie und die Weisungsfreiheit in akademischen Angelegenheiten für unberührt erklärt. Insoweit ist allerdings aus bundesverfassungsrechtlicher Sicht darauf hinzuweisen, daß bestimmte Mitwirkungsrechte der Kirche bei einer Theologischen Fakultät vom Grundgesetz her zwingend vorgegeben sind und daher auch durch die Landesverfassung nicht in Frage gestellt werden dürfen. Wenn nämlich eine Fakultät auf die Theologie einer bestimmten Religionsgemeinschaft ausgerichtet ist, wird damit zugleich deren Selbstbestimmungsrecht berührt, so daß bei Entscheidungen über die Einstellung selbständig tätigen wissenschaftlichen Personals (Professoren), aber auch beim Erlaß von Studien- und Prüfungsangelegenheiten deren Zustimmung erforderlich ist[91]. Die insoweit bestehenden Rechte werden daher durch die Landesverfassung nicht in Frage gestellt, obwohl diese durchaus die Hochschulautonomie und sogar – über das Verständnis dessen, was die jeweilige Theologie ausmacht, – auch die Freiheit in akademischen Angelegenheiten beeinträchtigen können.

Zwingend vorgegebene Mitwirkungsrechte

---

88 *BVerfGE 136*, 9 (30ff.), RN 33ff.
89 Dazu *Classen*, Rechtsnachfolge in Kirchenverträge, in: ZevKR 53 (2008), S. 421 (438); anders wohl *Germann/Hunger*, Die Kontinuität der Staatskirchenverträge nach einer Vereinigung evangelischer Landeskirchen, DVBl. 2007, S. 1532ff.
90 *Kronisch*, in: Classen/Litten/Wallerath (LitVerz.), Art. 9 RN 18.
91 Zum Personalrecht *BVerfGE 122*, 89 (107ff.); umfassend *Heckel*, Grundfragen der theologischen Fakultäten seit der Wende, in: Heinrich de Wall/Michael Germann (Hg.), Bürgerliche Freiheit und christliche Verantwortung, FS Link, 2003, S. 213ff.; *Classen*, Organisationsrechtliche Fragen der Theologie, JZ 2014, S. 111ff.; → Bd. IV: *Löwer*, Freiheit wissenschaftlicher Forschung und Lehre, § 99 RN 59.

IV. Petitions- und vergleichbare Rechte

An der Schnittstelle von Staatsorganisation und Grundrechten und damit verständlicherweise auch in der Landesverfassung geregelt ist das Petitionsrecht. Diesem Recht kommt insbesondere in der Tradition des „Eingabewesens" in der ehemaligen Deutschen Demokratischen Republik zudem bis heute in diesem Gebiet eine besondere praktische Bedeutung zu[92]. In Art. 10 Satz 1 Verf. Mecklenburg-Vorpommern wird zunächst die Formulierung von Art. 17 GG wiederholt[93]. In Art. 10 Satz 2 der Verfassung wird diese Garantie um die Verpflichtung erweitert, daß ein „begründeter" Bescheid in „angemessener Frist" zu erteilen ist. Beides ergibt sich nicht ausdrücklich aus dem Grundgesetz. Inhaltlich ist ersteres zwar anerkannt, wird aber nur formal in dem Sinne verstanden, daß allein über die Art der Erledigung zu informieren ist[94]. Nach der Vorstellung des Landesverfassungsgebers soll der Bürger demgegenüber in Grundzügen erfahren, warum die Reaktion inhaltlich so und nicht anders ausgefallen ist[95]. In Ergänzung zu dieser Bestimmung findet sich ähnlich wie in Art. 45 c GG in Art. 35 Verf. Mecklenburg-Vorpommern eine Regelung zum Petitionsausschuß des Landtages. Über Art. 45 c GG hinausgehend wird hier ausdrücklich eine Verpflichtung postuliert, auf Verlangen eines Viertels der Mitglieder des Ausschusses die zur Wahrnehmung der Aufgaben des Ausschusses erforderlichen Akten vorzulegen, alle erforderlichen Auskünfte zu erteilen und Amtshilfe zu leisten[96].

52
Tradition des DDR-„Eingabewesens"

Art der Erledigung

Daneben sieht die Landesverfassung in Artikel 36 einen Bürgerbeauftragten vor. Dieser hat die Aufgabe, zur Wahrung der Rechte der Bürger gegenüber der Landesregierung und den Trägern der öffentlichen Verwaltung im Lande sowie zur Beratung und Unterstützung in sozialen Angelegenheiten beizutragen. Er wird vom Landtag auf die Dauer von sechs Jahren mit Zweidrittel-Mehrheit gewählt. Er ist unabhängig und nur dem Gesetz unterworfen. Er wird auf Antrag von Bürgern[97], auf Anforderung des Landtages, des Petitionsausschusses der Landesregierung oder von Amts wegen tätig. Funktional stellt er damit eine Doppelung zum Petitionsausschuß dar, doch verfügt er anders als dieser über eine parteipolitisch neutrale Stellung[98]. Umgekehrt ist das Petitionsrecht als subjektiv-rechtliche Möglichkeit zur Aktivierung der parlamentarischen Kontrolle gleichfalls unverzichtbar.

53
Bürgerbeauftragter

Funktionale Doppelung zum Petitionsausschuß

Sowohl mit Blick auf Artikel 10 als auch mit Blick auf Art. 36 Verf. Mecklenburg-Vorpommern ist unproblematisch, daß alle Verwaltungsträger des Landes oder die dessen Aufsicht unterstehenden Verwaltungsträger erfaßt sind. Demgegenüber spricht Artikel 36 von allen Trägern öffentlicher Verwaltung

54
Umfang und Adressaten des Petitionsrechts

---

92 → Bd. V: *H. Bauer*, Petitionsrecht, § 117 RN 32, zur Praxis in der DDR ebd., RN 33 ff.
93 Zum grundgesetzlichen Gehalt → Bd. V: *H. Bauer*, § 117 RN 32.
94 BVerfG (Kammer) DVBl. 1993, S. 32 f. Zur Diskussion und Kritik → Bd. V: *H. Bauer*, § 117 RN 44.
95 *Kohl*, in: Classen/Litten/Wallerath (LitVerz.), Art. 10 RN 13.
96 Zur Reichweite gegenüber der Bundesverwaltung s. RN 54.
97 Vgl. schon RN 52.
98 S. dazu sowie zu weiteren Vorteilen *Guckelberger*, Argumente für und gegen einen parlamentarischen Bürgerbeauftragten aus heutiger Sicht, DÖV 2013, S. 636 (616 ff.). Zum Verhältnis zum Petitionsausschuss *Sauthoff*, in: Classen/Litten/Wallerath (LitVerz.), Art. 36 RN 6.

„im Land" und erfaßt damit dem Wortlaut nach auch die im Land befindlichen Bundesbehörden. Ebenso kann man mit Blick auf Art. 10 Verf. Mecklenburg-Vorpommern fragen, ob die dort genannten Rechte, die ja auch ein Petitionsrecht zur zuständigen Stelle umfassen, mit Blick auf die im Land tätigen Bundesbehörden gelten. Die einfachgesetzliche Konkretisierung enthält nur an einer Stelle eine Restriktion. Beim Bürgerbeauftragten ist zunächst umfassend das Recht verankert, auf eine einvernehmliche Lösung hinzuwirken (§ 7 Abs. 1 PetBüG). Allein beim Recht, Empfehlungen auszusprechen, findet sich eine Einschränkung auf die Verwaltung des Landes (§ 7 Abs. 6 PetBüG). Im Umkehrschluß kann man davon ausgehen, daß der Landesgesetzgeber tatsächlich davon ausgeht, daß im übrigen auch die Bundesverwaltung diesen Vorgaben unterliegt. Dies vermag aus kompetenzrechtlichen Gründen nicht zu überzeugen[99]. Zwar kann man grundsätzlich von einer Bindung auch der Bundesverwaltung an die jeweils vor Ort bestehenden Landesgesetze ausgehen. Dies findet jedoch eine Einschränkung dort, wo die Wahrnehmung der bundesgesetzlich vorgesehenen Aufgaben beeinträchtigt wird. Dies ist im vorliegenden Fall anzunehmen. Von daher sind beide Normen aus Gründen des Vorrangs des Bundesrechts einschränkend auszulegen.

V. Schutz benachteiligter Gruppen

55 Weiterhin enthält die Landesverfassung im Abschnitt „Staatsziele" Regelungen über verschiedene, offenbar als besonders schützenswert angesehene gesellschaftliche Gruppen. Zunächst haben das Land, die Gemeinden und Kreise sowie alle anderen Träger der öffentlichen Verwaltung – gemeint kann hier nur sein die des Landes – die Verpflichtung, die tatsächliche Gleichstellung von Frauen und Männern „zu fördern" (Art. 13 Verf. Mecklenburg-Vorpommern). Ausdrücklich wird in diesem Zusammenhang die Besetzung öffentlich-rechtlicher Beratungs- und Beschlußorgane genannt. Die Möglichkeiten und Grenzen der damit insbesondere geforderten Frauenförderung sind allerdings nicht unerheblich auch grundgesetzlich und unionsrechtlich überformt. Einerseits besteht auch nach dem Grundgesetz in Artikel 3 Abs. 2 Satz 2 eine entsprechende Förderpflicht[100]. Andererseits setzen sowohl das Grundgesetz als auch das Unionsrecht einer Frauenförderung gewisse Grenzen[101].

56 Nach Art. 14 Verf. Mecklenburg-Vorpommern werden Kinder und – daneben seit dem Jahr 2006 ausdrücklich erwähnt – Jugendliche besonders geschützt. Konkrete Definitionen der Begriffe werden nicht gegeben. Unter Jugendlichen werden allgemein Menschen zwischen dem vierzehnten und der Vollendung des achtzehnten Lebensjahrs verstanden. Zum Begriff „Kind" gibt es unterschiedliche Definitionen. Teilweise wird die Begrifflichkeit auf Men-

---

99 *Classen,* Verfassungsrecht, in: Schütz/Classen (LitVerz.), § 1 RN 56 f.
100 → Bd. V: *D. Richter,* Gleichberechtigung von Mann und Frau, § 126 RN 98 ff.
101 → Bd. V: *D. Richter,* § 126 RN 98 ff. S. aber auch zum UN-Pakt zum Schutz der Frauen vor Diskriminierung und dessen Rezeption *König/Schadendorf,* Die Rezeption der UN-Frauenrechtskonvention in Karlsruhe und Straßburg, DÖV 2014, S. 853 ff.

schen bis einschließlich der Vollendung des achtzehnten Lebensjahres erstreckt. Angesichts der – wenn auch erst seit 2006 bestehenden – gesonderten Erwähnung der Jugendlichen ist davon auszugehen, daß die Regelung bei Kindern nur Personen bis einschließlich vierzehn Jahren meint[102]. Konkret sind Kinder und Jugendliche vor körperlicher und seelischer Vernachlässigung zu schützen, ebenso vor sittlicher, geistiger und körperlicher Verwahrlosung sowie gegen Mißhandlung. Land, Gemeinden und Kreise sollen darauf hinwirken, daß (nur) für Kinder Betreuungseinrichtungen bereitstehen. Schließlich sind nach Artikel 14 Abs. 4 im Sinne eines Staatsziels Kindern und Jugendlichen Rechte zuerkannt, deren Ausgestaltung die Persönlichkeit fördert und ihren wachsenden Fähigkeiten und Bedürfnissen zum selbstständigen Handeln entspricht.

<small>Zuerkennung von Rechten</small>

Durch Verfassungsänderung im Jahre 2006 wurde weiterhin eine Pflicht zu besonderem Schutz von alten Menschen und Menschen mit Behinderung in Art. 17a Verf. Mecklenburg-Vorpommern verankert. Die in diesem Zusammenhang ergehenden staatlichen und kommunalen Maßnahmen sollen nach Satz 2 das Ziel haben, „das Leben der genannten Personen gleichberechtigt und eigenverantwortlich zu gestalten." Gemeint ist wohl eher, daß dies dem geschützten Personenkreis ermöglicht werden soll. Unter alten Menschen werden üblicherweise die Personen über sechzig Jahren verstanden[103]. Mit Blick auf die Behinderten geht es insbesondere um die sogenannte Barrierefreiheit und die Inklusion. Insoweit ist einfachrechtlich insbesondere auf die entsprechende UN-Konvention hinzuweisen[104]. Unter Behinderung hat das Bundesverfassungsgericht in Anknüpfung an das frühere Schwerbehindertengesetz die Auswirkung einer nicht nur vorübergehenden Funktionsbeeinträchtigung verstanden, die auf einem „regelwidrigen körperlichen, geistigen oder seelischen Zustand" beruht[105]. Die heutigen einschlägigen einfachrechtlichen Normen fordern ähnlich, aber präziser für eine Behinderung, daß die „körperliche Funktion, geistige Fähigkeit oder seelische Gesundheit eines Menschen mit hoher Wahrscheinlichkeit länger als sechs Monate von dem für das Lebensalter typischen Zustand abweichen und daher seine Teilhabe am Leben in der Gesellschaft beeinträchtigt ist"[106]. Wie in anderen Bundesländern auch wird dabei in Mecklenburg-Vorpommern insbesondere über die Konsequenzen dieser Vorgaben für das Schulwesen diskutiert[107].

<small>**57**
Schutz von alten Menschen und Menschen mit Behinderung</small>

<small>Behinderung</small>

---

102 Zur Diskussion um die Definition s. *Sauthoff*, in: Classen/Litten/Wallerath (LitVerz.), Art. 17a RN 2.
103 Dazu *Sauthoff* aaO., Art. 17a RN 2.
104 Übereinkommen vom 13.12.2006 (BGBl. 2008 II S. 1408ff.); → Bd. V: *Uerpmann-Wittzack*, Privilegierungs- und Diskriminierungsverbote, § 128 RN 66.
105 *BVerfGE* 96, 288 (301); → Bd. V: *Uerpmann-Wittzack*, § 128 RN 63.
106 S. übereinstimmend § 2 Abs. 1 SGB IX und § 3 LBGG Mecklenburg-Vorpommern. Dazu auch *Sauthoff*, in: Classen/Litten/Wallerath (LitVerz.), Art. 17a RN 3. S. auch den ähnlich formulierten Art. 1 Abs. 2 der UN-Behindertenrechtskonvention (FN 104), der mittlerweile auch vom EuGH in seiner Judikatur zum Unionsrecht fruchtbar gemacht wird; s. zuletzt *EuGH*, Urt. v. 18.12.2014 (Fag og Arbejde), ECLI:EU:C:2014:2463, RN 53ff. m.w.N.
107 Dazu zur Situation im Land *Classen*, in Mathias Brodkorb/Katja Koch (Hg.), Mit 200 Sachen am Meer – auf dem Weg in Richtung Inklusion. Dritter Inklusionskongress Mecklenburg-Vorpommern, Dokumentation, 2013 S. 23ff.; allgemein ferner insbesondere Ralf Poscher/Johannes Rux/Thomas Langer, Von der Integration zur Inklusion, 2008, beide jeweils m.w.N.

§ 252 Sechzehnter Teil: III. Die Grundrechte in den Landesverfassungen

58
Kulturelle Eigenständigkeit von Minderheiten

Art. 18 Verf. Mecklenburg-Vorpommern enthält eine Garantie der kulturellen Eigenständigkeit ethnischer und nationaler Minderheiten und Volksgruppen von Bürgern deutscher Staatsangehörigkeit. Mit diesem Auftrag verbinden sich praktische Probleme: Wer definiert, was Minderheiten sind? Welche Personen gehören konkret zu einer Minderheit, unter Umständen auch gegen ihren Willen? Haben die Minderheiten auch bestimmte Entscheidungsrechte gegenüber ihren Angehörigen?[108] Die Norm und damit auch die vorgenannten Probleme weisen allerdings im Land insofern keine praktische Bedeutung auf, da es real keine entsprechenden Minderheiten gibt.

VI. Soziales

59
Staatsziele für das Wirtschafts- und Sozialleben

Im Rahmen der Staatszielbestimmungen gibt es auch einige Vorgaben, die das Wirtschafts- und Sozialleben betreffen. Nach Art. 17 Abs. 1 Verf. Mecklenburg-Vorpommern trägt das Land zur Erhaltung und Schaffung von Arbeitsplätzen bei und sichert im Rahmen des gesamtwirtschaftlichen Gleichgewichts einen hohen Beschäftigungsstand. Zugleich haben das Land, Gemeinden und Kreise im Rahmen ihrer Zuständigkeiten darauf hinzuwirken, daß jedermann angemessener Wohnraum zu sozial tragbaren Bedingungen zur Verfügung steht (Art. 17 Abs. 2). In jedem Fall haben sie im Notfall ein Obdach bereitzustellen. Insbesondere sollen sie auch den Wohnungsbau för-

Gemeinwohl-Initiativen

dern und vorhandenen Wohnraum sichern. Schließlich wird in Art. 19 Verf. Mecklenburg-Vorpommern dem Land, den Gemeinden und Kreisen aufgegeben, Initiativen zu fördern, die auf das Gemeinwohl gerichtet sind und der Selbsthilfe sowie dem solidarischen Handeln dienen. Besonders benannt werden in diesem Zusammenhang die soziale Tätigkeit der Kirchen sowie der Träger der Freien Wohlfahrtspflege und der Freien Jugendhilfe.

VII. Gemeinwohlverpflichtungen

60
Verpflichtung zu gemeinwohlverträglichem Verhalten

Schließlich enthält die Landesverfassung an zwei Stellen Verpflichtungen Einzelner zu gemeinwohlverträglichem Verhalten. Im Zusammenhang mit einer umfangreichen Staatszielbestimmung zum Umweltschutz wird nach Art. 12 Abs. 3 Verf. Mecklenburg-Vorpommern jeder angehalten, zur Verwirklichung der Ziele dieser Staatszielbestimmung beizutragen. Besonders hervorgehoben wird dabei die Land-, Forst- und Gewässerwirtschaft in ihrer Bedeutung für die Landschaftspflege. Konkret sollen daher auch die Einzelnen dazu beitragen, daß die natürlichen Grundlagen jetzigen und künftigen Lebens und der Tiere geschützt werden, mit Naturgütern sparsam umgegangen wird, die Landschaft mit ihren Naturschönheiten, Wäldern, Fluren und Alleen, Binnengewässern und die Küsten mit den Haff- und Boddengewässern gepflegt werden. Außerdem wird der freie Zugang zu ihnen gewährleistet.

---

108 Dazu umfassend *Schütz*, in: Classen/Litten/Wallerath (LitVerz.), Art. 18 RN 10 ff. → Oben: *Mann*, Minderheitenschutz, § 241.

Daneben besteht seit dem Jahr 2007 in Anknüpfung und Ausweitung von Art. 26 GG[109] ein Verbot von Handlungen, die geeignet sind und in der Absicht vorgenommen werden, das friedliche Zusammenleben der Völker oder der Bürger Mecklenburg-Vorpommerns zu stören (Art. 18a Verf. Mecklenburg-Vorpommern). Besonders konkretisiert wird dies durch das Verbot, rassistisches und anderes extremistisches Gedankengut zu verbreiten (Art. 18 a Abs. 2 Verf. Mecklenburg-Vorpommern). Die Norm geht auf eine – noch weitergehende – Volksinitiative zurück, die nach dem NPD-Einzug in den Landtag im Jahre 2006 eingeleitet wurde. Mit Blick auf bundesverfassungsrechtliche Bedenken wurde der Aussagegehalt der Regelung deutlich reduziert[110]. Auch in ihrer reduzierten Form wirft die Norm jedoch im Lichte des Grundgesetzes Zweifel auf, ist doch selbst die Verbreitung totalitärer und menschenverachtender Ideologien grundsätzlich von Art. 5 GG geschützt und darf daher nicht generell verboten werden. Verbote sind nur nach Maßgabe der Schranken zu rechtfertigen[111]. Daher geht die Norm bei wörtlichem Verständnis trotz der im Gesetzgebungsverfahren vorgenommenen Restriktionen über das zulässige Maß dessen hinaus, was an Einschränkungen der politischen Äußerungsfreiheit mit Art. 5 (und 8) GG vereinbar ist, und ist dementsprechend restriktiv auszulegen[112].

61
Friedliches Zusammenleben der Völker oder der Bürger

D. Ausblick

Der vorstehende Überblick zeigt, daß der Beitrag des Landes Mecklenburg-Vorpommern zur Fortentwicklung des Grundrechtsschutzes in Deutschland insgesamt eher bescheiden ist. Hierzu tragen bei ein überschaubarer eigenständiger Grundrechtskatalog, der um nur begrenzt justiziable Staatsziele sowie vor allem eine Verfassungsbeschwerde ergänzt wird, deren Zulässigkeitsvoraussetzungen bewußt Überschneidungen mit den Zuständigkeiten des Bundesverfassungsgerichts möglichst vermeiden sollen. So gibt es wenige Entscheidungen des Landesverfassungsgerichts zum Thema Grundrechtsschutz und erst kaum solche, die außerhalb des Landes Aufsehen erregen. Die verfassungsrechtliche Eigenständigkeit zeigt sich vielmehr im Bereich des Staatsorganisationsrechts, wo eine umfangreiche Judikatur des Landesverfassungsgerichts vor allem zum Parlamentsrecht und zur kommunalen Selbstverwaltung einschließlich deren Finanzierung zu verzeichnen ist. Diese aber steht außerhalb des thematischen Rahmens des vorliegenden Beitrags.

62
Begrenzte Relevanz der Landesgrundrechte

---

109 Dazu → Bd. II: *Randelzhofer,* Grundrechte und Grundpflichten, § 37 RN 34.
110 Zur Entstehungsgeschichte *Classen,* in: ders./Wallerath/Litten (LitVerz.), Art. 18a RN 1f.; zur Kritik am Entwurf auch *Erbguth,* Neuer „Antifa-Artikel": Anmerkungen zu Art. 18a Landesverfassung Mecklenburg-Vorpommern, LKV 2008, S. 440 (442); zur Kritik an der beschlossenen Regelung, insbesondere mit Blick auf die Bestimmtheit, *Bauer,* Antirassismus-Novellen im Landesverfassungsrecht, DÖV 2015, 1 (10).
111 Dazu *BVerfGE 124,* 300 (335); → Bd. IV: *Jestaedt,* Meinungsfreiheit, § 102 RN 40, 64 ff., sowie *Hoffmann-Riem,* Versammlungsfreiheit, § 106, RN 120 ff.
112 *Classen,* in: ders./Wallerath/Litten (LitVerz.), Art. 18a RN 12f.

E. Bibliographie

Classen, Claus Dieter/Litten, Rainer/Wallerath, Maximilian (Hg.), Verfassung des Landes Mecklenburg-Vorpommern, ²2015.
März, Wolfgang, Die Verfassungsentwicklung in Mecklenburg-Vorpommern, in: JöR NF 54 (2006), S. 175 ff.
ders., Die Rechtsprechung des Landesverfassungsgerichts in der ersten Amtszeit, in: Landesverfassungsgericht Mecklenburg-Vorpommern (Hg.), Zwölf Jahre Verfassungsgerichtsbarkeit in Mecklenburg-Vorpommern, 2008.
Schütz, Hans-Joachim/Classen, Claus Dieter (Hg.), Landesrecht Mecklenburg-Vorpommern, ³2014.

§ 253
Landesgrundrechte in Niedersachsen

Jörn Ipsen

Übersicht

	RN		RN
A. Entstehungsgeschichte	1– 8	1. Recht auf Achtung und gewaltfreie Erziehung (Art. 4a Abs. 1)	48–52
I. Der „Neuwerk-Entwurf"	1– 2		
II. Der Regierungsentwurf zur Vorläufigen Niedersächsischen Verfassung	3	2. Anspruch der Erziehungsberechtigten auf staatliche Hilfe (Art. 4a Abs. 2 Satz 1)	53–54
III. Gemeinsamer Verfassungsentwurf von SPD u. Grünen	4	3. Schutz vor Vernachlässigung und Mißhandlung (Art. 4a Abs. 3)	55
IV. Gesetzentwurf der CDU	5– 6		
V. Verfassungsentwurf der FDP	7		
VI. Beschlüsse des Sonderausschusses	8	IV. Wissenschaft und Hochschulen (Art. 5)	56–68
B. Inkorporation der Grundrechte des GG (Art. 3 Abs. 2 Satz 1)	9–32	1. Schutz und Förderung der Wissenschaft (Art. 5 Abs. 1)	56–60
I. Die Inkorporation als Regelungsmodell	9–10	2. Unterhaltung und Förderung von Hochschulen (Art. 5 Abs. 2)	61–62
II. Statik oder Dynamik der Inkorporation?	11–12	3. Selbstverwaltungsrecht der Hochschulen (Art. 5 Abs. 3)	63–68
III. Inkorporierte und nichtinkorporierte Grundrechte und staatsbürgerliche Rechte	13–19	V. Schutz und Förderung von Kunst, Kultur und Sport (Art. 6)	69–74
IV. Verwirklichung der Gleichberechtigung (Art. 3 Abs. 2 Satz 3)	20–24	1. Staatszielbestimmung	69–70
V. Bindungswirkung (Art. 3 Abs. 2 Satz 2)	25–26	2. Der Begriff „Kunst"	71
VI. Doppeltes Diskriminierungsverbot?	27–28	3. Der Kulturbegriff als Auslegungsproblem	72
VII. Verfassungsprozessuale Folgen der Inkorporation	29–30	4. Sport	73–74
VIII. Bindungswirkung auch der Verfassungsrechtsprechung?	31–32	VI. Arbeit, Wohnen (Art. 6a)	75–78
		1. Adressaten der Hinwirkungspflicht	76
C. Einzelne Landesgrundrechte	33–83	2. Staatszielbestimmung „Arbeit"	77
I. Recht auf Bildung, Schulwesen (Art. 4)	34–37	3. Staatszielbestimmung „Wohnen"	78
II. Schulpflicht, Schulaufsicht (Art. 4 Abs. 2)	38–46	VII. Tierschutz (Art. 6b)	79–83
1. Schulpflicht und Elternrecht	39–41	1. Rechtsqualität des Art. 6	79
2. Privatschulfreiheit und Privatschulförderung (Art. 4 Abs. 3)	42–46	2. Objekt oder Subjekt?	80–81
III. Schutz und Erziehung von Kindern und Jugendlichen (Art. 4a)	47–55	3. Inhalt der Achtungs- und Schutzverpflichtung	82–83
		D. Zusammenfassung	84–85
		E. Bibliographie	

§ 253   Sechzehnter Teil: III. Die Grundrechte in den Landesverfassungen

A. Entstehungsgeschichte

I. Der „Neuwerk-Entwurf"

1
„Vollverfassung"

Das Land Niedersachsen ist am 1. November 1946 durch die Verordnung Nr. 55 der Britischen Militärregierung gegründet worden. Zum Ministerpräsidenten wurde der Ministerpräsident des Landes (und der vormaligen preußischen Provinz) Hannover *Hinrich Wilhelm Kopf* ernannt[1]. Gemeinsam mit Beratern entwarf *Kopf* auf der Insel Neuwerk den Entwurf einer Niedersächsischen Verfassung – den sogenannten „Neuwerk-Entwurf" –, der aus 92 Artikeln bestand und eine „Vollverfassung" mit einem umfangreichen Grundrechtsteil vorsah[2].

2
Zentrale Grundrechtsgehalte

Den Auftakt bildete der Satz „Das Leben des Menschen, seine Ehre und seine Würde sind unverletzlich" (Art. 4 Neuwerk-Entwurf). Die allgemeine Handlungsfreiheit (Art. 5) war ebenso Bestandteil des Katalogs im Neuwerk-Entwurf wie die Gleichheit vor dem Gesetz (Art. 6) und die Freiheit der Person, der Frieden der Wohnung und das Postgeheimnis (Art. 8). Art. 11 Neuwerk-Entwurf enthielt ein „Recht auf Arbeit", zugleich aber die Pflicht, sich den Lebensunterhalt durch Arbeit zu verschaffen. Das Eigentum war gewährleistet (Art. 17), wirtschaftliche Unternehmen sollten jedoch in Gemeineigentum überführt werden können (Art. 14 Abs. 2), die Verteilung und Nutzung des Bodens vom Staat überwacht und gesetzlich geregelt werden (Art. 15 Abs. 1).

Erziehung und Bildung

Die Erziehung der Kinder wurde als natürliches Recht und Pflicht der Eltern bezeichnet (Art. 18 Abs. 1). Nach Art. 19 Abs. 1 Neuwerk-Entwurf hatte jeder Mensch Anspruch auf eine seinen Anlagen und Neigungen entsprechende Bildung. Nach Art. 20 Abs. 1 Neuwerk-Entwurf sollten in allen öffentlichen Schulen die Schüler gemeinsam erzogen werden. Artikel 21 lautete: „Die Universitäten und die ihnen gleichgestellten Hochschulen haben nach näherer gesetzlicher Bestimmung das Recht der Selbstverwaltung."

Religionsgemeinschaften

Nach Art. 23 Abs. 2 Neuwerk-Entwurf waren die auf Gesetz, Vertrag oder besonderen Rechtstiteln beruhenden Staatsleistungen an die Religionsgemeinschaften im Wege der Gesetzgebung abzulösen. Die Religionsgemeinschaften hatten jedoch das Recht auf ungestörte und öffentliche Religionsausübung (Art. 24). Sie blieben Körperschaften des öffentlichen Rechts, soweit sie es bisher waren (Art. 25 Abs. 1)[3].

II. Der Regierungsentwurf zur Vorläufigen Niedersächsischen Verfassung

3
Verfassung ohne Grundrechtsteil

Der Regierungsentwurf zur Vorläufigen Niedersächsischen Verfassung von 1951 enthielt keinen Grundrechtsteil. Zur Begründung wurde angeführt, ein solcher Verzicht sei nach Inkrafttreten des Grundgesetzes naheliegend, weil

---
1 Vgl. *Vogelsang*, Hinrich Wilhelm Kopf und Niedersachsen, (Bibl.), S. 70 ff.
2 *J. Ipsen*, Niedersächsische Verfassung (LitVerz.), Einl. RN 7 f.
3 Der Neuwerk-Entwurf ist abgedruckt bei *Pfetsch*, Verfassungsreden und Verfassungsentwürfe (Bibl.), S. 513 ff.

das Grundgesetz eine sehr eingehende Regelung der Grundrechte vorgenommen habe. Ein dringendes Bedürfnis, diese Grundrechte auf der Landesebene zusätzlich zu sichern oder gegenständlich zu ergänzen, könne nicht anerkannt werden. Von landesrechtlichen Regelungen auf kulturellem Gebiet habe man abgesehen, weil diese noch allzu sehr im Streit der Meinungen befangen seien und infolgedessen noch nicht als verfassungsreif angesehen werden könnten[4]. Nach Inkrafttreten der Vorläufigen Niedersächsischen Verfassung am 1. Mai 1951[5] blieb es bis zum Außerkrafttreten der Vorläufigen Niedersächsischen Verfassung am 31. Mai 1993 bei diesem Rechtszustand.

III. Gemeinsamer Verfassungsentwurf von SPD und Grünen

Der Gemeinsame Verfassungsentwurf der Sozialdemokratischen Partei Deutschlands und der Partei Die Grünen aus dem Jahr 1992 enthielt einen „Abschnitt I Grundrechte", in dem die im Grundgesetz für die Bundesrepublik Deutschland festgelegten Grundrechte und staatsbürgerlichen Rechte zum Bestandteil der Verfassung und zu unmittelbar geltendem Landesrecht erklärt wurden (Art. 2/1). Darüber hinaus fanden sich besondere Bestimmungen über den Persönlichkeitsschutz (Art. 2/2), das informationelle Selbstbestimmungsrecht (Art. 2/2 a), die Gleichstellung der Geschlechter und das Diskriminierungsverbot (Art. 2/3), Bestimmungen über die häusliche Erziehung und Pflege, den Schutz der Kinder, Kranken und Behinderten (Art. 2/4), den Schutz kultureller und ethnischer Minderheiten (Art. 2/5) und solche über Bildung und Erziehung (Art. 2/6), Wissenschaft, Forschung und Lehre (Art. 2/7) und Kultur (Art. 2/8). Art. 2/9 enthielt eine Schutzbestimmung für Vereinigungen und Initiativen, die sich öffentlichen Aufgaben widmeten. Art. 2/9 Abs. 2 begründete ein Recht auf Information über Umweltbelange. In Art. 2/10 des Verfassungsentwurfs von 1992 fanden sich schließlich Bestimmungen über das Wahlrecht[6].

4 Grundrechte des GG im Verfassungsentwurf von 1992

Besondere Grundrechtsbestimmungen

IV. Gesetzentwurf der Fraktion der CDU

Der Gesetzentwurf der Fraktion der CDU enthielt keinen eigenen Grundrechtsteil. In Artikel 2/1 Abs. 1 hieß es jedoch „Der Staat ist um des Menschen Willen da; er hat die Würde des Menschen zu achten und zu schützen". Nach Artikel 2/1 Abs. 2 bekannte sich das Volk von Niedersachsen zu den Menschenrechten als Grundlage der staatlichen Gemeinschaft, des Friedens und der Gerechtigkeit. Nach Artikel 2/1 Abs. 3 waren die im Grundgesetz für die Bundesrepublik Deutschland festgelegten Grundrechte und staatsbürgerlichen Rechte „Bestandteil dieser Verfassung und unmittelbar geltendes Recht".

5 Menschenwürde und GG-Inbezugnahme

---

4 So Begründung, LT-Drucks. – 1. WP – Nr. 2073 (Anhang), S. 1.
5 GVBl. 1951, S. 103.
6 LT-Drucks. 12/3008, S. 3 ff.

§ 253 Sechzehnter Teil: III. Die Grundrechte in den Landesverfassungen

6
Schulwesen und Wissenschaft

Artikel 2/2 enthielt Bestimmungen über das Schulwesen, Artikel 2/3 über die Wissenschaft. Artikel 2/3 Abs. 4 lautete: „Die Hochschulen haben das Recht der Selbstverwaltung im Rahmen der Gesetze". In Artikel 2/4 Abs. 1 wurden die staatskirchenrechtlichen Bestimmungen der Weimarer Verfassung zum Bestandteil „dieser Verfassung" erklärt, in Artikel 2/4 Abs. 2 die Einrichtung theologischer Fakultäten an den Hochschulen des Landes gewährleistet[7].

V. Verfassungsentwurf der FDP

7
Eigener „Grundrechte"-Abschnitt

Der Verfassungsentwurf der Fraktion der Freien Demokratischen Partei enthielt einen eigenen Abschnitt über „Grundrechte". Art. 3 bestimmte, daß die im Grundgesetz für die Bundesrepublik Deutschland festgelegten Grundrechte und staatsbürgerlichen Rechte Bestandteil der Verfassung und unmittelbar geltendes Recht seien. Es folgten Bestimmungen über die Schule, insbesondere das Recht auf schulische Bildung (Art. 4), Hochschulen, denen das Recht der Selbstverwaltung zuerkannt wurde (Art. 5), über Wissenschaft, Kunst, Kultur (Art. 6) und über die kulturellen und historischen Belange der Vorgängerländer (Art. 7)[8].

VI. Beschlüsse des Sonderausschusses

8
Einigkeit in der Übernahme des Grundrechtsteils

„Ständige Aufgabe des Landes"

Da die drei Fraktionsentwürfe übereinstimmend die Übernahme des Grundrechtsteils des Grundgesetzes in die Landesverfassung vorsahen, bestand in dem für die neue Niedersächsische Verfassung gebildeten Sonderausschuß insoweit Einigkeit. Differenzen gab es allerdings im Hinblick auf die Gleichstellung der Geschlechter und eine mögliche Bevorzugung der Frauen. Als Kompromiß wurde die Formulierung erörtert: „Die Umsetzung der Grundrechte, insbesondere der Gleichberechtigung von Männern und Frauen, ist eine ständige Aufgabe des Landes". In leicht veränderter Form wurde diese Formulierung angenommen und als Satz 3 in Art. 3 Abs. 2 Verf. Niedersachsen eingefügt[9]. Keine Billigung fand die im CDU-Entwurf enthaltene Formulierung: „Der Staat ist um des Menschen Willen da, er hat die Würde des Menschen zu achten und zu schützen". Die SPD-Vertreter sahen hierin ein „anthropozentrisches Element", das im Konflikt mit der Forderung nach Schutz der natürlichen Lebensgrundlagen geraten könne[10].

---

7 LT-Drucks. 12/3210, S. 2 f.
8 Vgl. LT-Drucks. 12/3250, S. 2 f.
9 Schriftlicher Bericht, LT-Drucks. 12/5840, S. 4.
10 So Schriftlicher Bericht, LT-Drucks. 12/5840, S. 4.

B. Inkorporation der Grundrechte des Grundgesetzes (Art. 3 Abs. 2 Satz 1 Verf. Niedersachsen)

I. Die Inkorporation als Regelungsmodell

Nach Art. 3 Abs. 2 Satz 1 Verf. Niedersachsen sind die im Grundgesetz für die Bundesrepublik Deutschland festgelegten Grundrechte und staatsbürgerlichen Rechte Bestandteil „dieser Verfassung". Die Niedersächsische Verfassung hat sich damit der Technik der Inkorporation bedient, der mehrere Landesverfassungen gefolgt sind[11], während andere Landesverfassungen einen eigenständigen Grundrechtsteil herausgebildet haben[12]. Allerdings weisen nicht nur die vor Inkrafttreten des Grundgesetzes entstandenen Landesverfassungen einen eigenen Grundrechtsteil auf; die Verfassungen der neuen Bundesländer enthalten überwiegend einen vollständigen Grundrechtsteil[13]. Allein die Freie und Hansestadt Hamburg hat in ihre Verfassung keine eigenen Grundrechte aufgenommen, so daß sie im Reigen der Länder eine Sonderstellung einnimmt.

9 Grundrechte und staatsbürgerliche Rechte als Bestandteil

Das Inkorporationsmodell hat gegenüber einem eigenständigen Grundrechtsteil den Vorzug, daß die Grundrechte des Grundgesetzes eine jahrzehntelange Auslegung durch die Rechtsprechung des Bundesverfassungsgerichts gefunden haben und insoweit in ihrem rechtlichen Gehalt absehbar sind. Allerdings weisen auch die eigenständigen Grundrechtsteile der Landesverfassungen wesentliche Übereinstimmungen mit dem Grundgesetz auf, so daß auch hier die Auslegung durch das Bundesverfassungsgericht prägende Kraft entfaltet. Letztlich handelt es sich um eine verfassungspolitische Entscheidung des Verfassungsgebers bzw. des verfassungsändernden Gesetzgebers, ob das Inkorporationsmodell gewählt oder ein eigener Grundrechtsteil entwickelt wird. Mit einem landesspezifischen Grundrechtsteil ist allerdings zugleich eine Betonung der Staatsqualität des Landes verbunden.

10 Prägung durch BVerfG-Auslegung

Betonung der Staatsqualität

II. Statik oder Dynamik der Inkorporation?

In der Literatur ist die Frage aufgeworfen worden, ob Art. 3 Abs. 2 Satz 1 Verf. Niedersachsen eine „statische" oder „dynamische" Verweisung enthalte.[14] Eine „statische" Verweisung würde den Rechtszustand festhalten, der

11 Verweisungsfolgen

---

11 Vgl. Art. 2 Abs. 1 Verf. Baden-Württemberg, Art. 5 Abs. 3 Verf. Mecklenburg-Vorpommern, Art. 4 Abs. 1 Verf. Nordrhein-Westfalen, Art. 3 Verf. Schleswig-Holstein.
12 Vgl. Art. 4ff. Verf. Sachsen, Art. 4ff. Verf. Sachsen-Anhalt, Art. 98ff. Verf. Bayern, Art. 1ff. Verf. Hessen, Art. 1ff. Rheinland-Pfalz, Art. 2ff. Verf. Bremen, Art. 6ff. Verf. Berlin, Art. 7ff. Verf. Brandenburg, Art. 1ff. Verf. Saarland, Art. 1ff. Verf. Thüringen.
13 Art. 4ff. Verf. Sachsen, Art. 4ff. Verf. Sachsen-Anhalt, Art. 7ff. Verf. Brandenburg, Art. 1ff. Verf. Thüringen; vgl. dazu ausführlich *Dietlein*, Die Grundrechte in den Verfassungen der neuen Bundesländer (LitVerz.), S. 7ff.
14 Vgl. *Hageböllung*, Niedersächsische Verfassung (LitVerz.), Art. 3 Anm. 3; *H. Neumann*, Handkommentar (LitVerz.), Art. 3 RN 4; *Starck*, Die neue Niedersächsische Verfassung von 1993, NdsVBl. 1994, S. 2 (8).

§ 253 Sechzehnter Teil: III. Die Grundrechte in den Landesverfassungen

Grenzen der Verweisung

zum Zeitpunkt des Inkrafttretens des verweisenden Gesetzes bestand, während die „dynamische" Verweisung die jeweilige Fassung des Gesetzes, auf das verwiesen wird, in Bezug nähme[15]. Die dynamische Verweisung kann dazu führen, daß der Gesetzgeber den Inhalt seiner Vorschriften nicht mehr in eigener Verantwortung bestimmt und damit der Entscheidung Dritter überläßt. Das Bundesverfassungsgericht hält dynamische Verweisungen zwar nicht für schlechthin ausgeschlossen, jedoch nur in dem Rahmen für zulässig, den die Prinzipien der Rechtsstaatlichkeit, der Demokratie und der Bundesstaatlichkeit ziehen[16]. Die mit den unterschiedlichen Techniken der Verweisung verbundene Zulässigkeitsfrage stellt sich im Hinblick auf Art. 3 Abs. 2 Satz 1 Verf. Niedersachsen nicht. Zum einen handelt es sich nicht um eine Verweisung im üblichen Sinne, bei der eine gesetzliche Vorschrift auf eine andere gesetzliche Vorschrift – gegebenenfalls eines anderen Normgebers – *verweist*. Durch Artikel 3 Abs. 2 Satz 1 wird nicht etwa auf den Grundrechtsteil des Grundgesetzes (weiter-)verwiesen; dieser wird vielmehr in die Verfassung *inkorporiert*, nämlich zum Bestandteil dieser Verfassung erklärt. Neben den anderen Verfassungen, die das Inkorporationsmodell gewählt haben[17], findet sich eine Parallele in Art. 140 GG, aufgrund dessen die Weimarer Kirchenrechtsartikel zum „Bestandteil dieses Grundgesetzes" erklärt worden sind.

Inkorporationsmodell

12

Bindungswirkung der GG-Grundrechte

Der weitere Grund, der die Dichotomie von „Statik" oder „Dynamik" im Zusammenhang mit Art. 3 Abs. 2 Satz 1 Verf. Niedersachsen als verfehlt erscheinen läßt, ist die Bindungswirkung der Grundrechte des Grundgesetzes nach Maßgabe von Art. 1 Abs. 3 GG. Wäre die Inkorporation nur eine „statische", wären die Landesorgane gemäß Art. 3 Abs. 2 Verf. Niedersachsen an die Grundrechte des Grundgesetzes (nur) in der Fassung vom 1. Juni 1993 gebunden, aufgrund des Art. 1 Abs. 3 GG jedoch an die jeweils aktuelle Fassung. Da eine derartige – im Fall des Art. 3 Abs. 2 GG durchaus vorhandene[18] – Diskrepanz im Sonderausschuß nicht diskutiert worden ist, spricht alles dafür, daß der verfassungsändernde Gesetzgeber davon ausgegangen ist, daß die Grundrechte des Grundgesetzes in ihrer jeweiligen Fassung Bestandteil der Niedersächsischen Verfassung geworden sind bzw. werden[19]. Die Dynamik der Inkorporation hat zur Folge, daß jede Änderung des Grundrechtsteils des Grundgesetzes zugleich eine Änderung der Niedersächsischen Verfassung bedeutet, ohne daß ein formelles Änderungsverfahren erforderlich wäre.

Entbehrlichkeit der Anpassung

---

15 Die Begriffe gehen zurück auf *Ossenbühl*, Die verfassungsrechtliche Zulässigkeit der Verweisung als Mittel der Gesetzgebungstechnik, DVBl. 1967, S. 401.
16 So *BVerfGE* 78, 32 (36).
17 Vgl. oben FN 11.
18 Vgl. dazu *J. Ipsen*, Niedersächsische Verfassung (LitVerz.), Art. 3 RN 24 ff.
19 So auch *Hagebölling* (LitVerz.), Art. 3 Anm. 3; *Starck*, NdsVBl. 1994, S. 2 (8); *Burmeister*, Chancen und Risiken einer niedersächsischen Landesverfassungsbeschwerde – eine vorläufige Bestandsaufnahme, NdsVBl. 1998, S. 53 (55); vgl. auch *Dietlein*, Die Rezeption von Bundesgrundrechten durch Landesverfassungsrecht, in: AöR 120 (1995), S. 1 (17 ff.); *J. Ipsen*, Verfassungsrecht des Landes Niedersachsen, in: Brandt/Schinkel (LitVerz.), S. 65 (78 f.).

III. Inkorporierte und nichtinkorporierte Grundrechte und staatsbürgerliche Rechte

Entgegen dem Eindruck, den Art. 3 Abs. 2 Satz 1 Verf. Niedersachsen vermittelt, sind nicht alle Bestimmungen des ersten Abschnitts des Grundgesetzes Bestandteil der Niedersächsischen Verfassung geworden. Inkorporiert werden konnten nämlich nur Grundrechte, die der Landesverfassungsgeber aufgrund seiner verfassungsgebenden Gewalt in die Verfassung hätte aufnehmen können. Sofern der Kreation von Grundrechten Kompetenzbestimmungen des Grundgesetzes entgegenstehen, können diese folgerichtig nicht Gegenstand der Inkorporation sein. Gegen diese Beschränkung spricht nicht Art. 142 GG, dem zufolge die Bestimmungen der Landesverfassungen auch insoweit in Kraft bleiben, als sie in Übereinstimmung mit den Art. 1 bis 18 des Grundgesetzes Grundrechte gewährleisten. Das Bundesverfassungsgericht hat zwar entschieden, daß Art. 142 GG nicht nur den vor Inkrafttreten des Grundgesetzes vorhandenen Bestand an Landesgrundrechten sichern solle, sondern auf alle Grundrechte und grundrechtsgleichen Gewährleistungen zu erstrecken sei[20]. Dies setzt allerdings voraus, daß der Landesverfassungsgeber sich im Rahmen seiner Kompetenzen hält, weil diese wiederum durch die Bundeskompetenzen begrenzt werden[21].

13
Inkorporationsbegrenzung durch GG-Kompetenzordnung

Nicht inkorporiert worden ist deshalb das Recht der Kriegsdienstverweigerung (Art. 4 Abs. 3 GG), weil die Wehrhoheit Sache des Bundes ist, was durch die ausschließliche Gesetzgebung (Art. 73 Abs. 1 Nr. 1 GG) und die Bestimmungen über die Aufstellung der Streitkräfte zum Ausdruck gelangt (Art. 87 a GG). Überdies enthält Art. 4 Abs. 3 Satz 2 GG eine ausschließliche Bundeskompetenz für das Recht der Kriegsdienstverweigerung, was ausschließt, daß die Landesverfassungen ein entsprechendes Grundrecht enthalten können.

14
Kriegsdienstverweigerung

Nicht in die Niedersächsische Verfassung inkorporiert ist auch Art. 12 a GG, der den Gesetzgeber ermächtigt, Männer vom vollendeten 18. Lebensjahr an zum Dienst in den Streitkräften, im Bundesgrenzschutz oder in einem Zivilschutzverband zu verpflichten[22]. Art. 12 a GG stellt nicht nur eine Ermächtigung des Gesetzgebers zur Begründung von Dienstleistungspflichten verschiedener Art dar, sondern suspendiert gleichzeitig während des Zeitraums der Dienstleistung das Grundrecht der Berufsfreiheit[23]. Weder die Dienstverpflichtung noch die hiermit verbundene Suspendierung des Grundrechts der Berufsfreiheit sind landes(verfassungs-)rechtlicher Regelung zugänglich und Art. 12 a GG ist deshalb von der Inkorporation ausgenommen. Gleiches gilt für Art. 17 a GG, der eine Ermächtigung für besondere Grundrechtsein-

15
Dienstleistungspflichten

---

20 So *BVerfGE* 96, 345 (364).
21 Vgl. *Epping*, in: ders./Butzer u. a., Hannoverscher Kommentar (LitVerz.), Art. 3 RN 24; *Uerpmann*, Landesrechtlicher Grundrechtsschutz und Kompetenzordnung, in: Der Staat 35 (1996), S. 428 ff; *Peine*, Verfassunggebung und Grundrechte – Der Gestaltungsspielraum der Landesverfassunggeber, LKV 2012, S. 385 (388); *Neubauer/Lörincz*, Nochmals: Verfassunggebung und Grundrechte – Der Gestaltungsspielraum der Landesverfassunggeber, LKV 2013, S. 115 (118).
22 Vgl. hierzu *J. Ipsen*, in: BK (LitVerz.), Art. 12 a (Zweitbearbeitung) RN 9.
23 Vgl. hierzu *J. Ipsen*, Staatsrecht II (LitVerz.), RN 690.

§ 253   Sechzehnter Teil: III. Die Grundrechte in den Landesverfassungen

schränkungen der Angehörigen der Streitkräfte und des Ersatzdienstes enthält. Auch diese Bestimmung ist nicht in die Niedersächsische Verfassung inkorporiert worden.

16
Asylrecht in ausschließlicher Bundeskompetenz

Ebenfalls ausgenommen von der Inkorporation ist Art. 16 a GG, dessen Absatz 1 politisch Verfolgten das Asylrecht gewährt. Art. 16 a Abs. 2 GG enthält eine spezielle Verwirkungsklausel, die zur Subsidiarität des Asylrechts gegenüber der nach der Rechtsordnung anderer Staaten gewährten Rechtsstellung führt[24]. Art. 16 a Abs. 3 GG begründet wiederum eine Regelvermutung zu Ungunsten des Asylbewerbers, wenn dieser aus einem sicheren Herkunftsstaat einreist. Für gesetzliche Regelungen besteht eine ausschließliche Bundeskompetenz (Art. 16 a Abs. 3 Satz 1 GG). Hieraus folgt, daß das gesamte Asylrecht in die Kompetenz des Bundes fällt und der Landesverfassungsgeber nicht ohne Widerspruch zur grundgesetzlichen Ordnung ein eigenes Asylrecht gewährleisten könnte. Art. 16 a GG ist deshalb von der Inkorporation in die Niedersächsische Verfassung ausgenommen[25].

17
Verwirkung von Grundrechten

Ausgenommen ist auch Art. 18 GG, weil es sich hier nicht um ein Grundrecht, sondern um eine Verfahrensart vor dem Bundesverfassungsgericht handelt, in der die Verwirkung von Grundrechten ausgesprochen werden kann. Die Inkorporation des Art. 18 GG ist folgerichtig ausgeschlossen.

18
Staatsbürgerliche Rechte mit Bundesbezug

Zugang zu öffentlichen Ämtern

Von Art. 3 Abs. 2 Satz 1 Verf. Niedersachsen nicht erfaßt werden überdies die staatsbürgerlichen Rechte, die sich ihrem Wesen nach nur auf den Bund beziehen. In erster Linie ist hier das durch Art. 38 Abs. 1 GG geregelte Wahlrecht zum Deutschen Bundestag zu nennen, das sich naturgemäß nicht in eine Landesverfassung inkorporieren läßt. Von der Inkorporation ausgeschlossen ist ferner das mit Art. 33 Abs. 1 GG gewährleistete „gemeinsame Indigenat", das allein Sache der Bundesverfassung sein kann. Art. 33 Abs. 2 GG dürfte demgegenüber Bestandteil auch der Niedersächsischen Verfassung geworden sein. Zwar können die hier erwähnten „öffentlichen Ämter" nur solche des Landes Niedersachsen sein; andererseits kann der Zugang zu diesen Ämtern kraft Landesverfassungsrechts auch deutschen Staatsangehörigen eröffnet werden, die nicht ihren Wohnsitz in Niedersachsen haben. Art. 33 Abs. 3 GG ist ebenfalls inkorporiert worden, weil diese Vorschrift Diskriminierungsverbote enthält, die über Art. 3 Abs. 3 GG hinausgehen[26].

19
Institutionelle Garantie des Berufsbeamtentums

Art. 33 Abs. 4 und 5 GG sind demgegenüber nicht als „staatsbürgerliche Rechte" anzusprechen und wären schon aus diesem Grund von der Inkorporation ausgeschlossen. Art. 33 Abs. 4 GG findet sich mit fast gleichem Wortlaut in Art. 60 Abs. 1 Verf. Niedersachsen wieder, so daß eine Inkorporation über Artikel 3 Abs. 2 entbehrlich wäre. Für Art. 33 Abs. 5 GG kommt hinzu, daß diese Vorschrift aufgrund bewußter Entscheidung des verfassungsändernden Gesetzgebers *nicht* in Art. 60 Verf. Niedersachsen – und damit in die

---

24 So *J. Ipsen*, Staatsrecht II (LitVerz.), RN 989.
25 Vgl. aber Art. 18 Abs. 1 Verf. Brandenburg: „Politisch Verfolgte genießen Asylrecht". Dazu *Neubauer/Lörincz*, LKV 2013, S. 115 (116 ff.).
26 *Badura*, in: Maunz/Dürig, GG (LitVerz.), Art. 33 RN 4 (Stand: Dezember 2014); *Battis*, in: Sachs, GG (LitVerz.), Art. 33 RN 9 ff.; *Masing*, in: H. Dreier, GG (LitVerz.), Art. 33 RN 94.

systematisch richtige Vorschrift – aufgenommen worden ist[27]. Diese Entscheidung würde mißachtet, versuchte man, die institutionelle Garantie des Art. 33 Abs. 5 GG auf dem Umweg über Art. 3 Abs. 2 Satz 1 Verf. Niedersachsen zum Inhalt der Landesverfassung zu machen[28].

IV. Verwirklichung der Gleichberechtigung (Art. 3 Abs. 2 Satz 3 Verf. Niedersachsen)

Art. 3 Abs. 2 Satz 3 Verf. Niedersachsen trägt die Spuren eines nicht ausgereiften Kompromisses, der die unterschiedlichen Positionen in der Beratung der Verfassung kaum verdecken kann. Während die Koalitionsfraktionen der Sozialdemokratischen Partei Deutschlands und der Partei Die Grünen der Gleichstellung der Geschlechter mit Artikel 2/3 einen besonderen Artikel widmeten, in dem auch eine „vorübergehende rechtliche Bevorzugung von Frauen" für zulässig erklärt wurde (Art. 2/3 Abs. 3), beschränkten sich die CDU- und FDP-Entwürfe auch insoweit auf die Inkorporation der grundgesetzlichen Bestimmungen. Der während der Beratungen erzielte Kompromiß sah zusätzlich vor, daß die „Umsetzung der Grundrechte, insbesondere der Gleichberechtigung von Männern und Frauen" eine ständige Aufgabe des Landes sei. Der Begriff „Umsetzung" wurde durch den der „Achtung" ersetzt und die Gemeinden und Landkreise als Adressaten dieser Bestimmung einbezogen[29].

20 Nicht ausgereifter Kompromiß

Die in den Beratungen des Sonderausschusses gefundene – geltende – Fassung des Art. 3 Abs. 2 Satz 3 Verf. Niedersachsen ist in sich widersprüchlich. Die „Achtung" der Grundrechte bedeutet nichts anderes als daß Gesetzgebung, vollziehende Gewalt und Rechtsprechung an die Grundrechte gebunden sind, wie dies bereits in Artikel 3 Abs. 2 Satz 2 zum Ausdruck gelangt[30]. Die „Achtung" entspricht der Eigenart der Grundrechte als Abwehrrechte gegen den Staat und verpflichtet diesen, Eingriffe in die Rechtssphäre des Bürgers grundsätzlich zu unterlassen bzw. solche nur unter den verfassungsrechtlich zulässigen Voraussetzungen vorzunehmen. Eine andere Bedeutung wäre dem Begriff „Umsetzung" zugefallen, der auf ein aktives Handeln des Staates hindeutet. Dies würde die Vorstellung implizieren, daß die Grundrechte eine Art Programm enthalten, dessen „Umsetzung" Aufgabe der staatlichen Organe ist. Unter dieser Voraussetzung hätte der Halbsatz „insbesondere der Gleichberechtigung von Männern und Frauen [...]" einen Sinn ergeben. Dem Land wäre nämlich von Verfassungs wegen aufgegeben worden, alle Grundrechte *umzusetzen*, insbesondere aber die Gleichberechtigung von Männern und Frauen zu *verwirklichen*. Diese – zunächst vorgesehene – Fassung des Art. 3 Abs. 2 Satz 3 Verf. Niedersachsen hätte indes die Frage aufgeworfen, welche Grundrechte überhaupt einer solchen „Umsetzung" zugänglich wären. Die Umdeutung von Abwehrrechten, die der staatlichen Gewalt

21 „Achtung"

„Umsetzung"

---
27 Vgl. *J. Ipsen*, Niedersächsische Verfassung (LitVerz.), Art. 60 RN 13.
28 Ähnlich *Nds. StGHE 3*, 221 (250f.).
29 Vgl. Schriftlicher Bericht, LT-Drucks. 12/5840, S. 4.
30 So auch *Starck*, NdsVBl. 1994, S. 2 (9).

§ 253   Sechzehnter Teil: III. Die Grundrechte in den Landesverfassungen

Umdeutung von Abwehrrechten in Programmsätze

entgegengesetzt werden können, in Programmsätze oder Staatszielbestimmungen birgt nämlich die nicht fernliegende Gefahr, daß die individuelle Freiheit nicht geschützt, sondern eingeschränkt wird. Dieser Gefahr ist man dadurch entgangen, daß der Begriff „Umsetzung" durch den der „Achtung" ersetzt wurde, was aber zur Folge hatte, daß der folgende Halbsatz – „insbesondere ..." – sich auf den vorherigen Begriff bezieht und in Verbindung mit dem der „Achtung" keinen Sinn ergibt. Allerdings wird man den in den Beratungen zum Ausdruck gelangten Willen respektieren müssen, Land, Gemeinden und Kreise bei der Verwirklichung der Gleichberechtigung zu aktivem Handeln zu verpflichten[31].

22
Inkorporation des Art. 3 Abs. 2 und 3 GG

Die Unstimmigkeit der Auslegung des Art. 3 Abs. 2 Satz 3 Verf. Niedersachsen ist durch Artikel 3 Abs. 2 Satz 1 – und damit durch die Inkorporation des Art. 3 Abs. 2 und 3 GG – überholt worden. Art. 3 Abs. 2 GG lautete in der Ursprungsfassung lakonisch „Männer und Frauen sind gleichberechtigt". Art. 3 Abs. 3 GG alter Fassung enthielt die zusätzliche Bestimmung, daß niemand wegen seines Geschlechts benachteiligt oder bevorzugt werden dürfe. Das Bundesverfassungsgericht hatte in seiner späteren Rechtsprechung das Verbot der Differenzierung wegen des Geschlechts ausschließlich Art. 3 Abs. 3 GG zugeordnet und Art. 3 Abs. 2 GG alter Fassung einen darüber hinausgehenden Gehalt des Inhalts zugemessen, daß diese Vorschrift auf die „Angleichung der Lebensverhältnisse" abziele[32]. Das Gericht hatte damit – in Abänderung seiner eigenen Rechtsprechung – Art. 3 Abs. 2 GG a.F. in eine Staatszielbestimmung zur Herstellung tatsächlicher Gleichheit uminterpretiert[33].

23
Förderung der Gleichberechtigungsdurchsetzung

(Landes-)Verfassungsauftrag

Durch das 42. Gesetz zur Änderung des Grundgesetzes vom 27. Oktober 1994[34] ist in Art. 3 Abs. 2 folgender Satz eingefügt worden: „Der Staat fördert die tatsächliche Durchsetzung der Gleichberechtigung von Frauen und Männern und wirkt auf die Beseitigung bestehender Nachteile hin". Die vom Bundesverfassungsgericht dem Art. 3 Abs. 2 GG zugewiesene Funktion, das Gleichberechtigungsgebot auf die gesellschaftliche Wirklichkeit zu erstrecken[35], war dadurch Gegenstand des ausdrücklichen Auftrags in Art. 3 Abs. 2 Satz 2 GG geworden. Da Art. 3 Abs. 2 Satz 1 Verf. Niedersachsen die Grundrechte des Grundgesetzes in ihrer jeweiligen Fassung inkorporiert, ist Art. 3 Abs. 2 GG (auch) geltendes Landesverfassungsrecht. Zwischen der „Durchsetzung der Gleichberechtigung" und der „Verwirklichung der Gleichberechtigung" dürfte nur ein terminologischer Unterschied bestehen. Art. 3 Abs. 2 Satz 3 Verf. Niedersachsen stellt gleichzeitig klar, daß mit dem in Art. 3 Abs. 2 Satz 2 GG angesprochenen „Staat" das Land, die Gemeinden und Landkreise gemeint sind.

---

31 Ähnlich *Starck*, NdsVBl. 1994, S. 2 (9); *Berlit*, Die neue Niedersächsische Verfassung. Zur Ablösung eines provisorischen Organisationsstatuts, NVwZ 1994, S. 11 (14); *Hagebölling*, Niedersächsische Verfassung (LitVerz.), Art. 3 Anm. 4; vgl. auch *Epping*, in: ders./Butzer u.a., Hannoverscher Kommentar (LitVerz.), Art. 3 RN 30 ff.
32 So *BVerfGE 85*, 191 (207).
33 So *BVerfGE 85*, 191 (207).
34 BGBl. I S. 3146.
35 Vgl. *BVerfGE 85*, 191 (207); *92*, 91 (109).

Offen bleibt nach wie vor, ob der an alle Staatsorgane gerichtete Verfassungsauftrag zu Förderungsmaßnahmen zugunsten benachteiligter Frauen die Ungleichbehandlung von Männern rechtfertigt oder ob hierin wiederum ein Verstoß gegen Art. 3 Abs. 2 Satz 2 GG läge[36]. Da in Art. 3 Abs. 2 Satz 2 GG schlechthin von der „Beseitigung bestehender Nachteile" – also nicht nur solcher, die Frauen treffen – die Rede ist und der in diesem Punkt weiterreichende Gemeinsame Verfassungsentwurf von Sozialdemokratischer Partei und der Partei Die Grünen nicht angenommen worden ist[37], dürfte im erstgenannten Sinne zu entscheiden sein[38].

24 Genderneutrale „Beseitigung bestehender Nachteile"

V. Bindungswirkung (Art. 3 Abs. 2 Satz 2 Verf. Niedersachsen)

Die unmittelbare Geltung von Grundrechten ist keine Selbstverständlichkeit, sondern hat sich in Deutschland erst mit dem Inkrafttreten des Grundgesetzes durchgesetzt. Die Grundrechte der Weimarer Verfassung wurden überwiegend als Programmsätze verstanden, die erst durch die Gesetzgebung ihre Wirkung entfalteten[39]. Art. 1 Abs. 3 GG bedeutete deshalb einen wichtigen verfassungshistorischen Fortschritt, weil die unmittelbare Geltung der Grundrechte nicht mehr Gegenstand literarischer Kontroversen sein konnte, sondern ausdrücklich – und unabänderlich (Art. 79 Abs. 3 GG) – festgelegt wurde. Die Bindung von Gesetzgebung, vollziehender Gewalt und Rechtsprechung an die Grundrechte als unmittelbar geltendes Recht ist gleichbedeutend mit ihrer Anerkennung als subjektiv-öffentlicher Rechte, die dem einzelnen Grundrechtsträger zustehen[40]. Jeder Grundrechtsträger kann sich folglich gegenüber Akten der Gesetzgebung, der vollziehenden Gewalt und der Rechtsprechung auf seine Grundrechte berufen und geltend machen, in seinen Grundrechten verletzt zu sein. Auf welche Weise diese Berufung im einzelnen ausgestaltet ist, ist Sache des (Verfassungs-)Prozeßrechts.

25 Unmittelbare Geltung der Grundrechte

Vor diesem Hintergrund steht Art. 3 Abs. 2 Satz 2 Verf. Niedersachsen mit seiner Bekräftigung der Bindung aller Landesorgane an die Grundrechte als Landesverfassungsrecht. Die Bindungswirkung würde sich bereits aus der Inkorporation – auch – des Art. 1 Abs. 3 GG durch Art. 3 Abs. 2 Satz 1 Verf. Niedersachsen ergeben haben. Artikel 3 Abs. 2 Satz 2 hat aber insofern eine klärende Funktion, als ein Rückschritt der Grundrechte der Landesverfassung ausgeschlossen ist.

26 Bekräftigte Grundrechtsbindung als Landesverfassungsrecht

---

36 Dazu *J. Ipsen*, Staatsrecht II (LitVerz.), RN 834 ff.
37 Vgl. oben A III, RN 4.
38 Vgl. *J. Ipsen*, Niedersächsische Verfassung (LitVerz.), Art. 3 RN 29; so auch *Epping*, in: ders./Butzer u.a., Hannoverscher Kommentar (LitVerz.), Art. 3 RN 33.
39 Vgl. dazu *Stern*, Staatsrecht III/1 (LitVerz.), § 59 V 6 (S. 120 ff.); *E. R. Huber*, Deutsche Verfassungsgeschichte seit 1789, Bd. VI (rev. Nachdruck der 1. Auflage), 1981, S. 95 ff.
40 Dazu *J. Ipsen*, Staatsrecht II (LitVerz.), RN 61 ff.; *H. Dreier*, GG (LitVerz.), Art. 79 III RN 32; *Hain*, in: v. Mangoldt/Klein/Starck, GG (LitVerz.), Art. 79 Abs. 3 RN 63 ff.

VI. Doppeltes Diskriminierungsverbot?

27
Wortlautidentität mit der Bundesverfassung

Nach Art. 3 Abs. 3 Satz 1 Verf. Niedersachsen darf niemand wegen seines Geschlechts, seiner Abstammung, seiner Rasse, seiner Sprache, seiner Heimat und Herkunft, seines Glaubens, seiner religiösen oder politischen Anschauungen benachteiligt oder bevorzugt werden. Niemand darf wegen seiner Behinderung benachteiligt werden (Art. 3 Abs. 3 Satz 2 Verf. Niedersachsen). Art. 3 Abs. 3 Verf. Niedersachsen hat einen mit Art. 3 Abs. 3 GG identischen Wortlaut, so daß die Diskriminierungsverbote schon aufgrund der Inkorporation geltendes niedersächsisches Verfassungsrecht wären. Ersichtlich hat der verfassungsändernde Gesetzgeber mit der Übernahme des Wortlauts des Art. 3 Abs. 3 GG in die Niedersächsische Verfassung ein Zeichen setzen und es im Hinblick auf die Diskriminierungsverbote gerade nicht bei der allgemeinen Inkorporationsvorschrift belassen wollen. Damit stellt sich die Frage, ob Art. 3 Abs. 3 GG über Art. 3 Abs. 2 Satz 1 Verf. Niedersachsen überhaupt inkorporiert worden ist mit der Folge, daß eine Doppelung der Diskriminierungsverbote eingetreten ist. Die Beantwortung dieser Frage kann aus zwei Gründen nicht dahingestellt bleiben. Zum einen handelt es sich bei der Inkorporation rechtstechnisch um eine *dynamische* Verweisung[41], so daß die Diskriminierungsverbote des Grundgesetzes in ihrer jeweiligen Fassung Bestandteil der Niedersächsischen Verfassung wären. Aufgrund einer Änderung des Grundgesetzes könnte es deshalb zu einer Divergenz der landesverfassungsrechtlich statuierten Diskriminierungsverbote kommen, was wiederum die Frage aufwerfen würde, welcher Fassung der Vorrang zukommt.

Frage der Inkorporation

Divergenzmöglichkeit

28
lex specialis zur allgemeinen Inkorporationsvorschrift?

Auch der umgekehrte Fall ist denkbar und besitzt aufgrund aktueller Gesetzentwürfe zur Änderung des Art. 3 Abs. 3 Verf. Niedersachsen praktische Relevanz[42]. Sofern einer der beiden Gesetzentwürfe beschlossen würde, wäre eine Divergenz der Diskriminierungsverbote auf der Ebene des Landesverfassungsrechts unübersehbar. Dogmatisch stimmig wäre allein die Lösung, Art. 3 Abs. 3 Verf. Niedersachsen als *lex specialis* gegenüber der allgemeinen Inkorporationsvorschrift auszulegen. Damit wäre zum einen der Absicht des verfassungsändernden Gesetzgebers Rechnung getragen, die Bedeutung der Diskriminierungsverbote für Niedersachsen zu unterstreichen. Zum anderen würden mögliche Divergenzen aufgrund von Änderungen des Grundgesetzes oder – wie beabsichtigt – der Niedersächsischen Verfassung vermieden. Die Ausgestaltung der Diskriminierungsverbote bliebe damit allein Sache des *niedersächsischen* Gesetzgebers.

---

41 Vgl. oben B II, RN 11 ff.
42 Nach dem von der Fraktion der FDP eingebrachten Gesetzentwurf vom 17.6.2014 (LT-Drs. 17/1608) soll in Art. 3 Abs. 3 der Begriff „seiner Rasse" getilgt und die Worte „seiner sexuellen Identität" eingefügt werden. Nach dem Gesetzentwurf der Fraktion der SPD und der Fraktion Bündnis 90/Die Grünen vom 14.10.2014 (LT-Drucks. 17/2166) soll Art. 3 Abs. 3 Satz 1 NV lauten: „Niemand darf rassistisch oder wegen des Geschlechts, der Abstammung, Sprache, Heimat und Herkunft, der sexuellen Identität, der religiösen oder politischen Anschauungen benachteiligt oder bevorzugt werden".

VII. Verfassungsprozessuale Folgen der Inkorporation

Mit der Inkorporation der Grundrechte des Grundgesetzes enthält die Niedersächsische Verfassung einen neuen Maßstab für die Prüfung von Landesgesetzen. Verstößt ein Gesetz – oder ein anderer Akt öffentlicher Gewalt – gegen ein Grundrecht des Grundgesetzes, so bedeutet dies gleichzeitig einen Verstoß gegen die Landesverfassung. Dies hat zwei bedeutsame verfassungsprozessuale Konsequenzen. Zum einen können Gerichte, die im Rahmen eines Verfahrens einen solchen Verstoß für gegeben halten, das Gesetz statt dem Bundesverfassungsgericht (Art. 100 GG) dem Staatsgerichtshof vorlegen (Art. 54 Nr. 4 Verf. Niedersachsen). Dies ist insofern von praktischer Bedeutung, als Vorlagen zum Staatsgerichtshof – anders als solche zum Bundesverfassungsgericht (§ 81 a BVerfGG) – keiner Vorprüfung durch eine Kammer unterliegen. Die zweite verfassungsprozessuale Konsequenz der Inkorporation betrifft den Prüfungsmaßstab bei der abstrakten Normenkontrolle (Art. 54 Nr. 3 Verf. Niedersachsen). Landesrecht kann durch den Staatsgerichtshof – auch – auf seine Vereinbarkeit mit den Grundrechten des Grundgesetzes geprüft werden, weil diese nach Art. 3 Abs. 2 Satz 2 Verf. Niedersachsen Bestandteil „dieser Verfassung" sind[43].

29
Neuer Maßstab für die Prüfung von Landesgesetzen

Kein Vorprüfungserfordernis

Prüfungsmaßstab

Eine erhöhte Bedeutung würde der Inkorporation der Grundrechte des Grundgesetzes für den Fall zukommen, daß in Niedersachsen eine Landesverfassungsbeschwerde eingeführt wird. Eine Individualverfassungsbeschwerde ist von wissenschaftlicher Seite mehrfach gefordert worden[44] und Gegenstand eines Gesetzentwurfs der FDP-Fraktion zur Änderung des Staatsgerichtshofsgesetzes[45]. Die Einführung einer Landesverfassungsbeschwerde ist aber nach wie vor ungewiß.

30
Bedeutungszuwachs durch Landesverfassungsbeschwerde

VIII. Bindungswirkung auch der Verfassungsrechtsprechung?

Die Inkorporation der Grundrechte durch Art. 3 Abs. 2 Satz 1 Verf. Niedersachsen wirft die Frage auf, ob sie nur als solche oder in der Auslegung, die ihnen durch die Rechtsprechung des Bundesverfassungsgerichts zuteil geworden ist, Bestandteil der Niedersächsischen Verfassung geworden sind. Diese Frage ist zu trennen von der Reichweite der Bindungswirkung verfassungsgerichtlicher Entscheidungen, wie sie durch Art. 31 Abs. 1 BVerfGG bestimmt ist. Entscheidungen des Bundesverfassungsgerichts binden die Verfassungsorgane des Bundes und der Länder sowie alle Gerichte und Behörden, wobei sich diese Bindungswirkung aber auf den Tenor und die tragenden Gründe

31
Auslegungsrahmen inkorporierter GG-Grundrechte

---

43 Vgl. *J. Ipsen*, Niedersächsische Verfassung (LitVerz.), Art. 3 RN 32; *Hagebölling*, Niedersächsische Verfassung (LitVerz.), Art. 3 Anm. 3; *Epping*, in: ders./Butzer u.a., Hannoverscher Kommentar (LitVerz.), Art. 3 RN 17.
44 Vgl. *J. Ipsen*, Eine Verfassungsbeschwerde für Niedersachsen!, NdsVBl. 1998, S. 129ff.; *Hüpper*, Der Staatsgerichtshof des Landes Niedersachsen, 2000 (Bibl.), S. 244ff.; *H.-P. Schneider*, Die Landesverfassungsbeschwerde – Ein Stiefkind bundesstaatlichen Grundrechtsschutzes?, NdsVBl. 2005 (Sonderheft), S. 26 (30f.); *Burmeister*, NdsVBl. 1998, S. 53ff.
45 LT-Drucks. 17/1111.

beschränkt⁴⁶. Hiervon zu unterscheiden ist die Frage, ob die Rechtsprechung des Bundesverfassungsgerichts zu den Grundrechten durch Art. 3 Abs. 2 Satz 1 Verf. Niedersachsen *in toto* übernommen worden und mit Verfassungsrang versehen worden ist. Diese Frage ist eindeutig zu verneinen, denn hierdurch würde eine Vermischung von Bundes- und Landesverfassungsrecht stattfinden, wobei Letzteres nicht nur durch die Rechtsprechung des Bundesverfassungsgerichts beeinflußt, sondern geradezu versteinert würde⁴⁷.

32
StaatsGH-Auslegungszuständigkeit für Landesgrundrechte

Für die Auslegung der Landesverfassung – und damit der Grundrechte – ist der Staatsgerichtshof zuständig. Es bedarf keiner Erwähnung, daß hierbei stets die Entscheidungen des Bundesverfassungsgerichts hinzugezogen werden; sie entfalten aber keine Bindungswirkung. Der Staatsgerichtshof legt vielmehr die Grundrechte der Landesverfassung eigenständig aus und ist an die Rechtsprechung des Bundesverfassungsgerichts nur im Rahmen des § 31 Abs. 1 BVerfGG gebunden⁴⁸.

C. Einzelne Landesgrundrechte

33
Spezifische Landesgrundrechte und Staatsziele

Die Inkorporation der Grundrechte des Grundgesetzes durch Art. 3 Abs. 2 Satz 1 Verf. Niedersachsen findet ihre Ergänzung in Gestalt spezifischer *Landesgrundrechte*. Die in Artikel 4 bis 6 b enthaltenen Bestimmungen sind freilich nicht sämtlich als *Grundrechte* anzusprechen, sondern enthalten – wie schon durch die Überschrift des Ersten Abschnitts angedeutet – auch *Staatsziele*. Als Grundrechte sind nur solche Verfassungsbestimmungen zu qualifizieren, die die Gliederung von *Grundrechtsträger*, *Grundrechtsadressat* und *Grundrechtsinhalt* aufweisen⁴⁹. Die subjektiv-öffentliche Qualität von Grundrechten ist bereits durch Art. 1 Abs. 3 GG bestimmt und ist – auch abgesehen von der Inkorporation der Grundrechte durch Art. 3 Abs. 2 Satz 1 Verf. Niedersachsen – für den niedersächsischen Gesetzgeber bindend. Im einzelnen kann fraglich sein, ob die Artikel 4 ff. GG einen subjektiv-rechtlichen Gehalt haben oder allein als Staatszielbestimmungen anzusprechen sind⁵⁰.

I. Recht auf Bildung, Schulwesen (Art. 4 Verf. Niedersachsen)

34
Anspruch auf „Bildung"

Mit dem Recht auf „Bildung" überschreitet die Niedersächsische Verfassung den durch Art. 3 Abs. 2 Satz 1 Verf. Niedersachsen inkorporierten Grundrechtskanon des Grundgesetzes und gewährleistet für jedermann ein subjek-

---

46 Vgl. *BVerfGE 40*, 88 (93); *115*, 97 (108 f); siehe dazu auch *Lechner/Zuck*, BVerfGG (LitVerz.), § 31 RN 30.
47 *J. Ipsen*, Niedersächsische Verfassung (LitVerz.), Art. 3 RN 33; *ders.*, Verfassungsrecht des Landes Niedersachsen, in: Brandt/Schinkel (LitVerz.), S. 65 (80 f.); auch *Epping*, in: ders./Butzer u.a., Hannoverscher Kommentar (LitVerz.), Art. 3 RN 20.
48 *J. Ipsen*, Niedersächsische Verfassung (LitVerz.), Art. 3 RN 34; *Epping*, in: ders./Butzer u.a., Hannoverscher Kommentar (LitVerz.), Art. 3 RN 20.
49 Zur Struktur der Grundrechte vgl. *J. Ipsen*, Staatsrecht II (LitVerz.), RN 56 ff.
50 Dazu *J. Ipsen*, Verfassungsrecht des Landes Niedersachsen, in: Brandt/Schinkel (LitVerz.), S. 65 (83 ff.).

tiv-öffentliches Recht auf Bildung. Grundrechtsadressat ist der Staat als Inbegriff aller öffentlichen Gewalt, die der Verfassungsgebung des Landes unterliegt[51]. Inhalt des Anspruchs ist nach seiner eindeutigen Formulierung ein „Recht" – also ein *Anspruch* – auf „Bildung".

Die unspezifische Fassung des Grundrechtsinhalts wirft erhebliche Auslegungsprobleme auf. Der Begriff „Bildung" ist weiter zu fassen als derjenige der „Schulbildung", so daß dem „Recht auf Bildung" nicht schon dadurch Genüge getan ist, daß der Staat – das Land und die kommunalen Gebietskörperschaften – ein öffentliches Schulwesen unterhält. Der damit indizierte weite Bildungsbegriff hat jedoch notwendig zur Konsequenz, daß der subjektiv-rechtliche Charakter des Grundrechts Schranken unterliegt. Naturgemäß kann nicht *jeder* Mensch Anspruch auf den Besuch *jeder* Bildungseinrichtung haben, weil dieser vielfach eine bestimmte *Vor*bildung voraussetzt[52]. Diese kann wiederum nur erworben werden, wenn eine hinreichende persönliche Eignung besteht, so daß das unspezifische „Recht" notwendig auf die Ausformung durch das einfache Gesetz angewiesen ist und sich der Anspruchsinhalt letztlich nicht aus der Verfassung, sondern dem einfachen Gesetzesrecht ergibt[53]. Diesem Umstand wird dadurch Rechnung getragen, daß nach Art. 4 Abs. 4 Verf. Niedersachsen „das Nähere" durch Gesetz geregelt wird.

35
Unspezifisch gefaßter Grundrechtsinhalt

Schranken

Mit dem „Recht auf Bildung" ist zugleich eine Staatszielbestimmung verbunden, für ein breites Bildungsangebot zu sorgen. Dem „Recht auf Bildung" korrespondiert insofern die Bestimmung einer Staatsaufgabe und damit die Begründung staatlicher Verantwortung für das Bildungswesen. Zwar ist auch eine derartige Staatsaufgabe und -verantwortung noch unspezifisch und steht unter einem Finanzierungsvorbehalt. Artikel 4 Abs. 1 der Verfassung Niedersachsens schließt jedoch aus, daß der Staat sich aus der Verantwortung stiehlt und auf private Bildungseinrichtungen verweist. Die in Artikel 4 Abs. 1 begründete staatliche Verantwortung für das Bildungswesen ist insofern von besonderer Bedeutung, als es im Grundgesetz eine entsprechende Verankerung nicht gibt und die Versuche, aus Art. 2 Abs. 1 GG ein „Recht auf Bildung" abzuleiten[54], nicht näher begründet und überdies vom Bundesverfassungsgericht nicht rezipiert worden sind[55].

36
Ausprägung zugleich als Staatsziel

Staatsaufgabe

Da die Bildung für die Zivilgesellschaften westlichen Musters die *Zukunftsfrage* schlechthin ist, kommt Art. 4 Abs. 1 Verf. Niedersachsen eine zentrale Funktion innerhalb der Verfassung zu. Aufgrund des unspezifischen Anspruchsgehalts läßt sich Artikel 4 Abs. 1 als Staatszielbestimmung im Gewand eines *subjektiven* Rechts bezeichnen. Sofern es um den Zugang zu spezifischen Bildungseinrichtungen geht, sind entsprechende gesetzliche Regelun-

37
Staatsziel im Gewand eines subjektiven Rechts

---

[51] *J. Ipsen*, Staatsrecht II (LitVerz.), RN 67.
[52] Dazu *Starck*, NdsVBl. 1994, S. 2 (8); vgl. auch *Bräth/Nolte*, in: Epping/Butzer u.a., Hannoverscher Kommentar (LitVerz.), Art. 4 RN 8.
[53] *J. Ipsen*, Niedersächsische Verfassung (LitVerz.), Art. 4 RN 7; *Bräth/Nolte* aaO., Art. 4 RN 59f.
[54] So etwa *BVerwGE* 47, 201 (206); 56, 55 (58).
[55] *BVerfGE* 45, 400 (417); vgl. auch *Jarass*, Zum Grundrecht auf Bildung und Ausbildung, DÖV 1995, S. 675ff., sowie *Wermeckes*, Der erweiterte Grundrechtsschutz (LitVerz.), S. 141 ff.

gen am Maßstab des Artikels 4 Abs. 1 zu messen, der damit auch einen leistungsrechtlichen Gehalt aufweist.

II. Schulpflicht, Schulaufsicht (Art. 4 Abs. 2 Verf. Niedersachsen)

38
Schulbegriff und „Schulwesen"

Art. 4 Abs. 2 Verf. Niedersachsen liegt ein *Schulbegriff* zugrunde, der auch bundesverfassungsrechtlich (Art. 7 Abs. 1 GG) maßgebend ist. Schule im Sinne beider Vorschriften ist eine auf Dauer eingerichtete Unterrichtsstätte, in der unabhängig vom Wechsel der Unterrichtenden und zu Unterrichtenden auf der Grundlage der Schulpflicht oder im Hinblick auf einen staatlich anerkannten Abschluß allgemein- oder berufsbildender Unterricht erteilt wird[56]. Das „Schulwesen" umfaßt demgemäß alle Schulen, die unter den verfassungsrechtlichen Schulbegriff fallen und mit ihnen alle in einem Zusammenhang mit ihnen stehenden Einrichtungen und Veranstaltungen[57].

1. Schulpflicht und Elternrecht

39
Elterliche Erziehungspflicht und staatlicher Auftrag

Die Schulpflicht nach Art. 4 Abs. 2 Satz 1 Verf. Niedersachsen steht verfassungsrechtlich auf gleicher Ebene wie das in Art. 6 Abs. 2 Satz 2 GG gewährleistete *Elternrecht*, das durch Art. 3 Abs. 2 Satz 1 Verf. Niedersachsen in die Niedersächsische Verfassung inkorporiert ist. Zwischen Elternrecht und Schulpflicht kann es deshalb keine Kollision geben, weil anderenfalls die Verfassung mit sich selbst im Widerspruch stünde. Die Erziehung der Kinder ist nicht nur das natürliche Recht der Eltern, sondern die zuvörderst ihnen obliegende Pflicht (Art. 6 Abs. 2 Satz 1 GG). Neben den Eltern fällt dem Staat ein *Erziehungsauftrag* zu, der durch die Schulen und andere Bildungseinrichtungen erfüllt wird. Damit der Staat seinen Bildungs- und Erziehungsauftrag – auch unabhängig von Vorstellungen der betroffenen Eltern – wirksam und umfassend wahrnehmen kann, darf er eine allgemeine Schulpflicht einführen und die Möglichkeit einer Befreiung auf besonders begründete Ausnahmefälle beschränken[58].

40
Grundpflicht

Im Unterschied zu Art. 7 GG – dem „Schulartikel", der über Art. 3 Abs. 2 Satz 1 Verf. Niedersachsen inkorporiert ist – wird durch Artikel 4 Abs. 2 Satz 1 die Schulpflicht ausdrücklich genannt und kann deshalb als landesverfassungsrechtliche Grundpflicht bezeichnet werden[59]. Im Gegensatz zu den Dienstpflichten des Grundgesetzes, die jeweils der Aktualisierung durch den Gesetzgeber bedürfen[60], ist die Schulpflicht nach Artikel 4 Abs. 2 *verfassungsunmittelbar*. Zu ihrer Konkretisierung bedarf es eines Gesetzes, weil der

---

56 Statt vieler *Brosius-Gersdorf*, in: H. Dreier, GG (LitVerz.), Art. 7 RN 31 ff. Vgl. auch § 1 Abs. 2 S. 1 NSchG.
57 *Brosius-Gersdorf* aaO., Art. 7 RN 41 ff.; *Thiel*, in: Sachs, GG (LitVerz.), Art. 7 RN 14.
58 So *BVerwGE* 94, 82 (84).
59 *Starck*, NdsVBl. 1994, S. 2 (8); *Bräth/Nolte*, in: Epping/Butzer u.a., Hannoverscher Kommentar (LitVerz.), Art. 4 RN 16; *Hagebölling*, Niedersächsische Verfassung (LitVerz.), Art. 4 Anm. 2.
60 Vgl. *J. Ipsen*, in: BK (LitVerz.), Art. 12 a (Zweitbearbeitung) RN 9.

Beginn und das Ende der Schulpflicht festgelegt werden müssen. Insofern verweist Artikel 4 Abs. 2 auf den Regelungsgehalt des Artikels 4 Abs. 4.

Mit der Bestimmung, daß das gesamte Schulwesen unter der Aufsicht des Landes stehe (Art. 4 Abs. 2 Satz 2 Verf. Niedersachsen), wird Art. 7 Abs. 1 GG sachlich übernommen und die staatliche Schulaufsicht zweifach gewährleistet. Der Niedersächsische Staatsgerichtshof hat aus der verfassungsrechtlichen Garantie der staatlichen Schulaufsicht Schranken für die Mitbestimmung von Eltern und Schülervertretern bei Entscheidungen über Zeugnisse, Versetzungen, Abschlüsse und Übergänge abgeleitet und entsprechende gesetzliche Bestimmungen für mit Art. 4 Abs. 2 Satz 2 Verf. Niedersachsen unvereinbar erklärt[61].

41
Mitbestimmungsschranken für Eltern und Schülervertreter

2. Privatschulfreiheit und Privatschulförderung
(Art. 4 Abs. 3 Verf. Niedersachsen)

Die Aufsicht des Landes über das „gesamte Schulwesen" (Art. 4 Abs. 2 Satz 2 Verf. Niedersachsen) bedeutet nicht, daß sämtliche Schulen in staatlicher (oder kommunaler) Trägerschaft geführt werden müssen. Das „gesamte" Schulwesen gliedert sich vielmehr in die *öffentlichen Schulen* und die Schulen in *freier Trägerschaft*. Der Begriff der Schule „in freier Trägerschaft" oder der „privaten Schule" (Art. 7 Abs. 4 Satz 1 GG) wird weder in der Niedersächsischen Verfassung noch im Grundgesetz definiert. Aus dem Regelungszusammenhang des Art. 7 Abs. 4 GG ist jedoch zu entnehmen, daß private Schulen oder „Privatschulen" alle Schulen sind, die nicht in der Trägerschaft von Ländern oder Kommunen betrieben werden[62]. Schulen in der Trägerschaft von Kirchen sind deshalb Privatschulen, obwohl die Kirchen Körperschaften des öffentlichen Rechts sind (Art. 140 GG i.V.m. Art. 137 Abs. 5 WRV). Entscheidend ist hierbei, daß den Kirchen nicht *per se* öffentliche Schulverantwortung zukommt, sie also keine „geborenen" Schulträger sind[63]. Hingegen können die „geborenen" Schulträger – Land und kommunale Gebietskörperschaften – *keine* Privatschulen errichten; ihre Schulen sind stets *öffentliche* Schulen[64].

42
Schulen in freier Trägerschaft

Privatschulbegriff

Art. 4 Abs. 3 Satz 1 Verf. Niedersachsen gewährleistet das Recht zur Errichtung von Schulen in freier Trägerschaft und übernimmt damit im Wesentlichen den Wortlaut des Art. 7 Abs. 4 Satz 1 GG. Bei Art. 4 Abs. 3 Satz 1 Verf. Niedersachsen handelt es sich um ein subjektiv-öffentliches *Recht,* das zunächst eine Abwehrdimension aufweist. Träger dieses Rechts sind natürliche und juristische Personen des Privatrechts, wobei der atypische Fall zu berücksichtigen ist, daß Kirchen als öffentlich-rechtliche Körperschaften Träger (nur) von Privatschulen sein können.

43
Subjektives Recht auf Privatschulerrichtung

---
61 Vgl. *Nds. StGHE 3*, 221 (248f.).
62 Statt vieler *Brosius-Gersdorf,* in: H. Dreier, GG (LitVerz.), Art. 7 RN 105.
63 Vgl. hierzu *Brosius-Gersdorf* aaO., Art. 7 RN 103; *Thiel,* in: Sachs, GG (LitVerz.), Art. 7 RN 61.
64 So zutreffend *Brosius-Gersdorf* aaO., Art. 7 RN 105.

44
Ersatzschulen oder Ergänzungsschulen

Schulen in freier Trägerschaft können entweder Ersatzschulen oder Ergänzungsschulen sein[65]. Der Begriff der „Ersatzschule" findet sich in Art. 4 Abs. 2 Verf. Niedersachsen nicht, in Art. 7 Abs. 4 Satz 1 GG ist jedoch von privaten Schulen als „Ersatz für öffentliche Schulen" die Rede. Da in Art. 4 Abs. 3 Satz 2 Verf. Niedersachsen diese Bestimmung in Bezug genommen wird, die „Ersatzschulen" den Privatschulsektor aber nicht erschöpfen, werden in Art. 4 Abs. 2 Satz 1 Verf. Niedersachsen folglich beide Typen von Privatschulen vorausgesetzt und in die Gewährleistung einbezogen. Ersatzschulen sind Privatschulen, die nach dem mit ihrer Errichtung verfolgten Gesamtzweck als Ersatz für im Land vorhandene oder grundsätzlich vorgesehene öffentliche Schulen dienen sollen. Sie unterscheiden sich damit von den *Ergänzungsschulen*, für die vergleichbare öffentliche Schulen in der Regel nicht bestehen und in denen der Schulpflicht nicht genügt werden kann[66]. Die Unterscheidung gewinnt Bedeutung für den Anspruch auf staatliche Förderung nach Artikel 4 Abs. 3 Satz 2.

45
Voraussetzungen des Förderungsanspruchs

Ersatzschulgenehmigung

Der Förderungsanspruch bezieht sich nur auf Schulen in freier Trägerschaft, die nach Art. 7 Abs. 4 und 5 des Grundgesetzes genehmigt worden sind und die Voraussetzungen für die Genehmigung auf Dauer erfüllen (Art. 4 Abs. 3 Satz 2 Verf. Niedersachsen). Die Bezugnahme auf Art. 7 GG erweckt den Eindruck, als werde die Genehmigung für Ersatzschulen unmittelbar aufgrund des Grundgesetzes erteilt. Dieser Eindruck ist unzutreffend, weil durch Art. 7 Abs. 4 und 5 GG lediglich für die Landesgesetzgebung verbindliche Genehmigungsvorbehalte und Genehmigungsvoraussetzungen vorgeschrieben werden. Die Genehmigung im Einzelfall richtet sich nach dem entsprechenden Landesgesetz, dem die Privatschulen auch im übrigen unterstehen. Die insoweit ungeschickte Formulierung des Art. 4 Abs. 3 Satz 2 Verf. Niedersachsen erweckt demgegenüber den Eindruck, die Genehmigung werde aufgrund des Art. 7 Abs. 4 und 5 GG erteilt mit der Folge, daß den freien Schulträgern gegen das Land Niedersachsen ein Anspruch auf Förderung zusteht. Zutreffend ist vielmehr, daß die Genehmigung aufgrund der Landesgesetze durch Landesbehörden erteilt wird, Art. 7 Abs. 4 und 5 GG hierfür aber Vorgaben enthält.

46
Rechtsanspruch auf Förderung

Entlastungsfunktion privater Schulen

Art. 4 Abs. 3 Satz 2 Verf. Niedersachsen begründet einen Rechtsanspruch auf Förderung und darf nicht mit Wirtschaftssubventionen oder ähnlichen Zuwendungen verwechselt werden. Schulen in freier Trägerschaft, durch deren Besuch der Schulpflicht genügt wird, entheben den Staat der Notwendigkeit, für die betreffenden Schüler öffentliche Schulen vorzuhalten. Die privaten Schulträger erfüllen damit eine öffentliche Aufgabe. Land und Kommunen werden von ihrer Verantwortung in dem Maße entlastet, in dem Schulen in freier Trägerschaft eröffnet werden. Förderungspflicht und Förderungsanspruch bilden deshalb nur die Kehrseite der Entlastungsfunktion privater Schulen für Staat und Kommunen. Daß die dauerhafte Erfüllung zu den

---

[65] Hierzu *Hagebölling*, Niedersächsische Verfassung (LitVerz.), Art. 4 Anm. 4; anders *Brosius-Gersdorf* aaO., Art. 7 RN 103.
[66] So *BVerfGE 27*, 195 (201 f.).

Genehmigungsvoraussetzungen gehört, versteht sich im Grunde von selbst, weil Staat und Kommunen von ihrer Schulträgerschaft nur durch solche Privatschulen entlastet werden, die die Gewähr für die Dauer bieten.

III. Schutz und Erziehung von Kindern und Jugendlichen (Art. 4a Verf. Niedersachsen)

47 *Verfassungsergänzung*

Art. 4a Verf. Niedersachsen ist durch das Gesetz zur Änderung der Niedersächsischen Verfassung vom 18. Juni 2009[67] in die Verfassung eingefügt worden.

1. Recht auf Achtung und gewaltfreie Erziehung (Art. 4a Abs. 1 Verf. Niedersachsen)

48 *Nicht lediglich „Symbolgesetzgebung"*

Mit Art. 4a Verf. Niedersachsen ist in die Niedersächsische Verfassung ein weiteres Grundrecht eingefügt worden, das sich mit inkorporierten Grundrechten (Art. 1 Abs. 1, 6 GG) überschneidet, aber doch ein eigenes Gepräge aufweist. Insofern ist Art. 4a Verf. Niedersachsen nicht allein „Symbolgesetzgebung", sondern eine Antwort des verfassungsändernden Gesetzgebers auf erkannte Mißstände und Defizite in der Kindererziehung.

49 *Kinder und Jugendliche als Grundrechtsträger*

Art. 4a Abs. 1 Verf. Niedersachsen weist die typische Struktur eines subjektiv-öffentlichen Rechts auf. Grundrechtsträger sind Kinder und Jugendliche. Der Gesetzgeber hat ersichtlich die Begriffsbestimmungen des § 7 SGB VIII übernommen, wonach Kind ist, wer noch nicht vierzehn Jahre alt ist (Abs. 1 Nr. 1), und Jugendlicher, wer vierzehn, aber noch nicht achtzehn Jahre alt ist (Nr. 2). Der Begriff des Kindes in Art. 4a Abs. 1 Verf. Niedersachsen unterscheidet sich somit von dem in Art. 6 GG übernommenen und durch Art. 3 Abs. 2 Satz 1 Verf. Niedersachsen inkorporierten Kindesbegriff, der jedenfalls bis zur Vollendung des achtzehnten Lebensjahres reicht[68]. Art. 4a Abs. 1 Verf. Niedersachsen enthält zunächst ein Bekenntnis zu einer Eigenständigkeit von Kindern und Jugendlichen, die Eigentumsvorstellungen von Eltern aufgrund der Erzeugung ihrer Kinder entgegenwirken soll. Die ohnehin selbstverständliche Rechtsfähigkeit (§ 1 BGB) und Grundrechtsfähigkeit, die gleichzeitig die Personeneigenschaft voraussetzt, wird hierdurch nicht in rechtlich erheblicher Weise ergänzt.

Eigenständigkeit von Kindern und Jugendlichen

50 *Keineswegs beschränkte Grundrechtsfähigkeit*

Grundrechtsinhalt ist das Recht auf Achtung ihrer Würde. Damit überschneidet sich Art. 4a Abs. 1 Verf. Niedersachsen mit Art. 1 Abs. 1 GG, dessen Träger ebenfalls Kinder und Jugendliche sind. Gleichwohl liegt hierin eine begrüßenswerte Klarstellung, daß die beschränkte Geschäftsfähigkeit von Kindern und Jugendlichen keineswegs eine beschränkte Grundrechtsfähigkeit zur Folge hat. Der verfassungsrechtlich nicht begründbaren Figur einer besonde-

---

67 GVBl. S. 276.
68 Vgl. hierzu *Robbers*, in: v. Mangoldt/Klein/Starck, GG (LitVerz.), Art. 6 RN 161; *Hagebölling*, Niedersächsische Verfassung (LitVerz.), Art. 4a Anm. 2.

§ 253 Sechzehnter Teil: III. Die Grundrechte in den Landesverfassungen

Würde als Anerkennung der Rechtssubjektivität

ren *Grundrechtsmündigkeit*[69] ist hiermit eine Absage erteilt. Unter „Würde" ist die Anerkennung der *Rechtssubjektivität* zu verstehen, die spiegelbildlich jede Behandlung als *Objekt* ausschließt[70]. Ein Ausfluß des Rechts auf Achtung der Würde ist das Recht auf gewaltfreie Erziehung, weil körperliche Gewalt Kinder und Jugendliche zugleich in eine Objektrolle hineindrängt[71].

51
Staat als ausschließlicher Grundrechtsadressat

Grundrechtsadressat ist – wie bei allen Grundrechten – der *Staat*, nämlich das Land Niedersachsen und die dem Land zuzuordnenden Organe der Gesetzgebung, Verwaltung und Rechtsprechung. Grundrechtsadressaten sind demgegenüber nicht die Erziehungsberechtigten, weil Art. 4a Verf. Niedersachsen ebensowenig wie anderen Grundrechten Drittwirkung zukommt. Das Recht von Kindern auf gewaltfreie Erziehung gegenüber den Erziehungsberechtigten folgt aus § 1631 Abs. 2 Satz 1 BGB und ist dem Privatrecht zuzuordnen.

Verfassungsrang des Gewaltverbots

Aufgrund der Bindungswirkung der Grundrechte für Gesetzgebung, vollziehende Gewalt und Rechtsprechung (Art. 3 Abs. 2 Satz 2 Verf. Niedersachsen), zu denen auch Artikel 4a zu rechnen ist, sind die staatlichen Organe indes verpflichtet, den Verfassungsrang des Gewaltverbots zu beachten.

52
Sanktionen für den Fall der Würdeverletzung

Das Grundrecht aus Art. 4a Abs. 1 Verf. Niedersachsen enthält keine Sanktionen für den Fall der Würdeverletzung durch erzieherische Gewalt. Diese sind den Vorschriften des Zivilrechts (§§ 1631 ff. BGB) und des Strafrechts (§§ 223 ff. StGB) zu entnehmen, wobei die Bindungswirkung des Grundrechts für rechtsanwendende Behörden und Gerichte als Auslegungsrichtlinie für das einfache Gesetzesrecht wirkt. Nicht angängig ist es deshalb, mit der früheren Rechtsprechung des Bundesgerichtshofs ein „Züchtigungsrecht" des Erziehungsberechtigten anzunehmen, daß die durch § 1631 BGB – wie durch Art. 4a Verf. Niedersachsen – verbotenen Handlungen soll rechtfertigen können[72].

2. Anspruch der Erziehungsberechtigten auf staatliche Hilfe
(Art. 4a Abs. 2 Satz 1 Verf. Niedersachsen)

53
Tatsächlich wahrgenommene Erziehungsaufgabe

Art. 4a Abs. 2 Satz 1 Verf. Niedersachsen ist gewissermaßen das Gegenstück zu Absatz 1 und begründet einen Anspruch der Erziehungsberechtigten auf staatliche Hilfe und Rücksichtnahme. Grundrechtsträger sind Erziehungsberechtigte, womit die Bestimmung auf die tatsächliche Erziehung und nicht auf das Verwandtschaftsverhältnis abstellt. Regelmäßig werden Grundrechtsträger die Eltern sein, denen die elterliche Sorge obliegt (§ 1626 BGB). Unerheblich ist es hierbei, ob die Eltern verheiratet sind oder nicht. Einbezogen in die Grundrechtsträgerschaft sind solche Personen, die die Erziehung von Kindern oder Jugendlichen tatsächlich übernommen haben.

---

69 Vgl. hierzu *J. Ipsen*, Staatsrecht II (LitVerz.), RN 80.
70 Zur sog. Objektformel vgl. *J. Ipsen*, Staatsrecht II (LitVerz.), RN 232 m.w.N.
71 *J. Ipsen*, Niedersächsische Verfassung (LitVerz.), Art. 4a RN 11; *Hagebölling*, Niedersächsische Verfassung (LitVerz.), Art. 4a Anm. 2.
72 Hierzu *Thomas Fischer*, Strafgesetzbuch, [62]2015, § 223 RN 39 m.w.N.

Art. 4a Abs. 2 Satz 1 Verf. Niedersachsen ist in erster Linie die Feststellung zu entnehmen, daß aus der Wahrnehmung der Erziehungsaufgabe eine Hilfsbedürftigkeit resultiert. Damit ist gegenüber Art. 6 GG der Akzent verschoben, weil nach Art. 6 Abs. 4 GG der Anspruch auf Schutz und Fürsorge der Gemeinschaft nur „jeder Mutter" zukommt, im übrigen die staatliche Gemeinschaft über die Betätigung des Elternrechts „wacht" (Art. 6 Abs. 2 Satz 2 GG). Art. 4a Abs. 2 Satz 1 Verf. Niedersachsen stellt insofern eine Ergänzung des – inkorporierten – Art. 6 GG dar, als an die Wahrnehmung der Erziehungsaufgabe schlechthin ein Anspruch auf Hilfe und Rücksichtnahme geknüpft wird. Die Novellierung dürfte nicht zuletzt Ausdruck des zunehmenden Bewußtseins sein, daß für die Erziehung von Kindern und Jugendlichen günstigere Rahmenbedingungen geschaffen werden müssen, als sie gegenwärtig bestehen. Über die Qualität als subjektiv-öffentliches Recht ist Art. 4a Abs. 2 Satz 1 Verf. Niedersachsen deshalb als Staatszielbestimmung einer familienfreundlichen Umwelt zu deuten[73].

54
Hilfsbedürftigkeit aus der Erziehungsaufgabe

Ergänzung des inkorporierten Art. 6 GG

3. Schutz vor Vernachlässigung und Mißhandlung (Art. 4a Abs. 3 Verf. Niedersachsen)

Art. 4a Abs. 3 Verf. Niedersachsen enthält einen besonderen *Schutzauftrag* des Staates zugunsten von Kindern und Jugendlichen. Er überschneidet sich teilweise mit Artikel 4a Abs. 1 und dem dort niedergelegten Recht auf gewaltfreie Erziehung, bezieht aber die körperliche und seelische *Vernachlässigung* ein. Adressaten des Schutzauftrags sind das Land Niedersachsen und seine Untergliederungen, wobei insbesondere den Jugendämtern eine zentrale Aufgabe zufällt. Zwar begründet schon Art. 6 Abs. 2 Satz 2 GG, der in die Niedersächsische Verfassung inkorporiert ist, das *Wächteramt* des Staates über die elterliche Erziehung. Art. 4a Abs. 3 Verf. Niedersachsen geht insofern darüber hinaus, als Mißstände ausdrücklich benannt werden und dem Staat aufgetragen wird, diese zu beheben. In der Sache handelt es sich um einen Paradigmenwechsel vom Wächteramt zum *Schutzauftrag*, vermöge dessen Behörden und Gerichte aufgerufen sind, Kinder und Jugendliche vor Vernachlässigung und Mißhandlung zu bewahren.

55
Paradigmenwechsel vom Wächteramt zum Schutzauftrag

Adressaten

IV. Wissenschaft und Hochschulen (Art. 5 Verf. Niedersachsen)

1. Schutz und Förderung der Wissenschaft (Art. 5 Abs. 1 Verf. Niedersachsen)

Nach Art. 5 Abs. 1 Verf. Niedersachsen schützt und fördert das Land die Wissenschaft. Trotz der indikativischen Fassung der Bestimmung wird kein Zustand beschrieben, sondern allen der Verfassung unterworfenen Organen der Auftrag erteilt, die Wissenschaft zu schützen und zu fördern. Artikel 5 Abs. 1 ist deshalb eine Staatszielbestimmung und in der Weise zu lesen, daß das Land

56
Staatszielbestimmung

---

[73] *J. Ipsen*, Niedersächsische Verfassung (LitVerz.), Art. 4a RN 16.

§ 253   *Sechzehnter Teil: III. Die Grundrechte in den Landesverfassungen*

Bekenntnis zur Wissenschaft

von Verfassungs *wegen* die Wissenschaft schützen und fördern *soll*. Art. 5 Abs. 1 Verf. Niedersachsen enthält damit zugleich ein Bekenntnis zur Wissenschaft, das für ein Bundesland als den für die Wissenschaft zuständigen Gesetzgeber wie für den Bundesstaat und den Mitgliedsstaat der Europäischen Union, der sich nicht zuletzt durch den technischen und wissenschaftlichen Fortschritt definiert, von richtungsweisender Bedeutung ist.

57
Inhalt und Grenzen der Schutzfunktion

Der Schutzfunktion kann das Land nur in dem Umfang genügen, in dem es für die Gesetzgebung zuständig ist und eigene Wissenschaftseinrichtungen unterhält. Die Förderungsfunktion ist zunächst unspezifisch und wird im wesentlichen durch Art. 5 Abs. 2 Verf. Niedersachsen konkretisiert. Aber auch jenseits des institutionellen Bereichs bleibt ein breiter Raum für die Wissenschaftsförderung in Gestalt von vom Land ausgelobten Preisen oder Wettbewerben.

58
Auslegungsprobleme beim Wissenschaftsbegriff

Art. 5 Abs. 1 Verf. Niedersachsen setzt den Wissenschaftsbegriff voraus und macht damit eine Anleihe bei Art. 5 Abs. 3 Satz 1 GG, der in Verbindung mit Art. 3 Abs. 2 Satz 1 Verf. Niedersachsen ebenfalls Bestandteil der Verfassung ist, somit aber auch dessen Auslegungsprobleme teilt. Das Bundesverfassungsgericht hat Wissenschaft als „die auf wissenschaftlicher Eigengesetzlichkeit beruhenden Prozesse, Verhaltensweisen und Entscheidungen bei der Suche nach Erkenntnis, ihrer Deutung und Weitergabe"[74] umschrieben, freilich eingeschränkt dadurch, daß der Schutz des Grundrechts weder von der Richtigkeit der Methoden und Ergebnisse noch von der Stichhaltigkeit der Argumentation und Beweisführung abhänge[75]. Die Wissenschaftsfreiheit schütze daher auch Mindermeinungen sowie Forschungsansätze und -ergebnisse, die sich als irrig oder fehlerhaft erwiesen; Voraussetzung sei nur, daß es sich um Wissenschaft handele: „[...] darunter fällt alles, was nach Inhalt und Form als ernsthafter Versuch zur Ermittlung von Wahrheit anzusehen ist [...]"[76].

59
Wahrheitsziel und neue wissenschaftliche Methoden

Die Tendenz zum Zirkelschluß ist unübersehbar, offenbar aber – ähnlich wie bei der Kunstfreiheit – unvermeidlich. Entscheidend ist, daß alle Wissenschaft auf die Erkenntnis der Wahrheit abzielt[77]. Der Unterschied zur intuitiven, rein erfahrungsbedingten oder sonst spezifisch individuellen Wahrheitserkenntnis liegt in den wissenschaftlichen Methoden, die als solche anerkannt sein müssen. Dies schließt eine prinzipielle Offenheit gegenüber neuen Methoden und Erkenntnissen ein[78]. Als *neu* können aber nur solche Methoden angesehen werden, die sich mit *alten* Methoden auseinandersetzen und diese als unzureichend erkennen. Auch *neue* Erkenntnisse sind nicht um ihrer selbst willen wissenschaftlich, sondern nur, weil sie aufgrund wissenschaftlicher Methoden gewonnen worden sind. Wissenschaft ist folglich ein methodisch geleiteter und intersubjektiv diskutierbarer Prozeß der Wahrheitsfin-

Wissenschaft als Oberbegriff

---

74 So *BVerfGE 90*, 1 (11f.). → Bd. IV: *Löwer*, Freiheit wissenschaftlicher Forschung und Lehre, § 99 RN 12ff.
75 So *BVerfGE 90*, 1 (12).
76 So *BVerfGE 90*, 1 (12); vgl. auch *BVerfGE 35*, 79 (113); *47*, 327 (376).
77 *R. Scholz*, in: Maunz/Dürig, GG (LitVerz.), Art. 5 Abs. III RN 101; *Bethge*, in: Sachs, GG (LitVerz.), Art. 5 RN 206; *J. Ipsen*, Staatsrecht II (LitVerz.), RN 530.
78 So *BVerfGE 90*, 1 (12); vgl. dazu auch *Paul Kirchhof*, Wissenschaft in verfaßter Freiheit, 1998, S. 2.

dung[79]. Die Wissenschaft umfaßt Forschung und Lehre und ist deshalb als Oberbegriff anzusehen[80]. Allerdings ist nicht jede Lehre – etwa in Schulen – zugleich Wissenschaft; sie muß vielmehr den materiellen und institutionellen Kriterien genügen, die auch für die Forschung aufzustellen sind.

Art. 5 Abs. 1 Verf. Niedersachsen ist als Staatszielbestimmung objektives Verfassungsrecht, räumt folglich keine subjektiven Rechtspositionen ein. Da Art. 5 Abs. 3 Satz 1 GG aber Bestandteil der Niedersächsischen Verfassung ist (Art. 3 Abs. 2 Satz 1 Verf. Niedersachsen), ist es nicht erforderlich, dieser Vorschrift einen subjektiven Gehalt zuzuordnen. Immerhin ist der Bestimmung als Bekenntnis zur Wissenschaft der Grundsatz der Wissenschaftsfreundlichkeit zu entnehmen, die das Streben nach Wahrheit als von der Verfassung geschützten Wert erscheinen läßt.

60 Grundsatz der Wissenschaftsfreundlichkeit

2. Unterhaltung und Förderung von Hochschulen
(Art. 5 Abs. 2 Verf. Niedersachsen)

Ebenso wie Art. 5 Abs. 1 Verf. Niedersachsen enthält Artikel 5 Abs. 2 keine Zustandsbeschreibung, sondern begründet eine Staatsaufgabe, nämlich die Unterhaltung und Förderung von Hochschulen und anderen wissenschaftlichen Einrichtungen. Unter Hochschulen sind die Hochschulen in staatlicher Verantwortung und die Hochschulen in nichtstaatlicher Verantwortung zu verstehen. Erstere sind im Niedersächsischen Hochschulgesetz (§ 2) abschließend aufgezählt, letztere bedürfen der staatlichen Anerkennung, um die Bezeichnung „Hochschule" führen zu dürfen (§ 64 HG).

61 Staatsaufgabe

Die Unterhaltung von Hochschulen setzt voraus, daß das Land selbst Träger der Hochschule ist, während die Förderung sich auf Hochschulen in der Trägerschaft von Stiftungen des öffentlichen Rechts bezieht. Aus Art. 5 Abs. 2 Verf. Niedersachsen ist kein Anspruch von Hochschulen auf Förderung abzuleiten, die *nicht* in staatlicher Verantwortung stehen. Die Parallele zu den Privatschulen, deren Bestand verfassungsrechtlich geschützt ist[81], ist nicht tragfähig, weil Privatschulen als Ersatzschulen wegen der allgemeinen Schulpflicht öffentliche Schulträger entlasten, während private Hochschulen das umfassende Hochschulangebot des Staates lediglich ergänzen. Wissenschaftliche Einrichtungen im Sinne des Art. 5 Abs. 2 Verf. Niedersachsen sind Einrichtungen, deren Aufgabe primär die Forschung und nicht die Lehre bzw. Ausbildung des wissenschaftlichen Nachwuchses ist. Forschungseinrichtungen können sowohl vom Land unterhalten als auch gefördert werden, ohne daß Artikel 5 Abs. 2 individuelle Förderungsansprüche einräumte.

62 Trägerschaft des Landes

Wissenschaftliche Einrichtungen

---

79 So *J. Ipsen*, Staatsrecht II (LitVerz.), RN 530.
80 *BVerfGE 35*, 79 (113); *Wendt*, in: v. Münch/Kunig, GG (LitVerz.), Art. 5 RN 100; *Mühlenmeier*, in: Epping/Butzer u.a., Hannoverscher Kommentar (LitVerz.), Art. 5 RN 16; differenzierend *Blankennagel*, Wissenschaftsfreiheit aus der Sicht der Wissenschaftssoziologie, in: AöR 105 (1980), S. 35 (70), und *Britz*, in: H. Dreier (Hg.), GG (LitVerz.), Art. 5 III (Wissenschaft) RN 69 f.
81 Vgl. oben C II 2, RN 42 ff.

3. Selbstverwaltungsrecht der Hochschulen
(Art. 5 Abs. 3 Verf. Niedersachsen)

63
lex specialis zu Art. 57 Abs. 1 Verf.
(Selbst-)Verwaltungsträger, -aufgaben, -modus

Art. 5 Abs. 3 Verf. Niedersachsen ist lex specialis gegenüber Artikel 57 Abs. 1 mit der Folge, daß die Hochschulen nicht zu den „sonstigen öffentlich-rechtlichen Körperschaften" im Sinne dieses Artikels zu rechnen sind. Ihre Selbstverwaltung wird vielmehr allein durch Art. 5 Abs. 3 gewährleistet. Selbstverwaltung läßt sich in einen Verwaltungsträger, Verwaltungsaufgaben und einen Verwaltungsmodus aufschlüsseln. Hochschulen sind Träger der Selbstverwaltung, haben in Gestalt von Forschung und Lehre Selbstverwaltungsaufgaben und haben diese in eigener Verantwortung – als Verwaltungsmodus – zu erfüllen[82]. Allerdings besteht das Recht der Selbstverwaltung nur im Rahmen der Gesetze, steht also unter Gesetzesvorbehalt.

64
Körperschaften des öffentlichen Rechts

Dem Recht der Selbstverwaltung entspricht es, daß Hochschulen in Trägerschaft des Staates als Körperschaften des öffentlichen Rechts konstituiert sind. Der ihnen früher eigene – teilweise – Anstaltscharakter wäre mit Art. 5 Abs. 3 Verf. Niedersachsen nicht vereinbar. Auch die nach früherem Recht vorgesehene Doppelverwaltung – nämlich die Kuratorialverwaltung für staatliche Angelegenheiten und die Selbstverwaltung für akademische Angelegenheiten – wäre mit Art. 5 Abs. 3 Verf. Niedersachsen unvereinbar, weil die Selbstverwaltung zugleich die Einheitsverwaltung gewährleistet. Die Selbstverwaltungsaufgaben umfassen die akademischen Angelegenheiten, also die Lehre einschließlich des Prüfungswesens, die Forschung und die Hochschulentwicklungsplanung. Im Unterschied zu kommunalen Gebietskörperschaften kommt den Hochschulen in staatlicher Trägerschaft keine Personalhoheit zu, weil das Hochschulpersonal im Dienst des Landes Niedersachsen steht. Allerdings gehört zu den Selbstverwaltungsaufgaben – dies als Ausprägung der Wissenschaftsfreiheit – das Selbstergänzungsrecht des Lehrkörpers, das in einem gesetzlich geregelten Berufungsverfahren auszuüben ist.

65
(Verwaltungs-) Aufgaben im Auftrag des Landes

Eine Fülle von Aufgaben, insbesondere die Personalverwaltung und die Bewirtschaftung der den Hochschulen zugewiesenen Landesmittel, erfüllen die Hochschulen im Auftrag des Landes. Die staatlichen Angelegenheiten unterliegen – ebenso wie bei den kommunalen Gebietskörperschaften – einem eigenen Rechtsregime, in dem die Hochschulen der Fachaufsicht des Landes unterliegen[83].

66
Gewährleistungs-Überschneidungsbereiche

Nicht vollends geklärt ist, wie sich die Gewährleistungsgehalte des Art. 5 Abs. 3 Satz 1 GG und des Art. 5 Abs. 3 Verf. Niedersachsen zueinander verhalten[84]. Bildlich könnte man von zwei sich teilweise überschneidenden Kreisen sprechen. Während Art. 5 Abs. 3 Satz 1 GG ein subjektives Recht der Wissenschaftler darstellt und das Bundesverfassungsgericht hieraus institutio-

---

82 *J. Ipsen*, Niedersächsische Verfassung (LitVerz.), Art. 5 RN 18.
83 *J. Ipsen*, Niedersächsische Verfassung (LitVerz.), Art. 5 RN 20 f.
84 Offengelassen von *StGH Niedersachsen*, NdsVBl. 2011, S. 50.

nelle Folgen abgeleitet hat[85], gewährleistet Art. 5 Abs. 3 Verf. Niedersachsen die Selbstverwaltung der *Institution*. Das Selbstverwaltungsrecht der Hochschulen ist somit in Niedersachsen nicht mehr allein als Derivat der Wissenschaftsfreiheit zu verstehen, sondern als eine landesverfassungsrechtliche Grundentscheidung[86].

Das Recht der Hochschulselbstverwaltung soll in erster Linie die Funktionsfähigkeit des Hochschulwesens gewährleisten. Erweisen sich Hochschulen nicht mehr in der Lage, die ihnen zugewiesenen Aufgaben von Forschung und Lehre zu erfüllen, kann auch ihr Bestand als Selbstverwaltungsträger nicht mehr gewährleistet sein. Für Veränderungen des Hochschulwesens sind hinsichtlich des Verfahrens die gleichen Rationalitätskriterien zu beachten wie für Neugliederungen im kommunalen Bereich (Art. 59 Verf. Niedersachsen). Der Gesetzgeber ist verpflichtet, den Sachverhalt vollständig zu ermitteln und die Hochschulen – in Gestalt ihrer gewählten Vertreter – anzuhören. Auch ist eine Abwägung zwischen den Vorteilen, die eine Neuorganisation bietet, mit den Nachteilen einer solchen Maßnahme vorzunehmen. Hierbei gilt der allgemeine Grundsatz, daß die Größe einer Hochschule kein Qualitätskriterium ist, Zusammenlegungen von Hochschulen außer den erwarteten Synergieeffekten auch dysfunktionale Effekte zeitigen können, die in die gesetzgeberische Abwägung einzustellen sind.

67 Rationalitätskriterien für Veränderungen im Hochschulwesen

Ermittlungs- und Anhörungspflicht

Bei der Neuordnung des Hochschulwesens ist dem Gesetzgeber ein größerer Gestaltungsspielraum zuzusprechen als bei kommunalen Neugliederungsmaßnahmen. Dies folgt zum einen aus dem Umstand, daß Hochschulen ihrem Ursprung und ihrer Entwicklung nach *staatliche Gründungen* sind, denen erst schrittweise das Recht der Selbstverwaltung eingeräumt worden ist. Neben dem unterschiedlichen historischen Ursprung unterscheiden sich Hochschulen von Gemeinden darin, daß erstere nur bestimmte Aufgaben – nämlich die Lehre und Forschung – erfüllen, während den Gemeinden ein universaler Wirkungskreis zukommt. Hieraus folgt, daß die Verbundenheit der Hochschulmitglieder mit der Hochschule – weil überwiegend zeitlich begrenzt – nicht mit der Bindung von Einwohnern an ihre Heimatgemeinde zu vergleichen ist. Insofern liegt es nahe, bei der Neuordnung des Hochschulwesens ein im Vergleich zu Art. 59 Verf. Niedersachsen geringeres Schutzniveau anzunehmen[87]. Allerdings unterliegen Eingriffe in den Bestand von Hochschulen vergleichbaren Rationalitätskriterien, mit anderen Worten muß das Gesetzgebungsverfahren den Grundsätzen der Transparenz und Plausibilität genügen[88].

68 Weiter Gestaltungsspielraum des Hochschulgesetzgebers

---

85 Grundlegend *BVerfGE 35*, 79 – Hochschulurteil.
86 So auch *Kühne*, Die Landesverfassungsgarantien hochschulischer Selbstverwaltung – ein unentfaltetes Autonomiepotential, DÖV 1997, S. 1 (5); *Hagebölling*, Niedersächsische Verfassung (LitVerz.), Art. 5 Anm. 1 f; *Mühlenmeier*, in: Epping/Butzer u.a., Hannoverscher Kommentar (LitVerz.), Art. 5 RN 14.
87 *J. Ipsen*, Niedersächsische Verfassung (LitVerz.), Art. 5 RN 27.
88 *J. Ipsen* aaO., Art. 5 RN 28.

V. Schutz und Förderung von Kunst, Kultur und Sport (Art. 6 Verf. Niedersachsen)

1. Staatszielbestimmung

69
Bestandsschutz und Weiterentwicklung

Da die Freiheit der Kunst (Art. 5 Abs. 3 Satz 1 GG) bereits aufgrund des Art. 3 Abs. 2 Satz 1 Verf. Niedersachsen Bestandteil der Landesverfassung ist, hat sich der verfassungsändernde Gesetzgeber bewußt auf die Formulierung einer Staatszielbestimmung beschränkt. Aufgabe des Landes und der kommunalen Gebietskörperschaften ist damit der Schutz und die Förderung von Kunst, Kultur und Sport. Die Verfassung setzt den Adressaten damit das Ziel, Kunst, Kultur und Sport in ihrem Bestand zu schützen, darüber hinaus aber eine Weiterentwicklung dieses Bestandes zu ermöglichen, in dem eine *Förderungs*aufgabe begründet wird. Art. 6 Verf. Niedersachsen enthält damit zugleich ein *statisches* – den „Schutz" – und ein *dynamisches* Element, nämlich die Förderung.

70
(Schutz- und Förderungs-)Aufgabe Kulturstaat

Im Gegensatz zu Art. 5 Abs. 3 Satz 1 GG begründet Art. 6 Verf. Niedersachsen keine subjektiven Rechte. Der Schutz- und Förderungsaufgabe korrespondiert also kein Schutz- und Förderungs*anspruch*. Mit der Begründung von Schutz- und Förderungspflichten auf dem Gebiet der Kultur definiert sich das Land Niedersachsen jedoch gleichzeitig als Kulturstaat[89]. Die Beschränkung der Verfassung auf die objektive (Schutz- und Förderungs-)Aufgabe ist rechtlich gleichwohl nicht bedeutungslos, weil sie den Schutzgegenständen einen verfassungsrechtlichen Rang einräumt. Nicht dagegen ist Artikel 6 als

Keine Institutsgarantie

„Institutgarantie" anzusprechen, weil es sich hier – im Gegensatz zu den „klassischen" Einrichtungen von Ehe, Familie und Eigentum – nicht um festumrissene Rechtsinstitute handelt, sondern Erscheinungsformen einer fortgeschrittenen Zivilgesellschaft angesprochen sind, die sich nicht auf einzelne Institute reduzieren lassen. In einem derart unspezifischen Sinne bekräftigt Artikel 6 den *Kulturauftrag* des Landes, der angesichts der Kompetenzverteilung im Bundesstaat von besonderer Bedeutung ist.

2. Der Begriff „Kunst"

71
Kunstbegriff

Der Kunstbegriff gehört zu den dogmatisch umstrittensten Begriffen des Grundrechtsteils. Gleichwohl ist eine Definition geboten, weil mit dem Kunstbegriff in Art. 5 Abs. 3 Satz 1 GG zugleich der Anwendungsbereich des Grundgesetzes bestimmt wird[90]. Gleiches gilt für Art. 6 Verf. Niedersachsen, wobei der Unterschied nur darin liegt, daß diese Bestimmung keine subjekti-

BVerfG-Sicht

ven Rechte begründet. Das Bundesverfassungsgericht hat sich bislang mit einer mehr oder weniger weitschweifigen Paraphrase beholfen, die den Anforderungen an eine Definition nicht genügt[91]. Kunst ist Schöpfung oder

---

[89] Vgl. dazu *BVerfGE 26*, 321 (331); *35*, 79 (114); *81*, 108 (116).
[90] So auch *R. Scholz*, in: Maunz/Dürig, GG (LitVerz.), Art. 5 Abs. III RN 25; vgl. auch *Bethge*, in: Sachs, GG (LitVerz.), Art. 5 RN 182 ff.
[91] Vgl. z.B. *BVerfGE 30*, 173 (188 f.).

schöpferische Interpretation von Kunstwerken. Kunstwerke wiederum sind eigenständige Emanationen des Geistes in den anerkannten Kunstdisziplinen oder solchen, die in der Anerkennung begriffen sind. Hierbei ist auf das Urteil der Kunstschaffenden und eines künstlerisch aufgeschlossenen Publikums abzustellen[92].

3. Der Kulturbegriff als Auslegungsproblem

In einem historischen Sinne wird der Begriff „Kultur" für jegliche Hervorbringungen des Menschen benutzt und steht damit im Gegensatz zum *Natur*begriff. Ersichtlich ist der Begriff in einem so umfassenden Sinne in Art. 6 Verf. Niedersachsen nicht verwandt worden. Andererseits sind begriffliche Verengungen zu vermeiden, die lediglich die Erscheinungsformen zeitgenössischer „Hochkultur" erfassen würden. Diese Bereiche nämlich werden schon durch den Kunstbegriff erfaßt und würden eine Verdoppelung der Schutz- und Förderungspflicht des Staates bedeuten. Eine systematisch stimmige Auslegung des Kulturbegriffs läßt sich nur dadurch erreichen, daß er neben der Kunst und dem Sport einen Bereich der *Freizeitgestaltung* bezeichnet, der von den erstgenannten Begriffen nicht erfaßt wird, zugleich aber ein aus Sicht der Gemeinschaft vergleichbares und deshalb schützenswertes Niveau erreicht.

72 Erfassung der Kultur-Phänomene in ihrer Vielfalt

4. Sport

Ebenso wie die Begriffe „Kunst" und „Kultur" läßt sich auch der „Sport" als letztes Glied der begrifflichen Trias in Art. 6 Verf. Niedersachsen eher beschreiben als definieren. Zwar steht beim Sport herkömmlich die körperliche Ertüchtigung im Vordergrund; beim Wettkampfsport ist die „Fitness" freilich nur eine Voraussetzung für die Erreichung weiter gesteckter Ziele. Auch sind Sportarten anerkannt, bei denen es stärker auf mentale Fähigkeiten (Reaktionsschnelligkeit, Konzentrationsfähigkeit) denn auf eine bestimmte körperliche Kondition ankommt. „Sport" muß deshalb als das Massenphänomen begriffen werden, das dieser in der modernen Gesellschaft darstellt, wobei die Schutz- und Förderungsaufgabe des Staates sich nicht auf diejenigen beschränkt, die den Sport aktiv ausüben. Der Sport stellt vielmehr ein Mittel der Freizeitgestaltung dar, das für die Integrationsfähigkeit moderner Gesellschaften von ausschlaggebender Bedeutung ist und in früheren Gesellschaften war („panem et circenses"). Der Sport darf deshalb nicht eindimensional als Mittel zur Förderung der sog. „Volksgesundheit" gesehen werden; seine Aufnahme in die Verfassung bedeutet vielmehr, daß der Staat den wichtigsten Bereich – aktiver und passiver – Freizeitgestaltung zur Kenntnis nimmt und dessen Schutz wie Förderung zur Staatsaufgabe macht.

73 Beschreibender Ansatz

Integrationsauftrag

Daß es sich hierbei nur um ein Staatsziel handeln kann, ergibt sich schon aus den vielfältigen Sportarten und ihren unterschiedlichen wirtschaftlichen Rahmenbedingungen. Eine Sportförderung im materiellen Sinne kann nur für sol-

74 Förderungsaufgabe als Staatsziel

---

92 So *J. Ipsen*, Staatsrecht II (LitVerz.), RN 507 m.w.N.

che Sportarten und Sportvereine in Betracht kommen, die ihre Aufwendungen nicht selbst erwirtschaften können. Keinesfalls kann der Staat aufgrund des Art. 6 Verf. Niedersachsen verpflichtet sein, kommerziell betriebene Sportarten mit öffentlichen Mitteln zu subventionieren. Hingegen gehört es zweifelsfrei zur Förderungsaufgabe, wenn Gemeinden und Kreise Sportanlagen errichten und unterhalten, die für den Breitensport bestimmt und geeignet sind.

VI. Arbeit, Wohnen (Art. 6a Verf. Niedersachsen)

75
Hinwirkungspflicht; kein „Recht auf Arbeit"

Art. 6a Verf. Niedersachsen enthält kein Grundrecht auf Arbeit und Wohnung, sondern begründet eine Hinwirkungspflicht. Ein „Recht auf Arbeit" im Sinne eines subjektiv-öffentlichen Rechts könnte durch eine Verfassung nur begründet werden, wenn der Staat über die Arbeitsplätze zu verfügen hätte. Dies ist in einer Verfassungsordnung, die die Berufsfreiheit (Art. 12 GG) und das Privateigentum (Art. 14 GG) jeweils durch Art. 3 Abs. 2 Satz 1 Verf. Niedersachsen inkorporiert, nicht denkbar[93]. Staatszielbestimmungen sind demgegenüber geeignete Mittel zur Verdeutlichung, daß der Staat verpflichtet ist, darauf hinzuwirken, daß der Einzelne Arbeit findet, seinen Lebensunterhalt bestreiten kann und daß die Bevölkerung mit angemessenem Wohnraum versorgt ist[94].

1. Adressaten der Hinwirkungspflicht

76
Einbezug von Gemeinden und Kreisen

Effektivität

Als Adressat der Hinwirkungspflicht wird in Art. 6a Verf. Niedersachsen nur das „Land" genannt, wodurch ein Unterschied zu Artikel 6 zu entstehen scheint, weil die dort begründete Schutz- und Förderungsverpflichtung das Land, die Gemeinden und die Landkreise trifft. Indes dürfte es nicht den Intentionen des verfassungsändernden Gesetzgebers entsprochen haben, die Hinwirkungspflicht auf Landesorgane bzw. Landesbehörden zu beschränken. Das „Land" selbst ist durch seine Behörden nur begrenzt in der Lage, der durch Artikel 6a begründeten Hinwirkungspflicht zu genügen. Effektiver wird die Hinwirkungspflicht durch Gemeinden und Kreise erfüllt, die auf beiden Gebieten der Staatszielbestimmung – „Arbeit" und „Wohnen" – seit jeher tätig sind und unbestreitbare Erfolge vorweisen können. Das „Land" im Sinne des Art. 6a Verf. Niedersachsen ist deshalb als Gesamtheit der öffentlich-rechtlichen Körperschaften, Anstalten und sonstigen Einrichtungen des öffentlichen Rechts zu verstehen, auf die die Landesverfassung Anwendung findet[95].

---

93 *J. Ipsen*, Niedersächsische Verfassung (LitVerz.), Art. 6a RN 6.
94 Vgl. *J. Ipsen* aaO., Art. 6a RN 7.
95 So *J. Ipsen* aaO., Art. 6a RN 8; anders offenbar *H. Neumann*, Handkommentar (LitVerz.), Art. 6a RN 5: „[...] seine Gesetzgeber und seine Verwaltung".

2. Staatszielbestimmung „Arbeit"

Die Staatszielbestimmung „Arbeit" hat ihre normative Bedeutung in erster Linie darin, das Land und die kommunalen Gebietskörperschaften in die Lösung des Arbeitslosenproblems einzubeziehen. Artikel 6a ist insofern als Aufruf an Land und Kommunen zu verstehen, das in ihrer Macht Stehende zur Bekämpfung der Arbeitslosigkeit zu unternehmen. Die Hinwirkungspflicht legitimiert auch das Bemühen um Schaffung von Arbeitsplätzen, insbesondere durch die Gewerbeansiedlung.

77
Auftrag zur Bekämpfung von Arbeitslosigkeit

3. Staatszielbestimmung „Wohnen"

Die Versorgung der Bevölkerung mit angemessenem Wohnraum teilt insofern die Problematik der Staatszielbestimmung „Arbeit", als auch dieses Gebiet marktwirtschaftlichen Prinzipien unterliegt und der Staat auf eine Einwirkung beschränkt ist. Den Gemeinden fällt seit jeher bei der Versorgung mit Wohnraum eine wichtige Rolle zu. Auch die Schaffung neuen Wohnraums durch kommunale oder staatliche Wohnbauunternehmen wird ebenfalls durch Art. 6a Verf. Niedersachsen legitimiert.

78
Begrenztes Einwirken auf die freie Marktwirtschaft

VII. Tierschutz (Art. 6b Verf. Niedersachsen)

1. Rechtsqualität des Art. 6b Verf. Niedersachsen

Art. 6b Verf. Niedersachsen weist die gleiche Struktur auf wie Art. 20a GG, der ebenfalls den Tierschutz durch den Staat zum Inhalt hat. Da die indikative Fassung von Grundrechten und Staatszielbestimmungen stets ein Sollen ausdrückt – mit anderen Worten: dem Adressaten eine Verpflichtung auferlegt –, ist Art. 6b Verf. Niedersachsen sinngemäß dahingehend auszulegen, daß das Land – wiederum als Gesamtbegriff für die an die Verfassung gebundenen Institutionen – Tiere als Lebewesen achtet und schützt.

79
Achtung und Schutz der Tiere als Lebewesen

2. Objekt oder Subjekt?

Art. 6b Verf. Niedersachsen ist nicht zufällig in seiner Struktur Art. 1 Abs. 1 Satz 2 GG nachgebildet, wonach die Würde des Menschen zu achten und zu schützen Verpflichtung aller staatlichen Gewalt ist. Die Parallele zu Art. 1 Abs. 1 Satz 2 GG und damit die Konnotation zur Menschenwürde ist jedoch nicht tragfähig, auch wenn bei der Verfassungsergänzung einzelnen Landtagsmitgliedern eine Art „Würde des Tieres" vorgeschwebt haben mag. Die Würde des Menschen und die aus ihr folgende Achtungs- und Schutzpflicht des Staates ist gleichbedeutend mit seiner *Subjektsqualität*, das heißt der Mensch ist nicht nur allen anderen Menschen, sondern auch Personenverbänden – und damit dem Staat – als Träger eigener Rechte *gleichgeordnet*. Die auf *Kant* zurückgehende, insbesondere von *Günter Dürig* vertretene „Objektfor-

80
Mangelnde Tragfähigkeit der Konnotation zur Menschenwürde

mel"⁹⁶, die vom Bundesverfassungsgericht rezipiert worden ist⁹⁷, kann folgerichtig nur als Anerkennung der Subjektsqualität des Menschen begriffen werden⁹⁸.

81
Tiere als Objekte von Rechten

Tiere sind demgegenüber nicht Träger eigener Rechte, sondern Objekte von Rechten. Das Dilemma, das sich für den Tierschutz in dieser Hinsicht ergibt, kam nicht zuletzt in der zivilrechtlichen Einordnung von Tieren zum Ausdruck, nach der Tiere keine Sachen sind, die für Sachen geltenden Vorschriften aber entsprechend anzuwenden sind, soweit nichts anderes bestimmt ist (§ 90 a BGB). Noch so gut gemeinte Tierliebe kann nicht – zumal in einem agrarisch geprägten Bundesland – übersehen, daß Tiere als Wirtschaftsgut für die menschliche Ernährung unentbehrlich sind und deshalb jede Parallelisierung zur Menschenwürde nicht nur abwegig ist, sondern auch Art. 1 Abs. 1 Satz 2 GG verletzen würde. Ein solcher Versuch nämlich trüge stets den Keim in sich, die Menschenwürde und den ihr eigenen Anspruch des Menschen auf soziale Achtung zu relativieren und damit das anthropozentrische Fundament der Verfassung in Frage zu stellen.

Anthropozentrisches Fundament

3. Inhalt der Achtungs- und Schutzverpflichtung

82
Maßgabe für Ermessens- oder Abwägungsentscheidungen

Die durch Art. 6 b Verf. Niedersachsen begründete Schutzpflicht des Landes – mit anderen Worten: der Tierschutz – stößt insoweit auf Grenzen, als die Gesetzgebungskompetenz für den Tierschutz sowie das Recht der Lebensmittel einschließlich der ihrer Gewinnung dienenden Tiere dem Bund zufällt (Art. 74 Abs. 1 Nr. 20 GG). Die Schutzverpflichtung trifft deshalb in erster Linie den administrativen Bereich, namentlich den Vollzug bundesrechtlicher Vorgaben. Die entsprechenden Rechtsvorschriften sind indessen so engmaschig, daß Art. 6 b Verf. Niedersachsen nur für verbleibende Ermessens- oder Abwägungsentscheidungen eine Rolle spielen dürfte.

83
Besondere Achtungspflicht als Lebewesen

Empathie

Fraglich ist, ob neben der Schutzpflicht noch Raum für eine besondere „Achtungspflicht" bleibt. Hierbei ist zu berücksichtigen, daß Tiere „als Lebewesen" zu achten sind. Mit anderen Worten wird in Erinnerung gerufen, daß Tiere Schmerzen und Ängste empfinden, die auch dem Menschen – als Lebewesen – eigen sind. Man mag diese als einen Appell an menschliche Empathie verstehen; im Grunde enthält die Achtungsverpflichtung nichts anderes als den Zirkelschluß, Tiere als das anzuerkennen, was sie sind, nämlich als Lebewesen. Dies ist indes Voraussetzung für den besonderen *Tierschutz*, wie er sowohl bundes- wie verfassungsrechtlich statuiert ist. In keinem Fall legitimiert eine noch so gut gemeinte Achtungsverpflichtung in der Verfassung Aktionen militanten Tierschutzes, die sich notwendig gegen Rechtsgüter von *Menschen* richten.

---

96 Vgl. *Dürig*, Der Grundrechtssatz von der Menschenwürde. Entwurf eines praktikablen Wertsystems der Grundrechte aus Art. 1 Abs. I in Verbindung mit Art. 19 Abs. II des Grundgesetzes, in: AöR 81 (1956), S. 127; *ders.*, in: Maunz/Dürig, GG (LitVerz.), Art. 1 Abs. 1 RN 28, 34.
97 Vgl. *BVerfGE 9*, 89 (95); *27*, 1 (6); *28*, 386 (391); *45*, 187 (228); *50*, 166 (175); *50*, 205 (215); *57*, 250 (275); *72*, 105 (116); *87*, 209 (228).
98 Dazu *J. Ipsen*, Staatsrecht II (LitVerz.), RN 231 m.w.N.

D. Zusammenfassung

84
Ausgeprägter Grundrechtskatalog der Landesverfassung

Mit der am 1. Juni 1993 in Kraft getretenen Niedersächsischen Verfassung hat das Land Niedersachsen einen wichtigen Schritt zur Gewährleistung von Landesgrundrechten unternommen. Die hierbei gewählte Inkorporationstechnik ändert nichts an dem Umstand, daß es einen ausgeprägten Katalog von durch die Landesverfassung gewährleisteten Grundrechten gibt. Die in Art. 4 ff. Verf. Niedersachsen enthaltenen Bestimmungen haben überwiegend keinen subjektiv-rechtlichen Gehalt, sondern erweisen sich als Staatszielbestimmungen.

85
Geringe eigenständige Bedeutung der Landesgrundrechte

Die Landesgrundrechte haben während ihrer bislang mehr als zwanzigjährigen Geltung in der Rechtspraxis keine wesentliche Bedeutung erlangt. Zurückzuführen ist dieser Befund zum einen auf die dominierende Stellung des Bundesverfassungsgerichts beim Schutz der Grundrechte, die auch bei der Anwendung verfassungsrechtlich zweifelhaften Landesrechts Richter zögern läßt, das Vorlageverfahren zum Niedersächsischen Staatsgerichtshof zu wählen. Ausschlaggebend ist freilich der Umstand, daß im Unterschied zu der weit überwiegenden Zahl der Länder in Niedersachsen eine Individualverfassungsbeschwerde nicht statthaft ist[99]. So lange diese nicht eingeführt ist – was lediglich einer Ergänzung des § 8 NStGHG bedürfte (Art. 54 Nr. 6 Verf. Niedersachsen) – werden die Landesgrundrechte weiterhin ein Schattendasein führen, das weder ihrer Rechtsqualität noch der Staatsqualität des Landes Niedersachsen angemessen ist.

---

99 Vgl. *J. Ipsen*, Grundfragen der Landesverfassungsbeschwerde, in: Habersack/Huber/Spindler (Hg.), FS Stilz, 2014, S. 321 ff.

E. Bibliographie

Berlit, Uwe, Die neue Niedersächsische Verfassung. Zur Ablösung eines provisorischen Organisationsstatuts, NVwZ 1994, S. 11 ff.
Burmeister, Günter C., Chancen und Risiken einer niedersächsischen Landesverfassungsbeschwerde – eine vorläufige Bestandsaufnahme, NdsVBl. 1998, S. 53 ff.
Dietlein, Johannes, Die Grundrechte in den Verfassungen der neuen Bundesländer, 1993.
ders., Die Rezeption von Bundesgrundrechten durch Landesverfassungsrecht, AöR 120 (1995), S. 1 ff.
Epping, Volker/Butzer, Hermann u.a. (Hg.), Hannoverscher Kommentar zur Niedersächsischen Verfassung, 2012.
Hagebölling, Lothar, Niedersächsische Verfassung. Kommentar, ^{2}2011.
Hüpper, Guido, Der Staatsgerichtshof des Landes Niedersachsen, 2000.
Ipsen, Jörn, Niedersächsische Verfassung. Kommentar, 2011.
ders., Staatsrecht II. Grundrechte, ^{19}2016.
ders., Grundfragen der Landesverfassungsbeschwerde, in: Mathias Habersack/Karl Huber/Gerald Spindler (Hg.), Festschrift für Eberhard Stilz, 2014, S. 321 ff.
ders., Verfassungsrecht des Landes Niedersachsen, in: Edmund Brandt/Manfred-Carl Schinkel (Hg.), Staats- und Verwaltungsrechte für Niedersachsen, 2002, S. 65 ff.
ders., Eine Verfassungsbeschwerde für Niedersachsen!, NdsVBl. 1998, S. 129 ff.
Neubauer, Reinhard/Lörincz, Ernö, Nochmals: Verfassunggebung und Grundrechte – Der Gestaltungsspielraum der Landesverfassunggeber, LKV 2013, S. 115 ff.
Neumann, Heinzgeorg, Handkommentar zur Niedersächsischen Verfassung, ^{3}2000.
Peine, Franz-Joseph, Verfassunggebung und Grundrechte – Der Gestaltungsspielraum der Landesverfassunggeber, LKV 2012, S. 385 ff.
Pfetsch, Frank R., Verfassungsreden und Verfassungsentwürfe, Länderverfassungen 1946–1953, 1986.
Schneider, Hans-Peter, Die Landesverfassungsbeschwerde – Ein Stiefkind bundesstaatlichen Grundrechtsschutzes?, NdsVBl. 2005 (Sonderheft), S. 26 ff.
Starck, Christian, Die neue Niedersächsische Verfassung von 1993, NdsVBl. 1994, S. 2 ff.
Uerpmann, Robert, Landesrechtlicher Grundrechtsschutz und Kompetenzordnung, Der Staat 35 (1996), S. 428.
Vogelsang, Thilo, Hinrich Wilhelm Kopf und Niedersachsen, 1963.
Wermeckes, Bernd, Der erweiterte Grundrechtsschutz in den Landesverfassungen. Zu Erscheinungsformen, Wirksamkeit und Bestand weitergehender Landesgrundrechte im Bundesstaat des Grundgesetzes – Zugleich ein Beitrag zur Verfassungsvergleichung im Bundesstaat –, 2000.

§ 254
Landesgrundrechte in Nordrhein-Westfalen

Johannes Dietlein

Übersicht

	RN		RN
A. Entstehungsgeschichte der Grundrechte zwischen 1945 und 1949	1–24	III. Abschnitt „Schule, Kunst und Wissenschaft, Religion und Religionsgemeinschaften"	31–42
I. Überblick	1– 2	1. Die Schulfrage	31–35
1. Von der Gründung des Landes Nordrhein-Westfalen bis zu den Verfassungsberatungen auf Bundesebene	1	2. Kunst, Kultur und Wissenschaft	36
		3. Religion und Religionsgemeinschaften	37–38
2. Von der Verabschiedung der Bundesverfassung bis zur Verabschiedung der Landesverfassung	2	4. Übersicht und Bewertung	39–42
		C. Kontinuität und Wandel der Landesgrundrechte nach 1950	43–72
II. Die wesentlichen Verfassungsentwürfe im Einzelnen	3–24	I. Auslegung und Reichweite der „Rezeptionsgrundrechte"	44–58
1. Vorläufiges Landesgrundgesetz	3	1. Begriff der Grundrechte	45–48
2. Der Verfassungsentwurf von 1947	4– 9	2. Statische oder dynamische Rezeption?	49
3. Der Verfassungsentwurf von 1949	10–24	3. Rechtsfolge der Rezeption	50–56
a) Überblick	10–11	4. Auslegung der rezipierten Landesgrundrechte	57–58
b) Wegfall der klassischen Grundrechte und Ersatz durch Rezeption	12–13	II. Die Entwicklung der Grundrechtsnormen	59–69
		1. Anpassungen an aktuelle Zustände und modernen Sprachgebrauch	60
c) Die Schulfrage im Vergleich der beiden Entwürfe	14–19	2. Einfügung neuer staatszielartiger Bestimmungen	61–62
d) Der Entwurf von 1949 als Synthese zwischen Grundgesetz und Entwurf von 1947	20–23	3. Datenschutz	63
		4. Die Schulfrage	64–69
e) Sonstige Änderungen	24	III. Ausblick	70–72
B. Entwicklung der Grundrechte von 1949 bis zur Verabschiedung 1950	25–42	1. Verfassungskommission und Individualverfassungsbeschwerde	70–71
I. Abschnitt „Die Familie"	26	2. Verbleibender Reformbedarf	72
II. Abschnitt „Arbeit und Wirtschaft"	27–30	D. Schlußgedanken	73
		E. Bibliographie	

§ 254 Sechzehnter Teil: III. Die Grundrechte in den Landesverfassungen

A. Entstehungsgeschichte der Grundrechte zwischen 1945 und 1949[*]

I. Überblick

1. Von der Gründung des Landes Nordrhein-Westfalen bis zu den Verfassungsberatungen auf Bundesebene

1
Vorgrundgesetzliche Beratungsphase

Der Weg von der Gründung des Landes Nordrhein-Westfalen bis hin zur Verkündung seiner im Jahre 1950 beschlossenen Verfassung war lang und dornenreich. Bereits im Jahre 1946 war das neue Land durch Verordnung Nr. 46 der britischen Besatzungsmacht unter dem Codenamen „operation marriage" aus dem Nordteil der ehemaligen Rheinprovinz und der Provinz Westfalen gebildet und im Folgejahr um Lippe-Detmold erweitert worden[1]. Der erste Verfassungsentwurf für das neue Bundesland stammte aus der Feder des seinerzeitigen Innenministers *Walter Menzel* (SPD) und war von dem parteilosen Ministerpräsidenten *Rudolf Amelunxen* unter dem Titel „Vorläufiges Landesgrundgesetz für das Land NRW" als Landtags-Drucksache I/50 vorgelegt worden. Er enthielt keinen Grundrechtsteil. Dies änderte sich in einem zweiten Entwurf, der unter Ministerpräsident *Karl Arnold* (CDU) im November 1947

Vom „Organisationsstatut" zur „Vollverfassung"

in den Landtag eingebracht wurde[2]. Dieser Entwurf enthielt zahlreiche Vorschriften zur Ordnung des Gemeinschaftslebens. Damit war er nicht mehr nur ein „Organisationsstatut", sondern zielte auf eine „Vollverfassung". Obwohl ab dem 20. Mai 1947 ein vierzehnköpfiger Verfassungsausschuß (aus Mitgliedern von CDU, SPD, KPD, FDP und Deutscher Zentrumspartei) über den weiteren Gang der Verfassungsgebung beriet, verzögerte sich die Fortsetzung des Verfahrens im Lande durch das parallele Anlaufen der Verfassungsberatungen auf Bundesebene[3]: Nicht nur waren in die dortigen Beratungen namhafte Politiker des Landes wie etwa *Walter Menzel* (SPD), Dr. *Konrad Adenauer* (CDU) oder *Hermann Höpker-Aschoff* (FDP) eingebunden; auch sahen es Landtag und Landesregierung als geboten an, zunächst die bundesrechtlichen Weichenstellungen abzuwarten, bevor man die eigenen Verfassungsberatungen fortsetzte. Die Arbeiten des Verfassungsausschusses wurden folgerichtig vorläufig ausgesetzt[4].

---

[*] Für wertvolle Unterstützung danke ich meinem Wissenschaftlichen Mitarbeiter Herrn *Christoph Smets*.
[1] VO Nr. 77 mit Wirkung v. 21. 1. 1947.
[2] Landtags-Drs. II-166.
[3] *Dästner* (LitVerz.), Einl. RN 5, machte für die späte Verfassungsgebung neben der Rechtsunsicherheit gegenüber der britischen Besatzungsmacht hauptsächlich „die Ungewißheit über den bleibenden Bestand der neugeschaffenen Länder, deren künstliche Schöpfung kein echtes Staatsbewußtsein auf breiter Basis und damit einhergehend zunächst auch keinen Willen der deutschen politischen Instanzen zur Verfassungsgebung entstehen ließ" verantwortlich.
[4] Vgl. auch *J. Dietlein*, Verfassungsrecht (LitVerz.), § 1 RN 5.

2. Von der Verabschiedung der Bundesverfassung bis zur Verabschiedung der Landesverfassung

Nachdem das Grundgesetz zum 24. Mai 1949 in Kraft getreten war, konnten die Verfassungsberatungen in Nordrhein-Westfalen wieder aufgenommen werden. Es war der Landtag selbst, der die Landesregierung am 4. Juli 1949 aufforderte, innerhalb von drei Monaten eine Regierungsvorlage einzubringen. Mit zweimonatiger Verspätung legte die Landesregierung unter Ministerpräsident *Karl Arnold* einen (Doppel-)Entwurf vor, der unter dem wenig glücklichen Begriff „siamesischer Zwilling"[5] in die Landesgeschichte eingegangen ist. Der Grund für diese von dem FDP-Abgeordneten Dr. *Friedrich Middelhauve* geprägte Formulierung lag in dem Umstand, daß sich *Arnold* und *Menzel* nicht auf eine gemeinsame Vorlage hatten einigen können: *Menzel* vertrat die Ansicht, daß es in Anbetracht der grundgesetzlichen Grundrechtsgarantien einer Normierung von Landesgrundrechten nicht bedürfe, während *Arnold* eine Grundrechtsverfassung favorisierte. Diese und andere koalitionsinterne Querelen führten dazu, daß die Vorlage letztlich in drei Spalten eingebracht wurde: eine mit den Minderheitenvorschlägen, eine mit den Mehrheitsvorschlägen und eine mit den konsensualen Vorschriften. Der Vorschlag *Arnold*s war somit zwar mit dem *Menzel*s verbunden, im Grunde aber bildeten beide autonome Entwürfe. Nach vielfältigen Änderungen war im Wesentlichen der Mehrheits-Entwurf *Arnold*s am 6. Juni 1950 mit 110 zu 97 Stimmen erfolgreich. Gleichzeitig wurde entschieden, den Verfassungsentwurf bei der nächsten Landtagswahl am 18. Juni 1950 zur Volksabstimmung vorzulegen, bei der er mit 3,6 Millionen Stimmen gegen 2,2 Millionen Stimmen angenommen und damit zur Verfassung für das Land Nordrhein-Westfalen[6] wurde.

2
Nachgrundgesetzliche Beratungsphase

II. Die wesentlichen Verfassungsentwürfe im Einzelnen

1. Vorläufiges Landesgrundgesetz

Noch ganz im Zeichen der Besatzung sowie der kriegsbedingten Zerstörung des Landes stand das vorläufige Landesgrundgesetz vom Jahr 1946: Neben zahlreichen Verweisen auf die Besatzungsmacht[7] bezeichnet es sich – anders als spätere Entwürfe – als „Grundgesetz" und nicht als Verfassung, ein im Bund später wieder gewählter Ansatz. Die Regelungen waren karg und umfaßten gerade einmal 28 Artikel, die ausschließlich die Staatsorganisation betrafen.

3
Vorläufiges Landesgrundgesetz von 1946

2. Der Verfassungsentwurf von 1947

Als „Material für die Verfassungsberatungen"[8] wurde dem Landtag am 15. November 1947 durch Ministerpräsident *Arnold* der „Entwurf einer Verfassung für das Land Nordrhein-Westfalen"[9] vorgelegt. Er enthielt in seinem

4
Der Entwurf von 1947

---

5 Vgl. Abg. *Middelhauve* (FDP), Plenarprotokoll 01/117, S. 3690.
6 Im folgenden: Verf. Nordrhein-Westfalen.
7 Vgl. etwa Präambel, Art. 2, 3.
8 Anschreiben zur LT-Drs. II-166, S. 1, ebd.
9 Im folgenden: „Entw. 1947".

zweiten Teil einen vollständigen Grundrechtskatalog, der in Art. 5 Entw. 1947 mit dem allgemeinen Gleichheitsrecht begann. Eine Besonderheit ergab sich insoweit, als Art. 4 Entw. 1947 die Festlegung gleicher Rechte und Pflichten aller „Reichsangehörigen"[10] in Nordrhein-Westfalen enthielt. Ebenso wie bei dem vergleichbaren[11] Art. 33 Abs. 1 GG liegt ein grundrechtsgleicher[12] oder gar grundrechtlicher[13] Gehalt als Gleichheitssatz der Norm nahe, so daß Art. 4 Entw. 1947 verfassungssystematisch in den ersten Abschnitt des zweiten Teils – „Von den Grundrechten" – gehört hätte. Zu der besonders strittigen Frage der konfessionellen Schule war dem Entwurf ein Anhang beigegeben, der statt der christlichen Gemeinschaftsschule Formulierungen für eine reine Bekenntnisschule enthielt[14]. Hier waren bereits Ansätze für die Aufteilung des späteren Entwurfs von 1949 zu erkennen. Im Einzelnen enthielt der Katalog des Jahres 1947 folgende Grundrechtsartikel:

– allgemeine und spezielle Gleichheitsrechte (Art. 5),
– Recht auf Freiheit (Art. 6),
– Recht auf den gesetzlichen Richter (Art. 7),
– Unverletzlichkeit der Wohnung (Art. 8),
– Eigentumsrecht (Art. 9),
– Freizügigkeit (Art. 10),
– Glaubens- und Gewissensfreiheit (Art. 11 Abs. 1),
– Meinungsfreiheit in Wort, Schrift und Bild (Art. 11 Abs. 2),
– Vereinigungsfreiheit (Art. 12),
– Postgeheimnis (Art. 13),
– Mißbrauchsverbot (Art. 14 Abs. 2),
– Besonderer Schutz von Ehe, Familie und Mutterschaft (Art. 15),
– Arbeitsrecht, Recht auf gleichen Lohn und Urlaub (Art. 17 Abs. 1 Satz 2, Abs. 2 und 3),
– Kunst-, Wissenschafts- und Lehrfreiheit (Art. 22),
– Recht der Jugend auf Bildung (Art. 23),
– Recht auf diskriminierungsfreien Schulzugang (Art. 26 Abs. 2 Satz 2),
– Privatschulfreiheit (Art. 27),
– Freiheit der religiösen und weltanschaulichen Vereinigung (Art. 31).

5
Aufteilung in Lebensbereiche

Auffällig ist hier bereits die gegenüber dem Grundgesetz von 1949 deutlich größere Anzahl von Artikeln im zweiten Teil „Von den Grundrechten und der Ordnung des Gemeinschaftslebens". Dies resultiert zum einen aus der Aufteilung in sogenannte Lebensbereiche (Familie, Schule, Kunst und Wissenschaft

---

10 Der Entwurf vertrat also in Übereinstimmung mit der späteren Ansicht des Bundesverfassungsgerichts eine völkerrechtliche Kontinuität des zu reorganisierenden Gesamtstaats mit dem Deutschen Reich, vgl. *BVerfGE* 6, 309 (338).
11 Zwar spricht Art. 4 Entw. 1947 anders als Art. 33 Abs. 1 GG nicht von „staatsbürgerlichen Rechten"; jedoch garantierte Art. 5 Abs. 1 Satz 1 Entw. 1947 die Gleichheit aller Menschen vor dem Gesetz und entspricht damit dem allgemeinen Gleichheitssatz des Art. 3 Abs. 1 GG. Damit ist systematisch deutlich, daß Art. 4 Entw. 1947 im zusammengesetzten Land Nordrhein-Westfalen die Funktion erfüllen sollte, die Art. 33 Abs. 1 GG für die Bundesebene erfüllt.
12 So etwa *Jarass*, in: ders./Pieroth, GG (LitVerz.), Art. 33 RN 1.
13 So etwa *Badura*, in: Maunz/Dürig, GG (LitVerz.), Art. 33 [Mai 2009] RN 10.
14 LT-Drs. II-166, S. 9. Vgl. auch LT-Plenarprotokoll 10/19, S. 49.

usw.), die eine Aufspaltung einzelner, in der bundesverfassungsgerichtlichen Rechtsprechung[15] heute oftmals einheitlich betrachteter Grundrechte zur Folge hatte. So wird etwa das Grundrecht auf Glaubensfreiheit im ersten Abschnitt („Von den Grundrechten") aufgeführt, das Recht auf Religions*ausübung* hingegen erst in Art. 31 Entw. 1947 im fünften Abschnitt („Religion und Religions- und Weltanschauungsgemeinschaften"). Diese Aufteilung in Lebensbereiche sowie die Bereiche selbst – nicht aber ihre Reihenfolge – sind bis in die heutige Konzeption der Verfassung erhalten geblieben[16]. Zum anderen finden sich grundrechtliche Bestimmungen über weite Teile der Abschnitte verstreut, die nicht explizit die Grundrechte regeln. Dies hat eine Vermischung grundrechtlicher und staatsorganisationsrechtlicher Bestimmungen und damit eine Ausdehnung des materiellen Grundrechtsteils zur Folge, die im Grundgesetz von 1949 so nicht zu finden ist[17].

Walter Menzel selbst kritisierte den grundrechtlichen Ansatz des Entwurfs bereits bei der Einbringung und verdeutlichte damit die Spaltung des Kabinetts[18]. Sowohl aus verfassungstheoretischen als auch aus „allgemeinen politischen Gründen" sei – so *Menzel* – vom Fortbestand der Reichsverfassung von 1919 auszugehen[19]. Logische Folge sei dann aber die Fortgeltung des Abschnitts über die Grundrechte und Grundpflichten der Deutschen, so daß eine Wiederholung dieser Bestimmungen eigentlich unsinnig sei[20]. Das stete Schielen auf die Weimarer Reichsverfassung dürfte eine nicht unwesentliche Begründung dafür liefern, daß der Entwurf sowohl in seiner Vermischung von staatszielartigen und grundrechtlichen Bestimmungen als auch in seinen Inhalten deutliche Parallelen zur Weimarer Reichsverfassung aufweist. Die Aufteilung des zweiten Hauptteils der Weimarer Reichsverfassung in Abschnitte wie „Religion und Religionsgesellschaften", „Bildung und Schule" oder „Das Wirtschaftsleben" findet sich nur wenig abgewandelt auch in diesem Entwurf wieder. Noch deutlicher wird der Bezug bei einzelnen Rechten und Vorschriften.

6
Verhältnis zur WRV

Weite Teile des Entwurfs gewährleisten die gleichen Grundrechte wie die Weimarer Reichsverfassung. Bis auf das Recht auf den gesetzlichen Richter, das Mißbrauchsverbot und die Rechte auf gleichen Lohn und Urlaub sind alle im Entwurf aufgeführten Rechte bereits in der Weimarer Reichsverfassung enthalten. Weite Teile des Verfassungsentwurfs zeigten sogar Übereinstim-

7
Übereinstimmungen mit den WRV-Grundrechten

---

15 Grundlegend *BVerfGE* 24, 236 (246).
16 Lediglich wurde die Rangfolge geändert und wurden zwei Abschnitte miteinander verbunden. So beginnt der zweite Teil der Verfassung heute wie im Entwurf von 1947 mit dem ersten Abschnitt „Von den Grundrechten". Auch lautet der zweite Abschnitt „Die Familie"; der 1947 folgende dritte Abschnitt „Arbeit und Wirtschaft" ist heute der vierte. An dritter Stelle wurde heute aus „Schule, Kunst und Wissenschaft", „Religion, Religions- und Weltanschauungsgemeinschaften" ein einheitlicher Abschnitt „Schule, Kunst und Wissenschaft, Religion und Religionsgemeinschaften".
17 Die Ausnahmen der Art. 33, 38 sowie Art. 101, 103 und 104 GG sind dort ihrerseits bei – zumindest gedachten – Sachbereichen einer hoheitlichen Tätigkeit und dem Abschnitt zur Rechtsprechung anzutreffen.
18 Vgl. hierzu etwa LT-Plenarprotokoll 01/19, S. 49.
19 LT-Plenarprotokoll 01/19, S. 48.
20 LT-Plenarprotokoll 01/19, S. 48.

mungen mit dem Wortlaut[21] der Weimarer Reichsverfassung bis hin zur (partiellen) Identität, insbesondere im Bereich der Schule[22]. Von Anfang an äußerte *Menzel* Zweifel an der Sinnhaftigkeit einer endgültigen Verfassung in der seinerzeitigen Lage und plädierte stattdessen für eine vorläufige Verfassung „ohne, daß damit Wert und [...] Bedeutung für unsere augenblickliche Lage herabgesetzt werden würden"[23].

8
Organisationsstatut oder Vollverfassung?

Hinsichtlich der Streitfrage „Vollverfassung" oder „Organisationsstatut" fand sich in der ersten und einzigen Lesung des Entwurfs von 1947 eine breite Übereinstimmung aller Parteien, Landesgrundrechte in die Verfassung aufzunehmen. Besonders pathetisch äußerte sich der Abgeordnete *Johannes Brockmann* (Deutsche Zentrumspartei), wenn er in den Landesgrundrechten „ein ehrliches, offenes, aufrechtes und absolut freiwilliges, aus vollem Herzen und stärkster Überzeugung kommendes Bekenntnis zu den hohen, alle Völker verbindenden, die Menschheit erhebenden *Idealen der Demokratie*"[24] abgelegt sehen wollte. Einen eigenen Entwurf mit ausführlichem Grundrechtsteil legte die Kommunistische Partei Deutschlands vor, die in Person des Abgeordneten *Karl Schabrod* forderte, daß die Verfassung die Grundrechte des Volkes „in aller Vollzähligkeit" enthalten müsse[25].

9
Die Schulfrage

Bereits in der ersten Lesung des Entwurfs aus dem Jahr 1947 wurde auch einer der zentralen Konfliktpunkte zwischen Christlich Demokratischer Union und Deutscher Zentrumspartei einerseits und Sozialdemokratischer Partei Deutschlands andererseits deutlich: die Konfessionsschule[26]. Während der Abgeordnete Dr. *Adenauer* (CDU) die Wahl zwischen konfessionell gebundener und konfessionell ungebundener Schule als grundsätzliche Frage individueller Wahlfreiheit verstanden wissen wollte[27], betonte der Abgeordnete *Ernst Gnoß* (SPD), daß es insbesondere darum gehe, das „Auseinanderreißen der Kinder in verschiedenen Schulen" zu vermeiden, da dieses für das Zusammenwirken der Menschen bedenklich sei[28]. Unstimmigkeiten dieser Art werden der Grund dafür gewesen sein, daß dem Entwurf vom Jahre 1947 ein Anhang mit alternativen Bestimmungen zur Bekenntnisschule beigefügt worden war[29]. Außerhalb einzelner grundlegender Äußerungen sowie der intensiv geführten Schuldiskussion, die von der Christlich Demokratischen

---

21 Dies betrifft etwa das Freiheitsrecht (Art. 6 Satz 1 Entw. 1947, entspricht Art. 114 Abs. 1 Satz 1 WRV), den Ausdruck der „Freistätte" für die Wohnung (Art. 8 Entw. 1947, entspricht Art. 115 Satz 1 WRV), oder des Schutzes der Jugend gegen „Ausbeutung" (Art. 16 Abs. 1 Satz 2 Entw. 1947, entspricht Art. 122 Abs. 1 Satz 1 WRV).
22 So bestehen nahezu vollständige Übereinstimmungen etwa zwischen Art. 24 Entw. 1947 (Schulaufsicht) und Art. 144 WRV oder Art. 25 Entw. 1947 (Schulpflicht) und Art. 145 WRV. Wörtlich übereinstimmend sind etwa Art. 26 Abs. 1 und 2 Entw. 1947 (Schulwesen) und Art. 146 WRV, ebenso Art. 27 Abs. 1 Entw. 1947 (Privatschulen) und Art. 147 Abs. 1 WRV.
23 LT-Plenarprotokoll 01/19, S. 48 f.
24 LT-Plenarprotokoll 01/20, S. 95.
25 LT-Plenarprotokoll 01/20, S. 87.
26 So bereits *Walter Menzel* (SPD) bei der Einbringung, LT-Plenarprotokoll 01/19, S. 49.
27 Vgl. LT-Plenarprotokoll 01/20, S. 65 ff. „wirkliche Gewissensfragen".
28 LT-Plenarprotokoll 01/20, S. 76.
29 Der Anhang ist abgedruckt in LT-Drs. II-166, S. 9.

Union als Elternrechtdiskussion verstanden wurde[30], waren einzelne Grundrechte kaum Gegenstand vertiefter Diskussion; dies auch deshalb nicht, weil diese Debatten im Verfassungsausschuß geführt werden sollten[31].

3. Der Verfassungsentwurf von 1949

a) Überblick

Nach Abschluß der Verfassungsberatungen auf Bundesebene wurde am 29. November 1949[32] derjenige Entwurf vorgelegt, der nach Anpassungen letztlich zur endgültigen Landesverfassung wurde. Wiederum maßgeblich von *Walter Menzel* mitgestaltet, waren die Spannungen im Kabinett zwischenzeitlich derart eskaliert, daß kein einheitlicher Entwurf, sondern jener legendäre (Doppel-) Entwurf entstand, bei dem neben den konsentierten Vorschlägen alle strittigen Artikel in Mehrheits- und Minderheitsvorschläge sortiert wurden: die Mehrheitsvorschläge in der linken, die Minderheitsvorschläge in der rechten Spalte. Zumal die Normierung eigenständiger Landesgrundrechte stellte dabei einen der zentralen Streitpunkte im Doppel-Entwurf dar. Während *Menzel*, der bereits das erste „Vorläufige Landesgrundgesetz" ohne Grundrechtsteil entworfen hatte, nach wie vor der Ansicht war, daß Grundrechte nicht normiert werden und einer Gesamtverfassung überlassen bleiben sollten[33], war Ministerpräsident *Arnold* der Ansicht, daß sie zum unverzichtbaren Verfassungsgut gehörten. Letztgenannte Position wurde insbesondere durch den britischen Außenminister *Ernest Bevin* unterstützt[34]. Inhalt und Umfang der Grundrechte selbst waren inhaltlich weitgehend unstreitig. Wie bereits im Entwurf von 1947 entzündeten sich die tiefsten Kontroversen erneut an der Schulfrage. So waren die Artikel hierzu – neben der Vorschrift zur Überführung von Großbetrieben in Gemeineigentum[35] – diejenigen des Grundrechtsteils, die in verschiedenen Versionen zur Debatte gestellt wurden.

10
(Doppel-) Verfassungsentwurf von 1949

Streitpunkt Landesgrundrechte

Im Einzelnen stellte sich die Struktur der Grundrechtsartikel, einschließlich schulrechtlicher Artikel, folgendermaßen dar:

– Rezeptionsanordnung hinsichtlich der Bundesgrundrechte (Art. 4),
– besonderer Schutz von Ehe und Familie (Art. 5 Abs. 1 Satz 2),
– Recht auf Fürsorge für Mütter und kinderreiche Familien (Art. 5 Abs. 1 Satz 3),
– Mitwirkungsrecht von Kirchen und Religionsgemeinschaften an der Familienpflege und Jugendfürsorge (Art. 6 Abs. 2),

11
Grundrechtsbestand

---
30 Eine Position, die vom Zentrum naturgemäß unterstützt wurde, vgl. etwa die Rede des Abg. *Brockmann*, der vom „naturhaft begründeten Recht der Eltern" sprach, LT-Plenarprotokoll 01/20, S. 97.
31 So auch Ministerpräsident *Arnold* (CDU) in seinem Anschreiben mit dem Verfassungsentwurf (LT-Drs. II-166) sowie Innenminister *Menzel* (SPD) bei der Einbringung des Entwurfs (LT-Plenarprotokoll 01/19, S. 49). In dieser Richtung etwa auch der Abg. *Brockmann* (Zentrum), LT-Plenarprotokoll 01/20, S. 98.
32 Durch die Regierungsvorlage Nr. II-1359. Im folgenden: „Entw. 1949".
33 Vgl. oben A II 2, RN 4 ff.
34 Vgl. *Dästner* (LitVerz.), Einl. RN 14.
35 Art. 9 Entw. 1949.

§ 254   *Sechzehnter Teil: III. Die Grundrechte in den Landesverfassungen*

- Recht auf und Pflicht zur Arbeit (Art. 7 Abs. 1 Satz 2),
- gleicher Lohn für Männer und Frauen (Art. 7 Abs. 2),
- Recht auf ausreichenden Urlaub (Art. 7 Abs. 3),
- Sozialisierung, Verbot wirtschaftlichen Machtmißbrauchs (Art. 9),
- Erziehungsrecht der Eltern (Art. 12 Abs. 1 Satz. 1),
- allgemeine Schulpflicht (Art. 12 Abs. 1 Satz 2),
- Unentgeltlichkeit des Unterrichts (Art. 12 Abs. 2),
- Lehr- und Lernmittelfreiheit (Art. 12 Abs. 3),
- Pflicht zur Schul-Errichtung bzw. Auftrag der Jugendbildung (Art. 12 Abs. 4 Satz 1),
- Privatschulfreiheit (Art. 12 Abs. 5 S. 1: Rezeption von Art. 7 Abs. 4 und 5 des Grundgesetzes),
- Gleichstellung von Privatschulen mit öffentlichen Schulen bzw. Verweis auf ausgestaltendes Gesetz (Art. 12 Abs. 5 Satz 2),
- Schulaufbau und Mitwirkung der Erziehungsberechtigten (Art. 14),
- Elternrecht der Schulartbestimmung (Art. 16 Abs. 2 Entw.-Mehrheit bzw. Abs. 1 Satz 1 Entw.-Minderheit),
- diskriminierungsfreier Schulzugang (Art. 17 Abs. 4 Entw.-Mehrheit), Religionsunterricht (Art. 18),
- Negative Religionsfreiheit des religionsmündigen Schülers (Art. 18 Abs. 2 Entw.-Minderheit),
- Überprüfungsbefugnis der Kirchen/Religionsgemeinschaften bezüglich des Religionsunterrichts (Art. 18 Abs. 4 Entw.-Mehrheit),
- negative Religionsfreiheit des religionsmündigen Schülers oder Erziehungsberechtigten in bezug auf den Religionsunterricht (Art. 18 Abs. 5 Entw.-Mehrheit),
- universitäres Selbstverwaltungsrecht (Art. 20 Abs. 1),
- Recht auf Ausbildung Geistlicher in eigenen Hochschulen (Art. 20 Abs. 2).

b) Wegfall der klassischen Grundrechte und Ersatz durch Rezeption

12
Rezeption der Bundesgrundrechte

Erster und entscheidender Unterschied der Fassung von 1949 gegenüber jener aus dem Jahr 1947 war die Rezeptionsanordnung hinsichtlich der Bundesgrundrechte in Art. 4 Entw. 1949. Bei der Einbringung des Entwurfs führte Innenminister *Menzel* aus, daß es nahegelegen habe, die Grundrechte des Grundgesetzes zu übernehmen[36]. Jedoch sei eine wörtliche Übernahme sinnlos gewesen und jede Abweichung hätte die Gefahr einer entweder ungültigen Einengung der Grundrechte oder aber einer Ausweitung mit sich gebracht[37]. Gegen Letzteres führt er ins Feld, daß dann jedes einfache Bundesgesetz von den Ländergrundrechten außer Kraft gesetzt werden könnte[38]. Gewiß erscheint dieses Argument aus heutiger Sicht dogmatisch wenig plausibel, da der Grundsatz „Bundesrecht bricht Landesrecht"[39] richtigerweise zu einem

---
36 LT-Plenarprotokoll 01/117, S. 3630.
37 LT-Plenarprotokoll aaO.
38 LT-Plenarprotokoll aaO.
39 Art. 31 GG.

Bruch des Landesrechts führte. Nach seinerzeitigem Grundrechtsverständnis aber wurde eine Beschneidung von einfachem Bundesrecht durch Landesgrundrechte augenscheinlich für denkbar erachtet, was womöglich auch auf das seinerzeitige dogmatische Verständnis der Landesgrundrechte als „doppelter Absicherung" ein und derselben (vorstaatlichen) Grundrechte zurückzuführen ist[40]. Die neue Rezeptionsanordnung trat damit an die Stelle der noch in Art. 4 Entw. 1947 niedergelegten Garantie der gleichen staatsbürgerlichen Rechte und Pflichten. Der nunmehrige Verzicht auf letztgenannte Gewährleistung dürfte dabei mit Blick auf die neue bundesverfassungsrechtliche Regelung des Art. 33 Abs. 1 GG wenig schwergefallen sein. Denn mit ihr stellte das Grundgesetz sicher, daß jeder Deutsche „in jedem Lande" die gleichen staatsbürgerlichen Rechte und Pflichten habe, was eine Wiederholung in der Landesverfassung nicht mehr nötig erscheinen ließ[41].

Neue Rezeptionsanordnung

Daneben entfielen, verglichen mit dem Entwurf von 1947, alle diejenigen Grundrechte, die nun bereits in der Bundesverfassung geregelt waren, und zwar der Gleichheitssatz des Art. 5 Entw. 1947, die Freiheitsverbürgung und das Recht auf den gesetzlichen Richter (Art. 6 und 7 Entw. 1947), das Grundrecht der Unverletzlichkeit der Wohnung (Art. 8 Entw. 1947) sowie der Eigentumsschutz und die Bestimmungen zur Enteignung in Art. 9 Entw. 1947. Das Gleiche gilt für die Glaubens-, Gewissens- und Meinungsfreiheit (Art. 11 Entw. 1947), die Vereinigungsfreiheit (Art. 12 Entw. 1947), das Postgeheimnis (Art. 13 Entw. 1947), eine frühe Form der Wesensgehaltgarantie (Art. 14 Abs. 1 Entw. 1947), für den Mißbrauchsschutz (Art. 14 Abs. 2 Entw. 1947) und für die Kunst-, Wissenschafts- und Lehrfreiheit (Art. 22 Entw. 1947). Die Struktur des Zweiten Teils dieses Landesgrundgesetzes rechtfertigte *Menzel* mit der logischen Reihung von Lebenssphären. Hiernach beginne die Betrachtung des Menschen als Mittelpunkt der Dinge bei den Regelungen zu seiner Umgebung, also der Familie. Sie führe sodann über den Abschnitt zu Arbeit und Wirtschaft, wo – nämlich in Artikel 7 – zunächst die Rolle des Menschen definiert werde, zum Abschnitt über die gleichsam weitere Familie, nämlich „über das Kind, seine Erziehung und die Schule"[42]. Bereits aus diesem Überblick läßt sich erkennen, daß das neue „Landesgrundgesetz" im Grundrechtsteil keine eigenständige Vollregelung mehr anstrebte. Vielmehr wollte das Land Nordrhein-Westfalen als „Gliedstaat der Bundesrepublik Deutschland"[43] allein in einer ergänzenden und spezifizierenden Weise bezüglich der besonderen grundrechtlichen Fragen eben dieses Landes agieren.

13
Regelungsverzicht

Reihung von Lebenssphären

---

40 So explizit etwa *BVerfGE* 22, 267; *Friesenhahn*, Zum Verhältnis von Bundes- und Landesverfassungsgerichtsbarkeit, Typoskript eines Vortrags vom 20. 4. 1956 in Karlsruhe, zit. nach *Rüfner*, Zum Verhältnis von Bundes- und Landesverfassungsgerichtsbarkeit im Bereich der Grundrechte, DÖV 1967, S. 668; hiergegen *Dietlein*, Rezeption von Bundesgrundrechten (LitVerz.), S. 12 ff.
41 Der Abg. *Karl Schabrod* (KPD) lehnte den Art. 4 Entw. 1949 aus grundsätzlichen Überlegungen ab und wollte an dessen Stelle allgemeine und spezielle Gleichheitssätze stellen, vgl. Plenarprotokoll 01/126, S. 4251.
42 LT-Plenarprotokoll 01/117, S. 3631.
43 So Art. 1 Abs. 1 Entw. 1949 im Mehrheitsentwurf; die Minderheit wollte dagegen in Nordrhein-Westfalen lediglich einen „Bestandteil" der Bundesrepublik sehen und negierte so die Staatsqualität.

c) Die Schulfrage im Vergleich der beiden Entwürfe

14
Schulstreit

Besonders strittig war von Beginn an die Schulfrage. Bei weitem nicht alle Artikel der verschiedenen Entwürfe zur Schule enthielten Grundrechte. Es wurden auch Einrichtungsgarantien, wenn auch mit subjektiv-rechtlichen Elementen, staatszielartige Aufträge und Einzelregelungen formuliert. Die einzelnen Regelungen sind recht detailliert und erwecken nicht selten den Eindruck von einfach-gesetzlichen Regelungen im Verfassungskleid[44]. Inhaltlich erstreckte sich der Schulstreit vor allem auf die Themenfelder des elterlichen Erziehungsrechts[45], des Selbstbestimmungsrechts der Schüler und des staatlichen Überwachungsauftrags. Politisch stellte sich die Schulfrage in dieser Zeit zugleich als Streit um die Rolle der Kirchen und der Religion im Verhältnis zum Staat[46] dar. Obwohl nur vereinzelte Sätze „echte" Grundrechte enthalten, soll die Genese dieser bis in die jüngere Vergangenheit hoch umstrittenen Abschnitte in der gebotenen Kürze nachgezeichnet werden. Die Regelungen hierzu gestalteten sich folgendermaßen:

Themenfelder

15
Das Regelschulmodell

Der Streit um das Regel-Schulmodell[47], der im Entwurf von 1947 zugunsten der christlichen Gemeinschaftsschule ausgefallen war, konnte auch im Entwurf aus dem Jahr 1949 nicht beigelegt werden. So findet sich 1949 in Art. 16 Abs. 1 des CDU-Mehrheitsentwurfs die Formulierung: „Die Volksschule ist Bekenntnis-, Gemeinschafts- oder Weltanschauungsschule". Bereits im Jahr 1947 war dem Entwurf, wie oben beschrieben, ein Anhang beigefügt worden, der auch die Bekenntnisschule vorsah[48]. Auf dessen Artikel 26 Abs. 3 Satz 1 kann die genannte Vorschrift zurückgeführt werden, auch wenn im Anhang nur vorgesehen war, daß die *Grundschule* „Bekenntnis- oder Gemeinschaftsschule" sei. Dort war also weder von einer Weltanschauungsschule die Rede noch bezog der Anhang die Aufteilung auf die gesamte Volksschule. Dies behob Artikel 16 Abs. 1 des Mehrheits-Entwurfs von 1949, der dem Regelmodell der Gemeinschaftsschule die Gleichberechtigung von Gemeinschafts-, Bekenntnis- und Weltanschauungsschule als Alternative gegenübergestellt hatte. Der Minderheitsentwurf enthielt sich 1949 in dieser Hinsicht einer klaren Aussage. Lediglich indirekt wurde hier die Gemeinschaftsschule bevorzugt, indem man zwar „konfessionell geordnete Schulgemeinden" erwähnte, ihre Einrichtung aber davon abhängig gemacht wurde, daß eine „Aufteilung in mehrere bekenntnismäßig getrennte Schulen erst erfolgen [darf], wenn die neu zu bildenden Schulen jeweils einen achtklassigen Schulbetrieb ermöglichen"[49]. Dies sei Folge des Grundsatzes eines „geordneten Schulbetriebs"[50].

Geordneter Schulbetrieb

---

44 Vgl. etwa Art. 14 ff. Entw. 1949.
45 Hier lag eine Motivation, über die Regelungen des Grundgesetzes hinausgehende Bestimmungen in der Landesverfassung zu schaffen, vgl. Abg. *Brockmann* (Zentrum), Plenarprotokoll 01/126, S. 4250.
46 Vgl. zur Frage des Kopftuchs bei Lehrerinnen aus neuerer Zeit auch *BVerfGE 138*, 296.
47 Vgl. oben A II 2, RN 4 ff.
48 LT-Drs. II-166, S. 9. S. auch oben A II 2, RN 4 ff.
49 Art. 16 Abs. 2 Satz 3 Entw. 1949-Minderheit.
50 Art. 16 Abs. 1 Satz 1 Entw. 1949-Minderheit.

Diesen Grundsatz teilte die Mehrheit, sah ihn jedoch bereits mit der Bildung einer Klasse gewährleistet[51].

Aus grundrechtlicher Sicht stellte sich die Frage von Wahlrechten der Eltern und gegebenenfalls auch der Kinder. Der Entwurf konnte in dieser Frage entschiedene Einigkeit dokumentieren. Denn der gemeinsame Entwurf von Artikel 12 Abs. 1 von 1949 lautet: „Das Recht der Eltern, die Erziehung ihrer Kinder zu bestimmen, bildet die Grundlage des Schul- und Erziehungswesens". Der Entwurf von 1947 hatte hierzu keine Aussage getroffen, sondern erwähnte Eltern maßgeblich passiv. Zunächst bestimmte dessen Artikel 26 Abs. 2 Satz 2: „Für die Aufnahme eines Kindes in eine bestimmte Schule sind seine Anlage und Neigung, nicht die wirtschaftliche und gesellschaftliche Stellung oder das Religionsbekenntnis seiner Eltern maßgebend". Das Kind steht hier also im Mittelpunkt der Erwägungen, die Eltern – bzw. ihr Religionsbekenntnis – erscheinen dagegen als potentiell „hinderlicher Faktor" in der Gleichbehandlung. Diese Einschätzung wiederholte sich bei der Frage der Genehmigung von Privatschulen. Diese war (nur) zu erteilen, wenn „eine Sonderung der Schüler nach den Besitzverhältnissen der Eltern nicht gefördert wird"[52]. Die Eltern wirkten nach diesem Entwurf lediglich „durch Elternbeiräte an der Gestaltung des Unterrichtswesens mit"[53]. Im Entwurf von 1949 verbleibt es hingegen nicht bei dem oben genannten Artikel 12 Abs. 1, vielmehr sieht die Mehrheit in Art. 17 Abs. 4 Satz 2 Entw. 1949 vor, daß „die Eltern einer Minderheit ihre Kinder zur Schule ihres Bekenntnisses oder ihrer Weltanschauung in eine andere Gemeinde schicken können". Zwar verblieb auch das Kind im Entwurf von 1947 in einer gleichsam „passiven" Betrachtung, stand aber eher noch als die Eltern im Mittelpunkt, da „seine Anlage und Neigung"[54] für die Aufnahme in eine bestimmte Schule maßgeblich sein sollten. Über die Teilnahme am Religionsunterricht entschied nach diesem Entwurf dennoch derjenige, „der über die religiöse Erziehung des Kindes zu bestimmten hat"[55], mithin die Eltern.

16 Wahlrechte der Eltern

Passive Elternrolle

Obwohl nach dem Entwurf des Jahres 1949 die Eltern in den Mittelpunkt der Schulfrage gestellt wurden, verlieh der Entwurf auch dem Kind weitere Rechte. So sah zumindest der Mehrheitsentwurf vor, daß „[w]egen des Religionsbekenntnisses [...] im Einzelfalle keinem Kind die Aufnahme in eine öffentliche Schule verweigert werden [darf], falls keine entsprechende Bekenntnisschule vorhanden ist"[56]. Auch sahen sowohl Minderheits- als auch Mehrheitsentwurf Selbstbestimmungsrechte des Kindes vor, wenn auch mit unterschiedlicher Reichweite. Während der Mehrheitsentwurf dem religionsmündigen Schüler die Teilnahme am Religionsunterricht freistellte[57], erstreckte der Minderheitsentwurf dieses Recht auch auf die „Teilnahme an

17 (Selbstbestimmungs-)Rechte des Kindes

---

51 Art. 16 Abs. 3 Satz 2 Entw. 1949-Mehrheit.
52 Art. 27 Abs. 1 Satz 2 Entw. 1947.
53 Art. 26 Abs. 4 Entw. 1947.
54 S. oben, Art. 26 Abs. 2 Satz 2 Entw. 1947.
55 Art. 30 Entw. 1947.
56 Art. 17 Abs. 4 Satz 1 Entw. 1949-Mehrheit.
57 Art. 18 Abs. 5 Entw. 1949-Mehrheit.

kirchlichen Feiern und Handlungen"[58]. In beiden Entwürfen steht die Entscheidung jedoch auch dem Erziehungsberechtigten (Art. 18 Abs. 5 Mehrheitsentwurf 1949) bzw. religiös Erziehungsberechtigten (Art. 18 Abs. 2 Minderheitsentwurf 1949) zu[59]. Die besondere Ausgestaltung der Elternrechte führte denn auch der Abgeordnete *Johannes Brockmann* (Deutsche Zentrumspartei) als Grund dafür an, daß es nicht bei der Übernahme der entsprechenden Regelungen des Grundgesetzes verblieben war[60].

18
Erziehungsziele

In den Erziehungszielen der Schulen waren sich die Regierungspartner weitgehend einig, so daß sich im Vergleich der Entwürfe von 1947 und 1949 sogar eine deutliche Steigerung ergibt: Während im Jahre 1947 noch die „sittliche Bildung" Erziehungsziel war, geht dies 1949 in die „Achtung vor der Würde des Menschen" und das „soziale Gewissen" über, die in der Jugend zu wecken seien[61]. Die „staatsbürgerliche Gesinnung" von 1947 steigert sich im Jahre 1949 zur „Liebe zur Heimat und Volk"[62]. Während „Kriegsächtung und Völkerversöhnung"[63] unverändert bleiben, scheint der „Geist der Demokratie" im Entwurf von 1949 konkretisierter als „Duldsamkeit [...] und der Achtung vor der Überzeugung des anderen"[64]. Ebenfalls hinzu trat das in neuerer Zeit zunehmend diskutierte Erziehungsziel der „Ehrfurcht vor Gott"[65]; hier dürfte die Präambel des Grundgesetzes einen gewissen Einfluß gehabt haben.

19
Privatschulfreiheit

Einen weiteren Diskussionspunkt bildete die Privatschulfreiheit. Art. 27 Abs. 1 und 2 Entw. 1947 war nahezu identisch als Artikel 7 Abs. 4 und 5 in das Grundgesetz aufgenommen worden. Lediglich bei der Genehmigung privater Volksschulen wurde in Absatz 5 des Grundgesetzartikels die Möglichkeit eingefügt, private Volksschulen auf Antrag der Erziehungsberechtigten als Ersatz für öffentliche Volksschulen gründen zu können[66]. Nachdem im gemeinsamen Teil des Entwurfs Art. 7 Abs. 4 und 5 GG für übernommen erklärt wurde, war das Recht zur Errichtung von Privatschulen als solches garantiert (Art. 7 Abs. 4 Satz 1 GG). Lediglich die Frage der Berechtigung solcher Privatschulen war noch Gegenstand eines Dissenses: Während die Mehrheit der

---

58 Art. 18 Abs. 2 Entw. 1949-Minderheit.
59 Unterschiede zwischen einem Erziehungsberechtigten und einem (nur) religiös Erziehungsberechtigten werden sich jedoch kaum je ergeben.
60 Plenarprotokoll 01/126, S. 4250.
61 Art. 13 Abs. 1 Entw. 1949.
62 Art. 28 Abs. 1 Entw. 1947 bzw. Art. 13 Abs. 1 Entw. 1949.
63 Art. 28 Abs. 1 Entw. 1947 bzw. Art. 13 Abs. 1 Entw. 1949.
64 Art. 28 Abs. 1 Entw. 1947 bzw. Art. 13 Abs. 1 Entw. 1949.
65 Zu den neueren Diskussion um die Vereinbarkeit dieses Erziehungsziels mit dem grundgesetzlichen Neutralitätsgebot *Dietlein*, Verfassungsentwicklung (LitVerz.), S. 381 m.w.N.; *Ennuschat*, Ehrfurcht vor Gott – Juristische Anmerkungen zu Herkunft und gegenwärtiger Bedeutung einer fundamentalen Verfassungsaussage, in: Eckart Gottwald/Folkert Rickers (Hg.), Ehrfurcht vor Gott und Toleranz – Leitbilder interreligiösen Lernens, 1999, S. 29 ff. In der Tat gab es hierzu bereits in den Beratungen nicht unerheblichen Widerstand. Der Abg. *Kühn* (SPD) etwa äußerte ein „Widerstreben gegen die allzu mißbräuchliche Erwähnung Gottes in der Politik", bekundete gar, „daß es Blasphemie ist, Gott in die politische Arena zu rufen". Er vermutete zudem die Absicht, „diejenigen Lehrer aus dem Amte zu verdrängen, die sich keiner der großen Konfessionen zugewandt haben", Plenarprotokoll 01/128, S. 4356 f.; der Abg. *Prinz* (KPD) meinte, weil „nun Religion inneres Erlebnis ist, glauben wir, daß es nicht notwendig ist, dem religiösen Menschen noch einmal in der Verfassung zu sagen, daß er Ehrfurcht vor Gott haben soll", Plenarprotokoll 01/128, S. 4370.
66 Es handelt sich hier also um einen nordrhein-westfälischen „Verfassungsexport".

Ansicht war, daß Privatschulen in der Landesverfassung die gleichen Berechtigungen wie öffentliche Schulen erhalten sollten, wollte die Minderheit diese Regelung dem einfachen Gesetzesrecht überlassen[67].

d) Der Entwurf von 1949 als Synthese zwischen Grundgesetz und Entwurf von 1947

Menzel selbst hatte den Entwurf 1949 in der ersten Lesung als den „Versuch einer Synthese" zwischen Grundgesetz und dem Entwurf von 1947 angekündigt[68]. Sofern man tatsächlich von einer „Synthese" sprechen möchte, wird diese am deutlichsten durch die oben beschriebene Rezeption der Bundesgrundrechte als Landesgrundrechte in Art. 4 Entw. 1949. Für den grundrechtlichen Bereich liegt in dieser Rezeption die engste Verbindung der Landesverfassung mit dem Grundgesetz und der grundgesetzlichen Entwicklung insgesamt. Weite Teile der nachfolgenden Art. 5 bis 22 Entw. 1949, also der Abschnitte „Die Familie" bis „Schule, Kunst und Wissenschaft, Religion und Religionsgemeinschaften", sind entweder wortlautgleich oder mit geringen Veränderungen, wenn auch stark veränderter Nummerierung, aus der Entwurfsfassung des Jahres 1947 übernommen.

20 Bewertung des Entwurfs

Jedoch gibt es fast ebenso weite Teile, die gegenüber dem Verfassungsentwurf von 1947 eine Neuerung oder starke Veränderung darstellen. Dies betrifft insbesondere die Lebensbereiche von Schule und Religion und damit besonders den Vierten Abschnitt des Entwurfs von 1949. So wurde etwa den Kirchen[69] 1949 neben einem Mitwirkungsrecht in der Jugendfürsorge und Familienpflege[70] auch das Recht zuerkannt, sich im Benehmen mit der Schulverwaltung zu vergewissern, daß der Religionsunterricht inhaltlich richtig erteilt wird. Der Entwurf von 1947 hatte hierzu lediglich abstrakt vorgesehen, daß der Unterricht in Übereinstimmung mit Glaubensgrundsätzen erteilt werde. Auch der seinerzeitige Einschub „unbeschadet des Aufsichtsrechts des Landes"[71] fiel 1949 weg. Neu eingefügt wurde, daß der Lehrer zur Erteilung des Religionsunterrichts eines Auftrags durch die Kirche (oder Religionsgemeinschaft) bedürfe[72]. Eine Verstärkung religiöser Aspekte fällt auch an anderen Stellen auf: Dem Sonntagsschutz wird die Gottesverehrung als Zweck beigestellt[73], ebenso wie die Ehrfurcht vor Gott als Erziehungsziel der Jugend im weiteren Sinne[74]. Auch wird im inhaltlich neuen Art. 20 Abs. 2 Entw. 1949 den Kirchen und Religionsgemeinschaften das Recht zuerkannt, zur Ausbildung der Geistlichen eigene „Anstalten mit Hochschulcharakter" zu errichten und zu unterhalten. Weiterreichende Neuerungen ergeben sich im bereits oben

21 Neuerungen und Veränderungen

Stärkung religiöser Aspekte

---

67 Art. 12 Abs. 5 Satz 2 Entw. 1949.
68 LT-Plenarprotokoll 01/117, S. 3629.
69 Sofern hier und im Entwurfstext Kirchen Berechtigungen erteilt werden, erstrecken sich diese auch jeweils allgemein auf „Religionsgemeinschaften".
70 Vgl. Art. 6 Abs. 2 Entw. 1949.
71 Art. 29 Satz 2 Entw. 1949.
72 Vgl. Art. 18 Abs. 3 Entw. 1949.
73 Vgl. Art. 8 Abs. 1 Entw. 1949.
74 Vgl. Art. 13 Abs. 1 Entw. 1949.

beschriebenen Bereich der Schulformen und des Unterrichts; so etwa die genaue Definition von Bekenntnis-, Gemeinschafts- und Weltanschauungsschulen in Art. 17 Abs. 1 bis 3 Entw. 1949.

22
Hervorhebung des elterlichen Erziehungsrechts

Im Ergebnis wurde der Entwurf vom Jahre 1947, der vor allem die staatliche Aufsicht und Zuständigkeit des Landes in Schulfragen betonte[75], in dieser Hinsicht – noch verstärkt im Mehrheitsentwurf – in Richtung eines rechtebasierten Verhältnisses entwickelt. So wurde das elterliche Erziehungsrecht als Grundlage des Schulwesens[76] eingeführt. Dies entspricht der Betonung dieses Rechts in Art. 6 Abs. 2 Satz 1 GG. Andererseits spiegelt Art. 7 GG dessen Bedeutung für das Schulwesen nur begrenzt wider. Dort ist lediglich das Recht der Eltern vermerkt, über die Teilnahme des Kindes am Religionsunterricht zu bestimmen[77]. Auf landesverfassungsrechtlicher Ebene wurde der Bedeutung des elterlichen Erziehungsrechts entsprechend die Schulwahl den Eltern zugestanden[78]. Zusätzlich wurde die staatliche Pflicht eingeführt, auf Antrag der Erziehungsberechtigten Bekenntnis-, Gemeinschafts- oder Weltanschauungsschulen einzurichten[79].

23
Menschenwürdebasis

Eine weitere Neuerung des Entwurfs von 1949, die den Synthese-Gedanken unterstützt, bildete die Einfügung der Menschenwürde als Gegenstand der Feier des 1. Mai in Art. 8 Abs. 2 Entw. 1949, die sich an dieser Stelle das erste Mal in dem Entwurf der Landesverfassung findet. Es kann davon ausgegangen werden, daß nach der Einführung des Menschenwürdeschutzes in die Bundesverfassung an prominenter Stelle und als Basis der gesamten staatlichen Ordnung die Landesverfassung hier nicht nachstehen wollte. In der Gesamtschau stellt sich der Entwurf von 1949 damit richtigerweise eher als „Synthese" dreier Einflüsse dar: nämlich solcher des Grundgesetzes, des Entwurfs von 1947 und der Neuerungen bzw. Ergänzungen des Jahres 1949 selbst.

e) Sonstige Änderungen

24
Erweiterungen von Schutz- und Förderbestimmungen

Sonstige Änderungen, die nicht mit dem Synthese-Gedanken *Menzels* zusammenhängen, waren etwa die Hinzufügung des Schutzes auch der kinderreichen Familie zum Mutterschutz in Art. 5 Abs. 1 Entw. 1949 sowie die Gleichbewertung der Hausarbeit der Frau mit der Berufsarbeit des Mannes im zweiten Absatz desselben Artikels; ebenso der Förderungsauftrag begabter Jugendlicher in Art. 6 Abs. 3 Entw. 1949 sowie das Selbstverwaltungsrecht der Universitäten und Hochschulen in Art. 20 Abs. 1 Entw. 1949. Letztgenannte Bestimmung verankerte zugleich die Beteiligung der Studierenden an der akademischen Selbstverwaltung in der Landesverfassung. Eingeführt wurde ebenso eine Pflicht, Schulen zu errichten und zu fördern[80].

---

75 So besonders Art. 24 Entw. 1949, vgl. aber auch Art. 23, 25, 26 sowie das erwähnte „Aufsichtsrecht des Landes" in Art. 29 Satz 2 Entw. 1949.
76 Art. 12 Abs. 1 Satz 1 Entw. 1949.
77 Art. 7 Abs. 2 GG.
78 Art. 16 Abs. 2 Entw. 1949-Me/Art. 16 Abs. 1 Entw. 1949-Minderheit.
79 Art. 16 Abs. 3 Satz 1 Entw. 1949-Mehrheit.
80 Art. 12 Abs. 4 Satz 1 Entw. 1949.

B. Entwicklung der Grundrechte von 1949 bis zur Verabschiedung 1950

Nach der Einbringung des Entwurfs vom Jahre 1949 ging die Debatte über Gestalt und Umfang der Grundrechte weiter. Die Arbeit des Verfassungsausschusses wurde von drei Lesungen im Plenum begleitet. Dabei ergaben sich durchaus noch erhebliche Veränderungen am Grundrechtsbestand. Während die Kommunistische Partei Deutschlands eine Art „Abwehrdebatte" gegen das Provisorium des Bonner Grundgesetzes führte und nach wie vor einen eigenständigen Grundrechts(voll)katalog befürwortete[81], war die überwiegende Mehrheit des Parlaments davon überzeugt, daß die Grundrechte des Grundgesetzes in die Landessphäre „hineinwirkten", wollte aber zur Absicherung im Falle einer grundgesetzlosen Zeit der Wiedervereinigung einen Rezeptionsartikel als Sicherungsmodus des Grundrechtsbestands beibehalten[82]. Dennoch sollte auf eigene Grundrechte weiterhin nicht gänzlich verzichtet werden. Die Schulfrage wurde bereits oben beleuchtet[83]. Daneben wurden einige Lebensbereiche weiterhin gesondert von den grundgesetzlichen Garantien bzw. in Doppelung derselben geregelt[84].

25 Schlußberatungen

I. Abschnitt „Die Familie"

Dies betraf zunächst den zweiten Abschnitt zu Ehe und Familie, die beide unter den besonderen Schutz des *Landes* gestellt wurden; zugleich wurden der Mutterschaft und der kinderreichen Familie ein Anspruch auf besondere Fürsorge zugesichert (Art. 5 Abs. 1 Entw. 1949). Zwar war und ist der Anspruch auf Schutz und Fürsorge der Mutter im Grundgesetz verbürgt[85], nicht aber derjenige kinderreicher Familien. Gesondert geregelt war auch die Gleichstellung von Heimarbeit der Frau und Berufsarbeit des Mannes. Diese Verbürgungen wurden bis zum Jahre 1950 nicht mehr geändert und fanden sich so bereits in Art. 15 Entw. 1947. Anderes gilt für Art. 6 Entw. 1949: Während die ursprüngliche – Art. 16 Entw. 1947 entsprechende – Fassung bestimmte, daß die Jugend im Geiste der Demokratie zu erziehen und vor Ausbeutung, Mißbrauch und sittlicher Gefährdung zu schützen sei (Art. 6 Abs. 1), das Mitwirkungsrecht der Kirchen und Religionsgemeinschaften sowie der Verbände der freien Wohlfahrtspflege in den Angelegenheiten der Familienpflege und der Jugendfürsorge gewährleistet werde und zu fördern sei (Art. 6 Abs. 2), und hierbei begabten Jugendlichen besondere Förderung zusicherte (Art. 6 Abs. 3), wurden diese Zusicherungen bis zum Jahre 1950 teilweise umgestellt und um

26 Lebensordnung Familie

Umstellungen und Erweiterungen

---

81 Plenarprotokoll 01/126, S. 4251. Daneben auch den Anschluss an die DDR, vgl. Plenarprotokoll 01/126, S. 4212.
82 Vgl. *Vogels,* Verfassung (LitVerz.), Art. 4, Erl. 2., S. 35.
83 Vgl. oben A. II. 3. c.
84 Mißverständlich ist insofern, wenn *Dästner* (LitVerz.), Art. 1 RN 1, schreibt, die Landesverfassung verzichte „bewusst auf Parallelregelungen zum Verfassungsrecht des Bundes".
85 Art. 6 Abs. 4 GG.

den Auftrag erweitert, der Jugend „die umfassende Möglichkeit" zur Berufsausbildung und Berufsausübung zu sichern (Abs. 1 Satz 1 Verf. 1950[86]). Ab dem sich anschließenden Artikel 7 wurden vom Jahre 1949 auf das Jahr 1950 die folgenden Abschnitte umgestellt: der dritte Abschnitt „Arbeit und Wirtschaft" wurde „Schule, Kunst und Wissenschaft, Religion und Religionsgemeinschaften", der vierte Abschnitt demgemäß zu „Arbeit und Wirtschaft".

II. Abschnitt „Arbeit und Wirtschaft"

27
Lebensordnung
„Arbeit"

Art. 7 Entw. 1949 wurde umgestellt, um das Wohl des Menschen als Mittelpunkt des Wirtschaftslebens stärker zu betonen. In Absatz 1 Satz 3 des nunmehrigen Art. 24 Verf. Nordrhein-Westfalen wurde zwar das problematische „Recht auf Arbeit" beibehalten, jedoch die nach klassisch sozialistischem Verständnis zwangsläufig korrespondierende „Pflicht zur Arbeit" gestrichen. Der ursprünglich mit dem Wohl des Menschen verbundene „Schutz seiner Arbeitskraft" wurde um die Klarstellung erweitert, daß die Arbeitskraft den Vorrang vor dem Schutz materiellen Besitzes genießt (Art. 24 Abs. 1 Satz 2). Während Absatz 2 des Art. 7 Entw. 1949 „nur" gleichen Lohn bei gleicher Arbeit von Männern und Frauen umfaßte, wurde Art. 24 Abs. 2 Verf. Nordrhein-Westfalen erheblich erweitert: Der Anspruch auf gleichen Lohn für gleiche Tätigkeit und Leistung wurde von der Geschlechterzugehörigkeit abstrahiert und nun ganz allgemein garantiert (Art. 24 Abs. 2 Satz 2); lediglich Satz 3 des Absatzes 2 stellt klar, daß dieser Grundsatz auch für Frauen und Jugendliche gilt. Satz 1 von Absatz 2 bestimmte nun auch, daß der Lohn ganz allgemein der Leistung entsprechen und den angemessenen Lebensunterhalt des Arbeitenden und seiner Familie decken müsse.

28
Bezahlter Urlaub
und Sonntagsschutz

Bestimmte Art. 7 Abs. 3 Entw. 1949 bereits, daß das Recht auf ausreichenden Urlaub gesetzlich festzulegen sei, erweitert Art. 24 Abs. 3 Verf. Nordrhein-Westfalen diese Garantie dahingehend, daß der Urlaub auch bezahlt werden müsse. Stellte dies zumindest noch eine inhaltliche Klarstellung und Aufwertung dar, erscheinen die Änderungen an Art. 8 Entw. 1949 zum Sonntagsschutz und 1. Mai eher als unterschiedliche Akzentuierungen der eigentlich gleichen Regelung: Während Art. 8 Abs. 1 Entw. 1949 den Sonntag und die gesetzlichen Feiertage als Tage der Gottesverehrung und der Erholung schützte, wurden diesen Erwägungen in Art. 25 Abs. 1 Verf. Nordrhein-Westfalen noch die „seelische Erhebung" sowie die Arbeitsruhe beigefügt und die Erholung auf eine körperliche präzisiert. Ähnlich wurde dem Schutz des 1. Mai in Art. 8 Abs. 2 Entw. 1949 als Tag des Friedens, der Völkerversöhnung und Menschenwürde im Jahre 1950 in Art. 25 Abs. 2 Verf. Nordrhein-Westfalen noch die Freiheit und soziale Gerechtigkeit hinzugefügt.

29
Wirtschaftsordnung

Bei der Gestaltung der Wirtschaftsordnung folgte die Verfassung einem für die frühe Nachkriegszeit gewiß nicht untypischen dirigistischen Grundansatz.

---

[86] „Verf. 1950" bezeichnet hier die Landesverfassung in ihrem Stand bei Inkrafttreten; sollten Vorschriften dem heutigen Stand entsprechen, werden sie mit „Verf. Nordrhein-Westfalen" bezeichnet.

Der im Rahmen des „Doppelentwurfs" geborene Art. 9 Entw. 1949 differierte bei der Frage, ob Großbetriebe der Grundstoffindustrie in Gemeineigentum überführt werden *können* oder *sollen*. Art. 27 Abs. 1 Verf. Nordrhein-Westfalen löste dies im Jahre 1950 zugunsten des Sollens und formulierte in Artikel 27 Abs. 2 einen Verbotsauftrag für „Zusammenschlüsse, die ihre wirtschaftliche Macht mißbrauchen"; damit wurde die ursprüngliche Fassung, die nur private Zusammenschlüsse erfaßt hatte (Art. 8 Abs. 2 Entw. 1949), erweitert. Auch wurde der Absatz von einer potentiellen zu einer konkreten Gefährdung umformuliert. War in den Entwürfen von 1947 und 1949 nur von Zusammenschlüssen die Rede, die den Mißbrauch wirtschaftlicher Macht „ermöglichen", müssen diese Zusammenschlüsse ihre wirtschaftliche Macht nunmehr tatsächlich mißbrauchen, um den Verbotsauftrag zu aktualisieren. Dabei ist der Auftrag der Überführung von Betrieben in Gemeineigentum mit Blick auf die Parallelbestimmung des Art. 15 GG durchaus problematisch. Während „soziale Grundrechte" wie das in Art. 24 Abs. 1 Satz 3 Verf. Nordrhein-Westfalen enthaltene „Recht auf Arbeit" sich staatszielartig und damit noch grundgesetzkonform auslegen lassen, ist dies für das in Art. 27 Abs. 1 Verf. Nordrhein-Westfalen vorgesehene Sozialisierungsgebot kaum mehr möglich[87].

Tatsächlicher Mißbrauch wirtschaftlicher Macht

Während die Förderung bestimmter Gewerbe und der genossenschaftlichen Selbsthilfe unverändert von Art. 10 Entw. 1949 zu Art. 28 Verf. Nordrhein-Westfalen wurde, ging der Auftrag des Art. 11 Entw. 1949, durch Aufteilung von Grundbesitz neue Bauernstellen zu schaffen, nur stark verändert in die Landesverfassung ein. Statt von der Schaffung von Bauernstellen ist nun in Art. 29 Verf. Nordrhein-Westfalen davon die Rede, daß die „Verbindung weiter Volksschichten mit dem Grund und Boden" anzustreben sei (Art. 29 Abs. 1), ebenso habe das Land die Aufgabe, Wohn- und Wirtschaftsheimstätten zu schaffen und den klein- und mittelbäuerlichen Besitz zu stärken (Abs. 2). Abgeschlossen wird Artikel 29 in Absatz 3 mit dem der nordrhein-westfälischen Verfassung eigentümlichen Förderungsauftrag für die Kleinsiedlung und das Kleingartenwesen.

30
Grund und Boden

III. Abschnitt „Schule, Kunst und Wissenschaft, Religion und Religionsgemeinschaften"

1. *Die Schulfrage*

Auch im Vergleich zum Entwurf von 1949 ergaben sich im Jahre 1950 noch einmal Änderungen, nämlich zum einen in der Nummerierung (hervorgerufen durch den Abschnitttausch zwischen drittem und viertem Abschnitt sowie durch eine erneute Umstellung der Artikel- und Absatzfolge) sowie zum anderen bezüglich des Inhalts der Schularktikel. Der Abschnitt eröffnet nun in Art. 7 Verf. Nordrhein-Westfalen folgerichtig mit den Erziehungszielen. Im

31
Erneut: die Schulfrage

Erziehungsziele

---

87 Vgl. dazu *Dietlein*, Das Verhältnis von Bundes- und Landesverfassungsrecht (LitVerz.), S. 223 f.

Vergleich mit der Entwurfsfassung aus dem Jahre 1949 wurde das Ziel des „sozialen Gewissens" zum Wecken der „Bereitschaft zum sozialen Handeln" umformuliert[88]. Hinzu trat 1950 das Ziel des Geistes von Demokratie und Freiheit[89]. Hingegen entfiel der im Jahre 1949 entworfene „Geist der Kriegsächtung, Völkerversöhnung und Verantwortung gegenüber der Gemeinschaft" und wurde ersetzt durch die „Erziehung zur Völkergemeinschaft und Friedensgesinnung"[90].

32
Anspruch auf Erziehung und Bildung

Elterliches Erziehungsrecht

Neu eingefügt wurde Art. 8 Abs. 1 Satz 1 Verf. Nordrhein-Westfalen, der mit der Feststellung eröffnet, jedes Kind habe Anspruch auf Erziehung und Bildung. Vergleichbares fand sich zuvor lediglich versteckt im Minderheitsentwurf des Art. 16 Abs. 1 Satz 2 Entw. 1949, der dem Kind ein Anrecht auf die bestmögliche Ausbildung zusprach. Ebenso neu ist die Formulierung des Art. 8 Abs. 1 Satz 2 Verf. Nordrhein-Westfalen, der das „natürliche" Recht der Eltern, die Erziehung und Bildung ihrer Kinder zu bestimmen, zur Grundlage des Schul- und Erziehungswesens erklärt. Diese neue Formulierung scheint durch Art. 6 Abs. 2 GG motiviert, der die „Pflege und Erziehung" zum ebenso natürlichen Elternrecht erklärt. Im Übrigen ergeben sich keine inhaltlichen Neuerungen gegenüber Art. 12 Abs. 1 Satz 1 Entw. 1949, der bei sonst gleicher Formulierung lediglich von einem „Recht" der Eltern sprach. Es verbleibt damit in der Landesverfassung vom Jahre 1950 beim Elternrecht auf Erziehung als Grundlage des (gesamten) Schulwesens.

33
Schulsystem

Präzisierungen

Als wesentliche Pfeiler des Schulsystems sah Art. 8 Abs. 2, 2. Halbsatz Verf. 1950 Volks- und Berufsschulen vor, in der die Schüler ihrer Schulpflicht aus Art. 8 Abs. 2, 1. Halbsatz Verf. 1950 nachkamen[91]. Die Formulierung, wonach Volksschulen „Bekenntnisschulen, Gemeinschaftsschulen oder Weltanschauungsschulen" seien, wurde aus dem Entwurf von 1949 übernommen[92]. Somit blieb es im Jahre 1950 bei der Gleichrangigkeit der Schulformen. Christlich Demokratische Union und Deutsche Zentrumspartei konnten sich daher mit ihrem Wunsch nach der Bekenntnisschule als Regelschule nicht gänzlich durchsetzen, auch wenn die Bekenntnisschule die Aufzählung eröffnet und so zumindest „optisch" als Regelschule erscheinen kann. Allerdings wurde in Art. 12 Abs. 2 Verf. 1950 ein Satz 1 eingefügt, der die Bekenntnisschule als solche definiert, in denen Schüler katholischen oder evangelischen Glaubens „im Geiste ihres Bekenntnisses" erzogen und unterrichtet werden. Ähnliche Präzisierungen finden sich auch für die Gemeinschaftsschule in Satz 2 und für die Weltanschauungsschule in Satz 3. Die Struktur entspricht dem Art. 17 Abs. 1 bis 3 des Mehrheitsentwurfs von 1949, der sich damit durchsetzen konnte[93]. Das dort als Absatz 4 vorgesehene Verbot, einem Kind wegen des religiösen Bekenntnisses die Aufnahme in eine öffentliche Schule

---

88 Art. 13 Abs. 1 Satz 1 Entw. 1949, Art. 7 Abs. 1 Verf. 1950.
89 Art. 7 Abs. 2 Verf. 1950.
90 Art. 7 Abs. 2 Verf. 1950.
91 Art. 12 Abs. Satz 2 Entw. 1949; heute Satz 1.
92 Art. 16 Abs. 1 Entw. 1949.
93 Die Minderheit hatte keinen solchen Artikel gewollt.

zu verweigern – sofern keine Bekenntnisschule vorhanden ist –, wurde 1950 als eigener Artikel 13 in die Landesverfassung eingefügt und so dessen Charakter als subjektiver Anspruch auf Schulzugang betont.

Auch bezüglich der Lehr- und Lernmittelfreiheit konnte sich der Mehrheitsentwurf durchsetzen, der die Einführung und Umsetzung dieser Gewährleistungen einer gesetzlichen Regelung überläßt[94]. Neu war hingegen die anschließend eingefügte Regelung von Unterhaltsbeihilfen zum Studium sowie das Recht von – genehmigten – Privatschulen, zu Lasten des Staates auf Schulgeld zu verzichten[95]. Gleiches gilt auch für die Lehr- und Lernmittelfreiheit, die ebenso für Privatschulen garantiert wurde[96]. Im Entwurf von 1949 war insoweit im Mehrheitsentwurf lediglich allgemein von „gleichen Berechtigungen" der Privatschulen die Rede; der Minderheitsentwurf wollte gar sämtliche Berechtigungen durch gesondertes Gesetz regeln[97].

34
Lehr- und Lernmittelfreiheit

Ebenfalls neu war die Bestimmung des Art. 14 Abs. 1 Satz 3 Verf. 1950, wonach kein Lehrer gezwungen werden darf, Religionsunterricht zu erteilen[98]. Die sonstigen Absätze des Artikels 14 über den Religionsunterricht, etwa die Bestimmung von Lehrplänen und Lehrbüchern im Einvernehmen mit den Kirchen oder Religionsgemeinschaften (Abs. 2), Bevollmächtigung des Lehrers durch die Religionsgemeinschaft bzw. Kirche (Abs. 1 Satz 2) und insbesondere das Recht der Kirchen und Religionsgemeinschaften, sich der ordnungsgemäßen Erteilung des Religionsunterrichts zu vergewissern (Abs. 3), entsprechen mit Umstellungen dem Mehrheitsentwurf des Art. 18 Entw. 1949[99]. Lediglich in bezug auf das letztgenannte Recht betont die Landesverfassung von 1950 nun wieder das staatliche Aufsichtsrecht, das durch diese Regelungen unbeschadet sei, wie es bereits Art. 29 Satz 2 Entw. 1947 formuliert hatte[100]. Das im Jahre 1949 für eine solche Überprüfung vorgesehene „Benehmen" mit der Schulverwaltung wurde in der Fassung von 1950 nunmehr technischer und zugleich präziser gefaßt, indem zum einen ein mit der Unterrichtsverwaltung vereinbartes Verfahren notwendig war und zum anderen die bisherige unbestimmte „Vergewisserung" des Mehrheitsentwurfs von 1949[101] auf eine „Einsichtnahme" verengt wurde. Somit entfiel das im Minderheitsentwurf des Art. 18 Abs. 2 Entw. 1949 vorgesehene Recht des Schülers bzw. religiös Erziehungsberechtigten, über die Teilnahme an religiösen Unterrichtsfeiern, kirchlichen Feiern und Handlungen zu entscheiden.

35
Religionsunterricht

---

94 Art. 9 Abs. 2 Satz 1 Verf. 1950.
95 Art. 9 Abs. 2 Satz 2; S. 3, 1. Halbsatz Verf. 1950.
96 Art. 9 Abs. 2 Satz 3, 2. Halbsatz Verf. 1950.
97 Art. 12 Abs. 5 Satz 2 Entw. 1949.
98 Eine Bestimmung, die in Anbetracht der negativen Religionsfreiheit aus Art. 4 Abs. 1 GG i. V. m. Art. 4 Abs. 1 Verf. 1950 eigentlich nicht notwendig gewesen wäre.
99 Dort Absätze 2 bis 4.
100 Der einzige Unterschied ist, daß Art. 29 Satz 2 Entw. 1947 noch vom Aufsichtsrechts des „Landes" gesprochen hatte, Art. 14 Abs. 3 LV NRW aber vom „staatlichen Aufsichtsrecht" spricht.
101 Dort Art. 18 Abs. 4 Entw. 1949. Der Minderheitsentwurf sprach insofern lediglich von einer Übereinstimmung, ohne eine Überprüfungsbefugnis.

2. Kunst, Kultur und Wissenschaft

36
Schutzpflicht von Land und Gemeinden

Wissenschaft und Hochschulautonomie

Die in Art. 22 Entw. 1949 etablierte Schutzpflicht von Land, Gemeinden und Gemeindeverbänden zugunsten der Denkmale der Kunst, Geschichte und Kultur, der Landschaft und Naturdenkmale wurde in den Art. 18 Abs. 2 Verf. Nordrhein-Westfalen überführt. Im neu eingefügten Absatz 1 dieser Vorschrift wurde nunmehr bestimmt, daß Kultur, Kunst und Wissenschaft durch Land und Gemeinden zu pflegen und zu fördern seien. Aus welchem Grund die Gemeindeverbände nicht mehr unter den Normadressaten genannt wurden, läßt sich nicht erklären[102]. Bezüglich der Wissenschaft regelt nunmehr Art. 16 Abs. 1 Verf. Nordrhein-Westfalen das im Entwurf von 1949 noch in Artikel 20 enthaltene Recht auf universitäre Selbstverwaltung. Im Vergleich zur Fassung von 1949 wurde zum einen präzisiert, daß nicht alle Hochschulen, sondern neben den Universitäten nur diejenigen Hochschulen, die den Universitäten „als Stätten der Forschung und Lehre gleichstehen", das Recht auf „eine ihrem besonderen Charakter entsprechende Selbstverwaltung" haben. Im Vergleich zum Entwurf von 1949 entfiel darüber hinaus die damals noch enthaltene Garantie studentischer Beteiligung an der Selbstverwaltung[103], die sich damit nur noch auf eine einfachgesetzliche Garantie stützen kann[104].

3. Religion und Religionsgemeinschaften

37
Religionsgemeinschaften

Verankerte Gewährleistungen

Mit Ausnahme der bereits dargestellten[105] Vorschriften zum Religionsunterricht, etwa dem Recht, sich der ordnungsgemäßen Durchführung des Religionsunterrichts zu vergewissern[106], beschränkten sich die Regelungen des Entwurfs von 1949 auf Artikel 20 Abs. 2, der den Kirchen und Religionsgemeinschaften das Recht zubilligte, zur Ausbildung der Geistlichen und Religionsdiener eigene „Anstalten mit Hochschulcharakter" zu errichten und zu betreiben. In der Landesverfassung von 1950 traten dieser Norm umfangreiche Bestimmungen zu den Rechten der Kirchen bzw. Religionsgemeinschaften zur Seite. In den Art. 19 bis 23 wurden folgende Rechte verankert:

- Art. 19 Abs. 1: Religiöse Vereinigungsfreiheit zu Kirchen oder Religionsgemeinschaften ohne Beschränkung;
- Art. 19 Abs. 2: Selbstverwaltungsrecht der Kirchen und Religionsgemeinschaften;
- Art. 20: Recht auf Seelsorge und Gottesdienste durch Kirchen und Religionsgemeinschaften in Kranken-, Straf- „und ähnlichen öffentlichen Anstalten";

---

102 Dies könnte durch den abstrakten Förderungsauftrag des Absatzes 2 im Gegensatz zum recht konkreten Schutz der Denkmäler in Absatz 2 bedingt sein. In den Beratungen wurde der Absatz 1 vom Abg. *Krekeler* (FDP) kommentarlos vorgestellt; vgl. auch *Th. Mann*, in: Löwer/Tettinger (LitVerz.), Art. 18 RN 11, der dementsprechend ein „Versehen des Verfassunggebers" vermutet.
103 Art. 20 Abs. 1 Entw. 1949.
104 Vgl. etwa die Einrichtungen des Allgemeinen Studierendenausschusses und der Fachschaften in den §§ 55f. HG NRW.
105 Oben unter III 1, RN 34.
106 Art. 18 Abs. 4 Entw. 1949-Mehrheit; Art. 14 Abs. 3 Verf. 1950.

- Art. 21: Garantie der den Kirchen und Religionsgemeinschaften zustehenden Staatsleistungen, die nur durch Vertrag abgelöst werden können;
- Art. 22: Rezeption des Art. 140 GG;
- Art. 23 Abs. 1: Übernahme der Konkordate Preußens mit der Katholischen und Evangelischen Kirche der altpreußischen Union für die ehemals preußischen Gebiete Nordrhein-Westfalens.

Die Bestimmungen zu den Ablösungen der Staatsleistungen und der Konkordate können jeweils nur durch – bestätigende – Landesgesetze geändert werden[107]. Dabei stellen sich die genannten Bestimmungen nur teilweise als „Neuerungen" dar. Vielmehr gehen sie mehrheitlich auf Bestimmungen des Entwurfs von 1947 zurück, die im Jahre 1949 zunächst gestrichen, zuletzt aber wieder eingefügt wurden. Dies sind zunächst die religiöse Vereinigungsfreiheit[108], das Selbstverwaltungsrecht der Kirchen[109], und – wenn auch weniger deutlich – das Seelsorgerecht der Kirchen[110] sowie die Bestimmung zu den Staatsleistungen[111].

Kirchliche Vereinigungsfreiheit, Selbstverwaltung und Seelsorge

Der Artikel über Konkordate war so im Entwurf der Landesverfassung von 1947 nicht enthalten, stellte jedoch eine Änderung im Vergleich zum Entwurf von 1949 dar, der von spezifischen Konkordaten sprach[112], während sich der oben genannte Art. 23 Abs. 1 Verf. 1950 allgemein auf ungenannte Konkordate, jedoch solche der „Evangelischen Kirche der altpreußischen Union" bezog. Vollständig neu war die durch Art. 22 Verf. Nordrhein-Westfalen angeordnete Rezeption des Art. 140 GG, der wiederum die Art. 136 bis 139 und 141 der Weimarer Reichsverfassung rezipiert. Es handelt sich hierbei also gewissermaßen um eine „doppelte" oder „verlängerte Rezeption", indem zunächst die grundgesetzliche Rezeptionsnorm und über diese wiederum die Weimarer Reichsverfassung rezipiert wird. Dieser Rezeption hätte es im Grunde genommen nicht bedurft, weil das Staatskirchenrecht des Grundgesetzes auch für die Länder gilt[113]. Auch dieser Artikel des Grundgesetzes wurde zu einem „Bestandteil dieser Verfassung und unmittelbar geltendem Landesrecht" erklärt, weil man für eine etwaige grundgesetzlose Zeit keine Rechtsunsicherheit schaffen wollte[114].

38
Konkordate

„Verlängerte Rezeption"

4. Übersicht und Bewertung

Die Landesverfassung von 1950 folgt im wesentlichen der Konzeption des Entwurfs von 1949: Weite Teile des ursprünglichen Entwurfs – besonders die zwischen den Koalitionspartnern unstrittigen – wurden übernommen, so etwa

39
Inhaltliche Kontinuitätsverläufe

---

107 Vgl. Art. 21, 2. Hs. Verf. 1950; Art. 23 Abs. 2 Verf. 1950.
108 Vgl. Art. 31 Abs. 1 Entw. 1947.
109 Vgl. Art. 31 Abs. 2 Entw. 1947. Rechte der Kirchen stehen jeweils auch allgemein „den Religionsgemeinschaften" zu.
110 Vgl. Art. 35 Entw. 1947.
111 Vgl. Art. 34 Abs. 1 Entw. 1947
112 Vgl. Art. 21 Entw. 1949.
113 So *Vogels*, Verfassung (LitVerz.), Art. 22, S. 62. → Oben *Korioth*, Religiöse und weltanschauliche Freiheiten, § 236 RN 10.
114 Ebd.

der Schutz von Ehe, Familie, Mutterschaft und kinderreicher Familie, der Gleichstellung von Hausarbeit der Frau und Berufsarbeit (des Mannes), der Förderauftrag für begabte Jugendliche, der Schutz der Jugend vor Ausbeutung, Mißbrauch und sittlicher Gefährdung, das Mitwirkungsrecht der Kirchen und Familienpflege und Jugendfürsorge oder die Schulpflicht, die Unentgeltlichkeit von Volks- und Berufsschulen, die Schilderung des Schulaufbaus in wesentlichen Zügen, die Mitwirkung der Erziehungsberechtigen durch Elternvertretungen, Staatsbürgerkunde als Lehrfach, die bekenntnismäßige Ausbildung der Lehrkräfte, das Selbstverwaltungsrecht der Hochschulen, die Bestimmungen zur Erwachsenenförderung, der Denkmalschutz, Schutz der Arbeitskraft und Recht auf Urlaub, Schutz von Sonntag und 1. Mai, Förderung von Klein- und Mittelbetrieben und die Stärkung des klein- und mittelbäuerlichen Besitzes. Die Pflicht, Schulen einzurichten, wurde in der Gestaltung des Art. 8 Abs. 3 Satz 1 Verf. Nordrhein-Westfalen als Kompromiß aus Minderheits- und Mehrheitsentwurf gestaltet. Ebenso Art. 8 Abs. 1 Satz 1 Verf. Nordrhein-Westfalen, der das Recht des Kindes auf Bildung und Erziehung aus Art. 16 Abs. 1 Satz 2 des Minderheitsentwurfs von 1949 übernahm, während der Mehrheitsvorschlag von 1949 nur ein Recht auf Förderung der Jugend vorgesehen hatte[115]. Dies sind jedoch zwei der wenigen Bereiche, in denen ein Kompromiß eingegangen wurde.

40
Streitfragen

In den zwischen den Koalitionspartnern strittigen Fragen der Überführung von Großbetrieben in Gemeineigentum, der Lehr- und Lernmittelfreiheit, der gleichen Rechte für Privatschulen, der bekenntnismäßigen Gliederung der Volksschulen, der Formulierung des Rechts auf Schulwahl durch die Erziehungsberechtigten, des Rechts der Erziehungsberechtigten, auf ihren Antrag hin Bekenntnis-, Gemeinschafts- oder Weltanschauungsschulen einzurichten, der inhaltlichen Definition dieser Schulformen, der Bestimmungen des Religionsunterrichts, der Schulgeldfreiheit und des Rechts, daß wegen des eigenen Bekenntnisses keinem Kind die Aufnahme in eine öffentliche Schule verweigert werden dürfe, setzte sich der Mehrheitsentwurf durch, obwohl auch dort – teils aber nur sehr geringe – Modifikationen gemacht wurden. Hinsichtlich einer Übernahme der Bestimmungen zur Privatschule in Art. 7 Abs. 4 und 5 GG stellt Art. 8 Abs. 4 Satz 1 Verf. Nordrhein-Westfalen im Gegensatz zu Art. 12 Abs. 5 Satz 1 Entw. 1949 klar, daß diese „zugleich als Bestandteil dieser Verfassung" gelten. Hier kommt es also im Sinne des Art. 4 Abs. 1 Verf. Nordrhein-Westfalen nicht nur zu einer Verweisung, sondern ebenfalls zu einer Rezeption. Geringe Änderungen bzw. Umpositionierungen im Vergleich zum Entwurf von 1949 ergeben sich etwa in den Erziehungszielen, aber auch in der Formulierung der Definition von Bekenntnis-, Gemeinschafts- und Weltanschauungsschule, obwohl es sich hierbei grundsätzlich um eine Übernahme des Mehrheitsentwurfes handelte. Dies erklärt sich daraus, daß sich im Vergleich zum Entwurf von 1949 eine nochmalige „Verschärfung" hinsichtlich der religiös-konfessionellen Ausrichtung der Schulformen ergab. So

Übernahme der Privatschul-Bestimmungen

Schärfung religiös-konfessioneller Ausrichtung

---

115 Art. 6 Abs. 3 Entw. 1949, der jedoch als Art. 6 Abs. 1 Satz 2 ebenso in die Endfassung Verf. 1950 übernommen wurde.

wurde in Art. 12 Abs. 2 Verf. 1950 formuliert, daß die Kinder in den Bekenntnisschulen nicht mehr allgemein von „Lehrern ihres Bekenntnisses", sondern „Kinder des katholischen oder [...] evangelischen Glaubens im Geiste ihres Bekenntnisses" unterrichtet und erzogen werden. In Gemeinschaftsschulen werden die Schüler nicht mehr „ohne Rücksicht auf ein Bekenntnis aufgenommen", was auch Schüler ohne Glauben umfaßt hätte, sondern „Kinder verschiedener Religionszugehörigkeit auf der Grundlage christlicher Bildungs- und Kulturwerte erzogen und unterrichtet." Konsequent wurde in der Definition der Weltanschauungsschule die klarstellende Bemerkung eingefügt, daß zu den Weltanschauungsschulen „auch die bekenntnisfreien Schulen gehören". Eine behutsame Änderungen findet sich auch in Art. 8 Abs. 1 Satz 2 Verf. Nordrhein-Westfalen, der nun in Anlehnung an Art. 6 Abs. 2 Satz 1 GG vom „natürlichen" Recht der Eltern spricht.

„Rücksicht auf ein Bekenntnis"

Gegenüber den unstrittigen bzw. aus dem Mehrheitsentwurf übernommenen oder geänderten Bestimmungen des Entwurfs von 1949 bleiben genuin neue Bestimmungen aus dem Jahre 1950 überschaubar, aber keineswegs ohne Bedeutung: Dies betrifft etwa das – in der späteren Umsetzung nochmals heftig umkämpfte[116] – Recht der Privatschulen auf die zur Erfüllung ihrer Pflichten erforderlichen öffentlichen Zuschüsse, ebenso die Zuschüsse für Studenten in Form von Unterhaltsbeihilfen im Bedarfsfall, das Erfordernis, daß Lehrer die persönlichen und sachlichen Voraussetzungen erfüllen müssen, die sich aus dem Charakter der einzelnen Schulart ergeben, oder den Förderauftrag für Kunst, Kultur und Wissenschaft. Neu waren insbesondere auch die oben beschriebene „verlängerte Rezeption" des Weimarer Staatskirchenrechts aus Art. 140 GG, die speziellen Bezüge zu Verträgen mit der Katholischen Kirche und der Evangelischen Kirche der Altpreußischen Union und die verfassungsmäßige Verbürgung eines Arbeitnehmer-Mitbestimmungsrechts in Art. 26 Verf. Nordrhein-Westfalen, ebenso das Erstreben der Verbindung weiter Volksschichten mit Grund und Boden und, als Besonderheit der nordrhein-westfälischen Verfassung, ein Förderauftrag für Kleinsiedlung und Kleingarten.

41
Neuerungen

„Verlängerte Rezeption" Weimarer Staatskirchenrechts

In einer dritten Kategorie stehen Normen, die gleichsam ein „Comeback" feiern konnten, also zwar nicht mehr Teil des Entwurfes von 1949 waren, gleichwohl im Jahr 1950 in die Verfassung gelangten. Dies waren insbesondere die religiöse Vereinigungsfreiheit, das Selbstverwaltungsrecht der Kirchen und Religionsgemeinschaften sowie das Recht auf Seelsorge in näher bestimmten öffentlichen Anstalten. Die im Jahre 1947 jeweils ebenso berechtigten Weltanschauungsgemeinschaften wurden 1950 wieder aus den Bestimmungen gestrichen. Dies betraf jedoch nicht die Bestimmung über die Staatsleistungen an Kirchen und Religionsgemeinschaften und den Modus ihrer Änderung, die ebenfalls aus dem Entwurf von 1947 überführt wurden. Hier waren die Weltanschauungsgemeinschaften auch ursprünglich nicht Regelungsadressaten.

42
Rückbesinnungen

---

116 Eingehend *Pottmeyer*, Schule und Hochschule in der Rechtsprechung des Verfassungsgerichtshofs, in: Präsident des Verfassungsgerichtshofs für das Land Nordrhein-Westfalen (Hg.), Verfassungsgerichtsbarkeit in Nordrhein-Westfalen, 2002, S. 245 (261 ff. m.w.N.); hierzu insb. *VerfGH Nordrhein-Westfalen*, Urt. v. 21. 12. 1959 (2/59), *OVGE* 15, 314 ff.; Urt. v. 3. 1. 1983 (6/82), *OVGE* 36, 306 ff.

C. Kontinuität und Wandel der Landesgrundrechte nach 1950

43
System der Grundrechte

Bei systematischer Betrachtung bietet die Landesverfassung von Nordrhein-Westfalen in grundrechtlicher Hinsicht ein eher ungewöhnliches Bild: Der zweite Teil der Verfassung ist „Von den Grundrechten und der Ordnung des Gemeinschaftslebens" überschrieben, wovon der erste Abschnitt „Von den Grundrechten" lediglich einen einzigen Artikel ausmacht, nämlich Artikel 4. Dieser ordnete in seiner Fassung von 1950 – also vor Einfügung des Datenschutzgrundrechts – ausschließlich die Geltung der „Grundrechte und staatsbürgerlichen Rechte" des Grundgesetzes in der Fassung vom 23. Mai 1949 als „Bestandteil dieser Verfassung und unmittelbar geltendes Landesrecht" an. Der folgende zweite Abschnitt beendet scheinbar bereits die Grundrechtsaufzählung. Tatsächlich aber vermischen sich in den folgenden Abschnitten – Abschnitt 2: „Die Familie", Abschnitt 3: „Schule, Kunst und Wissenschaft, Sport, Religion und Religionsgemeinschaften" und Abschnitt 4: „Arbeit, Wirtschaft, Umwelt" – wie bereits in der Fassung von 1947 materielle Grundrechtsbestimmungen mit Pflichtenregelungen, organisatorischen Vorschriften[117] und staatszielartigen Normen[118].

I. Auslegung und Reichweite der „Rezeptionsgrundrechte"

44
Rezeptionsklausel

Wiewohl in ihrer Grundintention eindeutig, stellen sich mit der Rezeptionsklausel des Art. 4 Abs. 1 Verf. Nordrhein-Westfalen bis heute vielfältige Auslegungsprobleme und Zweifelsfragen[119]. Die Rezeptionsanordnung lautet wörtlich: „Die im Grundgesetz für die Bundesrepublik Deutschland in der Fassung vom 23. Mai 1949 festgelegten Grundrechte und staatsbürgerlichen Rechte sind Bestandteil dieser Verfassung und unmittelbar geltendes Landesrecht".

1. Begriff der Grundrechte

45
Begriff der Grundrechte

Erhebliche Unsicherheiten bestehen bereits im Hinblick auf das Verständnis des Begriffs der „Grundrechte und staatsbürgerlichen Rechte" des Grundgesetzes als Bezugsobjekt der Rezeptionsklausel des Art. 4 Abs. 1 Verf. Nord-

---

117 Aus dem schulischen Bereich etwa die Schulpflicht in Art. 8 Abs. 2 Verf. Nordrhein-Westfalen sowie im organisatorischen Bereich die Regelungen der Art. 10 ff., 14, 15 S. 1.
118 Vgl. etwa Art. 17, 18 und 28 Verf. Nordrhein-Westfalen zu Erwachsenenbildung, Kunst, Kultur, Sport und Mittelstandsförderung.
119 Das „Modell der Rezeption" von Bundesgrundrechten war allgemein kennzeichnend für die zweite Phase der Landesverfassungsgebung nach Inkrafttreten des Grundgesetzes, vgl. *Stern*, Staatsrecht III/2 (LitVerz.), § 93 III 1, S. 1434. Vgl. auch → Bd. III: *Grawert*, Wechselwirkungen zwischen Bundes- und Landesgrundrechten, § 81, ins. RN 43 ff., 59 ff.; *K. Lange*, Grundrechtliche Besonderheiten in den Landesverfassungen, § 83, insb. RN 8 ff., 14 ff.

rhein-Westfalen[120]. Zwar knüpft diese begriffliche Distinktion formal an die tradierte Systematik von „bürgerlichen" und „staatsbürgerlichen" Rechten an, wie sie auch in Art. 33 Abs. 3 Satz 1 GG ihren Niederschlag gefunden hat[121]. Eine präzise Grenzziehung dürfte mit dieser Erklärung allerdings noch nicht erreicht sein. Unstreitig erfaßt sind in jedem Falle die klassischen Staatsabwehrrechte des Grundrechtskatalogs des Grundgesetzes sowie die Ansprüche auf gleiche Teilhabe an der politischen Willensbildung. Den Grundrechten im Sinne des Art. 4 Abs. 1 Verf. Nordrhein-Westfalen hinzuzurechnen sind ferner auch die Justizgrundrechte der Art. 101 bis 104 GG, auch wenn diese Verbürgungen etwa in Art. 93 Abs. 1 Nr. 4a GG nicht zu den eigentlichen Grundrechten, sondern zu den „grundrechtsgleichen Rechten" gezählt werden.

Justizgrundrechte

Weniger eindeutig könnte dagegen erscheinen, ob und inwieweit die sogenannten „objektiv-rechtlichen Grundrechtsgehalte", etwa grundgesetzliche Einrichtungsgarantien oder Schutz- und Leistungsrechte des Grundgesetzes, durch die Rezeptionsanordnung miterfaßt werden. Der entscheidende Maßstab muß hier die Intention der Rezeptionsklausel sein, im Bereich der subjektiven Gewährleistungen jedenfalls einen dem Grundgesetz entsprechenden Schutzstandard sicherzustellen. Insofern bildet das Begriffspaar der „Grundrechte und staatsbürgerlichen Rechte" in Art. 4 Abs. 1 Verf. Nordrhein-Westfalen gleichsam eine Art „Sammelbegriff" für sämtliche subjektiv-rechtlich bewehrten Geltungsanordnungen des Grundgesetzes, gleichviel, ob diese klassisch grundrechtlicher Art sind oder nicht. In eben diesem Sinne hat auch der Verfassungsgerichtshof für das Land Nordrhein-Westfalen die Rezeptionsanordnung unlängst interpretiert, wenn er ausführt: „Der Begriff ‚Grundrechte' in Art. 4 Abs. 1 LV NRW [...] erfasst [...] nicht nur die in Art. 1 bis 18 bzw. 19 GG aufgeführten Grundrechte, sondern auch vergleichbare subjektiv-öffentliche Rechte, die an anderer Stelle im Grundgesetz gewährleistet sind [...]"[122].

46
Objektiv-rechtliche Grundrechtsgehalte

„Grundrechte und staatsbürgerliche Rechte"

Als Landesverfassungsnorm rezipiert sind damit jedenfalls alle in Art. 93 Abs. 1 Nr. 4a GG aufgeführten grundrechtsgleichen Rechte[123]. Darüber hinaus aber solche – zumindest auch – individualschützende Gewährleistungen, die – wie etwa Art. 28 Abs. 1 Satz 2 GG hinsichtlich der Wahlrechtsgleichheit bei Kommunalwahlen – durch Art. 93 Abs. 1 Nr. 4a GG nicht verfassungsbeschwerdefähig gestellt wurden. Als durch Art. 4 Abs. 1 Verf. Nordrhein-Westfalen rezipierte Grundrechtsbestimmung hat der Verfassungsgerichtshof zuletzt das in Art. 33 Abs. 5 GG verankerte beamtenrechtliche Alimentationsprinzip explizit anerkannt, das damit zugleich unmittelbarer Prüfungsmaßstab des Verfassungsgerichtshofs geworden ist[124].

47
Erfaßte Bundesnormen

---

120 Hierzu und zum Folgenden ausführlich *Dietlein*, Die Rezeption von Bundesgrundrechten (LitVerz.), S. 12 ff.
121 Hierzu ausführlich *Stern*, Staatsrecht III/1, (LitVerz.), § 64 II 2 b, S. 399 ff.
122 Vgl. *VerfGH Nordrhein-Westfalen* NWVBl. 2014, S. 336 (338).
123 *VerfGH Nordrhein-Westfalen* NWVBl. 2014, S. 336 (338), unter Bezugnahme auf *Dickersbach*, in: Geller/Kleinrahm (LitVerz.), Art. 4 Anm. 2c; *D. Martina* (LitVerz.), S. 70; *Stern*, Staatsrecht III/2 (LitVerz.), § 93 III 4 b, S. 1442; a.A. *Hartmann*, Landesgrundrechte und Alimentationsprinzip, NWVBl. 2014, S. 211 (212 ff.).
124 *VerfGH Nordrhein-Westfalen* NWVBl. 2014, S. 336 (338).

48

Objektive Normgehalte

Hierbei darf die Bezugnahme auf den subjektivrechtlichen Charakter der rezipierten Verbürgungen freilich nicht den Blick dafür verstellen, daß die betreffenden grundgesetzlichen Normen notwendig zugleich auch in ihrer objektivrechtlichen Geltungskraft als Landesverfassungsnormen rezipiert werden. Denn stets und notwendig gründet jedes subjektive Recht auf einer objektiven Norm, ohne diese es nicht denkbar ist und dank dieser deren individuelle Durchsetzbarkeit über das subjektive Recht gewährleistet wird. Insoweit ist an das berühmte Diktum von *Ernst Friesenhahn* zu erinnern, der pointiert formuliert hat: „Grundrechte im Sinne von Abwehr- oder sonstigen Ansprüchen sind keine Normen, sondern sie beruhen auf Normen"[125]. Als Schrankenvorbehalt sui generis dürfte schließlich auch die Verwirkungsnorm des Art. 18 GG von der Rezeptionsanordnung erfaßt sein, was konsequenterweise eine (ungeschriebene) Zuständigkeit des Verfassungsgerichtshofs in Bezug auf eine Verwirkungsfeststellung für Landesgrundrechte impliziert[126]. Die Möglichkeit einer „doppelten Verwirkung" ist insoweit Kehrseite der doppelten Gewährleistung der Grundrechte in der Bundes- und Landesverfassung.

Schrankenvorbehalt sui generis

2. Statische oder dynamische Rezeption?

49

Statische oder dynamische Rezeption?

Gegenstand vielfältiger Diskussionen[127] war und ist die Bezugnahme der Rezeptionsklausel speziell auf den Stand des Grundgesetzes vom 23. Mai 1949. Bei formaler Auslegung ließe sich diese Formulierung dahin verstehen, daß nachträglich erfolgte Änderungen der Bundesgrundrechte nicht mehr Teil der Landesverfassung geworden sind. Eine solche statische Auslegung stünde freilich in augenfälligem Widerspruch zu der zentralen Harmonisierungsintention des Art. 4 Abs. 1 Verf. Nordrhein-Westfalen. So gründete sich die Entscheidung zugunsten einer Rezeptionsanordnung gerade auf die Befürchtung, daß zu weit gefaßte Landesgrundrechte Bundesgesetze beschneiden[128] und zu enge den Grundrechtsschutz verkürzen könnten, eine wörtliche Übernahme aber sinnlos sei[129]. Der spezifische zeitliche Verweis muß daher dahingehend interpretiert oder besser teleologisch reduziert werden, daß die Bezugnahme auf den genannten Zeitpunkt als „Fortbestandsgarantie" für den Fall gedacht war, daß es im Zuge der – seinerzeit noch zeitnah erwarteten – Wiedervereinigung des geteilten Deutschlands zu einer Suspendierung des Grundgesetzes und seiner Grundrechte kommen[130] und eine dynamische Verweisung „ins

„Fortbestands- garantie"

---

125 *Friesenhahn*, Verhandlungen des 50. Deutschen Juristentages, 1974, Bd. 2, Gutachten G, S. G 14. Eingehend zu dieser Problematik *Stern*, Staatsrecht IV/2 (LitVerz.), § 123 IV 2, S. 1915 ff. m.w.N.
126 Für eine Übernahme auch *Vogels*, Verfassung (LitVerz.), Art. 4 Erl. 3., S. 35.
127 Vgl. dazu einerseits für eine dynamische Verweisung nur: *Grimm*, Verfassungsrecht, in: ders./Papier (LitVerz.), S. 150; *Boldt*, Landesverfassung im Bundesstaat, in: Präsident des Landtags von Nordrhein-Westfalen (Hg.), Kontinuität und Wandel. 40 Jahre Landesverfassung Nordrhein-Westfalen, 1990, S. 63 (S. 83 f.); aus jüngerer Zeit *Dästner* (LitVerz.), Art. 4 RN 7. Vertreter der Gegenansicht ist *Rüfner*, Zum Verhältnis von Bundes- und Landesverfassungsgerichtsbarkeit im Bereich der Grundrechte, DÖV 1967, S. 668 (669), differenzierend hierzu *Martina* (LitVerz.), – passim.
128 Zu dem mutmaßlichen Hintergrund dieser heute überholten Sichtweise bereits oben über FN 37.
129 Vgl. LT-Plenarprotokoll 01/117, S. 3630.
130 Vgl. in dieser Richtung auch Abg. *Krekeler* (FDP), Plenarprotokoll 01/126, S. 4249 f., ebenso Abg. *Brockmann* (Zentrum), aaO., S. 4250 sowie deutlich Abg. *Scholtissek* (CDU), aaO., S. 4257.

Leere laufen" würde. Diese Interpretation bedeutet im Umkehrschluß, daß sich der Verweis auf den 23. Mai 1949 zwischenzeitlich erledigt hat und im Zuge der anstehenden Verfassungsreform[131] gestrichen werden sollte.

3. Rechtsfolge der Rezeption

Mit erheblichen Unsicherheiten behaftet war über lange Zeit hinweg auch die Frage nach den konkreten Rechtswirkungen der Rezeption, namentlich also die Auslegung der Normanordnung in Art. 4 Entw. 1949, wonach die Grundrechte „Bestandteil dieser Verfassung und unmittelbar geltendes Landesrecht" sind. Zu Beginn der Beratungen zum Entwurf von 1949 war man teilweise der Auffassung, daß es wegen Art. 31 GG – Bundesrecht bricht Landesrecht – „einer derartigen Bestimmung im Landesgrundgesetz *an sich* nicht bedarf"[132], weil die Bundesgrundrechte gleichsam in die Landessphäre hineinwirkten und jede Änderungen an deren Bestand auch automatisch Teil der landesverfassungsrechtlichen Grundrechtsverbürgungen würde. Dies erschien zumal dem damaligen Innenminister *Walter Menzel* so selbstverständlich, daß er in der Landtagssitzung vom 24. April 1950 namens des Kabinetts die Streichung der Rezeptionsklausel des Art. 4 Entw. 1949 empfahl. Dem schloß sich der Abgeordnete *Werner Jacobi* (SPD) mit einem Antrag an[133]. Hiergegen argumentierte der Abgeordnete Dr. *Herbert Scholtissek* (CDU), auch wenn er zur rechtlichen Stellung des Art. 4 Entw. 1949 in der Sache der Meinung der Vorredner war[134], daß sowohl die Formulierung eigener Grundrechte als auch das schlichte „Abschreiben" der Bundesgrundrechte untunlich, da zu zeitaufwendig oder mit staatsrechtlichen Schwierigkeiten verbunden sei. – Gleichwohl forderte er die Ablehnung jenes Antrags.[135] Art. 4 Entw. 1949 wurde schließlich am 5. Mai 1950 in der ursprünglichen Form angenommen[136]. Die Bestimmung bildet demnach einen Kompromiß zwischen der Normierung eigener Landesgrundrechte und einem gänzlichen Verzicht auf einen eigenen Grundrechtskatalog[137]. Art. 4 Abs. 1 Verf. Nordrhein-Westfalen gestaltet sich als „en-bloc-Übernahme" der Bundesgrundrechte durch die Landesverfassung[138].

Wie man diese „en-bloc-Übernahme" bezeichnet, ob als „Rezeption", als „Transformation" oder als „Verweisung", mag zunächst zweitrangig erscheinen. Indes sind Begriffsfragen – wie auch hier – nicht selten zugleich Interpretations- und Verständnisfragen. Insofern ist begriffliche Klarheit geboten.

50 Verständnis der Rezeptionsklausel

Grundrechtsteil-Kompromiß

51 Terminologische Aspekte

---

131 Vgl. hierzu unten C III 2, RN 72.
132 S. Abg. *Jacobi* (SPD), ähnlich Abg. *Krekeler* (FDP), Plenarprotokoll 01/126, S. 4249, ebenso der Abg. *Scholtissek* (CDU), aaO., S. 4256 sowie der damalige Innenminister *Menzel* (SPD), aaO., S. 4253: „völlig gleichgültig, ob dieser Artikel künftig in unserer Verfassung bleiben wird oder nicht".
133 Plenarprotokoll 01/126, S. 4254 sowie 4256.
134 Plenarprotokoll 01/126, S. 4256 f.
135 Dieser Sichtweise schloß sich später der Abgeordnete *Johannes Brockmann* (Deutsche Zentrumspartei) an, vgl. Plenarprotokoll 01/126, S. 4250.
136 Plenarprotokoll 01/131, S. 4571.
137 So zutreffend *Stern*, Staatsrecht III/2 (LitVerz.), § 93 III 3, S. 1436.
138 Hierzu und zum Folgenden vgl. *Dietlein*, Rezeption von Bundesgrundrechten (LitVerz.), S. 1 ff.

§ 254   Sechzehnter Teil: III. Die Grundrechte in den Landesverfassungen

Hierbei wird man gegenüber dem Begriff der Verweisung Vorsicht anmahnen müssen. Schon aus kompetenzrechtlichen Gründen erscheint die Vorstellung einer Art bundesrechtlichen „Regelungsenklave" im Landesverfassungsrecht, wie sie mit dem Begriff des „Verweises" verbunden sein könnte[139], fernliegend. Erst recht ist eine solche Klausel keine bloße Deklaration. Vielmehr schafft sie genuines Landesverfassungsrecht: „Nicht die fremde Rechtsnorm wird inkorporiert, sondern ihr Inhalt wird zum Bestandteil der eigenen Rechtsordnung erklärt"[140]. Diese Auslegung erscheint schon deshalb zwingend, weil nur genuine Landesgrundrechte Prüfungsmaßstab des Verfassungsgerichtshofs sein können. Vor diesem Hintergrund erscheint es folgerichtig, die „übernommenen" Grundrechte nicht etwa als parallele Absicherung ein und desselben Rechts anzusehen, sondern als eigenständiges Landesrecht[141]. Hierbei kommt es auch nicht zu einer „Transformation", mithin einer Umwandlung in dem Sinne, daß die Ausgangsgrundrechte ihrer Natur nach verändert oder gar vernichtet würden, sondern zu einer Verdoppelung der Grundrechtsnormen. Die Landesverfassung schafft mit der als Rezeption zu bezeichnenden „en-bloc-Übernahme" also schlichtweg neue Grundrechte[142].

Neue Grundrechte durch „en-bloc-Übernahme"

52
Reichweite der Rezeption

Dies klärt freilich zunächst allein das Wesen und die Funktionsweise der Rezeptionsanordnung, nicht aber deren Reichweite. So stellt sich insbesondere die Frage, wie mit den zahlreichen bundesgrundrechtlichen Bezugnahmen auf das Bundesvolk („Deutsche"), das Bundesgebiet oder den Bundesgesetzgeber umzugehen ist, aber auch die Frage, was in Bezug auf diejenigen Regelungsanordnungen des Grundrechtskataloges gelten soll, die, wie etwa Art. 18 GG, keine „Grundrechte" enthalten.

53
Maßstäbliche Verkleinerung?

Bezüglich der ersten Frage wird bisweilen vorgeschlagen, Bestimmungen über „das Deutsche Volk" (Art. 1 Abs. 2 GG) oder „das gesamte Bundesgebiet" (Art. 11 Abs. 1 GG) durch entsprechende landesbezogene Formulierungen „maßstäblich zu verkleinern"[143]. Dieser Vorschlag wird gewiß häufig zu praktikablen Ergebnissen führen. Bisweilen kann er aber womöglich auch zu gravierenden Fehlschlüssen führen. Dies etwa dann, wenn Deutschengrundrechte des Grundgesetzes derart reduziert würden, daß – etwa im Bereich der Versammlungs- oder der Berufsfreiheit – landesgrundrechtliche Abwehrpositionen gegenüber der Landesstaatsgewalt allein den jeweiligen „Landeskindern" vorbehalten blieben. Die maßstäbliche Verkleinerung bietet insoweit keine Patentlösung zur Klärung der Rezeptionsreichweite. Insbesondere aber bietet die Theorie von der maßstäblichen Verkleinerung keine wirkliche Erklärung für die hiermit vollzogene inhaltliche Umgestaltung der Bundes-

---

139 So aber *Ernst Friesenhahn*, Die Verfassungsgerichtsbarkeit in der Bundesrepublik Deutschland, 1963, S. 26.
140 *Stern*, Staatsrecht III/2 (LitVerz.), § 93 III 4 a, S. 1440.
141 Vgl. hierzu *Dietlein*, Landesverfassungsbeschwerde und Einheit des Bundesrechts – Zu den Kontrollbefugnissen der Landesverfassungsgerichte im Rahmen des „Urteilsverfassungsbeschwerdeverfahrens", NVwZ 1994, S. 6 (23).
142 Offenlassend *BVerfGE* 96, 345. Ausdrücklich bestätigend für sonstiges Verfassungsrecht: *BVerfGE* 36, 342 (366).
143 *K. Braun*, Kommentar (LitVerz.), Art. 2 RN 9; a.A. *Dickersbach*, in: Geller/Kleinrahm (LitVerz.), Art. 4 Anm. 2 b.

grundrechte. Auch bleiben offene Fragen im Hinblick auf den Umgang mit etwaigen Handlungsanweisungen an die Bundesgewalt – insbesondere im Bereich der Gesetzesvorbehalte[144].

Vorzugswürdig erscheint insoweit ein „funktionaler" Ansatz, der von dem Ziel der Rezeption bzw. dem Mandat des Verfassungsgesetzgebers ausgeht, speziell die Landesgewalt zu binden und zu begrenzen. Von dieser Warte betrachtet erscheint es folgerichtig, die Anordnung des Art. 4 Abs 1 Verf. Nordrhein-Westfalen von vornherein als *partielle Übernahme* der für die Landesgewalt geltenden Regelungsanordnungen der Bundesgrundrechte zu deuten, nicht aber als nachträglich zu reduzierende „Vollrezeption" des Bundesgrundrechtsbestands. „Verdoppelt" werden danach also ausschließlich jene bundesgrundrechtlichen Regelungen, welche die Landesstaatsgewalt treffen. Miterfaßt sind dabei zugleich etwaige Begrenzungsvorbehalte zugunsten der Landesstaatsgewalt. Die partielle Übernahme führt umgekehrt dazu, daß der exakte *Wortlaut* der Landesgrundrechte an keiner Stelle der Landesverfassung authentisch festgelegt ist; er muß vielmehr aus einer Zusammenschau von Bundesgrundrecht und Übernahmeklausel im Einzelfall gewonnen werden.

54
Partielle Rezeption

Eine weitere Einschränkung ist bezüglich der in der Landesverfassung selbst ausformulierten Grundrechte zu treffen: Wie sich aus der oben dargestellten Übersicht ergibt, hat sich der Verfassungsgesetzgeber dafür entschieden, neben den durch Rezeption geschaffenen Landesgrundrechten auch eigene, gleichsam „originäre" Landesgrundrechte zu formulieren. Soweit diese Grundrechte Themenbereiche betreffen, die auch nach den Bundesgrundrechten Schutz erfahren, kann nicht unterstellt werden, daß der Landesverfassungsgeber bzw. landesverfassungsändernde Gesetzgeber beabsichtigte, kumulativ anwendbare Grundrechte mit womöglich unterschiedlichem Wirkungskreis zu schaffen. Vielmehr ist davon auszugehen, daß in diesen Fällen eine „verdeckte Lücke" vorliegt, die durch eine teleologische Reduktion der Rezeptionsklausel dahingehend zu schließen ist, daß eine Rezeption des Bundesgrundrechts nur insoweit stattfindet, als hierzu neben dem originären Landesgrundrecht Raum verbleibt.

55
Vorrang eigener Verbürgungen

„Verdeckte Lücke"

Vor dem dargestellten Hintergrund wird man zu den Landesgrundrechten folgende Bestimmungen zählen müssen:
- die durch Rezeption des grundgesetzlichen Grundrechtskatalogs (Art. 1 bis 19 GG) entstandenen Landesgrundrechte, soweit keine spezielleren Ausformulierungen in der Landesverfassung bestehen,
- die durch Rezeption der auch subjektiv-rechtlich bewehrten Bundesgewährleistungen aus Art. 20 Abs. 4, Art. 28 Abs. 1 Satz 2, Art. 33[145], 38 Abs. 1 und 2, Art. 101 Abs. 1, Art. 103 und 104 GG entstandenen Landesgrundrechte,

56
(Landes-)Grundrechtsbestand

---

144 Für eine Reduktion im Sinne eines lediglich deklaratorischen Inhaltes etwa *Birn*, in: Spreng/ders./Feuchte (LitVerz.), Art. 2 Anm. 3c. Im Detail ist diese Lösung freilich insofern problematisch, als solchermaßen reduzierte Landesgrundrechte womöglich keine ausreichende Legitimationsbasis für bundesgesetzliche vorgesehene Eingriffshandlungen der Landesgewalt mehr böten.
145 Dieser umfaßt nach der Rechtsprechung des Verfassungsgerichtshofs ausdrücklich auch Art. 33 Abs. 5 GG, vgl. *VerfGH Nordrhein-Westfalen*, Urt. v. 1.7.2014 (21/13), NWVBl. 2014, S. 336 (338).

- Datenschutz (Art. 4 Abs. 2),
- Schutz von Ehe und Familie; Gleichberechtigung (Art. 5 Abs. 1 Satz 2 und Abs. 2 Satz 2),
- Kinderrecht auf Erziehung und Bildung (Art. 8 Abs. 1 Satz 1),
- Elternrecht auf Erziehung (Art. 8 Abs. 1 Satz 2),
- Privatschulfreiheit (Art. 8 Abs. 4),
- Erteilungsfreiheit bzgl. des Religionsunterrichts; Aufsichtsrecht (Art. 14 Abs. 1 Satz 3, Abs. 3, Abs. 4),
- Säkulare und geistliche Hochschulfreiheit; Selbstverwaltungsrecht der Hochschulen (Art. 16),
- Religiöse Vereinigungsfreiheit und Selbstverwaltungsrecht (Art. 19),
- Recht auf gleichen Lohn und bezahlten Urlaub (Art. 24 Abs. 2 und 3)[146].

4. Auslegung der rezipierten Landesgrundrechte

57
Grundsätzlich autonome Auslegung

Art. 4 Abs. 1 Verf. Nordrhein-Westfalen zielt auf eine Synchronisierung der landesverfassungsrechtlichen Grundrechtsgarantien mit den Parallelgewährleistungen des Grundgesetzes. In der Logik dieses Ansatzes läge gewiß die Synchronisierung auch der landesverfassungsgerichtlichen Rechtsprechung mit der des Bundesverfassungsgerichts. Und in der Tat gingen einzelne Landesverfassungsgerichte, wie etwa der baden-württembergischen Staatsgerichtshof, lange Zeit von einer strikten Bindung der Verfassungsauslegung an die Auslegung der Bundesgrundrechte durch das Bundesverfassungsgericht aus[147] – eine Sichtweise, die trotz gegenteiliger Bekundung auch in der Rechtsprechung des nordrhein-westfälischen Verfassungsgerichtshofs gelegentlich aufflackert[148]. Dogmatisch tragfähig ist diese Sicht nicht. Denn so wenig, wie etwa gleichlautende Bestimmungen verschiedener Landesverfassungen von ihrem Gewährleistungsgehalt her identisch sein müssen, müssen dies die Grundrechte von Landes- und Bundesverfassung sein. Zu Recht gehen daher Rechtsprechung und Schrifttum von einer grundsätzlich autonomen Auslegung der Landesgrundrechte durch das Landesverfassungsgericht aus[149].

58
Bundesrechtliche Rückkoppelungen

Das bedeutet freilich nicht, daß die beiden Interpretationsräume beziehungslos nebeneinander stünden: Zur Vermeidung einer geltungsvernichtenden Normenkollision im Sinne des Art. 31 GG sind die Landesverfassungsgerichte

---

146 Das in Art. 24 Abs. 2 Satz 3 Verf. Nordrhein-Westfalen garantierte Recht auf Arbeit kann sinnvollerweise nur als Staatsziel, nicht als Grundrecht verstanden werden. Anders anscheinend *Dästner* (Lit-Verz.), Art. 1 RN 3.
147 *StGH Baden-Württemberg, ESVGH 19*, 133 (136), sowie JZ 1969, S. 514.
148 Vgl. *VerfGH Nordrhein-Westfalen*, Urt. v. 1. 7. 2014 (21/13), NWVBl. 2014, S. 336 (338), wo zur Frage der Spezialität des rezipierten Art. 33 Abs. 5 GG vor dem rezipierten Art. 14 Abs. 1 GG auf Rechtsprechung des Bundesverfassungsgerichts verwiesen wird.
149 *VerfGH Nordrhein-Westfalen OVGE 44*, 301 (315); so prinzipiell auch *VerfGH Nordrhein-Westfalen*, Urt. v. 1. 7. 2014 (21/13), NWVBl 2014, S. 336 (338 f.), wenn sich das Gericht der Rechtsprechung des Bundesverfassungsgerichts explizit „anschließt"; dies ergibt nur dann einen Sinn, wenn es auch eine eigenständige Auslegung hätte vornehmen können. Aus dem Schrifttum auch *Dietlein*, Rezeption von Bundesgrundrechten (LitVerz.), S. 20 ff.; *Grawert*, Verfassung (LitVerz.), S. 52; *Menzel*, in: Löwer/Tettinger (LitVerz.), Art. 4 RN 10 f.; *Kamp*, in: Heusch/Schönenbroicher (LitVerz.), Art. 4 RN 35.

gehalten, den Schutzgehalt eines Grundrechts nicht dahin zu interpretieren, daß das Landesgrundrecht in Konflikt mit Bundesgrundrechten oder sonstigem Bundesrecht gerät. Im Rahmen dieser Vorab-Vereinbarkeitsprüfung ist gegebenenfalls der Vorlagepflicht des Art. 100 Abs. 3 GG Rechnung zu tragen[150]. Bei der Auslegung von Landesgrundrechten sollte insofern im Zweifel die für das Bundesgrundrecht geltende Auslegung für ein gleichlautendes Landesgrundrecht übernommen werden.

II. Die Entwicklung der Grundrechtsnormen

Obgleich die Rezeptionsklausel des Art. 4 Abs. 1 Verf. Nordrhein-Westfalen als Garant für einen weitgehenden Gleichlauf der Landesgrundrechte mit den Bundesgrundrechten konzipiert war und ist, hat die Landesverfassung – auch und gerade im Grundrechtsteil – in der Folgezeit erhebliche Änderungen erfahren. So wurden in zehn Artikeln Veränderungen vorgenommen, Artikel 29a wurde gar vollends neu in die Verfassung eingefügt. Diese Veränderungen sind teils, wie in Artikel 6 Abs. 4, kosmetischer Natur, teils, wie in Artikel 4 Abs. 2 oder in Artikel 6 Abs. 1 und 2, aber durchaus inhaltlich erheblich. Dagegen blieben die Impulse für die Grundrechtsentwicklung von Seiten der verfassungsgerichtlichen Rechtsprechung eher punktueller Natur[151], was freilich vorrangig durch das Fehlen einer Individualverfassungsbeschwerde bzw. Grundrechtsklage zum Verfassungsgerichtshof des Landes bedingt sein dürfte.

59 Fortentwicklungen

1. Anpassungen an aktuelle Zustände und modernen Sprachgebrauch

Vielfach beschränkten sich die Änderungen in der Landesverfassung auf sprachliche Anpassungen; so etwa die Änderung von „der Jugend" zu „allen Jugendlichen" in Artikel 6 Abs. 3 , „Familienförderung" sowie „Kinder- und Jugendhilfe" statt „Familienpflege und der Jugendfürsorge" in Artikel 6 Abs. 4, überdies allgemein die Streichungen der Verweise auf die seit dem Hamburger Abkommen von 1964 aufgelöste Volksschule, so in Artikel 8 Abs. 2 Satz 2, Artikel 9 Abs. 1, Artikel 10 Abs. 1 Satz 1. Über rein sprachliche Aspekte hinausgehend wurde Art. 5 Verf. Nordrhein-Westfalen den gesellschaftlichen Entwicklungen angepaßt: Während Absatz 2 im Jahre 1950 noch die Gleichwertigkeit von Hausarbeit der Frau und Berufsarbeit (des Mannes)

60 Zeitkonforme Anpassungen

---

150 Vgl. dazu *Dietlein*, Landesverfassungsgerichte als Hüter der gesamtstaatlichen Kompetenzordnung, ZfWG 2014, S. 261 ff.; unklar insoweit aber *BVerfGE 96*, 231 ff.
151 Zu erwähnen ist neben einigen schulrechtlichen Entscheidungen insb. zur Privatschulfinanzierung (hierzu bereits oben FN 116 m.w.N.) insbesondere *VerfGH Nordrhein-Westfalen*, Urt. v. 25. 1. 2000 (2/98) zur Grundrechtsmäßigkeit einer Pflicht zur Forschungsfolgenreflexion sowie zu den Grenzen einer Erweiterung des Aufgabenbereichs der verfaßten Studierendenschaft, s. NWVBl. 2000, S. 168 ff.; im weiteren Sinne der (gleichheitsrechtlichen) Grundrechtsjudikatur zuzuordnen sind daneben auch die durchaus wegweisenden Entscheidungen zur Unzulässigkeit kommunaler Sperrklauseln, vgl. *VerfGH Nordrhein-Westfalen*, Urt. v. 6. 7. 1999 (14/98 und 15/98), *OVGE 47*, 304 f., sowie Urt. v. 16. 12. 2008 (12/08), *OVGE 51*, 298 ff. Zur Erstreckung der Rezeptionsklausel auch auf die Garantie der Wahlrechtsgleichheit in Art. 28 Abs. 1 Satz 2 GG vgl. oben RN 56.

betont, wurde mit Änderungsgesetz von 1989[152] nunmehr ganz allgemein die Gleichwertigkeit von „Familien- und Erwerbsarbeit" festgestellt. Im folgenden Satz 2 von Artikel 5 Abs. 2 wurde sodann noch deutlicher herausgestellt, daß Männer und Frauen an Familien- und Erwerbsarbeit gleichberechtigt beteiligt sind – dies „entsprechend ihrer Entscheidung", so daß von der Landesverfassung nicht etwa ein neues Regelmodell vorgegeben wurde, sondern die Entscheidung über die Aufteilung von Familien- und Erwerbsarbeit den Eheleuten überlassen wird. Durch Gesetz vom Jahr 2011[153], das auch weitere Änderungen in den Schul-Artikeln der Verfassung Nordrhein-Westfalens vorsah[154], wurde außerdem die Schulgeldfreiheit von Volks- und Berufsschulen durch Änderungen in Artikel 9 auf sämtliche Schulen ausgedehnt[155].

2. Einfügung neuer staatszielartiger Bestimmungen

61
Staatszielartige Bestimmungen

Der nur vereinzelt auch subjektiv-rechtlich flankierten Kategorie staatszielartiger Gewährleistungen sind namentlich die Einfügungen in Art. 7 Abs. 2 Verf. Nordrhein-Westfalen zuzuordnen. Bereits 1985[156] wurde dort im Geiste der Zeit die „Erhaltung der natürlichen Lebensgrundlagen" als Erziehungsziel der Jugend aufgenommen sowie Artikel 29a eingefügt, wonach die natürlichen Lebensgrundlagen unter dem „Schutz des Landes, der Gemeinden und Gemeindeverbände" stehen. Im Jahr 2001[157] wurde in Artikel 7 Abs. 2 auch die Erziehung zur Verantwortung für Tiere eingefügt und mit dem gleichen Änderungsgesetz Art. 29a Abs. 1 angepaßt, so daß Absatz 1 nunmehr ebenfalls die Tiere unter den Schutz der genannten Körperschaften stellt; die Formulierung ähnelt dabei strukturell derjenigen des Artikels 18 Abs. 2, der den Schutz der Denkmäler, Landschaft und Naturdenkmale statuiert. In dieselbe Kategorie fällt auch die Verpflichtung von Land und Gemeinden durch Gesetz von 1992[158], Kultur, Kunst und Wissenschaft nicht mehr nur zu „fördern", sondern auch zu „pflegen" (Art. 18 Abs. 1), sowie die parallele auf den Sport bezogene Verpflichtung aus dem neu in die Landesverfassung eingefügten Artikel 18 Abs. 3.

62
Kinderrechte

Eine deutliche Erweiterung in Richtung einer Gewährleistung sogenannter „Kinderrechte" erfolgte im Jahre 2002 bei der zuvor auf die Pflege und Förderung der Jugend bezogenen Regelung des Art. 6 Verf. Nordrhein-Westfalen[159]. Wenngleich systematisch wenig strukturiert, kommt den neuen Bestimmungen

---

152 Gesetz v. 20. 6. 1989 (GV. NW, S. 428).
153 Gesetz v. 25. 10. 2011 (GV. NRW, S. 499).
154 Vgl. dazu unten 4, RN 64 ff.
155 Vgl. Art. 9 Abs. 1 Verf. Nordrhein-Westfalen: „Schulgeld wird nicht erhoben" und Streichung von „Schulgeldfreiheit für die weiterführenden Schulen" aus dem Auftrag einer einfachgesetzlichen Regelung in Abs. 2.
156 Gesetz v. 19. 3. 1985 (GV. NW S. 100).
157 Gesetz v. 3. 7. 2001 (GV. NRW S. 456).
158 Gesetz v. 24. 11. 1992 (GV. NW S. 448).
159 Gesetz v. 25. 1. 2002 (GV. NRW 2002 S. 42). Ausführlich hierzu *Dietlein*, Verfassungsentwicklung (Lit-Verz.), S. 349 f.

dabei zumindest teilweise auch subjektiv-rechtlicher Gehalt zu. Dies dürfte namentlich für den in Artikel 6 Abs. 1 neu eingefügten Schutz- und Achtungsanspruch gelten, der jedem Kind „ein Recht auf Achtung seiner Würde als eigenständige Persönlichkeit und auf besonderen Schutz von Staat und Gesellschaft" zusichert. Im Sinne eines grundrechtlichen Schutzanspruches versichert Absatz 2 Satz 1 sodann Kindern und Jugendlichen „ein Recht auf Entwicklung und Entfaltung ihrer Persönlichkeit, auf gewaltfreie Erziehung und den Schutz vor Gewalt, Vernachlässigung und Ausbeutung". Namentlich die Gewährleistung einer gewaltfreien Erziehung korreliert dabei mit der bundesrechtlichen Regelung des § 1631 Abs. 2 BGB. In den Bahnen klassischer Staatszielbestimmungen dürften sich dagegen die nachfolgenden Aufträge bewegen: Nach Satz 2 und 3 des Artikels 6 Abs. 2 schützen Staat und Gesellschaft die Kinder „vor Gefahren für ihr körperliches, geistiges und seelisches Wohl. Sie achten und sichern ihre Rechte, tragen für altersgerechte Lebensbedingungen Sorge und fördern sie nach ihren Anlagen und Fähigkeiten". Gestrichen wurde im Gegenzug der ehemalige Artikel 6 Abs. 1 Satz 2, der eine besondere Förderpflicht für begabte Jugendliche statuierte. Der ebenfalls gestrichene Artikel 6 Abs. 2 (alter Fassung) hatte eine Schutzpflicht der „Jugend" vor „Ausbeutung, Mißbrauch und sittlicher Gefährdung" vorgesehen, ein Ziel, das insoweit in dem genannten Artikel 6 Abs. 2 Satz 1 neuer Fassung moderner formuliert worden ist und in Satz 2 des gleichen Absatzes auf das (umfassende) körperliche, geistige und seelische Wohl erweitert wurde. Verfassungsrechtlich gesehen handelt es sich gewiß um eine eher symbolische Reform, die vor allem durch entsprechende Normen in den Verfassungen der neuen Länder, wie etwa in Art. 27 Verf. Brandenburg, angeregt worden sein dürfte.

Staatszielbestimmungen

3. Datenschutz

Maßgebliche rechtspolitische Impulse setzte die Landesverfassung mit der Einfügung eines Datenschutzgrundrechtes im Jahre 1978[160] und damit fünf Jahre vor der Anerkennung eines solchen Grundrechts im Volkszählungsurteil[161] des Bundesverfassungsgerichts. Dabei war man sich bei der Einbringung des Änderungsgesetzes der politischen Signalwirkung wohl bewußt und zielte mit der Landeskodifikation durchaus zugleich auf die Aufnahme eines solchen Grundrechtes in die Bundesverfassung[162]. Tatsächlich war die nord-

63
Informationelle Selbstbestimmung

---

160 Durch Gesetz v. 19. 12. 1978 (GV. NW 1978, S. 632). Zur Einordnung der Bestimmung als genuines Landesgrundrecht s. *Dietlein*, Verfassungsentwicklung (LitVerz.), S. 343 (345). Vgl. hierzu auch das zeitgleich eingebrachte „Gesetz zum Schutz vor Mißbrauch personenbezogener Daten bei der Datenverarbeitung (Datenschutzgesetz Nordrhein-Westfalen – DSG NW)", LT-Drs. 8/2241, das auf dem bereits im Januar 1977 verkündeten und im Januar 1978 in Kraft getretenen Bundesdatenschutzgesetz (BGBl. 1977 I S. 201) basierte; vgl. dazu auch LT-Plenarprotokoll 8/94, S. 6334.
161 *BVerfGE* 65, 1 ff.
162 Vgl. hierzu die Äußerung des Abg. *Schwarz* (CDU), LT-Plenarprotokoll 8/94, S. 6335.

rhein-westfälische Verfassung damit die erste, die ein Datenschutzgrundrecht formulierte[163].

4. Die Schulfrage

64
Dauerkonflikt Schule

Aufgrund ihrer hohen politischen Brisanz dürfen insbesondere die nach 1950 erfolgten Änderungen an den schulrechtlichen Artikeln der Landesverfassung nicht unerwähnt bleiben. Noch bei der Schlußabstimmung zur Verfassung rekurrierte der Abgeordnete *Heinz Kühn* (SPD) zur Begründung der Ablehnung der Verfassung durch die SPD-Fraktion auf die Ablehnung der Gemeinschaftsschule als Regelschule durch CDU- und Zentrumspartei-Fraktion, die beide die Bekenntnisschule favorisiert hatten[164]. In dieser Frage gab es zunächst in den Jahren 1968/1969[165] sowie zuletzt im Jahre 2011 entscheidende Änderungen, die im Ergebnis auf eine Entschärfung der vormaligen Konfliktsituation hinauslaufen – als sogenannter „Schulkompromiß" von 2011[166].

65
Reform des Jahres 1968

Mit der Verfassungsänderung von 1968[167] wurde zunächst die Volksschule neu justiert und untergliedert. Die ehemals üblicherweise acht Schuljahre umfassende Volksschule wurde als Verbindung von (vierjähriger) Grund- und (fünfjähriger) Hauptschule definiert[168]. Allein Grundschulen sollten fortan nach der religiösen Ausrichtung untergliedert werden[169]. Waren früher auf Antrag der Erziehungsberechtigten die so untergliederten Volksschulen einzurichten[170], sollten dies nun Grundschulen als Bekenntnis-, Gemeinschafts- oder Weltanschauungsschulen sein[171]. Daneben wurde in der Aufzählung dieser Gliederung die Gemeinschaftsschule vorangestellt; früher war es die Bekenntnisschule. Diese Änderung mag primär redaktionell erscheinen[172]. Betrachtet man aber zusätzlich die Umstellung der Sätze in Absatz 2 alter und in Absatz 6 neuer Fassung, wird deutlich, daß auch dort die Reihung so verändert wurde, daß nun die Gemeinschaftsschule an erster und die Bekenntnisschule an zweiter Stelle steht. Praktisch löste die Gemeinschaftsschule damit die Bekenntnisschule als verfassungsmäßig vorgesehener Regelfall ab. Dar-

---

163 Andere Länder folgten in den neunziger Jahren des 20. Jh., allen voran die neuen Länder; vgl. etwa Art. 11 Verf. Brandenburg (1992), Art. 6 Verf. Mecklenburg-Vorpommern (1993) sowie auch Art. 33 Verf. Berlin (1995); auch zahlreiche der alten Länder folgten diesem Beispiel und fügten ähnliche Bestimmungen ein, so etwa Bremen in Art. 12 der Landesverfassung die Absätze 3 bis 5 mit Gesetz vom 9.10.1997; Bayern und Niedersachsen ergänzten ihre Verfassungen 1998 bzw. 1991 um Bestimmungen über einen Landesdatenschutzbeauftragen (Art. 33 a Verf. Bayern bzw. Art. 46 a Verf. Niedersachsen).
164 Vgl. LT-Plenarprotokoll 01/139, S. 5086.
165 Gesetz v. 5.3.1968 (GV.NW. S. 36); Gesetz v. 24.6.1969 (GV.NW. S. 448).
166 Gesetz v. 25.10.2011 (GV. NRW. S. 499). Hierzu eingehend *Ennuschat*, Neuerungen im Schulverfassungsrecht des Landes Nordrhein-Westfalen, NWVBl. 2012, S. 450 ff.
167 Gesetz v. 5.3.1968 (GV. NW, S. 36). Sofern sich in der Schulfrage im folgenden nochmals Änderungen ergeben, wird die Gestaltung des Jahres 1968 als „LV 1968" bezeichnet und der jeweils gegenwärtige Stand mit „Verf. Nordrhein-Westfalen".
168 Vgl. Art. 12 Abs. 1 Verf. 1968.
169 Vgl. Art. 12 Abs. 3 LV 1968.
170 „Einrichten" wurde dabei bewußt als Oberbegriff der Errichtung und Umwandlung gewählt, vgl. LT-Plenarprotokoll 6/31, S. 1090 C.
171 Vgl. Art. 12 Abs. 2 Satz 2 LV 1968.
172 In diese Richtung auch die Deutung durch den Abg. Dr. Dr. h.c. *Josef Hofmann* (CDU), vgl. LT-Plenarprotokoll 6/31, S. 1092 B.

über hinaus wurde auch die Regelung des Art. 12 Abs. 3 Satz 3 Verf. 1950, wonach die „wenig gegliederte und ungeteilte Schule" als „geordneter Schulbetrieb" gelte, aufgehoben und der nach Organisation und Ausstattung geordnete Schulbetrieb in Artikel 12 Abs. 2 der Fassung von 1968 auf die Bildungsziele bezogen[173]. Eindeutig war die neu eingefügte Anordnung, daß Hauptschulen „von Amts wegen" als Gemeinschaftsschulen zu errichten seien[174]. Dies etablierte die Gemeinschaftsschule als Regelschule[175]. Immerhin waren diese auf Antrag als Bekenntnis- oder Weltanschauungsschulen zu errichten, wenn auch mit der Einschränkung, daß – wie bei den Grundschulen – auch dort ein geordneter Schulbetrieb gewährleistet sein mußte und – diese Bedingung war bis dahin den Landesverfassungen unbekannt – der alternative Besuch einer Gemeinschaftsschule „in zumutbarer Weise" möglich war[176]. Hier hatten sich in den Ausschußberatungen Diskussionen an der früheren Entwurfs-Formulierung entzündet, die noch explizit von der „von Amts wegen errichteten Hauptschule" sprach[177]. Im Ergebnis konnte sich der Vorschlag der CDU durchsetzen, mit Inkrafttreten des Gesetzes nicht alle Hauptschulen in Gemeinschaftsschulen umzuwandeln, so daß der Besuch bereits existierender Gemeinschafts- und Bekenntnisschulen[178] oder auf Antrag vorrangig zu errichtender Bekenntnis- oder Weltanschauungsschulen mit der Verfassung vereinbar blieb.

Neue Bezugnahme auf Bildungsziele

Die Bevorzugung der Gemeinschaftsschule wird nicht zuletzt deutlich an dem im Jahr 1968 neu in die Landesverfassung eingefügten Art. 12 Abs. 5, der erstmals das „Gegenrecht" der Erziehungsberechtigten vorsah, auf ihren Antrag Hauptschulen als Bekenntnis- und wohl auch Weltanschauungsschulen in Gemeinschaftsschulen umzuwandeln, sofern die Erziehungsberechtigten ein Drittel (!) der Schüler vertreten. In der ersten Lesung wurde diese Vorschrift mit dem Minderheitenschutz begründet: „Der Entwurf hält es mit tragenden demokratischen Prinzipien für unvereinbar, wenn ein Drittel der Schüler gegen ihren Willen im Geiste einer bestimmten Weltanschauung oder eines bestimmten Bekenntnisses erzogen und unterrichtet werden"[179]. Hiergegen erhob sich in den Beratungen Widerstand der CDU-Fraktion[180]. Die problematische Bestimmung wurde schließlich im Zuge des „Schulkompromisses" von 2011 wieder aus der Verfassung gestrichen[181]. Die Definition der Gemeinschaftsschule in Art. 12 Abs. 6 Satz 1 Verf. Nordrhein-Westfalen in seiner Fassung von 1968 war in den Beratungen noch Gegenstand von Diskussionen, zu denen sowohl die beiden großen christlichen Kirchen als auch das Kultusministerium Vorschläge einbrachten. Die Kirchen wollten von einem „christlichen Kulturerbe" und „auch Offenheit für christliche Glaubensüberzeugungen"

66
Vorrang für die Gemeinschaftsschule

Definition der Gemeinschaftsschule

---

173 Vgl. LT-Plenarprotokoll 6/31, S. 1090 C.
174 Vgl. Art. 12 Abs. 4 Satz 1 LV 1968.
175 So auch Kultusminister Prof. Dr. h.c. *Fritz Holthoff* (SPD), LT-Plenarprotokoll 6/17, S. 488 C.
176 Art. 12 Abs. 4 S. 2 LV 1968.
177 Vgl. LT-Plenarprotokoll 6/31, S. 1090 D.
178 So explizit in der ersten Lesung auch Kultusminister Prof. Dr. h.c. *Holthoff* (SPD), LT-Plenarprotokoll 6/17, S. 488 D.
179 LT-Plenarprotokoll 6/17, S. 488 D/489 A.
180 Vgl. LT-Plenarprotokoll 6/31, S. 1091 A.
181 Vgl. Art. 1 Nr. 4d (GV. NRW 2011, S. 499).

sprechen, während der Vorschlag des Kultusministers von „christlichen Bildungs- und Kulturwerten" und ganz allgemein von „Offenheit für religiöse und weltanschauliche Überzeugungen" sprach[182]. Auch hier entstand eine Art „Schulkompromiß", indem sich zwar die vom Kultusminister vorgeschlagenen „christlichen Bildungs- und Kulturwerte" durchsetzen konnten, im zweiten Teil des ersten Satzes aber sowohl die Offenheit für christliche „Bekenntnisse" (statt Glaubensüberzeugungen) als auch explizit die für *andere* religiöse und weltanschauliche *Überzeugungen* aufgenommen wurde[183]. Diese Lösung konnte eine Grundlage im Wort „auch" des kirchlichen Vorschlags finden[184]. Die Formulierung „Kinder anderer Religionszugehörigkeit" wurde in Anerkennung des Umstands, daß es auch Kinder ohne religiöse Bindung gibt, schlicht durch „Kinder" ersetzt[185].

„Bekenntnisse" und „Überzeugungen"

67
Wahl der Schulart

Trotz der im Jahr 1968 zuerkannten „Umwandlungsrechte" der Erziehungsberechtigten war die tiefgreifendste Änderung gewiß die Streichung des Art. 12 Abs. 3 Satz 1 Verf. 1950[186], der die Wahl der Schulart den Erziehungsberechtigten zugestanden hatte. Die ersatzlose Streichung dieses Rechts nahm den Erziehungsberechtigten ein verfassungsmäßiges Recht auf Schulwahl und eröffnet so einen potentiellen Einflußbereich für Lehrer und andere Personen und Institutionen, auch wenn es einfachgesetzlich beim Wahlrecht der Eltern verbleibt[187]. Ebenfalls gestrichen wurde Art. 12 Abs. 4 Verf. 1950, der bestimmte, daß die Lehrer die persönlichen und sachlichen Voraussetzungen erfüllen müssen, die sich aus dem Charakter der Schulart ergeben.

68
Reform des Jahres 1969

Im Jahre 1969 wurde schließlich auch Art. 15 Verf. Nordrhein-Westfalen geändert[188]. Die ursprüngliche Bestimmung in Absatz 1 dieses Artikels, wonach die Ausbildung der Lehrer „hochschulmäßig" zu gestalten sei, wurde im neuen Satz 1 dahingehend präzisiert, daß die Ausbildung der Lehrer in der Regel an „wissenschaftlichen Hochschulen" erfolge. Dies stellt im Grunde eine Rückkehr zur Urfassung des Art. 23 Abs. 2 Entw. 1947 dar[189]. Die Bestimmung des Art. 15 Abs. 2 Verf. 1950, derzufolge die Ausbildung dem Charakter, der Eigenart und den Bedürfnissen der verschiedenen Schularten und Schulformen zu entsprechen habe, wurde im neuen Satz 2 1. Halbsatz zu den „Bedürfnissen der Schulen" verkürzt. Zugleich wurde Satz 2 um Halbsatz 2 erweitert, der dazu verpflichtet, ein Lehrangebot an diesen Hochschulen zu gewährleisten, das diesem Erfordernis gerecht werde. Schließlich verbirgt sich in der Änderung von 1969 eine weitere Abschwächung der Bekenntnisschule und der religiösen Ausrichtung der Schule insofern, als die früher in Artikel 15 Abs. 2 Satz 2 enthaltene Bestimmung, derzufolge die Ausbildung der Volks-

---

182 Vgl. LT-Plenarprotokoll 6/31, S. 1092 C/D.
183 Vgl. Art. 12 Abs. 6 LV 1968. In diese Richtung insbes. Abg. Dr. Dr. h.c. *J. Hofmann* (CDU), Plenarprotokoll 6/31, S. 1092 B.
184 So auch LT-Plenarprotokoll 6/31, S. 1092 B.
185 Vgl. LT-Plenarprotokoll 6/31, S. 1092 A.
186 Gesetz v. 5. 3. 1968 (GV. NW. S. 36).
187 Vgl. § 11 Abs. 5 Satz 3 SchulG NRW, der bestimmt, daß die Eltern „über den weiteren Bildungsgang ihres Kindes in der Sekundarstufe I" entscheiden.
188 Gesetz v. 24. 6. 1969 (GV. NW. S. 448).
189 „Die Lehrerausbildung hat grundsätzlich an Hochschulen zu erfolgen".

schullehrer auf bekenntnismäßiger Grundlage erfolge, nunmehr durch eine Formulierung ersetzt wurde, wonach sicherzustellen sei, daß die Befähigung zur Erteilung des Religionsunterrichts erworben werden *kann*[190].

Die letzte größere Umgestaltung erfolgte schließlich im Jahr 2011. Der sogenannte „Schulkompromiß" bestand zum einen in der Streichung von Haupt-, Volks- und Berufsschulen aus dem Verfassungstext[191], wodurch zugleich die hieraus abgeleitete institutionelle Gewährleistung und Bereitstellungspflicht des Landes[192] entfiel, zum anderen in der – deutschlandweit erstmaligen – Verankerung der integrierten Schule in der Verfassung. Gleichsam im Gegenzug verständigte man sich auf die parallele Beibehaltung des bisherigen gegliederten Schulsystems, insbesondere also der Realschulen und Gymnasien. Der Kompromiß schlägt sich in der Landesverfassung vor allem in dem neu eingefügten Artikel 10 Abs. 1 Satz 3 nieder, der bestimmt, daß das Land ein ausreichendes und vielfältiges öffentliches Schulwesen gewährleistet, das (sowohl) ein gegliedertes Schulsystem (als auch) „integrierte Schulformen" ermöglicht. Freilich handelt es sich bei dem in der Gesetzesbegründung in Bezug genommenen „Schulkonsens"[193] wohl nicht um eine formalrechtlich bindende Regelung. Immerhin aber gibt die Vereinbarung maßgebliche Hinweise zur Auslegung der Verfassungsnormen[194].

69
Schulkompromiß des Jahres 2011

III. Ausblick

1. Verfassungskommission und Individualverfassungsbeschwerde

Auf überfraktionellen Antrag vom 17. Juli 2013[195] hat der nordrhein-westfälische Landtag eine „Kommission zur Reform der Nordrhein-Westfälischen Verfassung (Verfassungskommission)" eingesetzt mit dem Ziel, „mit Respekt vor dem historischen Willen des Verfassungsgebers und mit dem erforderlichen Augenmaß [...] zu überprüfen, in welchen Bereichen unserer Landesverfassung sich Anpassungs- bzw. Änderungsbedarf ergeben hat"[196]. Dabei bezieht sich dieser Prüfauftrag explizit auf den Dritten Teil der Verfassung[197]. Damit überprüft die Kommission zunächst nur den Teil „Von den Organen und Aufgaben des Landes", während der Zweite Teil „Von den Grundrechten und der Ordnung des Gemeinschaftslebens" implizit ausgeschlossen ist. Jedoch hat sich der Landtag ebenso ausdrücklich vorbehalten, den Auftrag um weitere Sachverhalte zu erweitern, die sich im Zuge der Beratungen ergeben mögen[198]. Auch unter dem bestehenden Programm könnte sich in Bezug auf die Grundrechte somit Entscheidendes ändern.

70
Aktuelle Reformdebatte

---

190 Art. 15 Satz 3 Verf. Nordrhein-Westfalen.
191 Dies betraf insb. Art. 8 Abs. 2 Satz 2, Art. 9 Abs. 1, Art. 10 Abs. 1 Satz 1 Verf. Nordrhein-Westfalen.
192 Vgl. *VerfGH Nordrhein-Westfalen*, Urt. v. 23. 12. 1983 (22/82).
193 LT-Drs. 15/2768, S. 8.
194 So auch *Ennuschat*, NWVBl. 2012, S. 450 (452).
195 LT-Drs. 16/3428.
196 LT-Drs. 16/3428, S. 1 f.
197 LT-Drs. 16/3428, S. 2.
198 LT-Drs. 16/3428, S. 3.

§ 254   Sechzehnter Teil: III. Die Grundrechte in den Landesverfassungen

71
Einführung der Individualverfassungsbeschwerde?

Insbesondere gehört nach dem Einsetzungsantrag zum Arbeitsprogramm der Verfassungskommission die höchst bedeutsame Frage nach einer möglichen Einführung der Individualverfassungsbeschwerde zum Verfassungsgerichtshof des Landes[199]. Und in der Tat dürfte hier durchaus Diskussionsbedarf bestehen. Denn im Vergleich mit den übrigen, insbesondere den neuen Bundesländern, ergibt sich, daß Nordrhein-Westfalen zwischenzeitlich eines der wenigen Länder ohne eine Individualverfassungsbeschwerde zum Landesverfassungsgericht ist[200]. Gewiß kann dies allein kein durchschlagendes Argument für die Einführung einer Landesverfassungsbeschwerde sein. Gleichwohl ist nicht zu übersehen, daß gerade das Fehlen dieser Rechtsschutzform einen maßgeblichen Anteil an dem Umstand haben dürfte, daß den nordrhein-westfälischen Grundrechten und der Grundrechtsdogmatik im Lande insgesamt eine nur geringe praktische Bedeutung zukommt. Zudem wird zu prüfen sein, ob und inwieweit die Überlastung des Bundesverfassungsgerichts mit Individualverfassungsbeschwerden alternative Rechtsbehelfe zum Verfassungsgerichtshof des Landes nahelegen könnte. Umgekehrt ist freilich auch zu sehen, daß die Einführung der Individualverfassungsbeschwerde in dem bevölkerungsreichsten Land der Bundesrepublik Deutschland nicht ohne eine grundlegende Reform der Organisationsstrukturen des Verfassungsgerichtshofs zu realisieren wäre. Inwieweit Aufwand und Erfolg dabei in ein vernünftiges Verhältnis gebracht werden können, bedarf gewiß intensiven Nachdenkens. Immerhin zieht der gegenwärtige Regelungsstand nicht unerhebliche Schutzlücken nach sich, so etwa im Hinblick auf die individuelle Durchsetzung gleichheitsrechtlicher Schutzpositionen bezüglich der Regelungsvorgaben für Kommunalwahlen. So bleibt etwa für Klagen gegen kommunale Sperrklauseln der Zugang zum Bundesverfassungsgericht verschlossen, ohne daß dem Einzelnen alternativ der Gang zum Verfassungsgerichtshof möglich wäre[201]. Nicht von ungefähr wurden die wichtigsten Entscheidungen des Verfassungsgerichtshofs[202] denn auch im Rahmen abstrakter Normenkontrollen getroffen. Die Einführung einer Landes-Individualverfassungsbeschwerde erschiene damit durchaus attraktiv, würde aber wohl einen wesentlichen – insbesondere personalen – Ausbau des Verfassungsgerichtshofs bedingen, dessen politische Durchsetzbarkeit momentan zweifelhaft erscheint[203].

Reform der VerfGH-Organisationsstrukturen

Grundrechtsschutzlücken

---

199 Vgl. das Arbeitsprogramm der Kommission auf http://www.landtag.nrw.de/portal/WWW/GB_I/I.1/Verfassungskommission/Arbeitsprogramm.pdf, Abruf am 26.3.2015.
200 Dies sind daneben Bremen, Hamburg, Niedersachsen und Schleswig-Holstein.
201 Hierzu zutreffend *Ehlers*, Die Rechtsprechung des Verfassungsgerichtshofs für das Land Nordrhein-Westfalen zur 5%-Sperrklausel im Kommunalwahlrecht, in: Präsident des Verfassungsgerichtshofs für das Land Nordrhein-Westfalen (Hg.), Verfassungsgerichtsbarkeit in Nordrhein-Westfalen, 2002, S. 273 (274).
202 Vgl. zur Sperrklausel-Rechtsprechung des *VerfGH Nordrhein-Westfalen* oben FN 151; hierzu eingehend *Ehlers* aaO., S. 273 ff.; ausführlich auch *Johannes Dietlein/Daniel Riedel*, Zugangshürden im Kommunalwahlrecht – Zur Zulässigkeit moderater Sperrklauseln unterhalb von fünf Prozent zur Sicherung der Funktionsfähigkeit der Räte und Kreistage in Nordrhein-Westfalen, 2011.
203 Zu dieser Frage mit Blick auf die Entscheidung des BVerfG vom 15.10.1997 (*BVerfGE* 97, 345 ff.) auch *Dietlein*, Verfassungsrecht (LitVerz.), § 1 RN 253.

2. Verbleibender Reformbedarf

Wenn auch die Rezeptionsklausel des Art. 4 Abs. 1 Verf. Nordrhein-Westfalen heute ohnehin weit überwiegend dynamisch verstanden wird, wäre es gewiß sinnvoll, den Verweis auf den expliziten Stand vom 23. Mai 1949 im ersten Absatz zu streichen, wie dies etwa Baden-Württemberg im Jahre 1995 getan hat[204]. Damit würde endgültig geklärt, daß die Rezeption der Bundesgrundrechte dynamisch zu verstehen ist und die statischen Anklänge nicht mehr als eine „Fortbestandsgarantie" für den Fall eines kurzfristigen wiedervereinigungsbedingten Wegfalls der in Bezug genommenen Bundesgrundrecht darstellen sollten. Einen erheblichen Reformbedarf wird man schließlich für die gewiß ambitionierten wirtschaftsverfassungsrechtlichen Regelungsvorgaben insbesondere der Art. 27 bis 29 Verf. Nordrhein-Westfalen konstatieren müssen, die in augenfälliger Form der Denkweise der fünfziger Jahre des 20. Jahrhunderts verhaftet sind und den Gegebenheiten des modernen Wirtschafts- und Arbeitslebens allenfalls noch bedingt gerecht werden[205].

72 Klarstellungserfordernisse

D. Schlußgedanken

In der rückschauenden Betrachtung wird man die nordrhein-westfälische Landesverfassung als typisches Produkt der zweiten, frühen nachgrundgesetzlichen Phase der Verfassungsgebung in den Ländern einzuordnen haben. Nüchternheit und Rationalität, vor allem aber das Streben nach inhaltlicher Kohärenz mit den Vorgaben der Bundesverfassung, erhielten in weitem Umfang Vorrang vor Universalität und Originalität. Dies ist gewiß kein Grund zum Tadel. Gerade die Grundrechte der nordrhein-westfälischen Landesverfassung sind indes über diesen Grundansatz, der durch das Fehlen einer Individualverfassungsbeschwerde zum Verfassungsgerichtshof noch forciert wird, bis heute auffallend blaß geblieben. Einzig die im Jahre 1978 erfolgte Einfügung des Grundrechts auf informationelle Selbstbestimmung hat für kurze Zeit das große Potential innovativer Grundrechtsnormierungen in den Länderverfassungen aufflackern und die Landesverfassung zum Motor einer bis heute gewiß noch nicht abgeschlossenen Entwicklung auf nationaler und internationaler Ebene werden lassen. Dieser beachtliche Erfolg zeigt umgekehrt aber auch, daß die ansonsten vorherrschende nüchterne Selbstbeschränkung der Landesverfassung zugleich einen nicht unerheblichen Verzicht auf Innovation impliziert. Was die künftige Entwicklung der Grundrechte in Nordrhein-Westfalen angeht, wird vieles an der prozessualen Grundfrage hängen, ob die Individualverfassungsbeschwerde zum Verfassungsgerichtshof des Landes ermöglicht werden soll oder nicht. Zwar deutet sich an, daß es

73 Rückblick und Ausblick

Prozessuale Grundfrage nach einer Individualverfassungsbeschwerde

---

204 Gesetz v. 15. 2. 1995 (GBl. BW 1995 S. 269).
205 Hierzu bereits *Dietlein*, Das Verhältnis von Bundes- und Landesverfassungsrecht (LitVerz.), S. 224 m.w.N.

– entgegen manch hochgesteckter Erwartung – im Zuge der laufenden Reformdiskussion nicht zu einer Änderung der verfassungsprozessualen Situation kommen wird.[206] Endgültig ad acta gelegt ist das Thema hiermit aber gewiß nicht. Nicht zuletzt die keineswegs unerheblichen Rechtsschutzlücken im Hinblick auf die verfassungsgerichtliche Durchsetzbarkeit der Allgemeinheit und Gleichheit von Wahlen in den Ländern[207] werden das Thema auch in den nächsten Jahren auf der Tagesordnung halten. Und möglicherweise läge die angemessene Antwort des Landesverfassungsrechts darin, anstelle großräumiger „Alles-oder-nichts"-Lösungen nach differenzierten prozessualen Öffnungsmöglichkeiten zu suchen, die Antworten auf drängende Fragen geben, ohne den bewährten organisationsrechtlichen Rahmen zu sprechen.

---

206 Vgl. hierzu den nach dem Redaktionsschluß zu diesem Beitrag veröffentlichten Entwurf eines Gesetzes zur Änderung der Verfassung für das Land Nordrhein-Westfalen, LT-Drs. 16/12350 vom 28. 6. 2016, der sich weder zur Frage der Klarstellung der Rezeptionsklausel des Art. 4 Abs. 1 Verf. Nordrhein-Westfalen noch zur Einführung einer Landesverfassungsbeschwerde äußert.
207 Hierzu oben FN 201.

E. Bibliographie

Boldt, Hans, Landesverfassung im Bundesstaat, in: Präsident des Landtags von Nordrhein-Westfalen (Hg.), Kontinuität und Wandel. 40 Jahre Landesverfassung Nordrhein-Westfalen, 1990, S. 63 ff.
Dästner, Christian, Die Verfassung des Landes Nordrhein-Westfalen, ²2002.
Dietlein, Johannes, Verfassungsrecht, in: ders./Martin Burgi/Johannes Hellermann (Hg.), Öffentliches Recht in Nordrhein-Westfalen, ⁵2014, S. 1 ff.
ders., Die Verfassungsentwicklung in Nordrhein-Westfalen in den vergangenen 25 Jahren, JöR, Bd. 51 N. F. (2003), S. 343 ff.
ders., Das Verhältnis von Bundes- und Landesverfassungsrecht, in: Präsident des Verfassungsgerichtshofs für das Land Nordrhein-Westfalen (Hg.), Verfassungsgerichtsbarkeit in Nordrhein-Westfalen, 2002, S. 223 ff.
ders., Die Rezeption von Bundesgrundrechten durch Landesverfassungsrecht – Zum Verhältnis der Bundesgrundrechte zu den durch Rezeption geschaffenen Grundrechten der Länder, in: AöR, Bd. 120 (1995), S. 1 ff.
Ehlers, Dirk, Die Rechtsprechung des Verfassungsgerichtshofs für das Land Nordrhein-Westfalen zur 5 %-Sperrklausel im Kommunalwahlrecht, in: Präsident des Verfassungsgerichtshofs für das Land Nordrhein-Westfalen (Hg.), Verfassungsgerichtsbarkeit in Nordrhein-Westfalen, 2002, S. 273 ff.
Ennuschat, Jörg, Neuerungen im Schulverfassungsrecht des Landes Nordrhein-Westfalen, NWVBl. 2012, S. 450 ff.
Geller, Gregor/Kleinrahm, Kurt, Die Verfassung des Landes Nordrhein-Westfalen, ³1994.
Grawert, Rolf, Verfassung für das Land Nordrhein-Westfalen, Kommentar, ³2012.
Grimm, Dieter, Verfassungsrecht, in: Dieter Grimm/Hans-Jürgen Papier (Hg.), Nordrhein-westfälisches Staats- und Verwaltungsrecht, 1986, S. 1 ff.
Heusch, Andreas/Schönenbroicher, Klaus (Hg.), Landesverfassung Nordrhein-Westfalen, Kommentar, 2010.
Hoebink, Hein, Verfassung und Schule: Grundregelungen auf einem umstrittenen Feld, in: Präsident des Landtags von Nordrhein-Westfalen (Hg.), Kontinuität und Wandel. 40 Jahre Landesverfassung Nordrhein-Westfalen, 1990, S. 198 ff.
ders., Das Recht auf Arbeit und seine Verankerung in der nordrhein-westfälischen Verfassung, in: Der Staat, Bd. 27 (1988), S. 290 ff.
Klein, Friedrich, Die Verfassung von Nordrhein-Westfalen, in: Hermann Wandersleb (Hg.)/Erich Traumann (Bearb.), Recht, Staat, Wirtschaft, Bd. 3, 1951, S. 166 ff.
Kleinrahm, Kurt, Verfassung und Verfassungswirklichkeit in Nordrhein-Westfalen, in: JöR NF, Bd. 11 (1962), S. 313 ff.
Löwer, Wolfgang/Peter J. Tettinger (Hg.), Kommentar zur Verfassung des Landes Nordrhein-Westfalen, 2002.
Martina, Dietmar, Die Grundrechte der nordrhein-westfälischen Landesverfassung im Verhältnis zu den Grundrechten des Grundgesetzes, 1999.
Peters, Hans, Die Verfassung von Nordrhein-Westfalen, DVBl. 1950, S. 449 ff.
Pottmeyer, Ernst, Schule und Hochschule in der Rechtsprechung des Verfassungsgerichtshofs, in: Präsident des Verfassungsgerichtshofs für das Land Nordrhein-Westfalen (Hg.), Verfassungsgerichtsbarkeit in Nordrhein-Westfalen, 2002, S. 245 ff.
Vogels, Alois, Die Verfassung für das Land Nordrhein-Westfalen, 1951.
ders., Der Verfassungsentwurf für Nordrhein-Westfalen. Mit Hinweisen auf die Reichsverfassung und die neuen Länderverfassungen, 1948.

§ 255
Landesgrundrechte in Rheinland-Pfalz

Detlef Merten

Übersicht

	RN		RN
A. Einleitung	1– 4	a) Meinungsäußerungsfreiheit	40– 42
B. Landesgrundrechte	5–107	b) Pressefreiheit	43– 45
I. Grundsatzfragen	5– 9	c) Rundfunk- und Filmfreiheit	46– 47
II. Einzelne Grundrechte	10–107	d) Schranken	48
1. Freiheit, Würde und Ehre des Menschen	10– 15	8. Petitionsfreiheit	49
a) Freiheit	10– 13	9. Wissenschafts- und Kunstfreiheit	50– 57
b) Würde	14	a) Freiheit der Wissenschaft, Forschung und Lehre	51– 56
c) Ehre	15	b) Kunstfreiheit	57
2. Leben und Freiheit der Person	16– 17	10. Ehe und Familie	58– 71
a) Leben	16	a) Schutz von Ehe und Familie	58– 61
b) Freiheit der Person	17	b) Familie	62– 71
3. Schutz der Wohnung, des Briefgeheimnisses und persönlicher Daten	18– 21	11. Kollektivbezogene Grundrechte	72– 88
a) Schutz der Wohnung	18	a) Vereinsfreiheit	73– 85
b) Schutz des Brief-, Post-, Telegraphen- und Fernsprechgeheimnisses	19– 20	b) Koalitionsfreiheit	86
		c) Versammlungsfreiheit	87– 88
c) Datenschutz	21	12. Politische Mitwirkungsrechte	89– 93
4. Freizügigkeit, Auslieferungsverbot, Asylrecht	22– 30	a) Grundsätze	89
a) Freizügigkeit	22– 26	b) Wahlen	90
b) Auslieferungsverbot	27– 28	c) Volksentscheide	91
c) Asylrecht	29– 30	d) Volksinitiative, Volksbegehren	92– 93
5. Berufsfreiheit und Eigentum	31– 36	13. Justitielle Grundrechte	94
a) Berufsfreiheit	31– 33	14. Gleichheitsrechte	95–107
b) Eigentum	34– 36	C. Gewährleistungspflichten	108–125
6. Glaubens- und Gewissensfreiheit	37– 39	I. Einrichtungsgarantien	109–114
		II. Schutzpflichten	115–116
7. Meinungsäußerungsfreiheit, Presse- und Rundfunkfreiheit	40– 48	III. Verfassungsaufträge	117–119
		IV. Staatsziele	120–125
		D. Bibliographie	

§ 255 *Sechzehnter Teil: III. Die Grundrechte in den Landesverfassungen*

A. Einleitung

1
Vorgrundgesetzliche Verfassung mit häufigen Änderungen

Die aufgrund einer in ihrem Artikel 144 Abs. 1 vorgesehenen Volksabstimmung am 18. Mai 1947 in Kraft getretene (und in Kraft gebliebene) Verfassung von Rheinland-Pfalz ist eine der ältesten (vorgrundgesetzlichen) Landesverfassungen Deutschlands nach dem Zusammenbruch. In ununterbrochener Geltung gehen ihr zeitlich nur die Verfassungen von Hessen und Bayern vor. Gleichzeitig ist sie mit achtunddreißig Änderungen[1] wohl auch die am häufigsten novellierte Landesverfassung und wird bei gesamtföderaler Betrachtung insoweit nur vom Grundgesetz übertroffen. Durch die vielen Novellierungen hat die Verfassung zwangsläufig ihre ursprüngliche Konzeption verloren. So befand sich anstelle des heutigen Staatsziels „Tierschutz" in Art. 70 Verf. Rheinland-Pfalz früher die Regelung über eine gleichberechtigte Mitwirkung von Unternehmens- und Arbeitnehmervertretungen „bei Lenkung der Erzeugung und Güterverteilung durch den Staat". Einen beträchtlichen Eingriff in den ursprünglichen Verfassungstext brachte das 30. Änderungsgesetz der Landesverfassung vom März 1991[2], das als Bereinigungsgesetz 82 Artikel betraf. Zu einer weiteren umfangreichen Reform führte das 34. Änderungsgesetz der Landesverfassung[3] vom März 2000, das 33 Artikel berührte.

2
Unzweckmäßige Kopie grundgesetzlicher Grundrechte

Als unzweckmäßig hat es sich erwiesen, im Interesse einer Konformität von Bundes- und Landesgrundrechten grundgesetzliche Bestimmungen als Landesgrundrechte zu kopieren. Denn einerseits ist diese Harmonisierung (z.B. beim Auslieferungsverbot oder beim Asylrecht[4]) mitunter nur von kurzer Dauer und wird durch Änderungen des Grundgesetzes zur Disharmonie, und zum anderen läßt eine wörtliche Übernahme der Bundesgrundrechte in die Landesverfassung die getrennten Verfassungsräume von Bund und Ländern leerlaufen. Je mehr die Grundrechtskataloge in Bund und Ländern übereinstimmen, umso eher könnten sich die Landesverfassungen auf reine Organisationsstatute beschränken.

3
Nachkriegsentwicklung

Rheinland-Pfalz ist ein von der französischen Besatzungsmacht zusammengestückeltes künstliches Land. Der spätere Bereich des Landesgebiets war im März 1945 zunächst von amerikanischen Truppen besetzt und dann später den Franzosen übergeben worden, die sich anfangs gegen die auf der Potsdamer Konferenz beschlossene Einsetzung deutscher Zentralgewalten sperrten, da sie zunächst eine Aufteilung Deutschlands in mehrere Staaten und Annexio-

---
1 Die letzte Änderung (Stand: 19.7.2016) erfolgte durch Gesetz v. 8.5.2015 (GVBl. S. 35) und betraf Art. 82, 83 und 135 der Verfassung.
2 V. 15.3.1991 (GVBl. S. 73).
3 V. 8.3.2000 (GVBl. S. 65). Hierzu auch: Verfassungsreform. Der Weg zur neuen Landesverfassung vom 18. Mai 2000 (hg. vom Präsidenten des Landtags Rheinland-Pfalz), 2000.
4 S. unten RN 30.

nen an seiner Westgrenze anstrebten[5]. Durch die Verordnung Nr. 57 vom 30. August 1946[6] wurde dann aus Teilen der preußischen Rheinprovinz, dem linksrheinischen Teil des Landes Hessen (Rheinhessen), dem rechtsrheinischen Teil der Provinz Hessen-Nassau sowie der bayerischen Pfalz das Land „Rheinland-Pfalz" mit der Hauptstadt Mainz gebildet. Die geographische Herkunft der Landesteile wird noch heute in Art. 78 Abs. 1 Verf. Rheinland-Pfalz deutlich, wonach das Land „die Bezirke Koblenz, Montabaur, Rheinhessen und Trier und die Pfalz" umfaßt.

Durch die Verordnung Nr. 67 vom 8. Oktober 1946[7] wurde die Bildung einer Beratenden Versammlung befohlen, die einen Verfassungsentwurf ausarbeiten sollte, für deren Annahme ein Volksentscheid vorgesehen war. Noch vor der Wahl der Beratenden Versammlung beauftragte die französische Militärregierung eine Gemischte Kommission mit der Fertigstellung eines Verfassungsentwurfs bis Ende Oktober 1946. Diese Gemischte Kommission bildete einen Verfassungsausschuß, dem neben seinem Vorsitzenden Dr. *Adolf Süsterhenn* (CDP) fünf weitere Mitglieder angehörten. Auf der ersten Sitzung am 21. September 1946 legte *Süsterhenn* seine Pläne für eine Vollverfassung vor, über die in einer anschließenden Generaldebatte grundsätzlich Übereinstimmung erzielt werden konnte. Im Laufe des folgenden Monats erstellte *Süsterhenn* einen Vorentwurf, der in der Kommission diskutiert und teilweise geändert wurde. Am 29. November wurde dann der aus 191 Artikeln bestehende Verfassungsentwurf als Grundlage für die Arbeit der Landesversammlung präsentiert. Die Beratende Landesversammlung hatte schon in ihrer ersten Sitzung am 22. November 1946 einen aus 15 Personen bestehenden Verfassungsausschuß benannt, der den Verfassungsentwurf in der Zeit vom 9. Januar bis 23. April 1947 beriet. Nach zwei Lesungen im Verfassungsausschuß konnte der Verfassungsentwurf mit nur noch 144 Artikeln der Beratenden Landesversammlung vorgelegt werden. Nach dreitägiger Erörterung wurde der endgültige Text der Verfassung in dritter Lesung am 25. April mit 70 gegen 31 Stimmen angenommen. Der Volksentscheid über die Landesverfassung fand am 18. Mai 1947 statt, wobei für die Annahme 52,9 v.H., für die Ablehnung 47,1 v.H. der Wahlberechtigten bei einer Wahlbeteiligung von 77,7 v.H. stimmten. In den Regierungsbezirken Rheinhessen und in der Pfalz wurde die Verfassung – in der Pfalz sogar mit großer Mehrheit – abgelehnt[8], so daß die Annahme letztlich, wie *Egon Schunck* formuliert, „der Stimmabgabe in den nördlichen, ehemals preußischen Gebietsteilen zu danken" ist[9].

4
Entstehung der Verfassung

---

5 Vgl. *Rudolf*, in: Grimm/Caesar (Hg.), Verfassung für Rheinland-Pfalz (LitVerz.), Einleitung A RN 11; *Alain Lattard*, Zielkonflikte französischer Besatzungspolitik 1945–1947, in: Vierteljahreshefte für Zeitgeschichte 39 (1991), S. 1 ff.; *Hudemann*, Französische Besatzungszone 1945–1952, in: Neue Politische Literatur, 26. Jg. (1981), S. 325 ff.; *dens.*, Die Saar zwischen Frankreich und Deutschland 1945–1947, in: ders./Raymond Poidevin, Die Saar 1945–1955, 1992, S. 13 ff. (19 ff.); *dens.*, Wirkungen französischer Besatzungspolitik: Forschungsprobleme und Ansätze zu einer Bilanz, in: Ludolf Herbst (Hg.), Westdeutschland 1945–1955, 1986, S. 167 ff.
6 Journal Officiel du Commandant ou Chef Français en Allemagne, 1946, S. 292.
7 Journal Officiel aaO., S. 306 (309).
8 Vgl. im einzelnen *Rudolf* aaO., Einleitung B RN 1 ff.
9 *Schunck*, Die Verfassung für Rheinland-Pfalz vom 18. Mai 1947, in: JöR NF 5 (1956), S. 159 ff. (160).

B. Landesgrundrechte

I. Grundsatzfragen

5
Anlehnung an die WRV

Als vor dem Grundgesetz erlassene Landeskonstitution hat sich die Verfassung von Rheinland-Pfalz in vielen Formulierungen stark an die Weimarer Reichsverfassung angelehnt, so daß sich hieraus auch die Übernahme inzwischen längst überholter Regelungen, beispielsweise die Abschaffung der Adelsprivilegien in Artikel 18[10] erklärt. Ähnlich wie Art. 109 Abs. 1 WRV garantiert auch Art. 17 Verf. Rheinland-Pfalz die Gleichheit „vor dem Gesetz", wie dann auch Art. 3 Abs. 1 GG formuliert. In Übereinstimmung mit der Weimarer Reichsverfassung (Art. 111) gestaltet Art. 15 Verf. Rheinland-Pfalz die Freizügigkeit als Grundrechts-Trinität aus, indem es dem Aufenthalts- und Niederlassungsrecht die Rechte hinzufügt, „Grundstücke zu erwerben und jeden Erwerbszweig zu betreiben".

6
Naturrechtlich geprägte Verfassung

Charakteristisch für die Verfassung von Rheinland-Pfalz ist die starke Betonung des Naturrechts, die auf den Autor des Verfassungsentwurfs, *Adolf Süsterhenn*, zurückgeht. Schon der Vorspruch, dessen Grundsätze gemäß Art. 129 Abs. 2 Verf. Rheinland-Pfalz nicht geändert werden dürfen, bekundet das Bewußtsein „der Verantwortung vor Gott, dem Urgrund des Rechts und Schöpfer aller menschlichen Gemeinschaft". Art. 1 Abs. 1 der Verfassung gewährleistet die Freiheit des Menschen und dessen freie Entfaltung seiner Persönlichkeit innerhalb „der durch das natürliche Sittengesetz gegebenen Schranken". Nach Art. 1 Abs. 3 werden „die Rechte und Pflichten der öffentlichen Gewalt ... durch die naturrechtlich bestimmten Erfordernisse des Gemeinwohls begründet und begrenzt". In seiner Ursprungsfassung bezeichnet Art. 23 Verf. Rheinland-Pfalz Ehe und Familie als „die naturgebundene Grundlage der menschlichen Gesellschaft", die „als Gemeinschaften eigenen natürlichen Rechts" unter dem besonderen Schutz des Staates stehen. Das „natürliche Recht" der Eltern, ihre Kinder zu erziehen, wird sowohl in Art. 25 Abs. 1 als auch in Art. 27 Abs. 1 der Verfassung hervorgehoben. Als Erziehungsziele werden in Art. 33 Verf. Rheinland-Pfalz an erster Stelle „die Gottesfurcht und Nächstenliebe" genannt. Schließlich wird in Art. 60 Abs. 1 das Eigentum als „Naturrecht" vom Staat gewährleistet.

7
Normatives Naturrecht mit Rechtswirkung

Zwar kann Naturrecht als vorstaatliches und „staatenloses Recht" revolutionäre und totalitäre Umstürze nicht verhindern. Durch staatliche Anerkennung und Garantie erlangen natürliche Rechte aber die der staatlichen Hoheitskraft eigene Möglichkeit staatlicher Erzwingung[11]. Die Verfassung von Rheinland-Pfalz hat die (christliche) Naturrechtsidee mit dem positiven Recht verklammert, so daß die als Naturrecht ausgewiesenen Bestimmungen über normierte Grundrechte an der staatlichen Rechtswirkung teilhaben. Da

---

10 S. hierzu unten RN 105.
11 Vgl. in diesem Zusammenhang auch Art. 12 der französischen Menschenrechtserklärung von 1789: „La garantie des droits de l'homme et du citoyen nécessite une force publique".

die naturrechtliche Herkunft den staatlichen Rechtsnormen nur als Etikettierung beigefügt ist, wird auch niemand in seiner religiösen oder weltanschaulichen Grundhaltung beeinträchtigt.

Diese Hinwendung zum Naturrecht, zu dem sich in den Nachkriegsjahren auch die höchstrichterliche Rechtsprechung bekennt[12], ist die logische Konsequenz einer nach dem Zusammenbruch einsetzenden Diffamierung des Positivismus als Ursache nationalsozialistischen Unrechts. In Wirklichkeit hat sich jedoch die nationalsozialistische Rechtslehre weder vor der Machtübergabe an *Hitler* noch danach zum Positivismus bekannt, sondern im Gegenteil ihrerseits transnormative Vorstellungen propagiert. Nach *Carl Schmitt* stand die Legalität im Gegensatz zum „inhaltlich guten Recht", weshalb der Vorrang des Gesetzes als „trügerische Bindung an die verdrehbaren Buchstaben von tausend Gesetzesparagraphen" zugunsten einer zuverlässigeren, lebendigeren und tieferen Bindung aufgegeben werden sollte[13]. Folgerichtig beanspruchte die nationalsozialistische Theorie für das Programm der NSDAP als „Stimme des Volksgewissens" einen höheren Rang als den des gesetzten Rechts[14]. *Roland Freisler* hat die Rechtsprechung als eine dem Richter „vom Führer delegierte Aufgabe"[15] angesehen, die sich in „Übereinstimmung politischer Zielfestlegung im ganzen und in Teilzielen einzelner Lebensgebiete ... in Form eines Gefolgschaftsbandes zwischen dem Führer und dem deutschen Richter" vollzieht[16]. Schließlich wurde der Rechtsstaatsgrundsatz 1942 ausdrücklich durch einen Reichstagsbeschluß[17] aufgegeben, wodurch *Hitler* aus der Bindung an bestehende Rechtsvorschriften entlassen wurde. Die These, der Positivismus habe die Juristen im Dritten Reich hilflos gemacht, ist inzwischen als „Legende" entlarvt worden[18].

8
„Positivismus-Legende"

Die Grundrechte in Rheinland-Pfalz sind in der Regel als Jedermann-Rechte ausgestaltet. Das kommt darin zum Ausdruck, daß „jeder Mensch"[19], „Jedermann"[20] oder „Jeder"[21] berechtigt wird oder Grundrechtstatbestände unpersönlich als Unverletzlichkeit der Wohnung, Freiheit des Glaubens, Freiheit der Kunst, Wissenschaft und Lehre formuliert werden, so daß jeder Wohnungsinhaber, Gläubige, Künstler oder Wissenschaftler sich auf das Grundrecht berufen kann. Nur in einigen Fällen, wie bei der Versammlungsfreiheit, der Freizügigkeit, dem Auslieferungsverbot und dem Zugang zu öffentlichen

9
Jedermann-Rechte und Deutschen-Rechte

---
12 Vgl. *BVerfGE 1*, 14 (18 Ls. 27, 61); *1*, 208 (233); vgl. auch *E 6*, 84 (91); *23*, 353 (373); *BGHZ 6*, 270 (275); *9*, 83 (89).
13 *Carl Schmitt*, Staat, Bewegung, Volk, 1934, S. 15, 46; vgl. *dens.*, JW 1934, S. 714 l.Sp.
14 Vgl. *Freisler*, DJ 1936, S. 156 l.Sp.; *Frank*, Deutscher Juristentag 1936, S. 498; *H.J. Bull*, AcP 138 (1934), S. 341. Hierzu eingehend *Bernd Rüthers*, Die unbegrenzte Auslegung, 1968, S. 121 ff., insb. S. 132 f.
15 Nationalsozialistisches Recht und Rechtsdenken, 1938, S. 93.
16 AaO., S. 92.
17 V. 26. 4. 1942 (RGBl. I S. 247); vgl. auch die Erklärung *Hitlers* vor dem Reichstag in der Sitzung v. 26. 4. 1942, Sten. Ber. S. 109 ff., insb. S. 117 ff.
18 Vgl. statt aller *H. Dreier*, Die deutsche Staatsrechtslehre in der Zeit des Nationalsozialismus, VVDStRL 60 (2001), S. 9 (67 f. m.w.N. in FN 283); auch abgedr. in: *ders.*, Staatsrecht in Demokratie und Diktatur (hg. von Jestaedt und Paulson), 2016, S. 185 (246 f.).
19 Art. 4 a Verf. Rheinland-Pfalz.
20 Vgl. Art. 6 Abs. 1 und Abs. 2, Art. 10 Abs. 1 Satz 1, Art. 11, Art. 13 Abs. 1 Verf. Rheinland-Pfalz.
21 Vgl. Art. 5 Abs. 3 Satz 1 Verf. Rheinland-Pfalz.

Ämtern werden Grundrechte den „Deutschen" oder den „Staatsbürgern" vorbehalten oder treffen öffentliche Pflichten nur letztere. Da kraft europäischen Gemeinschaftsrechts für bestimmte Rechte und Grundfreiheiten eine Pflicht zur Gleichstellung mit EU-Ausländern besteht und deren Einbeziehung im Wege der Interpretation im Hinblick auf den entgegenstehenden Verfassungswortlaut Schwierigkeiten bereitet, hat die Verfassung von Rheinland-Pfalz einen, auch von der Literatur geforderten Ausweg gefunden, indem sie in Art. 19 a[22] eine Gleichstellungsklausel eingefügt hat, nach der Rechte, welche die Verfassung allen Deutschen gewährt, auch Staatsangehörigen eines anderen Mitgliedstaates der Europäischen Union zustehen, „soweit diese nach dem Recht der Europäischen Union Anspruch auf Gleichbehandlung haben". Hierbei handelt es sich um eine normative Verfassungsergänzung und nicht lediglich um eine „deklaratorische und klarstellende" Regelung[23]. Bei der Wahl der kommunalen Vertretungskörperschaften, Bürgermeister und Landräte findet sich eine entsprechende Regelung in Art. 50 Abs. 1 Satz 2 Verf. Rheinland-Pfalz. Wegen des restriktiven Wortlauts des Art. 19 a Verf. Rheinland-Pfalz („Staatsangehörige") kann die Bestimmung nicht ohne weiteres auf juristische Personen aus anderen EU-Mitgliedstaaten angewendet werden, was ein deutliches Defizit der Verfassungsänderung deutlich macht und Interpretationsschwierigkeiten bereitet. Mit Hilfe der vom Bundesverfassungsgericht für Art. 19 Abs. 3 GG propagierten „Anwendungserweiterung"[24] des deutschen Grundrechtsschutzes für juristische Personen aus anderen EU-Staaten wird man jedoch im Falle eines hinreichenden Inlandsbezugs auch bei Art. 19 a Verf. Rheinland-Pfalz entsprechend verfahren können[25].

II. Einzelne Grundrechte

1. Freiheit, Würde und Ehre des Menschen

a) Freiheit

10
„Freiheit" als Leitmotiv

Die Verfassung von Rheinland-Pfalz spricht mit den Worten des ersten Satzes ihres Eingangsartikels „Der Mensch ist frei"[26] das Grundanliegen der Grundrechte an, so daß „Freiheit" Leitmotiv jeder „freiheitlichen demokratischen Grundordnung"[27] und Staatsaufgabe wird[28]. Mit der Anerkennung eines natürlichen Rechts des Menschen „auf die Entwicklung seiner körperlichen und geistigen Anlagen und auf die freie Entfaltung seiner Persönlichkeit" in

---

22 Eingefügt durch Gesetz v. 8. 3. 2000 (GVBl. S. 65).
23 Wie hier *Mann*, in: Sachs, GG (LitVerz.), Art. 12 RN 35; *Weiß*, in: Brocker/Droege/Jutzi (Hg.), Verfassung für Rheinland-Pfalz (LitVerz.), Art. 19 a RN 1; a.A. *Breuer*, HStR ³VIII, § 170 RN 43, S. 99.
24 *BVerfGE 129*, 78 Ls. 1 (99 f.).
25 So auch *Weiß* aaO.
26 Vgl. auch Art. 2 Abs. 1 Satz 1 Verf. Hessen sowie Art. 3 Abs. 1 Satz 1 Verf. Bremen.
27 Vgl. Art. 10 Verf. Saarland; Art. 113 Abs. 1 Abs. 2 Verf. Sachsen; Art. 15 Abs. 2 Verf. Sachsen-Anhalt; Art. 5 Abs. 2 Verf. Thüringen; Art. 18 GG.
28 Vgl. Art. 65 Abs. 1 Verf. Bremen; Art. 69 Abs. 1 Satz 1 Verf. Hessen.

Art. 1 Abs. 1 Satz 2 Verf. Rheinland-Pfalz wird dessen Freiheit zu schöpferischer Lebensgestaltung[29] und das Recht, sich selbst zu entwerfen[30], anerkannt. Die persönliche Freiheit und Selbständigkeit des Menschen zu schützen sowie sein Wohlergehen zu fördern, ist dem Staat durch Art. 1 Abs. 2 Verf. Rheinland-Pfalz aufgegeben. Die Bedeutung des Artikels 1 kommt darin zum Ausdruck, daß die Wahrung der in ihm enthaltenen Grundsätze allen Organen der Gesetzgebung, Rechtsprechung und Verwaltung in Art. 1 Abs. 4 aufgegeben ist und darüber hinaus nach Art. 129 Abs. 2 verfassungsändernde Gesetze, welche die im Vorspruch, in Artikel 1 und Artikel 74 niedergelegten Grundsätze verletzen, unzulässig sind. Der Gleichklang von Artikel 1 und Artikel 74 ergibt dann die freiheitliche, demokratische und soziale Grundordnung des Landes.

Im einzelnen gewährleistet Art. 1 Abs. 1 und 2 vor allem das *allgemeine Persönlichkeitsrecht* und die *allgemeine Handlungsfreiheit*. Das allgemeine Persönlichkeitsrecht schützt das „Person-Sein"[31] und damit „den engeren persönlichen Lebensbereich"[32] als „einen autonomen Bereich privater Lebensgestaltung", in dem der Mensch „seine Individualität entwickeln und wahren kann"[33]. Dazu gehört die autonome Entscheidung, wie der einzelne sich gegenüber Dritten oder der Öffentlichkeit darstellen will[34], der Schutz des Namens und die informationelle Selbstbestimmung. Diese überläßt dem einzelnen die Entscheidung über die Preisgabe und Verwendung persönlicher Daten[35], wie es Art. 4a der Verfassung ausdrücklich garantiert. Darüber hinaus hat jeder das Recht am eigenen Bild und am eigenen Wort[36] und genießt den Schutz der Privat- und Intimsphäre.

11
Allgemeines Persönlichkeitsrecht

Daneben enthält Artikel 1 Abs. 1 das Recht auf freie Entfaltung der Persönlichkeit und – wie im Falle des Art. 2 Abs. 1 GG – die „allgemeine Handlungsfreiheit", die in unprätentiöser Formulierung das Recht umfaßt, „zu tun und zu lassen, was die Rechte anderer nicht verletzt und nicht gegen die verfassungsmäßige Ordnung oder das Sittengesetz verstößt"[37]. Damit gewährleistet Art. 1 Abs. 1 Verf. Rheinland-Pfalz eine Freiheit, die schon in Art. IV der französischen Erklärung der Menschen- und Bürgerrechte enthalten war. Allerdings enthält die Handlungsfreiheit nicht nur eindimensional das Recht zur Aktivität, sondern mehrdimensional ausdrücklich auch das Recht zur Passivität. Grundrechtssystematisch stellt die allgemeine Handlungsfreiheit ein sub-

12
Allgemeine Handlungsfreiheit

---

29 Vgl. auch *BVerfGE 109*, 279 Ls. 2.
30 Vgl. *BVerfGE 45*, 187 (227); *BGHZ 35*, 2 (8); auch *Hans Huber*, Das Menschenbild im Recht, ZSR 80 (1961), S. 1 (15); → Bd. II: *Merten*, Das Prinzip Freiheit im Gefüge der Staatsfundamentalbestimmungen, § 27 RN 11.
31 *Jarass*, NJW 1989, S. 859.
32 Vgl. *BVerfGE 121*, 69 (90); *96*, 56 (61); *72*, 155 (170); *54*, 148 (153).
33 *BVerfGE 117*, 202 (225); *79*, 256 (268).
34 Vgl. *BVerfGE 114*, 339 (346).
35 Vgl. *BVerfGE 130*, 1 (35).
36 *Jarass*, in: ders./Pieroth, GG (LitVerz.), Art. 2 RN 45.
37 So eine Fassung des jetzigen Art. 2 Abs. 1 GG in den Beratungen des Parlamentarischen Rates, die als „zu vulgär" empfunden und wegen des „Würdevollen im Klang" zugunsten der jetzigen Formulierung aufgegeben wurde; vgl. *Matz*, JöR NF Bd. I, S. 61.

sidiäres Auffanggrundrecht dar, das gegenüber speziellen Freiheitsrechten zurücktritt, aber dann zur Anwendung kommt, wenn deren personale und sachliche Schutzbereiche nicht ausreichen und diese weitergehenden Grundrechtsschutz nicht ausschließen wollen[38]. So können sich personal die von den Deutschen-Rechten ausgeschlossenen Ausländer auf die allgemeine Handlungsfreiheit berufen. Ebenso schützt diese sachliche Bereiche, die von den Spezialgrundrechten nicht gewährleistet werden, wie beispielsweise die Auswanderungsfreiheit oder die Bewegungsfreiheit.

13
Freiheit von gesetzwidrigem Zwang

Art. 2 Verf. Rheinland-Pfalz gestaltet als Grundrecht aus, was *Georg Jellinek* als Charakteristikum des status libertatis auf die Formel gebracht hat: „Alle Freiheit ist einfach Freiheit von gesetzwidrigem Zwange"[39]. Diese Formel ist letztlich die Verkürzung des konstitutionellen Ideals *Montesquieus*[40], nach dem niemand gezwungen sein soll, Dinge zu tun, zu denen das Gesetz ihn nicht verpflichtet, und Dinge nicht zu tun, die das Gesetz ihm erlaubt. Aus diesem Postulat der Frühaufklärung hat sich dann die „Freiheit und Eigentum"-Klausel *Freiherrn vom Steins*[41] entwickelt, wonach „die Sicherheit des Eigenthums und der persönlichen Freiheit unter die mitwirkende Gewährleistung [der] Landstände" fällt, wie sie zunächst in der Verfassung des Herzogtums Nassau[42] und später in anderen frühkonstitutionellen Verfassungen[43] verankert wird. Hieraus entsteht dann der Vorbehalt des (parlamentarischen) Gesetzes[44], der für den deutschen Verfassungsstaat so selbstverständlich wurde, daß ihn das Grundgesetz nicht ausdrücklich statuiert, sondern im Rechtsstaatsprinzip[45] vorausgesetzt hat. Wird die spiegelbildliche Berechtigung gewöhnlich aus der allgemeinen Handlungsfreiheit entnommen, so gewährleistet sie Art. 2 Verf. Rheinland-Pfalz[46] ausdrücklich.

b) Würde

14
Würde des Menschen als Grundrecht

Die Würde des Menschen ist in der Verfassung von Rheinland-Pfalz nicht in einem eigenen Verfassungsartikel, dafür aber in dem Vorspruch der Verfassung als Motiv der Verfassungsgebung mit den Worten benannt, daß sich das „Volk von Rheinland-Pfalz" „von dem Willen beseelt, die Freiheit und Würde des Menschen zu sichern ..." diese Verfassung gegeben habe. Im Vergleich zu üblichen Verfassungspräambeln weist der Vorspruch der Verfassung von Rheinland-Pfalz die Besonderheit auf, daß „die im Vorspruch, in Artikel 1 und Artikel 74 niedergelegten Grundsätze" durch verfassungsändernde Gesetze

---

38 Vgl. *Merten*, Das Recht auf freie Entfaltung der Persönlichkeit, in: JuS 1976, S. 345 (347 ff.).
39 System der subjektiven Rechte, 1905, S. 103.
40 De l'Esprit des Lois, XI, 4.
41 *Freiherr vom Stein*, Briefe und Amtliche Schriften, bearb. von Erich Botzenhart, neu hg. v. Walther Hubatsch, 10 Bände, Stuttgart, 1957–1974, Bd. V, S. 141.
42 § 2 der Verfassung des Herzogtums Nassau v. 1./2. 9. 1814.
43 Vgl. die bayerische Verfassungsurkunde v. 26. 5. 1818, Titel VII § 2.
44 Zu dessen Entwicklung *Carl Schmitt*, Verfassungslehre, S. 147 ff.; *Dietrich Jesch*, Gesetz und Verwaltung, 1961, S. 108 ff.; s. auch *Pietzcker*, in: JuS 1979, S. 710 ff.
45 Vgl. BVerfGE 40, 237 (248 f.), 48, 210 (221); 49, 89 (126).
46 Ähnlich Art. 58 Verf. Baden-Württemberg; Art. 70 Abs. 1 Verf. Bayern; Art. 59 Abs. 1 Verf. Berlin; Art. 2 Abs. 2 Verf. Hessen; Art. 41 Verf. Niedersachsen; Art. 2 Satz 1 Verf. Saarland.

nicht verletzt werden dürfen und damit unabänderlich sind. Durch diese „Ewigkeitsgarantie" des Art. 129 Abs. 2 Verf. Rheinland-Pfalz erhält der Vorspruch der Verfassung eine Rangerhöhung, die bei der Auslegung zu berücksichtigen ist. Als Bestandteile der Verfassung sind Präambeln ohnehin bei der Verfassungsinterpretation zu beachten[47]. Dabei ist der Grad der Normativität einer Präambel dafür entscheidend, ob sie eine autoritativ-verbindliche Regelung anordnet oder sich in pathetischen Deklamationen erschöpft. Im Vorspruch der Verfassung von Rheinland-Pfalz ist der Wille, „die Freiheit und Würde des Menschen zu sichern", hinreichend normativ umrissen und wird zudem hinsichtlich der Freiheit nochmals in Artikel 1 wiederholt, so daß auch die Würde des Menschen, die im Rahmen des Arbeitsschutzes noch einmal hinsichtlich der Würde der Arbeitnehmer (Art. 55 Abs. 1) speziell herausgehoben wird, als Grundrecht anzuerkennen ist[48].

c) Ehre

Zusätzlich zu der im Vorspruch angesprochenen Würde und dem in Art. 1 Abs. 1 Verf. Rheinland-Pfalz enthaltenen allgemeinen Persönlichkeitsrecht begründet Artikel 4 noch einmal eine Schutzpflicht des Staates für die Ehre. Dieser objektiv-rechtlichen Pflicht korrespondiert jedoch schon nach dem Wortlaut kein subjektives Recht, das ohnehin aus dem allgemeinen Persönlichkeitsrecht des Art. 1 Abs. 1 Verf. Rheinland-Pfalz entnommen werden kann[49] und auch Teil der garantierten Würde[50] des Menschen ist.

15 Staatliche Schutzpflicht für Ehre

2. Leben und Freiheit der Person

a) Leben

Art. 3 Verf. Rheinland-Pfalz schützt in Absatz 1 das Leben des Menschen, das für „unantastbar" erklärt wird und in Absatz 3 die körperliche Unversehrtheit, in die nur aufgrund eines Gesetzes eingegriffen werden darf. Der Schutz des Lebens bezieht sich auch auf das ungeborene Leben vom Zeitpunkt der Nidation an[51]. Da Art. 3 Abs. 1 Verf. Rheinland-Pfalz keinen Gesetzesvorbehalt enthält und das Leben von Verfassungs wegen „unantastbar" ist, sind Abtreibungen verfassungswidrig. Eine Ausnahme ist nur im Hinblick auf die Grundrechte anderer, im vorliegenden Fall der Mutter denkbar, wenn deren Leben durch die Schwangerschaft physisch oder (z.B. nach einer Vergewalti-

16 „Unantastbarkeit" des Lebens ohne Gesetzesvorbehalt

---

47 Vgl. *BVerfGE 1*, 117 (142); *5*, 85 (126 f.); *36*, 1 (20); *55*, 274 (300); *73*, 339 (386); *77*, 137 (149); *83*, 37 (51); *84*, 90 (122); *89*, 155 (183); *102*, 224 (234); *105*, 129 (137); *108*, 238 (247); *111*, 307 (318); *112*, 1 (29); *113*, 154 (162); grundlegend *Häberle*, Präambeln im Kontext von Verfassungen, in: Listl/Schambeck (Hg.), Demokratie in Anfechtung und Bewährung, FS Broermann, 1982, S. 211 (242).
48 So auch *VerfGH Rheinland-Pfalz AS 34*, 169 (190); *Brocker*, in: ders./Droege/Jutzi, Verfassung Rheinland-Pfalz (LitVerz.), Vorspruch RN 18; → oben *Hillgruber*, Schutz der Menschenwürde und der Persönlichkeit, § 233 RN 3.
49 Ebenso *Schulz*, in: Brocker/Droege/Jutzi aaO., Art. 4 RN 2.
50 Zum Zusammenhang von Ehre und Menschenwürde → Bd. IV: *Isensee*, Würde des Menschen, § 87 RN 118, der ebenfalls den grundrechtlichen Schutz der Ehre dem Persönlichkeitsrecht des Art. 2 Abs. 1 GG entnimmt.
51 → Oben *Merten*, Allgemeine Lehren der Landesgrundrechte, § 232 RN 90.

gung) psychisch ernsthaft bedroht ist. Der erst durch die Verfassungsreform 2000 eingefügte Absatz 2 ist legistisch wenig geglückt, da er den Eindruck einer lex specialis-Regelung erwecken kann. In Wirklichkeit handelt es sich jedoch nur um einen zusätzlichen Schutz des nach Art. 3 Abs. 1 gesicherten ungeborenen Lebens, der durch „umfassende Aufklärung, Beratung und soziale Hilfe" erfolgen soll, aber an der grundsätzlichen Verfassungswidrigkeit jeglicher Abtreibung nichts ändert. Allerdings ist Bundesrecht vorrangig.

b) Freiheit der Person

17
habeas corpus-Recht

Die Freiheit der Person (Art. 5 Verf. Rheinland-Pfalz) ist mit demselben Geburtsfehler behaftet, der sich auch bei Art. 2 Abs. 2 Satz 2 GG zeigt: Es wird ein Rechtsgut für unverletzlich erklärt, obwohl schon der darauffolgende Satz die Möglichkeiten seiner Verletzung vorsieht. Zudem ist es ein legistischer Fehler, den traditionellen Rechtsbegriff der „Freiheit der Person" in Art. 5 Abs. 1 Satz 2 Verf. Rheinland-Pfalz mit „persönlicher Freiheit" gleichzusetzen, da beide Begriffe differieren. Als „persönliche Freiheit" kann auch die Bewegungsfreiheit[52] oder die Freizügigkeit[53] angesehen werden, während „Freiheit der Person" die habeas corpus-Rechte meint, die Festnahmen oder ähnliche, mit körperlichem Zwang verbundene Freiheitsbeschränkungen durch die öffentliche Gewalt begrenzen und verfahrensrechtlich sichern[54]. Durch Verfassungsänderung[55] sind die früheren freiheitsfreundlicheren Absätze 2 und 3 durch die Übernahme der Absätze 2 bis 4 des Art. 104 GG ersetzt worden. Art. 5 Abs. 5 Verf. Rheinland-Pfalz, der „jede Mißhandlung eines Festgenommenen" untersagt, ist aufgrund der Entstehungszeit der Verfassung verständlich, für einen Rechtsstaat aber überflüssig, zumal dem Verfassungssatz keine abschreckende Funktion zukommt.

3. Schutz der Wohnung, des Briefgeheimnisses und persönlicher Daten

a) Schutz der Wohnung

18
Jedermann-Recht

Art. 7 Abs. 1 proklamiert in Anlehnung an Art. 115 WRV die Unverletzlichkeit der Wohnung. Anders als früher ist dieses Schutzrecht aber nicht Deutschen vorbehalten, sondern aufgrund der unpersönlichen Formulierung als Jedermann-Recht anzusehen. Die räumliche Privatsphäre ist schon, wie in der Weimarer Reichsverfassung, nicht auf die eigentlichen Wohnräume beschränkt, sondern umfaßt auch Arbeits-, Betriebs- und Geschäftsräume[56]. Während Art. 7 Abs. 2 Verf. Rheinland-Pfalz wörtlich mit Art. 13 Abs. 2 GG übereinstimmt, läßt Art. 7 Abs. 3 darüber hinaus nur gesetzliche Ermächtigungen für behördliche Eingriffe und Einschränkungen zur Behebung öffentli-

---

52 → Bd. IV: *Merten*, Bewegungsfreiheit, § 95.
53 → Bd. IV: *Merten*, Freizügigkeit, § 94.
54 Vgl. statt aller *Jarass*, in: ders./Pieroth, GG (LitVerz.), Art. 2 RN 110.
55 Vgl. Änderungsgesetz v. 15.3.1991 (GVBl. S. 73).
56 Vgl. *BVerfGE 32*, 54 (69 ff.); *44*, 353 (371); *76*, 83 (88); *96*, 44 (51); *120*, 274 (309); *Jarass*, in: ders./Pieroth, GG (LitVerz.), Art. 13 RN 5.

cher Notstände zu. Angesichts der Diskrepanz zu Art. 13 Abs. 3 bis 7 GG hat der Verfassungsgerichtshof[57] „in grundrechtsfreundlicher Auslegung Art. 7 Abs. 3 Verf. Rheinland-Pfalz mit dem Schutzniveau des Art. 13 Abs. 4 GG n.F." in Einklang gebracht[58]. Daß das Abwehrrecht des Art. 7 Verf. Rheinland-Pfalz in keiner Weise ein Leistungsrecht auf Wohnraum enthalten kann, macht zusätzlich Art. 63 Verf. Rheinland-Pfalz deutlich, der in einem Verfassungsauftrag Land, Gemeinden und Gemeindeverbände auf die Hinwirkung zur Schaffung und Erhaltung von angemessenem Wohnraum verpflichtet.

Kein Recht auf Wohnraum

b) Schutz des Brief-, Post-, Telegraphen- und Fernsprechgeheimnisses

Dem Schutz sowohl der Privatsphäre als auch der freien Kommunikation dient das in Art. 14 Verf. Rheinland-Pfalz verankerte „Brief-, Post-, Telegraphen- und Fernsprechgeheimnis", das sich angesichts seines Gesetzesvorbehalts in Satz 2 noch in der Ursprungsfassung erhalten hat. Ein gleichartiger Grundrechtsschutz läßt sich in Deutschland bis in den Vormärz zurückverfolgen. Obwohl die systematische Überwachung der Briefkorrespondenz und eine umfassende Nachrichtenkontrolle in den unterschiedlichsten Epochen der Erhaltung der politischen Macht dienten, wofür nur die Namen *Napoleon* und *Metternich* stehen sollen[59], kommt es zu einem staatsgerichteten Grundrechtsschutz erst im Jahre 1831, obwohl schon davor postrechtliche und strafbewehrte Verschwiegenheitspflichten bestanden hatten[60]. Die als Fernwirkung der Pariser Julirevolution von 1830 geglückte Verselbständigung Belgiens[61] hatte auch zu einer neuen Verfassung mit weitreichendem Einfluß auf die europäische konstitutionelle Entwicklung geführt, deren Artikel 22 Abs. 1 die Unverletzlichkeit des Briefgeheimnisses vorsah. Aber bereits einen Monat vorher hatte das Kurfürstentum Hessen, in dem es ebenfalls zu Unruhen gekommen war, in § 38 seiner Verfassung vom 5. Januar 1831 vorgesehen, daß „das Briefgeheimniß ... auch künftig unverletzt zu halten" ist[62], die zur „wohl prominenteste[n] Innovation" dieser Verfassung wird[63]. Über § 142 der Paulskirchen-Verfassung gelangt das Briefgeheimnis dann zugleich mit dem „Post-, Telegraphen- und Fernsprechgeheimnis" in Art. 117 Satz 1 WRV, aus der es Art. 14 Verf. Rheinland-Pfalz mit kleineren Änderungen übernimmt.

19
Historische Entwicklung

Inhaltlich schützt Art. 14 Verf. Rheinland-Pfalz private „Kommunikationen, die wegen der räumlichen Distanz zwischen den Beteiligten auf eine Übermittlung durch Dritte ... angewiesen sind"[64]. Verpflichtet aus dem Grundrecht sind alle staatlichen Stellen des Landes sowie privatrechtliche Unternehmen,

20
Schutz privater Kommunikation

---

57 *VerfGH Rheinland-Pfalz AS 34*, 169 (186 f.).
58 Vgl. hierzu *Jutzi*, Leitlinie Grundgesetz – Zu Unitarisierungstendenzen in der Rechtsprechung des VerfGH Rheinland-Pfalz, LKRZ 2011, S. 286 (290); → oben *Guckelberger*, Schutz der Wohnung, § 235 RN 26.
59 Vgl. hierzu auch *Badura*, in: Bonner Kommentar, Art. 10 RN 4 ff. (März 2014).
60 Vgl. § 204 II/15, § 1370 II/20 ALR.
61 *Alfred Voigt*, Geschichte der Grundrechte, 1948, S. 71.
62 → Bd. IV: *Stettner*, Brief-, Post- und Fernmeldegeheimnis, § 92 RN 3.
63 → Oben *Wittreck*, Bedeutung einzelstaatlicher Grundrechte für die deutsche Grundrechtsentwicklung, § 231 RN 24; s. *dens.* auch aaO., RN 20 FN 118.
64 *BVerfGE 85*, 386 (396); vgl. auch *E 115*, 166 (182).

die vom Staat beherrscht werden. Nachfolgeunternehmen der Post sollen nicht mehr gebunden sein, seit sie vom Bund nicht mehr beherrscht werden[65]. Insoweit kommt jedoch eine Grundrechtsbindung infolge Funktionsnachfolge[66] in Betracht. Art. 14 Verf. Rheinland-Pfalz enthält ein Abwehrrecht und eine Schutzpflicht. Der Schutzauftrag muß nach der Privatisierung des Telekommunikationswesens die von Privaten betriebenen Telekommunikationsanlagen betreffen[67]. Träger des Grundrechts sind alle natürlichen und juristischen Personen. Nicht einsichtig ist, weshalb juristische Personen des öffentlichen Rechts nicht Grundrechtsträger des Brief-, Post-, Telegraphen- und Fernsprechgeheimnisses sein sollen, da sie einer Gefährdungslage „nach Art des Bürgers ausgesetzt" sind[68]. Da im Vergleich zu Art. 14 Verf. Rheinland-Pfalz Art. 10 GG insbesondere im Hinblick auf seinen Absatz 2 Satz 2 stärker beschränkbar ist, bleibt das weitergehende Landesgrundrecht gemäß Art. 142 GG in Kraft.

c) Datenschutz

21
Selbstbestimmungsrecht

Schon vor der Ableitung eines Grundrechts „auf Gewährleistung der Vertraulichkeit und Integrität informationstechnischer Systeme" aus dem allgemeinen Persönlichkeitsrecht durch das Bundesverfassungsgericht[69] hat der Verfassungsgeber mit Art. 4a Verf. Rheinland-Pfalz ein neues Datenschutzgrundrecht in die Verfassung eingefügt, wonach jeder das Recht hat, „über die Erhebung und weitere Verarbeitung seiner personenbezogenen Daten selbst zu bestimmen", sowie „Auskunft über ihn betreffende Daten und auf Einsicht in amtliche Unterlagen, soweit diese solche Daten enthalten" verlangen kann. Art. 4a Abs. 2 Verf. Rheinland-Pfalz fügt einen Beschränkungsvorbehalt an, der allerdings überwiegende Interessen der Allgemeinheit voraussetzt.

4. Freizügigkeit, Auslieferungsverbot, Asylrecht

a) Freizügigkeit

22
Freizügigkeit als Grundrechts-Trinität

Bei der Formulierung seiner vorkonstitutionellen Verfassung orientiert sich der Verfassungsgeber in Rheinland-Pfalz stärker an der Vorgänger-Verfassung als andere Landesverfassungen. Das gilt insbesondere für das Grundrecht der Freizügigkeit, das in Art. 15 als das Recht beschrieben wird, „sich an jedem Orte aufzuhalten und niederzulassen, Grundstücke zu erwerben und jeden Erwerbszweig zu betreiben", wobei sich diese tatbestandliche Trinität fast wortgleich in Art. 111 Satz 1 WRV findet. Daneben garantiert Art. 58 Verf. Rheinland-Pfalz jedem Deutschen außerdem, „in Übereinstimmung mit den Erfordernissen des Gemeinwohls seinen Beruf frei zu wählen und ihn

---

65 *Durner*, in: Maunz/Dürig, GG (LitVerz.), Art. 10 RN 108; *Hermes*, in: H. Dreier, GG (LitVerz.), Art. 10 RN 52.
66 Vgl. *BVerfGE 128*, 226 (249 f.).
67 S. hierzu § 85 TelekommunikationsG.
68 → Oben *Merten*, Allgemeine Lehren der Landesgrundrechte, § 232 RN 122 m.w.N.
69 *BVerfGE 120*, 274 Ls. 1; → Bd. V: *Rudolf*, Recht auf informationelle Selbstbestimmung, § 90 RN 73 ff.

nach Maßgabe des Gesetzes in unbehinderter Freizügigkeit auszuüben". Demgegenüber weist das Grundgesetz Freizügigkeit und Berufsfreiheit zwei aufeinanderfolgenden Artikeln (Art. 11 und 12) zu, wodurch der sachliche Zusammenhang erhalten bleibt. Kern des Freizügigkeitsrechts ist die Befugnis, sich an jedem Orte aufzuhalten und niederzulassen, wobei eine Landesverfassung dieses Recht nur für Orte innerhalb des Landesgebietes garantieren kann.

Der heutzutage unproblematische freie Zug war nicht nur im 19. Jahrhundert wegen der Existenz der „Bürgergemeinden", die das Bürgerrecht an bestimmte Merkmale (Abstammung, Vermögen, Grundbesitz, Gewerbebetrieb) knüpften, mit Schwierigkeiten verbunden, sondern auch zur Zeit der Entstehung der Verfassung von Rheinland-Pfalz wegen des Wohnungsmangels infolge der Zerbombung deutscher Städte und der Unterbringung Millionen deutscher Flüchtlinge und Vertriebener durch Zuzugsverbote in vielen Großstädten gehemmt. Die gängige Definition der Freizügigkeit als des Rechts, „an jedem Ort innerhalb des Bundesgebiets Aufenthalt und Wohnsitz zu nehmen"[70] geht auf § 133 der Frankfurter Paulskirchen-Verfassung von 1849 zurück, von dem es über § 1 Abs. 1 Nr. 1 des Freizügigkeitsgesetzes[71] in Art. 111 der Weimarer Reichsverfassung gelangt.

23
Geschichte des „freien Zuges"

Historisch ist mit dem Aufenthalts- und Niederlassungsrecht „an jedem Orte" die Ortschaft gemeint[72]. Der Begriff „Ort" sollte im 19. Jahrhundert Oberbegriff für Gemeinden, Gutsbezirke, Ortschaften, Bauernschaften und Ortsgenossenschaften sein und ist im Hinblick auf die heutige Untergliederung der Länder als „Gemeinde" anzusehen, so daß die Freizügigkeit als Landesgrundrecht in erster Linie die interkommunale Freizügigkeit, das heißt die Freizügigkeit von Gemeinde zu Gemeinde umfaßt[73]. Im Zuge der Eingemeindung zwecks Schaffung größerer Gemeinden und des Ineinanderwachsens vieler Ortschaften ist der freie Zug von Gemeinde zu Gemeinde teleologisch zu einer innerkommunalen Freizügigkeit zu erweitern, so daß das Grundrecht auch die Freizügigkeit zwischen Ortschaften als Teil einer „Verbandsgemeinde" erfaßt[74].

24
„Ort" als Ortschaft

Wird die persönliche Freizügigkeit in räumlicher Hinsicht durch den Begriff „Ort" bestimmt, so wird sie in zeitlicher Hinsicht durch die Begriffe „Wohnsitz" und „Aufenthalt" geprägt. Beide Begriffe finden sich schon in § 133 der Paulskirchen-Verfassung, während Art. 111 WRV das Recht gewährte, „sich an jedem beliebigen Orte aufzuhalten und niederzulassen". Daraus folgt jedoch kein Unterschied, was auch der Wortlaut des § 7 Abs. 1 BGB deutlich macht, wonach jemand, der sich an einem Orte ständig niederläßt, an diesem Orte seinen Wohnsitz begründet. Im Unterschied zu den Begriffen „Nieder-

25
„Aufenthalt" und „Niederlassung"

---

70 *BVerfGE 80*, 137 (150); *2*, 266 (273); *43*, 202 (211); *110*, 177 (190 f.); *134*, 242 (323 RN 253).
71 V. 1.11.1867 (BGBl. S. 55); Reichsgesetz seit dem 16.4.1871.
72 Vgl. *v. Gneist*, AöR, Bd. 1, S. 269 f. für das preußische HeimatG; *Dürig*, GR II (LitVerz.), S. 514 FN 21. → Bd. IV: *Merten*, Freizügigkeit, § 94 RN 45.
73 Vgl. auch *BVerfGE 134*, 242 (324); → Bd. IV: *Merten*, Freizügigkeit, § 94 RN 47, 51.
74 Vgl. *BVerfG 137*, 273 (323 f. RN 251); *110*, 177 (191); auch *E 8*, 95 (97); → Bd. IV: *Merten*, Freizügigkeit, § 94 RN 53 ff.

lassung" oder „Wohnsitznahme" ist die Umschreibung des Begriffs „Aufenthalt" schwieriger. Hatte noch das preußische Heimatgesetz von 1842[75] unter Aufenthaltsfreiheit nur das Recht zum dauernden Aufenthalt verstanden, so gestattete das Freizügigkeitsgesetz neben dem dauernden auch den „vorübergehenden" Aufenthalt, so daß auch ein Verweilen von weniger als drei Monaten als „Aufenthalt" im Sinne des Gesetzes anzusehen war[76]. Wichtig ist die Festlegung einer Untergrenze für den durch das Freizügigkeitsrecht geschützten vorübergehenden Aufenthalt, da nur mit deren Hilfe die Freizügigkeit von der Bewegungsfreiheit, die nur von Art. 1 Abs. 1 Verf. Rheinland-Pfalz umfaßt wird, abgegrenzt werden kann. Wer sich von einer Gaststätte zum Rauchen auf die Straße begibt, macht nicht von seiner Freizügigkeit Gebrauch, obwohl er sich für wenige Minuten an einem anderen Orte aufhält. Auch polizeiliche Platzverweise greifen nicht in das Freizügigkeitsrecht ein. Da alle Versuche einer exakten quantitativen Bemessung des vorübergehenden Aufenthalts gescheitert sind, bietet sich als taugliches und praktikables Abgrenzungskriterium zur Bewegungsfreiheit die mindestens einmalige Übernachtung an einem Ort an, durch die ein freizügigkeitsrelevantes Aufenthaltsverhältnis an einem Ort begründet wird[77].

26
Gewerbefreiheit und Grundstückserwerb

Neben dem Recht der persönlichen Freizügigkeit enthielten die Freizügigkeitsregelungen bisher in „historisch bedingter Dreierkonnexität"[78] Aussagen über die Gewerbefreiheit und die Freiheit des Grundstückserwerbs. Damit hat das Grundgesetz zwar in Art. 11 GG gebrochen, die frühere Trinität der Freizügigkeit hat sich jedoch in einigen Landesverfassungen, darunter in der von Rheinland-Pfalz erhalten[79]. Die wirtschaftliche Freizügigkeit bezweckte ursprünglich nur, den Zuziehenden hinsichtlich des Betriebs eines Gewerbes „unter den für Einheimische geltenden gesetzlichen Bestimmungen"[80] mit diesen gleichzustellen. Der Diskriminierungsschutz der wirtschaftlichen Freizügigkeit wird durch Art. 1 Abs. 3 des Freizügigkeitsgesetzes von 1867 deutlich, wonach keinem Bundesangehörigen [des Norddeutschen Bundes] „um des Glaubensbekenntnisses willen oder wegen fehlender Landes- oder Gemeindeangehörigkeit der Aufenthalt, die Niederlassung, der Gewerbebetrieb oder der Erwerb von Grundeigentum verweigert werden" darf. Die wirtschaftliche Freizügigkeit stellte letztlich also nur einen besonderen Gleichheitssatz dar, was auch aus deren systematischer Stellung in Art. 111 WRV deutlich wird, der dem Gleichheitssatz des Art. 109 WRV folgt und sich unmittelbar an die Indigenatsvorschrift des Art. 110 Abs. 2 WRV anschließt, wonach jeder Deutsche „in jedem Lande des Reichs die gleichen Rechte und Pflichten wie die Angehörigen des Landes selbst" hatte. Dieses ursprüngliche

---

75 Gesetz über die Aufnahme neu anziehender Personen v. 31.12.1842 (GS 1843 S. 5).
76 Vgl. *PrOVGE 3*, 102 (105).
77 *Jarass*, in: ders./Pieroth, GG (LitVerz.), Art. 11 RN 2; *Ziekow*, Berliner Kommentar, Art. 11 RN 44; *Baldus*, in: Epping/Hillgruber, GG (LitVerz.), Art. 11 RN 3; → Bd. IV: *Merten*, Freizügigkeit, § 94 RN 41.
78 So *Dürig*, GR II (LitVerz.), S. 511.
79 Vgl. ferner Art. 8 Verf. Baden v. 22.5.1947 (RegBl. S. 129); Art. 109 Abs. 1 Verf. Bayern v. 2.12.1946; s. auch Art. 17 Verf. Berlin v. 23.11.1995.
80 § 1 Abs. 1 Nr. 3 des Gesetzes über die Freizügigkeit.

Ziel der wirtschaftlichen Freizügigkeit hatten möglicherweise die Verfassungsväter von Rheinland-Pfalz vor Augen, da sie neben dem in Art. 15 Abs. 1 geregelten Recht, „jeden Erwerbszweig zu betreiben", in Art. 52 der Verfassung „die Gewerbefreiheit" nochmals als Grundsatz der Wirtschafts- und Sozialordnung hervorheben und in Art. 58 der Verfassung die Berufsfreiheit gewährleisten. Das Recht des Grundstückserwerbs in Art. 15 Satz 1 Verf. Rheinland-Pfalz ist lex specialis zu Art. 60 Abs. 1 Satz 2 Verf. Rheinland-Pfalz, der im Unterschied zu Art. 14 GG auch das Eigentumserwerbsrecht schützt.

b) Auslieferungsverbot

Das auf das Freizügigkeitsrecht (Art. 15) folgende Auslieferungsverbot in Art. 16 Abs. 1 Verf. Rheinland-Pfalz weist mit diesem auch eine sachliche Gemeinsamkeit auf. Denn das Freizügigkeitsrecht schützt in seiner negativen Komponente, einen Wohnsitz und Aufenthalt nicht verlegen zu müssen; auch die Beibehaltung von Wohnsitz oder Aufenthalt am gewählten Ort, so daß Art. 15 Verf. Rheinland-Pfalz auch ein Bleiberecht im Landesgebiet sichert. Eine Ausweisung aus dem Landesgebiet wäre daher ein Eingriff in den Schutzbereich des Artikels 15. Demgegenüber stellt sich Art. 16 Abs. 1 als lex specialis dar, da hier die zwangsweise Entfernung eines deutschen Staatsbürgers mit der Überstellung an eine ausländische Hoheitsgewalt einhergeht, „damit ein dort betriebenes Strafverfahren abgeschlossen oder eine dort verhängte Strafe vollstreckt werden kann"[81].

27
lex specialis zum Bleiberecht

In der ursprünglichen Fassung stand das Auslieferungsverbot des Art. 16 Abs. 1 unter dem Vorbehalt „verbürgter Gegenseitigkeit", was Art. 16 Abs. 2 GG widersprach. Daher wurde Art. 16 Abs. 1 Verf. Rheinland-Pfalz 1991 an Art. 16 GG in seiner damaligen Fassung angepaßt[82]. Im Jahre 2000 wurde dann Art. 16 Abs. 2 GG ein Satz 2 angefügt[83], wonach durch Gesetz eine abweichende Regelung für Auslieferungen an einen Mitgliedstaat der Europäischen Union oder an einen internationalen Gerichtshof getroffen werden kann, soweit rechtsstaatliche Grundsätze gewahrt sind[84]. Mit der Novellierung des Art. 16 Abs. 2 GG klaffen nunmehr die Auslieferungsverbote des Bundes und des Landes Rheinland-Pfalz erneut auseinander, was zugleich deutlich macht, daß die Einzelübernahme grundgesetzlicher Bestimmungen in den Grundrechtskatalog eines Landes wegen der Möglichkeit jederzeitiger Verfassungsänderungen untunlich ist. Trotz der Grundgesetzänderung bleibt Art. 16 Abs. 1 Verf. Rheinland-Pfalz gemäß Art. 142 GG in Kraft. Die Bestimmung ist keinesfalls mangels „eigenständigen Regelungsgehalt[s]" „nichtig"

28
Keine „Nichtigkeit" des Auslieferungsverbots

---

81 *BVerfGE 113*, 273 (293 unter Hinweis auf *E 29*, 183 (192).
82 Durch Gesetz v. 15. 3. 1991 (GVBl. S. 94).
83 Durch Art. 1 des Gesetzes zur Änderung des Grundgesetzes v. 29. 11. 2000 (BGBl. I S. 1633).
84 Zur Verfassungsmäßigkeit *BVerfGE 113*, 273 (295 ff.). Allerdings wurde das (erste) Gesetz zur Umsetzung des Rahmenbeschlusses über den europäischen Haftbefehl und die Übergabeverfahren zwischen den Mitgliedstaaten der Europäischen Union v. 21. 7. 2004 (BGBl. I S. 1748) wegen Grundgesetzverstoßes für nichtig erklärt. Danach erging das Gesetz zur Umsetzung des europäischen Haftbefehls v. 20. 6. 2006 (BGBl. I S. 1721).

geworden[85]. Da Art. 16 Abs. 1 Verf. Rheinland-Pfalz wegen fehlender Beschränkungsmöglichkeiten ein „Mehr" an Grundrechtsschutz gewährleistet als Art. 16 Abs. 2 GG, gilt er nach herrschender Auffassung in Rechtsprechung und Schrifttum[86] weiter, zumal er mit Ausnahme der Auslieferungsmöglichkeit an einen Mitgliedstaat der Europäischen Union oder an einen internationalen Gerichtshof mit Art. 16 Abs. 2 GG übereinstimmt. Die Weitergeltung des Art. 16 Abs. 1 Verf. Rheinland-Pfalz hat auch praktische Bedeutung. Auch wenn der Bereich der Auslieferung Gegenstand der ausschließlichen Gesetzgebungskompetenz des Bundes ist (Art. 73 Abs. 1 Nr. 3 GG), können sich Deutsche in Rheinland-Pfalz beispielsweise im Rahmen eines gegen sie ergangenen Haftbefehls an die Landesgerichte wenden, denn die Landesbehörden und Landesgerichte üben trotz bundesgesetzlicher Verfahrensregelungen Landesstaatsgewalt aus, so daß gegen deren Entscheidungen eine Landesverfassungsbeschwerde möglich ist[87].

c) Asylrecht

29
Ursprüngliche Fassung

Die jetzige Regelung des Art. 16 Abs. 2 Verf. Rheinland-Pfalz, wonach politisch Verfolgte Asylrecht genießen, zeigt keinerlei Zusammenhang mit dem in Absatz 1 desselben Artikels geregelten Auslieferungsverbot Deutscher an das Ausland auf und hätte deshalb aus legistischen Gründen einem eigenen Artikel zugeordnet werden sollen. Allerdings waren in der Ursprungsfassung des Artikels 16 beide Absätze dadurch verklammert, daß zunächst die Auslieferung Deutscher und sodann die Auslieferung und Ausweisung Fremder geregelt war. Letztere genossen Schutz, wenn sie unter Verletzung der verfassungsrechtlichen Grundrechte im Ausland verfolgt wurden und nach Rheinland-Pfalz geflohen waren.

30
Bleibende Bedeutung des Art. 16 Abs. 2

Das Asylrecht für politisch Verfolgte ist im allgemeinen das einzige Grundrecht, das ausschließlich Ausländern zusteht[88]. Infolge einer erheblichen Änderung des grundgesetzlichen Asylgrundrechts[89] ist Art. 16 Abs. 2 Verf. Rheinland-Pfalz im Vergleich mit Art. 16a GG das weitergehende Grundrecht, weil es die Einschränkungen des Art. 16a Abs. 2 bis 5 nicht enthält. Da der Bund über die konkurrierende Gesetzgebung für das Aufenthalts- und Niederlassungsrecht der Ausländer sowie über die Angelegenheiten der Flüchtlinge und Vertriebenen verfügt[90], ist die praktische Bedeutung der Lan-

---

85 So aber *Edinger*, in: Brocker/Droege/Jutzi (Hg.), Verfassung für Rheinland-Pfalz (LitVerz.), Art. 16 RN 8.
86 → Oben *Merten*, Allgemeine Lehren der Landesgrundrechte, § 232 RN 37.
87 Vgl. BVerfGE 96, 345 (366f.); → Bd. III: *Sodan*, Schutz der Landesgrundrechte durch die Landesverfassungsgerichtsbarkeit, § 84 RN 61; → oben *Sodan*, Landesgrundrechte in Berlin, § 247 RN 16. Zu den bundesprozeßrechtlichen Kompetenzgrenzen der Verfassungsgerichtsbarkeit in Rheinland-Pfalz gemäß § 44 Abs. 2 VerfGHG s. *Jutzi*, in: Brocker/Droege/ders. (Hg.), Verfassung für Rheinland-Pfalz (LitVerz.), Art. 130a RN 27ff.
88 Vgl. *Jarass*, in: ders./Pieroth (Hg.), GG (LitVerz.), Art. 16a RN 6 unter Hinweis auf „höchst seltene" Sonderfälle.
89 Durch das Gesetz zur Änderung des Grundgesetzes v. 28. 6. 1993 (BGBl. I S. 1002). Durch dieses Gesetz wurde Art. 16a eingefügt, Art. 18 geändert sowie Art. 16 Abs. 2 Satz 2 aufgehoben.
90 Art. 74 Abs. 1 Nr. 4 und 6 GG.

desbestimmung nicht allzu groß. Dennoch ist es im Zuge der Verfassungsnovellierungen zu Recht nicht gestrichen worden, da es im Zusammenhang mit dem Vorspruch der Verfassung die humanitäre Grundhaltung der Konstitution deutlich macht.

5. Berufsfreiheit und Eigentum

a) Berufsfreiheit

Der enge Zusammenhang zwischen Berufsfreiheit und Freizügigkeit kommt außer in Artikel 15 nochmals in Artikel 58 Verf. Rheinland-Pfalz zum Ausdruck. Danach ist jeder Deutsche berechtigt, in Übereinstimmung mit den Erfordernissen des Gemeinwohls „einen Beruf frei zu wählen und ihn nach Maßgabe des Gesetzes in unbehinderter Freizügigkeit auszuüben". Nur wenn Freizügigkeit besteht, ist auch eine Berufsaufnahme an jedem Ort des Landesgebietes möglich. Bei der Berufsfreiheit, die früher als „Gewerbefreiheit" bezeichnet wurde, handelt es sich um ein klassisches Grundrecht. Die Gewerbefreiheit wurde in Preußen durch die *Stein-Hardenberg*schen Reformen[91] eingeführt und findet sich dann in den reichsgesetzlichen einfach-rechtlichen Grundrechtsgarantien des Bismarckschen Reichssystems als Gewerbeordnung[92] schon im Norddeutschen Bund. In der Paulskirchen-Verfassung war die Gewerbefreiheit als Teil der Freizügigkeit in § 133 und zudem als Berufsfreiheit in § 158 vorgesehen. Die Weimarer Reichsverfassung setzte diese Tradition fort und fügte sie ebenfalls als Teil der Freizügigkeit in Art. 111 WRV an, wobei sie die „Freiheit des Handels und des Gewerbes" zusätzlich in Art. 151 WRV nach Maßgabe der Reichsgesetze gewährleistete. Diese Doppelung der Garantie übernimmt die Verfassung von Rheinland-Pfalz, indem sie das Recht, „jeden Erwerbszweig zu betreiben" bei der Freizügigkeit (Art. 15 Verf. Rheinland-Pfalz) aufführt und zusätzlich die Berufsfreiheit im Abschnitt über die „Wirtschafts- und Sozialordnung" in Artikel 58 gewährleistet.

31 Berufsfreiheit als klassisches Grundrecht

Die Berufsfreiheit schützt die Freiheit des Bürgers, „jede Tätigkeit, für die er sich geeignet glaubt, als Beruf zu ergreifen, d.h. zur Grundlage seiner Lebensführung zu machen"[93]. Der Begriff des Berufs beschränkt sich nicht auf hergebrachte Berufsbilder, sondern ist weit auszulegen, so daß auch Tätigkeiten im Bereich des öffentlichen Dienstes grundsätzlich unter den Schutzbereich des Artikels 58 fallen[94]. Die Berufsfreiheit konkretisiert die freie Entfaltung der

32 Beruf als Lebensgrundlage

---

91 → Bd. V: *H.-P. Schneider*, Berufsfreiheit, § 113 RN 4; vgl. auch *Walther Hubatsch*, Die Stein-Hardenbergschen Reformen, 1977; B. Vogel (Hg.), Preußische Reformen 1807–1820, 1980; *Hagen Schulze*, Die Stein-Hardenberg'schen Reformen und ihre Bedeutung für die preußische Geschichte, in: Preußen, Seine Wirkung auf die deutsche Geschichte, 1985, S. 201 ff.
92 V. 21. 6. 1869 (BGBl. S. 245); hierzu *E.R. Huber*, Grundrechte im Bismarckschen Reichssystem, in: *ders.*, Bewahrung und Wandlung, 1975, S. 132 (138 f.).
93 BVerfGE 7, 377 (397); *30*, 292 (334).
94 VerfGH Rheinland-Pfalz AS *34*, 38 (45 f.); *Wolff*, in: Brocker/Droege/Jutzi, Verfassung für Rheinland-Pfalz (LitVerz.), Art. 58 RN 7; → Bd. V: *Merten*, Der Beruf des Beamten und das Berufsbeamtentum, § 115 RN 8.

Persönlichkeit⁹⁵, weshalb Art. 58 Verf. Rheinland-Pfalz lex specialis zu Art. 1 Abs. 1 der Verfassung ist. Die Berufsfreiheit enthält unterschiedliche Schranken und Beschränkungsermächtigungen. Die *Berufswahl* wird „in Übereinstimmung mit den Erfordernissen des Gemeinwohls" garantiert, während die *Berufsausübung* „nach Maßgabe des Gesetzes" gewährleistet wird. Damit ähnelt der Wortlaut des Art. 58 Verf. Rheinland-Pfalz der sogenannten Drei-Stufen-Lehre, die das Bundesverfassungsgericht gegen den Wortlaut des Art. 12 Abs. 1 GG entwickelt hat⁹⁶. Da die „Erfordernisse[n] des Gemeinwohls" die freie Berufswahl von vornherein beschränken, handelt es sich hierbei um eine verfassungsunmittelbare Schranke. Diese kann der Gesetzgeber konkretisieren, wobei er bei allen Beschränkungen die überragende Bedeutung zu berücksichtigen hat, die die Wahl des Berufs für die Entfaltung der Persönlichkeit eines Menschen bedeutet. In ähnlicher Weise hat das Bundesverfassungsgericht für Art. 12 Abs. 1 GG befunden, „daß nach der Gesamtauffassung des Grundgesetzes die freie menschliche Persönlichkeit der oberste Wert ist, daß ihr somit auch bei der Berufswahl die größtmögliche Freiheit gewahrt werden muß", und daraus geschlossen, „daß diese Freiheit nur so weit eingeschränkt werden darf, als es zum gemeinen Wohl unerläßlich ist"⁹⁷. Demgegenüber besteht für die Berufsausübung ein einfacher Gesetzesvorbehalt, so daß gesetzliche Beschränkungen möglich sind, die sich jedoch auch strikt am Übermaßverbot zu orientieren haben⁹⁸, für das ebenso wie beim Grundgesetz auch für die Verfassung von Rheinland-Pfalz auf allgemeine Prinzipien zurückgegriffen werden muß.

33
Privatschulfreiheit

In Anlehnung an Art. 147 WRV enthält Art. 30 Verf. Rheinland-Pfalz das Recht zur Errichtung und den Betrieb von Privatschulen als Ersatz für öffentliche Schulen. Die erforderliche staatliche Genehmigung ist zu erteilen, wenn die Privatschulen „in ihren Lehrzielen und Einrichtungen sowie in der wissenschaftlichen Ausbildung ihrer Lehrkräfte nicht hinter den öffentlichen Schulen zurückstehen und die wirtschaftliche und rechtliche Stellung der Lehrkräfte gesichert ist". Die schon in der Weimarer Reichsverfassung verbotene Förderung einer „Sonderung der Schüler nach den Besitzverhältnissen der Eltern" wird in Art. 30 Abs. 2 Verf. Rheinland-Pfalz schlechthin untersagt. Sinn dieser Vorschrift ist es, daß auch Privatschulen grundsätzlich ohne Rücksicht auf die Wirtschaftslage der Eltern zugänglich sind⁹⁹. Um dieses Ergebnis zu erreichen, erhalten auf Antrag öffentliche Schulen in privater Trägerschaft eine angemessene öffentliche Finanzhilfe. Näheres regelt das Privatschulgesetz¹⁰⁰.

---

95 Vgl. *BVerfGE 1*, 264 (274); *19*, 330 (336f.); *30*, 292 (334).
96 Vgl. statt aller *BVerfGE 7*, 377 (404ff.).
97 *BVerfGE 7*, 377 (404f.).
98 → Oben *Merten*, Allgemeine Lehren der Landesgrundrechte, § 232 RN 185 ff.
99 Vgl. *BVerfGE 75*, 40 (64).
100 Landesgesetz über die Errichtung und Finanzierung von Schulen in freier Trägerschaft (Privatschulgesetz) v. 4. 9. 1970 (GVBl. S. 372), geändert durch Gesetz v. 8. 2. 2013 (GVBl. S. 9).

b) Eigentum

Als vorgrundgesetzliche Verfassung orientiert sich die Verfassung von Rheinland-Pfalz auch bei der Einordnung von Eigentum und Erbrecht an der Weimarer Reichsverfassung, so daß es diese Institute im „VI. Abschnitt: Die Wirtschafts- und Sozialordnung" behandelt. Art. 60 Abs. 1 Satz 1 Verf. Rheinland-Pfalz statuiert: „Das Eigentum ist ein Naturrecht und wird vom Staat gewährleistet". Auch an dieser Stelle findet sich ein Bezug zum Naturrechtsdenken, der jedoch für die Interpretation nicht von Bedeutung ist. Da das Institut des Eigentums in der Verfassung normativ gewährleistet wird, macht es – außer im Falle der Abänderung oder Aufhebung – keinen Unterschied, ob es sich seiner Natur nach um ein vorstaatliches oder staatsgesetztes Recht handelt. Im Unterschied zu Art. 14 GG schützt Art. 60 Abs. 1 Satz 2 Verf. Rheinland-Pfalz auch die Eigentumserwerbsfreiheit und gewährleistet damit ein Mehr an Freiheit. Zwar umfaßt schon die Freizügigkeit in Art. 15 Satz 2 Verf. Rheinland-Pfalz das Recht, „Grundstücke zu erwerben", das aber nach richtiger Ansicht nur einen besonderen Gleichheitssatz enthält und Neuanziehende hinsichtlich des Grundstückserwerbs Einheimischen gleichstellen will. Art. 60 Abs. 1 Verf. Rheinland-Pfalz geht darüber hinaus, zumal es die Freiheit des Erwerbs jeglichen Eigentums garantiert. So fallen auch Tiere als Sachen unter den Schutz der Eigentumsgarantie des Art. 60 Abs. 1 Verf. Rheinland-Pfalz[101]. Die in dieser Bestimmung garantierte Verfügungsbefugnis über das Eigentum und dessen Privatnützigkeit gehören zum Begriff dieses Instituts[102]. Dabei umfaßt die Verfügungsbefugnis auch die Freiheit, das Eigentum veräußern zu dürfen[103].

34
Eigentums- und Eigentumserwerbsfreiheit

In das Verfügungsrecht des Eigentümers fließt nach Art. 60 Abs. 1 Verf. Rheinland-Pfalz „das Recht der Vererbung und Schenkung" ein. Das Recht der Vererbung ist als Erbrechtsgarantie zugleich Rechtsinstitut und Individualgrundrecht. Bestimmendes Element ist die Testierfreiheit, die sich als Verfügungsbefugnis des Eigentümers über den Tod hinaus darstellt[104]. Sinn und Funktion des Erbrechts als Rechtseinrichtung und Individualgrundrecht darf eine Erbschaftsbesteuerung nicht wertlos machen[105].

35
Erbrecht

In Art. 60 Abs. 2 Satz 2 wird dem Eigentumsgebrauch eine verfassungsunmittelbare Schranke gezogen. Dieser darf nicht dem Gemeinwohl zuwiderlaufen. Satz 1 dieses Absatzes ist mit seiner Formulierung, Eigentum verpflichtet gegenüber dem Volk, zu unbestimmt, als daß daraus unmittelbare Konsequenzen folgen. Der Satz kann allerdings als Beschränkungsermächtigung

36
Eigentumsschranken

---

101 Hierzu *VerfGH Rheinland-Pfalz AS 29*, 23 (41).
102 Vgl. *BVerfGE 31*, 229 (240); *37*, 132 (140); *38*, 348 (370); *42*, 263 (294); *50*, 290 (339); *52*, 1 (30); *55*, 249 (257); *58*, 300 (345); *68*, 361 (367 sub B I 1); *71*, 230 (246 sub B I 1); *79*, 292 (303); *81*, 29 (32); *82*, 6 (16); *84*, 382 (384); *88*, 366 (377); *91*, 294 (307 sub C I 1); *93*, 121 (135); *98*, 17 (35); *100*, 1 (37); *100*, 226 (241); *100*, 289 (301); *101*, 54 (74f.); *102*, 1 (15); *102*, 254 (339); *104*, 1 (8 sub C II 1); *105*, 152 (277); *122*, 151 (182); *128*, 138 (148); *132*, 99 (119); *134*, 242 (290f. RN 167).
103 *BVerfGE 52*, 1 (31).
104 Vgl. *BVerfGE 58*, 377 (398); *67*, 329 (340f.); *91*, 346 (358); *97*, 1 (6); *99*, 341 (350 sub C II); *105*, 313 (355); *126*, 400 (424).
105 *BVerfGE 93*, 165 (173).

dienen, die es dem Gesetzgeber gestattet, dem Eigentümer Pflichten aufzuerlegen (z.B. die Gehwegreinigung vor seinem Grundstück). Für Eigentumseinschränkungen wie für -entziehungen ist eine gesetzliche Grundlage gemäß Art. 60 Abs. 3 erforderlich, die allerdings ein Gebot des Gemeinwohls voraussetzt. Dagegen ist die vollständige oder teilweise Entziehung des Eigentums, oder konkreter, durch die Eigentumsgarantie geschützter Rechte gemäß Art. 60 Abs. 4 nur gegen eine angemessene Entschädigung möglich. Daß die Entschädigung im Enteignungsgesetz festgesetzt wird (sog. Junktim-Klausel), ist zwar in Art. 60 Abs. 4 Verf. Rheinland-Pfalz nicht vorgesehen, ergibt sich aber aus der Wesentlichkeitstheorie, wonach wesentliche Entscheidungen vom Gesetzgeber selbst getroffen werden müssen. Da die Sozialisierungsvorschrift des Art. 61 Verf. Rheinland-Pfalz wie Art. 15 GG nur eine Möglichkeit eröffnet, wird sie durch Art. 31 GG nicht gebrochen.

6. Glaubens- und Gewissensfreiheit

37
Umfassende Glaubens- und Gewissensfreiheit

Neben der Freiheit des (religiösen) Glaubens gewährleistet Art. 8 Abs. 1 Verf. Rheinland-Pfalz die Freiheit des Gewissens und der Überzeugung. Diese Freiheiten schützen nicht nur das Recht, einen Glauben, ein Gewissen und eine Überzeugung zu haben, sondern gestatten es auch, Glaubens- und Gewissensentscheidungen sowie Überzeugungen zu offenbaren. Gleichzeitig ist auch die negative Seite dieser Freiheiten gewährleistet, so daß der einzelne nicht verpflichtet werden kann, seine religiöse oder weltanschauliche Überzeugung oder eine Gewissensentscheidung zu offenbaren, wie dies für das Grundgesetz durch Art. 140 GG in Verbindung mit Art. 136 Abs. 3 WRV ausdrücklich anerkannt ist. Art. 8 Abs. 3 Verf. Rheinland-Pfalz schützt die sogenannte religiöse (und auch weltanschauliche) Kultusfreiheit, das heißt die Teilnahme an Handlungen, Feierlichkeiten sowie Übungen von Religions- und Weltanschauungsgemeinschaften. Auch insoweit ist die negative Seite mitgeschützt, da diese Teilnahme „weder erzwungen noch verhindert werden" darf. Schließlich besteht auch Freiheit in der Benutzung einer religiösen Eidesformel (Art. 8 Abs. 3 Satz 2 Verf. Rheinland-Pfalz). Art. 41 Abs. 1 Satz 2 Verf. Rheinland-Pfalz gewährleistet zusätzlich die kollektive Religionsfreiheit als Freiheit, Religionsgemeinschaften zu bilden, zusammenzuschließen und sich „zu öffentlichen gottesdienstlichen Handlungen zu vereinigen".

38
Religionsunterricht

Den Religionsunterricht regelt die Verfassung im Abschnitt über „Schule, Bildung und Kulturpflege". Er ist mit Ausnahme der bekenntnisfreien Privatschulen an allen Schulen ordentliches Lehrfach, wird im Auftrag und in Übereinstimmung mit dem Kanon der betreffenden Kirche oder Religionsgemeinschaft erteilt, die den Unterricht auch beaufsichtigen und Einsicht in seine Erteilung nehmen darf (Art. 34 Verf. Rheinland-Pfalz). Auch hinsichtlich des Religionsunterrichts besteht eine negative Seite des Grundrechts. Die Teilnahme an ihm kann durch die Willenserklärung der Eltern oder der Jugendlichen gemäß Art. 35 Abs. 1 Verf. Rheinland-Pfalz abgelehnt werden. Ob die Eltern oder der Schüler zur Ablehnung befugt sind, richtet sich nach der Religionsmündigkeit[106], die in dem als Bundesrecht fortgeltenden Gesetz über die religiöse Kindererziehung[107] geregelt ist, wonach dem Kind nach Vollendung des 14. Lebensjahres die Entscheidung über sein religiöses Bekenntnis zusteht (§ 5). Gemäß Art. 34 Satz 4 Verf. Rheinland-Pfalz darf kein Lehrer gezwungen oder gehindert werden, Religionsunterricht zu erteilen. Ferner ist gemäß Art. 26 Verf. Rheinland-Pfalz in den Angelegenheiten der Pflege und Förderung der Familie und der Erziehung der Jugend die Mitwirkung der Kirchen, Religions- und Weltanschauungsgemeinschaften und der Verbände der freien Wohlfahrtspflege nach Maßgabe der Gesetze gewährleistet.

Art. 8 Abs. 2 Verf. Rheinland-Pfalz stimmt wörtlich mit Art. 136 Abs. 1 WRV überein und enthält „altliberales Gemeingut"[108]. Es geht auf § 146 Satz 1 der Paulskirchen-Verfassung von 1849 sowie auch auf Art. 12 Satz 2 der preußischen Verfassungsurkunde von 1850 zurück, der unzweideutiger formuliert hatte: „Den bürgerlichen und staatsbürgerlichen Pflichten darf durch die Ausübung der Religionsfreiheit kein Abbruch geschehen". Ebenso wie niemand durch die Ausübung seines religiösen Glaubens diskriminiert werden darf, so kann ihm sein Glaube auch keine Privilegierungen verschaffen, so daß er sich unter Berufung auf seine religiöse Überzeugung nicht der Steuerpflicht, der Zeugnispflicht oder anderen (bürgerlichen oder staatsbürgerlichen Pflichten) entziehen darf. Derartige Verschränkungsprobleme sind durch die Trennung von Kirche und Staat (Art. 140 GG i.V.m. Art. 137 WRV) gegenstandslos geworden, so daß die Vorschrift heutzutage keine praktische Bedeutung hat.

39
Vorrang der bürgerlichen und staatsbürgerlichen Rechte

7. Meinungsäußerungsfreiheit, Presse- und Rundfunkfreiheit

a) Meinungsäußerungsfreiheit

Beeinflußt von Art. 118 Abs. 1 WRV gewährleistet Art. 10 Abs. 1 Satz 1 Verf. Rheinland-Pfalz das Recht, „seine Meinung in Wort, Schrift und Bild frei zu äußern und zu verbreiten". Anders als unter der Weimarer Reichsverfassung ist dieses Meinungsäußerungs- und Meinungsverbreitungsrecht als Jedermann-Recht ausgestaltet. Meinungen sind Stellungnahmen, Wertungen, Einschätzungen oder Ansichten, die eine „subjektive wertende Betrachtung von Tatsachen, Verhaltensweisen oder Verhältnissen" enthalten[109] und durch Elemente „der Stellungnahme, des Dafürhaltens oder Meinens"[110] gekennzeichnet sind, wobei unerheblich ist, ob Äußerungen „begründet oder grundlos, emotional oder rational sind, als wertvoll oder wertlos, gefährlich oder harmlos eingeschätzt" werden[111]. Auch Tatsachenbehauptungen sind als Meinungen im Sinne dieser Vorschrift anzusehen, wenn sie Voraussetzung für die Bil-

40
Schutzbereich

---

106 → Oben *Merten*, Allgemeine Lehren der Landesgrundrechte, § 232 RN 101.
107 V. 15.7.1921 (RGBl. S. 939, 1263).
108 So *Anschütz*, Verfassung des Deutschen Reichs, ¹⁴1933, Art. 136 Anm. 2.
109 Vgl. *BVerfGE 32*, 98 (107); *33*, 1 (14f.); *94*, 1 (8).
110 *BVerfGE 61*, 1 (8, 9); *65*, 1 (41); *71*, 162 (179); *90*, 241 (247).
111 *BVerfGE 124*, 300 (320); *65*, 1 (41); *90*, 241 (247); *93*, 266 (289); *Jarass*, in: ders./Pieroth, GG (LitVerz.), Art. 5 RN 5.

dung von Meinungen sind[112]. Bloße Tatsachenmitteilungen (z.B. statistische Erhebungen) werden jedoch nicht vom Schutzbereich der Meinungsäußerungsfreiheit erfaßt, weil sie mangels jeder subjektiven Färbung keine Meinungsäußerung darstellen[113].

41
Informationsrecht

Neben der Meinungsäußerungs- und Verbreitungsfreiheit gewährleistet Art. 10 Abs. 1 Satz 1 Verf. Rheinland-Pfalz die Informationsfreiheit als das Recht, „sich aus allgemein zugänglichen Quellen ungehindert zu unterrichten". Schon nach dem Wortlaut sind Unterrichtungsmittel, die einem individuell bestimmten oder bestimmbaren Personenkreis vorbehalten sind, von der Informationsfreiheit ausgeschlossen. „Ungehinderte" Unterrichtung meint keine kostenlose Unterrichtung, sondern lediglich eine Information frei von staatlicher Kontrolle oder Behinderung.

42
Benachteiligungsverbot als unzulässige Drittwirkung

Im Anschluß an die Meinungsäußerungs- und Verbreitungsfreiheit sowie das Informationsrecht in Art. 10 Abs. 1 Satz 1 sieht der folgende Satz mit den Worten „Niemand darf ihn deshalb benachteiligen" ein Benachteiligungsverbot vor, das schon Art. 118 Abs. 1 Satz 2 WRV enthalten hatte. Dieses Benachteiligungsverbot erstreckt die Grundrechtsverpflichtung auf Dritte, was unter der Herrschaft des Grundgesetzes bedenklich ist. Denn aus Art. 1 Abs. 3 GG, der nur die Staatsgewalten an die Grundrechte bindet, folgt der Normbefehl, von einer Bindung Dritter an Grundrechte abzusehen, soweit nicht das Grundgesetz selbst eine unmittelbare Drittwirkung enthält[114]. Die Erstreckung der Bindung bringt zwar dem Meinungsäußernden Vorteile, hindert aber die Betroffenen, je nach Interpretation des Begriffs „Benachteiligung" daran, rechtlich zulässige Konsequenzen aus der Meinungsäußerung zu ziehen. Da die Benachteiligungsklausel kein Grundrecht enthält, sondern nur eine Grundrechtsbindung auf Dritte erstreckt, wird ihre Aufrechterhaltung nicht durch Art. 142 GG geschützt, sondern wird sie wegen des bundesrechtlichen Verbots einer Bindung Dritter an Grundrechte gemäß Art. 31 GG gebrochen. Andernfalls dürfte ein Mitarbeiter, der sein Unternehmen in der Öffentlichkeit in herabsetzender und geschäftsschädigender Weise kritisiert, arbeitsrechtlich nicht zur Verantwortung gezogen werden, könnte ein Verein gegen ein Mitglied, das die Vereinsziele öffentlich in entstellender Weise herabwürdigt, nicht mit satzungsrechtlichen Mitteln vorgehen, könnte eine Bank nicht ein Vorstandsmitglied zur Verantwortung ziehen, das die Bonität eines Großkunden in der Öffentlichkeit (herab-)würdigt.

b) Pressefreiheit

43
Pressefreiheit als überkommenes Grundrecht

Die in Art. 10 Abs. 1 Satz 3 Verf. Rheinland-Pfalz an erster Stelle gewährleistete Pressefreiheit ist in einem umfassenden Sinne zu verstehen. Diese erfaßt als ursprüngliche „Preßfreiheit"[115] alle durch Druck gepreßten Erzeugnisse, also nicht nur Zeitungen und Zeitschriften, sondern auch Flugblätter und

---

112 *BVerfGE* 94, 1 (7);, *61*, 1 (8f.);
113 *BVerfGE* 65, 1 (40f.); ebenso schon *E 61*, 1 (8).
114 → Oben *Merten*, Allgemeine Lehren der Landesgrundrechte, § 232 RN 37.
115 Vgl. Art. 27 Abs. 1 Verf. Preußen von 1850.

Flugschriften, aber auch Bücher, sofern sie sich an einen unbestimmten Personenkreis richten. Gegenüber der Meinungsfreiheit ist die Pressefreiheit lex specialis. Bedenklich ist es, wenn das Bundesverfassungsgericht in die Meinungsfreiheit auch die „Form ihrer Verbreitung" und damit das Verteilen von Flugblättern einbezieht[116], denn damit entfallen für Meinungsäußerungen auf Flugblättern presserechtliche Besonderheiten, die sich aus dem Charakter als Presseerzeugnis ergeben. Essentiell für die Pressefreiheit (wie auch für die Rundfunkfreiheit) ist das Verbot der Zensur, wie es seit 1848 klassischer Verfassungsbestandteil ist[117]. Dabei meint „Zensur" bis auf den heutigen Tag die Vor-Zensur, wie sie durch die Karlsbader Beschlüsse eingeführt worden war. Danach durften Schriften in keinem deutschen Bundesstaat „ohne Vorwissen und vorgängige Genehmhaltung der Landesbehörden zum Druck befördert werden"[118]. Nachträgliche Maßnahmen (wie Gegendarstellung, aber auch die polizeiliche Beschlagnahme gedruckter Presseerzeugnisse vor der Auslieferung) fallen nicht unter den Begriff der „Zensur".

Die Pressefreiheit schützt die Pressefreiheit „in sämtlichen Aspekten". Sie beginnt mit der „Freiheit der Gründung und Gestaltung von Presseerzeugnissen"[119] einschließlich der Organisation, erstreckt sich auf „Art und Ausrichtung, Inhalt und Form eines Publikationsorgans"[120] und erfaßt alle Pressehandlungen „von der Beschaffung der Information bis zur Verbreitung der Nachricht und der Meinung"[121]. Neben der für alle geltenden Informationsfreiheit weist das Bundesverfassungsgericht auf die Bedeutung eines „prinzipiell ungehinderte[n] Zugang[s] zur Information" für die Medien hin, der diese erst in den Stand versetze, „die ihnen in der freiheitlichen Demokratie zukommende Funktion wahrzunehmen"[122]. Allerdings lenken die Ausführungen zur Funktion der Presse in der Demokratie davon ab, daß sich die Auskunftsersuchen der Presse vielfach auf Daten und Details von Personen aus den Bereichen des Sports und der Unterhaltung beziehen und spezifischen Leserinteressen dienen, ohne daß auch nur ein loser Zusammenhang mit der demokratischen Willensbildung besteht. Jedenfalls läßt sich unmittelbar aus dem Grundrecht der Pressefreiheit aufgrund von Wortlaut und Ziel, von systematischem Zusammenhang und Entstehungsgeschichte kein verfassungskräftiger Auskunftsanspruch der Presse ableiten. Da Art. 10 Abs. 1 Verf. Rheinland-Pfalz eine Informationsfreiheit „aus allgemein zugänglichen Quellen" für jedermann garantiert, hätte ein darüber hinausgehendes Informationsrecht der Presse im Zusammenhang mit der im selben Absatz garantierten

44
Schutzbereich

---

116 *BVerfGE 128*, 226 (264).
117 Vgl. § 143 Abs. 2 der Paulskirchen-Verfassung von 1849 („Die Preßfreiheit darf unter keinen Umständen und in keiner Weise durch vorbeugende Maßregeln, namentlich Zensur, Konzessionen, Sicherheitsbestellungen ... beschränkt, suspendiert oder aufgehoben werden"); Art. 27 Abs. 2 der preußischen Verfassung von 1850.
118 Beschl. der deutschen Bundesversammlung v. 20.9.1819. In Preußen publiziert durch Verordnung v. 18.10.1819 (GS S. 224).
119 *BVerfGE 97*, 125 (144 sub B I 1) unter Hinweis auf *E 20*, 162 (175f.); *95*, 28 (35f,).
120 *BVerfGE 100*, 361 (389) unter Hinweis auf *E 20*, 162 (174ff.); *52*, 283 (296); *66*, 116 (133); *80*, 124 (133f.); *95*, 28 (35).
121 *117*, 244 (259); vgl. ferner *E 20*, 162 (176); *91*, 125 (134); *103*, 44 (59).
122 *BVerfGE 103*, 44 (59 sub II 1).

Pressefreiheit der Erwähnung bedurft. Gegen die Verankerung eines derartigen Rechts sprechen jedoch erhebliche Bedenken, wie sie bei der Beratung der grundgesetzlichen Pressefreiheit zum Ausdruck gekommen sind. Im Ausschuß für Grundsatzfragen wurde die Anregung einer „Aktionsgruppe", in die Verfassung ein journalistisches Fragerecht und eine behördliche Auskunftspflicht aufzunehmen, nach eingehender Diskussion vor allem unter Hinweis auf das Amtsgeheimnis und die Spionagegefahr abgelehnt[123].

45
Kein pressespezifisches Auskunftsrecht aus der Verfassung

Dogmatisch wenig überzeugend ist der Versuch des Bundesverwaltungsgerichts[124], pressespezifische Auskunftspflichten unmittelbar aus der grundgesetzlichen Pressefreiheit abzuleiten, indem es „den objektiv-rechtlichen Gewährleistungsgehalt des Grundrechts in einen subjektiv-rechtlichen Anspruch" umschlagen läßt, weil andernfalls „die Pressefreiheit in ihrem objektiv-rechtlichen Gewährleistungsgehalt" leerlaufe. Demnach soll also eine Auskunftspflicht, die das klassische Grundrecht der Pressefreiheit selbst nicht hergibt, dadurch gewonnen werden, daß die nur komplementär als (objektiv-rechtliche) Ergänzung[125] wirkende Institutsgarantie ihrerseits in einen subjektiv-rechtlichen Anspruch umschlägt. Was also die subjektiv-rechtliche Pressefreiheit in unmittelbarem Zugang versperrt, soll durch die Hintertür des „objektiv-rechtlichen Gewährleistungsgehalt[s] des Grundrechts", die man mit dem Schlüssel der Resubjektivierung öffnet, greifbar werden? Sinn der objektiv-rechtlichen Komponente ist lediglich die „prinzipielle[n] Verstärkung" der Grundrechte, ohne daß diese sich „zu einem Gefüge objektiver Normen verselbständigen [dürfen], in dem der ursprüngliche und bleibende Sinn der Grundrechte zurücktritt"[126]. Daß ohne einen verfassungsunmittelbaren pressespezifischen Auskunftsanspruch „die Pressefreiheit in ihrem objektiv-rechtlichen Gewährleistungsgehalt" leerliefe, behauptet das Bundesverwaltungsbericht zwar, ohne es jedoch näher zu begründen. Immerhin ist das verfassungsgeschützte Institut „Presse" nach Inkrafttreten des Grundgesetzes fast sieben Jahrzehnte ohne einen verfassungsunmittelbaren Auskunftsanspruch ausgekommen.

c) Rundfunk- und Filmfreiheit

46
Rundfunkfreiheit

Obwohl die Rundfunk- und Filmfreiheit erst 1991 in Art. 10 Abs. 1 Verf. Rheinland-Pfalz aufgenommen wurde[127], griff man hierbei auf den Grundgesetz-Text von 1949 zurück und gewährleistete die „Freiheit der Berichterstattung durch Rundfunk und Film". Aber die „Freiheit der Berichterstattung" garantiert dem Wortlaut nach nur die freie Gestaltung des Rundfunkprogramms und das Verbot staatlicher Eingriffe in die Verbreitung von Nachrich-

---

123 26. Sitzung v. 30. 11. 1948, in: Der Parlamentarische Rat 1948–1949, Akten und Protokolle, Bd. 5/II, Ausschuß für Grundsatzfragen, 1993, S. 766 ff.; vgl. auch *Matz*, in: JöR NF, Bd. I, 1951, S. 84.
124 *BVerwGE 146*, 56 RN 29; hierzu auch *Schnabel*, Die Zukunft des presserechtlichen Auskunftsanspruchs gegen Bundesbehörden, NJW 2016, S. 1692 ff.
125 *de Wall*, Die Einrichtungsgarantien des Grundgesetzes als Grundlagen subjektiver Rechte, in: Der Staat 38 (1999), S. 377 ff.
126 Vgl. *BVerfGE 50*, 290 (337).
127 Vgl. 30. Landesgesetz zur Änderung der Landesverfassung v. 15. 3. 1991 (GVBl. S. 73).

ten und Meinungen. Bereits zum Zeitpunkt der Übernahme der grundgesetzlichen Formulierungen in Art. 10 Abs. 1 Verf. Rheinland-Pfalz war jedoch insbesondere durch die Rechtsprechung des Bundesverfassungsgerichts[128] eine völlig andere Rundfunkfreiheit entstanden[129]. Dieser veränderten Situation hätte die Verfassungsnovellierung Rechnung tragen sollen, statt den kargen Grundgesetz-Wortlaut zu übernehmen, auf dessen Boden inzwischen eine üppige Rundfunkstruktur mit Träger- und Organisationsvorgaben gewuchert war, die die bloße Verfassungsgarantie der „Berichterstattung" längst hinter sich gelassen hatte. Ebenso wie in Art. 5 Abs. 1 GG so spricht auch in Art. 10 Abs. 1 Verf. Rheinland-Pfalz die Aneinanderreihung von „Pressefreiheit, Freiheit der Berichterstattung durch Rundfunk und Film" für Individualgrundrechte, wobei Rundfunkveranstaltung und Filmproduktion als Unterfälle der Berufsfreiheit zu sehen sind. Dieses vorrangige Individualgrundrecht der Rundfunkfreiheit wird jedoch vom Bundesverfassungsgericht negiert, das die noch von den Besatzungsmächten beeinflußte Rundfunkorganisation aufrechterhält und die Veranstaltung von Rundfunksendungen als „öffentliche Aufgabe" ansieht, wobei es anfangs das Monopol öffentlich-rechtlicher Rundfunkanstalten nicht für verfassungsrechtlich geboten ansah[130]. Allzu einseitig leugnet das Gericht den subjektiv-rechtlichen Gehalt der Rundfunkfreiheit, und leitet aus der Verfassung lediglich „die institutionelle Freiheit des Rundfunks" ab[131], wobei Rundfunkanstalten „in Wirklichkeit öffentlich-rechtliche Aufgaben" (?) erfüllen sollen[132]. Nachdem das Bundesverfassungsgericht in der Folgezeit auch ein „außenpluralistisches" Modell für zulässig erklärt hatte[133], sprach es in der sich herausbildenden „dualen Ordnung" des Rundfunks den öffentlich-rechtlichen Anstalten die „Grundversorgung" als klassischen Auftrag des Rundfunks zu, „der nicht nur seine Rolle für die Meinungs- und politische Willensbildung, Unterhaltung und über laufende Berichterstattung hinausgehende Information, sondern auch seine kulturelle Verantwortung umfaßt"[134]. Dieser Rechtsprechung hat sich auch der Verfassungsgerichtshof Rheinland-Pfalz angeschlossen, der die „besondere Bedeutung" des öffentlich-rechtlichen Rundfunks herausstellt. Diesem obliegt nach Auffassung des Gerichts der klassische Funktionsauftrag der Rundfunkberichterstattung, „ein Leistungsangebot hervorzubringen, welche nicht marktwirtschaftlichen Anreizen folgt und damit eigene Möglichkeiten der Programmgestaltung eröffnet"[135]. Erst die öffentliche Finanzierung – so das Gericht – befähige die öffentlich-rechtlichen Rundfunkanstalten, durch eigene Impulse und Perspektiven zur Angebotsvielfalt beizutragen und unabhängig von Einschaltquoten und Werbeaufträgen ein Programm anzubieten, welches den verfassungs-

---

128 Vgl. *BVerfGE 12*, 205 Ls. 7 und 10.
129 Zur grundsätzlichen Kritik *Bettermann*, Rundfunkfreiheit und Rundfunkorganisation, DVBl. 1963, S. 41 ff. sub II 1.
130 *BVerfGE 12*, 205 (262).
131 *BVerfGE 31*, 314 (326).
132 *BVerfGE* aaO., S. 329.
133 *BVerfGE 57*, 325.
134 *BVerfGE 74*, 297 (324); vgl. auch *E 83*, 238; *119*, 181; *136*, 9 (29).
135 *VerfGH Rheinland-Pfalz*, Urt. v. 13. 5. 2014, NVwZ 2015, S. 64 (73 l.Sp.).

rechtlichen Anforderungen gegenständlicher und meinungsmäßiger Vielfalt entspricht"[136]. Aus diesem Grunde hat der Verfassungsgerichtshof auch den Rundfunkbeitrag als Beitrag im abgabenrechtlichen Sinn und nicht als eine Steuer mit der Verfassung für vereinbar erklärt.

47
Filmfreiheit

Gegenüber der Pressefreiheit und der Rundfunkfreiheit ist die Filmfreiheit von geringerer Bedeutung. Sie schützt Herstellung, Inhalt und Verbreitung des Films einschließlich der Werbung[137].

d) Schranken

48
Wörtliche Übernahme des Art. 5 Abs. 2 GG

In seiner Ursprungsfassung sah Art. 10 Abs. 2 Verf. Rheinland-Pfalz vor, daß sich auf das Recht der freien Meinungsäußerung, der Verbreitung wissenschaftlicher oder künstlerischer Werke, der Lehrfreiheit und der freien Unterrichtung nicht berufen kann, „wer die verfassungsmäßigen Grundlagen des Gemeinschaftslebens angreift oder Gesetze zum Schutze der Jugend verletzt". Seine jetzige Fassung erhielt die Bestimmung 1991[138], wobei Art. 5 Abs. 2 GG wörtlich übernommen wurde. Jugendschutz und Ehrschutz als Schranke für die Grundrechte des Art. 10 Abs. 1 Verf. Rheinland-Pfalz werfen keine besonderen Probleme auf, zumal das Land gemäß Art. 4 Satz 1 der Verfassung ohnehin zum Schutz der „Ehre des Menschen" verpflichtet ist. Die Gesetze zum Schutze der Jugend und der persönlichen Ehre sind spezielle Gesetze, weil sie sich gerade und nur gegen die Grundrechte der Pressefreiheit, der Rundfunkfreiheit und der Filmfreiheit wenden. Allgemeine Gesetze sind hingegen solche Regelungen, die der „Wahrung eines allgemein in der Rechtsordnung ... verankerten Rechtsguts" dienen, „dessen Schutz unabhängig davon ist, ob es durch Meinungsäußerungen oder auf eine andere Weise gefährdet oder verletzt wird"[139]. Richtigerweise kommt es nicht darauf an, daß derartige allgemeine Gesetze nicht auf eine bestimmte Meinung zielen, sondern daß sie schlechthin nicht gegen die Rechte aus Art. 10 Abs. 1 Verf. Rheinland-Pfalz gerichtet sind[140]. So dient beispielsweise der Schutz der Nachtruhe der Gesundheit aller Bürger, die aber auch dann beeinträchtigt wird, wenn politische Meinungsäußerungen während der Ruhezeit allzu lautstark geäußert werden. Da die Grundrechte des Art. 10 Abs. 1 „ihre Schranken in den Vorschriften der allgemeinen Gesetze" finden, wirkt diese Klausel als verfassungsunmittelbare Schranke und nicht als Beschränkungsermächtigung. Eine „Wechselwirkungstheorie" will für die Freiheiten des Art. 10 Abs. 1 Verf. Rheinland-Pfalz die allgemeinen Gesetze nicht als einseitige Grundrechtsbeschränkung auffassen, sondern „aus der Erkenntnis der wertsetzenden Bedeutung dieses Grundrechts" diese so auslegen, daß sie „in ihrer das Grundrecht begrenzenden Wirkung selbst wieder eingeschränkt werden

---

136 *VerfGH* aaO. unter Hinweis auf *BVerfGE 119*, 181 (215 ff.).
137 Vgl. statt aller *Jarass*, in: ders./Pieroth, GG (LitVerz.), Art. 5 RN 62.
138 Durch das 30. Landesgesetz zur Änderung der Landesverfassung v. 15.3.1991 (GVBl. S. 73).
139 *BVerfGE 113*, 63 (79); vgl. auch *E 117*, 244 (260); *120*, 180 (200); *124*, 300 (321 f.).
140 Vgl. hierzu *Bettermann*, Die allgemeinen Gesetze als Schranken der Pressefreiheit, JZ 1964, S. 601 (603 f.).

müssen"¹⁴¹. Durch die wechselseitige Betrachtung des Grundrechts einerseits und der Schranken andererseits¹⁴², mündet die Theorie in eine Kasuistik. Daher ist es dogmatisch einleuchtender, die Wechselwirkungstheorie in das Übermaßverbot einzugliedern, da nach der Rechtsprechung des Bundesverfassungsgerichts ein Eingriff in die Freiheiten des Art. 5 Abs. 1 GG ohnehin nur zulässig ist, wenn er die Verhältnismäßigkeit wahrt¹⁴³.

8. Petitionsfreiheit

Das Petitionsrecht (Art. 11 Verf. Rheinland-Pfalz), das noch in seiner ursprünglichen Fassung besteht, schließt sich zu Recht an die in Art. 10 Abs. 1 Verf. Rheinland-Pfalz gewährleistete Meinungsäußerungsfreiheit an, weil es mit ihr in einem sachlichen Zusammenhang steht. Es berechtigt jedermann, sich (schriftlich) mit Eingaben an (staatliche einschließlich kommunale) Behörden oder an die Volksvertretung (des Landes Rheinland-Pfalz) zu wenden. Auch wenn dies nicht ausdrücklich im Schutzbereich garantiert ist, ist auch eine Petition zusammen mit anderen (Sammelpetition) gestattet. Die Petitionsfreiheit hat nicht nur abwehrrechtlichen, sondern auch leistungsrechtlichen Charakter. Denn der form- und fristlose Rechtsbehelf berechtigt den Petenten von dem Adressaten der Petition die Entgegennahme und Befassung sowie eine Bescheidung zu verlangen¹⁴⁴. Inhaltlich muß die Petition ein Begehren, eine Anregung oder ein Verlangen (petitum) enthalten und sich so von einer Meinungsäußerung abheben. Denn diese unterfallen nur dem Schutzbereich des Art. 10 Abs. 1 Verf. Rheinland-Pfalz und umfassen kein Recht auf Entgegennahme, Befassung oder Bescheidung. Kategorial kann die Petitionsfreiheit sowohl dem status negativus, dem status positivus als auch dem status activus zugerechnet werden¹⁴⁵.

49
petitum als Merkmal

9. Wissenschafts- und Kunstfreiheit

Wie zuvor Art. 142 Satz 1 WRV bestimmt Art. 9 Abs. 1 Verf. Rheinland-Pfalz: „Die Kunst, die Wissenschaft und ihre Lehre sind frei". Darüber hinaus enthält Art. 9 Abs. 2 ebenso wie Art. 5 Abs. 3 Satz 2 GG den – wie noch zu zeigen sein wird, unnötigen – Hinweis darauf, daß die Freiheit der Lehre „nicht von der Treue zur Verfassung" entbindet. Gemäß Art. 39 Abs. 1 Verf. Rheinland-Pfalz haben die Hochschulen das Recht der Selbstverwaltung. Satz 2 verbürgt auch ihnen die „Freiheit in Forschung und Lehre".

50
Anlehnung an Art. 142 WRV

---

141 *BVerfGE 12*, 113 (124 f.) unter Hinweis auf *E 5*, 85 (207); *7*, 198 (208); vgl. ferner *E 20*, 162 (206); *47*, 198 (232 f.); *60*, 234 (240); *61*, 1 (11); *90*, 27 (33); *128*, 226 (266).
142 Vgl. *Hall/Peter*, Dissenting opinion. Pressefreiheit und Strafverfolgungsinteresse – BVerfG 20, 162, in: JuS 1967, S. 355 (359), *Ronellenfitsch*, Das Grundrecht auf Kommunikation, in: Burghard Hess (Hg.), Wandel der Rechtsordnung, S. 123 (133 FN 41).
143 Vgl. *BVerfG 71*, 162 (181); *77*, 65 (75); *124*, 300 (331, 337); *Jarass*, in: ders./Pieroth, GG (LitVerz.), Art. 5 RN 68.
144 Vgl. *Mensing*, in: Brocker/Droege/Jutzi (Hg.), Verfassung für Rheinland-Pfalz, Art. 11 RN 18 f.
145 → Bd. V: *Bauer*, Petitionsrecht, § 128.

a) Freiheit der Wissenschaft, Forschung und Lehre

51
Einbezug wissenschaftlicher Forschung

Anders als Art. 5 Abs. 3 GG findet sich in Art. 9 Abs. 1 Verf. Rheinland-Pfalz keine Garantie der wissenschaftlichen Lehre, die jedoch als Unterfall der Wissenschaft mitgeschützt wird. Denn wissenschaftlicher Fortschritt ist ohne Forschung nicht denkbar, die zu neuen Erkenntnissen führt oder frühere Forschungsergebnisse bestätigt, welche dann in der Lehre gefestigt, gegebenenfalls aber auch in Frage gestellt werden können. Essentiell für die Wissenschaft ist die Suche nach Wahrheit und die Infragestellung oder Bestätigung früherer Erkenntnisse, die methodisch geordnet und systematisiert werden müssen. Nach der Rechtsprechung des Bundesverfassungsgerichts schützt die Wissenschaftsfreiheit „die auf wissenschaftlicher Eigengesetzlichkeit beruhenden Prozesse, Verhaltensweisen und Entscheidungen bei der Suche nach Erkenntnissen, ihrer Deutung und Weitergabe"[146].

aa) Forschungsfreiheit

52
forum internum

Die Forschungsfreiheit bezieht sich nicht nur auf äußerlich wahrnehmbare Handlungen, sondern schützt auch und gerade die Freiheit des Denkens, Abwägens und Entscheidens im forum internum. Wie die Lehrfreiheit umfaßt die Forschungsfreiheit die Freiheit der Auswahl, weil wissenschaftliche Forschung nur eigen- und nicht fremdbestimmt sein kann, so daß der Forscher selbst über Gegenstand und Methode seiner Forschung entscheidet und der Staat weder individuelle Forschung verbieten noch den Forscher gegen seinen Willen zu bestimmter Forschung zwingen darf.

53
Negative Forschungsfreiheit

Als Handlungsgrundrecht hat auch die Forschungsfreiheit eine negative Seite, das Recht, nicht zu forschen. Die Anerkennung dieser negativen Freiheit führt nicht dazu, daß man die „bestehende Verpflichtung, Forschung und Lehre angemessen zu vertreten, für verfassungswidrig erklären" müßte[147], weil hier Staat-Bürger-Verhältnis und Sonderstatusverhältnis vermengt werden. Freiheit von Forschung steht nur dem freien Forscher zu, der nicht durch Vertrag oder Beamtenverhältnis gebunden ist. Daß der beamtete und alimentierte Hochschullehrer im Rahmen seines Aufgabengebiets zu forschen und zu lehren hat und seine Amtstätigkeit nicht „auf den Gehaltsbezug ... beschränken darf"[148], versteht sich von selbst. Dennoch bleibt auch dem beamteten Hochschullehrer im Rahmen seines Aufgabengebiets sowohl die positive als auch die negative Auswahlfreiheit, so daß ein Verbot der Grundlagenforschung ebenso verfassungswidrig wäre wie ein Verbot praxisnaher oder „gesellschaftsrelevanter" Forschung. Dienstlich angeordnete Forschung zu bestimmten Schwerpunkten (z.B. Ausfertigung eines dienstlichen Gutachtens) ist nur im Rahmen der übertragenen Dienstaufgaben und nur in engem Umfang zulässig. Die Forschungsfreiheit schließt das Recht ein, Forschungser-

---

146 *BVerfGE 111*, 333 (354); *122*, 89 (105); *128*, 1 (40); *Jarass*, in: ders./Pieroth, GG (LitVerz.), Art. 5 RN 136.
147 So *Pieroth*, DVBl. 1973, S. 243f. sub 1.22.
148 So *Conrad Bornhak*, Rechtsverhältnisse der Hochschullehrer, 1901, S. 44; ähnlich schon *Blunschli*, in: ders./Brater (Hg.), Deutsches Staats-Wörterbuch, Bd. VI, 1861, S. 372; *Lorenz v. Stein*, Lehrfreiheit, Wissenschaft und Collegienbeziehgeld, Wien, 1875, S. 20.

gebnisse zu publizieren oder geheimzuhalten. So billigt auch das Bundesverfassungsgericht den Professoren zu, „daß sie selbst den Zeitpunkt bestimmen können, wann sie ein bestimmtes Forschungsergebnis oder eine bestimmte Lehrmeinung veröffentlichen"[149]. Auch die Verbreitung wissenschaftlicher Publikationen ist durch die Wissenschaftsfreiheit geschützt. Diese „Verbreitung wissenschaftlicher oder künstlerischer Werke" war früher in Art. 10 Abs. 2 Verf. Rheinland-Pfalz in einer Verwirkungsklausel erwähnt, die später aufgehoben wurde[150].

Wegen des faktischen Staatsmonopols im Wissenschaftsbereich hat das Bundesverfassungsgericht das Freiheitsrecht des Wissenschaftlers „in Richtung auf Teilhabeberechtigungen" leistungsrechtlich verstärkt[151]. Diese „Teilhabeberechtigungen" erfassen „die Beteiligung am öffentlichen Leistungsangebot", da „der Hochschullehrer als Inhaber des Grundrechts der Wissenschaftsfreiheit auf die äußeren Rahmenbedingungen für die Grundrechtsausübung angewiesen ist"[152]. Damit wandelt sich das Abwehrrecht in ein Leistungsrecht, dessen Intensität jedoch unklar bleibt. Im Hinblick auf die parlamentarische Haushaltskompetenz kann kein Anspruch auf bestimmte Mittel oder Mittel in bestimmter Höhe bestehen. Nicht einmal die „Aufrechterhaltung der öffentlichen Forschungseinrichtung" fällt in den Schutzbereich der individuellen Forschungsfreiheit[153].

54
„Teilhabeberechtigung"

bb) Lehrfreiheit

Die Lehrfreiheit ist die Komplementärgarantie zur Forschungsfreiheit und berechtigt zur „wissenschaftlich fundierten Übermittlung der durch die Forschung gewonnenen Erkenntnisse"[154], wobei die Lehrtätigkeit wiederum die Forschungsarbeit befruchten kann. Universitätsprofessoren ist wissenschaftliche Forschung und Lehre aufgrund vorangegangener Qualifikationen als Amtsaufgabe anvertraut[155]. Keine Lehre ist der Unterricht an Schulen als „repetierende Wiedergabe vorgegebener Inhalte"[156], da es hier an einer „wissenschaftlich fundierten" Übermittlung von Erkenntnissen mangelt.

55
Wissenschaftlich fundierte Übermittlung von Erkenntnissen

In Absatz 2 des Artikels 9 Verf. Rheinland-Pfalz war ursprünglich die Meinungsfreiheit normiert. Erst 1991 wurde in Art. 9 Abs. 2 der Wortlaut des Art. 5 Abs. 3 Satz 2 GG übernommen[157]. Da der in die Landesverfassung übernommene grundgesetzliche Text wegen Art. 1 Abs. 3 GG ohnehin als Teil einer Grundrechtsbestimmung in Rheinland-Pfalz gilt und alle Staatsgewalten bindet, erscheint diese Inkorporation fragwürdig. Die getrennten Verfassungsräume von Bund und Ländern bringen keinen föderalistischen Gewinn, wenn Landesverfassungen die Bundesverfassung lediglich kopieren, statt lan-

56
„Treue" zur Verfassung

---

149 *BVerfGE* 47, 327 (383).
150 30. Landesgesetz zur Änderung der Landesverfassung v. 15. 3. 1991 (GVBl. S. 73).
151 *BVerfGE* 35, 79 (115); ähnlich *E* 88, 129 (136 f.).
152 *BVerfGE* 67, 1 (16).
153 *BVerfGE* 85, 360 (382).
154 *BVerfGE* 35, 79 (113); *Jarass*, in: ders./Pieroth, GG (LitVerz.), Art. 5 RN 139.
155 → Bd. IV: *Löwer*, Freiheit wissenschaftlicher Forschung und Lehre, § 99 RN 18.
156 *BAG* NJW Spezial 2016, S. 564.
157 Gesetz v. 15. 3. 1991 (GVBl. S. 73).

desspezifische Besonderheiten einzubringen. Sachlich enthält diese Verfassungsänderung ohnehin nichts Wesentliches, da es sich bei der übernommenen „Treueklausel" um eine unechte Schranke handelt, die nur scheinbar eine Beschränkung des grundrechtlichen Schutzbereichs enthält[158]. Denn die (unechte) Schranke bezieht sich auf ein tatbestandlich gar nicht geschütztes Verhalten und wirkt daher nur deklaratorisch. Die „Treueklausel" zieht keine Schranken, sondern verdeutlicht nur Grenzen. Wissenschaftliche Lehre vermag als solche „niemals gegen die freiheitliche demokratische Grundordnung" zu verstoßen[159]. Lehre ist die „wissenschaftlich fundierte Übermittlung der durch die Forschung gewonnenen Erkenntnisse"[160] und als solche durch die „Suche nach Wahrheit und die Vermittlung des als wahr Erkannten"[161] sowie durch „wissenschaftliche Redlichkeit"[162] geprägt. Da Agitation, Propaganda und politischer Kampf von der Lehrfreiheit nicht geschützt werden, läuft die deutscher Verfassungstradition widersprechende und im Parlamentarischen Rat als „Rachebedrohung für Gewesenes" und „Mißtrauensaktion gegen einen einzelnen Beruf"[163] kritisierte und vom Plenum nur mit knapper Mehrheit[164] gebilligte Klausel leer, zumal jeder Bürger ohnehin frei ist, „grundlegende Wertungen der Verfassung in Frage zu stellen"[165]. Die „Treueklausel" konstituiert also keine Beschränkung, sondern „deklariert" nur eine dieser Freiheit ohnehin immanente Grenze[166].

b) Kunstfreiheit

57
Begriff der Kunst

Jegliche staatliche Gewährleistung der Kunstfreiheit hat das Problem zu bewältigen, daß einerseits eine objektive Festlegung des Begriffs der Kunst deren Wesen widerspricht, andererseits aber für die praktische Handhabung unerläßlich ist. Das Bundesverfassungsgericht definiert Kunst als eine „schöpferische Gestaltung, in der Eindrücke, Erfahrungen, Erlebnisse des Künstlers durch das Medium einer bestimmten Formensprache zur unmittelbaren Anschauung gebracht werden"[167]. Mangels ausdrücklicher Beschränkungsmöglichkeiten in Art. 9 Verf. Rheinland-Pfalz kommen hier ebenso wie bei der Wissenschaftsfreiheit die Grundrechte Dritter in Betracht, so daß künstlerische Darbietungen nicht in fremden Wohnungen ohne die Erlaubnis des

Grundrechte Dritter als Schranke

---

158 → Bd. III: *Merten*, Immanente Grenzen und verfassungsunmittelbare Schranken, § 60 RN 72.
159 *BVerfGE* 5, 85 (146).
160 *BVerfGE* 35, 79 (113).
161 *Werner Thieme*, Deutsches Hochschulrecht, ³2004, RN 110; ähnlich *Bettermann*, Die Universität in der freiheitlich-demokratischen Grundordnung, in: Universitätstage 1963, Berlin, 1963, S. 56 (65ff.); s. auch *BVerfGE* 90, 1 (11f.).
162 *Bettermann* aaO., S. 66.
163 So der Abg. Dr. *Theodor Heuss* (FDP) in der 9. Sitzung des Parlamentarischen Rates v. 6.5.1949, Sten.Ber., S. 176.
164 34 gegen 31 Stimmen. Vgl. Sten.Ber. aaO., S. 176.
165 *BVerfG* (Kammer) NJW 2001, S. 2069 (2070 sub II 3 c).
166 *Bettermann* (FN 161), S. 65; ebenso *Starck*, in: v. Mangoldt/Klein/ders., GG (LitVerz.), Art. 5 Abs. 3 RN 427 m.w.N. in FN 399; s. aber auch *Richard Thoma*, Die Lehrfreiheit der Hochschullehrer und ihre Begrenzung durch das Bonner Grundgesetz, Recht und Staat, H. 166, 1952; auch in: *ders.*, Rechtsstaat-Demokratie-Grundrechte, hg. von Horst Dreier, 2008, S. 483 ff.
167 Vgl. *BVerfGE* 30, 173 (188f.); 67, 213 (226); *119*, 1 (20f.); *Jarass*, in: ders./Pieroth, GG (LitVerz.), Art. 5 RN 118; → Bd. IV: *Hufen*, Kunstfreiheit, § 101 RN 19ff.

Wohnungsinhabers durchgeführt und künstlerische Werke nicht mit Hilfe fremden Eigentums erstellt werden dürfen. Zu Recht hat daher das Bundesverfassungsgericht im Falle eines „Sprayers" entschieden, daß die Kunstfreiheit durch die Eigentumsgarantie der Hauseigentümer beschränkt werde[168].

10. Ehe und Familie

a) Schutz von Ehe und Familie

Art. 23 Verf. Rheinland-Pfalz behandelt Ehe und Familie, wobei sein Absatz 1 wörtlich mit Art. 6 Abs. 1 GG übereinstimmt, indem er „Ehe und Familie" „dem besonderen Schutz der staatlichen Ordnung" anvertraut. Die Bestimmung enthält zunächst einen expliziten Schutzauftrag, der sogar einen „besonderen Schutz" des Staates zusichert, den der Gesetzgeber aber nicht immer eingehalten hat. Die Schutzpflicht garantiert Ehe und Familie „eine Sphäre privater Lebensgestaltung, die staatlicher Einwirkung entzogen ist"[169] und die in den Worten des Bundesverwaltungsgerichts „einen geschlossenen, gegen den Staat abgeschirmten ... Autonomie- und Lebensbereich" darstellt. Gleichzeitig gewährleistet Art. 23 Abs. 1 Ehe und Familie als Institutsgarantien[170], weshalb diese zivilrechtlichen Institute aufrecht zu erhalten sind und auch nicht verwässert werden dürfen. Der „Kern der das Familienrecht bildenden Vorschriften" des Zivilrechts ist gegen „Aufhebung oder wesentliche Umgestaltung" geschützt[171]. Daher darf der Staat „bestimmende Merkmale des Bildes von der Familie, das der Verfassung zugrunde liegt", nicht beeinträchtigen[172]. Insbesondere ist der Gesetzgeber gehindert, die überkommenen und historisch geprägten Einrichtungen „Ehe und Familie" zu beseitigen oder durch andere Arten von Gemeinschaften (Partnerschaften, nichteheliche Lebensgemeinschaften) zu ersetzen.

58 Ehe und Familie als Institutsgarantie

Entgegen seinem Wortlaut beschränkt sich Art. 23 Abs. 1 Verf. Rheinland-Pfalz – ähnlich dessen Artikel 4 – nicht auf eine Schutzpflicht, sondern gewährt Grundrechte in Form der Abwehr-, Duldungs- und Gestaltungs-(Bewirkungs-)Rechte. Mit dem Abwehrrecht kann sich der Grundrechtsträger dagegen wehren, daß die Eheschließung verboten, von einer Genehmigung abhängig gemacht oder (z.B. durch Zölibatsklauseln für kasernierte Verbände) behindert wird. Weiterhin besteht die Freiheit der Wahl des Ehepartners und die Art des ehelichen Zusammenlebens. Insoweit muß der Staat die Entscheidungen der Ehepartner dulden. Die „Freiheit, mit dem selbst gewählten Partner die Ehe einzugehen"[173], verleiht die Befugnis, durch beiderseitige Erklärung eine Ehe zu schließen, wodurch – unter Mitwirkung des Staates –

59 Gewährleistung von Grundrechten

---

168 *BVerfG* (Vorprüfungsausschuß), NJW 1984, S. 1293.
169 Vgl. *BVerfGE 21*, 329 (353); *61*, 319 (346f.); *99*, 216 (231); *107*, 57 (53); *133*, 377 (410); *137*, 273 (342 RN 178); *BVerwGE 91*, 130 (134).
170 Vgl. *BVerfGE 105*, 313 (344f.); → Bd. II: *Kloepfer*, Einrichtungsgarantien, § 43 RN 65ff.
171 *BVerfGE 80*, 81 (92).
172 *BVerfGE 76*, 1 (49); *80*, 81 (92); *105*, 313 (344f.); *131*, 239 (259); vgl. ferner *E 6*, 55 (72); *31*, 58 (69); *62*, 323 (329).
173 *BVerfGE 36*, 146 (162); vgl. auch *E 31*, 58 (68f.); *29*, 166 (175); *105*, 313 (342).

§ 255   Sechzehnter Teil: III. Die Grundrechte in den Landesverfassungen

eine familienrechtliche Rechtsänderung eintritt. Damit ist die Eheschließungsfreiheit in erster Linie Bewirkungsrecht[174].

60
Eheschließungsfreiheit

Jeder hat das Recht, eine Ehe mit einem Partner (anderen Geschlechts) zu schließen und sie aufrechtzuerhalten, eine Familie zu gründen und in ihr zu leben[175]. In dem grundrechtlichen Freiraum dürfen die Ehegatten ihr Ehe- und Familienleben frei gestalten und anfallende Aufgaben grundsätzlich eigenverantwortlich regeln und wahrnehmen[176]. Daher können Ehegatten darüber entscheiden, wer von ihnen das Einkommen erwirtschaften, den Haushalt führen und gegebenenfalls Kinder betreuen soll[177]. Als Verhaltensfreiheit garantiert Art. 83 Abs. 1 Verf. Rheinland-Pfalz nicht nur das positive Recht, eine Ehe zu schließen und eine Familie zu gründen, sondern auch die negative Befugnis, eine Ehe mit einem anderen nicht eingehen zu müssen oder überhaupt keine Ehe zu schließen sowie eine Familie nicht zu gründen. Die verfassungsrechtlich gewährleistete Eheschließungsfreiheit ist das Recht, die Ehe „mit einem selbst gewählten Partner einzugehen"[178]. Dieser verfassungsgesetzlich gewährleisteten Konsensehe widersprechen sowohl Eheverbote als auch Ehegebote. Unabdingbarer Bestandteil der freien Gattenwahl ist das Recht, eine andere Person nicht heiraten zu müssen. Wegen dieser negativen Auswahlfreiheit darf weder der Vater eines nichtehelichen Kindes gezwungen werden, dessen Mutter zu heiraten, noch kann eine strafrichterliche Auflage dem Verurteilten aufgeben, eine von ihm entführte und geschwängerte Frau zu ehelichen[179]. Zutreffend hat der Bundesdisziplinarhof[180] „eine Dienstpflicht zu heiraten, mit der Mutter eines von dem Soldaten erzeugten Kindes" als mit dem Grundgesetz unvereinbar bezeichnet. Die negative Auswahlfreiheit wird im bürgerlichen Recht so weitgehend geschützt, daß selbst im Falle vertraglicher Bindung durch ein Verlöbnis nicht auf Eingehung der Ehe geklagt werden kann (§ 1297 Abs. 1 BGB). Auch die Entscheidung eines Partners, nach dem Tode des Ehegatten keine neue Ehe zu schließen, ist von dem Begriff „Ehe" umschlossen, die eine grundsätzlich unauflösliche und auf Lebenszeit angelegte Gemeinschaft umfaßt.

61
„Ehe" im Grundgesetz

„Ehe" ist die Vereinigung eines Mannes und einer Frau zu einer umfassenden, grundsätzlich unauflösbaren Lebensgemeinschaft[181]. Damit sind drei Grundsätze für die Ehe im Sinne deutschen Verfassungsrechts essentiell: Es muß sich um eine heterogene, monogame und auf Lebenszeit angelegte Gemeinschaft handeln. Gleichgeschlechtliche oder polygame Verbindungen können keine Ehe darstellen. Die Mehrehe widerspricht deutscher Rechtstradition, weshalb der deutsche Gesetzgeber vom Prinzip der Einehe nicht abgehen

---
174 → Oben *Merten*, Allgemeine Lehren der Landesgrundrechte, § 232 RN 21, 23.
175 Vgl. *BVerfGE 31*, 58 (67); auch *E 29*, 166 (175); *76*, 1 (42).
176 Vgl. *BVerfGE 39*, 169 (183); *48*, 327 (338); *66*, 84 (94); vgl. auch *E 10*, 59 (83 ff.); *24*, 119 (135); *33*, 236 (238); *51*, 386 (398); *53*, 257 (296 f.).
177 *BVerfGE 39*, 169 (183); *48*, 327 (338); *66*, 84 (94).
178 *BVerfGE 31*, 58 (67 sub C I); *36*, 146 (162); *BGH* JZ 1999, S. 514 (516).
179 Vgl. hierzu *Stree*, Deliktsfolgen und Grundgesetz, 1960, S. 155 (165).
180 DVBl. 1965, S. 332.
181 Vgl. *BVerfGE 10*, 59 (66); *49*, 286 (300); *53*, 224 (245); *62*, 323 (330); *105*, 313 (345); *115*, 1 (19); *121*, 175 (193); *131*, 239 (259); *137*, 273 (342); *BGHZ 30*, 1 (4).

darf[182]. Deshalb verbietet es der ordre public (Art. 6 EGBGB), daß eine Mehrehe vor einem deutschen Standesbeamten geschlossen wird, selbst wenn sie nach ausländischem Recht zulässig ist, oder daß ein deutsches Gericht zur Herstellung einer polygamen ehelichen Lebensgemeinschaft verurteilt[183]. Das Lebenszeitprinzip bedeutet, daß beide Partner die Gemeinschaft als eine dauernde und grundsätzlich unauflösbare beabsichtigen und versprechen[184]. Lebensabschnitts-Gemeinschaften können daher von vornherein keine Ehen sein. Allerdings steht dem Lebenszeitprinzip nicht entgegen, daß das Eherecht zwar keine beliebige, wohl aber ein von bestimmten Voraussetzungen abhängige Auflösung der Ehe vorsieht[185]. Die freie und selbstverantwortliche Entscheidung beider Ehepartner, eine Ehe einzugehen, schließt Zwangsehen, aber auch Kinderehen aus. Diese grundsätzlichen Strukturprinzipien sind nach zutreffender Rechtsprechung des Bundesverfassungsgerichts der Verfügungsgewalt des Gesetzgebers entzogen[186]. Die Ehefreiheit gewährleistet schließlich, daß die Eheleute über die Ausgestaltung ihres Zusammenlebens frei entscheiden können[187].

b) Familie

Kinderzeugung ist charakteristisches, aber nicht essentielles Merkmal der Ehe[188]. Andernfalls wäre eine Eheschließung im Falle der Zeugungs- oder Gebärunfähigkeit wie im höheren Alter nicht möglich. Schon das Preußische Allgemeine Landrecht hatte zwar als Hauptzweck der Ehe „die Erzeugung und Erziehung der Kinder" angesehen, eine Eheschließung aber auch allein „zur wechselseitigen Unterstützung" zugelassen[189]. Kinderlose Ehen sind folglich keine Ehen minderen Rechts[190]. Deshalb dürfen sich Steuer- und Sozialrecht nicht einseitig auf die Familie fixieren und die Grundentscheidung der Verfassung für die Ehe negieren. Die Familie stellt die Erweiterung der ehelichen Gemeinschaft zu einer aus Eltern und Kindern bestehenden Familiengemeinschaft dar. Regelfall ist das Zusammenleben des Kindes oder der Kinder mit den durch die Ehe verbundenen Eltern in einer Gemeinschaft[191]. Aber „Familie" setzt nicht zwingend voraus, daß beide Partner ehelich verbunden sind; auch schließt der Schutz der Familie uneheliche Kinder, Adoptiv-, Pflege- und Stiefkinder ein. Erfaßt wird auch die Gemeinschaft zwischen einem Elternteil und einem Kind, so daß bei einem Getrenntleben der Eltern das Kind zwei Familien hat[192].

62
„Familie" als Erweiterung der Ehe

---

182 So *BVerwGE 71*, 228 (230).
183 *BVerwGE* aaO.
184 Vgl. *BVerfGE 53*, 224 (245).
185 Hierzu auch *BVerfGE 53*, 224 (245 ff.).
186 *BVerfGE 62*, 323 (330); vgl. auch *E 31*, 58 (69).
187 *BVerfGE 39*, 169 (183); *48*, 327 (338); *66*, 84 (94); *105*, 313 (345); *137*, 273 (342).
188 Vgl. *BVerfGE 49*, 286 (300); *Scheffler*, Ehe und Familie, in: GR IV/1, 1960, S. 251.
189 §§ 1, 2 II 1 ALR.
190 In diesem Sinne schon der Abg. Dr. *Heuss* (FDP) in der 29. Sitzung des Grundsatzausschusses des Parlamentarischen Rates v. 4. 12. 1948, in: Der Parlamentarische Rat 1948–1949, Bd. 5/II, 1993, S. 828.
191 Vgl. *BVerfGE 56*, 363 (382); s. auch *E 31*, 194 (205).
192 *BVerfGE 45*, 104 (123); *127*, 263 (287); *Arnold*, in: Brocker/Droege/Jutzi (Hg.), Verfassung für Rheinland-Pfalz (LitVerz.), Art. 23 RN 9.

63
„Ehe" als Ausschluß bloßer Lebensgemeinschaften

Mit dem staatlichen Schutz der Ehe knüpft Art. 23 Abs. 1 Verf. Rheinland-Pfalz an ein überkommenes Institut des Familienrechts an, das es durch den „besonderen Schutz" privilegieren will. Im ursprünglichen Verfassungstext waren in Art. 23 Abs. 1 Ehe und Familie als „die naturgebundene Grundlage der menschlichen Gesellschaft" angesehen worden und genossen „als Gemeinschaften eigenen natürlichen Rechts" den „besonderen Schutz des Staates". Der eindeutige Verfassungswortlaut läßt weder eine Lücke noch können die unterschiedlichen Institute „Ehe" und „nichteheliche Lebensgemeinschaften" gleichbehandelt werden. Wegen der abschließenden Regelung in Art. 23 Abs. 1 Verf. Rheinland-Pfalz können sich andere Lebensgemeinschaften weder auf den allgemeinen Gleichheitssatz des Art. 3 Abs. 1 noch auf den Gleichberechtigungssatz des Art. 3 Abs. 2 GG berufen. Allerdings unterfallen nichteheliche heterogene Lebensgemeinschaften dem Schutzbereich des Art. 1 Abs. 1 Satz 2 Verf. Rheinland-Pfalz, der ähnlich wie Art. 2 Abs. 1 GG als Recht der freien Entfaltung der Persönlichkeit zugleich die allgemeine Handlungsfreiheit in einem umfassenden Sinne schützt[193]. Da Art. 23 Abs. 1 als lex specialis grundsätzlich Lebensgemeinschaften nicht diskriminieren will, können diese sich auf den Schutz der allgemeinen Handlungsfreiheit als lex generalis berufen. Das gilt allerdings nicht für ehewidrige nichteheliche Lebensgemeinschaften, bei denen einer der Partner dieser Gemeinschaft oder sogar beide verheiratet sind. Denn dieses Getrenntleben verstößt gegen die Pflicht zur ehelichen Lebensgemeinschaft (§ 1353 Abs. 1 Satz 2 BGB). Die Auffangfunktion der allgemeinen Handlungsfreiheit versagt hier deshalb, weil diese keine Betätigungen erfaßt, die spezialgrundrechtlich ausgeschlossen sind und über die die Verfassung gleichsam ein Unwerturteil gesprochen hat. Homogene (gleichgeschlechtliche) Lebensgemeinschaften unterfallen nicht dem Schutz des Art. 23 Abs. 1 Verf. Rheinland-Pfalz[194]. Denn die Ehe ist ausschließlich die Verbindung zweier Personen verschiedenen Geschlechts[195] und schließt wegen der Eindeutigkeit der Verfassungsvorschrift eine „Ehe für alle"[196] selbst bei Verweis auf außerdeutschen Zeitgeist-Fortschritt[197] aus, wobei für eine Eheschließung auch eine Berufung auf Art. 1 Abs. 1 Satz 2 Verf. Rheinland-Pfalz[198], nicht aber für das gemeinschaftliche Zusammenleben entfällt.

64
Schutz- und Förderauftrag

Nach Art. 23 Abs. 2 Verf. Rheinland-Pfalz wird staatlicherseits „besondere Fürsorge ... Familien mit Kindern, Müttern und Alleinerziehenden sowie Familien mit zu pflegenden Angehörigen zuteil". Diese Vorschrift begründet schon dem Wortlaut nach nur einen Schutz- und Förderauftrag. Ein Grund-

---

[193] *VerfGH Rheinland-Pfalz AS 29*, 23 (27); *Droege*, in: Brocker/ders./Jutzi (Hg.), Verfassung für Rheinland-Pfalz (LitVerz.), Art. 1 RN 11.
[194] *BVerfG* (Kammer) NJW 1993, S. 3058 f.; *BayObLG* NJW 1993, S. 1996 f.; *OLG Köln*, ebd. S. 1997 f.; *OLG Celle*, FamRZ 1953, S. 1082 f.; s. auch *Roland Schimmel*, Eheschließungen gleichgeschlechtlicher Partner?, 1996.
[195] *BVerfGE 49*, 286 (300); *BVerfG* (Kammer) NJW 1993, S. 3058 f.
[196] So *Beck/Tometten*, DÖV 2016, S. 581 ff.
[197] Vgl. *Merten*, Eheliche und nichteheliche Lebensgemeinschaften unter dem Grundgesetz, in: Isensee/Lecheler (Hg.), Freiheit und Eigentum, FS W. Leisner, 1999, S. 615 (630).
[198] Vgl. *BVerfG* (Kammer) NJW 1993, S. 3058 f.

rechtscharakter ist wegen fehlender Unmittelbarkeit[199] zu verneinen, auch wenn in der Vorgängervorschrift ein „Anspruch" der Mutter auf den Schutz und die Fürsorge des Staates gewährleistet war und der Text lediglich erweitert und umformuliert wurde[200]. Denn die Fürsorgepflicht besteht nur dem Grunde nach und verpflichtet den Landesgesetzgeber zur näheren Ausgestaltung, sofern er über Gesetzgebungskompetenzen verfügt. Erst danach entstehen einfach-gesetzliche Ansprüche. Fürsorge bedeutet zudem nicht Kostenübernahme, sondern kann beispielsweise auch in der Vermittlung von Dienstleistungen bestehen. Fürsorge für Familien „mit zu pflegenden Angehörigen" meint nicht, daß die Familie Pflegeleistungen selbst erbringt[201], sondern fordert nur, daß sich pflegebedürftige Angehörige in der Familie oder in deren näherer Umgebung befinden. Wird die Pflege ausschließlich durch Dritte erbracht, schließt dies den Fürsorgetatbestand nicht aus, sondern kann als Leistungsminderung berücksichtigt werden.

65 Selbstbestimmungsrecht der Kirchen

Art. 23 Abs. 3 Verf. Rheinland-Pfalz war als Artikel 23 Abs. 2 schon im Ursprungstext der Verfassung enthalten. Das Inkrafttreten dieser Bestimmung liegt vor der späteren Inkorporationsklausel des Art. 140 GG, der die Bestimmungen der Art. 136 bis 139 und 141 der Weimarer Reichsverfassung als Bestandteil des Grundgesetzes ausweist und – soweit diese Grundrechtscharakter haben – auch die Landesstaatsgewalt bindet. Art. 23 Abs. 3 Verf. Rheinland-Pfalz ist eine Spezialregelung des in Art. 137 Abs. 3 WRV anerkannten Selbstbestimmungsrechts der Religionsgesellschaften hinsichtlich der Ehe. Die Regelung ist deshalb von Bedeutung, weil staatliche und kirchliche Rechtsordnung hinsichtlich der Ehe nicht kongruent sind und sich insbesondere hinsichtlich der Unauflöslichkeit unterscheiden[202]. Insoweit besteht eine Parallelität der Rechtsordnungen, so daß weder das staatliche Familienrecht an das Kirchenrecht noch umgekehrt dieses an staatliches Recht gebunden ist. Da die korporative Religionsfreiheit vorbehaltlos gewährleistet ist, ist dem Selbstbestimmungsrecht und dem Selbstverständnis der Religionsgesellschaft besonderes Gewicht beizumessen[203].

66 Mißverständliche „Kinderrechte"

Während die ursprüngliche Fassung des Art. 24 Verf. Rheinland-Pfalz mit der Formulierung „Kinder sind das kostbarste Gut der Familie und des Volkes"[204] nur altväterlich wirkte, ist der rundum erneuerte Artikel 24[205] in seiner jetzigen Fassung legistisch weitgehend verfehlt. Wenn er vorsieht, daß „jedes Kind ... ein Recht auf Entwicklung und Entfaltung" hat und „die staatliche Gemeinschaft" „die Rechte des Kindes" „schützt und fördert", so wurde lediglich neu eingefügt, was ohnehin schon galt. Denn nach Art. 1 Abs. 1

---

199 → Oben *Merten*, Allgemeine Lehren der Landesgrundrechte, § 232 RN 17 ff.
200 Vgl. LT-Drucks. 13/506, S. 11; wie hier *Arnold*, in: Brocker/Droege/Jutzi (Hg.), Verfassung für Rheinland-Pfalz (LitVerz.), Art. 23 RN 21.
201 So aber *Arnold* aaO., RN 19.
202 Vgl. *Pirson*, in: Listl/ders., Handbuch des Staatskirchenrechts, Bd. I, ²1994, § 28, S. 787 (798); *BVerfGE 137*, 273 (342 f. RN 179).
203 So *BVerfGE 137*, 273 Ls. 1.
204 Ähnlich Art. 125 Abs. 1 Satz 1 Verf. Bayern.
205 Durch das 34. Landesgesetz zur Änderung der Verfassung für Rheinland-Pfalz v. 8.3.2000 (GVBl. S. 65).

§ 255   Sechzehnter Teil: III. Die Grundrechte in den Landesverfassungen

Satz 2 Verf. Rheinland-Pfalz hat jeder Mensch „ein natürliches Recht auf die Entfaltung seiner körperlichen und geistigen Anlagen und auf die freie Entfaltung seiner Persönlichkeit ...". Unzweifelhaft steht damit auch Kindern das Recht auf Entwicklung und Entfaltung zu. Mehr als drei Jahrzehnte vor der Verfassungsnovellierung hatte das Bundesverfassungsgericht festgestellt: „Das Kind ist ein Wesen mit eigener Menschenwürde und dem eigenen Recht auf Entfaltung seiner Persönlichkeit im Sinne der Art. 1 Abs. 1 und Art. 2 Abs. 1 GG"[206]. Daher ist die jetzige Regelung des Art. 24 Satz 1 nicht nur unnötig, sondern mißverständlich. Da Grundrechte grundsätzlich von der Geburt bis zum Tode gelten, führt es zu unnötigen Zweifeln, wenn der Verfassungsgeber nun zusätzliche Lebensabschnitts-Grundrechte einführt, wie dies im umfassenden Sinne durch „Kinderrechte" in den Landesverfassungen[207], aber auch durch Rechte am Lebensende wie die Würde „im Sterben"[208] geschieht. Gesetzesregelungen für Gruppen sind im allgemeinen mit besonderen Rechten oder Pflichten für diese verbunden. Grundloses Hervorheben vermehrt jedoch den Gesetzestext und verwirrt den Gesetzeskundigen, der vergeblich nach einem vernünftigen Motiv für Gesetzeswiederholungen sucht.

67
Verfassungsredundanz

Nach Art. 24 Satz 2 Verf. Rheinland-Pfalz „schützt und fördert" die staatliche Gemeinschaft „die Rechte des Kindes". Da diese ohnehin nach Art. 1 Abs. 2 Verf. Rheinland-Pfalz die Aufgabe hat, Freiheit und Selbständigkeit sowie das Wohlergehen des Menschen zu schützen und nach Artikel 23 Abs. 2 „besondere Fürsorge" den „Familien mit Kindern" angedeihen zu lassen, bringt der neu eingefügte Satz 2 des Artikel 24 inhaltlich nicht viel Neues, wobei der eher soziologische Begriff der „staatlichen Gemeinschaft" hier an die Stelle des Staates tritt.

68
Besonderer Schutz für Kinder

Art. 24 Satz 3 Verf. Rheinland-Pfalz übernimmt die bisherige Regelung des Artikel 25 Abs. 2 Satz 2, wobei der politisch korrekte Landesgesetzgeber die früheren „unehelich[en]" zu „nicht ehelich[en]" Kindern hochstilisiert, dabei aber nicht bemerkt, daß das Familienrecht inzwischen weder „eheliche" noch „nicht eheliche" oder gar „uneheliche" Kinder kennt[209]. Art. 24 Satz 4 Verf. Rheinland-Pfalz begründet einen „besonderen" Schutz des Staates für Kinder „insbesondere vor körperlicher oder seelischer Misshandlung und Vernachlässigung". Der Staat ist aber aus dieser Bestimmung nicht nur selbst, sondern auch zum Schutz vor Dritten verpflichtet, da er Kinder nicht nur vor staatlichen, sondern insbesondere auch vor Übergriffen anderer, insbesondere der Familie bewahren muß, wobei sich diese Schutzverpflichtung zu einer staatlichen Handlungspflicht verdichten kann[210]. Ohnehin haben nach Art. 25 Abs. 1 Verf. Rheinland-Pfalz „Staat und Gemeinden" das Recht und die Pflicht, die

---
206 *BVerfGE 24*, 119 (144); 72, 155 (172).
207 → Oben *Merten*, Allgemeine Lehren der Landesgrundrechte, § 232 RN 88.
208 Art. 1 Abs. 1 Satz 2 Verf. Thüringen.
209 Vgl. §§ 1591 f. BGB n.F., eingefügt durch Art. 1 Nr. 1 des Kindschaftsreformgesetzes v. 16. 12. 1997 (BGBl. I S. 2942) und andererseits § 1591 Abs. 1 BGB a.F.: „Ein Kind, das nach der Eheschließung geboren wird, ist ehelich, wenn die Frau es vor oder während der Ehe empfangen hat und der Mann innerhalb der Empfängniszeit der Frau beigewohnt hat".
210 *VerfGH Rheinland-Pfalz AS 37*, 292 (306).

Erziehungsarbeit der Eltern zu überwachen und zu unterstützen. Diese Vorschrift stammt noch aus der ursprünglichen Verfassung und hätte bei der Verfassungsnovellierung aus systematischen Gründen mit Art. 24 Satz 4 und Art. 25 Abs. 2 Verf. Rheinland-Pfalz zusammengefaßt werden können, um Redundanzen zu vermeiden.

Art. 25 Verf. Rheinland-Pfalz widmet sich dem elterlichen Erziehungsrecht, das hier – wie auch später in Art. 6 Abs. 2 GG – als „das natürliche Recht" der Eltern und deren oberste Pflicht bezeichnet wird. Elternrecht und Elternpflicht, die vom Bundesverfassungsgericht[211] in dem unpräzisen Begriff[212] der „Elternverantwortung" zusammengefaßt werden, beinhalten die Erziehung der Kinder „zur leiblichen, sittlichen und gesellschaftlichen Tüchtigkeit". Während sich Art. 6 Abs. 2 GG zu den Erziehungszielen verschweigt, so daß es auch für die staatliche Überwachung an einer Grundlage fehlt, werden diese in der Verfassung von Rheinland-Pfalz genannt, wobei Art. 25 Abs. 2 dem Grundrecht der Eltern eine Schranke zieht, da Staat und Gemeinden berechtigt und verpflichtet sind, „die Erziehungsarbeit der Eltern zu überwachen und zu unterstützen". Das elterliche Erziehungsrecht steht jedem der beiden Elternteile als Grundrecht zu[213]. Fehlt es an einem Mindestmaß an Übereinstimmung, so können die einzelnen elterlichen Befugnisse weitgehend einem Elternteil allein zugewiesen werden[214]. Das Erziehungsrecht ist sowohl Abwehrrecht als auch Handlungsrecht. Als Abwehrrecht dient es dazu, staatliche Einflußnahme auf die Erziehung abzuwehren. Das elterliche Sorgerecht umfaßt die Namensgebung[215] und die Entscheidung über Bildung und Ausbildung des Kindes. Leitfaden der elterlichen Erziehung muß immer das Wohl des Kindes sein, denn das Erziehungsrecht ist den Eltern nicht im eigenen Interesse, sondern im Interesse des Kindes und um des Kindes willen verbürgt[216]. Das Erziehungsrecht der Eltern bildet nach Art. 27 Abs. 1 Verf. Rheinland-Pfalz auch „die Grundlage für die Gestaltung des Schulwesens". Allerdings wird den Eltern kein ausschließlicher Erziehungsauftrag hinsichtlich der schulischen Ausbildung gewährt. Vielmehr ist der staatliche Erziehungsauftrag in der Schule, der auf Art. 7 Abs. 1 GG beruht, dem elterlichen Erziehungsrecht gleichgeordnet[217]. Der Erziehungsauftrag von Eltern und Schule ist in den Worten des Bundesverfassungsgerichts „in einem sinnvoll aufeinander bezogenen Zusammenwirken zu erfüllen"[218]. Der Religionsunterricht ist an allen Schulen mit Ausnahme der bekenntnisfreien Privatschulen ordentliches Lehrfach (Art. 34 Satz 1 Verf. Rheinland-Pfalz).

69
Erziehungsrecht als „natürliches Recht"

---

211 Vgl. *BVerfGE 10*, 59 (67); *24*, 119 (143); *56*, 363 (382); *59*, 360 (376); *60*, 79 (88); *72*, 155 (175); *76*, 1 (48); *79*, 203 (210); *84*, 168 (179); *92*, 158 (179); *103*, 89 (107); *104*, 373 (379); *105*, 313 (354); *107*, 104 (117); *107*, 150 (169); *108*, 52 (78); *108*, 82 (100); *118*, 45 (76); *121*, 79 (88 f.); *127*, 263 (277); *133*, 59 (75, 78, 87).
212 Vgl. *Merten*, Bürgerverantwortung im demokratischen Verfassungsstaat, in: VVDStRL 55 (1996), S. 7 (15).
213 Vgl. *BVerfGE 99*, 145 (164); *47*, 46 (76).
214 *BVerfGE 22*, 158 (177).
215 *BVerfGE 104*, 373 (385).
216 So *VerfGH Rheinland-Pfalz AS 37*, 292 (316).
217 *BVerfGE 34*, 165 (183).
218 *BVerfGE aaO*.

70
Religionsunterricht

In dem Verhältnis zwischen Eltern und Schule ist vor allem die Teilnahme am Religionsunterricht von Bedeutung. Nach Art. 35 Abs. 1 Verf. Rheinland-Pfalz kann diese Teilnahme durch die Willenserklärung der Eltern oder der Jugendlichen nach Maßgabe des Gesetzes abgelehnt werden. Damit geht die Verfassung zunächst davon aus, daß Religionsunterricht für beide christlichen Konfessionen als ordentliches Unterrichtsfach angeboten wird. Er braucht daher nicht gefordert zu werden, sondern kann nur abgelehnt werden. Hierfür sind im einzelnen nach dem als Bundesrecht fortgeltenden Gesetz über die religiöse Kindererziehung[219] zunächst die Eltern und nach Erreichen der Religionsmündigkeit (mit Vollendung des 14. Lebensjahres) das Kind zuständig. Bei Ablehnung einer Teilnahme am Religionsunterricht ist nach Art. 35 Abs. 2 Verf. Rheinland-Pfalz ein Unterricht über die „allgemein anerkannten Grundsätze des natürlichen Sittengesetzes" zu erteilen, der von den Schülern zu besuchen ist.

71
Schutzpflicht für Minderjährige

Nach Art. 25 Abs. 2 Verf. Rheinland-Pfalz ist die Jugend „gegen Ausbeutung sowie gegen sittliche, geistige und körperliche Verwahrlosung durch staatliche und gemeindliche Maßnahmen und Einrichtungen zu schützen". Hierbei handelt es sich um eine ausdrückliche Schutzpflicht, die an Staat und Gemeinden gerichtet ist und auch näherer gesetzlicher Ausgestaltung bedarf. Mit dieser Schutzpflicht korrespondiert jedoch kein Grundrecht. Terminologisch ist die Bestimmung insbesondere bei einem Vergleich mit Art. 24 Satz 4 Verf. Rheinland-Pfalz mißglückt, da Kinder von dieser Bestimmung, wie die Begriffsverwendung nahelegt, wohl nicht ausgeschlossen werden sollen[220]. Art. 25 Abs. 3 Verf. Rheinland-Pfalz verlangt für „Fürsorgemaßnahmen im Wege des Zwanges" eine „gesetzliche Grundlage", die ein Versagen der Erziehungsberechtigten oder eine Gefährdung des Kindeswohls aus anderen Gründen voraussetzt. Diese Vorschrift regelt vor allem die Trennung eines Minderjährigen von den Eltern gegen deren Willen.

11. Kollektivbezogene Grundrechte

72
Paarweise Regelungen

Schon in der Paulskirchen-Verfassung von 1849 treten die kollektivbezogenen Rechte der Versammlungsfreiheit und der Vereinsfreiheit paarweise auf (§§ 161, 162). Daran haben die Weimarer Reichsverfassung (Art. 123, 124) sowie das Grundgesetz (Art. 8, 9 GG) festgehalten. Auch die vorkonstitutionelle Verfassung von Rheinland-Pfalz folgt diesem Muster in Art. 12 und Art. 13. Beiden Grundrechten ist gemeinsam, daß der Regelungsgegenstand ein Kollektiv ist, auch wenn der einzelne aus diesen Grundrechten berechtigt wird. Während es sich bei der Versammlungsfreiheit um einen vorübergehenden Zusammenschluß von Menschen handelt, ist dieser bei der Vereinigungsfreiheit rechtlich gefestigter, wobei die Vereinigungsfreiheit auch zur Gründung juristischer Personen des Privatrechts berechtigt.

---

219 V. 15. 7. 1921 (RGBl. S. 939, 1263).
220 In diesem Sinne auch *Arnold*, in: Brocker/Droege/Jutzi (Hg.), Verfassung für Rheinland-Pfalz (LitVerz.), Art. 25 RN 22.

a) Vereinsfreiheit

73 Funktion der Vereinsfreiheit

Das Recht, „Vereine und Gesellschaften zu bilden", ist nicht nur Abwehr- und Schutzrecht, sondern ein weitergehendes Handlungsrecht. Es sichert nicht nur vor staatlichen Eingriffen in die gesicherte Vereinssphäre, sondern gehört zu den „Rechten des Dürfens"[221] („Darf-Rechten"[222]). Die Vereinigungsfreiheit umfaßt die Freiheit, den Vereinszweck auszuwählen. Insbesondere sind auch politische, religiöse oder weltanschauliche Vereine geschützt, was sich aus Art. 13 Abs. 2 Verf. Rheinland-Pfalz ergibt, wonach derartigen Vereinen der Erwerb der Rechtsfähigkeit nicht versagt werden darf. Daraus folgt, daß der Schutzbereich des Grundrechts sich auf sie bezieht, zumal Art. 8 Abs. 1 Verf. Rheinland-Pfalz die Gründung religiöser Vereine als Ausdruck der Glaubensfreiheit gestattet und in seinem Absatz 3 „Religions- und Weltanschauungsgemeinschaften" institutionell gewährleistet. Da die Verfassung von Rheinland-Pfalz im Unterschied zum Grundgesetz (Art. 21 GG) keine spezielle Parteienfreiheit statuiert, kann auch die Parteigründung auf Art. 13 Abs. 1 Verf. Rheinland-Pfalz gestützt werden, zumal die Parteienfreiheit aus der Vereinsfreiheit hervorgegangen ist und in den Wahlgesetzen des 19. Jahrhunderts den Wahlberechtigten ausdrücklich das Recht konzediert worden war, „zum Betrieb der den Reichstag betreffenden Wahlangelegenheiten Vereine zu bilden"[223].

74 „Konstituierendes Prinzip" der Staatsordnung

Die Vereinsfreiheit hat eigenständige Bedeutung einerseits für die Bildung der öffentlichen Meinung und damit auch für die Vorformung des politischen Willens und andererseits für diejenigen Vereinigungen, die wie „Rathausparteien" den Status einer „Partei" nicht erlangen können. So bezeichnet das Bundesverfassungsgericht die Vereinsfreiheit als „konstituierendes Prinzip der demokratischen und rechtsstaatlichen Ordnung des Grundgesetzes"[224]. Unabhängig davon schützt jedoch Art. 13 Abs. 1 Verf. Rheinland-Pfalz politische Vereine ebenso wie unpolitische. Die Vereinsfreiheit ist liberales, nicht soziales Grundrecht. Der Staat muß die Vereinsfreiheit dulden, ist aber nicht gehalten, sie zu fördern. Da Vereinsgründung und Vereinstätigkeit in der Regel keiner erheblichen Mittel bedürfen, kann der Verfassung keine leistungsrechtliche Grundrechtskomponente entnommen werden. Entgegen der traditionellen Ausgestaltung als Bürgerrecht hat die Verfassung von Rheinland-Pfalz die Vereinigungsfreiheit als Jedermann-Recht gewährleistet, wobei allerdings Ausländer vom Ausland aus ebenso wie EU-Bürger gemäß Art. 19 a Verf. Rheinland-Pfalz Vereine in diesem Landesgebiet nur gründen können, soweit ein hinreichender Inlandsbezug besteht.

---

221 *Ottmar Bühler*, Zur Theorie des objektiven öffentlichen Rechts, in: FG Fritz Fleiner, 1927, S. 26 ff.; *Carl Schmitt*, Grundrechte und Grundpflichten, in: *ders.*, Verfassungsgeschichtliche Aufsätze aus den Jahren 1924 bis 1954, ³1985, S. 208 mit FN 70; *Jürgen Schwabe*, Probleme der Grundrechtsdogmatik, 1977, S. 37 ff.
222 *Dieter Wilke*, Die Verwirkung der Pressefreiheit und das strafrechtliche Berufsverbot, 1964, S. 20 ff.; *Bettermann*, in: DVBl. 1975, S. 548 r.Sp. (Urteilsanmerkung); *ders.*, Hypertrophie der Grundrechte, o.J. (1984), S. 12; *Merten*, Handlungsgrundrechte als Verhaltensgarantien, in: VerwArch. 73 (1982), S. 103 f.
223 Vgl. *Merten*, Vereinsfreiheit, HStR ³VII, § 165 RN 7 in und zu FN 29.
224 *BVerfGE 50*, 290 (353 sub C III 2 a); vgl. auch *BVerfGE 100*, 214 (223).

75
Institutsgarantie

Der objektiv-rechtliche Gehalt der Vereinsfreiheit hat eine grundrechtsschützende Funktion zur Folge, die das subjektive Freiheitsrecht ergänzt und institutionell verstärkt und das Institut „Verein" zusätzlich abschirmt[225]. Der Gesetzgeber muß daher ein Mindestmaß an Regelungen für die Gründung von und die Betätigung in Vereinen und Gesellschaften vorhalten. Dabei sind Wahlmöglichkeiten zwischen Personal- und Kapitalgesellschaften sowie Vorschriften erforderlich, die auch die von Art. 13 Abs. 2 Verf. Rheinland-Pfalz erwähnte Rechtsfähigkeit und eine Haftungsbeschränkung der Mitglieder regeln. Allerdings steht dem Bund gemäß Art. 74 Abs. 1 Nr. 3 GG das Gesetzgebungsrecht für das „Vereinsrecht" zu, und können die Länder hiervon auch nicht gemäß Art. 72 Abs. 3 GG abweichende Regelungen treffen.

76
Doppelgrundrecht

Die Grundrechtsgewährleistung beschränkt sich nicht auf die individuelle Betätigung, ist also nicht nur eine Freiheit der Vereinsgründung und der Betätigung im Verein, sondern erstreckt sich auch auf den Verein als solchen. Dies zeigt sich an Art. 13 Abs. 2 Verf. Rheinland-Pfalz, wonach „einem Verein" der Erwerb der Rechtsfähigkeit nicht aus den dort genannten Gründen versagt werden darf. Es bedarf also keiner ausdrücklichen Erstreckungsnorm, sondern der Verein ist aus Art. 13 Verf. Rheinland-Pfalz selbst grundrechtsberechtigt. Daher handelt es sich bei der Vereinigungsfreiheit um ein Doppelgrundrecht[226]. Art. 13 Verf. Rheinland-Pfalz sichert sowohl die Freiheit des Individuums, Vereine und Gesellschaften zu gründen und als Vereinsmitglied tätig zu sein, und gewährleistet zum anderen die Entstehung, den Bestand und die aus dem Vereinszweck folgende Betätigung der Vereinigung selbst. Bei staatlichen Eingriffen wird die Vereinigung in ihrem eigenen Grundrecht verletzt, so daß sie nicht darauf angewiesen ist, daß Mitglieder ihre Grundrechte geltend machen. Die Grundrechtsträgerschaft des Vereins ist nicht von seiner Rechtsfähigkeit abhängig. Der von Art. 13 Abs. 2 Verf. Rheinland-Pfalz angesprochene „Erwerb der Rechtsfähigkeit" ist eine nach Maßgabe der Rechtsordnung den Vereinigungen eröffnete Möglichkeit, aber keine Notwendigkeit.

77
Verfassungsbeschwerdebefugnis

Daher beschränkt sich auch die Verfassungsbeschwerdebefugnis nicht auf rechtsfähige juristische Personen des Privatrechts, sondern erfaßt auch nichtrechtsfähige Vereinigungen. Das gilt nicht nur für die mit relativer rechtlicher Selbständigkeit bedachten Gesellschaften OHG, KG, sondern auch für andere Vereinigungen, die sich durch Größe und Organisation gegenüber ihren Mitgliedern faktisch verselbständigt haben. Auch nichtrechtsfähige Vereine, die unabhängig von der Mitgliederfluktuation bestehen, sind grundrechtsberechtigt. Die Verfassungsbeschwerdebefugnis hat das Bundesverfassungsgericht[227] auch für eine Gesellschaft bürgerlichen Rechts bejaht. Die Grundrechtsmündigkeit bei der Vereinsfreiheit ist in demselben Ausmaß zu bejahen, wie der Minderjährige zivilrechtlich wirksam einem Verein beitreten kann, weil er beispielsweise dadurch nur rechtliche Vorteile erlangt (§ 107 BGB) oder weil

---

225 A.A. *Kemper*, in: v. Mangoldt/Klein/Starck, GG (LitVerz.), Art. 9 Abs. 1 RN 11.
226 Vgl. *Merten*, Vereinsfreiheit, HStR ³VII, § 165 RN 30 m.w.N.
227 Beschluß (Kammer) v. 2. 9. 2002, DVBl. 2003, S. 130 Nr. 4.

er die Mitgliedsbeiträge aus seinem Taschengeld bezahlt (§ 110 BGB). Ist der Minderjährige zum selbständigen Betrieb eines Erwerbsgeschäfts berechtigt (§ 112 BGB), so ist er im Gleichlauf mit seiner unbeschränkten Geschäftsfähigkeit grundrechtsmündig, so daß er Mitglied in geschäftsspezifischen Vereinigungen werden kann.

Vereine sind längerfristig angelegte, organisierte privatrechtliche Verbindungen mehrerer zu einem gemeinsamen Zweck, wovon im wesentlichen auch das Vereinsgesetz[228] ausgeht. Nach § 2 Abs. 1 VereinsG ist Verein ohne Rücksicht auf die Rechtsform „jede Vereinigung, zu der sich eine Mehrheit natürlicher oder juristischer Personen für längere Zeit zu einem gemeinsamen Zweck freiwillig zusammengeschlossen und einer organisierten Willensbildung unterworfen hat". Wegen der Reziprozität des „Sich-Vereinigens" erfordert Art. 13 Abs. 1 Verf. Rheinland-Pfalz ein Zusammenwirken mehrerer, was eine „Ein-Mann-Gesellschaft" ausschließt[229]. An Organisation und Unterwerfung unter eine „organisierte Willensbildung" sind keine allzu strengen Anforderungen zu stellen, damit auch lockere Vereinigungen wie die „Bürgerinitiativen", „Bürgerbewegungen" oder „Interessengemeinschaften" Grundrechtsschutz genießen können.

78 „Verein" als langfristiger Verbund

Die Vereinsfreiheit beschränkt sich nicht auf Vereine mit ideellen (§ 21 BGB), sondern erfaßt auch solche mit wirtschaftlichen Zielen[230]. Schon der Grundrechtstatbestand führt „Vereine" und „Gesellschaften" nebeneinander auf, ohne einen Anhalt für eine Ausklammerung von Erwerbsgesellschaften (Personen- und Kapitalgesellschaften) zu bieten. Bedenklich ist es daher, den Schutz der Vereinigungsfreiheit für „größere Kapitalgesellschaften" in Frage zu stellen[231]. Entgegen der Auffassung des Bundesverfassungsgerichts tritt das „personale Element" nicht nur bei „größeren Kapitalgesellschaften, sondern auch bei kleinen stillen Gesellschaften" bis zur Bedeutungslosigkeit zurück, weil dem „Stillen" von Gesetzes wegen keine personale, sondern nur eine Vermögensbeteiligung zukommt[232]. Schützt die Vereinigungsfreiheit als „Doppelgrundrecht" auch „Vereine oder Gesellschaften" als solche, so kann eine Zurückdrängung des Personalen nicht als grundrechtlich wesensfremd qualifiziert und so der Grundrechtsschutz verneint werden.

79 Vereine auch mit wirtschaftlichen Zwecken

Die Gründungsfreiheit gewährleistet im Hinblick auf das „Prinzip freier sozialer Gruppenbildung" die freie Entscheidung über die Organisation, die Willensbildung und die Geschäftsführung des Vereins[233]. Die Organisationsfreiheit hindert den Staat nicht an gesetzlichen Ausgestaltungen, auf die der Verein für seine Teilnahme am Rechtsleben, beispielsweise als rechtsfähige

80 Organisationsfreiheit

---

228 V. 5. 8. 1964 (BGBl. I S. 593).
229 Ebenso *Scholz*, in: Maunz/Dürig, GG (LitVerz.), Art. 9 RN 61 (1999).
230 Vgl. § 22 BGB; wie hier *Ernst Rudolf Huber*, Wirtschaftsverwaltungsrecht, Bd. I, ²1953, S. 250 ff., 390 ff.; *Peter Badura*, Wirtschaftsverfassung und Wirtschaftsverwaltung, ³2008, RN 56; *Jarass*, in: ders./Pieroth, GG (LitVerz.), Art. 9 RN 4.
231 *BVerfGE 50*, 290 (355 ff.).
232 Vgl. §§ 230, 233 HGB.
233 Vgl. *BVerfGE 50*, 290 (354 f.); vgl. auch *E 38*, 281 (303).

juristische Person, sogar angewiesen ist[234]. Andererseits darf mißliche staatliche Reglementierung z.B. hinsichtlich der Mitgliederzahl, des Grundkapitals etc. Vereinsbildungen nicht beschränken oder erheblich behindern. Für die innere Ordnung der Vereine können auch nicht „demokratische Grundsätze" vorgeschrieben werden, die sich bei Kapitalgesellschaften ohnehin verbieten, weil hier nach Vermögensbeteiligung[235] und nicht nach Köpfen abgestimmt wird. Die verfassungsrechtlich garantierte Selbstbestimmung des Vereins schließt eine „Fremdbestimmung" durch den Staat oder von ihm ermächtigte Dritte grundsätzlich aus[236]. Aus diesem Grunde begegnet die durch das Mitbestimmungsgesetz[237] eingeführte massive Fremdbestimmung durch Arbeitnehmer als Nicht-Mitglieder in den Aufsichtsräten der Aktiengesellschaften weiterhin erheblichen Bedenken[238]. Sie wurden vom Bundesverfassungsgericht wohl nur deshalb nicht geteilt, weil eine voll-paritätische Mit-(d.h. Fremd-)Bestimmung gerade noch vermieden wurde[239].

81
Negative Tatbestandsmerkmale

Die Gewährleistung der Vereinsfreiheit zu Zwecken, „die der Verfassung und den Gesetzen nicht zuwiderlaufen"[240], zeigt, daß die mißbilligten Vereine von vornherein nicht in den Grundrechtsschutz einbezogen sind. Über sie fällt bereits die Verfassung ein Unwerturteil, so daß der Verfassung und den Gesetzen zuwiderlaufende Vereine negative Tatbestandsmerkmale sind, die schon den Schutzbereich des Art. 13 Abs. 1 Verf. Rheinland-Pfalz von vornherein begrenzen. Allerdings müssen mit „Gesetzen" allgemeine Gesetze gemeint sein und nicht Spezialgesetze, die die Vereinstätigkeit zusätzlich beschränken.

82
Vereinsmitglieder

Der freien Selbstbestimmung[241] unterfällt nicht nur die Entscheidung über den Zweck, die Rechtsform, den Namen, die Satzung und den Sitz der Vereine, sondern auch die Entschließung über die Aufnahme und den Ausschluß von Mitgliedern[242]. Mangels unmittelbarer Drittwirkung verwehrt Art. 13 Abs. 1 Verf. Rheinland-Pfalz nur dem Staat, nicht aber dem Verein, jemanden am Vereinsbeitritt oder Vereinsaustritt zu hindern. Die Vereinsaufnahme unterfällt in erster Linie nicht der öffentlich-rechtlichen Vereinsfreiheit, sondern der zivilrechtlichen Vertragsfreiheit, die allerdings wegen der mittelbaren Drittwirkung der Grundrechte[243] durch die zivilrechtlichen Generalklauseln (§§ 242, 826 BGB) eingeschränkt sein kann. So müssen nach der Rechtsprechung des Bundesgerichtshofs Monopolverbände[244] oder Vereinigungen

---

234 Vgl. auch *BVerfGE 50*, 290 (354f.); *84*, 372 (378).
235 Vgl. § 134 Abs. 1 Satz 1 AktG; § 47 Abs. 2 GmbHG.
236 Vgl. *BVerfGE 50*, 290 (354); *80*, 244 (253).
237 Gesetz über die Mitbestimmung der Arbeitnehmer v. 4.5.1976 (BGBl. I S. 1153).
238 Vgl. hierzu *Peter Badura/Fritz Rittner/Bernd Rüthers*, Mitbestimmungsgesetz 1976 und Grundgesetz 1977, insb. S. 215ff.
239 *BVerfGE 50*, 290 (322ff.); hierzu auch *Papier*, in: Maunz/Dürig, GG (LitVerz.), Art. 14 RN 496ff.
240 Art. 13 Abs. 1 Verf. Rheinland-Pfalz.
241 Vgl. *Flume*, Die Vereinsautonomie und ihre Wahrnehmung durch die Mitglieder hinsichtlich der Selbstverwaltung der Vereinsangelegenheiten und der Satzungsautonomie, in: FS Helmut Coing, Bd. II, 1982, S. 97ff.
242 Vgl. *BGHZ 93*, 151 (152); *BGH* NJW 1980, S. 186f. (sub III); hierzu auch *K. Schmidt*, Urteilsanmerkung, in: JuS 1980, S. 145.
243 → Oben *Merten*, Allgemeine Lehren der Landesgrundrechte, § 232 RN 135ff.
244 *BGHZ 63*, 282 (284); *93*, 151 (152) m. Anm. v. *D. Reuter*, JZ 1985, S. 534ff.; *BGH* NJW 1980, S. 186.

mit überragender Machtstellung im wirtschaftlichen oder sozialen Bereich[245] Mitglieder aufnehmen, wenn diese ein wesentliches oder grundlegendes Interesse am Erwerb der Mitgliedschaft haben[246]. Der Austritt eines Vereinsmitglieds richtet sich ebenfalls nach der zivilrechtlichen Privatautonomie, die grundsätzlich eine Verpflichtung zur Mitgliedschaft auf bestimmte Zeit oder zur Einhaltung von Kündigungsfristen zuläßt. Eine sittenwidrige Knebelung des Mitglieds ist nicht gegeben, sofern eine fristlose Kündigung aus wichtigem Grund zulässig ist[247]. § 39 BGB gestattet dem Verein, durch Satzung den Austritt nur am Schluß eines Geschäftsjahres oder mit Ablauf einer Kündigungsfrist von höchstens zwei Jahren zuzulassen. Hierbei ist zu berücksichtigen, daß der einzelne freiwillig dem Verein beitritt und zivilrechtlich auf die Ausübung seines Austrittsrechts im Einzelfall verzichten kann[248].

83
Bestands- und Betätigungsfreiheit

Die Vereinsautonomie berechtigt den Verein auch zur Verhängung satzungsmäßig vorgesehener Vereins- oder Verbandsstrafen, die privatrechtlicher, nicht strafrechtlicher Natur sind und von Zivilgerichten nur auf Satzungs- und Verfahrenskonformität wie Gesetz- und Sittengemäßheit einschließlich der Billigkeit überprüft werden können[249]. Die Vereinsfreiheit beschränkt sich nicht auf die Entstehensphase, sondern umfaßt auch die Bestands- und Betätigungsphase. Auch insofern muß dem Verein aus dem Doppelgrundrecht „der Vereinsfreiheit" ein Recht auf Bestehen und Betätigung zustehen[250]. Allerdings darf der Verein durch seine Aktivität nicht besser gestellt werden als der einzelne ohne Vereinsmitgliedschaft. Daher ist der Schutz des Art. 13 Abs. 1 Verf. Rheinland-Pfalz auf die innere Ordnung und Organisation des Vereins zu beschränken, während für die externe Vereinstätigkeit zur Erreichung des jeweiligen Vereinszwecks wie für jeden anderen Teilnehmer am Rechtsverkehr die allgemeinen Grundrechte maßgeblich sind.

84
Negative Vereinsfreiheit

Wie jedes andere Handlungsgrundrecht enthält auch die Vereinsfreiheit eine negative Komponente. Gewährleistet die positive Vereinsfreiheit die Betätigung, so schützt die negative Komponente die Nichtbetätigung. Sie umfaßt die negative Befugnis, bestimmte Vereinigungen nicht zu gründen, ihnen nicht beizutreten oder sich nicht in ihnen zu betätigen[251]. Zu Recht umschreibt das Bundesverfassungsgericht die Vereinsfreiheit als die Freiheit, privatrechtliche Vereinigungen zu gründen, ihnen beizutreten oder fernzubleiben[252]. Allerdings schützt die Bestimmung nicht vor einem Zwangszusammenschluß in

---

245 *BGHZ* 93, 151.
246 Vgl. auch *OLG Stuttgart* JZ 1972, S. 491, zu den Rechten eines Journalisten, der nicht in eine „Landespressekonferenz e.V." aufgenommen wurde.
247 Vgl. *BGH* LM § 39 BGB Nr. 2 Bl. 2.
248 Vgl. hierzu auch *Scholz* (FN 229), Art. 9 RN 92, der eine Verfassungswidrigkeit wegen Unverhältnismäßigkeit bejaht.
249 *BGHZ* 21, 370.
250 Darauf weisen auch *BVerfGE* 30, 227 (243); *50*, 290 (353); *54*, 237 (251 sub B II) hin; vgl. auch *OVG Rheinland-Pfalz* AS 36, S. 223 (227).
251 → Bd. II: *Merten*, Negative Grundrechte, § 42 RN 207 f.; s. auch *Wolf Etzrodt*, Der Grundrechtsschutz der negativen Vereinigungsfreiheit, 1980.
252 Vgl. *BVerfGE* 10, 89 (102); *10*, 354 (361); *38*, 281 (297f.); *50*, 290 (354); *85*, 360 (370); vgl. auch *BVerwGE* 107, 169 (172).

öffentlich-rechtlichen Vereinigungen[253]. Schutz gegen derartige Zwangszusammenschlüsse gewährt allein Art. 1 Abs. 1 Verf. Rheinland-Pfalz, der das Grundrecht der allgemeinen Handlungsfreiheit enthält.

85
Vereinsverbot

Das von der Verfassung offengelassene Problem eines Vereinsverbotsverfahrens ist durch vorrangiges Bundesrecht gelöst worden. Denn nach § 3 VereinsG darf ein Verein erst dann als verboten behandelt werden, wenn dies durch Verfügung der Verbotsbehörde festgestellt wurde. Beschränken sich Vereine oder Teilvereine nach ihrer erkennbaren Organisation und Tätigkeit auf das Gebiet eines Landes, so ist Verbotsbehörde die oberste Landesbehörde oder die nach Landesrecht zuständige Behörde. Obwohl sich dieses Verfahren auf das grundgesetzliche Grundrecht des Art. 9 GG bezieht, das auch die Landesstaatsgewalt bindet, wird es für das Landesgrundrecht des Art. 13 Verf. Rheinland-Pfalz entsprechend anzuwenden sein, da Streit darüber entstehen kann, ob ein Verein oder eine Gesellschaft dem Schutzbereich des Art. 13 Abs. 1 Verf. Rheinland-Pfalz unterfällt oder von vornherein von ihm ausgeklammert bleibt.

b) Koalitionsfreiheit

86
Koalitionsfreiheit

Einen Spezialfall der allgemeinen Vereinigungsfreiheit stellt die Koalitionsfreiheit des Art. 66 Verf. Rheinland-Pfalz dar, der tatbestandlich als „Vereinigungsfreiheit zur Wahrung und Förderung der Arbeits- und Wirtschaftsbedingungen" umschrieben wird. Wie bei der Vereinsfreiheit ist auch hier zwischen der individuellen und der kollektiven Koalitionsfreiheit zu unterscheiden. Die individuelle Koalitionsfreiheit schützt das Recht des einzelnen zur Koalitionsgründung, zum Koalitionsbeitritt und zur Koalitionsbetätigung. Früher noch als „juristisches Gespenst"[254] verhöhnt, ist die negative Koalitionsfreiheit inzwischen anerkannt[255]. Sie schützt davor, daß ein Zwang oder Druck auf nicht organisierte Arbeitnehmer ausgeübt wird, einer Organisation beizutreten. Außerdem gewährt sie auch das Recht, aus einer Koalition wieder austreten zu dürfen. Die kollektive Koalitionsfreiheit garantiert den Gewerkschaften und Arbeitgeberverbänden Bestand und Betätigung, wozu wie bei der Vereinsfreiheit auch die Selbstbestimmung über Organisation, Verfahren, Aufnahme und Ausschluß der Mitglieder gehört. Art. 66 Abs. 1 Satz 2 Verf. Rheinland-Pfalz enthält ähnlich wie Art. 9 Abs. 3 Satz 2 GG eine unmittelbare Drittwirkung, wonach (privatrechtliche) „Abreden oder Maßnahmen, welche diese Freiheit ohne gesetzliche Grundlage einzuschränken oder zu behindern suchen, ... unzulässig" sind. Insbesondere dürfen Arbeitgeber Arbeitnehmer vertraglich nicht von einem Gewerkschaftseintritt abhalten oder zum Austritt bewegen. Art. 66 Abs. 2 Verf. Rheinland-Pfalz erkennt das Streikrecht der Gewerkschaften im Rahmen der Gesetze – allerdings nicht wie in Art. 37 Abs. 2 Verf. Thüringen als Unterfall der Arbeitskampffreiheit – an. Da aber Art. 66 Abs. 1 Verf. Rheinland-Pfalz die Koalitionsfreiheit schützt, sind damit

---
253 Vgl. *Merten*, Vereinsfreiheit, HStR³ VII, § 165 RN 62 in und zu FN 215.
254 So *Adolf Arndt*, in: FG Kunze, S. 265, These 3.
255 Vgl. BVerfGE 50, 290 (367); 55, 7 (21); 93, 352 (357); 116, 202 (218).

auch koalitionsspezifische Verhaltensweisen erfaßt, soweit sie zur Herstellung der Kampf- und Verhandlungsgleichheit erforderlich sind[256].

c) Versammlungsfreiheit

87 Versammlungsfreiheit

Nach Art. 12 Verf. Rheinland-Pfalz haben alle Deutschen das Recht, sich ohne Anmeldung oder Erlaubnis und ohne Waffen zu versammeln. Damit wird ein schon in den frühen nordamerikanischen Verfassungen und in der französischen Menschenrechtserklärung von 1789 sowie in der Paulskirchen-Verfassung anerkanntes klassisches Grundrecht gewährleistet. In personaler Hinsicht berechtigt die Versammlungsfreiheit nur Deutsche. Ausländer können sich lediglich auf die allgemeine Handlungsfreiheit nach Art. 1 Abs. 1 Verf. Rheinland-Pfalz berufen. Sachlich setzt die Versammlung im Gegensatz zu bloßen Ansammlungen die Verfolgung eines gemeinsamen Versammlungszwecks voraus. Geschützt werden politische wie unpolitische, nicht aber unfriedliche Versammlungen sowie auch solche nicht, auf denen Waffen getragen oder mitgeführt werden. Die Versammlung muß aus „mehrere[n] Personen" bestehen[257], was auf eine Mindestzahl von drei Personen hindeutet[258]. Nicht geschützt sind Versammlungen, die von vornherein nur Blockaden oder die Verhinderung rechtmäßiger Tätigkeiten bezwecken[259].

88 Ort der Versammlung

Allzu unbekümmert hat das Bundesverfassungsgericht aus der Versammlungsfreiheit ein Selbstbestimmungsrecht der Grundrechtsträger „über Ort, Zeitpunkt, Art und Inhalt der Veranstaltung" abgeleitet[260]. Denn auch im Staat-Bürger-Verhältnis kann der Veranstalter einer Versammlung nicht schlechthin über jeden „Ort" im Eigentum der öffentlichen Hand verfügen, weil deren Widmungszweck zu beachten ist. So können Autobahnen nicht für Versammlungen über dörfliche Angelegenheiten lahmgelegt werden, können Landebahnen für Flughäfen nicht für Aufzüge gegen Fluglärm beansprucht, müssen Grünflächen respektiert werden[261]. Zu Recht hebt das Bundesverwaltungsgericht hervor, daß die Versammlungsfreiheit „kein Benutzungsrecht" begründet, „das nicht schon nach allgemeinen Rechtsgrundsätzen besteht". Insbesondere verleiht die Versammlungsfreiheit kein Recht zur Benutzung von Räumen oder Grundstücken Dritter gegen deren Einverständnis[262]. Für Versammlungen unter freiem Himmel kann die Versammlungsfreiheit gemäß Art. 12 Abs. 2 GG durch Gesetz oder aufgrund eines Gesetzes beschränkt werden. Dabei bedeutet „unter freiem Himmel" die Zugangsmöglichkeit für die Öffentlichkeit, steht aber einer Überdachung des Versammlungsortes nicht im Wege[263]. Die frühere konkurrierende Gesetzgebungskompetenz des

---

256 Vgl. *BVerfGE 84*, 212 (225); *BAGE 104*, 175 (180); *Stern*, Staatsrecht IV 1 (LitVerz.), S. 2065 (*Dietlein*).
257 *BVerfGE 104*, 92 (104).
258 Vgl. auch *Depenheuer*, in: Maunz/Dürig (LitVerz.), Art. 8 RN 44.
259 Vgl. *BVerfGE 104*, 92 (105).
260 *BVerfGE 128*, 226 (251); *69*, 315 (343); *Jarass*, in: ders./Pieroth, GG (LitVerz.), Art. 8 RN 5.
261 *BVerwGE 91*, 135 (138).
262 So ausdrücklich *BVerfGE 104*, 92 (108); vgl. auch *E 128*, 226 (265).
263 *Jarass*, in: ders./Pieroth, GG (LitVerz.), Art. 8 RN 17.

Bundes für Versammlungsrecht ist entfallen, so daß nunmehr die Länder für die Gesetzgebung zuständig sind[264]. Da Rheinland-Pfalz bisher von seiner Gesetzgebungskompetenz keinen Gebrauch gemacht hat, gilt das Versammlungsgesetz des Bundes gemäß Art. 125 a Abs. 1 GG als Bundesrecht fort, kann aber durch Landesrecht ersetzt werden.

12. Politische Mitwirkungsrechte

a) Grundsätze

89
Teilnahme an der Willensbildung des Volkes

Gemäß Art. 75 Abs. 1 handelt das Volk als „Träger der Staatsgewalt" (Art. 74 Abs. 2 Verf. Rheinland-Pfalz) „durch seine Staatsbürger und die von ihnen bestellten Organe" nach den Bestimmungen dieser Verfassung. Staatsbürger in Rheinland-Pfalz „sind alle Deutschen, die in Rheinland-Pfalz wohnen oder sich sonst gewöhnlich dort aufhalten" nach näherer Maßgabe des Gesetzes (Art. 75 Abs. 2 Verf. Rheinland-Pfalz). Diese Staatsbürger nehmen, wenn sie das 18. Lebensjahr vollendet haben und nicht vom Stimmrecht ausgeschlossen sind, an der unmittelbaren oder mittelbaren Willensbildung des Volkes durch Wahlen und Volksentscheide teil, die „allgemein, gleich, unmittelbar, geheim und frei" sein müssen (Art. 76 Verf. Rheinland-Pfalz). Eine unzulässige staatliche Einwirkung auf den freien Wählerwillen hat der Verfassungsgerichtshof Rheinland-Pfalz[265] in der Neufassung einiger Vorschriften des rheinland-pfälzischen Kommunalwahlgesetzes gesehen, wonach Stimmzettel neben Namen und Vornamen des Wahlbewerbers auch dessen Geschlecht sowie den Text des Art. 3 Abs. 2 Satz 1 GG, weiterhin den jeweiligen Geschlechteranteil in der Vertretungskörperschaft zwei Monate vor der Wahl und Angaben zum Geschlechteranteil der vorgeschlagenen Kandidaten auf aussichtsreichen Plätzen enthalten mußten.

b) Wahlen

90
Landtags- und Kommunalwahlen

Mittelbar demokratisch wirken die Staatsbürger an der Teilnahme der Wahlen zu den Vertretungskörperschaften in den Gemeinden und Gemeindeverbänden sowie der Bürgermeister und Landräte (Art. 50 Abs. 1 Satz 1 Verf. Rheinland-Pfalz) sowie an den Wahlen zum Landtag von Rheinland-Pfalz (Art. 79 f. Verf.) mit.

c) Volksentscheide

91
Unmittelbare Bürgermitwirkung

Unmittelbar wirkt der Staatsbürger an der Willensbildung des Volkes durch die Teilnahme an Volksentscheiden mit. Zu Volksentscheiden kann es nach dem Landesverfassungsrecht in zwei Fällen kommen. Zum einen findet ein Volksentscheid statt, wenn der Landtag einem Volksbegehren nicht innerhalb von drei Monaten beziehungsweise bei Vorlage eines eigenen Gesetzentwurfs des Landtags innerhalb von sechs Monaten stattgibt (Art. 109 Abs. 4 Verf.

---

264 Vgl. Art. 74 Abs. 1 Nr. 3, neu gefaßt durch Gesetz v. 28. 8. 2006 (BGBl. I S. 2034).
265 Beschl. v. 4. 4. 2014, *AS* 42, 229 (238 ff.).

Rheinland-Pfalz). Zum anderen findet ein Volksentscheid statt, wenn ein Drittel der Mitglieder des Landtags nach einem Gesetzesbeschluß und vor Verkündung eines Gesetzes es verlangt. Zusätzlich muß nach Aussetzung des Gesetzes der Volksentscheid im Wege des Volksbegehrens von 150 000 Stimmberechtigten begehrt werden (Art. 114 f. Verf. Rheinland-Pfalz).

d) Volksinitiative, Volksbegehren
aa) Volksinitiativen

In den letzten Jahren wurden plebiszitäre Elemente bei den Teilnahme- oder Mitwirkungsrechten des Bürgers verstärkt. Insbesondere wurde in viele Verfassungen das Instrument der „Volksinitiative" eingeführt, durch die die Bürger in den Stand versetzt werden, Defizite des Gesetzgebers oder bedeutsame Bürgerangelegenheiten im Parlament zur Sprache zu bringen[266]. Nach Art. 108 a Abs. 1 Verf. Rheinland-Pfalz haben Staatsbürger das Recht, den Landtag im Rahmen seiner Entscheidungszuständigkeit mit bestimmten Gegenständen der politischen Willensbildung zu befassen (Volksinitiative). Dabei kann einer Volksinitiative auch ein ausgearbeiteter Gesetzentwurf zugrunde gelegt werden, soweit er nicht Finanzfragen, Abgabengesetze und Besoldungsordnungen betrifft. Nach Art. 108 a Abs. 2 Verf. Rheinland-Pfalz muß die Volksinitiative von mindestens 30 000 Stimmberechtigten unterzeichnet sein. In diesem Falle beschließt der Landtag innerhalb von drei Monaten nach dem Zustandekommen der Volksinitiative über die Angelegenheit; stimmt er einer Volksinitiative, die einen Gesetzentwurf zum Gegenstand hat, innerhalb von drei Monaten nicht zu, können die Vertreter der Volksinitiative die Durchführung eines Volksbegehrens beantragen.

92 Plebiszitäres Element

bb) Volksbegehren

Volksbegehren stellen eine im Vergleich zur Volksinitiative höhere Stufe innerhalb der plebiszitären Elemente der politischen Willensbildung dar. Sie sind in den einzelnen Ländern unterschiedlich ausgestaltet[267]. Anders als in Brandenburg, Hamburg, Sachsen und Schleswig-Holstein ist es in Rheinland-Pfalz nicht erforderlich, daß dem Volksbegehren eine Volksinitiative vorausgeht. Das ist gemäß Art. 108 Verf. Rheinland-Pfalz zwar möglich, nicht aber für die Durchführung eines Volksbegehrens nötig. Nach Art. 109 Abs. 1 Verf. Rheinland-Pfalz können Volksbegehren darauf gerichtet sein, zum einen Gesetze zu erlassen, zu ändern oder aufzuheben, und zum anderen, den Landtag aufzulösen. Falls das Volksbegehren den Erlaß, die Änderung oder die Aufhebung eines Gesetzes betrifft, muß ihm ein ausgearbeiteter Gesetzentwurf zugrunde liegen. Darüber hinaus muß das Volksbegehren von 300 000 Stimmberechtigten gestellt werden. Die an die Landesregierung zu richtenden Volksbegehren sind von dieser mit einer eigenen Stellungnahme unverzüglich dem Landtag zu unterbreiten. Entspricht der Landtag einem Volksbegehren nicht innerhalb von drei Monaten, so findet gemäß Art. 109 Abs. 4 Verf.

93 Statthaftigkeit ohne Volksinitiative

---

[266] → Oben *v. Coelln*, Teilnahmerechte (Mitwirkungsrechte), § 243 RN 28 ff.
[267] → Oben *v. Coelln* aaO., RN 32 ff.

Rheinland-Pfalz innerhalb von weiteren drei Monaten ein Volksentscheid statt. Volksbegehren über Finanzfragen, Abgabegesetze und Besoldungsordnungen sind gemäß Art. 109 Abs. 3 Satz 3 Verf. Rheinland-Pfalz unzulässig.

13. Justitielle Grundrechte

94
Verstreute Gewährleistungen

Die Vorschriften über die Rechtspflege sind nicht in dem „V. Abschnitt: Die Rechtsprechung" zusammengefaßt, sondern über die Verfassung verteilt. Allerdings findet sich in diesem Abschnitt – anders als im Grundgesetz – die Rechtsweggarantie des Art. 124 Verf. Rheinland-Pfalz, wonach jedem der Rechtsweg offensteht, der „durch die öffentliche Gewalt in seinen Rechten verletzt" wird. Die später eingefügte Verfassungsbeschwerde[268] (Art. 130 a Verf. Rheinland-Pfalz) ist im VII. Abschnitt: Der Schutz der Verfassung und der Verfassungsgerichtshof geregelt. Danach kann jeder „mit der Behauptung, durch die öffentliche Gewalt des Landes in einem seiner in dieser Verfassung enthaltenen Rechte verletzt zu sein, die Verfassungsbeschwerde zum Verfassungsgerichtshof erheben". Die üblichen justitiellen Grundrechte sind dagegen am Anfang der Verfassung unter dem Abschnitt „Die Einzelperson" inmitten der anderen Freiheitsrechte angesiedelt. Art. 6 Abs. 1 und Abs. 2 Verf. Rheinland-Pfalz bestimmt, daß jedermann Anspruch „auf seinen gesetzlichen Richter" hat, Ausnahmegerichte unstatthaft sind[269] und vor Gericht „Anspruch auf rechtliches Gehör", das heißt auf gerichtliches Gehör[270] besteht, wobei sich dieses auf die Prozeßgerichtsbarkeit beschränkt. Die auch im Grundgesetz in Art. 103 Abs. 2 und Abs. 3 garantierten Prozeßgrundrechte „nulla poena sine lege"[271] und „ne bis in idem"[272] finden sich in Art. 6 Abs. 3 und Abs. 4 Verf. Rheinland-Pfalz, der noch hinzufügt, daß als schuldig nur gilt, „wer rechtskräftig für schuldig erklärt ist". Die Durchsetzungskraft dieser Prozeßgrundrechte wird allerdings dadurch beeinträchtigt, daß nach Art. 74 Abs. 1 Nr. 1 GG die Gebiete des Strafrechts und des gerichtlichen Verfahrens der konkurrierenden Gesetzgebung unterliegen und der Bund von ihr auch Gebrauch gemacht hat.

14. Gleichheitsrechte

95
Unterschiede zwischen „Freiheit" und „Gleichheit"

Die „Gleichheitsrechte" bilden einen eigenen (zweiten Teil) des ersten Abschnitts „Die Einzelperson". Gleichheitsrechte unterscheiden sich wesentlich von den im vorangegangenen Abschnitt gewährleisteten „Freiheitsrechten". Während diese der Abwehr staatlicher Eingriffe in individuelle Freiheitssphären dienen (status negativus), geht es Gleichheitsrechten in erster Linie um ein „Recht" auf gleiche Behandlung und nur insoweit auch um die

---
268 Durch Gesetz v. 8.3.2000 (GVBl. S. 65).
269 → Bd. V: *Horn*, Verbot von Ausnahmegerichten und Anspruch auf den gesetzlichen Richter, § 132.
270 → Bd. V: *Graßhof*, Rechtliches Gehör, § 133.
271 → Bd. V: *H.A. Wolff*, Nullum crimen, nulla poena sine lege, § 134.
272 → Bd. V: *Nolte*, Ne bis in idem, § 135.

Abwehr ungleichen oder willkürlichen Staatshandelns. Im Unterschied zu den Freiheitsrechten schützt „Gleichheit" keine Individualsphäre und berechtigt nicht zu einem Verhalten, hat keine positive und negative Komponente, kann als solche nicht mißbraucht oder verwirkt werden. Gleichheit ist kein individualbezogenes, sondern ein gemeinschaftsgebundenes Grundrecht. Der Einsiedler benötigt keine Gleichheit und kann sie auch nicht geltend machen. Art. 17 Verf. Rheinland-Pfalz enthält die klassischen Gleichheitssätze unter Einschluß des modischen Gleichstellungsauftrags. Lediglich Absatz 4 fällt aus dem Rahmen dieses Artikels, weil er nichts gleichbehandeln oder gleichstellen will.

Art. 17 Abs. 1 statuiert in Übereinstimmung mit Art. 3 Abs. 1 GG und den anderen Landesverfassungen[273], soweit sie Grundrechtsgarantien enthalten, den allgemeinen Gleichheitssatz. Als Teil einer vorkonstitutionellen Verfassung orientiert er sich an Art. 109 Abs. 1 WRV[274], den er von einem Deutschen-Recht zu einem Jedermann-Recht erweitert. Die Weimarer Formel der Gleichheit „vor" dem Gesetz wurde seinerzeit als „Richtschnur nicht für den, der das Gesetz gibt, sondern für den, der es handhabt", angesehen und damit als Rechtsanwendungsgleichheit, nicht als Rechtssetzungsgleichheit verstanden[275]. Aber schon unter der Weimarer Reichsverfassung wurde die unmittelbare (inhaltliche) Geltung des Gleichheitssatzes durch den Gesetzgeber gefordert[276], und auch im Parlamentarischen Rat wurde Gleichheit auch als Gleichheit *durch* das Gesetz begriffen[277]. Daher ist bei teleologischer und historischer Interpretation Art. 17 Abs. 1 Verf. Rheinland-Pfalz ebenso wie Art. 3 Abs. 1 GG über eine formale Anwendungsgleichheit hinaus im Sinne einer materialen Regelungsgleichheit zu verstehen. Als solche begrenzt der Gleichheitssatz die legislatorische Gestaltungsfreiheit auch sachlich und inhaltlich, enthält also außer der Personen-Gleichheit auch eine Fallgleichheit[278]. Das Recht gilt nicht nur allen gegenüber gleich, sondern es muß auch gleiches Recht für alle gelten[279].

96
Gleichheit „vor" dem Gesetz

Im einzelnen enthält Art. 17 Abs. 1 Verf. Rheinland-Pfalz aufgrund seines Wortlauts zunächst das Gebot personaler Gleichheit: „Jeder wird in gleicher Weise durch die Normierungen des Rechts berechtigt und verpflichtet"[280].

97
Personale und materiale Gleichheit

---

273 → Oben *Sachs*, Gleichheitsrechte, § 240 RN 1.
274 Der allgemeine Gleichheitssatz fand sich bereits in § 137 Abs. 3 der Paulskirchen-Verfassung und in Art. 4 der preußischen Verfassungsurkunde von 1850.
275 Vgl. statt aller *Gerhard Anschütz*, Die Verfassung des Deutschen Reichs vom 11. 8. 1919, ¹⁴1933, Art. 109, Anm. 1, S. 523.
276 Vgl. *Heinrich Triepel*, Goldbilanzen-Verordnung und Vorzugsaktien, 1924, S. 26 ff.; *Gerhard Leibholz*, Die Gleichheit vor dem Gesetz, 1925, 2. Auflage, 1959, insb. S. 87; *Heinrich Aldag*, Die Gleichheit vor dem Gesetz in der Reichsverfassung, 1925, insb. S. 4 ff.; *Erich Kaufmann*, Die Gleichheit vor dem Gesetz im Sinne des Art. 109 der Reichsverfassung, in: VVDStRL 3 (1927), S. 2 ff (5 f.).
277 Der Parlamentarische Rat hatte in Art. 3 Abs. 1 Satz 2 ursprünglich die Formulierung vorgesehen: „Das Gesetz muß Gleiches gleich, es kann Verschiedenes nach seiner Eigenart behandeln". Der Satz wurde später ohne nähere Begründung gestrichen; vgl. *Matz*, JöR NF Bd. 1 (1951), S. 67 ff. (72).
278 *Karl August Bettermann*, Die verfassungskonforme Auslegung, 1986, S. 51.
279 *Maunz/Zippelius*, Deutsches Staatsrecht, ³⁰1998, § 25 II 1, S. 215; vgl. auch *BVerfGE* 35, 348 (355); 67, 245 (248).
280 *BVerfGE* 66, 331 (336); 71, 354 (362); *BVerfG* (Kammer) NVwZ 2005, S. 81 (82).

Diese „personale Allgemeinheit ist eine Kernforderung der ‚Gleichheit vor dem Gesetz'"[281]. Der allgemeine Gleichheitssatz wirkt daher umso strikter, „je mehr er den Einzelnen als Person betrifft"[282]. Der Grundsatz der Gleichheit aller Menschen vor dem Gesetz soll „in erster Linie eine ungerechtfertigte Verschiedenbehandlung von Personen verhindern"[283]. Wenn das allgemein geltende Gesetz alle „in gleicher Weise durch die Normierungen des Rechts" berechtigen und verpflichten soll[284], dann wird die personale Gleichheit durch die materiale Gleichheit ergänzt. Der Gesetzgeber muß „im wesentlichen gleiche Tatbestände ohne Ansehen der Person gleich" regeln[285], was einer „willkürlich ungleiche[n] Behandlung im wesentlichen gleicher Sachverhalte" entgegensteht[286]. Das Verbot der Ungleichbehandlung gleicher Sachverhalte korrespondiert mit dem Verbot der Gleichbehandlung ungleicher Sachverhalte, weshalb die Rechtsprechung den Gesetzgeber anweist, „Gleiches gleich, Ungleiches seiner Eigenart entsprechend verschieden" bei „steter Orientierung am Gerechtigkeitsgedanken" zu behandeln. Damit ist „wesentlich Gleiches gleich und wesentlich Ungleiches ungleich zu regeln"[287]. Der Gleichheitssatz als Gleichbehandlungsgebot und Differenzierungsgebot soll vor allem willkürliche Rechtssetzung und Rechtsanwendung hindern. Willkürlich ist eine Regelung, „wenn sich ein vernünftiger, sich aus der Natur der Sache ergebender und sonstwie sachlich einleuchtender Grund für die gesetzliche Differenzierung oder Gleichbehandlung nicht finden lässt"[288]. Willkür wird aber auch Gerichtsentscheidungen attestiert, denen eine angemessene Begründung fehlt[289].

98
„Neue Formel"

Art. 17 Abs. 2 Verf. Rheinland-Pfalz, der allen Staatsorganen die „willkürliche Begünstigung oder Benachteiligung von Einzelpersonen oder Personengruppen" untersagt, nimmt im Ergebnis die spätere Rechtsprechung des Bundesverfassungsgerichts zum allgemeinen Gleichheitssatz vorweg, die auch als „neue Formel" bezeichnet wird[290]. Seit Oktober 1980 nimmt das Bundesverfassungsgericht eine besonders strenge Prüfung vor, wenn vergleichbare Personengruppen ungleich behandelt werden[291]. Der allgemeine Gleichheitssatz ist danach vor allem dann verletzt, „wenn eine Gruppe von Normadressaten

---

281 *Gregor Kirchhof*, Die Allgemeinheit des Gesetzes, 2009, S. 165 m.w.N.
282 *BVerfGE* 99, 88 (94); *101*, 132 (138); *101*, 151 (155); *101*, 297 (309); *Gregor Kirchhof*, Die Allgemeinheit des Gesetzes, S. 365 unten.
283 *BVerfGE* 88, 87 (96); *89*, 15 (22); *89*, 365 (375); *90*, 46 (56); *91*, 389 (401); *92*, 53 (68); *95*, 39 (45); *95*, 267 (276); *97*, 271 (290), *99*, 367 (388); *102*, 68 (87); *121*, 317 (369).
284 Vgl. *BVerfGE* 71, 354 (362); *66*, 331 (336).
285 *BVerfGE* 1, 97 (107).
286 *BVerfGE* 11, 281 (287); *17*, 319 (330).
287 Vgl. *BVerfGE* 51, 16; *129*, 49 (68); *129*, 208 (261); *130*, 52 (65); *130*, 240 (252); *131*, 239 (255); *132*, 72 (81 RN 21); *132*, 179 (188 RN 30); *132*, 372 (388 RN 45); *133*, 1 (13 RN 44); *133*, 59 (86 RN 72); *133*, 377 (407 RN 73); *134*, 1 (20 RN 55); *135*, 126 (143 RN 51); *135*, 238 (244 RN 19); *136*, 152 (180 RN 66); *137*, 1 (20 RN 47); *138*, 136 (180 RN 121); *139*, 1 (12 RN 38).
288 Vgl. aus der jüngeren Rechtsprechung *BVerfGE* 110, 412 (431 f.); *113*, 167 (214); *114*, 258 (297 f.); *115*, 381 (389); *116*, 135 (161); *117*, 302 (311); *118*, 79 (109); *123*, 1 (19); *125*, 1 (18).
289 *BayVerfGH* NZS 2016, S. 658 ff. RN 26 ff.
290 Vgl. *Sachs*, Die Maßstäbe des allgemeinen Gleichheitssatzes – Willkürverbot und sogenannte neue Formel, in: JuS 1997, S. 124 ff.; *Zippelius/Würtenberger*, Deutsches Staatsrecht, [30]2008, § 23 RN 19 ff.
291 Vgl. *Jarass*, in: ders./Pieroth, GG (LitVerz.), Art. 3 RN 21.

im Vergleich zu anderen Normadressaten anders behandelt wird, obwohl zwischen beiden Gruppen keine Unterschiede von solcher Art und solchem Gewicht bestehen, dass sie die ungleiche Behandlung rechtfertigen können"[292]. Die „neue Formel" führt zu einer stärkeren Nuancierung, Konkretisierung und Präzisierung des Gleichheitssatzes und infolge der Prüfung nach Kriterien des Verhältnismäßigkeitsprinzips zu einem hohen Maße an rationaler Argumentation. Die Gleichheitskonformität für tatbestandliche Gruppierungen läßt sich bei feststehendem Gesetzesziel anhand der Ähnlichkeit oder Unterschiedlichkeit der Adressatengruppen leichter beurteilen[293]. Personen oder Gruppen dürfen durch Gesetzesvorschriften nicht ohne rechtlich zureichenden Grund schlechter gestellt werden als andere, die man ihnen vergleichbar gegenüberstellt[294]. Der Gesetzgeber unterliegt daher bei einer Ungleichbehandlung von Personengruppen „regelmäßig einer strengen Bindung"[295].

99
Bindung aller Staatsgewalten

Obwohl der Verfassungstext alle drei Staatsgewalten anspricht, ist es in erster Linie die Legislative, die im Gesetz Gleichheit zu wahren und Ungleichheit oder gar Willkür zu meiden hat. Für die Exekutive wird der Gleichheitssatz insbesondere aktuell, wenn ihr bei der Gesetzesanwendung Ermessen zusteht oder wenn sie über einen gesetzesungebundenen Handlungsspielraum verfügt. Die Judikative hat den Gleichheitssatz als Beurteilungsnorm bei ihrer Rechtsprechung zu beachten, ist aber an den Gleichheitssatz auch als Verhaltensnorm bei der Durchführung von Verfahren gebunden.

100
Gleichberechtigungssatz

Art. 17 Abs. 3 Verf. Rheinland-Pfalz enthält in Satz 1 einen Gleichberechtigungssatz und in Satz 2 einen Verfassungsauftrag zur Gleichstellung. Ursprünglich gewährleistete Art. 17 Abs. 2 Verf. Rheinland-Pfalz, der fast wörtlich mit Art. 9 Abs. 1 WRV übereinstimmte, nur eine Gleichberechtigung hinsichtlich der „staatsbürgerlichen Rechte und Pflichten". Die jetzige Fassung[296] statuiert Gleichberechtigung in jeder Hinsicht, wobei die Umstellung der Geschlechter im Wortlaut wohl ein politisches Zeichen setzen sollte, juristisch aber völlig bedeutungslos ist. Art. 17 Abs. 3 Satz 1 Verf. Rheinland-Pfalz enthält einen besonderen Gleichheitssatz, der somit die allgemeinen Gleichheitssätze in Abs. 1 und 2 verdrängt, und ein subjektives Grundrecht. Gleichberechtigung gebietet keine schematische Gleichstellung, sondern ordnet eine Gleichwertigkeit an, die die Andersartigkeit berücksichtigen muß[297]. Das Grundrecht schützt Männer und Frauen vor Benachteiligung[298]. Biologische

---

292 *BVerfGE* 55, 72 (88 sub II 1); *84*, 197 (199); *100*, 195 (205); *107*, 205 (213); *109*, 96 (123); *110*, 274 (291); *124*, 199 (219 f.); *126*, 400 (418); *131*, 239 (256); *132*, 72 (81 f. RN 21); *132*, 372 (388 RN 45); *133*, 1 (13 f. RN 44); *133*, 59 (86 RN 72); *133*, 377 408 RN 76).
293 Vgl. auch *P. Kirchhof*, Die Vereinheitlichung der Rechtsordnung durch den Gleichheitssatz, in: Reinhard Mußgnug (Hg.), Rechtsentwicklung unter dem Bonner Grundgesetz, 1990, S. 33 (45 ff.).
294 *BVerfGE* 22, 415; ebenso *E* 52, 277 (280 sub II 1).
295 *BVerfGE* 88, 87 (96); *90*, 46 (56); *95*, 39 (45); *95*, 143 (155); *95*, 267 (316); *98*, 365 (389); *102*, 68 (87); *105*, 313 (363); *121*, 317 (369); *126*, 400 (417); *129*, 49 (69); *129*, 208 (262).
296 Eingefügt durch Art. 1 Nr. 3 des 34. Gesetzes zur Änderung der Verfassung für Rheinland-Pfalz v. 8.3.2000 (GVBl. S. 65).
297 *OVG Rheinland-Pfalz AS 1*, 74 (78).
298 *BVerfGE* 31, 1 (4); → Bd. V: *Richter*, Gleichberechtigung von Mann und Frau, § 126 RN 41.

und funktionale Unterschiede zwischen Mann und Frau dürfen nur dann zu unterschiedlicher Behandlung im Recht führen, „wenn sie das zu ordnende Lebensverhältnis so entscheidend prägen, daß vergleichbare Elemente daneben vollkommen zurücktreten"[299].

101
Gleichstellungsauftrag

Art. 17 Abs. 3 Satz 2 Verf. Rheinland-Pfalz erteilt wie Art. 3 Abs. 2 Satz 2 GG einen Gleichstellungsauftrag in umständlicher Aufzählung (in Staat und Gesellschaft, insbesondere im Beruf, in Bildung und Ausbildung, in der Familie sowie im Bereich der sozialen Sicherung), wobei in vielen Fällen dem Land die Gesetzgebungskompetenzen fehlen. Die Ausgestaltung „in der Familie" muß zudem den auch in Art. 23 Abs. 1 gewährleisteten Verfassungsschutz für „Ehe und Familie" beachten. Denn die Verteilung der Aufgaben in der Ehegemeinschaft, insbesondere hinsichtlich der Erwerbs- und Hausarbeit obliegt der freien Entscheidung der Eheleute, die vom Staat nicht beschränkt oder diskriminiert werden darf[300]. Diese „Sphäre privater Lebensgestaltung" ist „staatlicher Einwirkung entzogen"[301], so daß „die Familienmitglieder ihre Gemeinschaft nach innen in familiärer Verantwortlichkeit und Rücksicht frei gestalten" dürfen[302]. Staatliche Versuche, mit unmittelbaren oder mittelbaren Maßnahmen die Ehefrau in den Beruf und Kinder in die Kollektiverziehung des Kindergartens zu zwingen, scheitern an der Freiheitssphäre des ehelichen Selbstbestimmungsrechts.

102
Bloßer Verfassungsauftrag

Art. 17 Abs. 3 Satz 2 Verf. Rheinland-Pfalz enthält eine staatliche Gewährleistungspflicht in Form des Verfassungsauftrags[303]. Die Bestimmung geht nicht mit einem subjektiven Recht einher, weil keine Anhaltspunkte einer subjektiven Berechtigung vorliegen, die unmittelbar wirken könnte[304]. Es hängt von der weitreichenden Gestaltungsfreiheit des Gesetzgebers ab, wie er den Verfassungsauftrag des Art. 17 Abs. 3 Satz 2 umsetzt, und erst daraus können sich dann gesetzliche Ansprüche für die Gleichzustellenden ergeben.

103
Problematischer Ausgleich „bestehender Ungleichheiten"

Juristisch schwer faßbar ist Art. 17 Abs. 3 Satz 3 Verf. Rheinland-Pfalz, der „Maßnahmen, die der Gleichstellung dienen," „zum Ausgleich bestehender Ungleichheiten" für zulässig erklärt. Wie und auf welcher Grundlage sollen „bestehende[r] Ungleichheiten" ermittelt und wie soll ihnen abgeholfen werden? Eine hälftige Quote macht in den Fällen keinen Sinn, in denen sich für einen Beruf in Ausbildung oder Studium weitaus weniger Frauen als Männer interessieren (z.B. Maschinenbau). Sollte dennoch für die Geschäftsleitung derartiger Unternehmen ein hälftiger Anteil von Männern und Frauen vorgesehen werden? Reformeifer übersieht gerne, daß der Wirtschaftslenkung insbesondere in einer sozialen Marktwirtschaft, zu der sich Art. 51 Abs. 1 Satz 1 Verf. Rheinland-Pfalz bekennt, enge Grenzen gezogen sind, zumal nach Art. 52 Verf. Rheinland-Pfalz „die Vertragsfreiheit, die Gewerbefreiheit, die

---

299 *BVerfGE 31*, 1 (4).
300 *BVerfGE 105*, 1 (11); *107*, 27 (53); *133*, 377 (410 RN 82).
301 *BVerfG* aaO.
302 *BVerfGE 80*, 81 (92).
303 → Oben *Merten*, Allgemeine Lehren der Landesgrundrechte, § 232 RN 73 ff.
304 Zur Aktualität der Grundrechte → oben *Merten*, Allgemeine Lehren der Landesgrundrechte, § 232 RN 17 ff.

Freiheit der Entwicklung persönlicher Entschlußkraft und die Freiheit selbständiger Betätigung des einzelnen" erhalten bleiben sollen. Jedenfalls muß sich die Ausgleichsklausel des Art. 17 Abs. 3 Satz 3 Verf. Rheinland-Pfalz im Rahmen der verfassungsmäßigen Ordnung bewegen und berechtigt keinesfalls dazu, in unbeschränkbare oder nur limitiert beschränkbare Grundrechte einzugreifen. Das gilt insbesondere für den öffentlichen Dienst und für andere öffentliche Ämter, zu denen Deutsche gemäß Art. 19 Verf. Rheinland-Pfalz „entsprechend ihrer Befähigung und ihrer Leistungen", nicht aber geschlechtsparitätisch zugelassen werden können. Geschlechtspatronagen im Berufsbeamtentum sind verfassungswidrig, so daß „starre" Frauenquoten, die einen bestimmten Prozentsatz zu besetzender Stellen für Frauen ohne Rücksicht auf deren Qualifikation (bei annähernd gleicher Eignung) reservieren, gegen die hergebrachten Grundsätze des Berufsbeamtentums verstoßen[305]. Zudem sind nach § 9 BeamtenstatusG[306] „Ernennungen ... nach Eignung, Befähigung und fachlicher Leistung *ohne Rücksicht auf Geschlecht* ... vorzunehmen", so daß dem Land für Ausgleichsmaßnahmen im Sinne des Art. 17 Abs. 3 Verf. Rheinland-Pfalz von vornherein die Gesetzgebungszuständigkeit fehlt[307].

Die in Art. 17 Abs. 4 Verf. Rheinland-Pfalz normierte staatliche Achtung ethnischer und sprachlicher Minderheiten paßt systematisch nicht in die Gleichheitsbestimmung, da sie nicht Gleiches regelt, sondern Fremdes achtet. Hinzu kommt, daß es in Rheinland-Pfalz keine klassischen Minderheiten in angestammten Siedlungsgebieten gibt[308], so daß für die Achtungsvorschrift nur die Sinti und Roma in Betracht kommen, die als Streuminderheit meist in kleinerer Anzahl nahezu in ganz Deutschland und nicht in abgegrenzten eigenen Siedlungsgebieten leben.

104 Minderheitenschutz

Art. 18 Verf. Rheinland-Pfalz, der sich inhaltlich an Art. 109 Abs. 3 bis 4 WRV anlehnt, hat musealen Charakter. Die in Absatz 1 der Vorschrift erwähnten Vor- und Nachteile der Geburt oder des Standes sind aufgrund der Weimarer Reichsverfassung schon vor knapp einhundert Jahren aufgehoben worden. Schon nach der Weimarer Reichsverfassung genossen adlige Namen nur noch den zivilrechtlichen Rechtsschutz, der allen Namen zukommt. Die in Art. 18 Abs. 2 enthaltene Regelung, wonach Amtstitel nur an Amtsinhaber, Berufstitel nur an Berufspersonen verliehen werden dürfen, ist auch in Bayern längst anerkannt und nicht mehr regelungsbedürftig. Akademische Titel unterfallen dem Selbstverwaltungsrecht der Universitäten und gehören nicht in diesen Sachzusammenhang. Absatz 5 behandelt die Ehrenhoheit, deren Träger in diesem Zusammenhang nur das Land Rheinland-Pfalz sein kann.

105 Musealer Charakter des Art. 18 Verf.

---

305 *BVerfGK 12*, 184 (187); *Ernst Benda*, Notwendigkeit und Möglichkeit positiver Aktionen zugunsten von Frauen im öffentlichen Dienst, Rechtsgutachten, 1986, S. 169; *Battis*, DVBl. 1991, S. 1166 sub II; → Bd. V: *Merten*, Der Beruf des Beamten und das Berufsbeamtentum, § 114 RN 35.
306 V. 17. 6. 2008 (BGBl. I S. 1010). Hervorhebung nicht im Original.
307 Zutreffend *VG Düsseldorf* (2 L 2866/16); https://www.justiz.nrw/ovgs/vg-duesseldorf/j2016/2_L_2866_16_Beschluss_20160905.html.
308 Vgl. → oben *Mann*, Minderheitenschutz, § 241 RN 28.

106
Gleicher
Ämterzugang

Art. 19 Verf. Rheinland-Pfalz verbürgt allen Deutschen „nach Maßgabe der Gesetze und entsprechend ihrer Befähigung und ihrer Leistungen" den gleichen Zugang zu öffentlichen Ämtern, sofern sie die Gewähr dafür bieten, „ihr Amt nach den Vorschriften und im Geiste der Verfassung zu führen". Damit entspricht die Vorschrift im wesentlichen Art. 33 Abs. 2 GG, nennt allerdings im Gegensatz zu 33 Abs. 3 Satz 2 GG als unzulässigen Diskriminierungsgrund nicht nur das religiöse Bekenntnis, sondern auch „Rasse", „Parteizugehörigkeit" und „Geschlecht". Daher wäre es verfassungswidrig, wenn eine Gleichstellungsmaßnahme sich gerade dieses Merkmals bediente, um „bestehende Ungleichheiten" auszugleichen. Auch Art. 19 ist ein spezieller Gleichheitssatz, der Art. 17 Abs. 1 verdrängt, und hat Grundrechtscharakter. Art. 19 ist unbeschränkt und vorbehaltlos gewährleistet[309], was jedoch Beschränkungen durch gleichrangige Verfassungsgüter nicht ausschließt. Allerdings gehören dazu nicht Ausgleichsmaßnahmen nach Art. 17 Abs. 3 Satz 3, weil sich hierbei von vornherein um verfassungsgemäße Maßnahmen handeln muß. Hinsichtlich der beamtenrechtlichen Ämter verdrängt § 7 Abs. 1 Nr. 2 BeamtenstatusG Art. 19 Verf. Rheinland-Pfalz insoweit, als Beamtenanwärter nicht die Gewähr dafür bieten müssen, „ihr Amt nach den Vorschriften und im Geiste der Verfassung zu führen", sondern gewährleisten müssen, „jederzeit für die freiheitliche demokratische Grundordnung im Sinne des Grundgesetzes" einzutreten. Ohnehin ist „Geist der Verfassung" ein verfassungspoetischer und kein verfassungsjuristischer Begriff, der sich anerkannten Interpretationsregeln versperrt.

107
Gleichbehandlung
von Unionsbürgern

Eine nach Unionsrecht erforderliche Gleichstellung von Unionsbürgern bringt Art. 19 a Verf. Rheinland-Pfalz, indem er die Deutschen-Rechte auf Staatsangehörige anderer Mitgliedstaaten der Europäischen Union erstreckt, soweit diese nach dem Recht der Europäischen Union Anspruch auf Gleichbehandlung haben. Damit wird der Normenkonflikt zwischen dem Landesverfassungsrecht und seiner Gewährleistung von Deutschen-Rechten mit dem Unionsrecht hinsichtlich der Binnenmarktfreiheit und des Diskriminierungsverbots sowie einer Gleichbehandlungsklausel der Unionsbürger von vornherein beseitigt. Allerdings beschränkt der Wortlaut die Gleichbehandlung auf natürliche Personen ohne Erwähnung der juristischen Personen, die jedoch im Wege der Interpretation einbezogen werden können, zumal die Verfassung von Rheinland-Pfalz keine auf inländische Personen beschränkte Erstreckungsklausel für juristische Personen enthält[310].

---

309 Vgl. in diesem Zusammenhang *BVerwGE 122*, 147 (149); ebenso *BVerfG* (Kammer) NVwZ 1997, S. 54 (55).
310 → Oben *Merten*, Allgemeine Lehren der Landesgrundrechte, § 232 RN 119.

C. Gewährleistungspflichten

Wie viele andere Landesverfassungen enthält auch die von Rheinland-Pfalz im Vergleich zum Grundgesetz eine höhere Zahl von Gewährleistungspflichten[311] in Form von Einrichtungsgarantien, Schutzpflichten, Verfassungsaufträgen und Staatszielen. Sie dienen insbesondere als Einrichtungsgarantien, aber auch als Staatsziele zugleich der Sicherung individueller Grundrechte.

108
Überblick

I. Einrichtungsgarantien

Art. 49 Abs. 3 Verf. Rheinland-Pfalz gewährleistet den Gemeinden und Gemeindeverbänden die Selbstverwaltung ihrer Angelegenheiten und beschränkt die staatliche Aufsicht auf die Rechtsaufsicht. Daneben bekennt sich Rheinland-Pfalz in Art. 125 ff. seiner Verfassung zum Berufsbeamtentum, wobei Berufsbeamte in der Regel auf Lebenszeit nach fachlicher Bewährung und erwiesener Treue zur Verfassung ernannt werden (Art. 126).

109
Kommunale Selbstverwaltung, Berufsbeamtentum

Die schon seit der Weimarer Reichsverfassung anerkannte institutionelle Garantie der Kirchen und Religionsgemeinschaften (Art. 137 WRV) wird von Art. 41 Abs. 2 Verf. Rheinland-Pfalz übernommen, wobei der Körperschaftsstatus, das Steuererhebungsrecht, kirchliche Rechte, Staatsleistungen an die Kirchen und das Recht der Errichtung und Unterhaltung kirchlicher Lehranstalten besonders betont werden[312]. Artikel 39 Abs. 1 Satz 3 garantiert den Erhalt der theologischen Fakultäten an staatlichen Hochschulen. Innerhalb des Abschnitts über „Kirchen und Religionsgemeinschaften" werden in Art. 47 Verf. Rheinland-Pfalz auch „der Sonntag und die staatlich anerkannten Feiertage" als Tage „der religiösen Erbauung, seelischen Erhebung und Arbeitsruhe" institutionell geschützt. Der 1. Mai wird in Art. 57 Abs. 2 gesondert als „gesetzlicher Feiertag für alle arbeitenden Menschen" gewährleistet.

110
Institutionelle Garantie der Kirchen

Feiertage

Das Selbstverwaltungsrecht der Hochschulen wird in Art. 39 Abs. 1 Satz 1 Verf. Rheinland-Pfalz anerkannt. Ihnen wird als solchen die Freiheit von Forschung und Lehre verbürgt. Daneben wird den Studenten die Mitwirkung bei der Erledigung ihrer eigenen Angelegenheiten im Wege der Selbstverwaltung und zudem eine spezifische Vereinigungsfreiheit an den Hochschulen zugesichert (Art. 39 Abs. 2 und 4 Verf. Rheinland-Pfalz). Der Zugang zum Hochschulstudium wird gemäß Art. 39 Abs. 5 Satz 1 für jedermann eröffnet. Dabei soll Werktätigen, die sich durch „Begabung, Fleiß und Leistungen auszeichnen", auch ohne Reifezeugnis durch Einrichtung besonderer Vorbereitungskurse und Prüfungen die Möglichkeit eines Studiums eröffnet werden.

111
Selbstverwaltungsrecht der Hochschulen

Daneben enthält Art. 30 Verf. Rheinland-Pfalz die klassische Garantie der Privatschulen als Ersatzschulen, die auch vom Bundesverfassungsgericht ausdrücklich als „eine für das Gemeinwesen notwendige Einrichtung" anerkannt

112
Garantie der Privatschulen

---

311 → Oben *Merten* aaO., § 232 RN 39 ff.
312 Vgl. Art. 42 ff. Verf. Rheinland-Pfalz.

werden³¹³. Sie erhalten gemäß Art. 30 Abs. 3 auf Antrag angemessene öffentliche Finanzhilfe nach Maßgabe eines Gesetzes.

113
Institutsgarantie für Ehe und Familie

„Ehe und Familie" werden als privatrechtliche Institute anerkannt und „dem besonderen Schutz der staatlichen Ordnung" unterstellt (Art. 23 Abs. 1 Verf. Rheinland-Pfalz). Zugleich wird das „natürliche Recht und die oberste Pflicht" der Eltern, „ihre Kinder zur leiblichen, sittlichen und gesellschaftlichen Tüchtigkeit zu erziehen", gewährleistet.

114
Eigentum und Presse

Das Eigentum wird in Art. 60 Abs. 1 Verf. Rheinland-Pfalz als „ein Naturrecht" einschließlich des Rechts der Vererbung und der Schenkung garantiert. Als Einrichtungsgarantie hat das Bundesverfassungsgericht auch die („freie") „Presse" angesehen³¹⁴, die in Art. 10 Abs. 1 Verf. Rheinland-Pfalz gewährleistet wird.

II. Schutzpflichten

115
Umfangreiche Schutzpflichten

Die Landesverfassungen sehen für bestimmte Rechtsgüter explizite Schutzpflichten vor. Schon der Vorspruch bezeugt, daß „die Freiheit und Würde des Menschen zu sichern" ist. Im Anschluß daran bezeichnet es Art. 1 Abs. 2 Verf. Rheinland-Pfalz als staatliche Aufgabe, „die persönliche Freiheit und Selbständigkeit des Menschen zu schützen". Der „Schutz des ungeborenen Lebens" wird in Art. 3 Abs. 2 gewährleistet, und nach Art. 4 Satz 1 steht „die Ehre des Menschen" unter dem Schutz des Staates. Ein „besonderer" Schutz wird „Ehe und Familie" und eine besondere Fürsorge Familien mit Kindern, Müttern und Alleinerziehenden sowie Familien mit zu pflegenden Angehörigen zuteil (Art. 23 Abs. 1 und 2 Verf. Rheinland-Pfalz). Einen Schwerpunkt des Schutzes legt der Verfassungsgeber auf die Rechte der Kinder und der Jugend. Gemäß Art. 24 Satz 2 Verf. Rheinland-Pfalz schützt und fördert der Staat „die Rechte des Kindes", das „besonderen Schutz insbesondere vor körperlicher und seelischer Mißhandlung und Vernachlässigung" genießt. Ferner ist die Jugend gemäß Art. 25 Abs. 2 „gegen Ausbeutung sowie gegen sittliche, geistige und körperliche Verwahrlosung durch staatliche und gemeindliche Maßnahmen und Einrichtungen zu schützen". Auch die „Erzeugnisse der geistigen Arbeit, die Rechte der Urheber, Erfinder und Künstler" genießen Schutz und Fürsorge des Staates (Art. 40 Abs. 2 Verf. Rheinland-Pfalz). Daneben sind der Sonntag und die staatlichen Feiertage als Tage der religiösen Erbauung, seelischen Erhebung und Arbeitsruhe gesetzlichen Schutzes teilhaftig (Art. 47 Verf. Rheinland-Pfalz). Im Rahmen des Abschnitts über die „Wirtschafts- und Sozialordnung" wird in Art. 53 Verf. Rheinland-Pfalz die „menschliche Arbeitskraft" „gegen Ausbeutung, Betriebsgefahren und sonstige Schädigungen (Abs. 1) gesichert. Auch zum „Schutze der Mutterschaft" und „dem Schutze gegen die Folgen unverschuldeter Arbeitslosigkeit" soll gemäß Art. 53 Abs. 3 „eine dem ganzen Volk zugängliche Sozial- und Arbeits-

Wirtschafts- und Sozialordnung

---

313 *BVerfGE 112*, 74 (83).
314 *BVerfGE 10*, 118 (121); *12*, 205 (260); *20*, 162 (175); *25*, 256 (268);, *62*, 230 (243); *66*, 116 (133).

losenversicherung dienen. Im Rahmen des Arbeitsschutzes ist Frauen und Jugendlichen gemäß Art. 55 Abs. 2 Verf. Rheinland-Pfalz ein „besonderer Schutz" zu gewähren. Im Rahmen des Abschnitts „Schutz der natürlichen Lebensgrundlagen" ist der Natur- und Umweltschutz als Staatsziel einzuordnen. Gemäß Art. 70 Verf. Rheinland-Pfalz werden Tiere nicht nur „als Mitgeschöpfe geachtet", sondern auch im Rahmen der Gesetze vor vermeidbaren Leiden und Schäden geschützt.

Neben der allgemeinen Schutzpflicht, die ihm als Staatsaufgabe obliegt[315], muß der Staat nicht nur die durch Grundrechtsbestimmungen erfaßten essentiellen Rechtsgüter des einzelnen sichern, sondern hat auch die (implizite Schutzpflicht), andere Bürger an Übergriffen zu hindern und Störungen des Grundrechtsberechtigten abzuwehren. Ungeachtet des weiten Einschätzungs-, Wertungs- und Gestaltungsspielraums für den Gesetzgeber besteht eine untere Schutzgrenze, für die sich der Begriff des „Untermaßverbotes" eingebürgert hat[316]. Dieses Prinzip des Schutzminimums oder der Schutzerforderlichkeit gebietet, daß die gewählte Maßnahme hinlänglichen Schutz gewährleistet[317] – dem Polizeirecht als Schädlichkeitsgrenze bekannt[318]. Je existentieller und fundamentaler grundrechtlich geschützte Güter für den einzelnen sind, desto intensiver müssen sie staatlicherseits vor Eingriffen Dritter bewahrt werden[319]. Angesichts der steigenden Zahl von Wohnungseinbrüchen, der geringen Aufklärungsquote dieser Straftaten und des Umstands, daß sich in einigen Gemeinden „Bürgerwehren" zum Schutz des Eigentums gebildet haben, ist zu bezweifeln, ob das staatliche Schutzinstrumentarium noch in einem angemessenen Verhältnis zum Schutzgut und zum Ausmaß der es aktuell bedrohenden Gefahren steht. Ein allfälliger Hinweis auf die Benötigung finanzieller Mittel an anderer Stelle ist dann nicht rechtfertigend, wenn Angelegenheiten ohne verfassungsrechtliche Verpflichtung und ohne gesetzliche Grundlage[320] erfüllt werden, wobei in humanitären Fragen oft „Fernsten-Liebe" mit „Nächsten-Flucht" einhergeht[321].

116
Verfassungsgebot des Schutzminimums

III. Verfassungsaufträge

Bei Verfassungsaufträgen handelt es sich um objektiv-rechtliche Verfassungsbestimmungen, aus denen keine (Grund-)Rechte folgen[322]. Sie binden und verpflichten allein die staatlichen Gewalten, von denen vielfach in erster Linie

117
Erfüllungspflicht für alle Staatsgewalten

---

315 → Oben *Merten*, Allgemeine Lehren der Landesgrundrechte, § 232 RN 53.
316 *BVerfGE* 88, 203 (254); *Isensee*, HStR ³IX, § 191 RN 301 ff.; *Jarass*, AöR 110 (1985), S. 363 (383 ff.);, *Peter Unruh*, Zur Dogmatik der grundrechtlichen Schutzpflichten, 1996, S. 84 ff.; *Merten*, Grundrechtliche Schutzpflichten und Untermaßverbot, in: Stern/Grupp (Hg.), GS Joachim Burmeister, 2005, S. 227 (238 sub V).
317 *BVerfGE* 88, 203 (266 f.).
318 Vgl. *Walter Jellinek*, Verwaltungsrecht, ³1931, S. 432 f.
319 Vgl. *BVerfGE* 28, 243 (261); *Stern*, Staatsrecht III/2 (LitVerz.), § 84 III 3 (S. 790 mit Verweisen auf *E* 17, 306 [313 f.]; *20*, 150 [159]; *36*, 47 [59];, *37*, 210 [225]; *40*, 196 [227]).
320 S. *Papier*, Asyl und Migration als Herausforderung für Staat und EU, NJW 2016, S. 2391 (2395 sub III 2).
321 Vgl. *Friedrich Nietzsche*, Also sprach Zarathustra (Reden, Von der Nächstenliebe), Werke in drei Bänden, hg. von Karl Schlächter, III, 1966, S. 324.
322 → Oben *Merten*, Allgemeine Lehren der Landesgrundrechte, § 232 RN 73 ff.

die Legislative durch „Gesetzgebungsaufträge" betroffen ist. Verfassungsaufträge sind für den Adressaten bindend; ihre Erfüllung steht nicht in seinem Ermessen. Allerdings ist bei den vorgrundgesetzlichen Landesverfassungen, zu denen auch die Verfassung von Rheinland-Pfalz gehört, zu beachten, daß Gesetzgebungsaufträge sich vielfach auf Materien beziehen, die später vom Grundgesetz ausschließlich oder konkurrierend dem Bunde zugewiesen worden sind. Derartige Gesetzgebungsaufträge bleiben zwar für den Fall einer Änderung grundgesetzlicher Kompetenzen bestehen, sind aber nach der Regelung durch Bundesrecht nicht vollziehbar.

118
Weitreichende Bildungsaufträge

Im Bereich von „Schule, Bildung und Kulturpflege" gibt Art. 27 Abs. 2 Verf. Rheinland-Pfalz Staat und Gemeinden auf, unter Berücksichtigung des Elternwillens „die öffentlichen Voraussetzungen und Einrichtungen zu schaffen, die eine geordnete Erziehung der Kinder sichern". Einen weiteren Verfassungsauftrag, der sich auch an die Exekutive richtet, enthält Art. 31 Verf. Rheinland-Pfalz, wonach jedem jungen Menschen ... zu einer seiner Begabung entsprechenden Ausbildung verholfen werden soll. Insbesondere soll Begabten der Besuch von höheren Schulen und Hochschulen, nötigenfalls aus öffentlichen Mitteln, ermöglicht werden. Eine Förderpflicht besteht gemäß Art. 37 hinsichtlich des Volksbildungswesens einschließlich der Volksbüchereien und Volkshochschulen. Im höheren Schulwesen gibt die Verfassung auf, „das klassisch-humanistische Bildungsideal neben den anderen Bildungszielen gleichberechtigt zu berücksichtigen" (Art. 38 Verf. Rheinland-Pfalz). Weitreichende Förder- und Pflegeaufträge bestehen hinsichtlich des künstlerischen und kulturellen Schaffens, der Denkmäler der Kunst, der Geschichte und der Natur sowie der Landschaft und auch des Sports (Art. 40 Verf. Rheinland-Pfalz).

119
Gestaltungsaufträge für die Wirtschafts- und Sozialordnung

Eine Reihe weiterer Aufträge findet sich im Abschnitt „Die Wirtschafts- und Sozialordnung". Hier soll der Staat auf eine ausgewogene Unternehmensstruktur hinwirken (Art. 51 Verf. Rheinland-Pfalz) und ebenfalls dafür sorgen, daß „jeder seinen Lebensunterhalt durch frei gewählte Arbeit verdienen kann" (Art. 53 Abs. 2). Daneben sind nach Art. 65 Verf. Rheinland-Pfalz die „selbständigen Betriebe der Landwirtschaft, der Industrie, des Gewerbes, Handwerks und Handels in Erfüllung ihrer volkswirtschaftlichen Aufgabe in geeigneter Weise zu fördern". Der in Art. 53 Abs. 3 Verf. Rheinland-Pfalz vorgesehenen „dem ganzen Volk zugängliche[n] Sozial- und Arbeitslosenversicherung" steht kompetenzgemäß erlassenes Bundesrecht entgegen. Neben dem Arbeitsschutz in Artikel 55 ist vor allem der Auftrag in Art. 63 Verf. Rheinland-Pfalz von Bedeutung, wonach Land, Gemeinden und Gemeindeverbände „auf die Schaffung und Erhaltung von angemessenem Wohnraum" hinwirken. Diese Bestimmung ist schon vom Wortlaut her so deutlich gefaßt, daß aus ihr kein „soziales Grundrecht" entnommen werden kann. Sie beschränkt sich vielmehr ausdrücklich auf die objektiv-rechtliche Pflicht der Schaffung von Wohnraum. Gemäß Art. 64 Verf. Rheinland-Pfalz sind Behinderte vor Benachteiligung zu schützen, und ist auf deren Integration und die Gleichwertigkeit ihrer Lebensbedingungen hinzuwirken.

IV. Staatsziele

Die früher als Staatsaufgaben oder Staatszwecke und heute als Staatsziele bezeichneten Agenden sind programmatische Leitlinien und Direktiven im Verfassungsrang, die den Staat verpflichten, sein Handeln daran zu orientieren und deren Verwirklichung nach Kräften anzustreben[323]. Im Unterschied zu Grundrechten haben sie keinen subjektiv-rechtlichen Charakter und sind auch in der Regel allgemeiner gefaßt. Staatszielbestimmungen richten sich grundsätzlich an alle drei Staatsgewalten, wobei jedoch die Legislative in erster Linie angesprochen wird, zumal ihr bei der Umsetzung und Erfassung der mitunter wenig präzisen Begriffe eine weite Gestaltungsfreiheit zusteht.

120
Programmatische Direktiven

Art. 74 Abs. 1 bezeichnet Rheinland-Pfalz als einen demokratischen und sozialen Gliedstaat Deutschlands. Während das demokratische Prinzip in der Verfassung näher ausgestaltet ist, ist das Ziel „sozialer Gliedstaatlichkeit" zukunftsgerichtet und muß als solches im Hinblick auf sich verändernde Umstände immer neu realisiert werden. Dabei umfaßt der Gestaltungsauftrag des Gesetzgebers die Sorge für den Ausgleich sozialer Gegensätze[324] und die Fürsorge für diejenigen, „die aufgrund ihrer persönlichen Lebensumstände oder gesellschaftlicher Benachteiligungen an ihrer persönlichen oder sozialen Entfaltung gehindert sind"[325]. Soweit das Staatsziel des Sozialen durch bundesgesetzliches Sozialrecht verwirklicht wird, sind Landesexekutive und Landesjudikative bei der Umsetzung zu sozialer Interpretation innerhalb des gesetzlichen Rahmens aufgerufen.

121
Ziel sozialer Staatlichkeit

Der Verwirklichung des Sozialen im Bereich der Wirtschaft dient das Staatsziel[326] der sozialen Marktwirtschaft, das in Art. 51 Satz 1 Verf. Rheinland-Pfalz verankert ist. Dieses Staatsziel soll von Verfassungs wegen „wirtschaftliche Freiheiten mit sozialem Ausgleich, sozialer Absicherung und dem Schutz der Umwelt" verbinden sowie „zur Sicherung und Verbesserung der Lebens- und Beschäftigungsbedingungen der Menschen" beitragen, wie es Satz 2 der Bestimmung festlegt. Zur Durchführung der sozialen Marktwirtschaft werden in Art. 52 Abs. 1 Vertragsfreiheit, Gewerbefreiheit, Freiheit der Entwicklung persönlicher Entschlußkraft und Freiheit selbständiger Betätigung gewährleistet, denen trotz der objektiven Formulierung der Charakter subjektiver Grundrechte zukommt. Absatz 2 dieser Vorschrift erklärt in Satz 2 jeden Mißbrauch wirtschaftlicher Freiheit oder Macht für unzulässig.

122
Soziale Marktwirtschaft

Nach dem Vorbild des Art. 20a GG hat Rheinland-Pfalz durch eine Verfassungsreform im Jahre 2000[327] die jetzige Fassung der Art. 69 und 70 in den schon bestehenden Abschnitt über den „Schutz der natürlichen Lebensgrundlagen" eingefügt. Danach ist der Schutz von Natur und Umwelt „als Grund-

123
Natur und Umwelt

---

323 → Oben *Merten*, Allgemeine Lehren der Landesgrundrechte, § 232 RN 77 ff.
324 Vgl. *BVerfGE 100*, 271 (284).
325 Vgl. *BVerfGE 100*, 271 (284); *45*, 376 (387).
326 So auch *VerfGH Rheinland-Pfalz*, NVwZ 2000, S. 801; *Knops*, in: Brocker/Droege/Jutzi (Hg.), Verfassung für Rheinland-Pfalz (LitVerz.), Art. 51 RN 1.
327 S. oben RN 1.

lage gegenwärtigen und künftigen Lebens" nicht nur Pflicht des Staates, sondern auch „aller Menschen". Die Nutzung von Boden, Luft und Wasser ist in etwas pathetischer Formulierung „der Allgemeinheit und künftigen Generationen verpflichtet" (Art. 69 Abs. 2 Verf. Rheinland-Pfalz). Nach Absatz 3 der Bestimmung soll „auf den sparsamen Gebrauch und die Wiederverwendung von Rohstoffen sowie auf die sparsame Nutzung von Energie" hingewirkt werden. Daß diese Hinwirkung bisher nicht sehr erfolgreich war, ist äußerlich an den hell erleuchteten, ungenutzten Bürohochhäusern während der Nachtstunden ersichtlich.

124
Europäische Vereinigung

Als weiteres Staatsziel ist durch den ebenfalls infolge der Verfassungsreform des Jahres 2000 eingefügten Artikel 74a festgelegt, daß Rheinland-Pfalz die europäische Vereinigung fördert und bei der Europäischen Union mitwirkt, die demokratischen, rechtsstaatlichen, sozialen und föderativen Grundsätzen und dem Grundsatz der Subsidiarität verpflichtet ist. Charakteristisch für eine Gliedstaatsverfassung ist Art. 74a Satz 2 Verf. Rheinland-Pfalz, wonach das Land für die Beteiligung eigenständiger Regionen an der Willensbildung der Europäischen Union und des vereinten Europa eintritt. Dabei arbeitet es nach Satz 3 der Bestimmung mit anderen europäischen Regionen zusammen und unterstützt grenzüberschreitende Beziehungen zwischen benachbarten Gebietskörperschaften und Einrichtungen.

125
Bedeutung des Vorspruchs

Wegen der Unabänderlichkeit seiner Grundsätze ist auch der Vorspruch der Verfassung für die Ableitung von Staatszielen erheblich. Es sind dies die Sicherung und Gewährleistung der Freiheit und Würde des Menschen, die Förderung sozialer Gerechtigkeit und wirtschaftlichen Fortschritts und die Neuformung Deutschlands „als lebendiges Glied der Völkergemeinschaft"[328].

D. Bibliographie

Brocker, Lars/Droege, Michael/Jutzi, Siegfried (Hg.), Verfassung für Rheinland-Pfalz, 2014.
Grimm, Christoph/Caesar, Peter, Verfassung für Rheinland-Pfalz, 2001.
Gusy, Christoph/Wagner, Edgar, Die verfassungsrechtliche Entwicklung in Rheinland-Pfalz von 1996 bis 2001, in: JöR NF 51 (2003), S. 385ff.
Klaas, Helmut (Bearb.), Die Entstehung der Verfassung für Rheinland-Pfalz, eine Dokumentation, 1978.
Der Präsident des Landtags Rheinland-Pfalz (Hg.), Verfassungsreform. Der Weg zur neuen Landesverfassung vom 18. Mai 2000, 2000.
Schunck, Egon, Die Verfassung für Rheinland vom 18. Mai 1947, in: JöR NF 5 (1956), S. 159ff.
Süsterhenn, Adolf/Schäfer, Hans, Kommentar der Verfassung für Rheinland-Pfalz, 1950.

---

328 Vgl. *Brocker*, in: ders./Droege/Jutzi, Verfassung für Rheinland-Pfalz (LitVerz.), Vorspruch RN 9.

§ 256
Landesgrundrechte im Saarland

Rudolf Wendt

Übersicht

	RN		RN
A. Entwicklung der Verfassung des Saarlandes	1–8	1. Anspruch auf rechtliches Gehör, faires Verfahren und effektiven Rechtsschutz	50–52
B. Landesgrundrechte und Bundesgrundrechte	9–11	2. Garantie des gesetzlichen Richters	53
C. Landesrechtliche Grundrechtsbestimmungen	12–73	3. Garantie der Unschuldsvermutung	54–57
I. Menschenwürde, Leben und Freiheit	12–28	4. Recht auf einen Rechtsbeistand	58–59
1. Schutz der Menschenwürde, Recht auf Leben und Freiheit	12–19	5. Rechtsschutzgarantie	60–61
2. Allgemeine Handlungsfreiheit	20–21	VII. Garantie von Eigentum und Erbrecht, Enteignung, Sozialisierung	62–66
3. Allgemeines Persönlichkeitsrecht	22–26	1. Eigentum, Erbrecht und Enteignung	62–65
4. Schutz der personenbezogenen Daten	27–28	2. Sozialisierung	66
II. Gleichheitsgrundrechte, Diskriminierungsverbote	29–38	VIII. Ehe und Familie, Schule und Erziehung, Religion	67–69
III. „Politische" Grundrechte	39–44	IX. Rechte der Kirchen und Religionsgemeinschaften	70
IV. Freiheit der Kunst und Wissenschaft	45–46	X. Grundpflichten	71
V. Auslieferung, Asylrecht	47–48	XI. Staatszielbestimmungen	72–73
VI. Justizgrundrechte, Petitionsrecht	49–61	D. Resümee	74
		E. Bibliographie	

A. Entwicklung der Verfassung des Saarlands

1
Verfassungs-
kommission

Verfassungsentwurf

Die Verfassung des Saarlandes wurde von einer zwanzig Mitglieder zählenden Verfassungskommission erarbeitet, die auf Weisung des französischen Gouverneurs im Auftrag des französischen Außenministers[1] mit Rechtsanordnung vom 23. Mai 1947[2] einberufen wurde und mit Politikern der saarländischen Parteien besetzt war, die bis auf die beiden pro-deutschen Vertreter der KP-Saar die Linie der französischen Saarpolitik vertraten[3]. Der Verfassungsentwurf wurde am 20. September 1947 vorgelegt[4] und am 15. Dezember 1947 von der Gesetzgebenden Versammlung des Saarlandes als verfassungsgebendem Landtag[5] beschlossen. Am 17. Dezember 1947 wurde die Verfassung des Saarlandes veröffentlicht[6] und trat damit in Kraft[7]; eine Volksabstimmung darüber fand nicht statt.

2
Legitimation der
Verselbständigung
des Saarlandes

Bindung
an Frankreich

In ihrer ursprünglichen Fassung diente die Verfassung des Saarlandes der Legitimation der Verselbständigung des Saarlandes gegenüber Deutschland und der Schaffung einer demokratischen Grundlage für die Eigenständigkeit[8]. Die Präambel der Verfassung proklamierte die politische Unabhängigkeit des Saarlandes vom Deutschen Reich. In ihr hieß es, das „Volk an der Saar" sei „durchdrungen von der Erkenntnis, daß sein Bestand und seine Entwicklung durch die organische Einordnung des Saarlandes in den Wirtschaftsbereich der französischen Republik gesichert werden könne"; es gründe „seine Zukunft auf den wirtschaftlichen Anschluß des Saarlandes an die französische Republik und die Währungs- und Zolleinheit mit ihr, die einschließen die politische Unabhängigkeit des Saarlandes vom Deutschen Reich, [...]". Gemäß Art. 60 Verf. Saarland (1947) war das Saarland „ein autonom, demokratisch und sozial geordnetes Land und wirtschaftlich an Frankreich angeschlossen". Nach Art. 63 Verf. Saarland (1947) waren „die aus dem Einbau der Saar in den französischen Wirtschaftsbereich und in das französische Zoll- und Währungssystem sich ergebenden Bindungen, gegenwärtige und zukünftige Abmachungen und die Regeln des Völkerrechts [...] Bestandteile des Landesrechts" und genossen „den Vorrang vor innerstaatlichem Recht". Die in diesen Regelungen festgelegte, nicht nur völkerrechtlich, sondern auch verfassungsrechtlich verpflichtende Bindung an Frankreich bedeutete eine Einschränkung der dem Saarland eingeräumten Autonomie[9]. Gleichwohl stand die Verfassung des Saarlandes im Übrigen – entgegen dem Wunsch Frank-

---

1 Beide Akte datieren v. 13.2.1947, vgl. *Brosig*, Verfassung (LitVerz.), S. 117.
2 Rechtsanordnung über die Einsetzung einer Verfassungskommission des Saarlandes v. 23.5.1947 (Amtsbl. S. 167).
3 *Brosig*, Verfassung (LitVerz.), S. 120; *Gröpl*, in: ders./Guckelberger/Wohlfarth (LitVerz.), RN 12.
4 *Brosig* aaO., S. 125.
5 Gewählt wurde die Gesetzgebende Versammlung aufgrund der Verordnung v. 29.8.1947 (Amtsbl. S. 351 und 359) am 5.10.1947, vgl. *Brosig* aaO., S. 173.
6 Amtsbl. S. 1077.
7 Siehe Art. 133.
8 *Brosig*, Verfassung (LitVerz.), S. 117ff.; *ders.*, Verfassung und Verfassungsgerichtsbarkeit, in: Wendt/Rixecker (LitVerz.), Teil I, S. 19; *Gröpl*, in: ders./Guckelberger/Wohlfarth (LitVerz.), RN 13.
9 *Schranil* (LitVerz.), Art. 60 Bem. 4.

reichs – in Aufbau und Struktur in der Tradition der nach dem Jahr 1945 in Rheinland-Pfalz, Bayern und Hessen, aber auch Südbaden, Südwürttemberg und Württemberg-Baden, entstandenen deutschen Landesverfassungen mit parlamentarischem Regierungssystem, wie auch der Weimarer Reichsverfassung[10]. Eine Übereinstimmung lag darin, daß die saarländische Verfassung – ebenso wie die der anderen deutschen Länder – in Fortführung einer sich schon in der Weimarer Reichsverfassung zeigenden Tendenz zahlreiche allgemeine Grundsätze aufstellte, die Richtschnur und Schranke der Gesetzgebung und Rechtsprechung bildeten, aber keine subjektiven Rechte erzeugten[11]. Ebenso wie im später entstandenen Grundgesetz stellten die Grundrechte den ersten Hauptteil der Verfassung dar.

Am 23. Oktober 1954 schlossen Frankreich und die Bundesrepublik Deutschland das Pariser Abkommen über das Statut der Saar (Saarstatut), das zur vorläufigen Regelung der Saarfrage bis zu einem endgültigen Friedensvertrag das Saarland im Rahmen der Westeuropäischen Union „europäisieren" sollte. Mit dem europäischen Statut für das Saarland als einem bilateralen Abkommen, nicht aber einem internationalen Statut, sollte keine völkerrechtliche Abtrennung von Deutschland bewirkt werden[12]. Die Bevölkerung des Saarlandes lehnte das Saarstatut jedoch nach einem leidenschaftlichen, aufwühlenden Abstimmungskampf in der Volksbefragung vom 23. Oktober 1955 mit einer Mehrheit von gut zwei Dritteln der abgegebenen Stimmen ab[13]. Daraufhin kam es „in Vollzug des bei der Volksbefragung [...] bekundeten Willens der Bevölkerung des Saarlandes"[14] zu einer Rückgliederung des Saarlandes an Deutschland über Art. 23 GG a.F. und einer umfassenden Revision der bestehenden Verfassung durch Gesetz vom 20. Dezember 1956[15], aber aus Zeitgründen nicht zu einer Realisierung des Auftrags des Landtags zur Ausarbeitung einer völlig neuen Verfassung. Es reichte nur mit Wirkung zum 1. Januar 1957[16] zu einer Beseitigung der offensichtlichen Widersprüche mit dem zum gleichen Zeitpunkt im Saarland in Kraft tretenden Grundgesetz[17], die den Beitritt zur Bundesrepublik ermöglichen sollte. Die wesentlichen Revisionsvorschriften der Verfassungsnovelle betrafen die Beseitigung der Ausrichtung nach Frankreich und die Angleichung an die Homogenitätsvorschrift des Art. 28 GG. Die Präambel wurde gestrichen, und Artikel 60 der Verfassung des Saarlandes erhielt die im Kern noch heute gültige Fassung: „Das Saarland ist ein demokratisch und sozial geordnetes Bundesland". In den Grundrechtsartikeln, die bis dahin Saarländern vorbehalten waren,

3 Konsequenzen aus dem bilateralen Saarstatut

Umsetzung der Volksbefragung

---

10 *Brosig*, Verfassung (LitVerz.), S. 127 f.; *Brosig*, in: Wendt/Rixecker (LitVerz.), Teil I, S. 21, 24.
11 *Stöber* (LitVerz.), S. 10.
12 *Brosig*, Verfassung (LitVerz.), S. 205 ff.; *Gröpl*, in: ders./Guckelberger/Wohlfarth (LitVerz.), RN 10.
13 *Brosig* aaO., S. 207 ff.; zur Historie der Volksabstimmung und Rückgliederung des Saarlandes auch *Fiedler*, Die Rückgliederungen des Saarlandes an Deutschland – Erfahrungen für die Zusammenarbeit zwischen Bundesrepublik Deutschland und DDR?, JZ 1990, S. 668 ff.
14 So der Vorspruch der Verfassungsnovelle v. 20.12.1956 (Amtsbl. S. 1657).
15 Verfassungsnovelle aaO.
16 Verfassungsnovelle aaO., § 2.
17 § 20 des Bundesgesetzes über die Eingliederung des Saarlandes v. 23.12.1956 (BGBl. I S. 1011); Saar-Vertrag v. 27.10.1956 (BGBl. II S. 1587).

§ 256   Sechzehnter Teil: III. Die Grundrechte in den Landesverfassungen

wurde das Wort „Saarländer" durch „Deutsche" ersetzt. Bei einem Teil der Grundrechtsbestimmungen kam es darüber hinaus zu gewissen eher redaktionellen Anpassungen an die Terminologie des Grundgesetzes.

4
Befugnisse der Verfassungskommission

Die Einrichtung eines Verfassungsgerichtshofes wurde nur vom Grundsatz her in der ursprünglichen Verfassung des Saarlandes verankert (Art. 98 Verf. Saarland [1947]). Die Organisation, die Zuständigkeit und das Verfahren des Gerichtshofs sollten im wesentlichen einem Verfassungsgerichtsgesetz vorbehalten bleiben. Die Verfassungswirklichkeit wurde dagegen von der im Jahr 1950 gebildeten Verfassungskommission des Landtags bestimmt, die aus dreizehn vom Landtag aus dessen Mitte gewählten Mitgliedern und vier weiteren Mitgliedern bestand, welche die Befähigung zum Richteramt oder zum höheren Verwaltungsdienst haben mußten[18]. Art. 99 Verf. Saarland (1947) legte fest, daß „für die Auslegung der Verfassung ... allein die Verfassungskommission des Landtages zuständig" war, und Art. 113 Verf. Saarland (1947) bestimmte, daß „die Prüfung der Verfassungsmäßigkeit der Gesetze" nicht den Richtern, sondern „allein der vom Landtag gewählten Verfassungskommission" zustand. Die Einrichtung der Verfassungskommission und die Festlegung ihrer Befugnisse erfolgte nach dem Vorbild des französischen comité constitutionnel gemäß den Artikeln 91 bis 93 der französischen Verfassung von 1946. Sie entsprach dem damaligen französischen Verfassungsdenken, das angesichts der Stellung der Legislative als obersten Staatsorgans ein richterliches Prüfungsrecht nicht in Betracht zog. Mit der Zuerkennung des Auslegungs- und Verwerfungsmonopols für Gesetze war somit in dem Bestreben, die im Parlament und in der Regierung herrschenden politischen Kräfte gegen die Kontrolle durch die politische Opposition wie auch durch eine unparteiische und unabhängige richterliche Instanz abzuschirmen, die Normenkontrolle, also der Kern der heutigen Verfassungsgerichtsbarkeit, der Verfassungskommission übertragen. Diese entfaltete denn auch von Ende 1951 bis Ende 1956 eine rege Spruchpraxis[19]. Für den daneben unbedeutenden Verfassungsgerichtshof verblieben nur noch die in der Staatspraxis kaum relevanten Randaufgaben der Abgeordneten- und Ministeranklage (Art. 87 und 96 Verf. Saarland [1947]) und der Beschwerdeweg bei Grundrechtsverwirkungen (Art. 10 Verf. Saarland [1947]). Insofern wundert es nicht, daß ein Verfassungsgerichtshofgesetz bis zum 10. April 1954[20] auf sich warten ließ. Im Vorfeld der Volksabstimmung über das Saarstatut kam es jedoch nicht mehr zur Konstituierung eines Verfassungsgerichts.

Auslegungs- und Verwerfungsmonopol

VerfGH-Randaufgaben

5
Neuausrichtung der Verfassungsgerichtsbarkeit

Die Neuausrichtung der Verfassungsgerichtsbarkeit erfolgte erst nach der Eingliederung des Saarlandes in die Bundesrepublik Deutschland. Die Verfassungskommission wurde beseitigt und der Verfassungsgerichtshof im Sinne einer unabhängigen Verfassungsgerichtsbarkeit aufgewertet[21]. Mit seiner

---
18 Amtsbl. 1950, S. 802, und Amtsbl. 1951, S. 945.
19 Kritisch *Brosig*, in: Wendt/Rixecker (LitVerz.), Teil I, S. 34 ff.
20 Amtsbl. S. 597.
21 Gesetz Nr. 640 betreffend Änderung der Verfassung des Saarlandes (Amtsbl. 1958 S. 735); Gesetz Nr. 645 über den Verfassungsgerichtshof des Saarlandes (ebd.), heute i.d.F. der Bekanntmachung v. 6. 2. 2001 (Amtsbl. S. 582), zuletzt geändert durch Gesetz v. 16. 7. 2014 (Amtsbl. I S. 358).

Konstituierung und Arbeitsaufnahme im Februar 1959 schloß der Gerichtshof eine Lücke im Staatsaufbau des Saarlandes. Er ist neben Landtag und Landesregierung ein ranggleiches oberstes Verfassungsorgan im Verfassungsgefüge des Saarlandes. Für die lebendige Anwendung und Ausgestaltung der Landesverfassung spielt er heute eine bedeutende Rolle[22] Dies gilt erst recht seit der ersatzlosen Streichung des § 55 Abs. 3 des Gesetzes über den Verfassungsgerichtshof (VerfGHG) im Jahre 2000[23]. Bis dahin konnte die Verfassungsbeschwerde zum Verfassungsgerichtshof nur erfolgreich eingelegt werden, wenn der Beschwerdeführer sich auf ein Grundrecht oder verfassungsmäßiges Recht der saarländischen Verfassung berufen konnte, das über die Gewährleistungen des Grundgesetzes hinausging[24]. Daher ist es nur äußerst selten zu einer Sachentscheidung gekommen. Mit dem Wegfall der Subsidiaritätsklausel ist die Verfassungsbeschwerde nunmehr wahlweise zum Verfassungsgerichtshof des Saarlandes oder zum Bundesverfassungsgericht oder sogar zu beiden Gerichten zugleich eröffnet. Wenn der Beschwerdeführer allerdings in derselben Sache Verfassungsbeschwerde am Bundesverfassungsgericht erhoben hat, ist das Verfahren vor dem Verfassungsgerichtshof des Saarlandes bis zum Abschluß des Verfahrens vor dem Bundesverfassungsgericht ausgesetzt (§ 61 Abs. 4 VerfGHG). Inzwischen hat sich eine ausgedehnte Judikatur des Verfassungsgerichtshofs zu den Grundrechten der Landesverfassung entwickelt, die deren Auslegung entscheidend prägt.

Wegfall der Subsidiaritätsklausel

Zu einer durchgreifenden Verfassungsreform kam es im Jahre 1979[25], während zuvor nur einzelne Verfassungsvorschriften geändert worden waren. Aufgrund der im ersten Teilbericht der *Enquêtekommission für Verfassungsfragen 1976–1980* ausgesprochenen Empfehlungen[26] wurden die im zweiten Hauptteil der Verfassung – „Aufgaben und Aufbau des Staates" – enthaltenen Bestimmungen über die Verfassungsprinzipien und die Staatsorganisation novelliert. Die Kontrollrechte des Landtags wurden ebenso gestärkt wie die Stellung des einzelnen Abgeordneten und parlamentarischer Minderheiten. Die Stellung der obersten Verfassungsorgane Landtag, Landesregierung und Verfassungsgerichtshof wurde gefestigt, ebenso die Stellung der Gemeinden und Gemeindeverbände. Zudem wurde die Zahl der Abgeordneten von fünfzig auf einundfünfzig erhöht, um Pattsituationen zu vermeiden. Die Amtszeit des Ministerpräsidenten wurde ausdrücklich an die Legislaturperiode gekoppelt. Volksbegehren und Volksentscheid wurden erstmals eingeführt[27].

6
Durchgreifende Verfassungsreform 1979

Was die im zweiten Teilbericht der *Enquêtekommission für Verfassungsfragen 1976–1980*[28] enthaltenen Empfehlungen von Änderungen des ersten Hauptteils der Verfassung – „Grundrechte und Grundpflichten" – angeht, ist es bis

7
Nicht umgesetzte Vorschläge

---

22 *Brosig*, in: Wendt/Rixecker (LitVerz.), Teil I, S. 37.
23 Art. 1 Nr. 6 des Gesetzes v. 8. 11. 2000 (Amtsbl. 2001 S. 94) hob die Subsidiaritätsklausel des § 55 Abs. 3 VerfGHG Saarland a.F. auf.
24 *VerfGH Saarland*, B. v. 14. 9. 1967 (Lv 1/67), S. 4f.; *Brosig*, in: Wendt/Rixecker (LitVerz.), Teil I, S. 38.
25 Gesetz v. 4. 7. 1979 (Amtsbl. S. 650).
26 Erster Teilbericht der Enquêtekommission für Verfassungsfragen 1976–1980, LT-Drucks. 7/1260.
27 Eingehend *Brosig*, Verfassung (LitVerz.), S. 239 ff.
28 Zweiter Teilbericht der Enquêtekommission für Verfassungsfragen 1976–1980, LT-Drucks. 7/2207.

§ 256   Sechzehnter Teil: III. Die Grundrechte in den Landesverfassungen

heute nicht zu einer parlamentarischen Realisierung gekommen. Auch wenn der erste Hauptteil der Verfassung im Jahr 1979 somit keiner umfassenderen Reform unterzogen wurde, war er doch im Laufe der Jahre mannigfaltigen konkreten Verfassungsänderungen und Ergänzungen ausgesetzt.

8
Europäische Einigung als Staatsziel und Verfassungsauftrag

Im Jahr 1985 erhielt der Daten- und Umweltschutz (Art. 2 Sätze 2 und 3, Art. 30 n. F. und 59 a) und im Jahr 1992 der Europagedanke – in Artikel 60 Abs. 2 – Verfassungsrang, womit das Saarland als erstes Bundesland die europäische Einigung als Staatsziel und Verfassungsauftrag dem besonderen Schutz der Verfassung unterstellte und auch an die Präambel von 1947 anknüpfte, in der sich das Saarland als „Brücke zur Verständigung der Völker" verstanden hatte[29]. Die Verfassungsreform von 1999[30] verankerte die Förderung des Sports (Art. 34 a) und den Tierschutz (Art. 59 a) als Staatsziele und führte insbesondere das (relative) Konnexitätsprinzip zugunsten der Kommunalfinanzierung ein (Art. 120 n. F.)[31]. Im Jahr 2001 wurde die Mitwirkung des Landtags bei Vorhaben der Europäischen Union verfassungsrechtlich geregelt (Art. 76 a)[32], im Jahr 2007 wurden die sogenannten Kinderrechte in die Verfassung aufgenommen (Art. 24 a)[33]. Im Jahr 2011 wurden die Gemeinschaftsschulen und Gymnasien als allgemein bildende Schulen festgeschrieben (Art. 27 Abs. 3 n. F.)[34], im Jahr 2013 wurden die Volksinitiative (Art. 98 a) eingeführt und die Hürden für Volksbegehren und Volksentscheide wesentlich herabgesetzt (Art. 99, 100, 101 n. F.)[35].

B. Landesgrundrechte und Bundesgrundrechte

9
„Grundrechte und Grundpflichten" an erster Stelle

Vollverfassung

In bewußter Abkehr von den totalitären Machtansprüchen des 1945 überwundenen Staates[36] stellt die vorgrundgesetzliche saarländische Verfassung den Teil über die „Grundrechte und Grundpflichten" an ihre Spitze. Dadurch wird hervorgehoben, daß die Grundrechte die Staatsgewalt begrenzen. Im Zentrum und Mittelpunkt der staatlichen Ordnung steht der Mensch. Mit ihrem eigenständigen und reich ausgestalteten Grundrechtsteil stellt die saarländische Verfassung im Gegensatz zu mancher anderen Verfassung eine Vollverfassung dar. Die *Enquêtekommission für Verfassungsfragen 1976–1980* sieht in der Vollverfassung eine besondere Chance zur Integration der Bürger, weil in ihr Grundlagen, Aufgaben und Grenzen der Staatsgewalt in ihrer Beziehung zum einzelnen und zu den Kräften der Gesellschaft dargestellt werden[37].

---

29 Näher *Brosig*, Verfassung (LitVerz.), S. 287 ff.; zu den Verfassungsänderungen nach der Verfassungsreform von 1979 vgl. auch Peter Krause, Die Verfassungsentwicklung im Saarland seit 1980 (LitVerz.), S. 405 ff.
30 Gesetz v. 25. 8. 1999 (Amtsbl. S. 1318).
31 Näher *Brosig*, Verfassung (LitVerz.), S. 291 ff.
32 Gesetz v. 5. 9. 2001 (Amtsbl. S. 1630).
33 Gesetz v. 4. 7. 2007 (Amtsbl. S. 1798).
34 Gesetz v. 15. 6. 2011 (Amtsbl. S. 236).
35 Gesetz v. 15. 5. 2013 (Amtsbl. S. 178).
36 *Guckelberger*, in: Wendt/Rixecker (LitVerz.), Art. 1 RN 1.
37 Zweiter Teilbericht der Enquêtekommission für Verfassungsfragen 1976–1980, LT-Drucks. 7/2207, S. 5.

Für das Verhältnis der Landesgrundrechte zu den Grundrechten des Grundgesetzes gilt gemäß Art. 142 GG, daß sowohl die vor als auch die nach Inkrafttreten des Grundgesetzes erlassenen Landesgrundrechte Geltung beanspruchen können, wenn sie nach Gewährleistungsbereich und Schranken den Grundrechten des Grundgesetzes nicht widersprechen[38]. Grundrechtsgarantien der Landesverfassung, die über diejenigen des Grundgesetzes hinausgehen, zum Beispiel, weil es kein vergleichbares Pendant im Grundgesetz gibt, der sachliche oder persönliche Schutzbereich des Landesgrundrechts weiter oder die Einschränkungsmöglichkeiten enger gefaßt sind („Mehrgewährleistungen"), sind möglich, sofern der jeweilige Artikel des Grundgesetzes als Mindestgarantie zu verstehen ist und sich aus ihm kein Normbefehl zur Unterlassung eines weitergehenden Grundrechtsschutzes ergibt[39]. Es ist auch unschädlich, wenn ein Landesgrundrecht hinter den grundgesetzlichen Gewährleistungen zurückbleibt, das heißt wenn der Schutzbereich des Landesgrundrechts kleiner ist als der des Bundesgrundrechts oder die Einschränkungsmöglichkeiten des Landesgrundrechts gegenüber dem Grundgesetz größer sind. Denn die weniger weit reichenden Landesgrundrechte zielen regelmäßig nicht darauf ab, weitergehenden Schutz durch andere Vorschriften auszuschließen, und deshalb widersprechen hinter den Grundrechten des Grundgesetzes zurückbleibende Landesgrundrechte diesen ebenfalls nicht[40].

10
Verhältnis der Landesgrundrechte zu den GG-Grundrechten

Mindergewährleistungen

Die Grundrechte der Landesverfassung binden nur die *Landes*staatsgewalt – Legislative, Exekutive und Judikative – als rechtsverbindliche Verhaltensanweisungen (Art. 21 Satz 2 Verf. Saarland)[41]. Soweit die landesverfassungsrechtlichen Gewährleistungen hinter denjenigen des Grundgesetzes zurückbleiben, kann der einzelne sich – vor dem Bundesverfassungsgericht – auf die weitergehenden Bundesgrundrechte berufen[42]. Enthalten die Landesgrundrechte dagegen über das Grundgesetz hinausgehende Gewährleistungen, ist zu unterscheiden: Ist „engeres" Bundesrecht zu vollziehen, das den Rechtsanwendern des Landes keinerlei Spielräume beläßt, gehen die bundesrechtlichen Normen – gleichgültig welcher Stufe – den Bestimmungen der Landes-

11
Bindung der Landesstaatsgewalt

---

38 *BVerfGE* 96, 345 (365); *VerfGH Saarland*, B. v. 24. 9. 1998 (Lv 4/98), RN 8 (die Entscheidungen des VerfGH Saarland sind abrufbar unter: https://verfassungsgerichtshof-saarland.de/entscheidungen); obwohl Art. 142 GG lediglich die Gewährleistungen der Art. 1 bis 18 GG erwähnt, stehen im Sinne der Vorschrift diesen Grundrechten weitere grundrechtliche Gewährleistungen – vor allem die justitiellen Grundrechte – gleich, vgl. *VerfGH Saarland*, B. v. 19. 4. 2016 (Lv 12/14), S. 14; → Bd. III: *Maurer*, Landesgrundrechte im Bundesstaat, § 82.
39 *BVerfGE* 96, 345 (365); *VerfGH Saarland*, Urt. v. 2. 5. 1983 (Lv 2/82 u. a.), S. 23 ff.; B. v. 24. 9. 1998 (Lv 4/98), RN 8; *Guckelberger*, in: Wendt/Rixecker (LitVerz.), Art. 1 RN 2; kritisch gegenüber der Annahme, das Grundgesetz gewähre lediglich einen bestimmten Mindeststandard, *H. Dreier*, GG (LitVerz.), Art. 142 RN 49 ff.; als für Nichtdeutsche gegenüber Art. 12 Abs. 1 Satz 1 GG weitergehende, Gültigkeit beanspruchende Garantie betrachtet *VerfGH Saarland*, Urt. v. 25. 2. 1983 (Lv 2/82 u. a.), S. 10, 21 ff., Art. 33 Abs. 3 Satz 1 Verf. Saarland, nach dem der Zugang zum Hochschulstudium jedem offensteht.
40 *BVerfGE* 96, 345 (365); *Pieroth*, in: Jarass/ders., GG (LitVerz.), Art. 142 RN 3; *Guckelberger*, in: Wendt/Rixecker (LitVerz.), Art. 1 RN 2.
41 *Brosig*, Verfassung (LitVerz.), S. 130 f.
42 → Bd. II: *Kempen*, Grundrechtsverpflichtete, § 54 RN 20; *Guckelberger*, in: Wendt/Rixecker (LitVerz.), Art. 1 RN 3.

§ 256   Sechzehnter Teil: III. Die Grundrechte in den Landesverfassungen

Landesgrundrechte bei Ermessensspielräumen

verfassung vor[43]. Ermöglicht das Bundesrecht dagegen den mit der Rechtsanwendung betrauten Organen des Landes durch Einräumung entsprechender Spielräume, etwa bei Ermessensnormen oder der Statuierung eines Beurteilungsspielraums, die Berücksichtigung weitergehenden Landesrechts, haben sie trotz der Anwendung von Bundesrecht innerhalb der vorgegebenen Grenzen die Grundrechte oder Staatszielbestimmungen der Landesverfassung mit heranzuziehen[44]. Auch wenn die Errichtung, Organisation und das Verfahren der Gerichte weitgehend durch Bundesgesetze geregelt ist, nehmen die Landesgerichte bei ihrer Rechtsprechungstätigkeit Landesstaatsgewalt wahr und sind deshalb nach dem Bundesverfassungsgericht bei ihrer Verfahrensgestaltung auch an die Grundrechte der Landesverfassung gebunden[45]. Selbstverständlich hat die Landesstaatsgewalt bei dem Vollzug von Landesrecht den Landesgrundrechten zur Entfaltung zu verhelfen.

C. Landesrechtliche Grundrechtsbestimmungen

I. Menschenwürde, Leben und Freiheit

1. Schutz der Menschenwürde, Recht auf Leben und Freiheit

12

Achtung und Rechte der „Einzelperson"

Der erste Abschnitt des ersten Teils der saarländischen Verfassung behandelt die „Einzelperson". Es ist deshalb nur konsequent, wenn die Verfassung mit der Bestimmung beginnt, daß jeder Mensch „[...] das Recht [hat], als Einzelperson geachtet zu werden" (Art. 1 Satz 1). Damit wird klar zum Ausdruck gebracht, daß der einzelne als Individuum vom Staat zu respektieren ist und diesem mit entsprechenden subjektiven Rechten gegenübertritt[46]. In Artikel 1 Satz 2 werden sodann einzelne Elemente der vorhergehenden fundamentalen Wertentscheidung verdeutlicht[47]. Dem Menschen kommt das Recht auf Leben, Freiheit und Anerkennung der *Menschenwürde* zu. Das menschliche Leben ist die vitale Basis des in Artikel 1 Satz 1 geregelten Achtungsanspruchs[48]. Der Schutzbereich des Artikels 1 Satz 1 entspricht in systematischem Zusammenhang mit Artikel 1 Satz 2 der Garantie der Menschenwürde des Art. 1 Abs. 1 GG[49]. Während bei der Menschenwürde-Bestimmung des Art. 1 GG streitig ist, ob sie ein Grundrecht enthält[50], ist dies für die saarländi-

Elemente der fundamentalen Wertentscheidung

---

43 *BVerfGE 1*, 264 (280f.); *96*, 345 (365f.); *VerfGH Saarland*, B. v. 24.9.1998 (Lv 4/98), RN 9; *Pieroth* (FN 40), Art. 142 RN 4; *Guckelberger*, in: Wendt/Rixecker (LitVerz.), Art. 1 RN 3.
44 *BVerfGE 96*, 345 (366); *VerfGH Saarland*, Urt. v. 2.5.1983 (Lv 2/82 u.a.), S. 25ff.; *Guckelberger*, in: Wendt/Rixecker (LitVerz.), Art. 1 RN 3.
45 *BVerfGE 96*, 345 (366); s. auch *VerfGH Saarland*, Urt. v. 2.5.1983 (Lv 2/82 u.a.), S. 27; *Guckelberger*, in: Wendt/Rixecker (LitVerz.), Art. 1 RN 3.
46 *Schranil* (LitVerz.), Art. 1 Bem. 2; *Guckelberger* aaO., Art. 1 RN 6.
47 Zweiter Teilbericht der Enquêtekommission für Verfassungsfragen 1976–1980, LT-Drucks. 7/2207, S. 8.
48 *BVerfGE 115*, 118 (152).
49 *Gröpl*, in: ders./Guckelberger/Wohlfarth (LitVerz.), RN 177. Vgl. → Bd. IV: *Isensee*, Würde des Menschen, § 87.
50 Zum Streitstand vgl. *Höfling*, in: Sachs, GG (LitVerz), Art. 1 RN 5ff.

sche Verfassung, die ausdrücklich vom „Recht" auf Achtung der Einzelperson spricht, eindeutig zu bejahen[51]. Angesichts der absoluten Formulierung in Art. 1 Satz 1 Verf. Saarland und der in Art. 1 Abs. 1 Satz 1 GG enthaltenen Gewährleistung unterliegt die Menschenwürde als „oberster Verfassungswert"[52] keinen Beschränkungsmöglichkeiten, auch nicht auf Grund kollidierender Verfassungswerte[53].

Im Verhältnis des Rechts auf Achtung als Einzelperson zu den anderen Landesgrundrechten sind letztere angesichts ihres Zuschnitts auf spezielle Lebenssachverhalte und ihrer regelmäßig größeren Konkretisierungsdichte bei der verfassungsrechtlichen Beurteilung vorrangig heranzuziehen. Bei der Auslegung und Anwendung der anderen Grundrechte ist aber stets die Menschenwürde im Blick zu behalten. Sie bildet auch bei Eingriffen in andere Grundrechte eine absolute Grenze[54]. Sie bietet dem einzelnen schließlich als „last refuge" einen Auffangschutz gegenüber solchen schweren Beeinträchtigungen, die von keiner anderen Grundrechtsbestimmung erfaßt werden[55].

13
Verhältnis zu den anderen Landesgrundrechten

„last refuge"

Der Achtungsanspruch des Art. 1 Satz 1 Verf. Saarland wirkt nicht unmittelbar gegenüber – privaten – Dritten. Das ergibt sich insbesondere aus Art. 21 Satz 2 Verf. Saarland, nach dem die Grundrechte „nur" Gesetzgeber, Richter und Verwaltung binden[56]. Zudem „bestimmt" nach Art. 1 Satz 2 Verf. Saarland das Recht auf Anerkennung der Menschenwürde „die Ordnung der Gemeinschaft". Daher ist der saarländische Gesetzgeber dazu aufgerufen, im Rahmen seiner Kompetenzen eine „Gemeinschaftsordnung" herzustellen, die den Achtungsanspruch des Artikels 1 Satz 1 bzw. die Menschenwürde des einzelnen (auch) gegen Beeinträchtigungen durch Dritte schützt (Schutzanspruch)[57].

14
Keine unmittelbare Drittwirkung

Schutzanspruch

Neben der Achtung der Menschenwürde garantiert Art. 1 Satz 2 Verf. Saarland das Recht auf *Leben* und das Recht auf *Freiheit*. Mit der letzteren Gewährleistung normiert die Verfassung das zentrale, allgemeine Freiheitsrecht. Mit dieser Generalklausel der Freiheitsgarantien[58] wird zum Ausdruck gebracht, daß der Staat den Menschen nicht voll erfassen darf, sondern ihn primär als autonomes, unabhängiges Individuum zu respektieren hat[59]. Der Begriff der Freiheit ist nahezu unbegrenzt, weshalb er sich nur schwer positiv umschreiben läßt[60]. Die Vorschrift des Art. 2 Satz 1 Verf. Saarland verdeutlicht den Gehalt der Gewährleistung der Freiheit gemäß Artikel 1 Satz 2 Verf. Saarland, indem er festlegt, daß niemand zu einer Handlung, Duldung

15
Generalklausel der Freiheitsgarantien

---

51 *Guckelberger*, in: Wendt/Rixecker (LitVerz.), Art. 1 RN 7.
52 *BVerfGE 109*, 279 (311).
53 *BVerfGE 93*, 266 (293); *109*, 279 (313, 314 und 315); *Höfling*, in: Sachs, GG (LitVerz), RN 11.
54 *Guckelberger*, in: Wendt/Rixecker (LitVerz.), Art. 1 RN 14; s. auch *Höfling* aaO., RN 67.
55 *Guckelberger* aaO., Art. 1 RN 14; s. auch *Höfling* aaO., RN 67.
56 *Guckelberger* aaO., Art. 1 RN 9; *Gröpl*, in: ders./Guckelberger/Wohlfarth (LitVerz.), RN 179; zur unmittelbaren Bindungswirkung der Grundrechte siehe *VerfGH Saarland*, B. v. 18. 2. 1964 (Lv 1/63), S. 13 ff.
57 *Guckelberger* aaO., Art. 1 RN 9 f.; *Gröpl* aaO., RN 179; für die Annahme einer unmittelbaren Drittwirkung dagegen noch *Schranil* (LitVerz.), Art. 1 Bem. 2.
58 So für die rheinland-pfälzische Verfassung *Gusy*, in: Grimm/Caesar (LitVerz.), Art. 1 RN 4.
59 S. dazu → Bd. I: *P. Kirchhof*, Grundrechtsinhalte und Grundrechtsvoraussetzungen, § 21 RN 4.
60 *Guckelberger*, in: Wendt/Rixecker (LitVerz.), Art. 1 RN 19.

§ 256 Sechzehnter Teil: III. Die Grundrechte in den Landesverfassungen

oder Unterlassung gezwungen werden darf, zu der ihn das Gesetz nicht verpflichtet[61]. Beide Regelungen zusammen verbürgen die *allgemeine Handlungsfreiheit*, wie sie für das Grundgesetz in Artikel 2 Abs. 1 geregelt ist[62].

16
Einzelne Facetten des (subsidiären) allgemeinen Freiheitsrechts

Die saarländische Verfassung enthält (erst) in den nachfolgenden Artikeln spezielle Bestimmungen zu einzelnen Facetten dieses allgemeinen Grundrechts, die die in Artikel 1 Satz 2 und Artikel 2 Satz 1 generell gewährleistete Freiheit des einzelnen konkretisieren – Artikel 3 regelt die Freiheit der Person, Artikel 4 die Glaubens- und Gewissensfreiheit, Artikel 5 die freie Meinungsäußerung. Daher kommt die allgemeine Freiheitsgewährleistung der Artikel 1 Satz 2 und 2 Satz 1 nur subsidiär zur Anwendung, falls sich ein Eingriff gegen Freiheiten richtet, die nicht von einem der spezielleren Grundrechte geschützt sind.

17
Gesonderte Gewährleistung der Bewegungsfreiheit

Die Gewährleistung der Art. 1 Satz 2, Art. 2 Satz 1 Verf. Saarland umfaßt nicht die persönliche (körperliche) Bewegungsfreiheit (liberté d'aller et de venir). Diese wird von den Artikeln 3 und 13 aufgenommen; davon wird die Freiheit im Sinne der genannten Artikel konsumiert[63]. Obwohl der terminologische Bezug zwischen den materiellen und formellen Garantien, den Art. 2 Abs. 2 Satz 2 GG und Art. 104 Abs. 1 GG kennen, der saarländischen Verfassung fehlt und obwohl das Vorbild – Art. 14 WRV – weiter verstanden wurde, ergibt sich diese Auslegung aus der Verfassungssystematik und dem sich aus der Verbürgung seiner Unantastbarkeit ergebenden besonderen Rang des Grundrechts der Freiheit der Person. Die Handlungsfreiheit gewissermaßen zweifach und mit unterschiedlichem Gewicht als Grundrecht zu nennen, würde keinen Sinn ergeben. Damit entspricht der Inhalt des Grundrechts nach Art. 3 Satz 1 Verf. Saarland der Gewährleistung des Art. 2 Abs. 2 Satz 2 GG[64].

18
Verfahrensrechtliche Dimension

Der besondere Rang der Freiheit der Person wirkt sich nicht zuletzt in verfahrensrechtlicher Hinsicht aus. Über die formellen Anforderungen des Art. 13 Verf. Saarland hinaus hat Artikel 3 Satz 1 Bedeutung für den Rechtsschutz betroffener Personen. Können sie gerichtliche Hilfe gegen die Anordnung oder den Vollzug einer ihre Freiheit beschränkenden Maßnahme nicht mehr erreichen, weil sie sich „erledigt" hat, so besteht in aller Regel ein rechtliches Interesse an der Feststellung der Rechtswidrigkeit der Maßnahme fort, obwohl keinerlei Wirkung mehr von ihr ausgeht. Ein solches Interesse ist

---

61 Zweiter Teilbericht der Enquêtekommission für Verfassungsfragen 1976–1980, LT-Drucks. 7/2207, S. 8, 9.
62 Der *VerfGH Saarland* stellt mit B. v. 19.3.2004 (Lv 6/03), RN 11, und mit Urt. v. 13.3.2006 (Lv 2/05), RN 61 f., nur auf Art. 2 Satz 1 Verf. Saarland ab. Nach *Guckelberger* aaO., Art. 1 RN 19, Art. 2 RN 1, soll Art. 1 Satz 2 Verf. Saarland Auffanggrundrecht auch zur allgemeinen Handlungsfreiheit des Art. 2 Satz 1 Verf. Saarland sein. Auch *Gröpl*, in: ders./Guckelberger/Wohlfarth (LitVerz.), RN 180, sieht die allgemeine Handlungsfreiheit allein in Art. 2 Abs. 1 Verf. Saarland geregelt; gegenüber diesem Auffanggrundrecht verbleibt nach ihm allerdings für die Freiheitsgewährleistung in Art. 1 Satz 2 Verf. Saarland kein Raum.
63 *Rixecker*, in: Wendt/ders. (LitVerz.), Art. 3 RN 1; zu Beginn der Verfassungsentwicklung wurde dagegen noch angenommen, daß die Schutzbereiche des Art. 2 Satz 1 und des Art. 3 Satz 1 im wesentlichen übereinstimmten, vgl. *Schranil* (LitVerz.), Bem. zu Art. 3.
64 *VerfGH Saarland*, B. v. 28.6.2007 (Lv 2/07), RN 11; *Rixecker*, in: Wendt/ders. (LitVerz.), RN 1; zum Inhalt des in Art. 3 Satz 1 i.V. mit Art. 13 Abs. 1, Abs. 2 Satz 2 enthaltenen Schutzversprechens vgl. *VerfGH Saarland*, B. v. 2.4.2007 (Lv 2/06 und Lv 6/06), RN 18.

unabhängig davon, ob es sich um einen Eingriff gehandelt hat, der nach dem typischen Verfahrensablauf auf eine Zeitspanne beschränkt ist, in der die betreffende Person Rechtsschutz erlangen kann[65]. Unerheblich ist es auch, welche Dauer der Eingriff hatte[66]. Auch fehlt es an einem rechtlichen Interesse an der nachträglichen Klärung der Rechtswidrigkeit einer Beeinträchtigung nicht schon deshalb, weil sie sich als im Ergebnis der Sache nach als berechtigt erweist. Denn das Grundrecht schützt gerade auch vor beliebigen Formen seiner Verletzung[67].

In der Gegenüberstellung zu Art. 2 Abs. 2 Satz 1 GG fällt auf, daß in der saarländischen Verfassung eine ausdrückliche Garantie der körperlichen Unversehrtheit fehlt. Der Verfassungsgerichtshof des Saarlandes hat hier das von ihm dem Art. 2 Satz 1 Verf. Saarland zugeordnete Grundrecht der allgemeinen Handlungsfreiheit – als Freiheit, nicht zu einer Duldung gezwungen zu werden – angewendet[68]; in einer neueren Entscheidung hat er offengelassen, ob Eingriffe in die physische Integrität eines Menschen die allgemeine Handlungsfreiheit oder das Grundrecht auf Freiheit gemäß Art. 1 Satz 2 Verf. Saarland[69] berühren[70]. Nach anderer Ansicht ergibt sich das Grundrecht der körperlichen Unversehrtheit aus einer Zusammenschau des Rechts auf Leben gemäß Artikel 1 Satz 2 und des Rechts auf Freiheit nach dieser Vorschrift[71]. Auf dem Boden der oben entwickelten Auffassung erscheint es dagegen vorzugswürdig, die in Artikel 2 Satz 1 und Artikel 1 Satz 2 zu verortende allgemeine Handlungsfreiheit im Verein mit dem Recht auf Leben gemäß der letzteren Vorschrift als Grundlage des Rechts der körperlichen Unversehrtheit anzuerkennen.

19
Fehlen ausdrücklicher Garantie körperlicher Unversehrtheit

2. Allgemeine Handlungsfreiheit

Das Grundrecht der allgemeinen Handlungsfreiheit gemäß Art. 1 Satz 2 und 2 Satz 1 Verf. Saarland entspricht nach Norminhalt und Normumfang weitgehend dem in Art. 2 Abs. 1 GG und den meisten Landesverfassungen gewährleisteten Grundrecht der allgemeinen Handlungsfreiheit[72]. Aus dem Zusammenhang der beiden Vorschriften ergibt sich, daß sie auf einen umfassenden Schutz der menschlichen Handlungsfreiheit zielen, und der einzelne tun und lassen darf, was gesetzlich nicht verboten ist[73]. Zu beachten ist, daß die saarländische Verfassung die Gewerbe- und Vertragsfreiheit in ihrem Artikel 44 Satz 1 schützt[74], aber keine spezifische Gewährleistung der Berufsfreiheit enthält. In allen Fällen, in denen kein Gewerbe im Sinne von Artikel 44 Satz 1

20
In Norminhalt und Normumfang wie Art. 2 Abs. 1 GG

Berufsfreiheit

---

65 *VerfGH Saarland*, B. v. 5. 9. 2007 (Lv 8/06), RN 16 f.; *BVerfGE 96*, 27 (40); *104*, 220 (233 f.).
66 *VerfGH Saarland*, B. v. 28. 6. 2007 (Lv 2/07), RN 11; *Rixecker*, in: Wendt/ders. (LitVerz.), Art. 3 RN 6.
67 *Rixecker*, in: Wendt/ders. (LitVerz.), Art. 3 RN 6.
68 *VerfGH Saarland*, B. v. 19. 3. 2004 (Lv 6/03), RN 11, 32.
69 So *Guckelberger*, in: Wendt/Rixecker (LitVerz.), Art. 1 RN 16.
70 *VerfGH Saarland*, B. v. 15. 4. 2010 (Lv 5/09), S. 6, 12.
71 *Gröpl*, in: ders./Guckelberger/Wohlfarth (LitVerz.), RN 180.
72 Zweiter Teilbericht der Enquêtekommission für Verfassungsfragen 1976–1980, LT-Drucks. 7/2207, S. 9. Vgl. → Bd. V: *Kahl*, Die allgemeine Handlungsfreiheit, § 124.
73 *Guckelberger*, in: Wendt/Rixecker (LitVerz.), Art. 2 RN 3.
74 Zum Inhalt der Gewerbefreiheit vgl. *VerfGH Saarland*, Urt. v. 1. 12. 2008 (Lv 2/08, 3/08, 6/08), S. 13; Urt. v. 28. 3. 2011 (Lv 3, 4, 6/10), S. 11 f.; B. v. 8. 10. 2013 (Lv 1/13), S. 9, 14.

– der Begriff ist im Sinne des zur Zeit seiner Entstehung geltenden Reichsrechts (§ 6 Abs. 1 Satz 1 GewO) zu verstehen[75] – vorliegt, ist bei beruflichen Tätigkeiten daher auf Art. 2 Satz 1 Verf. Saarland zu rekurrieren[76]. Soweit sich im beruflichen und außerberuflichen Bereich die Privatautonomie in der Vertragsfreiheit manifestiert, ist die ausdrückliche Gewährleistung der Vertragsfreiheit in Art. 44 Satz 1 Verf. Saarland einschlägig[77]. Mitzulesen sind in diesem Zusammenhang die Regelungen zur Wirtschafts- und Sozialordnung in den Artikeln 43 bis 59, die allerdings vielfach nur Programmcharakter aufweisen; im Kollisionsfall wird ihnen ohnehin durch Bundesrecht derogiert (Art. 31, 142 GG)[78]. Während das Grundgesetz die Auswanderungsfreiheit im Rahmen der allgemeinen Handlungsfreiheit verbürgt[79], kennt die saarländische Verfassung in Artikel 9 Abs. 2 eine Spezialbestimmung.

21
Einschränkbarkeit

Legitimes Gemeinwohlziel

Verhältnismäßigkeit

Die Einschränkbarkeit der allgemeinen Handlungsfreiheit folgt aus Art. 1 Satz 2 Verf. Saarland[80] wie aus Artikel 2 Satz 1, nicht erst aus Artikel 2 Satz 3. In diesen Vorschriften wird wie bei Art. 2 Abs. 1 GG ein einfacher Gesetzesvorbehalt statuiert[81]. Die Einschränkung muß im Einklang mit der Landesverfassung stehen und darf nicht gegen das höherrangige Bundesrecht verstoßen. Sie muß dem aus dem Rechtsstaatsprinzip abzuleitenden Verhältnismäßigkeitsgrundsatz genügen. Der Eingriff muß daher ein legitimes Gemeinwohlziel verfolgen und zur Erreichung des verfolgten Zwecks geeignet und erforderlich sein und darf auch nicht außer Verhältnis zum verfolgten Zweck stehen[82]. Wenn daher Art. 1 Satz 2 Verf. Saarland formuliert, daß neben dem Recht auf Leben und der Menschenwürde das Recht auf Freiheit „in den Grenzen des Gesamtwohles" die Ordnung der Gemeinschaft bestimmt, ist dies nicht dahingehend zu verstehen, daß die saarländische Verfassung mit dem „Gesamtwohl" „neben den Personenwerten einen weiteren Bestimmungsgrund der staatlichen Ordnung [nennt], der diesen übergeordnet und ihnen möglicherweise entgegenwirkend erscheint"[83]. Die Verfassung weist vielmehr lediglich auf die Antinomie hin, die zwischen grundrechtlicher Freiheit und staatlichen Einschränkungserfordernissen aus Gründen des Gemeinwohls besteht und die mittels einer Abwägung nach dem Grundsatz der Verhältnismäßigkeit zu bewältigen ist[84].

---

75 *VerfGH Saarland*, B. v. 19. 3. 2004 (Lv 4/03), RN 11.
76 *VerfGH Saarland*, B. v. 19. 3. 2004 (Lv 4/03), RN 12 (rechtsanwaltliche Tätigkeit); B. v. 7. 4. 2014 (Lv 9/13), S. 7 f. (ärztliche Tätigkeit); *Guckelberger*, in: Wendt/Rixecker (LitVerz.), Art. 2 RN 2; dagegen unterstellt *VerfGH Saarland*, B. v. 18. 3. 2013 (Lv 6/12), S. 10, die Wahl und Ausübung einer selbständigen Tätigkeit Art. 44 Satz 1.
77 *Guckelberger* aaO., Art. 2 RN 2; *Gröpl*, in: ders./Guckelberger/Wohlfarth (LitVerz.), RN 181.
78 *Gröpl* aaO., RN 181.
79 *BVerfGE* 6, 32. Vgl. → Bd. IV: *Merten*, Freizügigkeit, § 94 RN 130 ff., insb. 138 ff.
80 Zur Beschränkbarkeit der hier genannten Rechte im Interesse des Gesamtwohls *Schranil* (LitVerz.), Art. 1 Bem. 2.
81 *VerfGH Saarland*, Urt. v. 13. 3. 2006 (Lv 2/05), RN 62; *Guckelberger*, in: Wendt/Rixecker (LitVerz.), Art. 2 RN 7.
82 *VerfGH Saarland*, Urt. v. 13. 3. 2006 (Lv 2/05), RN 62.
83 So aber Zweiter Teilbericht der Enquêtekommission für Verfassungsfragen 1976–1980, LT-Drucks. 7/2207, S. 9; die Kommission schlug daher die Streichung des Passus „in den Grenzen des Gesamtwohles" vor.
84 Vgl. auch *Guckelberger*, in: Wendt/Rixecker (LitVerz.), Art. 2 RN 21.

3. Allgemeines Persönlichkeitsrecht

Im Normtext der saarländischen Verfassung fehlt ebenso wie in dem des Grundgesetzes die Gewährleistung des allgemeinen Persönlichkeitsrechts. Auf beiden Verfassungsebenen gilt es jedoch als unbenanntes Freiheitsrecht[85]. Das allgemeine Persönlichkeitsrecht wird (wiederum) aus der Kombination von Art. 2 Satz 1 und Art. 1 Sätze 1 und 2 Verf. Saarland abgeleitet[86]. Über dieses Recht werden solche Facetten der Persönlichkeit gewährleistet, die zwar nicht Gegenstand besonderer Freiheitsgarantien sind, diesen aber in ihrer konstituierenden Bedeutung für die Persönlichkeit nicht nachstehen[87]. Im Unterschied zur verhaltensbezogenen allgemeinen Handlungsfreiheit geht es um das Recht, „für sich zu sein", „sich selber zu gehören" und ein Eindringen oder einen Einblick in diesen Bereich durch andere auszuschließen[88]. Der einzelne darf selbst darüber entscheiden und bestimmen, ob und inwieweit andere Personen sein Lebensbild im ganzen oder bestimmte Vorgänge aus seinem Leben öffentlich darstellen dürfen[89]. Dem sachlichen Anwendungsbereich des Grundrechts unterfallen der Intim- und Sexualbereich[90], die vertrauliche Kommunikation unter Eheleuten[91], die Informationen über Krankheiten[92], das Recht am gesprochenen Wort[93] und am eigenen Bild[94] sowie an Aufzeichnungen der Person[95], das Recht auf eine Ausrichtung der Vollstreckung und des Vollzugs einer Freiheitsstrafe auf Resozialisierung[96], die persönliche Ehre[97] sowie der soziale Geltungsanspruch einer Person[98] und der Name.

22
Unbenanntes Freiheitsrecht

Facetten konstituierender Merkmale der Persönlichkeit

Sachlicher Anwendungsbereich

Der Schutzbereich des allgemeinen Persönlichkeitsrechts ist nicht nur berührt, wenn die gesetzgebende, die vollziehende oder die rechtsprechende Gewalt einer Person versagt, ihren Namen zu führen, oder wenn sie deren Namen in einer Weise verwendet, welche die Interessen des Namensträgers durch Verwirrung über seine Identität verletzt[99]. Der Name eines Menschen hat nicht nur als Unterscheidungskriterium funktionale Bedeutung; er ist auch Ausdruck der Identität und Individualität und nimmt insoweit am allgemeinen Persönlichkeitsschutz teil[100]. Der Name begleitet die Lebensgeschichte

23
Schutzbereichsverletzungen

---

85 *Gröpl*, in: ders./Guckelberger/Wohlfarth (LitVerz.), RN 182.
86 *VerfGH Saarland*, B. v. 27. 5. 2002 (Lv 2/02 e.A.), RN 14; Urt. v. 31. 10. 2002 (Lv 2/02), RN 21; B. v. 2. 4. 2003 (Lv 3/03), RN 12; B. v. 18. 3. 2013 (Lv 6/12), S. 8, 10; B. v. 7. 6. 2016 (Lv 2/16), S. 4.
87 *BVerfGE 99*, 185 (193); *114*, 339 (346).
88 *BVerfGE 35*, 202 (220); *54*, 148 (153); *101*, 361 (380); *Guckelberger*, in: Wendt/Rixecker (LitVerz.), Art. 2 RN 32.
89 *BVerfGE 35*, 202 (220); *65*, 1 (42).
90 *VerfGH Saarland*, Urt. v. 31. 10. 2002 (Lv 2/02), RN 18; *BVerfGE 47*, 46 (73 f.); *101*, 361 (382).
91 *BVerfGE 27*, 344 (351 f.); *101*, 361 (382).
92 *BVerfGE 32*, 373 (379 f.); *101*, 361 (382).
93 *BVerfGE 34*, 238 (246); *54*, 148 (154); *54*, 208 (217).
94 *BVerfGE 34*, 238 (246); *54*, 148 (154).
95 *BVerfGE 54*, 148 (154); *101*, 361 (381 f.).
96 *VerfGH Saarland*, B. v. 18. 3. 2013 (Lv 6/12), S. 8, 10; B. v. 7. 6. 2016 (Lv 2/16) – offener oder geschlossener Vollzug.
97 *BVerfGE 54*, 148 (154); *93*, 266 (290); *97*, 125 (147).
98 *VerfGH Saarland*, Urt. v. 31. 10. 2002 (Lv 2/02), RN 18.
99 *VerfGH Saarland*, Urt. v. 31. 10. 2002 (Lv 2/02), RN 21.
100 *VerfGH Saarland*, Urt. v. 31. 10. 2002 (Lv 2/02), RN 22.

seines Trägers[101]; er steht nicht beliebig zur Disposition und darf nicht verfälscht werden[102]. Der Name einer Person darf von Dritten grundsätzlich nicht in einem Zusammenhang verwendet werden, der so gar nicht besteht oder geeignet ist, sie in ein falsches oder gar anrüchiges Licht zu setzen[103]. Aufgrund des Persönlichkeitsschutzes kann der einzelne jedoch nicht beanspruchen, in der Öffentlichkeit nur so dargestellt zu werden, wie er sich selbst sieht oder von anderen gerne gesehen werden möchte[104].

24
Rechtliche und faktische Eingriffswirkungen

In das allgemeine Persönlichkeitsrecht kann sowohl durch rechtliche Regelungen als auch durch faktische Einwirkungen[105], zum Beispiel durch systematische Beobachtung[106], eingegriffen werden. Wird ein Antrag auf Einsetzung eines Untersuchungsausschusses oder gar die Benennung einer Mißstandsenquête mit dem Namen einer Person verbunden, liegt in diesem Akt hoheitlicher Gewalt eine Beeinträchtigung ihres Persönlichkeitsrechts. Denn dadurch wird der Eindruck einer möglichen Verantwortung dieser Person für den denkbaren Mißstand erweckt[107].

25
Beschränkung im Allgemeininteresse auf Grund eines Gesetzes

Sphärentheorie

Trotz der Querverbindung zur Garantie der Menschenwürde wird das allgemeine Persönlichkeitsrecht nicht schrankenlos gewährleistet. Es kann wie die allgemeine Handlungsfreiheit im Allgemeininteresse auf Grund eines Gesetzes eingeschränkt werden, wenn die Verhältnismäßigkeit gewahrt ist. Nach der hierzu von der Rechtsprechung entwickelten so genannten Sphärentheorie ist allerdings zu unterscheiden zwischen einer der öffentlichen Gewalt schlechthin verschlossenen Intimsphäre als dem Kernbereich privater Lebensgestaltung[108] und einer Privatsphäre, in die unter strenger Wahrung des Verhältnismäßigkeitsgrundsatzes eingegriffen werden darf[109]. Je mehr sich das Individuum bewußt in die Öffentlichkeit hineinbegibt (Sozialsphäre), desto eher kann der Eingriff in das Persönlichkeitsrecht in Anlehnung an die Grundsätze für eine Einschränkung der allgemeinen Handlungsfreiheit gerechtfertigt sein[110].

26
Sachgebotenheit und Verhältnismäßigkeit der Namensnennung

Das Untersuchungsrecht des Parlaments erlaubt nach der Rechtsprechung des saarländischen Verfassungsgerichtshofs nicht nur die Einsetzung eines Untersuchungsausschusses und dessen Beauftragung mit der Erforschung eines zu umgrenzenden Sachverhalts, sondern auch dessen sach- oder personenbezogene Benennung. Angesichts des Eingriffs in das Persönlichkeitsrecht des Namensträgers muß die Verbindung des Ausschusses mit einem bestimmten Namen allerdings einen sachlichen Anlaß haben und verhältnismäßig

---

101 *BVerfGE* 97, 391 (399).
102 *VerfGH Saarland*, Urt. v. 31.10.2002 (Lv 2/02), RN 22.
103 *VerfGH Saarland*, B. v. 27.5.2002 (Lv 2/02 e.A.), RN. 14; Urt. v. 31.10.2002 (Lv 2/02), RN 22; *BVerfGE* 97, 391 (399).
104 *VerfGH Saarland*, Urt. v. 31.10.2002 (Lv 2/02), RN 22; *BVerfGE* 99, 185 (194); *Guckelberger*, in: Wendt/Rixecker (LitVerz.), Art. 2 RN 33.
105 *VerfGH Saarland*, Urt. v. 31.10.2002 (Lv 2/02), RN 18.
106 *Guckelberger* aaO., Art. 2 RN 35; *Jarass*, in: ders./Pieroth, GG (LitVerz.), Art. 2 RN 53 f.
107 *VerfGH Saarland*, B. v. 27.5.2002 (Lv 2/02 e.A.), RN 14.
108 *BVerfGE* 6, 32 (41); 34, 238 (245); 113, 348 (390); 120, 274 (335).
109 *BVerfGE* 34, 238 (246); 80, 367 (375); 115, 320 (344 ff.); 120, 274 (335).
110 *BVerfGE* 35, 202 (220); 80, 367 (373); *Guckelberger*, in: Wendt/Rixecker (LitVerz.), Art. 2 RN 36.

sein. Die Untersuchung eines Mißstandes muß sich daher im wesentlichen der Verantwortung dieser Person widmen. Sie muß ferner geeignet sein, die von der Untersuchung verfolgten Zwecke zu erreichen. Es darf kein milderes, den Namensträger weniger belastendes und gleichermaßen geeignetes Mittel zur Erreichung des Zwecks der Untersuchung zur Verfügung stehen. Eine übermäßige Belastung der Person darf nicht erfolgen[111]. Insbesondere muß es tatsachengestützte Anhaltspunkte für ein Fehlverhalten der jeweiligen Person von erheblichem Gewicht geben[112]. Bei der verfassungsrechtlichen Beurteilung fällt zudem ins Gewicht, ob die Untersuchung eine Privatperson betrifft, die nur aufgrund besonderer Umstände Gegenstand öffentlichen Interesses geworden ist, oder ob es um eine Person geht, die ein in die Öffentlichkeit wirkendes Amt wahrgenommen hat oder wahrnimmt[113]. Gegebenenfalls ist durch eine entsprechende Verfahrensgestaltung auf den gebotenen Persönlichkeitsschutz hinzuwirken[114].

4. Schutz der personenbezogenen Daten

Im Unterschied zum Grundgesetz enthält die saarländische Verfassung seit dem Jahre 1985[115] in Artikel 2 Sätze 2 und 3 ein Grundrecht auf Schutz der personenbezogenen Daten. Seine Aufnahme in die Verfassung wurde sowohl aufgrund des Gebots der Rechtsstaatlichkeit als auch zur Stabilisierung des Vertrauens der Bürger in den Staat als angemessen erachtet[116]. Es handelt sich bei ihm – als dem Recht auf informationelle Selbstbestimmung[117] – um einen speziell geregelten Ausschnitt aus dem allgemeinen Persönlichkeitsrecht[118]. Es gibt dem einzelnen die Befugnis, grundsätzlich selbst darüber zu entscheiden, wann und innerhalb welcher Grenzen er persönliche Sachverhalte offenbaren möchte[119]. Das Grundrecht vermittelt den Bürgern Schutz gegen eine unbegrenzte Erhebung, Speicherung, Verwendung und Weiterverwendung auf sie bezogener individualisierter oder individualisierbarer Daten[120]. Es geht der allgemeinen Handlungsfreiheit und dem allgemeinen Persönlichkeitsrecht vor[121]. Stellt man auf den Wortlaut des Art. 2 Satz 2 Verf.

27
Grundrecht auf informationelle Selbstbestimmung

---

111 *VerfGH Saarland*, Urt. v. 31.10.2002 (Lv 2/02), RN 25 f.
112 *VerfGH Saarland* aaO., RN 36.
113 *VerfGH Saarland* aaO., RN 38.
114 *VerfGH Saarland* aaO., RN 38; *Guckelberger*, in: Wendt/Rixecker (LitVerz.), Art. 2 RN 37.
115 Gesetz v. 25.1.1985 (Amtsbl. S. 10).
116 Äußerung des Abgeordneten *Schwarz*, in: Plenarprotokoll, 8. Wahlperiode, 60. Sitzung am 22.2.1984, S. 2979.
117 *BVerfGE 118*, 168 (183 ff.); *120*, 274 (311 f., 344).
118 *VerfGH Saarland*, B. v. 30.10.2009 (Lv 12/08), S. 11; B. v. 18.12.2015 (Lv 4/15), S. 11 f.; *Guckelberger*, in: Wendt/Rixecker (LitVerz.), Art. 2 RN 11.
119 *VerfGH Saarland*, B. v. 19.3.2004 (Lv 6/03), RN 23; B. v. 30.10.2009 (Lv 12/08), S. 7; B. v. 18.12.2015 (Lv 4/15), S. 12; *BVerfGE 65*, 1 (43); *118*, 168 (184); *120*, 274 (312).
120 *VerfGH Saarland*, B. v. 18.12.2015 (Lv 4/15), S. 12; *BVerfGE 65*, 1 (43); *103*, 21 (33); *113*, 29 (46); *120*, 274 (312); zu den personenbezogenen Daten gehören nicht nur Gegebenheiten, Tatsachen und Ereignisse, die der Identifizierung einer Person oder der Kennzeichnung ihrer tatsächlichen Verhältnisse dienen, sondern auch die Person betreffende Bewertungen, vgl. *VerfGH Saarland*, B. v. 14.7.2016 (Lv 1/16), S. 9.
121 *VerfGH Saarland*, B. v. 30.10.2009 (Lv 12/08), S. 11; B. v. 18.12.2015 (Lv 4/15), S. 12; *Guckelberger*, in: Wendt/Rixecker (LitVerz.), Art. 2 RN 12.

Saarland ab, stehen bei dem Landesgrundrecht die personenbezogenen Daten (zumindest) im Vordergrund[122]. Folgt man dem Bundesverfassungsgericht, das im Jahre 2008 als besondere Ausprägung des allgemeinen Persönlichkeitsrechts ein „Grundrecht auf Gewährleistung der Vertraulichkeit und Integrität informationstechnischer Systeme" herausgebildet hat, um Schutzlücken des Rechts auf informationelle Selbstbestimmung zu beheben[123], wird man auch für die Ebene des Landesverfassungsrechts neben dem Grundrecht auf Datenschutz ein im allgemeinen Persönlichkeitsrecht verortetes Grundrecht auf Gewährleistung der Vertraulichkeit und Integrität informationstechnischer Systeme (Computergrundrecht) anerkennen, das den persönlichen und privaten Lebensbereich der Grundrechtsträger vor einem staatlichen Zugriff im Bereich der Informationstechnik auch insoweit schützt, wie nicht nur auf einzelne gespeicherte Daten oder einzelne Kommunikationsvorgänge, sondern auf das informationstechnische System insgesamt zugegriffen wird[124]. Der Gewährleistungsgehalt dieses Rechts bezieht sich also primär auf informationstechnische Systeme. Der allgemeine Zugriff hierauf kann neben personenbezogenen Daten auch Sachinformationen tangieren[125].

An einem Eingriff in das Grundrecht auf Datenschutz fehlt es in aller Regel, wenn der Staat öffentlich zugängliche Informationen, die sich an jedermann oder zumindest an einen nicht weiter abgegrenzten Personenkreis richten, zur Kenntnis nimmt, selbst wenn auf diese Weise im Einzelfall personenbezogene Daten erhoben werden können[126]. Eingriffe in das Grundrecht – wie die Feststellung, Speicherung und Verwendung des DNA-Identifizierungsmusters gemäß § 81g StPO – bedürfen nach Art. 2 Satz 3 Verf. Saarland einer gesetzlichen Grundlage und müssen sich auf überwiegende Interessen der Allgemeinheit stützen und den Grundsatz der Verhältnismäßigkeit beachten[127]. Zur Verstärkung der verfassungsrechtlich gebotenen, namentlich aus dem Gebot der Normenklarheit und -bestimmtheit abzuleitenden Zweckbindung muß der Gesetzgeber hinreichend präzise umschreiben, zu welchem Zweck die jeweiligen Daten erhoben und verwendet werden dürfen[128]. Legitime Zwecke einer Einschränkung des Grundrechts sind zum Beispiel die Abwehr einer Gefahr für den Bestand oder die Sicherheit des Landes oder die Bekämpfung einer Gefahr für Leib, Leben oder Freiheit einer Person[129] ebenso wie die gleichmäßige Abgabenerhebung[130]. In das Grundrecht auf Gewährleistung der Vertraulichkeit und Integrität informationstechnischer Systeme kann aus präven-

---

122 *VerfGH Saarland*, B. v. 18.12.2015 (Lv 4/15), S. 12; *Guckelberger* aaO., Art. 2 RN 12.
123 *BVerfGE 120*, 274 (313). Vgl. → Bd. IV: *W. Rudolf*, Recht auf informationelle Selbstbestimmung, § 90 RN 73 ff.
124 *BVerfGE 120*, 274 (313); *Guckelberger* aaO., Art. 2 RN 12.
125 *Guckelberger* aaO., Art. 2 RN 12 f.
126 *BVerfGE 120*, 274 (344 f.).
127 *VerfGH Saarland*, B. v. 19.3.2004 (Lv 6/03), RN 23 ff.; B. v. 30.10.2009 (Lv 12/08), S. 7; B. v. 18.12.2015 (Lv 4/15), S. 13 ff.; B. v. 14.7.2016 (Lv 1/16), S. 9.
128 *VerfGH Saarland*, B. v. 18.12.2015 (Lv 4/15), S. 14, 22 f.; B. v. 14.7.2016 (Lv 1/16), S. 9. *BVerfGE 118*, 168 (186 ff.).
129 *BVerfGE 115*, 320 (346 f.).
130 *BVerfGE 118*, 168 (193).

tiven Gründen, etwa zur Aufklärung von Bedrohungslagen, aber auch zur Strafverfolgung, eingegriffen werden[131]. Gesetzliche Regelungen, die den heimlichen Zugriff auf informationstechnische Systeme gestatten, sind wegen ihrer hohen Eingriffsintensität nur zulässig, wenn tatsächliche Anhaltspunkte für eine konkrete Gefahr für ein überragend wichtiges Rechtsgut vorliegen[132].

II. Gleichheitsgrundrechte, Diskriminierungsverbote

Die Gleichheitssätze des Art. 12 Verf. Saarland erhielten ihre heute gültige Fassung durch verfassungsänderndes Gesetz vom 25. August 1999[133]. Der allgemeine Gleichheitssatz in Art. 12 Abs. 1 Verf. Saarland entspricht wörtlich Art. 3 Abs. 1 GG. Ebenso verhält es sich bis auf redaktionelle Unterschiede mit der Gleichberechtigung von Mann und Frau sowie mit den besonderen Diskriminierungsverboten (Art. 12 Abs. 2 bis 4 Verf. Saarland).

29
GG-Entsprechungen

Die Gleichheitssätze des Art. 12 Verf. Saarland gehören zu den Grundrechten der saarländischen Verfassung und binden Gesetzgeber, Richter und Verwaltung unmittelbar (Art. 21 Satz 2)[134]. Das Saarland als Gesetzgeber ist aber nur verpflichtet, in seinem Bereich den Gleichheitssatz zu wahren. Es braucht sich nicht den Regelungen anderer Länder anzupassen. Entsprechendes gilt für die Gemeinden[135]. Neben den in Artikel 12 normierten Gleichheitssätzen enthält die saarländische Verfassung weitere, besondere Gleichheitssätze. Von demokratietheoretisch herausragender Bedeutung ist dabei Artikel 63 Abs. 1, der den Grundsatz der Wahlrechtsgleichheit[136] und der Abstimmungsgleichheit normiert. Artikel 12 Abs. 3 steht hierzu in einem komplementären Verhältnis: Da sich der Regelungsbereich des Artikels 12 Abs. 3 auch auf das Wahlrecht erstreckt, präzisiert er die allgemein gefaßte Aussage des Artikels 63 Abs. 1 dahingehend, daß an die in Artikel 12 Abs. 3 genannten verpönten Differenzierungskriterien auch bei Wahlen und Abstimmungen nicht angeknüpft werden darf. Ein weiterer besonderer und damit gegenüber Artikel 12 Abs. 1 speziellerer Gleichheitssatz findet sich in Art. 24 Abs. 3 Verf. Saarland, der korrespondierend zu Art. 6 Abs. 5 GG die Gleichbehandlung nichtehelicher und ehelicher Kinder fordert. Darüber hinaus enthält Art. 47 Satz 4 Verf. Saarland eine spezialgesetzliche Ausprägung des Gleichbehandlungsgebotes des Artikels 12 Abs. 2 für das Arbeitsrecht, nach der beim Vorliegen gleicher Tätigkeit und Leistung Männer und Frauen das gleiche Entgelt erhal-

30
Beschränkung auf den Geltungsbereich der Landesverfassung

Besondere Gleichheitssätze

---

131 *BVerfGE 120*, 274 (315).
132 *BVerfGE 120*, 274 (328). Vgl. → Bd. IV: *W. Rudolf*, Recht auf informationelle Selbstbestimmung, § 90 RN 82 ff.
133 Amtsbl. S. 1318.
134 Hierzu *Schranil* (LitVerz.), Art. 12 Bem. 2.
135 *BVerfGE 21*, 54 (68); *122*, 1 (25).
136 Vgl. hierzu *VerfGH Saarland*, Urt. v. 29. 9. 2011 (Lv 4/11), S. 36 f., 52, 56 ff.; Urt. v. 16. 4. 2013 (Lv 10/12), S. 32 ff.; zur Pflicht des Gesetzgebers zur Überprüfung der – derzeit gegebenen – Vereinbarkeit der 5 v.H.-Sperrklausel des § 38 Abs. 1 Landeswahlgesetz mit dem Grundsatz der Gleichheit der Wahl ebd. S. 65 ff.; ferner *VerfGH Saarland*, Urt. v. 22. 3. 2012 (Lv 3/12), S. 9 ff.; Urt. v. 18. 3. 2013 (Lv 12/12), S. 6 ff.; B. v. 14. 9. 2015 (Lv 2/15), S. 4 ff. (Nichttangierung der Wahlrechtsgleichheit durch die Regelung von Vergütungen für gehobene parlamentarische Funktionen).

§ 256   Sechzehnter Teil: III. Die Grundrechte in den Landesverfassungen

Lohngleichheit als Grundrecht

ten. Der Grundrechtscharakter entsprechender landesverfassungsrechtlicher Bestimmungen wird vielfach verneint, und es wird ihnen lediglich die Qualität von Programmsätzen zugesprochen[137]. Aufgrund seiner strikten und hinreichend konkreten Rechtsfolge und der Eigenschaft als einer Ausformung des Gleichheitssatzes des Artikels 12 ist das Gebot des gleichen Lohns für Männer und Frauen aber als das Land unmittelbar bindende grundrechtliche Verbürgung aufzufassen[138]. Bundesverfassungsrechtlich gelten der spezielle Gleichheitssatz des Art. 3 Abs. 2 GG und das Diskriminierungsverbot des Art. 3 Abs. 3 GG ebenso wie der allgemeine Gleichheitssatz für das allgemeine Arbeitsrecht im Rahmen der Drittwirkung und der Rückwirkungen auf die Generalklauseln des Zivilrechts. Daher besteht insoweit ein Gleichklang mit dem Bundesrecht[139].

31
Reichweite des allgemeinen Gleichheitssatzes

In der Rechtsprechung des saarländischen Verfassungsgerichtshofs spielte der allgemeine Gleichheitssatz lange nur eine untergeordnete Rolle. Dies deshalb, weil sich wegen der ursprünglichen Subsidiarität der Verfassungsbeschwerde zum Verfassungsgerichtshof gegenüber der Verfassungsbeschwerde zum Bundesverfassungsgericht die Beschwerdeführer auf ein Grundrecht oder verfassungsmäßiges Recht der saarländischen Verfassung berufen mußten, das über die Gewährungen des Grundgesetzes hinausreichte[140], Art. 12 Verf. Saarland aber keine über Art. 3 GG hinausreichenden Gewährungen enthielt und enthält. Soweit der Gerichtshof dagegen berufen war, im Rahmen eines Organstreitverfahrens über Meinungsverschiedenheiten unter staatsorganschaftlich verfaßten Funktionsträgern zu entscheiden, war Art. 12 Abs. 1 Verf. Saarland nicht einschlägig[141].

32
Willkürverbot und Verhältnismäßigkeit als Differenzierungsgrenzen

„Neue Formel"

Soweit der Verfassungsgerichtshof des Saarlandes Gelegenheit hatte, auf die Voraussetzungen des Art. 12 Abs. 1 Verf. Saarland einzugehen, was insbesondere bei Normenkontrollverfahren, aber auch bei Verfassungsbeschwerden jüngeren Datums der Fall war, ist er dem Bundesverfassungsgericht gefolgt. Ebenso wie nach dem Bundesverfassungsgericht aus Art. 3 Abs. 1 GG ergeben sich nach ihm aus Art. 12 Abs. 1 Verf. Saarland je nach Regelungsgegenstand und Differenzierungsmerkmalen unterschiedliche Grenzen für den Gesetzgeber, die vom bloßen Willkürverbot bis zu einer strengen Bindung an Verhältnismäßigkeitserfordernisse reichen[142]. In Abkehr von der bloßen Willkür-Rechtsprechung[143] bekennt sich der saarländische Verfassungsgerichtshof zur sogenannten „neuen Formel" bei der Gleichheitsprüfung, nach welcher der allgemeine Gleichheitssatz des Art. 12 Abs. 1 Verf. Saarland – wie derjenige des

---

137 So etwa für Art. 56 Abs. 2 Verf. Rheinland-Pfalz *Hergenröder*, in: Brocker/Droege/Jutzi (LitVerz.), Art. 56 RN 1; nach ihm wird eine gleiche Entlohnung von Männern und Frauen aber von Art. 3 Abs. 2 Satz 1 GG gefordert (RN 2).
138 *Elicker*, in: Wendt/Rixecker (LitVerz.), Art. 47 RN 5; vgl. bereits *Schranil* (LitVerz.), Art. 47 Bem. 5.
139 *Elicker* aaO., Art. 47 RN 6.
140 Vgl. *VerfGH Saarland*, B. v. 14. 9. 1967 (Lv 1/67), S. 4 f.; *Brosig*, in: Wendt/Rixecker (LitVerz.), Teil I, S. 38.
141 *VerfGH Saarland*, Urt. v. 3. 12. 2007 (Lv 12/07), RN 34; vgl. *BVerfGE 43*, 142 (147).
142 *VerfGH Saarland*, Urt. v. 1. 12. 2008 (Lv 2/08, 3/08 und 6/08), S. 22; B. v. 20. 8. 2012 (Lv 11/11), S. 12.
143 *VerfGH Saarland* v. 1. 7. 1987 (Lv 4/86), S. 114; auch bereits *VerfGH Saarland* v. 13. 2. 1964 (Lv 1/63), S. 18; vgl. auch noch *VerfGH Saarland* v. 17. 12. 1996 (Lv 3/95), RN 117.

Art. 3 Abs. 1 GG – dann verletzt ist, wenn eine Gruppe von Normadressaten im Vergleich zu anderen Normadressaten anders behandelt wird, obwohl zwischen beiden Gruppen keine Unterschiede von solcher Art und solchem Gewicht bestehen, daß sie die ungleiche Behandlung rechtfertigen könnten[144].

Bei der Differenzierung nach personenbezogenen bzw. personengebundenen Merkmalen soll der Gesetzgeber regelmäßig einer strengen Bindung unterliegen[145]. Das soll auch dann gelten, wenn eine Ungleichbehandlung von Sachverhalten mittelbar eine Ungleichbehandlung von Personengruppen bewirkt[146]. Dem Gestaltungsspielraum des Gesetzgebers sind umso engere Grenzen gesetzt, je stärker sich die Ungleichbehandlung von Personen oder Sachverhalten auf die Ausübung grundrechtlich geschützter Freiheiten nachteilig auswirken kann[147]. Daher ist der Gesetzgeber gehindert, Ausnahmen von einem Rauchverbot, das Gastwirte nachteilig in der Ausübung ihrer Gewerbefreiheit gemäß Art. 44 Satz 1 Verf. Saarland trifft, bis zur Grenze der Willkür allein auf Grund von Opportunitätserwägungen vorzunehmen und auszugestalten. Für die Differenzierung zwischen inhabergeführten und anderen Gaststätten müssen vielmehr Unterschiede von solcher Art und solchem Gewicht vorliegen, daß sie die ungleiche Behandlung rechtfertigen[148].

33 Maßgeblichkeit der Nachteile bei der Ausübung von Freiheitsrechten

Die Durchbrechung einer vom Gesetz selbst geschaffenen Sachgesetzlichkeit indiziert eine Verletzung des Gleichheitssatzes. Das System, das der Gesetzgeber geschaffen hat und an das er sich bei einschlägigen Einzelnormierungen im Regelfall hält, begründet einen Vergleichstatbestand, der eine Abweichung im Einzelfall als gleichheitswidrig erscheinen läßt, sofern sie nicht auf Gründe gestützt werden kann, die einer Prüfung am Maßstab des Gleichheitssatzes standhalten[149].

34 Durchbrechung vorgegebener Sachgesetzlichkeit als Indiz

Der Schutz des Gleichheitssatzes bedeutet auch Schutz vor Willkür. Die fehlerhafte Auslegung eines Gesetzes allein macht eine richterliche Entscheidung aber nicht schon willkürlich. Art. 12 Abs. 1 Verf. Saarland ist vielmehr wegen Verletzung des Willkürverbots erst verletzt, wenn die richterliche Entscheidung unter keinem denkbaren Gesichtspunkt rechtlich vertretbar ist und sich daher der Schluß aufdrängt, daß sie auf sachfremden Erwägungen beruht. Willkür liegt erst dann vor, wenn eine offensichtlich einschlägige Norm nicht berücksichtigt oder der Inhalt einer Norm in krasser Weise mißdeutet worden ist[150]. Das Grundrecht auf eine dem Grundsatz der Gleichheit aller Bürger vor dem Gesetz entsprechende willkürfreie Entscheidung ist verletzt, wenn ein Gericht die maßgeblichen tatsächlichen oder rechtlichen Grundlagen seiner

35 Schutz vor Willkür

---

144 *VerfGH Saarland* v. 17. 12. 1996 (Lv 3/95), RN 108; Urt. v. 1. 12. 2008 (Lv 2/08, 3/08 und 6/08), S. 22 f.
145 *VerfGH Saarland*, Urt. v. 1. 12. 2008 (Lv 2/08, 3/08 und 6/08), S. 22; B. v. 20. 8. 2012 (Lv 11/11), S. 12.
146 Urt. v. 1. 12. 2008 (Lv 2/08, 3/08 und 6/08), S. 22 f.; kritisch angesichts des letztlich personalen Bezugs aller Sachverhalte *Wendt*, in: ders./Rixecker (LitVerz.), Art. 12 RN 7; *ders*., Die Weiterentwicklung der „Neuen Formel" bei der Gleichheitsprüfung in der Rechtsprechung des Bundesverfassungsgerichts, in: Michael Sachs/Helmut Siekmann (Hg.), FS Klaus Stern, 2012, S. 1553 ff.
147 *VerfGH Saarland*, Urt. v. 1. 12. 2008 (Lv 2/08, 3/08 und 6/08), S. 23; *BVerfGE* 88, 87 (96); 112, 164 (174).
148 *VerfGH Saarland*, Urt. v. 1. 12. 2008 (Lv 2/08, 3/08 und 6/08), S. 23 f.
149 *VerfGH Saarland*, Urt. v. 29. 9. 2011 (Lv 4/11), S. 60; *Wendt*, in: ders./Rixecker (LitVerz.), Art. 12 RN 15.
150 *VerfGH Saarland*, B. v. 19. 3. 2004 (Lv 4/03), RN 14; Urt. v. 8. 7. 2014 (Lv 6/13), S. 13; B. v. 14. 9. 2015 (Lv 5/15), S. 5; B. v. 19. 4. 2016 (Lv 12/14), S. 14; *BVerfGE* 87, 273 (278 f.).

Entscheidung, vor allem ihre Beeinflussung durch Grundrechte einer beteiligten Person, – objektiv – grob verkennt und auf dieser Grundlage eine schlechthin unverständliche und nicht mehr nachvollziehbare Entscheidung trifft[151].

36
Härteregelungen und Ausnahmetatbestände zur weiteren Differenzierung

Ein die Gewerbefreiheit beschränkendes Gesetz, das als solches dem Grundsatz der Verhältnismäßigkeit entspricht, kann dennoch insoweit gegen Art. 44 Satz 1 in Verbindung mit Art. 12 Abs. 1 Verf. Saarland verstoßen, wenn bei der Regelung Ungleichheiten nicht berücksichtigt wurden, die typischerweise innerhalb der betroffenen Gruppe von Gewerbetreibenden bestehen. Dies nimmt der Verfassungsgerichtshof in Anknüpfung an die Rechtsprechung des Bundesverfassungsgerichts an, wenn Gruppenangehörige nicht nur in einzelnen, aus dem Rahmen fallenden Sonderkonstellationen, sondern in bestimmten, wenn auch zahlenmäßig begrenzten typischen Fällen ohne zureichende sachliche Gründe verhältnismäßig stärker belastet werden als andere[152]. Der Gesetzgeber kann dann gehalten sein, den unterschiedlichen Auswirkungen einer gesetzlichen Regelung durch Härteregelungen oder weitere Differenzierungen wie Ausnahmetatbeständen Rechnung zu tragen[153].

37
Gleichheit der Wahl

Recht auf Rechtsschutzgleichheit

Der Verfassungsgerichtshof des Saarlandes hat aus dem in Art. 60 Abs. 1, 61 Abs. 1 Verf. Saarland bestimmten Demokratieprinzip in Verbindung mit Artikel 12 den Grundsatz der Gleichheit der Wahl bei den Wahlen zu den kommunalen Vertretungskörperschaften abgeleitet[154]. Zu überzeugen vermag diese Auffassung allerdings kaum, werden Wahlen zu den Vertretungskörperschaften von Gemeinden und Gemeindeverbänden doch von Art. 63 Abs. 1 Verf. Saarland erfaßt, der gegenüber Art. 12 Abs. 1 lex specialis ist. Daneben hat der Verfassungsgerichtshof aus dem Rechtsstaatsprinzip des Art. 60 Abs. 1 in Verbindung mit Art. 12 Abs. 1 Verf. Saarland das Recht auf Rechtsschutzgleichheit entwickelt[155]. Verfassungsrechtliche Erfordernisse des Gleichheitssatzes wie des Rechtsstaatsprinzips sind die grundsätzliche Waffengleichheit im Prozeß und gleichmäßige Verteilung des Risikos am Verfahrensausgang[156].

38
Zwischen- und Neuregelungen bei legislativem Gleichheitsverstoß

Bei dem Verstoß eines Gesetzes gegen den Gleichheitssatz kann regelmäßig sowohl bei begünstigenden als auch bei belastenden Gesetzen nur deren Unvereinbarkeit mit Art. 12 Abs. 1 Verf. Saarland festgestellt werden, da dem Landesgesetzgeber in der Regel mehrere Möglichkeiten zur Beseitigung der Verfassungswidrigkeit zur Verfügung stehen[157]. Der Gesetzgeber ist verpflichtet, die verfassungswidrige Regelung durch eine verfassungsgemäße Regelung zu ersetzen. Es kann aber ein unabwendbares Bedürfnis für eine Zwischen-

---

151 *VerfGH Saarland*, Urt. v. 8. 7. 2014 (Lv 6/13), S. 15 f.
152 *VerfGH Saarland*, Urt. v. 1. 12. 2008 (Lv 2/08, 3/08 und 6/08), S. 18, Urt. v. 28. 3. 2011 (Lv 3, 4, 6/10), S. 17 f.; *BVerfGE 121*, 317 (358).
153 *VerfGH Saarland*, Urt. v. 1. 12. 2008 (Lv 2/08, 3/08 und 6/08), S. 18 f.; Urt. v. 28. 3. 2011 (Lv 3, 4, 6/10), S. 18; *BVerfGE 34*, 71 (80); *121*, 317 (358).
154 *VerfGH Saarland*, Urt. v. 14. 7. 1998 (Lv 4/97), RN 23.
155 *VerfGH Saarland*, B. v. 19. 11. 2007 (Lv 8/07), RN 7; B. v. 9. 3. 2010 (Lv 13/08), S. 5 f.; vgl. auch *Degenhart*, in: Sachs, GG (LitVerz.), Art. 103 RN 24.
156 *BVerfGE 52*, 131 (144); *74*, 78 (94 f.).
157 *VerfGH Saarland*, Urt. v. 1. 12. 2008 (Lv 2/08, 3/08 und 6/08), S. 27; vgl. *BVerfGE 121*, 317 (373 ff.).

regelung bis zur gesetzlichen Neuregelung bestehen, wobei allerdings eine größtmögliche Rücksichtnahme auf die Gestaltungsfreiheit des Landesgesetzgebers geboten ist. Ein solches Bedürfnis hat der Verfassungsgerichtshof mit Blick auf die Gewerbefreiheit bestimmter durch das Rauchverbot in Gaststätten besonders betroffener Gastwirte angenommen und den nur teilweise gewährleisteten Schutz der vorwiegend getränkegeprägten Kleingastronomie durch eine zusätzliche Ausnahmeregelung erweitert[158].

III. „Politische" Grundrechte

Mit der Freiheit der Meinungsäußerung gewährleistet Art. 5 Abs. 1 Verf. Saarland nach dem gebotenen umfassenden Freiheitsverständnis alle Äußerungen, die einem individuellen Mitteilungsbedürfnis entspringen – Kundgaben von Meinungen im engeren Sinne und Tatsachenmitteilungen[159]. Da die Äußerung durch Wort, Schrift, Druck, Bild oder – wie in Art. 118 Abs. 1 Satz 1 WRV – in sonstiger Weise geschützt ist, ist eine umfassende Kommunikationsfreiheit gewährleistet, die die *Presse-, Rundfunk- und Filmfreiheit* umfaßt und sich auch auf die „Neuen Medien" erstreckt[160]. Aus Artikel 10, einem Spezifikum der saarländischen Landesverfassung, ergibt sich keine Beschränkung des Schutzbereichs der Meinungsäußerungsfreiheit. Nach dem Wortlaut dieser Vorschrift kann sich derjenige nicht auf das Recht der freien Meinungsäußerung berufen, der die freiheitliche demokratische Grundordnung angreift oder gefährdet. Richtigerweise ist die Problematik eines Grundrechtsmißbrauchs jedoch nicht auf der Ebene des Schutzbereichs, sondern auf der Schrankenebene zu verorten und dort im Rahmen der verfassungsrechtlichen Abwägung aufzulösen[161]. Daher ist Artikel 10 dahin zu verstehen, daß er einen spezifischen Vorbehalt eines Eingriffs (nicht nur) in die Meinungsäußerungsfreiheit zugunsten des Gesetzgebers statuiert[162]. Die Gültigkeit des Art. 10 Verf. Saarland hängt im Blick auf Art. 142 GG allerdings davon ab, ob er seinem Rechtsgehalt nach mit Art. 18 GG in Übereinstimmung steht. Wie die Verwirkungsvorschrift der Landesverfassung Berlin – dort Artikel 37 – bleibt Art. 10 Verf. Saarland in seinem Gewährleistungsgehalt erkennbar hinter Art. 18 GG zurück, insofern er den Gesetzgeber zu Regelungen ermächtigt, die im Unterschied zu Art. 18 Satz 2 GG (Entscheidungsmonopol des Bundesverfassungsgerichts) ohne weiteres Verfahren dem Grundrechtsträger die Berufung auf die Meinungsäußerungsfreiheit und andere Grundrechte versagen[163]. Für Art. 10 Verf. Saarland gilt die Bestandssicherungsklausel des Art. 142 GG mithin nicht, die Vorschrift ist nichtig[164].

---

158 *VerfGH Saarland*, Urt. v. 1.12.2008 (Lv 2/08, 3/08 und 6/08), S. 27 f.; vgl. *BVerfGE 121*, 317 (376 f.).
159 *Wendt*, in: v. Münch/Kunig, GG (LitVerz.), Art. 5 RN 9 ff.; Zweiter Teilbericht der Enquêtekommission für Verfassungsfragen 1976–1980, LT-Drucks. 7/2207, S. 15; enger *VerfGH Saarland*, B. v. 30.10.2009 (Lv 12/08), S. 12.
160 *Dörr*, in: Wendt/Rixecker (LitVerz.), Art. 5 RN 8 ff., der auf die vergleichbare Ausgangslage in Art. 10 EMRK hinweist; *Gröpl*, in: ders./Guckelberger/Wohlfarth (LitVerz.), RN 184.
161 *Dörr* aaO., Art. 5 RN 5.
162 *Dörr* aaO., Art. 5 RN 5; *Dürig/H.H. Klein*, in: Maunz/Dürig, GG (LitVerz.), Art. 18 [2010] RN 141 f.
163 *Dürig/H.H. Klein* aaO., Art. 18 RN 143.
164 *Dürig/H.H. Klein* aaO., Art. 18 RN 143.

40
Informationsfreiheit

Die Informationsfreiheit, also die Freiheit, sich aus allgemein zugänglichen Quellen ungehindert zu unterrichten, wird durch die saarländische Verfassung nicht ausdrücklich gewährleistet. Sie läßt sich aber als notwendige Voraussetzung bzw. Ergänzung der geschützten Meinungsbildung in Art. 5 Verf. Saarland hineinlesen[165], will man nicht insoweit auf das Auffanggrundrecht des Art. 2 Satz 1 Verf. Saarland zurückgreifen[166].

41
Rundfunkfreiheit

Ausgehend von der Vorstellung des Rundfunks als eines Mediums und Faktors des verfassungsgeschützten Prozesses öffentlicher Meinungsbildung wird die Rundfunkfreiheit in der Rechtsprechung des Bundesverfassungsgerichts als eine „dienende Freiheit" verstanden[167]. Aus dieser dienenden Funktion der Rundfunkfreiheit folgt nach Ansicht des Bundesverfassungsgerichts ein einfachgesetzlicher Ausgestaltungsvorbehalt, mit dem sichergestellt werden soll, daß ein freier, das heißt umfassend und ausgewogen informierender Rundfunk existiert[168]. Nach der dezidiert individualrechtlichen Konzeption der Rundfunkfreiheit der saarländischen Verfassung, welche die Rundfunkfreiheit als Ausprägung der individuellen Meinungsäußerungsfreiheit begreift, liegt es nahe, den Gedanken der Sicherung der Medienvielfalt nicht mittels der Ausgestaltungsdogmatik, sondern wie im Falle des ähnlich gearteten Art. 10 EMRK

Individualrechtliches Verständnis der Rundfunkfreiheit

erst bei den Schranken aufzugreifen[169]. Sollte sich der Verfassungsgerichtshof des Saarlandes künftig zum wesentlich individualrechtlichen Verständnis der Rundfunkfreiheit bekennen, würde damit der Grundrechtsschutz im Vergleich zum Grundgesetz allerdings nicht zwangsläufig verkürzt, was im Hinblick auf Art. 142 GG nicht hingenommen werden könnte. Es würde nicht um ein Mehr oder Weniger an Grundrechtsschutz gehen, sondern um einen anderen Weg, also ein aliud[170]. Die Ablehnung der Figur der „dienenden Freiheit" und der daraus folgenden „Ausgestaltungsdogmatik" würde nicht automatisch dazu führen, daß rundfunkrechtliche Sonderregelungen oder gar die Bestimmungen zur Sicherung der Meinungsvielfalt aufgegeben werden müßten[171].

42
Schranke der Kommunikationsfreiheiten

Als Schranke der Kommunikationsfreiheiten statuiert Art. 5 Abs. 4 Verf. Saarland einen einfachen Gesetzesvorbehalt. Anders als im Grundgesetz wird hier nicht von „allgemeinen Gesetzen" gesprochen. Trotz dieses Wortlauts muß hier aber auf die zu den Vorschriften des Grundgesetzes entwickelte Dogmatik zu den allgemeinen Gesetzen zurückgegriffen werden, um ein Zurückbleiben der grundrechtlichen Gewährleistungen des Artikels 5 hinter dem Standard des Grundgesetzes zu verhindern[172]. Darüber hinaus werden die Kom-

---

165 So *Dörr*, in: Wendt/Rixecker (LitVerz.), Art. 5 RN 7.
166 Unentschieden *Gröpl*, in: ders./Guckelberger/Wohlfarth (LitVerz.), RN 185.
167 Erstmals im Urteil zum Gesetz über die Veranstaltung von (privaten) Rundfunksendungen im Saarland, *BVerfGE* 57, 295 (320); ferner etwa *BVerfGE* 87, 181 (197); *119*, 181 (214).
168 *BVerfGE* 57, 295 (320 ff.); 87, 181 (198); *119*, 181 (214); kritisch etwa *StGH Niedersachsen*, Urt. v. 6.9.2005 (4/04), juris RN 52, sowie DVBl. 2005, S. 1515.
169 *Dörr*, in: Wendt/Rixecker (LitVerz.), Art. 5 RN 15.
170 *Dörr* aaO., Art. 5 RN 15.
171 *Hain*, Rundfunkfreiheit als „dienende Freiheit" – ein Relikt?, in: Bitburger Gespräche, Jahrbuch 2007/I, 2008, S. 21 ff.; *Dörr* aaO., Art. 5 RN 15.
172 *Dörr* aaO., Art. 5 RN 20; unentschieden *VerfGH Saarland*, B. v. 30.10.2009 (Lv 12/08), S. 13.

munikationsrechte durch verfassungsimmanente Schranken begrenzt[173]. Auch bei ihnen wirkt die Wechselwirkungslehre im Rahmen der praktischen Konkordanz entgegenstehender Verfassungsgüter[174].

43 Versammlungsfreiheit

Die Versammlungsfreiheit wird durch Art. 6 Verf. Saarland gewährleistet. Schutzbereich und Beschränkungsmöglichkeiten entsprechen denen des Art. 8 GG[175]. Durch die „Föderalismusreform I" wurde die Gesetzgebungskompetenz für das Versammlungsrecht auf die Länder übertragen[176]. Bisher hat das Saarland aber davon noch keinen Gebrauch gemacht. Daher gilt das Versammlungsgesetz des Bundes nach Art. 125a Abs. 1 GG vorläufig fort. Viel eigenständiger Gestaltungsraum dürfte dem Landesgesetzgeber indes nicht verbleiben. Denn das Bundesverfassungsgericht hat in seiner Rechtsprechung insoweit detaillierte Vorgaben gemacht[177], die der Landesgesetzgeber zu beachten hat[178].

44 Vereinigungsfreiheit

Koalitionsfreiheit und Tarifautonomie

Auch die Garantie der Vereinigungsfreiheit in Art. 7 und Art. 8 Verf. Saarland stimmt weitgehend mit Art. 9 GG überein[179]. Wie bei Art. 9 Abs. 2 GG[180] verlangen der Grundsatz der Rechtssicherheit und das Anliegen der Wirksamkeit der Vereinigungsfreiheit, im „Verbot" verfassungsfeindlicher Organisationen einen (bloßen) Einschränkungsvorbehalt zu sehen und dem Verbot durch eine staatliche Stelle konstitutive Wirkung beizumessen. Zur Koalitions- und Tarifautonomie sowie zum Streikrecht finden sich ausführliche Ergänzungen in den Art. 56 bis 59 Verf. Saarland. Artikel 56 gewährleistet – wie Art. 9 Abs. 3 GG – die Vereinigungsfreiheit zur Wahrung und Förderung der Arbeits- und Wirtschaftsbedingungen für jedermann und für alle Berufe. Der Verfassungsgerichtshof des Saarlandes hat hervorgehoben, daß schon dem Grundrecht selbst zu entnehmen ist, daß Voraussetzungen und Grenzen des Schutzbereichs von verfahrens- und organisationsrechtlichen Bedingungen – beispielsweise dem Vorhandensein eines Tarifvertragssystems oder einer Arbeitskampfordnung[181] – abhängen, die ihrerseits dem Gewicht und der Bedeutung des Grundrechts gerecht werden müssen[182]. So zählt zu der Vereinigungsfreiheit zur Förderung der Arbeits- und Wirtschaftsbedingungen von Beamten von Verfassungs wegen von vornherein nicht die Freiheit, die Arbeits- und Wirtschaftsbedingungen für die Angehörigen von Beamtenkoalitionen frei und gegebenenfalls unter Einsatz von Druckmitteln auszuhandeln[183].

---

173 *BVerfGE 66*, 116 (136).
174 *Dörr* aaO., Art. 5 RN 22, 25.
175 Vgl. *Wohlfarth*, in: Wendt/Rixecker (LitVerz.), Art. 6; *Gröpl*, in: ders./Guckelberger/Wohlfarth (LitVerz.), RN 186. Vgl. → Bd. IV: *Hoffmann-Riem*, Versammlungsfreiheit, § 106.
176 Durch Streichung der entsprechenden Passage in Art. 74 Abs. 1 Nr. 3 GG durch das 52. Gesetz zur Änderung des Grundgesetzes v. 28. 8. 2006 (BGBl. I S. 2034).
177 Insbes. *BVerfGE 69*, 315; *73*, 206; *92*, 1; *104*, 92; *110*, 77; *111*, 147.
178 *Gröpl*, in: ders./Guckelberger/Wohlfarth (LitVerz.), RN 186.
179 Vgl. *Wohlfarth*, in: Wendt/Rixecker (LitVerz.), Art. 7 und 8.
180 *Jarass*, in: ders./Pieroth, GG (LitVerz.), Art. 5 RN 17. Vgl. → Bd. IV: *Ziekow*, Vereinigungsfreiheit, § 107
181 *BVerfGE 88*, 103 (115).
182 *VerfGH Saarland*, Urt. v. 17. 12. 1996 (Lv 3/95), RN 42.
183 *VerfGH Saarland*, Urt. v. 17. 12. 1996 (Lv 3/95), RN 43 ff.

IV. Freiheit der Kunst und Wissenschaft

45
Übereinstimmungen mit dem Grundgesetz

Die Freiheit der Kunst ist ausdrücklich in Art. 5 Abs. 2 Verf. Saarland gewährleistet und unterscheidet sich nicht von der entsprechenden Garantie in Art. 5 Abs. 3 GG. Art. 5 Abs. 2 Verf. Saarland garantiert des weiteren die Freiheit der „Wissenschaft und ihre(r) Lehre". Angesichts des Umstandes, daß Wissenschaft ohne Forschung und Forschung ohne Wissenschaft nicht denkbar sind[184], muß auch die Forschung als durch Art. 5 Abs. 2 Verf. Saarland geschützt angesehen werden. Gegenüber der im Blick auf diese Vorschrift getroffenen Unterscheidung einer „allgemeinen Wissenschaftsfreiheit" von einer „besonderen Freiheit von Forschung und Lehre"[185] ist daher Skepsis geboten. Während im Rahmen von Art. 5 Abs. 3 GG fraglich ist, ob auch die Universitäten bzw. ihre Untergliederungen, wie Fakultäten und Fachbereiche, selbst Träger der Wissenschaftsfreiheit bzw. der Freiheit von Forschung und Lehre sind, stellt sich dieses Problem für die saarländische Landesverfassung nicht. Denn diese schreibt sowohl das Recht der Universitäten auf Selbstverwaltung als auch die Freiheit von Forschung und Lehre in ihrem Artikel 33 ausdrücklich fest. Daher ist eine Konstruktion, nach der die Universitäten dem Lebensbereich des Grundrechts der Wissenschaftsfreiheit institutionell zugeordnet und sie deshalb Träger dieses Grundrechts sind, im Geltungsbereich der saarländischen Landesverfassung entbehrlich[186].

Universitäten als Träger des Grundrechts

46
Gesetzesvorbehalt

Nach dem Wortlaut und der systematischen Stellung bezieht sich der Gesetzesvorbehalt des Art. 5 Abs. 4 Verf. Saarland auch auf die in Artikel 5 Abs. 2 verbürgte Freiheit der Kunst und die Wissenschaftsfreiheit bzw. die Freiheit von Forschung und Lehre. Die Grundrechtsbestimmungen der Landesverfassung sehen folglich eine weitergehende Einschränkbarkeit als das Grundgesetz vor, da die Freiheiten des Art. 5 Abs. 3 GG nur von der Verfassung selbst, also durch verfassungsimmanente Schranken, begrenzt werden können. Die Kunstfreiheit und die Wissenschaftsfreiheit bzw. die Freiheit von Forschung und Lehre der Landesverfassung dürfen aber keinen stärkeren Einschränkungen ausgesetzt sein als die entsprechenden Freiheiten des Grundgesetzes. Damit unterliegen auch sie lediglich den verfassungsimmanenten Schranken, das heißt Grundrechten Dritter und anderen Verfassungsgütern. Auch bei den verfassungsimmanenten Schranken muß eine Abwägung zwischen der Kunst- oder Wissenschaftsfreiheit und den entgegenstehenden Verfassungsgütern im Rahmen der praktischen Konkordanz bzw. der Verhältnismäßigkeit stattfinden[187].

Praktische Konkordanz

---

184 *Wendt*, in: v. Münch/Kunig, GG (LitVerz.), Art. 5 RN 101; vgl. auch *Britz*, in: H. Dreier, GG (LitVerz.), Art. 5 III (Wissenschaft) RN 11: Wissenschaftsfreiheit als Oberbegriff.
185 So *Dörr*, in: Wendt/Rixecker (LitVerz.), Art. 5 RN 30.
186 *Dörr* aaO., Art. 5 RN 32.
187 *Dörr* aaO., Art. 5 RN 29, 34.

V. Auslieferung, Asylrecht

Die gegenwärtige Fassung des Auslieferungsverbots gemäß Art. 11 Abs. 1 Verf. Saarland beruht auf dem Gesetz Nr. 548 zur Änderung der Verfassung des Saarlandes vom 20. Dezember 1956[188], das den zuvor nur Saarländern dienenden Schutz der Verfassung von 1947 – der allerdings im Falle der Verbürgung von Gegenseitigkeit nicht gewährt wurde – an Art. 16 Abs. 2 Satz 1 GG alter Fassung anpassen sollte. Nachdem die Änderung des Art. 16 Abs. 2 GG im Jahre 2000[189] durch Einfügung der Regelung des Satzes 2 die Auslieferung Deutscher an Mitgliedstaaten der Europäischen Union oder an einen internationalen Gerichtshof unter bestimmten, nunmehr in den §§ 80 ff. des Gesetzes über die internationale Rechtshilfe in Strafsachen[190] geregelten Voraussetzungen zuläßt, beschränkt sich der Geltungsbereich des Art. 11 Abs. 1 Verf. Saarland auf Fälle, die die Auslieferung Deutscher an in Art. 16 Abs. 2 Satz 2 GG nicht genannte fremde Mächte betreffen[191].

47 Auslieferungsverbot und Asylrecht

Historischer Hintergrund des in Art. 11 Abs. 2 Verf. Saarland geregelten Grundrechts auf Asyl ist die Erinnerung an die Emigration der in den Jahren 1933 bis 1935 in das Saarland geflohenen Verfolgten des Naziregimes und das Genfer Abkommen vom 10. Februar 1938, das sich der Flüchtlinge aus Deutschland annahm. Das erklärt, daß Artikel 11 Abs. 2 allein ein Recht auf Aufenthalt der bereits in das Gebiet des Saarlandes geflohenen Menschen – und nicht auch ein Recht auf Aufnahme – verbürgt und daß nicht nur im engeren Sinne politisch Verfolgte, sondern alle diejenigen genannt werden, die unter Verletzung von in der Verfassung des Saarlandes aufgeführten Grundrechten in ihren Rechtsgütern mit einer gewissen Intensität beeinträchtigt oder bedroht worden sind[192]. Artikel 11 Abs. 2 ist jedoch nicht mehr gültig. Zwar könnte man daran denken, landesverfassungsrechtliche Schutzversprechen für Flüchtlinge, die, wie etwa auch der vergleichbare Art. 7 Satz 2 Verf. Hessen, eine Ausweisung grundrechtswidrig Verfolgter verbieten, als von Art. 16 a GG unberührt zu betrachten, weil es sich bei ihnen um über das Grundgesetz hinausreichende und daher mit Art. 142 GG grundsätzlich vereinbare Schutzversprechen[193] handelte[194]. Eine derart begründete Aufrechterhaltung des Art. 11 Abs. 2 Verf. Saarland stünde jedoch in Widerspruch zum Konzept des Art. 16 a Abs. 2 bis 5 GG[195]. Mit dieser Regelung und dem auf ihr beruhenden Asylverfahrensgesetz ist vor dem Hintergrund innenpolitischer Auseinandersetzungen um die die Beherrschung einer Flut von Asylsuchenden und im Bestreben um eine europäische Harmonisierung eine umfassende

48 Grundrecht auf Asyl

Keine Fortgeltung

Mindest- und Höchstmaß der Asylgewährung

---

188 Amtsbl. S. 1657.
189 Gesetz v. 29. 11. 2000 (BGBl. I S. 1633).
190 IRG, i.d.F. der Bek. v. 27. 6. 1994 (BGBl. I S. 1537), zuletzt geändert durch Gesetz v. 8. 7. 2014 (BGBl. I S. 890).
191 *Rixecker*, in: Wendt/ders. (LitVerz.), Art. 11 RN 1.
192 *Rixecker* aaO., Art. 11 RN 3.
193 *BVerfGE* 96, 345 (365).
194 Vgl. *VerfGH Berlin* NVwZ 1995, S. 784; *Göbel-Zimmermann*, Asylrechte der Landesverfassungen im Verhältnis zum Bundesrecht, NVwZ 1995, S. 763 m.w.N.
195 I.d.F. des 39. Gesetzes zur Änderung des Grundgesetzes v. 28. 6. 1993 (BGBl. I S. 1002).

und einheitliche bundesverfassungsrechtliche und bundesrechtliche Ordnung des Schutzes von Flüchtlingen gewollt und getroffen. Mindest- und Höchstmaß der Asylgewährung werden mit Art. 16 a GG abschließend bestimmt. Eine landesverfassungsrechtliche Garantie, die offen für mögliche weitere Asylgründe ist und die bundesrechtlich zu konkretisierenden Schranken des Art. 16 a GG nicht kennt, gerät notwendigerweise mit dem Grundgesetz in Konflikt[196].

VI. Justizgrundrechte, Petitionsrecht

49
Rechtliches Gehör, Mehrfachbestrafungsverbot

Unschuldsvermutung und Rechtsbeistand

Die sogenannten Justizgrundrechte der saarländischen Verfassung weichen dem Textbefund nach von denen des Grundgesetzes ab. Insbesondere den Anspruch auf rechtliches Gehör (Art. 103 Abs. 1 GG) und das Verbot der Mehrfachbestrafung (103 Abs. 3 GG) nennt die saarländische Verfassung nicht ausdrücklich. Anders als das Grundgesetz normiert die saarländische Verfassung indessen ausdrücklich die Unschuldsvermutung (Art. 14 Abs. 2) und die Garantie eines Rechtsbeistands (Art. 14 Abs. 3). In der Praxis werden die jeweiligen Textlücken allerdings in der Regel durch Verfassungsauslegung gefüllt, so daß sich die Gewährleistungsbereiche von Grundgesetz und Landesverfassung nicht merklich unterscheiden[197].

1. Anspruch auf rechtliches Gehör, faires Verfahren und effektiven Rechtsschutz

50
Folgerungen aus dem Rechtsstaatsprinzip

Allgemeines Prozeßgrundrecht

So folgert der Verfassungsgerichtshof des Saarlandes aus der Bindung der rechtsprechenden Gewalt an rechtsstaatliche Grundsätze (Art. 21 Satz 2, Art. 60 Abs. 1, Art. 110 Satz 2 Verf. Saarland) und der Verbürgung des Rechts auf Achtung als Einzelperson (Art. 1 Satz 1 Verf. Saarland), der allgemeinen Handlungsfreiheit (Art. 2 Satz 1 Verf. Saarland) und der Gleichheit vor dem Gesetz (Art. 12 Abs. 1 Verf. Saarland), daß die aus dem Rechtsstaatsprinzip folgenden Gebote für die gerichtliche Verfahrensgestaltung wie der Anspruch auf rechtliches Gehör und der Anspruch auf ein faires Verfahren Teil dieser Grundrechte sind[198]. Entsprechendes gilt für das Grundrecht auf effektiven Rechtsschutz[199]. Die Verfassungsrechtsprechung des Bundes hat, wie der Verfassungsgerichtshof des Saarlandes feststellt[200], folgerichtig die Anforderungen, die das Rechtsstaatsprinzip an die Gestaltung eines gerichtlichen Verfah-

---

196 *Rixecker*, in: Wendt/ders. (LitVerz.), Art. 11 RN 4; so zu Art. 16 Abs. 2 Verf. Rheinland-Pfalz auch *Edinger*, in: Brocker/Droege/Jutzi (LitVerz.), Art. 16 RN 9.
197 *Gröpl*, in: ders./Guckelberger/Wohlfarth (LitVerz.), RN 188.
198 *VerfGH Saarland*, B. v. 5. 6. 2003 (Lv 7/02), RN 17; B. v. 26. 6. 2003 (LV 1/03), RN 8; B. v. 19. 11. 2007 (Lv 9/06), RN 27; B. v. 19. 11. 2007 (8/07), RN 7; B. v. 8. 1. 2014 (Lv 14/13), S. 4; siehe auch *VerfGH Saarland*, B. v. 19. 3. 2004 (Lv 6/03), RN 33; B. v. 9. 4. 2010 (Lv 8/03), S. 4; B. v. 15. 4. 2010 (Lv 5/09), S. 16; B. v. 8. 10. 2013 (Lv 1/13), S. 11; B. v. 14. 9. 2015 (Lv 5/15) S. 5; B. v. 19. 4. 2016 (Lv 12/14), S. 13 f., 15.
199 *VerfGH Saarland*, B. v. 28. 6. 2007 (Lv 2/07), RN 8; B. v. 5. 9. 2007 (Lv 08/06), RN 13 ff.; B. v. 19. 11. 2007 (Lv 9/06), RN 27; B. v. 19. 11. 2007 (Lv 8/07), RN 7; B. v. 15. 4. 2010 (Lv 5/09), S. 16; B. v. 8. 10. 2013 (Lv 1/13), S. 9, 13; B. v. 19. 4. 2016 (Lv 12/14), S. 15; auch nach der Erledigung einer Freiheitsentziehung kann daher ein schutzwürdiges Interesse an der Feststellung ihrer Rechtswidrigkeit bestehen, vgl. *VerfGH Saarland*, B. v. 28. 6. 2007 (Lv 2/07), RN 8 ff.; B. v. 5. 9. 2007 (Lv 08/06), RN 15 ff.
200 *VerfGH Saarland*, B. v. 5. 6. 2003 (Lv 7/02), RN 17; B. v. 26. 6. 2003 (LV 1/03), RN 8.

rens auch über die durch das Grundgesetz ausdrücklich gewährleisteten Grundrechte hinaus stellt, als Inhalt eines „allgemeinen Prozeßgrundrechts" betrachtet, das Art. 2 Abs. 1 GG in Verbindung mit Art. 20 Abs. 3 GG, Art. 28 Abs. 1 Satz 1 GG gewährleistet[201]. Die der Verfassung des Saarlandes zu entnehmenden Grundrechte auf rechtliches Gehör, auf ein faires Verfahren und auf effektiven Rechtsschutz sind den durch das Grundgesetz gewährleisteten entsprechenden Grundrechten inhaltsgleich[202].

Das Grundrecht auf rechtliches Gehör erfordert nach der Feststellung des Verfassungsgerichtshofs des Saarlandes in einem Zivilrechtsstreit, in dem eine Partei anwaltlich vertreten ist, indes nicht, daß das erkennende Gericht die Partei auf die mögliche Berechtigung der Rüge der mangelnden Schlüssigkeit des Vortrags oder des fehlenden Beweisantritts durch die Gegenpartei hinweist[203]. Zum Grundrecht auf rechtliches Gehör in Verbindung mit dem Gebot der Rechtsschutzgleichheit (Art. 60 Abs. 1 in Verbindung mit Art. 12 Abs. 1 Verf. Saarland) zählt die Gewährung von Prozeßkostenhilfe in Fällen der Bedürftigkeit[204]. Ob im parlamentarischen Untersuchungsverfahren ein Anspruch auf rechtliches Gehör besteht, hat der Verfassungsgerichtshof des Saarlandes dahingestellt sein lassen[205].

51
Grenzen richterlicher Hinweispflicht

Rechtsschutzgleichheit

Zum Schutzbereich des Grundrechts auf ein faires Verfahren zählt, daß ein Zivilgericht sein Verfahren so gestalten muß, wie die Parteien des Zivilprozesses es von ihm erwarten dürfen. Das Zivilgericht darf sich vor allem nicht widersprüchlich verhalten, es darf aus eigenen Fehlern einer Partei keine Nachteile im Verfahren erwachsen lassen, und es muß Rücksicht gegenüber den erkennbaren rechtlichen Interessen der Partei üben[206]. Gestaltungen eines Verfahrens, vor allem das Beschreiten bestimmter Wege in dem Rechtsstreit, dürfen nicht ohne vorherige Information der Parteien und ohne Einräumung der Möglichkeit, sich auf die Veränderung einzustellen, abgebrochen oder verändert werden[207]. Allerdings führt nicht jeder Verfahrensfehler bereits zu einer Verletzung dieses Grundrechts. Das ist vielmehr nur dann der Fall, wenn er spezifisches Verfassungsrecht verletzt, also nicht nur Verfahrensvorschriften des einfachen Rechts mißachtet, sondern grundlegende, in den Vorschriften der maßgeblichen Verfahrensordnung zum Ausdruck kommende rechtsstaatliche Prinzipien verkennt[208].

52
Faire Zivilprozeßgestaltung

Verletzung spezifischen Verfassungsrechts

---

201 *BVerfGE* 57, 250 (274 f.); 78, 123 (126); ferner *E* 69, 381 (385).
202 *VerfGH Saarland*, B. v. 5. 6. 2003 (Lv 7/02), RN 18; B. v. 19. 11. 2007 (Lv 9/06), RN 28.
203 *VerfGH Saarland*, B. v. 5. 6. 2003 (Lv 7/02), RN 22; B. v. 26. 6. 2003 (Lv 1/03), RN 14; zu Fällen einer Verletzung des Anspruchs auf rechtliches Gehör vgl. *VerfGH Saarland*, B. v. 9. 4. 2010 (Lv 8/09), S. 7 ff.; B. v. 14. 9. 2015 (Lv 5/15), S. 5 f., 9.
204 *VerfGH Saarland*, B. v. 19. 11. 2007 (Lv 8/07), RN 7; B. v. 9. 3. 2010 (Lv 13/08), S. 5 f.
205 *VerfGH Saarland*, B. v. 2.4.2003 (Lv 3/03), RN 12 ff.
206 *VerfGH Saarland*, B. v. 5. 6. 2003 (Lv 7/02), RN 24; B. v. 26. 6. 2003 (Lv 1/03), RN 15; *BVerfGE* 78, 123 (126); vgl. allg. für das prozessuale Vorgehen eines Gerichts *VerfGH Saarland*, B. v. 14. 9. 2015 (Lv 5/15), S. 5; B. v. 19. 4. 2016 (Lv 12/14), S. 14.
207 *VerfGH Saarland*, B. v. 5. 6. 2003 (Lv 7/02), RN 24 (dort RN 21 auch allgemein zur Informationspflicht des Gerichts); B. v. 26. 6. 2003 (Lv 1/03), RN 15; B. v. 9. 4. 2010 (Lv 8/09), S. 5.
208 *VerfGH Saarland*, B. v. 9. 4. 2010 (Lv 8/09), S. 5; Urt. v. 8. 7. 2014 (Lv 6/13), S. 15; B. v. 14. 9. 2015 (Lv 5/15), S. 5 f.: Auslegung prozessualer Erklärungen allein nach ihrem Wortlaut und wider jeden vernünftigen Sinn; B. v. 19. 4. 2016 (Lv 12/14), S. 14 f.

2. Garantie des gesetzlichen Richters

53
Subjektives Recht

Das Gebot des Art. 14 Abs. 1 Verf. Saarland: „Niemand darf seinem gesetzlichen Richter entzogen werden"[209], ist wortgleich mit Art. 105 Satz 2 WRV und Art. 101 Abs. 1 Satz 2 GG. Aus der Systematik der Verfassung des Saarlandes ergibt sich jedoch, daß sich der Bedeutungsgehalt von Art. 14 Abs. 1 Verf. Saarland in Nuancen von dem seines grundgesetzlichen Pendants unterscheidet[210]. Die saarländische Verfassung folgt im Aufbau der Tradition der Weimarer Verfassung und gliedert sich – anders als das Grundgesetz – in zwei Hauptteile; der erste behandelt die Grundrechte und Grundpflichten, der zweite die Aufgaben und den Aufbau der öffentlichen Gewalt. Schon die Plazierung im ersten Hauptteil – im Unterschied zur Weimarer Verfassung – macht deutlich, daß Artikel 14 Abs. 1 in erster Linie als subjektives Recht verstanden werden muß[211].

Objektives Verfassungsgebot

Das Art. 101 Abs. 1 Satz 2 GG gleichermaßen zu entnehmende objektive Verfassungsgebot, jedes Gericht rechtssatzmäßig zu bilden und jede gerichtliche Zuständigkeit rechtssatzmäßig zu gestalten[212], kommt in der Verfassung des Saarlandes – jedenfalls auch – in Artikel 109 zum Ausdruck[213]. Nach der Rechtsprechung des Bundesverfassungsgerichts wird das Gebot des gesetzlichen Richters bei gerichtsorganisatorischen Maßnahmen nicht erst durch eine willkürliche Heranziehung im Einzelfall verletzt. Ein Verstoß ist schon dann gegeben, wenn die Regelung Spielräume eröffnet, die Zuteilung an den zuständigen Richter also nicht „blindlings" aufgrund allgemeiner, vorab festgelegter Merkmale an den entscheidenden Richter erfolgt, auch wenn die Spielräume durch sachgerechte Erwägungen ausgefüllt werden[214].

Engere Gewährleistungsgrenzen

Der Verfassungsgerichtshof des Saarlandes will die Grenzen der Garantie des gesetzlichen Richters offenbar enger setzen und bei Entscheidungen der Judikative – zu denen auch die Beschlußfassung über die Geschäftsverteilung gehöre – nur dann eine Verletzung der Garantie annehmen, wenn die Auslegung von Zuständigkeitsnormen „geradezu willkürlich oder offensichtlich unhaltbar oder in grundlegender Verkennung von Bedeutung und Tragweite der Gewährleistung erfolgt" ist[215]. Das Gericht hat sich zwar nicht mit der neueren Rechtsprechung des Bundesverfassungsgerichts auseinandergesetzt; ungeachtet dessen spricht aber manches dafür, die Garantie des gesetzlichen Richters nicht derart „kleinzubuchstabieren", wie die Rechtsprechung des Bundesverfassungsgerichts dies tut[216].

---

209 Zu einem Verstoß siehe *VerfGH Saarland*, B. v. 13. 7. 1961 (Lv 1/59), S. 8 ff.
210 *Morsch*, in: Wendt/Rixecker (LitVerz.), Art. 14 RN 1; a. A. *VerfGH Saarland*, 17. 11. 1975 (Lv 8/74), S. 14 f; B. v. 19. 3. 2004 (Lv 6/03), RN 18.
211 *Morsch* aaO., Art. 14 RN 1.
212 *Maunz*, in ders./Dürig, GG (LitVerz.), Art. 101 [1971] RN 5.
213 *Morsch* aaO., Art. 14 RN 1; offenbar restriktiver *Gehrlein*, in: Wendt/Rixecker (LitVerz.), Art. 109 RN 11.
214 *BVerfGE 95*, 322 (327 ff.).
215 *VerfGH Saarland*, B. v. 19. 3. 2004 (Lv 6/03), RN 19.
216 *Morsch*, in: Wendt/Rixecker (LitVerz.), Art. 14 RN 7.

3. Garantie der Unschuldsvermutung

54
Kernbestand rechtsstaatlichen Verfahrens

Die Garantie der Unschuldsvermutung zählt zum Kernbestand eines rechtsstaatlichen Verfahrens[217]. Während sie im Grundgesetz nach ganz überwiegender Ansicht aus dem Rechtsstaatsprinzip des Art. 20 Abs. 3 GG[218] abgeleitet wird, ist sie in Art. 14 Abs. 2 Verf. Saarland ausdrücklich formuliert. Vorbild für Artikel 14 Abs. 2 war der beinahe wortgleiche Art. 20 Abs. 2 Verf. Hessen[219]. Ausdrücklich normiert ist die Unschuldsvermutung auch in Art. 6 Abs. 2 EMRK, der in Deutschland zwar nur im Rang einfachen Bundesgesetzes steht[220], für das deutsche Verfassungsverständnis aber mehr und mehr an Bedeutung gewonnen hat[221].

55
Maxime über das Strafverfahren hinaus

Die Unschuldsvermutung ist eine Maxime des Strafverfahrens. Ihr sachlicher Anwendungsbereich bleibt aber nicht auf den Strafprozeß beschränkt. Das Verbot, vor einer gerichtlichen Schuldfeststellung als schuldig bezeichnet zu werden, gilt vielmehr für jedes staatliche Verfahren, dessen Wirkung derjenigen eines Strafverfahrens ähnlich ist[222]. Hierzu zählt nicht die parlamentarische Untersuchung als Mittel der Information und Kontrolle, aber auch des politischen Wettbewerbs[223]. Für das Strafverfahren folgt aus dem Grundrecht der Unschuldsvermutung, daß die einer Straftat beschuldigte Person keine Nachteile treffen dürfen, die einer Feststellung ihrer Schuld oder dem Ausspruch einer Strafe gleichkommen, solange nicht durch ein prozeßordnungsgemäßes, rechtsstaatliches und faires Verfahren rechtskräftig geklärt ist, daß dies erfolgen darf[224]. Nur die aus gesetzlich vorgesehenen Eingriffen „prozessordnungsgemäß" gewonnenen Erkenntnisse dürfen strafprozessualen Maßnahmen zugrunde gelegt werden[225].

56
Maßregeln der Besserung und Sicherung

Ob die Unschuldsvermutung in diesem Sinne auch für Maßregeln der Besserung und Sicherung (§ 61 StGB) und die sie vorbereitenden vorläufigen Maßnahmen gilt, ist umstritten[226], aber mit dem Verfassungsgerichtshof des Saarlandes zu bejahen. Eine Maßregel der Besserung und Sicherung wie die Entziehung der Fahrerlaubnis (§ 69 StGB) ist zwar nicht schuldabhängig, setzt aber doch die prozeßordnungsgemäße Feststellung tatbestandsmäßigen Unrechts sowie eine unter anderem aus ihr folgende Prognose künftiger Gefährlichkeit des „Täters" voraus. Daher sieht der Verfassungsgerichtshof des Saarlandes auch für derartige Maßregeln der Besserung und Sicherung keine Gründe, sie von der Geltung des Grundrechts der Unschuldsvermutung

---

217 *Morsch* aaO., Art. 14 RN 10.
218 *BVerfGE* 19, 342 (347); *38*, 105 (115); *82*, 106 (114). Vgl. → Bd. V: *Uhle*, Rechtsstaatliche Prozeßgrundrechte und -grundsätze, § 129 RN 102 f.
219 *Stöber* (LitVerz.), S. 22.
220 *BVerfGE* 74, 358 (370); *111*, 307 (316 f.).
221 Vgl. *BVerfGE* 74, 358 (370); *111*, 307 (317 ff.).
222 *Morsch*, in: Wendt/Rixecker (LitVerz.), Art. 14 RN 12.
223 *VerfGH Saarland*, B. v. 27. 5. 2002 (Lv 2/02 e.A.), RN 13; Urt. v. 31. 10. 2002 (Lv 2/02), RN 20.
224 *VerfGH Saarland*, B. v. 15. 4. 2010 (Lv 5/09), S. 10; *BVerfGE* 82, 106 (115); *Morsch* aaO., Art. 14 RN 10 ff.
225 *VerfGH Saarland*, B. v. 15. 4. 2010 (Lv 5/09), S. 12.
226 Vgl. die Nachweise bei *Carl-Friedrich Stuckenberg*, Untersuchungen zur Unschuldsvermutung, 1997, S. 63 Anm. 134 ff.

auszunehmen²²⁷. Das Grundrecht der Unschuldsvermutung verbietet indessen grundsätzlich weder, daß gegen die einer Straftat – nur – verdächtige Person verfahrensbezogen grundrechtsrelevante Maßnahmen getroffen werden, die der Klärung von Tat und Schuld dienen, noch, daß Maßnahmen ergriffen werden, die – wie die vorläufige Entziehung der Fahrerlaubnis nach § 111a StPO – dem Schutz der Allgemeinheit vor den Gefahren, die zum Führen eines Kraftfahrzeugs voraussichtlich ungeeignete Beschuldigte verursachen können, dienen²²⁸. Allerdings sind solche Eingriffe nur in streng begrenzten Fällen und in streng begrenztem Ausmaß zulässig²²⁹.

<small>Weitere Sicherungsmaßnahmen</small>

57
<small>Bloße Verfahrenseinstellung</small>

Die Unschuldsvermutung ist nicht schon dann verletzt, wenn eine staatsanwaltschaftliche oder gerichtliche Entscheidung ein Ermittlungs- oder Strafverfahren im Rahmen des Opportunitätsprinzips einstellt und dabei von einem verbleibenden Tatverdacht ausgeht. Sie ist nur dann berührt, wenn Schuld endgültig zugewiesen wird²³⁰.

4. Recht auf einen Rechtsbeistand

58
<small>Interessenwahrnehmung in behördlichen Verfahren</small>

<small>Allgemeines Grundrecht auf Verfahrensbeistand</small>

Das in Art. 14 Abs. 3 Verf. Saarland garantierte Recht auf einen Rechtsbeistand²³¹ ist ein das Rechtsstaatsprinzip konkretisierendes Verfahrensrecht²³². Es sichert die durch einen Rechtskundigen unterstützte Interessenwahrnehmung in behördlichen Verfahren aller Art²³³. Es beschränkt sich – anders als ähnlich lautende Bestimmungen einiger anderer Landesverfassungen²³⁴ – nicht auf Strafverfahren. Art. 14 Abs. 3 Verf. Saarland statuiert damit ausdrücklich ein allgemeines Grundrecht auf Verfahrensbeistand²³⁵. Das Recht gilt, wie der Saarländische Verfassungsgerichtshof unterstrichen hat, gegenüber allen Organisationseinheiten des Staates, die unter Zuhilfenahme hoheitlicher Befugnisse ein Verfahren durchführen können, in dessen Verlauf es zur Beeinträchtigung von Rechten oder Interessen einer an diesem Verfahren beteiligten Person kommen kann. Hierzu zählen auch Untersuchungsausschüsse²³⁶.

59
<small>Wahrnehmung aller bestehenden Verfahrensrechte</small>

Die Beistandsleistung bezieht sich auf die Wahrnehmung der in dem jeweiligen behördlichen Verfahren bestehenden Verfahrensrechte²³⁷. Dies setzt in erster Linie voraus, daß dem Rechtsbeistand die Anwesenheit in dem gleichen Umfang gestattet wird wie dem Betroffenen selbst. Sofern mündliche Äuße-

---

<small>227 *VerfGH Saarland*, B. v. 15. 4. 2010 (Lv 5/09), S. 10; vgl. *Wendt*, Grundrechtliches Verbot der polizeilichen Anordnung der Entnahme einer Blutprobe durch den Arzt und Unverwertbarkeit von deren Ergebnissen?, in: Annemarie Matusche-Beckmann (Hg.), Keio-Tage 2014: Medizinrechtliches Symposium an der Universität des Saarlandes, Iurisprudentia Saraviensis, Bd. 7, 2015, S. 169 (173 f.).
228 *VerfGH Saarland*, B. v. 15. 4. 2010 (Lv 5/09), S. 10 f.
229 *VerfGH Saarland*, B. v. 15. 4. 2010 (Lv 5/09), S. 11; *BVerfGE 19*, 342 (347).
230 *VerfGH Saarland*, B. v. 7. 4. 2014 (Lv 4/14), S. 4; *BVerfG*, B. v. 29. 6. 1995 (2 BvR 1342/95), juris.
231 Zur Entstehungsgeschichte *Stöber* (LitVerz.), S. 161 f, 260; ferner *VerfGH Saarland*, B. v. 2. 4. 2003 (Lv 6/02), RN 28 f.
232 *VerfGH Saarland*, B. v. 10. 1. 2003 (Lv 6/02 e. A.), RN 23.
233 *VerfGH Saarland*, B. v. 2. 4. 2003 (Lv 6/02), RN 25.
234 Art. 91 Abs. 2 Verf. Bayern, Art. 20 Abs. 2 Verf. Hessen, Art. 78 Abs. 3 Verf. Sachsen.
235 *Morsch*, in: Wendt/Rixecker (LitVerz.), Art. 14 RN 19.
236 *VerfGH Saarland* B. v. 2. 4. 2003 (Lv 6/02), RN 25 ff.; *Morsch* aaO., Art. 14 RN 21; wohl auch *Schranil* (LitVerz.), Art. 81 Bem. 3.
237 *VerfGH Saarland* aaO., RN 43.</small>

rungen des Betroffenen nicht auch dazu dienen, sich einen unmittelbaren Eindruck von dessen Glaubwürdigkeit zu verschaffen, steht dem Beistand auch das Recht zu, sich anstelle des Betroffenen mündlich zu äußern, für den Betroffenen Fragen und Beweisanträge zu stellen sowie Hinweise (beispielsweise auf Auskunftsverweigerungsrechte) und Erläuterungen zu geben. Aus der Funktion eines Rechtsbeistands in einem behördlichen Verfahren folgt darüber hinaus, daß er dem Betroffenen selbst, wenn dieser als Zeuge vernommen wird, Fragen stellen darf, da dies zur Abwehr einer den Betroffenen zu Unrecht belastenden eigenen Äußerung oder zur Vermeidung sonstiger Aussagefehler erforderlich werden kann[238]. Aus der Formulierung, wonach das Recht, sich in Verfahren vor Behörden eines Beistands zu bedienen, „grundsätzlich" gilt, läßt sich keine Legitimation zur Einschränkung durch einfachrechtliche Normen entnehmen. Die Formulierung kann nur als allgemeiner Hinweis auf verfassungsimmanente Schranken verstanden werden. Unzulässig sind damit nicht nur Verfahrensordnungen, behördliche oder gerichtliche Entscheidungen, die das Recht auf einen Rechtsbeistand zur Gänze versagen, sondern auch solche, die die Hinzuziehung eines Rechtsbeistands nur ausnahmsweise erlauben und damit das Regel-Ausnahme-Verhältnis in Art. 14 Abs. 3 Verf. Saarland in sein Gegenteil verkehren[239]. Der Saarländische Verfassungsgerichtshof hat daher § 54 Abs. 3 Satz 5 Landtagsgesetz für verfassungswidrig erklärt[240].

Verfassungsimmanente Schranken

5. Rechtsschutzgarantie

Art. 20 Verf. Saarland gewährt zunächst ein Recht zur Beschwerde. Es steht jedermann zu, der sich durch die saarländische staatliche – exekutive oder judikative – Gewalt in seinen Rechten, die nicht notwendigerweise Grundrechte sein müssen, verletzt sieht[241]. Das Grundrecht bleibt damit hinter Art. 17 GG zurück: „Bitten", also Anregungen, sich eines Anliegens anzunehmen, sind allein von Art. 78 Verf. Saarland und damit allein dem Adressaten Landtag gegenüber erfaßt[242]. Die Existenz von Artikel 78, der das Petitionsrecht im Saarland voraussetzt[243], beseitigt auch die Probleme, welche die mit dem Aufstellen des Erfordernisses einer Rechtsverletzung auch im übrigen im Vergleich mit Art. 17 GG engere Fassung des Rechts zur Beschwerde mit Blick auf Art. 142 GG sonst mit sich brächte[244].

60
Beschwerderecht

Sieht sich jemand durch die öffentliche Gewalt in seinen Rechten verletzt, ist ihm durch Art. 20 Verf. Saarland darüber hinaus gerichtlicher Rechtsschutz garantiert. Artikel 20 ist damit Teil des allgemeinen Justizgewährungsan-

61
Gerichtsschutz

---

238 *VerfGH Saarland* aaO., RN 43 f.; *Morsch* aaO., Art. 14 RN 23; *BVerfGE 38*, 105 (117).
239 *VerfGH Saarland* aaO., RN 40; *Morsch* aaO., Art. 14 RN 24.
240 *VerfGH Saarland* aaO.
241 *Rixecker*, in: Wendt/ders. (LitVerz.), Art. 20 RN 3.
242 *Rixecker* aaO., Art. 20 RN 3.
243 *Guckelberger/Geber/Zott*, Das Petitionsrecht in Hessen, Rheinland-Pfalz und im Saarland, LKRZ 2012, S. 125 (128) m.w.N.
244 *Gröpl*, in: ders./Guckelberger/Wohlfarth (LitVerz.), RN 188a.

spruchs, der nach der Rechtsprechung des Verfassungsgerichtshofes des Saarlandes im übrigen aus Art. 2 Satz 1 Verf. Saarland in Verbindung mit dem Rechtsstaatsprinzip gemäß Art. 60 Verf. Saarland folgt[245]. Unter der öffentlichen Gewalt, der die Rechtsschutzgarantie des Art. 20 Verf. Saarland gewidmet ist, ist – wie die historische Entwicklung, aber auch das traditionelle Normverständnis ergibt – lediglich die (saarländische) vollziehende Gewalt im weiteren Sinn, nicht dagegen – nicht anders als nach Art. 19 Abs. 4 GG[246] – die rechtsprechende[247] oder gesetzgebende[248] Gewalt gemeint: Akte der Regierung, Verwaltung, Polizei und Staatsanwaltschaft zählen ebenso dazu wie Entscheidungen der Organe des Parlaments außerhalb der Gesetzgebung – die Wahrnehmung der Rechte des Präsidiums des Landtags, die Tätigkeit von Untersuchungsausschüssen[249]. Organisation und Handlungsformen der öffentlichen Gewalt sind unerheblich. Daher gilt Art. 20 Verf. Saarland auch in Fällen, in denen Aufgaben der öffentlichen Verwaltung privatrechtlich wahrgenommen werden. Lediglich die rein fiskalische Tätigkeit ist nicht erfaßt[250].

VII. Garantie von Eigentum und Erbrecht, Enteignung, Sozialisierung

1. Eigentum, Erbrecht und Enteignung

62
Pflichtgebundenheit des Eigentums und Enteignung

Das Eigentum wird durch Art. 18 Abs. 1 Verf. Saarland garantiert, das Erbrecht durch Artikel 18 Abs. 2. Die Regelungen über die Pflichtgebundenheit des Eigentums und die Enteignung wurden in den Artikel 51 im Fünften Abschnitt (Wirtschafts- und Sozialordnung) des ersten Hauptteils der Verfassung des Saarlandes verlagert. Damit soll die soziale Gebundenheit des Eigentums hervorgehoben werden[251]. Art. 18 und 51 Verf. Saarland sind in ihrer Gesamtheit – trotz mancher Abweichung im Wortlaut – mit Art. 14 GG inhaltsgleich[252].

63
Inhalts- und Schrankenbestimmung

Auch für die Eigentumsgarantie der saarländischen Verfassung gilt, daß dem Gesetzgeber neben der inhaltlichen Ausgestaltung[253] die Bestimmung der Schranken des Eigentums obliegt. Da sich Inhalt und Schranken des Eigentums aus privatrechtlichen und öffentlich-rechtlichen Normen ergeben können, bleibt dem Land neben gewissen, bundesrechtlich vorgegebenen Nischen im Bereich des Zivilrechts (ausgefüllt beispielsweise durch das Nachbar-

---

245 *VerfGH Saarland*, Urt. v. 31. 1. 2011 (Lv 13/10), S. 18; *Rixecker*, in: Wendt/ders. (LitVerz.), Art. 20 RN 4.
246 *BVerfGE 15*, 275 (280); *24*, 367 (401); *112*, 185 (207).
247 *VerfGH Saarland*, B. v. 19. 5. 2006 (Lv 6/05), RN 13; B. v. 28. 6. 2007 (Lv 2/07), RN 7; B. v. 19. 11. 2007 (Lv 8/07), RN 7; B. v. 8. 10. 2013 (Lv 1/13), S. 8 f., 13 f.
248 *VerfGH Saarland*, Urt. v. 31. 1. 2011 (Lv 13/10), S. 20 f.
249 *Rixecker*, in: Wendt/ders. (LitVerz.), Art. 20 RN 5 f.; *Schranil* (LitVerz.), Art. 20 Bem. 2; zu der Kontrolle der Tätigkeit eines Untersuchungsausschusses vgl. *VerfGH Saarland*, Urt. v. 31. 10. 2002 (Lv 2/02).
250 *Rixecker* aaO., Art. 20 RN 5.
251 Entsprechend für Art. 60 Verf. Rheinland-Pfalz *Braun Binder*, in: Brocker/Droege/Jutzi (LitVerz.), Art. 60 RN 5.
252 *Wendt*, in: ders./Rixecker (LitVerz.), Art. 51 RN 20.
253 *Wendt* aaO., Art. 18 RN 20.

rechtsgesetz) noch genügend Raum für Regelungen des öffentlichen Rechts[254]. Die in Art. 51 Abs. 1 Verf. Saarland statuierte Sozialpflichtigkeit ist nicht anders als das Sozialpflichtigkeitsgebot des Art. 14 Abs. 2 GG ausschließlich vom Gesetzgeber zu konkretisieren[255]. Die Verfassung des Saarlandes enthält neben der Eigentums- und Erbrechtsgarantie in Artikel 18 und 51 spezifische „Sozialvorbehalte", die im Abschnitt „Wirtschafts- und Sozialordnung" geregelt sind. Soweit die Art. 43, 50, 53 bis 55 Verf. Saarland zum Tragen kommen, ist ihnen eine gewisse wirtschaftsverfassungsrechtliche Dimension zuzumessen[256]. Doch ist die aktuelle praktische Bedeutung dieser Vorschriften gering. Die hier geregelten Programmnormen bzw. Gesetzgebungsaufträge laufen weitestgehend leer, da sie Gegenstände betreffen, hinsichtlich derer der Bund von seiner konkurrierenden Gesetzgebungskompetenz Gebrauch gemacht hat[257]. Insgesamt konnten die planwirtschaftlichen Ansätze des fünften Abschnitts des ersten Hauptteils der Verfassung unter der Geltung der Wirtschaftsverfassung des Grundgesetzes nicht mit Leben erfüllt werden. Verfassungspolitisch sind sie aus heutiger Sicht ohnehin zurückzuweisen[258].

Spezifische „Sozialvorbehalte"

64

Nach Auffassung des Verfassungsgerichtshofs des Saarlandes spricht viel dafür, den Eigentumsschutz des Art. 18 Verf. Saarland über den Bestand eines Gewerbebetriebs auch auf dessen funktionswesentliche Tätigkeit und damit den gewinnbringenden Einsatz des Betriebs zu erstrecken[259]. Das Vertrauen auf den Fortbestand einer für ein Unternehmen günstigen Gesetzeslage ist aber nicht von Artikel 18 umfaßt, so daß Verdienstmöglichkeiten und Erwerbschancen, die sich aus dem bloßen Fortbestand einer günstigen Gesetzeslage ergeben, von der Eigentumsgarantie nicht umfaßt werden[260]. Im Unterschied hierzu ist ein gesetzliches Einwirken auf die Gewinnmöglichkeiten eines Betriebs, bestehende Geschäftsbeziehungen, den Kundenstamm oder die Marktstellung eines Unternehmens aber grundsätzlich eigentumsgrundrechtlich relevant[261]. Bei Eigentumsbeschränkungen muß der Gesetzgeber besonders begründetem schutzwürdigen Vertrauen angemessen Rechnung tragen[262]. Der Verfassungsgerichtshof des Saarlandes hat das Recht des Eigentümers, seine Interessen im Verwaltungs- und Gerichtsverfahren effektiv zu vertreten und durchzusetzen, betont[263]. Bei Eingriffen in das Eigentum im Wege der Zwangsvollstreckung verlangt die Eigentumsgarantie des Art. 18 Abs. 1 Verf. Saarland daher, effektiven Rechtsschutz und eine faire Verfah-

Erstreckung des Eigentumsschutzes auf funktionswesentliche Tätigkeit

Zwangsvollstreckung

---

254 *Wendt* aaO., Art. 51 RN 4; zum nachbarrechtlichen Notwegerecht vgl. *VerfGH Saarland*, B. v. 19.4.2016 (Lv 10/15), S. 4 ff.
255 *Wendt* aaO., Art. 51 RN 7; ebenso für den gleichlautenden Art. 60 Abs. 2 Verf. Rheinland-Pfalz *Braun Binder*, in: Brocker/Droege/Jutzi (LitVerz.), Art. 60 RN 20.
256 *Papier*, in: Maunz/Dürig, GG (LitVerz.), Art. 14 RN 282.
257 *Elicker*, in: Wendt/Rixecker (LitVerz.), Vor Art. 43 RN 10.
258 *Elicker* aaO., Vor Art. 43.RN 10.
259 *VerfGH Saarland*, Urt. v. 28.3.2011 (Lv 3, 4, 6/10), S. 29; bereits *Wendt*, in: ders./Rixecker (LitVerz.), Art. 18 RN 15.
260 *VerfGH Saarland*, Urt. v. 28.3.2011 (Lv 3, 4, 6/10), S. 29; *Wendt* aaO., Art. 18 RN 15.
261 *Wendt* aaO., Art. 18 RN 16; unentschieden *VerfGH Saarland*, Urt. v. 28.3.2011 (Lv 3, 4, 6/10), S. 29.
262 *VerfGH Saarland*, Urt. v. 28.3.2011 (Lv 3, 4, 6/10), S. 30.
263 *VerfGH Saarland*, B. v. 19.3.2004 (Lv 7/03), RN 19.

rensführung zu gewähren²⁶⁴. In einem Zwangsversteigerungsverfahren sind daher auch noch nach Beginn der Versteigerung die Rechte des Schuldners – insbesondere sein Zahlungsrecht – zur Abwendung eines Rechtsverlusts möglichst weitgehend zu wahren²⁶⁵. Dem Schuldner darf nicht durch die konkrete Gestaltung des Verfahrens die Möglichkeit genommen werden, die Erfüllung der titulierten Forderung nachzuweisen und sie in das Verfahren einzuführen²⁶⁶. Die Eigentumsgarantie tritt damit in Konkurrenz zu Art. 20 und Art. 60 Abs. 1 Verf. Saarland²⁶⁷.

65
Entschädigungsregelung

Anders als Art. 14 Abs. 3 Satz 2 GG (sog. Junktimklausel) verlangt Art. 51 Abs. 2 Satz 3 Verf. Saarland nicht ausdrücklich, daß die Entschädigungsregelung im Enteignungsgesetz enthalten ist. Allerdings ist die erforderliche Abwägung bezüglich der Höhe der Entschädigung dem Gesetzgeber vorbehalten, so daß hieraus oder im Wege bundesrechtskonformer Auslegung auch für die Landesverfassung das Junktim einer Entschädigungsregelung im Gesetz folgt²⁶⁸.

2. Sozialisierung

66
Vergesellschaftung bestimmter „Schlüsselunternehmungen"

Grundrechtseingriffsregelung

Die Vorschriften zur Sozialisierung weichen von denen des Art. 15 GG ab. Der seit dem Inkrafttreten der Verfassung des Saarlandes unverändert fortgeltende Artikel 52 Abs. 1 verpflichtet verfassungsunmittelbar zur Vergesellschaftung bestimmter „Schlüsselunternehmungen", Artikel 52 Abs. 2 ermächtigt zur Sozialisierung von „gemeinwohlgefährdenden" privatwirtschaftlichen „Großunternehmen" oder zur Unterstellung unter Staatsregie. Der Sozialisierungsartikel umfaßt kein Grundrecht, sondern regelt einen Grundrechtseingriff: den Entzug grundrechtlich geschützter Eigentumssubstanz²⁶⁹. Die Verfassung des Saarlandes darf in ihren – obligatorischen wie fakultativen – Grundrechtseingriffen aber nicht weiter gehen, als das Grundgesetz es vorsieht. Da die Sozialisierung nach Art. 52 Verf. Saarland tiefer in die Eigentumsfreiheit des Art. 14 GG eingreift, als es die Ermächtigung des Art. 15 GG zuläßt – Hinausgreifen über die vom Grundgesetz für sozialisierungsfähig erklärten Gegenstände, Verzicht auf das durchgängige Erfordernis eines Sozialisierungsgesetzes, Fehlen einer Entschädigungsgarantie –, verletzt sie das Bundesgrundrecht des Art. 14 GG und ist gemäß Art. 31 GG unwirksam²⁷⁰. Auch nach Art. 142 GG könnte Art. 52 Verf. Saarland nur fortgelten, wenn er deckungsgleich mit Art. 15 GG wäre oder an strengere und engere

---

264 *VerfGH Saarland*, B. v. 5. 12. 2003 (Lv 7/03 e.A.), RN 5; B. v. 19. 3. 2004 (Lv 7/03), RN 19; B. v. 23. 7. 2004 (Lv 2/04), RN 9.
265 *VerfGH Saarland*, B. v. 19. 3. 2004 (Lv 7/03), RN 21.
266 *VerfGH Saarland*, B. v. 19. 3. 2004 (Lv 7/03), RN 20 ff.; B. v. 23. 7. 2004 (Lv 2/04), RN 9.
267 *VerfGH Saarland*, B. v. 19. 3. 2004 (Lv 7/03), RN. 19.
268 *Wendt*, in: ders./Rixecker (LitVerz.), Art. 51 RN 17; ebenso für Art. 60 Abs. 4 Satz 1 Verf. Rheinland-Pfalz *Braun Binder*, in: Brocker/Droege/Jutzi (LitVerz.), Art. 60 RN 25.
269 *Wendt* aaO., Art. 52 RN 9.
270 *Isensee*, Fortgeltung des saarländischen Sozialisierungs-Artikels unter dem Grundgesetz, DÖV 1978, S. 233 (235, 237f.); *Wendt* aaO., Art. 52 RN 9ff.; *Gröpl*, in: ders./Guckelberger/Wohlfarth (LitVerz.), RN 189; a.A. *Seebald*, Nochmals: Fortgeltung des saarländischen Sozialisierungs-Artikels unter dem Grundgesetz?, DÖV 1978, S. 645 ff.

Voraussetzungen geknüpft wäre, also wenigstens so eigentumsfreundlich wie das Grundgesetz wäre und ein gleich hohes oder höheres Grundrechtsniveau gewährleistete. Das ist nicht der Fall[271].

VIII. Ehe und Familie, Schule und Erziehung, Religion

Die Art. 22 bis 25 Verf. Saarland treffen Bestimmungen zum Schutz und zur Förderung von Ehe und Familie, die zum großen Teil den Grundrechten in Art. 6 GG entsprechen[272]. Durch eine Verfassungsänderung im Jahre 2007[273] hat der Landtag in einem neuen Artikel 24a zudem sogenannte Kinderrechte eingeführt und durch Artikel 25 neuer Fassung entsprechende Sicherungspflichten für das Land, die Kommunen und die sonstigen Träger öffentlicher Gewalt festgeschrieben. Der Effekt dieser Verfassungsänderung ist freilich äußerst gering, da die neu eingefügten Regelungen bereits seit geraumer Zeit als – vorrangiges – Bundesrecht bestehen[274].

67
Schutz und Förderung von Ehe und Familie

Kinderrechte

Die Art. 26 bis 30 Verf. Saarland befassen sich – ähnlich wie Art. 7 GG – mit Erziehung und Unterricht. Der Staat muß im Rahmen seines Erziehungsauftrags gemäß Art. 27 Abs. 1, Abs. 2 Verf. Saarland für die Vielzahl von Anschauungen in Erziehungsfragen so weit offen sein, wie sich dies mit einem geordneten staatlichen Schulsystem verträgt[275]. Artikel 27 Abs. 3 schreibt seit dem 1. August 2012 Gemeinschaftsschulen und Gymnasien als allgemein bildende Schulen fest, an denen die allgemeine Hochschulreife (Abitur) erworben werden kann[276]. Durch Artikel 27 Abs. 1 und Artikel 28 wird Privatschulen Verfassungsrang eingeräumt. Nach Artikel 26 Abs. 1 Satz 2 können im Prinzip die Eltern über Bildung und Erziehung ihrer Kinder bestimmen (vgl. Art. 6 Abs. 2 Satz GG). Insbesondere können sie gemäß Art. 29 Abs. 2 Satz 1 Verf. Saarland die Teilnahme ihrer Kinder am Religionsunterricht ablehnen (vgl. Art. 7 Abs. 2 GG). Schülerinnen und Schüler haben einen grundrechtlich geschützten Anspruch auf Zugang zu den Schulen – und zu deren Unterrichtsleistungen – gemäß ihrer Begabung (Art. 27 Abs. 6 Satz 2 Verf. Saarland)[277].

68
Erziehung und Unterricht

Privatschulen

Umhegt und unterfangen wird dieser Regelungskomplex durch Vorschriften, die auf die christliche, vor allem katholische Prägung des Saarlandes zurückzuführen sind[278]. So haben die Eltern ihr Erziehungsrecht gemäß Art. 26 Abs. 1 Satz 2 Verf. Saarland auf der Grundlage des natürlichen und christli-

69
Orientierungen für das elterliche Erziehungsrecht

---

271 *Isensee*, DÖV 1978, S. 233 (235); *Durner* in: Maunz/Dürig, GG (LitVerz.), Art. 15 (2008), RN 77; *Wendt*, in: Sachs, GG (LitVerz.), Art. 15 RN 24; ders., in: Wendt/Rixecker (LitVerz.), Art. 52 RN 15.
272 *Völker*, in: Wendt/Rixecker (LitVerz.), Art. 22 RN 1, Art. 23 RN 3, Art. 24 RN 1 f.
273 Gesetz v. 4.7.2007 (Amtsbl. S. 1798).
274 Zutreffend *Gröpl*, in: ders./Guckelberger/Wohlfarth (LitVerz.), RN 191, unter Hinweis auf Art. 1 Abs. 1 und 2 Abs. 1 GG, § 1 Abs. 1, §§ 3, 4, 69, 74 und 82 Sozialgesetzbuch (SGB) – Achtes Buch (VIII) – Kinder- und Jugendhilfe, sowie § 1626 Abs. 2 Satz 1 und § 1631 Abs. 2 BGB; a.A. *Völker*, in: Wendt/Rixecker (LitVerz.), Art. 24a RN 2 ff.
275 *VerfGH Saarland*, Urt. v. 13.3.2006 (Lv 2/05), RN 63.
276 Gesetz v. 15.6.2011 (Amtsbl. S. 236).
277 *VerfGH Saarland*, B. v. 8.9.2008 (Lv 9/08 e.A.), S. 5.
278 *Gröpl*, in: ders./Guckelberger/Wohlfarth (LitVerz.), RN 193.

§ 256   Sechzehnter Teil: III. Die Grundrechte in den Landesverfassungen

chen Sittengesetzes auszuüben. Nach Artikel 27 Abs. 4 Satz 2 sind die Schüler in den öffentlichen Schulen unabhängig von ihrer Religionszugehörigkeit – bei gebührender Rücksichtnahme auf die Empfindungen andersdenkender Schüler – auf der Grundlage christlicher Bildungs- und Kulturwerte zu unterrichten und zu erziehen. Art. 30 Verf. Saarland ergänzt ganz allgemein, daß die Jugend – unter anderem – in der Ehrfurcht vor Gott und im Geiste der christlichen Nächstenliebe zu erziehen ist. Daraus läßt sich – in gewisser Abweichung vom Grundgesetz – eine weltanschaulich-christliche Tendenz der saarländischen Verfassung ableiten, die freilich durch das Toleranzgebot insbesondere in Artikel 27 Abs. 4 Satz 2, aber auch durch die Glaubens- und Gewissensfreiheit und die Garantie der ungestörten Religionsausübung[279] der Art. 4 und 35 Abs. 1 Verf. Saarland ergänzt und abgefedert wird[280].

Weltanschaulich-christliche Tendenz

IX. Rechte der Kirchen und Religionsgemeinschaften

70

Staatskirchenrecht

Das saarländische Staatskirchenrecht findet sich in den Art. 35 bis 42 Verf. Saarland. Es füllt den Rahmen von Art. 140 GG in Verbindung mit Art. 136 bis 139 und Art. 141 WRV aus. Von praktischer Relevanz sind die saarländischen Bestimmungen insofern, als das Staatskirchenrecht nach der bundesstaatlichen Gewaltenteilung des Grundgesetzes in die Gesetzgebungs- und Verwaltungskompetenz der Länder fällt[281]. Die saarländische Verfassung räumt den Kirchen – wie auch der Religion – einen höheren Stellenwert als das Grundgesetz ein[282]; daher ist der saarländischen Verfassung eine „kirchenfreundliche Ausrichtung" attestiert worden, welche die gesellschaftliche Prägekraft der christlichen Religionen berücksichtigt[283].

Gesellschaftliche Prägekraft christlicher Religionen

X. Grundpflichten

71

Pflicht zur Kindererziehung

Sozialbindung

Ehrenamt und Nothilfe

Neben Grundrechten konstituiert die saarländische Verfassung auch Grundpflichten. Wie Art. 6 Abs. 2 Satz 1 GG überträgt Art. 24 Abs. 1 Satz 1 Verf. Saarland den Eltern neben dem Recht auch die Pflicht zur Erziehung ihrer Kinder, und zwar vorrangig vor dem Staat oder Dritten. Nach Art. 51 Abs. 1 Verf. Saarland verpflichtet entsprechend Art. 14 Abs. 2 GG das Eigentum gegenüber dem Volk im Rahmen der sogenannten Sozialbindung. Nach Art. 19 Abs. 1 Verf. Saarland hat jeder die Pflicht zur Übernahme von Ehrenämtern und zur Nothilfe. Alle diese Pflichten bedürfen jedoch der Ausformung durch Gesetz[284], wie Artikel 19 Abs. 1 dies für seinen Regelungsbereich ausdrücklich betont. So wird die Kindererziehung in den §§ 1626 ff. BGB ausgestaltet, die

---

279 Während Art. 4 in erster Linie ein Abwehrrecht gegenüber dem Staat darstellt, gewährleistet Art. 35 Abs. 1 Satz 1 die Religionsausübung auch durch die aktive Leistung von Schutz durch den Staat gegenüber Dritten, vgl. *Elicker*, in: Wendt/Rixecker (LitVerz.), Art. 35 RN 1.
280 *Gröpl*, in: ders./Guckelberger/Wohlfarth (LitVerz.), RN 193.
281 *Ehlers*, in: Sachs, GG (LitVerz.), Art. 140 RN 10.
282 *Elicker*, in: Wendt/Rixecker (LitVerz.), Vor Art. 35 RN 8; *Gröpl* aaO., RN 194.
283 *Brosig*, Verfassung (LitVerz.), S. 138; *Elicker* aaO., Vor Art. 35 RN 4 ff.
284 *Gröpl* aaO., RN 195.

Sozialbindung des Eigentums erweist sich in zahlreichen zivil- und öffentlichrechtlichen Vorschriften zumeist bundesrechtlicher Provenienz; die Unterlassung der Nothilfe ist bereits kraft Bundesrechts strafbewehrt (§ 323 c StGB).

XI. Staatszielbestimmungen

Mit Art. 45 Satz 2 Verf. Saarland weist die saarländische Verfassung eine Bestimmung auf, die nur scheinbar Grundrechtscharakter hat. Nach dieser Vorschrift hat jeder nach seiner Fähigkeit ein Recht auf Arbeit. Ein echtes Recht auf Arbeit, das mehr wäre als eine Zielvorstellung für staatliches Handeln bzw. ein Programmsatz, kann es aber nur in einer staatlich zentral gelenkten Planwirtschaft, nicht aber in einer freiheitlichen Wirtschaftsordnung geben[285]. Auch wenn die Verfassung des Saarlandes im fünften Abschnitt ihres ersten Hauptteils (Wirtschafts- und Sozialordnung) planwirtschaftlichen Tendenzen grundsätzlich geöffnet ist bzw. bis zum Beitritt zum Staat des Grundgesetzes war[286], standen dem von Anfang an die wirtschaftlichen Freiheitsgrundrechte als Gegenpol gegenüber[287]. Bereits der erste Kommentator der Verfassung des Saarlandes stellte demgemäß fest, daß Artikel 45 Satz 2 kein „wirkliches, subjektives, tragbares Recht auf Arbeit" gewährt[288]. Entsprechend sieht auch der Verfassungsgerichtshof des Saarlandes in Artikel 45 Satz 2 kein subjektives, einklagbares (Grund-)Recht auf Arbeit[289].

72
Recht auf Arbeit

Desgleichen hat der Verfassungsgerichtshof des Saarlandes den Grundrechtscharakter des Art. 54 Abs. 1 Verf. Saarland, nach dem der selbständige saarländische Mittelstand in Industrie, Gewerbe, Handwerk und Handel zu fördern und in seiner freien Entfaltung zu schützen ist, verneint. Angesichts der inhaltlichen Offenheit, des systematischen Kontextes und der Einordnung des Artikels 54 in die Gesamtverfassung könne die Vorschrift nur als bloße Staatszielbestimmung bzw. bloßer Programmsatz verstanden werden. Der Verfassungsgeber habe die Konkretisierung seines Auftrags dem Gesetzgeber und der Exekutive überlassen[290]. Die Vorschrift kann aber etwa als Rechtfertigungsgrund für die Besserstellung mittelständischer Unternehmen gegenüber Großunternehmen angeführt werden[291].

73
Mittelstandsförderung und -schutz

---

285 *VerfGH Saarland*, B. v. 9.6.1995 (Lv 6/94), S. 15 f.; *Elicker* aaO., Art. 45 RN 3.
286 *Elicker* aaO., Vor Art. 43 RN 2 ff.; *Brosig*, Verfassung (LitVerz.), S. 139.
287 *Elicker* aaO., Art. 45 RN 4.
288 *Schranil* (LitVerz.), Art. 45 Bem. 3.
289 Ausführlich *VerfGH Saarland*, B. v. 9.6.1995 (Lv 6/94), S. 5 ff.; B. v. 27.3.2008 (Lv 3/08 e.A.), RN 5; Urt. v. 1.12.2008 (Lv 2/08, 3/08, 6/08), S. 10; B. v. 18.3.2013 (Lv 6/12), S. 9.
290 *VerfGH Saarland*, Urt. v. 19.1.1987 (Lv 5/85), S. 7 ff.; B. v. 27.3.2008 (2/08 e.A.), RN 11; Urt. v. 1.12.2008 (Lv 2/08, 3/08, 6/08), S. 11.
291 *Elicker*, in: Wendt/Rixecker (LitVerz.), Art. 54 RN 1.

D. Resümee

74
Anpassungen

Die Verfassung des Saarlandes aus dem Jahre 1947 hat im Laufe der Zeit eine Vielzahl größerer und kleinerer Änderungen erfahren. Diese haben die Verfassungstradition berücksichtigt und gewachsene Verfassungsstrukturen behutsam und schonend an verfassungspolitische Notwendigkeiten angepaßt. In der Staats- und Verfassungspraxis hat sich die Verfassung im Blick auf die politischen, gesellschaftlichen und wirtschaftlichen Herausforderungen und Entwicklungen bewährt. Einen sehr wesentlichen Beitrag hierzu hat der Verfassungsgerichtshof des Saarlandes geleistet. Die Anwendung und Ausgestaltung der organisations- und verfahrensrechtlichen Regelungen der Verfassung sind seit jeher durch ihn geprägt. Seit der Beseitigung der Subsidiarität der Individualverfassungsbeschwerde hat er darüber hinaus in einer reichhaltigen Judikatur zu den Landesgrundrechten deren zentrale Bedeutung für die verschiedensten Lebensbereiche deutlich zu machen vermocht. Eine umfassendere Reform des ersten Hauptteils der Verfassung „Grundrechte und Grundpflichten" steht allerdings noch aus. Sie müßte weniger den sachlichen Gehalt der Verfassung im Bereich der Grundrechte umgestalten. Ihre Aufgabe wäre es vielmehr in erster Linie, neben der Anpassung an den heutigen Sprachgebrauch systematische Klarstellungen vorzunehmen und die geltende Rechtslage besser zum Ausdruck zu bringen, nicht zuletzt in Abgrenzung zum Bundesrecht. Der eigene Beitrag des Saarlandes zur deutschen Grundrechtskultur, die es um Grundrechtinhalte und Grundrechtsformen bereichert, dürfte dabei nicht verloren gehen[292].

Reformaufgabe „Grundrechte und Grundpflichten"

---

[292] Vgl. bereits Zweiter Teilbericht der Enquêtekommission für Verfassungsfragen 1976–1980, LT-Drucks. 7/2207, S. 5 ff.

E. Bibliographie

Brosig, Rudolph, Die Verfassung des Saarlandes. Entstehung und Entwicklung, 2001.
ders., Verfassung und Verfassungsgerichtsbarkeit im Saarland, in: Rudolf Wendt/ Roland Rixecker, Verfassung des Saarlandes, Kommentar, hrsg. von den Mitgliedern des Verfassungsgerichtshofs des Saarlandes, 2009, Teil I, S. 1 ff.
Gröpl, Christoph, § 1 Verfassungsrecht, in: ders./Annette Guckelberger/Jürgen Wohlfarth, Landesrecht Saarland, ²2013.
Krause, Peter, Verfassungsentwicklung im Saarland 1958–1979, in: Jahrbuch des öffentlichen Rechts der Gegenwart (JöR), Neue Folge, Bd. 29/1980, S. 393 ff.
ders., Die Verfassungsentwicklung im Saarland seit 1980, in: Jahrbuch des öffentlichen Rechts der Gegenwart (JöR), Neue Folge, Bd. 51/2003, S. 403 ff.
Schranil, Rudolf, Verfassung des Saarlandes mit Kommentar, 1952.
Stöber, Robert, Die saarländische Verfassung vom 15. Dezember 1947 und ihre Entstehung. Sitzungsprotokolle der Verfassungskommission, der Gesetzgebenden Versammlung des Saarlandes (Landtag) und des Verfassungsausschusses, 1952.
Thieme, Werner, Die Entwicklung des Verfassungsrechts im Saarland von 1945 bis 1958, in: Jahrbuch des öffentlichen Rechts der Gegenwart (JöR), Neue Folge, Bd. 9/1960, S. 423 ff.
Wendt, Rudolf/Rixecker, Roland, Verfassung des Saarlandes, Kommentar, hrsg. von den Mitgliedern des Verfassungsgerichtshofs des Saarlandes, 2009, zit. nach Bearbeitern, auch Abruf unter https://verfassungsgerichtshof-saarland.de/kommentar.

§ 257
Landesgrundrechte in Sachsen

Matthias Niedobitek

Übersicht

	RN
A. Verfassungsentwicklung	1–7
B. Begriff der Grundrechte und Systematik der sächsischen Verfassung	8–14
I. Begriff und Funktion der Grundrechte	8–11
II. Abgrenzung der Grundrechte von anderen Verfassungsbestimmungen	12–14
1. Gesetzgebungsaufträge und Staatszielbestimmungen	12–13
2. „Soziale Grundrechte"	14
C. Die Technik der Normierung sächsischer Grundrechte in der Landesverfassung	15–18
D. Der Anwendungsbereich der sächsischen Grundrechte	19–28
E. Besonderheiten der sächsischen Grundrechte gegenüber dem Grundgesetz	29–34
F. Rechtsschutz gegen Grundrechtsverletzungen	35–45
I. Rechtsschutzorgane	35–37
II. Prüfungsmaßstab	38–45
G. Bibliographie	

A. Verfassungsentwicklung

1
Entstehung und Verkündung

Die Verfassung des Freistaates Sachsen[1] wurde vom Landtag – dieser handelnd als verfassungsgebende Landesversammlung[2] – am 26. Mai 1992 beschlossen. Am 27. Mai 1992 erfolgte die in Artikel 122 Abs. 2 vorgesehene „Ausfertigung" der Verfassung durch den Präsidenten des Landtags, das heißt die Herstellung der Urschrift[3]. Dementsprechend wird im Sächsischen Gesetz- und Verordnungsblatt der 27. Mai 1992 als Entstehungsdatum der sächsischen Verfassung genannt[4]. Nach ihrer Verkündung im Gesetz- und Verordnungsblatt am 5. Juni 1992 trat die Verfassung des Freistaates Sachsen gemäß ihrem Artikel 122 Abs. 3 am 6. Juni 1992 in Kraft[5]. Damit ist sie die älteste unter den Verfassungen der fünf neuen Länder[6]. Auch eine gesetzliche Grundlage für die Tätigkeit des Verfassungsgerichtshofs[7] – das Gesetz über den Verfassungsgerichtshof des Freistaates Sachsen[8] – wurde in Sachsen zuerst geschaffen[9].

2
Vorschaltgesetz

Mit dem „Gesetz zur Herstellung der Arbeitsfähigkeit des Sächsischen Landtages und der Sächsischen Landesregierung (Vorschaltgesetz)"[10] hatte der Sächsische Landtag noch am 27. Oktober 1990, dem Tag seiner Konstituierung, eine „vorläufige Verfassung"[11] beschlossen. Damit waren jedoch nur einige wichtige staatsorganisatorische Regelungen getroffen[12], von Grundrechten noch keine Spur. Was das Verfahren zur Annahme der Sächsischen Verfassung angeht, sah das erwähnte Vorschaltgesetz in § 10 Abs. 2 Satz 2 zwei Möglichkeiten vor: Annahme durch Volksentscheid oder Annahme mit den

---

1 Abgekürzt zitierte Verfassungen: *Berlin*: Verf. Berlin, *Brandenburg*: Verf. Brandenburg, *Hamburg*: Verf. Hamburg, *Hessen*: Verf. Hessen, *Rheinland-Pfalz*: Verf. Rheinland-Pfalz, *Sachsen*: Verf. Sachsen, *Sachsen-Anhalt*: Verf. Sachsen-Anhalt, *Schleswig-Holstein*: Verf. Schleswig-Holstein, *Thüringen*: Verf. Thüringen.
2 Vgl. insoweit § 23 Abs. 1 Ländereinführungsgesetz (GBl. DDR 1990 I S. 955). Zur Zulässigkeit vgl. *Menzel*, Landesverfassungsrecht (LitVerz.), S. 392.
3 Vgl. *v. Lewinski*, in: Bonner Kommentar (LitVerz.), Art. 82 RN 152, 186.
4 SächsGVBl. 1992, S. 243: „Vom 27. Mai 1992".
5 Vgl. auch *Kunzmann*, in: Baumann-Hasske/ders. (LitVerz.), Die Verfassung des Freistaates Sachsen, Art. 122 RN 8.
6 Vgl. auch *Heitmann*, Zur Entstehung der Sächsischen Verfassung vom 27. Mai 1992, in: Uhle (Hg.), Sächsische Verfassung (LitVerz.), S. 15 (31).
7 Die Entscheidungen des Sächsischen Verfassungsgerichtshofs sind ab dem Jahr 2000 lückenlos auf dessen Website zugänglich (http://www.verfassungsgerichtshof.sachsen.de/content/737.htm, hier zitiert als „Umdruck"). Auch frühere Entscheidungen sind dort dokumentiert, jedoch nur in Auswahl. Im übrigen sind die Entscheidungen des Sächsischen Verfassungsgerichtshofs in unterschiedlichen Organen publiziert, insbesondere in der Sammlung LVerfGE (ab Band 4, 1998), ferner in dem JbSächsOVG.
8 Gesetz v. 18. 2. 1993 (GVBl. S. 177).
9 Vgl. → Bd. III: *Sodan*, Schutz der Landesgrundrechte durch die Landesverfassungsgerichtsbarkeit, § 84 RN 3.
10 GVBl. 1990, S. 1.
11 So *Kunzmann*, in: Baumann-Hasske/Kunzmann (LitVerz.), Einleitung: Die Entstehung der Sächsischen Verfassung von 1992 RN 35.
12 *Kunzmann* aaO., RN 36, vermerkt kritisch, das Vorschaltgesetz habe sich nur mit der Arbeitsfähigkeit von Landtag und Landesregierung befaßt, nicht jedoch mit der Arbeitsfähigkeit der Gerichtsbarkeit, insbesondere der Verfassungsgerichtsbarkeit.

Stimmen von zwei Dritteln der Mitglieder des Landtags. Bekanntlich entschied sich der Sächsische Landtag für die zweite Alternative[13].

Der Verabschiedung der sächsischen Verfassung waren, beginnend mit dem demokratischen Umbruch im Oktober 1989[14], mehrere Phasen der Verfassungsdiskussion vorausgegangen[15], die – vielfach beschrieben und dokumentiert[16] – in drei dem Sächsischen Landtag vorgelegte Verfassungsentwürfe mündeten. Grundlage der Arbeit des Verfassungs- und Rechtsausschusses – und damit auch der schließlich verabschiedeten sächsischen Verfassung – bildete der von der CDU-Fraktion und von der FDP-Fraktion eingereichte und von der SPD-Fraktion unterstützte „Gohrische(r)"[17] Entwurf[18]. In seinen Beratungen hatte sich der Verfassungs- und Rechtsausschuß, neben anderen Gegenständen, „ausufernd" mit den Grundrechten beschäftigt[19], wofür er sich angesichts der Geltung der Grundrechte des Grundgesetzes Kritik eingehandelt hatte[20].

3
Phasen der Verfassungsdiskussion

Der Gohrische Entwurf wurde von der „Gemischten Kommission Sachsen/Baden-Württemberg" erarbeitet[21]. Die Zusammenarbeit Sachsens mit Baden-Württemberg war historisch nicht vorgegeben, „– zumindest aus sächsischer Perspektive – ein historischer Zufall"[22]. Gleichwohl führte diese Zusammenarbeit dazu, daß die Verfassung des Landes Baden-Württemberg vor allem im Bereich der Staatsorganisation als „Blaupause" diente[23].

4
Zusammenarbeit mit Baden-Württemberg

---

13 Gemäß § 3 Abs. 1 des Gesetzes über die Wahlen zu den Landtagen in der Deutschen Demokratischen Republik vom 22.7.1990 (GBl. DDR 1990 I S. 960) bestand der erste Sächsische Landtag aus 160 Abgeordneten. Die geforderte Zweidrittelmehrheit (notwendig waren 107 Stimmen) wurde mit 132 Abgeordneten, die für die Verfassung stimmten, deutlich übertroffen. Zu den Zahlen vgl. auch *Kunzmann*, in: Baumann-Hasske/Kunzmann (LitVerz.), Art. 122 RN 6.
14 Einzelheiten bei *Kunzmann*, in: Baumann-Hasske/Kunzmann (LitVerz.), Einleitung: Die Entstehung der Sächsischen Verfassung von 1992 RN 12, 13.
15 Zur Phaseneinteilung vgl. *Heitmann*, in: Uhle (Hg.), Sächsische Verfassung (LitVerz.), S. 15 (18).
16 Vgl. nur *H. v. Mangoldt*, Entstehung und Grundgedanken (LitVerz.); *Bernd Kunzmann*, Im Reagenzglas der Ideen – Eine Spektralanalyse zur Ontogenese der Sächsischen Verfassung, in: JöR NF Bd. 60 (2012), S. 131 bis 181; Rolf Stober (Hg.), Quellen zur Entstehungsgeschichte der Sächsischen Verfassung – Dokumentation, 1993.
17 In der Literatur besteht keine Einigkeit darüber, ob der Ortsname „Gohrisch" (ein Kurort in der Sächsischen Schweiz, in dem die Beratungen stattfanden) zu deklinieren ist oder nicht. Zuweilen wird konsequent – undekliniert – vom „Gohrischer" Entwurf gesprochen – so etwa von *Heitmann*, in: Uhle, Sächsische Verfassung (LitVerz.), S. 15 passim und im Verfassungsentwurf selbst (vgl. Stober [Hg.], Quellen zur Entstehungsgeschichte, S. 170) –, zuweilen wird der Ortsname ebenso konsequent dekliniert – so etwa von *H. v. Mangoldt*, Entstehung und Grundgedanken (LitVerz.) –, während andere Autoren, wie etwa *Kunzmann*, den Ortsnamen bald deklinieren – vgl. *dens.*, in: Baumann-Hasske/Kunzmann (LitVerz.), Einleitung: Die Entstehung der Sächsischen Verfassung von 1992 RN 53 –, bald nicht – vgl. *dens.* in: JöR NF Bd. 60 (2012), S. 131 (132). Im vorliegenden Beitrag wird der Ortsname „Gohrisch" aus subjektiv-sprachlichen Gründen dekliniert.
18 Vgl. aber den Hinweis von *H. v. Mangoldt*, Entstehung und Grundgedanken (LitVerz.), S. 21, wonach der erste Text des Verfassungs- und Rechtsausschusses auch „unter Beiziehung von Vorstellungen aus den anderen Entwürfen" beschlossen wurde.
19 Vgl. insoweit insb. Stober (Hg.), Quellen zur Entstehungsgeschichte, S. 111 ff., 238 ff. Zur Grundrechtsdiskussion näher *Kunzmann/Rozek*, in: Baumann-Hasske/Kunzmann (LitVerz.), Vorbemerkung vor Artikel 14: Die Grundrechte, RN 1.
20 Vgl. *Heitmann*, in: Uhle (Hg.), Sächsische Verfassung (LitVerz.), S. 15 (30).
21 Vgl. *Kunzmann*, in: JöR NF Bd. 60 (2012), S. 131 f.; *H. v. Mangoldt*, Entstehung und Grundgedanken (LitVerz.), S. 13; *Heitmann*, in: Uhle aaO., S. 15 (24).
22 So *Kunzmann*, in: JöR NF Bd. 60 (2012), S. 131 (140). Zur Entstehung der Zusammenarbeit vgl. auch *Heitmann*, in: Uhle aaO., S. 15 (21 ff.).
23 So *Kunzmann*, in: JöR NF Bd. 60 (2012), S. 131 (139).

5 Markante Unterschiede im Grundrechtsbereich	Was jedoch den Bereich der Grundrechte angeht, bestehen zwischen der sächsischen Verfassung und der Verfassung des Landes Baden-Württemberg markante Unterschiede: Während die sächsische Verfassung einen eigenen Grundrechtskatalog und, über den Verfassungstext verstreut, weitere Grundrechte enthält[24], beschränkt sich die baden-württembergische Verfassung im wesentlichen in ihrem Artikel 2 Abs. 1 darauf, die Grundrechte des Grundgesetzes im Wege dynamischer Verweisung[25] zu rezipieren[26].
6 Verfassungsvorbilder und -traditionslinien	Als mögliche Vorbilder für die Grundrechtsnormierungen der sächsischen Verfassung kommen bzw. kamen verschiedene Verfassungstexte in Betracht, beispielsweise auch die Verfassung des Landes Sachsen vom 28. Februar 1947[27], die einen nicht gering zu schätzenden[28] Abschnitt über Grundrechte und Grundpflichten enthielt[29]. Jedoch läßt sich eine solche Traditionslinie nicht nachweisen[30], dies ganz unabhängig von der umstrittenen Frage, ob die sächsische Verfassung von 1992 insgesamt Ausdruck einer sächsischen Verfassungstradition ist[31]. Vorbild für die Grundrechte der sächsischen Verfassung war vielmehr in erster Linie der Grundrechtsteil des Grundgesetzes[32], ferner der Verfassungsentwurf des Zentralen Runden Tischs der Deutschen Demokratischen Republik[33].
7 Änderungsresistenz der geltenden Verfassung	Die sächsische Verfassung hat sich – mehr als die Verfassungen der anderen neuen Länder – als stabil, um nicht zu sagen: änderungsresistent erwiesen[34]. Mehr als zwanzig Jahre verblieb sie im Urzustand. Erst durch das Gesetz vom 11. Juli 2013[35] erfolgte die erste und bislang einzige Verfassungsänderung, mit der insbesondere die sogenannte Schuldenbremse in Art. 95 Verf. Sachsen verankert wurde. Die Grundrechte wurden dadurch nicht berührt.

---

24 Vgl. die Auflistung in Art. 81 Abs. 1 Nr. 4 SächsVerf.
25 Vgl. *Menzel*, Landesverfassungsrecht (LitVerz.), S. 463.
26 Näher *Matthias Niedobitek*, Germany – Sub-national Constitutional Law (update August 2012), in: André Alen/David Haljan (Hg.), International Encyclopaedia of Laws, Constitutional Law – Sub-national Constitutional Law, Alphen aan den Rijn 2013, para. 216.
27 Veröffentlichung der Landesregierung Sachsen v. 15. 3. 1947, S. 103.
28 Insoweit ist die Einordnung der Verfassung von 1947 als „das zweifelhafteste Stück Verfassungsrecht, das in Sachsen je gegolten hat" – so *Christoph Jestaedt*, in: Suzanne Drehwald/ders., Sachsen als Verfassungsstaat, 1998, S. 58 – gewiß unzutreffend.
29 In seinem „Überblick, der sämtliche Phasen der Landesverfassunggebung in Deutschland seit 1945 einschließt" (S. 385), erwähnt *Peine*, Verfassunggebung und Grundrechte – der Gestaltungsspielraum der Landesverfassunggeber, LKV 2012, S. 385 (386), die ostdeutschen Verfassungen mit keinem Wort. Vgl. demgegenüber *Klaus Kröger*, Grundrechtsentwicklung in Deutschland – von ihren Anfängen bis zur Gegenwart, 1998, S. 99 ff, der sich u.a. den Grundrechten in der sowjetischen Besatzungszone (SBZ) widmet.
30 Vgl. *Kunzmann*, in: JöR NF Bd. 60 (2012), S. 131 (148).
31 Vgl. insoweit einerseits *Kunzmann*, in: JöR NF Bd. 60 (2012), S. 131 (148 f.), der keine historischen Parallelen sieht, sondern einen „Traditionsbruch" konstatiert, und andererseits *Heitmann*, in: Uhle (Hg.), Sächsische Verfassung (LitVerz.), S. 15 (31 ff.), der sich gegen diese These wendet.
32 Vgl. nur *Kunzmann*, in: Baumann-Hasske/ders. (LitVerz.), Einleitung: Die Entstehung der Sächsischen Verfassung von 1992 RN 41.; *dens.*, in: JöR NF Bd. 60 (2012), S. 131 (137); *Rensmann*, Die Grundlagen- und Staatszielbestimmungen sowie die Grundrechte der Sächsischen Verfassung vom 27. Mai 1992, in: Uhle (Hg.), Sächsische Verfassung (LitVerz.), S. 37 (42).
33 Vgl. *Kunzmann*, in: JöR NF Bd. 60 (2012), S. 131 (136, 148).
34 Vgl. *Kunzmann*, Wie in Stein gehauen – Die letzten 20 Jahre sächsischer Verfassungsgeschichte im Vergleich, SächsVBl. 2012, S. 152 (161).
35 GVBl. 2013, S. 502.

B. Begriff der Grundrechte und Systematik der sächsischen Verfassung

I. Begriff und Funktion der Grundrechte

Die sächsische Verfassung definiert den Begriff des Grundrechts nicht – darin unterscheidet sie sich nicht von anderen Landesverfassungen –, jedoch beschreibt sie die Wirkung von Grundrechten: Art. 36 Verf. Sachsen bestimmt entsprechend Art. 1 Abs. 3 GG, daß die in der Verfassung niedergelegten Grundrechte Gesetzgebung, vollziehende Gewalt und Rechtsprechung als unmittelbar geltendes Recht binden. Zur objektiv-rechtlichen Rechtsbindung tritt die subjektiv-rechtliche Seite der Grundrechte hinzu, die sich in der rechtlichen Durchsetzbarkeit äußert, wie sie in Art. 81 Abs. 1 Nr. 4 Verf. Sachsen mit der Möglichkeit von Verfassungsbeschwerden angesprochen ist. Damit entsprechen die Grundrechte der sächsischen Verfassung dem allgemeinen Verständnis des Grundrechtsbegriffs, wonach Grundrechte subjektive Rechte sind[36]. Keine Grundrechte, aber grundrechtsähnliche (nicht: grundrechtsgleiche[37]) Rechte der Träger kommunaler Selbstverwaltung normieren die Art. 82 Abs. 2, Art. 84 bis 89 Verf. Sachsen. Der Sächsische Verfassungsgerichtshof geht in ständiger Rechtsprechung davon aus, daß die in Artikel 90 aufgeführten Selbstverwaltungsrechte, also die erwähnten Artikel 82 Abs. 2, Artikel 84 bis 89, subjektive Rechte der Gemeinden, der Landkreise und der anderen Gemeindeverbände verbürgen[38].

8
Wirkung von Grundrechten

Die Grundrechte (nicht nur[39]) der sächsischen Verfassung zeichnen sich durch ihre staatliche Positivität aus[40]. Zirkulär ist diese Annahme nicht, denn ohne Positivierung existiert kein Grundrecht. Überpositive Menschenrechte[41], die dem einzelnen kraft seines Menschseins aus naturrechtlicher bzw. vorstaatlicher Quelle zukommen (sollen), sind, ihre Existenz bzw. Geltung vorausgesetzt[42], von gänzlich anderer Natur als positivierte Grundrechte. Ihre Bindungskraft ist nicht rechtlicher, sondern moralischer Art[43]. Eine Bestimmung wie Art. 1 Abs. 2 GG (das Bekenntnis „zu unverletzlichen und unveräußerlichen Menschenrechten als Grundlage jeder menschlichen Gemeinschaft, des Friedens und der Gerechtigkeit in der Welt") enthält die sächsische Verfas-

9
Staatliche Positivität der Grundrechte

---

36 Vgl. nur → Bd. I: *Ossenbühl*, Grundsätze der Grundrechtsinterpretation, § 15 RN 48; → Bd. II: *Merten*, Begriff und Abgrenzung der Grundrechte, § 35 RN 102 ff.
37 Vgl. aber → Bd. III: *Sodan*, Schutz der Landesgrundrechte durch die Landesverfassungsgerichtsbarkeit, § 84 RN 74 m.N.; zur Unterscheidung vgl. *Sachs*, GG (LitVerz.), vor Art. 1 RN 17.
38 Vgl. zuletzt *SächsVerfGH*, B. v. 14. 8. 2012 (Vf. 97-VIII-11), Umdruck, S. 11.
39 → Bd. II: *Merten*, § 35 RN 61, weist darauf hin, daß die positiv-rechtliche Basis Begriffsmerkmal aller Grundrechte ist.
40 Vgl. → Bd. II: *Merten*, § 35 RN 61 ff.
41 Der Begriff der Menschenrechte wird auch verwendet, um die sog. Jedermann-Grundrechte zu kennzeichnen. Vgl. nur → Bd. II: *Isensee*, Die Positivität und Überpositivität der Grundrechte, § 26 RN 7.
42 → Bd. II: *Isensee*, § 26 RN 18, weist darauf hin, daß schon die Geltung des überpositiven Rechts prekär ist.
43 Vgl. → Bd. II: *Merten*, § 35 RN 62.

§ 257   Sechzehnter Teil: III. Die Grundrechte in den Landesverfassungen

sung nicht. Gleichwohl könnte auch eine solche Bestimmung, indem sie „Naturrechtsidee und Rechtspositivismus verklammert"[44], das erkenntnisphilosophische Problem überpositiven Rechts nicht lösen. Mit den Worten *Josef Isensees*: „Glaube an Überpositivität läßt sich nicht positivrechtlich verordnen"[45]. Nur über das positive Recht gelangen die Menschenrechte – um noch einmal mit *Isensee* zu sprechen – „zu effektiver Geltung, zu fester, eindeutiger, juristisch faßlicher Gestalt"[46]. Die Wandlung überstaatlicher Menschenrechte in staatlich positivierte Grundrechte ist somit nicht nur deklaratorischer Art, wie in der Literatur – auch zur sächsischen Verfassung[47] – zuweilen angenommen wird[48], sondern bildet einen konstitutiven Akt der Rechteverleihung[49].

10
Bestimmung beschwerdefähiger Grundrechte

Art. 81 Abs. 1 Nr. 4 Verf. Sachsen listet diejenigen Grundrechtsbestimmungen, in denen (verfassungsbeschwerdefähige) Grundrechte[50] enthalten sein können, abschließend auf[51]. Dazu zählt zunächst der Grundrechtskatalog im Zweiten Abschnitt (Art. 14 bis 38); ferner benennt Artikel 81 Abs. 1 Nr. 4 noch weitere Verfassungsbestimmungen, die Grundrechte enthalten, nämlich die Artikel 4, 41, 78, 91, 102, 105 und 107[52]. Andererseits ist nicht gesagt, daß alle Bestimmungen des Grundrechtskatalogs Grundrechte gewähren. So enthalten die Artikel 36 und 37, indem sie die Grundrechtsbindung der Staatsgewalt und die Einschränkbarkeit von Grundrechten thematisieren, „keine mit der Verfassungsbeschwerde rügefähigen Grundrechte"[53]. Es handelt sich mithin lediglich um „grundrechtszugehörige" Regelungen ohne subjektiv-rechtlichen Gehalt[54].

---

44 → Bd. II: *Merten*, § 35 RN 62.
45 → Bd. II: *Isensee*, § 26 RN 19.
46 → Bd. II: *Isensee*, § 26 RN 16.
47 Vgl. *Dehoust/Nagel/Umbach* (LitVerz.), S. 29: Grundrechte erwerbe der Bürger Sachsens nicht dadurch, daß sie in der Verfassung niedergelegt seien. Sie stünden ihm als Menschen unmittelbar zu, die Verfassung schreibe sie lediglich fest.
48 Vgl. *G. Hirsch*, Landes-Verfassungsgerichte im Rechtsraum Europa, in: JbSächsOVG 11, S. 9 (10 f.): Grundrechte seien in ihrem Wesensgehalt Bestandteil jeder freiheitlichen Rechtsordnung und übergesetzlichen Ursprungs. In ihrem Kern flössen Grund- und Menschenrechte aus der gleichen Rechtsquelle, dem Naturrecht. *Hirsch* räumt jedoch ein, daß die Grundrechte „in ihrer konkreten Ausprägung, ihrer Tragweite, Schutzdichte und Einklagbarkeit [...] normativen Ursprungs" sind.
49 Zu diesen beiden Alternativen vgl. → Bd. II: *Merten*, Begriff und Abgrenzung der Grundrechte, § 35 RN 62.
50 Zur Unterscheidung zwischen Grundrechtsbestimmungen und Grundrechten näher → Bd. II: *Merten*, § 35 RN 57 ff.; ferner → Bd. I: *Ossenbühl*, Grundsätze der Grundrechtsinterpretation, § 15 RN 48.
51 *SächsVerfGH*, B. v. 13.12.2007 (Vf. 95-IV-07), Umdruck, S. 3. Allerdings ist *Degenhart*, in: ders./Meissner (LitVerz.), § 6 RN 14, der Meinung, auch Art. 101 Abs. 2, der nicht in Art. 81 Abs. 1 Nr. 4 aufgeführt wird, enthalte ein subjektives Recht.
52 Aus der Nennung eines Verfassungsartikels in Art. 81 Abs. 1 Nr. 4 kann jedoch nicht geschlossen werden, der betreffende Artikel habe „insgesamt grundrechtlichen Charakter"; vgl. jedoch *Rozek*, in: Baumann-Hasske/Kunzmann (LitVerz.), Art. 107 RN 1, der im Anschluß an die hier zitierte Passage in einem Klammerzusatz – gleichsam als Begründung – auf Art. 81 Abs. 1 Nr. 4 hinweist.
53 *SächsVerfGH*, B. v. 15.7.2004 (Vf. 35-IV-03), Umdruck, S. 5; vgl. auch *SächsVerfGH*, B. v. 13.12.2007 (Vf. 95-IV-07), Umdruck, S. 3, sowie *SächsVerfGH*, B. v. 28.5.2009 (Vf. 9-IV-09 [HS]), Umdruck, S. 4 (beide zu Art. 36).
54 So *Rozek*, in: Baumann-Hasske/Kunzmann (LitVerz.), Vorbemerkung vor Art. 14: Die Grundrechte RN 20.

Die klassische Grundrechtsfunktion ist die eines Abwehrrechts gegen staatliche Eingriffe[55]. Neben dieser nach wie vor im Vordergrund stehenden[56] Funktion sind aus den Grundrechtsbestimmungen weitere Dimensionen objektivrechtlichen Charakters abgeleitet worden[57], die von den (stets subjektiv-rechtlichen) Grundrechten unterschieden werden müssen[58]. Die subjektiv-rechtliche Dimension einer Grundrechtsbestimmung – mithin die Verbürgung eines Grundrechts – wird durch eine subjektiv-rechtliche Sprachfassung (vgl. z.B. Art. 15: „... Recht auf ...") zwar indiziert, aber nicht garantiert[59].

11
Funktionen der Grundrechte

II. Abgrenzung der Grundrechte von anderen Verfassungsbestimmungen

1. Gesetzgebungsaufträge und Staatszielbestimmungen

Auch die sächsische Verfassung enthält Bestimmungen, die „Rechte" formulieren, ohne sie zu gewähren. Beispielsweise ist in Art. 10 Abs. 2 Verf. Sachsen vorgesehen, daß anerkannte Naturschutzverbände „das Recht [haben], nach Maßgabe der Gesetze an umweltbedeutsamen Verwaltungsverfahren mitzuwirken". Ferner – weniger bestimmt formuliert – erkennt das Land in Artikel 9 Abs. 1 „das Recht eines jeden Kindes auf eine gesunde seelische, geistige und körperliche Entwicklung an". Beide Artikel – denen weitere hinzugefügt werden könnten – befinden sich im Ersten Abschnitt „Die Grundlagen des Staates", nicht im Zweiten Abschnitt „Die Grundrechte". Zudem – und vor allem – werden beide Artikel nicht in Art. 81 Abs. 1 Nr. 4 Verf. Sachsen bei den verfassungsbeschwerdefähigen Rechten aufgelistet. Daher handelt es sich um Gesetzgebungsaufträge bzw. Staatszielbestimmungen ohne subjektiv-rechtlichen Charakter.

12
Gesetzgebungsaufträge und Staatszielbestimmungen

Vervollständigt wird die Systematik der sächsischen Verfassung durch Art. 13, der die Wirkung[60] von Staatszielen beschreibt. Danach hat das Land „die Pflicht, nach seinen Kräften die in dieser Verfassung niedergelegten Staatsziele anzustreben und sein Handeln danach auszurichten". Mit ihrem systematischen Herangehen an die Unterscheidung von Grundrechten und Staatszielen – die jedoch im Neunten Abschnitt „Das Bildungswesen" nicht durchgehalten wird[61] – ähnelt die sächsische Verfassung den Verfassungen von Sachsen-Anhalt (vgl. Art. 3 Verf. Sachsen-Anhalt, der zudem Einrichtungsgarantien differenziert) und Thüringen (Art. 42, 43 Verf. Thüringen). Zwischen

13
Berührungspunkte von Staatszielen mit Grundrechten

---

55 Vgl. → Bd. I: *Ossenbühl*, Grundsätze der Grundrechtsinterpretation, § 15 RN 45, 58.
56 Vgl. → Bd. I: *Ossenbühl*, § 15 RN 45; anders → Bd. I: *Wahl*, Die objektiv-rechtliche Dimension der Grundrechte im internationalen Vergleich, § 19 RN 27, wonach die objektive Grundrechtsfunktion die Abwehrfunktion an Bedeutung längst überholt habe.
57 Näher → Bd. I: *Wahl*, § 19.
58 Vgl. insofern → Bd. I: *Ossenbühl*, § 15 RN 48, am Beispiel der Institutsgarantien: „Denn Institutsgarantien selbst sind keine Grundrechte, sondern (nur) Gewährleistungsinhalte von Grundrechtsbestimmungen, die damit bei Lichte betrachtet nicht nur Grundrechte verbürgen, sondern auch Schutzgehalte implizieren, die vom Schutzziel her mit dem subjektivrechtlichen Grundrechtsschutz konvergieren".
59 Vgl. → Bd. II: *Merten*, Begriff und Abgrenzung der Grundrechte, § 35 RN 58.
60 Um eine „Legaldefinition" handelt es sich allerdings nicht. So aber *Brenne*, Soziale Grundrechte (LitVerz.), S. 9.
61 Zutreffend *Drehwald*, in: dies./Jestaedt (LitVerz.), S. 98 FN 137.

§ 257 *Sechzehnter Teil: III. Die Grundrechte in den Landesverfassungen*

Recht auf Bildung

den Bestimmungen der sächsischen Verfassung über Grundrechte und über Staatsziele bestehen Berührungspunkte und Überschneidungen thematischer, systematischer und normativer Art. Was zunächst die thematischen Berührungspunkte betrifft, werden bestimmte Lebensbereiche sowohl in Grundrechtsbestimmungen als auch in Staatszielbestimmungen behandelt, die sich insoweit ergänzen. Dies betrifft beispielsweise das Recht auf Bildung, das in Art. 7 Abs. 1 Verf. Sachsen als Staatsziel und in Artikel 29 und in Artikel 102 Abs. 1 als Grundrecht angesprochen ist[62]. Auch der Gleichstellungsauftrag in Art. 8 Verf. Sachsen und das Recht auf Gleichberechtigung von Frauen und Männern weisen einen solchen thematischen Zusammenhang auf[63]. Systematische Berührungspunkte weisen Grundrechte und Staatszielbestimmungen auf, soweit sie in einem Bedingungsverhältnis stehen: Die Wahrnehmung von Grundrechten erfordert Wahrnehmungsbedingungen, die vielfach erst durch die Verwirklichung von Staatszielen geschaffen werden[64]. So ist das Recht auf

Menschenwürdiges Dasein

ein menschenwürdiges Dasein in all seinen Facetten, verstanden als Staatsziel im Sinne von Art. 7 Abs. 1 Verf. Sachsen, Voraussetzung für die Ausübung zahlreicher Grundrechte. Ferner können Grundrechtseingriffe, freilich nur im Rahmen bestehender Eingriffsbefugnisse[65], durch Staatsziele legitimiert wer-

Überschneidungen

den[66]. Schließlich können sich Staatsziel- und Grundrechtsbestimmungen in ihren objektiv-rechtlichen Dimensionen, etwa was die in ihnen enthaltene objektive Wertentscheidung[67] oder Schutzpflichten[68] angeht, überschneiden[69].

2. „Soziale Grundrechte"

14

„Soziale Grundrechte" als Staatsziele

Die in Art. 7 verankerten „sozialen Grundrechte"[70] – das Recht eines jeden Menschen auf ein menschenwürdiges Dasein, insbesondere auf Arbeit, auf angemessenen Wohnraum, auf angemessenen Lebensunterhalt, auf soziale Sicherung und auf Bildung – erkennt das Land Sachsen ausdrücklich nur „als Staatsziel" an[71], womit die sächsische Verfassung einer verbreiteten Deutung

---

62 Hierzu vgl. *Degenhart*, in: ders./Meissner (LitVerz.), § 6 RN 14.
63 Hierzu vgl. *Dehoust/Nagel/Umbach* (LitVerz.), S. 38.
64 Vgl. → Bd. III: *Lange*, Grundrechtliche Besonderheiten in den Landesverfassungen, § 83 RN 50.
65 Vgl. *Degenhart*, in: ders./Meissner (LitVerz.), § 6 RN 6.
66 Vgl. *Degenhart* aaO., § 6 RN 6; *Dehoust/Nagel/Umbach* (LitVerz.), S. 24 f.
67 Vgl. → Bd. III: *Lange*, Grundrechtliche Besonderheiten in den Landesverfassungen, § 83 RN 52.
68 Vgl. *Degenhart* aaO., § 6 RN 17.
69 Vgl. → Bd. III: *Lange*, Grundrechtliche Besonderheiten in den Landesverfassungen, § 83 RN 52.
70 Zu Begriff und Erscheinungsformen näher *Kerstin Diercks*, Soziale Grundrechte der neuen Landesverfassungen – Ein Fortschritt in der deutschen Verfassungsentwicklung?, LKV 1996, S. 231 (232 ff.).
71 Auch wenn Art. 7 die einzige Bestimmung der sächsischen Verfassung ist, in der ausdrücklich von einer Anerkennung bestimmter Rechtspositionen „als Staatsziel" die Rede ist, bedeutet dies nicht, daß die sächsische Verfassung nicht noch weitere Staatsziele enthielte. Näher hierzu *Degenhart*, in: ders./Meissner (LitVerz.), § 6 RN 30. Vgl. aus der Rechtsprechung *SächsVerfGH*, Urt. v. 20. 4. 1995 (Vf. 18-II-93), JbSächsOVG 3, 78 (83), zum Staatsziel Umweltschutz in Art. 10; B. v. 23. 1. 1997 (Vf. 7-IV-94), Umdruck, S. 16 ff.

des normativen Gehalts „soziale Grundrechte" folgt[72]. Die scheinbar subjektiv-rechtliche Formulierung zahlreicher Verbürgungen des Ersten Abschnitts ist daher – berücksichtigt man die Systematik der sächsischen Verfassung – grundsätzlich unschädlich.

C. Die Technik der Normierung sächsischer Grundrechte in der Landesverfassung

Angesichts der unmittelbaren Geltung der Grundrechte des Grundgesetzes im Landesbereich (Art. 1 Abs. 3 GG)[73] stellte sich für den sächsischen Verfassungsgeber die Frage, ob überhaupt und, wenn ja, in welcher Form die sächsische Verfassung Grundrechte enthalten sollte. Die Verfassungen der anderen deutschen Länder liefern Anschauungsmaterial für alle möglichen Techniken der Normierung von Grundrechten. Die Bandbreite reicht – erstens – von einem völligen Verzicht auf einen Grundrechtskatalog[74] (Verf. Hamburg) über – zweitens – die Inkorporation[75] der Grundrechte des Grundgesetzes (beispielsweise Art. 3 Verf. Schleswig-Holstein) und – drittens – die (unterschiedlich weitgehende) Textgleichheit mit Grundrechten des Grundgesetzes (zum Beispiel Art. 1 ff. Verf. Hessen) bis hin zu – viertens – Abweichungen von Grundrechten im Rahmen eines eigenen Grundrechtskatalogs (Beispiele etwa in der Verfassung des Landes Brandenburg)[76]. Selbstverständlich gibt es zwischen den beiden zuletzt genannten Gruppen Überschneidungen.

15 Eigenständigkeit des Grundrechtskatalogs

Die sächsische Verfassung gehört zur dritten Gruppe[77]: Sie enthält eine „autonome Normierung eines detaillierten Grundrechtskataloges"[78], ist mithin dem Typus „Vollverfassung" zuzuordnen[79]. Dabei lehnt sie sich stark an die Grundrechte des Grundgesetzes an, die sie vielfach wörtlich übernimmt. Daß indes die sächsische Verfassung die Grundrechte des Grundgesetzes – gleich-

16 Autonomer detaillierter Grundrechtskatalog

---

72 Vgl. → Bd. III: *Lange*, Grundrechtliche Besonderheiten in den Landesverfassungen, § 83 RN 45, 54. Daß „soziale Grundrechte" stets einer subjektiv-rechtlichen Dimension entbehrten, ist damit jedoch nicht gesagt; vgl. hierzu *Sommermann*, Soziale Rechte in Stufen: Überwindung einer alten Debatte?, in: Christian Calliess/Wolfgang Kahl/Kirsten Schmalenbach, Rechtsstaatlichkeit, Freiheit und soziale Rechte in der Europäischen Union, 2014, S. 107 (112 ff.); → Bd. III: *Lange*, § 83 RN 45.
73 Vgl. BVerfGE 103, 332 (347 f.); 97, 298 (314 f.); 96, 231 (242); aus der Literatur etwa → Bd. III: *H. Maurer*, Landesgrundrechte im Bundesstaat, § 82 RN 45.
74 Nicht auf Grundrechte schlechthin, wie → Bd. III: *Lange*, § 83 RN 1, meint. Vgl. insoweit Art. 6 Abs. 2 Verf. Hamburg (Wahlrechtsgrundsätze).
75 Die Begriffe Inkorporation, Rezeption, Transformation und Verweisung sind als Synonyme zu verstehen. Vgl. → Bd. III: *Grawert*, Wechselwirkungen zwischen Bundes- und Landesgrundrechten, § 81 RN 26. Für den Begriff der Verweisung vgl. → Bd. III: *Pestalozza*, Bundes- und Landesverfassungsgerichtsbarkeit, § 86 RN 42.
76 Hierzu vgl. auch → Bd. III: *Lange*, § 83 RN 35.
77 Vgl. RN 15.
78 *Rensmann*, in: Uhle (Hg.), Sächsische Verfassung (LitVerz.), S. 37 (41).
79 Nach allgemeiner Meinung unterscheidet sich eine Vollverfassung von einem bloßen Organisationsstatut vor allem durch die Existenz eines Grundrechtskatalogs, wobei es nicht darauf ankommt, welche Technik hierbei angewendet wird (hierzu vgl. RN 15). Näher *Niedobitek* (FN 26), para. 50, ferner etwa → Bd. II: *Isensee*, § 26 RN 8.

§ 257　*Sechzehnter Teil: III. Die Grundrechte in den Landesverfassungen*

sam uneingeschränkt – „wörtlich" übernommen habe („... allerdings als eigene Verfassungsartikel")[80], ist unzutreffend[81]. Diese Aussage verkennt die zahlreichen Besonderheiten der sächsischen Verfassung im Grundrechtsbereich gegenüber dem Grundgesetz[82].

17
Keine Identität mit den GG-Grundrechten

Die Grundrechte der sächsischen Verfassung fließen aus einer eigenständigen Rechtsquelle[83] und sind daher mit den inhaltsgleichen Grundrechten des Grundgesetzes rechtlich nicht identisch[84]. An der früher vom Bundesverfassungsgericht vertretenen Auffassung, die „Grundrechte des Grundgesetzes und die gemäß Art. 142 GG in Kraft gebliebenen Bestimmungen der Landesverfassungen [schützten] je nur ein und dasselbe Grundrecht", da zwischen dem materiellen Gehalt eines Grundrechts und der Möglichkeit seiner mehrfachen Garantie unterschieden werden müsse[85], wird heute zu Recht nicht mehr festgehalten[86]. Hinter dieser – vom Bundesverfassungsgericht zuletzt noch in der Schwebe gelassenen[87] – Auffassung scheinen letztlich naturrechtliche Vorstellungen vom Ursprung der Grundrechte zu stehen[88].

18
Eigenständige landesrechtliche Grundrechte

Die verschiedenen Techniken der Verankerung von Grundrechten in Landesverfassungen[89] führen alle zu demselben Ergebnis, nämlich zu eigenständigen landesrechtlichen Grundrechten, jedoch wirft die schlichte Verweisung auf die Grundrechte des Grundgesetzes (Inkorporation, Rezeption, Transformation[90]) rechtliche Zweifelsfragen auf, welche die sächsische Verfassung durch die Ausformulierung von Grundrechten vermeidet – und so zudem „Gewißheit für den Laien-Leser"[91] schafft. Bei den erwähnten rechtlichen Zweifelsfragen geht es etwa darum, inwieweit Landesverfassungsgerichte die rezipierten Grundrechte grundgesetzkonform, genauer: in Übereinstimmung mit der Rechtsprechung des Bundesverfassungsgerichts, auszulegen haben[92]. Derartige Zweifel bestehen für die Grundrechte der sächsischen Verfassung nicht:

---

80 So *Kahl*, in: Bonner Kommentar (LitVerz.), Art. 1 Abs. 3 RN 15, unter Hinweis auf *Degenhart*, der sich jedoch differenzierter äußert („... von einigen systematischen und stilistischen Änderungen und Klarstellungen abgesehen ..."); vgl. *Degenhart*, in: ders./Meissner (LitVerz.), § 7 RN 2.
81 Zu weitgehend auch *Rensmann*, in: Uhle (Hg.), Sächsische Verfassung (LitVerz.), S. 37 (42), wonach „die Grundrechtsartikel des Grundgesetzes weitgehend unverändert in die Sächsische Verfassung" transferiert worden seien.
82 Näher RN 29–34.
83 Vgl. *BVerfGE 96*, 345 (368).
84 Deshalb lehnt es der Sächsische Verfassungsgerichtshof ab, eine Verfassungsbeschwerde zu prüfen, welche die Verletzung der Grundrechte des Grundgesetzes rügt. Vgl. etwa *SächsVerfGH*, B. v. 28. 8. 2008 (Vf. 75-IV-08); B. v. 5. 2. 1998 (Vf. 29-IV-97, 30-IV-97). Hierzu *Vulpius*, Verfassungsbeschwerden in Sachsen – eine erste Bilanz, JbSächsOVG 5, S. 11 (15 f.).
85 *BVerfGE 22*, 267 (271).
86 So → Bd. III: *Grawert*, Wechselwirkungen zwischen Bundes- und Landesgrundrechten, § 81 RN 27. Aus der weiteren Literatur vgl. etwa *Degenhart*, in: ders./Meissner (LitVerz.), § 7 RN 2; → Bd. III: *Lange*, Grundrechtliche Besonderheiten in den Landesverfassungen, § 83 RN 3; *Peine*, LKV 2012, S. 385 (388).
87 Nicht nachvollziehbar ist, weshalb das Bundesverfassungsgericht in *BVerfGE 96*, 345 (368) nach dem Hinweis auf die Verschiedenartigkeit der Rechtsquellen meinte, die Frage in der Schwebe lassen zu können.
88 Vgl. RN 9.
89 Vgl. RN 15.
90 Vgl. RN 15 mit FN 75.
91 → Bd. III: *Pestalozza*, Bundes- und Landesverfassungsgerichtsbarkeit, § 86 RN 41.
92 Hierzu vgl. → Bd. III: *H. Maurer*, Landesgrundrechte im Bundesstaat, § 82 RN 82 ff.; *Menzel*, Landesverfassungsrecht (LitVerz.), S. 463 f.

Sie können abweichend von den entsprechenden Normen des Grundgesetzes ausgelegt werden[93]. Auch die Frage nach dem statischen oder dynamischen Charakter der Verweisung und den damit verbundenen Problemen[94] stellt sich für die sächsische Verfassung nicht. Schließlich ist auch nicht erforderlich, daß die in Bezug genommenen Grundrechte des Grundgesetzes implizit „den spezifischen Landesverhältnissen angepaßt werden"[95].

D. Der Anwendungsbereich der sächsischen Grundrechte

Die Grundrechte der sächsischen Verfassung „binden Gesetzgebung, vollziehende Gewalt und Rechtsprechung als unmittelbar geltendes Recht" (Art. 36), das heißt: sie wenden sich an die gesamte sächsische Landesstaatsgewalt[96]. Die Staatsgewalt des Bundes wird von der Bindungswirkung der Grundrechte der sächsischen Verfassung – nichts anderes gilt für die Grundrechte in den anderen Landesverfassungen – nicht erfaßt[97]. Dies schließt jedoch nicht aus, daß die sächsische Landesstaatsgewalt bei der Anwendung von Bundesrecht die – in Kraft befindlichen[98] – sächsischen Grundrechte berücksichtigen kann[99]. Zu dieser Frage äußerte sich das Bundesverfassungsgericht in seinem Beschluß vom 15. Oktober 1997[100], nachdem es vom Sächsischen Verfassungsgerichtshof im Wege der Divergenzvorlage gemäß Art. 100 Abs. 3 GG angerufen worden war[101].

19 Bindung der gesamten sächsischen Staatsgewalt

Voraussetzung für die Anwendbarkeit von Grundrechten der sächsischen Verfassung durch die Landesstaatsgewalt – sei es bei der Schaffung oder Anwendung von Landesrecht, sei es bei der Anwendung von Bundesrecht – ist ihre rechtliche Existenz bzw. Wirksamkeit. Dies bedeutet, daß die Landesgrundrechte nicht durch Art. 142 GG oder Art. 31 GG verdrängt[102] (annulliert

20 Rechtliche Existenz statt Annullierung oder Suspendierung?

---

93 Vgl. nur *Degenhart*, in: ders./Meissner (LitVerz.), § 7 RN 8; *Menzel*, Landesverfassungsrecht (LitVerz.), S. 307 f.; *Rozek*, in: Baumann-Hasske/Kunzmann (LitVerz.), Vorbemerkung vor Art. 14: Die Grundrechte RN 55; → Bd. III: *H. Maurer*, § 82 RN 82.
94 Vgl. hierzu → Bd. III: *Grawert*, Wechselwirkungen zwischen Bundes- und Landesgrundrechten, § 81 RN 30; *Menzel*, Landesverfassungsrecht (LitVerz.), S. 463.
95 → Bd. III: *H. Maurer*, § 82 RN 80.
96 Vgl. *Rozek*, in: Baumann-Hasske/Kunzmann (LitVerz.), Art. 36 RN 3 ff.
97 Vgl. *Rozek*, in: Baumann-Hasske/Kunzmann (LitVerz.), Art. 36 RN 8; → Bd. III: *Rozek*, Landesgrundrechte als Kontrollmaßstab, § 85 RN 3; *Manfred Baldus*, Landesverfassungsrecht und Bundesverfassungsrecht – Wie fügt sich das Gegenstrebige?, in: Die Verfassungsgerichte der Länder Brandenburg, Mecklenburg-Vorpommern, Sachsen, Sachsen-Anhalt und Thüringen (Hg.), 20 Jahre Verfassungsgerichtsbarkeit in den neuen Ländern, 2014, S. 19 (51).
98 Vgl. RN 20–23.
99 Hierzu RN 25–28.
100 *BVerfGE 96*, 345.
101 *SächsVerfGH*, B. v. 21.9.1995 (Vf. 1-IV-95), JbSächsOVG 3, 97.
102 Vgl. *BVerfGE 96*, 345 (366 f.).

bzw. suspendiert[103]) worden sein dürfen[104]. Vor der Frage einer möglichen Kollision mit Bundesrecht im Sinne von Art. 31 GG ist jedoch zu klären, ob der sächsische Landesverfassungsgeber an die Kompetenzordnung des Grundgesetzes, hier insbesondere die Verteilung der Gesetzgebungskompetenzen (Art. 70 ff. GG), gebunden ist[105], da „kompetenzwidrig erlassenes Landesrecht verfassungswidrig und nichtig ist"[106], dies mit der Folge, daß die Möglichkeit einer über Art. 31 GG geregelten Kollision von vornherein ausscheiden würde[107].

21
Keine Bindung des Landesgrundrechtsgebers an die GG-Gesetzgebungskompetenzen

Eine Bindung des sächsischen Landesverfassungsgebers an die Verteilung der Gesetzgebungskompetenzen im Grundgesetz[108] würde seine Befugnis, Landesgrundrechte zu normieren, nachhaltig beschränken. Die Annahme einer solchen Bindung und Beschränkung stünde nach zutreffender und überwiegender Auffassung nicht im Einklang mit Art. 28 Abs. 1 GG und mit Art. 142 GG[109]. Beide Bestimmungen bestätigen die Kompetenz der Länder zur Schaffung ihres Verfassungsrechts, insbesondere von Grundrechten[110]. Art. 28 Abs. 1 GG setzt den Ländern bei der Gestaltung ihres Verfassungsrechts nur äußerste Grenzen und garantiert ihnen insoweit, nicht zuletzt im Bereich des Grundrechtsschutzes[111], einen weiten Freiraum[112]. Auch wenn die sächsische Verfassung gemäß Artikel 74 Abs. 1 Satz 1 „nur durch Gesetz" geändert werden kann und die Verfassungsänderung im Abschnitt „Die Gesetzgebung" geregelt ist[113], handelt es sich bei Verfassungsänderungen, ebenso wie bei der Verfassungsgebung, nicht um Gesetzgebung im herkömmlichen Sinn, welche an der Kompetenzordnung des Grundgesetzes zu messen wäre[114]. Daraus folgt, daß die „Befugnis der Länder zur Festlegung von Grundrechten [sich nicht] auf Sachbereiche [beschränkt], die der Landesgesetzgebung zugewiesen sind oder überlassen bleiben, sondern [...] sich auch auf Sachbereiche [erstreckt], die der ausschließlichen Gesetzgebung oder der konkurrierenden Gesetzgebung des Bundes unterliegen"[115].

---

103 Im Vordringen ist die Auffassung, daß, anders als Rechtsnormen des einfachen Landesrechts, Landesgrundrechte (und andere Normen des Landesverfassungsrechts) im Fall einer Kollision mit Bundesrecht nicht annulliert, sondern lediglich suspendiert werden; vgl. hierzu → Bd. III: *H. Maurer*, Landesgrundrechte im Bundesstaat, § 82 RN 69; *Niedobitek*, Neuere Entwicklungen (LitVerz.), S. 47 f. A.A. *Baldus* (FN 98), S. 37, unter – nicht überzeugendem – Hinweis auf *BVerfGE 123*, 267 (398).
104 RN 22, 23.
105 RN 21.
106 → Bd. III: *H. Maurer*, § 82 RN 47.
107 Die Kompetenzregelungen sind daher „den Kollisionsregelungen vorgelagert"; so → Bd. III: *H. Maurer*, § 82 RN 46; hierzu vgl. auch *Niedobitek*, Neuere Entwicklungen (LitVerz.), S. 45.
108 Vgl. RN 20.
109 Zutreffend → Bd. III: *H. Maurer*, § 82 RN 65.
110 Vgl. → Bd. III: *H. Maurer*, § 82 RN 47, 54; ferner etwa *Peine*, LKV 2012, S. 385 (388). Zu Art. 28 Abs. 1 GG vgl. *Baldus* (FN 97), S. 29.
111 Ebenso → Bd. III: *Grawert*, Wechselwirkungen zwischen Bundes- und Landesgrundrechten, § 81 RN 87.
112 Vgl. *Niedobitek*, Neuere Entwicklungen (LitVerz.), S. 48 f.
113 Hierzu vgl. auch → Bd. III: *H. Maurer*, § 82 RN 65.
114 Näher *Niedobitek*, Neuere Entwicklungen (LitVerz.), S. 45–47.
115 → Bd. III: *H. Maurer*, § 82 RN 65. Vgl. auch *Baldus* (FN 97), S. 29 f., mit dem Hinweis, eine Bindung der Länder im Moment der Verfassungsgebung an die Kompetenznormen des Grundgesetzes würde dem Recht der Länder, sich eine Vollverfassung zu geben, widersprechen.

Was sodann Art. 142 GG betrifft, bleiben die Grundrechte der sächsischen Verfassung grundsätzlich in Kraft, soweit sie mit den Grundrechten des Grundgesetzes in Einklang („in Übereinstimmung") stehen, das heißt, soweit weder ihr Gewährleistungsbereich noch ihre Schranken den Grundrechten des Grundgesetzes *widersprechen*[116]. Dies wiederum ist nicht nur gegeben, wenn Grundrechte der sächsischen Verfassung mit jenen des Grundgesetzes „inhaltsgleich" sind, sondern auch dann, wenn die Landesgrundrechte gegenüber dem Grundgesetz einen weiteren oder einen engeren Schutz verbürgen, vorausgesetzt, das jeweils engere Grundrecht ist als Mindestgarantie zu verstehen[117]. Da sich der sächsische Verfassungsgeber – ungeachtet diverser Besonderheiten im Detail[118] – bei der Formulierung des Grundrechtskatalogs und der sonstigen sächsischen Grundrechte (vgl. Art. 81 Abs. 1 Nr. 4 Verf. Sachsen) an den Grundrechten des Grundgesetzes orientiert hat[119], kann grundsätzlich davon ausgegangen werden, daß die Grundrechte der sächsischen Verfassung im Sinne von Art. 142 GG „in Kraft" geblieben sind.

22
Geltungsgrenze der Landesgrundrechte

Allerdings dürfen Landesgrundrechte, die gemäß Art. 142 GG prinzipiell in Kraft geblieben sind, auch nicht einfachem Bundesrecht widersprechen, um der Rechtsfolge des Art. 31 GG zu entgehen[120]. Ein Widerspruch zu einfachem Bundesrecht kann vorliegen, wenn Grundrechte der sächsischen Verfassung „mehr oder weniger Schutz als das [entsprechende[121]] Bundesgrundrecht verbürgen"[122]. In diesem Fall kann es etwa dazu kommen, daß Bundesrecht zwar dem engeren Gewährleistungsgehalt eines Bundesgrundrechts genügt, nicht jedoch dem weiteren Gewährleistungsbereich des entsprechenden Landesgrundrechts[123]. Etwas anderes gilt jedoch, soweit die bundesrechtliche Regelung „Spielräume für die Berücksichtigung von weitergehendem Landesrecht läßt"[124] und sie es dem Landesgesetzgeber dadurch erlaubt, dem weitergehenden Landesgrundrecht zu entsprechen.

23
Widerspruch zu einfachem Bundesrecht

Die Grundrechte der sächsischen Verfassung erheben den Anspruch, die sächsische Landesgewalt grundsätzlich umfassend zu binden, ohne Unterschied, ob es allein um die Anwendung von Landesrecht geht – dies ist unproblematisch – oder (auch) um die Anwendung von Bundesrecht[125]. Die grundsätzlich umfassende Bindung der Landesstaatsgewalt an die sächsischen Grundrechte muß jedoch mit dem Umstand in Einklang gebracht werden, daß die Staatsgewalt des Bundes, insbesondere der Bundesgesetzgeber, an die Grundrechte der sächsischen Verfassung nicht gebunden ist[126]. Daraus folgt fraglos, daß der sächsische Verfassungsgerichtshof „Bundesrecht nicht selbst

24
GG-Grenzen der Bindung durch Landesgrundrechte

---

116 Vgl. *BVerfGE 96*, 345 (365).
117 *BVerfGE 96*, 345 (365).
118 Vgl. RN 29 ff.
119 Vgl. RN 16.
120 Vgl. *BVerfGE 96*, 345 (365 f.).
121 Vom Verfasser hinzugefügt.
122 *BVerfGE 96*, 345 (365).
123 Dieses Beispiel bringt das Bundesverfassungsgericht in *BVerfGE 96*, 345 (365 f.).
124 *BVerfGE 96*, 345 (366).
125 Vgl. *SächsVerfGH*, B. v. 21. 9. 1995 (Vf. 1-IV-95), JbSächsOVG 3, 97 (101).
126 Vgl. RN 19.

§ 257   Sechzehnter Teil: III. Die Grundrechte in den Landesverfassungen

an der Landesverfassung messen oder gar für verfassungswidrig erklären kann"[127], da Bundesrecht für sich genommen – ohne die Situation seiner Anwendung zu berücksichtigen – selbstredend allein der Staatsgewalt des Bundes und seinem Grundrechtsregime, nicht den Ländern zuzurechnen ist.

25
Umfassende Geltung der Landesgrundrechte bei der Ausführung von Bundesrecht

Keine mittelbare Bundesrechtsprüfung

Was jedoch die Anwendung ("Ausführung") von Bundesrecht angeht, handeln die Länder gemäß Art. 83 GG grundsätzlich in eigener Sache[128] – nichts anderes gilt im Rahmen der Auftragsverwaltung gemäß Art. 85 GG[129] –; sie bringen selbständige Akte landesstaatlicher Hoheitsgewalt hervor, so daß hier, ergänzend zu den Grundrechten des Grundgesetzes, der umfassende Geltungsanspruch der Grundrechte der sächsischen Verfassung in Betracht zu ziehen ist. Die Anwendung von Bundesrecht darf jedoch nicht in eine mittelbare Überprüfung von Bundesrecht anhand der in ihrem Schutzanspruch gegenüber dem Grundgesetz gegebenenfalls weitergehenden oder zurückbleibenden[130] Landesgrundrechte münden. Eine mittelbare Überprüfung von Bundesrecht anhand divergierender Landesgrundrechte stünde indessen im Raum, soweit es um die Anwendung von Bundesrecht geht, das keine Spielräume für die Berücksichtigung landesgrundrechtlicher Spezifika eröffnet[131].

26
Inhaltsgleichheit

Um eine solche Situation zu vermeiden, hat das Bundesverfassungsgericht die Beachtung von Grundrechten der Landesverfassung bei der Anwendung von – in jenem Verfahren streitgegenständlichem – bundesrechtlichem *Verfahrensrecht* durch Landesgerichte auf mit dem Grundgesetz „inhaltsgleiche" Grundrechte beschränkt und dem Landesverfassungsgericht gleichzeitig ein Prüfverfahren vorgeschrieben, in dessen Kern das Erfordernis steht, zu einem mit einer hypothetischen Anwendung von Grundrechten des Grundgesetzes *identischen* Ergebnis zu gelangen. Daß im Fall der Anwendung *materiellen* Bundesrechts etwas anderes gelten sollte[132], ist nicht ersichtlich[133].

27
Vorgabe zur Beschwer

Ferner hat das Bundesverfassungsgericht die Befugnis des Sächsischen Verfassungsgerichtshofs, die Anwendung von Bundesrecht anhand inhaltsgleicher Grundrechte der Landesverfassung zu prüfen, insofern beschränkt, als „die verfassungsrechtliche Beschwer eines Beschwerdeführers ausschließlich auf der Entscheidung eines Gerichts des Landes – und nicht des Bundes – beruhen" muß[134]. Eine Verfassungsbeschwerde muß daher als unzulässig verworfen werden, wenn eine landesgerichtliche Entscheidung „durch ein

---

127 *SächsVerfGH*, B. v. 21.9.1995 (Vf.1-IV-95), JbSächsOVG 3, 97 (102); vgl. ferner B. v. 24.3.2011 (Vf.21-IV-11 [HS], 22-IV-11 [e.A.]), Umdruck, S. 3.
128 Vgl. → Bd. III: *Rozek*, Landesgrundrechte als Kontrollmaßstab, § 85 RN 3.
129 Vgl. *Dittmann*, in: Sachs, GG (LitVerz.), Art. 85 RN 4.
130 Vgl. RN 22.
131 Zutreffend → Bd. III: *Rozek*, § 85 RN 44.
132 Das Bundesverfassungsgericht hat diese Frage, die „einen zusätzlichen Prüfungsaufwand" verlange, ausdrücklich ausgespart; vgl. *BVerfGE 96*, 345 (362).
133 Zutreffend → Bd. III: *Rozek*, § 85 RN 42 f.; *Baldus* (FN 98), S. 41. Auch der Sächsische Verfassungsgerichtshof geht davon aus, daß ihm unter den Voraussetzungen von *BVerfGE 96*, 345 eine Prüfungsbefugnis nicht nur bei der Anwendung bundesrechtlichen *Verfahrensrechts*, sondern ebenso – „in sinngemäßer Anwendung" des Beschlusses des Bundesverfassungsgerichts – bei der Anwendung *materiellen* Bundesrechts zusteht. Vgl. B. v. 29.1.2004 (Vf.22-IV-03), Umdruck, S. 9 f.
134 *BVerfGE 96*, 345 (363); vgl. auch *E 96*, 345 (371).

Bundesgericht in der Sache ganz oder teilweise bestätigt worden ist"[135]. Diese Vorgabe beachtet der Sächsische Verfassungsgerichtshof in seiner Judikatur[136].

Aus dem Vorstehenden ergibt sich schließlich, daß Grundrechte der sächsischen Verfassung, die mit Grundrechten des Grundgesetzes *nicht* „inhaltsgleich", aber gleichwohl in Kraft geblieben sind[137], beachtet werden können und müssen, soweit es um die Anwendung von Landesrecht geht und soweit es um die Anwendung von Bundesrecht geht, das Spielraum für die Berücksichtigung landesgrundrechtlicher Spezifika läßt. Wann letzteres der Fall ist, kann nur im Einzelfall entschieden werden.

28
Nicht inhaltsgleiches geltendes Landesgrundrecht

E. Besonderheiten der sächsischen Grundrechte gegenüber dem Grundgesetz

Die Grundrechte der sächsischen Verfassung, wie sie insbesondere im Grundrechtskatalog im Zweiten Abschnitt enthalten sind, lehnen sich zwar eng an die Grundrechte des Grundgesetzes an[138], sie weisen jedoch auch eine ganze Reihe von Besonderheiten auf, die, mögen sie oft auch nur Details betreffen, in ihrer Gesamtheit der sächsischen Verfassung durchaus ein eigenes, vom Grundgesetz unterscheidbares „sächsisches Gepräge" geben[139]. Die sächsischen Besonderheiten werden hier nicht umfassend und detailliert dargestellt[140]; vielmehr sollen einige wichtige Aspekte querschnittsartig und exemplarisch beleuchtet werden.

29
GG-Anlehnung mit landesrechtlicher Prägung

Die vom Grundgesetz abweichende Stellung des sächsischen Grundrechtskatalogs erst im Zweiten Abschnitt der Verfassung, nach dem Abschnitt „Die Grundlagen des Staates" sollte allerdings nicht überbewertet werden[141]. Von einer „Relegation der Menschenwürde und der Grundrechte in das zweite Glied des Verfassungstextes" zu sprechen[142], unterstellt eine mit dem Fortschreiten des Verfassungstextes abnehmende Gewichtung, Bedeutung, gar Verbindlichkeit, die ebensowenig zutreffend ist, wie ein höheres Gewicht der Wahlrechtsbestimmungen (Art. 4 Verf. Sachsen) – ganz zu schweigen von der Regelung der Hauptstadt, der Landesfarben und des Landeswappens (Art. 2 Verf. Sachsen) – oder eine geringere Bedeutung der jenseits des Grundrechtskatalogs geregelten Grundrechte (Art. 41, 78, 102, 105, 107 Verf. Sachsen).

30
Keine „Relegation" der Landesgrundrechte

---

135 *BVerfGE* 96, 345 (371).
136 Vgl. B. v. 23. 5. 2013 (Vf. 82-IV-12), Umdruck, S. 4 f.; B. v. 25. 5. 2011 (Vf. 123-IV-10), Umdruck, S. 4 f.
137 Vgl. RN 22.
138 Vgl. RN 6, 16.
139 Mit gegenläufiger Tendenz *Rensmann*, in: Uhle (Hg.), Sächsische Verfassung (LitVerz.), S. 37 (45): kein eigenständiges materielles Gepräge.
140 Für eine detaillierte Darstellung vgl. insbesondere den von Baumann-Hasske/Kunzmann (LitVerz.) herausgegebenen Kommentar zur Sächsischen Verfassung.
141 Zu Recht schreibt *Drehwald*, in: dies./Jestaedt (LitVerz.), S. 101, die grundlegende Bedeutung der Grundrechte der sächsischen Verfassung sei dieselbe wie im Grundgesetz.
142 So *Rensmann*, in: Uhle (Hg.), Sächsische Verfassung (LitVerz.), S. 37 (46).

§ 257 Sechzehnter Teil: III. Die Grundrechte in den Landesverfassungen

31
Gruppierungs-
unterschiede

Obwohl sich der Grundrechtskatalog der sächsischen Verfassung, auch was die Reihenfolge der Grundrechte angeht (beginnend mit der Menschenwürde, über das allgemeine Persönlichkeitsrecht, den Gleichheitsgrundsatz, die Meinungsfreiheit, die Versammlungsfreiheit und weitere bis hin zum Petitionsrecht), den Katalog des Grundgesetzes zum Vorbild genommen hat[143], bestehen bei der systematischen Gruppierung der Grundrechte einige Unterschiede. Solche Unterschiede mögen auf den ersten Blick kaum von Belang sein, sie können jedoch im Rahmen einer systematischen Auslegung bedeutsam werden. So verteilt die sächsische Verfassung das Grundrecht auf Handlungsfreiheit einerseits und das Grundrecht auf Leben und körperliche Unversehrtheit sowie auf Freiheit der Person andererseits, die im Grundgesetz in Artikel 2 zusammengefaßt sind, auf die Artikel 15 und 16. Was speziell die Freiheit der Person angeht, zieht die sächsische Verfassung die im Grundgesetz erst in Art. 104 GG enthaltenen Vorschriften betreffend die Zulässigkeit und die Bedingungen einer Freiheitsbeschränkung bzw. Freiheitsentziehung gleichsam „nach vorn" und regelt sie unmittelbar im Anschluß an die Grundrechtsverbürgung in Artikel 17. Andererseits hat die sächsische Verfassung – gewissermaßen umgekehrt – die in Art. 7 GG enthaltenen Grundrechtsbestimmungen betreffend das Schulwesen nicht in den engeren Grundrechtskatalog, sondern in den Neunten Abschnitt „Das Bildungswesen" (Art. 101 ff. Verf. Sachsen) aufgenommen. Die Freiheit von Kunst, Wissenschaft, Forschung und Lehre wurde aus dem Kontext der Meinungsfreiheit (Art. 5 GG) herausgelöst (vgl. Art. 20 Verf. Sachsen) und in einem eigenen Artikel verankert (Art. 21). Auch die Koalitionsfreiheit wurde in Art. 25 Verf. Sachsen einer eigenständigen Regelung zugeführt, anders als im Grundgesetz, wo die Koalitionsfreiheit im Zusammenhang mit der Vereinigungsfreiheit in Art. 9 GG geregelt ist. Das Grundrecht auf freie Wahl der Ausbildungsstätte (Art. 29 Abs. 1 Verf. Sachsen), das keinen Regelungsvorbehalt aufweist, wurde vom Grundrecht auf freie Wahl von Beruf und Arbeitsplatz (Art. 28 Abs. 1) getrennt geregelt (vgl. Art. 12 Abs. 1 GG), dies mit der – vom Sächsischen Verfassungsgerichtshof nicht akzeptierten[144] – Folge, daß die freie Wahl der Ausbildungsstätte anders als das Grundrecht der Berufsfreiheit vorbehaltlos gewährleistet ist[145]. Das Eigentumsgrundrecht (Art. 31 Verf. Sachsen) wurde, systematisch konsequenter als in den Eigentumsbestimmungen des

Handlungsfreiheit

Akzentuierung der
Freiheit von Kunst
und Wissenschaft

---

143 Vgl. RN 6, 16.
144 Der *SächsVerfGH*, B. v. 9.12.1999 (Vf. 1-IV-98), *LVerfGE* 10, 401 (409), hat festgestellt, daß „wegen der engen Verknüpfung von Wahl der Ausbildungsstätte und Berufswahl sowie Berufsausübung [...] der Gesetzesvorbehalt des Art. 28 Abs. 1 S. 2 SächsVerf ungeachtet der tatbestandsmäßigen Verselbständigung des Art. 29 SächsVerf auch auf diese Garantie zu erstrecken" sei.
145 Die Auslegung *contra legem* der Art. 28, 29 Verf. Sachsen (vgl. vorige FN) ist in der Literatur zu Recht auf Ablehnung gestoßen. Vgl. etwa *Rozek*, in: Baumann-Hasske/Kunzmann (LitVerz.), Art. 28 RN 1; → Bd. III: *Lange*, Grundrechtliche Besonderheiten in den Landesverfassungen, § 83 RN 43; ferner *Peine*, LKV 2012, S. 385 (389). Demgegenüber mißt *Drehwald*, in: dies./Jestaedt (LitVerz.), S. 108, der Verselbständigung des Rechts, die Ausbildungsstätte frei zu wählen, nur „redaktionelle Bedeutung" zu und stimmt einer Erstreckung des Regelungsvorbehalts des Art. 28 Abs. 1 auf Art. 29 Abs. 1 mit der *juristisch unhaltbaren Begründung* zu, *es fehle an jeglichen Anhaltspunkten* dafür, daß der sächsische Verfassungsgeber mit der Wahlfreiheit der öffentlichen Bildungseinrichtungen im Gegensatz zur Berufsfreiheit ein *schrankenloses* Grundrecht habe schaffen wollen (ebd., FN 185).

Grundgesetzes (Art. 14, 15 GG)[146], von den Enteignungstatbeständen getrennt geregelt (Art. 32 Verf. Sachsen). Die Bestimmung über die Grundrechtsbindung, die im Grundgesetz vorangestellt ist (Art. 1 Abs. 3 GG) und an dieser Stelle für Unklarheiten sorgt[147], kommt in der sächsischen Verfassung erst in Artikel 36 im Anschluß an die materiellen[148] Grundrechtsbestimmungen und erstreckt sich infolge einer „neutralen" Formulierung zugleich auf alle in der Verfassung, also auch außerhalb des Katalogs enthaltenen Grundrechte.

Eine weitere Besonderheit der sächsischen Verfassung besteht darin, daß sie nicht alle Grundrechtsbestimmungen des Grundgesetzes übernommen hat bzw. enthält. Die Gründe dafür sind unterschiedlich. Im Falle der Kriegsdienstverweigerung aus Gewissensgründen (Art. 4 Abs. 3 GG) und der Bestimmungen über den Wehrdienst (Art. 12a GG) mag dies auf der originär bundesrechtlichen Natur der Materie beruhen[149], auch wenn dies die Verfassungsgeber anderer Länder nicht daran gehindert hat, ein Grundrecht auf Kriegsdienstverweigerung zu regeln[150]. Eine ursprünglich – in Art. 26 des Gohrischen Entwurfs – vorgesehene Bestimmung über die „Freizügigkeit" (vgl. Art. 11 GG) wurde wieder gestrichen, dies mit der – wenig überzeugenden[151] – Begründung, sie sei überflüssig, „da es innerhalb Sachsens keine Staaten, das heißt also auch keine Grenzen gäbe"[152]. Eher schon einleuchtend, gleichwohl ebenfalls nicht zwingend, ist die weitere Begründung, die Materie sei bereits bundesrechtlich erschöpfend geregelt[153]. Des weiteren hat die sächsische Verfassung auf ein Asylgrundrecht (vgl. Art. 16a GG) verzichtet; ein solches war schon im Gohrischen Entwurf nicht enthalten. Auch hierfür kann als entstehungsgeschichtliche Begründung auf die ausgeschöpfte Bundeskompetenz für das Asyl- und Ausländerrecht verwiesen werden[154]. Der Verzicht auf das Asylgrundrecht hat Sachsen einen Verfassungskonflikt mit dem nur ein gutes Jahr nach der Annahme der sächsischen Verfassung drastisch einge-

32
Auswahl bei der GG-Grundrechte-Übernahme

---

146 Hierzu vgl. *Rozek*, in: Baumann-Hasske/Kunzmann (LitVerz.), Art. 32 RN 1.
147 Vgl. *Höfling*, in: Sachs, GG (LitVerz.), Art. 1 RN 5 ff. Hierzu vgl. auch die Diskussion im Verfassungs- und Rechtsausschuß des sächsischen Landtags, wiedergegeben in: Volker Schimpff/Jürgen Rühmann (Hg.), Die Protokolle des Verfassungs- und Rechtsausschusses zur Entstehung der Verfassung des Freistaates Sachsen, 1997, S. 380–382.
148 Die in Art. 38 enthaltene Rechtsschutzgarantie umfaßt auch ein – formelles – Individualgrundrecht; vgl. *Rozek*, in: Baumann-Hasske/Kunzmann (LitVerz.), Art. 38 RN 2.
149 Lapidar *Rozek*, in: Baumann-Hasske/Kunzmann (LitVerz.), Art. 19 RN 1: Das Recht, den Kriegsdienst aus Gewissensgründen zu verweigern, habe „keine landesgrundrechtliche Entsprechung gefunden".
150 Vgl. etwa Art. 30 Verf. Berlin.
151 Vgl. insoweit die Regelung in Art. 17 Verf. Brandenburg, die zeigt, daß sich ein Freizügigkeitsrecht einschließlich dessen Schranken auch für den Landesbereich sinnvoll formulieren läßt, zumal wenn es als Menschenrecht und nicht wie in Art. 11 GG als Deutschen-Grundrecht formuliert ist.
152 So der Berater des Verfassungs- und Rechtsausschusses des Sächsischen Landtags, Prof. *Schneider*; vgl. Volker Schimpff/Jürgen Rühmann (Hg.), Die Protokolle des Verfassungs- und Rechtsausschusses zur Entstehung der Verfassung des Freistaates Sachsen, 1997, S. 139 (unzutreffender Modus im Original).
153 So Dr. *Rühmann*, in: Volker Schimpff/Jürgen Rühmann aaO., S. 139.
154 So – wenn auch im Zusammenhang mit dem Freizügigkeitsrecht – *Rühmann* aaO.

schränkten Bundesgrundrecht[155] bzw. die Notwendigkeit einer Verfassungsanpassung erspart[156]. Daß hingegen Art. 30 Verf. Sachsen (Unverletzlichkeit der Wohnung) nicht an die später in Art. 13 GG (Abs. 3 bis 6) eingefügte Regelung des sogenannten „großen Lauschangriffs" angepaßt wurde, dürfte unproblematisch sein[157]. Schließlich enthält die sächsische Verfassung keine Bestimmung über die Verwirkung von Grundrechten (vgl. Art. 18 GG). Das ist bedauerlich, weil eine solche Bestimmung, für die es Vorbilder in anderen Landesverfassungen gibt[158], die Eigenständigkeit der sächsischen Grundrechte[159] hätte bestätigen und bekräftigen können.

33
Landesgrundrechtliche Neuerungen im GG-Bezug

Für das „sächsische Gepräge"[160] der Landesverfassung wichtiger als die Abwesenheit einzelner Grundrechtsbestimmungen[161] sind diejenigen Grundrechtsbestimmungen, die im Vergleich mit den Grundrechten des Grundgesetzes etwas „Neues" bringen. Dies betrifft zunächst den Umweltbereich.

Umwelt

Art. 34 Verf. Sachsen verbürgt einen verfassungsunmittelbaren, gleichwohl auf gesetzliche Ausformung angelegten[162] Anspruch auf Auskunft über Umweltdaten; zudem bezieht sich die Pflichtigkeit des Eigentums in Art. 31 Abs. 2 Satz 2 Verf. Sachsen insbesondere auf die Schonung der natürlichen Lebensgrundlagen. Ein weiterer thematischer Schwerpunkt gilt bestimmten Unterrichtungspflichten. So bestimmt Art. 17 Abs. 1 Satz 2 Verf. Sachsen, über Art. 104 GG hinausgehend und in Anlehnung an Art. 5 Abs. 2 EMRK[163], daß die in ihrer Freiheit beschränkte Person „unverzüglich über die Gründe der Freiheitsbeschränkung unterrichtet werden" muß. Die in Art. 27 Abs. 2 Satz 3 Verf. Sachsen geregelte Pflicht, dem Betroffenen unter bestimmten Umständen nachträglich Maßnahmen zur Beschränkung des Brief-, Post- und Fernmeldegeheimnisses mitzuteilen, kodifiziert die einschlägige Rechtsprechung des Bundesverfassungsgerichts[164]. Schließlich hat der sächsische Verfassungsgeber die Regelung des Petitionsrechts aus Art. 17 GG um einen zweiten Satz ergänzt, wonach ein „Anspruch auf begründeten Bescheid in angemessener Frist" besteht. Weitere Innovationen bestehen in der Festlegung auf eine duale Rundfunkordnung (Art. 20 Abs. 2 Verf. Sachsen)[165], in der Ausdehnung des Schutzes der Familie auf Personen, die in häuslicher Gemeinschaft – also ohne eine Familie zu bilden[166] – Kinder erziehen oder Hilfsbedürftige versor-

Unterrichtungspflichten

Duale Rundfunkordnung u.a.

---

155 Vgl. das Gesetz zur Änderung des Grundgesetzes (Artikel 16 und 18) vom 28. 6. 1993 (BGBl. I S. 1002).
156 Vgl. insoweit *Reinhard Neubauer/Ernö Lörincz*, Nochmals: Verfassungsgebung und Grundrechte – der Gestaltungsspielraum der Landesverfassungsgeber, LKV 2013, S. 115 (116 ff.), die zeigen, daß das Grundrecht auf Asyl in Art. 18 Abs. 1 der Brandenburgischen Verfassung, welches noch der Ursprungsfassung des Art. 16 Abs. 2 S. 2 GG entspricht, mit Art. 16 a GG kollidiert.
157 Hierzu näher *Rozek*, in: Baumann-Hasske/Kunzmann (LitVerz.), Art. 30 RN 25 f.
158 Vgl. Art. 37 Verf. Berlin; Art. 17 Verf. Hessen.; ex-Art. 133 Verf. Rheinland-Pfalz.
159 Vgl. RN 17.
160 Vgl. RN 29.
161 Vgl. RN 32.
162 Vgl. *Berlit*, in: Baumann-Hasske/Kunzmann (LitVerz.), Art. 34 RN 1, 5.
163 Vgl. den Hinweis bei *Drehwald*, in: dies./Jestaedt (LitVerz.), S. 106.
164 Vgl. den Hinweis bei *Berlit*, in: Baumann-Hasske/Kunzmann (LitVerz.), Art. 27 RN 33, auf *BVerfGE 100*, 313 (397). Vgl. ferner beispielsweise *BVerfGE 129*, 208.
165 Hierzu näher *Degenhart*, in: ders./Meissner (LitVerz.), § 7 RN 38 ff.
166 Vgl. *Mittag*, in: Baumann-Hasske/Kunzmann (LitVerz.), Art. 22 RN 15, 17.

gen (Art. 22 Abs. 2 Verf. Sachsen), in der Garantie der Mitbestimmung der Beschäftigten in den Betrieben, Dienststellen und Einrichtungen des Landes (Art. 26 Verf. Sachsen) sowie in der ausdrücklichen – an die Formulierung des Bundesverfassungsgerichts angelehnten[167] – Regelung des Rechts auf informationelle Selbstbestimmung, welches das Bundesverfassungsgericht aus Art. 2 Abs. 1 GG in Verbindung mit Art. 1 Abs. 1 GG hergeleitet hat[168]. Weitere Neuerungen betreffen den Bereich des Bildungswesens (Art. 101 bis 108 Verf. Sachsen). Hinzuweisen ist insoweit besonders auf Artikel 105, der den Ethikunterricht auf eine Stufe mit dem Religionsunterricht stellt[169], und auf Artikel 107, der Grundrechte der Hochschulen normiert und insoweit *lex specialis* zu Artikel 21 Satz 1 ist[170].

Zu den sächsischen Besonderheiten im Grundrechtsbereich zählen schließlich personelle Schutzbereichserweiterungen, das heißt die Erweiterung von Deutschen-Grundrechten zu Jedermann-Grundrechten. Dies betrifft die in Art. 23 Verf. Sachsen geregelte Versammlungsfreiheit (vgl. Art. 8 GG) und die in Art. 28 Verf. Sachsen normierte Berufsfreiheit (vgl. Art. 12 GG)[171].

34
Personelle Schutzbereichserweiterungen

F. Rechtsschutz gegen Grundrechtsverletzungen

I. Rechtsschutzorgane

Rechtsschutz gegen die Verletzung von Grundrechten der sächsischen Verfassung wird zwar nicht in erster Linie durch den Sächsischen Verfassungsgerichtshof gewährt; vielmehr obliegt diese Aufgabe vorrangig der Verwaltungsgerichtsbarkeit[172]. Gleichwohl handelt es sich beim Sächsischen Verfassungsgericht um ein („oberstes"[173], „echtes"[174]) Verfassungsorgan, dem die autoritative Auslegung und der Schutz der sächsischen Verfassung, unter Einschluß der Grundrechte, speziell überantwortet worden ist. Daher beschränken sich die nachfolgenden Ausführungen auf den Sächsischen Verfassungsgerichtshof[175].

35
Autoritative Auslegung und Schutz der Grundrechte

Die landesverfassungsrechtliche Einsetzung eines Verfassungsgerichtshofs ist Ausdruck der Eigenstaatlichkeit der Länder[176]. Die „Kompetenz zur Regelung [des] Landesstaatsrechts", wozu auch die Landesverfassungsgerichtsbar-

36
Ausdruck der Eigenstaatlichkeit

---

167 Vgl. auch *Berlit*, in: Baumann-Hasske/Kunzmann (LitVerz.), Art. 33 RN 2.
168 BVerfGE 65, 1 (Ls. 1, S. 43).
169 Vgl. *Kunzmann*, in: Baumann-Hasske/ders. (LitVerz.), Art. 105 RN 2.
170 Vgl. *Rozek*, in: Baumann-Hasske/Kunzmann (LitVerz.), Art. 21 RN 19, 24.
171 Zu Art. 28 Verf. Sachsen vgl. *SächsVerfGH*, B. v. 16. 10. 2008 (Vf. 15-IV-08, 59-IV-08), Umdruck, S. 7.
172 Vgl. *Friedhelm Hufen*, Verwaltungsprozessrecht, ⁹2013, § 1 RN 16, der die Verwaltungsgerichtsbarkeit als „die [heute] wohl wichtigste Instanz zur Durchsetzung von Grundrechten" bezeichnet; hierzu auch *Niedobitek* (FN 26), para. 124.
173 So → Bd. III: *Sodan*, Schutz der Landesgrundrechte durch die Landesverfassungsgerichtsbarkeit, § 84 RN 6; *Baldus* (FN 98), S. 42 f.
174 So *Haas*, Verfassungsgerichtshof (LitVerz.), S. 33.
175 Zur Publikation der Entscheidungen des Sächsischen Verfassungsgerichtshofs s. FN 7.
176 Vgl. *Sodan*, Landesverfassungsgerichtsbarkeit in Berlin und den neuen Ländern, LKV 2010, S. 440 (442); → Bd. III: *Rozek*, Landesgrundrechte als Kontrollmaßstab, § 85 RN 1.

keit zählt, wird daher nicht von der konkurrierenden Gesetzgebungskompetenz des Art. 74 Abs. 1 Nr. 1 GG (Gerichtsverfassung, gerichtliches Verfahren) erfaßt[177], vielmehr unterliegt sie der ausschließlichen Kompetenz der Länder. Ebenso wie alle anderen Länder[178], hat auch Sachsen von dieser Kompetenz Gebrauch gemacht und einen Verfassungsgerichtshof errichtet (Art. 81 Verf. Sachsen).

37
Grundrechtsschützende Verfahrensarten

Unter den grundrechtsschützenden Verfahrensarten[179] gibt es solche rein objektiv-rechtlichen Charakters (insbesondere die abstrakte und die konkrete Normenkontrolle), in denen die Grundrechte ausschließlich als Elemente der objektiven Rechtsordnung in Erscheinung treten, und – mit der Individualverfassungsbeschwerde – eine Verfahrensart subjektiv-rechtlichen Charakters, die zudem speziell auf den Schutz von Grundrechten zugeschnitten ist[180]. Auch wenn inzwischen[181] alle Länder über ein Verfassungsgericht[182] verfügen[183], kennen nur elf von ihnen die Verfassungsbeschwerde als grundrechtsschützenden Rechtsbehelf[184]. Zu diesen Ländern zählt auch Sachsen, das in Art. 81 Abs. 1 Nr. 4 Verf. Sachsen die Verfassungsbeschwerde normiert hat. Unter allen grundrechtsschützenden Verfahrensarten spielt in Sachsen, gemessen an der Zahl der Verfahren, die Verfassungsbeschwerde die bei weitem größte Rolle[185]. Aus diesem Grund und weil es sich um die einzige spezifisch auf den Grundrechtsschutz gerichtete Verfahrensart handelt, konzentrieren sich die nachfolgenden Ausführungen auf die Verfassungsbeschwerde. Dem Schutz kommunaler Selbstverwaltungsrechte als (nur) grundrechtsähnlichen Rechten[186] dient die in Art. 90 Verf. Sachsen in Verbindung mit dem Sächsischen Verfassungsgerichtshofsgesetz vorgesehene „Normenkontrolle auf kom-

---

177 Vgl. BVerfGE 96, 345 (368); aus der Literatur ferner → Bd. III: *Rozek*, § 85 RN 1; *Niedobitek*, Bonner Kommentar (LitVerz.), Art. 74 Abs. 1 Nr. 1 RN 67.
178 Vgl. *Niedobitek* (FN 26), para. 71.
179 Übersicht über die grundrechtsschützenden Verfahrensarten bei → Bd. III: *Sodan*, Schutz der Landesgrundrechte durch die Landesverfassungsgerichtsbarkeit, § 84 RN 26 ff.
180 Vgl. *Degenhart*, in: ders./Meissner (LitVerz.), § 7 RN 9.
181 Zu Schleswig-Holstein vgl. *Niedobitek* (FN 26), para. 71.
182 Nicht alle Verfassungsgerichte heißen auch „Verfassungsgericht(shof)". Verfassungsgerichte, denen die Zuständigkeit zur Entscheidung über Individualverfassungsbeschwerden fehlt und die sich daher auf die Funktion eines „Staatsgerichtshofs" beschränken, heißen zuweilen auch so; zur Terminologie vgl. *G. Hirsch*, Ein Jahr Verfassungsgerichtsbarkeit in Sachsen, in: JbSächsOVG 1, S. 21 (25 f.); zur Umbenennung des Staatsgerichtshofs Baden-Württemberg in „Verfassungsgericht" aus Anlaß der Einführung der Verfassungsbeschwerde vgl. LT-Drs. 15/7378 (unter „A. Zielsetzung").
183 Vgl. RN 36.
184 Vgl. → Bd. III: *Sodan*, § 84 RN 50, der zehn Länder nennt. Erst nach Publikation von HGR, Bd. III wurde in Baden-Württemberg die Verfassungsbeschwerde eingeführt; vgl. den Gesetzesbeschluß des baden-württembergischen Landtags, LT-Drs. 15/2646.
185 Vgl. nur *J. Ehrhardt*, Bericht über die Arbeit des Verfassungsgerichtshofs des Freistaates Sachsen im Jahr 2012, in: LKV 2013, S. 405 f.; *Rühmann*, Die Spinne im Netz – Der Sächsische Verfassungsgerichtshof und das Kräftefeld der Staatsgewalten (Teil 2), in: SächsVBl. 2012, S. 173 (176, FN 22); *Vulpius*, JbSächsOVG 5, S. 11 (12); *Haas*, Verfassungsgerichtshof (LitVerz.), S. 178. Eine Recherche in den Entscheidungen des Sächsischen Verfassungsgerichtshofs ergab, daß unter den 126 im Jahr 2015 verkündeten Entscheidungen 125 Verfassungsbeschwerden waren (im Internet unter http://www.justiz.sachsen.de/esaver).
186 Vgl. RN 8.

munalen Antrag"[187]. In seinem Anwendungsbereich schließt das Verfahren des Art. 90 Verf. Sachsen gemäß Art. 93 Abs. 1 Nr. 4b GG eine kommunale Verfassungsbeschwerde zum Bundesverfassungsgericht aus[188].

II. Prüfungsmaßstab

Es versteht sich, daß im Rahmen des Rechtsschutzes bei Grundrechtsverletzungen die Grundrechte der sächsischen Verfassung den zentralen Prüfungsmaßstab des Sächsischen Verfassungsgerichtshofs bilden. Dies gilt unabhängig davon, auf welchem prozessualen Weg – etwa im Wege der abstrakten (Art. 81 Abs. 1 Nr. 2 Verf. Sachsen) bzw. konkreten Normenkontrolle (Art. 81 Abs. 1 Nr. 3) oder im Wege der Verfassungsbeschwerde (Art. 81 Abs. 1 Nr. 4) – die Unvereinbarkeit eines Akts der sächsischen Landesstaatsgewalt mit den Grundrechten der Landesverfassung gerügt wird. Unter Umständen kann jedoch auch im Fall der Verfassungsbeschwerde „die Einhaltung sonstigen Landesverfassungsrechts in die gerichtliche Kontrolle" einbezogen werden[189]. Dies gilt namentlich im Fall einer auf das Grundrecht der Handlungsfreiheit (Art. 15 Verf. Sachsen) gestützten Verfassungsbeschwerde, sofern geltend gemacht wird, daß Eingriffsnormen oder Einzelakte objektivem Verfassungsrecht nicht entsprechen[190].

38
Landesgrundrechte als Prüfungsmaßstab

Die Frage, ob Grundrechte der sächsischen Verfassung mit der Kompetenzordnung des Grundgesetzes im Bereich der Gesetzgebung unvereinbar und daher nichtig sind, wäre für den Prüfungsmaßstab des Sächsischen Verfassungsgerichtshofs von Belang, sofern – erstens – die grundgesetzliche Kompetenzordnung in das sächsische Verfassungsrecht inkorporiert wurde[191] und – zweitens – sofern sie Vorgaben für das Landesverfassungsrecht macht.

39
Ausmaß der Gesetzgebungskompetenz-Prüfung

Was die erste Frage betrifft, geht der Sächsische Verfassungsgerichtshof in ständiger Rechtsprechung davon aus, daß das Landesverfassungsrecht mit Art. 3 Abs. 2 und Art. 39 Abs. 2 in Verbindung mit Art. 1 Satz 1 Verf. Sachsen („Der Freistaat Sachsen ist ein Land der Bundesrepublik Deutschland") „auf die Kompetenzabgrenzung des Grundgesetzes Bezug" nimmt[192], mithin die Verteilung der Gesetzgebungskompetenzen im Grundgesetz als Bestandteil der sächsischen Verfassung betrachtet[193]. Die insoweit anders lautende Recht-

40
Bezug auf die GG-Gesetzgebungskompetenzen

---

187 Zur Bezeichnung vgl. den Dritten Teil, Achter Abschnitt des SächsVerfGHG. S. v. *Ammon*, Die Verfassungsgerichte der neuen Länder, in: Die Verfassungsgerichte der Länder Brandenburg, Mecklenburg-Vorpommern, Sachsen, Sachsen-Anhalt und Thüringen (Hg.), 20 Jahre Verfassungsgerichtsbarkeit in den neuen Ländern, 2014, S. 201 (208), bezeichnet dieses Verfahren in der Sache zutreffend als „kommunale Verfassungsbeschwerde".
188 Ebenso *Kaplonek*, in: Baumann-Hasske/Kunzmann (LitVerz.), Art. 90 RN 2; *Haas*, Verfassungsgerichtshof (LitVerz.), S. 224 f.; → Bd. III: *Sodan*, Schutz der Landesgrundrechte durch die Landesverfassungsgerichtsbarkeit, § 84 RN 74.
189 → Bd. III: *Sodan*, § 84 RN 71.
190 Vgl. *Haas*, Verfassungsgerichtshof (LitVerz.), S. 191.
191 Ob und ggf. mit welchem Ergebnis die Art. 70 ff. GG von sich aus in das Landesverfassungsrecht „hineinwirken", ist eine andere Frage. Hierzu näher → Bd. III: *Grawert*, Wechselwirkungen zwischen Bundes- und Landesgrundrechten, § 81 RN 35.
192 Zuletzt *SächsVerfGH*, B. v. 23.10.2014 (Vf. 66-IV-13), Umdruck, S. 13.
193 Zustimmend → Bd. III: *Sodan*, § 84 RN 32.

§ 257 Sechzehnter Teil: III. Die Grundrechte in den Landesverfassungen

sprechung des Bundesverfassungsgerichts bezog sich auf das schleswig-holsteinische Verfassungsrecht[194] und ist für den Sächsischen Verfassungsgerichtshof nicht bindend.

41
Keine Bindung an die GG-Kompetenzordnung

Was jedoch die zweite Frage betrifft, wurde bereits oben[195] festgestellt, daß der sächsische Verfassungsgeber bei der Normierung von Grundrechten nicht an die Kompetenzordnung des Grundgesetzes gebunden ist. Daher wird der Grundrechtsbestand der sächsischen Verfassung, mithin der Prüfungsmaßstab des Sächsischen Verfassungsgerichtshofs, nicht durch einen etwaigen Konflikt mit der Kompetenzordnung des Grundgesetzes geschmälert.

42
Prüfungsmaßstab

Prüfungsmaßstab des Sächsischen Verfassungsgerichtshofs sind allein die Grundrechte der sächsischen Verfassung[196]; für die Rüge einer Verletzung der Europäischen Menschenrechtskonvention ist der Rechtsweg zum Verfassungsgerichtshof nicht eröffnet[197]. Gleichwohl geht der Verfassungsgerichtshof in ständiger Rechtsprechung davon aus, daß „Inhalt und Entwicklungsstand der Europäischen Menschenrechtskonvention zu berücksichtigen [seien], sofern damit keine Einschränkung oder Minderung des sächsischen Grundrechtsschutzes verbunden ist"[198].

43
Keine Rüge einer Verletzung von GG-Grundrechten

Ebenfalls kann vor dem Sächsischen Verfassungsgerichtshof keine Verletzung von Grundrechten des Grundgesetzes gerügt werden[199]. Für die Verfassungsbeschwerde ergibt sich dies aus Art. 81 Abs. 1 Nr. 4, § 27 Abs. 1 SächsVerfGHG[200], wo die rügefähigen Rechte, genauer: Artikel, *abschließend* aufgezählt sind[201]. Daraus folgen Anforderungen für die Beschwerdeführer in Verfahren der Verfassungsbeschwerde: Der Sächsische Verfassungsgerichtshof akzeptiert es nicht, wenn sich ein Beschwerdeführer auf – selbst mit der sächsischen Verfassung inhaltsgleiche – Grundrechte des Grundgesetzes beruft[202], und zieht damit die Konsequenz aus der oben getroffenen Feststellung, daß die Grundrechte der sächsischen Verfassung und des Grundgesetzes aus unterschiedlichen Rechtsquellen fließen[203].

44

Aus Art. 81 Abs. 1 Nr. 4 Verf. Sachsen folgt für den Prüfungsmaßstab des Sächsischen Verfassungsgerichtshofs schließlich auch, daß eine Verletzung

---

194 Das Bundesverfassungsgericht, seinerzeit handelnd im Rahmen von Art. 99 GG, hatte zu einem Verfassungsstreit innerhalb des Landes Schleswig-Holstein festgestellt, daß die Art. 30 und 70 ff. GG nicht in die Bezeichnung des Landes Schleswig-Holstein als Gliedstaat der Bundesrepublik Deutschland in Art. 1 „hineingelesen" werden könnten; vgl. *BVerfGE 103*, 332 (357f.). Hierzu vgl. auch *Baldus* (FN 98), S. 24f.
195 RN 21.
196 So ausdrücklich *BVerfGE 36*, 342 (368); hierzu auch etwa → Bd. III: *Grawert*, Wechselwirkungen zwischen Bundes- und Landesgrundrechten, § 81 RN 109; *Haas*, Verfassungsgerichtshof (LitVerz.), S. 159.
197 Vgl. etwa *SächsVerfGH*, B. v. 26. 2. 2015 (Vf. 11-IV-15 [HS]; 12-IV-15 [e.A.]), Umdruck, S. 5; aus der Literatur vgl. etwa *Haas*, Verfassungsgerichtshof (LitVerz.), S. 159f.
198 Vgl. etwa *SächsVerfGH*, B. v. 29. 5. 2009 (Vf. 36-IV-09), Umdruck, S. 5; B. v. 22. 2. 2001 (Vf. 39-IV-99), Umdruck, S. 4.
199 Vgl. etwa *SächsVerfGH*, B. v. 26. 2. 2015 (Vf. 11-IV-15 [HS]; 12-IV-15 [e.A.]), Umdruck, S. 5.
200 Ebd.
201 So ausdrücklich *SächsVerfGH*, B. v. 23. 1. 1998 (Vf. 27-IV-97), Umdruck, S. 7f.
202 Vgl. *SächsVerfGH*, B. v. 22. 6. 1995 (Vf. 24-IV-93), Umdruck; hierzu – auch kritisch – *Vulpius*, JbSächsOVG 5, S. 11(16f.).
203 Vgl. RN 17.

von Staatszielbestimmungen der sächsischen Verfassung, etwa Artikel 7 (Staatsziel menschenwürdiges Dasein), nicht mit der Verfassungsbeschwerde gerügt werden kann[204].

Staatszielbestimmungen kein Prüfungsmaßstab

Eine Verfassungsbeschwerde zum Sächsischen Verfassungsgerichtshof kann parallel – gleichzeitig, früher oder später – zu einer Verfassungsbeschwerde zum Bundesverfassungsgericht erhoben werden[205]. Auch in diesem Punkt nimmt die sächsische Verfassung die Unabhängigkeit der Rechtsquellen von Bundesverfassung und Landesverfassung ernst[206], indem sie auf eine Subsidiarität der Landesverfassungsbeschwerde verzichtet, wie sie etwa in Art. 84 Abs. 2 Nr. 5 Verf. Berlin oder in § 55 Abs. 1 VerfGHG Baden-Württemberg vorgesehen ist[207]. Die Ermöglichung doppelten Verfassungsrechtsschutzes gegen Akte der Landesstaatsgewalt greift das Angebot von § 90 Abs. 3 BVerfGG auf, wonach durch die Verfassungsbeschwerde zum Bundesverfassungsgericht das Recht, „eine Verfassungsbeschwerde an das Landesverfassungsgericht nach dem Recht der Landesverfassung zu erheben, [...] unberührt" bleibt.

45

Parallele Verfassungsbeschwerden

---

204 Vgl. zuletzt *SächsVerfGH*, B. v. 5.11.2009 (Vf. 57-IV-09), Umdruck, S. 2. Ebenso etwa *Rensmann*, in: Uhle, Sächsische Verfassung (LitVerz.), S. 37 (58).
205 Hierzu vgl. etwa *Kunzmann*, SächsVBl. 2012, S. 152 (156); *Rozek*, in: Baumann-Hasske/Kunzmann (LitVerz.), Art. 81 RN 82.
206 Vgl. bereits RN 43.
207 Hierzu vgl. auch *Sodan*, Schutz der Landesgrundrechte durch die Landesverfassungsgerichtsbarkeit, § 84 RN 70.

G. Bibliographie

Baumann-Hasske, Harald/Kunzmann, Bernd (Hg.), Die Verfassung des Freistaates Sachsen – Kommentar, ³2011.
Degenhart, Christoph, 15 Jahre Verfassung des Freistaates Sachsen: Erwartungen, Entwicklungslinien, Herausforderungen, in: SächsVBl. 2007, 201 ff.
Degenhart, Christoph/Meissner, Claus (Hg.), Handbuch der Verfassung des Freistaates Sachsen, 1997.
Dehoust, Matthias/Nagel, Peter/Umbach, Torsten, Die Sächsische Verfassung – Einführung und Erläuterung, 2011.
Die Verfassungsgerichte der Länder Brandenburg, Mecklenburg-Vorpommern, Sachsen, Sachsen-Anhalt und Thüringen (Hg.), 20 Jahre Verfassungsgerichtsbarkeit in den neuen Ländern, 2014.
Drehwald, Suzanne/Jestaedt, Christoph, Sachsen als Verfassungsstaat, 1998.
Haas, Michael, Der Verfassungsgerichtshof des Freistaates Sachsen, 2006.
Heitmann, Steffen, Zur Entstehung der Sächsischen Verfassung vom 27. Mai 1992, in: Arnd Uhle (Hg.), 20 Jahre Sächsische Verfassung, 2013, S. 15 ff.
ders., Der Gohrischer Entwurf einer neuen sächsischen Verfassung, in: Dresdner Hefte, Heft 59, 3/99; S. 79 ff.
Kunzmann, Bernd, Im Reagenzglas der Ideen – Eine Spektralanalyse zur Ontogenese der Sächsischen Verfassung, in: JöR NF Bd. 60 (2012), S. 131 ff.
ders., Wie in Stein gehauen – Die letzten 20 Jahre sächsischer Verfassungsgeschichte im Vergleich, in: SächsVBl. 2012, S. 152 ff.
Mangoldt, Hans von, Verfassungsgebung in Sachsen, in: Jutta Kramer/Björn G. Schubert (Hg.), Verfassungsgebung und Verfassungsreform im In- und Ausland, 2005, S. 259 ff.
ders., Entstehung und Grundgedanken der Verfassung des Freistaates Sachsen, 1996.
Rensmann, Thilo, Die Grundlagen- und Staatszielbestimmungen sowie die Grundrechte der Sächsischen Verfassung vom 27. Mai 1992, in: Arnd Uhle (Hg.), 20 Jahre Sächsische Verfassung, 2013, S. 37 ff.
Schimpff, Volker/Rühmann, Jürgen (Hg.), Die Protokolle des Verfassungs- und Rechtsausschusses zur Entstehung der Verfassung des Freistaates Sachsen, 1997.
Stober, Rolf (Hg.), Quellen zur Entstehungsgeschichte der Sächsischen Verfassung – Dokumentation, 1993.
Vulpius, Carola, Verfassungsbeschwerden in Sachsen – Eine erste Bilanz, in: JbSächsOVG 5, S. 11 ff.

§ 258
Landesgrundrechte in Sachsen-Anhalt

Winfried Kluth

Übersicht

	RN		RN
A. Entstehung und Änderungen der Verfassung von Sachsen-Anhalt	1–10	D. Grundrechtsgehalte in anderen Einrichtungsgarantien und Staatszielbestimmungen	44–72
I. Die Verfassungsberatungen im Jahr 1992	1–8	I. Recht auf Bildung (Art. 25)	44–45
1. Allgemeiner Rahmen	1–2	II. Privatschulfreiheit (Art. 28)	46–62
2. Beratungen zu den Grundrechten	3–8	1. Besondere Relevanz der Thematik in den neuen Bundesländern	46–47
II. Änderung der Landesverfassung	9–10	2. Die Beratungen zu Art. 28	48–49
B. Allgemeine Regelungen zu den Grundrechten	11–18	3. Stärken und Defizite der Regelung sowie offene Fragen	50
I. Bindungswirkungen und allgemeine Grundrechtslehren	11–15	4. Keine Beschränkung auf Ersatzschulen im engeren Sinne	51
1. Die Bindung der Staatsgewalten an die Grundrechte	11–14	5. Verfassungsunmittelbarer Finanzierungsanspruch	52–53
2. Weitere Regelungen zur Grundrechtsgeltung und -anwendung	15	6. Ausgestaltungs- oder Beschränkungsvorbehalt in Art. 28 Abs. 2 Satz 2	54–56
II. Gewährleistung von sozialen Grundrechtsgehalten durch Einrichtungsgarantien und Staatszielbestimmungen	16–18	7. Zulässigkeit und Ausgestaltung einer Wartefrist	57–62
C. Vertiefungen zu ausgewählten Grundrechtsgewährleistungen	19–43	III. Mitwirkung in der Schule (Art. 29 Abs. 2)	63–66
I. Schutz der seelischen Unversehrtheit (Art. 5 Abs. 2 Satz 1 Verf. Sachsen-Anhalt)	19–21	IV. Selbstverwaltungsrecht der Hochschulen und Bereitstellung von Studienplätzen (Art. 31)	67–70
II. Datenschutzgrundrecht (Art. 6 Abs. 1)	22–24	V. Staatsverträge mit Religions- und Weltanschauungsgemeinschaften (Art. 32 Abs. 4)	71–72
III. Umweltinformationsrecht (Art. 6 Abs. 2)	25	E. Handlungspflichten auf Grund von Einrichtungsgarantien und Staatszielen	73–78
IV. Staatsbürgerliche Rechte und Pflichten (Art. 8)	26–31	F. Rechtsschutz durch das Landesverfassungsgericht	79–80
V. Wissenschaftsfreiheit (Art. 10 Abs. 3)	32	G. Bibliographie	
VI. Eltern und Kinder (Art. 11)	33–40		
VII. Versammlungsfreiheit (Art. 12)	41		
VIII. Vereinigungsfreiheit (Art. 13)	42–43		

A. Entstehung und Änderungen der Verfassung von Sachsen-Anhalt

I. Die Verfassungsberatungen im Jahr 1992

1. Allgemeiner Rahmen

1
Wertschätzung von Bürgerrechten und Umweltschutz

Die Verfassung des Landes Sachsen-Anhalt ist ähnlich wie die Verfassungen der übrigen nach 1990 entstandenen Länder im Gebiet der ehemaligen Deutschen Demokratischen Republik im spezifischen Kontext einer besonderen Wertschätzung von Bürgerrechten einerseits und Umweltschutz andererseits entstanden. Beide Themenfelder wurden im demokratischen Sozialismus besonders „vernachlässigt"[1] und waren deshalb als zentrale Gegenstände der Verfassungsgebung[2] besonders präsent. Innerhalb des durch Art. 28 GG vorgegebenen Rahmens[3] konnten die verfassungsgebenden Organe insoweit auch Akzente setzen, die im Grundrechtsteil zu Regelungen führten, die über das Schutzniveau des Grundgesetzes hinausgingen, wie es Art. 142 GG ausdrücklich zuläßt.

2
Prozeß der Verfassungsgebung

Der Prozeß der Verfassungsgebung in Sachsen-Anhalt war im Unterschied etwa zu Brandenburg durch eine gemäßigte Beteiligung des Staatsvolkes gekennzeichnet. Der Verfassungstext wurde durch einen Ausschuß des am 14. Oktober 1990 gewählten ersten Landtages, der durch Sachverständige unterstützt wurde, entworfen und beraten[4].

2. Beratungen zu den Grundrechten

3
Vorschläge zu Grundrechten, Einrichtungsgarantien, Staatszielen

Frühphase der Debatte

In den Beratungen spielten die Formulierungsvorschläge des Verfassungsentwurfs zu den Grundrechten, Einrichtungsgarantien und Staatszielen mehrfach eine zentrale Rolle. Dabei wurde vor allem über die Art und Weise der Aufnahme sozialer Grundrechte sowie über Formulierungsfragen zum Teil heftig gestritten. Im einzelnen sind dabei die folgenden Einzelpunkte hervorzuheben: In der Frühphase der Debatte wurde zunächst erwogen, auf einen selbständig ausformulierten Grundrechtsteil in der Landesverfassung zu verzichten und auf die Regelungen des Grundgesetzes zu verweisen und diese um einige weitergehende Gewährleistungen zu ergänzen. Sehr bald wurde davon

---

1 Zu den Umweltschutzdefiziten in der DDR *Tobias Huff*, Natur und Industrie im Sozialismus: eine Umweltgeschichte der DDR, 2015.
2 Im Grundgesetz wurde die Staatszielbestimmung Umweltschutz im Jahr 1994 verankert; s. dazu *Uhle*, Das Staatsziel „Umweltschutz" im System der grundgesetzlichen Ordnung, DÖV 1993, S. 947 ff. Zu den Hintergründen näher *Rudolf Steinberg*, Der ökologische Verfassungsstaat, 1998.
3 Zur Bedeutung des Art. 28 GG für das Landesverfassungsrecht *Bartlsperger*, Das Verfassungsrecht der Länder in der gesamtstaatlichen Verfassungsordnung, HStR³ VI, § 128; *Storr*, Verfassunggebung (Lit-Verz.).
4 Zu Einzelheiten *von Bose*, Geschichte der Verfassungsgebung, in: Kilian, Verfassungshandbuch (LitVerz.), S. 93 ff.; *Kilian*, Die Entstehung der neuen Verfassung, in: Kluth, Staats- und Verwaltungsrecht (LitVerz.), S. 20 ff.

aber nicht zuletzt deshalb Abstand genommen, um die identitätsstiftende Wirkung gerade von Grundrechtsgewährleistungen für das Land nutzen zu können.

Im weiteren Verlauf der Beratungen ging es sodann darum, diejenigen Felder grundrechtlicher Gewährleistungen zu identifizieren, bei denen durch weitergehende Regelungen besondere inhaltliche Akzente gesetzt werden sollten. Identifiziert wurden dabei unter anderem die Erweiterung des Schutzes der körperlichen Unversehrtheit auf die seelische Unversehrtheit, heute in Art. 5 Abs. 2 Verf. Sachsen-Anhalt, ein ausformuliertes[5] Grundrecht der informationellen Selbstbestimmung auch wegen der speziellen Ausforschung durch den DDR-Staat, heute in Artikel 6 Abs. 1, die Beschränkung der Eigentums- und Forschungsfreiheit durch den Schutz der natürlichen Lebensgrundlagen, heute in Artikel 10 Abs. 3 und Artikel 18 Abs. 2, die ausdrückliche Erwähnung von Bürgerbewegungen im Recht der Vereinigungsfreiheit, heute in Artikel 13 Abs. 1, sowie die Erweiterung der Versammlungsfreiheit zu einem Jedermannrecht, heute in Artikel 13 Abs. 1. Erörtert, aber schließlich nicht umgesetzt wurde auch die Frage der Aufnahme von Kinderrechten in die Verfassung[6]; geblieben ist davon die besondere Regelung zu den Anforderungen an Eingriffe in das elterliche Sorgerecht, heute in Artikel 11 Abs. 2.

4 Besondere Akzente weitergehender Regelungen

Neben diesen inhaltlichen Erweiterungen im Vergleich zum Grundgesetz waren die Beratungen durch die Grundsatzkontroverse geprägt, ob und in welcher Form soziale Grundrechte, Einrichtungsgarantien und Staatsziele, sowie sie Bezüge zu den Grundrechten aufweisen, in die Verfassung aufgenommen werden sollen. Dabei ist zu beachten, daß die Landesverfassungen insgesamt in diesen Themenfeldern deutlich normierungsfreudiger waren als das auf gerichtlich durchsetzbare Regelungen fixierte Grundgesetz. Das gilt bereits für die vor dem Grundgesetz in Kraft getretenen Landesverfassungen. Die neueren Verfassungen sind zudem durch thematische Erweiterungen gekennzeichnet, die neben dem Umwelt- und Datenschutz auch die Diskriminierungsverbote sowie den Bereich der Menschen mit Behinderung und des Kindeswohls betreffen.

5 Grundsatzkontroverse um soziale Grundrechte, Einrichtungsgarantien und Staatsziele

Ohne daß an dieser Stelle auf Einzelheiten eingegangen werden muß, kann als zentrales Element der Entwicklung der Debatte ein Doppeltes herausgestellt werden: Erstens folgte man dem Vorbild zahlreicher anderer Landesverfassungen, in Verbindung mit bzw. in Gestalt von Einrichtungsgarantien und Staatszielbestimmungen auch soziale, das heißt auf staatliche Leistungen ausgerichtete Grundrechtsgehalte in der Landesverfassung zu normieren und damit wichtige Bereiche der Landespolitik – vor allem im Kulturbereich – verfassungsrechtlich zu determinieren. Zweitens wurde durch eine explizite Regelung der unterschiedlichen Bindungswirkung von Grundrechten, Einrichtungsgarantien und Staatszielen, heute in Art. 3 Verf. Sachsen-Anhalt, der

6 Vorbild zahlreicher anderer Landesverfassungen

Unterschiedliche Bindungswirkung

---

5 Das Grundgesetz kennt dieses Grundrecht auf der Grundlage einer bundesverfassungsgerichtlichen Verfassungsrechtsfortbildung seit dem Volkszählungsurteil *BVerfGE 65*, 1 ff.
6 Protokolle zur Verfassung des Landes Sachsen-Anhalt, Bd. I, 2007, S. 576 ff.

§ 258   Sechzehnter Teil: III. Die Grundrechte in den Landesverfassungen

Unterschied in den normativen Wirkungen verdeutlicht und damit der Entstehung zu weitreichender (rechtlicher) Erwartungen und einer zu starken Heranziehung durch die Gerichte bei der Auslegung von Gesetzen[7] entgegengewirkt.

7
Nach Normtypen differenzierende Bindungswirkung

Als Ergebnis dieser Kontroverse wurde in Art. 3 Verf. Sachsen-Anhalt eine in dieser Form im deutschen Verfassungsrechtsraum neue Regelung aufgenommen, die eine nach Normtypen differenzierende Bindungswirkung für Grundrechte, Einrichtungsgarantien und Staatszielbestimmungen vorsieht: „Artikel 3 Bindung an Grundrechte, Einrichtungsgarantien und Staatsziele: (1) Die nachfolgenden Grundrechte binden Gesetzgebung, vollziehende Gewalt und Rechtsprechung als unmittelbar geltendes Recht. (2) Die nachfolgenden Einrichtungsgarantien verpflichten das Land, diese Einrichtungen zu schützen sowie deren Bestand und Entwicklung zu gewährleisten. (3) Die nachfolgenden Staatsziele verpflichten das Land, sie nach Kräften anzustreben und sein Handeln danach auszurichten".

8
Klarstellende Bedeutung im Vordergrund

Die abgestufte Bindungswirkung für Einrichtungsgarantien und Staatsziele entspricht weitgehend der dazu in der wissenschaftlichen Literatur vertretenen Mehrheitsposition[8], so daß die klarstellende Bedeutung der Regelung im Vordergrund steht. Sie ist aber nicht so zu verstehen, daß die abgestufte Bindungswirkung eng an die Untergliederung in drei Abschnitte anknüpft. Es ist vielmehr zu beachten, daß sich insbesondere im zweiten Abschnitt zu den Einrichtungsgarantien in einigen der Normen auch grundrechtliche Regelungen finden, für die die Bindungswirkung des Art. 3 Abs. 1 Verf. Sachsen-Anhalt gilt. Dies wurde bereits bei den Verfassungsberatungen hervorgehoben. Der Sachverständige *Christian Starck* sprach in diesem Zusammenhang von „Grundrechtssplittern", die in die Regelungen zu den Einrichtungsgaran-

Verkündung

tien implementiert sind[9]. Nach Abschluß der Ausschußarbeit wurde die Verfassung am 16. Juli 1992 vom Landtag in dritter Lesung mit Zweidrittelmehrheit beschlossen und am 17. Juli 1992 verkündet[10].

II. Änderung der Landesverfassung

9
Gesetz zur Parlamentsreform 2014

Die Landesverfassung wurde in bezug auf den Grundrechtsteil durch das Gesetz zur Parlamentsreform 2014 vom 5. Dezember 2014[11] an zwei Stellen geändert. Dabei wurden die auf den Schutz von Kindern bezogenen Verfassungsregelungen in Artikel 24 Abs. 2 bis 4 a.F. in den insgesamt neu gefaßten Artikel 11 aus dem Teil „Einrichtungsgarantien" in den Teil „Grundrechte" verschoben und zugleich erweitert und präzisiert. Dies wurde unter anderem damit begründet, daß die dem Schutz der Kinder dienenden Regelungen

---

7 Dieses Bedenken wurde von der Landesregierung vorgetragen, vgl. Protokolle zur Verfassung des Landes Sachsen-Anhalt, Bd. II, 2007, S. 935 ff.
8 Zu Einrichtungsgarantien: *Mager* (LitVerz.). Zu Staatszielen: *Sommermann* (LitVerz.).
9 Verfassungsdokumente Bd. II, S. 935 ff., 953.
10 G. v. 16.6.1992 (GVBl. S. 600).
11 G. v. 5.12.2014 (GVBl. S. 494).

deutlicher als bislang als „Kinderrechte" ausgestaltet werden sollten. Zudem wurde mit dem ausdrücklichen Verbot der Kinderarbeit eine Vorgabe der UN-Kinderrechtskonvention auf Verfassungsebene umgesetzt.

Weitere rechtspolitische Diskussionen in bezug auf Änderungen des Grundrechtsteils haben im allgemeinen politischen Raum stattgefunden, ohne daß es zu Rechtsänderungen kam. Dies betrifft insbesondere den in anderen Verfassungen der neuen Bundesländer verankerten expliziten Schutz der sexuellen Orientierung, der in der Verfassung von Sachsen-Anhalt ähnlich wie im Grundgesetz nur über den allgemeinen Gleichheitsgrundsatz gewährleistet wird.

10
Weitere rechtspolitische Diskussionen

B. Allgemeine Regelungen zu den Grundrechten

I. Bindungswirkungen und allgemeine Grundrechtslehren

1. Die Bindung der Staatsgewalten an die Grundrechte

Wortgleich mit Art. 1 Abs. 3 GG begründet Art. 3 Abs. 1 Verf. Sachsen-Anhalt die Bindung aller Erscheinungsformen der Landesstaatsgewalt an die Grundrechte als unmittelbar geltendes Recht. Der bedeutsame sachliche Unterschied ist die damit verbundene geringere Reichweite, die in der Rechtsnatur als Landesrecht begründet ist. Für die Landesstaatsgewalt ist damit eine mehrschichtige Bindung an Grundrechte und Menschenrechte zu verzeichnen, die aus dem Blickwinkel des Landesverfassungsrechts und der Landesgrundrechte durch folgende strukturelle und systematische Merkmale gekennzeichnet ist: Die aus Art. 1 Abs. 3 GG folgende Bindung der Landesstaatsgewalt an die Grundrechte des Grundgesetzes überlagert die Bindung an die Landesgrundrechte und kann (auch) vor Bundesgerichten und dem Bundesverfassungsgericht grundsätzlich selbständig geltend gemacht werden. In der Sache wird dadurch ein bundesweiter grundrechtlicher Mindeststandard gewährleistet.

11
Bindung aller Landesstaatsgewalt

Mehrschichtige Bindung

Überlagerung durch Art. 1 Abs. 3 GG

Soweit die Landesstaatsgewalt Recht der Europäischen Union durchführt, kommt es ebenfalls überlagernd nach Art. 51 Abs. 1 GRCh zu einer Bindung an die Unionsgrundrechte. Die Bindung an die Landesgrundrechte und die Grundrechte des Grundgesetzes besteht insoweit fort; jedenfalls das Bundesverfassungsgericht macht insoweit jedoch von seiner Kontrollbefugnis keinen Gebrauch, solange der durch Art. 23 Abs. 1 GG geforderte Mindeststandard des Grundrechtsschutzes auf Unionsebene gewahrt ist[12]. Das Gleiche dürfte – soweit es zu einer einschlägigen Verfahrenskonstellation kommt – für das Landesverfassungsgericht gelten[13].

12
Bindung an die Unionsgrundrechte

---

12 *BVerfGE 118*, 79 ff. (in einem Verfahren mit Bezug zu Sachsen-Anhalt).
13 Bislang ist dieser Fall noch nicht eingetreten. S. allgemein zur Zusammenarbeit der deutschen Verfassungsgerichte, des EuGH und des EGMR *F. Kirchhof*, Kooperation zwischen nationalen und europäischen Gerichten, EuR 2014, S. 267 ff.

13
EGMR-Einbezug in die Auslegung

In bezug auf die in der Europäischen Menschenrechtskonvention gewährleisteten Menschenrechte kommt es zu einer Überlagerung der Landesgrundrechte derart, daß die Menschenrechtskonvention in die Auslegung der Landesgrundrechte einzubeziehen ist[14]. Das Bundesverfassungsgericht drückt dies mit einem gewissen Vorbehalt wie folgt aus: „Diese Rangzuweisung führt dazu, daß deutsche Gerichte die Konvention wie anderes Gesetzesrecht des Bundes im Rahmen methodisch vertretbarer Auslegung zu beachten und anzuwenden haben. Die Gewährleistungen der Europäischen Menschenrechtskonvention und ihrer Zusatzprotokolle sind allerdings in der deutschen Rechtsordnung auf Grund dieses Ranges in der Normenhierarchie kein unmittelbarer verfassungsrechtlicher Prüfungsmaßstab (vgl. Art. 93 Abs. 1 Nr. 4a GG, § 90 Abs. 1 BVerfGG). Ein Beschwerdeführer kann insofern vor dem Bundesverfassungsgericht nicht unmittelbar die Verletzung eines in der Europäischen Menschenrechtskonvention enthaltenen Menschenrechts mit einer Verfassungsbeschwerde rügen [...]. Die Gewährleistungen der Konvention beeinflussen jedoch die Auslegung der Grundrechte und rechtsstaatlichen Grundsätze des Grundgesetzes. Der Konventionstext und die Rechtsprechung des Europäischen Gerichtshofs für Menschenrechte dienen auf der Ebene des Verfassungsrechts als Auslegungshilfen für die Bestimmung von Inhalt und Reichweite von Grundrechten und rechtsstaatlichen Grundsätzen des Grundgesetzes, sofern dies nicht zu einer – von der Konvention selbst nicht gewollten (vgl. Art. 53 EMRK) – Einschränkung oder Minderung des Grundrechtsschutzes nach dem Grundgesetz führt"[15]. Damit ist der Landesgrundrechtsschutz in gleicher Weise in den menschen- und unionsrechtlichen Schutzkontext eingebunden wie der Grundrechtsschutz aus Bundesebene[16].

14
Grundrechtsverpflichtete Staatsgewalt

In bezug auf die grundrechtsverpflichtete Staatsgewalt ist davon auszugehen, daß auch dort, wo Land und Kommunen privatrechtliche Organisationsrechtsformen nutzen, wie zum Beispiel im Bereich der kommunalen Daseinsvorsorge, die Bindung an die Landesgrundrechte durch die Wahl dieser Rechtsform nicht abgestreift werden kann[17]. Das gilt auch dann, wenn Private an der Gesellschaft beteiligt sind[18].

2. Weitere Regelungen zur Grundrechtsgeltung und -anwendung

15
Allgemeine Grundrechtslehren

Ähnlich wie das Grundgesetz normiert auch die Landesverfassung in Art. 20 Abs. 1 weitere zentrale Fragen der allgemeinen Grundrechtslehren, indem das grundsätzliche Verbot von Einzelfallgesetzen und das Zitiergebot aufgenommen werden. Hinzu kommt, insoweit über den Normtext des Grundgesetzes hinausgehend, in Art. 20 Abs. 2 Satz 1 Verf. Sachsen-Anhalt die explizite Ausformung des Grundsatzes der Verhältnismäßigkeit. Absatz 3 normiert wort-

---

14 S. *BVerfGE 111*, 307 ff. (ebenfalls mit Bezug zu Sachsen-Anhalt).
15 *BVerfGE 111*, 307 (317); *120*, 180 (200 f.); *128*, 326 (367 f.).
16 Dazu vertiefend → Bd. VI/2: *Grabenwarter*, Nationale Grundrechte und Rechte der EMRK, § 169. Vorschläge zur Harmonisierung bei *Thym*, Vereinigt die Grundrechte!, JZ 2015, S. 53 ff.
17 → Bd. II: *Kempen*, Grundrechtsverpflichtete, § 54 RN 48 ff.
18 Dazu am Beispiel der Fraport AG *BVerfGE 128*, 226 ff. S. auch → Bd. II: *Kempen*, § 54 RN 56.

gleich mit Art. 19 Abs. 3 GG die Voraussetzungen, unter denen sich Organisationen auf die Grundrechte berufen können. Auf eine explizite Vorgabe für die Auslegung der Grundrechte, wie sie sich jetzt in Art. 52 GRCh findet, verzichtet die Landesverfassung ebenso wie das Grundgesetz. Es gelten insoweit die allgemeinen Regeln der Verfassungsinterpretation. Zu beachten ist allerdings, daß überall dort, wo die Grundrechte der Landesverfassung inhaltlich den Grundrechten des Grundgesetzes entsprechen, die Pflicht zur Divergenzvorlage nach Art. 100 Abs. 3 GG im Interesse der Vermeidung von Auslegungs- und Anwendungsunterschieden zu beachten ist. Der Auslegung durch das Landesverfassungsgericht sind insoweit Grenzen gezogen[19].

Regeln der Verfassungsinterpretation

II. Gewährleistung von sozialen Grundrechtsgehalten durch Einrichtungsgarantien und Staatszielbestimmungen

Während das Grundgesetz sozialen Grundrechtsgehalten fast vollständig entsagt und diese Dimension dem Sozialstaatsprinzip und der ausgestaltenden Gesetzgebung überantwortet[20], finden sich in den Landesverfassungen traditionell in unterschiedlichem Umfang Regelungen zu sozialen Grundrechten[21]. Wie bereits angedeutet wurde, hat die Landesverfassung von Sachsen-Anhalt insoweit aber einen besonderen Weg beschritten, als sie eine systematische Untergliederung eingeführt hat, bei der zwischen Freiheits- und Gleichheitsgewährleistungen mit voller bzw. unmittelbarer rechtlicher Bindung einerseits und den Einrichtungsgarantien und Staatszielbestimmungen andererseits unterschieden wird. In den letzteren beiden Bereichen sind auch soziale Grundrechtsgehalte aufgenommen bzw. umgesetzt worden. Die transparente Unterscheidung zwischen den verschiedenen Bindungswirkungen hat den Vorzug, daß der Normadressat bei den sozialen Gewährleistungen keine übertriebenen Erwartungen entwickeln kann, wobei allerdings zu berücksichtigen ist, daß die öffentliche Wahrnehmung der Landesverfassungen deutlich hinter der Wahrnehmung des Grundgesetzes zurückbleibt. Sogar in der Landesgesetzgebung kommt den Vorgaben der Einrichtungsgarantien und Staatszielbestimmungen nur eine geringe praktische Bedeutung zu. Das hängt teilweise damit zusammen, daß für die Gesetzgebung in den erfaßten Bereichen vor allem der Bund zuständig ist, der jedoch an die Vorgaben der Landesverfassung nicht gebunden ist.

16
Regelungen zu sozialen Grundrechten

Transparente Unterscheidung der Bindungswirkungen

Thematisch erstrecken sich die Einrichtungsgarantien in Art. 24 bis 33 Verf. Sachsen-Anhalt auf Bereiche, die neben dem Schutz von Ehe, Familie und Kindern in erster Linie die einzelnen Stufen des Bildungswesens, der Kirchen und Weltanschauungsgemeinschaften abdecken. Hinzu kommt eine knappe Bestimmung zur freien Wohlfahrtspflege. In diese Regelungen sind verschiedene soziale Grundrechtsgehalte, etwa zur Bereitstellung von Betreuungsein-

17
Einrichtungsgarantien

---
19 Dazu näher *Kluth*, Vorlagepflichten der Landesverfassungsgerichte nach Art. 100 III GG bei der Anwendung von Landesgrundrechten, NdsVBl. 2010, S. 130 ff.; → Bd. III: *Pestalozza*, Bundesverfassungsgericht und Landesverfassungsgerichtsbarkeit, § 86.
20 Dazu näher *Zacher*, Das soziale Staatsziel, HStR ³II, § 26.
21 S. näher *Menzel*, Landesverfassungsrecht (LitVerz.), S. 459 ff.

richtungen in Artikel 24 Abs. 2, aber vereinzelt auch leistungsrechtliche Komponenten integriert worden. So findet sich in Artikel 28 (Schulen in freier Trägerschaft) ein Finanzierungsanspruch, der durch Gesetz näher zu regeln ist. Gemeinsamer Bezugspunkt dieser Regelungen ist die Absicherung zentraler gesellschaftlicher oder gesellschaftsbezogener Institutionen, für die das Land eine Mitgewährleistungsverantwortung vor allem in Gestalt einer Trägerschaft oder (finanziellen) Förderung trifft.

18
Staatszielbestimmungen

Die Staatszielbestimmungen – in Art. 34 bis 40 Verf. Sachsen-Anhalt – sind thematisch etwas weiter ausgerichtet und ebenfalls durch Schutz- und Förderaufträge gekennzeichnet. Schutz- und Förderaufträge beziehen sich in diesem Bereich insbesondere auf die Gleichstellung von Frauen und Männern, in Artikel 34, auf ältere Menschen und Menschen mit Behinderung, in Artikel 38, auf kulturelle und ethnische Minderheiten, in Artikel 37. Hinzu kommen Handlungspflichten in bezug auf den Arbeitsmarkt und das Wohnungswesen nach Maßgabe von Artikel 39 und 40. Durch die Regelung zum Schutz der natürlichen Lebensgrundlagen in Artikel 35 wird neben Land und Kommunen auch der Bürger in die Pflicht genommen – so Absatz 2 – und insoweit eine über Art. 20 a GG hinausgehende Regelung getroffen, die inhaltlich an das umweltrechtliche Kooperationsprinzip[22] anknüpft.

C. Vertiefungen zu ausgewählten Grundrechtsgewährleistungen

I. Schutz der seelischen Unversehrtheit (Art. 5 Abs. 2 Satz 1 Verf. Sachsen-Anhalt)

19
Körperliche Integrität in umfassendem Sinn

Gemeinsam mit dem Grundrecht auf Leben schützt das Grundgesetz in Art. 2 Abs. 2 Satz 1 die körperliche Unversehrtheit. Diese bezieht sich auf die körperliche Integrität in einem umfassenden Sinne. In der Interpretation dieses Schutzgutes wird die psychische Integrität, die man, ohne wesentliche Unterschiede in Kauf zu nehmen, auch als seelische Unversehrtheit bezeichnen kann, nur insoweit erfaßt, als damit körperlich nachweisbare Auswirkungen verbunden sind[23].

20
Weitergehender Schutzbereich

Den über diesen Bereich hinausgehende Schutzgehalt des Art. 5 Abs. 2 Satz 1 Verf. Sachsen-Anhalt zu bestimmen, verlangt zunächst eine genauere definitorische Bestimmung der „seelischen Unversehrtheit". Dazu liegen in der wissenschaftlichen Literatur bislang keine vertiefenden Untersuchungen vor[24].

---

22 Zu Einzelheiten des Prinzips *Foroud Shirvani*, Das Kooperationsprinzip im deutschen und europäischen Umweltrecht, 2005; *Nadja Salzborn*, Das umweltrechtliche Kooperationsprinzip auf unionaler Ebene, 2001.
23 → Bd. IV: *Fink*, Recht auf Leben und körperliche Unversehrtheit, § 88 RN 34.
24 S. aber *Forkel*, Das „Caroline-Urteil" aus Straßburg: richtungsweisend für den Schutz auch der seelischen Unversehrtheit, ZUM 2005, S. 192 ff., zum „Caroline-Urteil" des EGMR.

Es erscheint aber sinnvoll, zur Orientierung Art. 3 Abs. 1 GRCh heranzuziehen, der neben der körperlichen auch die geistige Unversehrtheit schützt. Das damit bezeichnete Schutzgut wird in der Kommentarliteratur unter Bezugnahme auf die Entstehungsgeschichte so umschrieben, daß die geistige Integrität sich auf das psychische Wohlbefinden des Einzelnen bezieht. Dieses reiche allerdings nicht beliebig weit. Vielmehr sei insoweit auf ein „Verständnis des Menschen als einer Einheit von Leib, Seele und Geist" abzustellen, das die Wechselwirkungen zwischen psychischen und physischen Gesundheitsstörungen in den Blick nimmt[25]. Erfaßt werde insoweit „nur" der psychisch-seelische Bereich; hierzu zählen beispielsweise Angstzustände und hochgradige Nervosität sowie Schlafstörungen durch Lärm[26]. Ähnlich sieht es *Martin Borowsky*. Für ihn erfaßt die geistige Integrität in der Gesamtheit die kognitiven, kommunikativen und emotionalen Fähigkeiten eines Menschen. Es werde das psychische und seelische Wohlbefinden geschützt, unabhängig davon, ob die Einwirkung zugleich zu körperlichen Schmerzen oder Beeinträchtigungen führe. Die geistige Unversehrtheit reiche erheblich weiter als die körperliche Unversehrtheit bzw. weise einen ihr eigenen Schutzbereich auf. Die Charta gewähre damit einen substantiell weiterreichenden Schutz als das deutsche Grundgesetz. Gleichwohl muß eine gewisse „Schwelle" überschritten sein, bloße Geringfügigkeiten blieben ausgeklammert. Von besonderer Bedeutung sei angesichts neuer Formen der Intervention in Gehirn und Geist und einer stetig wachsenden Verbreitung psychischer Störungen der Schutz der Psyche durch Entfaltung eines Grundrechts auf mentale Selbstbestimmung. Dabei seien vier moderne Angriffsformen auf die Psyche in den Blick zu nehmen: Stalking, Mobbing, psychische Folter und Zersetzung[27].

Geistige Integrität

Geringfügigkeitsschwelle

Dieses differenzierte Verständnis kann auch bei der Interpretation des Art. 5 Abs. 2 Satz 1 Verf. Sachsen-Anhalt zugrunde gelegt werden. Es stellt sich damit die Frage, welche rechtspraktischen Folgen damit verbunden sind. Zu denken ist beispielsweise an die Beschränkung des Schadensausgleichs nach rechtswidrigen Maßnahmen der Sicherheits- und Polizeibehörden in § 70 SOG, der den Vorgaben der Norm wohl nicht gerecht wird.

21
Mögliche rechtspraktischen Folgen

II. Datenschutzgrundrecht (Art. 6 Abs. 1 Verf. Sachsen-Anhalt)

Das Grundrecht auf informationelle Selbstbestimmung ist im Kontext des Grundgesetzes ein Produkt verfassungsgerichtlicher Rechtsfortbildung[28]. Die Landesverfassung hat es, wie andere neuere Landesverfassungen und die Grundrechte-Charta in Artikel 8, in enger Anlehnung an die Formulierungen des Bundesverfassungsgerichts[29] normtextlich konkretisiert. Dabei wird dem

22
Grundrecht auf informationelle Selbstbestimmung

---
25 S. dazu auch *BVerfGE 56*, 54 (74f.).
26 *Calliess*, in: ders./Ruffert, EUV/AEUV (LitVerz.) [⁴2011], Art. 3 GRCh RN 6.
27 *Borowsky*, in: J. Meyer, GRCh (LitVerz.), Art. 3 RN 36.
28 Beginnend 1983 mit *BVerfGE 65*, 1 ff. S. näher → Bd. IV: *W. Rudolf*, Recht auf informationelle Selbstbestimmung, § 90.
29 *BVerfGE 65*, 1 (43ff.).

weiten Verständnis von „personenbezogenen Daten" gefolgt, das sich im Anschluß an das Volkszählungsurteil und die Legaldefinition des § 3 Abs. 1 BDSG[30] in Literatur[31] und Rechtsprechung durchgesetzt hat. Gemeint sind *alle* Informationen über eine bestimmte oder bestimmbare natürliche Person. Bestimmbar ist eine Person, die direkt oder indirekt identifiziert werden kann, etwa durch eine Personalausweis-, Telefon-, Konto- oder sonstige Nummer oder durch ein oder mehrere spezifische Elemente, die Ausdruck der physischen, physiologischen, psychischen, wirtschaftlichen, kulturellen oder sonstigen Identität sind. Weiter müssen die Daten eine natürliche Person betreffen. Auch juristische Personen werden nur im Hinblick auf die Daten natürlicher Personen geschützt, etwa wenn der Name einer natürlichen Person im Namen der juristischen Person auftritt. Keine Rolle spielt, wie die Daten gespeichert und ob sie allgemein zugänglich sind. An der „Konstruktion" des Grundrechts wird deutlich, daß die Konturen des Grundrechts durch das spezifische Schrankenregime begründet werden, das durch eine Kombination von materiellen (hohe Bestimmtheitsanforderungen[32]) und damit verbundenen verfahrensbezogenen (Recht auf Auskunft, Löschung und Berichtigung) Vorgaben geprägt ist[33].

23 Mit dem weitgefaßten Verständnis von personenbezogenen Daten kommt es zu einer weitgehenden Entgrenzung des grundrechtlichen Schutzbereichs, die gerne mit der Formel „es gibt kein belangloses Datum" mehr zum Ausdruck gebracht wird[34]. Das eigentliche Problem ist damit aber nur ungenau beschrieben. Es ist darin zu sehen, daß durch die weite Tatbestandsfassung auch die Notwendigkeit der gesetzlichen Ermächtigung ausufert mit der Folge, daß praktisch jede behördliche Informationserhebung gesetzlich verankert sein muß. Die damit verbundene „Explosion" der gesetzlichen Ermächtigungen führt aber zu einer völligen Unübersichtlichkeit und erodiert die eigentliche Steuerungsfunktion des Parlamentsgesetzes[35]. Der Normadressat ist kaum noch in der Lage zu übersehen, welche Informationen erhoben und verwendet werden können. Zugleich wird in einigen Bereichen aber auch das staatliche Handeln unnötig erschwert, wie die Debatte um die Vorratsdatenspeiche-

---

30 „Personenbezogene Daten sind Einzelangaben über persönliche oder sachliche Verhältnisse einer bestimmten oder bestimmbaren natürlichen Person (Betroffener)".
31 Grundlegend: *Podlech*, Das Recht der Privatheit, in: Joachim Perels (Hg.), Grundrechte als Fundament der Demokratie, 1979, S. 50 (55); s. weiter *Albers*, Informationelle Selbstbestimmung, 2005; *Hans-Peter Bull*, Informationelle Selbstbestimmung – Vision oder Illusion, ²2011, S. 22 ff.
32 Kritisch zur Reichweite des Parlamentsvorbehalts *Kingreen/Kühling*, Weniger Schutz durch mehr Recht: Der überspannte Parlamentsvorbehalt im Datenschutzrecht, JZ 2015, S. 213 ff.
33 Näher zur „Konstruktion" des Datenschutzgrundrechts und zur Gesetzgebung in Bund und Ländern *Albers*, Datenschutzrecht, in: Dirk Ehlers/Michael Fehling/Hermann Pünder (Hg.), Besonderes Verwaltungsrecht, Bd. 2, ³2013, § 62.
34 *BVerfGE* 65, 1 (45) formuliert wörtlich: „Zu entscheiden ist nur über die Tragweite dieses Rechts für Eingriffe, durch welche der Staat die Angabe personenbezogener Daten vom Bürger verlangt. Dabei kann nicht allein auf die Art der Angaben abgestellt werden. Entscheidend sind ihre Nutzbarkeit und Verwendungsmöglichkeit. Diese hängen ihrerseits von dem Zweck, dem die Erhebung dient, und andererseits von dem der Informationstechnologie eigenen Verarbeitungs- und Verknüpfungsmöglichkeiten ab. Dadurch kann ein für sich belangloses Datum einen neuen Stellenwert bekommen; insoweit gibt es unter den Bedingungen der automatisierten Datenverarbeitung kein ‚belangloses' Datum mehr".
35 Dazu näher *Albers*, Datenschutzrecht aaO., § 62, RN 30.

rung³⁶ und die verschiedenen Formen der Videoüberwachung³⁷ zeigen. So ist es fraglich, ob bereits die Datenspeicherung als solche einen staatlichen Eingriff darstellt. Das Gleiche gilt für die offene Videoüberwachung ohne Speicherung.

Fragt man nach der Bedeutung der grundrechtlichen Gewährleistung des Datenschutzgrundrechts für das Landesrecht, so sind über die Vorgaben des Bundesverfassungsgerichts hinausgehende Wirkungen nicht zu verzeichnen. Das dürfte aber vor allem damit zusammenhängen, daß die restriktive Linie der Karlsruher Rechtsprechung sowie die inzwischen ebenfalls sehr weitgehenden unionsrechtlichen Vorgaben für das Datenschutzrecht kaum Spielraum für eine zusätzliche Wirkung landesverfassungsrechtlicher Vorgaben lassen. In der Rechtsprechung des Landesverfassungsgerichts spielte das Grundrecht bislang nur am Rande eine Rolle. So wurde in einem Verfahren der abstrakten Normenkontrolle zwar eine Verletzung des Datenschutzgrundrechts gerügt; im Vordergrund der Argumentation von Antragstellern und Gericht stand aber die Frage, ob dem Land die Gesetzgebungskompetenz zusteht³⁸. An diesem Befund wird exemplarisch auch die begrenzte praktische Bedeutung eigenständiger Gewährleistungen von Grundrechten durch die Landesverfassungen deutlich, die im Falle des Landes Sachsen-Anhalt durch die Beschränkung auf die Gesetzesverfassungsbeschwerde verstärkt wird.

24
Restriktive
BVerfG-Linie

Geringe landesverfassungsgerichtliche
Bedeutung

III. Umweltinformationsrecht (Art. 6 Abs. 2 Verf. Sachsen-Anhalt)

Diese „Lageeinschätzung" läßt sich mit einer wichtigen Modifikation auf das auf den ersten Blick ebenfalls innovative Umweltinformationsgrundrecht in Art. 6 Abs. 2 Verf. Sachsen-Anhalt übertragen³⁹. Der Unterschied zum Datenschutzgrundrecht besteht indes darin, daß es in diesem Fall nicht eine entsprechende bundesrechtliche Grundrechtsgewährleistung ist, die den Gewährleistungsgehalt der Norm praktisch kaum zur Geltung kommen läßt, sondern die unionsrechtliche Regelung in Gestalt der Umweltinformationsrichtlinie⁴⁰, die eine inhaltsgleiche Vorgabe enthält, die der Bundesgesetzgeber durch das Umweltinformationsgesetz⁴¹ und das Land durch ein Landesumweltinformationsgesetz⁴² umgesetzt haben⁴³.

25
Bezug auf die
Umweltinformationsrichtlinie

---

36 Dazu übertrieben anspruchsvoll *BVerfGE 125*, 260 (307 ff.); kritisch hierzu *H. Dreier*, GG (LitVerz.), Art. 2 I RN 81.
37 Dazu ebenfalls sehr restriktiv *BVerfG* (Kammer), NVwZ 2007, S. 688. S. vertiefend *Siegel*, „Spiel ohne Grenzen?" – Grundrechtliche Schranken der Videoüberwachung durch öffentliche Stellen und Private, VerwArch 102 (2011), S. 159 ff.
38 *LVerfG Sachsen-Anhalt*, Urt. v. 11. 11. 2014 (LVG 9/13), LKV 2015, S. 33 ff. S. dazu auch die Besprechungen durch *Roggan*, LKV 2015, S. 14 ff. und *Tomerius*, NVwZ 2015, S. 412 ff.
39 Zu Einzelheiten *Schmidt-De Caluwe*, Allgemeines Umweltrecht, in: Kluth, Landesrecht (LitVerz.), § 7, RN 133 f.
40 Richtlinie 2003/4/EG des Europäischen Parlaments und des Rates vom 28. 1. 2003 über den Zugang der Öffentlichkeit zu Umweltinformationen (ABl.EU Nr. L 41/26). S. in diesem Zusammenhang auch das allgemeine Informationszugangsgrundrecht des Art. 42 GRCh.
41 G. v. 22. 12. 2004 (BGBl. I S. 3704).
42 G. v. 14. 2. 2006 (GVBl. S. 32).
43 Zur Thematik insgesamt *Elke Gurlit*, Die Verwaltungsöffentlichkeit im Umweltrecht, 1989. Zu aktuellen Entwicklungen *Wegener*, Aktuelle Fragen der Umweltinformationsfreiheit, NVwZ 2015, S. 609 ff.

IV. Staatsbürgerliche Rechte und Pflichten (Art. 8 Verf. Sachsen-Anhalt)

26
Besondere Gleichheitsrechte und Zugang zu öffentlichen Ämtern

Während das Grundgesetz das Indigenat[44] und den Zugang zu öffentlichen Ämtern in Artikel 33 und damit als grundrechtsgleiches Recht verortet[45], finden sich die entsprechenden Regelungen in der Landesverfassung von Sachsen-Anhalt mitten im Grundrechtsteil. Im Vergleich zu Art. 33 GG beschränkt sich Art. 8 Verf. Sachsen-Anhalt jedoch darauf, die Gleichheit bei den staatsbürgerlichen Rechten und Pflichten sowie beim Zugang zu öffentlichen Ämtern zu normieren, während die Regelungsgehalte der Art. 33 Abs. 3 bis 5 GG in Art. 8 Verf. Sachsen-Anhalt[46] keine Entsprechung finden.

27
Wahlrechtliches Verfahren

In der Rechtsprechung des Landesverfassungsgerichts wurde Art. 8 Verf. Sachsen-Anhalt in einem wahlrechtlichen Verfahren als Prüfungsmaßstab herangezogen, um die Anforderungen an eine Kandidatur im Rahmen einer Bürgermeisterwahl (konkret: Zahl der Unterstützungsunterschriften) zu überprüfen. Zur Abgrenzung des Gewährleistungsgehalts der Norm in den Absätzen 1 und 2 führt das Gericht dort aus: „Art. 8 Absatz 2 LVerf-LSA garantiert den gleichen Zugang aller Deutschen zu öffentlichen Ämtern nach den Kriterien der Eignung, Befähigung und fachlichen Leistung. Es werden damit positive Kriterien für die Betätigung des Auswahlermessens bei der Vergabe und Besetzung öffentlicher Ämter von Verfassung wegen vorgegeben. Öffentliches Amt ist jede berufliche und ehrenamtliche Funktion öffentlich-rechtlicher Art bei Bund, Ländern, Gemeinden und anderen juristischen Personen des öffentlichen Rechts (Jarass, aaO.). Dazu gehört grundsätzlich auch das Amt des Bürgermeisters. Umstritten ist jedoch, ob der Umstand, daß der Zugang zu einem öffentlichen Amt durch Wahl, sei es durch das Volk oder eine Vertretungskörperschaft, erfolgt, die Anwendung des Art. 8 Absatz 2 LVerf-LSA bzw. des inhaltsgleichen Art. 33 Absatz 2 GG ausschließt. Mit der ganz überwiegenden Ansicht ist die Vorschrift auf diese Fälle nicht anwendbar, weil im Falle einer Wahl das in der Vorgabe von Auswahlkriterien vom Verfassungsgeber zum Ausdruck gebrachte Misstrauen, daß eine sachgerechte Auswahl bei der Ämtervergabe erfolgt, nicht gerechtfertigt ist. Im Falle der Wahl handelt es sich um einen politischen Vertrauensbeweis, der keinen weiteren inhaltlichen Anforderungen unterworfen werden kann. Die politische Führungsauslese in der parlamentarischen Demokratie kennt kein rechtliches Vorzugskriterium (Höfling, aaO.)"[47].

28
Besonderer Gleichheitssatz als Prüfungsmaßstab

Damit bleibt als Prüfungsmaßstab die insoweit allgemeinere Regelung des Art. 8 Abs. 1 Verf. Sachsen-Anhalt. Dazu führt das Gericht näher aus: „Das Landesverfassungsgericht hat Einschränkungen von Wahlrechten bislang im Wesentlichen am besonderen Gleichheitssatz des Art. 8 Abs. 1 LVerf-LSA

---

44 Zur Bedeutung des Gedankens für die Europäische Union und die Unionsbürgerschaft s. näher *Christoph Schönberger*, Unionsbürger. Europas föderales Bürgerrecht in vergleichender Sicht, 2005.
45 Grund für diese Verortung ist die Verdeutlichung des spezifischen Geltungsanspruchs für Bund und Länder.
46 Ein dem Art. 33 Abs. 3 GG entsprechendes Diskriminierungsverbot findet sich in Art. 7 Abs. 3 Verf. Sachsen-Anhalt.
47 *LVerfG Sachsen-Anhalt*, Urt. v. 27. 3. 2011 (LVG 1/01), LKV 2001, S. 363 ff., RN 24 ff.

gemessen, aber zusätzlich auf Art. 42 Abs. 1; 89 LVerf-LSA verwiesen (LVerfGE 2, 345 [362]; 2, 378 [390]; vgl. auch LVerfGE 9, 329 [334f]). Das Bundesverfassungsgericht hat, allerdings vom Gleichheitssatz ausgehend, die Grundsätze der Allgemeinheit der Wahl und Wahlgleichheit nebeneinander und gleichwertig in Bezug genommen (vgl. etwa BVerfGE 60, 162 [167]). Die Maßstäbe für die verfassungsrechtliche Beurteilung der Unterschriftenquoren verändern sich indessen auch dann nicht, wenn diese Wahlrechtseinschränkungen eher dem Feld der Allgemeinheit der Wahl als dem der Wahlrechtsgleichheit zugerechnet werden (so bes.: Lege, Unterschriftenquorum zwischen Parteienstaat und Selbstverwaltung, Schriften zum Öffentlichen Recht, Band 704, 1997, S. 15, 17, 19; vgl. andererseits Hans Meyer, Wahlgrundsätze und Wahlverfahren, in: Isensee/Kirchhof, Handbuch des Staatsrechts, Band II, § 38 RN 38f.: Prüfung unter dem Abschnitt „Gleichheit"). Art. 8 Abs. 1 LVerf-LSA, der in erster Linie die Gleichbehandlung bei staatsbürgerlichen Rechten verlangt, schließt den Rückgriff auf den Grundsatz der Allgemeinheit nicht aus; denn die Vorschrift hat in erster Linie die Funktion, durch eine Verfassungsbeschwerde subjektiv-rechtlich die Einhaltung der in Art. 2 Abs. 1, 2; 42 Abs. 1; 89 LVerf-LSA objektiv-rechtlich verankerten Wahlrechtsgrundsätze zu garantieren"[48].

Abgesehen von der Herausarbeitung der Bedeutung des Art. 8 Abs. 1 Verf. Sachsen-Anhalt als „Subjektivierungsinstrument" für das Wahlrecht auf Landesverfassungsebene[49], die sich aus dem Normtext nicht sogleich erschließt, ist an dieser Passage das Bemühen um einen möglichst weitgehenden Gleichklang mit der einschlägigen Rechtsprechung des Bundesverfassungsgerichts auffällig, ein Aspekt, der den Landesverfassungsgerichten zuweilen auch kritisch vorgehalten wird, weil darin ein mangelndes Selbstbewußtsein zum Ausdruck komme. Dabei wird allerdings übersehen, daß im Bereich des demokratischen Prinzips durch die Vorgabe des Art. 28 Abs. 1 GG jedenfalls Widersprüche zu vermeiden sind. Darauf weist auch das Landesverfassungsgericht hin: „Gleichwohl sind die Länder objektiv-rechtlich wegen des sog. ‚Homogenitätsgebots' des Art. 28 Abs. 1 Satz 2 GG an die Wahlrechtsgrundsätze der Bundesverfassung gebunden (BVerfGE 99, 1 [7, 8, 10 f, 12, 18]). Diese haben in der Anwendung auf Landeswahlen ihren verbindlichen Charakter nicht geändert"[50].

29
Gleichklang mit der einschlägigen BVerfG-Rechtsprechung

Das Landesverfassungsgericht wählt aber trotz dieser „Einbindung" in den bundesverfassungsrechtlichen Rahmen im konkreten Fall einen eigenständigen, von der Rechtsprechung des Bundesverfassungsgerichts abweichenden Begründungsansatz, um Unterschriftenquoren zu rechtfertigen: „Das Landesverfassungsgericht vermag im Hinblick auf die Rechtsprechung des Bundesverfassungsgerichts, das als Zweck von Unterschriftenquoren auch angesehen hat, daß der Wähler sich auf wirklich ‚ernsthafte' Bewerber soll konzentrieren

30
Eigenständiger Begründungsansatz des LVerfG

---

48 *LVerfG Sachsen-Anhalt*, Urt. v. 27. 3. 2011 (LVG 1/01), LKV 2001, S. 363 ff., RN 33 f.
49 Das Grundgesetz gestaltet Art. 38 Abs. 1 GG in Art. 93 Abs. 1 Nr. 4a als grundrechtsgleiches Recht aus und begründet auf diesem Wege seinen Charakter als subjektives öffentliches Recht.
50 *LVerfG Sachsen-Anhalt*, Urt. v. 27. 3. 2011 (LVG 1/01), LKV 2001, S. 363 ff., RN 34.

können (vgl. [...] *BVerfGE 5*, 77 [81]: ‚nicht völlig aussichtsloser Vorschlag'; vgl. ferner zu Unterschriftenquoren bei Wahlvorschlägen: [...] *BVerfGE 4*, 375 [381]; *BVerfGE 24*, 300 [341]; *82*, 353 [364]; im Ergebnis, aber nur mit Einschränkungen zustimmend: Meyer, aaO., RN 38 [S. 292]; kritisch [aaO., S 27], aber wohl unter dem Gesichtspunkt der „Praktikabilität" zustimmend: Lege, aaO., S. 27/28), lediglich im Ergebnis eine Rechtfertigung für das Unterschriftenquorum auch bei den Wahlen zu den Ämtern von Hauptverwaltungsbeamten (und ehrenamtlichen Bürgermeistern) zu finden [...]. Schließlich sieht das Landesverfassungsgericht – insoweit auch kritisch gegenüber der Rechtsprechung des Bundesverfassungsgerichts (*BVerfGE 4*, 375 [381]; *12*, 10 [27]), allerdings ohne daß dies die Folge des Art. 100 Abs. 3 GG auslöst, weil sich der andere Ansatz des Landesverfassungsgerichts nicht auf das Ergebnis auswirkt – den verfassungsmäßigen Zweck des Unterschriftenquorums nicht darin, den Wähler vor sich selbst zu schützen und ihn gleichsam fürsorgerisch anzuhalten, seine Stimme nicht ‚wegzuwerfen'. Gerade bei einer Mehrheitswahl kann dieser Gesichtspunkt keine Bedeutung erlangen; denn es liegt im Wesen dieser Wahlart, daß letztlich alle Stimmen, die nicht auf den Gewinner abgegeben werden, ‚vergeudet' sind, weil nur eine Stelle zu vergeben ist und deshalb nicht einmal ‚Gegengewichte' durch weitere ‚ernsthafte' Bewerber geschaffen werden können (so auch, gerade für Mehrheitswahlen und Sperrklauseln: Lege, aaO., S. 33 [unter 5.])"[51].

31
Eigenständigkeit des Landesverfassungsrechts

Die Entscheidung ist ein anschauliches Beispiel dafür, wie sich die Eigenständigkeit des Landesverfassungsrechts und der Landesverfassungsgerichtsbarkeit auch dort bewährt und verwirklicht, wo ein bundesverfassungsrechtlicher Rahmen zu beachten ist, der zudem durch die Rechtsprechung des Bundesverfassungsgerichts näher ausgestaltet wurde.

V. Wissenschaftsfreiheit (Art. 10 Abs. 3 Verf. Sachsen-Anhalt)

32
Besonderes Schrankenregime?

Mit der durch Art. 10 Abs. 3 Verf. Sachsen-Anhalt gewährleisteten Wissenschaftsfreiheit wird die Aufmerksamkeit auf das besondere Schrankenregime dieses Grundrechts gelenkt, das ausdrücklich die Menschenwürde und die Wahrung der natürlichen Lebensgrundlagen als Schranken der Forschung[52] und Forscher anführt. Im Vergleich zu der Gewährleistung der Wissenschaftsfreiheit in Art. 5 Abs. 3 GG wird damit eine dort als externer kollidierender Rechtswert von Verfassungsrang (Art. 1 Abs. 1 und Art. 20a GG) fungierende Schranke in das Grundrecht integriert[53]. Die Sinnhaftigkeit einer solchen Vorgehensweise ist deshalb fraglich, weil auch die ebenfalls in Art. 10 Abs. 3 Verf. Sachsen-Anhalt garantierte Kunstfreiheit und auch die Freiheit der Lehre die Menschenwürde zu beachten haben, obwohl dies in der Norm selbst nicht explizit angeführt wird. Der Gesetzgeber kann zudem auch diese Grundrechte im Interesse des Schutzes der natürlichen Lebensgrundlagen beschrän-

---
51 *LVerfG Sachsen-Anhalt* aaO., LKV 2001, S. 363 ff., RN 41 ff.
52 Institutionell werden die Hochschulen durch Art. 31 Verf. Sachsen-Anhalt geschützt.
53 Zum Schrankenregime des Art. 5 Abs. 3 GG s. *BVerfGE 47*, 327 ff.; *83*, 130 ff.

ken, denn Art. 35 Verf. Sachsen-Anhalt begründet – ähnlich wie Art. 20 a GG – auch insoweit einen Rechtswert von Verfassungsrang[54]. Im Ergebnis kommt den auf die Forschungsfreiheit bezogenen normtextlichen Schranken somit nur die Funktion einer sprachlichen Akzentuierung zu, die das Schrankenregime gegenüber Art. 5 Abs. 3 GG in der Sache nicht verschiebt.

VI. Eltern und Kinder (Art. 11 Verf. Sachsen-Anhalt)

Durch Art. 11 Verf. Sachsen-Anhalt werden, ähnlich wie durch Art. 6 Abs. 2 und Abs. 3 GG, die Rechte und Interessen von Eltern und Kindern sowohl im Verhältnis zum Staat als auch im Verhältnis zueinander normiert und „geschützt" und zugleich elterliche Pflichten begründet. Die grundrechtliche Gewährleistung ist damit durch ein besonderes rechtliches Beziehungsgeflecht zwischen Eltern, Kindern und Staat[55] geprägt, das der Gesetzgeber näher auszugestalten[56] hat. Dabei sind neben der Europäischen Menschenrechtskonvention auch die Vorgaben der UN-Kinderrechtskonvention zu beachten[57].

33 Beziehungen zwischen Eltern, Kindern und Staat

Die Unterschiede zwischen Art. 11 Abs. 1 Verf. Sachsen-Anhalt und Art. 6 Abs. 2 GG im ursprünglichen Normtext bezogen sich auf die differenziertere Normierung des dynamischen Charakters der Eigenrechte der Kinder im Verhältnis zu den Eltern, indem auf das eigene Persönlichkeitsrecht der Kinder sowie ihre wachsende Einsichtsfähigkeit explizit Bezug genommen wird[58]. Die Norm war bereits in dieser Fassung als Grundlage eigenständiger Kinderrechte[59] anzusehen, die auch von den Eltern von Verfassungs wegen zu respektieren sind.

34 Dynamischer Charakter der Kinder-Rechte

Durch die Neufassung des Art. 11 Verf. Sachsen-Anhalt im Zuge der Verfassungsreform von 2014 wurde die Regelung insgesamt neu gefaßt und dabei vor allem das Ziel verfolgt, umfassender als bisher Kinderrechte in der Verfassung zu verankern. In Artikel 11 Abs. 1 wird nun unabhängig von der Einsichtsfähigkeit das Recht des Kindes auf Achtung der Persönlichkeit gewährleistet. Zudem wird ausdrücklich ein Recht auf gewaltfreie Erziehung normiert. Dabei wird sowohl physische als auch psychische Gewaltausübung untersagt. Die weitere Maßgabe, nach der jedes Kind ein Recht auf den besonderen Schutz der Gemeinschaft vor Gewalt sowie körperlicher und see-

35 Umfassendere Verankerung der Kinderrechte

---

54 Dazu näher *Scholz*, in: Maunz/Dürig, GG (LitVerz.), Art. 20 a RN 41 ff.
55 Zu den damit verbundenen strukturellen Besonderheiten bei der Berücksichtigung der EMRK s. auch BVerfGE 111, 307 (321 ff., 327): „Bei der Berücksichtigung von Entscheidungen des Gerichtshofs haben die staatlichen Organe die Auswirkungen auf die nationale Rechtsordnung in ihre Rechtsanwendung einzubeziehen. Dies gilt insbesondere dann, wenn es sich um ein in seinen Rechtsfolgen ausbalanciertes Teilsystem des innerstaatlichen Rechts handelt, das verschiedene Grundrechtspositionen miteinander zum Ausgleich bringen will".
56 Zur Ausgestaltungsgesetzgebung näher *Matthias Cornils*, Die Ausgestaltung der Grundrechte, 2005.
57 Dazu *Stefanie Schmahl*, Kinderrechtskonvention, ²2013, Einleitung, RN 22 ff.
58 Noch weiter gehend in diesem Punkt Art. 27 Abs. 4 Verf. Brandenburg.
59 Das Bundesverfassungsgericht leitet aus Art. 6 Abs. 2 GG auch ohne expliziten normtextlichen Ansatzpunkt eigenständige Kinderrechte ab; vgl. BVerfGE 121, 69 (93). Zur kontroversen Debatte dazu *Brosius-Gersdorf*, in: H. Dreier, GG (LitVerz.), Art. 6 RN 152 ff.

lischer Mißhandlung und Vernachlässigung besitzt, wurde aus Artikel 24 Abs. 3 alter Fassung in Artikel 11 Abs. 1 „verschoben" und damit die Geltungskraft durch die Verlagerung in den Grundrechtsteil verstärkt[60]. Dabei ist zu beachten, daß es in erster Linie darum geht, Gefahren abzuwehren, die durch private Übergriffe bzw. Pflichtverletzungen entstehen.

36
Kinder- und Jugendschutz

Neben strafrechtlichen, zugleich präventiv wirkenden Sanktionen sowie den Maßnahmen im Bereich der öffentlichen Fürsorge, für die der Bundesgesetzgeber zuständig ist, ist der Kinder- und Jugendschutz vor allem Aufgabe der Jugendämter. Hier hat der Landesgesetzgeber seinen verfassungsrechtlichen Schutzauftrag durch das Gesetz zum Schutz des Kindeswohls und zur Förderung der Kindergesundheit umgesetzt[61]. Das Gesetz zielt insbesondere darauf ab, die Zusammenarbeit und den Informationsaustausch zwischen den verschiedenen Behörden und gesellschaftlichen Einrichtungen und Berufen, die einen direkten Bezug zu Kindern und Jugendlichen und deren Wohl aufweisen, zu fördern und dafür einen entsprechenden Rechtsrahmen zu schaffen.

Zusammenarbeit und Informationsaustausch

Lokale Netzwerke zum Kinderschutz

Insbesondere sehen § 3 KiSchG LSA zu diesem Zweck den Aufbau lokaler Netzwerke zum Kinderschutz und § 4 KiSchG LSA die Einrichtung eines Zentrums „Frühe Hilfen für Familien" vor. Damit wird zumindest ein ausreichender normativer Rahmen für die Umsetzung des Schutzauftrags geschaffen, der den Vorgaben des Untermaßverbots[62] genügt. Innerhalb dieses gesetzlichen Rahmens wirken die verfassungsrechtlichen Vorgaben als Direktiven der Ermessensbetätigung im Einzelfall[63].

37
Elternpflicht und staatliches Wächteramt

Der jetzige Absatz 2 des Art. 11 Verf. Sachsen-Anhalt entspricht sachlich Art. 6 Abs. 2 GG und betont wie dieser insbesondere die Pflichtendimension des elterlichen Sorgerechts sowie das staatliche Wächteramt, dem im Zusammenhang mit der zunehmenden beruflichen Beanspruchung von Eltern sowie der Zunahme an sogenannten Patchwork-Familien mit komplizierten Zuordnungen der elterlichen Sorge in Zukunft eine weiter steigende Bedeutung zukommen dürfte.

38
Recht auf staatliche Erziehung

Bundesgesetzliche Kernmaterien des Sorgerechts

In Absatz 3 des Art. 11 Verf. Sachsen-Anhalt wird nun ebenfalls mit größerer Deutlichkeit das Recht der Kinder auf Erziehung, Bildung und Betreuung in einer Tageseinrichtung formuliert. Dabei dürfte im Hinblick auf das Recht auf Erziehung nur die staatliche Erziehung gemeint sein. Auch in diesem thematischen Bereich entfaltet die landesverfassungsrechtliche Grundrechtsgewährleistung nur eine geringe Wirkung, weil die Kernmaterien des Sorgerechts bundesgesetzlich geregelt[64] und somit vor allem am Maßstab des Art. 6 Abs. 2 und 3 GG zu messen sind. In einschlägigen Bereichen der Landesgesetz-

---

60 Allerdings war die Regelung auch am bisherigen Standort als „Grundrechtspartikel" in der Einrichtungsgarantie zu verstehen, so daß die Veränderung vor allem verfassungsprozessual relevant sein dürfte.
61 G. v. 9.12.2009 (GVBl. S. 644).
62 Dazu grundlegend *BVerfGE 88*, 203 (254).
63 Dazu näher *Michael Sachs*, in: Paul Stelkens/Heinz Joachim Bonk/ders. (Hg.), VwVfG, [8]2014, § 40 RN 84.
64 S. insb. §§ 1616 ff. BGB.

gebung wie dem Schulrecht und der Ausgestaltung des rechtlichen Rahmens für die Finanzierung der Kinderbetreuungseinrichtungen[65] entfaltet die Norm dagegen maßgebliche Wirkung.

Praktische Relevanz erlangte die Vorschrift vor dem Landesverfassungsgericht im Zusammenhang mit dem Verfahren über das Gesetz zur Schule mit festen Öffnungszeiten[66]. Dabei war zu klären, welche Anforderungen an den Gesetzgeber zu stellen sind, wenn dieser bei schulpflichtigen Kindern anordnet, daß diese über die reine Unterrichtszeit hinaus innerhalb eines vorgegebenen festen Zeitrahmens in der Schule anwesend sein müssen. Das Landesverfassungsgericht hat das Verfahren zum Anlaß genommen, das Verhältnis von Elternrecht und staatlichem Erziehungs- und Bildungsauftrag näher zu bestimmen. Danach sind das Elternrecht, die Inhalte der Kindererziehung zu bestimmen, und die aus der Schulaufsicht folgende staatliche Erziehungsaufgabe einander gleichwertig. Die Festlegung des zeitlichen Rahmens für den Schulbesuch in der Grundschule steht den Eltern nicht vorrangig zu. Der Staat darf Regelungen über Inhalte der Grundschulbildung und über die Schulpflicht auch dann treffen, wenn bei einzelnen Eltern keine Versäumnisse in der Bildungserziehung feststellbar sind. Bei der Konkretisierung des Bildungsauftrags der Schulen steht dem Landesgesetzgeber ein Gestaltungsspielraum zu. Er ist nicht nur befugt, den organisatorischen Rahmen zu setzen, sondern darf auch die Lernziele, die Lernvorgänge oder das didaktische Programm näher vorgeben.

39 Zeitrahmen für Anwesenheitspflicht

Gestaltungsspielraum zur Konkretisierung des schulischen Bildungsauftrags

Der staatliche Erziehungsauftrag umfaßt nach Ansicht des Gerichts nicht nur die Wissensvermittlung, sondern erstreckt sich auch auf Bildung und Erziehung. Die Grenze zwischen Elternrecht und Schulaufsicht lasse sich nicht nach Erziehungsinhalten ziehen. Die Verfassung fordere keine Trennung in einen schulischen Bereich des Unterrichts und einen elterlichen der Betreuung, wenn wie im Fall der Grundschule mit festen Öffnungszeiten beide Bereiche zu einem einheitlichen, „integrativen Konzept" verbunden werden. Das Gericht äußert sich in dem Urteil auch zur Reichweite des Parlamentsvorbehalts. Im Schulbereich müsse der Gesetzgeber nur das Spannungsverhältnis zwischen Elternrecht und Schulaufsicht selbst regeln, nicht aber jede Einzelheit des pädagogischen Konzepts. Eine abschließende Regelung durch den Gesetzgeber selbst sei insbesondere nicht schon deshalb verfassungsrechtlich geboten, weil die Frage im Prozeß der demokratischen Willensbildung politisch umstritten war und ist. Schließlich gab das Verfahren Anlaß, die Reichweite der verfassungsgerichtlichen Kontrolle genauer zu bestimmen. Dazu führt das Gericht aus, ihm obliege es nicht, zu prüfen, wie geeignet ein pädagogisches Konzept sei; es könne lediglich dessen offenkundige Unbrauchbarkeit feststellen. Ein Schulkonzept sei nicht erst dann verfassungsgemäß, wenn es sich auf in der Wissenschaft „allgemein anerkannte" Grund-

40 Wissensvermittlung, Bildung und Erziehung

Prüfung von Schulkonzepten

---

65 Dazu *LVerfG Sachsen-Anhalt*, Urt. v. 16.11.2005 (LVG 3/04), BeckRS 2010, 49289 (KiFöG).
66 *LVerfG Sachsen-Anhalt*, Urt. v. 15.1.2002 (LVG 9, 12, 13/01), LKV 2003, S. 131 ff.

sätze stütze oder wenn zunächst ein „Schulversuch" stattgefunden habe. Hinzuweisen ist in diesem Zusammenhang schließlich auf den besonderen Umstand, daß die gleiche Regelung auch Gegenstand eines Verfassungsbeschwerdeverfahrens vor dem Bundesverfassungsgericht war, das im Ergebnis ebenso entschieden hat[67].

VII. Versammlungsfreiheit (Art. 12 Verf. Sachsen-Anhalt)

41
Ausgestaltung als Jedermannrecht

Einen besonderen Akzent setzt die Landesverfassung auch bei der Versammlungsfreiheit, in dem dieses traditionell als Bürgerrecht verstandene Grundrecht als Jedermannrecht ausgestaltet wird. Dies findet auf einfachgesetzlicher Ebene auch in § 1 Abs. 1 VersG LSA Ausdruck: „Jeder hat das Recht, Versammlungen und Aufzüge zu veranstalten und an solchen Veranstaltungen teilzunehmen". Die Unterscheidung zwischen „Jedermann" und Deutschen wird indes nicht vollständig aufgegeben, sondern findet sich auf der Schrankenebene wieder, indem in bezug auf Nicht-Deutsche die Möglichkeit der gesetzlichen Beschränkung weiter gefaßt wird. Ihnen gegenüber können auch Versammlungen in geschlossenen Räumen durch Gesetz oder auf Grund

Erweiterter persönlicher Schutzbereich

eines Gesetzes beschränkt werden. Der gegenüber Art. 8 Abs. 1 GG erweiterte persönliche Schutzbereich hat den Vorteil, daß nicht darüber nachgedacht werden muß, ob und mit Hilfe welcher dogmatischen Konstruktion Unionsbürger in den Anwendungsbereich des Grundrechts einbezogen werden können bzw. müssen. Zudem wird damit dem Umstand Rechnung getragen, daß es durch die deutliche Zunahme des Daueraufenthalts von Drittstaatsangehörigen in Deutschland immer weniger sinnvoll ist, nach der Staatsangehörigkeit bei einem Grundrecht zu differenzieren, weil bei dessen Ausübung die Staatsangehörigkeit vor staatlichen Eingriffen kaum feststellbar ist[68].

VIII. Vereinigungsfreiheit (Art. 13 Verf. Sachsen-Anhalt)

42
Beteiligung an Bürgerbewegungen

Bei der Vereinigungsfreiheit folgt die Landesverfassung dem Vorbild des Grundgesetzes und gestaltet diese als Deutschengrundrecht aus. Besonderheiten weist in diesem Fall der sachliche Schutzbereich auf, indem neben der Bildung von Vereinen und Gesellschaften auch die Beteiligung an Bürgerbewegungen geschützt wird. Damit wird die schwierige, in der Praxis aber offenbar bislang nicht relevante Frage aufgeworfen, durch welche organisatorischen und inhaltlichen Merkmale eine Bürgerbewegung gekennzeichnet ist.

43
Kammermitgliedschaft

Hinzuweisen ist im Zusammenhang mit der Vereinigungsfreiheit auf eine weitere Besonderheit der Landesverfassung im organisationsrechtlichen Teil, die thematische Bezüge zur Vereinigungsfreiheit aufweist, wenn man dieser mit

---

67 *BVerfG* (Kammer) DVBl. 2002, S. 971 f.
68 So ist bei Maßnahmen gegen Versammlungsteilnehmer im Zweifel von ihrer Grundrechtsträgerschaft auszugehen.

einer Mindermeinung⁶⁹ in der wissenschaftlichen Literatur aus dem Blickwinkel der sogenannten negativen Vereinigungsfreiheit auch einen Abwehranspruch gegenüber einer gesetzlichen Kammermitgliedschaft zuweist⁷⁰. Als einzige (Landes-)Verfassung findet sich in Art. 87 Abs. 5 Verf. Sachsen-Anhalt die ausdrückliche Regelung, daß „andere Körperschaften des öffentlichen Rechts [...] für die Wahrnehmung bestimmter öffentlicher Aufgaben gegenüber ihren Mitgliedern durch oder auf Grund eines Gesetzes gebildet werden" können. Damit wird die funktionale Selbstverwaltung als weitere legitime Ausprägung des Selbstverwaltungsgedankens in der Verwaltungsorganisation anerkannt und zugleich ihr besonderer Zweck – Wahrnehmung von Aufgaben, die die Mitglieder betreffen (Betroffenen-Selbstverwaltung) – herausgestellt. Anders als in Art. 57 Abs. 4 Satz 5 Verf. Niedersachsen wird in Art. 87 Abs. 5 Verf. Sachsen-Anhalt aber keine Konnexitätsregelung getroffen, die in Fällen einer staatlichen Aufgabenzuweisung die Finanzierung sichert⁷¹.

Funktionale Selbstverwaltung

D. Grundrechtsgehalte in anderen Einrichtungsgarantien und Staatszielbestimmungen

I. Recht auf Bildung (Art. 25 Verf. Sachsen-Anhalt)

Mit dem Recht auf Bildung, welches das in Art. 11 Abs. 3 (neue Fassung) Verf. Sachsen-Anhalt verankerte Kinderrecht auf Bildung auf die übrigen Altersstufen erstreckt, greift die Landesverfassung eine menschenrechtliche Gewährleistung⁷² auf, die eine der ganz zentralen Anknüpfungspunkte für die Gewährleistung sozialer Gerechtigkeit darstellt, weil Bildung eine wesentliche Grundbedingung persönlicher und sozialer Entwicklung ist⁷³. Da der Zugang zur Bildung in erheblichem Umfang von der (sozialen) Herkunft und der wirtschaftlichen Leistungsfähigkeit abhängt, kommt diesen in Art. 25 Verf. Sachsen-Anhalt hervorgehobenen Aspekten eine besondere Bedeutung bei der Gewährleistung des Rechts zu. Der Landesgesetzgeber hat deshalb in § 111 Abs. 1 des Hochschulgesetzes vorgegeben, daß das „Studium bis zum ersten berufsqualifizierenden Hochschulabschluß und das Studium in einem konsekutiven Studiengang, der zu einem weiteren berufsqualifizierenden Hochschulabschluß führt, [...] gebührenfrei" ist.

44
Menschenrechtliche Gewährleistung

Studiengebührenfreiheit

---

69 Das Bundesverfassungsgericht (*BVerfGE 10*, 89, 102 – st.Rspr.) und die herrschende Lehre (→ Bd. IV: *Ziekow*, Vereinigungsfreiheit, § 107 RN 32 ff.) sehen dies anders und gehen davon aus, daß die gesetzliche Pflichtmitgliedschaft an Art. 2 Abs. 1 GG zu messen ist bzw. keinen Grundrechtseingriff darstellt. Dazu näher *Winfried Kluth*, Funktionale Selbstverwaltung, 1997, S. 275 ff.; → Bd. II: *Merten*, Negative Grundrechte, § 42 RN 262.
70 S. nur *Höfling*, in: Sachs, GG (LitVerz.), Art. 9 RN 22 ff. m.w.N.
71 Dazu näher *Kluth*, Das Selbstverwaltungsrecht der Kammern und sein verfassungsrechtlicher Schutz, DÖV 2005, S. 368 ff.
72 S. Art. 13 des Internationalen Paktes über wirtschaftliche, soziale und kulturelle Rechte v. 19.12.1966 (BGBl. 1973 II S. 1570). S. auch Art. 14 GRCh. Dazu → Bd. VI/1: *Langenfeld*, Soziale Grundrechte, § 163 RN 44 ff.
73 Dazu auch Hans-Uwe Otto/Thomas Rauschenbach (Hg.), Die andere Seite der Bildung, ²2008.

45
Schulzugang, Schultypenwahl

Im Bereich der schulischen Bildung stellt sich aus der Perspektive des Verfassungsrechts unter anderem die Frage nach den zulässigen Differenzierungskriterien bei der Einrichtung verschiedener Schultypen und der damit verbundenen Frage, wie der Zugang zu den verschiedenen Schultypen geregelt werden kann. Die Schultypenwahl legt der Gesetzgeber in die Hand der Erziehungsberechtigten. Nach § 34 Abs. 1 SchulG LSA haben diese „im Rahmen der Regelungen des Bildungswesens die Wahl zwischen den Schulformen und Bildungsgängen, die zur Verfügung stehen". Volljährigen Schülerinnen und Schülern steht nach § 34 Abs. 1 Satz 2 SchulG LSA dieses Wahlrecht selbst zu. Damit diese Entscheidung des eigentlichen Trägers des Grundrechts auf Bildung nicht vernachlässigt wird, gibt § 34 Abs. 2 SchulG LSA vor, daß nach dem vierten Schuljahr die Erziehungsberechtigten „entsprechend den Neigungen ihrer Kinder" den weiteren Bildungsweg wählen. Der Zugang zu der gewählten Schulform kann nach § 34 Abs. 3 SchulG LSA von der Erfüllung bestimmter Leistungsvoraussetzungen abhängig gemacht werden. Diese Ausgestaltung erscheint insgesamt als verfassungskonform. Sie trägt trotz der formalen Zuordnung des Wahlrechts an die Erziehungsberechtigten dem Recht auf Bildung der Kinder mit Blick auf ihre Fähigkeit zum Grundrechtsgebrauch ausreichend Rechnung und ermöglicht durch die Bezugnahme auf Leistungsvoraussetzungen auch sachlich einleuchtende Beschränkungen der Ausübung des Wahlrechts.

Ausgestaltung der Zugangsvoraussetzungen

II. Privatschulfreiheit (Art. 28 Verf. Sachsen-Anhalt)

1. Besondere Relevanz der Thematik in den neuen Bundesländern

46
Breites Spektrum in den westlichen Bundesländern

Nachholbedarf nach 1989

Recht und Rechtsprechung zum Themenkomplex der staatlichen finanziellen Förderung von Privatschulen haben sich in den ersten Jahrzehnten der Geltung des Grundgesetzes zur Lage in der alten Bundesrepublik entwickelt, die durch ein breites Spektrum vor allem kirchlich getragener Privatschulen gekennzeichnet war. Aber auch die in der Praxis besonders bedeutsamen Waldorfschulen verfügen über eine lange Tradition. In den neuen Bundesländern bestand nach 1989 im Bereich des Privatschulwesens ein spezifischer Nachholbedarf, hatte während der Zeit des Staatssozialismus doch kein Freiraum für entsprechende Gründungen bestanden. Mehr noch: das Schulwesen war eine der zentralen Instrumente der ideologischen Beeinflussung junger Menschen, was auch zur Folge hatte, daß die Lehrerschaft besonders „staatstreu" zu sein hatte. Angesichts der Tatsache, daß man das bestehende Schulsystem mit seinem Lehrkörper nicht vollständig oder weitgehend auswechseln konnte, ohne die Kontinuität des Unterrichts nachhaltig zu gefährden, stellten Schulneugründungen das wichtigste Instrument auch der pädagogischen Erneuerung des Schulwesens dar.

47
Resonanz in den Verfassungsberatungen

Die Resonanz in den Verfassungsberatungen der einzelnen Länder war gleichwohl sehr unterschiedlich intensiv. Das Land Sachsen-Anhalt gehört mit Thüringen zu den Bundesländern, bei denen die Thematik der Privatschulen eine vergleichsweise größere Aufmerksamkeit in den Verfassungsberatungen fand. Zudem sind es diese beiden Landesverfassungen, die ausdrücklich einen Anspruch auf öffentliche Zuschüsse ausformulieren. Dabei geht im direkten Vergleich die in Art. 28 Verf. Sachsen-Anhalt getroffene Regelung vom Wortlaut her weiter als die Regelung in Thüringen.

2. Die Beratungen zu Art. 28 Verf. Sachsen-Anhalt

In den Beratungen zum heutigen Art. 28 der Landesverfassung bestand schnell Einigkeit darüber, daß neben der allgemeinen Garantie des Privatschulwesens im Abschnitt über die Einrichtungsgarantien (der heute die Art. 24 bis 33 Verf. Sachsen-Anhalt umfaßt) auch eine explizite Aussage zu den Zuschüssen aufgenommen werden soll[74]. Auf dieser Grundlage wurde zunächst die folgende Formulierung vorgeschlagen und diskutiert: „Das Recht zur Errichtung von Schulen in freier Trägerschaft wird gewährleistet. Soweit diese Schulen als Ersatzschulen genehmigt sind, haben sie Anspruch auf die zur Erfüllung ihrer Aufgaben erforderlichen öffentlichen Zuschüsse". Im Laufe der weiteren Beratungen wurde die Befürchtung geäußert, daß ein so formuliertes Finanzierungsmodell einen Gründungsboom auslösen könnte, der eine Verdrängung staatlicher Schulen zur Folge haben könnte. Daher wurde eine Beschränkungsmöglichkeit gefordert und die folgende Formulierung entwickelt: „Private Schulen als Ersatz für öffentliche Schulen haben zur Durchführung ihrer Aufgaben und zur Erfüllung ihrer Pflichten Anspruch auf öffentliche Zuschüsse. Das Nähere bestimmt ein Gesetz".

48 Explizite Aussage zu staatlichen Zuschüssen

Vorschläge

Beschränkungsmöglichkeit

Durch diese Neufassung sollte es dem Gesetzgeber ermöglicht werden, nur solche Schulen zu fördern, die den Staat entlasten, und zugleich den genauen Umfang der Förderung zu bestimmen. Schließlich führten die weiteren Beratungen zum heutigen Normtext: „Soweit diese Schulen Ersatz für öffentliche Schulen sind, haben sie Anspruch auf die zur Erfüllung ihrer Aufgaben erforderlichen öffentlichen Zuschüsse. Das Nähere regelt ein Gesetz".

49 Neufassung

3. Stärken und Defizite der Regelung sowie offene Fragen

Die Stärke dieser Regelung liegt im Vergleich zu entsprechenden Normen in anderen Landesverfassungen darin, daß der Anspruch auf Zuschüsse mit einem Kriterium versehen wird: dem Kriterium „Erfüllung ihrer Aufgaben". Daran ist auch der Gesetzgeber gebunden, der nach Art. 28 Abs. 2 Satz 2 Verf. Sachsen-Anhalt das Nähere zu regeln hat. Das Verständnis dieser Regelung ist jedoch, ähnlich wie bei der wortgleichen Regelung in der Thüringer Verfassung, umstritten. Bereits während der Beratung der Verfassung wurde die Ansicht geäußert, es handle sich um einen Gesetzesvorbehalt, der vor allem dazu diene, die Reichweite der staatlichen Förderung zu begrenzen[75]. Dage-

50 Aufgabenerfüllung als Förderkriterium

(Parlaments-)Ausgestaltungsvorbehalt

---

[74] Protokolle zur Verfassung des Landes Sachsen-Anhalt, Bd. I, 2007, S. 630. S. dazu und zum folgenden auch *Th. Langer*, Finanzhilfe für Ersatzschulen in Sachsen-Anhalt, NJ 2009, S. 187 (190 ff.).
[75] S. dazu auch *Th. Langer*, NJ 2009, S. 187 (191).

§ 258 Sechzehnter Teil: III. Die Grundrechte in den Landesverfassungen

Beschränkung auf Ersatzschulen

gen steht die Ansicht der Literatur[76] und auch des Thüringer Verfassungsgerichtshofs[77], wonach es sich um einen Parlamentsvorbehalt in Gestalt eines Ausgestaltungsvorbehalts handelt, der nicht in erster Linie dazu dient, Beschränkungen des Leistungsumfangs vorzunehmen. Problematisch ist zudem die tatbestandliche Begrenzung des Anspruchs auf Zuschüsse auf solche Privatschulen, die ein „Ersatz für staatliche Schulen sind", weil damit der vom Bundesverfassungsgericht zu Art. 7 Abs. 4 GG herausgearbeitete Standard, wonach es nicht auf einen *konkreten* Entlastungseffekt ankommt[78], unterschritten wird.

4. Keine Beschränkung auf Ersatzschulen im engeren Sinne

51

Weite Lesart des Förderanspruchs

Die tatbestandliche Beschränkung des Förderanspruchs auf Ersatzschulen, die tatsächlich einen Ersatz für eine (vorhandene) staatliche Schule darstellen, ist im Hinblick darauf, daß das Bundesverfassungsgericht den Förderanspruch nach Art. 7 Abs. 4 GG davon nicht abhängig macht, sondern ihn auf alle genehmigten Privatschulen erstreckt[79], „entsprechend" weit zu lesen. Da nach Bundesverfassungsrecht allen genehmigten Ersatzschulen unabhängig von einer konkreten Entlastungsfunktion ein Förderanspruch zusteht und damit auch kein sachlicher Grund besteht, die verschiedenen Ersatzschulen unterschiedlich zu behandeln, muß Art. 28 Abs. 2 Satz 1 Verf. Sachsen-Anhalt grundgesetzkonform erweiternd ausgelegt werden. Das entspricht auch der Staatspraxis.

5. Verfassungsunmittelbarer Finanzierungsanspruch

52

Förder- und Finanzierungsanspruch

Wortlaut und Zweck

Diskutiert wird weiterhin, ob sich unmittelbar aus der Verfassung ein Förder- und Finanzierungsanspruch ergibt oder ob dieser lediglich durch die gesetzliche Regelung begründet wird[80]. Wortlaut und Zweck des Art. 28 Abs. 2 Satz 1 Verf. Sachsen-Anhalt sprechen eindeutig dafür, von einem bereits durch die Verfassung begründeten Anspruch der einzelnen Ersatzschule auszugehen, der durch das Gesetz lediglich in bezug auf die Höhe näher ausgestaltet werden kann.

53

Systematische Auslegung

Angesichts des klaren Wortlauts von Art. 28 Abs. 2 Satz 1 Verf. Sachsen-Anhalt fällt es schwer, einen bereits durch die Verfassung begründeten Anspruch zu verneinen. Die Verfassung normiert auch keinen Ermessenstatbestand, sondern eine allgemeine Zuschußpflicht, die als solche näher ausgestaltet werden kann. Vor allem aber wird nur diese Auslegung der systematischen Stellung der Vorschrift im Abschnitt über die Einrichtungsgarantien

---

76 *Th. Langer*, NJ 2009, S. 187 (190).
77 *VerfGH Thüringen*, Urt. v. 21.5.2014 (VerfGH 11/13), abrufbar unter www.thverfgh.de.
78 So die später aufgegebene Argumentation von *BVerwGE 23*, 347 ff. Dem folgend *Reich*, Verfassung (LitVerz.), Art. 28, RN 5.
79 *BVerfGE 75*, 40 ff. S. auch *Th. Langer*, NJ 2009, 187 (192).
80 In Bezug auf Art. 7 Abs. 4 GG geht das Bundesverfassungsgericht zwar von einer finanziellen Förderpflicht, nicht aber von einem verfassungsunmittelbaren Anspruch aus; vgl. *BVerfGE 112*, 74 (84).

gerecht. Ausweislich der Legaldefinition in Art. 3 Abs. 2 Verf. Sachsen-Anhalt verpflichten die Einrichtungsgarantien das Land, die von der Verfassung normierten Einrichtungen „zu schützen sowie deren Bestand und Entwicklung zu gewährleisten". Werden in den eine Einrichtung betreffenden Normen konkrete Vorgaben für deren Bestands- und Entwicklungsschutz geregelt, so verdichten sich diese zunächst objektivrechtlich zu Handlungspflichten, die bei entsprechender tatbestandlicher Ausgestaltung auch subjektive Rechte begründen können. Da die Rechtsfigur des Anspruchs die klassische Rechtsfigur eines subjektiven Rechts verkörpert, ist eine stimmige Auslegung des Art. 28 Abs. 2 Satz 1 Verf. Sachsen-Anhalt nur möglich, wenn man von einem verfassungsunmittelbar begründeten Anspruch auf Zuschüsse ausgeht. Das Ergebnis entspricht schließlich auch der Interpretation der vergleichbaren Regelung in Art. 26 Abs. 2 Verf. Thüringen durch den Thüringer Verfassungsgerichtshof[81]. *Handlungspflichten aus der Einrichtungsgarantie*

6. Ausgestaltungs- oder Beschränkungsvorbehalt in Art. 28 Abs. 2 Satz 2 Verf. Sachsen-Anhalt

Mit dieser Erkenntnis ist auch eine gewichtige Vorentscheidung in der weiteren Streitfrage getroffen, ob es sich bei der Regelung in Art. 28 Abs. 2 Satz 2 Verf. Sachsen-Anhalt um einen Ausgestaltungs- oder Beschränkungsvorbehalt handelt. Von einem Verständnis der Regelung als Beschränkungsvorbehalt bzw. allgemeinem Gesetzesvorbehalt wurde teilweise bei den Verfassungsberatungen ausgegangen. Der Entstehungsgeschichte bzw. einzelnen Äußerungen im Laufe der Beratungen kommt indes nach herkömmlicher Auffassung keine starke Bindungswirkung zu. Dies gilt vor allem dann, wenn Wortlaut, Systematik und Zweck der Norm ein anderes Verständnis nahelegen, wie es vorliegend der Fall ist. **54** *Geringe Tragkraft der Motive*

Der Auftrag der Verfassung, das Nähere durch Gesetz zu regeln, ist bei einer Einrichtungsgarantie im Einklang mit ihrer auf Schutz und Förderung ausgerichteten allgemeinen Zielsetzung zu interpretieren. Das „Nähere zu regeln" bedeutet in diesem Zusammenhang, daß die Art und Weise, wie Bestandssicherung und Entwicklungsförderung erfolgen sollen, durch das Gesetz geregelt werden. Es kann aber nicht darum gehen, die allgemeine Direktive der Norm zu relativieren. Daß es dabei nicht in jeder Hinsicht um eine Maximalförderung gehen kann und daß die finanzielle Leistungsfähigkeit des Landes die Reichweite der finanziellen Förderung begrenzen kann, folgt aus dem allgemeinen verfassungsrechtlichen Rahmen, daß das Land bei seinen Tätigkeiten insgesamt den Rahmen seiner finanziellen Leistungsfähigkeit wahren muß[82]. Das Bundesverfassungsgericht hat in seiner Rechtsprechung zur Bereitstellung von Studienplätzen, die landesverfassungsrechtlich ebenfalls durch eine Einrichtungsgarantie abgedeckt ist (Art. 31 Verf. Sachsen-Anhalt), **55** *Das „Nähere zu regeln"*

Vorbehalt des Möglichen

---

81 *VerfGH Thüringen*, Urt. v. 21. 5. 2014 (VerfGH 11/13), abrufbar unter www.thverfgh.de.
82 Das folgt u. a. aus dem Haushaltsrecht (Art. 93 i. V. m. Art. 99 Abs. 2 Verf. Sachsen-Anhalt) und der auch für die Länder maßgeblichen Schuldenbremse des Art. 115 GG.

diesen Zusammenhang auf die Formel vom Vorbehalt des Möglichen kondensiert[83]. Durch die Regelung wird zugleich eine zwingende Zuständigkeit des Landtages begründet, der alle wesentlichen Aspekte der Ausgestaltung der Einrichtungsgarantie selbst regeln muß und insoweit seine Zuständigkeit nicht an die Exekutive delegieren darf.

56
Maßstab für die Zuschußhöhe

Anders als etwa die Verfassung von Thüringen benennt Art. 28 Abs. 2 Verf. Sachsen-Anhalt mit der Bezugnahme auf die „zur Erfüllung der Aufgaben erforderlichen öffentlichen Zuschüsse" einen etwas konkreteren Maßstab in bezug auf die Höhe der Zuschüsse. Man wird diese Aussage im strukturellen Kontext der Rechtsprechung zu Art. 7 Abs. 4 GG dahingehend zu verstehen haben, daß auch hier das Drei-Säulen-Modell der Finanzierung von Privatschulen vorausgesetzt wird, es also nicht um eine vollständige Kostenübernahme durch den Staat gehen kann. Neben den staatlichen Zuschüssen wird demnach von einem Eigenanteil des Trägers und den Schüler- bzw. Elternbeiträgen ausgegangen. Ähnlich wie Art. 102 Verf. Sachsen begründet auch Art. 28 Abs. 2 Satz 1 Verf. Sachsen-Anhalt eine Pflicht, Ausfälle bei den Elternbeiträgen zu kompensieren, soweit dies zur Beachtung des Sonderungsverbotes notwendig ist[84].

Kompensationsregelung

7. Zulässigkeit und Ausgestaltung einer Wartefrist

57
Mehrjähriger erfolgreicher Schulbetrieb

Schwieriger zu beantworten ist die Frage, ob und in welcher Form eine sogenannte Wartefrist, bei der die staatlichen Zuschüsse erst nach einem mehrjährigen – erfolgreichen – Betrieb der Schule gezahlt werden, mit Art. 28 Abs. 2 Verf. Sachsen-Anhalt zu vereinbaren ist. Das Bundesverfassungsgericht hat in seiner Rechtsprechung zu Art. 7 Abs. 4 GG, dessen Wortlaut sich nicht zu finanziellen Förderpflichten verhält, die gesetzliche Regelung einer Wartefrist unter bestimmten Voraussetzungen als im Ermessen des Landesgesetzgebers stehend zugelassen, dabei auch eine Reihe von Anforderungen und Bedingungen entwickelt. Wartefristen sind danach mit der staatlichen Schutz- und Förderpflicht grundsätzlich vereinbar. Sie haben den Zweck, den Einsatz öffentlicher Mittel an einen Erfolgsnachweis zu binden. Die Gestaltungsfreiheit des Gesetzgebers umfaßt auch die Befugnis zu entscheiden, wann er diesen Nachweis als erbracht ansieht. Das darf aber nicht dazu führen, daß die Wartefrist sich als Sperre für die Errichtung neuer Schulen auswirkt[85].

Wartefrist im Ermessen des Landesgesetzgebers

58
Zweckbindung und finanzielle Leistungsfähigkeit der Eltern

Diese Rechtsprechung macht deutlich, daß eine Regelung von Wartefristen bereits bundesverfassungsrechtlich an einen klaren Zweck, den Erfolgsnachweis, gebunden ist und darüber hinaus die finanzielle Leistungsfähigkeit der Eltern berücksichtigen muß. Bereits die trägerbezogene Argumentation des

---

83 *BVerfGE 43*, 291 (325 f.).
84 S. dazu auch *VerfGH Sachsen*, Urt. v. 15.11.2013 (Vf. 25-II-12), sowie *StGH Baden-Württemberg*, Urt. v. 6.7.2015 (1 VB 130/13), BeckRS 2015, 48651.
85 *BVerfGE 90*, 107 (117 ff.).

Bundesverfassungsgerichts läßt es als zweifelhaft erscheinen, eine Wartefrist nicht auf den Schulträger, sondern auf einzelne Fachangebote zu beziehen, mit der Folge, daß ein etablierter und bewährter Schulträger für jede Erweiterung seines schulischen Angebots neuen Warte- und Bewährungsfristen unterliegt. Solche Regelungen sind problematisch, weil es sachlich schwer begründbar ist, warum ein bewährter Träger in bezug auf zusätzliche schulische Angebote (Fachrichtungen) wie ein Newcomer zu behandeln ist, liegen die wesentlichen Anforderungen doch im institutionellen Bereich. Das Bundesverfassungsgericht macht auch deutlich, daß bei der Beurteilung einer Wartefrist die freiwilligen staatlichen Leistungen während dieser Zeit sowie später für den Anlaufzeitraum geleistete Ausgleichszahlungen zu berücksichtigen sind.
<sub-marginalia>Bewertung zusätzlicher schulischer Angebote</sub-marginalia>

59 Diese Rechtsprechung gibt trotz der durchaus vorhandenen Kriterien aber nur einen allgemeinen bundesverfassungsrechtlichen Rahmen vor, der mit Blick auf das Landesverfassungsrecht weiter zu konkretisieren ist. Dabei ist zunächst und grundlegend zu beachten, daß eine entsprechende Verkürzung der staatlichen Förderung und des Förderanspruchs keinen Ausdruck im Wortlaut der Vorschrift finden. Das hat unter anderem zur Folge, daß im Vergleich zu Art. 7 Abs. 4 GG ein erhöhter Rechtfertigungsbedarf besteht. Zweck einer Wartefrist ist es, die Leistungsfähigkeit eines neuen Schulträgers sicherzustellen und eine „Fehlinvestition" von Steuergeldern zu vermeiden[86]. Es ist in der Rechtsprechung der Verfassungsgerichte allgemein anerkannt, daß der Staat damit ein legitimes Interesse verfolgt, das vor allem dem Schutz von Schülern und Familien dient, die das Angebot privater Schulen nutzen.
<sub-marginalia>Erhöhter Rechtfertigungsbedarf / Legitimes Interesse des Staates</sub-marginalia>

60 Allerdings ist bereits diese Argumentation nur schlüssig, wenn sie sich auf die Förderung von Bau- und Einrichtungsmaßnahmen bezieht und nicht auf Personal- und Sachkosten für einen laufenden Schulbetrieb. Sobald mit den staatlichen Geldern Unterricht erteilt und das staatliche Schulwesen insoweit entlastet wird, kann nicht von einer Fehlinvestition gesprochen werden, selbst dann nicht, wenn die Schulgründung nur von begrenzter Dauer war bzw. ist.
<sub-marginalia>Förderung von Bau- und Einrichtungsmaßnahmen</sub-marginalia>

61 Angesichts des normativen Befundes, daß die Verfassung von Sachsen-Anhalt einen sachlich und zeitlich unbedingten Förderanspruch begründet, dessen Höhe nach wie vor im Ermessen des Gesetzgebers steht, stellt die gesetzliche Einführung einer Wartefrist eine beschränkende Regelung dar, die einer Prüfung mit Hilfe des Grundsatzes der Verhältnismäßigkeit unterliegt. Denn die Einbettung eines subjektiven Rechts in eine Förderklausel führt trotz der systematischen Stellung der Norm im Abschnitt zu den Einrichtungsgarantien zu einer grundrechtlichen Qualität und damit zur Anwendung des Grundsatzes der Verhältnismäßigkeit aus Art. 20 Abs. 2 Verf. Sachsen-Anhalt. Das Landesverfassungsgericht spricht in diesem Zusammenhang von „Grundrechts-
<sub-marginalia>Sachlich und zeitlich unbedingter Förderanspruch / „Grundrechtssplitter"</sub-marginalia>

---

[86] *BVerfGE 90*, 107 (118).

splittern" in Einrichtungsgarantien[87]. Die Regelung muß sich demnach als geeignete, erforderliche und ausgewogene Lösung erweisen.

62
Wartefrist für nachhaltige Trägerschaft

An der grundsätzlichen Eignung einer Wartefrist zur Sicherstellung einer nachhaltigen Trägerschaft kann auch vor dem Hintergrund der damit gemachten Erfahrungen *im allgemeinen* kein Zweifel bestehen. Es ist aber bereits fraglich, ob die Wartefrist mit der herkömmlichen Begründung tragfähig ist, wenn es um Personal- und Sachkosten für den bereits erteilten Unterricht geht, da insoweit von einer sinnvollen Verwendung von Steuergeldern auszugehen ist.

Verhältnismäßigkeitsprüfung

Problematisch ist weiter, ob das Instrument auch erforderlich ist und es nicht andere, gleichermaßen geeignete Instrumente mit geringerer Eingriffsintensität gibt. Das ist vor allem hinsichtlich der Möglichkeit zu diskutieren, durch entsprechende Sicherheiten oder Bürgschaften den gleichen Zweck zu erreichen. Diese Vorgehensweise wird unter anderem bei der staatlichen Anerkennung privater Hochschulen praktiziert, um die Interessen der Studierenden abzusichern. Gegenstand einer Bürgschaft müßten die finanziellen Mittel sein, die die Fortführung des Schulbetriebs über einen Zeitraum absichern, der der Wartefrist entspricht. Eine solche Regelung hätte die gleiche Wirksamkeit wie eine Wartefrist.

Milderes Mittel

Sie würde aber ein milderes Mittel darstellen, da die bereitgestellten Finanzmittel bei erfolgreichen Schulträgern nicht abgefordert würden und die finanzielle Belastung in der Gründungsphase deutlich geringer ausfallen würde. Damit erweist sich für Sachsen-Anhalt angesichts des inhaltlich und zeitlich nicht beschränkten Förderanspruchs eine Wartezeitregelung als unverhältnismäßig und verfassungswidrig.

III. Mitwirkung in der Schule (Art. 29 Abs. 2 Verf. Sachsen-Anhalt)

63
Drei Arten der Mitwirkung

Die Mitwirkung in der Schule, die nach Art. 29 Abs. 2 Verf. Sachsen-Anhalt Lehrern, Erziehungsberechtigten und Schülern gewährleistet wird, faßt drei verschiedene Formen der Partizipation in einer Regelung zusammen. Während es im Falle der Lehrer um eine amtsbezogene Mitwirkung geht, handelt

---

[87] *LVerfG Sachsen-Anhalt*, Urt. v. 15.1.2002 (LVG 9, 12, 13/01), RN 96, LKV 2003, S. 131 (134): „Allerdings können die Einrichtungsgarantien trotz Art. 3 Abs. 2 Verf. Sachsen-Anhalt nach den Materialien zur Landesverfassung durchaus vom Ausschuss so bezeichnete ‚Grundrechtssplitter' enthalten" (vgl. Berater des Verfassungsausschusses *Schneider*, VerfMat II 899 [Sitzung v. 23.2.1992], gerade zur Ambivalenz des Schutzes von Ehe und Familie; vgl. ferner: Vorsitzender, Abg. *Höppner* [SPD], VerfMat II, S. 956 [Sitzung v. 24.4.1992]), zumal auch nach Auffassung des Verfassungsausschusses keine klare Abgrenzung zwischen Grundrechten und Einrichtungsgarantien möglich ist (Berichterstatter des Verfassungsausschusses, Abg. *Höppner*, in der Ersten Beratung v. 9.4.1992 [LT-StenBer 1/31, S. 2620, r.Sp.]). Dem steht nicht entgegen, dass sich der Verfassungsgeber bei den Regelungen über die Familie bewußt für eine Trennung von „Eltern(grund)recht" und der Einrichtungsgarantie „Familie" entschieden hat (vgl. insoweit: Ausschuß-Berater *Starck*, VerfMat I, S. 526 [Sitzung v. 17.6.1991]; Ausschuß-Berater *Schneider*, VerfMat II 901 f. [Sitzung v. 23.2.1992]; ders., VerfMat II, S. 977 [Sitzung v. 24.4.1992]; *Nitsche*, CDU-Fraktionsmitarbeiter, VerfMat II 899 [Sitzung v. 23.2.1992]; *Franke*, PDS-Fraktionsmitarbeiter; *Berlit*, SPD-Fraktionsmitarbeiter, VerfMat II 900 [Sitzung v. 23.2.1992]; vgl. aber auch die Tendenz, „Ehe und Familie" als Grundrecht zu definieren, bei: *v. Bose* [Landesregierung], VerfMat II 855 [Sitzung v. 24.9.1991]; ders., VerfMat II 898 [Sitzung v. 23.2.1992]; Abg. Geisthardt [CDU], VerfMat II 901 [Sitzung v. 23.2.1992] vgl. auch zur Doppelnatur: Ausschuß-Berater *Schneider*, VerfMat II 898 f. [Sitzung v. 23.2.1992])".

es sich bei den Erziehungsberechtigten und Schülern um eine grundrechtlich verankerte Partizipation[88], die zudem noch eine anstaltliche Dimension aufweist, sind Eltern und Schüler doch auch Nutzer der (staatlichen bzw. kommunalen) Schule als einer teilrechtsfähigen Anstalt des öffentlichen Rechts[89].

Das Mitwirkungsrecht der Lehrer stärkt deren Rechte aus dem Amt und dient dem Zweck, den konkreten pädagogischen Sachverstand und Erfahrungsschatz in die Entscheidungen der Schulorgane einzubringen. Es handelt sich demnach um ein Partizipationsmodell, das auf die Verbesserung der Wissensgenerierung und der Entscheidungsqualität abzielt. Die den Eltern eingeräumten Mitwirkungsrechte haben vor allem das Ziel, ihre Stellung als Erziehungsberechtigte zu respektieren[90] und ebenfalls ihren spezifischen Sachverstand sowie ihre Interessen in die Entscheidungsfindung einfließen zu lassen. Bei den Schülern geht es schließlich auch darum, die grundrechtlichen Eigeninteressen aus dem Blickwinkel der eigenen Betroffenheit im Grundrecht auf Bildung durch Mitwirkungsrecht zu berücksichtigen.

64 Mitwirkungsrecht der Lehrer

Eltern

Schüler

Auch in bezug auf Art. 29 Abs. 2 Verf. Sachsen-Anhalt stellt sich die Frage, ob hier nur eine objektive Pflicht des Gesetzgebers begründet wird oder den Begünstigten subjektive Rechte zustehen. Die Formulierung „haben das Recht" spricht für die zweite Deutung, doch wird man auch in diesem Falle davon auszugehen haben, daß die Mitwirkungsrechte durch den Gesetzgeber ausgestaltet werden können und müssen. Dabei ist von einem Gestaltungsspielraum auszugehen.

65 Gesetzgeberischer Gestaltungsspielraum

Der Landesgesetzgeber hat im Schulgesetz die Mitwirkungsrechte auf mehreren Ebenen der Schulorganisation näher ausgestaltet bzw. konkretisiert. Für die Schüler sieht das Schulgesetz eine Schülervertretung auf der Ebene des Klassenverbandes (ab dem fünften Schuljahrgang), der Schule sowie der Gemeinde und Landkreisebene vor (§§ 45 ff. SchulG). Eine ähnliche Organisationsstruktur findet sich in den §§ 55 ff. SchulG für die Eltern. Die Schüler- und Elternvertreter sind in die Entscheidungen der Schule durch ihre Mitwirkung in den Schulorganen, insbesondere den Konferenzen (§ 29 SchulG) eingebunden. Dort wirken auch die Lehrer mit. Durch das gestufte Mitwirkungssystem und die Antragsrechte von Schüler- und Elternvertretern in den Konferenzen (§§ 49 Abs. 3, 59 Abs. 3 SchulG) wird den Vorgaben des Art. 29 Abs. 2 Verf. Sachsen-Anhalt hinreichend Rechnung getragen.

66 Gestuftes Mitwirkungssystem

Konferenzen

---

88 Zu den verschiedenen verfassungsrechtlichen Dimensionen der Mitwirkung vertiefend *Johannes Rux/ Norbert Niehues*, Schulrecht, ⁵2013, S. 268 ff.
89 Zu Einzelfragen der Anstalt des öffentlichen Rechts *Martin Müller*, in: Hans J. Wolff/Otto Bachof/Rolf Stober/Winfried Kluth (Hg.), Verwaltungsrecht II, ⁷2010, § 86.
90 Zum Zusammenwirken von Erziehungsberechtigten und Staat s. *BVerfGE 34*, 165. Zum Elternrecht auf Mitwirkung *Fehnemann*, Die Bedeutung des grundgesetzlichen Elternrechts für die elterliche Mitwirkung in der Schule, AöR 105 (1980), S. 529 ff.

IV. Selbstverwaltungsrecht der Hochschulen und Bereitstellung von Studienplätzen (Art. 31 Verf. Sachsen-Anhalt)

67
Einrichtungsgarantie

Oberhalb der Schulen wird im sogenannten tertiären Bildungsbereich durch Art. 31 Verf. Sachsen-Anhalt eine Einrichtungsgarantie für die Hochschulen normiert. Diese ist in Artikel 31 Abs. 1 durch die Begründung einer Pflicht des Landes bestimmt, „Hochschulen und andere wissenschaftliche Einrichtungen [...] in ausreichendem Maße einzurichten, zu unterhalten und zu fördern".

68
Universitäten und Fachhochschulen

Finanzielle Leistungsfähigkeit

Unter Hochschulen sind die Universitäten und Fachhochschulen zu verstehen. Hinzu kommen andere wissenschaftliche Einrichtungen, das heißt primär der Grundlagen- und angewandten Forschung gewidmete Einrichtungen, die das Land alleine oder zusammen mit dem Bund finanziert (beispielsweise Einrichtungen der Leibniz-Gesellschaft). Mit der Aufnahme des Kriteriums „in ausreichendem Maße" wird vor allem die Pflicht des Landes konkretisiert, den „Landeskindern" eine hochschulische Ausbildung in den verschiedenen Gebieten zu ermöglichen, zugleich aber beim Umfang der Angebote (Zahl der Studienplätze) den voraussichtlichen Bedarf des Landes zu berücksichtigen. Das gilt insbesondere für Berufe, die in erster Linie vom Staat nachgefragt werden, wie zum Beispiel die Lehrerberufe. Die Vorgabe ist aber so offen, daß nicht jedes Fach an einer Landeshochschule studiert werden können muß[91], und es ist dem Land auch unbenommen, die finanzielle Leistungsfähigkeit des Landeshaushalts in die Strukturüberlegungen einzubeziehen. Umgekehrt ist davon auszugehen, daß etwa die Zahl der Medizinstudienplätze grundsätzlich dem zukünftigen ärztlichen Bedarf für die Aufrechterhaltung der Gesundheitsversorgung entsprechen muß[92].

69
Unterhaltungspflicht

Die Pflicht, die eingerichteten Hochschulen und sonstigen wissenschaftlichen Einrichtungen zu unterhalten, ist vor diesem Hintergrund eine relative, die auch durch die finanziellen Möglichkeiten des Landes bestimmt wird. Damit werden in Zeiten der Schuldenbremse auch die Förderpflichten begrenzt. Subjektive Rechte auf eine bestimmte Höhe finanzieller Zuwendungen aus dem Landeshaushalt können die Einrichtungen aus Art. 31 Abs. 1 Verf. Sachsen-Anhalt jedenfalls nicht ableiten.

70
(Funktionales) Selbstverwaltungsrecht

Den Hochschulen wird durch Art. 31 Abs. 2 Verf. Sachsen-Anhalt „im Rahmen der Gesetze" ein (funktionales) Selbstverwaltungsrecht[93] gewährleistet, das trotz einer ähnlichen Zielsetzung von der Garantie der kommunalen Selbstverwaltung durch Art. 87 Verf. Sachsen-Anhalt deutlich unterschieden[94]

---

91 S. zur Reichweite des Grundrechts auf einen Studienplatz eigener Wahl aus Art. 12 Abs. 1 GG und den sog. „Vorbehalt des finanziell Möglichen" auch *BVerfGE 33*, 303 (345 f.).
92 S. zu den Steuerungsmöglichkeiten näher *Winfried Kluth*, Steuerung von Ausbildungskapazitäten an Hochschulen durch Vereinbarungen, 2010.
93 Zur funktionalen Selbstverwaltung (der Hochschulen) näher *Winfried Kluth*, Funktionale Selbstverwaltung: verfassungsrechtlicher Status – verfassungsrechtlicher Schutz, 1997, S. 31 ff.
94 Unter anderem fehlt es am Gebietsbezug und einem eigenen Finanzierungsanspruch.

ist. Durch Art. 31 Abs. 1 wird eine Einrichtungsgarantie normiert, die die durch das Grundrecht der Wissenschaftsfreiheit grundrechtlich geprägte Selbstverwaltung[95] in den Hochschulen, insbesondere den Universitäten, verstärkt und ergänzt. Es besteht insoweit eine Wechselwirkung zwischen der organisationsrechtlich geprägten Selbstverwaltungsgarantie und den grundrechtlich geprägten Mitwirkungsrechten der Hochschullehrer und wissenschaftlichen Mitarbeiter, die insbesondere durch die Rechtsprechung des Bundesverfassungsgerichts in den letzten Jahren auch als Grenze der organisationsrechtlichen Gestaltungsfreiheit der Landesgesetzgeber genauer gefaßt wurden[96]. Die Rechtsprechung zu den landesverfassungsrechtlichen Garantien der Hochschulselbstverwaltung ist deshalb sehr dürftig, weil das Selbstverwaltungsrecht durch dessen Träger nicht im Wege einer Verfassungsbeschwerde[97] geltend gemacht werden kann. Deshalb wird die verfassungsgerichtliche Rechtsprechung durch Entscheidungen dominiert, die sich mit einer gerügten Verletzung der Wissenschaftsfreiheit befassen[98].

Wechselwirkung zu den Mitwirkungsrechten

V. Staatsverträge mit Religions- und Weltanschauungsgemeinschaften (Art. 32 Abs. 4 Verf. Sachsen-Anhalt)

Die Ausgestaltung der rechtlichen Beziehungen zwischen Staat und Religions- und Weltanschauungsgemeinschaften hat auf Bundes- und Länderebene eine lange Tradition[99] und ist Ausdruck des Kooperationsverhältnisses[100], welches das deutsche Verfassungsrecht als Rechtsrahmen für die Ausgestaltung dieser Beziehungen im Unterschied etwa zum französischen Trennungsmodell zugrundelegt[101]. Daran knüpft Art. 32 Abs. 4 Verf. Sachsen-Anhalt an[102]. Die möglichen Gegenstände dieser Staatsverträge werden mit dem Begriff „ge-

71

Ausdruck des Kooperationsverhältnisses

„Gemeinsame Belange"

---

95 Dazu näher *Kluth*, Funktionale Selbstverwaltung aaO., S. 406 ff.
96 S. zuletzt *BVerfG* NJW 2014, 2856 m.w.N. zur vorangehenden Rechtsprechung; s. auch *Gärditz*, Wissenschaftsfreiheit und Organisation der Hochschulmedizin – zum Beschluß des Ersten Senats des BVerfG vom 24. Juni 2014 zur Medizinischen Hochschule Hannover, DVBl 2014, S. 1133 ff.; *Pernice-Warnke*, Anmerkung zu BVerfG-Beschluß v. 24. 6. 2014 (1 BvR 3217/07) [*E 136*, 338]. – Zu hochschulorganisationsrechtlichen Vorschriften für die Medizinische Hochschule Hannover, NdsVBl 2014, S. 343 ff.
97 In Bayern steht allerdings die Popularklage zur Verfügung; vgl. → oben *Müller-Terpitz*, Landesgrundrechte in Bayern, § 248.
98 S. auch *Klaus Ferdinand Gärditz*, Hochschulorganisation und verwaltungsrechtliche Systembildung, 2009.
99 Überblick zu den Verträgen bei *Johannes Listl*, Die Konkordate und Kirchenverträge in der Bundesrepublik Deutschland, 1987.
100 In Betracht kommt auch ein Modell der „moderaten Trennung". Vgl. dazu *BVerfGE 19*, 206 (216); *93*, 1 (16).
101 Dazu näher → Bd. IV: *Korioth*, Freiheit der Kirchen und Religionsgemeinschaften, § 97; Burkhard Kämper/Hans-Werner Thönnes (Hg.), Die Trennung von Staat und Kirche: Modelle und Wirklichkeit in Europa, 2005. → Oben *Korioth*, Religiöse und weltanschauliche Freiheiten, § 236 RN 10.
102 *Hans Ulrich Anke*, Die Neubestimmung des Staat-Kirche-Verhältnisses in den neuen Ländern durch Staatskirchenverträge, 2000. Speziell zu Sachsen-Anhalt: *Gerhard Rudolf Keuffel*, Staatskirchenverträge in der Praxis: offene Fragen bei der Umsetzung von Staatskirchenverträgen unter besonderer Berücksichtigung der Verhältnisse in Sachsen-Anhalt, 2003.

meinsame Belange" weit und offen umschrieben. Typische Beispiele für gemeinsame Belange sind etwa der Religionsunterricht in (staatlichen) Schulen, die Mitwirkung in Hochschulen und anderen staatlichen Einrichtungen und Gremien, der Denkmalschutz bei Sakralbauten, die Zuweisung von Finanzmitteln[103] und sonstige Bereiche der Kultur- und Brauchtumspflege.

72
Ausgestaltung von Finanzzuweisungen

Besondere verfassungsrechtliche Probleme wirft die nähere Ausgestaltung von Finanzzuweisungen auf, wenn über die Verteilung zwischen den verschiedenen Organisationen einer Religion gestritten wird. Dies betraf in Sachsen-Anhalt insbesondere die Zuweisung an die verschiedenen Jüdischen Gemeinden, zwischen denen die Kriterien für die Bestimmung der Mitgliedschaft sowie als Folge die Mitgliederzahlen umstritten waren und sind. Das Landesverfassungsgericht mußte sich in einem Verfahren aus dem Jahr 2013 mit dem Verteilungsmechanismus des Staatsvertrages aus dem Jahr 1994 befassen[104]. Im Ergebnis genügte die getroffene Regelung nicht den verfassungsrechtlichen Anforderungen. Im einzelnen stellte das Landesverfassungsgericht klar, daß die finanzielle Förderung von Religionsgesellschaften als solche sowohl mit dem Grundgesetz[105] als auch mit der Landesverfassung vereinbar ist. Entscheide sich der Staat für eine finanzielle Förderung von Religions- oder Weltanschauungsgemeinschaften, so sei die Verteilung der im Haushaltsgesetz bereitgestellten Mittel an die und zwischen den betroffenen Gemeinschaften eine staatliche Aufgabe und kein Gegenstand des Selbstverwaltungsrechts der Religionsgemeinschaften. Die in Art. 13 Abs. 1 Staatsvertrag 1994 getroffene Regelung, nach der das Land an den Landesverband einen Gesamtzuschuß als Staatsleistung zahlt, der sodann nach Maßgabe der im Schlußprotokoll zu Art. 13 Abs. 1 Staatsvertrag 1994 getroffenen Regelung an alle anspruchsberechtigten Jüdischen Gemeinden in Sachsen-Anhalt zu verteilen ist, stelle eine Übertragung dieser staatlichen Aufgabe in Gestalt einer Beleihung dar. In einem solchen Fall müßten die Kriterien der Mittelverteilung ausreichend bestimmt im Staatsvertrag normiert und durch das Zustimmungsgesetz legitimiert werden. Das im Schlußprotokoll zu Art. 13 Abs. 1 Staatsvertrag 1994 verwendete Verteilungskriterium „anteilmäßig" genüge diesen verfassungsrechtlichen Anforderungen nicht und führe zur Nichtigkeit der Regelung.

Übertragung einer staatlichen Aufgabe (Beleihung)

---

103 Dazu näher Arnd Uhle (Hg.), Kirchenfinanzen in der Diskussion, 2015.
104 *LVerfG Sachsen-Anhalt*, Urt. v. 15. 1. 2013 (LVG 2/12), NVwZ-RR 2013, S. 393 ff.
105 Dazu näher vgl. *BVerfGE 123*, 148 (184 f.).

E. Handlungspflichten auf Grund von Einrichtungsgarantien und Staatszielen

Während in bezug auf die Grundrechte die staatliche Bindung und die im Falle einer sachlichen Betroffenheit ausgelösten Unterlassungs- und Handlungspflichten weitgehend geklärt und eindeutig sind, wodurch ihre Justitiabilität wesentlich gefördert wird, werden die Handlungspflichten, die durch Einrichtungsgarantien und Staatsziele begründet werden, nach wie vor nur vage umschrieben. Die Verfassung von Sachsen-Anhalt hat in Artikel 3 Abs. 2 und 3 den Versuch unternommen, die inhaltliche Reichweite der Bindungswirkung differenziert zu normieren. Danach verpflichten die Einrichtungsgarantien „das Land, diese Einrichtungen zu schützen sowie deren Bestand und Entwicklung zu gewährleisten". Die Staatsziele „verpflichten das Land, sie nach Kräften anzustreben und sein Handeln danach auszurichten".

73
Handlungspflichten durch Einrichtungsgarantien

Differenzierung nach der Bindungswirkung

Konsens besteht bezüglich der objektiven Bindungswirkung, die sowohl durch Einrichtungsgarantien als auch durch Staatsziele begründet wird[106]. Verpflichtet ist nach Art. 3 Abs. 2 und 3 Verf. Sachsen-Anhalt „das Land" und damit nicht nur der Gesetzgesetzgeber, wenngleich diesem in erster Linie die Pflicht zur näheren Ausgestaltung in beiden Bereichen obliegt. Soweit einzelne Regelungen ausdrücklich die Kommunen als Verpflichtungsadressaten ansprechen – siehe Art. 35 Abs. 1 Verf. Sachsen-Anhalt –, bedeutet dies nicht, daß diese in bezug auf die übrigen Regelungen nicht als Teil des Landes, genauer: der Landesverwaltung im Sinne von Art. 86 Abs. 1 Verf. Sachsen-Anhalt zu qualifizieren sind.

74
Objektive Bindungswirkung

Die in bezug auf beide Bereiche begründete allgemeine Handlungspflicht löst zunächst eine Informations- und Beobachtungspflicht[107] der sachlich zuständigen Stellen aus. Nur auf der Grundlage einer aktuellen Kenntnis der rechtlichen und tatsächlichen „Lage" in den jeweils erfaßten Sachbereichen können – an erster Stelle – die Landesregierung sowie die weiteren gebundenen Verfassungsorgane und staatlichen Stellen überhaupt erkennen, ob und in welcher Form ein Handlungsbedarf besteht[108]. Dieser vorgelagerten Pflicht wird in der Praxis nicht immer die nötige Aufmerksamkeit geschenkt. Es fehlt in vielen Sachbereichen an aktuellen und vergleichend bewertenden Bestandsaufnahmen, auf deren Grundlage Handlungsbedarf erkannt werden kann.

75
Informations- und Beobachtungspflicht

---

106 S. nur *BVerfGE 104*, 238 (245 f.) in bezug auf Art. 20a GG. S. näher *Sommermann*, Staatsziele (LitVerz.), S. 377 ff.; *Mager*, Einrichtungsgarantien (LitVerz.), S. 428 ff.

107 Die Beobachtungspflicht ist damit nicht auf Fälle beschränkt, in denen der Gesetzgeber Grundrechte beschränkt hat oder eine grundrechtliche Schutzpflicht besteht. Zu dieser Konstellation *BVerfGE 87*, 348 (358 ff.); *88*, 203 (309 ff.); *90*, 226 (237 f.); *95*, 267 (313 f.); *107*, 150 (179 f.); *112*, 304 (316 f.). S. auch *Christian Mayer*, Die Nachbesserungspflicht des Gesetzgebers, 1996.

108 Allgemein zu den Beobachtungspflichten *Höfling/Engels*, Parlamentarische Eigenkontrolle als Ausdruck von Beobachtungs- und Nachbesserungspflichten, in: Kluth/Krings, Gesetzgebung (LitVerz.), § 34.

§ 258 Sechzehnter Teil: III. Die Grundrechte in den Landesverfassungen

76
Bestandsschutz nur für den Einrichtungstypus

Soweit die Verfassung in bezug auf die Einrichtungsgarantien einen Bestandsschutz vorgibt, bezieht sich dieser auf den Einrichtungstyp und nicht auf die individuelle Einrichtung, so daß beispielsweise die Schließung einzelner Hochschulen verfassungsrechtlich nicht ausgeschlossen ist. Allerdings muß bei einer solchen Entscheidung eine Verhältnismäßigkeitskontrolle[109] erfolgen[110] und die mit der Schließung verbundene Beschränkung des Studienangebotes mit der verfassungsrechtlichen Maßgabe in Beziehung gesetzt werden, in ausreichendem Maße Studienmöglichkeiten bereitzustellen. Daran wird exemplarisch deutlich, daß Schließungsentscheidungen im Geltungsbereich von Einrichtungsgarantien zwar im Ermessen des Gesetzgebers bzw. Trägers stehen, im Einzelfall aber einer tragfähigen und willkürfreien Rechtfertigung bedürfen. Soweit die betroffenen Einrichtungen selbst rechtsfähig sind und über ein Selbstverwaltungsrecht verfügen, können sie verwaltungsgerichtlichen Rechtsschutz gegen Umsetzungsmaßnahmen in Anspruch nehmen. In diesen Verfahren ist durch eine Vorlage nach Art. 100 Abs. 1 GG an das Landesverfassungsgericht auch eine etwaige gesetzliche Regelung, die eine Schließung anordnet, überprüfbar.

Rechtsschutzdimension

77
Entwicklungsgarantie

Die für die garantierten Einrichtungen postulierte Entwicklungsgarantie erinnert an die durch das Bundesverfassungsgericht für die öffentlich-rechtlichen Rundfunkanstalten entwickelte Maßgabe[111] und findet im übrigen im geschriebenen Verfassungsrecht keine Entsprechungen. Das Bundesverfassungsgericht hat seine Rechtsprechung vor allem im Hinblick auf Veränderungen entwickelt, die durch das Auftreten von privaten Rundfunkunternehmen sowie Veränderungen in den Nutzererwartungen in bezug auf die Sendungsformate eingetreten sind[112]. Es sollte den öffentlich-rechtlichen Rundfunkanstalten unter anderem durch eine entsprechende Erweiterung der Finanzierung möglich sein, sich darauf einzustellen und ihre Aktivitäten entsprechend zu „entwickeln". Übertragen auf sonstige Einrichtungen würde das unter anderem bedeuten, daß das Land strukturellen Veränderungen im Bereich der den garantierten Einrichtungen zugewiesenen Aufgaben durch eine Anpassung ihrer Aufgaben und Befugnisse aber auch durch eine Anpassung der Finanzierungsmöglichkeiten[113] hinreichend Rechnung tragen soll. Daß dabei die finanziellen Möglichkeiten des Landeshaushalts zu beachten sind, ist auch hier selbstverständlich.

Finanzierungs-Anpassungsgebot

---

109 Grundlegend zur Verhältnismäßigkeitskontrolle im Staatsorganisationsrecht *Andreas Heusch*, Der Grundsatz der Verhältnismäßigkeit im Staatsorganisationsrecht, 2003.
110 S. zu einer vergleichbaren Konstellation *BVerfGE 85*, 360 ff.
111 *BVerfGE 73*, 118 (158) – st.Rspr.
112 S. *BVerfGE 83*, 238 (298).
113 Ähnlich wie im Zusammenhang der Konnexitätsregelung des Art. 87 Abs. 3 LVerf (dazu *Kluth*, Das kommunale Konnexitätsprinzip der Landesverfassungen – Überblick über Rechtsetzung und Rechtsprechung, LKV 2009, S. 337 ff.) geht es nicht allein darum, daß die Einrichtungen höhere Zuweisungen aus dem Landeshaushalt erhalten. Denkbar sind auch gesetzliche Regelungen, die eine Finanzierung durch Gebühren, Beiträge oder Entgelte ermöglichen.

In bezug auf die Staatszielbestimmungen konkretisiert Art. 3 Abs. 3 Verf. Sachsen-Anhalt die Handlungspflichten des Landes dahingehend, daß die jeweiligen Vorgaben „nach Kräften" anzustreben sind. Diese sehr vage Vorgabe kann man allerdings nur als Minimalverpflichtung verstehen, denn aus den einzelnen Staatszielbestimmungen der Art. 34 bis 40 Verf. Sachsen-Anhalt lassen sich zum Teil sehr viel konkretere Verpflichtungen ableiten. Das gilt insbesondere für das Staatsziel Umweltschutz.

78
Handlungspflichten des Landes „nach Kräften"

F. Rechtsschutz durch das Landesverfassungsgericht

Die „Überwachung" der Beachtung des Landesverfassungsrechts durch alle Emanationen der Landesstaatsgewalt einschließlich der Kommunalverwaltungen und der sonstigen Selbstverwaltungsträger (siehe Art. 86 Abs. 1 Verf. Sachsen-Anhalt) ist Aufgabe des Landesverfassungsgerichts in Zusammenarbeit (Art. 74 ff. Verf. Sachsen-Anhalt) mit den Fachgerichten der Landesebene (Art. 100 Abs. 1 GG). Ein Blick auf die Spruchpraxis des Landesverfassungsgerichts macht jedoch deutlich, daß die Zahl der Verfahren, in denen eine Verletzung von Grundrechten der Landesverfassung gerügt wird, eine seltene Ausnahme darstellt. Seit der Errichtung des Landesverfassungsgerichts im Jahr 1993 gibt es viele Jahre, in denen nicht über Grundrechtsverletzungen entschieden werden mußte.

79
Grundrechtsverletzungen als seltene Ausnahme

Die Gründe für die geringe praktische Relevanz der Grundrechte als Kontrollmaßstab in den Verfahren vor dem Landesverfassungsgericht sind vielschichtig. Zunächst ist zu beachten, daß die Landesverfassung bei der Geltendmachung von Grundrechtsverletzungen nur die Gesetzesverfassungsbeschwerde zuläßt (Art. 75 Nr. 6) mit der Folge, daß überall dort, wo die Grundrechtsverletzung erst durch einen Ausführungsakt erfolgt, eine direkte Anrufung des Landesverfassungsgerichts nicht möglich ist, eine anschließende Urteilsverfassungsbeschwerde aber nicht vorgesehen ist. In diesen Fällen muß deshalb das Bundesverfassungsgericht angerufen werden. Ein weiterer Grund für die geringe Zahl einschlägiger Entscheidungen dürften die thematischen Schwerpunkte der Landesgesetzgebung sein. Grundrechtsrelevante Regelungen werden vorwiegend durch den Bundesgesetzgeber getroffen.

80
Gesetzesverfassungsbeschwerde

G. Bibliographie

von Bose, Hermann, Geschichte der Verfassungsgebung, in: Michael Kilian (Hg.), Verfassungshandbuch Sachsen-Anhalt, 2004, S. 93 ff.
Keuffel, Gebhard Rudolf, Staatskirchenverträge in der Praxis: offene Fragen bei der Umsetzung von Staatskirchenverträgen unter besonderer Berücksichtigung der Verhältnisse in Sachsen-Anhalt, 2003.
Kilian, Michael, Die Entstehung der neuen Verfassung, in: Winfried Kluth (Hg.), Staats- und Verwaltungsrecht Sachsen-Anhalt, 2005, S. 20 ff.
ders., Die Entstehung der Verfassung von Sachsen-Anhalt und ihre Auslegung durch das Landesverfassungsgericht 1993 – 2000, in: ders. (Hg.), Das Landesverfassungsrecht von Sachsen-Anhalt im Spiegel der Rechtsprechung des Landesverfassungsgerichts 1993 – 2000, 2007.
ders., Grundzüge des Verfassungsrechts des Landes Sachsen-Anhalt, in: ders. (Hg.), Das Landesverfassungsrecht von Sachsen-Anhalt im Spiegel der Rechtsprechung des Landesverfassungsgerichts, 2000–2007, 2007.
ders., Verfassungsrecht Sachsen-Anhalt, in: ders. (Hg.), Landesrecht Sachsen-Anhalt, ^{2}2010.
Langer, Thomas, Finanzhilfe für Ersatzschulen in Sachsen-Anhalt, NJ 2009, S. 187 ff.
Reich, Andreas, Verfassung des Landes Sachsen-Anhalt, Kommentar, ^{2}2004, Art. 28.

Protokolle zur Verfassung des Landes Sachsen-Anhalt, 3 Bde, 2007.

§ 259
Landesgrundrechte in Schleswig-Holstein

Florian Becker

Übersicht

	RN		RN
A. Einleitung	1– 4	II. Autochthone Grundrechts-	
B. Grundrechtsgehalte in der		gehalte	31–55
Landesverfassung	5–86	1. Wahlrecht	32–34
I. Rezeption von Bundes-		2. Minderheitenschutz	35–45
grundrechten	5–30	a) Berechtigte	37–41
1. Sinn	6–10	b) Rechtsfolge	42–45
2. Dynamik	11–13	3. Schulwesen	46–52
3. Inhalt	14–30	4. Privatsphäre	53–54
a) Grundrechte	15–16	5. Petitionsrecht	55
b) Staatsbürgerliche		III. Staatszielbestimmungen	56–86
Rechte	17–19	1. Schutz hilfsbedürftiger	
c) Gesetzesvorbehalte		Menschen	57–61
und weitere Beschrän-		2. Gleichstellung von Mann	
kungen	20–21	und Frau	62–69
d) Interpretation nach		3. Schutz von Kindern	70–72
Rezeption	22–24	4. Schutz der natürlichen	
e) Veränderung der		Lebensgrundlagen	73–74
Rechte durch Rezep-		5. Kultur	75
tion	25–28	6. Digitale Dienste	76–80
f) Beschränkung der		7. Transparenz	81–86
Rezeption	29–30	C. Bibliographie	

§ 259 *Sechzehnter Teil: III. Die Grundrechte in den Landesverfassungen*

A. Einleitung

1
Landessatzung für Schleswig-Holstein

Am 12. Januar 1950 trat die „Landessatzung für Schleswig-Holstein" als erste schleswig-holsteinische Landesverfassung in Kraft[1]. Mit dem Begriff „Landessatzung" wollte der schleswig-holsteinische Verfassungsgeber ähnlich wie der Parlamentarische Rat durch die Bezeichnung der ersten bundesdeutschen Verfassung als „Grundgesetz" die Vorläufigkeit der Regelungen bis zur Vollendung der Wiedervereinigung verdeutlichen[2].

2
Verfassungsänderungen bis zu der Reform 2014

Bis zum Jahr 1990 wurde die Landessatzung nur geringfügig verändert[3]. Das Gesetz vom 13. Juni 1990 reformierte die Verfassung hingegen erstmals grundlegend[4]. Für den hier relevanten Zusammenhang ist insoweit die Einführung von Staatszielbestimmungen – Schutz der natürlichen Lebensgrundlagen, Förderung der Gleichstellung von Frauen und Männern – hervorzuheben. Zugleich bezeichnete der Verfassungsgeber das Regelungswerk nunmehr als „Verfassung des Landes Schleswig-Holstein". Bis zu der nächsten grundlegenden Reform des Jahres 2014[5] erfolgten zahlreiche Änderungen einzelner Regelungen[6].

3
Präambel

Die Präambel der aktuellen Landesverfassung von Schleswig-Holstein[7] enthält eine Aussage zu der fundamentalen Bedeutung der Grundrechte für die staatliche Ordnung des Landes und bestimmt jene als grundlegenden Zweck staatlicher Herrschaftsorganisation und Herrschaftsausübung: Die schleswig-holsteinische Verfassung steht hiernach „auf der Grundlage der unverletzlichen und unveräußerlichen Menschenrechte als Fundament jeder menschlichen Gemeinschaft". Die Anlehnung an Art. 1 Abs. 2 GG ist nicht zu verkennen.

4
Rezipierte und autochthone Grundrechte

Allerdings formuliert die geltende Verfassung ebensowenig wie ihre Vorgängerinnen einen eigenen vollständigen und geschlossenen Grundrechtskatalog. Vielmehr rezipiert sie die Grundrechte des Grundgesetzes. Daneben sind allerdings mit der Zeit – und schon vor der Einfügung der Rezeptionsklausel im

---

1 GVBl. 1950 S. 3.
2 So *Sybille Waller*, Die Entstehung der Landessatzung von Schleswig-Holstein v. 13.12.1949, 1988, S. 174 mit Bezug zu primären Quellen; auch *Schliesky*, Die Reform der Landesverfassung, in: Die Gemeinde Schleswig-Holstein 2015, S. 244, spricht von der als „vorläufig" gedachten Landessatzung.
3 Gesetz v. 20.11.1950 (GVBl. S. 289); Gesetz v. 26.3.1956 (GVBl. S. 59); Gesetz v. 11.3.1958 (GVBl. S. 177); Gesetz v. 27.12.1961 (GVBl. S. 35), neu bekanntgemacht am 15.3.1962 (GVBl. S. 123); Gesetz v. 12.12.1969 (GVBl. S. 279); Gesetz v. 29.6.1979 (GVBl. S. 420); Gesetz v. 24.2.1983 (GVBl. S. 120), neu bekanntgemacht am 7.2.1984 (GVBl. S. 53); Gesetz v. 13.6.1990 (GVBl. S. 391).
4 S. den Überblick bei *Bull*, Die Verfassungsentwicklung in Schleswig-Holstein seit 1980, in: JöR NF Bd. 51 (2003), S. 489ff. m.w.N. über die vorherigen Perioden auf S. 489.
5 Gesetz v. 12.11.2014 (GVBl. 2014 S. 328); Motiv für die Novelle und eingehender Überblick über die Neuregelungen bei *Schliesky*, in: Die Gemeinde Schleswig-Holstein 2015, S. 244ff.; *J.-D. Busch*, Zu den Modalitäten einer Verfassungsänderung, NordÖR 2015, S. 374.
6 Gesetz v. 11.3.1998 (GVBl. S. 122); Gesetz v. 20.3.1998 (GVBl. S. 150); Gesetz v. 27.9.1998 (GVBl. S. 280); Gesetz v. 23.10.2002 (GVBl. S. 214); Gesetz v. 13.5.2003 (GVBl. S. 279); Gesetz v. 16.5.2003 (GVBl. S. 279); Gesetz v. 14.2.2004 (GVBl. S. 280); Gesetz v. 17.10.2006 (GVBl. S. 220); Gesetz v. 20.7.2007 (GVBl. S. 338); Gesetz v. 18.3.2008 (GVBl. S. 149), neu bekanntgemacht am 13.5.2008 (GVBl. S. 223); Gesetz v. 22.7.2010 (GVBl. S. 550); Gesetz v. 18.1.2011 (GVBl. S. 34); Gesetz v. 29.3.2011 (GVBl. S. 96); Gesetz v. 28.12.2012 (GVBl. 2013 S. 8); Gesetz v. 20.2.2013 (GVBl. S. 102); Gesetz v. 12.11.2014 (GVBl. S. 328).
7 Im folgenden: Verf. Schleswig-Holstein.

Jahr 2008 – Vorschriften in Abschnitt I der Verfassung („Land und Volk") eingefügt worden, die sowohl grundrechtliche Aspekte individueller Freiheit oder die besonderen Rechte bestimmter Bevölkerungsgruppen als auch Ansprüche des Individuums gegen die organisierte Staatlichkeit regeln. Einige dieser Normen sind (teil-)identisch mit Gewährleistungen des Grundgesetzes; andere finden auf der Ebene des Bundesverfassungsrechts keine Entsprechung. Hinzu tritt eine Reihe von landesspezifischen Staatszielbestimmungen.

B. Grundrechtsgehalte in der Landesverfassung

I. Rezeption von Bundesgrundrechten

Die Landesverfassung formuliert keinen umfassenden autochthonen Grundrechtskatalog. Vielmehr greift sie auf die – ohnehin in weitem Umfang (vgl. Art. 142 GG[8]) vorrangigen – Grundrechte der Bundesverfassung zurück: Nach Art. 3 Verf. Schleswig-Holstein sind die „im Grundgesetz der Bundesrepublik Deutschland festgelegten Grundrechte und staatsbürgerlichen Rechte [...] Bestandteil dieser Verfassung und unmittelbar geltendes Recht". Diese Rezeptionsklausel[9] hat im Jahre 2008 (seinerzeit noch als Art. 2 a Verf. Schleswig-Holstein a.F.) Eingang in das schleswig-holsteinische Verfassungsrecht gefunden[10].

5
Rezeptionsklausel

1. Sinn

Art. 3 Verf. Schleswig-Holstein erscheint auf den ersten Blick überflüssig. Es ist völlig unbestritten, daß aufgrund von Art. 1 Abs. 3 GG nicht nur die Staatsgewalt des Bundes, sondern auch die der Länder in allen ihren Erscheinungsformen an die Grundrechte des Grundgesetzes gebunden ist[11]. Einer weiteren landesverfassungsrechtlichen Anordnung der Verpflichtung der Landesstaatsgewalt zur Einhaltung dieser Grundrechte bedarf es nicht. Damit ordnet bereits das Grundgesetz selbst einen thematisch weitgefächerten Grundrechtsschutz auch für den Verfassungsraum der Länder sowie die sich dort entfaltende Landesstaatsgewalt an. Es gewährleistet diesen Schutz prozessual durch die Verfassungsbeschwerde zum Bundesverfassungsgericht. Deren

6
Redundanz?

Art. 93 Abs. 1 Nr. 4 a GG, § 90 BVerfGG

---

8 *Sachs*, Die Grundrechte im Grundgesetz und in den Landesverfassungen. Zur Voraussetzung des Normwiderspruchs im Bereich der Art. 31 und 142 GG, DÖV 1985, S. 469 ff.; *Uerpmann*, Landesrechtlicher Grundrechtsschutz und Kompetenzordnung, in: Der Staat 35 (1996), S. 428 ff.; *Wermeckes*, Der erweiterte Grundrechtsschutz (LitVerz.); → Bd. III: *Grawert*, Wechselwirkungen zwischen Bundes- und Landesgrundrechten § 81 RN 84 bis 106; *Bartlsperger*, HStR, ³VI, § 128 RN 49 ff.
9 Zu Begriff und Vorgang der Rezeption von Bundesgrundrechten durch die Verfassungsgeber der Länder ausführlich *Dietlein*, Die Rezeption von Bundesgrundrechten durch Landesverfassungsrecht, AöR 120 (1995), S. 1 ff.
10 Gesetz v. 18. 3. 2008 (GVBl. S. 149).
11 *Herdegen*, in: Maunz/Dürig, GG (LitVerz.), Art. 1 Abs. 3 RN 93; *Rüfner*, HStR ³IX, § 197 RN 10.

§ 259 *Sechzehnter Teil: III. Die Grundrechte in den Landesverfassungen*

Beschwerdegegenstand bildet ein Akt der öffentlichen Gewalt (vgl. Art. 93 Abs. 1 Nr. 4a GG, § 90 BVerfGG), und es spielt dabei keine Rolle, ob dieser Akt dem Bund oder einem Land zuzurechnen ist.

7
Bezugnahme von Art. 1 Abs. 3 GG nicht eindeutig

Indes wird aus Art. 1 Abs. 3 GG nicht deutlich, welche der im Grundgesetz enthaltenen subjektiven Rechte von dieser Bindung umfaßt sind, da sich bekanntermaßen einige grundrechtsgleiche Rechte auch außerhalb des Ersten Abschnitts des Grundgesetzes befinden. Nach ganz herrschender Ansicht handelt es sich aber bei den in der Regelung angesprochenen „nachfolgende[n] Grundrechten" um die in Art. 93 Abs. 1 Nr. 4a GG aufgeführten beschwerdefähigen Rechte[12].

8
Verdoppelung des Grundrechtsschutzes

Prüfungsmaßstab für das Landesverfassungsgericht

Die Rezeption der Bundesgrundrechte durch Art. 3 Verf. Schleswig-Holstein hat aber trotz Art. 1 Abs. 3 GG nicht bloß deklaratorische Wirkung. Vielmehr schafft sie – natürlich ohne Rückwirkung auf Normenbestand und Geltung des Bundesverfassungsrechts – originäres Landesverfassungsrecht[13]. Dies führt zu einer materiell-rechtlichen Doppelung durch teilidentische[14] Regelungen. Deren Existenzberechtigung in Schleswig-Holstein ist in erster Linie durch die gleichzeitig mit der Verfassungsänderung des Jahres 2008 erfolgte Errichtung eines Landesverfassungsgerichts zu erklären: Die in der Rezeption angelegte Umwandlung von Grundrechten des Bundes in solche des Landesverfassungsrechts sollte dem Gericht einen Prüfungsmaßstab an die Hand geben.

9
Keine Individualverfassungsbeschwerde

Maßstab für Normenkontrolle

Zwar konnte sich der Verfassungsgeber im Jahr 2008 nicht zur Einführung einer Landesverfassungsbeschwerde durchringen. Das antizipierte hohe Aufkommen an Verfahren wäre wohl durch ein Landesverfassungsgericht, das mit ehrenamtlichen Richtern besetzt ist (vgl. § 8 Abs. 2 LVerfGG Schleswig-Holstein), nicht zu bewältigen. Die Ehrenamtlichkeit der Richter war jedoch allgemeiner Konsens bei der Errichtung des Gerichts gewesen[15]. Dem Landesverfassungsgericht steht aber aufgrund der Rezeption immerhin nun auch außerhalb eines individuellen Beschwerdeverfahrens anläßlich von abstrakter und konkreter Normenkontrolle (Art. 51 Abs. 2 Nr. 2 und 3 Verf. Schleswig-Holstein, §§ 39 ff. und 44 ff. LVerfGG Schleswig-Holstein) das volle Spektrum rezipierter Grundrechte als Prüfungsmaßstab zur Verfügung[16].

10
Vermeidung von Änderungsbedarf

Dies erklärt aber lediglich, daß es landesverfassungsrechtliche Grundrechte geben soll, nicht aber warum die Landesverfassung diese nicht selbst formuliert. Die Inanspruchnahme einer Rezeptionsklausel ist vermutlich dem im Zuge der Reformdiskussion entstandenen Eindruck geschuldet, daß ansonsten eingedenk der Vorrangregelung des Art. 142 GG künftig jedwede text-

---

12 S. z.B. *Herdegen*, in: Maunz/Dürig, GG (LitVerz.), Art. 1 Abs. 3 RN 9 m.w.N.; s. auch *Höfling*, in: Sachs, GG (LitVerz.), Art. 1 RN 83 f., dies mit dem prozessualen Bezug seiner Aussagen ebenfalls impliziert.
13 Zu den verschiedenen, inzwischen überholten Möglichkeiten, die Wirkung solcher und ähnlicher Rezeptionsklauseln zu konzeptionieren: *Dietlein*, AöR 120 (1995), S. 1 (4 ff.).
14 Zur Anpassung an den Verfassungsraum des Landes s. unten RN 25 ff.
15 Vgl. die ParlProt. des Schleswig-Holsteinischen Landtags 16/25 v. 22. 3. 2006, S. 1744–1749 und 16/40 v. 11. 10. 2006, S. 2830–2845.
16 Vgl. die Redebeiträge der Abgeordneten *Thomas Stritzl* (CDU), *Klaus-Peter Puls* (SPD), *Wolfgang Kubicki* (FDP), *Karl-Martin Hentschel* (Bündnis 90/Die Grünen), *Anke Spoorendonk* (SSW), in: ParlProt. des Schleswig-Holsteinischen Landtags 16/77 v. 30. 1. 2008, S. 5569 ff.

liche Veränderung der Bundesgrundrechte auch auf der Ebene des Landes redaktionell hätte nachvollzogen werden müssen, um keine ungültigen Normen in der Landesverfassung zu belassen[17].

2. Dynamik

Bezieht ein Gesetz eine weitere, typischerweise durch einen fremden Gesetzgeber erlassene (Ziel-)Norm in seine Regelungen durch Rezeption ein, so kann dies entweder auf eine dynamische oder auf statische Art und Weise geschehen. In dem erstgenannten Fall wird die Zielnorm in ihrer jeweils gerade gültigen Gestalt in das verweisende Gesetz übernommen; in dem zweitgenannten Fall erfolgt die Übernahme des Normenbestands zu einem bestimmten Zeitpunkt, und der Inhalt der übernommenen Norm ändert sich auch dann nicht, wenn sich die Zielnorm zu einem späteren Zeitpunkt ändert. Während die statische Rezeption den Inhalt der verweisenden Regelung zumindest *nach* dem Zeitpunkt der Verweisung von dem Willen des Gesetzgebers der Zielnorm ablöst, sind beide Varianten im Hinblick auf die Aspekte der Rechtssicherheit und Rechtsklarheit nicht unbedenklich: Der endgültige Text der Verweisungsnorm ergibt sich erst unter Einbeziehung eines fremden Textes und im Falle der dynamischen Verweisung kann sich dieser sogar noch ständig mit Auswirkung auf den Normbefehl der Verweisungsnorm wandeln, ohne daß dies aus ihr unmittelbar ersichtlich wird.

11
Dynamische und statische Rezeption

Rechtssicherheit und -klarheit

Art. 3 Verf. Schleswig-Holstein nimmt die Grundrechte des Grundgesetzes nicht in einer bestimmten Fassung oder zu einem bestimmten Zeitpunkt in Bezug. Daher vollzieht diese Norm eine dynamische Rezeption[18]. Hierdurch wirken sich Änderungen im Wortlaut des Grundgesetzes unmittelbar auf das Landesverfassungsrecht aus[19]. Eine solche Dynamik wird bisweilen selbst bei denjenigen landesverfassungsrechtlichen Rezeptionsklauseln angenommen, die sich ausdrücklich auf das Grundgesetz in einer bestimmten Fassung beziehen (vgl. Art. 4 Abs. 1 Verf. Nordrhein-Westfalen), denn nur auf diese Art läßt sich das angestrebte Maß an höchstmöglicher Übereinstimmung zwischen Bundes- und Landesgrundrechten sicherstellen[20].

12
Dynamische Rezeption in Schleswig-Holstein

Die ansonsten mit Blick auf einfache Gesetze geltend gemachten verfassungsrechtlichen Bedenken, insbesondere gegen dynamische Rezeptionen fremden Rechts[21], greifen naturgemäß bei Regelung in der Verfassung selbst nicht

13
Keine verfassungsrechtlichen Bedenken

---

17 *Kubicki* (FDP), in: ParlProt. des Schleswig-Holsteinischen Landtags 16/77 v. 30. 1. 2008, S. 5571.
18 So für die offenbar in Schleswig-Holstein als Vorbild gewählte (vgl. *Ylva Blackstein*, Das Landesverfassungsgericht von Schleswig-Holstein [Diss. iur. Kiel], 2014, S. 127, mit Verweis auf ParlProt. des Schleswig-Holsteinischen Landtags 16/77 v. 30. 1. 2008, S. 5570). Zur Rezeptionsnorm der Verfassung von Mecklenburg-Vorpommern: *Kohl*, in: Classen/Litten/Wallerath (LitVerz.), Art. 5 RN 10.
19 *Nordmann*, „Rezipierte" Grundrechte für Schleswig-Holstein, NordÖR 2009, S. 97 (98); *Caspar*, Kompetenzen des Landesverfassungsgerichts im Schnittfeld zwischen Bundes- und Landesrecht – Zur Errichtung des Schleswig-Holsteinischen Verfassungsgerichts, NordÖR 2008, S. 193 (198).
20 *Dietlein*, AöR 120 (1995), S. 1 (18); *Kamp*, in: Heusch/Schönenbroicher (LitVerz.), Art. 4 RN 32 ff.
21 Vgl. zu den verfassungsrechtlichen Bedenken bereits grundlegend: *Ossenbühl*, Die verfassungsrechtliche Zulässigkeit der Verweisung als Mittel der Gesetzgebungstechnik, DVBl. 1967, S. 401.

durch²². Auch wenn damit der Inhalt der Landesverfassung letztlich zur Disposition des Bundesverfassungsgebers steht, bleibt es doch dem Land unbenommen, die Rezeption zu beschränken, auszudehnen oder aufzuheben. Außerdem verfügt das Landesverfassungsgericht über die Interpretationshoheit hinsichtlich der dem Bundesverfassungsrecht wortgleichen Landesgrundrechte²³.

Interpretationshoheit

3. Inhalt

14
status negativus und status activus

Art. 3 Verf. Schleswig-Holstein bezieht die im Grundgesetz der Bundesrepublik Deutschland festgelegten Grundrechte und staatsbürgerlichen Rechte in das Landesverfassungsrecht ein. Die Formulierung greift die Differenzierung zwischen klassischen Freiheitsrechten des status negativus und politischen Teilhaberechten des status activus auf. Da eine ausdrückliche Aufzählung der in Bezug genommenen Regelungen fehlt, ist durch Auslegung zu ermitteln, welche Normen die auf das Grundgesetz bezogenen aber dennoch landesverfassungsrechtlichen Begriffe „Grundrechte und staatsbürgerlichen Rechte" umfassen.

a) Grundrechte

15
Art. 1 bis 19 GG

Mit der Bezugnahme auf die Grundrechte sind jedenfalls die Grundrechte der Art. 1 bis 19 GG erfaßt²⁴. Allerdings enthält die Bundesverfassung auch außerhalb ihres Abschnitts zu den Grundrechten subjektiv-öffentliche Freiheits- und Teilhaberechte. Da die Ermöglichung eines Rechtsschutzes durch das Landesverfassungsgericht das Motiv für die Einführung der Rezeptionsklausel war, liegt es nahe, den Kreis der erfaßten Rechte aus einem prozessualen Blickwinkel zu bestimmen.

16
Prozessuale Determinierung der Auslegung

Auch wenn es nicht zur Einführung einer Landesverfassungsbeschwerde gekommen ist, erlaubt der zeitliche Gleichlauf der Diskussion dieses Vorhabens doch, einen Bezug zu dem Schutz subjektiver Rechte auf Bundesebene herzustellen. Für das dort geltende Prozeßrecht umschreibt Art. 93 Abs. 1 Nr. 4a GG den Kreis der beschwerdefähigen Rechte. Eine Übertragung dieser Aufzählung auf das Landesverfassungsrecht liegt in Ermangelung anderer Anhaltspunkte nahe, so daß angesichts der Motivation und Genese der Rezeptionsklausel vorbehaltlich expliziter Abweichungen und impliziter Beschränkungen neben den „Grundrechten" (Art. 1 bis 19 GG) die ebenfalls im Zusammenhang mit der Bundesverfassungsbeschwerde genannten grundrechtsgleichen Rechte bzw. die subjektiv-rechtlichen Gehalte entsprechender Normen – Art. 20 Abs. 4, Art. 33, 38, 101, 103 und 104 GG – in das Landesverfassungsrecht rezipiert werden²⁵.

---

22 Hierzu *Dietlein*, AöR 120 (1995), S. 1 (19 f.).
23 → Bd. III: *Maurer*, Landesgrundrechte im Bundesstaat, § 82 RN 82.
24 Zu Art. 18 GG s. unten RN 21.
25 Dieses Verständnis gilt weitgehend auch für die als Vorbild gewählte (vgl. FN 18) Rezeptionsklausel des Landes Mecklenburg-Vorpommern: *Kohl*, in: Classen/Litten/Wallerath (LitVerz.), Art. 5 RN 11; dort wird allerdings nicht auf Art. 38 GG verwiesen.

b) Staatsbürgerliche Rechte

Die Bundesverfassung verwendet die von Art. 3 Verf. Schleswig-Holstein neben den Grundrechten rezipierten *„staatsbürgerlichen Rechte* und Pflichten" in Art. 33 Abs. 1 und 3 GG sowie in Art. 140 GG in Verbindung mit Art. 136 Abs. 1 WRV. Im Hinblick auf Art. 33 GG wird die Auffassung vertreten, diese Bezeichnung umfasse das „gesamte Rechtsverhältnis des Staatsbürgers zum Staat"[26]. Vor dem Hintergrund früher existierender abgestufter Formen der Staatsangehörigkeit, die mit unterschiedlichen Rechten und Pflichten verbunden waren[27], sollte der Begriff die Rechte und Pflichten des Vollbürgers bezeichnen, der zur Teilnahme an der aktiven Staatswillensbildung berechtigt war[28]. Dieses Verständnis ist dem Zweck des Art. 33 GG geschuldet, der die Gewährung unterschiedlicher Rechtsstellungen in Anknüpfung an eine Landeszugehörigkeit verhindern soll[29].

17 Staatsbürgerliche Rechte im Grundgesetz

Den Gesetzgebungsmaterialien lassen sich kaum Anhaltspunkte zur Auslegung des Begriffs der „staatsbürgerlichen Rechte" entnehmen. Aus der Äußerung eines Abgeordneten während des Gesetzgebungsverfahrens läßt sich schließen, daß sich der Gesetzgeber bei der Formulierung der Rezeptionsklausel an der gleichlautenden Norm der Verfassung des Landes Mecklenburg-Vorpommern orientiert hat[30]. Den Gesetzgebungsmaterialien zu der dortigen Rezeptionsklausel läßt sich wiederum eine Aufzählung der rezipierten Grundrechte entnehmen, die mit Ausnahme des Art. 38 GG den Katalog des Art. 93 Abs. 1 Nr. 4a GG abbildet[31]. Erfolgt die Auslegung des Begriffs der staatsbürgerlichen Rechte in Art. 3 Verf. Schleswig-Holstein im Hinblick auf den Zweck der Rezeption, spricht bereits deren Zielrichtung gegen eine undifferenzierte Übernahme des weiten Begriffs aus Art. 33 GG. Zudem würde die Rezeption des gesamten grundgesetzlich geprägten Rechtsverhältnisses des Staatsbürgers zum Staat auch das Recht zur Einlegung der Verfassungsbeschwerde nach Art. 93 Abs. 1 Nr. 4a GG umfassen[32] – was sich wiederum nicht mit der schleswig-holsteinischen Entscheidung vereinbaren ließe, diese Form des außerordentlichen Rechtsschutzes nicht zuzulassen.

18 Anlehnung an Mecklenburg-Vorpommern

Kein umfassendes Staat-Bürger-Verhältnis

Der Intention des schleswig-holsteinischen Verfassungsgebers kommt die ebenfalls in Bezug auf Art. 33 GG vorgeschlagene Beschränkung der „staatsbürgerlichen Rechte" auf den status activus[33] sicher näher als ein weites, das gesamte Rechtsverhältnis des Bürgers zum Staat umfassendes Verständnis. Dem entspricht die zur Einteilung des Grundrechtsbestandes vorgeschlagene

19 status activus

---

26 *Maunz*, in: ders./Dürig, GG (LitVerz.), Art. 33 (Stand: 1966) RN 6.
27 *Brosius-Gersdorf*, in: H. Dreier, GG (LitVerz.), Art. 33 RN 62.
28 Vgl. *Brosius-Gersdorf* aaO., Art. 33 RN 62.
29 *Sachs*, Das Staatsvolk in den Ländern, AöR 108 (1983), S. 68 (82).
30 *Blackstein* (LitVerz.), S. 127, mit Verweis auf ParlProt. des Schleswig-Holsteinischen Landtags 16/77 v. 30. 1. 2008, S. 5570.
31 *Blackstein* (LitVerz.), S. 127, mit Verweis auf LT-Drucks. 1/3100, S. 178 ff.
32 Vgl. *Menzel*, in: Löwer/Tettinger (LitVerz.), Art. 4 in FN 50.
33 *Grigoleit*, in: Stern/Becker (LitVerz.), Art. 33 RN 12.

Definition, „staatsbürgerlich" seien die Grundrechte (bzw. grundrechtsgleichen und -ähnlichen Rechte), „die die Beteiligung des einzelnen als Teil des Staatsorgans Volk an Wahlen und Abstimmungen zum Gegenstand haben, sowie diejenigen, die die Besetzung der besonderen Organe durch Personen aus dem Volke betreffen"[34]. Freilich ergibt sich daraus kaum eine Erweiterung der rezipierten Rechte gegenüber dem nach hiesiger Auffassung ohnehin aufgenommenen Katalog grundrechtsgleicher Rechte des Art. 93 Abs. 1 Nr. 4 a GG. Diskutabel erscheint insoweit allein die Ergänzung um die aus Art. 21 GG abgeleiteten subjektiv-öffentlichen Rechte der politischen Parteien.

c) Gesetzesvorbehalte und weitere Beschränkungen

20 Die Rezeption erfaßt nicht nur die Schutzbereiche subjektiv-öffentlicher Rechte, sondern auch die ihnen durch das Grundgesetz beigegebenen Gesetzesvorbehalte. Ansonsten ergäbe sich die undenkbare Situation, daß die Landesstaatsgewalt an die Grundrechtsgewährleistungen gebunden ist, entsprechende Eingriffe hingegen zwar bundes- nicht aber landesverfassungsrechtlich zulässig wären. Entsprechendes gilt für die in Art. 19 GG enthaltenen Schrankenschranken (Zitiergebot, Verbot des Einzelfallgesetzes, Wesensgehaltsgarantie)[35].

21 Art. 18 GG ist zwar in dem Abschnitt über die Grundrechte enthalten, gewährleistet aber kein subjektives Recht, sondern regelt vielmehr die Möglichkeit der Grundrechtsverwirkung. Im Zusammenhang mit anderen landesverfassungsrechtlichen Rezeptionsklauseln wurde daher die Frage aufgeworfen, ob auch diese Vorschrift von dem globalen Verweis auf die „Grundrechte und staatsbürgerlichen Rechte" umfaßt sein soll[36]. Diese Frage hat allerdings auf der Ebene des Landes Schleswig-Holstein keine besondere Bedeutung, weil ein entsprechendes Verwirkungsverfahren beim Landesverfassungsgericht nicht existiert und auch von Art. 51 Abs. 2 Verf. Schleswig-Holstein nicht vorgesehen ist. Unabhängig davon dürfte aber aus dem gleichen Grund, aus dem die Bundesgrundrechte nicht ohne die ihnen beigegebenen Gesetzesvorbehalte rezipiert werden, auch die Grundrechtsverwirkung – dann aber beschränkt auf den Raum des Landes und die Landesgrundrechte – Gegenstand der Rezeptionsklausel sein. Denn ungeachtet der exakten dogmatischen Einordnung enthält Art. 18 GG jedenfalls schon „aufgrund des grundgesetzlichen Unwerturteils eine Verringerung des Grundrechtsschutzes"[37].

---

34 *Stern*, Staatsrecht III/1 (LitVerz.), § 64 III 9 a, S. 468.
35 *Kamp*, in: Heusch/Schönenbroicher (LitVerz.), Art. 4 RN 20; es reicht aus, daß der Landesgesetzgeber bei einer Einschränkung von Grundrechten allein die Einschränkung des Grundgesetzes zitiert, soweit sowohl Landes- als auch Bundesgrundrechte eingeschränkt werden; wenn allein die autochthonen Grundrechte des Landes betroffen sind, müssen natürlich aufgrund von Art. 3 Verf. Schleswig-Holstein i.V.m. Art. 19 Abs. 1 Satz 2 GG diese zitiert werden (aaO., RN 30).
36 *Kohl*, in: Classen/Litten/Wallerath (LitVerz.), Art. 5 RN 13 m.w.N.
37 → Bd. III: *Merten*, Immanente Grenzen und verfassungsunmittelbare Schranken, § 60 RN 92; vgl. auch *Bethge*, HStR ³IX, § 203 RN 171.

d) Interpretation nach Rezeption

Die Rezeption ermöglicht dem Landesverfassungsgericht eine eigenständige Interpretation der rezipierten Rechte; es ist dabei nicht an die Rechtsprechung des Bundesverfassungsgerichts gebunden[38]. Daher kann sich der tatsächliche Freiheitsschutz auf der Ebene der Länder anders entwickeln als auf der durch die Rechtsprechung des Bundesverfassungsgerichts geprägten Ebene des Bundes. Eine Verengung des landesgrundrechtlichen Freiheitsschutzes dürfte dabei aber kaum sinnvoll sein, weil staatliches Handeln dann zwar – vorbehaltlich von Art. 31, 142 GG – landesverfassungsrechtlich zulässig sein mag, aber zugleich wegen Art. 1 Abs. 3 GG gegen Bundesgrundrechte verstößt und damit aus diesem Grund nichtig ist.

22 Keine unmittelbare Bindung an die BVerfG-Rechtsprechung

Vor allem sind bei Anwendung und Auslegung der rezipierten Rechte die Vorgaben von Art. 31, 142 GG zu beachten, die den Spielraum auch der rechtsprechenden Landesstaatsgewalt einengen. Wenn das Landesverfassungsgericht den Schutzgehalt eines als Landesrecht rezipierten Grundrechts enger interpretiert als das Bundesverfassungsgericht oder wenn es die Eingriffsmöglichkeiten – auch auf der Grundlage des aus anderen Grundrechten abgeleiteten status positivus – extensiver versteht und damit ein geringeres Maß an Freiheit gewährt, unterscheidet sich dies nicht von der Situation, in welcher der Verfassungsgeber entsprechende Vorgaben ausdrücklich formuliert. Im Ergebnis kann das Landesverfassungsgericht daher nur einen erweiterten Freiheitsschutz gegenüber der Landesstaatsgewalt gewähren – und dies auch nur, soweit dadurch nicht in ihrerseits grundrechtlich geschützte Positionen anderer Grundrechtsträger eingegriffen wird[39].

23 Begrenzung durch Art. 31, 142 GG

Soweit das Bundesverfassungsgericht von den im Grundgesetz benannten Grundrechten ausgehend einen eigenständigen Schutz für besondere Lebensbereiche ausgeformt hat – beispielsweise das aus Art. 1 Abs. 1, 2 Abs. 1 GG entwickelte Grundrecht auf informationelle Selbstbestimmung[40] und seine spätere Inkarnation als Anspruch auf die Integrität informationstechnischer Systeme[41] –, der über eine bloße Interpretation eines Schutzbereichs oder das Verständnis bestimmter Tatbestandsmerkmale hinausgehend auch ein anspruchsvolles System der Eingriffsrechtfertigung enthält[42], sind auch diese Entwicklungen von der Rezeptionsklausel umfaßt, wenn sie sich in der verfassungsgerichtlichen Judikatur verfestigt haben.

24 Rezeption auch entwickelter ungeschriebener Grundrechte

---

38 Nachweise zu der einschlägigen Diskussion bei *Dietlein*, AöR 120 (1995), S. 1 (20 ff.), vor allem unter Berücksichtigung der nur begrenzten Wirkung von § 31 Abs. 2 BVerfGG (S. 23 f.).
39 *Kamp*, in: Heusch/Schönenbroicher (LitVerz.), Art. 4 RN 26.
40 BVerfGE 65, 1 (41 ff.); 78, 77 (84); 84, 192 (194); 92, 191 (197); 96, 171 (181); 101, 106 (121); → Bd. IV: *W. Rudolf*, Recht auf informationelle Selbstbestimmung, § 90 RN 1 ff.; *Di Fabio*, in: Maunz/Dürig, GG (LitVerz.), Art. 2 Abs. 1 RN 173 ff.; *Lorenz*, in: Bonner Kommentar (LitVerz.), Art. 2 Abs. 1 RN 328 ff.; *Horn*, in: Stern/Becker (LitVerz.), Art. 2 RN 50.
41 BVerfGE 120, 274 ff.; → Bd. IV: *W. Rudolf*, Recht auf informationelle Selbstbestimmung, § 90 RN 73 ff.
42 Vgl. zu den verfahrensrechtlichen Schutzvorkehrungen des informationellen Selbstbestimmungsrechts: → Bd. IV: *W. Rudolf*, Recht auf informationelle Selbstbestimmung, § 90 RN 47 ff.

e) Veränderung der Rechte durch Rezeption

25
Anpassung an den räumlichen Geltungsbereich des Landes

Die Bundesgrundrechte sind für den räumlichen Geltungsbereich der Bundesverfassung geschaffen. Ungeachtet dessen können sie weitgehend als Landesgrundrechte auf den Raum des Landes Schleswig-Holstein als Abwehrrechte und gegebenenfalls auch als Leistungsrechte gegenüber der dortigen Landesstaatsgewalt reduziert werden. Die Bedeutung der Berufsfreiheit richtet sich nicht danach, wo die Ausübung eines Berufes stattfindet oder an welchem Ort durch die Staatsgewalt welcher Gebietskörperschaft diese beschränkt wird. Ähnliches gilt für nahezu alle Grundrechte. Nur wenige der auf Bundesebene formulierten Gewährleistungen bedürfen im Zuge der Rezeption einer inhaltlichen Anpassung an den territorial beschränkten Raum des Landes.

26
Freizügigkeit

Art. 11 Abs. 1 GG gewährleistet die Freizügigkeit aller Deutschen im Hinblick auf deren freie Einreise in das Bundesgebiet, den Umzug von einem Bundesland in ein anderes sowie die Bewegungsfreiheit innerhalb eines einzelnen Bundeslandes, zwischen dessen Gemeinden sowie innerhalb einer einzelnen Gemeinde[43]. Bei der Rezeption dieses Grundrechts stellt sich in zweifacher Hinsicht die Frage nach der räumlich-sachlichen Beschränktheit des Landesverfassungsrechts. Zum einen kann der schleswig-holsteinische Verfassungsgeber keine Freizügigkeit für das Territorium anderer Länder gewährleisten[44]. Damit beschränkt sich der Schutzbereich des rezipierten Landesgrundrechts auf die Einreise nach Schleswig-Holstein sowie auf das Recht, sich innerhalb des Landes zu bewegen. Auch das Recht zur Einreise in ein anderes Bundesland kann durch das Landesverfassungsrecht naturgemäß nicht gewährleistet werden.

27
Geltung des Landesgrundrechts für alle Deutschen

Zum andern ist im Hinblick auf den persönlichen Schutzbereich (Grundrechtsberechtigung) fraglich, ob die landesverfassungsrechtliche Version der Freizügigkeit tatsächlich alle Deutschen in Schleswig-Holstein oder nicht nur die Bürger des Landes Schleswig-Holstein schützen soll. Dieses Problem ergibt sich ebenso bei der Rezeption weiterer Deutschengrundrechte, wie insbesondere Art. 8 Abs. 1, Art. 9 Abs. 1, Art. 12 Abs. 1 GG. In den Landesverfassungen, die eigenständig ausformulierte Grundrechte enthalten, gibt es derartige Beschränkung der jeweiligen persönlichen Schutzbereiche auf Landeskinder nur selten. So beschränken allein die Verfassungen der Länder Bremen und Bayern das Recht der Freizügigkeit auf ihre jeweiligen Bewohner[45]. Auch ergibt sich eine solche Beschränkung keineswegs aus der Natur der Sache, weil das Land als Gebietskörperschaft nicht notwendig auf den Schutz seiner eigenen Bürger beschränkt ist. Hätte der Verfassungsgeber eine Beschränkung der rezipierten Deutschengrundrechte auf die Bürger des Landes

---

43 Hierzu im einzelnen *Durner*, in: Maunz/Dürig, GG (LitVerz.), Art. 11 RN 95 ff.
44 *Nordmann*, NordÖR 2009, S. 97 (99).
45 Vgl. Art. 109 Verf. Bayern und Art. 18 Verf. Bremen. Bei einer Anknüpfung an den Bewohner erledigt sich die von *Kamp*, in: Heusch/Schönenbroicher (LitVerz.), Art. 4 RN 23, aufgeworfene Kritik an einer möglichen personellen Beschränkung der Deutschengrundrechte, die darauf beruht, daß es keine Staatsangehörigkeit der Länder gibt.

Schleswig-Holstein gewollt, hätte er diese ungewöhnliche Reduktion im Zusammenhang mit dem Vorgang der Rezeption deutlich machen müssen. Selbstverständlich expandieren Deutschengrundrechte aber mit ihrer Rezeption auch nicht zu „Jedermannrechten".

Aufgrund des Anwendungsvorrangs des Unionsrechts[46] und des daher zu berücksichtigenden allgemeinen Diskriminierungsverbots (Art. 18 AEUV) ist auf der Ebene der Landesverfassung ebenso wie mit Blick auf das Grundgesetz eine Ausdehnung des persönlichen Schutzbereichs der Deutschengrundrechte auf die Unionsbürger ungeachtet des Normtextes zwingend.

28
Ausdehnung auf Unionsbürger

f) Beschränkung der Rezeption

Die Parallelität von globaler Rezeption und der Normierung eigener ausdrücklicher Inhalte in der Landesverfassung hat nahezu zwangsläufig teilweise Überschneidungen zwischen originärem und rezipiertem Landesverfassungsrecht zur Folge. In einem solchen Fall müssen originäre Landesgrundrechte Vorrang vor den rezipierten Rechten haben, soweit Art. 142 GG diesen Rechten überhaupt ihre Gültigkeit beläßt.

29
Vorrang der Landesgrundrechte

Dieser Vorrang läßt sich entweder durch eine Verdrängung des rezipierten Grundrechts durch das autochthone im Einzelfall[47] oder aber durch ein entsprechend restriktives Verständnis der Rezeptionsnorm gewährleisten. Die Anreicherung des landesverfassungsrechtlichen Bestands an Grundrechten dient der möglichst umfassenden Bereitstellung von Rechten einerseits und der Vermeidung von Kollisionen andererseits. Soweit aber die Verfassung bestimmte Rechte entweder selbst benennt oder aber anders nuanciert als das Grundgesetz, bringt sie damit zum Ausdruck, daß insoweit eine Rezeption weder erforderlich noch gewünscht ist[48]. Inwieweit die Existenz originären Landesverfassungsrechts einer Rezeption von Bundesverfassungsrecht entgegensteht, ist daher erst im Zusammenhang mit den einzelnen ausdrücklich normierten Grundrechten des Landesverfassungsrechts zu erörtern.

30
Keine Rezeption bei bestehenden Landesgrundrechten

II. Autochthone Grundrechtsgehalte

Angesichts der durch Art. 1 Abs. 3 GG verursachten Sogwirkung der Bundesgrundrechte und der Rechtsprechung des Bundesverfassungsgerichts mag es überraschen, daß sich der Landesverfassungsgeber überhaupt um die Formulierung eigener Regelungen bemüht. Aber nicht nur die durch Rezeptionsklauseln ausgelöste Doppelung des Grundrechtsschutzes, sondern auch die Möglichkeit, in bundesverfassungsrechtlich nicht stark vorgeprägten Sachbereichen „Akzentuierungen, Präzisierungen oder auch Modifizierungen" vor-

31
Eigenstaatlichkeit und Selbstbewußtsein des Landes

---

46 *EuGH*, Urt. v. 15.7.1964, Rs. 6/64 (Costa ./. ENEL), Slg. 1964, 1251, RN 12; *BVerfGE 126*, 286 (301 f.).
47 So für Nordrhein-Westfalen *Kamp*, in: Heusch/Schönenbroicher (LitVerz.), Art. 4 RN 21.
48 *Dietlein*, AöR 120 (1995), S. 1 (10 f.); *Kohl*, in: Classen/Litten/Wallerath (LitVerz.), Art. 5 RN 14; a.A.: → Bd. III: *Maurer*, Landesgrundrechte im Bundesstaat, § 82 RN 81 m.w.N. für beide Ansichten.

zunehmen, sind durchaus reizvoller Ausdruck eigener Verfassungsidentität[49]. Die Formulierung autochthoner Grundrechtsgehalte unterstreicht die Eigenstaatlichkeit der Länder.

1. Wahlrecht

32
Wahlrechtsgrundsätze

Art. 4 Abs. 1 Verf. Schleswig-Holstein regelt, daß die „Wahlen zu den Volksvertretungen im Lande, in den Gemeinden und Gemeindeverbänden und die Abstimmungen allgemein, unmittelbar, frei, gleich und geheim"[50] sind. Die subjektiv-öffentlichen Wahlrechtsgrundsätze der Landesverfassung in Art. 4 Abs. 1 Verf. Schleswig-Holstein entsprechen denen des Art. 38 Abs. 1 Satz 1 GG[51]. In engem wahlrechtlichen Kontext hierzu steht Art. 5 Verf. Schleswig-Holstein, wonach jeder Kandidat für die Wahl einer Volksvertretung „[...] Anspruch auf den zur Vorbereitung seiner Wahl erforderlichen Urlaub [hat]. Niemand darf gehindert werden, das Abgeordnetenamt zu übernehmen und auszuüben. Eine Kündigung oder Entlassung aus diesem Grunde ist unzulässig"[52]. Diese Schutzrechte spiegeln Art. 48 Abs. 1 und 2 GG, die unmittelbaren Bezug zu Art. 38 GG aufweisen.

Schutzrechte für Abgeordnete und Kandidaten

33
Überhangmandate und Größe des Parlaments

Das Landesverfassungsgericht hat sich bereits mehrfach unter dem Gesichtspunkt der Wahlrechtsgleichheit mit dem Landeswahlrecht befassen müssen. So erachtete das Gericht im Jahre 2010 in einem abstrakten Normkontrollverfahren die im Zusammenspiel verschiedener Normen des Wahlgesetzes für den Landtag von Schleswig-Holstein (LWahlG Schleswig-Holstein) „angelegte Möglichkeit der deutlichen Überschreitung der Regelgröße des Landtages" „bei gleichzeitigem Entstehen ungedeckter Mehrsitze" für landesverfassungswidrig. Diese Regelung führte zu einer ungleichen Gewichtung der Wählerstimmen, die in Ermangelung von Rechtfertigungsgründen mit der aus der Wahlrechtsgleichheit resultierenden Erfolgswertgleichheit der Stimmen nicht vereinbar war[53].

34
Sperrklausel

Des weiteren mußte das Landesverfassungsgericht im Jahre 2013 zur Verfassungskonformität der auch im schleswig-holsteinischen Wahlrecht existenten 5%-Klausel (§ 3 Abs. 1 Satz 1 LWahlG) Stellung nehmen. Dabei kam das Gericht unter Bezugnahme auf die Rechtsprechung des Bundesverfassungsgerichts[54] zu dem Ergebnis, daß die 5%-Klausel zwar die Wahlgleichheit in ihrer Ausprägung als Erfolgswertgleichheit berühre, aus Gründen der Funktionsfähigkeit des Landtages und der Integrationsfunktion der Parteien aber gerechtfertigt sei[55].

---

49 *Menzel*, Landesverfassungsrecht (LitVerz.), S. 459.
50 Grundlegend zu Art. 38 Abs. 1 Satz 1 GG: → Bd. V: *Kotzur*, Freiheit und Gleichheit der Wahl, § 120 RN 1 ff., 22 ff.
51 *Caspar*, in: ders./Ewer/Nolte/Waack (LitVerz.), Art. 3 RN 6.
52 Vgl. *H.H. Klein*, HStR ³III, § 51 RN 36.
53 VerfG Schleswig-Holstein, Urt. v. 30.8.2010 (LVerfG 3/09), NordÖR 2010, S. 389 ff.; ausführlich dazu *Becker/Heinz*, NVwZ 2010, S. 1524 ff.
54 Insb. BVerfGE 6, 84; *120*, 82; *129*, 300.
55 VerfG Schleswig-Holstein, Urt. v. 13.9.2013 (LVerfG 7/12), NordÖR 2013, S. 461 ff.; vgl. zur Befreiung des SSW von der 5%-Klausel unten RN 45.

2. Minderheitenschutz

Aus historischen Gründen hat der Minderheitenschutz in Schleswig-Holstein eine besondere Bedeutung[56]. Die Verfassungsreform hat – angesichts der Regierungsbeteiligung des Südschleswigschen Wählerverbandes (SSW) nicht gänzlich überraschend – zu einem weiteren Ausbau der bereits bestehenden Regelungen geführt. Allerdings handelt es sich dabei nicht allein um Grundrechte oder grundrechtsähnliche Vorschriften; vielmehr finden sich insbesondere in dem Bereich des Schul- und Sprachenwesens auch Staatszielbestimmungen. Die entsprechenden Regelungen demonstrieren beispielhaft den vorrangigen Regelungsbereich von Landesverfassungsrecht als Ausdruck regionaler Besonderheiten.

35 Bedeutung und Ausbau des Minderheitenschutzes

Art. 6 Abs. 1 Verf. Schleswig-Holstein schützt in Anlehnung an die „Kieler Erklärung" aus dem Jahre 1949[57] bzw. an die „Bonn-Kopenhagener Erklärungen" von 1955[58] und in der Nachfolge von Art. 5 Landessatzung Schleswig-Holstein nationale Minderheiten und Volksgruppen in Schleswig-Holstein. Nach dieser Vorschrift ist das „Bekenntnis zu einer nationalen Minderheit [...] frei; es entbindet nicht von den allgemeinen staatsbürgerlichen Pflichten".

36 Bekenntnisfreiheit

Art. 6 Abs. 2 Satz 1 Verf. Schleswig-Holstein stellt die „kulturelle Eigenständigkeit und die politische Mitwirkung nationaler Minderheiten und Volksgruppen [...] unter de[n] Schutz des Landes, der Gemeinden und Gemeindeverbände". Die Vorschrift schützt das Recht jeder entsprechenden Minderheit, „sich selbst als Gruppe zu organisieren, um ihre besonderen Gruppeninteressen auf politischer Ebene zu vertreten. [...] Geschützt ist in diesem Sinne die bloße Freiheit des Kollektivs, eine eigene Vereinigung zu gründen"[59]. Besondere Hervorhebung erfahren dabei in Art. 6 Abs. 2 Satz 2 Verf. Schleswig-Holstein die „nationale dänische Minderheit, die Minderheit der deutschen Sinti und Roma und die friesische Volksgruppe". Sie verfügen über einen „Anspruch auf Schutz und Förderung".

Eigenständigkeit und Vereinigungsfreiheit

Besondere Hervorhebung bestimmter Gruppen

a) Berechtigte

Der Begriff der Minderheit ist eine Variation der im Bundeswahlrecht (vgl. § 6 Abs. 3 Satz 2 BWahlG[60]) geläufigen und auch völkerrechtlich relevanten „nationalen" Minderheit. Bei einer Minderheit handelt es sich in diesem Zusammenhang um eine der übrigen Bevölkerung eines Staates zahlenmäßig unterlegene Gruppe. Ihre Angehörigen müssen in ethnischer, religiöser oder sprachlicher Hinsicht Merkmale aufweisen, die sie von der übrigen Bevölkerung unterscheiden, und zumindest implizit ein Gefühl der wechselseitigen

37 Begriff der Minderheit

---

56 Vgl. zur Entstehung der dänischen Minderheit in Schleswig-Holstein: *Kühn*, Privilegierung (LitVerz.), S. 13 ff.
57 Erklärung der Landesregierung Schleswig-Holstein über die Stellung der dänischen Minderheit v. 26. 9. 1949 (GVBl. S. 183).
58 BAnz. Nr. 63 v. 31. 3. 1955, S. 5. → Oben *Mann*, Minderheitenschutz, § 241 RN 38 ff.
59 *Birthe Köster*, Der Minderheitenschutz nach der schleswig-holsteinischen Landesverfassung, 2009, S. 138.
60 *Wolfgang Schreiber*, Bundeswahlgesetz. Kommentar, ⁹2013, § 6 RN 49.

Rahmenübereinkommen des Europarates

Solidarität zeigen, das auf die Bewahrung der eigenen Kultur, der eigenen Religion, der eigenen Sprache gerichtet ist[61]. Das Rahmenübereinkommen des Europarates zum Schutz nationaler Minderheiten[62] sieht nach der Interpretation der Bundesrepublik Deutschland nur solche Gruppen der Bevölkerung als nationale Minderheiten an, deren Angehörige deutsche Staatsangehörige sind, die sich vom Mehrheitsvolk durch eigene in Sprache, Kultur und Geschichte manifestierte Identität, die sie bewahren wollen, abheben, traditionell in Deutschland heimisch sind und in angestammten Siedlungsgebieten leben[63].

38 Begriff der nationalen Minderheit

Für das Bestehen einer *nationalen* Minderheit ist entscheidend, daß sich die Angehörigen einer Gruppe als eine durch Abstammung und Kultur von der Mehrheit des Staatsvolkes verschiedene, geschlossene Volksgruppe empfinden. Kriterium für die Annahme einer nationalen Minderheit in diesem Sinne ist also der Wille einer Volksgruppe, einen besonderen Volksteil zu bilden, in dem – so die klassische Formulierung – deutsche Staatsangehörigkeit mit fremder Volkszugehörigkeit verbunden ist[64]. Personen deutscher Volkszugehörigkeit (vgl. Art. 116 GG) können einer nationalen Minderheit nicht zugehören. Als nationale Minderheiten werden mithin solche Gruppen von Individuen bezeichnet, die ihr angestammtes, typischerweise geschlossenes Siedlungsgebiet auf dem Territorium eines überwiegend fremdvölkisch besiedelten Staates haben[65]. Nach verbreiteter Ansicht vermittelt sich die Zugehörigkeit zu der Minderheit nach subjektiven Kriterien; sie bestimmt sich also letztlich nach der Selbsteinordnung der Berechtigten („Bekenntnisprinzip"). Objektive Faktoren sollen nur als Korrektiv fungieren, um einem Mißbrauch zu begegnen[66].

Bekenntnisprinzip

39 Besonderer Schutz der dänischen Minderheit

Der besondere Schutz der dänischen Minderheit[67] in Art. 6 Abs. 2 der Landesverfassung stellt für Schleswig-Holstein wegen seines spezifischen, historisch bedingten Verhältnisses zum Nachbarn Dänemark ein besonderes Anliegen dar, so daß die Privilegierung für die „nationale dänische Minderheit und die friesische Volksgruppe" weiter geht: Diese haben „Anspruch auf Schutz und Förderung" (Art. 6 Abs. 2 Satz 2 Verf. Schleswig-Holstein). Die Existenz der dänischen Minderheit geht auf die bis ins 19. Jahrhundert über verschiedene

Herkommen des besonderen Schutzes

---

61 So die weithin akzeptierte Definition aus dem Jahr 1977 des Special Rapporteur der UN Sub-Commission on Prevention of Discrimination and Protection of Minorities, *F. Capotorti*, E/CN.4/Sub.2/384/Rev.1, para. 568; vgl. http://www.ohchr.org/EN/Issues/Minorities/Pages/internationallaw.aspx (aufgerufen am 16.2.2016).
62 BGBl. II 1997 S. 1408.
63 Dritter Bericht der Bundesrepublik Deutschland gemäß Artikel 25 Abs. 2 des Rahmenübereinkommens des Europarates zum Schutz nationaler Minderheiten (2009), RN 5; verfügbar auf der Seite des BMI (http://www.bmi.bund.de; aufgerufen am 28.10.2015).
64 *BVerfGE* 6, 84 (98).
65 *OVG Schleswig*, NVwZ-RR 2003, S. 161 (162); vgl. *Kühn*, Privilegierung (LitVerz.), S. 9 f. m.w.N.
66 Dargestellt bei *Michael Krugmann*, Das Recht der Minderheiten, 2004, S. 78 ff; siehe auch die entsprechende Kritik zu der subjektiven Herangehensweise; s.a. *Dietrich Franke/Rainer Hofmann*, Aspekte des Schutzes nationaler Minderheiten, EuGRZ 1992, S. 401 (402). Demgegenüber scheint *Kühn*, Privilegierung (LitVerz.), S. 8, umgekehrt von den objektiven Merkmalen ausgehend das subjektive Moment des „Minderheitenbewußtseins" als zusätzliches Erfordernis begreifen zu wollen. Dieses ist auch für *Schreiber* (FN 60), § 6 RN 49, das wesentliche Kriterium. → Oben *Mann*, Minderheitenschutz, § 241 RN 12.
67 S. *Köster* (FN 59), S. 141 ff. → Oben *Mann*, Minderheitenschutz, § 241 RN 36 ff.

Epochen bestehende Regentschaft dänischer Herrscher im früheren Herzogtum Schleswig zurück, durch die eine heterogene deutsch-dänische Bevölkerung entstand[68]. Erst im Jahre 1920 wurde durch eine Volksabstimmung der heutige Grenzverlauf festgelegt. Auf beiden Seiten der Grenze (Nord- und Südschleswig) blieben jeweilige Minderheiten zurück. Dementsprechend leben die Angehörigen der dänischen Minderheit heute überwiegend nahe der deutsch-dänischen Grenze im nördlichen Schleswig-Holstein. Die Zahl der Angehörigen wird auf etwa 50 000 Personen geschätzt[69]. Zahlreiche Organisationen und Institutionen wie der Südschleswigsche Verein als kultureller Dachverband, der Dänische Schulverein für Südschleswig oder der Südschleswigsche Wählerverband pflegen heute die dänische Kultur und setzen sich für die Interessen der dänischen Minderheit ein.

Demgegenüber ist die friesische Volksgruppe, deren historische Wurzeln bis in die Zeit des römischen Reiches zurückreichen[70], überwiegend an der Nordseeküste in Deutschland und den Niederlanden beheimatet. Dabei werden die etwa 50 000 in Schleswig-Holstein lebenden Friesen als Nordfriesen bezeichnet[71]. Dachorganisation der sich für das Friesische einsetzenden Vereine in Nordfriesland ist der Friesenrat Sektion Nord e.V. (Frasche Rädj)[72].

40
Friesische Volksgruppe

Aufgrund einer Verfassungsänderung aus dem Jahre 2012 gehören gemäß Art. 6 Abs. 1 Satz 1 Verf. Schleswig-Holstein auch die in Schleswig-Holstein lebenden Sinti und Roma den besonders hervorgehobenen nationalen Minderheiten und Volksgruppen an[73]. Hintergrund der Verfassungsänderung war die Intention des schleswig-holsteinischen Verfassungsgebers mit den Sinti und Roma auch die letzte der drei autochthonen Volksgruppen in Schleswig-Holstein unter den besonderen Schutz der Landesverfassung zu stellen, um die Gleichbehandlung aller schleswig-holsteinischen Minderheiten herbeizuführen und die gesellschaftliche Akzeptanz der Sinti und Roma zu fördern[74]. Zugleich diente die Verfassungsänderung auch der Umsetzung des Rahmenübereinkommens des Europarates zum Schutz nationaler Minderheiten.

41
Sinti und Roma

b) Rechtsfolge

Art. 6 Abs. 1 Verf. Schleswig-Holstein konstituiert ein Abwehrrecht für die Angehörigen nationaler Minderheiten, deren Bekenntnis staatlicher Nachprüfung nicht unterliegt und die gegen entsprechende staatliche Benachteiligungen, welche an die Angehörigkeit zu der entsprechenden Minderheit an-

42
Abwehrrecht nach Absatz 1

---

68 Vgl. zur historischen Entwicklung: *Kühn*, Privilegierung (LitVerz.), S. 13 ff.
69 Dritter Bericht der Bundesrepublik Deutschland (FN 63), RN 32.
70 Erster Bericht der Bundesrepublik Deutschland gemäß Artikel 25 Abs. 2 des Rahmenübereinkommens des Europarates zum Schutz nationaler Minderheiten (1999), S. 6, verfügbar auf der Seite des BMI (http://www.bmi.bund.de; zuletzt aufgerufen am 9.2.2016).
71 Dritter Bericht der Bundesrepublik Deutschland (FN 63), RN 37, 47.
72 http://www.friesenrat.de/de/01.html, zuletzt aufgerufen am 9.2.2016. → Oben *Mann*, Minderheitenschutz, § 241 RN 28.
73 Gesetz v. 28.12.2012 (GVBl. 2013 S. 8). → Oben *Mann*, Minderheitenschutz, § 241 RN 28, 36, 39, 48, 55, 104, 113.
74 ParlProt. des Schleswig-Holsteinischen Landtags 18/5, S. 246 ff.

knüpfen, geschützt sind. Auch die negative Bekenntnisfreiheit ist insoweit geschützt[75]. Art. 6 Abs. 1 Verf. Schleswig-Holstein begründet damit einen status negativus[76].

43
Staatszielbestimmungen

Demgegenüber ist Art. 6 Abs. 2 Satz 1 Verf. Schleswig-Holstein bereits aufgrund seiner Formulierung als Staatszielbestimmung einzuordnen[77], während der Wortlaut seines Satzes 2 für die Regelung eines positiven Schutz- und Förderungsanspruchs zu sprechen scheint, der in Art. 12 Abs. 4 und folgende Verf. Schleswig-Holstein durch schulspezifische Förderungstatbestände ergänzt wird. Allerdings erscheint es vorzugswürdig, auch insoweit im Hinblick auf die Weite des Förderungsauftrags lediglich eine Staatszielbestimmung anzunehmen[78]. Konkrete Ansprüche wären angesichts des notwendigen gesetzgeberischen Gestaltungsspielraums ohnehin weder zu formulieren noch gerichtlich durchzusetzen.

44
Einfachgesetzliche Umsetzung des Schutzauftrags

In Umsetzung seines Schutzauftrags hat der Gesetzgeber eine ganze Reihe von Maßnahmen vor allem im kulturell-schulischen Bereich ergriffen: So legt § 124 Abs. 1 SchulG Schleswig-Holstein fest, daß die Schulen der dänischen Minderheit deren kulturelle Eigenständigkeit zu gewährleisten haben; den Trägern der Schulen wird aufgrund von Absatz 2 ein finanzieller Zuschuß von 100 v.H. der Schülerkostensätze gewährt. Auch im Bereich der Kindertagesstätten finden sich entsprechende Maßnahmen. Nach § 7 KiTaG Schleswig-Holstein wird das Recht nationaler Minderheiten und Volksgruppen, eigene Kindertageseinrichtungen zu errichten und zu betreiben, gewährleistet und muß bei der Bedarfsplanung berücksichtigt werden. Schließlich ist in vielen Bereichen die Beteiligung insbesondere der dänischen Minderheit in Beiräten und Gremien vorgesehen (beispielsweise in § 135 Abs. 3 SchulG Schleswig-Holstein; § 51 Abs. 3 Nr. 4 JuFöG Schleswig-Holstein). Eine weitere Maßnahme zur Förderung der kulturellen Eigenständigkeit und politischen Mitbestimmung ist etwa das Gesetz zur Förderung des Friesischen im öffentlichen Raum[79].

45
Befreiung von der Sperrklausel

Nicht dem status negativus, sondern dem status activus ist die Befreiung der Parteien der dänischen Minderheit von der 5%-Hürde zu Landtagswahlen (§ 3 Abs. 1 Satz 2 LWahlG Schleswig-Holstein) zuzuordnen. Diese Befreiung als Rückausnahme von der gleichheitsrechtlich bereits prekären Sperrklausel vertieft die durch diese verursachte Ungleichbehandlung und stößt daher auf erhebliche verfassungsrechtliche Bedenken[80]. Weder die Verfassung noch die „Kieler Erklärung" noch die „Bonn-Kopenhagener Erklärungen" aus dem Jahre 1955 oder eine sonstige völkerrechtliche Verpflichtung des Minderheitenschutzes begründen eine Verpflichtung zur wahlrechtlichen Privilegierung

---

75 *Riedinger*, in: Caspar/Ewer/Nolte/Waack (LitVerz.), Art. 5 RN 11.
76 *Riedinger* aaO., Art. 5 RN 11.
77 *Riedinger* aaO., Art. 5 RN 12 m.w.N.
78 *Riedinger* aaO., Art. 5 RN 19 m.w.N.
79 Friesisch-Gesetz (FriesischG) v. 13.12.2004 (GVBl. S. 481).
80 S. aber *BVerfGE 1*, 208; *BVerfG* (Kammer) NVwZ 2005, S. 205 ff.; *BVerfGK 5*, 96 sowie NVwZ 2005, S. 568 ff.

betroffener Minderheiten[81]. Ungeachtet dessen hat das Landesverfassungsgericht die Vorschrift erst kürzlich als verfassungsgemäß anerkannt[82].

3. Schulwesen

Mit dem Schulwesen widmet sich Art. 12 Verf. Schleswig-Holstein einer Kernkompetenz der Länder. Die ursprüngliche Vorschrift des Artikels 8 der Landesverfassung a.F. hat durch die Verfassungsänderung des Jahres 2014 eine nicht unerhebliche Erweiterung erfahren, die sich insbesondere mit Anliegen der auch im übrigen verfassungsrechtlich relevanten Minderheiten befaßt. Art. 12 Abs. 1 Verf. Schleswig-Holstein legt eine allgemeine Schulpflicht fest und verpflichtet den Staat damit zugleich auch zu der Bereitstellung eines funktionalen Schulsystems[83]. Nach Absatz 2 sind für „die Aufnahme in die weiterführenden Schulen [...] außer dem Wunsch der Erziehungsberechtigten nur Begabung und Leistung maßgebend". Zudem fassen nach Artikel 12 Abs. 3 die „öffentlichen Schulen [...] die Schülerinnen und Schüler ohne Unterschied des Bekenntnisses und der Weltanschauung zusammen".

46 Minderheitenspezifische Erweiterung durch Reform

Schulpflicht, Schulzugang und Organisation

Art. 8 Abs. 3 Verf. Schleswig-Holstein a.F. hatte hierfür noch ausdrücklich auf die Form der Gemeinschaftsschulen verwiesen. Der Verfassungsgeber begründet die Streichung dieser Schulform mit dem gewandelten Bedeutungsgehalt des Begriffs, der heute Schulen beschreibt, die ein längeres gemeinsames Lernen ermöglichen sollen[84]. Die Veränderung der Norm soll indes ohne rechtliche Wirkung bleiben, weil sich aus Absatz 3 nach wie vor ergeben soll, daß öffentliche Schulen die Schülerinnen und Schüler ohne Unterschied des Bekenntnisses und der Weltanschauung zusammenfassen[85].

47 Streichung der Gemeinschaftsschulen

Eine Brücke zu Art. 6 Abs. 3 Verf. Schleswig-Holstein schlägt Art. 12 Abs. 4 Verf. Schleswig-Holstein, da hiernach die „Erziehungsberechtigten entscheiden, ob ihre Kinder die Schule einer nationalen Minderheit besuchen sollen". Im Hinblick auf die damit angesprochenen Schulen führt Absatz 5 weiter aus: „Schulen der nationalen dänischen Minderheit gewährleisten für deren Angehörige Schulunterricht im Rahmen der Gesetze. Ihre Finanzierung durch das Land erfolgt in einer der Finanzierung der öffentlichen Schulen entsprechenden Höhe". Damit gewährleistet Art. 12 Abs. 5 Verf. Schleswig-Holstein weitergehend als Absatz 4 das Schulwesen der dänischen Minderheit in der Form einer institutionellen Garantie[86], selbstverständlich ohne eine Verpflichtung für die Angehörigen der Minderheit, diese Schulen auch zu besuchen. Nur

48 Schulen der nationalen Minderheiten

Institutionelle Garantie

---

[81] *Burkhard Schöbener*, in: Gilbert H. Gornig/ders./Winfried Bausback/Tobias H. Irmscher (Hg.), Iustitia et Pax, GS D. Blumenwitz, 2008, S. 455 (458 ff.); *Schreiber* (FN 60), § 6 RN 47 f.
[82] S. aber nun das Urteil des *LVerfG Schleswig-Holstein* v. 13. 9. 2013 (7/12), BeckRS 2013, 55852, mit bedenkenswerter abweichender Meinung der Richter Brock und Brüning und der Richterin Hillmann in ihrem Sondervotum: BeckRS 2013, 55852, RN 186.
[83] *Helle-Meyer*, in: Caspar/Ewer/Nolte/Waack (LitVerz.), Art. 8 RN 13 ff., 16 ff.
[84] LT-Drucks. 18/2115, S. 16.
[85] LT-Drucks. 18/2115, S. 16.
[86] LT-Drucks. 18/2115, S. 16; *Schliesky*, in: Die Gemeinde Schleswig-Holstein 2015, S. 244 (248), dort auch zu dem politischen Hintergrund dieser Regelung, die eine Reaktion auf einen Streit um die Finanzierung der Schulen der dänischen Minderheit darstellt.

wird nicht mehr allein aus dem elterlichen Wahlrecht des Absatzes 4 eine Verpflichtung des Landes abgeleitet, ein entsprechendes Schulangebot bereitzuhalten[87].

49
Schule der dänischen Minderheit

Eine Schule der dänischen Minderheit zeichnet sich dadurch aus, daß sie an Sprache und Kultur dieser Minderheit anknüpft, indem sie Dänisch als Unterrichtssprache auf Muttersprachenniveau verwendet sowie ihre Bildungs- und Erziehungsziele an der dänischen Sprache und Kultur ausrichtet[88]. Eine Verengung auf einen bestimmten Schulträger erfolgt in Anknüpfung an die entsprechende Offenheit der Bonn-Kopenhagener Erklärung[89] nicht[90]. Der Gewährleistung ist ein Gesetzesvorbehalt beigegeben, der die institutionelle Garantie für die gesetzlichen Rahmensetzungen etwa durch das Schulgesetz öffnen soll[91].

Gesetzesvorbehalt

50
Finanzregelungen für Schulen der dänischen Minderheit

Die finanzielle Aufwertung der Schulen der dänischen Minderheit durch Art. 12 Abs. 5 Satz 2 Verf. Schleswig-Holstein greift eine bereits seit dem Jahre 2013 bestehende einfachgesetzliche Regelung (§ 124 Abs. 2 SchulG Schleswig-Holstein) auf, verleiht dieser damit verfassungsrechtliche Dignität, um sie auf diese Weise dem tagespolitischen Streit sowie dem Zugriff des einfachen Gesetzgebers zu entziehen. Da die Verfassung lediglich eine Finanzierung in entsprechender, nicht aber in gleicher Höhe einfordert, dürfen finanzwirksame Unterschiede zu einer gewöhnlichen öffentlichen Schule – etwa im Hinblick auf einen unterschiedlichen Status der Lehrkräfte[92] – berücksichtigt werden[93].

51
Unterricht der Minderheitensprachen

Eine weitere Dimension von Schutz und Förderung eröffnet Art. 12 Abs. 6 Verf. Schleswig-Holstein als Staatszielbestimmung[94] mit Blick auf die Erteilung von Friesisch- und Niederdeutsch-Unterricht in öffentlichen (nicht aber privaten) Schulen; auch Schulen der dänischen Minderheit sind nicht erfaßt[95]. Diese spezifischen Fördertatbestände knüpfen an den verfassungsrechtlichen Schutz und die Förderung der friesischen Volksgruppe (Art. 6 Abs. 2 Satz 2 Verf. Schleswig-Holstein) sowie an den Schutz und die Pflege der niederdeutschen Sprache (Art. 13 Abs. 2) an. Durch diese Regelung vertieft der Verfassungsgeber den bereits bestehenden Schutz dieser Minderheiten in besonderer Hinsicht. Die Vorschrift soll das Land nicht zum flächendeckenden Angebot des Unterrichts in den genannten Sprachen verpflichten; vielmehr wird eine hinreichende Anzahl Angehöriger der friesischen Volksgruppe vorausgesetzt, die aber natürlich nicht allein berechtigt sind, die Angebote in Anspruch zu nehmen[96]. Demgegenüber handelt es sich bei dem Niederdeutschen um eine in dem gesamten Land verbreitete Minderheitensprache. Insoweit ist

Kein flächendeckendes Angebot

---

87 So noch zu der alten Fassung *Helle-Meyer*, in: Caspar/Ewer/Nolte/Waack (LitVerz.), Art. 8 RN 31.
88 LT-Drucks. 18/2115, S. 17.
89 S. oben FN 59.
90 *Schliesky*, in: Die Gemeinde Schleswig-Holstein 2015, S. 244 (248).
91 LT-Drucks. 18/2115, S. 18.
92 *Schliesky* aaO., S. 244 (248).
93 S. i.e. LT-Drucks. 18/2115, S. 18.
94 LT-Drucks. 18/2115, S. 19.
95 *Schliesky* aaO., S. 244 (248).
96 LT-Drucks. 18/2115, S. 19.

daher eine geographische Einschränkung der Verpflichtung nicht möglich; wohl aber eine Ausrichtung des Angebots an einer tatsächlich bestehenden Nachfrage[97].

Zum Teil ähnliche Regelungen wie in Art. 12 Verf. Schleswig-Holstein sind in Art. 6 Abs. 2 sowie Art. 7 Abs. 1 und 2 GG enthalten. So sind die Absätze 2 und 4 des Art. 12 Verf. Schleswig-Holstein als landesverfassungsrechtliche Konkretisierungen des elterlichen Erziehungsrechts aus Art. 6 Abs. 2 Satz 1 GG zu verstehen[98], das auch ein Recht zur Bestimmung der schulischen Laufbahn umfaßt[99]. Allerdings enthält das Grundgesetz keine ausdrückliche verfassungsunmittelbare Normierung der Schulpflicht, sondern deutet diese nur durch Hinweis auf das staatliche Wächteramt des Art. 6 Abs. 2 Satz 2 GG sowie in Art. 7 Abs. 1 GG an.

52
Verhältnis zum Bundesrecht

4. Privatsphäre

Komplementär zu den digitalen Zugangsrechten[100] gewährleistet das Land „den Schutz der digitalen Privatsphäre der Bürgerinnen und Bürger" (Art. 15 Verf. Schleswig-Holstein). Mit dieser Vorschrift strebt der Verfassungsgeber einen mit dem bundesrechtlichen Grundrecht auf informationelle Selbstbestimmung und der damit verbundenen Gewährleistung der Vertraulichkeit und Integrität informationstechnischer Systeme gleichlaufenden Individualschutz an[101], so daß die Rezeption dieses – nicht geschriebenen, aber hinsichtlich seiner Existenz völlig unumstrittenen – Grundrechts nach Art. 3 Verf. Schleswig-Holstein nicht erforderlich wäre. Auch inhaltlich ist eine über den grundrechtlichen Schutz des Rechts der informationellen Selbstbestimmung gemäß Art. 1 Abs. 1 in Verbindung mit Art. 2 Abs. 1 GG hinausgehende Wirkung nicht beabsichtigt[102].

53
Grundrecht auf informationelle Selbstbestimmung

Allerdings soll Art. 15 Verf. Schleswig-Holstein nach Ansicht des Verfassungsgebers kein Grundrecht, sondern ein Staatsziel begründen[103]. Diese ausdrückliche Einordnung durch die Gesetzesmaterialien ist allerdings zumindest insoweit widersprüchlich und daher fragwürdig als in unmittelbarem Zusammenhang ausdrücklich auf die das Grundrecht auf informationelle Selbstbestimmung und damit ein subjektiv öffentliches Recht Bezug genommen wird[104].

54
Charakter eines Staatsziels

5. Petitionsrecht

Nach Art. 25 Abs. 1 Verf. Schleswig-Holstein (Art. 19 Verf. Schleswig-Holstein a.F.) bestellt der Landtag – ähnlich wie Art. 45 c Abs. 1 GG der Bundestag – zur „Wahrung von Rechten gegenüber der Landesregierung, den Behörden

55
Institutionelle Norm

---

97 *Schliesky* aaO., S. 244 (248).
98 *Helle-Meyer*, in: Caspar/Ewer/Nolte/Waack (LitVerz.), Art. 8 RN 2.
99 *Helle-Meyer* aaO., Art. 8 RN 26.
100 FN 148.
101 LT-Drucks. 18/2115, S. 21.
102 LT-Drucks. 18/2115, S. 21.
103 LT-Drucks. 18/2115, S. 21.
104 Zweifelnd insoweit auch *Schliesky*, in: Die Gemeinde Schleswig-Holstein 2015, S. 244 (250).

des Landes und den Trägern der öffentlichen Verwaltung, soweit sie oder ihre Behörden der Aufsicht des Landes unterstehen, zur Behandlung von Bitten und Beschwerden an den Landtag sowie zur Durchführung von Anhörungen nach Artikel 48 Absatz 1 Satz 4 [...] einen Ausschuss (Petitionsausschuss)", den nach Absatz 2 alle Behörden bei seiner Arbeit zu unterstützen haben. Zwar wird durch diese Norm kein ausdrückliches Petitionsrecht als subjektiv-öffentliches Recht im Sinne des Art. 17 GG etabliert[105], so daß dessen Rezeption über Art. 3 Verf. Schleswig-Holstein durchaus sinnvoll erscheint. Allerdings setzt Art. 25 Verf. Schleswig-Holstein die Existenz eines – nunmehr durch Art. 3 Verf. Schleswig-Holstein in Verbindung mit Art. 17 GG rezipierten – Petitionsrechts voraus und schafft die organisatorischen Voraussetzungen für dessen Verwirklichung. Soweit das Petitionsrecht gegenüber den in Art. 17 GG ebenfalls erwähnten anderen Stellen als dem Parlament geltend gemacht wird, findet die Rezeption ohnehin vollumfänglich statt, weil Art. 25 Verf. Schleswig-Holstein nur die Petition an den Landtag mittelbar regelt.

III. Staatszielbestimmungen

Die Landesverfassung enthält neben den rezipierten und den autochthonen grundrechtlichen Regelungen eine ganze Reihe von Staatszielbestimmungen. Sie sind für alle staatlichen Organe verbindlich. In erster Linie leiten sie die Gesetzgebung und halten den Gesetzgeber zu ihrer Verwirklichung an. Aber durch ihren Einfluß auf Auslegung und Anwendung des einfachen Rechts realisieren sie sich auch in der Tätigkeit der übrigen Staatsorgane als Abwägungsposten gegenüber konkurrierenden Rechtspositionen[106]. Hingegen kann der einzelne aus ihnen keine unmittelbaren Ansprüche auf ein Tun oder ein Unterlassen des Staates ableiten. Auch verpflichten Staatszielbestimmungen Private nicht unmittelbar[107].

1. Schutz hilfsbedürftiger Menschen

Nach Art. 7 Verf. Schleswig-Holstein setzt sich das Land „für die Selbstbestimmung von Menschen mit Behinderung und ihre gleichberechtigte gesellschaftliche Teilhabe ein". Mit dieser Vorschrift erhebt die Verfassung die Inklusion behinderter Menschen zu einem Staatsziel[108] mit „Signalcharakter"[109], welches

---

105 A.A. *Caspar*, in: ders./Ewer/Nolte/Waack (LitVerz.), Art. 19 RN 1, der diese Kommentierung allerdings zu einer Zeit verfaßt hatte, als die Rezeptionsklausel noch nicht in die Verfassung eingefügt worden war und es daher sinnvoll erschien, die institutionelle Garantie durch extensive Auslegung mit einem subjektiv-öffentlichen Recht inhaltlich anzureichern, um diese nicht überflüssig erscheinen zu lassen. Dies ist heute nicht mehr erforderlich.
106 *Schliesky* aaO., S. 244 (247).
107 Zu Staatszielbestimmungen und deren Wirkung im allgemeinen: *Murswiek*, in: Sachs, GG (LitVerz.), Art. 20a RN 17 ff.; *Karl-Peter Sommermann*, Staatsziele und Staatszielbestimmungen, 1997. → Bd. I: *H.-P. Schneider*, Grundrechte und Verfassungsdirektiven, § 18 RN 33 ff.
108 Hierzu und zur weiteren Begründung LT-Drucks. 18/2115, S. 14 f.; s.a. *Schliesky* aaO., S. 244 (247 f.).
109 *Schliesky* aaO., S. 244 (248).

das subjektiv-rechtliche Diskriminierungsverbot aus Art. 3 Verf. Schleswig-Holstein in Verbindung mit Art. 3 Abs. 3 Satz 2 GG ergänzt.

Ausweislich der Begründung der Verfassungsänderung nimmt die Norm auf dasjenige Verständnis der Inklusion Bezug, welches Artikel 3 (c) des Übereinkommens über die Rechte von Menschen mit Behinderungen[110] zugrunde liegt. Die Verfassung strebt damit die auf alle Lebensbereiche zielende, umfassende „Teilhabe von Menschen mit Behinderung an der Gesellschaft und ihre Einbeziehung in die Gesellschaft" an.

58
Völkerrechtlicher Begriff

Auf der einen Seite geht das Staatsziel Inklusion aufgrund seiner Wirkung als Ermessens- und Interpretationskriterium für die Anwendung und Auslegung des einfachen Gesetzesrechts sowie als Leitlinie für alles Handeln des Landes über die rezipierten Diskriminierungsverbote des Bundesrechts, die Menschen mit Behinderung betreffen (vor allem Art. 3 Abs. 3 Satz 2 GG), hinaus. Auf der anderen Seite entfaltet es aber nicht die Wirkung eines subjektiv-öffentlichen Rechts und begründet daher keine individuellen Ansprüche[111].

59
Inklusion als Staatsziel

Dem Land sind die Mittel zur Erreichung des ihm aufgegebenen Staatsziels freigestellt und bei seiner Verfolgung kann sogar nach einer ordnungsgemäßen Abwägung auch widerstreitenden legitimen Interessen der Vorrang eingeräumt werden. Die Verfassungsbegründung nimmt Bezug auf einzelne völkerrechtliche Verpflichtungen aus dem Übereinkommen über die Rechte von Menschen mit Behinderungen und gibt deren Verwirklichung dem einfachen Landesgesetzgeber im Rahmen seiner Gesetzgebungskompetenzen auf[112]. So ist zum Beispiel in § 4 Abs. 13 Satz 2 SchulG Schleswig-Holstein die inklusive Beschulung von Schülerinnen und Schülern mit Behinderungen als pädagogisches Ziel normiert worden[113]. Auch andere, auf die Inklusion zielende Gesetze existieren bereits[114].

60
Gestaltungsermessen des Gesetzgebers

Umsetzung im Schulrecht

Da Pflegebedürftigkeit[115] und Behinderung nicht deckungsgleich[116] sind, fordert Art. 8 Verf. Schleswig-Holstein den Schutz der „Rechte und Interessen" pflegebedürftiger Menschen durch das Land und verpflichtet dieses zugleich dazu, eine Versorgung zu fördern, „die allen Pflegebedürftigen ein menschenwürdiges Leben ermöglicht". Zur Umsetzung dieses Verfassungsauftrags hat der Gesetzgeber insbesondere im Jahre 2009 das Pflegegesetzbuch Schleswig-Holstein – Zweites Buch[117] – erlassen[118]. Neben Regelungen zur Qualitäts-

61
Schutz Pflegebedürftiger

Umsetzung durch den Gesetzgeber

---

110 BRK (BGBl. 2008 II S. 1411).
111 LT-Drucks. 18/2115, S. 14; *Schliesky* aaO., S. 244 (248).
112 LT-Drucks. 18/2115, S. 15.
113 LT-Drucks. 17/858, S. 34.
114 Gesetz zur Gleichstellung von Menschen mit Behinderung in Schleswig-Holstein (Landesbehindertengleichstellungsgesetz – LBGG) v. 16. 12. 2002 (GVBl. S. 264), zuletzt geändert durch Gesetz v. 18. 11. 2008 (GVBl. S. 582); Gesetz zur Stärkung von Selbstbestimmung und Schutz von Menschen mit Pflegebedarf oder Behinderung (Selbstbestimmungsstärkungsgesetz – SbStG) v. 17. 7. 2009 (GVBl. S. 402).
115 Vgl. die Legaldefinition in § 14 Abs. 1 SGB XI.
116 LT-Drucks. 18/2115, S. 14.
117 PGB II, Gesetz v. 17. 7. 2009 (GVBl. S. 402).
118 LT-Drucks. 16/2290, S. 2.

2. Gleichstellung von Mann und Frau

62
Gleichstellungsnorm

Staatsziel und Unionsrecht

Nach Art. 9 Verf. Schleswig-Holstein ist die „Förderung der rechtlichen und tatsächlichen Gleichstellung von Frauen und Männern [...] Aufgabe des Landes, der Gemeinden und Gemeindeverbände sowie der anderen Träger der öffentlichen Verwaltung. Insbesondere ist darauf hinzuwirken, dass Frauen und Männer in kollegialen öffentlich-rechtlichen Beschluss- und Beratungsorganen zu gleichen Anteilen vertreten sind". Dieses Staatsziel[119] hatte keinen Vorläufer in der Landessatzung, sondern wurde erstmals als Art. 6 Verf. Schleswig-Holstein a.F. im Jahre 1990[120] in die Verfassung eingefügt. Die Norm entspricht inhaltlich weitgehend Art. 3 Abs. 2 Satz 1 GG[121], der mithin insoweit nicht durch Art. 3 Verf. Schleswig-Holstein rezipiert wird. Die Staatszielbestimmung wird durch Art. 8 AEUV und vor allem durch das auf der Grundlage dieser Norm erlassene Sekundärrecht[122] überlagert.

63
Umsetzung durch den Gesetzgeber

Zur Umsetzung des Staatsziels aus Art. 9 Verf. Schleswig-Holstein hat der schleswig-holsteinische Gesetzgeber im Laufe der Zeit zahlreiche Maßnahmen ergriffen. Hervorzuheben ist das Gesetz zur Gleichstellung der Frauen im öffentlichen Dienst[123], durch das neben der Pflicht zur Bestellung von Gleichstellungsbeauftragten in allen größeren Dienststellen auf kommunaler Ebene (§ 18 GstG) auch die Pflicht zur grundsätzlich vorrangigen Berücksichtigung weiblicher Bewerber bei gleichwertiger Eignung, Befähigung und fachlicher Leistung normiert wurde (§ 4 GstG).

64
Verpflichtung öffentlicher Auftragnehmer

Weitere Beispiele für Gleichstellungsmaßnahmen des schleswig-holsteinischen Gesetzgebers finden sich etwa in § 3 Abs. 6 Satz 2 des Tariftreue- und Vergabegesetzes Schleswig-Holsteins[124], der es erlaubt, unter bestimmten Voraussetzungen die Vergabe öffentlicher Aufträge von der Erfüllung gleichstellungsbezogener Anforderungen im Rahmen der Auftragsausführung abhängig zu machen oder in § 18 Abs. 3 Satz 2 TTG Schleswig-Holstein, wonach bei der Vergabe bestimmter öffentlicher Aufträge bei wirtschaftlich gleichwertigen Angeboten unter anderem grundsätzlich derjenige Bieter den Zuschlag erhält, der die Gleichstellung von Männern und Frauen sicherstellt.

65
Verwirklichung bei der Besetzung von Kollegialorganen

Der Verwirklichung des allgemeinen Staatsziels dient die Hinwirkungspflicht des Art. 9 Satz 2 Verf. Schleswig-Holstein, der die Annahme zugrunde liegt, daß paritätisch besetzte Gremien der tatsächlichen Gleichstellung eher zu dienen geeignet sind als überwiegend mit Männern besetzte. Insoweit ist mit § 15

---
119 *Welti*, in: Caspar/Ewer/Nolte/Waack (LitVerz.), Art. 6 RN 5.
120 Gesetz v. 13.6.1990 (GVBl. S. 391).
121 Vgl. hierzu und zu den folgenden Aussagen *Welti*, in: Caspar/Ewer/Nolte/Waack (LitVerz.), Art. 6 RN. 13 ff.
122 RL 2010/18/EU (ABl.EU 2010, Nr. L 68/13); RL 2006/54/EG (ABl.EU 2006, Nr. L 204/23); RL 2004/113/EG (ABl.EU 2004, Nr. L 373/37); RL 86/613/EWG (ABl.EG 1986, Nr. L 359/56); VO (EG) Nr. 806/2004 (ABl.EU 2004, Nr. L 143/40); Beschluß 848/2004/EG (ABl.EU 2004, Nr. L 157/18).
123 Gleichstellungsgesetz (GstG) v. 13.12.1994 (GVBl. S. 562).
124 TTG Schleswig-Holstein v. 31.5.2013 (GVBl. S. 239).

GstG, nach dem Träger der öffentlichen Verwaltung ihre Gremien grundsätzlich hälftig mit Männern und Frauen besetzen sollen, eine konkrete Maßnahme zur Umsetzung des speziellen Auftrags aus Art. 9 Satz 2 Verf. Schleswig-Holstein enthalten.

In seiner ganzen Breite wurde Art. 9 Verf. Schleswig-Holstein geradezu beispielhaft in § 3 Abs. 4 des Hochschulgesetzes Schleswig-Holstein[125] umgesetzt. Während dessen Satz 1 die Förderung der Gleichstellung von Frauen und Männern durch die Hochschulen festlegt und damit – freilich äußerst unbestimmt – Art. 9 Satz 1 Verf. Schleswig-Holstein Rechnung trägt, dient § 3 Abs. 4 Satz 2 HSG der Umsetzung des Auftrags aus Art. 9 Satz 2 Verf. Schleswig-Holstein, indem die Hochschulen verpflichtet werden, bei der Besetzung der Gremien und Organe darauf hinzuwirken, daß Frauen und Männer zu gleichen Anteilen vertreten sind. Diese allgemein gehaltene Vorschrift des Hochschulgesetzes wird wiederum an verschiedenen Stellen durch weitere Bestimmungen wie den § 20 a Abs. 2 Satz 3 und § 22 Abs. 9 Satz 2 HSG konkretisiert.

66
Umsetzung im Hochschulrecht

Auch das Mitbestimmungsgesetz Schleswig-Holstein (MBG Schleswig-Holstein) enthält mit § 2 Abs. 2 Nr. 5, nach dem Personalrat und Dienststelle gemeinsam dafür Sorge zu tragen haben, daß Maßnahmen durchgeführt werden, die der Gleichstellung von Frauen und Männern dienen, eine Vorschrift zur einfachgesetzlichen Umsetzung des Art. 9 Satz 1 Verf. Schleswig-Holstein. In § 10 Abs. 2 MBG, nach dem Frauen und Männer bei der Bildung des Personalrates entsprechend ihrem Anteil an den wahlberechtigten Beschäftigten der Dienststelle zu berücksichtigen sind, sowie in § 5 Abs. 1 Satz 3 Gesetz über die Landwirtschaftskammer Schleswig-Holstein (LwKG Schleswig-Holstein), wonach bei der Zusammensetzung der Hauptversammlung der Landwirtschaftskammer darauf hinzuwirken, daß Frauen und Männer zu gleichen Anteilen vertreten sind, finden sich demgegenüber weitere Beispiele für die Umsetzung der Hinwirkungspflicht aus Art. 9 Satz 2 Verf. Schleswig-Holstein.

67
Mitbestimmungsgesetz Schleswig-Holstein

Keine Anwendung findet die Hinwirkungspflicht auf die Besetzung solcher Vertretungskörperschaften, die der Vermittlung unmittelbarer demokratischer Legitimation dienen (u.a. Landtag und kommunale Vertretungskörperschaften), da bei den entsprechenden Wahlen die Wahlrechtsgrundsätze des Art. 4 Abs. 1 Verf. Schleswig-Holstein leges speciales sind.

68
Wahlämter

Begrenzt wird Art. 9 Verf. Schleswig-Holstein durch den aufgrund von Art. 3 Verf. Schleswig-Holstein rezipierten Art. 33 Abs. 2 GG. Angesichts des hierdurch vorgegebenen Rahmens kann das Gleichstellungsziel in dem naheliegenden Bereich des öffentlichen Dienstes nur in engen Grenzen, zum Beispiel durch die Förderung einer gleichmäßigen Geschlechterverteilung bei den zur Auswahl stehenden Bewerberinnen und Bewerbern erreicht werden[126]. Umstritten ist nach wie vor, ob die Gleichstellungsförderung als Hilfskriterium bei der eigentlichen Auswahlentscheidung, insbesondere in Form von

69
Gleichstellung im öffentlichen Dienst

---

125 HSG Schleswig Holstein in der Fassung v. 11.1.2016 (GVBl. S. 2).
126 *Welti*, in: Caspar/Ewer/Nolte/Waack (LitVerz.), Art. 6 RN 27.

„Quotenregelungen" zulässig ist[127]. Sind weibliche Bewerber in einem bestimmten behördlichen Geschäftsbereich unterrepräsentiert, können diese bei gleicher Qualifikation in Bezug auf Eignung, Befähigung und fachlicher Leistung gegenüber männlichen Bewerbern wohl jedenfalls dann bevorzugt werden, wenn die Bevorzugung nicht „absolut und unbedingt" erfolgt, sondern nur, wenn bei objektiver Beurteilung nicht andere überwiegende Gründe für die Person eines männlichen Bewerbers sprechen[128].

3. Schutz von Kindern

70
Umfassender Schutzauftrag

Art. 10 Verf. Schleswig-Holstein greift den Schutz von Kindern und Jugendlichen durch das Land auf, da diese „unter dem besonderen Schutz des Landes, der Gemeinden und Gemeindeverbände sowie der anderen Träger der öffentlichen Verwaltung" stehen (Abs. 1). Nach Absatz 2 ist bei „der Schaffung und Erhaltung kindgerechter Lebensverhältnisse dem besonderen Schutz von Kindern und ihren Fähigkeiten und Bedürfnissen Rechnung zu tragen". Darüber hinaus stellt Art. 10 Abs. 3 Verf. Schleswig-Holstein fest, daß „[...] Kinder und Jugendliche Träger von Rechten [sind]. Sie haben ein Recht auf gewaltfreie Erziehung, auf Bildung, auf soziale Sicherheit und auf die Förderung ihrer Entwicklung zu eigenverantwortlichen und gemeinschaftsfähigen Persönlichkeiten". Diese Normen verpflichten den Gesetzgeber zur Anerkennung und Verwirklichung des kindlichen Subjektstatus sowie der übrigen Anliegen dieser Regelung, die die Kinder nicht mit verfassungsunmittelbaren subjektiven Rechten ausstattet.

71
Nur bedingte Parallelen zum Grundgesetz

Das Grundgesetz enthält weder einen Artikel, der den Schutz von Kindern und Jugendlichen als umfassendes Staatsziel normiert, noch eine Vorschrift, die Kindern und Jugendlichen ausdrücklich bestimmte Rechte gewährt. Dennoch läßt sich aus dem Grundgesetz jedenfalls ein den Absätzen 1 und 2 des Art. 10 Verf. Schleswig-Holstein vergleichbarer Regelungsgehalt herleiten. So kommt dem Kinder- und Jugendschutz, der im Recht der Kinder auf freie Entfaltung ihrer Persönlichkeit aus Art. 2 Abs. 1 in Verbindung mit Art. 1 Abs. 1 GG sowie in Art. 6 Abs. 2 Satz 1 GG verankert ist, nach der Rechtsprechung des Bundesverfassungsgerichts Verfassungsrang zu[129]. Darüber hinaus kann sich ein Recht auf gewaltfreie Erziehung aus Art. 1 Abs. 1, Art. 2 Abs. 1 und 2 GG ergeben[130]. Unklar ist, ob und inwieweit das Grundgesetz demgegenüber ein Recht auf Bildung, wie es Art. 10 Abs. 3 Satz 2 Verf. Schleswig-Holstein vorsieht, gewährt[131].

---

127 Vgl. zu Meinungsstand *Pieper*, in: Schmidt-Bleibtreu/Hofmann/Henneke (LitVerz.), Art. 33 RN 77, m. zahlr. w.N. → Bd. V: *D. Richter*, Gleichberechtigung von Mann und Frau, § 126 RN 102 ff.; für das Beamtenrecht → Bd. V: *Merten*, Berufsfreiheit des Beamten und Berufsbeamtentum, § 114 RN 34 ff.
128 *EuGH*, Urt. v. 11.11.1997, Rs. C 409/95 (Marschall), Slg. 1997, 6363, RN 32 f.
129 Vgl. *BVerfGE 83*, 130 (140).
130 Vgl. *J. Ipsen*, Niedersächsische Verfassung (LitVerz.), Art. 4 a RN 11; *Badura*, in: Maunz/Dürig, GG (LitVerz.), Art. 6 RN 114; vgl. zum Recht auf Erziehung auch *BVerfGE 121*, 69.
131 Ablehnend *Di Fabio*, in: Maunz/Dürig, GG (LitVerz.), Art. 2 RN 211 und RN 58 m.w.N.

Dem „Recht auf Bildung" sowie der Schulpflicht aus Art. 12 Abs. 1 Verf. Schleswig-Holstein korrespondiert eine Pflicht des Landes zur Bereitstellung entsprechender Bildungseinrichtungen[132]. Eine solche Pflicht besteht aufgrund von Art. 7 Abs. 1 GG auch auf bundesverfassungsrechtlicher Ebene[133]. Stellt der Staat aufgrund dessen ein schulisches Bildungsangebot zur Verfügung, muß dem Kind im Hinblick auf Art. 3 Abs. 1 GG zumindest ein Teilhabeanspruch zukommen[134].

72
Bereitstellungspflicht des Landes

4. Schutz der natürlichen Lebensgrundlagen

Gemäß Art. 11 Abs. 1 Verf. Schleswig-Holstein stehen die „natürlichen Grundlagen des Lebens sowie die Tiere [...] unter dem besonderen Schutz des Landes, der Gemeinden und Gemeindeverbände sowie der anderen Träger der öffentlichen Verwaltung". Diese bereits 1990[135] als Art. 7 Verf. Schleswig-Holstein alter Fassung in etwas anderer Form enthaltene eingefügte Staatszielbestimmung[136] greift die in Art. 20a GG auch auf Bundesebene anerkannte Schutzbedürftigkeit der natürlichen Lebensgrundlagen auf.

73
Staatsziel Umweltschutz

Aber auch die landesverfassungsrechtliche Norm begründet als Staatszielbestimmung kein subjektiv-öffentliches Recht, sondern verpflichtet im Sinne einer objektiv-rechtlichen Wertentscheidung als unmittelbar geltendes Recht die in ihr Genannten zur Umsetzung des in ihr enthaltenen konkretisierungsoffenen und -bedürftigen Handlungsauftrags[137]. Es obliegt in erster Linie dem Gesetzgeber, konkrete Schutzpflichten zu formulieren; aber auch Verwaltung und Rechtsprechung haben die Staatszielbestimmung bei Auslegung und Anwendung des Rechts[138] ebenso zu beachten wie im Rahmen der sogenannten gesetzesfreien Verwaltung. Mit der ausdrücklichen Benennung der Adressaten dieser Verpflichtung macht der Verfassungsgeber deutlich, daß allein der Staat in einem engeren Sinne[139], nicht aber öffentliche Akteure gesellschaftlicher Provenienz – vor allem Verbände und Unternehmen –, in die Pflicht genommen werden soll[140]. Da die Vorschrift die Gebietskörperschaften (und andere Träger der öffentlichen Verwaltung) benennt und damit eine subjektbezogene Beschreibung wählt, bleibt die Charakterisierung der konkreten Handlungsform, in der sich die Bindung realisiert, als öffentlich- oder privatrechtlich unerheblich.

74
Objektiv-rechtliche Wertentscheidung mit Ausstrahlungswirkung

Umfassende Verpflichtung nur des staatlichen Bereichs

---

132 Vgl. *Helle-Meyer*, in: Caspar/Ewer/Nolte/Waack (LitVerz.), Art. 7 RN 1.
133 *Badura*, in: Maunz/Dürig, GG (LitVerz.), Art. 7 RN 1.
134 Vgl. *Jestaedt*, HStR ³VII, § 156 RN 92.
135 Gesetz v. 13.6.1990 (GVBl. S. 391).
136 *Kämpfer*, in: Caspar/Ewer/Nolte/Waack (LitVerz.), Art. 7 RN 1.
137 *Kämpfer* aaO., Art. 7 RN 6.
138 Beispiele bei *Kämpfer* aaO., Art. 7 RN 12 ff.
139 Vgl. zu den verschiedenen Staatsbegriffen *Isensee*, HStR ³II, § 15 RN 137 ff.
140 Zu diesem Mißverständnis *Kämpfer* aaO., Art. 7 RN 7.

5. Kultur

75
Kunst und Wissenschaft, Forschung und Lehre

Weitere Schutz- und Förderungsaufträge enthält Art. 13 Verf. Schleswig-Holstein. Diese beziehen sich zum einen auf „Kunst und Wissenschaft, Forschung und Lehre" (Art. 13 Abs. 1), zum andern auf „die Pflege der niederdeutschen Sprache" (Art. 13 Abs. 2). Zwar normiert Art. 5 Abs. 3 GG keinen ausdrücklichen Auftrag des Staates zu Schutz und Förderung von Kunst und Wissenschaft, Forschung und Lehre, gleichwohl legt Art. 5 Abs. 3 GG dem Staat – im Sinne einer Staatszielbestimmung – die Pflicht zur Förderung und zum Erhalt der Rechtsgüter auf[141]. Art. 5 GG wird daher in dieser Dimension von der Rezeptionsklausel des Art. 3 Verf. Schleswig-Holstein nicht erfaßt. Land, Gemeinden und Gemeindeverbände haben außerdem als Aufgabe die „Kultur einschließlich des Sports, der Erwachsenenbildung, des Büchereiwesens und der Volkshochschulen" zu fördern.

Verhältnis zu Art. 5 Abs. 3 GG

Weitere Förderungsaufträge

6. Digitale Dienste

76
Digitalisierung der Landesverwaltung

Im Rahmen der grundlegenden Reform des Jahres 2014 wurden verschiedene Vorschriften in die Verfassung eingefügt, die sich mit der digitalen Entwicklung der Landesverwaltung und letztlich des gesamten öffentlichen und privaten Lebens und den daraus zu ziehenden Konsequenzen und Bedürfnissen befassen[142]. Diese Vorschriften sind in Verbindung mit den komplementären Privatheitsrechten zu lesen.

77
Aufbau von und Teilhabe an digitalen Basisdiensten

Nach Art. 14 Verf. Schleswig-Holstein gewährleistet das Land „im Rahmen seiner Kompetenzen den Aufbau, die Weiterentwicklung und den Schutz digitaler Basisdienste sowie die Teilhabe der Bürgerinnen und Bürger an diesen" (Art. 14 Abs. 1). Auch hierbei handelt es sich um eine Staatszielbestimmung[143]. Bemerkenswert ist insoweit die Gewährleistung der erforderlichen Schutzkomponente[144]. Nach der Begründung, die sich auf § 8 Abs. 2 E-Government-Gesetz Schleswig-Holstein bezieht, umfassen die zu gewährleistenden Basisdienste zentrale Dienste für die elektronische Abwicklung von Verwaltungsabläufen, die „ein landesweites Verwaltungsportal, ein landesweites Verwaltungsleistungsverzeichnis, bestimmte Formulare, eine virtuelle Poststelle oder eine Bezahlplattform zur Abwicklung des Zahlungsverkehrs oder eine Clearingstelle als zentrale Vermittlungsstelle enthalten"[145] können. Diese Aufzählung ist für weitere Entwicklungen offen[146].

Definition im E-Government-Gesetz

78
Elektronischer Zugang zu Behörden und Gerichten

Ebenfalls im Rahmen seiner Kompetenzen sichert das Land „einen persönlichen, schriftlichen und elektronischen Zugang zu seinen Behörden und Gerichten. Niemand darf wegen der Art des Zugangs benachteiligt werden" (Art. 14 Abs. 2 Verf. Schleswig-Holstein). Dies gilt „mit der Maßgabe, dass das

---

141 *BVerfGE 81*, 108 (116).
142 LT-Drucks. 18/2115, S. 20.
143 LT-Drucks. 18/2115, S. 20.
144 *Schliesky*, in: Die Gemeinde Schleswig-Holstein 2015, S. 244 (249).
145 LT-Drucks. 18/2115, S. 20.
146 *Schliesky* aaO., S. 244 (249).

Land einen elektronischen Zugang zu seinen Gerichten ab dem 1. Januar 2018 sichert" (Art. 69 Verf. Schleswig-Holstein). Diese Frist ist den notwendigen Vorarbeiten für die Umsetzung des Vorhabens geschuldet[147].

Während die Regelung des persönlichen, schriftlichen und elektronischen Zugangs zu Behörden des Landes- oder der kommunalen Selbstverwaltungskörperschaften aus kompetenzrechtlicher Sicht noch unproblematisch ist[148], bedarf es für den elektronischen Zugang zu den Gerichten wegen Art. 74 Abs. 1 Nr. 1 GG bundesrechtlicher Vorgaben oder zumindest Mitwirkung. Zum Teil überläßt der Bundesgesetzgeber den Ländern die Entscheidung (vgl. § 130a Abs. 2 ZPO). Schleswig-Holstein hat bereits im Jahre 2006 eine Landesverordnung über den elektronischen Rechtsverkehr mit den Gerichten und Staatsanwaltschaften erlassen[149]. Bundesgesetzliche Vorgaben verpflichten ab dem Jahre 2018 alle Gerichte, sich dem elektronischen Rechtsverkehr zu öffnen. Spätestens ab dem Jahre 2022 dürfen Anwälte, Behörden und juristische Personen des öffentlichen Rechts nur noch auf elektronischem Weg Schriftsätze bei Gericht einreichen[150].

79
Materien der Bundeskompetenz

Regelungen in Schleswig-Holstein

Soweit der Bundesgesetzgeber im Rahmen seiner Kompetenz den Zugang auf bestimmte Medien einschränkt, kommt das in Art. 14 Abs. 2 Satz 2 Verf. Schleswig-Holstein enthaltene Gebot der fortdauernden Gewährleistung und Nicht-Diskriminierung der „klassischen" Zugänge – persönlich, analog – nicht zur Geltung. Dieses Gebot entfaltet dann allein in den Kompetenzbereichen des Landesgesetzgebers Wirkung, vor allem also in Fragen des allgemeinen Verwaltungsverfahrensrechts. Hier muß dann auch dauerhaft neben dem elektronischen ein schriftlicher und persönlicher Zugang möglich bleiben[151]. Insoweit setzt sich die Verfassung von einer Entwicklung ab, die den elektronischen Zugang zu privilegieren sucht[152].

80
Nicht-Diskriminierung und Vorrang elektronischen Zugangs

7. Transparenz

Nach Art. 53 Verf. Schleswig-Holstein stellen die „Behörden des Landes, der Gemeinden und Gemeindeverbände [...] amtliche Informationen zur Verfügung, soweit nicht entgegenstehende öffentliche oder schutzwürdige private Interessen überwiegen". Auch diese Norm hat im Zuge der Novelle des Jahres 2014 Eingang in die Verfassung gefunden. Die Transparenzverpflichtung

81
Allgemeine Transparenzverpflichtung

---

147 *Schliesky* aaO., S. 244 (249).
148 Vgl. zur Gesetzgebungskompetenz der Länder für das Verwaltungsverfahren *Schmitz*, in: Paul Stelkens/Heinz Joachim Bonk/Michael Sachs (Hg.), Verwaltungsverfahrensgesetz. Kommentar, 2014, § 1 RN 38.
149 Landesverordnung zur Umsetzung des Gesetzes über elektronische Handelsregister und Genossenschaftsregister sowie das Unternehmensregister v. 12. 12. 2006 (GVBl. S. 361).
150 Vgl. die Änderungen der verschiedenen Prozeßordnungen durch das Gesetz zur Förderung des elektronischen Rechtsverkehrs mit den Gerichten v. 16. 10. 2013 (BGBl. I S. 3786) sowie die in dem Gesetz (Art. 24) enthaltene Möglichkeit der Länder, die Gültigkeit der Veränderungen in den Prozeßordnungen bis 2022 hinauszuschieben.
151 LT-Drucks. 18/2115, S. 20f.
152 *Schliesky*, in: Die Gemeinde Schleswig-Holstein 2015, S. 244 (249).

Keine Individualansprüche

begründet weder Individualansprüche auf Auskunft[153] noch verpflichtet sie die Behörde, sich auf Verlangen Informationen zu verschaffen, um sie dann weiterleiten zu können. Sie enthält also eine objektiv-rechtliche Verpflichtung der in der Vorschrift Genannten und umfaßt „amtliche Informationen".

82
Amtliche Informationen

Zum Zwecke einer genaueren Umschreibung des Anspruchsgegenstands verweist die Begründung auf die einfachgesetzliche Definition des § 2 Abs. 1 Nr. 1 des schleswig-holsteinischen Informationszugangsgesetzes (IZG). Der Begriff der „Informationen" umfaßt danach alle Zahlen, Daten, Fakten, Erkenntnisse oder sonstigen Auskünfte, die in Schrift-, Bild-, Ton- oder Datenverarbeitungsform oder auf sonstigen Informationsträgern bei den nach Art. 53 Verf. Schleswig-Holstein Verpflichteten vorhanden und damit „amtlich" sind. Eine

Zurverfügungstellung

Zurverfügungstellung bedeutet, daß die Information der Person zugänglich gemacht wird; zu einer weiterreichenden Publikation von Informationen durch öffentliche Bekanntmachung sollten die Behörden indes ausdrücklich nicht verpflichtet werden[154].

83
Spannungsverhältnis mit der Privatsphäre

Die Transparenzverpflichtung steht in einem Spannungsverhältnis zur Gewährleistung der digitalen Privatsphäre in Art. 15 Verf. Schleswig-Holstein, da ein erheblicher Anteil derjenigen Daten, die bei den durch Art. 53 Verf. Schleswig-Holstein Verpflichteten lagern, zuvor bei den nach Art. 15 Verf. Schleswig-Holstein Geschützten – oftmals durch hoheitlichen Zwang – erhoben worden ist. Dementsprechend verweist bereits die Verfassung selbst darauf, daß die Transparenzverpflichtung nur so weit besteht, wie nicht entgegenstehende öffentliche oder private Interessen überwiegen, die – entgegen dem mißverständlichen Satzbau – beide schutzwürdig sein müssen. Die Abwägung zwischen Transparenzverpflichtung und Grundrechtsschutz überantwortet Art. 53 Satz 2 Verf. Schleswig-Holstein dem Gesetzgeber, der dabei auch die Möglichkeit hat, schutzwürdige Interessen im einzelnen, die über einen verfassungsrechtlichen, unmittelbar aus Grundrechten abgeleiteten Schutzbestand hinausgehen, ebenso zu bestimmen wie weitergehende Transparenzverpflichtungen[155]. Das Gesetz hat außerdem die Einzelheiten bei der Ausgestaltung der Transparenzverpflichtung, beispielsweise das Verfahren und Gebührentatbestände, aber auch die Struktur des Abwägungsvorgangs zu regeln[156].

Einschränkung der Transparenz

84
Vorrangige Geheimhaltungsinteressen

Die Begründung zur Verfassungsänderung[157] geht davon aus, daß öffentliche Geheimhaltungsinteressen a priori schutzwürdig sind und nennt als Beispiele unter Hinweis auf die Rechtsprechung des Bundesverfassungsgerichts den Schutz des Kernbereichs der exekutiven Eigenverantwortung[158] sowie die Funktionsfähigkeit des Staates und seiner Einrichtungen im allgemeinen[159].

---

153 So ausdrücklich LT-Drucks. 18/2115, S. 29.
154 Hierzu und zu dem folgenden auch LT-Drucks. 18/2115, S. 30.
155 LT-Drucks. 18/2115, S. 29f.
156 LT-Drucks. 18/2115, S. 31.
157 LT-Drucks. 18/2115, S. 30.
158 *BVerfGE* 67, 100 (139ff.). Kritisch dazu: *M. Schröder*, HStR ³III, § 64 RN 11ff.
159 *BVerfGE* 49, 24 (54ff.). Vgl. allgemein zu Funktionsstörungen in der Staatsorganisation: *E. Klein*, HStR ³XII, § 279 RN 1ff.

Demgegenüber muß die Schutzwürdigkeit privater Interessen im einzelnen begründet werden; auch hier nennt der Verfassungsgeber einzelne Beispiele aus der Rechtsprechung[160].

Da die Transparenzverpflichtung den verfassungsrechtlichen Grundsatz bildet, soll der Schutz privater und öffentlicher Interessen nach Art. 52 Satz 1 Verf. Schleswig-Holstein die systematische Ausnahme bleiben und muß im Einzelfall das Interesse am Informationszugang überwiegen. Dies bringt das Wort „soweit" zum Ausdruck. Die verfassungsrechtlich oder einfachgesetzlich niedergelegten Geheimhaltungsinteressen stehen dem Informationszugang nur dann entgegen, wenn sie nach einer Interessenabwägung schwerer wiegen als das Interesse an der Bekanntgabe der Information[161].

85
Schutz der Interessen als Ausnahme

Zu beachten ist, daß sich die landesverfassungsrechtliche Transparenzverpflichtung in einer kompetenzrechtlichen Grauzone bewegt. Nach der Rechtsprechung des Bundesverwaltungsgerichts stellt die Kompetenz für Auskunftsansprüche der Presse einen Annex zu der jeweiligen Sachkompetenz dar, also zu derjenigen Materie, in deren Bereich die Behörde tätig ist[162]. Dasselbe muß dann auch für sonstige, nicht durch eine Anfrage initiierte Öffentlichkeitsarbeit gelten. Allerdings würde dies dazu führen, daß der Landesverfassungsgeber in all jenen Bereichen, in denen die Landesbehörden Bundesgesetze ausführen, nur dann Auskunftsansprüche oder weitergehende Transparenzregelungen erlassen könnte, wenn der Bund nicht die ausschließliche Sachregelungskompetenz besitzt oder eine konkurrierende Kompetenz nicht abschließend ausgeübt hat. Dem wird entgegengehalten, daß zumindest die Normierung von Auskunftsansprüchen der Presse ein pressespezifischer Gegenstand ist und damit von der Materie des Presserechts erfaßt wird[163]. Zudem kann (und sollte) man die Öffentlichkeitsarbeit von Behörden und die Regelung der Transparenz ihrer Tätigkeit als Element (oder auch „Annex") von Verwaltungsverfahren und Verwaltungsorganisation begreifen und damit den entsprechenden Kompetenzgrundlagen unterstellen[164].

86
Einfaches Informationsrecht in der kompetenzrechtlichen Grauzone

---

160 So wird etwa der Schutz personenbezogener Daten (*BVerfGE 65*, 1 [42 ff.]), das Recht am geistigen Eigentum (*BVerfGE 79*, 29 [40 ff.]), der Schutz von Betriebs- und Geschäftsgeheimnissen (*BVerfGE 115*, 205 [229 ff.]) sowie das Steuergeheimnis (*BVerfGE 67*, 100 [142 ff.]) erwähnt; LT-Drucks. 18/2115, S. 30.
161 LT-Drucks. 18/2115, S. 30.
162 *BVerwG*, Urt. v. 20. 2. 2013 (6 A 2/12), NVwZ 2013, S. 1006.
163 *Berthold Huber*, Anmerkung zu *BVerwG*, Urt. v. 20. 2. 2013 (6 A 2/12), NVwZ 2013, S. 1006 (1010).
164 *Michael Kloepfer*, Informationsrecht, 2002, S. 107 f.; s. etwa zu der Auseinandersetzung in dem Bereich des UIG: *Olaf Reidt/Gernot Schiller*, UIG – Vorbemerkung, in: Landmann/Rohmer, Umweltrecht (77. EL August 2015) RN 60 ff.

C. Bibliographie

Blackstein, Ylva, Das Landesverfassungsgericht von Schleswig-Holstein (Diss. iur. Kiel), 2014.
Bull, Hans Peter, Die Verfassungsentwicklung in Schleswig-Holstein seit 1980, in: JöR Bd. 51 (2003), S. 489 ff.
Caspar, Johannes, Kompetenzen des Landesverfassungsgerichts im Schnittfeld zwischen Bundes- und Landesrecht – Zur Errichtung des Schleswig-Holsteinischen Verfassungsgerichts, in: NordÖR 2008, S. 193 ff.
Caspar, Johannes/Ewer, Wolfgang/Nolte, Martin/Waack, Hans-Jochen, (Hg.) Kommentar zur Verfassung des Landes Schleswig-Holstein, 2006.
Dietlein, Johannes, Die Rezeption von Bundesgrundrechten durch Landesverfassungsrecht, in: AöR Bd. 120 (1995), S. 1 ff.
Kühn, Angelika, Die Privilegierung nationaler Minderheiten im Wahlrecht der Bundesrepublik Deutschland und Schleswig-Holsteins, (Diss. iur. Kiel 1990), 1991.
Menzel, Jörg, Landesverfassungsrecht. Verfassungshoheit und Homogenität im grundgesetzlichen Bundesstaat, 2002.
Nordmann, Christine, „Rezipierte" Grundrechte für Schleswig-Holstein, in: NordÖR 2009, S. 97.
Sachs, Michael, Die Grundrechte im Grundgesetz und in den Landesverfassungen. Zur Voraussetzung des Normwiderspruchs im Bereich der Art. 31 und 142 GG, in: DÖV 1985, S. 469 ff.
Schliesky, Utz, Die Reform der Landesverfassung, in: Die Gemeinde Schleswig-Holstein 2015, S. 244 ff.

§ 260
Landesgrundrechte in Thüringen

Michael Brenner

Übersicht

	RN			RN
A. Einleitung	1– 2		e) Die Unverletzlichkeit der Wohnung.	35– 36
B. Thüringer Verfassungsentwicklung von 1815 bis 1945: Ein Überblick	3– 9		f) Die Grundrechte der Kommunikation	37– 48
I. Grundrechte im Frühkonstitutionalismus	3– 5		g) Versammlungs- und Vereinigungsfreiheit	49– 54
II. Grundrechtsentwicklung nach der Revolution von 1848	6		h) Recht auf Wohnung und Obdachrecht	55– 56
III. Verfassungsentwicklung in Thüringen von 1918 bis 1945	7– 9		i) Petitionsrecht	57– 58
			2. Gleichheit	59– 63
C. Verfassungsentwicklung von 1945 bis zur deutschen Wiedervereinigung	10– 15		a) Der allgemeine Gleichheitssatz	60– 61
I. Von der deutschen Kapitulation bis zur Auflösung des Landes Thüringen	10– 13		b) Die Gleichberechtigung von Frauen und Männern	62
II. Von der Vorläufigen Landessatzung bis zur Thüringer Verfassung	14– 15		c) Der Schutz Behinderter	63
D. Die Grundrechte der Verfassung Thüringens	16–103		II. Zweiter Abschnitt: Ehe und Familie, elterliches Sorgerecht	64– 75
I. Erster Abschnitt: Menschenwürde, Gleichheit und Freiheit	18– 63		1. Ehe und Familie	65– 68
1. Menschenwürde und Freiheitsrechte	18– 58		2. Elterliches Sorgerecht und Kindesentwicklung	69– 75
a) Der Schutz der Menschenwürde (Art. 1)	18– 21		III. Dritter Abschnitt: Bildung und Kultur	76– 88
b) Recht auf Leben, Freiheit der Person, Persönlichkeit (Art. 3)	22– 24		1. Kunst- und Wissenschaftsfreiheit	77– 80
			2. Erziehung und Bildung	81– 84
c) Freiheit der Person (Art. 4) und Freizügigkeit (Art. 5)	25– 31		3. Das Schulwesen	85– 88
			IV. Vierter Abschnitt: Natur und Umwelt	89
			V. Fünfter Abschnitt: Eigentum, Wirtschaft und Arbeit	90– 98
d) Persönlichkeitsrecht und Datenschutz	32– 34		VI. Sechster Abschnitt: Religion und Weltanschauung	99–103
		E.	Fazit	104–105
		F.	Bibliographie	

§ 260　*Sechzehnter Teil: III. Die Grundrechte in den Landesverfassungen*

A. Einleitung

1
Endgültiges Inkrafttreten der Verfassung 1994

Die Thüringer Verfassung (Verf. Thüringen) wurde am 25. Oktober 1993 vom Thüringer Landtag mit Zwei-Drittel-Mehrheit angenommen und am 29. Oktober 1993 im Gesetz- und Verordnungsblatt verkündet[1]. Sie trat nach Art. 106 Abs. 1 Satz 2, Abs. 2 Verf. Thüringen am 30. Oktober 1993 vorläufig, nach einem Volksentscheid endgültig am 16. Oktober 1994 in Kraft.

2
Bindungswirkung der Landesgrundrechte

Die Grundrechte, Staatsziele und die die Ordnung des Gemeinschaftslebens prägenden Bestimmungen hat der Verfassungsgeber im Ersten Teil der Verfassung verankert. Dabei binden nach Artikel 42 Abs. 1 Verf. Thüringen die Grundrechte sowohl die Gesetzgebung als auch die vollziehende Gewalt und die Rechtsprechung als unmittelbar geltendes Recht. Auch wenn in inhaltlicher Hinsicht die Nähe des Grundrechtskatalogs zu den im Grundgesetz verankerten Grundrechten unverkennbar ist, so hat der Thüringer Verfassungsgeber doch durchaus eigene grundrechtliche Vorstellungen verwirklicht, die sich zum überwiegenden Teil aus den Erfahrungen der Thüringer Bevölkerung mit dem SED-Unrechtsregime gespeist haben. Darüber hinaus hat der Verfassungsgeber aber auch neue und zukunftsgerichtete grundrechtliche Ansätze verwirklicht, wie sie etwa in dem Recht auf politische Mitgestaltung, in der Medienfreiheit und im Recht auf Bildung markant zutage treten. Mit Blick auf diese Ansätze mag der Grundrechtskatalog der Verfassung Thüringens daher durchaus als modern bezeichnet werden. Die neugeschaffene Verfassung des Freistaats Thüringen, die auf diese Weise bewährte und überkommene Grundrechte mit neuen Grundrechtsideen vermählt, bringt damit eine durchaus wechselvolle und reiche, sich über rund zweihundert Jahre erstreckende Grundrechts- und Verfassungsentwicklung im Freistaat zu einem vorläufigen und hoffentlich zugleich dauerhaften Ende.

Neue und zukunftsgerichtete grundrechtliche Ansätze

B. Thüringer Verfassungsentwicklung von 1815 bis 1945: Ein Überblick

I. Grundrechte im Frühkonstitutionalismus

3
Einführung „landesständischer Verfassungen"

Der Prozeß der Konstitutionalisierung in der thüringischen Kleinstaatenwelt – die im Jahr 1815 immerhin zwölf Staaten umfaßte – setzte, wie in anderen Staaten auch, im Gefolge des Wiener Kongresses ein[2]. Die in Artikel 13 der Bundesakte der Einführung „landständischer Verfassungen" Raum gebende

---

1 ThürGVBl. S. 625.
2 Ausführlich hierzu *Jonscher*, Thüringische Verfassungsgeschichte im 19. Jahrhundert – Ein Abriss, in: Thüringer Landtag, Thüringische Verfassungsgeschichte (LitVerz.), S. 7 ff. Siehe auch *J. John*, in: Linck/Baldus/Lindner u. a. (LitVerz.), E1 (S. 48 ff.) RN 1 ff. mit ausführlichen Literaturnachweisen; *P. M. Huber*, Staatsrecht, in: ders., Staats- und Verwaltungsrecht (LitVerz.) S. 21 (25); Abriß der Verfassungsgeschichte Thüringens bei *Linck*, in: ders./Jutzi/Hopfe (LitVerz.), S. 29 ff. → Oben *Wittreck*, § 231 RN 13 ff.

Konstitutionalisierungsperspektive, die mit dem Verfassungsgebungsakt vom 5. Mai 1816 in Sachsen-Weimar-Eisenach einen ersten Höhepunkt erlebte[3] – gefolgt unter anderem von den Verfassungen von Sachsen-Hildburghausen (19. März 1818), Sachsen-Coburg-Saalfeld (8. August 1821) und Sachsen-Meiningen (4. September 1824)[4], rechtfertigt daher durchaus den Schluß, daß Thüringen in der Tat ein Zentrum des Frühkonstitutionalismus in Deutschland war[5], auch wenn sich die wissenschaftliche Betrachtung bislang vielfach auf den Konstitutionalisierungsprozeß in Süddeutschland konzentriert.

Auch wenn sich diese sämtlichen Verfassungen im wesentlichen auf Fragen der Staatsorganisation und insbesondere der Mitwirkung der Landstände konzentrierten, so gab es in dieser frühkonstitutionellen Phase doch durchaus auch erste vorsichtige Anzeichen einer Verankerung von Grundrechten, auch wenn diese nicht den umfassenden Geltungsanspruch in sich tragen konnten, der die heutige Grundrechtsdogmatik kennzeichnet. Während beispielsweise in der Verfassung von Sachsen-Weimar-Eisenach immerhin die Pressefreiheit verankert war[6], im übrigen auch die Garantie einer unparteiischen Rechtspflege[7], wies die Verfassung von Sachsen-Coburg-Saalfeld vom 8. August 1821 in ihrem Titel II – „Von den allgemeinen Rechten und Pflichten der Staatsbürger" – bereits einen Grundrechtekatalog auf, der den Staatsbürgern nicht nur die Gleichheit vor dem Gesetz (§ 10) gewährte, sondern auch die Religions- (§ 13) und Gewissensfreiheit (§ 14), die Freiheit der Person (§ 15), die Eigentumsfreiheit (§ 15), das Recht der freien Auswanderung (§ 16) und die freie Wahl des Berufs und Gewerbes (§ 24) absicherte[8].

4
Anzeichen einer Verankerung von Grundrechten

Auch das Grundgesetz des Herzogtums Sachsen-Altenburg wies – freilich erst im Gefolge der durch die französische Julirevolution im Jahr 1830 ausgelösten politischen Unruhen – einen umfangreichen Grundrechtekatalog auf, der u. a. die Freiheit der Person, den Schutz des Eigentums, die freie Wahl des Berufs und das Recht auf freie Auswanderung statuierte[9].

5
Folgen der französischen Julirevolution

---

3 Hierzu *G. Müller*, Ernst Christian August von Gersdorff und die Entstehung des „Grundgesetzes einer landständischen Verfassung für das Großherzogtum Sachsen-Weimar-Eisenach", in: Thüringer Landtag (Hg.), 175 Jahre Parlamentarismus in Thüringen (1817–1992), 1992, S. 42 ff.
4 Überblick hierzu bei *E. R. Huber*, Deutsche Verfassungsgeschichte seit 1789, Bd. I: Reform und Restauration, 1990, S. 656 f.
5 Vgl. in diesem Zusammenhang auch Thüringer Landtag (Hg.), 175 Jahre Parlamentarismus in Thüringen (1817–1992), 1992.
6 § 129 Abs. 2 des Grundgesetzes einer Landständischen Verfassung für das Großherzogtum Sachsen-Weimar-Eisenach von 1816, abgedruckt in: Thüringer Landtag (FN 3), S. 58 ff.
7 § 129 Abs. 2 des Grundgesetzes einer Landständischen Verfassung für das Großherzogtum Sachsen-Weimar-Eisenach von 1816, abgedr. in: Thüringer Landtag (FN 3), S. 58 ff.
8 *Jonscher*, Thüringische Verfassungsgeschichte im 19. Jahrhundert – Ein Abriss, in: Thüringer Landtag, Thüringische Verfassungsgeschichte (LitVerz.), S. 7 (15 ff.).
9 Einzelheiten bei *Jonscher* aaO., S. 7 (19 ff.).

§ 260   Sechzehnter Teil: III. Die Grundrechte in den Landesverfassungen

II. Grundrechtsentwicklung nach der Revolution von 1848

6
Märzforderungen und Reaktion

Die im Gefolge der Revolution des Jahres 1848 von Frankreich nach ganz Europa ausstrahlenden Folgen erreichten alsbald auch Thüringen, blieben allerdings zunächst von nur begrenzter Wirkung und Bedeutung. Die auf die Entwicklung in Frankreich zurückgehenden sogenannten Märzforderungen zielten, flankiert und verstärkt durch die Paulskirchenverfassung und deren im Dezember 1848 vorab verabschiedeten Grundrechtekatalog, auch im Kosmos der Thüringer Kleinstaaten in erster Linie auf eine Ausweitung der Befugnisse der Landtage gegenüber dem Monarchen[10], waren aber letztlich nur von kurzer Dauer, da die konservativen Kräfte in der nun folgenden Reaktionszeit bald wieder die Oberhand gewannen und alles daran setzten, die vorrevolutionären Zustände wiederherzustellen. So kehrten im Gefolge

Bundesreaktionsbeschluß

des Bundesreaktionsbeschlusses vom 23. August 1851 und des vom selben Tage datierenden Bundesbeschlusses zur Außerkraftsetzung der „Grundrechte des deutschen Volkes" verschiedene Staatsleitungen in Thüringen zu den altständischen Verfassungen zurück, revidierten die Wahlgesetze und die Mitwirkungsrechte der Landtage und korrigierten in erheblichem Maße die grundrechtlichen Errungenschaften der Achtundvierziger-Revolution[11]. An dieser Ausgestaltung und insbesondere an dem dünnen grundrechtlichen Befund änderte sich auch durch den Beitritt der thüringischen Kleinstaaten zum Norddeutschen Bund und deren Aufgehen im Kaiserreich nichts, zumal die Reichsverfassung lediglich ein Organisationsstatut darstellte und auf einen Grundrechtskatalog vollständig verzichtete.

III. Verfassungsentwicklung in Thüringen von 1918 bis 1945

7
Vereinigung zum Land Thüringen

Nachdem mit dem Beitritt zum Norddeutschen Bund 1866 und der Gründung des Deutschen Reiches im Jahr 1871 die Kompetenzen der Thüringer Kleinstaaten erheblich reduziert worden waren, bot erst der republikanische Neubeginn nach 1918 die Gelegenheit zu einem verfassungsrechtlichen Neuanfang und einer grundrechtlichen Neujustierung[12]. Nachdem aus dem Weimarer Großherzogtum und den übrigen Herzog- und Fürstentümern auf dem Gebiet des heutigen Freistaats Thüringen nach der Abdankung der Fürsten parlamentarisch verfaßte „Freistaaten" mit vorläufigen freistaatlichen Verfas-

---

10 Näher *Jonscher* aaO., S. 7 (23 ff.).
11 Ausführlich *Jonscher* aaO., S. 7 (29 ff.). Allerdings hatten durchaus einige der von der Nationalversammlung in der Frankfurter Paulskirche verabschiedeten Grundrechte teilweise wortgleich Eingang in verschiedene thüringische Landesverfassungen gefunden, s. die Nachw. bei *P. M. Huber*, Staatsrecht, in: ders., Staats- und Verwaltungsrecht (LitVerz.) S. 21 (26, dort FN 9). Vgl. → Bd. I: *Kühne*, Von der bürgerlichen Revolution bis zum Ersten Weltkrieg, § 3 RN 1 ff., 44 ff., 62 ff.; → oben *Wittreck*, § 231 RN 30, 41 ff.
12 S. zum Folgenden auch *P. M. Huber*, Staatsrecht, in: ders., Staats- und Verwaltungsrecht (LitVerz.) S. 21 (27 f.). S. auch *H. Gottwald*, in: *G. Müller*, Zur Geschichte des Parlamentarismus in Thüringen. Ein Abriß, in: Thüringer Landtag (Hg.), 175 Jahre Parlamentarismus in Thüringen (1817–1992), 1992, S. 8 (24 ff.). Abdruck der maßgeblichen Rechtsakte bei *Gerhard Riege/Guido Henke/Ralf Lunau*, Dokumente zum Thüringer Staatsrecht 1920–1952, 1991, S. 15 ff. Vgl. → Bd. I: *H. Dreier*: Die Zwischenkriegszeit, § 4 RN 8 ff.; → oben *Wittreck*, § 231 RN 73.

sungen entstanden waren, schlossen sich diese im Jahr 1920 zum Land Thüringen zusammen[13]. So hatte am 23. April 1920 die Nationalversammlung die Reichsgesetze über die Vereinigung Coburgs mit Bayern sowie der sieben thüringischen Staaten zum Land Thüringen mit Wirkung zum 1. Mai 1920 beschlossen[14], bevor dann am 7. Mai 1920 der Staatsrat die Bildung des Landes Thüringen bekanntgab, woraufhin am 20. Juni 1920 die Wahlen zum ersten „Landtag von Thüringen" stattfinden konnten[15].

Verfassungsrechtlich flankiert wurde diese Entwicklung durch den Beschluß der thüringischen Staatsregierungen vom 24./25. März 1919, mit Blick auf ihren Zusammenschluß einen – zunächst noch als Verfassung bezeichneten – Staatsvertrag auszuarbeiten, der, maßgeblich gestaltet von dem Jenaer Rechtswissenschaftler *Eduard Rosenthal*, in den Monaten Mai und Juni 1919 von den meisten Landtagen gebilligt wurde und zu einem Zusammentreten des Staatsrats und des Volksrats noch im Jahr 1919 führte. Dieser Staatsvertrag war dann auch die Vorlage für den wiederum von *Rosenthal* im Januar 1920 vorgelegten Entwurf einer „Verfassung des Freistaats Thüringen", die als „Vorläufige Verfassung des Landes Thüringen" am 12. Mai 1920 vom Verfassungsausschuß des Volksrates verabschiedet und sodann vom Staatsrat verkündet wurde[16].

8
Verfassung des Freistaats Thüringen von 1920

Nach Anfang des Jahres 1921 stattfindenden Beratungen, die der Abänderung der vorläufigen zur regulären Verfassung den Weg bereiten sollten, und der anschließenden, am 11. März 1921 durch Gesetzesbeschluß erfolgenden Annahme des Abänderungsgesetzes durch den Landtag, durch das vor allem die Bestimmungen über die Landtagsauflösung und die Wahl der Landesregierung Änderungen unterworfen worden waren, trat dann die vorläufige, leicht verändert, als reguläre Landesverfassung in Kraft[17], enthielt aber, da sie sich im Rahmen der Weimarer Reichsverfassung bewegte, keinen eigenen Grundrechtskatalog[18]. Die wichtigsten Grundrechte der Weimarer Reichsverfassung wurden dann durch die Verordnung des Reichspräsidenten „Zum Schutz von Volk und Staat" vom 28. Februar 1933 „bis auf weiteres außer Kraft gesetzt"[19], womit die Zerstörung der Weimarer Verfassungs- und insbesondere Grundrechtsordnung durch die Nationalsozialisten ihren Anfang nahm[20].

9
Verfassung ohne Grundrechtskatalog

---

13 S. hierzu auch *J. John*, in: Linck/Baldus/Lindner u.a. (LitVerz.), E 1 (S. 48 ff.) RN 4 ff.
14 RGBl. 1920, S. 841 (842).
15 Einzelheiten bei *J. John*, in: Thüringer Landtag, Verfassungsgeschichte (LitVerz.), S. 49 (58 ff.).
16 Näher *J. John*, in: Thüringer Landtag, Verfassungsgeschichte (LitVerz.), S. 49 (56 ff.).
17 GTh 1921, S. 53, 57.
18 Ausführlich hierzu *J. John*, Die thüringischen Landesverfassungen 1920/21 und 1946, in: K. Schmitt, Verfassung (LitVerz.), S. 132 (136 ff.). → Oben *Wittreck*, § 231 RN 80.
19 RGBl. 1933, S. 83.
20 S. auch ausführlich *J. John*, in: Linck/Baldus/Lindner u.a. (LitVerz.), E 1 (S. 48 ff.) RN 19 ff.; *ders.*, Die thüringischen Landesverfassungen 1920/21 und 1946, in: K. Schmitt, Verfassung (LitVerz.), S. 132 (152 ff.).

C. Verfassungsentwicklung von 1945 bis zur deutschen Wiedervereinigung

I. Von der deutschen Kapitulation bis zur Auflösung des Landes Thüringen

10
Verfassungsdiskussion

Nach der deutschen Kapitulation am 8. Mai 1945 konnte sich die Sozialistische Einheitspartei Deutschlands nach ihrer mehr oder weniger erzwungenen Gründung im Jahr 1946 recht schnell mit ihren Vorstellungen – auch den verfassungspolitischen[21] – durchsetzen[22]. Nachdem die Sozialistische Einheitspartei Deutschlands bei den am 8. September 1946 abgehaltenen Gemeindewahlen zur stärksten Partei geworden war, prägte sie auch alsbald die sich anbahnende Verfassungsdiskussion, nicht zuletzt um damit zugleich die bürgerlichen Parteien in die Defensive zu drängen[23]. Im Anschluß an eine von den SED-Führungsgremien präsentierte Verfassungserklärung über „Grundrechte des deutschen Volkes" wurde bereits im November 1946 der Entwurf einer „Verfassung der Deutschen Demokratischen Republik" sowie der Musterentwurf für „Landesordnungen" präsentiert[24], in denen die Zentralisierungsbestrebungen der Sozialistischen Einheitspartei Deutschlands ebenso deutlich zutage traten wie die Vereinheitlichungstendenzen – ungeachtet der Tatsache, daß in der Sowjetischen Besatzungszone auf der Grundlage des Befehls Nr. 5 vom 9. Juli 1945 der sowjetischen Militäradministration in Deutschland fünf Länder, darunter auch Thüringen, geschaffen worden waren. Während der Musterentwurf zunächst lediglich nachgeordnete, am Weimarer Verfassungsrecht orientierte „Landesordnungen" ohne eigenen Grundrechtekatalog vorsah, enthielt ein zweiter, ebenfalls von der Sozialistischen Einheitspartei Deutschlands vorgelegter und als „Landesverfassung" bezeichneter Musterentwurf dann schließlich doch Grundrechteelemente[25], lag allerdings nicht dem Thüringischen Landtag zur Beratung vor; vielmehr wurde am 3. Dezember 1946 der erste, lediglich in der Bezeichnung veränderte ursprüngliche Entwurf im Landtag eingebracht[26] und zum Gegenstand eines gemeinsamen Initiativantrages auf „Schaffung einer Landesverfassung" gemacht. Nach zum Teil sehr strittigen parlamentarischen Beratungen, bei denen vor allem die Christliche Demokratische Union massive Bedenken erhob[27], nahm der Landtag schließlich am 20. Dezember 1946 die Verfassung

Musterentwurf „Landesverfassung"

---

21 Ausführlich *Gerhard Braas*, Die Entstehung der Länderverfassungen in der Sowjetischen Besatzungszone Deutschlands 1946/47, 1987. Vgl. auch → Bd. I: *G. Brunner*, Grundrechtstheorie im Marxismus-Leninismus, § 13, insb. RN 41 ff., 76 ff.).
22 Vgl. hierzu *J. John*, in: Linck/Baldus/Lindner u. a. (LitVerz.), E1 (S. 48 ff.) RN 24 ff.; ausführlich auch ders., Die thüringischen Landesverfassungen 1920/21 und 1946, in: K. Schmitt, Verfassung (LitVerz.), S. 157 ff. Abdruck der verschiedenen maßgeblichen Rechtsakte ab 1945 bei G. Riege/G. Henke/R. Lunau, Dokumente zum Thüringer Staatsrecht 1920–1952, S. 78 ff.
23 Vgl. zum Folgenden *J. John*, in: Thüringer Landtag, Verfassungsgeschichte (LitVerz.), S. 49 (87 ff.).
24 Ausführlich *J. John*, in: Thüringer Landtag, Verfassungsgeschichte (LitVerz.), S. 49 (88, m. w. N.).
25 *J. John*, in: Thüringer Landtag, Verfassungsgeschichte (LitVerz.), S. 49 (90 f.).
26 ThHStAW Thl, Nr. 248, zitiert nach *J. John*, in: Thüringer Landtag, Verfassungsgeschichte (LitVerz.), S. 49 (92).
27 Ausführlich *J. John*, in: Thüringer Landtag, Verfassungsgeschichte (LitVerz.), S. 49 (92).

des Landes Thüringen mit Zustimmung auch der Christlichen Demokratischen Union[28] an.

Die neue Verfassung war in erheblichem Umfang von den Vorstellungen der Sozialistischen Einheitspartei Deutschlands geprägt, nicht zuletzt deshalb, weil sie ganz wesentlich vom Prinzip der Gewalteneinheit statt dem der Gewaltenteilung geprägt war. Deutlich wird dies mit Blick auf die Grundrechte exemplarisch daran, daß die „wirtschaftliche Freiheit" nur im Rahmen „sozialer Gerechtigkeit" (Art. 56) und das Eigentum lediglich in den Grenzen der Gesetze (Art. 57) gewährleistet war. Weitere Einschränkungen brachte ein von der Sozialistischen Einheitspartei eingebrachtes Verfassungsänderungsgesetz vom 17. Dezember 1947 mit sich, das unter anderem den Privatbesitz an Boden auf einhundert Hektar begrenzte[29].

11
Gewalteneinheit statt Gewaltenteilung

Auch wenn die Länderverfassungen – auch die thüringische – bis zum Jahr 1952 formell weitgehend unverändert blieben, so ist doch nicht zu verkennen, daß es nicht das geschriebene Verfassungsrecht war, sondern vielmehr die Verfassungswirklichkeit und die politischen Machtverhältnisse waren, die das Schicksal der Länder in der sowjetischen Besatzungszone und schließlich in der Deutschen Demokratischen Republik prägten[30]. Die von der Sozialistischen Einheitspartei Deutschlands initiierten Zentralisierungsbestrebungen führten dazu, daß sich Gestaltungsspielräume und Entscheidungsbefugnisse mehr und mehr auf die zentrale Ebene verlagerten, was zur Folge hatte, daß die Landtage – auch der Thüringer Landtag – immer mehr an Einfluß und – auch an verfassungsrechtlichem – Gestaltungspotential verloren und die Landesregierungen und ihre Ministerien immer mehr zu nachgeordneten Vollzugsbehörden der DDR-Regierung wurden[31]. Besonders deutlich machte dies die DDR-Verfassung vom 7. Oktober 1949[32], mit der die Länder zahlreiche Gesetzgebungs- und Verwaltungsbefugnisse an den Zentralstaat abtreten mußten und letztlich auf das Niveau legislativer und exekutiver Vollzugsorgane der Republik absanken.

12
Verfassungswirklichkeit und politische Macht

Wenn auch nicht formell, so doch faktisch wurde das Land Thüringen dann im Jahr 1952 aufgelöst. Seinen Grund fand dies in den SED-Beschlüssen vom Juli 1952 über den Sozialismusaufbau und über den DDR-Verwaltungsneuaufbau. Mit dem Durchführungsgesetz „über die weitere Demokratisierung des Aufbaus und der Arbeitsweise der staatlichen Organe im Lande Thüringen"[33], welches das Land Thüringen in drei Bezirke – Erfurt, Gera, Suhl –, zweiunddreißig Land- und vier Stadtkreise gliederte, fügte sich der Thüringer Landtag den Vorgaben der Volkskammer. Nachdem die Regierung und der Landtag daraufhin ihre Tätigkeit eingestellt hatten und die Aufgaben der Landesregierung auf die Bezirksorgane übergegangen waren, hatte das Land Thüringen faktisch aufgehört zu existieren.

13
Auflösung des Landes

---

28 RTh 1947, S. 1. → Oben *Wittreck*, § 231 RN 91.
29 RTh 1947, S. 103.
30 So das zutreffende Fazit von *J. John*, in: Thüringer Landtag, Verfassungsgeschichte (LitVerz.), S. 49 (96).
31 *J. John*, in: Thüringer Landtag, Verfassungsgeschichte (LitVerz.), S. 49 (97).
32 Gesetzblatt der Deutschen Demokratischen Republik, Teil I, 1949, S. 6.
33 Reg.Bl. 1952 I S. 177.

§ 260   Sechzehnter Teil: III. Die Grundrechte in den Landesverfassungen

II. Von der Vorläufigen Landessatzung bis zur Thüringer Verfassung

14
Ländereinführungsgesetz

Nachdem der im Gefolge der deutschen Wiedervereinigung am 14. Oktober 1990 neu gewählte Thüringer Landtag zu Recht davon ausgegangen war[34], daß das Land Thüringen nach § 1 des „Verfassungsgesetzes zur Bildung von Ländern in der DDR – Ländereinführungsgesetz –" vom 22. Juli 1990[35] in Verbindung mit Art. 9 Abs. 2 Anlage II[36] des Einigungsvertrages mit Wirkung vom 3. Oktober 1990 neu gebildet worden war[37], beschlossen die Abgeordneten am 7. November 1990 mit einer Zweidrittel-Mehrheit die „Vorläufige Landessatzung"[38]. Dieser kam die Aufgabe zu, dem Land für eine Übergangszeit – bis zur Verabschiedung einer Vollverfassung – eine vorübergehende staatliche Ordnung zu geben, weswegen sich die Vorläufige Landessatzung im wesentlichen auf die Ausgestaltung des Staatsorganisationsrechts beschränkte[39]. Ursprünglich sollte die Landessatzung spätestens am 13. Dezember 1992 außer Kraft treten; nachdem sich dieser Zeitpunkt aber als unrealistisch erwiesen hatte, wurde sie am 15. Dezember 1992 ohne Festsetzung eines festen Endtermins verlängert[40], und zwar bis zum „Inkrafttreten der Verfassung des Landes Thüringen".

„Vorläufige Landessatzung"

15
Inkraftsetzung der Landesverfassung 1994

Die der Verabschiedung der Vorläufigen Landessatzung folgenden umfänglichen Beratungen zur Ausarbeitung der endgültigen Verfassung des Freistaats Thüringen[41] mündeten dann schließlich in einen Verfassungsentwurf, der am 25. Oktober 1993 vom Thüringer Landtag mit der in Art. 106 Abs. 1 Satz 1 Verf. Thüringen vorgesehenen Mehrheit von zwei Dritteln der Mitglieder des Landtags angenommen und am 29. Oktober 1993 verkündet wurde[42], so daß die Verfassung am 30. Oktober vorläufig und nach Billigung durch einen Volksentscheid am 16. Oktober 1994 endgültig in Kraft treten konnte[43].

---

34 Näher zum Prozeß der Wiedererstehung Thüringer Staatlichkeit *Rommelfanger*, Das Werden des Freistaates Thüringen, in: Karl Schmitt, Thüringen. Eine politische Landeskunde, ²2011, S. 32 ff.
35 GBl. der DDR I S. 955.
36 Dort Kapitel II, Sachgebiet A, Abschnitt II.
37 Überblick über die Wiederentstehung Thüringens nach 1989 bei *P. M. Huber*, Staatsrecht, in: *ders.*, Staats- und Verwaltungsrecht (LitVerz.) S. 21 (30 f.). Ausführlich auch *Starck*, Verfassunggebung in Thüringen, in: Thüringer Landtag, Thüringische Verfassungsgeschichte (LitVerz.), S. 132, zugleich abgedruckt in ThürVBl. 1992, S. 10 ff.
38 Plen.Prot. 1/2, S. 28, sowie Gesetzblatt für das Land Thüringen v. 7. 11. 2015, S. 1. S. hierzu auch *Hopfe*, in: Linck/Baldus/Lindner u.a. (LitVerz.), E2 (S. 71 ff.) RN 1 ff.
39 Einzelheiten hierzu bei *Linck*, Die Vorläufige Landessatzung für das Land Thüringen, in: Thüringer Landtag, Thüringische Verfassungsgeschichte (LitVerz.), S. 114 (120 ff.), zugleich abgedruckt in ThürVBl. 1992, S. 1.
40 GVBl. S. 575.
41 Ausführlich hierzu *Hopfe*, in: Linck/Baldus/Lindner u.a. (LitVerz.), E2 (S. 71 ff.) RN 5 ff. S. auch *Starck*, Verfassunggebung in Thüringen, in: Thüringer Landtag, Thüringische Verfassungsgeschichte (LitVerz.), S. 132 ff.; *P. M. Huber*, Staatsrecht, in: *ders.*, Staats- und Verwaltungsrecht (LitVerz.) S. 21 (31 ff.). Ausführlich zum Prozeß der Verfassungsgebung *Sven Leunig*, Verfassungsverhandlungen in Thüringen 1991 bis 1993, 1996.
42 ThürGVBl. S. 625.
43 Erste Bewertungen durch *P. M. Huber*, Die neue Verfassung des Freistaats Thüringen, LKV 1994, S. 121; *ders.*, Gedanken zur Verfassung des Freistaats Thüringen, ThürVBl. 1993, Sonderheft, B 4, und *Rommelfanger*, Die Verfassung des Freistaats Thüringen des Jahres 1993, ThürVBl. 1993, S. 145 ff., 173 ff.; *ders.*, Ausarbeitung und Werdegang der Thüringer Landesverfassung, in: K. Schmitt, Verfassung (LitVerz.), S. 55 ff.

D. Die Grundrechte der Verfassung Thüringens

Der im ersten Teil der Verfassung Thüringens enthaltene Grundrechtskatalog ist umfänglich geraten, nicht zuletzt deshalb, weil er sich neben den Grundrechten auch mit Staatszielen und der Ordnung des Gemeinschaftslebens beschäftigt. Er weist insgesamt sieben Abschnitte auf, von denen sich der siebte Abschnitt in den Artikeln 42 und 43 mit gemeinsamen Bestimmungen für alle Grundrechte und Staatsziele befaßt, während hingegen die sechs anderen Abschnitte materielle Gewährleistungen enthalten.

16
Umfänglicher Katalog an Grundrechten und Staatszielen

Unverkennbar ist zum einen eine große inhaltliche Nähe zu den grundrechtlichen Verbürgungen des Grundgesetzes, was auch darin begründet liegen dürfte, daß der Verfassungsgeber über vierzig Jahre der Verfassungsentwicklung unter der Geltung des Grundgesetzes zu berücksichtigen hatte. Andererseits konnte der Verfassungsgeber – aus der konkreten Situation der Überwindung des SED-Unrechtsregimes und des Verfassungsgebungsprozesses heraus durchaus verständlich – aber offensichtlich der Versuchung nicht widerstehen, auch zahlreiche gesellschaftspolitische Wünschbarkeiten mit dem Purpur des Verfassungsrechts auszustatten; daß der Grundrechtsteil der Verfassung Thüringens deswegen rund doppelt so umfangreich geraten ist wie der des Grundgesetzes, hat aber sicherlich nicht zur Folge, daß der Grundrechtsstandard in Thüringen deshalb höher als der durch das Grundgesetz verankerte ist, nicht zuletzt deshalb, weil sich der Grundrechtskatalog des Grundgesetzes angesichts seiner knappen Formulierungen leichter den verfassungsrechtlichen Herausforderungen der Zukunft stellen kann und damit letztlich offener in die Zukunft hinein ist. Ungeachtet dessen ist der Grundrechtsteil der Verfassung Thüringens sicherlich ein anschauliches Beispiel für die Verfassungsgebungskultur der sogenannten neuen Länder.

17
Nähe zum Grundgesetz

Bessere Anpassungsfähigkeit der GG-Grundrechte

I. Erster Abschnitt: Menschenwürde, Gleichheit und Freiheit

1. Menschenwürde und Freiheitsrechte

a) Der Schutz der Menschenwürde (Art. 1 Verf. Thüringen)

Inhaltlich an Art. 1 Abs. 1 GG anknüpfend, hat sich auch der Thüringer Verfassungsgeber dafür entschieden, den Schutz der Würde des Menschen an den Beginn nicht nur des Grundrechtskataloges, sondern der gesamten Verfassung zu stellen[44]. Konsequent ist dies zudem deshalb, weil die Würdegarantie des Absatzes 1 in sämtlichen Verfassungs-Vorentwürfen enthalten war. Auf diese Weise hat sich der Thüringer Verfassungsgeber erkennbar dem umfassenden Schutzversprechen des Grundgesetzes angeschlossen, das in der Verpflichtung aller staatlichen Gewalt besteht, die Würde des Menschen zu ach-

18
Grundorientierung und Schutzversprechen

---

44 Näher zu den verschiedenen Vorentwürfen zu Art. 1: Thüringer Landtag, Entstehung der Verfassung (LitVerz.), S. 13 ff.

§ 260   Sechzehnter Teil: III. Die Grundrechte in den Landesverfassungen

Umfassender Würdeschutz

ten und zu schützen. Eine Ergänzung hat diese Schutzverpflichtung freilich dadurch erfahren, daß sie ausdrücklich auch auf das Sterben erstreckt wurde. Dies mag zwar deswegen als überflüssig bewertet werden[45], weil der Würdeschutz den Menschen umfassend umschließt und daher nicht nur das Sterben einschließt[46], sondern auch über den Tod hinaus Rechtswirkung entfaltet; doch bewirkt die letztlich deklaratorische Hervorhebung des Menschenwürdeschutzes auch im Sterben eine besondere Sensibilisierung für mögliche Gefährdungen der Menschenwürde in diesem letzten Lebensstadium[47]. Aussagen zur Zulässigkeit der aktiven Sterbehilfe lassen sich der Norm indes nicht entnehmen[48].

19
„Wurzel aller Grundrechte"

Was den Schutzgehalt der Norm mit Blick auf die Menschenwürde anbetrifft, so unterscheidet sich dieser in inhaltlicher Hinsicht nicht von der Verbürgung des Art. 1 Abs. 1 GG[49]. Damit ist auch mit Blick auf den Freistaat Thüringen klargestellt, daß Beeinträchtigungen der Menschenwürde in keinem Fall zu rechtfertigen sind, die Menschenwürde vielmehr als oberster Verfassungswert verankert ist. Auf diese Weise nimmt die Verfassung Thüringens zugleich die bundesverfassungsgerichtlich vorgegebene Maxime auf, wonach die Menschenwürde die „Wurzel aller Grundrechte"[50] ist. Die Norm statuiert ein Grundrecht, dessen subjektiv-rechtlicher Gehalt es dem Freistaat untersagt, den Menschen zu einem bloßen Objekt staatlicher Gewalt zu machen und herabzuwürdigen. Ihr kommt aber zugleich, vergleichbar der Ausgestaltung im Grundgesetz[51], objektiv-rechtliche Bedeutung zu, die die gesamte Grundrechts- und Werteordnung der Thüringer Verfassung überstrahlt und durchdringt; dies folgt nicht zuletzt auch aus dem in Art. 83 Abs. 3 Verf. Thüringen enthaltenen Verbot einer Änderung der in Artikel 1 niedergelegten Grundsätze.

Objektiv-rechtliche Bedeutung

20
Bekenntnis zu unverletzlichen und unveräußerlichen Menschenrechten

Darüber hinaus findet auch das in Art. 1 Abs. 2 Verf. Thüringen enthaltene Bekenntnis zu den unverletzlichen und unveräußerlichen Menschenrechten als Grundlage jeder staatlichen Gemeinschaft, zum Frieden und zur Gerechtigkeit sein Vorbild im Grundgesetz, wenngleich der Thüringer Verfassungsgeber auch insoweit durchaus eigene Akzente gesetzt hat, indem er im Gegensatz zum Grundgesetz, das sich zu den Menschenrechten als Grundlage jeder menschlichen Gemeinschaft bekennt[52], das Bekenntnis zu den Menschenrechten als Grundlage jeder staatlichen Gemeinschaft ausgeformt hat. Dieses auf die Menschenrechte, den Frieden und die Gerechtigkeit gerichtete Bekenntnis läßt sich als Verfassungsauftrag wie auch als politische Handlungsanleitung interpretieren; ein subjektiv-rechtlicher Grundrechtsanspruch

---

45 So die Kritik von *P. M. Huber*, Staatsrecht, in: *ders.*, Staats- und Verwaltungsrecht (LitVerz.) S. 21 (107).
46 Vgl. *BVerfGE 30*, 173 (194).
47 *Baldus*, in: Linck/ders./Lindner u.a. (LitVerz.), Art. 1 RN 22. S. auch *Rommelfanger*, Die Verfassung des Freistaats Thüringen des Jahres 1993, ThürVBl. 1993, S. 173 (176).
48 So mit Recht *Baldus*, in: Linck/ders./Lindner u.a. (LitVerz.), Art. 1 RN 23.
49 Näher zum Gewährleistungsinhalt *Höfling*, in: Sachs, GG (LitVerz.), Art. 1 RN 19 ff.
50 *BVerfGE 93*, 266 (293).
51 Vgl. nur *Höfling*, in: Sachs, GG (LitVerz.), Art. 1 RN 50 ff.
52 Hierzu etwa *Höfling* aaO., Art. 1 RN 68 ff.

läßt sich der Norm hingegen nicht entnehmen. Letztlich ist sie daher als Staatsziel zu qualifizieren; zudem enthält sie eine Auslegungsmaxime[53].

Mit dem Schutz der Menschenwürde wie auch mit dem Bekenntnis zu den Menschenrechten, zum Frieden und zur Gerechtigkeit hat der Thüringer Verfassungsgeber totalitären Vorstellungen eine klare Abfuhr erteilt. Er hat damit nicht nur – wie das Grundgesetz – aus der Verachtung und Mißachtung der Menschenwürde durch die Nationalsozialisten eine Lehre gezogen, sondern sich zugleich auch in unzweideutiger Weise gegen totalitäre kommunistische Konzepte positioniert, in denen, wie in der vormaligen Deutschen Demokratischen Republik, die Menschenwürde vielfach mit Füßen getreten wurde[54]. Die Norm trägt damit auch eine speziell auf die neuen Länder und deren historische Erfahrungen zugeschnittene Rechtfertigung in sich.

21
Ausdruck spezifischer historischer Erfahrungen

b) Recht auf Leben, Freiheit der Person, Persönlichkeit (Art. 3 Verf. Thüringen)

Art. 3 Verf. Thüringen enthält eine Reihe grundlegender Verbürgungen, die sich freilich im wesentlichen an der grundgesetzlichen Ausgestaltung orientieren[55]. So leitet sich das Recht auf Leben und körperliche Unversehrtheit, in Artikel 3 Abs. 1 Satz 1 normiert, letztlich aus der Garantie der Würde des Menschen, die in Art. 1 Abs. 1 Verf. Thüringen gewährleistet ist, ab und zielt darauf, das Leben vom Zeitpunkt der Nidation bis zum Hirntod sowie die Gesundheit im biologisch-physiologischen Sinn umfassend gegen staatliche Eingriffe jeder Art zu schützen[56]. Das Recht auf Leben statuiert damit ein Abwehrrecht im klassischen Sinn, das gegen den Staat und staatliche Maßnahmen ins Feld geführt werden kann. Darüber hinaus wohnt der Bestimmung aber auch eine staatliche Schutzpflicht inne, die darauf gerichtet ist, das Leben des einzelnen vor rechtswidrigen Angriffen anderer zu schützen[57]. Eingriffe in das Recht auf Leben und körperliche Unversehrtheit sind nur aufgrund eines Gesetzes zulässig und müssen insbesondere den Grundsatz der Verhältnismäßigkeit wahren.

22
Grundlegende Verbürgungen

Leben und körperliche Unversehrtheit

Schutzpflicht

Der Schutzbereich der Freiheit der Person, die – vergleichbar der grundgesetzlichen Ausgestaltung in Art. 2 Abs. 2 Satz 2 GG – in Art. 3 Abs. 1 Satz 2 Verf. Thüringen geschützt ist, umfaßt die körperliche Bewegungsfreiheit, mithin das Recht, einen bestimmten Ort zu verlassen, was als so genannte positive Bewegungsfreiheit bezeichnet wird[58]. Durch den Thüringer Verfassungsgerichtshof bislang nicht geklärt ist die Frage, ob die Freiheit der Person auch die negative Bewegungsfreiheit umfaßt, mithin das Recht, an einem bestimmten Ort zu verbleiben. Eingeschränkt werden darf die Freiheit der Person nur

23
Schutzbereich der Freiheit der Person

---

53 *Baldus*, in: Linck/ders./Lindner u.a. (LitVerz.), Art. 1 RN 28, unter Bezugnahme auf *Jutzi*.
54 In diesem Sinn auch *Jutzi*, in: Linck/ders./Hopfe (LitVerz.), Art. 1 RN 2.
55 Näher zu den verschiedenen Vorentwürfen: Thüringer Landtag, Entstehung der Verfassung (LitVerz.), S. 20 f.
56 Vgl. zum grundrechtlich ausgestalteten Schutzbereich *Murswiek*, in: Sachs, GG (LitVerz.), Art. 2 RN 141 ff.
57 Vgl. etwa *BVerfGE 46*, 160 (164); siehe auch *E 39*, 1 (42).
58 Vgl. insoweit auch *Murswiek*, in: Sachs, GG (LitVerz.), Art. 2 RN 228 ff.

§ 260   Sechzehnter Teil: III. Die Grundrechte in den Landesverfassungen

aufgrund eines förmlichen Gesetzes, wobei eine Verletzung der in dem Gesetz niedergelegten Verfahrensvorschriften zugleich zu einer Verletzung des Freiheitsgrundrechts führt[59].

24
Persönlichkeitsentfaltung, allgemeine Handlungsfreiheit

Auch das in Art. 3 Abs. 2 Verf. Thüringen geschützte Recht auf freie Entfaltung der Persönlichkeit, mithin die allgemeine Handlungsfreiheit, ist mit dem Schutzbereich Art. 2 Abs. 1 GG vergleichbar[60]. Die Norm schützt die Handlungsfreiheit in einem umfassenden Sinn, weshalb jedes menschliche Verhalten dem Schutzbereich zu unterwerfen ist, auch wenn es noch so banal ist. Ein geistig oder sittlich hochstehendes Handeln ist insoweit nicht erforderlich und bekanntlich auch vom Grundgesetz nicht gefordert, um sich auf den Schutzbereich der Norm berufen zu können. Seine Schranken findet das Recht auf freie Entfaltung der Persönlichkeit an den Rechten anderer und an der verfassungsmäßigen Ordnung, mithin an sämtlichen Normen, die formell und materiell mit der Verfassung in Einklang stehen[61]; im Ergebnis bedeutet dies, daß das Grundrecht unter einem einfachen Gesetzesvorbehalt steht, was ebenfalls die Vorbildwirkung des Grundgesetzes deutlich macht. Hervorzuheben ist allerdings, daß sich das Sittengesetz, das in Art. 2 Abs. 1 GG als weitere Schranke der allgemeinen Handlungsfreiheit aufgezeigt ist, in Art. 3 Abs. 2 Verf. Thüringen nicht wiederfindet.

Schranken

Einfacher Gesetzesvorbehalt

c) Freiheit der Person (Art. 4 Verf. Thüringen) und Freizügigkeit (Art. 5 Verf. Thüringen)

25
Elementare Sphären individueller Freiheit

Art. 4 und Art. 5 Verf. Thüringen[62] sichern elementare Sphären individueller Freiheit, nehmen aber gleichzeitig grundgesetzliche Absicherungen zum Vorbild. So entspricht Art. 4 Verf. Thüringen, die Freiheit der Person betreffend, weitgehend Art. 104 GG und sichert damit auch auf Landesebene elementare Rechtsgarantien bei Freiheitsbeschränkungen. Im Unterschied zum Grundgesetz ist Art. 4 Verf. Thüringen jedoch nicht als grundrechtsgleiches Recht, sondern als Grundrecht ausgestaltet – wenngleich sich hieraus keine sachlichen Unterschiede ergeben, da auch die Garantien des Art. 104 GG vom Bundesverfassungsgericht als subjektive Verfassungsrechte angesehen werden[63]. Auch aus der Tatsache, daß der Verfassungsgeber als Standort für die Norm nicht die Bestimmungen über die Rechtsprechung gewählt hat, sondern den Grundrechtsteil, lassen sich keine inhaltlichen Unterschiede ableiten[64].

Reguläres Grundrecht

26
Ausreisefreiheit

Auch Art. 5 Verf. Thüringen stimmt im wesentlichen mit Art. 11 GG überein[65], geht über diesen aber insofern hinaus, als auch die Ausreisefreiheit gewährt wird; im Gegensatz zum Grundgesetz, das die Freizügigkeit „im ganzen Bundesgebiet" gewährleistet, fehlt zu Art. 5 Verf. Thüringen jedoch ein territoria-

---

59 *v. Ammon*, in: Linck/Baldus/Lindner u.a. (LitVerz.), Art. 3 RN 20.
60 S. nur *Murswiek*, in: Sachs, GG (LitVerz.), Art. 2 RN 41 ff.
61 St. Rspr., vgl. grundlegend *BVerfGE 6*, 32 (37). Vgl. aus jüngerer Zeit *BVerfGE 103*, 197 (215); *104*, 337 (346 f.); *128*, 193 (206).
62 Näher zu den Vorentwürfen: Thüringer Landtag, Entstehung der Verfassung (LitVerz.), S. 22 ff., 25 f.
63 *BVerfGE 10*, 302 (309); *14*, 174 (186); *128*, 326 (366).
64 So auch *v. Ammon*, in: Linck/Baldus/Lindner u.a. (LitVerz.), Art. 4 RN 7.
65 Näher zum grundgesetzlichen Schutzbereich *Pagenkopf*, in: Sachs, GG (LitVerz.), Art. 11 RN 14 ff.

ler Bezug. Diese weite Ausgestaltung ist vor dem Hintergrund der restriktiven Ausreisepolitik der früheren DDR freilich nur allzu verständlich.

aa) Die Freiheit der Person

Art. 4 Abs. 1 Verf. Thüringen steht in einem engen Zusammenhang mit der Verankerung der körperlichen Bewegungsfreiheit in Artikel 3 Abs. 1 Satz 2. Die Norm unterwirft sämtliche Freiheitsbeschränkungen, mithin sämtliche Eingriffe in die körperliche Bewegungsfreiheit im Sinne des Artikels 3 Abs. 1 Satz 2, dem Vorbehalt eines förmlichen Gesetzes; sie steht damit in bester, auf die Magna Charta Libertatum zurückgehender verfassungsrechtlicher Tradition. Ergänzt und in gewisser Weise verschärft wird diese Maßgabe noch dadurch, daß die Einschränkung der Freiheit der Person nur unter Beachtung der in dem förmlichen Gesetz vorgeschriebenen Formen vorgenommen werden darf, was im Ergebnis eine Verstärkung der Gesetzesbindung der Verwaltung bedeutet[66]. In der Konsequenz dieser Ausgestaltung liegt es, daß ein Verstoß gegen einfaches Verfahrensrecht zugleich einen Grundrechtsverstoß bewirkt. Insofern ist diese Regelung weitergehend als die des Grundgesetzes.

27 Enger Zusammenhang mit der körperlichen Bewegungsfreiheit

Ergänzt werden die Vorgaben für Freiheitsbeschränkungen im Hinblick auf deren intensivste Form, die Freiheitsentziehung, durch den in Art. 4 Abs. 3 Verf. Thüringen enthaltenen Richtervorbehalt. Allein der Richter soll über eine Freiheitsentziehung entscheiden, und zwar sowohl über deren Zulässigkeit als auch über deren Fortdauer. Für den Fall einer vorläufigen Freiheitsentziehung durch die Exekutive ordnet Artikel 4 Abs. 3 Satz 2 die unverzügliche Nachholung einer richterlichen Entscheidung an, und zwar innerhalb einer Frist von vierundzwanzig Stunden. Besonderer Erwähnung bedarf, daß die Vierundzwanzig-Stunden-Frist, innerhalb derer im Falle einer nicht auf richterlicher Anordnung beruhenden Freiheitsentziehung eine richterliche Entscheidung herbeizuführen ist, eine gegenüber Art. 104 Abs. 2 Satz 3 GG für den Bürger günstigere ist – wie dies im übrigen auch in anderen Ländern, etwa in Brandenburg und Hessen, der Fall ist[67]. Diese, gegenüber der grundgesetzlichen Regelung für den einzelnen vorteilhaftere Vierundzwanzig-Stunden-Frist begründet freilich keinen Widerspruch zur grundgesetzlichen Ausgestaltung, da Art. 31 und 142 GG einen weitergehenden Schutz durch ein Landesgrundrecht nicht ausschließen[68]; folglich sind Thüringer Behörden bei auf Landesrecht beruhenden Freiheitsentziehungen an die Vierundzwanzig-Stunden-Frist gebunden. Anwendung findet die Frist auch in den Fällen, in denen Freiheitsentziehungen aufgrund von Bundesrecht erfolgen, sofern dieses keine anderslautenden Fristen festsetzt[69].

28 Richtervorbehalt

Günstigere Regelung

Den Fall einer Freiheitsentziehung wegen des Verdachts einer Straftat regelt Art. 4 Abs. 4 Verf. Thüringen, der gegenüber Artikel 4 Abs. 3 Satz 2 die speziellere Norm ist. Indes hat der Thüringer Verfassungsgeber insoweit keine

29 Freiheitsentziehung wegen Straftatverdachts

---
66 Siehe *v. Ammon*, in: Linck/Baldus/Lindner u.a. (LitVerz.), Art. 4 RN 13.
67 Vgl. Art. 9 Verf. Brandenburg; Art. 19 Abs. 2 Satz 1 Verf. Hessen.
68 *BVerfGE 96*, 345 (364 f.). In diesem Sinn auch *P. M. Huber*, LKV 1994, S. 121 (124).
69 Näher zum vorstehenden *v. Ammon*, in: Linck/Baldus/Lindner u.a. (LitVerz.), Art. 4 RN 23 ff.

eigenen Akzente gesetzt, da in §§ 112 ff. StPO das Verfahren der Verhaftung und der vorläufigen Festnahme ausführlich geregelt ist, so daß sich der Inhalt von Art. 4 Abs. 4 Verf. Thüringen im wesentlichen in einer Wiederholung der Vorgaben erschöpft, die Art. 104 Abs. 3 Satz 1 GG enthält. Komplettiert werden die Bestimmungen zur Freiheit der Person durch Art. 4 Abs. 5 Verf. Thüringen, der eine Pflicht zur Benachrichtigung der Angehörigen des Festgehaltenen oder einer Person seines Vertrauens statuiert.

Benachrichtigungspflicht

bb) Die Freizügigkeit

30
Schutzbereichsumfang

Die Freiheitsgewährleistung des Art. 5 Verf. Thüringen geht dahin, daß jeder Bürger die Möglichkeit haben muß, ungehindert durch die deutsche Staatsgewalt an jedem Ort Aufenthalt und Wohnsitz nehmen zu können[70]. Damit ist der Schutzbereich der Freizügigkeit in einem Umfang umrissen, den auch das Grundgesetz in seinem Artikel 11 gewährt, nicht zuletzt deshalb, weil auch Art. 5 Verf. Thüringen unter einem Aufenthalt ein Verweilen von einiger Dauer und Bedeutung versteht[71]. Indes ist die Freizügigkeit im Gegensatz zum Grundgesetz auf das Territorium des Freistaats Thüringen bezogen; sie umschließt sowohl das „freie Ziehen" von einer Gemeinde in eine andere als auch den Ortswechsel innerhalb einer Gemeinde. Darüber hinaus schützt die Norm auch die Einreise nach Thüringen zu dem Zweck, sich im Freistaat niederzulassen, zudem die Ausreise, mithin das Recht, den Freistaat zu verlassen.

31
Weitreichende Schranken

Die Schranken, die dem Grundrecht aufgezeigt werden können, sind weitreichend. Aufgrund des qualifizierten Gesetzesvorbehalts des Art. 5 Abs. 2 Verf. Thüringen kann das Recht auf Freizügigkeit für Fälle eingeschränkt werden, in denen eine ausreichende Lebensgrundlage nicht vorhanden ist und der Allgemeinheit daraus besondere Lasten entstehen würden oder in denen es zur Abwehr einer drohenden Gefahr für den Bestand oder die freiheitliche demokratische Grundordnung des Bundes oder eines Landes, zur Bekämpfung von Seuchengefahr, Naturkatastrophen oder besonders schweren Unglücksfällen, zum Schutz der Jugend vor Verwahrlosung oder um strafbaren Handlungen vorzubeugen, erforderlich ist.

d) Persönlichkeitsrecht und Datenschutz

32
Recht auf informationelle Selbstbestimmung

Das in Art. 6 Abs. 1 Verf. Thüringen niedergelegte Recht des einzelnen auf Achtung und Schutz seiner Persönlichkeit und seines privaten Lebensbereiches, vor allem aber der in Art. 6 Abs. 2 Verf. Thüringen verankerte Anspruch des einzelnen auf Schutz seiner personenbezogenen Daten[72] trägt der rasanten Entwicklung der Erhebung, Verarbeitung und Speicherung personenbezogener Daten Rechnung. Ausgehend von dem Volkszählungsurteil des Bundesverfassungsgerichts aus dem Jahr 1983 und dem in diesem Urteil aus Art. 2 Abs. 1 in Verbindung mit Art. 1 Abs. 1 GG abgeleiteten Recht auf informatio-

---

70 Hierzu *BVerfGE 2*, 266 (273); *80*, 137 (150); *110*, 177 (190 f); *134*, 242 (323 RN 253).
71 Siehe *v. Ammon*, in: Linck/Baldus/Lindner u. a. (LitVerz.), Art. 5 RN 9; → Bd. IV: *Merten*, Freizügigkeit, § 94 RN 38, 105.
72 Näher zu den Vorentwürfen Thüringer Landtag, Entstehung der Verfassung (LitVerz.), S. 27 ff.

nelle Selbstbestimmung[73] hat der Thüringer Verfassungsgeber den Gefährdungen und möglichen Verletzungen der Persönlichkeit des einzelnen, die sich aus informationsbezogenen Maßnahmen ergeben können, Rechnung getragen und den Anspruch des einzelnen auf Schutz seiner personenbezogenen Daten mit der Ausgestaltung als Grundrecht geadelt[74], auch mit Blick auf die Erfahrungen mit der DDR-Staatssicherheit[75].

Neben den gewissermaßen klassischen Inhalten, die vom in Art. 6 Abs. 1 Verf. Thüringen verankerten allgemeinen Persönlichkeitsrecht umfaßt sind und die jedem einzelnen einen autonomen Bereich privater Lebensgestaltung sichern sollen, in dem er seine Individualität wahren und entwickeln kann[76], kommt unter den Bedingungen moderner Datenverarbeitung dem in Art. 6 Abs. 2 Verf. Thüringen aufgeführten Schutz personenbezogener Daten eine ebenso gewichtige Bedeutung zu[77]. Dabei verharrt die Schutzwirkung der Norm freilich nicht in der Sphäre des Rechts auf informationelle Selbstbestimmung, sondern umschließt auch das zwischenzeitlich vom Bundesverfassungsgericht ausziselierte Grundrecht auf Gewährleistung der Integrität und Vertraulichkeit informationstechnischer Systeme[78]. Auch wenn dies der Verfassungsgeber noch nicht vorhersehen und ausdrücklich in der Verfassung Thüringens verankern konnte, so gewährleistet das Grundrecht nunmehr gleichwohl auch Schutz gegen einen Zugriff auf Systeme, die allein oder auch in ihren technischen Vernetzungen personenbezogene Daten des Betroffenen enthalten können, die einen Rückschluß auf die verschiedenen Facetten seiner Persönlichkeit erlauben und damit die Erstellung eines aussagekräftigen Persönlichkeitsprofils ermöglichen können; auf diese Weise schützt die Verfassung auch den unberechtigten Zugriff auf Personalcomputer, informationstechnische Komponenten in Telekommunikationsgeräten und anderen elektronischen Geräten sowie deren Vernetzungen[79]. Der Schutz des Grundrechts zielt sowohl darauf, daß die von einem informationstechnischen System, das vom Schutzbereich des Grundrechts umfaßt wird, erzeugten, verarbeiteten und gespeicherten Daten vertraulich bleiben, als auch darauf, daß die Integrität des geschützten informationstechnischen Systems nicht angetastet wird, indem auf das System in einer Art und Weise zugegriffen wird, daß dessen Leistungen, Funktionen und Speicherinhalte durch Dritte genutzt werden können[80]. Daher sind durch Art. 6 Abs. 2 Verf. Thüringen beispielsweise verdeckte Online-Durchsuchungen im Grundsatz ausgeschlossen und können nur dann in Betracht kommen, wenn tatsächliche Anhaltspunkte für das Vorliegen einer konkreten Gefahr für ein überragend wichtiges Rechtsgut beste-

33
Schutz personenbezogener Daten

Integrität und Vertraulichkeit informationstechnischer Systeme

Vertraulichkeit und Zugriffssicherheit

Ausschluß verdeckter Online-Durchsuchungen

---

73 *BVerfGE* 65, 1.
74 Vgl. *P. M. Huber*, LKV 1994, S. 121 (125); *dens.*, ThürVBl. 1993, Sonderheft, B 4 (B 8).
75 So der Hinweis von *Rommelfanger*, ThürVBl. 1993, S. 173 (178).
76 Vgl. *BVerfGE* 79, 256 (268).
77 Vgl. zum grundrechtlichen Schutzbereich *Murswiek*, in: Sachs, GG (LitVerz.), Art. 2 RN 72 ff.
78 *BVerfGE* 120, 274 (302, 314).
79 Vgl. *BVerfGE* 120, 274 (303 ff.).
80 *BVerfGE* 120, 274 (326 ff.).

hen[81]; zudem bedarf es insoweit nach Art. 6 Abs. 3 Satz 1 Verf. Thüringen einer gesetzlichen Grundlage, so daß Eingriffe in das allgemeine Persönlichkeitsrecht und das Recht auf Schutz personenbezogener Daten nur durch Gesetz oder aufgrund eines Gesetzes möglich sind und gerechtfertigt sein können.

34
Datenschutzrechtlicher Auskunftsanspruch

Besonderer Hervorhebung bedarf schließlich der in Art. 6 Abs. 4 Verf. Thüringen verankerte datenschutzrechtliche Auskunftsanspruch, wonach jedermann nach Maßgabe der Gesetze ein Recht auf Auskunft darüber hat, welche Informationen über ihn in Akten und Dateien gespeichert sind. Mit diesem Anspruch, wesentlich motiviert durch die Erfahrungen mit der DDR-Staatssicherheit, hat der Verfassungsgeber ein umfassendes Teilhaberecht verankert[82], das freilich einem Ausgestaltungsvorbehalt des Gesetzgebers unterworfen ist.

e) Die Unverletzlichkeit der Wohnung.

35
Elementarer Bereich privater Lebensgestaltung

Schutzbereich und GG-Ergänzung

In gewisser Weise die Menschenwürde und das in Art. 6 Abs. 1 Verf. Thüringen verankerte Persönlichkeitsrecht konkretisierend, schützt Art. 8 Verf. Thüringen die Unverletzlichkeit der Wohnung[83]. Damit wird ein elementarer Bereich privater Lebensgestaltung in der Ausformung eines klassischen Abwehrrechts dem Zugriff des Staates entzogen und auf diese Weise die Privatheit im häuslichen Umfeld verfassungsrechtlich abgesichert. Indes weist der Schutzbereich der Norm keine grundlegenden Unterschiede zu der grundgesetzlichen Absicherung der Unverletzlichkeit der Wohnung in Art. 13 GG auf[84], auch wenn insoweit festzuhalten ist, daß die umfängliche Ergänzung, die das Grundgesetz im Jahr 1998 mit Artikel 13 Abs. 3 bis 6 erfahren hat, vom Thüringer Verfassungsgeber nicht rezipiert wurde. Ungeachtet dessen wirken die Bestimmungen des Art. 13 Abs. 3 bis 6 GG im Rahmen einer grundgesetzkonformen Auslegung auch auf die Auslegung von Art. 8 Verf. Thüringen ein[85].

36
Schrankensetzungen und Richtervorbehalt

Beschränkungen des Grundrechts sind möglich. Allerdings unterliegen Durchsuchungen, mithin das „ziel- und zweckgerichtete Suchen staatlicher Organe nach Personen oder Sachen oder zur Ermittlung eines Sachverhalts, um etwas aufzuspüren, was der Inhaber der Wohnung von sich aus nicht offenlegen oder herausgeben will[86]", einem Richtervorbehalt; eine Ausnahme hiervon läßt die Verfassung nur bei Gefahr im Verzug zu. Darüber hinaus sind Eingriffe und Beschränkungen, die keine Durchsuchungen sind, nur zur Abwehr einer gemeinen Gefahr oder einer Lebensgefahr für einzelne Personen sowie aufgrund eines Gesetzes auch zur Verhütung dringender Gefahren für die öffentliche Sicherheit und Ordnung zulässig. Für den Fall einer akustischen und optischen Überwachung von Wohnräumen mit Hilfe des Einsatzes

---

81 *Poppenhäger*, in: Linck/Baldus/Lindner u. a. (LitVerz.), Art. 6 RN 28, unter Bezugnahme auf *Jäger*.
82 *P. M. Huber*, ThürVBl. 1993, Sonderheft, B 4 (B 8).
83 Näher zu den Vorentwürfen: Thüringer Landtag, Entstehung der Verfassung (LitVerz.), S. 34 f.
84 Vgl. zum grundgesetzlich verankerten Schutzbereich nur *Kühne*, in: Sachs, GG (LitVerz.), Art. 13 RN 1 ff.; → Bd. IV: *Papier*, Schutz der Wohnung, § 91.
85 *VerfGH Thüringen* DVBl. 2013, S. 111.
86 *BVerfGE 32*, 54 (73).

technischer Mittel enthält die Verfassung Thüringens keine ausführliche Regelung. Insoweit sind aber die Vorgaben von Art. 13 Abs. 3 bis 5 GG zu beachten, da es sich hierbei um unmittelbar verpflichtendes Bundesverfassungsrecht handelt, das auch für die Landesstaatsgewalt bindende Wirkung entfaltet[87]. Bei Maßnahmen der Überwachung von Wohnraum durch technische Mittel kommt dem Grundsatz der Verhältnismäßigkeit besondere Bedeutung zu[88].

f) Die Grundrechte der Kommunikation

aa) Brief-, Post-, Fernmelde- und Kommunikationsgeheimnis

Art. 7 Verf. Thüringen, der das Brief-, Post-, Fernmelde- und Kommunikationsgeheimnis sichert[89], zielt ebenfalls auf den Schutz der Persönlichkeit und des privaten Lebensbereichs und will diese Sphären gegenüber „staatlicher Neugier"[90] abschirmen. Die individuelle Kommunikation soll mithin vor einem Zugriff des Staates geschützt werden. Während das Brief-, Post- und Fernmeldegeheimnis inhaltlich mit den Garantien des Art. 10 GG übereinstimmt und den vergleichbaren Schutzumfang aufweist[91], stellt die Verankerung des Kommunikationsgeheimnisses eine Thüringer Besonderheit dar. Auch wenn sich die inhaltliche Bedeutung dieses Grundrechts reduziert, wenn man das Kommunikationsgeheimnis als Oberbegriff des einheitlich zu verstehenden Grundrechts begreift[92], so zeichnet sich das Grundrecht doch dadurch aus, daß es Raum für zukünftige Entwicklungen läßt; es kann insbesondere neue Kommunikationsformen in sich aufnehmen und schützen und ist daher zutreffend als „mediales Auffanggrundrecht" charakterisiert worden[93]. Letztlich wohnt dem Kommunikationsgeheimnis daher ein in die Zukunft weisendes, für neue technische Entwicklungen aufgeschlossenes und offenes Verständnis inne.

37 Verankerung des Kommunikationsgeheimnisses

„Mediales Auffanggrundrecht"

Beschränkungen des Brief-, Post-, Fernmelde- und Kommunikationsgeheimnisses sind nach Maßgabe von Art. 7 Abs. 2 Verf. Thüringen möglich. Indes unterliegen diese lediglich einem einfachen Gesetzesvorbehalt[94]. Bei Beschränkungen ist der Gesetzgeber jedoch gehalten, Schutzvorkehrungen für den absolut geschützten Kernbereich privater Lebensgestaltung zu treffen, sofern dieser Teil der Menschenwürde ist[95]; in diesem Kernbereich ist eine Telekommunikationsüberwachung ausgeschlossen[96]. Beschränkungen sind grundsätzlich dem Betroffenen nach Abschluß der Maßnahme mitzuteilen. Hiergegen steht dem Betroffenen der Rechtsweg offen, Art. 7 Satz 2, 3 Verf. Thüringen.

38 Schranken des Brief-, Post-, Fernmelde- und Kommunikationsgeheimnisses

---

87 *VerfGH Thüringen* DVBl. 2013, S. 111.
88 Vgl. hierzu ausführlich *VerfGH Thüringen* DVBl. 2013, S. 111.
89 Näher zu den Vorentwürfen: Thüringer Landtag, Entstehung der Verfassung (LitVerz.), S. 31 ff.
90 *Jutzi*, in: Linck/ders./Hopfe, Thüringer Verfassung (LitVerz.), Art. 7 RN 1.
91 S. hierzu *Pagenkopf*, in: Sachs, GG (LitVerz.), Art. 10 RN 12 ff.
92 So *Jutzi*, in: Linck/ders./Hopfe, Thüringer Verfassung (LitVerz.), Art. 7 RN 11.
93 *P. M. Huber*, LKV 1994, S. 121 (125).
94 *VerfGH Thüringen* ThürVBl. 2013, S. 55.
95 *VerfGH Thüringen* ThürVBl. 2013, S. 55.
96 *BVerfGE* 113, 318 (391 f).

bb) Meinungs- und Informationsfreiheit sowie Medienfreiheiten

39
Umfassender Grundrechtsschutz für Massenmedien samt Multimedia

Die Verankerung der Meinungs- und Informationsfreiheit in Art. 11 Abs. 1 Verf. Thüringen[97] wird ergänzt durch die umfassende Garantie der Medienfreiheiten, die die Freiheit der Presse, des Rundfunks, des Fernsehens, des Films und der anderen Medien einschließt. Damit trägt die Verfassung Thüringens der technischen Fortentwicklung Rechnung und unterwirft die Massenmedien einem umfassenden grundrechtlichen Schutz, der auch den Multimediabereich einschließt. Auf diese Weise hat der Verfassungsgeber den Schutzbereich der Norm in die Zukunft hinein geöffnet und weiteren, auch heute noch nicht absehbaren technischen Entwicklungen weiten Raum gegeben; zugleich hat er mit dieser Ausgestaltung den modernen Ansatz der Verfassung deutlich zum Ausdruck gebracht[98].

40
Schutzbereich der Meinungsfreiheit

Der Schutzbereich der Meinungs- und Informationsfreiheit folgt dem grundgesetzlichen Muster. So umschließt die Meinungsfreiheit die Bildung einer Meinung, deren Äußerung wie auch die Verbreitung. Dabei liegt der Norm ein weiter Meinungsbegriff zugrunde, so daß auch Tatsachenbehauptungen jedenfalls dann geschützt sind, wenn sie der Bildung einer Meinung dienen. Lügen und Schmähkritik werden vom Schutzbereich der Norm hingegen nicht umfaßt[99].

41
Informationsfreiheit

Auch die Informationsfreiheit, die der Thüringer Verfassungsgesetzgeber in den Kontext der Medienfreiheiten gestellt hat, ist, was ihren Schutzbereich anbetrifft, mit der Informationsfreiheit des Grundgesetzes identisch. Daher schützt das Grundrecht als Essentiale des öffentlichen Meinungsbildungsprozesses wie auch als Menschenrecht[100] die von staatlicher Einflußnahme freie Unterrichtung aus verschiedenen Informationsquellen, die jedoch allgemein zugänglich sein müssen[101].

42
Pressefreiheit

Des weiteren schützt die in Art. 11 Abs. 2 Satz 1 Verf. Thüringen verankerte Pressefreiheit, die schlechthin konstituierend für die freiheitliche demokratische Grundordnung ist[102], die Freiheit, Presseunternehmen zu gründen und zu betreiben. Dies schließt den Schutz der publizistischen Tätigkeit im Zusammenhang mit Presseunternehmen in einem umfassenden Sinn ein, so daß sämtliche presserelevanten Tätigkeiten von der Recherche über die redaktionelle Bearbeitung von Informationen bis zur Verbreitung des Presseprodukts

Institutsgarantie

vom Schutzbereich der Norm umfaßt sind[103]. Neben diesem subjektiven Abwehrrecht wohnt der Pressefreiheit aber zugleich auch eine sogenannte Institutsgarantie inne, die gewährleistet, daß das Institut der freien Presse als solches erhalten bleibt und nicht durch staatliche Maßnahmen ausgehöhlt

---

97 Näher zu den Vorentwürfen Thüringer Landtag, Entstehung der Verfassung (LitVerz.), S. 42 f.
98 So *Fechner*, in: Linck/Baldus/Lindner u. a. (LitVerz.), Art. 11 RN 5.
99 Näher zum grundrechtlichen Schutzbereich *Bethge*, in: Sachs, GG (LitVerz.), Art. 5 RN 22 ff.
100 So *Bethge*, in: Sachs, GG (LitVerz.), Art. 5 RN 51.
101 Näher zum grundrechtlichen Schutz der Informationsfreiheit *Bethge*, in: Sachs, GG (LitVerz.), Art. 5 RN 51 ff.
102 *BVerfGE* 35, 202 (221 f.); *117*, 244 (258).
103 *BVerfGE* 85, 1 (13). Vgl. auch *Bethge*, in: Sachs, GG (LitVerz.), Art. 5 RN 65 ff.

wird. Da auf diese Weise die Pluralität der Meinungen auf dem Zeitungsmarkt sichergestellt werden soll, umfaßt dies zugleich die Pflicht des Staates, entsprechende Maßnahmen zu treffen, sollte die pluralistische Meinungsvielfalt in Gefahr geraten. Insoweit obliegt dem Freistaat, insbesondere dem Gesetzgeber, eine Schutzpflicht für die Freiheitlichkeit des Pressewesens[104].

Schutzpflicht

Gegenüber der entsprechenden Gewährleistung im Grundgesetz fällt auf, daß die Verfassung Thüringens begrifflich zwischen der Rundfunk- und der Fernsehfreiheit unterscheidet. Auch wenn diese Unterscheidung deshalb entbehrlich sein dürfte, weil der Rundfunkfreiheit nach überkommener Lesart sowohl der Hörfunk als auch das Fernsehen unterfällt[105], so betont sie letztlich doch die heutige Bedeutung des Fernsehens deutlich und trägt dessen Gewicht im Konzert der Medien besser Rechnung als die – von ihrem Schutzgehalt her identische – Bestimmung des Grundgesetzes. Merkwürdig erscheint freilich, daß Art. 12 Verf. Thüringen, der die Rundfunkversorgung zum Inhalt hat, lediglich auf den Rundfunk Bezug nimmt und das Fernsehen nicht eigenständig erwähnt.

43
Rundfunk- und Fernsehfreiheit

Inhaltlich schützt die Rundfunk-[106] und Fernsehfreiheit diejenigen Tätigkeiten, die auch den in der Pressesphäre Tätigen zukommen. Damit unterfällt die Beschaffung von Informationen einschließlich des Informantenschutzes ebenso dem Schutzbereich der Norm wie das Redaktionsgeheimnis[107]. Neben der Programmfreiheit, die das Recht einschließt, Programminhalte frei von staatlicher Beeinflussung und Bevormundung zu gestalten, wird auch der Tendenzschutz vom Schutzbereich der Norm umfaßt, wenngleich dieser nicht dazu instrumentalisiert werden darf, die dem öffentlich-rechtlichen Rundfunk zukommende Aufgabe der Grundversorgung zu unterlaufen[108].

44
Informantenschutz und Redaktionsgeheimnis

Ergänzt wird die Rundfunkfreiheit durch die in Art. 12 Abs. 1 Verf. Thüringen enthaltene, durch das Land sicherzustellende Gewährleistung der Grundversorgung durch den öffentlich-rechtlichen Rundfunk und die Verpflichtung, für die Ausgewogenheit der Verbreitungsmöglichkeiten zwischen privaten und öffentlich-rechtlichen Veranstaltern zu sorgen[109], womit eine Bestandsgarantie für die Grundversorgung durch den öffentlich-rechtlichen Rundfunk ausgesprochen wird[110]. Zudem sieht Artikel 12 Abs. 2 vor, daß in den Aufsichtsgremien der öffentlich-rechtlichen Rundfunkanstalten und in den vergleichbaren Aufsichtsgremien über den privaten Rundfunk die politischen, weltanschaulichen und gesellschaftlichen Gruppen nach Maßgabe der Gesetze zu beteiligen sind. So sehr die plurale Besetzung von Aufsichtsgremien verfassungsrechtlich geboten und gesellschaftspolitisch wünschenswert ist, so sehr kann man sich doch gleichzeitig die Frage stellen, ob die Verfassung der richtige Standort für eine solche Bestimmung ist.

45
Grundversorgungsgewährleistung

Pluralität der Aufsichtsgremien

---

104 *BVerfGE 80*, 124 (133).
105 Vgl. nur *Bethge*, in: Sachs, GG (LitVerz.), Art. 5 RN 90.
106 Näher zum grundrechtlichen Schutzbereich *Bethge* aaO., Art. 5 RN 91 ff.
107 *BVerfGE 107*, 299 (330).
108 So der treffende Hinweis von *Fechner*, in: Linck/Baldus/Lindner u.a. (LitVerz.), Art. 11 RN 35.
109 Näher zu den Vorentwürfen Thüringer Landtag, Entstehung der Verfassung (LitVerz.), S. 45 f.
110 *Rommelfanger*, ThürVBl. 1993, S. 173 (177).

46
Filmfreiheit

Ergänzt werden die „klassischen" Medienfreiheiten durch die ebenfalls in Art. 11 Abs. 2 Satz 1 Verf. Thüringen gewährleistete Filmfreiheit, die, vergleichbar der Gewährleistung im Grundgesetz[111], sowohl die Herstellung als auch die private und öffentliche Wiedergabe von Kinofilmen schützt. Dabei umfaßt der Schutzumfang auch die Wiedergabe von Filmen auf anderen Datenträgern und im Internet[112]. Der in Artikel 11 Abs. 2 Satz 1 niedergelegte Schutz der anderen Medien bezieht sich insbesondere auf den Multimediabereich; damit dürfte in erster Linie der Schutz massenmedialer Internetinhalte gemeint sein. Auf diese Weise sind alle Formen von Online-Zeitungen wie auch von Rundfunk im Internet vom Schutzbereich der Norm umfaßt[113].

Multimediabereich

47
Zensurverbot

Das in Art. 11 Abs. 2 Satz 2 Verf. Thüringen enthaltene Zensurverbot verbietet schließlich in einer der entsprechenden grundgesetzliche Formulierung leicht modulierenden Wortwahl staatliche Vorzensur; zudem unterwirft Artikel 11 Abs. 3 sämtliche Medienfreiheiten den Schranken der allgemeinen Gesetze, den gesetzlichen Bestimmungen zum Schutz der Kinder und Jugendlichen und dem Recht der persönlichen Ehre.

cc) Das Recht auf politische Mitgestaltung

48
Implizite Verweisung auf andere Freiheitsrechte

Auch wenn sich das in Art. 9 Verf. Thüringen verankerte Recht auf politische Mitgestaltung im Grundrechtsteil der Thüringer Verfassung befindet, so enthält die Norm doch kein Grundrecht im eigentlichen Sinn[114]. Dies folgt letztlich daraus, daß Artikel 9 Satz 2 einschränkend formuliert, daß das Recht im Rahmen der Verfassung in Ausübung politischer Freiheitsrechte, insbesondere durch eine Mitwirkung in Parteien und Bürgerbewegungen, wahrgenommen wird. Die Verfassung verweist damit implizit auf andere Freiheitsrechte der Verfassung, soweit das Recht auf politische Mitgestaltung in Rede steht[115]. Der Gehalt der Norm erschöpft sich damit letztlich in einer verfassungsrechtlich verankerten Hervorhebung politischer Partizipation; dem Artikel kommt damit – lediglich – deklaratorische Bedeutung zu[116]. Zu weit dürfte es allerdings – ungeachtet der Bedeutung, die der Bürgerbewegung in der untergehenden Deutschen Demokratischen Republik im Hinblick auf die friedliche Überwindung des SED-Regimes zukam – gehen, in Artikel 9 Satz 2, der die Mitwirkung in Parteien und Bürgerbewegungen zum Inhalt hat, eine Gleichsetzung der Bürgerbewegung mit den Parteien zu sehen[117]; für eine solche verfassungsrechtliche Nobilitierung[118] ist der Begriff der Bürgerbewegungen viel zu unkonturiert und diffus, zudem rechtlich nicht näher ausgeformt, wie das bei den Parteien durch das Parteiengesetz geschehen ist.

Deklaratorische Bedeutung

Partei und Bürgerbewegung

---

111 Hierzu *Bethge*, in: Sachs, GG (LitVerz.), Art. 5 RN 116 ff.
112 *Fechner*, in: Linck/Baldus/Lindner u.a. (LitVerz.), Art. 11 RN 37.
113 *Fechner* aaO., Art. 11 RN 41.
114 Näher zu den Vorentwürfen: Thüringer Landtag, Entstehung der Verfassung (LitVerz.), S. 36 ff.
115 *P. M. Huber*, ThürVBl. 1993, Sonderheft, B 4 (B 9).
116 *P. M. Huber*, ThürVBl. 1993, Sonderheft, B 4 (B 9).
117 In diesem Sinn wohl *Lindner*, in: Linck/Baldus/ders. u.a. (LitVerz.), Art. 10 RN 6.
118 *Lindner*, in: Linck/Baldus/ders. u.a. (LitVerz.), Art. 10 RN 6.

g) Versammlungs- und Vereinigungsfreiheit
aa) Versammlungsfreiheit

Die in Art. 10 Abs. 1 Verf. Thüringen verankerte Versammlungsfreiheit, mithin das Recht, sich mit anderen ohne Anmeldung oder Erlaubnis friedlich und unbewaffnet zu versammeln[119], ist in inhaltlicher Hinsicht im wesentlichen identisch mit der im Grundgesetz in Artikel 8 verankerten Versammlungsfreiheit. Geschützt ist damit die Zusammenkunft mehrerer Personen zu einer gemeinsamen Meinungskundgabe, und zwar sowohl in der gewissermaßen klassischen, einheitlich geordneten öffentlichen oder nicht-öffentlichen Versammlung als auch in der Ausformung als Eil- oder Spontanversammlung[120]; das Grundrecht umfaßt mithin das Recht, gemeinsam mit anderen für ein bestimmtes Anliegen einzutreten und eine bestimmte Meinung kollektiv kundzutun. Damit kommt der Versammlungsfreiheit im Grundrechtekanon der Verfassung Thüringens besondere Bedeutung zu, nicht zuletzt im Hinblick auf die restriktive Handhabung von Versammlungen in der Deutschen Demokratischen Republik, in der politische Mitsprache und Mitgestaltung Fremdworte waren.

49 Schutzbereichsidentität zum Grundgesetz

Etwas vage formuliert und Ausdruck eines typischen politischen Kompromisses ist hingegen die Ausgestaltung des personellen Schutzbereichs der Norm, wonach Grundrechtsträger jeder Bürger ist; hieran wird deutlich, daß sich der Verfassungsgeber nicht entscheiden konnte, ob er die Versammlungsfreiheit als Deutschengrundrecht oder als sogenanntes Jedermanngrundrecht ausgestalten wollte. Indes wird mit Blick auf Art. 104 Verf. Thüringen die Frage nach dem Grundrechtsträger dahingehend zu beantworten sein, daß nur Personen mit deutscher Staatsangehörigkeit oder deutscher Volkszugehörigkeit Inhaber des Grundrechts sind.

50 Deutschengrundrecht

Daß der Versammlungsfreiheit auch Schranken gezogen werden können, ergibt sich aus Art. 10 Abs. 2 Verf. Thüringen; danach kann für Versammlungen unter freiem Himmel die Versammlungsfreiheit aufgrund eines Gesetzes eingeschränkt werden. Das nach Art. 125a GG fortgeltende Versammlungsgesetz des Bundes umreißt danach die Schranken, die Versammlungen unter freiem Himmel gezogen werden können.

51 Schranken

bb) Vereinigungsfreiheit

Auch für die Vereinigungsfreiheit, die in Art. 13 Abs. 1 Verf. Thüringen niedergelegt ist[121], gilt, daß deren Schutzbereich ungeachtet marginaler sprachlicher Unterschiede deckungsgleich ist mit dem in Art. 9 Abs. 1 GG gewährleisteten Recht, Vereine und Gesellschaften zu bilden[122]. Damit wird auch für den Freistaat Thüringen das Prinzip freier sozialer Gruppenbildung als frei-

52 GG-identischer Schutzbereich

---

119 Näher zu den Vorentwürfen: Thüringer Landtag, Entstehung der Verfassung (LitVerz.), S. 40 f.
120 Ausführlich hierzu *Lindner*, in: Linck/Baldus/ders. u.a. (LitVerz.), Art. 10 RN 10 ff.
121 Näher zu den Vorentwürfen Thüringer Landtag, Entstehung der Verfassung (LitVerz.), S. 46 f.
122 S. hierzu ausführlich *Horn*, Verbände, in: HStR ³III, § 41; *Merten*, Vereinsfreiheit, in: HStR ³VII, § 165; → Bd. IV: *Ziekow*, Vereinigungsfreiheit, § 107.

heitliches Modell gesellschaftlicher Organisationen verfassungsrechtlich festgelegt[123].

53
Schutzbereichsdimensionen

In inhaltlicher Hinsicht schützt die Vereinigungsfreiheit zunächst in ihrer abwehrrechtlichen Dimension das Recht der Grundrechtsträger, sich zu einem Verein zusammenzuschließen. Darüber hinaus sichert das Grundrecht die Vereinigung selbst, und zwar dahingehend, über die eigene Organisation, das Verfahren der Willensbildung wie auch über die Führung der Geschäfte selbst und eigenverantwortlich zu entscheiden; zudem ist in dieser Dimension auch das Recht der Vereinigung gesichert, über das Entstehen und (Fort-)Bestehen der Vereinigung zu befinden[124]. Darüber hinaus sichert das Grundrecht die Vereinigungsfreiheit sowohl in positiver wie auch in negativer Hinsicht; vom Schutzbereich der Norm ist mithin auch das Recht umfaßt, einer Vereinigung fernbleiben zu können. Das Grundrecht schützt damit zugleich vor der Zwangsmitgliedschaft in einer privatrechtlich ausgestalteten Vereinigung.

54
Schranken

Schranken sind der Vereinigungsfreiheit durch Art. 13 Abs. 2 Verf. Thüringen aufgegeben. Die Vereinigungsfreiheit kommt danach Vereinigungen nicht zu, deren Zwecke oder deren Tätigkeit den Strafgesetzen zuwiderlaufen oder die sich gegen die verfassungsmäßige Ordnung oder den Gedanken der Völkerverständigung richten. Vereinigungen dieser Art sind kraft verfassungsrechtlicher Anordnung verboten.

h) Recht auf Wohnung und Obdachrecht

55
Staatszielbestimmung

Das in Art. 15 Verf. Thüringen enthaltene Recht auf Wohnung[125] stellt eine die Verfassungen der neuen Länder vielfach kennzeichnende Staatszielbestimmung dar, in der sich gesellschaftliche Wunschvorstellungen mit dem Mantel eines „Rechts" eingekleidet haben. Um ein Grundrecht handelt es sich bei der Norm indes nicht, da dies letztlich auch die freiheitliche Wirtschaftsordnung, die durch das Grundgesetz auch mit Verbindlichkeit für die Länder konstituiert ist, auf den Kopf stellen würde. Damit manifestiert sich in der Norm zugleich die Problematik sogenannter sozialer Grundrechte, die von ihrem Wortlaut her mehr versprechen, als sie letztlich zu halten vermögen[126].

Keine dauerhafte Staatsaufgabe

Ungeachtet dessen würde es aber auch zu weit gehen, in der Norm eine dauerhafte Staatsaufgabe zur Schaffung angemessenen Wohnraums zu sehen, da damit nicht nur die staatliche, insbesondere finanzielle Leistungsfähigkeit überstrapaziert, sondern zugleich verkannt werden würde, daß es nicht in erster Linie eine Aufgabe des Staates ist, Wohnraum bereitzustellen.

Wohnungsbauförderung

Daher kann der Inhalt der Norm lediglich dahingehend zu verstehen sein, daß der Staat Wohnungsbauförderung betreiben und den Wohnungsbau stimulierende Maßnahmen auf den Weg bringen soll. Zudem wird man in der Norm

---

123 *BVerfGE 38*, 281 (303); *50*, 290 (333); *100*, 214 (223); *136*, 194 (272).
124 *BVerfGE 80*, 244 (253); *124*, 25 (34). Näher zu den vergleichbaren grundgesetzlichen Gewährleistungsdimensionen *Höfling*, in: Sachs, GG (LitVerz.), Art. 9 RN 27 ff.
125 Näher zu den Vorentwürfen: Thüringer Landtag, Entstehung der Verfassung (LitVerz.), S. 49 f.
126 Ebenfalls auf die begrenzte Rechtswirkung der Norm hinweisend *Rommelfanger*, ThürVBl. 1993, S. 173 (179 f).

eine Verpflichtung der in privatrechtlicher Form organisierten, nicht rechtsfähigen Eigenbetriebe von Land und Gebietskörperschaften sehen können, an der Bereitstellung von Wohnraum mitzuwirken, freilich stets im Rahmen der vorhandenen finanziellen Möglichkeiten[127].

In einem thematischen Zusammenhang mit Art. 15 Verf. Thüringen steht das in Artikel 16 der Verfassung enthaltene Obdachrecht[128], eine Staatszielbestimmung[129], die das Land und seine Gebietskörperschaften verpflichtet, in Fällen von Obdachlosigkeit tätig zu werden und allen im Notfall ein Obdach zu sichern. Konsequent ist dies nicht zuletzt deshalb, weil die Unterbringung Obdachloser polizeirechtlich als Interventionsgrund anerkannt ist[130], auch wenn die Frage erlaubt sein muß, ob die Verfassung für eine solche Bestimmung der richtige Standort ist.

56
Obdachrecht als Staatszielbestimmung

i) Petitionsrecht

Das in Art. 14 Verf. Thüringen verankerte Petitionsrecht[131] ist als subjektiv-öffentliches Recht ausgestaltet und zielt darauf, daß sich Bürger mit Bitten und Beschwerden einzeln oder in Gemeinschaft mit anderen schriftlich oder mündlich an die zuständigen Stellen und an die Volksvertretung wenden können. Kern des Petitionsrechts ist die Petitionsbehandlungspflicht, die dem Adressaten einer Petition abverlangt, diese entgegenzunehmen, das in ihr enthaltene Anliegen inhaltlich zu prüfen und die Petition zu bescheiden. Hervorhebenswert erscheint freilich Artikel 14 Satz 2, der einen Anspruch auf einen begründeten Bescheid innerhalb angemessener Frist verankert. Dieser Anspruch ist nach wohl herrschender Auffassung im Petitionsrecht ohnehin enthalten[132] und wird durch Satz 2 damit letztlich nur deklaratorisch hervorgehoben. Mit Blick auf die Handhabbarkeit des Petitionsrechts in der Praxis erscheint es freilich wenig sinnvoll, eine Petition auch mündlich einlegen zu können, was Artikel 14 Satz 1 für zulässig erklärt; davon abgesehen, daß mit dieser Formulierung das Petitionsrecht letztlich in die Konturlosigkeit abzudriften droht, wird damit auch das Erfordernis der Ernsthaftigkeit einer Petition weitgehend aufgegeben.

57
Subjektiv-öffentliches Recht

Behandlungs- und Begründungspflicht

Wird das Grundrecht aus Art. 14 Verf. Thüringen verletzt, so steht dem Betroffenen der Rechtsweg zum Verwaltungsgericht nach § 40 Abs. 1 VwGO zu[133], und zwar in Form der allgemeinen Leistungsklage. Ein verwaltungsge-

58
Verwaltungsrechtsweg

---

127 Zu den Adressaten der Norm näher *Eichenhofer*, in Linck/Baldus/Lindner u.a. (LitVerz.), Art. 15 RN 10.
128 Näher zu den Vorentwürfen: Thüringer Landtag, Entstehung der Verfassung (LitVerz.), S. 51.
129 *Jutzi*, in: Linck/ders./Hopfe, Thüringer Verfassung (LitVerz.), Art. 16 RN 2. Weitergehend *Eichenhofer*, in: Linck/Baldus/Lindner u.a. (LitVerz.), Art. 16 RN 4, der in der Norm ein subjektives Recht auf Obdachgewährung bei Wohnungslosigkeit sieht.
130 S. zutreffend *Eichenhofer* aaO., Art. 16 RN 4, unter Bezugnahme auf *Denninger*, HdbPolR, Kap. D, RN 151 f.; *Rachor*, in: HdbPolR, Kap. E, RN 748 ff.
131 Näher zu den Vorentwürfen: Thüringer Landtag, Entstehung der Verfassung (LitVerz.), S. 48.
132 Vgl. etwa *Brenner*, in: v. Mangoldt/Klein/Starck, GG (LitVerz.), Art. 17 RN 43; *H. H. Klein*, in: Maunz/Dürig, GG (LitVerz.), Art. 17 RN 90 f; anderer Ansicht beispielsweise *Uerpmann-Wittzack*, in: v. Münch, GG (LitVerz.), Art. 17 RN 8.
133 *BVerwG* NJW 1976, S. 637 (638); *BVerfG* (Kammer) NVwZ 1989, S. 953.

richtliches Vorgehen kommt dann in Betracht, wenn entweder der Petitionsbescheid nicht begründet ist und bzw. oder dieser nicht innerhalb angemessener Frist ergeht. Auch eine unterbliebene Entgegennahme, eine Nichtbefassung oder eine Nichtbescheidung können einer Klage zum Erfolg verhelfen, allerdings nur dahingehend, daß sich die zuständige Behörde inhaltlich mit der Petition auseinandersetzt[134].

2. Gleichheit

59
Allgemeine Gleichheit

Der in Art. 2 Abs. 1 Verf. Thüringen enthaltene allgemeine Gleichheitssatz sichert die überkommene und unmittelbar bindende Verpflichtung aller staatlichen Gewalt, Gleiches gleich und Ungleiches ungleich zu behandeln, es sei denn, ein hinreichender sachlicher Grund rechtfertigt es, von diesem Grundsatz abzuweichen. Ergänzt wird dieser allgemeine Gleichheitssatz durch besondere Garantien, welche auf die Gleichbehandlung der Geschlechter zielen, durch besondere Diskriminierungs- und Benachteiligungsverbote sowie durch die Staatszielbestimmung zur Förderung der Gleichberechtigung von Frauen und Männern, die sich an der vergleichbaren grundgesetzlichen Regelung orientiert[135]. Damit ist die Verfassung Thüringens im Hinblick auf die Verwirklichung von Gleichheit auf der Höhe der Zeit und erfüllt sämtliche Erwartungen, die in dieser Hinsicht an eine moderne Verfassung zu stellen sind.

Ergänzende besondere Garantien

a) Der allgemeine Gleichheitssatz

60
Rechtfertigungspflicht für Ungleichbehandlung

Der allgemeine Gleichheitssatz, der in Art. 2 Abs. 1 Verf. Thüringen niedergelegt ist, ist inhaltlich mit dem allgemeinen Gleichheitssatz des Grundgesetzes identisch; er gebietet sämtlicher staatlichen Gewalt, alle Menschen vor dem Gesetz gleich zu behandeln, mithin Gleiches gleich zu behandeln, läßt aber zugleich zu, daß Ungleiches aufgrund seiner Eigenart entsprechend ungleich behandelt wird[136]. Dem Gesetzgeber ist mithin nicht jede Differenzierung untersagt; allerdings darf er eine Gruppe von Normadressaten im Verhältnis zu einer anderen Gruppe nicht anders behandeln, wenn zwischen den beiden Gruppen keine Unterschiede von solcher Art und solchem Gewicht bestehen, daß sie eine Ungleichbehandlung rechtfertigen können[137]. Nimmt der Gesetzgeber eine Differenzierung vor, so muß diese in jedem Fall verfassungsrechtlich gerechtfertigt sein; dabei sind dem Gesetzgeber Typisierungen erlaubt. Indes sind nach Ansicht des Bundesverfassungsgerichts an das Geschlecht anknüpfende differenzierende Regelungen nur für den Fall mit Art. 3 Abs. 1 GG – und damit letztlich mit Art. 2 Abs. 1 Verf. Thüringen, was sich aus Art. 17 Abs. 1 in Verbindung mit Art. 2 Abs. 2 Verf. Thüringen ergibt – vereinbar, soweit sie zur Lösung von Problemen, die ihrer Natur nach nur entweder

Genderbezogene Differenzierungen

---

134 Einzelheiten bei *Brenner*, in: v. Mangoldt/Klein/Starck, GG (LitVerz.), Art. 17 RN 44 m.w.N.
135 Weiteres zu den Vorentwürfen: Thüringer Landtag, Entstehung der Verfassung (LitVerz.), S. 16 ff.
136 Näher exemplarisch *Osterloh*, in: Sachs, GG (LitVerz.), Art. 3 RN 8 ff.
137 So die überkommene Formulierung des Bundesverfassungsgerichts, vgl. *BVerfGE 110*, 141 (167 m.w.N.); *110*, 274 (291); *110*, 412 (432); *111*, 115 (137); aus jüngerer Zeit *E 133*, 377 (408).

bei Männern oder bei Frauen auftreten können, zwingend erforderlich sind[138]. Dem steht freilich nicht entgegen, daß Differenzierungen aufgrund anderer verfassungsrechtlicher Vorgaben zulässig sind.

Ergänzt und flankiert wird der Gleichheitssatz durch eine Reihe von Differenzierungsverboten, die in Art. 2 Abs. 3 Verf. Thüringen niedergelegt sind. Grundsätzliche Unterschiede gegenüber der Rechtslage nach dem Grundgesetz bestehen ungeachtet sprachlicher Differenzierungen im Detail nicht.

61
Ergänzende Differenzierungsverbote

b) Die Gleichberechtigung von Frauen und Männern

Die verfassungsrechtliche Statuierung der Gleichberechtigung von Frauen und Männern in Gestalt eines speziellen Gleichheitssatzes in Art. 2 Abs. 2 Satz 1 Verf. Thüringen ist inhaltlich identisch mit Art. 3 Abs. 2 Satz 1 GG und formuliert ein strenges Gleichbehandlungsgebot[139]. Damit ist das Geschlecht als Differenzierungskriterium kraft verfassungsrechtlicher Anordnung ausgeschlossen. Darüber hinaus zielt die Bestimmung des Art. 2 Abs. 2 Satz 2 Verf. Thüringen auf die – justitiable[140] – Durchsetzung der Gleichberechtigung der Geschlechter in der Zukunft, freilich nur in allen Bereichen des öffentlichen Lebens[141]. Der Verfassungsauftrag, als Staatszielbestimmung ausgestaltet, legt dem Gesetzgeber wie auch anderen Trägern öffentlicher Gewalt die Verpflichtung auf, die Gleichberechtigung durch die rechtliche Angleichung der Lebensverhältnisse und insbesondere durch die Sicherung gleicher Erwerbschancen für Frauen auch in der Realität um- und durchzusetzen und so die tatsächliche Gleichstellung von Frauen und Männern zu erreichen. Zudem ist der Gesetzgeber gehalten, Nachteile, die typischerweise Frauen betreffen, auszugleichen, auch durch begünstigende Regelungen[142]. Schließlich ist darauf hinzuweisen, daß sich auch die in Art. 2 Abs. 3 Verf. Thüringen enthaltenen Differenzierungsverbote inhaltlich nicht von denen des Grundgesetzes unterscheiden, auch wenn sie teilweise sprachlich etwas anders gefaßt sind.

62
Inhaltliche Identität mit Art. 3 Abs. 2 Satz 1 GG

Verfassungsauftrag als Staatszielbestimmung

Ausgleich durch Begünstigung

c) Der Schutz Behinderter

Ergänzt wird der Kanon der Gleichheitsrechte und Diskriminierungsverbote durch das Grundrecht Behinderter auf Schutz vor Benachteiligungen, die in deren Behinderung begründet liegen. Daß es sich bei der Norm ungeachtet ihrer sprachlichen Ausgestaltung („Menschen mit Behinderung stehen unter dem besonderen Schutz des Freistaats") um ein Grundrecht handelt, folgt letztlich aus dem Kontext mit den Gleichheitssätzen, aber auch aus der Entstehungsgeschichte der Norm[143]. Auch insoweit bleibt freilich zu beachten,

63
Grundrecht im Kontext der Gleichheitssätze

---

138 *BVerfGE 92*, 91 (109).
139 Vgl. *BVerfGE 52*, 369 (374).
140 Vgl. *P. M. Huber*, LKV 1994, S. 121 (124).
141 Näher *P. M. Huber*, ThürVBl. 1993, Sonderheft, B 4 (B 7).
142 Näher hierzu *BVerfGE 126*, 29 (53 f.); siehe auch *E 109*, 64 (89). Vgl. zudem *P. M. Huber*, ThürVBl. 1993, Sonderheft, B 4 (B 7).
143 *Lindner*, in: Linck/Baldus/ders. u.a. (LitVerz.), Art. 2 RN 24, m.w.N.

daß sich grundlegende sachliche Unterschiede zu Art. 3 Abs. 3 Satz 2 GG nicht ergeben; davon abgesehen, entfaltet das grundgesetzliche Benachteiligungsverbot ohnehin durchgreifende Rechtswirkung auch im Freistaat. Damit sind der staatlichen Gewalt auch in verfahrensrechtlicher und organisatorischer Hinsicht weitreichende Grenzen gesetzt, da eine Behinderung nicht als Anknüpfungspunkt für eine Ungleichbehandlung oder gar Benachteiligung dienen darf[144]. Leistungsansprüche lassen sich dem Grundrecht freilich nicht entnehmen[145].

II. Zweiter Abschnitt: Ehe und Familie, elterliches Sorgerecht

64
Eigene Akzente entlang GG-Wertungen

Der zweite Abschnitt des ersten Teils der Verfassung Thüringens, der die Artikel 17 bis 19 umfaßt, ist der Thematik von Ehe und Familie gewidmet. Dabei setzt die Thüringer Verfassung durchaus eigene Akzente, wenngleich sie im wesentlichen auch bei dieser Thematik auf den Wertungen und Vorstellungen des Grundgesetzes aufbaut.

1. Ehe und Familie

65
Besonderer Schutz seitens der staatlichen Ordnung

Institutsgarantie

Grenzen des Schutzbereichs

So unterstellt Art. 17 Abs. 1 Verf. Thüringen[146] zunächst – und wortgleich mit Art. 6 Abs. 1 GG – Ehe und Familie dem besonderen Schutz der staatlichen Ordnung[147]. Dabei ist – vergleichbar der Schutzwirkung des Art. 6 Abs. 1 GG – unter der Ehe das durch das bürgerliche Recht in §§ 1303 ff. BGB ausgeformte Rechtsinstitut der bürgerlichen Ehe zu verstehen[148]. Mit Blick auf dieses Rechtsinstitut statuiert die Norm den Schutz des Instituts Ehe, stellt aber zugleich eine Grundsatznorm dar, welche die Pflicht des Staates zum Schutz und zur Förderung der Ehe enthält – was freilich nicht ausschließt, daß der Staat auch andere Formen des Zusammenlebens schützt und fördert[149], auch wenn diese nicht den Schutz des Art. 17 Abs. 1 Verf. Thüringen genießen, wie etwa eingetragene Lebenspartnerschaften nach dem Lebenspartnerschaftsgesetz; ein Gleichbehandlungsgebot besteht insoweit nicht. Der Schutzgehalt der Norm umfaßt mithin nicht gleichgeschlechtliche Partnerschaften, da sich für die Aufnahme einer entsprechenden Bestimmung in die Verfassung mit Blick auf die fehlende Gesetzgebungskompetenz des Landes in den Verfassungsberatungen seinerzeit keine Mehrheit fand[150]. Dies gilt auch für eingetragene Lebenspartnerschaften nach dem Lebenspartnerschaftsgesetz, was nicht zuletzt daraus folgt, daß das Bundesverfassungsgericht klargestellt hat,

---

144 *BVerfGE 96*, 288 (302).
145 *Lindner* aaO., Art. 2 RN 25.
146 Näher zu den Vorentwürfen: Thüringer Landtag, Entstehung der Verfassung (LitVerz.), S. 52 f.
147 Näher zu den Vorentwürfen: Thüringer Landtag, Entstehung der Verfassung (LitVerz.), S. 52 f.
148 Ausführlich hierzu *Badura*, in: Maunz/Dürig, GG (LitVerz.), Art. 6 RN 3 ff.
149 *BVerfGE 104*, 51. Kritisch zu dieser Rechtsprechung etwa *Badura*, in: Maunz/Dürig, GG (LitVerz.), Art. 6, RN 58 f.
150 *Reiser-Uhlenbruch*, in: Linck/Baldus/Lindner u.a. (LitVerz.), Art. 17 RN 13 m.w.N.

daß das Institut der eingetragenen Lebenspartnerschaft neben der Ehe besteht[151].

Die Tatsache, daß Art. 17 Abs. 1 Verf. Thüringen die Ehe unter den besonderen Schutz des Staates stellt, begründet ein Schutzgebot, ein Benachteiligungsverbot sowie eine Förderungspflicht[152]. Dabei zielt der „besondere" Schutz darauf, daß nicht nur der Gesetzgeber, sondern auch die anderen Organe der staatlichen Gewalt ihre Entscheidungen daraufhin zu überprüfen haben, ob sie die Ehe benachteiligen oder diskriminieren. Größerer Spielraum kommt dem Gesetzgeber indes im Hinblick auf Förderungsmaßnahmen zu, nicht zuletzt deshalb, weil insoweit die legislative Gestaltungsfreiheit vielfältige Förderungsvarianten ermöglicht. Einzuhalten sind dabei freilich stets die Grenzen der grundgesetzlichen Kompetenzordnung; mit seinen Fördermaßnahmen darf das Land nicht in dem Bund vorbehaltene Kompetenzreservate eingreifen.

66
Schutzgebot, Benachteiligungsverbot und Förderungspflicht

Neben der Ehe genießt aber auch die Familie den Grundrechtsschutz des Art. 17 Abs. 1 Verf. Thüringen. Auch wenn ausweislich der Verfassungsberatungen der Verfassungsgeber vom klassischen Familienbegriff, mithin der ehelichen Verbindung, aus der Kinder entspringen, ausging[153], so ist der Familienbegriff des Art. 17 Abs. 1 doch dahingehend auszulegen, daß Familie das Zusammenleben von Eltern und Kindern darstellt, und zwar unabhängig davon, ob die Eltern verheiratet sind oder nicht. Der Verfassung liegt damit ein weiter Familienbegriff zugrunde.

67
Weiter Familienbegriff

Darüber hinaus statuieren Art. 17 Abs. 2 und 3 Verf. Thüringen besondere Fürsorgeverpflichtungen. So verdient nach Art. 17 Abs. 2 derjenige, der in häuslicher Gemeinschaft Kinder erzieht oder für andere sorgt, Förderung und Entlastung, während nach Art. 17 Abs. 3 Verf. Thüringen jede Mutter Anspruch auf den Schutz und die Fürsorge der Gemeinschaft hat. Damit macht der Verfassungsgeber deutlich, daß er auch andere Formen des Zusammenlebens mit Kindern unter seinen besonderen Schutz stellen möchte. Besonders bedeutsam, nicht zuletzt mit Blick auf die zunehmende Alterung der Gesellschaft, ist die Verpflichtung zur Förderung und Entlastung derjenigen, die für andere sorgen; die Sorge gilt damit in erster Linie Alten und Kranken, aber auch solchen Personen, die geistig oder körperlich behindert sind. Abgesehen davon, daß dem Gesetzgeber insoweit ein weiter Gestaltungsspielraum im Hinblick auf die Frage zukommt, wie er diese Förderung ausgestaltet, lassen sich der Norm konkrete Leistungsansprüche nicht entnehmen. Dies gilt auch für den in Artikel 17 Abs. 3 niedergelegten Anspruch von Müttern auf den Schutz und die Fürsorge durch die Gemeinschaft; auch insoweit kommt dem Freistaat Thüringen ein weitreichender Gestaltungsspielraum zu.

68
Besondere Fürsorgeverpflichtungen aus Art. 17 Abs. 2 und 3

Alterung der Gesellschaft

Weiter Gestaltungsspielraum des Gesetzgebers

---

151 *BVerfGE 104*, 51.
152 Ausführlich hierzu *Badura*, in: Maunz/Dürig, GG (LitVerz.), Art. 6 RN 67.
153 Verfassungsberatungen, PW 1 VerfUA 001 (14.11.1991), S. 153.

2. Elterliches Sorgerecht und Kindesentwicklung

69
Elterliches Sorgerecht

Ergänzt wird Art. 17 Verf. Thüringen durch die Ausgestaltung des elterlichen Sorgerechts in Artikel 18[154]. Danach haben die Eltern und andere Sorgeberechtigte nicht nur das Recht, sondern auch die Pflicht zur Erziehung ihrer Kinder[155]. Dabei handelt es sich zum einen um ein individuelles Grundrecht jedes Elternteils bzw. Sorgeberechtigten, das auf die Abwehr von Eingriffen des Staates in die Erziehung zielt[156], zum anderen um eine Institutsgarantie, welche die Aufgabe der Erziehung der Kinder vorrangig in die Hände der Eltern und Sorgeberechtigten legt und damit dem Staat eine Zuständigkeit und Einflußnahme nur in den Bereichen der Erziehung zuweist, in denen aus gesellschaftlichen Gründen einheitliche Ziele zu setzen sind[157], wie dies etwa im Schulbereich der Fall ist. Damit statuiert die Norm einen Vorrang der Eltern und Sorgeberechtigten gegenüber dem Staat; ihnen soll kraft verfassungsrechtlicher Anordnung die Aufgabe zukommen, die Erziehungsziele zu bestimmen und deren Umsetzung zu realisieren, freilich stets ausgerichtet an den Bedürfnissen der Kinder. Die hierin zum Ausdruck kommende Elternverantwortung umfaßt aber nicht nur ein Recht, sondern bezeichnet auch eine Pflicht zur Erziehung, worunter nicht nur die Wissensvermittlung zu verstehen ist, sondern auch die Vermittlung von Werten sowie ethischen und gegebenenfalls religiösen Vorstellungen. In letzter Konsequenz geht es dabei um die Verantwortung „für die Lebens- und Entwicklungsbedingungen des Kindes"[158].

Vorrang der Eltern und Sorgeberechtigten

70
Recht und Pflicht der Eltern

In einem engen thematischen Zusammenhang mit der verfassungsrechtlichen Absicherung des elterlichen Sorgerechts steht die Verankerung des Elternrechts in Art. 21 Verf. Thüringen, verstanden als das natürliche Recht und die Pflicht der Eltern, Erziehung und Bildung ihrer Kinder zu bestimmen[159]. Die Norm ähnelt nicht nur in sprachlicher, sondern auch in inhaltlicher Hinsicht der Verankerung des elterlichen Erziehungsrechts in Art. 6 Abs. 2 GG. Verfassungsrechtlich ergänzt wird das Elternrecht insofern, als es auch als Grundlage des Erziehungs- und Schulwesens begriffen wird, das insbesondere beim Zugang zu den verschiedenen Schularten zu achten ist. In einem inhaltlichen Gleichklang mit Art. 18 Verf. Thüringen wird damit das Elternrecht auch auf das Schulwesen ausgedehnt – wobei freilich nicht vergessen werden darf, daß auch mit Blick auf die schulische Erziehung das Elternrecht stets im Kontext mit dem staatlichen Ordnungsauftrag im Bereich der Schule, mithin mit dem staatlichen Wächteramt zu sehen und zu interpretieren ist, wobei sich Elternrecht wie staatliches Wächteramt stets am Kindeswohl auszurichten haben. Letztlich darf aber nicht verkannt werden, daß es in erster Linie die Eltern sind, denen die Aufgabe zukommt, über den Gesamtplan der Erziehung des

Schulische Erziehung als Elternrecht

Gesamtplan der Erziehung

---

154 Näher zu den Vorentwürfen: Thüringer Landtag, Entstehung der Verfassung (LitVerz.), S. 54f.
155 Siehe zur vergleichbaren Norm des Art. 6 Abs. 2 GG *Schmitt-Kammler/v. Coelln*, in: Sachs, GG (LitVerz.), Art. 6 RN 45ff.
156 Vgl. nur *Reiser-Uhlenbruch*, in: Linck/Baldus/Lindner u.a. (LitVerz.), Art. 18 RN 2.
157 *Badura*, in: Maunz/Dürig, GG (LitVerz.), Art. 6 RN 117.
158 *Badura*, in: Maunz/Dürig, GG (LitVerz.), Art. 6 RN 107.
159 Näher zu den Vorentwürfen: Thüringer Landtag, Entstehung der Verfassung (LitVerz.), S. 63f.

Kindes zu entscheiden. Ein Eingreifen des Staates kann erst dann in Betracht kommen, wenn die Eltern bei der Erziehung versagen und damit auch gegen das Kindeswohl verstoßen. Aktualisiert sich in einem solchen Fall das staatliche Wächteramt, so geschieht dies zum Wohle des Kindes[160].

In diesem Kontext ist auch Art. 18 Abs. 2 Verf. Thüringen zu sehen, der eine Trennung der Kinder von den Sorgeberechtigten gegen deren Willen nur für den Fall zuläßt, daß das – körperliche, geistige oder seelische (vgl. § 1666 Abs. 1 BGB) – Wohl des Kindes gefährdet ist und der Gefahr nicht auf andere Weise begegnet werden kann. Damit wird die Trennung des Kindes von den Sorgeberechtigten gleichsam nur als ultima ratio für zulässig erklärt, weshalb die Trennung auch nur bei Vorliegen einer nachhaltigen Gefahr für das Kindeswohl verhältnismäßig sein und in Betracht kommen kann. Angesichts der Schwere des damit verbundenen Eingriffs in das Elternrecht ist eine Trennung zudem nur auf gesetzlicher Grundlage zulässig.

71
Unfreiwillige Trennung der Kinder von Sorgeberechtigten

ultima ratio

In gewisser Weise mit dem Elternrecht korrespondierend, sichert Art. 19 Abs. 1 Satz 1 Verf. Thüringen Kindern und Jugendlichen das Recht auf eine gesunde geistige, körperliche und psychische Entwicklung zu[161]; sie sind nach Artikel 19 Abs. 1 Satz 2 zudem vor körperlicher und seelischer Vernachlässigung, Mißhandlung, vor Mißbrauch und Gewalt zu schützen. Indes handelt es sich bei dem Recht auf eine gesunde Entwicklung nicht um ein klassisches, unmittelbar einklagbares subjektives Recht, sondern um ein sogenanntes soziales Grundrecht, das eine thematische Nähe zu einer Staatsaufgabe enthält und zugleich eine objektive Wertentscheidung darstellt[162]. Das Recht der Jugendlichen steht in einem untrennbaren Zusammenhang mit der Elternverantwortung, ist aber deshalb auch in erheblichem Maße durch das im Bürgerlichen Gesetzbuch geregelte Familienrecht determiniert. Allerdings wird die elterliche Erziehungsverantwortung durch die Verpflichtung des Staates begleitet und unterstützt, Bedingungen zu schaffen, die eine möglichst optimale Entwicklung von Kindern und Jugendlichen ermöglichen.

72
Kindesrecht auf gesunde geistige, körperliche und psychische Entwicklung

Bezug zur Elternverantwortung

Auch aus dem Schutzanspruch des Art. 18 Abs. 1 Satz 2 Verf. Thüringen lassen sich konkrete individuelle Leistungsansprüche nicht herleiten; bei der Norm handelt es sich um eine Staatszielbestimmung, der freilich eine objektive Schutzpflicht des Staates innewohnt. Letztlich ist dies konsequent, ist die Bestimmung doch Ausdruck des staatlichen Wächteramtes, das auch in Art. 6 Abs. 2 Satz 2 GG niedergelegt ist; allerdings geht der verfassungsrechtliche Schutzauftrag über den Regelungsanspruch von Art. 6 GG hinaus, da Kinder und Jugendliche auch ohne direkten Bezug zu möglichen Eingriffen in das Elternrecht zu schützen sind[163]. Aus diesem Grund ist die Verpflichtung des Staates zum Schutz von Kindern und Jugendlichen auch nicht auf Fälle beschränkt, in denen das Kindeswohl in extremer Weise gefährdet ist; viel-

73
Staatszielbestimmung mit objektiver Schutzpflicht des Staates

---

160 Siehe insoweit auch → Bd. IV: *Burgi*, Elterliches Erziehungsrecht, § 109 RN 43 ff.
161 Näher zu den Vorentwürfen: Thüringer Landtag, Entstehung der Verfassung (LitVerz.), S. 56 ff.
162 *Martin-Gehl*, in: Linck/Baldus/Lindner u. a. (LitVerz.), Art. 19 RN 8, m.w.N.
163 *Martin-Gehl* aaO., Art. 19 RN 12.

mehr hat der Staat bereits im Vorfeld geeignete Maßnahmen zu treffen, um mögliche Gefährdungen des Kindeswohls auszuschließen.

74
Gleichstellung nichtehelicher Kinder

Ergänzend ist darauf hinzuweisen, daß Art. 19 Abs. 2 Verf. Thüringen einen Gleichstellungsauftrag von nichtehelichen und ehelichen Kindern und Jugendlichen enthält, der inhaltlich freilich weitgehend mit Art. 6 Abs. 5 GG übereinstimmt. Damit ist zugleich ein Verbot einseitiger Benachteiligungen für nichteheliche Kinder statuiert.

75
Kindertagesstättenförderung und Gesundheitsvorsorge

Art. 19 Abs. 3 und 4 Verf. Thüringen enthalten schließlich Staatszielbestimmungen, die auf die Förderung von Kindertagesstätten und auf den vorbeugenden Gesundheitsschutz zielen. Indes lassen sich Art. 19 Abs. 3 Verf. Thüringen keine einklagbaren Leistungsrechte entnehmen; weder enthält die Norm einen Rechtsanspruch auf einen konkreten Platz in einer konkreten Kindertagesstätte noch wohnt ihr ein Rechtsanspruch auf Förderung bestimmter Kindertagesstätten inne[164]. Die Förderung des vorbeugenden Gesundheitsschutzes ist Verfassungsauftrag, der den Gesetzgeber verpflichtet, entsprechende Maßnahmen vorzusehen, um Gefahren für die menschliche Gesundheit zu minimieren; dabei kommt ihm ein erheblicher Gestaltungsspielraum zu.

III. Dritter Abschnitt: Bildung und Kultur

76
Kunst, Wissenschaft, Bildung, Schule

Der dritte Abschnitt des Ersten Teils der Verfassung Thüringens enthält zahlreiche, der Bildung und der Kultur gewidmete Bestimmungen.

1. Kunst- und Wissenschaftsfreiheit

77
Nähe zum Grundgesetz

In dem umfänglichen Kanon von die Bildung und die Kultur ausgestaltenden Normen kommt aus grundrechtlicher Sicht Art. 27 Verf. Thüringen[165] eine hervorgehobene Bedeutung zu, enthält dieser doch die Grundrechte der Kunst- und der Wissenschaftsfreiheit – wobei auch insoweit die Nähe zum Grundgesetz unverkennbar ist.

78
Kunstfreiheit: Abwehrrecht und wertentscheidende Grundsatznorm

So sichert die Kunstfreiheit in ihren Dimensionen als Abwehrrecht wie auch als wertentscheidende Grundsatznorm die Kunst in einem umfassenden, um die formale Dimension erweiterten materialen Verständnis[166]. Dieses weite Kunstverständnis bezieht sich sowohl auf den Werk- als auch auf den Wirkbereich der künstlerischen Tätigkeit[167] und folgt auch insoweit dem grundgesetzlichen Vorbild. Daß die Kunstfreiheit auch in der Verfassung Thüringens keinem Schrankenvorbehalt unterliegt, bedeutet indes nicht, daß sie schrankenlos gewährt wäre; vielmehr können ihr Grenzen aufgezeigt werden, die sich

---

164 So zutreffend *Martin-Gehl* aaO., Art. 19 RN 21.
165 Näher zu den Vorentwürfen: Thüringer Landtag, Entstehung der Verfassung (LitVerz.), S. 78 f.
166 Vgl. etwa *BVerfGE* 67, 213 (226); *83*, 130 (138); *119*, 1 (20 f.); ausführlich auch *Bethge*, in: Sachs, GG (LitVerz.), Art. 5 RN 182 ff.
167 *BVerfGE 30*, 173 (190 f.).

aus den Grundrechten Dritter sowie aus anderen, mit Verfassungsrang ausgestatteten Rechtsgütern ergeben können[168].

Auch die Wissenschaftsfreiheit ist am grundrechtlichen Vorbild ausgerichtet und daher sowohl als individuelles Freiheits- und Abwehrrecht als auch als wertentscheidende Grundsatznorm ausgestaltet[169]. Neben der individuellen Komponente, die namentlich die Forschungs- und Lehrfreiheit umfaßt, zielt die Bestimmung zugleich auf eine verfassungsgemäße Hochschulorganisation, die einen effektiven Schutz der Wissenschaftsfreiheit durch adäquate organisationsrechtliche Vorkehrungen ermöglicht; diese organisationsrechtliche Ausgestaltung muß freie Wissenschaft ermöglichen ist und deren ungefährdeten Betrieb zulassen[170]. Darüber hinaus muß dem einzelnen Hochschullehrer ermöglicht werden, wissenschaftliche Forschung und Lehre zu betreiben, was jedenfalls eine adäquate Mindestausstattung voraussetzt[171]. Insbesondere ist die Wissenschaftsfreiheit nicht auf den universitären Bereich begrenzt. Sie gilt auch für staatliche und private Forschungseinrichtungen, sofern deren Organisationsstrukturen freie Wissenschaft ermöglichen, nicht hingegen für weisungsabhängige Ressortforschung[172].

79
Wissenschaftsfreiheit

Forschungseinrichtungen

Einem Schrankenvorbehalt ist die Wissenschaftsfreiheit jenseits der Vorgabe, daß die Freiheit der Lehre nicht von der Treue zur Verfassung entbindet, nicht unterworfen. Ungeachtet dessen kann die Wissenschaftsfreiheit ebenso wie die Kunstfreiheit durch kollidierende Grundrechte und andere, mit Verfassungsrang ausgestattete Rechtsgüter beschränkt werden[173].

80
Schrankenvorbehalt

2. Erziehung und Bildung

Einen eigenen verfassungsrechtlichen Akzent hat der Verfassungsgeber mit dem in Art. 20 Satz 1 Verf. Thüringen statuierten Recht auf Bildung gesetzt, um damit auch prägnant deutlich zu machen, daß Thüringen der Bildung und der Bildungsförderung eine besondere Bedeutung zumißt; dies wird noch dadurch verstärkt, daß Artikel 20 Satz 2 den freien und gleichen Zugang zu den öffentlichen Bildungseinrichtungen gewährt, freilich nach Maßgabe der Gesetze. Schließlich formuliert Artikel 20 Satz 3 die Vorgabe, daß Begabte, Behinderte und sozial Benachteiligte besonders zu fördern sind[174].

81
Recht auf Bildung und Förderungsauftrag

Der Verlockung, sogenannte soziale Grundrechte in die Verfassung aufzunehmen, konnte mithin auch der Thüringer Verfassungsgeber nicht widerstehen. Exemplarisch hierfür steht das in Art. 20 Abs. 1 Verf. Thüringen formulierte Recht auf Bildung, das nicht im Sinne eines subjektiven, mithin einklagbaren Rechts zu verstehen ist, obgleich es in der überkommenen Formulierung eines

82
Soziale Grundrechte

---

168 *BVerfGE 39*, 173 (193); *67*, 213 (228); *119*, 1 (23f.).
169 Strauch, in: Linck/Baldus/Lindner u.a. (LitVerz.), Art. 27 RN 20.
170 *BVerfGE 35*, 79; *136*, 338 (362f.).
171 *BVerfGE 43*, 242 (285); *111*, 333 (362); *127*, 87 (114f.).
172 Strauch, in: Linck/Baldus/Lindner u.a. (LitVerz.), Art. 27 RN 29.
173 *BVerfGE 47*, 327 (369); *57*, 70 (99); *128*, 1 (37).
174 Näher zu den Vorentwürfen: Thüringer Landtag, Entstehung der Verfassung (LitVerz.), S. 60 ff.

Grundrechts ausgestaltet wurde. Die Norm ist vielmehr dahingehend zu begreifen, daß sie einen allgemeinen Anspruch auf Vermittlung solcher Kenntnisse gewähren will, die für das Leben in einer modernen Gesellschaft notwendig oder gar unabdingbar sind[175]; sie statuiert damit eine allgemeine bildungspolitische Vorstellung und kann letztlich – lediglich – in dem Sinn verstanden werden, daß sie eine Verpflichtung des Freistaats zur Schaffung geeigneter und hinreichend differenzierter Bildungseinrichtungen umfaßt[176], diesen mithin zur Verwirklichung eines differenzierten Schulwesens, das den Interessen und Fähigkeiten des einzelnen Schülers hinreichend gerecht wird, in die Pflicht nimmt. In diesem Verständnis ist die Bestimmung als Verfassungsauftrag zu verstehen – woran zugleich deutlich wird, daß die sprachliche Ausgestaltung als Grundrecht durchaus zu Mißverständnissen über die Reichweite der Norm führen und weitergehende Gelüste wecken kann.

83
Zugang zu öffentlichen Bildungseinrichtungen

Auch der in Art. 20 Satz 2 Verf. Thüringen garantierte freie und gleiche Zugang zu den öffentlichen Bildungseinrichtungen darf nicht darüber hinwegtäuschen, daß der Zugangsanspruch durchaus von bestimmten Voraussetzungen abhängig gemacht werden darf, namentlich der Befähigung und Leistung des Schülers. Insoweit ist der Gesetzgeber jedoch gehalten, die wesentlichen Kriterien für den Zugang im Gesetz selbst zu bestimmen. Schließlich enthalten auch die in Artikel 20 Satz 3 verankerten besonderen Förderpflichten, die dem Freistaat aufgegeben sind, keine subjektiven Leistungsansprüche; vielmehr sind konkrete Ansprüche von der legislativen Ausgestaltung im einzelnen abhängig, bei der dem Gesetzgeber zudem ein breiter Gestaltungsspielraum zukommt[177].

84
Umfassender schulischer Erziehungs- und Bildungsauftrag

Unverfälschte Darstellung der Vergangenheit

Art. 22 Verf. Thüringen konkretisiert das Recht auf Bildung insofern, als Erziehung und Bildung bestimmten inhaltlichen Maximen unterworfen werden[178]. Der in der Norm enthaltene umfassende schulische Erziehungs- und Bildungsauftrag enthält weitreichende Maximen für den die Norm ausgestaltenden Gesetzgeber, indem selbstständiges Denken und Handeln, Achtung vor der Würde des Menschen und Toleranz gegenüber der Überzeugung anderer, Anerkennung der Demokratie und Freiheit, der Wille zu sozialer Gerechtigkeit, die Friedfertigkeit im Zusammenleben der Kulturen und Völker und die Verantwortung für die natürlichen Lebensgrundlagen des Menschen und die Umwelt zu fördern sind. Zudem muß nach Artikel 22 Abs. 2 der Geschichtsunterricht auf eine unverfälschte Darstellung der Vergangenheit gerichtet sein, und haben nach Artikel 22 Abs. 3 die Lehrer auf die religiösen und weltanschaulichen Empfindungen aller Schüler Rücksicht zu nehmen. Da sich auch aus dem Erziehungs- und Bildungsauftrag ein subjektives, einklagbares Recht auf Bildung nicht ableiten läßt, erschöpft sich der rechtliche

---

175 Näher hierzu *Brenner*, in: Linck/Baldus/Lindner u.a. (LitVerz.), Art. 20 RN 1 ff. Vgl. auch *P. M. Huber*, LKV 1994, S. 121 (125).
176 *Hopfe*, in: Linck/Jutzi/Hopfe (LitVerz.), Art. 20 RN 4.
177 Ausführlich hierzu *Brenner*, in: Linck/Baldus/Lindner u.a. (LitVerz.), Art. 20 RN 17 ff.
178 Näher zu den Vorentwürfen: Thüringer Landtag, Entstehung der Verfassung (LitVerz.), S. 65 f.

Gehalt der Norm in der Verpflichtung des Freistaats, sein Schulwesen so auszugestalten, daß sich in ihm die verschiedenen Begabungen und Interessen der Kinder wiederfinden und vor allem entfalten können[179].

3. Das Schulwesen

Aus naheliegenden Gründen – das Schulwesen unterfällt der Gesetzgebungskompetenz der Länder – hat die Verfassung Thüringens diese Materie ausführlich gestaltet, freilich im wesentlichen in Überstimmung mit den entsprechenden Rahmenbestimmungen des Grundgesetzes. So statuiert Artikel 23 Abs. 1 Verf. Thüringen die allgemeine Schulpflicht und ordnet damit den Schulbesuch für alle Schüler im schulpflichtigen Alter an[180]. Indes geht die Verfassung regelungstechnisch mit Recht nicht in die Tiefe, sondern überläßt die Einzelheiten der Ausgestaltung der Schulpflicht und des Schulbesuches dem Schulgesetzgeber.

85 Allgemeine Schulpflicht

Auch die in Art. 23 Abs. 2 Verf. Thüringen statuierte staatliche Schulaufsicht orientiert sich an Art. 7 Abs. 1 GG, wonach das gesamte Schulwesen ebenfalls der Aufsicht des Staates unterworfen ist; sie umschließt damit sowohl öffentliche als auch private Schulen. Die staatliche Schulaufsicht, letztlich zu begreifen als staatliche Schulverantwortung, ist als die Gesamtheit der staatlichen Befugnisse im Hinblick auf Organisation, Planung, Leitung und Beaufsichtigung des Schulwesens zu verstehen[181]. Hierzu zählt auch die den Lehrern gegenüber bestehende Fach- und Dienstaufsicht sowie die Rechtsaufsicht[182]. Schulaufsicht, sachlich die Schulhoheit darstellend, umschließt damit die verwaltungsmäßige Leitung und Überwachung des gesamten Schulwesens, mithin sämtliche äußeren und inneren Schulangelegenheiten[183], auch wenn Art. 23 Abs. 3 Verf. Thüringen neben den Lehrern und Schülern auch den Eltern und anderen Sorgeberechtigten das Recht einräumt, bei der Gestaltung des Schulwesens und des Lebens und der Arbeit in der Schule mitzuwirken.

86 Staatliche Schulaufsicht

Ergänzt wird der die Schulen einzäunende verfassungsrechtliche Rahmen zum einen durch Art. 24 Abs. 1 Verf. Thüringen[184], wonach das Land ein ausreichendes und vielfältiges öffentliches Erziehungs- und Schulwesen gewährleistet, das neben dem gegliederten Schulsystem auch andere Schularten ermöglicht, zum anderen durch Artikel 24 Abs. 2, der die institutionelle Garantie der Gemeinschaftsschule umfaßt und damit dem Schulgesetzgeber vorgibt, daß der Schulunterricht religiös und weltanschaulich neutral zu erfolgen hat[185]. Darüber hinaus enthält Artikel 25 Abs. 1[186] die Vorgabe, daß Religions- und Ethikunterricht in den öffentlichen Schulen ordentliche Lehrfächer sind, und

87 Gegliedertes Schulsystem und Gemeinschaftsschule

---

179 *Brenner*, in: Linck/Baldus/Lindner u.a. (LitVerz.), Art. 22 RN 8.
180 Näher zu den Vorentwürfen: Thüringer Landtag, Entstehung der Verfassung (LitVerz.), S. 67 f.
181 *BVerwGE 18*, 38; *23*, 351 f.
182 Vgl. auch *BVerfGE 96*, 288 (303).
183 Ausführlich hierzu *Brenner*, in: Linck/Baldus/Lindner u.a. (LitVerz.), Art. 23 RN 13 ff.
184 Näher zu den Vorentwürfen: Thüringer Landtag, Entstehung der Verfassung (LitVerz.), S. 69 ff.
185 Einzelheiten bei *Brenner*, in: Linck/Baldus/Lindner u.a. (LitVerz.), Art. 24 RN 16 ff.
186 Näher zu den Vorentwürfen: Thüringer Landtag, Entstehung der Verfassung (LitVerz.), S. 73 ff.

gewährleistet Art. 26 Abs. 1 Verf. Thüringen[187] die Privatschulfreiheit sowohl in einer abwehrrechtlichen Dimension als auch als Institutsgarantie, die flankiert wird durch eine weitreichende Schutz- und Förderpflicht des Freistaats.

88
Hochschulen und Erwachsenenbildung

Angereichert wird das Bukett bildungs- und kulturstaatlicher Bestimmungen durch Art. 28 Verf. Thüringen[188], der die Hochschulen sowohl dem Schutz als auch der Aufsicht des Landes unterwirft, durch Artikel 29[189], der dem Land und den Gebietskörperschaften die Aufgabe der Erwachsenenbildung zuweist, und durch Artikel 30[190], der Kultur, Kunst, Brauchtum, Denkmäler und den Sport dem Schutz des Landes und der Gebietskörperschaften unterwirft.

IV. Vierter Abschnitt: Natur und Umwelt

89
Staatsziele und Auskunftsrecht über Umweltdaten

Der vierte Abschnitt des ersten Teils der Verfassung Thüringens ist der Thematik von Natur und Umwelt gewidmet. Aus grundrechtlicher Sicht kommt jenseits der Staatszielbestimmungen des Schutzes der natürlichen Lebensgrundlagen (Art. 31 Verf. Thüringen[191]) und des Schutzes der Tiere, die als Lebewesen und Mitgeschöpfe geachtet werden (Art. 32[192]), insbesondere dem in Artikel 33[193] verankerten Recht auf Auskunft über Umweltdaten besondere Bedeutung zu, handelt es sich dabei doch um ein Grundrecht auf Umweltinformation, dessen Rechtfertigung sich auch mit den zahlreichen Umweltschäden erklären läßt, welche die SED-Regierung in der früheren Deutschen Demokratischen Republik zu verantworten hatte und vielfach verschleiert hat[194].

Begrenzte Reichweite des Informationsrechts

Bei genauer Betrachtung ist die inhaltliche Reichweite des Grundrechts jedoch beschränkt[195]. So besteht der Anspruch auf Information über den Zustand der Umwelt zum einen – lediglich – im Hinblick auf naturbezogene Daten, mithin Daten, die die natürliche Umwelt betreffen, was Tätigkeiten einschließt, von denen Gefahren oder Belästigungen für die natürliche Umwelt ausgehen.

Spezifisches Auskunftsinteresse

Zum anderen ist der Anspruch auf Daten beschränkt, die die natürliche Umwelt in dem Lebensraum des die Auskunft Begehrenden betreffen; dies bedeutet, daß jedenfalls ein bestimmtes Interesse an der begehrten Information bestehen muß. Dabei wird es sich jedoch stets um Lebensraum handeln müssen, der auf dem Staatsgebiet des Freistaats Thüringen liegt, da dieser rechtlich nicht in der Lage ist, Rechtsansprüche zu formulieren, die sich auf das Staatsgebiet eines anderen Bundeslandes bezie-

---

187 Näher zu den Vorentwürfen: Thüringer Landtag aaO., S. 76 f.
188 Näher zu den Vorentwürfen: Thüringer Landtag aaO., S. 80 ff.
189 Näher zu den Vorentwürfen: Thüringer Landtag aaO., S. 83.
190 Näher zu den Vorentwürfen: Thüringer Landtag aaO., S. 84 ff.
191 Näher zu den Vorentwürfen: Thüringer Landtag aaO., S. 87 ff.
192 Näher zu den Vorentwürfen: Thüringer Landtag aaO., S. 91 f.
193 Näher zu den Vorentwürfen: Thüringer Landtag aaO., S. 93.
194 So der Hinweis von *Haedrich*, in: Linck/Baldus/Lindner u.a. (LitVerz.), Art. 33 RN 2.
195 Vgl. auch *P. M. Huber*, ThürVBl. 1993, Sonderheft, B 4 (B 8); *ders.*, LKV 1994, S. 121 (126), mit dem Hinweis auf eine Effektivierung des Umweltschutzrechts.

hen; dies liegt außerhalb seiner Gesetzgebungskompetenz[196]. Des weiteren müssen die Daten durch den Freistaat erhoben worden sein; durch Private erhobene Daten sind von dem Anspruch nicht erfaßt. Schließlich dürfen dem Anspruch gesetzliche Regelungen oder Rechte Dritter nicht entgegenstehen, wobei unter die gesetzlichen Regelungen vornehmlich die Bestimmungen des Thüringer Umweltinformationsgesetzes fallen, unter die Rechte Dritter vor allem deren Persönlichkeitsrecht. Schließlich findet der Anspruch seine Grenze in der Kompetenzordnung des Grundgesetzes[197]. *Durch den Freistaat erhobene Daten*

V. Fünfter Abschnitt: Eigentum, Wirtschaft und Arbeit

Der fünfte Abschnitt des ersten Teils ist dem Eigentum, der Wirtschaft und der Arbeit gewidmet. Damit setzt der Thüringer Verfassungsgeber insofern einen eigenen Akzent, als das in Art. 34 Verf. Thüringen verankerte Eigentum in den Kontext der Wirtschaftsverfassung gerückt wird; diese hat nach Maßgabe von Artikel 38 einer sozialen und der Ökologie verpflichteten Marktwirtschaft zu entsprechen. Damit ist ein wichtiges Staatsziel für das Wirtschaftsleben und die Gestaltung der Rahmenbedingungen für die Wirtschaft in die Verfassung Thüringens aufgenommen; zugleich hat der Verfassungsgeber damit einen Kontrapunkt zum Grundgesetz gesetzt, das eine bestimmte Wirtschaftsordnung nicht verankert hat, sondern durch die wirtschaftspolitische Neutralität gekennzeichnet ist. Inhaltlich knüpft die Verfassung Thüringens damit an den Staatsvertrag über die Wirtschafts-, Währungs- und Sozialunion zwischen der Bundesrepublik Deutschland und der Deutschen Demokratischen Republik aus dem Jahr 1990 an, in dem, wenn auch im Range eines einfachen Bundesgesetzes, die soziale Marktwirtschaft als Wirtschaftsform beider deutscher Staaten ausdrücklich festgelegt worden war – wobei die Frage nie endgültig geklärt wurde, ob die wirtschaftspolitische Neutralität des Grundgesetzes einfachgesetzlich durch die Festlegung auf die soziale Marktwirtschaft konkretisiert werden durfte und konnte.

90 *Eigentum und Wirtschaftsverfassung*

Staatsziel soziale und ökologische Marktwirtschaft

Staatsvertrag über die Wirtschafts-, Währungs- und Sozialunion

Wirtschaftspolitische Neutralität?

Die Ausgestaltung des Eigentums und des Erbrechts in Art. 34 Verf. Thüringen[198] folgt nahezu wortgleich der Ausgestaltung in Art. 14 Abs. 1 GG und bekräftigt diese[199]. Auch die Verankerung der Sozialbindung des Eigentums in Art. 34 Abs. 2 Verf. Thüringen und die Ausgestaltung der Voraussetzungen einer Enteignung in Artikel 34 Abs. 3 folgen dem grundgesetzlichen Vorbild. Die Eigentumsgarantie ist damit nicht nur als klassisches subjektives Abwehrrecht ausgestaltet, das dem einzelnen die Rechtsmacht gibt, sich gegen unverhältnismäßige staatliche Eingriffe in das Eigentum zur Wehr zu setzen, sondern enthält zugleich eine Garantie des Instituts Eigentum, das den Gesetzgeber verpflichtet, einen Kernbestand an Normen bereitzustellen, die sowohl die Funktionsfähigkeit und Privatnützigkeit des Eigentums ermöglichen als

91 *Eigentum und Erbrecht*

Abwehrrecht und Institutsgarantie

---

[196] Anderer Ansicht *Haedrich*, in: Linck/Baldus/Lindner u.a. (LitVerz.), Art. 33 RN 5.
[197] So der Hinweis von *Haedrich* aaO., Art. 34 RN 9.
[198] Näher zu den Vorentwürfen: Thüringer Landtag, Entstehung der Verfassung (LitVerz.), S. 94 ff.
[199] Exemplarisch hierzu *Wendt*, in: Sachs, GG (LitVerz.), Art. 14 RN 21 ff.

auch sicherstellen, daß das Institut Eigentum nicht in einer Art und Weise ausgehöhlt wird, daß es letztlich nicht mehr den Begriff Eigentum verdient. Der Eigentumsgarantie wohnt sowohl eine Bestands- als auch eine Institutsgarantie inne.

92
Inhalts- und Schrankenbestimmungen

Eingriffe in die Eigentumsgarantie müssen verfassungsrechtlich gerechtfertigt sein, insbesondere verhältnismäßig; zudem müssen sie dem Wohl der Allgemeinheit dienen und das Gebot der Sozialpflichtigkeit des Eigentums beachten[200]. Dabei sind Inhalts- und Schrankenbestimmungen, sofern sie dem Verhältnismäßigkeitsgebot genügen, in der Regel entschädigungslos hinzunehmen, sie stellen keine Enteignung dar. Greift der Gesetzgeber oder die Verwaltung hingegen auf konkretes Eigentum zu und entzieht dieses, so liegt ein Fall der Enteignung vor, deren Zulässigkeit nach Maßgabe von Art. 34 Abs. 3 Verf. Thüringen und damit nach den Kriterien zu beurteilen ist, die auch das Grundgesetz für eine Enteignung aufstellt[201].

Enteignungskriterien

93
Berufsfreiheit

Die Verankerung der Berufsfreiheit in Art. 35 Verf. Thüringen[202] orientiert sich ebenfalls an der Ausgestaltung von Art. 12 GG und markiert auch damit eine klare und eindeutige Abkehr vom real existierenden Sozialismus[203]. Dies hat zur Folge, daß der Grundrechtsschutz nach Art. 35 Abs. 1 Verf. Thüringen und Art. 12 Abs. 1 GG im wesentlichen parallel läuft[204] und insbesondere hinsichtlich des sachlichen Schutzbereiches Gleichklang mit der grundgesetzlichen Gewährleistung besteht[205]. Zudem ist auch Art. 35 Abs. 2 Verf. Thüringen, wonach niemand zu einer bestimmten Arbeit gezwungen werden darf, außer im Rahmen einer herkömmlichen allgemeinen, für alle gleichen öffentlichen Dienstleistungspflicht, inhaltlich mit Art. 12 Abs. 2 GG identisch und weist den gleichen Schutzgehalt auf.

94
Berufswahl, Berufsausübung und Berufsausbildung

Inhaltlich statuiert Art. 35 Abs. 1 Verf. Thüringen in erster Linie und vorrangig ein Abwehrrecht gegen staatliche Eingriffe, die sich gegen die einheitlich zu verstehende Berufsfreiheit richten[206]. Danach ist nicht nur die Berufswahl, sondern in gleicher Weise auch die Berufsausübung sowie die Berufsausbildung vom Schutzbereich der Norm umfaßt. Mit dieser umfassenden Grundrechtsgewährleistung, mit der durch die Aufnahme der Berufsausbildung der einheitliche Schutzbereich der Berufsfreiheit zum Ausdruck gebracht wird, hat der Verfassungsgeber eine der Rechtsprechung des Bundesverfassungsgerichts Rechnung tragende sprachliche Klarstellung vorgenommen. In der Konsequenz dessen liegt es daher auch, daß die das Verhältnismäßigkeitsprinzip umsetzende und konkretisierende sogenannte Drei-Stufen-Lehre des Bundesverfassungsgerichts auch mit Blick auf Art. 35 Abs. 1 Verf. Thüringen zur Anwendung kommt[207].

Drei-Stufen-Lehre

---

200 *Wendt* aaO., Art. 14 RN 85 ff.
201 Hierzu exemplarisch *Wendt* aaO., Art. 14 RN 148 ff.
202 Näher zu den Vorentwürfen: Thüringer Landtag, Entstehung der Verfassung (LitVerz.), S. 97 f.
203 So mit Recht *Jutzi*, in: Linck/ders./Hopfe (LitVerz.), Art. 35 RN 4.
204 *VerfGH Thüringen* ThürVBl. 2009, S. 54 (55); B. v. 30.3.2011 (14/07), Umdruck, S. 13.
205 *Ruffert*, in: Linck/Baldus/Lindner u.a. (LitVerz.), Art. 35 RN 11.
206 Hierzu ausführlich und exemplarisch *Th. Mann*, in: Sachs, GG (LitVerz.), Art. 12 RN 43 ff.
207 Exemplarisch *Th. Mann* aaO., Art. 12 RN 125 ff.

Das in Art. 36 Verf. Thüringen verankerte Recht auf Arbeit[208] stellt entgegen der insoweit mißverständlichen Formulierung kein Grundrecht dar, sondern eine Staatszielbestimmung. Davon abgesehen, daß ein subjektives Recht auf Arbeit mit einer freiheitlichen Wirtschafts- und Gesellschaftsordnung ohnehin nicht vereinbar wäre, verspricht die Norm zumindest ihrem Wortlaut nach auch mehr, als sie zu halten in der Lage ist. So läßt sich dem Staatsziel Arbeit ein umfassendes staatliches Mandat zur Gestaltung menschlicher Arbeit nicht entnehmen[209], da dieses den in Art. 37 Verf. Thüringen enthaltenen Garantien der Mitbestimmung, der Koalitionsfreiheit und des Arbeitskampfes widerspräche[210]. Gedeckt von der Staatszielbestimmung sind indes staatliche Maßnahmen der Wirtschafts- und Arbeitsförderung wie auch der beruflichen Weiterbildung und der Umschulung[211].

95
Recht auf Arbeit als Staatszielbestimmung

Wirtschafts- und Arbeitsförderung

Daß dem Freistaat kein umfassendes Mandat zur Wirtschaftsgestaltung zukommt, läßt sich somit auch aus der Absicherung der Koalitionsfreiheit und des Streikrechts in Art. 37 Verf. Thüringen[212] ableiten. Dabei ist die Koalitionsfreiheit in zweierlei Hinsicht gewährleistet, nämlich als individuelles und als kollektives Recht; sie folgt insoweit dem grundgesetzlichen Vorbild. Auch wenn die ausdrückliche Verankerung des Rechts, Arbeitskämpfe zu führen, und die Hervorhebung des Streikrechts erkennbar eine deutliche Abkehr von der Deutschen Demokratischen Republik markieren sollen – und insoweit auch durchaus nachvollziehbar sind –, so wirkt es gleichwohl befremdlich, daß nicht zuletzt mit Blick auf die Arbeitskampfparität die Aussperrung in der Bestimmung keine Erwähnung gefunden hat – auch wenn diese selbstverständlich von der Bestimmung mit umfaßt ist.

96
Koalitionsfreiheit und Streikrecht

In inhaltlicher Hinsicht sichert die Bestimmung das Recht der Koalitionsparteien, die Arbeits- und Wirtschaftsbedingungen insbesondere in Gestalt von Tarifverträgen auszuhandeln. Dabei umschließt die Koalitionsfreiheit die koalitionsgemäße Betätigung in einem umfassend zu verstehenden Sinn, so daß beispielsweise auch die Werbung von Koalitionen vom Schutzbereich der Norm umfaßt ist. Darüber hinaus entfaltet die Bestimmung aber auch Wirkung jenseits der tariflich regulierten Arbeitsverhältnisse, so daß aus ihr auch ein Recht einer Vereinigung von Beamten erwachsen kann, im Gesetzgebungsverfahren hinsichtlich der die Beamten betreffenden Angelegenheiten gehört zu werden[213].

97
Umfassende koalitionsmäßige Betätigung

Beamtenvereinigung

Ergänzend ist darauf hinzuweisen, daß nach Art. 37 Abs. 3 Verf. Thüringen auch die betriebliche und unternehmerische Mitbestimmung verfassungsrechtlich abgesichert sind. Auch wenn daraus ein Anspruch der Personalvertretungen auf Mitbestimmung im Rahmen des Personalvertretungsrechts folgt, so reicht dieses Recht doch nicht so weit, daß es auch die Mitwirkung

98
Betriebliche und unternehmerische Mitbestimmung

---

208 Näher zu den Vorentwürfen: Thüringer Landtag, Entstehung der Verfassung (LitVerz.), S. 99 ff.
209 Den symbolischen und integrativen Wert der Norm betonend *Rommelfanger*, ThürVBl. 1993, S. 173 (180).
210 *Eichenhofer*, in: Linck/Baldus/Lindner u.a. (LitVerz.), Art. 36 RN 7.
211 *Eichenhofer* aaO., Art. 36 RN 9.
212 Näher zu den Vorentwürfen: Thüringer Landtag, Entstehung der Verfassung (LitVerz.), S. 102 ff.
213 *VerfGH Thüringen* ThürVBl. 1996, S. 13.

§ 260   Sechzehnter Teil: III. Die Grundrechte in den Landesverfassungen

bei einer von der Thüringer Landesregierung beschlossenen Privatisierung von Verwaltungen einschließt[214].

VI. Sechster Abschnitt: Religion und Weltanschauung

99
Glauben, Gewissen, religiöses und weltanschauliches Bekenntnis

Der sechste Abschnitt der Thüringer Verfassung befaßt sich schließlich mit der Thematik von Religion und Weltanschauung. Ob die Plazierung im hinteren Teil des Grundrechtskataloges der Tatsache geschuldet ist, daß ein wesentlicher Teil der Bevölkerung im Freistaat keinem Glauben angehört, mag dahingestellt bleiben, ist aus verfassungsrechtlicher Sicht aber ohne weitere Bedeutung, da der grundrechtliche Schutzumfang unabhängig vom Standort eines Grundrechts ist. Abgesehen davon, sichert Art. 39 Abs. 1 Verf. Thüringen[215] in gleicher Weise wie Art. 4 Abs. 1 GG die Freiheit des Glaubens, des Gewissens und des religiösen und weltanschaulichen Bekenntnisses und ist damit inhaltlich identisch mit dem Bundesrecht[216].

100
Positive und negative Glaubensfreiheit

Zusammenschlußfreiheit

Geschützt von der Norm ist demnach sowohl die positive als auch die negative Glaubensfreiheit; dabei unterfällt dem Schutz der Glaubensfreiheit neben dem forum internum auch das nach außen zielende forum externum, das beispielsweise auch das Tragen eines Kreuzes, eines islamischen Kopftuches[217] oder einer Burka einschließt. Darüber hinaus schützt die Norm nicht nur die individuelle, sondern auch die kollektive Religions- und Weltanschauungsfreiheit, mithin das Recht, sich zu einer religiösen oder weltanschaulichen Vereinigung zusammenzuschließen[218] und sich vereinigungsgemäß nach innen wie nach außen zu betätigen. Letztlich wird hieran die Duplizität des Schutzbereichs von Art. 39 Abs. 1 Verf. Thüringen und Art. 4 Abs. 1, 2 GG besonders anschaulich deutlich.

101
Öffentliche Ausübungsfreiheit

Darüber hinaus garantiert Art. 39 Abs. 2 Verf. Thüringen das Recht, seine Religion oder Weltanschauung öffentlich auszuüben. Dabei ist Art. 39 Abs. 2 Verf. Thüringen deshalb etwas präziser als Art. 4 Abs. 1 GG geraten, weil das Recht der Ausübung einer Religion oder Weltanschauung ausdrücklich allein oder mit anderen und privat oder öffentlich gewährleistet ist. Allerdings schränkt Art. 39 Abs. 2 Satz 2 Verf. Thüringen das Recht, seine Religion oder Weltanschauung auszuüben, dahingehend ein, daß hierdurch die Würde anderer nicht verletzt werden darf. Damit wird freilich nur der verfassungsrechtlichen Vorgabe Rechnung getragen, daß die Grundrechtsausübung nicht zu Lasten von Grundrechten Dritter gehen und insbesondere nicht die Menschenwürde anderer beeinträchtigen darf[219].

---

214 *VG Meiningen* ThürVGRspr. 2002, 22; *OVG Thüringen*, B. v. 2. 4. 2009 (5 PO 341/07), Juris, RN 29 ff.
215 Näher zu den Vorentwürfen: Thüringer Landtag, Entstehung der Verfassung (LitVerz.), S. 107 f.
216 Vgl. zur grundrechtlichen Gewährleistung nur *Kokott*, in: Sachs, GG (LitVerz.), Art. 4 RN 11 ff.
217 *BVerfGE* 108, 282 (297).
218 *BVerfGE* 105, 279 (293 f.).
219 *Blanke* in: Linck/Baldus/Lindner u. a. (LitVerz.), Art. 39 RN 1, unter Bezugnahme auf *Häberle*, Die Verfassungsbewegung in den fünf neuen Bundesländern, JöR NF Bd. 43 (1995), S. 355 (383).

Aus dieser verfassungsrechtlichen Absicherung der Glaubensfreiheit, der Gewissensfreiheit und der Freiheit des religiösen und weltanschaulichen Bekenntnisses läßt sich zum einen die weltanschaulich-religiöse Neutralität des Staates ableiten[220]; zum anderen ist die Norm über ihren Charakter als klassisches subjektives Abwehrrecht hinaus in ihrer Ausprägung als wertentscheidende Grundsatznorm[221], aber zugleich Ausdruck der objektiven Wertordnung, die das Grundgesetz wie auch die Thüringer Verfassung mit der Verankerung der Grundrechte kennzeichnet.

102
Weltanschaulich-religiöse Neutralität des Freistaats

Ergänzt wird Art. 39 Verf. Thüringen durch Artikel 40, der auf Art. 140 GG verweist und auf diese Weise die zentralen staatskirchenrechtlichen Normen der Weimarer Reichsverfassung als geltendes Verfassungsrecht der Thüringer Verfassung inkorporiert. Abgerundet werden die Bestimmungen über Religion und Weltanschauung durch Art. 41 Verf. Thüringen, der eine institutionelle Garantie zum Schutz der sozialen und karitativen Tätigkeit der Kirchen, Religions- und Weltanschauungsgemeinschaften und der Verbände der freien Wohlfahrtspflege vor rechtlicher und faktischer Beeinträchtigung enthält.

103
Inkorporierungsvorschriften

Institutionelle Garantie sozialer und karitativer Tätigkeit

E. Fazit

Die Verfassung Thüringens weist ein reichhaltiges Bukett an Grundrechten auf, das mit zahlreichen Staatszielbestimmungen und sogenannten sozialen Grundrechten angereichert ist. Dieser üppige verfassungsrechtliche Rahmen erklärt sich fraglos mit der politischen und gesellschaftlichen Situation nach der Wiedervereinigung, in der eine deutliche Abkehr zur Deutschen Demokratischen Republik und zur (verfassungs-)rechtlichen Situation unter dem SED-Regime gesucht wurde. Es ist dieser historische Hintergrund, der erklärt, warum in nahezu sämtlichen neuen Bundesländern und auch im Freistaat Thüringen eine Vielzahl von Normen Eingang in die Verfassung gefunden hat, die das neu erstarkte Selbstbewußtsein der neuen Länder auch in verfassungsrechtlicher Hinsicht zum Ausdruck bringen sollten; besonders anschaulich tritt dies in den zahlreichen Staatszielbestimmungen und den sog. sozialen Grundrechten zutage. Neben der darin auch deutlich werdenden Absage an die SED-Willkürherrschaft sollte mit der neuen Verfassung und der Verankerung der Grundrechte aber dem Land zugleich der Weg in die Zukunft gewiesen und zum Ausdruck gebracht werden, daß zukünftig alles Staatshandeln der Herrschaft des Rechts unterworfen sein soll.

104
Üppiger verfassungsrechtlicher Rahmen

Getragen von dieser Motivation ist dem Thüringer Verfassungsgeber mit dem Grundrechtskatalog der Verfassung Thüringens ein durchaus überzeugender Wurf gelungen[222], der zwar mit Blick auf die Vielzahl der grundrechtlichen Gewährleistungen und der großzügigen Verankerung von Staatszielbestim-

105
Tragfähige und zukunftsfähige Verfassung

---
220 *BVerfGE 33*, 23 (28).
221 Vgl. *BVerwGE 105*, 73 (77 ff.).
222 S. etwa das Zwischenfazit von *Gasser*, 10 Jahre Verfassung des Freistaats Thüringen, ThürVBl. 2004, S. 33 ff. Vgl. auch Thüringer Landtag, Zehn Jahre Thüringer Landesverfassung (LitVerz.).

§ 260   Sechzehnter Teil: III. Die Grundrechte in den Landesverfassungen

mungen und sogenannten sozialen Grundrechten recht ausholend gestaltet ist[223], der sich aber nicht zuletzt wegen seiner Ausrichtung an den im Grundgesetz verankerten Grundrechten in den vergangenen zwei Jahrzehnten gut bewährt hat. Und es besteht kein Zweifel daran, daß sich die Verfassung Thüringens auch weiterhin als eine gleichermaßen tragfähige wie zukunftsfähige Verfassung erweisen wird.

---

[223] Näher zu der Thematik *Jutzi*, Staatsziele der Verfassung des Freistaats Thüringen – zugleich ein Beitrag zur Bedeutung landesverfassungsrechtlicher Staatsziele im Bundesstaat, ThürVBl. 1995, S. 25 ff., 54 ff.

F. Bibliographie

Braas, Gerhard, Die Entstehung der Länderverfassungen in der Sowjetischen Besatzungszone Deutschlands 1946/47, 1987.
Gasser, Karl Heinz, 10 Jahre Verfassung des Freistaats Thüringen, ThürVBl. 2004, S. 33 ff.
Huber, Peter M., Die neue Verfassung des Freistaats Thüringen, LKV 1994, S. 121 ff.
ders., Gedanken zur Verfassung des Freistaates Thüringen, ThürVBl. 1993, Sonderheft, B 4 ff.
Jutzi, Siegfried, Staatsziele der Verfassung des Freistaats Thüringen – zugleich ein Beitrag zur Bedeutung landesverfassungsrechtlicher Staatsziele im Bundesstaat, ThürVBl. 1995, S. 25 ff., 54 ff.
Riege, Gerhard/Henke, Guido/Lunau, Ralf, Dokumente zum Thüringer Staatsrecht 1920–1952, 1991.
Rommelfanger, Ulrich, Das Werden des Freistaates Thüringen, in: Karl Schmitt (Hg.), Thüringen. Eine politische Landeskunde, ²2011, S. 32 ff.
ders., Die Verfassung des Freistaats Thüringen des Jahres 1993, ThürVBl. 1993, S. 173 ff.
Starck, Christian, Verfassunggebung in Thüringen, ThürVBl. 1992, S. 10 ff.
Thüringer Landtag (Hg.), Zehn Jahre Thüringer Landesverfassung (1993–2003). Schriften zur Geschichte des Parlamentarismus in Thüringen, Bd. 22, 2004.

Personenregister

Nachgewiesen sind ausschließlich historische Persönlichkeiten.

Adenauer, Konrad **254** 1, 9
Amelunxen, Rudolf **254** 1
Anschütz, Gerhard **232** 31, **247** 1
Arnold, Karl **254** 1 ff., 10

Bergsträßer, Ludwig **231** 131
Bevin, Ernest **254** 10
Brentano di Tremezzo, Heinrich von **231** 132
Brockmann, Johannes **254** 8, 17, 50

Clay, Lucius Dubignon **246** 4

Dürig, Günter **253** 80

Elfes, Wilhelm **233** 38

Freisler, Roland **255** 8
Friesenhahn, Ernst **232** 8, **254** 48

Gerber, Carl Friedrich **231** 57
Gnoß, Ernst **254** 9

Hardenberg, Karl August Fürst von **255** 31
Hesse, Konrad **232** 173
Heuss, Theodor **232** 19
Hitler, Adolf **239** 8, **255** 8
Hoegner, Wilhelm **246** 2, 4, 6, 69
Honecker, Erich **234** 5, **247** 15 ff.
Höpker-Aschoff, Hermann **254** 1

Jacobi, Werner **254** 50
Jellinek, Georg **232** 53, **255** 13
Jellinek, Walter **251** 23

Kant, Immanuel **231** 4
Kopf, Hinrich Wilhelm **253** 1
Kühn, Heinz **254** 64

Menzel, Walter **254** 1, 6, 10, 20, 24, 50
Meyer-Spreckels, Elisabeth **238** 36
Middelhauve, Friedrich **254** 2
Montesquieu, Baron Charles de **233** 88, **255** 13

Napoléon I. **231** 6
Naumann, Friedrich **232** 15
Nawiasky, Hans **231** 133, **233** 4, 6, **246** 5, 7

Pufendorff, Samuel von **231** 4

Ridder, Helmut **232** 49
Rosenthal, Eduard **260** 8

Schleyer, Hanns Martin **232** 57
Schmid, Carlo **231** 132, **232** 19
Schmitt, Carl **232** 26, 40, 192
Scholtissek, Herbert **254** 50
Schunck, Egon **255** 4
Schwarzburg-Sondershausen, Günther von **231** 60
Stein, Karl Reichsfreiherr vom und zum **255** 13, 31
Steinhoff, Karl **248** 2
Süsterhenn, Adolf **231** 132, **233** 43, **255** 4, 6

Weber, Werner **233** 99
Wittmayer, Leo **231** 87
Wolff, Christian **231** 4, **232** 53

Sachregister

Bearbeitet von Prof. Dr. Christian Koch

Die Abkürzungen der Länder folgen hier den auf EU-Ebene vereinbarten Abkürzungen der Regionen: BW (Baden-Württemberg), BY (Bayern), BE (Berlin), BB (Brandenburg), HB (Bremen), HH (Hamburg), HE (Hessen), MV (Mecklenburg-Vorpommern), NI (Niedersachsen), NW (Nordrhein-Westfalen), RP (Rheinland-Pfalz), SL (Saarland), SN (Sachsen), ST (Sachsen-Anhalt), SH (Schleswig-Holstein), TH (Thüringen).

Abgrenzung der Grundrechte 232 30 ff.
– Bundes- und Landesgrundrechte 232 30 ff.
– Gewährleistungspflichten
  – Einrichtungsgarantien 232 39 ff.
  – Grundrechtsschutz durch Organisation und Verfahren 232 61 ff.
  – Schutzpflichten
    – explizite 232 51 f.
    – implizite 232 53 ff.
  – Staatsziele 232 77 ff.
  – Verfassungsaufträge 232 73 ff.
– Verfassungsbestimmungen 232 38 ff.
absolute Rechte
– Drittschutz-Grundlage, ~ als 232 54
Abstammung
– Benachteiligungsverbot wegen ~ 241 26
Abstimmungen
– Landesverfassungen, ~ in 243 26 ff.
Abwehrrecht(e) 238 17, 239 37 ff.
– Ansätze liberaler ~ 231 10
– Grundbestand liberaler ~ 231 46
– Pressefreiheit als ~ 237 39 (BY)
Administrativenteignung
– Eigentumsgrundrecht, ~ und
– in Landesverfassungen 239 86
AEUV
– Art. 18 239 38
– Art. 101 ff., 239 17
Akteneinsichtsrecht 248 53 (BB)
– informationelle Selbstbestimmung und ~ 233 77 (BB)
– Jedermann-Recht, ~ als 237 24 (BB)
– personenbezogene Daten, ~ über 237 36 (TH)
Aktenöffentlichkeit
– Akteneinsicht zur allgemeinen ~ 237 24 (BB)
aktives und passives Wahlrecht 248 55 (BB)

Alleinerziehende
– Schutz- und Fürsorgeansprüche 238 33
Allgemeine Erklärung der Menschenrechte (AEMR)
– Art. 11 244 30
allgemeine Gleichheitsrechte
– Landesgrundrechte, ~ als 246 84 ff. (BY)
allgemeine Grundrechtslehren 232 1 ff., 251 76 ff. (HE)
allgemeine Handlungsfreiheit 233 36 ff.
– juristische Personen als Träger der ~
– in Landesverfassungen 232 113
– „neue Länder"-Verfassungen 233 54 f.
– Brandenburg 233 54
– Mecklenburg-Vorpommern 233 55
– Sachsen 233 55
– Sachsen-Anhalt 233 55
– Thüringen 233 55
– postgrundgesetzliche Landesverfassungen 233 51 ff.
– Baden-Württemberg 233 51
– Berlin 233 53
– Niedersachsen 233 52
– Nordrhein-Westfalen 233 51
– Schleswig-Holstein 233 52
– unmittelbar anwendbare ~, als 232 18
– vorgrundgesetzliche Verfassungen 233 36 ff.
– Bayern 233 37 ff.
– Bremen 233 49
– Hessen 233 41 f.
– Rheinland-Pfalz 233 43 ff.
– Saarland 233 50
allgemeiner Gleichheitssatz 260 60 f. (TH)

– juristische Personen als Träger: ~
 – in Landesverfassungen 232 110, 113,
   240 2 ff.
Allgemeinheit der Wahl
– Landesverfassungen, ~ in 240 42 ff.
Allgemeininteresse
– als Schranke 233 82 (SN)
Altersgrenzen
– Berufswahlfreiheit, ~ als Eingriff in
  die 239 48
alterum non laedere-Prinzip
– Freiheitsschranke, ~ als 232 54
Ämterzugang
– Bekenntnis, ~ unabhängig vom
  240 40
– gleicher ~ unter Rückgriff auf Art. 33
  Abs. 2 GG
– in Landesverfassungen 240 39 ff.
– Gleichheit des ~s 240 39
Amtshaftung 232 25
angemessener Wohnraum
– Grundrecht?, ~ als 235 60 ff.
Angleichung
– Bundes- und Landesverfassungsrecht
  234 12 ff.
Anhalt
– Verfassungserneuerung bzw. -revision in
  ~ (1919) 231 73
Anhalt (Gesamthaus)
– Restaurationsverfassung von ~ (1859)
  231 43
Anhalt-Bernburg
– demokratische Verfassungsurkunden
  in ~ (1848), genuin 231 31
– Grundrechtsabschnitt in der (Revolutions-)Verfassung von ~ 231 37
– Grundrechtskatalog (1850), Verfassung
  mit 231 45
– Restaurationsverfassung von ~ (1850)
  231 43
Anhalt-Dessau
– demokratische Verfassungsurkunden
  in ~ (1848), genuin 231 31
– Grundrechtsabschnitt in der (Revolutions-)Verfassung von ~,
  umfangreicher 231 37
Anhalt-Köthen
– Grundrechtsabschnitt in der (Revolutions-)Verfassung von ~,
  umfangreicher 231 37
– Verfassung (1811) 231 14
Anhörungsrecht(e)
– Sorben/Wenden, ~ der 241 70 (BB)

– Volksinitiativen, ~ für Repräsentanten
  der 243 35
Anlaßgesetze 232 182
Anstaltsseelsorge 236 37
– Bedürfnis, Vermutung für konkretes
  236 37
anthropozentrische Verfassung
– Schutz der natürlichen Lebensgrundlagen, ~ und 232 84
antinationalsozialistische und antimilitaristische Bestimmungen 252 10 (MV)
Anwendungsbereich
– Grundrechte, ~ der sächsischen 257
  19 ff.
Anwendungsvorrang
– EU-rechtlicher ~ 232 100, 118
Arbeit und Wirtschaft 249 28 f. (HB)
– Landesverfassungsregelungen zu ~
  239 10 (NW)
Arbeit, Recht auf
– Arbeits- und Wirtschaftsförderung als
  Konkretisierungsansatz 242 45
– Beschäftigungsstand-Sicherung, ~ als
  242 45
– Drittwirkungseffekte 242 47
– ESC-Gegenstand 242 15
– gesamtwirtschaftliches Gleichgewicht
  242 47
– GG-Vorgaben, kein Verstoß gegen die
  242 47
– Inhalt und Auslegung 242 43 ff.
– IPWSKR, ~ im 242 13
– Justitiabilität 242 46
– Konkretisierung durch den (Landes-)
  Gesetzgeber 242 7
– Menschenwürde-Zusammenhang,
  ~ im 242 44 (SN)
– neueres Grundrecht, ~ als 234 3
– objektiv-rechtlicher Schwerpunkt 242 45
– Programmsatz 242 45 (BY)
– Prototyp sozialer Grundrechte 242 43
– Rechtsnatur 242 45
– Rechtswirkungen vom ~ 242 46
– soziale Landesverfassungsrechte 242
  43 ff.
– soziales Grundrecht 242 4
– Staatszielbestimmung
  – in Landesverfassungen 231 109,
    232 80
– verfassungsbeschwerdefähig, nicht 242
  45 (BE)
– Vollbeschäftigung im Zusammenhang,
  ~ und 242 44 (BB)

Sachregister

- Vorbehalt des finanziell und wirtschaftlich Möglichen **242** 46 (BB)

Arbeit, Wohnen
- Art. 6a Verf. NI **253** 75
- Staatszielbestimmung Art. 6a **253** 77 f. (NI)

Arbeitsbedingungen, Recht auf gerechte und gesunde
- ESC-Gegenstand **242** 15
- IPWSKR, ~ im **242** 13
- soziale Rechte in der GRCh **242** 17

Arbeitsentgelt, Recht auf gerechtes
- ESC-Gegenstand **242** 15

Arbeitsgesellschaft
- Bekenntnis zur ~ **239** 27

Arbeitslosigkeitsbekämpfung
- Sekundärzweck öffentlicher Auftragsvergabe, ~ als **232** 133

Arbeitsplatz
- Begriff **239** 45
- Bestandsgarantie des ~es, keine **239** 45
- Schaffung und Erhalt von ~en **239** 27

Arbeitsplatzwahl, freie 234 23
- Annahme- oder Aufgabezwang, kein staatlicher **239** 50

Arbeitsrecht
- einheitliches ~ nach Maßgabe von Art. 157 WRV **239** 6

Arbeitsruhe oder Arbeitsfreiheit
- institutionelle Garantie, ~ als
- in Landesverfassungen **232** 44

Arbeitsschutz
- Regelungen zum ~ für Kinder **233** 62

Arbeitsvermittlung
- Recht auf Zugang zu **232** 82 (BB)
- soziale Rechte in der GRCh **242** 17

Arbeitswelt
- Rechte und Pflichten, als Objekt für ~ **251** 42 ff. (HE)

Arbeitszwang
- Freiheit vom ~ **239** 60

Assimilierung
- Integration in die Mehrheitsgesellschaft statt ~ **241** 114
- Minderheitenschutz gegen ~sdruck **241** 98 (ST)
- Verhinderung von ~sdruck **241** 72 (BB)

Asylbewerber
- Würde des Menschen Schutzbereich **233** 28 (MV)

Asylrecht 255 29 f. (RP), **256** 47 f. (SL)
- Landesgrundrecht, ~ als **246** 91 (BY), **255** 29 f. (RP)

- Verf. Frankreich (1793) **231** 24
- Vorbildwirkungen von landesverf. Grundrechten **231** 137

Aufenthalt
- Begriff **255** 25 (RP)
- Minderheitenschutz, ~ und **241** 114

Auffanggrundrecht
- allgemeine Handlungsfreiheit als ~ **233** 39 (BY), 53 (BE)
- lückenfüllende Handlungsfreiheit **233** 55 (TH)

Aufhebung der Vorrechte der Geburt
- „Mindesterrungenschaften" der Revolution (1918/1919), ~ als **231** 64
- „museale" Vorschrift **255** 105 (RP)

Auftragsvergabe
- öffentliche ~ unter grundrechtsproblematischen Sekundärzwecken **232** 132

Ausbildung und Weiterbildung, Zugang zu beruflicher
- soziale Rechte in der GRCh **242** 17

Ausbildungsanspruch
- Landesverfassungen, Regelung in **238** 46

Ausbildungsfreiheit
- Studiengebühren, Beeinträchtigung der ~ durch **239** 50

Ausbildungsstätte
- Berufsbezogenheit des Zugangs zur ~ **239** 46
- Wahl der ~, freie **239** 32, 46

Ausbildungssystem, berufliches
- Staatsziel, ~ als **232** 82 (BB)

Ausgestaltungs- oder Beschränkungsvorbehalt
- Art. 28 S. 2 Verf. ST **258** 54 ff.

Auskunftsanspruch
- datenschutzrechtlicher **237** 30 (MV)
- personenbezogene Daten, ~ über **237** 36 (TH)
- Selbstbestimmung, ~ als Ausdruck informationeller **233** 86 (TH)

Auskunftsrecht über gespeicherte Daten
- Einzelgarantie in der Landesverf. **252** 29 (MV)

Ausländer
- Wahlrecht für ~ nach GG-Maßgabe **243** 11 (ST)
- Würde des Menschen, Schutzbereich **233** 28 (MV)

Auslegung 256 47 f. (SL)
- autonome Grundrechts~ **233** 16

Sachregister

- Mindergewährleistungen (in Landesverfassungen), GG-konforme ~ bei 239 41
Auslieferungsschutz 231 24
Auslieferungsverbot 255 27 f. (RP)
- Hamburg 1849 231 39
- Landesgrundrecht, ~ als 255 27 f. (RP)
- Tradition, ~ in langer verfassungsrechtlicher 231 137
Ausnahmegerichte
- Verbot von ~n
- in Landesverfassungen 244 22
Aussageverweigerungsrecht(e)
- landesverfassungsrechtlich 244 50
- Selbstbelastungsschutz, ~ als 244 50
Ausschließlichkeitsrecht
- Eigentumsfreiheit als ~
- in Landesverfassungen 239 69
Aussperrungsverbot
- wirtschaftliche Freiheit, ~ als Begrenzung für 231 110
Auswanderungsfreiheit
- Einschränkungen durch Landesrecht als Ausnahme 234 27
- Freizügigkeit und ~ 234 20 ff., 255 12 (RP)
- Grundgesetz, Fehlen einer ~ im 234 26
- Landesverfassungsbestand 234 27
- Schutzerweiterung in Landesverfassungen 234 27
- Verfassungstradition 234 27
autochthone Grundrechtsgehalte 259 31 ff. (SH)
- Berechtigte 259 37 ff. (SH)
- Minderheitenschutz 259 35 ff. (SH)
- Petitionsrecht 259 55 (SH)
- Privatsphäre 259 53 f. (SH)
- Rechtsfolge 259 42 ff. (SH)
- Schulwesen 259 46 ff. (SH)
- Wahlrecht 259 32 ff. (SH)
Autonomie
- grenzübergreifende kulturelle ~ 241 63 (BB)
- kulturelle ~ der Sorben als Verfassungsauftrag 241 60 (BB)
- kulturelle ~ der Sorben/Wenden 241 71 (BB)

Baden
- Grundrechtsabschnitte parallel zur WRV in ~ §§ 9 – 19 Verf. 231 79
- Grundrechtskatalog in der Übergangsverfassung (ab 1919) von 231 68

- landständische Verfassung (1818) 231 14
- Nachkriegslandesverfassung v. 19.5.1947 231 90
- neue Vollverfassung für ~ (1919) 231 63
- Wesentlichkeitsvorbehalte in ~ Art. 123 Abs. 1 S. 2 Verf. 231 115
Baden-Württemberg
- allgemeine Handlungsfreiheit in postgrundgesetzlichen Landesverfassungen 233 51
- Erziehung und Ausbildung (Art. 11 Abs. 1 Verf. BW) 245 34 ff.
- Erziehung und Unterricht 245 33 ff.
- Geltung der GG-Grundrechte 245 4 ff.
- Geltung der GG-Grundrechte Übernahmegegenstand 245 15 ff.
- Geltung der GG-Grundrechte Übernahmewirkung 245 9 ff.
- Grundrechtsdurchsetzung, Landesverfassung 245 56 ff.
- Grundrechtsschutz, Stärkung durch Landesverfassungsbeschwerde 245 63 ff.
- Grundrechtsverbürgungen in „Lebensordnungen" 245 19 ff.
- Landesgrundrechte im grundgesetzlichen Korsett 245 57 ff.
- Landesstaatsgewalt, Landesgrundrechte und 245 61 f.
- Landesverfassungsbeschwerde, Stärkung des Grundrechtsschutzes 245 63 ff.
- „Lebensordnungen" 245 19 ff.
- „Erziehung und Unterricht" 245 33 ff.
- „Mensch und Staat" 245 24 ff.
- „Religion und Religionsgemeinschaften" 245 30 ff.
- Unentgeltlichkeit von Unterricht und Lernmitteln (Art. 14 Abs. 2 S. 1 Verf.) 245 39 ff.
- Wissenschaftsfreiheit der Hochschulen (Art. 20 Verf.) 245 42 ff.
- Persönlichkeitsrecht 233 72
- Rechtsweggarantie gegen Akte der öffentlichen Gewalt (Art. 67 Verf.) 245 52 ff.
- Religion und Religionsgemeinschaften 245 30 ff.
- Unentgeltlichkeit von Unterricht und Lernmitteln 245 39 ff.
- Verfassungsentstehung 245 1 ff.
- Wahl- und Stimmrecht 245 50 f.

Sachregister

- Wissenschaftsfreiheit **237** 51 ff.
- Wissenschaftsfreiheit der Hochschulen (Art. 20 Verf.) **245** 42 ff.
- Würde des Menschen in postgrundgesetzlichen Verfassungen **233** 20

Bamberger Verfassung (1919)
- Bayern, ~ als Übergangsverfassung für **231** 63, 73

Bayern
- allgemeine Freiheitsrechte **246** 31 ff.
- allgemeine Handlungsfreiheit **233** 37 ff., **246** 31 f.
- allgemeines Persönlichkeitsrecht **246** 33
- besondere Freiheitsrechte **246** 34 ff.
- Ehe und Familie, Schutz von **246** 46 ff.
- Freizügigkeit im Landesgebiet **246** 37 f.
- Funktionen der Landesgrundrechte **246** 18 ff.
- Glaubens- und Gewissensfreiheit **246** 42 ff.
- Gleichheitsgrundrechte **246** 84 ff.
- Gleichstellung von Behinderten **246** 89 f.
- Grundpflichten **246** 14 f.
- Grundrechte **246** 11 ff.
- Grundrechte als Bestandteil der Landesverfassung **246** 5 ff.
- Grundrechtsabschnitte parallel zur WRV in ~ **231** 79
- Grundrechtsentwicklung seit Inkrafttreten der Landesverfassung **246** 8
- Grundrechtskatalog in der Übergangsverfassung (ab 1919) **231** 68
- Individualverfassungsbeschwerde **246** 25 f.
- informationelle Selbstbestimmung **233** 56 ff.
- Informationsfreiheit **246** 63
- Kommunikationsfreiheiten **246** 50 ff.
- Kommunikationswege **246** 68
  - Meinungsfreiheit **246** 50 ff.
  - Pressefreiheit **246** 54 ff.
  - Rundfunkfreiheit **246** 59 ff.
  - Versammlungsfreiheit **246** 64 ff.
- körperliche Bewegungsfreiheit **246** 34 ff.
- Kunstfreiheit **246** 70 ff.
- Landesgrundrechte Überblick **246** 27 ff.
- Landesgrundrechte in der Nachkriegszeit **246** 1 ff.
- Landesverfassung v. 8.12.1946 **231** 90
- landständische Verfassung (1818) **231** 14
- leistungsgewährende und soziale Grundrechte **246** 91 ff.
  - Asylrecht **246** 91
  - Genuß der Naturschönheiten **246** 93
  - Petitionsrecht **246** 92
- materielle Aspekte der Landesgrundrechte **246** 9 ff.
- Meinungsfreiheit **237** 4 ff.
- Merkmale der Landesgrundrechte **246** 9 ff.
- Persönlichkeitsrecht **233** 56 ff.
- Popularklage **246** 23 f.
- Pressefreiheit als institutionelle Garantie **237** 39
- prozessuale Aspekte der Landesgrundrechte **246** 23 ff.
- Rundfunkfreiheit **237** 42
- Schutz der Individualität und Privatsphäre **246** 39 ff.
- Schutz wirtschaftlicher Vorgänge **246** 77 ff.
  - Berufsfreiheit **246** 78 f.
  - Eigentum und Erbrecht **246** 80 ff.
  - Vereinigungsfreiheit **246** 83
- Staatszielbestimmungen **246** 16 f.
- Statusgrundrechte **246** 28 ff.
- Typologie des Grundrechtskatalogs **246** 11 ff.
- Verabschiedung der Landesverfassung **246** 1 ff.
- Wesentlichkeitsvorbehalte **231** 115
- Wirkkraft der Landesgrundrechte **246** 21 f.
- Wissenschaftsfreiheit **237** 55 ff. **246** 73 ff.
- Wohnung, Unverletzlichkeit der **246** 39 ff.
- Würde des Menschen **233** 4 ff., 28 f.

BayVerfGHG
- Art. 55 **233** 38

Beamte *siehe auch* Berufsbeamtentum
- Parteienfreiheit und Neutralitätspflicht für ~
  - in Landesverfassungen **243** 58

Befreiungskriege 231 19

Behinderte, gleichwertige Lebensbedingungen für
- Staatsziel(e), ~ als **232** 82 (BB)

Behinderung
- Benachteiligungsverbot wegen ~ **240** 30

Sachregister

- Gleichstellung **246** 89f. (BY)
- Schutz bei **260** 63 (TH)
- Schutz- und Fördervorschriften bei ~
  - in Landesverfassungen **240** 30
- Selbstbestimmung bei ~ **233** 52 (ST)
- Staatszielbestimmung, Förderaufträge bei ~ als **240** 31

Bekenntnis(prinzip)
- Ämterzugang unabhängig vom religiösen ~ **240** 40
- Minderheit, ~ zu einer **241** 99 (ST)
- Minderheit, ~ zu einer nationalen **241** 40f. (SH)
- Minderheiten, bei **241** 47 (SH)
- Minderheitenschutz **241** 49 (SH)

Bekenntnisfreiheit **236** 7

Bekenntnisse
- Normativität bei ~n, fehlende **232** 12

Belgische Verfassung (1831) **231** 20

Beliehene
- öffentlich-rechtliches Auftrags- und Treuhandverhältnis **232** 143

Benachteiligungsverbot(e)
- Behinderung, ~ wegen **240** 30
- Bevorzugungsverbote? **240** 33 (BB)
- Förderschule, Verweigerung des Zugangs zu **240** 32
- Landesverfassungen, ~ in **240** 30ff., 53

Berlin
- allgemeine Handlungsfreiheit **233** 53
- Bundesgrundrechte und übereinstimmende Landesgrundrechte **247** 29ff.
- Gesetzgebungsaufträge **247** 81
- Grundrechte in preußischer Verf. (1850) **247** 1f.
- Grundrechte in GG-ähnlicher Formulierung
  - Berufsfreiheit **247** 61ff.
  - Brief-, Post- und Fernmeldegeheimnis **247** 60
  - Eigentumsfreiheit **247** 65ff.
  - Elternrecht **247** 55
  - Freizügigkeitsrecht **247** 61ff.
  - Glaubens- und Gewissensfreiheit **247** 72
  - Gleichheitssätze, besondere **247** 52ff.
  - Informationsfreiheit **247** 59
  - Meinungsfreiheit **247** 56ff.
  - Petitionsrecht **247** 73
  - Unverletzlichkeit des Wohnraums **247** 71
- Vereinigungsfreiheit und Streikrecht **247** 69f.
- Versammlungsfreiheit **247** 68
- Widerstandsrecht **247** 74
- Zugang zu öffentlichen Ämtern **247** 64
- Grundrechte in GG-Textidentität
  - Ehe und Familie, Schutz von **247** 41
  - Entfaltung der Persönlichkeit, Recht auf freie **247** 32ff.
  - Gleichheitssatz, allgemeiner **247** 40
  - Kunst- und Wissenschaftsfreiheit **247** 50f.
  - Leben und körperliche Unversehrtheit, Recht auf **247** 37
  - Mütter, Schutz und Fürsorge für **247** 42
  - ne bis in idem **247** 46
  - nichteheliche Kinder, Gleichstellung für **247** 43
  - nulla poena sine lege **247** 45
  - Person, Freiheit der **247** 38f.
  - rechtliches Gehör, Anspruch auf **247** 44
  - Rechtsweggarantie **247** 47f.
  - Richter, Recht auf gesetzlichen **247** 49
  - Schutz der Menschenwürde **247** 31
- Grundrechte und Staatsziele **247** 19ff.
- Grundrechtsentwicklung in ~ **247** 1ff.
- Grundrechtskatalog Verf. ~ (1950) **247** 4ff.
- Grundrechtskatalog-Überarbeitung Verf. ~ (1995) **247** 18
- Grundrechtslehren, Anwendbarkeit allgemeiner **247** 26ff.
- Grundrechtsschutz durch die Verf. ~ (1950) **247** 3ff.
- informationelle Selbstbestimmung **233** 74f.
- Informationsfreiheit **237** 21f.
- Landesgrundrechte ohne GG-Entsprechung **247** 75ff.
- Landesgrundrechte-Geltung nach Art. 142 GG **247** 20ff.
- Meinungsfreiheit **237** 11f.
- Menschenwürdeschutz? Verf. ~ (1950) **247** 15ff.
- Staatszielbestimmungen **247** 79f.
- Verfassungsgerichtsbarkeit **247** 9ff.
- Verfassungsgerichtshofserrichtung **247** 14

Sachregister

Beruf
- Begriff, weiter **239** 43
- Berufsbilder, ~ und **239** 43
- Lebensgrundlage, ~ als **239** 43

berufliche Ausbildung, Recht auf
- ESC-Gegenstand **242** 15

Berufsausübung(sfreiheit) **239** 32 *siehe auch* Berufsfreiheit
- Berufswahl, ~ und **239** 44
- gesetzgeberischer Gestaltungsspielraum für ~sregelungen **239** 57
- Öffentlichkeit, ~ und **239** 44
- Patientenakten, Eingriff in die ~ des Arztes **239** 49
- Rauchverbote, Eingriff in die ~ **239** 48
- tatsächliche Auswirkungen auf die ~ **239** 47

Berufsausübungsregelungen
- Berufsfreiheit, geringe Eingriffsintensität in die **239** 57

Berufsbeamtentum
- Aufrechterhaltung **232** 41 (SL)
- institutionelle Garantie(n), ~ als **232** 41

Berufsberatung, Recht auf
- ESC-Gegenstand **242** 15

Berufsbild
- Sozialadäquanz, ~ und **239** 43

Berufsfreiheit **233** 54 (BB), **239** 32ff., **255** 31ff. (RP)
- Ähnlichkeit mit GG-Text **247** 61ff. (BE)
- Eigentumsgrundrecht, ~ in Abgrenzung zum **239** 36
- einheitliches Grundrecht, ~ als **239** 33
- Gleichheitssatz und Sozialstaatsprinzip, ~ i.V.m. **239** 34
- Grundrechtsträger **239** 37
- inländische juristische Personen mit Ausländer-Dominanz **232** 115
- juristische Personen als Träger der ~ **232** 113
- Landesgrundrecht, ~ als **246** 78f. (BY), **255** 31ff. (RP)
- Landesverfassungen **239** 35f.
  - Abwehrrecht **239** 37ff.
  - Bedeutung **239** 32ff.
  - Begriff des „Berufs" **239** 43
  - Berufswahl und Berufsausübung **239** 44
  - Dreistufenlehre **239** 56ff.
  - Eingriff **239** 47ff.
- Grenzen der Einschränkbarkeit **239** 53ff.
- persönlicher Schutzbereich **239** 47ff.
- Rechtfertigung **239** 51ff.
- sachlicher Schutzbereich **239** 40ff.
- Schranken **239** 51f.
- Schutzbereich **239** 37ff.
- Schutzbereichserweiterung durch die Landesverfassungsgerichte **239** 40
- Verhältnismäßigkeit **239** 56ff.
- Wahl des Arbeitsplatzes und der Ausbildungsstätte **239** 45f.
- lex specialis **239** 35
- Regelungsvielfalt **239** 32
- subjektive Berufswahlregelungen **239** 58
- teilhaberechtliche Funktion **239** 34
- Tendenz, Vorschriften mit objektiv berufsregelnder **239** 48
- Textunterschiede
  - in Landesverfassungen **239** 40
- Wirtschaftsverfassungsrecht, ~ als Elemente im **239** 5

Berufskammern
- Selbstverwaltung **243** 65

Berufswahl(regelungen) **239** 32
- Altersgrenzen, Eingriff in die ~ durch **239** 48
- Berufsausübung als einheitlicher Lebensvorgang, ~ und **239** 44
- objektive **239** 59
- subjektive **239** 58

Berufszugangsschranken, objektive **239** 59

Beschäftigungsförderung
- Verfassungsregelungen zur ~ **239** 11 (BB)

Beschwerderecht
- Parlament, ~ zum **231** 24

Besoldungsanspruch
- Gleichheitssatz, allgemeiner
- Anwendungsbereiche im Landesrecht **240** 10
- Lehrerschaft, ~ für die 1849 **231** 39

besondere Diskriminierungsverbote
- neues Freiheitsrecht, als **231** 106

besondere Gesetzesvorbehalte
- Beschränkungen für Grundrechtseingriffe **251** 80f. (HE)

Bestandsgarantie
- Rundfunk, ~ für den öffentlichrechtlichen **237** 46 (SN)

Bestimmtheitsgebot
- Inhalts- und Schrankenbestimmung der Eigentumsfreiheit **239** 83

Sachregister

- Schrankensetzung der Berufsfreiheit, ~ bei der **239** 53
- strafrechtliches ~ **244** 29
- Wohnungsdurchsuchungen, ~ bei **235** 44

Betätigungsfreiheit, wirtschaftliche
- Handlungsfreiheit, als Konkretisierung der allgemeinen **233** 46 (RP), **233** 54 (BB)

Beurteilungsnorm
- Grundrechtsbestimmung als richterliche ~ (Urteilsmaßstab) **232** 139

Bewegungsfreiheit
- allgemeine ~ **246** 34 ff. (BY), **255** 25 (RP)
- Freiheit der Person, ~ und Bundes- und Landesverfassungsrecht **234** 1 ff.
- Handlungsfreiheit, Flankierung durch allgemeine **234** 18
- körperliche **234** 15
- landesverfassungsrechtliche Akzente zur ~ **234** 6
- Mobilität, ~ und **234** 20

Beweisverwertungsverbot
- Lebensgestaltung, ~ im Kernbereich privater **235** 50

Bewirkungsrecht
- Eheschließungsfreiheit als ~ **232** 23
- Erklärung Erziehungsberechtigter zum Religionsunterricht des Kindes **232** 23

Bildung (Recht auf) **251** 54 ff. (HE), **255** 118 (RP), **258** 44 ff. (ST), **260** 76 ff. (TH)
- Ausbildung, ~ und **242** 50 ff.
- Begabung und Fähigkeiten, ~ nach **242** 54
- Bildungseinrichtungen, kein Anspruch auf Errichtung und Erweiterung von **242** 54 (BY)
- Eigenständigkeit des ~s in Landesverfassungen **238** 52, **252** 37 ff. (MV)
- Erziehung und Ausbildung **242** 50 (BB)
- Gestaltungskompetenz der Länder **242** 49
- IPWSKR, ~ im **242** 13
- Konkretisierung durch den (Landes-)Gesetzgeber **242** 7
- Landesverfassungen, Regelung in **238** 46
- Leistungsansprüche, keine originären **242** 52
- neueres Grundrecht, ~ als **234** 3
- Schul- und Hochschulwesen, ~ im **242** 49
- Schulpflicht, allgemeine **242** 50 (NW)

- Schulwesen (Art. 4 Verf. NI), ~ und **253** 34 ff.
- soziale Landesverfassungsrechte **242** 49 ff.
- soziale Rechte in der GRCh **242** 17
- soziales Grundrecht **242** 4
- Staatszielbestimmungen nach 1945 **231** 109
- Studienbeiträge, Zugangsrecht und **242** 53 (BY)
- teilhaberechtliche Dimension **242** 53 (BW)
- Unentgeltlichkeit des Unterrichts an öffentlichen Schulen **242** 50 (BW)
- Verfassungsauftrag, ~ als verbindlicher **242** 55
- Vorbehalt des Möglichen **242** 53 (NW)

Bildung, Wissenschaft, Kunst und Sport
- Art. 28–35 Verf. BB **248** 66 ff.

Bildungseinrichtungen, öffentliche
- Staatsziel(e), ~ als **232** 82 (BB)

Bildungsziele
- Eigenständigkeit von ~n in Landesverfassungen **238** 52
- Gottesbezug in ~n **238** 50
- Landesverfassungen, ~ in **238** 48, 49

Bildungszugang, chancengleicher
- Landesverfassungen, ~ in **240** 51 f.

Bill of Rights (1791) **231** 4

Bindungsklauseln
- Landesverfassungen an das GG, ~ in **232** 130

Binnenmarktfreiheit
- Landesverfassungsebene, auf **232** 119

Bodenreform **232** 4 (HE), **239** 61 (HE)

Bonn-Kopenhagener Erklärung (1955)
- Schutzgewährleistung für dänische Minderheit **241** 39 (SH)

Brandenburg
- allgemeine Handlungsfreiheit **233** 54
- Bildung, Wissenschaft, Kunst und Sport **248** 66 ff.
- Ehe, Familie, Lebensgemeinschaften, Kinder (Art. 26 u. 27 Verf.) **248** 63 ff.
- Eigentum, Wirtschaft, Arbeit und soziale Sicherung (Art. 41-51 Verf.) **248** 79 ff.
- Freiheit, Gleichheit, Würde (Art. 7 bis 18 Verf.) **248** 31 ff., 38 ff.
- Gerichtsverfahren und Strafvollzug (Art. 52-54 Verf.) **248** 91 ff.
- Gestaltungsraum des ~ischen Verfassungsgebers **248** 12 ff.

Sachregister

- Grundrechte bis zur Wiedervereinigung **248** 1 ff.
- Grundrechte seit der Wiedervereinigung **248** 8 ff.
- Grundrechte und Staatsziele im einzelnen **248** 26 ff.
  - Geltung (Art. 5 Verf.) **248** 26 ff.
  - Rechtsschutz (Art. 6 Verf.) **248** 29 f.
- informationelle Selbstbestimmung **233** 76 f.
- Informationsfreiheit **237** 23 ff.
- Kirchen und Religionsgemeinschaften (Art. 36-38 Verf.) **248** 74
- landständische Verfassung (1820) **231** 14
- landständische Verfassung (1832) **231** 14
- Meinungsfreiheit **237** 13 ff.
- Minderheitenschutz **241** 57 ff.
  - Entstehungsgeschichte **241** 58 f.
  - geschützter Personenkreis **241** 66
  - Gewährleistungsumfang **241** 67
  - kulturelle Autonomie **241** 71
  - nationale Identität und angestammtes Siedlungsgebiet **241** 68 f.
  - Normtypologie **241** 60 ff.
  - politische Mitgestaltung **241** 70
- Natur und Umwelt (Art. 39 u. 40 Verf.) **248** 75 ff.
- Persönlichkeitsrecht **233** 76
- politische Freiheitsrechte (Art. 19 u. 20 Verf.) **248** 44 ff.
- politische Gestaltungsrechte (Art. 21 bis 24 Verf.) **248** 49 ff.
  - aktives und passives Wahlrecht **248** 55
  - Beeinflussung durch Bürgerinitiativen und Verbände **248** 52
  - direkte Demokratie **248** 56
  - Petitionsrecht **248** 60
  - Recht auf politische Mitgestaltung **248** 50
  - Recht auf Akteneinsicht **248** 53
  - Recht auf Verfahrensbeteiligung **248** 54
  - Versammlungsfreiheit **248** 59
  - Wahlen und Abstimmungen **248** 57
  - Zugang zu politischen Ämtern **248** 51
- Rechte der Sorben bzw. Wenden (Art. 25 Verf.) **248** 61 f.
- Rundfunkfreiheit **237** 43 f.
- Umfang des Gestaltungsspielraums **248** 17 ff.
- verfassungslose Zeit **248** 8 f.
- Wissenschaftsfreiheit **237** 59 f.
- Würde des Menschen **233** 24 ff.

Bremen
- allgemeine Handlungsfreiheit vorgrundgesetzliche Verfassungen **233** 49
- Arbeit und Wirtschaft **249** 28 f.
- demokratische Verfassungsurkunden in ~ (1849), genuin **231** 31
- Ehe und Familie **249** 25
- Erziehung und Unterricht **249** 26 f.
- Freiheitsrechte **249** 12 ff.
- Gleichheitsgewährleistungen **249** 18 f.
- Grundpflichten **249** 22 f.
- Grundrechte **249** 1 ff.
- Grundrechtsabschnitt in der (Revolutions-)Verfassung **231** 37
- Grundrechtsgewährleistungen **249** 1 ff., 11 ff., 24 ff.
- informationelle Selbstbestimmung **233** 64
- Informationsfreiheit **237** 26 f.
- Kirchen und Religionsgesellschaften **249** 30
- Landesgrundrechte Bedeutung aus heutiger Sicht **249** 9 f.
- Landesverfassung v. 12.10.1947 **231** 90
- Meinungsfreiheit **237** 16 f.
- Persönlichkeitsrecht **233** 64
- Restaurationsverfassung von ~ (1854) **231** 43
- soziale Grundrechte **249** 6 ff.
- soziale Rechte **249** 20 f.
- Verfassungserneuerung bzw. -revision (1920) **231** 73
- Verfassungsüberarbeitung (1875) zur Reichsgründung (1871) **231** 50
- Wissenschaftsfreiheit **237** 61
- Würde des Menschen **233** 14

„Bremer Klausel"
- Religionsvermittlung **236** 27
- Erstreckung auf die neuen Länder **232** 42, **236** 28

Brief-, Post- und Fernmeldegeheimnis
- Verf. Berlin (1995) **247** 60

Briefgeheimnis 255 19 f. (RP), **260** 37 f. (TH)

Bundes- und Landesverfassungsrecht
- Angleichung **234** 12 ff.

Bundesarbeitsgericht
- Entscheidungen
  - E 52, 88 **232** 137

Sachregister

Bundesgerichtshof
– Entscheidungen
  – BGHZ 93, 372 **232** 131
  – BGHZ 115, 311 **232** 131
Bundesgrundrechte
– Geltungsbereich rezipierter ~ **232** 157
– Inkorporierung von ~n in die Landesverfassung **232** 35
– Parallelgeltung zu Landesgrundrechten **235** 25
– Übernahme von ~n als Landesgrundrechte **232** 32
Bundesmaßnahmen
– gezielte ~ gegen Verfassungsurkunden **231** 47
Bundesrecht
– Landesgrundrechte: Geltung beim Vollzug von ~ **234** 5
– Landesverfassungsnormen und ~ **235** 19f.
– Sonderauslegung, keine landesverfassungsrechtliche **234** 14
– Spielräume für weitergehendes Landesrecht **234** 5
– Übereinstimmung mit Landesrecht **234** 4
Bundesstaatlichkeit **243** 55
Bundesverfassung
– Gesamtschau von Staatsgebiet und Staatsvolk **232** 2
– Landesverfassung, ~ und Verabschiedung der **254** 2 (NW)
Bundesverfassungsgericht
– Durchsetzungskraft seiner Rechtsprechung **233** 97
– Entscheidungen
  – Brokdorf-Beschluß **232** 25
  – Elfes-Urteil **234** 26
  – „flashmob" **232** 144ff.
  – Fraport **232** 149
  – Garzweiler **234** 25
  – E 2, 266 **234** 20
  – E 4, 7 **239** 5
  – E 6, 32 **234** 26
  – E 7, 37 **239** 5
  – E 7, 377 **239** 33, 56
  – E 12, 205 **237** 49
  – E 30, 173 **232** 138
  – E 38, 105 **244** 47 50
  – E 46, 160 **232** 57
  – E 50, 290 **239** 5
  – E 52, 1 **239** 78 81
  – E 53, 30 **232** 64
  – E 56, 37 **244** 50
  – E 57, 139 **238** 11
  – E 57, 250 **244** 48
  – E 57, 295 **237** 49
  – E 58, 208 **244** 36
  – E 58, 300 **239** 81
  – E 59, 360 **238** 28
  – E 60, 253 **232** 65
  – E 61, 82 **244** 17
  – E 64, 72 **239** 54
  – E 65, 1 **233** 58, 68 (SL), **237** 27, 32
  – E 66, 116 **232** 135
  – E 66, 313 **244** 32
  – E 68, 193 **232** 127
  – E 69, 1 **232** 65
  – E 69, 315 **232** 25, **237** 77
  – E 70, 138 **232** 128
  – E 73, 118 **237** 48f.
  – E 74, 358 **244** 30
  – E 75, 302 **244** 27
  – E 77, 170 **232** 65
  – E 80, 109 **244** 50
  – E 81, 347 **244** 26
  – E 82, 60 **232** 75
  – E 84, 34 **232** 64
  – E 84, 133 **232** 135
  – E 85, 191 **240** 24
  – E 85, 386 **232** 174
  – E 88, 366 **239** 36
  – E 89, 214 **232** 200
  – E 90, 60 **232** 68
  – E 91, 207 **239** 31
  – E 91, 346 **239** 94
  – E 92, 56 **232** 131
  – E 92, 91 **240** 24
  – E 92, 122 **244** 26
  – E 96, 288 **240** 32
  – E 96, 345 **232** 37, **233** 89, **235** 31, **244** 6
  – E 97, 228 **235** 41
  – E 97, 335 **240** 45
  – E 98, 365 **232** 131
  – E 99, 216 **238** 22
  – E 99, 216 **238** 28
  – E 99, 341 **240** 32
  – E 100, 220 **232** 176
  – E 100, 226 **239** 89
  – E 101, 1 **232** 184
  – E 102, 1 **239** 78
  – E 103, 90 **232** 200
  – E 104, 92 **237** 76f.
  – E 104, 305 **232** 42
  – E 104, 373 **238** 28
  – E 105, 239 **234** 15

Sachregister

- E 105, 313 **238** 18
- E 105, 313 **238** 36
- E 107, 299 **232** 28, 122
- E 107, 395 **232** 10 **244** 17, 20, 25 ff.
- E 109, 279 **232** 189
- E 111, 226 **238** 11
- E 111, 307 **242** 16
- E 115, 205 **232** 120
- E 115, 320 **232** 190
- E 113, 349 **232** 184
- E 116, 1 **244** 17
- E 120, 82 **243** 20
- E 121, 30 **232** 182
- E 121, 69 **238** 28
- E 121, 266 **243** 9
- E 121, 317 **239** 36
- E 122, 342 **237** 76
- E 123, 39 **243** 9
- E 124, 199 **238** 19
- E 124, 199 **238** 37
- E 125, 175 **242** 23
- E 125, 37 **236** 21
- E 126, 286 **239** 31
- E 128, 226 **232** 145, 149
- E 128, 326 **242** 16
- E 129, 78 **232** 118
- E 130, 1 **244** 47
- E 130, 212 **240** 45
- E 132, 134 **242** 23
- E 132, 358 **236** 36
- E 134, 242 **234** 20, 25
- E 136, 9 **237** 49
- E 137, 34 **242** 23
- E 138, 64 **244** 24
- E 139, 19 **232** 54
- K 2, 196 **232** 176
- K 16, 22 **235** 50
- K 16, 68 **235** 29
- K 18, 193 **235** 50
- Sampling-Entscheidung **232** 172
- Schleyer **232** 57
- Volkszählungsurteil **233** 58, 68 (SL), 97, **237** 27, 32
- Orientierung an LVerfG-Rechtsprechung (Freizügigkeit) **234** 25

Bürgerbegehren
- kommunale Ebene, für die **243** 54

Bürgerbewegungen
- Landesverfassungsspezifika **232** 163
- Parteienfreiheit und Rechte von ~
- in Landesverfassungen **243** 59

Bürgerentscheid
- kommunale Ebene, für die **243** 54

Bürgerinitiativen
- Beeinflussung öffentlicher Angelegenheiten durch ~ **248** 52 (BB)

Bürgerpflicht
- Wahl **243** 8

Bürgerrechte **232** 93 ff.

Bürgerwehr
- Preußen, ~ in 1848 **231** 39

Chancengleichheit
- Bildungszugang, ~ im **240** 51
- Schulzugang, ~ im **240** 51

Charte constitutionelle (1814) **231** 20

„Constitutional Moment" **231** 30

Constitutionalism **231** 4

cuius regio eius religio-Grundsatz **236** 3

Dänen **241** 38 ff. (SH)
- Minderheit, ~ als anerkannte **241** 22 (SH), 28

Danzig
- Grundrechtsabschnitte parallel zur WRV (1920) **231** 79
- Verfassungserneuerung bzw. -revision im Freistaat ~ (1920) **231** 74

Daten
- Löschung kernbereichsrelevanter ~ **235** 53

Datenschutz **233** 86 (TH), **254** 63 (NW), **255** 21 (RP), **256** 27 f. (SL), **258** 22 ff. (ST)
- Auskunftsanspruch als Ergänzung zum ~ **237** 30 (MV)
- DNA-Identifizierungsnummer **233** 68 (SL)
- Dogmatik zum ~ **233** 70 (NW)
- Landesgrundrecht, ~ als **233** 68 (SL), 75 (BE), 77 (BB), **252** 26 ff. (MV), **255** 21 (RP)
- Landesverfassungen, ~ in **232** 3
- neueres Grundrecht, ~ als **234** 3

DDR-Verfassung
- soziale Grundrechtsvorgaben aus der ~ **242** 38

Déclaration v. 26.8.1788 **231** 4
- Vorbild für Landesverfassungen **233** 36

Demokratie
- direkte ~
- in Landesverfassungen **243** 27

Denkmäler
- Kunst, Geschichte, Wissenschaft, Natur, Landschaft, der **237** 75, **255** 118

Sachregister

Denkmalschutz 251 54 ff. (HE)
- Eigentumsfreiheit, ~ als Inhalts- und Schrankenbesimmung zur 239 85

Derogationsnorm
- Wortlaut und Regelungszweck 232 31

Deutsche Bundesakte (DBA)
- Art. XIII 231 14 ff., 28
- Art. XIV 231 16
- Art. XVIII 231 17
- Rahmenordnung, Ansätze einer 231 29
- Verkehrsfreiheiten, Zusicherung von 231 17

deutsche Staatsangehörige
- Wohnsitz-Bezug in (Landes-)Grundrechten 232 97 (BY)

Deutschen-(Grund-)Rechte 232 95
- Ausländer, ~ und einfach-gesetzliche Gleichstellung der 232 96
- Grundrechte als ~ 232 96

Deutscher Bund 231 13
- völkerrechtlicher Verein (Art. I WSA) 231 29

„dienende Freiheit"
- Rundfunkfreiheit als ~ 237 41

Dienstleistungsfreiheit
- EU-Bürger als Träger der ~ 232 99

Diktatur
- Schutz gegen Rückkehr zur ~ (Landesverfassungen nach 1945) 231 112

direkte Demokratie 248 56 (BB)

Diskriminierung(sverbot) 256 29 ff. (SL)
- doppeltes ~ 253 27 f. (NI)
- EU-Bürger als Träger des ~s 232 99, 119
- Identitätswahrung, ~ statt 241 29
- Lebensgemeinschaften 232 47
- Minderheiten, ~ für 241 111 (NI)
- Minderheitenschutz, ~ und 241 1
- Schutz vor sozialer ~ und Minderheitenschutz 241 13
- Vorbild für Art. 3 Abs. 3 GG: Art. 2 S. 3 Verf. Baden 231 136

Domowina
- Bundesvorstand der ~ 241 59 (BB)

Dotationen
- Abgabenbefreiungen, ~ und 236 32
- laufende Geldleistungen und Geldbedarfsleistungen 236 32

Dreistufenlehre 239 60
- Berufsfreiheitsschranken, ~ zu den 239 56

Drittes Überleitungsgesetz (1952) 232 34

Drittschutz
- absolute Rechte als Grundlage des ~es 232 54

Drittwirkung der Grundrechte
- Anerkennungspflicht fremder Würde, keine 232 141
- Meinungsfreiheit, unmittelbare ~ der 237 4 (BY)
- mittelbare ~ 232 134 ff.
- Staat und Gesellschaft, keine ~ wegen Trennung von 232 135
- staatliche Grundrechtsbindung (Art. 1 Abs. 3 GG), keine allgemeine unmittelbare ~ der Grundrechte über 232 138
- Teilhaberechte gegen die „Gesellschaft", ~ und 232 135
- unmittelbare ~ 232 37
  - Dienst- und Arbeitsverhältnisse 237 15 ff. (BB), 19 (HE)
  - Ehe 238 36
  - Meinungsäußerungsfreiheit 237 9 (BY)
  - Schutzpflicht(en) des Staates, und ~ 232 59
- Unterschied zwischen unmittelbarer und mittelbarer ~ 232 151
- unzulässige bei Informationsverbreitungsfreiheit Dienst- und Arbeitsverhältnissen, in 232 142 (BB)
- Verneinung unmittelbarer ~ 232 137
- Verpflichtung auch der Bürger auf die staatsgerichteten Grundrechte 232 134
- Würde des Menschen, ~ der 232 141

Durchsuchung 235 42 ff.
- richterliche Anordnung 235 3 (BE)
- Verfolgung auf frischer Tat Genehmigung, richterliche 235 3 (BE)
- Wohnungen, richterliche ~sanordnung für 235 7 (RP), 235 9 (SN)

dynamische Übernahme 245 5 ff. (BW)

dynamischer Verweis auf die Grundrechte des Grundgesetzes
- grundrechtliche Garantien der Landesverfassung 252 15 ff. (MV)

effektiver Rechtsschutz 256 50 ff. (SL)
- Garantie gegen die öffentliche Gewalt landesverfassungsrechtlich 244 12 ff.
- Gesetzgeber, ~ als Gestaltungsgrenze für den 244 18
- Prozeßkostenhilfe 244 18 (HE)
- Verfahrensdauer 244 18 (BB)

Sachregister

– Verfahrensgestaltung, ~ auch durch **232** 64
Ehe 255 58 ff. (RP)
– Gewährleistungsstrukturen in Bund und Ländern **238** 1 ff.
– Gleichberechtigung der Geschlechter, ~ auf der Basis der (WRV) **240** 15
– Gleichberechtigung in der ~ **238** 36
– Gleichstellung eingetragener Lebenspartnerschaft mit der ~ **232** 47
– Schutzpflicht des Staates **232** 52
Ehe und Familie 232 47, **238** 1, **249** 25 (HB), **256** 67 ff. (SL), **260** 65 ff. (TH)
– Abwehrrecht, ~ als gesteigertes **238** 1, 22
– Ausrichtung auf das Kindeswohl **238** 18 ff.
– Benachteiligungsverbot **238** 21, 25
– Einrichtungsgarantie **238** 1, 21
– Förderauftag zu ~, gesteigerter **238** 24
– Förderpflicht **238** 21, 27
– gesteigerte Schutzgehalte **238** 22 ff.
– Grundrechtsschutz, weitgehende Parallelisierung im **238** 51
– Konkretisierungsauftrag des Gesetzgebers **238** 19
– Landesgrundrechte im Bereich ~ **238** 2
– Landesgrundrechte zu ~, keine eigenständigen **238** 26
– Landesverfassungen, besonderer Schutz **238** 27
  – bestätigende Landesverfassungen **238** 27 ff.
  – Elternverantwortung **238** 28 ff.
  – Erziehung **238** 32 ff.
  – Fürsorge für Mütter **238** 32 ff.
  – Kinderrechte in der Verfassung **238** 38 ff.
– Lebensgemeinschaften **232** 47, **238** 36 f.
  – Regelungskonzepte **238** 26 ff.
  – Verweis auf GG-Grundrechte **238** 26
  – Wächteramt des Staates **238** 28 ff.
– Lebensordnungen, als **231** 102
– „naturgebundene Grundlage" der Gesellschaft **235** 6
– Schutz von ~ **246** 46 ff. (BY), **255** 58 ff. (RP)
  – in Art. 6 GG **238** 17 ff.
  – in Landesverfassungen, besonderer **238** 27, **255** 58

– Sonderstellung in Abwehrrechten **238** 17
– Untermaß, erhöhtes **238** 1
– Wesensgehaltsgarantie **238** 23
Ehe, Familie, Lebensgemeinschaften und Kinder
– Art. 26 u. 27 Verf. BB **248** 63 ff.
Ehebegriff 238 19, **255** 61
Ehe(schließungs)freiheit
– Bewirkungsrecht, ~ als **232** 23
– Landesgrundrecht, ~ als **255** 58 ff. (RP)
Ehre
– Landesgrundrecht, ~ als **255** 15 (RP)
– Persönlichkeitsrecht, ~ als Bestandteil vom allgemeinen **233** 60 (HE)
– Schutzpflicht des Staates für die ~ **233** 62 (RP)
– Unantastbarkeit von ~ und Würde **234** 10
„Eigenrechte der Natur"
– „gefühlige Deklamation", ~ als **232** 86
Eigenstaatlichkeit
– Bundesländer **234** 28
Eigentum 255 34 ff. (RP)
– Beschränkungsmöglichkeiten **232** 48
– Erbrecht als „Paarformel", ~ und **239** 61 ff., 93
– geistiges ~, Schutz für **237** 73
– grundrechtliche Ausstrahlung auf das ~ **232** 153
– Institutsgarantien für ~ **232** 48, **239** 64
– Landesgrundrecht, ~ als **246** 80 ff. (BY), **255** 34 ff. (RP)
– Landesverfassungen (ab 1919), Gewährleistung des ~s in **231** 69
– Sozialpflichtigkeit **239** 79 f.
– Wirtschaft und Arbeit, ~ und **260** 90 ff. (TH)
– Wirtschaft, Arbeit, soziale Sicherung und ~ **248** 79 ff. (BB)
Eigentumsfreiheit
– Abgrenzungsauftrag an den Gesetzgeber **239** 79
– Abwehrrecht, ~ als subjektives **239** 63, 66 ff.
– Ähnlichkeit mit GG-Text Verf. BE (1995) **247** 65 ff.
– Ausschließlichkeitsrecht **239** 69
– Bedeutung und Wirkungsdimensionen **239** 62 ff.
– Eingriff **239** 76 ff.
– Enteignungsregelungen **239** 86, **255** 36, **256** 62 ff.

- geschützte Rechtspositionen **239** 70
- Inhalts- und Schrankenbestimmungen **239** 79ff.
- Judikatur des BVerfG **239** 69
- juristische Personen als Träger der ~ **232** 113
- Kommunen als Träger des ~s **232** 123, **239** 68 (BY)
- Landesverfassungen, ~ in **239** 61ff., **255** 34ff. (RP)
- „Naturrecht", ~ als **239** 62 (RP)
- normgeprägtes Grundrecht **239** 64
- Nutzung von Grundstücken, bauliche **239** 75
- Nutzungs- und Verfügungsrecht, ~ als **239** 74
- Privatnützigkeit **239** 62
- Rechtsschutzkomponente der ~ **239** 65
- Schutzbereich **239** 67ff.
- systematische Verortung **239** 61
- verfahrensrechtliche Komponente der ~ **239** 65
- Wirtschaftsgrundrecht **239** 61
- Wirtschaftsverfassungsrecht, ~ als Element im **239** 5

Eilversammlungen **237** 76

Eilzuständigkeit
- Dokumentations- und Begründungspflichten **235** 48
- richterliche Genehmigung, ~ und (nachträgliche) **235** 49

„Einbruchstellen"
- „mittelbare Drittwirkung" der Grundrechte, für die **232** 140

Einheit der Rechtsordnung **232** 140

Einheitlichkeit der Staatsgewalt
- Grundrechtsträgerschaft öffentlich-rechtlicher juristischer Personen und ~ **232** 125
- Multilateralität des deutschen Staatswesens, ~ vs. **232** 125

Einrichtungsgarantie(n) **232** 40ff., **255** 109ff. (RP)
- Ausgestaltung, ~ in ihrer traditionellen **232** 50
- Erziehung und Ausbildung **242** 50 (ST)
- „freie Presse" **232** 49
- Gewährleistung von Bestand und Entwicklung
  - in Landesverfassungen **232** 40
- grundrechtsergänzende Funktion **232** 40

- Handlungspflichten auf Grund von Einrichtungsgarantien und Staatszielen **258** 73ff. (ST)
- Institutionenschutz als Ziel, nicht Schutz einzelner Träger oder Destinatäre **232** 50
- Landesgrundrechte und ~ **255** 109ff. (RP)
- Schutzrichtung **232** 50
- soziale Grundrechtsgehalte: Gewährleistung durch ~ **258** 16ff. (ST)

Einsichtsfähigkeit
- Grundrechtsausübungsfähigkeit, ~ als Aspekt der **232** 101
- wachsende ~ von Kindern und Jugendlichen **233** 76 (BB)

Einwilligungsfähigkeit
- Einsichts- und Urteilsfähigkeit, ~ nach Maßgabe der tatsächlichen **232** 102

Einwohnerantrag
- kommunale Ebene, für die **243** 54

Einwohnerrechte **232** 93ff.
- Grundrechte als ~ **232** 97f.
- spezifische ~ in Landesverfassungen **232** 98

Einzelfallgesetz(e)
- „getarntes" oder „verkapptes" ~ **232** 183
- Verbot des ~es **232** 181f.

Einzelfallregelung
- gewollte ~ **232** 183

elterliches Erziehungsrecht **232** 47
- Selbstbestimmungsfähigkeit und ~ **232** 101

elterliches Sorgerecht
- Kindesentwicklung, ~ und **260** 69ff. (TH)

Eltern(recht)
- Ähnlichkeit mit GG-Text Verf. BE (1995) **247** 55
- Erstverantwortung der ~ **238** 41
- Mitwirkungsrechte an Schulen – in Landesverfassungen **243** 62
- primäre Verantwortung der ~ **238** 29
- Schulaufsicht und ~ **253** 39ff. (NI)
- Stärkung des ~s Landesverfassungen nach 1945, in **231** 111

Eltern-Kind-Beziehung **258** 33ff. (ST)
- Ersetzung der ~ als Ausnahme **238** 41

Elternverantwortung **238** 17, 28, **255** 69
- Kindeswohl, ~ und **238** 21
- Landesverfassungen, ~ in **238** 43

Sachregister

Enteignung 239 86ff.
- Administrativ-~
  - in Landesverfassungen 239 86
- Begriff
  - in Landesverfassungen 239 89
- Entschädigung, Angemessenheit der ~s- 239 92
- Gemeinwohl-Bezug der ~, zwingender
  - in Landesverfassungen 239 90
- Gesetzgeber, ~sregelungen durch den 239 91
- Legal-~
  - in Landesverfassungen 239 86
- Übermaßverbot 239 91

Entnazifizierung
- Gleichheit (nach 1945), Einschränkungen staatsbürgerlicher 231 124

Erbrecht
- Bundesrecht, ~ vornehmlich ausgeprägt als 239 95
- Eigentumserwerb durch ~ 239 94
- Eigentumsfreiheit, als Ergänzung der
  - in Landesverfassungen 239 61
- Institutsgarantien für ~ 232 48
- Landesgrundrecht, ~ als 246 80ff. (BY), 255 34 (RP)
- Landesverfassungen, ~ in 239 93ff.
- Testierfreiheit, ~ als 239 94

Erfurter Union
- Verfassungsentwurf 231 44

Erga omnes-Rechte
- private Übergriffe, Schutz der ~ gegen 232 54

Erhaltung und Pflege der sorbischen Identität
- Staatsziel(e), ~ als 232 82 (BB)

Erklärung und Verordnung (1806)
- Frankfurt am Main 231 9

error in procedendo
- Verfassungsverstoß, bloßer ~ nicht als 244 24

Ersatzschulen
- Gleichwertigkeit der ~ 238 43
- Institutsgarantie 232 112

Erstreckungsklauseln
- Grundrechtsträgerschaft aufgrund ~ 232 111
- juristische Personen des öffentlichen und privaten Rechts, ~ auf 232 124

Erziehung 251 54ff. (HE)

Erziehung und Ausbildung, Recht auf 245 34ff. (BW)
Erziehung und Bildung 260 81ff. (TH)
Erziehung und Unterricht 249 26f. (HB)
- Lebensordnungen, als ~
  - in Landesverfassungen 231 102

Erziehungsauftrag
- staatliches Indoktrinationsverbot 238 47
- staatliche Neutralität 238 47
- staatliches Toleranzgebot 238 47
- von Eltern und Schule 255 69 (RP)

Erziehungsberechtigte
- häusliche Gemeinschaft, Begrenzung auf die 238 33
- Schutzauftrag für alleinige und andere ~, erweiterter 238 33

Erziehungsrecht
- elterliches ~ 238 30 (BY)
- Lernprozeß und fördernde Einflußnahme 238 30
- natürliches Recht 255 69 (RP)

Erziehungsziele 238 30, 255 6, 69 (RP)

Ethikunterricht
- Besonderheit der neuen Länder 236 31
- Ersatzunterricht?, als 236 26
- Landesverfassungen, ~ in 238 43
- LER 232 42, 236 28 (BE)
- Schulhoheit des Staates, ~ unter der 236 26

Europäische Grundrechtecharta (GRCh) 232 13
- Anwendungsbereich 242 18
- Art. 7 Var. 3 235 30
- Art. 34 Abs. 3 235 30
- Art. 47 244 4
- Art. 51 Abs. 1 S. 1 235 30, 239 17, 242 18
- Bindungswirkung nur für EU-Organe 235 30
- EU-Recht, ~ für die Durchführung von 242 18
- soziale Grundrechte 242 17f.
- Umsetzung von EU-Recht 239 17

Europäische Menschenrechtskonvention (EMRK) 232 13
- Art. 5 244 8
- Art. 5 Abs. 1 232 53
- Art. 5 Abs. 2 („unverzüglich") 244 42
- Art. 6 244 4, 47ff.
- Art. 6 Abs. 2 244 30

Sachregister

- Art. 6 Abs. 3 lit. b u. c **244** 32
- Art. 7 **244** 8
- Art. 8 **235** 29
- Art. 8 Abs. 1 **235** 36 ff.
- Art. 10 **237** 42
- Art. 13 **244** 8
- Geltungsvorrang **244** 9
- Prozeßgrundrechte, Einfluß auf **244** 8 f.

Europäische Sozialcharta (ESC)
- Arbeitsbedingungen, ESC-Regelungen zu **242** 15
- Auslegung, ~ als Gegenstand völkerrechtsfreundlicher **242** 16
- soziale Grundrechte **242**, 15 f.
- „sozialer Zusammenhalt" als ESC-Gegenstand **242** 15 f.
- völkervertragliche Verpflichtungen **242** 16

Europäische Union
- Vorgaben für das Wirtschaftsrecht in Landesverfassungen **239** 16 f.

Europäischer Gerichtshof für Menschenrechte (EGMR)
- Sürmeli ./. Deutschland **244** 18

Europarat
- Rahmenübereinkommen zum Schutz nationaler Minderheiten (1995) **241** 23

Europarechtskonformität
- Landesverfassungsebene, ~ auf, Gleichbehandlungsklausel der Unionsbürger **232** 119

exceptio doli (generali)
- „Allgemeingut der Rechtsordnung", ~ als **232** 174

Existenzminimum
- Art. 1 Abs. 1 GG i.V.m. Sozialstaatsprinzip **242** 23
- Gewährung des ~s als Leistungsrecht **242** 29, 69
- Würde des Menschen **233** 23 (BE), **242** 66

faires Verfahren, Recht auf **244** 47 f., **256** 50 ff. (SL)
- Auffangcharakter **244** 48
- EMRK-Einfluß
  - in Landesverfassungen **244** 8
- Mandatierung, ~ und Recht auf **244** 33
- Mindeststandard, ~ als **244** 48
- Prozeßgrundrecht, ~ als allgemeines **244** 47

- Rechtsstaatsprinzip, Ableitung aus dem **233** 67 (SL)

Fakultativprotokoll
- IPWSKR, ~ zum **242** 14

Familie **255** 62 ff. (RP)
- Eltern-Kind-Beziehung, ~ als **238** 20
- ESC-Gegenstand, Schutz der ~ als **242** 15
- Gemeinschaft, ~ als umfassende rechtsverbindliche **238** 20
- Gewährleistungsstrukturen in Bund und Ländern **238** 1 ff.
- Integrationskraft der ~ **238** 41
- kinderreiche **238** 33
- Schutz der ~ **255** 62 ff. (RP)
- Schutzbeschränkung auf die Kleinfamilie **238** 20
- Schutzpflicht des Staates, ~ unter der **232** 52

Familie und Erziehung
- Lebensordnungen, als ~
  - in Landesverfassungen **231** 102

Fernmeldegeheimnis **255** 19 f. (RP), **260** 37 f. (TH)

Filmfreiheit
- Landesgrundrecht, ~ als **255** 46 f. (RP)

Fiskalgeltung
- Grundrechte, ~ der **232** 132

„flashmobs" **232** 150

Föderalismusreform (2006)
- Gesetzgebungskompetenz-Zuwachs der Länder **239** 22
- Ergänzung des subjektiven Rechts Forschungsfreiheit **237** 55 (BY)
- Hochschulen, für objektivrechtliche Verpflichtung **237** 57 (BY)
- Kinder und Jugendliche, ~ für **233** 79 (MV)
- Klein- und Mittelbetriebe **239** 25

Förder- und Schutzpflichten des Staates
Förderverpflichtung, staatliche
- Wohnraum **235** 15

formelle und reale Verfassung **251** 90 (HE)

Forschungs- und Lehrfreiheit **237** 67 (SN), 68 (ST), **255** 31 ff. (RP)
- institutionelle Rahmensetzung **237** 69 (SH)
- juristische Personen, ~ für **232** 110
- universitärer Bereich **237** 52 (BW)

Forschungseinrichtungen, Garantien für **237** 62 (MV), **252** 46 (MV), **255** 52 ff. (RP)

Sachregister

- Gefährdung durch Dritte, Schutz der ~ vor **237** 55 (BY)
- Landesgrundrecht, ~ als **255** 52 ff. (RP)
- Schrankenvorbehalt der ~ Menschenwürde u. natürliche Lebensgrundlagen **237** 59 (BB)
- Würde des Menschen **233** 34 (ST)

forum externum **236** 8
forum internum **236** 8
Frankfurt (Main)
- Grundrechtsabschnitt in der (Revolutions-)Verfassung von ~ **231** 37
- landständische Verfassung (1816) **231** 14

Frauenförderung
- Gleichstellung und ~ **240** 25
- Quotenregelungen **240** 25
- Sekundärzweck öffentlicher Auftragsvergabe, ~ als **232** 133

freie Berufe
- Versorgungswerke für ~ **242** 67

freie Entfaltung der Persönlichkeit
- Identität mit GG-Text Verf. BE (1995) **247** 32 ff.

freie Wahl
- Landtagswahlen **243** 7

Freiheit
- „Endzweck aller Grundgesetze", Prinzip ~ als **232** 6
- Landesgrundrecht, ~ als **255** 10 ff. (RP)
- Organisations- und Verfahrens~, grundrechtliche ~ **232** 18
- unbenanntes Persönlichkeitsrecht, allgemeines **233** 57 (BY)
- verfassungsgesetzlicher Zentralbegriff und Schutzobjekt **232** 6
- Verfassungsgrundsatz **232** 6

Freiheit der Person **255** 17 (RP), **260** 27 ff. (TH)
- Freizügigkeit und ~ **260** 25 ff. (TH)
- GG-Bestand, ~ als fester **234** 3
- Grundrechtseingriffe landesverfassungsrechtlich **244** 35 ff.

Freiheit der Wahl *siehe* Wahl, Freiheit der

Freiheit der Wissenschaft und der Kunst **237** 50 ff.

Freiheit der Wissenschaft, Forschung und Lehre **232** 62, **255** 51 (RP)

Freiheit des Menschen, allgemeine **233** 43 (RP)

Freiheit und Gleichheit **248** 33 ff. (BB)

„**Freiheit und Sicherheit**"
- Schutzpflicht des Staates, als implizite **232** 53

„**Freiheit und Würde des Menschen**"
- Bekenntnis der Präambeln
- in Landesverfassungen **232** 6

Freiheit(en), grundrechtliche
- Ausgestaltungserfordernis und -befugnis durch den Staat **232** 62
- Regelungen durch den Staat über Form und Voraussetzungen **232** 62
- schutzbereichsverkürzende Organisationsbeschränkung durch den Staat, keine **232** 62
- Verlustliste politischer ~ **231** 23

Freiheit, Gleichheit, Würde **248** 31 ff. (BB), **249** 4 f. (HB)

freiheitliche demokratische Grundordnung **232** 6, 54

Freiheitsbedrohungen
- Gesetzgeber nicht reflektierte ~, vom **233** 57 (BY)

Freiheitsbeschränkung(en)
- Freiheitsentziehungen, ~ und **234** 17, **244** 36
- Gesetzesvorbehalte bei ~ **244** 38
- „Organisation und Verfahren", ~ durch **232** 61

Freiheitsentziehung(en) **234** 15 ff., **255** 17
- Benachrichtigung von Angehörigen **244** 43
- Beschränkung der Freiheit, ~ in Abgrenzung zur **234** 17
- Festnahmegrund, Informationszeitpunkt über **244** 42
- Fristverkürzung **234** 16 f.
- Gesetzesvorbehalte bei ~ **244** 38
- Gründen, ~ aus anderen **244** 36
- Haftgrund, Benachrichtigung über den **244** 43 (HB)
- Haftprüfung **234** 17
- Informationsanspruch der Angehörigen **244** 43 (BE)
- Meistbegünstigungsprinzip, Abweichungen in Landesverfassungen, bei **244** 37
- Mindestgarantie-Abweichungen
  - in Landesverfassungen **244** 37
- Mißhandlungsverbot
  - in Landesverfassungen **244** 45
- periodische Haftprüfungen bei ~
  - in Landesverfassungen **244** 41
- Rechtsbeistand eigener Wahl **244** 44 (BB)

Halbfette Zahl = §§; magere Zahl = RN; unterstrichene Zahl = Hauptfundstelle; FN = Fußnote

- Richter bei ~, Vorführung vor den
  - in Landesverfassungen **244** 40
- Richterbefassung bei ~ aus anderen Gründen, unverzügliche
  - in Landesverfassungen **244** 39
- Richtervorbehalt bei ~
  - in Landesverfassungen **244** 35
- Sachaufklärung **232** 72
- Verfahrensbeteiligung, ~ unter **234** 17
- Verfahrensgarantien nach Landesrecht **244** 5
- Vertrauensperson, Benachrichtigung einer **244** 44

Freiheitsgarantie, allgemeine **233** 50 (SL)
Freiheitsgewährleistung
- Schrankenschranke des Übermaßverbots **232** 7
- sekundäre Beschränkung (oder Beschränkungsermächtigung) **232** 7

Freiheitskollisionen
- Ausgleich wechselseitiger Rechte durch den Staat **232** 55

Freiheitsrechte **249** 12 ff. (HB)
- allgemeine ~ **246** 31 ff. (BY)
- allgemeine ~ (Handlungsfreiheit) **246** 31 f. (BY)
- allgemeine ~ (Persönlichkeitsrecht) **246** 33 (BY)
- besondere ~ **246** 34 ff. (BY)
- neue Akzente in Landesverfassungen nach 1945 **231** 107
- soziale Grundrechte und ~ **242** 3
- soziale Voraussetzungen für ~ **242** 2
- Wirtschaftsverfassungsrecht, ~ als Elemente in **239** 12

Freiheitsrechte, subjektiv-rechtliche
- Abwehransprüche auf Aufhebung eines Verwaltungsakts **232** 25
- Abwehransprüche auf Folgenbeseitigung **232** 25
- Abwehransprüche auf Unterlassung **232** 25
- Amtshaftungsansprüche **232** 25
- Leistungsansprüche, z.B. auf Widerruf **232** 25

Freiheitsspiegel
- Ansatz in (Landes-)Vollverfassungen **231** 129

Freizügigkeit **234** 15, 22, **255** 22 ff. (RP), **260** 30 f.
- Ähnlichkeit mit GG-Text **247** 61 ff. (BE)
- Aufenthaltsverbote **234** 24

- Ausländer, Erstreckung der ~ auf **234** 23
- Auswanderung, ~ und **234** 20 ff.
- Bedeutung in den Landesverfassungen **234** 24 f.
- Bewegungsfreiheit, ~ im Verhältnis zur **234** 20
- Bodennutzung, ~ und **234** 25
- EU-Bürger als Träger der ~ **232** 99
- Gesetzesvorbehalt **234** 21 (BB)
- Grundgesetz, ~ im **234** 3, 20
- Heimat, ~ und ein Recht auf **234** 25 (SN)
- Jedermannrecht **234** 21 (HE)
- Landesgebiet **246** 37 f. (BY)
- Landesverfassungen, ~ in **234** 21 ff., **255** 22 ff. (RP)
- Raumplanung, ~ und **234** 25
- territoriale Beschränkung als Landesgrundrecht **232** 35
- umfassendes
  - in Landesverfassungen **239** 32 (BE)
- unmittelbar anwendbare ~ **232** 18
- Verhinderung nur staatlicher Aufenthaltsgebote oder -verbote **232** 173 (RP)

Friesen
- Minderheit, ~ als anerkannte **241** 22, 28

Frühkonstitutionalismus
- Grundrechte in den Verfassungsurkunden des ~ **231** 13 ff.
- Grundrechtskataloge Übersicht I **231**

Funktionen der Grundrechte **246** 18 ff. (BY)

Funktionseintritt
- Private in Staatsaufgaben, ~ für **232** 147

Fürsorge, Recht auf
- ESC-Gegenstand **242** 15

Geeignetheit
- Grundrechtseinschränkungen zur Zielerreichung, ~ von **232** 189

Gefahr im Verzuge
- Grenzen der Eilkompetenz **235** 48
- Richtervorbehalt, ~ und Durchsuchungsanordnungen, bei **235** 48

Gefahrenabwehr
- Gleichheitssatz, allgemeiner Anwendungsbereich im Landesrecht **240** 10

Sachregister

- Wohnung, Unverletzlichkeit der **235** 55
- Wohnungsdurchsuchungen zur ~ **235** 27 (BE)

Gemeineigentum
- Eigentumsfreiheit, ~ als Ergänzung der – in Landesverfassungen **239** 61 (HE)
- Großunternehmen: Überführung in ~ **239** 96
- Monopolbetriebe: Überführung in ~ **239** 96
- „Monopolkapitalismus", ~ und **239** 96
- wirtschaftliche Freiheit, Überführung in **231** 110

Gemeinsame Verfassungskommission
- Entwurf zu einem Art. 21b GG **241** 25 f.

Gemeinschaftsgrundrecht
- Kindeswohl und Gemeinschaftsziele **238** 29

Gemeinschaftsgüter
- Berufswahlregelungen, zum Schutz überragender ~ **239** 59

Gemeinschaftsschule
- christliche **236** 42

Gemeinwohl
- Grundrechtsschranke, ~ als **233** 47 (RP)
- Verpflichtungen auf das ~ **252** 60 f. (MV)

Generalklausel
- Vorläufer zu Art. 1 Abs. 3 GG, Mecklenburg-Schwerin **231** 86

Genuß der Naturschönheiten, Recht auf
- Staatszielbestimmungen, ~ als soziale

Gerechtigkeit
- soziale ~, Verantwortung des Staats für **242** 1
- Wirtschaftsordnung, ~ als Leitprinzip der WRV Art. 151 Abs. 1 S. 1 **239** 6

gerichtliches Gehör
- Prozeßgrundrecht **232** 63

Gerichtshof der Europäischen Union (EuGH)
- Entscheidungen
- Rs. 6/64 (Costa ./. Enel) **232** 118

Gerichtsschutz **244** 14

Gerichtssprache
- Sorben/Wenden als ~, Sprache der **241** 73 (BB)

Gerichtsverfahren und Strafvollzug
- Art. 52-54 Verf. BB **248** 91 ff.

Gerichtsverfassungsgesetz v. 27.1.1877
- Unabhängigkeit (§ 1); Rechtsweg-Gewährleistung (§ 13); gesetzlicher Richter (§ 16 S. 2); Kompetenzkonflikte (§ 17) **231** 53

Gerichtszugang
- Rechtsschutzgarantie als ~ **244** 17

gesamtwirtschaftliches Gleichgewicht
- Landesverfassungen, ~ in **239** 27 (MV)
- Recht auf Arbeit, ~ und das **242** 47
- Staatsziel, ~ als **232** 78

gesellschaftliche(n) Gruppen
- unmittelbare Verfassungsberechtigung für ~
- in Landesverfassungen **232** 110

Gesetz
- „allgemein" grundrechtsbeschränkendes ~ **232** 182

Gesetz über das Postwesen des Deutschen Reichs v. 28.10.1871 **231** 53

Gesetz über das Telegraphenwesen des Deutschen Reichs v. 6.4.1892
- Fernsprech- und Telegraphengeheimnis (§ 10) **231** 53

Gesetz über die Freizügigkeit v. 1.11.1867 **231** 53

Gesetz über die Presse v. 7.5.1874 **231** 53

Gesetz, betreffend die Gleichberechtigung der Konfessionen in bürgerlicher und staatsbürgerlicher Beziehung v. 3.7. 1869 **231** 53

Gesetz, die Grundrechte des deutschen Volks betreffend (1848) **231** 33, **232** 26

Gesetzesvorbehalt(e)
- Forschungsbeschränkungen, ~ für **233** 27 (BB)
- Freizügigkeit und Bewegungsfreiheit, Unterschiede der ~ für **234** 20
- Gleichberechtigung von Männern und Frauen ohne ~ **240** 12
- Gleichheitssatz, keine ~ zum allgemeinen **240** 9
- informationelle Selbstbestimmung, ~ für die **233** 78 (MV), 87 (TH)
- körperliche Unversehrtheit, ~ für die **234** 8
- Körperschaftstatus-Verleihung an Religionsgemeinschaften **236** 19
- Persönlichkeitsrecht unter ~, allgemeines **233** 87 (TH)
- strafgesetzwidrige Zwecke oder Tätigkeit (Vereinigungsfreiheit) **237** 79

Sachregister

- Vereinigungsfreiheit, Abweichungen im ~ der 237 79
- verfassungsmäßige Ordnung (Vereinigungsfreiheit) 237 79
- Völkerverständigung (Vereinigungsfreiheit) 237 79

Gesetzgeber
- Eigentumsfreiheit: Ausgestaltung durch den ~ 239 64
- Entlastung des ~s durch Rechtsverordnungen 238 13
- Gebote an den ~, soziale Verbürgungen der WRV als 242 21
- Gestaltungsraum des ~s, Respekt vor dem 238 11

Gesetzgebungsaufträge
- Nationalparks: Förderung der Einrichtung und Erhaltung 232 74 (BB)
- Naturdenkmale unter öffentlichem Schutz 232 74 (BB)
- Normativität der Grundrechte 251 75 (HE)
- Privatschulerrichtung 232 74
- Sachsen 257 12 f.
- Schulpflichtregelungen 232 74
- Transformation durch Gesetz 232 75
- Verf. Berlin (1995) 247 81

Gesetzgebungskompetenzen
- Kollisionsregel, ~ und bundesstaatliche 231 51

gesetzlicher Richter 244 21 ff., 256 53 (SL)
- Identität mit GG-Text 247 49 (BE)
- Prozeßgrundrecht 232 63

Gesetzmäßigkeit der Verwaltung 233 49 (HB)

Gestaltungsraum des Gesetzgebers
- Ehe und Familie, ~ bei der Förderung von 238 24

Gestaltungsrechte
- Bewirkungsrechte 232 23
- Gestaltungsrechte (Bewirkungsrechte), ~ als subjektive 232 21

gestufte Rechtsordnung
- Normgeber und ~ 232 34

Gesundheit, Recht auf
- ESC-Gegenstand, Schutz der ~ als 242 15
- IPWSKR, ~ im 242 13

Gesundheitsschutz
- Eigentumsfreiheit, ~ als Inhalts- und Schrankenbestimmung zur 239 85

Gesundheitsvorsorge, Recht auf Zugang
- soziale Rechte in der GRCh 242 17

Gewährleistungen
- Grundrechtsnormen, ~ in Abgrenzung von 241 33
- Relevanz, ~ von grundrechtlicher 231 22

Gewährleistungsgehalt
- Arbeit, Mangelhafte Ausschöpfung des ~s beim Recht auf 242 45 (BY)
- Rechte in der GRCh, ~ sozialer 242 18

Gewährleistungskonzept(e)
- abwehrrechtliches GG-Grundrechtskonzept 238 55

Gewährleistungsnorm
- Kollektivgrundrecht, ~ statt 241 60 (BB)

Gewährleistungspflicht(en) 232 39 ff., 255 108 ff. (RP)
- Kinder und Jugendliche, ~ des Staates für 233 76 (BB), 84 (ST)
- Landesgrundrechte und ~ 255 108 ff. (RP)
- Verfassungsgebote ohne Berechtigung, als 232 39

Gewährleistungsrecht
- soziale Grundrechte als ~ 242 25

Gewaltenteilung
- Verfassungsorgane, ~ und Einschätzungs- und Beurteilungsspielraum der 238 10

Gewaltfreiheit
- „Rahmengegebenheit" der Religionsausübung, ~ als 232 171

Gewaltverbot
- immanente Grenze von Landesgrundrechten, ~ als 232 170 f.

Gewerbebetrieb, eingerichteter und ausgeübter
- Sach- und Rechtsgesamtheit, ~ als 239 71

Gewerbefreiheit
- Handlungsfreiheit, ~ als Aspekt der allgemeinen, 233 46 (RP)

Gewerbeordnung für den Norddeutschen Bund v. 21.6.1869
- Gewerbefreiheit (§ 1) u. Koalitionsfreiheit (§§ 152, 153) 231 53

Gewerkschaften und Unternehmungen
- unmittelbare Verfassungsberechtigung für ~ 232 110

Gewissensfreiheit 246 42 ff. (BY), 255 37 ff. (RP)
- Bayern 231 9

Sachregister

Glaubens- und Gewissensfreiheit 255 37 ff. (RP)
- Ähnlichkeit mit GG-Text 247 72 (BE)

Glaubensfreiheit 246 42 ff. (BY), 255 37 ff. (RP)
- Förderung der ~ 236 2
- kollektive ~ 236 13
- kollektive ~ und Körperschaftsstatus 236 16
- kollektive ~ und Selbstbestimmungsrecht 236 40
- Schutzbereich 236 7
- staatskirchenrechtliche Garantien, ~ und 236 21
- Verhalten, ~ und glaubensgeleitetes oder -gefordertes 236 7

Glaubensgemeinschaft(en)
- Minderheit, ~ in Abgrenzung zu 241 14

Gleichbehandlung
- Konfessionen, ~ der drei christlichen 231 17

Gleichbehandlungsgesetz, Allgemeines (AGG) 240 50

Gleichberechtigung
- Angleichung an das GG 240 19
- Ehe auf der Basis der ~ der Geschlechter (WRV) 240 15
- Ehe, ~ in der 238 36
- Ehe ohne unmittelbare Drittwirkung, ~ in der, 238 36
- Geschlechterrollen, ~ und tradierte 240 17
- Männer und Frauen, ~ für 240 12 f.
- „ohne Unterschied des Geschlechts" 232 3 240 13 260 62 (TH)
- Rollenmuster-Beibehaltung 240 18
- Staatsziel: Förderung der „tatsächlichen Durchsetzung der ~ 232 78
- tatsächliche Gleichstellung 240 20
- Unterscheidungsverbote
 - in Landesverfassungen 240 21
- Verfassungen der neuen Länder (seit 1992), ~ in den 240 20
- Wahlrecht (auch für Frauen), ~ im 240 14

Gleicher Ämterzugang
- Ausschreibungserfordernis 232 66

Gleichheit 260 59 ff. (TH)
- Ämterzugang, ~ bei Landesverfassungen (ab 1919), in 231 69
- andere Grundrechte, ~ in bezug auf einzelne 240 53
- Bildungseinrichtungen, ~ des Zugangs zu 238 46
- der Geschlechter (1918/1919) 231 64
- Lasten 240 49
- Lohn 240 50 (NW)
- Mehrheitsgesellschaft, ~ und 241 2
- nichteheliche Kinder 238 33
- tatsächliche ~ 251 26 f. (HE)
- „vor dem Gesetz" 240 3 (BY), 255 (RP)
- vor Gericht 240 3 (BB)

Gleichheit der Wahl 240 42 ff.
- Absage an Fünfprozentklausel, allmähliche 240 45
- absolute Mehrheit und Bürgerschaftsmandate 240 47 (HH)
- Elternwahlrecht, kein 240 46 (BY)
- Erfolgswertdifferenzierungen 240 47 (HB)
- Erfolgswertgleichheit 243 14 ff.
- Sperrklauseln 243 14 ff.
- Stimmgewicht, doppeltes 240 47 (HE)
- Stimmzettelgestaltung 240 46, 255 89 (RP)

Gleichheitsgewährleistungen 249 18 f. (HB)

Gleichheitsgrundrechte 246 84 ff. (BY), 255 95 ff. (RP), 256 29 ff. (SL)
- besondere ~ für Minderheiten 241 87 (SN)
- Landesverfassungen, ~ in 240 1
- allgemeine Unterscheidungsverbote mit Merkmalskatalog 240 27 ff.
- allgemeiner Gleichheitssatz 240 2 ff.
- Allgemeinheit der Wahl 240 42 ff.
- Auslegung und Anwendung 240 4 ff., 23 ff., 29, 31 ff., 38, 41, 43 ff.
- begrenzte Unterscheidungsverbote 240 34 ff.
- Benachteiligungsverbot wegen Behinderung 240 30 ff.
- chancengleicher Bildungszugang 240 51 f.
- Gleichberechtigung von Männern und Frauen 240 12 ff.
- gleicher Ämterzugang 240 39 ff.
- Gleichheit in bezug auf einzelne andere Grundrechte 240 53
- Gleichstellung der Unionsbürger? 240 54
- Gleichstellung unehelicher Kinder 240 37 f.
- Lastengleichheit 240 49
- Lohngleichheit 240 50

Sachregister

- Normtexte **240** 3, 12 ff., 27 ff., 30, 37 ff. 42 ff.
- weitere Gleichheitssätze **240** 48 ff.

Gleichheitssatz
- allgemeiner ~
- Adressaten **240** 5
- Anwendungsbereiche im Landesrecht **240** 10
- Berechtigte **240** 5
- Grundformulierung **240** 3
- Identität mit GG-Text, allgemeiner ~ **247** 40 (BE)
- Landesverfassungen, ~ in GG-Übereinstimmung **240** 1
- sachliche Differenzierung **240** 7
- spezieller Ehen und Partnerschaften **238** 25
- Standesprivilegien, ~ allgemeiner und **240** 48
- umfassend angelegt **240** 2
- Unrecht, Anwendung des ~es im **240** 6

Gleichheitssätze, besondere
- Ähnlichkeit mit GG-Text **247** 52 ff.

Gleichheitssätze, sonstige
- Landesverfassungen, ~ in **240** 37 ff.

Gleichstellung
- Fördermaßnahmen zur ~ der Geschlechter **240** 22
- Kinder, nichtehelicher **240** 37
- Rentenanwartschaften (Mutterschutz- u. Kindererziehungszeiten) **240** 26
- Staatszielbestimmung **240** 25
- Unionsbürger, ~ für **240** 54 (RP)
- Unterscheidungsverbote **240** 24
- wirksame Maßnahmen für die, ~ als Staatsziel **232** 82 (BB)

Gleichstellung der Unionsbürger?
- Landesverfassungen, ~ in **232** 119, **240** 54, **255** (RP)

Gleichstellung unehelicher Kinder
- Landesverfassungen, ~ in **240** 37 f.

Gleichstellungsbeauftragte 240 25
Gleichstellungsvorschriften 250 12 ff. (HH)

Grundfreiheiten
- EU-Vorgaben für das Wirtschaftsverfassungsrecht und ~ **239** 17
- verfahrensabhängige **232** 65

Grundgesetz (GG)
- Art. 1 Abs. 1 **233** 7, 14, 20 ff., **237** 59
- Art. 1 Abs. 1 (Schutzpflichten) **238** 39

- Art. 1 Abs. 1 i.V.m. Sozialstaatsprinzip **242** 23
- Art. 1 Abs. 1 S. 2 **233** 28
- Art. 1 Abs. 2 **233** 28
- Art. 1 Abs. 3 **233** 20, **234** 1, 6 ff., **235** 20, **244** 1
- Art. 1 bis 18 **233** 89 **234** 4
- Art. 2 Abs. 1 **233** 36 ff., 42, 65, **234** 18, **239** 31
- Art. 2 Abs. 1 i.V.m. Art. 1 Abs. 1 **233** 64, 69 f., 75 ff., 77
- Art. 2 Abs. 1 i.V.m. Rechtsstaatsprinzip **244** 47
- Art. 2 Abs. 1 u. 2 **234** 3
- Art. 2 Abs. 2 S. 1 **234** 8, **235** 29
- Art. 2 Abs. 2 S. 2 **234** 15 ff., 20, **244** 35
- Art. 3 **236** 1 f.
- Art. 3 Abs. 1 **240** 3
- Art. 3 Abs. 2 S. 2 **232** 78, **240** 20 ff.
- Art. 3 Abs. 2, Abs. 3 **240** 12
- Art. 3 Abs. 3 **241** 26
- Art. 3 Abs. 3 S. 1 **233** 51, **240** 24, 27 ff.
- Art. 3 Abs. 3 S. 2 **240** 30
- Art. 4 Abs. 1 u. 2 **233** 51, **236** 1 f.
- Art. 4 Abs. 3 S. 2 **232** 36
- Art. 5 Abs. 2 **237** 72
- Art. 5 Abs. 3 **236** 38, **237** 50, 59, 74
- Art. 6 **234** 17
- Art. 6 Abs. 1 **238** 1
- Art. 6 Abs. 1 bis 5 **238** 17
- Art. 6 Abs. 1, Abs. 4 (Schutzpflichten) **238** 39
- Art. 6 Abs. 4 **238** 32
- Art. 6 Abs. 4, Abs. 5 **242** 22
- Art. 6 Abs. 5 **238** 33, **240** 37
- Art. 7 Abs. 1 bis 6 **238** 43
- Art. 7 Abs. 2 u. 3 **236** 1 f., 22 f.
- Art. 7 Abs. 3 **236** 10
- Art. 8 **237** 76 f.
- Art. 9 **237** 78
- Art. 9 Abs. 1 **239** 5
- Art. 9 Abs. 2 **237** 79
- Art. 9 Abs. 3 **239** 5
- Art. 11 **234** 3, 15, 20 ff.
- Art. 11 Abs. 2 **234** 24, 27
- Art. 12 **234** 23
- Art. 12 Abs. 1 **239** 5, 31 ff.
- Art. 12 Abs. 2 u. Abs. 3 **239** 60
- Art. 12a **232** 36
- Art. 13 Abs. 1 **235** 36
- Art. 13 Abs. 1, 2 u. 7 **235** 18, 20 ff.
- Art. 13 Abs. 1, 2, 4 u. 7 **235** 26
- Art. 13 Abs. 2 **235** 43

Sachregister

- Art. 13 Abs. 2 bis 5   **232** 63
- Art. 13 Abs. 3 bis 5   **235** 51
- Art. 13 Abs. 3 bis 6   **235** 33, 54
- Art. 13 Abs. 7   **235** 41, 55, 58
- Art. 14   **235** 29, **239** 31, 61
- Art. 14 Abs. 1   **239** 5
- Art. 14 Abs. 1 S. 1   **239** 93
- Art. 14 Abs. 1 S. 2, Abs. 2   **239** 79
- Art. 14 Abs. 2   **239** 80
- Art. 14 Abs. 3   **239** 86 ff.
- Art. 14 Abs. 3 S. 3   **239** 92
- Art. 15   **239** 61, 96
- Art. 15 S. 1   **239** 98
- Art. 17a   **232** 36
- Art. 18   **232** 202 ff.
- Art. 18 S. 2   **237** 12
- Art. 19 Abs. 3   **232** 116 ff., **239** 39
- Art. 19 Abs. 4   **244** 1 ff.
- Art. 19 Abs. 4 S. 1   **244** 12 ff.
- Art. 20 Abs. 1   **235** 20
- Art. 20 Abs. 1, Art. 28 Abs. 1   **232** 78
- Art. 20 Abs. 1, Art. 28 Abs. 1 S. 1   **242** 22
- Art. 20 Abs. 2 S. 2   **236** 17
- Art. 20a   **232** 78, **237** 59
- Art. 23 Abs. 1 S. 1 GG   **232** 78
- Art. 28   **238** 2
- Art. 28 Abs. 1   **231** 36, **239** 16, 20
- Art. 28 Abs. 1 S. 1   **242** 34 f.
- Art. 28 Abs. 1 S. 2   **240** 42, **243** 7, 16, 18
- Art. 28 Abs. 1 S. 3   **232** 100, **243** 25, 54
- Art. 31   **231** 51, 72, 138 f., **232** 30, **233** 89, **234** 4, 16, **235** 19, **236** 12, **238** 2, **239** 16, 18 ff., 98, **242** 34 f., **244** 9
- Art. 33 Abs. 1   **240** 35
- Art. 33 Abs. 2 u. 3   **236** 1 f.
- Art. 33 Abs. 4   **232** 41
- Art. 38 Abs. 1 S. 1   **240** 42
- Art. 38 Abs. 1 S. 1 i.V.m. Art. 20 Abs. 1 u. 2   **243** 9
- Art. 46 Abs. 2 bis 4   **234** 19
- Art. 59 Abs. 2   **244** 9
- Art. 70 ff.   **239** 16, 21
- Art. 71   **234** 24
- Art. 72 Abs. 1   **239** 95
- Art. 73 Nr. 3   **234** 24, 28
- Art. 74 Abs. 1 Nr. 1   **239** 95
- Art. 74 Abs. 1 Nr. 1, 18   **242** 63
- Art. 74 Abs. 1 Nr. 3   **237** 76
- Art. 74 Abs. 1 Nr. 7, 11, 12   **242** 36
- Art. 74 Abs. 1 Nr. 11   **239** 22
- Art. 74 Abs. 1 Nr. 16   **239** 26
- Art. 79 Abs. 3   **233** 29, **235** 20
- Art. 80 Abs. 1 S. 1   **234** 5
- Art. 92   **244** 21
- Art. 93 Abs. 1 Nr. 2   **243** 7
- Art. 93 Abs. 1 Nr. 4a   **243** 7, **244** 1 ff.
- Art. 97   **244** 21
- Art. 101 Abs. 1 S. 2   **244** 21
- Art. 101 ff.   **244** 1 ff.
- Art. 103 Abs. 1   **233** 12, **244** 25 ff.
- Art. 103 Abs. 2   **244** 29
- Art. 103 Abs. 3   **244** 29
- Art. 104   **234** 3, 15 ff.
- Art. 104 Abs. 1   **234** 15
- Art. 104 Abs. 1 bis 4   **244** 35 f.
- Art. 104 Abs. 1 S. 2   **234** 17, **244** 45
- Art. 104 Abs. 2   **232** 63, **234** 15
- Art. 104 Abs. 4   **234** 17, **244** 44
- Art. 109 Abs. 2 (i.V.m. § 1 StabG)   **242** 47
- Art. 109 Abs. 4   **232** 78
- Art. 123 Abs. 2   **236** 38
- Art. 140   **236** 1 f.
- Art. 140 i.V.m. Art. 142 u. Art. 31   **236** 14
- Art. 141   **236** 27
- Art. 142   **231** 138 ff., **232** 8, 19, **233** 16, 89, **234** 4, 28, **235** 19, 24, **236** 12, **239** 16, 18 ff., 31, 37, 98, **242** 34
- Anziehungskraft des ~es   **232** 15
- Bundesgrundrechte, umfassende   **233** 90
- Grundrechte des GG in Landesverfassungen   **245** 4 ff. (BW)
- Publizität und Wahrnehmbarkeit von ~änderungen, besondere   **235** 20
- soziale Grundrechte   **242** 22 f.
- soziale Verbürgungen, weitgehender Verzicht auf   **242** 22
- soziale Landesverfassungsrechte   **242** 33 ff.

Grundpflichten   **249** 22 f. (HB), **256** 71 (SL)
Grundrecht(e)
- Abgrenzung der ~ von anderen Verfassungsbestimmungen   **232** 38 ff.
- Abgrenzung von (klassischen) Menschenrechten   **232** 11
- Abgrenzung zu (völkerrechtlichen) Menschenrechten   **232** 13
- Ableitung der ~ aus Grundrechtsnormen   **232** 8
- Abschirmung der ~ gegen Verfassungsänderungen   **231** 118
- Abwehrrecht   **235** 35
- Abweichungen vom abwehrrechtlichen System bei Ehe und Familie   **238** 17

Sachregister

- Akteneinsichtsrecht **248** 53 (BB)
- aktives und passives Wahlrecht **248** 55 (BB)
- Aktualität **232** 17f.
- allgemeine ~slehren **232** 1ff., **251** 76ff. (HE) **258** 11ff. (ST)
- allgemeine Bemerkungen zu den ~sgarantien **252** 15ff. (MV)
- allgemeine Freiheitsrechte **246** 31ff. (BY)
- allgemeine Gleichheitsrechte **246** 84ff. (BY)
- allgemeine Regelungen zu den ~n **258** 11ff. (ST)
- allgemeiner Gleichheitssatz **247** 40 (BE), **260** 60f. (TH)
- allgemeines ~ **251** 41 (HE), **252** 1f. (MV)
- Anliegen und Ableitung **232** 6ff.
- Ansprüche, ~ als subjektive **232** 21
- antinationalsozialistische und -militaristische Bestimmungen und ~ **252** 10 (MV)
- Arbeit und Wirtschaft **249** 28f.
- Arbeit, Wohnen **253** 75 (NI)
- Arbeitswelt **251** 42ff. (HE)
- Arten subjektiver Berechtigung **232** 21ff.
- Asylrecht **246** 91 (BY), **255** 29f. (RP), **256** 47f. (SL)
- Auskunftsrecht über gespeicherte Daten **252** 29 (MV)
- ausländische juristische Personen als ~sberechtigte **232** 116f.
- Auslieferung, Schutz vor **255** 27f. (RP), **256** 47f. (SL)
- Ausstrahlungswirkung **232** 140
- autochthone ~sgehalte **259** 31ff. (SH)
  - Minderheiten: Berechtigte **259** 37ff. (SH)
  - Minderheitenschutz **259** 35ff. (SH), 42ff.
  - Petitionsrecht **259** 55 (SH)
  - Privatsphäre **259** 53f. (SH)
  - Schulwesen, im **259** 46ff. (SH)
  - Wahlrecht **259** 32ff. (SH)
- Bedeutung einzelstaatlicher ~ für die deutsche ~sentwicklung **231** 1ff.
- Bedeutungsgehalte von ~n, identische oder vergleichbare **235** 21
- Begriff **232** 9ff.
- Begriff der ~ als „subjektiv-öffentliche" Rechte **232** 19f.
  - Abgrenzung **232** 9
  - Aktualität **232** 17f.
  - Arten subjektiver Berechtigung **232** 21ff.
  - Fundamentalität **232** 26
  - Justitiabilität **232** 27f.
  - Konstitutionalität **232** 9f.
  - Normativität **232** 14ff.
  - Positivität **232** 11ff.
  - Subjektivität **232** 19ff.
- Beherrschungsrechte (Herrschaftsrechte), ~ als **232** 22
- Beliehene als ~sverpflichtete **232** 143
- Berechtigte natürliche Personen **232** 84ff.
- Bereitstellung von Studienplätzen (Art. 31 Verf. ST) **258** 67ff.
- Berufsfreiheit **246** 78f. (BY), **247** 61ff. (BE), **255** 31ff. (RP)
- Beschlüsse des Sonderausschusses, ~ und die **253** 8 (NI)
- Beschränkung der Rezeption **259** 29f. (SH)
- Beschränkungen für ~seingriffe **251** 79ff. (HE)
- besondere Gleichheitssätze **247** 52ff. (BE)
- Besonderheiten der sächsischen ~ zum GG **257** 29ff.
- Bestand Verfassungsurkunden seit Reichsgründung **231** 54f.
- Bestandteil der Landesverfassung **246** 5ff. (BY)
- Bewegungsfreiheit, Schutz der körperlichen **246** 34ff. (BY)
- Bildung (Art. 25 Verf. ST), Recht auf **258** 44f.
- Bildung und Kultur, ~ im Bereich von **260** 76ff. (TH)
- Bildung, Wissenschaft, Kunst und Sport (Art. 28-35 Verf. BB) **248** 66ff.
- Bindungswirkung(en) **253** 25f. (NI), **258** 11ff. (ST)
- Bindungswirkung auch der Verfassungsrechtsprechung? **253** 31f. (NI)
- Brandenburg, ~ in der Verfassung von **248** 10ff.
- Bremen, ~ in **249** 1ff.
- Brief-, Post- und Fernmeldegeheimnis **247** 60 (BE), **255** 19f. (RP), **260** 37f. (TH)

Sachregister

- Datenschutz **252** 26 ff. (MV), **255** 21 (RP)
- Datenschutz und Informationsrechte **252** 26 ff. (MV), **258** 22 ff. (ST)
- demokratische ~stheorie **251** 40 (HE)
- Deutschen-Rechte, ~ als **232** 96
- „Die Wirtschaft" **251** 47 ff. (HE)
- direkte Demokratie **248** 56 (BB)
- Diskriminierungsverbote **256** 29 ff. (SL)
- doppeltes Diskriminierungsverbot? **253** 27 f. (NI)
- Dritte als ~sverpflichtete **232** 134
- Drittwirkung der ~ **232** 14, 140 ff.
- Durchsetzbarkeit der ~ **232** 27
- dynamischer Verweis auf die GG-~ **252** 15 ff. (MV)
- Ehe **255** 58 ff. (RP)
- Ehe und Familie **249** 25, **255** 58 ff. (RP), **256** 67 ff. (SL), **260** 65 ff. (TH)
  - besonderer Schutz in Art. 6 GG **238** 17 ff.
  - besonderer Schutz ~ in den Ländern **238** 27
    - bestätigende Landesverfassungen mit Besonderheiten **238** 27 ff.
    - differenzierte Verfassungsdeutung **238** 5 ff.
    - Elternverantwortung und Wächteramt des Staates **238** 28 ff.
    - Fürsorge für Mütter, Erziehung **238** 32 ff.
    - gesteigerte Schutzgehalte **238** 22 ff.
    - justitiable und nicht justitiable Vorgaben **238** 9 ff.
    - Kindererziehung **238** 32 ff.
    - Kinderrechte in der Verfassung **232** 80, **238** 38 ff., **255** 66 (RP)
    - Kindeswohl, Ausrichtung auf das **238** 18 ff.
    - Lebensgemeinschaften **238** 36 f., **255** 63
    - Regelungskonzepte in den Landesverfassungen **238** 26 ff.
    - Sonderstellung unter den Abwehrrechten **238** 17
    - Verfassungsdeutung **238** 5 ff.
    - verfassungsrechtliche Klugheitsregeln **238** 12 ff.
    - Verweis auf die Grundrechte des Grundgesetzes **238** 26
    - Schutz von **246** 46 ff. (BY)
    - Schutz von Verf. Berlin (1995) **247** 41

- Ehe, Familie, Lebensgemeinschaften und Kinder (Art. 26 u. 27 Verf. BB) **248** 63 ff.
- Ehre **255** 15 (RP)
- eigenständige Landes-~ **235** 23 f.
- Eigentum **255** 34 ff. (RP)
- Eigentum und Erbrecht **246** 80 ff. (BY)
- Eigentum, Erbrecht und Enteignung **256** 62 ff. (SL)
- Eigentum, Wirtschaft und Arbeit, ~ im Bereich von **260** 90 ff. (TH)
- Eigentum, Wirtschaft, Arbeit und soziale Sicherung (Art. 41-51 Verf. BB) **248** 79 ff.
- Eigentumsfreiheit **247** 65 ff. (BE)
- Einflußnahmerecht bzgl. öffentlicher Angelegenheiten **248** 52 (BB)
- Eingriffsgrenzen Wohnraumüberwachung **235** 51
- Eingriffsschwellen, Gestaltung von **233** 59
- Einklagbarkeit **232** 19
- Einrichtungsgarantien **232** 40 ff., **255** 109 ff. (RP)
  - Grundrechtsgehalte **258** 44 ff. (ST)
  - Handlungspflichten aufgrund von **258** 73 ff. (ST)
  - soziale ~sgehalte in **258** 16 ff. (ST)
- Einwohnerrechte, ~ als **232** 97 f.
- Einzelgarantien **252** 26 ff. (MV)
- einzelne Landes~ **253** 33 ff. (NI)
- elterliches Sorgerecht und Kindesentwicklung **260** 69 ff. (TH)
- Eltern und Kinder, ~sschutz für **258** 33 ff. (ST)
- Elternrecht **247** 55 (BE)
- Entstehungsgeschichte der ~ von 1945 bis 1955 **254** 1 ff. (NW)
- Entwicklung der ~ **246** 8 (BY), **247** 1 ff. (BE), **254** 59 ff. (NW)
  - Anpassungen und Sprachgebrauch **254** 60 (NW)
  - Datenschutz **254** 63 (NW)
  - Nachkriegszeit bis zur Wiedervereinigung **248** 1 ff. (BB)
  - neue staatszielartige Bestimmungen **254** 61 f. (NW)
  - Reformbedarf **254** 72 (NW)
  - Revolution von 1848 **260** 6 (TH)
  - Schulfrage **254** 64 ff. (NW)
  - Verfassungskommission und Individualverfassungsbeschwerde **254** 70 f. (NW)
  - Wiedervereinigung **248** 8 ff. (BB)

Sachregister

- Entwicklung der Landes~ in der Nachkriegszeit **246** 1 ff. (BY), **247** 1 ff. (BE)
- Ertüchtigung der ~ Landesverfassungen nach 1945, in **231** 113
- Erziehung und Bildung, ~ im Bereich von **260** 81 ff. (TH)
- Erziehung und Unterricht **249** 26 f.
- Erziehung, Bildung, Denkmalschutz und Sport **251** 54 ff. (HE)
- faires Verfahren, Anspruch auf ein **256** 50 ff. (SL)
- Familie **255** 62 ff. (RP)
- Fernmeldegeheimnis **260** 37 f. (TH)
- Föderalismus, ~ als „offene Flanke" des **233** 88
- formelle bzw. reale Verfassung, ~ und **251** 90 (HE)
- Forschungsfreiheit **255** 52 ff. (RP)
- freie Entfaltung der Persönlichkeit **247** 32 ff. (BE)
- Freiheit der Person **255** 10 ff., 17 (RP), **260** 27 ff. (TH)
- Freiheit der Wissenschaft, Forschung und Lehre **255** 51 (RP)
- Freiheit und Gleichheit **248** 33 ff. (BB), **249** 4 f.
- Freiheit, Gleichheit, Würde **248** 31 ff. (BB)
- Freiheitsrechte **246** 37 f. (BY), **249** 12 ff.
- Freizügigkeit **247** 61 ff. (BE), **255** 22 ff. (RP), **260** 30 f. (TH)
- Frühkonstitutionalismus, ~ im **231** 15 ff., **260** 3 ff. (TH)
  - disparate Irritationen aus dem Ausland **231** 19
  - divergierende Interessen der Einzelstaaten **231** 18
  - widersprüchliche Vorgaben des Deutschen Bundes **231** 15 ff.
- Fundamentalität **232** 26
- Funktionen der Landes~ **246** 18 ff. (BY)
- Gehalte der ~ in der Landesverfassung Schleswig-Holstein **259** 5 ff.
- Geltung der ~ **232** 154, **248** 26 ff. (BB)
- Geltung in personaler, räumlicher und inhaltlicher Sicht **232** 84 ff.
- Geltung und Anwendung der ~ **258** 15 (ST)
- Geltungsraum der Landes~ **232** 154 ff.
- Gemeinsame(n) Verfassungsentwurf von SPD und Grünen, ~ im **253** 4 (NI)

- Gemeinwohlverpflichtungen **252** 60 f. (MV)
- Generation, ~ der zweiten **242** 12
- Genuß der Naturschönheiten **246** 93 (BY)
- Gerichtsprozeß, ~ auf einen und in einem **244** 12
- Gerichtsverfahren und Strafvollzug, ~ in **248** 91 ff. (BB)
- Gesetze, Anforderungen an ~seingreifende **251** 84 ff. (HE)
- Gesetzentwurf der Fraktion der CDU, ~ im **253** 5 f. (NI)
- Gesetzesvorbehalte und weitere Beschränkungen **259** 20 f. (SH)
- Gesetzesvorbehalte, besondere **251** 80 f. (HE)
- Gesetzgebungsaufträge **247** 81 (BE), **251** 75 (HE)
- gesetzlicher Richter **247** 49 (BE) **256** 53 (SL)
- Gestaltungsrechte (Bewirkungsrechte), ~ als subjektive **232** 21
- Gewährleistungspflichten **232** 39 ff., **255** 108 ff. (RP)
- GG-ähnliche Formulierungen **247** 52 ff. (BE)
- Glaubens- und Gewissensfreiheit **246** 42 ff. (BY), **247** 72 (BE), **255** 37 ff. (RP)
- Gleichberechtigung (Art. 3 Abs. 2 S. 3 Verf. NI), Verwirklichung der **253** 20 ff.
- Gleichberechtigung von Frauen und Männern **260** 62 (TH)
- Gleichheits~ **256** 29 ff. (SL)
- Gleichheitsgrundrechte **246** 84 ff. (BY), **249** 18 f., **255** 95 ff. (RP)
- Gleichstellung nichtehelicher Kinder **247** 43 (BE)
- Gleichstellung von Menschen mit Behinderungen **246** 89 f. (BY)
- gliedstaatliche Gewährleistungen, ~ als spezifisch **231** 28
- Grundlagen **251** 1 ff. (HE)
- Grundpflichten **249** 22 f.
- Grundpflichten der Deutschen, ~ und **231** 83
- Grundpflichten, ~ und **246** 14 f. (BY), **256** 71 (SL)
- Grundrechte und Staatsziele im einzelnen **248** 26 ff. (BB)
- Grundrechtsfähigkeit **232** 86 ff.
  - Beginn **232** 89 f.
  - Ende **232** 91 f.

Sachregister

- grundrechtsgleiche Rechte   251 20 f. (HE)
- Grundrechtsinnovationen und -verluste   231 23 f.
- Grundrechtsmündigkeit   232 101 ff.
- Grundrechtsnormen und ~   232 8
- Grundrechtstatbestand   231 20 ff.
- Grundrechtstheorie   251 22 ff. (HE)
- Grundrechtsverpflichtete   232 129 ff., 251 77 f. (HE)
- Grundsatz, Abgrenzung zum ~ Art. 34 Abs. 3 GRCh   235 30
- Grundsätze   255 89 (RP)
- Grundsatzfragen   255 5 ff. (RP)
- Handlungsfreiheit, allgemeine   246 31 f. (BY), 255 12 (RP), 256 20 f. (SL)
- Handlungspflichten auf Grund von Einrichtungsgarantien und Staatszielen   258 73 ff. (ST)
- herkömmliche   252 5 f. (MV)
- Herrschaftsrechte (Beherrschungsrechte), ~ als subjektive   232 21
- Heterogenität, ~stheoretische   251 22 (HE)
- immanente Grenzen   232 167
- Individualität und Privatsphäre, Schutz von   246 39 ff. (BY)
- Individualverfassungsbeschwerde   246 25 f. (BY)
- individuelle Freiheit als Anliegen der ~   232 6 f.
- Informationsfreiheit   246 63 (BY), 247 59 (BE), 260 39 ff. (TH)
- inhaltliche Geltung der Landes~   232 159
- inhaltsgleiche Bundes- und Landes-~   234 28
- Inkorporation der GG-~   232 35, 206, 233 21 (NI), 253 9 ff. (NI)
- inkorporierte und nichtinkorporierte ~ und staatsbürgerliche Rechte   253 13 ff. (NI)
- inländische juristische Personen als ~sberechtigte   232 114 f.
- Innovationen und -verluste, Verfassungsurkunden seit Reichsgründung   231 56
- Instituts- und institutionelle Garantien   232 40, 251 74 (HE)
- Interdependenz von Grundrechtsnorm und ~   232 10
- international- und unionsrechtliche Vorgaben   235 28 f.
- Interpretation der ~ nach Rezeption   259 22 ff. (SH)
- Interpretation des Landesverfassungsrechts im Hinblick auf ~   252 25 (MV)
- Jedermann-Rechte, ~ als   232 94 f.
- „juristische Handhabung", ~   232 19
- juristische Personen als ~sberechtigte   232 107 ff.
- juristische Personen (EU) als ~sberechtigte   232 118 f.
- juristische Personen des öffentlichen Rechts als ~sberechtigte   232 122 ff.
- juristische Personen des Privatrechts als ~sberechtigte   232 120 f.
- Justitiabilität   232 27 f.
- Justiz~   255 94 (RP), 256 49 ff. (SL)
- Kinder als Doppelregelungen, ~ für   233 71 (NW)
- Kinder gegen die Eltern, keine ~ der   238 41
- Kinder und Jugendliche   253 47 ff., 53 f., 55
- Kinder~, besondere   238 53
- Kirchen und Religionsgemeinschaften   248 74 (BB), 249 30, 252 47 ff. (MV), 255 65, 110 (RP)
- Konkordate und Kirchenverträge   252 48 ff. (MV)
- theologische Fakultäten   252 51 (MV), 255 110 (RP)
- Rechte der   256 70 (SL)
- Weimarer Garantien, Übernahme der   252 47 (MV)
- klassische Grundrechtsgarantien   251 66 f. (HE)
- Koalitionsfreiheit   255 86 (RP)
- kollektivbezogene Grundrechte   255 72 ff. (RP)
- Kommunikations~   260 37 ff. (TH)
- Kommunikationsfreiheiten   246 50 ff. (BY)
- Kommunikationsgeheimnis   260 37 f. (TH)
- Kommunikationswege, Unverletzlichkeit der   246 68 (BY)
- konservative ~stheorie   251 36 ff. (HE)
- Konstitutionalität   232 9 f.
- Kontexte Verfassungsurkunden seit Reichsgründung   231 51 ff.
- Kultur als Auslegungsproblem   253 72 (NI)

Sachregister

- kulturelle Rechte **252** 35 (MV)
  - Bildung **252** 37 ff. (MV)
  - Garantien für Hochschulen **252** 42 ff. (MV), **255** 50, 111, 118 (RP)
  - Garantien für Forschungseinrichtungen **252** 46 (MV)
  - Kultur und Sport **252** 36 (MV)
  - Wissenschaft **252** 41 ff. (MV)
- „Kunst"-Begriff **253** 71 (NI), **255** 57 (RP)
- Kunst- und Wissenschaftsfreiheit **247** 50 f. (BE), **256** 45 f. (SL)
- Kunst, Kultur und Sport Schutz und Förderung von ~ **253** 69 ff. (NI)
- Kunst, Kultur und Wissenschaft **254** 36 (NW)
- Kunstfreiheit **246** 70 ff. (BY), **255** 57 (RP), **260** 77 ff. (TH)
  - Landes~ **255** 5 ff. (RP), **256** 12 ff. (SL)
  - Landes~ ohne GG-Entsprechungen **247** 75 ff. (BE)
  - Landes~ und Bundes~ **256** 9 ff. (SL)
- Landesdatenschutzbeauftragter **252** 31 (MV)
- Landes-Grundrechtsdoktrin **231** 25 ff.
- Landesverfassung Schleswig-Holstein **259** 1 ff.
- Landesverfassung, ~ in der
  - Änderung der **258** 9 f. (ST)
  - Behinderte **245** 25 ff. (BW)
  - Durchsetzung **245** 56 ff. (BW)
  - Erziehung und Ausbildung **245** 34 ff. (BW)
  - Geltung der GG-Grundrechte (Anordnung) **245** 4 ff. (BW)
  - grundgesetzliches Korsett **245** 57 ff. (BW)
  - Landesstaatsgewalt, Bedeutung für die **245** 61 f. (BW)
  - Lebensordnung „Erziehung und Unterricht" **245** 33 ff. (BW)
  - Lebensordnung „Mensch und Staat" **245** 24 ff. (BW)
  - Lebensordnung „Religion und Religionsgemeinschaften" **245** 30 ff. (BW)
  - Rechtsweggarantie gegen Akte der öffentlichen Gewalt **245** 52 ff. (BW)
  - statische oder dynamische Übernahme **245** 5 ff. (BW)
  - Übernahmegegenstand **245** 15 ff. (BW)
  - Übernahme-Wirkung **245** 9 ff. (BW)
  - Unentgeltlichkeit von Unterricht und Lernmitteln **245** 39 ff. (BW)
  - Verbürgungen in „Lebensordnungen" **245** 19 ff. (BW)
  - Verfassungsbeschwerde (Stärkung durch Landes~) **245** 63 ff. (BW)
  - Verfassungsentstehung Baden-Württemberg **245** 1 ff.
  - Wahl- und Stimmrecht **245** 50 f. (BW)
  - Wissenschaftsfreiheit der Hochschulen (Art. 20 Verf. BW) **245** 42 ff.
- Landesverfassunggebung, ~ in Kontexten der **231** 93
  - antizipierte Zentralebene **231** 98 ff.
  - Naturrechtsrenaissance **231** 97
  - Vorgaben der Besatzungsmächte **231** 94
  - WRV-Einfluß **231** 95
  - Zwischenkriegszeit, aus der **231** 96
- Landesverfassungsgericht Rechtsschutz **258** 79 f. (ST)
- Leben **255** 16 (RP)
- Leben und Freiheit, Recht auf **256** 12 ff. (SL)
- Leben und körperliche Unversehrtheit **246** 30 (BY), **247** 37
- Leben, Persönlichkeit (Art. 3 Verf. TH) **260** 22 ff.
- Lebens- und Gemeinschaftsordnungen **251** 41 ff. (HE)
- leges superiores **232** 9
- Lehrfreiheit **255** 55 f. (RP)
- leistungsgewährende und soziale ~ **246** 91 ff. (BY)
- liberale ~stheorie **251** 23 f. (HE)
- materielle Aspekte der bayerischen Landes~ **246** 9 ff. (BY)
- Mecklenburg-(Vorpommern), Verfassung von 1945 bis 1952 **252** 1 ff.
- Mecklenburg-Vorpommern und die Erarbeitung der Verfassung (1990) **252** 11 ff. (MV)
- Medienfreiheiten **260** 39 ff. (TH)
- Meinungsäußerungsfreiheit
- Meinungsfreiheit **246** 50 ff. (BY), **247** 56 ff. (BE), **255** 40 ff. (RP), **260** 39 ff. (TH)
- Menschenbild **251** 11 ff. (HE)
- Menschenrechte, Bürgerrechte, Einwohnerrechte **232** 93 ff.

Sachregister

- Menschenwürde **246** 28f. (BY), **260** 18ff. (TH)
- Menschenwürde und Leben **248** 31f. (BB)
- Minderheitenschutz **241** 1ff.
  - Bewahrung von Sprache, Religion, Kultur u. Überlieferung **241** 86ff. (SN)
  - Bewahrung, Förderung und Vermittlung der sorbischen/wendischen Sprache und Kultur **241** 72f. (BB)
  - Brandenburg **241** 57ff. (BB)
  - Entstehungsgeschichte **241** 58f. (BB), 78 (SN), 93 (ST), 102 (MV)
  - Erhaltung des Siedlungsgebiet der sorbischen Volksgruppe **241** 89 (SN)
  - geschützter Personenkreis **241** 66 (BB), 82ff. (SN), 95ff. (ST), 104f. (MV)
  - Gewährleistungsinhalt **241** 98f. (ST), 106 (MV)
  - Gewährleistungsumfang **241** 67 (BB), 85ff. (SN)
  - landesübergreifende kulturelle Autonomie **241** 71 (BB)
  - Mecklenburg-Vorpommern **241** 101ff. (MV)
  - nationale Identität und angestammtes Siedlungsgebiet **241** 68f. (BB)
  - Niedersachsen **241** 108ff.
  - Normtypologie **241** 60ff. (BB), 79ff. (SN), 94 (ST), 103 (MV)
  - politische Mitgestaltung **241** 70 (BB)
  - Recht auf Heimat **241** 85 (SN)
  - Rheinland-Pfalz **255** 104
  - Sachsen **241** 75ff.
  - Sachsen-Anhalt **241** 92ff.
- mittelbare Drittwirkung der Grundrechte **232** 135ff.
- Mitwirkung in der Schule **258** 63ff. (ST)
- Mitwirkungsrechte, ~ als subjektive **232** 21
- Mütter, Schutz und Fürsorge **247** 42 (BE)
- Nachkriegszeit bis zur Wiedervereinigung **248** 1ff. (BB)
- natürliches Sittengesetz als Schranke **233** 47 (RP)
- Natur und Umwelt **248** 75ff. (BB), **260** 89 (TH)

- ne bis in idem **247** 46 (BE)
- „Neuwerk-Entwurf", ~ im **253** 1 (NI)
- Normativität der ~ **232** 14ff., 27, **251** 64ff. (HE)
- Normierung von ~n in der hessischen Verfassung **251** 14ff.
- nulla poena sine lege **247** 45 (BE), **255** 94 (RP)
- objektive Rechtssätze oder ~ im Vormärz **231** 27
- objektive und subjektive ~ **232** 8
- objektivrechtliches Eingriffsverbot, ~ als **231** 57
- öffentliche Gewalt als ~sverpflichtete **232** 129ff.
- Ordnung u. Ablauf wirtschaftlicher Prozesse, ~ zu **239** 1
- Ordnungssätze für das staatliche, nicht das soziale Leben **232** 137
- Parlamentsfestigkeit der ~ **232** 9
- Person, Freiheit der **247** 38f. (BB), **255** 17 (RP)
- personenbezogene Daten, Schutz für **255** 11 (RP), **256** 27f. (SL)
- persönliche Freiheitsrechte **248** 38ff. (BB)
- Persönlichkeitsrecht und Datenschutz **260** 32ff. (TH)
- Persönlichkeitsrecht, allgemeines **246** 33 (BY), **255** 11 (RP), **256** 22ff. (SL)
- Petitionsrecht **246** 92 (BY), **247** 73 (BE), **248** 60 (BB), **252** 52ff. (MV), **255** 49 (RP), **260** 57f. (TH)
- politische Freiheitsrechte **248** 44ff. (BB)
- politische Gestaltungsrechte **248** 49ff. (BB)
- politische Mitgestaltung, ~ auf **260** 48ff. (TH)
- politische ~ **256** 39ff. (SL)
- politische Mitwirkungsrechte **248** 50 (BB), **255** 89ff. (RP)
- Popularklage **246** 23f. (BY)
- Positivität der ~ **232** 11ff., 27
- Postgeheimnis **255** 19f. (RP), **260** 37f. (TH)
- Pressefreiheit **246** 54ff. (BY), **255** 43ff. (RP)
- Privatrechtsverkehr, die staatsgerichteten ~ nicht als Allzweckwaffe im **232** 135

Halbfette Zahl = §§; magere Zahl = RN; unterstrichene Zahl = Hauptfundstelle; FN = Fußnote

Sachregister

- Privatschulfreiheit **255** 33 (RP), **258** 46 ff. (ST)
  - Ausgestaltungs- oder Beschränkungsvorbehalt **258** 54 ff. (ST)
  - Beratungen zu Art. 28 **258** 48 f. (ST)
  - (keine) Beschränkung auf Ersatzschulen i.e.S. **258** 51 (ST)
  - Defizite der Regelung **258** 50 (ST)
  - Finanzierungsanspruch (verfassungsunmittelbar) **258** 52 f. (ST)
  - Relevanz in den neuen Bundesländern **258** 46 f. (ST)
  - Wartefrist (Zulässigkeit und Ausgestaltung) **258** 57 ff. (ST)
- Privatschulförderung **253** 42 ff. (NI)
- Programmsätze und ~ **251** 71 ff. (HE)
- prozessuale Aspekte der Landes~ **246** 23 ff. (BY)
- Quasi-staatliche Garantenstellung? **232** 144 ff.
- räumlicher Geltungsbereich der ~ **232** 155 ff.
- Recht auf Bildung **253** 34 ff. (NI)
  - Schulaufsicht, und **253** 38 ff. (NI)
  - Schulwesen, ~sverwirklichung im **253** 34 ff. (NI)
- Rechte des Bundes gegen die Mitgliedstaaten, ~ und **231** 47
- rechtliches Gehör, Anspruch auf **247** 44, **255** 94 (RP), **256** 50 ff. (SL)
- Rechtsbeistand, Recht auf einen **256** 58 f. (SL)
- Rechtsschutz **248** 29 f. (BB)
  - Anspruch auf effektiven **256** 50 ff. (SL)
  - Landesverfassungsgericht **258** 79 f. (ST)
  - Staatsgerichtshof **251** 89 (HE)
- Rechtsschutzgarantie **256** 60 f. (SL)
- Rechtsweggarantie **247** 47 f. (BE)
- Reichsgründung, ~ in Verfassungsurkunden seit **231** 48 ff.
- Reichsverfassung, subkutane Vorbehalte der Justiz gegen die ~ der **231** 82
- Religion **256** 67 ff. (SL)
- Religion und Religionsgemeinschaften **254** 37 f. (NW)
- Religion und Weltanschauung als Schutzbereich von ~n **258** 71 f. (ST), **260** 99 ff. (TH)

- Rezeption von Bundesgrundrechten **232** 12, 33, 35 f., 157, 163 ff., **233** 21 (NI), 22 (SH), **259** 5 ff. (SH)
  - Dynamik **259** 11 ff. (SH)
  - Inhalt **259** 14 ff. (SH)
  - Sinn **259** 6 ff. (SH)
- „Rezeptions~" Auslegung der rezipierten Landesgrundrechte **254** 57 f. (NW)
  - Auslegung und Reichweite **254** 44 ff. (NW)
  - Begriff **254** 45 ff. (NW)
  - Rechtsfolge der Rezeption **254** 50 ff. (NW)
  - statische oder dynamische Rezeption **254** 49 (NW)
- Rundfunkfreiheit **246** 59 ff. (BY), **255** 46 f. (RP)
- Schranken **252** 30 (MV)
- Schranken der Meinungsäußerungsfreiheit **255** 48 (RP)
- Schule, Bildungsziele **238** 47 ff.
  - GG-Rahmen u. landesverfassungsrechtliche Besonderheiten **238** 42 ff.
  - landesgrundrechtlicher Schwerpunkt **238** 42 ff.
  - Recht auf Bildung **238** 45 f.
- Schulpflicht **238** 45 f.
- Schule und Erziehung **256** 67 ff. (SL)
- Schulwesen, ~ im Bereich **254** 31 ff. (NW), **260** 85 ff. (TH)
- Schutz Behinderter **260** 63 (TH)
- Schutz benachteiligter Gruppen **252** 55 ff. (MV)
- Schutz der Kandidaten und Abgeordneten **248** 58 (BB)
- Schutz der Wohnung **255** 18 (RP)
- Schutz des Brief-, Post-, Telegraphen- und Fernsprechgeheimnisses **255** 19 f. (RP)
- Schutzbereich der ~ **232** 159 ff.
- Schutzpflichten **232** 51 ff., **255** 115 f. (RP)
- Schutzpflichten explizite ~ **232** 51 f.
- Schutzpflichten implizite ~ **232** 53 ff.
- Selbstverwaltungsrecht der Hochschulen **255** 50 (RP), **258** 67 ff. (ST)
- „self-executing" **232** 18
- Sicherung materieller ~ durch Verfahrensvorkehrungen **232** 63
- Sogkraft unitarischer Bundes-~ **233** 93
- Sorben- bzw. Wenden-Rechte **248** 61 f. (BB)

Sachregister

- soziale ~ **249** 6ff., **251** 34, 68f. (HE)
- soziale ~sgehalte Einrichtungsgarantien und Staatszielbestimmungen **258** 16ff. (ST)
- soziale Rechte **249** 20f., **252** 7ff., 59 (MV)
- soziale und wirtschaftliche Rechte und Pflichten **251** 42ff. (HE)
- Sozialisierung, ~ und **256** 66 (SL)
- sozialistische ~stheorie **251** 25ff. (HE)
- Sozialisierung und Eigentum **251** 28ff. (HE)
- spezifische ~ der Landesverfassung **252** 18 (MV)
- Sport **253** 73f. (NI), **255** 118 (RP)
- Staat, Kirchen, Religions- und Weltanschauungsgemeinschaften **251** 52f. (HE)
- staatsbürgerliche Rechte **259** 17ff. (SH)
- staatsbürgerliche Rechte und Pflichten (Art. 8 Verf. ST) **258** 26ff.
- Staatsgewalten, Bindung an die ~ **232** 16, 130, **258** 11ff. (ST)
- staatsorganisatorische Regeln Abgeordnetenimmunität **234** 19
- Staatsverträge mit Religions- und Weltanschauungsgemeinschaften **258** 71f. (ST)
- Staatszielbestimmungen **255** <u>77ff.</u>
  - digitale Dienste **259** 76ff. (SH)
  - Gleichstellung von Mann und Frau **259** 62ff. (SH)
  - Grundrechtsgehalte **258** 44ff. (ST)
  - hilfsbedürftige Menschen, Schutz für **259** 57ff. (SH)
  - Kinderschutz **259** 70ff. (SH)
  - Kultur **259** 75 (SH)
  - Lebensgrundlagen, Schutz der natürlichen **259** 73f. (SH)
  - soziale ~sgehalte in **258** 16ff. (ST)
  - Transparenz **259** 81ff. (SH)
- Staatszielbestimmungen und ~ **232** 77ff., **246** 16f. (BY), **247** 79f. (BE), **248** 10ff. (BB), **251** 70 (HE), **252** 19f. (MV), **256** 72f. (SL), **259** 56ff. (SH)
- Staatsziele **255** 120ff. (RP)
  - Handlungspflichten aufgrund von ~n **258** 73ff. (ST)
  - Stärkung der Normativität durch allgemeine Regeln **251** 79 (HE)
- Statik oder Dynamik der Inkorporation der GG-~? **253** 11f. (NI)
- Status~ **246** 28ff. (BY)
- Statuslehre **243** 1
- subjektive Rechte nur aus Bestimmungen im Verfassungsrang ableitbar, ~ als **232** 9
- Subjektivität **232** 19ff.
- subjektiv-öffentliche Rechte **232** 19f.
- Suspendierung von ~n von Landesverfassungen nach 1945 **231** 121
- Teil des objektiven Verfassungsrechts (Grundrechtsnorm) **232** 8
- Teilnahme, ~ auf
  - Berufskammern-Selbstverwaltung **243** 65
  - Hochschulautonomie **243** 66
  - kommunale Selbstverwaltung **243** 64
  - kommunale Wahlrechtsgrundsätze **243** 18ff.
  - kommunales Wahlsystem **243** 24
  - Kommunalwahlen **243** 17ff.
  - Kommunikationsgrundrechte (Landesebene) **243** 57
  - Landtagswahlen **243** 6ff.
  - Mitwirkungs- und Betätigungsrechte im (Landes-) Verwaltungsverfahren **243** 61
  - Parteienfreiheit (Landesebene) **243** 58ff.
  - plebiszitäre Instrumente (kommunale Ebene) **243** 54
  - plebiszitäre Instrumente (Landesebene) **243** 26ff.
  - politische Mitgestaltung (auf Landesebene) **243** 58ff.
  - Schüler- und Elternmitwirkungsrechte **243** 62
  - Selbstverwaltung (Landesebene) **243** 63ff.
  - Volksbegehren (Landesebene) **243** 36ff.
  - Volksentscheid (Landesebene) **243** 43ff.
  - Volksinitiativen (Landesebene) **243** 28ff.
  - Wahlen **243** 6ff.
  - Wahlrecht und Wählbarkeit (kommunal) **243** 25
  - Wahlrecht und Wählbarkeit (Landtage) **243** 11ff.
  - Wahlrechtsgrundsätze (Landtage) **243** 6ff.

Sachregister

- Wahlsystem (Landtage) **243** 10
- Zugang zum öffentlichen Dienst (Landesebene) **243** 56
- Terminologie **251** 14 ff. (HE)
- Tierschutz **232** 85, **253** 79 ff. (NI)
  - Inhalt der Achtungs- und Schutzverpflichtung **253** 82 f. (NI)
  - Objekt oder Subjekt? **253** 80 f. (NI)
  - Rechtsqualität des Art. 6b **253** 79 (NI)
  - Transformation zur innerstaatlichen Durchsetzung, ~ ohne **232** 18
  - Typologie des ~skatalogs **246** 11 ff. (BY)
- Überblick Verfassungsurkunden seit Reichsgründung **231** 49
- Übergangszeit, ~ in den Verfassungsurkunden der **231** 58 ff.
  - Abgrenzung von Ancien Régime und Rätesystem **231** 64
  - Grundrechtsbestand **231** 67
  - Grundrechtsinnovationen und -verluste **231** 68 ff.
  - Kontexte **231** 64 ff.
  - Landes-Grundrechtsdoktrin **231** 71
  - Überblick **231** 58 ff.
  - Urkundenbestand **231** 62 f.
  - Verfassunggebung und Unsicherheit **231** 65
  - Verfassungstraditionen und Verfassungsvergleich **231** 66
- Umweltinformationsrecht **252** 34 (MV) **258** 25 (ST)
- Unabänderlichkeit der ~ Landesverfassungen nach 1945, in **231** 118
- Unantastbarkeit der ~ als solcher **232** 193
- Unionsbürger, ~ als Rechte der **232** 99 f.
- unmittelbar geltendes Recht", ~ als - in Landesverfassungen **232** 16
- „Unmittelbarkeit" der Geltung und Anwendung von ~n **232** 17
- Unschuldsvermutung **256** 54 ff. (SL)
- Unterscheidung und Abgrenzung der ~ **232** 30 ff.
- Unterscheidung von Bundes- und Landes~n **232** 30 ff.
- Unverletzlichkeit der Wohnung **246** 39 ff. (BY), **247** 71 (BE), **260** 35 f. (TH)
- Unversehrtheit, Schutz der seelischen **258** 19 ff. (ST)

- Veränderung der ~ durch Rezeption **259** 25 ff. (SH)
- Verbindlichkeit von ~n, „unmittelbare" **232** 17
- Vereinigungsfreiheit (Vereinsfreiheit) **246** 83 (BY), **255** 73 ff. (RP), **258** 42 f. (ST), **260** 52 ff. (TH)
- Vereinigungsfreiheit und Streikrecht **247** 69 f. (BE)
- Verfassung Berlins (1950), ~ in der
  - Geltung von Landes~n nach Art. 142 GG **247** 20 ff.
  - Grundrechte und Staatsziele **247** 19 ff.
  - Grundrechtslehren, grundsätzliche Anwendbarkeit allgemeiner **247** 26 ff.
  - Katalog der ~ **247** 4 ff.
  - Menschenwürdeschutz **247** 15 ff.
  - Schutz durch ~ **247** 3 ff.
  - überarbeiteter Grundrechtskatalog **247** 18
  - Verfassungsgerichtsbarkeit **247** 9 ff.
  - Verfassungsgerichtshof **247** 14
- Verfassung Nordrhein-Westfalen (1949)
  - Abschnitt „Arbeit und Wirtschaft" **254** 27 ff. (NW)
  - Abschnitt „Die Familie" **254** 26 (NW)
  - Abschnitt „Schule, Kunst und Wissenschaft, Religion und Religionsgemeinschaften" **254** 31 ff. (NW)
  - Entwicklung der ~ von 1949 bis zur Verabschiedung 1951 **254** 25 ff. (NW)
  - Kontinuität und Wandel der Landes~ nach 1951 **254** 43 ff. (NW)
  - Übersicht und Bewertung **254** 39 ff. (NW)
- Verfassung Thüringens, ~ der **260** 16 ff.
- Verfassungsaufträge **232** 73 ff. **255** 117 ff. (RP)
- Verfassungsberatungen (1992), Landes~ in den **258** 1 ff. (ST)
- Verfassungs-Entstehungsgeschichte, ~ und **253** 1 ff. (NI)
- Verfassungsentwicklung des Saarlands, ~ in der **256** 1 ff.
- Verfassungsentwurf der FDP, ~ im **253** 7 (NI)

Sachregister

- Verfassungsentwurf Nordrhein-Westfalen (1949) **254** 10 f. (NW)
  - Entwurf von 1949 als Synthese zwischen Grundgesetz und Entwurf von 1948 **254** 20 ff. (NW)
  - Schulfrage im Vergleich der beiden Entwürfe **254** 14 ff. (NW)
  - sonstige Änderungen **254** 24 (NW)
  - Wegfall der klassischen Grundrechte und Ersatz durch Rezeption **254** 12 f. (NW)
- verfassungsgeberischer Gestaltungsraum **248** 12 ff. (BB)
  - „eigenständige Landesgrundrechte" **248** 22 ff. (BB)
  - GG Art. 142 **248** 14 (BB)
  - GG Art. 31 **248** 15 (BB)
  - „Inkorporation" **248** 18 ff. (BB)
  - „soziale Grundrechte/Grundrechte als Leistungsrechte" **248** 25 (BB)
  - „Textgleichheit" u. „Inhaltsgleichheit" **248** 21 (BB)
  - Umfang **248** 17 ff. (BB)
- Verfassungsgrundlagen **252** 1 ff. (MV)
- verfassungslose(n) Zeit, ~ in der **248** 8 f. (BB)
- verfassungsprozessuale Durchsetzung der ~ und der verwandten Garantien **252** 21 ff. (MV)
- verfassungsprozessuale Folgen grundgesetzlicher Inkorporation **253** 29 f. (NI)
- Verfassungsurkunden der Restauration, ~ in **231** 41 ff.
  - Grundrechtsbestand **231** 45
  - Innovationen und -verluste **231** 46
  - Kontexte **231** 44
  - Landes-Grundrechtsdoktrin **231** 47
  - Überblick **231** 41 ff.
  - Urkundenbestand **231** 42 f.
- Verfassungsurkunden der Revolution, ~ in den **231** 30 ff.
  - Grundrechtsbestand **231** 37
  - Grundrechtsinnovationen und -verluste **231** 38 f.
  - Kontexte **231** 33 ff.
  - Landes-Grundrechtsdoktrin **231** 40
  - Überblick **231** 30 ff.
  - Urkundenbestand **231** 31 f.
- Verfassungsurkunden der Rheinbundstaaten **231** 5 ff.
  - Bestand **231** 9
  - Innovationen und -verluste **231** 10 f.
  - Kontexte **231** 7 f.

- Landes-~sdoktrin **231** 12
- Urkundenbestand **231** 6
- Verfassungsurkunden des Frühkonstitutionalismus **231** 13 ff.
- Verfassungsurkunden seit Reichsgründung, ~ in den **231** 48 ff.
- vergleichbare Bestimmungen, ~ und **252** 3 ff. (MV)
- Verhältnis zum Bundesrecht **252** 32 f. (MV)
- Verhältnismäßigkeitsgrundsatz **232** 185 ff., **251** 82 f. (HE)
- Verpflichtete **232** 129 ff.
- Versammlungsfreiheit **246** 64 ff. (BY), **247** 68 (BE), **248** 59 (BB), **255** 87 f. (RP), **258** 41 (ST), **260** 49 ff. (TH)
- Versuch volksverständlicher ~ **232** 15
- verwaltete ~ **232** 65
- Verwirkung **232** 202 ff., **251** 87 f. (HE)
- Volksentscheide **255** 91 (RP)
- Volksinitiative, Volksbegehren **255** 92 ff. (RP)
- vorgrundgesetzliche Landesverfassungen und ~ **231** 88 ff.
  - Ostdeutschland **231** 91 f.
  - Überblick **231** 88
  - Vormärz, ~ des **231** 27
- Vorrang der Verfassung **232** 9, **251** 64 f. (HE)
- Wahlen und Abstimmungen **248** 57 (BB), **255** 90 (RP)
- Widerstandsrecht **247** 74 (BE)
- Wiedervereinigung, ~ seit der **248** 8 ff. (BB)
- Wirkkraft der Landes~ **246** 21 f. (BY)
- Wissenschaft und Hochschulen, ~ im Bereich von **253** 56 ff. (NI)
  - Schutz und Förderung der Wissenschaft **253** 56 ff. (NI)
  - Selbstverwaltungsrecht der Hochschulen **253** 63 ff. (NI), **255** 111 (RP)
  - Unterhalt und Förderung von Hochschulen **253** 61 f. (NI)
- Wissenschafts- und Kunstfreiheit **255** 50 ff. (RP)
- Wissenschaftsfreiheit **246** 73 ff. (BY), **258** 32 (ST), **260** 77 ff. (TH)
- Wohnungs- und Obdachrecht **260** 55 f. (TH)
- Würde des Menschen **247** 31 (BE), **255** 14 (RP)
- Zugang zu öffentlichen Ämtern **247** 64 (BE), **255** 106 (RP)

Halbfette Zahl = §§; magere Zahl = RN; unterstrichene Zahl = Hauptfundstelle; FN = Fußnote

Sachregister

- Zugangrecht zu politischen Ämtern **248** 51 (BB)
- Zuordnung zu Sachthemen **231** 101
- Zwischenkriegszeit, ~ in den Verfassungsurkunden der **231** 72 ff.
  - Grundrechtsbestand **231** 79 ff.
  - Grundrechtsinnovationen und -verluste **231** 83 ff.
  - Grundrechtsdoktrin **231** 87
  - Kontexte **231** 75 ff.
  - Überblick **231** 72
  - Urkundenbestand **231** 73 f.

Grundrechte, soziale
- Abgrenzungsprobleme in Landesverfassungen **242** 37
- Arbeit, Recht auf variantenreich **242** 44
- Ausgestaltungsvarianten Gesetzgebungsauftrag, als **242** 8
- Auslegungsbedarf **242** 10
- Begriffsbildung, Unschärfe **242** 5
- dynamischer Charakter
  - in Landesverfassungen **242** 26
- Erwartung aktiven, fördernden Staatshandelns **242** 6
- Finanzierungsbedürftigkeit **242** 9
- Fundament der Bundesverfassung, ~ auf dem **242** 33
- Haushaltsabhängigkeit begrenztes Argument, als **242** 9
- IPWSKR, ~ im
  - Durchsetzungsgrenzen **242** 14
  - self executing rights? **242** 14
- Justitiabilität **242** 11, 28
- Katalog-Vorschläge für ~, divergierende
  - in Landesverfassungen **242** 37
- Konkretisierung durch den (Landes-) Gesetzgeber **242** 29
- Landesebene, Beschränkungen für ~ auf Kompetenzordnung, durch die **242** 36
- Landesverfassungen, ~ als Domäne der **242** 4
- Leistungsgrundrechte, ~ als Ausprägungen der **242** 24
- Leistungsgrundrechte: Abgrenzungserfordernisse **242** 7
- Menschenrechte zweiter Generation **242** 12
- Nachwirkungen der WRV für ~, abnehmende
  - in Landesverfassungen **242** 38
- Programmsätze, ~: Ausprägungen als
  - in Landesverfassungen **242** 24
- rechtsdogmatische Einordnung **242** 10
- Rechtsquellen-Vielfalt Übereinstimmung im Aussagekern **242** 11
- redaktionssystematische Zuordnungsunterschiede
  - in Landesverfassungen **242** 40
- Regelungsdichte, Unterschiede in der **242** 4
- soziale Implikation **242** 6
- sozialreformerische Fortbildung durch die WRV **242** 20
- Sozialstaat, und ~ **242** 3
- Sozialstaatlichkeit auf Landesebene, ~ in der **242** 35
- Staatszielbestimmungen: Ausprägungen als ~
  - in Landesverfassungen **242** 24
- Staatsziele in verfassungssystematischer Trennung **242** 41
- Systematik-Unterschiede **242** 4
- Variationen, begriffliche und syntaktische
  - in Landesverfassungen **242** 39
- verfassungsrechtlicher Befund **242** 4
- Vorgaben aus Art. 28 Abs. 1 S. 1 GG **242** 34
- Weichenstellung für ~ durch die WRV **242** 19
- zentrale ~, Fokussierung auf **242** 42 ff.
- Zuordnungsunterschiede für ~, verfassungsredaktionelle
  - in Landesverfassungen **242** 40

grundrechtlicher Schutzbereich
- Eigentumsgrundrecht, sachlicher ~ **239** 70
- Selbstbestimmungsfähigkeit und ~ **232** 101

Grundrechtsabstinenz
- Ausnahme in Organisationsstatuten (ab 1919) **231** 80
- prima facie-~ **231** 53

Grundrechtsadressaten
- Gleichheitssatz, allgemeiner
  - in Landesverfassungen **240** 5
- Grundrechtsverpflichtete und ~ **232** 129

„grundrechtsähnliche" Rechte **232** 10
Grundrechtsalternativität **232** 166
Grundrechtsauslegung
- bundesgrundrechtsfreundliche ~ **235** 26
- BVerfG-Rahmen, Ausrichtung der ~ am **233** 95 (HE)

Sachregister

- Eigenständigkeit der ~ in Rheinland-Pfalz **233** 94
- EMRK-konforme ~ **235** 29
- GG-konforme ~ der Landesgrundrechte **239** 41
- soziale Rechte **242** 10

Grundrechtsausstrahlung **232** 140

Grundrechtsausübung
- Selbstbestimmungsfähigkeit, für die ~ notwendige **232** 106

Grundrechtsausübungsfähigkeit **232** 168
- Fähigkeit, Träger von Grundrechten zu sein **232** 101

Grundrechtsausübungsverzicht **232** 196
- ausdrückliche oder stillschweigende Willenserklärung für den ~ **232** 199
- Ausrichtung an der jeweiligen Grundrechtsstruktur **232** 197
- Einverständnis oder Einwilligung, ~ durch **232** 197
- Staatsabwehrwille **232** 197

Grundrechtsauswirkung
- mittelbare Drittwirkung, ~ als **232** 134

Grundrechtsbegriff
- Abgrenzung von anderen Verfassungsbestimmungen **232** 38
- Aktualität **232** 17 f.
- Fundamentalität **232** 26
- Justitiabilität **232** 27 f.
- Konstitutionalität **232** 9 f.
- Normativität **232** 14 ff.
- Positivität **232** 11 ff.
- Prozeßgrundrechte **244** 1 ff.
- Subjektivität **232** 19 ff.
- weitgefaßter ~ des Art. 142 GG **242** 34

Grundrechtsberechtigte **232** 84, **251** 76 (HE)
- Gleichheitssatz, allgemeiner
- in Landesverfassungen **240** 5
- juristische Personen als ~ Unverletzlichkeit der Wohnung **235** 38
- natürliche Personen **232** 84 ff.
- Religionsunterrichtsgewährleistung **236** 24
- Rundfunkfreiheit, ~ der **237** 45 (SN)
- Unverletzlichkeit der Wohnung **235** 37 f., 54

Grundrechtsberechtigung(en) **232** 86
- „Anspruch auf rechtliches Gehör" **232** 24
- „Anspruch auf seinen gesetzlichen Richter" **232** 24

- Ausländer-Dominanz, ~ für inländische juristische Personen mit **232** 115
- Erstreckung, ~ kraft Erstreckung **232** 111
- inländische juristische Personen (Sitzmaßgeblichkeit), ~ für **232** 114
- Relativierung der ~ durch spezielle Kindergrundrechte **238** 53
- umfassende ~ vs. Kindergrundrechte **238** 40
- Wahrnehmung berufsständischer Interessen, ~ bei **232** 128

Grundrechtsbeschränkung(en)
- Anlaßgesetze, ~ durch **232** 183
- Eignung von ~ zur Zielerreichung **232** 189
- Einzelfallgesetz(e), ~ durch **232** 183
- Grundrechtsmißbrauch, ~ bei **232** 174
- Maßnahmegesetze, ~ durch **232** 183
- soziale Staatsziele als ~? **232** 180, **235** 63
- Wesensgehaltsgarantie als starre und absolute Grenze für ~ **232** 194
- Zitiergebot: Nichtigkeit der ~ bei Verstoß gegen **232** 184

Grundrechtsbindung **234** 1
- Befreiung von der ~ durch Beleihung, keine **232** 143
- Beliehene wegen Zuständigkeiten-Übertragung durch den Staat, ~ für **232** 143
- Beschränkungen der ~ **232** 141
- fiskalisches Handeln und ~ der Verwaltung **232** 132
- Fiskalprivatrecht, ~ auch im **232** 132
- Gemeinden ungeachtet ihres Selbstverwaltungsrechts (Art. 28 Abs. 2 GG), ~ der **232** 130
- Grundrechtsbestimmungen, Ausmaß der ~ aus den **232** 130
- Grundrechtsverpflichtung und ~ (Art. 1 Abs. 3 GG). **232** 129
- konstruierte ~ Privater **232** 145
- Landesstaatsgewalt, doppelte ~ der **235** 31
- mittelbare ~ Privater **232** 144
- Privatpersonen nur bei ausdrücklicher GG-Anordnung, ~ von **232** 136
- Staatsgewalt (institutionell u. funktional), ~ aller **232** 130
- Verwaltungsprivatrecht, ~ auch im **232** 131

Sachregister

- Wahlfreiheit der Verwaltung zwischen öffentlich- und privat-rechtlicher Handlungsform **232** 131

Grundrechtsbindungsnorm
- Danziger Verf. (1920) Art. 70 bzw. Art. 71 **231** 81

„Grundrechtsblüte"
- Verfassungen der neuen Länder, ~ in den **233** 96

Grundrechtsbrechung
- Warnungen vor reichsrechtlicher ~ (ab 1919) **231** 71

Grundrechtsdebatten
- Paulskirchenverfassung als Referenzpunkt späterer ~ **231** 141

Grundrechtsdisparitäten 233 98

Grundrechtsdoktrin
- Zwischenkriegszeit, ~ in der **231** 87

Grundrechtsdurchsetzung
- Justitiabilität **232** 27
- Wege der ~ **232** 28

Grundrechtseinfluß
- mittelbare Drittwirkung, ~ als **232** 134

Grundrechtseingriff(e) 239 51 ff.
- Ausgleich von ~n durch vorwirkende grundrechtliche Verfahrensgarantien **232** 68
- berufliche Vertrauensbeziehungen, ~ und Schutz für **235** 46
- Berufsfreiheit, ~ in die **239** 47
- Beschlagnahme von Gegenständen **235** 40
- Beschränkungen für ~ **251** 79 ff. (HE)
- Betriebs- und Geschäftsräume, ~ in **235** 59
- Bewegungsfreiheit **234** 15
- Daten, ~ in den Schutz personenbezogener **233** 68 (SL)
- dringender Gefahr, ~ zur Verhütung **235** 59
- Durchsuchung von Wohnungen **235** 5, 42 ff. (HB)
- Eigentumsfreiheit, ~ in die
   - Geldleistungspflichten, durch **239** 77
   - Inhalts- oder Schrankenbestimmung **239** 78
   - Landesgesetz, durch **239** 76
- Eingriffscharakter des ~s, berufsbezogener **239** 47
- Erledigung bei ~n und Effektivität des Rechtsschutzes **232** 72
- Freizügigkeit **234** 15, 24
- Gefahr, ~ bei gemeiner **235** 58
- gesetzliche Grundlage für ~ in die informationelle Selbstbestimmung **233** 82 (SN)
- Grenzen der Eilkompetenz **235** 51
- Individualsphäre, ~ in die räumliche **235** 35
- informationstechnisches System, ~ durch Zugriff auf **235** 40
- Jugendliche, Schutz für gefährdete **235** 55 (HB)
- körperliche Unversehrtheit, ~ in die **234** 11
- materielles Gesetz, ~ durch **235** 59
- Nichtbeachtung grundrechtssichernden Verfahrensrechts **232** 71
- Notstände, ~ zur Behebung öffentlicher **235** 55 (RP)
- Rechner als ~, Zugriff auf **235** 40
- Rechtfertigung **239** 51 f.
- Schwere **233** 59
- Seuchengefahr, ~ bei **235** 55 (HB)
- sonstige Beeinträchtigungen, ~ und **235** 55 ff.
- technische Wohnraumüberwachung **235** 51 ff.
- Unverletzlichkeit der Wohnung **235** 9 (SN), 39 ff.
- Verhältnismäßigkeit des ~s **233** 60 (HE), 83 (SN), **235** 45 ff., 56 (SL)
- Verletzung von Verfahrensrecht, ~ auch bei **232** 71
- Wohnung, ~ in die Unverletzlichkeit der **235** 5 (HB), 39
   - bauaufsichtliches Betretungsrecht **235** 42
   - Gefährdung von Kindern, bei **235** 14 (BE)
   - Lausch- und Späheingriffe **235** 42
   - Wohnung, Unverletzlichkeit der **235** 59
- Wohnungsausspähung durch technische Mittel **235** 10 (ST), 39
- Zumutbarkeitsgrenzen **233** 59

Grundrechtseinschränkungen
- unscharf gefaßte Verbote, ~ durch **231** 123
- Zielkataloge für ~ Landesverfassungen nach 1945, in **231** 116

Grundrechtseinwirkung
- Verfahrensrecht, ~ auf das **232** 72

Grundrechtsentwicklung
- Inkrafttreten der Landesverfassung Bayerns, ~ seit **246** 8

- Revolution von 1849, ~ nach der 260 6 (TH)
Grundrechtsergänzung
- Einrichtungsgarantien 232 40
Grundrechtsfähigkeit 232 86 ff.
- Beginn der ~ 232 89 f.
- Ende der ~ 232 91 f.
- Grundrechtsmündigkeit, ~ und 232 101
- juristische Personen, ~ für 231 85, 232 109
- partielle ~ der Leibesfrucht 232 90
- Verzicht auf ~, kein 232 201
Grundrechtsfundamentalität 232 26 (BY)
Grundrechtsgarantien
- Normativität der Grundrechte 251 66 f. (HE)
Grundrechtsgebrauch
- „Massenhaftigkeit der Grundrechtsausübung" (Brokdorf-Beschluß des BVerfG) 232 25
- Organisations- und Verfahrensregelungen, ~ und geeignete 232 61
- Verhaltensgrundrechte, ~ durch 232 25
Grundrechtsgefährdung(en)
- Vorverlagerung des Grundrechtsschutzes bei ~ 232 69
Grundrechtsgehalte 258 44 ff. (ST), 259 5 ff.
Grundrechtsgeltung 232 129
- Art. 5 Verf. BB 248 26 ff.
- Bereich der ~ rezipierter Bundesgrundrechte 232 157
- Geltungsraum, ~ und 232 154
- Landesgebietsverknüpfung, ~ und hinreichende 232 158
- Maßgeblichkeit (Inkraftsein) und (originäre) Durchsetzbarkeit 232 154
- personal, räumlich, inhaltlich 232 84 ff.
- Staat-Bürger-Verhältnis unbeschadet der Rechte Dritter, ~ im 232 149
- unmittelbare ~ Landesverfassungen nach 1945, in 231 117
- verfassungsrechtliches Gebot, ~ und 232 161
- weitere Verfassungsregelungen zu ~ und -anwendung 258 15 (ST)
Grundrechtsgenese
- Grundgesetz, Rezeptionsvorgänge für die ~ im 231 132

- Vorbildwirkungen für die GG-~ 231 136
Grundrechtsgewährleistungen
- Ehe, Unterschiede in Bund und Ländern 238 1 ff.
- eigenständige ~ in Landesverfassungen 234 3
- Familie, Unterschiede in Bund und Ländern 238 1 ff.
- Landesverfassungen, Gewährleistungsumfang 241 49 ff.
- Minderheitenschutz, Landesverfassungen 241 33
- Nachkriegslandesverfassungen 1946/1947 231 88
- Schule, Unterschiede in Bund und Ländern 238 1 ff.
- Verfassung Bremens 249 1 ff., 24 ff.
grundrechtsgleiche Rechte 232 10, 251 20 f. (HE)
Grundrechtsgrenze(n)
- bereichsspezifische immanente ~ 232 179
- Gewaltverbot 232 170 f.
- Grundrechtsmündigkeit 232 168
- partielle immanente Grenzen 232 179
- Rechte anderer 232 172 f.
- Rechtsmißbrauchsverbot 232 174 ff.
- Sozialschädlichkeitsverbot 232 169
Grundrechtsgruppierungen
- Reichsverfassung (1871), ~ unter der 231 54
Grundrechtsinhalt(e)
- völkerrechtlich geprägte ~ 234 10
- Wandel des ~s durch Rezeption 232 35
Grundrechtsinnovation(en) 231 23
- landesverfassungsrechtliche Genese von ~ 231 138
Grundrechtskatalog(e)
- Allgegenwärtigkeit bei der GG-Genese, ~ der Landesverf. 231 132
- Baden (1818) 231 20
- Bayerische und Bremische ~ als Vorbilder im HChE 231 133
- Bayern (1818) 231 20
- Braunschweig (1832) 231 20
- Frühkonstitutionalismus Übersicht I 231
- Hannover (1833) 231 20
- Hannover (1840) 231 20
- Hessen-Darmstadt (1820) 231 20
- Hessen-Kassel (1831) 231 20

Sachregister

- Hohenzollern-Sigmaringen (1833) **231** 20
- Homogenität der ~ der Länder (1848/1849) **231** 30
- Inkorporation des GG-~ **234** 2
- Landesverfassungen, ~ in **238** 3
- Luxemburg (1841) **231** 20
- Regelungsort in den Landesverfassungen **231** 101
- Reichs- und Einzelstaatsebene **231** 40
- Sachsen (1831) **231** 20
- Sachsen-Altenburg (1831) **231** 20
- Sachsen-Coburg-Saalfeld (1821) **231** 20
- Sachsen-Meiningen (1829) **231** 20
- Schwarzburg-Sondershausen (1841) **231** 20
- Typologie Grundpflichten **246** 14f. (BY)
- Typologie Grundrechte **246** 11ff. (BY)
- Typologie Staatszielbestimmungen **246** 16f. (BY)
- Übergangsverfassungen (ab 1919), ~ in den **231** 67
- Voranstellung des ~s – in Landesverfassungen **232** 7
- Vorbild in vorgrundgesetzlichen Landesverfassungen **231** 131
- Württemberg (1819) **231** 20
- Zitiergebot bei Grundrechten außerhalb des ~ **232** 184

Grundrechtskern
- Persönlichkeitsrecht, allgemeines **233** 74 (BE)

Grundrechtskodifikation
- Landesverfassungen, ~ in **231** 130

Grundrechtskollision(en) **232** 118, **239** 19
- Gestaltungsfreiheit des Gesetzgebers bei Kollisionslösungen **232** 70
- juristische Personen aus EU-Mitgliedstaaten, ~ für **232** 118
- Landesgrundrechte zu Art. 13 GG **235** 20
- Landesverfassungen, ~ in **231** 130
- „praktische Konkordanz" **232** 173
- Regelung durch Art. 142 GG **232** 32ff. **236** 12
- Verfahrensregelungen bei ~ **232** 70

Grundrechtskonformität
- verwaltungsprivatrechtliches Handeln, Gebot der ~ für **232** 131

Grundrechtskonkurrenz(en) **232** 164ff.

Grundrechtskultur **235** 23
Grundrechtslaboratorien **231** 141
Grundrechtslehren
- allgemeine ~ **232** 1ff., **258** 11ff.
- Anwendbarkeit allgemeiner ~ Verf. Berlin (1995) **247** 26ff.

Grundrechtsmehrgewährleistungen **231** 139

Grundrechtsmißbrauch **232** 174
- Grundrechtsbeschränkungen (nicht: Schutzbereichsbegrenzungen) bei ~ **232** 174
- Schikaneverbot **232** 177

Grundrechtsmündigkeit **232** 101ff., 168
- altersstufentypische Fähigkeit verantwortlicher Grundrechtsausübung **232** 103
- Entscheidungsreife für unterschiedliche Handlungsbereiche **232** 103
- entsprechende Anwendung zivilrechtlicher Regelungen **232** 105
- Geschäftsunfähigkeit, ~ im Falle der **232** 106
- Grundrechtsausübungsfähigkeit, ~ als **232** 168
- religiöses Bekenntnis und ~, Entscheidung über **232** 104
- Verhaltensgrundrechte oder Schutzrechte, ~ im Hinblick auf **232** 102
- Verstandesreife, ~ und **232** 101
- zivilrechtliche Teilmündigkeitsregelungen **232** 104

grundrechtsnahe Bestimmungen
- hamburgische Verfassung **250** 8ff.

Grundrechtsnorm(en)
- Ableitung der Grundrechte aus ~ **232** 8
- Einfügung neuer staatszielartiger Bestimmungen **254** 61f. (NW)
- Grundrechte, ~ und **232** 8
- Interdependenz von ~ und Grundrecht **232** 10
- Subjektivierung der ~ **232** 19

Grundrechtsnormativität
- autoritativ-verbindliche Sollensnorm, Wirkung als **232** 14

Grundrechtsordnung
- geschlossene ~ des GG **233** 91

Grundrechtsprüfung
- zweifache verfassungsgerichtliche ~ **235** 31

Grundrechtsregime
- Paulskirchenverfassung als regulative Idee **231** 44

Sachregister

Grundrechtsrezeption
- Rechtsprechung, ~ durch die **231** 82
- Wandel des Grundrechtsinhalts durch ~ **232** 35

Grundrechtsschranke(n) **239** 53 ff.
- Achtung des Eigentums Dritter als immanente ~ **232** 172
- Ausgleich von Allgemein- und Individualinteressen **233** 59
- Berufsfreiheit als umfassender Regelungsvorbehalt?, ~ der
  - in Landesverfassungen **239** 52
- Berufsgrundrechte, ~ der **239** 51 F.
- Datenschutzrecht, ~ für das **233** 75 (BE)
- Dreistufenlehre zu den ~ der Berufsfreiheit **239** 56
- Eigentumsfreiheit, ~ der Inhaltsbestimmung, Abgrenzung zu **239** 82
- Forschungsfreiheit **237** 62 (MV)
- Freizügigkeit Ausländer **234** 21 (BB)
- Gemeinwohlbezug **233** 59
- Gesetzesvorbehalt **233** 87 (TH)
- Glaubensfreiheit **236** 7
- immanente **232** 167, **233** 50 (SL)
- immanente und unmittelbare ~ **232** 180
- informationelle Selbstbestimmung, ~ für die **233** 59, 82 (SN)
- Informationsfreiheit, ~ der **237** 34 (ST)
- Kompetenzordnung, Wahrung der
  - in Landesverfassungen **239** 53
- Landesgrundrechte, ~ aus Art. 13 GG für Wohnung, Unverletzlichkeit der **235** 57
- Lehrfreiheit **237** 62 (MV)
- Meinungsfreiheit, ~ der **255** 48 (RP)
  - allgemeine Gesetze, als **237** 7 (BY)
  - Schmutz und Schund, Bekämpfung von **237** 8 (BY)
- Presse- und Rundfunkfreiheit **255** 48 (RP)
- Rechte Dritter, ~ durch **237** 35 (ST)
- Respektierung der Rechte anderer als immanente ~ **232** 172
- Schrankenschranken, ~ und **232** 181 ff.
  - Übermaßverbot **232** 185 ff.
  - Verbot des Einzelfallgesetzes **232** 181 ff.
- Wesensgehaltsgarantie **232** 192 ff.
- Zitiergebot **232** 181 ff.
- „Schrankentransfer" bei der Berufsfreiheit
  - in Landesverfassungen **239** 52
- Staatsziele nicht als unmittelbare ~ **232** 83
- subjektive Berufswahlregelungen als ~ **239** 58
- ungeschriebene verfassungsimmanente ~ **232** 180
- Urheberrecht bei Musikproduktionen **232** 172
- verfassungsmäßige Ordnung **233** 42 (HE)
- verfassungsunmittelbare ~ **232** 180
- Wohnung, Unverletzlichkeit der **235** 58
- Wissenschaftsfreiheit **237** 62 (MV)

Grundrechtsschutz
- Eigenständigkeit des ~es für Ehe und Familie **238** 52
- Einrichtungsgarantien **232** 40
- Ergänzungen
  - in Landesverfassungen **238** 4
- Gerichtsschutz, ~ als **232** 28
- immanente Grenze der Gewaltlosigkeit **232** 171
- Informationsgewinnung **237** 22 (BE)
- Inhaltsgleichheit von Bundes- und Landes-~ **235** 19
- institutionell-prozeduraler ~-Ansatz **231** 21
- Konkretisierung des ~es in Landesverfassungen **238** 4
- Ehe und Familie, im Bereich von **238** 52
- Landesverfassungen, ~ in **234** 28
- Leistungsrechten („Teilhaberechten") des status positivus **232** 20
- Minderheiten Art. 6 Abs. 2 Verf. SH **241** 50 ff.
- Niveau **233** 13
- Organisation und Verfahren, ~ durch **232** 61 ff.
- Parallelisierung zum Bund in einigen Ländern **238** 4
- Parallelität von Bund und Ländern bei Ehe und Familie **238** 51
- Parzellierung des ~s, keine **238** 53
- Prozeßgrundrechte **244** 46 ff.
- Schutz im und durch Verfahren **232** 64
- Schwächung des ~es **238** 55

Sachregister

- status negativus **232** 20
- Teilnahmerechte (status activus) **232** 20
- umfassender ~ Kernanliegen des modernen Verfassungsstaats **238** 40
- Verfahrensgestaltung, effektiver ~ durch **235** 44
- Verwirkung des ~es **237** 18 (HE)
- Verwirkung Kunstfreiheit, bei der **237** 72 (HE)
- Vorverlagerung des ~es bei Grundrechtsgefährdungen **232** 68
- zurückgenommener ~ in Landesverfassungen **238** 3

Grundrechtssicherung durch Verfahren 232 65

Grundrechtsspezialität
- Einzelgrundrechte und allgemeine Handlungsfreiheit **232** 165

Grundrechtssubjektivität 232 19 f., 86
- Kinder und Jugendliche, keine gesonderte ~ für **232** 88

Grundrechtstatbestand
- erhebliches sozialschädliches Verhalten nicht vom ~ erfaßt **232** 169

Grundrechtstextmontagen
- Landesverfassungen, ~ für das GG aus **231** 137

Grundrechtstheorie 251 22 ff. (HE)
- demokratische ~ **251** 40 (HE)
- Heterogenität der ~n **251** 22 (HE)
- konservative ~ **251** 36 ff. (HE)
- liberale ~ **251** 23 f. (HE)
- sozialistische ~ **251** 25 ff. (HE)

Grundrechtsträger(schaft) 232 86
- Berufsgrundrechte **239** 37
- Eigentumsfreiheit, ~ der **239** 67
- Erstreckungsklauseln, ~ aufgrund **232** 111
- Mindest-Altersgrenzen **232** 89
- (partielle) ~ juristischer Personen öffentlichen Rechts **232** 127
- „Staatsbeherrschung", ~ für juristische Personen bei **232** 120
- Unionsbürger, ~ für **240** 54 (RP)

„grundrechtstypische Gefährdungslage"
- juristische Personen des öffentlichen Rechts, ~ für **232** 122

Grundrechtsübernahme
- Gegenstand **245** 15 ff. (BW)
- Wirkung **245** 9 ff. (BW)

Grundrechtsunfähigkeit
- ausländische juristische Personen, ~ für **232** 116

Grundrechtsverbürgungen 245 49 ff. (BW)
- „Erziehung und Unterricht" **245** 33 ff. (BW)
- „Lebensordnungen", ~ in den **245** 19 ff. (BW)
- „Mensch und Staat" **245** 24 ff. (BW)
- „Religion und Religionsgemeinschaften" **245** 30 ff. (BW)
- Verbot der Diskriminierung Behinderter **245** 25 ff. (BW)

Grundrechtsvergleich
- Prozeßgrundrechte landesverfassungsrechtlich **244** 10 ff.

Grundrechtsverletzung(en)
- Rechtsschutz gegen ~ **257** 35 ff. (SN)
- Prüfungsmaßstab **257** 38 ff. (SN)
- Rechtsschutzorgane **257** 35 ff. (SN)
- unzulängliches Verfahrensrecht als ~ **232** 67

Grundrechtsverlust(e) 232 195
- Ancien Régime, ~ im **231** 11
- Grundrechtsverwirkung **232** 202 ff.
- Grundrechtsverzicht **232** 196 ff.
- Landesgrundrechte(n), ~ bei **232** 195 ff.

Grundrechtsverpflichtete 251 77 f. (HE)
- Beliehene als ~ **232** 143
- Dritte **232** 134
- Garantenstellung?, ~ in quasi-staatlicher **232** 144 ff.
- Grundrechtsadressaten, ~ und **232** 129
- öffentliche Gewalt **232** 129 ff.

Grundrechtsverstoß
- Verfahrensfehler-Beachtlichkeit nur bei ~ **244** 7

Grundrechtsverwirkung
- allgemeine immanente ~ **232** 178
- allgemeine und spezielle ~ **232** 202
- Grundrechtsverlust durch ~ **232** 195
- immanente Grenze der Grundrechte **232** 177
- Landesgrundrechte(n), ~ bei **232** 202 ff.
- Prinzip der „streitbaren" oder „wehrhaften Demokratie" **232** 203
- Verfahren und ~sausspruch **232** 202
- Verfassungsbeschwerde **231** 125 (BY)
- verfassungsunmittelbare Schranke, ~ als **232** 204

Sachregister

- Verwirkungsausspruch als BVerfG-Monopol **232** 206

Grundrechtsverzicht
- Drittwirkung bei „gestörte(r) Vertragsparität", ~ und mittelbare **232** 200
- Einwilligungserklärung, ~ durch eindeutige **232** 197
- Grundrechtsfähigkeitsverzicht, kein **232** 201
- Grundrechtsgebrauch, ~ als **232** 198
- „Grundrechtsschutz gegen sich selbst", ~ und **232** 197
- Grundrechtsträgerschaft, ~ nicht als Verzicht auf **232** 201
- Grundrechtsverlust durch ~ **232** 195
- keine Bevormundung des Bürgers" **232** 199
- Landesgrundrechte(n), ~ bei **232** 196 ff.
- Preisgabe und Verwendung seiner persönlichen Daten **232** 197
- stillschweigende oder schlüssige Einwilligungserklärung, ~ durch **232** 197
- Verzicht auf das Grundrecht selbst, ~ als **232** 196

Grundrechtsvorbehalt
- Schranken der Gesetze und der guten Sitten **233** 40 (BY)
- Verfassungstreue Wissenschaftsfreiheit **237** 58 (BB)

Grundrechtswirkung
- prozessuale Aspekte **246** 23 ff. (BY)
- soziale Landesverfassungsrechte **242** 28 ff.
- Wirkkraft der Landesgrundrechte **246** 21 f. (BY)

Grundrechtszielbestimmungen **232** 80

Gruppenrecht(e)
- Minderheitenschutzrecht als ~ **241** 31

Habeas Corpus-Act (1679) **234** 15
- Verfahrensschutz durch ~ **232** 63

Hamburg
- demokratische Verfassungsurkunden in ~ (1849), genuin **231** 31
- Gleichstellungsvorschriften **250** 12 ff.
- Grundrechtsabschnitt in der (Revolutions-)Verfassung von ~, umfangreicher **231** 37
- grundrechtsnahe Verfassungsbestimmungen **250** 8 ff.
- Nachkriegslandesverfassung **231** 90
- Organisationsstatut Rückwendung der Verfassung ~s zum **250** 6 f.
- Organisationsstatut Verfassung ~s als **250** 1
- politische Initiativrechte (insb. Volksgesetzgebung) **250** 9
- Restaurationsverfassung von ~ (1860) **231** 43
- Verfassung, historischer Hintergrund und Genese **250** 2 ff.
- Verfassungserneuerung bzw. -revision in der Freien und Hansestadt ~ (1921) **231** 73
- Verfassungsüberarbeitung (1879) zur Reichsgründung (1871) in ~ **231** 50
- Verwaltungsrechtswegsgarantie **250** 11
- Vollverfassungsentwurf von 1948 **250** 2 ff.
- Zugangsgleichheit zu öffentlichen Ämtern **250** 10

Handels- und Gewerbefreiheit
- WRV Art. 151 Abs. 3 **239** 6

Handlungs- oder Verhaltensnormen
- grundrechtliche ~ **232** 139

Handlungsfreiheit, allgemeine **233** 49 (HB), 53 (BE), 55 (SN), **255** 12 (RP), **256** 20 f. (SL)
- Auffanggrundrecht, ~ als **233** 39
- Ausreisefreiheit, ~ als Grundlage der **234** 26
- Geltungsgrund, Doppelungen im **233** 91
- Gesetzmäßigkeit der Verwaltung, ~ und **233** 37 (BY)
- Lebensbereiche, ~ als Freiheitsrecht für alle **233** 38 (BY)
- Nachbildungen zu Art. 2 Abs. 1 GG in Landesverfassungen **234** 18

Handlungspflichten
- Einrichtungsgarantien und Staatsziele, ~ für **258** 73 ff. (ST)

Hannover
- landständische Verfassung (1819) **231** 14
- landständische Verfassung (1833) **231** 14
- landständische Verfassung (1840) **231** 14

Harmonisierung
- Sozialisierungsvorschriften, ~ bundes- und landesverfassungsrechtlicher **239** 98

Sachregister

„Haussuchung"
- Wohnung, ~ und Unverletzlichkeit der **235** 27 (HE)

Herrenchiemsee, Entwurf von
- Art. 1 **233** 28
- Art. 1 Abs. 2 **233** 7, 15

Heimat
- Benachteiligungsverbot wegen ~ **241** 26
- Freizügigkeit, Recht auf ~ und **234** 25 (BW)
- Vertreibung, Schutz vor **241** 85 (SN)

Heimrecht
- sozialrechtliche Zuständigkeiten der Länder im ~ **242** 67

Herkunft
- Benachteiligungsverbot wegen ~ **241** 26

Herrschaftsrechte
- Herrschaftsrechte (Beherrschungsrechte), ~ als subjektive **232** 21
- „persönliche Familienrechte", ~ als **232** 22

Hessen
- allgemeine Handlungsfreiheit, vorgrundgesetzliche Verfassungen **233** 41 f.
- Ehre und Würde des Menschen **233** 11
- Gesetzgebungsaufträge **251** 75
- Grundrechte
  - allgemeine Grundrechtslehren **251** 76 ff.
  - Anforderungen an grundrechtseingreifende Gesetze **251** 84 ff.
  - Berechtigte **251** 76
  - Beschränkungen für Eingriffe **251** 79 ff.
  - besondere Gesetzesvorbehalte **251** 80 f.
  - Stärkung der Normativität durch allgemeine Regeln **251** 79
  - Verhältnismäßigkeitsgrundsatz **251** 82 f.
  - Verpflichtete **251** 77 f.
  - Verwirkung **251** 87 f.
- informationelle Selbstbestimmung, vorgrundgesetzliche Verfassungen **233** 60
- Informationsfreiheit **237** 28 f.
- Instituts- und institutionelle Garantien **251** 74
- klassische Grundrechtsgarantien **251** 66 f.
- Lebens- und Gemeinschaftsordnungen
  - Allgemeines **251** 41
  - Arbeitswelt **251** 42 ff.
- Erziehung, Bildung, Denkmalschutz und Sport **251** 54 ff.
- Meinungsfreiheit **237** 18 f.
- Nachkriegslandesverfassung v. 1.12.1946 **231** 90
- Normativität der Grundrechte **251** 64 ff.
- Persönlichkeitsrecht, vorgrundgesetzliche Verfassungen **233** 60
- Programmsätze **251** 71 ff.
- Rechtsschutz vor dem Staatsgerichtshof **251** 89
- soziale Grundrechte **251** 68 f.
- soziale und wirtschaftliche Rechte und Pflichten **251** 42 ff.
- Staat, Kirchen, Religions- und Weltanschauungsgemeinschaften **251** 52 f.
- Staatszielbestimmungen **251** 70
- Verfassung **251** 41 ff.
- Wirtschaft **251** 47 ff.
- liberale Grundrechtstheorie **251** 23 f.
- Menschenbild **251** 11 ff.
- Normierung von Grundrechten **251** 14 ff.
- soziale Grundrechte **251** 34
- Sozialisierung und Eigentum **251** 28 ff.
- sozialistische Grundrechtstheorie **251** 25 ff.
- tatsächliche Gleichheit **251** 26 f.
- Umverteilung (steuerlich) **251** 35
- Vielheit sozialistischer Grundrechtstheorien **251** 25
- Verfassungserneuerung bzw. -revision in ~ (1919) **231** 73
- Vorrang der Verfassung **251** 64 f.
- Wesentlichkeitsvorbehalte in ~ Art. 63 Abs. 2 S. 1 Verf. **231** 115
- Wissenschaftsfreiheit **237** 62
- Würde des Menschen **233** 11 ff.

Hessen-Darmstadt
- landständische Verfassung (1820) **231** 14

Hessen-Homburg
- demokratische Verfassungsurkunden in ~ (1850), genuin **231** 31
- Grundrechtsabschnitt in der (Revolutions-)Verfassung von ~, umfangreicher **231** 37

Hinwirkenspflicht
- Adressaten **253** 76 (NI)
- Staat, ~ für den Wohnraum, auf angemessenen **235** 15

1340 Halbfette Zahl = §§; magere Zahl = RN; unterstrichene Zahl = Hauptfundstelle; FN = Fußnote

Sachregister

Hochschulautonomie
- Stärkung der ~ Landesverfassungen nach 1945, in **231** 111

Hochschule(n)
- Ausbildungskapazitäten von ~, Teilhabe an **239** 34
- Autonomie Kernbereich **237** 52 (BW)
- Bestandsgarantie **237** 51 (BW)
- Kirchen und Religionsgemeinschaften, ~ der **237** 58 (BB)
- Kirchen, ~ und Schulen der **236** 41
- private ~, Genehmigungserfordernis für **237** 61 (HE)
- Schutz, ~ unter staatlichem **237** 70 (TH)
- Selbstverwaltung als Teilnahmerecht **243** 66
- Selbstverwaltungsrecht der ~ **237** 66 (SL), **243** 66, **253** 63 ff. (NI), **255** 50 (RP)
- Staatsaufgabe, Errichtung u. Verwaltung von ~ als Staatsaufgabe **237** 54 (BY)
- theologische ~ und Bildungseinrichtungen **237** 70 (TH)
- Trägerschaft, ~ in freier **237** 58 (BB), 67 (SN), 70 (TH)
- unmittelbare Verfassungsberechtigung für ~ **232** 110
- Unterhaltungs- und Förderungspflicht **237** 61 ff. (NI)
- vorkonstitutionelle ~ Bestandsgarantie **237** 53 (BW)

Hochschulgarantien **252** 42 ff. (MV)
Hochschulzugang **237** 58 (BB)
Hochschulzulassung **239** 34

Hohenzollern-Hechingen
- demokratische Verfassungsurkunden in ~ (1848), genuin **231** 31
- Grundrechtsabschnitt in der (Revolutions-)Verfassung von ~, umfangreicher **231** 37

Hohenzollern-Sigmaringen
- landständische Verfassung (1833) **231** 14

Homogenität(sgebot) **238** 2
- Art. 28 Abs. 1 S. 1 GG, ~ aus **242** 35
- Grundrechtsgebung im Vormärz-Kontext, ~ der **231** 33
- grundsätzliche ~, nur **232** 3
- Justizgewähranspruch, ~ beim **244** 19
- Staatsangehörigkeit in den Ländern und ~ **232** 97

- Verfassungsbereiche von Bund und Ländern, getrennte **232** 3
- Vorrang des Bundesrechts als Ausdruck des ~s **232** 31 f.
- wirtschaftsbezogene Staatszielbestimmungen, ~ für **239** 20

Humanität
- Unantastbarkeit der ~ **231** 118 (SN)

Identität
- Förderung kultureller ~ der Minderheiten **241** 54 (SH)
- Minderheiten, Schutz der sprachlichen und kulturellen ~ von **241** 106 (MV)

Immunitätsregeln
- Abgeordnete, ~ für Bundes- und Landtags- **234** 19

in dubio pro reo
- Unschuldsvermutung, Herleitung aus der **244** 30

Indigenat
- gemeinsames ~ zur Inländergleichbehandlung **231** 52

Individual(grund)rechte
- Rheinbundstaaten, Ansätze für ~ in den Verfassungen der **231** 9

Individualität und Privatsphäre
- Schutz von ~ **246** 39 ff. (BY)
- Schutz der ~ vor Presseeingriffen der **233** 74 (BE)

Individualverfassungsbeschwerde **246** 25 f. (BY)

individuelle Freiheit
- grundrechtliches Anliegen **232** 6 f.

Indoktrinationsverbot
- Erziehungsauftrag des Staates ausgerichtet am ~ **238** 47

informationelle Selbstbestimmung **232** 95 (BY), **233** 56 ff., 72 (NW), 77 (BB), 86 (TH), **255** 11 (RP)
- Auskunftsanspruch als Ergänzung zum Recht auf ~ **237** 32 (RP)
- Benachrichtigungspflicht, ~ und **233** 77 (BB)
- Daten, ~ hinsichtlich aller personenbezogenen Daten **233** 82 (SN), **255** 11 (RP)
- Datensammlung-Unterrichtungsanspruch **233** 82 (SN)
- juristische Personen als Träger für die ~ **232** 113
- Kodifikation der BVerfG-Vorgaben **233** 85 (ST)
- Menschenwürde und Handlungsfreiheit, ~ als Ausprägung von **233** 58 f. (BY)

Sachregister

- „neue Länder"-Verfassungen 233 76 ff.
  - Brandenburg 233 76 f.
  - Mecklenburg-Vorpommern 233 78 f.
  - Sachsen 233 80 ff.
  - Sachsen-Anhalt 233 84 f.
  - Thüringen 233 86 f.
- Persönlichkeitsrechts, ~ als Bestandteil des allgemeinen 233 63 (RP), 82 (SN)
- postgrundgesetzliche Landesverfassungen 233 69 ff.
  - Baden-Württemberg 233 72
  - Berlin 233 74 f.
  - Nordrhein-Westfalen 233 69 ff.
  - Schleswig-Holstein 233 73
- vorgrundgesetzliche Verfassungen 233 56 ff.
  - Bayern 233 56 ff.
  - Bremen 233 64
  - Hessen 233 60
  - Rheinland-Pfalz 233 61 ff.
  - Saarland 233 65 ff.
- Vorkehrungen, organisatorische und verfahrensmäßige 233 82 (SN)

Informationsfreiheit 237 <u>20 ff.</u>, 26 (HB), 240 53, 260 39 ff. (TH)
- Ähnlichkeit mit GG-Text 247 59 (BE)
- Berlin 237 21 f.
- Brandenburg 237 23 ff.
- Bremen 237 26 f.
- Gesetzesvorbehalt, Schrankensetzung durch allgemeinen 237 21 (BE)
- Hessen 237 28 f.
- Informationsfreiheit 246 63 (BY)
- Jedermann-Recht auf ~ 237 34 (ST)
- kommunikative, interaktionsgerichtete Grundrechte 237 1
- Mecklenburg-Vorpommern 237 30 f.
- Menschenrecht 237 28 (HE)
- neues Freiheitsrecht, als
  - in Landesverfassungen 231 106
- Persönlichkeitsentfaltung, ~ als Voraussetzung der 237 20
- rechtmäßig erschließbare Quellen 237 23 (BB)
- Rheinland-Pfalz 237 32
- Sachsen 237 33
- Sachsen-Anhalt 237 34 f.
- Textmontage aus Art. 13 Verf. HE u. Art. 15 Abs. 4 Verf. HB 231 137
- Thüringen 237 36 f.
- unmittelbar anwendbare ~, als 232 18
- Verwirkung des Grundrechtsschutzes 237 28 (HE)

Informationsgewährung
- Schutz der ~, umfassender 237 22 (BE)
- Verpflichtung öffentlicher Stellen zur ~ 237 23 (BB)

Informationsquellen
- moderne Medien als geschützte ~ 237 29 (HE)

Informationsrecht
- Datenschutz 252 26 ff. (MV)
- Umweltdaten, ~ über 237 25 (BB)

Inhalts- und Schrankenbestimmung
- Eigentumsfreiheit, ~ der 239 79 ff.
- Denkmalschutz 239 85
- Gesundheitsschutz 239 85
- Lebensschutz 239 85
- parlamentsgesetzliche Basis 239 83
- Umweltschutz 239 85
- Verhältnismäßigkeitsgrundsatz 239 84

Inklusion
- Staatsziel, ~ als 233 52 (SH)

Inkorporation 232 75, 42
- dynamische informationelle Selbstbestimmung 233 72 (BW)
- Gestaltungsspielraum des Verfassungsgebers 248 18 ff. (BB)
- Grundrechte des Grundgesetzes, ~ der 253 9 ff. (NI)
- Landesverfassungen, ~ in 236 9
- nichtinkorporierte Grundrechte und staatsbürgerliche Rechte und ~ 253 13 ff. (NI)
- Regelungsmodell 253 9 f. (NI)
- Statik oder Dynamik 253 11 f. (NI)

Inländergleichbehandlung
- Bundesstaaten des Deutschen Reiches (1871), ~ für die 231 52

Inländer-Rechte 232 95

institutionelle Garantie(n) 232 40, 241 33, 251 74 (HE)
- Berufsbeamtentum 232 41
- Eigentumsfreiheit 239 64
- Erhaltung theologischer Fakultäten an den Hochschulen Kirchen und Religionsgemeinschaften 232 42
- Hochschulselbstverwaltung 237 65 (NWSelbstverwaltungsrecht)
- Inkorporationen der Art. 136 bis 139 u. 141 WRV 232 42
- karitative Tätigkeit, ~ für Kirchen und Religionsgemeinschaften, der 236 49
- Kirchen und Religionsgemeinschaften 232 42

Sachregister

– Körperschaftsstatus Kirchen und Religionsgemeinschaften 232 42, 255 110 (RP)
– Pressefreiheit als ~ 237 39 (BY)
– Religionsunterricht als ordentliches Lehrfach der Schulen, Kirchen und Religionsgemeinschaften 232 42
– Selbstverwaltungsrecht Kirchen und Religionsgemeinschaften 232 42
– Sonn- und Feiertage 232 43
– soziale Grundrechte als ~
  – in Landesverfassungen 242 24
– staatlicher Schutzauftrag Sonn- und Feiertage 232 43
– Steuererhebungsrecht Kirchen und Religionsgemeinschaften 232 42
– Universitäten und Hochschulen 232 45
– Verbot der Staatskirche, Kirchen und Religionsgemeinschaften 232 42
– Wissenschaftsfreiheit 237 51 (BW)

Institutionenschutz
– Freiheitssicherung, nicht Leistungsvermittlung 232 46

Institutionsgarantie(n)
– negative ~ 231 10

Institutsgarantie(n) 232 40, 241 33
– „Eigentum" und „Erbrecht" 232 48
– Lebensgemeinschaften, Diskriminierungsschutz statt ~ 232 47
– Normativität der Grundrechte 251 74 (HE)

Integration
– Mehrheitsgesellschaft, ~ in die 241 114

internationale Verträge
– soziale Grundrechte 242 12 ff.

Internationaler Pakt über bürgerliche und politische Rechte (IPbürgR) 232 13
– Art. 27 241 7, 18, 50
– Art. 40 241 22

Internationaler Pakt über wirtschaftliche, soziale und kulturelle Rechte (IPWSKR)
– Art. 2 Abs. 1 Regelungsgehalt 242 14
– Fakultativprotokoll 242 14
– flankierende soziale Rechte 242 13
– grundlegende soziale Rechte 242 13
– self executing rights? 242 14
– soziale Grundrechte 242 12

Interpretation
– Landesverfassungsrecht 252 25 (MV)

Islam
– Diversität muslimischer Gemeinschaften 236 29

– Mitwirkungsinteressen, Komplexität der 236 29
– Religionsunterricht, ~ als Gegenstand von 236 29

Jedermann-Grundrecht 232 94 f.
– Menschenrecht im formalen Sinn, ~ als 232 94
– Unverletzlichkeit der Wohnung 235 37

Jugendliche
– Entwicklung, Recht auf 233 71 (NW)
– Freiheitsentziehung ~r, Verfahrensbeteiligte bei 234 17

Junktimklausel
– Eigentumsgrundrecht, ~ bei der Enteignung und 239 87
– Landesverfassungen, ~ in 239 87

juristische Personen 232 107 ff.
– Ausländer-Dominanz, Grundrechtsberechtigung für inländische ~ mit 232 115
– ausländische ~ 232 116 f.
– Begriff 232 107 f.
– Erstreckungsnormen auf ~ des öffentlichen und privaten Rechts 232 124
– EU-Mitgliedstaaten, ~ aus 232 118 f.
– Grundrechtsberechtigung für ~ bei „Staatsbeherrschung" 232 120
– Grundrechtsträger der Berufsfreiheit
  – in Landesverfassungen 239 39
– Grundrechtsträger, ~ des Privatrechts als Eigentumsfreiheit 239 67
– Grundrechtsträger, ~ öffentlichen Rechts als 239 68
– „grundrechtstypische Gefährdungslage" 232 122
– Grundsätzliches 232 109 ff.
– inländische (Sitzmaßgeblichkeit) 232 114
– inländische juristische Personen 232 114 f.
– öffentlichen Recht(s), ~ des 232 122 ff.
– öffentlichrechtliche ~ Grundrechtsträger 232 128
– Organisationen mit Rechtspersönlichkeit, ~ als 232 107
– Privatrecht(s), ~ des 232 120 f.
– unmittelbare Verfassungsberechtigung für ~ 232 110

Justitiabilität
– Grundrechte, ~ der 232 27
– soziale Landesverfassungsrechte 242 28 ff.

Halbfette Zahl = §§; magere Zahl = RN; unterstrichene Zahl = Hauptfundstelle; FN = Fußnote   1343

Sachregister

Justizgewähr(leistungs)anspruch 233 55
(TH), **244** 1
- allgemeine Handlungsfreiheit als ~
233 53 (BE)
- Homogenitätsprinzip und ~ 244 19
- Kodifikationsdefizite beim ~ in Landesverfassungen 244 19
- landesverfassungsrechtlicher ~ 244 19 f.
- Prozeßkostenhilfe 244 20 (BB)
- Rechtsschutz, ~ als Garantie für effektiven 244 20
Justizgrundrechte 255 94 (RP), 256 49 ff. (SL)
Justizverweigerung 231 17

Kaiserreich (1871) 231 140
Kandidaten und Abgeordnete
- Schutz für ~ 248 58 (BB)
karitative Tätigkeit
- kirchliche Trägerschaft 236 49 f.
Kernbereich, grundrechtlicher
- private Lebensgestaltung 235 50, 53
- Selbstverwaltung, unantastbarer ~ akademischer 237 56 (BY)
Kieler Erklärung (1949)
- Schutzgewährleistung für dänische Minderheit 241 39 f. (SH)
Kinder
- Einsichtsfähigkeit, wachsende 233 76 (BB)
- Entwicklung und Entfaltung, Recht auf 233 64, 66 (SL)
- Erziehung, Recht auf gewaltfreie 233 66 (SL)
- Erziehungsberechtigte, rechtssichere verantwortliche Bindung an 238 20
- Erziehungsziele 233 66 (SL)
- Förder- und Schutzauftrag 233 76 (BB)
- Gefährdung von ~n 235 14 (TH)
- Gewährleistungsverpflichtung zum Schutz der ~ 233 76 (BB)
- Gleichstellung nichtehelicher und ehelicher ~ 238 33, 240 37
- „köstlichstes Gut eines Volkes" 238 15 (BY)
- Menschenwürdegarantie für ~, spezielle 238 40
- Persönlichkeitsentfaltung 233 74 (BE)
- Persönlichkeitsrecht
  - Anerkennung des ~s im besonderen 233 66 (SL)
  - allgemeines 233 76 (BB)

- Rechtssubjektivität 233 56 (BY)
- Schutzpflichten des Staats für ~ 233 66 (SL)
- Selbständigkeit, zunehmende 233 76 (BB)
- Sonderrechts-Problematik 233 18 (NW)
- Sonderregelungen 233 62 (RP)
- Verbot der ~arbeit 238 33
Kinder und Jugendliche
- Achtung und gewaltfreie Erziehung, Recht auf 253 48 ff. (NI)
- Anspruch der Erziehungsberechtigten auf staatliche Hilfe 253 53 f. (NI)
- Eigenständigkeit in Landesverfassungen 238 52
- Gewährleistungspflicht des Staates zum Schutz für ~ 233 84 (ST)
- Landesgrundrecht 238 2
- Persönlichkeitsrecht für ~, allgemeines 233 87 (TH)
- Schutz und Erziehung 253 47 ff. (NI)
- Schutz vor Vernachlässigung und Mißhandlung 253 55 (NI)
- Schutzanspruch für ~ gegen den Staat 233 87 (TH)
Kinderarbeit, Verbot der
- soziale Rechte in der GRCh 242 17
Kindererziehung
- Einflußnahme, keine sachwidrige externe 238 34 (BY)
- Kinder- und Jugendhilfe, Beitrag der Ergänzungsfunktion 238 34
- Kirchen und Religionsgemeinschaften, Beitrag der Ergänzungsfunktion 238 34
- Staatsziel(e), staatliche Hilfe für die ~ als 232 82 (BB)
- Wohlfahrtspflege, Beitrag der Verbände der Ergänzungsfunktion 238 34
Kinder(grund)rechte 238 40
- Elternverantwortung, keine ~ gegen 238 41
- Landesverfassungen, ~ in 232 3, 238 53
- spezielle ~ 238 29
- Staatsziele, ~ als 233 71 (NW)
- Subjektstatus des Menschen, nicht des Kindes 232 88
Kindertagesstätten- und Jugendfreizeiteinrichtungen-Förderung
- Staatsziel(e), ~ als 232 82 (BB)

Sachregister

Kindertagesstättenplatz-Anspruch
- Staatsziel(e), ~ als 232 82 (BB)

Kindesentwicklung
- Schutz- und Förderpflichten 238 38
- Ziele 238 38

Kindeswohl 238 18 ff.
- Ausrichtung auf das ~ Art. 6 GG 238 17
- Eltern, ~ als Aufgabe der 238 31
- Elternverantwortung, ~ oberste Richtschnur für die 238 28
- Ersetzung der Eltern-Kind-Beziehung wegen des ~s 238 41
- Konkretisierung des ~s durch die öffentliche Hand, keine 238 31
- Maßgeblichkeit des ~s 238 20 f.

Kirchen
- karitative Tätigkeit 236 49
- Kulturdenkmäler, ~gebäude: Förderung als 236 50 (SN)
- Öffentlichkeitsauftrag der ~ 236 45
- Staat und ~ 251 52 f. (HE)
  - Koordinierung von Staatskirchenverträgen, durch 236 51
- unmittelbare Verfassungsberechtigung für ~
- in Landesverfassungen 232 110

Kirchen und Religionsgemeinschaften 249 30 (HB), 252 47 ff. (MV), 255 36, 65, 110 (RP), 256 70 (SL)
- Art. 36–38 Verf. BB 248 74
- Hochschulen der ~, Sondergarantie für 237 58 (BB)
- vereinheitlichende Wirkung des GG 236 9

Kirchenaustrittsrecht
- Landesverfassungen (ab 1919), Gewährleistung des ~s in 231 69

Kirchenbaulasten
- kommunale Diskontinuität für 236 36

Kirchengut
- Landesverfassungen (ab 1919), Gewährleistung des ~s in 231 69

Kirchenverträge
- Öffentlichkeitsauftrag, ~ um den 236 46

kirchliche Hochschulen und theologische Fakultäten
- institutionelle Garantie(n) für ~ 232 42

Klugheitsregeln
- Fürsorge für Kinder, ~ einer besonderen 238 38

- historische und kulturelle Leit-Erwägungen, ~ als 238 14 (BY)
- Landesverfassungen, ~ in 238 12 ff.
- Leitbilder in den Landesverfassungen, ~ als 238 56
- Rechts- und Ideengeschichte, ~ als Öffnung für die 238 12
- Verbindlichkeit bzw. Justitiabilität 238 15
- Verfassungsinterpretation, ~ für die 238 9

Koalitionen
- unmittelbare Verfassungsberechtigung für ~
- in Landesverfassungen 232 110

Koalitionsfreiheit 255 86 (RP)
- Abwehraussperrungen 232 37 (HE)
- koordinierende Regelungen zur ~ 232 62
- Landesgrundrecht, ~ als 255 86 (RP)
- Landesverfassungen (ab 1919), Gewährleistung der ~ in 231 69
- Meinungsäußerungsfreiheit als lex generalis im Verhältnis zur ~ 232 165
- Wirtschaftsverfassungsrecht, ~ als Elemente im 239 5

kollektivbezogene Grundrechte 255 72 ff. (RP)
- Landesgrundrecht, ~ als 255 72 ff. (RP)

Kollektivrecht(e)
- Minderheitenschutzrecht als ~ 241 31
- Zurückdrängung von ~n gegen Individualgrundrechte 241 20

Kollektivverhandlungen, Recht auf
- ESC-Gegenstand 242 15

„kollidierendes Verfassungsrecht"
- „Grundrechte und grundrechtsgleiche Rechte Dritter", ~ als 232 54

Kollisionslösungsnorm
- Art. 31 GG 232 31

Kollisionsnormen 236 12

Kombinationsgrundrecht(e)
- Art. 5 Abs. 1 i.V.m. Art. 3 Abs. 1 Verf. Bremen 233 64

kommunale Selbstverwaltung
- institutionelle Garantie(n), ~ als 232 41

Kommunalwahlen
- Bezirksvertretungen 243 18
- Flächenstaaten, Regelungen für 243 17 ff.
- Landesverfassungen, ~ in 243 17 ff.

Halbfette Zahl = §§; magere Zahl = RN; unterstrichene Zahl = Hauptfundstelle; FN = Fußnote   1345

Sachregister

- Unionsbürger als aktiv und passiv wahlberechtigt bei ~ **232** 100
- Wahlrechtsgrundsätze **243** 19

Kommunalwahlrecht
- EU-Bürger als Träger des ~s **232** 99

Kommunen
- Grundrechtsträger der Eigentumsgarantie, ~ als **232** 123
- Selbstverwaltung **243** 64

Kommunikationsfreiheiten **237** 1 ff., **260** 37 ff. (TH)
- allgemeine ~ **237** 1
- Gegenstände des Landesverfassungsrechts **237** 1 f.
- Kulturhoheit der Länder, ~ und **237** 2
- Meinungs- und Willensbildungsprozeß, durch ~ Teilnahme am **243** 57
- Sammelbegriff **237** 1
- Schutz der ~ **246** 50 ff. (BY)
- Teilnahmerecht, ~ als **243** 57
- unmittelbare Verfassungsberechtigung für ~
- in Landesverfassungen **232** 110

Kommunikationsräume
- Orte des Verweilens und der Begegnung, öffentliche ~ als **232** 151

Kompetenzen
- Zirkumscription monarchischer ~ Vormärz, im **231** 25

Kompetenzordnung
- soziale Grundrechte in den Grenzen der ~ **242** 36

Konfusion
- Staat als „Schuldner, nicht Inhaber von Grundrechten" **232** 126

Konkordate und Kirchenverträge **252** 48 ff. (MV)

Konstitutionalismus
- rheinbündischer ~ **231** 12 f.

Konsulatsverfassung (1799) **231** 8

körperliche Bewegungsfreiheit
- Schutz für die ~ **246** 34 ff. (BY), **255** 25 (RP)

körperliche Unversehrtheit **234** 8 ff.
- Begriff **234** 8
- Eingriffe **234** 11
- Grundgesetz, Schutz im **234** 8
- Landesverfassungen, ~ in **234** 9 ff.
- Psyche, Einwirkungen auf die **234** 8
- Schutzpflichten des Staates **234** 8

Körperschaftsstatus
- Erst- oder Zweitverleihung **236** 18

- Glaubensfreiheit, ~ als Ausdruck kollektiver **236** 16
- Kultusministerkonferenz, Verleihung auf Empfehlung der **236** 19
- Verleihungsverfahren Gesetzesvorbehalt, und **236** 19

Kriegsdienstverweigerung(srecht)
- neues Freiheitsrecht, als Art. 3 Verf. Baden **231** 106
- Vorbild für Art. 4 Abs. 3 GG, Art. 3 Verf. Baden als **231** 136

Kultur
- Kulturbegriff als Auslegungsproblem **253** 72 (NI)
- Schutz und Förderung **253** 72 (NI)

Kultur und Sport
- Einzelgarantie in der Landesverf. **252** 36 (MV)

kulturelle Rechte
- Einzelgarantie in der Landesverf. **252** 35 (MV)

„Kulturkampf"
- Preußen, ~ in **231** 56

Kulturprägung
- christlich-abendländische ~ **236** 42 f.

Kulturstaat
- Kunstfreiheit und ~ **237** 75 (BY)

Kunst
- Freiheit und (hoheitliche) Aufgabe **237** 71
- „Kunst"-Begriff **253** 71

Kunst und Kultur
- Förderklauseln Staatszielbestimmungen **237** 75

Kunst- und Wissenschaftsfreiheit
- Identität mit GG-Text **247** 50 f. (BE)

Kunst, Kultur und Sport
- Schutz und Förderung **253** 69 ff. (NI)
- Staatsziel(e), ~-Förderung als **232** 82 (BB)

Kunst, Kultur und Wissenschaft **254** 36 (NW)

Kunstbesitz
- Abwanderung ins Ausland **237** 75

Kunstdenkmäler
- Schutz und Pflege **237** 75

Kunstförderung
- Ermessensspielraum für die ~, weiter **237** 75
- subjektives Recht, kein **237** 75

Kunstfreiheit **237** 72 ff., **246** 70 ff. (BY), **255** 57 (RP) **256** 45 (SL), **260** 77 ff. (TH)
- Abwehrrecht, ~ als **237** 72 (HE), 73 ff.

- Förderung, ~ in Verbindung mit öffentlicher **237** 74 (BB)
- juristische Personen als Träger für die ~
  - in Landesverfassungen **232** 113
- kommunikative, interaktionsgerichtete Grundrechte **237** 1
- „Kunstverfassung" **237** 76 f.
- Landesgrundrecht, ~ als **255** 57 (RP)
- Suspendierung oder Verwirkung des Grundrechtsschutzes **237** 72 (HE)
- Verfassungsrang **237** 71

künstlerisches Schaffen
- Behinderungsverbot für **237** 72 (HE)

„Kunstverfassung"
- Kunstfreiheit und ~ **237** 75

Kunstwerke
- materieller Schutz für die Verbreitung von ~n **237** 73

Kurhessen
- landständische Verfassung (1831) **231** 14

Ländervergleich **235** 14 f.

Landesdatenschutzbeauftragter
- Einzelgarantie in der Landesverf. **252** 31 (MV)

Landesgebietsverknüpfung
- Grundrechtsgeltung, ~ und **232** 158

Landesgesetzgeber
- Beschränkung des ~s auf Landesrechtssetzung **232** 34

Landesgrundrecht(e) **253** 33 ff. (NI)
siehe auch Grundrechte
- Abgrenzungsprobleme von ~n und Staatszielbestimmungen **232** 159
- „Arbeit und Wirtschaft" **254** 27 ff. (NW)
- Art. 142 GG als lex specialis **232** 32
- Bedeutung der ~ aus heutiger Sicht **235** 32, **249** 9 f. (HB)
- Bedeutungsgehalt von ~n, LVerfG-Festlegungen zum **235** 24
- Bedeutungszuwachs **232** 5
- Bundesgrundrecht und ~, Textidentität von **232** 33
- Bundesgrundrechte, ~ und **256** 9 ff. (SL)
- Bundesgrundrechte(n) übereinstimmende ~ (Verf. BE, 1995) **247** 29 ff.
- bundesgrundrechtsfreundliche Auslegung **235** 26
- Bundesrecht, Geltung beim Vollzug von **234** 5
- Definition **232** 29
- „Die Familie" **254** 26 (NW)
- Differenzierungsunterschiede zwischen Bundes- und ~n **235** 24
- Dilemma der ~ **244** 51
- Doppelspurigkeit zu Bundesgrundrechten **233** 92
- „eigenständige" ~ **248** 22 ff. (BB)
- Eigenständigkeit des Grundrechtsschutzes Ehe und Familie **238** 2
- einzelstaatliche Verfassungsurkunden-Tradition **232** 2
- Entstehung der Landesgrundrechte zwischen 1945 und 1950 **254** 1 ff. (NW)
- Entwicklung der bayerischen ~ in der Nachkriegszeit **246** 1 ff.
- Entwicklung von 1949 bis zur Verabschiedung 1951 **254** 25 ff. (NW)
- Ergänzungslehre **235** 26
- Erprobungsreservoir **235** 23
- exterritoriale Wirkung der ~, keine **232** 156
- Funktion der Grundrechtsdurchsetzung **234** 5
- Gegenstand der Verfassungsgebung im Parlamentar. Rat **231** 138 f.
- Geltung der ~ in inhaltlicher Sicht **232** 159
- Geltung von ~n nach Art. 142 GG **247** 20 ff.
- Geltungsbegriff **232** 154
- Geltungsbereich rezipierter Bundesgrundrechte **232** 157
- Geltungsraum der Landesgrundrechte **232** 154 ff.
- Gesetzgebungszuständigkeiten, Bedeutungszuwachs der ~ durch **232** 5
- Gewährleistungen zweiter Ordnung, ~ als spezifische **231** 140
- Gewährleistungsgehalt der ~, eigenständiger **234** 1
- GG-ähnliche Formulierungen **247** 52 ff. (BE)
- GG-Entsprechungen, ~ ohne **247** 75 ff. (BE)
- Grundrechtskatalog **255** 5 ff. (RP)
- Grundrechtskonkurrenzen **232** 164 ff.
- Grundrechtsmündigkeit **232** 168
- Grundrechtsverlust **232** 195 ff.
- Grundrechtsverwirkung **232** 202 ff.
- Grundrechtsverzicht **232** 196 ff.
- Grundsatzfragen **255** 5 ff. (RP)

- immanente Grenzen **232** 167 ff.
  - (allgemeine) Verwirkung **232** 178
  - Gewaltverbot **232** 170 f.
  - partielle immanente Grenzen **232** 179
  - Rechte anderer **232** 172 f.
  - Verbot der Sozialschädlichkeit **232** 169
  - Verbot des Rechtsmißbrauchs **232** 174 ff.
- Implementierung von EMRK-Recht, ~-Anknüpfung für die **235** 29
- inhaltliche Anreicherung durch GG-Grundrechte **235** 26
- Inhaltsgleichheit Art. 3 Abs. 1 GG **240** 4
- Innovationskraft der ~ **231** 141
- Koexistenz von Bundes- und Landesrecht, ~ in der **232** 30
- Kontinuität und Wandel der ~ nach 1951 **254** 43 ff. (NW)
- Landesgebiet als räumlicher Geltungsbereich **232** 155
- Landesgebietsverknüpfung, Geltung von ~n bei **232** 158
- Landesverfassungspraxis, ~ und fehlende **233** 92
- Lehren, Gewinnung allgemeiner **232** 1
  - Ehe und Familie, im Bereich **238** 2
  - Kindes- und Jugendschutz **238** 2
  - Konkretisierung **238** 2
  - Lebensgemeinschaften **238** 2
  - Verfahrensschutz, besonderer **238** 2
- Maßstabsbildung durch ~ **235** 31
- materielle Aspekte **246** 9 ff. (BY)
- „Meistbegünstigung" der Grundrechtsträger **244** 6
- Merkmale der bayerischen ~ **246** 9 ff.
- Mindestgarantie(n) **233** 89 **239** 19
- Mindeststandards, ~ als prozeßrechtliche **244** 5
- Nachkriegszeit (1945/1946) Paulskirchen- bzw. WRVerf.-Anschluß **231** 94
- Parlamentarischer Rat und ~ **231** 130 ff.
- partielle immanente Grenzen **232** 179
- Polizeirechtsnormen zur Wohnraumüberwachung und ~ **235** 33
- punktuelle Ergänzungen, ~ als **234** 9
- räumlicher Geltungsbereich der ~ **232** 155 ff.
- Referenzrahmen der Verfassunggebung Parlamentar. Rat, im **231** 132 ff.
- Reichsverfassung (1871), kein präziser Abgleich von ~n und **231** 57
- Reichweite von Art. 142 GG **232** 32
- religionssoziologische Unterschiede **236** 1
- Rezeptionsklausel **233** 16
- Rheinland-Pfalz **255** 5 ff.
- Schattendasein **232** 1
- Schrankenharmonisierung und -transfer **239** 52
- Schrankenschranken der ~ **232** 181 ff.
- Schutzbereich **232** 159 ff.
- Schutzelemente des GG, Ergänzung um **235** 25
- Schutzniveau, Anpassung der ~ an das GG- **244** 51
- Sinnhaftigkeit **233** 88 ff.
- Spezifität der ~, fehlende **233** 91
- Staatszielbestimmungen und Gesetzgebungsaufträge vs. ~ **247** 78 ff. (BE)
- statische Verweisung auf Art. 13 GG **235** 22
- Textidentität von ~ und Bundesgrundrecht **232** 33
- Tradition der ~, längere **232** 2
- Übereinstimmung mit Bundesgrundrechten **232** 37 **239** 19
- Überlagerung durch Bundesrecht **239** 22
- Übermaßverbot **232** 185 ff.
- Übernahme immanenter Gewährleistungseinschränkungen **235** 26
- Übernahme von Bundesgrundrechten als ~ **232** 32
- Unterscheidung von Bundes- und ~n **232** 30
- Verbot des Einzelfallgesetzes **232** 181 ff.
- Verdoppelung der ~ im Verfassungsprozeß **234** 28
- verfassungsunmittelbare Schranken der ~ **232** 180
- „Verfassungswandel" und förmliche Verfassungsänderung, ~ unter **232** 160
- Verfassungswortlaut und Wirklichkeit, ~ in **232** 160
- Vorbild- bzw. Vorreiterfunktion, ~ in **233** 96
- Vorbildwirkung der ~, geringe **233** 96
- Wesensgehaltsgarantie **232** 192 ff.
- Wirkungsintensität der ~ Verteilung der Kompetenzen, abhängig von **235** 32

Sachregister

- Wirkungskraft-Relativierung **234** 4
- Wortlautinterpretation und GG-Grundrecht **235** 25
- Würde des Kindes **233** 17 (NW)
- Zentralebene, ~ ohne normativ verdichtete **231** 140
- Zitiergebot **232** 181 ff.

Landesgründung Nordrhein-Westfalen
- Verfassungsberatungen auf Bundesebene, ~ **254** 1

Landeskonstitutionen
- nachkonstitutionelle ~ **232** 2
- vereinigungsveranlaßte ~ **232** 2
- vorkonstitutionelle ~ **232** 2

Landesprozeßgrundrechte **244** 5 ff.

Landesrecht
- Reichsrecht bricht inhaltsgleiches ~ **231** 72

Landessozialverfassungsrecht
- WRV-Einflüsse auf das ~, spürbare **242** 21

Landesstaatsgewalt **245** 61 f. (BW)
- Grundrechtsbindung der ~, doppelte **235** 31

Landesverfassung(en)
- Abstimmungen **243** 26 ff.
- allgemeiner Gleichheitssatz **240** 2 ff.
- begrenzte Unterscheidungsverbote **240** 34 ff.
- Benachteiligungsverbote wegen Behinderung **240** 30 ff.
- Berufsfreiheit **239** 32 ff.
  - Abgrenzung **239** 37 ff.
  - Abwehrrecht **239** 37 ff.
  - Bedeutung **239** 35 f.
  - Begriff des „Berufs" **239** 44
  - Berufswahl und Berufsausübung **239** 45 f.
  - Dreistufenlehre **239** 60
  - Eingriff **239** 51 ff.
  - Grenzen der Einschränkbarkeit **239** 53 ff.
  - persönlicher Schutzbereich **239** 40 ff.
  - Rechtfertigung **239** 51 f.
  - sachlicher Schutzbereich **239** 40
  - Schranken **239** 53 ff.
  - Schutzbereich **239** 47 ff.
  - Schutzbereichserweiterung durch Landesverfassungsgerichte **239** 43
  - Verhältnismäßigkeit **239** 60
  - Wahl des Arbeitsplatzes und der Ausbildungsstätte **239** 47 ff.
- Berufskammern **243** 65
- Besatzungsmächte-Vorgaben **231** 94
- Bildung, Recht auf **238** 44
- christliche Grundprinzipien der Wirtschaftsordnung **239** 8 (RP)
- Ehe und Familie **238** 26 ff.
  - besondere Regelungen **238** 27, 35 ff.
  - bestätigende Landesverfassungen – mit Besonderheiten **238** 27 ff.
  - Elternverantwortung und Wächteramt des Staates **238** 28 ff.
  - Erziehung **238** 32 ff.
  - Fürsorge für Mütter, Erziehung **238** 32 ff.
  - Verweis auf die Grundrechte des Grundgesetzes **238** 26
- Eigenstaatlichkeit in ~, Spielräume der **236** 10
- Ergänzungsbedürftigkeit von Regelungen in ~ **244** 37
- Erziehungsziele, Regelungen für **238** 44
- ex ante-Spielräume und Handlungsoptionen 1946/1947 **231** 92
- Freiheitsrechte in den ~, neue **231** 106 f.
  - Konkretisierung bestehender Gewährleistungen **231** 111
  - Schranken der wirtschaftlichen Freiheit **231** 110
  - soziale Grundrechte **231** 109
  - Zuspitzung überkommener Gewährleistungen **231** 108 ff.
- Generationen von ~, drei **239** 7
- Gestaltungsrahmen des GG für die ~ **236** 11
- Gewährleistungskonzepte für Ehe und Familie **238** 54
- Gewährleistungsstruktur Unterschiede zum GG **238** 4
- Gleichberechtigung von Männern und Frauen **240** 12 ff.
- Gleichheitsgrundrechte in den ~ **240** 1
- Gliedstaat-Selbsteinordnung **243** 55
- Grundrecht(e) **247** 1 ff. (BE), **251** 1 ff. (HE), **252** 1 ff. (MV), 15 ff. (MV), **253** 1 ff. (NI), **255** 10 ff. (RP), **256** 1 ff., **257** 1 ff. (SN), **258** 1 f. (ST), **259** 1 ff. (SH), **260** 16 ff. (TH)
  - Abgrenzung der Grundrechte von anderen Verfassungsbestimmungen **257** 12 ff. (SN)
  - Adressaten der Hinwirkungspflicht **253** 76 (NI)

Sachregister

- allgemeine Grundrechtslehren **232** 1 ff., **251** 76 ff. (HE)
- allgemeine Regelungen zu den ~ **258** 11 ff. (ST)
- allgemeiner Gleichheitssatz **247** 40, **260** 60 f. (TH)
- Änderung der ~ **258** 9 f. (ST)
- Anforderungen an grundrechtseingreifende Gesetze **251** 84 ff. (HE)
- Anpassungen an Zustände und Sprachgebrauch **254** 60 (NW)
- Anspruch der Erziehungsberechtigten auf staatliche Hilfe **253** 53 f. (NI)
- antinationalsozialistische und -militaristische Bestimmungen **252** 10 (MV)
- Anwendbarkeit allgemeiner Grundrechtslehren **247** 26 ff.
- Anwendungsbereich der sächsischen Grundrechte **257** 19 ff.
- Arbeit und Wirtschaft **254** 27 ff. (NW)
- Arbeit, Wohnen (Art. 6 a Verf. NI) **253** 75
- Arbeitswelt **251** 42 ff. (HE)
- Auskunftsrecht über gespeicherte Daten **252** 29 (MV)
- Auslegung der rezipierten Landesgrundrechte **254** 57 f. (NW)
- Auslieferung, Asylrecht **256** 47 f. (SL)
- autochthone Grundrechtsgehalte **259** 31 ff. (SH)
- Begriff **254** 45 ff. (NW), **257** 8 ff. (SN)
- Beratungen zu den Grundrechten **258** 3 ff. (ST)
- Beratungen zur Verfassung (1992) **258** 1 ff. (ST)
- Beschlüsse des Sonderausschusses zur ~ **253** 8 (NI)
- Beschränkungen für Eingriffe **251** 79 ff. (HE)
- besondere Gesetzesvorbehalte **251** 80 f. (HE)
- besondere Gleichheitssätze **247** 52 ff.
- besondere Landesgrundrechte ohne GG-Entsprechungen **247** 75 ff.
- Besonderheiten der sächsischen Grundrechte gegenüber dem GG **257** 29 ff. (SN)
- Bewertung **254** 39 (NW)
- Bildung (Art. 25 Verf. ST), Recht auf **258** 44 f. (ST), **252** 37 ff. (MV)
- Bildung und Kultur, im Bereich **260** 76 ff. (TH)
- Bindung der Staatsgewalten an die Grundrechte **258** 11 ff. (ST)
- Bindungswirkung (Art. 3 Abs. 2 S. 2 Verf. NI) **253** 25 f.
- Bindungswirkung auch der Verfassungsrechtsprechung? **253** 31 f. (NI)
- Brief-, Post- und Fernmeldegeheimnis **247** 60, **255** 19 f. (RP)
- Brief-, Post-, Fernmelde- und Kommunikationsgeheimnis **260** 37 f. (TH)
- Datenschutz **252** 26 ff. (MV), **254** 63 (NW), **258** 22 ff. (ST)
- demokratische Grundrechtstheorie, Elemente für eine **251** 40 (HE)
- digitale Dienste **259** 76 ff. (SH)
- doppeltes Diskriminierungsverbot? **253** 27 f. (NI)
- dynamischer Verweis auf die GG-Grundrechte **252** 15 ff. (MV)
- Ehe und Familie **247** 41, **256** 67 ff. (SL), **260** 65 ff. (TH)
- Eigentum, Erbrecht und Enteignung **256** 62 ff. (SL)
- Eigentum, Wirtschaft und Arbeit **260** 90 ff. (TH)
- Eigentumsfreiheit **247** 65 ff.
- Einzelgarantien **252** 26 ff. (MV), **253** 33 ff. (NI)
- elterliches Sorgerecht und Kindesentwicklung **260** 69 ff. (TH)
- Eltern und Kinder **247** 55, **258** 33 ff. (ST)
- Entstehungsgeschichte (1945-1949) **254** 1 ff. (NW), **258** 1 ff. (ST)
- Entwicklung 1949-1950 **254** 25 ff. (NW)
- Entwicklung der Grundrechtsnormen **254** 59 ff. (NW)
- Entwicklung nach der Revolution von 1848 **260** 6
- Ersatzschulen **258** 51 (ST)
- Erziehung und Bildung **251** 54 ff. (HE), **260** 81 ff. (TH)
- Familie **254** 26 (NW)
- formelle und reale Verfassung **251** 90 (HE)

Sachregister

- freie Entfaltung der Persönlichkeit **247** 32ff.
- Freiheit der Person **247** 38f., **260** 27ff. (TH)
- Freiheitsrechte **256** 12ff. (SL)
- Freizügigkeit **260** 30f. (TH)
- Freizügigkeit einschließlich Berufsfreiheit **247** 61ff., **255** 22ff. (RP)
- Frühkonstitutionalismus **260** 3ff. (TH)
- Fürsorge für Mütter, Schutz und **247** 42
- Garantien zugunsten der Hochschulen **252** 42ff. (MV)
- Garantien zugunsten von Forschungseinrichtungen **252** 46 (MV)
- Gegenentwurf zur nationalsozialistischen Herrschaftsordnung **251** 9f. (HE)
- Geltung und Anwendung **258** 15 (ST)
- Gemeinsamer Verfassungsentwurf von SPD und Grünen **253** 4 (NI)
- Gemeinwohlverpflichtungen **252** 60f. (MV)
- Gesetzentwurf der Fraktion der CDU **253** 5f. (NI)
- Gesetzesvorbehalte und weitere Beschränkungen **259** 20f. (SH)
- Gesetzgebungsaufträge **247** 81, **251** 75 (HE), **257** 12f. (SN)
- gesetzlicher Richter **247** 49, **256** 53 (SL)
- GG-ähnliche Formulierungen **247** 52ff.
- Glaubens- und Gewissensfreiheit **247** 72
- Gleichberechtigung von Frauen und Männern **260** 62 (TH)
- Gleichheit **251** 26f. (HE) **260** 59ff. (TH)
- Gleichheitsgrundrechte, Diskriminierungsverbote **256** 29ff. (SL)
- Gleichstellung nichtehelicher Kinder **247** 43
- Gleichstellung von Mann und Frau **259** 62ff. (SH)
- Gleichstellungsvorschriften **250** 12ff.
- Grundpflichten **256** 71 (SL)
- Grundrechte und Staatsziele **247** 19ff. (BE)
- Grundrechtsabschnitt im Anschluß an das Gesamtcorpus der ~ **231** 76

- Grundrechtsberechtigte **232** 129ff. **251** 76 (HE)
- Grundrechtsgehalte in anderen Einrichtungsgarantien und Staatszielbestimmungen **258** 44ff. (ST)
- grundrechtsgleiche Rechte **251** 20f. (HE)
- grundrechtsnahe Bestimmungen im Organisationsstatut **250** 8ff. (HH)
- Grundrechtsverpflichtete **232** 129ff., **251** 77f. (HE)
- Handlungsfreiheit, allgemeine **256** 20f. (SL)
- Handlungspflichten aus Einrichtungsgarantien und Staatszielen **258** 73ff. (ST)
- herkömmliche **252** 5f. (MV)
- hessische Verfassung als älteste in Deutschland geltende **251** 1ff.
- Heterogenität, grundrechtstheoretische **251** 22 (HE)
- hilfsbedürftige Menschen, Schutz für **259** 57ff. (SH)
- historische Vorläufer **251** 4ff. (HE)
- Informationsfreiheit **247** 59
- Informationsrechte **252** 26ff. (MV)
- Inkorporation als Regelungsmodell **253** 9f. (NI)
- Inkorporation der GG-Grundrechte **253** 9ff. (NI)
- inkorporierte und nichtinkorporierte Grundrechte und staatsbürgerliche Rechte **253** 13ff. (NI)
- Instituts- und institutionelle Garantien **232** 40ff., **251** 74 (HE)
- Interpretation des ~srechts **252** 25 (MV)
- Interpretation nach Rezeption **259** 22ff. (SH)
- Justizgrundrechte **256** 49ff. (SL)
- Katalog **247** 4ff. (BE)
- Kinderschutz **259** 70ff. (SH)
- Kirchen **252** 47ff. (MV)
- Kirchen und Religionsgemeinschaften **256** 70 (SL)
- klassische Grundrechtsgarantien **251** 66f. (HE)
- Kommunikationsgrundrechte **260** 37ff. (TH)
- Konkordate und Kirchenverträge **252** 48ff. (MV)
- konservative Grundrechtstheorie, Elemente für eine **251** 36ff. (HE)

- Kontinuität und Wandel seit 1950 **254** 43ff. (NW)
- Kultur **259** 75 (SH)
- Kulturbegriff als Auslegungsproblem **253** 72 (NI)
- kulturelle Rechte **252** 35 (MV)
- Kultur und Sport **252** 36 (MV)
- Kunst- und Wissenschaftsfreiheit **247** 50f., **256** 45f. (SL), **260** 77ff. (TH)
- Kunst, Kultur und Wissenschaft **254** 36 (NW)
- Kunst-Begriff **253** 71 (NI), **255** 57 (RP)
- Landesdatenschutzbeauftragter **252** 31 (MV)
- Landesgrundrechte und Bundesgrundrechte **256** 9ff. (SL)
- Landesgrundrechte-Geltung nach Art. 142 GG **247** 20ff.
- Leben und körperliche Unversehrtheit **247** 37
- Lebens- und Gemeinschaftsordnungen **251** 41 (HE)
- liberale Grundrechtstheorie, Elemente für eine **251** 23f. (HE)
- Meinungs- und Informationsfreiheit sowie Medienfreiheiten **260** 39ff. (TH)
- Meinungsfreiheit **247** 56ff.
- Menschenbild und ~ **251** 11ff. (HE)
- Menschenwürdeschutz **247** 15ff.
- Minderheitenschutz **259** 35ff. (SH)
- Mitgestaltung, Recht auf politische **260** 48 (TH)
- Mitwirkung in der Schule **258** 63ff. (ST)
- Natur und Umwelt **260** 89 (TH)
- natürliche Lebensgrundlagen, Schutz für **259** 73f. (SH)
- ne bis in idem **247** 46 **255** 94 (RP)
- neue staatszielartige Bestimmungen **254** 61f. (NW)
- „Neuwerk-Entwurf", im **253** 1 (NI)
- Normativität **251** 64ff. (HE)
- Normierung von Grundrechten **251** 14ff. (HE), **257** 15ff. (SN)
- nulla poena sine lege **247** 45, **255** 94 (RP)
- Organisationsstatut **250** 1, 6f. (HH)
- personenbezogene Daten, Schutz für **256** 27f. (SL)
- Persönlichkeitsrecht, allgemeines **256** 22ff. (SL)
- Persönlichkeitsrecht und Datenschutz **260** 32ff. (TH)
- Petitionsrecht **247** 73, **252** 52ff. (MV), **259** 55 (SH), **260** 57f. (TH)
- politische Initiativrechte (insbes. Volksgesetzgebung) **250** 9 (HH)
- „Politische" Grundrechte **256** 39ff. (SL)
- preußische Verfassung (1850) **247** 1f.
- Privatschulfreiheit und Privatschulförderung **253** 42ff. (NI), **258** 46ff. (ST)
- Privatsphäre **259** 53f. (SH)
- Programmsätze **251** 71ff. (HE)
- Prüfungsmaßstab **257** 38ff. (SN)
- Recht auf Achtung und gewaltfreie Erziehung **253** 48ff. (NI)
- Recht auf Bildung, Schulwesen (Art. 4 Verf. NI) **253** 34ff.
- Recht auf Leben, Persönlichkeit (Art. 3 Verf. TH) **260** 22ff.
- rechtliches Gehör, Anspruch auf **247** 44
- rechtliches Gehör, faires Verfahren, effektiver Rechtsschutz **256** 50ff. (SL)
- Rechtsbeistand, Anspruch auf **256** 58f. (SL)
- Rechtsfolge der Rezeption **254** 50ff. (NW)
- Rechtsschutz durch Landesverfassungsgericht **251** 89 (HE), **258** 79f. (ST)
- Rechtsschutz gegen Grundrechtsverletzungen **257** 35ff. (SN)
- Rechtsschutzgarantie **256** 60f. (SL)
- Rechtsschutzorgane **257** 35ff. (SN)
- Rechtsweggarantie **247** 47f.
- Reformbedarf **254** 72 (NW)
- Regierungsentwurf zur Vorläufigen Niedersächsischen Verfassung **253** 2f.
- Religion **256** 67ff. (SL)
- Religion und Religionsgemeinschaften **252** 47ff. (MV), **254** 37f. (NW)
- Religion und Weltanschauung **260** 99ff. (TH)
- Rezeption statt klassischer Grundrechte **254** 12f. (NW)
- Rezeption von Bundesgrundrechten **232** 33ff., 157, 164, **259** 5ff. (SH)
- Rezeptionsdynamik **259** 11ff. (SH)

Sachregister

- Rezeptionsbeschränkung 259 29f. (SH)
- Rezeptionsgrundrechte: Auslegung u. Reichweite 254 44ff. (NW)
- Schranken der Informationsrechte 252 30 (MV)
- Schulaufsicht und Elternrecht 253 39ff. (NI)
- Schule und Erziehung 256 67ff. (SL)
- Schulfrage 254 31ff., 64ff. (NW)
- Schulfrage in Verfassungsentwürfen 254 14ff. (NW)
- Schulwesen 253 38ff. (NI), 259 46ff. (SH), 260 85ff. (TH)
- Schutz Behinderter 260 63 (TH)
- Schutz benachteiligter Gruppen 252 55ff. (MV)
- Schutz und Erziehung von Kindern und Jugendlichen 253 47ff. (NI)
- Schutz und Förderung der Wissenschaft 253 56ff. (NI)
- Schutz und Förderung von Kunst, Kultur und Sport 253 69ff. (NI)
- Schutz vor Vernachlässigung und Mißhandlung 253 55 (NI)
- Selbstverwaltungsrecht der Hochschulen 253 63ff. (NI), 255 50 (RP), 258 67ff. (ST)
- soziale Rechte 251 34 (HE), 68f. (HE), 252 7ff. (MV), 59 (MV), 257 14 (SN), 258 16ff. (ST)
- soziale und wirtschaftliche Rechte und Pflichten 251 42ff. (HE)
- Sozialisierung und Eigentum 251 28ff. (HE), 256 66 (SL)
- sozialistische Grundrechtstheorie 251 25ff. (HE)
- Sport 253 73 (NI)
- Staat, Kirchen, Religions- und Weltanschauungsgemeinschaften 251 52f. (HE)
- staatsbürgerliche Rechte und Pflichten 258 26ff. (ST), 259 17ff. (SH)
- Staatsverträge mit Religions- und Weltanschauungsgemeinschaften 258 71f. (ST)
- Staatszielbestimmungen 247 79f., 251 70 (HE), 252 19f. (MV), 253 69f., 77f. (NI), 256 72f. (SL), 259 56ff. (SH)
- Statik oder Dynamik der Inkorporation/Rezeption? 253 11f. (NI), 254 49 (NW)

- steuerliche Umverteilung 251 35 (HE)
- Studienplatzbereitstellung 258 67ff. (ST)
- Textidentität mit Grundrechtsvorschriften 247 30ff.
- theologische Fakultäten 252 51 (MV)
- Theoriebildungen 251 22ff. (HE)
- Tierschutz 253 79ff., 82f. (NI)
- überarbeiteter Katalog 247 18 (BE)
- Übereinstimmung mit Bundesgrundrechten 247 29ff.
- Umweltinformationsrecht 252 34 (MV), 258 25 (ST)
- Unschuldsvermutung 256 54ff. (SL)
- Unterhaltung und Förderung von Hochschulen 253 61f. (NI)
- Unverletzlichkeit der Wohnung 247 71, 260 35f. (TH)
- Unversehrtheit, Schutz der seelischen 258 19ff. (ST)
- Veränderung der Rechte durch Rezeption 259 25ff. (SH)
- Vereinigungsfreiheit 258 42f. (ST), 260 52ff. (TH)
- Vereinigungsfreiheit und Streikrecht 247 69f.
- Verfassung von 1945 bis 1952 252 1ff. (MV)
- Verfassungsentwicklung Thüringens 1815-1990 260 3ff., 10ff.
- Verfassungsentwurf der FDP, im 253 7 (NI)
- Verfassungsentwürfe 254 3ff. (NW)
- Verfassungsgerichtsbarkeit, fehlende 247 9ff. (BE)
- Verfassungsgerichtshoferrichtung in Berlin 247 14
- Verfassungskommission und Individualverfassungsbeschwerde 254 70f. (NW)
- verfassungsprozessuale Durchsetzung 252 21ff. (MV)
- verfassungsprozessuale Folgen der Inkorporation 253 29f. (NI)
- Verhältnis zum Bundesrecht 232 185ff., 252 32f. (MV)
- Verhältnismäßigkeit 251 82f. (HE)
- Versammlungsfreiheit 247 68, 255 87 (RP), 258 41 (ST), 260 49ff. (TH)
- Verwaltungsrechtswegsgarantie 250 11 (HH)

Sachregister

- Verwirklichung der Gleichberechtigung **253** 20 ff. (NI)
- Verwirkung **251** 87 f. (HE)
- Vollverfassungsentwurf Hamburgs (1948) **250** 2 ff.
- Vorläufige Landessatzung und Thüringer ~ **260** 14 f.
- vorläufiges Landesgrundgesetz **254** 3 (NW)
- Vorrang der Verfassung **251** 64 f. (HE)
- Wahlrecht **259** 32 ff. (SH)
- Weimarer Garantien **252** 47 (MV)
- Widerstandsrecht **247** 74
- Wiederbegründung des Landes (1990) **252** 11 ff. (MV)
- Wirtschaft **251** 47 ff. (HE)
- Wissenschaft(sfreiheit) **252** 41 ff. (MV), **253** 56 ff. (NI), **258** 32 (ST)
- Wohnungs- und Obdachrecht **260** 55 f. (TH)
- Würde des Menschen **247** 31 **260** 18 ff. (TH)
- Würde des Menschen, Recht auf Leben und Freiheit **256** 12 ff. (SL)
- Zugang zu öffentlichen Ämtern **247** 64
- Zugangsgleichheit zu öffentlichen Ämtern **250** 10 (HH), **255** 106 (RP)
- Zugang zum öffentlichen Dienst **243** 56
- Zwischenkriegszeit, ~ der Anstoßgeber nach 1946 **231** 96

Landesverfassung(s)gebung
- Antizipation der Ausnahme-Vorschrift des Art. 142 GG **231** 99
- Unsicherheitsbedingungern, ~ unter **231** 98

Landesverfassungsbeschwerde 244 7
- Landesverfassungen durch ~, Bedeutungszuwachs der **232** 5
- Revitalisierung **231** 1
- Stärkung des Grundrechtsschutzes durch die Einführung der ~ **245** 63 ff.

Landesverfassungsentwürfe
- Nordrhein-Westfalen **254** 3 ff. (NW)

Landesverfassungsgericht

Landesverfassungsgericht(e)
- Anhörungsrüge, Entlastung der ~ durch **244** 28
- Flankierungen des GG-Schutzniveaus, punktuelle **234** 7
- Funktion zusätzlicher Klagemöglichkeit **234** 7
- Judikatur BVerfG-Abweichungen **234** 7
- Mecklenburg-Vorpommern, Urt. v. 18.5.2000 **235** 20
- Rechtsschutz durch das ~ **258** 79 f. (ST)
- Rückwirkungen auf das BVerfG **234** 7
- Vorbildwirkung für BVerfG-Rechtsprechung **234** 25

Landesverfassungsrecht
- Anordnung der Geltung grundgesetzlicher Grundrechte **245** 4 ff. (BW)
- Bedeutung und Durchsetzung der Grundrechte **245** 56 ff. (BW)
- Einrichtungsgarantien **255** 109 ff. (RP)
- EMRK-widriges ~ **235** 28
- Erziehung und Unterricht" **245** 33 ff. (BW)
- Freiheit der Wissenschaft und der Kunst **237** 50 ff.
- Gegenstand der Übernahme **245** 15 ff. (BW)
- Gewährleistungspflichten **255** 108 ff. (RP)
- Grundrecht(e) **246** 11 ff. (BY)
  - Akteneinsicht **248** 53
  - aktives und passives Wahlrecht **248** 55
  - allgemeine Bewegungsfreiheit **246** 34 ff. (BY)
  - allgemeine Gleichheitsrechte **246** 84 ff. (BY)
  - Allgemeines **249** 1 ff. (HB)
  - Arbeit und Wirtschaft **249** 28 f. (HB)
  - Asylrecht **246** 91 (BY), **255** 29 f. (RP)
  - Auslieferungsverbot **255** 27 f. (RP)
  - Bedeutung der Landesgrundrechte **249** 9 f. (HB)
  - Berufsfreiheit **246** 78 f. (BY), **255** 31 ff. (RP)
  - Bestandteil des ~s **246** 5 ff. (BY)
  - Bildung, Wissenschaft, Kunst und Sport (Art. 28-35 Verf. BB) **248** 66 ff.
  - Bürgerinitiativen und Verbände **248** 52
  - Datenschutz **255** 21 (RP)
  - direkte Demokratie **248** 56
  - Ehe und Familie, Schutz von **246** 46 ff. (BY), **249** 25 (HB)

Sachregister

- Ehe, Familie, Lebensgemeinschaften und Kinder **248** 63 ff. (BB)
- Ehefreiheit **255** 58 ff. (RP)
- Ehre **255** 15 (RP)
- Eigentum **246** 80 ff. (BY), **255** 34 ff. (RP)
- Eigentum, Wirtschaft, Arbeit und soziale Sicherung **248** 79 ff. (BB)
- Entwicklung der ~ seit Inkrafttreten der Landesverfassung **246** 8 (BY)
- Entwicklung in der Nachkriegszeit **246** 1 ff. (BY)
- Erbrecht **246** 80 ff. (BY)
- Erziehung und Unterricht **249** 26 f. (HB)
- Familie, Schutz der **255** 62 ff. (RP)
- Forschungsfreiheit **255** 52 ff. (RP)
- Freiheit **255** 10 ff. (RP)
- Freiheit der Person **255** 17 (RP)
- Freiheit der Wissenschaft **255** 51 (RP)
- Freiheit und Gleichheit **248** 337 ff.
- Freiheit, Gleichheit, Würde **248** 31 ff. (BB)
- Freiheits- und Gleichheitsrechte **249** 4 f. (HB)
- Freiheitsrechte **249** 12 ff. (HB)
- Freiheitsrechte, allgemeine **246** 31 ff. (BY)
- Freiheitsrechte, besondere **246** 34 ff. (BY)
- Freizügigkeit im Landesgebiet **246** 37 f. (BY), **255** 22 ff. (RP)
- Funktionen der Landesgrundrechte **246** 18 ff. (BY)
- Geltung **248** 26 ff. (BB)
- Genuß der Naturschönheiten **246** 93 (BY)
- Gerichtsverfahren und Strafvollzug **248** 91 ff. (BB)
- Gestaltungsraum des Brandenburgischen Verfassungsgebers **248** 12 ff.
- Glaubens- und Gewissensfreiheit **246** 42 ff. (BY), **255** 37 ff. (RP)
- Gleichheitsgewährleistungen **249** 18 f. (HB)
- Gleichheitsgrundrechte **246** 84 ff. (BY), **255** 95 ff. (RP)
- Gleichstellung von Menschen mit Behinderungen **246** 89 f. (BY)
- Grundpflichten, ~ und **246** 14 f. (BY), **249** 22 f. (HB)
- Grundsatzfragen **255** 5 ff. (RP)
- Handlungsfreiheit, allgemeine **246** 31 f. (BY)
- Individualität und Privatsphäre, Schutz von **246** 39 ff. (BY)
- Individualverfassungsbeschwerde **246** 25 f. (BY)
- Informationsfreiheit **246** 63 (BY)
- „Inkorporation" **248** 18 ff.
- justitielle Grundrechte **255** 94 (RP)
- Kirchen und Religionsgemeinschaften **248** 74 (BB), **249** 30 (HB)
- Koalitionsfreiheit **255** 86 (RP)
- kollektivbezogene Grundrechte **255** 72 ff. (RP)
- Kommunikationsfreiheiten **246** 50 ff. (BY)
- Kommunikationswege, Unverletzlichkeit der **246** 68 (BY)
- körperliche Bewegungsfreiheit **246** 34 ff. (BY)
- Kunstfreiheit **246** 70 ff. (BY), **255** 57 (RP)
- Leben **255** 16 (RP)
- Lehrfreiheit **255** 55 f. (RP)
- leistungsgewährende Grundrechte **246** 91 ff. (BY)
- Meinungsäußerungsfreiheit, Presse- und Rundfunkfreiheit **255** 40 ff. (RP)
- Meinungsfreiheit **246** 50 ff. (BY)
- Menschenwürde **246** 28 f. (BY)
- Menschenwürde und Leben **248** 31 f.
- Nachkriegszeit bis zur Wiedervereinigung **248** 1 ff.
- Natur und Umwelt **248** 75 (BB)
- persönliche Freiheitsrechte **248** 38 ff.
- Persönlichkeitsrecht, allgemeines **246** 33 (BY)
- Petitionsfreiheit **246** 92 (BY), **248** 60, **255** 49 (RP)
- politische Freiheitsrechte **248** 44 ff. (BB)
- politische Gestaltungsrechte **248** 49 ff. (BB)
- Popularklage **246** 23 f. (BY)
- Pressefreiheit **246** 54 ff. (BY), **255** 43 ff. (RP)
- prozessuale Aspekte **246** 23 ff. (BY)
- Recht auf Leben und körperliche Unversehrtheit **246** 30 (BY)
- Recht auf politische Mitgestaltung **248** 50

Sachregister

- Rechtsschutz **248** 29f. (BB)
- Rundfunk- und Filmfreiheit **255** 46f. (RP)
- Rundfunkfreiheit **246** 59ff. (BY)
- Schranken der Meinungsäußerungsfreiheit **255** 48 (RP)
- Schutz der Kandidaten und Abgeordneten **248** 58
- Schutz der Wohnung **255** 18 (RP)
- Schutz des Brief-, Post-, Telegraphen- und Fernsprechgeheimnisses **255** 19f. (RP)
- Schutzpflichten, und **255** 115f. (RP)
- seit der Wiedervereinigung **248** 8ff.
- Sorben bzw. Wenden **248** 61f. (BB)
- soziale Grundrechte **246** 91ff. (BY), **248** 25, **249** 6ff. (HB), 20f. (HB)
- Staatszielbestimmungen **246** 16f. (BY), **248** 10ff. (BB), **255** 120ff. (RP)
- Statusgrundrechte **246** 28ff. (BY)
- „Textgleichheit" und „Inhaltsgleichheit" **248** 21
- Unverletzlichkeit der Wohnung **246** 39ff. (BY)
- Vereinigungsfreiheit (Vereinsfreiheit) **246** 83 (BY) **255** 73ff. (RP)
- Verfahrensbeteiligung **248** 54
- Verfassungsaufträge, und **255** 117ff. (RP)
- verfassungslose Zeit **248** 8f.
- Versammlungsfreiheit **246** 64ff. (BY), **248** 59, **255** 87f. (RP)
- Volksentscheide **255** 91 (RP)
- Volksinitiative, Volksbegehren **255** 92f. (RP)
- Wahlen **255** 90 (RP)
- Wahlen und Abstimmungen **248** 57
- Wirkkraft der Landesgrundrechte **246** 21f. (BY)
- Wissenschaftsfreiheit **246** 73ff. (BY)
- Würde **255** 14 (RP)
- Zugang zu politischen Ämtern **248** 51
- Grundrechtsverbürgungen in „Lebensordnungen" **245** 19ff. (BW)
- Informationsfreiheit **237** 20ff.
  - Berlin **237** 21f.
  - Brandenburg **237** 23ff.
  - Bremen **237** 26f.
  - Hessen **237** 28f.
  - Mecklenburg-Vorpommern **237** 30f.
  - Rheinland-Pfalz **237** 32

- Sachsen **237** 33
- Sachsen-Anhalt **237** 34f.
- Thüringen **237** 36f.
- Interpretation, Tendenz zu angleichender **234** 28
- Kunstfreiheit **237** 72ff.
- Landesgrundrechte im GG-Korsett **245** 57ff. (BW)
- Landesstaatsgewalt **245** 61f. (BW)
- Landesverfassungsbeschwerde **245** 63ff. (BW)
- Meinungs- und Informationsfreiheit **237** 3ff.
- Meinungsfreiheit **237** 3
  - Bayern **237** 4ff.
  - Berlin **237** 11f.
  - Brandenburg **237** 13ff.
  - Bremen **237** 16f.
  - Hessen **237** 18f.
- Mensch und Staat" **245** 24ff. (BW)
- politische Mitwirkungsrechte **255** 89ff. (RP)
- Presse- und Rundfunkfreiheit **237** 38ff.
- Pressefreiheit **237** 38f.
- Prozeßgrundrecht(e) **244** <u>1ff.</u>
  - Anspruch auf rechtliches Gehör **244** 25ff.
  - Aussageverweigerungsrechte **244** 50
  - Bedeutung **244** 5ff.
  - Begriff **244** 1ff.
  - effektiver Rechtsschutz gegen die öffentliche Gewalt **244** 12ff.
  - Eingriffe in die Freiheit der Person **244** 35ff.
  - EMRK-Einfluß **244** 8f.
  - faires Verfahren **244** 47f.
  - Justizgewähranspruch **244** 19f.
  - Öffentlichkeitsgrundsatz **244** 49
  - Quellen **244** 1ff.
  - Recht auf den gesetzlichen Richter **244** 21ff.
  - Strafprozeßrecht und Strafvollzug **244** 29ff.
  - Vergleich der landesverfassungsrechtlichen ~ **244** 10ff.
  - weitere ~ **244** 46
- Recht auf Erziehung und Ausbildung (Art. 11 Abs. 1 Verf. BW) **245** 34ff.
- Rechtsweggarantie gegen Akte der öffentlichen Gewalt (Art. 67 Verf. BW) **245** 52ff.
- Religion und Religionsgemeinschaften **245** 30ff. (BW)

Sachregister

- Rundfunkfreiheit **237** 40ff.
  - Bayern **237** 42
  - Brandenburg **237** 43f.
  - Rheinland-Pfalz **255** 46ff.
  - Thüringen **237** 47ff.
- statische oder dynamische Übernahme **245** 5ff. (BW)
- Unentgeltlichkeit von Unterricht und Lernmitteln (Art. 14 Abs. 2 S. 1 Verf. BW) **245** 39ff.
- Verbot der Diskriminierung Behinderter **245** 25ff. (BW)
- Versammlungs- und Vereinigungsfreiheit **237** 78ff.
- Wahl- und Stimmrecht **245** 50f. (BW)
- Wissenschaftsfreiheit **237** 50ff.
  - Baden-Württemberg **237** 51ff.
  - Bayern **237** 55ff.
  - Brandenburg **237** 59f.
  - Bremen **237** 61
  - der Hochschulen (Art. 20 Verf. BW) **245** 42ff.
  - Hessen **237** 62
  - Mecklenburg-Vorpommern **237** 63
  - Niedersachsen **237** 64f.
  - Nordrhein-Westfalen **237** 66
  - Rheinland-Pfalz **255** 50ff.
  - Saarland **237** 67
  - Sachsen **237** 68
  - Sachsen-Anhalt **237** 69
  - Schleswig-Holstein **237** 70
  - Thüringen **237** 71

Landesverweisungsverbot
- Mecklenburg, ~ in 1849 **231** 39

Landesvolk
- Bedeutung **243** 2ff.

Landtagswahlen
- Landesverfassungen, ~ in **243** 6ff.

Lastengleichheit *siehe auch* Gleichheit von Lasten
- Landesverfassungen, ~ in **240** 49

Lauenburg
- demokratische Verfassungsurkunden in ~ (1849), genuin **231** 31
- Grundrechtsabschnitt in der (Revolutions-)Verfassung von ~, umfangreicher **231** 37

Leben
- Grundgesetz, Schutz des ~s im **234** 8
- Landesgrundrecht, ~ als **255** 16 (RP)

- Recht auf ~ **234** 14, **255** 16 (RP)

Leben und Freiheit, Recht auf **256** 12ff. (SL)

Leben und körperliche Unversehrtheit (Recht auf) **232** 95 (BY)
- GG-Bestand, ~ als fester **234** 3
- Identität mit GG-Text **247** 37 (BE)
- neues Freiheitsrecht **231** 106
- Schutzpflichten des Staates für ~ **234** 13
- Statusgrundrecht(e) **246** 30 (BY)
- Vorbild für Art. 2 Abs. 2 S. 1 GG **231** 136

Leben, Freiheit der Person, Persönlichkeit
- Art. 3 Verf. TH **260** 22ff.

Lebensgemeinschaften (Schutz von)
- dauerhaft angelegte ~ **232** 47
- Diskriminierungsschutz statt Institutsgarantie **232** 47
- Eigenständigkeit in Landesverfassungen **238** 52
- Landesgrundrechte im Bereich der ~, Maßgeblichkeit der **238** 2
- Landesverfassungsspezifika **232** 163

Lebensgestaltung – Ethik – Religionskunde (LER) **232** 42, **236** 28 (BE)

Lebensordnungen
- Differenzierungen bei ~ **231** 103
- „Ehe und Familie" **231** 102
- „Erziehung und Unterricht" **231** 102
- Familie und Erziehung **231** 102
- Grundrechtsordnungsprinzip, ~ als **231** 102
- Gruppenbildungen von ~ nach „Ambiance" **231** 104
- „Religionsgesellschaften"
  - in Landesverfassungen **231** 102
- „Sozial- und Wirtschaftsordnung"
  - in Landesverfassungen **231** 102
- soziale Grundrechte, ~ und **231** 108f.
- Staatszielbestimmungen in ~ in Landesverfassungen **231** 103
- Übernahme von ~ in den HChE, keine **231** 133
- „Volksbildung" **231** 102
- „Wirtschaft" **231** 102

Lebenspartnerschaft(en)
- Ehe und ~ **232** 47, **238** 19, **255** 61 (RP)
- gleichgeschlechtliche **238** 37

Lebensstandard, Recht auf angemessenen
- IPWSKR, ~ im **242** 13

Sachregister

Legalenteignung
- Eigentumsgrundrecht, ~ und   **239** 86
Legitimationsbrücke
- Versagung einer ~ zur alten (Reichs-) Ordnung   **231** 59
Lehrer
- Mitwirkungsrechte an Schulen in Landesverfassungen   **243** 62
Lehrfreiheit   **237** 62 (MV), **255** 55 ff. (RP)
Leibeigenschaft
- Abschaffung (Bremen) 1849   **231** 39
Leistungs(grund)rechte   **246** 91 ff. (BY)
- Existenzminimum-Gewährung als ~   **242** 69
- Grundrechte als ~   **248** 25 (BB)
- soziale Grundrechte als ~
  - in Landesverfassungen   **242** 24 f., 29
- soziale Landesverfassungsrechte   **242** 29
lex specialis
- informationelle Selbstbestimmung   **233** 63 (RP), 78 (MV)
- landständische Verfassung (1818)   **231** 14
Liechtenstein
- Grundrechtskatalog (1862), Verfassung mit   **231** 45
- Restaurationsverfassung von ~ (1862)   **231** 43
Lippe
- landständische Verfassung (1819)   **231** 14
- landständische Verfassung (1836)   **231** 14
- Verfassungserneuerung bzw. -revision in ~ (1920)   **231** 73
Loccumer Vertrag (1955)
- Öffentlichkeitsauftrag der (evangelischen) Kirche   **236** 46
Lohngleichheit   *siehe auch* Gleichheit des Lohns
- Landesverfassungen, ~ in   **240** 50
Lübeck
- demokratische Verfassungsurkunden in ~ (1848), genuin   **231** 31
- Verfassungsüberarbeitung (1875) zur Reichsgründung (1871) in ~   **231** 50
- Verfassungserneuerung bzw. -revision in ~ (1920)   **231** 73
Luxemburg
- landständische Verfassung (1841)   **231** 14

- demokratische Verfassungsurkunden in ~ (1848), genuin   **231** 31
- Grundrechtsabschnitt nach dem Vorbild der Verfassung Belgiens (1831)   **231** 37

Männer und Frauen
- Gleichbehandlung für ~, bereichsspezifische   **240** 16
Mantelgesetzgebung
- Bundesrecht-Übernahme   **232** 34
Mark Brandenburg
- Nachkriegslandesverfassung v. 6.2.1947   **231** 91
Marktbeherrschung
- EU-Vorgaben für das Wirtschaftsverfassungsrecht   **239** 17
marktwirtschaftliche Ordnung
- Planbürokratie, ~ anstelle   **239** 28
- Verfassungen der neuen Länder, ~ in   **239** 3 (BB)
Massenmedien
- Sonderrecht für ~, kein   **232** 49 (BB)
Maßnahmegesetze   **232** 182
Mecklenburg
- Nachkriegslandesverfassung v. 16.1.1947   **231** 91
Mecklenburg (-Vorpommern)
- Verfassung von 1945 bis 1952   **252** 1 ff.
Mecklenburg-Schwerin
- demokratische Verfassungsurkunden in ~ (1849), genuin   **231** 31
- Grundrechtsabschnitt in der (Revolutions-)Verfassung von ~, umfangreicher   **231** 37
- Grundrechtsabschnitte parallel zur WRV in ~ §§ 4 – 23 Verf.   **231** 79
- Verfassungserneuerung bzw. -revision im Freistaat   ~ (1920) **231** 73
Mecklenburg-Strelitz
- Grundrechtskatalog in der Übergangsverfassung (ab 1919) von ~ §§ 33 bis 37, 38 bis 41, 43 Verf.   **231** 68
- neue Vollverfassung für ~ (1919)   **231** 63
- Verfassungserneuerung bzw. -revision in ~ (1923)   **231** 73
- WRV-Rezeptionsklausel, Verf. von ~ mit § 3   **231** 79
Mecklenburg-Vorpommern
- allgemeine Handlungsfreiheit   **233** 55
- Art. 5 Abs. 3   **232** 7
- Art. 18   **241** 35

Sachregister

- Datenschutz und Informationsrechte **252** 26 ff.
  - Auskunftsrecht über gespeicherte Daten **252** 29
  - Datenschutz **252** 26 ff.
  - Landesdatenschutzbeauftragter **252** 31
  - Schranken **252** 30
  - Umweltinformationsrecht **252** 34
  - Verhältnis zum Bundesrecht **252** 32 f.
- dynamischer Verweis auf die GG-Grundrechte **252** 15 ff.
- Erarbeitung der Verfassung seit 1990 **252** 11 ff.
- Gemeinwohlverpflichtungen **252** 60 f.
- Grundlagen der Grundrechtsordnung **252** 1 ff.
- grundrechtliche Garantien der Landesverfassung **252** 15 ff.
- informationelle Selbstbestimmung **233** 78 f.
- Informationsfreiheit **237** 30 f.
- Interpretation des Landesverfassungsrechts **252** 25
- Kirchen und Religionsgemeinschaften **252** 47 ff.
- Konkordate und Kirchenverträge **252** 48 ff.
  - theologische Fakultäten **252** 51
  - Übernahme der Weimarer Garantien **252** 47
- kulturelle Verfassungsrechte **252** 35
  - Bildung **252** 37 ff.
  - Forschungseinrichtungen **252** 46
  - Hochschulen **252** 42 ff.
  - Kultur und Sport **252** 36
  - Wissenschaft **252** 41 ff.
  - Wissenschaftsfreiheit **252** 41
- Minderheitenschutz **241** 100 ff.
  - Entstehungsgeschichte **241** 101 ff.
  - geschützter Personenkreis **241** 103
  - Gewährleistungsinhalt **241** 104 ff.
  - Normtypologie **241** 102
- Persönlichkeitsrecht **233** 78 f.
- Petitions- und vergleichbare Rechte **252** 52 ff.
- Schutz benachteiligter Gruppen **252** 55 ff.
- soziale Rechte **252** 59
- Staatszielbestimmungen **252** 19 f.
- Verfassung von 1945 bis 1952 **252** 1 ff.
  - Allgemeines **252** 1 f.
- Grundrechte und vergleichbare Bestimmungen **252** 3 ff.
- herkömmliche Grundrechte **252** 5 f.
- soziale Rechte **252** 7 ff.
- Verfassung: Einzelgarantien **252** 26 ff.
- verfassungsprozessuale Durchsetzung der Grundrechte und der verwandten Garantien **252** 21 ff.
- Wiederbegründung des Landes Mecklenburg-Vorpommern 1990 **252** 11 ff.
- Wissenschaftsfreiheit **237** 63
- Würde des Menschen **233** 28 f.

Mediatisierung
- Reichsritterschaft,~ der **231** 18
- Reichsstädte, ~ der **231** 18

Medienfreiheit(en) **237** 47 (TH), **260** 39 ff. (TH)

Meinungs- und Informationsfreiheit **237** 3 ff.

Meinungs(äußerungs)freiheit **237** 3 ff., **255** 40 ff. (RP), **260** 39 ff. (TH)
- Abwehrrecht, ~ als **237** 4 (BY)
- Ähnlichkeit mit GG-Text **247** 56 ff. (BE)
- Bayern **237** 4 ff.
- Berlin **237** 11 f.
- Beschränkung zu Gunsten anderer wichtiger Rechtsgüter **237** 14 (BB)
- Brandenburg **237** 13 ff.
- Bremen **237** 16 f.
- Bundesgrundrecht, Verhältnis zum **237** 10
- divergierende Schrankenbestimmungen Landesverfassungsrecht, im **237** 3
- Drittwirkung der ~, unmittelbare **237** 9 (BY)
- Ehre, Schutz der persönlichen immanenten Schranke **237** 8 (BY)
- Gleichheitsaspekt (Benachteiligungsverbot), ~ als **240** 53
- Hessen **237** 18 f.
- juristische Personen als Träger der ~ – in Landesverfassungen **232** 113
- kollidierendes Verfassungsrecht **237** 14 (BB)
- kommunikative, interaktionsgerichtete Grundrechte **237** 1
- Landesgrundrecht, ~ als **255** 40 ff. (RP) **237** 5 (BY)
- lex generalis zur Versammlungsfreiheit, zur Vereinsfreiheit, zur Koalitionsfreiheit, zur Petitionsfreiheit **232** 165
- Meinungsfreiheit **246** 50 ff. (BY)

- Organisations- und Verfahrensregelungen, ~ ohne **232** 61
- Schranken der ~ **237** 16 (BB), **255** 48 (RP)
- Schutzbereichsbegrenzung **237** 11 (BE)

Meistbegünstigungsprinzip
- Abweichungen in Landesverfassungen, bei **244** 37

Mensch
- „Richtmaß des Rechts" **232** 84

Menschen- und Bürgerrechte **232** 93 ff.

Menschenbild
- Verfassung, ~ in der hessischen **251** 11 ff.

Menschenrecht(e) **232** 93 ff.
- Grundrechte, (völkerrechtliche) ~ und Abgrenzungsfragen **232** 13
- Transnationalität und Überpositivität als Wesensmerkmale **232** 11
- Unverletzlichkeit der Wohnung **235** 37

Menschenrechtskern
- Deutschen-Rechte mit ~, keine **232** 95

Menschenwürde siehe auch Würde des Menschen
- Freiheitsrechte, ~ und **260** 18 ff. (TH)
- ~ und Leben **248** 31 f. (BB)
- Schutz **247** 31 (BE)
- Schutzpflicht des Staates, ~ unter der **232** 52

Menschenwürdekern
- Inländer-Rechte mit ~, keine **232** 95

menschenwürdiges Dasein
- Anspruch auf ein ~ **235** 9 (SN)
- Wirtschaftsordnung, ~ als Leitprinzip der WRV Art. 151 Abs. 1 S. 2 **239** 6

Mieterschutz
- Förderziel, ~ als staatliches **235** 4 (BB)

Militäreinsatz im Innern
- Beschränkung des ~es in Gotha (1849) **231** 40

Minderheit(en)
- Abgrenzung von sozialen ~ **241** 4
- Abnahme traditioneller ~ **241** 30
- adressierte ~, Schutzauftrag für **241** 48 (SH)
- anerkannte ~ **241** 28
- Ansässigkeit als Begriffsmerkmal **241** 16
- ausländische ~, Achtungsanspruch für **241** 90 (SN)
- außenpolitischer ~begriff **241** 21 ff.
- Begriff (völkerrechtlich) **241** 5 ff.
- ethnische, religiöse oder sprachliche Charakteristika **241** 12 f.
- Gruppenidentität **241** 14
- numerische Inferiorität **241** 10
- politisch unterlegene Stellung **241** 11
- Begriff (Fortentwicklung) **241** 15 ff.
- Begriff in Deutschland **241** 19 ff.
- Begriffsbildung, kontextabhängige **241** 4
- Begriffsmerkmale, keine gesicherte Anerkennung der **241** 6
- Begriffsmerkmale, vier prägende **241** 9
- Bekenntnis zu kultureller oder ethnischer ~ **241** 94 (ST)
- Bewahrensrechte, spezifische **241** 87 (SN)
- ethnische ~ **241** 12
- Gewährleistung für alle ~, einheitliche **241** 52 (SH)
- Glaubensgemeinschaft, ~ und **241** 14
- Kontinuitätserfordernis bei ~ **241** 18
- kulturelle Eigenständigkeit der ~ **241** 96 (ST)
- kulturelle Identität von ~ als Förderziel **241** 54 (SH)
- kulturelles Leben, Recht auf eigenständiges **241** 7, 50 (SH)
- Landesverfassungen **241** 27
- Mehrheitsgesellschaft, ~ und **241** 14
- Merkmale von ~, objektive bzw. subjektive **241** 12
- Mitgestaltung für ~, Defizite bei der politischen **241** 91 (SN)
- neue ~ **241** 29 f.
- Offenheit für den Schutz weiterer ~ **241** 84 (SN)
- Partei, dänische ~ als Träger einer politischen **241** 51 (SH)
- politische Mitwirkung, Recht auf Förderungsauftrag **241** 51 (SH)
- Religionsbekenntnis, Recht auf eigenständiges **241** 7
- Schulen, Einrichtung eigener Schulen für ~ **241** 54 (SH)
- Schutz der ~ vor Beeinträchtigungen durch Dritte **241** 53 (SH)
- Schutz im Grundgesetz **241** 24 ff.
- Schutz- und Förderauftrag zugunsten von ~ **241** 53 (SH)

Sachregister

- Schutzbestimmungen für ~ **241** 31 ff.
- Schutzniveau-Abstufungen **241** 100 (ST)
- Situation in Deutschland **241** 28 ff.
- Sprache, Recht auf eigene **241** 7
- strittige Merkmale **241** 15 ff.
- völkerrechtlicher Begriff **241** 5
- Volksgruppen, ~ und **241** 12, 105 (MV)
- Zuordnung, keine zwangsweise **241** 49 (SH)
- Zuwanderungsdynamik **241** 113

Minderheitenbegriff
- Argumentation auf internationaler Ebene, enge **241** 21
- bundeseinheitlicher ~, kein **241** 20
- Dänen **241** 22 (SH)
- Erweiterung auf Zuwanderer, keine **241** 18
- Erweiterung des ~s **241** 100 (ST)
- Fortentwicklung **241** 15 ff.
- Kriterien der Bundesregierung, fünf **241** 23
- Landesverfassungen, kein einheitlicher ~ in **241** 27
- neue Minderheiten i.e.S. **241** 113
- Siedlungsdauer als Kriterium **241** 30
- Sorben **241** 22 (SN)
- Staatsbürgerschaft, Anknüpfung an die deutsche **241** 103 (MV)
- Streuminderheit Sinti und Roma **241** 113
- UN-Menschenrechtskommission, ~ der **241** 8
- völkerrechtlicher ~ **241** 5 ff., 66 (BB), 82 (SN), 95 (ST), 113

Minderheitenklauseln
- Wiedervereinigung, Neuberatung im Zuge der **241** 24

Minderheitenrechte 241 20
- Assimilierungsdruck, ~ und **241** 1, 72 (BB), 98 (ST)
- Bewahrung eigener Kultur, Tradition, Religion, Sprache **241** 8
- Differenzierungen im Gewährleistungsumfang **241** 67 (BB)
- Diskriminierungsschutz, ~ als **241** 1
- Dritte, Abwehr von Beeinträchtigungen durch **241** 86 (SN)
- entwicklungsoffener traditioneller ~ **241** 55 (SH)
- Förderungsauftrag an den Staat **241** 98 (ST)
- Fremdenrecht, ~ und **241** 17
- Friesen, keine ~ für **241** 108 (NI)
- Gebietserhalt als Auftrag an den Staat **241** 60 (BB)
- Gesetzgeber bei ~, weiter Gestaltungsspielraum für den **241** 81 (SN)
- Gewährleistungsdimensionen der ~, zwei **241** 86 (SN)
- Gewährleistungsgehalt politische Mitwirkungsrechte **241** 98 (ST)
- Gewährleistungsumfang der ~ **241** 85 (SN)
- Gleichberechtigung als Element der ~, Betonung der **241** 80 (SN)
- Landesverfassungen, ~ in **232** 3

Minderheitenschutz 240 36
- Gruppenidentität **241** 14
- hohes, aber nicht einklagbares Schutzniveau **241** 56 (SH)
- Identität, Schutz der sprachlichen und kulturellen **241** 106 (MV)
- individualisierender Ansatz **241** 7
- kollektive Gewährleistung des ~es **241** 44 (SH)
- Landesverfassungen, ~ in **241** 31 ff., 35 ff.
  - Achtung der Interessen ausländischer Minderheiten **241** 91 (SN)
  - anerkannte Minderheiten **241** 28
  - außenpolitischer Minderheitenbegriff **241** 21 ff.
  - Begriffsbestimmungen **241** 4 ff.
  - begünstigter Personenkreis **241** 46 ff. (SH)
  - Bekenntnisprinzip **241** 49 (SH)
  - Bewahrung der Identität und auf Pflege von Sprache, Religion, Kultur und Überlieferung **241** 86 ff. (SN)
  - Brandenburg **241** 57 ff.
  - deutsche Verfassungstradition **241** 20
  - Erhaltung des Siedlungsgebiets der sorbischen Volksgruppe **241** 89 (SN)
  - Fortentwicklung des Minderheitenbegriffs **241** 15 ff.
  - geschützter Personenkreis **241** 66 (BB), 82 ff. (SN), 95 ff. (ST), 104 f. (MV)
  - Gewährleistungen und Grundrechtsnormen **241** 33
  - Gewährleistungsinhalt **241** 100 (ST), 107 (MV)

Halbfette Zahl = §§; magere Zahl = RN; unterstrichene Zahl = Hauptfundstelle; FN = Fußnote

- Gewährleistungsumfang **241** 49 ff. (SH), 67 (BB), 85 ff. (SN)
- Grundgesetz **241** 24 ff.
- landesübergreifende kulturelle Autonomie **241** 71 (BB)
  - Mecklenburg-Vorpommern **241** 103
  - Minderheitenbegriff **241** 19 ff., 27
  - nationale Identität und angestammtes Siedlungsgebiet **241** 68 ff. (BB)
  - neue Minderheiten **241** 29 f.
  - Niedersachsen **241** 112 ff.
  - politische Mitgestaltung **241** 70 (BB)
  - Recht auf Heimat **241** 85 (SN)
  - Sachsen **241** 79 ff.
  - Sachsen-Anhalt **241** 94
  - Schleswig-Holstein **241** 36
  - Schulwesen **241** 54 (SH)
  - Schutz und Förderung **241** 50 ff. (SH)
  - Situation in Deutschland **241** 28 ff.
  - Sprache und Kultur der Sorben/Wenden **241** 74 ff. (BB)
  - Staatszielbestimmungen und Verfassungsaufträge **241** 34
  - Zielrichtung **241** 1 ff.
- Modernisierung der Verfassung **241** 102 (MV)
- „nationale Minderheit", ~ und **241** 46 (SH)
- Nationalstaat und ~ in engem Konnex **241** 1
- negatorische Dimension des Sorben-~es **241** 79 (SN)
- Nichtdiskriminierung als ~ **241** 111
- Normtypisierungen **241** 32
- numerische Inferiorität, ~ mit Blick auf **241** 10
- Personenkreisbeschränkung auf Sorben/Wenden **241** 66 (BB)
- Personenkreis, geschützter **241** 82 (SN)
- politische Unterlegenheit, ~ mit Blick auf **241** 11
- regionale Mehrheit, ~ auch als **241** 10
- Schutzniveau, abgestuftes **241** 91 (SN), 107 (MV), 112
- Siedlungsgebiete, Erhaltung der **241** 89 (SN)
- Sorben-Verfassungsregelung, ~ und spezifische **241** 78 (SN)
- Sorben-Wenden-Gesetz **241** 74 (BB)
- Staatsangehörige, ~ für deutsche **241** 82 (SN)
- Staatsbüger, ~ unter Bezug auf deutsche **241** 46 (SH), 95 (ST)
- Staatsgrenzenänderungen mit Auswirkung auf den ~ **241** 3
- Staatsziel **241** 94 (ST), 103 (MV)
  - dauerhaftes ~es für Sorben/Wenden **241** 60 (BB)
  - mit erhöhten Schutzpflichten für Sorben/Wenden **241** 61 (BB)
  - Standard des ~es, hoher **241** 19
  - Verankerung eines hohen Schutzniveaus **241** 74 (BB)
  - Verfassung, ~ als Bestandteil einer modernen **241** 93 (ST)
  - Verfassungsentwurf zum ~, Diskussion in Niedersachsen **241** 109 ff.
- „Volksgruppe", ~ und **241** 46 (SH)
- Vorschrift über ~ im GG? **241** 25 f.
- weitergehende Rechte für Sorben?, ~ und **241** 81 (SN)
- Zuwanderung, ~ und **241** 18

Mißbrauchsverbot(e)
- allgemeiner Rechtsgrundsatz **232** 174
- Freiheitsentziehung(en), ~ für **244** 45
- Landesverfassungen, ~ in **232** 175
- „Mißbrauch formaler Rechtsbefugnisse" **232** 175 (SL)
- „offenbarer Mißbrauch des Eigentums oder Besitzrechts" **232** 175 (BY)
- Prozeßgrundrechte, ~ für **232** 176

Mitbestimmung
- Arbeiterstand, ~smodelle 1848 **231** 38
- Landwirtschaft, ~smodelle 1848 **231** 38
- Lehrerschaft, ~smodelle 1848 **231** 38

Mitgestaltung, politische **248** 50 (BB)
- Landesverfassungen, ~ in **243** 58 ff.

Mitgliedstaaten
- Wirksamkeit des Unionsrechts in den EU-~, einheitliche **232** 118

mittelbarer Drittschutz
- Schutzpflicht des Staates, ~ unter der **232** 52

Mitwirkungsrechte **243** <u>1 ff.</u>
- Schulwesen, ~ im - in Landesverfassungen **243** 62 **258** 63 ff. (ST)
- status activus-Rechte (Teilnahmerechte) **232** 23
- subjektive ~ **232** 21
- im Verwaltungsverfahren **243** 61

Sachregister

Modellverfassung
- Urkunde für das Königreich Westphalen 231 7

Monarchie
- „Mindesterrungenschaften" der Revolution (1918/1919), Abschaffung der ~ als 231 64
- restaurierte ~ und Zivilgesellschaft 231 13

Monopole
- Verbot von ~n 239 1 (HB)
- Verbot wirtschaftlicher ~ und Kartelle in Landesverfassungen 239 26

Mütter, Schutz und Fürsorge für
- Gestaltungsraum des Gesetzgebers, weiter 238 32
- Identität mit GG-Text 247 42 (BE)

Mutterschaft
- Schutzpflicht des Staates, ~ unter der 232 52

Nachkriegslandesverfassungen
- 1946/1947 231 90
- ostdeutsche ~ 231 91 f.

nasciturus
- Grundrechtsfähigkeit des ~ 232 90

Nassau
- demokratische Verfassungsurkunden in ~ (1849), genuin 231 31
- Grundrechtsabschnitt in der (Revolutions-)Verfassung von ~ 231 37
- Verfassung (1814) 231 14

Nationalparks 232 82 (BB)

Nationalstaat
- Abschied vom impermeablen ~ 231 131

Natur, Schutz der
- Natur- und Landschaftsschutzgebiete, Einrichtung und Erhaltung für 232 82 (BB)
- natürliche Lebensgrundlagen, Staatsziel Schutz für ~ 232 78
- Staatsziel(e), ~ als 232 82 (BB)

Natur und Umwelt 248 75 ff. (BB), 260 89 (TH)

natürliches Recht
- Erziehungsrecht als ~ der Eltern 232 11

Naturrecht
- „Positivismuslegende" und ~sdiskussion 231 97, 255 8
- Renaissance des ~s nach 1945 231 97, 255 6

Naturschönheiten, Genuß der
- Landesgrundrecht, ~ als 246 93 (BY)

ne bis in idem
- Identität mit GG-Text 247 46 (BE), 255 94 (RP)

negative Glaubensfreiheit 236 7, 255 37

neminem laedere 233 38 (BY)

nemo tenetur se ipsum accusare 244 50

Neutralität
- Erziehungsauftrag des Staates ausgerichtet am ~sgebot 238 47
- Laizismus, ~ in Abgrenzung zu 238 50
- Religionsunterricht als Konsequenz der staatlichen ~ 236 22
- religiös-weltanschauliche ~ des Staates 236 1, 10
- Wahlrechtsgrundsatz der ~ der Staatsorgane im Wahlkampf 240 45
- Wahrung der religiös-weltanschaulichen ~ 236 44, 238 49 f.
- wirtschaftspolitische ~ 239 5

„Neuwerk-Entwurf"
- Niedersachsen, Verfassungsentstehung 253 1

nichteheliche Kinder, Gleichstellung
- Identität mit GG-Text 247 43 (BE), 255 68 (RP)

Niedersachsen 241 107
- Achtung und gewaltfreie Erziehung 253 48
- allgemeine Handlungsfreiheit 233 52
- Arbeit 253 75
- Bildung, Recht auf 253 34 ff.
- Bindungswirkung, grundrechtliche 253 25 f.
- Bindungswirkung, Verfassungsrechtsprechung 253 31 f.
- Diskriminierungsverbot doppeltes 253 27 f.
- Erziehungsberechtigte, Anspruch auf staatliche Hilfe 253 53
- Förderung Kunst, Kultur und Sport 253 69 ff.
- Gleichberechtigung 253 20 ff.
- Hochschulen 253 56 ff.
- Selbstverwaltungsrecht 253 63 ff.
- Unterhalt und Förderung 253 61 f.
- GG-Grundrechte 253 9 ff.
- nichtinkorporierte Grundrechte und staatsbürgerliche Rechte, und 253 13 ff.
- Regelungsmodell 253 9 f.
- Statik oder Dynamik 253 11 f.

Sachregister

- Kinder und Jugendliche
  - Schutz und Erziehung **253** 47 ff.
  - Schutz vor Vernachlässigung und Mißhandlung **253** 55
- Kultur: Schutz und Förderung, Begriff **253** 69 ff.
- Landesgrundrechte **253** 33 ff.
- Nachkriegslandesverfassung **231** 90
- Persönlichkeitsrecht in postgrundgesetzlicher Landesverfassung **233** 72
- Privatschulförderung **253** 42 ff.
- Privatschulfreiheit **253** 42 ff.
- Schulwesen **253** 34 ff.
  - Aufsicht **253** 38 ff.
  - Elternrecht, ~ und **253** 39
  - Schulpflicht **253** 38 ff.
  - Selbstverwaltungsrecht für Hochschulen **253** 63 ff.
- Sport: Schutz und Förderung **253** 69 ff.
- Staatszielbestimmung
  - „Arbeit" **253** 77
  - „Wohnen" **253** 78
  - Kunst, Kultur und Sport **253** 69 f.
  - Tierschutz **253** 79 ff.
- Verfassung
  - „Neuwerk-Entwurf" **253** 1
  - Entstehungsgeschichte **253** 1 ff.
  - Entwurf der FDP **253** 7
  - Entwurf der Fraktion der CDU **253** 5 f.
  - gemeinsamer Verfassungsentwurf von SPD und Grünen **253** 4
  - Sonderausschuß-Beschlüsse **253** 8
- Verfassungsprozeß Folgen der Inkorporation **253** 29 f.
- Vorläufige Verfassung, Regierungsentwurf **253** 2 f.
- Wissenschaft: Schutz und Förderung **253** 56 ff.
- Wissenschaftsfreiheit **237** 64 f.
- Wohnen **253** 75
- Würde des Menschen **233** 21

Norddeutscher Bund 231 49 ff., 140, **232** 2

Nordrhein-Westfalen
- allgemeine Handlungsfreiheit **233** 51
- Entstehungsgeschichte der Grundrechte (1945-1949) **254** 1 ff.
- Grundrechtsentwicklung
  - aktueller Reformbedarf **254** 72
  - Anpassungen an Zustände und Sprachgebrauch **254** 60
  - Datenschutz **254** 63
  - neue staatszielartige Bestimmungen **254** 61 f.
- Schulfrage **254** 64 ff.
- Verfassungsabschnitt „Arbeit und Wirtschaft" **254** 27 ff.
- Verfassungsabschnitt „Die Familie" **254** 26
- Verfassungsabschnitt „Schule, Kunst und Wissenschaft, Religion und Religionsgemeinschaften" **254** 31 ff.
- Verfassungskommission und Individualverfassungsbeschwerde **254** 70 f.
- Verfassungsverabschiedung 1951 **254** 25 ff.
- informationelle Selbstbestimmung **233** 69 ff.
- Kontinuität und Wandel der Landesgrundrechte nach 1950 **254** 43 ff.
- Kunst, Kultur und Wissenschaft **254** 36
- Landesgründung: Verfassungsberatungen auf Bundesebene **254** 1
- Landesgrundrechte nach 1951
  - Auslegung der rezipierten Landesgrundrechte **254** 57 f.
  - Begriff **254** 45 ff.
  - Entwicklung der Grundrechtsnormen **254** 59 ff.
  - Rechtsfolge der Rezeption **254** 50 ff.
- Nachkriegslandesverfassung **231** 90
- Persönlichkeitsrecht **233** 69 ff.
- Religion und Religionsgemeinschaften **254** 37 f.
- „Rezeptionsgrundrechte": Auslegung u. Reichweite **254** 44 ff.
- Schulfrage **254** 31 ff.
- Synthese zwischen GG und Entwurf **254** 20 ff.
- Überblick **254** 10 f.
- Verfassungsentwurf: weitere Änderungen **254** 24
- Wegfall der klassischen Grundrechte und Ersatz durch Rezeption **254** 12 f.
- Wissenschaftsfreiheit **237** 66
- Würde des Menschen **233** 16 ff.

Normativbestimmung
- Wahl als ~, Freiheit der **243** 7

Normativität der Grundrechte 232 16, **251** 64 ff. (HE)

Normenkontrolle
- Ausschluß der ~ in ostdeutschen Landesverfassungen nach 1945 **231** 126

Normierung von Grundrechten
- Verfassung, ~ in der hessischen **251** 14 ff.

Notstand
- Grundrechte im ~ **231** 69

Sachregister

nulla poena sine lege
- EMRK-Einfluß
  - in Landesverfassungen **244** 8
  - Identität mit GG-Text **247** 45 (BE)
- Landesverfassungen, ~ in **244** 29, **255** 94 (RP)

nullum crimen sine lege
- EMRK-Einfluß
  - in Landesverfassungen **244** 8, 29

Obdachlosigkeit
- Fürsorge des Staats gegen ~ **235** 11 (TH)
- Schutz gegen ~ **242** 59 (ST)

„offene Staatlichkeit"
- Hinwendung in Richtung auf ~ **231** 131

öffentlicher Dienst
- Beruf, ~ als **239** 43

Öffentlichkeit
- Gerichtsverfahren **244** 49
- Wahlen **243** 9

Öffentlichkeitsauftrag
- Kirchen als Ermöglichung gesellschaftlicher Einflußnahme, ~ der **236** 45
- Loccumer Vertrag (1955) **236** 46f.
- Meinungsfreiheit, Glaubensfreiheit und Selbstbestimmungsrecht, ~ aus **236** 45

Öffentlichkeitsgrundsatz
- Grundrechtsqualität **244** 49
- landesverfassungsrechtlich **244** 49
- objektivrechtliche Deutung **244** 49
- Prozeßgrundrecht-Ausgestaltung **244** 49

öffentlichrechtliche Positionen
- Substrat eigener Leistung, ~ als Eigentumsfreiheit, Schutzgut der **239** 73

Oldenburg
- demokratische Verfassungsurkunden in ~ (1849), genuin **231** 31
- Grundrechtsabschnitt in der (Revolutions-)Verfassung von ~, umfangreicher **231** 37
- Grundrechtsabschnitte parallel zur WRV in ~ §§ 4–27 Verf. **231** 79
- Grundrechtskatalog (1852), Verfassung mit **231** 45
- Grundrechtskatalog in der Übergangsverfassung (ab 1919) von ~ **231** 68
- neue Vollverfassung für ~ (1919) **231** 63

- Restaurationsverfassung von ~ (1852) **231** 43

Organisation und Verfahren
- Freiheitsbeschränkungen durch ~ **232** 61
- Schutz der Grundrechte durch ~ **232** 61

Organisationsgarantien
- Gewährleistungspflichten, ~ als
- in Landesverfassungen **232** 39

Organisationsgewalt
- Arbeitgeber, ~ der öffentlichen Arbeitsplatzwahl, und freie **239** 45

Organisationsstatut(e)
- altständische ~ **231** 18
- Grundrechtsabstinenz, ~ und vollkommene **231** 80
- „konstitutionelles Minimum", ~ als **231** 21
- Reichsverfassung (1871), ~ unter der **231** 55
- Übergangsgewalten in die Weimarer Republik, ~ der **231** 62

Organisationsverfassung
- Landesverfassungen als ~ **232** 3

Organspenden
- Nachweisverfahren nach dem Transplantationsgesetz **232** 69
- Vorverlegung des Todeszeitpunkts wegen ~, keine **232** 91

Parität
- religiös-weltanschauliche ~ **236** 10

Parlamentarischer Rat
- Landesgrundrechte im ~ **231** 130 ff.

Parteienfreiheit
- Beamtenneutralität, ~ und **243** 58
- Landesverfassungen, ~ in **243** 58 ff.
- Rechte von Parteien und ~ **243** 59
- Verbotsverfahren, ~ und **243** 58
- Widerhall in Landesverfassungen, ~ mit geringem **243** 58

Partnerschaft
- gleichberechtigte (Ehe) **238** 35

Paulskirchenverfassung 231 140
- Leiturkunde für Revolutionsverfassungen 1848/1849 **231** Übersicht III
- Referenzpunkt aller Folgegrundrechtsdebatten, ~ als **231** 141
- Vorrang des Reichsrechts **232** 30

Person, Freiheit der
- Bewegungsfreiheit, ~ und Bundes- und Landesverfassungsrecht **234** 1 ff.

Sachregister

- Eingriffsvoraussetzungen, Art. 104 GG **244** 35
- Grundgesetz **234** 15
- Identität mit GG-Text **247** 38 f. (BE)
- Landesverfassungen, ~ in **234** 16 ff.
- landesverfassungsrechtliche Akzente zur ~ **234** 6
- Richtervorbehalt **244** 35

personale Freiheiten **255** 10 ff. (RP)
- Ehre des Menschen **255** 15 (RP)
- Freiheit des Menschen **255** 10 ff. (RP)
- Würde des Menschen **255** 14 (RP)

personenbezogene Daten
- Akteneinsichtsrecht über ~ **237** 36 (TH)
- Auskunfts- und Einsichtnahmeanspruch in ~ **237** 27 (HB), 36 (TH)
- Schutz **233** 68 (SL), **255** 11 (RP)

Personenhandelsgesellschaften
- Zwischenstufe zwischen natürlichen und juristischen Personen **232** 108

persönliche Freiheit **248** 38 ff. (BB)
- Schutzpflicht des Staates für die ~ **233** 44 (RP), **255** 10 (RP)

Persönlichkeit
- Bild der ~ in der Öffentlichkeit **233** 74 (BE)
- digitale ~, Schutz für die **233** 73 (SH)
- Entfaltung der ~ durch Informationsfreiheit, freie **237** 20
- freie Entfaltung der ~ **233** 55 (TH), **255** 12 (RP)
- Inhalt und Schranken **234** 12
- weltanschaulich-religiöse Verwirklichung der ~ **236** 2

Persönlichkeitsentwicklung **233** 56 (BY)
- Recht auf ~ für Kinder und Jugendliche **233** 72 (BW)

Persönlichkeitsrecht (allgemeines) **232** 95 (BY), **233** 56 (BY), 56 ff., 72 (BW), 74 (BE),, 76 (BB), 78 (MV), 84 (ST), **255** 15 (RP), **256** 22 ff. (SL)
- Ableitung **233** 60 (HE)
- Ableitung aus dem GG **233** 69 (NW)
- Auslieferungsbeschränkungen, ~ und **233** 80 (SN)
- Datenschutz, ~ und **260** 32 ff. (TH)
- Einzelaspekte als Schutzgut **233** 64 (HB)
- Garantie, ausdrückliche **233** 86 (TH)
- Geltungsgrund, Doppelungen im **233** 91
- Grundrechtsposition? **233** 62 (RP)

- Intimsphäre, Achtung der **233** 74 (BE)
- Kernbereich persönlicher Lebensgestaltung **233** 74 (BE)
- Kinder und Jugendliche, ~ für **233** 79 (MV)
- Kombinationsgrundrecht, ~ als **233** 80 (SN)
- „neue Länder"-Verfassungen **233** 76 ff.
  - Brandenburg **233** 76 f.
  - Mecklenburg-Vorpommern **233** 78 f.
  - Sachsen **233** 80 ff.
  - Sachsen-Anhalt **233** 84 f.
  - Thüringen **233** 86 f.
- postgrundgesetzliche Landesverfassungen **233** 69 ff.
  - Baden-Württemberg **233** 72
  - Berlin **233** 74 f.
  - Niedersachsen **233** 72
  - Nordrhein-Westfalen **233** 69 ff.
  - Schleswig-Holstein **233** 73
- Privatsphäre, Achtung der **233** 74 (BE)
- Resozialisierungsinteresse Strafgefangener, ~ und **233** 80 (SN)
- Verletzung des ~s **233** 61 (RP)
- vorgrundgesetzlich **233** 56 ff.
  - Bayern **233** 56 ff.
  - Bremen **233** 64
  - Hessen **233** 60
  - Rheinland-Pfalz **233** 61 ff., **255** 15
  - Saarland **233** 65 ff.

Persönlichkeitsschutz
- Datenschutz, ~ durch **233** 68 (SL)
- nachwirkender ~ **232** 92
- Personen der Zeitgeschichte, nachwirkender ~ für (absolute) **232** 92

Persönlichkeitswahl
- Wahlsystem **243** 10

Petitionsfreiheit **248** 60 (BB), **252** 52 ff. (MV), **255** 49 (RP), **256** 49 ff. (SL), **260** 57 f. (TH)
- Ähnlichkeit mit GG-Text **247** 73 (BE)
- Landesgrundrecht, ~ als **246** 92 (BY), **255** 49 (RP)
- Meinungsäußerungsfreiheit als lex generalis im Verhältnis zur ~ **232** 165
- Reformgesetze im Vormärz (1848) **231** 32
- Reichsverf. (1871) Art. 23 **231** 52

plebiszitäre Instrumente
- Instrumente und Verfahren in Landesverfassungen **243** 28 ff.

1366   Halbfette Zahl = §§; magere Zahl = RN; unterstrichene Zahl = Hauptfundstelle; FN = Fußnote

Sachregister

- kommunale Ebene **243** 54
- Landesebene, Reichweite und Grenzen **243** 49ff.
- Landesverfassungen, ~ in **243** 26ff.

Pluralisierung
- religiöse ~ und Migration **236** 4

politische Freiheitsrechte 248 44ff.

politische Initiativrechte 250 9 (HH)

politische (Mit-)Gestaltungsrechte 248 49ff., **256** 39ff. (SL), **260** 48 (TH)
- Grundrechte auf ~ **243** 60
- Grundsätze **255** 89 (RP)
- Landesgrundrecht, ~ als **255** 89ff. (RP)

Popularklage 246 23f. (BY)
- Landesgrundrechte, ~ zur Durchsetzung der **238** 2 (BY)

Postgeheimnis 255 19f. (RP), **260** 37f. (TH)
- Hessen-Kassel (1831) **231** 24

praktische Konkordanz
- Immanenz vs. ~ **232** 173
- Meinungsäußerungsfreiheit **237** 13 (BB)
- verhältnismäßige Zuordnung kollidierender Grundrechte **232** 173

Presse
- Begriff der ~ **237** 39 (BY)
- Institutsgarantie **232** 49
- unmittelbare Verfassungsberechtigung für ~ **232** 110

Pressefreiheit 246 54ff. (BY), **255** 43ff. (RP)
- abwehrrechtliche Funktion **237** 38
- Bayern **231** 11
- Berichterstattung, ~ als freie **232** 49 (BB)
- Drittgerichtetheit, ~ ohne **232** 135
- institutionelle Garantie **237** 38, 39 (BY)
- kommunikative, interaktionsgerichtete Grundrechte **237** 1
- Reformgesetze im Vormärz (1848) **231** 32
- „Reichssystem" (1871) durch Reichsgesetze anerkannt, ~ in einem **232** 9
- „Sonderrecht" gegen Meinungs- und Medienfreiheit, kein **232** 49 (BB)
- Vorbehalt, ~ unter **231** 44

Preßfreiheit
- Bayern **231** 9
- Deutsche Bundesakte **231** 28
- Preußen **232** 161

Preußen
- demokratische Verfassungsurkunden in ~ (1848), genuin **231** 31
- Grundrechtsabschnitt in der (Revolutions-)Verfassung von ~, umfangreicher **231** 37
- Grundrechtskatalog (1850), Verfassung mit **231** 45
- Restaurationsverfassung von ~ (1850) **231** 42f.
- Verfassungserneuerung bzw. -revision im Freistaat ~ (1920) **231** 73

Private
- Funktionseintritt ~r in Staatsaufgaben **232** 147
- Grundrechtsbindung, ~ in mittelbarer **232** 144

Privateigentum
- öffentlicher Verkehr und ~ **232** 152

Privatpersonen
- Grundrechtsbindung von ~ nur bei ausdrücklicher GG-Anordnung **232** 137

Privatschulen
- Ersatzschule **232** 46
- Landesverfassungen, ~ in **238** 43

Privatschulfreiheit 258 46ff. (ST)
- Ausgestaltungs- oder Beschränkungsvorbehalt **258** 54ff. (ST)
- Beratungen **258** 48f. (ST)
- juristische Personen als Träger der ~ **232** 113
- keine Beschränkung auf Ersatzschulen i.e.S. **258** 51 (ST)
- Privatschulförderung, ~ und **253** 42ff. (NI)
- Relevanz in den neuen Bundesländern **258** 46f. (ST)
- Stärken und Defizite der Regelung **258** 50 (ST)
- verfassungsunmittelbarer Finanzierungsanspruch **258** 52f. (ST)
- Zulässigkeit und Ausgestaltung einer Wartefrist **258** 57ff. (ST)

Privatsphäre
- digitale ~, Schutz für die **233** 73 (SH)
- räumliche ~ **235** 44
- Wohnraumversorgung, ~ und **235** 60
- Wohnung, ~ in Abgrenzung zum Recht auf **242** 58

Programmatik, politische
- Nothilfeverpflichtung **232** 76 (BB)

Sachregister

Programmsatz (-sätze) 233 56 (BY)
- Einklagbarkeit
  - in Landesverfassungen 238 5
- Empfehlungen für sachgerechte Politik 239 15
- Ergänzungen des Grundrechtsschutzes 238 4
- Funktion der ~ 238 7 (BY)
- Gewährleistungsgehalt 238 5
- Justitiabilität 238 8
- Kontroverse über ~, bayerische 238 7
- Macht, Verbot des Mißbrauchs wirtschaftlicher 239 26
- Normativität der Grundrechte 251 71 ff. (HE)
- Ordnung u. Ablauf wirtschaftlicher Prozesse, ~ zu 239 1
- soziale Grundrechte als ~
  - in Landesverfassungen 242 24, 27
- Weisungen für den Gesetzgeber, ~ als 238 7
- Wirtschaftsverfassungsrecht der Länder, ~ als Elemente im 239 12

Prozeßgrundrecht(e) 232 63, 139
- ausländische juristische Personen, ~ nicht für 232 117
- Aussageverweigerungsrechte als Landes~ 244 50
- Bedeutung der Landes~ 244 5 ff.
- Begriff und Quellen 244 1 ff.
- effektiver Rechtsschutz gegen die öffentliche Gewalt 244 12 ff.
- EMRK-Einfluß auf Landes~ 244 8 f.
- Gehör als Landes~, Anspruch auf rechtliches 244 25 ff.
- Grundlagen auf Landesverfassungsebene 244 1 ff.
- juristische Personen als Träger der ~ 232 113
- Justizgewähranspruch 244 19 f.
- kodifizierte ~ 244 2 f.
- Landesverfassungen, ~ in GG und 244 16
- Mißbrauchsverbot von ~n 232 176
- Öffentlichkeitsgrundsatz als Landes~ 244 49
- Person, Rechte bei Eingriffen in die Freiheit der 244 35 ff.
- Prüfungsmaßstab, GG-~ als 244 11
- Rahmenbedingungen für Gerichtsverfahren, ~ und allgemeine 244 4
- Recht auf ein faires Verfahren 244 47 f.
- Rechtsstaatsprinzip, Ableitung der ~ aus dem 233 67 (SL)
- Richter als Landes~, Recht auf den gesetzlichen 244 21 ff.
- Schutzniveau, Anpassung der Landes~ an das GG- 244 51
- Strafprozeßrecht und Strafvollzug 244 29 ff.
- Übernahmeklauseln 244 13
- ungeschriebene ~ Ergänzung, als 244 2
- Unitarisierung des Schutzniveaus 244 52
- Verfahrensfehler, Abgrenzung gegen 244 7
- Verfassungsbeschwerde 244 7
- Vergleich der landesverfassungsrechtlichen ~ 244 10 ff.
- Wirkungen auf Landesebene 244 7

Prozeßrecht
- Landesrecht, nur ergänzendes 244 5
- Mindeststandards für Landes- und Bundesgrundrechte, durch 244 5

Prüfungsrecht
- Gleichheitssatz, allgemeiner Anwendungsbereich im Landesrecht 240 10

„Prunkverfassungen" 233 99

Publikationsorgan
- Art und Ausrichtung, Inhalt und Form eines ~s, freie Bestimmung von 232 49

Quotenregelungen
- Frauenförderung, ~ zur 240 25

Rasse
- Benachteiligungsverbot wegen ~ 241 26

Rauchverbot
- Berufsausübungsfreiheit, ~ als Eingriff in die 239 48

räumliche Sphäre
- unmittelbare Verfassungsberechtigung für ~ in Landesverfassungen 232 110

Rechte anderer
- immanente Grenze von Landesgrundrechten, ~ als 232 172 f.

Rechte auf Bildung
- Landesverfassungen, ~ in 232 3

rechtliches Gehör, Anspruch auf 256 50 ff. (SL)
- Anhörungsrüge 244 27

Sachregister

- anwaltliche Vertretung, ~ und Recht auf **244** 26
- Identität mit GG-Text: Verf. Berlin (1995) **247** 44
- landesverfassungsrechtlich **244** 25 ff.
- Menschenwürde und Rechtsstaat als Grundlage **244** 25 (HE)
- objektivrechtliches Verfahrensprinzip **244** 25
- persönliche Anhörung durch den Richter, ~ als **244** 39
- Prozeßkostenhilfe, ~ und Anspruch auf **244** 26
- prozessuales Urrecht"
  - in Landesverfassungen **244** 25
- Rechtsschutzgleichheit ~ und **244** 26 (BB)
- Rechtsstaatsprinzip, Ableitung aus dem **233** 67 (SL)
- „Überraschungsentscheidungen", ~ zur Verhinderung von **244** 26
- Verfassungsrecht, Verletzung von spezifischem **244** 27

Rechtsbeistand, Recht auf 256 58f. (SL)
Rechtsfrieden
- Staatsaufgabe, ~ als **232** 53

Rechtsgemeinschaft
- EU- und Anwendungsvorrrang des EU-Rechts in den Mitgliedstaaten **232** 118

Rechtskatastrophe
- NS-Zeit **231** 141

Rechtspflege
- Organisation der ~ **244** 23

Rechtsschutz
- Effektivität des ~es Gefährdungslagen **244** 4

Rechtsschutz durch das Landesverfassungsgericht 258 79f. (ST)
- effektiver **233** 54 (BB)
- Staatsgerichtshof **251** 89 (HE)

Rechtsschutzgarantie 256 60f. (SL)
- Abwehr- und Ausgestaltungsanspruch, ~ als **244** 17
- Entscheidung, ~ als verbindliche gerichtliche **244** 17
- Grenzen gesetzgeberischer Gestaltung **244** 18
- Grundrechte, ~ durch **232** 27
- Grundrechtsverortung **244** 14
- institutionelle Garantie, ~ als **244** 17
- Leistungsanspruch **244** 17
- Prüfung des Streitbegehrens, ~ als gerichtliche **244** 17

- staatsorganisatorische Zuordnung der ~
  - in Landesverfassungen **244** 14
- Vorläufer zu Art. 19 Abs. 4 GG in Landesverfassungen nach 1945 **231** 127
- Zugang zu den Gerichten, ~ als **244** 17

Rechtsschutzgleichheit 244 26 (BB)
Rechtsstaat(lichkeit) 233 40 (BY) **244** 26
- allgemeine Handlungsfreiheit als ~ **233** 53 (BE)
- faires Verfahren, Recht auf **244** 47
- Gerichtsschutz und ~ **232** 28
- Korporationen, ~ und religiöse **236** 17
- Landesverfassungen **232** 7
- Prozeßgrundrechte, ~ als Basis der **233** 67 (SL), **244** 1
- soziale Frage, liberaler ~ und **242** 2
- Übermaßverbot: keine Ableitung aus dem ~ **232** 185
- Unschuldsvermutung als Element des ~s **233** 80 (SN)
- Verfahrensdauer, überlange **233** 55 (TH)
- Verfahrensobjekt, kein **244** 47
- Verfassungsverantwortung der Gewalten **238** 10

Rechtsverordnungen
- Konkretisierung der Verfassung **238** 13

Rechtsweg
- Grundrechtscharakter von ~-Zuweisungen **244** 15
- Erschöpfung **244** 27
- Garantie **231** 106, **232** 63, **245** 52 ff., **247** 47 f. (BE)

Reformgesinnung
- Fürsten, ~ einzelner deutscher **231** 18

Regelungsintensität
- Unterschiede der ~ in Wirtschaftsfragen **239** 3

Regelungsvorbehalt
- Berufsfreiheit, umfassender ~ bei der
  - in Landesverfassungen **239** 52 f.

Reichsgrundrechte 231 37
- Rezeption in Landesverfassungen **231** 40

Reichskammergericht 231 4
Reichskirche
- Säkularisation der ~ **231** 18

Reichsrecht
- inhaltsgleiches Landesrecht, ~ und **231** 72
- Landesrecht, ~ bricht **231** 2
- Vorrrang des ~s **231** 140

Sachregister

Reichsritterschaft
- Mediatisierung der ~ **231** 18

Reichsstädte
- Mediatisierung der ~ **231** 18

Reichsverfassung (1849)
- § 169 **231** 40
- § 193 **231** 40
- Einführungsgesetz zur ~ **231** 34
- Vorrang der ~ **231** 35

Reichsverfassung (1867) 231 48 ff.

Reichsverfassung (1871) 231 2, 48 ff.
- Art. 2 **232** 30

Religion und Religionsgemeinschaften 254 37 f. (NW)
- Art. 142 ff. Verf. Bayern **232** 42

Religion und Weltanschauung 256 67 ff. (SL), **260** 99 ff. (TH)
- Gewissen **236** 6 ff.

Religions- und Weltanschauungsgemeinschaften
- Anerkennung **236** 9
- Schulwesen **236** 9
- Staat und ~ **251** 52 f. (HE)
- Staatsverträge mit ~ (Art. 32 Abs. 4 Verf. ST) **258** 71 f.

Religionsfreiheit 245 30 ff. (BW)
- juristische Personen als Träger der ~ **232** 113
- Lehrerbekleidung, ~ und **240** 41
- negative ~ und Anstaltsfürsorge **236** 37
- Reformgesetze im Vormärz (1848) **231** 32
- unmittelbar anwendbare ~ **232** 18

Religionsgemeinschaften 236 7, **245** 30 ff. (BW)
- Beiräte statt ~ als Ansprechpartner **236** 29 (NW)
- Beschränkungen in Landesverfassungen **236** 14
- Grundrechtsschutz bei wirtschaftlicher Betätigung von ~ **232** 112
- karitative Tätigkeit **236** 49
- Körperschaftstatus
  - Bindungswirkung der Erstverleihung **236** 18
  - Zweitverleihung **236** 18
- Landesverfassungsrecht **236** 14
- Lebensordnungen, als ~
- in Landesverfassungen **231** 102
- regionale Zugehörigkeitsunterschiede **236** 4
- Selbstbeschreibung der ~ **236** 37

- Selbstbestimmungsrecht der ~ **236** 24
- Selbstverwaltungsrecht der ~ **236** 41
- Sonderfinanzierungsgarantien für ~ **236** 50 (SN)
- Staatsleistungen an ~ unter Einschluß kommunaler Gebietskörperschaften **236** 34
- Unterricht, Mitwirkung am konfessionellen **236** 22
- Wohlfahrtspflege, staatliche Unterstützung der ~ bei Aufgaben der freien **236** 32

Religionsmündigkeit
- Landesverfassungen (ab 1919), Gewährleistung der ~ in **231** 69, **232** 101

Religionsrecht
- Vielfalt, Verluste föderaler **236** 9

Religionsunterricht 232 104, **236** 22 ff.
- Absolutheitsanspruch-Wahrung **236** 30 (HH)
- Anspruch einzelner auf ~, kein **236** 24
- Aufsichtsrecht der Religionsgemeinschaften **236** 25
- Ethikunterricht, Wahlrecht zwischen ~ und **236** 31
- „für alle" **236** 30 (HH)
- Grundlage, ~ auf einfachgesetzlicher **236** 28
- konfessionsgebundene Unterweisung, als **236** 22
- Landesverfassungen, Grundlage des ~s in **238** 43
- Neutralität, unter Wahrung staatlicher **236** 22
- Teilnahmeentscheidung **236** 25
- Wahlfach, als **236** 27 (HB)

Religionsverfassungsrecht 231 22, 44
- „doppelter Kompromiß" **236** 5
- Gleichheit im ~ Landesverfassungen (ab 1919), in **231** 69
- Grundnorm des ~s?, Art. 4 GG als **236** 21
- Kanzelwerbung Landesverfassungen (ab 1919), in **231** 69
- Körperschaftsteuer Landesverfassungen (ab 1919), in **231** 69
- Preußen, ~ in 1848 **231** 39
- Rezeption religionssoziologischer Veränderungen, zögerliche **236** 5
- Staatskirchenrecht **236** 13
- subjektivrechtliche Gehalte im ~ **236** 13

Sachregister

Religiöse und weltanschauliche Freiheiten 236 1 ff.
– Anstaltsseelsorge 236 37
– Bildungsbereich 236 38 ff.
– eigenständige Garantien der Landesverfassungen 236 11 ff., 38 ff.
– Erweiterungen zu Art. 136–139, 141 WRV 236 15 ff.
– Grundgesetz, ~ und das 236 12 ff.
– Kirchen und Religionsgemeinschaften 236 9 f.
– kirchliche Hochschulen und Schulen 236 41
– Körperschaftsstatus 236 15 ff.
– öffentliche Schulen 236 39 ff.
– Religion, Gewissen und Weltanschauung 236 6 ff.
– Religionsgemeinschaften als Träger karitativer Tätigkeit 236 49 f.
– Religionsunterricht 236 22 ff.
– Sonn- und Feiertagsschutz 236 19 ff.
– Staatskirchenverträge 236 51 ff.
– Staatsleistungen/Leistungen des Landes 236 32 ff.
– Schutzbereiche 236 7 f.
– theologische Fakultäten 236 38 ff.
Republik
– Evolution der ~ aus der alten Ordnung 231 60
Restauration
– Konsolidierung, von der ~ zur verfassungsrechtlichen 231 41
– Verfassungen der ~, „durchgesehene" 231 43
– Verfassungsurkunden der ~, Grundrechte in 231 41 ff.
Reuß ältere Linie
– Verfassung (1809) 231 14
– Verfassungsüberarbeitung (1867) zur Reichsgründung (1871) 231 50
Reuß jüngere Linie
– demokratische Verfassungsurkunden (1849), genuin 231 31
– Grundrechtsabschnitt in der (Revolutions-)Verfassung, umfangreicher 231 37
– Grundrechtskatalog (1852/1856), Verfassung mit 231 45
– Restaurationsverfassung (1852) 231 43
revidierte Revolutionsverfassungen Übersicht IV 231

Revolutionsverfassungen
– Konformität der vormärzlichen ~ 231 37
– Urkunden der ~, Grundrechte in den 231 30 ff.
Revolutionsverfassungen 1848/1849
– Grundrechtskataloge Übersicht III 231
Rezeption von Bundesgrundrechten
– Dynamik Landesverfassung 259 11 ff. (SH)
– Gesetzesvorbehalte und weitere Beschränkungen 259 20 f. (SH)
– Grundrechte 259 15 f. (SH)
– Interpretation nach Rezeption 259 22 ff. (SH)
– Landesverfassung 259 5 ff., 14 ff. (SH)
– staatsbürgerliche Rechte 259 17 ff. (SH)
– Veränderung der Rechte durch Rezeption 259 25 ff., 29 ff. (SH)
„Rezeptionsgrundrechte"
– Auslegung 254 57 f. (NW)
– Grundrechtsbegriff 254 45 ff. (NW)
– Rechtsfolge der Rezeption 254 50 ff. (NW)
– Reichweite der ~ 254 44 ff. (NW)
– statische oder dynamische Rezeption? 254 49 (NW)
Rezeptionsklausel(n) 232 157, 163 f., 233 28 (MV), 51 (NW), 52, 55 (MV), 70 (NW)
– dynamische ~ 233 73 (SH)
– funktionale Begrenzung von ~n auf die Landesstaatsgewalt 232 36
– Grundrechte des GG: Übernahme in Landesverfassungen 232 33, 109
– landesverfassungsrechtliche ~ 233 16 (NW) 234 2
– Verweisungen auf GG-Wirtschaftsgrundrechte 239 3
– Würde des Menschen, ~ zur – Art. 1 Abs. 1 GG 233 28 (MV)
Rheinbund
– ~akte (1806) 231 8
– Verfassungsurkunden 231 5 ff.
Rheinland-Pfalz
– allgemeine Handlungsfreiheit 233 43 ff., 255 11 f.
– Asylrecht 255 29 f.
– Auslieferungsverbot 255 27 f.
– Berufsfreiheit 255 31 ff.

Sachregister

- Brief-, Post-, Telegraphen- und Fernsprechgeheimnis-Schutz **255** 19 f.
- Datenschutz **255** 21
- Ehe **255** 58 ff.
- Ehre **255** 15
- Eigentum **255** 34 ff.
- Einrichtungsgarantien **255** 109 ff.
- Familie **255** 62 ff.
- Forschungsfreiheit **255** 52 ff.
- Freiheit der Person **255** 17
- Freiheit des Menschen **255** 10 ff.
- Freizügigkeit **255** 22 ff.
- Gewährleistungspflichten **255** 108 ff.
- Glaubens- und Gewissensfreiheit **255** 37 ff.
- Gleichheitsrechte **255** 95 ff.
- informationelle Selbstbestimmung **233** 61 ff.
- Informationsfreiheit **237** 32
- justitielle Grundrechte **255** 94
- Koalitionsfreiheit **255** 86
- kollektivbezogene Grundrechte **255** 72 ff.
- Kunstfreiheit **255** 57
- Landesgrundrechte **255** 1 ff., 5 ff.
- Grundrechtskatalog **255** 10 ff.
- Grundsatzfragen **255** 5 ff.
- Leben **255** 16
- Lehrfreiheit **255** 55 f.
- Meinungs-, Presse- und Rundfunkfreiheiten, Schranken **255** 48
- Meinungsäußerungsfreiheit **255** 40 ff.
- Nachkriegslandesverfassung v. 18.5.1947, **231** 90
- personale Freiheiten **255** 10 ff.
- Persönlichkeitsrecht **233** 61 ff., **255** 11
- Petitionsfreiheit **255** 49
- politische Mitwirkungsrechte **255** 89 ff.
- Pressefreiheit **255** 43 ff.
- Rundfunk- und Filmfreiheit **255** 46 f.
- Schutzpflichten **255** 115 f.
- Staatsziele **255** 120 ff.
- Vereinsfreiheit **255** 73 ff.
- Verfassungsaufträge **255** 117 ff.
- Versammlungsfreiheit **255** 87 f.
- Volksentscheide **255** 91
- Volksinitiative, Volksbegehren **255** 92 f.
- Wahlen **255** 90
- Wissenschaftsfreiheit **255** 51
- Wohnungsschutz **255** 18
- Würde des Menschen **233** 3, **255** 14

Richter, Recht auf den gesetzlichen
- Ausnahmegerichte, ~ als Verbot in Landesverfassungen **244** 22
- „Ergänzungsgarantien" zum ~ in Landesverfassungen **244** 21
- grundrechtliche Anforderungen in Landesverfassungen **244** 21
- institutionelle Anforderungen in Landesverfassungen **244** 21
- Judikative als Adressat für das ~ **244** 24
- Rechtspflege, Organisation der Abgrenzungen **244** 23
- Sondergerichte, ~ und
- in Landesverfassungen **244** 22

Richtervorbehalt(e)
- Ausblendung des ~s, willkürliche **235** 50
- Bereitschaftsdienst, ~ und richterlicher **235** 47
- Billigung, ~ nicht als nachträgliche **235** 47
- Eilkompetenz der Ermittlungsbehörden und ~ **235** 48
- Freiheitsentziehung, ~ bei **234** 15, **244** 35
- Gefahr im Verzuge, ~ bei **235** 48
- Grundrechtseingriffe, ~ für schwerwiegende **232** 63
- präventiver ~ Wohnungsdurchsuchungen, bei **235** 44
- Straftatverdacht, ~ nur bei Verhaftung aus **244** 39 (HB)

„Riesenvermögen" **232** 162
- Lastengleichheit, ~ in den Händen Einzelner und **240** 49 (BY)

Rundfunk
- Bestands- und Entwicklungsgarantie des öffentlichen ~s **237** 46 (SN)
- duales Modell **237** 44, 45 (SN)
- Finanzierung **232** 68
- Gebührenrecht **240** 10
- Gewährleistungsordnung für den ~, staatliche **237** 41
- Meinungsbildung, ~ als „Faktor" öffentlicher **237** 40
- öffentlicher und privater ~ **237** 42
- privater ~ und Medienverfassungsrecht **237** 42
- Suggestivkraft im Vergleich zu Printmedien **237** 40
- unmittelbare Verfassungsberechtigung für ~ **232** 110

Rundfunk-, Film- und Pressefreiheit
- juristische Personen als Träger der ~ 232 113, 255 46f. (RP)

Rundfunkanstalten
- Aufsichtsgremien-Gruppenbeteiligungen 237 47 (TH)
- Außenpluralismus der öffentlichrechtlichen ~ 237 48 (TH)
- binnenplurale Struktur der öffentlichrechtlichen ~ 237 49 (TH)
- Grundversorgung 237 48 (TH)
- Staatsfreiheit der ~ 237 49 (TH)

Rundfunkfreiheit 237 <u>40ff.</u> 246 59ff. (BY)
- Bayern 237 42
- Brandenburg 237 43f.
- kommunikative, interaktionsgerichtete Grundrechte 237 1
- Landesgrundrecht, ~ als 255 46f. (RP)
- Organisationsform 237 41
- Organisationsgesetz 232 62
- private Anbieter 237 44
- Rheinland-Pfalz 255 46
- Sachsen 237 45f.
- Thüringen 237 47ff.

Rundfunkgebührenrecht
- Gleichheitssatz, allgemeiner 240 10

Rundfunkordnung
- Vielfalt in der ~, Sicherung der 237 43 (BB)

Saarland
- allgemeine Handlungsfreiheit 256 20f.
- allgemeines Persönlichkeitsrecht 256 22ff.
- Auslieferung, Asylrecht 256 47f.
- Datenschutz, personenbezogen 256 27f.
- Ehe und Familie, Schule und Erziehung, Religion 256 67ff.
- Eigentum, Erbrecht und Enteignung 256 62ff.
- Gleichheitsgrundrechte, Diskriminierungsverbote 256 29ff.
- Grundpflichten 256 71
- informationelle Selbstbestimmung 233 65ff.
- Justizgrundrechte 256 49ff.
  - effektiver Rechtsschutz 256 50ff.
  - faires Verfahren 256 50ff.
  - gesetzlicher Richter 256 53
- rechtliches Gehör 256 50ff.
- Rechtsbeistand 256 58f.
- Rechtsschutzgarantie 256 60f.
- Unschuldsvermutungsgarantie 256 54ff.
- Kirchen und Religionsgemeinschaften 256 70
- Kunst- und Wissenschaftsfreiheit 256 45f.
- Landesgrundrechte und Bundesgrundrechte 256 9ff.
- landesrechtliche Grundrechtsbestimmungen 256 12ff.
- Menschenwürde, Leben und Freiheit 256 12ff.
- Nachkriegslandesverfassung v. 15.12.1947 231 90
- Persönlichkeitsrecht 233 65ff.
- politische" Grundrechte 256 39ff.
- Sozialisierung 256 66
- Staatszielbestimmungen 256 72f.
- Verfassungsentwicklung 256 1ff.
- Wissenschaftsfreiheit 237 67
- Würde des Menschen 233 15

Sachsen
- allgemeine Handlungsfreiheit 233 55
- Anwendungsbereich der Grundrechte 257 19ff.
- Gesetzgebungsaufträge als Staatszielbestimmungen 257 12f.
- Grundrechte
  - Abgrenzung von anderen Verfassungsbestimmungen 257 12ff.
  - Begriff und Funktion 257 8ff.
  - Besonderheiten gegenüber dem GG 257 29ff.
  - Grundrechtsschutz 257 35ff.
  - Grundrechtsverletzungen (Rechtsschutz) 257 35ff.
- informationelle Selbstbestimmung 233 80ff.
- Informationsfreiheit 237 33
- landständische Verfassung (1831) 231 14
- Minderheitenschutz 241 74ff.
  - ausländische Minderheiten 241 89
  - Bewahrung der Identität 241 85ff.
  - Entstehungsgeschichte 241 75ff.
  - Erhaltung des Siedlungsgebiets der sorbischen Volksgruppe 241 86ff.
  - geschützter Personenkreis 241 79ff.
  - Gewährleistungsumfang 241 82ff.
  - Heimat 241 85ff.

- Normtypologie **241** 78
- Pflege von Sprache, Religion, Kultur und Überlieferung **241** 85
- Nachkriegslandesverfassung v. 28.2.1947 **231** 91
- Normierungstechnik der Grundrechte in der Landesverfassung **257** 15 ff.
- Persönlichkeitsrecht **233** 80 ff.
- Prüfungsmaßstab Rechtsschutzorgane **257** 38 ff.
- Rechtsschutzorgane Grundrechtsschutz **257** 35 ff.
- Rundfunkfreiheit **237** 45 f.
- „soziale Grundrechte" **257** 14
- Verfassungsentwicklung **257** 1 ff.
- Verfassungserneuerung bzw. -revision im Freistaat ~ (1920) **231** 73
- Verfassungssystematik **257** 8 ff.
- Wesentlichkeitsvorbehalte in ~ **231** 115
- Wissenschaftsfreiheit **237** 68
- Würde des Menschen **233** 30 f.

Sachsen-Altenburg
- landständische Verfassung (1831) **231** 14
- neue Vollverfassung für ~ (1919) **231** 63

Sachsen-Anhalt
- allgemeine Handlungsfreiheit **233** 55
- Einrichtungsgarantien **258** 16 ff., 73 ff.
- Entstehung und Änderungen der Verfassung ~s **258** 1 ff.
- Grundrecht(e)
  - allgemeine Grundrechtslehren **258** 11 ff.
  - Anwendung **258** 15
  - Ausgestaltungs- oder Beschränkungsvorbehalt (Privatschulen) **258** 54 ff.
  - Bindung der Staatsgewalt **258** 11 ff.
  - Datenschutzgrundrecht **258** 22 ff.
  - Eltern und Kinder **258** 33 ff.
  - Ersatzschulen **258** 51
  - Geltung **258** 15
  - Gewährleistungen **258** 19 ff.
  - informationelle Selbstbestimmung **233** 84 f.
  - Informationsfreiheit **237** 34 f.
  - Mitwirkung in der Schule **258** 63 ff.
  - Persönlichkeitsrecht **233** 84 f
  - Privatschulfreiheit **258** 46 ff.
  - Recht auf Bildung **258** 44 f.
  - Schutz der seelischen Unversehrtheit **258** 19 ff.
  - Selbstverwaltungsrecht der Hochschulen **258** 67 ff.
  - soziale Gehalte durch Einrichtungsgarantien und Staatszielbestimmungen **258** 16 ff.
  - staatsbürgerliche Rechte und Pflichten **258** 26 ff.
  - Staatsverträge mit Religions- und Weltanschauungsgemeinschaften **258** 71 f.
  - Studienplätze-Bereitstellung **258** 67 ff.
  - Umweltinformationsrecht **258** 25
  - Vereinigungsfreiheit **258** 42 f.
  - verfassungsunmittelbarer Privatschul-Finanzierungsanspruch **258** 52 f.
  - Versammlungsfreiheit **258** 41
  - Wissenschaftsfreiheit **237** 69, **258** 32
  - Würde des Menschen **233** 32 ff.
- Landesverfassung, Änderung der **258** 9 f.
- Landesverfassungsgericht **258** 79 f.
- Minderheitenschutz **241** 91 ff.
  - Entstehung **241** 92 ff.
  - geschützter Personenkreis **241** 94
  - Gewährleistungsinhalt **241** 95 ff.
  - normtypologische Klassifizierung **241** 93
- Nachkriegslandesverfassung v. 10.1.1947 **231** 91
- Rechtsschutz durch Landesverfassungsgericht **258** 79 f.
- Staatszielbestimmungen **258** 16 ff.
- Verfassungsberatungen (1992) **258** 1 ff.

Sachsen-Coburg
- landständische Verfassung (1816) **231** 14

Sachsen-Coburg und Gotha
- Restaurationsverfassung von ~ (1852) **231** 43

Sachsen-Coburg-Saalfeld
- landständische Verfassung (1821) **231** 14

Sachsen-Gotha
- demokratische Verfassungsurkunden in ~ (1849), genuin **231** 31
- Grundrechtsabschnitt in der (Revolutions-)Verfassung von ~, umfangreicher **231** 37

Sachsen-Hildburghausen
- landständische Verfassung (1818) **231** 14

Sachsen-Meiningen
- landständische Verfassung (1824/1829) **231** 14

Sachregister

Sachsen-Weimar-Eisenach
- landständische Verfassung (1816) **231** 14
- neue Vollverfassung für ~ (1919) **231** 63
- Restaurationsverfassung von ~ (1850) **231** 43

Säkularisation
- Reichskirche, ~ der **231** 18

„Sampling"
- Urheberrecht bei Musikproduktionen **232** 172

Schaumburg-Lippe
- landständische Verfassung (1816) **231** 14
- Verfassungserneuerung bzw. -revision im Freistaat ~ (1922) **231** 73
- Verfassungsüberarbeitung (1868) zur Reichsgründung (1871) in ~ **231** 50

Scheinkonkurrenzen
- Spezialität und Alternativität als grundrechtliche ~ **232** 164

Schikaneverbot
- immanente Grenze der Grundrechte, ~ als **232** 177

Schleswig-Holstein
- allgemeine Handlungsfreiheit **233** 52
- autochthone Grundrechtsgehalte **259** 31ff.
- demokratische Verfassungsurkunden in ~ (1848), genuin **231** 31
- Grundrechte **259** 1ff.
- Grundrechtsabschnitt in der (Revolutions-)Verfassung von ~, umfangreicher **231** 37
- Grundrechtsgehalte in der Landesverfassung ~ **259** 5ff.
- informationelle Selbstbestimmung **233** 73
- Minderheitenschutz **241** 36ff., **259** 35ff.
  - begünstigter Personenkreis **241** 46ff.
  - Bekenntnisprinzip **241** 49
  - Berechtigte **259** 37ff.
  - Entstehungsgeschichte **241** 38f.
  - Gewährleistungsumfang **241** 49ff.
  - Normtypologie **241** 40ff.
  - Rechtsfolge **259** 42ff.
  - Schulwesen **241** 54
  - Schutz und Förderung **241** 50ff.
- Nachkriegslandesverfassung **231** 90

- Persönlichkeitsrecht **233** 73
- Petitionsrecht **259** 55
- Privatsphäre **259** 53f.
- Rezeption von Bundesgrundrechten **259** 5ff.
  - Beschränkung **259** 29f.
  - Dynamik **259** 11ff.
  - Gesetzesvorbehalte u. weitere Beschränkungen **259** 20f.
  - Grundrechte **259** 15f.
  - Inhalt **259** 14ff.
  - Interpretation nach Rezeption **259** 22ff.
  - Sinn **259** 6ff.
  - staatsbürgerliche Rechte **259** 17ff.
  - Staatszielbestimmungen **259** 56ff.
  - Schutz der natürlichen Lebensgrundlagen **259** 73f.
  - Schutz hilfsbedürftiger Menschen **259** 57ff.
  - Schutz von Kindern **259** 70ff.
  - Transparenz **259** 81ff.
  - Wahlrecht **259** 32ff.
  - Wissenschaftsfreiheit **237** 69f.
  - Würde des Menschen **233** 22

Schranken der Grundrechte *siehe* Grundrechtsschranken

Schrankenermächtigungen **232** 180

Schrankenschranke(n)
- Ansätze zu ~ Landesverfassungen nach 1945, in **231** 114
- Landesgrundrechte(n), ~ bei **232** 181ff.
- Wesensgehaltsgarantie und ~ **232** 194

Schrankenvorbehalt
- allgemeiner grundrechtlicher ~ **237** 18 (HE)
- Elternrecht, ~ und **253** 39ff. (NI)
- immanente Grundrechtsgrenze und enger ~ grundrechtlicher **232** 179
- Landesverfassungen, Grundlage der ~ in **238** 43

Schuldprinzip
- Kollektivschuldverbot **244** 29 (HE)
- Sippenhaft-Verbot **244** 29 (HB)
- strafrechtliches **233** 58 (BY)

Schule(n)
- Erziehung **256** 67ff. (SL)
- Gewährleistungsstrukturen in Bund und Ländern **238** 1ff.
- grundgesetzlicher Rahmen **238** 42ff.
- kirchliche ~ **236** 41

Sachregister

- landesverfassungsrechtliche Besonderheiten **238** 42 ff.
  - Bildungsziele **238** 47 ff.
  - Schulpflicht, Recht auf Bildung **238** 45 f.
  - Schwerpunkt der Regelungen **238** 42 ff.
  - Unentgeltlichkeit des Unterrichts **242** 56 f.
- Regelungsschwerpunkt, ~ als landesverfassungsrechtlicher **238** 42
- Religionsunterricht, Bereicherung durch **236** 22
- Staatsziel(e), öffentliche Finanzierungszuschüsse für ~ in freier Trägerschaft als **232** 82 (BB)
Schüler
- Mitwirkungsrechte an Schulen
  - in Landesverfassungen **243** 62
Schüler- und Elternmitwirkungsrechte
- Landesverfassungen, ~ in **243** 62
Schulfrage 254 31 ff., 64 ff. (NW)
Schulpflicht, Schulaufsicht 253 38 ff. (NI)
Schulwesen 260 85 ff. (TH)
- Elternverantwortung, Ausgleich ~ im mit der **238** 43
- Ersatzschulen, Wertentscheidung für Gleichwertigkeit der **238** 43
- Ethikunterricht **238** 43
- Garantie des ~s Landesverfassungen, Schwerpunkt in den **238** 1 f.
- Gesetzgebungskompetenz im Kultusbereich **238** 42
- Landesverfassungen, Regelung in **238** 45
- Minderheitenschutz **241** 54
- plurale Schulordnung **238** 43
- Privatschulen, Errichtung von **238** 43
- Religionsunterricht **238** 43
- Schulaufsicht **238** 43 (NI)
- Schulmonopol des Staates, kein **238** 43
- Schulpflicht **238** 45, 52
- staatliche Schulverantwortung **238** 43
- Unentgeltlichkeit des Unterrichts **242** 57
- Vorschule, Aufhebung der **238** 43
- zentrale Länderzuständigkeit **238** 42
Schutz- und Förderpflichten
- benachteiligte Gruppen **252** 55 ff. (MV)

- geistiges Eigentum **237** 73
- Kindesentwicklung **238** 38
- Mütter, ~ des Staats für **238** 32
- persönliche Freiheit: Reformgesetze im Vormärz (1849) **231** 32
- Wissenschaft, Forschung u. Lehre **237** 69 (SH)
Schutz der Wohnung
- Hamburg als Ausnahme **235** 1
- Landesgrundrecht, ~ als **255** 18 (RP)
- „Reichssystem" (1871) durch Reichsgesetze anerkannt, ~ in einem **232** 9
„Schutz des Menschen vor sich selbst"
- Staat, ~ durch den **232** 7
Schutzbereich, grundrechtlicher 239 47 ff.
- Ausnahmen **235** 37
- Dehnung **232** 173 (RP)
- Ehe und Familie **238** 17 ff.
- Eigentumsfreiheit, sachlicher ~ der **239** 69
- Erweiterung **234** 22
- Glaubensfreiheit **236** 7
- Gleichheitssatz, allgemeiner **240** 6
- Grundrechtsfähigkeit, Begrenzungen **232** 87
- Grundrechtsmißbrauch, Begrenzungen **232** 174
- informationelle Selbstbestimmung **233** 63 (RP)
- Meinungsfreiheit, ~ der **237** 6 (BY)
- rezipierter ~ in Landesverfassungen **232** 163
- Schutzbereichslücken Meinungsäußerungsfreiheit, bei der **237** 13 (BB)
- Selbstbestimmungsfähigkeit und ~ **232** 101
- Unverletzlichkeit der Wohnung **235** 36
Schutzergänzungsfunktion
- allgemeines Persönlichkeitsrecht **233** 64 (HB)
Schutzgehalt, grundrechtlicher
- Ehe und Familie – in Landesverfassungen **238** 22 ff.
Schutzpflicht(en) des Staates 232 51 ff., **255** 115 f. (RP)
- Alte und Behinderte **232** 51 **233** 79 (MV)
- Ausweitung der ~ auf „grundrechtliche Verbürgungen" **232** 57

1376 Halbfette Zahl = §§; magere Zahl = RN; unterstrichene Zahl = Hauptfundstelle; FN = Fußnote

Sachregister

- Denkmale der Natur und Kultur **232** 51
- Dimension der Grundrechte **232** 56
- Drittwirkung durch ~, keine unmittelbare **232** 59
- Einschätzungs-, Wertungs- und Gestaltungsfreiheit **232** 60
- ethnische Minderheiten **232** 51
- explizite ~ **232** 51 f.
- Freiheit und Sicherheit, ~ und ein Recht auf **232** 53
- Fürsorge, Schutz und **232** 51
- grundrechtliche ~
- Handlungsverbote (Unterlassungspflichten) **232** 52
- Herleitung **232** 56
- implizite ~ **232** 53 ff.
- Kinder und Jugendliche **232** 51, **233** 66 (SL), 74 (BE), 79 (MV), 87 (TH)
- körperliche Unversehrtheit, ~ für die **234** 8
- Kunst, Kultur **232** 51
- Landesgrundrechte und ~ **255** 115 f. (RP)
- Leistungsansprüche aus grundrechtlichen ~ **232** 24
- Objekte für die ~, Vielfalt der **232** 51
- Parallelisierung der Verfassungsrechtsprechung **234** 13
- persönliche Freiheit, ~ für die **233** 44 (RP)
- (positive) Handlungsgebote **232** 52
- Problematik ausdrücklicher ~ **238** 39
- Rauchverbot **234** 13
- Rechtsgüterschutz, ~ als
  - Ehe **232** 52
  - Familie **232** 52
  - Menschenwürde **232** 52
  - mittelbarer Drittschutz **232** 52
  - Mutterschaft **232** 52
- Regelungsprinzip in Landesverfassungen, ~ **238** 39
- Schutzintensität für bedeutende Rechtsgüter, höhere **232** 58
- soziale Hilfe und Fürsorge, ~ für **233** 79 (MV)
- Sport **232** 51
- „Untermaßverbot" als untere Schutzgrenze **232** 60
- Unverletzlichkeit der Wohnung, ~ für die **235** 35
- Verwahrlosung, ~ vor **233** 79 (MV)

Schutzrechte
- Grundrechtsmündigkeit bei ~n **232** 102

Schwarzburg-Rudolstadt
- landständische Verfassung (1816) **231** 14
- Restaurationsverfassung von ~ (1854) **231** 43

Schwarzburg-Sondershausen
- demokratische Verfassungsurkunden in ~ (1849), genuin **231** 31
- Grundrechtsabschnitt in der (Revolutions-)Verfassung von ~, umfangreicher **231** 37
- Grundrechtskatalog in der Übergangsverfassung (ab 1919) **231** 68
- landständische Verfassung (1830) **231** 14
- landständische Verfassung (1841) **231** 14
- neue Vollverfassung für ~ (1919) **231** 63
- Restaurationsverfassung von ~ (1857) **231** 43

seelische Unversehrtheit, Schutz für 258 19 ff. (ST)

Selbstbestimmung
- informationelle **233** 58 f.

Selbstbestimmungsfähigkeit
- grundrechtliche Schutzbereiche, ~ und **232** 101

Selbstverwaltung 243 63 ff.
- Berufskammern **243** 65
- Grundrechtsbindung und kommunale ~ **232** 130
- Hochschulen **237** 63 (NI), 67 (SN) 68 (ST), **243** 66, **258** 67 ff. (ST)
- Kommunen **243** 64
- Organisationsform, ~ als **237** 65 (NW)
- Religionsgemeinschaften, ~ der **236** 41
- Studentenbeteiligung **237** 67 (SN)
- Teilnahmerecht, ~ als **243** 63 ff.
  - Berufskammern **243** 65
  - Kommunen **243** 64
- wissenschaftliche Hochschulen **243** 66
- Universitäten und Hochschulen **237** 65 (NW)

Senatusconsulta (1802 u. 1804) 231 8

Sicherheit der Bevölkerung
- „Verfassungswerte", Sicherheit des Staates und ~ als **232** 53

Sicherheit des Staates
- „Verfassungswerte", ~ und der Bevölkerung als **232** 53

Sinti und Roma
- Minderheit, ~ als anerkannte **241** 22, 28 (SH), 97 (ST)
- Schutzauftrag, Einbezug von ~ in den **241** 48 (SH)

Sittengesetz 233 51 (BW)
- Grundrechtsschranke, ~ als natürliche **233** 47 (RP)

Sklaverei
- Abschaffung (Bremen) 1849 **231** 39

Solidarität
- soziale Rechte in der GRCh **242** 17

Sondergerichte
- Zulässigkeit von ~n – in Landesverfassungen **244** 22

Sondergrundrechte
- Problematik von ~n **238** 40

Sonn- und Feiertagsschutz
- Arbeitsruhe oder Arbeitsfreiheit – in Landesverfassungen **232** 44
- Bestandsgarantie und Schutzauftrag, eingeschränkte **236** 21
- „christliche Überlieferung zu wahren" **232** 43 (BW)
- institutionelle Garantie, ~ als **232** 43
- Landesverfassungen (ab 1919), Gewährleistung des ~es in **231** 69
- Mindestniveau des staatlichen ~es **232** 43
- Normenbestand, landesverfassungsrechtlicher **236** 20
- Religionsgemeinschaften **236** 19ff.
- säkulare Tendenz in Landesverfassungen **236** 20
- subjektives Recht, ~ als **236** 21

Sorben
- Gleichberechtigung der ~ **241** 80 (SN)
- landesübergreifende Zusammenarbeit der ~ **241** 88 (SN)
- Minderheit, ~ als anerkannte **241** 22 (BB), 28
- Ober~ in Sachsen **241** 78
- Rechtsstellung und Verfassungsbasis **241** 75f. (SN)
- Schutzbedürftigkeit der (Nieder-)~, besondere **241** 58 (BB), 83 (SN)
- Siedlungsgebiet der Volksgruppe der ~, Schutz für das **241** 89 (SN)
- Wappenführung **241** 77 (SN)

Sorben/Wenden
- Anhörungsrecht **241** 70 (BB)
- Beauftragter für Angelegenheiten der ~ **241** 70 (BB)
- Eingriff in das Siedlungsgebiet **241** 69 (BB)
- Fahne der ~ **241** 65 (BB)
- Förderungspflicht des Staates für ~, Präzisierung der **241** 62 (BB)
- Gerichtssprache **241** 73 (BB)
- grenzübergreifende kulturelle Autonomie, staatliche Hinwirkenspflicht auf **241** 63 (BB)
- Identität der ~ als Staatsziel **232** 82 (BB)
- Identitätswahrung und Siedlungsgebiet bei den ~ **241** 68 (BB)
- Mitbestimmung der ~ in kulturellen Angelegenheiten **241** 71 (BB)
- Rat für Angelegenheiten der ~ **241** 70 (BB)
- Rechte der ~ **248** 61f. (BB)
- Schutzverpflichtung für ~ als Verfassungsgebot **241** 57 (BB)
- Siedlungsgebiet und nationale Identität, Schutz für **241** 60, 68 (BB)
- Verwaltungssprache **241** 73 (BB)
- zweisprachige öffentliche Beschriftung **241** 64 (BB)

„Sozial- und Wirtschaftsordnung"
- Lebensordnung, ~ als **231** 102

soziale Grundrechte 242 1ff., **248** 25 (BB), **249** 6ff. (HB), **251** 34 (HE)
- Arbeit, Recht auf **242** 43ff.
- Begriff und Eigenart **242** 5ff.
- Bildung, Recht auf **242** 49ff.
  - Regelungsgehalt **242** 49ff.
  - Unentgeltlichkeit öffentlichen Schulunterrichts **242** 56f.
- Einklagbarkeit **238** 5
- Ergänzungen des Grundrechtsschutzes **238** 4
- Erscheinungsformen **242** 37ff.
- EU-Grundrechtecharta **242** 17f.
- Europäische Sozialcharta **242** 15f.
- Gewährleistungsgehalt **238** 5
- Grundgesetz **242** 22f., 33ff.
- Inhalt und Auslegung **242** 43ff.
- internationale und supranationale Verankerung **242** 11ff., 71
- Justitiabilität **242** 28, 71
- Landesgrundrecht, ~ als **246** 91ff. (BY)
- Leistungsgrundrechte **242** 29
- Normativität der Grundrechte **251** 68f. (HE)
- „Normsuggestion" **242** 72

Sachregister

- Regelungsgehalt   **242** 37 ff.
- Sachsen   **257** 14
- soziale Grundrechtsgehalte   **258** 16 ff. (ST)
- soziale Sicherung, Recht auf   **242** 64 ff.
- Staatszielbestimmungen   **242** 30 ff.
- Staatsziele, ~ als   **232** 81
- Systematik   **242** 37 ff.
- tragendes Element der Landesverfassungen   **242** 70
- Typologie der Landesverfassungen   **242** 24 ff.
- UN-Sozialpakt   **242** 13 f.
- verfassungspolitische Zweckmäßigkeit   **242** 72
- Weimarer Reichsverfassung   **242** 20 f.
- Wirkung   **242** 28
- Wohnung, Recht auf   **242** 58 ff.
- Wortlaut   **242** 37 ff.
- WRV und GG   **242** 19 ff.
- WRV-Nähe   **242** 70

soziale Rechte   **249** 20 f. (HB), **252** 7 ff. (MV)
- Recht auf Arbeit   **231** 109
- Recht auf Bildung   **231** 109
- Recht auf Genuß der Naturschönheiten   **231** 109 (BY)
- Recht auf Wohnung   **231** 109
- Rechte und Pflichten   **251** 42 ff. (HE)
- Solidarität, ~ in der GRCh   **242** 17
- Staatszielbestimmungen, ~ als   **231** 109
- weitere ~   **242** 67

soziale Sicherheit, Recht auf
- Eigenverantwortlichkeit der Lebensgestaltung   **242** 64
- ESC-Gegenstand   **242** 15
- Fürsorge-Regelungen   **242** 65 (BY)
- IPWSKR, ~ im   **242** 13
- Lebensunterhalt-Regelungen
  - in Landesverfassungen   **242** 65 (SN)
- soziale Landesverfassungsrechte   **242** 64 ff.
- soziale Rechte in der GRCh   **242** 17
- soziales Grundrecht   **242** 4
- Sozialhilfe-Regelungen   **242** 65 (BB)
- Sozialversicherung, Verklammerung mit der   **242** 65 (BB)
- Staatszielbestimmung, ~ als   **242** 66 (BE)
- Teilaspekte in Landesverfassungen   **242** 64

sozialer Wohnungsbau
- Förderziel, ~ als staatliches   **235** 4 (BB)

Sozialisierung   **232** 48, **256** 66 (SL)
- Eigentumsfreiheit, als Ergänzung der ~ in Landesverfassungen   **239** 61 (HE)
- Entschädigung, Angemessenheit der ~s-   **239** 97
- Ermächtigung zur ~, begrenzte   **239** 98
- Landesverfassungen, ~ in   **239** 96 ff.
- Normendiskrepanzen in Landesverfassungen   **239** 96
- Reichweite der ~svorschriften, Unterschiede in der   **239** 97
- sozialistische Grundrechtstheorie und ~ und Eigentum   **251** 28 ff. (HE)
- wirtschaftspolitisches Instrument   **239** 96

Sozialpflichtigkeit
- Bestandteil des Eigentums, ~ als immanenter   **239** 79

Sozialschädlichkeit, Verbot der
- immanente Grenze von Landesgrundrechten, ~ als   **232** 169

Sozialstaat
- Gestaltungsauftrag an den Gesetzgeber   **232** 75
- Grundrechte und ~, soziale   **242** 3
- Landesverfassungen (ab 1919), Gewährleistung von ~lichkeit in   **231** 69
- Leitbild einer ‚offenen' ~lichkeit   **242** 22
- Wirtschaftssystem, ~liche Orientierung in Landesverfassungen   **239** 24
- Würde des Menschen   **233** 23 (BE)

Sozialversicherung
- Ausbau der ~ und soziale Grundrechte   **242** 21
- institutionelle Garantie   **242** 66 (HE)
- soziale Sicherung: Ausprägung in der ~   **242** 65

Sperrklausel(n)
- Bezirksvertretungen, ~ bei Wahlen zu   **243** 21
- Erfolgswertgleichheit bei Wahlen durch ~, Einschränkung der   **243** 14 ff.
- Funktionsfähigkeit von Parlamenten, ~ und   **243** 16, 23
- GG-Vorgaben, ~-begrenzende   **243** 16
- Kommunalwahlen, ~ bei   **243** 14 ff., 20
- Kreis- und Gemeindeebene, ~ bei Wahlen auf   **243** 22 (NW)
- Landesparlamente(n), bei Wahlen zu den   **243** 14 ff.

- Ober- und Untergrenzen **243** 15
- Parteien, ~ kein Instrument gegen verfassungsfeindliche **243** 20

„spezifisches Verfassungsrecht"
- Zivilrecht: Nachpüfung durch das BVerfG, ~ im **232** 140

Spontanversammlungen **237** 76
Sport **251** 54 ff. (HE)
- Schutz und Förderung (Art. 6 Verf. NI) **253** 73 f.

Sprache
- Benachteiligungsverbot wegen ~ **241** 26
- Schleswig-Holstein, Gebrauch der deutschen ~ in 1848 **231** 39

Staat
- Adressat und Berechtigter der Grundrechte; der ~ als **232** 126
- Kirche, institutionelle Trennung von ~ und **236** 2
- Kirche, Koordinierung von ~ und Staatskirchenverträge, durch **236** 53
- Kirchen, Religions- und Weltanschauungsgemeinschaften, ~ und **251** 52 f. (HE)
- „Schutzanstalt" der allgemeinen Menschenrechte, ~ als **232** 53
- Sozial- und Kulturstaatsverantwortung, ~ als Träger von **236** 32
- theologische Fakultäten als Angelegenheit von ~ und Kirchen **236** 40
- Wohlfahrtspflege, Unterstützung durch den ~ bei Aufgaben der freien **236** 32

Staatenlose
- Wahlrecht für ~ nach GG-Maßgabe **243** 11 (ST)

Staatsangehörigkeit
- Entziehung der ~ im HChE **231** 137
- Minderheitenschutz bei deutscher ~ **241** 82 (SN)
- Minderheitenschutz und ~ **241** 16 f.

Staatsaufträge
- Begrenzung nach Inhalt und Umfang **232** 73
- Weisungen an staatliche Gewalten **232** 73

„Staatsbeherrschung"
- „Durchgriffs"-Theorie, ~ bei juristischen Personen und die **232** 120
- gemischtwirtschaftliche (Misch-)Unternehmen **232** 121

staatsbürgerliche Rechte und Pflichten **258** 26 ff. (ST)

Staatsgerichtshof Baden-Württemberg
- Entscheidungen
- E 20, 1 **242** 52

Staatsgerichtshof Bremen
- Entscheidungen
- DÖV 1993, S. 300 **232** 66
- E 2, 38 **239** 41

Staatsgerichtshof Hessen
- Entscheidungen
- E 22, 13 **242** 45
- E 48, 1 **240** 25
- E 57, 13 **244** 25, 28

Staatsgewalt
- Grundrechtsbindung aller ~ **232** 130

Staatsgrenzen
- Minderheitenschutz, Änderung von ~ und **241** 3

Staatsgrundgesetz **231** 3
Staatskirchenrecht **231** 22
- grundrechtlicher Gehalt **236** 13
- institutionelles ~ **236** 14
- Landesverfassungen, ~ in **236** 10

Staatskirchenverträge
- Anspruch auf Vertragsschluß von ~n? **236** 53
- Gleichbehandlungsanspruch der Religionsgemeinschaften **236** 53
- Koordinierungsmittel in den neuen Ländern **236** 53
- Lehrstühle, Regelungen zur Besetzung theologischer **236** 40
- Partnerschaft von Staat und Kirche, Bekräftigung der **236** 51
- völkerrechtliche Verträge **236** 51

Staatsleistungen **236** 32 ff.
- Gewährleistung statt Ablösungspflicht **236** 35
- landesverfassungsrechtliche Regelungen der ~ **236** 33
- positive und negative **236** 32

Staatsstrukturprinzip
- Bundesstaatlichkeit **243** 55

Staatsverträge
- Religions- und Weltanschauungsgemeinschaften (Art. 32 Abs. 4 Verf. ST) **258** 71 f.

Staatsvolk
- Egalität, ~ und staatsbürgerliche **241** 2
- Minderheitenschutz, ~ und **241** 1

Staatsziel(e) **232** 77 ff., **247** 19 ff. (BE), **248** 10 ff. (BB), **255** 120 ff. (RP), **258** 73 ff.

Sachregister

- Abgrenzungsschwierigkeiten bei ~n und Grundrechten **232** 80
- Finanzierungsprobleme bei Häufung **232** 82
- Gestaltungsfreiheit, ~ als Einschränkung parlamentarischer **232** 82
- „Grundrechte und ~" **232** 79 (BB)
- Grundrechtsschranken, ~ nicht als unmittelbare **232** 83
- Kinderrechte als ~ **233** 71 (NW)
- Kompetenzverteilung (GG) durch ~, keine Änderung oder Erweiterung der **232** 83
- Landesgrundrechte und ~ **255** 120 ff. (RP)
- Leitprinzipien **232** 77
- Mitgestaltung des politischen Lebens im Freistaat, ~ im Recht auf **232** 81
- mittelbare Wirkung von ~n **232** 77
- Mitwirkung in Parteien und Bürgerbewegungen **232** 81
- „neue Länder", ~ und **232** 79
- programmatische Direktiven in Verfassungsrang **232** 77
- Schutz der digitalen Privatsphäre **233** 73 (SH)
- soziale ~ **235** 63 f.
- soziale und wirtschaftliche Rechte und Pflichten **232** 80 (HE)
- Verwirklichung der ~ nur im Rahmen der Verfassung **232** 83
- zivile Nutzung militärischer Liegenschaften als ~, verstärkte **232** 81 (BB)

Staatszielbestimmung(en) **247** 79 f. (BE), **256** 72 f. (SL), **257** 12 f. (SN), **259** 56 ff. (SH)
- Abwägungsbelang, soziale ~ als
  - in Landesverfassungen **242** 31
- ältere Menschen, Schutz für **233** 84 (ST)
- „Arbeit" **253** 77 (NI)
- Behinderungen, Schutz für Menschen mit **233** 84 (ST)
- Beschäftigungsstand, Sicherung für hohen **239** 27
- Bildung, Recht auf **242** 55
- Digitale Dienste **259** 76 ff. (SH)
- Einklagbarkeit **238** 5
- Ergänzungen des Grundrechtsschutzes **238** 4
- Förderaufträge bei Behinderung **240** 31

- Förderaufträge für Bevölkerungsgruppen **242** 68
- generelle Zielsetzungen **241** 34
- Gestaltungsspielraum der Länder **242** 48
- Gewährleistungsgehalt **238** 5
- Gleichstellung von Mann und Frau **259** 62 ff. (SH)
- grundrechtliche Garantien der Landesverfassung **252** 19 f. (MV)
- Heimat als ~, Recht auf **241** 85 (SN)
- Hochschulförderung als ~ **237** 64 (NI)
- Homogenitätsprinzip, Orientierung am **239** 20
- Inklusion **233** 52 (SH)
- karitative Tätigkeit, ~ für Kirchen und Religionsgemeinschaften **236** 49
- Kindergrundrechte **238** 38
- Klein- und Mittelbetriebe als ~, Förderung der
  - in Landesverfassungen **239** 25
- Kompetenzordnung des GG, ~ und **239** 21
- Kultur **259** 75 (SH)
- Kunst- und Kulturförderung, zur **237** 75
- Landes-~ mit „Rechte" vortäuschenden Formulierungen **232** 159
- landesverfassungsgerichtlicher Kontrolle, soziale ~ unter **242** 32
- Lebensordnungen, ~ und
  - in Landesverfassungen „westlichen" **231** 104
- Leistungsfähigkeit des Sozialstaates, Rücksicht auf die finanzielle **242** 30
- Minderheitenschutz für Sorben/Wenden durch ~ **241** 74 (BB)
- Minderheitenschutz in Landesverfassungen **241** 34
- Normativität der Grundrechte **251** 70 (HE)
- Ordnung u. Ablauf wirtschaftlicher Prozesse, ~ zu **239** 1
- Persönlichkeitsrecht als ~ **233** 79 (MV)
- Programmierung sozialer Staatstätigkeit, ~ als **242** 30
- Prüfungsmaßstab, soziale ~ als **242** 31
- Regelungsprinzip in Landesverfassungen, ~ **238** 39
- Rezeption von Art. 1 Abs. 1 GG als ~ **233** 22 (SH)

– Schutz der natürlichen Lebensgrundlagen   259 73f. (SH)
– Schutz hilfsbedürftiger Menschen   259 57ff. (SH)
– Schutz und Förderung von Kunst, Kultur und Sport   253 69f. (NI)
– Schutz von Kindern   259 70ff. (SH)
– Sorben-Schutz als ~   241 79 (SN)
– soziale Grundrechtsgehalte: Gewährleistung durch ~   242 24ff., 258 16ff. (ST)
– soziale Marktwirtschaft als ~   239 28, 255 122 (RP)
– Subjektivierung von ~   242 62
– Teilnahme am Leben, gleichberechtigte   233 84 (ST)
– Transparenz   259 81ff. (SH)
– Verzicht auf ~ im GG, bewußter   238 39
– Vorrang im politischen Diskurs, soziale ~ mit   242 31
– Wirtschaftsverfassungsrecht der Länder, ~ als Elemente im   239 12
– Wissenschaft, Forschung u. Lehre Schutz- und Förderungspflicht   237 69 (SH)
– Wohnraumversorgung als ~   235 60, 78

Staatszielbestimmungen und Programmsätze
– Arbeitsplätze-Schaffung   239 27
– Klein- und Mittelbetriebe-Förderung   239 25
– Mißbrauchsverbot wirtschaftlicher Macht   239 26
– wirtschaftsverfassungsrechtliche ~   239 23ff.
– Wohl des Volkes im Wirtschaftsleben   239 24

statische Übernahme   245 5ff. (BW)

status activus
– status positivus, Abgrenzung des ~ vom Volksinitiative und Volkspetition   243 57 (HH)

status positivus
– status activus, Abgrenzung des ~ vom Volksinitiative und Volkspetition   243 57 (HH)

status subiectionis
– juristische Personen öffentlichen Rechts, ~ für   232 128

Statusgrundrechte
– Landesgrundrechte   246 28ff. (BY)

Sterbehilfe
– Würde des Menschen, ~ und   233 35 (TH)

Stiftungen
– Schutz von ~   231 40

Stimmberechtigung
– Wohnsitz-Vorbehalt in (Landes-)-Grundrechten bei der ~   232 97 (HE)

Strafgesetzbuch für den Norddeutschen Bund v. 31.5.1870
– nulla poena sine lege praevia (§ 2)   231 53

Strafprozeßordnung vom 1.2.1877
– Beschlagnahme (§§ 98ff.); Durchsuchung (§§ 102ff.); Verhaftung (§ 114)   231 53

Strafprozeßrecht
– landesverfassungsrechtlich   244 29ff.

strafprozessuale Verbürgungen
– Landesverfassungen, ~ in   244 31

Strafverfahren
– Gesundheitsgefährdung durch ~   234 14

Strafvollzug   244 29ff., 34
– Mißhandlungsverbot
– in Landesverfassungen   244 34
– Vollzugsziele   244 34 (BB)

Streuminderheit
– Sinti und Roma   241 28 (SH)

Strukturförderung, regionale
– Staatsziel(e), ~ als   232 82 (BB)

Strukturprinzipien
– 238 18

Studenten
– Mitwirkungsrecht der ~, demokratisches   237 66 (SL)
– Studienplätze   258 67ff.

subjektive Rechte
– Bekenntnis zu kultureller oder ethnischer Minderheit als ~   241 94 (ST)
– Obdach in Notfällen als ~   242 62
– Rezeption durch die Rechtsprechung   231 82
– Sorben-Wenden-Gesetz, ~ durch das   241 74 (BB)
– wissenschaftliche Forschung als ~   237 55 (BY)
– Wohnung, ~ in Annexvorschriften zum Recht auf Wohnung   242 62

Suspendierungsklauseln
– generelle ~ Landesverfassungen nach 1945, in   231 121

Sachregister

Tariftreue
– Sekundärzweck öffentlicher Auftragsvergabe, ~ als **232** 133
Teilhaberecht
– Berufsgrundrechte **239** 34 (SN)
– derivatives ~, Recht auf Bildung als **242** 55
– Minderheiten, ~ für nationale **241** 42 (SH)
Teilnahmerechte
– Begriff **243** 1
– Berufskammern, ~ für **243** 65
– Beteiligungsmöglichkeiten in Verwaltungsverfahren **243** 61
– Hochschulen, ~ für **243** 66
– Kommunen, ~ für **243** 64
– Kultur **242** 13
– Landesverfassungen, ~ in **243** 1ff., 55ff.
– Mitwirkungsrechte an Schulen **243** 62
– Selbstverwaltung **243** 63ff.
– Systematisierung **243** 1
Telegraphengeheimnis 255 19f. (RP)
Tendenzbetriebe
– Drittwirkungsausnahme für ~ **237** 19 (HE)
Testierfreiheit 239 94
theologische Fakultäten 236 38ff., **252** 51 (MV)
– Aufrechterhaltung in Landesverfassungen **236** 39, **255** 110 (RP)
– Bestandsgarantie **237** 61 (HE)
– Landeskompetenz, Einrichtung als **236** 38
– Länderhoheit im Hochschulbereich **236** 38
– Reichskonkordate als Gundlage **236** 38
– vertragliche Absicherung nach Maßgabe von Landesverfassungen **236** 39
Thüringen
– allgemeine Handlungsfreiheit **233** 55
– Ehe und Familie **260** 65ff.
– Eigentum, Wirtschaft und Arbeit **260** 90ff.
– elterliches Sorgerecht und Kindesentwicklung **260** 69ff.
– Erziehungrecht und Bildungsanspruch **260** 81ff.
– Freiheitsrechte
– – Freiheit der Person (Art. 4 Verf.) **260** 27ff.
– – Freizügigkeit (Art. 5 Verf.) **260** 30f.
– – Persönlichkeitsrecht und Datenschutz **260** 32ff.
– – Recht auf Leben, Freiheit der Person, Persönlichkeit (Art. 3 Verf.) **260** 22ff.
– – Wohnung (Unverletzlichkeit) **260** 35f.
– Frühkonstitutionalismus **260** 3ff.
– Gleichheit **260** 59ff.
– – allgemeiner Gleichheitssatz **260** 60f.
– – Behindertenschutz **260** 63
– – Gleichberechtigung von Frauen und Männern **260** 62
– – Grundrechte in ~ **260** 1ff., 16ff.
– – Grundrechtsentwicklung nach der Revolution von 1848 **260** 6
– – informationelle Selbstbestimmung **233** 86f.
– – Informationsfreiheit **237** 36f.
– – Kommunikationsgrundrechte **260** 37ff.
– – Brief-, Post-, Fernmelde- und Kommunikationsgeheimnis **260** 37f.
– – Meinungs- u. Informationsfreiheit, Medienfreiheiten **260** 39ff.
– – politische Mitgestaltung, Recht auf **260** 48
– Kunst- und Wissenschaftsfreiheit **260** 77ff.
– Menschenwürde und Freiheitsrechte **260** 18ff.
– Nachkriegslandesverfassung v. 20.12.1946 **231** 91
– Natur und Umwelt **260** 89
– Persönlichkeit
– ~srecht **233** 86f.
– – freie Entfaltung der ~ **241** 35
– Petitionsrecht **260** 57f.
– Religion und Weltanschauung **260** 99ff.
– Rundfunkfreiheit **237** 47ff.
– Schulwesen **260** 85ff.
– Schutzpflichten des Staates **234** 13
– Verfassungsentwicklung
– – 1815 bis 1945 **260** 3ff.
– – 1918-1946 **260** 7ff.
– – 1945 bis zur Wiedervereinigung **260** 10ff.
– – Auflösung des Landes Thüringen **260** 10ff.
– – Vorläufige Landessatzung u. Verfassung **260** 14f.
– – Verfassungserneuerung bzw. -revision in ~ (1921) **231** 73

Sachregister

- Versammlungs- und Vereinigungsfreiheit 260 49 ff.
- Wissenschaftsfreiheit 237 71
- Wohnungs- und Obdachrecht 260 55 f.
- Würde des Menschen Schutz 260 18 ff.

Tierschutz 232 85 253 79 ff. (NI)
- Achtungs- und Schutzverpflichtung 253 82 f. (NI)
- Objekt oder Subjekt? 253 80 f. (NI)
- Rechtsqualität 253 79 (NI)

Todesstrafe 231 44
- Hessen unter dem Vorgaben-Horizont von 1946 231 100

Toleranzgebot
- Erziehungsauftrag des Staates ausgerichtet am ~ 238 47

Totenfürsorge
- Recht auf 232 92

Trennung von Staat und Kirche 236 10
- „Mindesterrungenschaften" der Revolution (1918/1919), ~ als 231 64
- Modifizierung der „Loccumer Formel" 236 48 (HE)

Treuepflicht
- Staat und Gesetzen, Volk und Verfassung, ~ gegenüber 234 6

Überführung in Gemeinwirtschaft
- Ermächtigung zur ~ 232 48

Übergangsverfassungen 231 58
- Grundrechtskataloge in den ~ (1918/1919) 231 68

Übergangszeit
- Verfassungsurkunden der ~, Grundrechte in 231 58 ff.

Übermaßverbot
- Angemessenheit von Eingriffsziel und Eingriffsmittel 232 190
- Freiheitsverbürgungen als Quelle des ~s 232 186
- Landesgrundrechte(n), ~ bei 232 185 ff.
- Rechtsstaatsprinzip, keine Ableitung aus dem 232 185
- Verhältnismäßigkeitsprinzip und ~ 232 187
- Zumutbarkeit als „Maßstab der Einzelfallgerechtigkeit" 232 191

Übersicht I
- Grundrechtskataloge Frühkonstitutionalismus 231

Übersicht II
- Grundrechtskataloge Vormärz
- zweite Konstitutionalisierungswelle 231

Übersicht III
- Revolutionsverfassungen 1848/1849 Leiturkunde: Paulskirchenverfassung 231

Übersicht IV
- revidierte Revolutionsverfassungen 231

Übersicht V
- Landesverfassungen der Zwischenkriegszeit, WRV als Leiturkunde 231

Übersicht VI
- vorgrundgesetzliche Landesverfassungen (Westdeutschland) Leitverfassung: WRV 231

Übersicht VII
- vorgrundgesetzliche Verfassungen (Ostdeutschland) Leiturkunde: WRV 231

Übersicht VIII
- Konkordanz Verfassungsentwurf von Herrenchiemsee Landesverfassungen 231

Umverteilung, steuerliche 251 35 (HE)
Umweltinformationsanspruch 237 31 (MV), 33 (SN), 35 (ST), 258 25 (ST)
- Auskunftsrecht über ~ 237 37 (TH)
- Einzelgarantie in der Landesverf. 252 34 (MV)
- Umweltinformationsgesetz 237 25, 31 (MV)

Umweltschutz
- Eigentumsfreiheit, ~ als Inhalts- und Schrankenbesimmung zur 239 85

Unabhängigkeit, richterliche 231 22
Unentgeltlichkeit des Unterrichts 242 56, 245 39 ff.
- Schulen, ~ an öffentlichen 242 29
- Schulplicht-Kontext 242 57
- soziales Grundrecht 242 56 (HE)
- subjektivrechtliche Komponente? 242 56 (BY)

ungeborenes Leben, soziale Hilfe für
- Staatsziel(e), ~ als 232 82 (BB)

Ungleichbehandlung
- Verbot jeder sachwidrigen ~ durch die öffentlichen Gewalt 232 110 (BB)

Unionsbürger 232 99
- „Anspruch auf Gleichbehandlung" nach EU-Recht 232 100 (RP)
- Einbezug von ~n in Landesverfassungen 232 100

Sachregister

- Gleichbehandlung hinsichtlich Deutschen-Rechten **232** 100 (RP)
- Gleichstellung **240** 54 (RP)
- Grundrechtsberechtigte, ~ als **232** 99 f.
- Grundrechtsträger der Berufsfreiheit
  – in Landesverfassungen **239** 38
- Wahlen, ~ aktiv und passiv wahlberechtigt bei kommunalen **232** 100

Unionsrecht
- einheitliche Wirksamkeit des ~s in den Mitgliedstaaten, Gewähr für die **232** 118

Unitarisierungstendenzen
- Grundrechte **233** 48 (RP)

Universalismus
- menschenrechtlicher ~ **233** 88

Universitäten und Hochschulen
- Bestandsgarantie **237** 51 (BW)
- institutionelle Garantie, ~ als **232** 45
- Schutz des Staates für ~ **237** 61 (HE)
- Selbstverwaltungsrecht der ~ **237** 61 (HE), **255** 50, 105, 111 (RP)

Unschuldsvermutung **256** 54 ff. (SL)
- Landesverfassungen, ~ in **244** 30
- Rechtsstaatsprinzip-Ausprägung, ~ als **244** 30
- Verfassungsbeschwerdefähigkeit der ~ **244** 30

UN-Sozialpakt
- soziale Grundrechte **242** 13 f.

Untermaßgrenze
- Ehe und Familie, ~ bei der Förderung von **238** 24

Untermaßverbot
- Schutzpflicht(en) des Staates, ~ und **232** 60

Unterscheidungsverbot(e)
- Ämterzugang **240** 34
- Deutschengleichheit – in Landesverfassungen **240** 35
- Herkunft **240** 28
- Landesverfassungen
  – allgemeine **240** 27 ff.
  – begrenzte **240** 34 ff.
- Landeszugehörigkeit **240** 35
- Nachjustierung durch die Rechtsprechung **240** 29
- Nationalität **240** 28
- persönliche Merkmale **240** 27 ff.
- „rassistische" Gründe **240** 28
- religiöses Bekenntnis **240** 34

- sexuelle Orientierung bzw. Identität **240** 28
- soziale Stellung **240** 28
- staatsbürgerliche Pflichten **240** 34
- weltanschauliche Überzeugungen **240** 28
- zusätzliche Merkmale für ~ **240** 28

Unverletzlichkeit der Wohnung **235** 34 ff., **246** 39 ff. (BY), **255** 18 (RP), **260** 35 f. (TH)
- Ähnlichkeit mit GG-Text **247** 71 (BE)
- Beeinträchtigungen, sonstige **235** 55 ff.
- Eingriffe **235** 39 ff.
- Durchsuchung von Wohnungen **235** 42 ff.
- Wohnraumüberwachung **235** 51 ff.
- Grundrechtsberechtigte **235** 37 f.
- juristische Personen als Träger der ~ **232** 113
- Schutzgegenstand **235** 36

Unversehrtheit, körperliche
- EGMR-Rechtsprechung, ~ und **235** 29
- Freiheitsentziehung(en), Achtung bei **244** 45

venire contra factum proprium
- Verwirkung und ~ **232** 177

Verbot des Einzelfallgesetzes
- Landesgrundrecht(n), ~ bei **232** 181 ff.

Verbot des Rechtsmißbrauchs
- immanente Grenze von Landesgrundrechten, ~ als **232** 174 ff.

Verbot von Ausnahmegerichten
- Prozeßgrundrecht **232** 63

„Vereine und Gesellschaften"
- unmittelbare Verfassungsberechtigung für ~ **232** 110

Vereinigungsfreiheit **258** 42 f. (ST), **260** 52 ff. (TH)
- Ähnlichkeit mit GG-Text **247** 69 f. (BE)
- Landesgrundrecht, ~ als **246** 83 (BY)
- landesverfassungsrechtliche Deckungsgleichheit mit Art. 9 GG **237** 78
- nur „zu gesetzlich zulässigen Zwecken" **232** 171 (HB)
- Verbotsvoraussetzungen für **237** 79
- Vereinsverbote Landesverfassungen nach 1945, in **231** 122
- Wirtschaftsverfassungsrecht, ~ als Elemente im **239** 5

Vereinsfreiheit **240** 53, **255** 73 ff. (RP)
- Gründungsfreiheit, ~ als **232** 18

Sachregister

- inländische juristische Personen mit Ausländer-Dominanz, keine ~ für **232** 115
- Landesgrundrecht, ~ als **255** 73 ff. (RP)
- Meinungsäußerungsfreiheit als lex generalis im Verhältnis zur ~ **232** 165
- Vereinsgesetz v. 19.4.1908 **231** 53
- Vereinsverbote **237** 79

vereintes Europa
- Staatsziel **232** 78

Verf. Baden (1947)
- Art. 2 Abs. 2 S. 4 **240** 27

Verf. Baden-Württemberg
- Art. 1 **234** 18
- Art. 1 Abs. 1 **232** 7, **233** 51
- Art. 1 Abs. 2 S. 1 **234** 6
- Art. 1 Abs. 2 S. 2 **232** 55
- Art. 2 Abs. 1 **232** 33, **233** 20, 51, 72, **234** 2, **235** 12
- Art. 2 Abs. 2 **234** 25
- Art. 3 Abs. 1 **233** 10, 58, **237** 75
- Art. 3 Abs. 1 S. 1 **233** 40
- Art. 3 Abs. 1 **236** 20
- Art. 4 Abs. 2 **236** 9, 46
- Art. 5 **232** 42 **236** 9
- Art. 9, 16 **232** 42
- Art. 10 Abs. 1 **240** 27
- Art. 11 Abs. 1 **242** 52
- Art. 11 Abs. 2 **232** 73
- Art. 12 **236** 43
- Art. 13 Abs. 1 **233** 72
- Art. 16 **236** 43
- Art. 16 Abs. 2 S. 2, **240** 40
- Art. 20 Abs. 1 **237** 51
- Art. 26 Abs. 3 **243** 8
- Art. 38 Abs. 1 u. 2 **234** 19
- Art. 58 **234** 18
- Art. 59 Abs. 2 **243** 31
- Art. 59 Abs. 3 S. 2 **243** 32
- Art. 59 Abs. 3 S. 3 **243** 31
- Art. 60 Abs. 6 **243** 31, 50
- Art. 64 Abs. 1 S. 2 **233** 20
- Art. 72 Abs. 2 S. 1 **243** 24
- Art. 78 Abs. 1 **232** 41
- Art. 85 **237** 53
- Art. 94 Abs. 1 S. 1 **243** 3
- Würde des Menschen **233** 20

Verf. Bayern
- Art. 7 Abs. 2 **232** 100
- Art. 8 **240** 35
- Art. 11 Abs. 5 **240** 53
- Art. 14 Abs. 1 S. 1 **243** 24

- Art. 28 **234** 19
- Art. 48 **237** 10
- Art. 66 **233** 38
- Art. 73 **243** 50 f.
- Art. 75 Abs. 1 S. 2 **233** 6
- Art. 84 **232** 13
- Art. 91 Abs. 1 **232** 24
- Art. 92 Abs. 1 **244** 49
- Art. 94 Abs. 2 **240** 39
- Art. 94 ff. (Abschnitt „Die Beamten") **232** 41
- Art. 98 Abs. 1 u. 2 **236** 8
- Art. 98 S. 1 u. 2 **233** 38
- Art. 98 S. 2 **233** 38, 40, **237** 7
- Art. 98 S. 2 u. 3 **240** 9
- Art. 98 S. 1 **232** 193
- Art. 99 **234** 6
- Art. 99 S. 2 **232** 53
- Art. 100 **233** 6 ff., 39, 57 ff., **234** 12
- Art. 101 **233** 37 ff., 57 ff., **234** 12, 18, **239** 37
- Art. 101 ff. **239** 32
- Art. 102 **234** 16, **244** 38, 40
- Art. 103 Abs. 1 **239** 61
- Art. 103 Abs. 2 **239** 79
- Art. 106 **235** 2
- Art. 106 Abs. 1 **235** 65, **242** 59 ff.
- Art. 106 Abs. 1 u. 2 **235** 61 f.
- Art. 106 Abs. 3 **235** 26, 37
- Art. 107 Abs. 4 **240** 40
- Art. 107 **236** 6
- Art. 108 **237** 54 f.
- Art. 109 **234** 22
- Art. 109 Abs. 2 **234** 27
- Art. 110 **237** 4 ff., 39
- Art. 110 Abs. 1 S. 2 **237** 9
- Art. 110 Abs. 2 **237** 8
- Art. 111 **237** 39
- Art. 111a Abs. 1 S. 2 **233** 9
- Art. 111a Abs. 2 **237** 42
- Art. 116 **240** 39
- Art. 117 **234** 6
- Art. 118 Abs. 1 **240** 9
- Art. 118 Abs. 2 (bis 1998) **240** 23
- Art. 120 **233** 38
- Art. 123 Abs. 3 **232** 162
- Art. 124 Abs. 1 **238** 6
- Art. 124 Abs. 2 **238** 36
- Art. 125 Abs. 1 S. 1 **238** 15
- Art. 125 Abs. 1 S. 2 **233** 56
- Art. 125 Abs. 1 S. 3 **232** 20
- Art. 125 Abs. 3 **235** 2, 15, 65
- Art. 126 Abs. 1 **232** 11

Sachregister

- Art. 126 Abs. 2   **240** 38
- Art. 128 Abs. 1   **240** 50 ff.
- Art. 131 Abs. 1 bis 4   **238** 48
- Art. 131 Abs. 4 (bis 1998)   **240** 16
- Art. 132   **240** 51
- Art. 132 Abs. 3 S. 1   **243** 54
- Art. 135 Abs. 1   **236** 9
- Art. 137 Abs. 3   **236** 26
- Art. 138 Abs. 1, Abs. 2   **237** 54 ff.
- Art. 140 Abs. 1   **237** 54 ff.
- Art. 140 Abs. 2   **237** 75
- Art. 147   **232** 43
- Art. 151 Abs. 1   **233** 10
- Art. 151 Abs. 2   **239** 30
- Art. 158 S. 1   **239** 79
- Art. 159   **239** 61
- Art. 159 S. 1   **239** 86
- Art. 160   **239** 61
- Art. 160 Abs. 2   **239** 97
- Art. 161 Abs. 1 S. 2   **232** 175
- Art. 162   **239** 61
- Art. 163 Abs. 3   **239** 61
- Art. 164 Abs. 1   **233** 10
- Art. 168 Abs. 1 S. 1   **232** 16
- Art. 168 Abs. 3   **242** 66
- Art. 171   **242** 65
- Art. 182   **236** 52

Verf. Berlin
- Art. 3   **234** 18
- Art. 6   **233** 23, 74 f.
- Art. 7   **233** 53, 74 f.
- Art. 8 Abs. 1 S. 1   **234** 13 f.
- Art. 8 Abs. 1   **234** 17
- Art. 8 Abs. 2   **244** 40
- Art. 8 Abs. 2 S. 2 u. 3   **244** 43
- Art. 8 Abs. 2 u. 3   **234** 17
- Art. 9   **244** 47
- Art. 10 Abs. 2   **240** 29
- Art. 12 Abs. 2   **232** 47, **238** 37, **240** 29
- Art. 14 Abs. 1   **237** 11 ff.
- Art. 14 Abs. 2   **237** 21
- Art. 15 Abs. 1   **232** 24
- Art. 17   **234** 23, **239** 32, 37, 41, 51
- Art. 18 S. 1   **242** 39
- Art. 19 Abs. 2   **240** 39
- Art. 23   **239** 79
- Art. 23 Abs. 1   **239** 93
- Art. 23 Abs. 2   **239** 87
- Art. 28 Abs. 1   **235** 61, **242** 59, 61
- Art. 28 Abs. 1 S. 1   **235** 65
- Art. 28 Abs. 1 u. 2   **235** 3
- Art. 28 Abs. 2 S. 2   **235** 17, 27, 43, 49
- Art. 33   **233** 75

- Art. 33 S. 1   **232** 197
- Art. 35 Abs. 2   **232** 44
- Art. 36 Abs. 1   **232** 16
- Art. 36 Abs. 2   **232** 193, **237** 21
- Art. 37   **232** 203, **237** 12 f.
- Art. 51   **234** 19
- Art. 62 Abs. 2   **243** 50
- Art. 70 Abs. 1 S. 1   **243** 18
- Art. 70 Abs. 1 S. 2   **243** 21
- Art. 70 Abs. 2 S. 2   **243** 21

Verf. Berlin (1950)
- Art. 6 Abs. 2   **240** 18
- Art. 10 Abs. 3   **240** 26
- Art. 13   **240** 18

Verf. Brandenburg   **237** 74
- Art. 1 Abs. 2   **233** 24
- Art. 2 Abs. 3   **234** 3, **242** 16
- Art. 2 Abs. 5   **232** 31
- Art. 3 Abs. 1 S. 1   **240** 35
- Art. 3 Abs. 2   **240** 35
- Art. 5 Abs. 1   **232** 16, 37, 136
- Art. 7 Abs. 1   **233** 26, 76 f.
- Art. 7 Abs. 2   **232** 141
- Art. 8   **234** 10, 14
- Art. 8 Abs. 2   **232** 82, **234** 10
- Art. 8 Abs. 2 u. 3   **233** 25
- Art. 8 Abs. 3   **234** 10
- Art. 9   **234** 17
- Art. 9 Abs. 2 S. 3   **244** 43 f.
- Art. 9 Abs. 2 S. 3 Hs. 2   **234** 17
- Art. 9 Abs. 3   **244** 40
- Art. 10   **233** 54, 76 f., **234** 18
- Art. 11 Abs. 1 u. 2   **233** 77
- Art. 12 Abs. 1 S. 2   **232** 110
- Art. 12 Abs. 2 S. 1   **240** 3
- Art. 12 Abs. 3   **232** 82
- Art. 14 Abs. 2   **232** 44
- Art. 15 Abs. 1, 2 u. 3   **235** 4
- Art. 17 Abs. 1   **234** 21
- Art. 17 Abs. 2   **234** 21
- Art. 19 Abs. 1   **237** 13 ff.
- Art. 19 Abs. 1 S. 1   **237** 23
- Art. 19 Abs. 1 S. 2   **232** 142, **237** 15
- Art. 19 Abs. 2 S. 2   **232** 49, **237** 43
- Art. 19 Abs. 2 u. 4   **237** 43
- Art. 19 Abs. 3 S. 2   **237** 44
- Art. 20 Abs. 3 S. 1   **232** 163
- Art. 20 Abs. 3 S. 2   **243** 59
- Art. 21 Abs. 1 S. 1   **243** 59
- Art. 21 Abs. 3   **232** 163
- Art. 21 Abs. 4   **237** 24
- Art. 21 Abs. 5   **243** 61
- Art. 22 Abs. 1 S. 2   **243** 11

Sachregister

- Art. 22 Abs. 2   **243** 54
- Art. 22 Abs. 3 S. 2   **243** 59
- Art. 23   **237** 77
- Art. 25   **241** 35, 57
- Art. 25 Abs. 1   **232** 82
- Art. 25 Abs. 2, Abs. 4 S. 2   **241** 88
- Art. 26 Abs. 2   **232** 47, **238** 37
- Art. 27   **233** 76
- Art. 27 Abs. 1   **233** 26
- Art. 27 Abs. 3 S. 2, Abs. 6, Abs. 7   **232** 82
- Art. 29 Abs. 1   **232** 82
- Art. 30 Abs. 6   **232** 82
- Art. 31 Abs. 1 bis 3   **237** 58
- Art. 31 Abs. 2   **233** 27
- Art. 32 Abs. 2   **232** 42
- Art. 32 Abs. 3, Abs. 4   **237** 58
- Art. 33   **232** 82
- Art. 34, 35   **232** 82
- Art. 36 Abs. 3   **236** 47
- Art. 39 Abs. 1, Art. 40 Abs. 4   **232** 82
- Art. 39 Abs. 7 S. 2   **237** 25
- Art. 39 Abs. 9   **232** 81
- Art. 40   **232** 74
- Art. 40 Abs. 5   **232** 76, 81
- Art. 41 Abs. 3   **232** 74
- Art. 42 Abs. 1 S. 1   **233** 54, **239** 30
- Art. 44   **232** 82
- Art. 45 Abs. 1   **232** 82, **242** 66
- Art. 45 Abs. 1 S. 1   **242** 39
- Art. 46   **232** 76
- Art. 47 Abs. 1   **235** 4, **242** 60
- Art. 47 Abs. 2 S. 1   **235** 16, **242** 59, 62
- Art. 47, 48   **232** 82
- Art. 48 Abs. 1   **242** 46
- Art. 49 Abs. 1   **233** 54
- Art. 49 Abs. 1 S. 1   **239** 37
- Art. 52 Abs. 3   **232** 24, **240** 3, **244** 26
- Art. 52 Abs. 4   **244** 18, 47
- Art. 52 Abs. 4 S. 2   **244** 49
- Art. 54 Abs. 1 u. 2   **244** 34
- Art. 54 Abs. 2   **232** 82
- Art. 58   **234** 19
- Art. 76 Abs. 2   **243** 50 f.
- Art. 96 Abs. 3   **232** 41
- Art. 115 Abs. 1   **243** 4
- Menschenwürdekern   **235** 52

Verf. Bremen
- Art. 2 Abs. 3   **240** 27
- Art. 3 Abs. 1   **233** 64
- Art. 3 Abs. 1 S. 1   **233** 49
- Art. 3 Abs. 1 S. 1 u. Abs. 3   **234** 18
- Art. 3 Abs. 2 S. 1 u. 2   **233** 49
- Art. 4   **236** 6
- Art. 5   **233** 14
- Art. 5 Abs. 1   **233** 64
- Art. 5 Abs. 1 u. 2   **234** 17
- Art. 5 Abs. 4   **244** 39
- Art. 5 Abs. 4 S. 2   **234** 17
- Art. 5 Abs. 4 S. 4   **244** 43
- Art. 8 Abs. 2   **239** 37, 51
- Art. 11 Abs. 1 u. 2   **237** 60
- Art. 12 Abs. 2   **233** 64
- Art. 12 Abs. 3   **233** 64
- Art. 12 Abs. 4   **237** 27
- Art. 13 Abs. 1 S. 1   **239** 80
- Art. 13 Abs. 2   **232** 48
- Art. 14 Abs. 1   **235** 61
- Art. 14 Abs. 1 S. 1   **235** 65
- Art. 14 Abs. 1 u. 2   **235** 5, 37
- Art. 14 Abs. 2 S. 2   **235** 55
- Art. 14 Abs. 3 S. 2   **235** 17, 27, 43, 49
- Art. 15 Abs. 1 S. 1   **237** 16
- Art. 15 Abs. 5 vgl. Art. 5 Abs. 1 GG **237** 26
- Art. 18   **234** 27
- Art. 20 Abs. 2   **232** 16
- Art. 21   **232** 47
- Art. 25 Abs. 1   **233** 64
- Art. 26 Abs. 1   **233** 14
- Art. 27   **240** 51
- Art. 32 („Bremer Klausel")   **236** 27
- Art. 33 Satz 2   **232** 74
- Art. 34 S. 1 u. 2   **237** 60
- Art. 36   **232** 74
- Art. 36a   **232** 74
- Art. 42 Abs. 1   **232** 48
- Art. 42 Nr. 1 lit. a   **239** 97
- Art. 44   **232** 48, **239** 97
- Art. 45 Nr. 1 S. 2   **232** 162
- Art. 49   **233** 14
- Art. 55 Abs. 4   **232** 44
- Art. 57 Abs. 1   **242** 65, **236** 17
- Art. 70 Abs. 1 lit. d   **243** 43
- Art. 70 Abs. 3 S. 1   **243** 50
- Art. 122   **232** 13
- Art. 124, 199   **238** 37
- Art. 128   **240** 39
- Art. 129 Abs. 2   **233** 14
- Art. 155 Abs. 3   **243** 3

Verf. DDR (1968)
- Art. 37 Abs. 1 S. 1   **235** 60
- Art. 40   **241** 78

Verf. Hamburg
- Art. 3 Abs. 2 S. 3 (Gleichheitssätze)   **240** 1
- Art. 4 Abs. 3 (Gleichheitssätze)   **240** 1

Sachregister

- Art. 4 Abs. 3 S. 1 **243** 18
- Art. 4 Abs. 3 S. 2 **243** 21
- Art. 6 Abs. 2 (Gleichheitssätze) **240** 1
- Art. 15 (Abgeordnetenimmunität) **234** 19
- Art. 29 **243** 57
- Art. 50 Abs. 1 S. 2 **243** 50, 57
- Art. 59 Abs. 1 (Gleichheitssätze) **240** 1, 39
- Art. 59 Abs. 2 und 3 **232** 41

Verf. Hessen
- Art. 2 **234** 18
- Art. 2 Abs. 1 **233** 42, 60
- Art. 2 Abs. 2 **233** 41, 49
- Art. 2 Abs. 3 **233** 41
- Art. 3 **233** 12 60, **234** 10, **244** 25
- Art. 3 Abs. 1 **233** 11
- Art. 5 **234** 16
- Art. 6 **234** 21
- Art. 8 **235** 6
- Art. 9 (i.V.m. Art. 48 Abs. 1) **236** 8
- Art. 9 **236** 6
- Art. 10 **237** 61, 72
- Art. 11 Abs. 1 S. 1 u. 2 **237** 18
- Art. 13 **237** 28
- Art. 17 **232** 203 f., **237** 18, 28
- Art. 17 Abs. 1 **237** 72
- Art. 18 **237** 72
- Art. 19 **235** 27
- Art. 19 Abs. 1 **235** 6, 43
- Art. 19 Abs. 1 S. 2 **235** 49
- Art. 19 Abs. 2 **234** 16, **244** 40
- Art. 21 Abs. 1 S. 1 **244** 38
- Art. 21 Abs. 1 S. 2 **231** 100
- Art. 21 Abs. 2 **244** 31
- Art. 21 Abs. 3 **233** 13, **244** 34, 45
- Art. 23 **244** 38
- Art. 24 **234** 16, **244** 38
- Art. 26 **232** 80, **233** 11
- Art. 26 Halbs. 2 **232** 16
- Art. 27 **233** 13
- Art. 28 Abs. 2 **232** 80
- Art. 29 Abs. 5 **232** 37
- Art. 30 **233** 13
- Art. 31 **231** 100
- Art. 32 Satz 1 **232** 4
- Art. 35 Abs. 1 **242** 66
- Art. 35 Abs. 1 S. 1 **242** 65
- Art. 39 Abs. 1 **239** 26
- Art. 39 Abs. 4 **232** 48
- Art. 39 bis 42 **239** 61
- Art. 41 **232** 48
- Art. 42 **232** 48

- Art. 42 Abs. 1 **232** 4
- Art. 43 Abs. 2 S. 1 **239** 80
- Art. 45 Abs. 1 S. 3 **239** 74
- Art. 45 Abs. 4 **239** 93
- Art. 45, 46 **239** 61
- Art. 48 Abs. 1 **236** 8
- Art. 50 Abs. 2 **236** 48
- Art. 53 **232** 43
- Art. 56 Abs. 3 S. 2 **232** 74
- Art. 60 Abs. 1 **237** 61
- Art. 60 Abs. 2 und 3 **232** 42
- Art. 61 **237** 61
- Art. 62 **237** 75
- Art. 63 Abs. 1 **237** 18
- Art. 67 **232** 13
- Art. 69 Abs. 1 Satz 2 **232** 4
- Art. 73 Abs. 1 **243** 12
- Art. 73 Abs. 2 S. 1 **243** 18
- Art. 74 **243** 12
- Art. 124 Abs. 1 S. 3 **243** 50
- Art. 129 **244** 18
- Art. 134 **240** 39
- Art. 134 **240** 41
- Art. 138 **243** 18
- Art. 150 **233** 11
- Art. 153 Abs. 2 **231** 100
- Art. 154 **240** 35

Verf. Mecklenburg-Vorpommern
- Art. 3 Abs. 4 **232** 163, **243** 59
- Art. 5 Abs. 1 u. 3 **235** 12
- Art. 5 Abs. 2 **233** 28 f., 78
- Art. 5 Abs. 3 **232** 33, **233** 28 f.
- Art. 5 Abs. 3 **233** 28 f., 55, 78 f., **234** 2
- Art. 6 Abs. 1 **233** 78
- Art. 6 Abs. 1 u. 2 **237** 30
- Art. 6 Abs. 2 **233** 78
- Art. 6 Abs. 3 **237** 31
- Art. 6 Abs. 4 **233** 78
- Art. 7 Abs. 1, 2 u. 3 **237** 62
- Art. 7 Abs. 2 **233** 29, **237** 59
- Art. 9 **232** 42, **236** 9
- Art. 14 Abs. 1 u. 3 **233** 79
- Art. 14 Abs. 4 **233** 79
- Art. 16 Abs. 1 u. 3 **237** 62
- Art. 17 Abs. 2 S. 1 **242** 59 f.
- Art. 17a **233** 79
- Art. 17a S. 1 **242** 68
- Art. 18 **241** 101 ff.
- Art. 24 **234** 19
- Art. 53 Nr. 6 u. 7 **233** 28
- Art. 56 Abs. 3 **233** 29
- Art. 59 Abs. 3 **243** 50
- Art. 60 Abs. 2 S. 1 **243** 50

Halbfette Zahl = §§; magere Zahl = RN; unterstrichene Zahl = Hauptfundstelle; FN = Fußnote

Sachregister

- Art. 70 Abs. 2 S. 2   **243** 61
- Art. 75   **243** 64
- Art. 80 Abs. 1   **243** 3
- Präambel   **233** 28

Verf. Niedersachsen
- Art. 3 Abs. 1   **233** 21
- Art. 3 Abs. 2   **234** 2, **240** 22
- Art. 3 Abs. 2 S. 1   **232** 33, **235** 13
- Art. 3 Abs. 2 S. 1 u. 2   **233** 21, 52, 72
- Art. 3 Abs. 3   **241** 111
- Art. 4 Abs. 1   **242** 50
- Art. 4a   **233** 21
- Art. 4a Abs. 1 u. 3   **233** 72
- Art. 5 Abs. 1 bis 3   **237** 63 f.
- Art. 15   **234** 19
- Art. 46 Abs. 2   **233** 21
- Art. 48 Abs. 1 S. 3   **243** 50
- Würde des Menschen   **233** 21

Verf. Nordrhein-Westfalen
- Art. 4 Abs. 1   **232** 33, **233** 16, 18, 51, 69 f., **234** 2, **235** 12
- Art. 4 Abs. 2   **233** 70 f., 97
- Art. 6   **236** 46
- Art. 6 Abs. 1   **233** 18
- Art. 6 Abs. 2 S. 1 Hs. 1   **233** 71 (NW)
- Art. 6 Abs. 2 u. 3   **233** 18
- Art. 16 Abs. 1   **237** 65
- Art. 16 Abs. 2   **232** 42
- Art. 18 Abs. 1   **237** 65
- Art. 22   **232** 42, **236** 9
- Art. 23   **236** 52
- Art. 24 Abs. 2 S. 2   **240** 50
- Art. 48   **234** 19
- Art. 80 Verf.   **232** 41

Verf. Rheinland-Pfalz   **233** 61, **255** 1 ff.
- Art. 1 Abs. 1   **233** 3, 48, 61, 63, **234** 18, **255** 11 ff.
- Art. 1 Abs. 1 S. 1 u. 2   **233** 43
- Art. 1 Abs. 1 S. 2   **233** 62
- Art. 1 Abs. 1 und Abs. 3   **232** 4
- Art. 1 Abs. 2   **232** 7, **255** 10, 115
- Art. 1 Abs. 2 S. 1   **233** 44
- Art. 1 Abs. 2 u. 3   **233** 47
- Art. 2   **233** 45, **234** 18, **255** 13
- Art. 3 Abs. 1   **234** 11 ff., **255** 16
- Art. 3 Abs. 2   **255** 115
- Art. 3 Abs. 3   **234** 11 ff., **255** 16
- Art. 4 S. 1   **233** 62, **255** 48, 115
- Art. 4a   **233** 63, **237** 32, **255** 11, 21
- Art. 5   **234** 17, **255** 17
- Art. 6 Abs. 1   **232** 24, **255** 94
- Art. 6 Abs. 2   **232** 24, **255** 94
- Art. 6 Abs. 3 u. 4,   **255** 94

- Art. 7   **235** 26, **255** 18
- Art. 7 Abs. 1, 2 u. 3   **235** 7, **255** 18
- Art. 7 Abs. 3   **235** 55, **255** 18
- Art. 8   **236** 6, **255** 37, 39, 73
- Art. 9   **255** 50 ff., 57
- Art. 10 Abs. 1   **240** 53, **255** 40 ff., 48 f., 114
- Art. 10 Abs. 2,   **255** 48 f.
- Art. 11   **255** 49
- Art. 12   **255** 72, 87
- Art. 13   **240** 53, **255** 72 ff., 78, 81 ff.
- Art. 14   **255** 19 f.
- Art. 15   **232** 173, **234** 22, **255** 5, 22, 26 f., 31, 34
- Art. 16,   **255** 27 ff.
- Art. 17   **240** 3, **255** 5, 96 ff.
- Art. 18   **255** 5
- Art. 19 Abs. 2   **240** 36, 39, **255** 106
- Art. 19a   **232** 100, **239** 38, **240** 54, **255** 9, 74, 107
- Art. 23   **255** 6, 58 ff., 101, 113, 115
- Art. 24   **233** 62, **255** 66 ff., 71, 115
- Art. 25   **232** 11, **233** 62, **255** 6, 68 ff., 115
- Art. 26   **255** 38
- Art. 27   **255** 6, 69, 118
- Art. 30   **255** 33, 112
- Art. 31   **233** 62, **242** 39, 50, **255** 118
- Art. 32   **240** 16
- Art. 33   **255** 6, 106
- Art. 34   **255** 38, 69
- Art. 35   **236** 26, **255** 38, 70
- Art. 37   **255** 118
- Art. 38   **255** 118
- Art. 39   **255** 50, 110 f.
- Art. 40   **237** 75, **255** 115, 118
- Art. 41   **236** 46, **255** 37, 110
- Art. 42   **232** 42
- Art. 47   **255** 255, 110, 115
- Art. 49   **255** 109
- Art. 50   **232** 20, **100**, **255** 9, 90
- Art. 51   **255** 103, 119, 122
- Art. 52   **233** 45, **255** 26, 103, 122
- Art. 53   **242** 65, **255** 115, 119
- Art. 55   **233** 62, **255** 14, 115, 119
- Art. 57   **255** 110
- Art. 58   **255** 22, 26, 31 f.
- Art. 60   **239** 67, 74, 80, 93, **255** 6, 26, 34 ff., 114
- Art. 63   **235** 7, **255** 18, 119
- Art. 64   **242** 68, **255** 119
- Art. 65   **255** 119
- Art. 66   **255** 86
- Art. 69   **255** 123

Sachregister

- Art. 70 **255** 1, 115, 123
- Art. 72 **255** 75
- Art. 74 **255** 10, 14, 89, 121
- Art. 74a **255** 124
- Art. 75 **255** 89
- Art. 76 **255** 89
- Art. 77 Abs. 2 **233** 61
- Art. 78 **243** 64, **255** 3
- Art. 79 **255** 90
- Art. 108 **243** 32, **255** 93
- Art. 108a Abs. 1 S. 2 **243** 31 f. , **255** 92
- Art. 109 **243** 32, **255** 91, 93
- Art. 114 S. 1 **243** 48
- Art. 115 Abs. 1 **243** 48
- Art. 124 **255** 94
- Art. 125 ff. **232** 41, **255** 109
- Art. 129 **233** 3, 44, **255** 6, 10, 19
- Art. 130a **255** 94

Verf. Saarland
- Art. 1 **233** 15
- Art. 1 Abs. 2 **233** 15
- Art. 1 S. 1 **233** 67 **234** 9
- Art. 1 S. 2 **234** 9
- Art. 2 S. 1 **233** 50
- Art. 2 S. 2 u. 3 **233** 68
- Art. 4 **236** 6
- Art. 5 Abs. 2 **237** 66
- Art. 8 S. 1 **232** 175
- Art. 9 S. 1 u. 2 **234** 27
- Art. 10 **232** 6, 203
- Art. 12 Abs. 1 **233** 67
- Art. 13 Abs. 1 **244** 31
- Art. 13 Abs. 2 **244** 40
- Art. 16 **235** 8
- Art. 16 Abs. 2 **235** 56
- Art. 21 S. 1 **232** 193
- Art. 21 S. 2 **232** 16, **233** 67
- Art. 24 Abs. 2 **232** 175
- Art. 24 Abs. 4 **232** 11
- Art. 24a Abs. 1 **233** 66
- Art. 24a Abs. 2 **242** 68
- Art. 25 Abs. 2 I4334 **236** 46
- Art. 26 **236** 46
- Art. 33 Abs. 1, Abs. 2 S. 2 u. 3 **237** 66
- Art. 35 Abs. 1 S. 3 **236** 52
- Art. 36 **232** 42, **236** 39
- Art. 41 **232** 43
- Art. 44 **233** 50
- Art. 48 Abs. 2 **242** 39
- Art. 51 Abs. 1 **239** 80
- Art. 52 Abs. 1 **239** 97
- Art. 60 **244** 25
- Art. 60 Abs. 1 **233** 67

- Art. 64 **232** 100
- Art. 64 S. 2 **243** 54
- Art. 82 **234** 19
- Art. 99 Abs. 1 S. 3 bis 5 **243** 50
- Art. 101 **233** 15
- Art. 101 Abs. 1 S. 4 **243** 50
- Art. 110 S. 2 **233** 67
- Art. 121 **243** 24

Verf. Sachsen
- Art. 2 Abs. 4 **241** 77, 88
- Art. 5 Abs. 1 S. 1 **241** 79
- Art. 5 Abs. 2 **241** 79, 81
- Art. 5 Abs. 2 S. 2 **234** 25
- Art. 5 Abs. 2, Abs. 3 **241** 90
- Art. 5 Abs. 3 **237** 67, **241** 84
- Art. 5 u. 6 **241** 35, 75
- Art. 6 Abs. 1 **232** 51
- Art. 6 Abs. 1 S. 2 **241** 81
- Art. 6 Abs. 2 **241** 81
- Art. 7 Abs. 1 **233** 31
- Art. 7 Abs. 1, 2 u. 3 **235** 9
- Art. 7 Abs. 2 **232** 51, **233** 81
- Art. 9 Abs. 1 **232** 51
- Art. 9 Abs. 1 u. 2 **233** 81
- Art. 11 Abs. 3 S. 1 **232** 51
- Art. 13 **241** 79
- Art. 14 Abs. 1 **233** 83
- Art. 14 Abs. 2 **233** 31
- Art. 14 i.V.m. Art. 15 **233** 80 f.
- Art. 15 **233** 55, 80, 82
- Art. 15 **234** 18
- Art. 16 Abs. 1 **234** 10
- Art. 16 Abs. 1 S. 2 **234** 16
- Art. 17 **234** 16
- Art. 20 Abs. 1, Abs. 3 **237** 33
- Art. 20 Abs. 2 **237** 45
- Art. 28 Abs. 1 **239** 37
- Art. 28 Abs. 1 S. 1 u. 2 **239** 51
- Art. 28 Abs. 2 u. 3 **239** 60
- Art. 29 Abs. 1 **239** 37, 51 f.
- Art. 29 Abs. 2 **239** 34
- Art. 30 Abs. 1, 2 u. 3 **235** 9
- Art. 30 Abs. 3 **235** 52
- Art. 30 **235** 18
- Art. 33 **233** 82
- Art. 33 Abs. 3 **233** 82
- Art. 34 **237** 33
- Art. 36 **232** 16
- Art. 37 Abs. 1 **232** 181
- Art. 55 **234** 19
- Art. 74 Abs. 1 S. 2 **233** 30
- Art. 78 Abs. 2 **232** 24
- Art. 78 Abs. 3 **244** 49

- Art. 78 Abs. 3 S. 1 **244** 32, 47
- Art. 81 Abs. 1 S. 4 **233** 30, **236** 24
- Art. 102 Abs. 4 S. 1 **242** 56
- Art. 107 Abs. 1, 2 u. 4 **237** 67
- Art. 109 **236** 9
- Art. 109 Abs. 1 **236** 47
- Art. 109 Abs. 2 **236** 53
- Art. 109 f. **232** 42
- Art. 110 **236** 9, 50
- Art. 111 **232** 42
- Art. 112 Abs. 1 **236** 34, 50
- Art. 113 Abs. 1, 2 **232** 6
- Art. 122 Abs. 1 **243** 3
- Erster Gohrischer Entwurf (1990) **241** 78

Verf. Sachsen-Anhalt
- Art. 3 Abs. 1 **232** 16
- Art. 4 Abs. 1 **233** 32, 84
- Art. 5 Abs. 1 **233** 55, 84
- Art. 5 Abs. 1 **234** 18
- Art. 5 Abs. 2 S. 2 **234** 16
- Art. 5 Abs. 3 **234** 3
- Art. 6 Abs. 1 **233** 84 f.
- Art. 6 Abs. 2 **237** 35
- Art. 8 Abs. 1 **240** 35
- Art. 10 Abs. 1 S. 1, Abs. 2 **237** 34
- Art. 10 Abs. 2 **237** 59
- Art. 10 Abs. 3 S. 2 **233** 34
- Art. 10 Abs. 3 **237** 68
- Art. 13 Abs. 1 **243** 60
- Art. 15 **234** 21
- Art. 15 Abs. 2 **232** 6
- Art. 15 vgl. Art. 11 GG **234** 3
- Art. 16 Abs. 1 S. 1 **239** 40
- Art. 16 Abs. 2 u. 3 **239** 60
- Art. 17 Abs. 1 bis 3 **235** 10, 18
- Art. 17 Abs. 4 **235** 10 17 51
- Art. 18 **239** 61
- Art. 20 Abs. 1 **232** 181
- Art. 21 Abs. 4 **232** 24
- Art. 23 vgl. Art. 104 GG **234** 3, 16
- Art. 24 Abs. 3 **233** 84
- Art. 24 Abs. 3 u. 4 **232** 51
- Art. 25 Abs. 1 **242** 50
- Art. 31 Abs. 1 u. 2 **237** 68
- Art. 32 **232** 42, **236** 9
- Art. 32 Abs. 1 **236** 47
- Art. 36 **232** 51
- Art. 37 **241** 35, 92 ff.
- Art. 37 Abs. 1 **232** 51, **241** 103 f.
- Art. 38 **233** 84, **242** 68
- Art. 38 S. 1 **232** 51
- Art. 40 Abs. 1 **242** 59

- Art. 40 Abs. 1 u. 2 **235** 10
- Art. 40 Abs. 2 **242** 59
- Art. 42 Abs. 2 S. 1 **243** 11
- Art. 58 **234** 19
- Art. 58 vgl. Art. 46 Abs. 1, 3 u. 4 GG **234** 3
- Art. 75 Nr. 6 **233** 32
- Art. 78 Abs. 3 **233** 33

Verf. Schleswig-Holstein
- Art. 2a **233** 22
- Art. 3 **232** 33, **233** 22, 52, 73, **234** 2, **235** 12
- Art. 6 **241** 35 f.
- Art. 6 Abs. 1 **241** 94, 99
- Art. 6 Abs. 2 **240** 46
- Art. 6 Abs. 2 S. 1 **241** 44 ff.
- Art. 6 Abs. 2 S. 2 **241** 45 ff.
- Art. 8 **233** 22
- Art. 10 Abs. 1 u. 3 **233** 73
- Art. 10 Abs. 3 S. 2 **242** 68
- Art. 12 Abs. 1 **241** 37
- Art. 12 Abs. 4 bis 6 **241** 54
- Art. 15 **233** 73
- Art. 24 **234** 19
- Art. 48 Abs. 2 **243** 50
- Art. 49 Abs. 2 S. 2 Nr. 1 **243** 43
- Art. 51 Abs. 2 **241** 43
- Art. 51 Abs. 2 Nrn. 2 u. 3 **233** 22

Verf. Thüringen
- Art. 1 Abs. 1 **233** 32, 35
- Art. 2 Abs. 3 **240** 28
- Art. 2, Art. 3 Abs. 2 **240** 41
- Art. 3 Abs. 1 S. 1 **234** 9
- Art. 3 Abs. 1 S. 2 **234** 16
- Art. 3 Abs. 2 **233** 55
- Art. 3 Abs. 2 **234** 18
- Art. 4 Abs. 3 S. 2 **234** 16
- Art. 5 Abs. 1 **234** 27
- Art. 5 Abs. 2 **232** 6
- Art. 6 Abs. 1 **233** 86
- Art. 6 Abs. 3 S. 1 **233** 87
- Art. 6 Abs. 4 **233** 86
- Art. 6 Abs. 4 **237** 36
- Art. 8 **235** 52
- Art. 8 **235** 18
- Art. 8 **235** 11
- Art. 9 **243** 60
- Art. 9 Abs. 1 **232** 81
- Art. 11 Abs. 2 **237** 47
- Art. 12 Abs. 1 **237** 47 f.
- Art. 12 Abs. 2 **237** 49
- Art. 15 **232** 80
- Art. 15 **235** 11, 62

Sachregister

- Art. 15 S. 1 u. 2 **242** 59
- Art. 16 **232** 80, **235** 11, 62
- Art. 19 Abs. 1 **233** 87
- Art. 20 S. 1 u. 2 **242** 50
- Art. 27 Abs. 1 S. 2 **237** 70
- Art. 28 Abs. 1 bis 3 **237** 70
- Art. 28 Abs. 3 **232** 42
- Art. 33 **237** 37
- Art. 34 **239** 61
- Art. 35 Abs. 1 S. 1 **239** 40
- Art. 35 Abs. 1 S. 2 **239** 51
- Art. 35 Abs. 2 **239** 60
- Art. 36 **242** 46
- Art. 40 **232** 42, **236** 9
- Art. 42 Abs. 1 **232** 16
- Art. 42 Abs. 3 **232** 181
- Art. 44 Abs. 1 S. 2 **233** 55
- Art. 68 Abs. 2 **243** 50
- Art. 80 Nr. 1 **233** 32
- Art. 82 Abs. 2 **243** 50
- Art. 83 Abs. 3 **233** 33
- Art. 88 Abs. 1 S. 2 **244** 32
- Art. 88 Abs. 1 S. 3 **244** 48
- Art. 88 Abs. 1 S. 1 **232** 24
- Art. 106 Abs. 1 **243** 3

Verfahren
- faires ~, Recht auf ein **244** 8

Verfahrensbeteiligung
- Erziehungsberechtigte, ~ für **244** 43 (BB)
- Recht auf ~ **248** 54 (BB)

Verfahrensfehler
- Unbeachtlichkeit von ~n **244** 7

Verfahrensgarantien **234** 15
- Freiheitsentziehung, ~ bei **234** 16
- Gewährleistungspflichten, ~ als **232** 39

Verfahrensrecht
- Grundrechtseinwirkung auf das ~ **232** 72

Verfahrensschutz
- grundrechtliche Wurzeln des ~es **232** 63
- Landesgrundrechte als ~, Maßgeblichkeit der **238** 2

Verfahrensvorbehalt
- Grundfreiheiten unter ~ **232** 65

Verfassung(en)
- altlandständische ~ **231** 15
- Änderungen der ~ **258** 9f. (ST)
- Beratungen zur ~ im Jahr 1993 **258** 1ff. (ST)
  - allgemeiner Rahmen **258** 1f. (ST)
  - zu den Grundrechten **258** 3ff. (ST)

- Deutung, Ebenen der ~s- **238** 56
- Entstehung **245** 1ff. (BW)
- Entstehung und Änderungen der ~ **258** 1ff. (ST)
- Entwicklung von 1815 bis 1945 in Thüringen **260** 3ff.
- „Erbauungs- oder Volksknigge", ~ nicht als **232** 4
- „Grund-Gesetz" **232** 4
- Grundlagen der hessischen ~ **251** 1ff.
- Hessen
- älteste geltende ~ in Deutschland **251** 1ff.
- Gegenentwurf zur nationalsozialistischen Herrschaftsordnung **251** 9f.
- Klugheitsregeln als ~vorgaben **238** 56
- Kontrollauftrag, ~ und richterlicher **238** 11
- landständische erste Urkundenwelle **231** 14
- neulandständische ~ **231** 15
- Niedersachsen, Entstehungsgeschichte der ~ **253** 1ff.
- Regierungsentwurf zur Vorläufigen Niedersächsischen ~ **253** 2f.
- Sachsen
  - Abgrenzung der Grundrechte **257** 12ff.
  - Begriff und Funktion der Grundrechte **257** 8ff.
  - Systematik **257** 8ff.
- verbindliche, nicht justitiable ~svorgaben **238** 56

Verfassung als Organisationsstatut **250** 1 (HH)
- Rückwendung **250** 6f. (HH)

Verfassung Preußens (1850)
- Grundrechtsentwicklung **247** 1f.

Verfassung von Berlin (1950)
- Grundrechtskatalog **247** 4ff.
- Grundrechtsschutz durch die ~ **247** 3ff.
- Menschenwürde-Schutz? **247** 15ff.
- Verfassungsgerichtsbarkeit, als Desiderat **247** 9ff.
- Verfassungsgerichtshof-Errichtung **247** 14

Verfassung von Berlin (1995)
- Grundrechte und Staatsziele in der ~ **247** 19ff.
- überarbeiteter Grundrechtskatalog **247** 18

Verfassungs- und Gesetzgebungsaufträge **232** 74

Sachregister

Verfassungsänderungen
- Grundrechte gegen ~, Abschirmung der **231** 118
- Volk, Vorlage an das
  - in Landesverfassungen **243** 5
- Volksentscheide bei ~; Zustimmungsquoren für **243** 46f.

Verfassungsauftrag/-aufträge 232 73ff. **255** 117ff. (RP)
- „breite Streuung des Eigentums" als ~ **232** 74
- Durchsetzbarkeit von ~n **241** 34
- „Gesetzgebungsaufträge", ~ und **232** 73
- Landesgrundrechte und ~ **255** 117ff. (RP)
- Minderheitenschutz als ~ **241** 44f. (SH)
- Minderheitenschutz Landesverfassungen **241** 34
- objektiv-rechtliche Verfassungsbestimmungen **232** 73
- politische Programmatik, ~ oder bloße **232** 76
- religiöse und weltanschauliche Empfindungen aller Schüler, Rücksicht auf **232** 74
- Sport: Pflege und Förderung **232** 74
- Weiterbildung für Erwachsene als ~ **232** 74

Verfassungsautonomie
- Grundrechtsbereich, ~ der Länder im **242** 34
- Länder, ~ der **235** 23
- GG-Vorgaben, ~ der **239** 18

Verfassungsbeschwerde(n) 231 84
- ausländische juristische Personen, keine ~-Befugnis für **232** 117
- Landes~ **233** 20 (BW)
- Parallelisierung von Bundes- und Landes-~ **244** 52
- Prozeßfähigkeit **232** 103
- Tradition der ~ **231** 125 (BY)

Verfassungsdeutung
- differenzierte ~ **238** 5ff.
- Ebenen der ~ **238** 5ff.
- justitiable und nicht justitiable Vorgaben **238** 9ff.
- Klugheitsregeln, verfassungsrechtliche **238** 12ff.

Verfassungsentwicklung
- Saarland **256** 1ff.
- Sachsen **257** 1ff.

- Thüringen **260** 7ff., 10ff.
- Vorläufige Landessatzung und Verfassung **260** 14f.

Verfassungsentwurf
- Niedersachsen
  - FDP **253** 7
  - Fraktion der CDU **253** 5f.
  - SPD und Grüne **253** 4

Verfassungsentwurf von 1947
- Nordrhein-Westfalen **254** 4ff. (NW)

Verfassungsentwurf von 1949
- Nordrhein-Westfalen **254** 10ff. (NW)
- Schulfrage **254** 14ff. (NW)
- Synthese zwischen GG und Entwurf (1948) **254** 20ff. (NW)
- Überblick **254** 10f. (NW)
- Wegfall der klassischen Grundrechte (Ersatz durch Rezeption) **254** 12f. (NW)

Verfassungsentwurf von Herrenchiemsee
- Grundrechtskataloge der Landesverfassungen, ~ und Übersicht VIII **231** 0
- Konkordanz zu Landesverfassungen Übersicht VIII **231** 0

verfassungsgebende Gewalt
- Landesverfassungen, ~ in **243** 2ff.

Verfassungsgeber
- Gestaltungsraum des brandenburgischen ~s **248** 12ff., 17ff.
- Art. 142 GG **248** 14
- Art. 31 GG **248** 15

Verfassungsgebung
- das „natürliche Sittengesetz" **232** 4 (RP)
- „die naturrechtlich bestimmten Erfordernisse des Gemeinwohls" **232** 4 (RP)
- Klassenideologie-Prägungen **232** 4 (HE)
- Kontingenz der ~ 1848 **231** 38
- „natürliches Recht" **232** 4 (RP)
- Naturrechtsgläubigkeit **232** 4 (RP)
- politisches Wunschdenken **232** 4 (HE)
- Verfassungspathos, ~ und **232** 4
- Vergangenheitsbewältigungsmotive **232** 4 (HE)

Verfassungsgericht Brandenburg
- Entscheidungen
  - E 5, 94 **239** 41
  - E 5, 94 **242** 32
  - E 5, 94 **242** 45
  - E 8, 97 **242** 46
  - LKV 2001, S. 267 **240** 43

Sachregister

Verfassungsgericht Saarland
- Entscheidungen
  - NJW 1980, S. 2181   **240** 43

Verfassungsgerichte
- Dialog der ~   **233** 92

Verfassungsgerichtsbarkeit
- Landesverfassungen justitiable und nicht justitiable Vorgaben   **238** 9

Verfassungsgerichtshof Bayern
- Entscheidungen
  - E 1, 69   **240** 3
  - E 6, 1   **238** 36
  - E 11, 203   **240** 23
  - E 15, 15   **244** 24
  - E 24, 93   **232** 131
  - E 29, 1   **239** 68
  - E 34, 135   **242** 56
  - E 34, 162   **244** 40
  - E 35, 10   **239** 71
  - E 35, 126   **242** 52
  - E 35, 56   **239** 71 ff.
  - E 41, 83   **239** 79
  - E 50, 67   **240** 38
  - E 51, 109   **242** 52
  - E 51, 144   **244** 12
  - E 51, 74   **239** 36
  - E 54, 1   **239** 68
  - E 56, 148   **239** 36
  - E 56, 178   **239** 79
  - E 57, 39   **239** 89
  - E 57, 56   **244** 6
  - E 62, 79   **242** 52
  - E 63, 83   **239** 36
  - E 155   **242** 69
  - BayVBl. 2004, S. 207   **240** 46
  - NVwZ 2014, S. 141   **239** 22

Verfassungsgerichtshof Berlin
- Entscheidungen
  - E 4, 62   **242** 66, 69
  - E 7, 3   **242** 32, 45
  - E 12, 15   **239** 41, 52
  - E 23, 28   **239** 79
  - Honecker-Beschluß   **234** 5
  - DVBl. 2000, S. 51   **232** 131
  - DVBl. 2013, S. 848 ff.   **243** 21

Verfassungsgerichtshof Brandenburg
- Entscheidungen
  - Horno   **234** 25
  - Urt. v. 18.6.1998   **234** 25
  - Urt. v. 28.6.2001   **234** 25

Verfassungsgerichtshof Rheinland-Pfalz
- Entscheidungen
  - NVwZ-RR 2007, S. 721 ff.   **235** 52

Verfassungsgerichtshof Saarland
- Entscheidungen
  - E 3, 233   **242** 5. 32, 45

Verfassungsgerichtshof Sachsen
- Entscheidungen
  - E 10, 401   **239** 52
  - NVwZ 2005, S. 1310 ff.   **235** 53
  - NVwZ 2009, S.   **245 239** 36
  - Sächs. VBl. 2013, S. 114   **239** 89

verfassungsimmanente Schranke
- Forschungsfreiheit   **233** 34 (ST)

Verfassungsinterpretation
- Ebenen der ~   **238** 8
- Klugheitsregeln, ~ mittels   **238** 9
- Kontrollauftrag, ~ als nachzeichnenden   **238** 9
- verbindliche ~   **238** 9

Verfassungskonkretisierung   **238** 16
Verfassungslegitimität   **232** 188
verfassungslose Zeit
- Brandenburg, ~ in   **248** 8 f.

verfassungsmäßige Ordnung   **233** 53 (BE)
verfassungsmittelbare Schranken   **232** 180
Verfassungsnormativität   **232** 15
Verfassungspositivität   **232** 15
verfassungsprozessuale Grundrechtsdurchsetzung   **252** 21 ff. (MV)
verfassungsprozessuale Folgen der Inkorporation   **253** 29 f. (NI)
Verfassungsräume
- Eigenständigkeit der ~   **235** 21

verfassungsrechtliches Gebot
- Grundrechtsgeltung und ~   **232** 161

Verfassungsrechtsprechung
- Bindungswirkung   **253** 31 f. (NI)

Verfassungsreform
- Bedarf an ~   **254** 72 (NW)

Verfassungssätze
- Verbindlichkeit von ~n   **238** 7

Verfassungsstaat
- bürgerlicher ~ oder Rätediktatur   **231** 58

„Verfassungstaumel"   **231** 2, 31
Verfassungstreue   **237** 58 (BB)
verfassungsunmittelbare Schranke *siehe auch* Grundrechtsschranke, verfassungsunmittelbar
- Landesgrundrechte(n), ~ bei   **232** 180

Verfassungsurkunden
- demokratische ~, genuin   **231** 31
- Grundrechte in ~ der Übergangszeit   **231** 58 ff.

Sachregister

- Grundrechte in den ~ der Zwischenkriegszeit **231** 72 ff.
- Modernisierung von ~ **231** 41
- Restauration, in Verfassungsurkunden **231** 41 ff.
- Revolution, Grundrechte in den ~ der **231** 30 ff.
- Rheinbundstaaten **231** 5 ff.
- Untergang von ~ **231** 41

„Verfassungswerte"
- Sicherheit der Bevölkerung **232** 53
- Sicherheit des Staates **232** 53

Verfassungsziel
- Minderheitenschutz **241** 1 ff.

Verfolgung
- ungesetzliche ~ **244** 31 (SL)

Verhaltensfreiheit
- umfassende **233** 41 (HE)

Verhaltensgrundrechte
- „Grundrechtsgebrauch", ~ als **232** 25
- Grundrechtsmündigkeit bei ~n **232** 102

Verhältnis zum Bundesrecht
- Einzelgarantie in der Landesverf. **252** 32 f. (MV)

Verhältnismäßigkeitsgrundsatz 232 185 ff., **233** 60 (HE) **235** 52 **239** 60
- Angemessenheit von Eingriffsziel und Eingriffsmittel (Übermaßverbot) **232** 190
- Berufsfreiheitsschranken aus dem ~, Grenzen der **239** 55
- Beschränkungen für Grundrechtseingriffe **251** 82 f. (HE)
- Dreistufenlehre zu den Berufsfreiheitsschranken **239** 56
- Enteignungsregelungen **239** 91
- Freiheitseingriffsschranken **233** 40 (BY)
- Geeignetheit von Grundrechtseinschränkungen zur Zielerreichung **232** 189
- Grundrechtseingriffe, Rechtfertigung für **233** 47 (RP)
- informationelle Selbstbestimmung, ~ bei Eingriff in die **233** 83 (SN)
- Inhalts- und Schrankenbestimmung der Eigentumsfreiheit, ~ bei der
- in Landesverfassungen **239** 84
- körperliche Unversehrtheit, ~ für die **234** 8
- Prüfung der ~ **235** 29
- richterliche Durchsuchungsanordnung, ~sprüfung für die **235** 46
- Strafzumessung, ~ bei der **244** 31 (HE)
- Übermaßverbot und ~ **232** 185, 187
- Verfassungslegitimität als Ziel und Mittel **232** 188
- Zwecktauglichkeit (abstrakte Möglichkeit der Zweckerreichung) **232** 189

Verhältniswahl
- Kommunalwahlen, Festlegung auf ~system bei **243** 24
- Wahlsystem **243** 10

Verkehrsfreiheiten
- Zusicherung von ~ in der Deutschen Bundesakte **231** 17

Vermögen
- Eigentumsgrundrecht, kein Schutz des ~s durch das **239** 72

Versammlung
- Begriff der ~, enger **237** 76
- Volk repräsentierende ~, das **243** 2

Versammlungsfreiheit 246 64 ff. (BY), **248** 59 (BB), **255** 87 f. (RP), **258** 41 (ST), **260** 49 ff. (TH)
- „Abwehrrecht" nur gegen den Staat u. nicht gegen Dritte, ~ als **232** 148
- „Selbstbestimmungsrecht über den Ort der Veranstaltung", ~ als begrenztes **232** 148
- Ähnlichkeit mit GG-Text **247** 68 (BE)
- Freiheitsrecht, nicht „öffentliche Kommunikation" **232** 145
- Gestaltungsrecht, ~ als politisches **237** 77
- Heterogenisierung der ~ **237** 76
- inländische juristische Personen mit Ausländer-Dominanz, keine ~ für **232** 115
- Kommunikationsräume, ~ und öffentliche **232** 151
- Landesgrundrecht, ~ als **255** 87 f. (RP)
- Meinungsäußerungsfreiheit als lex generalis im Verhältnis zur ~ **232** 165
- Private bereitgestellte Kommunikationsräumen, ~ in Abgrenzung zu durch **232** 146
- Verbot unfriedlichen Verhaltens **232** 170

Versammlungsrecht 232 5
- Reformgesetze im Vormärz (1848) **231** 32

Verteidigung, Recht auf
- Mandatierung, ~ und Recht auf
- in Landesverfassungen **244** 33

Sachregister

– Strafverfahren, ~ im **244** 32
Vertrag über die Arbeitsweise der Europäischen Union (AEUV)
– Art. 153 Abs. 1 **242** 18
Vertragsfreiheit
– Handlungsfreiheit, allgemeinen, ~ als Aspekt der **233** 46 (RP)
„verwaltete" Grundrechte 232 65
Verwaltungsgerichtshof Baden-Württemberg
– Entscheidungen
 – E 44, 113 **242** 53
Verwaltungsrechtswegsgarantie 250 11 (HH)
Verwaltungssprache
– Sorben/Wenden als ~, Sprache der **241** 73 (BB)
Verwaltungsverfahren
– Beteiligungsmöglichkeiten in ~ Teilnahmerechte, als **243** 61
Verweisung
– dynamische ~ auf das GG **235** 12 (BW)
– Kombination mit Teilregelung **235** 13 (NI)
– Kombination von ~ und eigenständiger Regelung **235** 13
– Landesverfassungen mit ~ auf das Grundgesetz **235** 12
– Landesverfassungen, ~ auf Art. 13 GG in **235** 20 f.
– statische ~ in Landesgrundrechten auf Art. 13 GG **235** 22
– statische oder dynamische ~ auf das GG **235** 12 (NW)
Verwirklichung der Gleichberechtigung 253 20 ff. (NI)
Verwirkung 251 87 f. (HE)
– immanente Grenze von Landesgrundrechten, ~ als **232** 178
Völkerrecht
– Grundrechte, Einfluß des ~s auf die **234** 10
Völkerrechtsfreundlichkeit
– Landesverfassungen und GG **235** 28
Volksabstimmung(en) 243 2
– Verfassungsänderungen, ~ bei
 – in Landesverfassungen **243** 5
– Wahlrechtsgrundsätze in ~
 – in Landesverfassungen **240** 42
Volksbegehren
– Auflösung des Landtags, ~ auf **243** 36 (BY)

– Ausschlußtatbestände **243** 31 (BW)
– Einleitungsverfahren zum ~
 – in Landesverfassungen **243** 39, **255** 91 (RP)
– Eintragungsfristen für Unterstützer
 – in Landesverfassungen **243** 40 f.
– Gegenstände, Begrenzung auf bestimmte **243** 36
– Gesetzentwurf als Inhalt, ausgearbeiteter **243** 38, **255** 93 (RP)
– Gesetzgebungszuständigkeit, ~ im Rahmen der Landes- **243** 36
– Häufigkeit von ~ auf Landesebene, stark schwankende **243** 42
– Landesverfassungen, ~ in **243** 36 ff.
– Mindestanzahl an Unterstützern
 – in Landesverfassungen **243** 40 f.
– Quoren an Zustimmung
 – in Landesverfassungen **243** 42
– Übereinstimmung der Grundstrukturen
 – in Landesverfassungen allen **243** 37
– Unterstützer-Anforderungen
 – in Landesverfassungen **243** 40 f.
– Volksentscheid-Durchführung, ~ als Antrag auf **243** 36
– Volksgesetzgebung, ~ als Element der
 – in Landesverfassungen **243** 26
– Wahlperiode, ~ auf vorzeitige Beendigung der **243** 36 (HB)
Volksbewaffnung, allgemeine
– Oldenburg, ~ in 1849 **231** 39
Volksbildung
– Lebensordnung, als ~ **231** 102
Volksentscheid(e) 243 4 (BB) **255** 91 (RP)
– „arbiträre" ~
 – in Landesverfassungen **243** 48
– Abwendung des ~s durch Landesparlament **243** 43, **255** 91 (RP)
– Antragserfordernis als Ausnahmefall **243** 44
– Auslegung der Ausschlußkataloge für ~
 – in Landesverfassungen **243** 51
– Ausschlußkataloge für ~
 – in Landesverfassungen **243** 50
– Ausschlußtatbestände **243** 31 (BW)
– bestätigende ~, Verfassungsänderungen
 – in Landesverfassungen **243** 48
– Durchführungsregelungen
 – in Landesverfassungen **243** 44
– EU-Recht, ~ und Bezüge zum **243** 53
– Finanzfragen, ~ über **243** 52

Sachregister

- finanzielle Aspekte als Ausschluß-
  tatbestand
  - in Landesverfassungen   243 52
- Gegenstände von ~n
  - in Landesverfassungen   243 49 ff.
- Haushaltsgesetz, ~ über das   243 52
- kompetenzrechtliche Grenzen für ~
  - in Landesverfassungen   243 53
- Landesgrundrecht, ~ als   255 91 (RP)
- Landesverfassungen, ~ in   243 43 ff.,
  255 91 (RP)
- rechtsstaatliche Grenzen für ~   243 53
- sozialstaatliche Grenzen für ~   243 53
- Staatshaushalt, ~ über den   243 52
- Verfassungsänderungen, Zustimmungsquoren in ~en bei
  - in Landesverfassungen   243 46 f.
- Volksgesetzgebung, ~ als Element der
  - in Landesverfassungen   243 26
- Zustimmung durch Landesparlamente
  243 43
- Zustimmungsquoren
  - in Landesverfassungen   243 45 f.

Volksgesetzgebung
- Hürden für die ~ im Volksbegehren
  - in Landesverfassungen   243 37
- Mehrstufigkeit des ~sverfahrens
  - in Landesverfassungen   243 32
- Volksbegehren und Volksentscheid,
  ~ als
  - in Landesverfassungen   243 26

„Volksgruppe"
- Bekenntnisprinzip, ~ als Verwirklichung vom   241 47 (SH)

Volksinitiative(n)
- Abstimmung
  - in Landesverfassungen   243 26
- Anhörungsrechte   243 35
- Ausschluß von Befassungsthemen
  - in Landesverfassungen   243 30
- Befassungspflicht der Landesparla-
  mente   243 30, 35
- Bürgerantrag, ~ als
  - in Landesverfassungen   243 28
- Einwohner-Initiativen, ~ und   243 34
- finanzwirksame Plebiszite, ~ als   243 31
- Gesetzgebungsverfahren, Wirkungen
  von ~ auf konkrete   243 31
- Konsequenzen nur optionaler Vorschal-
  tung   243 33
- Landesgrundrecht, ~ und Volksbegeh-
  ren als   255 92 f. (RP)
- Landesverfassungen, ~ in   243 28 ff.

- „niedrigschwelliges" Instrument direkter Demokratie
  - in Landesverfassungen   243 29, 255
    92 (RP)
- plebiszitäres Element unterhalb Volks-
  begehren-Ebene   243 32
- politische Implikationen ihrer Behandlung im Landtag   243 31 (BW)
- Unterstützer-Anforderungen
  - in Landesverfassungen   243 34
- Volksantrag, ~ als   243 28 (BW)
- Volksbegehren, ~ und   255 92 f. (RP)
- Volksinitiative   243 57 (HH)
- Wahl- bzw. Stimmberechtigte als Unterstützer   243 34
- Volksgesetzgebung, ~ als Element
  der   243 28 (HH)

Volkszählungsurteil
- BVerfGE 65, 1   233 68 (SL)

Vollbeschäftigung
- gesamtwirtschaftliches Gleichgewicht,
  mit Blick auf das Staatsziel ~
  242 48

Vollverfassung(en)
- Gebot von Landes-~, kein   232 3
- volkspädagogischer Ansatz in
  (Landes-)~   231 129
- (Weimarer) Reichsverfassung, ~ zeit-
  lich vor der   231 63

Vorbehalt des Gesetzes   232 63
- Ehe und Familie, ~ für landesrechtliche
  Gestaltungen von   238 27

**vorgrundgesetzliche Landesverfassungen
(Westdeutschland)**
- Leitverfassung: WRV   231 Übersicht VI

**vorgrundgesetzliche Verfassungen (Ost-
deutschland)**
- Leiturkunde: WRV   231 Übersicht VII

vorläufiges Landesgrundgesetz
- Nordrhein-Westfalen   254 3 (NW)

Vormärz
- Grundrechtsgebung im ~-Kontext
  231 33
- landständische Verfassungen im   231 14
- Vormärz – zweite Konstitutionalisierungswelle, Grundrechtskataloge   231
  Übersicht II

Vorrang der Verfassung
- Normativität der Grundrechte   251
  64 f. (HE)

Vorrang des Gesetzes
- Ehe und Familie, ~ für landesrechtliche
  Gestaltungen von   238 27

Sachregister

vorstaatliche Rechte
– Vormärz-Diskussionen um ~ **231** 25
Wächteramt
– Ehe und Familie, ~ des Staates für **238** 17
– staatliches **238** 29, 41
Waffengleichheit
– Gebot der ~ im Strafverfahren **244** 48

Wahl
– Bürgerpflicht **243** 8
Wahl- und Stimmrecht 245 50f. (BW)
Wahl, Freiheit der
– Demokratieprinzip, Ableitung aus dem **243** 7
– Einflußnahme durch Stimmzettelgestaltung **243** 19
– Landtags- bzw. Abgeordnetenhauswahlen **243** 7
– Sperrklauseln Kommunalwahlen, bei **243** 20
– Wahlpflicht, ~ oder **243** 8
Wählbarkeit
– Beschränkungen **243** 12
– Inkompatibilitätsregelungen **243** 13
– Kommunalwahlen **243** 25
– Landtagswahlen **243** 11ff.
– Mindestalter **243** 13
– Staatsangehörigkeit für die ~, Bedeutung der Mindestdauer **243** 13
– Voraussetzungen **243** 13
– Wohnsitznahme **243** 13
Wahlen 255 90 (RP)
– Landesgrundrecht, ~ als **255** 90 (RP)
– Landesverfassungen, ~ in **243** 6ff.
Wahlen und Abstimmungen 248 57 (BB)
Wahlgesetz für den Reichstag des Norddeutschen Bundes v. 31.5.1869
– Versammlungs- und Vereinigungsfreiheit in Wahlangelegenheiten (§ 17) **231** 53
Wahlgleichheit *siehe auch* Gleichheit der Wahl
– Erfolgswert-~ Kommunalwahlen, bei **243** 20
Wahlmündigkeit
– 16. Lebensjahr **243** 12 (BB)
– Aufenthalt **243** 12
– Gestaltungsunterschiede
  – in Landesverfassungen **243** 12
– Stimmrechtsausschluß **243** 12 (HE)

– Wohnsitzdauer, Mindest-
  – in Landesverfassungen **243** 12
Wahlpflicht
– sanktionierte ~ **243** 8
Wahlrecht
– aktives ~ **243** 11
– allgemeines und gleiches ~ **231** 42
– Ausländer, ~ für **243** 11
– Beschränkungen **243** 12
– Kommunalwahlen **243** 25
– Landtagswahlen **243** 11ff.
– organisatorische und verfahrensrechtliche Ausformung **232** 65
– passives ~ **243** 11
– Reichstag in der Reichsverf. (1871) Art. 20 Abs. 4, ~ zum **231** 52
– Staatenlose, ~ für **243** 11
– Staatsangehörigkeit für das ~, Bedeutung der **243** 11
– Wahlmündigkeit **232** 104, **243** 12
Wahlrechtsgleichheit
– „Mindesterrungenschaften" der Revolution (1918/1919), ~ als **231** 64
Wahlrechtsgrundsätze
– Allgemeinheit der Wahl **240** 42
– Beschränkung auf Deutsche **240** 44
– Gleichheit der Wahl **240** 42
– Höchstzahlverfahren (d'Hondt) **240** 46
– Kommunalwahlen **240** 43 **243** 18ff.
– Landes(verfassungs)gerichte, Ausgestaltung durch **240** 43
– Landesparlamente(n), bei Wahlen zu den **243** 6ff.
– Landtagswahlen Landesverfassungen **243** 6ff.
– Neutralität Staatsorgane im Wahlkampf **240** 45
– Vorbild WRV **240** 42
– Wahlpflicht **243** 8
– Wählbarkeitsaltersgrenzen **240** 44
– Wählerwille Kommunalwahlen, bei **243** 19
Wahlsystem
– Kommunalwahlen **243** 24
– Landtagswahlen **243** 10
– Persönlichkeitswahl
  – in Landesverfassungen **243** 10
– Verhältniswahl
  – in Landesverfassungen **243** 10
Waldeck
– demokratische Verfassungsurkunden in ~ (1849), genuin **231** 31

Halbfette Zahl = §§; magere Zahl = RN; unterstrichene Zahl = Hauptfundstelle; FN = Fußnote   1399

– landständische Verfassung (1816) **231** 14
– Restaurationsverfassung von ~ (1852) **231** 43
Waldeck-Pyrmont
– Grundrechtsabschnitt in der (Revolutions-)Verfassung von ~, umfangreicher **231** 37
Wehrgleichheit
– Reichsverf. (1871) Art. 57 **231** 52
Wehrhaftigkeit
– Landesverfassungen, ~ in **231** 120
Weimarer Garantien
– Kirchen und Religionsgemeinschaften, Übernahme der ~ **252** 47 (MV)
Weimarer Reichsverfassung (WRV) 231 58
– Anschlußsuche nach 1945 **231** 95
– Art. 13 Abs. 2 **232** 30
– Landesverfassungen, ~ in **231** 77
– Leiturkunde der Landesverfassungen der Zwischenkriegszeit **231** Übersicht V
– Leiturkunde für vorgrundgesetzliche Landesverfassungen (Westdeutschland) **231** Übersicht VI
– Leiturkunde für vorgrundgesetzliche Verfassungen (Ostdeutschland) **231** Übersicht VII
– Programmsätze-Diskussion, ~ in der nach 1945 **231** 95
– soziale Grundrechte **242** 19ff.
– Wirtschaftsordnung der Länder in Nähe zur ~ **239** 4
– wirtschaftsrelevante Regelungen **239** 4ff.
Weiterbildungseinrichtungen
– Staatsziel(e), ~ als **232** 82 (BB)
weltanschauliche Freiheiten 236 1ff.
Weltanschauungsgemeinschaften
– Staat, Kirchen, Religions- und ~ **251** 52f. (HE), **255** 37 (RP)
– Unterricht **236** 23
wertentscheidende Grundsatznorm
– Art. 6 Abs. 1 GG **238** 1
Wertentscheidung
– Eigentumsfreiheit als ~ der Landesverfassungen **239** 62
Wesensgehaltsgarantie
– Ehe und Familie, ~ im Schutzbereich von **238** 23
– Grenze für Grundrechtsbeschränkungen, ~ als starre und absolute **232** 194

– Landesgrundrechte(n), ~ bei **232** 192ff.
– Menschenwürdegehalt eines Grundrechts und ~ **232** 194
– Schrankenschranke und ~ **232** 194
– Schrankensetzung der Berufsfreiheit, ~ bei der **239** 53
– Substanz der Verfassung **232** 192
Wesentlichkeitsvorbehalte
– Landesverfassungen nach 1945, ~ in **231** 115
Westphalen
– Verfassungsurkunde für das Königreich ~ **231** 9
Wettbewerbsregeln
– EU-Vorgaben für das Wirtschaftsverfassungsrecht Landesverfassungen, und **239** 17
Widerstand
– Ähnlichkeit mit GG-Text **247** 74 (BE)
– neues Freiheitsrecht (Art. 147 Abs. 1 Verf. HE, Art. 19 Verf. HB) **231** 106
– Recht und Pflicht zum ~ **231** 119 (HB)
Wiederbegründung des Landes Mecklenburg-Vorpommern 1990
– Verfassungserarbeitung **252** 11 ff. (MV)
Wiedereingliederungshilfe
– Staatsziel(e), ~ für entlassene Strafgefangene als **232** 82 (BB)
Wiedervereinigung(sgebot)
– Grundrechtsentwicklung seit der ~ **248** 8ff. (BB)
– Staatsziel, ~ als **232** 78
– Staatsziele in den „neuen Ländern" **232** 79
Wiener Schlußakte (WSA)
– Art. XXIX **231** 17
– Art. LIV **231** 15
– Art. LV **231** 15
– Art. LVI **231** 15, 17
– Art. LVII **231** 15
– Art. LVIII **231** 15
– Art. LXI **231** 17
Willkürverbot
– Gleichheitssatz und ~sgrenze, allgemeiner **240** 7f.
– Kontrolle des ~s durch Landesgerichte Umfang **240** 11
– öffentliche Gewalt gerichtetes ~, an die **232** 110 (BB)
– Prozeßgrundrechte, ~ als Element der **244** 4

Sachregister

Wirtschaft
- Lebensordnungen, als ~
 - in Landesverfassungen **231** 102
- Rechte und Pflichten, als Objekt für ~ **251** 47 ff. (HE)
- Staatszielbestimmungen zu ~ und Arbeit
 - in Landesverfassungen **239** 14

wirtschaftliche Betätigungsfreiheit 239 30 (BY)
- ausdrückliches Landesverfassungsrecht **239** 31
- Umschreibungen im GG **239** 31

wirtschaftliche Entwicklung
- Förderungsziel, ~ als Landesverfassungen (Präambeln), in **239** 29 (MV)

wirtschaftliche Freiheit
- dienende Freiheit, ~ als Landesverfassungen nach 1945, in **231** 110

wirtschaftliche Grundrechte 239 1 ff.
- europarechtliche und grundgesetzliche Vorgaben **239** 16 ff.
- Grundaussagen in den Landesverfassungen **239** 1 ff.
- Regelungen des Grundgesetzes und der Weimarer Reichsverfassung **239** 4 ff.
- Typologie der wirtschaftsverfassungsrechtlichen Regelungen **239** 12 ff.
- verfassungs- und gesellschaftspolitische Grundlagen des Wirtschaftsverfassungsrechts der Länder **239** 7 ff.
- Vorgaben des Grundgesetzes **239** 18 ff.
- Vorgaben des Unionsrechts **239** 17
- wirtschaftsrelevante Grundaussagen in den Landesverfassungen **239** 1 ff.

wirtschaftliche Rechte und Pflichten 251 42 ff. (HE)

wirtschaftlicher Fortschritt
- Förderungsziel
 - in Landesverfassungen **239** 2 (BW)

Wirtschaftlichkeitsprinzip
- Fiskalprivatrecht, ~ auch im **232** 132

Wirtschafts- und Sozialordnung
- Landesverfassungsregelungen zur ~ (neue Länder) **239** 11

Wirtschaftsgrundrecht(e)
- Eigentumsfreiheit im Kontext der ~
 - in Landesverfassungen **239** 61
- Entwicklung, ~ in je zeitbedingter **239** 3
- Freiheitsrechte, ~ als (negatorische)
 - in Landesverfassungen **239** 13
- Plastizität der ~ in Landesverfassungen, besondere **239** 1
- Würde des Menschen als Grundlage **239** 1 (HE)

Wirtschaftsordnung
- Diskrepanzen zur GG-Wirtschaftsverfassung, ~ der Länder in **239** 4
- gesellschaftspolitische Vorstellungen der Länder **239** 8
- soziale Marktwirtschaft als Grundlage **239** 1 (RP)

Wirtschaftsrecht
- EU-Vorgaben Landesverfassungen, und **239** 16 f.

Wirtschaftssystem
- Menschen-zentrierte Konzeption des ~s
 - in Landesverfassungen **239** 24

Wirtschaftsverfassungsrecht
- Abwehrrecht **239** 37 ff.
- Arbeitszwang und Zwangsarbeit **239** 60
- Begriff des „Berufs" **239** 44
- Berufswahl und Berufsausübung **239** 32 ff., 45 f.
 - Eingriff **239** 51 ff.
 - Rechtfertigung **239** 51 f.
 - Schranken **239** 53 ff.
 - Schutzbereich **239** 47 ff.
 - Verhältnismäßigkeit und Dreistufenlehre **239** 60
 - Wahl des Arbeitsplatzes und der Ausbildungsstätte **239** 47 ff.
- Eigentumsfreiheit **239** 61 ff., 66 ff.
 - Enteignung **239** 86 ff.
 - Erbrecht **239** 93 ff.
 - europarechtliche und grundgesetzliche Vorgaben **239** 16 ff.
 - Sozialisierung **239** 96 ff.
- Staatszielbestimmungen und Programmsätze **239** 23 ff.
 - Förderung der Klein- und Mittelbetriebe **239** 25
 - Schaffung von Arbeitsplätzen **239** 27
 - Verbot des Mißbrauchs wirtschaftlicher Macht **239** 26
 - Wohl des Volkes im Wirtschaftsleben **239** 24
- Typologie der Regelungen **239** 12 ff.
- Überlagerung durch Bundes- und EU-Recht **239** 99 f.
- verfassungs- und gesellschaftspolitische Grundlagen **239** 7 ff.
- Vielfalt auf Länderebene **239** 23

Sachregister

- wirtschaftliche Betätigungsfreiheit **239** 32 ff.
- WRV-Regelungskonzept, teilweise Orientierung am
  - in Landesverfassungen **239** 99

Wissenschaft
- Einzelgarantie in der Landesverf. **252** 41 ff. (MV), **255** 50 ff. (RP)
- Förderung der ~, Verpflichtung zur **237** 54 (BY)
- Freiheit von ~ **237** 68 (ST)
- institutionelle Rahmensetzung **237** 69 (SH)
- Schutz- und Förderpflicht **237** 63 (NI) **253** 56 ff. (NI)

Wissenschaft und Hochschulen **253** 56 ff. (NI)

Wissenschaft und Lehre
- Freiheit von ~ **237** 60 (HB), 66 (SL), **255** 50 ff. (RP)
- Pflege von ~, Teilhabe an der **237** 60 (HB)

Wissenschaftsförderung
- Auftrag zur **237** 62 (MV)

Wissenschaftsfreiheit **237** 50 ff., **237** 62 (MV), **245** 42 ff. (BW), **255** 50 ff. (RP), **256** 45 f. (SL), **258** 32 (ST), **260** 77 ff. (TH)
- Baden-Württemberg **237** 51 ff.
- Bayern **237** 55 ff.
- Brandenburg **237** 59 f.
- Bremen **237** 61
- Einzelgarantie in der Landesverf. **252** 41 (MV)
- Gewährleistungsprogramm für die ~, umfassendes Landesverfassungsrecht, im **237** 50
- Hessen **237** 62
- juristische Personen als Träger der ~
  - in Landesverfassungen **232** 113
- kommunikative, interaktionsgerichtete Grundrechte **237** 1
- Mecklenburg-Vorpommern **237** 63
- Niedersachsen **237** 64 f.
- Nordrhein-Westfalen **237** 66
- objektiv-organisationsrechtliche Konkretisierung der ~ **237** 56 (BY)
- Rheinland-Pfalz, **255** 50 ff. (RP)
- Saarland **237** 67
- Sachsen **237** 68
- Sachsen-Anhalt **237** 69
- Schleswig-Holstein **237** 70
- Thüringen **237** 71

- umfassende Gewährleistung der ~ **237** 58 (BB)
- Wissenschaftsfreiheit **246** 73 ff. (BY)

Wohl des Volkes
- Staatszielbestimmungen zum ~
  - in Landesverfassungen **239** 24

Wohneigentum
- Förderziel, ~ als staatliches **235** 4 (BB)

Wohnraum
- Abwägungsargument, ~versorgung als **235** 64
- angemessener ~ **235** 65
- Asylbewerberzahlen, neue Bedeutung der ~versorgung angesichts steigender **235** 65
- Bereitstellungsauftrag an den Staat **235** 10 (ST)
- Förderungs- bzw. Bindungsgesetze für ~ **235** 33
- Hinwirkenspflicht auf angemessenen ~ **235** 7 (RP)
- Hinwirkenspflicht zur Versorgung mit angemessenem ~ **235** 60
- Menschenwürdeschutz, Bezug des ~s zum **235** 60
- Obdach, begriffliche Gegenüberstellung von ~ und **235** 62
- Privatsphäre, Bedeutung für die **235** 60
- Raum- und Bauleitplanung, ~versorgung als Argument der **235** 64
- Recht auf ~ **235** 3 (BE)
- Recht auf angemessenen ~ **235** 15, 60 ff.
- sozialer Wohnungsbau, im Kontext **235** 65
- Staatsziel für die Legislative **235** 64
- Unverletzlichkeit des ~s **235** 14 (BE), **255** 18 (RP)
- Versorgung mit als ~ „ständige Aufgabe" **235** 64 (TH)
- Versorgung mit angemessenem ~ **232** 80, **235** 13 (NI), 60
- Wachstumsregionen, neue Bedeutung der ~versorgung in **235** 65

Wohnraumanspruch
- Interpretation, ~ nur in kontextbezogener **235** 61
- Untermaßverbot, Begrenzung des ~s nur durch das **235** 61

Wohnraumförderung
- Kompetenzanteile von Bund und Ländern **242** 63
- Zweckentfremdungsrecht **242** 63

Sachregister

Wohnraumüberwachung
– Datenschutznachbesserungen 235 54
– Eingriffsvoraussetzungen 235 53
– Mittel, ~ unter Einsatz technischer 235 51
– Persönlichkeitsrecht, Betroffensein im allgemeinen 235 37
– präventive ~ 235 32
– technische ~ 235 51 ff.

Wohnsitzwahl, freie 234 23, 255 22 (RP)

Wohnung
– Ausspähung durch technische Mittel 235 10 (ST), 17 (ST)
– Begriff 235 36
– Betretungs- und Besichtigungsrechte 235 41
– Durchsuchungen Gefahr im Verzuge, bei 235 27 (HB)
– „Freistätte", ~ als 235 14 (BY)
– Geschäftsräume als ~? 235 36
– Haussuchung", Unverletzlichkeit der ~ und 235 17 (HE)
– Lausch- und Späheingriffe 235 42
– Lebensraum, ~ als elementarer 235 34
– Obdachlosigkeitsvermeidung, ~sangebot zur 235 16
– Räumung einer ~ nur gegen Ersatzwohnraum 235 4 (BB), 16 (BB)
– richterliche Durchsuchungsanordnung 235 44
– Schutzgut räumliche Privatsphäre Amtsräume? 235 36
– Schutzgut räumliche Privatsphäre Afträume? 235 36
– Unverletzlichkeit der ~ 235 2 (BY), 4 (BB), 5f. (HB), 7 (RP), 8 (SL), 9 (SN), 10 (ST), 52
   – Abwehrrecht 235 35
   – Ausgestaltung, variantenreiche 235 34
   – bauaufsichtliches Betretungsrecht 235 42
   – Eingriffsmöglichkeiten 235 56 (SL)
   – Gefahrenabwehr, und 235 55
   – Jedermann-Recht 235 37
   – juristische Personen als Berechtigte 235 38
   – Ländervergleich 235 14
   – Nachbesserungen 235 54
   – objektive Wertentscheidung, auch als 235 35
   – „schmalere" Landesgrundrechte, und 235 24
– Würde des Menschen 235 16
– Wohnraum, begriffliche Gegenüberstellung von ~ und 235 62

Wohnung und Arbeit
– Staatsziel(e), ~ als 232 82 (BB)

Wohnung, Achtung der
– Art. 7 Var. 3 GRCh 235 30

Wohnung, Recht auf siehe auch Wohnraumanspruch
– angemessener Wohnraum, ~ als 242 59 ff. (BE)
– Existenzsicherung 242 58
– Förderung des Volkswohnungsbaus, ~ als 242 60 (BY)
– Hinwirkenspflicht 242 59 (TH)
– Konkretisierung durch den (Landes-)Gesetzgeber 242 7
– Kosten, Angemessenheit der Wohnraum- 242 60
– Obdachrecht, ~ und 260 55 f. (TH)
– Privatheitsschutz 242 58
– Prüfungsmaßstab für, ~ als 242 61
– soziale Implikation 242 60
– soziale Landesverfassungsrechte 242 58 ff.
– sozialer Wohnungsbau, ~ und 242 60 (BB)
– soziales Grundrecht 242 4
– Staatszielbestimmungen, ~ als soziale Landesverfassungen nach 1945, in 231 109
– subjektivrechtliche Annexvorschriften 242 62
– Zuteilungsanspruch, kein Wohnraum- 242 61

Wohnung, Schutz der 255 18 (RP)
– eigenständiges Landesverfassungsrecht 235 23 ff.
– internationalrechtliche Vorgaben 235 28 ff.
– Kombination von Verweisung und eigenständiger Regelung 235 13
– Länder mit speziellen Verfassungsbestimmungen zum Schutz der Wohnung 235 2 ff.
– Länder mit Verweisung auf das Grundgesetz 235 12
– Ländervergleich 235 14 ff.
– Landesverfassungsnormen und Bundesrecht 235 19 ff.
– Landesverfassungsrecht 235 31 ff.
– normative Ausgangslage 235 1 ff.
– unionsrechtliche Vorgaben 235 28 ff.

Sachregister

Wohnungsbauförderung 235 2 (BY), 235 11 (TH)
Wohnungsdurchsuchung
– Beschuldigtenrechte Strafrechtspflege, funktionstüchtige 235 50
– Beweisverwertungsverbote, unzulässige ~ und 235 50
– Gefahr im Verzuge, ~ bei 235 9 (SN)
– Landespolizeirecht, Maßgaben durch 235 33
Wohnungsschutz 235 32
WRV
– Art. 13 Abs. 1 231 138
– Art. 13 Abs. 1 231 2, 71 ff., 77, 87
– Art. 17 Abs. 1 231 36 77
– Art. 17 Abs. 1 S. 2, Abs. 2 S. 1 240 14 42
– Art. 22 Abs. 1 S. 1 240 14, 42
– Art. 39 Abs. 2 232 26
– Art. 109 Abs. 2 240 14
– Art. 111 234 20 ff.
– Art. 112 234 26
– Art. 113 241 20
– Art. 119 Abs. 1 S. 2 240 15
– Art. 121 240 37
– Art. 128 240 39
– Art. 129 Abs. 3 S. 3 232 26
– Art. 135 236 6
– Art. 136 236 6
– Art. 136 Abs. 1 u. 4 236 2
– Art. 136 Abs. 2 240 40
– Art. 136 ff. 231 77
– Art. 137 232 42
– Art. 137 Abs. 1 236 10
– Art. 137 Abs. 1 236 2
– Art. 137 Abs. 3 236 10
– Art. 137 Abs. 5 u. 6 236 10
– Art. 137 Abs. 7 236 23
– Art. 138 236 10
– Art. 138 Abs. 1 236 32 ff.
– Art. 139 236 10
– Art. 139 236 20
– Art. 139 (i.V.m. Art. 140) 232 43
– Art. 141 236 10
– Art. 141 236 37
– Art. 142 S. 1 u. 2 237 72
– Art. 145 238 45
– Art. 146 Abs. 1 S. 3 240 51
– Art. 149 Abs. 1 u. 3 232 42
– Art. 149 Abs. 3 236 38
– Art. 151 Abs. 1 S. 1 239 24
– Art. 151 Abs. 1 S. 1 u. 2 239 6
– Art. 153 Abs. 2 S. 2 239 87
– Art. 154 239 93

Würde des Menschen 233 1 ff., 20 (BW), 256 12 ff. (SL)
– Achtungs- und Schutzpflicht 233 32
– Antastungsverbotsgrenze 233 24 (BB)
– Art. 1 Verf. TH 260 18 ff.
– Bindungswirkung in der Landesverfassung 233 21 (NI)
– Drittwirkung, ~ mit unmittelbarer 233 24 (BB)
– Erziehungsziel, schulisches 233 19 (NW)
– Existenzminimum als Ausdruck der ~ 242 69
– Freiheitsentziehung(en), Achtung der ~ bei 244 45
– Geltungsgrund, Doppelungen im 233 91
– Gemeinschaftsvorbehalt 233 15
– GG-Textübernahme Bayern, in 233 8
– Inhalt und Schranken 234 12
– Kinder 233 17 (NW)
– Konkretisierungen 233 25 (BB)
– Landesgrundrecht, ~ als 255 14 (RP)
– Landesverfassungen ohne GG-Vorbildwirkung, ~ in den 233 96
– medizinische u. wissenschaftliche Versuche Freiwilligkeit 234 10
– Menschenbild christliches 233 2
– neues Freiheitsrecht, als
 – in Landesverfassungen 231 106
– Obdach aus der ~, Rechtsanspruch auf 242 62
– oberster Staatsgrundsatz Bayern, in 233 4
– Persönlichkeitsrecht, ~ als Ableitungsbasis für ein allgemeines 233 60 (HE)
– postgrundgesetzliche Verfassungen 233 16 ff.
 – Baden-Württemberg 233 20
 – Berlin 233 23
 – Niedersachsen 233 21
 – Nordrhein-Westfalen 233 16 ff.
 – Schleswig-Holstein 233 22
– Quelle aller Grundrechte 233 31 (SN)
– Schlüsselbegriff 233 1
– soziale Implikation 242 6
– soziale Sicherung als Ausdruck der ~ 242 64
– Statusgrundrecht(e) 246 28 f. (BY)
– Sterben, ~ auch im 233 35 (TH)
– Sterben, Achtung der ~ im 234 10

Sachregister

- Textmontage von Art. 1 Abs. 1 GG aus Art. 3 Verf. Hessen u. Art. 100 Verf. Bayern **231** 137
- Unabänderlichkeit **233** 11, 30 (SN)
- Unantastbarkeit **233** 32 (ST/TH)
- Verf. Hessen **233** 11
- Verfassungen der „neuen Länder" **233** 24 ff.
  - Brandenburg **233** 24 ff.
  - Mecklenburg-Vorpommern **233** 28 f.
  - Sachsen **233** 30 f.
  - Sachsen-Anhalt **233** 32 ff.
- Verfassungsänderungsgrenze **233** 29 (MV)
- Verfassungswert, ~ als oberster **233** 33
- vorgrundgesetzliche Verfassungen **233** 2 ff.
  - Bayern **233** 4 ff.
  - Bremen **233** 14
  - Hessen **233** 11 ff.
  - Rheinland-Pfalz **233** 3
  - Saarland **233** 15
- Wert- und Achtungsanspruch **233** 5
- Wesensgehaltsgarantie, ~ und **232** 194
- Wirtschaftsordnung, ~ als Leitprinzip der **239** 9
- wissenschaftliche Versuche Antastungsverbot **233** 25 (BB)
- Wohnraumversorgung, ~ und **235** 60

Württemberg
- Grundrechtskatalog in der Übergangsverfassung (ab 1919) von ~ §§ 6 – 22 Verf. **231** 68
- landständische Verfassung (1819) **231** 14
- neue Vollverfassung für ~ (1919) **231** 63
- Verfassungserneuerung bzw. -revision in ~ (1919) **231** 73
- WRV-Bezug, Verf. von ~ in unmittelbarem **231** 79

Württemberg-Baden
- Nachkriegslandesverfassung v. 28.11.1946 **231** 90

Württemberg-Hohenzollern
- Nachkriegslandesverfassung v. 20.5.1947 **231** 90

Zensur-Edikt (1803)
- Bayern **231** 9

Zitiergebot
- Landesgrundrechte(n), ~ bei **232** 181 ff.
- Nichtigkeit der Grundrechtseinschränkung bei Verstoß gegen ~ **232** 184
- Schrankensetzung der Berufsfreiheit, ~ bei der
  - in Landesverfassungen **239** 54
- vorbehaltlos gewährleistete Grundrechte, ~ für **232** 184
- Vorläufer in vorkonstitutionellen Verfassungen **232** 181
- Vorläufer im Landesverfassungen nach 1945, in **231** 115
- Warn- und Besinnungsfunktion des ~es **232** 184

Zugang
- Ausbildungseinrichtungen des Staates, ~ zu **239** 34
- Bildungseinrichtungen, ~ zu **240** 52
- öffentlichen Ämtern, ~ zu **250** 10 (HH)
- politische Ämter **248** 51 (BB)
- Übereinstimmung mit Art. 33 Abs. 2 GG
  - in Landesverfassungen **243** 56
- Teilnahmerecht, ~ als **243** 56

Zumutbarkeit
- Element des Übermaßverbots, ~ als eigenständiges **232** 191

Zusammenleben
- Ordnung für das menschliche ~, sachgerechte **231** 19

Zuwanderungsminderheiten 241 29, 113

Zwang, Freiheit vor gesetzlosem 233 45 (RP)

Zwangsarbeit
- Freiheit von ~ landesverfassungsrechtlich **239** 60
- Verbot von ~ **239** 60

Zwischenkriegszeit
- Grundrechte in den Verfassungsurkunden der Zwischenkriegszeit **231** 72 ff.
- Landesverfassungen **231** Übersicht V